JN225643

労働六法 2025

編集委員会

旬報社

編集委員

石田　眞　早稲田大学名誉教授
浜村　彰　法政大学名誉教授
武井　寛　龍谷大学
深谷　信夫　茨城大学名誉教授

執筆者・協力者

青野　覚　明治大学名誉教授
淺野　高宏　北海学園大学
有田　謙司　西南学院大学
井川　志郎　中央大学
石﨑由希子　横浜国立大学
石橋　洋　熊本大学名誉教授
指宿　昭一　弁護士
大木　正俊　早稲田大学
大橋　範雄　大阪経済大学名誉教授
大和田敢太　滋賀大学名誉教授
奥田　香子　元近畿大学教授
勝亦　啓文　元桐蔭横浜大学教授
川田　知子　中央大学
國武　英生　小樽商科大学
後藤　究　成城大学
小宮　文人　元専修大学教授
斎藤　周　群馬大学名誉教授
笹沼　朋子　愛媛大学
清水　敏　早稲田大学名誉教授
鈴木　隆　島根大学名誉教授
竹内（奥野）寿　早稲田大学
豊川　義明　弁護士・関西学院大学名誉教授
名古　道功　金沢大学名誉教授
根本　到　大阪公立大学
橋本　陽子　学習院大学
濱口桂一郎　労働政策研究・研修機構
藤本　茂　元法政大学教授
古川　陽二　大東文化大学名誉教授
松井　良和　茨城大学
本久　洋一　國學院大学
矢野　昌浩　名古屋大学
山川　隆一　明治大学
山下　幸司　関東学院大学名誉教授
山田　省三　中央大学名誉教授
米津　孝司　中央大学

浅倉むつ子　早稲田大学名誉教授
新谷　眞人　日本大学法科大学院講師
家田　愛子　札幌学院大学名誉教授
石井　保雄　獨協大学名誉教授
石田　信平　専修大学
井上　幸夫　弁護士
遠藤　隆久　熊本学園大学名誉教授
大場　敏彦　元流通経済大学教授
大山　盛義　日本大学
緒方　桂子　南山大学
小俣　勝治　青森中央学院大学名誉教授
鎌田　耕一　東洋大学名誉教授
北岡　大介　東洋大学
古賀　修平　宮崎大学
小林　大祐　平成国際大学
小山　敬晴　大分大学
榊原　嘉明　獨協大学
島田　陽一　早稲田大学名誉教授
志水　深雪（龔敏）　明治大学
鈴木　俊晴　早稲田大学
土田　道夫　同志社大学
中島　正雄　京都府立大学名誉教授
永野　秀雄　法政大学
沼田　雅之　法政大学
野田　進　九州大学名誉教授
長谷川　聡　専修大学
藤木　貴史　法政大学
藤原　稔弘　関西大学名誉教授
細川　良　青山学院大学
三井　正信　安田女子大学・弁護士
盛　誠吾　一橋大学名誉教授
山川　和義　広島大学
山﨑　文夫　平成国際大学名誉教授
山下　昇　九州大学
吉田美喜夫　立命館大学名誉教授
脇田　滋　龍谷大学名誉教授

刊行にあたって

戦後労働法制の展開

憲法の労働基本権保障を土台とする戦後労働法制は、いくつかの変容を遂げながらも、その基本的な構造を維持してきた。戦後労働法制は、一九八〇年代後半から、産業構造と就労構造の変化、立法政策基調の変化のなかで、大きな変容期に入り、重要な法律の制定と改正が連続している。

具体的には、雇用機会均等法の制定と数次にわたる改正、労基法上の女性保護法制の改定、週法定労働時間制度を軸とする弾力的な労働時間制度の導入、職業安定法の例外的制度として誕生した労働者派遣法の制度変更と適用拡大、そして大改正、パートタイム労働法の制定と改正、会社分割法制に連動した労働契約承継法の制定、独立行政法人通則法の制定と特定独法等労働関係法の制定、有期契約労働法制の改定、解雇法制の整備、高年齢者雇用安定法の改正、「法の適用に関する通則法」の制定、さらに、労働契約法の制定と改正、である。

加えて、二〇一八年、膨大な内容の前例のない一括改正法である「働き方改革を推進するための関係法律の整備に関する法律」が成立し（資料「働き方改革関連法の施行」一二二六頁参照）、二〇二三年全面施行された。戦後日本の労働法制の一つの歴史的画期となった。

二〇二五年度版の改定内容

二〇二五年度版は、第一に、自己都合退職者の給付制限期間の原則二ヶ月から一ヶ月への短縮、教育訓練給付の拡充などの雇用保険法等改正法（令和六年五月一七日法律第二六号）、第二に、小学校三年生終了までの子に範囲を拡大する看護休暇見直し、小学校就学前の子を養育する労働者への残業免除の対象拡大などの改正育児介護休業法（令和六年五月三一日法律第四二号）、第三に、求人サイトなどの募集情報等提供事業者が労働者募集情報提供にあたって金銭等を提供することを禁止する改正職安法施行規則及び指針（令和六年一〇月一一日厚労省令第一三八号）、第四に、正式採択されたプラットフォーム労働の労働条件改善に関するEUプラットフォーム労働指令を収録する。また、二〇二七年度施行法令であるが、技能実習を廃止し、育成就労の在留資格を創設する改正出入国管理及び難民認定法（令和六年六月一四日法律第五九号）と、外国人技能実習法を「外国人の育成就労の適正な実施及び育成就労外国人の保護に関する法律」と変更し、外国人育成就労制度を創設する外国人育成就労法（同前法律第六〇号）が収録される。

なお、二〇二五年版は、令和七年二月二八日付までの官報に掲載され、同年四月一日施行の法令等を収録する。四月一日以降の施行日の法令等も、関係法令等の文末に収録されている。

『労働六法』の七つの特色

◇労働法制の全体を網羅　『労働六法』には、第一に、変化する労働法制の全体が編集されている。

『労働六法』は、雇用関係法、労働市場法、労使関係法、公務労働法という労働法制の主要領域を網羅する法規集として編集された。

◇告示・通達など実務の指針を掲載　第二に、現行法規の解釈や運用の一つの基準となる告示や通達などが収録されている。

告示や通達などを抜きに、現行法規の解釈や運用はできない。たとえば、パートタイム・有期雇用労働法の不合理な待遇差解消、同一労働同一賃金原則等について行政解釈を掲載する。

◇憲法の全文を掲載　第三に、労働法の土台にある憲法の全文が掲載されている。

日本国憲法は、現代日本の労働法制の骨格を構成する。直接的には、憲法二七条と二八条とであるが、憲法第三章の国民の権利及び義務をはじめとして、憲法の全体が労働法制の基底にある。現代日本の労働法の原理を考えるには、憲法の原理と編成をふまえなければならない。

◇刑法や民法などの一般法を掲載　第四に、労働法の解釈運用にとって必須な刑法や民法などの一般法が掲載されている。

たとえば、労働契約の終了をめぐる問題である。退職届の撤回問題など、労働者の退職をめぐる法律問題の解決にとって、民法の関連条文の確認は欠かせない。

◇国際法、ＩＬＯ条約、ＥＵ法を掲載　第五に、世界人権宣言、国際人権規約、女子差別撤廃条約など、国際法が掲載されている。ＩＬＯ条約は、批准された条約はもとより、日本の労働法制を考えるうえで必要な未批准の条約もふくめて掲載されている。さらに、ＥＵ労働法が掲載されている。とくに、さまざまなＥＵ指令は、法律の運用や立法政策の選択肢のひとつとして、日本に大きな影響を与える。

◇重要判例の事案と判旨を紹介　第六に、最高裁判例を中心に主要な労働判例の事実の概要と判旨が掲載されている。

日本は判例法の法制度を持たないが、最高裁判例はもとより下級審判例も、社会的法的な影響を持っている。法律の解釈運用にとって、判例状況の確認は必要なことである。

◇資料と図表の掲載　第七に、労働法の理解を助けるための資料や図表が掲載されている。

労働条件通知書の様式や、平均賃金の計算方法や、変形労働時間制の概要や、労働法を読んだだけでは理解できない内容なども含めて、資料や図表として掲載した。

各方面で活用を

こうした『労働六法』は、労使関係の現場で、労働関係実務の場で、そして、大学教育の場で、法曹養成の場で、労働者・労働組合関係者、労務担当者、弁護士、学生・院生など、多くの国民が活用できる『労働六法』として、編集されている。広く活用していただければ、幸いである。

多くの協力で編集

ところで、この『労働六法』の発行は、多くの方々の協力によって実現している。とくに判例の掲載には全国の多くの研究者の協力を得た。そして、二〇二五年版への「ＥＵ指令」掲載については、濱口桂一郎氏（労働政策研究・研修機構所長）にご尽力いただいた。この場をかりて、お礼を申し上げる。

二〇二五年三月

『労働六法』編集委員

『労働六法』を初めて手にする読者のみなさんに

一　収録されている法令等

この労働六法には、大別すると、国内法規類と国際労働法とが掲載されています。

国内法規類としては、①雇用関係法、労働市場法、労使関係法、公務労働法という労働法制の主要領域を網羅する法規、②現行法規の解釈・運用の一つの基準となる告示や通達、③労働法の土台にある憲法の全文、④労働法の解釈運用にとって必要な刑法や民法など一般法、を収録しています。

国際労働法としては、①国際連合が採択決定した世界人権宣言や、国際人権規約、そして女子差別撤廃条約、②国際労働機関（ＩＬＯ）のＩＬＯ憲章と、批准された条約はもとより未批准の条約も含めて日本の労働法制を考えるうえで必要なＩＬＯ条約、③日本の法律の運用や立法政策に大きな影響を与えるＥＵ法、を収録しています。

二　労働関係法規の分類

労働関係法規は、四つに分類して、掲載しました。

①まず、雇用関係法です。使用者のもとで働く個々の労働者の働き方について、最低労働条件を設定するなどの規制をする法律です。個別的労働関係法と呼ばれる場合もあります。労働基準法、労働契約法、雇用機会均等法などの法律です。

②つぎに、労働市場法です。労働者の雇用機会の保障や拡充を目的とする法律です。労働施策総合推進法、職業安定法、労働者派遣法などの法律です。

③そして、労使関係法です。憲法二八条の労働基本権保障を具体化した使用者と労働組合の関係を規律する法律です。労働組合活動に関係する法律です。集団的労働関係法と呼ばれる場合もあります。

④最後に、公務労働法です。国家公務員や地方公務員なども、憲法の労働基本権が保障されている労働者です。しかし、具体的には、民間の労働者とは全く別の法律の世界におかれています。雇用関係法などの上記の法律は、原則として、適用されない法律関係にあります。ただし、特に地方公務員法などは一部適用除外とするという規定（地公法第五八条）をもっていますので、公務員には労基法の適用はないと結論づけることは問題です。

三　掲載されている法律などの用語の意味

この『労働六法』には、厳密な意味での法律以外の広く法規範（法的な拘束力をもつもの）一般を掲載しています。この六法ですべて使われているわけではありませんが、さまざまな用語の意味について確認をしておきます。

①法規＝種々の意味で用いられる。最広義では法規範一般を、広義では成文の法令を意味するが、狭義では特殊の性質をもつ法規範を指す。

②法令＝法律と命令を併せて呼ぶ用語。

③法律＝日本国憲法下においては、原則として、衆参両議院の議決をへて制定され、憲法や批准された条約に次ぐ形式的効力を持つ。

④命令＝国の法令で議会の議を経ずに専ら行政機関によって制定されるもの。

⑤政令＝憲法及び法律の規定を実施するために内閣が制定する命令、閣議によって決定し、主任の国務大臣が署名し、内閣総理大臣が連署することを必要とする。

例えば、「労働基準法第三七条第一項の時間外及び休日の割増賃金に係る率の最低限度を定める政令」（平成六年一月四日政令第五号）です。

⑥省令＝各省大臣が主任の行政事務につき、法律もしくは政令を施行するために、又は法律もしくは政令の特別の委任に基づいて発する命令。

例えば、「女性労働基準規則」（昭和六一年一月二七日労働省令第三号）です。

⑦施行規則＝法律を施行するために必要な細則や、法律・政令の委任に基づく事項などを定めた命令をいい、通常は省令などの形式をとる場合に用いられ、法律を施行するために必要な細則や、法律若しくは政令の特別の委任に基づく事項を定めた命令をいう。

例えば、「労働基準法施行規則」（昭和二二年八月三〇日厚生省令第二三号）です。

⑧告示＝公の機関が指定・決定等の処分その他の事項を一般に公に知らせる行為又はその行為の形式の一種。

例えば、「労働基準法第十四条第一項第一号の規定に基づき厚生労働大臣が定める基準」（平成一五年一〇月二二日厚生労働省告示第三五六号）です。

「指針」という表記で用いられる場合もあります。「労働者に対する性別を理由とする差別の禁止等に関する規定に定める事項に関し、事業主が適切に対処するための指針」（平成一八年一〇月一一日厚生労働省告示第六一四号）です。

⑨通達＝次官通達など上級機関が所管の機関・職員に対して発する指示の通知。

例えば、「労働契約法の施行について」（平成二四年八月一〇日基発第〇八一〇第二号）です。

基発などの略称については、次項で確認してください。

⑩通牒＝通達の旧称。

⑪解釈例規＝法の解釈などで先例とする規則（通達などの国会以外の機関が制定する文書）。

四　解釈例規の略称について

この『労働六法』には、重要な通達などの解釈例規も掲載しています。さまざまな通達は、略称で表記される場合が普通ですので、解説をしておきます。

①発基＝通常次官通達の名称でよばれるもので、労働基準局関係の通達

②発婦＝通常次官通達の名称でよばれるもので、婦人局関係の通達
③基発＝労働基準局長名で発する通達
④基収＝労働基準局長が疑義に答えて発する通達
⑤基監発＝労働基準局監督課長名で発する通達
⑥収監＝労働基準局監督課長が疑義に答えて発する通達
⑦安発＝安全衛生局長名で発する通達
⑧婦発＝婦人局長名で発する通達
⑨婦収＝婦人局長が疑義に答えて発する通達
⑩女発＝女性局長名で発する通達
⑪女収＝女性局長が疑義に答えて発する通達
⑫職収＝厚生労働省職業安定局長が疑義等に応えて発する回答
⑬発労＝労働省労政局関係の労働事務次官通牒（労政局は厚生労働省の発足時に廃止された）
⑭労収＝労働省労政局長が疑義等に応えて発する回答
⑮労発＝労働省労政局長名通牒

通達などの解釈例規の表記は、厚生労働省（平成一三年一月五日以前は労働省）における通達の発局と整理番号を示します。整理番号が二以上付されているものは、別々に出された二以上の解釈例規が統合されたもの、あるいは、先に掲げられた番号の解釈例規が後に掲げられた番号の解釈例規によって変更されたものです。

解釈例規の全体は、厚生労働省労働基準局編『労働基準法解釈総覧』（労働調査会）や厚生労働省監修『労働法全書』（労務行政）などで参照することができます。

五　法律と施行規則の読み方

具体的な法律問題を考えるときに、法律と政令と告示と省令と通達とを順序をつけて確認していくことが必要です。

本書では、例えば、労働基準法（労基法と略す）については、労働基準法施行規則（労基則と略す）が続けて掲載されています。

労基法一五条を例にすれば、「厚生労働省令で定める」と委任された内容は、厚生労働省令である労基則の五条に詳しく規定されています。労基法と労基則の条文番号は対応していません。しかし、労基則は「法＊＊条」という表現で、労基法の条文の順番に対応して条文が組み立てられています。ですから、労基法の条文についての労基則の規定を確認するには、労基則を順番に追いかけて、「法＊＊条」という該当条文をつかむ必要があります。

本書では、重要な政令や告示などを法律に続けて掲載してあります。

六　法令の記載についての注意事項

1　用字について

法令中の用字は、新字体を用いました。かなづかいおよび平がな・片かなの別、濁点の有無などは、すべて正文にしたがっ

『労働六法』を初めて手にする読者のみなさんに

ています。

なお、条名については、十、百の文字を略し、第一二条、第一二三条というように表記しました。

2　交付と施行の期日

法令の公布年月日と法令番号は、法令名の次に平成三〇年一月一日法律第一号のように官報で交付された年月日と法律番号を示しました。

施行日は、施行：平成三〇年四月一日というかたちで示しました。分割施行などで施行日が特定できない場合は、「附則参照」としました。

最終改正の年月日、法律番号とその施行日も同様に示してあります。

3　法令中の一部抄録

収録した法令のなかで、本書の性格上、必ずしもその全部の条文を掲載する必要がないと思われるものについては、必要な条文のみを抄録したものがあります。この場合は、法令名の下に、(抄)として示しました。

4　条文の見出し

条文の見出しのうち、( )でくくられているのは法令自体に固有についている条文見出しです。[ ]でくくられているのは、編者がつけたものです。

5　附則の取扱い

法令の最後には、その法令の施行期日、経過的取扱いなどを定めた附則がおかれています。

本書の収録にあたっては、経過的な規定ですでにその役割を果たしてしまっているとおもわれるもの、現在必ずしも必要でないと思われるものなどは、省略しました。

6　国際労働法の表示

条約は、これが関係機関で採択され、さらに国会で批准されてはじめて国内的に拘束力をもつことになります。わが国は、かなり多くの重要な国際労働条約を批准していません。そこで、条約等の採択、批准登録、効力発生、などの日付を記して、利用の便宜を図りました。

七　重要判例の掲載

判例の表記については、事件名・裁判所名・言い渡し年月日を表示し、その後に、事件番号、掲載誌名を示しました。

掲載誌名は略称で表記しています。労旬＝労働法律旬報、労判＝労働判例、判時＝判例時報、民集＝最高裁判所民事判例集、刑集＝最高裁判所刑事判例集、集民＝最高裁判所判例集民事、労民集＝労働関係民事裁判例集、下民集＝下級裁判所民事裁判例集、命令集＝不当労働行為事件命令集。

五十音順索引

わ

総目次

第1部　国内法規類

●労働関係法規

《雇用関係法》

人事

賃金

労働時間・休日・休暇・休業

労働災害

懲戒

雇用関係の終了

有期契約・労働者派遣

企業組織再編と労働関係

就業規則

労働組合・組合活動

総目次

雇用関係法

労働基準法

昭和二二年四月七日法律第四九号
施行：附則参照
最終改正：令和六年五月三一日法律第四二号
施行：附則参照

第一章　総則

（労働条件の原則）

第一条　労働条件は、労働者が人たるに値する生活を営むための必要を充たすべきものでなければならない。

②　この法律で定める労働条件の基準は最低のものであるから、労働関係の当事者は、この基準を理由として労働条件を低下させてはならないことはもとより、その向上を図るように努めなければならない。

（労働条件の決定）

第二条　労働条件は、労働者と使用者が、対等の立場において決定すべきものである。

②　労働者及び使用者は、労働協約、就業規則及び労働契約を遵守し、誠実に各々その義務を履行しなければならない。

（均等待遇）

第三条　使用者は、労働者の国籍、信条又は社会的身分を理由として、賃金、労働時間その他の労働条件について、差別的取扱をしてはならない。

（男女同一賃金の原則）

第四条　使用者は、労働者が女性であることを理由として、賃金について、男性と差別的取扱いをしてはならない。

（強制労働の禁止）

第五条　使用者は、暴行、脅迫、監禁その他精神又は身体の自由を不当に拘束する手段によつて、労働者の意思に反して労働を強制してはならない。

（中間搾取の排除）

第六条　何人も、法律に基いて許される場合の外、業として他人の就業に介入して利益を得てはならない。

（公民権行使の保障）

第七条　使用者は、労働者が労働時間中に、選挙権その他公民としての権利を行使し、又は公の職務を執行するために必要な時間を請求した場合においては、拒んではならない。但し、権利の行使又は公の職務の執行に妨げがない限り、請求された時刻を変更することができる。

第八条　削除

（定義）

第九条　この法律で「労働者」とは、職業の種類を問わず、事業又は事務所（以下「事業」という。）に使用される者で、賃金を支払われる者をいう。

第一〇条　この法律で使用者とは、事業主又は事業の経営担当者その他その事業の労働者に関する事項について、事業主のために行為をするすべての者をいう。

第一一条　この法律で賃金とは、賃金、給料、手当、賞与その他名称の如何を問わず、労働の対償として使用者が労働者に支払うすべてのものをいう。

第一二条　この法律で平均賃金とは、これを算定すべき事由の発生した日以前三箇月間にその労働者に対し支払われた賃金の総額を、その期間の総日数で除した金額をいう。ただし、その金額は、次の各号の一によつて計算した金額を下つてはならない。

一　賃金が、労働した日若しくは時間によつて算定され、又は出来高払制その他の請負制によつて定められた場合においては、賃金の総額をその期間中に労働した日数で除した金額の百分の六十

二　賃金の一部が、月、週その他一定の期間によつて定められた場合においては、その部分の総額をその期間の総日数で除した金額と前号の金額の合算額

②　前項の期間は、賃金締切日がある場合においては、直前の賃金締切日から起算する。

③　前二項に規定する期間中に、次の各号のいずれかに該当する期間がある場合においては、その日数及びその期間中の賃金は、前二項の期間及び賃金の総額から控除する。

一　業務上負傷し、又は疾病にかかり療養のために休業した期間

二　産前産後の女性が第六十五条の規定によつて休業した期間

三　使用者の責めに帰すべき事由によつて休業した期間

四　育児休業、介護休業等育児又は家族介護を行う労働者の福祉に関する法律（平成三年法律第七十六号）第二条第一号に規定する育児休業又は同条第二号に規定する介護休業（同法第六十一条第三項に規定する行政執行法人介護休業及び同法第六十一条の二第三項に規定する介護をするための休業を含む。第三十九条第十項において同じ。）をした期間

五　試みの使用期間

④　第一項の賃金の総額には、臨時に支払われた賃金及び三箇月を超える期間ごとに支払われる賃金並びに通貨以外のもので支払われた賃金で一定の範囲に属しないものは算入しない。

⑤　賃金が通貨以外のもので支払われる場合、第一項の賃金の総額に算入すべきものの範囲及び評価に関し必要な事項は、厚生労働省令で定める。

⑥　雇入後三箇月に満たない者については、第一項の期間は、雇入後の期間とする。

⑦　日日雇い入れられる者については、その従事する事業又は職業について、厚生労働大臣の定める金額を平均賃金とする。

⑧　第一項乃至第六項によつて算定し得ない場合の平均賃金は、厚生労働大臣の定めるところによる。

第二章　労働契約

（この法律違反の契約）

第一三条　この法律で定める基準に達しない労働条件を定める労働契約は、その部分については無効とする。この場合において、無効となつた部分は、この法律で定める基準による。

（契約期間等）

第一四条　労働契約は、期間の定めのないものを除き、一定の事業の完了に必要な期間を定めるもののほかは、三年（次の各号のいずれかに該当する労働契約にあつては、五年）を超える期間について締結してはならない。

一　専門的な知識、技術又は経験（以下この号及び第四十一条の二第一項第一号において「専門的知識等」という。）であつて高度のものとして厚生労働大臣が定める基準に該当する専門的知識等を有する労働者（当該高度の専門的知識等を必要とする業務に就く者に限る。）との間に締結される労働契約

二　満六十歳以上の労働者との間に締結される労働契約（前号に掲げる労働契約を除く。）

②　厚生労働大臣は、期間の定めのある労働契約の締結時及び当該労働契約の期間の満了時において労働者と使用者との間に紛争が生ずることを未然に防止するため、使用者が講ずべき労働契約の期間の満了に係る通知に関する事項その他必要な事項についての基準を定めることができる。

③　行政官庁は、前項の基準に関し、期間の定めのある労働契約を締結する使用者に対し、必要な助言及び指導を行うことができる。

（労働条件の明示）

第一五条　使用者は、労働契約の締結に際し、労働者に対して賃金、労働時間その他の労働条件を明示しなければならない。この場合において、賃金及び労働時間に関する事項その他の厚生労働省令で定める事項については、厚生労働省令で定める方法により明示しなければならない。

②　前項の規定によつて明示された労働条件が事実と相違する場合においては、労働者は、即時に労働契約を解除することができる。

③　前項の場合、就業のために住居を変更した労働者が、契約解除の日から十四日以内に帰郷する場合においては、使用者は、必要な旅費を負担しなければならない。

（賠償予定の禁止）

第一六条　使用者は、労働契約の不履行について違約金を定め、又は損害賠償額を予定する契約をしてはならない。

（前借金相殺の禁止）

第一七条　使用者は、前借金その他労働することを条件とする前貸の債権と賃金を相殺してはならない。

（強制貯金）

第一八条　使用者は、労働契約に附随して貯蓄の契約をさせ、又は貯蓄金を管理する契約をしてはならない。

②　使用者は、労働者の貯蓄金をその委託を受けて管理しようとする場合においては、当該事業場に、労働者の過半数で組織する労働組合があるときはその労働組合、労働組合がないときは労働者の過半数を代表する者との書面による協定をし、これを行政官庁に届け出なければならない。

③　使用者は、労働者の貯蓄金をその委託を受けて管理する場合においては、貯蓄金の管理に関する規程を定め、これを労働者に周知させるため作業場に備え付ける等の措置をとらなければならない。

④　使用者は、労働者の貯蓄金をその委託を受けて管理する場合において、貯蓄金の管理が労働者の預金の受入であるときは、利子をつけなければならない。この場合において、その利子が、金融機関の受け入れる預金の利率を考慮して厚生労働省令で定める利率による利子を下るときは、その厚生労働省令で定める利率による利子をつけたものとみなす。

⑤　使用者は、労働者の貯蓄金をその委託を受けて管理する場合において、労働者がその返還を請求したときは、遅滞なく、これを返還しなければならない。

⑥　使用者が前項の規定に違反した場合において、当該貯蓄金の管理を継続することが労働者の利益

を著しく害すると認められるときは、行政官庁は、使用者に対して、その必要な限度の範囲内で、当該貯蓄金の管理を中止すべきことを命ずることができる。

⑦ 前項の規定により貯蓄金の管理を中止すべきことを命ぜられた使用者は、遅滞なく、その管理に係る貯蓄金を労働者に返還しなければならない。

（解雇制限）

第一九条 使用者は、労働者が業務上負傷し、又は疾病にかかり療養のために休業する期間及びその後三十日間並びに産前産後の女性が第六十五条の規定によつて休業する期間及びその後三十日間は、解雇してはならない。ただし、使用者が、第八十一条の規定によつて打切補償を支払う場合又は天災事変その他やむを得ない事由のために事業の継続が不可能となつた場合においては、この限りでない。

② 前項但書後段の場合においては、その事由について行政官庁の認定を受けなければならない。

（解雇の予告）

第二〇条 使用者は、労働者を解雇しようとする場合においては、少くとも三十日前にその予告をしなければならない。三十日前に予告をしない使用者は、三十日分以上の平均賃金を支払わなければならない。但し、天災事変その他やむを得ない事由のために事業の継続が不可能となつた場合又は労働者の責に帰すべき事由に基いて解雇する場合においては、この限りでない。

② 前項の予告の日数は、一日について平均賃金を支払つた場合においては、その日数を短縮することができる。

③ 前条第二項の規定は、第一項但書の場合にこれを準用する。

第二一条 前条の規定は、左の各号の一に該当する労働者については適用しない。但し、第一号に該当する者が一箇月を超えて引き続き使用されるに至つた場合、第二号若しくは第三号に該当する者が所定の期間を超えて引き続き使用されるに至つた場合又は第四号に該当する者が十四日を超えて引き続き使用されるに至つた場合においては、この限りでない。

一 日日雇い入れられる者

二 二箇月以内の期間を定めて使用される者

三 季節的業務に四箇月以内の期間を定めて使用される者

四 試の使用期間中の者

（退職時等の証明）

第二二条 労働者が、退職の場合において、使用期間、業務の種類、その事業における地位、賃金又は退職の事由（退職の事由が解雇の場合にあつては、その理由を含む。）について証明書を請求した場合においては、使用者は、遅滞なくこれを交付しなければならない。

② 労働者が、第二十条第一項の解雇の予告がされた日から退職の日までの間において、当該解雇の理由について証明書を請求した場合においては、使用者は、遅滞なくこれを交付しなければならない。ただし、解雇の予告がされた日以後に労働者が当該解雇以外の事由により退職した場合においては、使用者は、当該退職の日以後、これを交付することを要しない。

③ 前二項の証明書には、労働者の請求しない事項を記入してはならない。

④ 使用者は、あらかじめ第三者と謀り、労働者の就業を妨げることを目的として、労働者の国籍、信条、社会的身分若しくは労働組合運動に関する通信をし、又は第一項及び第二項の証明書に秘密の記号を記入してはならない。

（金品の返還）

第二三条 使用者は、労働者の死亡又は退職の場合において、権利者の請求があつた場合においては、七日以内に賃金を支払い、積立金、保証金、貯蓄金その他名称の如何を問わず、労働者の権利に属する金品を返還しなければならない。

② 前項の賃金又は金品に関して争がある場合においては、使用者は、異議のない部分を、同項の期間中に支払い、又は返還しなければならない。

第三章 賃金

（賃金の支払）

第二四条 賃金は、通貨で、直接労働者に、その全額を支払わなければならない。ただし、法令若しくは労働協約に別段の定めがある場合又は厚生労働省令で定める賃金について確実な支払の方法で厚生労働省令で定めるものによる場合においては、通貨以外のもので支払い、また、法令に別段の定めがある場合又は当該事業場の労働者の過半数で組織する労働組合があるときはその労働組合、労働者の過半数で組織する労働組合がないときは労働者の過半数を代表する者との書面による協定がある場合においては、賃金の一部を控除して支払うことができる。

② 賃金は、毎月一回以上、一定の期日を定めて支払わなければならない。ただし、臨時に支払われる賃金、賞与その他これに準ずるもので厚生労働省令で定める賃金（第八十九条において「臨時の

賃金等」という。）については、この限りでない。

（非常時払）

第二五条 使用者は、労働者が出産、疾病、災害その他厚生労働省令で定める非常の場合の費用に充てるために請求する場合においては、支払期日前であつても、既往の労働に対する賃金を支払わなければならない。

（休業手当）

第二六条 使用者の責に帰すべき事由による休業の場合においては、使用者は、休業期間中当該労働者に、その平均賃金の百分の六十以上の手当を支払わなければならない。

（出来高払制の保障給）

第二七条 出来高払制その他の請負制で使用する労働者については、使用者は、労働時間に応じ一定額の賃金の保障をしなければならない。

（最低賃金）

第二八条 賃金の最低基準に関しては、最低賃金法（昭和三十四年法律第百三十七号）の定めるところによる。

第二九条から第三一条まで 削除

第四章 労働時間、休憩、休日及び年次有給休暇

（労働時間）

第三二条 使用者は、労働者に、休憩時間を除き一週間について四十時間を超えて、労働させてはならない。

② 使用者は、一週間の各日については、労働者に、休憩時間を除き一日について八時間を超えて、労働させてはならない。

第三二条の二 使用者は、当該事業場に、労働者の過半数で組織する労働組合がある場合においてはその労働組合、労働者の過半数で組織する労働組合がない場合においては労働者の過半数を代表する者との書面による協定により、又は就業規則その他これに準ずるものにより、一箇月以内の一定の期間を平均し一週間当たりの労働時間が前条第一項の労働時間を超えない定めをしたときは、同条の規定にかかわらず、その定めにより、特定された週において同項の労働時間又は特定された日において同条第二項の労働時間を超えて、労働させることができる。

② 使用者は、厚生労働省令で定めるところにより、前項の協定を行政官庁に届け出なければならない。

第三二条の三 使用者は、就業規則その他これに準ずるものにより、その労働者に係る始業及び終業の時刻をその労働者の決定に委ねることとした労働者については、当該事業場の労働者の過半数で組織する労働組合がある場合においてはその労働組合、労働者の過半数で組織する労働組合がない場合においては労働者の過半数を代表する者との書面による協定により、次に掲げる事項を定めたときは、その協定で第二号の清算期間として定められた期間を平均し一週間当たりの労働時間が第三十二条第一項の労働時間を超えない範囲内において、同条の規定にかかわらず、一週間において同項の労働時間又は一日において同条第二項の労働時間を超えて、労働させることができる。

一 この項の規定による労働時間により労働させることができることとされる労働者の範囲

二 清算期間（その期間を平均し一週間当たりの労働時間が第三十二条第一項の労働時間を超えない範囲内において労働させる期間をいい、三箇月以内の期間に限るものとする。以下この条及び次条において同じ。）

三 清算期間における総労働時間

四 その他厚生労働省令で定める事項

② 清算期間が一箇月を超えるものである場合における前項の規定の適用については、同項各号列記以外の部分中「労働時間を超えず、かつ、当該清算期間をその開始の日以後一箇月ごとに区分した各期間（最後に一箇月未満の期間を生じたときは、当該期間。以下この項において同じ。）ごとに当該各期間を平均し一週間当たりの労働時間が五十時間を超えない」と、「同項」とあるのは「同条第一項」とする。

③ 一週間の所定労働日数が五日の労働者について第一項の規定により労働させる場合における同項の規定の適用については、同項各号列記以外の部分（前項の規定により読み替えて適用する場合を含む。）中「第三十二条第一項の労働時間」とあるのは「第三十二条第一項の労働時間（当該事業場の労働者の過半数で組織する労働組合がある場合においてはその労働組合、労働者の過半数で組織する労働組合がない場合においては労働者の過半数を代表する者との書面による協定により、労働時間の限度について、当該清算期間における所定労働日数を同条第二項の労働時間に乗じて得た時間とする旨を定めたときは、当該清算期間における日数を七で除して得た数をもつてその時間を除して得た時間）」と、「同項」とあるのは「同条第一項」とする。

④ 前条第二項の規定は、第一項各号に掲げる事項を定めた協定について準用する。ただし、清算期

間が一箇月以内のものであるときは、この限りでない。

第三十二条の三の二　使用者が、清算期間が一箇月を超えるものであるときの当該清算期間中の前条第一項の規定により労働させた期間が当該清算期間より短い労働者について、当該労働させた期間を平均し一週間当たり四十時間を超えて労働させた場合においては、その超えた時間（第三十三条又は第三十六条第一項の規定により延長し、又は休日に労働させた時間を除く。）の労働については、第三十七条の規定の例により割増賃金を支払わなければならない。

第三十二条の四　使用者は、当該事業場に、労働者の過半数で組織する労働組合がある場合においてはその労働組合、労働者の過半数で組織する労働組合がない場合においては労働者の過半数を代表する者との書面による協定により、次に掲げる事項を定めたときは、第三十二条の規定にかかわらず、その協定で第二号の対象期間として定められた期間を平均し一週間当たりの労働時間が四十時間を超えない範囲内において、当該協定（次項の規定による定めをした場合においては、その定めを含む。）で定めるところにより、特定された週において同条第一項の労働時間又は特定された日において同条第二項の労働時間を超えて、労働させることができる。

一　この条の規定による労働時間により労働させることができることとされる労働者の範囲

二　対象期間（その期間を平均し一週間当たりの労働時間が四十時間を超えない範囲内において労働させる期間をいい、一箇月を超え一年以内の期間に限るものとする。以下この条及び次条において同じ。）

三　特定期間（対象期間中の特に業務が繁忙な期間をいう。第三項において同じ。）

四　対象期間における労働日及び当該労働日ごとの労働時間（対象期間を一箇月以上の期間ごとに区分することとした場合においては、当該区分による各期間のうち当該対象期間の初日の属する期間（以下この条において「最初の期間」という。）における労働日及び当該労働日ごとの労働時間並びに当該最初の期間を除く各期間における労働日数及び総労働時間）

五　その他厚生労働省令で定める事項

②　使用者は、前項の協定で同項第四号の区分をし当該区分による各期間のうち最初の期間を除く各期間における労働日数及び総労働時間を定めたときは、当該各期間の初日の少なくとも三十日前に、当該事業場に、労働者の過半数で組織する労働組合がある場合においてはその労働組合、労働者の過半数で組織する労働組合がない場合においては労働者の過半数を代表する者の同意を得て、厚生労働省令で定めるところにより、当該労働日数を超えない範囲内において当該各期間における労働日及び当該総労働時間を超えない範囲内において当該各期間における労働日ごとの労働時間を定めなければならない。

③　厚生労働大臣は、労働政策審議会の意見を聴いて、厚生労働省令で、対象期間における労働日数の限度並びに一日及び一週間の労働時間の限度並びに対象期間（第一項の協定で特定期間として定められた期間を除く。）及び同項の協定で特定期間として定められた期間における連続して労働させる日数の限度を定めることができる。

④　第三十二条の二第二項の規定は、第一項の協定について準用する。

第三十二条の四の二　使用者が、対象期間中の前条の規定により労働させた期間が当該対象期間より短い労働者について、当該労働させた期間を平均し一週間当たり四十時間を超えて労働させた場合においては、その超えた時間（第三十三条又は第三十六条第一項の規定により延長し、又は休日に労働させた時間を除く。）の労働については、第三十七条の規定の例により割増賃金を支払わなければならない。

第三十二条の五　使用者は、日ごとの業務に著しい繁閑の差が生ずることが多く、かつ、これを予測した上で就業規則その他これに準ずるものにより各日の労働時間を特定することが困難であると認められる厚生労働省令で定める事業であつて、常時使用する労働者の数が厚生労働省令で定める数未満のものに従事する労働者については、当該事業場に、労働者の過半数で組織する労働組合がある場合においてはその労働組合、労働者の過半数で組織する労働組合がない場合においては労働者の過半数を代表する者との書面による協定があるときは、第三十二条第二項の規定にかかわらず、一日について十時間まで労働させることができる。

②　使用者は、前項の規定により労働者に労働させる場合においては、厚生労働省令で定めるところにより、当該労働させる一週間の各日の労働時間を、あらかじめ、当該労働者に通知しなければならない。

③　第三十二条の二第二項の規定は、第一項の協定について準用する。

（災害等による臨時の必要がある場合の時間外労働

等）

第三三条　災害その他避けることのできない事由によつて、臨時の必要がある場合においては、使用者は、行政官庁の許可を受けて、その必要の限度において第三十二条から前条まで若しくは第四十条の労働時間を延長し、又は第三十五条の休日に労働させることができる。ただし、事態急迫のために行政官庁の許可を受ける暇がない場合においては、事後に遅滞なく届け出なければならない。

② 前項ただし書の規定による届出があつた場合において、行政官庁がその労働時間の延長又は休日の労働を不適当と認めるときは、その後にその時間に相当する休憩又は休日を与えるべきことを、命ずることができる。

③ 公務のために臨時の必要がある場合においては、第一項の規定にかかわらず、官公署の事業（別表第一に掲げる事業を除く。）に従事する国家公務員及び地方公務員については、第三十二条から前条まで若しくは第四十条の労働時間を延長し、又は第三十五条の休日に労働させることができる。

（休憩）

第三四条　使用者は、労働時間が六時間を超える場合においては少くとも四十五分、八時間を超える場合においては少くとも一時間の休憩時間を労働時間の途中に与えなければならない。

② 前項の休憩時間は、一斉に与えなければならない。ただし、当該事業場に、労働者の過半数で組織する労働組合がある場合においてはその労働組合、労働者の過半数で組織する労働組合がない場合においては労働者の過半数を代表する者との書面による協定があるときは、この限りでない。

③ 使用者は、第一項の休憩時間を自由に利用させなければならない。

（休日）

第三五条　使用者は、労働者に対して、毎週少くとも一回の休日を与えなければならない。

② 前項の規定は、四週間を通じ四日以上の休日を与える使用者については適用しない。

（時間外及び休日の労働）

第三六条　使用者は、当該事業場に、労働者の過半数で組織する労働組合がある場合においてはその労働組合、労働者の過半数で組織する労働組合がない場合においては労働者の過半数を代表する者との書面による協定をし、厚生労働省令で定めるところによりこれを行政官庁に届け出た場合においては、第三十二条から第三十二条の五まで若しくは第四十条の労働時間（以下この項において「労働時間」という。）又は前条の休日（以下この項において「休日」という。）に関する規定にかかわらず、その協定で定めるところによつて労働時間を延長し、又は休日に労働させることができる。ただし、坑内労働その他厚生労働省令で定める健康上特に有害な業務の労働時間の延長は、一日について二時間を超えてはならない。

② 前項の協定においては、次に掲げる事項を定めるものとする。

一　この条の規定により労働時間を延長し、又は休日に労働させることができることとされる労働者の範囲

二　対象期間（この条の規定により労働時間を延長し、又は休日に労働させることができる期間をいい、一年間に限るものとする。第四号及び第六項第三号において同じ。）

三　労働時間を延長し、又は休日に労働させることができる場合

四　対象期間における一日、一箇月及び一年のそれぞれの期間について労働時間を延長して労働させることができる時間又は労働させることができる休日の日数

五　労働時間の延長及び休日の労働を適正なものとするために必要な事項として厚生労働省令で定める事項

③ 前項第四号の労働時間を延長して労働させることができる時間は、当該事業場の業務量、時間外労働の動向その他の事情を考慮して通常予見される時間外労働の範囲内において、限度時間を超えない時間に限る。

④ 前項の限度時間は、一箇月について四十五時間及び一年について三百六十時間（第三十二条の四第一項第二号の対象期間として三箇月を超える期間を定めて同条の規定により労働させる場合にあつては、一箇月について四十二時間及び一年について三百二十時間）とする。

⑤ 第一項の協定においては、第二項各号に掲げるもののほか、当該事業場における通常予見することのできない業務量の大幅な増加等に伴い臨時的に第三項の限度時間を超えて労働させる必要がある場合において、一箇月について労働時間を延長して労働させ、及び休日において労働させることができる時間（第二項第四号に関して協定した時間を含め百時間未満の範囲内に限る。）並びに一年について労働時間を延長して労働させることができる時間（同号に関して協定した時間を含め七百二十時間を超えない範囲内に限る。）を定めることができる。この場合において、第一項の協定に、併せて第二項第二号の対象期間において労働

時間を延長して労働させる時間が一箇月について四十五時間（第三十二条の四第一項第二号の対象期間として三箇月を超える期間を定めて同条の規定により労働させる場合にあつては、一箇月について四十二時間）を超えることができる月数（一年について六箇月以内に限る。）を定めなければならない。

⑥　使用者は、第一項の協定で定めるところによつて労働時間を延長して労働させ、又は休日において労働させる場合であつても、次の各号に掲げる時間について、当該各号に定める要件を満たすものとしなければならない。

一　坑内労働その他厚生労働省令で定める健康上特に有害な業務について、一日について労働時間を延長して労働させた時間二時間を超えないこと。

二　一箇月について労働時間を延長して労働させ、及び休日において労働させた時間百時間未満であること。

三　対象期間の初日から一箇月ごとに区分した各期間に当該各期間の直前の一箇月、二箇月、三箇月、四箇月及び五箇月の期間を加えたそれぞれの期間における労働時間を延長して労働させ、及び休日において労働させた時間の一箇月当たりの平均時間八十時間を超えないこと。

⑦　厚生労働大臣は、労働時間の延長及び休日の労働を適正なものとするため、第一項の協定で定める労働時間の延長及び休日の労働について留意すべき事項、当該労働時間の延長に係る割増賃金の率その他の必要な事項について、労働者の健康、福祉、時間外労働の動向その他の事情を考慮して指針を定めることができる。

⑧　第一項の協定をする使用者及び労働組合又は労働者の過半数を代表する者は、当該協定で労働時間の延長及び休日の労働を定めるに当たり、当該協定の内容が前項の指針に適合したものとなるようにしなければならない。

⑨　行政官庁は、第七項の指針に関し、第一項の協定をする使用者及び労働組合又は労働者の過半数を代表する者に対し、必要な助言及び指導を行うことができる。

⑩　前項の助言及び指導を行うに当たつては、労働者の健康が確保されるよう特に配慮しなければならない。

⑪　第三項から第五項まで及び第六項（第二号及び第三号に係る部分に限る。）の規定は、新たな技術、商品又は役務の研究開発に係る業務については適用しない。

（時間外、休日及び深夜の割増賃金）

第三七条　使用者が、第三十三条又は前条第一項の規定により労働時間を延長し、又は休日に労働させた場合においては、その時間又はその日の労働については、通常の労働時間又は労働日の賃金の計算額の二割五分以上五割以下の範囲内でそれぞれ政令で定める率以上の率で計算した割増賃金を支払わなければならない。ただし、当該延長して労働させた時間が一箇月について六十時間を超えた場合においては、その超えた時間の労働については、通常の労働時間の賃金の計算額の五割以上の率で計算した割増賃金を支払わなければならない。

②　前項の政令は、労働者の福祉、時間外又は休日の労働の動向その他の事情を考慮して定めるものとする。

③　使用者が、当該事業場に、労働者の過半数で組織する労働組合があるときはその労働組合、労働者の過半数で組織する労働組合がないときは労働者の過半数を代表する者との書面による協定により、第一項ただし書の規定により割増賃金を支払うべき労働者に対して、当該割増賃金の支払に代えて、通常の労働時間の賃金が支払われる休暇（第三十九条の規定による有給休暇を除く。）を厚生労働省令で定めるところにより与えることを定めた場合において、当該労働者が当該休暇を取得したときは、当該労働者の同項ただし書に規定する時間を超えた時間の労働のうち当該取得した休暇に対応するものとして厚生労働省令で定める時間の労働については、同項ただし書の規定による割増賃金を支払うことを要しない。

④　使用者が、午後十時から午前五時まで（厚生労働大臣が必要であると認める場合においては、その定める地域又は期間については午後十一時から午前六時まで）の間において労働させた場合においては、その時間の労働については、通常の労働時間の賃金の計算額の二割五分以上の率で計算した割増賃金を支払わなければならない。

⑤　第一項及び前項の割増賃金の基礎となる賃金には、家族手当、通勤手当その他厚生労働省令で定める賃金は算入しない。

（時間計算）

第三八条　労働時間は、事業場を異にする場合においても、労働時間に関する規定の適用については通算する。

②　坑内労働については、労働者が坑口に入つた時刻から坑口を出た時刻までの時間を、休憩時間を含め労働時間とみなす。但し、この場合において

は、第三十四条第二項及び第三項の休憩に関する規定は適用しない。

第三八条の二　労働者が労働時間の全部又は一部について事業場外で業務に従事した場合において、労働時間を算定し難いときは、所定労働時間労働したものとみなす。ただし、当該業務を遂行するためには通常所定労働時間を超えて労働することが必要となる場合においては、当該業務に関しては、厚生労働省令で定めるところにより、当該業務の遂行に通常必要とされる時間労働したものとみなす。

② 前項ただし書の場合において、当該業務に関し、当該事業場に、労働者の過半数で組織する労働組合があるときはその労働組合、労働者の過半数で組織する労働組合がないときは労働者の過半数を代表する者との書面による協定があるときは、その協定で定める時間を同項ただし書の当該業務の遂行に通常必要とされる時間とする。

③ 使用者は、厚生労働省令で定めるところにより、前項の協定を行政官庁に届け出なければならない。

第三八条の三　使用者が、当該事業場に、労働者の過半数で組織する労働組合があるときはその労働組合、労働者の過半数で組織する労働組合がないときは労働者の過半数を代表する者との書面による協定により、次に掲げる事項を定めた場合において、労働者を第一号に掲げる業務に就かせたときは、当該労働者は、厚生労働省令で定めるところにより、第二号に掲げる時間労働したものとみなす。

一　業務の性質上その遂行の方法を大幅に当該業務に従事する労働者の裁量にゆだねる必要があるため、当該業務の遂行の手段及び時間配分の決定等に関し使用者が具体的な指示をすることが困難なものとして厚生労働省令で定める業務のうち、労働者に就かせることとする業務（以下この条において「対象業務」という。）

二　対象業務に従事する労働者の労働時間として算定される時間

三　対象業務の遂行の手段及び時間配分の決定等に関し、当該対象業務に従事する労働者に対し使用者が具体的な指示をしないこと。

四　対象業務に従事する労働者の労働時間の状況に応じた当該労働者の健康及び福祉を確保するための措置を当該協定で定めるところにより使用者が講ずること。

五　対象業務に従事する労働者からの苦情の処理に関する措置を当該協定で定めるところにより使用者が講ずること。

六　前各号に掲げるもののほか、厚生労働省令で定める事項。

② 前条第三項の規定は、前項の協定について準用する。

第三八条の四　賃金、労働時間その他の当該事業場における労働条件に関する事項を調査審議し、事業主に対し当該事項について意見を述べることを目的とする委員会（使用者及び当該事業場の労働者を代表する者を構成員とするものに限る。）が設置された事業場において、当該委員会がその委員の五分の四以上の多数による議決により次に掲げる事項に関する決議をし、かつ、使用者が、厚生労働省令で定めるところにより当該決議を行政官庁に届け出た場合において、第二号に掲げる労働者の範囲に属する労働者を当該事業場における第一号に掲げる業務に就かせたときは、当該労働者は、厚生労働省令で定めるところにより、第三号に掲げる時間労働したものとみなす。

一　事業の運営に関する事項についての企画、立案、調査及び分析の業務であつて、当該業務の性質上これを適切に遂行するにはその遂行の方法を大幅に労働者の裁量に委ねる必要があるため、当該業務の遂行の手段及び時間配分の決定等に関し使用者が具体的な指示をしないこととする業務（以下この条において「対象業務」という。）

二　対象業務を適切に遂行するための知識、経験等を有する労働者であつて、当該対象業務に就かせたときは当該決議で定める時間労働したものとみなされることとなるものの範囲

三　対象業務に従事する前号に掲げる労働者の範囲に属する労働者の労働時間として算定される時間

四　対象業務に従事する第二号に掲げる労働者の範囲に属する労働者の労働時間の状況に応じた当該労働者の健康及び福祉を確保するための措置を当該決議で定めるところにより使用者が講ずること。

五　対象業務に従事する第二号に掲げる労働者の範囲に属する労働者からの苦情の処理に関する措置を当該決議で定めるところにより使用者が講ずること。

六　使用者は、この項の規定により第二号に掲げる労働者の範囲に属する労働者を対象業務に就かせたときは第三号に掲げる時間労働したものとみなすことについて当該労働者の同意を得なければならないこと及び当該同意をしなかつた当該労働者に対して解雇その他不利益な取扱い

をしてはならないこと。
七　前各号に掲げるもののほか、厚生労働省令で定める事項

② 前項の委員会は、次の各号に適合するものでなければならない。
一　当該委員会の委員の半数については、当該事業場に、労働者の過半数で組織する労働組合がある場合においてはその労働組合、労働者の過半数で組織する労働組合がない場合においては労働者の過半数を代表する者に厚生労働省令で定めるところにより任期を定めて指名されていること。
二　当該委員会の議事について、厚生労働省令で定めるところにより、議事録が作成され、かつ、保存されるとともに、当該事業場の労働者に対する周知が図られていること。
三　前二号に掲げるもののほか、厚生労働省令で定める要件

③ 厚生労働大臣は、対象業務に従事する労働者の適正な労働条件の確保を図るために、労働政策審議会の意見を聴いて、第一項各号に掲げる事項その他同項の委員会が決議する事項について指針を定め、これを公表するものとする。

④ 第一項の規定による届出をした使用者は、厚生労働省令で定めるところにより、定期的に、同項第四号に規定する措置の実施状況を行政官庁に報告しなければならない。

⑤ 第一項の委員会においてその委員の五分の四以上の多数による議決により第三十二条の二第一項、第三十二条の三第一項、第三十二条の四第一項及び第二項、第三十二条の五第一項、第三十四条第二項ただし書、第三十六条第一項、第二項及び第五項、第三十七条第三項、第三十八条の二第二項、前条第一項並びに次条第四項、第六項及び第九項ただし書に規定する事項について決議が行われた場合における第三十二条の二第一項、第三十二条の三第一項、第三十二条の四第一項から第三項まで、第三十二条の五第一項、第三十四条第二項ただし書、第三十六条、第三十七条第三項、第三十八条の二第二項、前条第一項並びに次条第四項、第六項及び第九項ただし書の規定の適用については、第三十二条の二第一項中「協定」とあるのは「協定若しくは第三十八条の四第一項に規定する委員会の決議（第百六条第一項を除き、以下「決議」という。）」と、第三十二条の三第一項、第三十二条の四第一項から第三項まで、第三十二条の五第一項、第三十四条第二項ただし書、第三十六条第二項及び第五項から第七項まで、第三十七条第三項、第三十八条の二第二項、前条第一項並びに次条第四項、第六項及び第九項ただし書中「協定」とあるのは「協定又は決議」と、第三十二条の四第二項中「同意を得て」とあるのは「同意を得て、又は決議に基づき」と、第三十六条第一項中「届け出た場合」とあるのは「届け出た場合又は決議を行政官庁に届け出た場合」と、「その協定」とあるのは「その協定又は決議」と、同条第八項中「又は労働者の過半数を代表する者」とあるのは「若しくは労働者の過半数を代表する者又は同項の決議をする委員」と、「当該協定」とあるのは「当該協定又は当該決議」と、同条第九項中「又は労働者の過半数を代表する者」とあるのは「若しくは労働者の過半数を代表する者又は同項の決議をする委員」とする。

（年次有給休暇）

第三九条　使用者は、その雇入れの日から起算して六箇月間継続勤務し全労働日の八割以上出勤した労働者に対して、継続し、又は分割した十労働日の有給休暇を与えなければならない。

② 使用者は、一年六箇月以上継続勤務した労働者に対しては、雇入れの日から起算して六箇月を超えて継続勤務する日（以下「六箇月経過日」という。）から起算した継続勤務年数一年ごとに、前項の日数に、次の表の上欄に掲げる六箇月経過日から起算した継続勤務年数の区分に応じ同表の下欄に掲げる労働日を加算した有給休暇を与えなければならない。ただし、継続勤務した期間を六箇月経過日から一年ごとに区分した各期間（最後に一年未満の期間を生じたときは、当該期間）の初日の前日の属する期間において出勤した日数が全労働日の八割未満である者に対しては、当該初日以後の一年間においては有給休暇を与えることを要しない。

六箇月経過日から起算した継続勤務年数	労働日
一年	一労働日
二年	二労働日
三年	四労働日
四年	六労働日
五年	八労働日
六年以上	十労働日

③ 次に掲げる労働者（一週間の所定労働時間が厚生労働省令で定める時間以上の者を除く。）の有給休暇の日数については、前二項の規定にかかわらず、これらの規定による有給休暇の日数を基準とし、通常の労働者の一週間の所定労働日数とし

て厚生労働省令で定める日数（第一号において「通常の労働者の週所定労働日数」という。）と当該労働者の一週間の所定労働日数又は一週間当たりの平均所定労働日数との比率を考慮して厚生労働省令で定める日数とする。

一　一週間の所定労働日数が通常の労働者の週所定労働日数に比し相当程度少ないものとして厚生労働省令で定める日数以下の労働者

二　週以外の期間によつて所定労働日数が定められている労働者については、一年間の所定労働日数が、前号の厚生労働省令で定める日数に一日を加えた日数を一週間の所定労働日数とする労働者の一年間の所定労働日数その他の事情を考慮して厚生労働省令で定める日数以下の労働者

④　使用者は、当該事業場に、労働者の過半数で組織する労働組合があるときはその労働組合、労働者の過半数で組織する労働組合がないときは労働者の過半数を代表する者との書面による協定により、次に掲げる事項を定めた場合において、第一号に掲げる労働者の範囲に属する労働者が有給休暇を時間を単位として請求したときは、前三項の規定による有給休暇の日数のうち第二号に掲げる日数については、これらの規定にかかわらず、当該協定で定めるところにより時間を単位として有給休暇を与えることができる。

一　時間を単位として有給休暇を与えることができることとされる労働者の範囲

二　時間を単位として与えることができることとされる有給休暇の日数（五日以内に限る。）

三　その他厚生労働省令で定める事項

⑤　使用者は、前各項の規定による有給休暇を労働者の請求する時季に与えなければならない。ただし、請求された時季に有給休暇を与えることが事業の正常な運営を妨げる場合においては、他の時季にこれを与えることができる。

⑥　使用者は、当該事業場に、労働者の過半数で組織する労働組合がある場合においてはその労働組合、労働者の過半数で組織する労働組合がない場合においては労働者の過半数を代表する者との書面による協定により、第一項から第三項までの規定による有給休暇を与える時季に関する定めをしたときは、これらの規定による有給休暇の日数のうち五日を超える部分については、前項の規定にかかわらず、その定めにより有給休暇を与えることができる。

⑦　使用者は、第一項から第三項までの規定による有給休暇（これらの規定により使用者が与えなければならない有給休暇の日数が十労働日以上である労働者に係るものに限る。以下この項及び次項において同じ。）の日数のうち五日については、基準日（継続勤務した期間を六箇月経過日から一年ごとに区分した各期間（最後に一年未満の期間を生じたときは、当該期間）の初日をいう。以下この項において同じ。）から一年以内の期間に、労働者ごとにその時季を定めることにより与えなければならない。ただし、第一項から第三項までの規定による有給休暇を当該有給休暇に係る基準日より前の日から与えることとしたときは、厚生労働省令で定めるところにより、労働者ごとにその時季を定めることにより与えなければならない。

⑧　前項の規定にかかわらず、第五項又は第六項の規定により第一項から第三項までの規定による有給休暇を与えた場合においては、当該与えた有給休暇の日数（当該日数が五日を超える場合には、五日とする。）分については、時季を定めることにより与えることを要しない。

⑨　使用者は、第一項から第三項までの規定による有給休暇の期間又は第四項の規定による有給休暇の時間については、就業規則その他これに準ずるもので定めるところにより、それぞれ、平均賃金若しくは所定労働時間労働した場合に支払われる通常の賃金又はこれらの額を基準として厚生労働省令で定めるところにより算定した額の賃金を支払わなければならない。ただし、当該事業場に、労働者の過半数で組織する労働組合がある場合においてはその労働組合、労働者の過半数で組織する労働組合がない場合においては労働者の過半数を代表する者との書面による協定により、その期間又はその時間について、それぞれ、健康保険法（大正十一年法律第七十号）第四十条第一項に規定する標準報酬月額の三十分の一に相当する金額（その金額に、五円未満の端数があるときは、これを切り捨て、五円以上十円未満の端数があるときは、これを十円に切り上げるものとする。）を支払う旨を定めたときは、これによらなければならない。

⑩　労働者が業務上負傷し、又は疾病にかかり療養のために休業した期間及び育児休業、介護休業等育児又は家族介護を行う労働者の福祉に関する法律第二条第一号に規定する育児休業又は同条第二号に規定する介護休業をした期間並びに産前産後の女性が第六十五条の規定によつて休業した期間は、第一項及び第二項の規定の適用については、これを出勤したものとみなす。

（労働時間及び休憩の特例）

第四〇条　別表第一第一号から第三号まで、第六号及び第七号に掲げる事業以外の事業で、公衆の不便を避けるために必要なものその他特殊の必要あるものについては、その必要避くべからざる限度で、第三十二条から第三十二条の五までの労働時間及び第三十四条の休憩に関する規定について、厚生労働省令で別段の定めをすることができる。

② 前項の規定による別段の定めは、この法律で定める基準に近いものであつて、労働者の健康及び福祉を害しないものでなければならない。

（労働時間等に関する規定の適用除外）

第四一条　この章、第六章及び第六章の二で定める労働時間、休憩及び休日に関する規定は、次の各号の一に該当する労働者については適用しない。

一　別表第一第六号（林業を除く。）又は第七号に掲げる事業に従事する者

二　事業の種類にかかわらず監督若しくは管理の地位にある者又は機密の事務を取り扱う者

三　監視又は断続的労働に従事する者で、使用者が行政官庁の許可を受けたもの

第四一条の二　賃金、労働時間その他の当該事業場における労働条件に関する事項を調査審議し、事業主に対し当該事項について意見を述べることを目的とする委員会（使用者及び当該事業場の労働者を代表する者を構成員とするものに限る。）が設置された事業場において、当該委員会がその委員の五分の四以上の多数による議決により次に掲げる事項に関する決議をし、かつ、使用者が、厚生労働省令で定めるところにより当該決議を行政官庁に届け出た場合において、第二号に掲げる労働者の範囲に属する労働者（以下この項において「対象労働者」という。）であつて書面その他の厚生労働省令で定める方法によりその同意を得たものを当該事業場における第一号に掲げる業務に就かせたときは、この章で定める労働時間、休憩、休日及び深夜の割増賃金に関する規定は、対象労働者については適用しない。ただし、第三号から第五号までに規定する措置のいずれかを使用者が講じていない場合は、この限りでない。

一　高度の専門的知識等を必要とし、その性質上従事した時間と従事して得た成果との関連性が通常高くないと認められるものとして厚生労働省令で定める業務のうち、労働者に就かせることとする業務（以下この項において「対象業務」という。）

二　この項の規定により労働する期間において次のいずれにも該当する労働者であつて、対象業務に就かせようとするものの範囲

イ　使用者との間の書面その他の厚生労働省令で定める方法による合意に基づき職務が明確に定められていること。

ロ　労働契約により使用者から支払われると見込まれる賃金の額を一年間当たりの賃金の額に換算した額が基準年間平均給与額（厚生労働省において作成する毎月勤労統計における毎月きまつて支給する給与の額を基礎として厚生労働省令で定めるところにより算定した労働者一人当たりの給与の平均額をいう。）の三倍の額を相当程度上回る水準として厚生労働省令で定める額以上であること。

三　対象業務に従事する対象労働者の健康管理を行うために当該対象労働者が事業場内にいた時間（この項の委員会が厚生労働省令で定める労働時間以外の時間を除くことを決議したときは、当該決議に係る時間を除いた時間）と事業場外において労働した時間との合計の時間（第五号ロ及びニ並びに第六号において「健康管理時間」という。）を把握する措置（厚生労働省令で定める方法に限る。）を当該決議で定めるところにより使用者が講ずること。

四　対象業務に従事する対象労働者に対し、一年間を通じ百四日以上、かつ、四週間を通じ四日以上の休日を当該決議及び就業規則その他これに準ずるもので定めるところにより使用者が与えること。

五　対象業務に従事する対象労働者に対し、次のいずれかに該当する措置を当該決議及び就業規則その他これに準ずるもので定めるところにより使用者が講ずること。

イ　労働者ごとに始業から二十四時間を経過するまでに厚生労働省令で定める時間以上の継続した休息時間を確保し、かつ、第三十七条第四項に規定する時刻の間において労働させる回数を一箇月について厚生労働省令で定める回数以内とすること。

ロ　健康管理時間を一箇月又は三箇月についてそれぞれ厚生労働省令で定める時間を超えない範囲内とすること。

ハ　一年に一回以上の継続した二週間（労働者が請求した場合においては、一年に二回以上の継続した一週間）（使用者が当該期間において、第三十九条の規定による有給休暇を与えたときは、当該有給休暇を与えた日を除く。）について、休日を与えること。

ニ　健康管理時間の状況その他の事項が労働者の健康の保持を考慮して厚生労働省令で定

める要件に該当する労働者に健康診断（厚生労働省令で定める項目を含むものに限る。）を実施すること。

六　対象業務に従事する対象労働者の健康管理時間の状況に応じた当該対象労働者の健康及び福祉を確保するための措置であつて、当該対象労働者に対する有給休暇（第三十九条の規定による有給休暇を除く。）の付与、健康診断の実施その他の厚生労働省令で定める措置のうち当該決議で定めるものを使用者が講ずること。

七　対象労働者のこの項の規定による同意の撤回に関する手続

八　対象業務に従事する対象労働者からの苦情の処理に関する措置を当該決議で定めるところにより使用者が講ずること。

九　使用者は、この項の規定による同意をしなかつた対象労働者に対して解雇その他不利益な取扱いをしてはならないこと。

十　前各号に掲げるもののほか、厚生労働省令で定める事項

② 前項の規定による届出をした使用者は、厚生労働省令で定めるところにより、同項第四号から第六号までに規定する措置の実施状況を行政官庁に報告しなければならない。

③ 第三十八条の四第二項、第三項及び第五項の規定は、第一項の委員会について準用する。

④ 第一項の決議をする委員は、当該決議の内容が前項において準用する第三十八条の四第三項の指針に適合したものとなるようにしなければならない。

⑤ 行政官庁は、第三項において準用する第三十八条の四第三項の指針に関し、第一項の決議をする委員に対し、必要な助言及び指導を行うことができる。

第五章　安全及び衛生

第四二条　労働者の安全及び衛生に関しては、労働安全衛生法（昭和四十七年法律第五十七号）の定めるところによる。

第四三条から第五五条まで　削除

第六章　年少者

（最低年齢）

第五六条　使用者は、児童が満十五歳に達した日以後の最初の三月三十一日が終了するまで、これを使用してはならない。

② 前項の規定にかかわらず、別表第一第一号から第五号までに掲げる事業以外の事業に係る職業で、児童の健康及び福祉に有害でなく、かつ、その労働が軽易なものについては、行政官庁の許可を受けて、満十三歳以上の児童をその者の修学時間外に使用することができる。映画の製作又は演劇の事業については、満十三歳に満たない児童についても、同様とする。

（年少者の証明書）

第五七条　使用者は、満十八才に満たない者について、その年齢を証明する戸籍証明書を事業場に備え付けなければならない。

② 使用者は、前条第二項の規定によつて使用する児童については、修学に差し支えないことを証明する学校長の証明書及び親権者又は後見人の同意書を事業場に備え付けなければならない。

（未成年者の労働契約）

第五八条　親権者又は後見人は、未成年者に代つて労働契約を締結してはならない。

② 親権者若しくは後見人又は行政官庁は、労働契約が未成年者に不利であると認める場合においては、将来に向つてこれを解除することができる。

第五九条　未成年者は、独立して賃金を請求することができる。親権者又は後見人は、未成年者の賃金を代つて受け取つてはならない。

（労働時間及び休日）

第六〇条　第三十二条の二から第三十二条の五まで、第三十六条、第四十条及び第四十一条の二の規定は、満十八才に満たない者については、これを適用しない。

② 第五十六条第二項の規定によつて使用する児童についての第三十二条の規定の適用については、同条第一項中「一週間について四十時間」とあるのは「、修学時間を通算して一週間について四十時間」と、同条第二項中「一日について八時間」とあるのは「、修学時間を通算して一日について七時間」とする。

③ 使用者は、第三十二条の規定にかかわらず、満十五歳以上で満十八歳に満たない者については、満十八歳に達するまでの間（満十五歳に達した日以後の最初の三月三十一日までの間を除く。）、次に定めるところにより、労働させることができる。

一　一週間の労働時間が第三十二条第一項の労働時間を超えない範囲内において、一週間のうち一日の労働時間を四時間以内に短縮する場合において、他の日の労働時間を十時間まで延長すること。

二　一週間について四十八時間以下の範囲内で厚生労働省令で定める時間、一日について八時間を超えない範囲内において、第三十二条の二又

は第三十二条の四及び第三十二条の四の二の規定の例により労働させること。

（深夜業）

第六十一条　使用者は、満十八才に満たない者を午後十時から午前五時までの間において使用してはならない。ただし、交替制によつて使用する満十六才以上の男性については、この限りでない。

② 厚生労働大臣は、必要であると認める場合においては、前項の時刻を、地域又は期間を限つて、午後十一時及び午前六時とすることができる。

③ 交替制によつて労働させる事業については、行政官庁の許可を受けて、第一項の規定にかかわらず午後十時三十分まで労働させ、又は前項の規定にかかわらず午前五時三十分から労働させることができる。

④ 前三項の規定は、第三十三条第一項の規定によつて労働時間を延長し、若しくは休日に労働させる場合又は別表第一第六号、第七号若しくは第十三号に掲げる事業若しくは電話交換の業務については、適用しない。

⑤ 第一項及び第二項の時刻は、第五十六条第二項の規定によつて使用する児童については、第一項の時刻は、午後八時及び午前五時とし、第二項の時刻は、午後九時及び午前六時とする。

（危険有害業務の就業制限）

第六十二条　使用者は、満十八才に満たない者に、運転中の機械若しくは動力伝導装置の危険な部分の掃除、注油、検査若しくは修繕をさせ、運転中の機械若しくは動力伝導装置にベルト若しくはロープの取付け若しくは取りはずしをさせ、動力によるクレーンの運転をさせ、その他厚生労働省令で定める危険な業務に就かせ、又は厚生労働省令で定める重量物を取り扱う業務に就かせてはならない。

② 使用者は、満十八才に満たない者を、毒劇薬、毒劇物その他有害な原料若しくは材料又は爆発性、発火性若しくは引火性の原料若しくは材料を取り扱う業務、著しくじんあい若しくは粉末を飛散し、若しくは有害ガス若しくは有害放射線を発散する場所又は高温若しくは高圧の場所における業務その他安全、衛生又は福祉に有害な場所における業務に就かせてはならない。

③ 前項に規定する業務の範囲は、厚生労働省令で定める。

（坑内労働の禁止）

第六十三条　使用者は、満十八才に満たない者を坑内で労働させてはならない。

（帰郷旅費）

第六十四条　満十八才に満たない者が解雇の日から十四日以内に帰郷する場合においては、使用者は、必要な旅費を負担しなければならない。ただし、満十八才に満たない者がその責めに帰すべき事由に基づいて解雇され、使用者がその事由について行政官庁の認定を受けたときは、この限りでない。

第六章の二　妊産婦等

（坑内業務の就業制限）

第六十四条の二　使用者は、次の各号に掲げる女性を当該各号に定める業務に就かせてはならない。

一　妊娠中の女性及び坑内で行われる業務に従事しない旨を使用者に申し出た産後一年を経過しない女性　坑内で行われるすべての業務

二　前号に掲げる女性以外の満十八歳以上の女性　坑内で行われる業務のうち人力により行われる掘削の業務その他の女性に有害な業務として厚生労働省令で定めるもの

（危険有害業務の就業制限）

第六十四条の三　使用者は、妊娠中の女性及び産後一年を経過しない女性（以下「妊産婦」という。）を、重量物を取り扱う業務、有害ガスを発散する場所における業務その他妊産婦の妊娠、出産、哺育等に有害な業務に就かせてはならない。

② 前項の規定は、同項に規定する業務のうち女性の妊娠又は出産に係る機能に有害である業務につき、厚生労働省令で、妊産婦以外の女性に関して、準用することができる。

③ 前二項に規定する業務の範囲及びこれらの規定によりこれらの業務に就かせてはならない者の範囲は、厚生労働省令で定める。

（産前産後）

第六十五条　使用者は、六週間（多胎妊娠の場合にあつては、十四週間）以内に出産する予定の女性が休業を請求した場合においては、その者を就業させてはならない。

② 使用者は、産後八週間を経過しない女性を就業させてはならない。ただし、産後六週間を経過した女性が請求した場合において、その者について医師が支障がないと認めた業務に就かせることは、差し支えない。

③ 使用者は、妊娠中の女性が請求した場合においては、他の軽易な業務に転換させなければならない。

第六十六条　使用者は、妊産婦が請求した場合においては、第三十二条の二第一項、第三十二条の四第一項及び第三十二条の五第一項の規定にかかわらず、一週間について第三十二条第一項の労働時間、一日について同条第二項の労働時間を超えて労働させてはならない。

② 使用者は、妊産婦が請求した場合においては、第三十三条第一項及び第三項並びに第三十六条第一項の規定にかかわらず、時間外労働をさせてはならず、又は休日に労働させてはならない。

③ 使用者は、妊産婦が請求した場合においては、深夜業をさせてはならない。

（育児時間）

第六十七条　生後満一年に達しない生児を育てる女性は、第三十四条の休憩時間のほか、一日二回各々少なくとも三十分、その生児を育てるための時間を請求することができる。

② 使用者は、前項の育児時間中は、その女性を使用してはならない。

（生理日の就業が著しく困難な女性に対する措置）

第六十八条　使用者は、生理日の就業が著しく困難な女性が休暇を請求したときは、その者を生理日に就業させてはならない。

第七章　技能者の養成

（徒弟の弊害排除）

第六十九条　使用者は、徒弟、見習、養成工その他名称の如何を問わず、技能の習得を目的とする者であることを理由として、労働者を酷使してはならない。

② 使用者は、技能の習得を目的とする労働者を家事その他技能の習得に関係のない作業に従事させてはならない。

（職業訓練に関する特例）

第七〇条　職業能力開発促進法（昭和四十四年法律第六十四号）第二十四条第一項（同法第二十七条の二第二項において準用する場合を含む。）の認定を受けて行う職業訓練を受ける労働者について必要がある場合においては、その必要の限度で、第十四条第一項の契約期間、第六十二条及び第六十四条の三の年少者及び妊産婦等の危険有害業務の就業制限、第六十三条の年少者の坑内労働の禁止並びに第六十四条の二の妊産婦等の坑内業務の就業制限に関する規定について、厚生労働省令で別段の定めをすることができる。ただし、第六十三条の年少者の坑内労働の禁止に関する規定については、満十六歳に満たない者に関しては、この限りでない。

第七一条　前条の規定に基いて発する厚生労働省令は、当該厚生労働省令によつて労働者を使用することについて行政官庁の許可を受けた使用者に使用される労働者以外の労働者については、適用しない。

第七二条　第七十条の規定に基づく厚生労働省令の適用を受ける未成年者についての第三十九条の規定の適用については、同条第一項中「十労働日」とあるのは「十二労働日」と、同条第二項の表六年以上の項中「十労働日」とあるのは「八労働日」とする。

第七三条　第七十一条の規定による許可を受けた使用者が第七十条の規定に基いて発する厚生労働省令に違反した場合においては、行政官庁は、その許可を取り消すことができる。

第七四条　削除

第八章　災害補償

（療養補償）

第七五条　労働者が業務上負傷し、又は疾病にかかつた場合においては、使用者は、その費用で必要な療養を行い、又は必要な療養の費用を負担しなければならない。

② 前項に規定する業務上の疾病及び療養の範囲は、厚生労働省令で定める。

（休業補償）

第七六条　労働者が前条の規定による療養のため、労働することができないために賃金を受けない場合においては、使用者は、労働者の療養中平均賃金の百分の六十の休業補償を行わなければならない。

② 使用者は、前項の規定により休業補償を行つている労働者と同一の事業場における同種の労働者に対して所定労働時間労働した場合に支払われる通常の賃金の、一月から三月まで、四月から六月まで、七月から九月まで及び十月から十二月までの各区分による期間（以下四半期という。）ごとの一箇月一人当り平均額（常時百人未満の労働者を使用する事業場については、厚生労働省において作成する毎月勤労統計における当該事業場の属する産業に係る毎月きまつて支給する給与の四半期の労働者一人当りの一箇月平均額。以下平均給与額という。）が、当該労働者が業務上負傷し、又は疾病にかかつた日の属する四半期における平均給与額の百分の百二十をこえ、又は百分の八十を下るに至つた場合においては、使用者は、その上昇し又は低下した比率に応じて、その上昇し又は低下するに至つた四半期の次の次の四半期において、前項の規定により当該労働者に対して行つている休業補償の額を改訂し、その改訂をした四半期に属する最初の月から改訂された額により休業補償を行わなければならない。改訂後の休業補

償の額の改訂についてもこれに準ずる。

③　前項の規定により難い場合における改訂の方法その他同項の規定による改訂について必要な事項は、厚生労働省令で定める。

（障害補償）

第七七条　労働者が業務上負傷し、又は疾病にかかり、治つた場合において、その身体に障害が存するときは、使用者は、その障害の程度に応じて、平均賃金に別表第二に定める日数を乗じて得た金額の障害補償を行わなければならない。

（休業補償及び障害補償の例外）

第七八条　労働者が重大な過失によつて業務上負傷し、又は疾病にかかり、且つ使用者がその過失について行政官庁の認定を受けた場合においては、休業補償又は障害補償を行わなくてもよい。

（遺族補償）

第七九条　労働者が業務上死亡した場合においては、使用者は、遺族に対して、平均賃金の千日分の遺族補償を行わなければならない。

（葬祭料）

第八〇条　労働者が業務上死亡した場合においては、使用者は、葬祭を行う者に対して、平均賃金の六十日分の葬祭料を支払わなければならない。

（打切補償）

第八一条　第七十五条の規定によつて補償を受ける労働者が、療養開始後三年を経過しても負傷又は疾病がなおらない場合においては、使用者は、平均賃金の千二百日分の打切補償を行い、その後はこの法律の規定による補償を行わなくてもよい。

（分割補償）

第八二条　使用者は、支払能力のあることを証明し、補償を受けるべき者の同意を得た場合においては、第七十七条又は第七十九条の規定による補償に替え、平均賃金に別表第三に定める日数を乗じて得た金額を、六年にわたり毎年補償することができる。

（補償を受ける権利）

第八三条　補償を受ける権利は、労働者の退職によつて変更されることはない。

②　補償を受ける権利は、これを譲渡し、又は差し押えてはならない。

（他の法律との関係）

第八四条　この法律に規定する災害補償の事由について、労働者災害補償保険法（昭和二十二年法律第五十号）又は厚生労働省令で指定する法令に基づいてこの法律の災害補償に相当する給付が行なわれるべきものである場合においては、使用者は、補償の責を免れる。

②　使用者は、この法律による補償を行つた場合においては、同一の事由については、その価額の限度において民法による損害賠償の責を免れる。

（審査及び仲裁）

第八五条　業務上の負傷、疾病又は死亡の認定、療養の方法、補償金額の決定その他補償の実施に関して異議のある者は、行政官庁に対して、審査又は事件の仲裁を申し立てることができる。

②　行政官庁は、必要があると認める場合においては、職権で審査又は事件の仲裁をすることができる。

③　第一項の規定により審査若しくは仲裁の申立てがあつた事件又は前項の規定により行政官庁が審査若しくは仲裁を開始した事件について民事訴訟が提起されたときは、行政官庁は、当該事件については、審査又は仲裁をしない。

④　行政官庁は、審査又は仲裁のために必要であると認める場合においては、医師に診断又は検案をさせることができる。

⑤　第一項の規定による審査又は仲裁の申立て及び第二項の規定による審査又は仲裁の開始は、時効の中断に関しては、これを裁判上の請求とみなす。

第八六条　前条の規定による審査及び仲裁の結果に不服のある者は、労働者災害補償保険審査官の審査又は仲裁を申し立てることができる。

②　前条第三項の規定は、前項の規定により審査又は仲裁の申立てがあつた場合に、これを準用する。

（請負事業に関する例外）

第八七条　厚生労働省令で定める事業が数次の請負によつて行われる場合においては、災害補償については、その元請負人を使用者とみなす。

②　前項の場合、元請負人が書面による契約で下請負人に補償を引き受けさせた場合においては、その下請負人もまた使用者とする。但し、二以上の下請負人に、同一の事業について重複して補償を引き受けさせてはならない。

③　前項の場合、元請負人が補償の請求を受けた場合においては、補償を引き受けた下請負人に対して、まず催告すべきことを請求することができる。ただし、その下請負人が破産手続開始の決定を受け、又は行方が知れない場合においては、この限りでない。

（補償に関する細目）

第八八条　この章に定めるものの外、補償に関する細目は、厚生労働省令で定める。

第九章　就業規則

（作成及び届出の義務）

第八九条　常時十人以上の労働者を使用する使用者は、次に掲げる事項について就業規則を作成し、行政官庁に届け出なければならない。次に掲げる事項を変更した場合においても、同様とする。

一　始業及び終業の時刻、休憩時間、休日、休暇並びに労働者を二組以上に分けて交替に就業させる場合においては就業時転換に関する事項
二　賃金（臨時の賃金等を除く。以下この号において同じ。）の決定、計算及び支払の方法、賃金の締切り及び支払の時期並びに昇給に関する事項
三　退職に関する事項（解雇の事由を含む。）
三の二　退職手当の定めをする場合においては、適用される労働者の範囲、退職手当の決定、計算及び支払の方法並びに退職手当の支払の時期に関する事項
四　臨時の賃金等（退職手当を除く。）及び最低賃金額の定めをする場合においては、これに関する事項
五　労働者に食費、作業用品その他の負担をさせる定めをする場合においては、これに関する事項
六　安全及び衛生に関する定めをする場合においては、これに関する事項
七　職業訓練に関する定めをする場合においては、これに関する事項
八　災害補償及び業務外の傷病扶助に関する定めをする場合においては、これに関する事項
九　表彰及び制裁の定めをする場合においては、その種類及び程度に関する事項
十　前各号に掲げるもののほか、当該事業場の労働者のすべてに適用される定めをする場合においては、これに関する事項

（作成の手続）
第九〇条　使用者は、就業規則の作成又は変更について、当該事業場に、労働者の過半数で組織する労働組合がある場合においてはその労働組合、労働者の過半数で組織する労働組合がない場合においては労働者の過半数を代表する者の意見を聴かなければならない。
②　使用者は、前条の規定により届出をなすについて、前項の意見を記した書面を添付しなければならない。

（制裁規定の制限）
第九一条　就業規則で、労働者に対して減給の制裁を定める場合においては、その減給は、一回の額が平均賃金の一日分の半額を超え、総額が一賃金支払期における賃金の総額の十分の一を超えてはならない。

（法令及び労働協約との関係）
第九二条　就業規則は、法令又は当該事業場について適用される労働協約に反してはならない。
②　行政官庁は、法令又は労働協約に牴触する就業規則の変更を命ずることができる。

（労働契約との関係）
第九三条　労働契約と就業規則との関係については、労働契約法（平成十九年法律第百二十八号）第十二条の定めるところによる。

第十章　寄宿舎

（寄宿舎生活の自治）
第九四条　使用者は、事業の附属寄宿舎に寄宿する労働者の私生活の自由を侵してはならない。
②　使用者は、寮長、室長その他寄宿舎生活の自治に必要な役員の選任に干渉してはならない。

（寄宿舎生活の秩序）
第九五条　事業の附属寄宿舎に労働者を寄宿させる使用者は、左の事項について寄宿舎規則を作成し、行政官庁に届け出なければならない。これを変更した場合においても同様である。
一　起床、就寝、外出及び外泊に関する事項
二　行事に関する事項
三　食事に関する事項
四　安全及び衛生に関する事項
五　建設物及び設備の管理に関する事項
②　使用者は、前項第一号乃至第四号の事項に関する規定の作成又は変更については、寄宿舎に寄宿する労働者の過半数を代表する者の同意を得なければならない。
③　使用者は、第一項の規定により届出をなすについて、前項の同意を証明する書面を添附しなければならない。
④　使用者及び寄宿舎に寄宿する労働者は、寄宿舎規則を遵守しなければならない。

（寄宿舎の設備及び安全衛生）
第九六条　使用者は、事業の附属寄宿舎について、換気、採光、照明、保温、防湿、清潔、避難、定員の収容、就寝に必要な措置その他労働者の健康、風紀及び生命の保持に必要な措置を講じなければならない。
②　使用者が前項の規定によつて講ずべき措置の基準は、厚生労働省令で定める。

（監督上の行政措置）
第九六条の二　使用者は、常時十人以上の労働者を就業させる事業、厚生労働省令で定める危険な事業又は衛生上有害な事業の附属寄宿舎を設置し、

移転し、又は変更しようとする場合においては、前条の規定に基づいて発する厚生労働省令で定める危害防止等に関する基準に従い定めた計画を、工事着手十四日前までに、行政官庁に届け出なければならない。

② 行政官庁は、労働者の安全及び衛生に必要であると認める場合においては、工事の着手を差し止め、又は計画の変更を命ずることができる。

第九六条の三 労働者を就業させる事業の附属寄宿舎が、安全及び衛生に関し定められた基準に反する場合においては、行政官庁は、使用者に対して、その全部又は一部の使用の停止、変更その他必要な事項を命ずることができる。

② 前項の場合において行政官庁は、使用者に命じた事項について必要な事項を労働者に命ずることができる。

第十一章　監督機関

（監督機関の職員等）

第九七条 労働基準主管局（厚生労働省の内部部局として置かれる局で労働条件及び労働者の保護に関する事務を所掌するものをいう。以下同じ。）、都道府県労働局及び労働基準監督署に労働基準監督官を置くほか、厚生労働省令で定める必要な職員を置くことができる。

② 労働基準主管局の局長（以下「労働基準主管局長」という。）、都道府県労働局長及び労働基準監督署長は、労働基準監督官をもつてこれに充てる。

③ 労働基準監督官の資格及び任免に関する事項は、政令で定める。

④ 厚生労働省に、政令で定めるところにより、労働基準監督官分限審議会を置くことができる。

⑤ 労働基準監督官を罷免するには、労働基準監督官分限審議会の同意を必要とする。

⑥ 前二項に定めるもののほか、労働基準監督官分限審議会の組織及び運営に関し必要な事項は、政令で定める。

第九八条 削除

（労働基準主管局長等の権限）

第九九条 労働基準主管局長は、厚生労働大臣の指揮監督を受けて、都道府県労働局長を指揮監督し、労働基準に関する法令の制定改廃、労働基準監督官の任免教養、監督方法についての規程の制定及び調整、監督年報の作成並びに労働政策審議会及び労働基準監督官分限審議会に関する事項（労働政策審議会に関する事項については、労働条件及び労働者の保護に関するものに限る。）その他この法律の施行に関する事項をつかさどり、所属の職員を指揮監督する。

② 都道府県労働局長は、労働基準主管局長の指揮監督を受けて、管内の労働基準監督署長を指揮監督し、監督方法の調整に関する事項その他この法律の施行に関する事項をつかさどり、所属の職員を指揮監督する。

③ 労働基準監督署長は、都道府県労働局長の指揮監督を受けて、この法律に基く臨検、尋問、許可、認定、審査、仲裁その他この法律の実施に関する事項をつかさどり、所属の職員を指揮監督する。

④ 労働基準主管局長及び都道府県労働局長は、下級官庁の権限を自ら行い、又は所属の労働基準監督官をして行わせることができる。

（女性主管局長の権限）

第一〇〇条 厚生労働省の女性主管局長（厚生労働省の内部部局として置かれる局で女性労働者の特性に係る労働問題に関する事務を所掌するものの局長をいう。以下同じ。）は、厚生労働大臣の指揮監督を受けて、この法律中女性に特殊の規定の制定、改廃及び解釈に関する事項をつかさどり、その施行に関する事項については、労働基準主管局長及びその下級の官庁の長に勧告を行うとともに、労働基準主管局長が、その下級の官庁に対して行う指揮監督について援助を与える。

② 女性主管局長は、自ら又はその指定する所属官吏をして、女性に関し労働基準主管局若しくはその下級の官庁又はその所属官吏の行つた監督その他に関する文書を閲覧し、又は閲覧せしめることができる。

③ 第百一条及び第百五条の規定は、女性主管局長又はその指定する所属官吏が、この法律中女性に特殊の規定の施行に関して行う調査の場合に、これを準用する。

（労働基準監督官の権限）

第一〇一条 労働基準監督官は、事業場、寄宿舎その他の附属建設物に臨検し、帳簿及び書類の提出を求め、又は使用者若しくは労働者に対して尋問を行うことができる。

② 前項の場合において、労働基準監督官は、その身分を証明する証票を携帯しなければならない。

第一〇二条 労働基準監督官は、この法律違反の罪について、刑事訴訟法に規定する司法警察官の職務を行う。

第一〇三条 労働者を就業させる事業の附属寄宿舎が、安全及び衛生に関して定められた基準に反し、且つ労働者に急迫した危険がある場合においては、労働基準監督官は、第九十六条の三の規定による行政官庁の権限を即時に行うことができる。

（監督機関に対する申告）
第一〇四条　事業場に、この法律又はこの法律に基いて発する命令に違反する事実がある場合においては、労働者は、その事実を行政官庁又は労働基準監督官に申告することができる。
②　使用者は、前項の申告をしたことを理由として、労働者に対して解雇その他不利益な取扱をしてはならない。
（報告等）
第一〇四条の二　行政官庁は、この法律を施行するため必要があると認めるときは、厚生労働省令で定めるところにより、使用者又は労働者に対し、必要な事項を報告させ、又は出頭を命ずることができる。
②　労働基準監督官は、この法律を施行するため必要があると認めるときは、使用者又は労働者に対し、必要な事項を報告させ、又は出頭を命ずることができる。
（労働基準監督官の義務）
第一〇五条　労働基準監督官は、職務上知り得た秘密を漏してはならない。労働基準監督官を退官した後においても同様である。

第十二章　雑則

（国の援助義務）
第一〇五条の二　厚生労働大臣又は都道府県労働局長は、この法律の目的を達成するために、労働者及び使用者に対して資料の提供その他必要な援助をしなければならない。
（法令等の周知義務）
第一〇六条　使用者は、この法律及びこれに基づく命令の要旨、就業規則、第十八条第二項、第二十四条第一項ただし書、第三十二条の二第一項、第三十二条の三第一項、第三十二条の四第一項、第三十二条の五第一項、第三十四条第二項ただし書、第三十六条第一項、第三十七条第三項、第三十八条の二第二項、第三十八条の三第一項並びに第三十九条第四項、第六項及び第九項ただし書に規定する協定並びに第三十八条の四第一項及び同条第五項（第四十一条の二第三項において準用する場合を含む。）並びに第四十一条の二第一項に規定する決議を、常時各作業場の見やすい場所へ掲示し、又は備え付けること、書面を交付することその他の厚生労働省令で定める方法によつて、労働者に周知させなければならない。
②　使用者は、この法律及びこの法律に基いて発する命令のうち、寄宿舎に関する規定及び寄宿舎規則を、寄宿舎の見易い場所に掲示し、又は備え付ける等の方法によつて、寄宿舎に寄宿する労働者に周知させなければならない。
（労働者名簿）
第一〇七条　使用者は、各事業場ごとに労働者名簿を、各労働者（日日雇い入れられる者を除く。）について調製し、労働者の氏名、生年月日、履歴その他厚生労働省令で定める事項を記入しなければならない。
②　前項の規定により記入すべき事項に変更があつた場合においては、遅滞なく訂正しなければならない。
（賃金台帳）
第一〇八条　使用者は、各事業場ごとに賃金台帳を調製し、賃金計算の基礎となる事項及び賃金の額その他厚生労働省令で定める事項を賃金支払の都度遅滞なく記入しなければならない。
（記録の保存）
第一〇九条　使用者は、労働者名簿、賃金台帳及び雇入れ、解雇、災害補償、賃金その他労働関係に関する重要な書類を五年間保存しなければならない。
第一一〇条　削除
（無料証明）
第一一一条　労働者及び労働者になろうとする者は、その戸籍に関して戸籍事務を掌る者又はその代理者に対して、無料で証明を請求することができる。使用者が、労働者及び労働者になろうとする者の戸籍に関して証明を請求する場合においても同様である。
（国及び公共団体についての適用）
第一一二条　この法律及びこの法律に基いて発する命令は、国、都道府県、市町村その他これに準ずべきものについても適用あるものとする。
（命令の制定）
第一一三条　この法律に基いて発する命令は、その草案について、公聴会で労働者を代表する者、使用者を代表する者及び公益を代表する者の意見を聴いて、これを制定する。
（付加金の支払）
第一一四条　裁判所は、第二十条、第二十六条若しくは第三十七条の規定に違反した使用者又は第三十九条第九項の規定による賃金を支払わなかつた使用者に対して、労働者の請求により、これらの規定により使用者が支払わなければならない金額についての未払金のほか、これと同一額の付加金の支払を命ずることができる。ただし、この請求は、違反のあつた時から五年以内にしなければならない。

（時効）

第一一五条　この法律の規定による賃金の請求権はこれを行使することができる時から五年間、この法律の規定による災害補償その他の請求権（賃金の請求権を除く。）はこれを行使することができる時から二年間行わない場合においては、時効によつて消滅する。

（経過措置）

第一一五条の二　この法律の規定に基づき命令を制定し、又は改廃するときは、その命令で、その制定又は改廃に伴い合理的に必要と判断される範囲内において、所要の経過措置（罰則に関する経過措置を含む。）を定めることができる。

（適用除外）

第一一六条　第一条から第十一条まで、次項、第百十七条から第百十九条まで及び第百二十一条の規定を除き、この法律は、船員法（昭和二十二年法律第百号）第一条第一項に規定する船員については、適用しない。

② この法律は、同居の親族のみを使用する事業及び家事使用人については、適用しない。

第十三章　罰則

第一一七条　第五条の規定に違反した者は、これを一年以上十年以下の懲役又は二十万円以上三百万円以下の罰金に処する。

第一一八条　第六条、第五十六条、第六十三条又は第六十四条の二の規定に違反した者は、これを一年以下の懲役又は五十万円以下の罰金に処する。

② 第七十条の規定に基づいて発する厚生労働省令（第六十三条又は第六十四条の二の規定に係る部分に限る。）に違反した者についても前項の例による。

第一一九条　次の各号のいずれかに該当する者は、六箇月以下の懲役又は三十万円以下の罰金に処する。

一　第三条、第四条、第七条、第十六条、第十七条、第十八条第一項、第十九条、第二十条、第二十二条第四項、第三十二条、第三十四条、第三十五条、第三十六条第六項、第三十七条、第三十九条（第七項を除く。）、第六十一条、第六十二条、第六十四条の三から第六十七条まで、第七十二条、第七十五条から第七十七条まで、第七十九条、第八十条、第九十四条第二項、第九十六条又は第百四条第二項の規定に違反した者

二　第三十三条第二項、第九十六条の二第二項又は第九十六条の三第一項の規定による命令に違反した者

三　第四十条の規定に基づいて発する厚生労働省令に違反した者

四　第七十条の規定に基づいて発する厚生労働省令（第六十二条又は第六十四条の三の規定に係る部分に限る。）に違反した者

第一二〇条　次の各号のいずれかに該当する者は、三十万円以下の罰金に処する。

一　第十四条、第十五条第一項若しくは第三項、第十八条第七項、第二十二条第一項から第三項まで、第二十三条から第二十七条まで、第三十二条の二第二項（第三十二条の三第四項、第三十二条の四第四項及び第三十二条の五第三項において準用する場合を含む。）、第三十二条の五第二項、第三十三条第一項ただし書、第三十八条の二第三項（第三十八条の三第二項において準用する場合を含む。）、第三十九条第七項、第五十七条から第五十九条まで、第六十四条、第六十八条、第八十九条、第九十条第一項、第九十一条、第九十五条第一項若しくは第二項、第九十六条の二第一項、第百五条（第百条第三項において準用する場合を含む。）又は第百六条から第百九条までの規定に違反した者

二　第七十条の規定に基づいて発する厚生労働省令（第十四条の規定に係る部分に限る。）に違反した者

三　第九十二条第二項又は第九十六条の三第二項の規定による命令に違反した者

四　第百一条（第百条第三項において準用する場合を含む。）の規定による労働基準監督官又は女性主管局長若しくはその指定する所属官吏の臨検を拒み、妨げ、若しくは忌避し、その尋問に対して陳述をせず、若しくは虚偽の陳述をし、帳簿書類の提出をせず、又は虚偽の記載をした帳簿書類の提出をした者

五　第百四条の二の規定による報告をせず、若しくは虚偽の報告をし、又は出頭しなかつた者

第一二一条　この法律の違反行為をした者が、当該事業の労働者に関する事項について、事業主のために行為した代理人、使用人その他の従業者である場合においては、事業主に対しても各本条の罰金刑を科する。ただし、事業主（事業主が法人である場合においてはその代表者、事業主が営業に関し成年者と同一の行為能力を有しない未成年者又は成年被後見人である場合においてはその法定代理人（法定代理人が法人であるときは、その代表者）を事業主とする。次項において同じ。）が違反の防止に必要な措置をした場合においては、

この限りでない。

② 事業主が違反の計画を知りその防止に必要な措置を講じなかつた場合、違反行為を知り、その是正に必要な措置を講じなかつた場合又は違反を教唆した場合においては、事業主も行為者として罰する。

附則（抄）

第一二一条 この法律施行の期日は、勅令で、これを定める（第一条乃至第四一条、第六〇条、第六一条、第六四条乃至第六六条、第七五条乃至第九四条、第九七条乃至第一〇五条、第一〇六条第一項、第一〇七条乃至第一二一条及び附則の大部分は昭和二二年九月一日施行、その他の規定は昭和二二年一一月一日施行）。

第一三三条 厚生労働大臣は、第三十六条第二項の基準を定めるに当たつては、満十八歳以上の女性のうち雇用の分野における男女の均等な機会及び待遇の確保等のための労働省関係法律の整備に関する法律（平成九年法律第九十二号）第四条の規定による改正前の第六十四条の二第四項に規定する命令で定める者に該当しない者について平成十一年四月一日以後同条第一項及び第二項の規定が適用されなくなつたことにかんがみ、当該者のうち子の養育又は家族の介護を行う労働者（厚生労働省令で定める者に限る。以下この条において「特定労働者」という。）の職業生活の著しい変化がその家庭生活に及ぼす影響を考慮して、厚生労働省令で定める期間、特定労働者（その者に係る時間外労働を短いものとすることを使用者に申し出た者に限る。）に係る第三十六条第一項の協定で定める労働時間の延長の限度についての基準は、当該特定労働者以外の者に係る同項の協定で定める労働時間の延長の限度についての基準とは別に、これより短いものとして定めるものとする。この場合において、一年についての労働時間の延長の限度についての基準は、百五十時間を超えないものとしなければならない。

第一三六条 使用者は、第三十九条第一項から第四項までの規定による有給休暇を取得した労働者に対して、賃金の減額その他不利益な取扱いをしないようにしなければならない。

第一三七条 期間の定めのある労働契約（一定の事業の完了に必要な期間を定めるものを除き、その期間が一年を超えるものに限る。）を締結した労働者（第十四条第一項各号に規定する労働者を除く。）は、労働基準法の一部を改正する法律（平成十五年法律第百四号）附則第三条に規定する措置が講じられるまでの間、民法第六百二十八条の規定にかかわらず、当該労働契約の期間の初日から一年を経過した日以後においては、その使用者に申し出ることにより、いつでも退職することができる。

第一三八条 削除

第一三九条 工作物の建設の事業（災害時における復旧及び復興の事業に限る。）その他これに関連する事業として厚生労働省令で定める事業に関する第三十六条の規定の適用については、当分の間、同条第五項中「時間（第二項第四号に関して協定した時間を含め百時間未満の範囲内に限る。）」とあるのは「時間」と、「同号」とあるのは「第二項第四号」とし、同条第六項（第二号及び第三号に係る部分に限る。）の規定は適用しない。

② 前項の規定にかかわらず、工作物の建設の事業その他これに関連する事業として厚生労働省令で定める事業については、令和六年三月三十一日（同日及びその翌日を含む期間を定めている第三十六条第一項の協定に関しては、当該協定に定める期間の初日から起算して一年を経過する日）までの間、同条第二項第四号中「一箇月及び」とあるのは、「一日を超え三箇月以内の範囲で前項の協定をする使用者及び労働組合若しくは労働者の過半数を代表する者が定める期間並びに」とし、同条第三項から第五項まで及び第六項（第二号及び第三号に係る部分に限る。）の規定は適用しない。

第一四〇条 一般乗用旅客自動車運送事業（道路運送法（昭和二十六年法律第百八十三号）第三条第一号ハに規定する一般乗用旅客自動車運送事業をいう。）の業務、貨物自動車運送事業（貨物自動車運送事業法（平成元年法律第八十三号）第二条第一項に規定する貨物自動車運送事業をいう。）の業務その他の自動車の運転の業務として厚生労働省令で定める業務に関する第三十六条の規定の適用については、当分の間、同条第五項中「時間（第二項第四号に関して協定した時間を含め百時間未満の範囲内に限る。）並びに一年について労働時間を延長して労働させることができる時間（同号に関して協定した時間を含め七百二十時間を超えない範囲内に限る。）を定めることができる。この場合において、第一項の協定に、併せて第二項第二号の対象期間において労働時間を延長して労働させる時間が一箇月について四十五時間（第三十二条の四第一項第二号の対象期間として三箇月を超える期間を定めて同条の規定により労働させる場合にあつては、一箇月について四十二時間）を超えることができる月数（一年について六箇月以内に限る。）を定めなければならない」

とあるのは、「時間並びに一年について労働時間を延長して労働させることができる時間（第二項第四号に関して協定した時間を含め九百六十時間を超えない範囲内に限る。）を定めることができる」とし、同条第六項（第二号及び第三号に係る部分に限る。）の規定は適用しない。

② 前項の規定にかかわらず、同項に規定する業務については、令和六年三月三十一日（同日及びその翌日を含む期間を定めている第三十六条第一項の協定に関しては、当該協定に定める期間の初日から起算して一年を経過する日）までの間、同条第二項第四号中「一箇月及び」とあるのは、「一日を超え三箇月以内の範囲で前項の協定をする使用者及び労働組合若しくは労働者の過半数を代表する者が定める期間並びに」とし、同条第三項から第五項まで及び第六項（第二号及び第三号に係る部分に限る。）の規定は適用しない。

第一四一条　医業に従事する医師（医療提供体制の確保に必要な者として厚生労働省令で定める者に限る。）に関する第三十六条の規定の適用については、当分の間、同条第二項第四号中「における一日、一箇月及び一年のそれぞれの期間について」とあるのは「における」とし、同条第三項中「限度時間」とあるのは「限度時間並びに労働者の健康及び福祉を勘案して厚生労働省令で定める時間」とし、同条第五項及び第六項（第二号及び第三号に係る部分に限る。）の規定は適用しない。

② 前項の場合において、第三十六条第一項の協定に、同条第二項各号に掲げるもののほか、当該事業場における通常予見することのできない業務量の大幅な増加等に伴い臨時的に前項の規定により読み替えて適用する同条第三項の厚生労働省令で定める時間を超えて労働させる必要がある場合において、同条第二項第四号に関して協定した時間を超えて労働させることができる時間（同号に関して協定した時間を含め、同条第五項に定める時間及び月数並びに労働者の健康及び福祉を勘案して厚生労働省令で定める時間を超えない範囲内に限る。）その他厚生労働省令で定める事項を定めることができる。

③ 使用者は、第一項の場合において、第三十六条第一項の協定で定めるところによつて労働時間を延長して労働させ、又は休日において労働させる場合であつても、同条第六項に定める要件並びに労働者の健康及び福祉を勘案して厚生労働省令で定める時間を超えて労働させてはならない。

④ 前三項の規定にかかわらず、医業に従事する医師については、令和六年三月三十一日（同日及びその翌日を含む期間を定めている第三十六条第一項の協定に関しては、当該協定に定める期間の初日から起算して一年を経過する日）までの間、同条第二項第四号中「一箇月及び」とあるのは、「一日を超え三箇月以内の範囲で前項の協定をする使用者及び労働組合若しくは労働者の過半数を代表する者が定める期間並びに」とし、同条第三項から第五項まで及び第六項（第二号及び第三号に係る部分に限る。）の規定は適用しない。

⑤ 第三項の規定に違反した者は、六箇月以下の懲役又は三十万円以下の罰金に処する。

第一四二条　鹿児島県及び沖縄県における砂糖を製造する事業に関する第三十六条の規定の適用については、令和六年三月三十一日（同日及びその翌日を含む期間を定めている同条第一項の協定に関しては、当該協定に定める期間の初日から起算して一年を経過する日）までの間、同条第五項中「時間（第二項第四号に関して協定した時間を含め百時間未満の範囲内に限る。）」とあるのは「時間」と、「同号」とあるのは「第二項第四号」とし、同条第六項（第二号及び第三号に係る部分に限る。）の規定は適用しない。

第一四三条　第百九条の規定の適用については、当分の間、同条中「五年間」とあるのは、「三年間」とする。

② 第百十四条の規定の適用については、当分の間、同条ただし書中「五年」とあるのは、「三年」とする。

③ 第百十五条の規定の適用については、当分の間、同条中「賃金の請求権はこれを行使することができる時から五年間」とあるのは、「退職手当の請求権はこれを行使することができる時から五年間、この法律の規定による賃金（退職手当を除く。）の請求権はこれを行使することができる時から三年間」とする。

附則（令和二年三月三一日法律第一三号）

（施行期日）

第一条　この法律は、民法の一部を改正する法律（平成二十九年法律第四十四号）の施行の日から施行する。

（付加金の支払及び時効に関する経過措置）

第二条　この法律による改正後の労働基準法（以下この条において「新法」という。）第百十四条及び第百四十三条第二項の規定は、この法律の施行の日（以下この条において「施行日」という。）以後に新法第百十四条に規定する違反がある場合における付加金の支払に係る請求について適用し、施行日前にこの法律による改正前の労働基準法第百十四条に規定する違反があった場合における付加金の支払に係る請求については、なお従前の例による。

2　新法第百十五条及び第百四十三条第三項の規定は、施行日以後に支払期日が到来する労働基準法の規定による賃金（退職手当を除く。以下この項において同じ。）の請求権の時効について適用し、施行日前に支払期日が到来した同法の規定による賃金の請求権の時効については、なお従前の例による。

（検討）

第三条　政府は、この法律の施行後五年を経過した場合において、この法律による改正後の規定について、その施行の状況を勘案しつつ検討を加え、必要があると認めるときは、その結果に基づいて必要な措置を講ずるものとする。

【令和四年六月一七日法律第六八号未施行内容】

刑法等の一部を改正する法律の施行に伴う関係法律の整理等に関する法律をここに公布する。

第二二二条　労働基準法（昭和二十二年法律第四十九号）の一部を次のように改正する。

第百十七条及び第百十八条第一項中「これを」を削り、「懲役」を「拘禁刑」に改める。

第百十九条及び第百四十一条第五項中「六箇月以下の懲役」を「六月以下の拘禁刑」に改める。

附則（抄）

（施行期日）

1　この法律は、刑法等一部改正法施行日（令和七年六月一日――編注）から施行する。《略》

別表第一（第三十三条、第四十条、第四十一条、第五十六条、第六十一条関係）

一　物の製造、改造、加工、修理、洗浄、選別、包装、装飾、仕上げ、販売のためにする仕立て、破壊若しくは解体又は材料の変造の事業（電気、ガス又は各種動力の発生、変更若しくは伝導の事業及び水道の事業を含む。）

二　鉱業、石切り業その他土石又は鉱物採取の事業

三　土木、建築その他工作物の建設、改造、保存、修理、変更、破壊、解体又はその準備の事業

四　道路、鉄道、軌道、索道、船舶又は航空機による旅客又は貨物の運送の事業

五　ドック、船舶、岸壁、波止場、停車場又は倉庫における貨物の取扱いの事業

六　土地の耕作若しくは開墾又は植物の栽植、栽培、採取若しくは伐採の事業その他農林の事業

七　動物の飼育又は水産動植物の採捕若しくは養殖の事業その他の畜産、養蚕又は水産の事業

八　物品の販売、配給、保管若しくは賃貸又は理容の事業

九　金融、保険、媒介、周旋、集金、案内又は広告の事業

十　映画の製作又は映写、演劇その他興行の事業

十一　郵便、信書便又は電気通信の事業

十二　教育、研究又は調査の事業

十三　病者又は虚弱者の治療、看護その他保健衛生の事業

十四　旅館、料理店、飲食店、接客業又は娯楽場の事業

十五　焼却、清掃又はと畜場の事業

別表第二　身体障害等級及び災害補償表（第七十七条関係）

等級	災害補償
第一級	一三四〇日分
第二級	一一九〇日分
第三級	一〇五〇日分
第四級	九二〇日分
第五級	七九〇日分
第六級	六七〇日分
第七級	五六〇日分
第八級	四五〇日分
第九級	三五〇日分
第一〇級	二七〇日分
第一一級	二〇〇日分
第一二級	一四〇日分
第一三級	九〇日分
第一四級	五〇日分

別表第三　分割補償表（第八十二条関係）

種別	等級	災害補償
障害補償	第一級	二四〇日分
	第二級	二一三日分
	第三級	一八八日分
	第四級	一六四日分
	第五級	一四二日分
	第六級	一二〇日分
	第七級	一〇〇日分
	第八級	八〇日分
	第九級	六三日分
	第一〇級	四八日分
	第一一級	三六日分
	第一二級	二五日分
	第一三級	一六日分
	第一四級	九日分
遺族補償		一八〇日分

労働基準法第三十七条第一項の時間外及び休日の割増賃金に係る率の最低限度を定める政令

平成六年一月四日政令第五号
施行：平成六年四月一日
最終改正：平成一二年六月七日政令第三〇九号
施行：平成一三年一月六日

労働基準法第三十七条第一項の政令で定める率は、同法第三十三条又は第三十六条第一項の規定により延長した労働時間の労働については二割五分とし、これらの規定により労働させた休日の労働については三割五分とする。

附則《略》

労働基準法施行規則

昭和二二年八月三〇日厚生省令第二三号
施行：昭和二二年九月一日
最終改正：令和六年三月一八日厚生労働省令第四五号
施行：令和七年一月一日

第一条　削除

第二条　労働基準法（昭和二十二年法律第四十九号。以下「法」という。）第十二条第五項の規定により、賃金の総額に算入すべきものは、法第二十四条第一項ただし書の規定による法令又は労働協約の別段の定めに基づいて支払われる通貨以外のものとする。

②　前項の通貨以外のものの評価額は、法令に別段の定がある場合の外、労働協約に定めなければならない。

③　前項の規定により労働協約に定められた評価額が不適当と認められる場合又は前項の評価額が法令若しくは労働協約に定められていない場合においては、都道府県労働局長は、第一項の通貨以外のものの評価額を定めることができる。

第三条　試の使用期間中に平均賃金を算定すべき事由が発生した場合においては、法第十二条第三項の規定にかかわらず、その期間中の日数及びその期間中の賃金は、同条第一項及び第二項の期間並びに賃金の総額に算入する。

第四条　法第十二条第三項第一号から第四号までの期間が平均賃金を算定すべき事由の発生した日以前三箇月以上にわたる場合又は雇入れの日に平均賃金を算定すべき事由の発生した場合の平均賃金は、都道府県労働局長の定めるところによる。

第五条　使用者が法第十五条第一項前段の規定により労働者に対して明示しなければならない労働条件は、次に掲げるものとする。ただし、第一号の二に掲げる事項については期間の定めのある労働契約（以下この条において「有期労働契約」という。）であつて当該労働契約の期間の満了後に当該労働契約を更新する場合があるものの締結の場合に限り、第四号の二から第十一号までに掲げる事項については使用者がこれらに関する定めをしない場合においては、この限りでない。

一　労働契約の期間に関する事項

一の二　有期労働契約を更新する場合の基準に関する事項（通算契約期間（労働契約法（平成十九年法律第百二十八号）第十八条第一項に規定する通算契約期間をいう。）又は有期労働契約の更新回数に上限の定めがある場合には当該上限を含む。）

一の三　就業の場所及び従事すべき業務に関する事項（就業の場所及び従事すべき業務の変更の範囲を含む。）

二　始業及び終業の時刻、所定労働時間を超える労働の有無、休憩時間、休日、休暇並びに労働者を二組以上に分けて就業させる場合における就業時転換に関する事項

三　賃金（退職手当及び第五号に規定する賃金を除く。以下この号において同じ。）の決定、計算及び支払の方法、賃金の締切り及び支払の時期並びに昇給に関する事項

四　退職に関する事項（解雇の事由を含む。）

四の二　退職手当の定めが適用される労働者の範

囲、退職手当の決定、計算及び支払の方法並びに退職手当の支払の時期に関する事項

五　臨時に支払われる賃金（退職手当を除く。）、賞与及び第八条各号に掲げる賃金並びに最低賃金額に関する事項

六　労働者に負担させるべき食費、作業用品その他に関する事項

七　安全及び衛生に関する事項

八　職業訓練に関する事項

九　災害補償及び業務外の傷病扶助に関する事項

十　表彰及び制裁に関する事項

十一　休職に関する事項

② 使用者は、法第十五条第一項前段の規定により労働者に対して明示しなければならない労働条件を事実と異なるものとしてはならない。

③ 法第十五条第一項後段の厚生労働省令で定める事項は、第一項第一号から第四号までに掲げる事項（昇給に関する事項を除く。）とする。

④ 法第十五条第一項後段の厚生労働省令で定める方法は、労働者に対する前項に規定する事項が明らかとなる書面の交付とする。ただし、当該労働者が同項に規定する事項が明らかとなる次のいずれかの方法によることを希望した場合には、当該方法とすることができる。

一　ファクシミリを利用してする送信の方法

二　電子メールその他のその受信をする者を特定して情報を伝達するために用いられる電気通信（電気通信事業法（昭和五十九年法律第八十六号）第二条第一号に規定する電気通信をいう。以下この号において「電子メール等」という。）の送信の方法（当該労働者が当該電子メール等の記録を出力することにより書面を作成することができるものに限る。）

⑤ その契約期間内に労働者が労働契約法第十八条第一項の適用を受ける期間の定めのない労働契約の締結の申込み（以下「労働契約法第十八条第一項の無期転換申込み」という。）をすることができることとなる有期労働契約の締結の場合においては、使用者が法第十五条第一項前段の規定により労働者に対して明示しなければならない労働条件は、第一項に規定するもののほか、労働契約法第十八条第一項の無期転換申込みに関する事項並びに当該申込みに係る期間の定めのない労働契約の内容である労働条件のうち第一項第一号及び第一号の三から第十一号までに掲げる事項とする。ただし、当該申込みに係る期間の定めのない労働契約の内容である労働条件のうち同項第四号の二から第十一号までに掲げる事項については、使用者がこれらに関する定めをしない場合においては、この限りでない。

⑥ その契約期間内に労働者が労働契約法第十八条第一項の無期転換申込みをすることができることとなる有期労働契約の締結の場合においては、法第十五条第一項後段の厚生労働省令で定める事項は、第三項に規定するもののほか、労働契約法第十八条第一項の無期転換申込みに関する事項並びに当該申込みに係る期間の定めのない労働契約の内容である労働条件のうち第一項第一号及び第一号の三から第四号までに掲げる事項（昇給に関する事項を除く。）とする。

第五条の二　使用者は、労働者の貯蓄金をその委託を受けて管理しようとする場合において、貯蓄金の管理が労働者の預金の受入れであるときは、法第十八条第二項の協定には、次の各号に掲げる事項を定めなければならない。

一　預金者の範囲

二　預金者一人当たりの預金額の限度

三　預金の利率及び利子の計算方法

四　預金の受入れ及び払いもどしの手続

五　預金の保全の方法

第六条　法第十八条第二項の規定による届出は、様式第一号により、当該事業場の所在地を管轄する労働基準監督署長（以下「所轄労働基準監督署長」という。）にしなければならない。

第六条の二　法第十八条第二項、法第二十四条第一項ただし書、法第三十二条の二第一項、法第三十二条の三第一項、法第三十二条の四第一項及び第二項、法第三十二条の五第一項、法第三十四条第二項ただし書、法第三十六条第一項、第八項及び第九項、法第三十七条第三項、法第三十八条の二第二項、法第三十八条の三第一項、法第三十八条の四第二項第一号（法第四十一条の二第三項において準用する場合を含む。）、法第三十九条第四項、第六項及び第九項ただし書並びに法第九十条第一項に規定する労働者の過半数を代表する者（以下この条において「過半数代表者」という。）は、次の各号のいずれにも該当する者とする。

一　法第四十一条第二号に規定する監督又は管理の地位にある者でないこと。

二　法に規定する協定等をする者を選出することを明らかにして実施される投票、挙手等の方法による手続により選出された者であつて、使用者の意向に基づき選出されたものでないこと。

② 前項第一号に該当する者がいない事業場にあつては、法第十八条第二項、法第二十四条第一項ただし書、法第三十九条第四項、第六項及び第九項

ただし書並びに法第九十条第一項に規定する労働者の過半数を代表する者は、前項第二号に該当する者とする。

③　使用者は、労働者が過半数代表者であること若しくは過半数代表者になろうとしたこと又は過半数代表者として正当な行為をしたことを理由として不利益な取扱いをしないようにしなければならない。

④　使用者は、過半数代表者が法に規定する協定等に関する事務を円滑に遂行することができるよう必要な配慮を行わなければならない。

第六条の三　法第十八条第六項の規定による命令は、様式第一号の三による文書で所轄労働基準監督署長がこれを行う。

第七条　法第十九条第二項の規定による認定又は法第二十条第一項但書前段の場合に同条第三項の規定により準用する法第十九条第二項の規定による認定は様式第二号により、法第二十条第一項但書後段の場合に同条第三項の規定により準用する法第十九条第二項の規定による認定は様式第三号により、所轄労働基準監督署長から受けなければならない。

第七条の二　使用者は、労働者の同意を得た場合には、賃金の支払について次の方法によることができる。ただし、第三号に掲げる方法による場合には、当該労働者が第一号又は第二号に掲げる方法による賃金の支払を選択することができるようにするとともに、当該労働者に対し、第三号イからへまでに掲げる要件に関する事項について説明した上で、当該労働者の同意を得なければならない。

一　当該労働者が指定する銀行その他の金融機関に対する当該労働者の預金又は貯金への振込み

二　当該労働者が指定する金融商品取引業者（金融商品取引法（昭和二十三年法律第二十五号。以下「金商法」という。）第二条第九項に規定する金融商品取引業者（金商法第二十八条第一項に規定する第一種金融商品取引業を行う者に限り、金商法第二十九条の四の二第九項に規定する第一種少額電子募集取扱業者を除く。）をいう。以下この号において同じ。）に対する当該労働者の預り金（次の要件を満たすものに限る。）への払込み

イ　当該預り金により投資信託及び投資法人に関する法律（昭和二十六年法律第百九十八号）第二条第四項の証券投資信託（以下この号において「証券投資信託」という。）の受益証券以外のものを購入しないこと。

ロ　当該預り金により購入する受益証券に係る投資信託及び投資法人に関する法律第四条第一項の投資信託約款に次の事項が記載されていること。

(1)　信託財産の運用の対象は、次に掲げる有価証券（(2)において「有価証券」という。）、預金、手形、指定金銭信託及びコールローンに限られること。

(i)　金商法第二条第一項第一号に掲げる有価証券

(ii)　金商法第二条第一項第二号に掲げる有価証券

(iii)　金商法第二条第一項第三号に掲げる有価証券

(iv)　金商法第二条第一項第四号に掲げる有価証券（資産流動化計画に新優先出資の引受権のみを譲渡することができる旨の定めがない場合における新優先出資引受権付特定社債券を除く。）

(iv)　金商法第二条第一項第五号に掲げる有価証券（新株予約権付社債券を除く。）

(vi)　金商法第二条第一項第十四号に規定する有価証券（銀行、協同組織金融機関の優先出資に関する法律（平成五年法律第四十四号）第二条第一項に規定する協同組織金融機関及び金融商品取引法施行令（昭和四十年政令第三百二十一号）第一条の九各号に掲げる金融機関又は信託会社の貸付債権を信託する信託（当該信託に係る契約の際における受益者が委託者であるものに限る。）又は指定金銭信託に係るものに限る。）

(vii)　金商法第二条第一項第十五号に掲げる有価証券

(viii)　金商法第二条第一項第十七号に掲げる有価証券（(i)から(vii)までに掲げる証券又は証書の性質を有するものに限る。）

(ix)　金商法第二条第一項第十八号に掲げる有価証券

(x)　金商法第二条第一項第二十一号に掲げる有価証券

(xi)　金商法第二条第二項の規定により有価証券とみなされる権利（(i)から(ix)までに掲げる有価証券に表示されるべき権利に限る。）

(xii)　銀行、協同組織金融機関の優先出資に関する法律第二条第一項に規定する協同組織金融機関及び金融商品取引法施行令第一条の九各号に掲げる金融機関又は信託会社の貸付債権を信託する信託（当該信託に係る契約の際における受益者が委託者であるものに

限る。）の受益権

(xiii) 外国の者に対する権利で(xii)に掲げるものの性質を有するもの

(2) 信託財産の運用の対象となる有価証券、預金、手形、指定金銭信託及びコールローン（(3)及び(4)において「有価証券等」という。）は、償還又は満期までの期間（(3)において「残存期間」という。）が一年を超えないものであること。

(3) 信託財産に組み入れる有価証券等の平均残存期間（一の有価証券等の残存期間に当該有価証券等の組入れ額を乗じて得た合計額を、当該有価証券等の組入れ額の合計額で除した期間をいう。）が九十日を超えないこと。

(4) 信託財産の総額のうちに一の法人その他の団体（(5)において「法人等」という。）が発行し、又は取り扱う有価証券等（国債証券、政府保証債（その元本の償還及び利息の支払について政府が保証する債券をいう。）及び返済までの期間（貸付けを行う当該証券投資信託の受託者である会社が休業している日を除く。）が五日以内のコールローン（(5)において「特定コールローン」という。）を除く。）の当該信託財産の総額の計算の基礎となつた価額の占める割合が、百分の五以下であること。

(5) 信託財産の総額のうちに一の法人等が取り扱う特定コールローンの当該信託財産の総額の計算の基礎となつた価額の占める割合が、百分の二十五以下であること。

ハ 当該預り金に係る投資約款（労働者と金融商品取引業者の間の預り金の取扱い及び受益証券の購入等に関する約款をいう。）に次の事項が記載されていること。

(1) 当該預り金への払込みが一円単位でできること。

(2) 預り金及び証券投資信託の受益権に相当する金額の払戻しが、その申出があつた日に、一円単位でできること。

三 資金決済に関する法律（平成二十一年法律第五十九号。以下「資金決済法」という。）第三十六条の二第二項に規定する第二種資金移動業（以下単に「第二種資金移動業」という。）を営む資金決済法第二条第三項に規定する資金移動業者であつて、次に掲げる要件を満たすものとして厚生労働大臣の指定を受けた者（以下「指定資金移動業者」という。）のうち当該労働者が指定するものの第二種資金移動業に係る口座への資金移動

イ 賃金の支払に係る資金移動を行う口座（以下単に「口座」という。）について、労働者に対して負担する為替取引に関する債務の額が百万円を超えることがないようにするための措置又は当該額が百万円を超えた場合に当該額を速やかに百万円以下とするための措置を講じていること。

ロ 破産手続開始の申立てを行つたときその他為替取引に関し負担する債務の履行が困難となつたときに、口座について、労働者に対して負担する為替取引に関する債務の全額を速やかに当該労働者に弁済することを保証する仕組みを有していること。

ハ 口座について、労働者の意に反する不正な為替取引その他の当該労働者の責めに帰することができない理由で当該労働者に対して負担する為替取引に関する債務を履行することが困難となつたことにより当該債務について当該労働者に損失が生じたときに、当該損失を補償する仕組みを有していること。

ニ 口座について、特段の事情がない限り、当該口座に係る資金移動が最後にあつた日から少なくとも十年間は、労働者に対して負担する為替取引に関する債務を履行することができるための措置を講じていること。

ホ 口座への資金移動が一円単位でできるための措置を講じていること。

ヘ 口座への資金移動に係る額の受取について、現金自動支払機を利用する方法その他の通貨による受取ができる方法により一円単位で当該受取ができるための措置及び少なくとも毎月一回は当該方法に係る手数料その他の費用を負担することなく当該受取ができるための措置を講じていること。

ト 賃金の支払に関する業務の実施状況及び財務状況を適時に厚生労働大臣に報告できる体制を有すること。

チ イからトまでに掲げるもののほか、賃金の支払に関する業務を適正かつ確実に行うことができる技術的能力を有し、かつ、十分な社会的信用を有すること。

② 使用者は、労働者の同意を得た場合には、退職手当の支払について前項に規定する方法によるほか、次の方法によることができる。

一 銀行その他の金融機関によつて振り出された当該銀行その他の金融機関を支払人とする小切

手を当該労働者に交付すること。

二　銀行その他の金融機関が支払保証をした小切手を当該労働者に交付すること。

三　郵政民営化法（平成十七年法律第九十七号）第九十四条に規定する郵便貯金銀行がその行う為替取引に関し負担する債務に係る権利を表章する証書を当該労働者に交付すること。

③　地方公務員に関して法第二十四条第一項の規定が適用される場合における前項の規定の適用については、同項第一号中「小切手」とあるのは、「小切手又は地方公共団体によつて振り出された小切手」とする。

第七条の三　前条第一項第三号の厚生労働大臣の指定（第七条の六から第七条の八までにおいて単に「指定」という。）を受けようとする者は、申請書に、第二種資金移動業を営むこと及び同号イからチまでに掲げる要件を満たすことを証する書類を添えて、厚生労働大臣に提出しなければならない。

第七条の四　指定資金移動業者は、第七条の二第一項第三号イからチまでに掲げる要件に係る事項のいずれかを変更するときは、あらかじめ、その旨を厚生労働大臣に届け出なければならない。

②　指定資金移動業者は、資金決済法第四十一条第一項の規定による変更登録又は同条第三項若しくは第四項の規定による変更の届出を行つたときは、遅滞なく、その旨を厚生労働大臣に届け出なければならない。

第七条の五　厚生労働大臣は、賃金の支払に関する業務の適正かつ確実な実施を確保するために必要があると認めるときは、指定資金移動業者に対し、賃金の支払に関する業務の実施状況及び財務状況に関し報告を求め、又は必要な措置を求めることができる。

第七条の六　厚生労働大臣は、指定資金移動業者が次のいずれかに該当するときは、指定を取り消すことができる。

一　資金決済法第五十五条又は第五十六条第一項若しくは第二項の規定による処分が行われたとき。

二　前号のほか、第七条の二第一項第三号イからチまでに掲げる要件を満たさなくなつたとき。

三　不正の手段により指定を受けたとき。

②　厚生労働大臣は、前項の規定により指定の取消しをしたときは、その旨を公告しなければならない。

第七条の七　指定資金移動業者は、次のいずれかに該当するときは、遅滞なく、その旨を厚生労働大臣に届け出なければならない。

一　指定を辞退しようとするとき。

二　資金決済法第六十一条第一項の規定による届出をしたとき。

②　指定資金移動業者が指定を辞退したときは、当該指定は、その効力を失う。

③　指定資金移動業者が指定を辞退しようとするときは、その日の三十日前までに、その旨を公告するとともに、全ての営業所の公衆の目につきやすい場所に掲示しなければならない。

④　指定資金移動業者は、前項の規定による公告をしたときは、直ちに、その旨を厚生労働大臣に届け出なければならない。

第七条の八　指定資金移動業者について、第七条の六第一項の規定により指定が取り消された場合において、使用者の賃金の支払の義務の履行を確保するため必要があると厚生労働大臣が認めるときは、指定資金移動業者であつた者については、なお指定資金移動業者とみなして、第七条の二第一項及び第七条の五の規定を適用する。

第八条　法第二十四条第二項但書の規定による臨時に支払われる賃金、賞与に準ずるものは次に掲げるものとする。

一　一箇月を超える期間の出勤成績によつて支給される精勤手当

二　一箇月を超える一定期間の継続勤務に対して支給される勤続手当

三　一箇月を超える期間にわたる事由によつて算定される奨励加給又は能率手当

第九条　法第二十五条に規定する非常の場合は、次に掲げるものとする。

一　労働者の収入によつて生計を維持する者が出産し、疾病にかかり、又は災害をうけた場合

二　労働者又はその収入によつて生計を維持する者が結婚し、又は死亡した場合

三　労働者又はその収入によつて生計を維持する者がやむを得ない事由により一週間以上にわたつて帰郷する場合

第一〇条及び第一一条　削除

第一二条　常時十人に満たない労働者を使用する使用者は、法第三十二条の二第一項又は法第三十五条第二項による定めをした場合（法第三十二条の二第一項の協定（法第三十八条の四第五項（法第四十一条の二第三項において準用する場合を含む。）に規定する法第三十八条の四第一項の委員会（以下「労使委員会」という。）の決議（以下「労使委員会の決議」という。）及び労働時間等の設定の改善に関する特別措置法（平成四年法律第九十号。以下「労働時間等設定改善法」という。）

第七条に規定する労働時間等設定改善委員会の決議（以下「労働時間等設定改善委員会の決議」という。）を含む。）による定めをした場合を除く。）には、これを労働者に周知させるものとする。

第十二条の二　使用者は、法第三十二条の二から第三十二条の四までの規定により労働者に労働させる場合には、就業規則その他これに準ずるもの又は書面による協定（労使委員会の決議及び労働時間等設定改善委員会の決議を含む。）において、法第三十二条の二から第三十二条の四までにおいて規定する期間の起算日を明らかにするものとする。

②　使用者は、法第三十五条第二項の規定により労働者に休日を与える場合には、就業規則その他これに準ずるものにおいて、四日以上の休日を与えることとする四週間の起算日を明らかにするものとする。

第十二条の二の二　法第三十二条の二第一項の協定（労働協約による場合を除き、労使委員会の決議及び労働時間等設定改善委員会の決議を含む。）には、有効期間の定めをするものとする。

②　法第三十二条の二第二項の規定による届出は、様式第三号の二により、所轄労働基準監督署長にしなければならない。

第十二条の三　法第三十二条の三第一項（同条第二項及び第三項の規定により読み替えて適用する場合を含む。以下この条において同じ。）第四号の厚生労働省令で定める事項は、次に掲げるものとする。

一　標準となる一日の労働時間

二　労働者が労働しなければならない時間帯を定める場合には、その時間帯の開始及び終了の時刻

三　労働者がその選択により労働することができる時間帯に制限を設ける場合には、その時間帯の開始及び終了の時刻

四　法第三十二条の三第一項第二号の清算期間が一箇月を超えるものである場合にあつては、同項の協定（労働協約による場合を除き、労使委員会の決議及び労働時間等設定改善委員会の決議を含む。）の有効期間の定め

②　法第三十二条の三第四項において準用する法第三十二条の二第二項の規定による届出は、様式第三号の三により、所轄労働基準監督署長にしなければならない。

第十二条の四　法第三十二条の四第一項の協定（労働協約による場合を除き、労使委員会の決議及び労働時間等設定改善委員会の決議を含む。）において定める同項第五号の厚生労働省令で定める事項は、有効期間の定めとする。

②　使用者は、法第三十二条の四第二項の規定による定めは、書面により行わなければならない。

③　法第三十二条の四第三項の厚生労働省令で定める労働日数の限度は、同条第一項第二号の対象期間（以下この条において「対象期間」という。）が三箇月を超える場合は対象期間について一年当たり二百八十日とする。ただし、対象期間が三箇月を超える場合において、当該対象期間の初日の前一年以内の日を含む三箇月を超える期間を対象期間として定める法第三十二条の四第一項の協定（労使委員会の決議及び労働時間等設定改善委員会の決議を含む。）（複数ある場合においては直近の協定（労使委員会の決議及び労働時間等設定改善委員会の決議を含む。）。以下この項において「旧協定」という。）があつた場合において、一日の労働時間のうち最も長いものが旧協定の定める一日の労働時間のうち最も長いもの若しくは九時間のいずれか長い時間を超え、又は一週間の労働時間のうち最も長いものが旧協定の定める一週間の労働時間のうち最も長いもの若しくは四十八時間のいずれか長い時間を超えるときは、旧協定の定める対象期間について一年当たりの労働日数から一日を減じた日数又は二百八十日のいずれか少ない日数とする。

④　法第三十二条の四第三項の厚生労働省令で定める一日の労働時間の限度は十時間とし、一週間の労働時間の限度は五十二時間とする。この場合において、対象期間が三箇月を超えるときは、次の各号のいずれにも適合しなければならない。

一　対象期間において、その労働時間が四十八時間を超える週が連続する場合の週数が三以下であること。

二　対象期間をその初日から三箇月ごとに区分した各期間（三箇月未満の期間を生じたときは、当該期間）において、その労働時間が四十八時間を超える週の初日の数が三以下であること。

⑤　法第三十二条の四第三項の厚生労働省令で定める対象期間における連続して労働させる日数の限度は六日とし、同条第一項の協定（労使委員会の決議及び労働時間等設定改善委員会の決議を含む。）で特定期間として定められた期間における連続して労働させる日数の限度は一週間に一日の休日が確保できる日数とする。

⑥　法第三十二条の四第四項において準用する法第三十二条の二第二項の規定による届出は、様式第四号により、所轄労働基準監督署長にしなければならない。

第一二条の五　法第三十二条の五第一項の厚生労働省令で定める事業は、小売業、旅館、料理店及び飲食店の事業とする。

② 法第三十二条の五第一項の厚生労働省令で定める数は、三十人とする。

③ 法第三十二条の五第二項の規定による一週間の各日の労働時間の通知は、少なくとも、当該一週間の開始する前に、書面により行わなければならない。ただし、緊急でやむを得ない事由がある場合には、使用者は、あらかじめ通知した労働時間を変更しようとする日の前日までに書面により当該労働者に通知することにより、当該あらかじめ通知した労働時間を変更することができる。

④ 法第三十二条の五第三項において準用する法第三十二条の二第二項の規定による届出は、様式第五号により、所轄労働基準監督署長にしなければならない。

⑤ 使用者は、法第三十二条の五の規定により労働者に労働させる場合において、一週間の各日の労働時間を定めるに当たつては、労働者の意思を尊重するよう努めなければならない。

第一二条の六　使用者は、法第三十二条の二、第三十二条の四又は第三十二条の五の規定により労働者に労働させる場合には、育児を行う者、老人等の介護を行う者、職業訓練又は教育を受ける者その他特別の配慮を要する者については、これらの者が育児等に必要な時間を確保できるような配慮をしなければならない。

第一三条　法第三十三条第一項本文の規定による許可は、所轄労働基準監督署長から受け、同条同項但書の規定による届出は、所轄労働基準監督署長にしなければならない。

② 前項の許可又は届出は、様式第六号によるものとする。

第一四条　法第三十三条第二項の規定による命令は、様式第七号による文書で所轄労働基準監督署長がこれを行う。

第一五条　使用者は、法第三十四条第二項ただし書の協定をする場合には、一斉に休憩を与えない労働者の範囲及び当該労働者に対する休憩の与え方について、協定しなければならない。

② 前項の規定は、労使委員会の決議及び労働時間等設定改善委員会の決議について準用する。

第一六条　法第三十六条第一項の規定による届出は、様式第九号（同条第五項に規定する事項に関する定めをする場合にあつては、様式第九号の二）により、所轄労働基準監督署長にしなければならない。

② 前項の規定にかかわらず、法第三十六条第十一項に規定する業務についての同条第一項の規定による届出は、様式第九号の三により、所轄労働基準監督署長にしなければならない。

③ 法第三十六条第一項の協定（労使委員会の決議及び労働時間等設定改善委員会の決議を含む。以下この項において同じ。）を更新しようとするときは、使用者は、その旨の協定を所轄労働基準監督署長に届け出ることによつて、前二項の届出に代えることができる。

第一七条　法第三十六条第二項第五号の厚生労働省令で定める事項は、次に掲げるものとする。ただし、第四号から第七号までの事項については、同条第一項の協定に同条第五項に規定する事項に関する定めをしない場合においては、この限りでない。

一　法第三十六条第一項の協定（労働協約による場合を除く。）の有効期間の定め
二　法第三十六条第二項第四号の一年の起算日
三　法第三十六条第六項第二号及び第三号に定める要件を満たすこと。
四　法第三十六条第三項の限度時間（以下この項において「限度時間」という。）を超えて労働させることができる場合
五　限度時間を超えて労働させる労働者に対する健康及び福祉を確保するための措置
六　限度時間を超えた労働に係る割増賃金の率
七　限度時間を超えて労働させる場合における手続

② 使用者は、前項第五号に掲げる措置の実施状況に関する記録を同項第一号の有効期間中及び当該有効期間の満了後五年間保存しなければならない。

③ 前項の規定は、労使委員会の決議及び労働時間等設定改善委員会の決議について準用する。

第一八条　法第三十六条第六項第一号の厚生労働省令で定める健康上特に有害な業務は、次に掲げるものとする。

一　多量の高熱物体を取り扱う業務及び著しく暑熱な場所における業務
二　多量の低温物体を取り扱う業務及び著しく寒冷な場所における業務
三　ラジウム放射線、エックス線その他の有害放射線にさらされる業務
四　土石、獣毛等のじんあい又は粉末を著しく飛散する場所における業務
五　異常気圧下における業務
六　削岩機、鋲（びょう）打機等の使用によつて身体に著し

い振動を与える業務

七　重量物の取扱い等重激なる業務

八　ボイラー製造等強烈な騒音を発する場所における業務

九　鉛、水銀、クロム、砒素、黄りん、弗素、塩素、塩酸、硝酸、亜硫酸、硫酸、一酸化炭素、二硫化炭素、青酸、ベンゼン、アニリン、その他これに準ずる有害物の粉じん、蒸気又はガスを発散する場所における業務

十　前各号のほか、厚生労働大臣の指定する業務

第一九条　法第三十七条第一項の規定による通常の労働時間又は通常の労働日の賃金の計算額は、次の各号の金額に法第三十三条若しくは法第三十六条第一項の規定によつて延長した労働時間数若しくは休日の労働時間数又は午後十時から午前五時（厚生労働大臣が必要であると認める場合には、その定める地域又は期間については午後十一時から午前六時）までの労働時間数を乗じた金額とする。

一　時間によつて定められた賃金については、その金額

二　日によつて定められた賃金については、その金額を一日の所定労働時間数（日によつて所定労働時間数が異る場合には、一週間における一日平均所定労働時間数）で除した金額

三　週によつて定められた賃金については、その金額を週における所定労働時間数（週によつて所定労働時間数が異る場合には、四週間における一週平均所定労働時間数）で除した金額

四　月によつて定められた賃金については、その金額を月における所定労働時間数（月によつて所定労働時間数が異る場合には、一年間における一月平均所定労働時間数）で除した金額

五　月、週以外の一定の期間によつて定められた賃金については、前各号に準じて算定した金額

六　出来高払制その他の請負制によつて定められた賃金については、その賃金算定期間（賃金締切日がある場合には、賃金締切期間、以下同じ。）において出来高払制その他の請負制によつて計算された賃金の総額を当該賃金算定期間における、総労働時間数で除した金額

七　労働者の受ける賃金が前各号の二以上の賃金よりなる場合には、その部分について各号によつてそれぞれ算定した金額の合計額

②　休日手当その他前項各号に含まれない賃金は、前項の計算においては、これを月によつて定められた賃金とみなす。

第一九条の二　使用者は法第三十七条第三項の協定（労使委員会の決議、労働時間等設定改善委員会の決議及び労働時間等設定改善法第七条の二に規定する労働時間等設定改善企業委員会の決議を含む。）をする場合には、次に掲げる事項について、協定しなければならない。

一　法第三十七条第三項の休暇（以下「代替休暇」という。）として与えることができる時間の時間数の算定方法

二　代替休暇の単位（一日又は半日（代替休暇以外の通常の労働時間の賃金が支払われる休暇と合わせて与えることができる旨を定めた場合においては、当該休暇と合わせた一日又は半日を含む。）とする。）

三　代替休暇を与えることができる期間（法第三十三条又は法第三十六条第一項の規定によつて延長して労働させた時間が一箇月について六十時間を超えた当該一箇月の末日の翌日から二箇月以内とする。）

②　前項第一号の算定方法は、法第三十三条又は法第三十六条第一項の規定によつて一箇月について六十時間を超えて延長して労働させた時間の時間数に、労働者が代替休暇を取得しなかつた場合に当該時間の労働について法第三十七条第一項ただし書の規定により支払うこととされている割増賃金の率と、労働者が代替休暇を取得した場合に当該時間の労働について同項本文の規定により支払うこととされている割増賃金の率との差に相当する率（次項において「換算率」という。）を乗じるものとする。

③　法第三十七条第三項の厚生労働省令で定める時間は、取得した代替休暇の時間数を換算率で除して得た時間数の時間とする。

第二〇条　法第三十三条又は法第三十六条第一項の規定によつて延長した労働時間が午後十時から午前五時（厚生労働大臣が必要であると認める場合は、その定める地域又は期間については午後十一時から午前六時）までの間に及ぶ場合においては、使用者はその時間の労働については、第十九条第一項各号の金額にその労働時間数を乗じた金額の五割以上（その時間の労働のうち、一箇月について六十時間を超える労働時間の延長に係るものについては、七割五分以上）の率で計算した割増賃金を支払わなければならない。

②　法第三十三条又は法第三十六条第一項の規定による休日の労働時間が午後十時から午前五時（厚生労働大臣が必要であると認める場合は、その定める地域又は期間については午後十一時から午前六時）までの間に及ぶ場合においては、使用者はその時間の労働については、前条第一項各号の金

額にその労働時間数を乗じた金額の六割以上の率で計算した割増賃金を支払わなければならない。

第二十一条 法第三十七条第五項の規定によつて、家族手当及び通勤手当のほか、次に掲げる賃金は、同条第一項及び第四項の割増賃金の基礎となる賃金には算入しない。

一 別居手当
二 子女教育手当
三 住宅手当
四 臨時に支払われた賃金
五 一箇月を超える期間ごとに支払われる賃金

第二十二条 削除

第二十三条 使用者は、宿直又は日直の勤務で断続的な業務について、様式第十号によつて、所轄労働基準監督署長の許可を受けた場合は、これに従事する労働者を、法第三十二条の規定にかかわらず、使用することができる。

第二十四条 使用者が一団として入坑及び出坑する労働者に関し、その入坑開始から入坑終了までの時間について様式第十一号によつて所轄労働基準監督署長の許可を受けた場合には、法第三十八条第二項の規定の適用については、入坑終了から出坑終了までの時間を、その団に属する労働者の労働時間とみなす。

第二十四条の二 法第三十八条の二第一項の規定は、法第四章の労働時間に関する規定の適用に係る労働時間の算定について適用する。

② 法第三十八条の二第二項の協定（労働協約による場合を除き、労使委員会の決議及び労働時間等設定改善委員会の決議を含む。）には、有効期間の定めをするものとする。

③ 法第三十八条の二第三項の規定による届出は、様式第十二号により、所轄労働基準監督署長にしなければならない。ただし、同条第二項の協定で定める時間が法第三十二条又は第四十条に規定する労働時間以下である場合には、当該協定を届け出ることを要しない。

④ 使用者は、法第三十八条の二第二項の協定の内容を法第三十六条第一項の規定による届出（労使委員会の決議の届出及び労働時間等設定改善委員会の決議の届出を除く。）に付記して所轄労働基準監督署長に届け出ることによつて、前項の届出に代えることができる。

第二十四条の二の二 法第三十八条の三第一項の規定は、法第四章の労働時間に関する規定の適用に係る労働時間の算定について適用する。

② 法第三十八条の三第一項第一号の厚生労働省令で定める業務は、次のとおりとする。

一 新商品若しくは新技術の研究開発又は人文科学若しくは自然科学に関する研究の業務
二 情報処理システム（電子計算機を使用して行う情報処理を目的として複数の要素が組み合わされた体系であつてプログラムの設計の基本となるものをいう。）の分析又は設計の業務
三 新聞若しくは出版の事業における記事の取材若しくは編集の業務又は放送法（昭和二十五年法律第百三十二号）第二条第二十七号に規定する放送番組（以下「放送番組」という。）の制作のための取材若しくは編集の業務
四 衣服、室内装飾、工業製品、広告等の新たなデザインの考案の業務
五 放送番組、映画等の制作の事業におけるプロデューサー又はディレクターの業務
六 前各号のほか、厚生労働大臣の指定する業務

③ 法第三十八条の三第一項第六号の厚生労働省令で定める事項は、次に掲げるものとする。

一 使用者は、法第三十八条の三第一項の規定により労働者を同項第一号に掲げる業務に就かせたときは同項第二号に掲げる時間労働したものとみなすことについて当該労働者の同意を得なければならないこと及び当該同意をしなかつた当該労働者に対して解雇その他不利益な取扱いをしてはならないこと。
二 前号の同意の撤回に関する手続
三 法第三十八条の三第一項に規定する協定（労働協約による場合を除き、労使委員会の決議及び労働時間等設定改善委員会の決議を含む。）の有効期間の定め
四 使用者は、次に掲げる事項に関する労働者ごとの記録を前号の有効期間中及び当該有効期間の満了後五年間保存すること。
イ 法第三十八条の三第一項第四号に規定する労働者の労働時間の状況並びに当該労働者の健康及び福祉を確保するための措置の実施状況
ロ 法第三十八条の三第一項第五号に規定する労働者からの苦情の処理に関する措置の実施状況
ハ 第一号の同意及びその撤回

④ 法第三十八条の三第三項において準用する法第三十八条の二第三項の規定による届出は、様式第十三号により、所轄労働基準監督署長にしなければならない。

第二十四条の二の二の二 使用者は、前条第三項第四号イからハまでに掲げる事項に関する労働者ごとの記録を作成し、同項第三号の有効期間中及び当

該有効期間の満了後五年間保存しなければならない。

第二十四条の二の三　法第三十八条の四第一項の規定による届出は、様式第十三号の二により、所轄労働基準監督署長にしなければならない。

② 法第三十八条の四第一項の規定は、法第四章の労働時間に関する規定の適用に係る労働時間の算定について適用する。

③ 法第三十八条の四第一項第七号の厚生労働省令で定める事項は、次に掲げるものとする。

一　法第三十八条の四第一項第一号に掲げる業務に従事する同項第二号に掲げる労働者の範囲に属する労働者（次号及び第二十四条の二の四第四項において「対象労働者」という。）の法第三十八条の四第一項第六号の同意の撤回に関する手続

二　使用者は、対象労働者に適用される評価制度及びこれに対応する賃金制度を変更する場合にあつては、労使委員会に対し、当該変更の内容について説明を行うこと。

三　法第三十八条の四第一項に規定する決議の有効期間の定め

四　使用者は、次に掲げる事項に関する労働者ごとの記録を前号の有効期間中及び当該有効期間の満了後五年間保存すること。

イ　法第三十八条の四第一項第四号に規定する労働者の労働時間の状況並びに当該労働者の健康及び福祉を確保するための措置の実施状況

ロ　法第三十八条の四第一項第五号に規定する労働者からの苦情の処理に関する措置の実施状況

ハ　法第三十八条の四第一項第六号の同意及びその撤回

第二十四条の二の三の二　使用者は、前条第三項第四号イからハまでに掲げる事項に関する労働者ごとの記録を作成し、同項第三号の有効期間中及び当該有効期間の満了後五年間保存しなければならない。

第二十四条の二の四　法第三十八条の四第二項第一号の規定による指名は、法第四十一条第二号に規定する監督又は管理の地位にある者以外の者について行わなければならず、また、使用者の意向に基づくものであつてはならない。

② 法第三十八条の四第二項第二号の規定による議事録の作成及び保存については、使用者は、労使委員会の開催の都度その議事録を作成して、これをその開催の日（法第三十八条の四第一項に規定する決議及び労使委員会の決議並びに第二十五条の二に規定する労使委員会における委員の五分の四以上の多数による議決による決議（第七項において「労使委員会の決議等」という。）が行われた会議の議事録にあつては、当該決議に係る書面の完結の日（第五十六条第一項第五号の完結の日をいう。））から起算して五年間保存しなければならない。

③ 法第三十八条の四第二項第二号の規定による議事録の周知については、使用者は、労使委員会の議事録を、次に掲げるいずれかの方法によつて、当該事業場の労働者に周知させなければならない。

一　常時各作業場の見やすい場所へ掲示し、又は備え付けること。

二　書面を労働者に交付すること。

三　使用者の使用に係る電子計算機に備えられたファイル又は電磁的記録媒体（電磁的記録（電子的方式、磁気的方式その他人の知覚によつては認識することができない方式で作られる記録であつて、電子計算機による情報処理の用に供されるものをいう。以下同じ。）に係る記録媒体をいう。）をもつて調製するファイルに記録し、かつ、各作業場に労働者が当該記録の内容を常時確認できる機器を設置すること。

④ 法第三十八条の四第二項第三号の厚生労働省令で定める要件は、労使委員会の運営に関する事項として次に掲げるものに関する規程が定められていることとする。

イ　労使委員会の招集、定足数及び議事に関する事項

ロ　対象労働者に適用される評価制度及びこれに対応する賃金制度の内容の使用者からの説明に関する事項

ハ　制度の趣旨に沿つた適正な運用の確保に関する事項

ニ　開催頻度を六箇月以内ごとに一回とすること。

ホ　イからニまでに掲げるもののほか、労使委員会の運営について必要な事項

⑤ 使用者は、前項の規程の作成又は変更については、労使委員会の同意を得なければならない。

⑥ 使用者は、労働者が労使委員会の委員であること若しくは労使委員会の委員になろうとしたこと又は労使委員会の委員として正当な行為をしたことを理由として不利益な取扱いをしないようにしなければならない。

⑦ 使用者は、法第三十八条の四第二項第一号の規

定により指名された委員が労使委員会の決議等に関する事務を円滑に遂行することができるよう必要な配慮を行わなければならない。

第二四条の二の五　法第三十八条の四第四項の規定による報告は、同条第一項に規定する決議の有効期間の始期から起算して六箇月以内に一回、及びその後一年以内ごとに一回、様式第十三号の四により、所轄労働基準監督署長にしなければならない。

② 法第三十八条の四第四項の規定による報告は、同条第一項第四号に規定する労働者の労働時間の状況並びに当該労働者の健康及び福祉を確保するための措置の実施状況並びに同項第六号の同意及びその撤回の実施状況について行うものとする。

第二四条の三　法第三十九条第三項の厚生労働省令で定める時間は、三十時間とする。

② 法第三十九条第三項の通常の労働者の一週間の所定労働日数として厚生労働省令で定める日数は、五・二日とする。

③ 法第三十九条第三項の通常の労働者の一週間の所定労働日数として厚生労働省令で定める日数と当該労働者の一週間の所定労働日数又は一週間当たりの平均所定労働日数との比率を考慮して厚生労働省令で定める日数は、同項第一号に掲げる労働者にあつては次の表の上欄の週所定労働日数の区分に応じ、同項第二号に掲げる労働者にあつては同表の中欄の一年間の所定労働日数の区分に応じて、それぞれ同表の下欄に雇入れの日から起算した継続勤務期間の区分ごとに定める日数とする。

週所定労働日数	一年間の所定労働日数	雇入れの日から起算した継続勤務期間						
		六箇月	一年六箇月	二年六箇月	三年六箇月	四年六箇月	五年六箇月	六年六箇月以上
四日	百六十九日から二百十六日まで	七日	八日	九日	十日	十二日	十三日	十五日
三日	百二十一日から百六十八日まで	五日	六日	六日	八日	九日	十日	十一日
二日	七十三日から百二十日まで	三日	四日	四日	五日	六日	六日	七日
一日	四十八日から七十二日まで	一日	二日	二日	二日	三日	三日	三日

④ 法第三十九条第三項第一号の厚生労働省令で定める日数は、四日とする。

⑤ 法第三十九条第三項第二号の厚生労働省令で定める日数は、二百十六日とする。

第二四条の四　法第三十九条第四項第三号の厚生労働省令で定める事項は、次に掲げるものとする。

一　時間を単位として与えることができることとされる有給休暇一日の時間数（一日の所定労働時間数（日によつて所定労働時間数が異なる場合には、一年間における一日平均所定労働時間数。次号において同じ。）を下回らないものとする。）

二　一時間以外の時間を単位として有給休暇を与えることとする場合には、その時間数（一日の所定労働時間数に満たないものとする。）

第二四条の五　使用者は、法第三十九条第七項ただし書の規定により同条第一項から第三項までの規定による十労働日以上の有給休暇を与えることとしたときは、当該有給休暇の日数のうち五日については、基準日（同条第七項の基準日をいう。以下この条において同じ。）より前の日であつて、十労働日以上の有給休暇を与えることとした日（以下この条及び第二十四条の七において「第一基準日」という。）から一年以内の期間に、その時季を定めることにより与えなければならない。

② 前項の規定にかかわらず、使用者が法第三十九条第一項から第三項までの規定による十労働日以上の有給休暇を基準日又は第一基準日に与えることとし、かつ、当該基準日又は第一基準日から一年以内の特定の日（以下この条及び第二十四条の七において「第二基準日」という。）に新たに十労働日以上の有給休暇を与えることとしたときは、履行期間（基準日又は第一基準日を始期として、第二基準日から一年を経過する日を終期とする期間をいう。以下この条において同じ。）の月数を十二で除した数に五を乗じた日数について、当該履行期間中に、その時季を定めることにより与えることができる。

③ 第一項の期間又は前項の履行期間が経過した場合においては、その経過した日から一年ごとに区分した各期間（最後に一年未満の期間を生じたときは、当該期間）の初日を基準日とみなして法第三十九条第七項本文の規定を適用する。

④ 使用者が法第三十九条第一項から第三項までの規定による有給休暇のうち十労働日未満の日数について基準日以前の日（以下この項において「特定日」という。）に与えることとした場合において、特定日が複数あるときは、当該十労働日未満の日数が合わせて十労働日以上になる日までの間の特定日のうち最も遅い日を第一基準日とみなして前三項の規定を適用する。この場合において、第一基準日とみなされた日より前に、同条第五項又は第六項の規定により与えた有給休暇の日数分については、時季を定めることにより与えることを要しない。

第二四条の六 使用者は、法第三十九条第七項の規定により労働者に有給休暇を時季を定めることにより与えるに当たつては、あらかじめ、同項の規定により当該有給休暇を与えることを当該労働者に明らかにした上で、その時季について当該労働者の意見を聴かなければならない。

② 使用者は、前項の規定により聴取した意見を尊重するよう努めなければならない。

第二四条の七 使用者は、法第三十九条第五項から第七項までの規定により有給休暇を与えたときは、時季、日数及び基準日（第一基準日及び第二基準日を含む。）を労働者ごとに明らかにした書類（第五十五条の二及び第五十六条第三項において「年次有給休暇管理簿」という。）を作成し、当該有給休暇を与えた期間中及び当該期間の満了後五年間保存しなければならない。

第二五条 法第三十九条第九項の規定による所定労働時間労働した場合に支払われる通常の賃金は、次に定める方法によつて算定した金額とする。

一 時間によつて定められた賃金については、その金額にその日の所定労働時間数を乗じた金額

二 日によつて定められた賃金については、その金額

三 週によつて定められた賃金については、その金額をその週の所定労働日数で除した金額

四 月によつて定められた賃金については、その金額をその月の所定労働日数で除した金額

五 月、週以外の一定の期間によつて定められた賃金については、前各号に準じて算定した金額

六 出来高払制その他の請負制によつて定められた賃金については、その賃金算定期間（当該期間に出来高払制その他の請負制によつて計算された賃金がない場合においては、当該期間前において出来高払制その他の請負制によつて計算された賃金が支払われた最後の賃金算定期間。以下同じ。）において出来高払制その他の請負制によつて計算された賃金の総額を当該賃金算定期間における総労働時間数で除した金額に、当該賃金算定期間における一日平均所定労働時間数を乗じた金額

七 労働者の受ける賃金が前各号の二以上の賃金よりなる場合には、その部分について各号によつてそれぞれ算定した金額の合計額

② 法第三十九条第九項本文の厚生労働省令で定めるところにより算定した額の賃金は、平均賃金又は前項の規定により算定した金額をその日の所定労働時間数で除して得た額の賃金とする。

③ 法第三十九条第九項ただし書の厚生労働省令で定めるところにより算定した金額は、健康保険法（大正十一年法律第七十号）第四十条第一項に規定する標準報酬月額の三十分の一に相当する金額（その金額に、五円未満の端数があるときは、これを切り捨て、五円以上十円未満の端数があるときは、これを十円に切り上げるものとする。）をその日の所定労働時間数で除して得た金額とする。

第二五条の二 使用者は、法別表第一第八号、第十号（映画の製作の事業を除く。）、第十三号及び第十四号に掲げる事業のうち常時十人未満の労働者を使用するものについては、法第三十二条の規定にかかわらず、一週間について四十四時間、一日について八時間まで労働させることができる。

② 使用者は、当該事業場に、労働者の過半数で組織する労働組合がある場合においてはその労働組合、労働者の過半数で組織する労働組合がない場合においては労働者の過半数を代表する者との書面による協定（労使委員会における委員の五分の四以上の多数による決議及び労働時間等設定改善法第七条の労働時間等設定改善委員会における委員の五分の四以上の多数による決議を含む。以下この条において同じ。）により、又は就業規則その他これに準ずるものにより、一箇月以内の期間を平均し一週間当たりの労働時間が四十四時間を超えない定めをした場合においては、前項に規定する事業については同項の規定にかかわらず、その定めにより、特定された週において四十四時間又は特定された日において八時間を超えて、労働させることができる。

③ 使用者は、就業規則その他これに準ずるものにより、その労働者に係る始業及び終業の時刻をその労働者の決定にゆだねることとした労働者については、当該事業場の労働者の過半数で組織する労働組合がある場合においてはその労働組合、労働者の過半数で組織する労働組合がない場合にお

いては労働者の過半数を代表する者との書面による協定により、次に掲げる事項を定めたときは、その協定で第二号の清算期間として定められた期間を平均し一週間当たりの労働時間が四十四時間を超えない範囲内において、第一項に規定する事業については同項の規定にかかわらず、一週間において四十四時間又は一日において八時間を超えて、労働させることができる。

一　この項の規定による労働時間により労働させることとされる労働者の範囲

二　清算期間（その期間を平均し一週間当たりの労働時間が四十四時間を超えない範囲内において労働させる期間をいい、一箇月以内の期間に限るものとする。次号において同じ。）

三　清算期間における総労働時間

四　標準となる一日の労働時間

五　労働者が労働しなければならない時間帯を定める場合には、その時間帯の開始及び終了の時刻

六　労働者がその選択により労働することができる時間帯に制限を設ける場合には、その時間帯の開始及び終了の時刻

④　第一項に規定する事業については、法第三十二条の三第一項（同項第二号の清算期間が一箇月を超えるものである場合に限る。）、第三十二条の四又は第三十二条の五の規定により労働者に労働させる場合には、前三項の規定は適用しない。

第二五条の三　第六条の二第一項の規定は前条第二項及び第三項に規定する労働者の過半数を代表する者について、第六条の二第三項及び第四項の規定は前条第二項及び第三項の使用者について、第十二条及び第十二条の二第一項の規定は前条第二項及び第三項による定めについて、第十二条の二の二第一項の規定は前条第二項の協定について、第十二条の六の規定は前条第二項の使用者について準用する。

②　使用者は、様式第三号の二により、前条第二項の協定を所轄労働基準監督署長に届け出るものとする。

第二六条　使用者は、法別表第一第四号に掲げる事業において列車、気動車又は電車に乗務する労働者で予備の勤務に就くものについては、一箇月以内の一定の期間を平均し一週間当たりの労働時間が四十時間を超えない限りにおいて、法第三十二条の二第一項の規定にかかわらず、一週間について四十時間、一日について八時間を超えて労働させることができる。

第二七条から第三〇条まで　削除

第三一条　法別表第一第四号、第八号、第九号、第十号、第十一号、第十三号及び第十四号に掲げる事業並びに官公署の事業（同表に掲げる事業を除く。）については、法第三十四条第二項の規定は、適用しない。

第三二条　使用者は、法別表第一第四号に掲げる事業又は郵便若しくは信書便の事業に使用される労働者のうち列車、気動車、電車、自動車、船舶又は航空機に乗務する機関手、運転手、操縦士、車掌、列車掛、荷扱手、列車手、給仕、暖冷房乗務員及び電源乗務員（以下単に「乗務員」という。）で長距離にわたり継続して乗務するもの並びに同表第十一号に掲げる事業に使用される労働者で屋内勤務者三十人未満の日本郵便株式会社の営業所（簡易郵便局法（昭和二十四年法律第二百十三号）第二条に規定する郵便窓口業務を行うものに限る。）において郵便の業務に従事するものについては、法第三十四条の規定にかかわらず、休憩時間を与えないことができる。

②　使用者は、乗務員で前項の規定に該当しないものについては、その者の従事する業務の性質上、休憩時間を与えることができないと認められる場合において、その勤務中における停車時間、折返しによる待合せ時間その他の時間の合計が法第三十四条第一項に規定する休憩時間に相当するときは、同条の規定にかかわらず、休憩時間を与えないことができる。

第三三条　法第三十四条第三項の規定は、左の各号の一に該当する労働者については適用しない。

一　警察官、消防吏員、常勤の消防団員、准救急隊員及び児童自立支援施設に勤務する職員で児童と起居をともにする者

二　乳児院、児童養護施設及び障害児入所施設に勤務する職員で児童と起居をともにする者

三　児童福祉法（昭和二十二年法律第百六十四号）第六条の三第十一項に規定する居宅訪問型保育事業に使用される労働者のうち、家庭的保育者（同条第九項第一号に規定する家庭的保育者をいう。以下この号において同じ。）として保育を行う者（同一の居宅において、一の児童に対して複数の家庭的保育者が同時に保育を行う場合を除く。）

②　前項第二号に掲げる労働者を使用する使用者は、その員数、収容する児童数及び勤務の態様について、様式第十三号の五によつて、予め所轄労働基準監督署長の許可を受けなければならない。

第三四条　法第四十一条第三号の規定による許可は、従事する労働の態様及び員数について、様式第十

四号によつて、所轄労働基準監督署長より、これを受けなければならない。

第三四条の二　法第四十一条の二第一項の規定による届出は、様式第十四号の二により、所轄労働基準監督署長にしなければならない。

② 法第四十一条の二第一項各号列記以外の部分に規定する厚生労働省令で定める方法は、次に掲げる事項を明らかにした書面に対象労働者（同項に規定する「対象労働者」をいう。以下同じ。）の署名を受け、当該書面の交付を受ける方法（当該対象労働者が希望した場合にあつては、当該書面に記載すべき事項を記録した電磁的記録の提供を受ける方法）とする。

一　対象労働者が法第四十一条の二第一項の同意をした場合には、同項の規定により、法第四章で定める労働時間、休憩、休日及び深夜の割増賃金に関する規定が適用されないこととなる旨

二　法第四十一条の二第一項の同意の対象となる期間

三　前号の期間中に支払われると見込まれる賃金の額

③ 法第四十一条の二第一項第一号の厚生労働省令で定める業務は、次に掲げる業務（当該業務に従事する時間に関し使用者から具体的な指示（業務量に比して著しく短い期限の設定その他の実質的に当該業務に従事する時間に関する指示と認められるものを含む。）を受けて行うものを除く。）とする。

一　金融工学等の知識を用いて行う金融商品の開発の業務

二　資産運用（指図を含む。以下この号において同じ。）の業務又は有価証券の売買その他の取引の業務のうち、投資判断に基づく資産運用の業務、投資判断に基づく資産運用として行う有価証券の売買その他の取引の業務又は投資判断に基づき自己の計算において行う有価証券の売買その他の取引の業務

三　有価証券市場における相場等の動向又は有価証券の価値等の分析、評価又はこれに基づく投資に関する助言の業務

四　顧客の事業の運営に関する重要な事項についての調査又は分析及びこれに基づく当該事項に関する考案又は助言の業務

五　新たな技術、商品又は役務の研究開発の業務

④ 法第四十一条の二第一項第二号イの厚生労働省令で定める方法は、使用者が、次に掲げる事項を明らかにした書面に対象労働者の署名を受け、当該書面の交付を受ける方法（当該対象労働者が希望した場合にあつては、当該書面に記載すべき事項を記録した電磁的記録の提供を受ける方法）とする。

一　業務の内容

二　責任の程度

三　職務において求められる成果その他の職務を遂行するに当たつて求められる水準

⑤ 法第四十一条の二第一項第二号ロの基準年間平均給与額は、厚生労働省において作成する毎月勤労統計（以下「毎月勤労統計」という。）における毎月きまつて支給する給与の額の一月分から十二月分までの各月分の合計額とする。

⑥ 法第四十一条の二第一項第二号ロの厚生労働省令で定める額は、千七十五万円とする。

⑦ 法第四十一条の二第一項第三号の厚生労働省令で定める労働時間以外の時間は、休憩時間その他対象労働者が労働していない時間とする。

⑧ 法第四十一条の二第一項第三号の厚生労働省令で定める方法は、タイムカードによる記録、パーソナルコンピュータ等の電子計算機の使用時間の記録等の客観的な方法とする。ただし、事業場外において労働した場合であつて、やむを得ない理由があるときは、自己申告によることができる。

⑨ 法第四十一条の二第一項第五号イの厚生労働省令で定める時間は、十一時間とする。

⑩ 法第四十一条の二第一項第五号イの厚生労働省令で定める回数は、四回とする。

⑪ 法第四十一条の二第一項第五号ロの厚生労働省令で定める時間は、一週間当たりの健康管理時間（同項第三号に規定する健康管理時間をいう。以下この条及び次条において同じ。）が四十時間を超えた場合におけるその超えた時間について、次の各号に掲げる区分に応じ、当該各号に定める時間とする。

一　一箇月　百時間

二　三箇月　二百四十時間

⑫ 法第四十一条の二第一項第五号ニの厚生労働省令で定める要件は、一週間当たりの健康管理時間が四十時間を超えた場合におけるその超えた時間が一箇月当たり八十時間を超えたこと又は対象労働者からの申出があつたこととする。

⑬ 法第四十一条の二第一項第五号ニの厚生労働省令で定める項目は、次に掲げるものとする。

一　労働安全衛生規則（昭和四十七年労働省令第三十二号）第四十四条第一項第一号から第三号まで、第五号及び第八号から第十一号までに掲げる項目（同項第三号に掲げる項目にあつては、視力及び聴力の検査を除く。）

二　労働安全衛生規則第五十二条の四各号に掲げる事項の確認

⑭　法第四十一条の二第一項第六号の厚生労働省令で定める措置は、次に掲げる措置とする。

一　法第四十一条の二第一項第五号イからニまでに掲げるいずれかの措置であつて、同項の決議及び就業規則その他これに準ずるもので定めるところにより使用者が講ずることとした措置以外のもの

二　健康管理時間が一定時間を超える対象労働者に対し、医師による面接指導（問診その他の方法により心身の状況を把握し、これに応じて面接により必要な指導を行うことをいい、労働安全衛生法（昭和四十七年法律第五十七号）第六十六条の八の四第一項の規定による面接指導を除く。）を行うこと。

三　対象労働者の勤務状況及びその健康状態に応じて、代償休日又は特別な休暇を付与すること。

四　対象労働者の心とからだの健康問題についての相談窓口を設置すること。

五　対象労働者の勤務状況及びその健康状態に配慮し、必要な場合には適切な部署に配置転換をすること。

六　産業医等による助言若しくは指導を受け、又は対象労働者に産業医等による保健指導を受けさせること。

⑮　法第四十一条の二第一項第十号の厚生労働省令で定める事項は、次に掲げるものとする。

一　法第四十一条の二第一項の決議の有効期間の定め及び当該決議は再度同項の決議をしない限り更新されない旨

二　法第四十一条の二第一項に規定する委員会の開催頻度及び開催時期

三　常時五十人未満の労働者を使用する事業場である場合には、労働者の健康管理等を行うのに必要な知識を有する医師を選任すること。

四　使用者は、イからチまでに掲げる事項に関する対象労働者ごとの記録及びリに掲げる事項に関する記録を第一号の有効期間中及び当該有効期間の満了後五年間保存すること。

イ　法第四十一条の二第一項の規定による同意及びその撤回

ロ　法第四十一条の二第一項第二号イの合意に基づき定められた職務の内容

ハ　法第四十一条の二第一項第二号ロの支払われると見込まれる賃金の額

ニ　健康管理時間の状況

ホ　法第四十一条の二第一項第四号に規定する措置の実施状況

ヘ　法第四十一条の二第一項第五号に規定する措置の実施状況

ト　法第四十一条の二第一項第六号に規定する措置の実施状況

チ　法第四十一条の二第一項第八号に規定する措置の実施状況

リ　前号の規定による医師の選任

第三四条の二の二　法第四十一条の二第二項の規定による報告は、同条第一項の決議の有効期間の始期から起算して六箇月以内ごとに、様式第十四号の三により、所轄労働基準監督署長にしなければならない。

②　法第四十一条の二第二項の規定による報告は、健康管理時間の状況並びに同条第一項第四号に規定する措置、同項第五号に規定する措置及び同項第六号に規定する措置の実施状況について行うものとする。

第三四条の二の三　第二十四条の二の四（第四項ロからニまでを除く。）の規定は、法第四十一条の二第一項の委員会について準用する。この場合において、第二十四条の二の四第四項ホ中「イからニまで」とあるのは、「イ」と読み替えるものとする。

第三四条の二の四　法第六十条第三項第二号の厚生労働省令で定める時間は、四十八時間とする。

第三四条の二の五　法第七十一条の規定による許可を受けた使用者が行う職業訓練を受ける労働者（以下「訓練生」という。）に係る労働契約の期間は、当該訓練生が受ける職業訓練の訓練課程に応じ職業能力開発促進法施行規則（昭和四十四年労働省令第二十四号）第十条第一項第四号、第十二条第一項第三号又は第十四条第一項第三号の訓練期間（同規則第二十一条又は職業訓練法施行規則の一部を改正する省令（昭和五十三年労働省令第三十七号。以下「昭和五十三年改正訓練規則」という。）附則第二条第二項の規定により訓練期間を短縮する場合においてはその短縮した期間を控除した期間とする。）の範囲内で定めることができる。この場合、当該事業場において定められた訓練期間を超えてはならない。

第三四条の三　使用者は、訓練生に技能を習得させるために必要がある場合においては、満十八歳に満たない訓練生を法第六十二条の危険有害業務に就かせ、又は満十六歳以上の男性である訓練生を坑内労働に就かせることができる。

②　使用者は、前項の規定により訓練生を危険有害業務又は坑内労働に就かせる場合においては、危

害を防止するために必要な措置を講じなければならない。

③　第一項の危険有害業務及び坑内労働の範囲並びに前項の規定により使用者が講ずべき措置の基準は、別表第一に定めるところによる。

第三十四条の四　法第七十一条の規定による許可は、様式第十四号の四の職業訓練に関する特例許可申請書により、当該事業場の所在地を管轄する都道府県労働局長から受けなければならない。

第三十四条の五　都道府県労働局長は、前条の申請について許可をしたとき、若しくは許可をしないとき、又は許可を取り消したときは、その旨を都道府県知事に通知しなければならない。

第三十五条　法第七十五条第二項の規定による業務上の疾病は、別表第一の二に掲げる疾病とする。

第三十六条　法第七十五条第二項の規定による療養の範囲は、次に掲げるものにして、療養上相当と認められるものとする。

一　診察

二　薬剤又は治療材料の支給

三　処置、手術その他の治療

四　居宅における療養上の管理及びその療養に伴う世話その他の看護

五　病院又は診療所への入院及びその療養に伴う世話その他の看護

六　移送

第三十七条　労働者が就業中又は事業場若しくは事業の附属建設物内で負傷し、疾病にかゝり又は死亡した場合には、使用者は、遅滞なく医師に診断させなければならない。

第三十七条の二　使用者は、労働者が次の各号のいずれかに該当する場合においては、休業補償を行わなくてもよい。

一　懲役、禁錮若しくは拘留の刑の執行のため若しくは死刑の言渡しを受けて刑事施設（少年法（昭和二十三年法律第百六十八号）第五十六条第三項の規定により少年院において刑を執行する場合における当該少年院を含む。）に拘置されている場合若しくは留置施設に留置されて懲役、禁錮若しくは拘留の刑の執行を受けている場合、労役場留置の言渡しを受けて労役場に留置されている場合又は監置の裁判の執行のため監置場に留置されている場合

二　少年法第二十四条の規定による保護処分として少年院若しくは児童自立支援施設に送致され、収容されている場合、同法第六十四条の規定による保護処分として少年院に送致され、収容されている場合又は同法第六十六条の規定による決定により少年院に収容されている場合

第三十八条　労働者が業務上負傷し又は疾病にかかつたため、所定労働時間の一部分のみ労働した場合においては、使用者は、平均賃金と当該労働に対して支払われる賃金との差額の百分の六十の額を休業補償として支払わなければならない。

第三十八条の二　法第七十六条第二項の常時百人未満の労働者を使用する事業場は、毎年四月一日から翌年三月三十一日までの間においては、当該四月一日前一年間に使用した延労働者数を当該一年間の所定労働日数で除した労働者数が百人未満である事業場とする。

第三十八条の三　法第七十六条第二項の規定による同一の事業場における同種の労働者に対して所定労働時間労働した場合に支払われる通常の賃金は、第二十五条第一項に規定する方法に準じて算定した金額とする。

第三十八条の四　常時百人以上の労働者を使用する事業場において業務上負傷し、又は疾病にかかつた労働者と同一職種の同一条件の労働者がいない場合における当該労働者の休業補償の額の改訂は、当該事業場の全労働者に対して所定労働時間労働した場合に支払われる通常の賃金の四半期ごとの平均給与額が上昇し又は低下した場合に行うものとする。

第三十八条の五　法第七十六条第二項後段の規定による改訂後の休業補償の額の改訂は、改訂の基礎となつた四半期の平均給与額を基礎として行うものとする。

第三十八条の六　法第七十六条第二項及び第三項の規定により、四半期ごとに平均給与額の上昇し又は低下した比率を算出する場合において、その率に百分の一に満たない端数があるときは、その端数は切り捨てるものとする。

第三十八条の七　常時百人未満の労働者を使用する事業場における休業補償については、毎月勤労統計における各産業の毎月きまつて支給する給与の四半期ごとの平均給与額のその四半期の前における四半期ごとの平均給与額に対する比率に基づき、当該休業補償の額の算定にあたり平均賃金の百分の六十（当該事業場が当該休業補償について常時百人以上の労働者を使用するものとしてその額の改訂をしたことがあるものである場合にあつては、当該改訂に係る休業補償の額）に乗ずべき率を告示するものとする。

第三十八条の八　常時百人未満の労働者を使用する事業場の属する産業が毎月勤労統計に掲げる産業分類にない場合における休業補償の額の算定につい

ては、平均賃金の百分の六十（当該事業場が、当該休業補償について、常時百人以上の労働者を使用するものとしてその額の改訂をしたことがあるものである場合又は毎月勤労統計によりその額の改訂をしたことがあるものである場合にあつては、当該改訂に係る休業補償の額）に告示で定める率を乗ずるものとする。

② 日日雇い入れられる者の休業補償の額の算定については、平均賃金の百分の六十に告示で定める率を乗ずるものとする。

第三八条の九　前二条の告示は、四半期ごとに行うものとする。

第三八条の一〇　休業補償の額の改訂について、第三十八条の四、第三十八条の五、第三十八条の七及び第三十八条の八の規定により難い場合は、厚生労働大臣の定めるところによるものとする。

第三九条　療養補償及び休業補償は、毎月一回以上、これを行わなければならない。

第四〇条　障害補償を行うべき身体障害の等級は、別表第二による。

② 別表第二に掲げる身体障害が二以上ある場合は、重い身体障害の該当する等級による。

③ 次に掲げる場合には、前二項の規定による等級を次の通り繰上げる。但し、その障害補償の金額は、各々の身体障害の該当する等級による障害補償の金額を合算した額を超えてはならない。

一　第十三級以上に該当する身体障害が二以上ある場合　一級

二　第八級以上に該当する身体障害が二以上ある場合　二級

三　第五級以上に該当する身体障害が二以上ある場合　三級

④ 別表第二に掲げるもの以外の身体障害がある者については、その障害程度に応じ、別表第二に掲げる身体障害に準じて、障害補償を行わなければならない。

⑤ 既に身体障害がある者が、負傷又は疾病によつて同一部位について障害の程度を加重した場合には、その加重された障害の該当する障害補償の金額より、既にあつた障害の該当する障害補償の金額を差し引いた金額の障害補償を行わなければならない。

第四一条　法第七十八条の規定による認定は、様式第十五号により、所轄労働基準監督署長から受けなければならない。この場合においては、使用者は、同条に規定する重大な過失があつた事実を証明する書面をあわせて提出しなければならない。

第四二条　遺族補償を受けるべき者は、労働者の配偶者（婚姻の届出をしなくとも事実上婚姻と同様の関係にある者を含む。以下同じ。）とする。

② 配偶者がない場合には、遺族補償を受けるべき者は、労働者の子、父母、孫及び祖父母で、労働者の死亡当時その収入によつて生計を維持していた者又は労働者の死亡当時これと生計を一にしていた者とし、その順位は、前段に掲げる順序による。この場合において、父母については、養父母を先にし実父母を後にする。

第四三条　前条の規定に該当する者がない場合においては、遺族補償を受けるべき者は、労働者の子、父母、孫及び祖父母で前条第二項の規定に該当しないもの並びに労働者の兄弟姉妹とし、その順位は、子、父母、孫、祖父母、兄弟姉妹の順序により、兄弟姉妹については、労働者の死亡当時その収入によつて生計を維持していた者又は労働者の死亡当時その者と生計を一にしていた者を先にする。

② 労働者が遺言又は使用者に対してした予告で前項に規定する者のうち特定の者を指定した場合においては、前項の規定にかかわらず、遺族補償を受けるべき者は、その指定した者とする。

第四四条　遺族補償を受けるべき同順位の者が二人以上ある場合には、遺族補償は、その人数によつて等分するものとする。

第四五条　遺族補償を受けるべきであつた者が死亡した場合には、その者にかかる遺族補償を受ける権利は、消滅する。

② 前項の場合には、使用者は、前三条の規定による順位の者よりその死亡者を除いて、遺族補償を行わなければならない。

第四六条　使用者は、法第八十二条の規定によつて分割補償を開始した後、補償を受けるべき者の同意を得た場合には、別表第三によつて残余の補償金額を一時に支払うことができる。

第四七条　障害補償は、労働者の負傷又は疾病がなおつた後身体障害の等級が決定した日から七日以内にこれを行わなければならない。

② 遺族補償及び葬祭料は、労働者の死亡後遺族補償及び葬祭料を受けるべき者が決定した日から七日以内にこれを行い又は支払わなければならない。

③ 第二回以後の分割補償は、毎年、第一回の分割補償を行つた月に応当する月に行わなければならない。

第四八条　災害補償を行う場合には、死傷の原因たる事故発生の日又は診断によつて疾病の発生が確定した日を、平均賃金を算定すべき事由の発生した日とする。

第四八条の二　法第八十七条第一項の厚生労働省令で定める事業は、法別表第一第三号に掲げる事業とする。

第四九条　使用者は、常時十人以上の労働者を使用するに至つた場合においては、遅滞なく、法第八十九条の規定による就業規則の届出を所轄労働基準監督署長にしなければならない。

②　法第九十条第二項の規定により前項の届出に添付すべき意見を記した書面は、労働者を代表する者の氏名を記載したものでなければならない。

第五〇条　法第九十二条第二項の規定による就業規則の変更命令は、様式第十七号による文書で所轄労働基準監督署長がこれを行う。

第五〇条の二　法第九十六条の二第一項の厚生労働省令で定める危険な事業又は衛生上有害な事業は、次に掲げる事業とする。

一　使用する原動機の定格出力の合計が二・二キロワット以上である法別表第一第一号から第三号までに掲げる事業

二　次に掲げる業務に使用する原動機の定格出力の合計が一・五キロワット以上である事業

イ　プレス機械又はシヤーによる加工の業務

ロ　金属の切削又は乾燥研まの業務

ハ　木材の切削加工の業務

ニ　製綿、打綿、麻のりゆう解、起毛又は反毛の業務

三　主として次に掲げる業務を行なう事業

イ　別表第四に掲げる業務

ロ　労働安全衛生法施行令（昭和四十七年政令第三百十八号）第六条第三号に規定する機械集材装置又は運材索道の取扱いの業務

四　その他厚生労働大臣の指定するもの

第五一条　削除

第五二条　法第百一条第二項の規定によつて、労働基準監督官の携帯すべき証票は、様式第十八号に定めるところによる。

第五二条の二　法第百六条第一項の厚生労働省令で定める方法は、次に掲げる方法とする。

一　常時各作業場の見やすい場所へ掲示し、又は備え付けること。

二　書面を労働者に交付すること。

三　使用者の使用に係る電子計算機に備えられたファイル又は第二十四条の二の四第三項第三号に規定する電磁的記録媒体をもつて調製するファイルに記録し、かつ、各作業場に労働者が当該記録の内容を常時確認できる機器を設置すること。

第五三条　法第百七条第一項の労働者名簿（様式第十九号）に記入しなければならない事項は、同条同項に規定するもののほか、次に掲げるものとする。

一　性別

二　住所

三　従事する業務の種類

四　雇入の年月日

五　退職の年月日及びその事由（退職の事由が解雇の場合にあつては、その理由を含む。）

六　死亡の年月日及びその原因

②　常時三十人未満の労働者を使用する事業においては、前項第三号に掲げる事項を記入することを要しない。

第五四条　使用者は、法第百八条の規定によつて、次に掲げる事項を労働者各人別に賃金台帳に記入しなければならない。

一　氏名

二　性別

三　賃金計算期間

四　労働日数

五　労働時間数

六　法第三十三条若しくは法第三十六条第一項の規定によつて労働時間を延長し、若しくは休日に労働させた場合又は午後十時から午前五時（厚生労働大臣が必要であると認める場合には、その定める地域又は期間については午後十一時から午前六時）までの間に労働させた場合には、その延長時間数、休日労働時間数及び深夜労働時間数

七　基本給、手当その他賃金の種類毎にその額

八　法第二十四条第一項の規定によつて賃金の一部を控除した場合には、その額

②　前項第六号の労働時間数は当該事業場の就業規則において法の規定に異なる所定労働時間又は休日の定をした場合には、その就業規則に基いて算定する労働時間数を以てこれに代えることができる。

③　第一項第七号の賃金の種類中に通貨以外のもので支払われる賃金がある場合には、その評価総額を記入しなければならない。

④　日々雇い入れられる者（一箇月を超えて引続き使用される者を除く。）については、第一項第三号は記入するを要しない。

⑤　法第四十一条各号のいずれかに該当する労働者及び法第四十一条の二第一項の規定により労働させる労働者については第一項第五号及び第六号は、これを記入することを要しない。

第五五条　法第百八条の規定による賃金台帳は、常

時使用される労働者（一箇月を超えて引続き使用される日々雇い入れられる者を含む。）については様式第二十号日々雇い入れられる者（一箇月を超えて引続き使用される者を除く。）については様式第二十一号によつて、これを調製しなければならない。

第五五条の二　使用者は、年次有給休暇管理簿、第五十三条による労働者名簿又は第五十五条による賃金台帳をあわせて調製することができる。

第五六条　法第百九条の規定による記録を保存すべき期間の計算についての起算日は次のとおりとする。

一　労働者名簿については、労働者の死亡、退職又は解雇の日

二　賃金台帳については、最後の記入をした日

三　雇入れ又は退職に関する書類については、労働者の退職又は死亡の日

四　災害補償に関する書類については、災害補償を終つた日

五　賃金その他労働関係に関する重要な書類については、その完結の日

②　前項の規定にかかわらず、賃金台帳又は賃金その他労働関係に関する重要な書類を保存すべき期間の計算については、当該記録に係る賃金の支払期日が同項第二号又は第五号に掲げる日より遅い場合には、当該支払期日を起算日とする。

③　前項の規定は、第二十四条の二の二第三項第四号イ、第二十四条の二の二の二、第二十四条の二の三第三項第四号イ及び第二十四条の二の三の二に規定する労働者の労働時間の状況に関する労働者ごとの記録、第二十四条の二の四第二項（第三十四条の二の三において準用する場合を含む。）に規定する議事録、年次有給休暇管理簿並びに第三十四条の二第十五項第四号イからへまでに掲げる事項に関する対象労働者ごとの記録について準用する。

第五七条　使用者は、次の各号のいずれかに該当する場合においては、遅滞なく、第一号については様式第二十三号の二により、第二号については労働安全衛生規則様式第二十二号により、第三号については同令第九十七条第一項に規定する方法により、それぞれの事実を所轄労働基準監督署長に報告しなければならない。

一　事業を開始した場合

二　事業の附属寄宿舎において火災若しくは爆発又は倒壊の事故が発生した場合

三　労働者が事業の附属寄宿舎内で負傷し、窒息し、又は急性中毒にかかり、死亡し又は休業した場合

②　前項第三号に掲げる場合において、休業の日数が四日に満たないときは、使用者は、同項の規定にかかわらず、労働安全衛生規則第九十七条第二項に規定する方法により、一月から三月まで、四月から六月まで、七月から九月まで及び十月から十二月までの期間における当該事実を毎年各各の期間における最後の月の翌月末日までに、所轄労働基準監督署長に報告しなければならない。

③　法第十八条第二項の規定により届け出た協定に基づき労働者の預金の受入れをする使用者は、毎年、三月三十一日以前一年間における預金の管理の状況を、四月三十日までに、様式第二十四号により、所轄労働基準監督署長に報告しなければならない。

第五八条　行政官庁は、法第百四条の二第一項の規定により、使用者又は労働者に対し、必要な事項を報告させ、又は出頭を命ずるときは、次の事項を通知するものとする。

一　報告をさせ、又は出頭を命ずる理由

二　出頭を命ずる場合には、聴取しようとする事項

第五九条　法及びこれに基く命令に定める許可、認可、認定又は指定の申請書は、各々二通これを提出しなければならない。

第五九条の二　法及びこれに基く命令に定める許可、認可、認定若しくは指定の申請、届出、報告、労働者名簿又は賃金台帳に用いるべき様式（様式第二十四号を除く。）は、必要な事項の最少限度を記載すべきことを定めるものであつて、横書、縦書その他異なる様式を用いることを妨げるものではない。

②　使用者は、法及びこれに基づく命令に定める許可、認可、認定若しくは指定の申請、届出又は報告に用いるべき様式その他必要な書類に氏名を記載し、行政官庁に提出しなければならない。

③　法及びこれに基づく命令の規定により、使用者が行政官庁に対して行う許可、認可、認定若しくは指定の申請、届出又は報告（以下この項及び次条において「届出等」という。）について、当該使用者が、情報通信技術を活用した行政の推進等に関する法律（平成十四年法律第百五十一号。以下この項及び次条において「情報通信技術活用法」という。）第六条第一項の規定により、同項に規定する電子情報処理組織を使用して当該届出等を行う場合には、前項の規定による氏名の記載については、厚生労働省の所管する法令に係る情報通信技術を活用した行政の推進等に関する法律施行

規則（平成十五年厚生労働省令第四十号）第六条第一項各号に掲げる措置のほか、当該使用者の氏名を電磁的記録（情報通信技術活用法第三条第七号に規定する電磁的記録をいう。次条において同じ。）に記録することをもつて代えることができる。

第五九条の三　届出等について、社会保険労務士又は社会保険労務士法人（以下この条において「社会保険労務士等」という。）が、第五十七条第一項（同項第三号に該当する場合に限る。）若しくは第二項又は情報通信技術活用法第六条第一項の規定により、同項に規定する電子情報処理組織を使用して社会保険労務士法（昭和四十三年法律第八十九号）第二条第一項第一号の二の規定に基づき当該届出等を使用者に代わつて行う場合には、当該社会保険労務士等が当該使用者の職務を代行する契約を締結していることにつき証明することができる電磁的記録を当該届出等と併せて送信しなければならない。

附則《抄》

第六〇条　この省令は昭和二十二年九月一日から、これを施行する。

第六三条　工場法又は鉱業法に基いて調製した従前の様式による名簿を使用する使用者は、新たに名簿を調製するまでこれを第五十三条の労働者名簿に代えることができる。

第六五条　積雪の度が著しく高い地域として厚生労働大臣が指定する地域に所在する事業場において、冬期に当該地域における事業活動の縮小を余儀なくされる事業として厚生労働大臣が指定する事業に従事する労働者であつて、屋外で作業を行う必要がある業務であつて業務の性質上冬期に労働者が従事することが困難であるものとして厚生労働大臣が指定する業務に従事するものについては、第十二条の四第四項の規定にかかわらず、当分の間、法第三十二条の四第三項の厚生労働省令で定める一日の労働時間の限度は十時間とし、一週間の労働時間の限度は五十二時間とする。

第六六条　一般乗用旅客自動車運送事業（道路運送法（昭和二十六年法律第百八十三号）第三条第一号ハの一般乗用旅客自動車運送事業をいう。以下この条及び第六十九条第二項において同じ。）における四輪以上の自動車（一般乗用旅客自動車運送事業の用に供せられる自動車であつて、当該自動車による運送の引受けが営業所のみにおいて行われるものを除く。）の運転の業務に従事する労働者であつて、次の各号のいずれにも該当する業務に従事するものについての法第三十二条の四第三項の厚生労働省令で定める一日の労働時間の限度は、第十二条の四第四項の規定にかかわらず、当分の間、十六時間とする。

一　当該業務に従事する労働者の労働時間（法第三十三条又は第三十六条第一項の規定により使用者が労働時間を延長した場合においては当該労働時間を、休日に労働させた場合においては当該休日に労働させた時間を含む。以下この号において同じ。）の終了から次の労働時間の開始までの期間が継続して二十二時間以上ある業務であること。

二　始業及び終業の時刻が同一の日に属しない業務であること。

第六七条　法第百三十三条の厚生労働省令で定める者は、次のとおりとする。

一　小学校就学の始期に達するまでの子を養育する労働者

二　負傷、疾病又は身体上若しくは精神上の障害により、二週間以上の期間にわたり常時介護を必要とする状態にある次に掲げるいずれかの者を介護する労働者

イ　配偶者、父母若しくは子又は配偶者の父母

ロ　当該労働者が同居し、かつ、扶養している祖父母、兄弟姉妹又は孫

②　法第百三十三条の命令で定める期間は、平成十一年四月一日から平成十四年三月三十一日までの間とする。

第六八条　削除

第六九条　法第百三十九条第一項及び第二項の厚生労働省令で定める事業は、次に掲げるものとする。

一　法別表第一第三号に掲げる事業

二　事業場の所属する企業の主たる事業が法別表第一第三号に掲げる事業である事業場における事業

三　工作物の建設の事業に関連する警備の事業（当該事業において労働者に交通誘導警備の業務を行わせる場合に限る。）

②　法第百四十条第一項の厚生労働省令で定める業務は、一般乗用旅客自動車運送事業の業務、貨物自動車運送事業（貨物自動車運送事業法（平成元年法律第八十三号）第二条第一項に規定する貨物自動車運送事業をいう。）の業務、一般乗合旅客自動車運送事業（道路運送法第三条第一号イに規定する一般乗合旅客自動車運送事業をいう。）の業務、一般貸切旅客自動車運送事業（同号ロに規定する一般貸切旅客自動車運送事業をいう。）の業務その他四輪以上の自動車の運転の業務とする。

第六九条の二　法第百四十一条第一項の厚生労働省令で定める者は、病院（医療法（昭和二十三年法

律第二百五号）第一条の五第一項に規定する病院をいう。次条第二項第二号において同じ。）若しくは診療所（同法第一条の五第二項に規定する診療所をいう。次条第二項第二号において同じ。）において勤務する医師（医療を受ける者に対する診療を直接の目的とする業務を行わない者を除く。）又は介護老人保健施設（介護保険法（平成九年法律第百二十三号）第八条第二十八項に規定する介護老人保健施設をいう。次条第二項第二号において同じ。）若しくは介護医療院（同法第八条第二十九項に規定する介護医療院をいう。次条第二項第二号において同じ。）において勤務する医師（以下「特定医師」という。）をいう。

第六十九条の三　法第百四十一条第一項（医療法第百二十八条の規定により適用する場合を含む。第五項において同じ。）の規定により法第三十六条の規定を読み替えて適用する場合における第十七条の規定の適用については、次の表の上欄に掲げる規定中同表の中欄に掲げる字句は、それぞれ同表の下欄に掲げる字句とする。ただし、医療法第百二十八条の規定により読み替えられた場合にあつては、同表第一項ただし書きの項中「法第百四十一条第二項」とあるのは「医療法（昭和二十三年法律第二百五号）第百二十八条の規定により読み替えて適用する法第百四十一条第二項」と、同表第一項第三号の項中「法第百四十一条第三項」とあるのは「医療法第百二十八条の規定により読み替えて適用する法第百四十一条第三項」とする。

第一項ただし書き	同条第五項	法第百四十一条第二項
第一項第二号	法第三十六条第二項第四号	法第六十九条の三第二項第一号
第一項第三号	法第三十六条第六項第二号及び第三号	法第百四十一条第三項
第一項第四号	法第三十六条第三項の限度時間	法第百四十一条第一項（医療法（昭和二十三年法律第二百五号）第百二十八条の規定により読み替えて適用する場合を含む。）の規定により読み替えて適用する法第三十六条第三項の厚生労働省令で定める時間

②　法第百四十一条第一項の場合において、法第三十六条第一項の協定に、同条第二項第五号の厚生労働省令で定める事項として、前項の規定により読み替えて適用する第十七条第一項各号に掲げる事項のほか、次に掲げる事項を定めるものとする。

一　対象期間における一日、一箇月及び一年のそれぞれの期間について労働時間を延長して労働させることができる時間又は労働させることができる休日の日数

二　医療法第十条の規定により病院若しくは診療所の開設者が当該病院若しくは当該診療所を管理させることとした者又は介護保険法第九十五条若しくは同法第百九条の規定により介護老人保健施設若しくは介護医療院の開設者が当該介護老人保健施設若しくは当該介護医療院を管理させることとした者（以下この項において「管理者」という。）に、一箇月について労働時間を延長して労働させ、及び休日において労働させる時間が百時間以上となることが見込まれる特定医師に対して厚生労働大臣が定める要件に該当する面接指導を行わせること。

三　管理者に、前号の規定による面接指導（面接指導の対象となる特定医師の希望により、当該管理者の指定した医師以外の医師が行つた面接指導であつて、当該管理者がその結果を証明する書面の提出を受けたものを含む。）の結果に基づき、当該面接指導を受けた特定医師の健康を保持するために必要な措置について、当該面接指導が行われた後（当該管理者の指定した医師以外の医師が当該面接指導を行つた場合にあつては、当該管理者がその結果を証明する書面の提出を受けた後）、遅滞なく、当該面接指導を行つた医師の意見を聴かせること。

四　管理者に、第二号の規定による面接指導を行つた医師の意見を勘案し、その必要があると認めるときは、当該面接指導を受けた特定医師の実情を考慮して、遅滞なく、労働時間の短縮、宿直の回数の減少その他の適切な措置を講じさせること。

五　管理者に、医療法第百八条第六項の規定により、一箇月について労働時間を延長して労働させ、及び休日において労働させる時間が特に長時間である特定医師に対して労働時間の短縮のために必要な措置を講じさせること。

③　前項第三号の書面は、当該特定医師の受けた面接指導について、次に掲げる事項を記載したものでなければならない。

一　実施年月日

二　当該面接指導を受けた特定医師の氏名

三　当該面接指導を行つた医師の氏名

四　当該面接指導を受けた特定医師の睡眠の状況
五　当該面接指導を受けた特定医師の疲労の蓄積の状況
六　前二号に掲げるもののほか、当該面接指導を受けた特定医師の心身の状況

④　第二項第二号から第五号までの事項は、次の各号に掲げる区分に応じ、当該各号に定める場合には、法第三十六条第一項の協定に定めないことができる。

一　第二項第二号から第四号までに掲げる事項　一箇月について労働時間を延長して労働させ、及び休日において労働させる時間が百時間以上となることが見込まれない場合
二　第二項第五号に掲げる事項　一箇月について労働時間を延長して労働させ、及び休日において労働させる時間が特に長時間となることが見込まれない場合

⑤　法第百四十一条第一項の規定により読み替えて適用する法第三十六条第三項の厚生労働省令で定める時間は、一箇月について四十五時間及び一年について三百六十時間（法第三十二条の四第一項第二号の対象期間として三箇月を超える期間を定めて同条の規定により労働させる場合にあつては、一箇月について四十二時間及び一年について三百二十時間）とする。

第六九条の四　法第百四十一条第二項の厚生労働省令で定める時間は、労働時間を延長して労働させ、及び休日において労働させることができる時間について、一箇月について百時間未満及び一年について九百六十時間とする。ただし、法第三十六条第一項の協定に前条第二項第二号から第四号までに規定する事項を定めた場合にあつては、一年について九百六十時間とする。

第六九条の五　法第百四十一条第三項の厚生労働省令で定める時間は、労働時間を延長して労働させ、及び休日において労働させる時間について、一箇月について百時間未満及び一年について九百六十時間とする。ただし、第六十九条の三第二項第二号に規定する面接指導が行われ、かつ、同項第四号に規定する措置が講じられた特定医師については一年について九百六十時間とする。

第七〇条　第十六条第一項の規定にかかわらず、当該事業場の事業に法第百三十九条第一項に規定する事業が含まれている場合における法第三十六条第一項の規定による届出は、様式第九号の三の二（法第百三十九条第一項の規定により読み替えて適用する法第三十六条第五項に規定する事項に関する定めをする場合にあつては、様式第九号の三の三）により、法第三十六条第二項第一号に規定する労働者に法第百四十条第一項に規定する業務に従事する労働者が含まれている場合における法第三十六条第一項の規定による届出は、様式第九号の三の四（法第百四十条第一項の規定により読み替えて適用する法第三十六条第五項に規定する事項に関する定めをする場合にあつては、様式第九号の三の五）により、法第三十六条第二項第一号に規定する労働者に特定医師が含まれている場合における同条第一項の規定による届出は、様式第九号の四（法第百四十一条第二項（医療法第百二十八条の規定により読み替えて適用する場合を含む。）に規定する事項に関する定めをする場合にあつては、様式第九号の五）により、所轄労働基準監督署長にしなければならない。

②　第五十九条の二の規定は、前項の届出について準用する。

③　第十六条第三項の規定は、第一項の届出について準用する。

第七一条　第十七条第二項、第二十四条の二の二第三項第二号、第二十四条の二の三第三項第二号、第二十四条の二の四第二項（第三十四条の二の三において準用する場合を含む。）、第二十四条の七及び第三十四条の二第十五項第四号の規定の適用については、当分の間、これらの規定中「五年間」とあるのは、「三年間」とする。

附則《略》

別表第一《略》

別表第一の二（第三十五条関係）

一　業務上の負傷に起因する疾病
二　物理的因子による次に掲げる疾病
1　紫外線にさらされる業務による前眼部疾患又は皮膚疾患
2　赤外線にさらされる業務による網膜火傷、白内障等の眼疾患又は皮膚疾患
3　レーザー光線にさらされる業務による網膜火傷等の眼疾患又は皮膚疾患
4　マイクロ波にさらされる業務による白内障等の眼疾患
5　電離放射線にさらされる業務による急性放射線症、皮膚潰瘍等の放射線皮膚障害、白内障等の放射線眼疾患、放射線肺炎、再生不良性貧血等の造血器障害、骨壊死その他の放射線障害
6　高圧室内作業又は潜水作業に係る業務による潜函病又は潜水病
7　気圧の低い場所における業務による高山病又は航空減圧症
8　暑熱な場所における業務による熱中症

9　高熱物体を取り扱う業務による熱傷
10　寒冷な場所における業務又は低温物体を取り扱う業務による凍傷
11　著しい騒音を発する場所における業務による難聴等の耳の疾患
12　超音波にさらされる業務による手指等の組織壊死
13　1から12までに掲げるもののほか、これらの疾病に付随する疾病その他物理的因子にさらされる業務に起因することの明らかな疾病
三　身体に過度の負担のかかる作業態様に起因する次に掲げる疾病
1　重激な業務による筋肉、腱、骨若しくは関節の疾患又は内臓脱
2　重量物を取り扱う業務、腰部に過度の負担を与える不自然な作業姿勢により行う業務その他腰部に過度の負担のかかる業務による腰痛
3　さく岩機、鋲打ち機、チェーンソー等の機械器具の使用により身体に振動を与える業務による手指、前腕等の末梢循環障害、末梢神経障害又は運動器障害
4　電子計算機への入力を反復して行う業務その他上肢に過度の負担のかかる業務による後頭部、頸部、肩甲帯、上腕、前腕又は手指の運動器障害
5　1から4までに掲げるもののほか、これらの疾病に付随する疾病その他身体に過度の負担のかかる作業態様の業務に起因することの明らかな疾病
四　化学物質等による次に掲げる疾病
1　厚生労働大臣の指定する単体たる化学物質及び化合物（合金を含む。）にさらされる業務による疾病であつて、厚生労働大臣が定めるもの
2　弗素樹脂、塩化ビニル樹脂、アクリル樹脂等の合成樹脂の熱分解生成物にさらされる業務による眼粘膜の炎症又は気道粘膜の炎症等の呼吸器疾患
3　すす、鉱物油、うるし、テレビン油、タール、セメント、アミン系の樹脂硬化剤等にさらされる業務による皮膚疾患
4　蛋白分解酵素にさらされる業務による皮膚炎、結膜炎又は鼻炎、気管支喘息等の呼吸器疾患
5　木材の粉じん、獣毛のじんあい等を飛散する場所における業務又は抗生物質等にさらされる業務によるアレルギー性の鼻炎、気管支喘息等の呼吸器疾患
6　落綿等の粉じんを飛散する場所における業務による呼吸器疾患
7　石綿にさらされる業務による良性石綿胸水又はびまん性胸膜肥厚
8　空気中の酸素濃度の低い場所における業務による酸素欠乏症
9　1から8までに掲げるもののほか、これらの疾病に付随する疾病その他化学物質等にさらされる業務に起因することの明らかな疾病
五　粉じんを飛散する場所における業務によるじん肺症又はじん肺法（昭和三十五年法律第三十号）に規定するじん肺と合併したじん肺法施行規則（昭和三十五年労働省令第六号）第一条各号に掲げる疾病
六　細菌、ウイルス等の病原体による次に掲げる疾病
1　患者の診療若しくは看護の業務、介護の業務又は研究その他の目的で病原体を取り扱う業務による伝染性疾患
2　動物若しくはその死体、獣毛、革その他動物性の物又はぼろ等の古物を取り扱う業務によるブルセラ症、炭疽病等の伝染性疾患
3　湿潤地における業務によるワイル病等のレプトスピラ症
4　屋外における業務による恙虫病
5　1から4までに掲げるもののほか、これらの疾病に付随する疾病その他細菌、ウイルス等の病原体にさらされる業務に起因することの明らかな疾病
七　がん原性物質若しくはがん原性因子又はがん原性工程における業務による次に掲げる疾病
1　ベンジジンにさらされる業務による尿路系腫瘍
2　ベータ―ナフチルアミンにさらされる業務による尿路系腫瘍
3　四―アミノジフェニルにさらされる業務による尿路系腫瘍
4　四―ニトロジフェニルにさらされる業務による尿路系腫瘍
5　ビス（クロロメチル）エーテルにさらされる業務による肺がん
6　ベリリウムにさらされる業務による肺がん
7　ベンゾトリクロライドにさらされる業務による肺がん
8　石綿にさらされる業務による肺がん又は中皮腫
9　ベンゼンにさらされる業務による白血病
10　塩化ビニルにさらされる業務による肝血管肉腫又は肝細胞がん
11　一・二―ジクロロプロパンにさらされる業務

による胆管がん
12　ジクロロメタンにさらされる業務による胆管がん
13　電離放射線にさらされる業務による白血病、肺がん、皮膚がん、骨肉腫、甲状腺がん、多発性骨髄腫又は非ホジキンリンパ腫
14　オーラミンを製造する工程における業務による尿路系腫瘍
15　マゼンタを製造する工程における業務による尿路系腫瘍
16　コークス又は発生炉ガスを製造する工程における業務による肺がん
17　クロム酸塩又は重クロム酸塩を製造する工程における業務による肺がん又は上気道のがん
18　ニッケルの製錬又は精錬を行う工程における業務による肺がん又は上気道のがん
19　砒素を含有する鉱石を原料として金属の製錬若しくは精錬を行う工程又は無機砒素化合物を製造する工程における業務による肺がん又は皮膚がん
20　すす、鉱物油、タール、ピッチ、アスファルト又はパラフィンにさらされる業務による皮膚がん
21　1から20までに掲げるもののほか、これらの疾病に付随する疾病その他がん原性物質若しくはがん原性因子にさらされる業務又はがん原性工程における業務に起因することの明らかな疾病

八　長期間にわたる長時間の業務その他血管病変等を著しく増悪させる業務による脳出血、くも膜下出血、脳梗塞、高血圧性脳症、心筋梗塞、狭心症、心停止（心臓性突然死を含む。）若しくは解離性大動脈瘤又はこれらの疾病に付随する疾病

九　人の生命にかかわる事故への遭遇その他心理的に過度の負担を与える事象を伴う業務による精神及び行動の障害又はこれに付随する疾病

一〇　前各号に掲げるもののほか、厚生労働大臣の指定する疾病

一一　その他業務に起因することの明らかな疾病

別表第二、第三《略》

別表第四（第五十条の二関係）

一　発電、送電、変電、配電又は蓄電の業務
二　金属の溶融、精錬又は熱処理の業務
三　金属の溶接又は溶断の業務
四　ガラス製造の業務
五　石炭、亜炭、アスファルト、ピッチ、木材若しくは樹脂の乾留又はタールの蒸留若しくは精製の業務
六　乾燥設備を使用する業務
七　油脂、ろう若しくはパラフィンを製造し、若しくは精製し、又はこれらを取り扱う業務
八　塗料の噴霧塗装又は焼付けの業務
九　圧縮ガス若しくは液化ガスを製造し、又はこれらを取り扱う業務
十　火薬、爆薬又は火工品を製造し、又は取り扱う業務
十一　危険物を製造し、若しくは取り扱い、又は引火点が六十五度以上の物を引火点以上の温度で製造し、若しくは取り扱う業務
十二　労働安全衛生規則第十三条第一項第二号に掲げる業務（同号ヌに掲げる業務を除く。）

様式《略》

女性労働基準規則

昭和六一年一月二七日労働省令第三号
施行：昭和六一年四月一日
最終改正：令和元年五月七日厚生労働省令第一号
施行：令和元年五月七日

（坑内業務の就業制限の範囲）

第一条　労働基準法（以下「法」という。）第六十四条の二第二号の厚生労働省令で定める業務は、次のとおりとする。

一　人力により行われる土石、岩石若しくは鉱物（以下「鉱物等」という。）の掘削又は掘採の業務
二　動力により行われる鉱物等の掘削又は掘採の業務（遠隔操作により行うものを除く。）
三　発破による鉱物等の掘削又は掘採の業務
四　ずり、資材等の運搬若しくは覆工のコンクリートの打設等鉱物等の掘削又は掘採の業務に付随して行われる業務（鉱物等の掘削又は掘採に係る計画の作成、工程管理、品質管理、安全管理、保安管理その他の技術上の管理の業務並びに鉱物等の掘削又は掘採の業務に従事する者及び鉱物等の掘削又は掘採の業務に付随して行われる業務に従事する者の技術上の指導監督の業務を除く。）

（危険有害業務の就業制限の範囲等）

第二条　法第六十四条の三第一項の規定により妊娠中の女性を就かせてはならない業務は、次のとおりとする。

一　次の表の上欄に掲げる年齢の区分に応じ、そ

れぞれ同表の下欄に掲げる重量以上の重量物を取り扱う業務

年齢	重量（単位　キログラム）	
	断続作業の場合	継続作業の場合
満十六歳未満	十二	八
満十六歳以上満十八歳未満	二十五	十五
満十八歳以上	三十	二十

二　ボイラー（労働安全衛生法施行令（昭和四十七年政令第三百十八号。第十八号において「安衛令」という。）第一条第三号に規定するボイラーをいう。次号において同じ。）の取扱いの業務

三　ボイラーの溶接の業務

四　つり上げ荷重が五トン以上のクレーン若しくはデリック又は制限荷重が五トン以上の揚貨装置の運転の業務

五　運転中の原動機又は原動機から中間軸までの動力伝導装置の掃除、給油、検査、修理又はベルトの掛換えの業務

六　クレーン、デリック又は揚貨装置の玉掛けの業務（二人以上の者によつて行う玉掛けの業務における補助作業の業務を除く。）

七　動力により駆動される土木建築用機械又は船舶荷扱用機械の運転の業務

八　直径が二十五センチメートル以上の丸のこ盤（横切用丸のこ盤及び自動送り装置を有する丸のこ盤を除く。）又はのこ車の直径が七十五センチメートル以上の帯のこ盤（自動送り装置を有する帯のこ盤を除く。）に木材を送給する業務

九　操車場の構内における軌道車両の入換え、連結又は解放の業務

十　蒸気又は圧縮空気により駆動されるプレス機械又は鍛造機械を用いて行う金属加工の業務

十一　動力により駆動されるプレス機械、シヤー等を用いて行う厚さが八ミリメートル以上の鋼板加工の業務

十二　岩石又は鉱物の破砕機又は粉砕機に材料を送給する業務

十三　土砂が崩壊するおそれのある場所又は深さが五メートル以上の地穴における業務

十四　高さが五メートル以上の場所で、墜落により労働者が危害を受けるおそれのあるところにおける業務

十五　足場の組立て、解体又は変更の業務（地上又は床上における補助作業の業務を除く。）

十六　胸高直径が三十五センチメートル以上の立木の伐採の業務

十七　機械集材装置、運材索道等を用いて行う木材の搬出の業務

十八　次の各号に掲げる有害物を発散する場所の区分に応じ、それぞれ当該場所において行われる当該各号に定める業務

イ　塩素化ビフエニル（別名ＰＣＢ）、アクリルアミド、エチルベンゼン、エチレンイミン、エチレンオキシド、カドミウム化合物、クロム酸塩、五酸化バナジウム、水銀若しくはその無機化合物（硫化水銀を除く。）、塩化ニッケル（Ⅱ）（粉状の物に限る。）、スチレン、テトラクロロエチレン（別名パークロルエチレン）、トリクロロエチレン、砒素化合物（アルシン及び砒化ガリウムを除く。）、ベーター―プロピオラクトン、ペンタクロルフエノール（別名ＰＣＰ）若しくはそのナトリウム塩又はマンガンを発散する場所　次に掲げる業務（スチレン、テトラクロロエチレン（別名パークロルエチレン）又はトリクロロエチレンを発散する場所において行われる業務にあつては(2)に限る。）

(1)　特定化学物質障害予防規則（昭和四十七年労働省令第三十九号）第二十二条第一項、第二十二条の二第一項又は第三十八条の十四第一項第十一号ハ若しくは第十二号ただし書に規定する作業を行う業務であつて、当該作業に従事する労働者に呼吸用保護具を使用させる必要があるもの

(2)　(1)の業務以外の業務のうち、安衛令第二十一条第七号に掲げる作業場（石綿等を取り扱い、若しくは試験研究のため製造する屋内作業場若しくは石綿分析用試料等を製造する屋内作業場又はコークス炉上において若しくはコークス炉に接してコークス製造の作業を行う場合の当該作業場を除く。）であつて、特定化学物質障害予防規則第三十六条の二第一項の規定による評価の結果、第三管理区分に区分された場所における作業を行う業務

ロ　鉛及び安衛令別表第四第六号の鉛化合物を発散する場所　次に掲げる業務

(1)　鉛中毒予防規則（昭和四十七年労働省令第三十七号）第三十九条ただし書の規定により呼吸用保護具を使用させて行う臨時の作業を行う業務又は同令第

五十八条第一項若しくは第二項に規定する業務若しくは同条第三項に規定する業務（同項に規定する業務にあっては、同令第三条各号に規定する業務及び同令第五十八条第三項ただし書の装置等を稼働させて行う同項の業務を除く。）

(2) (1)の業務以外の業務のうち、安衛令第二十一条第八号に掲げる作業場であつて、鉛中毒予防規則第五十二条の二第一項の規定による評価の結果、第三管理区分に区分された場所における業務

ハ エチレングリコールモノエチルエーテル（別名セロソルブ）、エチレングリコールモノエチルエーテルアセテート（別名セロソルブアセテート）、エチレングリコールモノメチルエーテル（別名メチルセロソルブ）、キシレン、N・N―ジメチルホルムアミド、スチレン、テトラクロロエチレン（別名パークロルエチレン）、トリクロロエチレン、トルエン、二硫化炭素、メタノール又はエチルベンゼン（(1)に掲げる業務に限る。）を発散する場所次に掲げる業務

(1) 有機溶剤中毒予防規則（昭和四十七年労働省令第三十六号）第三十二条第一項第一号若しくは第二号又は第三十三条第一項第二号から第七号（特定化学物質障害予防規則第三十八条の八においてこれらの規定を準用する場合を含む。）までに規定する業務（有機溶剤中毒予防規則第二条第一項（特定化学物質障害予防規則第三十八条の八において準用する場合を含む。）の規定により、これらの規定が適用されない場合における同項の業務を除く。）

(2) (1)の業務以外の業務のうち、安衛令第二十一条第十号に掲げる作業場であって、有機溶剤中毒予防規則第二十八条の二第一項の規定による評価の結果、第三管理区分に区分された場所における業務

十九 多量の高熱物体を取り扱う業務

二十 著しく暑熱な場所における業務

二十一 多量の低温物体を取り扱う業務

二十二 著しく寒冷な場所における業務

二十三 異常気圧下における業務

二十四 さく岩機、鋲打機等身体に著しい振動を与える機械器具を用いて行う業務

2 法第六十四条の三第一項の規定により産後一年を経過しない女性を就かせてはならない業務は、前項第一号から第十二号まで及び第十五号から第二十四号までに掲げる業務とする。ただし、同項第二号から第十二号まで、第十五号から第十七号まで及び第十九号から第二十三号までに掲げる業務については、産後一年を経過しない女性が当該業務に従事しない旨を使用者に申し出た場合に限る。

第三条 法第六十四条の三第二項の規定により同条第一項の規定を準用する者は、妊娠中の女性及び産後一年を経過しない女性以外の女性とし、これらの者を就かせてはならない業務は、前条第一項第一号及び第十八号に掲げる業務とする。

（雇用環境・均等局調査員）

第四条 法第百条第三項に規定する女性主管局長及びその指定する所属の職員を雇用環境・均等局調査員という。

2 雇用環境・均等局調査員の携帯すべき証票は、別記様式による。

附則《略》

労働基準法第十四条第一項第一号の規定に基づき厚生労働大臣が定める基準

平成一五年一〇月二二日厚生労働省告示第三五六号
最終改正：平成二八年一〇月一九日厚生労働省告示第三七六号
適用：平成二八年一〇月二一日

労働基準法（昭和二十二年法律第四十九号）第十四条第一項第一号の規定に基づき、労働基準法第十四条第一項第一号の規定に基づき厚生労働大臣が定める基準を次のように定め、平成十六年一月一日から適用し、労働基準法第十四条第一号及び第二号の規定に基づき厚生労働大臣が定める基準（平成十年労働省告示第百五十三号）は、平成十五年十二月三十一日限り廃止する。ただし、平成十六年一月四日までの間は、この告示の第三号中「第七条」とあるのは、「第六条」と読み替えて適用する。

労働基準法第十四条第一項第一号に規定する専門的知識等であって高度のものは、次の各号のいずれかに該当する者が有する専門的な知識、技術又は経験とする。

一　博士の学位（外国において授与されたこれに該当する学位を含む。）を有する者

二　次に掲げるいずれかの資格を有する者

イ　公認会計士
ロ　医師
ハ　歯科医師
ニ　獣医師
ホ　弁護士
ヘ　一級建築士
ト　税理士
チ　薬剤師
リ　社会保険労務士
ヌ　不動産鑑定士
ル　技術士
ヲ　弁理士

三　情報処理の促進に関する法律（昭和四十五年法律第九十号）第二十九条に規定する情報処理技術者試験の区分のうちＩＴストラテジスト試験に合格した者若しくは情報処理技術者試験規則等の一部を改正する省令（平成十九年経済産業省令第七十九号）第二条の規定による改正前の当該区分のうちシステムアナリスト試験に合格した者又はアクチュアリーに関する資格試験（保険業法（平成七年法律第百五号）第百二十二条の二第二項の規定により指定された法人が行う保険数理及び年金数理に関する試験をいう。）に合格した者

四　特許法（昭和三十四年法律第百二十一号）第二条第二項に規定する特許発明の発明者、意匠法（昭和三十四年法律第百二十五号）第二条第二項に規定する登録意匠を創作した者又は種苗法（平成十年法律第八十三号）第二十条第一項に規定する登録品種を育成した者

五　次のいずれかに該当する者であって、労働契約の期間中に支払われることが確実に見込まれる賃金の額を一年当たりの額に換算した額が千七十五万円を下回らないもの

イ　農林水産業若しくは鉱工業の科学技術（人文科学のみに係るものを除く。以下同じ。）若しくは機械、電気、土木若しくは建築に関する科学技術に関する専門的応用能力を必要とする事項についての計画、設計、分析、試験若しくは評価の業務に就こうとする者、情報処理システム（電子計算機を使用して行う情報処理を目的として複数の要素が組み合わされた体系であってプログラムの設計の基本となるものをいう。ロにおいて同じ。）の分析若しくは設計の業務（ロにおいて「システムエンジニアの業務」という。）に就こうとする者又は衣服、室内装飾、工業製品、広告等の新たなデザインの考案の業務に就こうとする者であって、次のいずれかに該当するもの

(1)　学校教育法（昭和二十二年法律第二十六号）による大学（短期大学を除く。）において就こうとする業務に関する学科を修めて卒業した者（昭和二十八年文部省告示第五号に規定する者であって、就こうとする業務に関する学科を修めた者を含む。）であって、就こうとする業務に五年以上従事した経験を有するもの

(2)　学校教育法による短期大学又は高等専門学校において就こうとする業務に関する学科を修めて卒業した者であって、就こうとする業務に六年以上従事した経験を有するもの

(3)　学校教育法による高等学校において就こうとする業務に関する学科を修めて卒業した者であって、就こうとする業務に七

年以上従事した経験を有するもの

ロ　事業運営において情報処理システムを活用するための問題点の把握又はそれを活用するための方法に関する考案若しくは助言の業務に就こうとする者であって、システムエンジニアの業務に五年以上従事した経験を有するもの

六　国、地方公共団体、一般社団法人又は一般財団法人その他これらに準ずるものによりその有する知識、技術又は経験が優れたものであると認定されている者（前各号に掲げる者に準ずる者として厚生労働省労働基準局長が認める者に限る。）

有期労働契約の締結、更新及び雇止めに関する基準

平成一五年一〇月二二日厚生労働省告示第三五七号

最終改正：令和五年三月三〇日厚生労働省告示第一一四号

適用：令和六年四月一日

（有期労働契約の変更等に際して更新上限を定める場合等の理由の説明）

第一条　使用者は、期間の定めのある労働契約（以下「有期労働契約」という。）の締結後、当該有期労働契約の変更又は更新に際して、通算契約期間（労働契約法（平成十九年法律第百二十八号）第十八条第一項に規定する通算契約期間をいう。）又は有期労働契約の更新回数について、上限を定め、又はこれを引き下げようとするときは、あらかじめ、その理由を労働者に説明しなければならない。

（雇止めの予告）

第二条　使用者は、有期労働契約（当該契約を三回以上更新し、又は雇入れの日から起算して一年を超えて継続勤務している者に係るものに限り、あらかじめ当該契約を更新しない旨明示されているものを除く。次条第二項において同じ。）を更新しないこととしようとする場合には、少なくとも当該契約の期間の満了する日の三十日前までに、その予告をしなければならない。

（雇止めの理由の開示）

第三条　前条の場合において、使用者は、労働者が更新しないこととする理由について証明書を請求したときは、遅滞なくこれを交付しなければならない。

2　有期労働契約が更新されなかった場合において、使用者は、労働者が更新しなかった理由について証明書を請求したときは、遅滞なくこれを交付しなければならない。

（契約期間についての配慮）

第四条　使用者は、有期労働契約（当該契約を一回以上更新し、かつ、雇入れの日から起算して一年を超えて継続勤務している者に係るものに限る。）を更新しようとする場合においては、当該契約の実態及び当該労働者の希望に応じて、契約期間をできる限り長くするよう努めなければならない。

（無期転換後の労働条件に関する説明）

第五条　使用者は、労働基準法（昭和二十二年法律第四十九号）第十五条第一項の規定により、労働者に対して労働基準法施行規則（昭和二十二年厚生省令第二十三号）第五条第五項に規定する事項を明示する場合においては、当該事項（同条第一項各号に掲げるものを除く。）に関する定めをするに当たって労働契約法第三条第二項の規定の趣旨を踏まえて就業の実態に応じて均衡を考慮した事項について、当該労働者に説明するよう努めなければならない。

労働基準法第二十条但書後段の「労働者の責めに帰すべき事由」の解釈基準

昭和二三年一一月一一日基発第一六三七号
最終改正：昭和三一年三月一日基発第一一一号

労働者の責めに帰すべき事由

労働者側に不都合な行為があるなど解雇されてもやむを得ない事情があるときは、解雇予告の保護を与える必要がないので、労働基準法第二十条ただし書後段で「労働者の責めに帰すべき事由に基づいて解雇する場合」と規定し、労働基準監督署の認定を条件として解雇予告義務を免除している。

ここにいう「労働者の責めに帰すべき事由」とは、一般的に見ると労働者の義務違反であるから、懲戒解雇は、いずれもこれに該当するように解されがちである。しかし、法律の規定に則して考えれば、三十日以上前の解雇予告によって保護する必要もない程度に重大悪質な義務違反者に限ると解すべきである。行政解釈は、このような立場をとっているので、事業場が行う懲戒解雇のすべてが認定されることにはならないわけである。事業場内においては懲戒解雇と処理されても、労働基準監督署長の解雇予告除外認定が得られないときは、結局、予告手当を支払って解雇する必要がでてくる。（労働基準局監督課編『採用から解雇、退職まで』労働調査会）

「労働者の責めに帰すべき事由」とは、労働者の故意、過失又はこれと同視すべき事由であるが、判定に当つては、労働者の地位、職責、継続勤務年限、勤務状況等を考慮の上、総合的に判断すべきであり、「労働者の責めに帰すべき事由」が法二十条の保護を与える必要のない程度に重大又は悪質なものであり、従つて又使用者をしてかかる労働者に三十日前に解雇の予告をなさしめることが当該事由と比較して均衡を失するようなものに限つて認定すべきものである。

「労働者の責めに帰すべき事由」として認定すべき事例を挙げれば、

(1) 原則として極めて軽微なものを除き、事業場内における窃取、横領、傷害等刑法犯に該当する行為のあった場合、また一般的に見て「極めて軽微な事案」であっても、使用者があらかじめ不詳事件の防止について諸種の手段を講じていたことが客観的に認められ、しかもなお労働者が継続的に又は断続的に窃取、横領、傷害等の刑法犯またはこれに類する行為を行った場合、あるいは事業場外で行われた窃取、横領、傷害等刑法に該当する行為であっても、それが著しく当該事業場の名誉もしくは信用を失ついするもの、取引関係に悪影響を与えるもの、又は労使間の信頼関係を喪失せしめるものと認められる場合。

(2) 賭博、風紀紊乱等により職場規律を乱し、他の労働者に悪影響を及ぼす場合。また、これらの行為が事業場外で行われた場合であっても、それが著しく当該事業場の名誉もしくは信用を失ついするもの、取引関係に悪影響をあたえるもの、又は労使間の信頼関係を喪失せしめるものと認められる場合。

(3) 雇入れの際の採用条件の要素となるような経歴を詐称した場合及び雇入の際、使用者の行う調査に対し、不採用の原因となるような経歴を詐称した場合。

(4) 他の事業場へ転職した場合。

(5) 原則として二週間以上正当な理由なく無断欠勤し、出勤の督促に応じない場合。

(6) 出勤不良または出欠常ならず数回に亘つて注意をうけても改めない場合。

の如くであるが、必ずしも右の個々の例示に拘泥することなく総合的かつ実質的に判断すること。

なお、就業規則等に規定されている懲戒解雇事由についてもこれに拘泥されることはないこと。

労働基準法第三十六条第一項の協定で定める労働時間の延長及び休日の労働について留意すべき事項等に関する指針

平成三〇年九月七日厚生労働省告示第三二三号
適用：平成三一年四月一日
最終改正：令和五年三月二九日厚生労働省告示第一〇八号
適用：令和六年四月一日

（目的）

第一条　この指針は、労働基準法（昭和二十二年法律第四十九号。以下「法」という。）第三十六条第一項の協定（以下「時間外・休日労働協定」という。）で定める労働時間の延長及び休日の労働について留意すべき事項、当該労働時間の延長に係る割増賃金の率その他の必要な事項を定めることにより、労働時間の延長及び休日の労働を適正なものとすることを目的とする。

（労使当事者の責務）

第二条　法第三十六条第一項の規定により、使用者は、時間外・休日労働協定をし、これを行政官庁に届け出ることを要件として、労働時間を延長し、又は休日に労働させることができることとされているが、労働時間の延長及び休日の労働は必要最小限にとどめられるべきであり、また、労働時間の延長は原則として同条第三項の限度時間（第五条、第八条及び第九条において「限度時間」という。）を超えないものとされていることから、時間外・休日労働協定をする使用者及び当該事業場の労働者の過半数で組織する労働組合がある場合においてはその労働組合、労働者の過半数で組織する労働組合がない場合においては労働者の過半数を代表する者（以下「労使当事者」という。）は、これらに十分留意した上で時間外・休日労働協定をするように努めなければならない。

（使用者の責務）

第三条　使用者は、時間外・休日労働協定において定めた労働時間を延長して労働させ、及び休日において労働させることができる時間の範囲内で労働させた場合であっても、労働契約法（平成十九年法律第百二十八号）第五条の規定に基づく安全配慮義務を負うことに留意しなければならない。

2　使用者は、「血管病変等を著しく増悪させる業務による脳血管疾患及び虚血性心疾患等の認定基準について」（令和三年九月十四日付け基発第〇九一四第一号厚生労働省労働基準局長通達）において、一週間当たり四十時間を超えて労働した時間が一箇月においておおむね四十五時間を超えて長くなるほど、業務と脳血管疾患及び虚血性心疾患（負傷に起因するものを除く。以下この項において「脳・心臓疾患」という。）の発症との関連性が徐々に強まると評価できるとされていること並びに発症前一箇月間におおむね百時間又は発症前二箇月間から六箇月間までにおいて一箇月当たりおおむね八十時間を超える場合には業務と脳・心臓疾患の発症との関連性が強いと評価できるとされていることに留意しなければならない。

（業務区分の細分化）

第四条　労使当事者は、時間外・休日労働協定において労働時間を延長し、又は休日に労働させることができる業務の種類について定めるに当たっては、業務の区分を細分化することにより当該業務の範囲を明確にしなければならない。

（限度時間を超えて延長時間を定めるに当たっての留意事項）

第五条　労使当事者は、時間外・休日労働協定において限度時間を超えて労働させることができる場合を定めるに当たっては、当該事業場における通常予見することのできない業務量の大幅な増加等に伴い臨時的に限度時間を超えて労働させる必要がある場合をできる限り具体的に定めなければならず、「業務の都合上必要な場合」、「業務上やむを得ない場合」など恒常的な長時間労働を招くおそれがあるものを定めることは認められないことに留意しなければならない。

2　労使当事者は、時間外・休日労働協定において次に掲げる時間を定めるに当たっては、労働時間の延長は原則として限度時間を超えないものとされていることに十分留意し、当該時間を限度時間にできる限り近づけるように努めなければならない。

一　法第三十六条第五項に規定する一箇月について労働時間を延長して労働させ、及び休日において労働させることができる時間

二　法第三十六条第五項に規定する一年について労働時間を延長して労働させることができる時間

3　労使当事者は、時間外・休日労働協定において限度時間を超えて労働時間を延長して労働させることができる時間に係る割増賃金の率を定めるに当たっては、当該割増賃金の率を、法第三十六条第一項の規定により延長した労働時間の労働について法第三十七条第一項の政令で定める率を超え

る率とするように努めなければならない。

（一箇月に満たない期間において労働する労働者についての延長時間の目安）

第六条　労使当事者は、期間の定めのある労働契約で労働する労働者その他の一箇月に満たない期間において労働する労働者について、時間外・休日労働協定において労働時間を延長して労働させることができる時間を定めるに当たっては、別表の上欄に掲げる期間の区分に応じ、それぞれ同表の下欄に掲げる目安時間を超えないものとするように努めなければならない。

（休日の労働を定めるに当たっての留意事項）

第七条　労使当事者は、時間外・休日労働協定において休日の労働を定めるに当たっては労働させることができる休日の日数をできる限り少なくし、及び休日に労働させる時間をできる限り短くするように努めなければならない。

（健康福祉確保措置）

第八条　労使当事者は、限度時間を超えて労働させる労働者に対する健康及び福祉を確保するための措置について、次に掲げるもののうちから協定することが望ましいことに留意しなければならない。

一　労働時間が一定時間を超えた労働者に医師による面接指導を実施すること。

二　法第三十七条第四項に規定する時刻の間において労働させる回数を一箇月について一定回数以内とすること。

三　終業から始業までに一定時間以上の継続した休息時間を確保すること。

四　労働者の勤務状況及びその健康状態に応じて、代償休日又は特別な休暇を付与すること。

五　労働者の勤務状況及びその健康状態に応じて、健康診断を実施すること。

六　年次有給休暇についてまとまった日数連続して取得することを含めてその取得を促進すること。

七　心とからだの健康問題についての相談窓口を設置すること。

八　労働者の勤務状況及びその健康状態に配慮し、必要な場合には適切な部署に配置転換をすること。

九　必要に応じて、産業医等による助言・指導を受け、又は労働者に産業医等による保健指導を受けさせること。

（適用除外等）

第九条　法第三十六条第十一項に規定する業務に係る時間外・休日労働協定については、第五条、第六条及び前条の規定は適用しない。

2　前項の時間外・休日労働協定をする労使当事者は、労働時間を延長して労働させることができる時間を定めるに当たっては、限度時間を勘案することが望ましいことに留意しなければならない。

3　第一項の時間外・休日労働協定をする労使当事者は、一箇月について四十五時間又は一年について三百六十時間（法第三十二条の四第一項第二号の対象期間として三箇月を超える期間を定めて同条の規定により労働させる場合にあっては、一箇月について四十二時間又は一年について三百二十時間）を超えて労働時間を延長して労働させることができることとする場合においては、当該時間外・休日労働協定において当該時間を超えて労働させる労働者に対する健康及び福祉を確保するための措置を定めるように努めなければならず、当該措置については、前条各号に掲げるもののうちから定めることが望ましいことに留意しなければならない。

附則

1　この告示は、平成三十一年四月一日から適用する。

2　労働基準法第三十六条第一項の協定で定める労働時間の延長の限度等に関する基準（平成十年労働省告示第百五十四号）は、廃止する。

別表（第六条関係）

期間	目安時間
一週間	十五時間
二週間	二十七時間
四週間	四十三時間

備考　期間が次のいずれかに該当する場合は、目安時間は、当該期間の区分に応じ、それぞれに定める時間（その時間に一時間未満の端数があるときは、これを一時間に切り上げる。）とする。

一　一日を超え一週間未満の日数を単位とする期間　十五時間に当該日数を七で除して得た数を乗じて得た時間

二　一週間を超え二週間未満の日数を単位とする期間　二十七時間に当該日数を十四で除して得た数を乗じて得た時間

三　二週間を超え四週間未満の日数を単位とする期間　四十三時間に当該日数を二十八で除して得た数を乗じて得た時間（その時間が二十七時間を下回るときは、二十七時間）

労働時間の適正な把握のために使用者が講ずべき措置に関するガイドライン

平成二九年一月二〇日基発〇一二〇第三号

1 趣旨

労働基準法においては、労働時間、休日、深夜業等について規定を設けていることから、使用者は、労働時間を適正に把握するなど労働時間を適切に管理する責務を有している。

しかしながら、現状をみると、労働時間の把握に係る自己申告制（労働者が自己の労働時間を自主的に申告することにより労働時間を把握するもの。以下同じ。）の不適正な運用等に伴い、同法に違反する過重な長時間労働や割増賃金の未払いといった問題が生じているなど、使用者が労働時間を適切に管理していない状況もみられるところである。

このため、本ガイドラインでは、労働時間の適正な把握のために使用者が講ずべき措置を具体的に明らかにする。

2 適用の範囲

本ガイドラインの対象事業場は、労働基準法のうち労働時間に係る規定が適用される全ての事業場であること。

また、本ガイドラインに基づき使用者（使用者から労働時間を管理する権限の委譲を受けた者を含む。以下同じ。）が労働時間の適正な把握を行うべき対象労働者は、労働基準法第四一条に定める者及びみなし労働時間制が適用される労働者（事業場外労働を行う者にあっては、みなし労働時間制が適用される時間に限る。）を除く全ての者であること。

なお、本ガイドラインが適用されない労働者についても、健康確保を図る必要があることから、使用者において適正な労働時間管理を行う責務があること。

3 労働時間の考え方

労働時間とは、使用者の指揮命令下に置かれている時間のことをいい、使用者の明示又は黙示の指示により労働者が業務に従事する時間は労働時間に当たる。そのため、次のアからウのような時間は、労働時間として扱わなければならないこと。

ただし、これら以外の時間についても、使用者の指揮命令下に置かれていると評価される時間については労働時間として取り扱うこと。

なお、労働時間に該当するか否かは、労働契約、就業規則、労働協約等の定めのいかんによらず、労働者の行為が使用者の指揮命令下に置かれたものと評価することができるか否かにより客観的に定まるものであること。また、客観的に見て使用者の指揮命令下に置かれていると評価されるかどうかは、労働者の行為が使用者から義務づけられ、又はこれを余儀なくされていた等の状況の有無等から、個別具体的に判断されるものであること。

ア　使用者の指示により、就業を命じられた業務に必要な準備行為（着用を義務付けられた所定の服装への着替え等）や業務終了後の業務に関連した後始末（清掃等）を事業場内において行った時間

イ　使用者の指示があった場合には即時に業務に従事することを求められており、労働から離れることが保障されていない状態で待機等している時間（いわゆる「手待時間」）

ウ　参加することが業務上義務づけられている研修・教育訓練の受講や、使用者の指示により業務に必要な学習等を行っていた時間

4 労働時間の適正な把握のために使用者が講ずべき措置

(1) 始業・終業時刻の確認及び記録

使用者は、労働時間を適正に把握するため、労働者の労働日ごとの始業・終業時刻を確認し、これを記録すること。

(2) 始業・終業時刻の確認及び記録の原則的な方法

使用者が始業・終業時刻を確認し、記録する方法としては、原則として次のいずれかの方法によること。

ア　使用者が、自ら現認することにより確認し、適正に記録すること。

イ　タイムカード、ICカード、パソコンの使用時間の記録等の客観的な記録を基礎として確認し、適正に記録すること。

(3) 自己申告制により始業・終業時刻の確認及び記録を行う場合の措置

上記(2)の方法によることなく、自己申告制によりこれを行わざるを得ない場合、使用者は次の措置を講ずること。

ア　自己申告制の対象となる労働者に対して、本ガイドラインを踏まえ、労働時間の実態を正しく記録し、適正に自己申告を行うことなどについて十分な説明を行うこと。

イ　実際に労働時間を管理する者に対して、自己申告制の適正な運用を含め、本ガイドラインに従い講ずべき措置について十分な説明を行うこ

と。

ウ　自己申告により把握した労働時間が実際の労働時間と合致しているか否かについて、必要に応じて実態調査を実施し、所要の労働時間の補正をすること。

　特に、入退場記録やパソコンの使用時間の記録など、事業場内にいた時間の分かるデータを有している場合に、労働者からの自己申告により把握した労働時間と当該データで分かった事業場内にいた時間との間に著しい乖離が生じているときには、実態調査を実施し、所要の労働時間の補正をすること。

エ　自己申告した労働時間を超えて事業場内にいる時間について、その理由等を労働者に報告させる場合には、当該報告が適正に行われているかについて確認すること。

　その際、休憩や自主的な研修、教育訓練、学習等であるため労働時間ではないと報告されていても、実際には、使用者の指示により業務に従事しているなど使用者の指揮命令下に置かれていたと認められる時間については、労働時間として扱わなければならないこと。

オ　自己申告制は、労働者による適正な申告を前提として成り立つものである。このため、使用者は、労働者が自己申告できる時間外労働の時間数に上限を設け、上限を超える申告を認めない等、労働者による労働時間の適正な申告を阻害する措置を講じてはならないこと。

　また、時間外労働時間の削減のための社内通達や時間外労働手当の定額払等労働時間に係る事業場の措置が、労働者の労働時間の適正な申告を阻害する要因となっていないかについて確認するとともに、当該要因となっている場合においては、改善のための措置を講ずること。

　さらに、労働基準法の定める法定労働時間や時間外労働に関する労使協定（いわゆる三六協定）により延長することができる時間数を遵守することは当然であるが、実際には延長することができる時間数を超えて労働しているにもかかわらず、記録上これを守っているようにすることが、実際に労働時間を管理する者や労働者等において、慣習的に行われていないかについても確認すること。

(4)　賃金台帳の適正な調製

　使用者は、労働基準法第一〇八条及び同法施行規則第五四条により、労働者ごとに、労働日数、労働時間数、休日労働時間数、時間外労働時間数、深夜労働時間数といった事項を適正に記入しなければならないこと。

　また、賃金台帳にこれらの事項を記入していない場合や、故意に賃金台帳に虚偽の労働時間数を記入した場合は、同法第一二〇条に基づき、三〇万円以下の罰金に処されること。

(5)　労働時間の記録に関する書類の保存

　使用者は、労働者名簿、賃金台帳のみならず、出勤簿やタイムカード等の労働時間の記録に関する書類について、労働基準法第一〇九条に基づき、三年間保存しなければならないこと。

(6)　労働時間を管理する者の職務

　事業場において労務管理を行う部署の責任者は、当該事業場内における労働時間の適正な把握等労働時間管理の適正化に関する事項を管理し、労働時間管理上の問題点の把握及びその解消を図ること。

(7)　労働時間等設定改善委員会等の活用

　使用者は、事業場の労働時間管理の状況を踏まえ、必要に応じ労働時間等設定改善委員会等の労使協議組織を活用し、労働時間管理の現状を把握の上、労働時間管理上の問題点及びその解消策等の検討を行うこと。

賃金不払残業の解消を図るために講ずべき措置等に関する指針

平成一五年五月二三日基発第〇五二三〇〇四号

1　趣旨

賃金不払残業（所定労働時間外に労働時間の一部又は全部に対して所定の賃金又は割増賃金を支払うことなく労働を行わせること。以下同じ。）は、労働基準法に違反する、あってはならないものである。

このような賃金不払残業の解消を図るためには、事業場において適正に労働時間が把握される必要があり、こうした観点から、「労働時間の適正な把握のために使用者が講ずべき措置に関する基準」（平成一三年四月六日付け基発第三三九号。以下「労働時間適正把握基準」という。）を策定し、使用者に労働時間を管理する責務があることを改めて明らかにするとともに、労働時間の適正な把握のために使用者が講ずべき措置等を具体的に明らかにしたところである。

しかしながら、賃金不払残業が行われることのない企業にしていくためには、単に使用者が労働時間の適正な把握に努めるに止まらず、職場風土の改革、適正な労働時間の管理を行うためのシステムの整備、責任体制の明確化とチェック体制の整備等を通じて、労働時間の管理の適正化を図る必要があり、このような点に関する労使の主体的な取組を通じて、初めて賃金不払残業の解消が図られるものと考えられる。

このため、本指針においては、労働時間適正把握基準において示された労働時間の適正な把握のために使用者が講ずべき措置等に加え、各企業において労使が各事業場における労働時間の管理の適正化と賃金不払残業の解消のために講ずべき事項を示し、企業の本社と労働組合等が一体となっての企業全体としての主体的取組に資することとするものである。

2　労使に求められる役割

(1)　労使の主体的取組

労使は、事業場内において賃金不払残業の実態を最もよく知るべき立場にあり、各々が果たすべき役割を十分に認識するとともに、労働時間の管理の適正化と賃金不払残業の解消のために主体的に取り組むことが求められるものである。

また、グループ企業などにおいても、このような取組を行うことにより、賃金不払残業の解消の効果が期待できる。

(2)　使用者に求められる役割

労働基準法は、労働時間、休日、深夜業等について使用者の遵守すべき基準を規定しており、これを遵守するためには、使用者は、労働時間を適正に把握する必要があることなどから、労働時間を適正に管理する責務を有していることは明らかである。

したがって、使用者にあっては、賃金不払残業を起こすことのないよう適正に労働時間を管理しなければならない。

(3)　労働組合に求められる役割

一方、労働組合は、時間外・休日労働協定（三六協定）の締結当事者の立場に立つものである。したがって、賃金不払残業が行われることのないよう、本社レベル、事業場レベルを問わず企業全体としてチェック機能を発揮して主体的に賃金不払残業を解消するために努力するとともに、使用者が講ずる措置に積極的に協力することが求められる。

(4)　労使の協力

賃金不払残業の解消を図るための検討については、労使双方がよく話し合い、十分な理解と協力の下に、行われることが重要であり、こうした観点から、労使からなる委員会（企業内労使協議組織）を設置して、賃金不払残業の実態の把握、具体策の検討及び実施、具体策の改善へのフィードバックを行うなど、労使が協力して取り組む体制を整備することが望まれる。

3　労使が取り組むべき事項

(1)　労働時間適正把握基準の遵守

労働時間適正把握基準は、労働時間の適正な把握のために使用者が講ずべき具体的措置等を明らかにしたものであり、使用者は賃金不払残業を起こすことのないようにするために、労働時間適正把握基準を遵守する必要がある。

また、労働組合にあっても、使用者が適正に労働時間を把握するために労働者に対して労働時間適正把握基準の周知を行うことが重要である。

(2)　職場風土の改革

賃金不払残業の責任が使用者にあることは論を待たないが、賃金不払残業の背景には、職場の中に賃金不払残業が存在することはやむを得ないとの労使双方の意識（職場風土）が反映されている場合が多いという点に問題があると考えられることから、こうした土壌をなくしていくため、労使は、例えば、次に掲げるような取組を行うことが望ましい。

① 経営トップ自らによる決意表明や社内巡視等による実態の把握
② 労使合意による賃金不払残業撲滅の宣言
③ 企業内又は労働組合内での教育

(3) 適正に労働時間の管理を行うためのシステムの整備

① 適正に労働時間の管理を行うためのシステムの確立

賃金不払残業が行われることのない職場を創るためには、職場において適正に労働時間を管理するシステムを確立し、定着させる必要がある。

このため、まず、例えば、出退勤時刻や入退室時刻の記録、事業場内のコンピュータシステムへの入力記録等、あるいは賃金不払残業の有無も含めた労働者の勤務状況に係る社内アンケートの実施等により賃金不払残業の実態を把握した上で、関係者が行うべき事項や手順等を具体的に示したマニュアルの作成等により、「労働時間適正把握基準」に従って労働時間を適正に把握するシステムを確立することが重要である。

その際に、特に、始業及び終業時刻の確認及び記録は使用者自らの現認又はタイムカード、ICカード等の客観的な記録によることが原則であって、自己申告制によるのはやむを得ない場合に限られるものであることに留意する必要がある。

② 労働時間の管理のための制度等の見直しの検討

必要に応じて、現行の労働時間の管理のための制度やその運用、さらには仕事の進め方も含めて見直すことについても検討することが望まれる。特に、賃金不払残業の存在を前提とする業務遂行が行われているような場合には、賃金不払残業の温床となっている業務体制や業務指示の在り方にまで踏み込んだ見直しを行うことも重要である。

その際には、例えば、労使委員会において、労働者及び管理者からヒアリングを行うなどにより、業務指示と所定外労働のための予算額との関係を含めた勤務実態や問題点を具体的に把握することが有効と考えられる。

③ 賃金不払残業の是正という観点を考慮した人事考課の実施

賃金不払残業の是正という観点を考慮した人事考課の実施（賃金不払残業を行った労働者も、これを許した現場責任者も評価しない。）等により、適正な労働時間の管理を意識した人事労務管理を行うとともに、こうした人事労務管理を現場レベルでも徹底することも重要である。

(4) 労働時間を適正に把握するための責任体制の明確化とチェック体制の整備

① 労働時間を適正に把握し、賃金不払残業の解消を図るためには、各事業場ごとに労働時間の管理の責任者を明確にしておくことが必要である。特に、賃金不払残業が現に行われ、又は過去に行われていた事業場については、例えば、同じ指揮命令系統にない複数の者を労働時間の管理の責任者とすることにより牽制体制を確立して労働時間のダブルチェックを行うなど厳正に労働時間を把握できるような体制を確立することが望ましい。

また、企業全体として、適正な労働時間の管理を遵守徹底させる責任者を選任することも重要である。

② 労働時間の管理とは別に、相談窓口を設置する等により賃金不払残業の実態を積極的に把握する体制を確立することが重要である。その際には、上司や人事労務管理担当者以外の者を相談窓口とする、あるいは企業トップが直接情報を把握できるような投書箱（目安箱）や専用電子メールアドレスを設けることなどが考えられる。

③ 労働組合においても、相談窓口の設置等を行うとともに、賃金不払残業の実態を把握した場合には、労働組合としての必要な対応を行うことが望まれる。

労働基準法第三十八条の四第一項の規定により同項第一号の業務に従事する労働者の適正な労働条件の確保を図るための指針

平成一一年一二月二七日労働省告示第一四九号
最終改正：令和五年三月三〇日厚生労働省告示第一一五号
適用：令和六年年四月一日

第1　趣旨

この指針は、労働基準法（以下「法」という。）第三八条の四第一項の規定により同項第一号に規定する対象業務（以下「対象業務」という。）に従事する労働者の適正な労働条件の確保を図るため、同項に規定する委員会（以下「労使委員会」という。）が決議する同項各号に掲げる事項について具体的に明らかにする必要があると認められる事項を規定するとともに、対象業務に従事する労働者については同項第三号に掲げる時間労働したものとみなす法の制度（以下「企画業務型裁量労働制」という。）の実施に関し、同項に規定する事業場の使用者及び当該事業場の労働者等並びに労使委員会の委員が留意すべき事項を定めたものである。

第2　企画業務型裁量労働制の対象事業場

企画業務型裁量労働制の対象事業場に関し法第三八条の四第一項に規定する事業場の使用者及び当該事業場の労働者並びに労使委員会の委員が留意すべき事項等は、次のとおりである。

1　労働基準法の一部を改正する法律（平成一五年法律第一〇四号）により、企画業務型裁量労働制を実施することができる事業場は、事業運営上の重要な決定が行われる事業場に限定されないこととなったところであるが、いかなる事業場においても企画業務型裁量労働制を実施することができるということではなく、対象業務が存在する事業場（以下「対象事業場」という。）においてのみ企画業務型裁量労働制を実施することができるものであることに留意する必要がある。

2　この場合において、対象事業場とは、第3の1の(1)のイ及びロに掲げる対象業務の要件に照らして、具体的には、次に掲げる事業場である。

(1)　本社・本店である事業場

(2)　(1)に掲げる事業場以外の事業場であって次のいずれかに掲げるもの

イ　当該事業場の属する企業等に係る事業の運営に大きな影響を及ぼす決定が行われる事業場であり、例えば、次に掲げる事業場であること。

(イ)　当該事業場の属する企業等が取り扱う主要な製品・サービス等についての事業計画の決定等を行っている事業本部である事業場

(ロ)　当該事業場の属する企業等が事業活動の対象としている主要な地域における生産、販売等についての事業計画や営業計画の決定等を行っている地域本社や地域を統轄する支社・支店等である事業場

(ハ)　本社・本店である事業場の具体的な指示を受けることなく独自に、当該事業場の属する企業等が取り扱う主要な製品・サービス等についての事業計画の決定等を行っている工場等である事業場

なお、個別の製造等の作業や当該作業に係る工程管理のみを行っている場合は、対象事業場ではないこと。

ロ　本社・本店である事業場の具体的な指示を受けることなく独自に、当該事業場に係る事業の運営に大きな影響を及ぼす事業計画や営業計画の決定を行っている支社・支店等である事業場であり、例えば、次に掲げる事業場であること。

(イ)　本社・本店である事業場の具体的な指示を受けることなく独自に、当該事業場を含む複数の支社・支店等である事業場に係る事業活動の対象となる地域における生産、販売等についての事業計画や営業計画の決定等を行っている支社・支店等である事業場

(ロ)　本社・本店である事業場の具体的な指示を受けることなく独自に、当該事業場のみに係る事業活動の対象となる地域における生産、販売等についての事業計画や営業計画の決定等を行っている支社・支店等である事業場

なお、本社・本店又は支社・支店等である事業場の具体的な指示を受けて、個別の営業活動のみを行っている事業場は、対象事業場ではないこと。

第3　労使委員会が決議する法第三八条の四第一項各号に掲げる事項

1　法第三八条の四第一項第一号に規定する事項関係

(1)　当該事項に関し具体的に明らかにする事項

対象業務は、次のイからニまでに掲げる要件のいずれにも該当するものである。

イ　事業の運営に関する事項についての業務であること

法第三八条の四第一項第一号の「事業の運営に関する事項」とは、対象事業場の属する企業

等に係る事業の運営に影響を及ぼす事項又は当該事業場に係る事業の運営に影響を及ぼす独自の事業計画や営業計画をいい、対象事業場における事業の実施に関する事項が直ちにこれに該当するものではなく、例えば、次のように考えられること。

(イ) 本社・本店である事業場においてその属する企業等全体に係る管理・運営とあわせて対顧客営業を行っている場合、当該本社・本店である事業場の管理・運営を担当する部署において策定される当該事業場の属する企業全体の営業方針については「事業の運営に関する事項」に該当する。

なお、当該本社・本店である事業場の対顧客営業を担当する部署に所属する個々の営業担当者が担当する営業については「事業の運営に関する事項」に該当しない。

(ロ) 事業本部である事業場における当該事業場の属する企業等が取り扱う主要な製品・サービス等についての事業計画については「事業の運営に関する事項」に該当する。

(ハ) 地域本社や地域を統轄する支社・支店等である事業場における、当該事業場の属する企業等が事業活動の対象としている主要な地域における生産、販売等についての事業計画や営業計画については「事業の運営に関する事項」に該当する。

(ニ) 工場等である事業場において、本社・本店である事業場の具体的な指示を受けることなく独自に策定する、当該事業場の属する企業等が取り扱う主要な製品・サービス等についての事業計画については「事業の運営に関する事項」に該当する。

なお、個別の製造等の作業や当該作業に係る工程管理は「事業の運営に関する事項」に該当しない。

(ホ) 支社・支店等である事業場において、本社・本店である事業場の具体的な指示を受けることなく独自に策定する、当該事業場を含む複数の支社・支店等である事業場に係る事業活動の対象となる地域における生産、販売等についての事業計画や営業計画については「事業の運営に関する事項」に該当する。

(ヘ) 支社・支店等である事業場において、本社・本店である事業場の具体的な指示を受けることなく独自に策定する、当該事業場のみに係る事業活動の対象となる地域における生産、販売等についての事業計画や営業計画については「事業の運営に関する事項」に該当する。

なお、本社・本店又は支社・支店等である事業場の具体的な指示を受けて行う個別の営業活動は「事業の運営に関する事項」に該当しない。

ロ　企画、立案、調査及び分析の業務であること

法第三八条の四第一項第一号の「企画、立案、調査及び分析の業務」とは、「企画」、「立案」、「調査」及び「分析」という相互に関連し合う作業を組み合わせて行うことを内容とする業務をいう。ここでいう「業務」とは、部署が所掌する業務ではなく、個々の労働者が使用者に遂行を命じられた業務をいう。

したがって、対象事業場に設けられた企画部、調査課等の「企画」、「立案」、「調査」又は「分析」に対応する語句をその名称に含む部署において行われる業務の全てが直ちに「企画、立案、調査及び分析の業務」に該当するものではない。

ハ　当該業務の性質上これを適切に遂行するにはその遂行の方法を大幅に労働者の裁量にゆだねる必要がある業務であること

法第三八条の四第一項第一号の「当該業務の性質上これを適切に遂行するにはその遂行の方法を大幅に労働者の裁量にゆだねる必要がある」業務とは、使用者が主観的にその必要があると判断しその遂行の方法を大幅に労働者にゆだねている業務をいうものではなく、当該業務の性質に照らし客観的にその必要性が存するものであることが必要である。

ニ　当該業務の遂行の手段及び時間配分の決定等に関し使用者が具体的な指示をしないこととする業務であること

法第三八条の四第一項第一号の「当該業務の遂行の手段及び時間配分の決定等に関し使用者が具体的な指示をしないこととする業務」とは、当該業務の遂行に当たり、その内容である「企画」、「立案」、「調査」及び「分析」という相互に関連し合う作業をいつ、どのように行うか等についての広範な裁量が、労働者に認められている業務をいう。

したがって、日常的に使用者の具体的な指示の下に行われる業務や、あらかじめ使用者が示す業務の遂行方法等についての詳細な手順に即して遂行することを指示されている業務は、これに該当しない。

また、「時間配分の決定」には始業及び終業の時刻の決定も含まれるため、使用者から始業又は終業の時刻を指示されている業務も、これ

に該当しない。

(2) 留意事項

イ　対象業務は、(1)イからニまでのいずれにも該当するものであることが必要であり、その全部又は一部に該当しない業務を労使委員会において対象業務として決議したとしても、当該業務に従事する労働者に関し、企画業務型裁量労働制の法第四章の労働時間に関する規定の適用に当たっての労働時間のみなしの効果は生じないものであることに、労使委員会の委員（以下「委員」という。）は留意することが必要である。

ロ　労使委員会において、対象業務について決議するに当たり、委員は、(イ)に掲げる対象業務となり得る業務の例及び(ロ)に掲げる対象業務となり得ない業務の例について留意することが必要である。

なお、(イ)に掲げる対象業務となり得る業務の例は、これに該当するもの以外は労使委員会において対象業務として決議し得ないものとして掲げるものではなく、また、(ロ)に掲げる対象業務となり得ない業務の例は、これに該当するもの以外は労使委員会において対象業務として決議し得るものとして掲げるものではないことに留意することが必要である。

(イ) 対象業務となり得る業務の例

① 経営企画を担当する部署における業務のうち、経営状態・経営環境等について調査及び分析を行い、経営に関する計画を策定する業務

② 経営企画を担当する部署における業務のうち、現行の社内組織の問題点やその在り方等について調査及び分析を行い、新たな社内組織を編成する業務

③ 人事・労務を担当する部署における業務のうち、現行の人事制度の問題点やその在り方等について調査及び分析を行い、新たな人事制度を策定する業務

④ 人事・労務を担当する部署における業務のうち、業務の内容やその遂行のために必要とされる能力等について調査及び分析を行い、社員の教育・研修計画を策定する業務

⑤ 財務・経理を担当する部署における業務のうち、財務状態等について調査及び分析を行い、財務に関する計画を策定する業務

⑥ 広報を担当する部署における業務のうち、効果的な広報手法等について調査及び分析を行い、広報を企画・立案する業務

⑦ 営業に関する企画を担当する部署における業務のうち、営業成績や営業活動上の問題点等について調査及び分析を行い、企業全体の営業方針や取り扱う商品ごとの全社的な営業に関する計画を策定する業務

⑧ 生産に関する企画を担当する部署における業務のうち、生産効率や原材料等に係る市場の動向等について調査及び分析を行い、原材料等の調達計画も含め全社的な生産計画を策定する業務

(ロ) 対象業務となり得ない業務の例

① 経営に関する会議の庶務等の業務

② 人事記録の作成及び保管、給与の計算及び支払、各種保険の加入及び脱退、採用・研修の実施等の業務

③ 金銭の出納、財務諸表・会計帳簿の作成及び保管、租税の申告及び納付、予算・決算に係る計算等の業務

④ 広報誌の原稿の校正等の業務

⑤ 個別の営業活動の業務

⑥ 個別の製造等の作業、物品の買い付け等の業務

ハ　対象業務について(1)ニにおいて「使用者が具体的な指示をしない」とされることに関し、企画業務型裁量労働制が適用されている場合であっても、業務の遂行の手段及び時間配分の決定等以外については、使用者は、労働者に対し必要な指示をすることについて制限を受けないものである。したがって、委員は、対象業務について決議するに当たり、使用者が労働者に対し業務の開始時に当該業務の目的、目標、期限等の基本的事項を指示することや、中途において経過の報告を受けつつこれらの基本的事項について所要の変更の指示をすることは可能であることに留意することが必要である。

また、企画業務型裁量労働制の実施に当たっては、これらの指示が的確になされることが重要である。このため、使用者は、業務量が過大である場合や期限の設定が不適切である場合には、労働者から時間配分の決定に関する裁量が事実上失われることがあることに留意するとともに、労働者の上司に対し、これらの基本的事項を適正に設定し、指示を的確に行うよう必要な管理者教育を行うことが適当であることに留意することが必要である。

なお、使用者及び委員は、労働者から時間配分の決定等に関する裁量が失われたと認められる場合には、企画業務型裁量労働制の法第四章の労働時間に関する規定の適用に当たっての労

働時間のみなしの効果は生じないものであることに留意することが必要である。

2 法第三八条の四第一項第二号に規定する事項関係

(1) 当該事項に関し具体的に明らかにする事項

法第三八条の四第一項第二号の「対象業務を適切に遂行するための知識、経験等を有する労働者」であって使用者が対象業務に就かせる者（以下「対象労働者」という。）は、対象業務に常態として従事していることが原則である。

「対象業務を適切に遂行するために必要となる具体的な知識、経験等を有する労働者」の範囲については、対象業務ごとに異なり得るものであり、このため、対象労働者となり得る者の範囲を特定するために必要な職務経験年数、職能資格等の具体的な基準を明らかにすることが必要である。

(2) 留意事項

イ 労使委員会において、対象労働者となり得る者の範囲について決議するに当たっては、委員は、客観的にみて対象業務を適切に遂行するための知識、経験等を有しない労働者を含めて決議した場合、使用者が当該知識、経験等を有しない労働者を対象業務に就かせても企画業務型裁量労働制の法第四章の労働時間に関する規定の適用に当たっての労働時間のみなしの効果は生じないものであることに留意することが必要である。例えば、大学の学部を卒業した労働者であって全く職務経験がないものは、客観的にみて対象労働者に該当し得ず、少なくとも三年ないし五年程度の職務経験を経た上で、対象業務を適切に遂行するための知識、経験等を有する労働者であるかどうかの判断の対象となり得るものであることに留意することが必要である。

ロ 労使委員会において、対象労働者となり得る者の範囲について決議するに当たっては、当該者が対象業務を適切に遂行するための知識、経験等を有する労働者であるかの判断に資するよう、使用者は、労使委員会に対し、当該事業場の属する企業等における労働者の賃金水準（労働者への賃金・手当の支給状況を含む。）を示すことが望ましいことに留意することが必要である。

3 法第三八条の四第一項第三号に規定する事項関係

(1) 当該事項に関し具体的に明らかにする事項

イ 法第三八条の四第一項第三号の「対象業務に従事する前号に掲げる労働者の範囲に属する労働者の労働時間として算定される時間」（以下「みなし労働時間」という。）については、法第四章の規定の適用に係る一日についての対象労働者の労働時間数として、具体的に定められたものであることが必要である。

ロ 労使委員会において、みなし労働時間について決議するに当たっては、委員は、対象業務の内容並びに対象労働者に適用される評価制度及びこれに対応する賃金制度を考慮して適切な水準のものとなるよう決議することとし、対象労働者の相応の処遇を確保することが必要である。

(2) 留意事項

イ 労使委員会においては、みなし労働時間について決議するに当たっては、委員は、対象業務の内容を十分検討するとともに、対象労働者に適用される評価制度及びこれに対応する賃金制度について使用者から十分な説明を受け、それらの内容を十分理解した上で決議することが必要であることに留意することが必要である。

ロ 当該事業場における所定労働時間をみなし労働時間として決議するような場合において、使用者及び委員は、所定労働時間相当働いたとしても明らかに処理できない分量の業務を与えながら相応の処遇を確保しないといったことは、制度の趣旨を没却するものであり、不適当であることに留意することが必要である。

4 法第三八条の四第一項第四号に規定する事項関係

(1) 当該事項に関し具体的に明らかにする事項

イ 法第三八条の四第一項第四号の対象労働者の「労働時間の状況に応じた当該労働者の健康及び福祉を確保するための措置」（以下「健康・福祉確保措置」という。）を当該決議で定めるところにより使用者が講ずることについては、次のいずれにも該当する内容のものであることが必要である。

(イ) 使用者による対象労働者の労働時間の状況の把握は、いかなる時間帯にどの程度の時間、労務を提供し得る状態にあったかを把握するものであること。その方法は、タイムカードによる記録、パーソナルコンピュータ等の電子計算機の使用時間の記録等の客観的な方法その他の適切なものであることが必要であり、当該対象事業場の実態に応じて適当な当該方法を具体的に明らかにしていることが必要であること。

(ロ) (イ)により把握した労働時間の状況に基づい

て、対象労働者の勤務状況（労働時間の状況を含む。以下同じ。）に応じ、使用者がいかなる健康・福祉確保措置をどのように講ずるかを明確にするものであること。

ロ　労使委員会において決議し、使用者が講ずる健康・福祉確保措置としては次のものが適切であること。

(イ)　終業から始業までに一定時間以上の継続した休息時間を確保すること。

(ロ)　法第三七条第四項に規定する時刻の間において労働させる回数を一箇月について一定回数以内とすること。

(ハ)　把握した労働時間が一定時間を超えない範囲内とすること及び当該時間を超えたときは法第三八条の四第一項の規定を適用しないこととすること。

(ニ)　働き過ぎの防止の観点から、年次有給休暇についてまとまった日数連続して取得することを含めてその取得を促進すること。

(ホ)　把握した労働時間が一定時間を超える対象労働者に対し、医師による面接指導（問診その他の方法により心身の状況を把握し、これに応じて面接により必要な指導を行うことをいい、労働安全衛生法（昭和四七年法律第五七号）第六六条の八第一項の規定による面接指導を除く。）を行うこと。

(ヘ)　把握した対象労働者の勤務状況及びその健康状態に応じて、代償休日又は特別な休暇を付与すること。

(ト)　把握した対象労働者の勤務状況及びその健康状態に応じて、健康診断を実施すること。

(チ)　心とからだの健康問題についての相談窓口を設置すること。

(リ)　把握した対象労働者の勤務状況及びその健康状態に配慮し、必要な場合には適切な部署に配置転換をすること。

(ヌ)　働き過ぎによる健康障害防止の観点から、必要に応じて、産業医等による助言・指導を受け、又は対象労働者に産業医等による保健指導を受けさせること。

(2) 留意事項

イ　対象労働者については、業務の遂行の方法を大幅に労働者の裁量にゆだね、使用者が具体的な指示をしないこととなるが、使用者は、このために当該対象労働者について、労働者の生命、身体及び健康を危険から保護すべき義務（いわゆる安全配慮義務）を免れるものではないことに留意することが必要である。

ロ　使用者は、対象労働者の勤務状況を把握する際、対象労働者からの健康状態についての申告、健康状態についての上司による定期的なヒアリング等に基づき、対象労働者の健康状態を把握することが望ましい。このため、委員は、健康・福祉確保措置を講ずる前提として、使用者が対象労働者の勤務状況と併せてその健康状態を把握することを決議に含めることが望ましいことに留意することが必要である。

ハ　労使委員会において、健康・福祉確保措置を決議するに当たっては、委員は、長時間労働の抑制や休日確保を図るための当該事業場の対象労働者全員を対象とする措置として(1)ロ(イ)から(ニ)までに掲げる措置の中から一つ以上を実施することとし、かつ、勤務状況や健康状態の改善を図るための個々の対象労働者の状況に応じて講ずる措置として(1)ロ(ホ)から(ヌ)までに掲げる措置の中から一つ以上を実施することとすることが望ましいことに留意することが必要である。

ニ　使用者及び委員は、把握した対象労働者の勤務状況及びその健康状態を踏まえ、(1)ロ(ハ)の措置を決議することが望ましいことに留意することが必要である。

ホ　使用者が健康・福祉確保措置を実施した結果を踏まえ、特定の対象労働者には法第三八条の四第一項の規定を適用しないこととする場合における、当該規定を適用しないこととした後の配置及び処遇又はその決定方法について、委員は、あらかじめ決議で定めておくことが望ましいことに留意することが必要である。

ヘ　使用者は、(1)ロに例示した措置のほかに、対象労働者が創造的な能力を継続的に発揮し得る環境を整備する観点から、例えば、自己啓発のための特別な休暇の付与等対象労働者の能力開発を促進する措置を講ずることが望ましいものである。このため、委員は、使用者が対象労働者の能力開発を促進する措置を講ずることを決議に含めることが望ましいことに留意することが必要である。

5　法第三八条の四第一項第五号に規定する事項関係

(1) 当該事項に関し具体的に明らかにする事項

法第三八条の四第一項第五号の対象業務に従事する対象労働者からの「苦情の処理に関する措置」（以下「苦情処理措置」という。）については、苦情の申出の窓口及び担当者、取り扱う苦情の範囲、処理の手順・方法等その具体的内容を明らかにするものであることが必要である。

(2) 留意事項

イ 労使委員会において、苦情処理措置について決議するに当たり、委員は、使用者や人事担当者以外の者を申出の窓口とすること等の工夫により、対象労働者が苦情を申し出やすい仕組みとすることが適当であることに留意することが必要である。

また、取り扱う苦情の範囲については、委員は、企画業務型裁量労働制の実施に関する苦情のみならず、対象労働者に適用される評価制度及びこれに対応する賃金制度等企画業務型裁量労働制に付随する事項に関する苦情も含むものとすることが適当であることに留意することが必要である。

ロ 苦情処理措置として、労使委員会が対象事業場において実施されている苦情処理制度を利用することを決議した場合には、使用者は、対象労働者にその旨を周知するとともに、当該実施されている苦情処理制度が企画業務型裁量労働制の運用の実態に応じて機能するよう配慮することが適当であることに留意することが必要である。

ハ 使用者及び委員は、労使委員会が苦情の申出の窓口としての役割を担うこと等により、委員が苦情の内容を確実に把握できるようにすることや、苦情には至らない運用上の問題点についても幅広く相談できる体制を整備することが望ましいことに留意することが必要である。

6 法第三八条の四第一項第六号に規定する事項関係

(1) 当該事項に関し具体的に明らかにする事項

法第三八条の四第一項第六号により、使用者が同項の規定により労働者を対象業務に就かせたときは同項第三号に掲げる時間労働したものとみなすことについての当該労働者の同意は、当該労働者ごとに、かつ、同項第七号に規定する決議事項として定められる決議の有効期間ごとに得られるものであることが必要である。

(2) 留意事項

イ 法第三八条の四第一項第六号に規定する事項に関し決議するに当たり、委員は、対象業務の内容を始めとする決議の内容等当該事業場における企画業務型裁量労働制の制度の概要、企画業務型裁量労働制の適用を受けることに同意した場合に適用される評価制度及びこれに対応する賃金制度の内容並びに同意しなかった場合の配置及び処遇について、使用者が労働者に対し、明示した上で説明して当該労働者の同意を得ることとすることを決議で定めることが適当であることに留意することが必要である。また、十分な説明がなされなかったこと等により、当該同意が労働者の自由な意思に基づいてされたものとは認められない場合には、企画業務型裁量労働制の法第四章の労働時間に関する規定の適用に当たっての労働時間のみなしの効果は生じないこととなる場合があることに留意することが必要である。

なお、使用者は、企画業務型裁量労働制の適用を受けることに同意しなかった場合の配置及び処遇は、同意をしなかった労働者をそのことを理由として不利益に取り扱うものであってはならないものであることに留意することが必要である。

ロ 委員は、企画業務型裁量労働制の適用を受けることについての労働者の同意については、書面によること等その手続に加えて、対象労働者から当該同意を撤回することを認めることとする場合にはその要件及び手続を決議において具体的に定めることが適当であることに留意することが必要である。

ハ 使用者は、企画業務型裁量労働制の適用を受けることについての労働者の同意を得るに当たって、苦情の申出先、申出方法等を書面で明示する等、5(1)の苦情処理措置の具体的内容を対象労働者に説明することが適当であることに留意することが必要である。

7 法第三八条の四第一項第七号に規定する事項関係

(1) 当該事項に関し具体的に明らかにする事項

法第三八条の四第一項第七号に規定する「前各号に掲げるもののほか、厚生労働省令で定める事項」として、次の事項が同項の労使委員会の決議事項として定められている。

イ 企画業務型裁量労働制の適用を受けることについての労働者の同意の撤回に関する手続を定めること。

(イ) 決議に際し、撤回の申出先となる部署及び担当者、撤回の申出の方法等その具体的内容を明らかにすることが必要である。

(ロ) 使用者は、同意を撤回した場合の配置及び処遇について、同意を撤回した労働者をそのことを理由として不利益に取り扱うものであってはならないものである。

ロ 使用者は、対象労働者に適用される評価制度及びこれに対応する賃金制度を変更する場合にあっては、労使委員会に対し、当該変更の内容について説明を行うこと。

ハ　法第三八条の四第一項の決議には、有効期間を定めること。

ニ　使用者は、対象労働者の労働時間の状況並びに当該労働者の健康・福祉確保措置の実施状況、対象労働者からの苦情の処理に関する措置の実施状況並びに企画業務型裁量労働制の適用に関し対象労働者から得た同意及びその撤回に関する労働者ごとの記録を、ハの有効期間中及びその満了後三年間保存すること（労働基準法施行規則（昭和二二年厚生省令第二三号。以下「則」という。）第二四条の二の三第三項第四号及び第七一条）。

(2)　留意事項

イ　委員は、対象労働者が同意を撤回した場合の撤回後の配置及び処遇又はその決定方法について、あらかじめ決議で定めておくことが望ましいことに留意することが必要である。

ロ　(1)ロの事項について、使用者は、対象労働者に適用される評価制度及びこれに対応する賃金制度を変更しようとする場合、労使委員会に対し、事前に当該変更の内容について説明を行うことが適当であることに留意することが必要である。事前に説明を行うことが困難な場合であっても、変更後遅滞なく、その内容について説明を行うことが適当であることに留意することが必要である。

ハ　(1)ハの事項に関連し、委員は、法第三八条の四第一項の決議を行った後に当該決議の内容に関連して生じた当該決議の時点では予見し得なかった事情の変化に対応するため、委員の半数以上から決議の変更等のための労使委員会の開催の申出があった場合は、(1)ハの有効期間の中途であっても決議の変更等のための調査審議を行うものとすることを同項の決議において定めることが適当であることに留意することが必要である。また、委員は、委員の半数以上からの申出があった場合に限らず、制度の実施状況等について定期的に調査審議するために必要がある場合には、労使委員会を開催することが必要であることに留意することが必要である。

8　その他法第三八条の四第一項の決議に関する事項

労使委員会が法第三八条の四に基づき、同項各号に掲げる事項について決議を行うに当たっては、委員が、企画業務型裁量労働制の適用を受ける対象労働者に適用される評価制度及びこれに対応する賃金制度の内容を十分理解した上で、行うことが重要である。

このため、労使委員会が法第三八条の四第一項各号に掲げる事項について決議を行うに先立ち、使用者は、対象労働者に適用される評価制度及びこれに対応する賃金制度の内容について、労使委員会に対し、十分に説明することが必要であることに留意することが必要である。

第4　法第三八条の四第二項に規定する労使委員会の要件等労使委員会に関する事項

労使委員会に関する法第三八条の四第二項の規定等に関し対象事業場の使用者並びに当該事業場の労働者、労働組合及び労働者の過半数を代表する者並びに委員が留意すべき事項等は、次のとおりである。

1　労使委員会に求められる役割

労使委員会においては、企画業務型裁量労働制が制度の趣旨に沿って実施されるよう、賃金、労働時間その他の当該事業場における労働条件に関する事項を調査審議し、この指針の内容に適合するように法第三八条の四第一項各号に掲げる事項を決議するとともに、決議の有効期間中も、定期的に制度の実施状況に関する情報を把握し、対象労働者の働き方や処遇が制度の趣旨に沿ったものとなっているかを調査審議し、必要に応じて、運用の改善を図ることや決議の内容について見直しを行うことが求められる。委員は、労使委員会がこうした役割を担うことに留意することが必要である。

2　法第三八条の四第一項による労使委員会の設置に先立つ話合い

対象事業場の使用者及び労働者の過半数を代表する者（以下「過半数代表者」という。）又は労働組合は、法第三八条の四第一項により労使委員会が設置されるに先立ち、設置に係る日程、手順、使用者による一定の便宜の供与がなされる場合にあってはその在り方等について十分に話し合い、定めておくことが望ましいことに留意することが必要である。その際、委員の半数について同条第二項第一号に規定する指名（以下「委員指名」という。）の手続を経なければならないことにかんがみ、同号に規定する労働者の過半数で組織する労働組合がない場合も含めて、これらの手続を適切に実施できるようにする観点から話合いがなされることが望ましいことに留意することが必要である。特に、同号に規定する労働者の過半数で組織する労働組合がない場合において、使用者は、過半数代表者が必要な手続を円滑に実施できるよう十分に話し合い、必要な配慮を行うことが適当である。

なお、過半数代表者が適正に選出されていない場合や監督又は管理の地位にある者について委員指名が行われている場合は、当該労使委員会による決議は無効であり、過半数代表者は則第六条の二第一項各号に該当するよう適正に選出されている必要がある。また、労使を代表する委員それぞれ一名計二名で構成される委員会は労使委員会として認められない。

3　対象事業場の使用者及び法第三八条の四第二項第一号により委員の指名を行う当該事業場の労働組合又は労働者の過半数を代表する者は、法第三八条の四第一項の決議のための調査審議等に当たり対象労働者となる労働者及び対象労働者の上司の意見を反映しやすくする観点から、指名する委員にそれらの者を含めることを検討することが望ましいことに留意することが必要である。

4　法第三八条の四第二項第四号及び関係省令に基づく労使委員会の運営規程

(1)　法第三八条の四第二項第四号に基づく労使委員会の要件として、労使委員会の招集、定足数及び議事に関する事項、対象労働者に適用される評価制度及びこれに対応する賃金制度の内容の使用者からの説明に関する事項、制度の趣旨に沿った適正な運用の確保に関する事項、開催頻度を六箇月以内ごとに一回とすることその他の労使委員会の運営について必要な事項に関する規程（以下「運営規程」という。）が定められていること、使用者は運営規程の作成又は変更について労使委員会の同意を得なければならないことが規定されている（則第二四条の二の四第四項及び第五項）。この運営規程を定めるに当たっては、使用者及び委員は、労使委員会の招集に関する事項として法第三八条の四第一項の決議の調査審議のための委員会、同項の決議に係る有効期間中における制度の運用状況の調査審議のための委員会等定例として予定されている委員会の開催に関すること及び必要に応じて開催される委員会の開催に関することを、議事に関する事項として議長の選出に関することと及び決議の方法に関することを、それぞれ規定することが適当であることに留意することが必要である。

(2)　運営規程において、定足数に関する事項を規定するに当たっては、労使委員会が法第三八条の四第一項及び第五項に規定する決議をする場合の「委員の五分の四以上の多数による議決」とは、労使委員会に出席した委員五分の四以上の多数による議決で足りるものであることにかんがみ、使用者及び委員は、全委員に係る定足数のほか、労使各側を代表する委員ごとに一定割合又は一定数以上の出席を必要とすることを定めることが適当であることに留意することが必要である。

(3)　運営規程において、対象労働者に適用される評価制度及びこれに対応する賃金制度の内容の使用者からの説明に関する事項を規定するに当たっては、使用者及び委員は、当該説明は、第3の8において労使委員会が法第三八条の四第一項各号に掲げる事項について決議を行うに先立ち、使用者は、対象労働者に適用される評価制度及びこれに対応する賃金制度の内容について、労使委員会に対し、十分に説明する必要があるとされていることを踏まえる必要があることに留意することが必要である。

(4)　運営規程において、制度の趣旨に沿った適正な運用の確保に関する事項を規定するに当たっては、労使委員会が企画業務型裁量労働制の実施状況を把握した上で、対象労働者の働き方や処遇が制度の趣旨に沿ったものとなっているかを調査審議し、運用の改善を図ることや決議の内容について必要な見直しを行うことが必要であること、決議や制度の運用状況に係る調査審議のため、労使委員会の開催頻度を六箇月以内ごとに一回とする必要があることを踏まえ、使用者及び委員は、当該実施状況の把握の頻度や方法を運営規程に定めることが必要であることに留意することが必要である。

5　労使委員会に対する使用者による情報の開示

(1)　法第三八条の四第一項に規定する決議が適切に行われるため、使用者は、労使委員会に対し、労使委員会が法第三八条の四第一項の決議のための調査審議をする場合には、運営規程において定められた、第3の8において使用者が労使委員会に対し十分に説明する必要があるとされている対象労働者に適用される評価制度及びこれに対応する賃金制度の内容に加え、企画業務型裁量労働制が適用されることとなった場合における対象業務の具体的内容を開示することが適当であることに留意することが必要である。また、使用者は、労使委員会に対し、当該対象事業場の属する企業等における労働者の賃金水準（労働者への賃金・手当の支給状況を含む。）を開示することが望ましいことに留意することが必要である。

(2)　委員が、当該対象事業場における企画業務型裁量労働制の実施状況に関する情報を十分に把握するため、使用者は、労使委員会に対し、法第三八条の四第一項第四号に係る決議で定めるところにより把握した対象労働者の勤務状況及びこれに応じて講じた対象労働者の健康・福祉確保措置の実施状況、対象労働者からの苦情の内容及びその処理状況等法第三八条の四第一項第五号に係る決議に係る苦情処理措置の実施状況、対象労働者に適用される評価制度及びこれに対応する賃金制度の運用状況（対象労働者への賃金・手当の支給状況や評価結果等をいう。）並びに労使委員会の開催状況を開示することが適当であることに留意することが必要である。

なお、対象労働者からの苦情の内容及びその処理状況並びに対象労働者に適用される評価制度及びこれに対応する賃金制度の運用状況を労使委員会に開示するに当たっては、使用者は対象労働者のプライバシーの保護に十分留意することが必要である。

(3) 使用者及び委員は、使用者が開示すべき情報の範囲、開示手続、開示が行われる労使委員会の開催時期等必要な事項を運営規程で定めておくことが適当であることに留意することが必要である。

6 使用者による労働者側委員への配慮

使用者は、労働者側委員が法第三八条の四第一項各号に掲げる事項についての決議等に関する事務を円滑に遂行することができるよう必要な配慮を行わなければならない（則第二四条の二の四第七項）。

7

(1) 労使委員会と労働組合等との関係

労使委員会は、法第三八条の四第一項により、「賃金、労働時間その他の当該事業場における労働条件に関する事項を調査審議し、事業主に対し当該事項について意見を述べることを目的とする委員会」とされている。この労働条件に関する事項についての労使委員会による調査審議は、同項の決議に基づく企画業務型裁量労働制の適正な実施を図る観点から行われるものであり、労働組合の有する団体交渉権を制約するものではない。

このため、使用者及び委員は、労使委員会と労働組合又は労働条件に関する事項を調査審議する労使協議機関との関係を明らかにしておくため、それらと協議の上、労使委員会の調査審議事項の範囲を運営規程で定めておくことが適当であることに留意することが必要である。

(2) 法第三八条の四第五項に基づき、労使委員会において、委員の五分の四以上の多数による議決により法第三八条の四第五項に掲げる規定（以下「特定条項」という。）において労使協定にゆだねられている事項について決議した場合には、当該労使委員会の決議をもって特定条項に基づく労使協定に代えることができることとされている。

このため、使用者及び委員は、労使委員会と特定条項に係る労使協定の締結当事者となり得る労働組合又は過半数代表者との関係を明らかにしておくため、これらと協議の上、労使委員会が特定条項のうち労使協定に代えて決議を行うこととする規定の範囲を運営規程で定めておくことが適当であることに留意することが必要である。

労働基準法第四十一条第二号の管理監督者について

【監督又は管理の地位にある者の範囲】

（昭和二二年九月一三日基発第一七号、昭和六三年三月一四日基発第一五〇号）

法第四十一条第二号に定める「監督若しくは管理の地位にある者」とは、一般的には、部長、工場長等労働条件の決定その他労務管理について経営者と一体的な立場にある者の意であり、名称にとらわれず、実態に即して判断すべきものである。具体的な判断にあたっては、下記の考え方によられたい。

記

(1) 原則

法に規定する労働時間、休憩、休日等の労働条件は、最低基準を定めたものであるから、この規制の枠を超えて労働させる場合には、法所定の割増賃金を支払うべきことは、すべての労働者に共通する基本原則であり、企業が人事管理上あるいは営業政策上の必要等から任命する職制上の役付者であればすべてが管理監督者として例外的取扱いが認められるものではないこと。

(2) 適用除外の趣旨

これらの職制上の役付者のうち、労働時間、休憩、休日等に関する規制の枠を超えて活動することが要請されざるを得ない、重要な職務と責任を有し、現実の勤務態様も、労働時間等の規制になじまないような立場にある者に限って管理監督者として法第四十一条による適用の除外が認められる趣旨であること。従って、その範囲はその限りに、限定しなければならないものであること。

(3) 実態に基づく判断
一般に、企業においては、職務の内容と権限等に応じた地位（以下「職位」という。）と経験、能力等に基づく格付（以下「資格」という。）とによって人事管理が行われている場合があるが、管理監督者の範囲を決めるに当たっては、かかる資格及び職位の名称にとらわれることなく、職務内容、責任と権限、勤務態様に着目する必要があること。

(4) 待遇に対する留意
管理監督者であるかの判定に当たっては、上記のほか、賃金等の待遇面についても無視しえないものであること。この場合、定期給与である基本給、役付手当等において、その地位にふさわしい待遇がなされているか否か、ボーナス等の一時金の支給率、その算定基礎賃金等についても役付者以外の一般労働者に比し優遇措置が講じられているか否か等について留意する必要があること。なお、一般労働者に比べ優遇措置が講じられているからといって、実態のない役付者が管理監督者に含まれるものではないこと。

(5) スタッフ職の取扱い
法制定当時には、あまり見られなかったいわゆるスタッフ職が、本社の企画、調査等の部門に多く配置されており、これらスタッフの企業内における処遇の程度によっては、管理監督者と同様に取扱い、法の規制外においても、これらの者の地位からして特に労働者の保護に欠けるおそれがないと考えられ、かつ、法が監督者のほかに、管理者も含めていることに着目して、一定の範囲の者については、同法第四十一条第二号該当者に含めて取扱うことが妥当であると考えられること。

【都市銀行等の場合】
（昭和五二年二月二八日基発第一〇四号の二）

都市銀行等（都市銀行十三行、長期信用銀行三行、信託銀行七行）における管理監督者（労働基準法第四十一条第二号の「監督又は管理の地位にある者」をいう。）の範囲については、昨年四月に実態調査を行った結果、別紙により都市銀行等を指導することとしたので、了知されたい。

労基法上の管理監督者の範囲

一　取締役等役員を兼務する者
二　支店長、事務所長等事業場の長
三　本部の部長等で経営者に直属する組織の長
四　本部の課又はこれに準ずる組織の長
五　大規模の支店又は事務所の部、課等の組織の長で一～四の者と銀行内において同格以上に位置づけられている者
六　一～四と銀行内において同格以上に位置づけられている者であって、一～三の者及び五のうち一～三の者と同格以上の位置づけをされている者を補佐し、かつその職務の全部若しくは相当部分を代行若しくは代決する権限を有するもの（次長、副部長等）
七　一～四と銀行内において同格以上に位置づけられている者であって、経営上の重要事項に関する企画立案等の業務を担当するもの（スタッフ）

(注)(1) 四の本部の課は、部長—次長—課長という一般的な組織における課をいい、課という名称が用いられていてもこの基準の適用にあたって適切でない場合には、実態に即して判定するものとする。
(2) 課制をとっていない場合等、この基準の適用する職位がないときは、各職位の権限、責任、資格等により判定するものとする。

【都市銀行等以外の金融機関の場合】
（昭五二年二月二八日基発第一〇五号）

金融機関においては、かねてより労働基準法（以下「法」という。）第四十一条第二号に規定する「監督又は管理の地位にある者」（以下「管理監督者」という。）の範囲にかんする問題の提起があったところであるが、このたび都市銀行、信託銀行及び長期信用銀行（以下「都市銀行等」という。）におけるこれが取扱い範囲について結論を得たので、これに併せて都市銀行等以外の金融機関における管理監督者の範囲についても、下記要領により取扱うこととしたので了知されたい。

記

金融機関における資格、職位の名称は企業によってさまざまであるが、取締役、理事等役員を兼務する者のほか、おおむね、次に掲げる職位にある者は、一般的には管理監督者の範囲に含めて差し支えないものと考えられること。

(1) 出先機関を統轄する中央機構（以下「本部」という。）の組織の長については次に掲げる者
① 経営者に直属する部等の組織の長（部長等）
② 相当数の出先機関を統轄するため権限分配を必要として設けられた課又はこれに準ず各組織の長（課長等）
③ ①～②と同格以上に位置づけられている者であって、①の者を補佐して、通常当該組織の業務を総括し、かつ、①の者が事故ある場合には、その職務の全部又は相当部分を代行又は代決する権限を有する者（副部長、部次長等）
従って、②の者の下位に属する、例えば副課

長、課長補佐、課長代理等の職位は除外されるものであること。

(2) 支店、事務所等出先機関における組織の長については、次に掲げる者

④ 支店、事務所等出先機関の長（支店長、事務所長等）。

ただし、法の適用単位と認められないような小規模出先機関の長は除外される。

⑤ 大規模の支店又は事務所における部、課等の組織の長で、上記①②④の者と企業内において同格以上に位置づけられている者（本店営業部又は母店等における部長、課長等）

従って、④の者を補佐する者で⑤以外の者（次長、支店長代理等）は原則として除外されるものであること。ただし④の者に直属し、下位にある役付者（支店長代理、⑤に該当しない支店課長等）を指揮監督して、通常支店等の業務を総括し、かつ、その者が事故ある場合にはその職務の全部又は相当部分を代行又は代決する権限を有する者であって、①②④と同格以上に位置づけられているものは含めることができること（副支店長、支店次長等）。

(3) ①～④と企業内において同格以上に位置づけられている者であって、経営上の重要な事項に関する企画、立案、調査等の業務を担当する者（いわゆるスタッフ職）

注(1) ②の本部の課長等は、権限分配された職務を実質的に所掌する者であって、その地位にふさわしい処遇をうけているものでなければならない。従って、単なる人事処遇上の実質を伴わない課長等は除外するものである。

(2) 支店次長等支店長の直近下位の職制管理者については、その職位にあるからといって、支店長等の職務の全部又は相当部分を代行又は代決する権限を有するものとして取扱うものではなく、その代行、代決の権限が明らかなものに限られる。従って、本来なら次長制を必要としないような規模の支店等に名目上の次長を置いたり、形式的に複数の次長を置く等、実質を伴わない補佐役は含まれないものである。

【飲食業等の店長の場合】

（平成二〇年九月九日基発第〇九〇九〇〇一号）

小売業、飲食業等において、いわゆるチェーン店の形態により相当数の店舗を展開して事業活動を行う企業における比較的小規模の店舗においては、店長等の少数の正社員と多数のアルバイト・パート等により運営されている実態がみられるが、この店舗の店長等については、十分な権限、相応の待遇等が与えられていないにもかかわらず労働基準法（昭和二二年法律第四九号）第四一条第二号に規定する「監督若しくは管理の地位にある者」（以下「管理監督者」という。）として取り扱われるなど不適切な事案もみられるところである。

店舗の店長等が管理監督者に該当するか否かについては、昭和二二年九月一三日付け発基第一七号、昭和六三年三月一四日付け基発第一五〇号に基づき、労働条件の決定その他労務管理について経営者と一体的な立場にある者であって、労働時間、休憩及び休日に関する規制の枠を超えて活動することが要請されざるを得ない重要な職務と責任を有し、現実の勤務態様も、労働時間等の規制になじまないような立場にあるかを、職務内容、責任と権限、勤務態様及び賃金等の待遇を踏まえ、総合的に判断することとなるが、今般、店舗の店長等の管理監督者性の判断に当たっての特徴的な要素について、店舗における実態を踏まえ、最近の裁判例も参考として、下記のとおり整理したところである。ついては、これらの要素も踏まえて判断することにより、店舗における管理監督者の範囲の適正化を図られたい。

なお、下記に整理した内容は、いずれも管理監督者性を否定する要素に係るものであるが、これらの否定要素が認められない場合であっても、直ちに管理監督者性が肯定されることになるものではないことに留意されたい。

記

1 「職務内容、責任と権限」についての判断要素

店舗に所属する労働者に係る採用、解雇、人事考課及び労働時間の管理は、店舗における労務管理に関する重要な職務であることから、これらの「職務内容、責任と権限」については、次のように判断されるものであること。

(1) 採用

店舗に所属するアルバイト・パート等の採用（人選のみを行う場合も含む。）に関する責任と権限が実質的にない場合には、管理監督者性を否定する重要な要素となる。

(2) 解雇

店舗に所属するアルバイト・パート等の解雇に関する事項が職務内容に含まれておらず、実質的にもこれに関与しない場合には、管理監督者性を否定する重要な要素となる。

(3) 人事考課

人事考課（昇給、昇格、賞与等を決定するため労働者の業務遂行能力、業務成績等を評価することをいう。以下同じ。）の制度がある企業において、

その対象となっている部下の人事考課に関する事項が職務内容に含まれておらず、実質的にもこれに関与しない場合には、管理監督者性を否定する重要な要素となる。

(4) 労働時間の管理

店舗における勤務割表の作成又は所定時間外労働の命令を行う責任と権限が実質的にない場合には、管理監督者性を否定する重要な要素となる。

2 「勤務態様」についての判断要素

管理監督者は「現実の勤務態様も、労働時間の規制になじまないような立場にある者」であることから、「勤務態様」については、遅刻、早退等に関する取扱い、労働時間に関する裁量及び部下の勤務態様との相違により、次のように判断されるものであること。

(1) 遅刻、早退等に関する取扱い

遅刻、早退等により減給の制裁、人事考課での負の評価など不利益な取扱いがされる場合には、管理監督者性を否定する重要な要素となる。

ただし、管理監督者であっても過重労働による健康障害防止や深夜業に対する割増賃金の支払の観点から労働時間の把握や管理が行われることから、これらの観点から労働時間の把握や管理を受けている場合については管理監督者性を否定する要素とはならない。

(2) 労働時間に関する裁量

営業時間中は店舗に常駐しなければならない、あるいはアルバイト・パート等の人員が不足する場合にそれらの者の業務に自ら従事しなければならないなどにより長時間労働を余儀なくされている場合のように、実際には労働時間に関する裁量がほとんどないと認められる場合には、管理監督者性を否定する補強要素となる。

(3) 部下の勤務態様との相違

管理監督者としての職務も行うが、会社から配布されたマニュアルに従った業務に従事しているなど労働時間の規制を受ける部下と同様の勤務態様が労働時間の大半を占めている場合には、管理監督者性を否定する補強要素となる。

3 「賃金等の待遇」についての判断要素

管理監督者の判断に当たっては「一般労働者に比し優遇措置が講じられている」などの賃金等の待遇面に留意すべきものであるが、「賃金等の待遇」については、基本給、役職手当等の優遇措置、支払われた賃金の総額及び時間単価により、次のように判断されるものであること。

(1) 基本給、役職手当等の優遇措置

基本給、役職手当等の優遇措置が、実際の労働時間数を勘案した場合に、割増賃金の規定が適用除外となることを考慮すると十分でなく、当該労働者の保護に欠けるおそれがあると認められるときは、管理監督者性を否定する補強要素となる。

(2) 支払われた賃金の総額

一年間に支払われた賃金の総額が、勤続年数、業績、専門職種等の特別の事情がないにもかかわらず、他店舗を含めた当該企業の一般労働者の賃金総額と同程度以下である場合には、管理監督者性を否定する補強要素となる。

(3) 時間単価

実態として長時間労働を余儀なくされた結果、時間単価に換算した賃金額において、店舗に所属するアルバイト・パート等の賃金額に満たない場合には、管理監督者性を否定する重要な要素となる。

特に、当該時間単価に換算した賃金額が最低賃金額に満たない場合は、管理監督者性を否定する極めて重要な要素となる。

【飲食業等の店長の場合の周知等について】

(平成二〇年一〇月三日基監発第一〇〇三〇〇一号)

標記については、平成二〇年九月九日付け基発第〇九〇九〇〇一号「多店舗展開する小売業、飲食業等の店舗における管理監督者の範囲の適正化について」(以下「通達」という。)等により当該店舗における労働基準法(昭和二二年法律第四九号)第四一条第二号に規定する「監督若しくは管理の地位にあるもの」(以下「管理監督者」という。)の範囲の適正化を図るよう指示されたところである。

通達については、一部に、管理監督者の範囲について誤解を生じさせかねないとの意見があることを踏まえ、管理監督者の範囲の適正化を図るための周知及び監督指導等に当たっては、以下の点について十分留意の上懇切丁寧な説明を行い、通達の趣旨・内容が正確に理解されるよう配意されたい。

(1) 通達は、店舗の店長等について、十分な権限、相応の待遇等が与えられていないにもかかわらず管理監督者として取り扱われるなど不適切な事案もみられることから、その範囲の適正化を図ることを目的として発出したものであること。

(2) 通達は、昭和二二年九月一三日付け発基第一七号・昭和六三年三月一四日付け基発第一五〇号(以下「基本通達」という。)で示された管理監督者についての基本的な判断基準の枠内で、店舗における特徴的な管理監督者の判断要素を整理したものであるので、基本的な判断基準を変更したり、緩めたりしたものではないこと。

(3) 通達で示した判断要素は、監督指導において把握した管理監督者の範囲を逸脱した事例を基に管理監督者性を否定する要素を整理したものであり、これらに一つでも該当する場合には、管理監督者に該当しない可能性が大きいと考えられるものであること。

(4) 通達においては、これらに該当すれば管理監督者性が否定される要素を具体的に示したものであり、これらに該当しない場合には管理監督者性が認められるという反対解釈が許されるものではないこと。これらに該当しない場合には、基本通達において示された「職務内容、責任と権限」、「勤務態様」及び「賃金等の待遇」の実態を踏まえ、労務管理について経営者と一体的な立場にあるか否かを慎重に判断すべきものであること。

なお、別添のとおり「「多店舗展開する小売業、飲食業等の店舗における管理監督者の範囲の適正化について」に関するQ&A」を取りまとめたので、説明等に当たって参考とされたい。

労働基準法第四一条の二第一項の規定により同項第一号の業務に従事する労働者の適正な労働条件の確保を図るための指針

平成三一年三月二五日厚生労働省告示第八八号

第1　趣旨

この指針は、労働基準法（昭和二二年法律第四九号。以下「法」という。）第四一条の二第一項の規定により同項第一号に規定する対象業務（以下「対象業務」という。）に従事する労働者の適正な労働条件の確保を図るため、同項の委員会（以下「労使委員会」という。）が決議する同項各号に掲げる事項について具体的に明らかにする必要があると認められる事項を規定するとともに、対象業務に従事する労働者については法第四章で定める労働時間、休憩、休日及び深夜の割増賃金に関する規定を適用しないものとする法の制度（以下「高度プロフェッショナル制度」という。）の実施に関し、同項の事業場の使用者及び当該事業場の労働者等並びに労使委員会の委員（以下「委員」という。）が留意すべき事項等を定めたものである。

法第四一条の二第一項の決議（以下「決議」という。）をする委員は、当該決議の内容がこの指針に適合したものとなるようにしなければならない。

第2　本人同意

1　法第四一条の二第一項の規定による労働者の同意（以下「本人同意」という。）に関し、使用者は、本人同意を得るに当たってその時期、方法等の手続をあらかじめ具体的に明らかにすることが適当である。

このため、委員は、本人同意を得るに当たっての手続を決議に含めることが適当である。

2　本人同意を得るに当たって、使用者は、労働者本人にあらかじめ次に掲げる事項を書面で明示することが適当である。

(1) 高度プロフェッショナル制度の概要
(2) 当該事業場における決議の内容
(3) 本人同意をした場合に適用される評価制度及びこれに対応する賃金制度
(4) 本人同意をしなかった場合の配置及び処遇並びに本人同意をしなかったことに対する不利益取扱いは行ってはならないものであること。
(5) 本人同意の撤回ができること及び本人同意の撤回に対する不利益取扱いは行ってはならないものであること。

3　本人同意の対象となる期間は、一年未満の期間の定めのある労働契約を締結している労働者については当該労働契約の期間、期間の定めのない労働契約又は一年以上の期間の定めのある労働契約を締結している労働者については長くとも一年間とし、当該期間が終了するごとに、必要に応じ法第四一条の二第一項第二号に掲げる労働者の範囲に属する労働者（以下「対象労働者」という。）に適用される評価制度及びこれに対応する賃金制度等について見直しを行った上で、改めて本人同意を得ることが適当である。なお、これらの見直しを行う場合には、使用者は、労使委員会に対し事前にその内容について説明することが適当である。

4　本人同意の対象となる期間を一箇月未満とすることは、労働者が対象業務に従事する時間に関する裁量を発揮しがたいこととなるため認められない。

5 使用者は、労働者を高度プロフェッショナル制度の対象とすることで、その賃金の額が対象となる前の賃金の額から減ることにならないようにすることが必要である。

6 使用者から一方的に本人同意を解除することはできない。

第3 労使委員会が決議する法第四一条の二第一項各号に掲げる事項

1 法第四一条の二第一項第一号に掲げる事項関係

(1) 当該事項に関し具体的に明らかにする事項

イ 対象業務は、次の(イ)及び(ロ)に掲げる要件のいずれにも該当するものである。

(イ) 当該業務に従事する時間に関し使用者から具体的な指示を受けて行うものでないこと。

労働基準法施行規則（昭和二二年厚生省令第二三号。以下「則」という。）第三四条の二第三項に規定する「当該業務に従事する時間に関し使用者から具体的な指示（業務量に比して著しく短い期限の設定その他の実質的に当該業務に従事する時間に関する指示と認められるものを含む。）を受けて行うものを除く」の「具体的な指示」とは、対象労働者から対象業務に従事する時間に関する裁量を失わせるような指示をいい、対象業務は働く時間帯の選択や時間配分について自らが決定できる広範な裁量が対象労働者に認められている業務でなければならない。また、実質的に業務に従事する時間に関する指示と認められる指示についても、「具体的な指示」に含まれるものである。

ここでいう「具体的な指示」として、次のようなものが考えられる。

① 出勤時間の指定等始業・終業時間や深夜・休日労働等労働時間に関する業務命令や指示

② 労働者の働く時間帯の選択や時間配分に関する裁量を失わせるような成果・業務量の要求や納期・期限の設定

③ 特定の日時を指定して会議に出席することを一方的に義務付けること。

④ 作業工程、作業手順等の日々のスケジュールに関する指示

(ロ) 則第三四条の二第三項各号に掲げる業務のいずれかに該当するものであること。

① 金融工学等の知識を用いて行う金融商品の開発の業務

則第三四条の二第三項第一号の「金融工学等の知識を用いて行う金融商品の開発の業務」とは、金融取引のリスクを減らしてより効率的に利益を得るため、金融工学のほか、統計学、数学、経済学等の知識をもって確率モデル等の作成、更新を行い、これによるシミュレーションの実施、その結果の検証等の技法を駆使した新たな金融商品の開発の業務をいう。

ここでいう「金融商品」とは、金融派生商品（金や原油等の原資産、株式や債権等の原証券の変化に依存してその値が変化する証券）及び同様の手法を用いた預貯金等をいう。

② 資産運用（指図を含む。以下この②において同じ。）の業務又は有価証券の売買その他の取引の業務のうち、投資判断に基づく資産運用の業務、投資判断に基づく資産運用として行う有価証券の売買その他の取引の業務又は投資判断に基づき自己の計算において行う有価証券の売買その他の取引の業務

則第三四条の二第三項第二号の「資産運用（指図を含む。以下この号において同じ。）の業務又は有価証券の売買その他の取引の業務のうち、投資判断に基づく資産運用の業務、投資判断に基づく資産運用として行う有価証券の売買その他の取引の業務又は投資判断に基づき自己の計算において行う有価証券の売買その他の取引の業務」とは、金融知識等を活用した自らの投資判断に基づく資産運用の業務又は有価証券の売買その他の取引の業務をいう。

③ 有価証券市場における相場等の動向又は有価証券の価値等の分析、評価又はこれに基づく投資に関する助言の業務

則第三四条の二第三項第三号の「有価証券市場における相場等の動向又は有価証券の価値等の分析、評価又はこれに基づく投資に関する助言の業務」とは、有価証券等に関する高度の専門知識と分析技術を応用して分析し、当該分析の結果を踏まえて評価を行い、これら自らの分析又は評価結果に基づいて運用担当者等に対し有価証券の投資に関する助言を行う業務をいう。

ここでいう「有価証券市場における相場等の動向」とは、株式相場、債権相場の動向のほかこれらに影響を与える経済等の動向をいい、「有価証券の価値等」とは、有価証券に投資することによって将来得られる利益である値上がり益、利子、配当等の経済的価

値及び有価証券の価値の基盤となる企業の事業活動をいう。

④ 顧客の事業の運営に関する重要な事項についての調査又は分析及びこれに基づく当該事項に関する考案又は助言の業務

則第三四条の二第三項第四号の「顧客の事業の運営に関する重要な事項についての調査又は分析及びこれに基づく当該事項に関する考案又は助言の業務」とは、企業の事業運営についての調査又は分析を行い、企業に対して事業・業務の再編、人事等社内制度の改革など経営戦略に直結する業務改革案等を提案し、その実現に向けてアドバイスや支援をしていく業務をいう。

ここでいう「調査又は分析」とは、顧客の事業の運営に関する重要な事項について行うものであり、顧客から調査又は分析を行うために必要な内部情報の提供を受けた上で、例えば経営状態、経営環境、財務状態、事業運営上の問題点、生産効率、製品や原材料に係る市場の動向等について行う調査又は分析をいう。

⑤ 新たな技術、商品又は役務の研究開発の業務

則第三四条の二第三項第五号の「新たな技術、商品又は役務の研究開発の業務」とは、新たな技術の研究開発、新たな技術を導入して行う管理方法の構築、新素材や新型モデル・サービスの研究開発等の業務をいい、専門的、科学的な知識、技術を有する者によって、新たな知見を得ること又は技術的改善を通じて新たな価値を生み出すことを目的として行われるものをいう。

ロ 対象業務について決議するに当たり、決議に係る業務の具体的な範囲及び当該業務が則第三四条の二第三項各号に掲げる業務のいずれに該当するかを明らかにすることが必要である。

ハ イ(イ)及び(ロ)の全部又は一部に該当しない業務を労使委員会において対象業務として決議したとしても、当該業務に従事する労働者に関し、高度プロフェッショナル制度の効果は生じない。

(2) 留意事項

イ 対象業務は、部署が所掌する業務全体ではなく、対象となる労働者に従事させることとする業務をいう。したがって、対象業務の語句(例えば、「研究」、「開発」)に対応する語句をその名称に含む部署(例えば、「研究開発部」)において行われる業務の全てが対象業務に該当するものではない。

ロ 労使委員会において対象業務について決議するに当たり、委員は、次に掲げる対象業務となり得る業務の例及び対象業務となり得ない業務の例について留意することが必要である。なお、対象業務となり得る業務の例については、(1)イ(イ)及び(ロ)に該当する場合に対象業務として決議し得るものである。また、対象業務となり得る業務の例に該当しないものは対象業務として決議し得ないとするものではない。対象業務となり得ない業務の例については、これに該当しないものは対象業務として決議し得るとするものではない。

(イ) 金融工学等の知識を用いて行う金融商品の開発の業務

① 対象業務となり得る業務の例

・資産運用会社における新興国企業の株式を中心とする富裕層向け商品(ファンド)の開発の業務

② 対象業務となり得ない業務の例

・金融商品の販売、提供又は運用に関する企画立案又は構築の業務
・保険商品又は共済の開発に際してアクチュアリーが通常行う業務
・商品名の変更や既存の商品の組合せのみをもって行う金融商品の開発の業務
・専らデータの入力又は整理を行う業務

(ロ) 資産運用(指図を含む。以下この(ロ)において同じ。)の業務又は有価証券の売買その他の取引の業務のうち、投資判断に基づく資産運用の業務、投資判断に基づく資産運用として行う有価証券の売買その他の取引の業務又は投資判断に基づき自己の計算において行う有価証券の売買その他の取引の業務

① 対象業務となり得る業務の例

・資産運用会社等における投資判断に基づく資産運用の業務(いわゆるファンドマネージャーの業務)
・資産運用会社等における投資判断に基づく資産運用として行う有価証券の売買その他の取引の業務(いわゆるトレーダーの業務)
・証券会社等における投資判断に基づき自己の計算において行う有価証券の売買その他の取引の業務(いわゆるディーラーの業務)

② 対象業務となり得ない業務の例

・有価証券の売買その他の取引の業務のうち、投資判断を伴わない顧客からの注文の取次の業務

・ファンドマネージャー、トレーダー、ディーラーの指示を受けて行う業務
・金融機関における窓口業務
・個人顧客に対する預金、保険、投資信託等の販売・勧誘の業務
・市場が開いている時間は市場に張り付くよう使用者から指示され、実際に張り付いていなければならない業務
・使用者から指示された取引額・取引量を処理するためには取引を継続し続けなければならない業務
・金融以外の事業を営む会社における自社資産の管理、運用の業務

(ハ) 有価証券市場における相場等の動向又は有価証券の価値等の分析、評価又はこれに基づく投資に関する助言の業務

① 対象業務となり得る業務の例
・特定の業界の中長期的な企業価値予測について調査分析を行い、その結果に基づき、推奨銘柄について投資判断に資するレポートを作成する業務

② 対象業務となり得ない業務の例
・一定の時間を設定して行う相談業務
・専ら分析のためのデータ入力又は整理を行う業務

(ニ) 顧客の事業の運営に関する重要な事項についての調査又は分析及びこれに基づく当該事項に関する考案又は助言の業務

① 対象業務となり得る業務の例
・コンサルティング会社において行う顧客の海外事業展開に関する戦略企画の考案の業務

② 対象業務となり得ない業務の例
・調査又は分析のみを行う業務
・調査又は分析を行わず、助言のみを行う業務
・専ら時間配分を顧客の都合に合わせざるを得ない相談業務
・個人顧客を対象とする助言の業務
・商品・サービスの営業・販売として行う業務
・上席の指示やシフトに拘束され、働く時間帯の選択や時間配分に裁量が認められない形態でチームのメンバーとして行う業務
・サプライヤーが代理店に対して行う助言又は指導の業務

(ホ) 新たな技術、商品又は役務の研究開発の業務

① 対象業務となり得る業務の例
・メーカーにおいて行う要素技術の研究の業務
・製薬企業において行う新薬の上市に向けた承認申請のための候補物質の探索や合成、絞り込みの業務
・既存の技術等を組み合わせて応用することによって新たな価値を生み出す研究開発の業務
・特許等の取得につながり得る研究開発の業務

② 対象業務となり得ない業務の例
・作業工程、作業手順等の日々のスケジュールが使用者からの指示により定められ、そのスケジュールに従わなければならない業務
・既存の商品やサービスにとどまり、技術的改善を伴わない業務
・既存の技術等の単なる組合せにとどまり、新たな価値を生み出すものではない業務
・他社のシステムの単なる導入にとどまり、導入に当たり自らの研究開発による技術的改善を伴わない業務
・専門的、科学的な知識、技術がなくても行い得る既存の生産工程の維持・改善の業務
・完成品の検査や品質管理を行う業務
・研究開発に関する権利取得に係る事務のみを行う業務
・生産工程に従事する者に対する既知の技術の指導の業務
・上席の研究員の指示に基づく実験材料の調達や実験準備の業務

ハ　対象業務について「当該業務に従事する時間に関し使用者から具体的な指示（業務量に比して著しく短い期限の設定その他の実質的に当該業務に従事する時間に関する指示と認められるものを含む。）を受けて行うものを除く」とされていることに関し、高度プロフェッショナル制度が適用されている場合であっても、当該具体的な指示に該当するもの以外については、使用者は、対象労働者に対し必要な指示をすることは可能である。したがって、使用者が対象労働者に対し業務の開始時に当該業務の目的、目標、期限等の基本的事項を指示することや、中途において経過の報告を受けつつこれらの基本的事項について所要の変更の指示をすることは可能である。

また、使用者は、対象労働者の上司に対し、業務に従事する時間に関し具体的な指示を行うことはできないこと等高度プロフェッショナル制度の内容に関し必要な管理者教育を行うことが必要である。

2　法第四一条の二第一項第二号に掲げる事項関係

(1)　当該事項に関し具体的に明らかにする事項

イ　対象労働者は、次の(イ)及び(ロ)に掲げる要件の

いずれにも該当するものである。

(イ) 職務が明確に定められていること。

法第四一条の二第一項第二号イの「職務が明確に定められている」とは、当該対象労働者の業務の内容、責任の程度及び職務において求められる成果その他の職務を遂行するに当たって求められる水準（以下「職務の内容」という。）が具体的に定められており、当該対象労働者の職務の内容とそれ以外の職務の内容との区別が客観的になされていることをいう。したがって、例えば、業務の内容が抽象的に定められており、使用者の一方的な指示により業務を追加することができるものは、職務が明確に定められているとはいえない。

また、職務を定めるに当たり、働き方の裁量を失わせるような業務量や成果を求めるものではないことが必要である。

さらに、職務の内容を変更する場合には再度合意を得ることが必要であり、その場合であっても職務の内容の変更は対象業務の範囲内に限られるものである。

(ロ) 法第四一条の二第一項第二号ロに規定する要件を満たしていること。

法第四一条の二第一項第二号ロの「労働契約により使用者から支払われると見込まれる賃金の額」とは、個別の労働契約又は就業規則等において、名称の如何にかかわらず、あらかじめ具体的な額をもって支払われることが約束され、支払われることが確実に見込まれる賃金は全て含まれるものである。

したがって、労働者の勤務成績、成果等に応じて支払われる賞与や業績給等、その支給額があらかじめ確定されていないものは含まれないものである。ただし、賞与や業績給でもいわゆる最低保障額が定められ、その最低保障額については支払われることが確実に見込まれる場合には、その最低保障額は含まれるものである。また、一定の具体的な額をもって支払うことが約束されている手当は含まれるが、支給額が減少し得る手当は含まれないものである。

ロ 対象労働者について決議するに当たり、法第四一条の二第一項第二号に掲げる労働者の範囲を明らかにすることが必要である。また、対象労働者は、対象業務に常態として従事していることが原則であり、対象業務以外の業務にも常態として従事している者は対象労働者とはならない。

(2) 留意事項

イ 職務を定めるに当たり、使用者及び労働者は、職務において求められる成果その他の職務を遂行するに当たって求められる水準を客観的なものとすることが望ましい。

ロ 労使委員会において、法第四一条の二第一項第二号に掲げる労働者の範囲について決議するに当たり、委員は、事業場の実態や対象業務の性質等に応じて当該範囲を定めることが適当である。

例えば、当該範囲を一定の職務経験年数や資格を有する労働者に限ることを決議で定めることや、則第三四条の二第六項に定める額よりも高い額を年収要件として決議で定めることも可能である。

3 法第四一条の二第一項第三号に掲げる事項関係

(1) 当該事項に関し具体的に明らかにする事項

決議に際して、法第四一条の二第一項第三号に規定する健康管理時間（労使委員会が同号の決議により健康管理時間から除くこととした時間を含む。）を把握する方法について、当該事業場の実態に応じて適切なものを具体的に明らかにするとともに、当該方法は次のいずれにも該当するものとすることが必要である。

イ 法第四一条の二第一項第三号の「事業場内にいた時間」を把握する方法が、タイムカードによる記録、パーソナルコンピュータ等の電子計算機の使用時間の記録等の客観的な方法であること。

ここでいう「客観的な方法」については、例えば、次に掲げるものを基礎とした出退勤時刻又は入退室時刻の記録が該当する。

① タイムレコーダーによるタイムカードへの打刻記録

② パーソナルコンピュータ内の勤怠管理システムへのログイン・ログアウト記録

③ ICカードによる出退勤時刻又は事業場への入退場時刻の記録

ロ 法第四一条の二第一項第三号の「事業場外において労働した時間」を把握する方法が、イと同様に客観的な方法であること。

客観的な方法によることができないやむを得ない理由がある場合には、対象労働者による自己申告により把握することを明らかにすることが認められる。ここでいう「やむを得ない理由」については、対象労働者による自己申告によりその事業場外において労働した時間を把握せざるを得ない理由として具体的に示されている必要があり、例えば、次に掲げるものが考えられる。

① 顧客先に直行直帰し、勤怠管理システムへのログイン・ログアウト等もできないこと。

② 事業場外において、資料の閲覧等パーソナルコンピュータを使用しない作業を行うなど、勤怠管理システムへのログイン・ログアウト等もできないこと。

③ 海外出張等勤怠管理システムへのログイン・ログアウト等が常時できない状況にあること。

ハ 法第四一条の二第一項第三号の「事業場内にいた時間」から同号の「厚生労働省令で定める労働時間以外の時間」を除くことを決議する場合には、除くこととする時間の内容や性質を具体的に明らかにするとともに、当該除くこととする時間を把握する方法が、イと同様に客観的な方法であること。

この除くこととする時間について、手待ち時間を含めることや一定時間数を一律に除くことは認められない。

ニ 健康管理時間を把握するに当たっては、対象労働者ごとに、日々の健康管理時間の始期及び終期並びにそれに基づく健康管理時間の時間数が記録されており、労働安全衛生法（昭和四七年法律第五七号）第六六条の八の四第一項の規定による医師の面接指導を適切に実施するため、使用者は、少なくとも一箇月当たりの健康管理時間の時間数の合計を把握すること。

ロの対象労働者による自己申告により、複数の日についてまとめて把握する場合であっても、日々及び一箇月当たりの健康管理時間は明らかにされなければならない。

(2) 留意事項

イ 委員は、(1)ニの記録方法とすることを決議で定めることが適当である。

ロ 健康管理時間の記録について、使用者は、対象労働者から求めがあれば、当該対象労働者に開示することが必要である。したがって、委員は、健康管理時間の開示の手続を決議に含めることが必要である。

ハ 使用者は、対象労働者の健康管理時間の状況を把握する際、対象労働者からの健康状態についての申告、健康状態についての上司による定期的なヒアリング等に基づき、対象労働者の健康状態を把握することが望ましい。このため、委員は、法第四一条の二第一項第四号から第六号までに規定する措置を講ずる前提として、使用者が対象労働者の健康管理時間の状況と併せてその健康状態を把握することを決議に含めることが望ましい。

4 法第四一条の二第一項第四号に掲げる事項関係

(1) 当該事項に関し具体的に明らかにする事項

イ 決議に際し、対象労働者の休日の取得の手続の具体的内容を明らかにすることが必要である。

ロ 一年間を通じ一〇四日以上の休日について、対象労働者に与えることができないことが確定した時点から、高度プロフェッショナル制度の法律上の効果は生じない。また、一年間を通じ一〇四日以上の休日及び四週間を通じ四日以上の休日の起算日は、高度プロフェッショナル制度の適用の開始日となる。

(2) 留意事項

イ 適切に休日を取得することが疲労の蓄積を防止する観点から重要であり、確実に休日を取得するため、対象労働者が、あらかじめ年間の休日の取得予定を決定し、使用者に通知すること及び休日の取得の状況を使用者に明らかにすることが望ましい。

ロ 使用者は、疲労の蓄積を防止する観点から、長期間の連続勤務とならないよう休日を適切に取得することが重要であることについて、対象労働者にあらかじめ周知することが望ましい。

5 法第四一条の二第一項第五号に規定する事項関係

(1) 当該事項に関し具体的に明らかにする事項

決議に際し、法第四一条の二第一項第五号に規定する措置（以下「選択的措置」という。）について、同号イからニまでに掲げる措置のうちいずれの措置をどのように講ずるかを具体的に明らかにすることが必要である。

(2) 留意事項

イ 委員は、法第四一条の二第一項第五号に掲げる事項に関し決議するに当たり、同号イからニまでに掲げる措置のいずれの措置を講ずることとするかについて、対象となり得る労働者の意見を聴くことが望ましい。

ロ 対象事業場（対象業務が存在する事業場をいう。以下同じ。）に複数の対象業務が存在する場合、委員は、当該対象業務の性質等に応じて、対象業務ごとに選択的措置を決議することが望ましい。

ハ 選択的措置として法第四一条の二第一項第五号ニに掲げる健康診断の実施を決議した場合には、使用者は、これを労働者に確実に受けさせるようにするとともに、健康診断の結果の記録、健康診断の結果に基づく当該対象労働者の健康を保持するために必要な措置に関する医師の意見の聴取、当該医師の意見を勘案した適切な措置等を講ずることが必要である。

6 法第四一条の二第一項第六号に掲げる事項関係

(1) 当該事項に関し具体的に明らかにする事項

イ 決議に際し、法第四一条の二第一項第六号に規定する措置（以下「健康・福祉確保措置」という。）について、則第三四条の二第一四項に規定する措置のうちいずれの措置をどのように講ずるかを具体的に明らかにすることが必要である。

ロ 対象労働者については、使用者が対象業務に従事する時間に関する具体的な指示を行わないこととされているが、使用者は、このために当該対象労働者について、労働契約法（平成一九年法律第一二八号）第五条の規定に基づく安全配慮義務を免れるものではない。

(2) 留意事項

委員は、把握した対象労働者の健康管理時間及びその健康状態に応じて、対象労働者への高度プロフェッショナル制度の適用について必要な見直しを行うことを決議に含めることが望ましい。例えば、健康管理時間が一定時間を超えた労働者については高度プロフェッショナル制度を適用しないこととすることなどが考えられる。

7 法第四一条の二第一項第七号に掲げる事項関係

(1) 当該事項に関し具体的に明らかにする事項

イ 決議に際し、法第四一条の二第一項第七号の「同意の撤回に関する手続」について、撤回の申出先となる部署及び担当者、撤回の申出の方法等その具体的内容を明らかにすることが必要である。

ロ 使用者は、本人同意を撤回した場合の配置及び処遇について、本人同意を撤回した対象労働者をそのことを理由として不利益に取り扱ってはならない。

ハ 本人同意の撤回を申し出た対象労働者については、その時点から高度プロフェッショナル制度の法律上の効果は生じない。

(2) 留意事項

委員は、本人同意を撤回した場合の撤回後の配置及び処遇又はその決定方法について、あらかじめ決議で定めておくことが望ましい。当該撤回後の配置及び処遇又はその決定方法については、使用者が意図的に制度の要件を満たさなかった場合等本人同意の撤回に当たらない場合には適用されないよう定めることが適当である。

8 法第四一条の二第一項第八号に掲げる事項関係

(1) 当該事項に関し具体的に明らかにする事項

決議に際し、法第四一条の二第一項第八号の対象業務に従事する対象労働者からの苦情の処理に関する措置（以下「苦情処理措置」という。）について、苦情の申出先となる部署及び担当者、取り扱う苦情の範囲、処理の手順、方法等その具体的内容を明らかにすることが必要である。

(2) 留意事項

イ 労使委員会において、苦情処理措置について決議するに当たり、委員は、使用者や人事担当者以外の者を申出先となる担当者とすること等の工夫により、対象労働者が苦情を申し出やすい仕組みとすることが適当である。

ロ 取り扱う苦情の範囲については、委員は、高度プロフェッショナル制度の実施に関する苦情のみならず、対象労働者に適用される評価制度及びこれに対応する賃金制度等高度プロフェッショナル制度に付随する事項に関する苦情も含むものとすることが適当である。

ハ 苦情処理措置として、労使委員会が事業場において実施されている苦情処理制度を利用することを決議した場合には、使用者は、対象労働者にその旨を周知するとともに、当該実施されている苦情処理制度が高度プロフェッショナル制度の運用の実態に応じて機能するよう配慮することが適当である。

9 法第四一条の二第一項第九号に規定する事項関係

使用者は、本人同意をしなかった場合の配置及び処遇について、本人同意をしなかった労働者をそのことを理由として不利益に取り扱ってはならない。

10 法第四一条の二第一項第一〇号に掲げる事項関係

(1) 当該事項に関し具体的に明らかにする事項

法第四一条の二第一項第一〇号に規定する「前各号に掲げるもののほか、厚生労働省令で定める事項」として、則第三四条の二第一五項第一号から第四号までにおいて、次の事項が労使委員会の決議事項として定められている。

イ 決議の有効期間の定め及び当該決議は再度決議をしない限り更新されない旨

ロ 労使委員会の開催頻度及び開催時期

ハ 常時五〇人未満の労働者を使用する事業場である場合には、労働者の健康管理等を行うのに必要な知識を有する医師を選任すること。

ニ　本人同意及びその撤回、合意に基づき定められた職務の内容、支払われると見込まれる賃金の額、健康管理時間の状況、法第四一条の二第一項第四号に規定する措置（以下「休日確保措置」という。）、選択的措置、健康・福祉確保措置及び苦情処理措置の実施状況に関する対象労働者ごとの記録並びにハの選任に関する記録を、イの有効期間中及びその満了後三年間保存すること。

(2)　留意事項

イ　委員は、(1)イの有効期間について、一年とすることが望ましい。

ロ　(1)ロの開催頻度及び開催時期について、法第四一条の二第二項の規定による報告の内容に関し労使委員会において調査審議し、必要に応じて決議を見直す観点から、少なくとも六箇月に一回、当該報告を行う時期に開催することとすることが必要である。また、委員は、決議を行った後に当該決議の内容に関連して生じた当該決議の時点では予見し得なかった事情の変化に対応するため、委員の半数以上から決議の変更等のための労使委員会の開催の申出があった場合は、(1)イの有効期間の中途であっても決議の変更等のための調査審議を行うものとすることを決議において定めることが適当である。

11　その他決議に関する事項

労使委員会が決議を行うに当たっては、委員が、高度プロフェッショナル制度の適用を受ける対象労働者に適用される評価制度及びこれに対応する賃金制度の内容を十分理解した上で、行うことが重要である。

このため、労使委員会が決議を行うに先立ち、使用者は、対象労働者に適用される評価制度及びこれに対応する賃金制度の内容について、労使委員会に対し、十分に説明することが適当である。また、委員は、使用者がこれらの制度を変更しようとする場合にあっては労使委員会に対し事前に変更内容の説明をするものとすることを労使委員会において決議することが適当である。

第４　労使委員会の要件等労使委員会に関する事項

労使委員会の要件等に関し対象事業場の使用者並びに当該事業場の労働者、労働組合及び労働者の過半数を代表する者並びに委員が留意すべき事項等は、次のとおりである。

1　労使委員会の設置に先立つ話合い

対象事業場の使用者及び労働者の過半数を代表する者（以下「過半数代表者」という。）又は労働組合は、法第四一条の二第一項の規定により労使委員会が設置されるに先立ち、設置に係る日程、手順、使用者による一定の便宜の供与がなされる場合にあってはその在り方等について十分に話し合い、定めておくことが望ましい。その際、委員の半数について同条第三項において準用する法第三八条の四第二項第一号に規定する指名（以下「委員指名」という。）の手続を経なければならないことに鑑み、これらの手続を適切に実施できるようにする観点から話合いがなされることが望ましい。特に、同号に規定する労働者の過半数で組織する労働組合がない場合において、使用者は、過半数代表者が必要な手続を円滑に実施できるよう十分に話し合い、必要な配慮を行うことが適当である。

なお、過半数代表者が適正に選出されていない場合や監督又は管理の地位にある者について委員指名が行われている場合は当該労使委員会による決議は無効であり、過半数代表者は則第六条の二第一項各号に該当するよう適正に選出されている必要がある。また、労使を代表する委員それぞれ一名計二名で構成される委員会は労使委員会として認められない。

2　法第四一条の二第一項及び関係省令に基づく労使委員会の運営規程

(1)　労使委員会の要件として、則第三四条の二の三において準用する則第二四条の二の四において、労使委員会の招集、定足数、議事その他労使委員会の運営について必要な事項に関する規程（以下「運営規程」という。）が定められていること、使用者は運営規程の作成又は変更について労使委員会の同意を得なければならないこと等が規定されている。この運営規程には、労使委員会の招集に関する事項として決議の調査審議のための委員会、決議に係る有効期間中における制度の運用状況の調査審議のための委員会等定例として予定されている委員会の開催に関すること及び必要に応じて開催される委員会の開催に関することを、議事に関する事項として議長の選出に関すること及び決議の方法に関することを、それぞれ規定することが適当である。

(2)　運営規程において、定足数に関する事項を規定するに当たっては、労使委員会が決議をする場合の委員の五分の四以上の多数による議決とは、労使委員会に出席した委員の五分の四以上の多数による議決で足りるものであることに鑑み、全委員に係る定足数のほか、労使を代表する委員それぞれについて一定割合又は一定数以上の出席を必要とし、これらを満たさない場合には議決できないことを定めることが適当である。

3 労使委員会に対する使用者による情報の開示

(1) 決議が適切に行われるため、使用者は、労使委員会に対し、決議のための調査審議をする場合には、第3の11において使用者が労使委員会に対し十分に説明するものとすることが適当であるとされている対象労働者に適用される評価制度及びこれに対応する賃金制度の内容に加え、高度プロフェッショナル制度が適用されることとなった場合における対象業務の具体的内容を開示することが適当である。

(2) 委員が、当該対象事業場における高度プロフェッショナル制度の実施状況に関する情報を十分に把握するため、使用者は、労使委員会に対し、健康管理時間の状況、休日確保措置の実施状況、選択的措置の実施状況、健康・福祉確保措置の実施状況、苦情処理措置の実施状況及び労使委員会の開催状況を開示することが適当である。

なお、対象労働者からの苦情の内容及びその処理状況を労使委員会に開示するに当たっては、使用者は対象労働者のプライバシーの保護に十分留意することが必要である。

(3) 運営規程においては、使用者が開示すべき情報の範囲、開示手続、開示が行われる労使委員会の開催時期等必要な事項を定めておくことが適当である。

使用者が開示すべき情報の範囲を定めるに当たっては、健康管理時間の状況や休日確保措置の実施状況に関し使用者が開示すべき情報の範囲について、対象労働者全体の平均値だけではなく、その分布を示すなど対象労働者の個別の状況が明らかになるものとすることが適当である。

4 労使委員会と労働組合等との関係

(1) 労使委員会は、法第四一条の二第一項の規定において「賃金、労働時間その他の当該事業場における労働条件に関する事項を調査審議し、事業主に対し当該事項について意見を述べることを目的とする委員会」とされている。この労働条件に関する事項についての労使委員会による調査審議は、決議に基づく高度プロフェッショナル制度の適正な実施を図る観点から行われるものであり、労働組合の有する団体交渉権を制約するものではない。

このため、運営規程においては、労使委員会と労働組合又は労働条件に関する事項を調査審議する労使協議機関との関係を明らかにしておくため、それらと協議の上、労使委員会の調査審議事項の範囲を定めておくことが適当である。

(2) 法第四一条の二第三項において準用する法第三八条の四第五項の規定に基づき、労使委員会において、委員の五分の四以上の多数による議決により同項に掲げる規定（以下「特定条項」という。）において労使協定に委ねられている事項について決議した場合には、当該労使委員会の決議をもって特定条項に基づく労使協定に代えることができることとされている。

このため、運営規程においては、労使委員会と特定条項に係る労使協定の締結当事者となり得る労働組合又は過半数代表者との関係を明らかにしておくため、これらと協議の上、労使委員会が特定条項のうち労使協定に代えて決議を行うこととする規定の範囲を定めておくことが適当である。

労働基準法施行規則第二十四条の二の二第二項第六号の規定に基づき厚生労働大臣の指定する業務

平成九年二月一四日労働省告示第七号
最終改正：令和五年三月三〇日厚生労働省告示第一一五号
適用：令和六年四月一日

一　広告、宣伝等における商品等の内容、特長等に係る文章の案の考案の業務
二　事業運営において情報処理システム（労働基準法施行規則第二十四条の二の二第二項第二号に規定する情報処理システムをいう。）を活用するための問題点の把握又はそれを活用するための方法に関する考案若しくは助言の業務
三　建築物内における照明器具、家具等の配置に関する考案、表現又は助言の業務
四　ゲーム用ソフトウェアの創作の業務
五　有価証券市場における相場等の動向又は有価証券の価値等の分析、評価又はこれに基づく投資に関する助言の業務
六　金融工学等の知識を用いて行う金融商品の開発の業務
七　学校教育法（昭和二十二年法律第二十六号）に規定する大学における教授研究の業務（主として研究に従事するものに限る。）
八　銀行又は証券会社における顧客の合併及び買収に関する調査又は分析及びこれに基づく合併及び買収に関する考案及び助言の業務
九　公認会計士の業務
十　弁護士の業務
十一　建築士の業務
十二　不動産鑑定士の業務
十三　弁理士の業務
十四　税理士の業務
十五　中小企業診断士の業務
附則《略》

労働契約法

平成一九年一二月五日法律第一二八号
施行：平成二〇年三月一日
最終改正：平成三〇年七月六日法律第七一号
施行：令和二年四月一日

第一章　総則

（目的）
第一条　この法律は、労働者及び使用者の自主的な交渉の下で、労働契約が合意により成立し、又は変更されるという合意の原則その他労働契約に関する基本的事項を定めることにより、合理的な労働条件の決定又は変更が円滑に行われるようにすることを通じて、労働者の保護を図りつつ、個別の労働関係の安定に資することを目的とする。

（定義）
第二条　この法律において「労働者」とは、使用者に使用されて労働し、賃金を支払われる者をいう。
2　この法律において「使用者」とは、その使用する労働者に対して賃金を支払う者をいう。

（労働契約の原則）
第三条　労働契約は、労働者及び使用者が対等の立場における合意に基づいて締結し、又は変更すべきものとする。
2　労働契約は、労働者及び使用者が、就業の実態に応じて、均衡を考慮しつつ締結し、又は変更すべきものとする。
3　労働契約は、労働者及び使用者が仕事と生活の調和にも配慮しつつ締結し、又は変更すべきもの

とする。

4 労働者及び使用者は、労働契約を遵守するとともに、信義に従い誠実に、権利を行使し、及び義務を履行しなければならない。

5 労働者及び使用者は、労働契約に基づく権利の行使に当たっては、それを濫用することがあってはならない。

（労働契約の内容の理解の促進）

第四条 使用者は、労働者に提示する労働条件及び労働契約の内容について、労働者の理解を深めるようにするものとする。

2 労働者及び使用者は、労働契約の内容（期間の定めのある労働契約に関する事項を含む。）について、できる限り書面により確認するものとする。

（労働者の安全への配慮）

第五条 使用者は、労働契約に伴い、労働者がその生命、身体等の安全を確保しつつ労働することができるよう、必要な配慮をするものとする。

第二章 労働契約の成立及び変更

（労働契約の成立）

第六条 労働契約は、労働者が使用者に使用されて労働し、使用者がこれに対して賃金を支払うことについて、労働者及び使用者が合意することによって成立する。

第七条 労働者及び使用者が労働契約を締結する場合において、使用者が合理的な労働条件が定められている就業規則を労働者に周知させていた場合には、労働契約の内容は、その就業規則で定める労働条件によるものとする。ただし、労働契約において、労働者及び使用者が就業規則の内容と異なる労働条件を合意していた部分については、第十二条に該当する場合を除き、この限りでない。

（労働契約の内容の変更）

第八条 労働者及び使用者は、その合意により、労働契約の内容である労働条件を変更することができる。

（就業規則による労働契約の内容の変更）

第九条 使用者は、労働者と合意することなく、就業規則を変更することにより、労働者の不利益に労働契約の内容である労働条件を変更することはできない。ただし、次条の場合は、この限りでない。

第一〇条 使用者が就業規則の変更により労働条件を変更する場合において、変更後の就業規則を労働者に周知させ、かつ、就業規則の変更が、労働者の受ける不利益の程度、労働条件の変更の必要性、変更後の就業規則の内容の相当性、労働組合等との交渉の状況その他の就業規則の変更に係る事情に照らして合理的なものであるときは、労働契約の内容である労働条件は、当該変更後の就業規則に定めるところによるものとする。ただし、労働契約において、労働者及び使用者が就業規則の変更によっては変更されない労働条件として合意していた部分については、第十二条に該当する場合を除き、この限りでない。

（就業規則の変更に係る手続）

第一一条 就業規則の変更の手続に関しては、労働基準法（昭和二十二年法律第四十九号）第八十九条及び第九十条の定めるところによる。

（就業規則違反の労働契約）

第一二条 就業規則で定める基準に達しない労働条件を定める労働契約は、その部分については、無効とする。この場合において、無効となった部分は、就業規則で定める基準による。

（法令及び労働協約と就業規則との関係）

第一三条 就業規則が法令又は労働協約に反する場合には、当該反する部分については、第七条、第十条及び前条の規定は、当該法令又は労働協約の適用を受ける労働者との間の労働契約については、適用しない。

第三章 労働契約の継続及び終了

（出向）

第一四条 使用者が労働者に出向を命ずることができる場合において、当該出向の命令が、その必要性、対象労働者の選定に係る事情その他の事情に照らして、その権利を濫用したものと認められる場合には、当該命令は、無効とする。

（懲戒）

第一五条 使用者が労働者を懲戒することができる場合において、当該懲戒が、当該懲戒に係る労働者の行為の性質及び態様その他の事情に照らして、客観的に合理的な理由を欠き、社会通念上相当であると認められない場合は、その権利を濫用したものとして、当該懲戒は、無効とする。

（解雇）

第一六条 解雇は、客観的に合理的な理由を欠き、社会通念上相当であると認められない場合は、その権利を濫用したものとして、無効とする。

第四章 期間の定めのある労働契約

（契約期間中の解雇等）

第一七条 使用者は、期間の定めのある労働契約（以下この章において「有期労働契約」という。）について、やむを得ない事由がある場合でなければ、その契約期間が満了するまでの間において、労働者を解雇することができない。

2　使用者は、有期労働契約について、その有期労働契約により労働者を使用する目的に照らして、必要以上に短い期間を定めることにより、その有期労働契約を反復して更新することのないよう配慮しなければならない。

（有期労働契約の期間の定めのない労働契約への転換）

第一八条　同一の使用者との間で締結された二以上の有期労働契約（契約期間の始期の到来前のものを除く。以下この条において同じ。）の契約期間を通算した期間（次項において「通算契約期間」という。）が五年を超える労働者が、当該使用者に対し、現に締結している有期労働契約の契約期間が満了する日までの間に、当該満了する日の翌日から労務が提供される期間の定めのない労働契約の締結の申込みをしたときは、使用者は当該申込みを承諾したものとみなす。この場合において、当該申込みに係る期間の定めのない労働契約の内容である労働条件は、現に締結している有期労働契約の内容である労働条件（契約期間を除く。）と同一の労働条件（当該労働条件（契約期間を除く。）について別段の定めがある部分を除く。）とする。

2　当該使用者との間で締結された一の有期労働契約の契約期間が満了した日と当該使用者との間で締結されたその次の有期労働契約の契約期間の初日との間にこれらの契約期間のいずれにも含まれない期間（これらの契約期間が連続すると認められるものとして厚生労働省令で定める基準に該当する場合の当該いずれにも含まれない期間を除く。以下この項において「空白期間」という。）があり、当該空白期間が六月（当該空白期間の直前に満了した一の有期労働契約の契約期間（当該一の有期労働契約を含む二以上の有期労働契約の契約期間の間に空白期間がないときには、当該二以上の有期労働契約の契約期間を通算した期間。以下この項において同じ。）が一年に満たない場合にあっては、当該一の有期労働契約の契約期間に二分の一を乗じて得た期間を基礎として厚生労働省令で定める期間）以上であるときは、当該空白期間前に満了した有期労働契約の契約期間は、通算契約期間に算入しない。

（有期労働契約の更新等）

第一九条　有期労働契約であって次の各号のいずれかに該当するものの契約期間が満了する日までの間に労働者が当該有期労働契約の更新の申込みをした場合又は当該契約期間の満了後遅滞なく有期労働契約の締結の申込みをした場合であって、使用者が当該申込みを拒絶することが、客観的に合理的な理由を欠き、社会通念上相当であると認められないときは、使用者は、従前の有期労働契約の内容である労働条件と同一の労働条件で当該申込みを承諾したものとみなす。

一　当該有期労働契約が過去に反復して更新されたことがあるものであって、その契約期間の満了時に当該有期労働契約を更新しないことにより当該有期労働契約を終了させることが、期間の定めのない労働契約を締結している労働者に解雇の意思表示をすることにより当該期間の定めのない労働契約を終了させることと社会通念上同視できると認められること。

二　当該労働者において当該有期労働契約の契約期間の満了時に当該有期労働契約が更新されるものと期待することについて合理的な理由があるものであると認められること。

旧労働契約法二〇条

（期間の定めがあることによる不合理な労働条件の禁止）

第二〇条　有期労働契約を締結している労働者の労働契約の内容である労働条件が、期間の定めがあることにより同一の使用者と期間の定めのない労働契約を締結している労働者の労働契約の内容である労働条件と相違する場合においては、当該労働条件の相違は、労働者の業務の内容及び当該業務に伴う責任の程度（以下この条において「職務の内容」という。）、当該職務の内容及び配置の変更の範囲その他の事情を考慮して、不合理と認められるものであってはならない。

第五章　雑則

（船員に関する特例）

第二〇条　第十二条及び前条の規定は、船員法（昭和二十二年法律第百号）の適用を受ける船員（次項において「船員」という。）に関しては、適用しない。

2　船員に関しては、第七条中「第十二条」とあるのは「船員法（昭和二十二年法律第百号）第百条」と、第十条中「第十二条」とあるのは「船員法第百条」と、第十一条中「労働基準法（昭和二十二年法律第四十九号）第八十九条 及び第九十条」とあるのは「船員法第九十七条 及び第九十八条」と、第十三条中「前条」とあるのは「船員法第百条」とする。

（適用除外）

第二一条　この法律は、国家公務員及び地方公務員については、適用しない。

2　この法律は、使用者が同居の親族のみを使用する場合の労働契約については、適用しない。

附則（抄）

（施行期日）

第一条　この法律は、公布の日から起算して三月を超えない範囲内において政令で定める日から施行する。

附則（平成二四年八月一〇日法律第五六号）

（施行期日）

1　この法律は、公布の日から施行する。ただし、第二条並びに次項及び附則第三項の規定は、公布の日から起算して一年を超えない範囲内において政令で定める日から施行する。

（経過措置）

2　第二条の規定による改正後の労働契約法（以下「新労働契約法」という。）第十八条の規定は、前項ただし書に規定する規定の施行の日以後の日を契約期間の初日とする期間の定めのある労働契約について適用し、同項ただし書に規定する規定の施行の日前の日が初日である期間の定めのある労働契約の契約期間は、同条第一項に規定する通算契約期間には、算入しない。

（検討）

3　政府は、附則第一項ただし書に規定する規定の施行後八年を経過した場合において、新労働契約法第十八条の規定について、その施行の状況を勘案しつつ検討を加え、必要があると認めるときは、その結果に基づいて必要な措置を講ずるものとする。

労働契約法第十八条第一項の通算契約期間に関する基準を定める省令

平成二四年一〇月二六日厚生労働省令第一四八号

施行：平成二五年四月一日

（法第十八条第二項の厚生労働省令で定める基準）

第一条　労働契約法（以下「法」という。）第十八条第二項の厚生労働省令で定める基準は、次の各号に掲げる無契約期間（一の有期労働契約の契約期間が満了した日とその次の有期労働契約の契約期間の初日との間にこれらの契約期間のいずれにも含まれない期間がある場合の当該期間をいう。以下この条において同じ。）に応じ、それぞれ当該各号に定めるものであることとする。

一　最初の雇入れの日後最初に到来する無契約期間（以下この項において「第一無契約期間」という。）　第一無契約期間の期間が、第一無契約期間の前にある有期労働契約の契約期間（二以上の有期労働契約がある場合は、その全ての契約期間を通算した期間）に二分の一を乗じて得た期間（六月を超えるときは六月とし、一月に満たない端数を生じたときはこれを一月として計算した期間とする。）未満であること。

二　第一無契約期間の次に到来する無契約期間（以下この項において「第二無契約期間」という。）　次に掲げる場合に応じ、それぞれ次に定めるものであること。

イ　第一無契約期間が前号に定めるものである場合　第二無契約期間の期間が、第二無契約期間の前にある全ての有期労働契約の契約期間を通算した期間に二分の一を乗じて得た期間（六月を超えるときは六月とし、一月に満たない端数を生じたときはこれを一月として計算した期間とする。）未満であること。

ロ　イに掲げる場合以外の場合　第二無契約期間の期間が、第一無契約期間と第二無契約期間の間にある有期労働契約の契約期間（二以上の有期労働契約がある場合は、その全ての契約期間を通算した期間）に二分の一を乗じて得た期間（六月を超えるときは六月とし、一月に満たない端数を生じたときはこれを一月として計算した期間とする。）未満であること。

三　第二無契約期間の次に到来する無契約期間（以下この項において「第三無契約期間」という。）　次に掲げる場合に応じ、それぞれ次に定めるものであること。

イ　第二無契約期間が前号イに定めるものである場合　第三無契約期間の期間が、第三無契約期間の前にある全ての有期労働契約の契約期間を通算した期間に二分の一を乗じて得た期間（六月を超えるときは六月とし、一月に満たない端数を生じたときはこれを一月として計算した期間とする。）未満であること。

ロ　第二無契約期間が前号ロに定めるものである場合　第三無契約期間の期間が、第一無契約期間と第三無契約期間の間にある全ての有期労働契約の契約期間を通算した期間に二分の一を乗じて得た期間（六月を超えるときは六月とし、一月に満たない端数を生じたときはこれを一月として計算した期間とする。）未満であること。

ハ　イ又はロに掲げる場合以外の場合　第三無契約期間の期間が、第二無契約期間と第三無契約期間の間にある有期労働契約の契約期間（二以上の有期労働契約がある場合は、その全ての契約期間を通算した期間）に二分の一を乗じて得た期間（六月を超えるときは六月とし、一月に満たない端数を生じたときはこれを一月として計算した期間とする。）未満であること。

四　第三無契約期間後に到来する無契約期間　当該無契約期間が、前三号の例により計算して得た期間未満であること。

2　前項の規定により通算の対象となるそれぞれの有期労働契約の契約期間に一月に満たない端数がある場合は、これらの端数の合算については、三十日をもって一月とする。

（法第十八条第二項の厚生労働省令で定める期間）

第二条　法第十八条第二項の厚生労働省令で定める期間は、同項の当該一の有期労働契約の契約期間に二分の一を乗じて得た期間（一月に満たない端数を生じたときは、これを一月として計算した期間とする。）とする。

附則

1　この省令は、労働契約法の一部を改正する法律（平成二十四年法律第五十六号）附則第一項ただし書に規定する規定の施行の日（平成二十五年四月一日）から施行する。

2　第一条第一項の規定は、この省令の施行の日以後の日を契約期間の初日とする期間の定めのある労働契約について適用する。

労働契約法の施行について

平成二四年八月一〇日基発〇八一〇第二号
施行：平成二四年八月一〇日
最終改正：平成三〇年一二月二八日基発一二二八第一七号
施行：平成三一年四月一日

第1　法制定の趣旨等

1　背景及び趣旨

労働関係を取り巻く状況をみると、就業形態が多様化し、労働者の労働条件が個別に決定され、又は変更される場合が増加するとともに、個別労働関係紛争が増加している。しかしながら、我が国においては、最低労働基準については労働基準法（昭和二二年法律第四九号）に規定されているが、個別労働関係紛争を解決するための労働契約に関する民事的なルールについては、民法（明治二九年法律第八九号）及び個別の法律において部分的に規定されているのみであり、体系的な成文法は存在していなかった。

このため、個別労働関係紛争が生じた場合には、それぞれの事案の判例が蓄積されて形成された判例法理を当てはめて判断することが一般的となっていたが、このような判例法理による解決は、必ずしも予測可能性が高いとは言えず、また、判例法理は労働者及び使用者の多くにとって十分には知られていないものであった。

一方、個別労働関係紛争の解決のための手段としては、裁判制度に加え、平成一三年一〇月から個別労働関係紛争解決制度が、平成一八年四月から労働審判制度が施行されるなど、手続面における整備が進んできたところである。

このような中、個別の労働関係の安定に資するため、労働契約に関する民事的なルールの必要性が一層高まり、今般、労働契約の基本的な理念及び労働契約に共通する原則や、判例法理に沿った労働契約の内容の決定及び変更に関する民事的なルール等を一つの体系としてまとめるべく、労働契約法が制定された。

労働契約法（以下「法」という。）の制定により、労働契約における権利義務関係を確定させる法的根拠が示され、労働契約に関する民事的なルールが明らかになり、労働者及び使用者にとって予測可能性が高まるとともに、労働者及び使用者が法によって示された民事的なルールに沿った合理的な行動をとることが促されることを通じて、個別労働関係紛争が防止され、労働者の保護を図りつつ、個別の労働関係の安定に資することが期待されるものであること。

2　労働基準法及び個別労働関係紛争の解決の促進に関する法律との関係

労働基準法は、罰則をもって担保する労働条件の基準（最低労働基準）を設定しているものであるが、法は、これを前提として、労働条件が定められる労働契約について、合意の原則その他基本的事項を定め、労働契約に関する民事的なルールを明らかにしているものであり、その締結当事者である労働者及び使用者の合理的な行動による円滑な労働条件の決定又は変更を促すものであること。

また、労働基準法については労働基準監督官による監督指導及び罰則により最低労働基準の履行が確保されるものであるが、法については労働基準監督官による監督指導及び罰則による履行確保は行われず、法の趣旨及び内容の周知により、また、法に規定する事項に関する個別労働関係紛争について、個別労働関係紛争の迅速かつ適正な解決を図ることを目的とする個別労働関係紛争の解決の促進に関する法律（平成一三年法律第一一二号）による総合労働相談コーナーにおける相談、都道府県労働局長による助言及び指導、紛争調整委員会によるあっせん等が行われ、その防止及び早期解決が図られることにより、法の趣旨及び内容に沿った合理的な労働条件の決定又は変更が確保されることを期するものであること。

第2　総則（法第一章関係）

1　目的（法第一条関係）

(1)　趣旨

法第一条は、法の目的を明らかにしたものであること。

(2)　内容

ア　法第一条は、労働契約が合意により成立し、又は変更されるという合意の原則その他労働契約に関する基本的事項として民事的効力を明らかにする規定等を定めることにより、労働者及び使用者による合理的な労働条件の決定又は変更が円滑に行われるようにすることを通じて、労働者の保護を図りつつ、個別の労働者及び使用者の間において個別労働関係紛争が生じることのない円滑な関係の維持を図っていくこと、すなわち「労働者の保護を図りつつ、個別の労働関係の安定に資すること」が法の目的であることを規定したものであること。

イ　法第一条の「労働者及び使用者の自主的な交渉の下で、労働契約が合意により成立し、又は変更されるという合意の原則」には、法第三条第一項の労使対等の原則、法第六条の労働契約の成立についての合意の原則及び法第八条の労働契約の変更についての合意の原則が含まれるものであること。

ウ　法第一条の「その他労働契約に関する基本的事項」には、法第三条第一項以外の法第一章の労働契約の原則等を定める規定、法第六条及び第八条以外の法第二章の就業規則と労働契約との法的関係等を定める規定、法第三章の出向、懲戒及び解雇に関する権利濫用禁止規定及び法第四章の期間の定めのある労働契約に関する規定が含まれるものであること。

エ　イ及びウのような規定を法に定めることにより、法第一条の「合理的な労働条件の決定又は変更が円滑に行われる」ことが促されることによって、個別労働関係紛争が防止されることとなり、これにより「労働者の保護を図りつつ、個別の労働関係の安定に資する」こととなるものであること。

2　定義（法第二条関係）

(1)　趣旨

法第二条は、法の対象である「労働契約」の締結当事者としての「労働者」及び「使用者」について、その定義を明らかにしたものであること。

(2)　労働者（法第二条第一項関係）

ア　法第二条第一項の「労働者」とは、「使用者」と相対する労働契約の締結当事者であり、「使用者に使用されて労働し、賃金を支払われる者」のすべてが含まれるものであること。

イ　法第二条第一項の「労働者」に該当するか否かは、同項に「使用者に使用されて」と規定されているとおり、労務提供の形態や報酬の労務対償性及びこれらに関連する諸要素を勘案して総合的に判断し、使用従属関係が認められるか否かにより判断されるものであり、これが認められる場合には、「労働者」に該当するものであること。これは、労働基準法第九条の「労働者」の判断と同様の考え方であること。

ウ　民法第六二三条の「雇用」の労働に従事する者は、法第二条第一項の「労働者」に該当するものであること。

また、民法第六三二条の「請負」、同法第六四三条の「委任」又は非典型契約で労務を提供する者であっても、契約形式にとらわれず実態として使用従属関係が認められる場合には、法第二条第一項の「労働者」に該当するものであること。

エ　法第二条第一項の「賃金」とは、賃金、給料、手当、賞与その他名称の如何を問わず、労働の対償として使用者が労働者に支払うすべてのものをいうものであること。これは、労働基準法第一一条の「賃金」と同義であること。

(3)　使用者（法第二条第二項関係）

法第二条第二項の「使用者」とは、「労働者」と相対する労働契約の締結当事者であり、「その使用する労働者に対して賃金を支払う者」をいうものであること。したがって、個人企業の場合はその企業主個人を、会社その他の法人組織の場合はその法人そのものをいうものであること。これは、労働基準法第一〇条の「事業主」に相当するものであり、同条の「使用者」より狭い概念であること。

3 労働契約の原則（法第三条関係）

(1) 趣旨

法第三条は、労働契約の基本的な理念及び労働契約に共通する原則を明らかにしたものであること。

(2) 労使対等の原則（法第三条第一項関係）

当事者の合意により契約が成立し、又は変更されることは、契約の一般原則であるが、個別の労働者及び使用者の間には、現実の力関係の不平等が存在している。

このため、法第三条第一項において、労働契約を締結し、又は変更するに当たっては、労働契約の締結当事者である労働者及び使用者の対等の立場における合意によるべきという「労使対等の原則」を規定し、労働契約の基本原則を確認したものであること。これは、労働条件の決定について労働者と使用者が対等の立場に立つべきことを規定した労働基準法第二条第一項と同様の趣旨であること。

(3) 均衡考慮の原則（法第三条第二項関係）

法第三条第二項は、労働契約の締結又は変更に当たり、均衡を考慮することが重要であることから、労働契約の締結当事者である労働者及び使用者が、労働契約を締結し、又は変更する場合には、就業の実態に応じて、均衡を考慮すべきものとするという「均衡考慮の原則」を規定したものであること。

(4) 仕事と生活の調和への配慮の原則（法第三条第三項関係）

法第三条第三項は、近年、仕事と生活の調和が重要となっていることから、この重要性が改めて認識されるよう、労働契約の締結当事者である労働者及び使用者が、労働契約を締結し、又は変更する場合には、仕事と生活の調和に配慮すべきものとするという「仕事と生活の調和への配慮の原則」を規定したものであること。

(5) 信義誠実の原則（法第三条第四項関係）

当事者が契約を遵守すべきことは、契約の一般原則であり、「権利の行使及び義務の履行は、信義に従い誠実に行わなければならない」旨を規定した民法第一条第二項は労働契約についても適用されるものであって、労働契約が遵守されることは、個別労働関係紛争を防止するために重要である。

このため、法第三条第四項において、労働者及び使用者は、労働契約を遵守するとともに、信義に従い誠実に、権利を行使し、及び義務を履行しなければならないことを規定し、「信義誠実の原則」を労働契約に関して確認したものであること。これは、労働条件を定める労働協約、就業規則及び労働契約の遵守義務を規定した労働基準法第二条第二項と同様の趣旨であること。

(6) 権利濫用の禁止の原則（法第三条第五項関係）

当事者が契約に基づく権利を濫用してはならないことは、契約の一般原則であり、「権利の濫用は、これを許さない」旨を規定した民法第一条第三項は労働契約についても適用されるものであるが、個別労働関係紛争の中には、権利濫用に該当すると考えられるものもみられるところである。

このため、法第三条第五項において、労働者及び使用者は、労働契約に基づく権利の行使に当たっては、それを濫用することがあってはならないことを規定し、「権利濫用の禁止の原則」を労働契約に関して確認したものであること。

なお、法第三章において、出向、懲戒及び解雇に関する権利濫用を禁止する旨を規定しているが、同章で規定していない場面においても、法第三条第五項の「権利濫用の禁止の原則」が適用されるものであること。

4 労働契約の内容の理解の促進（法第四条関係）

(1) 趣旨

労働契約は、労働契約の締結当事者である労働者及び使用者の合意のみにより成立する契約（諾成契約）であるが、契約内容について労働者が十分理解しないまま労働契約を締結又は変更し、後にその契約内容について労働者と使用者との間において認識の齟齬が生じ、これが原因となって個別労働関係紛争が生じているところである。労働契約の内容である労働条件については、労働基準法第一五条第一項により締結時における明示が義務付けられているが、個別労働関係紛争を防止するためには、同項により義務付けられている場面以外においても、労働契約の締結当事者である労働者及び使用者が契約内容について自覚することにより、契約内容があいまいなまま労働契約関係が継続することのないようにすることが重要である。

このため、法第四条において、労働契約の内容の理解の促進について規定したものであること。

(2) 労働者の理解の促進（法第四条第一項関係）

ア 法第四条第一項は、労働条件を提示するのは一般的に使用者であることから、使用者は労働者に提示する労働条件及び労働契約の内容について労働者の理解を深めるようにすることを規定したものであること。

イ　法第四条第一項は、労働契約の締結前において使用者が提示した労働条件について説明等をする場面や、労働契約が締結又は変更されて継続している間の各場面が広く含まれるものであること。これは、労働基準法第一五条第一項により労働条件の明示が義務付けられている労働契約の締結時より広いものであること。

ウ　法第四条第一項の「労働者に提示する労働条件」とは、使用者が労働契約の締結前又は変更前において、使用者が労働契約を締結又は変更しようとする者に提示する労働条件をいうものであること。

エ　法第四条第一項の「労働契約の内容」は、有効に締結又は変更された労働契約の内容をいうものであること。

オ　法第四条第一項の「労働者の理解を深めるようにする」については、一律に定まるものではないが、例えば、労働契約締結時又は労働契約締結後において就業環境や労働条件が大きく変わる場面において、使用者がそれを説明し又は労働者の求めに応じて誠実に回答すること、労働条件等の変更が行われずとも、労働者が就業規則に記載されている労働条件について説明を求めた場合に使用者がその内容を説明すること等が考えられるものであること。

(3)　書面確認（法第四条第二項関係）

ア　法第四条第二項は、労働者及び使用者は、労働契約の内容について、できる限り書面で確認することについて規定したものであること。

イ　法第四条第二項は、労働契約が締結又は変更されて継続している間の各場面が広く含まれるものであること。これは、労働基準法第一五条第一項により労働条件の明示が義務付けられている労働契約の締結時より広いものであること。

ウ　法第四条第二項の「労働契約の内容」については、(2)エと同様であること。

エ　法第四条第二項の「（期間の定めのある労働契約に関する事項を含む。）」は、期間の定めのある労働契約が締結される際に、期間満了時において、更新の有無や更新の判断基準等があいまいであるために個別労働関係紛争が生じていることが少なくないことから、期間の定めのある労働契約について、その内容をできる限り書面により確認することが重要であることを明らかにしたものであること。

「期間の定めのある労働契約に関する事項」には、労働基準法施行規則（昭和二二年厚生省令第二三号）第五条において、労働契約の締結の際に使用者が書面により明示しなければならないこととされている更新の基準が含まれるものであること。ただし、労働者が次のいずれかの方法によることを希望した場合には、当該方法とすることができること。

①　ファクシミリを利用してする送信の方法

②　電子メールその他のその受信をする者を特定して情報を伝達するために用いられる電気通信（電気通信事業法（昭和五九年法律第八六号）第二条第一号に規定する電気通信をいう。）の送信の方法（当該労働者が当該電子メール等の記録を出力することにより書面を作成することができるものに限る。）

なお、法第四条第一項等法の他の規定における「労働契約の内容」についても、期間の定めのある労働契約に関する事項は含まれるものであること。

オ　法第四条第二項の「できる限り書面により確認する」については、一律に定まるものではないが、例えば、労働契約締結時又は労働契約締結後において就業環境や労働条件が大きく変わる場面において、労働者及び使用者が話し合った上で、使用者が労働契約の内容を記載した書面を交付すること等が考えられるものであること。

5　労働者の安全への配慮（法第五条関係）

(1)　趣旨

ア　通常の場合、労働者は、使用者の指定した場所に配置され、使用者の供給する設備、器具等を用いて労働に従事するものであることから、判例において、労働契約の内容として具体的に定めずとも、労働契約に伴い信義則上当然に、使用者は、労働者を危険から保護するよう配慮すべき安全配慮義務を負っているものとされているが、これは、民法等の規定からは明らかになっていないところである。

このため、法第五条において、使用者は当然に安全配慮義務を負うことを規定したものであること。

イ　これについては、次の裁判例が参考となること（別添）。

○　陸上自衛隊事件（最高裁昭和五〇年二月二五日第三小法廷判決。最高裁判所民事判例集二九巻二号一四三頁）

○　川義事件（最高裁昭和五九年四月一〇日第三小法廷判決。最高裁判所民事判例集三八巻六号五五七頁）

(2)　内容

ア　法第五条は、使用者は、労働契約に基づいてその本来の債務として賃金支払義務を負うほか、労働契約に特段の根拠規定がなくとも、労働契約上の付随的義務として当然に安全配慮義務を負うことを規定したものであること。

イ　法第五条の「労働契約に伴い」は、労働契約に特段の根拠規定がなくとも、労働契約上の付随的義務として当然に、使用者は安全配慮義務を負うことを明らかにしたものであること。

ウ　法第五条の「生命、身体等の安全」には、心身の健康も含まれるものであること。

エ　法第五条の「必要な配慮」とは、一律に定まるものではなく、使用者に特定の措置を求めるものではないが、労働者の職種、労務内容、労務提供場所等の具体的な状況に応じて、必要な配慮をすることが求められるものであること。

なお、労働安全衛生法（昭和四七年法律第五七号）をはじめとする労働安全衛生関係法令においては、事業主の講ずべき具体的な措置が規定されているところであり、これらは当然に遵守されなければならないものであること。

第3　労働契約の成立及び変更（法第二章関係）

1　総論

労働契約は、その締結当事者である労働者及び使用者の合意により成立し、又は変更されるものである。

一方、我が国においては、個別に締結される労働契約では詳細な労働条件は定められず、就業規則によって統一的に労働条件を設定することが広く行われている。また、労働契約関係は、一定程度長期にわたる継続的な契約関係であるのが通常であり、社会経済情勢の変化を始めとする契約当事者を取り巻く事情の変化に応じて、当初取り決めた労働契約の内容を統一的に変更する必要が生じる場合があることから、就業規則の変更により労働契約の内容である労働条件を変更することが広く行われてきたところである。

この就業規則の法的性質については、秋北バス事件最高裁判決（昭和四三年一二月二五日最高裁大法廷判決。最高裁判所民事判例集二二巻一三号三四五九頁）において、「合理的な労働条件を定めているものであるかぎり、経営主体と労働者との間の労働条件は、その就業規則によるという事実たる慣習が成立しているものとして、その法的規範性が認められるに至っている」と判示され、また、就業規則によって労働条件を不利益に変更する効力については、「新たな就業規則の作成又は変更によって、既得の権利を奪い、労働者に不利益な労働条件を一方的に課することは、原則として、許されないと解すべき」であるが、「当該規則条項が合理的なものである限り、個々の労働者においてこれに同意しないことを理由として、その適用を拒否することは許されない」と判示され、その後の累次の最高裁判決においても同様の考え方がとられ、判例法理として確立しているものである。

しかしながら、就業規則に労働契約における権利義務関係を確定させる法的効果を認める法的根拠が成文法上は存在せず、また、判例法理は、労働者及び使用者の多くにとって十分には知られておらず、どのような場合に就業規則による労働条件の変更が有効に認められるのかについての予測可能性は必ずしも高くない状況にあった。

このような状況の中で、個別労働関係紛争が多く発生していることにかんがみれば、労働契約の内容の決定及び変更の枠組みを明らかにし、実態として多く行われている就業規則の変更による労働条件の変更に当たっては、変更後の就業規則を労働者に周知させること及び就業規則の変更が合理的なものであることが必要であること等を判例法理に沿って明らかにすることにより、使用者は安易に一方的に就業規則を変更することにより労働者の不利益に労働契約の内容である労働条件を変更することはできないこと等が明らかとなり、その結果、使用者が就業規則において合理的な労働条件を定めることが促され、これにより、就業規則において不合理な労働条件が定められ、又は不合理な労働条件の変更が行われたこと等を契機とした個別労働関係紛争の防止につながることが期待されるものである。

このため、法第二章において、労働契約が合意により成立し、又は変更されるという「合意の原則」を定めた上で、我が国における労務管理実務において定着している就業規則について、労働契約との法的関係等を規定することにより、労働契約の内容の決定及び変更に関するルールを明らかにしたものであること。

これらの内容は、判例法理に沿って規定したものであり、判例法理を変更するものではないこと。

2　労働契約の成立（法第六条・第七条関係）

(1)　法第六条

ア　趣旨

当事者の合意により契約が成立することは、契約の一般原則であり、労働契約についても当てはまるものであって、法第六条は、この労働契約の成立についての基本原則である「合意の原則」を確認したものであること。

イ　内容

(ア)　法第六条は、労働契約の成立は労働者及び使用者の合意によることを規定するとともに、「労働者が使用者に使用されて労働」すること及び「使用者がこれに対して賃金を支払う」ことが合意の要素であることを規定したものであること。

(イ)　法第六条に「労働者が使用者に使用されて労働し」と規定されているとおり、労働契約は、使用従属関係が認められる労働者と使用者との間において締結される契約を把握する契約類型であり、労働者側からみた場合には、一定の対価（賃金）と一定の労働条件のもとに、自己の労働力の処分を使用者に委ねることを約する契約であること。

(ウ)　民法第六二三条の「雇用」は、労働契約に該当するものであること。

また、民法第六三二条の「請負」、同法第六四三条の「委任」又は非典型契約であっても、契約形式にとらわれず実態として使用従属関係が認められ、当該契約で労務を提供する者が法第二条第一項の「労働者」に該当する場合には、当該契約は労働契約に該当するものであること。

(エ)　法第六条の「賃金」については、第2の2(2)エと同様であること。

(オ)　法第六条に「合意することによって成立する」と規定されているとおり、労働契約は、労働契約の締結当事者である労働者及び使用者の合意のみにより成立するものであること。したがって、労働契約の成立の要件としては、契約内容について書面を交付することまでは求められないものであること。

また、法第六条の労働契約の成立の要件としては、労働条件を詳細に定めていなかった場合であっても、労働契約そのものは成立し得るものであること。

(2)　法第七条

ア　趣旨

(ア)　我が国においては、個別に締結される労働契約では詳細な労働条件は定められず、就業規則によって統一的に労働条件を設定することが広く行われているが、就業規則で定める労働条件と個別の労働者の労働契約の内容である労働条件との法的関係については法令上必ずしも明らかでない。

このため、法第七条において、労働契約の成立場面における就業規則と労働契約との法的関係について規定したものであること。

(イ)　これについては、次の裁判例が参考となること（別添）。

○　労働契約と就業規則との関係について、秋北バス事件最高裁判決

○　秋北バス事件最高裁判決を踏襲した電電公社帯広局事件最高裁判決（最高裁昭和六一年三月一三日第一小法廷判決）及び日立製作所武蔵工場事件最高裁判決（最高裁平成三年一一月二八日第一小法廷判決）

○　就業規則が拘束力を生ずるために周知が必要であるとしたものとして、フジ興産事件最高裁判決（最高裁平成一五年一〇月一〇日第二小法廷判決）

イ　内容

(ア)　法第七条は、労働契約において労働条件を詳細に定めずに労働者が就職した場合において、「合理的な労働条件が定められている就業規則」であること及び「就業規則を労働者に周知させていた」ことという要件を満たしている場合には、就業規則で定める労働条件が労働契約の内容を補充し、「労働契約の内容は、その就業規則で定める労働条件による」という法的効果が生じることを規定したものであること。

これは、労働契約の成立についての合意はあるものの、労働条件は詳細に定めていない場合であっても、就業規則で定める労働条件によって労働契約の内容を補充することにより、労働契約の内容を確定するものであること。

(イ)　法第七条本文に「労働者及び使用者が労働契約を締結する場合において」と規定されているとおり、法第七条は労働契約の成立場面について適用されるものであり、既に労働者と使用者との間で労働契約が締結されているが就業規則は存在しない事業場において新たに就業規則を制定した場合については適用されないものであること。また、就業規則が存在する事業場で使用者が就業規則の変更を行った場合については、法第一〇条の問題となるものであること。

(ウ)　法第七条本文の「合理的な労働条件」は、個々の労働条件について判断されるものであり、就業規則において合理的な労働条件を定めた部分については同条の法的効果が生じ、合理的でない労働条件を定めた部分

については同条本文の法的効果が生じないこととなるものであること。

就業規則に定められている事項であっても、例えば、就業規則の制定趣旨や根本精神を宣言した規定、労使協議の手続に関する規定等労働条件でないものについては、法第七条本文によっても労働契約の内容とはならないものであること。

(エ)　法第七条の「就業規則」とは、労働者が就業上遵守すべき規律及び労働条件に関する具体的細目について定めた規則類の総称をいい、労働基準法第八九条の「就業規則」と同様であるが、法第七条の「就業規則」には、常時一〇人以上の労働者を使用する使用者以外の使用者が作成する労働基準法第八九条では作成が義務付けられていない就業規則も含まれるものであること。

(オ)　法第七条の「周知」とは、例えば、

①　常時各作業場の見やすい場所へ掲示し、又は備え付けること

②　書面を労働者に交付すること

③　磁気テープ、磁気ディスクその他これらに準ずる物に記録し、かつ、各作業場に労働者が当該記録の内容を常時確認できる機器を設置すること

等の方法により、労働者が知ろうと思えばいつでも就業規則の存在や内容を知り得るようにしておくことをいうものであること。このように周知させていた場合には、労働者が実際に就業規則の存在や内容を知っているか否かにかかわらず、法第七条の「周知させていた」に該当するものであること。

なお、労働基準法第一〇六条の「周知」は、労働基準法施行規則第五二条の二により、①から③までのいずれかの方法によるべきこととされているが、法第七条の「周知」は、これらの三方法に限定されるものではなく、実質的に判断されるものであること。

(カ)　法第七条本文の「労働者に周知させていた」は、その事業場の労働者及び新たに労働契約を締結する労働者に対してあらかじめ周知させていなければならないものであり、新たに労働契約を締結する労働者については、労働契約の締結と同時である場合も含まれるものであること。

(キ)　法第七条は、就業規則により労働契約の内容を補充することを規定したものであることから、同条本文の規定による法的効果が生じるのは、労働契約において詳細に定められていない部分についてであり、「就業規則の内容と異なる労働条件」を合意していた部分については、同条ただし書により、法第一二条に該当する場合（合意の内容が就業規則で定める基準に達しない場合）を除き、その合意が優先するものであること。

３　労働契約の内容の変更（法第八条関係）

(1)　趣旨

当事者の合意により契約が変更されることは、契約の一般原則であり、労働契約についても当てはまるものであって、法第八条は、この労働契約の変更についての基本原則である「合意の原則」を確認したものであること。

(2)　内容

ア　法第八条は、「労働者及び使用者」が「合意」するという要件を満たした場合に、「労働契約の内容である労働条件」が「変更」されるという法的効果が生じることを規定したものであること。

イ　法第八条に「合意により」と規定されているとおり、労働契約の内容である労働条件は、労働契約の締結当事者である労働者及び使用者の合意のみにより変更されるものであること。したがって、労働契約の変更の要件としては、変更内容について書面を交付することまでは求められないものであること。

ウ　法第八条の「労働契約の内容である労働条件」には、労働者及び使用者の合意により労働契約の内容となっていた労働条件のほか、法第七条本文により就業規則で定める労働条件によるものとされた労働契約の内容である労働条件、法第一〇条本文により就業規則の変更により変更された労働契約の内容である労働条件及び法第一二条により就業規則で定める基準によることとされた労働条件が含まれるものであり、労働契約の内容である労働条件はすべて含まれるものであること。

４　就業規則の変更による労働契約の内容の変更（法第九条・第一〇条関係）

(1)　趣旨

ア　労働契約関係は一定の期間にわたり継続するという特徴を有しており、その継続する期間においては、労働契約の内容が変更される場合が少なくない。

この労働契約の内容である労働条件の変更については、法第八条の「合意の原則」によることが契約の一般原則であるが、我が国において

は、就業規則によって労働条件を統一的に設定し、労働条件の変更も就業規則の変更によることが広く行われており、その際、就業規則の変更により自由に労働条件を変更することができるとの使用者の誤解や、就業規則の変更による労働条件の変更に関する個別労働関係紛争もみられるところである。

　このため、法第九条において、法第八条の「合意の原則」を就業規則の変更による労働条件の変更の場面に当てはめ、使用者は就業規則の変更によって一方的に労働契約の内容である労働条件を労働者の不利益に変更することはできないことを確認的に規定した上で、法第一〇条において、就業規則の変更によって労働契約の内容である労働条件が変更後の就業規則に定めるところによるものとされる場合を明らかにしたものであること。

　これらの規定により、就業規則の変更によって生じる法的効果を明らかにし法的安定性を高めるとともに、使用者の合理的な行動を促すことを通じ、労働条件の変更に関する個別労働関係紛争の防止に資するようにすることとしたものであること。

イ　これについては、次の裁判例が参考となること（別添）。

○　労働契約と就業規則との関係について、秋北バス事件最高裁判決

○　どのような場合に就業規則の変更が「合理的なものである」と判断されるのかを明らかにしたものとして、大曲市農業協同組合事件最高裁判決（最高裁昭和六三年二月一六日第三小法廷判決）

○　就業規則の変更が「合理的なものである」か否かを判断するに当たって考慮すべき七つの要素を明らかにしたものとして、第四銀行事件最高裁判決（最高裁平成九年二月二八日第二小法廷判決）

○　一部の労働者のみに大きな不利益が生じる就業規則の変更による労働条件の変更事案について、就業規則の変更の合理性を否定したものとして、みちのく銀行事件最高裁判決（最高裁平成一二年九月七日第一小法廷判決）

○　就業規則が拘束力を生ずるために周知が必要であるとしたものとして、フジ興産事件最高裁判決

ウ　法第九条及び第一〇条は、イの確立した最高裁判所の判例法理に沿って規定したものであり、判例法理に変更を加えるものではないこと。

(2)　法第九条の内容

ア　法第九条本文は、法第八条の労働契約の変更についての「合意の原則」に従い、使用者が労働者と合意することなく就業規則の変更により労働契約の内容である労働条件を労働者の不利益に変更することはできないという原則を確認的に規定したものであること。

　法第九条ただし書は、法第一〇条の場合は、法第九条本文に規定する原則の例外であることを規定したものであること。

イ　法第九条の「就業規則」については、2(2)イ(エ)と同様であること。

ウ　法第九条の「労働者の不利益」については、個々の労働者の不利益をいうものであること。

(3)　法第一〇条の内容

ア　法第一〇条は、「就業規則の変更」という方法によって「労働条件を変更する場合」において、使用者が「変更後の就業規則を労働者に周知させ」たこと及び「就業規則の変更」が「合理的なものである」ことという要件を満たした場合に、労働契約の変更についての「合意の原則」の例外として、「労働契約の内容である労働条件は、当該変更後の就業規則に定めるところによる」という法的効果が生じることを規定したものであること。

イ　法第一〇条は、就業規則の変更による労働条件の変更が労働者の不利益となる場合に適用されるものであること。

　なお、就業規則に定められている事項であっても、労働条件でないものについては、法第一〇条は適用されないものであること。

ウ　法第一〇条の「就業規則の変更」には、就業規則の中に現に存在する条項を改廃することのほか、条項を新設することも含まれるものであること。

エ　法第一〇条の「就業規則」及び「周知」については、2(2)イ(エ)及び(オ)と同様であること。

オ　法第一〇条本文の合理性判断の考慮要素

(ア)　法第一〇条本文の「労働者の受ける不利益の程度、労働条件の変更の必要性、変更後の就業規則の内容の相当性、労働組合等との交渉の状況」は、就業規則の変更が合理的なものであるか否かを判断するに当たっての考慮要素として例示したものであり、個別具体的な事案に応じて、これらの考慮要素に該当する事実を含め就業規則の変更に係る諸事情が総合的に考慮され、合理性

判断が行われることとなるものであること。

(イ) 法第一〇条本文の「労働者の受ける不利益の程度」については、実際に紛争となる事例は、就業規則の変更により個々の労働者に不利益が生じたことに起因するものであり、個々の労働者の不利益の程度をいうものであること。

また、法第一〇条本文の「変更後の就業規則の内容の相当性」については、就業規則の変更の内容全体の相当性をいうものであり、変更後の就業規則の内容面に係る制度変更一般の状況が広く含まれるものであること。

(ウ) 法第一〇条本文の「労働条件の変更の必要性」は、使用者にとっての就業規則による労働条件の変更の必要性をいうものであること。

(エ) 法第一〇条本文の「労働組合等との交渉の状況」は、労働組合等事業場の労働者の意思を代表するものとの交渉の経緯、結果等をいうものであること。

「労働組合等」には、労働者の過半数で組織する労働組合その他の多数労働組合や事業場の過半数を代表する労働者のほか、少数労働組合や、労働者で構成されその意思を代表する親睦団体等労働者の意思を代表するものが広く含まれるものであること。

(オ) 法第一〇条本文の「その他の就業規則の変更に係る事情」は、「労働者の受ける不利益の程度、労働条件の変更の必要性、変更後の就業規則の内容の相当性、労働組合等との交渉の状況」を含め就業規則の変更に係る諸事情が総合的に考慮されることをいうものであること。

(カ) 法第一〇条本文の合理性判断の考慮要素と判例法理との関係については、次のとおりであり、同条本文は、判例法理に沿ったものであること。

○ 就業規則の変更の合理性判断に関する裁判例として、(イ)に掲げた第四銀行事件最高裁判決においては、

① 就業規則の変更によって労働者が被る不利益の程度
② 使用者側の変更の必要性の内容・程度
③ 変更後の就業規則の内容自体の相当性
④ 代償措置その他関連する他の労働条件の改善状況
⑤ 労働組合等との交渉の経緯
⑥ 他の労働組合又は他の従業員の対応
⑦ 同種事項に関する我が国社会における一般的状況

という七つの考慮要素が列挙されているが、これらの中には内容的に互いに関連し合うものもあるため、法第一〇条本文では、関連するものについては統合して列挙しているものであること。

具体的には、第四銀行事件最高裁判決において示された「①就業規則の変更によって労働者が被る不利益の程度」「②使用者側の変更の必要性の内容・程度」「③変更後の就業規則の内容自体の相当性」「⑤労働組合等との交渉の経緯」について、法第一〇条本文ではそれぞれ「労働者の受ける不利益の程度」「労働条件の変更の必要性」「変更後の就業規則の内容の相当性」「労働組合等との交渉の状況」として規定したものであること。

このうち、法第一〇条の「変更後の就業規則の内容の相当性」には、就業規則の内容面に係る制度変更一般の状況が広く含まれるものであり、第四銀行事件最高裁判決で列挙されている考慮要素である「③変更後の就業規則の内容自体の相当性」のみならず、「④代償措置その他関連する他の労働条件の改善状況」「⑦同種事項に関する我が国社会における一般的状況」も含まれるものであること。また、これらの考慮要素に含まれない事項についても、「その他の就業規則の変更に係る事情」という文言で包括的に表現されているものであること。

また、法第一〇条の「労働組合等との交渉の状況」の労働組合等には、労働者の過半数で組織する労働組合その他の多数労働組合や事業場の過半数を代表する労働者のほか、少数労働組合や、労働者で構成されその意思を代表する親睦団体等労働者の意思を代表するものが広く含まれるものであり、第四銀行事件最高裁判決で列挙されている「⑤労働組合等との交渉の経緯」「⑥他の労働組合又は他の従業員の対応」はこれに該当するものであること。

したがって、法第一〇条の規定は判例法理に沿った内容であり、判例法理に変更を加えるものではないこと。

○ (1)イに掲げた大曲市農業協同組合事件最高裁判決においては、「特に、賃金、退職金など労働者にとって重要な権利、労働条件に関し実質的な不利益を及ぼす就業規則の作

成又は変更については、当該条項が、そのような不利益を労働者に法的に受忍させることを許容できるだけの高度の必要性に基づいた合理的な内容のものである場合において、その効力を生ずるものというべきである。」と判示されており、法第一〇条の規定は、この判例法理についても変更を加えるものではないこと。

○ (1)イに掲げたみちのく銀行事件最高裁判決においては、2(2)ア(イ)に掲げた秋北バス事件最高裁判決、大曲市農業協同組合事件最高裁判決及び第四銀行事件最高裁判決の判旨を引用した上で、「本件における賃金体系の変更は、短期的にみれば、特定の層の行員にのみ賃金コスト抑制の負担を負わせているものといわざるを得ず、その負担の程度も前示のように大幅な不利益を生じさせるものであり、それらの者は中堅層の労働条件の改善などといった利益を受けないまま退職の時期を迎えることとなるのである。就業規則の変更によってこのような制度の改正を行う場合には、一方的に不利益を受ける労働者について不利益性を緩和するなどの経過措置を設けることによる適切な救済を併せ図るべきであり、それがないままに右労働者に大きな不利益のみを受忍させることには、相当性がないものというほかはない。」と判示され、また、「本件では、行員の約七三%を組織する労組が本件第一次変更及び本件第二次変更に同意している。しかし、Xらの被る前示の不利益性の程度や内容を勘案すると、賃金面における変更の合理性を判断する際に労組の同意を大きな考慮要素と評価することは相当ではないというべきである。」と判示されており、法第一〇条の規定は、この判例法理についても変更を加えるものではないこと。

カ 就業規則の変更が法第一〇条本文の「合理的」なものであるという評価を基礎付ける事実についての主張立証責任は、従来どおり、使用者側が負うものであること。

キ 法第一〇条本文の「当該変更後の就業規則に定めるところによるものとする」という法的効果が生じるのは、同条本文の要件を満たした時点であり、通常は、就業規則の変更が合理的なものであることを前提に、使用者が変更後の就業規則を労働者に周知させたことが客観的に認められる時点であること。

ク 法第一〇条ただし書の「就業規則の変更によっては変更されない労働条件」として合意していた部分については、同条ただし書により、法第一二条に該当する場合（合意の内容が就業規則で定める基準に達しない場合）を除き、その合意が優先するものであること。

ケ なお、法第七条ただし書の「就業規則の内容と異なる労働条件を合意していた部分」については、将来的な労働条件について

① 就業規則の変更により変更することを許容するもの

② 就業規則の変更ではなく個別の合意により変更することとするもの

のいずれもがあり得るものであり、①の場合には法第一〇条本文が適用され、②の場合には同条ただし書が適用されるものであること。

5 就業規則の変更に係る手続（法第一一条関係）

(1) 趣旨

就業規則に関する規定は、法第二章のほか、労働基準法第九章においても定められており、使用者は、就業規則に関して、法の規定の趣旨及び内容を理解するとともに、労働基準法の規定について遵守しなければならないものである。

特に、労働基準法第八九条及び第九〇条に規定する就業規則に関する手続は、法第一〇条本文の法的効果を生じさせるための要件ではないものの、就業規則の内容の合理性に資するものである。

このため、法第一一条において、就業規則の変更の手続は、労働基準法第八九条及び第九〇条の定めるところによることを規定し、それらの手続が重要であることを明らかにしたものであること。

(2) 内容

ア 法第一〇条は、就業規則の変更により労働契約の内容である労働条件を変更することができる場合について規定しているが、法第一一条は、労働基準法において、就業規則の変更の際に必要となる手続が規定されていることを規定したものであること。

イ 就業規則の変更の手続については、

① 労働基準法第八九条により、常時一〇人以上の労働者を使用する使用者は、変更後の就業規則を所轄の労働基準監督署長に届け出なければならないこと

② 労働基準法第九〇条により、就業規則の変更について過半数労働組合等の意見を聴かなければならず、①の届出の際に、その意見を記した書面を添付しなければならない

ことされているものであること。

ウ　労働基準法第八九条及び第九〇条の手続が履行されていることは、法第一〇条本文の法的効果を生じさせるための要件ではないものの、同条本文の合理性判断に際しては、就業規則の変更に係る諸事情が総合的に考慮されることから、使用者による労働基準法第八九条及び第九〇条の遵守の状況は、合理性判断に際して考慮され得るものであること。

6　就業規則違反の労働契約（法第一二条関係）

(1)　趣旨

就業規則は、労働条件を統一的に設定するものであり、法第七条本文、第一〇条本文及び第一二条においては、一定の場合に、労働契約の内容は、就業規則で定めるところとなることを規定しているところである。

一方、就業規則の内容と異なる労働条件を合意していた場合及び就業規則の変更によっては変更されない労働条件を合意していた場合には、それぞれ、法第七条ただし書及び第一〇条ただし書によりその合意が優先されることとなるものであるが、就業規則を下回る個別の合意を認めた場合には、就業規則の内容に合理性を求めている法第七条本文及び第一〇条本文の規定の意義が失われ、個別労働関係紛争をも惹起しかねないものである。

このため、個別労働関係紛争の防止にも資するよう、法第一二条において、就業規則を下回る労働契約の効力について規定したものであること。

(2)　内容

ア　法第一二条は、就業規則を下回る労働契約は、その部分については就業規則で定める基準まで引き上げられることを規定したものであること。

イ　法第一二条の「就業規則」については、2(2)イ(エ)と同様であること。

ウ　法第一二条の「就業規則で定める基準に達しない労働条件を定める労働契約」とは、例えば、就業規則に定められた賃金より低い賃金等就業規則に定められた基準を下回る労働条件を内容とする労働契約をいうものであること。

エ　法第一二条は、就業規則で定める基準以上の労働条件を定める労働契約は、これを有効とする趣旨であること。

オ　法第一二条の「その部分については、無効とする」とは、就業規則で定める基準に達しない部分のみを無効とする趣旨であり、労働契約中のその他の部分は有効であること。

カ　法第一二条の「無効となった部分は、就業規則で定める基準による」とは、労働契約の無効となった部分については、就業規則の規定に従い、労働者と使用者との間の権利義務関係が定まるものであること。

キ　なお、労働基準法第九三条については、法附則第二条による改正により、「労働契約と就業規則との関係については、労働契約法第一二条の定めるところによる」旨を規定したところであり、これは、改正前と同内容であること。

7　法令及び労働協約と就業規則との関係（法第一三条関係）

(1)　趣旨

就業規則が法令に反してはならないこと及び労働組合と使用者との間の合意により締結された労働協約は使用者が作成する就業規則よりも優位に立つことは、法理上当然であり、就業規則は法令又は労働協約に反してはならないものである。

一方、法第七条、第一〇条及び第一二条においては、一定の場合に就業規則で定める労働条件が労働契約の内容となることを規定しているが、就業規則が法令又は労働協約に反している場合においても当該就業規則で定める労働条件が労働契約の内容となることは適当ではない。

このため、法第一三条において、法令又は労働協約に反する就業規則の効力について規定したものであること。

(2)　内容

ア　法第一三条は、就業規則で定める労働条件が法令又は労働協約に反している場合には、その労働条件は労働契約の内容とはならないことを規定したものであること。

なお、法第一三条は、労働基準法第九二条第一項と同趣旨の規定であり、就業規則と法令又は労働協約との関係を変更するものではないこと。

イ　法第一三条の「就業規則」については、2(2)イ(エ)と同様であること。

ウ　法第一三条の「法令」とは、強行法規としての性質を有する法律、政令及び省令をいうものであること。なお、罰則を伴う法令であるか否かは問わないものであり、労働基準法以外の法令も含むものであること。

エ　法第一三条の「労働協約」とは、労働組合法（昭和二四年法律第一七四号）第一四条にいう「労働組合と使用者又はその団体との間の労働条件その他に関する」合意で、「書面に作成し、両当事者が署名し、又は記名押印したもの」をいうものであること。

また、法第一三条の「労働協約に反する場合」とは、就業規則の内容が労働協約において定められた労働条件その他労働者の待遇に関する基準（規範的部分）に反する場合をいうものであること。

オ　法第一三条の「労働協約の適用を受ける労働者との間の労働契約については」とは、事業場の一部の労働者のみが労働組合に加入しており、労働協約の適用が事業場の一部の労働者に限られている場合には、労働協約の適用を受ける労働者（労働組合法第一七条及び第一八条により労働協約が拡張適用される労働者を含む。）に関してのみ、法第一三条が適用されることをいうものであること。

第4　労働契約の継続及び終了（法第三章関係）

1　出向（法第一四条関係）

(1)　趣旨

出向は大企業を中心に広く行われているが、出向の権利濫用が争われた裁判例もみられ、また、出向は労務の提供先が変わることから労働者への影響も大きいと考えられることから、権利濫用に該当する出向命令による紛争を防止する必要がある。

このため、法第一四条において、権利濫用に該当する出向命令の効力について規定したものであること。

(2)　内容

ア　法第一四条は、使用者が労働者に出向を命ずることができる場合であっても、その出向の命令が権利を濫用したものと認められる場合には無効となることを明らかにするとともに、権利濫用であるか否かを判断するに当たっては、出向を命ずる必要性、対象労働者の選定に係る事情その他の事情が考慮されることを規定したものであること。

イ　法第一四条の「出向」とは、いわゆる在籍型出向をいうものであり、使用者（出向元）と出向を命じられた労働者との間の労働契約関係が終了することなく、出向を命じられた労働者が出向先に使用されて労働に従事することをいうものであること。

ウ　法第一四条の「使用者が労働者に出向を命ずることができる場合において」とは、労働契約を締結することにより直ちに使用者が出向を命ずることができるものではなく、どのような場合に使用者が出向を命ずることができるのかについては、個別具体的な事案に応じて判断されるものであること。

2　懲戒（法第一五条関係）

(1)　趣旨

懲戒は、使用者が企業秩序を維持し、企業の円滑な運営を図るために行われるものであるが、懲戒の権利濫用が争われた裁判例もみられ、また、懲戒は労働者に労働契約上の不利益を生じさせるものであることから、権利濫用に該当する懲戒による紛争を防止する必要がある。

このため、法第一五条において、権利濫用に該当するものとして無効となる懲戒の効力について規定したものであること。

(2)　内容

ア　法第一五条は、使用者が労働者を懲戒することができる場合であっても、その懲戒が「客観的に合理的な理由を欠き、社会通念上相当であると認められない場合」には権利濫用に該当するものとして無効となることを明らかにするとともに、権利濫用であるか否かを判断するに当たっては、労働者の行為の性質及び態様その他の事情が考慮されることを規定したものであること。

イ　法第一五条の「懲戒」とは、労働基準法第八九条第九号の「制裁」と同義であり、同条により、当該事業場に懲戒の定めがある場合には、その種類及び程度について就業規則に記載することが義務付けられているものであること。

3　解雇（法第一六条関係）

(1)　趣旨

ア　解雇は、労働者に与える影響が大きく、解雇に関する紛争も増大していることから、解雇に関するルールをあらかじめ明らかにすることにより、解雇に際して発生する紛争を防止し、その解決を図る必要がある。

このため、法第一六条において、権利濫用に該当する解雇の効力について規定したものであること。

イ　これについては、次の裁判例が参考となること（別添）。

○　解雇は、客観的に合理的な理由を欠き社会通念上相当として是認することができない場合には、権利の濫用として無効になると判示した日本食塩製造事件最高裁判決（最高裁昭和五〇年四月二五日第二小法廷判決）

(2)　内容

ア　法第一六条は、最高裁判所判決で確立しているいわゆる解雇権濫用法理を規定し、解雇が「客観的に合理的な理由を欠き、社会通念上相当であると認められない場合」には、権利濫用に該当するものとして無効となることを明らかにしたものであること。

　なお、法第一六条は、法附則第二条による改正前の労働基準法第一八条の二と同内容であること。

イ　法附則第二条による改正前の労働基準法第一八条の二については、「解雇権濫用の評価の前提となる事実のうち、圧倒的に多くのものについて使用者側に主張立証責任を負わせている現在の裁判実務を何ら変更することなく最高裁判所判決で確立した解雇権濫用法理を法律上明定したもの」であり、「最高裁判所で確立した解雇権濫用法理とこれに基づく民事裁判実務の通例に則して作成されたものであることを踏まえ、解雇権濫用の評価の前提となる事実のうち圧倒的に多くのものについて使用者側に主張立証責任を負わせている現在の裁判上の実務を変更するものではない」ことが立法者の意思であることが明らかにされており、これについては法第一六条においても同様であること。

第5　期間の定めのある労働契約（法第四章関係）

1　総論

期間の定めのある労働契約（以下「有期労働契約」という。）については、使用者のみならず労働者のニーズもあることから、有期労働契約が良好な雇用形態となるようにすることが重要であるが、その実態をみると、契約の終了場面において紛争がみられるところである。有期労働契約の予期せぬ終了は、有期労働契約により労働する労働者（以下「有期契約労働者」という。）への影響が大きいことから、有期労働契約の終了場面における紛争を防止する必要がある。

　このため、法第一七条において、契約期間中の解雇及び契約期間についての配慮について規定することにより、有期労働契約の終了場面に関するルールを明らかにしたものであること。

　また、有期労働契約は、パート労働、派遣労働を始め、いわゆる正社員以外の多くの労働形態に共通してみられる特徴になっているが、有期労働契約の反復更新の下で生じる雇止めに対する不安を解消していくことや、期間の定めがあることによる不合理な労働条件を是正していくことが課題となっていることに対処し、労働者が安心して働き続けることができる社会を実現するため、有期労働契約の適正な利用のためのルールを整備するものとして、法第十八条から第二十条までの規定が設けられたものであること。

2　契約期間中の解雇（法第一七条第一項関係）

(1)　趣旨

　有期契約労働者の実態をみると、契約期間中の雇用保障を期待している者が多くみられるところである。この契約期間中の雇用保障に関しては、民法第六二八条において、「当事者が雇用の期間を定めた場合であっても、やむを得ない事由があるときは、各当事者は、直ちに契約の解除をすることができる」ことが規定されているが、「やむを得ない事由があるとき」に該当しない場合の取扱いについては、同条の規定からは明らかでない。

　このため、法第一七条第一項において、「やむを得ない事由があるとき」に該当しない場合は解雇することができないことを明らかにしたものであること。

(2)　内容

ア　法第一七条第一項は、使用者は、やむを得ない事由がある場合でなければ、契約期間中は有期契約労働者を解雇することができないことを規定したものであること。

イ　法第一七条第一項の「やむを得ない事由」があるか否かは、個別具体的な事案に応じて判断されるものであるが、契約期間は労働者及び使用者が合意により決定したものであり、遵守されるべきものであることから、「やむを得ない事由」があると認められる場合は、解雇権濫用法理における「客観的に合理的な理由を欠き、社会通念上相当であると認められない場合」以外の場合よりも狭いと解されるものであること。

ウ　契約期間中であっても一定の事由により解雇することができる旨を労働者及び使用者が合意していた場合であっても、当該事由に該当することをもって法第一七条第一項の「やむを得ない事由」があると認められるものではなく、実際に行われた解雇について「やむを得ない事由」があるか否かが個別具体的な事案に応じて判断されるものであること。

エ　法第一七条第一項は、「解雇することができない」旨を規定したものであることから、使用者が有期労働契約の契約期間中に労働者を解雇しようとする場合の根拠規定になるものではなく、使用者が当該解雇をしようとする場合には、従来どおり、民法第六二八条が根拠規定となるものであり、「やむを得ない事由」があるという評価を基礎付ける事実についての主張立証責任は、使用者側が負うものであること。

3　契約期間についての配慮（法第一七条第二項関係）

(1)　趣旨

有期労働契約については、短期間の契約が反復更新された後に雇止めされることによる紛争がみられるところであるが、短期間の有期労働契約を反復更新するのではなく、当初からその有期契約労働者を使用しようとする期間を契約期間とする等により全体として契約期間が長期化することは、雇止めに関する紛争の端緒となる契約更新の回数そのものを減少させ、紛争の防止に資するものである。

このため、法第一七条第二項において、その有期労働契約により労働者を使用する目的に応じて適切に契約期間を設定するよう、使用者は配慮しなければならないことを規定したものであること。

(2)　内容

ア　使用者が有期労働契約により労働者を使用する目的は、臨時的・一時的な業務の増加に対応するもの、一定期間を要する事業の完成のためのもの等様々であるが、法第一七条第二項は、当該目的に照らして必要以上に短い契約期間を設定し、その契約を反復して更新しないよう使用者は配慮しなければならないことを明らかにしたものであること。

例えば、ある労働者について、使用者が一定の期間にわたり使用しようとする場合には、その一定の期間において、より短期の有期労働契約を反復更新するのではなく、その一定の期間を契約期間とする有期労働契約を締結するよう配慮しなければならないものであること。

イ　法第一七条第二項の「その労働契約により労働者を使用する目的に照らして、必要以上に短い期間」に該当するか否かは、個別具体的な事案に応じて判断されるものであり、同項は、契約期間を特定の長さ以上の期間とすることまでを求めているものではないこと。

4　有期労働契約の期間の定めのない労働契約への転換（法第一八条関係）

(1)　趣旨

有期労働契約（期間の定めのある労働契約をいう。以下同じ。）については、契約期間の満了時に当該有期労働契約が更新されずに終了する場合がある一方で、労働契約が反復更新され、長期間にわたり雇用が継続する場合も少なくない。こうした中で、有期契約労働者（有期労働契約を締結している労働者をいう。以下同じ。）については、雇止め（使用者が有期労働契約の更新を拒否することをいう。以下同じ。）の不安があることによって、年次有給休暇の取得など労働者としての正当な権利行使が抑制されるなどの問題が指摘されている。

こうした有期労働契約の現状を踏まえ、法第一八条において、有期労働契約が五年を超えて反復更新された場合は、有期契約労働者の申込みにより期間の定めのない労働契約（以下「無期労働契約」という。）に転換させる仕組み（以下「無期転換ルール」という。）を設けることにより、有期労働契約の濫用的な利用を抑制し労働者の雇用の安定を図ることとしたものであること。

(2)　内容

ア　法第一八条第一項は、同一の使用者との間で締結された二以上の有期労働契約の契約期間を通算した期間（以下「通算契約期間」という。）が五年を超える有期契約労働者が、使用者に対し、現に締結している有期労働契約の契約期間が満了する日までの間に、無期労働契約の締結の申込みをしたときは、使用者が当該申込みを承諾したものとみなされ、現に締結している有期労働契約の契約期間が満了する日の翌日から労務が提供される無期労働契約が成立することを規定したものであること。

イ　法第一八条第一項の「同一の使用者」は、労働契約を締結する法律上の主体が同一であることをいうものであり、したがって、事業場単位ではなく、労働契約締結の法律上の主体が法人であれば法人単位で、個人事業主であれば当該個人事業主単位で判断されるものであること。

ただし、使用者が、就業実態が変わらないにもかかわらず、法第一八条第一項に基づき有期契約労働者が無期労働契約への転換を申し込むことができる権利（以下「無期転換申込権」という。）の発生を免れる意図をもって、派遣形態や請負形態を偽装して、労働契約の当事者を形式的に他の使用者に切り替えた場合は、法を潜脱するものとして、同項の通算契約期間の計算上「同一の使用者」との労働契約が継続していると解されるものであること。

なお、派遣労働者の場合は、労働契約の締結の主体である派遣元事業主との有期労働契約について法第一八条第一項の通算契約期間が計算されるものであること。

ウ　無期転換申込権は、「二以上の有期労働契約」の通算契約期間が五年を超える場合、すなわち更新が一回以上行われ、かつ、通算契約期間が五年を超えている場合に生じるものであること。したがって、労働基準法第一四条第一項の規定により一定の事業の完了に必要な期間を定めるものとして締結が認められている契約期間が五年を超える有期労働契約が締結されている場合、一度も更新がないときは、法第一八条第一項の要件を満たすことにはならないこと。

エ　無期転換申込権は、当該契約期間中に通算契約期間が五年を超えることとなる有期労働契約の契約期間の初日から当該有期労働契約の契約期間が満了する日までの間に行使することができるものであること。

　なお、無期転換申込権が生じている有期労働契約の契約期間が満了する日までの間に無期転換申込権を行使しなかった場合であっても、再度有期労働契約が更新された場合は、新たに無期転換申込権が発生し、有期契約労働者は、更新後の有期労働契約の契約期間が満了する日までの間に、無期転換申込権を行使することが可能であること。

オ　無期転換申込権が発生する有期労働契約の締結以前に、無期転換申込権を行使しないことを更新の条件とする等有期契約労働者にあらかじめ無期転換申込権を放棄させることを認めることは、雇止めによって雇用を失うことを恐れる労働者に対して、使用者が無期転換申込権の放棄を強要する状況を招きかねず、法第一八条の趣旨を没却するものであり、こうした有期契約労働者の意思表示は、公序良俗に反し、無効と解されるものであること。

カ　法第一八条第一項の規定による無期労働契約への転換は期間の定めのみを変更するものであるが、同項の「別段の定め」をすることにより、期間の定め以外の労働条件を変更することは可能であること。この「別段の定め」は、労働協約、就業規則及び個々の労働契約（無期労働契約への転換に当たり従前の有期労働契約から労働条件を変更することについての有期契約労働者と使用者との間の個別の合意）をいうものであること。

　この場合、無期労働契約への転換に当たり、職務の内容などが変更されないにもかかわらず、無期転換後における労働条件を従前よりも低下させることは、無期転換を円滑に進める観点から望ましいものではないこと。

　なお、就業規則により別段の定めをする場合においては、法第一八条の規定が、法第七条から第一〇条までに定められている就業規則法理を変更することになるものではないこと。

キ　有期契約労働者が無期転換申込権を行使することにより、現に締結している有期労働契約の契約期間が満了する日の翌日から労務が提供される無期労働契約がその行使の時点で成立していることから、現に締結している有期労働契約の契約期間が満了する日をもって当該有期契約労働者との契約関係を終了させようとする使用者は、無期転換申込権の行使により成立した無期労働契約を解約（解雇）する必要があり、当該解雇が法第一六条に規定する「客観的に合理的な理由を欠き社会通念上相当であると認められない場合」には、権利濫用に該当するものとして無効となること。

　また、現に締結している有期労働契約の契約期間が満了する日前に使用者が当該有期契約労働者との契約関係を終了させようとする場合は、これに加えて、当該有期労働契約の契約期間中の解雇であり法第一七条第一項の適用があること。

　なお、解雇については当然に労働基準法第二〇条の解雇予告等の規定の適用があるものであること。

ク　有期労働契約の更新時に、所定労働日や始業終業時刻等の労働条件の定期的変更が行われていた場合に、無期労働契約への転換後も従前と同様に定期的にこれらの労働条件の変更を行うことができる旨の別段の定めをすることは差し支えないと解されること。

　また、無期労働契約に転換した後における解雇については、個々の事情により判断されるものであるが、一般的には、勤務地や職務が限定されている等労働条件や雇用管理がいわゆる正社員と大きく異なるような労働者については、こうした限定等の事情がない、いわゆる正社員と当然には同列に扱われることにならないと解されること。

ケ　法第一八条第二項は、同条第一項の通算契約期間の計算に当たり、有期労働契約が不存在の期間（以下「無契約期間」という。）が一定以上続いた場合には、当該通算契約期間の計算がリセットされること（いわゆる「クーリング」）について規定したものであること。

　法及び「労働契約法第十八条第一項の通算契

約期間に関する基準を定める省令」（平成二四年厚生労働省令第一四八号。以下「基準省令」という。）の規定により、同一の有期契約労働者と使用者との間で、一か月以上の無契約期間を置いて有期労働契約が再度締結された場合であって、当該無契約期間の長さが次の①、②のいずれかに該当するときは、当該無契約期間は法第一八条第二項の空白期間に該当し、当該空白期間前に終了している全ての有期労働契約の契約期間は、同条第一項の通算契約期間に算入されない（クーリングされる）こととなること。

なお、無契約期間の長さが一か月に満たない場合は、法第一八条第二項の空白期間に該当することはなく、クーリングされないこと（基準省令第二条。シ参照）。

①　六か月以上である場合

②　その直前の有期労働契約の契約期間（複数の有期労働契約が間を置かずに連続している場合又は基準省令第一条第一項で定める基準に該当し連続するものと認められる場合にあっては、それらの有期労働契約の契約期間の合計）が一年未満の場合にあっては、その期間に二分の一を乗じて得た期間（一か月未満の端数は一か月に切り上げて計算する。）以上である場合

コ　基準省令第一条第一項は、法第一八条第二項の「契約期間が連続すると認められるものとして厚生労働省令で定める基準」を規定したものであること。具体的には、次の①から③までのとおりであること。

なお、ケ①のとおり、六か月以上の空白期間がある場合には当該空白期間前に終了している全ての有期労働契約の契約期間は通算契約期間に算入されない。このため、通算契約期間の算定に当たり、基準省令第一条第一項で定める基準に照らし連続すると認められるかどうかの確認が必要となるのは、労働者が無期転換の申込みをしようとする日から遡って直近の六か月以上の空白期間後の有期労働契約についてであること。

①　最初の雇入れの日後最初に到来する無契約期間から順次、無契約期間とその前にある有期労働契約の契約期間の長さを比較し、当該契約期間に二分の一を乗じて得た期間よりも無契約期間の方が短い場合には、無契約期間の前後の有期労働契約が「連続すると認められるもの」となり、前後の有期労働契約の契約期間を通算すること。

②　①において、無契約期間の前にある有期労働契約が他の有期労働契約と間を置かずに連続している場合、又は基準省令第一条第一項で定める基準に該当し連続すると認められるものである場合については、これら連続している又は連続すると認められる全ての有期労働契約の契約期間を通算した期間と、無契約期間の長さとを比較すること。

③　基準省令第一条第一項各号の「二分の一を乗じて得た期間」の計算において、一か月に満たない端数を生じた場合は、一か月単位に切り上げて計算した期間とすること。

また、「二分の一を乗じて得た期間」が六か月を超える場合は、無契約期間が六か月未満のときに前後の有期労働契約が連続するものとして取り扱うこと。

すなわち、次の表の左欄に掲げる有期労働契約の契約期間（②に該当する場合は通算後の期間）の区分に応じ、無契約期間がそれぞれ同表の右欄に掲げる長さのものであるときは、当該無契約期間の前後の有期労働契約が連続すると認められるものとなること。

有期労働契約の契約期間（②に該当する場合は通算した期間）	無契約期間
2か月以下	1か月未満
2か月超～4か月以下	2か月未満
4か月超～6か月以下	3か月未満
6か月超～8か月以下	4か月未満
8か月超～10か月以下	5か月未満
10か月超～	6か月未満

①から③までの説明を図示すると、別紙（一二二頁―編注）のとおりであること。

サ　基準省令第一条第二項は、同条第一項で定める基準に該当し無契約期間の前後の有期労働契約を通算する際に、一か月に満たない端数がある場合には、三〇日をもって一か月とすることを規定したものであること。

また、一か月の計算は、暦に従い、契約期間の初日から起算し、翌月の応当日の前日をもって一か月とすること。具体例を示すと次のとおりであること。

前の契約　平成二五年四月五日～同年七月一五日（三か月＋一一日）
次の契約　平成二五年八月三日～同年一〇月一日（一か月＋二九日）の場合
（三か月＋一一日）＋（一か月＋二九日）
＝四か月＋四〇日
＝五か月＋一〇日　として、コ③の表に当てはめ、無契約期間が三か月未満であるときは前後の有期労働契約が連続すると認められる。

なお、法第一八条第一項の通算契約期間の計算においても、これと同様に計算すべきものと解されること。

シ　基準省令第二条は、法第一八条第二項の「二分の一を乗じて得た期間を基礎として厚生労働省令で定める期間」を規定したものであること。

具体的には、コ③と同様、一か月に満たない端数を生じた場合は、一か月単位に切り上げて計算した期間とすること。すなわち、次の表の左欄に掲げる有期労働契約の契約期間の区分に応じ、空白期間がそれぞれ同表の右欄に掲げる長さのものであるときは、当該空白期間前に満了した有期労働契約の契約期間は、通算契約期間に算入しない（クーリングされる）こととなること。

有期労働契約の契約期間	空白期間
2か月以下	1か月以上
2か月超～4か月以下	2か月以上
4か月超～6か月以下	3か月以上
6か月超～8か月以下	4か月以上
8か月超～10か月以下	5か月以上
10か月超～1年未満	6か月以上

ス　研究開発法人、大学等の研究者等についての無期転換ルールの適用に当たっては、「研究開発システムの改革の推進等による研究開発能力の強化及び研究開発等の効率的推進等に関する法律及び大学の教員等の任期に関する法律の一部を改正する法律」（平成二五年法律第九九号）により、法第一八条について、無期転換申込権が発生する通算契約期間を一〇年とする特例が設けられているものであること（平成二六年四月一日施行）。

当該特例の詳細については、平成二五年一二月一三日付け基発一二一三第四号「研究開発システムの改革の推進等による研究開発能力の強化及び研究開発等の効率的推進等に関する法律及び大学の教員等の任期に関する法律の一部を改正する法律の施行について」が発出されているものであること。

セ　専門的知識等を有する有期雇用労働者及び定年後引き続いて雇用される有期雇用労働者についての無期転換ルールの適用に当たっては、「専門的知識等を有する有期雇用労働者等に関する特別措置法」（平成二六年法律第一三七号）により、法第一八条に関する特例が設けられているものであること（一部を除き平成二七年四月一日施行）。

当該特例の詳細については、平成二七年三月一八日付け基発〇三一八第一号「専門的知識等を有する有期雇用労働者等に関する特別措置法の施行について」が発出されているものであること。

5　有期労働契約の更新等（法第一九条（平成二五年四月一日前は法第一八条。以下同じ。）関係）

(1)　趣旨

有期労働契約は契約期間の満了によって終了するものであるが、契約が反復更新された後に雇止めされることによる紛争がみられるところであり、有期労働契約の更新等に関するルールをあらかじめ明らかにすることにより、雇止めに際して発生する紛争を防止し、その解決を図る必要がある。

このため、法第一九条において、最高裁判所判決で確立している雇止めに関する判例法理（いわゆる雇止め法理）を規定し、一定の場合に雇止めを認めず、有期労働契約が締結又は更新されたものとみなすこととしたものであること。

(2)　内容

ア　法第一九条は、有期労働契約が反復して更新されたことにより、雇止めをすることが解雇と社会通念上同視できると認められる場合（同条第一号）、又は労働者が有期労働契約の契約期間の満了時にその有期労働契約が更新されるものと期待することについて合理的な理由が認められる場合（同条第二号）に、使用者が雇止めをすることが、客観的に合理的な理由を欠き、社会通念上相当であると認められないときは、雇止めは認められず、したがって、使用者は、従前の有期労働契約と同一の労働条件で労働者による有期労働契約の更新又は締結の申込みを承諾したものとみなされ、有期労働契約が同一の労働条件（契約期間を含む。）で成立することとしたものであること。

イ　法第一九条は、次に掲げる最高裁判所判決で確立している雇止めに関する判例法理（いわゆる雇止め法理）の内容や適用範囲を変更することなく規定したものであること。

　法第一九条第一号は、有期労働契約が期間の満了毎に当然更新を重ねてあたかも期間の定めのない契約と実質的に異ならない状態で存在していた場合には、解雇に関する法理を類推すべきであると判示した東芝柳町工場事件最高裁判決（最高裁昭和四九年七月二二日第一小法廷判決）の要件を規定したものであること。

　また、法第一九条第二号は、有期労働契約の期間満了後も雇用関係が継続されるものと期待することに合理性が認められる場合には、解雇に関する法理が類推されるものと解せられると判示した日立メディコ事件最高裁判決（最高裁昭和六一年一二月四日第一小法廷判決）の要件を規定したものであること。

ウ　法第一九条第一号又は第二号の要件に該当するか否かは、これまでの裁判例と同様、当該雇用の臨時性・常用性、更新の回数、雇用の通算期間、契約期間管理の状況、雇用継続の期待をもたせる使用者の言動の有無などを総合考慮して、個々の事案ごとに判断されるものであること。

　なお、法第一九条第二号の「満了時に」は、雇止めに関する裁判例における判断と同様、「満了時」における合理的期待の有無は、最初の有期労働契約の締結時から雇止めされた有期労働契約の満了時までの間におけるあらゆる事情が総合的に勘案されることを明らかにするために規定したものであること。したがって、いったん、労働者が雇用継続への合理的な期待を抱いていたにもかかわらず、当該有期労働契約の契約期間の満了前に使用者が更新年数や更新回数の上限などを一方的に宣言したとしても、そのことのみをもって直ちに同号の該当性が否定されることにはならないと解されるものであること。

エ　法第一九条の「更新の申込み」及び「締結の申込み」は、要式行為ではなく、使用者による雇止めの意思表示に対して、労働者による何らかの反対の意思表示が使用者に伝わるものでもよいこと。

　また、雇止めの効力について紛争となった場合における法第一九条の「更新の申込み」又は「締結の申込み」をしたことの主張・立証については、労働者が雇止めに異議があることが、例えば、訴訟の提起、紛争調整機関への申立て、団体交渉等によって使用者に直接又は間接に伝えられたことを概括的に主張立証すればよいと解されるものであること。

オ　法第一九条の「遅滞なく」は、有期労働契約の契約期間の満了後であっても、正当な又は合理的な理由による申込みの遅滞は許容される意味であること。

6　期間の定めがあることによる不合理な労働条件の禁止（法第二〇条関係）

(1)　趣旨

　有期契約労働者については、期間の定めのない労働契約を締結している労働者（以下「無期契約労働者」という。）と比較して、雇止めの不安があることによって合理的な労働条件の決定が行われにくいことや、処遇に対する不満が多く指摘されていることを踏まえ、有期労働契約の労働条件を設定する際のルールを法律上明確化する必要がある。

　このため、有期契約労働者の労働条件と無期契約労働者の労働条件が相違する場合において、期間の定めがあることによる不合理な労働条件を禁止するものとしたものであること。

(2)　内容

ア　法第二〇条は、有期契約労働者の労働条件が期間の定めがあることにより無期契約労働者の労働条件と相違する場合、その相違は、職務の内容（労働者の業務の内容及び当該業務に伴う責任の程度をいう。以下同じ。）、当該職務の内容及び配置の変更の範囲その他の事情を考慮して、有期契約労働者にとって不合理と認められるものであってはならないことを明らかにしたものであること。

　したがって、有期契約労働者と無期契約労働者との間で労働条件の相違があれば直ちに不合理とされるものではなく、法第二〇条に列挙されている要素を考慮して「期間の定めがあること」を理由とした不合理な労働条件の相違と認められる場合を禁止するものであること。

イ　法第二〇条の「労働条件」には、賃金や労働時間等の狭義の労働条件のみならず、労働契約の内容となっている災害補償、服務規律、教育訓練、付随義務、福利厚生等労働者に対する一切の待遇を包含するものであること。

ウ　法第二〇条の「同一の使用者」は、労働契約を締結する法律上の主体が同一であることをいうものであり、したがって、事業場単位ではなく、労働契約締結の法律上の主体が法人であれば法人単位で、個人事業主であれば当該個人事業主単位で判断されるものであること。

エ　法第二〇条の「労働者の業務の内容及び当該業務に伴う責任の程度」は、労働者が従事している業務の内容及び当該業務に伴う責任の程度を、「当該職務の内容及び配置の変更の範囲」は、今後の見込みも含め、転勤、昇進といった人事異動や本人の役割の変化等（配置の変更を伴わない職務の内容の変更を含む。）の有無や範囲を指すものであること。「その他の事情」は、合理的な労使の慣行などの諸事情が想定されるものであること。

　例えば、定年後に有期労働契約で継続雇用された労働者の労働条件が定年前の他の無期契約労働者の労働条件と相違することについては、定年の前後で職務の内容、当該職務の内容及び配置の変更の範囲等が変更されることが一般的であることを考慮すれば、特段の事情がない限り不合理と認められないと解されるものであること。

オ　法第二〇条の不合理性の判断は、有期契約労働者と無期契約労働者との間の労働条件の相違について、職務の内容、当該職務の内容及び配置の変更の範囲その他の事情を考慮して、個々の労働条件ごとに判断されるものであること。とりわけ、通勤手当、食堂の利用、安全管理などについて労働条件を相違させることは、職務の内容、当該職務の内容及び配置の変更の範囲その他の事情を考慮して特段の理由がない限り合理的とは認められないと解されるものであること。

カ　法第二〇条は、民事的効力のある規定であること。法第二〇条により不合理とされた労働条件の定めは無効となり、故意・過失による権利侵害、すなわち不法行為として損害賠償が認められ得ると解されるものであること。また、法第二〇条により、無効とされた労働条件については、基本的には、無期契約労働者と同じ労働条件が認められると解されるものであること。

キ　法第二〇条に基づき民事訴訟が提起された場合の裁判上の主張立証については、有期契約労働者が労働条件が期間の定めを理由とする不合理なものであることを基礎づける事実を主張立証し、他方で使用者が当該労働条件が期間の定めを理由とする合理的なものであることを基礎づける事実の主張立証を行うという形でなされ、同条の司法上の判断は、有期契約労働者及び使用者双方が主張立証を尽くした結果が総体としてなされるものであり、立証の負担が有期契約労働者側に一方的に負わされることにはならないと解されるものであること。

第6　雑則（法第五章関係）

1　船員に関する特例（法第二一条（平成二五年四月一日前は法第一九条。以下同じ。）関係）

(1)　法第二一条第一項は、法第一二条については、船員法（昭和二二年法律第一〇〇号）第一〇〇条に同趣旨の規定が定められていることから、船員に関しては適用しないこととしたものであること。

　また、船員法における雇入契約は、有期契約が原則となっているが、雇入契約の解除事由については、船員法第四〇条及び第四一条に具体的な規定が定められていることなどから、法第四章については、船員に関しては適用しないこととしたものであること。

(2)　法第二一条第二項は、船員に関して法を適用するに当たって必要となる読替えを規定したものであること。

2　適用除外（法第二二条（平成二五年四月一日前は法第二〇条。以下同じ。）関係）

(1)　国家公務員及び地方公務員（法第二二条第一項関係）

　法は労働者と使用者との間において成立する労働契約についての基本的規範を定めるものであるが、国家公務員及び地方公務員は、任命権者との間に労働契約がないことから、法が適用されないことを確認的に規定したものであること。

(2)　同居の親族のみを使用する場合の労働契約（法第二二条第二項関係）

ア　法第二二条第二項は、親族については、民法において、夫婦の財産、親子の財産等に関する様々な規定が定められており、中でも同居の親族についてはその結びつき（特に経済的関係）が強く、一般の労働者及び使用者と同様の取扱いをすることは適当でないことから、同居の親族のみを使用する場合の労働契約については、法を適用しないこととしたものであること。

イ　法第二二条第二項の「同居」とは、世帯を同じくして常時生活を共にしていることをいうものであること。

ウ　法第二二条第二項の「親族」とは、民法第七二五条にいう六親等内の血族、配偶者及び三親等内の姻族をいい、その要件については、民法の定めるところによるものであること。

第7　附則

1　法の施行期日（附則第一条関係）

法の趣旨及び内容の周知に必要な期間を勘案して、「公布の日から起算して三月を超えない範囲内において政令で定める日」を施行期日としたものであり、労働契約法の施行期日を定める政令（平成二〇年政令第一〇号）により、法の施行期日は、平成二〇年三月一日とされたものであること。

2　労働基準法その他関係法律の一部改正（附則第二条―第六条関係）

法の制定に伴い、労働基準法第一八条の二を削除すること、労働基準法第九三条を改正し労働契約と就業規則との関係については労働契約法第一二条の定めるところによる旨を規定すること等の労働基準法その他の関係法律の規定の整理を行ったものであること。

第8　改正法附則

1　改正法の施行期日（改正法附則第一項関係）

法第一九条（有期労働契約の更新等）は、改正法の公布日から施行されるものであること。また、法第一八条（有期労働契約の期間の定めのない労働契約への転換）及び第二〇条（期間の定めがあることによる不合理な労働条件の禁止）の施行期日は、これらの規定の趣旨及び内容の周知に必要な期間を勘案して、「労働契約法の一部を改正する法律の一部の施行期日を定める政令」（平成二四年政令第二六七号）により、平成二五年四月一日とされたものであること。

2　経過措置（改正法附則第二項関係）

法第一八条（有期労働契約の期間の定めのない労働契約への転換）の規定は、同条の施行の日（平成二五年四月一日）以後の日を契約期間の初日とする期間の定めのある労働契約について適用し、当該施行の日前の日が初日である有期労働契約の契約期間は、同条第一項の通算契約期間には算入しないものとされたものであること。

3　検討規定（改正法附則第三項関係）

法第一八条に基づく無期転換申込権が多くの労働者に生じる時期である同条の施行の日（平成二五年四月一日）以後五年を経過する時期から三年を経過した時期として、同条の施行後八年を経過した場合に、施行状況を勘案しつつ検討を加え、必要があると認めるときは、その結果に基づいて必要な措置を講ずるものとされたものであること。検討の対象は、法第一八条、すなわち無期転換ルール全体であること。

（別紙）

労働契約法第十八条第一項の通算契約期間
に関する基準を定める省令第１条第１項について

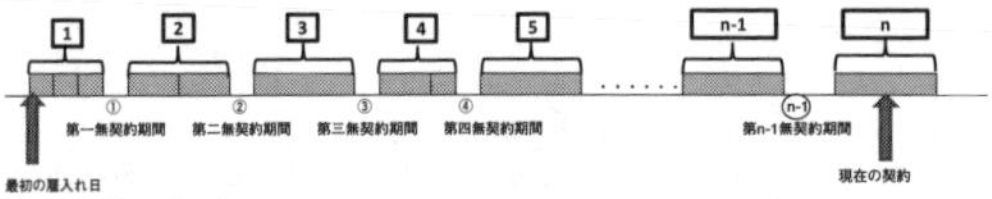

1　2　3　4　5　……　n-1　n
① 第一無契約期間　② 第二無契約期間　③ 第三無契約期間　④ 第四無契約期間　(n-1) 第n-1無契約期間
最初の雇入れ日　現在の契約

号		無契約期間の位置	次の基準を満たすときは、左欄の無契約期間の前後の有期労働契約が連続すると認められる
一		①（最初の雇入れの日後最初に到来する無契約期間）	①の期間が、1に２分の１を乗じて得た期間（★）未満であるときは、1と2が連続すると認められる。
二		②	次に掲げる場合に応じ、それぞれ次に定めるものであるときは、2と3が連続すると認められる。
	イ	1と2が連続すると認められる場合	②の期間が、（1＋2）に２分の１を乗じて得た期間（★）未満であること。
	ロ	イに掲げる場合以外の場合	②の期間が、2に２分の１を乗じて得た期間（★）未満であること。
三		③	次に掲げる場合に応じ、それぞれ次に定めるものであるときは、3と4が連続すると認められる。
	イ	3以前の全ての有期労働契約が連続すると認められる場合	③の期間が、（1＋2＋3）に２分の１を乗じて得た期間（★）未満であること。
	ロ	2と3が連続すると認められる場合	③の期間が、（2＋3）に２分の１を乗じて得た期間（★）未満であること。
	ハ	イ又はロに掲げる場合以外の場合	③の期間が、3に２分の１を乗じて得た期間（★）未満であること。
四		④以降の無契約期間	当該無契約期間が、前三号の例により計算して得た期間未満であること。

※　★印は「６か月を超えるときは６か月とし、１か月に満たない端数を生じたときは、これを１か月として計算した期間とする。」の略。

専門的知識等を有する有期雇用労働者等に関する特別措置法

平成：平成二六年一一月二八日法律第一三七号
施行：平成二七年四月一日

（目的）

第一条　この法律は、専門的知識等を有する有期雇用労働者等の能力の維持向上及び活用を図ることが当該専門的知識等を有する有期雇用労働者等の能力の有効な発揮及び活力ある社会の実現のために重要であることに鑑み、専門的知識等を有する有期雇用労働者がその有する能力を維持向上することができるようにするなど有期雇用労働者の特性に応じた雇用管理に関する特別の措置を講じ、併せて労働契約法（平成十九年法律第百二十八号）の特例を定め、もって国民経済の健全な発展に資することを目的とする。

（定義）

第二条　この法律において「専門的知識等」とは、専門的な知識、技術又は経験であって、高度のものとして厚生労働大臣が定める基準に該当するものをいう。

2　この法律において「有期雇用労働者」とは、事業主と期間の定めのある労働契約（以下「有期労働契約」という。）を締結している労働者をいう。

3　この法律において「特定有期雇用労働者」とは、次の各号のいずれかに該当する有期雇用労働者をいう。

一　専門的知識等を有する有期雇用労働者（事業主との間で締結された有期労働契約の契約期間に当該事業主から支払われると見込まれる賃金の額を一年間当たりの賃金の額に換算した額が厚生労働省令で定める額以上である者に限る。）であって、当該専門的知識等を必要とする業務（五年を超える一定の期間内に完了することが予定されているものに限る。以下「特定有期業務」という。）に就くもの（次号に掲げる有期雇用労働者に該当するものを除く。）

二　定年（六十歳以上のものに限る。以下同じ。）に達した後引き続いて当該事業主（高年齢者等の雇用の安定等に関する法律（昭和四十六年法律第六十八号）第九条第二項に規定する特殊関係事業主にその定年後に引き続いて雇用される場合にあっては、当該特殊関係事業主。以下同じ。）に雇用される有期雇用労働者

（基本指針）

第三条　厚生労働大臣は、事業主が行う特定有期雇用労働者の特性に応じた雇用管理に関する措置に関する基本的な指針（以下「基本指針」という。）を定めなければならない。

2　基本指針に定める事項は、次のとおりとする。

一　特定有期雇用労働者の雇用の動向に関する事項

二　事業主が行う特定有期雇用労働者の特性に応じた雇用管理に関する措置の内容に関する事項

3　厚生労働大臣は、基本指針を定め、又はこれを変更しようとするときは、労働政策審議会の意見を聴かなければならない。

4　厚生労働大臣は、基本指針を定め、又はこれを変更したときは、遅滞なく、これを公表しなければならない。

（第一種計画の認定）

第四条　事業主は、厚生労働省令で定めるところにより、当該事業主が行う第一種特定有期雇用労働者（特定有期雇用労働者のうち第二条第三項第一号に掲げる者をいう。次項第一号において同じ。）の特性に応じた雇用管理に関する措置についての計画（以下「第一種計画」という。）を作成し、これを厚生労働大臣に提出して、その第一種計画が適当である旨の認定を受けることができる。

2　第一種計画には、次に掲げる事項を記載しなければならない。

一　当該事業主が雇用する第一種特定有期雇用労働者（以下「計画対象第一種特定有期雇用労働者」という。）が就く特定有期業務の内容並びに開始及び完了の日

二　計画対象第一種特定有期雇用労働者がその職業生活を通じて発揮することができる能力の維持向上を自主的に図るための教育訓練を受けるための有給休暇（労働基準法（昭和二十二年法律第四十九号）第三十九条の規定による年次有給休暇として与えられるものを除く。）の付与に関する措置その他の能力の維持向上を自主的に図る機会の付与に関する措置（次項第三号において「有給教育訓練休暇付与等の措置」という。）その他の当該事業主が行う計画対象第一種特定有期雇用労働者の特性に応じた雇用管理に関する措置の内容

三　その他厚生労働省令で定める事項

3　厚生労働大臣は、第一項の認定の申請があった場合において、その第一種計画が次の各号のいずれにも適合するものであると認めるときは、その認定をするものとする。

一　前項第一号に規定する特定有期業務が第二条

第一項の厚生労働大臣が定める基準に該当する専門的知識等を必要とする業務であること。
二　前項第二号及び第三号に掲げる事項が基本指針に照らして適切なものであること。
三　前号に定めるもののほか、有給教育訓練休暇付与等の措置その他の当該事業主が行う雇用管理に関する措置の内容が計画対象第一種特定有期雇用労働者の特性に応じた雇用管理に関する措置として有効かつ適切なものであること。

（第一種計画の変更等）

第五条　前条第一項の認定に係る事業主（以下「第一種認定事業主」という。）は、同項の認定に係る第一種計画を変更しようとするときは、厚生労働大臣の認定を受けなければならない。

2　厚生労働大臣は、前条第一項の認定に係る第一種計画（前項の規定による変更の認定があったときは、その変更後のもの。以下「第一種認定計画」という。）が同条第三項各号のいずれかに適合しなくなったと認めるときは、その認定を取り消すことができる。

3　前条第三項の規定は、第一項の認定について準用する。

（第二種計画の認定）

第六条　事業主は、厚生労働省令で定めるところにより、当該事業主が行う第二種特定有期雇用労働者（特定有期雇用労働者のうち第二条第三項第二号に掲げる者をいう。次項第一号において同じ。）の特性に応じた雇用管理に関する措置についての計画（以下「第二種計画」という。）を作成し、これを厚生労働大臣に提出して、その第二種計画が適当である旨の認定を受けることができる。

2　第二種計画には、次に掲げる事項を記載しなければならない。
一　当該事業主が雇用する第二種特定有期雇用労働者（以下「計画対象第二種特定有期雇用労働者」という。）に対する配置、職務及び職場環境に関する配慮その他の当該事業主が行う計画対象第二種特定有期雇用労働者の特性に応じた雇用管理に関する措置の内容
二　その他厚生労働省令で定める事項

3　厚生労働大臣は、第一項の認定の申請があった場合において、その第二種計画が次の各号のいずれにも適合するものであると認めるときは、その認定をするものとする。
一　前項各号に掲げる事項が基本指針に照らして適切なものであること。
二　前号に定めるもののほか、前項第一号に掲げる配置、職務及び職場環境に関する配慮その他の当該事業主が行う雇用管理に関する措置の内容が計画対象第二種特定有期雇用労働者の特性に応じた雇用管理に関する措置として有効かつ適切なものであること。

（第二種計画の変更等）

第七条　前条第一項の認定に係る事業主（以下「第二種認定事業主」という。）は、同項の認定に係る第二種計画を変更しようとするときは、厚生労働大臣の認定を受けなければならない。

2　厚生労働大臣は、前条第一項の認定に係る第二種計画（前項の規定による変更の認定があったときは、その変更後のもの。以下「第二種認定計画」という。）が同条第三項各号のいずれかに適合しなくなったと認めるときは、その認定を取り消すことができる。

3　前条第三項の規定は、第一項の認定について準用する。

（労働契約法の特例）

第八条　第一種認定事業主と当該第一種認定事業主が雇用する計画対象第一種特定有期雇用労働者との間の有期労働契約に係る労働契約法第十八条第一項の規定の適用については、同項中「五年」とあるのは、「専門的知識等を有する有期雇用労働者等に関する特別措置法（平成二十六年法律第　号）第五条第二項に規定する第一種認定計画に記載された同法第二条第三項第一号に規定する特定有期業務の開始の日から完了の日までの期間（当該期間が十年を超える場合にあっては、十年）」とする。

2　第二種認定事業主と当該第二種認定事業主が雇用する計画対象第二種特定有期雇用労働者との間の有期労働契約に係る労働契約法第十八条第一項の規定の適用については、定年後引き続いて当該第二種認定事業主に雇用されている期間は、同項に規定する通算契約期間に算入しない。

（援助）

第九条　国は、第一種認定計画に係る計画対象第一種特定有期雇用労働者の特性に応じた雇用管理に関する措置を講ずる第一種認定事業主に対して、必要な助成その他の援助を行うよう努めるものとする。

（指導及び助言）

第一〇条　厚生労働大臣は、第一種認定事業主又は第二種認定事業主に対し、第一種認定計画又は第二種認定計画に係る措置の的確な実施に必要な指導及び助言を行うものとする。

（報告の徴収）

第一一条　厚生労働大臣は、第一種認定事業主又は

第二種認定事業主に対し、第一種認定計画に記載された第四条第二項第二号若しくは第三号に掲げる事項又は第二種認定計画に記載された第六条第二項各号に掲げる事項の実施状況について報告を求めることができる。

（適用除外）

第一二条　この法律は、国家公務員及び地方公務員並びに船員法（昭和二十二年法律第百号）の適用を受ける船員については、適用しない。

2　この法律は、同居の親族のみを使用する事業については、適用しない。

（権限の委任）

第一三条　この法律に定める厚生労働大臣の権限は、厚生労働省令で定めるところにより、その一部を都道府県労働局長に委任することができる。

2　前項の規定により都道府県労働局長に委任された権限は、厚生労働省令で定めるところにより、労働基準監督署長に委任することができる。

（厚生労働省令への委任）

第一四条　この法律に定めるもののほか、この法律の実施のための手続その他この法律の施行に関し必要な事項は、厚生労働省令で定める。

附則（抄）

（施行期日）

第一条　この法律は、平成二十七年四月一日から施行する。ただし、次条及び附則第六条の規定は、公布の日から施行する。

（施行前の準備）

第二条　厚生労働大臣は、この法律の施行前においても、第三条第一項から第三項までの規定の例により、基本指針を定めることができる。

2　厚生労働大臣は、前項の規定により基本指針を定めたときは、遅滞なく、これを公表しなければならない。

3　第一項の規定により定められた基本指針は、この法律の施行の日（以下「施行日」という。）において第三条第一項から第三項までの規定により定められた基本指針とみなす。

（経過措置）

第三条　特定有期雇用労働者であって施行日前に労働契約法第十八条第一項に規定する通算契約期間が五年を超えることになった者に係る同項に規定する期間の定めのない労働契約の締結の申込みについては、なお従前の例による。

（政令への委任）

第六条　この附則に規定するもののほか、この法律の施行に伴い必要な経過措置は、政令で定める。

科学技術・イノベーション創出の活性化に関する法律（抄）

平成二〇年六月一一日法律第六三号
施行：平成二二年四月一日
最終改正：令和五年六月七日法律第四七号
施行：令和七年四月一日

（労働契約法の特例）

第一五条の二　次の各号に掲げる者の当該各号の労働契約に係る労働契約法（平成十九年法律第百二十八号）第十八条第一項の規定の適用については、同項中「五年」とあるのは、「十年」とする。

一　研究者等であって研究開発法人又は大学等を設置する者との間で期間の定めのある労働契約（以下この条において「有期労働契約」という。）を締結したもの

二　研究開発等に係る企画立案、資金の確保並びに知的財産権の取得及び活用その他の研究開発等に係る運営及び管理に係る業務（専門的な知識及び能力を必要とするものに限る。）に従事する者であって研究開発法人又は大学等を設置する者との間で有期労働契約を締結したもの

三　試験研究機関等、研究開発法人及び大学等以外の者が試験研究機関等、研究開発法人又は大学等との協定その他の契約によりこれらと共同して行う研究開発等（次号において「共同研究開発等」という。）の業務に専ら従事する研究者等であって当該試験研究機関

等、研究開発法人及び大学等以外の者との間で有期労働契約を締結したもの

四　共同研究開発等に係る企画立案、資金の確保並びに知的財産権の取得及び活用その他の共同研究開発等に係る運営及び管理に係る業務（専門的な知識及び能力を必要とするものに限る。）に専ら従事する者であって当該共同研究開発等を行う試験研究機関等、研究開発法人及び大学等以外の者との間で有期労働契約を締結したもの

2　前項第一号及び第二号に掲げる者（大学の学生である者を除く。）のうち大学に在学している間に研究開発法人又は大学等を設置する者との間で有期労働契約（当該有期労働契約の期間のうちに大学に在学している期間を含むものに限る。）を締結していた者の同項第一号及び第二号の労働契約に係る労働契約法第十八条第一項の規定の適用については、当該大学に在学している期間は、同項に規定する通算契約期間に算入しない。

《略》

附則（令和二年六月二四日法律第六三号）（抄）

（施行期日）

第一条　この法律は、令和三年四月一日から施行する。ただし、次条及び附則第六条の規定は、公布の日から施行する。

（科学技術・イノベーション創出の活性化に関する法律の一部改正に伴う経過措置）

第三条　第二条の規定による改正後の科学技術・イノベーション創出の活性化に関する法律（以下この項及び次条において「新活性化法」という。）第十五条の二第一項第一号若しくは第二号に掲げる者のうち独立行政法人国立特別支援教育総合研究所、独立行政法人経済産業研究所若しくは独立行政法人環境再生保全機構（以下この条において「新研究開発法人」と総称する。）との間で有期労働契約（同項第一号に規定する有期労働契約をいう。次項において同じ。）を締結した者又は新活性化法第十五条の二第一項第三号若しくは第四号に掲げる者のうち新研究開発法人との共同研究開発等（同項第三号に規定する共同研究開発等をいう。）に係る同項第三号若しくは第四号に規定する業務に専ら従事する者であって、施行日前に労働契約法（平成十九年法律第百二十八号）第十八条第一項に規定する通算契約期間が五年を超えることとなったものに係る同項に規定する期間の定めのない労働契約の締結の申込みについては、なお従前の例による。

2　科学技術・イノベーション創出の活性化に関する法律第十五条の二第二項の規定は、同項に規定する者が新研究開発法人との間で締結していた有期労働契約（当該有期労働契約の期間のうちに大学に在学している期間を含むものに限る。）であって労働契約法の一部を改正する法律（平成二十四年法律第五十六号）附則第一項ただし書に規定する規定の施行の日から施行日の前日までの間の日を契約期間の初日とするものに係る当該大学に在学している期間についても適用する。

大学の教員等の任期に関する法律

平成九年六月一三日法律第八二号

施行：平成九年八月二五日

最終改正：平成三〇年一二月一四日法律第九四号

施行：平成三一年一月七日

（目的）

第一条　この法律は、大学等において多様な知識又は経験を有する教員等相互の学問的交流が不断に行われる状況を創出することが大学等における教育研究の活性化にとって重要であることにかんがみ、任期を定めることができる場合その他教員等の任期について必要な事項を定めることにより、大学等への多様な人材の受入れを図り、もって大学等における教育研究の進展に寄与することを目的とする。

（定義）

第二条　この法律において、次の各号に掲げる用語の意義は、当該各号に定めるところによる。

一　大学　学校教育法（昭和二十二年法律第二十六号）第一条に規定する大学をいう。

二　教員　大学の教授、准教授、助教、講師及び助手をいう。

三　教員等　教員並びに国立大学法人法（平成十五年法律第百十二号）第二条第三項に規定する大学共同利用機関法人、独立行政法人大学改革支援・学位授与機構、独立行政法人国立大学財務・経営センター及び独立行政法人大学入試センター（次号、第六条及び第七条第二項において「大学共同利用機関法人等」という。）の職

員のうち専ら研究又は教育に従事する者をいう。

四　任期　地方公務員としての教員の任用に際して、又は国立大学法人（国立大学法人法第二条第一項に規定する国立大学法人をいう。以下同じ。）、大学共同利用機関法人等、公立大学法人（地方独立行政法人法（平成十五年法律第百十八号）第六十八条第一項に規定する公立大学法人をいう。以下同じ。）若しくは学校法人（私立学校法（昭和二十四年法律第二百七十号）第三条に規定する学校法人をいう。以下同じ。）と教員等との労働契約において定められた期間であって、地方公務員である教員が就いていた職若しくは同一の地方公共団体の他の職（特別職に属する職及び非常勤の職を除く。）に引き続き任用される場合又は同一の国立大学法人、大学共同利用機関法人等、公立大学法人若しくは学校法人との間で引き続き労働契約が締結される場合を除き、当該期間の満了により退職することとなるものをいう。

（公立の大学の教員の任期）

第三条　公立の大学の学長は、教育公務員特例法（昭和二十四年法律第一号）第二条第四項に規定する評議会（評議会を置かない大学にあっては、教授会）の議に基づき、当該大学の教員（常時勤務の者に限る。以下この条及び次条において同じ。）について、次条の規定による任期を定めた任用を行う必要があると認めるときは、教員の任期に関する規則を定めなければならない。

2　公立の大学は、前項の規定により学長が教員の任期に関する規則を定め、又はこれを変更したときは、遅滞なく、これを公表しなければならない。

3　第一項の教員の任期に関する規則に記載すべき事項及び前項の公表の方法については、文部科学省令で定める。

第四条　任命権者は、前条第一項の教員の任期に関する規則が定められている大学について、教育公務員特例法第十条第一項の規定に基づきその教員を任用する場合において、次の各号のいずれかに該当するときは、任期を定めることができる。

一　先端的、学際的又は総合的な教育研究であることその他の当該教育研究組織で行われる教育研究の分野又は方法の特性に鑑み、多様な人材の確保が特に求められる教育研究組織の職に就けるとき。

二　助教の職に就けるとき。

三　大学が定め又は参画する特定の計画に基づき期間を定めて教育研究を行う職に就けるとき。

2　任命権者は、前項の規定により任期を定めて教員を任用する場合には、当該任用される者の同意を得なければならない。

（国立大学、公立大学法人の設置する大学又は私立大学の教員の任期）

第五条　国立大学法人、公立大学法人又は学校法人は、当該国立大学法人、公立大学法人又は学校法人の設置する大学の教員について、前条第一項各号のいずれかに該当するときは、労働契約において任期を定めることができる。

2　国立大学法人、公立大学法人又は学校法人は、前項の規定により教員との労働契約において任期を定めようとするときは、あらかじめ、当該大学に係る教員の任期に関する規則を定めておかなければならない。

3　公立大学法人（地方独立行政法人法第七十一条第一項ただし書の規定の適用を受けるものに限る。）又は学校法人は、前項の教員の任期に関する規則を定め、又はこれを変更しようとするときは、当該大学の学長の意見を聴くものとする。

4　国立大学法人、公立大学法人又は学校法人は、第二項の教員の任期に関する規則を定め、又はこれを変更したときは、これを公表するものとする。

5　第一項の規定により定められた任期は、教員が当該任期中（当該任期が始まる日から一年以内の期間を除く。）にその意思により退職することを妨げるものであってはならない。

（大学共同利用機関法人等の職員への準用）

第六条　前条（第三項を除く。）の規定は、大学共同利用機関法人等の職員のうち専ら研究又は教育に従事する者について準用する。

（労働契約法の特例）

第七条　第五条第一項（前条において準用する場合を含む。）の規定による任期の定めがある労働契約を締結した教員等の当該労働契約に係る労働契約法（平成十九年法律第百二十八号）第十八条第一項の規定の適用については、同項中「五年」とあるのは、「十年」とする。

2　前項の教員等のうち大学に在学している間に国立大学法人、公立大学法人若しくは学校法人又は大学共同利用機関法人等との間で期間の定めのある労働契約（当該労働契約の期間のうちに大学に在学している期間を含むものに限る。）を締結していた者の同項の規定の適用については、当該大学に在学している期間は、同項に規定する通算契約期間に算入しない。

（他の法律の適用除外）

第八条　地方公共団体の一般職の任期付職員の採用

に関する法律（平成十四年法律第四十八号）の規定は、地方公務員である教員には適用しない。

附則《略》

附則（平成二五年一二月一三日法律第九九号）（抄）

（施行期日）

第一条　この法律は、公布の日から施行する。ただし、第一条中研究開発システムの改革の推進等による研究開発能力の強化及び研究開発等の効率的推進等に関する法律第二条の改正規定、同法第十五条の次に一条を加える改正規定、同法第四十三条の次に一条を加える改正規定及び同法別表を別表第一とし、同表の次に一表を加える改正規定、第二条の規定並びに附則第四条から第八条までの規定は、平成二十六年四月一日から施行する。

（検討）

第二条　国は、第一条の規定による改正後の研究開発システムの改革の推進等による研究開発能力の強化及び研究開発等の効率的推進等に関する法律（以下「新研究開発能力強化法」という。）及び第二条の規定による改正後の大学の教員等の任期に関する法律（以下「新大学教員任期法」という。）の施行状況等を勘案して、新研究開発能力強化法第十五条の二第一項各号に掲げる者及び新大学教員任期法第七条第一項の教員等の雇用の在り方について検討を加え、その結果に基づいて必要な措置を講ずるものとする。

2　新研究開発能力強化法第十五条の二第一項第三号及び第四号に掲げる者についての特例は、事業者において雇用される者のうち、研究開発能力の強化等の観点から特に限定して設けられたものであり、国は、その雇用の在り方について、期間の定めのない雇用形態を希望する者等がいることも踏まえ、研究者等の雇用の安定が図られることが研究環境の早期の改善に資するという観点から、研究者等が相互に競争しながら能力の向上を図ることの重要性にも十分配慮しつつ、検討を加え、その結果に基づいて必要な措置を講ずるものとする。

第三条　《略》

第四条　《略》

（大学の教員等の任期に関する法律の一部改正に伴う経過措置）

第五条　新大学教員任期法第七条第一項の教員等であって一部施行日前に労働契約法第十八条第一項に規定する通算契約期間が五年を超えることとなったものに係る同項に規定する期間の定めのない労働契約の締結の申込みについては、なお従前の例による。

2　新大学教員任期法第七条第二項の規定は、同項の期間の定めのある労働契約（当該労働契約の期間のうちに大学に在学している期間を含むものに限る。）であって労働契約法の一部を改正する法律附則第一項ただし書に規定する規定の施行の日から一部施行日の前日までの間の日を契約期間の初日とするものに係る当該大学に在学している期間についても適用する。

会社分割に伴う労働契約の承継等に関する法律

平成一二年五月三一日法律第一〇三号
施行：平成一三年四月一日
最終改正：平成二六年六月二七日法律第九一号
施行：平成二七年五月一日

（目的）

第一条　この法律は、会社分割が行われる場合における労働契約の承継等に関し会社法（平成十七年法律第八十六号）の特例等を定めることにより、労働者の保護を図ることを目的とする。

（労働者等への通知）

第二条　会社（株式会社及び合同会社をいう。以下同じ。）は、会社法第五編第三章及び第五章の規定による分割（吸収分割又は新設分割をいう。以下同じ。）をするときは、次に掲げる労働者に対し、通知期限日までに、当該分割に関し、当該会社が当該労働者との間で締結している労働契約を当該分割に係る承継会社等（吸収分割にあっては同法第七百五十七条に規定する吸収分割承継会社、新設分割にあっては同法第七百六十三条第一項に規定する新設分割設立会社をいう。以下同じ。）が承継する旨の分割契約等（吸収分割にあっては吸収分割契約（同法第七百五十七条の吸収分割契約をいう。以下同じ。）、新設分割にあっては新設分割計画（同法第七百六十二条第一項の新設分割計画をいう。以下同じ。）をいう。以下同じ。）における定めの有無、第四条第三項に規定する異議申出期限日その他厚生労働省令で定める事項を書面により通知しなければならない。

一　当該会社が雇用する労働者であって、承継会社等に承継される事業に主として従事するものとして厚生労働省令で定めるもの

二　当該会社が雇用する労働者（前号に掲げる労働者を除く。）であって、当該分割契約等にその者が当該会社との間で締結している労働契約を承継会社等が承継する旨の定めがあるもの

2　前項の分割をする会社（以下「分割会社」という。）は、労働組合法（昭和二十四年法律第百七十四号）第二条の労働組合（以下単に「労働組合」という。）との間で労働協約を締結しているときは、当該労働組合に対し、通知期限日までに、当該分割に関し、当該労働協約を承継会社等が承継する旨の当該分割契約等における定めの有無その他厚生労働省令で定める事項を書面により通知しなければならない。

3　前二項及び第四条第三項第一号の「通知期限日」とは、次の各号に掲げる場合に応じ、当該各号に定める日をいう。

一　株式会社が分割をする場合であって当該分割に係る分割契約等について株主総会の決議による承認を要するとき　当該株主総会（第四条第三項第一号において「承認株主総会」という。）の日の二週間前の日の前日

二　株式会社が分割をする場合であって当該分割に係る分割契約等について株主総会の決議による承認を要しないとき又は合同会社が分割をする場合　吸収分割契約が締結された日又は新設分割計画が作成された日から起算して、二週間を経過する日

（承継される事業に主として従事する労働者に係る労働契約の承継）

第三条　前条第一項第一号に掲げる労働者が分割会社との間で締結している労働契約であって、分割契約等に承継会社等が承継する旨の定めがあるものは、当該分割契約等に係る分割の効力が生じた日に、当該承継会社等に承継されるものとする。

第四条　第二条第一項第一号に掲げる労働者であって、分割契約等にその者が分割会社との間で締結している労働契約を承継会社等が承継する旨の定めがないものは、同項の通知がされた日から異議申出期限日までの間に、当該分割会社に対し、当該労働契約が当該承継会社等に承継されないことについて、書面により、異議を申し出ることができる。

2　分割会社は、異議申出期限日を定めるときは、第二条第一項の通知がされた日と異議申出期限日との間に少なくとも十三日間を置かなければならない。

3　前二項の「異議申出期限日」とは、次の各号に掲げる場合に応じ、当該各号に定める日をいう。

一　第二条第三項第一号に掲げる場合　通知期限日の翌日から承認株主総会の日の前日までの期間の範囲内で分割会社が定める日

二　第二条第三項第二号に掲げる場合　同号の吸収分割契約又は新設分割計画に係る分割の効力が生ずる日の前日までの日で分割会社が定める日

4　第一項に規定する労働者が同項の異議を申し出たときは、会社法第七百五十九条第一項、第七百六十一条第一項、第七百六十四条第一項又は第七百六十六条第一項の規定にかかわらず、当該労働者が分割会社との間で締結している労働契約は、分割契約等に係る分割の効力が生じた日に、承継会社等に承継されるものとする。

（その他の労働者に係る労働契約の承継）

第五条　第二条第一項第二号に掲げる労働者は、同項の通知がされた日から前条第三項に規定する異議申出期限日までの間に、分割会社に対し、当該労働者が当該分割会社との間で締結している労働契約が承継会社等に承継されることについて、書面により、異議を申し出ることができる。

2　前条第二項の規定は、前項の場合について準用する。

3　第一項に規定する労働者が同項の異議を申し出たときは、会社法第七百五十九条第一項、第七百六十一条第一項、第七百六十四条第一項又は第七百六十六条第一項の規定にかかわらず、当該労働者が分割会社との間で締結している労働契約は、承継会社等に承継されないものとする。

（労働協約の承継等）

第六条　分割会社は、分割契約等に、当該分割会社と労働組合との間で締結されている労働協約のうち承継会社等が承継する部分を定めることができる。

2　分割会社と労働組合との間で締結されている労働協約に、労働組合法第十六条の基準以外の部分が定められている場合において、当該部分の全部又は一部について当該分割会社と当該労働組合との間で分割契約等の定めに従い当該承継会社等に承継させる旨の合意があったときは、当該合意に係る部分は、会社法第七百五十九条第一項、第七百六十一条第一項、第七百六十四条第一項又は第七百六十六条第一項の規定により、分割契約等の定めに従い、当該分割の効力が生じた日に、当該

承継会社等に承継されるものとする。

3　前項に定めるもののほか、分割会社と労働組合との間で締結されている労働協約については、当該労働組合の組合員である労働者と当該分割会社との間で締結されている労働契約が承継会社等に承継されるときは、会社法第七百五十九条第一項、第七百六十一条第一項、第七百六十四条第一項又は第七百六十六条第一項の規定にかかわらず、当該分割の効力が生じた日に、当該承継会社等と当該労働組合との間で当該労働協約（前項に規定する合意に係る部分を除く。）と同一の内容の労働協約が締結されたものとみなす。

（労働者の理解と協力）

第七条　分割会社は、当該分割に当たり、厚生労働大臣の定めるところにより、その雇用する労働者の理解と協力を得るよう努めるものとする。

（指針）

第八条　厚生労働大臣は、この法律に定めるもののほか、分割会社及び承継会社等が講ずべき当該分割会社が締結している労働契約及び労働協約の承継に関する措置に関し、その適切な実施を図るために必要な指針を定めることができる。

附則《略》

会社分割に伴う労働契約の承継等に関する法律施行規則（抄）

平成一二年一二月二七日労働省令第四八号
施行：平成一三年四月一日
最終改正：令和三年三月一九日厚生労働省令第五〇号
施行：令和三年四月一日

（労働者への通知）

第一条　会社分割に伴う労働契約の承継等に関する法律（以下「法」という。）第二条第一項の厚生労働省令で定める事項は、次のとおりとする。

一　通知の相手方たる労働者が法第二条第一項各号のいずれに該当するかの別

二　法第二条第一項の分割（以下「会社分割」という。）をする同条第二項の会社（以下「分割会社」という。）から同条第一項の承継会社等（以下「承継会社等」という。）に承継される事業（以下「承継される事業」という。）の概要

三　会社分割がその効力を生ずる日（以下「効力発生日」という。）以後における分割会社及び承継会社等の商号、住所（会社法（平成十七年法律第八十六号）第七百六十三条第一項に規定する新設分割設立会社にあっては所在地）、事業内容及び雇用することを予定している労働者の数

四　効力発生日

五　効力発生日以後における分割会社又は承継会社等において当該労働者について予定されている従事する業務の内容、就業場所その他の就業形態

六　効力発生日以後における分割会社及び承継会社等の債務の履行の見込みに関する事項

七　法第四条第一項又は法第五条第一項の異議がある場合はその申出を行うことができる旨及び異議の申出を行う際の当該申出を受理する部門の名称及び住所地又は担当者の氏名、職名及び勤務場所

（承継される事業に主として従事する者の範囲）

第二条　法第二条第一項第一号の厚生労働省令で定める者は、次のとおりとする。

一　法第二条第一項の分割契約等（以下「分割契約等」という。）を締結し、又は作成する日において、承継される事業に主として従事する労働者（分割会社が当該労働者に対し当該承継される事業に一時的に主として従事するように命じた場合その他の分割契約等を締結し、又は作成する日において当該日後に当該承継される事業に主として従事しないこととなることが明らかである場合を除く。）

二　前号の労働者以外の労働者であって、分割契約等を締結し、又は作成する日以前において分割会社が承継される事業以外の事業（当該分割会社以外の者のなす事業を含む。）に一時的に主として従事するよう命じたもの又は休業を開始したもの（当該労働者が当該承継される事業に主として従事した後、当該承継される事業以外の事業に従事し又は当該休業を開始した場合に限る。）その他の分割契約等を締結し、又は作成する日において承継される事業に主として従事しないもののうち、当該日後に当該承継される事業に主として従事することとなることが

明らかであるもの

（労働組合への通知）

第三条　法第二条第二項の厚生労働省令で定める事項は、次のとおりとする。

一　第一条第二号から第四号まで及び第六号に掲げるもの

二　その分割会社との間で締結している労働契約が承継会社等に承継される労働者の範囲及び当該範囲の明示によっては当該労働組合にとって当該労働者の氏名が明らかとならない場合には当該労働者の氏名

三　承継会社等が承継する労働協約の内容（法第二条第二項の規定に基づき、分割会社が、当該労働協約を承継会社等が承継する旨の当該分割契約等中の定めがある旨を通知する場合に限る。）

（労働者の理解と協力）

第四条　分割会社は、当該会社分割に当たり、そのすべての事業場において、当該事業場に、労働者の過半数で組織する労働組合がある場合においてはその労働組合、労働者の過半数で組織する労働組合がない場合においては労働者の過半数を代表する者との協議その他これに準ずる方法によって、その雇用する労働者の理解と協力を得るよう努めるものとする。

（準用）

第五条　第一条から第四条までの規定は、農業協同組合法（昭和二十二年法律第百三十二号）第七十条の三第一項に規定する新設分割について準用する。この場合において、これらの規定（第一条本文及び同条第二号を除く。）中「分割会社」とあるのは「分割組合」と、「承継会社等」とあるのは「設立組合」と、「分割契約等」とあるのは「分割計画」と、「会社分割」とあるのは「新設分割」と読み替えるほか、次の表《略》の上欄に掲げる規定中同表の中欄に掲げる字句は、それぞれ同表の下欄に掲げる字句に読み替えるものとする。

第六条　第一条から第四条までの規定は、医療法（昭和二十三年法律第二百五号）第六十条に規定する吸収分割及び同法第六十一条第一項に規定する新設分割について準用する。この場合において、これらの規定（第一条本文及び同条第二号を除く。）中「分割会社」とあるのは「分割医療法人」と、「承継会社等」とあるのは「承継医療法人等」と、「会社分割」とあるのは「医療法人分割」と読み替えるほか、次の表《略》の上欄に掲げる規定中同表の中欄に掲げる字句は、それぞれ同表の下欄に掲げる字句に読み替えるものとする。

第七条　第一条から第四条までの規定は、国民年金法（昭和三十四年法律第百四十一号）第百三十七条の三の七第一項に規定する吸収分割について準用する。この場合において、これらの規定（第一条各号列記以外の部分及び同条第二号を除く。）中「分割会社」とあるのは「分割基金」と、「承継会社等」とあるのは「承継基金」と、「分割契約等」とあるのは「吸収分割契約」と、「会社分割」とあるのは「基金分割」と読み替えるほか、次の表《略》の上欄に掲げる規定中同表の中欄に掲げる字句は、それぞれ同表の下欄に掲げる字句に読み替えるものとする。

第八条　《略》

附則《略》

分割会社及び承継会社等が講ずべき当該分割会社が締結している労働契約及び労働協約の承継に関する措置の適切な実施を図るための指針（抄）

平成一二年一二月二七日労働省告示第一二七号

最終改正：令和三年三月一九日厚生労働省告示第八三号

適用：令和三年四月一日

第1　趣旨

この指針は、会社分割に伴う労働契約の承継等に関する法律（平成十二年法律第百三号。以下「法」という。）第八条（農業協同組合法（昭和二十二年法律第百三十二号）第七十条の六第二項、医療法（昭和二十三年法律第二百五号）第六十二条、国民年金法（昭和三十四年法律第百四十一号）第百三十七条の三の十三並びに森林組合法（昭和五十三年法律第三十六号）第八十八条の七第二項、第百八条の十七第二項において準用する場合を含む。）の規定により、法第二条第一項の分割（以下「会社分割」という。）をする同条第二項の会社（以下「分割会社」という。）及び同条第一項の承継会社等（以下「承継会社等」という。）が講ずべき当該分割会社が締結している労働契約及び労働協約の承継に関する措置に関し、その適切な実施を図るために必要な事項を定めたものである。

第2　分割会社及び承継会社等が講ずべき措置等

1　労働者及び労働組合に対する通知に関する事項

(1)　通知の時期

法第二条第一項及び第二項の労働者又は労働組合への通知は、次に掲げる会社法（平成一七年法律第八十六号）に規定する日のうち、株式会社にあっては、イ又はロのいずれか早い日と同じ日に、合同会社にあっては、ハと同じ日に行われることが望ましいこと。

イ　吸収分割契約等の内容その他法務省令で定める事項を記載し、又は記録した書面又は電磁的記録をその本店に備え置く日

ロ　株主総会を招集する通知を発する日

ハ　債権者の全部又は一部が会社分割について異議を述べることができる場合に、当該分割会社が、会社法に掲げられた事項を官報に公告し、又は知れている債権者に催告する日

なお、法第二条第一項及び第二項の通知を郵便等により行う場合は、民法（明治二十九年法律第八十九号）第九十七条第一項により、相手方に到達した時からその効力を生ずるものであるので、法第二条第三項に規定する通知期限日までに当該労働者又は労働組合に到達する必要があること。この場合において、法第四条第三項（第五条第二項において準用する場合を含む。）の「通知がされた日」とは、「通知が相手方に到達した日」をいうものであること。

(2)　通知を行う労働者の範囲

分割会社が法第二条第一項の規定により通知を行う労働者は、当該分割会社が雇用する労働者（いわゆる正社員に限らず、短時間労働者等を含む。）のうち、承継会社等に承継される事業（以下「承継される事業」という。）に主として従事する労働者及び当該労働者以外の労働者であって法第二条第一項の分割契約等（以下「分割契約等」という。）にその者が当該分割会社との間で締結している労働契約を承継会社等が承継する旨の定めがあるものであること。

なお、承継される事業に主として従事する労働者であって分割契約等にその者が分割会社との間で締結している労働契約を承継会社等が承継する旨の定めがないもの及び承継される事業に主として従事する労働者以外の労働者であって分割契約等にその者が当該分割会社との間で締結している労働契約を承継会社等が承継する旨の定めがあるものについては、法第四条第一項及び第五条第一項の規定に基づき、当該分割会社に対して異議を申し出る機会が与えられていること。

(3)　通知を行う労働組合の範囲

分割会社が法第二条第二項の規定により通知を行う労働組合は、当該分割会社との間で労働協約を締結している労働組合であること。労働組合の組合員が当該分割会社との間で労働契約を締結している場合には、当該分割会社は、当該労働組合との間で労働協約を締結していない場合であっても、当該労働組合に対し、法第二条第二項の規定の例により通知を行うことが望ましいこと。

2　労働契約の承継に関して講ずべき措置等

(1)　分割契約等に定める方法等に関する事項

会社法の規定に基づき分割会社から承継会社等に承継される労働契約を分割契約等に定める場合には、当該承継される労働契約に係る労働者のすべての氏名が特定できることが必要であること。当該承継される労働契約に係る労働者のすべての氏名が特定できるときには、分割会社の特定の事業場を明示して、当該事業場のすべての労働者又は特定の者を除くすべての労働者に係る労働契約が当該承継される労働契約である旨を分割契約等に定めることができること。

(2)　労働者による異議の申出に関する事項

イ　申出の内容等

法第四条第一項の異議の申出については、当該労働者は、当該労働者の氏名及び当該労働者に係る労働契約が当該承継会社等に承継されないことについて反対である旨を書面に記載して、同条第三項の異議申出期限日までに当該分割会社が指定する異議の申出先に通知すれば足りること。

法第五条第一項の異議の申出については、当該労働者は、当該労働者の氏名、当該労働者が法第二条第一項第二号に掲げる労働者に該当する旨及び当該労働者に係る労働契約が当該承継会社等に承継されることについて反対である旨を書面に記載して、法第五条第一項の異議申出期限日までに当該分割会社が指定する異議の申出先に通知すれば足りること。

ロ　異議申出期限日に関する留意事項

法第四条第一項又は第五条第一項の異議の申出を郵便等により行う場合は、民法第九十七条第一項の規定により、相手方に到達した時からその効力を生ずるものであるので、法第四条第三項又は第五条第一項の異議申出期限日までに当該分割会社に到達する必要があること。

ハ　異議の申出に係る取扱い

分割会社は、法第四条第一項又は第五条第一項の異議の申出を行おうとする労働者に対しては、異議の申出が容易となるような異議の申出先の指定をするとともに、勤務時間中に異議の申出に必要な行為が行えるよう配慮すること。

また、分割会社及び承継会社等は、労働者が法第四条第一項又は第五条第一項の異議の申出を行

おうとしていること又は行ったことを理由として、解雇その他不利益な取扱いをしてはならないこと。

(3) 承継される事業に主として従事する労働者の範囲に関する事項

イ 承継される事業に主として従事する労働者に関する基本的な考え方

会社分割は、会社の事業に関して有する権利義務を単位としてなされるものであるが、法第二条第一項第一号の労働者に該当するか否かについては、承継会社等に承継される事業を単位として判断するものであること。その際、当該事業の解釈に当たっては、労働者の雇用及び職務を確保するといった法の労働者保護の趣旨を踏まえつつ、「一定の事業目的のために組織化され、有機的一体として機能する財産」であることを基本とすること。

ロ 分割契約等を締結し、又は作成する日における判断

(イ) 分割契約等を締結し、又は作成する日において、承継される事業に専ら従事する労働者は、法第二条第一項第一号の労働者に該当するものであること。

(ロ) 労働者が承継される事業以外の事業にも従事している場合は、それぞれの事業に従事する時間、それぞれの事業における当該労働者の果たしている役割等を総合的に判断して当該労働者が当該承継される事業に主として従事しているか否かを決定するものであること。

(ハ) 総務、人事、経理、銀行業における資産運用等のいわゆる間接部門に従事する労働者であって、承継される事業のために専ら従事している労働者は、法第二条第一項第一号の労働者に該当するものであること。

労働者が、承継される事業以外の事業のためにも従事している場合は、上記(ロ)の例によって判断することができるときには、これによること。

労働者が、いずれの事業のために従事するのかの区別なくしていわゆる間接部門に従事している場合で、上記(ロ)の例によっては判断することができないときは、特段の事情のない限り、当該判断することができない労働者を除いた分割会社の雇用する労働者の過半数の労働者に係る労働契約が承継会社等に承継される場合に限り、当該労働者は、法第二条第一項第一号の労働者に該当するものであること。

ハ 分割契約等を締結し、又は作成する日で判断することが適当でない場合

(イ) 分割契約等を締結し、又は作成する日において承継される事業に主として従事する労働者であっても、分割会社が、研修命令、応援命令、一定の期間で終了する企画業務への従事命令等一時的に当該承継される事業に当該労働者を従事させた場合であって、当該命令による業務が終了した場合には当該承継される事業に主として従事しないこととなることが明らかであるものは、法第二条第一項第一号の労働者に該当しないものであること。

また、育児等のために承継される事業からの配置転換を希望する労働者等であって分割契約等を締結し、又は作成する日以前の分割会社との間の合意により当該日後に当該承継される事業に主として従事しないこととなることが明らかであるものは、法第二条第一項第一号の労働者に該当しないものであること。

(ロ) 分割契約等を締結し、又は作成する日前において承継される事業に主として従事していた労働者であって、分割会社による研修命令、応援命令、一定の期間で終了する企画業務への従事命令（出向命令を含む。）等によって分割契約等を締結し、又は作成する日では一時的に当該承継される事業以外の事業に主として従事することとなったもののうち、当該命令による業務が終了した場合には当該承継される事業に主として従事することとなることが明らかであるものは、法第二条第一項第一号の労働者に該当するものであること。

分割契約等を締結し、又は作成する日前において承継される事業に主として従事していた労働者であって、その後休業することとなり分割契約等を締結し、又は作成する日では当該承継される事業に主として従事しないこととなったもののうち、当該休業から復帰する場合は再度当該承継される事業に主として従事することとなることが明らかであるものは、法第二条第一項第一号の労働者に該当するものであること。

労働契約が成立している採用内定者、育児等のための配置転換希望者等分割契約等を締結し、又は作成する日では承継される事業に主として従事していなかった労働者であっても、当該日後に当該承継される事業に主として従事することとなることが明らかであるものは、法第二条第一項第一号の労働者に該当するものであること。

(ハ) 過去の勤務の実態から判断してその労働契約が承継会社等に承継されるべき又は承継されな

いべきことが明らかな労働者に関し、分割会社が、合理的理由なく会社分割がその効力を生ずる日（以下「効力発生日」という。）以後に当該労働者を承継会社等又は分割会社から排除することを目的として、当該効力発生日前に配置転換等を意図的に行った場合における当該労働者が法第二条第一項第一号の労働者に該当するか否かの判断については、当該過去の勤務の実態に基づくべきものであること。

ニ　分割会社と労働者との間で見解の相違がある場合

法第二条第一項第一号の労働者に該当するか否かの判断に関し、労働者と分割会社との間で見解の相違があるときは、当該分割会社は、法第七条及び商法等の一部を改正する法律（平成一二年法律第九十号。以下「商法等改正法」という。）附則第五条並びに下記4により、当該労働者との間の協議等によって見解の相違の解消に努めるものとすること。この場合においては、次のことに留意すべきであること。なお、この協議等によっても見解の相違が解消しない場合においては、裁判によって解決を図ることができること。

(イ)　承継される事業に主として従事する労働者であって、分割契約等にその者が分割会社との間で締結している労働契約を承継会社等が承継する旨の定めがないものが、法第二条第一項の通知を適法に受けなかった場合（当該分割会社が当該労働者を当該承継される事業に主として従事していないものとして取り扱い、当該通知をしなかった場合のほか、意図的に当該通知をしなかった場合を含む。）は、当該労働者は、当該効力発生日以後においても、当該承継会社等に対してその雇用する労働者たる地位の保全又は確認を求めることができ、また、当該分割会社に対してその雇用する労働者ではないことの確認を求めることができるものであること。

(ロ)　承継される事業に主として従事しない労働者であって分割契約等にその者が分割会社との間で締結している労働契約を承継会社等が承継する旨の定めがあるものが法第五条第一項の異議の申出をした場合において、当該分割会社が当該労働者を当該承継される事業に主として従事しているため当該労働者に係る労働契約を承継会社等に承継させたものとして取り扱うときは、当該労働者は、当該効力発生日以後においても、当該分割会社に対してその雇用する労働者たる地位の保全又は確認を求めることができ、また、当該承継会社等に対してその雇用する労働者ではないことの確認を求めることができるものであること。承継される事業に主として従事しない労働者であって分割契約等にその者が分割会社との間で締結している労働契約を承継会社等が承継する旨の定めがあるにもかかわらず、法第二条第一項の通知を適法に受けなかった場合もこれに準ずるものであること。

ニ　その他の留意事項

(イ)　分割会社は、不当労働行為の意図をもって効力発生日以後における分割会社又は承継会社等から当該労働者を排除する等の違法な目的のために、当該効力発生日前に配置転換等を行ってはならず、このような配置転換等は無効となるものであること。

(ロ)　承継される事業に全く従事していない労働者についても、会社法第五編第三章並びに第五章第二節及び第三節並びに法が適用され、当該労働者が分割会社との間で締結している労働契約を分割会社から承継会社等に承継させる場合には、当該労働者は法第二条第一項第二号の労働者に該当するため、同項の通知が必要であること。当該労働者が労働契約を当該承継会社等に承継されることについて反対であるときは、法第五条第一項の異議の申出ができること。会社分割の手続によらずに当該労働者の労働契約を承継会社等に承継させる場合には、民法第六百二十五条第一項が適用され、当該労働者の個別の承諾を得る必要があること。

(ハ)　労働契約のみ承継する会社分割の場合も、承継される労働者に対して上記(ロ)と同様の取扱いがされること。

(4)　労働条件等に関する事項

イ　基本原則

(イ)　維持される労働条件

会社法の規定に基づき承継会社等に承継された労働契約は、分割会社から承継会社等に包括的に承継されるため、その内容である労働条件は、そのまま維持されるものであること。

この場合において、労働協約、就業規則又は労働契約に規定されている労働条件のほか、確立された労働慣行であって分割会社と労働者との間で黙示の合意が成立したもの又は民法第九十二条の慣習が成立していると認められるもののうち労働者の待遇に関する部分についても、労働契約の内容である労働条件として維持されるものであること。

また、年次有給休暇の日数、退職金額等の算定、永年勤続表彰資格等に係る勤続年数については、分割会社におけるものが通算されるものであること。

社宅の貸与制度、社内住宅融資制度等の福利厚生に関するものについても、労働協約又は就業規則に規定され制度化されているもの等分割会社と労働者との間の権利義務の内容となっていると認められるものについては、労働契約の内容である労働条件として維持されるものであること。この場合において、その内容によって承継会社等において同一の内容のまま引き継ぐことが困難な福利厚生については、当該分割会社は、当該労働者等に対し、効力発生日以後における取扱いについて情報提供を行うとともに、法第七条及び商法等改正法附則第五条並びに下記4により、代替措置等を含め当該労働者との間の協議等を行い、妥当な解決を図るべきものであること。

なお、外部拠出制の企業年金に係る退職年金で、事業主と金融機関等との間で締結される退職年金契約に基づき労働者に支払われるものについては、当該退職年金の内容である給付の要件、水準等が労働協約又は就業規則に規定される等、その受給権が労働契約の内容となっている場合には、会社分割によって分割会社から承継会社等に労働契約が承継される労働者の受給権は、労働条件として維持されるものであること。

(ロ)　会社分割を理由とする労働条件の不利益変更等

労働契約の内容である労働条件の変更については、労働組合法（昭和二十四年法律第百七十四号）及び労働契約法（平成十九年法律第百二十八号）における労使間の合意を必要とすることとされていることから、会社分割を理由とする一方的な労働条件の不利益変更を行ってはならず、また、会社分割の前後において労働条件の変更を行う場合にも、労働契約法第十条の要件を満たす就業規則の合理的な変更による場合を除き、労使間の合意によることなく労働条件を不利益に変更することはできないこと。

(ハ)　会社分割を理由とする解雇等

普通解雇や整理解雇については、労働契約法第十六条の規定が定められているとともに、判例法理が確立しており、会社は、これらに反する会社分割のみを理由とする解雇を行ってはならないこと。

また、分割会社の債務の履行の見込みがない事業とともに労働者を承継する場合、債務の履行の見込みがない事業に引き続き雇用する場合その他特定の労働者を解雇する目的で会社制度を濫用した場合等には、いわゆる法人格否認の法理及びいわゆる公序良俗違反の法理等の適用があり得ること、また、労働組合の組合員に対する不利益な取扱いをした場合には、不当労働行為として救済され得ることに留意すべきであること。

ロ　恩恵的性格を有する福利厚生に関する留意事項

上記イ(イ)のとおり、分割会社と労働者との間の権利義務の内容となっていると認められる福利厚生については、労働契約の内容である労働条件として維持されるものであるが、このような性格を有しない恩恵的性格を有するものについては、当該分割会社は、当該労働者等に対し、効力発生日以後における取扱いについて情報提供を行うとともに、法第七条及び商法等改正法附則第五条並びに下記4により、当該労働者等との間の協議等を行い、妥当な解決を図るべきものであること。

ハ　法律により要件が定められている福利厚生に関する留意事項

確定給付企業年金法（平成十三年法律第五十号）第二章第三節の規定に基づく企業年金基金、公的年金制度の健全性及び信頼性の確保のための厚生年金保険法等の一部を改正する法律（平成二十五年法律第六十三号。以下「平成二十五年厚生年金等改正法」という。）附則第三条第十二号に規定する厚生年金基金、健康保険法（大正十一年法律第七十号）第二章第三節の規定に基づく健康保険組合、勤労者財産形成促進法（昭和四十六年法律第九十二号）第六条の金融機関等、中小企業退職金共済法（昭和三十四年法律第百六十号）第六章の規定に基づく独立行政法人勤労者退職金共済機構等分割会社以外の第三者が、各法令の規定に従い福利厚生の全部又は一部を実施している場合においては、効力発生日以後における当該福利厚生の取扱いについては、会社法第五編第三章並びに第五章第二節及び第三節並びに法の規定によるもののほか、各法令の規定に従った取扱いが必要であるため、当該分割会社は、次のことに留意して、労働者等に対し、当該効力発生日以後における取扱いについて情報提供を行うとともに、法第七条及び商法等改正法附則第五条並びに下記4により、当該労働者等との間の協議等を行い、妥当な解決を図るべきものであること。

(イ)　基金型企業年金

確定給付企業年金の加入者に必要な給付を行うことを目的として設立された企業年金基金（以下この(イ)において「基金」という。）は、確定給付企業年金法第二章第三節の規定に基づき任意に設立される法人であり、会社分割がされても、当然には分割会社の雇用する労働者を加入員とする基金から承継会社等の雇用する労働者を加入員とする基金に変更されるものではないこと。

この場合において、基金の加入員たる分割会社の雇用する労働者であってその労働契約が承継会社等に承継されたものに対する基金が支給する年金又は一時金たる給付を継続する方法としては次のようなものがあるが、基金に係る権利義務の移転又は基金の合併等が必要なため、主務大臣の認可が必要となるものであること。

a　吸収分割の場合

(a)　承継会社に基金がある場合

分割会社に係る基金の加入員の年金給付等の支給に関する権利義務を会社法第二条第二九号の規定による吸収分割（以下「吸収分割」という。）によって事業を承継する会社（以下「承継会社」という。）に係る基金に移転させる方法又は分割会社に係る基金と承継会社に係る基金が合併する方法

(b)　承継会社に基金がない場合

分割会社に係る基金の規約を一部改正し、承継会社を当該基金の実施事業所に追加する方法又はその労働契約が承継会社に承継される労働者に関して分割会社に係る基金を分割し、承継会社を実施事業所とする基金を新たに設立する方法

b　新設分割の場合

分割会社に係る基金の規約を一部改正し、会社法第二条第三〇号の規定による新設分割（以下「新設分割」という。）によって設立する会社（以下「設立会社」という。）を当該基金の実施事業所に追加する方法又はその労働契約が設立会社に承継される労働者に関して分割会社に係る基金を分割し、設立会社を実施事業所とする基金を新たに設立する方法

なお、確定給付企業年金のうち規約型企業年金については、分割会社以外の第三者がその全部又は一部を実施している場合に該当せず、当該規約型企業年金の内容である給付の要件、水準等を規定する規約が労働協約に該当する等その給付の支給に関する権利義務が労働契約の内容となっている場合には、会社分割によって分割会社から承継会社等に労働契約が承継される労働者の給付に関する権利は、労働条件として維持されるものであること。

また、承継会社が厚生年金基金を設立している場合には、分割会社に係る確定給付企業年金の加入者の年金給付等の支給に関する権利義務を当該厚生年金基金に移転することが可能であること。

(ロ)　厚生年金基金

厚生年金基金は、平成二十五年厚生年金等改正法第一条の規定による改正前の厚生年金保険法第九章第一節の規定に基づき、任意に設立され、平成二十五年厚生年金等改正法附則第四条の規定によりなお存続するものとされた法人又は平成二十五年厚生年金等改正法附則第六条の規定により平成二十五年厚生年金等改正法第一条の規定による改正前の厚生年金保険法第百十一条第一項の認可の申請についての認可の処分についてなお従前の例によるものとされ、設立された法人であり、基本的には上記(イ)の基金型企業年金の場合と同様の対応となるが、平成二十五年厚生年金等改正法の施行により、平成二十六年四月一日以降厚生年金基金の新設はできなくなったため、厚生年金基金の加入員たる分割会社の雇用する労働者であってその労働契約が承継会社等に承継されたものに対する厚生年金基金が支給する年金又は一時金たる給付を継続する方法としては、規約の変更による方法のみ可能であること。

なお、承継会社が企業年金基金を設立している場合には、分割会社に係る厚生年金基金の加入員の年金給付等の支給に関する権利義務を当該企業年金基金に移転することが可能であること。

(ハ)　健康保険組合

健康保険組合は、健康保険法第二章第三節の規定に基づき対象事業所を基礎として任意に設立される法人であり、基本的には上記(イ)の基金型企業年金の場合と同様の対応となること。

(ニ)　財産形成貯蓄契約等

財産形成貯蓄契約等（財産形成貯蓄契約、財産形成年金貯蓄契約及び財産形成住宅貯蓄契約をいう。以下同じ。）は、勤労者と金融機関等が当該勤労者の財産形成に関し締結する契約であり、その契約の締結の際勤労者は、勤労者財産形成促進法第六条第一項第一号ハ等により事業主と賃金控除及び払込代行について契約を締

結するものとされており、当該契約は、労働契約の内容である労働条件として維持されるものであること。したがって、会社分割によって分割会社から承継会社等に労働契約が承継される場合、当該契約に基づく賃金控除及び払込代行を行う義務も承継会社等に承継されることとなるため、当該承継される労働契約に係る労働者は、当該財産形成貯蓄契約等を存続させることができるものであること。なお、この場合、当該承継会社等の事業場において労働基準法（昭和二十二年法律第四十九号）第二四条第一項の労使協定があることが必要となるものであること。また、承継会社等は金融機関等との間で所定の手続を行う必要があること。

(ホ) 中小企業退職金共済契約

中小企業退職金共済契約は、中小企業退職金共済法第二章の規定に基づき、中小企業者（共済契約者）が、各従業員（被共済者）につき、独立行政法人勤労者退職金共済機構（以下「機構」という。）と締結する契約であり、当該中小企業者が機構に掛金を納付し、機構が当該従業員に対し退職金を支給することを内容とするものであること。また、当該従業員が機構から退職金の支給を受けることは、当該中小企業者と当該従業員との間の権利義務の内容となっていると認められ、労働契約の内容である労働条件として維持されるものであること。また、会社分割により事業主が異なることとなった場合であっても、当該会社分割によって労働契約が分割会社から承継会社等に承継される従業員について、共済契約が継続しているものとして取り扱うこととなるものであること。なお、この場合、承継会社等は機構との間で所定の手続を行う必要があること。

(5) 転籍合意等と法律上の手続との関係

イ 転籍合意による承継

分割会社は、承継される事業に主として従事する労働者について、会社分割の対象とすることなくいわゆる転籍合意によって、承継会社等に転籍させる場合には、当該労働者に対して、次に掲げる事項に留意すべきであること。

(イ) 法第二条第一項及び第二項の通知並びに商法等改正法附則第五条で義務付けられた協議等の手続は省略できないこと。

(ロ) 分割契約等に承継会社等が当該労働者の労働契約を承継する旨の定めがある場合には、分割会社との間で締結している労働契約は、分割会社から承継会社等に包括的に承継されるため、その内容である労働条件はそのまま維持されること及び当該労働者の労働契約を承継する旨の定めがない場合には、法第四条第一項の異議の申出をすることができることを当該労働者に対し説明すべきこと。

(ハ) 当該労働者が、分割契約等に承継会社等が当該労働者の労働契約を承継する旨の定めのないことにつき、法第四条第一項の異議の申出をした場合には、同条第四項の規定に基づき、当該労働者が分割会社との間で締結している労働契約が、その内容である労働条件を維持したまま承継会社等に承継されるため、これに反する転籍合意部分は、その効力がないものとされること。

ロ 出向

承継される事業に主として従事する労働者が、分割会社との労働契約を維持したまま、承継会社等との間で新たに労働契約を締結する出向の場合であっても、法第二条第一項及び第二項の通知並びに商法等改正法附則第五条で義務付けられた協議等の手続が必要であることに留意すべきであること。

3 労働協約の承継に関して講ずべき措置等

(1) 分割会社と労働組合との間の合意に関する事項

イ 合意の時期

法第六条第二項の分割会社と労働組合との間の合意については、分割契約等の締結前又は作成前にあらかじめ労使間で協議をすることにより合意しておくことが望ましいこと。

ロ 労働協約の取扱い

(イ) 法第六条第二項の合意がある場合の取扱い

会社法及び法第六条第一項の規定に基づき労働協約を分割会社から承継会社等に承継させる旨が分割契約等に定められた場合であって、労働組合法第十六条の基準以外の部分に関する法第六条第二項の合意がなされたときは、当該合意に係る部分に限り、当該労働協約は、当該効力発生日に、分割会社から承継会社等に承継されるものであること。

法第六条第二項の合意は、労働組合法第十六条の基準以外の部分の全部又は一部の承継について行うことができるものであること。例えば、「「会社は、労働組合に対し百平方メートルの規模の組合事務所を貸与する。」という労働協約の内容のうち四十平方メートル分の規模の組合事務所を貸与する義務については当該会社に残し、残り六十平方メートル分の規模の組合事務所を貸与する義務については承継会社に承継させる。」という内容の分割契約等の定め及び合意も可能であること。

(ロ) 法第六条第二項の合意がない場合の取扱い

労働組合法第十六条の基準以外の部分に関する法第六条第二項の合意がないときは、当該部分に関しては、法第六条第三項の規定により、分割会社は、効力発生日以後も労働協約の当事者たる地位にとどまり、当該労働組合の組合員に係る労働契約が承継会社等に承継されるときは、当該承継会社等は、当該労働協約と同一の内容を有する労働協約の当事者たる地位に立つこととなるものであること。この場合、当該承継会社等には、当該労働協約に係る権利義務関係の本旨に従った権利又は義務が生じることとなるものであること。

(ハ) 労働組合法第十六条の基準に関する部分の取扱い

労働組合法第十六条の基準に関する部分については、会社法及び法第六条第一項の規定に基づき労働協約を分割会社から承継会社等に承継させる旨が分割契約等に定められた場合であっても定められなかった場合であっても、法第六条第三項の規定により、当該分割会社は、当該効力発生日以後もなお当該労働協約の当事者たる地位にとどまり、当該労働組合の組合員に係る労働契約が承継会社等に承継されるときは、当該承継会社等は、当該労働協約と同一の内容を有する労働協約の当事者たる地位に立つこととなるものであること。

(2) 承継会社における既存の労働協約との関係

労働協約は使用者と労働組合との間で締結されるものであることから、一の会社にその所属する労働組合が異なる労働者が勤務している場合には、同一の事項に関し、各労働組合ごとに内容の異なる労働協約が締結され、併存する場合もあり得るものであること。

したがって、吸収分割の場合であって、法第六条第三項の規定により分割会社との間で締結されている労働協約と同一の内容の労働協約が承継会社と当該労働組合との間で締結されたものとみなされるときは、当該承継会社が同一の事項に関して複数の労働組合と内容の異なる労働協約を締結したこととなるため、同種の労働者の中で労働条件が異なることは起こり得ること。

(3) 組織要件が効力発生要件とされている労使協定等

イ 労働組合法第十七条の一般的拘束力等

労働組合法第十七条の一般的拘束力については、その要件として、「一の工場事業場に常時使用される同種の労働者の四分の三以上の数の労働者が一の労働協約の適用を受けるに至ったとき」でなければならないこととされており、効力発生日前に分割会社の工場事業場において労働組合法第一七条が適用されていた場合であっても、当該会社分割の際に当該要件を満たさなくなった分割会社又は承継会社等の工場事業場においては、労働組合法第十七条は適用されないこと。

労働組合法第七条第一号ただし書のいわゆるショップ制に係る労働協約についても同様であること。

ロ 労働基準法上の労使協定

労働基準法第二十四条、第三十六条などの労使協定については、民事上の権利義務を定めるものではないため、分割会社が分割契約等に定めることにより承継会社等に承継させる対象とはならないものであること。これらの労使協定については、会社分割の前後で事業場の同一性が認められる場合には、引き続き有効であると解され得るものであること。事業場の同一性が失われた場合は、該当する労働基準法上の免罰効が失われることから、当該効力発生日以後に再度、それぞれの規定に基づいて労使協定を締結し届出をする必要があるものであること。

4 労働者の理解と協力に関する事項

(1) 商法等改正法附則第五条の協議等

イ 労働者との事前の協議

商法等改正法附則第五条の規定により、分割会社は、法第二条第一項の規定による通知をすべき日（以下「通知期限日」という。）までに、承継される事業に従事している労働者及び承継される事業に従事していない労働者であって分割契約等にその者が当該分割会社との間で締結している労働契約を承継会社等が承継する旨の定めがあるものと、会社分割に伴う労働契約の承継に関して協議をするものとされていること。

分割会社は、当該労働者に対し、当該効力発生日以後当該労働者が勤務することとなる会社の概要、効力発生日以後における分割会社及び承継会社等の債務の履行の見込みに関する事項、当該労働者が法第二条第一項第一号に掲げる労働者に該当するか否かの考え方等を十分説明し、本人の希望を聴取した上で、当該労働者に係る労働契約の承継の有無、承継するとした場合又は承継しないとした場合の当該労働者が従事することを予定する業務の内容、就業場所その他の就業形態等について協議をするものとされていること。

分割会社は、事業を構成するに至らない権利義務の分割の場合において、分割契約等に労働契約の承継の定めのない労働者のうち、当該権利義務の分割が当該労働者の職務の内容等に影響しうるものに対しては、法第七条の労働者の理解と協力を得る努力とは別に、職務の内容等の変更があればその説明を行う等、一定の情報を提供することが望ましいこと。

ロ　法第七条の労働者の理解と協力を得る努力との関係

当該協議は、承継される事業に従事する個別労働者の保護のための手続であるのに対し、法第七条の労働者の理解と協力を得る努力は、下記(2)のとおり、会社分割に際し分割会社に勤務する労働者全体の理解と協力を得るためのものであって、実施時期、対象労働者の範囲、対象事項の範囲、手続等に違いがあるものであること。

ハ　協議に当たっての代理人の選定

労働者が個別に民法の規定により労働組合を当該協議の全部又は一部に係る代理人として選定した場合は、分割会社は、当該労働組合と誠実に協議をするものとされていること。

ニ　労働組合法上の団体交渉権との関係

会社分割に伴う労働者の労働条件等に関する労働組合法第六条の団体交渉の対象事項については、分割会社は、当該協議が行われていることをもって労働組合による当該会社分割に係る適法な団体交渉の申入れを拒否できないものであること。

また、当該対象事項に係る団体交渉の申入れがあった場合には、分割会社は、当該労働組合と誠意をもって交渉に当たらなければならないものとされていること。

ホ　協議開始時期

分割会社は、通知期限日までに十分な協議ができるよう、時間的余裕をみて協議を開始するものとされていること。

ヘ　会社分割の無効の原因となる協議義務違反等

商法等改正法附則第五条で義務付けられた協議を全く行わなかった場合又は実質的にこれと同視し得る場合における会社分割については、会社分割の無効の原因となり得るとされていることに留意すべきであること。

また、最高裁判所の判例において、商法等改正法附則第五条で義務付けられた協議が全く行われなかった場合又は協議が行われた場合であっても著しく不十分であるため、同条が当該協議を求めた趣旨に反することが明らかな場合には、法第二条第一項第一号に掲げる労働者は法第三条に定める労働契約の承継の効力を個別に争うことができるとされていることに留意すべきであること。

(2)　法第七条の労働者の理解と協力を得る努力

イ　内容

分割会社は、法第七条の規定に基づき、当該会社分割に当たり、そのすべての事業場において、当該事業場に、労働者の過半数で組織する労働組合がある場合においてはその労働組合、労働者の過半数で組織する労働組合がない場合においては労働者の過半数を代表する者との協議その他これに準ずる方法によって、その雇用する労働者の理解と協力を得るよう努めるものとすること。

「その他これに準ずる方法」としては、名称のいかんを問わず、労働者の理解と協力を得るために、労使対等の立場に立ち誠意をもって協議が行われることが確保される場において協議することが含まれるものであること。

ロ　対象事項

分割会社がその雇用する労働者の理解と協力を得るよう努める事項としては、次のようなものがあること。

(イ)　会社分割をする背景及び理由

(ロ)　効力発生日以後における分割会社及び承継会社等の債務の履行の見込みに関する事項

(ハ)　労働者が法第二条第一項第一号に掲げる労働者に該当するか否かの判断基準

(ニ)　法第六条の労働協約の承継に関する事項

(ホ)　会社分割に当たり、分割会社又は承継会社等と関係労働組合又は労働者との間に生じた労働関係上の問題を解決するための手続

ハ　労働組合法上の団体交渉権等

労働組合は、使用者との間で団体交渉を行う権利を有するが、団体交渉に応ずべき使用者の判断に当たっては、最高裁判所の判例において、「一般に使用者とは労働契約上の雇用主をいうものである」が、雇用主以外の事業主であっても、「その労働者の基本的な労働条件等について雇用主と部分的とはいえ同視できる程度に現実的かつ具体的に支配、決定することができる地位にある場合には、その限りにおいて」、使用者に当たると解されていること等これまでの裁判例等の蓄積があることに留意すべきであること。

会社分割に伴う労働者の労働条件等に関する労働組合法第六条の団体交渉の対象事項については、分割会社は、法第七条の手続が行われていることをもって労働組合による当該会社分割に係る適法な団体交渉の申入れを拒否できないものであ

ること。

また、当該対象事項に係る団体交渉の申入れがあった場合には、分割会社は、当該労働組合と誠意をもって交渉に当たらなければならないものとされていること。

ニ　開始時期等

法第七条の手続は、遅くとも商法等改正法附則第五条の規定に基づく協議の開始までに開始され、その後も必要に応じて適宜行われるものであること。

ホ　その他の留意事項

労働組合法上の不当労働行為責任及び使用者の地位が会社分割に伴い、分割会社から承継会社等に承継されるとする裁判例や中央労働委員会の命令があることに留意すべきであること。

5　その他

(1)　安全衛生委員会等従業員代表を構成員とする法律上の組織に関する事項

労働安全衛生法（昭和四十七年法律第五十七号）第十九条の安全衛生委員会等法令上企業又は事業場規模が設置要件となっている委員会等については、効力発生日以後に設置要件を満たさなくなった場合であっても、分割会社及び承継会社等において当該効力発生日前と同様の委員会等を設置することが望ましいこと。

(2)　派遣労働者の取扱い

労働者派遣事業の適正な運営の確保及び派遣労働者の保護等に関する法律（昭和六十年法律第八十八号）の規定に従い派遣労働者が分割会社に派遣されている場合であって、当該派遣労働者に係る労働者派遣契約が当該分割会社から承継会社等に承継されたときには、当該承継会社等が派遣先の地位を承継することとなることから、同法第四十条の二、第四十条の三等の派遣労働者を受け入れる期間に係る規定の適用に当たっては、当該期間は、効力発生日前の分割会社における期間も通算して算定されるものであること。

(3)　船員の取扱い

船員法（昭和二十二年法律第百号）の規定による労使協定及び船員災害防止活動の促進に関する法律（昭和四十二年法律第六十一号）第十一条の安全衛生委員会についても、労働基準法上の労使協定及び労働安全衛生法上の安全衛生委員会に関する取扱いと同様の取扱いをすること。

(4)　雇用の安定

分割会社及び承継会社等は、効力発生日以後における労働者の雇用の安定を図るよう努めること。

第3　農業協同組合法に規定する新設分割についての準用《略》

第4～第5《略》

短時間労働者及び有期雇用労働者の雇用管理の改善等に関する法律（パートタイム・有期雇用労働法）

平成五年六月一八日法律第七六号
施行：附則参照
最終改正：令和二年三月三一日法律第一四号
施行：令和二年六月一日

第一章　総則

（目的）

第一条　この法律は、我が国における少子高齢化の進展、就業構造の変化等の社会経済情勢の変化に伴い、短時間・有期雇用労働者の果たす役割の重要性が増大していることに鑑み、短時間・有期雇用労働者について、その適正な労働条件の確保、雇用管理の改善、通常の労働者への転換の推進、職業能力の開発及び向上等に関する措置等を講ずることにより、通常の労働者との均衡のとれた待遇の確保等を図ることを通じて短時間・有期雇用労働者がその有する能力を有効に発揮することができるようにし、もってその福祉の増進を図り、あわせて経済及び社会の発展に寄与することを目的とする。

（定義）

第二条　この法律において「短時間労働者」とは、一週間の所定労働時間が同一の事業主に雇用される通常の労働者（当該事業所に雇用される通常の労働者と同種の業務に従事する当該事業主に雇用される労働者にあっては、厚生労働省令で定める場合を除き、当該労働者と同種の業務に従事する当該通常の労働者）の一週間の所定労働時間に比し短い労働者をいう。

2　この法律において「有期雇用労働者」とは、事業主と期間の定めのある労働契約を締結している労働者をいう。

3　この法律において「短時間・有期雇用労働者」とは、短時間労働者及び有期雇用労働者をいう。

（基本的理念）

第二条の二　短時間・有期雇用労働者及び短時間・有期雇用労働者になろうとする者は、生活との調和を保ちつつその意欲及び能力に応じて就業することができる機会が確保され、職業生活の充実が図られるように配慮されるものとする。

（事業主等の責務）

第三条　事業主は、その雇用する短時間・有期雇用労働者について、その就業の実態等を考慮して、適正な労働条件の確保、教育訓練の実施、福利厚生の充実その他の雇用管理の改善及び通常の労働者への転換（短時間・有期雇用労働者が雇用される事業所において通常の労働者として雇い入れられることをいう。以下同じ。）の推進（以下「雇用管理の改善等」という。）に関する措置等を講ずることにより、通常の労働者との均衡のとれた待遇の確保等を図り、当該短時間・有期雇用労働者がその有する能力を有効に発揮することができるように努めるものとする。

2　事業主の団体は、その構成員である事業主の雇用する短時間・有期雇用労働者の雇用管理の改善等に関し、必要な助言、協力その他の援助を行うように努めるものとする。

（国及び地方公共団体の責務）

第四条　国は、短時間・有期雇用労働者の雇用管理の改善等について事業主その他の関係者の自主的な努力を尊重しつつその実情に応じてこれらの者に対し必要な指導、援助等を行うとともに、短時間・有期雇用労働者の能力の有効な発揮を妨げている諸要因の解消を図るために必要な広報その他の啓発活動を行うほか、その職業能力の開発及び向上等を図る等、短時間・有期雇用労働者の雇用管理の改善等の促進その他その福祉の増進を図るために必要な施策を総合的かつ効果的に推進するように努めるものとする。

2　地方公共団体は、前項の国の施策と相まって、短時間・有期雇用労働者の福祉の増進を図るために必要な施策を推進するように努めるものとする。

第二章　短時間・有期雇用労働者対策基本方針

第五条　厚生労働大臣は、短時間・有期雇用労働者の福祉の増進を図るため、短時間・有期雇用労働者の雇用管理の改善等の促進、職業能力の開発及び向上等に関する施策の基本となるべき方針（以下この条において「短時間・有期雇用労働者対策基本方針」という。）を定めるものとする。

2　短時間・有期雇用労働者対策基本方針に定める事項は、次のとおりとする。

一　短時間・有期雇用労働者の職業生活の動向に関する事項

二　短時間・有期雇用労働者の雇用管理の改善等を促進し、並びにその職業能力の開発及び向上を図るために講じようとする施策の基本となるべき事項

三　前二号に掲げるもののほか、短時間・有期雇用労働者の福祉の増進を図るために講じようとする施策の基本となるべき事項

3　短時間・有期雇用労働者対策基本方針は、短時間・有期雇用労働者の労働条件、意識及び就業の実態等を考慮して定められなければならない。

4　厚生労働大臣は、短時間・有期雇用労働者対策基本方針を定めるに当たっては、あらかじめ、労働政策審議会の意見を聴かなければならない。

5　厚生労働大臣は、短時間・有期雇用労働者対策基本方針を定めたときは、遅滞なく、これを公表しなければならない。

6　前二項の規定は、短時間・有期雇用労働者対策基本方針の変更について準用する。

第三章　短時間・有期雇用労働者の雇用管理の改善等に関する措置等

第一節　雇用管理の改善等に関する措置

（労働条件に関する文書の交付等）

第六条　事業主は、短時間・有期雇用労働者を雇い入れたときは、速やかに、当該短時間・有期雇用労働者に対して、労働条件に関する事項のうち労働基準法（昭和二十二年法律第四十九号）第十五条第一項に規定する厚生労働省令で定める事項以外のものであって厚生労働省令で定めるもの（次項及び第十四条第一項において「特定事項」という。）を文書の交付その他厚生労働省令で定める方法（次項において「文書の交付等」という。）により明示しなければならない。

2　事業主は、前項の規定に基づき特定事項を明示するときは、労働条件に関する事項のうち特定事項及び労働基準法第十五条第一項に規定する厚生

労働省令で定める事項以外のものについても、文書の交付等により明示するように努めるものとする。

（就業規則の作成の手続）

第七条　事業主は、短時間・有期雇用労働者に係る事項について就業規則を作成し、又は変更しようとするときは、当該事業所において雇用する短時間・有期雇用労働者の過半数を代表すると認められるものの意見を聴くように努めるものとする。

２　前項の規定は、事業主が有期雇用労働者に係る事項について就業規則を作成し、又は変更しようとする場合について準用する。この場合において、「短時間労働者」とあるのは、「有期雇用労働者」と読み替えるものとする。

（不合理な待遇の禁止）

第八条　事業主は、その雇用する短時間・有期雇用労働者の基本給、賞与その他の待遇のそれぞれについて、当該待遇に対応する通常の労働者の待遇との間において、当該短時間・有期雇用労働者及び通常の労働者の業務の内容及び当該業務に伴う責任の程度（以下「職務の内容」という。）、当該職務の内容及び配置の変更の範囲その他の事情のうち、当該待遇の性質及び当該待遇を行う目的に照らして適切と認められるものを考慮して、不合理と認められる相違を設けてはならない。

（通常の労働者と同視すべき短時間・有期雇用労働者に対する差別的取扱いの禁止）

第九条　事業主は、職務の内容が通常の労働者と同一の短時間・有期雇用労働者（第十一条第一項において「職務内容同一短時間・有期雇用労働者」という。）であって、当該事業所における慣行その他の事情からみて、当該事業主との雇用関係が終了するまでの全期間において、その職務の内容及び配置が当該通常の労働者の職務の内容及び配置の変更の範囲と同一の範囲で変更されることが見込まれるもの（次条及び同項において「通常の労働者と同視すべき短時間・有期雇用労働者」という。）については、短時間・有期雇用労働者であることを理由として、基本給、賞与その他の待遇のそれぞれについて、差別的取扱いをしてはならない。

（賃金）

第一〇条　事業主は、通常の労働者との均衡を考慮しつつ、その雇用する短時間・有期雇用労働者（通常の労働者と同視すべき短時間・有期雇用労働者を除く。次条第二項及び第十一条において同じ。）の職務の内容、職務の成果、意欲、能力又は経験その他の就業の実態に関する事項を勘案し、その賃金（通勤手当その他の厚生労働省令で定めるものを除く。）を決定するように努めるものとする。

（教育訓練）

第一一条　事業主は、通常の労働者に対して実施する教育訓練であって、当該通常の労働者が従事する職務の遂行に必要な能力を付与するためのものについては、職務内容同一短時間・有期雇用労働者（通常の労働者と同視すべき短時間・有期雇用労働者を除く。以下この項において同じ。）が既に当該職務に必要な能力を有している場合その他の厚生労働省令で定める場合を除き、職務内容同一短時間・有期雇用労働者に対しても、これを実施しなければならない。

２　事業主は、前項に定めるもののほか、通常の労働者との均衡を考慮しつつ、その雇用する短時間・有期雇用労働者の職務の内容、職務の成果、意欲、能力及び経験その他の就業の実態に関する事項に応じ、当該短時間・有期雇用労働者に対して教育訓練を実施するように努めるものとする。

（福利厚生施設）

第一二条　事業主は、通常の労働者に対して利用の機会を与える福利厚生施設であって、健康の保持又は業務の円滑な遂行に資するものとして厚生労働省令で定めるものについては、その雇用する短時間・有期雇用労働者に対しても、利用の機会を与えなければならない。

（通常の労働者への転換）

第一三条　事業主は、通常の労働者への転換を推進するため、その雇用する短時間・有期雇用労働者について、次の各号のいずれかの措置を講じなければならない。

一　通常の労働者の募集を行う場合において、当該募集に係る事業所に掲示すること等により、その者が従事すべき業務の内容、賃金、労働時間その他の当該募集に係る事項を当該事業所において雇用する短時間・有期雇用労働者に周知すること。

二　通常の労働者の配置を新たに行う場合において、当該配置の希望を申し出る機会を当該配置に係る事業所において雇用する短時間・有期雇用労働者に対して与えること。

三　一定の資格を有する短時間・有期雇用労働者を対象とした通常の労働者への転換のための試験制度を設けることその他の通常の労働者への転換を推進するための措置を講ずること。

（事業主が講ずる措置の内容等の説明）

第一四条　事業主は、短時間・有期雇用労働者を雇い入れたときは、速やかに、第八条から前条までの規定により措置を講ずべきこととされている事項（労働基準法第十五条第一項に規定する厚生労働省令で定める事項及び特定事項を除く。）に関し講ずることとしている措置の内容について、当該短時間・有期雇用労働者に説明しなければならない。

2　事業主は、その雇用する短時間・有期雇用労働者から求めがあったときは、当該短時間・有期雇用労働者と通常の労働者との間の待遇の相違の内容及び理由並びに第六条から前条までの規定により措置を講ずべきこととされている事項に関する決定をするに当たって考慮した事項について、当該短時間・有期雇用労働者に説明しなければならない。

3　事業主は、短時間・有期雇用労働者が前項の求めをしたことを理由として、当該短時間・有期雇用労働者に対して解雇その他不利益な取扱いをしてはならない。

（指針）

第一五条　厚生労働大臣は、第六条から前条までに定める措置その他の第三条第一項の事業主が講ずべき雇用管理の改善等に関する措置等に関し、その適切かつ有効な実施を図るために必要な指針（以下この節において「指針」という。）を定めるものとする。

2　第五条第三項から第五項までの規定は指針の策定について、同条第四項及び第五項の規定は指針の変更について、それぞれ準用する。

（相談のための体制の整備）

第一六条　事業主は、短時間・有期雇用労働者の雇用管理の改善等に関する事項に関し、その雇用する短時間・有期雇用労働者からの相談に応じ、適切に対応するために必要な体制を整備しなければならない。

（短時間・有期雇用管理者）

第一七条　事業主は、常時厚生労働省令で定める数以上の短時間・有期雇用労働者を雇用する事業所ごとに、厚生労働省令で定めるところにより、指針に定める事項その他の短時間・有期雇用労働者の雇用管理の改善等に関する事項を管理させるため、短時間・有期雇用管理者を選任するように努めるものとする。

（報告の徴収並びに助言、指導及び勧告等）

第一八条　厚生労働大臣は、短時間・有期雇用労働者の雇用管理の改善等を図るため必要があると認めるときは、短時間・有期雇用労働者を雇用する事業主に対して、報告を求め、又は助言、指導若しくは勧告をすることができる。

2　厚生労働大臣は、第六条第一項、第九条、第十一条第一項、第十二条から第十四条まで及び第十六条の規定に違反している事業主に対し、前項の規定による勧告をした場合において、その勧告を受けた者がこれに従わなかったときは、その旨を公表することができる。

3　前二項に定める厚生労働大臣の権限は、厚生労働省令で定めるところにより、その一部を都道府県労働局長に委任することができる。

第二節　事業主等に対する国の援助

（事業主等に対する援助）

第一九条　国は、短時間・有期雇用労働者の雇用管理の改善等の促進その他その福祉の増進を図るため、短時間・有期雇用労働者を雇用する事業主、事業主の団体その他の関係者に対して、短時間・有期雇用労働者の雇用管理の改善等に関する事項についての相談及び助言その他の必要な援助を行うことができる。

（職業訓練の実施等）

第二〇条　国、都道府県及び独立行政法人高齢・障害・求職者雇用支援機構は、短時間・有期雇用労働者及び短時間・有期雇用労働者になろうとする者がその職業能力の開発及び向上を図ることを促進するため、短時間・有期雇用労働者、短時間・有期雇用労働者になろうとする者その他関係者に対して職業能力の開発及び向上に関する啓発活動を行うように努めるとともに、職業訓練の実施について特別の配慮をするものとする。

（職業紹介の充実等）

第二一条　国は、短時間・有期雇用労働者になろうとする者がその適性、能力、経験、技能の程度等にふさわしい職業を選択し、及び職業に適応することを容易にするため、雇用情報の提供、職業指導及び職業紹介の充実等必要な措置を講ずるように努めるものとする。

第四章　紛争の解決

第一節　紛争の解決の援助等

（苦情の自主的解決）

第二二条　事業主は、第六条第一項、第八条、第九条、第十一条第一項及び第十二条から第十四条までに定める事項に関し、短時間・有期雇用労働者から苦情の申出を受けたときは、苦情処理機関（事業主を代表する者及び当該事業所の労働者を代表する者を構成員とする当該事業所の労働者の苦情を処理するための機関をいう。）に対し当該苦情の処理を委ねる等その自主的な解決を図るように努めるものとする。

（紛争の解決の促進に関する特例）

第二三条　前条の事項についての短時間・有期雇用労働者と事業主との間の紛争については、個別労働関係紛争の解決の促進に関する法律（平成十三年法律第百十二号）第四条、第五条及び第十二条から第十九条までの規定は適用せず、次条から第二十七条までに定めるところによる。

（紛争の解決の援助）

第二四条　都道府県労働局長は、前条に規定する紛争に関し、当該紛争の当事者の双方又は一方からその解決につき援助を求められた場合には、当該紛争の当事者に対し、必要な助言、指導又は勧告をすることができる。

2　事業主は、短時間・有期雇用労働者が前項の援助を求めたことを理由として、当該短時間・有期雇用労働者に対して解雇その他不利益な取扱いをしてはならない。

第二節　調停

（調停の委任）

第二五条　都道府県労働局長は、第二十三条に規定する紛争について、当該紛争の当事者の双方又は一方から調停の申請があった場合において当該紛争の解決のために必要があると認めるときは、個別労働関係紛争の解決の促進に関する法律第六条第一項の紛争調整委員会に調停を行わせるものとする。

2　前条第二項の規定は、短時間・有期雇用労働者が前項の申請をした場合について準用する。

（調停）

第二六条　雇用の分野における男女の均等な機会及び待遇の確保等に関する法律（昭和四十七年法律第百十三号）第十九条から第二十六条までの規定は、前条第一項の調停の手続について準用する。この場合において、同法第十九条第一項中「前条第一項」とあるのは「短時間労働者及び有期雇用労働者の雇用管理の改善等に関する法律第二十五条第一項」と、同法第二十条中「事業場」とあるのは「事業所」と、同法第二十五条第一項中「第十八条第一項」とあるのは「短時間労働者及び有期雇用労働者の雇用管理の改善等に関する法律第二十五条第一項」と読み替えるものとする。

（厚生労働省令への委任）

第二七条　この節に定めるもののほか、調停の手続に関し必要な事項は、厚生労働省令で定める。

第五章　雑則

（雇用管理の改善等の研究等）

第二八条　厚生労働大臣は、短時間・有期雇用労働者がその有する能力を有効に発揮することができるようにするため、短時間・有期雇用労働者のその職域の拡大に応じた雇用管理の改善等に関する措置その他短時間・有期雇用労働者の雇用管理の改善等に関し必要な事項について、調査、研究及び資料の整備に努めるものとする。

（適用除外）

第二九条　この法律は、国家公務員及び地方公務員並びに船員職業安定法（昭和二十三年法律第百三十号）第六条第一項に規定する船員については、適用しない。

（過料）

第三〇条　第十八条第一項の規定による報告をせず、又は虚偽の報告をした者は、二十万円以下の過料に処する。

第三一条　第六条第一項の規定に違反した者は、十万円以下の過料に処する。

附則（抄）

（施行期日）

第一条　この法律は、公布の日から起算して六月を超えない範囲内において政令で定める日から施行する。ただし、第四章の規定及び第三十三条から第三十五条までの規定並びに附則第三条の規定及び附則第四条の規定（労働省設置法（昭和二十四年法律第百六十二号）第四条第三号の改正規定及び同法第五条第四号の次に一号を加える改正規定に限る。）は、平成六年四月一日から施行する。

附則（平成三〇年七月六日法律第七一号）（抄）

（短時間・有期雇用労働法の適用に関する経過措置）

第一一条　中小事業主については、平成三十三年三月三十一日までの間、第七条の規定による改正後の短時間・有期雇用労働者及び有期雇用労働者の雇用管理の改善等に関する法律（以下この条において「短時間・有期雇用労働法」という。）第二条第一項、第三条、第三章第一節（第十五条及び第十八条第三項を除く。）及び第四章（第二十六条及び第二十七条を除く。）の規定は、適用しない。この場合において、第七条の規定による改正前の短時間・有期雇用労働者の雇用管理の改善等に関する法律第二条、第三条、第三章第一節（第十五条及び第十八条第三項を除く。）及び第四章（第二十六条及び第二十七条を除く。）の規定並びに第八条の規定による改正前の労働契約法第二十条の規定は、なおその効力を有する。

2　附則第一条第二号に掲げる規定の施行の際現に紛争調整委員会に係属している個別労働関係紛争

の解決の促進に関する法律第五条第一項のあっせんに係る紛争であって、短時間・有期雇用労働法第二十三条に規定する紛争に該当するもの（中小事業主以外の事業主が当事者であるものに限る。）については、同条の規定にかかわらず、なお従前の例による。

3　平成三十三年四月一日前にされた申請に係る紛争であって、同日において現に紛争調整委員会に係属している個別労働関係紛争の解決の促進に関する法律第五条第一項のあっせんに係るもの（短時間・有期雇用労働法第二十三条に規定する紛争に該当するものであって、中小事業主が当事者であるものに限る。）については、短時間・有期雇用労働法第二十三条の規定にかかわらず、なお従前の例による。

短時間労働者及び有期雇用労働者の雇用管理の改善等に関する法律施行規則
（パートタイム・有期雇用労働法施行規則）

平成五年一一月一九日労働省令第三四号
施行：平成五年一二月一日
最終改正：平成三〇年一二月二八日厚生労働省令第一五三号
施行：令和二年四月一日

（法第二条第一項の厚生労働省令で定める場合）

第一条　短時間労働者及び有期雇用労働者の雇用管理の改善等に関する法律（平成五年法律第七十六号。以下「法」という。）第二条第一項の厚生労働省令で定める場合は、同一の事業主に雇用される通常の労働者の従事する業務が二以上あり、かつ、当該事業主に雇用される通常の労働者と同種の業務に従事する労働者の数が当該通常の労働者の数に比し著しく多い業務（当該業務に従事する通常の労働者の一週間の所定労働時間が他の業務に従事する通常の労働者の一週間の所定労働時間のいずれよりも長い場合に係る業務を除く。）に当該事業主に雇用される労働者が従事する場合とする。

（法第六条第一項の明示事項及び明示の方法）

第二条　法第六条第一項の厚生労働省令で定める短時間・有期雇用労働者に対して明示しなければならない労働条件に関する事項は、次に掲げるものとする。

一　昇給の有無
二　退職手当の有無
三　賞与の有無
四　短時間・有期雇用労働者の雇用管理の改善等に関する事項に係る相談窓口

2　事業主は、法第六条第一項の規定により短時間・有期雇用労働者に対して明示しなければならない労働条件を事実と異なるものとしてはならない。

3　法第六条第一項の厚生労働省令で定める方法は、第一項各号に掲げる事項が明らかとなる次のいずれかの方法によることを当該短時間・有期雇用労働者が希望した場合における当該方法とする。

一　ファクシミリを利用してする送信の方法
二　電子メールその他のその受信をする者を特定して情報を伝達するために用いられる電気通信（電気通信事業法（昭和五十九年法律第八十六号）第二条第一号に規定する電気通信をいう。以下この号において「電子メール等」という。）の送信の方法（当該短時間・有期雇用労働者が当該電子メール等の記録を出力することによる書面を作成することができるものに限る。）

4　前項第一号の方法により行われた法第六条第一項に規定する特定事項（以下この項において「特定事項」という。）の明示は、当該短時間・有期雇用労働者の使用に係るファクシミリ装置により受信した時に、前項第二号の方法により行われた特定事項の明示は、当該短時間・有期雇用労働者の使用に係る通信端末機器等により受信した時に、それぞれ当該短時間・有期雇用労働者に到達したものとみなす。

（法第十条の厚生労働省令で定める賃金）

第三条　法第十条の厚生労働省令で定める賃金は、通勤手当、家族手当、住宅手当、別居手当、子女教育手当その他名称の如何を問わず支払われる賃金（職務の内容（法第八条に規定する職務の内容をいう。）に密接に関連して支払われるものを除く。）とする。

（法第十一条第一項の厚生労働省令で定める場合）

第四条　法第十一条第一項の厚生労働省令で定める場合は、職務の内容が当該事業主に雇用される通常の労働者と同一の短時間・有期雇用労働者（法第九条に規定する通常の労働者と同視すべき短時間・有期雇用労働者を除く。）が既に当該職務に必要な能力を有している場合とする。

（法第十二条の厚生労働省令で定める福利厚生施設）

第五条　法第十二条の厚生労働省令で定める福利厚生施設は、次に掲げるものとする。

一　給食施設

二　休憩室

三　更衣室

（法第十七条の厚生労働省令で定める数）

第六条　法第十七条の厚生労働省令で定める数は、十人とする。

（短時間・有期雇用管理者の選任）

第七条　事業主は、法第十七条に定める事項を管理するために必要な知識及び経験を有していると認められる者のうちから当該事項を管理する者を短時間・有期雇用管理者として選任するものとする。

（権限の委任）

第八条　法第十八条第一項に規定する厚生労働大臣の権限は、厚生労働大臣が全国的に重要であると認めた事案に係るものを除き、事業主の事業所の所在地を管轄する都道府県労働局の長が行うものとする。

（準用）

第九条　雇用の分野における男女の均等な機会及び待遇の確保等に関する法律施行規則（昭和六十一年労働省令第二号）第三条から第十二条までの規定は、法第二十五条第一項の調停の手続について準用する。この場合において、同令第三条第一項中「法第十八条第一項」とあるのは「短時間労働者及び有期雇用労働者の雇用管理の改善等に関する法律（以下「短時間・有期雇用労働者法」という。）第二十五条第一項」と、同項並びに同令第四条（見出しを含む。）、第五条（見出しを含む。）及び第八条第一項中「機会均等調停会議」とあるのは「均衡待遇調停会議」と、同令第六条中「法第十八条第一項」とあるのは「短時間・有期雇用労働者法第二十五条第一項」と、「事業場」とあるのは「事業所」と、同令第八条第一項及び第三項中「法第二十条第一項又は第二項」とあるのは「短時間・有期雇用労働者法第二十六条において準用する法第二十条第一項」と、同項中「法第二十条第一項の」とあるのは「同項の」と、同令第九条中「関係当事者」とあるのは「関係当事者又は関係当事者と同一の事業所に雇用される労働者その他の参考人」と、同令第十条第一項中「第四条第一項及び第二項」とあるのは「短時間労働者及び有期雇用労働者の雇用管理の改善等に関する法律施行規則第九条において準用する第四条第一項及び第二項」と、「第八条」とあるのは「同令第九条において準用する第八条」と、同令第十一条第一項中「法第二十一条」とあるのは「短時間・有期雇用労働者法第二十六条において準用する法第二十一条」と、同令別記様式中「労働者」とあるのは「短時間・有期雇用労働者」と、「事業場」とあるのは「事業所」と読み替えるものとする。

附則《略》

短時間・有期雇用労働者対策基本方針

令和二年三月二七日厚生労働省告示第一二二号

適用：令和二年四月一日

はじめに

短時間労働者の雇用管理の改善等に関しては、平成五年に短時間労働者の雇用管理の改善等に関する法律（平成五年法律第七六号。以下「短時間労働者法」という。）を制定し、短時間労働を労使双方にとって重要な就業形態として位置付け、短時間労働者がその有する能力を有効に発揮することができるような条件整備を図る等によりその福祉の増進を図ってきたところである。

特に、平成一九年の短時間労働者法の改正において、通常の労働者と同視すべき短時間労働者について差別的取扱いを禁止する等の均等・均衡待遇の確保の規定を設けるとともに、通常の労働者への転換推進措置の導入等に関する規定を設け、それらの履行確保を図ってきたところである。

さらに、平成二六年の短時間労働者法の改正において、短時間労働者の待遇の原則の新設、差別的取扱いの禁止の対象となる通常の労働者と同視すべき短時間労働者の範囲の拡大等により均等・均衡待遇の確保を進めるとともに、雇入れ時の短時間労働者への雇用管理の改善等の措置の内容の説明義務の新設等により、短時間労働者の納得性の向上等をより一層推進するための措置を講じたところである。

また、平成一九年に制定した労働契約法（平成一九年法律第一二八号）の平成二四年の改正において、同一の使用者との間の通算契約期間が五年を超える有期雇用労働者について、期間の定めのない労働契約への転換を可能とする規定や、期間の定めがあることを理由とした不合理な労働条件の相違を禁止する規定等を設けることにより、有期雇用労働者の雇用の安定や労働条件の改善を図ってきたところである。

さらに、平成三〇年には、働き方改革を推進するための関係法律の整備に関する法律（平成三〇年法律第七一号。以下「働き方改革関連法」という。）により、短時間労働者法及び労働契約法を一体的に改正し、短時間労働者及び有期雇用労働者の雇用管理の改善等に関する法律（以下「法」という。）に改め、短時間労働者及び有期雇用労働者（以下「短時間・有期雇用労働者」という。）について、通常の労働者との間の不合理な待遇差を解消するための規定の整備や、短時間・有期雇用労働者に対する待遇に関する説明義務の強化、行政による履行確保措置及び裁判外紛争解決手続の整備等を行った。

もとより、短時間・有期雇用労働者の福祉の増進は、法の施行等によって確保されるだけでなく、他の関係法令に基づく施策等広範多岐にわたるものにより実現されるものである。これらを円滑かつ効果的に実施していくためには、その職業生活の動向を的確に把握した上で短時間・有期雇用労働者対策の総合的かつ計画的な展開の方向を労使を始めとする国民全体に示し、これに沿って対策を講ずる必要があるため、法は短時間・有期雇用労働者対策基本方針を定めることとしている。

この基本方針は、国が、短時間・有期雇用労働者の職業生活の動向についての現状と課題の分析を行い、その福祉の増進を図るため、短時間・有期雇用労働者の雇用管理の改善等を促進し、並びにその職業能力の開発及び向上を図るために講じようとする施策等の基本となるべき事項を示すものである。

本方針の運営期間は、令和二年度から令和六年度までの五年間とする。

第1　短時間・有期雇用労働者の職業生活の動向

1　短時間・有期雇用労働者を取り巻く経済社会の動向等

我が国の人口は、少子高齢化の進行に伴い、平成二〇年をピークに減少傾向にある。経済成長と労働参加が適切に進まず、労働力人口が大幅に減少することとなれば、経済成長の供給側の制約要因となるとともに、需要面で見ても経済成長にマイナスの影響を与えるおそれがある。このように、今後、ますます労働力供給が制約される日本では、全員参加の社会の実現に向け、若者、女性、高齢者、障害者を始め就労を希望する者が意欲と能力を生かしてそれぞれのライフスタイルに応じた働き方を通じて能力を発揮できるよう、多様な働き方を実現するための環境整備を進めていくことが重要である。

短時間労働及び有期雇用労働（以下「短時間・有期雇用労働」という。）は、育児や介護等様々な事情により就業時間に制約のある者を始め、多様なニーズや事情等を抱えた労働者が従事しやすい働き方である一方で、就職氷河期世代を含め、正社員としての就職機会を得ることができず、非自発的に短時間・有期雇用労働に就く者（以下「不本意非正規雇用労働者」という。）も一定程度存在する。また、現状においては、必ずしも働き・貢献に見合った待遇が確保されてはいない。

このため、短時間・有期雇用労働者の均等・均衡待遇の確保や正社員への転換等、短時間・有期雇用労働者が公正な待遇を受けるとともに能力を十分に発揮できるような条件を整備することは、女性や高齢者等が活躍するためにも重要である。

2　短時間・有期雇用労働者の増加と属性の多様性

短時間・有期雇用労働者の数は長期的には増加傾向にある。「労働力調査」（総務省統計局）において、非農林業短時間雇用者（週間就業時間が三五時間未満の者）を見ると、令和元年には一、八四九万人となり雇用者総数の三一・九％を占めており、有期雇用労働者を見ると、令和元年には一、四一六万人となり雇用者総数の二四・四％を占めている（非農林業短時間雇用者かつ有期雇用労働者である者は七三〇万人で、雇用者総数の一二・六％）。それぞれの内訳について見ると、女性が短時間労働者の約七割、有期雇用労働者の約六割を占め、五五歳以上の高年齢者が、短時間労働者と有期雇用労働者それぞれの三割超を占めている。一方、若年者や就職氷河期世代、世帯主である者等も一定の割合で存在しており、その態様は多様なものとなっている。

3　短時間・有期雇用労働者を雇用する理由

「「パートタイム」や「有期雇用」の労働者の活用状況等に関する調査」及び「働き方等に関する調査」（令和元年独立行政法人労働政策研究・研修機構。以下これらを総称して「働き方等調査」という。）においては、企業が「パートタイム」労働者を「活用している理由」（複数回答）は、「パートタイム」労働者を雇用している企業のうち、「労働者自身が（正社員・正職員とは異なる働き方を）希望したため」と回答した企業が五二・六％、「簡単な内容の仕事や責任が軽い仕事のため」と回答した企業が三六・四％、「人件費が割安なため（労務コストの効率化）」

と回答した企業が二八・六%となっている。「有期雇用」労働者については、「有期雇用」労働者を雇用している企業のうち、「定年退職者の再雇用のため」と回答した企業が四九・八%と最も多く、「経験や知識、技能のある人を活用するため」と回答した企業が三〇・〇%、「労働者自身が（正社員・正職員とは異なる働き方を）希望したため」と回答した企業が二七・二%となっている。

（注）働き方等調査における企業割合については、「パートタイム」、「有期雇用」及び「正社員・正職員」で、それぞれ集計対象となる企業が一部異なっている。

4　短時間・有期雇用労働者の待遇の状況

(1)　短時間・有期雇用労働者の職務、労働条件の状況

イ　短時間・有期雇用労働者の職場における役割を見ると、定型的で軽易な職務に従事する者だけでなく、基幹的役割を担う短時間・有期雇用労働者も一定数存在する。働き方等調査において、「業務の内容のみ同じ正社員がいる（責任の程度は異なっている）」と回答した者の割合は、「パートタイム」労働者では一八・九%、「有期雇用」労働者では二〇・五%であり、さらに「業務の内容も責任の程度も同じ正社員がいる」と回答した者の割合は、「パートタイム」労働者では一〇・七%、「有期雇用」労働者では一七・三%となっている。また、「パートタイム」や「有期雇用」の労働者を「役職に登用している」と回答した企業は、「パートタイム」労働者を雇用している企業では六・九%、「有期雇用」労働者を雇用している企業では一七・三%で、そのうち「部長相当職かそれ以上のレベルまで登用している」と回答した企業は、「パートタイム」労働者を雇用している企業では一四・二%、「有期雇用」労働者を雇用している企業では三七・八%となっている。

ロ　賃金について、「賃金構造基本統計調査」（厚生労働省）により、一時間当たり所定内給与額（平成三〇年）を見ると、雇用期間の定めのない一般労働者（短時間労働者以外の者）と比較して、雇用期間の定めのない短時間労働者は五八・八%、雇用期間の定めのある短時間労働者は五七・八%、雇用期間の定めのある一般労働者は七一・九%となっている。また、短時間・有期雇用労働者の一時間当たり所定内給与額は、年齢によって大きくは変わらない。

　働き方等調査において、「パートタイム」や「有期雇用」の労働者を雇用している企業における「基本的な賃金の決定に当たり考慮した算定要素」（複数回答）を見ると、「パートタイム」労働者と「有期雇用」労働者ともに「能力、経験」が最も多く、「パートタイム」労働者を雇用している企業では五八・五%、「有期雇用」労働者を雇用している企業では六三・〇%、次いで「職務（業務の内容や責任の程度）」が「パートタイム」労働者を雇用している企業では五六・一%、「有期雇用」労働者を雇用している企業では五九・九%となっている。

　その他に考慮されている算定要素としては、「パートタイム」労働者を雇用している企業では「地域での賃金相場」が三六・六%、「有期雇用」労働者を雇用している企業では「業績、成果」が三二・九%となっている。一方、「正社員・正職員」については、「職務（業務の内容や責任の程度）」が八三・三%、「能力、経験」が七八・八%、「業績、成果」が六〇・四%、「勤続年数」が五八・六%の順となっている。

　また、働き方等調査により、「正社員・正職員と職務が同じ」労働者がいる企業における「基本的な賃金」の算定方法を見ると、「正社員・正職員と同様の算定方法（制度・基準）に基づいている」、「正社員・正職員の算定方法（制度・基準）とは異なるが、算定要素を合わせている」と回答した企業が、「パートタイム」労働者を雇用している企業ではそれぞれ二六・二%、二一・七%、「有期雇用」労働者を雇用している企業ではそれぞれ三二・六%、二六・五%となっている。一方、「正社員・正職員とは、算定方法（制度・基準）も算定要素も異なる」と回答した企業は、「パートタイム」労働者を雇用している企業では二五・三%、「有期雇用」労働者を雇用している企業では二五・八%となっている。

　「正社員・正職員と職務かつ人材活用の仕組みが同じ」労働者がいる企業における「基本的な賃金」の算定方法を見ると、「正社員・正職員と同様の算定方法（制度・基準）に基づいている」、「正社員・正職員の算定方法（制度・基準）とは異なるが、算定要素を合わせている」と回答した企業が、「パートタイム」労働者を雇用している企業ではそれぞれ三七・五%、二一・九%、「有期雇用」労働者

を雇用している企業ではそれぞれ五一・三%、一四・九%となっている一方、「正社員・正職員とは、算定方法（制度・基準）も算定要素も異なる」と回答した企業は、「パートタイム」労働者を雇用している企業では一四・二%、「有期雇用」労働者を雇用している企業では一七・一%となっている。

さらに、働き方等調査において、「正社員・正職員と職務が同じ」労働者がいる企業における「基本的な賃金の水準」（時給換算）を見ると、「正社員・正職員より高い」又は「正社員・正職員と同じ」と回答した企業を合算した割合は、「パートタイム」労働者を雇用している企業では三七・七%、「有期雇用」労働者を雇用している企業では四〇・三%となる一方、正社員・正職員の「六割以上八割未満」、「四割以上六割未満」又は「四割未満」と回答した企業を合算した割合は、「パートタイム」労働者を雇用している企業では一八・二%、「有期雇用」労働者を雇用している企業では二三・〇%となっている。

また、「正社員・正職員と職務かつ人材活用の仕組みが同じ」労働者がいる企業における「基本的な賃金の水準」（時給換算）について、「正社員・正職員より高い」又は「正社員・正職員と同じ」と回答した企業を合算した割合は、「パートタイム」労働者を雇用している企業では四五・八%、「有期雇用」労働者を雇用している企業では五三・二%となっている一方、正社員・正職員の「六割以上八割未満」、「四割以上六割未満」又は「四割未満」と回答した企業を合算した割合は、「パートタイム」労働者を雇用している企業では一二・一%、「有期雇用」労働者を雇用している企業では一一・九%となっている。

ハ　諸手当、賞与及び退職金について見ると、働き方等調査において、「パートタイム」又は「有期雇用」の労働者に対して、「通勤手当」を支給している企業の割合は、「パートタイム」労働者を雇用している企業では七九・一%、「有期雇用」労働者を雇用している企業では八四・一%となっており、「正社員・正職員と同一の役職手当を支払っている」企業の割合は、「パートタイム」労働者を雇用している企業では三八・七%、「有期雇用」労働者を雇用している企業では五四・七%となっている。「精皆勤手当」又は「住宅手当」を支給している企業の割合は、総じて一〇%未満となっている。

また、「パートタイム」又は「有期雇用」の労働者に対して「賞与」を支給している企業の割合は、「パートタイム」労働者を雇用している企業では四一・九%、「有期雇用」労働者を雇用している企業では四七・四%となっており、「退職金」を支給している企業の割合は、「パートタイム」労働者を雇用している企業では九・六%、「有期雇用」労働者を雇用している企業では一〇・五%となっている。

(2)　教育訓練の実施状況、福利厚生施設の利用

働き方等調査において、「パートタイム」又は「有期雇用」の労働者に対して、「日常的な業務を通じた計画的な教育訓練（ＯＪＴ）」を実施する企業の割合は、「パートタイム」労働者を雇用している企業では五三・一%、「有期雇用」労働者を雇用している企業では五七・七%（「正社員・正職員」に対しては六二・〇%）、「入職時のガイダンス（Ｏｆｆ‐ＪＴ）」を実施する企業の割合は、「パートタイム」労働者を雇用している企業では四八・八%、「有期雇用」労働者を雇用している企業では五三・六%（同五七・七%）となっている。また、「職務の遂行に必要な能力を付与する教育訓練（Ｏｆｆ‐ＪＴ）」を実施する企業の割合は、「パートタイム」労働者を雇用している企業では三〇・三%、「有期雇用」労働者を雇用している企業では三六・五%（同五二・九%）、「将来のためのキャリアアップのための教育訓練（Ｏｆｆ‐ＪＴ）」を実施する企業の割合は、「パートタイム」労働者を雇用している企業では九・七%、「有期雇用」労働者を雇用している企業では一二・八%（同三三・七%）となっている。

福利厚生施設について見ると、「パートタイム」又は「有期雇用」の労働者に対し、「給食施設や休憩室、更衣室の利用」を認めている企業の割合は、「パートタイム」労働者を雇用している企業では四六・八%、「有期雇用」労働者を雇用している企業では五三・二%（同四八・九%）となっている。

5　短時間・有期雇用労働者の意識の動向

(1)　短時間・有期雇用労働を選択する理由

働き方等調査により、「パートタイム」労働者が「現在の所定労働時間を選択した理由」（複数回答）を見ると、「都合の良い時間帯（日）に働きたいから」が五三・〇%、「勤務時間・日数が短いから」が三五・七%というように、

自らの希望する時間に働ける働き方を求めて短時間労働が選択されている面がある。

また、「家事や育児、介護、その他（通学、本業・兼業等）があるから」が四九・八％、「残業が少ない、転勤がない等、働き方が限定されているから」が一四・三％というように、例えば、育児や介護等の家庭の事情、残業や転勤の有無等を考慮して、短時間労働を選択していると考えられる者もいる。

「正社員やフルタイムの働き口（募集）が、見つからなかったから（正社員やフルタイムとして採用されなかったからを含む）」とする者も六・九％おり、正社員としての就職機会を得ることができず、非自発的に短時間労働者となったと考えられる者も存在している。

「有期雇用」労働者が「期間の定めのある契約（有期雇用）で働くことを選択した理由」（複数回答）を見ると、「仕事や働き方（労働時間・日数等）、賃金・労働条件等が希望に合致したから（そうした求人が有期雇用だったからを含む）」が四二・三％、「自身の都合で辞めやすいから（健康・体力的な問題を含む）」が一六・五％となっている。

また、「正社員を定年退職した後に再雇用されたから」と回答した者も二〇・五％を占めている。

一方、「正社員や無期雇用としての働き口（募集）」が、見つからなかったから（正社員や無期雇用として採用されなかったからを含む）」とする者も一六・七％おり、非自発的に有期雇用労働者となったと考えられる者も存在している。

(2) 今後の働き方の希望

働き方等調査により、「今後の働き方についての希望」を見ると、「現在の契約のまま働きたい」と回答した者の割合は、「パートタイム」労働者では八〇・八％、「有期雇用」労働者では七〇・二％いる一方で、「正社員で働きたい」と回答した者の割合は、「パートタイム」労働者では一三・三％、「有期雇用」労働者では二二・四％おり、年齢階層別で見ると、特に若年層において「正社員で働きたい」と回答した者の割合が高くなっている。「正社員で働きたい」と回答した「パートタイム」労働者及び「有期雇用」労働者について、「正社員として働く際に働き方の限定ができるとしたら希望したい制度」（複数回答）を見ると、「所定労働時間・日数の限定」が、「パートタイム」労働者では五九・九％、「有期雇用」労働者では四二・二％と最も高く、次いで「勤務地の限定」が、「パートタイム」労働者では四二・七％、「有期雇用」労働者では四〇・三％、「仕事（職種）の限定」が、「パートタイム」労働者では三二・一％、「有期雇用」労働者では三二・八％となっており、勤務地、職務の内容又は勤務時間が限定され、ライフスタイル等に応じた働き方が可能ないわゆる「多様な正社員」を希望する者が一定程度存在する。

(3) 仕事及び待遇等に対する意識

働き方等調査において、現在の勤務先や仕事について「満足している」又は「どちらかというと満足している」と回答した労働者を合算した割合は、「パートタイム」労働者では六九・六％、「有期雇用」労働者では六一・六％である一方、「不満である」又は「どちらかというと不満である」と回答した労働者を合算した割合は、「パートタイム」労働者では一〇・三％、「有期雇用」労働者では一五・四％となっている。この「不満である」又は「どちらかというと不満である」と回答した労働者のうち、その理由について、「仕事や働きぶりに、賃金や労働条件が見合わない」と回答した者の割合は、「パートタイム」労働者では五三・六％、「有期雇用」労働者では五九・一％と最も高く、このほか「仕事の変化や勤続年数等が賃金に反映されない」と回答した者の割合は、「パートタイム」労働者では四七・三％、「有期雇用」労働者では四六・〇％、「正社員に比べて、賃金や労働条件が低い」と回答した者の割合は、「パートタイム」労働者では四〇・一％、「有期雇用」労働者では四九・八％となっている。

また、「業務の内容等が同じ正社員がいる」と回答した「パートタイム」労働者及び「有期雇用」労働者のうち、正社員と「同等かそれ以上の賃金水準である」又は「正社員より賃金水準が低いが、納得している」と回答した労働者を合算した割合は、「パートタイム」労働者では四〇・八％、「有期雇用」労働者では三八・八％となっている一方、「正社員より賃金水準が低く、納得していない」と回答した労働者は、「パートタイム」労働者では一九・〇％、「有期雇用」労働者では二九・二％となっている。

第2　短時間・有期雇用労働者の雇用管理の改善等を促進し、並びにその職業能力の開発及び向上その他短時間・有期雇用労働者の福祉の増進を図るために講じようとする施策の基本となるべき事項

1　短時間・有期雇用労働者をめぐる課題

第一で見たような動向の中で、賃金を始めとする均等・均衡待遇の確保や通常の労働者への転換等、次の六つの課題について、法の円滑な施行等に取り組み、短時間・有期雇用労働者が公正な待遇を受けるとともに能力を十分に発揮できるような条件を整備することが必要である。

(1)　働き・貢献に見合った公正な待遇の確保

短時間・有期雇用労働は、事業主及び労働者のニーズに応じて、労働時間や職務の内容等が様々であるが、必ずしも待遇が働き・貢献に見合ったものになっていない場合があるため、均等・均衡待遇のより一層の確保が必要である。

(2)　明確な労働条件等の設定・提示

短時間・有期雇用労働者の労働条件は個々の事情に応じて多様に設定されることが多いため、不明確になりやすく、労働条件等を短時間・有期雇用労働者が雇入れ時から正確に把握できるようにすることが必要である。

(3)　納得性の向上

短時間・有期雇用労働者の働き方は多様であり、通常の労働者と待遇が異なる理由が分からない場合もあると考えられる。短時間・有期雇用労働者の納得性が高まるよう、雇用管理の改善等について講ずる措置や、待遇の相違の内容や理由について、短時間・有期雇用労働者が事業主から適切に説明を受けられるようにするとともに、短時間・有期雇用労働者が待遇に係る疑問等について相談できる体制が事業所で整備されることが必要である。

(4)　通常の労働者への転換を始めとするキャリアアップ

不本意非正規雇用労働者も一定割合存在しており、通常の労働者への転換を希望する者については、転換の機会が与えられることが必要である。また、短時間・有期雇用労働者が職業生活を通じて職業能力の開発及び向上を図ることを促進する等により、希望に応じてキャリアアップが図られることが必要である。

(5)　法の履行確保

法違反を把握した場合については、都道府県労働局雇用環境・均等部室で、報告徴収並びに助言、指導及び勧告により是正を図る必要がある。短時間・有期雇用労働者の均等・均衡待遇が確保され、短時間・有期雇用労働を選択することによって不合理な取扱いを受けることのないよう、法の実効性をより一層確保することが必要である。

(6)　その他労働関係法令の遵守

短時間・有期雇用労働者に特有の課題だけでなく、労働基準法（昭和二二年法律第四九号）等の基本的な労働に関する法令が遵守されていない場合も依然として見られるため、それらの法令遵守の徹底が必要である。

なお、(1)から(6)までの課題のほか、短時間労働者に対する被用者保険の適用拡大など、社会保障制度については働き方の選択に対して中立的な制度にしていくよう検討が進められている。

2　施策の方向性

1の課題に対する今後の施策の方向性は、次のとおりである。

通常の労働者との均等・均衡待遇の確保等を通じて、短時間・有期雇用労働者の待遇の改善を推進するとともに、不本意非正規雇用労働者に関しては、通常の労働者への転換等のための取組を一層進める。

このため、法、短時間労働者及び有期雇用労働者の雇用管理の改善等に関する法律施行規則（平成五年労働省令第三四号）、事業主が講ずべき短時間労働者及び有期雇用労働者の雇用管理の改善等に関する措置等についての指針（平成一九年厚生労働省告示第三二六号）及び短時間・有期雇用労働者及び派遣労働者に対する不合理な待遇の禁止等に関する指針（平成三〇年厚生労働省告示第四三〇号。以下「同一労働同一賃金ガイドライン」という。）（以下これらを総称して「法等」という。）により、職務の内容並びに当該職務の内容及び配置の変更範囲が通常の労働者と同じ短時間・有期雇用労働者に対しては、短時間・有期雇用労働者であることを理由とした差別的取扱いが禁止されることを徹底するとともに、それ以外の短時間・有期雇用労働者に対しては、職務の内容、当該職務の内容及び配置の変更範囲その他の事情に応じて通常の労働者との不合理な待遇差の解消を図る。

また、法等に基づく短時間・有期雇用労働者と通常の労働者との間の待遇の相違等に関する説明義務等を通じて、短時間・有期雇用労働者の納得性の向上を図る。

こうした法等の内容について周知徹底を図り、事業主・労働者からの相談等に適切に対応するとともに、労働者に対して一般的に適用される基本的な労働に関する法令の履行確保を徹底する。

さらに、法等の遵守の徹底や事業主に対する助成金の支給等により、事業主が通常の労働者への転換を推進するための措置を講ずるようにするとともに、キャリアアップのための支援を行う。

現状においては、短時間・有期雇用労働者から通常の労働者への転換等を図ろうとしても、通常の労働者の働き方がフルタイムで職務や勤務地の限定がない働き方が中心であるために、時間や勤務地の制約等があって短時間・有期雇用労働者として就業している場合には実質的に転換を選択できない場合も見られる。このため、事業主及び短時間・有期雇用労働者のニーズを踏まえ、短時間正社員や勤務地限定正社員等、短時間・有期雇用労働者がより転換しやすい「多様な正社員」の普及及び定着に向けた取組を行う。

これらの取組により、短時間・有期雇用労働者の福祉の増進が図られるだけでなく、現在は就業していない者又は様々な事情からやむなく短時間・有期雇用労働に就いている者にとっても魅力的な働き方の選択肢が提供されるようになるが、これは労働力人口減少に対する一つの対応策としても重要なものである。

国は、この方向性に沿って、短時間・有期雇用労働者の就業の実態を十分に踏まえつつ、その福祉の一層の増進を図るための施策を総合的に推進するものとする。

3　具体的施策

(1)　均等・均衡待遇の確保等

イ　法等の周知による均等・均衡待遇の確保等

短時間・有期雇用労働者について、同一企業における通常の労働者との均等・均衡待遇の確保、納得性の向上を図るためには、まず法等の内容が事業主及び短時間・有期雇用労働者双方に十分に理解され、遵守されることが必要であることから、パンフレット等の配付、説明会の実施等により事業主及び短時間・有期雇用労働者双方に対して積極的な周知を図る。特に、短時間・有期雇用労働を選択することによって不合理な取扱いを受けることがないよう、法に基づく均等・均衡待遇の趣旨が適切に理解され、当該趣旨に沿った雇用管理の改善が図られるよう促す。その際、労使の取組や裁判例の動向等について情報収集を行いつつ、同一労働同一賃金ガイドラインにおいて示している均等・均衡待遇の基本的な考え方及び具体例に基づき、どのような待遇差が不合理なものであり、どのような待遇差が不合理なものでないのか等について、適切な周知に努める。

その他、労働者に対する待遇に関する説明義務の強化（説明の求めをしたことによる不利益取扱いの禁止を含む。）や、行政による履行確保措置及び裁判外紛争解決手続の整備等、法の改正内容に重点を置いて周知を図り、事業主に必要な措置を講ずるように促す。なお、周知に当たっては、都道府県労働局において法等の施行を担当する雇用環境・均等部室のみならず、労働基準監督署、公共職業安定所の窓口等や、厚生労働省ホームページ、短時間・有期雇用労働者の雇用管理の改善等に関する情報をワンストップで提供するインターネットサイト（パート・有期労働ポータルサイト）等、多様な手段を活用する。

ロ　的確な行政指導の実施

法第一八条第一項の規定においては、法等で定めている事業主が講ずべき措置について、厚生労働大臣又は都道府県労働局長は、短時間・有期雇用労働者の雇用管理の改善等を図るため必要があると認めるときは、短時間・有期雇用労働者を雇用する事業主に対して、報告を求め、又は助言、指導若しくは勧告をすることができるとともに、同条第二項の規定により厚生労働大臣は、事業主が同条第一項の規定による勧告に従わなかった場合にはその旨を公表できることとされており、法等の実効性を高め、その履行確保に向けて、これらに基づく的確な対応を行う。

ハ　均等・均衡待遇の更なる確保等に向けた取組

法等に基づく均等・均衡待遇の確保等を図る事業主の取組を支援するため、雇用環境・均等部室に配置する事業所の雇用管理の専門家である雇用均等指導員の活用、各都道府県に設置した働き方改革推進支援センターにおける相談窓口の設置や説明会の開催、人事労務管理の専門家の派遣等により、法等の周知や、短時間・有期雇用労働者の雇用管理の先進的な事例の情報提供等に加え、個々の企業の実情に応じた雇用管理の改善等に関する相談、助言、情報提供等、きめ細やかな支援を行う。

また、短時間・有期雇用労働者の雇用管理の改善に向けた自主的な取組を支援するため、事業主が、短時間・有期雇用労働者の雇用管理や通常の労働者との均等・均衡待遇の確保の取組状況及び課題を把握することのできるよう、インターネットサイト上のツール等の活用を促進する。

さらに、短時間・有期雇用労働者の雇用管

理や活躍推進についての取組内容や特徴等の宣言を行う仕組みのほか、不合理な待遇差の解消に向けて自社の取組の点検や検討を行うための取組手順書やマニュアル等の活用促進、短時間・有期雇用労働者の雇用管理の改善に向けた具体的な取組事例の収集・提供等を通じ、できる限りわかりやすく丁寧な周知に努めることにより、法等の趣旨に沿った事業主の取組を推進する。

また、基本給の決定に当たり、短時間・有期雇用労働者と通常の労働者の職務の内容の異同を把握し、職務の内容の大きさを測って相対的に評価する職務分析・職務評価の導入等を支援する取組を進める。

このほか、助成金の支給等により、通常の労働者との均衡のとれた待遇の確保等を推進する事業主等を支援する。

事業主と労働者との間で均等・均衡待遇等に係る紛争が生じ、当事者の双方又は一方から求めがあった場合には、法等に基づき、都道府県労働局長による助言、指導等や紛争調整委員会による調停により、紛争の解決の援助を行う。

(2) 労働者に適用される基本的な法令の履行確保

事業主が短時間・有期雇用労働者に対して適用がある、次のイからホまでの内容を中心に、基本的な労働に関する法令を遵守することについて周知徹底を図る。

イ　短時間・有期雇用労働者の適正な労働条件の確保に関しては、労働契約法の規定を踏まえ合理的な労働条件を設定すること、労働基準関係法令に従って雇入れ時の労働条件の明示、年次有給休暇の付与、就業規則の整備及び最低賃金額以上の賃金の支払についての規定を遵守することについて、周知徹底を図る。また、賃金、労働時間等主要な労働条件を明らかにした「労働条件通知書」についてその普及促進を図る。

ロ　有期雇用労働者については、労働契約法、労働基準法施行規則(昭和二二年厚生省令第二三号)及び有期労働契約の締結、更新及び雇止めに関する基準(平成一五年厚生労働省告示第三五七号)で定めるところにより適正な措置を講ずべきことについて、周知徹底を図る。特に、労働契約法においては、有期労働契約が繰り返し更新されて通算五年を超えた場合に、労働者の申込みにより無期労働契約に転換できることとされているほか、一定の場合には使用者による雇止めが認められないことになるいわゆる「雇止め法理」が定められている。事業主に対し、これらの規定の趣旨を踏まえた取組を行うよう周知・啓発を図る。

ハ　労働安全衛生法(昭和四七年法律第五七号)により、短時間・有期雇用労働者に対して、一週間の所定労働時間等に応じて一般健康診断等の実施義務があることや実施が望ましいとされている場合があることを踏まえ、短時間・有期雇用労働者に対する健康管理が適切に実施されるよう事業主に対し周知徹底を図る。また、雇入れ時等の安全衛生教育の実施義務について、周知徹底を図る。

ニ　事業主は育児や介護等様々な事情により就業時間に制約のある短時間・有期雇用労働者について、育児休業、介護休業等育児又は家族介護を行う労働者の福祉に関する法律(平成三年法律第七六号)で定めるところにより、仕事と育児・介護の両立に関する制度の整備その他必要な措置を講ずる必要があることや、次世代育成支援対策推進法(平成一五年法律第一二〇号)に基づく事業主行動計画の策定を通じ、短時間・有期雇用労働者を含め仕事と育児の両立のための環境整備を行うべきことについて、周知徹底を図ること等により、ワーク・ライフ・バランスの実現を図る。

ホ　雇用保険及び社会保険の適用については、それぞれ雇用保険法(昭和四九年法律第一一六号)、健康保険法(大正一一年法律第七〇号)及び厚生年金保険法(昭和二九年法律第一一五号)で定めるところにより、被保険者となる短時間・有期雇用労働者について必要な手続を取らなければならないものであることについて、事業主に対し周知徹底を図る。

また、平成二八年一〇月から、従業員の総数(公的年金制度の財政基盤及び最低保障機能の強化等のための国民年金法等の一部を改正する法律(平成二四年法律第六二号)附則第一七条第一二項に規定する特定労働者の総数をいう。以下このホにおいて同じ。)が常時五〇〇人を超える企業において、一定の要件を満たす短時間労働者に厚生年金保険及び健康保険の適用範囲が拡大され、平成二九年四月からは、従業員の総数が常時五〇〇人以下の企業において、労使の合意に基づき、企業単位で、短時間労働者に厚生年金保険及び健康保険の適用を図ることが可能となっている。短時間労働者に対する厚生年金保険及び健康保険の更なる適用拡大についての検討結果も踏まえ、事業主及び短時間労働者に対し必要な周知を図る。

(3) 短時間・有期雇用労働者の希望に応じた通常の労働者への転換を始めとするキャリアアップの推進等

イ 通常の労働者への転換の推進等

(1)イ及びロにより法第一三条に基づく通常の労働者への転換の推進に関する措置義務の履行確保を図るとともに、各企業における当該措置義務の履行によって、短時間・有期雇用労働者の通常の労働者への転換が推進されるように、好事例の収集・周知等に取り組む。特に、有期雇用労働者については、労働契約法第一八条の規定に基づく無期転換ルールへの対応が円滑に行われるよう、都道府県労働局等における周知徹底や相談支援等を行う。また、就職氷河期世代を含め、不本意非正規雇用労働者が通常の労働者として就業することができるよう、実際に通常の労働者への転換を行う事業主に対しては、助成金の支給等により支援を行う。

ロ 「多様な正社員」の普及等

短時間正社員は、期間の定めのない労働契約を締結しており、時間当たりの基本給及び賞与、退職金等の算定方法が同種のフルタイムの正社員と同等であるため、通常の労働者との均等待遇が確保されるとともに、就業できる時間に制約のある短時間労働者であっても転換が図りやすい。また、勤務地限定正社員は、育児、介護等の事情により転勤が困難な者や地元に定着した就業を希望する者にとって、就業機会の付与及びその継続並びに能力の発揮を可能とする働き方として活用が期待される。

このため、インターネットサイト等の活用により、事業所における短時間正社員制度の導入事例や導入・運用に際してのノウハウ等についての情報を提供すること等により、その一層の普及・定着に努める。

また、短時間・有期雇用労働者がライフスタイル等に応じた働き方を通じて能力発揮ができるよう、「多様な正社員」の普及・促進等を図り、事業所において労使双方にとって望ましい多様な働き方が提供される環境の整備を進める。

ハ 能力開発、職業紹介の充実等

通常の労働者への転換を目指す者を含め、短時間・有期雇用労働者や短時間・有期雇用労働者になろうとする者がその職業能力の開発及び向上を図ることを促進するため、これらの者の多様な訓練ニーズに応じ、公共職業能力開発施設における職業訓練や民間教育訓練機関等を活用した多様な職業訓練を実施するとともに、事業主による能力開発の取組に対し助成金の支給等により支援を行う。

また、通常の労働者への転換を目指す者については、公共職業安定所において、正社員就職に向けた担当者制等による求職者の希望や経験等を踏まえたきめ細やかな相談支援を通じてマッチング強化に取り組む。

さらに、短時間・有期雇用労働者になろうとする者については、きめ細やかな配慮をすることが必要とされる者が多いことから、公共職業安定所においては、短時間・有期雇用労働を希望する者のニーズを踏まえた雇用情報の提供やきめ細やかな職業相談・職業紹介を行う等、官民相まった適正な需給調整機能の充実を図る。

ニ 短時間・有期雇用労働者のキャリアアップのための情報提供等

短時間・有期雇用労働者の就労意欲を高め、その能力を十分発揮し活躍の場を広げることを支援するとともに、事業所における職場の活性化等の相乗効果を促進するため、インターネットサイト等を活用し、短時間・有期雇用労働者がキャリアアップを図るために必要な情報を提供する等の支援を行う。

(4) 行政体制の整備等

イ 行政体制の整備

近年、働き方改革関連法の公布等、短時間・有期雇用労働者の雇用管理の改善等に関係する様々な施策が講じられていることから、法等の施行を中心とする一連の施策の実施については、都道府県労働局雇用環境・均等部室を中心に、都道府県労働局内での緊密な連携を図る。また、都道府県労働局雇用環境・均等部室に企業の雇用管理の専門家を雇用均等指導員として配置しており、その活用を図るとともに、引き続き行政体制の整備に努める。

さらに、短時間・有期雇用労働者と事業主の紛争等については、法第八条（不合理な待遇の禁止）及び第九条（通常の労働者と同視すべき短時間・有期雇用労働者に対する差別的取扱いの禁止）についても、都道府県労働局長による紛争解決援助や紛争調整委員会による調停の対象となるほか、法第二三条に規定する紛争以外の紛争は個別労働関係紛争の解決の促進に関する法律（平成一三年法律第一一二号）が適用されることも踏まえ、関係法令の適切な運用を図る。

ロ　関係機関との連携

短時間・有期雇用労働者対策については、国が実施するだけでなく、都道府県等の関係行政機関及び独立行政法人高齢・障害・求職者雇用支援機構等の関係機関の協力も必要であることから、その実施に当たっては関係行政機関及び関係機関との連携を図る。

事業主が講ずべき短時間労働者及び有期雇用労働者の雇用管理の改善等に関する措置等についての指針

平成一九年一〇月一日厚生労働省告示第三二六号
適用：平成二〇年四月一日
最終改正：平成三〇年一二月二八日厚生労働省告示第四二九号
適用：令和二年四月一日

第一　趣旨

この指針は、短時間労働者及び有期雇用労働者の雇用管理の改善等に関する法律（平成五年法律第七十六号。以下「短時間・有期雇用労働者法」という。）第六条、第七条及び第十条から第十四条までに定める措置その他の短時間・有期雇用労働者法第三条第一項の事業主が講ずべき適正な労働条件の確保、教育訓練の実施、福利厚生の充実その他の雇用管理の改善及び通常の労働者への転換の推進（以下「雇用管理の改善等」という。）に関する措置等に関し、その適切かつ有効な実施を図るために必要な事項を定めたものである。

第二　事業主が講ずべき短時間・有期雇用労働者の雇用管理の改善等に関する措置等を講ずるに当たっての基本的考え方

事業主は、短時間・有期雇用労働者の雇用管理の改善等に関する措置等を講ずるに当たって、次の事項を踏まえるべきである。

一　労働基準法（昭和二十二年法律第四十九号）、最低賃金法（昭和三十四年法律第百三十七号）、労働安全衛生法（昭和四十七年法律第五十七号）、労働契約法（平成十九年法律第百二十八号）、雇用の分野における男女の均等な機会及び待遇の確保等に関する法律（昭和四十七年法律第百十三号）、育児休業、介護休業等育児又は家族介護を行う労働者の福祉に関する法律（平成三年法律第七十六号）、労働者災害補償保険法（昭和二十二年法律第五十号）、雇用保険法（昭和四十九年法律第百十六号）等の労働に関する法令は短時間・有期雇用労働者についても適用があることを認識しこれを遵守しなければならないこと。

二　短時間・有期雇用労働者法第六条から第十四条までの規定に従い、短時間・有期雇用労働者の雇用管理の改善等に関する措置等を講ずるとともに、多様な就業実態を踏まえ、その職務の内容、職務の成果、意欲、能力及び経験その他の就業の実態に関する事項に応じた待遇に係る措置を講ずるように努めるものとすること。

三　短時間・有期雇用労働者の雇用管理の改善等に関する措置等を講ずるに際して、その雇用する通常の労働者その他の労働者の労働条件を合理的な理由なく一方的に不利益に変更することは法的に許されないこと、また、所定労働時間が通常の労働者と同一の有期契約労働者については、短時間労働者法第二条に規定する短時間労働者に該当しないが、短時間労働者法の趣旨が考慮されるべきであることに留意すること。

第三　事業主が講ずべき短時間・有期雇用労働者の雇用管理の改善等に関する措置等

事業主は、第二の基本的考え方に基づき、特に、次の事項について適切な措置を講ずるべきである。

事業主が講ずべき短時間労働者及び有期雇用労働者の雇用管理の改善等に関する措置等についての指針

一　労働時間

(1)　事業主は、短時間・有期雇用労働者の労働時間及び労働日を定め、又は変更するに当たっては、当該短時間・有期雇用労働者の事情を十分考慮するように努めるものとする。

㈡　事業主は、短時間・有期雇用労働者について、できるだけ所定労働時間を超えて、又は所定労働日以外の日に労働させないように努めるものとする。

二　待遇の相違の内容及び理由の説明

㈠　比較の対象となる通常の労働者

事業主は、職務の内容、職務の内容及び配置の変更の範囲等が、短時間・有期雇用労働者の職務の内容、職務の内容及び配置の変更の範囲等に最も近いと事業主が判断する通常の労働者との間の待遇の相違の内容及び理由について説明するものとする。

㈡　待遇の相違の内容

事業主は、待遇の相違の内容として、次のイ及びロに掲げる事項を説明するものとする。

イ　通常の労働者と短時間・有期雇用労働者との間の待遇に関する基準の相違の有無

ロ　次の(イ)又は(ロ)に掲げる事項

(イ)　通常の労働者及び短時間・有期雇用労働者の待遇の個別具体的な内容

(ロ)　通常の労働者及び短時間・有期雇用労働者の待遇に関する基準

㈢　待遇の相違の理由

事業主は、通常の労働者及び短時間・有期雇用労働者の職務の内容、職務の内容及び配置の変更の範囲その他の事情のうち、待遇の性質及び待遇を行う目的に照らして適切と認められるものに基づき、待遇の相違の理由を説明するものとする。

㈣　説明の方法

事業主は、短時間・有期雇用労働者がその内容を理解することができるよう、資料を活用し、口頭により説明することを基本とするものとする。ただし、説明すべき事項を全て記載した短時間・有期雇用労働者が容易に理解できる内容の資料を用いる場合には、当該資料を交付する等の方法でも差し支えない。

三　労使の話合いの促進

㈠　事業主は、短時間・有期雇用労働者を雇い入れた後、当該短時間・有期雇用労働者から求めがあったときは、短時間・有期雇用労働者法第十四条第二項に定める事項以外の、当該短時間・有期雇用労働者の待遇に係る事項についても、説明するように努めるものとする。

㈡　事業主は、短時間・有期雇用労働者の就業の実態、通常の労働者との均衡等を考慮して雇用管理の改善等に関する措置等を講ずるに当たっては、当該事業所における関係労使の十分な話合いの機会を提供する等短時間・有期雇用労働者の意見を聴く機会を設けるための適当な方法を工夫するように努めるものとする。

㈢　事業主は、短時間・有期雇用労働者法第二十二条に定める事項以外の、短時間・有期雇用労働者の就業の実態、通常の労働者との均衡等を考慮した待遇に係る事項についても、短時間・有期雇用労働者から苦情の申出を受けたときは、当該事業所における苦情処理の仕組みを活用する等その自主的な解決を図るように努めるものとする。

四　不利益取扱いの禁止

㈠　事業主は、短時間・有期雇用労働者が、短時間・有期雇用労働者法第七条第一項（同条第二項において準用する場合を含む。）に定める過半数代表者であること若しくは過半数代表者になろうとしたこと又は過半数代表者として正当な行為をしたことを理由として不利益な取扱いをしないようにするものとする。

㈡　事業主は、短時間・有期雇用労働者が、事業主による不利益な取扱いをおそれて、短時間・有期雇用労働者法第十四条第二項に定める説明を求めないことがないようにするものとする。

㈢　事業主は、短時間・有期雇用労働者が、親族の葬儀等のために勤務しなかったことを理由として解雇等が行われることがないようにするものとする。

五　短時間・有期雇用管理者の氏名の周知

事業主は、短時間・有期雇用管理者を選任したときは、当該短時間・有期雇用管理者の氏名を事業所の見やすい場所に掲示する等により、その雇用する短時間・有期雇用労働者に周知させるよう努めるものとする。

短時間・有期雇用労働者及び派遣労働者に対する不合理な待遇の禁止等に関する指針

平成三〇年一二月二八日厚生労働省告示第四三〇号
適用：令和二年四月一日

第1　目的

この指針は、短時間労働者及び有期雇用労働者の雇用管理の改善等に関する法律（平成五年法律第七六号。以下「短時間・有期雇用労働法」という。）第八条及び第九条並びに労働者派遣事業の適正な運営の確保及び派遣労働者の保護等に関する法律（昭和六〇年法律第八八号。以下「労働者派遣法」という。）第三〇条の三及び第三〇条の四に定める事項に関し、雇用形態又は就業形態に関わらない公正な待遇を確保し、我が国が目指す同一労働同一賃金の実現に向けて定めるものである。

我が国が目指す同一労働同一賃金は、同一の事業主に雇用される通常の労働者と短時間・有期雇用労働者との間の不合理と認められる待遇の相違及び差別的取扱いの解消並びに派遣先に雇用される通常の労働者と派遣労働者との間の不合理と認められる待遇の相違及び差別的取扱いの解消（協定対象派遣労働者にあっては、当該協定対象派遣労働者の待遇が労働者派遣法第三〇条の四第一項の協定により決定された事項に沿った運用がなされていること）を目指すものである。

もとより賃金等の待遇は労使の話合いによって決定されることが基本である。しかし、我が国においては、通常の労働者と短時間・有期雇用労働者及び派遣労働者との間には、欧州と比較して大きな待遇の相違がある。政府としては、この問題への対処に当たり、同一労働同一賃金の考え方が広く普及しているといわれる欧州の制度の実態も参考としながら政策の方向性等を検証した結果、それぞれの国の労働市場全体の構造に応じた政策とすることが重要であるとの示唆を得た。

我が国においては、基本給をはじめ、賃金制度の決まり方には様々な要素が組み合わされている場合も多いため、まずは、各事業主において、職務の内容や職務に必要な能力等の内容を明確化するとともに、その職務の内容や職務に必要な能力等の内容と賃金等の待遇との関係を含めた待遇の体系全体を、短時間・有期雇用労働者及び派遣労働者を含む労使の話合いによって確認し、短時間・有期雇用労働者及び派遣労働者を含む労使で共有することが肝要である。また、派遣労働者については、雇用関係にある派遣元事業主と指揮命令関係にある派遣先とが存在するという特殊性があり、これらの関係者が不合理と認められる待遇の相違の解消等に向けて認識を共有することが求められる。

今後、各事業主が職務の内容や職務に必要な能力等の内容の明確化及びその公正な評価を実施し、それに基づく待遇の体系を、労使の話合いにより、可能な限り速やかに、かつ、計画的に構築していくことが望ましい。通常の労働者と短時間・有期雇用労働者及び派遣労働者との間の不合理と認められる待遇の相違の解消等に向けては、賃金のみならず、福利厚生、キャリア形成、職業能力の開発及び向上等を含めた取組が必要であり、特に、職業能力の開発及び向上の機会の拡大は、短時間・有期雇用労働者及び派遣労働者の職業に必要な技能及び知識の蓄積により、それに対応した職務の高度化や通常の労働者への転換を見据えたキャリアパスの構築等と併せて、生産性の向上と短時間・有期雇用労働者及び派遣労働者の待遇の改善につながるため、重要であることに留意すべきである。

このような通常の労働者と短時間・有期雇用労働者及び派遣労働者との間の不合理と認められる待遇の相違の解消等の取組を通じて、労働者がどのような雇用形態及び就業形態を選択しても納得できる待遇を受けられ、多様な働き方を自由に選択できるようにし、我が国から「非正規」という言葉を一掃することを目指す。

第2　基本的な考え方

この指針は、通常の労働者と短時間・有期雇用労働者及び派遣労働者との間に待遇の相違が存在する場合に、いかなる待遇の相違が不合理と認められるものであり、いかなる待遇の相違が不合理と認められるものでないのか等の原則となる考え方及び具体例を示したものである。事業主が、第三から第五までに記載された原則となる考え方等に反した場合、当該待遇の相違が不合理と認められる等の可能性がある。なお、この指針に原則となる考え方が示されていない退職手当、住宅手当、家族手当等の待遇や、具体例に該当しない場合についても、不合理と認められる待遇の相違の解消等が求められる。このため、各事業主において、労使により、個別具体の事情に応じて待遇の体系について議論していくことが望まれる。

なお、短時間・有期雇用労働法第八条及び第九条並びに労働者派遣法第三〇条の三及び第三〇条の四の規定は、雇用管理区分が複数ある場合であっても、通常の労働者のそれぞれと短時間・有期雇用労働者及び派遣労働者との間の不合理と認められる待遇の相違の解消等を求めるものである。このため、事業主が、雇用管理区分を新たに設け、当該雇用管理区分に属する通常の労働者の待遇の水準を他の通常の労働者よりも低く設定したとしても、当該他の通常の労働者と短時間・有期雇用労働者及び派遣労働者との間でも不合理と認められる待遇の相違の解消等を行う必要がある。また、事業主は、通常の労働者と短時間・有期雇用労働者及び派遣労働者との間で職務の内容等を分離した場合であっても、当該通常の労働者と短時間・有期雇用労働者及び派遣労働者との間の不合理と認められる待遇の相違の解消等を行う必要がある。

さらに、短時間・有期雇用労働法及び労働者派遣法に基づく通常の労働者と短時間・有期雇用労働者及び派遣労働者との間の不合理と認められる待遇の相違の解消等の目的は、短時間・有期雇用労働者及び派遣労働者の待遇の改善である。事業主が、通常の労働者と短時間・有期雇用労働者及び派遣労働者との間の不合理と認められる待遇の相違の解消等に対応するため、就業規則を変更することにより、その雇用する労働者の労働条件を不利益に変更する場合、労働契約法（平成一九年法律第一二八号）第九条の規定に基づき、原則として、労働者と合意する必要がある。また、労働者と合意することなく、就業規則の変更により労働条件を労働者の不利益に変更する場合、当該変更は、同法第一〇条の規定に基づき、当該変更に係る事情に照らして合理的なものである必要がある。ただし、短時間・有期雇用労働法及び労働者派遣法に基づく通常の労働者と短時間・有期雇用労働者及び派遣労働者との間の不合理と認められる待遇の相違の解消等の目的に鑑みれば、事業主が通常の労働者と短時間・有期雇用労働者及び派遣労働者との間の不合理と認められる待遇の相違の解消等を行うに当たっては、基本的に、労使で合意することなく通常の労働者の待遇を引き下げることは、望ましい対応とはいえないことに留意すべきである。

加えて、短時間・有期雇用労働法第八条及び第九条並びに労働者派遣法第三〇条の三及び第三〇条の四の規定は、通常の労働者と短時間・有期雇用労働者及び派遣労働者との間の不合理と認められる待遇の相違等を対象とするものであり、この指針は、当該通常の労働者と短時間・有期雇用労働者及び派遣労働者との間に実際に待遇の相違が存在する場合に参照されることを目的としている。このため、そもそも客観的にみて待遇の相違が存在しない場合については、この指針の対象ではない。

第３　短時間・有期雇用労働者

短時間・有期雇用労働法第八条において、事業主は、短時間・有期雇用労働者の待遇のそれぞれについて、当該待遇に対応する通常の労働者の待遇との間において、業務の内容及び当該業務に伴う責任の程度（以下「職務の内容」という。）、当該職務の内容及び配置の変更の範囲その他の事情のうち、当該待遇の性質及び当該待遇を行う目的に照らして適切と認められるものを考慮して、不合理と認められる相違を設けてはならないこととされている。

また、短時間・有期雇用労働法第九条において、事業主は、職務の内容が通常の労働者と同一の短時間・有期雇用労働者であって、当該事業所における慣行その他の事情からみて、当該事業主との雇用関係が終了するまでの全期間において、その職務の内容及び配置が当該通常の労働者の職務の内容及び配置の変更の範囲と同一の範囲で変更されることが見込まれるものについては、短時間・有期雇用労働者であることを理由として、待遇のそれぞれについて、差別的取扱いをしてはならないこととされている。

短時間・有期雇用労働者の待遇に関して、原則となる考え方及び具体例は次のとおりである。

１　基本給

(1)　基本給であって、労働者の能力又は経験に応じて支給するもの

基本給であって、労働者の能力又は経験に応じて支給するものについて、通常の労働者と同一の能力又は経験を有する短時間・有期雇用労働者には、能力又は経験に応じた部分につき、通常の労働者と同一の基本給を支給しなければならない。また、能力又は経験に一定の相違がある場合においては、その相違に応じた基本給を支給しなければならない。

（問題とならない例）

イ　基本給について、労働者の能力又は経験に応じて支給しているA社において、ある能力の向上のための特殊なキャリアコースを設定している。通常の労働者であるXは、このキャリアコースを選択し、その結果としてその能力を習得した。短時間労働者であるYは、その能力を習得していない。A社は、その能力に応じた基本給をXには支給し、Yには支給していない。

ロ　A社においては、定期的に職務の内容及び勤務地の変更がある通常の労働者の総合職であるXは、管理職となるためのキャリアコースの一環として、新卒採用後の数年間、店舗等において、職

務の内容及び配置に変更のない短時間労働者であるYの助言を受けながら、Yと同様の定型的な業務に従事している。A社はXに対し、キャリアコースの一環として従事させている定型的な業務における能力又は経験に応じることなく、Yに比べ基本給を高く支給している。

ハ　A社においては、同一の職場で同一の業務に従事している有期雇用労働者であるXとYのうち、能力又は経験が一定の水準を満たしたYを定期的に職務の内容及び勤務地に変更がある通常の労働者として登用し、その後、職務の内容や勤務地に変更があることを理由に、Xに比べ基本給を高く支給している。

ニ　A社においては、同一の能力又は経験を有する通常の労働者であるXと短時間労働者であるYがいるが、XとYに共通して適用される基準を設定し、就業の時間帯や就業日が日曜日、土曜日又は国民の祝日に関する法律（昭和二三年法律第一七八号）に規定する休日（以下「土日祝日」という。）か否か等の違いにより、時間当たりの基本給に差を設けている。

（問題となる例）

基本給について、労働者の能力又は経験に応じて支給しているA社において、通常の労働者であるXが有期雇用労働者であるYに比べて多くの経験を有することを理由として、Xに対し、Yよりも基本給を高く支給しているが、Xのこれまでの経験はXの現在の業務に関連性を持たない。

(2)　基本給であって、労働者の業績又は成果に応じて支給するもの

基本給であって、労働者の業績又は成果に応じて支給するものについて、通常の労働者と同一の業績又は成果を有する短時間・有期雇用労働者には、業績又は成果に応じた部分につき、通常の労働者と同一の基本給を支給しなければならない。また、業績又は成果に一定の相違がある場合においては、その相違に応じた基本給を支給しなければならない。

なお、基本給とは別に、労働者の業績又は成果に応じた手当を支給する場合も同様である。

（問題とならない例）

イ　基本給の一部について、労働者の業績又は成果に応じて支給しているA社において、所定労働時間が通常の労働者の半分の短時間労働者であるXに対し、その販売実績が通常の労働者に設定されている販売目標の半分の数値に達した場合には、通常の労働者が販売目標を達成した場合の半分を支給している。

ロ　A社においては、通常の労働者であるXは、短時間労働者であるYと同様の業務に従事しているが、Xは生産効率及び品質の目標値に対する責任を負っており、当該目標値を達成していない場合、待遇上の不利益を課されている。その一方で、Yは、生産効率及び品質の目標値に対する責任を負っておらず、当該目標値を達成していない場合にも、待遇上の不利益を課されていない。A社は、待遇上の不利益を課していることとの見合いに応じて、XにYに比べ基本給を高く支給している。

（問題となる例）

基本給の一部について、労働者の業績又は成果に応じて支給しているA社において、通常の労働者が販売目標を達成した場合に行っている支給を、短時間労働者であるXについて通常の労働者と同一の販売目標を設定し、それを達成しない場合には行っていない。

(3)　基本給であって、労働者の勤続年数に応じて支給するもの

基本給であって、労働者の勤続年数に応じて支給するものについて、通常の労働者と同一の勤続年数である短時間・有期雇用労働者には、勤続年数に応じた部分につき、通常の労働者と同一の基本給を支給しなければならない。また、勤続年数に一定の相違がある場合においては、その相違に応じた基本給を支給しなければならない。

（問題とならない例）

基本給について、労働者の勤続年数に応じて支給しているA社において、期間の定めのある労働契約を更新している有期雇用労働者であるXに対し、当初の労働契約の開始時から通算して勤続年数を評価した上で支給している。

（問題となる例）

基本給について、労働者の勤続年数に応じて支給しているA社において、期間の定めのある労働契約を更新している有期雇用労働者であるXに対し、当初の労働契約の開始時から通算して勤続年数を評価せず、その時点の労働契約の期間のみにより勤続年数を評価した上で支給している。

(4)　昇給であって、労働者の勤続による能力の向上に応じて行うもの

昇給であって、労働者の勤続による能力の向上に応じて行うものについて、通常の労働者と同様に勤続により能力が向上した短時間・有期雇用労働者には、勤続による能力の向上に応じた部分につき、通常の労働者と同一の昇給を行わなければならない。また、勤続による能力の向上に一定の相違がある場合においては、その相違に応じた昇

給を行わなければならない。

（注）

1　通常の労働者と短時間・有期雇用労働者との間に賃金の決定基準・ルールの相違がある場合の取扱い

通常の労働者と短時間・有期雇用労働者との間に基本給、賞与、各種手当等の賃金に相違がある場合において、その要因として通常の労働者と短時間・有期雇用労働者の賃金の決定基準・ルールの相違があるときは、「通常の労働者と短時間・有期雇用労働者との間で将来の役割期待が異なるため、賃金の決定基準・ルールが異なる」等の主観的又は抽象的な説明では足りず、賃金の決定基準・ルールの相違は、通常の労働者と短時間・有期雇用労働者の職務の内容、当該職務の内容及び配置の変更の範囲その他の事情のうち、当該待遇の性質及び当該待遇を行う目的に照らして適切と認められるものの客観的及び具体的な実態に照らして、不合理と認められるものであってはならない。

2　定年に達した後に継続雇用された有期雇用労働者の取扱い

定年に達した後に継続雇用された有期雇用労働者についても、短時間・有期雇用労働法の適用を受けるものである。このため、通常の労働者と定年に達した後に継続雇用された有期雇用労働者との間の賃金の相違については、実際に両者の間に職務の内容、職務の内容及び配置の変更の範囲その他の事情の相違がある場合は、その相違に応じた賃金の相違は許容される。

さらに、有期雇用労働者が定年に達した後に継続雇用された者であることは、通常の労働者と当該有期雇用労働者との間の待遇の相違が不合理と認められるか否かを判断するに当たり、短時間・有期雇用労働法第八条のその他の事情として考慮される事情に当たりうる。定年に達した後に有期雇用労働者として継続雇用する場合の待遇について、様々な事情が総合的に考慮されて、通常の労働者と当該有期雇用労働者との間の待遇の相違が不合理と認められるか否かが判断されるものと考えられる。したがって、当該有期雇用労働者が定年に達した後に継続雇用された者であることのみをもって、直ちに通常の労働者と当該有期雇用労働者との間の待遇の相違が不合理ではないと認められるものではない。

2　賞与

賞与であって、会社の業績等への労働者の貢献に応じて支給するものについて、通常の労働者と同一の貢献である短時間・有期雇用労働者には、貢献に応じた部分につき、通常の労働者と同一の賞与を支給しなければならない。また、貢献に一定の相違がある場合においては、その相違に応じた賞与を支給しなければならない。

（問題とならない例）

イ　賞与について、会社の業績等への労働者の貢献に応じて支給しているA社において、通常の労働者であるXと同一の会社の業績等への貢献がある有期雇用労働者であるYに対し、Xと同一の賞与を支給している。

ロ　A社においては、通常の労働者であるXは、生産効率及び品質の目標値に対する責任を負っており、当該目標値を達成していない場合、待遇上の不利益を課されている。その一方で、通常の労働者であるYや、有期雇用労働者であるZは、生産効率及び品質の目標値に対する責任を負っておらず、当該目標値を達成していない場合にも、待遇上の不利益を課されていない。A社は、Xに対しては、賞与を支給しているが、YやZに対しては、待遇上の不利益を課していないこととの見合いの範囲内で、賞与を支給していない。

（問題となる例）

イ　賞与について、会社の業績等への労働者の貢献に応じて支給しているA社において、通常の労働者であるXと同一の会社の業績等への貢献がある有期雇用労働者であるYに対し、Xと同一の賞与を支給していない。

ロ　賞与について、会社の業績等への労働者の貢献に応じて支給しているA社においては、通常の労働者には職務の内容や会社の業績等への貢献等にかかわらず全員に何らかの賞与を支給しているが、短時間・有期雇用労働者には支給していない。

3　手当

(1)　役職手当であって、役職の内容に対して支給するもの

役職手当であって、役職の内容に対して支給するものについて、通常の労働者と同一の内容の役職に就く短時間・有期雇用労働者には、通常の労働者と同一の役職手当を支給しなければならない。また、役職の内容に一定の相違がある場合においては、その相違に応じた役職手当を支給しなければならない。

（問題とならない例）

イ　役職手当について、役職の内容に対して支給しているA社において、通常の労働者であるXの役

職と同一の役職名（例えば、店長）であって同一の内容（例えば､営業時間中の店舗の適切な運営）の役職に就く有期雇用労働者であるYに対し、同一の役職手当を支給している。

ロ　役職手当について、役職の内容に対して支給しているA社において、通常の労働者であるXの役職と同一の役職名であって同一の内容の役職に就く短時間労働者であるYに、所定労働時間に比例した役職手当（例えば、所定労働時間が通常の労働者の半分の短時間労働者にあっては、通常の労働者の半分の役職手当）を支給している。

（問題となる例）

役職手当について、役職の内容に対して支給しているA社において、通常の労働者であるXの役職と同一の役職名であって同一の内容の役職に就く有期雇用労働者であるYに、Xに比べ役職手当を低く支給している。

(2)　業務の危険度又は作業環境に応じて支給される特殊作業手当

通常の労働者と同一の危険度又は作業環境の業務に従事する短時間・有期雇用労働者には、通常の労働者と同一の特殊作業手当を支給しなければならない。

(3)　交替制勤務等の勤務形態に応じて支給される特殊勤務手当

通常の労働者と同一の勤務形態で業務に従事する短時間・有期雇用労働者には、通常の労働者と同一の特殊勤務手当を支給しなければならない。

（問題とならない例）

イ　A社においては、通常の労働者か短時間・有期雇用労働者かの別を問わず、就業する時間帯又は曜日を特定して就業する労働者には労働者の採用が難しい早朝若しくは深夜又は土日祝日に就業する場合に時給に上乗せして特殊勤務手当を支給するが、それ以外の労働者には時給に上乗せして特殊勤務手当を支給していない。

ロ　A社においては、通常の労働者であるXについては、入社に当たり、交替制勤務に従事することは必ずしも確定しておらず、業務の繁閑等生産の都合に応じて通常勤務又は交替制勤務のいずれにも従事する可能性があり、交替制勤務に従事した場合に限り特殊勤務手当が支給されている。短時間労働者であるYについては、採用に当たり、交替制勤務に従事することを明確にし、かつ、基本給に、通常の労働者に支給される特殊勤務手当と同一の交替制勤務の負荷分を盛り込み、通常勤務のみに従事する短時間労働者に比べ基本給を高く支給している。A社はXには特殊勤務手当を支給しているが、Yには支給していない。

(4)　精皆勤手当

通常の労働者と業務の内容が同一の短時間・有期雇用労働者には、通常の労働者と同一の精皆勤手当を支給しなければならない。

（問題とならない例）

A社においては、考課上、欠勤についてマイナス査定を行い、かつ、そのことを待遇に反映する通常の労働者であるXには、一定の日数以上出勤した場合に精皆勤手当を支給しているが、考課上、欠勤についてマイナス査定を行っていない有期雇用労働者であるYには、マイナス査定を行っていないこととの見合いの範囲内で、精皆勤手当を支給していない。

(5)　時間外労働に対して支給される手当

通常の労働者の所定労働時間を超えて、通常の労働者と同一の時間外労働を行った短時間・有期雇用労働者には、通常の労働者の所定労働時間を超えた時間につき、通常の労働者と同一の割増率等で、時間外労働に対して支給される手当を支給しなければならない。

(6)　深夜労働又は休日労働に対して支給される手当

通常の労働者と同一の深夜労働又は休日労働を行った短時間・有期雇用労働者には、通常の労働者と同一の割増率等で、深夜労働又は休日労働に対して支給される手当を支給しなければならない。

（問題とならない例）

A社においては、通常の労働者であるXと時間数及び職務の内容が同一の深夜労働又は休日労働を行った短時間労働者であるYに、同一の深夜労働又は休日労働に対して支給される手当を支給している。

（問題となる例）

A社においては、通常の労働者であるXと時間数及び職務の内容が同一の深夜労働又は休日労働を行った短時間労働者であるYに、深夜労働又は休日労働以外の労働時間が短いことから、深夜労働又は休日労働に対して支給される手当の単価を通常の労働者より低く設定している。

(7)　通勤手当及び出張旅費

短時間・有期雇用労働者にも、通常の労働者と同一の通勤手当及び出張旅費を支給しなければならない。

（問題とならない例）

イ　A社においては、本社の採用である労働者に対しては、交通費実費の全額に相当する通勤手当を支給しているが、それぞれの店舗の採用である労働者に対しては、当該店舗の近隣から通うことができる交通費に相当する額に通勤手当の上限を設定して当該上限の額の範囲内で通勤手当を支給しているところ、店舗採用の短時間労働者であるXが、その後、本人の都合で通勤手当の上限の額では通うことができないところへ転居してなお通い続けている場合には、当該上限の額の範囲内で通勤手当を支給している。

ロ A社においては、通勤手当について、所定労働日数が多い（例えば、週四日以上）通常の労働者及び短時間・有期雇用労働者には、月額の定期券の金額に相当する額を支給しているが、所定労働日数が少ない（例えば、週三日以下）又は出勤日数が変動する短時間・有期雇用労働者には、日額の交通費に相当する額を支給している。

(8) 労働時間の途中に食事のための休憩時間がある労働者に対する食費の負担補助として支給される食事手当

短時間・有期雇用労働者にも、通常の労働者と同一の食事手当を支給しなければならない。

（問題とならない例）

A社においては、その労働時間の途中に昼食のための休憩時間がある通常の労働者であるXに支給している食事手当を、その労働時間の途中に昼食のための休憩時間がない（例えば、午後二時から午後五時までの勤務）短時間労働者であるYには支給していない。

（問題となる例）

A社においては、通常の労働者であるXには、有期雇用労働者であるYに比べ、食事手当を高く支給している。

(9) 単身赴任手当

通常の労働者と同一の支給要件を満たす短時間・有期雇用労働者には、通常の労働者と同一の単身赴任手当を支給しなければならない。

(10) 特定の地域で働く労働者に対する補償として支給される地域手当

通常の労働者と同一の地域で働く短時間・有期雇用労働者には、通常の労働者と同一の地域手当を支給しなければならない。

（問題とならない例）

A社においては、通常の労働者であるXについては、全国一律の基本給の体系を適用し、転勤があることから、地域の物価等を勘案した地域手当を支給しているが、一方で、有期雇用労働者であるYと短時間労働者であるZについては、それぞれの地域で採用し、それぞれの地域で基本給を設定しており、その中で地域の物価が基本給に盛り込まれているため、地域手当を支給していない。

（問題となる例）

A社においては、通常の労働者であるXと有期雇用労働者であるYにはいずれも全国一律の基本給の体系を適用しており、かつ、いずれも転勤があるにもかかわらず、Yには地域手当を支給していない。

4 福利厚生

(1) 福利厚生施設（給食施設、休憩室及び更衣室をいう。以下この(1)において同じ。）

通常の労働者と同一の事業所で働く短時間・有期雇用労働者には、通常の労働者と同一の福利厚生施設の利用を認めなければならない。

(2) 転勤者用社宅

通常の労働者と同一の支給要件（例えば、転勤の有無、扶養家族の有無、住宅の賃貸又は収入の額）を満たす短時間・有期雇用労働者には、通常の労働者と同一の転勤者用社宅の利用を認めなければならない。

(3) 慶弔休暇並びに健康診断に伴う勤務免除及び当該健康診断を勤務時間中に受診する場合の当該受診時間に係る給与の保障（以下この(3)、第4の4(3)及び第5の2(3)において「有給の保障」という。）

短時間・有期雇用労働者にも、通常の労働者と同一の慶弔休暇の付与並びに健康診断に伴う勤務免除及び有給の保障を行わなければならない。

（問題とならない例）

A社においては、通常の労働者であるXと同様の出勤日が設定されている短時間労働者であるYに対しては、通常の労働者と同様に慶弔休暇を付与しているが、週二日の勤務の短時間労働者であるZに対しては、勤務日の振替での対応を基本としつつ、振替が困難な場合のみ慶弔休暇を付与している。

(4) 病気休職

短時間労働者（有期雇用労働者である場合を除く。）には、通常の労働者と同一の病気休職の取得を認めなければならない。また、有期雇用労働者にも、労働契約が終了するまでの期間を踏まえて、病気休職の取得を認めなければならない。

（問題とならない例）

A社においては、労働契約の期間が一年である有期雇用労働者であるXについて、病気休職の期間は労働契約の期間が終了する日までとしている。

(5) 法定外の有給の休暇その他の法定外の休暇（慶弔休暇を除く。）であって、勤続期間に応じて取得を認めているもの

法定外の有給の休暇その他の法定外の休暇（慶弔休暇を除く。）であって、勤続期間に応じて取得を認めているものについて、通常の労働者と同一の勤続期間である短時間・有期雇用労働者には、通常の労働者と同一の法定外の有給の休暇その他の法定外の休暇（慶弔休暇を除く。）を付与しなければならない。なお、期間の定めのある労働契約を更新している場合には、当初の労働契約の開始時から通算して勤続期間を評価することを要する。

（問題とならない例）

A社においては、長期勤続者を対象とするリフレッシュ休暇について、業務に従事した時間全体を通じた貢献に対する報償という趣旨で付与していることから、通常の労働者であるXに対しては、勤続一〇年で三日、二〇年で五日、三〇年で七日の休暇を付与しており、短時間労働者であるYに対しては、所定労働時間に比例した日数を付与している。

5　その他

(1)　教育訓練であって、現在の職務の遂行に必要な技能又は知識を習得するために実施するもの

教育訓練であって、現在の職務の遂行に必要な技能又は知識を習得するために実施するものについて、通常の労働者と職務の内容が同一である短時間・有期雇用労働者には、通常の労働者と同一の教育訓練を実施しなければならない。また、職務の内容に一定の相違がある場合においては、その相違に応じた教育訓練を実施しなければならない。

(2)　安全管理に関する措置及び給付

通常の労働者と同一の業務環境に置かれている短時間・有期雇用労働者には、通常の労働者と同一の安全管理に関する措置及び給付をしなければならない。

第4　派遣労働者

労働者派遣法第三〇条の三第一項において、派遣元事業主は、派遣労働者の待遇のそれぞれについて、当該待遇に対応する派遣先に雇用される通常の労働者の待遇との間において、職務の内容、当該職務の内容及び配置の変更の範囲その他の事情のうち、当該待遇の性質及び当該待遇を行う目的に照らして適切と認められるものを考慮して、不合理と認められる相違を設けてはならないこととされている。

また、同条第二項において、派遣元事業主は、職務の内容が派遣先に雇用される通常の労働者と同一の派遣労働者であって、当該労働者派遣契約及び当該派遣先における慣行その他の事情からみて、当該派遣先における派遣就業が終了するまでの全期間において、その職務の内容及び配置が当該派遣先との雇用関係が終了するまでの全期間における当該通常の労働者の職務の内容及び配置の変更の範囲と同一の範囲で変更されることが見込まれるものについては、正当な理由がなく、待遇のそれぞれについて、当該待遇に対応する当該通常の労働者の待遇に比して不利なものとしてはならないこととされている。

他方、労働者の過半数で組織する労働組合等との協定により、同項各号に規定する事項を定めたときは、当該協定で定めた範囲に属する派遣労働者の待遇について、労働者派遣法第三〇条の三の規定は、一部の待遇を除き、適用しないこととされている。ただし、同項第二号、第四号若しくは第五号に掲げる事項であって当該協定で定めたものを遵守していない場合又は同項第三号に関する当該協定の定めによる公正な評価に取り組んでいない場合は、この限りでないこととされている。

派遣労働者（協定対象派遣労働者を除く。以下この第4において同じ。）の待遇に関して、原則となる考え方及び具体例は次のとおりである。

1　基本給

(1)　基本給であって、労働者の能力又は経験に応じて支給するもの

基本給であって、派遣先及び派遣元事業主が、労働者の能力又は経験に応じて支給するものについて、派遣元事業主は、派遣先に雇用される通常の労働者と同一の能力又は経験を有する派遣労働者には、能力又は経験に応じた部分につき、派遣先に雇用される通常の労働者と同一の基本給を支給しなければならない。また、能力又は経験に一定の相違がある場合においては、その相違に応じた基本給を支給しなければならない。

（問題とならない例）

イ　基本給について、労働者の能力又は経験に応じて支給している派遣先であるA社において、ある能力の向上のための特殊なキャリアコースを設定している。A社の通常の労働者であるXは、このキャリアコースを選択し、その結果としてその能力を習得したため、その能力に応じた基本給をXに支給している。これに対し、派遣元事業主であるB社からA社に派遣されている派遣労働者であるYは、その能力を習得していないため、B社はその能力に応じた基本給をYには支給していない。

ロ　派遣先であるA社においては、定期的に職務の

内容及び勤務地の変更がある通常の労働者の総合職であるXは、管理職となるためのキャリアコースの一環として、新卒採用後の数年間、店舗等において、派遣元事業主であるB社からA社に派遣されている派遣労働者であってA社で就業する間は職務の内容及び配置に変更のないYの助言を受けながら、Yと同様の定型的な業務に従事している。A社がXにキャリアコースの一環として当該定型的な業務に従事させていることを踏まえ、B社はYに対し、当該定型的な業務における能力又は経験はXを上回っているものの、Xほど基本給を高く支給していない。

ハ　派遣先であるA社においては、かつては有期雇用労働者であったが、能力又は経験が一定の水準を満たしたため定期的に職務の内容及び勤務地に変更がある通常の労働者として登用されたXと、派遣元事業主であるB社からA社に派遣されている派遣労働者であるYとが同一の職場で同一の業務に従事している。B社は、A社で就業する間は職務の内容及び勤務地に変更がないことを理由に、Yに対して、Xほど基本給を高く支給していない。

ニ　派遣先であるA社に雇用される通常の労働者であるXと、派遣元事業主であるB社からA社に派遣されている派遣労働者であるYとが同一の能力又は経験を有しているところ、B社は、A社がXに適用するのと同じ基準をYに適用し、就業の時間帯や就業日が土日祝日か否か等の違いにより、A社がXに支給する時間当たりの基本給との間に差を設けている。

（問題となる例）

派遣先であるA社及び派遣元事業主であるB社においては、基本給について、労働者の能力又は経験に応じて支給しているところ、B社は、A社に派遣されている派遣労働者であるYに対し、A社に雇用される通常の労働者であるXに比べて経験が少ないことを理由として、A社がXに支給するほど基本給を高く支給していないが、Xのこれまでの経験はXの現在の業務に関連性を持たない。

(2)　基本給であって、労働者の業績又は成果に応じて支給するもの

基本給であって、派遣先及び派遣元事業主が、労働者の業績又は成果に応じて支給するものについて、派遣元事業主は、派遣先に雇用される通常の労働者と同一の業績又は成果を有する派遣労働者には、業績又は成果に応じた部分につき、派遣先に雇用される通常の労働者と同一の基本給を支給しなければならない。また、業績又は成果に一定の相違がある場合においては、その相違に応じた基本給を支給しなければならない。

なお、基本給とは別に、労働者の業績又は成果に応じた手当を支給する場合も同様である。

（問題とならない例）

イ　派遣先であるA社及び派遣元事業主であるB社においては、基本給の一部について、労働者の業績又は成果に応じて支給しているところ、B社は、A社に派遣されている派遣労働者であって、所定労働時間がA社に雇用される通常の労働者の半分であるYに対し、その販売実績がA社に雇用される通常の労働者に設定されている販売目標の半分の数値に達した場合には、A社に雇用される通常の労働者が販売目標を達成した場合の半分を支給している。

ロ　派遣先であるA社においては、通常の労働者であるXは、派遣元事業主であるB社からA社に派遣されている派遣労働者であるYと同様の業務に従事しているが、XはA社における生産効率及び品質の目標値に対する責任を負っており、当該目標値を達成していない場合、待遇上の不利益を課されている。その一方で、Yは、A社における生産効率及び品質の目標値に対する責任を負っておらず、当該目標値を達成していない場合にも、待遇上の不利益を課されていない。B社はYに対し、待遇上の不利益を課していないこととの見合いに応じて、A社がXに支給するほど基本給を高く支給していない。

（問題となる例）

派遣先であるA社及び派遣元事業主であるB社においては、基本給の一部について、労働者の業績又は成果に応じて支給しているところ、B社は、A社に派遣されている派遣労働者であって、所定労働時間がA社に雇用される通常の労働者の半分であるYに対し、当該通常の労働者が販売目標を達成した場合にA社が行っている支給を、Yについて当該通常の労働者と同一の販売目標を設定し、それを達成しない場合には行っていない。

(3)　基本給であって、労働者の勤続年数（派遣労働者にあっては、当該派遣先における就業期間。以下この(3)において同じ。）に応じて支給するもの

基本給であって、派遣先及び派遣元事業主が、労働者の勤続年数に応じて支給するものについて、派遣元事業主は、派遣先に雇用される通常の労働者と同一の勤続年数である派遣労働者には、勤続年数に応じた部分につき、派遣先に雇用される通常の労働者と同一の基本給を支給しなければ

ならない。また、勤続年数に一定の相違がある場合においては、その相違に応じた基本給を支給しなければならない。

（問題とならない例）

　派遣先であるA社及び派遣元事業主であるB社は、基本給について、労働者の勤続年数に応じて支給しているところ、B社は、A社に派遣している期間の定めのある労働者派遣契約を更新している派遣労働者であるYに対し、A社への労働者派遣の開始時から通算して就業期間を評価した上で基本給を支給している。

（問題となる例）

　派遣先であるA社及び派遣元事業主であるB社は、基本給について、労働者の勤続年数に応じて支給しているところ、B社は、A社に派遣している期間の定めのある労働者派遣契約を更新している派遣労働者であるYに対し、YのA社への労働者派遣の開始時から通算して就業期間を評価せず、その時点の労働者派遣契約に基づく派遣就業の期間のみにより就業期間を評価した上で基本給を支給している。

(4)　昇給であって、労働者の勤続（派遣労働者にあっては、当該派遣先における派遣就業の継続。以下この(4)において同じ。）による能力の向上に応じて行うもの

　昇給であって、派遣先及び派遣元事業主が、労働者の勤続による能力の向上に応じて行うものについて、派遣元事業主は、派遣先に雇用される通常の労働者と同様に勤続により能力が向上した派遣労働者には、勤続による能力の向上に応じた部分につき、派遣先に雇用される通常の労働者と同一の昇給を行わなければならない。また、勤続による能力の向上に一定の相違がある場合においては、その相違に応じた昇給を行わなければならない。

（注）　派遣先に雇用される通常の労働者と派遣労働者との間に賃金の決定基準・ルールの相違がある場合の取扱い派遣先に雇用される通常の労働者と派遣労働者の間に基本給、賞与、各種手当等の賃金に相違がある場合において、その要因として当該通常の労働者と派遣労働者の賃金の決定基準・ルールの相違があるときは、「派遣労働者に対する派遣元事業主の将来の役割期待は派遣先に雇用される通常の労働者に対する派遣先の将来の役割期待と異なるため、賃金の決定基準・ルールが異なる」等の主観的又は抽象的な説明では足りず、賃金の決定基準・ルールの相違は、当該通常の労働者と派遣労働者の職務の内容、当該職務の内容及び配置の変更の範囲その他の事情のうち、当該待遇の性質及び当該待遇を行う目的に照らして適切と認められるものの客観的及び具体的な実態に照らして、不合理と認められるものであってはならない。

2　賞与

　賞与であって、派遣先及び派遣元事業主が、会社（派遣労働者にあっては、派遣先。以下この2において同じ。）の業績等への労働者の貢献に応じて支給するものについて、派遣元事業主は、派遣先に雇用される通常の労働者と同一の貢献である派遣労働者には、貢献に応じた部分につき、派遣先に雇用される通常の労働者と同一の賞与を支給しなければならない。また、貢献に一定の相違がある場合においては、その相違に応じた賞与を支給しなければならない。

（問題とならない例）

イ　派遣先であるA社及び派遣元事業主であるB社においては、賞与について、会社の業績等への労働者の貢献に応じて支給しているところ、B社は、A社に派遣されている派遣労働者であって、A社に雇用される通常の労働者であるXと同一のA社の業績等への貢献があるYに対して、A社がXに支給するのと同一の賞与を支給している。

ロ　派遣先であるA社においては、通常の労働者であるXは、A社における生産効率及び品質の目標値に対する責任を負っており、当該目標値を達成していない場合、待遇上の不利益を課されている。その一方で、A社に雇用される通常の労働者であるZや、派遣元事業主であるB社からA社に派遣されている派遣労働者であるYは、A社における生産効率及び品質の目標値に対する責任を負っておらず、当該目標値を達成していない場合にも、待遇上の不利益を課されていない。A社はXに対して賞与を支給しているが、Zに対しては、待遇上の不利益を課していないこととの見合いの範囲内で賞与を支給していないところ、B社はYに対して、待遇上の不利益を課していないこととの見合いの範囲内で賞与を支給していない。

（問題となる例）

イ　派遣先であるA社及び派遣元事業主であるB社においては、賞与について、会社の業績等への労働者の貢献に応じて支給しているところ、B社は、A社に派遣されている派遣労働者であって、A社に雇用される通常の労働者であるXと同一のA社の業績等への貢献があるYに対して、A社が

Xに支給するのと同一の賞与を支給していない。

ロ　賞与について、会社の業績等への労働者の貢献に応じて支給している派遣先であるA社においては、通常の労働者の全員に職務の内容や会社の業績等への貢献等にかかわらず何らかの賞与を支給しているが、派遣元事業主であるB社においては、A社に派遣されている派遣労働者であるYに賞与を支給していない。

3　手当

(1)　役職手当であって、役職の内容に対して支給するもの

役職手当であって、派遣先及び派遣元事業主が、役職の内容に対して支給するものについて、派遣元事業主は、派遣先に雇用される通常の労働者と同一の内容の役職に就く派遣労働者には、派遣先に雇用される通常の労働者と同一の役職手当を支給しなければならない。また、役職の内容に一定の相違がある場合においては、その相違に応じた役職手当を支給しなければならない。

（問題とならない例）

イ　派遣先であるA社及び派遣元事業主であるB社においては、役職手当について、役職の内容に対して支給しているところ、B社は、A社に派遣されている派遣労働者であって、A社に雇用される通常の労働者であるXの役職と同一の役職名（例えば、店長）であって同一の内容（例えば、営業時間中の店舗の適切な運営）の役職に就くYに対し、A社がXに支給するのと同一の役職手当を支給している。

ロ　派遣先であるA社及び派遣元事業主であるB社においては、役職手当について、役職の内容に対して支給しているところ、B社は、A社に派遣されている派遣労働者であって、A社に雇用される通常の労働者であるXの役職と同一の役職名であって同一の内容の役職に就くYに、所定労働時間に比例した役職手当（例えば、所定労働時間がA社に雇用される通常の労働者の半分の派遣労働者にあっては、当該通常の労働者の半分の役職手当）を支給している。

（問題となる例）

派遣先であるA社及び派遣元事業主であるB社においては、役職手当について、役職の内容に対して支給しているところ、B社は、A社に派遣されている派遣労働者であって、A社に雇用される通常の労働者であるXの役職と同一の役職名であって同一の内容の役職に就くYに対し、A社がXに支給するのに比べ役職手当を低く支給している。

(2)　業務の危険度又は作業環境に応じて支給される特殊作業手当

派遣元事業主は、派遣先に雇用される通常の労働者と同一の危険度又は作業環境の業務に従事する派遣労働者には、派遣先に雇用される通常の労働者と同一の特殊作業手当を支給しなければならない。

(3)　交替制勤務等の勤務形態に応じて支給される特殊勤務手当

派遣元事業主は、派遣先に雇用される通常の労働者と同一の勤務形態で業務に従事する派遣労働者には、派遣先に雇用される通常の労働者と同一の特殊勤務手当を支給しなければならない。

（問題とならない例）

イ　派遣先であるA社においては、就業する時間帯又は曜日を特定して就業する通常の労働者には労働者の採用が難しい早朝若しくは深夜又は土日祝日に就業する場合に時給に上乗せして特殊勤務手当を支給するが、就業する時間帯及び曜日を特定していない通常の労働者には労働者の採用が難しい時間帯又は曜日に勤務する場合であっても時給に上乗せして特殊勤務手当を支給していない。派遣元事業主であるB社は、A社に派遣されている派遣労働者であって、就業する時間帯及び曜日を特定して就業していないYに対し、採用が難しい時間帯や曜日に勤務する場合であっても時給に上乗せして特殊勤務手当を支給していない。

ロ　派遣先であるA社においては、通常の労働者であるXについては、入社に当たり、交替制勤務に従事することは必ずしも確定しておらず、業務の繁閑等生産の都合に応じて通常勤務又は交替制勤務のいずれにも従事する可能性があり、交替制勤務に従事した場合に限り特殊勤務手当が支給されている。派遣元事業主であるB社からA社に派遣されている派遣労働者であるYについては、A社への労働者派遣に当たり、派遣先で交替制勤務に従事することを明確にし、かつ、基本給にA社において通常の労働者に支給される特殊勤務手当と同一の交替制勤務の負荷分が盛り込まれている。A社には、職務の内容がYと同一であり通常勤務のみに従事することが予定され、実際に通常勤務のみに従事する労働者であるZがいるところ、B社はYに対し、A社がZに対して支給するのに比べ基本給を高く支給している。A社はXに対して特殊勤務手当を支給しているが、B社はYに対して特殊勤務手当を支給していない。

(4)　精皆勤手当

派遣元事業主は、派遣先に雇用される通常の労

働者と業務の内容が同一の派遣労働者には、派遣先に雇用される通常の労働者と同一の精皆勤手当を支給しなければならない。

（問題とならない例）

派遣先であるA社においては、考課上、欠勤についてマイナス査定を行い、かつ、それが待遇に反映される通常の労働者であるXには、一定の日数以上出勤した場合に精皆勤手当を支給しているが、派遣元事業主であるB社は、B社からA社に派遣されている派遣労働者であって、考課上、欠勤についてマイナス査定を行っていないYには、マイナス査定を行っていないこととの見合いの範囲内で、精皆勤手当を支給していない。

(5) 時間外労働に対して支給される手当

派遣元事業主は、派遣先に雇用される通常の労働者の所定労働時間を超えて、当該通常の労働者と同一の時間外労働を行った派遣労働者には、当該通常の労働者の所定労働時間を超えた時間につき、派遣先に雇用される通常の労働者と同一の割増率等で、時間外労働に対して支給される手当を支給しなければならない。

(6) 深夜労働又は休日労働に対して支給される手当

派遣元事業主は、派遣先に雇用される通常の労働者と同一の深夜労働又は休日労働を行った派遣労働者には、派遣先に雇用される通常の労働者と同一の割増率等で、深夜労働又は休日労働に対して支給される手当を支給しなければならない。

（問題とならない例）

派遣元事業主であるB社においては、派遣先であるA社に派遣されている派遣労働者であって、A社に雇用される通常の労働者であるXと時間数及び職務の内容が同一の深夜労働又は休日労働を行ったYに対し、A社がXに支給するのと同一の深夜労働又は休日労働に対して支給される手当を支給している。

（問題となる例）

派遣元事業主であるB社においては、派遣先であるA社に派遣されている派遣労働者であって、A社に雇用される通常の労働者であるXと時間数及び職務の内容が同一の深夜労働又は休日労働を行ったYに対し、Yが派遣労働者であることから、深夜労働又は休日労働に対して支給される手当の単価を当該通常の労働者より低く設定している。

(7) 通勤手当及び出張旅費

派遣元事業主は、派遣労働者にも、派遣先に雇用される通常の労働者と同一の通勤手当及び出張旅費を支給しなければならない。

（問題とならない例）

イ　派遣先であるA社においては、本社の採用である労働者に対し、交通費実費の全額に相当する通勤手当を支給しているが、派遣元事業主であるB社は、それぞれの店舗の採用である労働者については、当該店舗の近隣から通うことができる交通費に相当する額に通勤手当の上限を設定して当該上限の額の範囲内で通勤手当を支給しているところ、B社の店舗採用であってA社に派遣される派遣労働者であるYが、A社への労働者派遣の開始後、本人の都合で通勤手当の上限の額では通うことができないところへ転居してなお通い続けている場合には、当該上限の額の範囲内で通勤手当を支給している。

ロ　派遣先であるA社においては、通勤手当について、所定労働日数が多い（例えば、週四日以上）通常の労働者に、月額の定期券の金額に相当する額を支給しているが、派遣元事業主であるB社においては、A社に派遣されている派遣労働者であって、所定労働日数が少ない（例えば、週三日以下）又は出勤日数が変動する派遣労働者に、日額の交通費に相当する額を支給している。

(8) 労働時間の途中に食事のための休憩時間がある労働者に対する食費の負担補助として支給される食事手当

派遣元事業主は、派遣労働者にも、派遣先に雇用される通常の労働者と同一の食事手当を支給しなければならない。

（問題とならない例）

派遣先であるA社においては、その労働時間の途中に昼食のための休憩時間がある通常の労働者であるXに食事手当を支給している。その一方で、派遣元事業主であるB社においては、A社に派遣されている派遣労働者であって、その労働時間の途中に昼食のための休憩時間がない（例えば、午後二時から午後五時までの勤務）派遣労働者であるYに支給していない。

（問題となる例）

派遣先であるA社においては、通常の労働者であるXに食事手当を支給している。派遣元事業主であるB社においては、A社に派遣されている派遣労働者であるYにA社がXに支給するのに比べ食事手当を低く支給している。

(9) 単身赴任手当

派遣元事業主は、派遣先に雇用される通常の労働者と同一の支給要件を満たす派遣労働者には、派遣先に雇用される通常の労働者と同一の単身赴任手当を支給しなければならない。

(10) 特定の地域で働く労働者に対する補償として支給される地域手当

派遣元事業主は、派遣先に雇用される通常の労働者と同一の地域で働く派遣労働者には、派遣先に雇用される通常の労働者と同一の地域手当を支給しなければならない。

（問題とならない例）

派遣先であるA社においては、通常の労働者であるXについて、全国一律の基本給の体系を適用し、転勤があることから、地域の物価等を勘案した地域手当を支給している。一方で、派遣元事業主であるB社においては、A社に派遣されている派遣労働者であるYについては、A社に派遣されている間は勤務地の変更がなく、その派遣先の所在する地域で基本給を設定しており、その中で地域の物価が基本給に盛り込まれているため、地域手当を支給していない。

（問題となる例）

派遣先であるA社に雇用される通常の労働者であるXは、その地域で採用され転勤はないにもかかわらず、A社はXに対し地域手当を支給している。一方、派遣元事業主であるB社からA社に派遣されている派遣労働者であるYは、A社に派遣されている間転勤はなく、B社はYに対し地域手当を支給していない。

4 福利厚生

(1) 福利厚生施設（給食施設、休憩室及び更衣室をいう。以下この(1)において同じ。）

派遣先は、派遣先に雇用される通常の労働者と同一の事業所で働く派遣労働者には、派遣先に雇用される通常の労働者と同一の福利厚生施設の利用を認めなければならない。

なお、派遣元事業主についても、労働者派遣法第三〇条の三の規定に基づく義務を免れるものではない。

(2) 転勤者用社宅

派遣元事業主は、派遣先に雇用される通常の労働者と同一の支給要件（例えば、転勤の有無、扶養家族の有無、住宅の賃貸又は収入の額）を満たす派遣労働者には、派遣先に雇用される通常の労働者と同一の転勤者用社宅の利用を認めなければならない。

(3) 慶弔休暇並びに健康診断に伴う勤務免除及び有給の保障

派遣元事業主は、派遣労働者にも、派遣先に雇用される通常の労働者と同一の慶弔休暇の付与並びに健康診断に伴う勤務免除及び有給の保障を行わなければならない。

（問題とならない例）

派遣元事業主であるB社においては、派遣先であるA社に派遣されている派遣労働者であって、A社に雇用される通常の労働者であるXと同様の出勤日が設定されているYに対しては、A社がXに付与するのと同様に慶弔休暇を付与しているが、A社に派遣されている派遣労働者であって、週二日の勤務であるWに対しては、勤務日の振替での対応を基本としつつ、振替が困難な場合のみ慶弔休暇を付与している。

(4) 病気休職

派遣元事業主は、派遣労働者（期間の定めのある労働者派遣に係る派遣労働者である場合を除く。）には、派遣先に雇用される通常の労働者と同一の病気休職の取得を認めなければならない。また、期間の定めのある労働者派遣に係る派遣労働者にも、当該派遣先における派遣就業が終了するまでの期間を踏まえて、病気休職の取得を認めなければならない。

（問題とならない例）

派遣元事業主であるB社においては、当該派遣先における派遣就業期間が一年である派遣労働者であるYについて、病気休職の期間は当該派遣就業の期間が終了する日までとしている。

(5) 法定外の有給の休暇その他の法定外の休暇（慶弔休暇を除く。）であって、勤続期間（派遣労働者にあっては、当該派遣先における就業期間。以下この(5)において同じ。）に応じて取得を認めているもの

法定外の有給の休暇その他の法定外の休暇（慶弔休暇を除く。）であって、派遣先及び派遣元事業主が、勤続期間に応じて取得を認めているものについて、派遣元事業主は、当該派遣先に雇用される通常の労働者と同一の勤続期間である派遣労働者には、派遣先に雇用される通常の労働者と同一の法定外の有給の休暇その他の法定外の休暇（慶弔休暇を除く。）を付与しなければならない。なお、当該派遣先において期間の定めのある労働者派遣契約を更新している場合には、当初の派遣就業の開始時から通算して就業期間を評価することを要する。

（問題とならない例）

派遣先であるA社においては、長期勤続者を対象とするリフレッシュ休暇について、業務に従事した時間全体を通じた貢献に対する報償という趣旨で付与していることから、通常の労働者であるXに対し、勤続一〇年で三日、二〇年で五日、三〇年で七日の休暇を付与している。派遣元事業主

であるB社は、A社に派遣されている派遣労働者であるYに対し、所定労働時間に比例した日数を付与している。

5　その他

(1)　教育訓練であって、現在の職務の遂行に必要な技能又は知識を習得するために実施するもの

教育訓練であって、派遣先が、現在の業務の遂行に必要な能力を付与するために実施するものについて、派遣先は、派遣元事業主からの求めに応じ、その雇用する通常の労働者と業務の内容が同一である派遣労働者には、派遣先に雇用される通常の労働者と同一の教育訓練を実施する等必要な措置を講じなければならない。なお、派遣元事業主についても、労働者派遣法第三〇条の三の規定に基づく義務を免れるものではない。

また、派遣労働者と派遣先に雇用される通常の労働者との間で業務の内容に一定の相違がある場合においては、派遣元事業主は、派遣労働者と派遣先に雇用される通常の労働者との間の職務の内容、職務の内容及び配置の変更の範囲その他の事情の相違に応じた教育訓練を実施しなければならない。

なお、労働者派遣法第三〇条の二第一項の規定に基づき、派遣元事業主は、派遣労働者に対し、段階的かつ体系的な教育訓練を実施しなければならない。

(2)　安全管理に関する措置又は給付

派遣元事業主は、派遣先に雇用される通常の労働者と同一の業務環境に置かれている派遣労働者には、派遣先に雇用される通常の労働者と同一の安全管理に関する措置及び給付をしなければならない。

なお、派遣先及び派遣元事業主は、労働者派遣法第四五条等の規定に基づき、派遣労働者の安全と健康を確保するための義務を履行しなければならない。

第5　協定対象派遣労働者

協定対象派遣労働者の待遇に関して、原則となる考え方及び具体例は次のとおりである。

1　賃金

労働者派遣法第三〇条の四第一項第二号イにおいて、協定対象派遣労働者の賃金の決定の方法については、同種の業務に従事する一般の労働者の平均的な賃金の額として厚生労働省令で定めるものと同等以上の賃金の額となるものでなければならないこととされている。

また、同号ロにおいて、その賃金の決定の方法は、協定対象派遣労働者の職務の内容、職務の成果、意欲、能力又は経験その他の就業の実態に関する事項の向上があった場合に賃金が改善されるものでなければならないこととされている。

さらに、同項第三号において、派遣元事業主は、この方法により賃金を決定するに当たっては、協定対象派遣労働者の職務の内容、職務の成果、意欲、能力又は経験その他の就業の実態に関する事項を公正に評価し、その賃金を決定しなければならないこととされている。

2　福利厚生

(1)　福利厚生施設（給食施設、休憩室及び更衣室をいう。以下この(1)において同じ。）

派遣先は、派遣先に雇用される通常の労働者と同一の事業所で働く協定対象派遣労働者には、派遣先に雇用される通常の労働者と同一の福利厚生施設の利用を認めなければならない。

なお、派遣元事業主についても、労働者派遣法第三〇条の三の規定に基づく義務を免れるものではない。

(2)　転勤者用社宅

派遣元事業主は、派遣元事業主の雇用する通常の労働者と同一の支給要件（例えば、転勤の有無、扶養家族の有無、住宅の賃貸又は収入の額）を満たす協定対象派遣労働者には、派遣元事業主の雇用する通常の労働者と同一の転勤者用社宅の利用を認めなければならない。

(3)　慶弔休暇並びに健康診断に伴う勤務免除及び有給の保障

派遣元事業主は、協定対象派遣労働者にも、派遣元事業主の雇用する通常の労働者と同一の慶弔休暇の付与並びに健康診断に伴う勤務免除及び有給の保障を行わなければならない。

（問題とならない例）

派遣元事業主であるB社においては、慶弔休暇について、B社の雇用する通常の労働者であるXと同様の出勤日が設定されている協定対象派遣労働者であるYに対しては、通常の労働者と同様に慶弔休暇を付与しているが、週二日の勤務の協定対象派遣労働者であるWに対しては、勤務日の振替での対応を基本としつつ、振替が困難な場合のみ慶弔休暇を付与している。

(4)　病気休職

派遣元事業主は、協定対象派遣労働者（有期雇用労働者である場合を除く。）には、派遣元事業主の雇用する通常の労働者と同一の病気休職の取得を認めなければならない。また、有期雇用労働者である協定対象派遣労働者にも、労働契約が終

了するまでの期間を踏まえて、病気休職の取得を認めなければならない。

（問題とならない例）

派遣元事業主であるB社においては、労働契約の期間が一年である有期雇用労働者であり、かつ、協定対象派遣労働者であるYについて、病気休職の期間は労働契約の期間が終了する日までとしている。

(5) 法定外の有給の休暇その他の法定外の休暇（慶弔休暇を除く。）であって、勤続期間に応じて取得を認めているもの

法定外の有給の休暇その他の法定外の休暇（慶弔休暇を除く。）であって、勤続期間に応じて取得を認めているものについて、派遣元事業主は、派遣元事業主の雇用する通常の労働者と同一の勤続期間である協定対象派遣労働者には、派遣元事業主の雇用する通常の労働者と同一の法定外の有給の休暇その他の法定外の休暇（慶弔休暇を除く。）を付与しなければならない。なお、期間の定めのある労働契約を更新している場合には、当初の労働契約の開始時から通算して勤続期間を評価することを要する。

（問題とならない例）

派遣元事業主であるB社においては、長期勤続者を対象とするリフレッシュ休暇について、業務に従事した時間全体を通じた貢献に対する報償という趣旨で付与していることから、B社に雇用される通常の労働者であるXに対し、勤続一〇年で三日、二〇年で五日、三〇年で七日の休暇を付与しており、協定対象派遣労働者であるYに対し、所定労働時間に比例した日数を付与している。

3 その他

(1) 教育訓練であって、現在の職務の遂行に必要な技能又は知識を習得するために実施するもの

教育訓練であって、派遣先が、現在の業務の遂行に必要な能力を付与するために実施するものについて、派遣先は、派遣元事業主からの求めに応じ、派遣先に雇用される通常の労働者と業務の内容が同一である協定対象派遣労働者には、派遣先に雇用される通常の労働者と同一の教育訓練を実施する等必要な措置を講じなければならない。なお、派遣元事業主についても、労働者派遣法第三〇条の三の規定に基づく義務を免れるものではない。

また、協定対象派遣労働者と派遣元事業主が雇用する通常の労働者との間で業務の内容に一定の相違がある場合においては、派遣元事業主は、協定対象派遣労働者と派遣元事業主の雇用する通常の労働者との間の職務の内容、職務の内容及び配置の変更の範囲その他の事情の相違に応じた教育訓練を実施しなければならない。

なお、労働者派遣法第三〇条の二第一項の規定に基づき、派遣元事業主は、協定対象派遣労働者に対し、段階的かつ体系的な教育訓練を実施しなければならない。

(2) 安全管理に関する措置及び給付

派遣元事業主は、派遣元事業主の雇用する通常の労働者と同一の業務環境に置かれている協定対象派遣労働者には、派遣元事業主の雇用する通常の労働者と同一の安全管理に関する措置及び給付をしなければならない。

なお、派遣先及び派遣元事業主は、労働者派遣法第四五条等の規定に基づき、協定対象派遣労働者の安全と健康を確保するための義務を履行しなければならない。

短時間労働者及び有期雇用労働者の雇用管理の改善等に関する法律の施行について（抄）

平成三一年一月三〇日基発第〇一三〇第一号
適用：令和二年四月一日

第1　総則（法第一章）

法第一章は、法の目的、短時間・有期雇用労働者の定義、事業主等の責務、国及び地方公共団体の責務等、法第二章の短時間・有期雇用労働者対策基本方針や法第三章及び第四章に規定する具体的措置に共通する基本的考え方を明らかにしたものであること。

1　目的（法第一条関係）《略》

2　定義（法第二条関係）

(1)　法第二条は、法の対象となる短時間及び有期雇用労働者の定義を定めたものであること。

(2)　短時間労働者であるか否かの判定は、(3)から(7)までを踏まえ行うものであること。その際、パートタイマー、アルバイト、契約社員など名称の如何は問わないものであること。したがって、名称が「パートタイマー」であっても、当該事業主に雇用される通常の労働者と同一の所定労働時間である場合には、法の対象となる短時間労働者には該当しないものであること。ただし、このような者であっても、有期雇用労働者に該当する場合には、法の対象となるものであること。

なお、派遣労働者については、派遣先において法が適用されることはないものの、法とは別途、労働者派遣事業の適正な運営の確保及び派遣労働者の保護等に関する法律（昭和六〇年法律第八八号。以下「労働者派遣法」という。）により、就業に関する条件の整備を図っているものであること。

(3)　法第二条の「通常の労働者」とは、社会通念に従い、比較の時点で当該事業主において「通常」と判断される労働者をいうこと。当該「通常」の概念については、就業形態が多様化している中で、いわゆる「正規型」の労働者が事業所や特定の業務には存在しない場合も出てきており、ケースに応じて個別に判断をすべきものである。具体的には、「通常の労働者」とは、いわゆる正規型の労働者。

また、法が業務の種類ごとに短時間労働者を定義していることから、「通常」の判断についても業務の種類ごとに行うものであること（「業務の種類」については後出(6)を参照。）。

この場合において、いわゆる正規型の労働者とは、労働契約の期間の定めがないことを前提として、社会通念に従い、当該労働者の雇用形態、賃金体系等（例えば、長期雇用を前提とした待遇を受けるものであるか、賃金の主たる部分の支給形態、賞与、退職金、定期的な昇給又は昇格の有無）を総合的に勘案して判断するものであること。また、無期雇用フルタイム労働者は、その業務に従事する無期雇用労働者（事業主と期間の定めのない労働契約を締結している労働者をいう。以下同じ。）のうち、一週間の所定労働時間が最長の労働者のことをいうこと。このため、いわゆる正規型の労働者の全部又は一部が、無期雇用フルタイム労働者にも該当する場合があること。

(4)　「所定労働時間が短い」とは、わずかでも短かければ該当するものであり、例えば通常の労働者の所定労働時間と比べて一割以上短くなければならないといった基準があるものではないこと。

(5)　短時間労働者であるか否かの判定は、具体的には以下に従い行うこと。

イ　同一の事業主における業務の種類が一つの場合

当該事業主における一週間の所定労働時間が最長である通常の労働者と比較し、一週間の所定労働時間が短い通常の労働者以外の者が短時間労働者となること（法第二条第一項括弧書以外の部分。図の1―(1)から1―(3)《略》まで）。

ロ　同一の事業主における業務の種類が二以上あり、同種の業務に従事する通常の労働者がいる場合

原則として、同種の業務に従事する一週間の所定労働時間が最長の通常の労働者と比較して一週間の所定労働時間が短い通常の労働者以外の者が短時間労働者となること（法第二条第一項括弧書。図の2―(1)《略》）。

ハ　同一の事業主における業務の種類が二以上あり、同種の業務に従事する通常の労働者がいない場合

当該事業主における一週間の所定労働時間が最長である通常の労働者と比較し、一週間の所定労働時間が短い通常の労働者以外の者が短時間労働者となること（法第二条第一項括弧書以外の部分。図2―(2)《略》のC業務）。

ニ　同一の事業主における業務の種類が二以上あり、同種の業務に従事する通常の労働者がいる場合であって、同種の業務に従事する通常の労働者以外の者が当該業務に従事する通常の労働者に比べて著しく多い場合（当該業務に従事する通常の労働者の一週間の所定労働時間が他の業務に従事する通常の

労働者の一週間の所定労働時間のいずれよりも長い場合を除く。）当該事業主における一週間の所定労働時間が最長の通常の労働者と比較して一週間の所定労働時間が短い当該業務に従事する者が短時間労働者となること（法第二条第一項括弧書中厚生労働省令で定める場合（則第一条）。図の2—(3)のB業務）。

これは、たまたま同種の業務に従事する通常の労働者がごく少数いるために、そのような事情がなければ一般には短時間労働者に該当するような者までもが短時間労働者とはならないことを避ける趣旨であるから、適用に当たって同種の業務に従事する通常の労働者と、当該事業主における一週間の所定労働時間が最長の通常の労働者の数を比較する際には、同種の業務において少数の通常の労働者を配置する必然性等から、事業主に短時間労働者としての法の適用を逃れる意図がないかどうかを考慮すべきものであること。

(6)　上記(5)は、労働者の管理については、その従事する業務によって異なっていることが通常と考えられることから、短時間労働者であるか否かを判断しようとする者が従事する業務と同種の業務に従事する通常の労働者がいる場合は、その労働者と比較して判断することとしたものであること。

なお、同種の業務の範囲を判断するに当たっては、『厚生労働省編職業分類』の細分類の区分等を参考にし、個々の実態に即して判断すること。

(7)　短時間労働者の定義に係る用語の意義はそれぞれ次のとおりであること。

イ　「一週間の所定労働時間」を用いるのは、短時間労働者の定義が、雇用保険法（昭和四九年法律第一一六号）等労働関係法令の用例をみると一週間を単位としていることにならったものであること。

この場合の一週間とは、就業規則その他に別段の定めがない限り原則として日曜日から土曜日までの暦週をいうこと。

ただし、変形労働時間制が適用されている場合や所定労働時間が一月、数箇月又は一年単位で定められている場合などには、次の式によって当該期間における一週間の所定労働時間として算出すること。

（当該期間における総労働時間）÷（（当該期間の暦日数）／7）

なお、日雇労働者のように一週間の所定労働時間が算出できないような者は、短時間労働者としては法の対象とならないが、有期雇用労働者として法の対象となる。ただし、日雇契約の形式をとっていても、明示又は黙示に同一人を引き続き使用し少なくとも一週間以上にわたる定形化した就業パターンが確立し、上記の方法により一週間の所定労働時間を算出することができる場合には、短時間労働者として法の対象となること。

ロ　「事業主」を単位として比較することとしているのは、法第八条に統合された整備法による改正前の労働契約法（平成一九年法律第一二八号）第二〇条において、事業主を単位として、期間の定めのある労働契約を締結している労働者と期間の定めのない労働契約を締結している労働者との間の不合理と認められる労働条件の相違を禁止していたこと、及び同一の事業所には待遇を比較すべき通常の労働者が存在しない場合があるなど、事業所を単位とすると、十分に労働者の保護を図ることができない場合が生じていると考えられることによるものであること。

(8)　「有期雇用労働者」とは、事業主と期間の定めのある労働契約を締結している労働者をいうものであること（法第二条第二項）。

(9)　「短時間・有期雇用労働者」とは、短時間労働者及び有期雇用労働者をいうものであること（法第二条第三項）。

3　基本的理念（法第二条の二関係）

短時間・有期雇用労働者としての就業は、労働者の多様な事情を踏まえた柔軟な就業のあり方として重要な意義を有しているが、短時間・有期雇用労働者の職務の内容が意欲や能力に見合ったものでない場合、待遇に対する納得感や、意欲及び能力の有効な発揮が阻害されるほか、短時間・有期雇用労働者としての就業を実質的に選択することができないこととなりかねない。

そこで、本条は、短時間・有期雇用労働者としての就業が、柔軟な就業のあり方という特長を保ちつつ、労働者の意欲及び能力が有効に発揮できるものとなるべきであるとの考え方のもと、短時間・有期雇用労働者及び短時間・有期雇用労働者になろうとする者が、生活との調和を保ちつつその意欲や能力に応じて就業することができる機会が確保されるべきことを基本的理念として明らかにしたものであること。あわせて、短時間・有期雇用労働者が充実した職業生活を送れるようにすることが、社会の活力を維持し発展させていくための基礎となるとともに、短時間・有期雇用労働者の福祉の増進を図る上でも不可欠であることに鑑み、その職業生活の充実が図られるような社会を目指すべきであることから、その旨についても基本的理念として明らかにしたものであること。

本条の基本的理念は、次条の事業主等の責務やこれらを踏まえた法第三章第一節の各種措置等とあいまって、短時間・有期雇用労働者という就業のあり方を選択しても納得が得られる待遇が受けられ、多様な働き方を自由に選択できる社会の実現を図るものであること。

４　事業主等の責務（法第三条関係）

⑴　事業主の責務（法第三条第一項関係）

イ　基本的考え方

労働者の待遇をどのように設定するかについては、基本的には契約自由の原則にのっとり、個々の契約関係において当事者の合意により決すべきものであるが、現状では、短時間・有期雇用労働者の待遇は必ずしもその働きや貢献に見合ったものとなっていないほか、他の雇用形態への移動が困難であるといった状況も見られる。このような中では、短時間・有期雇用労働者の待遇の決定を当事者間の合意のみに委ねていたのでは短時間・有期雇用労働者は「低廉な労働力」という位置付けから脱することができないと考えられるところ、それでは、少子高齢化、労働力人口減少社会において期待されている短時間・有期雇用労働者の意欲や能力の有効な発揮がもたらされるような公正な就業環境を実現することは難しい。

そこで、法は、第一条に定める法の目的である「通常の労働者との均衡のとれた待遇の確保等を図ることを通じて短時間・有期雇用労働者がその有する能力を有効に発揮することができる」ことを実現するために、短時間・有期雇用労働者の適正な労働条件の確保、教育訓練の実施、福利厚生の充実その他の雇用管理の改善及び通常の労働者への転換の推進（以下「雇用管理の改善等」という。）について、事業主が適切に措置を講じていく必要があることを明らかにするため、法第三条において、短時間・有期雇用労働者について、その就業の実態等を考慮して雇用管理の改善等に関する措置等を講ずることにより、通常の労働者との均衡のとれた待遇の確保等を図り、当該短時間・有期雇用労働者がその有する能力を有効に発揮することができるように努めるものとすることを事業主の責務としたものであること。

法第三章以下の事業主の講ずべき措置等に関する規定は、この法第三条の事業主の責務の内容として、法の目的を達成するために特に重要なものを明確化したものであること。また、法第一五条に基づき定める短時間・有期雇用労働者指針及びガイドラインについては、当該責務に関し、その適切かつ有効な実施を図るために必要なものを具体的に記述したものであること。

ロ　短時間・有期雇用労働者の就業の実態等

法第三条において考慮することとされている「その就業の実態等」の具体的な内容としては、短時間・有期雇用労働者の「職務の内容」、「職務の内容及び配置の変更の範囲（有無を含む。）」、経験、能力、成果、意欲等をいうものであること。

ハ　雇用管理の改善等に関する措置等

「雇用管理の改善等に関する措置等」とは、法第三章第一節に規定する「雇用管理の改善等に関する措置」と、法第二二条に規定する苦情の自主的解決に努める措置をいうものであること。

ニ　通常の労働者との均衡のとれた待遇の確保等

法は、短時間・有期雇用労働者について、就業の実態等を考慮して雇用管理の改善等に関する措置等を講ずることにより、通常の労働者との均衡のとれた待遇を確保することを目指しているが、これは、一般に短時間・有期雇用労働者の待遇が通常の労働者と比較して働きや貢献に見合ったものとなっておらず低くなりがちであるという状況を前提として、通常の労働者との均衡（バランス）をとることを目指した雇用管理の改善を進めていくという考え方であること。

通常の労働者と短時間・有期雇用労働者の「均衡のとれた待遇」は、就業の実態に応じたものとなるが、その就業の実態が同じ場合には、「均等な待遇」を意味する。

他方、通常の労働者と短時間・有期雇用労働者との間で、就業の実態が異なる場合、その「均衡のとれた待遇」とはどのようなものであるかについては、一義的に決まりにくい上、待遇と言ってもその種類（賃金、教育訓練、福利厚生施設等）や性質・目的（職務の内容との関連性等）は一様でない。

そのような中で、事業主が雇用管理の改善等に関する措置等を講ずることにより通常の労働者との均衡のとれた待遇の確保等を図っていくため、法第三章第一節においては、講ずべき措置を定めたものであること。

具体的には、法第八条において、すべての短時間・有期雇用労働者の全ての待遇（労働時間及び労働契約の期間を除く。）を対象に、その待遇のそれぞれについて、当該待遇に対応する通常の労働者の待遇との間で、「職務の内容」、「職務の内容及び配置の変更の範囲（有無を含む。）」及び「その他の事情」のうち、待遇のそれぞれの性質及び当該待遇を行う目的に照らして適切と認められるものを考慮して、不合理と認められる相違を設けてはならないとするいわゆる均衡待遇規定を設けている。また、法第九条において、通常の労働者と職務の内容並びに職務の内容及び配置の変更の範囲が同一である短時間・有期雇用労働者について、その全ての待遇（労働時間及び労働契約の期間を除く。）を対象に、短時間・

有期雇用労働者であることを理由として差別的取扱いをしてはならないとするいわゆる均等待遇規定を設けている。その上で、法第一〇条から第一二条までにおいては、短時間・有期雇用労働者の就業の実態を踏まえつつ、賃金、教育訓練及び福利厚生施設の三つについて、それぞれ講ずべき措置を明らかにしているものであること。法第一一条第一項は、職務の内容が通常の労働者と同一であるという就業の実態や、職務との関連性が高い待遇であるといった事情を踏まえて具体的な措置の内容を明らかにしたものであり、法第一二条は、全ての通常の労働者との関係で普遍的に講ずべき措置の内容について明らかにしたものであること。他方、法第一〇条及び第一一条第二項については、就業の実態が多様な短時間・有期雇用労働者全体にかかる措置として、具体的に勘案すべき就業の実態の内容（職務の内容、職務の成果、意欲、能力、経験等）を明記したものであること。これらの勘案すべき就業の実態の内容を明記しているのは、これらの要素が通常の労働者の待遇の決定に当たって考慮される傾向にあるのとは対照的に、短時間・有期雇用労働者について十分に考慮されている現状にあるとは言い難く、短時間・有期雇用労働者についても、これらに基づく待遇の決定を進めていくことが公正であると考えられることによること。

「通常の労働者との均衡のとれた待遇の確保等」の「等」としては、

・短時間・有期雇用労働者であることに起因して、待遇に係る透明性・納得性が欠如していることを解消すること（適正な労働条件の確保に関する措置及び事業主の説明責任により達成される）、

・通常の労働者として就業することを希望する者について、その就業の可能性を全ての短時間・有期雇用労働者に与えること（通常の労働者への転換の推進に関する措置により達成される）、

等が含まれるものであること。

(2) 均衡のとれた待遇の確保の図り方について

イ 基本的考え方

短時間・有期雇用労働者についての、通常の労働者との均衡のとれた待遇の確保に当たっては、短時間・有期雇用労働者の就業の実態等を考慮して措置を講じていくこととなるが、「就業の実態」を表す要素のうちから「職務の内容」及び「職務の内容及び配置の変更の範囲（有無を含む。）」の二つを、法第八条において通常の労働者との待遇の相違の不合理性を判断する際の考慮要素として例示するとともに、法第九条等において適用要件としている。これは、現在の我が国の雇用システムにおいては、一般に、通常の労働者の賃金をはじめとする待遇の多くがこれらの要素に基づいて決定されることが合理的であると考えられている一方で、短時間・有期雇用労働者については、これらが通常の労働者と全く同じ、又は一部同じであっても、所定労働時間が短い労働者であるということ、あるいは期間の定めがある労働契約を締結している労働者であるということのみを理由として待遇が低く抑えられている場合があることから、通常の労働者との均衡のとれた待遇の確保を図る際に、短時間・有期雇用労働者の就業の実態をとらえるメルクマールとして、これらの要素を特に取り上げるものであること。

なお、法第八条においては、短時間・有期雇用労働者と通常の労働者の待遇の相違の不合理性を判断する際の考慮要素として、「職務の内容」、「職務の内容及び配置の変更の範囲（有無を含む。）」のほかに、「その他の事情」を規定しているが、「その他の事情」については、職務の内容並びに職務の内容及び配置の変更の範囲に関連する事情に限定されるものではなく、考慮すべきその他の事情があるときに考慮すべきものであること（第3の3(5)参照）。

ロ 「職務の内容」について

(イ) 定義

「職務の内容」とは、「業務の内容及び当該業務に伴う責任の程度」をいい、労働者の就業の実態を表す要素のうちの最も重要なものであること。

「業務」とは、職業上継続して行う仕事であること。

「責任の程度」とは、業務に伴って行使するものとして付与されている権限の範囲・程度等をいうこと。具体的には、授権されている権限の範囲（単独で契約締結可能な金額の範囲、管理する部下の数、決裁権限の範囲等）、業務の成果について求められる役割、トラブル発生時や臨時・緊急時に求められる対応の程度、ノルマ等の成果への期待の程度等を指す。責任は、外形的にはとらえにくい概念であるが、実際に判断する際には、責任の違いを表象的に表す業務を特定して比較することが有効であること。

また、責任の程度を比較する際には、所定外労働も考慮すべき要素の一つであるが、これについては、例えば、通常の労働者には所定外労働を命ずる可能性があり、短時間・有期雇用労働者にはない、といった形式的な判断ではなく、実態として業務に伴う所定外労働が必要となっているかどうか等を見て、判断することと

なること。例えば、トラブル発生時、臨時・緊急時の対応として、また、納期までに製品を完成させるなど成果を達成するために所定外労働が求められるのかどうかを実態として判断すること。なお、ワークライフバランスの観点からは、基本的に所定外労働のない働き方が望ましく、働き方の見直しにより通常の労働者も含めてそのような働き方が広まれば、待遇の決定要因として所定外労働の実態が考慮されること自体が少なくなっていくものと考えられるところであること。

(ロ) 職務の内容が同一であることの判断手順

「職務の内容」については、法第八条において考慮され得るとともに法第九条等の適用に当たって、通常の労働者と短時間労働者との間で比較して同一性を検証しなければならないため、その判断のための手順が必要となる。職務の内容の同一性については、具体的には以下の手順で比較していくこととなるが、「職務の内容が同一である」とは、個々の作業まで完全に一致していることを求めるものではなく、それぞれの労働者の職務の内容が「実質的に同一」であることを意味するものであること。

したがって、具体的には、「業務の内容」が「実質的に同一」であるかどうかを判断し、次いで「責任の程度」が「著しく異なって」いないかを判断するものであること。

まず、第一に、業務の内容が「実質的に同一」であることの判断に先立って、「業務の種類」が同一であるかどうかをチェックする。これは、『厚生労働省編職業分類』の細分類を目安として比較し、この時点で異なっていれば、「職務内容が同一でない」と判断することとなること。

他方、業務の種類が同一であると判断された場合には、次に、比較対象となる通常の労働者及び短時間・有期雇用労働者の職務を業務分担表、職務記述書等により個々の業務に分割し、その中から「中核的業務」と言えるものをそれぞれ抽出すること。

「中核的業務」とは、ある労働者に与えられた職務に伴う個々の業務のうち、当該職務を代表する中核的なものを指し、以下の基準に従って総合的に判断すること。

① 与えられた職務に本質的又は不可欠な要素である業務
② その成果が事業に対して大きな影響を与える業務
③ 労働者本人の職務全体に占める時間的割合・頻度が大きい業務

通常の労働者と短時間・有期雇用労働者について、抽出した「中核的業務」を比較し、同じであれば、業務の内容は「実質的に同一」と判断し、明らかに異なっていれば、業務の内容は「異なる」と判断することとなること。なお、抽出した「中核的業務」が一見すると異なっている場合には、当該業務に必要とされる知識や技能の水準等も含めて比較した上で、「実質的に同一」と言えるかどうかを判断するものであること。

ここまで比較した上で業務の内容が「実質的に同一である」と判断された場合には、最後に、両者の職務に伴う責任の程度が「著しく異なって」いないかどうかをチェックすること。そのチェックに当たっては、「責任の程度」の内容に当たる以下のような事項について比較を行うこと。

① 授権されている権限の範囲（単独で契約締結可能な金額の範囲、管理する部下の数、決裁権限の範囲等）
② 業務の成果について求められる役割
③ トラブル発生時や臨時・緊急時に求められる対応の程度
④ ノルマ等の成果への期待の程度
⑤ 上記の事項の補助的指標として所定外労働の有無及び頻度

この比較においては、例えば管理する部下の数が一人でも違えば、責任の程度が異なる、といった判断をするのではなく、責任の程度の差異が「著しい」といえるものであるかどうかを見るものであること。

なお、いずれも役職名等外見的なものだけで判断せず、実態を見て比較することが必要である。

以上の判断手順を経て、「業務の内容」及び「責任の程度」の双方について、通常の労働者と短時間・有期雇用労働者とが同一であると判断された場合が、「職務の内容が同一である」こととなること。

ハ 「職務の内容及び配置が通常の労働者の職務の内容及び配置の変更の範囲と同一の範囲内で変更されることが見込まれる」ことについて

(イ) 定義

① 「職務の内容及び配置の変更の範囲」

現在の我が国の雇用システムにおいては、長期的な人材育成を前提として待遇に係る制度が構築されていることが多く、このような人材活用の仕組み、運用等に応じて待遇の違いが生じることも合理的であると考えられている。法は、このような実態を前提として、人材活用の仕組み、運用等を、均衡待遇を推進する上での考慮要素又は適用要件の一つとして位置付けている。人材活用の仕組み、運用等については、ある労働者が、ある事業主に雇用されている間にどのような職務経験を積むこととなっているかを見るものであり、転勤、昇進を含むいわゆる人事異動や本人の役割の変化等（以下「人事異動等」という。）の有無や範囲を総合判断するものであるが、これを法律上の考慮要素又は適用要件としては「職務の内容及び配置の変更の範囲」と規定したものであること。

「職務の内容の変更」と「配置の変更」は、現実にそれらが生じる際には重複が生じ得るものであること。つまり、「職務の内容の変更」とは、配置の変更によるものであるか、そうでなく業務命令によるものであるかを問わず、職務の内容が変更される場合を指すこと。他方、「配置の変更」とは、人事異動等によるポスト間の移動を指し、結果として職務の内容の変更を伴う場合もあれば、伴わない場合もあるものであること。

それらの変更の「範囲」とは、変更により経験する職務の内容又は配置の広がりを指すものであること。

② 同一の範囲

職務の内容及び配置の変更が「同一の範囲」であるとの判断に当たっては、一つ一つの職務の内容及び配置の変更の態様が同様であることを求めるものではなく、それらの変更が及び得ると予定されている範囲を画した上で、その同一性を判断するものであること。

例えば、ある事業所において、一部の部門に限っての人事異動等の可能性がある者と、全部門にわたっての人事異動等の可能性がある者とでは、「配置の変更の範囲」が異なることとなり、職務の内容及び配置の変更の範囲（人材活用の仕組み、運用等）が同一であるとは言えないこと。

ただし、この同一性の判断は、「範囲」が完全に一致することまでを求めるものではなく、「実質的に同一」と考えられるかどうかという観点から判断すること。

③ 「変更されることが見込まれる」

職務の内容及び配置の変更の範囲（人材活用の仕組み、運用等）の同一性を判断することについては、将来にわたる可能性についても見るものであるため、変更が「見込まれる」と規定したものであること。ただし、この見込みについては、事業主の主観によるものではなく、文書や慣行によって確立されているものなど客観的な事情によって判断されるものであること。また、例えば、通常の労働者の集団は定期的に転勤等があることが予定されているが、ある職務に従事している特定の短時間・有期雇用労働者についてはこれまで転勤等がなかったという場合にも、そのような形式的な判断だけでなく、例えば、同じ職務に従事している他の短時間・有期雇用労働者の集団には転勤等があるといった「可能性」についての実態を考慮して具体的な見込みがあるかどうかで判断するものであること。

なお、育児又は家族介護などの家族的責任を有する労働者については、その事情を配慮した結果として、その労働者の人事異動等の有無や範囲が他と異なることがあるが、「職務の内容及び配置の変更の範囲」を比較するに当たって、そのような事情を考慮すること。考慮の仕方としては、例えば、通常の労働者や短時間・有期雇用労働者のうち、人事異動等があり得る人材活用の仕組み、運用等である者が、育児又は家族介護に関する一定の事由（短時間・有期雇用労働者についても通常の労働者と同じ範囲）で配慮がなされ、その配慮によって異なる取扱いを受けた場合、「職務の内容及び配置の変更の範囲」を比較するに際しては、その取扱いについては除いて比較することが考えられること。

(ロ) 「職務の内容及び配置が通常の労働者の職務の内容及び配置の変更の範囲と同一の範囲内で変更されると見込まれる」ことの判断手順

「職務の内容及び配置が通常の労働者の職務の内容及び配置の変更の範囲と同一の範囲内で変更されると見込まれる」ことについては、法第九条等の適用に当たって、通常の労働者と短時間・有期雇用労働者との間で比較して同一性を検証しなければならないため、その判断のための手順が必要となる。法第九条に関しては、この検証は、(2)ロ(ロ)において示した手順により、職務の内容が同一であると判断された通常の労働者と短時間・有期雇用労働者について行うものであること。

まず、通常の労働者と短時間・有期雇用労働者について、配置の変更に関して、転勤の有無が同じかどうかを比較すること。この時点で異なっていれば、「職務の内容及び配置が通常の労働者の職務の内容及び配置の変更の範囲と同一の範囲内で変更されることが見込まれない」と判断することとなること。

次に、転勤が双方ともあると判断された場合には、全国転勤の可能性があるのか、エリア限定なのかといった転勤により移動が予定されている範囲を比較すること。この時点で異なっていれば、「職務の内容及び配置が通常の労働者の職務の内容及び配置の変更の範囲と同一の範囲内で変更されると見込まれない」と判断することとなること。

転勤が双方ともない場合、及び双方ともあってその範囲が「実質的に」同一であると判断された場合には、事業所内における職務の内容の変更の態様について比較すること。まずは、職務の内容の変更（事業所内における配置の変更の有無を問わない。）の有無を比較し、この時点で異なっていれば、「職務の内容及び配置が通常の労働者の職務の内容及び配置の変更の範囲と同一の範囲内で変更されることが見込まれない」と判断することとなること。同じであれば、職務の内容の変更により経験する可能性のある範囲も比較し、異同を判断するものであること。

また、法第八条における「職務の内容及び配置の変更の範囲」の異同についても、上記の観点から判断されるものであること。

(3) 事業主の団体の責務（法第三条第二項関係）

短時間・有期雇用労働者の労働条件等については、事業主間の横並び意識が強い場合が多く、事業主の団体を構成している事業にあっては、事業主の団体の援助を得ながら構成員である複数の事業主が同一歩調で短時間・有期雇用労働者の雇用管理の改善等を進めることが効果的である。そこで、事業主の団体の責務として、その構成員である事業主の雇用する短時間・有期雇用労働者の雇用管理の改善等に関し必要な助言、協力その他の援助を行うように努めることを明らかにしたものであること。

(4) なお、これら事業主及び事業主の団体の責務を前提に、国は必要な指導援助を行うこととされ（法第四条）、短時間・有期雇用労働者を雇用する事業主、事業主の団体その他の関係者に対して、短時間・有期雇用労働者の雇用管理の改善等に関する事項についての相談及び助言その他の必要な援助を行うことができることとされている（法第一九条）こと。

5 国及び地方公共団体の責務（法第四条関係）

《略》

第2 短時間・有期雇用労働者対策基本方針（法第2章第五条関係）《略》

第3 短時間・有期雇用労働者の雇用管理の改善等に関する措置等（法第三章）

法第三章は、短時間・有期雇用労働者の雇用管理の改善等に関する措置等として、第一節に事業主等が講ずべきものの具体的内容として雇用管理の改善等に関する措置を、第二節に事業主等に対する国の援助等を規定したものであること。

1 労働条件に関する文書の交付等（法第六条関係）《略》

2 就業規則の作成の手続（法第七条関係）《略》

3 不合理な待遇の禁止（法第八条関係）

(1) 有期雇用労働者については、平成二五年の労働契約法の改正により、無期雇用労働者と比較して、雇止めの不安があることによって合理的な労働条件の決定が行われにくいことや、待遇に対する不満が多く指摘されていることを踏まえ、整備法による改正前の労働契約法第二〇条において、無期雇用労働者との間の労働条件の相違は、不合理と認められるものであってはならないこととされた。

また、短時間労働者については、短時間労働者の働き方が一層多様化してきている中で、依然として、その待遇が必ずしも働きや貢献に見合ったものとなっていない場合もあること、上記の労働契約法の改正により、いわゆる均衡待遇規定が設けられたこと等を踏まえ、整備法による改正前の労働契約法第二〇条の規定にならい、平成二六年の改正により、整備法による改正前の短時間労働者の雇用管理の改善等に関する法律（平成五年法律第七六号）第八条において、短時間労働者と通常の労働者との間の待遇の相違は、不合理と認められるものであってはならないこととされた。

こうして、いわゆる均衡待遇規定が整備されてきたが、待遇の相違が不合理と認められるか否かの解釈の幅が大きく、労使の当事者にとって予見可能性が高いとは言えない状況にあったことから、法第八条において、待遇差が不合理と認められるか否かの判断は、個々の待遇ごとに、当該待遇の性質及び当該待遇を行う目的に照らして適切と認められる考慮要素で判断されるべき旨を明確化したものであること。

また、有期雇用労働者を法の対象とすることとしたことに伴い、労働契約法第二〇条を削除することとしたものであること。

(2) 法第八条は、事業主が、その雇用する短時間・

有期雇用労働者の基本給、賞与その他の待遇のそれぞれについて、当該待遇に対応する通常の労働者の待遇との間において、当該短時間・有期雇用労働者及び通常の労働者の職務の内容、当該職務の内容及び配置の変更の範囲その他の事情のうち、当該待遇の性質及び当該待遇を行う目的に照らして適切と認められるものを考慮して、不合理と認められる相違を設けることを禁止したものであること。

したがって、短時間・有期雇用労働者と通常の労働者との間で待遇の相違があれば直ちに不合理とされるものではなく、当該待遇の相違が法第八条に列挙されている要素のうち、当該待遇の性質及び当該待遇を行う目的に照らして適切と認められる事情を考慮して、不合理と認められるかどうかが判断されるものであること。

また、法第八条の不合理性の判断の対象となるのは、待遇の「相違」であり、この待遇の相違は、「短時間・有期雇用労働者であることに関連して生じた待遇の相違」であるが、法は短時間・有期雇用労働者について通常の労働者との均衡のとれた待遇の確保等を図ろうとするものであり、法第八条の不合理性の判断の対象となる待遇の相違は、「短時間・有期雇用労働者であることに関連して生じた」待遇の相違であることが自明であることから、その旨が条文上は明記されていないことに留意すること。

(3)　法第八条は、事業主が、短時間・有期雇用労働者と同一の事業所に雇用される通常の労働者や職務の内容が同一の通常の労働者との間だけでなく、その雇用する全ての通常の労働者との間で、不合理と認められる待遇の相違を設けることを禁止したものであること。

(4)　短時間・有期雇用労働者と通常の労働者との「職務の内容」及び「職務の内容及び配置の変更の範囲」の異同の判断は、第1の4(2)ロ及びハに従い行うものであること。

(5)　「その他の事情」については、職務の内容並びに職務の内容及び配置の変更の範囲に関連する事情に限定されるものではないこと。

具体例としては、職務の成果、能力、経験、合理的な労使の慣行、事業主と労働組合との間の交渉といった労使交渉の経緯などの諸事情が「その他の事情」として想定されるものであり、考慮すべきその他の事情があるときに考慮すべきものであること。

また、ガイドラインにおいて「有期雇用労働者が定年に達した後に継続雇用された者であることは、通常の労働者と当該有期雇用労働者との間の待遇の相違が不合理と認められるか否かを判断するに当たり、短時間・有期雇用労働法第八条のその他の事情として考慮される事情に当たりうる。定年に達した後に有期雇用労働者として継続雇用する場合の待遇について、様々な事情が総合的に考慮されて、通常の労働者と当該有期雇用労働者との間の待遇の相違が不合理と認められるか否かが判断されるものと考えられる。したがって、当該有期雇用労働者が定年に達した後に継続雇用された者であることのみをもって、直ちに通常の労働者と当該有期雇用労働者との間の待遇の相違が不合理ではないと認められるものではない」とされていることに留意すること。

さらに、法第一四条第二項に基づく待遇の相違の内容及びその理由に関する説明については労使交渉の前提となりうるものであり、事業主が十分な説明をせず、その後の労使交渉においても十分な話し合いがなされず、労使間で紛争となる場合があると考えられる。「その他の事情」に労使交渉の経緯が含まれると解されることを考えると、このように待遇の相違の内容等について十分な説明をしなかったと認められる場合には、その事実も「その他の事情」に含まれ、不合理性を基礎付ける事情として考慮されうると考えられるものであること。

(6)　「待遇」には、基本的に、全ての賃金、教育訓練、福利厚生施設、休憩、休日、休暇、安全衛生、災害補償、解雇等の全ての待遇が含まれること。

一方、短時間・有期雇用労働者を定義付けるものである労働時間及び労働契約の期間については、ここにいう「待遇」に含まれないこと。

なお、事業主ではなく、労使が運営する共済会等が実施しているものは、対象とならないものであること。

(7)　法第八条は、(1)のとおり、整備法による改正前の労働契約法二〇条を統合しつつ、その明確化を図った規定であること。法第八条については、私法上の効力を有する規定であり、短時間・有期雇用労働者に係る労働契約のうち、同条に違反する待遇の相違を設ける部分は無効となり、故意・過失による権利侵害、すなわち不法行為として損害賠償が認められ得ると解されるものであること。また、短時間・有期雇用労働者と通常の労働者との待遇の相違が法第八条に違反する場合であっても、同条の効力により、当該短時間・有期雇用労働者の待遇が比較の対象である通常の労働者の待遇と同一のものとなるものではないと解されるものであること。ただし、個々の事案に応じて、就業規則の合理的な解釈により、通常の労働者の待遇と同一の待遇が認められる場合もあり得ると考えられるものであること。

(8)　法第八条に基づき民事訴訟が提起された場合の裁判上の主張立証については、待遇の相違が不合理であるとの評価を基礎付ける事実については短時間・有期雇用労働者が、当該相違が不合理であるとの評価を妨げる事実については事業主が主張立証責任を負うものと解され、同条の司法上の判断は、短時間・有期雇用労働者及び事業主双方が主張立証を尽くした結果が総体としてなされるものであり、立証の負担が短時間・有期雇用労働者側に一方的に負わされることにはならないと解されるものであること。

(9)　ガイドラインは、法第八条及び第九条等に定める事項に関し、雇用形態又は就業形態に関わらない公正な待遇を確保し、我が国が目指す同一労働同一賃金の実現に向けて定めるものであること。我が国が目指す同一労働同一賃金は、同一の事業主に雇用される通常の労働者と短時間・有期雇用労働者との間の不合理と認められる待遇の相違及び差別的取扱いの解消等を目指すものであること。

また、ガイドラインは、通常の労働者と短時間・有期雇用労働者との間に待遇の相違が存在する場合に、いかなる待遇の相違が不合理と認められるものであり、いかなる待遇の相違が不合理と認められるものでないのか等の原則となる考え方及び具体例を示したものであること。事業主が、この原則となる考え方等に反した場合、当該待遇の相違が不合理と認められる等の可能性があること。なお、ガイドラインに原則となる考え方が示されていない退職手当、住宅手当、家族手当等の待遇や、具体例に該当しない場合についても、不合理と認められる待遇の相違の解消等が求められること。このため、各事業主において、労使により、個別具体の事情に応じて待遇の体系について議論していくことが望まれること。

なお、ガイドライン第3の1（注）1において、通常の労働者と短時間・有期雇用労働者との間に賃金の決定基準・ルールの相違がある場合の考え方を記載しており、この考え方は基本給に限られたものではないが、賃金の決定基準・ルールが異なるのは、基本的に、基本給に関する場合が多いと考えられることから、ガイドライン第3の1において規定しているものであること。

(10)　短時間・有期雇用労働者である派遣労働者については、法及び労働者派遣法の両方が適用されるものであること。このため、基本的に、法において、派遣元事業主に雇用される通常の労働者との間の待遇の相違が問題になるとともに、労働者派遣法において、派遣先に雇用される通常の労働者との間の待遇の相違（協定対象派遣労働者（労働者派遣法第三〇条の五に規定する協定対象派遣労働者をいう。以下同じ。）にあっては、労働者派遣法第三〇条の四第一項の協定が同項に定められた要件を満たすものであること及び当該協定に沿った運用がなされていることの有無をいう。以下同じ。）が問題になるものであること。

このことから、短時間・有期雇用労働者である派遣労働者の待遇については、職務の内容に密接に関連する待遇を除き、短時間・有期雇用労働者である派遣労働者と派遣元事業主に雇用される通常の労働者及び派遣先に雇用される通常の労働者との間の待遇の相違が問題になると考えられるものであること。一般に、ガイドライン第3の3(7)及び第4の3(7)の通勤手当及び出張旅費、ガイドライン第3の3(8)及び第4の3(8)の食事手当、ガイドライン第3の3(9)の及び第4の3(9)のの単身赴任手当、ガイドライン第3の4及び第4の4並びに第5の2の福利厚生（ガイドライン第3の4(1)の及び第4の4(1)並びに第5の2(1)の福利厚生施設を除く。）については、職務の内容に密接に関連するものに当たらないと考えられるものであること。

他方で、職務の内容に密接に関連する待遇については、派遣労働者が派遣先の指揮命令の下において派遣先の業務に従事するという労働者派遣の性質から、特段の事情がない限り、派遣元事業主に雇用される通常の労働者との待遇の相違は、実質的に問題にならないと考えられるものであること。職務の内容に密接に関連する待遇に当たるか否かは、個々の待遇の実態に応じて判断されるものであるが、例えば、ガイドライン第3の1及び第4の1の基本給、ガイドライン第3の2及び第4の2の賞与、ガイドライン第3の3(1)及び第4の3(1)の役職手当、ガイドライン第3の3(2)及び第4の3(2)の特殊作業手当、ガイドライン第3の3(4)及び第4の3(4)の精皆勤手当、ガイドライン第3の3(5)及び第4の3(5)の時間外労働手当、ガイドライン第3の3(6)及び第4の3(6)の深夜労働手当及び休日労働手当、ガイドライン第3の5(1)、第4の5(1)及び第5の3(1)の教育訓練、ガイドライン第3の5(2)、第4の5(2)及び第5の3(2)の安全管理に関する措置及び給付については、一般に、職務の内容に密接に関連するものと考えられるものであること。

なお、これらの点については、協定対象派遣労働者であるか否かによって異なるものではないと考えられるものであること。

ただし、職務の内容に密接に関連する待遇であっても、派遣先に雇用される通常の労働者との均等・均衡とは異なる観点から、短時間・有期雇用労働者ではない派遣労働者に対して、短時間・有期雇用労働者である派遣労働者よりも高い水準の待遇としている場合には、短時間・有期雇用労働者ではない派遣労働者と短時間・有期雇用労働者である派遣労働者との間の待遇の相違について、法において問題となることがあると考えられるものであること。

　また、職務の内容に密接に関連する待遇以外の待遇であっても、短時間・有期雇用労働者である派遣労働者と短時間・有期雇用労働者でない派遣労働者が異なる派遣先に派遣されている場合において、待遇を比較すべき派遣先に雇用される通常の労働者が異なることにより待遇に相違がある場合には、当該待遇の相違は、法において問題になるものではないと考えられるものであること。

４　通常の労働者と同視すべき短時間・有期雇用労働者に対する差別的取扱いの禁止（法第九条関係）

(1)　短時間・有期雇用労働者の職務の内容及び配置の変更の範囲（人材活用の仕組み、運用等）といった就業の実態が通常の労働者と同様であるにもかかわらず賃金などの取扱いが異なるなど、短時間・有期雇用労働者の待遇は就業の実態に見合った公正なものとなっていない場合がある。就業の実態が通常の労働者と同じ短時間・有期雇用労働者については、全ての待遇について通常の労働者と同じ取扱いがなされるべきであり、法第九条において、そのような場合の差別的取扱いの禁止を規定したものであること。

(2)　法第九条は、職務の内容が通常の労働者と同一の短時間・有期雇用労働者であって、当該事業所における慣行その他の事情からみて、当該事業主との雇用関係が終了するまでの全期間において、その職務の内容及び配置が当該通常の労働者の職務の内容及び配置の変更の範囲と同一の範囲で変更されることが見込まれるもの（以下「通常の労働者と同視すべき短時間・有期雇用労働者」という。）については、短時間・有期雇用労働者であることを理由として、基本給、賞与その他の待遇のそれぞれについて、差別的取扱いをしてはならないものとしたものであること。

(3)　法第九条の判断に当たっては、具体的には、以下のイ及びロの事項について、(4)から(9)までにより行うこととなること。

イ　職務の内容が通常の労働者と同一であること。

ロ　職務の内容及び配置の変更の範囲（人材活用の仕組み、運用等）が、当該事業主との雇用関係が終了するまでの全期間において、通常の労働者と同一であること。

(4)　(3)イの「職務の内容が通常の労働者と同一であること」とは、その業務の内容や当該業務に伴う責任の程度が同一であるかを判断することとなる。その判断に当たっては、第1の4(2)ロに従い行うものであること。

(5)　(3)ロの「職務の内容及び（ママ）配置の変更の範囲（人材活用の仕組み、運用等）」が、当該事業主との雇用関係が終了するまでの全期間において、通常の労働者と同一であること」とは、当該事業所における慣行その他の事情からみて、当該事業主との雇用関係が終了するまでの全期間において、その職務の内容及び配置が当該通常の労働者の職務の内容及び配置の変更の範囲と同一の範囲で変更されることが見込まれるものであることであり、職務の内容や配置が将来にわたって通常の労働者と同じように変化するかについて判断することとなるものであること。これは、我が国における雇用管理が長期的な人材育成を前提になされていることが多い現状に鑑み、差別的取扱いの禁止の規定の適用に当たっては、ある一時点において短時間・有期雇用労働者と通常の労働者が従事する職務が同じかどうかだけでなく、長期的な人材活用の仕組み、運用等についてもその同一性を判断する必要があるためであること。

　具体的には、第1の4(2)ハで示したとおり同一であるかどうかを判断するものであること。

(6)　「当該事業所における慣行」とは、当該事業所において繰り返し行われることによって定着している人事異動等の態様を指すものであり、「その他の事情」とは、例えば人事規程等により明文化されたものや当該企業において、当該事業所以外に複数事業所がある場合の他の事業所における慣行等が含まれるものであること。

　なお、ここでいう「その他の事情」とは、職務の内容及び配置の変更の範囲（人材活用の仕組み、運用等）を判断するに当たって、当該事業所における「慣行」と同じと考えられるべきものを指すものであり、短時間・有期雇用労働者と通常の労働者の待遇の相違の不合理性を判断する考慮要素としての法第八条の「その他の事情」とは異なるものであること。

(7)　「当該事業主との雇用関係が終了するまでの全期間」とは、当該短時間・有期雇用労働者が通常の労働者と職務の内容が同一となり、かつ、職務の内容及び配置の変更の範囲（人材活用の仕組み、運用等）が通常の労働者と同一となってから雇用関係が終了するまでの間であること。すなわち、事業主に雇い入れられた後、上記要件を満たすまでの間に通常の労働者と職務の内容が異なり、また、職務の内容及び配置の変更の範囲（人材活用の仕組み、運用等）が通常の労働者と異なっていた期間があっても、その期間まで「全期間」に含めるものではなく、同一となった時点から将来に向かって判断するものであること。

(8)「見込まれる」とは、将来の見込みも含めて判断されるものであること。したがって、有期雇用労働者の場合にあっては、労働契約が更新されることが未定の段階であっても、更新をした場合にはどのような扱いがされるかということを含めて判断されるものであること。

(9) 法第九条の要件を満たした場合については、事業主は短時間・有期雇用労働者であることを理由として、全ての賃金、教育訓練、福利厚生施設、休憩、休日、休暇、安全衛生、災害補償、解雇等の全ての待遇（労働時間及び労働契約の期間を除く。）について差別的取扱いをしてはならないものであること。

この場合、待遇の取扱いが同じであっても、個々の労働者について査定や業績評価等を行うに当たり、意欲、能力、経験、成果等を勘案することにより個々の労働者の賃金水準が異なることは、通常の労働者間であっても生じうることであって問題とはならないが、当然、当該査定や業績評価は客観的かつ公正に行われるべきであること。また、労働時間が短いことに比例した取扱いの差異として、査定や業績評価が同じである場合であっても賃金が時間比例分少ないといった合理的な差異は許容されることは、言うまでもないこと。

なお、経営上の理由により解雇を行う場合には、解雇対象の選定が妥当である必要があるが、通常の労働者と同視すべき短時間・有期雇用労働者については、労働時間が短いことのみをもって通常の労働者より先に短時間労働者の解雇等をすることや、労働契約に期間の定めのあることのみをもって通常の労働者よりも先に有期雇用労働者の解雇等をすることは、解雇等の対象者の選定基準において差別的取扱いがなされていることとなり、法第九条違反となるものであること。

5　賃金（法第一〇条関係）《略》

6　教育訓練（法第一一条関係）《略》

7　福利厚生施設（法第一二条関係）《略》

8　高年齢者雇用確保措置の適用との関係《略》

9　通常の労働者への転換（法第一三条関係）

(1) 短時間・有期雇用労働者の中には、通常の労働者として働くことを希望していても、その雇用の機会がないためにやむを得ず短時間・有期雇用労働者として働いている者もいるほか、現状では一度短時間・有期雇用労働者になると通常の労働者としての就業に移ることが困難な状況にある。そのような状況は、労働者個人の働く意欲の維持、キャリア形成の観点から問題であるだけでなく、社会の活力・公正の観点からみても問題であるため、法第一三条は、通常の労働者への転換を推進する措置を事業主に義務付けたものであること。

本条の「通常の労働者への転換」については、短時間・有期雇用労働者の中には、他の事業所における通常の労働者への転換を希望しない者も少なくないと考えられることから、短時間・有期雇用労働者が雇用される事業所において通常の労働者として雇い入れられることをいうものとされていること（法第三条第一項）。したがって、(2)以下で解説する措置は、当該事業所における通常の労働者への転換を推進する措置であることが求められること。ただし、短時間・有期雇用労働者の通常の労働者としてのキャリア形成を支援する等の観点から、他の事業所における通常の労働者への転換を推進する措置を併せて実施することは望ましいと考えられること。

(2) 本条の措置としては、短時間・有期雇用労働者から通常の労働者への転換を直接図ることが可能となる措置が望ましいことは言うまでもないが、例えば、短時間労働者から有期雇用フルタイム労働者など、通常の労働者以外のフルタイム労働者への転換制度を設け、さらに有期雇用労働者には通常の労働者への転換制度が設けられているような、複数の措置の組み合わせにより通常の労働者への転換の道が確保されている場合も本条の義務の履行と考えられること。

なお、本条は、多様な雇用形態間の移動の障壁を除去する政策をとるものであることから、当該事業所においていわゆる正規型の労働者と正規型以外の無期雇用フルタイム労働者が通常の労働者として存在する場合に、事業主が講ずる措置が正規型以外の無期雇用フルタイム労働者への転換を推進するものにとどまる場合は、雇用形態間の障壁が残ることになることから、本条の義務の履行とはいえないこと。

他方、勤務地、職務内容又は勤務時間が限定され、ライフスタイル等に応じた働き方が可能ないわゆる「多様な正社員」については、一般的に、時間や配置転換等の制約が比較的大きい短時間・有期雇用労働者であっても就業しやすい形態であることから、多様な正社員への転換を推進する措置が講じられている場合には、本条の義務の履行と考えられること。

(3) 具体的には以下に例示された措置のいずれかを講ずることが求められるものであること。

イ　通常の労働者の募集を行う場合において、当該募集に係る事業所に掲示すること等により、その者が従事すべき業務の内容、賃金、労働時間その他の当該募集に関する事項を当該事業所において雇用する短時間・有期雇用労働者に周知すること。

ロ　通常の労働者の配置を新たに行う場合において、当該配置の希望を申し出る機会を当該配置に係る事業所において雇用する短時間・有期雇用労働者に対して与えること。

ハ　一定の資格を有する短時間・有期雇用労働者を対象とした通常の労働者への転換のための試験制度を設けること。

ニ　イからハまでに掲げるもののほか、通常の労働者として必要な能力を取得するための教育訓練を受ける機会を確保するための必要な援助を行う等、通常の労働者への転換を推進するための措置を講ずること。

(4)　(3)イは、事業主は、通常の労働者を募集しようとするときに、企業外からの募集と併せて、その雇用する短時間・有期雇用労働者に対しても募集情報を周知することにより、通常の労働者への応募の機会を付与するものとしたものであること。最終的に採用するかどうかは、公正な採用選考である限り事業主の判断に委ねられるが、周知したのみで、応募を受け付けないなど実際に応募の機会を付与しない場合は、本条を満たしたものとはいえないこと。「その他の当該募集に係る事項」とは、求人者が求人の申込みに当たり明示することとされている労働契約期間や就業の場所等の事項を指すものであること。例えば、事業主は公共職業安定所に求人票を出す場合、併せてその募集案内を社内掲示板に掲示することにより、当該事業所で雇用する短時間・有期雇用労働者にも応募の機会を与えることなどが考えられること。また、周知の方法としては、事業所内の短時間・有期雇用労働者が通常目にすることができる場所に設置されている掲示板への掲示のほか、回覧による方法や電子メールによる一斉送信等が考えられるが、募集期間終了までに希望者が見ることのできる状態にあることが必要であること。また、募集する求人の業務内容が専門的資格を必要とするものであって当該事業所に有資格である短時間・有期雇用労働者が存在しないことが明らかである場合については、募集に係る事項を周知しなくても、本条違反とはならないものであること（そのような事情がなければ周知することとされていることが前提である。）。なお、他の企業で実績を有する者等をヘッドハンティングする場合など、個人的資質に着目して特定の個人を通常の労働者として採用するものは、(3)イの「通常の労働者の募集を行う場合」には該当しないものであること。

(5)　(3)ロは、企業外に通常の労働者に係る募集を出す前に、企業内の短時間・有期雇用労働者に配置の希望を申し出る機会を与えるものであり、いわゆる優先的な応募機会の付与をいうものであること。また、社内から通常の労働者のポストへの応募を積極的に受け付ける「社内公募」制度のようなものも(3)ロに該当するものであること。なお、この優先的な応募機会の付与は、優先的な採用まで義務付けるものではないことは言うまでもないこと。

(6)　(3)イ及びロについては、通常の労働者の募集の必要がないときにまで募集を行うことを求めるものではないが、(10)にあるとおり、そのような措置を講ずる予定であるとしてあらかじめ周知することが求められるものであること。

(7)　(3)ハは、その雇用する短時間・有期雇用労働者を通常の労働者へ登用するための制度として、一定の資格を有する短時間・有期雇用労働者を対象とした通常の労働者への転換のための試験制度を事業所内に設けることとしたものであること。「一定の資格」としては、例えば勤続年数やその職務に必要な資格等があり得るものであること。ただし、当該「一定の資格」として著しく長い勤続期間を要することとするなど、当該事業所の雇用管理の実態から見ても制限的なものと考えられ、対象者がほとんど存在しないようなものは、(3)ハの措置を行ったとは言えないものであること。

(8)　(3)ニは、通常の労働者への転換を推進するための措置としては、(3)イからハまでに掲げる措置以外のものでも差し支えない旨を明らかにしたものであり、一例として、通常の労働者として必要な能力を取得するための教育訓練を受ける機会を確保するための必要な援助を行うことを挙げたものであること。この「必要な援助」としては、自ら教育訓練プログラムを提供することのほか、他で提供される教育訓練プログラムの費用の経済的な援助や当該訓練に参加するための時間的な配慮を行うこと等も考えられるものであること。

(9)　本条の措置は、制度として行うことを求めているものであり、合理的な理由なく事業主の恣意により通常の労働者の募集情報を周知するときとしないときがあるような場合や、転換制度を規程にするなど客観的な制度とはせずに事業主の気に入った人物を通常の労働者に転換するような場合には、本条の義務の履行とはいえないこと。

(10)　本条の趣旨を踏まえると、当該事業所において講じられている通常の労働者への転換を推進するための措置が短時間・有期雇用労働者に対して周知されていることが求められ、(3)イやロの措置のように、一定の機会が到来したときに初めて措置を講ずることとなるものについても、そのような措置を講ずる予定であるとしてあらかじめ周知することが求められるものであること。

⑾　本条においては、通常の労働者への転換を推進するための措置を講ずることが求められているのであって、その結果として短時間・有期雇用労働者を通常の労働者に転換することまで求められるものではないが、長期間にわたって通常の労働者に転換された実績がない場合については、転換を推進するための措置を講じたとはいえない可能性があり、周知のみで応募はしにくい環境になっているなど、措置が形骸化していないか検証すべきものであること。

10　事業主が講ずる雇用管理の改善等の措置の内容等の説明（法第一四条関係）《略》

11　指針（法第一五条関係）《略》

12　相談のための体制の整備（法第一六条関係）《略》

13　短時間・有期雇用管理者（法第一七条関係）《略》

14　報告の徴収並びに助言、指導及び勧告等（法第一八条関係）《略》

15　事業主等に対する援助（法第一九条関係）《略》

16　職業訓練の実施等（法第二〇条関係）《略》

17　職業紹介の充実等（法第二一条関係）《略》

第4　紛争の解決（法第4章）《略》

第5　雑則（法第5章）《略》

第6　附則《略》

第7　適用時期及び関係通達の改廃等《略》

事業主が行う特定有期雇用労働者の特性に応じた雇用管理に関する措置に関する基本的な指針

平成二七年三月一八日厚生労働省告示第六九号
最終改正：令和三年三月二四日厚生労働省告示第九三号
適用：令和三年四月一日

はじめに

有期労働契約（期間の定めのある労働契約をいう。以下同じ。）については、その濫用的利用を抑制し、労働者の雇用の安定を図るため、平成二四年に、同一の使用者との間で締結された有期労働契約が反復更新されて通算五年を超えた場合に、労働者の申込みにより無期労働契約（期間の定めのない労働契約をいう。以下同じ。）に転換するルールの導入等を内容とする労働契約法（平成一九年法律第一二八号）の改正が行われ、平成二五年四月から全面施行されている。

一方で、専門的知識等を有する有期雇用労働者については、必ずしも同一の事業主に長期にわたり雇用されることを希望せず、企業横断的にキャリア形成を行う例も見られ、事業主もプロジェクトの進捗に合わせて必要な専門的知識等を有する人材を確保することを求める例がある。また、定年後引き続いて雇用される有期雇用労働者については、同一の事業主に継続して雇用されることで、定年までに培ってきた知識、経験等を活用することができるが、加齢とともに健康状態や職業能力の変化に関する個人差が大きくなるため、有期労働契約を活用することで労使双方のニーズを満たす面があると考えられる。こうした労働者の能力の維持向上や活用を図ることは、労働者の能力の有効な発揮や労働参加の拡大を通じ、活力ある社会の実現につながり、我が国の産業の国際競争力の強化や経済成長に資するものと期待される。

このため、専門的知識等を有する有期雇用労働者等に関する特別措置法（平成二六年法律第一三七号。以下「法」という。）においては、専門的知識等を有する有期雇用労働者及び定年後引き続いて雇用される有期雇用労働者がその能力を有効に発揮し、活力ある社会を実現できるよう、その特性に応じた雇用管理に関する特別の措置が行われる場合には、労働契約法第一八条第一項の規定による無期労働契約への転換制度の特例を認めることとされている。

この指針は、法第三条の規定に基づき、特定有期雇用労働者の雇用の動向に関する事項を示すとともに、事業主が行う特定有期雇用労働者の特性に応じた雇用管理に関する措置の内容に関する事項を定めるものである。

第1　特定有期雇用労働者の雇用の動向に関する事項

1　有期雇用労働者の動向

平成二五年の非農林業雇用者五、五〇一万人のうち、有期雇用労働者は一、四四二万人であり、二六・二％を占めている。これを従業上の地位別に見ると、そのうちパート・アルバイトが七九七万人、派遣社員が九四万人、契約社員・嘱託が三六七万人、その他が五六万人となっている。また、有期雇用労働者が多く含まれると考えられる非正規の職員・従業員は増加傾向で推移しているとともに、正規の職員・従業員の仕事がないためにこうした形態で働いている者は、非正規の職員・従業員全体の一九・二%に上っている（総務省統計局「労働力調査」（平成二五年）、「労働力調査（詳細集計）」（平成二五年））。

法は、一般的に雇用が不安定、賃金が低い、能力開発の機会が乏しい等の課題が指摘されている有期雇用労働者のうち、雇用の安定性が損なわれるおそれが比較的少なく、有期労働契約の下での人材活用ニーズが高い、第一種特定有期雇用労働者（法第四条第一項に規定する第一種特定有期雇用労働者をいう。以下同じ。）及び第二種特定有期雇用労働者（法第六条第一項に規定する第二種特定有期雇用労働者をいう。以下同じ。）について、その能力を有効に発揮できるよう、事業主による適切な雇用管理が行われることを要件として、労働契約法の特例を設けるものである。

なお、専門的知識等を有する有期雇用労働者に係る特例が設けられた場合に、「活用したいと思う」企業及び「活用する可能性・活用を検討する余地はあると思う」企業の割合は二七・一%に上り、これらの企業は、当該特例の具体的なメリットとして、「プロジェクト期間の不確実性に合わせて、雇用期間・雇用人数等を調整しやすくなる」、「技術革新のペースが速まるなか、高度の専門的知識等は必要期間が限られており、五年程度での無期転換には馴染まない」、「高度人材は拘束を嫌い、長期一括契約を回避する傾向があるため、短期契約で必要期間、更新する方が優秀な人材を確保しやすくなる」といったことを挙げているとの調査結果がある（独立行政法人労働政策研究・研修機構「「高度の専門的知識等を有する有期契約労働者に関する実態調査」結果」（平成二六年））。

2　第一種特定有期雇用労働者の動向

第一種特定有期雇用労働者には、専門的知識等を有する有期雇用労働者等に関する特別措置法第二条第一項の規定に基づき厚生労働大臣が定める基準（平成二七年厚生労働省告示第六七号）に該当する専門的知識等を有し、かつ、その年収が専門的知識等を有する有期雇用労働者等に関する特別措置法施行規則（平成二七年厚生労働省令第三五号）第一条で定める額以上である者であって、特定有期業務（法第二条第三項第一号に規定する特定有期業務をいう。以下同じ。）に就くものが該当する。

特定有期業務は、一定の期間内に完了することが予定されているものであるため、企業内の期間限定のプロジェクトの業務、開始及び完了の日が定められた建設工事等の有期の事業の業務等が該当し、企業内の恒常的な業務として継続的に行われているものは該当しない。有期雇用労働者の就く業務が特定有期業務に該当しない場合には、当該有期雇用労働者は第一種特定有期雇用労働者に該当しないため、法に基づく労働契約法の特例の対象とはならない。

有期雇用労働者のうち、正社員よりも高度な内容の職務に従事している者の割合は、三・六%となっており、そうした者であって年収が一、〇〇〇万円以上であるものの割合は、そのうちの二・一%となっている（厚生労働省「平成二三年有期労働契約に関する実態調査（個人調査）」）。

また、新規事業化の試行や検証のためのプロジェクト、受注案件や事業展開に応じたプロジェクト等において、高い専門性を持つ労働者（法務・財務のスペシャリスト、戦略の企画・立案・推進を担う人材、高度技術者等）を、五年を超える一定の期間、有期契約の形で継続して雇用したいという企業のニーズが見られるところである（独立行政法人労働政策研究・研修機構「「高度の専門的知識等を有する有期契約労働者に関する実態調査」結果」（平成二六年））。

3　第二種特定有期雇用労働者の動向

第二種特定有期雇用労働者には、定年（六〇歳以上のものに限る。）に達した後に、同一の事業主又は高年齢者等の雇用の安定等に関する法律（昭和四六年法律第六八号。以下「高年齢者雇用安定法」という。）第九条第二項の特殊関係事業主に引き続いて雇用される高年齢者が該当する。

高年齢者の雇用状況については、六〇歳から六四歳までの役員等を除く雇用者数は四〇一万人であり、そのうち二五三万人が非正規雇用労働者となっている。一方、六五歳以上の役員等を除く雇用者数は二八五万人であり、そのうち二〇三万人が非正規雇用労働者となっている（総務省統計局「労働力調査」（平成二五年））。

高年齢者の雇用制度は、希望者全員の六五歳までの高年齢者雇用確保措置（定年の引上げ、継続雇用制度（現に雇用している高年齢者が希望するときは、当該高年齢者をその定年後も引き続いて雇用する制度をいう。以下同じ。）の導入又は定年の定めの廃止をいう。以下同じ。）が全ての企業で講じられるよう、平成二四年に高年齢者雇用安定法の改正が行われ、平成二五年四月から施行されている。

なお、平成二六年六月一日現在では、常用労働者が三一人以上の企業のうち九八・一%が六五歳までの高年齢者雇用確保措置を実施済みである。そのうち、定年の定めの廃止の措置を講じた企業の割合は二・七%、定年の引上げの措置を講じた企業の割合は一五・六%、継続雇用制度の導入の措置を講じた企業の割合は八一・七%となっている。さらに、定年後引き続いて雇用する期間を六年以上としている企業は全体の八・八％となっている（厚生労働省「高年齢者雇用状況報告」（平成二六年））。

継続雇用制度により高年齢者雇用確保措置を講じている企業における継続雇用の契約期間の状況をみると、「一年単位」とすることが最も多いとしている企業の割合は七九・五％となっている一方、「六五歳までの一括契約」とすることが最も多いとしている企業の割合は五・二％となっており、有期労働契約の反復更新により六五歳までの雇用確保措置を講じている企業が多い。また、「会社が個別に要請したとき」等に継続雇用者が六五歳以降も勤務できる企業は六八・七％となっている（独立行政法人労働政策研究・研修機構「高年齢社員や有期契約社員の法改正後の活用状況に関する調査」（平成二五年））。

こうした中で、高年齢者自身の就業意欲についてみると、「六五歳くらいまで」働きたい者の割合は三一・四％、「七〇歳くらいまで」、「七五歳くらいまで」、「七六歳以上」及び「働けるうちはいつまでも」働きたい者の割合が五〇・四％となっており、六五歳以降も働きたいというニーズは高い（内閣府「高齢期の「備え」に関する意識調査」（平成二五年））。

第2　事業主が行う特定有期雇用労働者の特性に応じた雇用管理に関する措置の内容に関する事項

1　第一種特定有期雇用労働者の特性に応じた雇用管理に関する措置

(1)　第一種特定有期雇用労働者の特性に応じた雇用管理に関する措置

事業主は、計画対象第一種特定有期雇用労働者（法第四条第二項第一号に規定する計画対象第一種特定有期雇用労働者をいう。以下同じ。）に対し、次に掲げる計画対象第一種特定有期雇用労働者の特性に応じた雇用管理に関する措置のうち、事業主が置かれている実情に照らして適切なものを行うことが必要である。

ア　教育訓練に係る休暇の付与

計画対象第一種特定有期雇用労働者がその職業生活を通じて発揮することができる能力の維持向上を自主的に図るための教育訓練（計画対象第一種特定有期雇用労働者の能力の維持向上に資するものに限る。以下(1)において同じ。）を受けるための有給休暇（労働基準法（昭和二二年法律第四九号）第三九条の規定による年次有給休暇として与えられるものを除く。以下アにおいて「有給教育訓練休暇」という。）又は長期にわたる休暇（同条の規定による年次有給休暇として与えられるもの及び有給教育訓練休暇を除く。）の付与

イ　教育訓練に係る時間の確保のための措置

始業又は終業時刻の変更、勤務時間の短縮その他計画対象第一種特定有期雇用労働者が職業に関する教育訓練を受ける時間を確保するために必要な措置

ウ　教育訓練に係る費用の助成

受講料等の金銭的援助その他計画対象第一種特定有期雇用労働者の自発的な職業能力の開発を支援するための教育訓練に係る費用の助成

エ　業務の遂行の過程外における教育訓練の実施

計画対象第一種特定有期雇用労働者の業務の遂行の過程外において、事業主が自ら若しくは共同して行う教育訓練の実施又は職業能力の開発及び向上について適切と認められる事業主以外の機関等の施設により行われる教育訓練を受ける機会（学会への参加を含む。）の確保

オ　職業能力検定を受ける機会の確保

事業主が自ら若しくは共同して行う職業能力検定又は職業能力の開発及び向上について適切と認められる他の者の行う職業能力検定を受ける機会の確保

カ　情報の提供、相談の機会の確保等の援助

計画対象第一種特定有期雇用労働者の職業生活設計に即した自発的な職業能力の開発及び向上を促進するために、業務の遂行に必要な技能及びこれに関する知識の内容及び程度その他の事項に関する情報の提供、職業能力開発促進法（昭和四四年法律第六四号）第三〇条の三のキャリアコンサルタント等による相談の機会の確保その他の援助

(2)　第一種特定有期雇用労働者の雇用管理に関する留意事項

事業主は、計画対象第一種特定有期雇用労働者の雇用管理を行うに際し、次に掲げる事項に留意することが必要である。

ア　一般の労働者との労働条件の均衡

計画対象第一種特定有期雇用労働者の年収以外の処遇及び雇用管理については、労働契約は、就業の実態に応じて、均衡を考慮しつつ締結し、又は変更すべき旨を定める労働契約法第三条第二項の趣旨も踏まえ、契約締結時の年収水準以外の社会保険、諸手当、福利厚生、企業内職業訓練等についても、一般の労働者（計画対象第一種特定有期雇用労働者以外の労働者）との均衡を考慮したものとなるよう、配慮すべきこと。なお、計画対象第一種特定有期雇用労働者及び計画対象第二種特定有期雇用労働者（法第六条第二項第一号に規定する計画対象第二種特定有期雇用労働者をいう。以下同じ。）についても、期間の定めがあることによる不合理な労働条件を禁止する労働契約法第二〇条の適用対象となるものであること。

イ　合理的な理由のない雇止めの回避

計画対象第一種特定有期雇用労働者については、特定有期業務の期間中の雇用の安定に配慮し、合理的な理由のない雇止めを回避することが望ましいこと。なお、計画対象第二種特定有期雇用労働者及び計画対象第一種特定有期雇用労働者についても、有期労働契約を締結した労働者であり、いわゆる雇止め法理を規定する労働契約法第一九条の適用対象となるものであること。

ウ　産前産後休業又は育児休業の取得促進のための環境整備

労働基準法第六五条第一項若しくは第二項の規定による産前産後の休業又は育児休業、介護休業等育児又は家族介護を行う労働者の福祉に関する法律（平成三年法律第七六号）第二条第一号に規定する育児休業について、計画対象第一種特定有期雇用労働者による取得を促進するために必要な環境の整備に努めるべきこと。

２　第二種特定有期雇用労働者の特性に応じた雇用管理に関する措置

(1)　第二種特定有期雇用労働者の特性に応じた雇用管理に関する措置

事業主は、高年齢者雇用安定法第九条第一項各号に掲げる高年齢者雇用確保措置のいずれかを講ずるとともに、計画対象第二種特定有期雇用労働者に対し、次に掲げる計画対象第二種特定有期雇用労働者の特性に応じた雇用管理に関する措置のうち、事業主が置かれている実情に照らして適切なものを行うことが必要である。

ア　高年齢者雇用安定法第一一条の規定による高年齢者雇用等推進者の選任

イ　計画対象第二種特定有期雇用労働者に対する配置、職務、職場環境等に関する配慮

(ア)　職業能力の開発及び向上のための教育訓練の実施等

高年齢者の有する知識、経験等を活用できるようにするための効果的な職業訓練としての、業務の遂行の過程外における教育訓練の実施又は教育訓練の受講機会の確保

(イ)　作業施設・方法の改善

身体的機能や体力等が低下した高年齢者の職業能力の発揮を可能とするための作業補助具の導入を含めた機械設備の改善、作業の平易化等作業方法の改善、照明その他の作業環境の改善及び福利厚生施設の導入・改善

(ウ)　健康管理、安全衛生の配慮

身体的機能や体力等の低下を踏まえた職場の安全性の確保、事故防止への配慮及び健康状態を踏まえた適正な配置

(エ)　職域の拡大

身体的機能の低下等の影響が少なく、高年齢者の能力、知識、経験等が十分に活用できる職域を拡大するための企業における労働者の年齢構成の高齢化に対応した職務の再設計等の実施

(オ)　知識、経験等を活用できる配置、処遇の推進

高年齢者の知識、経験等を活用できる配置、処遇の推進のための職業能力を評価する仕組みや資格制度、専門職制度等の整備

(カ)　賃金体系の見直し

高年齢者の就労の機会を確保するための能力、職務等の要素を重視する賃金制度の整備

(キ)　勤務時間制度の弾力化

高齢期における就業希望の多様化や体力の個人差に対応するための短時間勤務、隔日勤務、フレックスタイム制、ワークシェアリング等を活用した勤務時間制度の弾力化

(2)　第二種特定有期雇用労働者の雇用管理に関する留意事項

事業主は、計画対象第二種特定有期雇用労働者の雇用管理を行うに際し、事業主が継続雇用制度を導入し、定年後に有期労働契約によって引き続き雇用する際は、原則六五歳までは契約更新がされるものであるとの高年齢者雇用安定法の趣旨を踏まえ、適切な措置を行うことが望ましい。

３　その他の雇用管理等に関する留意事項

(1)　個別労働関係紛争の未然防止

法に基づく労働契約法の特例の適用に当たっては、個別労働関係紛争を未然に防止するため、特定有期雇用労働者に係る労働基準法施行規則第五条の特例を定める省令（平成二七年厚生労働省令第三六号）の規定に基づき、事業主は、労働契約の締結・更新時に、①計画対象第一種特定有期雇用労働者に対しては、特定有期業務の期間（最長一〇年）、計画対象第二種特定有期雇用労働者に対しては、定年後引き続いて雇用されている期間、無期転換申込権は発生しないことを明示するとともに、②計画対象第一種特定有期雇用労働者に対しては、特例の対象となる業務の具体的な範囲も明示することが必要である。

また、法の第一種計画（法第四条第一項に規定する第一種計画をいう。以下同じ。）又は第二種計画（法第六条第一項に規定する第二種計画をいう。(2)において同じ。）が認定されたことにより有期労働契約の期間中に無期転換申込権発生までの期間が変更となる場合や、第一種計画に記載された特定有期業務の完了の日が変更となることにより無期転換申込権発生までの期間が変更となる場合には、速やかに特例の対象となる労働者にその旨を明示すること

が適当である。

事業主が計画対象第一種特定有期雇用労働者又は計画対象第二種特定有期雇用労働者に対して労働条件を明示する際の方法は、特定有期雇用労働者に係る労働基準法施行規則第五条の特例を定める省令第一条第二項又は第二条第二項に規定する事項が明らかとなる書面の交付とする。ただし、同令第一条第三項ただし書又は第二条第三項ただし書の規定に基づき、当該労働者が①ファクシミリを利用してする送信の方法又は②電子メール等の送信の方法（当該労働者が当該電子メール等の記録を出力することにより書面を作成することができるものに限る。）のいずれかの方法によることを希望した場合には、当該方法により明示することができる。

また、労働条件を明示する際は、モデル労働条件通知書の活用を図ることが望ましい。

(2) 関係労働者の理解と協力

事業主が特定有期雇用労働者の特性に応じた雇用管理に関する措置を行うに当たっては、関係労働者の理解と協力が重要であり、当該雇用管理の内容について関係労働者に対し意見聴取を行う、周知する等、関係労働者の理解と協力を得るよう努めることが求められる。なお、第一種計画又は第二種計画の策定に際し、実施する雇用管理に関する措置の内容に関して就業規則の変更を行う場合は、就業規則の作成及び届出に関する事項を規定する労働基準法第八九条並びに就業規則の作成の手続に関する事項を規定する同法第九〇条並びに就業規則による労働契約の内容の変更に関する事項を規定する労働契約法第九条及び第一〇条の規定に留意することが必要である。

賃金の支払の確保等に関する法律

昭和五一年五月二七日法律第三四号
施行：附則参照
最終改正：令和四年六月一七日法律第六八号
施行：附則参照

第一章　総則

（目的）

第一条　この法律は、景気の変動、産業構造の変化その他の事情により企業経営が安定を欠くに至つた場合及び労働者が事業を退職する場合における賃金の支払等の適正化を図るため、貯蓄金の保全措置及び事業活動に著しい支障を生じたことにより賃金の支払を受けることが困難となつた労働者に対する保護措置その他賃金の支払の確保に関する措置を講じ、もつて労働者の生活の安定に資することを目的とする。

（定義）

第二条　この法律において「賃金」とは、労働基準法（昭和二十二年法律第四十九号）第十一条に規定する賃金をいう。

2　この法律において「労働者」とは、労働基準法第九条に規定する労働者（同居の親族のみを使用する事業又は事務所に使用される者及び家事使用人を除く。）をいう。

第二章　貯蓄金及び賃金に係る保全措置等

（貯蓄金の保全措置）

第三条　事業主（国及び地方公共団体を除く。以下同じ。）は、労働者の貯蓄金をその委託を受けて管理する場合において、貯蓄金の管理が労働者の預金の受入れであるときは、厚生労働省令で定める場合を除き、毎年三月三十一日における受入預金額（当該事業主が受け入れている預金の額をいう。以下この条において同じ。）について、同日後一年間を通ずる貯蓄金の保全措置（労働者ごとの同日における受入預金額につき、その払戻しに係る債務を銀行その他の金融機関において保証することを約する契約の締結その他の当該受入預金額の払戻しの確保に関する措置で厚生労働省令で定めるものをいう。）を講じなければならない。

（貯蓄金の保全措置に係る命令）

第四条　労働基準監督署長は、前条の規定に違反して事業主が貯蓄金の保全措置を講じていないときは、厚生労働省令で定めるところにより、当該事業主に対して、期限を指定して、その是正を命ずることができる。

（退職手当の保全措置）

第五条　事業主（中小企業退職金共済法（昭和三十四年法律第百六十号）第二条第三項に規定する退職金共済契約を締結した事業主その他の厚生労働省令で定める事業主を除く。）は、労働契約又は労働協約、就業規則その他これらに準ずるものにおいて労働者に退職手当を支払うことを明らかにしたときは、当該退職手当の支払に充てるべき額として厚生労働省令で定める額について、第三条の厚生労働省令で定める措置に準ずる措置を講ずるように努めなければならない。

（退職労働者の賃金に係る遅延利息）

第六条　事業主は、その事業を退職した労働者に係る賃金（退職手当を除く。以下この条において同じ。）の全部又は一部をその退職の日（退職の日後に支払期日が到来する賃金にあつては、当該支払期日。以下この条において同じ。）までに支払わなかつた場合には、当該労働者に対し、当該退職の日の翌日からその支払をする日までの期間について、その日数に応じ、当該退職の日の経過後まだ支払われていない賃金の額に年十四・六パーセントを超えない範囲内で政令で定める率を乗じて得た金額を遅延利息として支払わなければならない。

2　前項の規定は、賃金の支払の遅滞が天災地変その他のやむを得ない事由で厚生労働省令で定めるものによるものである場合には、その事由の存する期間について適用しない。

第三章　未払賃金の立替払事業

（未払賃金の立替払）

第七条　政府は、労働者災害補償保険の適用事業に該当する事業（労働保険の保険料の徴収等に関する法律（昭和四十四年法律第八十四号）第八条の規定の適用を受ける事業にあつては、同条の規定の適用がないものとした場合における事業をいう。以下この条において同じ。）の事業主（厚生労働省令で定める期間以上の期間にわたつて当該事業を行つていたものに限る。）が破産手続開始の決定を受け、その他政令で定める事由に該当することとなつた場合において、当該事業に従事する労働者で政令で定める期間内に当該事業を退職したものに係る未払賃金（支払期日の経過後まだ支払われていない賃金をいう。以下この条及び次条において同じ。）があるときは、民法（明治二十九年法律第八十九号）第四百七十四条第二項から第四項までの規定にかかわらず、当該労働者（厚生労働省令で定める者にあつては、厚生労働省令で定めるところにより、未払賃金の額その他の事項について労働基準監督署長の確認を受けた者に限る。）の請求に基づき、当該未払賃金に係る債務のうち政令で定める範囲内のものを当該事業主に代わつて弁済するものとする。

（返還等）

第八条　偽りその他不正の行為により前条の規定による未払賃金に係る債務の弁済を受けた者がある場合には、政府は、その者に対し、弁済を受けた金額の全部又は一部を返還することを命ずることができ、また、当該偽りその他不正の行為により弁済を受けた金額に相当する額以下の金額を納付することを命ずることができる。

2　前項の場合において、事業主が偽りの報告又は証明をしたため当該未払賃金に係る債務が弁済されたものであるときは、政府は、その事業主に対し、当該未払賃金に係る債務の弁済を受けた者と連帯して、同項の規定による返還又は納付を命ぜられた金額の納付を命ずることができる。

3　労働保険の保険料の徴収等に関する法律第二十七条及び第四十一条の規定は、前二項の規定により返還又は納付を命ぜられた金額について準用する。

4　政府は、第一項又は第二項の規定により返還又は納付を命ぜられた金額の返還又は納付に係る事務の実施に関して必要な限度において、厚生労働省令で定めるところにより、第一項の規定に該当する者（同項の規定に該当すると認められる者を含む。）又は事業主に対し、未払賃金の額、賃金の支払状況その他の事項についての報告又は文書の提出を命ずることができる。

（労働者災害補償保険法との関係）

第九条　この章に規定する事業は、労働者災害補償保険法（昭和二十二年法律第五十号）第二十九条第一項第三号に掲げる事業として行う。

第四章　雑則

（労働基準監督署長及び労働基準監督官）

第一〇条　労働基準監督署長及び労働基準監督官は、厚生労働省令で定めるところにより、この法律の施行に関する事務をつかさどる。

第一一条　労働基準監督官は、この法律の規定に違反する罪について、刑事訴訟法（昭和二十三年法律第百三十一号）の規定による司法警察員の職務を行う。

（報告等）

第一二条　都道府県労働局長、労働基準監督署長又は労働基準監督官は、別に定めるものを除くほか、この法律を施行するため必要があると認めるときは、厚生労働省令で定めるところにより、事業主、労働者その他の関係者に対し、必要な事項を報告させ、又は出頭を命ずることができる。

（資料の提供等）

第一二条の二　都道府県労働局長、労働基準監督署長又は労働基準監督官は、この法律の施行に関し、関係行政機関又は公私の団体に対し、資料の提供その他必要な協力を求めることができる。

2　前項の規定による協力を求められた関係行政機関又は公私の団体は、できるだけその求めに応じなければならない。

（立入検査）

第一三条　労働基準監督官は、この法律を施行するため必要があると認めるときは、事業場に立ち入り、関係者に質問し、又は帳簿、書類その他の物件を検査することができる。

2　労働基準監督署長は、第七条の確認をするため必要があると認めるときは、その職員に同条の事業主の事業場に立ち入り、関係者に質問させ、又は帳簿、書類その他の物件の検査をさせることができる。

3　前二項の場合において、労働基準監督官及び前項の職員は、その身分を示す証票を携帯し、関係者に提示しなければならない。

4　第一項及び第二項の規定による立入検査の権限は、犯罪捜査のために認められたものと解釈してはならない。

（労働者の申告）

第一四条　労働者は、事業主にこの法律又はこれに基づく命令の規定に違反する事実があるときは、その事実を都道府県労働局長、労働基準監督署長又は労働基準監督官に申告して是正のため適当な措置をとるように求めることができる。

2　事業主は、前項の申告をしたことを理由として、労働者に対し、解雇その他不利益な取扱いをしてはならない。

（厚生労働省令への委任）

第一五条　この法律に定めるもののほか、第七条の請求の手続その他この法律の施行に関して必要な事項は、厚生労働省令で定める。

（船員に関する特例）

第一六条　船員法（昭和二十二年法律第百号）の適用を受ける船員に関しては、この法律に規定する都道府県労働局長若しくは労働基準監督署長又は労働基準監督官の権限に属する事項は、地方運輸局長（運輸監理部長を含む。）又は船員労務官が行うものとし、この法律（第七条、第八条第四項及び前条の規定を除く。）中「厚生労働省令」とあるのは「国土交通省令」と、第七条中「厚生労働省令で定める者」とあるのは「厚生労働省令・国土交通省令で定める者」と、「厚生労働省令で定めるところにより」とあるのは「厚生労働省令・国土交通省令で定めるところにより」と、前条中「厚生労働省令」とあるのは「国土交通省令（前章に規定する事項については、厚生労働省令）」とする。

第五章　罰則

第一七条　事業主が第十四条第二項の規定に違反したときは、六月以下の懲役又は十万円以下の罰金に処する。

第一八条　事業主が第四条の規定による命令に違反したときは、三十万円以下の罰金に処する。

第一九条　次の各号のいずれかに該当する者は、十万円以下の罰金に処する。

一　第八条第四項の規定による報告をせず、若しくは虚偽の報告をし、又は文書を提出せず、若しくは虚偽の記載をした文書を提出した者

二　第十二条の規定による報告をせず、若しくは虚偽の報告をし、又は出頭しなかつた者

三　第十三条第一項又は第二項の規定による立入り若しくは検査を拒み、妨げ、若しくは忌避し、又は質問に対して陳述をせず、若しくは虚偽の陳述をした者

第二〇条　法人の代表者又は法人若しくは人の代理人、使用人その他の従業者が、その法人又は人の業務に関して、第十七条から前条までの違反行為をしたときは、行為者を罰するほか、その法人又は人に対しても、各本条の罰金刑を科する。

附則（抄）

（施行期日）

第一条　この法律は、公布の日から起算して一年を超えない範囲内において、各規定につき、政令で定める日（昭和五一年一〇月一日、昭和五二年四月一日）から施行する。ただし、第三章の規定並びに附則第三条及び附則第八条の規定並びにこの法律（第二章、第三章及び次条から附則第八条までを除く。）の規定中第三章に係る部分は、労働者災害補償保険法等の一部を改正する法律（昭和五十一年法律第三十二号）附則第一条第一項第三号に定める日（昭和五一年七月一日）から施行する。

附則（平成二二年三月三一日法律第一五号）（抄）

（施行期日）

第一条　この法律は、平成二十二年四月一日から施行する。ただし、第一条中雇用保険法第十条の四第三項及び第十四条第二項の改正規定並びに同法第二十二条に一項を加える改正規定、第二条の規定（労働保険の保険料の徴収等に関する法律附則第十一条の改正規定を除く。）並びに附則第四条の規定〈略〉、附則第五条の規定〈略〉（労働者災害補償保険法（昭和二十二年法律第五十号）第三十一条第二項ただし書の改正規定を除く。）、附則第六条及び第九条から第十二条までの規定〈略〉は、公布の日から起算して九月を超えない範囲内において政令で定める日から施行する。

【令和四年六月一七日法律第六八号未施行内容】

刑法等の一部を改正する法律の施行に伴う関係法律の整理等に関する法律をここに公布する。

第二二一条　次に掲げる法律の規定中「懲役」を「拘禁刑」に改める。

四十三　賃金の支払の確保等に関する法律（昭和

五十一年法律第三十四号）第十七条

附則（抄）

（施行期日）

１　この法律は、刑法等一部改正法施行日（令和七年六月一日――編注）から施行する。《略》

最低賃金法（抄）

昭和三四年四月一五日法律第一三七号
施行：昭和三四年七月一〇日
最終改正：令和四年六月一七日法律第六八号
施行：附則参照

第一章　総則

（目的）

第一条　この法律は、賃金の低廉な労働者について、賃金の最低額を保障することにより、労働条件の改善を図り、もつて、労働者の生活の安定、労働力の質的向上及び事業の公正な競争の確保に資するとともに、国民経済の健全な発展に寄与することを目的とする。

（定義）

第二条　この法律において、次の各号に掲げる用語の意義は、当該各号に定めるところによる。

一　労働者　労働基準法（昭和二十二年法律第四十九号）第九条に規定する労働者（同居の親族のみを使用する事業又は事務所に使用される者及び家事使用人を除く。）をいう。

二　使用者　労働基準法第十条に規定する使用者をいう。

三　賃金　労働基準法第十一条に規定する賃金をいう。

第二章　最低賃金

第一節　総則

（最低賃金額）

第三条　最低賃金額（最低賃金において定める賃金の額をいう。以下同じ。）は、時間によつて定めるものとする。

（最低賃金の効力）

第四条　使用者は、最低賃金の適用を受ける労働者に対し、その最低賃金額以上の賃金を支払わなければならない。

２　最低賃金の適用を受ける労働者と使用者との間の労働契約で最低賃金額に達しない賃金を定めるものは、その部分については無効とする。この場合において、無効となつた部分は、最低賃金と同様の定をしたものとみなす。

３　次に掲げる賃金は、前二項に規定する賃金に算入しない。

一　一月をこえない期間ごとに支払われる賃金以外の賃金で厚生労働省令で定めるもの

二　通常の労働時間又は労働日の賃金以外の賃金で厚生労働省令で定めるもの

三　当該最低賃金において算入しないことを定める賃金

４　第一項及び第二項の規定は、労働者がその都合により所定労働時間若しくは所定労働日の労働をしなかつた場合又は使用者が正当な理由により労働者に所定労働時間若しくは所定労働日の労働をさせなかつた場合において、労働しなかつた時間又は日に対応する限度で賃金を支払わないことを妨げるものではない。

（現物給与等の評価）

第五条　賃金が通貨以外のもので支払われる場合又は使用者が労働者に提供した食事その他のものの代金を賃金から控除する場合においては、最低賃金の適用について、これらのものは、適正に評価されなければならない。

（最低賃金の競合）

第六条　労働者が二以上の最低賃金の適用を受ける場合は、これらにおいて定める最低賃金額のうち最高のものにより第四条の規定を適用する。

2　前項の場合においても、第九条第一項に規定する地域別最低賃金において定める最低賃金額については、第四条第一項及び第四十条の規定の適用があるものとする。

（最低賃金の減額の特例）

第七条　使用者が厚生労働省令で定めるところにより都道府県労働局長の許可を受けたときは、次に掲げる労働者については、当該最低賃金において定める最低賃金額から当該最低賃金額に労働能力その他の事情を考慮して厚生労働省令で定める率を乗じて得た額を減額した額により第四条の規定を適用する。

一　精神又は身体の障害により著しく労働能力の低い者

二　試の使用期間中の者

三　職業能力開発促進法（昭和四十四年法律第六十四号）第二十四条第一項の認定を受けて行われる職業訓練のうち職業に必要な基礎的な技能及びこれに関する知識を習得させることを内容とするものを受ける者であつて厚生労働省令で定めるもの

四　軽易な業務に従事する者その他の厚生労働省令で定める者

（周知義務）

第八条　最低賃金の適用を受ける使用者は、厚生労働省令で定めるところにより、当該最低賃金の概要を、常時作業場の見やすい場所に掲示し、又はその他の方法で、労働者に周知させるための措置をとらなければならない。

第二節　地域別最低賃金

（地域別最低賃金の原則）

第九条　賃金の低廉な労働者について、賃金の最低額を保障するため、地域別最低賃金（一定の地域ごとの最低賃金をいう。以下同じ。）は、あまねく全国各地域について決定されなければならない。

2　地域別最低賃金は、地域における労働者の生計費及び賃金並びに通常の事業の賃金支払能力を考慮して定められなければならない。

3　前項の労働者の生計費を考慮するに当たつては、労働者が健康で文化的な最低限度の生活を営むことができるよう、生活保護に係る施策との整合性に配慮するものとする。

（地域別最低賃金の決定）

第一〇条　厚生労働大臣又は都道府県労働局長は、一定の地域ごとに、中央最低賃金審議会又は地方最低賃金審議会（以下「最低賃金審議会」という。）の調査審議を求め、その意見を聴いて、地域別最低賃金の決定をしなければならない。

2　厚生労働大臣又は都道府県労働局長は、前項の規定による最低賃金審議会の意見の提出があつた場合において、その意見により難いと認めるときは、理由を付して、最低賃金審議会に再審議を求めなければならない。

（最低賃金審議会の意見に関する異議の申出）

第一一条　厚生労働大臣又は都道府県労働局長は、前条第一項の規定による最低賃金審議会の意見の提出があつたときは、厚生労働省令で定めるところにより、その意見の要旨を公示しなければならない。

2　前条第一項の規定による最低賃金審議会の意見に係る地域の労働者又はこれを使用する使用者は、前項の規定による公示があつた日から十五日以内に、厚生労働大臣又は都道府県労働局長に、異議を申し出ることができる。

3　厚生労働大臣又は都道府県労働局長は、前項の規定による申出があつたときは、その申出について、最低賃金審議会に意見を求めなければならない。

4　厚生労働大臣又は都道府県労働局長は、第一項の規定による公示の日から十五日を経過するまでは、前条第一項の決定をすることができない。第二項の規定による申出があつた場合において、前項の規定による最低賃金審議会の意見が提出されるまでも、同様とする。

（地域別最低賃金の改正等）

第一二条　厚生労働大臣又は都道府県労働局長は、地域別最低賃金について、地域における労働者の生計費及び賃金並びに通常の事業の賃金支払能力を考慮して必要があると認めるときは、その決定の例により、その改正又は廃止の決定をしなければならない。

（派遣中の労働者の地域別最低賃金）

第一三条　労働者派遣事業の適正な運営の確保及び派遣労働者の保護等に関する法律（昭和六十年法律第八十八号）第四十四条第一項に規定する派遣中の労働者（第十八条において「派遣中の労働者」という。）については、その派遣先の事業（同項に規定する派遣先の事業をいう。第十八条において同じ。）の事業場の所在地を含む地域について決定された地域別最低賃金において定める最低賃金額により第四条の規定を適用する。

（地域別最低賃金の公示及び発効）

第一四条　厚生労働大臣又は都道府県労働局長は、地域別最低賃金に関する決定をしたときは、厚生労働省令で定めるところにより、決定した事項を公示しなければならない。

2　第十条第一項の規定による地域別最低賃金の決定及び第十二条の規定による地域別最低賃金の改正の決定は、前項の規定による公示の日から起算して三十日を経過した日（公示の日から起算して三十日を経過した日後の日であつて当該決定において別に定める日があるときは、その日）から、同条の規定による地域別最低賃金の廃止の決定は、同項の規定による公示の日（公示の日後の日であつて当該決定において別に定める日があるときは、その日）から、その効力を生ずる。

第三節　特定最低賃金

（特定最低賃金の決定等）

第一五条　労働者又は使用者の全部又は一部を代表する者は、厚生労働省令で定めるところにより、厚生労働大臣又は都道府県労働局長に対し、当該労働者若しくは使用者に適用される一定の事業若しくは職業に係る最低賃金（以下「特定最低賃金」という。）の決定又は当該労働者若しくは使用者に現に適用されている特定最低賃金の改正若しくは廃止の決定をするよう申し出ることができる。

2　厚生労働大臣又は都道府県労働局長は、前項の規定による申出があつた場合において必要があると認めるときは、最低賃金審議会の調査審議を求め、その意見を聴いて、当該申出に係る特定最低賃金の決定又は当該申出に係る特定最低賃金の改正若しくは廃止の決定をすることができる。

3　第十条第二項及び第十一条の規定は、前項の規定による最低賃金審議会の意見の提出があつた場合について準用する。この場合において、同条第二項中「地域」とあるのは、「事業若しくは職業」と読み替えるものとする。

4　厚生労働大臣又は都道府県労働局長は、第二項の決定をする場合において、前項において準用する第十一条第二項の規定による申出があつたときは、前項において準用する同条第三項の規定による最低賃金審議会の意見に基づき、当該特定最低賃金において、一定の範囲の事業について、その適用を一定の期間を限つて猶予し、又は最低賃金額について別段の定めをすることができる。

5　第十条第二項の規定は、前項の規定による最低賃金審議会の意見の提出があつた場合について準用する。

第一六条　前条第二項の規定により決定され、又は改正される特定最低賃金において定める最低賃金額は、当該特定最低賃金の適用を受ける使用者の事業場の所在地を含む地域について決定された地域別最低賃金において定める最低賃金額を上回るものでなければならない。

第一七条　第十五条第一項及び第二項の規定にかかわらず、厚生労働大臣又は都道府県労働局長は、同項の規定により決定され、又は改正された特定最低賃金が著しく不適当となつたと認めるときは、その決定の例により、その廃止の決定をすることができる。

（派遣中の労働者の特定最低賃金）

第一八条　派遣中の労働者については、その派遣先の事業と同種の事業又はその派遣先の事業の事業場で使用される同種の労働者の職業について特定最低賃金が適用されている場合にあつては、当該特定最低賃金において定める最低賃金額により第四条の規定を適用する。

（特定最低賃金の公示及び発効）

第一九条　厚生労働大臣又は都道府県労働局長は、特定最低賃金に関する決定をしたときは、厚生労働省令で定めるところにより、決定した事項を公示しなければならない。

2　第十五条第二項の規定による特定最低賃金の決定及び特定最低賃金の改正の決定は、前項の規定による公示の日から起算して三十日を経過した日（公示の日から起算して三十日を経過した日後の日であつて当該決定において別に定める日があるときは、その日）から、同条第二項及び第十七条の規定による特定最低賃金の廃止の決定は、前項の規定による公示の日（公示の日後の日であつて当該決定において別に定める日があるときは、その日）から、その効力を生ずる。

第三章　最低賃金審議会

（設置）

第二〇条　厚生労働省に中央最低賃金審議会を、都道府県労働局に地方最低賃金審議会を置く。

（権限）

第二一条　最低賃金審議会は、この法律の規定によりその権限に属させられた事項をつかさどるほか、地方最低賃金審議会にあつては、都道府県労働局長の諮問に応じて、最低賃金に関する重要事項を調査審議し、及びこれに関し必要と認める事項を都道府県労働局長に建議することができる。

（組織）

第二二条　最低賃金審議会は、政令で定めるところにより、労働者を代表する委員、使用者を代表する委員及び公益を代表する委員各同数をもつて組織する。

（委員）

第二三条　委員は、政令で定めるところにより、厚生労働大臣又は都道府県労働局長が任命する。

2　委員の任期は、二年とする。ただし、補欠の委員の任期は、前任者の残任期間とする。

3　委員の任期が満了したときは、当該委員は、後任者が任命されるまでその職務を行うものとする。

4　委員は、非常勤とする。

（会長）

第二四条　最低賃金審議会に会長を置く。

2　会長は、公益を代表する委員のうちから、委員が選挙する。

3　会長は、会務を総理する。

4　会長に事故があるときは、あらかじめ第二項の規定の例により選挙された者が会長の職務を代理する。

（専門部会等）

第二五条　最低賃金審議会に、必要に応じ、一定の事業又は職業について専門の事項を調査審議させるため、専門部会を置くことができる。

2　最低賃金審議会は、最低賃金の決定又はその改正の決定について調査審議を求められたときは、専門部会を置かなければならない。

3　専門部会は、政令で定めるところにより、関係労働者を代表する委員、関係使用者を代表する委員及び公益を代表する委員各同数をもつて組織する。

4　第二十三条第一項及び第四項並びに前条の規定は、専門部会について準用する。

5　最低賃金審議会は、最低賃金の決定又はその改正若しくは廃止の決定について調査審議を行う場合においては、厚生労働省令で定めるところにより、関係労働者及び関係使用者の意見を聴くものとする。

6　最低賃金審議会は、前項の規定によるほか、審議に際し必要と認める場合においては、関係労働者、関係使用者その他の関係者の意見をきくものとする。

（政令への委任）

第二六条　この法律に規定するもののほか、最低賃金審議会に関し必要な事項は、政令で定める。

第四章　雑則

第二七条～第三八条《略》

第五章　罰則

第三九条　第三十四条第二項の規定に違反した者は、六月以下の懲役又は三十万円以下の罰金に処する。

第四〇条　第四条第一項の規定に違反した者（地域別最低賃金及び船員に適用される特定最低賃金に係るものに限る。）は、五十万円以下の罰金に処する。

第四一条　次の各号の一に該当する者は、三十万円以下の罰金に処する。

一　第八条の規定に違反した者（地域別最低賃金及び船員に適用される特定最低賃金に係るものに限る。）

二　第二十九条の規定による報告をせず、又は虚偽の報告をした者

三　第三十二条第一項の規定による立入り若しくは検査を拒み、妨げ、若しくは忌避し、又は質問に対して陳述をせず、若しくは虚偽の陳述をした者

第四二条　法人の代表者又は法人若しくは人の代理人、使用人その他の従業者が、その法人又は人の業務に関して、前三条の違反行為をしたときは、行為者を罰するほか、その法人又は人に対しても各本条の罰金刑を科する。

附則《略》

【令和四年六月一七日法律第六八号未施行内容】

刑法等の一部を改正する法律の施行に伴う関係法律の整理等に関する法律をここに公布する。

第二二一条　次に掲げる法律の規定中「懲役」を「拘禁刑」に改める。

二十四　最低賃金法（昭和三十四年法律第百三十七号）第三十九条

附則（抄）

（施行期日）

1　この法律は、刑法等一部改正法施行日（令和七年六月一日――編注）から施行する。《略》

家内労働法

昭和四五年五月一六日法律第六〇号
施行：昭和四五年一〇月一日
最終改正：令和四年六月一七日法律第六八号
施行：附則参照

第一章　総則

（目的）

第一条　この法律は、工賃の最低額、安全及び衛生その他家内労働者に関する必要な事項を定めて、家内労働者の労働条件の向上を図り、もつて家内労働者の生活の安定に資することを目的とする。

２　この法律で定める家内労働者の労働条件の基準は最低のものであるから、委託者及び家内労働者は、この基準を理由として労働条件を低下させてはならないことはもとより、その向上を図るように努めなければならない。

（定義）

第二条　この法律で「委託」とは、次に掲げる行為をいう。

一　他人に物品を提供して、その物品を部品、附属品若しくは原材料とする物品の製造又はその物品の加工、改造、修理、浄洗、選別、包装若しくは解体（以下「加工等」という。）を委託すること。

二　他人に物品を売り渡して、その者がその物品を部品、附属品若しくは原材料とする物品を製造した場合又はその物品の加工等をした場合にその製造又は加工等に係る物品を買い受けることを約すること。

２　この法律で「家内労働者」とは、物品の製造、加工等若しくは販売又はこれらの請負を業とする者その他これらの行為に類似する行為を業とする者であつて厚生労働省令で定めるものから、主として労働の対償を得るために、その業務の目的物たる物品（物品の半製品、部品、附属品又は原材料を含む。）について委託を受けて、物品の製造又は加工等に従事する者であつて、その業務について同居の親族以外の者を使用しないことを常態とするものをいう。

３　この法律で「委託者」とは、物品の製造、加工等若しくは販売又はこれらの請負を業とする者その他前項の厚生労働省令で定める者であつて、その業務の目的物たる物品（物品の半製品、部品、附属品又は原材料を含む。）について家内労働者に委託をするものをいう。

４　この法律で「補助者」とは、家内労働者の同居の親族であつて、当該家内労働者の従事する業務を補助する者をいう。

５　この法律で「工賃」とは、次に掲げるものをいう。

一　第一項第一号に掲げる行為に係る委託をする場合において物品の製造又は加工等の対償として委託者が家内労働者に支払うもの

二　第一項第二号に掲げる行為に係る委託をする場合において同号の物品の買受けについて委託者が家内労働者に支払うものの価額と同号の物品の売渡しについて家内労働者が委託者に支払うものの価額との差額

６　この法律で「労働者」とは、労働基準法（昭和二十二年法律第四十九号）第九条に規定する労働者（同居の親族のみを使用する事業又は事務所に使用される者及び家事使用人を除く。）をいう。

第二章　委託

（家内労働手帳）

第三条　委託者は、委託をするにあたつては、家内労働者に対し、厚生労働省令で定めるところにより、家内労働手帳を交付しなければならない。

２　委託者は、委託をするつど委託をした業務の内容、工賃の単価、工賃の支払期日その他厚生労働省令で定める事項を、製造又は加工等に係る物品を受領するつど受領した物品の数量その他厚生労働省令で定める事項を、工賃を支払うつど支払つた工賃の額その他厚生労働省令で定める事項を、それぞれ家内労働手帳に記入しなければならない。

３　前二項に規定するもののほか、家内労働手帳に関し必要な事項は、厚生労働省令で定める。

（就業時間）

第四条　委託者又は家内労働者は、当該家内労働者が業務に従事する場所の周辺地域において同一又は類似の業務に従事する労働者の通常の労働時間をこえて当該家内労働者及び補助者が業務に従事することとなるような委託をし、又は委託を受けることがないように努めなければならない。

２　都道府県労働局長は、必要があると認めるときは、都道府県労働局に置かれる政令で定める審議会の意見を聴いて、一定の地域内において一定の業務に従事する家内労働者及びこれに委託をする委託者に対して、厚生労働省令で定めるところにより、当該家内労働者及び補助者が業務に従事する時間の適正化を図るために必要な措置をとることを勧告することができる。

（委託の打切りの予告）

第五条　六月をこえて継続的に同一の家内労働者に委託をしている委託者は、当該家内労働者に引き続いて継続的に委託をすることを打ち切ろうとするときは、遅滞なく、その旨を当該家内労働者に予告するように努めなければならない。

第三章　工賃及び最低工賃

（工賃の支払）

第六条　工賃は、厚生労働省令で定める場合を除き、家内労働者に、通貨でその全額を支払わなければならない。

2　工賃は、厚生労働省令で定める場合を除き、委託者が家内労働者の製造又は加工等に係る物品についての検査（以下「検査」という。）をするかどうかを問わず、委託者が家内労働者から当該物品を受領した日から起算して一月以内に支払わなければならない。ただし、毎月一定期日を工賃締切日として定める場合は、この限りでない。この場合においては、委託者が検査をするかどうかを問わず、当該工賃締切日までに受領した当該物品に係る工賃を、その日から一月以内に支払わなければならない。

（工賃の支払場所等）

第七条　委託者は、家内労働者から申出のあつた場合その他特別の事情がある場合を除き、工賃の支払及び物品の受渡しを家内労働者が業務に従事する場所において行なうように努めなければならない。

（最低工賃）

第八条　厚生労働大臣又は都道府県労働局長は、一定の地域内において一定の業務に従事する工賃の低廉な家内労働者の労働条件の改善を図るため必要があると認めるときは、労働政策審議会又は都道府県労働局に置かれる政令で定める審議会（以下「審議会」と総称する。）の調査審議を求め、その意見を聴いて、当該業務に従事する家内労働者及びこれに委託をする委託者に適用される最低工賃を決定することができる。

2　厚生労働大臣又は都道府県労働局長は、前項の審議会の意見の提出があつた場合において、その意見により難いと認めるときは、理由を付して、審議会に再審議を求めなければならない。

（審議会の意見に関する異議の申出）

第九条　厚生労働大臣又は都道府県労働局長は、前条第一項の審議会の意見の提出があつたときは、厚生労働省令で定めるところにより、その意見の要旨を公示しなければならない。

2　前条第一項の審議会の意見に係る家内労働者又は委託者は、前項の規定による公示の日の翌日から起算して十五日以内に、厚生労働大臣又は都道府県労働局長に、異議を申し出ることができる。

3　厚生労働大臣又は都道府県労働局長は、前項の規定による申出があつたときは、その申出について、審議会に意見を求めなければならない。

4　厚生労働大臣又は都道府県労働局長は、第一項の規定による公示の日の翌日から起算して十五日を経過する日までの間は、前条第一項の規定による決定をすることができない。第二項の規定による申出があつた場合において、前項の審議会の意見が提出されるまでの間についても、同様とする。

5　厚生労働大臣又は都道府県労働局長は、前条第一項の規定による決定をする場合において、第二項の規定による申出があつたときは、第三項の審議会の意見に基づき、当該最低工賃において、一定の範囲の業務について、その適用を一定の期間を限つて猶予し、又は最低工賃額（最低工賃において定める工賃の額をいう。以下同じ。）について別段の定めをすることができる。

6　前条第二項の規定は、第三項の審議会の意見の提出があつた場合について準用する。

（最低工賃の改正等）

第一〇条　厚生労働大臣又は都道府県労働局長は、最低工賃について必要があると認めるときは、その決定の例により、その改正又は廃止の決定をすることができる。

（最低工賃の決定等に関する関係家内労働者又は関係委託者の意見の聴取等）

第一一条　審議会は、最低工賃の決定又はその改正若しくは廃止の決定について調査審議を行なう場合には、厚生労働省令で定めるところにより、関係家内労働者及び関係委託者の意見をきくものとする。

2　家内労働者又は委託者の全部又は一部を代表する者は、厚生労働省令で定めるところにより、厚生労働大臣又は都道府県労働局長に対し、当該家内労働者若しくは委託者に適用される最低工賃の決定又は当該家内労働者若しくは委託者に現に適用されている最低工賃の改正若しくは廃止の決定をするよう申し出ることができる。

3　厚生労働大臣又は都道府県労働局長は、前項の規定による申出があつた場合において必要があると認めるときは、その申出について審議会に意見を求めるものとする。

（公示及び発効）

第一二条　厚生労働大臣又は都道府県労働局長は、

最低工賃に関する決定をしたときは、厚生労働省令で定めるところにより、決定した事項を公示しなければならない。

2　最低工賃の決定及びその改正の決定は、前項の規定による公示の日から起算して三十日を経過した日（公示の日から起算して三十日を経過した日後の日であつて当該決定において別に定める日があるときは、その日）から、最低工賃の廃止の決定は、同項の規定による公示の日（公示の日後の日であつて当該決定において別に定める日があるときは、その日）から、その効力を生ずる。

（最低工賃額等）

第一三条　最低工賃は、当該最低工賃に係る一定の地域と同一の地域内において同一又は類似の業務に従事する労働者に適用される最低賃金（最低賃金法（昭和三十四年法律第百三十七号）の規定による最低賃金をいう。以下同じ。）（当該同一の地域内において同一又は類似の業務に従事する労働者に適用される最低賃金が決定されていない場合には、当該労働者の賃金（労働基準法第十一条に規定する賃金をいう。））との均衡を考慮して定められなければならない。

2　最低工賃額は、家内労働者の製造又は加工等に係る物品の一定の単位によつて定めるものとする。

（最低工賃の効力）

第一四条　委託者は、最低工賃の適用を受ける家内労働者に対し、その最低工賃額以上の工賃を支払わなければならない。

（最低工賃に関する職権等）

第一五条　第八条第一項及び第十条に規定する厚生労働大臣又は都道府県労働局長の職権は、二以上の都道府県労働局の管轄区域にわたる事案及び一の都道府県労働局の管轄区域内のみに係る事案であつて厚生労働大臣が全国的に関連があると認めて指定するものについては、厚生労働大臣が行い、一の都道府県労働局の管轄区域内のみに係る事案（厚生労働大臣の職権に属する事案を除く。）については、当該都道府県労働局長が行う。

2　厚生労働大臣は、都道府県労働局長が決定した最低工賃が著しく不適当となつたと認めるときは、労働政策審議会の調査審議を求め、その意見を聴いて、当該最低工賃の改正又は廃止の決定をすべきことを都道府県労働局長に命ずることができる。

3　第八条第二項の規定は、前項の労働政策審議会の意見の提出があつた場合について準用する。

（工賃及び最低工賃に関する規定の効力）

第一六条　第六条又は第十四条の規定に違反する工賃の支払を定める委託に関する契約は、その部分については無効とする。この場合において、無効となつた部分は、これらの規定に定める基準による。

第四章　安全及び衛生

（安全及び衛生に関する措置）

第一七条　委託者は、委託に係る業務に関し、機械、器具その他の設備又は原材料その他の物品を家内労働者に譲渡し、貸与し、又は提供するときは、これらによる危害を防止するため、厚生労働省令で定めるところにより、必要な措置を講じなければならない。

2　家内労働者は、機械、器具その他の設備若しくは原材料その他の物品又はガス、蒸気、粉じん等による危害を防止するため、厚生労働省令で定めるところにより、必要な措置を講じなければならない。

3　補助者は、前項に規定する危害を防止するため、厚生労働省令で定める事項を守らなければならない。

（安全及び衛生に関する行政措置）

第一八条　都道府県労働局長又は労働基準監督署長は、委託者又は家内労働者が前条第一項又は第二項の措置を講じない場合には、委託者又は家内労働者に対し、厚生労働省令で定めるところにより、委託をし、若しくは委託を受けることを禁止し、又は機械、器具その他の設備若しくは原材料その他の物品の全部若しくは一部の使用の停止その他必要な措置を執ることを命ずることができる。

第五章　家内労働に関する審議機関

第一九条及び第二〇条　削除

（専門部会等）

第二一条　審議会は、最低工賃の決定又はその改正の決定について調査審議を求められたときは、専門部会を置かなければならない。

2　前項の専門部会は、政令で定めるところにより、関係家内労働者を代表する委員、関係委託者を代表する委員及び公益を代表する委員各同数をもつて組織する。

第二二条　削除

（関係家内労働者及び関係委託者等の意見聴取）

第二三条　審議会は、この法律に別段の定めがある場合のほか、審議に際し必要と認める場合には、関係家内労働者、関係委託者その他の関係者の意見を聴くものとする。

（政令への委任）
第二四条　この法律に規定するもののほか、審議会に関し必要な事項は、政令で定める。

第六章　雑則

（援助）
第二五条　国又は地方公共団体は、家内労働者及び委託者に対し、資料の提供、技術の指導、施設に関する便宜の供与その他この法律の目的を達成するために必要な援助を行なうように努めなければならない。

（届出）
第二六条　委託者は、厚生労働省令で定めるところにより、委託に係る家内労働者の数及び業務の内容その他必要な事項を都道府県労働局長に届け出なければならない。

（帳簿の備付け）
第二七条　委託者は、厚生労働省令で定めるところにより、委託に係る家内労働者の氏名、当該家内労働者に支払う工賃の額その他の事項を記入した帳簿をその営業所に備え付けて置かなければならない。

（報告等）
第二八条　厚生労働大臣、都道府県労働局長、労働基準監督署長又は労働基準監督官は、この法律の施行のため必要があると認めるときは、厚生労働省令で定めるところにより、委託者又は家内労働者に対し、工賃に関する事項その他必要な事項を報告させ、又は出頭を命ずることができる。

（労働基準監督署長及び労働基準監督官）
第二九条　労働基準監督署長及び労働基準監督官は、厚生労働省令で定めるところにより、この法律の施行に関する事務をつかさどる。

（労働基準監督官の権限）
第三〇条　労働基準監督官は、この法律の施行のため必要があると認めるときは、委託者の営業所又は家内労働者が業務に従事する場所に立ち入り、若しくは関係帳簿、書類その他の物件を検査し、若しくは関係者に質問し、又は試験のため必要な最少限度の分量に限り、家内労働者及び補助者に危害を与える物若しくはその疑いのある物であつて厚生労働省令で定めるものを収去することができる。

2　前項の規定による立入検査等をする労働基準監督官は、その身分を示す証票を携帯し、関係者に提示しなければならない。

3　第一項の規定による立入検査等の権限は、犯罪捜査のために認められたものと解釈してはならない。

第三一条　労働基準監督官は、この法律の規定に違反する罪について、刑事訴訟法（昭和二十三年法律第百三十一号）の規定による司法警察員の職務を行なう。

（申告）
第三二条　委託者に、この法律又はこの法律に基づく命令に違反する事実がある場合には、家内労働者又は補助者は、その事実を都道府県労働局長、労働基準監督署長又は労働基準監督官に申告することができる。

2　委託者は、前項の規定による申告をしたことを理由として、家内労働者に対して工賃の引下げその他不利益な取扱いをしてはならない。

3　委託者が家内労働者に対して前項の規定に違反する取扱いをした場合には、都道府県労働局長、労働基準監督署長又は労働基準監督官は、厚生労働省令で定めるところにより、当該委託者に対し、その取扱いの是正を命ずることができる。

第七章　罰則

第三三条　第十八条の規定による委託をすることを禁止する命令に違反した者は、六月以下の懲役又は五千円以下の罰金に処する。

第三四条　第十四条の規定に違反した者は、一万円以下の罰金に処する。

第三五条　次の各号の一に該当する者は、五千円以下の罰金に処する。

一　第三条第一項、第六条又は第十七条の規定に違反した者

二　第三条第二項の規定による記入をせず、又は虚偽の記入をした者

三　第十八条の規定による命令（委託をすることを禁止する命令を除く。）又は第三十二条第三項の規定による命令に違反した者

四　第二十六条の規定による届出をせず、又は虚偽の届出をした者

五　第二十七条の規定による帳簿の備付けをせず、又は同条の帳簿に虚偽の記入をした者

六　第二十八条の規定による報告をせず、若しくは虚偽の報告をし、又は出頭しなかつた者

七　第三十条第一項の規定による立入り、検査若しくは収去を拒み、妨げ、若しくは忌避し、又は質問に対して陳述をせず、若しくは虚偽の陳述をした者

（両罰規定）
第三六条　法人の代表者又は法人若しくは人の代理人、使用人その他の従業者が、その法人又は人の業務に関して、前三条の違反行為をしたときは、

行為者を罰するほか、その法人又は人に対しても、各本条の罰金刑を科する。

附則《略》

【令和四年六月一七日法律第六八号未施行内容】

刑法等の一部を改正する法律の施行に伴う関係法律の整理等に関する法律をここに公布する。

第二五六条　家内労働法（昭和四十五年法律第六十号）の一部を次のように改正する。

第三十三条中「懲役又は五千円」を「拘禁刑又は二万円」に改める。

第三十四条中「一万円」を「三万円」に改める。

第三十五条中「一に」を「いずれかに」に、「五千円」を「二万円」に改める。

附則（抄）

（施行期日）

1　この法律は、刑法等一部改正法施行日（令和七年六月一日——編注）から施行する。《略》

雇用の分野における男女の均等な機会及び待遇の確保等に関する法律（男女雇用機会均等法）

昭和四七年七月一日法律第一一三号
施行：昭和四七年七月一日
最終改正：令和四年六月一七日法律第六八号
施行：附則参照

第一章　総則

（目的）

第一条　この法律は、法の下の平等を保障する日本国憲法の理念にのつとり雇用の分野における男女の均等な機会及び待遇の確保を図るとともに、女性労働者の就業に関して妊娠中及び出産後の健康の確保を図る等の措置を推進することを目的とする。

（基本的理念）

第二条　この法律においては、労働者が性別により差別されることなく、また、女性労働者にあつては母性を尊重されつつ、充実した職業生活を営むことができるようにすることをその基本的理念とする。

2　事業主並びに国及び地方公共団体は、前項に規定する基本的理念に従つて、労働者の職業生活の充実が図られるように努めなければならない。

（啓発活動）

第三条　国及び地方公共団体は、雇用の分野における男女の均等な機会及び待遇の確保等について国民の関心と理解を深めるとともに、特に、雇用の分野における男女の均等な機会及び待遇の確保を妨げている諸要因の解消を図るため、必要な啓発活動を行うものとする。

（男女雇用機会均等対策基本方針）

第四条　厚生労働大臣は、雇用の分野における男女の均等な機会及び待遇の確保等に関する施策の基本となるべき方針（以下「男女雇用機会均等対策基本方針」という。）を定めるものとする。

2　男女雇用機会均等対策基本方針に定める事項は、次のとおりとする。

一　男性労働者及び女性労働者のそれぞれの職業生活の動向に関する事項

二　雇用の分野における男女の均等な機会及び待遇の確保等について講じようとする施策の基本となるべき事項

3　男女雇用機会均等対策基本方針は、男性労働者及び女性労働者のそれぞれの労働条件、意識及び就業の実態等を考慮して定められなければならない。

4　厚生労働大臣は、男女雇用機会均等対策基本方針を定めるに当たつては、あらかじめ、労働政策審議会の意見を聴くほか、都道府県知事の意見を求めるものとする。

5　厚生労働大臣は、男女雇用機会均等対策基本方針を定めたときは、遅滞なく、その概要を公表するものとする。

6　前二項の規定は、男女雇用機会均等対策基本方針の変更について準用する。

第二章　雇用の分野における男女の均等な機会及び待遇の確保等

第一節　性別を理由とする差別の禁止等

（性別を理由とする差別の禁止）

第五条　事業主は、労働者の募集及び採用について、その性別にかかわりなく均等な機会を与えなければならない。

第六条　事業主は、次に掲げる事項について、労働者の性別を理由として、差別的取扱いをしてはならない。

一　労働者の配置（業務の配分及び権限の付与を含む。）、昇進、降格及び教育訓練

二　住宅資金の貸付けその他これに準ずる福利厚生の措置であつて厚生労働省令で定めるもの

三　労働者の職種及び雇用形態の変更

四　退職の勧奨、定年及び解雇並びに労働契約の更新

（性別以外の事由を要件とする措置）

第七条　事業主は、募集及び採用並びに前条各号に掲げる事項に関する措置であつて労働者の性別以外の事由を要件とするもののうち、措置の要件を満たす男性及び女性の比率その他の事情を勘案して実質的に性別を理由とする差別となるおそれがある措置として厚生労働省令で定めるものについては、当該措置の対象となる業務の性質に照らして当該措置の実施が当該業務の遂行上特に必要である場合、事業の運営の状況に照らして当該措置の実施が雇用管理上特に必要である場合その他の合理的な理由がある場合でなければ、これを講じてはならない。

（女性労働者に係る措置に関する特例）

第八条　前三条の規定は、事業主が、雇用の分野における男女の均等な機会及び待遇の確保の支障となつている事情を改善することを目的として女性労働者に関して行う措置を講ずることを妨げるものではない。

（婚姻、妊娠、出産等を理由とする不利益取扱いの禁止等）

第九条　事業主は、女性労働者が婚姻し、妊娠し、又は出産したことを退職理由として予定する定めをしてはならない。

2　事業主は、女性労働者が婚姻したことを理由として、解雇してはならない。

3　事業主は、その雇用する女性労働者が妊娠したこと、出産したこと、労働基準法（昭和二十二年法律第四十九号）第六十五条第一項の規定による休業を請求し、又は同項若しくは同条第二項の規定による休業をしたことその他の妊娠又は出産に関する事由であつて厚生労働省令で定めるものを理由として、当該女性労働者に対して解雇その他不利益な取扱いをしてはならない。

4　妊娠中の女性労働者及び出産後一年を経過しない女性労働者に対してなされた解雇は、無効とする。ただし、事業主が当該解雇が前項に規定する事由を理由とする解雇でないことを証明したときは、この限りでない。

（指針）

第一〇条　厚生労働大臣は、第五条から第七条まで及び前条第一項から第三項までの規定に定める事項に関し、事業主が適切に対処するために必要な指針（次項において「指針」という。）を定めるものとする。

2　第四条第四項及び第五項の規定は指針の策定及び変更について準用する。この場合において、同条第四項中「聴くほか、都道府県知事の意見を求める」とあるのは、「聴く」と読み替えるものとする。

第二節　事業主の講ずべき措置等

（職場における性的な言動に起因する問題に関する雇用管理上の措置等）

第一一条　事業主は、職場において行われる性的な言動に対するその雇用する労働者の対応により当該労働者がその労働条件につき不利益を受け、又は当該性的な言動により当該労働者の就業環境が害されることのないよう、当該労働者からの相談に応じ、適切に対応するために必要な体制の整備その他の雇用管理上必要な措置を講じなければならない。

2　事業主は、労働者が前項の相談を行つたこと又は事業主による当該相談への対応に協力した際に事実を述べたことを理由として、当該労働者に対して解雇その他不利益な取扱いをしてはならない。

3　事業主は、他の事業主から当該事業主の講ずる第一項の措置の実施に関し必要な協力を求められた場合には、これに応ずるように努めなければならない。

4　厚生労働大臣は、前三項の規定に基づき事業主が講ずべき措置等に関して、その適切かつ有効な実施を図るために必要な指針（次項において「指針」という。）を定めるものとする。

5　第四条第四項及び第五項の規定は、指針の策定及び変更について準用する。この場合において、同条第四項中「聴くほか、都道府県知事の意見を求める」とあるのは、「聴く」と読み替えるものとする。

（職場における性的な言動に起因する問題に関する国、事業主及び労働者の責務）

第十一条の二　国は、前条第一項に規定する不利益を与える行為又は労働者の就業環境を害する同項に規定する言動を行つてはならないことその他当該言動に起因する問題（以下この条において「性的言動問題」という。）に対する事業主その他国民一般の関心と理解を深めるため、広報活動、啓発活動その他の措置を講ずるように努めなければならない。

2　事業主は、性的言動問題に対するその雇用する労働者の関心と理解を深めるとともに、当該労働者が他の労働者に対する言動に必要な注意を払うよう、研修の実施その他の必要な配慮をするほか、国の講ずる前項の措置に協力するように努めなければならない。

3　事業主（その者が法人である場合にあつては、その役員）は、自らも、性的言動問題に対する関心と理解を深め、労働者に対する言動に必要な注意を払うように努めなければならない。

4　労働者は、性的言動問題に対する関心と理解を深め、他の労働者に対する言動に必要な注意を払うとともに、事業主の講ずる前条第一項の措置に協力するように努めなければならない。

（職場における妊娠、出産等に関する言動に起因する問題に関する雇用管理上の措置等）

第十一条の三　事業主は、職場において行われるその雇用する女性労働者に対する当該女性労働者が妊娠したこと、出産したこと、労働基準法第六十五条第一項の規定による休業を請求し、又は同項若しくは同条第二項の規定による休業をしたことその他の妊娠又は出産に関する事由であつて厚生労働省令で定めるものに関する言動により当該女性労働者の就業環境が害されることのないよう、当該女性労働者からの相談に応じ、適切に対応するために必要な体制の整備その他の雇用管理上必要な措置を講じなければならない。

2　第十一条第二項の規定は、労働者が前項の相談を行い、又は事業主による当該相談への対応に協力した際に事実を述べた場合について準用する。

3　厚生労働大臣は、前二項の規定に基づき事業主が講ずべき措置等に関して、その適切かつ有効な実施を図るために必要な指針（次項において「指針」という。）を定めるものとする。

4　第四条第四項及び第五項の規定は、指針の策定及び変更について準用する。この場合において、同条第四項中「聴くほか、都道府県知事の意見を求める」とあるのは、「聴く」と読み替えるものとする。

（職場における妊娠、出産等に関する言動に起因する問題に関する国、事業主及び労働者の責務）

第十一条の四　国は、労働者の就業環境を害する前条第一項に規定する言動を行つてはならないことその他当該言動に起因する問題（以下この条において「妊娠・出産等関係言動問題」という。）に対する事業主その他国民一般の関心と理解を深めるため、広報活動、啓発活動その他の措置を講ずるように努めなければならない。

2　事業主は、妊娠・出産等関係言動問題に対するその雇用する労働者の関心と理解を深めるとともに、当該労働者が他の労働者に対する言動に必要な注意を払うよう、研修の実施その他の必要な配慮をするほか、国の講ずる前項の措置に協力するように努めなければならない。

3　事業主（その者が法人である場合にあつては、その役員）は、自らも、妊娠・出産等関係言動問題に対する関心と理解を深め、労働者に対する言動に必要な注意を払うように努めなければならない。

4　労働者は、妊娠・出産等関係言動問題に対する関心と理解を深め、他の労働者に対する言動に必要な注意を払うとともに、事業主の講ずる前条第一項の措置に協力するように努めなければならない。

（妊娠中及び出産後の健康管理に関する措置）

第十二条　事業主は、厚生労働省令で定めるところにより、その雇用する女性労働者が母子保健法（昭和四十年法律第百四十一号）の規定による保健指導又は健康診査を受けるために必要な時間を確保することができるようにしなければならない。

第十三条　事業主は、その雇用する女性労働者が前条の保健指導又は健康診査に基づく指導事項を守ることができるようにするため、勤務時間の変更、勤務の軽減等必要な措置を講じなければならない。

2　厚生労働大臣は、前項の規定に基づき事業主が講ずべき措置に関して、その適切かつ有効な実施を図るために必要な指針（次項において「指針」という。）を定めるものとする。

3　第四条第四項及び第五項の規定は、指針の策定及び変更について準用する。この場合において、同条第四項中「聴くほか、都道府県知事の意見を求める」とあるのは、「聴く」と読み替えるものとする。

第三節　事業主に対する国の援助

（男女雇用機会均等推進者）

第十三条の二　事業主は、厚生労働省令で定めるところにより、第八条、第十一条第一項、第十一条の二第二項、第十一条の三第一項、第十一条の四第二項、第十二条及び前条第一項に定める措置等並びに職場における男女の均等な機会及び待遇の確保が図られるようにするために講ずべきその他の措置の適切かつ有効な実施を図るための業務を担当する者を選任するように努めなければならない。

第一四条　国は、雇用の分野における男女の均等な機会及び待遇が確保されることを促進するため、事業主が雇用の分野における男女の均等な機会及び待遇の確保の支障となつている事情を改善することを目的とする次に掲げる措置を講じ、又は講じようとする場合には、当該事業主に対し、相談その他の援助を行うことができる。

一　その雇用する労働者の配置その他雇用に関する状況の分析

二　前号の分析に基づき雇用の分野における男女の均等な機会及び待遇の確保の支障となつている事情を改善するに当たつて必要となる措置に関する計画の作成

三　前号の計画で定める措置の実施

四　前三号の措置を実施するために必要な体制の整備

五　前各号の措置の実施状況の開示

第三章　紛争の解決

第一節　紛争の解決の援助等

（苦情の自主的解決）

第一五条　事業主は、第六条、第七条、第九条、第十二条及び第十三条第一項に定める事項（労働者の募集及び採用に係るものを除く。）に関し、労働者から苦情の申出を受けたときは、苦情処理機関（事業主を代表する者及び当該事業場の労働者を代表する者を構成員とする当該事業場の労働者の苦情を処理するための機関をいう。）に対し当該苦情の処理をゆだねる等その自主的な解決を図るように努めなければならない。

（紛争の解決の促進に関する特例）

第一六条　第五条から第七条まで、第九条、第十一条第一項及び第二項（第十一条の三第二項において準用する場合を含む。）、第十一条の三第一項、第十二条並びに第十三条第一項に定める事項についての労働者と事業主との間の紛争については、個別労働関係紛争の解決の促進に関する法律（平成十三年法律第百十二号）第四条、第五条及び第十二条から第十九条までの規定は適用せず、次条から第二十七条までに定めるところによる。

（紛争の解決の援助）

第一七条　都道府県労働局長は、前条に規定する紛争に関し、当該紛争の当事者の双方又は一方からその解決につき援助を求められた場合には、当該紛争の当事者に対し、必要な助言、指導又は勧告をすることができる。

2　第十一条第二項の規定は、労働者が前項の援助を求めた場合について準用する。

第二節　調停

（調停の委任）

第一八条　都道府県労働局長は、第十六条に規定する紛争（労働者の募集及び採用についての紛争を除く。）について、当該紛争の当事者（以下「関係当事者」という。）の双方又は一方から調停の申請があつた場合において当該紛争の解決のために必要があると認めるときは、個別労働関係紛争の解決の促進に関する法律第六条第一項の紛争調整委員会（以下「委員会」という。）に調停を行わせるものとする。

2　第十一条第二項の規定は、労働者が前項の申請をした場合について準用する。

（調停）

第一九条　前条第一項の規定に基づく調停（以下この節において「調停」という。）は、三人の調停委員が行う。

2　調停委員は、委員会の委員のうちから、会長があらかじめ指名する。

第二〇条　委員会は、調停のため必要があると認めるときは、関係当事者と同一の事業場に雇用される労働者その他の参考人の出頭を求め、その意見を聴くことができる。

第二一条　委員会は、関係当事者からの申立てに基づき必要があると認めるときは、当該委員会が置かれる都道府県労働局の管轄区域内の主要な労働者団体又は事業主団体が指名する関係労働者を代表する者又は関係事業主を代表する者から当該事件につき意見を聴くものとする。

第二二条　委員会は、調停案を作成し、関係当事者に対しその受諾を勧告することができる。

第二三条　委員会は、調停に係る紛争について調停による解決の見込みがないと認めるときは、調停を打ち切ることができる。

2　委員会は、前項の規定により調停を打ち切つたときは、その旨を関係当事者に通知しなければならない。

（時効の完成猶予）

第二四条　前条第一項の規定により調停が打ち切ら

れた場合において、当該調停の申請をした者が同条第二項の通知を受けた日から三十日以内に調停の目的となつた請求について訴えを提起したときは、時効の完成猶予に関しては、調停の申請の時に、訴えの提起があつたものとみなす。

（訴訟手続の中止）

第二五条　第十八条第一項に規定する紛争のうち民事上の紛争であるものについて関係当事者間に訴訟が係属する場合において、次の各号のいずれかに掲げる事由があり、かつ、関係当事者の共同の申立てがあるときは、受訴裁判所は、四月以内の期間を定めて訴訟手続を中止する旨の決定をすることができる。

一　当該紛争について、関係当事者間において調停が実施されていること。

二　前号に規定する場合のほか、関係当事者間に調停によつて当該紛争の解決を図る旨の合意があること。

2　受訴裁判所は、いつでも前項の決定を取り消すことができる。

3　第一項の申立てを却下する決定及び前項の規定により第一項の決定を取り消す決定に対しては、不服を申し立てることができない。

（資料提供の要求等）

第二六条　委員会は、当該委員会に係属している事件の解決のために必要があると認めるときは、関係行政庁に対し、資料の提供その他必要な協力を求めることができる。

（厚生労働省令への委任）

第二七条　この節に定めるもののほか、調停の手続に関し必要な事項は、厚生労働省令で定める。

第四章　雑則

（調査等）

第二八条　厚生労働大臣は、男性労働者及び女性労働者のそれぞれの職業生活に関し必要な調査研究を実施するものとする。

2　厚生労働大臣は、この法律の施行に関し、関係行政機関の長に対し、資料の提供その他必要な協力を求めることができる。

3　厚生労働大臣は、この法律の施行に関し、都道府県知事から必要な調査報告を求めることができる。

（報告の徴収並びに助言、指導及び勧告）

第二九条　厚生労働大臣は、この法律の施行に関し必要があると認めるときは、事業主に対して、報告を求め、又は助言、指導若しくは勧告をすることができる。

2　前項に定める厚生労働大臣の権限は、厚生労働省令で定めるところにより、その一部を都道府県労働局長に委任することができる。

（公表）

第三〇条　厚生労働大臣は、第五条から第七条まで、第九条第一項から第三項まで、第十一条第一項及び第二項（第十一条の三第二項、第十七条第二項及び第十八条第二項において準用する場合を含む。）、第十一条の三第一項、第十二条並びに第十三条第一項の規定に違反している事業主に対し、前条第一項の規定による勧告をした場合において、その勧告を受けた者がこれに従わなかつたときは、その旨を公表することができる。

（船員に関する特例）

第三一条　船員職業安定法（昭和二十三年法律第百三十号）第六条第一項に規定する船員及び同項に規定する船員になろうとする者に関しては、第四条第一項並びに同条第四項及び第五項（同条第六項、第十条第二項、第十一条第五項、第十一条の三第四項及び第十三条第三項において準用する場合を含む。）、第十条第一項、第十一条第四項、第十一条の三第三項、第十三条第二項並びに前三条中「厚生労働大臣」とあるのは「国土交通大臣」と、第四条第四項（同条第六項、第十条第二項、第十一条第三項及び第十三条第三項において準用する場合を含む。）中「労働政策審議会」とあるのは「交通政策審議会」と、第六条第二号、第七条、第九条第三項、第十一条の三第一項、第十二条、第十三条の二及び第二十九条第二項中「厚生労働省令」とあるのは「国土交通省令」と、第九条第三項中「労働基準法（昭和二十二年法律第四十九号）第六十五条第一項の規定による休業を請求し、又は同項若しくは同条第二項の規定による休業をしたこと」とあるのは「船員法（昭和二十二年法律第百号）第八十七条第一項又は第二項の規定によつて作業に従事しなかつたこと」と、第十一条の二第一項中「労働基準法第六十五条第一項の規定による休業を請求し、又は同項若しくは同条第二項の規定による休業をしたこと」とあるのは「船員法第八十七条第一項又は第二項の規定によつて作業に従事しなかつたこと」、第十七条第一項、第十八条第一項及び第二十九条第二項中「都道府県労働局長」とあるのは「地方運輸局長（運輸監理部長を含む。）」と、第十八条第一項中「第六条第一項の紛争調整委員会（以下「委員会」という。）」とあるのは「第二十一条第三項のあっせん員候補者名簿に記載されている者のうちから指名する調停員」とする。

2　前項の規定により読み替えられた第十八条第一項の規定により指名を受けて調停員が行う調停については、第十九条から第二十七条までの規定は、適用しない。

3　前項の調停の事務は、三人の調停員で構成する合議体で取り扱う。

4　調停員は、破産手続開始の決定を受け、又は禁錮以上の刑に処せられたときは、その地位を失う。

5　第二十条から第二十七条までの規定は、第二項の調停について準用する。この場合において、第二十条から第二十三条まで及び第二十六条中「委員会は」とあるのは「調停員は」と、第二十一条中「当該委員会が置かれる都道府県労働局」とあるのは「当該調停員を指名した地方運輸局長（運輸監理部長を含む。）が置かれる地方運輸局（運輸監理部を含む。）」と、第二十六条中「当該委員会に係属している」とあるのは「当該調停員が取り扱つている」と、第二十七条中「この節」とあるのは「第三十一条第三項から第五項まで」と、「調停」とあるのは「合議体及び調停」と、「厚生労働省令」とあるのは「国土交通省令」と読み替えるものとする。

（適用除外）

第三二条　第二章第一節、第十三条の二、同章第三節、前章、第二十九条及び第三十条の規定は、国家公務員及び地方公務員に、第二章第二節（第十三条の二を除く。）の規定は、一般職の国家公務員（行政執行法人の労働関係に関する法律（昭和二十三年法律第二百五十七号）第二条第二号の職員を除く。）、裁判所職員臨時措置法（昭和二十六年法律第二百九十九号）の適用を受ける裁判所職員、国会職員法（昭和二十二年法律第八十五号）の適用を受ける国会職員及び自衛隊法（昭和二十九年法律第百六十五号）第二条第五項に規定する隊員に関しては適用しない。

第五章　罰則

第三三条　第二十九条第一項の規定による報告をせず、又は虚偽の報告をした者は、二十万円以下の過料に処する。

附則《略》

【令和四年六月一七日法律第六八号未施行内容】

刑法等の一部を改正する法律の施行に伴う関係法律の整理等に関する法律をここに公布する。

第三九三条　次に掲げる法律の規定中「禁錮」を「拘禁刑」に改める。

一　雇用の分野における男女の均等な機会及び待遇の確保等に関する法律（昭和四十七年法律第百十三号）第三十一条第四項

二　国会等の移転に関する法律（平成四年法律第百九号）第十五条第六項

附則（抄）

（施行期日）

1　この法律は、刑法等一部改正法施行日（令和七年六月一日――編注）から施行する。《略》

雇用の分野における男女の均等な機会及び待遇の確保等に関する法律施行規則（男女雇用機会均等法施行規則）

昭和六一年一月二七日労働省令第二号
施行：昭和六一年四月一日
最終改正：令和五年三月三〇日厚生労働省令第四三号
施行：令和五年四月一日

（福利厚生）

第一条　雇用の分野における男女の均等な機会及び待遇の確保等に関する法律（以下「法」という。）第六条第二号の厚生労働省令で定める福利厚生の措置は、次のとおりとする。

一　生活資金、教育資金その他労働者の福祉の増進のために行われる資金の貸付け

二　労働者の福祉の増進のために定期的に行われる金銭の給付

三　労働者の資産形成のために行われる金銭の給付

四　住宅の貸与

（実質的に性別を理由とする差別となるおそれがある措置）

第二条　法第七条の厚生労働省令で定める措置は、次のとおりとする。

一　労働者の募集又は採用に関する措置であつて、労働者の身長、体重又は体力に関する事由を要件とするもの

二　労働者の募集若しくは採用、昇進又は職種の変更に関する措置であつて、労働者の住居の移

転を伴う配置転換に応じることができることを要件とするもの

三　労働者の昇進に関する措置であつて、労働者が勤務する事業場と異なる事業場に配置転換された経験があることを要件とするもの

（法第九条第三項の厚生労働省令で定める妊娠又は出産に関する事由）

第二条の二　法第九条第三項の厚生労働省令で定める妊娠又は出産に関する事由は、次のとおりとする。

一　妊娠したこと。

二　出産したこと。

三　法第十二条若しくは第十三条第一項の規定による措置を求め、又はこれらの規定による措置を受けたこと。

四　労働基準法（昭和二十二年法律第四十九号）第六十四条の二第一号若しくは第六十四条の三第一項の規定により業務に就くことができず、若しくはこれらの規定により業務に従事しなかつたこと又は同法第六十四条の二第一号若しくは女性労働基準規則（昭和六十一年労働省令第三号）第二条第二項の規定による申出をし、若しくはこれらの規定により業務に従事しなかつたこと。

五　労働基準法第六十五条第一項の規定による休業を請求し、若しくは同項の規定による休業をしたこと又は同条第二項の規定により就業できず、若しくは同項の規定による休業をしたこと。

六　労働基準法第六十五条第三項の規定による請求をし、又は同項の規定により他の軽易な業務に転換したこと。

七　労働基準法第六十六条第一項の規定による請求をし、若しくは同項の規定により一週間について同法第三十二条第一項の労働時間若しくは一日について同条第二項の労働時間を超えて労働しなかつたこと、同法第六十六条第二項の規定による請求をし、若しくは同項の規定により時間外労働をせず若しくは休日に労働しなかつたこと又は同法第六十六条第三項の規定による請求をし、若しくは同項の規定により深夜業をしなかつたこと。

八　労働基準法第六十七条第一項の規定による請求をし、又は同条第二項の規定による育児時間を取得したこと。

九　妊娠又は出産に起因する症状により労務の提供ができないこと若しくはできなかつたこと又は労働能率が低下したこと。

（法第十一条の三第一項の厚生労働省令で定める妊娠又は出産に関する事由）

第二条の三　法第十一条の三第一項の厚生労働省令で定める妊娠又は出産に関する事由は、次のとおりとする。

一　妊娠したこと。

二　出産したこと。

三　法第十二条若しくは第十三条第一項の規定による措置を求めようとし、若しくは措置を求め、又はこれらの規定による措置を受けたこと。

四　労働基準法第六十四条の二第一号若しくは第六十四条の三第一項の規定により業務に就くことができず、若しくはこれらの規定により業務に従事しなかつたこと又は同法第六十四条の二第一号若しくは女性労働基準規則第二条第二項の規定による申出をしようとし、若しくは申出をし、若しくはこれらの規定により業務に従事しなかつたこと。

五　労働基準法第六十五条第一項の規定による休業を請求しようとし、若しくは請求し、若しくは同項の規定による休業をしたこと又は同条第二項の規定により就業できず、若しくは同項の規定による休業をしたこと。

六　労働基準法第六十五条第三項の規定による請求をしようとし、若しくは請求をし、又は同項の規定により他の軽易な業務に転換したこと。

七　労働基準法第六十六条第一項の規定による請求をしようとし、若しくは請求をし、若しくは同項の規定により一週間について同法第三十二条第一項の労働時間若しくは一日について同条第二項の労働時間を超えて労働しなかつたこと、同法第六十六条第二項の規定による請求をしようとし、若しくは請求をし、若しくは同項の規定により時間外労働をせず若しくは休日に労働しなかつたこと又は同法第六十六条第三項の規定による請求をしようとし、若しくは請求をし、若しくは同項の規定により深夜業をしなかつたこと。

八　労働基準法第六十七条第一項の規定による請求をしようとし、若しくは請求をし、又は同条第二項の規定による育児時間を取得したこと。

九　妊娠又は出産に起因する症状により労務の提供ができないこと若しくはできなかつたこと又は労働能率が低下したこと。

第二条の四　事業主は、次に定めるところにより、その雇用する女性労働者が保健指導又は健康診査を受けるために必要な時間を確保することができるようにしなければならない。

一　当該女性労働者が妊娠中である場合にあつて

は、次の表の上欄に掲げる妊娠週数の区分に応じ、それぞれ同表の下欄に掲げる期間以内ごとに一回、当該必要な時間を確保することができるようにすること。ただし、医師又は助産師がこれと異なる指示をしたときは、その指示するところにより、当該必要な時間を確保することができるようにすること。

妊娠週数	期間
妊娠二十三週まで	四週
妊娠二十四週から三十五週まで	二週
妊娠三十六週から出産まで	一週

二　当該女性労働者が出産後一年以内である場合にあつては、医師又は助産師が保健指導又は健康診査を受けることを指示したときは、その指示するところにより、当該必要な時間を確保することができるようにすること。

（男女雇用機会均等推進者の選任）

第二条の五　事業主は、法第十三条の二に規定する業務を遂行するために必要な知識及び経験を有していると認められる者のうちから当該業務を担当する者を男女雇用機会均等推進者として選任するものとする。

（主任調停委員）

第三条　紛争調整委員会（以下「委員会」という。）の会長は、調停委員のうちから、法第十八条第一項の規定により委任を受けて同項に規定する紛争についての調停を行うための会議（以下「機会均等調停会議」という。）を主任となつて主宰する調停委員（以下「主任調停委員」という。）を指名する。

2　主任調停委員に事故があるときは、あらかじめその指名する調停委員が、その職務を代理する。

（機会均等調停会議）

第四条　機会均等調停会議は、主任調停委員が招集する。

2　機会均等調停会議は、調停委員二人以上が出席しなければ、開くことができない。

3　機会均等調停会議は、公開しない。

（機会均等調停会議の庶務）

第五条　機会均等調停会議の庶務は、当該都道府県労働局雇用環境・均等部（北海道労働局、埼玉労働局、東京労働局、神奈川労働局、愛知労働局、大阪労働局、兵庫労働局及び福岡労働局以外の都道府県労働局にあつては、雇用環境・均等室）において処理する。

（調停の申請）

第六条　法第十八条第一項の調停（以下「調停」という。）の申請をしようとする者は、調停申請書（別記様式）を当該調停に係る紛争の関係当事者（労働者及び事業主をいう。以下同じ。）である労働者に係る事業場の所在地を管轄する都道府県労働局の長に提出しなければならない。

（調停開始の決定）

第七条　都道府県労働局長は、委員会に調停を行わせることとしたときは、遅滞なく、その旨を会長及び主任調停委員に通知するものとする。

2　都道府県労働局長は、委員会に調停を行わせることとしたときは関係当事者の双方に対して、調停を行わせないこととしたときは調停を申請した関係当事者に対して、遅滞なく、その旨を書面によつて通知するものとする。

（関係当事者からの事情聴取等）

第八条　法第二十条の規定により委員会から出頭を求められた者は、主任調停委員の許可を得て、補佐人を伴つて出頭することができる。

2　補佐人は、主任調停委員の許可を得て陳述を行うことができる。

3　法第二十条の規定により委員会から出頭を求められた者は、主任調停委員の許可を得て当該事件について意見を述べることができる。この場合において、同条の規定により委員会から出頭を求められた者は、主任調停委員の許可を得て他人に代理させることができる。

4　前項の規定により他人に代理させることについて主任調停委員の許可を得ようとする者は、代理人の氏名、住所及び職業を記載した書面に、代理権授与の事実を証明する書面を添付して、主任調停委員に提出しなければならない。

（文書等の提出）

第九条　委員会は、当該事件の事実の調査のために必要があると認めるときは、関係当事者又は関係当事者と同一の事業場に雇用される労働者その他の参考人に対し、当該事件に関係のある文書又は物件の提出を求めることができる。

（調停手続の実施の委任）

第一〇条　委員会は、必要があると認めるときは、調停の手続の一部を特定の調停委員に行わせることができる。この場合において、第四条第一項及び第二項の規定は適用せず、第八条の規定の適用については、同条中「主任調停委員」とあるのは、「特定の調停委員」とする。

2　委員会は、必要があると認めるときは、当該事件の事実の調査を都道府県労働局雇用環境・均等部（北海道労働局、埼玉労働局、東京労働局、神奈川労働局、愛知労働局、大阪労働局、兵庫労働局及び福岡労働局以外の都道府県労働局にあつては、雇用環境・均等室）の職員に委嘱することができる。

（関係労使を代表する者の指名）

第一一条　委員会は、法第二十一条の規定により意見を聴く必要があると認めるときは、当該委員会が置かれる都道府県労働局の管轄区域内の主要な労働者団体又は事業主団体に対して、期限を付して関係労働者を代表する者又は関係事業主を代表する者の指名を求めるものとする。

２　前項の求めがあつた場合には、当該労働者団体又は事業主団体は、当該事件につき意見を述べる者の氏名及び住所を委員会に通知するものとする。

（調停案の受諾の勧告）

第一二条　調停案の作成は、調停委員の全員一致をもつて行うものとする。

２　委員会は、調停案の受諾を勧告する場合には、関係当事者の双方に対し、受諾すべき期限を定めて行うものとする。

３　関係当事者は、調停案を受諾したときは、その旨及び氏名又は名称を記載した書面を委員会に提出しなければならない。

（深夜業に従事する女性労働者に対する措置）

第一三条　事業主は、女性労働者の職業生活の充実を図るため、当分の間、女性労働者を深夜業に従事させる場合には、通勤及び業務の遂行の際における当該女性労働者の安全の確保に必要な措置を講ずるように努めるものとする。

（権限の委任）

第一四条　法第二十九条第一項に規定する厚生労働大臣の権限は、厚生労働大臣が全国的に重要であると認めた事案に係るものを除き、事業主の事業場の所在地を管轄する都道府県労働局の長が行うものとする。

附則《略》

男女雇用機会均等法関連の告示

労働者に対する性別を理由とする差別の禁止等に関する規定に定める事項に関し、事業主が適切に対処するための指針

平成一八年一〇月一一日厚生労働省告示第六一四号
最終改正：平成二七年一一月三〇日厚生労働省告示第四五八号
適用：平成二七年一一月三〇日

第1　はじめに

この指針は、雇用の分野における男女の均等な機会及び待遇の確保等に関する法律（以下「法」という。）第十条第一項の規定に基づき、法第五条から第七条まで及び第九条第一項から第三項までの規定に定める事項に関し、事業主が適切に対処することができるよう、これらの規定により禁止される措置として具体的に明らかにする必要があると認められるものについて定めたものである。

第2　直接差別

1　雇用管理区分

第2において、「雇用管理区分」とは、職種、資格、雇用形態、就業形態等の区分その他の労働者についての区分であって、当該区分に属している労働者について他の区分に属している労働者と異なる雇用管理を行うことを予定して設定しているものをいう。

雇用管理区分が同一か否かについては、当該区分に属する労働者の従事する職務の内容、転勤を含めた人事異動の幅や頻度等について、同一区分に属さない労働者との間に、客観的・合理的な違いが存在しているか否かにより判断されるものであり、その判断に当たっては、単なる形式ではなく、企業の雇用管理の実態に即して行う必要がある。

　例えば、採用に際しては異なる職種として採用していても、入社後は、同一企業内の労働者全体について、営業や事務など様々な職務を経験させたり同一の基準で人事異動を行うなど特に取扱いを区別することなく配置等を行っているような場合には、企業全体で一つの雇用管理区分と判断することとなる。

２　募集及び採用（法第五条関係）

(1)　法第五条の「募集」とは、労働者を雇用しようとする者が、自ら又は他人に委託して、労働者となろうとする者に対し、その被用者となることを勧誘することをいう。

　なお、労働者派遣事業の適正な運営の確保及び派遣労働者の保護等に関する法律（昭和六十年法律第八十八号）第二条第一号に規定する労働者派遣のうち、いわゆる登録型派遣を行う事業主（同法第五条第一項の許可を受けた者をいう。）が、派遣労働者になろうとする者に対し登録を呼びかける行為及びこれに応じた者を労働契約の締結に至るまでの過程で登録させる行為は、募集に該当する。

　法第五条の「採用」とは、労働契約を締結することをいい、応募の受付、採用のための選考等募集を除く労働契約の締結に至る一連の手続を含む。

(2)　募集及び採用に関し、一の雇用管理区分において、例えば、次に掲げる措置を講ずることは、法第五条により禁止されるものである。ただし、14の(1)のポジティブ・アクションを講ずる場合については、この限りではない。

イ　募集又は採用に当たって、その対象から男女のいずれかを排除すること。

（排除していると認められる例）

①　一定の職種（いわゆる「総合職」、「一般職」等を含む。）や一定の雇用形態（いわゆる「正社員」、「パートタイム労働者」等を含む。）について、募集又は採用の対象を男女のいずれかのみとすること。

②　募集又は採用に当たって、男女のいずれかを表す職種の名称を用い（対象を男女のいずれかのみとしないことが明らかである場合を除く。）、又は「男性歓迎」、「女性向きの職種」等の表示を行うこと。

③　男女をともに募集の対象としているにもかかわらず、応募の受付や採用の対象を男女のいずれかのみとすること。

④　派遣元事業主が、一定の職種について派遣労働者になろうとする者を登録させるに当たって、その対象を男女のいずれかのみとすること。

ロ　募集又は採用に当たっての条件を男女で異なるものとすること。

（異なるものとしていると認められる例）

　募集又は採用に当たって、女性についてのみ、未婚者であること、子を有していないこと、自宅から通勤すること等を条件とし、又はこれらの条件を満たす者を優先すること。

ハ　採用選考において、能力及び資質の有無等を判断する場合に、その方法や基準について男女で異なる取扱いをすること。

（異なる取扱いをしていると認められる例）

①　募集又は採用に当たって実施する筆記試験や面接試験の合格基準を男女で異なるものとすること。

②　男女で異なる採用試験を実施すること。

③　男女のいずれかについてのみ、採用試験を実施すること。

④　採用面接に際して、結婚の予定の有無、子供が生まれた場合の継続就労の希望の有無等一定の事項について女性に対してのみ質問すること。

ニ　募集又は採用に当たって男女のいずれかを優先すること。

（男女のいずれかを優先していると認められる例）

①　採用選考に当たって、採用の基準を満たす者の中から男女のいずれかを優先して採用すること。

②　男女別の採用予定人数を設定し、これを明示して、募集すること。又は、設定した人数に従って採用すること。

③　男女のいずれかについて採用する最低の人数を設定して募集すること。

④　男性の選考を終了した後で女性を選考すること。

ホ　求人の内容の説明等募集又は採用に係る情報の提供について、男女で異なる取扱いをすること。

（異なる取扱いをしていると認められる例）

①　会社の概要等に関する資料を送付する対象を男女のいずれかのみとし、又は資料の内容、送付時期等を男女で異なるものとすること。

②　求人の内容等に関する説明会を実施するに当たって、その対象を男女のいずれかのみとし、又は説明会を実施する時期を男女で異なるものとすること。

3　配置（業務の配分及び権限の付与を含む。）（法第六条第一号関係）

(1)　法第六条第一号の「配置」とは、労働者を一定の職務に就けること又は就いている状態をいい、従事すべき職務における業務の内容及び就業の場所を主要な要素とするものである。

なお、配置には、業務の配分及び権限の付与が含まれる。また、派遣元事業主が、労働者派遣契約に基づき、その雇用する派遣労働者に係る労働者派遣をすることも、配置に該当する。

法第六条第一号の「業務の配分」とは、特定の労働者に対し、ある部門、ラインなどが所掌している複数の業務のうち一定の業務を割り当てることをいい、日常的な業務指示は含まれない。

また、法第六条第一号の「権限の付与」とは、労働者に対し、一定の業務を遂行するに当たって必要な権限を委任することをいう。

(2)　配置に関し、一の雇用管理区分において、例えば、次に掲げる措置を講ずることは、法第六条第一号により禁止されるものである。ただし、14の(1)のポジティブ・アクションを講ずる場合については、この限りではない。

イ　一定の職務への配置に当たって、その対象から男女のいずれかを排除すること。

（排除していると認められる例）

①　営業の職務、秘書の職務、企画立案業務を内容とする職務、定型的な事務処理業務を内容とする職務、海外で勤務する職務等一定の職務への配置に当たって、その対象を男女のいずれかのみとすること。

②　時間外労働や深夜業の多い職務への配置に当たって、その対象を男性労働者のみとすること。

③　派遣元事業主が、一定の労働者派遣契約に基づく労働者派遣について、その対象を男女のいずれかのみとすること。

④　一定の職務への配置の資格についての試験について、その受験資格を男女のいずれかに対してのみ与えること。

ロ　一定の職務への配置に当たっての条件を男女で異なるものとすること。

（異なるものとしていると認められる例）

①　女性労働者についてのみ、婚姻したこと、一定の年齢に達したこと又は子を有していることを理由として、企画立案業務を内容とする職務への配置の対象から排除すること。

②　男性労働者については、一定数の支店の勤務を経た場合に本社の経営企画部門に配置するが、女性労働者については、当該一定数を上回る数の支店の勤務を経なければ配置しないこと。

③　一定の職務への配置に当たって、女性労働者についてのみ、一定の国家資格の取得や研修の実績を条件とすること。

④　営業部門について、男性労働者については全員配置の対象とするが、女性労働者については希望者のみを配置の対象とすること。

ハ　一定の職務への配置に当たって、能力及び資質の有無等を判断する場合に、その方法や基準について男女で異なる取扱いをすること。

（異なる取扱いをしていると認められる例）

①　一定の職務への配置に当たり、人事考課を考慮する場合において、男性労働者は平均的な評価がなされている場合にはその対象とするが、女性労働者は特に優秀という評価がなされている場合にのみその対象とすること。

②　一定の職務への配置の資格についての試験の合格基準を、男女で異なるものとすること。

③　一定の職務への配置の資格についての試験の受験を男女のいずれかに対してのみ奨励すること。

ニ　一定の職務への配置に当たって、男女のいずれかを優先すること。

（優先していると認められる例）

営業部門への配置の基準を満たす労働者が複数いる場合に、男性労働者を優先して配置すること。

ホ　配置における業務の配分に当たって、男女で異なる取扱いをすること。

（異なる取扱いをしていると認められる例）

①　営業部門において、男性労働者には外勤業務に従事させるが、女性労働者については当該業務から排除し、内勤業務のみに従事させること。

②　男性労働者には通常の業務のみに従事させるが、女性労働者については通常の業務に加え、会議の庶務、お茶くみ、そうじ当番等の雑務を行わせること。

ヘ　配置における権限の付与に当たって、男女で異なる取扱いをすること。

（異なる取扱いをしていると認められる例）

①　男性労働者には一定金額まで自己の責任で買い付けできる権限を与えるが、女性労働者には当該金額よりも低い金額までの権限しか与えないこと。

②　営業部門において、男性労働者には新規に顧客の開拓や商品の提案をする権限を与えるが、女性労働者にはこれらの権限を与えず、既存の顧客や商品の販売をする権限しか与えないこと。

ト　配置転換に当たって、男女で異なる取扱いをすること。

（異なる取扱いをしていると認められる例）

① 経営の合理化に際し、女性労働者についてのみ出向の対象とすること。

② 一定の年齢以上の女性労働者のみを出向の対象とすること。

③ 女性労働者についてのみ、婚姻又は子を有していることを理由として、通勤が不便な事業場に配置転換すること。

④ 工場を閉鎖する場合において、男性労働者については近隣の工場に配置するが、女性労働者については通勤が不便な遠隔地の工場に配置すること。

⑤ 男性労働者については、複数の部門に配置するが、女性労働者については当初に配置した部門から他部門に配置転換しないこと。

4 昇進（法第六条第一号関係）

(1) 法第六条第一号の「昇進」とは、企業内での労働者の位置付けについて下位の職階から上位の職階への移動を行うことをいう。昇進には、職制上の地位の上方移動を伴わないいわゆる「昇格」も含まれる。

(2) 昇進に関し、一の雇用管理区分において、例えば、次に掲げる措置を講ずることは、法第六条第一号により禁止されるものである。ただし、14の(1)のポジティブ・アクションを講ずる場合については、この限りではない。

イ 一定の役職への昇進に当たって、その対象から男女のいずれかを排除すること。

（排除していると認められる例）

① 女性労働者についてのみ、役職への昇進の機会を与えない、又は一定の役職までしか昇進できないものとすること。

② 一定の役職に昇進するための試験について、その受験資格を男女のいずれかに対してのみ与えること。

ロ 一定の役職への昇進に当たっての条件を男女で異なるものとすること。

（異なるものとしていると認められる例）

① 女性労働者についてのみ、婚姻したこと、一定の年齢に達したこと又は子を有していることを理由として、昇格できない、又は一定の役職までしか昇進できないものとすること。

② 課長への昇進に当たり、女性労働者については課長補佐を経ることを要するものとする一方、男性労働者については課長補佐を経ることなく課長に昇進できるものとすること。

③ 男性労働者については出勤率が一定の率以上である場合又は一定の勤続年数を経た場合に昇格させるが、女性労働者についてはこれらを超える出勤率又は勤続年数がなければ昇格できないものとすること。

④ 一定の役職に昇進するための試験について、女性労働者についてのみ上司の推薦を受けることを受験の条件とすること。

ハ 一定の役職への昇進に当たって、能力及び資質の有無等を判断する場合に、その方法や基準について男女で異なる取扱いをすること。

（異なる取扱いをしていると認められる例）

① 課長に昇進するための試験の合格基準を、男女で異なるものとすること。

② 男性労働者については人事考課において平均的な評価がなされている場合には昇進させるが、女性労働者については特に優秀という評価がなされている場合にのみその対象とすること。

③ AからEまでの五段階の人事考課制度を設けている場合において、男性労働者については最低の評価であってもCランクとする一方、女性労働者については最高の評価であってもCランクとする運用を行うこと。

④ 一定年齢に達した男性労働者については全員役職に昇進できるように人事考課を行うものとするが、女性労働者についてはそのような取扱いをしないこと。

⑤ 一定の役職に昇進するための試験について、男女のいずれかについてのみその一部を免除すること。

⑥ 一定の役職に昇進するための試験の受験を男女のいずれかに対してのみ奨励すること。

ニ 一定の役職への昇進に当たり男女のいずれかを優先すること。

（優先していると認められる例）

一定の役職への昇進基準を満たす労働者が複数いる場合に、男性労働者を優先して昇進させること。

5 降格（法第六条第一号関係）

(1) 法第六条第一号の「降格」とは、企業内での労働者の位置付けについて上位の職階から下位の職階への移動を行うことをいい、昇進の反対の措置である場合と、昇格の反対の措置である場合の双方が含まれる。

(2) 降格に関し、一の雇用管理区分において、例えば、次に掲げる措置を講ずることは、法第六条第一号により禁止されるものである。

イ 降格に当たって、その対象を男女のいずれかのみとすること。

（男女のいずれかのみとしていると認められる例）

一定の役職を廃止するに際して、当該役職に就いていた男性労働者については同格の役職に配置転換をするが、女性労働者については降格させること。

ロ　降格に当たっての条件を男女で異なるものとすること。

（異なるものとしていると認められる例）

女性労働者についてのみ、婚姻又は子を有していることを理由として、降格の対象とすること。

ハ　降格に当たって、能力及び資質の有無等を判断する場合に、その方法や基準について男女で異なる取扱いをすること。

（異なる取扱いをしていると認められる例）

①　営業成績が悪い者について降格の対象とする旨の方針を定めている場合に、男性労働者については営業成績が最低の者のみを降格の対象とするが、女性労働者については営業成績が平均以下の者は降格の対象とすること。

②　一定の役職を廃止するに際して、降格の対象となる労働者を選定するに当たり、人事考課を考慮する場合に、男性労働者については最低の評価がなされている者のみ降格の対象とするが、女性労働者については特に優秀という評価がなされている者以外は降格の対象とすること。

ニ　降格に当たって、男女のいずれかを優先すること。

（優先していると認められる例）

一定の役職を廃止するに際して、降格の対象となる労働者を選定するに当たって、男性労働者よりも優先して、女性労働者を降格の対象とすること。

6　教育訓練（法第六条第一号関係）

(1)　法第六条第一号の「教育訓練」とは、事業主が、その雇用する労働者に対して、その労働者の業務の遂行の過程外（いわゆる「オフ・ザ・ジョブ・トレーニング」）において又は当該業務の遂行の過程内（いわゆる「オン・ザ・ジョブ・トレーニング」）において、現在及び将来の業務の遂行に必要な能力を付与するために行うものをいう。

(2)　教育訓練に関し、一の雇用管理区分において、例えば、次に掲げる措置を講ずることは、法第六条第一号により禁止されるものである。ただし、14の(1)のポジティブ・アクションを講ずる場合については、この限りではない。

イ　教育訓練に当たって、その対象から男女のいずれかを排除すること。

（排除していると認められる例）

①　一定の職務に従事する者を対象とする教育訓練を行うに当たって、その対象を男女のいずれかのみとすること。

②　工場実習や海外留学による研修を行うに当たって、その対象を男性労働者のみとすること。

③　接遇訓練を行うに当たって、その対象を女性労働者のみとすること。

ロ　教育訓練を行うに当たっての条件を男女で異なるものとすること。

（異なるものとしていると認められる例）

①　女性労働者についてのみ、婚姻したこと、一定の年齢に達したこと又は子を有していることを理由として、将来従事する可能性のある職務に必要な知識を身につけるための教育訓練の対象から排除すること。

②　教育訓練の対象者について、男女で異なる勤続年数を条件とすること。

③　女性労働者についてのみ、上司の推薦がなければ教育訓練の対象としないこと。

④　男性労働者については全員を教育訓練の対象とするが、女性労働者については希望者のみを対象とすること。

ハ　教育訓練の内容について、男女で異なる取扱いをすること。

（異なる取扱いをしていると認められる例）

教育訓練の期間や課程を男女で異なるものとすること。

7　福利厚生（法第六条第二号・均等則第一条各号関係）

(1)　(2)において、「福利厚生の措置」とは、法第六条第二号の規定及び雇用の分野における男女の均等な機会及び待遇の確保等に関する法律施行規則（昭和六一年労働省令第二号。以下「均等則」という。）第一条各号に掲げる以下のものをいう。

（法第六条第二号及び均等則第一条各号に掲げる措置）

イ　住宅資金の貸付け（法第六条第二号）

ロ　生活資金、教育資金その他労働者の福祉の増進のために行われる資金の貸付け（均等則第一条第一号）

ハ　労働者の福祉の増進のために定期的に行われる金銭の給付（均等則第一条第二号）

ニ　労働者の資産形成のために行われる金銭の給付（均等則第一条第三号）

ホ　住宅の貸与（均等則第一条第四号）

(2)　福利厚生の措置に関し、一の雇用管理区分において、例えば、次に掲げる措置を講ずることは、法第六条第二号により禁止されるものである。

イ　福利厚生の措置の実施に当たって、その対象から男女のいずれかを排除すること。

（排除していると認められる例）

男性労働者についてのみ、社宅を貸与すること。

ロ　福利厚生の措置の実施に当たっての条件を男女で異なるものとすること。

（異なるものとしていると認められる例）

① 女性労働者についてのみ、婚姻を理由として、社宅の貸与の対象から排除すること。

② 住宅資金の貸付けに当たって、女性労働者に対してのみ、配偶者の所得額に関する資料の提出を求めること。

③ 社宅の貸与に当たり、世帯主であることを条件とする場合において、男性労働者については本人の申請のみで貸与するが、女性労働者に対しては本人の申請に加え、住民票の提出を求め、又は配偶者に一定以上の所得がないことを条件とすること。

８　職種の変更（法第六条第三号関係）

(1) 法第六条第三号の「職種」とは、職務や職責の類似性に着目して分類されるものであり、「営業職」・「技術職」の別や、「総合職」・「一般職」の別などがある。

(2) 職種の変更に関し、一の雇用管理区分（職種の変更によって雇用管理区分が異なることとなる場合には、変更前の一の雇用管理区分をいう。）において、例えば、次に掲げる措置を講ずることは、法第六条第三号により禁止されるものである。ただし、14の(1)のポジティブ・アクションを講ずる場合については、この限りではない。

イ　職種の変更に当たって、その対象から男女のいずれかを排除すること。

（排除していると認められる例）

① 「一般職」から「総合職」への職種の変更について、その対象を男女のいずれかのみとすること。

② 「総合職」から「一般職」への職種の変更について、制度上は男女双方を対象としているが、男性労働者については職種の変更を認めない運用を行うこと。

③ 「一般職」から「総合職」への職種の変更のための試験について、その受験資格を男女のいずれかに対してのみ与えること。

④ 「一般職」の男性労働者については、いわゆる「準総合職」及び「総合職」への職種の変更の対象とするが、「一般職」の女性労働者については、「準総合職」のみを職種の変更の対象とすること。

ロ　職種の変更に当たっての条件を男女で異なるものとすること。

（異なるものとしていると認められる例）

① 女性労働者についてのみ、婚姻又は子を有していることを理由として、「一般職」から「総合職」への職種の変更の対象から排除すること。

② 「一般職」から「総合職」への職種の変更について、男女で異なる勤続年数を条件とすること。

③ 「一般職」から「総合職」への職種の変更について、男女のいずれかについてのみ、一定の国家資格の取得、研修の実績又は一定の試験に合格することを条件とすること。

④ 「一般職」から「総合職」への職種の変更のための試験について、女性労働者についてのみ上司の推薦を受けることを受験の条件とすること。

ハ　一定の職種への変更に当たって、能力及び資質の有無等を判断する場合に、その方法や基準について男女で異なる取扱いをすること。

（異なる取扱いをしていると認められる例）

① 「一般職」から「総合職」への職種の変更のための試験の合格基準を男女で異なるものとすること。

② 男性労働者については人事考課において平均的な評価がなされている場合には「一般職」から「総合職」への職種の変更の対象とするが、女性労働者については特に優秀という評価がなされている場合にのみその対象とすること。

③ 「一般職」から「総合職」への職種の変更のための試験について、その受験資格を男女のいずれかに対してのみ奨励すること。

④ 「一般職」から「総合職」への職種の変更のための試験について、男女いずれかについてのみその一部を免除すること。

ニ　職種の変更に当たって、男女のいずれかを優先すること。

（優先していると認められる例）

「一般職」から「総合職」への職種の変更の基準を満たす労働者の中から男女のいずれかを優先して職種の変更の対象とすること。

ホ　職種の変更について男女で異なる取扱いをすること。

（異なる取扱いをしていると認められる例）

① 経営の合理化に際して、女性労働者のみを、研究職から賃金その他の労働条件が劣る一般事務職への職種の変更の対象とすること。

② 女性労働者についてのみ、年齢を理由とし

て、アナウンサー等の専門職から事務職への職種の変更の対象とすること。

9　雇用形態の変更（法第六条第三号関係）

(1)　法第六条第三号の「雇用形態」とは、労働契約の期間の定めの有無、所定労働時間の長さ等により分類されるものであり、いわゆる「正社員」、「パートタイム労働者」、「契約社員」などがある。

(2)　雇用形態の変更に関し、一の雇用管理区分（雇用形態の変更によって雇用管理区分が異なることとなる場合には、変更前の一の雇用管理区分をいう。）において、例えば、次に掲げる措置を講ずることは、法第六条第三号により禁止されるものである。ただし、14の(1)のポジティブ・アクションを講ずる場合については、この限りではない。

イ　雇用形態の変更に当たって、その対象から男女のいずれかを排除すること。

（排除していると認められる例）

①　有期契約労働者から正社員への雇用形態の変更の対象を男性労働者のみとすること。

②　パートタイム労働者から正社員への雇用形態の変更のための試験について、その受験資格を男女のいずれかに対してのみ与えること。

ロ　雇用形態の変更に当たっての条件を男女で異なるものとすること。

（異なるものとしていると認められる例）

①　女性労働者についてのみ、婚姻又は子を有していることを理由として、有期契約労働者から正社員への雇用形態の変更の対象から排除すること。

②　有期契約労働者から正社員への雇用形態の変更について、男女で異なる勤続年数を条件とすること。

③　パートタイム労働者から正社員への雇用形態の変更について、男女のいずれかについてのみ、一定の国家資格の取得や研修の実績を条件とすること。

④　パートタイム労働者から正社員への雇用形態の変更のための試験について、女性労働者についてのみ上司の推薦を受けることを受験の条件とすること。

ハ　一定の雇用形態への変更に当たって、能力及び資質の有無等を判断する場合に、その方法や基準について男女で異なる取扱いをすること。

（異なる取扱いをしていると認められる例）

①　有期契約労働者から正社員への雇用形態の変更のための試験の合格基準を男女で異なるものとすること。

②　契約社員から正社員への雇用形態の変更について、男性労働者については、人事考課において平均的な評価がなされている場合には変更の対象とするが、女性労働者については、特に優秀という評価がなされている場合にのみその対象とすること。

③　パートタイム労働者から正社員への雇用形態の変更のための試験の受験について、男女のいずれかに対してのみ奨励すること。

④　有期契約労働者から正社員への雇用形態の変更のための試験の受験について、男女のいずれかについてのみその一部を免除すること。

ニ　雇用形態の変更に当たって、男女のいずれかを優先すること。

（優先していると認められる例）

パートタイム労働者から正社員への雇用形態の変更の基準を満たす労働者の中から、男女のいずれかを優先して雇用形態の変更の対象とすること。

ホ　雇用形態の変更について、男女で異なる取扱いをすること。

（異なる取扱いをしていると認められる例）

①　経営の合理化に際して、女性労働者のみを、正社員から賃金その他の労働条件が劣る有期契約労働者への雇用形態の変更の勧奨の対象とすること。

②　女性労働者についてのみ、一定の年齢に達したこと、婚姻又は子を有していることを理由として、正社員から賃金その他の労働条件が劣るパートタイム労働者への雇用形態の変更の勧奨の対象とすること。

③　経営の合理化に当たり、正社員の一部をパートタイム労働者とする場合において、正社員である男性労働者は、正社員としてとどまるか、又はパートタイム労働者に雇用形態を変更するかについて選択できるものとするが、正社員である女性労働者については、一律パートタイム労働者への雇用形態の変更を強要すること。

10　退職の勧奨（法第六条第四号関係）

(1)　法第六条第四号の「退職の勧奨」とは、雇用する労働者に対し退職を促すことをいう。

(2)　退職の勧奨に関し、一の雇用管理区分において、例えば、次に掲げる措置を講ずることは、法第六条第四号により禁止されるものである。

イ　退職の勧奨に当たって、その対象を男女のいずれかのみとすること。

（男女のいずれかのみとしていると認められる例）

女性労働者に対してのみ、経営の合理化のための早期退職制度の利用を働きかけること。

ロ　退職の勧奨に当たっての条件を男女で異なる

ものとすること。

（異なるものとしていると認められる例）

① 女性労働者に対してのみ、子を有していることを理由として、退職の勧奨をすること。

② 経営の合理化に際して、既婚の女性労働者に対してのみ、退職の勧奨をすること。

ハ 退職の勧奨に当たって、能力及び資質の有無等を判断する場合に、その方法や基準について男女で異なる取扱いをすること。

（異なる取扱いをしていると認められる例）

経営合理化に伴い退職勧奨を実施するに当たり、人事考課を考慮する場合において、男性労働者については最低の評価がなされている者のみ退職の勧奨の対象とするが、女性労働者については特に優秀という評価がなされている者以外は退職の勧奨の対象とすること。

ニ 退職の勧奨に当たって、男女のいずれかを優先すること。

（優先していると認められる例）

① 男性労働者よりも優先して、女性労働者に対して退職の勧奨をすること。

② 退職の勧奨の対象とする年齢を女性労働者については四十五歳、男性労働者については五十歳とするなど男女で差を設けること。

11 定年（法第六条第四号関係）

(1) 法第六条第四号の「定年」とは、労働者が一定年齢に達したことを雇用関係の終了事由とする制度をいう。

(2) 定年に関し、一の雇用管理区分において、例えば、次に掲げる措置を講ずることは、法第六条第四号により禁止されるものである。

定年の定めについて、男女で異なる取扱いをすること。

（異なる取扱いをしていると認められる例）

① 定年年齢の引上げを行うに際して、厚生年金の支給開始年齢に合わせて男女で異なる定年を定めること。

② 定年年齢の引き上げを行うに際して、既婚の女性労働者についてのみ、異なる定年を定めること。

12 解雇（法第六条第四号関係）

(1) 法第六条第四号の「解雇」とは、労働契約を将来に向かって解約する事業主の一方的な意思表示をいい、労使の合意による退職は含まない。

(2) 解雇に関し、一の雇用管理区分において、例えば、次に掲げる措置を講ずることは、法第六条第四号により禁止されるものである。

イ 解雇に当たって、その対象を男女のいずれかのみとすること。

（男女のいずれかのみとしていると認められる例）

経営の合理化に際して、女性のみを解雇の対象とすること。

ロ 解雇の対象を一定の条件に該当する者とする場合において、当該条件を男女で異なるものとすること。

（異なるものとしていると認められる例）

① 経営の合理化に際して、既婚の女性労働者のみを解雇の対象とすること。

② 一定年齢以上の女性労働者のみを解雇の対象とすること。

ハ 解雇に当たって、能力及び資質の有無等を判断する場合に、その方法や基準について男女で異なる取扱いをすること。

（異なる取扱いをしていると認められる例）

経営合理化に伴う解雇に当たり、人事考課を考慮する場合において、男性労働者については最低の評価がなされている者のみ解雇の対象とするが、女性労働者については特に優秀という評価がなされている者以外は解雇の対象とすること。

ニ 解雇に当たって、男女のいずれかを優先すること。

（優先していると認められる例）

解雇の基準を満たす労働者の中で、男性労働者よりも優先して女性労働者を解雇の対象とすること。

13 労働契約の更新（法第六条第四号関係）

(1) 法第六条第四号の「労働契約の更新」とは、期間の定めのある労働契約について、期間の満了に際して、従前の契約と基本的な内容が同一である労働契約を締結することをいう。

(2) 労働契約の更新に関し、一の雇用管理区分において、例えば、次に掲げる措置を講ずることは、法第六条第四号により禁止されるものである。

イ 労働契約の更新に当たって、その対象から男女のいずれかを排除すること。

（排除していると認められる例）

経営の合理化に際して、男性労働者のみを、労働契約の更新の対象とし、女性労働者については、労働契約の更新をしない（いわゆる「雇止め」をする）こと。

ロ 労働契約の更新に当たっての条件を男女で異なるものとすること。

（異なるものとしていると認められる例）

① 経営の合理化に際して、既婚の女性労働者についてのみ、労働契約の更新をしない（いわゆる「雇止め」をする）こと。

② 女性労働者についてのみ、子を有していることを理由として、労働契約の更新をしない（いわゆる「雇止め」をする）こと。

③ 男女のいずれかについてのみ、労働契約の更新回数の上限を設けること。

ハ 労働契約の更新に当たって、能力及び資質の有無等を判断する場合に、その方法や基準について男女で異なる取扱いをすること。

（異なる取扱いをしていると認められる例）

労働契約の更新に当たって、男性労働者については平均的な営業成績である場合には労働契約の更新の対象とするが、女性労働者については、特に営業成績が良い場合にのみその対象とすること。

ニ 労働契約の更新に当たって男女のいずれかを優先すること。

（優先していると認められる例）

労働契約の更新の基準を満たす労働者の中から、男女のいずれかを優先して労働契約の更新の対象とすること。

14 法違反とならない場合

(1) 2から4まで、6、8及び9に関し、次に掲げる措置を講ずることは、法第八条に定める雇用の分野における男女の均等な機会及び待遇の確保の支障となっている事情を改善することを目的とする措置（ポジティブ・アクション）として、法第五条及び第六条の規定に違反することとはならない。

イ 女性労働者が男性労働者と比較して相当程度少ない雇用管理区分における募集若しくは採用又は役職についての募集若しくは採用に当たって、当該募集又は採用に係る情報の提供について女性に有利な取扱いをすること、採用の基準を満たす者の中から男性より女性を優先して採用することその他男性と比較して女性に有利な取扱いをすること。

ロ 一の雇用管理区分における女性労働者が男性労働者と比較して相当程度少ない職務に新たに労働者を配置する場合に、当該配置の資格についての試験の受験を女性労働者のみに奨励すること、当該配置の基準を満たす労働者の中から男性労働者より女性労働者を優先して配置することその他男性労働者と比較して女性労働者に有利な取扱いをすること。

ハ 一の雇用管理区分における女性労働者が男性労働者と比較して相当程度少ない役職への昇進に当たって、当該昇進のための試験の受験を女性労働者のみに奨励すること、当該昇進の基準を満たす労働者の中から男性労働者より女性労働者を優先して昇進させることその他男性労働者と比較して女性労働者に有利な取扱いをすること。

ニ 一の雇用管理区分における女性労働者が男性労働者と比較して相当程度少ない職務又は役職に従事するに当たって必要とされる能力を付与する教育訓練に当たって、その対象を女性労働者のみとすること、女性労働者に有利な条件を付すことその他男性労働者と比較して女性労働者に有利な取扱いをすること。

ホ 一の雇用管理区分における女性労働者が男性労働者と比較して相当程度少ない職種への変更について、当該職種の変更のための試験の受験を女性労働者のみに奨励すること、当該職種の変更の基準を満たす労働者の中から男性労働者より女性労働者を優先して職種の変更の対象とすることその他男性労働者と比較して女性労働者に有利な取扱いをすること。

ヘ 一の雇用管理区分における女性労働者が男性労働者と比較して相当程度少ない雇用形態への変更について、当該雇用形態の変更のための試験の受験を女性労働者のみに奨励すること、当該雇用形態の変更の基準を満たす労働者の中から男性労働者より女性労働者を優先して雇用形態の変更の対象とすることその他男性労働者と比較して女性労働者に有利な取扱いをすること。

(2) 次に掲げる場合において、2から4までにおいて掲げる措置を講ずることは、性別にかかわりなく均等な機会を与えていない、又は性別を理由とする差別的取扱いをしているとは解されず、法第五条及び第六条の規定に違反することとはならない。

イ 次に掲げる職務に従事する労働者に係る場合

① 芸術・芸能の分野における表現の真実性等の要請から男女のいずれかのみに従事させることが必要である職務

② 守衛、警備員等のうち防犯上の要請から男性に従事させることが必要である職務

③ ①及び②に掲げるもののほか、宗教上、風紀上、スポーツにおける競技の性質上その他の業務の性質上男女のいずれかのみに従事させることについてこれらと同程度の必要性があると認められる職務

ロ 労働基準法（昭和二十二年法律第四九号）第六十条第一項、第六十四条の二若しくは第六十四条の三第二項の規定により女性を就業させることができず、又は保健師助産師看護師法（昭和二十三年法律第二百三号）第三条の規定により男性を就業させることができないことから、通常の業務を遂行するために、労働者の性別にかかわりなく均等な機会を与え又は均等な取扱いをすることが

困難であると認められる場合

ハ　風俗、風習等の相違により男女のいずれかが能力を発揮し難い海外での勤務が必要な場合その他特別の事情により労働者の性別にかかわりなく均等な機会を与え又は均等な取扱いをすることが困難であると認められる場合

第３　間接差別（法第七条関係）

１　雇用の分野における性別に関する間接差別

(1)　雇用の分野における性別に関する間接差別とは、①性別以外の事由を要件とする措置であって、②他の性の構成員と比較して、一方の性の構成員に相当程度の不利益を与えるものを、③合理的な理由がないときに講ずることをいう。

(2)　(1)の①の「性別以外の事由を要件とする措置」とは、男性、女性という性別に基づく措置ではなく、外見上は性中立的な規定、基準、慣行等（以下第３において「基準等」という。）に基づく措置をいうものである。

(1)の②の「他の性の構成員と比較して、一方の性の構成員に相当程度の不利益を与えるもの」とは、当該基準等を満たすことができる者の比率が男女で相当程度異なるものをいう。

(1)の③の「合理的な理由」とは、具体的には、当該措置の対象となる業務の性質に照らして当該措置の実施が当該業務の遂行上特に必要である場合、事業の運営の状況に照らして当該措置の実施が雇用管理上特に必要であること等をいうものである。

(3)　法第七条は、募集、採用、配置、昇進、降格、教育訓練、福利厚生、職種及び雇用形態の変更、退職の勧奨、定年、解雇並びに労働契約の更新に関する措置であって、(1)の①及び②に該当するものを厚生労働省令で定め、(1)の③の合理的な理由がある場合でなければ、これを講じてはならないこととするものである。

厚生労働省令で定めている措置は、具体的には、次のとおりである。

（均等則第二条各号に掲げる措置）

イ　労働者の募集又は採用に当たって、労働者の身長、体重又は体力を要件とすること（均等則第二条第一号関係）。

ロ　労働者の募集若しくは採用、昇進又は職種の変更に当たって、転居を伴う転勤に応じることができることを要件とすること（均等則第二条第二号関係）。

ハ　労働者の昇進に当たり、転勤の経験があることを要件とすること（均等則第二条第三号関係）。

２　労働者の募集又は採用に当たって、労働者の身長、体重又は体力を要件とすること（法第七条・均等則第二条第一号関係）

(1)　均等則第二条第一号の「労働者の募集又は採用に関する措置であって、労働者の身長、体重又は体力に関する事由を要件とするもの」とは、募集又は採用に当たって、身長若しくは体重が一定以上若しくは一定以下であること又は一定以上の筋力や運動能力があることなど一定以上の体力を有すること（以下「身長・体重・体力要件」という。）を選考基準とするすべての場合をいい、例えば、次に掲げるものが該当する。

（身長・体重・体力要件を選考基準としていると認められる例）

イ　募集又は採用に当たって、身長・体重・体力要件を満たしている者のみを対象とすること。

ロ　複数ある採用の基準の中に、身長・体重・体力要件が含まれていること。

ハ　身長・体重・体力要件を満たしている者については、採用選考において平均的な評価がなされている場合に採用するが、身長・体重・体力要件を満たしていない者については、特に優秀という評価がなされている場合にのみその対象とすること。

(2)　合理的な理由の有無については、個別具体的な事案ごとに、総合的に判断が行われるものであるが、合理的な理由がない場合としては、例えば、次のようなものが考えられる。

（合理的な理由がないと認められる例）

イ　荷物を運搬する業務を内容とする職務について、当該業務を行うために必要な筋力より強い筋力があることを要件とする場合

ロ　荷物を運搬する業務を内容とする職務ではあるが、運搬等するための設備、機械等が導入されており、通常の作業において筋力を要さない場合に、一定以上の筋力があることを要件とする場合

ハ　単なる受付、出入者のチェックのみを行う等防犯を本来の目的としていない警備員の職務について、身長又は体重が一定以上であることを要件とする場合

３　労働者の募集若しくは採用、昇進又は職種の変更に当たって、転居を伴う転勤に応じることができることを要件とすること（法第七条・均等則第二条第二号関係）

(1)　均等則第二条第二号の「労働者の募集若しくは採用、昇進又は職種の変更に関する措置であって、労働者が住居の移転を伴う配置転換に応じることができることを要件とするもの」とは、労働者の募集若しくは採用、昇進又は職種の変更に当たって、転居を伴う転勤に応じること

ができること（以下「転勤要件」という。）を選考基準とするすべての場合をいい、例えば、次に掲げるものが該当する。

（転勤要件を選考基準としていると認められる例）

イ　募集若しくは採用又は昇進に当たって、転居を伴う転勤に応じることができる者のみを対象とすること又は複数ある採用又は昇進の基準の中に、転勤要件が含まれていること。

ロ　職種の変更に当たって、転居を伴う転勤に応じることができる者のみを対象とすること又は複数ある職種の変更の基準の中に、転勤要件が含まれていること。例えば、事業主が新たにコース別雇用管理（事業主が、その雇用する労働者について、労働者の職種、資格等に基づき複数のコースを設定し、コースごとに異なる雇用管理を行うものをいう。）を導入し、その雇用する労働者を総合職と一般職へ区分する場合に、総合職については、転居を伴う転勤に応じることができる者のみ対象とすること又は複数ある職種の変更の基準の中に転勤要件が含まれていることなどが考えられること。

(2)　合理的な理由の有無については、個別具体的な事案ごとに、総合的に判断が行われるものであるが、合理的な理由がない場合としては、例えば、次のようなものが考えられる。

（合理的な理由がないと認められる例）

イ　広域にわたり展開する支店、支社等がなく、かつ、支店、支社等を広域にわたり展開する計画等もない場合

ロ　広域にわたり展開する支店、支社等はあるが、長期間にわたり、家庭の事情その他の特別な事情により本人が転勤を希望した場合を除き、転居を伴う転勤の実態がほとんどない場合

ハ　広域にわたり展開する支店、支社等はあるが、異なる地域の支店、支社等での勤務経験を積むこと、生産現場の業務を経験すること、地域の特殊性を経験すること等が労働者の能力の育成・確保に特に必要であるとは認められず、かつ、組織運営上、転居を伴う転勤を含む人事ローテーションを行うことが特に必要であるとは認められない場合

4　労働者の昇進に当たり、転勤の経験があることを要件とすること（法第七条・均等則第二条第三号関係）

(1)　均等則第二条第三号の「労働者の昇進に関する措置であつて、労働者が勤務する事業場と異なる事業場に配置転換された経験があることを要件とするもの」とは、一定の役職への昇進に当たり、労働者に転勤の経験があること（以下「転勤経験要件」という。）を選考基準とするすべての場合をいい、例えば、次に掲げるものが該当する。

（転勤経験要件を選考基準としていると認められる例）

イ　一定の役職への昇進に当たって、転勤の経験がある者のみを対象とすること。

ロ　複数ある昇進の基準の中に、転勤経験要件が含まれていること。

ハ　転勤の経験がある者については、一定の役職への昇進の選考において平均的な評価がなされている場合に昇進の対象とするが、転勤の経験がない者については、特に優秀という評価がなされている場合にのみその対象とすること。

ニ　転勤の経験がある者についてのみ、昇進のための試験を全部又は一部免除すること。

(2)　合理的な理由の有無については、個別具体的な事案ごとに、総合的に判断が行われるものであるが、合理的な理由がない場合としては、例えば、次のようなものが考えられる。

（合理的な理由がないと認められる例）

イ　広域にわたり展開する支店、支社がある企業において、本社の課長に昇進するに当たって、本社の課長の業務を遂行する上で、異なる地域の支店、支社における勤務経験が特に必要であるとは認められず、かつ、転居を伴う転勤を含む人事ローテーションを行うことが特に必要であるとは認められない場合に、転居を伴う転勤の経験があることを要件とする場合

ロ　特定の支店の管理職としての職務を遂行する上で、異なる支店での経験が特に必要とは認められない場合において、当該支店の管理職に昇進するに際し、異なる支店における勤務経験を要件とする場合

第４　婚姻・妊娠・出産等を理由とする不利益取扱いの禁止（法第九条関係）

1　婚姻・妊娠・出産を退職理由として予定する定め（法第九条第一項関係）

女性労働者が婚姻したこと、妊娠したこと、又は出産したことを退職理由として予定する定めをすることは、法第九条第一項により禁止されるものである。

法第九条第一項の「予定する定め」とは、女性労働者が婚姻、妊娠又は出産した場合には退職する旨をあらかじめ労働協約、就業規則又は労働契約に定めることをいうほか、労働契約の締結に際し労働者がいわゆる念書を提出する場合や、婚姻、妊娠又は

出産した場合の退職慣行について、事業主が事実上退職制度として運用しているような実態がある場合も含まれる。

２　婚姻したことを理由とする解雇（法第九条第二項関係）

女性労働者が婚姻したことを理由として解雇することは、法第九条第二項により禁止されるものである。

３　妊娠・出産等を理由とする解雇その他不利益な取扱い（法第九条第三項関係）

(1)　その雇用する女性労働者が妊娠したことその他の妊娠又は出産に関する事由であって均等則第二条の二各号で定めるもの（以下「妊娠・出産等」という。）を理由として、解雇その他不利益な取扱いをすることは、法第九条第三項（労働者派遣事業の適正な運営の確保及び派遣労働者の保護等に関する法律第四十七条の二の規定により適用することとされる場合を含む。）により禁止されるものである。

法第九条第三項の「理由として」とは、妊娠・出産等と、解雇その他不利益な取扱いとの間に因果関係があることをいう。

均等則第二条の二各号においては、具体的に次のような事由を定めている。

（均等則第二条の二各号に掲げる事由）

イ　妊娠したこと（均等則第二条の二第一号関係）。

ロ　出産したこと（均等則第二条の二第二号関係）。

ハ　妊娠中及び出産後の健康管理に関する措置（母性健康管理措置）を求め、又は当該措置を受けたこと（均等則第二条の二第三号関係）。

ニ　坑内業務の就業制限若しくは危険有害業務の就業制限の規定により業務に就くことができないこと、坑内業務に従事しない旨の申出若しくは就業制限の業務に従事しない旨の申出をしたこと又はこれらの業務に従事しなかったこと（均等則第二条の二第四号関係）。

ホ　産前休業を請求し、若しくは産前休業をしたこと又は産後の就業制限の規定により就業できず、若しくは産後休業をしたこと（均等則第二条の二第五号関係）。

ヘ　軽易な業務への転換を請求し、又は軽易な業務に転換したこと（均等則第二条の二第六号関係）。

ト　事業場において変形労働時間制がとられる場合において一週間又は一日について法定労働時間を超える時間について労働しないことを請求したこと、時間外若しくは休日について労働しないことを請求したこと、深夜業をしないことを請求したこと又はこれらの労働をしなかったこと（均等則第二条の二第七号関係）。

チ　育児時間の請求をし、又は育児時間を取得したこと（均等則第二条の二第八号関係）。

リ　妊娠又は出産に起因する症状により労務の提供ができないこと若しくはできなかったこと又は労働能率が低下したこと（均等則第二条の二第九号関係）。

なお、リの「妊娠又は出産に起因する症状」とは、つわり、妊娠悪阻、切迫流産、出産後の回復不全等、妊娠又は出産をしたことに起因して妊産婦に生じる症状をいう。

(2)　法第九条第三項により禁止される「解雇その他不利益な取扱い」とは、例えば、次に掲げるものが該当する。

イ　解雇すること。

ロ　期間を定めて雇用される者について、契約の更新をしないこと。

ハ　あらかじめ契約の更新回数の上限が明示されている場合に、当該回数を引き下げること。

ニ　退職又は正社員をパートタイム労働者等の非正規社員とするような労働契約内容の変更の強要を行うこと。

ホ　降格させること。

ヘ　就業環境を害すること。

ト　不利益な自宅待機を命ずること。

チ　減給をし、又は賞与等において不利益な算定を行うこと。

リ　昇進・昇格の人事考課において不利益な評価を行うこと。

ヌ　不利益な配置の変更を行うこと。

ル　派遣労働者として就業する者について、派遣先が当該派遣労働者に係る労働者派遣の役務の提供を拒むこと。

(3)　妊娠・出産等を理由として(2)のイからヘまでに掲げる取扱いを行うことは、直ちに不利益な取扱いに該当すると判断されるものであるが、これらに該当するか否か、また、これ以外の取扱いが(2)のトからルまでに掲げる不利益な取扱いに該当するか否かについては、次の事項を勘案して判断すること。

イ　勧奨退職や正社員をパートタイム労働者等の非正規社員とするような労働契約内容の変更は、労働者の表面上の同意を得ていたとしても、これが労働者の真意に基づくものでないと認められる場合には、(2)のニの「退職又は正社員をパートタイム労働者等の非正規社員とするような労働契約内容の変更の強要を行うこと」に該当すること。

ロ　業務に従事させない、専ら雑務に従事させる等の行為は、(2)のヘの「就業環境を害すること」に該当すること。

ハ　事業主が、産前産後休業の休業終了予定日を超えて休業すること又は医師の指導に基づく休業の措置の期間を超えて休業することを労働者に強要することは、(2)のトの「不利益な自宅待機を命ずること」に該当すること。

なお、女性労働者が労働基準法第六十五条第三項の規定により軽易な業務への転換の請求をした場合において、女性労働者が転換すべき業務を指定せず、かつ、客観的にみても他に転換すべき軽易な業務がない場合、女性労働者がやむを得ず休業する場合には、(2)のトの「不利益な自宅待機を命ずること」には該当しないこと。

ニ　次に掲げる場合には、(2)のチの「減給をし、又は賞与等において不利益な算定を行うこと」に該当すること。

①　実際には労務の不提供や労働能率の低下が生じていないにもかかわらず、女性労働者が、妊娠し、出産し、又は労働基準法に基づく産前休業の請求等をしたことのみをもって、賃金又は賞与若しくは退職金を減額すること。

②　賃金について、妊娠・出産等に係る就労しなかった又はできなかった期間（以下「不就労期間」という。）分を超えて不支給とすること。

③　賞与又は退職金の支給額の算定に当たり、不就労期間や労働能率の低下を考慮の対象とする場合において、同じ期間休業した疾病等や同程度労働能率が低下した疾病等と比較して、妊娠・出産等による休業や妊娠・出産等による労働能率の低下について不利に取り扱うこと。

④　賞与又は退職金の支給額の算定に当たり、不就労期間や労働能率の低下を考慮の対象とする場合において、現に妊娠・出産等により休業した期間や労働能率が低下した割合を超えて、休業した、又は労働能率が低下したものとして取り扱うこと。

ホ　次に掲げる場合には、(2)のリの「昇進・昇格の人事考課において不利益な評価を行うこと」に該当すること。

①　実際には労務の不提供や労働能率の低下が生じていないにもかかわらず、女性労働者が、妊娠し、出産し、又は労働基準法に基づく産前休業の請求等をしたことのみをもって、人事考課において、妊娠をしていない者よりも不利に取り扱うこと。

②　人事考課において、不就労期間や労働能率の低下を考慮の対象とする場合において、同じ期間休業した疾病等や同程度労働能率が低下した疾病等と比較して、妊娠・出産等による休業や妊娠・出産等による労働能率の低下について不利に取り扱うこと。

ヘ　配置の変更が不利益な取扱いに該当するか否かについては、配置の変更の必要性、配置の変更前後の賃金その他の労働条件、通勤事情、労働者の将来に及ぼす影響等諸般の事情について総合的に比較考量の上、判断すべきものであるが、例えば、通常の人事異動のルールからは十分に説明できない職務又は就業の場所の変更を行うことにより、当該労働者に相当程度経済的又は精神的な不利益を生じさせることは、(2)のヌの「不利益な配置の変更を行うこと」に該当すること。

例えば、次に掲げる場合には、人事ローテーションなど通常の人事異動のルールからは十分に説明できず、「不利益な配置の変更を行うこと」に該当すること。

①　妊娠した女性労働者が、その従事する職務において業務を遂行する能力があるにもかかわらず、賃金その他の労働条件、通勤事情等が劣ることとなる配置の変更を行うこと。

②　妊娠・出産等に伴いその従事する職務において業務を遂行することが困難であり配置を変更する必要がある場合において、他に当該労働者を従事させることができる適当な職務があるにもかかわらず、特別な理由もなく当該職務と比較して、賃金その他の労働条件、通勤事情等が劣ることとなる配置の変更を行うこと。

③　産前産後休業からの復帰に当たって、原職又は原職相当職に就けないこと。

ト　次に掲げる場合には、(2)のルの「派遣労働者として就業する者について、派遣先が当該派遣労働者に係る派遣の役務の提供を拒むこと」に該当すること。

①　妊娠した派遣労働者が、派遣契約に定められた役務の提供ができると認められるにもかかわらず、派遣先が派遣元事業主に対し、派遣労働者の交替を求めること。

②　妊娠した派遣労働者が、派遣契約に定められた役務の提供ができると認められるにもかかわらず、派遣先が派遣元事業主に対し、当該派遣労働者の派遣を拒むこと。

コース等で区分した雇用管理を行うに当たって事業主が留意すべき事項に関する指針

平成二五年一二月二四日厚生労働省告示第三八四号
最終改正：令和元年一二月二七日厚生労働省告示第二〇五号
適用：令和元年一二月二七日

第1　目的

この指針は、事業主がコース等で区分した雇用管理（以下「コース等別雇用管理」という。）を行うに当たり、その適正かつ円滑な運用に資するよう、事業主が留意すべき事項について定めたものである。

第2　コース等別雇用管理を行うに当たっての基本的考え方

事業主は、コース等別雇用管理を行うに当たっては、雇用の分野における男女の均等な機会及び待遇の確保等に関する法律（昭和四七年法律第一一三号。以下「法」という。）を遵守するとともに、その適正かつ円滑な運用を行い、その雇用する労働者がどのようなコース等の区分に属する者であってもその有する能力を有効に発揮しつつ就労できる環境が整備されるよう、この指針で定める事項に留意すべきである。

第3　コース等別雇用管理の定義

この指針において「コース等別雇用管理」とは、事業主が、その雇用する労働者について、労働者の職種、資格等に基づき複数のコースを設定し、コースごとに異なる募集、採用、配置、昇進、教育訓練、職種の変更等の雇用管理を行うものをいい、一定の業務内容や専門性等によりコースに類似した複数のグループを設定し、処遇についてグループごとに異なる取扱いを行うもの、勤務地の限定の有無により異なる雇用管理を行うもの及び期間の定めのある労働契約から期間の定めのない労働契約へ転換した労働者について異なる雇用管理を行うものも含まれるものである。

第4　コース等別雇用管理を行うに当たって事業主が留意すべき事項

一　事業主は、コース等の新設、変更又は廃止に当たっては、次に掲げることに留意することが必要である。

（法に直ちに抵触する例）

(1)　一方の性の労働者のみを一定のコース等に分けること。
(2)　一方の性の労働者のみ特別な要件を課すこと。
(3)　形式的には男女双方に開かれた制度になっているが、実際の運用上は男女異なる取扱いを行うこと。

（制度のより適正かつ円滑な運用をするために留意すべき事項の例）

(1)　コース等別雇用管理を行う必要性及び当該コース等の区分間の処遇の違いの合理性について十分に検討すること。その際、コース等の区分に用いる基準のうち一方の性の労働者が事実上満たすことが困難なものについては、その必要性について特に注意すること。
(2)　労働者の納得が得られ、長期的な職業設計をたてることができるように制度運営がなされることが肝要であることを踏まえ、コース等の区分間の職務内容及び職務上求められる能力を明確にするとともに、労働者に対し、コース等の区分における職務内容、処遇等を十分に説明すること。
(3)　コース等の新設、変更又は廃止に際して、処遇を変更する場合には、その内容及び必要性を十分に検討するとともに、当該コース等に属する労働者及び労働組合に対し、十分に説明しつつ慎重に行うこと。またその場合には、転換制度の活用等経過措置を設けることにより柔軟な運用を図ることも考えられること。
(4)　コース等を廃止する際、当該コース等に属する労働者の多くが一方の性の労働者である場合には、結果的に一方の性の労働者のみに解雇その他不利益な取扱いがなされることのないよう、教育訓練の実施等により他のコース等への円滑な転換を図る等十分な配慮を行うこと。

（労働者の能力発揮のため実施することが望ましい事項の例）

(1)　コース等の区分に分ける際、労働者の従来の職種等に関わらず、その時点における意欲、能力、適性等を適切に評価するとともに、当該労働者の意思を確認すること。
(2)　コース等の区分間の転換を認める制度を柔軟に設定すること。その際、労働者に対し、コース等ごとの職務内容、処遇の内容等の差異について情報を提供するとともに、労働者の意向等を十分に把握した上で、例えば、次の事項に配慮した柔軟な運用を図ることも検討すること。
その際、女性労働者の活躍推進の観点から、コース等の区分間の転換を目指す労働者の努力を支援すること等に配慮した制度設計を行うことが望まれること。

コース等で区分した雇用管理を行うに当たって事業主が留意すべき事項に関する指針

i）転換が区分間相互に可能であること。

ii）転換の機会が十分に確保されていること。

iii）転換の可否の決定及び転換時の格付けが適正な基準で行われること。

iv）転換を行う労働者に対し、これまでのキャリアルートの違いを考慮した教育訓練を必要に応じ受けさせること。

二　事業主は、コース等別雇用管理における労働者の募集又は採用に当たっては、次に掲げることに留意することが必要である。

（法に直ちに抵触する例）

(1)　募集又は採用に当たり、男女別で選考基準又は採用基準に差を設けること。

(2)　募集又は採用に当たり、合理的な理由なく転居を伴う転勤に応じることができる者のみを対象とすること（いわゆる「転勤要件」）又は合理的な理由なく複数ある採用の基準の中に、転勤要件が含まれていること。

　ただし、法上、総合職の女性が相当程度少ない場合に、例えば総合職の採用に当たって、女性を積極的に選考すること等女性優遇の措置をとることは許容されていること。

（制度のより適正かつ円滑な運用をするために留意すべき事項の例）

(1)　募集又は採用に当たり、応募者の自主的なコース等の選択を促進する観点から、応募者に対し、コース等ごとの職務内容、処遇の内容等の差異について情報を提供すること。

(2)　募集又は採用に当たり、合理的な理由により転勤要件を課す場合には、応募者に対し、可能な範囲で転勤要件に関する情報を提供すること。

（労働者の能力発揮のため実施することが望ましい事項の例）

(1)　採用時にはその雇用する労働者をコース等に区分せず、一定の勤務経験を経た後に、当該労働者の意欲、能力、適性等に応じて区分することも一つの方法として考えられること。

(2)　採用担当者等に対する研修の実施等により、性別に関わらず、労働者の意欲、能力、適性等に応じた採用の実施の徹底を図る等の対策を講じること。

(3)　コース等別雇用管理を行う事業主においては、一般的に、事業の運営の基幹となる事項に関する企画立案、営業、研究開発等を行う業務に従事するコース（いわゆる「総合職」）に女性労働者が少なく、定型的業務に従事するコース（いわゆる「一般職」）に多い等の実態があることから、総合職の女性が相当程度少ない状況である場合には、その募集又は採用に当たり、女性応募者を積極的に選考することや女性応募者に対し、採用面接の際に女性の活躍を推進する意思表示を積極的に行うこと。

三　事業主は、コース等別雇用管理における配置、昇進、教育訓練、職種の変更等に当たっては、次に掲げることに留意することが必要である。

（法に直ちに抵触する例）

配置、昇進、教育訓練、職種の変更等に当たり、男女別で運用基準に差を設けること。

ただし、法上、総合職の女性が相当程度少ない場合に、例えば、コース等転換制度を積極的に用いて、一般職女性の総合職への転換促進を図ることは許容されていること。

（制度のより適正かつ円滑な運用をするために留意すべき事項の例）

コース等ごとにそれぞれ昇進の仕組みを定めている場合には、これを明確にすること。

（労働者の能力発揮のため実施することが望ましい事項の例）

一般職についても、相応の経験や能力等を要する業務に従事させる場合には、その労働者に対し、適切に教育訓練等を行い、その能力の向上を図るとともに、当該労働者の意欲、能力、適性等に応じ、総合職への転換を行うこと。

四　その他

(1)　コース等別雇用管理を行う場合において、制度を導入した後も、それを踏まえ、コース等別雇用管理の状況を把握し、コース等別雇用管理を行う必要性の検討及び法に則した雇用管理となっているかの分析を行うとともに、その結果、法に則した雇用管理への改善が必要と認められる場合においては、当該コース等別雇用管理を法に則したものとなるよう、必要な措置を講じることが重要であること。

(2)　どのようなコース等の区分を選択した者にとっても家庭生活との両立を図りながら働くことのできる職場環境を整備したり、出産、育児による休業を取得しても、その後の労働者の意欲、能力、成果等によって、中長期的には処遇上の差を取り戻すことが可能になるような人事管理制度や能力評価制度の導入を積極的に推進することが重要であること。

事業主が職場における性的な言動に起因する問題に関して雇用管理上講ずべき措置についての指針

平成一八年一〇月一一日厚生労働省告示第六一五号
最終改正：令和二年一月一五日厚生労働省告示第六号
適用：令和二年六月一日

1　はじめに

この指針は、雇用の分野における男女の均等な機会及び待遇の確保等に関する法律（昭和四十七年法律第百十三号。以下「法」という。）第十一条第一項から第三項までに規定する事業主が職場において行われる性的な言動に対するその雇用する労働者の対応により当該労働者がその労働条件につき不利益を受け、又は当該性的な言動により当該労働者の就業環境が害されること（以下「職場におけるセクシュアルハラスメント」という。）のないよう雇用管理上講ずべき措置等について、同条第四項の規定に基づき事業主が適切かつ有効な実施を図るために必要な事項について定めたものである。

2　職場におけるセクシュアルハラスメントの内容

(1)　職場におけるセクシュアルハラスメントには、職場において行われる性的な言動に対する労働者の対応により当該労働者がその労働条件につき不利益を受けるもの（以下「対価型セクシュアルハラスメント」という。）と、当該性的な言動により労働者の就業環境が害されるもの（以下「環境型セクシュアルハラスメント」という。）がある。

なお、職場におけるセクシュアルハラスメントには、同性に対するものも含まれるものである。また、被害を受けた者（以下「被害者」という。）の性的指向又は性自認にかかわらず、当該者に対する職場におけるセクシュアルハラスメントも、本指針の対象となるものである。

(2)　「職場」とは、事業主が雇用する労働者が業務を遂行する場所を指し、当該労働者が通常就業している場所以外の場所であっても、当該労働者が業務を遂行する場所については、「職場」に含まれる。取引先の事務所、取引先と打合せをするための飲食店、顧客の自宅等であっても、当該労働者が業務を遂行する場所であればこれに該当する。

(3)　「労働者」とは、いわゆる正規雇用労働者のみならず、パートタイム労働者、契約社員等いわゆる非正規雇用労働者を含む事業主が雇用する労働者の全てをいう。

また、派遣労働者については、派遣元事業主のみならず、労働者派遣の役務の提供を受ける者についても、労働者派遣事業の適正な運営の確保及び派遣労働者の保護等に関する法律（昭和六十年法律第八十八号）第四十七条の二の規定により、その指揮命令の下に労働させる派遣労働者を雇用する事業主とみなされ、法第十一条第一項及び第十一条の二第二項の規定が適用されることから、労働者派遣の役務の提供を受ける者は、派遣労働者についてもその雇用する労働者と同様に、3(1)の配慮及び4の措置を講ずることが必要である。なお、法第十一条第二項、第十七条第二項及び第十八条第二項の労働者に対する不利益な取扱いの禁止については、派遣労働者も対象に含まれるものであり、派遣元事業主のみならず、労働者派遣の役務の提供を受ける者もまた、当該者に派遣労働者が職場におけるセクシュアルハラスメントの相談を行ったこと等を理由として、当該派遣労働者に係る労働者派遣の役務の提供を拒む等、当該派遣労働者に対する不利益な取扱いを行ってはならない。

(4)　「性的な言動」とは、性的な内容の発言及び性的な行動を指し、この「性的な内容の発言」には、性的な事実関係を尋ねること、性的な内容の情報を意図的に流布すること等が、「性的な行動」には、性的な関係を強要すること、必要なく身体に触ること、わいせつな図画を配布すること等が、それぞれ含まれる。当該言動を行う者には、労働者を雇用する事業主（その者が法人である場合にあってはその役員。以下この(4)において同じ。）、上司、同僚に限らず、取引先等の他の事業主又はその雇用する労働者、顧客、患者又はその家族、学校における生徒等もなり得る。

(5)　「対価型セクシュアルハラスメント」とは、職場において行われる労働者の意に反する性的な言動に対する労働者の対応により、当該労働者が解雇、降格、減給等の不利益を受けることであって、その状況は多様であるが、典型的な例として、次のようなものがある。

イ　事務所内において事業主が労働者に対して性的な関係を要求したが、拒否されたため、当該労働者を解雇すること。

ロ　出張中の車中において上司が労働者の腰、胸等に触ったが、抵抗されたため、当該労働者について不利益な配置転換をすること。

ハ　営業所内において事業主が日頃から労働者に係る性的な事柄について公然と発言していたが、抗議されたため、当該労働者を降格すること。

(6)　「環境型セクシュアルハラスメント」とは、職場において行われる労働者の意に反する性的な言動により労働者の就業環境が不快なものとなったため、能力の発揮に重大な悪影響が生じる等当該労働者が就業する上で看過できない程度の支障が生じることであって、その状況は多様であるが、典型的な例として、次のようなものがある。

イ　事務所内において上司が労働者の腰、胸等に度々触ったため、当該労働者が苦痛に感じてその就業意欲が低下していること。

ロ　同僚が取引先において労働者に係る性的な内容の情報を意図的かつ継続的に流布したため、当該労働者が苦痛に感じて仕事が手につかないこと。

ハ　労働者が抗議をしているにもかかわらず、事務所内にヌードポスターを掲示しているため、当該労働者が苦痛に感じて業務に専念できないこと。

3　事業主等の責務

(1)　事業主の責務

法第十一条の二第二項の規定により、事業主は、職場におけるセクシュアルハラスメントを行ってはならないことその他職場におけるセクシュアルハラスメントに起因する問題（以下「セクシュアルハラスメント問題」という。）に対するその雇用する労働者の関心と理解を深めるとともに、当該労働者が他の労働者（他の事業主が雇用する労働者及び求職者を含む。(2)において同じ。）に対する言動に必要な注意を払うよう、研修の実施その他の必要な配慮をするほか、国の講ずる同条第一項の広報活動、啓発活動その他の措置に協力するように努めなければならない。なお、職場におけるセクシュアルハラスメントに起因する問題としては、例えば、労働者の意欲の低下などによる職場環境の悪化や職場全体の生産性の低下、労働者の健康状態の悪化、休職や退職などにつながり得ること、これらに伴う経営的な損失等が考えられる。

また、事業主（その者が法人である場合にあっては、その役員）は、自らも、セクシュアルハラスメント問題に対する関心と理解を深め、労働者（他の事業主が雇用する労働者及び求職者を含む。）に対する言動に必要な注意を払うように努めなければならない。

(2)　労働者の責務

法第十一条の二第四項の規定により、労働者は、セクシュアルハラスメント問題に対する関心と理解を深め、他の労働者に対する言動に必要な注意を払うとともに、事業主の講ずる4の措置に協力するように努めなければならない。

4　事業主が職場における性的な言動に起因する問題に関し雇用管理上講ずべき措置の内容

事業主は、職場におけるセクシュアルハラスメントを防止するため、雇用管理上次の措置を講じなければならない。

(1)　事業主の方針等の明確化及びその周知・啓発

事業主は、職場におけるセクシュアルハラスメントに関する方針の明確化、労働者に対するその方針の周知・啓発として、次の措置を講じなければならない。

なお、周知・啓発をするに当たっては、職場におけるセクシュアルハラスメントの防止の効果を高めるため、その発生の原因や背景について労働者の理解を深めることが重要である。その際、職場におけるセクシュアルハラスメントの発生の原因や背景には、性別役割分担意識に基づく言動もあると考えられ、こうした言動をなくしていくことがセクシュアルハラスメントの防止の効果を高める上で重要であることに留意することが必要である。

イ　職場におけるセクシュアルハラスメントの内容及び職場におけるセクシュアルハラスメントを行ってはならない旨の方針を明確化し、管理監督者を含む労働者に周知・啓発すること。

（事業主の方針を明確化し、労働者に周知・啓発していると認められる例）

①　就業規則その他の職場における服務規律等を定めた文書において、職場におけるセクシュアルハラスメントを行ってはならない旨の方針を規定し、当該規定と併せて、職場におけるセクシュアルハラスメントの内容及び性別役割分担意識に基づく言動がセクシュアルハラスメントの発生の原因や背景となり得ることを、労働者に周知・啓発すること。

②　社内報、パンフレット、社内ホームページ等広報又は啓発のための資料等に職場におけるセクシュアルハラスメントの内容及び性別役割分担意識に基づく言動がセクシュアルハラスメントの発生の原因や背景となり得ること並びに職

場におけるセクシュアルハラスメントを行ってはならない旨の方針を記載し、配布等すること。

③ 職場におけるセクシュアルハラスメントの内容及び性別役割分担意識に基づく言動がセクシュアルハラスメントの発生の原因や背景となり得ること並びに職場におけるセクシュアルハラスメントを行ってはならない旨の方針を労働者に対して周知・啓発するための研修、講習等を実施すること。

ロ 職場におけるセクシュアルハラスメントに係る性的な言動を行った者については、厳正に対処する旨の方針及び対処の内容を就業規則その他の職場における服務規律等を定めた文書に規定し、管理監督者を含む労働者に周知・啓発すること。

（対処方針を定め、労働者に周知・啓発していると認められる例）

① 就業規則その他の職場における服務規律等を定めた文書において、職場におけるセクシュアルハラスメントに係る性的な言動を行った者に対する懲戒規定を定め、その内容を労働者に周知・啓発すること。

② 職場におけるセクシュアルハラスメントに係る性的な言動を行った者は、現行の就業規則その他の職場における服務規律等を定めた文書において定められている懲戒規定の適用の対象となる旨を明確化し、これを労働者に周知・啓発すること。

(2) 相談（苦情を含む。以下同じ。）に応じ、適切に対応するために必要な体制の整備

事業主は、労働者からの相談に対し、その内容や状況に応じ適切かつ柔軟に対応するために必要な体制の整備として、次の措置を講じなければならない。

イ 相談への対応のための窓口（以下「相談窓口」という。）をあらかじめ定め、労働者に周知すること。

（相談窓口をあらかじめ定めていると認められる例）

① 相談に対応する担当者をあらかじめ定めること。

② 相談に対応するための制度を設けること。

③ 外部の機関に相談への対応を委託すること。

ロ イの相談窓口の担当者が、相談に対し、その内容や状況に応じ適切に対応できるようにすること。また、相談窓口においては、被害を受けた労働者が萎縮するなどして相談を躊躇する例もあること等も踏まえ、相談者の心身の状況や当該言動が行われた際の受け止めなどその認識にも配慮しながら、職場におけるセクシュアルハラスメントが現実に生じている場合だけでなく、その発生のおそれがある場合や、職場におけるセクシュアルハラスメントに該当するか否か微妙な場合であっても、広く相談に対応し、適切な対応を行うようにすること。例えば、放置すれば就業環境を害するおそれがある場合や、性別役割分担意識に基づく言動が原因や背景となってセクシュアルハラスメントが生じるおそれがある場合等が考えられる。

（相談窓口の担当者が適切に対応することができるようにしていると認められる例）

① 相談窓口の担当者が相談を受けた場合、その内容や状況に応じて、相談窓口の担当者と人事部門とが連携を図ることができる仕組みとすること。

② 相談窓口の担当者が相談を受けた場合、あらかじめ作成した留意点などを記載したマニュアルに基づき対応すること。

③ 相談窓口の担当者に対し、相談を受けた場合の対応についての研修を行うこと。

(3) 職場におけるセクシュアルハラスメントに係る事後の迅速かつ適切な対応

事業主は、職場におけるセクシュアルハラスメントに係る相談の申出があった場合において、その事案に係る事実関係の迅速かつ正確な確認及び適正な対処として、次の措置を講じなければならない。

イ 事案に係る事実関係を迅速かつ正確に確認すること。なお、セクシュアルハラスメントに係る性的な言動の行為者とされる者（以下「行為者」という。）が、他の事業主が雇用する労働者又は他の事業主（その者が法人である場合にあっては、その役員）である場合には、必要に応じて、他の事業主に事実関係の確認への協力を求めることも含まれる。

（事案に係る事実関係を迅速かつ正確に確認していると認められる例）

① 相談窓口の担当者、人事部門又は専門の委員会等が、相談を行った労働者（以下「相談者」という。）及び行為者の双方から事実関係を確認すること。その際、相談者の心身の状況や当該言動が行われた際の受け止めなどその認識にも適切に配慮すること。

また、相談者と行為者との間で事実関係に関する主張に不一致があり、事実の確認が十分にできないと認められる場合には、第三者からも

事実関係を聴取する等の措置を講ずること。

② 事実関係を迅速かつ正確に確認しようとしたが、確認が困難な場合などにおいて、法第十八条に基づく調停の申請を行うことその他中立な第三者機関に紛争処理を委ねること。

ロ イにより、職場におけるセクシュアルハラスメントが生じた事実が確認できた場合においては、速やかに被害を受けた労働者（以下「被害者」という。）に対する措置を適正に行うこと。

① 事案の内容や状況に応じ、被害者と行為者の間の関係改善に向けての援助、被害者と行為者を引き離すための配置転換、行為者の謝罪、被害者の労働条件上の不利益の回復、管理監督者又は事業場内産業保健スタッフ等による被害者のメンタルヘルス不調への相談対応等の措置を講ずること。

② 法第一八条に基づく調停その他中立な第三者機関の紛争解決案に従った措置を被害者に対して講ずること。

ハ イにより、職場におけるセクシュアルハラスメントが生じた事実が確認できた場合においては、行為者に対する措置を適正に行うこと。

（措置を適正に行っていると認められる例）

① 就業規則その他の職場における服務規律等を定めた文書における職場におけるセクシュアルハラスメントに関する規定等に基づき、行為者に対して必要な懲戒その他の措置を講ずること。あわせて、事案の内容や状況に応じ、被害者と行為者の間の関係改善に向けての援助、被害者と行為者を引き離すための配置転換、行為者の謝罪等の措置を講ずること。

② 法第十八条に基づく調停その他中立な第三者機関の紛争解決案に従った措置を行為者に対して講ずること。

ニ 改めて職場におけるセクシュアルハラスメントに関する方針を周知・啓発する等の再発防止に向けた措置を講ずること。

なお、セクシュアルハラスメントに係る性的な言動の行為者が、他の事業主が雇用する労働者又は他の事業主（その者が法人である場合にあっては、その役員）である場合には、必要に応じて、他の事業主に再発防止に向けた措置への協力を求めることも含まれる。

また、職場におけるセクシュアルハラスメントが生じた事実が確認できなかった場合においても、同様の措置を講ずること。

（再発防止に向けた措置を講じていると認められる例）

① 職場におけるセクシュアルハラスメントを行ってはならない旨の方針及び職場におけるセクシュアルハラスメントに係る性的な言動を行った者について厳正に対処する旨の方針を、社内報、パンフレット、社内ホームページ等広報又は啓発のための資料等に改めて掲載し、配布等すること。

② 労働者に対して職場におけるセクシュアルハラスメントに関する意識を啓発するための研修、講習等を改めて実施すること。

(4) (1)から(3)までの措置と併せて講ずべき措置

(1)から(3)までの措置を講ずるに際しては、併せて次の措置を講じなければならない。

イ 職場におけるセクシュアルハラスメントに係る相談者・行為者等の情報は当該相談者・行為者等のプライバシーに属するものであることから、相談への対応又は当該セクシュアルハラスメントに係る事後の対応に当たっては、相談者・行為者等のプライバシーを保護するために必要な措置を講ずるとともに、その旨を労働者に対して周知すること。

（相談者・行為者等のプライバシーを保護するために必要な措置を講じていると認められる例）

① 相談者・行為者等のプライバシーの保護のために必要な事項をあらかじめマニュアルに定め、相談窓口の担当者が相談を受けた際には、当該マニュアルに基づき対応するものとすること。

② 相談者・行為者等のプライバシーの保護のために、相談窓口の担当者に必要な研修を行うこと。

③ 相談窓口においては相談者・行為者等のプライバシーを保護するために必要な措置を講じていることを、社内報、パンフレット、社内ホームページ等広報又は啓発のための資料等に掲載し、配布等すること。

ロ 法第十一条第二項、第十七条第二項及び第十八条第二項の規定を踏まえ、労働者が職場におけるセクシュアルハラスメントに関し相談をしたこと若しくは事実関係の確認等の事業主の雇用管理上講ずべき措置に協力したこと、都道府県労働局に対して相談、紛争解決の援助の求め若しくは調停の申請を行ったこと又は調停の出頭の求めに応じたこと（以下「セクシュアルハラスメントの相談等」という。）を理由として、解雇その他不利益な取扱いをされない旨を定め、労働者に周知・啓発すること。

（不利益な取扱いをされない旨を定め、労働者

にその周知・啓発することについて措置を講じていると認められる例）

① 就業規則その他の職場における服務規律等を定めた文書において、セクシュアルハラスメントの相談等を理由として、当該労働者が解雇等の不利益な取扱いをされない旨を規定し、労働者に周知・啓発をすること。

② 社内報、パンフレット、社内ホームページ等広報又は啓発のための資料等に、セクシュアルハラスメントの相談等を理由として、当該労働者が解雇等の不利益な取扱いをされない旨を記載し、労働者に配布等すること。

5 他の事業主の講ずる雇用管理上の措置の実施に関する協力

法第十一条第三項の規定により、事業主は、当該事業主が雇用する労働者又は当該事業主（その者が法人である場合にあっては、その役員）による他の事業主の雇用する労働者に対する職場におけるセクシュアルハラスメントに関し、他の事業主から、事実関係の確認等の雇用管理上の措置の実施に関し必要な協力を求められた場合には、これに応ずるように努めなければならない。

また、同項の規定の趣旨に鑑みれば、事業主が、他の事業主から雇用管理上の措置への協力を求められたことを理由として、当該事業主に対し、当該事業主との契約を解除する等の不利益な取扱いを行うことは望ましくないものである。

6 事業主が職場における性的な言動に起因する問題に関し行うことが望ましい取組の内容

事業主は、職場におけるセクシュアルハラスメントを防止するため、4の措置に加え、次の取組を行うことが望ましい。

(1) 職場におけるセクシュアルハラスメントは、パワーハラスメント（事業主が職場における優越的な関係を背景とした言動に起因する問題に関して雇用管理上講ずべき措置等についての指針（令和二年厚生労働省告示第五号）に規定する「職場におけるパワーハラスメント」をいう。以下同じ。）、妊娠、出産等に関するハラスメント（事業主が職場における妊娠、出産等に関する言動に起因する問題に関して雇用管理上講ずべき措置等についての指針（平成二十八年厚生労働省告示第三百十二号）に規定する「職場における妊娠、出産等に関するハラスメント」をいう。）、育児休業等に関するハラスメント（子の養育又は家族の介護を行い、又は行うこととなる労働者の職業生活と家庭生活との両立が図られるようにするために事業主が講ずべき措置等に関する指針（平成二十一年厚生労働省告示第五百九号）に規定する「職場における育児休業等に関するハラスメント」をいう。）その他のハラスメントと複合的に生じることも想定されることから、事業主は、例えば、パワーハラスメント等の相談窓口と一体的に、職場におけるセクシュアルハラスメントの相談窓口を設置し、一元的に相談に応じることのできる体制を整備することが望ましい。

（一元的に相談に応じることのできる体制の例）

① 相談窓口で受け付けることのできる相談として、職場におけるセクシュアルハラスメントのみならず、パワーハラスメント等も明示すること。

② 職場におけるセクシュアルハラスメントの相談窓口がパワーハラスメント等の相談窓口を兼ねること。

(2) 事業主は、4の措置を講じる際に、必要に応じて、労働者や労働組合等の参画を得つつ、アンケート調査や意見交換等を実施するなどにより、その運用状況の的確な把握や必要な見直しの検討等に努めることが重要である。なお、労働者や労働組合等の参画を得る方法として、例えば、労働安全衛生法（昭和四十七年法律第五十七号）第十八条第一項に規定する衛生委員会の活用なども考えられる。

7 事業主が自らの雇用する労働者以外の者に対する言動に関し行うことが望ましい取組の内容

3の事業主及び労働者の責務の趣旨に鑑みれば、事業主は、当該事業主が雇用する労働者が、他の労働者（他の事業主が雇用する労働者及び求職者を含む。）のみならず、個人事業主、インターンシップを行っている者等の労働者以外の者に対する言動についても必要な注意を払うよう配慮するとともに、事業主（その者が法人である場合にあっては、その役員）自らと労働者も、労働者以外の者に対する言動について必要な注意を払うよう努めることが望ましい。

こうした責務の趣旨も踏まえ、事業主は、4(1)イの職場におけるセクシュアルハラスメントを行ってはならない旨の方針の明確化等を行う際に、当該事業主が雇用する労働者以外の者（他の事業主が雇用する労働者、就職活動中の学生等の求職者及び労働者以外の者）に対する言動についても、同様の方針を併せて示すことが望ましい。

また、これらの者から職場におけるセクシュアルハラスメントに類すると考えられる相談があった場合には、その内容を踏まえて、4の措置も参考にしつつ、必要に応じて適切な対応を行うように努めることが望ましい。

事業主が職場における妊娠、出産等に関する言動に起因する問題に関して雇用管理上講ずべき措置についての指針

平成二八年八月二日厚生労働省告示三一二号
最終改正：令和二年一月一五日厚生労働省告示六号
適用：令和二年六月一日

1　はじめに

この指針は、雇用の分野における男女の均等な機会及び待遇の確保等に関する法律（昭和四七年法律第一一三号。以下「法」という。）第一一条の三第一項及び第二項に規定する事業主が職場において行われるその雇用する女性労働者に対する当該女性労働者が妊娠したこと、出産したことその他の妊娠又は出産に関する事由であって雇用の分野における男女の均等な機会及び待遇の確保等に関する法律施行規則（昭和六一年労働省令第二号。以下「均等則」という。）第二条の三で定めるもの（以下「妊娠、出産等」という。）に関する言動により当該女性労働者の就業環境が害されること（以下「職場における妊娠、出産等に関するハラスメント」という。）のないよう雇用管理上講ずべき措置について、法第一一条の三第三項の規定に基づき事業主が適切かつ有効な実施を図るために必要な事項について定めたものである。

2　職場における妊娠、出産等に関するハラスメントの内容

(1)　職場における妊娠、出産等に関するハラスメントには、上司又は同僚から行われる以下のものがある。なお、業務分担や安全配慮等の観点から、客観的にみて、業務上の必要性に基づく言動によるものについては、職場における妊娠、出産等に関するハラスメントには該当しない。

イ　その雇用する女性労働者の労働基準法（昭和二二年法律第四九号）第六五条第一項の規定による休業その他の妊娠又は出産に関する制度又は措置の利用に関する言動により就業環境が害されるもの（以下「制度等の利用への嫌がらせ型」という。）

ロ　その雇用する女性労働者が妊娠したこと、出産したことその他の妊娠又は出産に関する言動により就業環境が害されるもの（以下「状態への嫌がらせ型」という。）

(2)　「職場」とは、事業主が雇用する女性労働者が業務を遂行する場所を指し、当該女性労働者が通常就業している場所以外の場所であっても、当該女性労働者が業務を遂行する場所については、「職場」に含まれる。

(3)　「労働者」とは、いわゆる正規雇用労働者のみならず、パートタイム労働者、契約社員等いわゆる非正規雇用労働者を含む事業主が雇用する労働者の全てをいう。また、派遣労働者については、派遣元事業主のみならず、労働者派遣の役務の提供を受ける者についても、労働者派遣事業の適正な運営の確保及び派遣労働者の保護等に関する法律（昭和六〇年法律第八八号）第四七条の二の規定により、その指揮命令の下に労働させる派遣労働者を雇用する事業主とみなされ、法第一一条の三第一項及び第一一条の四第二項の規定が適用されることから、労働者派遣の役務の提供を受ける者は、派遣労働者についてもその雇用する労働者と同様に、3(1)の

配慮及び４の措置を講ずることが必要である。

なお、法第一一条の三第二項、第一七条第二項及び第一八条第二項の労働者に対する不利益な取扱いの禁止については、派遣労働者も対象に含まれるものであり、派遣元事業主のみならず、労働者派遣の役務の提供を受ける者もまた、当該者に派遣労働者が職場における妊娠・出産等に関するハラスメントの相談を行ったこと等を理由として、当該派遣労働者に係る労働者派遣の役務の提供を拒む等、当該派遣労働者に対する不利益な取扱いを行ってはならない。

(4)「制度等の利用への嫌がらせ型」とは、具体的には、イ①から⑥までに掲げる制度又は措置（以下「制度等」という。）の利用に関する言動により就業環境が害されるものである。典型的な例として、ロに掲げるものがあるが、ロに掲げるものは限定列挙ではないことに留意が必要である。

イ　制度等

① 妊娠中及び出産後の健康管理に関する措置（母性健康管理措置）（均等則第二条の三第三号関係）

② 坑内業務の就業制限及び危険有害業務の就業制限（均等則第二条の三第四号関係）

③ 産前休業（均等則第二条の三第五号関係）

④ 軽易な業務への転換（均等則第二条の三第六号関係）

⑤ 変形労働時間制がとられる場合における法定労働時間を超える労働時間の制限、時間外労働及び休日労働の制限並びに深夜業の制限（均等則第二条の三第七号関係）

⑥ 育児時間（均等則第二条の三第八号関係）

ロ　典型的な例

① 解雇その他不利益な取扱い（法第九条第三項に規定する解雇その他不利益な取扱いをいう。以下同じ。）を示唆するもの

女性労働者が、制度等の利用の請求等（措置の求め、請求又は申出をいう。以下同じ。）をしたい旨を上司に相談したこと、制度等の利用の請求等をしたこと、又は制度等の利用をしたことにより、上司が当該女性労働者に対し、解雇その他不利益な取扱いを示唆すること。

② 制度等の利用の請求等又は制度等の利用を阻害するもの

客観的にみて、言動を受けた女性労働者の制度等の利用の請求等又は制度等の利用が阻害されるものが該当する。

(イ) 女性労働者が制度等の利用の請求等をしたい旨を上司に相談したところ、上司が当該女性労働者に対し、当該請求等をしないよう言うこと。

(ロ) 女性労働者が制度等の利用の請求等をしたところ、上司が当該女性労働者に対し、当該請求等を取り下げるよう言うこと。

(ハ) 女性労働者が制度等の利用の請求等をしたい旨を同僚に伝えたところ、同僚が当該女性労働者に対し、繰り返し又は継続的に当該請求等をしないよう言うこと（当該女性労働者がその意に反することを当該同僚に明示しているにもかかわらず、更に言うことを含む。）。

(ニ) 女性労働者が制度等の利用の請求等をしたところ、同僚が当該女性労働者に対し、繰り返し又は継続的に当該請求等を取り下げるよう言うこと（当該女性労働者がその意に反することを当該同僚に明示しているにもかかわらず、更に言うことを含む。）。

③ 制度等の利用をしたことにより嫌がらせ等をするもの

客観的にみて、言動を受けた女性労働者の能力の発揮や継続就業に重大な悪影響が生じる等当該女性労働者が就業する上で看過できない程度の支障が生じるようなものが該当する。

女性労働者が制度等の利用をしたことにより、上司又は同僚が当該女性労働者に対し、繰り返し又は継続的に嫌がらせ等（嫌がらせ的な言動、業務に従事させないこと又は専ら雑務に従事させることをいう。以下同じ。）をすること（当該女性労働者がその意に反することを当該上司又は同僚に明示しているにもかかわらず、更に言うことを含む。）。

(5)「状態への嫌がらせ型」とは、具体的には、イ①から⑤までに掲げる妊娠又は出産に関する事由（以下「妊娠等したこと」という。）に関する言動により就業環境が害されるものである。典型的な例として、ロに掲げるものがあるが、ロに掲げるものは限定列挙ではないことに留意が必要である。

イ　妊娠又は出産に関する事由

① 妊娠したこと（均等則第二条の三第一号関係）。

② 出産したこと（均等則第二条の三第二号関係）。

③ 坑内業務の就業制限若しくは危険有害業務の就業制限の規定により業務に就くことができないこと又はこれらの業務に従事しなかったこと（均等則第二条の三第四号関係）。

④ 産後の就業制限の規定により就業できず、又は産後休業をしたこと（均等則第二条の三第五号関係）。

⑤ 妊娠又は出産に起因する症状により労務の提

供ができないこと若しくはできなかったこと又は労働能率が低下したこと（均等則第二条の三第九号関係）。なお、「妊娠又は出産に起因する症状」とは、つわり、妊娠悪阻、切迫流産、出産後の回復不全等、妊娠又は出産をしたことに起因して妊産婦に生じる症状をいう。

ロ　典型的な例

①　解雇その他不利益な取扱いを示唆するもの

女性労働者が妊娠等したことにより、上司が当該女性労働者に対し、解雇その他不利益な取扱いを示唆すること。

②　妊娠等したことにより嫌がらせ等をするもの

客観的にみて、言動を受けた女性労働者の能力の発揮や継続就業に重大な悪影響が生じる等当該女性労働者が就業する上で看過できない程度の支障が生じるようなものが該当する。

女性労働者が妊娠等したことにより、上司又は同僚が当該女性労働者に対し、繰り返し又は継続的に嫌がらせ等をすること（当該女性労働者がその意に反することを当該上司又は同僚に明示しているにもかかわらず、更に言うことを含む。）。

3　事業主等の責務

(1)　事業主の責務

法第一一条の四第二項の規定により、事業主は、職場における妊娠、出産等に関するハラスメントを行ってはならないことその他職場における妊娠、出産等に関するハラスメントに起因する問題（以下「妊娠、出産等に関するハラスメント問題」という。）に対するその雇用する労働者の関心と理解を深めるとともに、当該労働者が他の労働者（他の事業主が雇用する労働者及び求職者を含む。(2)において同じ。）に対する言動に必要な注意を払うよう、研修の実施その他の必要な配慮をするほか、国の講ずる同条第一項の広報活動、啓発活動その他の措置に協力するように努めなければならない。なお、職場における妊娠、出産等に関するハラスメントに起因する問題としては、例えば、労働者の意欲の低下などによる職場環境の悪化や職場全体の生産性の低下、労働者の健康状態の悪化、休職や退職などにつながり得ること、これらに伴う経営的な損失等が考えられる。

また、事業主（その者が法人である場合にあっては、その役員）は、自らも、妊娠、出産等に関するハラスメント問題に対する関心と理解を深め、労働者（他の事業主が雇用する労働者及び求職者を含む。）に対する言動に必要な注意を払うように努めなければならない。

(2)　労働者の責務

法第一一条の四第四項の規定により、労働者は、妊娠、出産等に関するハラスメント問題に対する関心と理解を深め、他の労働者に対する言動に必要な注意を払うとともに、事業主の講ずる4の措置に協力するように努めなければならない。

4　事業主が職場における妊娠、出産等に関する言動に起因する問題に関し雇用管理上講ずべき措置の内容

事業主は、職場における妊娠、出産等に関するハラスメントを防止するため、雇用管理上次の措置を講じなければならない。なお、事業主が行う妊娠、出産等を理由とする不利益取扱い（就業環境を害する行為を含む。）については、既に法第九条第三項で禁止されており、こうした不利益取扱いを行わないため、当然に自らの行為の防止に努めることが求められる。

(1)　事業主の方針等の明確化及びその周知・啓発

事業主は、職場における妊娠、出産等に関するハラスメントに対する方針の明確化、労働者に対するその方針の周知・啓発として、次の措置を講じなければならない。

なお、周知・啓発をするに当たっては、職場における妊娠、出産等に関するハラスメントの防止の効果を高めるため、その発生の原因や背景について労働者の理解を深めることが重要である。その際、職場における妊娠、出産等に関するハラスメントの発生の原因や背景には、(i)妊娠、出産等に関する否定的な言動（不妊治療に対する否定的な言動を含め、他の女性労働者の妊娠、出産等の否定につながる言動（当該女性労働者に直接行わない言動も含む。）をいい、単なる自らの意思の表明を除く。以下同じ。）が頻繁に行われるなど制度等の利用又は制度等の利用の請求等をしにくい職場風土や、(ii)制度等の利用ができることの職場における周知が不十分であることなどもあると考えられる。そのため、これらを解消していくことが職場における妊娠、出産等に関するハラスメントの防止の効果を高める上で重要であることに留意することが必要である。

イ　職場における妊娠、出産等に関するハラスメントの内容（以下「ハラスメントの内容」という。）及び妊娠、出産等に関する否定的な言動が職場における妊娠、出産等に関するハラスメントの発生の原因や背景となり得ること（以下

「ハラスメントの背景等」という。）、職場における妊娠、出産等に関するハラスメントを行ってはならない旨の方針（以下「事業主の方針」という。）並びに制度等の利用ができる旨を明確化し、管理監督者を含む労働者に周知・啓発すること。

（事業主の方針等を明確化し、労働者に周知・啓発していると認められる例）

① 就業規則その他の職場における服務規律等を定めた文書において、事業主の方針及び制度等の利用ができる旨について規定し、当該規定と併せて、ハラスメントの内容及びハラスメントの背景等を労働者に周知・啓発すること。

② 社内報、パンフレット、社内ホームページ等広報又は啓発のための資料等にハラスメントの内容及びハラスメントの背景等、事業主の方針並びに制度等の利用ができる旨について記載し、配布等すること。

③ ハラスメントの内容及びハラスメントの背景等、事業主の方針並びに制度等の利用ができる旨を労働者に対して周知・啓発するための研修、講習等を実施すること。

ロ 職場における妊娠、出産等に関するハラスメントに係る言動を行った者については、厳正に対処する旨の方針及び対処の内容を就業規則その他の職場における服務規律等を定めた文書に規定し、管理監督者を含む労働者に周知・啓発すること。

（対処方針を定め、労働者に周知・啓発していると認められる例）

① 就業規則その他の職場における服務規律等を定めた文書において、職場における妊娠、出産等に関するハラスメントに係る言動を行った者に対する懲戒規定を定め、その内容を労働者に周知・啓発すること。

② 職場における妊娠、出産等に関するハラスメントに係る言動を行った者は、現行の就業規則その他の職場における服務規律等を定めた文書において定められている懲戒規定の適用の対象となる旨を明確化し、これを労働者に周知・啓発すること。

(2) 相談（苦情を含む。以下同じ。）に応じ、適切に対応するために必要な体制の整備

事業主は、労働者からの相談に対し、その内容や状況に応じ適切かつ柔軟に対応するために必要な体制の整備として、イ及びロの措置を講じなければならず、また、ハの措置を講ずることが望ましい。

イ 相談への対応のための窓口（以下「相談窓口」という。）をあらかじめ定め、労働者に周知すること。

（相談窓口をあらかじめ定めていると認められる例）

① 相談に対応する担当者をあらかじめ定めること。

② 相談に対応するための制度を設けること。

③ 外部の機関に相談への対応を委託すること。

ロ イの相談窓口の担当者が、相談に対し、その内容や状況に応じ適切に対応できるようにすること。また、相談窓口においては、被害を受けた労働者が萎縮するなどして相談を躊躇する例もあること等も踏まえ、相談者の心身の状況や当該言動が行われた際の受け止めなどその認識にも配慮しながら、職場における妊娠、出産等に関するハラスメントが現実に生じている場合だけでなく、その発生のおそれがある場合や、職場における妊娠、出産等に関するハラスメントに該当するか否か微妙な場合等であっても、広く相談に対応し、適切な対応を行うようにすること。例えば、放置すれば就業環境を害するおそれがある場合や、妊娠、出産等に関する否定的な言動が原因や背景となって職場における妊娠、出産等に関するハラスメントが生じるおそれがある場合等が考えられる。

（相談窓口の担当者が適切に対応することができるようにしていると認められる例）

① 相談窓口の担当者が相談を受けた場合、その内容や状況に応じて、相談窓口の担当者と人事部門とが連携を図ることができる仕組みとすること。

② 相談窓口の担当者が相談を受けた場合、あらかじめ作成した留意点などを記載したマニュアルに基づき対応すること。

③ 相談窓口の担当者に対し、相談を受けた場合の対応についての研修を行うこと。

(3) 職場における妊娠、出産等に関するハラスメントに係る事後の迅速かつ適切な対応

事業主は、職場における妊娠、出産等に関するハラスメントに係る相談の申出があった場合において、その事案に係る事実関係の迅速かつ正確な確認及び適正な対処として、次の措置を講じなければならない。

イ 事案に係る事実関係を迅速かつ正確に確認すること。

（事案に係る事実関係を迅速かつ正確に確認していると認められる例）

① 相談窓口の担当者、人事部門又は専門の委員会等が、相談を行った労働者（以下「相談者」という。）及び職場における妊娠、出産等に関するハラスメントに係る言動の行為者とされる者（以下「行為者」という。）の双方から事実関係を確認すること。その際、相談者の心身の状況や当該言動が行われた際の受け止めなどその認識にも適切に配慮すること。

また、相談者と行為者との間で事実関係に関する主張に不一致があり、事実の確認が十分にできないと認められる場合には、第三者からも事実関係を聴取する等の措置を講ずること。

② 事実関係を迅速かつ正確に確認しようとしたが、確認が困難な場合などにおいて、法第一八条に基づく調停の申請を行うことその他中立な第三者機関に紛争処理を委ねること。

ロ イにより、職場における妊娠、出産等に関するハラスメントが生じた事実が確認できた場合においては、速やかに被害を受けた労働者（以下「被害者」という。）に対する配慮のための措置を適正に行うこと。

（措置を適正に行っていると認められる例）

① 事案の内容や状況に応じ、被害者の職場環境の改善又は迅速な制度等の利用に向けての環境整備、被害者と行為者の間の関係改善に向けての援助、行為者の謝罪、管理監督者又は事業場内産業保健スタッフ等による被害者のメンタルヘルス不調への相談対応等の措置を講ずること。

② 法第一八条に基づく調停その他中立な第三者機関の紛争解決案に従った措置を被害者に対して講ずること。

ハ イにより、職場における妊娠、出産等に関するハラスメントが生じた事実が確認できた場合においては、行為者に対する措置を適正に行うこと。

（措置を適正に行っていると認められる例）

① 就業規則その他の職場における服務規律等を定めた文書における職場における妊娠、出産等に関するハラスメントに関する規定等に基づき、行為者に対して必要な懲戒その他の措置を講ずること。あわせて、事案の内容や状況に応じ、被害者と行為者の間の関係改善に向けての援助、行為者の謝罪等の措置を講ずること。

② 法第一八条に基づく調停その他中立な第三者機関の紛争解決案に従った措置を行為者に対して講ずること。

ニ 改めて職場における妊娠、出産等に関するハラスメントに関する方針を周知・啓発する等の再発防止に向けた措置を講ずること。

なお、職場における妊娠、出産等に関するハラスメントが生じた事実が確認できなかった場合においても、同様の措置を講ずること。

（再発防止に向けた措置を講じていると認められる例）

① 事業主の方針、制度等の利用ができる旨及び職場における妊娠、出産等に関するハラスメントに係る言動を行った者について厳正に対処する旨の方針を、社内報、パンフレット、社内ホームページ等広報又は啓発のための資料等に改めて掲載し、配布等すること。

② 労働者に対して職場における妊娠、出産等に関するハラスメントに関する意識を啓発するための研修、講習等を改めて実施すること。

(4) 職場における妊娠、出産等に関するハラスメントの原因や背景となる要因を解消するための措置

事業主は、職場における妊娠、出産等に関するハラスメントの原因や背景となる要因を解消するため、業務体制の整備など、事業主や妊娠等した労働者その他の労働者の実情に応じ、必要な措置を講じなければならない（派遣労働者にあっては、派遣元事業主に限る。）。

なお、措置を講ずるに当たっては、

(i) 職場における妊娠、出産等に関するハラスメントの背景には妊娠、出産等に関する否定的な言動もあるが、当該言動の要因の一つには、妊娠した労働者がつわりなどの体調不良のため労務の提供ができないことや労働能率が低下すること等により、周囲の労働者の業務負担が増大することもあることから、周囲の労働者の業務負担等にも配慮すること

(ii) 妊娠等した労働者の側においても、制度等の利用ができるという知識を持つことや、周囲と円滑なコミュニケーションを図りながら自身の体調等に応じて適切に業務を遂行していくという意識を持つこと

のいずれも重要であることに留意することが必要である。（5(2)において同じ。）

（業務体制の整備など、必要な措置を講じていると認められる例）

① 妊娠等した労働者の周囲の労働者への業務の偏りを軽減するよう、適切に業務分担の見直しを行うこと。

② 業務の点検を行い、業務の効率化等を行うこと。

と。

(5) (1)から(4)までの措置と併せて講ずべき措置

(1)から(4)までの措置を講ずるに際しては、併せて次の措置を講じなければならない。

イ　職場における妊娠、出産等に関するハラスメントに係る相談者・行為者等の情報は当該相談者・行為者等のプライバシーに属するものであることから、相談への対応又は当該妊娠、出産等に関するハラスメントに係る事後の対応に当たっては、相談者・行為者等のプライバシーを保護するために必要な措置を講ずるとともに、その旨を労働者に対して周知すること。

（相談者・行為者等のプライバシーを保護するために必要な措置を講じていると認められる例）

① 相談者・行為者等のプライバシーの保護のために必要な事項をあらかじめマニュアルに定め、相談窓口の担当者が相談を受けた際には、当該マニュアルに基づき対応するものとすること。

② 相談者・行為者等のプライバシーの保護のために、相談窓口の担当者に必要な研修を行うこと。

③ 相談窓口においては相談者・行為者等のプライバシーを保護するために必要な措置を講じていることを、社内報、パンフレット、社内ホームページ等広報又は啓発のための資料等に掲載し、配布等すること。

ロ　法第一一条の三第二項、第一七条第二項及び第一八条第二項の規定を踏まえ、労働者が職場における妊娠、出産等に関するハラスメントに関し相談をしたこと若しくは事実関係の確認等の事業主の雇用管理上講ずべき措置に協力したこと、都道府県労働局に対して相談、紛争解決の援助の求め若しくは調停の申請を行ったこと又は調停の出頭の求めに応じたこと（以下「妊娠・出産等に関するハラスメントの相談等」という。）を理由として、解雇その他不利益な取扱いをされない旨を定め、労働者に周知・啓発すること。

（不利益な取扱いをされない旨を定め、労働者にその周知・啓発することについて措置を講じていると認められる例）

① 就業規則その他の職場における服務規律等を定めた文書において、妊娠、出産等に関するハラスメントの相談等を理由として、当該労働者が解雇等の不利益な取扱いをされない旨を規定し、労働者に周知・啓発をすること。

② 社内報、パンフレット、社内ホームページ等広報又は啓発のための資料等に、妊娠、出産等に関するハラスメントの相談等を理由として、当該労働者が解雇等の不利益な取扱いをされない旨を記載し、労働者に配布等すること。

5　事業主が職場における妊娠、出産等に関する言動に起因する問題に関し行うことが望ましい取組の内容

事業主は、職場における妊娠・出産等に関するハラスメントを防止するため、4の措置に加え、次の取組を行うことが望ましい。

(1) 職場における妊娠、出産等に関するハラスメントは、育児休業等に関するハラスメント（子の養育又は家族の介護を行い、又は行うこととなる労働者の職業生活と家庭生活との両立が図られるようにするために事業主が講ずべき措置等に関する指針（平成二一年厚生労働省告示第五〇九号）に規定する「職場における育児休業等に関するハラスメント」をいう。）、セクシュアルハラスメント（事業主が職場における性的な言動に起因する問題に関して雇用管理上講ずべき措置等についての指針（平成一八年厚生労働省告示第六一五号）に規定する「職場におけるセクシュアルハラスメント」をいう。以下同じ。）、パワーハラスメント（事業主が職場における優越的な関係を背景とした言動に起因する問題に関して雇用管理上講ずべき措置等についての指針（令和二年厚生労働省告示第五号）に規定する「職場におけるパワーハラスメント」をいう。）その他のハラスメントと複合的に生じることも想定されることから、事業主は、例えば、セクシュアルハラスメント等の相談窓口と一体的に、職場における妊娠、出産等に関するハラスメントの相談窓口を設置し、一元的に相談に応じることのできる体制を整備することが望ましい。

（一元的に相談に応じることのできる体制の例）

① 相談窓口で受け付けることのできる相談として、職場における妊娠、出産等に関するハラスメントのみならず、セクシュアルハラスメント等も明示すること。

② 職場における妊娠、出産等に関するハラスメントの相談窓口がセクシュアルハラスメント等の相談窓口を兼ねること。

(2) 事業主は、職場における妊娠、出産等に関するハラスメントの原因や背景となる要因を解消するため、妊娠等した労働者の側においても、制度等の利用ができるという知識を持つこと

や、周囲と円滑なコミュニケーションを図りながら自身の体調等に応じて適切に業務を遂行していくという意識を持つこと等を、妊娠等した労働者に周知・啓発することが望ましい。

（妊娠等した労働者への周知・啓発の例）

① 社内報、パンフレット、社内ホームページ等広報又は啓発のための資料等に、妊娠等した労働者の側においても、制度等の利用ができるという知識を持つことや、周囲と円滑なコミュニケーションを図りながら自身の体調等に応じて適切に業務を遂行していくという意識を持つこと等について記載し、妊娠等した労働者に配布等すること。

② 妊娠等した労働者の側においても、制度等の利用ができるという知識を持つことや、周囲と円滑なコミュニケーションを図りながら自身の体調等に応じて適切に業務を遂行していくという意識を持つこと等について、人事部門等から妊娠等した労働者に周知・啓発すること。

(3) 事業主は、4の措置を講じる際に、必要に応じて、労働者や労働組合等の参画を得つつ、アンケート調査や意見交換等を実施するなどにより、その運用状況の的確な把握や必要な見直しの検討等に努めることが重要である。なお、労働者や労働組合等の参画を得る方法として、例えば、労働安全衛生法（昭和四七年法律第五七号）第一八条第一項に規定する衛生委員会の活用なども考えられる。

6 事業主が自らの雇用する労働者以外の者に対する言動に関し行うことが望ましい取組の内容

3の事業主及び労働者の責務の趣旨に鑑みれば、事業主は、当該事業主が雇用する労働者が、他の労働者（他の事業主が雇用する労働者及び求職者を含む。）のみならず、個人事業主、インターンシップを行っている者等の労働者以外の者に対する言動についても必要な注意を払うよう配慮するとともに、事業主（その者が法人である場合にあっては、その役員）自らと労働者も、労働者以外の者に対する言動について必要な注意を払うよう努めることが望ましい。

こうした責務の趣旨も踏まえ、事業主は、4(1)イの職場における妊娠、出産等に関するハラスメントを行ってはならない旨の方針の明確化等を行う際に、当該事業主が雇用する労働者以外の者（他の事業主が雇用する労働者、就職活動中の学生等の求職者及び労働者以外の者）に対する言動についても、同様の方針を併せて示すことが望ましい。

また、これらの者から職場における妊娠、出産等に関するハラスメントに類すると考えられる相談があった場合には、その内容を踏まえて、4の措置も参考にしつつ、必要に応じて適切な対応を行うように努めることが望ましい。

育児休業、介護休業等育児又は家族介護を行う労働者の福祉に関する法律

平成三年五月一五日法律第七六号

施行：平成四年四月一日

最終改正：令和六年五月三一日法律第四二号

施行：附則参照

第一章　総則

（目的）

第一条　この法律は、育児休業及び介護休業に関する制度並びに子の看護等休暇及び介護休暇に関する制度を設けるとともに、子の養育及び家族の介護を容易にするため所定労働時間等に関し事業主が講ずべき措置を定めるほか、子の養育又は家族の介護を行う労働者等に対する支援措置を講ずること等により、子の養育又は家族の介護を行う労働者等の雇用の継続及び再就職の促進を図り、もってこれらの者の職業生活と家庭生活との両立に寄与することを通じて、これらの者の福祉の増進を図り、あわせて経済及び社会の発展に資することを目的とする。

（定義）

第二条　この法律（第一号に掲げる用語にあっては、第九条の七、第六十一条第二十八項、第三十四項、第三十五項及び第三十八項並びに第六十一条の二第二十三項を除く。）において、次の各号に掲げる用語の意義は、当該各号に定めるところによる。

一　育児休業　労働者（日々雇用される者を除く。以下この条、次章から第八章まで、第二十一条

から第二十四条まで、第二十五条第一項、第二十五条の二第一項及び第三項、第二十六条、第二十八条、第二十九条並びに第十一章において同じ。）が、次章に定めるところにより、その子（民法（明治二十九年法律第八十九号）第八百十七条の二第一項の規定により労働者が当該労働者との間における同項に規定する特別養子縁組の成立について家庭裁判所に請求した者（当該請求に係る家事審判事件が裁判所に係属している場合に限る。）であって当該労働者が現に監護するもの、児童福祉法（昭和二十二年法律第百六十四号）第二十七条第一項（同項第三号に係る部分に限る。）の規定により同法第六条の四第二号に規定する養子縁組里親である労働者に委託されている児童及びこれらの労働者に準ずる者として厚生労働省令で定める労働者に厚生労働省令で定めるところにより委託されている者を含む。第四号を除き、以下同じ。）を養育するためにする休業をいう。

二　介護休業　労働者が、第三章に定めるところにより、その要介護状態にある対象家族を介護するためにする休業をいう。

三　要介護状態　負傷、疾病又は身体上若しくは精神上の障害により、厚生労働省令で定める期間にわたり常時介護を必要とする状態をいう。

四　対象家族　配偶者（婚姻の届出をしていないが、事実上婚姻関係と同様の事情にある者を含む。以下同じ。）、父母及び子（これらの者に準ずる者として厚生労働省令で定めるものを含む。）並びに配偶者の父母をいう。

五　家族　対象家族その他厚生労働省令で定める親族をいう。

（基本的理念）

第三条　この法律の規定による子の養育又は家族の介護を行う労働者等の福祉の増進は、これらの者がそれぞれ職業生活の全期間を通じてその能力を有効に発揮して充実した職業生活を営むとともに、育児又は介護について家族の一員としての役割を円滑に果たすことができるようにすることをその本旨とする。

2　子の養育又は家族の介護を行うための休業をする労働者は、その休業後における就業を円滑に行うことができるよう必要な努力をするようにしなければならない。

（関係者の責務）

第四条　事業主並びに国及び地方公共団体は、前条に規定する基本的理念に従って、子の養育又は家族の介護を行う労働者等の福祉を増進するように努めなければならない。

第二章　育児休業

（育児休業の申出）

第五条　労働者は、その養育する一歳に満たない子について、その事業主に申し出ることにより、育児休業（第九条の二第一項に規定する出生時育児休業を除く。以下この条から第九条までにおいて同じ。）をすることができる。ただし、期間を定めて雇用される者にあっては、その養育する子が一歳六か月に達する日までに、その労働契約（労働契約が更新される場合にあっては、更新後のもの。第三項、第九条の二第一項及び第十一条第一項において同じ。）が満了することが明らかでない者に限り、当該申出をすることができる。

2　前項の規定にかかわらず、労働者は、その養育する子が一歳に達する日（以下「一歳到達日」という。）までの期間（当該子を養育していない期間を除く。）内に二回の育児休業（第七項に規定する育児休業申出によりする育児休業を除く。）をした場合には、当該子については、厚生労働省令で定める特別の事情がある場合を除き、前項の規定による申出をすることができない。

3　労働者は、その養育する一歳から一歳六か月に達するまでの子について、次の各号のいずれにも該当する場合（厚生労働省令で定める特別の事情がある場合には、第二号に該当する場合）に限り、その事業主に申し出ることにより、育児休業をすることができる。ただし、期間を定めて雇用される者（当該子の一歳到達日において育児休業をしている者であって、その翌日を第六項に規定する育児休業開始予定日とする申出をするものを除く。）にあっては、当該子が一歳六か月に達する日までに、その労働契約が満了することが明らかでない者に限り、当該申出をすることができる。

一　当該申出に係る子について、当該労働者又はその配偶者が、当該子の一歳到達日において育児休業をしている場合

二　当該子の一歳到達日後の期間について休業することが雇用の継続のために特に必要と認められる場合として厚生労働省令で定める場合に該当する場合

三　当該子の一歳到達日後の期間において、この項の規定による申出により育児休業をしたことがない場合

4　労働者は、その養育する一歳六か月から二歳に達するまでの子について、次の各号のいずれにも該当する場合（前項の厚生労働省令で定める特別

の事情がある場合には、第二号に該当する場合）に限り、その事業主に申し出ることにより、育児休業をすることができる。

一　当該申出に係る子について、当該労働者又はその配偶者が、当該子の一歳六か月に達する日（以下「一歳六か月到達日」という。）において育児休業をしている場合

二　当該子の一歳六か月到達日後の期間について休業することが雇用の継続のために特に必要と認められる場合として厚生労働省令で定める場合に該当する場合

三　当該子の一歳六か月到達日後の期間において、この項の規定による申出により育児休業をしたことがない場合

5　第一項ただし書の規定は、前項の規定による申出について準用する。この場合において、第一項ただし書中「一歳六か月」とあるのは、「二歳」と読み替えるものとする。

6　第一項、第三項及び第四項の規定による申出（以下「育児休業申出」という。）は、厚生労働省令で定めるところにより、その期間中は育児休業をすることとする一の期間について、その初日（以下「育児休業開始予定日」という。）及び末日（以下「育児休業終了予定日」という。）とする日を明らかにして、しなければならない。この場合において、次の各号に掲げる申出にあっては、第三項の厚生労働省令で定める特別の事情がある場合を除き、当該各号に定める日を育児休業開始予定日としなければならない。

一　第三項の規定による申出　当該申出に係る子の一歳到達日の翌日（当該申出をする労働者の配偶者が同項の規定による申出により育児休業をする場合には、当該育児休業に係る育児休業終了予定日の翌日以前の日）

二　第四項の規定による申出　当該申出に係る子の一歳六か月到達日の翌日（当該申出をする労働者の配偶者が同項の規定による申出により育児休業をする場合には、当該育児休業に係る育児休業終了予定日の翌日以前の日）

7　第一項ただし書、第二項、第三項（第一号及び第二号を除く。）、第四項（第一号及び第二号を除く。）、第五項及び前項後段の規定は、期間を定めて雇用される者であって、その締結する労働契約の期間の末日を育児休業終了予定日（第七条第三項の規定により当該育児休業終了予定日が変更された場合にあっては、その変更後の育児休業終了予定日とされた日）とする育児休業をしているものが、当該育児休業に係る子について、当該労働契約の更新に伴い、当該更新後の労働契約の期間の初日を育児休業開始予定日とする育児休業申出をする場合には、これを適用しない。

（育児休業申出があった場合における事業主の義務等）

第六条　事業主は、労働者からの育児休業申出があったときは、当該育児休業申出を拒むことができない。ただし、当該事業主と当該労働者が雇用される事業所の労働者の過半数で組織する労働組合があるときはその労働組合、その事業所の労働者の過半数で組織する労働組合がないときはその労働者の過半数を代表する者との書面による協定で、次に掲げる労働者のうち育児休業をすることができないものとして定められた労働者に該当する労働者からの育児休業申出があった場合は、この限りでない。

一　当該事業主に引き続き雇用された期間が一年に満たない労働者

二　前号に掲げるもののほか、育児休業をすることができないこととすることについて合理的な理由があると認められる労働者として厚生労働省令で定めるもの

2　前項ただし書の場合において、事業主にその育児休業申出を拒まれた労働者は、前条第一項、第三項及び第四項の規定にかかわらず、育児休業をすることができない。

3　事業主は、労働者からの育児休業申出があった場合において、当該育児休業申出に係る育児休業開始予定日とされた日が当該育児休業申出があった日の翌日から起算して一月（前条第三項の規定による申出（当該申出があった日が当該申出に係る子の一歳到達日以前の日であるものに限る。）又は同条第四項の規定による申出（当該申出があった日が当該申出に係る子の一歳六か月到達日以前の日であるものに限る。）にあっては二週間）を経過する日（以下この項において「一月等経過日」という。）前の日であるときは、厚生労働省令で定めるところにより、当該育児休業開始予定日とされた日から当該一月等経過日（当該育児休業申出があった日までに、出産予定日前に子が出生したことその他の厚生労働省令で定める事由が生じた場合にあっては、当該一月等経過日前の日で厚生労働省令で定める日）までの間のいずれかの日を当該育児休業開始予定日として指定することができる。

4　第一項ただし書及び前項の規定は、労働者が前条第七項に規定する育児休業申出をする場合には、これを適用しない。

（育児休業開始予定日の変更の申出等）

第七条　第五条第一項の規定による申出をした労働者は、その後当該申出に係る育児休業開始予定日とされた日（前条第三項の規定による事業主の指定があった場合にあっては、当該事業主の指定した日。以下この項において同じ。）の前日までに、前条第三項の厚生労働省令で定める事由が生じた場合には、その事業主に申し出ることにより、当該申出に係る育児休業開始予定日を一回に限り当該育児休業開始予定日とされた日前の日に変更することができる。

2　事業主は、前項の規定による労働者からの申出があった場合において、当該申出に係る変更後の育児休業開始予定日とされた日が当該申出があった日の翌日から起算して一月を超えない範囲内で厚生労働省令で定める期間を経過する日（以下この項において「期間経過日」という。）前の日であるときは、厚生労働省令で定めるところにより、当該申出に係る変更後の育児休業開始予定日とされた日から当該期間経過日（その日が当該申出に係る変更前の育児休業開始予定日とされていた日（前条第三項の規定による事業主の指定があった場合にあっては、当該事業主の指定した日。以下この項において同じ。）以後の日である場合にあっては、当該申出に係る変更前の育児休業開始予定日とされていた日）までの間のいずれかの日を当該労働者に係る育児休業開始予定日として指定することができる。

3　育児休業申出をした労働者は、厚生労働省令で定める日までにその事業主に申し出ることにより、当該育児休業申出に係る育児休業終了予定日を一回に限り当該育児休業終了予定日とされた日後の日に変更することができる。

（育児休業申出の撤回等）

第八条　育児休業申出をした労働者は、当該育児休業申出に係る育児休業開始予定日とされた日（第六条第三項又は前条第二項の規定による事業主の指定があった場合にあっては当該事業主の指定した日、同条第一項の規定により育児休業開始予定日が変更された場合にあってはその変更後の育児休業開始予定日とされた日。以下同じ。）の前日までは、当該育児休業申出を撤回することができる。

2　前項の規定により第五条第一項の規定による申出を撤回した労働者は、同条第二項の規定の適用については、当該申出に係る育児休業をしたものとみなす。

3　第一項の規定により第五条第三項又は第四項の規定による申出を撤回した労働者は、当該申出に係る子については、厚生労働省令で定める特別の事情がある場合を除き、同条第三項及び第四項の規定にかかわらず、これらの規定による申出をすることができない。

4　育児休業申出がされた後育児休業開始予定日とされた日の前日までに、子の死亡その他の労働者が当該育児休業申出に係る子を養育しないこととなった事由として厚生労働省令で定める事由が生じたときは、当該育児休業申出は、されなかったものとみなす。この場合において、労働者は、その事業主に対して、当該事由が生じた旨を遅滞なく通知しなければならない。

（育児休業期間）

第九条　育児休業申出をした労働者がその期間中は育児休業をすることができる期間（以下「育児休業期間」という。）は、育児休業開始予定日とされた日から育児休業終了予定日とされた日（第七条第三項の規定により当該育児休業終了予定日が変更された場合にあっては、その変更後の育児休業終了予定日とされた日。次項において同じ。）までの間とする。

2　次の各号に掲げるいずれかの事情が生じた場合には、育児休業期間は、前項の規定にかかわらず、当該事情が生じた日（第三号に掲げる事情が生じた場合にあっては、その前日）に終了する。

一　育児休業終了予定日とされた日の前日までに、子の死亡その他の労働者が育児休業申出に係る子を養育しないこととなった事由として厚生労働省令で定める事由が生じたこと。

二　育児休業終了予定日とされた日の前日までに、育児休業申出に係る子が一歳（第五条第三項の規定による申出により育児休業をしている場合にあっては一歳六か月、同条第四項の規定による申出により育児休業をしている場合にあっては二歳）に達したこと。

三　育児休業終了予定日とされた日までに、育児休業申出をした労働者について、労働基準法（昭和二十二年法律第四十九号）第六十五条第一項若しくは第二項の規定により休業する期間、第九条の五第一項に規定する出生時育児休業期間、第十五条第一項に規定する介護休業期間又は新たな育児休業期間が始まったこと。

3　前条第四項後段の規定は、前項第一号の厚生労働省令で定める事由が生じた場合について準用する。

（出生時育児休業の申出）

第九条の二　労働者は、その養育する子について、その事業主に申し出ることにより、出生時育児休業（育児休業のうち、この条から第九条の五までに定めるところにより、子の出生の日から起算して八週間を経過する日の翌日まで（出産予定日前に当該子が出生した場合にあっては当該出生の日から当該出産予定日から起算して八週間を経過する日の翌日までとし、出産予定日後に当該子が出生した場合にあっては当該出産予定日から当該出生の日から起算して八週間を経過する日の翌日までとする。次項第一号において同じ。）の期間内に四週間以内の期間を定めてする休業をいう。以下同じ。）をすることができる。ただし、期間を定めて雇用される者にあっては、その養育する子の出生の日（出産予定日前に当該子が出生した場合にあっては、当該出産予定日）から起算して八週間を経過する日の翌日から六月を経過する日までに、その労働契約が満了することが明らかでない者に限り、当該申出をすることができる。

2　前項の規定にかかわらず、労働者は、その養育する子について次の各号のいずれかに該当する場合には、当該子については、同項の規定による申出をすることができない。

一　当該子の出生の日から起算して八週間を経過する日の翌日までの期間（当該子を養育していない期間を除く。）内に二回の出生時育児休業（第四項に規定する出生時育児休業申出によりする出生時育児休業を除く。）をした場合

二　当該子の出生の日（出産予定日後に当該子が出生した場合にあっては、当該出産予定日）以後に出生時育児休業をする日数（出生時育児休業を開始する日から出生時育児休業を終了する日までの日数とする。第九条の五第六項第三号において同じ。）が二十八日に達している場合

3　第一項の規定による申出（以下「出生時育児休業申出」という。）は、厚生労働省令で定めるところにより、その期間中は出生時育児休業をすることとする一の期間について、その初日（以下「出生時育児休業開始予定日」という。）及び末日（以下「出生時育児休業終了予定日」という。）とする日を明らかにして、しなければならない。

4　第一項ただし書及び第二項（第二号を除く。）の規定は、期間を定めて雇用される者であって、その締結する労働契約の期間の末日を出生時育児休業終了予定日（第九条の四において準用する第七条第三項の規定により当該出生時育児休業終了予定日が変更された場合にあっては、その変更後の出生時育児休業終了予定日とされた日）とする出生時育児休業をしているものが、当該出生時育児休業に係る子について、当該労働契約の更新に伴い、当該更新後の労働契約の期間の初日を出生時育児休業開始予定日とする出生時育児休業申出をする場合には、これを適用しない。

（出生時育児休業申出があった場合における事業主の義務等）

第九条の三　事業主は、労働者からの出生時育児休業申出があったときは、当該出生時育児休業申出を拒むことができない。ただし、労働者からその養育する子について出生時育児休業申出がなされた後に、当該労働者から当該出生時育児休業申出をした日に養育していた子について新たに出生時育児休業申出がなされた場合は、この限りでない。

2　第六条第一項ただし書及び第二項の規定は、労働者からの出生時育児休業申出があった場合について準用する。この場合において、同項中「前項ただし書」とあるのは「第九条の三第一項ただし書及び同条第二項において準用する前項ただし書」と、「前条第一項、第三項及び第四項」とあるのは「第九条の二第一項」と読み替えるものとする。

3　事業主は、労働者からの出生時育児休業申出があった場合において、当該出生時育児休業開始予定日とされた日が当該出生時育児休業申出があった日の翌日から起算して二週間を経過する日（以下この項において「二週間経過日」という。）前の日であるときは、厚生労働省令で定めるところにより、当該出生時育児休業開始予定日とされた日から当該二週間経過日（当該出生時育児休業申出があった日までに、第六条第三項の厚生労働省令で定める事由が生じた場合にあっては、当該二週間経過日前の日で厚生労働省令で定める日）までの間のいずれかの日を当該出生時育児休業開始予定日として指定することができる。

4　事業主と労働者が雇用される事業所の労働者の過半数で組織する労働組合があるときはその労働組合、その事業所の労働者の過半数で組織する労働組合がないときはその労働者の過半数を代表する者との書面による協定で、次に掲げる事項を定めた場合における前項の規定の適用については、同項中「二週間を経過する日（以下この項において「二週間経過日」という。）」とあるのは「次項第二号に掲げる期間を経過する日」と、「当該二週間経過日」とあるのは「同号に掲げる期間を経過する日」とする。

一　出生時育児休業申出が円滑に行われるようにするための雇用環境の整備その他の厚生労働省

令で定める措置の内容

二　事業主が出生時育児休業申出に係る出生時育児休業開始予定日を指定することができる出生時育児休業申出があった日の翌日から出生時育児休業開始予定日とされた日までの期間（二週間を超え一月以内の期間に限る。）

5　第一項ただし書及び前三項の規定は、労働者が前条第四項に規定する出生時育児休業申出をする場合には、これを適用しない。

（準用）

第九条の四　第七条並びに第八条第一項、第二項及び第四項の規定は、出生時育児休業申出並びに出生時育児休業開始予定日及び出生時育児休業終了予定日について準用する。この場合において、第七条第一項中「（前条第三項」とあるのは「（第九条の三第三項（同条第四項の規定により読み替えて適用する場合を含む。）」と、同条第二項中「一月」とあるのは「二週間」と、「前条第三項」とあるのは「第九条の三第三項（同条第四項の規定により読み替えて適用する場合を含む。）」と、第八条第一項中「第六条第三項又は前条第二項」とあるのは「第九条の三第三項（同条第四項の規定により読み替えて適用する場合を含む。）又は第九条の四において準用する前条第二項」と、「同条第一項」とあるのは「第九条の四において準用する前条第一項」と、同条第二項中「同条第二項」とあるのは「第九条の二第二項」と読み替えるものとする。

（出生時育児休業期間等）

第九条の五　出生時育児休業申出をした労働者がその期間中は出生時育児休業をすることができる期間（以下「出生時育児休業期間」という。）は、出生時育児休業開始予定日とされた日（第九条の三第三項（同条第四項の規定により読み替えて適用する場合を含む。）又は前条において準用する第七条第二項の規定による事業主の指定があった場合にあっては当該事業主の指定した日、前条において準用する第七条第一項の規定により出生時育児休業開始予定日が変更された場合にあってはその変更後の出生時育児休業開始予定日とされた日。以下この条において同じ。）から出生時育児休業終了予定日とされた日（前条において準用する第七条第三項の規定により当該出生時育児休業終了予定日が変更された場合にあっては、その変更後の出生時育児休業終了予定日とされた日。第六項において同じ。）までの間とする。

2　出生時育児休業申出をした労働者（事業主と当該労働者が雇用される事業所の労働者の過半数で組織する労働組合があるときはその労働組合、その事業所の労働者の過半数で組織する労働組合がないときはその労働者の過半数を代表する者との書面による協定で、出生時育児休業期間中に就業させることができるものとして定められた労働者に該当するものに限る。）は、当該出生時育児休業申出に係る出生時育児休業開始予定日とされた日の前日までの間、事業主に対し、当該出生時育児休業申出に係る出生時育児休業期間において就業することができる日その他の厚生労働省令で定める事項（以下この条において「就業可能日等」という。）を申し出ることができる。

3　前項の規定による申出をした労働者は、当該申出に係る出生時育児休業開始予定日とされた日の前日までは、その事業主に申し出ることにより当該申出に係る就業可能日等を変更し、又は当該申出を撤回することができる。

4　事業主は、労働者から第二項の規定による申出（前項の規定による変更の申出を含む。）があった場合には、当該申出に係る就業可能日等（前項の規定により就業可能日等が変更された場合にあっては、その変更後の就業可能日等）の範囲内で日時を提示し、厚生労働省令で定めるところにより、当該申出に係る出生時育児休業開始予定日とされた日の前日までに当該労働者の同意を得た場合に限り、厚生労働省令で定める範囲内で、当該労働者を当該日時に就業させることができる。

5　前項の同意をした労働者は、当該同意の全部又は一部を撤回することができる。ただし、第二項の規定による申出に係る出生時育児休業開始予定日とされた日以後においては、厚生労働省令で定める特別の事情がある場合に限る。

6　次の各号に掲げるいずれかの事情が生じた場合には、出生時育児休業期間は、第一項の規定にかかわらず、当該事情が生じた日（第四号に掲げる事情が生じた場合にあっては、その前日）に終了する。

一　出生時育児休業終了予定日とされた日の前日までに、子の死亡その他の労働者が出生時育児休業申出に係る子を養育しないこととなった事由として厚生労働省令で定める事由が生じたこと。

二　出生時育児休業終了予定日とされた日の前日までに、出生時育児休業申出に係る子の出生の日の翌日（出産予定日前に当該子が出生した場合にあっては、当該出産予定日の翌日）から起算して八週間を経過したこと。

三　出生時育児休業終了予定日とされた日の前日

までに、出生時育児休業申出に係る子の出生の日（出産予定日後に当該子が出生した場合にあっては、当該出産予定日）以後に出生時育児休業をする日数が二十八日に達したこと。

四　出生時育児休業終了予定日とされた日までに、出生時育児休業申出をした労働者について、労働基準法第六十五条第一項若しくは第二項の規定により休業する期間、育児休業期間、第十五条第一項に規定する介護休業期間又は新たな出生時育児休業期間が始まったこと。

7　第八条第四項後段の規定は、前項第一号の厚生労働省令で定める事由が生じた場合について準用する。

（同一の子について配偶者が育児休業をする場合の特例）

第九条の六　労働者の養育する子について、当該労働者の配偶者が当該子の一歳到達日以前のいずれかの日において当該子を養育するために育児休業をしている場合における第二章から第五章まで、第二十四条第一項及び第十二章の規定の適用については、第五条第一項中「一歳に満たない子」とあるのは「一歳に満たない子（第九条の六第一項の規定により読み替えて適用するこの項の規定により育児休業をする場合にあっては、一歳二か月に満たない子）」と、同条第三項ただし書中「一歳到達日」とあるのは「一歳到達日（当該労働者が第九条の六第一項の規定により読み替えて適用する第一項の規定によりした申出に係る第九条第一項（第九条の六第一項の規定により読み替えて適用する場合を含む。）に規定する育児休業終了予定日とされた日が当該子の一歳到達日後である場合にあっては、当該育児休業終了予定日とされた日）」と、同項第一号中「又はその配偶者が、当該子の一歳到達日」とあるのは「が当該子の一歳到達日（当該労働者が第九条の六第一項の規定により読み替えて適用する第一項の規定によりした申出に係る第九条第一項（第九条の六第一項の規定により読み替えて適用する場合を含む。）に規定する育児休業終了予定日とされた日が当該子の一歳到達日後である場合にあっては、当該育児休業終了予定日とされた日）において育児休業をしている場合又は当該労働者の配偶者が当該子の一歳到達日（当該配偶者が第九条の六第一項の規定により読み替えて適用する第一項の規定によりした申出に係る第九条第一項（第九条の六第一項の規定により読み替えて適用する場合を含む。）に規定する育児休業終了予定日とされた日が当該子の一歳到達日後である場合にあっては、当該育児休業終了予定日とされた日）」と、同項第三号中「一歳到達日」とあるのは「一歳到達日（当該子を養育する労働者が第九条の六第一項の規定により読み替えて適用する第一項の規定によりした申出に係る第九条第一項（第九条の六第一項の規定により読み替えて適用する場合を含む。）に規定する育児休業終了予定日とされた日が当該子の一歳到達日後である場合にあっては、当該育児休業終了予定日とされた日）」と、同条第六項第一号中「一歳到達日」とあるのは「一歳到達日（当該子を養育する労働者又はその配偶者が第九条の六第一項の規定により読み替えて適用する第一項の規定によりした申出に係る第九条第一項（第九条の六第一項の規定により読み替えて適用する場合を含む。）に規定する育児休業終了予定日とされた日が当該子の一歳到達日後である場合にあっては、当該育児休業終了予定日とされた日（当該労働者に係る育児休業終了予定日とされた日と当該配偶者に係る育児休業終了予定日とされた日が異なるときは、そのいずれかの日）。次条第三項において同じ。）」と、第九条第一項中「変更後の育児休業終了予定日とされた日。次項」とあるのは「変更後の育児休業終了予定日とされた日。次項（第九条の六第一項の規定により読み替えて適用する場合を含む。）において同じ。）（当該育児休業終了予定日とされた日が当該育児休業開始予定日とされた日から起算して育児休業等可能日数（当該育児休業に係る子の出生した日から当該子の一歳到達日までの日数をいう。）から育児休業等取得日数（当該子の出生した日以後当該労働者が労働基準法（昭和二十二年法律第四十九号）第六十五条第一項又は第二項の規定により休業した日数と当該子について育児休業及び次条第一項に規定する出生時育児休業をした日数を合算した日数をいう。）を差し引いた日数を経過する日より後の日であるときは、当該経過する日。次項（第九条の六第一項の規定により読み替えて適用する場合を含む。）」と、同条第二項第二号中「第五条第三項」とあるのは「第九条の六第一項の規定により読み替えて適用する第五条第一項の規定による申出により育児休業をしている場合にあっては一歳二か月、同条第三項（第九条の六第一項の規定により読み替えて適用する場合を含む。）」と、「同条第四項」とあるのは「第五条第四項」と、第二十四条第一項第一号中「一歳（」とあるのは「一歳（当該労働者が第九条の六第一項の規定により読み替えて適用する第五条第一項の規定による申出をすることができる場合にあっては一歳二か月、」とするほか、必要な技術的読替えは、厚生労働省令で定める。

2　前項の規定は、同項の規定を適用した場合の第五条第一項の規定による申出に係る育児休業開始予定日とされた日が、当該育児休業に係る子の一歳到達日の翌日後である場合又は前項の場合における当該労働者の配偶者がしている育児休業に係る育児休業期間の初日前である場合には、これを適用しない。

（公務員である配偶者がする育児休業に関する規定の適用）

第九条の七　第五条第三項、第四項及び第六項並びに前条の規定の適用については、労働者の配偶者が国会職員の育児休業等に関する法律（平成三年法律第百八号）第三条第二項、国家公務員の育児休業等に関する法律（平成三年法律第百九号）第三条第二項（同法第二十七条第一項及び裁判所職員臨時措置法（昭和二十六年法律第二百九十九号）（第七号に係る部分に限る。）において準用する場合を含む。）、地方公務員の育児休業等に関する法律（平成三年法律第百十号）第二条第二項又は裁判官の育児休業に関する法律（平成三年法律第百十一号）第二条第二項の規定によりする請求及び当該請求に係る育児休業は、それぞれ第五条第一項、第三項又は第四項の規定によりする申出及び当該申出によりする育児休業とみなす。

（不利益取扱いの禁止）

第一〇条　事業主は、労働者が育児休業申出等（育児休業申出及び出生時育児休業申出をいう。以下同じ。）をし、若しくは育児休業をしたこと又は第九条の五第二項の規定による申出若しくは同条第四項の同意をしなかったことその他の同条第二項から第五項までの規定に関する事由であって厚生労働省令で定めるものを理由として、当該労働者に対して解雇その他不利益な取扱いをしてはならない。

第三章　介護休業

（介護休業の申出）

第一一条　労働者は、その事業主に申し出ることにより、介護休業をすることができる。ただし、期間を定めて雇用される者にあっては、第三項に規定する介護休業開始予定日から起算して九十三日を経過する日から六月を経過する日までに、その労働契約が満了することが明らかでない者に限り、当該申出をすることができる。

2　前項の規定にかかわらず、介護休業をしたことがある労働者は、当該介護休業に係る対象家族が次の各号のいずれかに該当する場合には、当該対象家族については、同項の規定による申出をすることができない。

一　当該対象家族について三回の介護休業をした場合

二　当該対象家族について介護休業をした日数（介護休業を開始した日から介護休業を終了した日までの日数とし、二回以上の介護休業をした場合にあっては、介護休業ごとに、当該介護休業を開始した日から当該介護休業を終了した日までの日数を合算して得た日数とする。第十五条第一項において「介護休業日数」という。）が九十三日に達している場合

イ　介護休業をした日数（介護休業を開始した日から介護休業を終了した日までの日数とし、二以上の介護休業をした場合にあっては、介護休業ごとに、介護休業を開始した日から介護休業を終了した日までの日数を合算して得た日数とする。）

ロ　第二十三条第三項の措置のうち所定労働時間の短縮その他の措置であって厚生労働省令で定めるものが講じられた日数（当該措置のうち最初に講じられた措置が開始された日から最後に講じられた措置が終了した日までの日数（その間に介護休業をした期間があるときは、当該介護休業を開始した日から当該介護休業を終了した日までの日数を差し引いた日数）とし、二以上の要介護状態について当該措置が講じられた場合にあっては、要介護状態ごとに、当該措置のうち最初に講じられた措置が開始された日から最後に講じられた措置が終了した日までの日数（その間に介護休業をした期間があるときは、当該介護休業を開始した日から当該介護休業を終了した日までの日数を差し引いた日数）を合算して得た日数とする。）

3　第一項の規定による申出（以下「介護休業申出」という。）は、厚生労働省令で定めるところにより、介護休業申出に係る対象家族が要介護状態にあることを明らかにし、かつ、その期間中は当該対象家族に係る介護休業をすることとする一の期間について、その初日（以下「介護休業開始予定日」という。）及び末日（以下「介護休業終了予定日」という。）とする日を明らかにして、しなければならない。

4　第一項ただし書及び第二項（第二号を除く。）の規定は、期間を定めて雇用される者であって、その締結する労働契約の期間の末日を介護休業終

了予定日（第十三条において準用する第七条第三項の規定により当該介護休業終了予定日が変更された場合にあっては、その変更後の介護休業終了予定日とされた日）とする介護休業をしているものが、当該介護休業に係る対象家族について、当該労働契約の更新に伴い、当該更新後の労働契約の期間の初日を介護休業開始予定日とする介護休業申出をする場合には、これを適用しない。

（介護休業申出があった場合における事業主の義務等）

第一二条 事業主は、労働者からの介護休業申出があったときは、当該介護休業申出を拒むことができない。

2 第六条第一項ただし書及び第二項の規定は、労働者からの介護休業申出があった場合について準用する。この場合において、同項中「前項ただし書」とあるのは「第十二条第二項において準用する前項ただし書」と、「前条第一項、第三項及び第四項」とあるのは「第十一条第一項」と読み替えるものとする。

3 事業主は、労働者からの介護休業申出があった場合において、当該介護休業申出に係る介護休業開始予定日とされた日が当該介護休業申出があった日の翌日から起算して二週間を経過する日（以下この項において「二週間経過日」という。）前の日であるときは、厚生労働省令で定めるところにより、当該介護休業開始予定日とされた日から当該二週間経過日までの間のいずれかの日を当該介護休業開始予定日として指定することができる。

4 前二項の規定は、労働者が前条第四項に規定する介護休業申出をする場合には、これを適用しない。

（介護休業終了予定日の変更の申出）

第一三条 第七条第三項の規定は、介護休業終了予定日の変更の申出について準用する。

（介護休業申出の撤回等）

第一四条 介護休業申出をした労働者は、当該介護休業申出に係る介護休業開始予定日とされた日（第十二条第三項の規定による事業主の指定があった場合にあっては、当該事業主の指定した日。第三項において準用する第八条第四項及び次条第一項において同じ。）の前日までは、当該介護休業申出を撤回することができる。

2 前項の規定による介護休業申出の撤回がなされ、かつ、当該撤回に係る対象家族について当該撤回後になされる最初の介護休業申出が撤回された場合においては、その後になされる当該対象家族についての介護休業申出については、事業主は、第十二条第一項の規定にかかわらず、これを拒むことができる。

3 第八条第四項の規定は、介護休業申出について準用する。この場合において、同項中「子」とあるのは「対象家族」と、「養育」とあるのは「介護」と読み替えるものとする。

（介護休業期間）

第一五条 介護休業申出をした労働者がその期間中は介護休業をすることができる期間（以下「介護休業期間」という。）は、当該介護休業申出に係る介護休業開始予定日とされた日から介護休業終了予定日とされた日（その日が当該介護休業開始予定日とされた日から起算して九十三日から当該労働者の当該介護休業申出に係る対象家族についての介護休業日数を差し引いた日数を経過する日より後の日であるときは、当該経過する日。第三項において同じ。）までの間とする。

2 この条において、介護休業終了予定日とされた日とは、第十三条において準用する第七条第三項の規定により当該介護休業終了予定日が変更された場合にあっては、その変更後の介護休業終了予定日とされた日をいう。

3 次の各号に掲げるいずれかの事情が生じた場合には、介護休業期間は、第一項の規定にかかわらず、当該事情が生じた日（第二号に掲げる事情が生じた場合にあっては、その前日）に終了する。

一 介護休業終了予定日とされた日の前日までに、対象家族の死亡その他の労働者が介護休業申出に係る対象家族を介護しないこととなった事由として厚生労働省令で定める事由が生じたこと。

二 介護休業終了予定日とされた日までに、介護休業申出をした労働者について、労働基準法第六十五条第一項若しくは第二項の規定により休業する期間、育児休業期間、出生時育児休業期間又は新たな介護休業期間が始まったこと。

4 第八条第四項後段の規定は、前項第一号の厚生労働省令で定める事由が生じた場合について準用する。

（準用）

第一六条 事業主は、労働者が介護休業申出をし、又は介護休業をしたことを理由として、当該労働者に対して解雇その他不利益な取扱いをしてはならない。（第九条の二第一項に規定する出生時育児休業を除く。以下この条から第九条までにおいて同じ。）

第四章 子の看護等休暇

（子の看護等休暇の申出）

第一六条の二　九歳に達する日以後の最初の三月三十一日までの間にある子（以下この項において「小学校第三学年修了前の子」という。）を養育する労働者は、その事業主に申し出ることにより、一の年度において五労働日（その養育する小学校第三学年修了前の子が二人以上の場合にあっては、十労働日）を限度として、負傷し、若しくは疾病にかかった当該小学校第三学年修了前の子の世話、疾病の予防を図るために必要なものとして厚生労働省令で定める当該小学校第三学年修了前の子の世話若しくは学校保健安全法（昭和三十三年法律第五十六号）第二十条の規定による学校の休業その他これに準ずるものとして厚生労働省令で定める事に伴う当該小学校第三学年修了前の子の世話を行うため、又は当該小学校第三学年修了前の子の教育若しくは保育に係る行事のうち厚生労働省令で定めるものへの参加をするための休暇（以下「子の看護等休暇」という。）を取得することができる。

2　子の看護等休暇は、一日の所定労働時間が短い労働者として厚生労働省令で定めるもの以外の者は、厚生労働省令で定めるところにより、厚生労働省令で定める一日未満の単位で取得することができる。

3　第一項の規定による申出は、厚生労働省令で定めるところにより、子の看護等休暇を取得する日（前項の厚生労働省令で定める一日未満の単位で取得するときは子の看護等休暇の開始及び終了の日時）を明らかにして、しなければならない。

4　第一項の年度は、事業主が別段の定めをする場合を除き、四月一日に始まり、翌年三月三十一日に終わるものとする。

（子の看護等休暇の申出があった場合における事業主の義務等）

第一六条の三　事業主は、労働者からの前条第一項の規定による申出があったときは、当該申出を拒むことができない。

2　第六条第一項ただし書（第二号に係る部分に限る。）及び第二項の規定は、労働者からの前条第一項の規定による申出があった場合について準用する。この場合において、同号中「定めるもの」とあるのは「定めるもの又は業務の性質若しくは業務の実施体制に照らして、第十六条の二第二項の厚生労働省令で定める一日未満の単位で子の看護等休暇を取得することが困難と認められる業務に従事する労働者（同項の規定による厚生労働省令で定める一日未満の単位で取得しようとする者に限る。）」と、第六条第二項中「前項ただし書」とあるのは「第十六条の三第二項において準用する前項ただし書」と、「前条第一項、第三項及び第四項」とあるのは「第十六条の二第一項」と読み替えるものとする。

（準用）

第一六条の四　第十六条の規定は、第十六条の二第一項の規定による申出及び子の看護等休暇について準用する。

第五章　介護休暇

（介護休暇の申出）

第一六条の五　要介護状態にある対象家族の介護その他の厚生労働省令で定める世話を行う労働者は、その事業主に申し出ることにより、一の年度において五労働日（要介護状態にある対象家族が二人以上の場合にあっては、十労働日）を限度として、当該世話を行うための休暇（以下「介護休暇」という。）を取得することができる。

2　介護休暇は、一日の所定労働時間が短い労働者として厚生労働省令で定めるもの以外の者は、厚生労働省令で定めるところにより、厚生労働省令で定める一日未満の単位で取得することができる。

3　第一項の規定による申出は、厚生労働省令で定めるところにより、当該申出に係る対象家族が要介護状態にあること及び介護休暇を取得する日（前項の厚生労働省令で定める一日未満の単位で取得するときは介護休暇の開始及び終了の日時）を明らかにして、しなければならない。

4　第一項の年度は、事業主が別段の定めをする場合を除き、四月一日に始まり、翌年三月三十一日に終わるものとする。

（介護休暇の申出があった場合における事業主の義務等）

第一六条の六　事業主は、労働者からの前条第一項の規定による申出があったときは、当該申出を拒むことができない。

2　第六条第一項ただし書（第二号に係る部分に限る。）及び第二項の規定は、労働者からの前条第一項の規定による申出があった場合について準用する。この場合において、同号中「定めるもの」とあるのは「定めるもの又は業務の性質若しくは業務の実施体制に照らして、第十六条の五第二項の厚生労働省令で定める一日未満の単位で介護休暇を取得することが困難と認められる業務に従事する労働者（同項の規定による厚生労働省令で定める一日未満の単位で取得しようとする者に限る。）」と、第六条第二項中「前項ただし書」とあるのは「第十六条の六第二項において準用する前項ただし書」と、「前条第一項、第三項及び第四項」とあるのは「第十六条の五第一項」と読み替えるものとする。

（準用）

第一六条の七　第十六条の規定は、第十六条の五第一項の規定による申出及び介護休暇について準用する。

第六章　所定外労働の制限

第一六条の八　事業主は、小学校就学の始期に達するまでの子を養育する労働者であって、当該事業主と当該労働者が雇用される事業所の労働者の過半数で組織する労働組合があるときはその労働組合、その事業所の労働者の過半数で組織する労働組合がないときはその労働者の過半数を代表する者との書面による協定で、次に掲げる労働者のうちこの項本文の規定による請求をできないものとして定められた労働者に該当しない労働者が当該子を養育するために請求した場合においては、所定労働時間を超えて労働させてはならない。ただし、事業の正常な運営を妨げる場合は、この限りでない。

一　当該事業主に引き続き雇用された期間が一年に満たない労働者

二　前号に掲げるもののほか、当該請求をできないこととすることについて合理的な理由があると認められる労働者として厚生労働省令で定めるもの

2　前項の規定による請求は、厚生労働省令で定めるところにより、その期間中は所定労働時間を超えて労働させてはならないこととなる一の期間（一月以上一年以内の期間に限る。第四項において「制限期間」という。）について、その初日（以下この条において「制限開始予定日」という。）及び末日（第四項において「制限終了予定日」という。）とする日を明らかにして、制限開始予定日の一月前までにしなければならない。この場合において、この項前段に規定する制限期間については、第十七条第二項前段（第十八条第一項において準用する場合を含む。）に規定する制限期間と重複しないようにしなければならない。

3　第一項の規定による請求がされた後制限開始予定日とされた日の前日までに、子の死亡その他の労働者が当該請求に係る子の養育をしないこととなった事由として厚生労働省令で定める事由が生じたときは、当該請求は、されなかったものとみなす。この場合において、労働者は、その事業主に対して、当該事由が生じた旨を遅滞なく通知しなければならない。

4　次の各号に掲げるいずれかの事情が生じた場合には、制限期間は、当該事情が生じた日（第三号に掲げる事情が生じた場合にあっては、その前日）に終了する。

一　制限終了予定日とされた日の前日までに、子の死亡その他の労働者が第一項の規定による請求に係る子を養育しないこととなった事由として厚生労働省令で定める事由が生じたこと。

二　制限終了予定日とされた日の前日までに、第一項の規定による請求に係る子が小学校就学の始期に達したこと。

三　制限終了予定日とされた日までに、第一項の規定による請求をした労働者について、労働基準法第六十五条第一項若しくは第二項の規定により休業する期間、育児休業期間、出生時育児休業期間又は介護休業期間が始まったこと。

5　第三項後段の規定は、前項第一号の厚生労働省令で定める事由が生じた場合について準用する。

第一六条の九　前条第一項から第三項まで及び第四項（第二号を除く。）の規定は、要介護状態にある対象家族を介護する労働者について準用する。この場合において、同条第一項中「当該子を養育する」とあるのは「当該対象家族を介護する」と、同条第三項及び第四項第一号中「子」とあるのは「対象家族」と、「養育」とあるのは「介護」と読み替えるものとする。

2　前条第三項後段の規定は、前項において準用する同条第四項第一号の厚生労働省令で定める事由が生じた場合について準用する。

第一六条の一〇　事業主は、労働者が第十六条の八第一項（前条第一項において準用する場合を含む。以下この条において同じ。）の規定による請求をし、又は同項の規定により当該事業主が当該請求をした労働者について所定労働時間を超えて労働させてはならない場合に当該労働者が所定労働時間を超えて労働しなかったことを理由として、当該労働者に対して解雇その他不利益な取扱いをしてはならない。

第七章　時間外労働の制限

第一七条　事業主は、労働基準法第三十六条第一項の規定により同項に規定する労働時間（以下この条において単に「労働時間」という。）を延長することができる場合において、小学校就学の始期に達するまでの子を養育する労働者であって次の各号のいずれにも該当しないものが当該子を養育

するために請求したときは、制限時間（一月について二十四時間、一年について百五十時間をいう。次項及び第十八条の二において同じ。）を超えて労働時間を延長してはならない。ただし、事業の正常な運営を妨げる場合は、この限りでない。

一　当該事業主に引き続き雇用された期間が一年に満たない労働者

二　前号に掲げるもののほか、当該請求をできないこととすることについて合理的な理由があると認められる労働者として厚生労働省令で定めるもの

2　前項の規定による請求は、厚生労働省令で定めるところにより、その期間中は制限時間を超えて労働時間を延長してはならないこととなる一の期間（一月以上一年以内の期間に限る。第四項において「制限期間」という。）について、その初日（以下この条において「制限開始予定日」という。）及び末日（第四項において「制限終了予定日」という。）とする日を明らかにして、制限開始予定日の一月前までにしなければならない。この場合において、この項前段に規定する制限期間については、第十六条の八第二項前段（第十六条の九第一項において準用する場合を含む。）に規定する制限期間と重複しないようにしなければならない。

3　第一項の規定による請求がされた後制限開始予定日とされた日の前日までに、子の死亡その他の労働者が当該請求に係る子の養育をしないこととなった事由として厚生労働省令で定める事由が生じたときは、当該請求は、されなかったものとみなす。この場合において、労働者は、その事業主に対して、当該事由が生じた旨を遅滞なく通知しなければならない。

4　次の各号に掲げるいずれかの事情が生じた場合には、制限期間は、当該事情が生じた日（第三号に掲げる事情が生じた場合にあっては、その前日）に終了する。

一　制限終了予定日とされた日の前日までに、子の死亡その他の労働者が第一項の規定による請求に係る子を養育しないこととなった事由として厚生労働省令で定める事由が生じたこと。

二　制限終了予定日とされた日の前日までに、第一項の規定による請求に係る子が小学校就学の始期に達したこと。

三　制限終了予定日とされた日までに、第一項の規定による請求をした労働者について、労働基準法第六十五条第一項若しくは第二項の規定により休業する期間、育児休業期間、出生時育児休業期間又は介護休業期間が始まったこと。

5　第三項後段の規定は、前項第一号の厚生労働省令で定める事由が生じた場合について準用する。

第一八条　前条第一項、第二項、第三項及び第四項（第二号を除く。）の規定は、要介護状態にある対象家族を介護する労働者について準用する。この場合において、同条第一項中「当該子を養育する」とあるのは「当該対象家族を介護する」と、同条第三項及び第四項第一号中「子」とあるのは「対象家族」と、「養育」とあるのは「介護」と読み替えるものとする。

2　前条第三項後段の規定は、前項において準用する同条第四項第一号の厚生労働省令で定める事由が生じた場合について準用する。

第一八条の二　事業主は、労働者が第十七条第一項（前条第一項において準用する場合を含む。以下この条において同じ。）の規定による請求をし、又は第十七条第一項の規定により当該事業主が当該請求をした労働者について制限時間を超えて労働時間を延長してはならない場合に当該労働者が制限時間を超えて労働しなかったことを理由として、当該労働者に対して解雇その他不利益な取扱いをしてはならない。

第八章　深夜業の制限

第一九条　事業主は、小学校就学の始期に達するまでの子を養育する労働者であって次の各号のいずれにも該当しないものが当該子を養育するために請求した場合においては、午後十時から午前五時までの間（以下この条及び第二十条の二において「深夜」という。）において労働させてはならない。ただし、事業の正常な運営を妨げる場合は、この限りでない。

一　当該事業主に引き続き雇用された期間が一年に満たない労働者

二　当該請求に係る深夜において、常態として当該子を保育することができる当該子の同居の家族その他の厚生労働省令で定める者がいる場合における当該労働者

三　前二号に掲げるもののほか、当該請求をできないこととすることについて合理的な理由があると認められる労働者として厚生労働省令で定めるもの

2　前項の規定による請求は、厚生労働省令で定めるところにより、その期間中は深夜において労働させてはならないこととなる一の期間（一月以上六月以内の期間に限る。第四項において「制限期間」という。）について、その初日（以下この条において「制限開始予定日」という。）及び末日（同

項において「制限終了予定日」という。）とする日を明らかにして、制限開始予定日の一月前までにしなければならない。

3　第一項の規定による請求がされた後制限開始予定日とされた日の前日までに、子の死亡その他の労働者が当該請求に係る子の養育をしないこととなった事由として厚生労働省令で定める事由が生じたときは、当該請求は、されなかったものとみなす。この場合において、労働者は、その事業主に対して、当該事由が生じた旨を遅滞なく通知しなければならない。

4　次の各号に掲げるいずれかの事情が生じた場合には、制限期間は、当該事情が生じた日（第三号に掲げる事情が生じた場合にあっては、その前日）に終了する。

一　制限終了予定日とされた日の前日までに、子の死亡その他の労働者が第一項の規定による請求に係る子を養育しないこととなった事由として厚生労働省令で定める事由が生じたこと。

二　制限終了予定日とされた日の前日までに、第一項の規定による請求に係る子が小学校就学の始期に達したこと。

三　制限終了予定日とされた日までに、第一項の規定による請求をした労働者について、労働基準法第六十五条第一項若しくは第二項の規定により休業する期間、育児休業期間、出生時育児休業期間又は介護休業期間が始まったこと。

5　第三項後段の規定は、前項第一号の厚生労働省令で定める事由が生じた場合について準用する。

第二〇条　前条第一項から第三項まで及び第四項（第二号を除く。）の規定は、要介護状態にある対象家族を介護する労働者について準用する。この場合において、同条第一項中「当該子を養育する」とあるのは「当該対象家族を介護する」と、同項第二号中「子」とあるのは「対象家族」と、「保育」とあるのは「介護」と、同条第三項及び第四項第一号中「子」とあるのは「対象家族」と、「養育」とあるのは「介護」と読み替えるものとする。

2　前条第三項後段の規定は、前項において準用する同条第四項第一号の厚生労働省令で定める事由が生じた場合について準用する。

第二〇条の二　事業主は、労働者が第十九条第一項（前条第一項において準用する場合を含む。以下この条において同じ。）の規定による請求をし、又は第十九条第一項の規定により当該事業主が当該請求をした労働者について深夜において労働させてはならない場合に当該労働者が深夜において労働しなかったことを理由として、当該労働者に対して解雇その他不利益な取扱いをしてはならない。

第九章　事業主が講ずべき措置等

（妊娠又は出産等についての申出があった場合等における措置等）

第二一条　事業主は、労働者が当該事業主に対し、当該労働者又はその配偶者が妊娠し、又は出産したことその他これに準ずるものとして厚生労働省令で定める事実を申し出たときは、厚生労働省令で定めるところにより、当該労働者に対して、育児休業に関する制度その他の厚生労働省令で定める事項を知らせるとともに、育児休業申出に係る当該労働者の意向を確認するための面談その他の厚生労働省令で定める措置を講じなければならない。

2　事業主は、労働者が当該事業主に対し、対象家族が当該労働者の介護を必要とする状況に至ったことを申し出たときは、厚生労働省令で定めるところにより、当該労働者に対して、介護休業に関する制度、仕事と介護との両立に資するものとして厚生労働省令で定める制度又は措置（以下この条及び第二十二条第四項において「介護両立支援制度等」という。）その他の厚生労働省令で定める事項を知らせるとともに、介護休業申出及び介護両立支援制度等の利用に係る申出（同項において「介護両立支援制度等申出」という。）に係る当該労働者の意向を確認するための面談その他の厚生労働省令で定める措置を講じなければならない。

3　事業主は、労働者が、当該労働者が四十歳に達した日の属する年度その他の介護休業に関する制度及び介護両立支援制度等の利用について労働者の理解と関心を深めるため介護休業に関する制度、介護両立支援制度等その他の厚生労働省令で定める事項を知らせるのに適切かつ効果的なものとして厚生労働省令で定める期間の始期に達したときは、厚生労働省令で定めるところにより、当該労働者に対して、当該期間内に、当該事項を知らせなければならない。

4　事業主は、労働者が第一項又は第二項の規定による申出をしたことを理由として、当該労働者に対して解雇その他不利益な取扱いをしてはならない。

（育児休業等に関する定めの周知等の措置）

第二一条の二　前条第一項から第三項までに定めるもののほか、事業主は、育児休業及び介護休業に関して、あらかじめ、次に掲げる事項を定めるとともに、これを労働者に周知させるための措置（労働者若しくはその配偶者が妊娠し、若しくは出産したこと又は労働者が対象家族を介護していることを知ったときに、当該労働者に対し知らせる措置を含む。）を講ずるように努めなければならない。

一　労働者の育児休業及び介護休業中における待遇に関する事項

二　育児休業及び介護休業後における賃金、配置その他の労働条件に関する事項

三　前二号に掲げるもののほか、厚生労働省令で定める事項

2　事業主は、労働者が育児休業申出等又は介護休業申出をしたときは、厚生労働省令で定めるところにより、当該労働者に対し、前項各号に掲げる事項に関する当該労働者に係る取扱いを明示するよう努めなければならない。

（雇用環境の整備及び雇用管理等に関する措置）

第二十二条　事業主は、育児休業申出等が円滑に行われるようにするため、次の各号のいずれかの措置を講じなければならない。

一　その雇用する労働者に対する育児休業に係る研修の実施

二　育児休業に関する相談体制の整備

三　その他厚生労働省令で定める育児休業に係る雇用環境の整備に関する措置

2　事業主は、介護休業申出が円滑に行われるようにするため、次の各号のいずれかの措置を講じなければならない。

一　その雇用する労働者に対する介護休業に係る研修の実施

二　介護休業に関する相談体制の整備

三　その他厚生労働省令で定める介護休業に係る雇用環境の整備に関する措置

3　前二項に定めるもののほか、事業主は、育児休業申出等及び介護休業申出並びに育児休業及び介護休業後における就業が円滑に行われるようにするため、育児休業又は介護休業をする労働者が雇用される事業所における労働者の配置その他の雇用管理、育児休業又は介護休業をしている労働者の職業能力の開発及び向上等に関して、必要な措置を講ずるように努めなければならない。

4　事業主は、介護両立支援制度等申出が円滑に行われるようにするため、次の各号のいずれかの措置を講じなければならない。

一　その雇用する労働者に対する介護両立支援制度等に係る研修の実施

二　介護両立支援制度等に関する相談体制の整備

三　その他厚生労働省令で定める介護両立支援制度等に係る雇用環境の整備に関する措置

（育児休業の取得の状況の公表）

第二十二条の二　常時雇用する労働者の数が三百人を超える事業主は、厚生労働省令で定めるところにより、毎年少なくとも一回、その雇用する労働者の育児休業の取得の状況として厚生労働省令で定めるものを公表しなければならない。

（所定労働時間の短縮措置等）

第二十三条　事業主は、その雇用する労働者のうち、その三歳に満たない子を養育する労働者であって育児休業をしていないもの（一日の所定労働時間が短い労働者として厚生労働省令で定めるものを除く。）に関して、厚生労働省令で定めるところにより、労働者の申出に基づき所定労働時間を短縮することにより当該労働者が就業しつつその子を養育することを容易にするための措置（以下この条及び第二十四条第一項第三号において「育児のための所定労働時間の短縮措置」という。）を講じなければならない。ただし、当該事業主と当該労働者が雇用される事業所の労働者の過半数で組織する労働組合があるときはその労働組合、その事業所の労働者の過半数で組織する労働組合がないときはその労働者の過半数を代表する者との書面による協定で、次に掲げる労働者のうち育児のための所定労働時間の短縮措置を講じないものとして定められた労働者に該当する労働者については、この限りでない。

一　当該事業主に引き続き雇用された期間が一年に満たない労働者

二　前号に掲げるもののほか、育児のための所定労働時間の短縮措置を講じないこととすることについて合理的な理由があると認められる労働者として厚生労働省令で定めるもの

三　前二号に掲げるもののほか、業務の性質又は業務の実施体制に照らして、育児のための所定労働時間の短縮措置を講ずることが困難と認められる業務に従事する労働者

2　事業主は、その雇用する労働者のうち、前項ただし書の規定により同項第三号に掲げる労働者であってその三歳に満たない子を養育するものについて育児のための所定労働時間の短縮措置を講じないこととするときは、当該労働者に関して、厚生労働省令で定めるところにより、労働者の申出に基づく育児休業に関する制度に準ずる措置又は次の各号のいずれかに掲げる措置を講じなければならない。

一　労働者の申出に基づき、当該労働者が就業しつつその子を養育することを容易にするため、

住居その他これに準ずるものとして労働契約又は労働協約、就業規則その他これらに準ずるもので定める場所における勤務（第二十四条第四項において「在宅勤務等」という。）をさせる措置（同条第二項において「在宅勤務等の措置」という。）

二　前号に掲げるもののほか、労働基準法第三十二条の三第一項の規定により労働させることその他の労働者の申出に基づく厚生労働省令で定める当該労働者が就業しつつその子を養育することを容易にするための措置（第二十四条第一項において「始業時刻変更等の措置」という。）

3　事業主は、その雇用する労働者のうち、その要介護状態にある対象家族を介護する労働者であって介護休業をしていないものに関して、厚生労働省令で定めるところにより、労働者の申出に基づく連続する三年の期間以上の期間における所定労働時間の短縮その他の当該労働者が就業しつつその要介護状態にある対象家族を介護することを容易にするための措置（以下この条及び第二十四条第三項において「介護のための所定労働時間の短縮等の措置」という。）を講じなければならない。ただし、当該事業主と当該労働者が雇用される事業所の労働者の過半数で組織する労働組合があるときはその労働組合、その事業所の労働者の過半数で組織する労働組合がないときはその労働者の過半数を代表する者との書面による協定で、次に掲げる労働者のうち介護のための所定労働時間の短縮等の措置を講じないものとして定められた労働者に該当する労働者については、この限りでない。

一　当該事業主に引き続き雇用された期間が一年に満たない労働者

二　前号に掲げるもののほか、介護のための所定労働時間の短縮等の措置を講じないこととすることについて合理的な理由があると認められる労働者として厚生労働省令で定めるもの

4　前項本文の期間は、当該労働者が介護のための所定労働時間の短縮等の措置の利用を開始する日として当該労働者が申し出た日から起算する。

第二十三条の二　事業主は、労働者が前条の規定による申出をし、又は同条の規定により当該労働者に措置が講じられたことを理由として、当該労働者に対して解雇その他不利益な取扱いをしてはならない。

（小学校就学の始期に達するまでの子を養育する労働者等に関する措置）

第二十四条　事業主は、その雇用する労働者のうち、その小学校就学の始期に達するまでの子を養育する労働者に関して、労働者の申出に基づく育児に関する目的のために利用することができる休暇（子の看護等休暇、介護休暇及び労働基準法第三十九条の規定による年次有給休暇として与えられるものを除き、出産後の養育について出産前において準備することができる休暇を含む。）を与えるための措置及び次の各号に掲げる当該労働者の区分に応じ当該各号に定める制度又は措置に準じて、それぞれ必要な措置を講ずるように努めなければならない。

一　その一歳（当該労働者が第五条第三項の規定による申出をすることができる場合にあっては一歳六か月、当該労働者が同条第四項の規定による申出をすることができる場合にあっては二歳。次号において同じ。）に満たない子を養育する労働者（第二十三条第二項に規定する労働者を除く。同号において同じ。）で育児休業をしていないもの　始業時刻変更等の措置

二　その一歳から三歳に達するまでの子を養育する労働者　育児休業に関する制度又は始業時刻変更等の措置

三　その三歳から小学校就学の始期に達するまでの子を養育する労働者　育児休業に関する制度、第十六条の八の規定による所定外労働の制限に関する制度、育児のための所定労働時間の短縮措置又は始業時刻変更等の措置

2　前項に定めるもののほか、事業主は、その雇用する労働者のうち、その三歳に満たない子を養育する労働者（第二十三条第二項に規定する労働者を除く。）で育児休業をしていないものに関して、在宅勤務等の措置に準じて、必要な措置を講ずるように努めなければならない。

3　事業主は、その雇用する労働者のうち、その家族を介護する労働者に関して、介護休業若しくは介護休暇に関する制度又は介護のための所定労働時間の短縮等の措置に準じて、その介護を必要とする期間、回数等に配慮した必要な措置を講ずるように努めなければならない。

4　前項に定めるもののほか、事業主は、その雇用する労働者のうち、その要介護状態にある対象家族を介護する労働者で介護休業をしていないものに関して、労働者の申出に基づく在宅勤務等をさせることにより当該労働者が就業しつつその要介護状態にある対象家族を介護することを容易にするための措置を講ずるように努めなければならない。

（職場における育児休業等に関する言動に起因する

問題に関する雇用管理上の措置等）

第二五条　事業主は、職場において行われるその雇用する労働者に対する育児休業、介護休業その他の子の養育又は家族の介護に関する厚生労働省令で定める制度又は措置の利用に関する言動により当該労働者の就業環境が害されることのないよう、当該労働者からの相談に応じ、適切に対応するために必要な体制の整備その他の雇用管理上必要な措置を講じなければならない。

2　事業主は、労働者が前項の相談を行ったこと又は事業主による当該相談への対応に協力した際に事実を述べたことを理由として、当該労働者に対して解雇その他不利益な取扱いをしてはならない。

（職場における育児休業等に関する言動に起因する問題に関する国、事業主及び労働者の責務）

第二五条の二　国は、労働者の就業環境を害する前条第一項に規定する言動を行ってはならないことその他当該言動に起因する問題（以下この条において「育児休業等関係言動問題」という。）に対する事業主その他国民一般の関心と理解を深めるため、広報活動、啓発活動その他の措置を講ずるように努めなければならない。

2　事業主は、育児休業等関係言動問題に対するその雇用する労働者の関心と理解を深めるとともに、当該労働者が他の労働者に対する言動に必要な注意を払うよう、研修の実施その他の必要な配慮をするほか、国の講ずる前項の措置に協力するように努めなければならない。

3　事業主（その者が法人である場合にあっては、その役員）は、自らも、育児休業等関係言動問題に対する関心と理解を深め、労働者に対する言動に必要な注意を払うように努めなければならない。

4　労働者は、育児休業等関係言動問題に対する関心と理解を深め、他の労働者に対する言動に必要な注意を払うとともに、事業主の講ずる前条第一項の措置に協力するように努めなければならない。

（労働者の配置に関する配慮）

第二六条　事業主は、その雇用する労働者の配置の変更で就業の場所の変更を伴うものをしようとする場合において、その就業の場所の変更により就業しつつその子の養育又は家族の介護を行うことが困難となることとなる労働者がいるときは、当該労働者の子の養育又は家族の介護の状況に配慮しなければならない。

（再雇用特別措置等）

第二七条　事業主は、妊娠、出産若しくは育児又は介護を理由として退職した者（以下「育児等退職者」という。）について、必要に応じ、再雇用特別措置（育児等退職者であって、その退職の際に、その就業が可能となったときに当該退職に係る事業の事業主に再び雇用されることの希望を有する旨の申出をしていたものについて、当該事業主が、労働者の募集又は採用に当たって特別の配慮をする措置をいう。第三十条において同じ。）その他これに準ずる措置を実施するよう努めなければならない。

（指針）

第二八条　厚生労働大臣は、第二十一条から第二十五条まで、第二十六条及び前条の規定に基づき事業主が講ずべき措置等並びに子の養育又は家族の介護を行い、又は行うこととなる労働者の職業生活と家庭生活との両立が図られるようにするために事業主が講ずべきその他の措置に関して、その適切かつ有効な実施を図るための指針となるべき事項を定め、これを公表するものとする。

（職業家庭両立推進者）

第二九条　事業主は、厚生労働省令で定めるところにより、第二十一条第一項から第三項まで、第二十一条の二から第二十二条の二まで、第二十三条第一項から第三項まで、第二十四条、第二十五条第一項、第二十五条の二第二項、第二十六条及び第二十七条に定める措置及び子の養育又は家族の介護を行い、又は行うこととなる労働者の職業生活と家庭生活との両立が図られるようにするために講ずべきその他の措置の適切かつ有効な実施を図るための業務を担当する者を選任するように努めなければならない。

第一〇章　対象労働者等に対する国等による援助

（事業主等に対する援助）

第三〇条　国は、子の養育又は家族の介護を行い、又は行うこととなる労働者（以下「対象労働者」という。）及び育児等退職者（以下「対象労働者等」と総称する。）の雇用の継続、再就職の促進その他これらの者の福祉の増進を図るため、事業主、事業主の団体その他の関係者に対して、対象労働者の雇用される事業所における雇用管理、再雇用特別措置その他の措置についての相談及び助言、給付金の支給その他の必要な援助を行うことができる。

（相談、講習等）

第三一条　国は、対象労働者に対して、その職業生活と家庭生活との両立の促進等に資するため、必要な指導、相談、講習その他の措置を講ずるものとする。

2　地方公共団体は、国が講ずる前項の措置に準じた措置を講ずるように努めなければならない。

（再就職の援助）

第三十二条　国は、育児等退職者に対して、その希望するときに再び雇用の機会が与えられるようにするため、職業指導、職業紹介、職業能力の再開発の措置その他の措置が効果的に関連して実施されるように配慮するとともに、育児等退職者の円滑な再就職を図るため必要な援助を行うものとする。

（職業生活と家庭生活との両立に関する理解を深めるための措置）

第三十三条　国は、対象労働者等の職業生活と家庭生活との両立を妨げている職場における慣行その他の諸要因の解消を図るため、対象労働者等の職業生活と家庭生活との両立に関し、事業主、労働者その他国民一般の理解を深めるために必要な広報活動その他の措置を講ずるものとする。

（勤労者家庭支援施設）

第三十四条　地方公共団体は、必要に応じ、勤労者家庭支援施設を設置するように努めなければならない。

2　勤労者家庭支援施設は、対象労働者等に対して、職業生活と家庭生活との両立に関し、各種の相談に応じ、及び必要な指導、講習、実習等を行い、並びに休養及びレクリエーションのための便宜を供与する等対象労働者等の福祉の増進を図るための事業を総合的に行うことを目的とする施設とする。

3　厚生労働大臣は、勤労者家庭支援施設の設置及び運営についての望ましい基準を定めるものとする。

4　国は、地方公共団体に対して、勤労者家庭支援施設の設置及び運営に関し必要な助言、指導その他の援助を行うことができる。

（勤労者家庭支援施設指導員）

第三十五条　勤労者家庭支援施設には、対象労働者等に対する相談及び指導の業務を担当する職員（次項において「勤労者家庭支援施設指導員」という。）を置くように努めなければならない。

2　勤労者家庭支援施設指導員は、その業務について熱意と識見を有し、かつ、厚生労働大臣が定める資格を有する者のうちから選任するものとする。

第三十六条～第五十二条　削除

第十一章　紛争の解決

第一節　紛争の解決の援助等

（苦情の自主的解決）

第五十二条の二　事業主は、第二章から第八章まで、第二十一条、第二十三条、第二十三条の二及び第二十六条に定める事項に関し、労働者から苦情の申出を受けたときは、苦情処理機関（事業主を代表する者及び当該事業所の労働者を代表する者を構成員とする当該事業所の労働者の苦情を処理するための機関をいう。）に対し当該苦情の処理を委ねる等その自主的な解決を図るように努めなければならない。

（紛争の解決の促進に関する特例）

第五十二条の三　第二十五条に定める事項及び前条の事項についての労働者と事業主との間の紛争については、個別労働関係紛争の解決の促進に関する法律（平成十三年法律第百十二号）第四条、第五条及び第十二条から第十九条までの規定は適用せず、次条から第五十二条の六までに定めるところによる。

（紛争の解決の援助）

第五十二条の四　都道府県労働局長は、前条に規定する紛争に関し、当該紛争の当事者の双方又は一方からその解決につき援助を求められた場合には、当該紛争の当事者に対し、必要な助言、指導又は勧告をすることができる。

2　第二十五条第二項の規定は、労働者が前項の援助を求めた場合について準用する。

第二節　調停

（調停の委任）

第五十二条の五　都道府県労働局長は、第五十二条の三に規定する紛争について、当該紛争の当事者の双方又は一方から調停の申請があった場合において当該紛争の解決のために必要があると認めるときは、個別労働関係紛争の解決の促進に関する法律第六条第一項の紛争調整委員会に調停を行わせるものとする。

2　第二十五条第二項の規定は、労働者が前項の申請をした場合について準用する。

（調停）

第五十二条の六　雇用の分野における男女の均等な機会及び待遇の確保等に関する法律（昭和四十七年法律第百十三号）第十九条から第二十六条までの規定は、前条第一項の調停の手続について準用する。この場合において、同法第十九条第一項中「前条第一項」とあるのは「育児休業、介護休業等育児又は家族介護を行う労働者の福祉に関する法律第五十二条の五第一項」と、同法第二十条中「事業場」とあるのは「事業所」と、同法第二十五条第一項中「第十八条第一項」とあるのは「育児休業、介護休業等育児又は家族介護を行う労働者の福祉に関する法律第五十二条の三」と読み替えるものとする。

第一二章　雑則

（育児休業等取得者の業務を処理するために必要な労働者の募集の特例）

第五三条　認定中小企業団体の構成員たる中小企業者が、当該認定中小企業団体をして育児休業又は介護休業（これらに準ずる休業を含む。以下この項において同じ。）をする労働者の当該育児休業又は介護休業をする期間について当該労働者の業務を処理するために必要な労働者の募集を行わせようとする場合において、当該認定中小企業団体が当該募集に従事しようとするときは、職業安定法（昭和二十二年法律第百四十一号）第三十六条第一項及び第三項の規定は、当該構成員たる中小企業者については、適用しない。

2　この条及び次条において、次の各号に掲げる用語の意義は、当該各号に定めるところによる。

一　中小企業者　中小企業における労働力の確保及び良好な雇用の機会の創出のための雇用管理の改善の促進に関する法律（平成三年法律第五十七号）第二条第一項に規定する中小企業者をいう。

二　認定中小企業団体　中小企業における労働力の確保及び良好な雇用の機会の創出のための雇用管理の改善の促進に関する法律第二条第二項に規定する事業協同組合等であって、その構成員たる中小企業者に対し、第二十二条第三項の事業主が講ずべき措置その他に関する相談及び援助を行うものとして、当該事業協同組合等の申請に基づき厚生労働大臣がその定める基準により適当であると認定したものをいう。

3　厚生労働大臣は、認定中小企業団体が前項第二号の相談及び援助を行うものとして適当でなくなったと認めるときは、同号の認定を取り消すことができる。

4　第一項の認定中小企業団体は、当該募集に従事しようとするときは、厚生労働省令で定めるところにより、募集時期、募集人員、募集地域その他の労働者の募集に関する事項で厚生労働省令で定めるものを厚生労働大臣に届け出なければならない。

5　職業安定法第三十七条第二項の規定は前項の規定による届出があった場合について、同法第五条の三第一項及び第四項、第五条の四第一項及び第二項、第五条の五、第三十九条、第四十一条第二項、第四十二条、第四十八条の三第一項、第四十八条の四、第五十条第一項及び第二項並びに第五十一条の規定は前項の規定による届出をして労働者の募集に従事する者について、同法第四十条の規定は同項の規定による届出をして労働者の募集に従事する者に対する報酬の供与について、同法第五十条第三項及び第四項の規定はこの項において準用する同条第二項に規定する職権を行う場合について準用する。この場合において、同法第三十七条第二項中「労働者の募集を行おうとする者」とあるのは「育児休業、介護休業等育児又は家族介護を行う労働者の福祉に関する法律第五十三条第四項の規定による届出をして労働者の募集に従事しようとする者」と、同法第四十一条第二項中「当該労働者の募集の業務の廃止を命じ、又は期間」とあるのは「期間」と読み替えるものとする。

6　職業安定法第三十六条第二項及び第四十二条の二の規定の適用については、同法第三十六条第二項中「前項の」とあるのは「被用者以外の者をして労働者の募集に従事させようとする者がその被用者以外の者に与えようとする」と、同法第四十二条の二中「第三十九条に規定する募集受託者」とあるのは「育児休業、介護休業等育児又は家族介護を行う労働者の福祉に関する法律第五十三条第四項の規定による届出をして労働者の募集に従事する者」と、「同項に」とあるのは「次項に」とする。

7　厚生労働大臣は、認定中小企業団体に対し、第二項第二号の相談及び援助の実施状況について報告を求めることができる。

第五四条　公共職業安定所は、前条第四項の規定により労働者の募集に従事する認定中小企業団体に対して、雇用情報、職業に関する調査研究の成果等を提供し、かつ、これに基づき当該募集の内容又は方法について指導することにより、当該募集の効果的かつ適切な実施の促進に努めなければならない。

（調査等）

第五五条　厚生労働大臣は、対象労働者等の職業生活と家庭生活との両立の促進等に資するため、これらの者の雇用管理、職業能力の開発及び向上その他の事項に関し必要な調査研究を実施するものとする。

2　厚生労働大臣は、この法律の施行に関し、関係行政機関の長に対して、資料の提供その他必要な協力を求めることができる。

3　厚生労働大臣は、この法律の施行に関し、都道府県知事から必要な調査報告を求めることができる。

（報告の徴収並びに助言、指導及び勧告）

第五六条　厚生労働大臣は、この法律の施行に関し必要があると認めるときは、事業主に対して、報告を求め、又は助言、指導若しくは勧告をすることができる。

（公表）

第五六条の二　厚生労働大臣は、第六条第一項（第九条の三第二項、第十二条第二項、第十六条の三第二項及び第十六条の六第二項において準用する場合を含む。）、第九条の三第一項、第十条、第十二条第一項、第十六条（第十六条の四及び第十六条の七において準用する場合を含む。）、第十六条の三第一項、第十六条の六第一項、第十六条の八第一項（第十六条の九第一項において準用する場合を含む。）、第十六条の十、第十七条第一項（第十八条第一項において準用する場合を含む。）、第十八条の二、第十九条第一項（第二十条第一項において準用する場合を含む。）、第二十条の二、第二十一条、第二十二条第一項、第二項若しくは第四項、第二十二条の二、第二十三条第一項から第三項まで、第二十三条の二、第二十五条第一項若しくは第二項（第五十二条の四第二項及び第五十二条の五第二項において準用する場合を含む。）又は第二十六条の規定に違反している事業主に対し、前条の規定による勧告をした場合において、その勧告を受けた者がこれに従わなかったときは、その旨を公表することができる。

（労働政策審議会への諮問）

第五七条　厚生労働大臣は、第二条第一号及び第三号から第五号まで、第五条第二項、第三項及び第四項第二号、第六条第一項第二号（第九条の三第二項、第十二条第二項、第十六条の三第二項及び第十六条の六第二項において準用する場合を含む。）及び第三項、第七条第二項（第九条の四において準用する場合を含む。）及び第三項（第九条の四及び第十三条において準用する場合を含む。）、第八条第三項及び第四項（第九条の四及び第十四条第三項において準用する場合を含む。）、第九条第二項第一号、第九条の三第三項及び第四項第一号、第九条の五第二項、第四項、第五項及び第六項第一号、第十条、第十二条第三項、第十五条第三項第一号、第十六条の二第一項及び第二項、第十六条の五第一項及び第二項、第十六条の八第一項第二号、第三項及び第四項第一号（これらの規定を第十六条の九第一項において準用する場合を含む。）、第十七条第一項第二号、第三項及び第四項第一号（これらの規定を第十八条第一項において準用する場合を含む。）、第十九条第一項第二号及び第三号、第三項並びに第四項第一号（これらの規定を第二十条第一項において準用する場合を含む。）、第二十一条第一項から第三項まで、第二十二条第一項第三号、第二項第三号及び第四項第三号、第二十二条の二、第二十三条第一項から第三項まで並びに第二十五条第一項の厚生労働省令の制定又は改正の立案をしようとするとき、第二十八条の指針を策定しようとするとき、その他この法律の施行に関する重要事項について決定しようとするときは、あらかじめ、労働政策審議会の意見を聴かなければならない。

（権限の委任）

第五八条　この法律に定める厚生労働大臣の権限は、厚生労働省令で定めるところにより、その一部を都道府県労働局長に委任することができる。

（厚生労働省令への委任）

第五九条　この法律に定めるもののほか、この法律の実施のために必要な手続その他の事項は、厚生労働省令で定める。

（船員に関する特例）

第六〇条　第六章、第七章、第五十二条の六から第五十四条まで及び第六十二条から第六十五条までの規定は、船員職業安定法（昭和二十三年法律第百三十号）第六条第一項に規定する船員になろうとする者及び船員法（昭和二十二年法律第百号）の適用を受ける船員（次項において「船員等」という。）に関しては、適用しない。

2　船員等に関しては、第二条第一号及び第三号から第五号まで、第五条第二項から第四項まで及び第六項、第六条第一項第二号（第九条の三第二項、第十二条第二項、第十六条の三第二項及び第十六条の六第二項において準用する場合を含む。）及び第三項、第七条（第九条の四及び第十三条において準用する場合を含む。）、第八条第三項及び第四項（第九条の四及び第十四条第三項において準用する場合を含む。）、第九条第二項第一号及び第三項、第九条の二第三項、第九条の三第三項及び第四項第一号、第九条の五第二項、第四項、第五項、第六項第一号及び第七項、第九条の六第一項、第十条、第十一条第三項、第十二条第三項、第十五条第三項第一号及び第四項、第十六条の二第一項から第三項まで、第十六条の五第一項から第三項まで、第十九条第一項第二号及び第三号、第二項、第三項並びに第四項第一号（これらの規定を

第二十条第一項において準用する場合を含む。）並びに第十九条第五項、第二十条第二項、第二十一条第一項から第三項まで、第二十一条の二第一項第三号及び第二項、第二十二条第一項第三号、第二項第三号及び第四項第三号、第二十二条の二、第二十三条第一項から第三項まで、第二十五条第一項、第二十九条、第五十七条、第五十八条並びに前条中「厚生労働省令」とあるのは「国土交通省令」と、第九条第二項第三号中「労働基準法（昭和二十二年法律第四十九号）第六十五条第一項若しくは第二項の規定により休業する」とあるのは「船員法（昭和二十二年法律第百号）第八十七条第一項若しくは第二項の規定により作業に従事しない」と、第九条の五第六項第四号、第十五条第三項第二号及び第十九条第四項第三号中「労働基準法第六十五条第一項若しくは第二項の規定により休業する」とあるのは「船員法第八十七条第一項若しくは第二項の規定により作業に従事しない」と、第九条の六第一項中「労働基準法（昭和二十二年法律第四十九号）第六十五条第一項又は第二項の規定により休業した」とあるのは「船員法（昭和二十二年法律第百号）第八十七条第一項又は第二項の規定により作業に従事しなかった」と、第二十三条第二項第一号中「住居」とあるのは「陸上の事業所」と、「在宅勤務等」」とあるのは「陸上勤務」」と、同号及び第二十四条第二項中「在宅勤務等の措置」とあるのは「陸上勤務の措置」と、第二十三条第二項第二号中「労働基準法第三十二条の三第一項の規定により労働させること」とあるのは「短期間の航海を行う船舶に乗り組ませること」と、同号及び第二十四条第一項中「始業時刻変更等の措置」とあるのは「短期間航海船舶に乗り組ませること等の措置」と、同項中「労働基準法第三十九条の規定による年次有給休暇」とあるのは「船員法第七十四条から第七十八条までの規定による有給休暇」と、同条第四項中「在宅勤務等」とあるのは「陸上勤務」と、第二十八条及び第五十五条から第五十八条までの規定中「厚生労働大臣」とあるのは「国土交通大臣」と、第五十二条の二中「第二章から第八章まで」とあるのは「第二章から第五章まで、第八章」と、第五十二条の三中「から第五十二条の六まで」とあるのは「、第五十二条の五及び第六十条第三項」と、第五十二条の四第一項、第五十二条の五第一項及び第五十八条中「都道府県労働局長」とあるのは「地方運輸局長（運輸監理部長を含む。）」と、同項中「第六条第一項の紛争調整委員会」とあるのは「第二十一条第三項のあっせん員候補者名簿に記載されている者のうちから指名する調停員」と、第五十六条の二中「第十六条の六第一項、第十六条の八第一項（第十六条の九第一項において準用する場合を含む。）、第十六条の十、第十七条第一項（第十八条第一項において準用する場合を含む。）、第十八条の二」とあるのは「第十六条の六第一項」と、第五十七条中「第十六条の五第一項及び第二項、第十六条の八第一項第二号、第三項及び第四項第一号（これらの規定を第十六条の九第一項において準用する場合を含む。）、第十七条第一項第二号、第三項及び第四項第一号（これらの規定を第十八条第一項において準用する場合を含む。）」とあるのは「第十六条の五第一項及び第二項」と、「労働政策審議会」とあるのは「交通政策審議会」とする。

3　雇用の分野における男女の均等な機会及び待遇の確保等に関する法律第二十条から第二十六条まで並びに第三十一条第三項及び第四項の規定は、前項の規定により読み替えて適用する第五十二条の五第一項の規定により指名を受けて調停員が行う調停について準用する。この場合において、同法第二十条から第二十三条まで及び第二十六条中「委員会は」とあるのは「調停員は」と、同法第二十条中「事業場」とあるのは「事業所」と、同法第二十一条中「当該委員会が置かれる都道府県労働局」とあるのは「当該調停員を指名した地方運輸局長（運輸監理部長を含む。）が置かれる地方運輸局（運輸監理部を含む。）」と、同法第二十五条第一項中「第十八条第一項」とあるのは「育児休業、介護休業等育児又は家族介護を行う労働者の福祉に関する法律第五十二条の五第一項」と、同法第二十六条中「当該委員会に係属している」とあるのは「当該調停員が取り扱っている」と、同法第三十一条第三項中「前項」とあるのは「育児休業、介護休業等育児又は家族介護を行う労働者の福祉に関する法律（平成三年法律第七十六号）第五十二条の三」と読み替えるものとする。

（公務員に関する特例）

第六一条　第二章から第九章まで、第三十条、前章、第五十三条、第五十四条、第五十六条、第五十六条の二、前条、第六十二条から第六十四条まで及び第六十六条の規定は、国家公務員に関しては、適用しない。

2　国家公務員に関しては、第三十二条中「育児等退職者」とあるのは「育児等退職者（第二十七条に規定する育児等退職者をいう。以下同じ。）」と、第三十四条第二項中「対象労働者等」とあるのは「対象労働者等（第三十条に規定する対象労働者等をいう。以下同じ。）」とする。

3　独立行政法人通則法（平成十一年法律第百三号）第二条第四項に規定する行政執行法人（以下この条において「行政執行法人」という。）の職員（国家公務員法（昭和二十二年法律第百二十号）第八十一条の五第一項に規定する短時間勤務の官職を占める者以外の常時勤務することを要しない職員（以下この条において「特定非常勤職員」という。）にあっては、第十一条第一項ただし書の規定を適用するとしたならば同項ただし書に規定する者にも該当するものに限る。第五項において同じ。）は、当該職員の勤務する行政執行法人の長の承認を受けて、当該職員の対象家族であって負傷、疾病又は身体上若しくは精神上の障害により第二条第三号の厚生労働省令で定める期間にわたり日常生活を営むのに支障があるもの（以下この条及び次条において「要介護家族」という。）の介護をするための休業（以下この条において「行政執行法人介護休業」という。）をすることができる。

4　行政執行法人介護休業をすることができる期間は、行政執行法人の長が、前項に規定する職員の申出に基づき、要介護家族の各々が同項に規定する介護を必要とする一の継続する状態ごとに、三回を超えず、かつ、合算して九十三日を超えない範囲内で指定する期間（第三十一項において「指定期間」という。）内において必要と認められる期間とする。

5　行政執行法人の長は、行政執行法人介護休業の承認を受けようとする職員からその承認の請求があったときは、当該請求に係る期間のうち業務の運営に支障があると認められる日又は時間を除き、これを承認しなければならない。ただし、特定非常勤職員のうち、行政執行法人介護休業をすることができないこととすることについて合理的な理由があると認められる者として厚生労働省令で定めるものに該当する者からの当該請求があった場合は、この限りでない。

6　行政執行法人の職員（特定非常勤職員にあっては、第十六条の三第二項において準用する第六条第一項ただし書（第二号に係る部分に限る。）の規定を適用するとしたならば第十六条の三第二項において読み替えて準用する同号に該当しないものに限る。第八項及び第九項において同じ。）であって小学校第三学年修了前の子（第十六条の二第一項に規定する小学校第三学年修了前の子をいう。次項並びに次条第六項及び第七項において同じ。）を養育するものは、当該職員の勤務する行政執行法人の長の承認を受けて、負傷し、若しくは疾病にかかった当該小学校第三学年修了前の子の世話、疾病の予防を図るために必要なものとして第十六条の二第一項の厚生労働省令で定める当該小学校第三学年修了前の子の世話若しくは学校保健安全法第二十条の規定による学校の休業その他これに準ずるものとして同項の厚生労働省令で定める事由に伴う当該小学校第三学年修了前の子の世話を行うため、又は当該小学校第三学年修了前の子の教育若しくは保育に係る行事のうち同項の厚生労働省令で定めるものへの参加をするための休暇（以下この条において「行政執行法人子の看護等休暇」という。）を取得することができる。

7　行政執行法人子の看護等休暇を取得することができる日数は、一の年において五日（前項に規定する職員が養育する小学校第三学年修了前の子が二人以上の場合にあっては、十日）を限度とするものとする。

8　行政執行法人子の看護等休暇は、一日の所定労働時間が短い行政執行法人の職員として厚生労働省令で定めるもの以外の者は、厚生労働省令で定める一日未満の単位で取得することができる。

9　行政執行法人の長は、行政執行法人子の看護等休暇の承認を受けようとする職員からその承認の請求があったときは、業務の運営に支障があると認められる場合を除き、これを承認しなければならない。

10　行政執行法人の職員（特定非常勤職員にあっては、第十六条の六第二項において準用する第六条第一項ただし書（第二号に係る部分に限る。）の規定を適用するとしたならば第十六条の六第二項において読み替えて準用する同号に該当しないものに限る。第十二項及び第十三項において同じ。）は、当該職員の勤務する行政執行法人の長の承認を受けて、当該職員の要介護家族の介護その他の第十六条の五第一項の厚生労働省令で定める世話を行うための休暇（以下この条において「行政執行法人介護休暇」という。）を取得することができる。

11　行政執行法人介護休暇を取得することができる日数は、一の年において五日（要介護家族が二人以上の場合にあっては、十日）を限度とするものとする。

12　行政執行法人介護休暇は、一日の所定労働時間が短い行政執行法人の職員として厚生労働省令で定めるもの以外の者は、厚生労働省令で定める一日未満の単位で取得することができる。

13　行政執行法人の長は、行政執行法人介護休暇の承認を受けようとする職員からその承認の請求があったときは、業務の運営に支障があると認められる場合を除き、これを承認しなければならない。

14　行政執行法人の長は、小学校就学の始期に達するまでの子を養育する職員（特定非常勤職員にあっては、第十六条の八第一項の規定を適用するとしたならば同項各号のいずれにも該当しないものに限る。）が当該子を養育するために請求した場合において、業務の運営に支障がないと認めるときは、その者について、所定労働時間を超えて勤務しないことを承認しなければならない。

15　前項の規定は、要介護家族を介護する行政執行法人の職員について準用する。この場合において、同項中「第十六条の八第一項」とあるのは「第十六条の九第一項において準用する第十六条の八第一項」と、「同項各号」とあるのは「第十六条の九第一項において準用する第十六条の八第一項各号」と、「当該子を養育する」とあるのは「当該要介護家族を介護する」と読み替えるものとする。

16　行政執行法人の長は、職員について労働基準法第三十六条第一項の規定により同項に規定する労働時間を延長することができる場合において、当該職員であって小学校就学の始期に達するまでの子を養育するもの（第十七条第一項の規定を適用するとしたならば同項各号のいずれにも該当しないものに限る。）が当該子を養育するために請求した場合で業務の運営に支障がないと認めるときは、その者について、制限時間（第十七条第一項に規定する制限時間をいう。次条第十六項において同じ。）を超えて当該労働時間を延長して勤務しないことを承認しなければならない。

17　前項の規定は、行政執行法人の職員であって要介護家族を介護するものについて準用する。この場合において、同項中「第十七条第一項の」とあるのは「第十八条第一項の」と、「同項各号」とあるのは「第十八条第一項において準用する第十七条第一項各号」と、「当該子を養育する」とあるのは「当該要介護家族を介護する」と読み替えるものとする。

18　行政執行法人の長は、小学校就学の始期に達するまでの子を養育する職員であって第十九条第一項の規定を適用するとしたならば同項各号のいずれにも該当しないものが当該子を養育するために請求した場合において、業務の運営に支障がないと認めるときは、深夜（同項に規定する深夜をいう。次条第十八項において同じ。）において勤務しないことを承認しなければならない。

19　前項の規定は、要介護家族を介護する行政執行法人の職員について準用する。この場合において、同項中「第十九条第一項」とあるのは「第二十条第一項において準用する第十九条第一項」と、「同項各号」とあるのは「第二十条第一項において準用する第十九条第一項各号」と、「当該子を養育する」とあるのは「当該要介護家族を介護する」と読み替えるものとする。

20　行政執行法人の長は、職員が当該行政執行法人の長に対し、対象家族が当該職員の介護を必要とする状況に至ったことを申し出たときは、厚生労働省令で定めるところにより、当該職員に対して、行政執行法人介護休業に関する制度、仕事と介護との両立に資するものとして厚生労働省令で定める制度又は措置（以下この条において「介護両立支援制度等」という。）その他の厚生労働省令で定める事項を知らせるとともに、第五項の規定による承認の請求（以下この条において「行政執行法人介護休業の承認の請求」という。）及び介護両立支援制度等の利用に係る承認の請求（第二十七項において「介護両立支援制度等の承認の請求」という。）に係る当該職員の意向を確認するための面談その他の厚生労働省令で定める措置を講じなければならない。

21　行政執行法人の長は、職員が第二十一条第三項の厚生労働省令で定める期間の始期に達したときは、厚生労働省令で定めるところにより、当該職員に対して、当該期間内に、行政執行法人介護休業に関する制度、介護両立支援制度等その他の厚生労働省令で定める事項を知らせなければならない。

22　行政執行法人の長は、職員が第二十項の規定による申出をしたことを理由として、当該職員に対して不利益な取扱いをしてはならない。

23　第二十項及び第二十一項に定めるもののほか、行政執行法人の長は、行政執行法人介護休業に関して、あらかじめ、次に掲げる事項を定めるとともに、これを職員に周知させるための措置（職員が対象家族を介護していることを知ったときに、当該職員に対し知らせる措置を含む。）を講ずるように努めなければならない。

一　職員の行政執行法人介護休業中における待遇に関する事項

二　行政執行法人介護休業後における賃金、配置その他の勤務条件に関する事項

三　前二号に掲げるもののほか、厚生労働省令で定める事項

24　行政執行法人の長は、職員が行政執行法人介護休業の承認の請求をしたときは、厚生労働省令で

定めるところにより、当該職員に対し、前項各号に掲げる事項に関する当該職員に係る取扱いを明示するように努めなければならない。

25　行政執行法人の長は、行政執行法人介護休業の承認の請求が円滑に行われるようにするため、次の各号のいずれかの措置を講じなければならない。

一　職員に対する行政執行法人介護休業に係る研修の実施

二　行政執行法人介護休業に関する相談体制の整備

三　その他厚生労働省令で定める行政執行法人介護休業に係る勤務環境の整備に関する措置

26　前項に定めるもののほか、行政執行法人の長は、行政執行法人介護休業の承認の請求及び行政執行法人介護休業後における就業が円滑に行われるようにするため、行政執行法人介護休業をする職員が勤務する事業所における職員の配置その他の雇用管理、行政執行法人介護休業をしている職員の能力の開発及び向上等に関して、必要な措置を講ずるように努めなければならない。

27　行政執行法人の長は、介護両立支援制度等の承認の請求が円滑に行われるようにするため、次の各号のいずれかの措置を講じなければならない。

一　職員に対する介護両立支援制度等に係る研修の実施

二　介護両立支援制度等に関する相談体制の整備

三　その他厚生労働省令で定める介護両立支援制度等に係る勤務環境の整備に関する措置

28　行政執行法人の長は、職員のうち、その三歳に満たない子を養育する職員であって国家公務員の育児休業等に関する法律第三条第一項の規定による育児休業をしていないもの（一日の所定労働時間が短い職員として厚生労働省令で定めるものを除く。）に関して、厚生労働省令で定めるところにより、職員の承認の請求に基づき所定労働時間を短縮することにより当該職員が就業しつつその子を養育することを容易にするための措置（次項において「育児のための所定労働時間の短縮措置」という。）を講じなければならない。ただし、第二十三条第一項ただし書の規定を適用するとしたならば同項ただし書各号のいずれかに該当する特定非常勤職員については、この限りでない。

29　行政執行法人の長は、職員のうち、前項ただし書の規定により第二十三条第一項ただし書の規定を適用するとしたならば同項ただし書第三号に該当する特定非常勤職員であってその三歳に満たない子を養育するもの（以下この条において「特定職員」という。）について育児のための所定労働時間の短縮措置を講じないこととするときは、当該特定職員に関して、厚生労働省令で定めるところにより、次の各号のいずれかに掲げる措置を講じなければならない。

一　職員の承認の請求に基づき、当該職員が就業しつつその子を養育することを容易にするため、住居その他これに準ずるものとして労働協約、就業規則その他これらに準ずるもので定める場所における勤務（第三十七項において「在宅勤務等」という。）をさせる措置（第三十五項において「在宅勤務等の措置」という。）

二　前号に掲げるもののほか、労働基準法第三十二条の三第一項の規定により勤務させることその他の職員の承認の請求に基づく厚生労働省令で定める当該職員が就業しつつその子を養育することを容易にするための措置（第三十四項において「始業時刻変更等の措置」という。）

30　行政執行法人の職員（特定非常勤職員にあっては、第二十三条第三項ただし書の規定を適用するとしたならば同項ただし書各号のいずれにも該当しないものに限る。第三十二項において同じ。）は、当該職員の勤務する行政執行法人の長の承認を受けて、要介護家族の介護をするため、一日の勤務時間の一部につき勤務しないこと（以下この条において「介護時間休業」という。）ができる。

31　介護時間休業ができる時間は、要介護家族の各々が前項に規定する介護を必要とする一の継続する状態ごとに、連続する三年の期間（当該要介護家族に係る指定期間と重複する期間を除く。）内において一日につき二時間を超えない範囲内で必要と認められる時間とする。

32　行政執行法人の長は、第三十項の規定による承認を受けようとする職員からその承認の請求があったときは、当該請求に係る時間のうち業務の運営に支障があると認められる時間を除き、これを承認しなければならない。

33　行政執行法人の長は、職員が第二十八項、第二十九項各号若しくは前項の規定による承認の請求をし、第二十八項若しくは第二十九項の規定により当該職員に措置が講じられ、又は職員が介護時間休業をしたことを理由として、当該職員に対して不利益な取扱いをしてはならない。

34　行政執行法人の長は、職員のうち、その小学校就学の始期に達するまでの子を養育する職員に関して、職員の承認の請求に基づく育児に関する目的のために利用することができる休暇（行政執行法人子の看護等休暇、行政執行法人介護休暇及び労働基準法第三十九条の規定による年次有給休暇として与えられるものを除き、出産後の養育について出産前において準備することができる休暇を含む。）を与えるための措置を講ずるように努めるとともに、次に掲げる職員に関して、始業時刻変更等の措置に準じて、必要な措置を講ずるように努めなければならない。

一　その一歳（当該職員が第五条第三項の規定による申出をすることができる場合に相当するものとして厚生労働省令で定める場合にあっては一歳六か月、当該職員が同条第四項の規定による申出をすることができる場合に相当するものとして厚生労働省令で定める場合にあっては二歳。次号において同じ。）に満たない子を養育する職員（特定職員を除く。同号において同じ。）で国家公務員の育児休業等に関する法律第三条第一項の規定による育児休業をしていないもの

二　その一歳から三歳に達するまでの子を養育する職員（国家公務員の育児休業等に関する法律第三条第一項の規定による育児休業をすることができる者を除く。）

35　前項に定めるもののほか、行政執行法人の長は、職員のうち、その三歳に満たない子を養育する職員（特定職員を除く。）で国家公務員の育児休業等に関する法律第三条第一項の規定による育児休業をしていないものに関して、在宅勤務等の措置に準じて、必要な措置を講ずるように努めなければならない。

36　行政執行法人の長は、職員のうち、その家族を介護する職員に関して、行政執行法人介護休業、行政執行法人介護休暇又は介護時間休業に関する制度に準じて、その介護を必要とする期間、回数等に配慮した必要な措置を講ずるように努めなければならない。

37　前項に定めるもののほか、行政執行法人の長は、職員のうち、その要介護家族を介護する職員で行政執行法人介護休業をしていないものに関して、職員の承認の請求に基づく在宅勤務等をさせることにより当該職員が就業しつつその要介護家族を介護することを容易にするための措置を講ずるように努めなければならない。

38　行政執行法人の長は、職場において行われる職員に対する国家公務員の育児休業等に関する法律第三条第一項の規定による育児休業、行政執行法人介護休業その他の子の養育又は家族の介護に関する厚生労働省令で定める制度又は措置の利用に関する言動により当該職員の勤務環境が害されることのないよう、当該職員からの相談に応じ、適切に対応するために必要な体制の整備その他の雇用管理上必要な措置を講じなければならない。

39　第二十五条第二項の規定は、行政執行法人の職員が前項の相談を行い、又は行政執行法人の長による当該相談への対応に協力した際に事実を述べた場合について準用する。この場合において、同条第二項中「解雇その他不利益な」とあるのは、「不利益な」と読み替えるものとする。

40　第二十五条の二の規定は、行政執行法人の職員に係る第三十八項に規定する言動について準用する。この場合において、同条第一項中「事業主」とあるのは「行政執行法人の長」と、同条第二項中「事業主」とあるのは「行政執行法人の長」と、「その雇用する労働者」とあるのは「職員」と、「当該労働者」とあるのは「当該職員」と、同条第三項中「事業主（その者が法人である場合にあっては、その役員）」とあるのは「行政執行法人の役員」と、同条第四項中「労働者は」とあるのは「行政執行法人の職員は」と、「事業主」とあるのは「行政執行法人の長」と、「前条第一項」とあるのは「第六十一条第三十八項」と読み替えるものとする。

41　行政執行法人の長は、その講じた措置に関して、職員から第二十八項、第二十九項各号、第三十四項又は第三十七項の規定による承認の請求があったときは、業務の運営に支障があると認められる場合を除き、これを承認しなければならない。

第六十一条の二　第二章から第九章まで、第三十条、前章、第五十三条、第五十四条、第五十六条、第五十六条の二、第六十条、次条から第六十四条まで及び第六十六条の規定は、地方公務員に関しては、適用しない。

2　地方公務員に関しては、第三十二条中「育児等退職者」とあるのは「育児等退職者（第二十七条に規定する育児等退職者をいう。以下同じ。）」と、第三十四条第二項中「対象労働者等」とあるのは「対象労働者等（第三十条に規定する対象労働者等をいう。以下同じ。）」とする。

3　地方公務員法（昭和二十五年法律第二百六十一号）第四条第一項に規定する職員（以下この条において「地方公共団体等の職員」という。）（同法第二十二条の四第一項に規定する短時間勤務の職を占める職員（以下この条において「短時間勤務職員」という。）以外の非常勤職員にあっては、第十一条第一項ただし書の規定を適用するとしたならば同項ただし書に規定する者に該当するものに限る。次項及び第五項において同じ。）は、同法第六条第一項に規定する任命権者又はその委任を受けた者（地方教育行政の組織及び運営に関す

る法律（昭和三十一年法律第百六十二号）第三十七条第一項に規定する県費負担教職員については、市町村の教育委員会。以下この条において「任命権者等」という。）の承認を受けて、当該地方公共団体等の職員の要介護家族の介護をするため、休業をすることができる。

4　前項の規定により休業をすることができる期間は、任命権者等が、地方公共団体等の職員の申出に基づき、要介護家族の各々が同項に規定する介護を必要とする一の継続する状態ごとに、三回を超えず、かつ、合算して九十三日を超えない範囲内で指定する期間（第二十一項において「指定期間」という。）内において必要と認められる期間とする。

5　任命権者等は、第三項の規定による休業の承認を受けようとする地方公共団体等の職員からその承認の請求があったときは、当該請求に係る期間のうち公務の運営に支障があると認められる日又は時間を除き、これを承認しなければならない。ただし、短時間勤務職員以外の非常勤職員のうち、同項の規定による休業をすることができないこととすることについて合理的な理由があると認められる者として厚生労働省令で定めるものに該当する者からの当該請求があった場合は、この限りでない。

6　地方公共団体等の職員（短時間勤務職員以外の非常勤職員にあっては、第十六条の三第二項において準用する第六条第一項ただし書（第二号に係る部分に限る。）の規定を適用するとしたならば第十六条の三第二項において読み替えて準用する同号に該当しないものに限る。次項から第九項までにおいて同じ。）であって小学校第三学年修了前の子を養育するものは、任命権者等の承認を受けて、負傷し、若しくは疾病にかかった当該小学校第三学年修了前の子の世話、疾病の予防を図るために必要なものとして第十六条の二第一項の厚生労働省令で定める当該小学校第三学年修了前の子の世話若しくは学校保健安全法第二十条の規定による学校の休業その他これに準ずるものとして同項の厚生労働省令で定める事由に伴う当該小学校第三学年修了前の子の世話を行うため、又は当該小学校第三学年修了前の子の教育若しくは保育に係る行事のうち同項の厚生労働省令で定めるものへの参加をするため、休暇を取得することができる。

7　前項の規定により休暇を取得することができる日数は、一の年において五日（地方公共団体等の職員が養育する小学校第三学年修了前の子が二人以上の場合にあっては、十日）を限度とするものとする。

8　第六項の規定による休暇は、一日の所定労働時間が短い地方公共団体等の職員として厚生労働省令で定めるもの以外の者は、厚生労働省令で定める一日未満の単位で取得することができる。

9　任命権者等は、第六項の規定による休暇の承認を受けようとする地方公共団体等の職員からその承認の請求があったときは、公務の運営に支障があると認められる場合を除き、これを承認しなければならない。

10　地方公共団体等の職員（短時間勤務職員以外の非常勤職員にあっては、第十六条の六第二項において準用する第六条第一項ただし書（第二号に係る部分に限る。）の規定を適用するとしたならば第十六条の六第二項において読み替えて準用する同号に該当しないものに限る。第十二項及び第十三項において同じ。）は、任命権者等の承認を受けて、当該地方公共団体等の職員の要介護家族の介護その他の第十六条の五第一項の厚生労働省令で定める世話を行うため、休暇を取得することができる。

11　前項の規定により休暇を取得することができる日数は、一の年において五日（要介護家族が二人以上の場合にあっては、十日）を限度とするものとする。

12　第十項の規定による休暇は、一日の所定労働時間が短い地方公共団体等の職員として厚生労働省令で定めるもの以外の者は、厚生労働省令で定める一日未満の単位で取得することができる。

13　任命権者等は、第十項の規定による休暇の承認を受けようとする地方公共団体等の職員からその承認の請求があったときは、公務の運営に支障があると認められる場合を除き、これを承認しなければならない。

14　任命権者等は、小学校就学の始期に達するまでの子を養育する地方公共団体等の職員（短時間勤務職員以外の非常勤職員にあっては、第十六条の八第一項の規定を適用するとしたならば同項各号のいずれにも該当しないものに限る。）が当該子を養育するために請求した場合において、公務の運営に支障がないと認めるときは、その者について、所定労働時間を超えて勤務しないことを承認しなければならない。

15　前項の規定は、要介護家族を介護する地方公共団体等の職員について準用する。この場合において、同項中「第十六条の八第一項」とあるのは「第十六条の九第一項において準用する第十六条の八第一項」と、「同項各号」とあるのは「第十六条の九第一項において準用する第十六条の八第一項各号」と、「当該子を養育する」とあるのは「当該要介護家族を介護する」と読み替えるものとする。

16 任命権者等は、地方公共団体等の職員について労働基準法第三十六条第一項の規定により同項に規定する労働時間を延長することができる場合において、当該地方公共団体等の職員であって小学校就学の始期に達するまでの子を養育するもの（第十七条第一項の規定を適用するとしたならば同項各号のいずれにも該当しないものに限る。）が当該子を養育するために請求した場合で公務の運営に支障がないと認めるときは、その者について、制限時間を超えて当該労働時間を延長して勤務しないことを承認しなければならない。

17 前項の規定は、地方公共団体等の職員であって要介護家族を介護するものについて準用する。この場合において、同項中「第十七条第一項」とあるのは「第十八条第一項において準用する第十七条第一項」と、「同項各号」とあるのは「第十八条第一項において準用する第十七条第一項各号」と、「当該子を養育する」とあるのは「当該要介護家族を介護する」と読み替えるものとする。

18 任命権者等は、小学校就学の始期に達するまでの子を養育する地方公共団体等の職員であって第十九条第一項の規定を適用するとしたならば同項各号のいずれにも該当しないものが当該子を養育するために請求した場合において、公務の運営に支障がないと認めるときは、深夜において勤務しないことを承認しなければならない。

19 前項の規定は、要介護家族を介護する地方公共団体等の職員について準用する。この場合において、同項中「第十九条第一項」とあるのは「第二十条第一項において準用する第十九条第一項」と、「同項各号」とあるのは「第二十条第一項において準用する第十九条第一項各号」と、「当該子を養育する」とあるのは「当該要介護家族を介護する」と読み替えるものとする。

20 地方公共団体等の職員（短時間勤務職員以外の非常勤職員にあっては、第二十三条第三項ただし書の規定を適用するとしたならば同項ただし書各号のいずれにも該当しないものに限る。第二十二項において同じ。）は、任命権者等の承認を受けて、要介護家族の介護をするため、一日の勤務時間の一部につき勤務しないことができる。

21 前項の規定により勤務しないことができる時間は、要介護家族の各々が同項に規定する介護を必要とする一の継続する状態ごとに、連続する三年の期間（当該要介護家族に係る指定期間と重複する期間を除く。）内において一日につき二時間を超えない範囲内で必要と認められる時間とする。

22 任命権者等は、第二十項の規定による承認を受けようとする地方公共団体等の職員からその承認の請求があったときは、当該請求に係る時間のうち公務の運営に支障があると認められる時間を除き、これを承認しなければならない。

23 任命権者等は、職場において行われる地方公共団体等の職員に対する地方公務員の育児休業等に関する法律第二条第一項の規定による育児休業、第三項の規定による休業その他の子の養育又は家族の介護に関する厚生労働省令で定める制度の利用に関する言動により当該地方公共団体等の職員の勤務環境が害されることのないよう、当該地方公共団体等の職員からの相談に応じ、適切に対応するために必要な体制の整備その他の雇用管理上必要な措置を講じなければならない。

24 第二十五条第二項の規定は、地方公共団体等の職員が前項の相談を行い、又は任命権者等による当該相談への対応に協力した際に事実を述べた場合について準用する。この場合において、同条第二項中「解雇その他不利益な」とあるのは、「不利益な」と読み替えるものとする。

25 第二十五条の二の規定は、地方公共団体等の職員に係る第二十三項に規定する言動について準用する。この場合において、同条第一項中「事業主」とあるのは「第六十一条の二第三項に規定する任命権者等（以下この条において「任命権者等」という。）」と、同条第二項及び第四項中「事業主」とあり、並びに同条第三項中「事業主（その者が法人である場合にあっては、その役員）」とあるのは「任命権者等」と、同条第二項中「その雇用する労働者」とあるのは「第六十一条の二第三項に規定する地方公共団体等の職員（以下この項及び第四項において「地方公共団体等の職員」という。）」と、「当該労働者」とあるのは「当該地方公共団体等の職員」と、同条第四項中「労働者は」とあるのは「地方公共団体等の職員は」と、「前条第一項」とあるのは「第六十一条の二第二十三項」と読み替えるものとする。

第十三章 罰則

第六十二条 第五十三条第五項において準用する職業安定法第四十一条第二項の規定による業務の停止の命令に違反して、労働者の募集に従事した者は、一年以下の懲役又は百万円以下の罰金に処する。

第六三条　次の各号のいずれかに該当する者は、六月以下の懲役又は三十万円以下の罰金に処する。
一　第五十三条第四項の規定による届出をしないで、労働者の募集に従事した者
二　第五十三条第五項において準用する職業安定法第三十七条第二項の規定による指示に従わなかった者
三　第五十三条第五項において準用する職業安定法第三十九条又は第四十条の規定に違反した者

第六四条　次の各号のいずれかに該当する者は、三十万円以下の罰金に処する。
一　第五十三条第五項において準用する職業安定法第五十条第一項の規定による報告をせず、若しくは虚偽の報告をし、又は第五十三条第五項において準用する同法第五十条第二項の規定による立入り若しくは検査を拒み、妨げ、若しくは忌避し、若しくは質問に対して答弁をせず、若しくは虚偽の陳述をした者
二　第五十三条第五項において準用する職業安定法第五十一条第一項の規定に違反して秘密を漏らした者

第六五条　法人の代表者又は法人若しくは人の代理人、使用人その他の従業者が、その法人又は人の業務に関し、前三条までの違反行為をしたときは、行為者を罰するほか、その法人又は人に対して各本条の罰金刑を科する。

第六六条　第五十六条の規定による報告をせず、又は虚偽の報告をした者は、二十万円以下の過料に処する。

附則（平成七年六月九日法律第一〇七号）（抄）

（施行期日）
第一条　この法律は、平成七年十月一日から施行する。ただし、第二条並びに附則第三条、第五条、第七条、第十一条、第十三条、第十四条、第十六条、第十八条、第二十条及び第二十二条の規定は、平成十一年四月一日から施行する。

（第二条の規定の施行前の措置）
第二条　事業主は、第二条の規定の施行前においても、可能な限り速やかに、同条の規定による改正後の育児休業、介護休業等育児又は家族介護を行う労働者の福祉に関する法律の規定の例による介護休業の制度を設けるとともに、同法第十九条第二項の規定の例による措置を講ずるよう努めなければならないものとする。

（検討）
第三条　政府は、第二条の規定の施行後適当な時期において、介護休業の制度の実施状況、介護休業中における待遇の状況その他の同条の規定による改正後の育児休業、介護休業等育児又は家族介護を行う労働者の福祉に関する法律の施行状況、公的介護サービスの状況等を総合的に勘案し、必要があると認めるときは、家族を介護する労働者の福祉の増進の観点から同法に規定する介護休業の制度等について総合的に検討を加え、その結果に基づいて必要な措置を講ずるものとする。

【令和四年六月一七日法律第六八号未施行内容】
刑法等の一部を改正する法律の施行に伴う関係法律の整理等に関する法律をここに公布する。

第二二一条　次に掲げる法律の規定中「懲役」を「拘禁刑」に改める。
五十三　育児休業、介護休業等育児又は家族介護を行う労働者の福祉に関する法律（平成三年法律第七十六号）第六十二条及び第六十三条

附則（抄）

（施行期日）
1　この法律は、刑法等一部改正法施行日（令和七年六月一日――編注）から施行する。《略》

【令和六年五月三一日法律第四二号未施行内容】
育児休業、介護休業等育児又は家族介護を行う労働者の福祉に関する法律及び次世代育成支援対策推進法の一部を改正する法律

第二条　育児休業、介護休業等育児又は家族介護を行う労働者の福祉に関する法律の一部を次のように改正する。

第二条中「第三十四項、第三十五項及び第三十八項」を「第四十一項、第四十二項及び第四十五項」に改める。

第二十一条第四項中「又は第二項」を「若しくは第四項」に改め、「こと」の下に「又は第二項の規定により確認された意向の内容」を加え、同項を同条第六項とし、同条中第三項を第五項とし、第二項を第四項とし、第一項の次に次の二項を加える。

2　事業主は、前項の措置を講ずるに当たっては、厚生労働省令で定めるところにより、同項の規定による申出に係る子の心身の状況又は育児に関する当該申出をした労働者の家庭の状況に起因して当該子の出生の日以後に発生し、又は発生することが予想される職業生活と家庭生活との両立の支障となる事情の改善に資するものとして厚生労働省令で定める就業に関する条件に係る当該労働者の意向を確認しなければならない。

3　事業主は、前項の規定により意向を確認した労働者に係る就業に関する条件を定めるに当たっては、当該意向に配慮しなければならない。

第二十一条の二第一項中「から第三項まで」を「、第四項及び第五項」に改める。

第二十三条第一項中「第二十四条第一項第三号」を「第二十三条の三第一項第三号」に改め、同条第二項第一号中「同条第二項」を「第二十三条の三第一項第二号及び第二十四条第二項」に改め、同項第二号中「第二十四条第一項」を「第二十三条の三第一項第一号並びに第二十四条第一項第一号及び第二号」に改める。

第二十三条の二の次に次の一条を加える。

（三歳から小学校就学の始期に達するまでの子を養育する労働者等に関する措置）

第二十三条の三　事業主は、その雇用する労働者のうち、その三歳から小学校就学の始期に達するまでの子を養育するものに関して、厚生労働省令で定めるところにより、労働者の申出に基づく次に掲げる措置のうち二以上の措置を講じなければならない。

一　始業時刻変更等の措置であって厚生労働省令で定めるもの

二　在宅勤務等の措置

三　育児のための所定労働時間の短縮措置

四　労働者が就業しつつ当該子を養育することを容易にするための休暇（子の看護等休暇、介護休暇及び労働基準法第三十九条の規定による年次有給休暇として与えられるものを除く。）を与えるための措置

五　前各号に掲げるもののほか、労働者が就業しつつ当該子を養育することを容易にするための措置として厚生労働省令で定めるもの

2　前項の規定により事業主が同項第四号に掲げる措置を講じたときは、同号に規定する休暇は、一日の所定労働時間が短い労働者として厚生労働省令で定めるもの以外の者は、厚生労働省令で定めるところにより、厚生労働省令で定める一日未満の単位で取得することができる。

3　第一項の規定（第三号に掲げる労働者にあっては、同項第四号に係る部分に限る。以下この項において同じ。）は、当該事業主と当該労働者が雇用される事業所の労働者の過半数で組織する労働組合があるときはその労働組合、その事業所の労働者の過半数で組織する労働組合がないときはその労働者の過半数を代表する者との書面による協定で、次に掲げる労働者のうち第一項の規定による措置を講じないものとして定められた労働者に該当する労働者については、これを適用しない。

一　当該事業主に引き続き雇用された期間が一年に満たない労働者

二　前号に掲げるもののほか、第一項に掲げる措置を講じないこととすることについて合理的な理由があると認められる労働者として厚生労働省令で定めるもの

三　業務の性質又は業務の実施体制に照らして、前項の厚生労働省令で定める一日未満の単位で第一項第四号に規定する休暇を取得することが困難と認められる業務に従事する労働者（前項の規定により同項の厚生労働省令で定める一日未満の単位で取得しようとする者に限る。）

4　事業主は、第一項の規定による措置を講じようとするときは、あらかじめ、当該事業所に労働者の過半数で組織する労働組合がある場合においてはその労働組合、労働者の過半数で組織する労働組合がない場合においては労働者の過半数を代表する者の意見を聴かなければならない。

5　事業主は、厚生労働省令で定めるところにより、三歳に満たない子を養育する労働者に対して、当該労働者が第一項の規定により当該事業主が講じた措置（以下この項及び第七項において「対象措置」という。）のいずれかを選択するか判断するために適切なものとして厚生労働省令で定める期間内に、対象措置その他の厚生労働省令で定める事項を知らせるとともに、対象措置に係る申出に係る当該労働者の意向を確認するための面談その他の厚生労働省令で定める措置を講じなければならない。

6　第二十一条第二項及び第三項の規定は、前項の厚生労働省令で定める措置を講ずる場合について準用する。この場合において、同条第二項中「同項の規定による申出」とあるのは「第二十三条の三第五項に規定する対象措置」と、「当該申出をした」とあるのは「当該対象措置の対象となる」と、「当該子の出生の日以後に発生し」とあるのは「発生し」と読み替えるものとする。

7　事業主は、労働者が対象措置に係る申出をし、若しくは第一項の規定により当該労働者に措置が講じられたこと又は前項において準用する第二十一条第二項の規定により確認された意向の内容を理由として、当該労働者に対して解雇その他不利益な取扱いをしてはならない。

第二十四条第一項中「介護休暇」の下に「、前条第一項第四号に規定する休暇」を加え、同項第三号中「、育児のための所定労働時間の短縮措置

又は始業時刻変更等の措置」を削る。

第二十九条中「第二十一条第一項から第三項まで」を「第二十一条第一項、同条第二項及び第三項（これらの規定を第二十三条の三第六項において準用する場合を含む。）、第二十一条第四項及び第五項」に改め、「第二十三条第一項から第三項まで」の下に「、第二十三条の三第一項から第五項まで」を加え、「及び」を「並びに」に改める。

第五十二条の二中「、第二十三条の二」を「から第二十三条の三まで」に改める。

第五十六条の二中「第二十一条」を「第二十一条第一項、同条第二項若しくは第三項（これらの規定を第二十三条の三第六項において準用する場合を含む。）、第二十一条第四項から第六項まで」に改め、「第二十三条の二」の下に「、第二十三条の三第一項、第四項、第五項若しくは第七項」を加える。

第五十七条中「から第三項まで、」を「、第二項（第二十三条の三第六項において準用する場合を含む。）、第四項及び第五項、」に改め、「第二十三条第一項から第三項まで」の下に「、第二十三条の三第一項、第二項、第三項第二号及び第五項」を加える。

第六十条第二項中「第二十一条第一項から第三項まで」を「第二十一条第一項、第二項（第二十三条の三第六項において準用する場合を含む。）、第四項及び第五項」に改め、「第二十三条第一項から第三項まで」の下に「、第二十三条の三第一項、第二項、第三項第二号及び第三号、第五項並びに第六項」を、「陸上勤務」」と、同号」の下に「、第二十三条の三第一項第二号」を加え、「及び第二十四条第一項」を「、第二十三条の三第一項第一号並びに第二十四条第一項第一号及び第二号」に、「措置」と、同項」を「措置」と、第二十三条の三第一項第四号及び第二十四条第一項」に改める。

第六十一条第二十一項中「第二十一条第三項」を「第二十一条第五項」に改め、同条第二十八項中「次項」の下に「及び第三十四項第三号」を加え、同条第二十九項第一号中「第三十七項」を「第四十四項」に、「第三十五項」を「第三十四項第二号及び第四十二項」に改め、同項第二号中「第三十四項」を「第三十四項第一号及び第四十一項」に改め、同条第四十一項中「又は第三十七項」を「、第四十一項又は第四十四項」に改め、同項を同条第四十八項とし、同条第四十項中「第三十八項に」を「第四十五項に」に、「第六十一条第三十八項」を「第六十一条第四十五項」に改め、同項を同条第四十七項とし、同条中第三十九項を第四十六項とし、第三十五項から第三十八項までを七項ずつ繰り下げ、同条第三十四項中「行政執行法人介護休暇」の下に「、第三十四項第四号に規定する休暇」を加え、同項を同条第四十一項とし、同条第三十三項の次に次の七項を加える。

34 行政執行法人の長は、職員（特定非常勤職員にあっては、第二十三条の三第三項の規定を適用するとしたならば同項第一号及び第二号のいずれにも該当しないものに限る。）のうち、その三歳から小学校就学の始期に達するまでの子を養育するものに関して、厚生労働省令で定めるところにより、職員の承認の請求に基づく次に掲げる措置のうち二以上の措置を講じなければならない。

一 始業時刻変更等の措置であって厚生労働省令で定めるもの

二 在宅勤務等の措置

三 育児のための所定労働時間の短縮措置

四 職員が就業しつつ当該子を養育することを容易にするための休暇（行政執行法人子の看護等休暇、行政執行法人介護休暇及び労働基準法第三十九条の規定による年次有給休暇として与えられるものを除く。）を与えるための措置

五 前各号に掲げるもののほか、職員が就業しつつ当該子を養育することを容易にするための措置として厚生労働省令で定めるもの

35 前項の規定により行政執行法人の長が同項第四号に掲げる措置を講じたときは、同号に規定する休暇は、一日の所定労働時間が短い職員として厚生労働省令で定めるもの以外の者は、厚生労働省令で定めるところにより、厚生労働省令で定める一日未満の単位で取得することができる。

36 第三十四項の規定（同項第四号に係る部分に限る。）は、第二十三条の三第三項の規定を適用するとしたならば同項第三号に該当する特定非常勤職員については、これを適用しない。

37 行政執行法人の長は、第三十四項の規定による措置を講じようとするときは、あらかじめ、当該行政執行法人の事業所に職員の過半数で組織する労働組合がある場合においてはその労働組合、職員の過半数で組織する労働組合がない場合においては職員の過半数を代表する者の意見を聴かなければならない。

38 行政執行法人の長は、厚生労働省令で定めるところにより、三歳に満たない子を養育する職

員に対して、当該職員が第三十四項の規定により当該行政執行法人の長が講じた措置（以下この項及び第四十項において「行政執行法人対象措置」という。）のいずれを選択するか判断するために適切なものとして厚生労働省令で定める期間内に、行政執行法人対象措置その他の厚生労働省令で定める事項を知らせるとともに、行政執行法人対象措置に係る承認の請求に係る当該職員の意向を確認するための面談その他の厚生労働省令で定める措置を講じなければならない。

39　第二十一条第二項及び第三項の規定は、前項の厚生労働省令で定める措置を講ずる場合について準用する。この場合において、同条第二項中「事業主」とあるのは「行政執行法人の長」と、「同項の規定による申出」とあるのは「第六十一条第三十八項に規定する行政執行法人対象措置」と、「当該申出をした労働者」とあるのは「当該行政執行法人対象措置の対象となる職員」と、「当該子の出生の日以後に発生し」とあるのは「発生し」と、「当該労働者」とあるのは「当該職員」と、同条第三項中「事業主」とあるのは「行政執行法人の長」と、「労働者」とあるのは「職員」と読み替えるものとする。

40　行政執行法人の長は、職員が行政執行法人対象措置に係る承認の請求をし、若しくは第三十四項の規定により当該職員に措置が講じられたこと又は前項において準用する第二十一条第二項の規定により確認された意向の内容を理由として、当該職員に対して不利益な取扱いをしてはならない。

附則（抄）

（施行期日）

第一条　この法律は、令和七年四月一日から施行する。ただし、次の各号に掲げる規定は、当該各号に定める日から施行する。

一　第三条中次世代育成支援対策推進法附則第二条第一項の改正規定並びに附則第三条、第八条、第十条及び第十三条の規定　公布の日

二　第二条の規定及び附則第七条の規定　公布の日から起算して一年六月を超えない範囲内において政令で定める日（令和七年一〇月一日――編注）

育児休業、介護休業等育児又は家族介護を行う労働者の福祉に関する法律施行規則（抄）

平成三年一〇月一五日労働省令第二五号

施行：平成四年四月一日

最終改正：令和六年九月一一日厚生労働省令第一二五号

施行：附則参照

第一章　総則

（法第二条第一号の厚生労働省令で定めるもの）

第一条　育児休業、介護休業等育児又は家族介護を行う労働者の福祉に関する法律（平成三年法律第七十六号。以下「法」という。）第二条第一号の厚生労働省令で定める労働者は、児童の親その他の児童福祉法（昭和二十二年法律第百六十四号）第二十七条第四項に規定する者の意に反するため、同項の規定により、同法第六条の四第二号に規定する里親であって養子縁組によって養親となることを希望している者として当該児童を委託することができない労働者とする。

2　法第二条第一号の厚生労働省令で定めるところにより委託されている者は、児童福祉法第六条の四第二項の規定による養育里親に同法第二十七条第一項第三号の規定により委託されている者とする。

（法第二条第三号の厚生労働省令で定める期間）

第二条　法第二条第三号の厚生労働省令で定める期間は、二週間以上の期間とする。

（法第二条第四号の厚生労働省令で定めるもの）

第三条　法第二条第四号の厚生労働省令で定めるものは、祖父母、兄弟姉妹及び孫とする。

（法第二条第五号の厚生労働省令で定める親族）

第四条　法第二条第五号の厚生労働省令で定める親族は、同居の親族（同条第四号の対象家族（以下「対象家族」という。）を除く。）とする。

第二章　育児休業

（法第五条第二項の厚生労働省令で定める特別の事情）

第五条　法第五条第二項の厚生労働省令で定める特別の事情がある場合は、次のとおりとする。

一　法第五条第一項の申出をした労働者について労働基準法（昭和二十二年法律第四十九号）第六十五条第一項又は第二項の規定により休業する期間（以下「産前産後休業期間」という。）が始まったことにより法第九条第一項の育児休業期間（以下「育児休業期間」という。）が終了した場合であって、当該産前産後休業期間又は当該産前産後休業期間中に出産した子に係る育児休業期間が終了する日までに、当該子の全てが、次のいずれかに該当するに至ったとき。

イ　死亡したとき。

ロ　養子となったことその他の事情により当該労働者と同居しないこととなったとき。

二　法第五条第一項の申出をした労働者について新期間（新たな育児休業期間又は法第九条の五第一項の出生時育児休業期間（以下「出生時育児休業期間」という。）をいう。以下この号において同じ。）が始まったことにより育児休業期間が終了した場合であって、当該新期間が終了する日までに、当該新期間の育児休業に係る子の全てが、次のいずれかに該当するに至ったとき。

イ　死亡したとき。

ロ　養子となったことその他の事情により当該労働者と同居しないこととなったとき。

ハ　民法（明治二十九年法律第八十九号）第八百十七条の二第一項の規定による請求に係る家事審判事件が終了したとき（特別養子縁組の成立の審判が確定した場合を除く。）又は養子縁組が成立しないまま児童福祉法第二十七条第一項第三号の規定による措置が解除されたとき。

三　法第五条第一項の申出をした労働者について法第十五条第一項の介護休業期間（以下「介護休業期間」という。）が始まったことにより育児休業期間が終了した場合であって、当該介護休業期間が終了する日までに、当該介護休業期間の介護休業に係る対象家族が死亡するに至ったとき又は離婚、婚姻の取消、離縁等により当該介護休業期間の介護休業に係る対象家族と介護休業申出（法第十一条第三項の介護休業申出をいう。以下同じ。）をした労働者との親族関係が消滅するに至ったとき。

四　法第五条第一項の申出に係る子の親（同項の申出に係る子について民法第八百十七条の二第一項の規定により特別養子縁組の成立について家庭裁判所に請求した者又は児童福祉法第二十七条第一項第三号の規定により同法第六条の四第一項に規定する里親であって養子縁組によって養親となることを希望している者として委託されている者若しくは第一条第一項に該当する労働者を含む。以下この章において同じ。）である配偶者（婚姻の届出をしていないが、事実上婚姻関係と同様の事情にある者を含む。以下同じ。）が死亡したとき。

五　前号に規定する配偶者が負傷、疾病又は身体上若しくは精神上の障害により法第五条第一項の申出に係る子を養育することが困難な状態になったとき。

六　婚姻の解消その他の事情により第四号に規定する配偶者が法第五条第一項の申出に係る子と同居しないこととなったとき。

七　法第五条第一項の申出に係る子が負傷、疾病又は身体上若しくは精神上の障害により、二週間以上の期間にわたり世話を必要とする状態になったとき。

八　法第五条第一項の申出に係る子について、児童福祉法第三十九条第一項に規定する保育所、就学前の子どもに関する教育、保育等の総合的な提供の推進に関する法律（平成十八年法律第七十七号）第二条第六項に規定する認定こども園又は児童福祉法第二十四条第二項に規定する家庭的保育事業等（以下「保育所等」という。）における保育の利用を希望し、申込みを行っているが、当面その実施が行われないとき。

（法第五条第三項の厚生労働省令で定める特別の事情）

第五条の二　前条の規定（第四号から第八号までを除く。）は、法第五条第三項の厚生労働省令で定める特別の事情がある場合について準用する。この場合において、前条第一号から第三号までの規定中「第五条第一項」とあるのは、「第五条第一項又は第三項」と読み替えるものとする。

（法第五条第三項第二号の厚生労働省令で定める場合）

第六条　法第五条第三項第二号の厚生労働省令で定める場合は、次のとおりとする。

一　法第五条第三項の申出に係る子について、保育所等における保育の利用を希望し、申込みを行っているが、当該子が一歳に達する日後の期間について、当面その実施が行われない場合

二　常態として法第五条第三項の申出に係る子の養育を行っている当該子の親である配偶者であって当該子が一歳に達する日後の期間について常態として当該子の養育を行う予定であったものが次のいずれかに該当した場合

イ　死亡したとき。

ロ　負傷、疾病又は身体上若しくは精神上の障害により法第五条第三項の申出に係る子を養育することが困難な状態になったとき。

ハ　婚姻の解消その他の事情により常態として法第五条第三項の申出に係る子の養育を行っている当該子の親である配偶者が法第五条第三項の申出に係る子と同居しないこととなったとき。

ニ　六週間（多胎妊娠の場合にあっては、十四週間）以内に出産する予定であるか又は産後八週間を経過しないとき。

（法第五条第四項第二号の厚生労働省令で定める場合）

第六条の二　前条の規定は、法第五条第四項第二号の厚生労働省令で定める場合について準用する。この場合において、同条中「一歳に達する日」とあるのは「一歳六か月に達する日」と読み替えるものとする。

（育児休業申出の方法等）

第七条　法第五条第四項の育児休業申出（以下「育児休業申出」という。）は、次に掲げる事項（同条第五項に規定する場合にあっては、第一号、第二号及び第四号に掲げる事項に限る。）を事業主に申し出ることによって行わなければならない。

一　育児休業申出の年月日

二　育児休業申出をする労働者の氏名

三　育児休業申出に係る子の氏名、生年月日及び前号の労働者との続柄等（育児休業申出に係る子が当該育児休業申出の際に出生していない場合にあっては、当該育児休業申出に係る子を出産する予定である者の氏名、出産予定日及び前号の労働者との続柄。民法第八百十七条の二第一項の規定により特別養子縁組の成立について家庭裁判所に請求した場合、児童福祉法第二十七条第一項第三号の規定により同法第六条の四第一項に規定する里親であって養子縁組によって養親となることを希望している者として委託されている場合又は第一条第一項に該当する場合（以下「特別養子縁組の請求等の場合」という。）にあっては、その事実。）

四　育児休業申出に係る期間の初日（以下「育児休業開始予定日」という。）及び末日（以下「育児休業終了予定日」という。）とする日

四の二　育児休業申出に係る子について、既にした育児休業申出がある場合にあっては、当該育児休業申出に係る育児休業期間

四の三　育児休業申出に係る子について、既にした法第八条第一項の育児休業申出の撤回がある場合にあっては、その旨

五　育児休業申出をする労働者が当該育児休業申出に係る子でない子であって一歳に満たないものを有する場合にあっては、当該子の氏名、生年月日及び当該労働者との続柄（特別養子縁組の請求等の場合にあっては、その事実。）

六　育児休業申出に係る子が養子である場合にあっては、当該養子縁組の効力が生じた日

七　第五条各号（第五条の二において準用する場合を含む。）に掲げる事情がある場合にあっては、当該事情に係る事実

八　法第五条第三項又は第四項の申出をする場合にあっては、前条各号に掲げる場合に該当する事実

九　配偶者が育児休業申出に係る子の一歳到達日（法第五条第三項に規定する一歳到達日をいう。以下同じ。）において育児休業をしている労働者が法第五条第三項又は第四項の申出をする場合にあっては、その事実

十　第十条各号に掲げる事由が生じた場合にあっては、当該事由に係る事実

十一　第十九条各号に掲げる事情がある場合にあっては、当該事情に係る事実

十二　法第九条の六第一項の規定により読み替えて適用する法第五条第一項の申出により子の一歳到達日の翌日以後の日に育児休業をする場合にあっては、当該申出に係る育児休業開始予定日とされた日が当該労働者の配偶者がしている育児休業に係る育児休業期間の初日以後である事実

2　育児休業申出及び第八項の通知は、次のいずれかの方法（第二号及び第三号に掲げる場合にあっては、事業主が適当と認める場合に限る。）によって行わなければならない。

一　書面を提出する方法
二　ファクシミリを利用して送信する方法
三　電子メールその他のその受信をする者を特定して情報を伝達するために用いられる電気通信（電気通信事業法（昭和五十九年法律第八十六号）第二条第一号に規定する電気通信をいう。以下「電子メール等」という。）の送信の方法（労働者及び事業主が当該電子メール等の記録を出力することにより書面を作成することができるものに限る。）

3　前項第二号の方法により行われた申出及び通知は、事業主の使用に係るファクシミリ装置により受信した時に、同項第三号の方法により行われた申出及び通知は、事業主の使用に係る通信端末機器により受信した時に、それぞれ当該事業主に到達したものとみなす。

4　事業主は、育児休業申出がされたときは、次に掲げる事項を労働者に速やかに通知しなければならない。
一　育児休業申出を受けた旨
二　育児休業開始予定日（法第六条第三項の規定により指定をする場合にあっては、当該事業主の指定する日）及び育児休業終了予定日
三　育児休業申出を拒む場合には、その旨及びその理由

5　前項の通知は、次のいずれかの方法（第二号及び第三号に掲げる場合にあっては、労働者が希望する場合に限る。）により行わなければならない。
一　書面を交付する方法
二　ファクシミリを利用して送信する方法
三　電子メール等の送信の方法（当該労働者が当該電子メール等の記録を出力することにより書面を作成することができるものに限る。）

6　前項第二号の方法により行われた通知は、労働者の使用に係るファクシミリ装置により受信した時に、同項第三号の方法により行われた通知は、労働者の使用に係る通信端末機器により受信した時に、それぞれ当該労働者に到達したものとみなす。

7　事業主は、育児休業申出があったときは、当該育児休業申出をした労働者に対して、当該育児休業申出に係る子の妊娠、出生（育児休業申出に係る子が当該育児休業申出の際に出生していない場合にあっては、出産予定日）若しくは養子縁組の事実又は第一項第三号若しくは第七号から第十二号までに掲げる事実を証明することができる書類の提出を求めることができる。ただし、法第五条第五項に規定する場合は、この限りでない。

8　育児休業申出に係る子が当該育児休業申出がされた後に出生したときは、当該育児休業申出をした労働者は、速やかに、当該子の氏名、生年月日及び当該労働者との続柄を事業主に通知しなければならない。この場合において、事業主は、当該労働者に対して、当該子の出生の事実を証明することができる書類の提出を求めることができる。

（法第六条第一項第二号の厚生労働省令で定めるもの）

第八条　法第六条第一項第二号の厚生労働省令で定めるものは、次のとおりとする。
一　育児休業申出があった日から起算して一年（法第五条第三項の申出にあっては六月）以内に雇用関係が終了することが明らかな労働者
二　一週間の所定労働日数が著しく少ないものとして厚生労働大臣が定める日数以下の労働者

（法第六条第一項ただし書の場合の手続等）

第九条　法第六条第一項ただし書の規定により、事業主が労働者からの育児休業申出を拒む場合及び育児休業をしている労働者が同項ただし書の育児休業をすることができないものとして定められた労働者に該当することとなったことにより育児休業を終了させる場合における必要な手続その他の事項は、同項ただし書の協定の定めるところによる。

（法第六条第三項の厚生労働省令で定める事由）

第一〇条　法第六条第三項の厚生労働省令で定める事由は、次のとおりとする。
一　出産予定日前に子が出生したこと。
二　育児休業申出に係る子の親である配偶者の死亡
三　前号に規定する配偶者が負傷又は疾病により育児休業申出に係る子を養育することが困難になったこと。
四　第二号に規定する配偶者が育児休業申出に係る子と同居しなくなったこと。
五　法第五条第一項の申出に係る子が負傷、疾病又は身体上若しくは精神上の障害により、二週間以上の期間にわたり世話を必要とする状態になったとき。
六　法第五条第一項の申出に係る子について、保育所等における保育の利用を希望し、申込みを行っているが、当面その実施が行われないとき。

（法第六条第三項の厚生労働省令で定める日）

第一一条　法第六条第三項の厚生労働省令で定める日は、育児休業申出があった日の翌日から起算して一週間を経過する日とする。

（法第六条第三項の指定）

第一二条　法第六条第三項の指定は、育児休業開始予定日とされた日（その日が育児休業申出があった日の翌日から起算して三日を経過する日後の日である場合にあっては、当該三日を経過する日）までに、育児休業開始予定日として指定する日を育児休業申出をした労働者に通知することによって行わなければならない。

2　第七条第五項及び第六項の規定は、前項の通知について準用する。

（育児休業開始予定日の変更の申出）

第一三条　法第七条第一項の育児休業開始予定日の変更の申出（以下この条及び第十五条において「変更申出」という。）は、次に掲げる事項を事業主に申し出ることによって行わなければならない。

一　変更申出の年月日
二　変更申出をする労働者の氏名
三　変更後の育児休業開始予定日
四　変更申出をすることとなった事由に係る事実

2　第七条第二項から第六項（第四項第三号を除く。）までの規定は、変更申出について準用する。この場合において、同条第四項第二号中「法第六条第三項」とあるのは、「法第七条第二項」と読み替えるものとする。

3　事業主は、第一項の変更申出があったときは、当該変更申出をした労働者に対して、同項第四号に掲げる事実を証明することができる書類の提出を求めることができる。

（法第七条第二項の厚生労働省令で定める期間）

第一四条　法第七条第二項の厚生労働省令で定める期間は、一週間とする。

（法第七条第二項の指定）

第一五条　法第七条第二項の指定は、変更後の育児休業開始予定日とされた日（その日が変更申出があった日の翌日から起算して三日を経過する日後の日である場合にあっては、当該三日を経過する日）までに、育児休業開始予定日として指定する日を記載した書面を変更申出をした労働者に交付することによって行わなければならない。

（法第七条第三項の厚生労働省令で定める日）

第一六条　法第七条第三項の厚生労働省令で定める日は、育児休業申出において育児休業終了予定日とされた日の一月前（法第五条第三項の申出にあっては二週間前）の日とする。

（育児休業終了予定日の変更の申出）

第一七条　法第七条第三項の育児休業終了予定日の変更の申出（以下この条において「変更申出」という。）は、次に掲げる事項を事業主に申し出ることによって行わなければならない。

一　変更申出の年月日
二　変更申出をする労働者の氏名
三　変更後の育児休業終了予定日

2　第七条第二項から第六項（第四項第三号を除く。）までの規定は、変更申出について準用する。この場合において、同条第四項第二号中「育児休業開始予定日（法第六条第三項の規定により指定をする場合にあっては、当該事業主の指定する日）」とあるのは「育児休業開始予定日」と読み替えるものとする。

（育児休業申出の撤回）

第一八条　法第八条第一項の育児休業申出の撤回は、その旨及びその年月日を事業主に申し出ることによって行わなければならない。

2　第七条第二項から第六項（第四項第二号及び第三号を除く。）までの規定は、前項の撤回について準用する。

（法第八条第三項の厚生労働省令で定める特別の事情）

第一九条　法第八条第三項の厚生労働省令で定める特別の事情がある場合は、次のとおりとする。

一　育児休業申出に係る子の親である配偶者の死亡
二　前号に規定する配偶者が負傷、疾病又は身体上若しくは精神上の障害により育児休業申出に係る子を養育することが困難な状態になったこと。
三　婚姻の解消その他の事情により第一号に規定する配偶者が育児休業申出に係る子と同居しないこととなったこと。
四　法第五条第一項の申出に係る子が負傷、疾病又は身体上若しくは精神上の障害により、二週間以上の期間にわたり世話を必要とする状態になったとき。
五　法第五条第一項の申出に係る子について、保育所等における保育の利用を希望し、申込みを行っているが、当面その実施が行われないとき。

（法第八条第四項の厚生労働省令で定める事由）

第二〇条　法第八条第四項の厚生労働省令で定める事由は、次のとおりとする。

一　育児休業申出に係る子の死亡
二　育児休業申出に係る子が養子である場合における離縁又は養子縁組の取消
三　育児休業申出に係る子が養子となったことその他の事情により当該育児休業申出をした労働者と当該子とが同居しないこととなったこと。
四　民法第八百十七条の二第一項の規定による請求に係る家事審判事件が終了したこと（特別養

子縁組の成立の審判が確定した場合を除く。）又は養子縁組が成立しないまま児童福祉法第二十七条第一項第三号の規定による措置が解除されたこと。

五　育児休業申出をした労働者が、負傷、疾病又は身体上若しくは精神上の障害により、当該育児休業申出に係る子が一歳（法第五条第三項の申出に係る子にあっては、一歳六か月）に達するまでの間、当該子を養育することができない状態になったこと。

六　法第九条の六第一項の規定により読み替えて適用する法第五条第一項の申出により子の一歳到達日の翌日以後の日に育児休業をする場合において労働者の配偶者が育児休業をしていないこと（当該申出に係る育児休業開始予定日とされた日が当該配偶者のしている育児休業に係る育児休業期間の初日と同じ日である場合を除く。）。

（法第九条第二項第一号の厚生労働省令で定める事由）

第二十一条　前条の規定（第六号を除く。）は、法第九条第二項第一号の厚生労働省令で定める事由について準用する。

（出生時育児休業申出の方法等）

第二十一条の二　法第九条の二第三項の出生時育児休業申出（以下「出生時育児休業申出」という。）は、次に掲げる事項（同条第四項に規定する場合にあっては、第一号、第二号及び第四号に掲げる事項に限る。）を事業主に申し出ることによって行わなければならない。

一　出生時育児休業申出の年月日

二　出生時育児休業申出をする労働者の氏名

三　出生時育児休業申出に係る子の氏名、生年月日及び前号の労働者との続柄等（出生時育児休業申出に係る子が当該出生時育児休業申出の際に出生していない場合にあっては、当該出生時育児休業申出に係る子を出産する予定である者の氏名、出産予定日及び前号の労働者との続柄。特別養子縁組の請求等の場合にあっては、その事実。）

四　出生時育児休業申出に係る期間の初日（第二十一条の八及び第二十一条の十七第三号において「出生時育児休業開始予定日」という。）及び末日（第二十一条の十二及び第二十一条の十七第三号において「出生時育児休業終了予定日」という。）とする日

五　出生時育児休業申出をする労働者が当該出生時育児休業申出に係る子でない子であって出生の日から起算して八週間を経過しないものを有する場合にあっては、当該子の氏名、生年月日及び当該労働者との続柄（特別養子縁組の請求等の場合にあっては、その事実。）

六　出生時育児休業申出に係る子が養子である場合にあっては、当該養子縁組の効力が生じた日

七　第十条各号に掲げる事由が生じた場合にあっては、当該事由に係る事実

2　第七条第二項から第八項までの規定は、出生時育児休業申出について準用する。この場合において、同条第四項第二号中「第六条第三項」とあるのは「第九条の三第三項」と、同条第七項中「第一項第三号若しくは第七号から第十二号まで」とあるのは「第一項第三号若しくは第七号」と、「第五条第七項」とあるのは「第九条の二第四項」と読み替えるものとする。

（法第九条の三第二項において準用する法第六条第一項第二号の厚生労働省令で定めるもの）

第二十一条の三　法第九条の三第二項において準用する法第六条第一項第二号の厚生労働省令で定めるものは、次のとおりとする。

一　出生時育児休業申出があった日から起算して八週間以内に雇用関係が終了することが明らかな労働者

二　第八条第二号の労働者

（法第九条の三第二項において準用する法第六条第一項ただし書の場合の手続等）

第二十一条の四　第九条の規定は、法第九条の三第二項において準用する法第六条第一項ただし書の場合の手続等について準用する。

（法第九条の三第三項の厚生労働省令で定める日）

第二十一条の五　第十一条の規定は、法第九条の三第三項の厚生労働省令で定める日について準用する。

（法第九条の三第三項の指定）

第二十一条の六　第十二条の規定は、法第九条の三第三項の指定について準用する。この場合において、第十二条第二項中「第七条第五項及び第六項」とあるのは、「第二十一条の二第二項の規定により準用された第七条第五項及び第六項」と読み替えるものとする。

（法第九条の三第四項第一号の厚生労働省令で定める措置）

第二十一条の七　法第九条の三第四項第一号の厚生労働省令で定める措置は、次のとおりとする。

一　出生時育児休業申出が円滑に行われるようにするための雇用環境整備の措置として、次に掲げる措置のうちいずれか二以上の措置を講ずること。

イ　その雇用する労働者に対する育児休業に係る研修の実施
ロ　育児休業に関する相談体制の整備
ハ　その雇用する労働者の育児休業の取得に関する事例の収集及びその雇用する労働者に対する当該事例の提供
ニ　その雇用する労働者に対する育児休業に関する制度及び育児休業の取得の促進に関する方針の周知
ホ　育児休業申出をした労働者の育児休業の取得が円滑に行われるようにするための業務の配分又は人員の配置に係る必要な措置
二　育児休業の取得に関する定量的な目標を設定し、育児休業の取得の促進に関する方針を周知すること。
三　育児休業申出に係る当該労働者の意向を確認するための措置を講じた上で、その意向を把握するための取組を行うこと。

（出生時育児休業開始予定日の変更の申出）

第二一条の八　第十三条の規定は、法第九条の四において準用する法第七条第一項の出生時育児休業開始予定日の変更の申出について準用する。

（法第九条の四において準用する法第七条第二項の厚生労働省令で定める期間）

第二一条の九　第十四条の規定は、法第九条の四において準用する法第七条第二項の厚生労働省令で定める期間について準用する。

（法第九条の四において準用する法第七条第二項の指定）

第二一条の一〇　第十五条の規定は、法第九条の四において準用する法第七条第二項の指定について準用する。

（法第九条の四において準用する法第七条第三項の厚生労働省令で定める日）

第二一条の一一　第十六条の規定は、法第九条の四において準用する法第七条第三項の厚生労働省令で定める日について準用する。この場合において、第十六条中「一月前（法第五条第三項及び第四項の申出にあっては二週間前）」とあるのは、「二週間前」と読み替えるものとする。

（出生時育児休業終了予定日の変更の申出）

第二一条の一二　第十七条の規定は、法第九条の四において準用する法第七条第三項の出生時育児休業終了予定日の変更の申出について準用する。

（出生時育児休業申出の撤回）

第二一条の一三　第十八条の規定は、法第九条の四において準用する法第八条第一項の出生時育児休業申出の撤回について準用する。

（法第九条の四において準用する法第八条第四項の厚生労働省令で定める事由）

第二一条の一四　法第九条の四において準用する法第八条第四項の厚生労働省令で定める事由は、次のとおりとする。
一　出生時育児休業申出に係る子の死亡
二　出生時育児休業申出に係る子が養子である場合における離縁又は養子縁組の取消
三　出生時育児休業申出に係る子が養子となったことその他の事情により当該出生時育児休業申出をした労働者と当該子とが同居しないこととなったこと。
四　民法第八百十七条の二第一項の規定による請求に係る家事審判事件が終了したこと（特別養子縁組の成立の審判が確定した場合を除く。）又は養子縁組が成立しないまま児童福祉法第二十七条第一項第三号の規定による措置が解除されたこと。
五　出生時育児休業申出をした労働者が、負傷、疾病又は身体上若しくは精神上の障害により、当該出生時育児休業申出に係る子が出生の日から起算して八週間を経過する日の翌日までの間、当該子を養育することができない状態になったこと。

（法第九条の五第二項の厚生労働省令で定める事項等）

第二一条の一五　法第九条の五第二項の厚生労働省令で定める事項は、次のとおりとする。
一　出生時育児休業期間において就業することができる日（以下この条において「就業可能日」という。）
二　就業可能日における就業可能な時間帯（所定労働時間内の時間帯に限る。）その他の労働条件
2　法第九条の五第二項の規定により、事業主に対して、前項に定める事項を申し出る場合にあっては、次のいずれかの方法（第二号及び第三号に掲げる場合にあっては、事業主が適当と認める場合に限る。）によって行わなければならない。
一　書面を提出する方法
二　ファクシミリを利用して送信する方法
三　電子メール等の送信の方法（労働者及び事業主が当該電子メール等の記録を出力することにより書面を作成することができるものに限る。）
3　前項第二号の方法により行われた申出は、事業主の使用に係るファクシミリ装置により受信した時に、同項第三号の方法により行われた申出は、事業主の使用に係る通信端末機器により受信した

時に、それぞれ当該事業主に到達したものとみなす。

4　事業主は、法第九条の五第二項の申出がされたときは、次に掲げる事項を労働者に速やかに提示しなければならない。

一　就業可能日のうち、就業させることを希望する日（就業させることを希望しない場合はその旨）

二　前号の就業させることを希望する日に係る時間帯その他の労働条件

5　前項の提示は、次のいずれかの方法（第二号及び第三号に掲げる場合にあっては、労働者が希望する場合に限る。）により行わなければならない。

一　書面を交付する方法

二　ファクシミリを利用して送信する方法

三　電子メール等の送信の方法（当該労働者が当該電子メール等の記録を出力することにより書面を作成することができるものに限る。）

6　前項第二号の方法により行われた提示は、労働者の使用に係るファクシミリ装置により受信した時に、同項第三号の方法により行われた提示は、労働者の使用に係る通信端末機器により受信した時に、それぞれ当該労働者に到達したものとみなす。

（出生時育児休業期間中に就業することの同意の方法等）

第二一条の一六　法第九条の五第四項の同意は、次のいずれかの方法（第二号及び第三号に掲げる場合にあっては、事業主が適当と認める場合に限る。）によって行わなければならない。

一　書面を提出する方法

二　ファクシミリを利用して送信する方法

三　電子メール等の送信の方法（労働者及び事業主が当該電子メール等の記録を出力することにより書面を作成することができるものに限る。）

2　前項第二号の方法により行われた同意は、事業主の使用に係るファクシミリ装置により受信した時に、同項第三号の方法により行われた同意は、事業主の使用に係る通信端末機器により受信した時に、それぞれ当該事業主に到達したものとみなす。

3　事業主は、法第九条の五第四項の同意を得た場合は、次に掲げる事項を当該労働者に速やかに通知しなければならない。

一　法第九条の五第四項の同意を得た旨

二　出生時育児休業期間において、就業させることとした日時その他の労働条件

4　前項の通知は、次のいずれかの方法（第二号及び第三号に掲げる場合にあっては、労働者が希望する場合に限る。）により行わなければならない。

一　書面を交付する方法

二　ファクシミリを利用して送信する方法

三　電子メール等の送信の方法（当該労働者が当該電子メール等の記録を出力することにより書面を作成することができるものに限る。）

5　前項第二号の方法により行われた通知は、労働者の使用に係るファクシミリ装置により受信した時に、同項第三号の方法により行われた通知は、労働者の使用に係る通信端末機器により受信した時に、それぞれ当該労働者に到達したものとみなす。

（法第九条の五第四項の厚生労働省令で定める範囲）

第二一条の一七　法第九条の五第四項の厚生労働省令で定める範囲は、次のとおりとする。

一　就業させることとした日（以下この条において「就業日」という。）の数の合計が、出生時育児休業期間の所定労働日数の二分の一以下であること。ただし、一日未満の端数があるときは、これを切り捨てた日数であること。

二　就業日における労働時間の合計が、出生時育児休業期間における所定労働時間の合計の二分の一以下であること。

三　出生時育児休業開始予定日とされた日又は出生時育児休業終了予定日とされた日を就業日とする場合は、当該日の労働時間数は、当該日の所定労働時間数に満たないものであること。

（法第九条の五第四項の同意の撤回）

第二一条の一八　法第九条の五第五項の規定による同条第四項の同意の撤回は、その旨、その年月日及び次条各号に掲げる事情に係る事実を事業主に申し出ることによって行わなければならない。

2　第七条第二項から第六項（第四項第二号を除く。）までの規定は、前項の撤回について準用する。

3　事業主は、第一項の撤回をした労働者に対して、次条各号に掲げる事情に係る事実を証明することができる書類の提出を求めることができる。

（法第九条の五第五項の厚生労働省令で定める特別の事情）

第二一条の一九　法第九条の五第五項の厚生労働省令で定める特別の事情がある場合は、次のとおりとする。

一　出生時育児休業申出に係る子の親である配偶者の死亡

二　前号に規定する配偶者が負傷、疾病又は身体上若しくは精神上の障害その他これらに準ずる

心身の状況により出生時育児休業申出に係る子を養育することが困難な状態になったこと。

三　婚姻の解消その他の事情により第一号に規定する配偶者が出生時育児休業申出に係る子と同居しないこととなったこと。

四　出生時育児休業申出に係る子が負傷、疾病又は身体上若しくは精神上の障害その他これらに準ずる心身の状況により、二週間以上の期間にわたり世話を必要とする状態になったとき。

（法第九条の五第六項第一号の厚生労働省令で定める事由）

第二一条の二〇　第二十一条の十四の規定は、法第九条の五第六項第一号の厚生労働省令で定める事由について準用する。

（同一の子について配偶者が育児休業をする場合の特例の読替え）

第二二条　法第九条の六第一項の規定による技術的読替えは、次の表のとおりとする。

法の規定中読み替える規定	読み替えられる字句	読み替える字句
第五条第二項	前項	前項（第九条の六第一項の規定により読み替えて適用する場合を含む。）
第五条第六項	第一項、第三項	第一項（第九条の六第一項の規定により読み替えて適用する場合を含む。）、第三項（第九条の六第一項の規定により読み替えて適用する場合を含む。）
	第三項の厚生労働省令	第三項（第九条の六第一項の規定により読み替えて適用する場合を含む。）の厚生労働省令
第五条第六項第一号	第三項の規定	第三項（第九条の六第一項の規定により読み替えて適用する場合を含む。）の規定
	同項	第五条第三項
第五条第七項	第二項、第三項（第一号及び第二号を除く。）、第四項（第一号及び第二号を除く。）、第五項及び前項後段	第二項（第九条の六第一項の規定により読み替えて適用する場合を含む。）、第三項（第一号及び第二号を除き、第九条の六第一項の規定により読み替えて適用する場合を含む。）、第四項（第一号及び第二号を除く。）、第五項及び前項後段（第九条の六第一項の規定により読み替えて適用する場合を含む。）
第六条第二項	前条第一項、第三項	前条第一項（第九条の六第一項の規定により読み替えて適用する場合を含む。）、第三項（第九条の六第一項の規定により読み替えて適用する場合を含む。）
第六条第三項	前条第三項	前条第三項（第九条の六第一項の規定により読み替えて適用する場合を含む。）
第六条第四項	同条第四項	第五条第四項
	前項	前項（第九条の六第一項の規定により読み替えて適用する場合を含む。）
	前条第七項	前条第七項（第九条の六第一項の規定により読み替えて適用する場合を含む。）
第七条第一項	第五条第一項	第五条第一項（第九条の六第一項の規定により読み替えて適用する場合を含む。）
	前条第三項	前条第三項（第九条の六第一項の規定により読み替えて適用する場合を含む。）
第七条第二項	前項	前項（第九条の六第一項の規定により読み替えて適用する場合を含む。）
	前条第三項	前条第三項（第九条の六第一項の規定により読み替えて適用する場合を含む。）
第八条第一項	第六条第三項	第六条第三項（第九条の六第一項の規定により読み替えて適用する

		場合を含む。）
	前条第二項	前条第二項（第九条の六第一項の規定により読み替えて適用する場合を含む。）
	同条第一項	第七条第一項（第九条の六第一項の規定により読み替えて適用する場合を含む。）
第八条第二項	前項	前項（第九条の六第一項の規定により読み替えて適用する場合を含む。）
	第五条第一項	第五条第一項（第九条の六第一項の規定により読み替えて適用する場合を含む。）
	同条第二項	第五条第二項（第九条の六第一項の規定により読み替えて適用する場合を含む。）
第八条第三項	第一項	第一項（第九条の六第一項の規定により読み替えて適用する場合を含む。）
	第五条第三項	第五条第三項（第九条の六第一項の規定により読み替えて適用する場合を含む。）
	同条第三項	第五条第三項（第九条の六第一項の規定により読み替えて適用する
		場合を含む。）
第九条第二項	前項	前項（第九条の六第一項の規定により読み替えて適用する場合を含む。）
第九条の七	第五条第三項、第四項及び第六項	第五条第三項（前条第一項の規定により読み替えて適用する場合を含む。）、第四項及び第六項（前条第一項の規定により読み替えて適用する場合を含む。）
	第五条第一項、第三項	第五条第一項（前条第一項の規定により読み替えて適用する場合を含む。）、第三項（前条第一項の規定により読み替えて適用する場合を含む。）
第十二条第二項	第六条第一項ただし書及び第二項	第六条第一項ただし書及び第二項（第九条の六第一項の規定により読み替えて適用する場合を含む。）
	同項	第六条第二項
	前条第一項、第三項	前条第一項（第九条の六第一項の規定により読み替えて適用する場合を含む。）、第三項（第九条の六第一項の規定により読み替えて適用する場合を含む。）
第十二条第四項	前二項	前二項（第九条の六第一項の規定により読み替えて適用する場合を含む。）
第十六条の三第二項及び第十六条の六第二項	第六条第一項ただし書（第二号に係る部分に限る。）及び第二項	第六条第一項ただし書及び第二項（第九条の六第一項の規定により読み替えて適用する場合を含む。）
	前条第一項、第三項	前条第一項（第九条の六第一項の規定により読み替えて適用する場合を含む。）、第三項（第九条の六第一項の規定により読み替えて適用する場合を含む。）
第二十四条第一項第一号	第五条第三項	第五条第三項（第九条の六第一項の規定により読み替えて適用する場合を含む。）
	同条第四項	第五条第四項
第二十九条	第二十四条	第二十四条（第九条の六第一項の規定により読み替えて適用する場合を含む。）
第五十六条の二	第十二条第二項、第十六条の三第二項及び第十六条の六第二項	第十二条第二項（第九条の六第一項の規定により読み替えて適用する場合を含む。）、第十六条の三第二項（第九条の六第一項の規定に

		より読み替えて適用する場合を含む。）及び第十六条の六第二項（第九条の六第一項の規定により読み替えて適用する場合を含む。）
第五十七条	第五条第二項、第三項	第五条第二項（第九条の六第一項の規定により読み替えて適用する場合を含む。）、第三項（第九条の六第一項の規定により読み替えて適用する場合を含む。）
	第十二条第二項、第十六条の三第二項及び第十六条の六第二項	第十二条第二項（第九条の六第一項の規定により読み替えて適用する場合を含む。）、第十六条の三第二項（第九条の六第一項の規定により読み替えて適用する場合を含む。）及び第十六条の六第二項（第九条の六第一項の規定により読み替えて適用する場合を含む。）
	第三項、第七条第二項（第九条の四において準用する場合を含む。）	第三項（第九条の六第一項の規定により読み替えて適用する場合を含む。）、第七条第二項（第九条の四において準用する場合及び第九条の六第一項の規定により読み替えて適用する場合を含む。）
	第八条第三項	第八条第三項（第九条の六第一項の規定により読み替えて適用する場合を含む。）

2　法第九条の六の規定に基づき労働者の養育する子について、当該労働者の配偶者が当該子の一歳到達日以前のいずれかの日において当該子を養育するために育児休業をしている場合における次の表の上欄に掲げる規定の適用については、これらの規定中同表の中欄に掲げる字句は、それぞれ同表の下欄に掲げる字句とする。

第五条（見出しを含む。）	第五条第二項	第五条第二項（法第九条の六第一項の規定により読み替えて適用する場合を含む。）
	第五条第一項	第五条第一項（法第九条の六第一項の規定により読み替えて適用する場合を含む。）
	第九条第一項	第九条第一項（法第九条の六第一項の規定により読み替えて適用する場合を含む。）
	同項	法第五条第一項（法第九条の六第一項の規定により読み替えて適用する場合を含む。）
	前号	前号（第二十二条第二項の規定により読み替えて適用する場合を含む。）
	第四号	第四号（第二十二条第二項の規定により読み替えて適用する場合を含む。）
第五条の二（見出しを含む。）	第五条第三項	第五条第三項（法第九条の六第一項の規定により読み替えて適用する場合を含む。）
	前条	前条（第二十二条第二項の規定により読み替えて適用する場合を含む。）
	「第五条第一項」	「第五条第一項（法第九条の六第一項の規定により読み替えて適用する場合を含む。）」
	第五条第一項又は第三項	第五条第一項（法第九条の六第一項の規定により読み替えて適用する場合を含む。）又は第三項（法第九条の六第一項の規定により読み替えて適用する場合を含む。）
第六条	第五条第三項の申出	第五条第三項（法第九条の六第一項の規定により読み替えて適用する場合を含む。）の申出

	前条	前条（第二十二条第二項の規定により読み替えて適用する場合を含む。）
第七条第一項	第五条第六項	第五条第六項（法第九条の六第一項の規定により読み替えて適用する場合を含む。）
	同条第七項	法第五条第七項（法第九条の六第一項の規定により読み替えて適用する場合を含む。）
	第八条第一項	第八条第一項（法第九条の六第一項の規定により読み替えて適用する場合を含む。）
	一歳に満たないもの	一歳（法第九条の六第一項の規定により読み替えて適用する法第五条第一項の規定による申出により育児休業をしている場合にあっては、一歳二か月）に満たないもの
	第五条各号（第五条の二において準用する場合を含む。）	第五条各号（第五条の二において準用する場合を含む。）（これらの規定を第二十二条第二項の規定により読み替えて適用する場合を含む。）
	第五条第三項又は	第五条第三項（法第九条の六第一項の規定により読み替えて適用する場合を含む。）又は
	第六条各号又は第六条の二の規定により読み替えて準用する第六条各号	第六条各号（これらの規定を第二十二条第二項の規定により読み替えて適用する場合を含む。）又は第六条の二の規定により読み替えて準用する第六条各号
	（法第五条第三項に規定する一歳到達日をいう。）	（法第九条の六第一項の規定により読み替えて適用する法第五条第三項の規定により読み替えて適用する法第五条第一項の申出に係る法第九条第一項（法第九条の六第一項の規定により読み替えて適用する場合を含む。）に規定する育児休業終了予定日とされた日が当該子の一歳に達する日後である場合にあっては、当該育児休業終了予定日とされた日。
	第十条各号	第十条第一号から第四号まで、第五号（第二十二条第二項の規定により読み替えて適用する場合を含む。）及び第六号（第二十二条第二項の規定により読み替えて適用する場合を含む。）
	第十九条各号	第十九条第一号から第三号まで、第四号（第二十二条第二項の規定により読み替えて適用する場合を含む。）及び第五号（第二十二条第二項の規定により読み替えて適用する場合を含む。）
第七条第四項第二号	第六条第三項	第六条第三項（法第九条の六第一項の規定により読み替えて適用する場合を含む。）
第七条第五項	前項	前項（第二十二条第二項の規定により読み替えて適用する場合を含む。）
第七条第七項	同項第三号若しくは第七号から第十二号まで	第一項第三号若しくは第七号から第十一号まで（これらの規定を第二十二条第二項の規定により読み替えて適用する場合を含む。）及び第十二号
	第五条第七項	第五条第七項（法第九条の六第一項の規定により読み替えて適用する場合を含む。）
第八条第一号	第五条第三項	第五条第三項（法第九条の六第一項の規定により読み替えて適用す

		る場合を含む。）
第十条（見出しを含む。）	第六条第三項	第六条第三項（法第九条の六第一項の規定により読み替えて適用する場合を含む。）
	第五条第一項	第五条第一項（法第九条の六第一項の規定により読み替えて適用する場合を含む。）
第十一条（見出しを含む。）	第六条第三項	第六条第三項（法第九条の六第一項の規定により読み替えて適用する場合を含む。）
第十二条（見出しを含む。）	第六条第三項	第六条第三項（法第九条の六第一項の規定により読み替えて適用する場合を含む。）
	第七条第五項	第七条第五項（第二十二条第二項の規定により読み替えて適用する場合を含む。）
第十三条第一項	第七条第一項	第七条第一項（法第九条の六第一項の規定により読み替えて適用する場合を含む。）
	この条及び第十五条	この条（第二十二条第二項の規定により読み替えて適用する場合を含む。）及び第十五条（第二十二条第二項の規定により読み替えて適用する場合を含む。）
第十三条第二項	第七条第二項から第六項（第四項第三号を除く。）まで	第七条第二項（第二十二条第二項の規定により読み替えて適用する場合を含む。）、第三項、第四項（第三号を除き、第二十二条第二項の規定により読み替えて適用する場合を含む。）、第五項（第二十二条第二項の規定により読み替えて適用する場合を含む。）及び第六項
	同条第四項第二号	第七条第四項第二号（第二十二条第二項の規定により読み替えて適用する場合を含む。）
	第六条第三項	第六条第三項（法第九条の六第一項の規定により読み替えて適用する場合を含む。）
第十三条第三項	第一項	第一項（第二十二条第二項の規定により読み替えて適用する場合を含む。）
	同項第四号	第一項第四号
第十四条（見出しを含む。）及び第十五条（見出しを含む。）	第七条第二項	第七条第二項（法第九条の六第一項の規定により読み替えて適用する場合を含む。）
第十六条	第五条第三項	第五条第三項（法第九条の六第一項の規定により読み替えて適用する場合を含む。）
第十七条第二項	第七条第二項から第六項（第四項第三号を除く。）まで	第七条第二項（第二十二条第二項の規定により読み替えて適用する場合を含む。）、第三項、第四項（第三号を除き、第二十二条第二項の規定により読み替えて適用する場合を含む。）、第五項（第二十二条第二項の規定により読み替えて適用する場合を含む。）及び第六項
	同条第四項第二号	第七条第四項第二号（第二十二条第二項の規定により読み替えて適用する場合を含む。）
	第六条第三項	第六条第三項（法第九条の六第一項の規定により読み替えて適用する場合を含む。）
第十八条第一項	第八条第一項	第八条第一項（法第九条の六第一項の規定により読み替えて適用する場合を含む。）
第十八条第二項	第七条第二項から第六項（第四項	第七条第二項（第二十二条第二項の規定により読み替えて適用する

	第二号及び第三号を除く。）まで	場合を含む。）、第三項、第四項（第二号及び第三号を除く。）、第五項（第二十二条第二項の規定により読み替えて適用する場合を含む。）及び第六項
	前項	前項（第二十二条第二項の規定により読み替えて適用する場合を含む。）
第十九条（見出しを含む。）	第八条第三項	第八条第三項（法第九条の六第一項の規定により読み替えて適用する場合を含む。）
	第五条第一項	第五条第一項（法第九条の六第一項の規定により読み替えて適用する場合を含む。）
第二十条	一歳（法第五条第三項の申出に係る子にあっては、一歳六か月、同条第四項の規定による申出により育児休業をしている場合にあっては二歳	一歳（法第九条の六第一項の規定により読み替えて適用する法第五条第一項の規定による申出により育児休業をしている場合にあっては一歳二か月、同条第三項（法第九条の六第一項の規定により読み替えて適用する場合を含む。）の規定による申出により育児休業をしている場合にあっては一歳六か月、第五条第四項の規定による申出により育児休業をしている場合にあっては二歳
第二十一条	前条	前条（第二十二条第二項の規定により読み替えて適用する場合を含む。）
第二十三条第二項	第七条第二項から第六項まで	第七条第二項（第二十二条第二項の規定により読み替えて適用する場合を含む。）、第三項、第四項（第二十二条第二項の規定により読み替えて適用する場合を含む。）、第五項（第二十二条第二項の規定により読み替えて適用する場合を含む。）及び第六項
	同条第四項第二号	第七条第四項第二号（第二十二条第二項の規定により読み替えて適用する場合を含む。）
	第六条第三項	第六条第三項（法第九条の六第一項の規定により読み替えて適用する場合を含む。）
第二十四条（見出しを含む。）及び第二十五条（見出しを含む。）	第十二条第二項	第十二条第二項（法第九条の六第一項の規定により読み替えて適用する場合を含む。）
第二十六条	第十二条の規定	第十二条（第二十二条第二項の規定により読み替えて適用する場合を含む。）の規定
	第十二条第二項	第十二条第二項（第二十二条第二項の規定により読み替えて適用する場合を含む。）
	第二十三条第二項	第二十三条第二項（第二十二条第二項の規定により読み替えて適用する場合を含む。）
第二十八条	第十七条	第十七条（第二十二条第二項の規定により読み替えて適用する場合を含む。）
第二十九条	第十八条	第十八条（第二十二条第二項の規定により読み替えて適用する場合を含む。）
第三十六条（見出しを含む。）及び第三十七条（見出しを含む。）	第十六条の三第二項	第十六条の三第二項（法第九条の六第一項の規定により読み替えて適用する場合を含む。）

第四十二条（見出しを含む。）及び第四十三条（見出しを含む。）	第十六条の六第二項	第十六条の六第二項（法第九条の六第一項の規定により読み替えて適用する場合を含む。）

（法第十条の厚生労働省令で定めるもの）
第二一条の二　法第十条の厚生労働省令で定めるものは、次のとおりとする。
一　法第九条の五第二項の規定による申出をしなかったこと。
二　法第九条の五第二項の規定による申出が事業主の意に反する内容であったこと。
三　法第九条の五第三項の規定により同条第二項の規定による申出に係る就業可能日等を変更したこと又は当該申出を撤回したこと。
四　法第九条の五第四項の同意をしなかったこと。
五　法第九条の五第五項の規定により同条第四項の同意の全部又は一部を撤回したこと。

（同一の子について配偶者が育児休業をする場合の特例の読替え）
第二二条　法第九条の二第一項の規定による技術的読替えは、次の表のとおりとする。

第三章　介護休業

（介護休業申出の方法等）
第二三条　介護休業申出は、次に掲げる事項（法第十一条第四項に規定する場合にあっては、第一号、第二号及び第五号に掲げる事項に限る。）を事業主に申し出ることによって行わなければならない。
一　介護休業申出の年月日
二　介護休業申出をする労働者の氏名
三　介護休業申出に係る対象家族の氏名及び前号の労働者との続柄
四　介護休業申出に係る対象家族が要介護状態（法第二条第三号の要介護状態をいう。以下同じ。）にある事実
五　介護休業申出に係る期間の初日（以下「介護休業開始予定日」という。）及び末日（以下「介護休業終了予定日」という。）とする日
六　介護休業申出に係る対象家族についての法第十一条第二項第二号の介護休業日数
2　第七条第二項から第六項までの規定は、介護休業申出について準用する。この場合において、同条第四項第二号中「第六条第三項」とあるのは、「第十二条第三項」と読み替えるものとする。
3　事業主は、第一項の介護休業申出があったときは、当該介護休業申出をした労働者に対して、同項第三号及び第四号に掲げる事実を証明することができる書類の提出を求めることができる。ただし、法第十一条第四項に規定する場合は、この限りでない。

（法第十二条第二項において準用する法第六条第一項第二号の厚生労働省令で定めるもの）
第二四条　法第十二条第二項において準用する法第六条第一項第二号の厚生労働省令で定めるものは、次のとおりとする。
一　介護休業申出があった日から起算して九十三日以内に雇用関係が終了することが明らかな労働者
二　第八条第二号の労働者

（法第十二条第二項において準用する法第六条第一項ただし書の場合の手続等）
第二五条　第九条の規定は、法第十二条第二項において準用する法第六条第一項ただし書の場合の手続等について準用する。

（法第十二条第三項の指定）
第二六条　第十二条の規定は、法第十二条第三項の指定について準用する。この場合において、第十二条第二項中「第七条第五項及び第六項」とあるのは、「第二十三条第二項の規定により準用された第七条第五項及び第六項」と読み替えるものとする。

（法第十三条において準用する法第七条第三項の厚生労働省令で定める日）
第二七条　法第十三条において準用する法第七条第三項の厚生労働省令で定める日は、介護休業申出において介護休業終了予定日とされた日の二週間前の日とする。

（介護休業終了予定日の変更の申出）
第二八条　第十七条の規定は、法第十三条において準用する法第七条第三項の介護休業終了予定日の変更の申出について準用する。

（介護休業申出の撤回）
第二九条　第十八条の規定は、法第十四条第一項の介護休業申出の撤回について準用する。

（法第十四条第三項において準用する法第八条第四項の厚生労働省令で定める事由）
第三〇条　法第十四条第四項において準用する法第八条第三項の厚生労働省令で定める事由は、次のとおりとする。
一　介護休業申出に係る対象家族の死亡
二　離婚、婚姻の取消、離縁等による介護休業申

出に係る対象家族と当該介護休業申出をした労働者との親族関係の消滅

三　介護休業申出をした労働者が、負傷、疾病又は身体上若しくは精神上の障害により、当該介護休業申出に係る対象家族についての法第十一条第二項第二号の介護休業日数が九十三日に達する日までの間、当該介護休業申出に係る対象家族を介護することができない状態になったこと。

（法第十五条第三項第一号の厚生労働省令で定める事由）

第三一条　前条の規定は、法第十五条第三項第一号の厚生労働省令で定める事由について準用する。

第四章　子の看護等休暇

（法第十六条の二第一項の厚生労働省令で定める当該小学校第三学年終了前の子の世話）

第三二条　法第十六条の二第一項の厚生労働省令で定める当該小学校第三学年終了前の子の世話は、同項の小学校第三学年終了前の子に予防接種又は健康診断を受けさせることとする。

（法第十六条の二第一項の厚生労働省令で定める事由）

第三三条　法第十六条の二第一項の厚生労働省令で定める事由は、次のとおりとする。

一　学校保健安全法（昭和三十三年法律第五十六号）第十九条の規定による出席停止

二　保育所等その他の施設又は事業における学校保健安全法第二十条の規定による学校の休業に準ずる事由又は前号に掲げる事由に準ずる事由

（法第十六条の二第一項の厚生労働省令で定めるもの）

第三三条の二　法第十六条の二第一項の厚生労働省令で定めるものは、入園、卒園又は入学の式典その他これに準ずる式典とする。

（法第十六条の二第二項の厚生労働省令で定める一日未満の単位等）

第三四条　法第十六条の二第二項の厚生労働省令で定める一日未満の単位は、時間（一日の所定労働時間数に満たないものとする。）であって、始業の時刻から連続し、又は終業の時刻まで連続するものとする。

2　前項に規定する一日未満の単位で取得する子の看護等休暇一日の時間数は、一日の所定労働時間数（日によって所定労働時間数が異なる場合には、一年間における一日平均所定労働時間数とし、一日の所定労働時間数又は一年間における一日平均所定労働時間数に一時間に満たない端数がある場合は、一時間に切り上げるものとする。）とする。

（子の看護等休暇の申出の方法等）

第三五条　法第十六条の二第一項の規定による申出（以下この条及び第三十七条において「看護等休暇申出」という。）は、次に掲げる事項を、事業主に対して明らかにすることによって、行わなければならない。

一　看護等休暇申出をする労働者の氏名

二　看護等休暇申出に係る子の氏名及び生年月日

三　子の看護等休暇を取得する年月日（法第十六条の二第二項の規定により、子の看護等休暇を一日未満の単位で取得する場合にあっては、当該子の看護等休暇の開始及び終了の年月日時）

四　看護等休暇申出に係る子が負傷し、若しくは疾病にかかっている事実、第三十二条に定める世話若しくは第三十三条第一号若しくは第二号に定める事由に伴う世話を行う旨又は第三十三条の二に定めるものへの参加をする旨

2　事業主は、看護等休暇申出があったときは、当該看護等休暇申出をした労働者に対して、前項第四号に掲げる事項を証明することができる書類の提出を求めることができる。

（法第十六条の三第二項において準用する法第六条第一項第二号の厚生労働省令で定めるもの）

第三六条　法第十六条の三第二項において準用する法第六条第一項第二号の厚生労働省令で定めるものは、第八条第二号の労働者とする。

（法第十六条の三第二項において準用する法第六条第一項ただし書の場合の手続等）

第三七条　法第十六条の三第二項において準用する法第六条第一項ただし書（第二号に係る部分に限る。以下この条において同じ。）の規定により、事業主が労働者からの看護等休暇申出を拒む場合における必要な手続その他の事項は、同項ただし書の協定の定めるところによる。

第五章　介護休暇

（法第十六条の五第一項の厚生労働省令で定める世話）

第三八条　法第十六条の五第一項の厚生労働省令で定める世話は、次に掲げるものとする。

一　介護

二　通院等の付添い、介護サービスの提供を受けるために必要な手続きの代行その他の必要な世話

第三九条　削除

（法第十六条の五第二項の厚生労働省令で定める一

日未満の単位等）

第四〇条　法第十六条の五第二項の厚生労働省令で定める一日未満の単位は、時間（一日の所定労働時間数に満たないものとする。）であって、始業の時刻から連続し、又は終業の時刻まで連続するものとする。

2　前項に規定する一日未満の単位で取得する子の看護休暇一日の時間数は、一日の所定労働時間数（日によって所定労働時間数が異なる場合には、一年間における一日平均所定労働時間数とし、一日の所定労働時間数又は一年間における一日平均所定労働時間数に一時間に満たない端数がある場合は、一時間に切り上げるものとする。）とする。

（介護休暇の申出の方法等）

第四一条　法第十六条の五第一項の規定による申出（以下この条及び第四十三条において「介護休暇申出」という。）は、次に掲げる事項を、事業主に対して明らかにすることによって、行わなければならない。

一　介護休暇申出をする労働者の氏名

二　介護休暇申出に係る対象家族の氏名及び前号の労働者との続柄

三　介護休暇を取得する年月日（法第十六条の五第二項の規定により、介護休暇を一日未満の単位で取得する場合にあっては、当該介護休暇の開始及び終了の年月日時）

四　介護休暇申出に係る対象家族が要介護状態にある事実

2　事業主は、介護休暇申出があったときは、当該介護休暇申出をした労働者に対して、前項第二号及び第四号に掲げる事実を証明することができる書類の提出を求めることができる。

（法第十六条の六第二項において準用する法第六条第一項第二号の厚生労働省令で定めるもの）

第四二条　法第十六条の六第二項において準用する法第六条第一項第二号の厚生労働省令で定めるものは、第八条第二号の労働者とする。

（法第十六条の六第二項において準用する法第六条第一項ただし書の場合の手続等）

第四三条　法第十六条の六第二項において準用する法第六条第一項ただし書（第二号に係る部分に限る。以下この条において同じ。）の規定により、事業主が労働者からの介護休暇申出を拒む場合における必要な手続その他の事項は、同項ただし書の協定の定めるところによる。

第六章　所定外労働の制限

（法第十六条の八第一項第二号の厚生労働省令で定めるもの）

第四四条　法第十六条の八第一項第二号の厚生労働省令で定めるものは、一週間の所定労働日数が二日以下の労働者とする。

（法第十六条の八第一項の規定による請求の方法等）

第四五条　請求は、次に掲げる事項を事業主に通知することによって行わなければならない。

一　請求の年月日

二　請求をする労働者の氏名

三　請求に係る子の氏名、生年月日及び前号の労働者との続柄等（請求に係る子が当該請求の際に出生していない場合にあっては、当該請求に係る子を出産する予定である者の氏名、出産予定日及び前号の労働者との続柄。特別養子縁組の請求等の場合にあっては、その事実。）

四　請求に係る制限期間（法第十六条の八第二項の制限期間をいう。以下この章において同じ。）の初日及び末日とする日

五　請求に係る子が養子である場合にあっては、当該養子縁組の効力が生じた日

2　前項の請求及び第五項の通知は、次のいずれかの方法（第二号及び第三号に掲げる場合にあっては、事業主が適当と認める場合に限る。）によって行わなければならない。

一　書面を提出する方法

二　ファクシミリを利用して送信する方法

三　電子メール等の送信の方法（労働者及び事業主が当該電子メール等の記録を出力することにより書面を作成することができるものに限る。）

3　前項第二号の方法により行われた請求及び通知は、事業主の使用に係るファクシミリ装置により受信した時に、同項第三号の方法により行われた請求及び通知は、事業主の使用に係る通信端末機器により受信した時に、それぞれ当該事業主に到達したものとみなす。

4　事業主は、第一項の請求があったときは、当該請求をした労働者に対して、当該請求に係る子の妊娠、出生若しくは養子縁組の事実又は同項第三号に掲げる事実を証明することができる書類の提出を求めることができる。

5　請求に係る子が当該請求がされた後に出生したときは、当該請求をした労働者は、速やかに、当該子の氏名、生年月日及び当該労働者との続柄を事業主に通知しなければならない。この場合において、事業主は、当該労働者に対して、当該子の出生の事実を証明することができる書類の提出を求めることができる。

（法第十六条の八第三項の厚生労働省令で定める事由）

第四六条　法第十六条の八第三項の厚生労働省令で定める事由は、次のとおりとする。

一　請求に係る子の死亡

二　請求に係る子が養子である場合における離縁又は養子縁組の取消し

三　請求に係る子が養子となったことその他の事情により当該請求をした労働者と当該子とが同居しないこととなったこと。

四　民法第八百十七条の二第一項の規定による請求に係る家事審判事件が終了したこと（特別養子縁組の成立の審判が確定した場合を除く。）又は養子縁組が成立しないまま児童福祉法第二十七条第一項第三号の規定による措置が解除されたこと。

五　請求をした労働者が、負傷、疾病又は身体上若しくは精神上の障害により、当該請求に係る制限期間の末日までの間、当該請求に係る子を養育することができない状態になったこと。

（法第十六条の八第四項第一号の厚生労働省令で定める事由）

第四七条　前条の規定は、法第十六条の八第四項第一号の厚生労働省令で定める事由について準用する。

（法第十六条の九第一項において準用する法第十六条の八第一項第二号の厚生労働省令で定めるもの）

第四八条　第四十四条の規定は、法第十六条の九第一項において準用する法第十六条の八第一項第二号の厚生労働省令で定めるものについて準用する。

（法第十六条の九第一項において準用する法第十六条の八第一項の規定による請求の方法等）

第四九条　法第十六条の九第一項において準用する法第十六条の八第一項の規定による請求は、次に掲げる事項を事業主に通知することによって行わなければならない。

一　請求の年月日

二　請求をする労働者の氏名

三　請求に係る対象家族の氏名及び前号の労働者との続柄

四　請求に係る対象家族が要介護状態にある事実

五　請求に係る制限期間の初日及び末日とする日

2　前項の請求は、次のいずれかの方法（第二号及び第三号に掲げる場合にあっては、事業主が適当と認める場合に限る。）によって行わなければならない。

一　書面を提出する方法

二　ファクシミリを利用して送信する方法

三　電子メール等の送信の方法（労働者及び事業主が当該電子メール等の記録を出力することにより書面を作成することができるものに限る。）

3　前項第二号の方法により行われた通知は、事業主の使用に係るファクシミリ装置により受信した時に、同項第三号の方法により行われた通知は、事業主の使用に係る通信端末機器により受信した時に、それぞれ当該事業主に到達したものとみなす。

4　事業主は、第一項の請求があったときは、当該請求をした労働者に対して、同項第三号及び第四号に掲げる事実を証明することができる書類の提出を求めることができる。

（法第十六条の九第一項において準用する法第十六条の八第三項の厚生労働省令で定める事由）

第五〇条　法第十六条の九第一項において準用する法第十六条の八第三項の厚生労働省令で定める事由は、次のとおりとする。

一　請求に係る対象家族の死亡

二　離婚、婚姻の取消し、離縁等による請求に係る対象家族と当該請求をした労働者との親族関係の消滅

三　請求をした労働者が、負傷、疾病又は身体上若しくは精神上の障害により、当該請求に係る制限期間の末日までの間、当該請求に係る対象家族を介護することができない状態になったこと。

（法第十六条の九第一項において準用する法第十六条の八第四項第一号の厚生労働省令で定める事由）

第五一条　前条の規定は、法第十六条の九第一項において準用する法第十六条の八第四項第一号の厚生労働省令で定める事由について準用する。

第七章　時間外労働の制限

（法第十七条第一項第二号の厚生労働省令で定めるもの）

第五二条　法第十七条第一項第二号の厚生労働省令で定めるものは、一週間の所定労働日数が二日以下の労働者とする。

（法第十七条第一項の規定による請求の方法等）

第五三条　請求は、次に掲げる事項を事業主に通知することによって行わなければならない。

一　請求の年月日

二　請求をする労働者の氏名

三　請求に係る子の氏名、生年月日及び前号の労

働者との続柄等（請求に係る子が当該請求の際に出生していない場合にあっては、当該請求に係る子を出産する予定である者の氏名、出産予定日及び前号の労働者との続柄。特別養子縁組の請求等の場合にあっては、その事実。）

四　請求に係る制限期間（法第十七条第二項の制限期間をいう。以下この章において同じ。）の初日及び末日とする日

五　請求に係る子が養子である場合にあっては、当該養子縁組の効力が生じた日

2　前項の請求及び第五項の通知は、次のいずれかの方法（第二号及び第三号に掲げる場合にあっては、事業主が適当と認める場合に限る。）によって行わなければならない。

一　書面を提出する方法

二　ファクシミリを利用して送信する方法

三　電子メール等の送信の方法（労働者及び事業主が当該電子メール等の記録を出力することにより書面を作成することができるものに限る。）

3　前項第二号の方法により行われた請求及び通知は、事業主の使用に係るファクシミリ装置により受信した時に、同項第三号の方法により行われた請求及び通知は、事業主の使用に係る通信端末機器により受信した時に、それぞれ当該事業主に到達したものとみなす。

4　事業主は、第一項の請求があったときは、当該請求をした労働者に対して、当該請求に係る子の妊娠、出生若しくは養子縁組の事実又は同項第三に掲げる。事実を証明することができる書類の提出を求めることができる。

5　請求に係る子が当該請求がされた後に出生したときは、当該請求をした労働者は、速やかに、当該子の氏名、生年月日及び当該労働者との続柄を事業主に通知しなければならない。この場合において、事業主は、当該労働者に対して、当該子の出生の事実を証明することができる書類の提出を求めることができる。

（法第十七条第三項の厚生労働省令で定める事由）

第五四条　法第十七条第三項の厚生労働省令で定める事由は、次のとおりとする。

一　請求に係る子の死亡

二　請求に係る子が養子である場合における離縁又は養子縁組の取消し

三　請求に係る子が養子となったことその他の事情により当該請求をした労働者と当該子とが同居しないこととなったこと。

四　民法第八百十七条の二第一項の規定による請求に係る家事審判事件が終了したこと（特別養子縁組の成立の審判が確定した場合を除く。）又は養子縁組が成立しないまま児童福祉法第二十七条第一項第三号の規定による措置が解除されたこと。

五　請求をした労働者が、負傷、疾病又は身体上若しくは精神上の障害により、当該請求に係る制限期間の末日までの間、当該請求に係る子を養育することができない状態になったこと。

（法第十七条第四項第一号の厚生労働省令で定める事由）

第五五条　前条の規定は、法第十七条第四項第一号の厚生労働省令で定める事由について準用する。

（法第十八条第一項において準用する法第十七条第一項第二号の厚生労働省令で定めるもの）

第五六条　第五十二条の規定は、法第十八条第一項において準用する法第十七条第一項第二号の厚生労働省令で定めるものについて準用する。

（法第十八条第一項において準用する法第十七条第一項の規定による請求の方法等）

第五七条　法第十八条第一項において準用する法第十七条第一項の規定による請求は、次に掲げる事項を事業主に通知することによって行わなければならない。

一　請求の年月日

二　請求をする労働者の氏名

三　請求に係る対象家族の氏名及び前号の労働者との続柄

四　請求に係る対象家族が要介護状態にある事実

五　請求に係る制限期間の初日及び末日とする日

2　前項の請求は、次のいずれかの方法（第二号及び第三号に掲げる場合にあっては、事業主が適当と認める場合に限る。）によって行わなければならない。

一　書面を提出する方法

二　ファクシミリを利用して送信する方法

三　電子メール等の送信の方法（労働者及び事業主が当該電子メール等の記録を出力することにより書面を作成することができるものに限る。）

3　前項第二号の方法により行われた通知は、事業主の使用に係るファクシミリ装置により受信した時に、同項第三号の方法により行われた通知は、事業主の使用に係る通信端末機器により受信した時に、それぞれ当該事業主に到達したものとみなす。

4　事業主は、第一項の請求があったときは、当該請求をした労働者に対して、同項第三号及び第四号に掲げる事実を証明することができる書類の提出を求めることができる。

（法第十八条第一項において準用する法第十七条第三項の厚生労働省令で定める事由）

第五八条　法第十八条第一項において準用する法第十七条第三項の厚生労働省令で定める事由は、次のとおりとする。

一　請求に係る対象家族の死亡

二　離婚、婚姻の取消し、離縁等による請求に係る対象家族と当該請求をした労働者との親族関係の消滅

三　請求をした労働者が、負傷、疾病又は身体上若しくは精神上の障害により、当該請求に係る制限期間の末日までの間、当該請求に係る対象家族を介護することができない状態になったこと。

（法第十八条第一項において準用する法第十七条第四項第一号の厚生労働省令で定める事由）

第五九条　前条の規定は、法第十八条第一項において準用する法第十七条第四項第一号の厚生労働省令で定める事由について準用する。

第八章　深夜業の制限

（法第十九条第一項第二号の厚生労働省令で定める者）

第六〇条　法第十九条第一項第二号の厚生労働省令で定める者は、同項の規定による請求に係る子の十六歳以上の同居の家族（法第二条第五号の家族をいう。）であって、次の各号のいずれにも該当する者とする。

一　法第十九条第一項の深夜（以下「深夜」という。）において就業していない者（深夜における就業日数が一月について三日以下の者を含む。）であること。

二　負傷、疾病又は身体上若しくは精神上の障害により請求に係る子を保育することが困難な状態にある者でないこと。

三　六週間（多胎妊娠の場合にあっては、十四週間）以内に出産する予定であるか又は産後八週間を経過しない者でないこと。

（法第十九条第一項第三号の厚生労働省令で定めるもの）

第六一条　法第十九条第一項第三号の厚生労働省令で定めるものは、次のとおりとする。

一　一週間の所定労働日数が二日以下の労働者

二　所定労働時間の全部が深夜にある労働者

（法第十九条第一項の規定による請求の方法等）

第六二条　法第十九条第一項の規定による請求は、次に掲げる事項を事業主に通知することによって行わなければならない。

一　請求の年月日

二　請求をする労働者の氏名

三　請求に係る子の氏名、生年月日及び前号の労働者との続柄等（請求に係る子が当該請求の際に出生していない場合にあっては、当該請求に係る子を出産する予定である者の氏名、出産予定日及び前号の労働者との続柄。特別養子縁組の請求等の場合にあっては、その事実。）

四　請求に係る制限期間（法第十九条第二項の制限期間をいう。以下この章において同じ。）の初日及び末日とする日

五　請求に係る子が養子である場合にあっては、当該養子縁組の効力が生じた日

六　第六十条の者がいない事実

2　前項の請求及び第五項の通知は、次のいずれかの方法（第二号及び第三号に掲げる場合にあっては、事業主が適当と認める場合に限る。）によって行わなければならない。

一　書面を提出する方法

二　ファクシミリを利用して送信する方法

三　電子メール等の送信の方法（労働者及び事業主が当該電子メール等の記録を出力することにより書面を作成することができるものに限る。）

3　前項第二号の方法により行われた請求及び通知は、事業主の使用に係るファクシミリ装置により受信した時に、同項第三号の方法により行われた請求及び通知は、事業主の使用に係る通信端末機器により受信した時に、それぞれ当該事業主に到達したものとみなす。

4　事業主は、第一項の請求があったときは、当該請求をした労働者に対して、当該請求に係る子の妊娠、出生若しくは養子縁組の事実又は同項第三号若しくは第六号に掲げる事実を証明することができる書類の提出を求めることができる。

5　請求に係る子が当該請求がされた後に出生したときは、当該請求をした労働者は、速やかに、当該子の氏名、生年月日及び当該労働者との続柄を事業主に通知しなければならない。この場合において、事業主は、当該労働者に対して、当該子の出生の事実を証明することができる書類の提出を求めることができる。

（法第十九条第三項の厚生労働省令で定める事由）

第六三条　法第十九条第三項の厚生労働省令で定める事由は、次のとおりとする。

一　請求に係る子の死亡

二　請求に係る子が養子である場合における離縁又は養子縁組の取消

三　請求に係る子が養子となったことその他の事

情により当該請求をした労働者と当該子とが同居しないこととなったこと。

四　民法第八百十七条の二第一項の規定による請求に係る家事審判事件が終了したこと（特別養子縁組の成立の審判が確定した場合を除く。）又は養子縁組が成立しないまま児童福祉法第二十七条第一項第三号の規定による措置が解除されたこと。

五　請求をした労働者が、負傷、疾病又は身体上若しくは精神上の障害により、当該請求に係る制限期間の末日までの間、当該請求に係る子を養育することができない状態になったこと。

（法第十九条第四項第一号の厚生労働省令で定める事由）

第六四条　前条の規定は、法第十九条第四項第一号の厚生労働省令で定める事由について準用する。

（法第二十条第一項において準用する法第十九条第一項第二号の厚生労働省令で定める者）

第六五条　第六十条の規定は、法第二十条第一項において準用する法第十九条第一項第二号の厚生労働省令で定める者について準用する。この場合において、第三十一条の十一中「子」とあるのは「対象家族」と、同条第二号中「子」とあるのは「対象家族」と、「保育」とあるのは「介護」と読み替えるものとする。

（法第二十条第一項において準用する法第十九条第一項第三号の厚生労働省令で定めるもの）

第六六条　第六十一条の規定は、法第二十条第一項において準用する法第十九条第一項第三号の厚生労働省令で定めるものについて準用する。

（法第二十条第一項において準用する法第十九条第一項の規定による請求の方法等）

第六七条　法第二十条第一項において準用する法第十九条第一項の規定による請求は、次に掲げる事項を事業主に通知することによって行わなければならない。

一　請求の年月日

二　請求をする労働者の氏名

三　請求に係る対象家族の氏名及び前号の労働者との続柄

四　請求に係る対象家族が要介護状態にある事実

五　請求に係る制限期間の初日及び末日とする日

六　第六十五条において準用する第六十条の者がいない事実

2　前項の請求は、次のいずれかの方法（第二号及び第三号に掲げる場合にあっては、事業主が適当と認める場合に限る。）によって行わなければならない。

一　書面を提出する方法

二　ファクシミリを利用して送信する方法

三　電子メール等の送信の方法（労働者及び事業主が当該電子メール等の記録を出力することにより書面を作成することができるものに限る。）

3　前項第二号の方法により行われた通知は、事業主の使用に係るファクシミリ装置により受信した時に、同項第三号の方法により行われた通知は、事業主の使用に係る通信端末機器により受信した時に、それぞれ当該事業主に到達したものとみなす。

4　事業主は、第一項の請求があったときは、当該請求をした労働者に対して、同項第三号、第四号及び第六号に掲げる事実を証明することができる書類の提出を求めることができる。

（法第二十条第一項において準用する法第十九条第三項の厚生労働省令で定める事由）

第六八条　法第二十条第一項において準用する法第十九条第三項の厚生労働省令で定める事由は、次のとおりとする。

一　請求に係る対象家族の死亡

二　離婚、婚姻の取消、離縁等による請求に係る対象家族と当該請求をした労働者との親族関係の消滅

三　請求をした労働者が、負傷、疾病又は身体上若しくは精神上の障害により、当該請求に係る制限期間の末日までの間、当該請求に係る対象家族を介護することができない状態になったこと。

（法第二十条第一項において準用する法第十九条第四項第一号の厚生労働省令で定める事由）

第六九条　前条の規定は、法第二十条第一項において準用する法第十九条第四項第一号の厚生労働省令で定める事由について準用する。

第九章　事業主が講ずべき措置

（法第二十一条第一項の厚生労働省令で定める事実）

第六九条の二　法第二十一条第一項の厚生労働省令で定める事実は、次のとおりとする。

一　労働者が民法第八百十七条の二第一項の規定により特別養子縁組の成立について家庭裁判所に請求し、一歳に満たない者を現に監護していること又は同項の規定により特別養子縁組の成立について家庭裁判所に請求することを予定しており、当該請求に係る一歳に満たない者を監護する意思を明示したこと。

二　労働者が児童福祉法第二十七条第一項第三号

の規定により養子縁組里親として一歳に満たない児童を委託されていること又は当該児童を受託する意思を明示したこと。

三　労働者が第一条第一項に該当する労働者であって、同条第二項に定めるところにより一歳に満たない者を委託されていること又は当該者を受託する意思を明示したこと。

（法第二十一条第一項の厚生労働省令で定める事項を知らせる方法）

第六九条の三　法第二十一条第一項の規定により、労働者に対して、次条に定める事項を知らせる場合は、次のいずれかの方法（第三号及び第四号に掲げる方法にあっては、労働者が希望する場合に限る。）によって行わなければならない。

一　面談による方法

二　書面を交付する方法

三　ファクシミリを利用して送信する方法

四　電子メール等の送信の方法（当該労働者が当該電子メール等の記録を出力することにより書面を作成することができるものに限る。）

2　次条に定める事項について、労働者に対して、前項第三号の方法により知らせた場合は、当該労働者の使用に係るファクシミリ装置により受信した時に、同項第四号の方法により知らせた場合は、当該労働者の使用に係る通信端末機器により受信した時に、それぞれ当該労働者に到達したものとみなす。

（法第二十一条第一項の厚生労働省令で定める事項）

第六九条の四　法第二十一条第一項の厚生労働省令で定める事項は、次のとおりとする。

一　育児休業に関する制度

二　育児休業申出等（育児休業申出及び出生時育児休業申出をいう。第七十一条において同じ。）の申出先

三　雇用保険法（昭和四十九年法律第百十六号）第六十一条の六第二項に規定する育児休業給付及び同条第三項に規定する出生後休業支援給付に関すること。

四　労働者が育児休業期間及び出生時育児休業期間について負担すべき社会保険料の取扱い

2　法第二十一条第一項の規定により、労働者に対して、前項に定める事項を知らせる場合は、次のいずれかの方法（第三号及び第四号に掲げる方法にあっては、労働者が希望する場合に限る。）によって行わなければならない。

一　面談による方法

二　書面を交付する方法

三　ファクシミリを利用して送信する方法

四　電子メール等の送信の方法（当該労働者が当該電子メール等の記録を出力することにより書面を作成することができるものに限る。）

3　第一項に定める事項について、労働者に対して、前項第三号の方法により知らせた場合は、当該労働者の使用に係るファクシミリ装置により受信した時に、同項第四号の方法により知らせた場合は、当該労働者の使用に係る通信端末機器により受信した時に、それぞれ当該労働者に到達したものとみなす。

（法第二十一条第一項の厚生労働省令で定める措置）

第六九条の五　法第二十一条第一項の厚生労働省令で定める措置（第三号及び第四号に掲げる措置にあっては、労働者が希望する場合に限る。）は、次のとおりとする。

一　面談

二　書面の交付

三　ファクシミリを利用しての送信

四　電子メール等の送信（当該労働者が当該電子メール等の記録を出力することにより書面を作成することができるものに限る。）

2　前項第三号の措置を講じた場合には、労働者の使用に係るファクシミリ装置により受信した時に、同項第四号の措置を講じた場合には、労働者の使用に係る通信端末機器により受信した時に、それぞれ当該労働者に到達したものとみなす。

（法第二十一条第二項の厚生労働省令で定める事項を知らせる方法）

第六九条の六　第六十九条の三の規定は、法第二十一条第二項の規定により、労働者に対して、第六十九条の八に定める事項を知らせる場合について準用する。

（法第二十一条第二項の厚生労働省令で定める制度又は措置）

第六九条の七　法第二十一条第二項の厚生労働省令で定める制度又は措置は、次のとおりとする。

一　介護休暇に関する制度

二　法第十六条の九第一項において準用する法第十六条の八の規定による所定外労働の制限に関する制度

三　法第十八条第一項において準用する法第十七条の規定による時間外労働の制限に関する制度

四　法第二十条第一項において準用する法第十九条の規定による深夜業の制限に関する制度

五　法第二十三条第三項の介護のための所定労働時間の短縮等の措置（第七十四条の二及び第七

十六条第十号において「介護のための所定労働時間の短縮等の措置」という。）

（法第二十一条第二項の厚生労働省令で定める事項）

第六九条の八　法第二十一条第二項の厚生労働省令で定める事項は、次のとおりとする。

一　介護休業に関する制度並びに前条各号に掲げる制度及び措置

二　介護休業申出及び法第二十一条第二項の介護両立支援制度等申出の申出先

三　雇用保険法第十条第六項第二号に規定する介護休業給付金に関すること。

（法第二十一条第二項の厚生労働省令で定める措置）

第六九条の九　第六十九条の五の規定は、法第二十一条第二項の厚生労働省令で定める措置について準用する。

（法第二十一条第三項の厚生労働省令で定める事項）

第六九条の一〇　第六十九条の八の規定は、法第二十一条第三項の厚生労働省令で定める事項について準用する。

（法第二十一条第三項の厚生労働省令で定める期間）

第六九条の一一　法第二十一条第三項の厚生労働省令で定める期間は、次の各号に掲げる期間のいずれかとする。

一　四十歳に達した日の属する年度の初日から末日までの期間

二　四十歳に達した日の翌日から起算して一年間

（法第二十一条第三項の厚生労働省令で定める事項を知らせる方法）

第六九条の一二　法第二十一条第三項の規定により、労働者に対して、第六十九条の十において準用する第六十九条の八に定める事項を知らせる場合は、次のいずれかの方法によって行わなければならない。

一　面談による方法

二　書面を交付する方法

三　ファクシミリを利用して送信する方法

四　電子メール等の送信の方法

2　第六十九条の十において準用する第六十九条の八に定める事項について、労働者に対して、前項第三号の方法により知らせた場合は、当該労働者の使用に係るファクシミリ装置により受信した時に、同項第四号の方法により知らせた場合は、当該労働者の使用に係る通信端末機器により受信した時に、それぞれ当該労働者に到達したものとみなす。

（法第二十一条の二第一項第三号の厚生労働省令で定める事項）

第七〇条　法第二十一条の二第一項第三号の厚生労働省令で定める事項は、次のとおりとする。

一　法第九条第二項第一号に掲げる事情が生じたことにより育児休業期間が終了した労働者、法第九条の五第六項第一号に掲げる事情が生じたことにより出生時育児休業が終了した労働者及び法第十五条第三項第一号に掲げる事情が生じたことにより介護休業期間が終了した労働者の労務の提供の開始時期に関すること。

二　労働者が介護休業期間について負担すべき社会保険料を事業主に支払う方法に関すること。

（法第二十一条の二第二項の取扱いの明示）

第七一条　法第二十一条の二第二項の取扱いの明示は、育児休業申出等又は介護休業申出があった後速やかに、当該育児休業申出等又は介護休業申出をした労働者に係る取扱いを明らかにした書面を交付することによって行うものとする。

（法第二十二条第一項第三号の厚生労働省令で定める育児休業に係る雇用環境の整備に関する措置）

第七一条の二　法第二十二条第一項第三号の厚生労働省令で定める育児休業に係る雇用環境の整備に関する措置は、次のとおりとする。

一　その雇用する労働者の育児休業の取得に関する事例の収集及びその雇用する労働者に対する当該事例の提供

二　その雇用する労働者に対する育児休業に関する制度及び育児休業の取得の促進に関する方針の周知

（法第二十二条第二項第三号の厚生労働省令で定める介護休業に係る雇用環境の整備に関する措置）

第七一条の三　前条の規定は、法第二十二条第二項第三号の厚生労働省令で定める介護休業に係る雇用環境の整備に関する措置について準用する。この場合において、前条各号中「育児休業」とあるのは、「介護休業」と読み替えるものとする。

（法第二十二条第四項第三号の厚生労働省令で定める介護両立支援制度等に係る雇用環境の整備に関する措置）

第七一条の四　第七十一条の二の規定は、法第二十二条第四項第三号の厚生労働省令で定める介護両立支援制度等に係る雇用環境の整備に関する措置について準用する。この場合において、第七十一条の二中「育児休業の取得」とあるのは「介護両立支援制度等の利用」と、「育児休業に関する制度」とあるのは「介護両立支援制度等」と読み替えるものとする。

（法第二十二条の二の規定による公表の方法）

第七十一条の五　法第二十二条の二の規定による公表は、インターネットの利用その他の適切な方法により行うものとする。

（法第二十二条の二の厚生労働省令で定めるもの）

第七十一条の六　法第二十二条の二の厚生労働省令で定めるものは、次に掲げるいずれかの割合とする。

一　その雇用する男性労働者であって法第二十二条の二の規定により公表を行う日の属する事業年度の直前の事業年度（以下この条において「公表前事業年度」という。）において配偶者が出産したものの数に対するその雇用する男性労働者であって公表前事業年度において育児休業等（育児休業及び法第二十三条第二項又は第二十四条第一項の規定に基づく措置として育児休業に関する制度に準ずる措置が講じられた場合の当該措置によりする休業をいう。次号において同じ。）をしたものの数の割合

二　その雇用する男性労働者であって公表前事業年度において配偶者が出産したものの数に対する、その雇用する男性労働者であって公表前事業年度において育児休業等をしたものの数及び小学校就学の始期に達するまでの子を養育する男性労働者を雇用する事業主が講ずる育児を目的とした休暇制度（育児休業等及び子の看護等休暇を除く。）を利用したものの数の合計数の割合

（法第二十三条第一項本文の一日の所定労働時間が短い労働者として厚生労働省令で定めるもの）

第七十二条　法第二十三条第一項本文の一日の所定労働時間が短い労働者として厚生労働省令で定めるものは、一日の所定労働時間が六時間以下の労働者とする。

（法第二十三条第一項の措置）

第七十三条　法第二十三条第一項の育児のための所定労働時間の短縮措置は、一日の所定労働時間を原則として六時間とする措置を含むものとしなければならない。

（法第二十三条第一項第二号の厚生労働省令で定めるもの）

第七十三条の二　法第二十三条第一項第二号の厚生労働省令で定めるものは、一週間の所定労働日数が二日以下の労働者とする。

（法第二十三条第二項第二号の措置）

第七十四条　法第二十三条第二項第二号の厚生労働省令で定める当該労働者が就業しつつその子を養育することを容易にするための措置は、当該制度の適用を受けることを希望する労働者に適用される次に掲げるいずれかの方法により講じられる措置とする。

一　労働基準法第三十二条の三第一項の規定による労働時間の制度を設けること。

二　一日の所定労働時間を変更することなく始業又は終業の時刻を繰り上げ又は繰り下げる制度を設けること。

三　労働者の三歳に満たない子に係る保育施設の設置運営その他これに準ずる便宜の供与を行うこと。

（法第二十三条第三項の措置）

第七十四条の二　介護のための所定労働時間の短縮等の措置は、二回以上の利用をすることができる措置とし、次の各号に掲げるいずれかの方法により講じなければならない。ただし、第三号の方法により介護のための所定労働時間の短縮等の措置を講ずる場合には、二回以上の利用ができることを要しない。

一　法第二十三条第三項の労働者（以下この条において単に「労働者」という。）であって当該勤務に就くことを希望するものに適用される所定労働時間の短縮の制度を設けること。

二　当該制度の適用を受けることを希望する労働者に適用される前条第一号又は第二号に掲げるいずれかの制度を設けること。

三　要介護状態にある対象家族を介護する労働者がその就業中に、当該労働者に代わって当該対象家族を介護するサービスを利用する場合、当該労働者が負担すべき費用を助成する制度その他これに準ずる制度を設けること。

（法第二十三条第三項第二号の厚生労働省令で定めるもの）

第七十五条　法第二十三条第三項第二号の厚生労働省令で定めるものは、一週間の所定労働日数が二日以下の労働者とする。

（法第二十五条第一項の厚生労働省令で定める制度又は措置）

第七十六条　法第二十五条第一項の厚生労働省令で定める育児休業、介護休業その他の子の養育又は家族の介護に関する制度又は措置は、次のとおりとする。

一　育児休業

二　介護休業

三　子の看護等休暇

四　介護休暇

五　法第十六条の八（法第十六条の九第一項において準用する場合を含む。）の規定による所定

外労働の制限の制度

六　法第十七条（法第十八条第一項において準用する場合を含む。）の規定による時間外労働の制限の制度

七　法第十九条（法第二十条第一項において準用する場合を含む。）の規定による深夜業の制限の制度

八　法第二十三条第一項の育児のための所定労働時間の短縮措置

九　法第二十三条第二項の規定による育児休業に関する制度に準ずる措置又は同項第一号の在宅勤務等の措置若しくは同項第二号の始業時刻変更等の措置

十　介護のための所定労働時間の短縮等の措置

（職業家庭両立推進者の選任）

第七七条　事業主は、法第二十九条の業務を遂行するために必要な知識及び経験を有していると認められる者のうちから当該業務を担当する者を職業家庭両立推進者として選任するものとする。

第一〇章　紛争の解決

第七八条《略》

第一一章　雑則

第七九条～第九七条《略》

附則《略》

【令和六年九月一一日厚生労働省令第一二五号未施行内容】

育児休業、介護休業等育児又は家族介護を行う労働者の福祉に関する法律施行規則及び雇用保険法施行規則の一部を改正する省令

《内容略》

附則（抄）

（施行期日）

1　この省令は、育児休業、介護休業等育児又は家族介護を行う労働者の福祉に関する法律及び次世代育成支援対策推進法の一部を改正する法律（以下「改正法」という。）附則第一条第二号に掲げる規定の施行の日（令和七年十月一日）から施行する。

子の養育又は家族の介護を行い、又は行うこととなる労働者の職業生活と家庭生活との両立が図られるようにするために事業主が講ずべき措置に関する指針

平成一六年一二月二八日厚生労働省告示第四六〇号
最終改正：令和六年九月一一日厚生労働省告示第二八六号
適用：令和七年四月一日

第一　趣旨

この指針は、育児休業、介護休業等育児又は家族介護を行う労働者の福祉に関する法律（平成三年法律第七十六号。以下「法」という。）に定める事項に関し、子の養育又は家族の介護を行い、又は行うこととなる労働者の職業生活と家庭生活との両立が図られるようにするために事業主が講ずべき措置について、その適切かつ有効な実施を図るために必要な事項を定めたものである。

第二　事業主が講ずべき措置の適切かつ有効な実施を図るための指針となるべき事項

一　法第五条、第九条の二及び第十一条の規定による労働者の育児休業申出及び介護休業申出、出生時育児休業申出に関する事項

㈠　法第五条第一項ただし書、第九条の二第一項ただし書及び第十一条第一項ただし書に規定する期間を定めて雇用される者に該当するか否かを判断するに当たっての事項

労働契約の形式上期間を定めて雇用されてい

る者であっても、当該契約が期間の定めのない契約と実質的に異ならない状態となっている場合には、法第五条第一項ただし書、第九条の二第一項ただし書及び第十一条第一項ただし書に定める要件に該当するか否かにかかわらず、実質的に期間の定めのない契約に基づき雇用される労働者であるとして育児休業及び介護休業の対象となるものであるが、その判断に当たっては、次の事項に留意すること。

イ　有期労働契約の雇止めの可否が争われた裁判例における判断の過程においては、主に次に掲げる項目に着目して、契約関係の実態が評価されていること。

(イ)　業務内容の恒常性・臨時性、業務内容についてのいわゆる正規雇用労働者との同一性の有無等労働者の従事する業務の客観的内容

(ロ)　地位の基幹性・臨時性等労働者の契約上の地位の性格

(ハ)　継続雇用を期待させる事業主の言動等当事者の主観的態様

(ニ)　更新の有無・回数、更新の手続の厳格性の程度等更新の手続・実態

(ホ)　同様の地位にある他の労働者の雇止めの有無等他の労働者の更新状況

ロ　有期労働契約の雇止めの可否が争われた裁判例においては、イに掲げる項目に関し、次の(イ)及び(ロ)の実態がある場合には、期間の定めのない契約と実質的に異ならない状態に至っているものであると認められていることが多いこと。

(イ)　イ(イ)に関し、業務内容が恒常的であること、及びイ(ニ)に関し、契約が更新されていること。

(ロ)　(イ)に加え、少なくとも次に掲げる実態のいずれかがみられること。

①　イ(ハ)に関し、継続雇用を期待させる事業主の言動が認められること。

②　イ(ニ)に関し、更新の手続が形式的であること。

③　イ(ホ)に関し、同様の地位にある労働者について過去に雇止めの例がほとんどないこと。

ハ　有期労働契約の雇止めの可否が争われた裁判例においては、イ(イ)に関し、業務内容がいわゆる正規雇用労働者と同一であると認められること、又は、イ(ロ)に関し、労働者の地位の基幹性が認められることは、期間の定めのない契約と実質的に異ならない状態に至っているものであると認められる方向に働いているものと考えられること。

(二)　期間を定めて雇用される者が法第五条第一項ただし書、第九条の二第一項ただし書及び第十一条第一項ただし書に定める要件を満たす労働者か否かの判断に当たっては、次の事項に留意すること。

イ　法第五条第一項ただし書の「その養育する子が一歳六か月に達する日までに、その労働契約（労働契約が更新される場合にあっては、更新後のもの。第三項及び第十一条第一項において同じ。）が満了することが明らか」か否かについては、育児休業申出のあった時点において判明している事情に基づき子が一歳六か月に達する日において、当該申出の時点で締結している労働契約が終了し、かつ、その後労働契約の更新がないことが確実であると判断される場合に該当しないものと判断され、育児休業の取得に労働契約の更新がないことが確実であるか否かによって判断するものであること。例えば、育児休業申出のあった時点で次のいずれかに該当する労働者は、原則として、労働契約の更新がないことが確実であると判断される場合に該当する。ただし、次のいずれかに該当する労働者であっても、雇用の継続の見込みに関する事業主の言動、同様の地位にある他の労働者の状況及び当該労働者の過去の契約の更新状況等から、労働契約の更新がないことが確実であると判断される場合に該当しないものと判断され、育児休業の取得に係る法第五条第一項ただし書に定める要件を満たすものと判断される場合もあること。

(イ)　書面又は口頭により労働契約の更新回数の上限が明示されている労働者であって、当該上限まで労働契約が更新された場合の期間の末日が子が一歳六か月に達する日以前の日であるもの

(ロ)　書面又は口頭により労働契約の更新をしない旨明示されている労働者であって、育児休業申出のあった時点で締結している労働契約の期間の末日が子が一歳六か月に達する日以前の日であるもの

ロ　法第九条の二第一項ただし書に定める要件に該当するか否かについては、イと同様に判断するものであること。この場合において、イ中「子が一歳六か月に達する日」とあるのは、「子の出生の日（出産予定日前に当該子が出生した場合にあっては、当該出産予定日）から起算して八週間を経過する日の翌日から六月を経過する

日」と読み替えるものとすること。

ハ　法第十一条第一項ただし書に定める要件に該当するか否かについては、ロと同様に判断するものであること。この場合において、ロ中「子が一歳六か月に達する日」とあるのは、「介護休業開始予定日から起算して九十三日を経過する日から六か月を経過する日」と読み替えるものとすること。

(三)　その他法第五条、第九条の二及び第十一条の規定による労働者の育児休業申出、出生時育児休業申出及び介護休業申出に関する事項

イ　育児休業及び介護休業については、労働者がこれを容易に取得できるようにするため、あらかじめ制度が導入され、規則が定められるべきものであることに留意すること。

ロ　出生時育児休業を含む育児休業については、労働者がこれを円滑に取得できるようにするため、事業主においては、休業の申出期限にかかわらず労働者による申出が円滑に行われるようにするための雇用環境の整備を行い、労働者の側においても、業務の円滑な引き継ぎ等のためには、労働者の意向に応じて早めに申し出ることが効果的であるという意識を持つことが重要であることに留意すること。

一の二　法第九条の五の規定による出生時育児休業期間中の就業に関する事項

育児休業は労働者の権利であって、その期間の労務提供義務を消滅させる制度であることから、育児休業中は就業しないことが原則であり、出生時育児休業期間中の就業については、事業主から労働者に対して就業可能日等の申出を一方的に求めることや、労働者の意に反するような取扱いがなされてはならないものであること。

二　法第十六条の二の規定による子の看護休暇及び法第十六条の五の規定による介護休暇に関する事項

(一)　子の看護等休暇及び介護休暇については、労働者がこれを容易に取得できるようにするため、あらかじめ制度が導入され、規則が定められるべきものであることに留意すること。

(二)　子の看護等休暇は、現に負傷し、若しくは疾病にかかったその子の世話、疾病の予防を図るために必要なその子の世話若しくは学校保健安全法（昭和三十三年法律第五十六号）第二十条の規定による学校の休業その他これに準ずる事由に伴うその子の世話を行うため、又はその子の教育若しくは保育に係る行事への参加をするための休暇であること及び介護休暇は要介護状態にある対象家族の介護その他の世話を行うための休暇であることから、証明書類の提出を求める場合には事後の提出を可能とする等、労働者に過重な負担を求めることにならないよう配慮するものとすること。

(三)　法第十六条の三第二項及び第十六条の六第二項において準用する法第六条第一項ただし書（第二号に係る部分に限る。）の規定による労使協定の締結により厚生労働省令で定める一日未満の単位での子の看護等休暇又は介護休暇の取得ができないこととなる、業務の性質又は業務の実施体制に照らして、厚生労働省令で定める一日未満の単位で取得することが困難と認められる業務とは、例えば、次に掲げるものが該当する場合があること。なお、次に掲げる業務は例示であり、これらの業務以外は困難と認められる業務に該当しないものではなく、また、これらの業務であれば困難と認められる業務に該当するものではないこと。

イ　国際路線等に就航する航空機において従事する客室乗務員等の業務等であって、所定労働時間の途中まで又は途中から子の看護等休暇又は介護休暇を取得させることが困難な業務

ロ　長時間の移動を要する遠隔地で行う業務であって、半日単位の子の看護等休暇又は介護休暇を取得した後の勤務時間又は取得する前の勤務時間では処理することが困難な業務

ハ　流れ作業方式や交替制勤務による業務であって、半日単位で子の看護等休暇又は介護休暇を取得する者を勤務体制に組み込むことによって業務を遂行することが困難な業務

(四)　労働者の子の症状、要介護状態にある対象家族の介護の状況、労働者の勤務の状況等が様々であることに対応し、始業の時刻から連続せず、かつ、終業の時刻まで連続しない時間単位での休暇の取得を認めること、法第十六条の三第二項及び第十六条の六第二項において準用する法第六条第一項ただし書（第二号に係る部分に限る。）の規定による労使協定の締結により厚生労働省令で定める一日未満の単位での休暇の取得ができないこととなった労働者であっても、半日単位での休暇の取得を認めること等により、制度の弾力的な利用が可能となるように配慮すること。

三　法第十六条の八及び第十六条の九の規定による所定外労働の制限に関する事項

(一)　所定外労働の制限については、労働者がこれを容易に受けられるようにするため、あらかじ

め制度が導入され、規則が定められるべきものであることに留意すること。

(二) 労働者の子の養育の状況、労働者の要介護状態にある対象家族の介護の状況、労働者の勤務の状況等が様々であることに対応し、制度の弾力的な利用が可能となるように配慮するものとすること。

四 法第十七条及び第十八条の規定による時間外労働の制限に関する事項

時間外労働の制限については、労働者がこれを容易に受けられるようにするため、あらかじめ制度が導入され、規則が定められるべきものであることに留意すること。

五 法第十九条及び第二十条の規定による深夜業の制限に関する事項

(一) 深夜業の制限については、労働者がこれを容易に受けられるようにするため、あらかじめ制度が導入され、規則が定められるべきものであることに留意すること。

(二) あらかじめ、労働者の深夜業の制限期間中における待遇（昼間勤務への転換の有無を含む。）に関する事項を定めるとともに、これを労働者に周知させるための措置を講ずるように配慮するものとすること。

(三) 労働者の子の養育又は家族の介護の状況、労働者の勤務の状況等が様々であることに対応し、制度の弾力的な利用が可能となるように配慮するものとすること。

五の二 法第二十一条第一項の規定により妊娠又は出産等の申出をした労働者に対する育児休業に関する制度等の個別周知及び育児休業申出等に係る意向確認のための措置を講ずるに当たっての事項

(一) 育児休業に関する制度等を知らせる措置並びに育児休業申出及び出生時育児休業申出（以下「育児休業申出等」という。）に係る労働者の意向を確認するための措置は、労働者による育児休業申出等が円滑に行われるようにすることを目的とするものであることから、取得を控えさせるような形での個別周知及び意向確認の措置の実施は、法第二十一条第一項の措置の実施とは認められないものであること。

(二) 育児休業申出等に係る労働者の意向を確認するための措置については、事業主から労働者に対して、意向確認のための働きかけを行えばよいものであること。

(三) 出生時育児休業制度に関し、休業中の就業の仕組みについて知らせる際には、育児休業給付及び育児休業期間中の社会保険料免除について、休業中の就業日数によってはその要件を満たさなくなる可能性があることについても併せて説明するよう留意すること。

五の三 法第二十一条第二項の規定により対象家族が労働者の介護を必要とする状況に至ったことの申出をした当該労働者に対する介護休業に関する制度、介護両立支援制度等その他の事項の個別周知の措置並びに介護休業申出及び介護両立支援制度等申出に係る意向確認のための措置を講ずるに当たっての事項

(一) 介護休業に関する制度、介護両立支援制度等その他の事項を知らせる措置並びに介護休業申出及び介護両立支援制度等申出に係る労働者の意向を確認するための措置は、労働者による介護休業申出及び介護両立支援制度等申出が円滑に行われるようにすることを目的とするものであることから、取得又は利用を控えさせるような形での個別周知及び意向確認の措置の実施は、法第二十一条第二項の措置の実施とは認められないものであること。

(二) 介護休業申出及び介護両立支援制度等申出に係る労働者の意向を確認するための措置については、事業主から労働者に対して、意向確認のための働きかけを行えばよいものであること。

(三) 法第二十一条第二項の規定により介護休業に関する制度、介護両立支援制度等その他の事項を労働者に知らせるに当たっては、次に掲げる法に規定する介護休業及び介護両立支援制度等の趣旨も踏まえることが望ましいこと。

イ 介護休業に関する制度は、要介護状態にある対象家族の介護の体制を構築するため一定期間休業する場合に対応するものと位置付けられていること。

ロ 介護休暇に関する制度は、介護保険の手続や要介護状態にある対象家族の通院の付添いなど、日常的な介護のニーズにスポット的に対応するために利用するものと位置付けられていること。

ハ 介護のための所定労働時間の短縮等の措置その他の仕事と介護の両立のための柔軟な働き方に関する制度及び措置は、日常的な介護のニーズに定期的に対応するために利用するものと位置付けられていること。

五の四 法第二十一条第三項の規定により四十歳に達した日の属する年度等の始期に達した労働者に対する介護休業に関する制度、介護両立支援制度等その他の事項の情報提供の措置を講ずるに当たっての事項

㈠　法第二十一条第三項の規定により介護休業に関する制度、介護両立支援制度等その他の事項を知らせる際には、労働者が介護休業に関する制度及び介護両立支援制度等と介護保険制度の内容を同時に知ることが効果的であることから、介護保険制度についても併せて周知することが望ましいこと。

㈡　法第二十一条第三項の規定により介護休業に関する制度、介護両立支援制度等その他の事項を労働者に知らせるに当たっては、五の三㈢イからハまでに掲げる法に規定する介護休業及び介護両立支援制度等の趣旨も踏まえることが望ましいこと。

六　法第二十一条の二第一項の規定により育児休業及び介護休業に関する事項を定め、周知するに当たっての事項

㈠　育児休業及び介護休業中の待遇、育児休業及び介護休業後の賃金、配置その他の労働条件その他必要な事項に関する規則を一括して定め、周知することが望ましいものであることに配慮すること。

㈡　労働者のプライバシーを保護する観点から、労働者が自発的に当該労働者若しくはその配偶者が妊娠若しくは出産したこと又は当該労働者が対象家族を介護していることを知らせることを前提としたものであること。そのために、法第二十五条に定める措置を事業主が講じている必要があること。

㈢　労働者又はその配偶者が妊娠若しくは出産したことを知ったときに、当該労働者に対し育児休業に関する事項を知らせるに際しては、当該労働者が計画的に育児休業を取得できるよう、あわせて、法第九条の六の規定による同一の子について配偶者が育児休業をする場合の特例、法第二十三条第一項の規定による育児のための所定労働時間の短縮措置及び雇用保険法第六十一条の六第四項に規定する育児時短就業給付に関すること、その他の両立支援制度を知らせることが望ましいこと。

六の二　法第二十二条第一項の規定により育児休業申出等が円滑に行われるようにするための雇用環境の整備の措置を講ずるに当たっての事項

㈠　雇用環境の整備の措置を講ずるに当たっては、短期はもとより一か月以上の長期の休業の取得を希望する労働者が希望するとおりの期間の休業を申出し取得できるように配慮すること。

㈡　雇用環境の整備の措置を講ずるに当たっては、可能な限り、複数の措置を行うことが望ましいものであること。

六の三　法第二十二条第二項の規定により介護休業申出が円滑に行われるようにするための雇用環境の整備の措置を講ずるに当たっての事項

雇用環境の整備の措置を講ずるに当たっては、可能な限り、複数の措置を行うことが望ましいこと。

七　法第二十二条第三項の規定により育児休業又は介護休業をする労働者が雇用される事業所における労働者の配置その他の雇用管理に関して必要な措置を講ずるに当たっての事項

㈠　育児休業及び介護休業後においては、原則として原職又は原職相当職に復帰させるように配慮すること。

㈡　育児休業又は介護休業をする労働者以外の労働者についての配置その他の雇用管理は、㈠の点を前提にして行われる必要があることに配慮すること。

八　法第二十二条第三項の規定により育児休業又は介護休業をしている労働者の職業能力の開発及び向上等に関して必要な措置を講ずるに当たっての事項

㈠　当該措置の適用を受けるかどうかは、育児休業又は介護休業をする労働者の選択に任せられるべきものであること。

㈡　育児休業及び介護休業が比較的長期にわたる休業になり得ること、並びに育児休業又は介護休業後における円滑な就業のために必要となる措置が、個々の労働者の職種、職務上の地位、職業意識等の状況に応じ様々であることにかんがみ、当該労働者の状況に的確に対応し、かつ、計画的に措置が講じられることが望ましいものであることに配慮すること。

㈢　介護休業申出が円滑に行われ、家族の介護を行い、又は行うこととなる労働者の職業生活と家庭生活との両立が図られるようにするため、次の事項に留意すること。

イ　介護休業等の法に定める仕事と介護の両立支援制度の内容、当該内容その他の仕事と介護の両立支援について事業主が定めた事項、介護に係るサービスに関する情報について、労働者が十分に情報を得ていることが重要であること。

ロ　事業主は、介護休業等の法に定める仕事と介護の両立支援制度の内容及び介護に係るサービスに関する情報に関し行政から提供される情報も活用しつつ、イの情報について労働者に周知を行うことが望ましいこと。

ハ　事業主は、労働者からの仕事と介護の両立に関する相談への対応のための窓口をあらかじめ定めることが望ましいこと。

八の二　法第二十二条第四項の規定により介護両立支援制度等申出が円滑に行われるようにするための雇用環境の整備の措置を講ずるに当たっての事項

雇用環境の整備の措置を講ずるに当たっては、可能な限り、複数の措置を行うことが望ましいこと。

九　法第二十三条第一項の規定による育児のための所定労働時間の短縮措置又は同条第二項に規定する育児休業に関する制度に準ずる措置、在宅勤務等の措置若しくは始業時刻変更等の措置を講ずるに当たっての事項

㈠　労働者がこれらの措置の適用を容易に受けられるようにするため、あらかじめ、当該措置の対象者の待遇に関する事項を定め、これを労働者に周知させるための措置を講ずるように配慮すること。

㈡　当該措置を講ずるに当たっては、労働者が就業しつつその子を養育することを実質的に容易にする内容のものとすることに配慮すること。

㈢　育児のための所定労働時間の短縮措置は、一日の所定労働時間を原則として六時間とする措置を含むものとした上で、一日の所定労働時間を五時間とする措置又は七時間とする措置、一週間のうち所定労働時間を短縮する曜日を固定する措置、週休三日とする措置等も併せて講ずることが望ましいこと。

㈣　法第二十三条第一項第三号の規定により、労使協定を締結する場合には当該業務に従事する労働者について所定労働時間の短縮措置を講じないことができる「業務の性質又は業務の実施体制に照らして、所定労働時間の短縮措置を講ずることが困難と認められる業務」とは、例えば、次に掲げるものが該当する場合があること。なお、次に掲げる業務は例示であり、これら以外は困難と認められる業務に該当しないものではなく、また、これらであれば困難と認められる業務に該当するものではないこと。

イ　業務の性質に照らして、制度の対象とすることが困難と認められる業務

国際路線等に就航する航空機において従事する客室乗務員等の業務

ロ　業務の実施体制に照らして、制度の対象とすることが困難と認められる業務

労働者数が少ない事業所において、当該業務に従事しうる労働者数が著しく少ない業務

ハ　業務の性質及び実施体制に照らして、制度の対象とすることが困難と認められる業務

(イ)　流れ作業方式による製造業務であって、短時間勤務の者を勤務体制に組み込むことが困難な業務

(ロ)　交替制勤務による製造業務であって、短時間勤務の者を勤務体制に組み込むことが困難な業務

(ハ)　個人ごとに担当する企業、地域等が厳密に分担されていて、他の労働者では代替が困難な営業業務

十　法第二十三条第三項の規定による介護のための所定労働時間の短縮等の措置を講ずるに当たっての事項

短時間勤務の制度は、労働者がその要介護状態にある対象家族を介護することを実質的に容易にする内容のものであることが望ましいものであることに配慮すること。

十一　法第十条、第十六条、第十六条の四、第十六条の七、第十六条の十、第十八条の二、第二十条の二、第二十一条第四項及び第二十三条の二の規定による育児休業、介護休業、子の看護等休暇、介護休暇、所定外労働の制限、時間外労働の制限、深夜業の制限、妊娠・出産等をしたこと、対象家族が労働者の介護を必要とする状況に至ったこと又は所定労働時間の短縮措置等の申出等又は取得等を理由とする解雇その他不利益な取扱いの禁止に適切に対処するに当たっての事項

育児休業、介護休業、子の看護等休暇、介護休暇、所定外労働の制限、時間外労働の制限、深夜業の制限、妊娠・出産等をしたこと、対象家族が労働者の介護を必要とする状況に至ったこと又は所定労働時間の短縮措置等の申出等又は取得等（以下「育児休業等の申出等」という。）をした労働者の雇用管理に当たっては、次の事項に留意すること。

㈠　法第十条、第十六条、第十六条の四、第十六条の七、第十六条の十、第十八条の二、第二十条の二、第二十一条第四項又は第二十三条の二の規定により禁止される解雇その他不利益な取扱いは、労働者が育児休業等の申出等をしたこととの間に因果関係がある行為であること。

㈡　解雇その他不利益な取扱いとなる行為には、例えば、次に掲げるものが該当すること。

イ　解雇すること。

ロ　期間を定めて雇用される者について、契約の更新をしないこと（以下「雇止め」という。）。

ハ　あらかじめ契約の更新回数の上限が明示されている場合に、当該回数を引き下げること。

ニ　退職又はいわゆる正規雇用労働者をパートタイム労働者等のいわゆる非正規雇用労働者とするような労働契約内容の変更の強要を行うこと。

ホ　自宅待機を命ずること。

ヘ　労働者が希望する期間を超えて、その意に反して所定外労働の制限、時間外労働の制限、深夜業の制限又は所定労働時間の短縮措置等を適用すること。

ト　降格させること。

チ　減給をし、又は賞与等において不利益な算定を行うこと。

リ　昇進・昇格の人事考課において不利益な評価を行うこと。

ヌ　不利益な配置の変更を行うこと。

ル　就業環境を害すること。

(三)　解雇その他不利益な取扱いに該当するか否かについては、次の事項を勘案して判断すること。

イ　次に掲げる場合には、育児休業又は介護休業をしている労働者の雇止めは、不利益取扱いに当たる雇止めに該当しない可能性が高いと考えられること。

(イ)　専ら事業縮小や担当していた業務の終了・中止等により、育児休業又は介護休業をしている労働者を含め、契約内容や更新回数等に照らして同様の地位にある労働者の全員を雇止めすること。

(ロ)　事業縮小や担当していた業務の終了・中止等により労働者の一部を雇止めする場合であって、能力不足や勤務不良等を理由に、育児休業又は介護休業をしている労働者を雇止めすること。ただし、この場合において、当該能力不足や勤務不良等は、育児休業又は介護休業の取得以前から問題とされていたことや育児休業又は介護休業を取得したことのみをもって育児休業又は介護休業を取得していない者よりも不利に評価したものではないこと等が求められることに留意すること。

ロ　勧奨退職やいわゆる正規雇用労働者をパートタイム労働者等のいわゆる非正規雇用労働者とするような労働契約内容の変更は、労働者の表面上の同意を得ていたとしても、これが労働者の真意に基づくものでないと認められる場合には、(二)ニの「退職又は正社員をパートタイム労働者等の非正規社員とするような労働契約内容の変更の強要を行うこと」に該当すること。

ハ　事業主が、育児休業若しくは介護休業の休業終了予定日を超えて休業すること又は子の看護等休暇若しくは介護休暇の取得の申出に係る日以外の日に休業することを労働者に強要することは、(二)ホの「自宅待機」に該当すること。

ニ　次に掲げる場合には、(二)チの「減給をし、又は賞与等において不利益な算定を行うこと」に該当すること。

(イ)　育児休業若しくは介護休業の休業期間中、子の看護等休暇若しくは介護休暇を取得した日又は所定労働時間の短縮措置等の適用期間中の現に働かなかった時間について賃金を支払わないこと、退職金や賞与の算定に当たり現に勤務した日数を考慮する場合に休業した期間若しくは休暇を取得した日数又は所定労働時間の短縮措置等の適用により現に短縮された時間の総和に相当する日数を日割りで算定対象期間から控除すること等専ら当該育児休業等により労務を提供しなかった期間は働かなかったものとして取り扱うことは、不利益な取扱いには該当しない。一方、休業期間、休暇を取得した日数又は所定労働時間の短縮措置等の適用により現に短縮された時間の総和に相当する日数を超えて働かなかったものとして取り扱うことは、(二)チの「不利益な算定を行うこと」に該当すること。

(ロ)　実際には労務の不提供が生じていないにもかかわらず、育児休業等の申出等をしたことのみをもって、賃金又は賞与若しくは退職金を減額すること。

ホ　次に掲げる場合には、(二)リの「昇進・昇格の人事考課において不利益な評価を行うこと」に該当すること。

(イ)　育児休業又は介護休業をした労働者について、休業期間を超える一定期間昇進・昇格の選考対象としない人事評価制度とすること。

(ロ)　実際には労務の不提供が生じていないにもかかわらず、育児休業等の申出等をしたことのみをもって、当該育児休業等の申出等をしていない者よりも不利に評価すること。

ヘ　配置の変更が不利益な取扱いに該当するか否かについては、配置の変更前後の賃金その他の労働条件、通勤事情、当人の将来に及ぼす影響等諸般の事情について総合的に比較考量の上、判断すべきものであるが、例えば、通常の人事異動のルールからは十分に説明できない職務又は就業の場所の変更を行うことにより、当該労働者に相当程度経済的又は精神的な不利益を生じさせることは、㈡ヌの「不利益な配置の変更を行うこと」に該当すること。また、所定労働時間の短縮措置の適用について、当該措置の対象となる業務に従事する労働者を、当該措置の適用を受けることの申出をした日から適用終了予定日までの間に、労使協定により当該措置を講じないものとしている業務に転換させることは㈡ヌの「不利益な配置の変更を行うこと」に該当する可能性が高いこと。

ト　業務に従事させない、専ら雑務に従事させる等の行為は、㈡ルの「就業環境を害すること」に該当すること。

十二　法第二十四条第一項の規定により同項各号に定める制度又は措置に準じて、必要な措置を講ずるに当たっての事項

当該措置の適用を受けるかどうかは、労働者の選択に任せられるべきものであること。

十三　法第二十四条第二項の規定により、介護休業の制度又は法第二十三条第三項に定める措置に準じて、その介護を必要とする期間、回数等に配慮した必要な措置を講ずるに当たっての事項

㈠　当該措置の適用を受けるかどうかは、労働者の選択に任せられるべきものであること。

㈡　次の事項に留意しつつ、企業の雇用管理等に伴う負担との調和を勘案し、必要な措置が講じられることが望ましいものであることに配慮すること。

イ　当該労働者が介護する家族の発症からその症状が安定期になるまでの期間又は介護に係る施設・在宅サービスを利用することができるまでの期間が、九十三日から法第十一条第二項第二号の介護休業日数を差し引いた日数の期間を超える場合があること。

ロ　当該労働者がした介護休業により法第十一条第二項第二号の介護休業日数が九十三日に達している対象家族についても、再び当該労働者による介護を必要とする状態となる場合があること。

ハ　対象家族以外の家族についても、他に近親の家族がいない場合等当該労働者が介護をする必要性が高い場合があること。

ニ　要介護状態にない家族を介護する労働者であっても、その家族の介護のため就業が困難となる場合があること。

ホ　当該労働者が家族を介護する必要性の程度が変化することに対応し、介護休業の更なる分割等、制度の弾力的な利用が可能となることが望まれる場合があること。

十三の二　妊娠・出産等や家族の介護に関する情報の適切な取扱いに関する事項

妊娠・出産等に関する情報又は家族の介護を行っている、家族の介護が必要な状況に直面している等の家族の介護に関する情報を職場で明らかにしたくない等の事情がある者に対する配慮が必要であるため、妊娠・出産等に関する情報及び家族の介護に関する情報が適切に管理されるよう、事業主は、労働者から当該情報の取扱いに係る意向が示された場合には、その意向を踏まえて当該情報の共有の範囲を必要最小限のものとする等の配慮をすること。また、当該労働者の意向に沿えない場合には、その理由を当該労働者に説明する等の配慮をすること。

十四　法第二十五条の規定により、事業主が職場における育児休業等に関する言動に起因する問題に関して雇用管理上必要な措置を講ずるに当たっての事項

法第二十五条に規定する事業主が職場において行われるその雇用する労働者に対する育児休業、介護休業その他の育児休業、介護休業等育児又は家族介護を行う労働者の福祉に関する法律施行規則（以下「則」という。）第七十六条で定める制度又は措置（以下「制度等」という。）の利用に関する言動により当該労働者の就業環境が害されること（以下「職場における育児休業等に関するハラスメント」という。）のないよう雇用管理上講ずべき措置について、事業主が適切かつ有効な実施を図るために必要な事項については、次のとおりであること。

㈠　職場における育児休業等に関するハラスメントの内容

イ　職場における育児休業等に関するハラスメントには、上司又は同僚から行われる、その雇用する労働者に対する制度等の利用に関する言動により就業環境が害されるものがあること。なお、業務分担や安全配慮等の観点から、客観的にみて、業務上の必要性に基づく言動によるものについては、職場における育児休業等に関するハラスメントには該当しないこと。

ロ　「職場」とは、事業主が雇用する労働者が業務を遂行する場所を指し、当該労働者が通常就業している場所以外の場所であっても、当該労働者が業務を遂行する場所については、「職場」に含まれること。

ハ　「労働者」とは、いわゆる正規雇用労働者の

みならず、パートタイム労働者、契約社員等のいわゆる非正規雇用労働者を含む事業主が雇用する男女の労働者の全てをいうこと。

また、派遣労働者については、派遣元事業主の　みならず、労働者派遣の役務の提供を受ける者についても、労働者派遣事業の適正な運営の確保及び派遣労働者の保護等に関する法律（昭和六十年法律第八十八号）第四十七条の三の規定により、その指揮命令の下に労働させる派遣労働者を雇用する事業主とみなされ、法第二十五条及び第二十五条の二第二項の規定が適用されることから、労働者派遣の役務の提供を受ける者は、派遣労働者についてもその雇用する労働者と同様に、㈡イの配慮及び㈢の措置を講ずることが必要であること。なお、法第二十五条第二項、第五十二条の四第二項及び第五十二条の五第二項の労働者に対する不利益な取扱いの禁止については、派遣労働者も対象に含まれるものであり、派遣元事業主のみならず、労働者派遣の役務の提供を受ける者もまた、当該者に派遣労働者が職場における育児休業等に関するハラスメントの相談を行ったこと等を理由として、当該派遣労働者に係る労働者派遣の役務の提供を拒む等、当該派遣労働者に対する不利益な取扱いを行ってはならないこと。

ニ　イに規定する「その雇用する労働者に対する制度等の利用に関する言動により就業環境が害されるもの」とは、具体的には(イ)①から⑩までに掲げる制度等の利用に関する言動により就業環境が害されるものであること。典型的な例として、(ロ)に掲げるものがあるが、(ロ)に掲げるものは限定列挙ではないことに留意が必要であること。

(イ)　制度等

①　育児休業（則第七十六条第一号関係）

②　介護休業（則第七十六条第二号関係）

③　子の看護等休暇（則第七十六条第三号関係）

④　介護休暇（則第七十六条第四号関係）

⑤　所定外労働の制限（則第七十六条第五号関係）

⑥　時間外労働の制限（則第七十六条第六号関係）

⑦　深夜業の制限（則第七十六条第七号関係）

⑧　育児のための所定労働時間の短縮措置（則第七十六条第八号関係）

⑨　育児休業に関する制度に準ずる措置又は在宅勤務等の措置若しくは始業時刻変更等の措置（則第七十六条第九号関係）

⑩　介護のための所定労働時間の短縮措置（則第七十六条第十号関係）

(ロ)　典型的な例

①　解雇その他不利益な取扱い（法第十条、第十六条（法第十六条の四及び第十六条の七において準用する場合を含む。）、第十六条の十、第十八条の二、第二十条の二、第二十一条第四項及び第二十三条の二に規定する解雇その他不利益な取扱いをいう。以下同じ。）を示唆するもの

労働者が、制度等の利用の申出等をしたい旨を上司に相談したこと、制度等の利用の申出等をしたこと又は制度等の利用をしたことにより、上司が当該労働者に対し、解雇その他不利益な取扱いを示唆すること。

②　制度等の利用の申出等又は制度等の利用を阻害するもの

客観的にみて、言動を受けた労働者の制度等の利用の申出等又は制度等の利用が阻害されるものが該当すること。

(1)　労働者が制度等の利用の申出等をしたい旨を上司に相談したところ、上司が当該労働者に対し、当該申出等をしないよう言うこと。

(2)　労働者が制度等の利用の申出等をしたところ、上司が当該労働者に対し、当該申出等を取り下げるよう言うこと。

(3)　労働者が制度等の利用の申出等をしたい旨を同僚に伝えたところ、同僚が当該労働者に対し、繰り返し又は継続的に当該申出等をしないよう言うこと（当該労働者がその意に反することを当該同僚に明示しているにもかかわらず、更に言うことを含む。）。

(4)　労働者が制度等の利用の申出等をしたところ、同僚が当該労働者に対し、繰り返し又は継続的に当該申出等を撤回又は取下げをするよう言うこと（当該労働者がその意に反することを当該同僚に明示しているにもかかわらず、更に言うことを含む。）。

③　制度等の利用をしたことにより嫌がらせ等をするもの

客観的にみて、言動を受けた労働者の能力の発揮や継続就業に重大な悪影響が生じる等当該労働者が就業する上で看過で

きない程度の支障が生じるようなものが該当すること。

労働者が制度等の利用をしたことにより、上司又は同僚が当該労働者に対し、繰り返し又は継続的に嫌がらせ等（嫌がらせ的な言動、業務に従事させないこと又は専ら雑務に従事させることをいう。以下同じ。）をすること（当該労働者がその意に反することを当該上司又は同僚に明示しているにもかかわらず、更に言うことを含む。）。

㈡ 事業主等の責務

イ 事業主の責務

法第二十五条の二第二項の規定により、事業主は、職場における育児休業等に関するハラスメントを行ってはならないことその他職場における育児休業等に関するハラスメントに起因する問題（以下「育児休業等に関するハラスメント問題」という。）に対するその雇用する労働者の関心と理解を深めるとともに、当該労働者が他の労働者（他の事業主が雇用する労働者及び求職者を含む。ロにおいて同じ。）に対する言動に必要な注意を払うよう、研修の実施その他の必要な配慮をするほか、国の講ずる同条第一項の広報活動、啓発活動その他の措置に協力するように努めなければならない。なお、職場における育児休業等に関するハラスメントに起因する問題としては、例えば、労働者の意欲の低下などによる職場環境の悪化や職場全体の生産性の低下、労働者の健康状態の悪化、休職や退職などにつながり得ること、これらに伴う経営的な損失等が考えられること。

また、事業主（その者が法人である場合にあっては、その役員）は、自らも、育児休業等に関するハラスメント問題に対する関心と理解を深め、労働者（他の事業主が雇用する労働者及び求職者を含む。）に対する言動に必要な注意を払うように努めなければならないこと。

ロ 労働者の責務

法第二十五条の二第四項の規定により、労働者は、育児休業等に関するハラスメント問題に対する関心と理解を深め、他の労働者に対する言動に必要な注意を払うとともに、事業主の講ずる㈢の措置に協力するように努めなければならないこと。

㈢ 事業主が職場における育児休業等に関する言動に起因する問題に関し雇用管理上講ずべき措置の内容

事業主は、職場における育児休業等に関するハラスメントを防止するため、雇用管理上次の措置を講じなければならないこと。なお、事業主が行う育児休業等を理由とする不利益取扱い（就業環境を害する行為を含む。）については、既に法第十条、第十六条（法第十六条の四及び第十六条の七において準用する場合を含む。）、第十六条の十、第十八条の二、第二十条の二、第二十一条第四項及び第二十三条の二で禁止されており、こうした不利益取扱いを行わないため、当然に自らの行為の防止に努めることが求められること。

イ 事業主の方針等の明確化及びその周知・啓発

事業主は、職場における育児休業等に関するハラスメントに対する方針の明確化、労働者に対するその方針の周知・啓発として、次の措置を講じなければならないこと。

なお、周知・啓発をするに当たっては、職場における育児休業等に関するハラスメントの防止の効果を高めるため、その発生の原因や背景について労働者の理解を深めることが重要であること。その際、職場における育児休業等に関するハラスメントの発生の原因や背景には、(i)育児休業等に関する否定的な言動（他の労働者の制度等の利用の否定につながる言動（当該労働者に直接行わない言動も含む。）をいい、単なる自らの意思の表明を除く。以下同じ。）が頻繁に行われるなど制度等の利用又は制度等の利用の申出等をしにくい職場風土や、(ii)制度等の利用ができることの職場における周知が不十分であることなどもあると考えられること。そのため、これらを解消していくことが職場における育児休業等に関するハラスメントの防止の効果を高める上で重要であることに留意することが必要であること。

(イ) 職場における育児休業等に関するハラスメントの内容（以下「ハラスメントの内容」という。）及び育児休業等に関する否定的な言動が職場における育児休業等に関するハラスメントの発生の原因や背景になり得ること（以下「ハラスメントの背景等」という。）、職場における育児休業等に関するハラスメントを行ってはならない旨の方針（以下「事業主の方針」という。）並びに制度等の利用ができる旨を明確化し、管理監督者を含む労働者に周知・啓発すること。

（事業主の方針等を明確化し、労働者に周知・啓発していると認められる例）

① 就業規則その他の職場における服務規律等を定めた文書において、事業主の方針及び制度等の利用ができる旨について規定し、当該規定とあわせて、ハラスメントの内容及びハラスメントの背景等を、労働者に周知・啓発すること。

② 社内報、パンフレット、社内ホームページ等広報又は啓発のための資料等にハラスメントの内容及びハラスメントの背景等、事業主の方針並びに制度等の利用ができる旨について記載し、配布等すること。

③ ハラスメントの内容及びハラスメントの背景等、事業主の方針並びに制度等の利用ができる旨を労働者に対して周知・啓発するための研修、講習等を実施すること。

(ロ) 職場における育児休業等に関するハラスメントに係る言動を行った者については、厳正に対処する旨の方針及び対処の内容を就業規則その他の職場における服務規律等を定めた文書に規定し、管理監督者を含む労働者に周知・啓発すること。

（対処方針を定め、労働者に周知・啓発していると認められる例）

① 就業規則その他の職場における服務規律等を定めた文書において、職場における育児休業等に関するハラスメントに係る言動を行った者に対する懲戒規定を定め、その内容を労働者に周知・啓発すること。

② 職場における育児休業等に関するハラスメントに係る言動を行った者は、現行の就業規則その他の職場における服務規律等を定めた文書において定められている懲戒規定の適用の対象となる旨を明確化し、これを労働者に周知・啓発すること。

ロ 相談（苦情を含む。以下同じ。）に応じ、適切に対応するために必要な体制の整備

事業主は、労働者からの相談に対し、その内容や状況に応じ適切かつ柔軟に対応するために必要な体制の整備として、(イ)及び(ロ)の措置を講じなければならず、また、(ハ)の措置を講ずることが望ましいこと。

(イ) 相談への対応のための窓口（以下「相談窓口」という。）をあらかじめ定め、労働者に周知すること。

（相談窓口をあらかじめ定めていると認められる例）

① 相談に対応する担当者をあらかじめ定めること。

② 相談に対応するための制度を設けること。

③ 外部の機関に相談への対応を委託すること。

(ロ) (イ)の相談窓口の担当者が、相談に対し、その内容や状況に応じ適切に対応できるようにすること。また、相談窓口においては、被害を受けた労働者が萎縮するなどして相談を躊躇する例もあること等も踏まえ、相談者の心身の状況や当該言動が行われた際の受け止めなどその認識にも配慮しながら、職場における育児休業等に関するハラスメントが現実に生じている場合だけでなく、その発生のおそれがある場合や、職場における育児休業等に関するハラスメントに該当するか否か微妙な場合等であっても、広く相談に対応し、適切な対応を行うようにすること。例えば、放置すれば就業環境を害するおそれがある場合や、職場における育児休業等に関する否定的な言動が原因や背景となって職場における育児休業等に関するハラスメントが生じるおそれがある場合等が考えられること。

（相談窓口の担当者が適切に対応することができるようにしていると認められる例）

① 相談窓口の担当者が相談を受けた場合、その内容や状況に応じて、相談窓口の担当者と人事部門とが連携を図ることができる仕組みとすること。

② 相談窓口の担当者が相談を受けた場合、あらかじめ作成した留意点などを記載したマニュアルに基づき対応すること。

③ 相談窓口の担当者に対し、相談を受けた場合の対応についての研修を行うこと。

ハ 職場における育児休業等に関するハラスメントに係る事後の迅速かつ適切な対応

事業主は、職場における育児休業等に関するハラスメントに係る相談の申出があった場合において、その事案に係る事実関係の迅速かつ正確な確認及び適正な対処として、次の措置を講じなければならないこと。

(イ) 事案に係る事実関係を迅速かつ正確に確認すること。

（事案に係る事実関係を迅速かつ正確に確認していると認められる例）

① 相談窓口の担当者、人事部門又は専門の委員会等が、相談を行った労働者（以下「相談者」という。）及び職場における育児休

業等に関するハラスメントに係る言動の行為者とされる者（以下「行為者」という。）の双方から事実関係を確認すること。その際、相談者の心身の状況や当該言動が行われた際の受け止めなどその認識にも適切に配慮すること。

また、相談者と行為者との間で事実関係に関する主張に不一致があり、事実の確認が十分にできないと認められる場合には、第三者からも事実関係を聴取する等の措置を講ずること。

② 事実関係を迅速かつ正確に確認しようとしたが、確認が困難な場合などにおいて、法第五十二条の五に基づく調停の申請を行うことその他中立な第三者機関に紛争処理を委ねること。

(ロ) (イ)により、職場における育児休業等に関するハラスメントが生じた事実が確認できた場合においては、速やかに被害を受けた労働者（以下「被害者」という。）に対する配慮のための措置を適正に行うこと。

（措置を適正に行っていると認められる例）

① 事案の内容や状況に応じ、被害者の職場環境の改善又は迅速な制度等の利用に向けての環境整備、被害者と行為者の間の関係改善に向けての援助、行為者の謝罪、管理・監督者又は事業場内産業保健スタッフ等による被害者のメンタルヘルス不調への相談対応等の措置を講ずること。

② 法第五十二条の五に基づく調停その他中立な第三者機関の紛争解決案に従った措置を被害者に対して講ずること。

(ハ) (イ)により、職場における育児休業等に関するハラスメントが生じた事実が確認できた場合においては、行為者に対する措置を適正に行うこと。

（措置を適正に行っていると認められる例）

① 就業規則その他の職場における服務規律等を定めた文書における職場における育児休業等に関するハラスメントに関する規定等に基づき、行為者に対して必要な懲戒その他の措置を講ずること。あわせて、事案の内容や状況に応じ、被害者と行為者の間の関係改善に向けての援助、行為者の謝罪等の措置を講ずること。

② 法第五十二条の五に基づく調停その他中立な第三者機関の紛争解決案に従った措置を行為者に対して講ずること。

(ニ) 改めて職場における育児休業等に関するハラスメントに関する方針を周知・啓発する等の再発防止に向けた措置を講ずること。

なお、職場における育児休業等に関するハラスメントが生じた事実が確認できなかった場合においても、同様の措置を講ずること。

（再発防止に向けた措置を講じていると認められる例）

① 事業主の方針、制度等の利用ができる旨及び職場における育児休業等に関するハラスメントに係る言動を行った者について厳正に対処する旨の方針を、社内報、パンフレット、社内ホームページ等広報又は啓発のための資料等に改めて掲載し、配布等すること。

② 労働者に対して職場における育児休業等に関するハラスメントに関する意識を啓発するための研修、講習等を改めて実施すること。

ニ 職場における育児休業等に関するハラスメントの原因や背景となる要因を解消するための措置

事業主は、職場における育児休業等に関するハラスメントの原因や背景となる要因を解消するため、業務体制の整備など、事業主や制度等の利用を行う労働者その他の労働者の実情に応じ、必要な措置を講じなければならないこと（派遣労働者にあっては、派遣元事業主に限る。）。

なお、措置を講ずるに当たっては、

(i) 職場における育児休業等に関するハラスメントの背景には育児休業等に関する否定的な言動もあるが、当該言動の要因の一つには、労働者が所定労働時間の短縮措置を利用することで短縮分の労務提供ができなくなること等により、周囲の労働者の業務負担が増大することもあることから、周囲の労働者の業務負担等にも配慮すること

(ii) 労働者の側においても、制度等の利用ができるという知識を持つことや周囲と円滑なコミュニケーションを図りながら自身の制度の利用状況等に応じて適切に業務を遂行していくという意識を持つこと

のいずれも重要であることに留意することが必要である（四ロにおいて同じ）。

（業務体制の整備など、必要な措置を講じていると認められる例）

① 制度等の利用を行う労働者の周囲の労働者への業務の偏りを軽減するよう、適切

に業務分担の見直しを行うこと。

② 業務の点検を行い、業務の効率化等を行うこと。

ホ イからニまでの措置と併せて講ずべき措置

イからニまでの措置を講ずるに際しては、併せて次の措置を講じなければならないこと。

(イ) 職場における育児休業等に関するハラスメントに係る相談者・行為者等の情報は当該相談者・行為者等のプライバシーに属するものであることから、相談への対応又は当該育児休業等に関するハラスメントに係る事後の対応に当たっては、相談者・行為者等のプライバシーを保護するために必要な措置を講ずるとともに、その旨を労働者に対して周知すること。

（相談者・行為者等のプライバシーを保護するために必要な措置を講じていると認められる例）

① 相談者・行為者等のプライバシーの保護のために必要な事項をあらかじめマニュアルに定め、相談窓口の担当者が相談を受けた際には、当該マニュアルに基づき対応するものとすること。

② 相談者・行為者等のプライバシーの保護のために、相談窓口の担当者に必要な研修を行うこと。

③ 相談窓口においては相談者・行為者等のプライバシーを保護するために必要な措置を講じていることを、社内報、パンフレット、社内ホームページ等広報又は啓発のための資料等に掲載し、配布等すること。

(ロ) 法第二十五条第二項、第五十二条の四第二項及び第五十二条の五第二項の規定を踏まえ、労働者が職場における育児休業等に関するハラスメントに関し相談をしたこと若しくは事実関係の確認等の事業主の雇用管理上講ずべき措置に協力したこと、都道府県労働局に対して相談、紛争解決の援助の求め若しくは調停の申請を行ったこと又は調停の出頭の求めに応じたこと（以下「育児休業等に関するハラスメントの相談等」という。）を理由として、解雇その他不利益な取扱いをされない旨を定め、労働者に周知・啓発すること。

（不利益な取扱いをされない旨を定め、労働者にその周知・啓発することについて措置を講じていると認められる例）

① 就業規則その他の職場における服務規律等を定めた文書において、育児休業等に関するハラスメントの相談等を理由として、当該労働者が解雇等の不利益な取扱いをされない旨を規定し、労働者に周知・啓発をすること。

② 社内報、パンフレット、社内ホームページ等広報又は啓発のための資料等に、育児休業等に関するハラスメントの相談等を理由として、当該労働者が解雇等の不利益な取扱いをされない旨を記載し、労働者に配布等すること。

(四) 事業主が職場における育児休業等に関する言動に起因する問題に関し行うことが望ましい取組の内容

事業主は、職場における育児休業等に関するハラスメントを防止するため、(三)の措置に加え、次の取組を行うことが望ましいこと。

イ 職場における育児休業等に関するハラスメントは、妊娠、出産等に関するハラスメント（事業主が職場における妊娠、出産等に関する言動に起因する問題に関して雇用管理上講ずべき措置等についての指針（平成二十八年厚生労働省告示第三百十二号）に規定する「職場における妊娠、出産等に関するハラスメント」をいう。）、セクシュアルハラスメント（事業主が職場における性的な言動に起因する問題に関して雇用管理上講ずべき措置等についての指針（平成十八年厚生労働省告示第六百十五号）に規定する「職場におけるセクシュアルハラスメント」をいう。以下同じ。）、パワーハラスメント（事業主が職場における優越的な関係を背景とした言動に起因する問題に関して雇用管理上講ずべき措置等についての指針（令和二年厚生労働省告示第五号）に規定する「職場におけるパワーハラスメント」をいう。）その他のハラスメントと複合的に生じることも想定されることから、事業主は、例えば、セクシュアルハラスメント等の相談窓口と一体的に、職場における育児休業等に関するハラスメントの相談窓口を設置し、一元的に相談に応じることのできる体制を整備することが望ましいこと。

（一元的に相談に応じることのできる体制の例）

① 相談窓口で受け付けることのできる相談として、職場における育児休業等に関するハラスメントのみならず、セクシュアルハラスメント等も明示すること。

② 職場における育児休業等に関するハラスメントの相談窓口がセクシュアルハラスメント等の相談窓口を兼ねること。

ロ　事業主は、職場における育児休業等に関するハラスメントの原因や背景となる要因を解消するため、労働者の側においても、制度等の利用ができるという知識を持つことや、周囲と円滑なコミュニケーションを図りながら自身の制度の利用状況等に応じて適切に業務を遂行していくという意識を持つこと等を、制度等の利用の対象となる労働者に周知・啓発することが望ましいこと（派遣労働者にあっては、派遣元事業主に限る。）。

（制度等の利用の対象となる労働者への周知・啓発の例）

①　社内報、パンフレット、社内ホームページ等広報又は啓発のための資料等に、労働者の側においても、制度等の利用ができるという知識を持つことや、周囲と円滑なコミュニケーションを図りながら自身の制度の利用状況等に応じて適切に業務を遂行していくという意識を持つこと等について記載し、制度等の利用の対象となる労働者に配布等すること。

②　労働者の側においても、制度等の利用ができるという知識を持つことや、周囲と円滑なコミュニケーションを図りながら自身の制度の利用状況等に応じて適切に業務を遂行していくという意識を持つこと等について、人事部門等から制度等の利用の対象となる労働者に周知・啓発すること。

ハ　事業主は、㈢の措置を講じる際に、必要に応じて、労働者や労働組合等の参画を得つつ、アンケート調査や意見交換等を実施するなどにより、その運用状況の的確な把握や必要な見直しの検討等に努めることが重要であること。なお、労働者や労働組合等の参画を得る方法として、例えば、労働安全衛生法（昭和四十七年法律第五十七号）第十八条第一項に規定する衛生委員会の活用なども考えられる。

十五　法第二十六条の規定により、その雇用する労働者の配置の変更で就業の場所の変更を伴うものをしようとする場合において、当該労働者の子の養育又は家族の介護の状況に配慮するに当たっての事項

配慮することの内容としては、例えば、当該労働者の子の養育又は家族の介護の状況を把握すること、労働者本人の意向をしんしゃくすること、配置の変更で就業の場所の変更を伴うものをした場合の子の養育又は家族の介護の代替手段の有無の確認を行うこと等があること。

十六　派遣労働者として就業する者に関する事項

㈠　派遣労働者として就業する者については、労働契約関係は派遣元事業主と派遣労働者との間にあるため、派遣元事業主は、当該労働者に対し、法の規定に基づく措置を適切に講ずる責任があることに留意すること。

㈡　解雇その他不利益な取扱いとなる行為には、例えば、派遣労働者として就業する者について、労働者派遣の役務の提供を受ける者が当該派遣労働者に係る労働者派遣の役務の提供を拒むことが該当すること。

㈢　次に掲げる場合には㈡の派遣労働者として就業する者について、労働者派遣の役務の提供を受ける者が当該派遣労働者に係る労働者派遣の役務の提供を拒むことに該当すること。

イ　育児休業の開始までは労働者派遣契約に定められた役務の提供ができると認められるにもかかわらず、派遣中の派遣労働者が育児休業の取得を申し出たことを理由に、労働者派遣の役務の提供を受ける者が派遣元事業主に対し、当該派遣労働者の交替を求めること。

ロ　労働者派遣契約に定められた役務の提供ができると認められるにもかかわらず、派遣中の派遣労働者が子の看護等休暇を取得したことを理由に、労働者派遣の役務の提供を受ける者が派遣元事業主に対し、当該派遣労働者の交替を求めること。

㈣　派遣元事業主は、派遣労働者が育児休業から復帰する際には、当該派遣労働者が就業を継続できるよう、当該派遣労働者の派遣先に係る希望も勘案しつつ、就業機会の確保に努めるべきであることに留意すること。

女性の職業生活における活躍の推進に関する法律

平成二七年九月四日法律第六四号
施行：附則参照
最終改正：令和四年六月一七日法律第六八号
施行日：附則参照

第一章　総則

（目的）

第一条　この法律は、近年、自らの意思によって職業生活を営み、又は営もうとする女性がその個性と能力を十分に発揮して職業生活において活躍すること（以下「女性の職業生活における活躍」という。）が一層重要となっていることに鑑み、男女共同参画社会基本法（平成十一年法律第七十八号）の基本理念にのっとり、女性の職業生活における活躍の推進について、その基本原則を定め、並びに国、地方公共団体及び事業主の責務を明らかにするとともに、基本方針及び事業主の行動計画の策定、女性の職業生活における活躍を推進するための支援措置等について定めることにより、女性の職業生活における活躍を迅速かつ重点的に推進し、もって男女の人権が尊重され、かつ、急速な少子高齢化の進展、国民の需要の多様化その他の社会経済情勢の変化に対応できる豊かで活力ある社会を実現することを目的とする。

（基本原則）

第二条　女性の職業生活における活躍の推進は、職業生活における活躍に係る男女間の格差の実情を踏まえ、自らの意思によって職業生活を営み、又は営もうとする女性に対する採用、教育訓練、昇進、職種及び雇用形態の変更その他の職業生活に関する機会の積極的な提供及びその活用を通じ、かつ、性別による固定的な役割分担等を反映した職場における慣行が女性の職業生活における活躍に対して及ぼす影響に配慮して、その個性と能力が十分に発揮できるようにすることを旨として、行われなければならない。

2　女性の職業生活における活躍の推進は、職業生活を営む女性が結婚、妊娠、出産、育児、介護その他の家庭生活に関する事由によりやむを得ず退職することが多いことその他の家庭生活に関する事由が職業生活に与える影響を踏まえ、家族を構成する男女が、男女の別を問わず、相互の協力と社会の支援の下に、育児、介護その他の家庭生活における活動について家族の一員としての役割を円滑に果たしつつ職業生活における活動を行うために必要な環境の整備等により、男女の職業生活と家庭生活との円滑かつ継続的な両立が可能となることを旨として、行われなければならない。

3　女性の職業生活における活躍の推進に当たっては、女性の職業生活と家庭生活との両立に関し、本人の意思が尊重されるべきものであることに留意されなければならない。

（国及び地方公共団体の責務）

第三条　国及び地方公共団体は、前条に定める女性の職業生活における活躍の推進についての基本原則（次条及び第五条第一項において「基本原則」という。）にのっとり、女性の職業生活における活躍の推進に関して必要な施策を策定し、及びこれを実施しなければならない。

（事業主の責務）

第四条　事業主は、基本原則にのっとり、その雇用し、又は雇用しようとする女性労働者に対する職業生活に関する機会の積極的な提供、雇用する労働者の職業生活と家庭生活との両立に資する雇用環境の整備その他の女性の職業生活における活躍の推進に関する取組を自ら実施するよう努めるとともに、国又は地方公共団体が実施する女性の職業生活における活躍の推進に関する施策に協力しなければならない。

第二章　基本方針等

（基本方針）

第五条　政府は、基本原則にのっとり、女性の職業生活における活躍の推進に関する施策を総合的かつ一体的に実施するため、女性の職業生活における活躍の推進に関する基本方針（以下「基本方針」という。）を定めなければならない。

2　基本方針においては、次に掲げる事項を定めるものとする。

一　女性の職業生活における活躍の推進に関する基本的な方向

二　事業主が実施すべき女性の職業生活における活躍の推進に関する取組に関する基本的な事項

三　女性の職業生活における活躍の推進に関する施策に関する次に掲げる事項

イ　女性の職業生活における活躍を推進するための支援措置に関する事項

ロ　職業生活と家庭生活との両立を図るために必要な環境の整備に関する事項

ハ　その他女性の職業生活における活躍の推進

に関する施策に関する重要事項

四　前三号に掲げるもののほか、女性の職業生活における活躍を推進するために必要な事項

3　内閣総理大臣は、基本方針の案を作成し、閣議の決定を求めなければならない。

4　内閣総理大臣は、前項の規定による閣議の決定があったときは、遅滞なく、基本方針を公表しなければならない。

5　前二項の規定は、基本方針の変更について準用する。

（都道府県推進計画等）

第六条　都道府県は、基本方針を勘案して、当該都道府県の区域内における女性の職業生活における活躍の推進に関する施策についての計画（以下この条において「都道府県推進計画」という。）を定めるよう努めるものとする。

2　市町村は、基本方針（都道府県推進計画が定められているときは、基本方針及び都道府県推進計画）を勘案して、当該市町村の区域内における女性の職業生活における活躍の推進に関する施策についての計画（次項において「市町村推進計画」という。）を定めるよう努めるものとする。

3　都道府県又は市町村は、都道府県推進計画又は市町村推進計画を定め、又は変更したときは、遅滞なく、これを公表しなければならない。

第三章　事業主行動計画等

第一節　事業主行動計画策定指針

第七条　内閣総理大臣、厚生労働大臣及び総務大臣は、事業主が女性の職業生活における活躍の推進に関する取組を総合的かつ効果的に実施することができるよう、基本方針に即して、次条第一項に規定する一般事業主行動計画及び第十九条第一項に規定する特定事業主行動計画（次項において「事業主行動計画」と総称する。）の策定に関する指針（以下「事業主行動計画策定指針」という。）を定めなければならない。

2　事業主行動計画策定指針においては、次に掲げる事項につき、事業主行動計画の指針となるべきものを定めるものとする。

一　事業主行動計画の策定に関する基本的な事項

二　女性の職業生活における活躍の推進に関する取組の内容に関する事項

三　その他女性の職業生活における活躍の推進に関する取組に関する重要事項

3　内閣総理大臣、厚生労働大臣及び総務大臣は、事業主行動計画策定指針を定め、又は変更したときは、遅滞なく、これを公表しなければならない。

第二節　一般事業主行動計画等

（一般事業主行動計画の策定等）

第八条　国及び地方公共団体以外の事業主（以下「一般事業主」という。）であって、常時雇用する労働者の数が百人を超えるものは、事業主行動計画策定指針に即して、一般事業主行動計画（一般事業主が実施する女性の職業生活における活躍の推進に関する取組に関する計画をいう。以下同じ。）を定め、厚生労働省令で定めるところにより、厚生労働大臣に届け出なければならない。これを変更したときも、同様とする。

2　一般事業主行動計画においては、次に掲げる事項を定めるものとする。

一　計画期間

二　女性の職業生活における活躍の推進に関する取組の実施により達成しようとする目標

三　実施しようとする女性の職業生活における活躍の推進に関する取組の内容及びその実施時期

3　第一項に規定する一般事業主は、一般事業主行動計画を定め、又は変更しようとするときは、厚生労働省令で定めるところにより、採用した労働者に占める女性労働者の割合、男女の継続勤務年数の差異、労働時間の状況、管理的地位にある労働者に占める女性労働者の割合その他のその事業における女性の職業生活における活躍に関する状況を把握し、女性の職業生活における活躍を推進するために改善すべき事情について分析した上で、その結果を勘案して、これを定めなければならない。この場合において、前項第二号の目標については、採用する労働者に占める女性労働者の割合、男女の継続勤務年数の差異の縮小の割合、労働時間、管理的地位にある労働者に占める女性労働者の割合その他の数値を用いて定量的に定めなければならない。

4　第一項に規定する一般事業主は、一般事業主行動計画を定め、又は変更したときは、厚生労働省令で定めるところにより、これを労働者に周知させるための措置を講じなければならない。

5　第一項に規定する一般事業主は、一般事業主行動計画を定め、又は変更したときは、厚生労働省令で定めるところにより、これを公表しなければならない。

6　第一項に規定する一般事業主は、一般事業主行動計画に基づく取組を実施するとともに、一般事業主行動計画に定められた目標を達成するよう努めなければならない。

7　一般事業主であって、常時雇用する労働者の数

が百人以下のものは、事業主行動計画策定指針に即して、一般事業主行動計画を定め、厚生労働省令で定めるところにより、厚生労働大臣に届け出るよう努めなければならない。これを変更したときも、同様とする。

8　第三項の規定は前項に規定する一般事業主が一般事業主行動計画を定め、又は変更しようとする場合について、第四項から第六項までの規定は前項に規定する一般事業主が一般事業主行動計画を定め、又は変更した場合について、それぞれ準用する。

（基準に適合する一般事業主の認定）

第九条　厚生労働大臣は、前条第一項又は第七項の規定による届出をした一般事業主からの申請に基づき、厚生労働省令で定めるところにより、当該事業主について、女性の職業生活における活躍の推進に関する取組に関し、当該取組の実施の状況が優良なものであることその他の厚生労働省令で定める基準に適合するものである旨の認定を行うことができる。

（認定一般事業主の表示等）

第一〇条　前条の認定を受けた一般事業主（以下「認定一般事業主」という。）は、商品、役務の提供の用に供する物、商品又は役務の広告又は取引に用いる書類若しくは通信その他の厚生労働省令で定めるもの（次項及び第十四条第一項において「商品等」という。）に厚生労働大臣の定める表示を付することができる。

2　何人も、前項の規定による場合を除くほか、商品等に同項の表示又はこれと紛らわしい表示を付してはならない。

（認定の取消し）

第一一条　厚生労働大臣は、認定一般事業主が次の各号のいずれかに該当するときは、第九条の認定を取り消すことができる。

一　第九条に規定する基準に適合しなくなったと認めるとき。

二　この法律又はこの法律に基づく命令に違反したとき。

三　不正の手段により第九条の認定を受けたとき。

（基準に適合する認定一般事業主の認定）

第一二条　厚生労働大臣は、認定一般事業主からの申請に基づき、厚生労働省令で定めるところにより、当該事業主について、女性の職業生活における活躍の推進に関する取組に関し、当該事業主の策定した一般事業主行動計画に基づく取組を実施し、当該一般事業主行動計画に定められた目標を達成したこと、雇用の分野における男女の均等な機会及び待遇の確保等に関する法律（昭和四十七年法律第百十三号）第十三条の二に規定する業務を担当する者及び育児休業、介護休業等育児又は家族介護を行う労働者の福祉に関する法律（平成三年法律第七十六号）第二十九条に規定する業務を担当する者を選任していること、当該女性の職業生活における活躍の推進に関する取組の実施の状況が特に優良なものであることその他の厚生労働省令で定める基準に適合するものである旨の認定を行うことができる。

（特例認定一般事業主の特例等）

第一三条　前条の認定を受けた一般事業主（以下「特例認定一般事業主」という。）については、第八条第一項及び第七項の規定は、適用しない。

2　特例認定一般事業主は、厚生労働省令で定めるところにより、毎年少なくとも一回、女性の職業生活における活躍の推進に関する取組の実施の状況を公表しなければならない。

（特例認定一般事業主の表示等）

第一四条　特例認定一般事業主は、商品等に厚生労働大臣の定める表示を付することができる。

2　第十条第二項の規定は、前項の表示について準用する。

（特例認定一般事業主の認定の取消し）

第一五条　厚生労働大臣は、特例認定一般事業主が次の各号のいずれかに該当するときは、第十二条の認定を取り消すことができる。

一　第十一条の規定により第九条の認定を取り消すとき。

二　第十二条に規定する基準に適合しなくなったと認めるとき。

三　第十三条第二項の規定による公表をせず、又は虚偽の公表をしたとき。

四　前号に掲げる場合のほか、この法律又はこの法律に基づく命令に違反したとき。

五　不正の手段により第十二条の認定を受けたとき。

（委託募集の特例等）

第一六条　承認中小事業主団体の構成員である中小事業主（一般事業主であって、常時雇用する労働者の数が三百人以下のものをいう。以下この項及び次項において同じ。）が、当該承認中小事業主団体をして女性の職業生活における活躍の推進に関する取組の実施に関し必要な労働者の募集を行わせようとする場合において、当該承認中小事業主団体が当該募集に従事しようとするときは、職業安定法（昭和二十二年法律第百四十一号）第三十六条第一項及び第三項の規定は、当該構成員である中小事業主については、適用しない。

2　この条及び次条において「承認中小事業主団体」とは、事業協同組合、協同組合連合会その他の特別の法律により設立された組合若しくはその連合会であって厚生労働省令で定めるもの又は一般社団法人で中小事業主を直接又は間接の構成員とするもの（厚生労働省令で定める要件に該当するものに限る。）のうち、その構成員である中小事業主に対して女性の職業生活における活躍の推進に関する取組を実施するための人材確保に関する相談及び援助を行うものであって、その申請に基づいて、厚生労働大臣が、当該相談及び援助を適切に行うための厚生労働省令で定める基準に適合する旨の承認を行ったものをいう。

3　厚生労働大臣は、承認中小事業主団体が前項に規定する基準に適合しなくなったと認めるときは、同項の承認を取り消すことができる。

4　承認中小事業主団体は、第一項に規定する募集に従事しようとするときは、厚生労働省令で定めるところにより、募集時期、募集人員、募集地域その他の労働者の募集に関する事項で厚生労働省令で定めるものを厚生労働大臣に届け出なければならない。

5　職業安定法第三十七条第二項の規定は前項の規定による届出があった場合について、同法第五条の三第一項及び第四項、第五条の四、第三十九条、第四十一条第二項、第四十二条第一項及び第二項、第五条の五、第四十八条の三第一項、第四十八条の四、第五十条第一項及び第二項並びに第五十一条の規定は前項の規定による届出をして労働者の募集に従事する者について、同法第四十条の規定は同項の規定による届出をして労働者の募集に従事する者に対する報酬の供与について、同法第五十条第三項及び第四項の規定はこの項において準用する同条第二項に規定する職権を行う場合について、それぞれ準用する。この場合において、同法第三十七条第二項中「労働者の募集を行おうとする者」とあるのは「女性の職業生活における活躍の推進に関する法律第十六条第四項の規定による届出をして労働者の募集に従事しようとする者」と、同法第四十一条第二項中「当該労働者の募集の業務の廃止を命じ、又は期間」とあるのは「期間」と読み替えるものとする。

6　職業安定法第三十六条第二項及び第四十二条の二の規定の適用については、同法第三十六条第二項中「前項の」とあるのは「被用者以外の者をして労働者の募集に従事させようとする者がその被用者以外の者に与えようとする」と、同法第四十二条の二中「第三十九条に規定する募集受託者」とあるのは「女性の職業生活における活躍の推進に関する法律（平成二十七年法律第号）第十二条第四項の規定による届出をして労働者の募集に従事する者」と、「同項に」とあるのは「次項に」とする。

7　厚生労働大臣は、承認中小事業主団体に対し、第二項の相談及び援助の実施状況について報告を求めることができる。

第一七条　公共職業安定所は、前条第四項の規定による届出をして労働者の募集に従事する承認中小事業主団体に対して、雇用情報及び職業に関する調査研究の成果を提供し、かつ、これらに基づき当該募集の内容又は方法について指導することにより、当該募集の効果的かつ適切な実施を図るものとする。

（一般事業主に対する国の援助）

第一八条　国は、第八条第一項若しくは第七項の規定により一般事業主行動計画を策定しようとする一般事業主又はこれらの規定による届出をした一般事業主に対して、一般事業主行動計画の策定、労働者への周知若しくは公表又は一般事業主行動計画に基づく措置が円滑に実施されるように相談その他の援助の実施に努めるものとする。

第三節　特定事業主行動計画

第一九条　国及び地方公共団体の機関、それらの長又はそれらの職員で政令で定めるもの（以下「特定事業主」という。）は、政令で定めるところにより、事業主行動計画策定指針に即して、特定事業主行動計画（特定事業主が実施する女性の職業生活における活躍の推進に関する取組に関する計画をいう。以下この条において同じ。）を定めなければならない。

2　特定事業主行動計画においては、次に掲げる事項を定めるものとする。

一　計画期間

二　女性の職業生活における活躍の推進に関する取組の実施により達成しようとする目標

三　実施しようとする女性の職業生活における活躍の推進に関する取組の内容及びその実施時期

3　特定事業主は、特定事業主行動計画を定め、又は変更しようとするときは、内閣府令で定めるところにより、採用した職員に占める女性職員の割合、男女の継続勤務年数の差異、勤務時間の状況、管理的地位にある職員に占める女性職員の割合その他のその事務及び事業における女性の職業生活における活躍に関する状況を把握し、女性の職業生活における活躍を推進するために改善すべき事情について分析した上で、その結果を勘案して、これを定めなければならない。この場合において、前項第二号の目標については、採用する職員に占める女性職員の割合、男女の継続勤務年数の差異の縮小の割合、勤務時間、管理的地位にある職員に占める女性職員の割合その他の数値を用いて定量的に定めなければならない。

4 特定事業主は、特定事業主行動計画を定め、又は変更したときは、遅滞なく、これを職員に周知させるための措置を講じなければならない。

5 特定事業主は、特定事業主行動計画を定め、又は変更したときは、遅滞なく、これを公表しなければならない。

6 特定事業主は、毎年少なくとも一回、特定事業主行動計画に基づく取組の実施の状況を公表しなければならない。

7 特定事業主は、特定事業主行動計画に基づく取組を実施するとともに、特定事業主行動計画に定められた目標を達成するよう努めなければならない。

第四節 女性の職業選択に資する情報の公表

（一般事業主による女性の職業選択に資する情報の公表）

第二〇条 第八条第一項に規定する一般事業主（常時雇用する労働者の数が三百人を超えるものに限る。）は、厚生労働省令で定めるところにより、職業生活を営み、又は営もうとする女性の職業選択に資するよう、その事業における女性の職業生活における活躍に関する次に掲げる情報を定期的に公表しなければならない。

一 その雇用し、又は雇用しようとする女性労働者に対する職業生活に関する機会の提供に関する実績

二 その雇用する労働者の職業生活と家庭生活との両立に資する雇用環境の整備に関する実績

2 第八条第一項に規定する一般事業主（前項に規定する一般事業主を除く。）は、厚生労働省令で定めるところにより、職業生活を営み、又は営もうとする女性の職業選択に資するよう、その事業における女性の職業生活における活躍に関する前項各号に掲げる情報の少なくともいずれか一方を定期的に公表しなければならない。

3 第八条第七項に規定する一般事業主は、厚生労働省令で定めるところにより、職業生活を営み、又は営もうとする女性の職業選択に資するよう、その事業における女性の職業生活における活躍に関する第一項各号に掲げる情報の少なくともいずれか一方を定期的に公表するよう努めなければならない。

（特定事業主による女性の職業選択に資する情報の公表）

第二一条 特定事業主は、内閣府令で定めるところにより、職業生活を営み、又は営もうとする女性の職業選択に資するよう、その事務及び事業における女性の職業生活における活躍に関する次に掲げる情報を定期的に公表しなければならない。

一 その雇用し、又は雇用しようとする女性労働者に対する職業生活に関する機会の提供に関する実績

二 その雇用する労働者の職業生活と家庭生活との両立に資する雇用環境の整備に関する実績

第四章 女性の職業生活における活躍を推進するための支援措置

（職業指導等の措置等）

第二二条 国は、女性の職業生活における活躍を推進するため、職業指導、職業紹介、職業訓練、創業の支援その他の必要な措置を講ずるよう努めるものとする。

2 地方公共団体は、女性の職業生活における活躍を推進するため、前項の措置と相まって、職業生活を営み、又は営もうとする女性及びその家族その他の関係者からの相談に応じ、関係機関の紹介その他の情報の提供、助言その他の必要な措置を講ずるよう努めるものとする。

3 地方公共団体は、前項に規定する業務に係る事務の一部を、その事務を適切に実施することができるものとして内閣府令で定める基準に適合する者に委託することができる。

4 前項の規定による委託に係る事務に従事する者又は当該事務に従事していた者は、正当な理由なく、当該事務に関して知り得た秘密を漏らしてはならない。

（財政上の措置等）

第二三条 国は、女性の職業生活における活躍の推進に関する地方公共団体の施策を支援するために必要な財政上の措置その他の措置を講ずるよう努めるものとする。

（国等からの受注機会の増大）

第二四条 国は、女性の職業生活における活躍の推進に資するため、国及び公庫等（沖縄振興開発金融公庫その他の特別の法律によって設立された法人であって政令で定めるものをいう。）の役務又

は物件の調達に関し、予算の適正な使用に留意しつつ、認定一般事業主、特例認定一般事業主その他の女性の職業生活における活躍に関する状況又は女性の職業生活における活躍の推進に関する取組の実施の状況が優良な一般事業主（次項において「認定一般事業主等」という。）の受注の機会の増大その他の必要な施策を実施するものとする。

2　地方公共団体は、国の施策に準じて、認定一般事業主等の受注の機会の増大その他の必要な施策を実施するように努めるものとする。

（啓発活動）

第二十五条　国及び地方公共団体は、女性の職業生活における活躍の推進について、国民の関心と理解を深め、かつ、その協力を得るとともに、必要な啓発活動を行うものとする。

（情報の収集、整理及び提供）

第二十六条　国は、女性の職業生活における活躍の推進に関する取組に資するよう、国内外における女性の職業生活における活躍の状況及び当該取組に関する情報の収集、整理及び提供を行うものとする。

（協議会）

第二十七条　当該地方公共団体の区域において女性の職業生活における活躍の推進に関する事務及び事業を行う国及び地方公共団体の機関（以下この条において「関係機関」という。）は、第二十二条第一項の規定により国が講ずる措置及び同条第二項の規定により地方公共団体が講ずる措置に係る事例その他の女性の職業生活における活躍の推進に有用な情報を活用することにより、当該区域において女性の職業生活における活躍の推進に関する取組が効果的かつ円滑に実施されるようにするため、関係機関により構成される協議会（以下「協議会」という。）を組織することができる。

2　協議会を組織する関係機関は、当該地方公共団体の区域内において第二十二条第三項の規定による事務の委託がされている場合には、当該委託を受けた者を協議会の構成員として加えるものとする。

3　協議会を組織する関係機関は、必要があると認めるときは、協議会に次に掲げる者を構成員として加えることができる。

一　一般事業主の団体又はその連合団体

二　学識経験者

三　その他当該関係機関が必要と認める者

4　協議会は、関係機関及び前二項の構成員（以下この項において「関係機関等」という。）が相互の連絡を図ることにより、女性の職業生活における活躍の推進に有用な情報を共有し、関係機関等の連携の緊密化を図るとともに、地域の実情に応じた女性の職業生活における活躍の推進に関する取組について協議を行うものとする。

5　協議会が組織されたときは、当該地方公共団体は、内閣府令で定めるところにより、その旨を公表しなければならない。

（秘密保持義務）

第二十八条　協議会の事務に従事する者又は協議会の事務に従事していた者は、正当な理由なく、協議会の事務に関して知り得た秘密を漏らしてはならない。

（協議会の定める事項）

第二十九条　前二条に定めるもののほか、協議会の組織及び運営に関し必要な事項は、協議会が定める。

第五章　雑則

（報告の徴収並びに助言、指導及び勧告）

第三十条　厚生労働大臣は、この法律の施行に関し必要があると認めるときは、第八条第一項に規定する一般事業主又は認定一般事業主若しくは特例認定一般事業主である同条第七項に規定する一般事業主に対して、報告を求め、又は助言、指導若しくは勧告をすることができる。

（公表）

第三十一条　厚生労働大臣は、第二十条第一項若しくは第二項の規定による公表をせず、若しくは虚偽の公表をした第八条第一項に規定する一般事業主又は第二十条第三項に規定する情報に関し虚偽の公表をした認定一般事業主若しくは特例認定一般事業主である第八条第七項に規定する一般事業主に対し、前条の規定による勧告をした場合において、当該勧告を受けた者がこれに従わなかったときは、その旨を公表することができる。

（権限の委任）

第三十二条　第八条、第九条、第十一条、第十二条、第十五条、第十六条、第三十条まで及び前条に規定する厚生労働大臣の権限は、厚生労働省令で定めるところにより、その一部を都道府県労働局長に委任することができる。

（政令への委任）

第三十三条　この法律に定めるもののほか、この法律の実施のため必要な事項は、政令で定める。

第六章　罰則

第三十四条　第十六条第五項において準用する職業安定法第四十一条第二項の規定による業務の停止の

命令に違反して、労働者の募集に従事した者は、一年以下の懲役又は百万円以下の罰金に処する。

第三五条　次の各号のいずれかに該当する者は、一年以下の懲役又は五十万円以下の罰金に処する。

一　第二十二条第四項の規定に違反して秘密を漏らした者

二　第二十八条の規定に違反して秘密を漏らした者

第三六条　次の各号のいずれかに該当する者は、六月以下の懲役又は三十万円以下の罰金に処する。

一　第十六条第四項の規定による届出をしないで、労働者の募集に従事した者

二　第十六条第五項において準用する職業安定法第三十七条第二項の規定による指示に従わなかった者

三　第十六条第五項において準用する職業安定法第三十九条又は第四十条の規定に違反した者

第三七条　次の各号のいずれかに該当する者は、三十万円以下の罰金に処する。

一　第十条第二項（第十四条第二項において準用する場合を含む。）の規定に違反した者

二　第十六条第五項において準用する職業安定法第五十条第一項の規定による報告をせず、又は虚偽の報告をした者

三　第十六条第五項において準用する職業安定法第五十条第二項の規定による立入り若しくは検査を拒み、妨げ、若しくは忌避し、又は質問に対して答弁をせず、若しくは虚偽の陳述をした者

四　第十六条第五項において準用する職業安定法第五十一条第一項の規定に違反して秘密を漏らした者

第三八条　法人の代表者又は法人若しくは人の代理人、使用人その他の従業者が、その法人又は人の業務に関し、第三十四条、第三十六条又は前条の違反行為をしたときは、行為者を罰するほか、その法人又は人に対しても、各本条の罰金刑を科する。

第三九条　第三十条の規定による報告をせず、又は虚偽の報告をした者は、二十万円以下の過料に処する。

附則

（施行期日）

第一条　この法律は、公布の日から施行する。ただし、第三章（第七条を除く。）、第五章（第二十八条を除く。）及び第六章（第三十条を除く。）の規定並びに附則第五条の規定は、平成二十八年四月一日から施行する。

（この法律の失効）

第二条　この法律は、平成三十八年三月三十一日限り、その効力を失う。

2　第二十二条第三項の規定による委託に係る事務に従事していた者の当該事務に関して知り得た秘密については、同条第四項の規定（同項に係る罰則を含む。）は、前項の規定にかかわらず、同項に規定する日後も、なおその効力を有する。

3　協議会の事務に従事していた者の当該事務に関して知り得た秘密については、第二十八条の規定（同条に係る罰則を含む。）は、第一項の規定にかかわらず、同項に規定する日後も、なおその効力を有する。

4　この法律の失効前にした行為に対する罰則の適用については、この法律は、第一項の規定にかかわらず、同項に規定する日後も、なおその効力を有する。

（政令への委任）

第三条　前条第二項から第四項までに規定するもののほか、この法律の施行に伴い必要な経過措置は、政令で定める。

（検討）

第四条　政府は、この法律の施行後三年を経過した場合において、この法律の施行の状況を勘案し、必要があると認めるときは、この法律の規定について検討を加え、その結果に基づいて必要な措置を講ずるものとする。

【令和四年六月一七日法律第六八号未施行内容】

刑法等の一部を改正する法律の施行に伴う関係法律の整理等に関する法律をここに公布する。

第二二一条　次に掲げる法律の規定中「懲役」を「拘禁刑」に改める。

八十七　女性の職業生活における活躍の推進に関する法律（平成二十七年法律第六十四号）第三十四条から第三十六条まで

附則（抄）

（施行期日）

1　この法律は、刑法等一部改正法施行日（令和七年六月一日――編注）から施行する。《略》

労働安全衛生法（抄）

昭和四七年六月八日法律第五七号
施行：附則参照
最終改正：令和四年六月一七日法律第六八号
施行：附則参照

第一章　総則

（目的）

第一条　この法律は、労働基準法（昭和二十二年法律第四十九号）と相まつて、労働災害の防止のための危害防止基準の確立、責任体制の明確化及び自主的活動の促進の措置を講ずる等その防止に関する総合的計画的な対策を推進することにより職場における労働者の安全と健康を確保するとともに、快適な職場環境の形成を促進することを目的とする。

（定義）

第二条　この法律において、次の各号に掲げる用語の意義は、それぞれ当該各号に定めるところによる。

一　労働災害　労働者の就業に係る建設物、設備、原材料、ガス、蒸気、粉じん等により、又は作業行動その他業務に起因して、労働者が負傷し、疾病にかかり、又は死亡することをいう。

二　労働者　労働基準法第九条に規定する労働者（同居の親族のみを使用する事業又は事務所に使用される者及び家事使用人を除く。）をいう。

三　事業者　事業を行う者で、労働者を使用するものをいう。

三の二　化学物質　元素及び化合物をいう。

四　作業環境測定　作業環境の実態をは握するため空気環境その他の作業環境について行うデザイン、サンプリング及び分析（解析を含む。）をいう。

（事業者等の責務）

第三条　事業者は、単にこの法律で定める労働災害の防止のための最低基準を守るだけでなく、快適な職場環境の実現と労働条件の改善を通じて職場における労働者の安全と健康を確保するようにしなければならない。また、事業者は、国が実施する労働災害の防止に関する施策に協力するようにしなければならない。

2　機械、器具その他の設備を設計し、製造し、若しくは輸入する者、原材料を製造し、若しくは輸入する者又は建設物を建設し、若しくは設計する者は、これらの物の設計、製造、輸入又は建設に際して、これらの物が使用されることによる労働災害の発生の防止に資するように努めなければならない。

3　建設工事の注文者等仕事を他人に請け負わせる者は、施工方法、工期等について、安全で衛生的な作業の遂行をそこなうおそれのある条件を附さないように配慮しなければならない。

第四条　労働者は、労働災害を防止するため必要な事項を守るほか、事業者その他の関係者が実施する労働災害の防止に関する措置に協力するように努めなければならない。

（事業者に関する規定の適用）

第五条　二以上の建設業に属する事業の事業者が、一の場所において行われる当該事業の仕事を共同連帯して請け負つた場合においては、厚生労働省令で定めるところにより、そのうちの一人を代表者として定め、これを都道府県労働局長に届け出なければならない。

2　前項の規定による届出がないときは、都道府県労働局長が代表者を指名する。

3　前二項の代表者の変更は、都道府県労働局長に届け出なければ、その効力を生じない。

4　第一項に規定する場合においては、当該事業を同項又は第二項の代表者のみの事業と、当該代表者のみを当該事業の事業者と、当該事業の仕事に従事する労働者を当該代表者のみが使用する労働者とそれぞれみなして、この法律を適用する。

第二章　労働災害防止計画

（労働災害防止計画の策定）

第六条　厚生労働大臣は、労働政策審議会の意見をきいて、労働災害の防止のための主要な対策に関する事項その他労働災害の防止に関し重要な事項を定めた計画（以下「労働災害防止計画」という。）を策定しなければならない。

（変更）

第七条　厚生労働大臣は、労働災害の発生状況、労働災害の防止に関する対策の効果等を考慮して必要があると認めるときは、労働政策審議会の意見をきいて、労働災害防止計画を変更しなければならない。

（公表）

第八条　厚生労働大臣は、労働災害防止計画を策定したときは、遅滞なく、これを公表しなければならない。これを変更したときも、同様とする。

（勧告等）

第九条　厚生労働大臣は、労働災害防止計画の的確

かつ円滑な実施のため必要があると認めるときは、事業者、事業者の団体その他の関係者に対し、労働災害の防止に関する事項について必要な勧告又は要請をすることができる。

第三章　安全衛生管理体制

（総括安全衛生管理者）

第一〇条　事業者は、政令で定める規模の事業場ごとに、厚生労働省令で定めるところにより、総括安全衛生管理者を選任し、その者に安全管理者、衛生管理者又は第二十五条の二第二項の規定により技術的事項を管理する者の指揮をさせるとともに、次の業務を統括管理させなければならない。

一　労働者の危険又は健康障害を防止するための措置に関すること。

二　労働者の安全又は衛生のための教育の実施に関すること。

三　健康診断の実施その他健康の保持増進のための措置に関すること。

四　労働災害の原因の調査及び再発防止対策に関すること。

五　前各号に掲げるもののほか、労働災害を防止するため必要な業務で、厚生労働省令で定めるもの

2　総括安全衛生管理者は、当該事業場においてその事業の実施を統括管理する者をもつて充てなければならない。

3　都道府県労働局長は、労働災害を防止するため必要があると認めるときは、総括安全衛生管理者の業務の執行について事業者に勧告することができる。

（安全管理者）

第一一条　事業者は、政令で定める業種及び規模の事業場ごとに、厚生労働省令で定める資格を有する者のうちから、厚生労働省令で定めるところにより、安全管理者を選任し、その者に前条第一項各号の業務（第二十五条の二第二項の規定により技術的事項を管理する者を選任した場合においては、同条第一項各号の措置に該当するものを除く。）のうち安全に係る技術的事項を管理させなければならない。

2　労働基準監督署長は、労働災害を防止するため必要があると認めるときは、事業者に対し、安全管理者の増員又は解任を命ずることができる。

（衛生管理者）

第一二条　事業者は、政令で定める規模の事業場ごとに、都道府県労働局長の免許を受けた者その他厚生労働省令で定める資格を有する者のうちから、厚生労働省令で定めるところにより、当該事業場の業務の区分に応じて、衛生管理者を選任し、その者に第十条第一項各号の業務（第二十五条の二第二項の規定により技術的事項を管理する者を選任した場合においては、同条第一項各号の措置に該当するものを除く。）のうち衛生に係る技術的事項を管理させなければならない。

2　前条第二項の規定は、衛生管理者について準用する。

（安全衛生推進者等）

第一二条の二　事業者は、第十一条第一項の事業場及び前条第一項の事業場以外の事業場で、厚生労働省令で定める規模のものごとに、厚生労働省令で定めるところにより、安全衛生推進者（第十一条第一項の政令で定める業種以外の業種の事業場にあつては、衛生推進者）を選任し、その者に第十条第一項各号の業務（第二十五条の二第二項の規定により技術的事項を管理する者を選任した場合においては、同条第一項各号の措置に該当するものを除くものとし、第十一条第一項の政令で定める業種以外の業種の事業場にあつては、衛生に係る業務に限る。）を担当させなければならない。

（産業医等）

第一三条　事業者は、政令で定める規模の事業場ごとに、厚生労働省令で定めるところにより、医師のうちから産業医を選任し、その者に労働者の健康管理その他の厚生労働省令で定める事項（以下「労働者の健康管理等」という。）を行わせなければならない。

2　産業医は、労働者の健康管理等を行うのに必要な医学に関する知識について厚生労働省令で定める要件を備えた者でなければならない。

3　産業医は、労働者の健康管理等を行うのに必要な医学に関する知識に基づいて、誠実にその職務を行わなければならない。

4　産業医を選任した事業者は、産業医に対し、厚生労働省令で定めるところにより、労働者の労働時間に関する情報その他の産業医が労働者の健康管理等を適切に行うために必要な情報として厚生労働省令で定めるものを提供しなければならない。

5　産業医は、労働者の健康を確保するため必要があると認めるときは、事業者に対し、労働者の健康管理等について必要な勧告をすることができる。この場合において、事業者は、当該勧告を尊重しなければならない。

6　事業者は、前項の勧告を受けたときは、厚生労働省令で定めるところにより、当該勧告の内容その他の厚生労働省令で定める事項を衛生委員会又

は安全衛生委員会に報告しなければならない。

第一三条の二　事業者は、前条第一項の事業場以外の事業場については、労働者の健康管理等を行うのに必要な医学に関する知識を有する医師その他厚生労働省令で定める者に労働者の健康管理等の全部又は一部を行わせるように努めなければならない。

2　前条第四項の規定は、前項に規定する者に労働者の健康管理等の全部又は一部を行わせる事業者について準用する。この場合において、同条第四項中「提供しなければ」とあるのは、「提供するように努めなければ」と読み替えるものとする。

第一三条の三　事業者は、産業医又は前条第一項に規定する者による労働者の健康管理等の適切な実施を図るため、産業医又は同項に規定する者が労働者からの健康相談に応じ、適切に対応するために必要な体制の整備その他の必要な措置を講ずるように努めなければならない。

（作業主任者）

第一四条　事業者は、高圧室内作業その他の労働災害を防止するための管理を必要とする作業で、政令で定めるものについては、都道府県労働局長の免許を受けた者又は都道府県労働局長の登録を受けた者が行う技能講習を修了した者のうちから、厚生労働省令で定めるところにより、当該作業の区分に応じて、作業主任者を選任し、その者に当該作業に従事する労働者の指揮その他の厚生労働省令で定める事項を行わせなければならない。

（統括安全衛生責任者）

第一五条　事業者で、一の場所において行う事業の仕事の一部を請負人に請け負わせているもの（当該事業の仕事の一部を請け負わせる契約が二以上あるため、その者が二以上あることとなるときは、当該請負契約のうちの最も先次の請負契約における注文者とする。以下「元方事業者」という。）のうち、建設業その他政令で定める業種に属する事業（以下「特定事業」という。）を行う者（以下「特定元方事業者」という。）は、その労働者及びその請負人（元方事業者の当該事業の仕事が数次の請負契約によつて行われるときは、当該請負人の請負契約の後次のすべての請負契約の当事者である請負人を含む。以下「関係請負人」という。）の労働者が当該場所において作業を行うときは、これらの労働者の作業が同一の場所において行われることによつて生ずる労働災害を防止するため、統括安全衛生責任者を選任し、その者に元方安全衛生管理者の指揮をさせるとともに、第三十条第一項各号の事項を統括管理させなければならない。ただし、これらの労働者の数が政令で定める数未満であるときは、この限りでない。

2　統括安全衛生責任者は、当該場所においてその事業の実施を統括管理する者をもつて充てなければならない。

3　第三十条第四項の場合において、同項のすべての労働者の数が政令で定める数以上であるときは、当該指名された事業者は、これらの労働者に関し、これらの労働者の作業が同一の場所において行われることによつて生ずる労働災害を防止するため、統括安全衛生責任者を選任し、その者に元方安全衛生管理者の指揮をさせるとともに、同条第一項各号の事項を統括管理させなければならない。この場合においては、当該指名された事業者及び当該指名された事業者以外の事業者については、第一項の規定は、適用しない。

4　第一項又は前項に定めるもののほか、第二十五条の二第一項に規定する仕事が数次の請負契約によつて行われる場合においては、第一項又は前項の規定により統括安全衛生責任者を選任した事業者は、統括安全衛生責任者に第三十条の三第五項において準用する第二十五条の二第二項の規定により技術的事項を管理する者の指揮をさせるとともに、同条第一項各号の措置を統括管理させなければならない。

5　第十条第三項の規定は、統括安全衛生責任者の業務の執行について準用する。この場合において、同項中「事業者」とあるのは、「当該統括安全衛生責任者を選任した事業者」と読み替えるものとする。

（元方安全衛生管理者）

第一五条の二　前条第一項又は第三項の規定により統括安全衛生責任者を選任した事業者で、建設業その他政令で定める業種に属する事業を行うものは、厚生労働省令で定める資格を有する者のうちから、厚生労働省令で定めるところにより、元方安全衛生管理者を選任し、その者に第三十条第一項各号の事項のうち技術的事項を管理させなければならない。

2　第十一条第二項の規定は、元方安全衛生管理者について準用する。この場合において、同項中「事業者」とあるのは、「当該元方安全衛生管理者を選任した事業者」と読み替えるものとする。

（店社安全衛生管理者）

第一五条の三　建設業に属する事業の元方事業者は、その労働者及び関係請負人の労働者が一の場所（これらの労働者の数が厚生労働省令で定める数未満である場所及び第十五条第一項又は第三項の規定により統括安全衛生責任者を選任しなければならない場所を除く。）において作業を行うときは、当該場所において行われる仕事に係る請負契約を締結している事業場ごとに、これらの労働者の作業が同一の場所で行われることによつて生ずる労働災害を防止するため、厚生労働省令で定める資格を有する者のうちから、厚生労働省令で定めるところにより、店社安全衛生管理者を選任し、その者に、当該事業場で締結している当該請負契約に係る仕事を行う場所における第三十条第一項各号の事項を担当する者に対する指導その他厚生労働省令で定める事項を行わせなければならない。

2　第三十条第四項の場合において、同項のすべての労働者の数が厚生労働省令で定める数以上であるとき（第十五条第一項又は第三項の規定により統括安全衛生責任者を選任しなければならないときを除く。）は、当該指名された事業者で建設業に属する事業の仕事を行うものは、当該場所において行われる仕事に係る請負契約を締結している事業場ごとに、これらの労働者に関し、これらの労働者の作業が同一の場所で行われることによつて生ずる労働災害を防止するため、厚生労働省令で定める資格を有する者のうちから、厚生労働省令で定めるところにより、店社安全衛生管理者を選任し、その者に、当該事業場で締結している当該請負契約に係る仕事を行う場所における第三十条第一項各号の事項を担当する者に対する指導その他厚生労働省令で定める事項を行わせなければならない。この場合においては、当該指名された事業者及び当該指名された事業者以外の事業者については、前項の規定は適用しない。

（安全衛生責任者）

第一六条　第十五条第一項又は第三項の場合において、これらの規定により統括安全衛生責任者を選任すべき事業者以外の請負人で、当該仕事を自ら行うものは、安全衛生責任者を選任し、その者に統括安全衛生責任者との連絡その他の厚生労働省令で定める事項を行わせなければならない。

2　前項の規定により安全衛生責任者を選任した請負人は、同項の事業者に対し、遅滞なく、その旨を通報しなければならない。

（安全委員会）

第一七条　事業者は、政令で定める業種及び規模の事業場ごとに、次の事項を調査審議させ、事業者に対し意見を述べさせるため、安全委員会を設けなければならない。

一　労働者の危険を防止するための基本となるべき対策に関すること。

二　労働災害の原因及び再発防止対策で、安全に係るものに関すること。

三　前二号に掲げるもののほか、労働者の危険の防止に関する重要事項

2　安全委員会の委員は、次の者をもつて構成する。ただし、第一号の者である委員（以下「第一号の委員」という。）は、一人とする。

一　総括安全衛生管理者又は総括安全衛生管理者以外の者で当該事業場においてその事業の実施を統括管理するもの若しくはこれに準ずる者のうちから事業者が指名した者

二　安全管理者のうちから事業者が指名した者

三　当該事業場の労働者で、安全に関し経験を有するもののうちから事業者が指名した者

3　安全委員会の議長は、第一号の委員がなるものとする。

4　事業者は、第一号の委員以外の委員の半数については、当該事業場に労働者の過半数で組織する労働組合があるときにおいてはその労働組合、労働者の過半数で組織する労働組合がないときにおいては労働者の過半数を代表する者の推薦に基づき指名しなければならない。

5　前二項の規定は、当該事業場の労働者の過半数で組織する労働組合との間における労働協約に別段の定めがあるときは、その限度において適用しない。

（衛生委員会）

第一八条　事業者は、政令で定める規模の事業場ごとに、次の事項を調査審議させ、事業者に対し意見を述べさせるため、衛生委員会を設けなければならない。

一　労働者の健康障害を防止するための基本となるべき対策に関すること。

二　労働者の健康の保持増進を図るための基本となるべき対策に関すること。

三　労働災害の原因及び再発防止対策で、衛生に係るものに関すること。

四　前三号に掲げるもののほか、労働者の健康障害の防止及び健康の保持増進に関する重要事項

2　衛生委員会の委員は、次の者をもつて構成する。ただし、第一号の者である委員は、一人とする。

一　総括安全衛生管理者又は総括安全衛生管理者以外の者で当該事業場においてその事業の実施を統括管理するもの若しくはこれに準ずる者のうちから事業者が指名した者

二　衛生管理者のうちから事業者が指名した者

三　産業医のうちから事業者が指名した者

四　当該事業場の労働者で、衛生に関し経験を有

するもののうちから事業者が指名した者

3　事業者は、当該事業場の労働者で、作業環境測定を実施している作業環境測定士であるものを衛生委員会の委員として指名することができる。

4　前条第三項から第五項までの規定は、衛生委員会について準用する。この場合において、同条第三項及び第四項中「第一号の委員」とあるのは、「第十八条第二項第一号の者である委員」と読み替えるものとする。

（安全衛生委員会）

第一九条　事業者は、第十七条及び前条の規定により安全委員会及び衛生委員会を設けなければならないときは、それぞれの委員会の設置に代えて、安全衛生委員会を設置することができる。

2　安全衛生委員会の委員は、次の者をもつて構成する。ただし、第一号の者である委員は、一人とする。

一　総括安全衛生管理者又は総括安全衛生管理者以外の者で当該事業場においてその事業の実施を統括管理するもの若しくはこれに準ずる者のうちから事業者が指名した者

二　安全管理者及び衛生管理者のうちから事業者が指名した者

三　産業医のうちから事業者が指名した者

四　当該事業場の労働者で、安全に関し経験を有するもののうちから事業者が指名した者

五　当該事業場の労働者で、衛生に関し経験を有するもののうちから事業者が指名した者

3　事業者は、当該事業場の労働者で、作業環境測定を実施している作業環境測定士であるものを安全衛生委員会の委員として指名することができる。

4　第十七条第三項から第五項までの規定は、安全衛生委員会について準用する。この場合において、同条第三項及び第四項中「第一号の委員」とあるのは、「第十九条第二項第一号の者である委員」と読み替えるものとする。

（安全管理者等に対する教育等）

第一九条の二　事業者は、事業場における安全衛生の水準の向上を図るため、安全管理者、衛生管理者、安全衛生推進者、衛生推進者その他労働災害の防止のための業務に従事する者に対し、これらの者が従事する業務に関する能力の向上を図るための教育、講習等を行い、又はこれらを受ける機会を与えるように努めなければならない。

2　厚生労働大臣は、前項の教育、講習等の適切かつ有効な実施を図るため必要な指針を公表するものとする。

3　厚生労働大臣は、前項の指針に従い、事業者又はその団体に対し、必要な指導等を行うことができる。

（国の援助）

第一九条の三　国は、第十三条の二第一項の事業場の労働者の健康の確保に資するため、労働者の健康管理等に関する相談、情報の提供その他の必要な援助を行うように努めるものとする。

第四章　労働者の危険又は健康障害を防止するための措置

（事業者の講ずべき措置等）

第二〇条　事業者は、次の危険を防止するため必要な措置を講じなければならない。

一　機械、器具その他の設備（以下「機械等」という。）による危険

二　爆発性の物、発火性の物、引火性の物等による危険

三　電気、熱その他のエネルギーによる危険

第二一条　事業者は、掘削、採石、荷役、伐木等の業務における作業方法から生ずる危険を防止するため必要な措置を講じなければならない。

2　事業者は、労働者が墜落するおそれのある場所、土砂等が崩壊するおそれのある場所等に係る危険を防止するため必要な措置を講じなければならない。

第二二条　事業者は、次の健康障害を防止するため必要な措置を講じなければならない。

一　原材料、ガス、蒸気、粉じん、酸素欠乏空気、病原体等による健康障害

二　放射線、高温、低温、超音波、騒音、振動、異常気圧等による健康障害

三　計器監視、精密工作等の作業による健康障害

四　排気、排液又は残さい物による健康障害

第二三条　事業者は、労働者を就業させる建設物その他の作業場について、通路、床面、階段等の保全並びに換気、採光、照明、保温、防湿、休養、避難及び清潔に必要な措置その他労働者の健康、風紀及び生命の保持のため必要な措置を講じなければならない。

第二四条　事業者は、労働者の作業行動から生ずる労働災害を防止するため必要な措置を講じなければならない。

第二五条　事業者は、労働災害発生の急迫した危険があるときは、直ちに作業を中止し、労働者を作業場から退避させる等必要な措置を講じなければならない。

第二五条の二　建設業その他政令で定める業種に属する事業の仕事で、政令で定めるものを行う事業者は、爆発、火災等が生じたことに伴い労働者の

救護に関する措置がとられる場合における労働災害の発生を防止するため、次の措置を講じなければならない。

一　労働者の救護に関し必要な機械等の備付け及び管理を行うこと。

二　労働者の救護に関し必要な事項についての訓練を行うこと。

三　前二号に掲げるもののほか、爆発、火災等に備えて、労働者の救護に関し必要な事項を行うこと。

2　前項に規定する事業者は、厚生労働省令で定める資格を有する者のうちから、厚生労働省令で定めるところにより、同項各号の措置のうち技術的事項を管理する者を選任し、その者に当該技術的事項を管理させなければならない。

第二六条　労働者は、事業者が第二十条から第二十五条まで及び前条第一項の規定に基づき講ずる措置に応じて、必要な事項を守らなければならない。

第二七条　第二十条から第二十五条まで及び第二十五条の二第一項の規定により事業者が講ずべき措置及び前条の規定により労働者が守らなければならない事項は、厚生労働省令で定める。

2　前項の厚生労働省令を定めるに当たつては、公害（環境基本法（平成五年法律第九十一号）第二条第三項に規定する公害をいう。）その他一般公衆の災害で、労働災害と密接に関連するものの防止に関する法令の趣旨に反しないように配慮しなければならない。

（技術上の指針等の公表等）

第二八条　厚生労働大臣は、第二十条から第二十五条まで及び第二十五条の二第一項の規定により事業者が講ずべき措置の適切かつ有効な実施を図るため必要な業種又は作業ごとの技術上の指針を公表するものとする。

2　厚生労働大臣は、前項の技術上の指針を定めるに当たつては、中高年齢者に関して、特に配慮するものとする。

3　厚生労働大臣は、次の化学物質で厚生労働大臣が定めるものを製造し、又は取り扱う事業者が当該化学物質による労働者の健康障害を防止するための指針を公表するものとする。

一　第五十七条の四第四項の規定による勧告又は第五十七条の五第一項の規定による指示に係る化学物質

二　前号に掲げる化学物質以外の化学物質で、がんその他の重度の健康障害を労働者に生ずるおそれのあるもの

4　厚生労働大臣は、第一項又は前項の規定により、技術上の指針又は労働者の健康障害を防止するための指針を公表した場合において必要があると認めるときは、事業者又はその団体に対し、当該技術上の指針又は労働者の健康障害を防止するための指針に関し必要な指導等を行うことができる。

（事業者の行うべき調査等）

第二八条の二　事業者は、厚生労働省令で定めるところにより、建設物、設備、原材料、ガス、蒸気、粉じん等による、又は作業行動その他業務に起因する危険性又は有害性等（第五十七条第一項の政令で定める物及び第五十七条の二第一項に規定する通知対象物による危険性又は有害性等を除く。）を調査し、その結果に基づいて、この法律又はこれに基づく命令の規定による措置を講ずるほか、労働者の危険又は健康障害を防止するため必要な措置を講ずるように努めなければならない。ただし、当該調査のうち、化学物質、化学物質を含有する製剤その他の物で労働者の危険又は健康障害を生ずるおそれのあるものに係るもの以外のものについては、製造業その他厚生労働省令で定める業種に属する事業者に限る。

2　厚生労働大臣は、前条第一項及び第三項に定めるもののほか、前項の措置に関して、その適切かつ有効な実施を図るため必要な指針を公表するものとする。

3　厚生労働大臣は、前項の指針に従い、事業者又はその団体に対し、必要な指導、援助等を行うことができる。

（元方事業者の講ずべき措置等）

第二九条　元方事業者は、関係請負人及び関係請負人の労働者が、当該仕事に関し、この法律又はこれに基づく命令の規定に違反しないよう必要な指導を行なわなければならない。

2　元方事業者は、関係請負人又は関係請負人の労働者が、当該仕事に関し、この法律又はこれに基づく命令の規定に違反していると認めるときは、是正のため必要な指示を行なわなければならない。

3　前項の指示を受けた関係請負人又はその労働者は、当該指示に従わなければならない。

第二九条の二　建設業に属する事業の元方事業者は、土砂等が崩壊するおそれのある場所、機械等が転倒するおそれのある場所その他の厚生労働省令で定める場所において関係請負人の労働者が当該事業の仕事の作業を行うときは、当該関係請負人が講ずべき当該場所に係る危険を防止するための措置が適正に講ぜられるように、技術上の指導その他の必要な措置を講じなければならない。

（特定元方事業者等の講ずべき措置）

第三〇条　特定元方事業者は、その労働者及び関係請負人の労働者の作業が同一の場所において行われることによつて生ずる労働災害を防止するため、次の事項に関する必要な措置を講じなければならない。

一　協議組織の設置及び運営を行うこと。

二　作業間の連絡及び調整を行うこと。

三　作業場所を巡視すること。

四　関係請負人が行う労働者の安全又は衛生のための教育に対する指導及び援助を行うこと。

五　仕事を行う場所が仕事ごとに異なることを常態とする業種で、厚生労働省令で定めるものに属する事業を行う特定元方事業者にあつては、仕事の工程に関する計画及び作業場所における機械、設備等の配置に関する計画を作成するとともに、当該機械、設備等を使用する作業に関し関係請負人がこの法律又はこれに基づく命令の規定に基づき講ずべき措置についての指導を行うこと。

六　前各号に掲げるもののほか、当該労働災害を防止するため必要な事項

2　特定事業の仕事の発注者（注文者のうち、その仕事を他の者から請け負わないで注文している者をいう。以下同じ。）で、特定元方事業者以外のものは、一の場所において行なわれる特定事業の仕事を二以上の請負人に請け負わせている場合において、当該場所において当該仕事に係る二以上の請負人の労働者が作業を行なうときは、厚生労働省令で定めるところにより、請負人で当該仕事を自ら行なう事業者であるもののうちから、前項に規定する措置を講ずべき者として一人を指名しなければならない。一の場所において行なわれる特定事業の仕事の全部を請け負つた者で、特定元方事業者以外のもののうち、当該仕事を二以上の請負人に請け負わせている者についても、同様とする。

3　前項の規定による指名がされないときは、同項の指名は、労働基準監督署長がする。

4　第二項又は前項の規定による指名がされたときは、当該指名された事業者は、当該場所において当該仕事の作業に従事するすべての労働者に関し、第一項に規定する措置を講じなければならない。この場合においては、当該指名された事業者及び当該指名された事業者以外の事業者については、第一項の規定は、適用しない。

第三〇条の二　製造業その他政令で定める業種に属する事業（特定事業を除く。）の元方事業者は、その労働者及び関係請負人の労働者の作業が同一の場所において行われることによつて生ずる労働災害を防止するため、作業間の連絡及び調整を行うことに関する措置その他必要な措置を講じなければならない。

2　前条第二項の規定は、前項に規定する事業の仕事の発注者について準用する。この場合において、同条第二項中「特定元方事業者」とあるのは「元方事業者」と、「特定事業の仕事を二以上」とあるのは「仕事を二以上」と、「前項」とあるのは「次条第一項」と、「特定事業の仕事の全部」とあるのは「仕事の全部」と読み替えるものとする。

3　前項において準用する前条第二項の規定による指名がされないときは、同項の指名は、労働基準監督署長がする。

4　第二項において準用する前条第二項又は前項の規定による指名がされたときは、当該指名された事業者は、当該場所において当該仕事の作業に従事するすべての労働者に関し、第一項に規定する措置を講じなければならない。この場合においては、当該指名された事業者及び当該指名された事業者以外の事業者については、同項の規定は、適用しない。

第三〇条の三　第二十五条の二第一項に規定する仕事が数次の請負契約によつて行われる場合（第四項の場合を除く。）においては、元方事業者は、当該場所において当該仕事の作業に従事するすべての労働者に関し、同条第一項各号の措置を講じなければならない。この場合においては、当該元方事業者及び当該元方事業者以外の事業者については、同項の規定は、適用しない。

2　第三十条第二項の規定は、第二十五条の二第一項に規定する仕事の発注者について準用する。この場合において、第三十条第二項中「特定元方事業者」とあるのは「元方事業者」と、「特定事業の仕事を二以上」とあるのは「仕事を二以上」と、「前項に規定する措置」とあるのは「第二十五条の二第一項各号の措置」と、「特定事業の仕事の全部」とあるのは「仕事の全部」と読み替えるものとする。

3　前項において準用する第三十条第二項の規定による指名がされないときは、同項の指名は、労働基準監督署長がする。

4　第二項において準用する第三十条第二項又は前項の規定による指名がされたときは、当該指名された事業者は、当該場所において当該仕事の作業に従事するすべての労働者に関し、第二十五条の二第一項各号の措置を講じなければならない。こ

の場合においては、当該指名された事業者及び当該指名された事業者以外の事業者については、同項の規定は、適用しない。

5　第二十五条の二第二項の規定は、第一項に規定する元方事業者及び前項の指名された事業者について準用する。この場合においては、当該元方事業者及び当該指名された事業者並びに当該元方事業者及び当該指名された事業者以外の事業者については、同条第二項の規定は、適用しない。

（注文者の講ずべき措置）

第三十一条　特定事業の仕事を自ら行う注文者は、建設物、設備又は原材料（以下「建設物等」という。）を、当該仕事を行う場所においてその請負人（当該仕事が数次の請負契約によつて行われるときは、当該請負人の請負契約の後次のすべての請負契約の当事者である請負人を含む。第三十一条の四において同じ。）の労働者に使用させるときは、当該建設物等について、当該労働者の労働災害を防止するため必要な措置を講じなければならない。

2　前項の規定は、当該事業の仕事が数次の請負契約によつて行なわれることにより同一の建設物等について同項の措置を講ずべき注文者が二以上あることとなるときは、後次の請負契約の当事者である注文者については、適用しない。

第三十一条の二　化学物質、化学物質を含有する製剤その他の物を製造し、又は取り扱う設備で政令で定めるものの改造その他の厚生労働省令で定める作業に係る仕事の注文者は、当該物について、当該仕事に係る請負人の労働者の労働災害を防止するため必要な措置を講じなければならない。

第三十一条の三　建設業に属する事業の仕事を行う二以上の事業者の労働者が一の場所において機械で厚生労働省令で定めるものに係る作業（以下この条において「特定作業」という。）を行う場合において、特定作業に係る仕事を自ら行う発注者又は当該仕事の全部を請け負つた者で、当該場所において当該仕事の一部を請け負わせているものは、厚生労働省令で定めるところにより、当該場所において特定作業に従事するすべての労働者の労働災害を防止するため必要な措置を講じなければならない。

2　前項の場合において、同項の規定により同項に規定する措置を講ずべき者がいないときは、当該場所において行われる特定作業に係る仕事の全部を請負人に請け負わせている建設業に属する事業の元方事業者又は第三十条第二項若しくは第三項の規定により指名された事業者で建設業に属する事業を行うものは、前項に規定する措置を講ずる者を指名する等当該場所において特定作業に従事するすべての労働者の労働災害を防止するため必要な配慮をしなければならない。

（違法な指示の禁止）

第三十一条の四　注文者は、その請負人に対し、当該仕事に関し、その指示に従つて当該請負人の労働者を労働させたならば、この法律又はこれに基づく命令の規定に違反することとなる指示をしてはならない。

（請負人の講ずべき措置等）

第三十二条　第三十条第一項又は第四項の場合において、同条第一項に規定する措置を講ずべき事業者以外の請負人で、当該仕事を自ら行うものは、これらの規定により講ぜられる措置に応じて、必要な措置を講じなければならない。

2　第三十条の二第一項又は第四項の場合において、同条第一項に規定する措置を講ずべき事業者以外の請負人で、当該仕事を自ら行うものは、これらの規定により講ぜられる措置に応じて、必要な措置を講じなければならない。

3　第三十条の三第一項又は第四項の場合において、第二十五条の二第一項各号の措置を講ずべき事業者以外の請負人で、当該仕事を自ら行うものは、第三十条の三第一項又は第四項の規定により講ぜられる措置に応じて、必要な措置を講じなければならない。

4　第三十一条第一項の場合において、当該建設物等を使用する労働者に係る事業者である請負人は、同項の規定により講ぜられる措置に応じて、必要な措置を講じなければならない。

5　第三十一条の二の場合において、同条に規定する仕事に係る請負人は、同条の規定により講ぜられる措置に応じて、必要な措置を講じなければならない。

6　第三十条第一項若しくは第四項、第三十条の二第一項若しくは第四項、第三十条の三第一項若しくは第四項、第三十一条第一項又は第三十一条の二の場合において、労働者は、これらの規定又は前各項の規定により講ぜられる措置に応じて、必要な事項を守らなければならない。

7　第一項から第五項までの請負人及び前項の労働者は、第三十条第一項の特定元方事業者等、第三十条の二第一項若しくは第三十条の三第一項の元方事業者等、第三十一条第一項若しくは第三十一条の二の注文者又は第一項から第五項までの請負人が第三十条第一項若しくは第四項、第三十条の二第一項若しくは第四項、第三十条の三第一項若しくは第四項、第三十一条第一項、第三十一条の二又は第一項から第五項までの規定に基づく措置の実施を確保するためにする指示に従わなければならない。

（機械等貸与者等の講ずべき措置等）

第三三条　機械等で、政令で定めるものを他の事業者に貸与する者で、厚生労働省令で定めるもの（以下「機械等貸与者」という。）は、当該機械等の貸与を受けた事業者の事業場における当該機械等による労働災害を防止するため必要な措置を講じなければならない。

2　機械等貸与者から機械等の貸与を受けた者は、当該機械等を操作する者がその使用する労働者でないときは、当該機械等の操作による労働災害を防止するため必要な措置を講じなければならない。

3　前項の機械等を操作する者は、機械等の貸与を受けた者が同項の規定により講ずる措置に応じて、必要な事項を守らなければならない。

（建築物貸与者の講ずべき措置）

第三四条　建築物で、政令で定めるものを他の事業者に貸与する者（以下「建築物貸与者」という。）は、当該建築物の貸与を受けた事業者の事業に係る当該建築物による労働災害を防止するため必要な措置を講じなければならない。ただし、当該建築物の全部を一の事業者に貸与するときは、この限りでない。

（重量表示）

第三五条　一の貨物で、重量が一トン以上のものを発送しようとする者は、見やすく、かつ、容易に消滅しない方法で、当該貨物にその重量を表示しなければならない。ただし、包装されていない貨物で、その重量が一見して明らかであるものを発送しようとするときは、この限りでない。

（厚生労働省令への委任）

第三六条　第三十条第一項若しくは第四項、第三十条の二第一項若しくは第四項、第三十条の三第一項若しくは第四項、第三十一条第一項、第三十一条の二、第三十二条第一項から第五項まで、第三十三条第一項若しくは第二項又は第三十四条の規定によりこれらの規定に定める者が講ずべき措置及び第三十二条第六項又は第三十三条第三項の規定によりこれらの規定に定める者が守らなければならない事項は、厚生労働省令で定める。

第五章　機械等並びに危険物及び有害物に関する規制

第一節　機械等に関する規制

第三七条～第五八条《略》

第六章　労働者の就業に当たつての措置

（安全衛生教育）

第五九条　事業者は、労働者を雇い入れたときは、当該労働者に対し、厚生労働省令で定めるところにより、その従事する業務に関する安全又は衛生のための教育を行なわなければならない。

2　前項の規定は、労働者の作業内容を変更したときについて準用する。

3　事業者は、危険又は有害な業務で、厚生労働省令で定めるものに労働者をつかせるときは、厚生労働省令で定めるところにより、当該業務に関する安全又は衛生のための特別の教育を行なわなければならない。

第六〇条　事業者は、その事業場の業種が政令で定めるものに該当するときは、新たに職務につくこととなつた職長その他の作業中の労働者を直接指導又は監督する者（作業主任者を除く。）に対し、次の事項について、厚生労働省令で定めるところにより、安全又は衛生のための教育を行なわなければならない。

一　作業方法の決定及び労働者の配置に関すること。

二　労働者に対する指導又は監督の方法に関すること。

三　前二号に掲げるもののほか、労働災害を防止するため必要な事項で、厚生労働省令で定めるもの

第六〇条の二　事業者は、前二条に定めるもののほか、その事業場における安全衛生の水準の向上を図るため、危険又は有害な業務に現に就いている者に対し、その従事する業務に関する安全又は衛生のための教育を行うように努めなければならない。

2　厚生労働大臣は、前項の教育の適切かつ有効な実施を図るため必要な指針を公表するものとする。

3　厚生労働大臣は、前項の指針に従い、事業者又はその団体に対し、必要な指導等を行うことができる。

（就業制限）

第六一条　事業者は、クレーンの運転その他の業務で、政令で定めるものについては、都道府県労働局長の当該業務に係る免許を受けた者又は都道府県労働局長の登録を受けた者が行う当該業務に係る技能講習を修了した者その他厚生労働省令で定める資格を有する者でなければ、当該業務に就かせてはならない。

2　前項の規定により当該業務につくことができる者以外の者は、当該業務を行なつてはならない。

3　第一項の規定により当該業務につくことができる者は、当該業務に従事するときは、これに係る免許証その他その資格を証する書面を携帯していなければならない。

4　職業能力開発促進法（昭和四十四年法律第六十四号）第二十四条第一項（同法第二十七条の二第二項において準用する場合を含む。）の認定に係る職業訓練を受ける労働者について必要がある場合においては、その必要の限度で、前三項の規定について、厚生労働省令で別段の定めをすることができる。

（中高年齢者等についての配慮）

第六十二条　事業者は、中高年齢者その他労働災害の防止上その就業に当たつて特に配慮を必要とする者については、これらの者の心身の条件に応じて適正な配置を行なうように努めなければならない。

（国の援助）

第六十三条　国は、事業者が行なう安全又は衛生のための教育の効果的実施を図るため、指導員の養成及び資質の向上のための措置、教育指導方法の整備及び普及、教育資料の提供その他必要な施策の充実に努めるものとする。

第七章　健康の保持増進のための措置

第六十四条　削除

（作業環境測定）

第六十五条　事業者は、有害な業務を行う屋内作業場その他の作業場で、政令で定めるものについて、厚生労働省令で定めるところにより、必要な作業環境測定を行い、及びその結果を記録しておかなければならない。

2　前項の規定による作業環境測定は、厚生労働大臣の定める作業環境測定基準に従つて行わなければならない。

3　厚生労働大臣は、第一項の規定による作業環境測定の適切かつ有効な実施を図るため必要な作業環境測定指針を公表するものとする。

4　厚生労働大臣は、前項の作業環境測定指針を公表した場合において必要があると認めるときは、事業者若しくは作業環境測定機関又はこれらの団体に対し、当該作業環境測定指針に関し必要な指導等を行うことができる。

5　都道府県労働局長は、作業環境の改善により労働者の健康を保持する必要があると認めるときは、労働衛生指導医の意見に基づき、厚生労働省令で定めるところにより、事業者に対し、作業環境測定の実施その他必要な事項を指示することができる。

（作業環境測定の結果の評価等）

第六十五条の二　事業者は、前条第一項又は第五項の規定による作業環境測定の結果の評価に基づいて、労働者の健康を保持するため必要があると認められるときは、厚生労働省令で定めるところにより、施設又は設備の設置又は整備、健康診断の実施その他の適切な措置を講じなければならない。

2　事業者は、前項の評価を行うに当たつては、厚生労働省令で定めるところにより、厚生労働大臣の定める作業環境評価基準に従つて行わなければならない。

3　事業者は、前項の規定による作業環境測定の結果の評価を行つたときは、厚生労働省令で定めるところにより、その結果を記録しておかなければならない。

（作業の管理）

第六十五条の三　事業者は、労働者の健康に配慮して、労働者の従事する作業を適切に管理するように努めなければならない。

（作業時間の制限）

第六十五条の四　事業者は、潜水業務その他の健康障害を生ずるおそれのある業務で、厚生労働省令で定めるものに従事させる労働者については、厚生労働省令で定める作業時間についての基準に違反して、当該業務に従事させてはならない。

（健康診断）

第六十六条　事業者は、労働者に対し、厚生労働省令で定めるところにより、医師による健康診断（第六十六条の十第一項に規定する検査を除く。以下この条及び次条において同じ。）を行なわなければならない。

2　事業者は、有害な業務で、政令で定めるものに従事する労働者に対し、厚生労働省令で定めるところにより、医師による特別の項目についての健康診断を行なわなければならない。有害な業務で、政令で定めるものに従事させたことのある労働者で、現に使用しているものについても、同様とする。

3　事業者は、有害な業務で、政令で定めるものに従事する労働者に対し、厚生労働省令で定めるところにより、歯科医師による健康診断を行なわなければならない。

4　都道府県労働局長は、労働者の健康を保持するため必要があると認めるときは、労働衛生指導医の意見に基づき、厚生労働省令で定めるところにより、事業者に対し、臨時の健康診断の実施その他必要な事項を指示することができる。

5　労働者は、前各項の規定により事業者が行なう健康診断を受けなければならない。ただし、事業者の指定した医師又は歯科医師が行なう健康診断を受けることを希望しない場合において、他の医師又は歯科医師の行なうこれらの規定による健康診断に相当する健康診断を受け、その結果を証明する書面を事業者に提出したときは、この限りでない。

（自発的健康診断の結果の提出）

第六六条の二　午後十時から午前五時まで（厚生労働大臣が必要であると認める場合においては、その定める地域又は期間については午後十一時から午前六時まで）の間における業務（以下「深夜業」という。）に従事する労働者であつて、その深夜業の回数その他の事項が深夜業に従事する労働者の健康の保持を考慮して厚生労働省令で定める要件に該当するものは、厚生労働省令で定めるところにより、自ら受けた健康診断（前条第五項ただし書の規定による健康診断を除く。）の結果を証明する書面を事業者に提出することができる。

（健康診断の結果の記録）

第六六条の三　事業者は、厚生労働省令で定めるところにより、第六十六条第一項から第四項まで及び第五項ただし書並びに前条の規定による健康診断の結果を記録しておかなければならない。

（健康診断の結果についての医師等からの意見聴取）

第六六条の四　事業者は、第六十六条第一項から第四項まで若しくは第五項ただし書又は第六十六条の二の規定による健康診断の結果（当該健康診断の項目に異常の所見があると診断された労働者に係るものに限る。）に基づき、当該労働者の健康を保持するために必要な措置について、厚生労働省令で定めるところにより、医師又は歯科医師の意見を聴かなければならない。

（健康診断実施後の措置）

第六六条の五　事業者は、前条の規定による医師又は歯科医師の意見を勘案し、その必要があると認めるときは、当該労働者の実情を考慮して、就業場所の変更、作業の転換、労働時間の短縮、深夜業の回数の減少等の措置を講ずるほか、作業環境測定の実施、施設又は設備の設置又は整備、当該医師又は歯科医師の意見の衛生委員会若しくは安全衛生委員会又は労働時間等設定改善委員会（労働時間等の設定の改善に関する特別措置法（平成四年法律第九十号）第七条に規定する労働時間等設定改善委員会をいう。以下同じ。）への報告その他の適切な措置を講じなければならない。

2　厚生労働大臣は、前項の規定により事業者が講ずべき措置の適切かつ有効な実施を図るため必要な指針を公表するものとする。

3　厚生労働大臣は、前項の指針を公表した場合において必要があると認めるときは、事業者又はその団体に対し、当該指針に関し必要な指導等を行うことができる。

（健康診断の結果の通知）

第六六条の六　事業者は、第六十六条第一項から第四項までの規定により行う健康診断を受けた労働者に対し、厚生労働省令で定めるところにより、当該健康診断の結果を通知しなければならない。

（保健指導等）

第六六条の七　事業者は、第六十六条第一項の規定による健康診断若しくは当該健康診断に係る同条第五項ただし書の規定による健康診断又は第六十六条の二の規定による健康診断の結果、特に健康の保持に努める必要があると認める労働者に対し、医師又は保健師による保健指導を行うように努めなければならない。

2　労働者は、前条の規定により通知された健康診断の結果及び前項の規定による保健指導を利用して、その健康の保持に努めるものとする。

（面接指導等）

第六六条の八　事業者は、その労働時間の状況その他の事項が労働者の健康の保持を考慮して厚生労働省令で定める要件に該当する労働者（次条第一項に規定する者及び第六十六条の八の四第一項に規定する者を除く。以下この条において同じ。）に対し、厚生労働省令で定めるところにより、医師による面接指導（問診その他の方法により心身の状況を把握し、これに応じて面接により必要な指導を行うことをいう。以下同じ。）を行わなければならない。

2　労働者は、前項の規定により事業者が行う面接指導を受けなければならない。ただし、事業者の指定した医師が行う面接指導を受けることを希望しない場合において、他の医師の行う同項の規定による面接指導に相当する面接指導を受け、その結果を証明する書面を事業者に提出したときは、この限りでない。

3　事業者は、厚生労働省令で定めるところにより、第一項及び前項ただし書の規定による面接指導の結果を記録しておかなければならない。

4　事業者は、第一項又は第二項ただし書の規定による面接指導の結果に基づき、当該労働者の健康を保持するために必要な措置について、厚生労働省令で定めるところにより、医師の意見を聴かなければならない。

5　事業者は、前項の規定による医師の意見を勘案し、その必要があると認めるときは、当該労働者の実情を考慮して、就業場所の変更、作業の転換、労働時間の短縮、深夜業の回数の減少等の措置を講ずるほか、当該医師の意見の衛生委員会若しくは安全衛生委員会又は労働時間等設定改善委員会への報告その他の適切な措置を講じなければならない。

第六六条の八の二　事業者は、その労働時間が労働者の健康の保持を考慮して厚生労働省令で定める時間を超える労働者（労働基準法第三十六条第十一項に規定する業務に従事する者（同法第四十一条各号に掲げる者及び第六十六条の八の四第一項に規定する者を除く。）に限る。）に対し、厚生労働省令で定めるところにより、医師による面接指導を行わなければならない。

2　前条第二項から第五項までの規定は、前項の事業者及び労働者について準用する。この場合において、同条第五項中「作業の転換」とあるのは、「職務内容の変更、有給休暇（労働基準法第三十九条の規定による有給休暇を除く。）の付与」と読み替えるものとする。

第六六条の八の三　事業者は、第六十六条の八第一項又は前条第一項の規定による面接指導を実施するため、厚生労働省令で定める方法により、労働者（次条第一項に規定する者を除く。）の労働時間の状況を把握しなければならない。

第六六条の八の四　事業者は、労働基準法第四十一条の二第一項の規定により労働する労働者であつて、その健康管理時間（同項第三号に規定する健康管理時間をいう。）が当該労働者の健康の保持を考慮して厚生労働省令で定める時間を超えるものに対し、厚生労働省令で定めるところにより、医師による面接指導を行わなければならない。

2　第六十六条の八第二項から第五項までの規定は、前項の事業者及び労働者について準用する。この場合において、同条第五項中「就業場所の変更、作業の転換、労働時間の短縮、深夜業の回数の減少等」とあるのは、「職務内容の変更、有給休暇（労働基準法第三十九条の規定による有給休暇を除く。）の付与、健康管理時間（第六十六条の八の四第一項に規定する健康管理時間をいう。）が短縮されるための配慮等」と読み替えるものとする。

第六六条の九　事業者は、第六十六条の八第一項、第六十六条の八の二第一項又は前条第一項の規定により面接指導を行う労働者以外の労働者であつて健康への配慮が必要なものについては、厚生労働省令で定めるところにより、必要な措置を講ずるように努めなければならない。

（心理的な負担の程度を把握するための検査等）

第六六条の一〇　事業者は、労働者に対し、厚生労働省令で定めるところにより、医師、保健師その他の厚生労働省令で定める者（以下この条において「医師等」という。）による心理的な負担の程度を把握するための検査を行わなければならない。

2　事業者は、前項の規定により行う検査を受けた労働者に対し、厚生労働省令で定めるところにより、当該検査を行つた医師等から当該検査の結果が通知されるようにしなければならない。この場合において、当該医師等は、あらかじめ当該検査を受けた労働者の同意を得ないで、当該労働者の検査の結果を事業者に提供してはならない。

3　事業者は、前項の規定による通知を受けた労働者であつて、心理的な負担の程度が労働者の健康の保持を考慮して厚生労働省令で定める要件に該当するものが医師による面接指導を受けることを希望する旨を申し出たときは、当該申出をした労働者に対し、厚生労働省令で定めるところにより、医師による面接指導を行わなければならない。この場合において、事業者は、労働者が当該申出をしたことを理由として、当該労働者に対し、不利益な取扱いをしてはならない。

4　事業者は、厚生労働省令で定めるところにより、前項の規定による面接指導の結果を記録しておかなければならない。

5　事業者は、第三項の規定による面接指導の結果に基づき、当該労働者の健康を保持するために必要な措置について、厚生労働省令で定めるところにより、医師の意見を聴かなければならない。

6　事業者は、前項の規定による医師の意見を勘案し、その必要があると認めるときは、当該労働者の実情を考慮して、就業場所の変更、作業の転換、労働時間の短縮、深夜業の回数の減少等の措置を講ずるほか、当該医師の意見の衛生委員会若しくは安全衛生委員会又は労働時間等設定改善委員会への報告その他の適切な措置を講じなければならない。

7　厚生労働大臣は、前項の規定により事業者が講ずべき措置の適切かつ有効な実施を図るため必要な指針を公表するものとする。

8　厚生労働大臣は、前項の指針を公表した場合において必要があると認めるときは、事業者又はその団体に対し、当該指針に関し必要な指導等を行うことができる。

9　国は、心理的な負担の程度が労働者の健康の保持に及ぼす影響に関する医師等に対する研修を実施するよう努めるとともに、第二項の規定により通知された検査の結果を利用する労働者に対する健康相談の実施その他の当該労働者の健康の保持増進を図ることを促進するための措置を講ずるよう努めるものとする。

（健康管理手帳）

第六七条　都道府県労働局長は、がんその他の重度の健康障害を生ずるおそれのある業務で、政令で定めるものに従事していた者のうち、厚生労働省令で定める要件に該当する者に対し、離職の際に又は離職の後に、当該業務に係る健康管理手帳を交付するものとする。ただし、現に当該業務に係る健康管理手帳を所持している者については、この限りでない。

2　政府は、健康管理手帳を所持している者に対する健康診断に関し、厚生労働省令で定めるところにより、必要な措置を行なう。

3　健康管理手帳の交付を受けた者は、当該健康管理手帳を他人に譲渡し、又は貸与してはならない。

4　健康管理手帳の様式その他健康管理手帳について必要な事項は、厚生労働省令で定める。

（病者の就業禁止）

第六八条　事業者は、伝染性の疾病その他の疾病で、厚生労働省令で定めるものにかかつた労働者については、厚生労働省令で定めるところにより、その就業を禁止しなければならない。

（受動喫煙の防止）

第六八条の二　事業者は、室内又はこれに準ずる環境における労働者の受動喫煙（健康増進法（平成十四年法律第百三号）第二十八条第三号に規定する受動喫煙をいう。第七十一条第一項において同じ。）を防止するため、当該事業者及び事業場の実情に応じ適切な措置を講ずるよう努めるものとする。

（健康教育等）

第六九条　事業者は、労働者に対する健康教育及び健康相談その他労働者の健康の保持増進を図るため必要な措置を継続的かつ計画的に講ずるように努めなければならない。

2　労働者は、前項の事業者が講ずる措置を利用して、その健康の保持増進に努めるものとする。

（体育活動等についての便宜供与等）

第七〇条　事業者は、前条第一項に定めるもののほか、労働者の健康の保持増進を図るため、体育活動、レクリエーションその他の活動についての便宜を供与する等必要な措置を講ずるように努めなければならない。

（健康の保持増進のための指針の公表等）

第七〇条の二　厚生労働大臣は、第六十九条第一項の事業者が講ずべき健康の保持増進のための措置に関して、その適切かつ有効な実施を図るため必要な指針を公表するものとする。

2　厚生労働大臣は、前項の指針に従い、事業者又はその団体に対し、必要な指導等を行うことができる。

（健康診査等指針との調和）

第七〇条の三　第六十六条第一項の厚生労働省令、第六十六条の五第二項の指針、第六十六条の六の厚生労働省令及び前条第一項の指針は、健康増進法第九条第一項に規定する健康診査等指針と調和が保たれたものでなければならない。

（国の援助）

第七一条　国は、労働者の健康の保持増進に関する措置の適切かつ有効な実施を図るため、必要な資料の提供、作業環境測定及び健康診断の実施の促進、受動喫煙の防止のための設備の設置の促進、事業場における健康教育等に関する指導員の確保及び資質の向上の促進その他の必要な援助に努めるものとする。

2　国は、前項の援助を行うに当たつては、中小企業者に対し、特別の配慮をするものとする。

第七章の二　快適な職場環境の形成のための措置

（事業者の講ずる措置）

第七一条の二　事業者は、事業場における安全衛生の水準の向上を図るため、次の措置を継続的かつ計画的に講ずることにより、快適な職場環境を形成するように努めなければならない。

一　作業環境を快適な状態に維持管理するための措置

二　労働者の従事する作業について、その方法を改善するための措置

三　作業に従事することによる労働者の疲労を回復するための施設又は設備の設置又は整備

四　前三号に掲げるもののほか、快適な職場環境を形成するため必要な措置

（快適な職場環境の形成のための指針の公表等）

第七一条の三　厚生労働大臣は、前条の事業者が講ずべき快適な職場環境の形成のための措置に関して、その適切かつ有効な実施を図るため必要な指針を公表するものとする。

2　厚生労働大臣は、前項の指針に従い、事業者又はその団体に対し、必要な指導等を行うことができる。

（国の援助）

第七一条の四　国は、事業者が講ずる快適な職場環境を形成するための措置の適切かつ有効な実施に資するため、金融上の措置、技術上の助言、資料の提供その他の必要な援助に努めるものとする。

第八章　免許等

第七二条～第七七条《略》

第七八条　厚生労働大臣は、重大な労働災害として厚生労働省令で定めるもの（以下この条において「重大な労働災害」という。）が発生した場合において、重大な労働災害の再発を防止するため必要がある場合として厚生労働省令で定める場合に該当すると認めるときは、厚生労働省令で定めるところにより、事業者に対し、その事業場の安全又は衛生に関する改善計画（以下「特別安全衛生改善計画」という。）を作成し、これを厚生労働大臣に提出すべきことを指示することができる。

2　事業者は、特別安全衛生改善計画を作成しようとする場合には、当該事業場に労働者の過半数で組織する労働組合があるときにおいてはその労働組合、労働者の過半数で組織する労働組合がないときにおいては労働者の過半数を代表する者の意見を聴かなければならない。

3　第一項の事業者及びその労働者は、特別安全衛生改善計画を守らなければならない。

4　厚生労働大臣は、特別安全衛生改善計画が重大な労働災害の再発の防止を図る上で適切でないと認めるときは、厚生労働省令で定めるところにより、事業者に対し、当該特別安全衛生改善計画を変更すべきことを指示することができる。

5　厚生労働大臣は、第一項若しくは前項の規定による指示を受けた事業者がその指示に従わなかつた場合又は特別安全衛生改善計画を作成した事業者が当該特別安全衛生改善計画を守つていないと認める場合において、重大な労働災害が再発するおそれがあると認めるときは、当該事業者に対し、重大な労働災害の再発の防止に関し必要な措置をとるべきことを勧告することができる。

6　厚生労働大臣は、前項の規定による勧告を受けた事業者がこれに従わなかつたときは、その旨を公表することができる。

第九章　事業場の安全又は衛生に関する改善措置等

第一節　特別安全衛生改善計画及び安全衛生改善計画

（安全衛生改善計画）

第七九条　都道府県労働局長は、事業場の施設その他の事項について、労働災害の防止を図るため総合的な改善措置を講ずる必要があると認めるとき（前条第一項の規定により厚生労働大臣が同項の厚生労働省令で定める場合に該当すると認めるときを除く。）は、厚生労働省令で定めるところにより、事業者に対し、当該事業場の安全又は衛生に関する改善計画（以下「安全衛生改善計画」という。）を作成すべきことを指示することができる。

2　前条第二項及び第三項の規定は、安全衛生改善計画について準用する。この場合において、同項中「第一項」とあるのは、「次条第一項」と読み替えるものとする。

（安全衛生診断）

第八〇条　厚生労働大臣は、第七十八条第一項又は第四項の規定による指示をした場合において、専門的な助言を必要とすると認めるときは、当該事業者に対し、労働安全コンサルタント又は労働衛生コンサルタントによる安全又は衛生に係る診断を受け、かつ、特別安全衛生改善計画の作成又は変更について、これらの者の意見を聴くべきことを勧奨することができる。

2　前項の規定は、都道府県労働局長が前条第一項の規定による指示をした場合について準用する。この場合において、前項中「作成又は変更」とあるのは、「作成」と読み替えるものとする。

第二節　労働安全コンサルタント及び労働衛生コンサルタント

第八一条～第八七条《略》

第一〇章　監督等

（計画の届出等）

第八八条　事業者は、機械等で、危険若しくは有害な作業を必要とするもの、危険な場所において使用するもの又は危険若しくは健康障害を防止するため使用するもののうち、厚生労働省令で定めるものを設置し、若しくは移転し、又はこれらの主要構造部分を変更しようとするときは、その計画を当該工事の開始の日の三十日前までに、厚生労働省令で定めるところにより、労働基準監督署長に届け出なければならない。ただし、第二十八条の二第一項に規定する措置その他の厚生労働省令で定める措置を講じているものとして、厚生労働省令で定めるところにより労働基準監督署長が認定した事業者については、この限りでない。

2　事業者は、建設業に属する事業の仕事のうち重大な労働災害を生ずるおそれがある特に大規模な仕事で、厚生労働省令で定めるものを開始しようとするときは、その計画を当該仕事の開始の日の三十日前までに、厚生労働省令で定めるところにより、厚生労働大臣に届け出なければならない。

3　事業者は、建設業その他政令で定める業種に属する事業の仕事（建設業に属する事業にあつては、前項の厚生労働省令で定める仕事を除く。）で、厚生労働省令で定めるものを開始しようとするときは、その計画を当該仕事の開始の日の十四日前までに、厚生労働省令で定めるところにより、労働基準監督署長に届け出なければならない。

4　事業者は、第一項の規定による届出に係る工事のうち厚生労働省令で定める工事の計画、第二項の厚生労働省令で定める仕事の計画又は前項の規定による届出に係る仕事のうち厚生労働省令で定める仕事の計画を作成するときは、当該工事に係る建設物若しくは機械等又は当該仕事から生ずる労働災害の防止を図るため、厚生労働省令で定める資格を有する者を参画させなければならない。

5　前三項の規定（前項の規定のうち、第一項の規定による届出に係る部分を除く。）は、当該仕事が数次の請負契約によつて行われる場合において、当該仕事を自ら行う発注者がいるときは当該発注者以外の事業者、当該仕事を自ら行う発注者がいないときは元請負人以外の事業者については、適用しない。

6　労働基準監督署長は第一項又は第三項の規定による届出があつた場合において、厚生労働大臣は第二項の規定による届出があつた場合において、それぞれ当該届出に係る事項がこの法律又はこれに基づく命令の規定に違反すると認めるときは、当該届出をした事業者に対し、その届出に係る工事若しくは仕事の開始を差し止め、又は当該計画を変更すべきことを命ずることができる。

7　厚生労働大臣又は労働基準監督署長は、前項の規定による命令（第二項又は第三項の規定による届出をした事業者に対するものに限る。）をした場合において、必要があると認めるときは、当該命令に係る仕事の発注者（当該仕事を自ら行う者を除く。）に対し、労働災害の防止に関する事項について必要な勧告又は要請を行うことができる。

第八九条〜第九七条《略》

（使用停止命令等）

第九八条　都道府県労働局長又は労働基準監督署長は、第二十条から第二十五条まで、第二十五条の二第一項、第三十条の三第一項若しくは第四項、第三十一条第一項、第三十一条の二、第三十三条第一項又は第三十四条の規定に違反する事実があるときは、その違反した事業者、注文者、機械等貸与者又は建築物貸与者に対し、作業の全部又は一部の停止、建設物等の全部又は一部の使用の停止又は変更その他労働災害を防止するため必要な事項を命ずることができる。

2　都道府県労働局長又は労働基準監督署長は、前項の規定により命じた事項について必要な事項を労働者、請負人又は建築物の貸与を受けている者に命ずることができる。

3　労働基準監督官は、前二項の場合において、労働者に急迫した危険があるときは、これらの項の都道府県労働局長又は労働基準監督署長の権限を即時に行うことができる。

4　都道府県労働局長又は労働基準監督署長は、請負契約によつて行われる仕事について第一項の規定による命令をした場合において、必要があると認めるときは、当該仕事の注文者（当該仕事が数次の請負契約によつて行われるときは、当該注文者の請負契約の先次のすべての請負契約の当事者である注文者を含み、当該命令を受けた注文者を除く。）に対し、当該違反する事実に関して、労働災害を防止するため必要な事項について勧告又は要請を行うことができる。

第九九条　都道府県労働局長又は労働基準監督署長は、前条第一項の場合以外の場合において、労働災害発生の急迫した危険があり、かつ、緊急の必要があるときは、必要な限度において、事業者に対し、作業の全部又は一部の一時停止、建設物等の全部又は一部の使用の一時停止その他当該労働災害を防止するため必要な応急の措置を講ずることを命ずることができる。

2　都道府県労働局長又は労働基準監督署長は、前項の規定により命じた事項について必要な事項を労働者に命ずることができる。

（講習の指示）

第九九条の二〜第一〇〇条《略》

第一一章　雑則

（法令等の周知）

第一〇一条　事業者は、この法律及びこれに基づく命令の要旨を常時各作業場の見やすい場所に掲示し、又は備え付けることその他の厚生労働省令で定める方法により、労働者に周知させなければならない。

2　産業医を選任した事業者は、その事業場における産業医の業務の内容その他の産業医の業務に関する事項で厚生労働省令で定めるものを、常時各作業場の見やすい場所に掲示し、又は備え付けることその他の厚生労働省令で定める方法により、労働者に周知させなければならない。

3　前項の規定は、第十三条の二第一項に規定する者に労働者の健康管理等の全部又は一部を行わせる事業者について準用する。この場合において、前項中「周知させなければ」とあるのは、「周知させるように努めなければ」と読み替えるものとする。

4　事業者は、第五十七条の二第一項又は第二項の規定により通知された事項を、化学物質、化学物質を含有する製剤その他の物で当該通知された事項に係るものを取り扱う各作業場の見やすい場所に常時掲示し、又は備え付けることその他の厚生労働省令で定める方法により、当該物を取り扱う労働者に周知させなければならない。

第一〇二条〜第一〇三条《略》

（心身の状態に関する情報の取扱い）

第一〇四条　事業者は、この法律又はこれに基づく命令の規定による措置の実施に関し、労働者の心身の状態に関する情報を収集し、保管し、又は使用するに当たつては、労働者の健康の確保に必要な範囲内で労働者の心身の状態に関する情報を収集し、並びに当該収集の目的の範囲内でこれを保管し、及び使用しなければならない。ただし、本人の同意がある場合その他正当な事由がある場合は、この限りでない。

2　事業者は、労働者の心身の状態に関する情報を適正に管理するために必要な措置を講じなければならない。

3　厚生労働大臣は、前二項の規定により事業者が講ずべき措置の適切かつ有効な実施を図るため必要な指針を公表するものとする。

4　厚生労働大臣は、前項の指針を公表した場合において必要があると認めるときは、事業者又はその団体に対し、当該指針に関し必要な指導等を行うことができる。

（健康診断等に関する秘密の保持）

第一〇五条　第六十五条の二第一項及び第六十六条第一項から第四項までの規定による健康診断、第六十六条の八第一項、第六十六条の八の二第一項及び第六十六条の八の四第一項の規定による面接指導、第六十六条の十第一項の規定による検査又は同条第三項の規定による面接指導の実施の事務に従事した者は、その実施に関して知り得た労働者の秘密を漏らしてはならない。

（厚生労働省令への委任）

第一〇六条〜第一一五条《略》

第一一五条の二　この法律に定めるもののほか、この法律の規定の実施に関し必要な事項は、厚生労働省令で定める。

第一二章　罰則

第一一五条の三　製造時等検査、性能検査、個別検定又は型式検定の業務（以下この条において「特定業務」という。）に従事する登録製造時等検査機関、登録性能検査機関、登録個別検定機関又は登録型式検定機関（以下この条において「特定機関」という。）の役員又は職員が、その職務に関して、賄賂を収受し、要求し、又は約束したときは、五年以下の懲役に処する。これによつて不正の行為をし、又は相当の行為をしなかつたときは、七年以下の懲役に処する。

2　特定業務に従事する特定機関の役員又は職員になろうとする者が、就任後担当すべき職務に関し、請託を受けて賄賂を収受し、要求し、又は約束したときは、役員又は職員になつた場合において、五年以下の懲役に処する。

3　特定業務に従事する特定機関の役員又は職員であつた者が、その在職中に請託を受けて、職務上不正の行為をしたこと又は相当の行為をしなかつたことに関して、賄賂を収受し、要求し、又は約束したときは、五年以下の懲役に処する。

4　前三項の場合において、犯人が収受した賄賂は、没収する。その全部又は一部を没収することができないときは、その価額を追徴する。

第一一五条の四　前条第一項から第三項までに規定する賄賂を供与し、又はその申込み若しくは約束をした者は、三年以下の懲役又は二百五十万円以下の罰金に処する。

2　前項の罪を犯した者が自首したときは、その刑を減軽し、又は免除することができる。

第一一五条の五　第百十五条の三第一項から第三項までの罪は、刑法第四条の例に従う。

第一一六条　第五十五条の規定に違反した者は、三年以下の懲役又は三百万円以下の罰金に処する。

第一一七条　第三十七条第一項、第四十四条第一項、第四十四条の二第一項、第五十六条第一項、第七十五条の八第一項（第八十三条の三及び第八十五条の三において準用する場合を含む。）又は第八十六条第二項の規定に違反した者は、一年以下の懲役又は百万円以下の罰金に処する。

第一一八条　第五十三条第一項（第五十三条の三から第五十四条の二まで及び第七十七条第三項において準用する場合を含む。）、第五十四条の六第二項又は第七十五条の十一第二項（第八十三条の三及び第八十五条の三において準用する場合を含む。）の規定による業務の停止の命令に違反したときは、その違反行為をした登録製造時等検査機関等の役員又は職員は、一年以下の懲役又は百万円以下の罰金に処する。

第一一九条 次の各号のいずれかに該当する者は、六月以下の懲役又は五十万円以下の罰金に処する。

一 第十四条、第二十条から第二十五条まで、第二十五条の二第一項、第三十条の三第一項若しくは第四項、第三十一条第一項、第三十一条の二、第三十三条第一項若しくは第二項、第三十四条、第三十五条、第三十八条第一項、第四十条第一項、第四十二条、第四十三条、第四十四条第六項、第四十四条の二第七項、第五十六条第三項若しくは第四項、第五十七条の三第五項、第五十七条の四第五項、第五十九条第三項、第六十一条第一項、第六十五条第一項、第六十五条の四、第六十八条、第八十九条第五項（第八十九条の二第二項において準用する場合を含む。）、第九十七条第二項、第百五条又は第百八条の二第四項の規定に違反した者

二 第四十三条の二、第五十六条第五項、第八十八条第六項、第九十八条第一項又は第九十九条第一項の規定による命令に違反した者

三 第五十七条第一項の規定による表示をせず、若しくは虚偽の表示をし、又は同条第二項の規定による文書を交付せず、若しくは虚偽の文書を交付した者

四 第六十一条第四項の規定に基づく厚生労働省令に違反した者

第一二〇条 次の各号のいずれかに該当する者は、五十万円以下の罰金に処する。

一 第十条第一項、第十一条第一項、第十二条第一項、第十三条第一項、第十五条第一項、第三項若しくは第四項、第十五条の二第一項、第十六条第一項、第十七条第一項、第十八条第一項、第二十五条の二第二項（第三十条の三第五項において準用する場合を含む。）、第二十六条、第三十条第一項若しくは第四項、第三十条の二第一項若しくは第四項、第三十二条第一項から第六項まで、第三十三条第三項、第四十条第二項、第四十四条第五項、第四十四条の二第六項、第四十五条第一項若しくは第二項、第五十七条の四第一項、第五十九条第一項（同条第二項において準用する場合を含む。）、第六十一条第二項、第六十六条第一項から第三項まで、第六十六条の三、第六十六条の六、第六十六条の八の二第一項、第六十六条の八の四第一項、第八十七条第六項、第八十八条第一項から第四項まで、第百一条第一項又は第百三条第一項の規定に違反した者

二 第十一条第二項（第十二条第二項及び第十五条の二第二項において準用する場合を含む。）、第五十七条の五第一項、第六十五条第五項、第六十六条第四項、第九十八条第二項又は第九十九条第二項の規定による命令又は指示に違反した者

三 第四十四条第四項又は第四十四条の二第五項の規定による表示をせず、又は虚偽の表示をした者

四 第九十一条第一項若しくは第二項、第九十四条第一項又は第九十六条第一項、第二項若しくは第四項の規定による立入り、検査、作業環境測定、収去若しくは検診を拒み、妨げ、若しくは忌避し、又は質問に対して陳述をせず、若しくは虚偽の陳述をした者

五 第百条第一項又は第三項の規定による報告をせず、若しくは虚偽の報告をし、又は出頭しなかつた者

六 第百三条第三項の規定による帳簿の備付け若しくは保存をせず、又は同項の帳簿に虚偽の記載をした者

第一二一条 次の各号のいずれかに該当するときは、その違反行為をした登録製造時等検査機関等の役員又は職員は、五十万円以下の罰金に処する。

一 第四十九条（第五十三条の三から第五十四条の二まで及び第七十七条第三項において準用する場合を含む。）の規定による届出をせず、又は虚偽の届出をしたとき。

二 第七十五条の十（第八十三条の三及び第八十五条の三において準用する場合を含む。）の許可を受けないで試験事務若しくはコンサルタント試験事務の全部又は登録事務を廃止したとき。

三 第九十六条第三項の規定による立入り若しくは検査を拒み、妨げ、若しくは忌避し、又は質問に対して陳述をせず、若しくは虚偽の陳述をしたとき。

四 第百条第二項の規定による報告をせず、若しくは虚偽の報告をしたとき。

五 第百三条第二項の規定による帳簿の備付け若しくは保存をせず、又は同項の帳簿に虚偽の記載をしたとき。

第一二二条 法人の代表者又は法人若しくは人の代理人、使用人その他の従業者が、その法人又は人の業務に関して、第百十六条、第百十七条、第百十九条又は第百二十条の違反行為をしたときは、行為者を罰するほか、その法人又は人に対しても、各本条の罰金刑を科する。

第一二二条の二　次の各号のいずれかに該当するときは、その違反行為をしたコンサルタント会の理事、監事又は清算人は、五十万円以下の過料に処する。
一　第八十七条第三項の規定による届出をせず、又は虚偽の届出をしたとき。
二　第八十七条第五項の規定による検査を拒み、妨げ、若しくは忌避し、又は同項の規定による命令に違反したとき。

第一二三条　次の各号のいずれかに該当する者は、二十万円以下の過料に処する。
一　第五十条第一項（第五十三条の三から第五十四条の二まで及び第七十七条第三項において準用する場合を含む。）の規定に違反して財務諸表等を備えて置かず、財務諸表等に記載すべき事項を記載せず、若しくは虚偽の記載をし、又は正当な理由がないのに第五十条第二項（第五十三条の三から第五十四条の二まで及び第七十七条第三項において準用する場合を含む。）の規定による請求を拒んだ者（外国登録製造時等検査機関等を除く。）
二　研究所が第九十六条の三の規定による命令に違反した場合におけるその違反行為をした研究所の役員

附則（抄）

（施行期日）

第一条　この法律は、公布の日から起算して六月をこえない範囲内において政令で定める日から施行する。ただし、第八十条及び第九章第二節の規定は昭和四十八年四月一日から、附則第九条のうち労働省設置法（昭和二十四年法律第百六十二号）第十三条第一項の表中央労働基準審議会の項の改正規定中「労働基準法」の下に「及び労働安全衛生法」を加える部分は公布の日から施行する。

（政令への委任）

第二条　この附則に定めるもののほか、この法律の施行に関して必要な経過措置は、政令で定める。

（罰則に関する経過措置）

第三条　この法律の施行前にした行為に対する罰則の適用については、なお従前の例による。

（心理的な負担の程度を把握するための検査等に関する特例）

第四条　第十三条第一項の事業場以外の事業場についての第六十六条の十の規定の適用については、当分の間、同条第一項中「行わなければ」とあるのは、「行うよう努めなければ」とする。

（平成三〇年七月六日法律第七一号）

附則（抄）

（面接指導に関する経過措置）

第五条　事業者は、附則第二条（附則第三条第一項の規定により読み替えて適用する場合を含む。）の規定によりなお従前の例によることとされた協定が適用されている労働者に対しては、第四条の規定による改正後の労働安全衛生法（以下この条において「新安衛法」という。）第六十六条の八の二第一項の規定にかかわらず、同項の規定による面接指導を行うことを要しない。この場合において、当該労働者に対する新安衛法第六十六条の八第一項の規定の適用については、同項中「労働者（次条第一項に規定する者及び」とあるのは、「労働者（」とする。

（衛生委員会等の決議に関する経過措置）

第一〇条　第六条の規定による改正前の労働時間等の設定の改善に関する特別措置法（以下この条において「旧設定改善法」という。）第七条第二項の規定により労働時間等設定改善委員会とみなされた労働安全衛生法第十八条第一項の規定により設置された衛生委員会（同法第十九条第一項の規定により設置された安全衛生委員会を含む。）の旧設定改善法第七条第一項に定める決議については、平成三十四年三月三十一日（平成三十一年三月三十一日を含む期間を定めているものであって、その期間が平成三十四年三月三十一日を超えないものについては、その期間の末日）までの間は、なおその効力を有する。

【令和四年六月一七日法律第六八号未施行内容】

刑法等の一部を改正する法律の施行に伴う関係法律の整理等に関する法律をここに公布する。

第二五七条　労働安全衛生法（昭和四十七年法律第五十七号）の一部を次のように改正する。
第八十四条第二項第三号中「禁錮」を「拘禁刑」に改める。
第百十五条の三第一項から第三項までの規定中「賄賂」を「賄賂」に、「懲役」を「拘禁刑」に改め、同条第四項中「賄賂」を「賄賂」に改める。
第百十五条の四第一項中「賄賂」を「賄賂」に、「懲役」を「拘禁刑」に改める。
第百十六条から第百十九条までの規定中「懲役」を「拘禁刑」に改める。

附則（抄）

（施行期日）

1　この法律は、刑法等一部改正法施行日（令和七年六月一日――編注）から施行する。《略》

労働者の心身の状態に関する情報の適正な取扱いのために事業者が講ずべき措置に関する指針

平成三〇年九月七日労働者の心身の状態に関する情報の適正な取扱い指針公示第一号

最終改正：令和四年三月三一日労働者の心身の状態に関する情報の適正な取扱い指針公示第二号

1 趣旨・総論

事業者が、労働安全衛生法（昭和四七年法律第五七号）に基づき実施する健康診断等の健康を確保するための措置（以下「健康確保措置」という。）や任意に行う労働者の健康管理活動を通じて得た労働者の心身の状態に関する情報（以下「心身の状態の情報」という。）については、そのほとんどが個人情報の保護に関する法律（平成一五年法律第五七号）第二条第三項に規定する「要配慮個人情報」に該当する機微な情報である。そのため、事業場において、労働者が雇用管理において自身にとって不利益な取扱いを受けるという不安を抱くことなく、安心して産業医等による健康相談等を受けられるようにするとともに、事業者が必要な心身の状態の情報を収集して、労働者の健康確保措置を十全に行えるようにするためには、関係法令に則った上で、心身の状態の情報が適切に取り扱われることが必要であることから、事業者が、当該事業場における心身の状態の情報の適正な取扱いのための規程（以下「取扱規程」という。）を策定することによる当該取扱いの明確化が必要である。こうした背景の下、労働安全衛生法第一〇四条第三項及びじん肺法（昭和三五年法律第三〇号）第三五条の三第三項に基づき公表する本指針は、心身の状態の情報の取扱いに関する原則を明らかにしつつ、事業者が策定すべき取扱規程の内容、策定の方法、運用等について定めたものである。

その上で、取扱規程については、健康確保措置に必要な心身の状態の情報の範囲が労働者の業務内容等によって異なり、また、事業場の状況に応じて適切に運用されることが重要であることから、本指針に示す原則を踏まえて、事業場ごとに衛生委員会又は安全衛生委員会（以下「衛生委員会等」という。）を活用して労使関与の下で、その内容を検討して定め、その運用を図る必要がある。

なお、本指針に示す内容は、事業場における心身の状態の情報の取扱いに関する原則である。このため、事業者は、当該事業場の状況に応じて、心身の状態の情報が適切に取り扱われるようその趣旨を踏まえつつ、本指針に示す内容とは異なる取扱いを行うことも可能である。しかしながら、その場合は、労働者に、当該事業場における心身の状態の情報を取り扱う方法及び当該取扱いを採用する理由を説明した上で行う必要がある。

2 心身の状態の情報の取扱いに関する原則

(1) 心身の状態の情報を取り扱う目的

事業者が心身の状態の情報を取り扱う目的は、労働者の健康確保措置の実施や事業者が負う民事上の安全配慮義務の履行であり、そのために必要な心身の状態の情報を適正に収集し、活用する必要がある。

一方、労働者の個人情報を保護する観点から、現行制度においては、事業者が心身の状態の情報を取り扱えるのは、労働安全衛生法令及びその他の法令に基づく場合や本人が同意している場合のほか、労働者の生命、身体の保護のために必要がある場合であって、本人の同意を得ることが困難であるとき等とされているので、上記の目的に即して、適正に取り扱われる必要がある。

(2) 取扱規程を定める目的

心身の状態の情報が、労働者の健康確保措置の実施や事業者が負う民事上の安全配慮義務の履行の目的の範囲内で適正に使用され、事業者による労働者の健康確保措置が十全に行われるよう、事業者は、当該事業場における取扱規程を定め、労使で共有することが必要である。

(3) 取扱規程に定めるべき事項

取扱規程に定めるべき事項は、具体的には以下のものが考えられる。

① 心身の状態の情報を取り扱う目的及び取扱方法
② 心身の状態の情報を取り扱う者及びその権限並びに取り扱う心身の状態の情報の範囲
③ 心身の状態の情報を取り扱う目的等の通知方法及び本人同意の取得方法
④ 心身の状態の情報の適正管理の方法
⑤ 心身の状態の情報の開示、訂正等（追加及び削除を含む。以下同じ。）及び使用停止等（消去及び第三者への提供の停止を含む。以下同じ。）の方法
⑥ 心身の状態の情報の第三者提供の方法
⑦ 事業承継、組織変更に伴う心身の状態の情報の引継ぎに関する事項
⑧ 心身の状態の情報の取扱いに関する苦情の処理

⑨ 取扱規程の労働者への周知の方法

なお、②については、個々の事業場における心身の状態の情報を取り扱う目的や取り扱う体制等の状況に応じて、部署や職種ごとに、その権限及び取り扱う心身の状態の情報の範囲等を定めることが適切である。

(4) 取扱規程の策定の方法

事業者は、取扱規程の策定に当たっては、衛生委員会等を活用して労使関与の下で検討し、策定したものを労働者と共有することが必要である。この共有の方法については、就業規則その他の社内規程等により定め、当該文書を常時作業場の見やすい場所に掲示し、又は備え付ける、イントラネットに掲載を行う等の方法により周知することが考えられる。

なお、衛生委員会等を設置する義務がない常時五〇人未満の労働者を使用する事業場（以下「小規模事業場」という。）においては、事業者は、必要に応じて労働安全衛生規則（昭和四七年労働省令第三二号）第二三条の二に定める関係労働者の意見を聴く機会を活用する等により、労働者の意見を聴いた上で取扱規程を策定し、労働者と共有することが必要である。

また、取扱規程を検討又は策定する単位については、当該企業及び事業場の実情を踏まえ、事業場単位ではなく、企業単位とすることも考えられる。

(5) 心身の状態の情報の適正な取扱いのための体制の整備

心身の状態の情報の取扱いに当たっては、情報を適切に管理するための組織面、技術面等での措置を講じることが必要である。

(9)の表の右欄に掲げる心身の状態の情報の取扱いの原則のうち、特に心身の状態の情報の加工に係るものについては、主に、医療職種を配置している事業場での実施を想定しているものである。

なお、健康診断の結果等の記録については、事業者の責任の下で、健康診断を実施した医療機関等と連携して加工や保存を行うことも考えられるが、その場合においても、取扱規程においてその取扱いを定めた上で、健康確保措置を講じるために必要な心身の状態の情報は、事業者等が把握し得る状態に置く等の対応が必要である。

(6) 心身の状態の情報の収集に際しての本人同意の取得

(9)の表の①及び②に分類される、労働安全衛生法令において労働者本人の同意を得なくても収集することのできる心身の状態の情報であっても、取り扱う目的及び取扱方法等について、労働者に周知した上で収集することが必要である。また、(9)の表の②に分類される心身の状態の情報を事業者等が収集する際には、取り扱う目的及び取扱方法等について労働者の十分な理解を得ることが望ましく、取扱規程に定めた上で、例えば、健康診断の事業者等からの受診案内等にあらかじめ記載する等の方法により労働者に通知することが考えられる。さらに、(9)の表の③に分類される心身の状態の情報を事業者等が収集する際には、個人情報の保護に関する法律第二〇条第二項に基づき、労働者本人の同意を得なければならない。

(7) 取扱規程の運用

事業者は、取扱規程について、心身の状態の情報を取り扱う者等の関係者に教育し、その運用が適切に行われるようにするとともに、適宜、その運用状況を確認し、取扱規程の見直し等の措置を行うことが必要である。

取扱規程の運用が適切に行われていないことが明らかになった場合は、事業者は労働者にその旨を説明するとともに、再発防止に取り組むことが必要である。

(8) 労働者に対する不利益な取扱いの防止

事業者は、心身の状態の情報の取扱いに労働者が同意しないことを理由として、又は、労働者の健康確保措置及び民事上の安全配慮義務の履行に必要な範囲を超えて、当該労働者に対して不利益な取扱いを行うことはあってはならない。

以下に掲げる不利益な取扱いを行うことは、一般的に合理的なものとはいえないので、事業者は、原則としてこれを行ってはならない。なお、不利益な取扱いの理由が以下に掲げるもの以外のものであったとしても、実質的に以下に掲げるものに該当する場合には、当該不利益な取扱いについても、行ってはならない。

① 心身の状態の情報に基づく就業上の措置の実施に当たり、例えば、健康診断後に医師の意見を聴取する等の労働安全衛生法令上求められる適切な手順に従わないなど、不利益な取扱いを行うこと。

② 心身の状態の情報に基づく就業上の措置の実施に当たり、当該措置の内容・程度が聴取した医師の意見と著しく異なる等、医師の意見を勘案し必要と認められる範囲内となっていないもの又は労働者の実情が考慮されていないもの等の労働安全衛生法令上求められる要件を満たさない内容の不利益な取扱いを行うこと。

③ 心身の状態の情報の取扱いに労働者が同意しないことや心身の状態の情報の内容を理由とし

て、以下の措置を行うこと。

(a) 解雇すること

(b) 期間を定めて雇用される者について契約の更新をしないこと

(c) 退職勧奨を行うこと

(d) 不当な動機・目的をもってなされたと判断されるような配置転換又は職位（役職）の変更を命じること

(e) その他労働契約法等の労働関係法令に違反する措置を講じること

(9) 心身の状態の情報の取扱いの原則（情報の性質による分類）

心身の状態の情報の取扱いを担当する者及びその権限並びに取り扱う心身の状態の情報の範囲等の、事業場における取扱いの原則について、労働安全衛生法令及び心身の状態の情報の取扱いに関する規定がある関係法令の整理を踏まえて分類すると、次の表のとおりとなる。

心身の状態の情報の分類	左欄の分類に該当する心身の状態の情報の例	心身の状態の情報の取扱いの原則
①労働安全衛生法令に基づき事業者が直接取り扱うこととされており、労働安全衛生法令に定める義務を履行するために、事業者が必ず取り扱わなければならない心身の状態の情報	(a)健康診断の受診・未受診の情報 (b)長時間労働者による面接指導の申出の有無 (c)ストレスチェックの結果、高ストレスと判定された者による面接指導の申出の有無 (d)健康診断の事後措置について医師から聴取した意見 (e)長時間労働者に対する面接指導の事後措置について医師から聴取した意見 (f)ストレスチェックの結果、高ストレスと判定された者に対する面接指導の事後措置について医師から聴取した意見	全ての情報をその取扱いの目的の達成に必要な範囲を踏まえて、事業者等が取り扱う必要がある。 ただし、それらに付随する健康診断の結果等の心身の状態の情報については、②の取扱いの原則に従って取り扱う必要がある。
②労働安全衛生法令に基づき事業者が労働者本人の同意を得ずに収集することが可能であるが、事業場ごとの取扱規程により事業者等の内部における適正な取扱いを定めて運用することが適当である心身の状態の情報	(a)健康診断の結果（法定の項目） (b)健康診断の再検査の結果（法定の項目と同一のものに限る。） (c)長時間労働者に対する面接指導の結果 (d)ストレスチェックの結果、高ストレスと判定された者に対する面接指導の結果	事業者等は、当該情報の取扱いの目的の達成に必要な範囲を踏まえて、取り扱うことが適切である。そのため、事業場の状況に応じて、 ・情報を取り扱う者を制限する ・情報を加工する 等、事業者等の内部における適切な取扱いを取扱規程に定め、また、当該取扱いの目的及び方法等について労働者が十分に認識できるよう、丁寧な説明を行う等の当該取扱いに対する労働者の納得性を高める措置を講じた上で、取扱規程を運用する必要がある。
③労働安全衛生法令において事業者が直接取り扱うことについて規定されていないため、あらかじめ労働者本人の同意を得ることが必要であり、事業場ごとの取扱規程により事業者等の内部における適	(a)健康診断の結果（法定外項目） (b)保健指導の結果 (c)健康診断の再検査の結果（法定の項目と同一のものを除く。） (d)健康診断の精密検査の結果 (e)健康相談の結果 (f)がん検診の結果 (g)職場復帰のための面接指導の結果 (h)治療と仕事の	個人情報の保護に関する法律に基づく適切な取扱いを確保するため、事業場ごとの取扱規程に則った対応を講じる必要がある。

正な取扱いを定めて運用することが必要である心身の状態の情報	両立支援等のための医師の意見書 (i)通院状況等疾病管理のための情報	

※　高齢者の医療の確保に関する法律（昭和五七年法律第八〇号。以下「高確法」という。）第二七条第三項及び健康保険法（大正一一年法律第七〇号）第一五〇条第二項その他の医療保険各法の規定において、医療保険者は、事業者に対し、健康診断の結果（高確法第二七条第三項の規定に基づく場合は、特定健康診査及び特定保健指導の実施に関する基準（平成一九年厚生労働省令第一五七号。以下「実施基準」という。）第二条各号に掲げる項目に関する記録の写しに限り、また、健康保険法その他の医療保険各法の規定に基づく場合は、実施基準第二条各号に掲げる項目に関する記録の写しその他健康保険法第一五〇条第一項等の規定により被保険者等の健康の保持増進のために必要な事業を行うに当たって医療保険者が必要と認める情報に限る。）の提供を求めることができることとされている。このため、事業者は、これらの規定に基づく医療保険者の求めに応じて健康診断の結果を提供する場合は、労働者本人の同意を得ずに提供することができる。

③の心身の状態の情報について、「あらかじめ労働者本人の同意を得ることが必要」としているが、個人情報の保護に関する法律第二〇条第二項各号に該当する場合は、あらかじめ労働者本人の同意は不要である。また、労働者本人が自発的に事業者に提出した心身の状態の情報については、「あらかじめ労働者本人の同意」を得たものと解されるが、当該情報について事業者等が医療機関等に直接問い合わせる場合には、別途、労働者本人の同意を得る必要がある。

(10)　小規模事業場における取扱い

小規模事業場においては、産業保健業務従事者の配置が不十分である等、(9)の原則に基づいた十分な措置を講じるための体制を整備することが困難な場合にも、事業場の体制に応じて合理的な措置を講じることが必要である。

この場合、事業場ごとに心身の状態の情報の取扱いの目的の達成に必要な範囲で取扱規程を定めるとともに、特に、(9)の表の②に該当する心身の状態の情報の取扱いについては、衛生推進者を選任している場合は、衛生推進者に取り扱わせる方法や、取扱規程に基づき適切に取り扱うことを条件に、取り扱う心身の状態の情報を制限せずに事業者自らが直接取り扱う方法等が考えられる。

3　心身の状態の情報の適正管理

(1)　心身の状態の情報の適正管理のための規程

心身の状態の情報の適正管理のために事業者が講ずべき措置としては以下のものが挙げられる。これらの措置は個人情報の保護に関する法律において規定されているものであり、事業場ごとの実情を考慮して、適切に運用する必要がある。

①　心身の状態の情報を必要な範囲において正確・最新に保つための措置

②　心身の状態の情報の漏えい、滅失、改ざん等の防止のための措置（心身の状態の情報の取扱いに係る組織的体制の整備、正当な権限を有しない者からのアクセス防止のための措置等）

③　保管の必要がなくなった心身の状態の情報の適切な消去等

このため、心身の状態の情報の適正管理に係る措置については、これらの事項を踏まえ、事業場ごとに取扱規程に定める必要がある。

なお、特に心身の状態の情報の適正管理については、企業や事業場ごとの体制、整備等を個別に勘案し、その運用の一部又は全部を本社事業場において一括して行うことも考えられる。

(2)　心身の状態の情報の開示等

労働者が有する、本人に関する心身の状態の情報の開示や必要な訂正等、使用停止等を事業者に請求する権利についても、ほとんどの心身の状態の情報が、機密性が高い情報であることに鑑みて適切に対応する必要がある。

(3)　小規模事業場における留意事項

小規模事業者においては、「個人情報の保護に関する法律についてのガイドライン（通則編）」（平成二八年個人情報保護委員会告示第六号）の「10（別添）講ずべき安全管理措置の内容」も参照しつつ、取り扱う心身の状態の情報の数量及び心身の状態の情報を取り扱う労働者数が一定程度にとどまること等を踏まえ、円滑にその義務を履行し得るような手法とすることが適当である。

4　定義

本指針において、以下に掲げる用語の意味は、それぞれ次に定めるところによる。

①　心身の状態の情報

事業場で取り扱う心身の状態の情報は、労働安全衛生法第六六条第一項に基づく健康診断等の健康確保措置や任意に行う労働者の健康管理活動を通じて得た情報であり、このうち個人情報の保護に関する法律第二条第三項に規定する「要配慮個人情報」に該当するものについては、「雇用管理分野における個人情報のうち健康情報を取り扱うに当たっての留意事項について」（平成二九年五月二九日付け基発〇五二九第三号）の「健康情報」と同義である。

なお、その分類は2(9)の表の左欄に、その例示は同表の中欄にそれぞれ掲げるとおりである。

② 心身の状態の情報の取扱い

心身の状態の情報に係る収集から保管、使用（第三者提供を含む。）、消去までの一連の措置をいう。なお、本指針における「使用」は、個人情報の保護に関する法律における「利用」に該当する。

③ 心身の状態の情報の適正管理

心身の状態の情報の「保管」のうち、事業者等が取り扱う心身の状態の情報の適正な管理に当たって事業者が講ずる措置をいう。

④ 心身の状態の情報の加工

心身の状態の情報の他者への提供に当たり、提供する情報の内容を健康診断の結果等の記録自体ではなく、所見の有無や検査結果を踏まえた就業上の措置に係る医師の意見に置き換えるなど、心身の状態の情報の取扱いの目的の達成に必要な範囲内で使用されるように変換することをいう。

⑤ 事業者等

労働安全衛生法に定める事業者（法人企業であれば当該法人、個人企業であれば事業経営主を指す。）に加え、事業者が行う労働者の健康確保措置の実施や事業者が負う民事上の安全配慮義務の履行のために、心身の状態の情報を取り扱う人事に関して直接の権限を持つ監督的地位にある者、産業保健業務従事者及び管理監督者等を含む。

なお、2(3)②における「心身の状態の情報を取り扱う者及びその権限並びに取り扱う心身の状態の情報の範囲」とは、これらの者ごとの権限等を指す。

⑥ 医療職種

医師、保健師等、法律において、業務上知り得た人の秘密について守秘義務規定が設けられている職種をいう。

⑦ 産業保健業務従事者

医療職種や衛生管理者その他の労働者の健康管理に関する業務に従事する者をいう。

労働者災害補償保険法（抄）

昭和二二年四月七日法律第五〇号
施行：昭和二二年九月一日
最終改正：令和四年六月一七日法律第六八号
施行：附則参照

第一章　総則

第一条　労働者災害補償保険は、業務上の事由、事業主が同一人でない二以上の事業に使用される労働者（以下「複数事業労働者」という。）の二以上の事業の業務を要因とする事由又は通勤による労働者の負傷、疾病、障害、死亡等に対して迅速かつ公正な保護をするため、必要な保険給付を行い、あわせて、業務上の事由、複数事業労働者の二以上の事業の業務を要因とする事由又は通勤により負傷し、又は疾病にかかつた労働者の社会復帰の促進、当該労働者及びその遺族の援護、労働者の安全及び衛生の確保等を図り、もつて労働者の福祉の増進に寄与することを目的とする。

第二条　労働者災害補償保険は、政府が、これを管掌する。

第二条の二　労働者災害補償保険は、第一条の目的を達成するため、業務上の事由、複数事業労働者の二以上の事業の業務を要因とする事由又は通勤による労働者の負傷、疾病、障害、死亡等に関して保険給付を行うほか、社会復帰促進等事業を行うことができる。

第三条　この法律においては、労働者を使用する事業を適用事業とする。

② 前項の規定にかかわらず、国の直営事業及び官公署の事業（労働基準法（昭和二十二年法律第四十九号）別表第一に掲げる事業を除く。）については、この法律は、適用しない。

第四条　削除

第五条　この法律に基づく政令及び厚生労働省令並びに労働保険の保険料の徴収等に関する法律（昭和四十四年法律第八十四号。以下「徴収法」という。）に基づく政令及び厚生労働省令（労働者災害補償保険事業に係るものに限る。）は、その草案について、労働政策審議会の意見を聞いて、これを制定する。

第二章　保険関係の成立及び消滅

第六条　保険関係の成立及び消滅については、徴収法の定めるところによる。

第三章　保険給付

第一節　通則

第七条　この法律による保険給付は、次に掲げる保険給付とする。

一　労働者の業務上の負傷、疾病、障害又は死亡（以下「業務災害」という。）に関する保険給付

二　複数事業労働者（これに類する者として厚生労働省令で定めるものを含む。以下同じ。）の二以上の事業の業務を要因とする負傷、疾病、障害又は死亡（以下「複数業務要因災害」という。）に関する保険給付（前号に掲げるものを除く。以下同じ。）

三　労働者の通勤による負傷、疾病、障害又は死亡（以下「通勤災害」という。）に関する保険給付

四　二次健康診断等給付

② 前項第三号の通勤とは、労働者が、就業に関し、次に掲げる移動を、合理的な経路及び方法により行うことをいい、業務の性質を有するものを除くものとする。

一　住居と就業の場所との間の往復

二　厚生労働省令で定める就業の場所から他の就業の場所への移動

三　第一号に掲げる往復に先行し、又は後続する住居間の移動（厚生労働省令で定める要件に該当するものに限る。）

③ 労働者が、前項各号に掲げる移動の経路を逸脱し、又は同項各号に掲げる移動を中断した場合においては、当該逸脱又は中断の間及びその後の同項各号に掲げる移動は、第一項第三号の通勤としない。ただし、当該逸脱又は中断が、日常生活上必要な行為であつて厚生労働省令で定めるものをやむを得ない事由により行うための最小限度のものである場合は、当該逸脱又は中断の間を除き、この限りでない。

第八条　給付基礎日額は、労働基準法第十二条の平均賃金に相当する額とする。この場合において、同条第一項の平均賃金を算定すべき事由の発生した日は、前条第一項第一号から第三号までに規定する負傷若しくは死亡の原因である事故が発生した日又は診断によつて同項第一号及び第二号に規定する疾病の発生が確定した日（以下「算定事由発生日」という。）とする。

② 労働基準法第十二条の平均賃金に相当する額を給付基礎日額とすることが適当でないと認められるときは、前項の規定にかかわらず、厚生労働省令で定めるところによつて政府が算定する額を給付基礎日額とする。

③ 前二項の規定にかかわらず、複数事業労働者の業務上の事由、複数事業労働者の二以上の事業の業務を要因とする事由又は複数事業労働者の通勤による負傷、疾病、障害又は死亡により、当該複数事業労働者、その遺族その他厚生労働省令で定める者に対して保険給付を行う場合における給付基礎日額は、前二項に定めるところにより当該複数事業労働者を使用する事業ごとに算定した給付基礎日額に相当する額を合算した額を基礎として、厚生労働省令で定めるところによつて政府が算定する額とする。

第八条の二　休業補償給付、複数事業労働者休業給付又は休業給付（以下この条及び第四十二条第二項において「休業補償給付等」という。）の額の算定の基礎として用いる給付基礎日額（以下この条において「休業給付基礎日額」という。）については、次に定めるところによる。

一　次号に規定する休業補償給付等以外の休業補償給付等については、前条の規定により給付基礎日額として算定した額を休業給付基礎日額とする。

二　一月から三月まで、四月から六月まで、七月から九月まで及び十月から十二月までの各区分による期間（以下この条において「四半期」という。）ごとの平均給与額（厚生労働省において作成する毎月勤労統計における毎月きまつて支給する給与の額を基礎として厚生労働省令で定めるところにより算定した労働者一人当たりの給与の一箇月平均額をいう。以下この号において同じ。）が、算定事由発生日の属する四半期（この号の規定により算定した額（以下この

号において「改定日額」という。）を休業給付基礎日額とすることとされている場合にあつては、当該改定日額を休業補償給付等の額の算定の基礎として用いるべき最初の四半期の前々四半期）の平均給与額の百分の百十を超え、又は百分の九十を下るに至つた場合において、その上昇し、又は低下するに至つた四半期の翌々四半期に属する最初の日以後に支給すべき事由が生じた休業補償給付等については、その上昇し、又は低下した比率を基準として厚生労働大臣が定める率を前条の規定により給付基礎日額として算定した額（改定日額を休業給付基礎日額とすることとされている場合にあつては、当該改定日額）に乗じて得た額を休業給付基礎日額とする。

② 休業補償給付等を支給すべき事由が生じた日が当該休業補償給付等に係る療養を開始した日から起算して一年六箇月を経過した日以後の日である場合において、次の各号に掲げる場合に該当するときは、前項の規定にかかわらず、当該各号に定める額を休業給付基礎日額とする。

一 前項の規定により休業給付基礎日額として算定した額が、厚生労働省令で定める年齢階層(以下この条において単に「年齢階層」という。)ごとに休業給付基礎日額の最低限度額として厚生労働大臣が定める額のうち、当該休業補償給付等を受けるべき労働者の当該休業補償給付等を支給すべき事由が生じた日の属する四半期の初日（次号において「基準日」という。）における年齢の属する年齢階層に係る額に満たない場合　当該年齢階層に係る額

二 前項の規定により休業給付基礎日額として算定した額が、年齢階層ごとに休業給付基礎日額の最高限度額として厚生労働大臣が定める額のうち、当該休業補償給付等を受けるべき労働者の基準日における年齢の属する年齢階層に係る額を超える場合　当該年齢階層に係る額

③ 前項第一号の厚生労働大臣が定める額は、毎年、年齢階層ごとに、厚生労働省令で定めるところにより、当該年齢階層に属するすべての労働者を、その受けている一月当たりの賃金の額（以下この項において「賃金月額」という。）の高低に従い、二十の階層に区分し、その区分された階層のうち最も低い賃金月額に係る階層に属する労働者の受けている賃金月額のうち最も高いものを基礎とし、労働者の年齢階層別の就業状態その他の事情を考慮して定めるものとする。

④ 前項の規定は、第二項第二号の厚生労働大臣が定める額について準用する。この場合において、前項中「最も低い賃金月額に係る」とあるのは、「最も高い賃金月額に係る階層の直近下位の」と読み替えるものとする。

第八条の三　年金たる保険給付の額の算定の基礎として用いる給付基礎日額(以下この条において「年金給付基礎日額」という。）については、次に定めるところによる。

一 算定事由発生日の属する年度（四月一日から翌年三月三十一日までをいう。以下同じ。）の翌々年度の七月以前の分として支給する年金たる保険給付については、第八条の規定により給付基礎日額として算定した額を年金給付基礎日額とする。

二 算定事由発生日の属する年度の翌々年度の八月以後の分として支給する年金たる保険給付については、第八条の規定により給付基礎日額として算定した額に当該年金たる保険給付を支給すべき月の属する年度の前年度（当該月が四月から七月までの月に該当する場合にあつては、前々年度）の平均給与額（厚生労働省において作成する毎月勤労統計における毎月きまつて支給する給与の額を基礎として厚生労働省令で定めるところにより算定した労働者一人当たりの給与の平均額をいう。以下この号及び第十六条の六第二項において同じ。）を算定事由発生日の属する年度の平均給与額で除して得た率を基準として厚生労働大臣が定める率を乗じて得た額を年金給付基礎日額とする。

② 前条第二項から第四項までの規定は、年金給付基礎日額について準用する。この場合において、同条第二項中「休業補償給付等を支給すべき事由が生じた日が当該休業補償給付等に係る療養を開始した日から起算して一年六箇月を経過した日以後の日である」とあるのは「年金たる保険給付を支給すべき事由がある」と、「前項」とあるのは「次条第一項」と、「休業給付基礎日額」とあるのは「年金給付基礎日額」と、同項第一号中「休業補償給付等」とあるのは「年金たる保険給付」と、「支給すべき事由が生じた日」とあるのは「支給すべき月」と、「四半期の初日（次号」とあるのは「年度の八月一日（当該月が四月から七月までの月に該当する場合にあつては、当該年度の前年度の八月一日。以下この項」と、「年齢の」とあるのは「年齢（遺族補償年金、複数事業労働者遺族年金又は遺族年金を支給すべき場合にあつては、当該支給をすべき事由に係る労働者の死亡がなかつたものとして計算した場合に得られる当該労働者の基準

日における年齢。次号において同じ。）の」と、同項第二号中「休業補償給付等」とあるのは「年金たる保険給付」と読み替えるものとする。

第八条の四　前条第一項の規定は、障害補償一時金若しくは遺族補償一時金、複数事業労働者障害一時金若しくは複数事業労働者遺族一時金又は障害一時金若しくは遺族一時金の額の算定の基礎として用いる給付基礎日額について準用する。この場合において、同項中「の分として支給する」とあるのは「に支給すべき事由が生じた」と、「支給すべき月」とあるのは「支給すべき事由が生じた月」と読み替えるものとする。

第八条の五　給付基礎日額に一円未満の端数があるときは、これを一円に切り上げるものとする。

第九条　年金たる保険給付の支給は、支給すべき事由が生じた月の翌月から始め、支給を受ける権利が消滅した月で終わるものとする。

②　年金たる保険給付は、その支給を停止すべき事由が生じたときは、その事由が生じた月の翌月からその事由が消滅した月までの間は、支給しない。

③　年金たる保険給付は、毎年二月、四月、六月、八月、十月及び十二月の六期に、それぞれその前月分までを支払う。ただし、支給を受ける権利が消滅した場合におけるその期の年金たる保険給付は、支払期月でない月であつても、支払うものとする。

第一〇条　船舶が沈没し、転覆し、滅失し、若しくは行方不明となつた際現にその船舶に乗つていた労働者若しくは船舶に乗つていてその船舶の航行中に行方不明となつた労働者の生死が三箇月間わからない場合又はこれらの労働者の死亡が三箇月以内に明らかとなり、かつ、その死亡の時期がわからない場合には、遺族補償給付、葬祭料、遺族給付及び葬祭給付の支給に関する規定の適用については、その船舶が沈没し、転覆し、滅失し、若しくは行方不明となつた日又は労働者が行方不明となつた日に、当該労働者は、死亡したものと推定する。航空機が墜落し、滅失し、若しくは行方不明となつた際現にその航空機に乗つていた労働者若しくは航空機に乗つていてその航空機の航行中行方不明となつた労働者の生死が三箇月間わからない場合又はこれらの労働者の死亡が三箇月以内に明らかとなり、かつ、その死亡の時期がわからない場合にも、同様とする。

第一一条　この法律に基づく保険給付を受ける権利を有する者が死亡した場合において、その死亡した者に支給すべき保険給付でまだその者に支給しなかつたものがあるときは、その者の配偶者（婚姻の届出をしていないが、事実上婚姻関係と同様の事情にあつた者を含む。以下同じ。）、子、父母、孫、祖父母又は兄弟姉妹であつて、その者の死亡の当時その者と生計を同じくしていたもの（遺族補償年金については当該遺族補償年金を受けることができる他の遺族、複数事業労働者遺族年金については当該複数事業労働者遺族年金を受けることができる他の遺族、遺族年金については当該遺族年金を受けることができる他の遺族）は、自己の名で、その未支給の保険給付の支給を請求することができる。

②　前項の場合において、死亡した者が死亡前にその保険給付を請求していなかつたときは、同項に規定する者は、自己の名で、その保険給付を請求することができる。

③　未支給の保険給付を受けるべき者の順位は、第一項に規定する順序（遺族補償年金については第十六条の二第三項に、複数事業労働者遺族年金については第二十条の六第三項において準用する第十六条の二第三項に、遺族年金については第二十二条の四第三項において準用する第十六条の二第三項に規定する順序）による。

④　未支給の保険給付を受けるべき同順位者が二人以上あるときは、その一人がした請求は、全員のためその全額につきしたものとみなし、その一人に対してした支給は、全員に対してしたものとみなす。

第一二条　年金たる保険給付の支給を停止すべき事由が生じたにもかかわらず、その停止すべき期間の分として年金たる保険給付が支払われたときは、その支払われた年金たる保険給付は、その後に支払うべき年金たる保険給付の内払とみなすことができる。年金たる保険給付を減額して改定すべき事由が生じたにもかかわらず、その事由が生じた月の翌月以後の分として減額しない額の年金たる保険給付が支払われた場合における当該年金たる保険給付の当該減額すべきであつた部分についても、同様とする。

②　同一の業務上の事由、複数事業労働者の二以上の事業の業務を要因とする事由又は通勤による負傷又は疾病（以下この条において「同一の傷病」という。）に関し、年金たる保険給付（遺族補償年金、複数事業労働者遺族年金及び遺族年金を除く。以下この項において「乙年金」という。）を受ける権利を有する労働者が他の年金たる保険給付（遺族補償年金及び遺族年金を除く。以下この項において「甲年金」という。）を受ける権利を有することとなり、かつ、乙年金

を受ける権利が消滅した場合において、その消滅した月の翌月以後の分として乙年金が支払われたときは、その支払われた乙年金は、甲年金の内払とみなす。同一の傷病に関し、年金たる保険給付（遺族補償年金及び遺族年金を除く。）を受ける権利を有する労働者が休業補償給付若しくは休業給付又は障害補償一時金、複数事業労働者障害一時金若しくは障害一時金を受ける権利を有することとなり、かつ、当該年金たる保険給付を受ける権利が消滅した場合において、その消滅した月の翌月以後の分として当該年金たる保険給付が支払われたときも、同様とする。

③ 同一の傷病に関し、休業補償給付、複数事業労働者休業給付又は休業給付を受けている労働者が障害補償給付若しくは傷病補償年金、複数事業労働者障害給付若しくは複数事業労働者傷病年金又は障害給付若しくは傷病年金を受ける権利を有することとなり、かつ、休業補償給付又は休業給付を行わないこととなつた場合において、その後も休業補償給付又は休業給付が支払われたときは、その支払われた休業補償給付又は休業給付は、当該障害補償給付若しくは傷病補償年金又は障害給付若しくは傷病年金の内払とみなす。

第一二条の二　年金たる保険給付を受ける権利を有する者が死亡したためその支給を受ける権利が消滅したにもかかわらず、その死亡の日の属する月の翌月以後の分として当該年金たる保険給付の過誤払が行われた場合において、当該過誤払による返還金に係る債権（以下この条において「返還金債権」という。）に係る債務の弁済をすべき者に支払うべき保険給付があるときは、厚生労働省令で定めるところにより、当該保険給付の支払金の金額を当該過誤払による返還金債権の金額に充当することができる。

第一二条の二の二　労働者が、故意に負傷、疾病、障害若しくは死亡又はその直接の原因となつた事故を生じさせたときは、政府は、保険給付を行わない。

② 労働者が故意の犯罪行為若しくは重大な過失により、又は正当な理由がなくて療養に関する指示に従わないことにより、負傷、疾病、障害若しくは死亡若しくはこれらの原因となつた事故を生じさせ、又は負傷、疾病若しくは障害の程度を増進させ、若しくはその回復を妨げたときは、政府は、保険給付の全部又は一部を行わないことができる。

第一二条の三　偽りその他不正の手段により保険給付を受けた者があるときは、政府は、その保険給付に要した費用に相当する金額の全部又は一部をその者から徴収することができる。

② 前項の場合において、事業主（徴収法第八条第一項又は第二項の規定により元請負人が事業主とされる場合にあつては、当該元請負人。以下同じ。）が虚偽の報告又は証明をしたためその保険給付が行なわれたものであるときは、政府は、その事業主に対し、保険給付を受けた者と連帯して前項の徴収金を納付すべきことを命ずることができる。

③ 徴収法第二十七条、第二十九条、第三十条及び第四十一条の規定は、前二項の規定による徴収金について準用する。

第一二条の四　政府は、保険給付の原因である事故が第三者の行為によつて生じた場合において、保険給付をしたときは、その給付の価額の限度で、保険給付を受けた者が第三者に対して有する損害賠償の請求権を取得する。

② 前項の場合において、保険給付を受けるべき者が当該第三者から同一の事由について損害賠償を受けたときは、政府は、その価額の限度で保険給付をしないことができる。

第一二条の五　保険給付を受ける権利は、労働者の退職によつて変更されることはない。

② 保険給付を受ける権利は、譲り渡し、担保に供し、又は差し押さえることができない。

第一二条の六　租税その他の公課は、保険給付として支給を受けた金品を標準として課することはできない。

第一二条の七　保険給付を受ける権利を有する者は、厚生労働省令で定めるところにより、政府に対して、保険給付に関し必要な厚生労働省令で定める事項を届け出、又は保険給付に関し必要な厚生労働省令で定める書類その他の物件を提出しなければならない。

第二節　業務災害に関する保険給付

第一二条の八　第七条第一項第一号の業務災害に関する保険給付は、次に掲げる保険給付とする。

一　療養補償給付
二　休業補償給付
三　障害補償給付
四　遺族補償給付
五　葬祭料
六　傷病補償年金
七　介護補償給付

② 前項の保険給付（傷病補償年金及び介護補償給付を除く。）は、労働基準法第七十五条から第七十七条まで、第七十九条及び第八十条に規定する災害補償の事由又は船員法（昭和二十二年法律第

百号）第八十九条第一項、第九十一条第一項、第九十二条本文、第九十三条及び第九十四条に規定する災害補償の事由（同法第九十一条第一項にあっては、労働基準法第七十六条第一項に規定する災害補償の事由に相当する部分に限る。）が生じた場合に、補償を受けるべき労働者若しくは遺族又は葬祭を行う者に対し、その請求に基づいて行う。

③　傷病補償年金は、業務上負傷し、又は疾病にかかつた労働者が、当該負傷又は疾病に係る療養の開始後一年六箇月を経過した日において次の各号のいずれにも該当するとき、又は同日後次の各号のいずれにも該当することとなつたときに、その状態が継続している間、当該労働者に対して支給する。

一　当該負傷又は疾病が治つていないこと。

二　当該負傷又は疾病による障害の程度が厚生労働省令で定める傷病等級に該当すること。

④　介護補償給付は、障害補償年金又は傷病補償年金を受ける権利を有する労働者が、その受ける権利を有する障害補償年金又は傷病補償年金の支給事由となる障害であつて厚生労働省令で定める程度のものにより、常時又は随時介護を要する状態にあり、かつ、常時又は随時介護を受けているときに、当該介護を受けている間（次に掲げる間を除く。）、当該労働者に対し、その請求に基づいて行う。

一　障害者の日常生活及び社会生活を総合的に支援するための法律（平成十七年法律第百二十三号）第五条第十一項に規定する障害者支援施設（以下「障害者支援施設」という。）に入所している間（同条第七項に規定する生活介護（以下「生活介護」という。）を受けている場合に限る。）

二　障害者支援施設（生活介護を行うものに限る。）に準ずる施設として厚生労働大臣が定めるものに入所している間

三　病院又は診療所に入院している間

第一三条　療養補償給付は、療養の給付とする。

②　前項の療養の給付の範囲は、次の各号（政府が必要と認めるものに限る。）による。

一　診察

二　薬剤又は治療材料の支給

三　処置、手術その他の治療

四　居宅における療養上の管理及びその療養に伴う世話その他の看護

五　病院又は診療所への入院及びその療養に伴う世話その他の看護

六　移送

③　政府は、第一項の療養の給付をすることが困難な場合その他厚生労働省令で定める場合には、療養の給付に代えて療養の費用を支給することができる。

第一四条　休業補償給付は、労働者が業務上の負傷又は疾病による療養のため労働することができないために賃金を受けない日の第四日目から支給するものとし、その額は、一日につき給付基礎日額の百分の六十に相当する額とする。ただし、労働者が業務上の負傷又は疾病による療養のため所定労働時間のうちその一部分についてのみ労働する日若しくは賃金が支払われる休暇（以下この項において「部分算定日」という。）又は複数事業労働者の部分算定日に係る休業補償給付の額は、給付基礎日額（第八条の二第二項第二号に定める額（以下この項において「最高限度額」という。）を給付基礎日額とすることとされている場合にあつては、同号の規定の適用がないものとした場合における給付基礎日額）から部分算定日に対して支払われる賃金の額を控除して得た額（当該控除して得た額が最高限度額を超える場合にあつては、最高限度額に相当する額）の百分の六十に相当する額とする。

②　休業補償給付を受ける労働者が同一の事由について厚生年金保険法（昭和二十九年法律第百十五号）の規定による障害厚生年金又は国民年金法（昭和三十四年法律第百四十一号）の規定による障害基礎年金を受けることができるときは、当該労働者に支給する休業補償給付の額は、前項の規定にかかわらず、同項の額に別表第一第一号から第三号までに規定する場合に応じ、それぞれ同表第一号から第三号までの政令で定める率のうち傷病補償年金について定める率を乗じて得た額（その額が政令で定める額を下回る場合には、当該政令で定める額）とする。

第一四条の二　労働者が次の各号のいずれかに該当する場合（厚生労働省令で定める場合に限る。）には、休業補償給付は、行わない。

一　刑事施設、労役場その他これらに準ずる施設に拘禁されている場合

二　少年院その他これに準ずる施設に収容されている場合

第一五条　障害補償給付は、厚生労働省令で定める障害等級に応じ、障害補償年金又は障害補償一時金とする。

②　障害補償年金又は障害補償一時金の額は、それぞれ、別表第一又は別表第二に規定する額とする。

第一五条の二　障害補償年金を受ける労働者の当該

障害の程度に変更があつたため、新たに別表第一又は別表第二中の他の障害等級に該当するに至つた場合には、政府は、厚生労働省令で定めるところにより、新たに該当するに至つた障害等級に応ずる障害補償年金又は障害補償一時金を支給するものとし、その後は、従前の障害補償年金は、支給しない。

第一六条　遺族補償給付は、遺族補償年金又は遺族補償一時金とする。

第一六条の二　遺族補償年金を受けることができる遺族は、労働者の配偶者、子、父母、孫、祖父母及び兄弟姉妹であつて、労働者の死亡の当時その収入によつて生計を維持していたものとする。ただし、妻（婚姻の届出をしていないが、事実上婚姻関係と同様の事情にあつた者を含む。以下同じ。）以外の者にあつては、労働者の死亡の当時次の各号に掲げる要件に該当した場合に限るものとする。

一　夫（婚姻の届出をしていないが、事実上婚姻関係と同様の事情にあつた者を含む。以下同じ。）、父母又は祖父母については、六十歳以上であること。

二　子又は孫については、十八歳に達する日以後の最初の三月三十一日までの間にあること。

三　兄弟姉妹については、十八歳に達する日以後の最初の三月三十一日までの間にあること又は六十歳以上であること。

四　前三号の要件に該当しない夫、子、父母、孫、祖父母又は兄弟姉妹については、厚生労働省令で定める障害の状態にあること。

②　労働者の死亡の当時胎児であつた子が出生したときは、前項の規定の適用については、将来に向かつて、その子は、労働者の死亡の当時その収入によつて生計を維持していた子とみなす。

③　遺族補償年金を受けるべき遺族の順位は、配偶者、子、父母、孫、祖父母及び兄弟姉妹の順序とする。

第一六条の三　遺族補償年金の額は、別表第一に規定する額とする。

②　遺族補償年金を受ける権利を有する者が二人以上あるときは、遺族補償年金の額は、前項の規定にかかわらず、別表第一に規定する額をその人数で除して得た額とする。

③　遺族補償年金の額の算定の基礎となる遺族の数に増減を生じたときは、その増減を生じた月の翌月から、遺族補償年金の額を改定する。

④　遺族補償年金を受ける権利を有する遺族が妻であり、かつ、当該妻と生計を同じくしている遺族補償年金を受けることができる遺族がない場合において、当該妻が次の各号の一に該当するに至つたときは、その該当するに至つた月の翌月から、遺族補償年金の額を改定する。

一　五十五歳に達したとき（別表第一の厚生労働省令で定める障害の状態にあるときを除く。）。

二　別表第一の厚生労働省令で定める障害の状態になり、又はその事情がなくなつたとき（五十五歳以上であるときを除く。）。

第一六条の四　遺族補償年金を受ける権利は、その権利を有する遺族が次の各号の一に該当するに至つたときは、消滅する。この場合において、同順位者がなくて後順位者があるときは、次順位者に遺族補償年金を支給する。

一　死亡したとき。

二　婚姻（届出をしていないが、事実上婚姻関係と同様の事情にある場合を含む。）をしたとき。

三　直系血族又は直系姻族以外の者の養子（届出をしていないが、事実上養子縁組関係と同様の事情にある者を含む。）となつたとき。

四　離縁によつて、死亡した労働者との親族関係が終了したとき。

五　子、孫又は兄弟姉妹については、十八歳に達した日以後の最初の三月三十一日が終了したとき（労働者の死亡の時から引き続き第十六条の二第一項第四号の厚生労働省令で定める障害の状態にあるときを除く。）。

六　第十六条の二第一項第四号の厚生労働省令で定める障害の状態にある夫、子、父母、孫、祖父母又は兄弟姉妹については、その事情がなくなつたとき（夫、父母又は祖父母については、労働者の死亡の当時六十歳以上であつたとき、子又は孫については、十八歳に達する日以後の最初の三月三十一日までの間にあるとき、兄弟姉妹については、十八歳に達する日以後の最初の三月三十一日までの間にあるか又は労働者の死亡の当時六十歳以上であつたときを除く。）。

②　遺族補償年金を受けることができる遺族が前項各号の一に該当するに至つたときは、その者は、遺族補償年金を受けることができる遺族でなくなる。

第一六条の五　遺族補償年金を受ける権利を有する者の所在が一年以上明らかでない場合には、当該遺族補償年金は、同順位者があるときは同順位者の、同順位者がないときは次順位者の申請によつて、その所在が明らかでない間、その支給を停止する。この場合において、同順位者がないときは、その間、次順位者を先順位者とする。

② 前項の規定により遺族補償年金の支給を停止された遺族は、いつでも、その支給の停止の解除を申請することができる。

③ 第十六条の三第三項の規定は、第一項の規定により遺族補償年金の支給が停止され、又は前項の規定によりその停止が解除された場合に準用する。この場合において、同条第三項中「増減を生じた月」とあるのは、「支給が停止され、又はその停止が解除された月」と読み替えるものとする。

第一六条の六 遺族補償一時金は、次の場合に支給する。

一 労働者の死亡の当時遺族補償年金を受けることができる遺族がないとき。

二 遺族補償年金を受ける権利を有する者の権利が消滅した場合において、他に当該遺族補償年金を受けることができる遺族がなく、かつ、当該労働者の死亡に関し支給された遺族補償年金の額の合計額が当該権利が消滅した日において前号に掲げる場合に該当することとなるものとしたときに支給されることとなる遺族補償一時金の額に満たないとき。

② 前項第二号に規定する遺族補償年金の額の合計額を計算する場合には、同号に規定する権利が消滅した日の属する年度（当該権利が消滅した日の属する月が四月から七月までの月に該当する場合にあつては、その前年度。以下この項において同じ。）の七月以前の分として支給された遺族補償年金の額については、その現に支給された額に当該権利が消滅した日の属する年度の前年度の平均給与額を当該遺族補償年金の支給の対象とされた月の属する年度の前年度（当該月が四月から七月までの月に該当する場合にあつては、前々年度）の平均給与額で除して得た率を基準として厚生労働大臣が定める率を乗じて得た額により算定するものとする。

第一六条の七 遺族補償一時金を受けることができる遺族は、次の各号に掲げる者とする。

一 配偶者

二 労働者の死亡の当時その収入によつて生計を維持していた子、父母、孫及び祖父母

三 前号に該当しない子、父母、孫及び祖父母並びに兄弟姉妹

② 遺族補償一時金を受けるべき遺族の順位は、前項各号の順序により、同項第二号及び第三号に掲げる者のうちにあつては、それぞれ、当該各号に掲げる順序による。

第一六条の八 遺族補償一時金の額は、別表第二に規定する額とする。

② 第十六条の三第二項の規定は、遺族補償一時金の額について準用する。この場合において、同項中「別表第一」とあるのは、「別表第二」と読み替えるものとする。

第一六条の九 労働者を故意に死亡させた者は、遺族補償給付を受けることができる遺族としない。

② 労働者の死亡前に、当該労働者の死亡によつて遺族補償年金を受けることができる先順位又は同順位の遺族となるべき者を故意に死亡させた者は、遺族補償年金を受けることができる遺族としない。

③ 遺族補償年金を受けることができる遺族を故意に死亡させた者は、遺族補償一時金を受けることができる遺族としない。労働者の死亡前に、当該労働者の死亡によつて遺族補償年金を受けることができる遺族となるべき者を故意に死亡させた者も、同様とする。

④ 遺族補償年金を受けることができる遺族が、遺族補償年金を受けることができる先順位又は同順位の他の遺族を故意に死亡させたときは、その者は、遺族補償年金を受けることができる遺族でなくなる。この場合において、その者が遺族補償年金を受ける権利を有する者であるときは、その権利は、消滅する。

⑤ 前項後段の場合には、第十六条の四第一項後段の規定を準用する。

第一七条 葬祭料は、通常葬祭に要する費用を考慮して厚生労働大臣が定める金額とする。

第一八条 傷病補償年金は、第十二条の八第三項第二号の厚生労働省令で定める傷病等級に応じ、別表第一に規定する額とする。

② 傷病補償年金を受ける者には、休業補償給付は、行わない。

第一八条の二 傷病補償年金を受ける労働者の当該障害の程度に変更があつたため、新たに別表第一中の他の傷病等級に該当するに至つた場合には、政府は、厚生労働省令で定めるところにより、新たに該当するに至つた傷病等級に応ずる傷病補償年金を支給するものとし、その後は、従前の傷病補償年金は、支給しない。

第一九条 業務上負傷し、又は疾病にかかつた労働者が、当該負傷又は疾病に係る療養の開始後三年を経過した日において傷病補償年金を受けている場合又は同日後において傷病補償年金を受けることとなつた場合には、労働基準法第十九条第一項の規定の適用については、当該使用者は、それぞれ、当該三年を経過した日又は傷病補償年金を受けることとなつた日において、同法第八十一条の規定により打切補償を支払つたものとみなす。

第一九条の二　介護補償給付は、月を単位として支給するものとし、その月額は、常時又は随時介護を受ける場合に通常要する費用を考慮して厚生労働大臣が定める額とする。

第二〇条　この節に定めるもののほか、業務災害に関する保険給付について必要な事項は、厚生労働省令で定める。

第二節の二　複数業務要因災害に関する保険給付

第二〇条の二　第七条第一項第二号の複数業務要因災害に関する保険給付は、次に掲げる保険給付とする。

一　複数事業労働者療養給付
二　複数事業労働者休業給付
三　複数事業労働者障害給付
四　複数事業労働者遺族給付
五　複数事業労働者葬祭給付
六　複数事業労働者傷病年金
七　複数事業労働者介護給付

第二〇条の三　複数事業労働者療養給付は、複数事業労働者がその従事する二以上の事業の業務を要因として負傷し、又は疾病（厚生労働省令で定めるものに限る。以下この節において同じ。）にかかつた場合に、当該複数事業労働者に対し、その請求に基づいて行う。

②　第十三条の規定は、複数事業労働者療養給付について準用する。

第二〇条の四　複数事業労働者休業給付は、複数事業労働者がその従事する二以上の事業の業務を要因とする負傷又は疾病による療養のため労働することができないために賃金を受けない場合に、当該複数事業労働者に対し、その請求に基づいて行う。

②　第十四条及び第十四条の二の規定は、複数事業労働者休業給付について準用する。この場合において、第十四条第一項中「労働者が業務上の」とあるのは「複数事業労働者がその従事する二以上の事業の業務を要因とする」と、同条第二項中「別表第一第一号から第三号までに規定する場合に応じ、それぞれ同表第一号から第三号までの政令で定める率のうち傷病補償年金について定める率」とあるのは「第二十条の八第二項において準用する別表第一第一号から第三号までに規定する場合に応じ、それぞれ同表第一号から第三号までの政令で定める率のうち複数事業労働者傷病年金について定める率」と読み替えるものとする。

第二〇条の五　複数事業労働者障害給付は、複数事業労働者がその従事する二以上の事業の業務を要因として負傷し、又は疾病にかかり、治つたとき身体に障害が存する場合に、当該複数事業労働者に対し、その請求に基づいて行う。

②　複数事業労働者障害給付は、第十五条第一項の厚生労働省令で定める障害等級に応じ、複数事業労働者障害年金又は複数事業労働者障害一時金とする。

③　第十五条第二項及び第十五条の二並びに別表第一（障害補償年金に係る部分に限る。）及び別表第二（障害補償一時金に係る部分に限る。）の規定は、複数事業労働者障害給付について準用する。この場合において、これらの規定中「障害補償年金」とあるのは「複数事業労働者障害年金」と、「障害補償一時金」とあるのは「複数事業労働者障害一時金」と読み替えるものとする。

第二〇条の六　複数事業労働者遺族給付は、複数事業労働者がその従事する二以上の事業の業務を要因として死亡した場合に、当該複数事業労働者の遺族に対し、その請求に基づいて行う。

②　複数事業労働者遺族給付は、複数事業労働者遺族年金又は複数事業労働者遺族一時金とする。

③　第十六条の二から第十六条の九まで並びに別表第一（遺族補償年金に係る部分に限る。）及び別表第二（遺族補償一時金に係る部分に限る。）の規定は、複数事業労働者遺族給付について準用する。この場合において、これらの規定中「遺族補償年金」とあるのは「複数事業労働者遺族年金」と、「遺族補償一時金」とあるのは「複数事業労働者遺族一時金」と読み替えるものとする。

第二〇条の七　複数事業労働者葬祭給付は、複数事業労働者がその従事する二以上の事業の業務を要因として死亡した場合に、葬祭を行う者に対し、その請求に基づいて行う。

②　第十七条の規定は、複数事業労働者葬祭給付について準用する。

第二十条の八　複数事業労働者傷病年金は、複数事業労働者がその従事する二以上の事業の業務を要因として負傷し、又は疾病にかかつた場合に、当該負傷又は疾病に係る療養の開始後一年六箇月を経過した日において次の各号のいずれにも該当するとき、又は同日後次の各号のいずれにも該当することとなつたときに、その状態が継続している間、当該複数事業労働者に対して支給する。

一　当該負傷又は疾病が治つていないこと。
二　当該負傷又は疾病による障害の程度が第十二条の八第三項第二号の厚生労働省令で定める傷病等級に該当すること。

② 第十八条、第十八条の二及び別表第一（傷病補償年金に係る部分に限る。）の規定は、複数事業労働者傷病年金について準用する。この場合において、第十八条第二項中「休業補償給付」とあるのは「複数事業労働者休業給付」と、同表中「傷病補償年金」とあるのは「複数事業労働者傷病年金」と読み替えるものとする。

第二〇条の九　複数事業労働者介護給付は、複数事業労働者障害年金又は複数事業労働者傷病年金を受ける権利を有する複数事業労働者が、その受ける権利を有する複数事業労働者障害年金又は複数事業労働者傷病年金の支給事由となる障害であつて第十二条の八第四項の厚生労働省令で定める程度のものにより、常時又は随時介護を要する状態にあり、かつ、常時又は随時介護を受けているときに、当該介護を受けている間（次に掲げる間を除く。）、当該複数事業労働者に対し、その請求に基づいて行う。

一　障害者支援施設に入所している間（生活介護を受けている場合に限る。）

二　第十二条の八第四項第二号の厚生労働大臣が定める施設に入所している間

三　病院又は診療所に入院している間

② 第十九条の二の規定は、複数事業労働者介護給付について準用する。

第二〇条の一〇　この節に定めるもののほか、複数業務要因災害に関する保険給付について必要な事項は、厚生労働省令で定める。

第三節　通勤災害に関する保険給付

第二一条　第七条第一項第三号の通勤災害に関する保険給付は、次に掲げる保険給付とする。

一　療養給付

二　休業給付

三　障害給付

四　遺族給付

五　葬祭給付

六　傷病年金

七　介護給付

第二二条　療養給付は、労働者が通勤（第七条第一項第三号の通勤をいう。以下同じ。）により負傷し、又は疾病（厚生労働省令で定めるものに限る。以下この節において同じ。）にかかつた場合に、当該労働者に対し、その請求に基づいて行う。

② 第十三条の規定は、療養給付について準用する。

第二二条の二　休業給付は、労働者が通勤による負傷又は疾病に係る療養のため労働することができないために賃金を受けない場合に、当該労働者に対し、その請求に基づいて行なう。

② 第十四条及び第十四条の二の規定は、休業給付について準用する。この場合において、第十四条第一項中「業務上の」とあるのは「通勤による」と、同条第二項中「別表第一第一号から第三号までに規定する場合に応じ、それぞれ同表第一号から第三号までの政令で定める率のうち傷病補償年金について定める率」とあるのは「第二十三条第二項において準用する別表第一第一号から第三号までに規定する場合に応じ、それぞれ同表第一号から第三号までの政令で定める率のうち傷病年金について定める率」と読み替えるものとする。

③ 療養給付を受ける労働者（第三十一条第二項の厚生労働省令で定める者を除く。）に支給する休業給付であつて最初に支給すべき事由の生じた日に係るものの額は、前項において準用する第十四条第一項の規定にかかわらず、同項の額から第三十一条第二項の厚生労働省令で定める額に相当する額を減じた額とする。

第二二条の三　障害給付は、労働者が通勤により負傷し、又は疾病にかかり、なおつたとき身体に障害が存する場合に、当該労働者に対し、その請求に基づいて行なう。

② 障害給付は、第十五条第一項の厚生労働省令で定める障害等級に応じ、障害年金又は障害一時金とする。

③ 第十五条第二項及び第十五条の二並びに別表第一（障害補償年金に係る部分に限る。）及び別表第二（障害補償一時金に係る部分に限る。）の規定は、障害給付について準用する。この場合において、これらの規定中「障害補償年金」とあるのは「障害年金」と、「障害補償一時金」とあるのは「障害一時金」と読み替えるものとする。

第二二条の四　遺族給付は、労働者が通勤により死亡した場合に、当該労働者の遺族に対し、その請求に基づいて行なう。

② 遺族給付は、遺族年金又は遺族一時金とする。

③ 第十六条の二から第十六条の九まで並びに別表第一（遺族補償年金に係る部分に限る。）及び別表第二（遺族補償一時金に係る部分に限る。）の規定は、遺族給付について準用する。この場合において、これらの規定中「遺族補償年金」とあるのは「遺族年金」と、「遺族補償一時金」とあるのは「遺族一時金」と読み替えるものとする。

第二二条の五　葬祭給付は、労働者が通勤により死亡した場合に、葬祭を行なう者に対し、その請求に基づいて行なう。

② 第十七条の規定は、葬祭給付について準用する。

第二三条　傷病年金は、通勤により負傷し、又は疾病にかかつた労働者が、当該負傷又は疾病に係る療養の開始後一年六箇月を経過した日において次の各号のいずれにも該当するとき、又は同日後次の各号のいずれにも該当することとなつたときに、その状態が継続している間、当該労働者に対して支給する。

一　当該負傷又は疾病が治つていないこと。

二　当該負傷又は疾病による障害の程度が第十二条の八第三項第二号の厚生労働省令で定める傷病等級に該当すること。

②　第十八条、第十八条の二及び別表第一（傷病補償年金に係る部分に限る。）の規定は、傷病年金について準用する。この場合において、第十八条第二項中「休業補償給付」とあるのは「休業給付」と、同表中「傷病補償年金」とあるのは「傷病年金」と読み替えるものとする。

第二四条　介護給付は、障害年金又は傷病年金を受ける権利を有する労働者が、その受ける権利を有する障害年金又は傷病年金の支給事由となる障害であつて第十二条の八第四項の厚生労働省令で定める程度のものにより、常時又は随時介護を要する状態にあり、かつ、常時又は随時介護を受けているときに、当該介護を受けている間（次に掲げる間を除く。）、当該労働者に対し、その請求に基づいて行う。

一　障害者支援施設に入所している間（生活介護を受けている場合に限る。）

二　第十二条の八第四項第二号の厚生労働大臣が定める施設に入所している間

三　病院又は診療所に入院している間

②　第十九条の二の規定は、介護給付について準用する。

第二五条　この節に定めるもののほか、通勤災害に関する保険給付について必要な事項は、厚生労働省令で定める。

第四節　二次健康診断等給付

第二六条　二次健康診断等給付は、労働安全衛生法（昭和四十七年法律第五十七号）第六十六条第一項の規定による健康診断又は当該健康診断に係る同条第五項ただし書の規定による健康診断のうち、直近のもの（以下この項において「一次健康診断」という。）において、血圧検査、血液検査その他業務上の事由による脳血管疾患及び心臓疾患の発生にかかわる身体の状態に関する検査であつて、厚生労働省令で定めるものが行われた場合において、当該検査を受けた労働者がそのいずれの項目にも異常の所見があると診断されたときに、当該労働者（当該一次健康診断の結果その他の事情により既に脳血管疾患又は心臓疾患の症状を有すると認められるものを除く。）に対し、その請求に基づいて行う。

②　二次健康診断等給付の範囲は、次のとおりとする。

一　脳血管及び心臓の状態を把握するために必要な検査（前項に規定する検査を除く。）であつて厚生労働省令で定めるものを行う医師による健康診断（一年度につき一回に限る。以下この節において「二次健康診断」という。）

二　二次健康診断の結果に基づき、脳血管疾患及び心臓疾患の発生の予防を図るため、面接により行われる医師又は保健師による保健指導（二次健康診断ごとに一回に限る。次項において「特定保健指導」という。）

③　政府は、二次健康診断の結果その他の事情により既に脳血管疾患又は心臓疾患の症状を有すると認められる労働者については、当該二次健康診断に係る特定保健指導を行わないものとする。

第二七条　二次健康診断等給付を受けた労働者から当該二次健康診断の実施の日から三箇月を超えない期間で厚生労働省令で定める期間内に当該二次健康診断の結果を証明する書面の提出を受けた事業者（労働安全衛生法第二条第三号に規定する事業者をいう。）に対する同法第六十六条の四の規定の適用については、同条中「健康診断の結果（当該健康診断」とあるのは、「健康診断及び労働者災害補償保険法第二十六条第二項第一号に規定する二次健康診断の結果（これらの健康診断」とする。

第二八条　この節に定めるもののほか、二次健康診断等給付について必要な事項は、厚生労働省令で定める。

第三章の二　社会復帰促進等事業

第二九条　政府は、この保険の適用事業に係る労働者及びその遺族について、社会復帰促進等事業として、次の事業を行うことができる。

一　療養に関する施設及びリハビリテーションに関する施設の設置及び運営その他業務災害、複数業務要因災害及び通勤災害を被つた労働者（次号において「被災労働者」という。）の円滑な社会復帰を促進するために必要な事業

二　被災労働者の療養生活の援護、被災労働者の受ける介護の援護、その遺族の就学の援護、被災労働者及びその遺族が必要とする資金の貸付けによる援護その他被災労働者及びその遺族の援護を図るために必要な事業

三　業務災害の防止に関する活動に対する援助、健康診断に関する施設の設置及び運営その他労働者の安全及び衛生の確保、保険給付の適切な実施の確保並びに賃金の支払の確保を図るために必要な事業

②　前項各号に掲げる事業の実施に関して必要な基準は、厚生労働省令で定める。

③　政府は、第一項の社会復帰促進等事業のうち、独立行政法人労働者健康安全機構法（平成十四年法律第百七十一号）第十二条第一項に掲げるものを独立行政法人労働者健康安全機構に行わせるものとする。

第四章　費用の負担

第三〇条　労働者災害補償保険事業に要する費用にあてるため政府が徴収する保険料については、徴収法の定めるところによる。

第三一条　政府は、次の各号のいずれかに該当する事故について保険給付を行つたときは、厚生労働省令で定めるところにより、業務災害に関する保険給付にあつては労働基準法の規定による災害補償の価額の限度又は船員法の規定による災害補償のうち労働基準法の規定による災害補償に相当する災害補償の価額の限度で、複数業務要因災害に関する保険給付にあつては複数業務要因災害を業務災害とみなした場合に支給されるべき業務災害に関する保険給付に相当する同法の規定による災害補償の価額（当該複数業務要因災害に係る事業ごとに算定した額に限る。）の限度で、通勤災害に関する保険給付にあつては通勤災害を業務災害とみなした場合に支給されるべき業務災害に関する保険給付に相当する同法の規定による災害補償の価額の限度で、その保険給付に要した費用に相当する金額の全部又は一部を事業主から徴収することができる。

一　事業主が故意又は重大な過失により徴収法第四条の二第一項の規定による届出であつてこの保険に係る保険関係の成立に係るものをしていない期間（政府が当該事業について徴収法第十五条第三項の規定による決定をしたときは、その決定後の期間を除く。）中に生じた事故

二　事業主が徴収法第十条第二項第一号の一般保険料を納付しない期間（徴収法第二十七条第二項の督促状に指定する期限後の期間に限る。）中に生じた事故

三　事業主が故意又は重大な過失により生じさせた業務災害の原因である事故

②　政府は、療養給付を受ける労働者（厚生労働省令で定める者を除く。）から、二百円を超えない範囲内で厚生労働省令で定める額を一部負担金として徴収する。ただし、第二十二条の二第三項の規定により減額した休業給付の支給を受けた労働者については、この限りでない。

③　政府は、前項の労働者から徴収する同項の一部負担金に充てるため、厚生労働省令で定めるところにより、当該労働者に支払うべき保険給付の額から当該一部負担金の額に相当する額を控除することができる。

④　徴収法第二十七条、第二十九条、第三十条及び第四十一条の規定は、第一項又は第二項の規定による徴収金について準用する。

第三二条　国庫は、予算の範囲内において、労働者災害補償保険事業に要する費用の一部を補助することができる。

第四章の二　特別加入

第三三条　次の各号に掲げる者（第二号、第四号及び第五号に掲げる者にあつては、労働者である者を除く。）の業務災害、複数業務要因災害及び通勤災害に関しては、この章に定めるところによる。

一　厚生労働省令で定める数以下の労働者を使用する事業（厚生労働省令で定める事業を除く。第七号において「特定事業」という。）の事業主で徴収法第三十三条第三項の労働保険事務組合（以下「労働保険事務組合」という。）に同条第一項の労働保険事務の処理を委託するものである者（事業主が法人その他の団体であるときは、代表者）

二　前号の事業主が行う事業に従事する者

三　厚生労働省令で定める種類の事業を労働者を使用しないで行うことを常態とする者

四　前号の者が行う事業に従事する者

五　厚生労働省令で定める種類の作業に従事する者

六　この法律の施行地外の地域のうち開発途上にある地域に対する技術協力の実施の事業（事業の期間が予定される事業を除く。）を行う団体が、当該団体の業務の実施のため、当該開発途上にある地域（業務災害、複数業務要因災害及び通勤災害に関する保護制度の状況その他の事情を考慮して厚生労働省令で定める国の地域を除く。）において行われる事業に従事させるために派遣する者

七　この法律の施行地内において事業（事業の期間が予定される事業を除く。）を行う事業主が、この法律の施行地外の地域（業務災害、複数業

務要因災害及び通勤災害に関する保護制度の状況その他の事情を考慮して厚生労働省令で定める国の地域を除く。）において行われる事業に従事させるために派遣する者（当該事業が特定事業に該当しないときは、当該事業に使用される労働者として派遣する者に限る。）

第三四条　前条第一号の事業主が、同号及び同条第二号に掲げる者を包括して当該事業について成立する保険関係に基づきこの保険による業務災害、複数業務要因災害及び通勤災害に関する保険給付を受けることができる者とすることにつき申請をし、政府の承認があつたときは、第三章第一節から第三節まで及び第三章の二の規定の適用については、次に定めるところによる。

一　前条第一号及び第二号に掲げる者は、当該事業に使用される労働者とみなす。

二　前条第一号又は第二号に掲げる者が業務上負傷し、若しくは疾病にかかつたとき、その負傷若しくは疾病についての療養のため当該事業に従事することができないとき、その負傷若しくは疾病が治つた場合において身体に障害が存するとき、又は業務上死亡したときは、労働基準法第七十五条から第七十七条まで、第七十九条及び第八十条に規定する災害補償の事由が生じたものとみなす。

三　前条第一号及び第二号に掲げる者の給付基礎日額は、当該事業に使用される労働者の賃金の額その他の事情を考慮して厚生労働大臣が定める額とする。

四　前条第一号又は第二号に掲げる者の事故が徴収法第十条第二項第二号の第一種特別加入保険料が滞納されている期間中に生じたものであるときは、政府は、当該事故に係る保険給付の全部又は一部を行わないことができる。これらの者の業務災害の原因である事故が前条第一号の事業主の故意又は重大な過失によつて生じたものであるときも、同様とする。

②　前条第一号の事業主は、前項の承認があつた後においても、政府の承認を受けて、同号及び同条第二号に掲げる者を包括して保険給付を受けることができる者としないこととすることができる。

③　政府は、前条第一号の事業主がこの法律若しくは徴収法又はこれらの法律に基づく厚生労働省令の規定に違反したときは、第一項の承認を取り消すことができる。

④　前条第一号及び第二号に掲げる者の保険給付を受ける権利は、第二項の規定による承認又は前項の規定による第一項の承認の取消しによつて変更されない。これらの者が同条第一号及び第二号に掲げる者でなくなつたことによつても、同様とする。

第三五条～第三六条《略》

第三七条　この章に定めるもののほか、第三十三条各号に掲げる者の業務災害、複数業務要因災害及び通勤災害に関し必要な事項は、厚生労働省令で定める。

第五章　不服申立て及び訴訟

第三八条　保険給付に関する決定に不服のある者は、労働者災害補償保険審査官に対して審査請求をし、その決定に不服のある者は、労働保険審査会に対して再審査請求をすることができる。

②　前項の審査請求をしている者は、審査請求をした日から三箇月を経過しても審査請求についての決定がないときは、労働者災害補償保険審査官が審査請求を棄却したものとみなすことができる。

③　第一項の審査請求及び再審査請求は、時効の完成猶予及び更新に関しては、これを裁判上の請求とみなす。

第三九条　前条第一項の審査請求及び再審査請求については、行政不服審査法（平成二十六年法律第六十八号）第二章、（第二十二条を除く。）及び第四章の規定は、適用しない。

第四〇条　第三十八条第一項に規定する処分の取消しの訴えは、当該処分についての再審請求に対する労働者災害補償保険審査官の決定を経た後でなければ、提起することができない。

第四一条　削除

第六章　雑則

第四二条　療養補償給付、休業補償給付、葬祭料、介護補償給付、複数事業労働者療養給付、複数事業労働者休業給付、複数事業労働者葬祭給付、複数事業労働者介護給付、療養給付、休業給付、葬祭給付、介護給付及び二次健康診断等給付を受ける権利は、二年を経過したとき、障害補償給付、遺族補償給付、複数事業労働者障害給付、複数事業労働者遺族給付、障害給付及び遺族給付を受ける権利は、これらを行使することができる時から五年を経過したときは、時効によつて消滅する。

②　第八条の二第一項第二号の規定による四半期ごとの平均給与額又は第八条の三第一項第二号の規定による年度の平均給与額が修正されたことにより、第八条の二第一項第二号、第八条の三第一項第二号又は第十六条の六第二項（第二十条の六第三項若しくは第二十二条の四第三項において準用

する場合又は第五十八条第一項、第六十条の二第一項若しくは第六十一条第一項の規定によりその例によることとされる場合を含む。）に規定する厚生労働大臣が定める率を厚生労働大臣が、第八条第二項に規定する政府が算定する額を政府がそれぞれ変更した場合において、当該変更に伴いその額が再び算定された保険給付があるときは、当該保険給付に係る第十一条の規定による未支給の保険給付の支給を受ける権利については、会計法（昭和二十二年法律第三十五号）第三十一条第一項の規定を適用しない。

第四三条〜第五〇条《略》

第七章　罰則

第五一条　事業主、派遣先の事業主又は船員派遣の役務の提供を受ける者が次の各号のいずれかに該当するときは、六月以下の懲役又は三十万円以下の罰金に処する。労働保険事務組合又は第三十五条第一項に規定する団体がこれらの各号のいずれかに該当する場合におけるその違反行為をした当該労働保険事務組合又は当該団体の代表者又は代理人、使用人その他の従業者も、同様とする。

一　第四十六条の規定による命令に違反して報告をせず、若しくは虚偽の報告をし、又は文書の提出をせず、若しくは虚偽の記載をした文書を提出した場合

二　第四十八条第一項の規定による当該職員の質問に対して答弁をせず、若しくは虚偽の陳述をし、又は検査を拒み、妨げ、若しくは忌避した場合

第五二条　削除

第五三条　事業主、労働保険事務組合、第三十五条第一項に規定する団体、派遣先の事業主及び船員派遣の役務の提供を受ける者以外の者（第三者を除く。）が次の各号のいずれかに該当するときは、六月以下の懲役又は二十万円以下の罰金に処する。

一　第四十七条の規定による命令に違反して報告若しくは届出をせず、若しくは虚偽の報告若しくは届出をし、又は文書その他の物件の提出をせず、若しくは虚偽の記載をした文書を提出した場合

二　第四十八条第一項の規定による当該職員の質問に対し答弁をせず、若しくは虚偽の陳述をし、又は検査を拒み、妨げ、若しくは忌避した場合

三　第四十九条第一項の規定による命令に違反して報告をせず、虚偽の報告をし、若しくは診療録、帳簿書類その他の物件の提示をせず、又は同条の規定による検査を拒み、妨げ、若しくは忌避した場合

第五四条　法人（法人でない労働保険事務組合及び第三十五条第一項に規定する団体を含む。以下この項において同じ。）の代表者又は法人若しくは人の代理人、使用人その他の従業者が、その法人又は人の業務に関して、第五十一条又は前条の違反行為をしたときは、行為者を罰するほか、その法人又は人に対しても、各本条の罰金刑を科する。

②　前項の規定により法人でない労働保険事務組合又は第三十五条第一項に規定する団体を処罰する場合においては、その代表者が訴訟行為につきその労働保険事務組合又は団体を代表するほか、法人を被告人又は被疑者とする場合の刑事訴訟に関する法律の規定を準用する。

附則（抄）

第五五条〜第六三条《略》

第六四条　労働者又はその遺族が障害補償年金若しくは遺族補償年金、複数事業労働者障害年金若しくは複数事業労働者遺族年金又は障害年金若しくは遺族年金（以下この条において「年金給付」という。）を受けるべき場合（当該年金給付を受ける権利を有することとなつた時に、当該年金給付に係る障害補償年金前払一時金若しくは遺族補償年金前払一時金、複数事業労働者障害年金前払一時金若しくは複数事業労働者遺族年金前払一時金又は障害年金前払一時金若しくは遺族年金前払一時金（以下この条において「前払一時金給付」という。）を請求することができる場合に限る。）であつて、同一の事由について、当該労働者を使用している事業主又は使用していた事業主から民法その他の法律による損害賠償（以下単に「損害賠償」といい、当該年金給付によつて塡補される損害を塡補する部分に限る。）を受けることができるときは、当該損害賠償については、当分の間、次に定めるところによるものとする。

一　事業主は、当該労働者又はその遺族の年金給付を受ける権利が消滅するまでの間、その損害の発生時から当該年金給付に係る前払一時金給付を受けるべき時までのその損害の発生時における法定利率により計算される額を合算した場合における当該合算した額が当該前払一時金給付の最高限度額に相当する額となるべき額（次号の規定により損害賠償の責めを免れたときは、その免れた額を控除した額）の限度で、その損害賠償の履行をしないことができる。

二　前号の規定により損害賠償の履行が猶予され

ている場合において、年金給付又は前払一時金給付の支給が行われたときは、事業主は、その損害の発生時から当該支給が行われた時までのその損害の発生時における法定利率により計算される額を合算した場合における当該合算した額が当該年金給付又は前払一時金給付の額となるべき額の限度で、その損害賠償の責めを免れる。

② 労働者又はその遺族が、当該労働者を使用している事業主又は使用していた事業主から損害賠償を受けることができる場合であつて、保険給付を受けるべきときに、同一の事由について、損害賠償（当該保険給付によつて塡補される損害を塡補する部分に限る。）を受けたときは、政府は、労働政策審議会の議を経て厚生労働大臣が定める基準により、その価額の限度で、保険給付をしないことができる。ただし、前項に規定する年金給付を受けるべき場合において、次に掲げる保険給付については、この限りでない。

一 年金給付（労働者又はその遺族に対して、各月に支給されるべき額の合計額が厚生労働省令で定める算定方法に従い当該年金給付に係る前払一時金給付の最高限度額（当該前払一時金給付の支給を受けたことがある者にあつては、当該支給を受けた額を控除した額とする。）に相当する額に達するまでの間についての年金給付に限る。）

二 障害補償年金差額一時金及び第十六条の六第一項第二号の場合に支給される遺族補償一時金、複数事業労働者障害年金差額一時金及び第二十条の六第三項において読み替えて準用する第十六条の六第一項第二号の場合に支給される複数事業労働者遺族一時金並びに障害年金差額一時金及び第二十二条の四第三項において読み替えて準用する第十六条の六第一項第二号の場合に支給される遺族一時金

三 前払一時金給付

【令和四年六月一七日法律第六八号未施行内容】

刑法等の一部を改正する法律の施行に伴う関係法律の整理等に関する法律をここに公布する。

第二二一条 次に掲げる法律の規定中「懲役」を「拘禁刑」に改める。

二 労働者災害補償保険法（昭和二十二年法律第五十号）第五十一条及び第五十三条

附則（抄）

（施行期日）

1 この法律は、刑法等一部改正法施行日（令和七年六月一日――編注）から施行する。《略》

過労死等防止対策推進法

平成二六年六月二七日法律第一〇〇号

施行：平成二六年一一月一日

第一章 総則

（目的）

第一条 この法律は、近年、我が国において過労死等が多発し大きな社会問題となっていること及び過労死等が、本人はもとより、その遺族又は家族のみならず社会にとっても大きな損失であることに鑑み、過労死等に関する調査研究等について定めることにより、過労死等の防止のための対策を推進し、もって過労死等がなく、仕事と生活を調和させ、健康で充実して働き続けることのできる社会の実現に寄与することを目的とする。

（定義）

第二条 この法律において「過労死等」とは、業務における過重な負荷による脳血管疾患若しくは心臓疾患を原因とする死亡若しくは業務における強い心理的負荷による精神障害を原因とする自殺による死亡又はこれらの脳血管疾患若しくは心臓疾患若しくは精神障害をいう。

（基本理念）

第三条 過労死等の防止のための対策は、過労死等に関する実態が必ずしも十分に把握されていない現状を踏まえ、過労死等に関する調査研究を行うことにより過労死等に関する実態を明らかにし、その成果を過労死等の効果的な防止のための取組に生かすことができるようにするとともに、過労

死等を防止することの重要性について国民の自覚を促し、これに対する国民の関心と理解を深めること等により、行われなければならない。

2　過労死等の防止のための対策は、国、地方公共団体、事業主その他の関係する者の相互の密接な連携の下に行われなければならない。

（国の責務等）

第四条　国は、前条の基本理念にのっとり、過労死等の防止のための対策を効果的に推進する責務を有する。

2　地方公共団体は、前条の基本理念にのっとり、国と協力しつつ、過労死等の防止のための対策を効果的に推進するよう努めなければならない。

3　事業主は、国及び地方公共団体が実施する過労死等の防止のための対策に協力するよう努めるものとする。

4　国民は、過労死等を防止することの重要性を自覚し、これに対する関心と理解を深めるよう努めるものとする。

（過労死等防止啓発月間）

第五条　国民の間に広く過労死等を防止することの重要性について自覚を促し、これに対する関心と理解を深めるため、過労死等防止啓発月間を設ける。

2　過労死等防止啓発月間は、十一月とする。

3　国及び地方公共団体は、過労死等防止啓発月間の趣旨にふさわしい事業が実施されるよう努めなければならない。

（年次報告）

第六条　政府は、毎年、国会に、我が国における過労死等の概要及び政府が過労死等の防止のために講じた施策の状況に関する報告書を提出しなければならない。

第二章　過労死等の防止のための対策に関する大綱

第七条　政府は、過労死等の防止のための対策を効果的に推進するため、過労死等の防止のための対策に関する大綱（以下この条において単に「大綱」という。）を定めなければならない。

2　厚生労働大臣は、大綱の案を作成し、閣議の決定を求めなければならない。

3　厚生労働大臣は、大綱の案を作成しようとするときは、関係行政機関の長と協議するとともに、過労死等防止対策推進協議会の意見を聴くものとする。

4　政府は、大綱を定めたときは、遅滞なく、これを国会に報告するとともに、インターネットの利用その他適切な方法により公表しなければならない。

5　前三項の規定は、大綱の変更について準用する。

第三章　過労死等の防止のための対策

（調査研究等）

第八条　国は、過労死等に関する実態の調査、過労死等の効果的な防止に関する研究その他の過労死等に関する調査研究並びに過労死等に関する情報の収集、整理、分析及び提供（以下「過労死等に関する調査研究等」という。）を行うものとする。

2　国は、過労死等に関する調査研究等を行うに当たっては、過労死等が生ずる背景等を総合的に把握する観点から、業務において過重な負荷又は強い心理的負荷を受けたことに関連する死亡又は傷病について、事業を営む個人や法人の役員等に係るものを含め、広く当該過労死等に関する調査研究等の対象とするものとする。

（啓発）

第九条　国及び地方公共団体は、教育活動、広報活動等を通じて、過労死等を防止することの重要性について国民の自覚を促し、これに対する国民の関心と理解を深めるよう必要な施策を講ずるものとする。

（相談体制の整備等）

第一〇条　国及び地方公共団体は、過労死等のおそれがある者及びその親族等が過労死等に関し相談することができる機会の確保、産業医その他の過労死等に関する相談に応じる者に対する研修の機会の確保等、過労死等のおそれがある者に早期に対応し、過労死等を防止するための適切な対処を行う体制の整備及び充実に必要な施策を講ずるものとする。

（民間団体の活動に対する支援）

第一一条　国及び地方公共団体は、民間の団体が行う過労死等の防止に関する活動を支援するために必要な施策を講ずるものとする。

第四章　過労死等防止対策推進協議会

第一二条　厚生労働省に、第七条第三項（同条第五項において準用する場合を含む。）に規定する事項を処理するため、過労死等防止対策推進協議会（次条において「協議会」という。）を置く。

第一三条　協議会は、委員二十人以内で組織する。

2　協議会の委員は、業務における過重な負荷により脳血管疾患若しくは心臓疾患にかかった者又は業務における強い心理的負荷による精神障害を有するに至った者及びこれらの者の家族又はこれらの脳血管疾患若しくは心臓疾患を原因として死亡した者若しくは当該精神障害を原因とする自殺により死亡した者の遺族を代表する者、労働者を代表する者、使用者を代表する者並びに過労死等に関する専門的知識を有する者のうちから、厚生労働大臣が任命する。

3　協議会の委員は、非常勤とする。

4　前三項に定めるもののほか、協議会の組織及び運営に関し必要な事項は、政令で定める。

第五章　過労死等に関する調査研究等を踏まえた法制上の措置等

第一四条　政府は、過労死等に関する調査研究等の結果を踏まえ、必要があると認めるときは、過労死等の防止のために必要な法制上又は財政上の措置その他の措置を講ずるものとする。

附則（抄）

（検討）

2　この法律の規定については、この法律の施行後三年を目途として、この法律の施行状況等を勘案し、検討が加えられ、必要があると認められるときは、その結果に基づいて必要な措置が講ぜられるものとする。

血管病変等を著しく増悪させる業務による脳血管疾患及び虚血性心疾患等の認定基準

令和三年九月一四日基発第〇九一四第一号

第1　基本的な考え方

脳血管疾患及び虚血性心疾患等（負傷に起因するものを除く。以下「脳・心臓疾患」という。）は、その発症の基礎となる動脈硬化等による血管病変又は動脈瘤、心筋変性等の基礎的病態（以下「血管病変等」という。）が長い年月の生活の営みの中で徐々に形成、進行及び増悪するといった自然経過をたどり発症に至るものである。

しかしながら、業務による明らかな過重負荷が加わることによって、血管病変等がその自然経過を超えて著しく増悪し、脳・心臓疾患が発症する場合があり、そのような経過をたどり発症した脳・心臓疾患は、その発症に当たって業務が相対的に有力な原因であると判断し、業務に起因する疾病として取り扱う。

このような脳・心臓疾患の発症に影響を及ぼす業務による明らかな過重負荷として、発症に近接した時期における負荷及び長期間にわたる疲労の蓄積を考慮する。

これらの業務による過重負荷の判断に当たっては、労働時間の長さ等で表される業務量や、業務内容、作業環境等を具体的かつ客観的に把握、総合的に判断する必要がある。

第2　対象疾病

本認定基準は、次に掲げる脳・心臓疾患を対象疾病として取り扱う。

1　脳血管疾患
(1)　脳内出血（脳出血）
(2)　くも膜下出血
(3)　脳梗塞
(4)　高血圧性脳症

2　虚血性心疾患等
(1)　心筋梗塞
(2)　狭心症
(3)　心停止（心臓性突然死を含む。）
(4)　重篤な心不全
(5)　大動脈解離

第3　認定要件

次の(1)、(2)又は(3)の業務による明らかな過重負荷を受けたことにより発症した脳・心臓疾患は、業務に起因する疾病として取り扱う。

(1)　発症前の長期間にわたって、著しい疲労の蓄積をもたらす特に過重な業務（以下「長期間の過重業務」という。）に就労したこと。

(2)　発症に近接した時期において、特に過重な業務（以下「短期間の過重業務」という。）に就労したこと。

(3)　発症直前から前日までの間において、発生状態を時間的及び場所的に明確にし得る異常な出来事（以下「異常な出来事」という。）に遭遇したこと。

第4　認定要件の具体的判断

1　疾患名及び発症時期の特定

認定要件の判断に当たっては、まず疾患名を特定し、対象疾病に該当することを確認すること。

また、脳・心臓疾患の発症時期は、業務と発症との関連性を検討する際の起点となるものである。通常、脳・心臓疾患は、発症の直後に症状が出現（自覚症状又は他覚所見が明らかに認められることをいう。）するとされているので、臨床所見、症状の経過等から症状が出現した日を特定し、その日をもって発症日とすること。

なお、前駆症状（脳・心臓疾患発症の警告の症状をいう。）が認められる場合であって、当該前駆症状と発症した脳・心臓疾患との関連性が医学的に明らかとされたときは、当該前駆症状が確認された日をもって発症日とすること。

2　長期間の過重業務

(1)　疲労の蓄積の考え方

恒常的な長時間労働等の負荷が長期間にわたって作用した場合には、「疲労の蓄積」が生じ、これが血管病変等をその自然経過を超えて著しく増悪させ、その結果、脳・心臓疾患を発症させることがある。

このことから、発症との関連性において、業務の過重性を評価するに当たっては、発症前の一定期間の就労実態等を考察し、発症時における疲労の蓄積がどの程度であったかという観点から判断することとする。

(2)　特に過重な業務

特に過重な業務とは、日常業務に比較して特に過重な身体的、精神的負荷を生じさせたと客観的に認められる業務をいうものであり、日常業務に就労する上で受ける負荷の影響は、血管病変等の自然経過の範囲にとどまるものである。

ここでいう日常業務とは、通常の所定労働時間内の所定業務内容をいう。

(3)　評価期間

発症前の長期間とは、発症前おおむね六か月間をいう。

なお、発症前おおむね六か月より前の業務については、疲労の蓄積に係る業務の過重性を評価するに当たり、付加的要因として考慮すること。

(4)　過重負荷の有無の判断

ア　著しい疲労の蓄積をもたらす特に過重な業務に就労したと認められるか否かについては、業務量、業務内容、作業環境等を考慮し、同種労働者にとっても、特に過重な身体的、精神的負荷と認められる業務であるか否かという観点から、客観的かつ総合的に判断すること。

ここでいう同種労働者とは、当該労働者と職種、職場における立場や職責、年齢、経験等が類似する者をいい、基礎疾患を有していたとしても日常業務を支障なく遂行できるものを含む。

イ　長期間の過重業務と発症との関係について、疲労の蓄積に加え、発症に近接した時期の業務による急性の負荷とあいまって発症する場合があることから、発症に近接した時期に一定の負荷要因（心理的負荷となる出来事等）が認められる場合には、それらの負荷要因についても十分に検討する必要があること。

すなわち、長期間の過重業務の判断に当たって、短期間の過重業務（発症に近接した時期の負荷）についても総合的に評価すべき事案があることに留意すること。

ウ　業務の過重性の具体的な評価に当たっては、疲労の蓄積の観点から、以下に掲げる負荷要因について十分検討すること。

(ア)　労働時間

a　労働時間の評価

疲労の蓄積をもたらす最も重要な要因と考えられる労働時間に着目すると、その時間が長いほど、業務の過重性が増すところであり、具体的には、発症日を起点とした一か月単位の連続した期間をみて、

①　発症前一か月間ないし六か月間にわたって、一か月当たりおおむね四五時間を超える時間外労働が認められない場合は、業務と発症との関連性が弱いが、おおむね四五時間を超えて時間外労働時間が長くなるほど、業務と発症との関連性が徐々に強まると評価できること

②　発症前一か月間におおむね一〇〇時間又は発症前二か月間ないし六か月間にわたって、一か月当たりおおむね八〇時間を超える時間外労働が認められる場合は、業務と発症との関連性が強いと評価できることを踏まえて判断すること。

ここでいう時間外労働時間数は、一週間当たり四〇時間を超えて労働した時間数である。

b　労働時間と労働時間以外の負荷要因の総合的な評価

労働時間以外の負荷要因（後記(イ)から(カ)までに示した負荷要因をいう。以下同じ。）において一定の負荷が認められる場合には、労働時間の状況をも総合的に考慮し、業務と発症との関連性が強いといえるかどうかを適切に判断すること。

その際、前記a②の水準には至らないがこれに近い時間外労働が認められる場合には、特に他の負荷要因の状況を十分に考慮し、そのよう

な時間外労働に加えて一定の労働時間以外の負荷が認められるときには、業務と発症との関連性が強いと評価できることを踏まえて判断すること。

　ここで、労働時間と労働時間以外の負荷要因を総合的に考慮するに当たっては、労働時間がより長ければ労働時間以外の負荷要因による負荷がより小さくとも業務と発症との関連性が強い場合があり、また、労働時間以外の負荷要因による負荷がより大きければ又は多ければ労働時間がより短くとも業務と発症との関連性が強い場合があることに留意すること。

(イ)　勤務時間の不規則性

a　拘束時間の長い勤務

　拘束時間とは、労働時間、休憩時間その他の使用者に拘束されている時間（始業から終業までの時間）をいう。

　拘束時間の長い勤務については、拘束時間数、実労働時間数、労働密度（実作業時間と手待時間との割合等）、休憩・仮眠時間数及び回数、休憩・仮眠施設の状況（広さ、空調、騒音等）、業務内容等の観点から検討し、評価すること。

　なお、一日の休憩時間がおおむね一時間以内の場合には、労働時間の項目における評価との重複を避けるため、この項目では評価しない。

b　休日のない連続勤務

　休日のない（少ない）連続勤務については、連続労働日数、連続労働日と発症との近接性、休日の数、実労働時間数、労働密度（実作業時間と手待時間との割合等）、業務内容等の観点から検討し、評価すること。

　その際、休日のない連続勤務が長く続くほど業務と発症との関連性をより強めるものであり、逆に、休日が十分確保されている場合は、疲労は回復ないし回復傾向を示すものであることを踏まえて適切に評価すること。

c　勤務間インターバルが短い勤務

　勤務間インターバルとは、終業から始業までの時間をいう。

　勤務間インターバルが短い勤務については、その程度（時間数、頻度、連続性等）や業務内容等の観点から検討し、評価すること。

　なお、長期間の過重業務の判断に当たっては、睡眠時間の確保の観点から、勤務間インターバルがおおむね一一時間未満の勤務の有無、時間数、頻度、連続性等について検討し、評価すること。

d　不規則な勤務・交替制勤務・深夜勤務

　「不規則な勤務・交替制勤務・深夜勤務」とは、予定された始業・終業時刻が変更される勤務、予定された始業・終業時刻が日や週等によって異なる交替制勤務（月ごとに各日の始業時刻が設定される勤務や、週ごとに規則的な日勤・夜勤の交替がある勤務等）、予定された始業又は終業時刻が相当程度深夜時間帯に及び夜間に十分な睡眠を取ることが困難な深夜勤務をいう。

　不規則な勤務・交替制勤務・深夜勤務については、予定された業務スケジュールの変更の頻度・程度・事前の通知状況、予定された業務スケジュールの変更の予測の度合、交替制勤務における予定された始業・終業時刻のばらつきの程度、勤務のため夜間に十分な睡眠が取れない程度（勤務の時間帯や深夜時間帯の勤務の頻度・連続性）、一勤務の長さ（引き続いて実施される連続勤務の長さ）、一勤務中の休憩の時間数及び回数、休憩や仮眠施設の状況（広さ、空調、騒音等）、業務内容及びその変更の程度等の観点から検討し、評価すること。

(ウ)　事業場外における移動を伴う業務

a　出張の多い業務

　出張とは、一般的に事業主の指揮命令により、特定の用務を果たすために通常の勤務地を離れて用務地へ赴き、用務を果たして戻るまでの一連の過程をいう。

　出張の多い業務については、出張（特に時差のある海外出張）の頻度、出張が連続する程度、出張期間、交通手段、移動時間及び移動時間中の状況、移動距離、出張先の多様性、宿泊の有無、宿泊施設の状況、出張中における睡眠を含む休憩・休息の状況、出張中の業務内容等の観点から検討し、併せて出張による疲労の回復状況等も踏まえて評価すること。

　ここで、飛行による時差については、時差の程度（特に四時間以上の時差の程度）、時差を伴う移動の頻度、移動の方向等の観点から検討し、評価すること。

　また、出張に伴う勤務時間の不規則性についても、前記(イ)により適切に評価すること。

b　その他事業場外における移動を伴う業務

　その他事業場外における移動を伴う業務については、移動（特に時差のある海外への移動）の頻度、交通手段、移動時間及び移動時間中の状況、移動距離、移動先の多様性、宿泊の有無、宿泊施設の状況、宿泊を伴う場合の睡眠を含む休憩・休息の状況、業務内容等の観点から検討し、併せて移動による疲労の回復状況等も踏まえて評価すること。

なお、時差及び移動に伴う勤務時間の不規則性の評価については前記aと同様であること。

(エ) 心理的負荷を伴う業務

心理的負荷を伴う業務については、別表1及び別表2に掲げられている日常的に心理的負荷を伴う業務又は心理的負荷を伴う具体的出来事等について、負荷の程度を評価する視点により検討し、評価すること。

(オ) 身体的負荷を伴う業務

身体的負荷を伴う業務については、業務内容のうち重量物の運搬作業、人力での掘削作業などの身体的負荷が大きい作業の種類、作業強度、作業量、作業時間、歩行や立位を伴う状況等のほか、当該業務が日常業務と質的に著しく異なる場合にはその程度（事務職の労働者が激しい肉体労働を行うなど）の観点から検討し、評価すること。

(カ) 作業環境

長期間の過重業務の判断に当たっては、付加的に評価すること。

a 温度環境

温度環境については、寒冷・暑熱の程度、防寒・防暑衣類の着用の状況、一連続作業時間中の採暖・冷却の状況、寒冷と暑熱との交互のばく露の状況、激しい温度差がある場所への出入りの頻度、水分補給の状況等の観点から検討し、評価すること。

b 騒音

騒音については、おおむね八〇dBを超える騒音の程度、そのばく露時間・期間、防音保護具の着用の状況等の観点から検討し、評価すること。

3 短期間の過重業務

(1) 特に過重な業務

特に過重な業務の考え方は、前記2(2)と同様である。

(2) 評価期間

発症に近接した時期とは、発症前おおむね一週間をいう。

ここで、発症前おおむね一週間より前の業務については、原則として長期間の負荷として評価するが、発症前一か月間より短い期間のみに過重な業務が集中し、それより前の業務の過重性が低いために、長期間の過重業務とは認められないような場合には、発症前一週間を含めた当該期間に就労した業務の過重性を評価し、それが特に過重な業務と認められるときは、短期間の過重業務に就労したものと判断する。

(3) 過重負荷の有無の判断

ア 特に過重な業務に就労したと認められるか否かについては、業務量、業務内容、作業環境等を考慮し、同種労働者にとっても、特に過重な身体的、精神的負荷と認められる業務であるか否かという観点から、客観的かつ総合的に判断すること。

イ 短期間の過重業務と発症との関連性を時間的にみた場合、業務による過重な負荷は、発症に近ければ近いほど影響が強いと考えられることから、次に示す業務と発症との時間的関連を考慮して、特に過重な業務と認められるか否かを判断すること。

① 発症に最も密接な関連性を有する業務は、発症直前から前日までの間の業務であるので、まず、この間の業務が特に過重であるか否かを判断すること。

② 発症直前から前日までの間の業務が特に過重であると認められない場合であっても、発症前おおむね一週間以内に過重な業務が継続している場合には、業務と発症との関連性があると考えられるので、この間の業務が特に過重であるか否かを判断すること。

なお、発症前おおむね一週間以内に過重な業務が継続している場合の継続とは、この期間中に過重な業務に就労した日が連続しているという趣旨であり、必ずしもこの期間を通じて過重な業務に就労した日が間断なく続いている場合のみをいうものではない。したがって、発症前おおむね一週間以内に就労しなかった日があったとしても、このことをもって、直ちに業務起因性を否定するものではない。

ウ 業務の過重性の具体的な評価に当たっては、以下に掲げる負荷要因について十分検討すること。

(ア) 労働時間

労働時間の長さは、業務量の大きさを示す指標であり、また、過重性の評価の最も重要な要因であるので、評価期間における労働時間については十分に考慮し、発症直前から前日までの間の労働時間数、発症前一週間の労働時間数、休日の確保の状況等の観点から検討し、評価すること。

その際、①発症直前から前日までの間に特に過度の長時間労働が認められる場合、②発症前おおむね一週間継続して深夜時間帯に及ぶ時間外労働を行うなど過度の長時間労働が認められる場合等（手待時間が長いなど特に労働密度が低い場合を

別表１　日常的に心理的負荷を伴う業務

<table>
<tr><th></th><th>具体的業務</th><th colspan="2">負荷の程度を評価する視点</th></tr>
<tr><td>1</td><td>常に自分あるいは他人の生命、財産が脅かされる危険性を有する業務</td><td colspan="2" rowspan="4">危険性の度合、業務量（労働時間、労働密度）、就労期間、経験、適応能力、会社の支援、予想される被害の程度等</td></tr>
<tr><td>2</td><td>危険回避責任がある業務</td></tr>
<tr><td>3</td><td>人命や人の一生を左右しかねない重大な判断や処置が求められる業務</td></tr>
<tr><td>4</td><td>極めて危険な物質を取り扱う業務</td></tr>
<tr><td>5</td><td>決められた時間（納期等）どおりに遂行しなければならないような困難な業務</td><td>阻害要因の大きさ、達成の困難性、ペナルティの有無、納期等の変更の可能性等</td><td rowspan="2">業務量（労働時間、労働密度）、就労期間、経験、適応能力、会社の支援等</td></tr>
<tr><td>6</td><td>周囲の理解や支援のない状況下での困難な業務</td><td>業務の困難度、社内での立場等</td></tr>
</table>

別表２　心理的負荷を伴う具体的出来事

<table>
<tr><th></th><th>出来事の類型</th><th>具体的出来事</th><th>負荷の程度を評価する視点</th></tr>
<tr><td>1</td><td rowspan="2">①事故や災害の体験</td><td>（重度の）病気やケガをした</td><td>・病気やケガの程度
・後遺障害の程度、社会復帰の困難性等</td></tr>
<tr><td>2</td><td>悲惨な事故や災害の体験、目撃をした</td><td>・本人が体験した場合、予感させる被害の程度
・他人の事故を目撃した場合、被害の程度や被害者との関係等</td></tr>
<tr><td>3</td><td rowspan="7">②仕事の失敗、過重な責任の発生等</td><td>業務に関連し、重大な人身事故、重大事故を起こした</td><td>・事故の大きさ、内容及び加害の程度
・ペナルティ・責任追及の有無及び程度、事後対応の困難性等</td></tr>
<tr><td>4</td><td>会社の経営に影響するなどの重大な仕事上のミスをした</td><td>・失敗の大きさ・重大性、社会的反響の大きさ、損害等の程度
・ペナルティ・責任追及の有無及び程度、事後対応の困難性等</td></tr>
<tr><td>5</td><td>会社で起きた事故、事件について、責任を問われた</td><td>・事故、事件の内容、関与・責任の程度、社会的反響の大きさ等
・ペナルティの有無及び程度、責任追及の程度、事後対応の困難性等
（注）この項目は、部下が起こした事故等、本人が直接引き起こしたものではない事故、事件について、監督責任等を問われた場合の心理的負荷を評価する。本人が直接引き起こした事故等については、項目４で評価する。</td></tr>
<tr><td>6</td><td>自分の関係する仕事で多額の損失等が生じた</td><td>・損失等の程度、社会的反響の大きさ等
・事後対応の困難性等
（注）この項目は、取引先の倒産など、多額の損失等が生じた原因に本人が関与していないものの、それに伴う対応等による心理的負荷を評価する。本人のミスによる多額の損失等については、項目４で評価する。</td></tr>
<tr><td>7</td><td>業務に関連し、違法行為を強要された</td><td>・違法性の程度、強要の程度（頻度、方法）等
・事後のペナルティの程度、事後対応の困難性等</td></tr>
<tr><td>8</td><td>達成困難なノルマが課された</td><td>・ノルマの内容、困難性、強制の程度、達成できなかった場合の影響、ペナルティの有無等
・その後の業務内容・業務量の程度、職場の人間関係等</td></tr>
<tr><td>9</td><td>ノルマが達成できなかった</td><td>・達成できなかったことによる経営上の影響度、ペナルティの程度等
・事後対応の困難性等
（注）期限に至っていない場合でも、達成できない状況が明らかになった場合にはこの項目で評価する。</td></tr>
</table>

10		新規事業の担当になった、会社の建て直しの担当になった	・新規業務の内容、本人の職責、困難性の程度、能力と業務内容のギャップの程度等 ・その後の業務内容、業務量の程度、職場の人間関係等
11		顧客や取引先から無理な注文を受けた	・顧客・取引先の重要性、要求の内容等 ・事後対応の困難性等
12		顧客や取引先からクレームを受けた	・顧客・取引先の重要性、会社に与えた損害の内容、程度等 ・事後対応の困難性等 （注）この項目は、本人に過失のないクレームについて評価する。本人のミスによるものは、項目４で評価する。
13	③仕事の質	仕事内容の（大きな）変化を生じさせる出来事があった	・業務の困難性、能力・経験と業務内容のギャップ等 ・時間外労働、休日労働、業務の密度の変化の程度、仕事内容、責任の変化の程度等
14	④役割・地位の変化等	退職を強要された	・解雇又は退職強要の経過、強要の程度、職場の人間関係等 （注）ここでいう「解雇又は退職強要」には、労働契約の形式上期間を定めて雇用されている者であっても、当該契約が期間の定めのない契約と実質的に異ならない状態となっている場合の雇止めの通知を含む。
15		配置転換があった	・職種、職務の変化の程度、配置転換の理由・経過等 ・業務の困難性、能力・経験と業務内容のギャップ等 ・その後の業務内容、業務量の程度、職場の人間関係等 （注）出向を含む。
16		転勤をした	・職種、職務の変化の程度、転勤の理由・経過、単身赴任の有無、海外の治安の状況等 ・業務の困難性、能力・経験と業務内容のギャップ等 ・その後の業務内容、業務量の程度、職場の人間関係等
17		複数名で担当していた業務を１人で担当するようになった	・業務の変化の程度等 ・その後の業務内容、業務量の程度、職場の人間関係等
18		非正規社員であるとの理由等により、仕事上の差別、不利益取扱いを受けた	・差別・不利益取扱いの理由・経過、内容、程度、職場の人間関係等 ・その継続する状況
19	⑤パワーハラスメント	上司等から、身体的攻撃、精神的攻撃等のパワーハラスメントを受けた	・指導・叱責等の言動に至る経緯や状況 ・身体的攻撃、精神的攻撃等の内容、程度等 ・反復・継続など執拗性の状況 ・就業環境を害する程度 ・会社の対応の有無及び内容、改善の状況 （注）当該出来事の評価対象とならない対人関係のトラブルは、出来事の類型「対人関係」の各出来事で評価する。 （注）「上司等」には、職務上の地位が上位の者のほか、同僚又は部下であっても、業務上必要な知識や豊富な経験を有しており、その者の協力が得られなければ業務の円滑な遂行を行うことが困難な場合、同僚又は部下からの集団による行為でこれに抵抗又は拒絶することが困難である場合も含む。
20	⑥対人関係	同僚等から、暴行又は（ひどい）いじめ・嫌がらせを受けた	・暴行又はいじめ・嫌がらせの内容、程度等 ・反復・継続など執拗性の状況 ・会社の対応の有無及び内容、改善の状況
21		上司とのトラブルがあった	・トラブルの内容、程度等 ・その後の業務への支障等
22		同僚とのトラブルがあった	・トラブルの内容、程度、同僚との職務上の関係等 ・その後の業務への支障等
23		部下とのトラブルがあった	・トラブルの内容、程度等 ・その後の業務への支障等
24	⑦セクシュアルハラスメント	セクシュアルハラスメントを受けた	・セクシュアルハラスメントの内容、程度等 ・その継続する状況 ・会社の対応の有無及び内容、改善の状況、職場の人間関係等

除く。）には、業務と発症との関係性が強いと評価できることを踏まえて判断すること。

なお、労働時間の長さのみで過重負荷の有無を判断できない場合には、労働時間と労働時間以外の負荷要因を総合的に考慮して判断する必要がある。

(イ) 労働時間以外の負荷要因

労働時間以外の負荷要因についても、前記2(4)ウ(イ)ないし(カ)において各負荷要因ごとに示した観点から検討し、評価すること。ただし、長期間の過重業務における検討に当たっての観点として明示されている部分を除く。

なお、短期間の過重業務の判断においては、前記2(4)ウ(カ)の作業環境について、付加的に考慮するのではなく、他の負荷要因と同様に十分検討すること。

4 異常な出来事

(1) 異常な出来事

異常な出来事とは、当該出来事によって急激な血圧変動や血管収縮等を引き起こすことが医学的にみて妥当と認められる出来事であり、具体的には次に掲げる出来事である。

ア 極度の緊張、興奮、恐怖、驚がく等の強度の精神的負荷を引き起こす事態

イ 急激で著しい身体的負荷を強いられる事態

ウ 急激で著しい作業環境の変化

(2) 評価期間

異常な出来事と発症との関連性については、通常、負荷を受けてから二四時間以内に症状が出現するとされているので、発症直前から前日までの間を評価期間とする。

(3) 過重負荷の有無の判断

異常な出来事と認められるか否かについては、出来事の異常性・突発性の程度、予測の困難性、事故や災害の場合にはその大きさ、被害・加害の程度、緊張、興奮、恐怖、驚がく等の精神的負荷の程度、作業強度等の身体的負荷の程度、気温の上昇又は低下等の作業環境の変化の程度等について検討し、これらの出来事による身体的、精神的負荷が著しいと認められるか否かという観点から、客観的かつ総合的に判断すること。

その際、①業務に関連した重大な人身事故や重大事故に直接関与した場合、②事故の発生に伴って著しい身体的、精神的負荷のかかる救助活動や事故処理に携わった場合、③生命の危険を感じさせるような事故や対人トラブルを体験した場合、④著しい身体的負荷を伴う消火作業、人力での除雪作業、身体訓練、走行等を行った場合、⑤著しく暑熱な作業環境下で水分補給が阻害される状態や著しく寒冷な作業環境下での作業、温度差のある場所への頻回な出入りを行った場合等には、業務と発症との関連性が強いと評価できることを踏まえて判断すること。

第5 その他

1 基礎疾患を有する者についての考え方

器質的心疾患（先天性心疾患、弁膜症、高血圧性心疾患、心筋症、心筋炎等）を有する場合についても、その病態が安定しており、直ちに重篤な状態に至るとは考えられない場合であって、業務による明らかな過重負荷によって自然経過を超えて著しく重篤な状態に至ったと認められる場合には、業務と発症との関連が認められるものであること。

ここで、「著しく重篤な状態に至った」とは、対象疾病を発症したことをいう。

2 対象疾病以外の疾病の取扱い

(1) 動脈の閉塞又は解離

対象疾病以外の体循環系の各動脈の閉塞又は解離については、発生原因が様々であるが、前記第1の基本的考え方により業務起因性の判断ができる場合もあることから、これらの疾病については、基礎疾患の状況や業務の過重性等を個別に検討し、対象疾病と同様の経過で発症し、業務が相対的に有力な原因であると判断できる場合には、労働基準法施行規則別表第一の二第十一号の「その他業務に起因することの明らかな疾病」として取り扱うこと。

(2) 肺塞栓症

肺塞栓症やその原因となる深部静脈血栓症については、動脈硬化等を基礎とする対象疾病とは発症機序が異なることから、本認定基準の対象疾病としていない。

肺塞栓症等については、業務による座位等の状態及びその継続の程度等が、深部静脈における血栓形成の有力な要因であったといえる場合に、労働基準法施行規則別表第一の二第三号5の「その他身体に過度の負担のかかる作業態様の業務に起因することの明らかな疾病」として取り扱うこと。

第6 複数業務要因災害

労働者災害補償保険法第七条第一項第二号に定める複数業務要因災害による脳・心臓疾患に関しては、本認定基準における過重性の評価に係る「業務」を「二以上の事業の業務」と、また、「業務起因性」を「二以上の事業の業務起因性」と解した上で、本認定基準に基づき、認定要件を満たすか否かを判断する。

その上で、前記第4の2ないし4に関し以下に規定した部分については、これにより判断すること。

1　二以上の事業の業務による「長期間の過重業務」及び「短期間の過重業務」の判断

前記第4の2の「長期間の過重業務」及び同3の「短期間の過重業務」に関し、業務の過重性の検討に当たっては、異なる事業における労働時間を通算して評価する。また、労働時間以外の負荷要因については、異なる事業における負荷を合わせて評価する。

2　二以上の事業の業務による「異常な出来事」の判断

前記第4の4の「異常な出来事」に関し、これが認められる場合には、一の事業における業務災害に該当すると考えられることから、一般的には、異なる事業における負荷を合わせて評価することはないものと考えられる。

心理的負荷による精神障害の認定基準

平成二三年一二月二六日基発一二二六第一号

最終改正：令和五年九月一日基発〇九〇一第二号

適用：令和六年四月一日

第1　対象疾病

本認定基準で対象とする疾病（以下「対象疾病」という。）は、疾病及び関連保健問題の国際統計分類第一〇回改訂版（以下「ＩＣＤ－10」という。）第Ｖ章「精神及び行動の障害」に分類される精神障害であって、器質性のもの及び有害物質に起因するものを除く。

対象疾病のうち業務に関連して発病する可能性のある精神障害は、主としてＩＣＤ－10のF2からF4に分類される精神障害である。

F0	疾状性を含む器質性精神障害
F1	精神作用物質使用による精神および行動の障害
F2	統合失調症、統合失調症型障害および妄想性障害
F3	気分（感情）障害
F4	神経症性障害、ストレス関連障害および身体表現性障害
F5	生理的障害および身体的要因に関連した行動症候群
F6	成人のパーソナリティおよび行動の障害
F7	精神遅滞〔知的障害〕
F8	心理的発達の障害
F9	小児期および青年期に通常発症する行動および情緒の障害、特定不能の精神障害

なお、器質性の精神障害及び有害物質に起因する精神障害（ＩＣＤ－10のF0及びF1に分類されるもの）については、頭部外傷、脳血管障害、中枢神経変性疾患等の器質性脳疾患に付随する疾病や化学物質による疾病等として認められるか否かを個別に判断する。

また、心身症は、本認定基準における精神障害には含まれない。

第2　認定要件

次の1、2及び3のいずれの要件も満たす対象疾病は、労働基準法施行規則別表第一の二第九号に該当する業務上の疾病として取り扱う。

1　対象疾病を発病していること。

2　対象疾病の発病前おおむね六か月の間に、業務による強い心理的負荷が認められること。

3　業務以外の心理的負荷及び個体側要因により対象疾病を発病したとは認められないこと。

また、要件を満たす対象疾病に併発した疾病については、対象疾病に付随する疾病として認められるか否かを個別に判断し、これが認められる場合には当該対象疾病と一体のものとして、労働基準法施行規則別表第一の二第九号に該当する業務上の疾病として取り扱う。

第3　認定要件に関する基本的な考え方

対象疾病の発病に至る原因の考え方は、環境由来の心理的負荷（ストレス）と、個体側の反応性、脆弱性との関係で精神的破綻が生じるかどうかが決まり、心理的負荷が非常に強ければ、個体側の脆弱性が小さくても精神的破綻が起こり、脆弱性が大きければ、心理的負荷が小さくても破綻が生ずるとする

「ストレス―脆弱性理論」に依拠している。

このため、心理的負荷による精神障害の業務起因性を判断する要件としては、対象疾病が発病しており、当該対象疾病の発病の前おおむね六か月の間に業務による強い心理的負荷が認められることを掲げている。

さらに、これらの要件が認められた場合であっても、明らかに業務以外の心理的負荷や個体側要因によって発病したと認められる場合には、業務起因性が否定されるため、認定要件を上記第2のとおり定めた。

第4　認定要件の具体的判断

1　発病等の判断

(1)　発病の有無等

対象疾病の発病の有無及び疾患名は、「ＩＣＤ―10精神及び行動の障害臨床記述と診断ガイドライン」（以下「診断ガイドライン」という。）に基づき、主治医の意見書や診療録等の関係資料、請求人や関係者からの聴取内容、その他の情報から得られた認定事実により、医学的に判断する。

自殺に精神障害が関与している場合は多いことを踏まえ、治療歴がない自殺事案については、うつ病エピソードのように症状に周囲が気づきにくい精神障害もあることに留意しつつ関係者からの聴取内容等を医学的に慎重に検討し、診断ガイドラインに示す診断基準を満たす事実が認められる場合又は種々の状況から診断基準を満たすと医学的に推定される場合には、当該疾患名の精神障害が発病したものとして取り扱う。

(2)　発病時期

発病時期についても診断ガイドラインに基づき判断する。その特定が難しい場合にも、心理的負荷となる出来事との関係や、自殺事案については自殺日との関係等を踏まえ、できる限り時期の範囲を絞り込んだ医学意見を求めて判断する。

その際、強い心理的負荷と認められる出来事の前と後の両方に発病の兆候と理解し得る言動があるものの、診断基準を満たした時期の特定が困難な場合には、出来事の後に発病したものと取り扱う。

また、精神障害の治療歴のない自殺事案についても、請求人や関係者からの聴取等から得られた認定事実を踏まえ、医学専門家の意見に基づき発病時期を判断する。その際、精神障害は発病していたと考えられるものの、診断ガイドラインに示す診断基準を満たした時期の特定が困難な場合には、遅くとも自殺日までには発病していたものと判断する。

さらに、生死にかかわるケガ、強姦等の特に強い心理的負荷となる出来事を体験した場合、出来事の直後に解離等の心理的反応が生じ、受診時期が遅れることがある。このような場合には、当該心理的反応が生じた時期（特に強い心理的負荷となる出来事の直後）を発病時期と判断して当該出来事を評価の対象とする。

2　業務による心理的負荷の強度の判断

(1)　業務による強い心理的負荷の有無の判断

認定要件のうち「2　対象疾病の発病前おおむね六か月の間に、業務による強い心理的負荷が認められること」（以下「認定要件2」という。）とは、対象疾病の発病前おおむね六か月の間に業務による出来事があり、当該出来事及びその後の状況による心理的負荷が、客観的に対象疾病を発病させるおそれのある強い心理的負荷であると認められることをいう。

心理的負荷の評価に当たっては、発病前おおむね六か月の間に、対象疾病の発病に関与したと考えられるどのような出来事があり、また、その後の状況がどのようなものであったのかを具体的に把握し、その心理的負荷の強度を判断する。

その際、精神障害を発病した労働者が、その出来事及び出来事後の状況を主観的にどう受け止めたかによって評価するのではなく、同じ事態に遭遇した場合、同種の労働者が一般的にその出来事及び出来事後の状況をどう受け止めるかという観点から評価する。この「同種の労働者」は、精神障害を発病した労働者と職種、職場における立場や職責、年齢、経験等が類似する者をいう。

その上で、後記(2)及び(3)により、心理的負荷の全体を総合的に評価して「強」と判断される場合には、認定要件二を満たすものとする。

(2)　業務による心理的負荷評価表

業務による心理的負荷の強度の判断に当たっては、別表1「業務による心理的負荷評価表」（以下「別表1」という。）を指標として、前記(1)により把握した出来事による心理的負荷の強度を、次のとおり「強」、「中」、「弱」の三段階に区分する。

なお、別表1においては、業務による強い心理的負荷が認められるものを心理的負荷の総合評価が「強」と表記し、業務による強い心理的負荷が認められないものを「中」又は「弱」と表記している。「弱」は日常的に経験するものや一般に想定されるもの等であって通常弱い心理的負荷しか認められないものであり、「中」は経験の頻度は様々であって「弱」よりは心理的負荷があるものの強い心理的負荷とは認められないものである。

ア　特別な出来事の評価

発病前おおむね六か月の間に、別表1の「特別な出来事」に該当する業務による出来事が認められた場合には、心理的負荷の総合評価を「強」と判断する。

イ　特別な出来事以外の評価

「特別な出来事」以外の出来事については、当該出来事を別表1の「具体的出来事」のいずれに該当するかを判断し、合致しない場合にも近い「具体的出来事」に当てはめ、総合評価を行う。

別表1では、「具体的出来事」ごとにその「平均的な心理的負荷の強度」を、強い方から「Ⅲ」、「Ⅱ」、「Ⅰ」として示し、その上で、「心理的負荷の総合評価の視点」として、その出来事に伴う業務による心理的負荷の強さを総合的に評価するために典型的に想定される検討事項を明示し、さらに、「心理的負荷の強度を「弱」「中」「強」と判断する具体例」（以下「具体例」という。）を示している。

該当する「具体的出来事」に示された具体例の内容に、認定した出来事及び出来事後の状況についての事実関係が合致する場合には、その強度で評価する。事実関係が具体例に合致しない場合には、「心理的負荷の総合評価の視点」及び「総合評価の留意事項」に基づき、具体例も参考としつつ個々の事案ごとに評価する。

なお、具体例はあくまでも例示であるので、具体例の「強」の欄で示したもの以外は「強」と判断しないというものではない。

ウ　心理的負荷の総合評価の視点及び具体例

「心理的負荷の総合評価の視点」及び具体例は、次の考え方に基づいて示しており、この考え方は個々の事案の判断においても適用すべきものである。

(ア)　類型①「事故や災害の体験」は、出来事自体の心理的負荷の強弱を特に重視した評価としている。

(イ)　類型①以外の出来事については、出来事と出来事後の状況の両者を軽重の別なく評価しており、総合評価を「強」と判断するのは次のような場合である。

a　出来事自体の心理的負荷が強く、その後に当該出来事に関する本人の対応を伴っている場合

b　出来事自体の心理的負荷としては中程度であっても、その後に当該出来事に関する本人の特に困難な対応を伴っている場合

エ　総合評価の留意事項

出来事の総合評価に当たっては、出来事それ自体と、当該出来事の継続性や事後対応の状況、職場環境の変化などの出来事後の状況の双方を十分に検討し、例示されているもの以外であっても出来事に伴って発生したと認められる状況や、当該出来事が生じるに至った経緯等も含めて総合的に考慮して、当該出来事の心理的負荷の程度を判断する。

その際、職場の支援・協力が欠如した状況であること（問題への対処、業務の見直し、応援体制の確立、責任の分散その他の支援・協力がなされていない等）や、仕事の裁量性が欠如した状況であること（仕事が孤独で単調となった、自分で仕事の順番・やり方を決めることができなくなった、自分の技能や知識を仕事で使うことが要求されなくなった等）は、総合評価を強める要素となる。

オ　長時間労働等の心理的負荷の評価

別表1には、時間外労働時間数（週四〇時間を超えて労働した時間数をいう。以下同じ。）等を指標とする具体例等を次のとおり示しているので、長時間労働等が認められる場合にはこれにより判断する。ここで、時間外労働時間数に基づく具体例等については、いずれも、休憩時間は少ないが手待時間が多い場合等、労働密度が特に低い場合を除くものであり、また、その業務内容が通常その程度の労働時間を要するものである場合を想定したものである。

なお、業務による強い心理的負荷は、長時間労働だけでなく、仕事の失敗、過重な責任の発生、役割・地位の変化や対人関係等、様々な出来事及び出来事後の状況によっても生じることから、具体例等で示された時間外労働時間数に至らない場合にも、時間数のみにとらわれることなく、心理的負荷の強度を適切に判断する。

(ア)　極度の長時間労働

極度の長時間労働、例えば数週間にわたる生理的に必要な最小限度の睡眠時間を確保できないほどの長時間労働は、心身の極度の疲弊、消耗を来し、うつ病等の原因となることから、発病直前の一か月におおむね一六〇時間を超える時間外労働を行った場合等には、当該極度の長時間労働に従事したことのみで心理的負荷の総合評価を「強」とする。

(イ)　「具体的出来事」としての長時間労働の評価

仕事内容・仕事量の大きな変化を生じさせる出来事により時間外労働が大幅に増えた場合（項目11）のほか、一か月に八〇時間以上の時間外労働が生じるような長時間労働となった状況それ自体を「出来事」とし（項目12）、その心理的負荷を評価する。

(ウ) 恒常的長時間労働がある場合の他の出来事の総合評価

出来事に対処するために生じた長時間労働は、心身の疲労を増加させ、ストレス対応能力を低下させる要因となることや、長時間労働は一般に精神障害の準備状態を形成する要因となることから、恒常的な長時間労働の下で発生した出来事の心理的負荷は平均より強く評価される必要があると考えられ、そのような出来事と発病との近接性や、その出来事に関する対応の困難性等を踏まえて、出来事に係る心理的負荷の総合評価を行う必要がある。

このことから、別表1では、一か月おおむね一〇〇時間の時間外労働を「恒常的長時間労働」の状況とし、恒常的長時間労働がある場合に心理的負荷の総合評価が「強」となる具体例を示している。

なお、出来事の前の恒常的長時間労働の評価期間は、発病前おおむね六か月の間とする。

(エ) 連続勤務

連続勤務（項目13）に関する具体例についても、時間外労働に関するものと同様に、休憩時間は少ないが手待時間が多い場合等、労働密度が特に低い場合を除くものであり、また、その業務内容が通常その程度の労働時間（労働日数）を要するものである場合を想定したものである。

カ ハラスメント等に関する心理的負荷の評価

ハラスメントやいじめのように出来事が繰り返されるものについては、繰り返される出来事を一体のものとして評価し、それが継続する状況は、心理的負荷が強まるものと評価する。

また、別表1において、一定の行為を「反復・継続するなどして執拗に受けた」としている部分がある。これは、「執拗」と評価される事案について、一般的にはある行動が何度も繰り返されている状況にある場合が多いが、たとえ一度の言動であっても、これが比較的長時間に及ぶものであって、行為態様も強烈で悪質性を有する等の状況がみられるときにも「執拗」と評価すべき場合があるとの趣旨である。

(3) 複数の出来事の評価

対象疾病の発病に関与する業務による出来事が複数ある場合には、次のように業務による心理的負荷の全体を総合的に評価する。

ア 前記(2)によりそれぞれの具体的出来事について総合評価を行い、いずれかの具体的出来事によって「強」の判断が可能な場合は、業務による心理的負荷を「強」と判断する。

イ いずれの出来事でも単独では「強」と評価できない場合には、それらの複数の出来事について、関連して生じているのか、関連なく生じているのかを判断した上で、次により心理的負荷の全体を総合的に判断する。

(ア) 出来事が関連して生じている場合には、その全体を一つの出来事として評価することとし、原則として最初の出来事を具体的出来事として別表1に当てはめ、関連して生じた各出来事は出来事後の状況とみなす方法により、その全体について総合的な評価を行う。

具体的には、「中」である出来事があり、それに関連する別の出来事（それ単独では「中」の評価）が生じた場合には、後発の出来事は先発の出来事の出来事後の状況とみなし、当該後発の出来事の内容、程度により「強」又は「中」として全体を総合的に評価する。

なお、同一時点で生じた事象を異なる視点から検討している場合や、同一の原因により複数の事象が生じている場合、先発の出来事の結果次の出来事が生じている場合等については、複数の出来事が関連して生じた場合と考えられる。

(イ) ある出来事に関連せずに他の出来事が生じている場合であって、単独の出来事の評価が「中」と評価する出来事が複数生じているときには、それらの出来事が生じた時期の近接の程度、各出来事と発病との時間的な近接の程度、各出来事の継続期間、各出来事の内容、出来事の数等によって、総合的な評価が「強」となる場合もあり得ることを踏まえつつ、事案に応じて心理的負荷の全体を評価する。この場合、全体の総合的な評価は、「強」又は「中」となる。

当該評価に当たり、それぞれの出来事が時間的に近接・重複して生じている場合には、「強」の水準に至るか否かは事案によるとしても、全体の総合的な評価はそれぞれの出来事の評価よりも強くなると考えられる。

一方、それぞれの出来事が完結して落ち着いた状況となった後に次の出来事が生じているときには、原則として、全体の総合的な評価はそれぞれの出来事の評価と同一になると考えられる。

また、単独の出来事の心理的負荷が「中」である出来事が一つあるほかには「弱」の出来事しかない場合には原則として全体の総合的な評価も「中」であり、「弱」の出来事が複数生じている場合には原則として全体の総合的な評価も「弱」となる。

(4) 評価期間の留意事項

認定要件2のとおり、業務による心理的負荷の評価期間は発病前おおむね六か月であるが、当該期間における心理的負荷を的確に評価するため、次の事項に留意する。

ア ハラスメントやいじめのように出来事が繰り返されるものについては、前記(2)カのとおり、繰り返される出来事を一体のものとして評価することとなるので、発病の六か月よりも前にそれが開始されている場合でも、発病前おおむね六か月の期間にも継続しているときは、開始時からのすべての行為を評価の対象とすること。

イ 出来事の起点が発病の六か月より前であっても、その出来事（出来事後の状況）が継続している場合にあっては、発病前おおむね六か月の間における状況や対応について評価の対象とすること。例えば、業務上の傷病により長期療養中の場合、その傷病の発生は発病の六か月より前であっても、当該傷病により発病前おおむね六か月の間に生じている強い苦痛や社会復帰が困難な状況等を出来事として評価すること。

3 業務以外の心理的負荷及び個体側要因による発病でないことの判断

(1) 業務以外の心理的負荷及び個体側要因による発病でないことの判断

認定要件のうち、「3 業務以外の心理的負荷及び個体側要因により対象疾病を発病したとは認められないこと」とは、次のア又はイの場合をいう。

ア 業務以外の心理的負荷及び個体側要因が確認できない場合

イ 業務以外の心理的負荷又は個体側要因は認められるものの、業務以外の心理的負荷又は個体側要因によって発病したことが医学的に明らかであると判断できない場合

(2) 業務以外の心理的負荷の評価

業務以外の心理的負荷の評価については、対象疾病の発病前おおむね六か月の間に、対象疾病の発病に関与したと考えられる業務以外の出来事の有無を確認し、出来事が一つ以上確認できた場合は、それらの出来事の心理的負荷の強度について、別表2「業務以外の心理的負荷評価表」を指標として、心理的負荷の強度を「Ⅲ」、「Ⅱ」又は「Ⅰ」に区分する。

出来事が確認できなかった場合には、前記(1)アに該当するものと取り扱う。心理的負荷の強度が「Ⅱ」又は「Ⅰ」の出来事しか認められない場合は、原則として前記(1)イに該当するものと取り扱う。

心理的負荷の強度が「Ⅲ」と評価される出来事の存在が明らかな場合には、その内容等を詳細に調査し、「Ⅲ」に該当する業務以外の出来事のうち心理的負荷が特に強いものがある場合や、「Ⅲ」に該当する業務以外の出来事が複数ある場合等について、それが発病の原因であると判断することの医学的な妥当性を慎重に検討し、前記(1)イに該当するか否かを判断する。

(3) 個体側要因の評価

個体側要因とは、個人に内在している脆弱性・反応性であるが、既往の精神障害や現在治療中の精神障害、アルコール依存状況等の存在が明らかな場合にその内容等を調査する。

業務による強い心理的負荷が認められる事案について、重度のアルコール依存状況がある等の顕著な個体側要因がある場合には、それが発病の主因であると判断することの医学的な妥当性を慎重に検討し、前記(1)イに該当するか否かを判断する。

第5 精神障害の悪化と症状安定後の新たな発病

1 精神障害の悪化とその業務起因性

精神障害を発病して治療が必要な状態にある者は、一般に、病的状態に起因した思考から自責的・自罰的になり、ささいな心理的負荷に過大に反応するため、悪化の原因は必ずしも大きな心理的負荷によるものとは限らないこと、また、自然経過によって悪化する過程においてたまたま業務による心理的負荷が重なっていたにすぎない場合もあることから、業務起因性が認められない精神障害の悪化の前に強い心理的負荷となる業務による出来事が認められても、直ちにそれが当該悪化の原因であると判断することはできない。

ただし、別表1の特別な出来事があり、その後おおむね六か月以内に対象疾病が自然経過を超えて著しく悪化したと医学的に認められる場合には、当該特別な出来事による心理的負荷が悪化の原因であると推認し、悪化した部分について業務起因性を認める。

また、特別な出来事がなくとも、悪化の前に業務による強い心理的負荷が認められる場合には、当該業務による強い心理的負荷、本人の個体側要因（悪化前の精神障害の状況）と業務以外の心理的負荷、悪化の態様やこれに至る経緯（悪化後の症状やその程度、出来事と悪化との近接性、発病から悪化までの期間など）等を十分に検討し、業務による強い心理的負荷によって精神障害が自然経過を超えて著しく悪化したものと精神医学的に判断されるときには、悪化した部分について業務起因性を認める。

なお、既存の精神障害が悪化したといえるか否かについては、個別事案ごとに医学専門家による判断が必要である。

２　症状安定後の新たな発病

既存の精神障害について、一定期間、通院・服薬を継続しているものの、症状がなく、又は安定していた状態で、通常の勤務を行っている状況にあって、その後、症状の変化が生じたものについては、精神障害の発病後の悪化としてではなく、症状が改善し安定した状態が一定期間継続した後の新たな発病として、前記第２の認定要件に照らして判断すべきものがあること。

第６　専門家意見と認定要件の判断

認定要件を満たすか否かについては、医師の意見と認定した事実に基づき次のとおり判断する。

１　主治医意見による判断

対象疾病の治療歴がない自殺事案を除くすべての事案について、主治医から、疾患名、発病時期、主治医の考える発病原因及びそれらの判断の根拠についての意見を求める。

その結果、主治医が対象疾病を発病したと診断しており、労働基準監督署長（以下「署長」という。）が認定した業務による心理的負荷に係る事実と主治医の診断の前提となっている事実が対象疾病の発病時期やその原因に関して合致するとともに、その事実に係る心理的負荷の評価が「強」に該当することが明らかであって、業務以外の心理的負荷や個体側要因に顕著なものが認められない場合には、認定要件を満たすものと判断する。

２　専門医意見による判断

対象疾病の治療歴がない自殺事案については、地方労災医員等の専門医に意見を求め、その意見に基づき認定要件を満たすか否かを判断する。

また、業務による心理的負荷に係る認定事実の評価について「強」に該当することが明らかでない事案及び署長が主治医意見に補足が必要と判断した事案については、主治医の意見に加え、専門医に意見を求め、その意見に基づき認定要件を満たすか否かを判断する。

３　専門部会意見による判断

前記１及び２にかかわらず、専門医又は署長が高度な医学的検討が必要と判断した事案については、主治医の意見に加え、地方労災医員協議会精神障害専門部会に協議して合議による意見を求め、その意見に基づき認定要件を満たすか否かを判断する。

４　法律専門家の助言

関係者が相反する主張をする場合の事実認定の方法や関係する法律の内容等について、法律専門家の助言が必要な場合には、医学専門家の意見とは別に、法務専門員等の法律専門家の意見を求める。

第７　療養及び治ゆ

心理的負荷による精神障害は、その原因を取り除き、適切な療養を行えば全治し、再度の就労が可能となる場合が多いが、就労が可能な状態でなくとも治ゆ（症状固定）の状態にある場合もある。

例えば、精神障害の症状が現れなくなった又は症状が改善し安定した状態が一定期間継続している場合や、社会復帰を目指して行ったリハビリテーション療法等を終えた場合であって、通常の就労が可能な状態に至ったときには、投薬等を継続していても通常は治ゆ（症状固定）の状態にあると考えられる。また、「寛解」との診断がない場合も含め、療養を継続して十分な治療を行ってもなお症状に改善の見込みがないと判断され、症状が固定しているときには、治ゆ（症状固定）の状態にあると考えられるが、その判断は、医学意見を踏まえ慎重かつ適切に行う必要がある。

療養期間の目安を一概に示すことは困難であるが、例えばうつ病の経過は、未治療の場合、一般的に（約九〇％以上は）六か月～二年続くとされている。また、適応障害の症状の持続は遷延性抑うつ反応（Ｆ43・21）の場合を除いて通常六か月を超えず、遷延性抑うつ反応については持続は二年を超えないとされている。

なお、対象疾病がいったん治ゆ（症状固定）した後において再びその治療が必要な状態が生じた場合は、新たな発病と取り扱い、改めて前記第２の認定要件に基づき業務起因性が認められるかを判断する。

治ゆ後、増悪の予防のため診察や投薬等が必要とされる場合にはアフターケア（平成一九年四月二三日付け基発第〇四二三〇〇二号）を、一定の障害を残した場合には障害（補償）等給付（労働者災害補償保険法第一五条）を、それぞれ適切に実施する。

第８　その他

１　自殺について

業務によりＩＣＤ―10のＦ０からＦ４に分類され

る精神障害を発病したと認められる者が自殺を図った場合には、精神障害によって正常の認識、行為選択能力が著しく阻害され、あるいは自殺行為を思いとどまる精神的抑制力が著しく阻害されている状態に陥ったものと推定し、業務起因性を認める。

その他、精神障害による自殺の取扱いについては、従前の例（平成一一年九月一四日付け基発第五四五号）による。

2　セクシュアルハラスメント事案の留意事項

セクシュアルハラスメントが原因で対象疾病を発病したとして労災請求がなされた事案の心理的負荷の評価に際しては、特に次の事項に留意する。

ア　セクシュアルハラスメントを受けた者（以下「被害者」という。）は、勤務を継続したいとか、セクシュアルハラスメントを行った者（以下「行為者」という。）からのセクシュアルハラスメントの被害をできるだけ軽くしたいとの心理などから、やむを得ず行為者に迎合するようなメール等を送ることや、行為者の誘いを受け入れることがあるが、これらの事実はセクシュアルハラスメントを受けたことを単純に否定する理由にはならないこと。

イ　被害者は、被害を受けてからすぐに相談行動をとらないことがあるが、この事実は心理的負荷が弱いと単純に判断する理由にならないこと。

ウ　被害者は、医療機関でもセクシュアルハラスメントを受けたということをすぐに話せないこともあるが、初診時にセクシュアルハラスメントの事実を申し立てていないことは心理的負荷が弱いと単純に判断する理由にならないこと。

エ　行為者が上司であり被害者が部下である場合や行為者が正規雇用労働者であり被害者が非正規雇用労働者である場合等のように行為者が雇用関係上被害者に対して優越的な立場にある事実は心理的負荷を強める要素となり得ること。

3　調査等の留意事項

請求人が主張する出来事の発生時期が評価期間より前である場合等であっても、評価期間における業務の状況等について調査し、当該期間中に業務内容の変化や新たな業務指示等があれば、これを出来事として心理的負荷を評価する必要があること。

4　本省協議

ＩＣＤ－10のＦ５からＦ９に分類される対象疾病に係る事案及び本認定基準により判断し難い事案については、本省に協議すること。

第9　複数業務要因災害

労働者災害補償保険法第七条第一項第二号に定める複数業務要因災害による精神障害に関しては、本認定基準を後記1のとおり読み替えるほか、本認定基準における心理的負荷の評価に係る「業務」を「二以上の事業の業務」と、また、「業務起因性」を「二以上の事業の業務起因性」と解した上で、本認定基準に基づき、認定要件を満たすか否かを判断する。

その上で、前記第4の2及び第6に関し後記2及び3に規定した部分については、これにより判断すること。

1　認定基準の読み替え

前記第2の「労働基準法施行規則別表第一の二第九号に該当する業務上の疾病」を「労働者災害補償保険法施行規則第一八条の三の六に規定する労働基準法施行規則別表第一の二第九号に掲げる疾病」と読み替える。

2　二以上の事業の業務による心理的負荷の強度の判断

(1)　二以上の事業において業務による出来事が事業ごとにある場合には、前記第4の2(2)により異なる事業における出来事をそれぞれ別表1の具体的出来事に当てはめ心理的負荷を評価した上で、前記第4の2(3)により心理的負荷の強度を全体的に評価する。ただし、異なる事業における出来事が関連して生じることはまれであることから、前記第4の2(3)イについては、原則として、(イ)により判断することとなる。

(2)　心理的負荷を評価する際、異なる事業における労働時間、労働日数は、それぞれ通算する。

(3)　前記(1)及び(2)に基づく判断に当たっては、それぞれの事業における職場の支援等の心理的負荷の緩和要因をはじめ、二以上の事業で労働することによる個別の状況を十分勘案して、心理的負荷の強度を全体的に評価する。

3　専門家意見と認定要件の判断

複数業務要因災害に関しては、前記第6の1において主治医意見により判断する事案に該当するものについても、主治医の意見に加え、専門医に意見を求め、その意見に基づき認定要件を満たすか否かを判断する。

別表1　業務による心理的負荷評価表《略》

別表2　業務以外の心理的負荷評価表《略》

セクシュアルハラスメントによる精神障害等の業務上外の認定について

平成一七年一二月一日基労補発第一二〇一〇〇一号

セクシュアルハラスメントが原因となって発病した精神障害等は、平成一一年九月一四日付け基発第五四四号「心理的負荷による精神障害等に係る業務上外の判断指針について」（以下「判断指針」という。）により、心理的負荷を評価した上で、業務上外の判断を行うこととしてきたところであるが、判断指針に当てはめるセクシュアルハラスメントの捉え方や、心理的負荷の強度の評価において一部に統一が図られていない事例がみられるところである。

このような状況を踏まえ、判断指針に当てはめるセクシュアルハラスメントの概念、内容、判断指針による評価に際しての留意点について、下記のとおり取りまとめたので、今後の取扱いに適正を期されたい。

記

1　セクシュアルハラスメントを職場における業務に関連する出来事の一類型としていることについて

判断指針別表1の「具体的出来事」は、職場において通常起こりうる多種多様な出来事を一般化したものとして明記しているところであるが、その一つとして「セクシュアルハラスメントを受けた」ことを明記しているのは、職場の上司、同僚、部下、取引先等との通常の人間関係から生じる通例程度のストレスは出来事として評価すべきではないが、セクシュアルハラスメントなど特に社会的にみて非難されるような場合には、原則として業務に関連する出来事として評価すべきであるとの「精神障害等の労災認定に係る専門検討会」報告に基づくものである。

2　判断指針別表1における「セクシュアルハラスメント」の概念、内容

判断指針別表1における「セクシュアルハラスメント」については、改正男女雇用機会均等法に基づく「事業主が職場における性的な言動に起因する問題に関して雇用管理上配慮すべき事項についての指針（平成一〇年労働省告示第二〇号）」（以下「セクシュアルハラスメント指針」という。）等により示されている概念・内容と、基本的には同義である。

具体的には、告示では、「職場におけるセクシュアルハラスメント」とは「職場において行われる性的な言動に対する女性労働者の対応により当該女性労働者がその労働条件につき不利益を受け、又は当該性的な言動により就業環境が害される」こととされ、このうち、「性的な言動」とは、性的な内容の発言及び性的な行動を指し、この「性的な内容の発言」には、性的な事実関係を尋ねること、性的な内容の情報を意図的に流布すること等が、「性的な行動」には、性的な関係を強要すること、必要なく身体に触ること、わいせつな図画を配布すること等が、それぞれ含まれ、また、平成一〇年六月一一日女発第一六八号通達により「性的な行動」として、強制わいせつ行為、強姦等が含まれるとされている。

3　「セクシュアルハラスメント」が原因となって発病した精神障害等の判断指針による評価について

精神障害等の心理的負荷の強度の評価に当たっては、「心理的負荷が極度のもの」についてはその出来事自体を評価し、それ以外については、心理的負荷の原因となった出来事及びその出来事に伴う変化等について総合的に評価することとしている。

したがって、「セクシュアルハラスメント」については、事案の性質によっては「心理的負荷が極度のもの」と判断される場合には、その出来事自体を評価し、業務上外を決定することになるが、それ以外については、出来事及び出来事に伴う変化等について総合的に評価する必要があり、その際、「出来事に伴う変化等を検討する視点」の項目中、特にセクシュアルハラスメント指針で示された事業主が雇用管理上の義務として配慮すべき事項について検討することになる。

具体的には、「セクシュアルハラスメント」防止に関する対応方針の明確化及びその周知・啓発、相談・苦情への対応、「セクシュアルハラスメント」が生じた場合における事後の迅速かつ適切な対応等に着眼し、会社の講じた対処・配慮の具体的内容、実施時期等、さらには職場の人的環境の変化、その他出来事に派生する変化について、十分に検討の上、心理的負荷の強度を評価する必要がある。

公益通報者保護法

平成一六年六月一八日法律第一二二号
施行：平成一八年四月一日
最終改正：令和三年五月一九日法律第三六号
施行：令和四年六月一日

第一章　総則

（目的）

第一条　この法律は、公益通報をしたことを理由とする公益通報者の解雇の無効及び不利益な取扱いの禁止等並びに公益通報に関し事業者及び行政機関がとるべき措置等を定めることにより、公益通報者の保護を図るとともに、国民の生命、身体、財産その他の利益の保護に関わる法令の規定の遵守を図り、もって国民生活の安定及び社会経済の健全な発展に資することを目的とする。

（定義）

第二条　この法律において「公益通報」とは、次の各号に掲げる者が、不正の利益を得る目的、他人に損害を加える目的その他の不正の目的でなく、当該各号に定める事業者（法人その他の団体及び事業を行う個人をいう。以下同じ。）（以下「役務提供先」という。）又は当該役務提供先の事業に従事する場合におけるその役員（法人の取締役、執行役、会計参与、監査役、理事、監事及び清算人並びにこれら以外の者で法令（法律及び法律に基づく命令をいう。以下同じ。）の規定に基づき法人の経営に従事している者（会計監査人を除く。）をいう。以下同じ。）、従業員、代理人その他の者について通報対象事実が生じ、又はまさに生じようとしている旨を、当該役務提供先若しくは当該役務提供先があらかじめ定めた者（以下「役務提供先等」という。）、当該通報対象事実について処分（命令、取消しその他公権力の行使に当たる行為をいう。以下同じ。）若しくは勧告等（勧告その他処分に当たらない行為をいう。以下同じ。）をする権限を有する行政機関若しくは当該行政機関があらかじめ定めた者（次条第二号及び第六条第二号において「行政機関等」という。）又はその者に対し当該通報対象事実を通報することがその発生若しくはこれによる被害の拡大を防止するために必要であると認められる者（当該通報対象事実により被害を受け又は受けるおそれがある者を含み、当該役務提供先の競争上の地位その他正当な利益を害するおそれがある者を除く。次条第三号及び第六条第三号において同じ。）に通報することをいう。

一　労働者（労働基準法（昭和二十二年法律第四十九号）第九条に規定する労働者をいう。以下同じ。）又は労働者であった者　当該労働者又は労働者であった者を自ら使用し、又は当該通報の日前一年以内に自ら使用していた事業者（次号に定める事業者を除く。）

二　派遣労働者（労働者派遣事業の適正な運営の確保及び派遣労働者の保護等に関する法律（昭和六十年法律第八十八号。第四条において「労働者派遣法」という。）第二条第二号に規定する派遣労働者をいう。以下同じ。）又は派遣労働者であった者　当該派遣労働者又は派遣労働者であった者に係る労働者派遣（同条第一号に規定する労働者派遣をいう。第四条及び第五条第二項において同じ。）の役務の提供を受け、又は当該通報の日前一年以内に受けていた事業者

三　前二号に定める事業者が他の事業者との請負契約その他の契約に基づいて事業を行い、又は行っていた場合において、当該事業に従事し、又は当該通報の日前一年以内に従事していた労働者若しくは労働者であった者又は派遣労働者若しくは派遣労働者であった者　当該他の事業者

四　役員　次に掲げる事業者

イ　当該役員に職務を行わせる事業者

ロ　イに掲げる事業者が他の事業者との請負契約その他の契約に基づいて事業を行う場合において、当該役員が当該事業に従事するときにおける当該他の事業者

2　この法律において「公益通報者」とは、公益通報をした者をいう。

3　この法律において「通報対象事実」とは、次の各号のいずれかの事実をいう。

一　この法律及び個人の生命又は身体の保護、消費者の利益の擁護、環境の保全、公正な競争の確保その他の国民の生命、身体、財産その他の利益の保護に関わる法律として別表に掲げるもの（これらの法律に基づく命令を含む。以下この項において同じ。）に規定する罪の犯罪行為の事実又はこの法律及び同表に掲げる法律に規定する過料の理由とされている事実

二　別表に掲げる法律の規定に基づく処分に違反することが前号に掲げる事実となる場合における当該処分の理由とされている事実（当該処分の理由とされている事実が同表に掲げる法律の

規定に基づく他の処分に違反し、又は勧告等に従わない事実である場合における当該他の処分又は勧告等の理由とされている事実を含む。）

4 この法律において「行政機関」とは、次に掲げる機関をいう。

一 内閣府、宮内庁、内閣府設置法（平成十一年法律第八十九号）第四十九条第一項若しくは第二項に規定する機関、デジタル庁、国家行政組織法（昭和二十三年法律第百二十号）第三条第二項に規定する機関、法律の規定に基づき内閣の所轄の下に置かれる機関若しくはこれらに置かれる機関又はこれらの機関の職員であって法律上独立に権限を行使することを認められた職員

二 地方公共団体の機関（議会を除く。）

第二章 公益通報をしたことを理由とする公益通報者の解雇の無効及び不利益な取扱いの禁止等

（解雇の無効）

第三条 労働者である公益通報者が次の各号に掲げる場合においてそれぞれ当該各号に定める公益通報をしたことを理由として前条第一項第一号に定める事業者（当該労働者を自ら使用するものに限る。第九条において同じ。）が行った解雇は、無効とする。

一 通報対象事実が生じ、又はまさに生じようとしていると思料する場合 当該役務提供先等に対する公益通報

二 通報対象事実が生じ、若しくはまさに生じようとしていると信ずるに足りる相当の理由がある場合又は通報対象事実が生じ、若しくはまさに生じようとしていると思料し、かつ、次に掲げる事項を記載した書面（電子的方式、磁気的方式その他人の知覚によっては認識することができない方式で作られる記録を含む。次号ホにおいて同じ。）を提出する場合 当該通報対象事実について処分又は勧告等をする権限を有する行政機関等に対する公益通報

イ 公益通報者の氏名又は名称及び住所又は居所

ロ 当該通報対象事実の内容

ハ 当該通報対象事実が生じ、又はまさに生じようとしていると思料する理由

ニ 当該通報対象事実について法令に基づく措置その他適当な措置がとられるべきと思料する理由

三 通報対象事実が生じ、又はまさに生じようとしていると信ずるに足りる相当の理由があり、かつ、次のいずれかに該当する場合 その者に対し当該通報対象事実を通報することがその発生又はこれによる被害の拡大を防止するために必要であると認められる者に対する公益通報

イ 前二号に定める公益通報をすれば解雇その他不利益な取扱いを受けると信ずるに足りる相当の理由がある場合

ロ 第一号に定める公益通報をすれば当該通報対象事実に係る証拠が隠滅され、偽造され、又は変造されるおそれがあると信ずるに足りる相当の理由がある場合

ハ 第一号に定める公益通報をすれば、役務提供先が、当該公益通報者について知り得た事項を、当該公益通報者を特定させるものであることを知りながら、正当な理由がなくて漏らすと信ずるに足りる相当の理由がある場合

ニ 役務提供先から前二号に定める公益通報をしないことを正当な理由がなくて要求された場合

ホ 書面により第一号に定める公益通報をした日から二十日を経過しても、当該通報対象事実について、当該役務提供先等から調査を行う旨の通知がない場合又は当該役務提供先等が正当な理由がなくて調査を行わない場合

ヘ 個人の生命若しくは身体に対する危害又は個人（事業を行う場合におけるものを除く。以下このへにおいて同じ。）の財産に対する損害（回復することができない損害又は著しく多数の個人における多額の損害であって、通報対象事実を直接の原因とするものに限る。第六条第二号ロ及び第三号ロにおいて同じ。）が発生し、又は発生する急迫した危険があると信ずるに足りる相当の理由がある場合

（労働者派遣契約の解除の無効）

第四条 第二条第一項第二号に定める事業者（当該派遣労働者に係る労働者派遣の役務の提供を受けるものに限る。以下この条及び次条第二項において同じ。）の指揮命令の下に労働する派遣労働者である公益通報者が前条各号に定める公益通報をしたことを理由として第二条第一項第二号に定める事業者が行った労働者派遣契約（労働者派遣法第二十六条第一項に規定する労働者派遣契約をいう。）の解除は、無効とする。

（不利益取扱いの禁止）

第五条　第三条に規定するもののほか、第二条第一項第一号に定める事業者は、その使用し、又は使用していた公益通報者が第三条各号に定める公益通報をしたことを理由として、当該公益通報者に対して、降格、減給、退職金の不支給その他不利益な取扱いをしてはならない。

2　前条に規定するもののほか、第二条第一項第二号に定める事業者は、その指揮命令の下に労働する派遣労働者である公益通報者が第三条各号に定める公益通報をしたことを理由として、当該公益通報者に対して、当該公益通報者に係る労働者派遣をする事業者に派遣労働者の交代を求めることその他不利益な取扱いをしてはならない。

3　第二条第一項第四号に定める事業者（同号イに掲げる事業者に限る。次条及び第八条第四項において同じ。）は、その職務を行わせ、又は行わせていた公益通報者が次条各号に定める公益通報をしたことを理由として、当該公益通報者に対して、報酬の減額その他不利益な取扱い（解任を除く。）をしてはならない。

（役員を解任された場合の損害賠償請求）

第六条　役員である公益通報者は、次の各号に掲げる場合においてそれぞれ当該各号に定める公益通報をしたことを理由として第二条第一項第四号に定める事業者から解任された場合には、当該事業者に対し、解任によって生じた損害の賠償を請求することができる。

一　通報対象事実が生じ、又はまさに生じようとしていると思料する場合　当該役務提供先等に対する公益通報

二　次のいずれかに該当する場合　当該通報対象事実について処分又は勧告等をする権限を有する行政機関等に対する公益通報

イ　調査是正措置（善良な管理者と同一の注意をもって行う、通報対象事実の調査及びその是正のために必要な措置をいう。次号イにおいて同じ。）をとることに努めたにもかかわらず、なお当該通報対象事実が生じ、又はまさに生じようとしていると信ずるに足りる相当の理由がある場合

ロ　通報対象事実が生じ、又はまさに生じようとしていると信ずるに足りる相当の理由があり、かつ、個人の生命若しくは身体に対する危害又は個人（事業を行う場合におけるものを除く。）の財産に対する損害が発生し、又は発生する急迫した危険があると信ずるに足りる相当の理由がある場合

三　次のいずれかに該当する場合　その者に対し通報対象事実を通報することがその発生又はこれによる被害の拡大を防止するために必要であると認められる者に対する公益通報

イ　調査是正措置をとることに努めたにもかかわらず、なお当該通報対象事実が生じ、又はまさに生じようとしていると信ずるに足りる相当の理由があり、かつ、次のいずれかに該当する場合

(1)　前二号に定める公益通報をすれば解任、報酬の減額その他不利益な取扱いを受けると信ずるに足りる相当の理由がある場合

(2)　第一号に定める公益通報をすれば当該通報対象事実に係る証拠が隠滅され、偽造され、又は変造されるおそれがあると信ずるに足りる相当の理由がある場合

(3)　役務提供先から前二号に定める公益通報をしないことを正当な理由がなくて要求された場合

ロ　通報対象事実が生じ、又はまさに生じようとしていると信ずるに足りる相当の理由があり、かつ、個人の生命若しくは身体に対する危害又は個人（事業を行う場合におけるものを除く。）の財産に対する損害が発生し、又は発生する急迫した危険があると信ずるに足りる相当の理由がある場合

（損害賠償の制限）

第七条　第二条第一項各号に定める事業者は、第三条各号及び前条各号に定める公益通報によって損害を受けたことを理由として、当該公益通報をした公益通報者に対して、賠償を請求することができない。

（解釈規定）

第八条　第三条から前条までの規定は、通報対象事実に係る通報をしたことを理由として第二条第一項各号に掲げる者に対して解雇その他不利益な取扱いをすることを禁止する他の法令の規定の適用を妨げるものではない。

2　第三条の規定は、労働契約法（平成十九年法律第百二十八号）第十六条の規定の適用を妨げるものではない。

3　第五条第一項の規定は、労働契約法第十四条及び第十五条の規定の適用を妨げるものではない。

4　第六条の規定は、通報対象事実に係る通報をしたことを理由として第二条第一項第四号に定める事業者から役員を解任された者が当該事業者に対し解任によって生じた損害の賠償を請求することができる旨の他の法令の規定の適用を妨げるもの

ではない。

（一般職の国家公務員等に対する取扱い）

第九条　第三条各号に定める公益通報をしたことを理由とする一般職の国家公務員、裁判所職員臨時措置法（昭和二十六年法律第二百九十九号）の適用を受ける裁判所職員、国会職員法（昭和二十二年法律第八十五号）の適用を受ける国会職員、自衛隊法（昭和二十九年法律第百六十五号）第二条第五項に規定する隊員及び一般職の地方公務員（以下この条において「一般職の国家公務員等」という。）に対する免職その他不利益な取扱いの禁止については、第三条から第五条までの規定にかかわらず、国家公務員法（昭和二十二年法律第百二十号。裁判所職員臨時措置法において準用する場合を含む。）、国会職員法、自衛隊法及び地方公務員法（昭和二十五年法律第二百六十一号）の定めるところによる。この場合において、第二条第一項第一号に定める事業者は、第三条各号に定める公益通報をしたことを理由として一般職の国家公務員等に対して免職その他不利益な取扱いがされることのないよう、これらの法律の規定を適用しなければならない。

（他人の正当な利益等の尊重）

第一〇条　第三条各号及び第六条各号に定める公益通報をする者は、他人の正当な利益又は公共の利益を害することのないよう努めなければならない。

第三章　事業者がとるべき措置等

（事業者がとるべき措置）

第一一条　事業者は、第三条第一号及び第六条第一号に定める公益通報を受け、並びに当該公益通報に係る通報対象事実の調査をし、及びその是正に必要な措置をとる業務（次条において「公益通報対応業務」という。）に従事する者（次条において「公益通報対応業務従事者」という。）を定めなければならない。

2　事業者は、前項に定めるもののほか、公益通報者の保護を図るとともに、公益通報の内容の活用により国民の生命、身体、財産その他の利益の保護に関わる法令の規定の遵守を図るため、第三条第一号及び第六条第一号に定める公益通報に応じ、適切に対応するために必要な体制の整備その他の必要な措置をとらなければならない。

3　常時使用する労働者の数が三百人以下の事業者については、第一項中「定めなければ」とあるのは「定めるように努めなければ」と、前項中「とらなければ」とあるのは「とるように努めなければ」とする。

4　内閣総理大臣は、第一項及び第二項（これらの規定を前項の規定により読み替えて適用する場合を含む。）の規定に基づき事業者がとるべき措置に関して、その適切かつ有効な実施を図るために必要な指針（以下この条において単に「指針」という。）を定めるものとする。

5　内閣総理大臣は、指針を定めようとするときは、あらかじめ、消費者委員会の意見を聴かなければならない。

6　内閣総理大臣は、指針を定めたときは、遅滞なく、これを公表するものとする。

7　前二項の規定は、指針の変更について準用する。

（公益通報対応業務従事者の義務）

第一二条　公益通報対応業務従事者又は公益通報対応業務従事者であった者は、正当な理由がなく、その公益通報対応業務に関して知り得た事項であって公益通報者を特定させるものを漏らしてはならない。

（行政機関がとるべき措置）

第一三条　通報対象事実について処分又は勧告等をする権限を有する行政機関は、公益通報者から第三条第二号及び第六条第二号に定める公益通報をされた場合には、必要な調査を行い、当該公益通報に係る通報対象事実があると認めるときは、法令に基づく措置その他適当な措置をとらなければならない。

2　通報対象事実について処分又は勧告等をする権限を有する行政機関（第二条第四項第一号に規定する職員を除く。）は、前項に規定する措置の適切な実施を図るため、第三条第二号及び第六条第二号に定める公益通報に応じ、適切に対応するために必要な体制の整備その他の必要な措置をとらなければならない。

3　第一項の公益通報が第二条第三項第一号に掲げる犯罪行為の事実を内容とする場合における当該犯罪の捜査及び公訴については、前二項の規定にかかわらず、刑事訴訟法（昭和二十三年法律第百三十一号）の定めるところによる。

（教示）

第一四条　前条第一項の公益通報が誤って当該公益通報に係る通報対象事実について処分又は勧告等をする権限を有しない行政機関に対してされたときは、当該行政機関は、当該公益通報者に対し、当該公益通報に係る通報対象事実について処分又は勧告等をする権限を有する行政機関を教示しなければならない。

第四章　雑則

（報告の徴収並びに助言、指導及び勧告）

第一五条　内閣総理大臣は、第十一条第一項及び第二項（これらの規定を同条第三項の規定により読み替えて適用する場合を含む。）の規定の施行に関し必要があると認めるときは、事業者に対して、報告を求め、又は助言、指導若しくは勧告をすることができる。

（公表）

第一六条　内閣総理大臣は、第十一条第一項及び第二項の規定に違反している事業者に対し、前条の規定による勧告をした場合において、その勧告を受けた者がこれに従わなかったときは、その旨を公表することができる。

（関係行政機関への照会等）

第一七条　内閣総理大臣は、この法律の規定に基づく事務に関し、関係行政機関に対し、照会し、又は協力を求めることができる。

（内閣総理大臣による情報の収集、整理及び提供）

第一八条　内閣総理大臣は、公益通報及び公益通報者の状況に関する情報その他その普及が公益通報者の保護及び公益通報の内容の活用による国民の生命、身体、財産その他の利益の保護に関わる法令の規定の遵守に資することとなる情報の収集、整理及び提供に努めなければならない。

（権限の委任）

第一九条　内閣総理大臣は、この法律による権限（政令で定めるものを除く。）を消費者庁長官に委任する。

（適用除外）

第二〇条　第十五条及び第十六条の規定は、国及び地方公共団体に適用しない。

第五章　罰則

第二一条　第十二条の規定に違反して同条に規定する事項を漏らした者は、三十万円以下の罰金に処する。

第二二条　第十五条の規定による報告をせず、又は虚偽の報告をした者は、二十万円以下の過料に処する。

附則

（施行期日）

第一条　この法律は、公布の日から起算して二年を超えない範囲内において政令で定める日から施行し、この法律の施行後にされた公益通報について適用する。

（検討）

第二条　政府は、この法律の施行後五年を目途として、この法律の施行の状況について検討を加え、その結果に基づいて必要な措置を講ずるものとする。

労働審判法

平成一六年五月一二日法律第四五号
施行：平成一八年四月一日
最終改正：令和五年六月一四日法律第五三号
施行：附則参照

（目的）

第一条　この法律は、労働契約の存否その他の労働関係に関する事項について個々の労働者と事業主との間に生じた民事に関する紛争（以下「個別労働関係民事紛争」という。）に関し、裁判所において、裁判官及び労働関係に関する専門的な知識経験を有する者で組織する委員会が、当事者の申立てにより、事件を審理し、調停の成立による解決の見込みがある場合にはこれを試み、その解決に至らない場合には、労働審判（個別労働関係民事紛争について当事者間の権利関係を踏まえつつ事案の実情に即した解決をするために必要な審判をいう。以下同じ。）を行う手続（以下「労働審判手続」という。）を設けることにより、紛争の実情に即した迅速、適正かつ実効的な解決を図ることを目的とする。

（管轄）

第二条　労働審判手続に係る事件（以下「労働審判事件」という。）は、相手方の住所、居所、営業所若しくは事務所の所在地を管轄する地方裁判所、個別労働関係民事紛争が生じた労働者と事業主との間の労働関係に基づいて当該労働者が現に就業し若しくは最後に就業した当該事業主の事業所の所在地を管轄する地方裁判所又は当事者が合意で定める地方裁判所の管轄とする。

2　労働審判事件は、日本国内に相手方（法人その他の社団又は財団を除く。）の住所及び居所がないとき、又は住所及び居所が知れないときは、その最後の住所地を管轄する地方裁判所の管轄に属する。

3　労働審判事件は、相手方が法人その他の社団又は財団（外国の社団又は財団を除く。）である場合において、日本国内にその事務所若しくは営業所がないとき、又はその事務所若しくは営業所の所在地が知れないときは、代表者その他の主たる業務担当者の住所地を管轄する地方裁判所の管轄に属する。

4　労働審判事件は、相手方が外国の社団又は財団である場合において、日本国内にその事務所又は営業所がないときは、日本における代表者その他の主たる業務担当者の住所地を管轄する地方裁判所の管轄に属する。

（移送）

第三条　裁判所は、労働審判事件の全部又は一部がその管轄に属しないと認めるときは、申立てにより又は職権で、これを管轄裁判所に移送する。

2　裁判所は、労働審判事件がその管轄に属する場合においても、事件を処理するために適当と認めるときは、申立てにより又は職権で、当該労働審判事件の全部又は一部を他の管轄裁判所に移送することができる。

（代理人）

第四条　労働審判手続については、法令により裁判上の行為をすることができる代理人のほか、弁護士でなければ代理人となることができない。ただし、裁判所は、当事者の権利利益の保護及び労働審判手続の円滑な進行のために必要かつ相当と認めるときは、弁護士でない者を代理人とすることを許可することができる。

2　裁判所は、前項ただし書の規定による許可を取り消すことができる。

（労働審判手続の申立て）

第五条　当事者は、個別労働関係民事紛争の解決を図るため、裁判所に対し、労働審判手続の申立てをすることができる。

2　前項の申立ては、申立書を裁判所に提出してしなければならない。

3　前項の申立書には、次に掲げる事項を記載しなければならない。

一　当事者及び法定代理人

二　申立ての趣旨及び理由

（不適法な申立ての却下）

第六条　裁判所は、労働審判手続の申立てが不適法であると認めるときは、決定で、その申立てを却下しなければならない。

（労働審判委員会）

第七条　裁判所は、労働審判官一人及び労働審判員二人で組織する労働審判委員会で労働審判手続を行う。

（労働審判官の指定）

第八条　労働審判官は、地方裁判所が当該地方裁判所の裁判官の中から指定する。

（労働審判員）

第九条　労働審判員は、この法律の定めるところにより、労働審判委員会が行う労働審判手続に関与し、中立かつ公正な立場において、労働審判事件を処理するために必要な職務を行う。

2　労働審判員は、労働関係に関する専門的な知識経験を有する者のうちから任命する。

3　労働審判員は、非常勤とし、前項に規定するもののほか、その任免に関し必要な事項は、最高裁判所規則で定める。

4　労働審判員には、別に法律で定めるところにより手当を支給し、並びに最高裁判所規則で定める額の旅費、日当及び宿泊料を支給する。

（労働審判員の指定）

第一〇条　労働審判委員会を組織する労働審判員は、労働審判事件ごとに、裁判所が指定する。

2　裁判所は、前項の規定により労働審判員を指定するに当たっては、労働審判員の有する知識経験その他の事情を総合的に勘案し、労働審判委員会における労働審判員の構成について適正を確保するように配慮しなければならない。

（労働審判員の除斥）

第一一条　労働審判員の除斥については、非訟事件手続法（平成二十三年法律第五十一号）第十一条並びに第十三条第二項、第四項、第八項及び第九項の規定（忌避に関する部分を除く。）を準用する。

2　労働審判員の除斥についての裁判は、労働審判員の所属する地方裁判所がする。

（決議等）

第一二条　労働審判委員会の決議は、過半数の意見による。

2　労働審判委員会の評議は、秘密とする。

（労働審判手続の指揮）

第一三条　労働審判手続は、労働審判官が指揮する。

（労働審判手続の期日等）

第一四条　労働審判官は、労働審判手続の期日を定めて、事件の関係人を呼び出さなければならない。

2　裁判所書記官は、前項の期日について、その経過の要領を記録上明らかにしなければならない。

3　裁判所書記官は、労働審判官が命じた場合には、第一項の期日について、調書を作成しなければならない。

（迅速な手続）

第一五条　労働審判委員会は、速やかに、当事者の陳述を聴いて争点及び証拠の整理をしなければならない。

2　労働審判手続においては、特別の事情がある場合を除き、三回以内の期日において、審理を終結しなければならない。

（手続の非公開）

第一六条　労働審判手続は、公開しない。ただし、労働審判委員会は、相当と認める者の傍聴を許すことができる。

（証拠調べ等）

第一七条　労働審判委員会は、職権で事実の調査をし、かつ、申立てにより又は職権で、必要と認める証拠調べをすることができる。

2　証拠調べについては、民事訴訟の例による。

（調停が成立した場合の費用の負担）

第一八条　各当事者は、調停が成立した場合において、その支出した費用のうち調停条項中に費用の負担についての定めがないものを自ら負担するものとする。

（審理の終結）

第一九条　労働審判委員会は、審理を終結するときは、労働審判手続の期日においてその旨を宣言しなければならない。

（労働審判）

第二〇条　労働審判委員会は、審理の結果認められる当事者間の権利関係及び労働審判手続の経過を踏まえて、労働審判を行う。

2　労働審判においては、当事者間の権利関係を確認し、金銭の支払、物の引渡しその他の財産上の給付を命じ、その他個別労働関係民事紛争の解決をするために相当と認める事項を定めることができる。

3　労働審判は、主文及び理由の要旨を記載した審判書を作成して行わなければならない。

4　前項の審判書は、当事者に送達しなければならない。この場合においては、労働審判の効力は、当事者に送達された時に生ずる。

5　前項の規定による審判書の送達については、民事訴訟法（平成八年法律第百九号）第一編第五章第四節（第百四条及び第百十条から第百十三条までを除く。）の規定を準用する。

6　労働審判委員会は、相当と認めるときは、第三項の規定にかかわらず、審判書の作成に代えて、すべての当事者が出頭する労働審判手続の期日において労働審判の主文及び理由の要旨を口頭で告知する方法により、労働審判を行うことができる。この場合においては、労働審判の効力は、告知された時に生ずる。

7　裁判所は、前項前段の規定により労働審判が行われたときは、裁判所書記官に、その主文及び理由の要旨を、調書に記載させなければならない。

（異議の申立て等）

第二一条　当事者は、労働審判に対し、前条第四項の規定による審判書の送達又は同条第六項の規定による労働審判の告知を受けた日から二週間の不変期間内に、裁判所に異議の申立てをすることができる。

2　裁判所は、異議の申立てが不適法であると認めるときは、決定で、これを却下しなければならない。

3　適法な異議の申立てがあったときは、労働審判は、その効力を失う。

4　適法な異議の申立てがないときは、労働審判は、裁判上の和解と同一の効力を有する。

5　前項の場合において、各当事者は、その支出した費用のうち労働審判に費用の負担についての定めがないものを自ら負担するものとする。

（訴え提起の擬制）

第二二条　労働審判に対し適法な異議の申立てがあったときは、労働審判手続の申立てに係る請求については、当該労働審判手続の申立ての時に、当該労働審判が行われた際に労働審判事件が係属していた地方裁判所に訴えの提起があったものとみなす。この場合において、当該請求について民事訴訟法第一編第二章第一節の規定により日本の裁判所が管轄権を有しないときは、提起があったものとみなされた訴えを却下するものとする。

2　前項の規定により訴えの提起があったものとみなされる事件（同項後段の規定により却下するものとされる訴えに係るものを除く。）は、同項の地方裁判所の管轄に属する。

3　第一項の規定により訴えの提起があったものとみなされたときは、民事訴訟法第百三十七条、第百三十八条及び第百五十八条の規定の適用については、第五条第二項の書面を訴状とみなす。

（労働審判の取消し）

第二三条　第二十条第四項の規定により審判書を送達すべき場合において、次に掲げる事由があるときは、裁判所は、決定で、労働審判を取り消さなければならない。

一　当事者の住所、居所その他送達をすべき場所が知れないこと。
二　第二十条第五項において準用する民事訴訟法第百七条第一項の規定により送達をすることができないこと。
三　外国においてすべき送達について、第二十条第五項において準用する民事訴訟法第百八条の規定によることができず、又はこれによっても送達をすることができないと認められること。
四　第二十条第五項において準用する民事訴訟法第百八条の規定により外国の管轄官庁に嘱託を発した後六月を経過してもその送達を証する書面の送付がないこと。

2　前条の規定は、前項の規定により労働審判が取り消された場合について準用する。

（労働審判をしない場合の労働審判事件の終了）
第二十四条　労働審判委員会は、事案の性質に照らし、労働審判手続を行うことが紛争の迅速かつ適正な解決のために適当でないと認めるときは、労働審判事件を終了させることができる。

2　第二十二条の規定は、前項の規定により労働審判事件が終了した場合について準用する。この場合において、同条第一項中「当該労働審判が行われた際に労働審判事件が係属していた」とあるのは、「労働審判事件が終了した際に当該労働審判事件が係属していた」と読み替えるものとする。

（労働審判手続の申立ての取下げ）
第二十四条の二　労働審判手続の申立ては、労働審判が確定するまで、その全部又は一部を取り下げることができる。

（費用の負担）
第二十五条　裁判所は、労働審判事件が終了した場合（第十八条及び第二十一条第五項に規定する場合を除く。）において、必要と認めるときは、申立てにより又は職権で、当該労働審判事件に関する手続の費用の負担を命ずる決定をすることができる。

（事件の記録の閲覧等）
第二十六条　当事者及び利害関係を疎明した第三者は、裁判所書記官に対し、労働審判事件の記録の閲覧若しくは謄写、その正本、謄本若しくは抄本の交付又は労働審判事件に関する事項の証明書の交付を請求することができる。

2　民事訴訟法第九十一条第四項及び第五項並びに第九十二条の規定は、前項の記録について準用する。

（訴訟手続の中止）
第二十七条　労働審判手続の申立てがあった事件について訴訟が係属するときは、受訴裁判所は、労働審判事件が終了するまで訴訟手続を中止することができる。

（即時抗告）
第二十八条　第三条第一項及び第二項、第六条、第二十一条第二項、第二十三条第一項並びに第二十五条の規定による決定に対しては、即時抗告をすることができる。

2　第六条、第二十一条第二項、第二十三条第一項及び第二十五条の規定による決定に対する即時抗告は、執行停止の効力を有する。

（当事者に対する住所、氏名等の秘匿）
第二十八条の二　労働審判手続における申立てその他の申述については、民事訴訟法第一編第八章の規定を準用する。この場合において、同法第百三十三条第一項中「当事者」とあるのは「当事者又は参加人（労働審判法第二十九条第二項において準用する民事調停法（昭和二十六年法律第二百二十二号）第十一条の規定により労働審判手続に参加した者をいう。第百三十三条の四第一項、第二項及び第七項において同じ。）」と、同法第百三十三条の二第二項中「訴訟記録等（訴訟記録又は第百三十二条の四第一項の処分の申立てに係る事件の記録をいう。第百三十三条の四第一項及び第二項において同じ。）」とあるのは「労働審判事件の記録」と、同法第百三十三条の四第一項中「者は、訴訟記録等」とあるのは「当事者若しくは参加人又は利害関係を疎明した第三者は、労働審判事件の記録」と、同条第二項中「当事者」とあるのは「当事者又は参加人」と、「訴訟記録等」とあるのは「労働審判事件の記録」と、同条第七項中「当事者」とあるのは「当事者若しくは参加人」と読み替えるものとする。

（非訟事件手続法及び民事調停法の準用）
第二十九条　特別の定めがある場合を除いて、労働審判事件に関しては、非訟事件手続法第二編の規定（同法第十二条（同法第十四条及び第十五条において準用する場合を含む。）、第二十七条、第四十条、第四十二条の二、第五十二条、第五十三条及び第六十五条の規定を除く。）を準用する。この場合において、同法第四十三条第四項中「第二項」とあるのは、「労働審判法第五条第三項」と読み替えるものとする。

2　民事調停法（昭和二十六年法律第二百二十二号）第十一条、第十二条、第十六条及び第三十六条の規定は、労働審判事件について準用する。この場合において、同法第十一条中「調停の」とあるのは「労働審判手続の」と、「調停委員会」とあるのは「労働審判委員会」と、「調停手続」とあるのは「労働審判手続」と、同法第十二条第一項中「調停委員会」とあるのは「労働審判委員会」と、「調停の」とあるのは「調停又は労働審判の」と、「調停前の措置」とあるのは「調停又は労働審判前の措置」と、同法第三十六条第一項中「前二条」とあるのは「労働審判法（平成十六年法律第四十五号）第三十一条及び第三十二条」と読み替えるものとする。

（最高裁判所規則）

第三〇条　この法律に定めるもののほか、労働審判手続に関し必要な事項は、最高裁判所規則で定める。

（不出頭に対する制裁）

第三一条　労働審判官の呼出しを受けた事件の関係人が正当な理由がなく出頭しないときは、裁判所は、五万円以下の過料に処する。

（措置違反に対する制裁）

第三二条　当事者が正当な理由がなく第二十九条第二項において準用する民事調停法第十二条の規定による措置に従わないときは、裁判所は、十万円以下の過料に処する。

（評議の秘密を漏らす罪）

第三三条　労働審判員又は労働審判員であった者が正当な理由がなく評議の経過又は労働審判官若しくは労働審判員の意見若しくはその多少の数を漏らしたときは、三十万円以下の罰金に処する。

（人の秘密を漏らす罪）

第三四条　労働審判員又は労働審判員であった者が正当な理由がなくその職務上取り扱ったことについて知り得た人の秘密を漏らしたときは、一年以下の懲役又は五十万円以下の罰金に処する。

附則（抄）

（施行期日）

第一条　この法律は、公布の日から起算して二年を超えない範囲内において政令で定める日から施行する。ただし、第九条の規定は、公布の日から起算して一年六月を超えない範囲内において政令で定める日から施行する。

【令和四年五月二五日法律第四八号未施行内容】

民事訴訟法等の一部を改正する法律をここに公布する。

第九九条　労働審判法の一部を次のように改正する。

第十七条第二項を次のように改める。

2　証拠調べについては、民事訴訟法（平成八年法律第百九号）第二編第四章（第百七十九条、第百八十二条、第百八十五条第一項後段、第二項及び第三項、第百八十七条第三項及び第四項、第百八十八条、第百八十九条、第百九十二条から第百九十五条まで（これらの規定を同法第二百一条第五項、第二百十条及び第二百十六条において準用する場合を含む。）、第二百条、第二百二条（同法第二百十条において準用する場合を含む。）、第二百五条第二項、第二百六条（同法第二百十条において準用する場合を含む。）、第二百七条第二項、第二百八条、第二百九条、第二百十五条第二項、第二百十五条の二第二項から第四項まで、第二百十五条の四、第二百二十四条（同法第二百二十九条第二項、第二百三十一条の三第一項及び第二百三十二条第一項において準用する場合を含む。）、第二百二十五条、第二百二十七条第二項、第二百二十九条第四項から第六項まで、第二百三十条、第二百三十二条第二項及び第三項、第二百三十二条の二並びに第二百三十九条を除く。）の規定を準用する。この場合において、同法第二百五条第三項中「事項又は前項の規定によりファイルに記録された事項若しくは同項の記録媒体に記録された事項」とあり、及び同法第二百十五条第四項中「事項又は第二項の規定によりファイルに記録された事項若しくは同項の記録媒体に記録された事項」とあるのは「事項」と、同法第二百三十一条の二第二項中「方法又は最高裁判所規則で定める電子情報処理組織を使用する方法」とあるのは「方法」と、同法第二百三十一条の三第二項中「若しくは送付し、又は最高裁判所規則で定める電子情報処理組織を使用する」とあるのは「又は送付する」と読み替えるものとする。

【令和四年六月一七日法律第六八号未施行内容】

刑法等の一部を改正する法律の施行に伴う関係法律の整理等に関する法律をここに公布する。

第三条　次に掲げる法律の規定中「懲役」を「拘禁刑」に改める。

十五　労働審判法（平成十六年法律第四十五号）第三十四条

附則（抄）

（施行期日）

1　この法律は、刑法等一部改正法施行日（令和七年六月一日――編注）から施行する。《略》

【令和五年六月一四日法律第五三号未施行内容】

第二十二章　労働審判法の一部改正等

第一節　労働審判法の一部改正

第二百四十一条　労働審判法の一部を次のように改正する。

第十四条第二項中「記録上明らかにしなければ」を「裁判所の使用に係る電子計算機（入出力装置

を含む。以下同じ。）に備えられたファイル（第二十六条の二第二項及び第三項並びに第二十六条の三を除き、以下単に「ファイル」という。）に記録しなければ」に改め、同条第三項中「調書」を「最高裁判所規則で定めるところにより、電子調書（期日又は期日外における手続の方式、内容及び経過等の記録及び公証をするためにこの法律その他の法令の規定により裁判所書記官が作成する電磁的記録（電子的方式、磁気的方式その他人の知覚によっては認識することができない方式で作られる記録であって、電子計算機による情報処理の用に供されるものをいう。以下同じ。）をいう。次項並びに第二十条第七項及び第八項において同じ。）」に改め、同条に次の一項を加える。

4　裁判所書記官は、前項の規定により電子調書を作成したときは、最高裁判所規則で定めるところにより、これをファイルに記録しなければならない。

第十七条第二項中「、第二項及び第三項」を「及び第二項」に改め、「、第二百五条第二項」、「、第二百十五条第二項」、「、第二百二十七条第二項」及び「、第二百三十二条の二」を削り、同項後段を削る。

第二十条第三項を次のように改める。

3　労働審判は、最高裁判所規則で定めるところにより、電子審判書（労働審判の主文及び理由の要旨を記録した電磁的記録をいう。以下同じ。）を作成し、ファイルに記録して行わなければならない。

第二十条第四項中「前項の審判書」を「電子審判書（前項の規定によりファイルに記録されたものに限る。次項、次条第一項及び第二十三条第一項において同じ。）」に改め、同条第五項中「審判書」を「電子審判書」に、「第百条第二項、第百四条、第三款」を「第百四条、第百九条の二第二項後段」に改め、「。）」の下に「及び第二百五十五条第二項」を加え、同条第六項中「審判書」を「電子審判書」に、「すべて」を「全て」に改め、同条第七項中「調書に記載させなければ」を「電子調書に記録させなければ」に改め、同条に次の一項を加える。

8　前項の電子調書（第十四条第四項の規定によりファイルに記録されたものに限る。）は、当事者に送付しなければならない。

第二十一条第一項中「審判書」を「電子審判書」に改める。

第二十三条第一項中「審判書」を「電子審判書」に改め、同項第一号中「こと」の下に「（第二十条第五項において準用する民事訴訟法第百九条の二の規定により送達をすることができる場合を除く。）」を加える。

第二十五条に次の一項を加える。

2　前項の申立ては、労働審判事件が終了した日から十年以内にしなければならない。

第二十六条の見出しを「（非電磁的事件記録の閲覧等）」に改め、同条第一項中「労働審判事件の記録の閲覧若しくは謄写、その」を「非電磁的事件記録（労働審判事件の記録中次条第一項に規定する電磁的事件記録を除いた部分をいう。次項において同じ。）の閲覧若しくは謄写又はその」に改め、「又は労働審判事件に関する事項の証明書の交付」を削り、同条第二項中「前項の記録」を「非電磁的事件記録」に改め、同条の次に次の二条を加える。

（電磁的事件記録の閲覧等）

第二十六条の二　当事者及び利害関係を疎明した第三者は、裁判所書記官に対し、最高裁判所規則で定めるところにより、電磁的事件記録（労働審判事件の記録中この法律その他の法令の規定によりファイルに記録された事項に係る部分をいう。以下この条において同じ。）の内容を最高裁判所規則で定める方法により表示したものの閲覧を請求することができる。

2　当事者及び利害関係を疎明した第三者は、裁判所書記官に対し、電磁的事件記録に記録されている事項について、最高裁判所規則で定めるところにより、最高裁判所規則で定める電子情報処理組織（裁判所の使用に係る電子計算機と手続の相手方の使用に係る電子計算機とを電気通信回線で接続した電子情報処理組織をいう。以下同じ。）を使用してその者の使用に係る電子計算機に備えられたファイルに記録する方法その他の最高裁判所規則で定める方法による複写を請求することができる。

3　当事者及び利害関係を疎明した第三者は、裁判所書記官に対し、最高裁判所規則で定めるところにより、電磁的事件記録に記録されている事項の全部若しくは一部を記載した書面であって裁判所書記官が最高裁判所規則で定める方法により当該書面の内容が電磁的事件記録に記録されている事項と同一であることを証明したものを交付し、又は当該事項の全部若しくは一部を記録した電磁的記録であって裁判所書記官が最高裁判所規則で定める方法により当該電磁的記録の内容が電磁的事件記録に記録されている事項と同一であることを証明したものを最高裁判所規則で定める電子情報処理組織を使用してその者の使用に係る電子計算機に備えられたファイルに記録する方法その他の最高裁判所規則で定める方法により提供することを請求することができる。

4　民事訴訟法第九十一条第五項及び第九十二条の規定は、電磁的事件記録について準用する。

（労働審判事件に関する事項の証明）

第二十六条の三　当事者及び利害関係を疎明した第三者は、裁判所書記官に対し、最高裁判所規則で定めるところにより、労働審判事件に関する事項を記載した書面であって裁判所書記官が最高裁判所規則で定める方法により当該事項を証明したものを交付し、又は当該事項を記録した電磁的記録であって裁判所書記官が最高裁判所規則で定める方法により当該事項を証明したものを最高裁判所規則で定める電子情報処理組織を使用してその者の使用に係る電子計算機に備えられたファイルに記録する方法その他の最高裁判所規則で定める方法により提供することを請求することができる。

第二十八条中「第二十五条」を「第二十五条第一項」に改める。

第二十八条の二中「申立てその他の申述」を「申立て等」に改め、「（第百三十三条の二第五項及び第六項並びに第百三十三条の三第二項を除く。）」を削り、同条後段を次のように改める。

この場合において、次の表の上欄に掲げる同法の規定中同表の中欄に掲げる字句は、それぞれ同表の下欄に掲げる字句に読み替えるものとする。

上欄	中欄	下欄
第百三十三条第一項	当事者	当事者又は参加人（労働審判法第二十九条第二項において準用する民事調停法（昭和二十六年法律第二百二十二号）第十一条の規定により労働審判手続に参加した者をいう。第百三十三条の四第一項、第二項及び第七項において同じ。）
第百三十三条第三項	訴訟記録等（訴訟記録又は第百三十二条の四第一項の処分の申立てに係る事件の記録をいう。以下この章において同じ。）	労働審判事件の記録
	訴訟記録等の閲覧等（訴訟記録の閲覧等、非電磁的証拠収集処分記録の閲覧等又は電磁的証拠収集処分記録の閲覧等	労働審判事件の記録の閲覧等（非電磁的事件記録（労働審判法第二十六条第一項に規定する非電磁的事件記録をいう。）の閲覧若しくは謄写、その正本、謄本若しくは抄本の交付若しくは複製又は電磁的事件記録（同法第二十六条の二第一項に規定する電磁的事件記録をいう。次条において同じ。）の閲覧若しくは複写若しくはその内容の全部若しくは一部を証明した書面の交付若しくは電磁的記録の提供
第百三十三条の二第一項から第三項まで、第百三十三条の三第一項及び第百三十三条の四第二項	訴訟記録等の閲覧等	労働審判事件の記録の閲覧等
第百三十三条の二第二項	訴訟記録等中	労働審判事件の記録中
第百三十三条の二第五項	電磁的訴訟記録等（電磁的訴訟記録又は第百三十二条の四第一項の処分の申立てに係る事件の記録中ファイル記録事項に係る部分をいう。以下この	電磁的事件記録

	項及び次項において同じ。）電磁的訴訟記録等から	電磁的事件記録から
第百三十三条の二第六項	電磁的訴訟記録等	電磁的事件記録
第百三十三条の四第一項	者は、訴訟記録等	当事者若しくは参加人又は利害関係を疎明した第三者は、労働審判事件の記録
第百三十三条の四第二項	当事者	当事者又は参加人
	訴訟記録等の存する	労働審判事件の記録の存する
第百三十三条の四第七項	当事者	当事者若しくは参加人

第二十八条の二を第二十八条の三とし、第二十八条の次に次の一条を加える。

（電子情報処理組織による申立て等）

第二十八条の二　労働審判手続における申立てその他の申述（次項及び次条において「申立て等」という。）については、民事訴訟法第百三十二条の十から第百三十二条の十二までの規定を準用する。この場合において、同法第百三十二条の十第五項及び第六項並びに第百三十二条の十二第二項及び第三項中「送達」とあるのは「送達又は送付」と、同法第百三十二条の十一第一項第一号中「第五十四条第一項ただし書」とあるのは「労働審判法第四条第一項ただし書」と、同項第二号中「第二条」とあるのは「第九条において準用する同法第二条」と、同法第百三十二条の十二第一項第三号中「第百三十三条の二第二項」とあるのは「労働審判法第二十八条の三において読み替えて準用する第百三十三条の二第二項」と読み替えるものとする。

2　労働審判手続においてこの法律その他の法令の規定に基づき裁判所に提出された書面等（書面、書類、文書、謄本、抄本、正本、副本、複本その他文字、図形等人の知覚によって認識することができる情報が記載された紙その他の有体物をいう。以下この項において同じ。）（申立て等が書面等により行われたときにおける当該書面等を除く。）又は電磁的記録を記録した記録媒体に記載され、又は記録されている事項のファイルへの記録については、民事訴訟法第百三十二条の十三の規定を準用する。この場合において、同条第三号中「第百三十三条の二第二項」とあるのは「労働審判法第二十八条の三において読み替えて準用する第百三十三条の二第二項」と、同条第四号中「第百三十三条の三第一項」とあるのは「労働審判法第二十八条の三において読み替えて準用する第百三十三条の三第一項」と読み替えるものとする。

第二十九条第一項中「第四十条」の下に「、第四十二条」を加え、「及び第六十五条」を「、第六十五条及び第六十五条の二」に改め、「場合において」の下に「、同法第三十一条の二第一項中「前条第二項」とあるのは「労働審判法第十四条第四項」と、同法第三十八条中「非訟事件手続法第四十二条第一項」とあるのは「労働審判法第二十八条の二第一項」と」を加え、「とあるのは、」を「とあるのは」に改め、同条第二項中「第十六条」の下に「、第十六条の二」を、「労働審判前の措置」と」の下に「、同法第十六条の二第二項中「第二十二条」とあるのは「労働審判法第二十九条第一項」と」を加え、「（平成十六年法律第四十五号）」を削る。

第二節　労働審判法の一部改正に伴う経過措置

（労働審判手続の期日に関する経過措置）

第二百四十二条　改正後労働審判法第十四条の規定は、施行日以後に開始される改正後労働審判法第二条第一項に規定する労働審判事件（以下この節において「改正後労働審判事件」という。）における労働審判手続の期日について適用し、施行日前に開始された労働審判事件（以下この節において「改正前労働審判事件」という。）における労働審判手続の期日については、なお従前の例による。

（尋問に代わる書面の提出等に関する経過措置）

第二百四十三条　改正後労働審判法第十七条第二項において準用する民事訴訟法第二百五条第二項及び第二百十五条第二項（同法第二百十八条第一項において準用する場合を含む。）の規定は、改正後労働審判事件における証人の尋問に代わる書面の提出又は鑑定人の書面による意見の陳述に代わる意見の陳述の方式若しくは鑑定の嘱託を受けた者による鑑定書の提出について、適用する。

（電磁的記録に記録された情報の内容に係る証拠調べに関する経過措置）

第二百四十四条　改正後労働審判法第十七条第二項において準用する民事訴訟法第二百三十一条の二第二項及び第二百三十一条の三第二項の規定は、改正後労働審判事件における電磁的記録に記録された情報の内容に係る証拠調べについて適用し、改正前労働審判事件における電磁的記録に記録された情報の内容に係る証拠調べについては、なお従前の例による。

（電子審判書の作成等に関する経過措置）

第二百四十五条　改正後労働審判法第二十条第三項から第五項まで及び第二十一条第一項の規定は、改正後労働審判事件における電子審判書の作成及びその送達について適用し、改正前労働審判事件における審判書の作成及びその送達については、なお従前の例による。

2　改正後労働審判法第二十条第六項から第八項までの規定は、改正後労働審判事件における電子審判書の作成に代わる労働審判の方式について適用し、改正前労働審判事件における審判書の作成に代わる労働審判の方式については、なお従前の例による。

3　改正後労働審判法第二十三条第一項の規定は、改正後労働審判事件における労働審判の取消しについて適用し、改正前労働審判事件における労働審判の取消しについては、なお従前の例による。

（手続費用額の確定手続に関する経過措置）

第二百四十六条　改正後労働審判法第二十五条第二項の規定は、改正後労働審判事件に関する手続の費用の負担を命ずる決定を求める申立てについて、適用する。

（事件に関する事項の証明に関する経過措置）

第二百四十七条　改正後労働審判法第二十六条の三の規定は、改正後労働審判事件に関する事項の証明について適用し、改正前労働審判事件に関する事項の証明については、なお従前の例による。

（電子情報処理組織による申立て等に関する経過措置）

第二百四十八条　改正後労働審判法第二十八条の二の規定は、改正後労働審判事件における同条第一項に規定する申立て等について適用する。

附則（抄）

この法律は、公布の日から起算して五年を超えない範囲内において政令で定める日から施行する。

《略》

労働審判規則

平成一七年一月一一日最高裁判所規則第二号

施行：平成一八年四月一日

最終改正：令和四年一一月七日最高裁判所規則第一七号

令和五年三月一日

（趣旨）

第一条　労働審判法（平成十六年法律第四十五号。以下「法」という。）による労働審判手続については、法に定めるもののほか、この規則の定めるところによる。

（当事者の責務）

第二条　当事者は、早期に主張及び証拠の提出をし、労働審判手続の計画的かつ迅速な進行に努め、信義に従い誠実に労働審判手続を追行しなければならない。

（管轄の合意の方式・法第二条）

第三条　法第二条第一項の合意は、書面でしなければならない。

第四条　削除

（代理人の許可の申立ての方式・法第四条）

第五条　法第四条第一項ただし書の規定による許可の申立ては、代理人となるべき者の氏名、住所、職業及び本人との関係並びに当該申立ての理由を記載した書面でしなければならない。

2　前項の書面には、本人と代理人となるべき者との関係を証する文書を添付しなければならない。

第六条　削除

第七条　削除

第八条　削除

（労働審判手続の申立書の記載事項等・法第五条）

第九条　労働審判手続の申立書には、申立ての趣旨及び理由並びに第三十七条において準用する非訟事件手続規則（平成二十四年最高裁判所規則第七号）第一条第一項各号に掲げる事項のほか、次に掲げる事項を記載しなければならない。

一　予想される争点及び当該争点に関連する重要な事実

二　予想される争点ごとの証拠

三　当事者間においてされた交渉（あっせんその他の手続においてされたものを含む。）その他の申立てに至る経緯の概要

2　前項の申立書に記載する申立ての理由は、申立てを特定するのに必要な事実及び申立てを理由づける具体的な事実を含むものでなければならない。

3　予想される争点についての証拠書類があるときは、その写しを第一項の申立書に添付しなければならない。

4　第一項の申立書を提出するには、これと同時に、相手方の数に三を加えた数の当該申立書の写し及び相手方の数と同数の前項の証拠書類の写しを提出しなければならない。

（労働審判手続の申立書の写し等の送付・法第五条）

第一〇条　裁判所は、法第六条の規定により労働審判手続の申立てを却下する場合を除き、前条第四項の規定により提出された申立書の写し及び証拠書類の写し（これとともに提出された証拠説明書を含む。）を相手方に送付しなければならない。ただし、労働審判手続の期日を経ないで法第二十四条第一項の規定により労働審判事件を終了させる場合は、この限りでない。

第一一条　削除

（労働審判員の除斥及び回避・法第十一条）

第一二条　労働審判員の除斥及び回避については、非訟事件手続規則第八条から第十条までの規定（忌避に関する部分を除く。）を準用する。

（労働審判手続の第一回の期日の指定・法第十四条）

第一三条　労働審判官は、労働審判手続の申立てがされた日から四十日以内の日に労働審判手続の第一回の期日を指定しなければならない。ただし、特別の事由がある場合を除き、

（答弁書の提出期限）

第一四条　労働審判官は、答弁書の提出をすべき期限を定めなければならない。

2　前項の期限は、答弁書に記載された事項について申立人が前条の期日（以下「第一回期日」という。）までに準備をするのに必要な期間をおいたものでなければならない。

（呼出状の記載事項）

第一五条　当事者に対する第一回期日の呼出状には、第一回期日の前にあらかじめ主張、証拠の申出及び証拠調べに必要な準備をすべき旨を記載しなければならない。

2　相手方に対する前項の呼出状には、同項に規定する事項のほか、前条第一項の期限までに答弁書を提出すべき旨を記載しなければならない。

（答弁書の提出等）

第一六条　相手方は、第十四条第一項の期限までに、第三十七条において準用する非訟事件手続規則第一条第一項各号に掲げる事項のほか、次に掲げる事項を記載した答弁書を提出しなければならない。

一　申立ての趣旨に対する答弁

二　第九条第一項の申立書に記載された事実に対する認否

三　答弁を理由づける具体的な事実

四　予想される争点及び当該争点に関連する重要な事実

五　予想される争点ごとの証拠

六　当事者間においてされた交渉（あっせんその他の手続においてされたものを含む。）その他の申立てに至る経緯の概要

2　予想される争点についての証拠書類があるときは、その写しを答弁書に添付しなければならない。

3　答弁書を提出するには、これと同時に、その写し三通を提出しなければならない。

（答弁に対する反論）

第一七条　相手方の答弁に対する反論（これに対する再反論等を含む。以下この項において同じ。）を要する場合には、労働審判手続の期日において口頭でするものとする。この場合において、反論をする者は、口頭での主張を補充する書面（以下「補充書面」という。）を提出することができる。

2　補充書面を提出するには、これと同時に、その写し三通を提出しなければならない。

（労働審判手続の申立書等の記載の方法）

第一八条　第九条第一項の申立書、答弁書又は補充書面は、できる限り、申立て又は答弁を理由づける事実についての主張とそれ以外の事実についての主張とを区別して、簡潔に記載しなければならない。

（補充書面の提出等の期限）

第一九条　労働審判官は、補充書面の提出又は証拠の申出をすべき期限を定めることができる。

（書類の送付）

第二〇条　直送（当事者の相手方に対する直接の送付をいう。以下同じ。）その他の送付は、送付すべき書類の写しの交付又はその書類のファクシミリを利用しての送信によってする。

2　裁判所が当事者その他の関係人に対し送付すべき書類の送付に関する事務は、裁判所書記官が取り扱う。

3　当事者が次に掲げる書面を提出するときは、これについて直送をしなければならない。

一　答弁書

二　補充書面

三　申立ての趣旨又は理由の変更を記載した書面

四　証拠書類の写し（第九条第四項の規定により提出されたものを除く。）

五　証拠説明書（第九条第四項の証拠書類の写しとともに提出されたものを除く。）

六　第三十五条第一項の書面

4　当事者が直送をしなければならない書類について、直送を困難とする事由その他相当とする事由があるときは、当該当事者は、裁判所に対し、当該書類の相手方への送付を裁判所書記官に行わせるよう申し出ることができる。

5　当事者から前項の書類の直送を受けた相手方は、当該書類を受領した旨を記載した書面について直送をするとともに、当該書面を裁判所に提出しなければならない。ただし、同項の書類の直送をした当事者が、受領した旨を相手方が記載した当該書類を裁判所に提出したときは、この限りでない。

（労働審判手続の期日における手続等・法第十五条）

第二一条　労働審判委員会は、第一回期日において、当事者の陳述を聴いて争点及び証拠の整理をし、第一回期日において行うことが可能な証拠調べを実施する。

2　労働審判官は、第一回期日において審理を終結できる場合又は第一回期日において法第二十四条第一項の規定により労働審判事件を終了させる場合を除き、次回期日を指定し、当該期日に行う手続及び当該期日までに準備すべきことを当事者との間で確認するものとする。

（調停）

第二二条　労働審判委員会は、審理の終結に至るまで、労働審判手続の期日において調停を行うことができる。

2　裁判所書記官は、前項の調停において当事者間に合意が成立したときは、当該合意の内容並びに当事者の氏名又は名称及び住所並びに代理人の氏名を、調書に記載しなければならない。

（手続の併合についての意見聴取）

第二三条　労働審判委員会は、手続の併合を命ずるときは、あらかじめ当事者の意見を聴かなければならない。

（利害関係人の参加についての意見聴取）

第二四条　労働審判委員会は、労働審判手続の結果について利害関係を有する者が労働審判手続に参加することを許可し、又は当該者を労働審判手続に参加させる場合には、あらかじめ当事者の意見を聴かなければならない。

（調書の記載事項・法第一四条）

第二五条　労働審判手続の調書には、次に掲げる事項を記載し、裁判所書記官が記名押印し、労働審判官が認印しなければならない。労働審判官に支障があるときは、裁判所書記官がその旨を記載すれば足りる。

一　事件の表示

二　労働審判官、労働審判員及び裁判所書記官の氏名

三　出頭した当事者及び代理人の氏名

四　期日の日時及び場所

五　申立ての趣旨又は理由の変更及び申し立ての取下げ

六　証拠調べの概要

七　審理の終結

八　労働審判官が記載を命じた事項

（申立ての趣旨又は理由の変更）

第二六条　申立ての趣旨又は理由の変更を記載した書面を提出するには、これと同時に、その写し三通を提出しなければならない。

2　労働審判委員会は、申立ての趣旨又は理由を変更することにより三回以内の期日において審理を終結することが困難になると認めるときは、その変更を許さないことができる。

3　労働審判手続の期日において申立人が口頭で申立ての趣旨又は理由の変更をした場合（相手方が出頭した労働審判手続の期日においてした場合を除く。）は、労働審判委員会がその変更を許さないときを除き、裁判所は、その期日の調書の謄本を相手方に送付しなければならない。

（主張及び証拠の提出の時期）

第二七条　当事者は、やむを得ない事由がある場合を除き、労働審判手続の第二回の期日が終了するまでに、主張及び証拠書類の提出を終えなければならない。

（審判書・法第二十条）

第二八条　法第二十条第三項の審判書には、主文及び理由の要旨を記載するほか、次に掲げる事項を記載し、労働審判委員会を構成する労働審判官及

び労働審判員が記名押印しなければならない。
一　事件の表示
二　当事者の氏名又は名称及び住所並びに代理人の氏名
三　審判の年月日
四　裁判所の表示
2　前項の労働審判員が審判書に記名押印することに支障があるときは、労働審判官が審判書にその事由を付記して記名押印しなければならない。

（審判書の送達・法第二十条）

第二九条　法第二十条第四項の規定による審判書の送達は、審判書の正本によってする。
2　民事訴訟規則（平成八年最高裁判所規則第五号）第一編第五章第四節の規定（第四十一条、第四十二条、第四十六条及び第四十七条の規定を除く。）は、法第二十条第四項の規定による送達について準用する。

（審判書に代わる調書の記載事項・法第二十条）

第三〇条　法第二十条第七項の調書には、次に掲げる事項を記載しなければならない。
一　主文及び理由の要旨
二　当事者の氏名又は名称及び住所並びに代理人の氏名
三　第二十五条各号に掲げる事項

（異議の申立ての方式等・法第二十一条）

第三一条　法第二十一条第一項の異議の申立ては、書面でしなければならない。
2　法第二十一条第三項の規定により労働審判が効力を失ったときは、裁判所書記官は、異議の申立てをしていない当事者に対し、遅滞なく、その旨を通知しなければならない。

（訴状とみなす書面・法第二十二条）

第三二条　法第二十二条第一項（法第二十三条第二項及び第二十四条第二項において準用する場合を含む。）の規定により訴えの提起があったものとみなされたときは、民事訴訟規則第五十六条から第五十八条までの規定の適用については、第九条第一項の申立書、第二十六条第一項の書面及び労働審判手続の期日において口頭で申立ての趣旨又は理由の変更がされた場合におけるその期日の調書を訴状とみなす。

（労働審判事件の終了の場合の処置・法第二十四条）

第三三条　法第二十四条第一項の規定により労働審判事件が終了したときは、裁判所書記官は、その旨及び終了の年月日を記録上明らかにしなければならない。
2　前項に規定する場合においては、裁判所書記官は、当事者に対し、遅滞なく、その旨を通知しなければならない。ただし、労働審判手続の期日において労働審判事件を終了した場合に、その期日に出頭していた当事者については、この限りでない。

（申立ての取下げがあった場合の取扱い・法第二十四条の二等）

第三四条　労働審判手続の申立てが取り下げられた場合（相手方が出頭した労働審判手続の期日においてされた場合を除く。）は、裁判所書記官は、第九条第四項の申立書の写しの送付を受けた相手方に対し、その旨を通知しなければならない。

（費用の負担の申立ての方式等・法第二十五条）

第三五条　法第二十五条の申立ては、書面でしなければならない。
2　民事訴訟規則第一編第四章第一節の規定は、労働審判事件に関する手続の費用の負担について準用する。この場合において、同規則第二十四条第二項中「第四十七条（書類の送付）第一項」とあるのは、「労働審判規則（平成十七年最高裁判所規則第二号）第二十条第一項」と読み替えるものとする。

（閲覧等の制限の申立ての方式等・法第二十六条）

第三六条　民事訴訟規則第三十四条の規定は、法第二十六条第二項において準用する民事訴訟法（平成八年法律第百九号）第九十二条の規定による秘密記載部分の閲覧等について準用する。

（当事者に対する住所、氏名等の秘匿・法第二十八条の二）

第三六条の二　労働審判手続における申立てその他の申述については、民事訴訟規則第一編第七章の規定を準用する。この場合において、同規則第五十二条の十二第一項中「この規則の規定（第五十二条の十（秘匿事項届出書面の記載事項等）第一項を除く。次項において同じ。）」とあるのは「労働審判規則第三十七条において準用する非訟事件手続規則（平成二十四年最高裁判所規則第七号）の規定」と、同条第二項中「この規則」とあるのは「労働審判規則第三十七条において準用する非訟事件手続規則」と読み替えるものとする。

（非訟事件手続規則の準用）

第三七条　特別の定めがある場合を除いて、労働審判事件に関しては、非訟事件手続規則の規定（同規則第八条から第十一条までの規定中忌避に関する部分並びに同規則第十五条、第二十一条（民事訴訟規則第七十七条前段を準用する部分を除く。）、第二章第八節、第四十四条、第四十五条及び第五十条の規定を除く。）を準用する。この場合において、非訟事件手続規則第二条第一項第二号中「非訟事件手続法（平成二十三年法律第五十一号。以下「法」という。）第四十二条の二」とあるのは、「労働審判法（平成十六年法律第四十五号）第二十八条の二」と読み替えるものとする。

附則《略》

労働審判員規則

平成一七年一月一一日最高裁判所規則第三号

施行：平成一七年一〇月一日

（任命）

第一条　労働審判員は、労働関係に関する専門的な知識経験を有する者で六十八歳未満のものの中から、最高裁判所が任命する。ただし、特に必要がある場合においては、六十八歳未満の者であることを要しない。

（欠格事由）

第二条　次の各号のいずれかに該当する者は、労働審判員に任命することができない。

一　禁錮以上の刑に処せられた者

二　労働関係に関する法令の規定に違反し、罰金の刑に処せられた者

三　公務員として免職の懲戒処分を受け、当該処分の日から二年を経過しない者

四　第六条第二項第二号又は第三号の規定により労働審判員を解任された者

（任期）

第三条　労働審判員の任期は、二年とする。

（所属等）

第四条　労働審判員の所属する地方裁判所（以下「所属地方裁判所」という。）は、最高裁判所が定める。

第五条　所属地方裁判所以外の他の地方裁判所における労働審判事件の処理のために特に必要がある場合においては、当該他の地方裁判所と所属地方裁判所に共通する直近上級の裁判所が、所属地方裁判所の労働審判員に当該他の地方裁判所の労働審判員の職務を行わせることができる。

（解任）

第六条　最高裁判所は、労働審判員が第二条第一号から第三号までのいずれかに該当するに至ったときは、これを解任しなければならない。

2　最高裁判所は、労働審判員が次の各号のいずれかに該当するときは、これを解任することができる。

一　心身の故障のため職務の執行ができないと認められるとき。

二　職務上の義務違反があると認められるとき。

三　中立かつ公正な立場において職務を行うことができないと認めるに足りる行為、労働審判手続に対する信頼を損なうおそれのある行為その他の労働審判員たるに適しない行為があると認められるとき。

（旅費、日当及び宿泊料）

第七条　労働審判員が所属地方裁判所で職務を行う場合には、次項の規定により旅費を支給する。

2　旅費は、鉄道賃、船賃及び車賃の三種とし、その金額は、国家公務員等の旅費に関する法律（昭和二十五年法律第百十四号。次項において「旅費法」という。）の規定に基づいて受ける旅費の金額と同一とする。

3　第一項に規定する場合を除き、労働審判員には、旅費、日当及び宿泊料を支給するものとし、その種類及び金額は、旅費法の規定に基づいて受ける旅費の種類及び金額と同一とする。

4　前三項に定めるもののほか、労働審判員に支給する旅費、日当及び宿泊料については、別に最高裁判所の定めるところによる。

附則（抄）

（労働審判員の任期の特例）

第二条　この規則の施行後、法の施行の日までに任命される労働審判員の任期は、第三条の規定にかかわらず、同日から起算して二年を経過した日の前日までとする。

（裁判所の非常勤職員の政治的行為制限の特例に関する規則の一部改正）

第三条　裁判所の非常勤職員の政治的行為制限の特例に関する規則（昭和二十七年最高裁判所規則第二十五号）の一部を次のように改正する。

本則中第十号を第十一号とし、第三号から第九号までを一号ずつ繰り下げ、第二号の次に次の一号を加える。

三　労働審判員

（政治資金規正法第二十二条の九第一項第二号の非常勤職員の範囲を定める規則の一部改正）

第四条　政治資金規正法第二十二条の九第一項第二号の非常勤職員の範囲を定める規則（平成四年最高裁判所規則第十三号）の一部を次のように改正する。

本則中第九号を第十号とし、第二号から第八号までを一号ずつ繰り下げ、第一号の次に次の一号を加える。

二　労働審判員

個別労働関係紛争の解決の促進に関する法律

平成一三年七月一一日法律第一一二号
施行：平成一三年一〇月一日
最終改正：令和四年六月一七日法律第六八号
施行：附則参照

（目的）

第一条　この法律は、労働条件その他労働関係に関する事項についての個々の労働者と事業主との間の紛争（労働者の募集及び採用に関する事項についての個々の求職者と事業主との間の紛争を含む。以下「個別労働関係紛争」という。）について、あっせんの制度を設けること等により、その実情に即した迅速かつ適正な解決を図ることを目的とする。

（紛争の自主的解決）

第二条　個別労働関係紛争が生じたときは、当該個別労働関係紛争の当事者は、早期に、かつ、誠意をもって、自主的な解決を図るように努めなければならない。

（労働者、事業主等に対する情報提供等）

第三条　都道府県労働局長は、個別労働関係紛争を未然に防止し、及び個別労働関係紛争の自主的な解決を促進するため、労働者、求職者又は事業主に対し、労働関係に関する事項並びに労働者の募集及び採用に関する事項についての情報の提供、相談その他の援助を行うものとする。

（当事者に対する助言及び指導）

第四条　都道府県労働局長は、個別労働関係紛争（労働関係調整法（昭和二十一年法律第二十五号）第六条に規定する労働争議に当たる紛争及び行政執行法人の労働関係に関する法律（昭和二十三年法律第二百五十七号）第二十六条第一項に規定する紛争を除く。）に関し、当該個別労働関係紛争の当事者の双方又は一方からその解決につき援助を求められた場合には、当該個別労働関係紛争の当事者に対し、必要な助言又は指導をすることができる。

2　都道府県労働局長は、前項に規定する助言又は指導をするため必要があると認めるときは、広く産業社会の実情に通じ、かつ、労働問題に関し専門的知識を有する者の意見を聴くものとする。

3　事業主は、労働者が第一項の援助を求めたことを理由として、当該労働者に対して解雇その他不利益な取扱いをしてはならない。

（あっせんの委任）

第五条　都道府県労働局長は、前条第一項に規定する個別労働関係紛争（労働者の募集及び採用に関する事項についての紛争を除く。）について、当該個別労働関係紛争の当事者（以下「紛争当事者」という。）の双方又は一方からあっせんの申請があった場合において当該個別労働関係紛争の解決のために必要があると認めるときは、紛争調整委員会にあっせんを行わせるものとする。

2　前条第三項の規定は、労働者が前項の申請をした場合について準用する。

（委員会の設置）

第六条　都道府県労働局に、紛争調整委員会（以下「委員会」という。）を置く。

2　委員会は、前条第一項のあっせんを行う機関とする。

（委員会の組織）

第七条　委員会は、三人以上政令で定める人数以内の委員をもって組織する。

2　委員は、学識経験を有する者のうちから、厚生労働大臣が任命する。

3　委員会に会長を置き、委員の互選により選任する。

4　会長は会務を総理する。

5　会長に事故があるときは、委員のうちからあらかじめ互選された者がその職務を代理する。

（委員の任期等）

第八条　委員の任期は、二年とする。ただし、補欠の委員の任期は、前任者の残任期間とする。

2　委員は、再任されることができる。

3　委員は、後任の委員が任命されるまでその職務を行う。

4　委員は、非常勤とする。

（委員の欠格条項）

第九条　次の各号のいずれかに該当する者は、委員となることができない。

一　破産者で復権を得ないもの

二　禁錮以上の刑に処せられ、その執行を終わり、又はその執行を受けることがなくなった日から五年を経過しない者

2　委員が前項各号のいずれかに該当するに至ったときは、当然失職する。

（委員の解任）

第一〇条　厚生労働大臣は、委員が次の各号のいずれかに該当するときは、その委員を解任することができる。

一　心身の故障のため職務の執行に堪えないと認められるとき。

二　職務上の義務違反その他委員たるに適しない非行があると認められるとき。

（会議及び議決）

第一一条　委員会の会議は、会長が招集する。

2　委員会は、会長又は第七条第五項の規定により会長を代理する者のほか、委員の過半数が出席しなければ、会議を開き、議決をすることができない。

3　委員会の議事は、出席者の過半数をもって決する。可否同数のときは、会長が決する。

（あっせん）

第一二条　委員会によるあっせんは、委員のうちから会長が事件ごとに指名する三人のあっせん委員によって行う。

2　あっせん委員は、紛争当事者間をあっせんし、双方の主張の要点を確かめ、実情に即して事件が解決されるように努めなければならない。

第一三条　あっせん委員は、紛争当事者から意見を聴取するほか、必要に応じ、参考人から意見を聴取し、又はこれらの者から意見書の提出を求め、事件の解決に必要なあっせん案を作成し、これを紛争当事者に提示することができる。

2　前項のあっせん案の作成は、あっせん委員の全員一致をもって行うものとする。

第一四条　あっせん委員は、紛争当事者からの申立てに基づき必要があると認めるときは、当該委員会が置かれる都道府県労働局の管轄区域内の主要な労働者団体又は事業主団体が指名する関係労働者を代表する者又は関係事業主を代表する者から当該事件につき意見を聴くものとする。

第一五条　あっせん委員は、あっせんに係る紛争について、あっせんによっては紛争の解決の見込みがないと認めるときは、あっせんを打ち切ることができる。

（時効の完成猶予）

第一六条　前条の規定によりあっせんが打ち切られた場合において、当該あっせんの申請をした者がその旨の通知を受けた日から三十日以内にあっせんの目的となった請求について訴えを提起したときは、時効の完成猶予に関しては、あっせんの申請の時に、訴えの提起があったものとみなす。

（資料提供の要求等）

第一七条　委員会は、当該委員会に係属している事件の解決のために必要があると認めるときは、関係行政庁に対し、資料の提供その他必要な協力を求めることができる。

（あっせん状況の報告）

第一八条　委員会は、都道府県労働局長に対し、厚生労働省令で定めるところにより、あっせんの状況について報告しなければならない。

（厚生労働省令への委任）

第一九条　この法律に定めるもののほか、委員会及びあっせんの手続に関し必要な事項は、厚生労働省令で定める。

（地方公共団体の施策等）

第二〇条　地方公共団体は、国の施策と相まって、当該地域の実情に応じ、個別労働関係紛争を未然に防止し、及び個別労働関係紛争の自主的な解決を促進するため、労働者、求職者又は事業主に対する情報の提供、相談、あっせんその他の必要な施策を推進するように努めるものとする。

2　国は、地方公共団体が実施する前項の施策を支援するため、情報の提供その他の必要な措置を講ずるものとする。

3　第一項の施策として、地方自治法（昭和二十二年法律第六十七号）第百八十条の二の規定に基づく都道府県知事の委任を受けて都道府県労働委員会が行う場合には、中央労働委員会は、当該都道府県労働委員会に対し、必要な助言又は指導をすることができる。

（船員に関する特例）

第二十一条　船員職業安定法（昭和二十三年法律第百三十号）第六条第一項に規定する船員及び同項に規定する船員になろうとする者に関しては、第三条、第四条第一項及び第二項並びに第五条第一項中「都道府県労働局長」とあるのは「地方運輸局長（運輸監理部長を含む。）」と、同項中「紛争調整委員会」とあるのは「第二十一条第三項のあっせん員候補者名簿に記載されている者のうちから指名するあっせん員」とする。

2　前項の規定により読み替えられた第五条第一項の規定により指名を受けてあっせん員が行うあっせんについては、第六条から第十九条までの規定は、適用しない。

3　地方運輸局長（運輸監理部長を含む。）は、第一項の規定により読み替えられた第五条第一項の規定により指名するあっせん員にあっせんを行わせるため、二年ごとに、学識経験を有する者のうちからあっせん員候補者三人以上を委嘱し、あっせん員候補者名簿を作成しておかなければならない。

4　第九条及び第十二条から第十九条までの規定は、第二項のあっせんについて準用する。この場合において、第九条第一項中「委員」とあるのは「あっせん員候補者」と、同条第二項中「委員」とあるのは「あっせん員又はあっせん員候補者」と、「当然失職する」とあるのは「その地位を失う」と、第十二条から第十五条までの規定中「あっせん委員」とあり、並びに第十二条第一項、第十八条及び第十九条中「委員会」とあるのは「あっせん員」と、第十二条第一項中「委員の」とあるのは「あっせん員候補者名簿に記載されている者の」と、「会長」とあるのは「当該あっせん員候補者名簿を作成した地方運輸局長（運輸監理部長を含む。）」と、第十四条中「当該委員会が置かれる都道府県労働局」とあるのは「当該あっせん員を指名した地方運輸局長（運輸監理部長を含む。）が置かれる地方運輸局（運輸監理部を含む。）」と、第十七条中「委員会は」とあるのは「あっせん員は」と、「当該委員会に係属している」とあるのは「当該あっせん員が取り扱っている」と、第十八条中「都道府県労働局長」とあるのは「地方運輸局長（運輸監理部長を含む。）」と、同条及び第十九条中「厚生労働省令」とあるのは「国土交通省令」と読み替えるものとする。

5　第一項の規定により読み替えられた第三条、第四条第一項及び第二項並びに第五条第一項並びに前項の規定により読み替えて準用される第十八条に規定する地方運輸局長（運輸監理部長を含む。）の権限は、国土交通省令で定めるところにより、運輸支局長又は地方運輸局、運輸監理部若しくは運輸支局の事務所の長に委任することができる。

（適用除外）

第二十二条　この法律は、国家公務員及び地方公務員については、適用しない。ただし、行政執行法人の労働関係に関する法律第二条第二号の職員、地方公営企業法（昭和二十七年法律第二百九十二号）第十五条第一項の企業職員、地方独立行政法人法（平成十五年法律第百十八号）第四十七条の職員及び地方公務員法（昭和二十五年法律第二百六十一号）第五十七条に規定する単純な労務に雇用される一般職に属する地方公務員であって地方公営企業等の労働関係に関する法律（昭和二十七年法律第二百八十九号）第三条第四号の職員以外のものの勤務条件に関する事項についての紛争については、この限りでない。

附則（平成一四年五月三一日法律第五四号）（抄）

（施行期日）

第一条　この法律は、平成十四年七月一日から施行する。

（経過措置）

第二八条　この法律の施行前にこの法律による改正前のそれぞれの法律若しくはこれに基づく命令（以下「旧法令」という。）の規定により海運監理部長、陸運支局長、海運支局長又は陸運支局の事務所の長（以下「海運監理部長等」という。）がした許可、認可その他の処分又は契約その他の行為（以下「処分等」という。）は、国土交通省令で定めるところにより、この法律による改正後のそれぞれの法律若しくはこれに基づく命令（以下「新法令」という。）の規定により相当の運輸監理部長、運輸支局長又は地方運輸局、運輸監理部若しくは運輸支局の事務所の長（以下「運輸監理部長等」という。）がした処分等とみなす。

第二九条　この法律の施行前に旧法令の規定により海運監理部長等に対してした申請、届出その他の行為（以下「申請等」という。）は、国土交通省令で定めるところにより、新法令の規定により相当の運輸監理部長等に対してした申請等とみなす。

附則（平成一四年七月三一日法律第九八号）（抄）

（施行期日）
第一条　この法律は、公社法の施行の日（平成一五年四月一日）から施行する。ただし、次の各号に掲げる規定は、当該各号に定める日から施行する。
一　第一章第一節（別表第一から別表第四までを含む。）並びに附則第二十八条第二項、第三十三条第二項及び第三項並びに第三十九条の規定　公布の日

（その他の経過措置の政令への委任）
第三九条　この法律に規定するもののほか、公社法及びこの法律の施行に関し必要な経過措置（罰則に関する経過措置を含む。）は、政令で定める。

【令和四年六月一七日法律第六八号未施行内容】
刑法等の一部を改正する法律の施行に伴う関係法律の整理等に関する法律
第二六六条　個別労働関係紛争の解決の促進に関する法律（平成十三年法律第百十二号）の一部を次のように改正する。
　第九条第一項第二号中「禁錮」を「拘禁刑」に改める。
附則（抄）
（施行期日）
1　この法律は、刑法等一部改正法施行日（令和七年六月一日――編注）から施行する。《略》

個別労働関係紛争の解決の促進に関する法律施行規則

平成一三年九月一九日厚生労働省令第一九一号
施行：平成一三年一〇月一日
最終改正：令和五年三月三〇日厚生労働省令第四三号
施行：令和五年四月一日

（委員会の名称）
第一条　紛争調整委員会（以下「委員会」という。）の名称は、その置かれる都道府県労働局の所在する都道府県の名を冠する。

（委員会の委員の数）
第二条　委員会の委員の数は、東京紛争調整委員会にあっては三十六人、大阪紛争調整委員会にあっては二十一人、愛知紛争調整委員会にあっては十五人、北海道紛争調整委員会、埼玉紛争調整委員会、千葉紛争調整委員会及び神奈川紛争調整委員会にあっては十二人、茨城紛争調整委員会、長野紛争調整委員会、静岡紛争調整委員会、京都紛争調整委員会、兵庫紛争調整委員会、奈良紛争調整委員会及び福岡紛争調整委員会にあっては九人、その他の委員会にあっては六人とする。

（委員会の庶務）
第三条　委員会の庶務は、その置かれる都道府県労働局雇用環境・均等部（北海道労働局、埼玉労働局、東京労働局、神奈川労働局、愛知労働局、大阪労働局、兵庫労働局及び福岡労働局以外の都道府県労働局にあっては、雇用環境・均等室。）において処理する。

（あっせんの申請）
第四条　個別労働関係紛争の解決の促進に関する法律（以下「法」という。）第五条第一項のあっせん（以下「あっせん」という。）の申請をしようとする者は、あっせん申請書（様式第一号）を当該あっせんに係る個別労働関係紛争の当事者（以下「紛争当事者」という。）である労働者に係る事業場の所在地を管轄する都道府県労働局の長に提出しなければならない。

（あっせんの委任）
第五条　都道府県労働局長は、委員会にあっせんを行わせることとしたときは、遅滞なく、その旨を委員会の会長に通知するものとする。
2　都道府県労働局長は、あっせんの申請があった場合において、事件がその性質上あっせんをするのに適当でないと認めるとき、又は紛争当事者が不当な目的でみだりにあっせんの申請をしたと認めるときは、委員会にあっせんを行わせないものとする。
3　都道府県労働局長は、委員会にあっせんを行わせないこととしたときは、様式第二号により、あっせんを申請した紛争当事者（以下「申請人」という。）に対し、遅滞なく、その旨を通知するものとする。

（あっせんの開始）
第六条　会長は、前条第一項の通知を受けたときは、委員のうちから、当該事件を担当する三人のあっせん委員（以下「あっせん委員」という。）を指名するものとする。
2　会長は、申請人に対しては様式第三号により、紛争当事者の一方からあっせんの申請があったときの他の紛争当事者（以下「被申請人」という。）

に対しては様式第四号により、あっせんを開始する旨及びあっせん委員の氏名を通知するものとする。

（あっせん手続の実施の委任）

第七条　あっせん委員は、必要があると認めるときは、あっせんの手続の一部を特定のあっせん委員に行わせることができる。

2　あっせん委員は、必要があると認めるときは、当該事件の事実の調査を都道府県労働局雇用環境・均等部（北海道労働局、埼玉労働局、東京労働局、神奈川労働局、愛知労働局、大阪労働局、兵庫労働局及び福岡労働局以外の都道府県労働局にあっては、雇用環境・均等室。）の職員に行わせることができる。

（あっせん期日等）

第八条　あっせん委員は、あっせんの期日を定め、紛争当事者に対して通知するものとする。

2　前項の規定によりあっせんの期日を指定された紛争当事者は、あっせん委員の許可を得て、補佐人を伴って出席することができる。

3　紛争当事者は、あっせんの期日における意見の陳述等を他人に代理させる場合には、代理人の氏名、住所及び職業を記載した書面に、代理権授与の事実を証明する書面を添付して、あっせん委員に提出し、許可を得なければならない。

（あっせん案の提示）

第九条　あっせん委員は、紛争当事者の双方からあっせん案の提示を求められた場合には、あっせん案を作成し、これを紛争当事者の双方に提示するものとする。

2　紛争当事者は、あっせん案を受諾したときは、その旨を記載し、記名押印又は署名した書面をあっせん委員に提出しなければならない。

（関係労使を代表する者からの意見聴取）

第一〇条　あっせん委員は、次の各号のいずれかに該当するときは、法第十四条の規定に基づき、関係労働者を代表する者又は関係事業主を代表する者から意見を聴くものとする。

一　紛争当事者の双方から申立てがあったとき。

二　紛争当事者の一方から申立てがあった場合で、紛争当事者に係る企業又は当該企業に係る業界若しくは地域の最近の雇用の実態等について、紛争当事者の他に関係労働者を代表する者又は関係事業主を代表する者から意見を聴く必要があると認めるとき。

（関係労使を代表する者の指名）

第一一条　あっせん委員は、法第十四条の規定に基づき意見を聴く場合には、当該委員会が置かれる都道府県労働局の管轄区域内の主要な労働者団体又は事業主団体に対して、期限を付して関係労働者を代表する者又は関係事業主を代表する者の指名を求めるものとする。

2　前項の求めがあった場合には、当該労働者団体又は事業主団体は、当該事件につき意見を述べる者の氏名及び住所をあっせん委員に通知するものとする。

（あっせんの打切り）

第一二条　あっせん委員は、次の各号のいずれかに該当するときは、法第十五条の規定に基づき、あっせんを打ち切ることができる。

一　第六条第二項の通知を受けた被申請人が、あっせんの手続に参加する意思がない旨を表明したとき。

二　第九条第一項の規定に基づき提示されたあっせん案について、紛争当事者の一方又は双方が受諾しないとき。

三　紛争当事者の一方又は双方があっせんの打切りを申し出たとき。

四　法第十四条の規定による意見聴取その他あっせんの手続の進行に関して紛争当事者間で意見が一致しないため、あっせんの手続の進行に支障があると認めるとき。

五　前各号に掲げるもののほか、あっせんによっては紛争の解決の見込みがないと認めるとき。

2　あっせん委員は、前項の規定によりあっせんを打ち切ったときは、様式第五号（第七条第一項の規定によりあっせんの手続の一部を特定のあっせん委員に行わせる場合にあっては、様式第五号の二）により、紛争当事者の双方に対し、遅滞なく、その旨を通知するものとする。

（あっせんの記録）

第一三条　あっせん委員は、都道府県労働局雇用環境・均等部（北海道労働局、埼玉労働局、東京労働局、神奈川労働局、愛知労働局、大阪労働局、兵庫労働局及び福岡労働局以外の都道府県労働局にあっては、雇用環境・均等室。）の職員に、あっせんの手続に関する記録を作成させるものとする。ただし、あっせん委員がその必要がないと認めたときは、この限りでない。

（手続の非公開）

第一四条　あっせん委員が行うあっせんの手続は、公開しない。

（都道府県労働局長への報告）

第一五条　委員会は、その行うあっせんの事件が終了したときは、都道府県労働局長に対し、速やかに、次に掲げる事項を報告しなければならない。

一　事件を担当したあっせん委員の氏名
二　事件の概要
三　あっせんの経過及び結果
附則《略》

労働市場法

労働施策の総合的な推進並びに労働者の雇用の安定及び職業生活の充実等に関する法律（抄）

昭和四一年七月二一日法律第一三二号
施行：昭和四一年七月二一日
最終改正：令和五年六月一六日法律第五六号
施行：附則参照

第一章　総則

（目的）

第一条　この法律は、国が、少子高齢化による人口構造の変化等の経済社会情勢の変化に対応して、労働に関し、その政策全般にわたり、必要な施策を総合的に講ずることにより、労働市場の機能が適切に発揮され、労働者の多様な事情に応じた雇用の安定及び職業生活の充実並びに労働生産性の向上を促進して、労働者がその有する能力を有効に発揮することができるようにし、これを通じて、労働者の職業の安定と経済的社会的地位の向上とを図るとともに、経済及び社会の発展並びに完全雇用の達成に資することを目的とする。

2　この法律の運用に当たつては、労働者の職業選択の自由及び事業主の雇用の管理についての自主性を尊重しなければならず、また、職業能力の開発及び向上を図り、職業を通じて自立しようとする労働者の意欲を高め、かつ、労働者の職業を安定させるための事業主の努力を助長するように努めなければならない。

（定義）

第二条　この法律において「職業紹介機関」とは、公共職業安定所（職業安定法（昭和二十二年法律第百四十一号）の規定により公共職業安定所の業務の一部を分担する学校の長を含む。）、同法の規定により無料の職業紹介事業を行う地方公共団体及び同法の規定により許可を受けて、又は届出をして職業紹介事業を行う者をいう。

（基本的理念）

第三条　労働者は、その職業生活の設計が適切に行われ、並びにその設計に即した能力の開発及び向上並びに転職に当たつての円滑な再就職の促進その他の措置が効果的に実施されることにより、職業生活の全期間を通じて、その職業の安定が図られるように配慮されるものとする。

2　労働者は、職務の内容及び職務に必要な能力、経験その他の職務遂行上必要な事項（以下この項において「能力等」という。）の内容が明らかにされ、並びにこれらに即した評価方法により能力等を公正に評価され、当該評価に基づく処遇を受けることその他の適切な処遇を確保するための措置が効果的に実施されることにより、その職業の安定が図られるように配慮されるものとする。

（国の施策）

第四条　国は、第一条第一項の目的を達成するため、前条に規定する基本的理念に従つて、次に掲げる事項について、総合的に取り組まなければならない。

一　各人が生活との調和を保ちつつその意欲及び能力に応じて就業することを促進するため、労働時間の短縮その他の労働条件の改善、多様な就業形態の普及及び雇用形態又は就業形態の異なる労働者の間の均衡のとれた待遇の確保に関する施策を充実すること。

二　各人がその有する能力に適合する職業に就くことをあつせんするため、及び産業の必要とする労働力を充足するため、職業指導及び職業紹介に関する施策を充実すること。

三　各人がその有する能力に適し、かつ、技術の進歩、産業構造の変動等に即応した技能及びこれに関する知識を習得し、これらにふさわしい評価を受けることを促進するため、職業訓練及び職業能力検定に関する施策を充実すること。

四　就職が困難な者の就職を容易にし、かつ、労働力の需給の不均衡を是正するため、労働者の職業の転換、地域間の移動、職場への適応等を援助するために必要な施策を充実すること。

五　事業規模の縮小等（事業規模若しくは事業活動の縮小又は事業の転換若しくは廃止をいう。以下同じ。）の際に、失業を予防するとともに、離職を余儀なくされる労働者の円滑な再就職を促進するために必要な施策を充実すること。

六　労働者の職業選択に資するよう、雇用管理若しくは採用の状況その他の職場に関する事項又は職業に関する事項の情報の提供のために必要な施策を充実すること。

七　女性の職業及び子の養育又は家族の介護を行う者の職業の安定を図るため、雇用の継続、円滑な再就職の促進、母子家庭の母及び父子家庭の父並びに寡婦の雇用の促進その他のこれらの者の就業を促進するために必要な施策を充実すること。

八　青少年の職業の安定を図るため、職業についての青少年の関心と理解を深めるとともに、雇用管理の改善の促進、実践的な職業能力の開発及び向上の促進その他の青少年の雇用を促進するために必要な施策を充実すること。

九　高年齢者の職業の安定を図るため、高年齢者雇用確保措置等の円滑な実施の促進、再就職の促進、多様な就業機会の確保その他の高年齢者がその年齢にかかわりなくその意欲及び能力に応じて就業することができるようにするために必要な施策を充実すること。

十　疾病、負傷その他の理由により治療を受ける者の職業の安定を図るため、雇用の継続、離職を余儀なくされる労働者の円滑な再就職の促進その他の治療の状況に応じた就業を促進するために必要な施策を充実すること。

十一　障害者の職業の安定を図るため、雇用の促進、職業リハビリテーションの推進その他の障害者がその職業生活において自立することを促進するために必要な施策を充実すること。

十二　不安定な雇用状態の是正を図るため、雇用形態及び就業形態の改善等を促進するために必要な施策を充実すること。

十三　高度の専門的な知識又は技術を有する外国人（日本の国籍を有しない者をいう。以下この条において同じ。）の我が国における就業を促進するとともに、労働に従事することを目的として在留する外国人について、適切な雇用機会の確保が図られるようにするため、雇用管理の改善の促進及び離職した場合の再就職の促進を図るために必要な施策を充実すること。

十四　地域的な雇用構造の改善を図るため、雇用機会が不足している地域における労働者の雇用を促進するために必要な施策を充実すること。

十五　職場における労働者の就業環境を害する言動に起因する問題の解決を促進するために必要な施策を充実すること。

十六　前各号に掲げるもののほか、職業の安定、産業の必要とする労働力の確保等に資する雇用管理の改善の促進その他労働者がその有する能力を有効に発揮することができるようにするために必要な施策を充実すること。

2　国は、前項各号に掲げる施策及びこれに関連する施策の充実に取り組むに際しては、国民経済の健全な発展、それに即応する企業経営の基盤の改善、地域振興等の諸施策と相まつて、雇用機会の着実な増大及び地域間における就業機会等の不均衡の是正を図るとともに、労働者がその有する能力を有効に発揮することの妨げとなつている雇用慣行の是正を期するように配慮しなければならない。

3　国は、第一項第十三号に規定する施策の充実に取り組むに際しては、外国人の入国及び在留の管理に関する施策と相まつて、外国人の不法就労活動（出入国管理及び難民認定法（昭和二十六年政令第三百十九号）第二十四条第三号の四イに規定する不法就労活動をいう。）を防止し、労働力の不適正な供給が行われないようにすることにより、労働市場を通じた需給調整の機能が適切に発揮されるよう努めなければならない。

（地方公共団体の施策）

第五条　地方公共団体は、国の施策と相まつて、当該地域の実情に応じ、労働に関する必要な施策を講ずるように努めなければならない。

（事業主の責務）

第六条　事業主は、その雇用する労働者の労働時間の短縮その他の労働条件の改善その他の労働者が生活との調和を保ちつつその意欲及び能力に応じて就業することができる環境の整備に努めなければならない。

2　事業主は、事業規模の縮小等に伴い離職を余儀なくされる労働者について、当該労働者が行う求職活動に対する援助その他の再就職の援助を行うことにより、その職業の安定を図るように努めなければならない。

第七条　事業主は、外国人（日本の国籍を有しない者をいい、厚生労働省令で定める者を除く。以下同じ。）が我が国の雇用慣行に関する知識及び求職活動に必要な雇用に関する情報を十分に有していないこと等にかんがみ、その雇用する外国人がその有する能力を有効に発揮できるよう、職業に適応することを容易にするための措置の実施その他の雇用管理の改善に努めるとともに、その雇用する外国人が解雇（自己の責めに帰すべき理由によるものを除く。）その他の厚生労働省令で定める理由により離職する場合において、当該外国人が再就職を希望するときは、求人の開拓その他当該外国人の再就職の援助に関し必要な措置を講ずるように努めなければならない。

（指針）

第八条　厚生労働大臣は、前条に定める事項に関し、事業主が適切に対処するために必要な指針を定め、これを公表するものとする。

（募集及び採用における年齢にかかわりない均等な機会の確保）

第九条　事業主は、労働者がその有する能力を有効に発揮するために必要であると認められるときとして厚生労働省令で定めるときは、労働者の募集及び採用について、厚生労働省令で定めるところにより、その年齢にかかわりなく均等な機会を与えなければならない。

第二章　基本方針

（基本方針）

第一〇条　国は、労働者がその有する能力を有効に発揮することができるようにするために必要な労働に関する施策の総合的な推進に関する基本的な方針（以下「基本方針」という。）を定めなければならない。

2　基本方針に定める事項は、次のとおりとする。

一　労働者がその有する能力を有効に発揮することができるようにすることの意義に関する事項

二　第四条第一項各号に掲げる事項について講ずる施策に関する基本的事項

三　前二号に掲げるもののほか、労働者がその有する能力を有効に発揮することができるようにすることに関する重要事項

3　厚生労働大臣は、基本方針の案を作成し、閣議の決定を求めなければならない。

4　厚生労働大臣は、基本方針の案を作成しようとするときは、あらかじめ、都道府県知事の意見を求めるとともに、労働政策審議会の意見を聴かなければならない。

5　厚生労働大臣は、第三項の規定による閣議の決定があつたときは、遅滞なく、基本方針を公表しなければならない。

6　厚生労働大臣は、基本方針の案を作成するため必要があると認めるときは、関係行政機関の長に対し、資料の提出その他必要な協力を求めることができる。

7　国は、労働に関する施策をめぐる経済社会情勢の変化を勘案し、基本方針に検討を加え、必要があると認めるときは、これを変更しなければならない。

8　第三項から第六項までの規定は、基本方針の変更について準用する。

（関係機関への要請）

第一〇条の二　厚生労働大臣は、必要があると認めるときは、関係行政機関の長に対し、基本方針において定められた施策で、関係行政機関の所管に係るものの実施について、必要な要請をすることができる。

（中小企業における取組の推進のための関係者間の連携体制の整備）

第一〇条の三　国は、労働時間の短縮その他の労働条件の改善、多様な就業形態の普及、雇用形態又は就業形態の異なる労働者の間の均衡のとれた待遇の確保その他の基本方針において定められた施策の実施に関し、中小企業における取組が円滑に進むよう、地方公共団体、中小企業者を構成員とする団体その他の事業主団体、労働者団体その他の関係者により構成される協議会の設置その他のこれらの者の間の連携体制の整備に必要な施策を講ずるように努めるものとする。

第三章　求職者及び求人者に対する指導等

（雇用情報）

第一一条　厚生労働大臣は、求人と求職との迅速かつ適正な結合に資するため、労働力の需給の状況、求人及び求職の条件その他必要な雇用に関する情報（以下「雇用情報」という。）を収集し、及び整理しなければならない。

2　厚生労働大臣は、雇用情報を、求職者、求人者その他の関係者及び職業紹介機関、職業安定法第四条第六項に規定する募集情報等提供を業として行う機関、職業訓練機関、教育機関その他の関係機関が、職業の選択、労働者の雇入れ、職業指導、職業紹介、募集情報等提供、職業訓練その他の措置を行うに際して活用することができるように提供するものとする。

3　厚生労働大臣は、雇用情報の収集、整理及び活用並びに利用のための提供が迅速かつ効果的に行われるために必要な組織を維持し、及び整備しなければならない。

（職業に関する調査研究）

第一二条　厚生労働大臣は、職業の現況及び動向の分析、職業に関する適性の検査及び適応性の増大並びに職務分析のための方法その他職業に関する基礎的事項について、調査研究をしなければならない。

2　前条第二項の規定は、前項の調査研究の成果（以下「職業に関する調査研究の成果」という。）について準用する。

（求職者に対する指導）

第一三条　職業紹介機関は、求職者に対して、雇用情報、職業に関する調査研究の成果等を提供し、かつ、これに基づき職種、就職地その他の求職の内容、必要な技能等について指導することにより、求職者がその適性、能力、経験、技能の程度等にふさわしい職業を選択することを促進し、もつて職業選択の自由が積極的に生かされるように努めなければならない。

（求人者に対する指導）

第一四条　職業紹介機関は、求人者に対して、雇用情報、職業に関する調査研究の成果等を提供し、かつ、これに基づき求人の内容について指導する

ことにより、求人者が当該作業又は職務に適合する労働者を雇い入れることを促進するように努めなければならない。

2　職業紹介機関は、労働力の需給の適正な均衡を図るために必要があると認めるときは、求人者に対して、雇用情報等を提供し、かつ、これに基づき求人の時期、人員又は地域その他の求人の方法について指導することができる。

（雇用に関する援助）

第一五条　職業安定機関及び公共職業能力開発施設は、労働者の雇入れ又は配置、適性検査、職業訓練その他の雇用に関する事項について事業主、労働組合その他の関係者から援助を求められたときは、雇用情報、職業に関する調査研究の成果等を活用してその者に対して必要な助言その他の措置を行わなければならない。

第四章　職業訓練等の充実

（職業訓練の充実）

第一六条　国は、職業訓練施設の整備、職業訓練の内容の充実及び方法の研究開発、職業訓練指導員の養成確保及び資質の向上等職業訓練を充実するために必要な施策を積極的に講ずるものとする。

2　国は、労働者の職業能力の開発及び向上が効果的に図られるようにするため、公共職業能力開発施設が行う職業訓練と事業主又はその団体が行う職業訓練とが相互に密接な関連の下で行われるように努めなければならない。

（職業能力検定制度の充実）

第一七条　国は、技術の進歩の状況、円滑な再就職のために必要な職業能力の水準その他の事情を考慮して、事業主団体その他の関係者の協力の下に、職業能力の評価のための適正な基準を設定し、これに準拠して労働者の有する職業能力の程度を検定する制度を確立し、及びその充実を図ることにより、労働者の職業能力の開発及び向上、職業の安定並びに経済的社会的地位の向上を図るように努めるものとする。

第五章　職業転換給付金

（職業転換給付金の支給）

第一八条　国及び都道府県は、他の法令の規定に基づき支給するものを除くほか、労働者がその有する能力に適合する職業に就くことを容易にし、及び促進するため、求職者その他の労働者又は事業主に対して、政令で定める区分に従い、次に掲げる給付金（以下「職業転換給付金」という。）を支給することができる。

一　求職者の求職活動の促進とその生活の安定とを図るための給付金

二　求職者の知識及び技能の習得を容易にするための給付金

三　広範囲の地域にわたる求職活動又は求職活動を容易にするための役務の利用に要する費用に充てるための給付金

四　就職又は知識若しくは技能の習得をするための移転に要する費用に充てるための給付金

五　求職者を作業環境に適応させる訓練を行うことを促進するための給付金

六　前各号に掲げるもののほか、政令で定める給付金

（支給基準等）

第一九条　職業転換給付金の支給に関し必要な基準は、厚生労働省令で定める。

2　前項の基準の作成及びその運用に当たつては、他の法令の規定に基づき支給する給付金でこれに類するものとの関連を十分に参酌し、求職者の雇用が促進されるように配慮しなければならない。

（国の負担）

第二〇条　国は、政令で定めるところにより、都道府県が支給する職業転換給付金に要する費用の一部を負担する。

（譲渡等の禁止）

第二一条　職業転換給付金の支給を受けることとなつた者の当該支給を受ける権利は、譲り渡し、担保に供し、又は差し押えることができない。ただし、事業主に係る当該権利については、国税滞納処分（その例による処分を含む。）により差し押える場合は、この限りでない。

（公課の禁止）

第二二条　租税その他の公課は、職業転換給付金（事業主に対して支給するものを除く。）を標準として、課することができない。

（連絡及び協力）

第二三条　都道府県労働局、公共職業安定所、都道府県及び独立行政法人高齢・障害・雇用支援機構は、職業転換給付金の支給が円滑かつ効果的に行われるように相互に緊密に連絡し、及び協力しなければならない。

第六章　事業主による再就職の援助を促進するための措置等

（再就職援助計画の作成等）

第二四条　事業主は、その実施に伴い一の事業所において相当数の労働者が離職を余儀なくされることが見込まれる事業規模の縮小等であつて厚生労

働省令で定めるものを行おうとするときは、厚生労働省令で定めるところにより、当該離職を余儀なくされる労働者の再就職の援助のための措置に関する計画（以下「再就職援助計画」という。）を作成しなければならない。

2　事業主は、前項の規定により再就職援助計画を作成するに当たつては、当該再就職援助計画に係る事業所に、労働者の過半数で組織する労働組合がある場合においてはその労働組合、労働者の過半数で組織する労働組合がない場合においては労働者の過半数を代表する者の意見を聴かなければならない。当該再就職援助計画を変更しようとするときも、同様とする。

3　事業主は、前二項の規定により再就職援助計画を作成したときは、厚生労働省令で定めるところにより、公共職業安定所長に提出し、その認定を受けなければならない。当該再就職援助計画を変更したときも、同様とする。

4　公共職業安定所長は、前項の認定の申請があつた場合において、その再就職援助計画で定める措置の内容が再就職の促進を図る上で適当でないと認めるときは、当該事業主に対して、その変更を求めることができる。その変更を求めた場合において、当該事業主がその求めに応じなかつたときは、公共職業安定所長は、同項の認定を行わないことができる。

5　第三項の認定の申請をした事業主は、当該申請をした日に、第二十七条第一項の規定による届出をしたものとみなす。

第二五条　事業主は、一の事業所について行おうとする事業規模の縮小等が前条第一項の規定に該当しない場合においても、厚生労働省令で定めるところにより、当該事業規模の縮小等に伴い離職を余儀なくされる労働者に関し、再就職援助計画を作成し、公共職業安定所長に提出して、その認定を受けることができる。当該再就職援助計画を変更したときも、同様とする。

2　前条第二項の規定は前項の規定により再就職援助計画を作成し、又は変更する場合について、同条第四項及び第五項の規定は前項の認定の申請があつた場合について準用する。

（円滑な再就職の促進のための助成及び援助）

第二六条　政府は、事業規模の縮小等に伴い離職を余儀なくされる労働者（以下この条において「援助対象労働者」という。）の円滑な再就職を促進するため、雇用保険法（昭和四十九年法律第百十六号）第六十二条の雇用安定事業として、第二十四条第三項又は前条第一項の規定による認定を受けた再就職援助計画に基づき、その雇用する援助対象労働者に関し、求職活動をするための休暇（労働基準法（昭和二十二年法律第四十九号）第三十九条の規定による年次有給休暇として与えられるものを除く。）の付与その他の再就職の促進に特に資すると認められる措置を講ずる事業主に対して、必要な助成及び援助を行うものとする。

（大量の雇用変動の届出等）

第二七条　事業主は、その事業所における雇用量の変動（事業規模の縮小その他の理由により一定期間内に相当数の離職者が発生することをいう。）であつて、厚生労働省令で定める場合に該当するもの（以下この条において「大量雇用変動」という。）については、当該大量雇用変動の前に、厚生労働省令で定めるところにより、当該離職者の数その他の厚生労働省令で定める事項を厚生労働大臣に届け出なければならない。

2　国又は地方公共団体に係る大量雇用変動については、前項の規定は、適用しない。この場合において、国又は地方公共団体の任命権者（委任を受けて任命権を行う者を含む。第二十八条第三項において同じ。）は、当該大量雇用変動の前に、政令で定めるところにより、厚生労働大臣に通知するものとする。

3　第一項の規定による届出又は前項の規定による通知があつたときは、国は、次に掲げる措置を講ずることにより、当該届出又は通知に係る労働者の再就職の促進に努めるものとする。

一　職業安定機関において、相互に連絡を緊密にしつつ、当該労働者の求めに応じて、その離職前から、当該労働者その他の関係者に対する雇用情報の提供並びに広範囲にわたる求人の開拓及び職業紹介を行うこと。

二　公共職業能力開発施設において必要な職業訓練を行うこと。

第七章　中途採用に関する情報の公表を促進するための措置等

第二七条の二　常時雇用する労働者の数が三百人を超える事業主は、厚生労働省令で定めるところにより、労働者の職業選択に資するよう、雇い入れた通常の労働者及びこれに準ずる者として厚生労働省令で定める者の数に占める中途採用（新規学卒等採用者（学校教育法（昭和二十二年法律第二十六号）第一条に規定する学校（小学校及び幼稚園を除く。）その他厚生労働省令で定める施設の学生又は生徒であつて卒業することが見込まれる者その他厚生労働省令で定める者であることを条件とした求人により雇い入れられた者をいう。）以外の雇入れをいう。次項において同じ。）により雇い入れられた者の数の割合を定期的に公表しなければならない。

２　国は、事業主による前項に規定する割合その他の中途採用に関する情報の自主的な公表が促進されるよう、必要な支援を行うものとする。

第八章　外国人の雇用管理の改善、再就職の促進等の措置

（外国人雇用状況の届出等）

第二八条　事業主は、新たに外国人を雇い入れた場合又はその雇用する外国人が離職した場合には、厚生労働省令で定めるところにより、その者の氏名並びに出入国管理及び難民認定法第二条の二第一項に規定する在留資格（以下この項及び次項において「在留資格」という。）及び同条第三項に規定する在留期間（その者が在留資格を有しない者であつて、同法第四十四条の五第一項又は第六十一条の二の七第二項の規定による許可を受けて報酬を受ける活動を行うものである場合にあつては、これらの許可を受けている旨）その他厚生労働省令で定める事項について確認し、当該事項を厚生労働大臣に届け出なければならない。

２　前項の規定による届出があつたときは、国は、次に掲げる措置を講ずることにより、当該届出に係る外国人の雇用管理の改善の促進又は再就職の促進に努めるものとする。

一　職業安定機関において、事業主に対して、当該外国人の有する在留資格、知識経験等に応じた適正な雇用管理を行うことについて必要な指導及び助言を行うこと。

二　職業安定機関において、事業主に対して、その求めに応じて、当該外国人に対する再就職の援助を行うことについて必要な指導及び助言を行うこと。

三　職業安定機関において、当該外国人の有する能力、在留資格等に応じて、当該外国人に対する雇用情報の提供並びに求人の開拓及び職業紹介を行うこと。

四　公共職業能力開発施設において必要な職業訓練を行うこと。

３　国又は地方公共団体に係る外国人の雇入れ又は離職については、第一項の規定は、適用しない。この場合において、国又は地方公共団体の任命権者は、新たに外国人を雇い入れた場合又はその雇用する外国人が離職した場合には、政令で定めるところにより、厚生労働大臣に通知するものとする。

４　第二項（第一号及び第二号を除く。）の規定は、前項の規定による通知があつた場合について準用する。

（届出に係る情報の提供）

第二九条　厚生労働大臣は、法務大臣又は出入国在留管理庁長官から、出入国管理及び難民認定法に定める事務の処理に関し、外国人の在留に関する事項の確認のための求めがあつたときは、前条第一項の規定による届出及び同条第三項の規定による通知に係る情報を提供するものとする。

（法務大臣等の連絡又は協力）

第三〇条　厚生労働大臣は、労働力の需要供給の適正かつ円滑な調整等を図るため、法務大臣又は出入国在留管理庁長官に対し、労働に従事することを目的として在留する外国人の出入国に関する必要な連絡又は協力を求めることができる。

２　法務大臣又は出入国在留管理庁長官は、前項の規定による連絡又は協力を求められたときは、本来の任務の遂行を妨げない範囲において、できるだけその求めに応じなければならない。

第九章　職場における優越的な関係を背景とした言動に起因する問題に関して事業主の講ずべき措置等

（雇用管理上の措置等）

第三〇条の二　事業主は、職場において行われる優越的な関係を背景とした言動であつて、業務上必要かつ相当な範囲を超えたものによりその雇用する労働者の就業環境が害されることのないよう、当該労働者からの相談に応じ、適切に対応するために必要な体制の整備その他の雇用管理上必要な措置を講じなければならない。

２　事業主は、労働者が前項の相談を行つたこと又は事業主による当該相談への対応に協力した際に事実を述べたことを理由として、当該労働者に対して解雇その他不利益な取扱いをしてはならない。

３　厚生労働大臣は、前二項の規定に基づき事業主が講ずべき措置等に関して、その適切かつ有効な実施を図るために必要な指針（以下この条において「指針」という。）を定めるものとする。

４　厚生労働大臣は、指針を定めるに当たつては、あらかじめ、労働政策審議会の意見を聴くものとする。

５　厚生労働大臣は、指針を定めたときは、遅滞なく、これを公表するものとする。

６　前二項の規定は、指針の変更について準用する。

（国、事業主及び労働者の責務）

第三〇条の三　国は、労働者の就業環境を害する前条第一項に規定する言動を行つてはならないことその他当該言動に起因する問題（以下この条において「優越的言動問題」という。）に対する事業主その他国民一般の関心と理解を深めるため、広報活動、啓発活動その他の措置を講ずるように努めなければならない。

2　事業主は、優越的言動問題に対するその雇用する労働者の関心と理解を深めるとともに、当該労働者が他の労働者に対する言動に必要な注意を払うよう、研修の実施その他の必要な配慮をするほか、国の講ずる前項の措置に協力するように努めなければならない。

3　事業主（その者が法人である場合にあつては、その役員）は、自らも、優越的言動問題に対する関心と理解を深め、労働者に対する言動に必要な注意を払うように努めなければならない。

4　労働者は、優越的言動問題に対する関心と理解を深め、他の労働者に対する言動に必要な注意を払うとともに、事業主の講ずる前条第一項の措置に協力するように努めなければならない。

（紛争の解決の促進に関する特例）

第三〇条の四　第三十条の二第一項及び第二項に定める事項についての労働者と事業主との間の紛争については、個別労働関係紛争の解決の促進に関する法律（平成十三年法律第百十二号）第四条、第五条及び第十二条から第十九条までの規定は適用せず、次条から第三十条の八までに定めるところによる。

（紛争の解決の援助）

第三〇条の五　都道府県労働局長は、前条に規定する紛争に関し、当該紛争の当事者の双方又は一方からその解決につき援助を求められた場合には、当該紛争の当事者に対し、必要な助言、指導又は勧告をすることができる。

2　第三十条の二第二項の規定は、労働者が前項の援助を求めた場合について準用する。

（調停の委任）

第三〇条の六　都道府県労働局長は、第三十条の四に規定する紛争について、当該紛争の当事者の双方又は一方から調停の申請があつた場合において当該紛争の解決のために必要があると認めるときは、個別労働関係紛争の解決の促進に関する法律第六条第一項の紛争調整委員会に調停を行わせるものとする。

2　第三十条の二第二項の規定は、労働者が前項の申請をした場合について準用する。

（調停）

第三〇条の七　雇用の分野における男女の均等な機会及び待遇の確保等に関する法律（昭和四十七年法律第百十三号）第十九条から第二十六条までの規定は、前条第一項の調停の手続について準用する。この場合において、同法第十九条第一項中「前条第一項」とあるのは「労働施策の総合的な推進並びに労働者の雇用の安定及び職業生活の充実等に関する法律第三十条の六第一項」と、同法第二十条中「事業場」とあるのは「事業所」と、同法第二十五条第一項中「第十八条第一項」とあるのは「労働施策の総合的な推進並びに労働者の雇用の安定及び職業生活の充実等に関する法律第三十条の四」と読み替えるものとする。

（厚生労働省令への委任）

第三〇条の八　前二条に定めるもののほか、調停の手続に関し必要な事項は、厚生労働省令で定める。

第一〇章　国と地方公共団体との連携等

（国と地方公共団体との連携）

第三一条　国及び地方公共団体は、国の行う職業指導及び職業紹介の事業等と地方公共団体の講ずる雇用に関する施策が密接な関連の下に円滑かつ効果的に実施されるように相互に連絡し、及び協力するものとする。

（要請）

第三二条　地方公共団体の長は、当該地方公共団体の区域内において、多数の離職者が発生し、又はそのおそれがあると認めるときその他労働者の職業の安定のため必要があると認めるときは、厚生労働大臣に対し、労働者の職業の安定に関し必要な措置の実施を要請することができる。

2　厚生労働大臣は、前項の規定による要請（以下この条において「措置要請」という。）に基づき労働者の職業の安定に関し必要な措置を実施するときはその旨を、当該措置要請に係る措置を実施する必要がないと認めるときはその旨及びその理由を、遅滞なく、当該措置要請をした地方公共団体の長に通知しなければならない。

3　厚生労働大臣は、措置要請に係る措置を行う必要があるか否かを判断するに当たつては、あらかじめ、厚生労働省令で定めるところにより、学識経験者その他の厚生労働省令で定める者の意見を聴かなければならない。

4　前項の規定により意見を求められた者は、その意見を求められた事案に関して知り得た秘密を漏らしてはならない。

第一一章　雑則

（助言、指導及び勧告並びに公表）

第三三条　厚生労働大臣は、この法律の施行に関し必要があると認めるときは、事業主に対して、助言、指導又は勧告をすることができる。

2　厚生労働大臣は、第三十条の二第一項及び第二項（第三十条の五第二項及び第三十条の六第二項において準用する場合を含む。第三十五条及び第三十六条第一項において同じ。）の規定に違反している事業主に対し、前項の規定による勧告をした場合において、その勧告を受けた者がこれに従わなかつたときは、その旨を公表することができる。

（報告等）

第三四条　厚生労働大臣は、第二十七条第一項及び第二十八条第一項の規定を施行するために必要な限度において、厚生労働省令で定めるところにより、事業主に対して、労働者の雇用に関する状況その他の事項についての報告を命じ、又はその職員に、事業主の事業所に立ち入り、関係者に対して質問させ、若しくは帳簿書類その他の物件の検査をさせることができる。

2　前項の規定により立入検査をする職員は、その身分を示す証明書を携帯し、関係者に提示しなければならない。

3　第一項の規定による立入検査の権限は、犯罪捜査のために認められたものと解釈してはならない。

（資料の提出の要求等）

第三五条　厚生労働大臣は、この法律（第二十七条第一項、第二十八条第一項並びに第二十五条の二第一項及び第二項を除く。）を施行するために必要があると認めるときは、事業主に対して、必要な資料の提出及び説明を求めることができる。

（報告の請求）

第三六条　厚生労働大臣は、事業主から第三十条の二第一項及び第二項の規定の施行に関し必要な事項について報告を求めることができる。

2　都道府県知事又は公共職業安定所長は、職業転換給付金の支給を受け、又は受けた者から当該給付金の支給に関し必要な事項について報告を求めることができる。

（権限の委任）

第三七条　この法律に定める厚生労働大臣の権限は、厚生労働省令で定めるところにより、その一部を都道府県労働局長に委任することができる。

2　前項の規定により都道府県労働局長に委任された権限は、厚生労働省令で定めるところにより、公共職業安定所長に委任することができる。

（船員に関する特例）

第三八条　この法律（第一条、第四条第一項第十五号及び第二項、第九章（第三十条の七及び第三十条の八を除く。）、第三十三条、第三十六条第一項、前条第一項並びに第四十一条を除く。）の規定は、船員職業安定法（昭和二十三年法律第百三十号）第六条第一項に規定する船員（次項において「船員」という。）については、適用しない。

2　船員に関しては、第三十条の二第三項から第五項まで、第三十三条、第三十六条第一項及び前条第一項中「厚生労働大臣」とあるのは「国土交通大臣」と、第三十条の二第四項中「労働政策審議会」とあるのは「交通政策審議会」と、第三十条の四中「から第三十条の八まで」とあるのは「、第三十条の六及び第三十八条第三項」と、第三十条の五第一項、第三十条の六第一項及び前条第一項中「都道府県労働局長」とあるのは「地方運輸局長（運輸監理部長を含む。）」と、第三十条の六第一項中「第六条第一項の紛争調整委員会」とあるのは「第二十一条第三項のあつせん員候補者名簿に記載されている者のうちから指名する調停員」と、第三十三条第二項中「第三十五条及び第三十六条第一項」とあるのは「第三十六条第一項」と、前条第一項中「厚生労働省令」とあるのは「国土交通省令」とする。

3　雇用の分野における男女の均等な機会及び待遇の確保等に関する法律第二十条から第二十七条まで並びに第三十一条第三項及び第四項の規定は、前項の規定により読み替えて適用する第三十条の六第一項の規定により指名を受けて調停員が行う調停について準用する。この場合において、同法第二十条から第二十三条まで及び第二十六条中「委員会は」とあるのは「調停員は」と、同法第二十条中「事業場」とあるのは「事業所」と、同法第二十一条中「当該委員会が置かれる都道府県労働局」とあるのは「当該調停員を指名した地方運輸局長（運輸監理部長を含む。）が置かれる地方運輸局（運輸監理部を含む。）」と、同法第二十五条第一項中「第十八条第一項」とあるのは「労働施策の総合的な推進並びに労働者の雇用の安定及び職業生活の充実等に関する法律（昭和四十一年法律第百三十二号）第三十条の四」と、同法第二十六条中「当該委員会に係属している」とあるのは「当該調停員が取り扱つている」と、同法第二十七条中「この節」とあるのは「労働施策の総合的な推進並びに労働者の雇用の安定及び職業生活の充実等に関する法律第三十八条第三項において準用する第二十条から前条まで並びに第三十一条第三項及び第四項」と、「調停」とあるのは「合議体及び調停」と、「厚生労働省令」とあるのは「国土交通省令」と、同法第三十一条第三項中「前項」とあるのは「労働施策の総合的な推進並びに労働者の雇用の安定及び職業生活の充実等に関する法律第三十条の六第一項」と読み替えるものとする。

（適用除外）

第三八条の二　第六条から第九条まで、第六章（第二十七条を除く。）、第七章、第三十条の四から第三十条の八まで、第三十三条第一項（第九章の規定の施行に関するものに限る。）及び第二項並びに第三十六条第一項の規定は国家公務員及び地方公務員について、第三十条の二及び第三十条の三の規定は一般職の国家公務員（行政執行法人の労働関係に関する法律（昭和二十三年法律第二百五十七号）第二条第二号の職員を除く。）、裁判所職員臨時措置法（昭和二十六年法律第二百九十九号）の適用を受ける裁判所職員、国会職員法（昭和二十二年法律第八十五号）第一条に規定する国会職員及び自衛隊法（昭和二十九年法律第百六十五号）第二条第五項に規定する隊員については、適用しない。

（罰則）

第三九条　第三十二条第四項の規定に違反した者は、六月以下の懲役又は五十万円以下の罰金に処する。

第四〇条　次の各号のいずれかに該当する者は、三十万円以下の罰金に処する。

一　第二十七条第一項の規定に違反して届出をせず、又は虚偽の届出をした者

二　第二十八条第一項の規定による届出をせず、又は虚偽の届出をした者

三　第三十四条第一項の規定による報告をせず、若しくは虚偽の報告をし、又は同項の規定による当該職員の質問に対して答弁せず、若しくは虚偽の陳述をし、若しくは同項の規定による検査を拒み、妨げ、若しくは忌避した者

四　第三十六条第二項の規定による報告をせず、又は虚偽の報告をした者

2　法人の代表者又は法人若しくは人の代理人、使用人その他の従業者が、その法人又は人の業務に関し、前項の違反行為をしたときは、行為者を罰するほか、その法人又は人に対しても、同項の刑を科する。

第四一条　第三十六条第一項の規定による報告をせず、又は虚偽の報告をした者は、二十万円以下の過料に処する。

附則（平成二八年三月三一日法律第一七号）（抄）

（施行期日）

第一条　この法律は、平成二十九年一月一日から施行する。ただし、次の各号に掲げる規定は、当該各号に定める日から施行する。

一　第七条の規定並びに附則第十三条、第三十二条及び第三十三条の規定　公布の日

（雇用対策法の一部改正に伴う経過措置）

第二五条　前条の規定による改正後の雇用対策法第十八条（第三号に係る部分に限る。）の規定は、施行日以後に同号に規定する求職活動（当該求職活動に関し、前条の規定による改正前の雇用対策法第十八条の規定による給付金が支給されている場合における当該求職活動を除く。）又は役務の利用をした者について適用し、施行日前に広範囲の地域にわたる求職活動をした者に対する当該求職活動に係る給付金の支給については、なお従前の例による。

（その他の経過措置の政令への委任）

第三三条　この附則に規定するもののほか、この法律の施行に伴い必要な経過措置は、政令で定める。

【令和四年六月一七日法律第六八号未施行内容】

刑法等の一部を改正する法律の施行に伴う関係法律の整理等に関する法律をここに公布する。

第二二一条　次に掲げる法律の規定中「懲役」を「拘禁刑」に改める。

三十五　労働施策の総合的な推進並びに労働者の雇用の安定及び職業生活の充実等に関する法律（昭和四十一年法律第百三十二号）第三十九

附則（抄）

（施行期日）

1　この法律は、刑法等一部改正法施行日（令和七年六月一日――編注）から施行する。《略》

労働施策の総合的な推進並びに労働者の雇用の安定及び職業生活の充実等に関する法律施行規則（抄）

昭和四一年七月二一日労働省令第二三号
施行：昭和四一年七月二一日
最終改正：令和六年九月二日厚生労働省令第一二〇号
施行：令和六年九月二日

（募集及び採用における年齢にかかわりない均等な機会の確保）

第一条の三　法第九条の厚生労働省令で定めるときは、次の各号に掲げるとき以外のときとする。

一　事業主が、その雇用する労働者の定年（以下単に「定年」という。）の定めをしている場合において当該定年の年齢を下回ることを条件として労働者の募集及び採用を行うとき（期間の定めのない労働契約を締結することを目的とする場合に限る。）。

二　事業主が、労働基準法（昭和二十二年法律第四十九号）その他の法令の規定により特定の年齢の範囲に属する労働者の就業等が禁止又は制限されている業務について当該年齢の範囲に属する労働者以外の労働者の募集及び採用を行うとき。

三　事業主の募集及び採用における年齢による制限を必要最小限のものとする観点から見て合理的な制限である場合として次のいずれかに該当するとき。

イ　長期間の継続勤務による職務に必要な能力の開発及び向上を図ることを目的として、青少年その他特定の年齢を下回る労働者の募集及び採用を行うとき（期間の定めのない労働契約を締結することを目的とする場合に限り、かつ、当該労働者が職業に従事した経験があることを求人の条件としない場合であつて学校教育法（昭和二十二年法律第二十六号）第一条に規定する学校（幼稚園（特別支援学校の幼稚部を含む。）及び小学校（義務教育学校の前期課程及び特別支援学校の小学部を含む。）を除く。第二条第二項第四号の二において同じ。）、同法第百二十四条に規定する専修学校、職業能力開発促進法（昭和四十四年法律第六十四号）第十五条の七第一項各号に掲げる施設又は同法第二十七条第一項に規定する職業能力開発総合大学校を新たに卒業しようとする者として又は当該者と同等の処遇で募集及び採用を行うときに限る。）。

ロ　当該事業主が雇用する特定の年齢の範囲に属する特定の職種の労働者（以下この項において「特定労働者」という。）の数が相当程度少ないものとして厚生労働大臣が定める条件に適合する場合において、当該職種の業務の遂行に必要な技能及びこれに関する知識の継承を図ることを目的として、特定労働者の募集及び採用を行うとき（期間の定めのない労働契約を締結することを目的とする場合に限る。）。

ハ　芸術又は芸能の分野における表現の真実性等を確保するために特定の年齢の範囲に属する労働者の募集及び採用を行うとき。

ニ　高年齢者の雇用の促進を目的として、特定の年齢以上の高年齢者（六十歳以上の者に限る。）である労働者の募集及び採用を行うとき、又は特定の年齢の範囲に属する労働者の雇用を促進するため、当該特定の年齢の範囲に属する労働者の募集及び採用を行うとき（当該特定の年齢の範囲に属する労働者の雇用の促進に係る国の施策を活用しようとする場合に限る。）。

2　事業主は、法第九条に基づいて行う労働者の募集及び採用に当たつては、事業主が当該募集及び採用に係る職務に適合する労働者を雇い入れ、かつ、労働者がその年齢にかかわりなく、その有する能力を有効に発揮することができる職業を選択することを容易にするため、当該募集及び採用に係る職務の内容、当該職務を遂行するために必要とされる労働者の適性、能力、経験、技能の程度その他の労働者が応募するに当たり求められる事項をできる限り明示するものとする。

労働施策基本方針

平成三一年一月二八日厚生労働省告示第一一二号

はじめに

我が国においては、景気は緩やかに回復し、経済の好循環が着実に進展するとともに、雇用情勢も着実に改善をしている。平成二九年の全国の有効求人倍率は一・五〇倍と約四四年ぶりの高い水準となり、完全失業率は二・八％と約二四年ぶりの低い水準となっている。各都道府県の有効求人倍率をみても、全ての都道府県において一倍を超え、雇用情勢の改善が全国的に進んでいる。

また、我が国の総人口は、平成二〇年の一億二八〇〇万人をピークに減少傾向にあるが、女性の活躍推進や高齢者の雇用促進等に関する各種施策の推進により、女性や高齢者を中心に就業率は上昇しており、平成二四年から平成二九年にかけては、景気の回復ともあいまって就業者数は約二五〇万人増加している。

このように雇用情勢が着実に改善し労働参加が進展する一方で、就業者数の増加を上回る旺盛な求人ニーズにより、企業の人手不足感は強まっている。特に、中小企業・小規模事業者（以下「中小企業等」という。）においては、中核人材の確保ができない場合もあり、我が国の雇用を広く支える中小企業等において大きな問題となっている。

長期的にみると、我が国の経済成長の隘路の根本には、少子高齢化・生産年齢人口の減少といった構造的な問題や生産性向上の低迷等の問題が存在する。また、AI等の技術革新は、仕事を取り巻く環境や働き方に大きな変化をもたらし得るものである。

こうした課題を克服し経済成長を実現するためには、誰もが生きがいを持ってその有する能力を最大限に発揮できる社会を創り、イノベーションの促進等を通じた生産性の向上と、労働参加率の向上を図ることが必要である。そのため、平成二九年三月二八日の働き方改革実現会議において、労働者がそれぞれの事情に応じた多様な働き方を選択できる社会を実現する働き方改革の総合的な推進に向けて、「働き方改革実行計画」（平成二九年三月二八日働き方改革実現会議決定。以下「実行計画」という。）を決定し、長時間労働をはじめとする我が国の雇用慣行における諸問題に対して、改革実現の道筋を示したところである。

労働者がそれぞれの事情に応じた多様な働き方を選択できる社会を実現する働き方改革を推進するため、時間外労働の限度時間の設定、短時間・有期雇用労働者及び派遣労働者と通常の労働者との間の不合理な待遇の相違の禁止等を目的として、第一九六回国会において、働き方改革を推進するための関係法律の整備に関する法律（平成三〇年法律第七一号。以下「働き方改革関連法」という。）が成立し、働き方改革関連法第三条の規定により、雇用対策法（昭和四一年法律第一三二号）が労働施策の総合的な推進並びに労働者の雇用の安定及び職業生活の充実等に関する法律（昭和四一年法律第一三二号。以下「労働施策総合推進法」という。）に改正された。

労働施策総合推進法第一〇条第一項においては、国は、労働者がその有する能力を有効に発揮することができるようにするために必要な労働に関する施策の総合的な推進に関する基本的な方針を定めなければならないこととされている。

本方針は、同項の規定に基づき、働き方改革の意義やその趣旨を踏まえた国の施策に関する基本的な事項等について示すものである。

第1章　労働者が能力を有効に発揮できるようにすることの意義

1　働き方改革の必要性

誰もが生きがいを持ってその能力を最大限発揮することができる社会を創るためには、働く人の視点に立ち我が国の労働制度の改革を行い、企業文化や風土を変え、働く一人一人が、より良い将来の展望を持ち得るようにすることが必要である。

働き方改革の推進は、多様な働き方を可能とすることにより、自分の未来を自ら創っていくことができる社会を実現し、意欲ある人々に多様なチャンスを生み出すものであり、同時に企業の生産性や収益力の向上が図られるものである。人々が豊かに生きていく社会の実現のためには、働き方改革を着実に推進することが求められる。

2　働き方改革の推進に向けた基本的な考え方

我が国の労働制度と働き方においては、長時間労働や、非正規雇用労働者の待遇等に関する問題に加え、女性や高齢者等の労働参加に関する課題や、育児や介護等と仕事の両立に関する課題、中高年齢者等の転職・再就職に関する課題、中小企業等における人材確保等に関する課題など様々な課題が存在する。

働き方改革は、こうした問題や課題を解決することにより、労働参加率の向上に加え、労働者のモチベーションを高めるとともに、生産性の向上にもつながるものである。また、働き方改革によって生まれる生産性向上の成果を働く人に分配することにより、賃金の上昇と需要の拡大を通じた成長と分配の好循環を実現し、国民一人一人の生活の向上を目指すものである。

労働施策総合推進法は、国が、労働施策を総合的に講ずることにより、経済社会情勢の変化の中で、労働者の多様な事情に応じた雇用の安定及び職業生活の充実並びに労働生産性の向上を促進して、労働者がその有する能力を有効に発揮することができるようにすることにより、労働者の職業の安定と経済的社会的地位の向上を実現し、経済及び社会の発展並びに完全雇用の達成に資することを目的としている。

また、労働施策総合推進法の基本的理念として、職業生活の全期間を通じた、労働者の職業の安定への配慮に加え、労働者は、職務の内容及び職務に必要な能力、経験その他の職務遂行上必要な事項の内容が明らかにされ、並びにこれらに即した評価方法により能力等を公正に評価され、当該評価に基づく処遇を受けることその他の適切な処遇を確保するための措置が効果的に実施されることにより、その職業の安定が図られるように配慮されるものとすることを、新たに掲げたところである。

このような労働施策総合推進法の目的及び基本的理念を踏まえ、本方針に労働施策に関する基本的事項等を定めることにより、都道府県や市町村等の地方公共団体とも連携を図りつつ、働き方改革の実現に向けて労働施策を総合的に推進する。

こうした働き方改革に向けた労働施策の推進や各企業における働き方改革の実施においては、労使の十分なコミュニケーションをその基盤とするとともに、働く人の視点に立つことが重要である。

なお、公務員についても、働き方改革の実現に向けた取組の推進に努める。

3　労働施策基本方針に基づく働き方改革の推進

働き方改革の実現に向けて、本方針において示した基本的な考え方や中長期的な方向性に基づき、労働施策を総合的かつ継続的に推進する。

本方針に基づく施策の推進に当たっては、労働政策審議会に置く各分科会の意見を踏まえ、必要なKPIの設定を行い、PDCAサイクルを回すことにより、各施策の実効性を確保しつつ、実施するものである。

働き方改革の意義等を示すものとしての本方針の性格に照らし、経済及び雇用情勢に加え、実行計画のフォローアップの状況や本方針に定める諸施策の実施状況に応じて、変更の必要性があると判断した場合は、本方針を見直すものとする。

第2章　労働施策に関する基本的な事項

1　労働時間の短縮等の労働環境の整備

(1)　長時間労働の是正

我が国においては、年間総実労働時間数は減少傾向にあるが、いわゆる正社員等については、依然として長時間労働の実態がみられる。長時間労働を是正し、労働者が健康の不安なく、働くモチベーションを高め、最大限に能力を向上・発揮することを促進することが重要であるため、次の施策を実施する。

まず、長時間労働を是正し、労働者の健康確保やワーク・ライフ・バランスの実現を図るため、働き方改革関連法第一条による改正後の労働基準法（昭和二二年法律第四九号）に新たに設けられた時間外労働の上限規制及び年次有給休暇の時季指定の仕組みや、働き方改革関連法第四条による改正後の労働安全衛生法（昭和四七年法律第五七号）に新たに設けられた労働時間の状況把握及び産業医・産業保健機能の強化のための仕組み等について、労働基準法及び労働安全衛生法の趣旨の周知徹底及び履行確保に努めるとともに、時間外労働について可能な限り労働時間の延長を短くするよう、必要な助言及び指導を行う。また、年次有給休暇を円滑に取得できるよう、その環境整備に向けた取組を行う。さらに、勤務間インターバル制度の普及促進に向けた取組を推進する。

具体的には、都道府県労働局から企業・団体への働きかけを行う等、全国的に長時間労働対策の推進及び年次有給休暇の取得促進に取り組むほか、労働基準監督機関においては、長時間労働の事業場への監督指導の徹底等の対応を行う。

また、労働基準監督制度の適正かつ公正な運用を確保することにより、監督指導に対する企業の納得性を高め、労働基準法等関係法令の遵守に向けた企業の主体的な取組を効果的に促すこととし、そのための具体的な取組として、監督指導の実施に際し、全ての労働基準監督官がよるべき基本的な行動規範を定めるとともに、重大な違法案件について指導結果を公表する場合の手続をより一層明確化する。なお、重ねて改善を促しても是正されないもの、違法な長時間労働により過労死等を生じさせたもの、違法な長時間労働により重大な結果を生じさせたものなど重大・悪質な場合は、書類送検を行うなど厳正に対処する。

労働基準監督官が行う監督指導など労働基準監督署の運営に関する苦情について、メールや郵便など多様な形で受け付けることができるようにするほか、監察官制度を活用し、問題があった場合には厳正に指導等を行うなどにより、監督指導の適正な実施及び公正かつ斉一的な権限行使を徹底する。

(2) 過労死等の防止

過労死等の防止に向けて、過労死等防止対策推進法（平成二六年法律第一〇〇号）に基づき策定した「過労死等の防止のための対策に関する大綱」（平成三〇年七月二四日閣議決定）において、新たに勤務間インターバル制度の周知や導入、仕事上のストレス等について相談先がある労働者の割合、ストレスチェック結果の集団分析結果を活用した事業場の割合に係る数値目標を追加しており、当該大綱に基づき、長時間労働の削減に向けた取組等の労働行政機関等における対策、過労死等事案の分析等の調査研究、国民に向けた周知啓発、労働条件や健康管理等に関する相談体制の整備、過労死等防止対策推進シンポジウムの開催や過労死等防止のための活動内容の周知等民間団体の活動に対する支援等を行う。

(3) 中小企業等に対する支援・監督指導

人手不足感の強い中小企業等においては、働き方改革による魅力ある職場づくりが重要であることを踏まえ、中小企業等における働き方改革に向けた取組を推進する。

長時間労働の是正に向けた取組を行うに当たり、特に、中小企業等においては、大企業に比べて、労務管理の体制が十分でないことに加え、人材の確保や発注者等との取引関係などに困難な課題を抱えている場合が多いことから、時間外労働又は労働時間の短縮に向けて、これらの課題解決に取り組む中小企業等に対して助成金の活用等により丁寧に支援するなど必要な配慮を行う。

具体的には、関係省庁が連携して、取引環境改善等のための施策に加え、労務管理改善等の働き方改革に取り組む中小企業等がワンストップで相談できる体制の充実、人材確保や生産性向上に向けた取組の支援、課題を抱える業種等の特性に応じた対策等を講ずる。

また、周知に当たっては、都道府県労働局や労働基準監督署のほか、働き方改革推進支援センターが中心となり、商工会、商工会議所、中小企業団体中央会等と連携して、好事例や支援策を中小企業等に提示するなど丁寧な相談・支援を行う。

さらに、中小企業等の従業員の福祉の増進及び中小企業等の振興等のため、中小企業退職金共済制度の加入促進及び安定的運営に取り組むとともに、中小企業等の従業員をはじめとした勤労者の計画的な財産形成を促進するため、勤労者財産形成促進制度の利用促進に取り組む。

加えて、中小企業等において、労働関係法令の内容を十分に理解していないこと等に起因する違反が見られることに鑑み、時間外労働の上限規制等の働き方改革関連法による改正事項を含め、労働関係法令の一層の周知を図り、その趣旨・内容の理解の促進に努める。とりわけ、時間外・休日労働の協定について、労働者の過半数で組織する労働組合がない場合は労働者の過半数を代表する者との協定を行うことも可能であることを労働者の過半数を代表する者の適正な選出手続、協定の適切な締結・届出の手続と併せて周知するなど、中小企業等の事情に配慮して対応する。また、中小企業等は労働者の過半数を代表する者と十分なコミュニケーションを図ることが望ましい。さらに、労働安全衛生法の改正により全ての労働者が労働時間の状況把握の対象となる中で、客観的方法による労働時間の状況把握に努める中小企業等への支援をはじめ、その実情に応じた対応について助言するなど、中小企業等の事情に配慮して対応する。

監督指導に当たっては、中小企業等における労働時間の動向、人材の確保の状況、取引の実態その他の事情に配慮し中小企業等の立場に立った対応を行い、労働基準法、労働安全衛生法等の労働基準関係法令に係る違反が認められた場合においても、当該中小企業等の事情を踏まえ、使用者に対し自主的な改善を促していく。

(4) 業種等の特性に応じた対策等の推進

長時間労働の傾向にある次の業種等については、改革に向けた対策等を推進する。

自動車運送事業については、トラック運送における取引環境・労働時間改善協議会において荷主、トラック運送事業者等の参加の下、長時間労働の抑制等に向けた議論を進めるとともに、「自動車運送事業の働き方改革の実現に向けた政府行動計画」（平成三〇年五月三〇日自動車運送事業の働き方改革に関する関係省庁連絡会議決定）に基づき、環境整備等集中的な取組を推進する。

建設業については、建設業の働き方改革に関する関係省庁連絡会議等における議論を進めるとともに、「建設工事における適正な工期設定等のためのガイドライン」（平成二九年八月二八日建設業の働き方改革に関する関係省庁連絡会議決定）に基づき、関係省庁が連携して施策を講じ、長時間労働是正に向けた環境整備を推進する。

医師については、医療界参加の下で時間外労働の上限規制の在り方や労働時間の短縮策等について検討し、その結論を踏まえ必要な対策を講じる。

鹿児島県及び沖縄県における砂糖製造業については、人材確保、省力化等に関する支援を実施する。

(5) 最低賃金・賃金引上げと生産性向上

経済の好循環の拡大に向けて、生産性の向上を図るとともに、力強く継続的な賃金上昇及び所得の拡大に確実につなげる必要がある。

このため、最低賃金については、実行計画等において、「年率三%程度を目途として、名目GDP成長率にも配慮しつつ引き上げていく。これにより、全国加重平均が一〇〇〇円になることを目指す」とされていることを踏まえ、最低賃金法（昭和三四年法律第一三七号）の原則及び目安制度に基づき、時々の事情を総合的に勘案し、最低賃金審議会での審議を通じて決定していく。

賃金の引上げに向けて、中小企業等をはじめ生産性向上等のための支援や支援策の活用促進、取引条件の改善を図る。

(6) 産業医・産業保健機能の強化

過重な長時間労働やメンタルヘルス不調などにより健康リスクが高い状況にある労働者を見逃さないため、労働安全衛生法に基づく、産業医等による長時間労働者に対する面接指導や健康相談等が確実に実施されるようにし、企業における労働者の健康管理の強化を図る。

また、労働者数五〇人未満の小規模事業場における産業保健機能の強化、産業医等の産業保健スタッフの質・量の確保や、それらの者により構成されるチームによる産業保健活動の推進等について検討を行い、必要な支援の充実を図る。

(7) 安全で健康に働ける労働環境の整備

死亡災害の撲滅及び労働災害の着実な減少を通じ、労働者が安心して健康に働くことができる職場の実現を図るため、労働安全衛生法第六条に基づく「労働災害防止計画」（平成三〇年三月一九日公表）に定められた事項を関係事業主団体等との密接な連携を図りつつ推進する。

また、発生した労働災害については、徹底した原因究明及び効果的な再発防止に努めるとともに、被災労働者及びその遺族等に対して労働者災害補償保険制度により迅速かつ公正な保護を図る。

(8) 職場のハラスメント対策及び多様性を受け入れる環境整備

職場におけるハラスメントは、労働者の尊厳や人格を傷つけ、職場環境を悪化させる、あってはならないものである。

そのため、企業等におけるパワーハラスメント対策の周知啓発及び自主的な取組の支援を進めるとともに、職場のパワーハラスメント防止対策が実効性のあるものとなるよう、その強化に向けた検討を進める。

加えて、全ての企業等において、セクシュアルハラスメントや妊娠・出産等に関するハラスメントについては、雇用の分野における男女の均等な機会及び待遇の確保等に関する法律（昭和四七年法律第一一三号。以下「男女雇用機会均等法」という。）等に基づき、こうしたハラスメントがあってはならないという方針の明確化及びその周知、相談窓口の設置等の措置が講じられるよう、また、これらのハラスメント事案が生じた企業等に対しては、適切な事後の対応、再発防止、被害者のプライバシー保護及び相談等による不利益取扱いの防止のための取組が行われるよう指導する。あわせて、その防止対策の実効性を確保するための検討を進める。

また、多様性を受け入れる職場環境の整備を進めるため、職場における性的指向・性自認に関する正しい理解を促進する。

2 雇用形態又は就業形態の異なる労働者の間の均衡のとれた待遇の確保、多様な就業形態の普及及び雇用・就業形態の改善

(1) 雇用形態又は就業形態にかかわらない公正な待遇の確保など非正規雇用労働者の待遇改善

同一の事業主における、いわゆる正規雇用労働者と非正規雇用労働者の間の不合理な待遇差を解消することにより、我が国が目指す同一労働同一賃金を実現し、どのような雇用形態又は就業形態を選択しても納得が得られる待遇を受けられ、多様な働き方を自由に選択できるようにするため、働き方改革関連法第七条による改正後の短時間労働者及び有期雇用労働者の雇用管理の改善等に関する法律（平成五年法律第七六号）及び働き方改革関連法第五条による改正後の労働者派遣事業の適正な運営の確保及び派遣労働者の保護等に関する法律（昭和六〇年法律第八八号）の周知を徹底するとともに、説明会の開催や相談窓口の整備、業界別導入マニュアルの普及等を図り、中小企業等の実情を踏まえ、労使双方に丁寧に対応する。また、職務の内容や職務に必要な能力等の内容の明確化、これらに即した公正な評価等を推進する。

あわせて、有期雇用労働者、短時間労働者又は派遣労働者として働き続けることを希望する者に関しては、能力開発を進め、希望に応じキャリアアップを図ることができるよう支援を行うととも

に、待遇改善を図っていく。

(2) 正規雇用を希望する非正規雇用労働者に対する正社員転換等の支援

正規雇用を希望しながらそれがかなわない非正規雇用労働者に関しては、企業内における正社員転換の支援、転職支援、能力開発支援等を行う。また、労働契約法（平成一九年法律第一二八号）第一八条の規定に基づく無期転換ルールへの対応が円滑に行われるよう周知徹底や相談支援等、必要な支援を行う。

(3) 柔軟な働き方がしやすい環境の整備

いわゆる雇用型テレワークは、時間や場所を有効に活用できる柔軟な働き方であり、その普及を図ることが必要である。このため、相談窓口の設置・運営や助成金等による導入支援を行っていくとともに、その普及に当たっては、適正な労務管理下において、長時間労働を招かないよう、情報通信技術を利用した事業場外勤務の適切な導入及び実施のためのガイドラインの周知啓発を図っていく。

また、自営型テレワークは就業環境の整備が重要であることから、自営型テレワークの適正な実施のためのガイドラインの周知啓発を図っていく。

副業・兼業については、副業・兼業の促進に関するガイドライン及び改定版モデル就業規則の周知を行い、副業・兼業の普及促進を図るとともに、働き方の変化等を踏まえた実効性のある労働時間管理や労働者災害補償保険制度の在り方等について、労働者の健康確保等にも配慮しつつ、検討を進める。

また、雇用類似の働き方に関する保護等の在り方について、法的保護の必要性を含めて中長期的に検討する。

加えて、裁量労働制や高度プロフェッショナル制度について、制度の内容の理解促進や監督指導による履行確保に努める。

3 多様な人材の活躍促進

(1) 女性の活躍推進

職場における男女の均等な機会及び待遇の確保を図るため、男女雇用機会均等法の履行確保やその実効性を一層確保するための検討を進める。

さらに、一人一人の女性が自らの希望に応じてその能力を最大限に発揮できる社会への変革を促進・加速するため、女性の職業生活における活躍の推進に関する法律（平成二七年法律第六四号）に基づく行動計画の策定等の企業の取組の促進や女性活躍情報の見える化を促進するとともに、必要な見直しの検討を進める。また、長時間労働の是正やワーク・ライフ・バランスの実現に加えて、子育て中の女性等に対するマザーズハローワーク事業の拡充等を通じた丁寧な就職支援や職業訓練の実施、育児休業や介護休業等の取得促進、男性による育児等の促進、平成二九年六月二日に公表した「子育て安心プラン」に基づく保育所等の保育の受皿の整備、平成三〇年九月一四日に公表した「新・放課後子ども総合プラン」に基づく放課後児童クラブの整備等に取り組んでいく。

(2) 若者の活躍促進

若者が、その意欲及び能力に応じて適切に仕事や企業を選択し、その有する能力を有効に発揮するため、学校との緊密な連携の下、新卒応援ハローワーク等において職場への円滑な移行や定着を促すとともに、フリーター等から正社員就職を希望する者に対して特に綿密な支援を行う。あわせて、地域若者サポートステーションの支援等を通じ、職業生活を円滑に営む上で困難を有する若年無業者等の職業的自立を促進する。これら若者の就職支援等に当たり、都道府県や市町村等の地方公共団体が実施する支援施策とも連携しながら、総合的かつ体系的な対策を推進する。

(3) 高齢者の活躍促進

働く意欲がある高齢者がその能力を十分に発揮できるよう、多様な雇用・就業機会の確保を図る。

このため、継続雇用延長や定年延長を行う企業への助成金の支給、六五歳超雇用推進プランナー等による提案型相談支援等の支援を充実し、継続雇用年齢等の引上げを進めていくための環境整備を行っていく。

また、公共職業安定所の生涯現役支援窓口の拡充等により高齢者の再就職を促進するとともに、都道府県や市町村をはじめとする地域の様々な機関が連携して地域における高齢者の就業機会を創る取組や、シルバー人材センターによる就業支援の強化等を通じて、高齢者の多様な就業機会を提供する。

さらに、高年齢の労働者が増加したことに伴って、健康診断の有所見率の上昇や腰痛の増加等の傾向が見られることを踏まえ、高年齢の労働者の安全と健康を確保するため、高年齢の労働者の身体特性に応じた職場環境の整備等を推進する。

(4) 障害者等の活躍促進

障害者等が希望や能力、適性を十分に活かし、障害の特性等に応じて活躍することが普通の社会、障害者と共に働くことが当たり前の社会を目指していく必要がある。

　このため、地域における就労支援機関による、障害者に対する就労支援や企業に対する相談支援等を通じて、雇用率の上昇や雇用者数の増加といった雇用の量的な拡大を図る。

　また、精神障害者や発達障害者、難病患者等、個別性の高い障害特性を有する就労希望者が増加する中において、長く安定的に働き続けられる等の雇用の質の向上を図るため、事業者による雇用の分野における障害者差別の禁止及び合理的配慮の提供の着実な実施を含め、一人一人の状況に応じた就労環境の整備等を図る。

　あわせて、中小企業等による障害者雇用の促進や職場への定着に向けた支援を一層推進する。

(5)　外国人材の受入環境の整備

　中小企業等をはじめとした人手不足が深刻化していることから、働き方改革などによる生産性向上や国内人材の確保を引き続き強力に推進するとともに、真に必要な分野に着目し、従来の専門的・技術的分野における外国人材に加え、一定の専門性・技能を有し即戦力となる外国人材を幅広く受け入れていく仕組みを構築する。

　外国人材の保護や円滑な受入れに向け、外国人労働者の雇用管理の改善等に関して事業主が適切に対処するための指針（平成一九年厚生労働省告示第二七六号）の周知やこれに基づく適正な雇用管理のための相談・指導体制の整備を図りつつ、外国人と共生できるような社会の実現に向けて、労働関係法令の遵守、適正な労働条件の確保をはじめ、外国人労働者の雇用管理の改善等に取り組む。

　雇用管理改善の取組に関する好事例集の周知等による就労環境の整備等を通じた企業の高度外国人材の活用を積極的に推進するとともに、外国人留学生の卒業後の日本国内での就職・定着について、関係機関、大学及び企業が連携しつつ効果的な支援を行う。また、定住者など我が国における活動制限のない外国人の安定した雇用を確保するため、日本語能力の改善を図る研修や職業訓練等を実施する。

(6)　様々な事情・困難を抱える人の活躍支援

　母子世帯の母で働いている者の約半数がパート・アルバイト等の不安定な就労形態にある中で、早期に安定的な雇用への移行を促進するため、マザーズハローワーク等において、ひとり親を含む子育て女性等に対する丁寧な就職支援を実施するとともに、職業訓練や助成金の活用等により、ひとり親家庭の親の就労機会の確保に努める。

　生活保護受給世帯数の高止まりや生活困窮者支援のニーズの高まり等に対応するため、公共職業安定所と都道府県や市町村など地方公共団体が一体となった就労支援や職場への定着を推進することにより、就職を目指す人たちを支援し、就労による自立を促進していく。

　また、刑務所出所者等やホームレス等で就職を希望する者に対する就労支援や職場への定着支援を実施する。

4　育児・介護又は治療と仕事の両立支援

(1)　育児や介護と仕事の両立支援

　労働者が、将来のキャリアの見通しを持ちつつ、育児や介護と両立しながら働き続けることができるようにするとともに、仮に離職した場合であっても、希望に応じて再就職できるような取組を進める。

　具体的には、有期雇用労働者を含む全ての労働者が、育児や介護を行いながら継続して就業し、活躍できるようにするため、育児休業、介護休業等育児又は家族介護を行う労働者の福祉に関する法律（平成三年法律第七六号）に基づく措置の確実な履行確保及び周知を図る。また、男性による育児休業等の取得や、大企業に比べて育児休業や介護休業等が取得しづらいとされる中小企業等における取組を促進する助成金の活用等により、育児・介護と仕事を両立しやすい職場環境の整備を進める。

(2)　治療と仕事の両立支援

　がん、難病、脳血管疾患、肝炎等の疾病・負傷等の治療により、就業の継続等に支障がある労働者について、治療と仕事の両立を社会的にサポートする仕組みを整える。このため、通常の働いている時間でも医療機関を受診しやすい環境の整備など企業における雇用環境改善の促進等の労働施策に加え、医療機関における支援体制の整備等の保健医療施策や福祉施策等との連携を含め、総合的かつ横断的な対策を実施する。

　また、長期にわたる治療等を受けながら就職を希望する者に対して、公共職業安定所は、がん診療連携拠点病院等と連携した就職支援の充実を図る。

5　人的資本の質の向上と職業能力評価の充実

(1)　リカレント教育等による人材育成の推進

　長期的な人的資本の形成を促進し、労働者の処遇の改善、企業の生産性向上、ひいては日本経済社会全体の発展にもつながる好循環を生み出すことが重要である。このため、人生一〇〇年時代における職業人生の長期化やＡＩ等の新技術等による働き方を取り巻く環境変化に対応するため、誰もがいくつになってもリカレント教育を受けられる環境の整備を関係省庁が連携しつつ推進する。

こうした環境の整備に向けて、企業内の人材育成について、中小企業等が取り組む訓練への支援やキャリアコンサルティングの普及を図るとともに、労働者の主体的なキャリア形成を支援するため、意欲ある個人に対する経済的支援を行っていく。また、産業界・大学等と連携した教育訓練プログラム開発等の取組等を推進していく。

これらの企業や個人への支援により、労働者が生涯を通じて職業能力を開発・向上することのできる環境を整備するとともに、雇用のセーフティネットとしての公的職業訓練の適切な実施等を通じて、多元的で効果的な職業能力の開発を促進する。

(2) 職業能力評価の充実

職業能力の見える化は、多様な働き方の推進や円滑な労働移動の支援等が課題になる中、企業内外で通用する職業能力のものさしを整備する観点から重要性が増すとともに、労働者の能力開発に取り組む動機付けや、企業の人事配置・処遇などの観点からも重要である。

このため、技能検定をはじめとした能力評価のものさしの整備や、個人の職業能力の見える化に役立つジョブ・カードの活用等を促進し、主体的なキャリア形成支援や最適なマッチングにつなげていく。

6 転職・再就職支援、職業紹介等に関する施策の充実

(1) 成長分野等への労働移動の支援

労働者の職業キャリアが長期化し、働き方のニーズが多様化するとともに、急速な技術革新や産業・事業構造の変化によって、企業・労働者双方において中途採用及び転職・再就職のニーズが高まっている。

労働者がキャリアを自ら設計できる、転職が不利にならない柔軟な労働市場を確立するため、年齢にかかわりない転職・再就職者の受入れ促進のための指針（平成三〇年厚生労働省告示第一五九号）を活用し、中途採用の拡大に向けた経済界の機運を醸成していく。

また、中途採用拡大を行う企業に対する助成を通じて転職・再就職者の受入れ企業を支援するとともに、公益財団法人産業雇用安定センターで実施するキャリアアップやキャリアチェンジを希望する労働者を対象とした出向・移籍支援を通じて、労働者一人一人のニーズに応じたマッチングを推進する。

加えて、求職者・求人企業に関する情報の充実、労働者・求職者に対するキャリアコンサルティング、職業訓練の実施による技能のミスマッチの解消及び助成金の適切な活用等により、離職を余儀なくされる労働者等の円滑な労働移動を支援する。

(2) 職場情報・職業情報の見える化

人材育成や長時間労働の是正等の働き方改革に積極的な企業ほど労働市場で選ばれ、それが企業の自主的な取組を更に促進するという好循環を生み出すことが重要である。

そのため、雇用管理の状況等が優良な企業の認定・表彰に関する状況（ユースエール、えるぼし、くるみん等）や時間外労働の状況等の企業の職場情報を求職者等がワンストップで閲覧できるサイト等を通じて、職場情報の見える化を促進する。

また、転職希望者等が持つ職業スキルや経験等を活かした就職活動や企業の採用活動が行えるよう職業情報の見える化を進めるため、職業情報提供サイトを構築し、広く求人企業・求職者等に職業情報を提供することにより、効果的なマッチングを図る。

(3) 求人・求職情報の効果的な提供及び地域の雇用機会の確保

公共職業安定所をはじめ、民間人材ビジネス、学校、都道府県や市町村など地方公共団体等の関係機関が、それぞれの分野において得意とする手法によりそれぞれの役割を果たすとともに、必要に応じて機関同士が連携することで人手不足等の問題に対応し、公正かつ効率的な外部労働市場全体としてのマッチング機能を最大化することが重要である。

こうした中で、公共職業安定所においては、ハローワークインターネットサービスを充実させ、求人・求職情報の効果的な提供を図ること等により、外部労働市場全体としてのマッチング機能を高めるとともに、中小企業等の人材確保を積極的に推進する。あわせて、均等な就職の機会の確保を図るため、公正な採用選考に関する周知啓発に取り組む。

また、地方の人口減少を克服し、将来にわたって成長力を確保するため、「まち・ひと・しごと創生総合戦略（二〇一七改訂版）」（平成二九年一二月二二日閣議決定）を踏まえ、地域に魅力ある良質な雇用機会を創出する取組が引き続き重要である。地域ごとに産業構造、人口構成等が異なっていることも踏まえ、地方公共団体その他の地域の関係者が創意工夫や発想を活かして実施する雇

用創出の取組や大都市から地方への就職を後押しする取組を支援するなど、地方公共団体等との連携による地域の実情に応じた雇用対策を推進し、地域の産業政策と雇用政策との調和を図る。

さらに、災害が発生した場合には、被災地域の雇用を守るための取組や、やむを得ず離職された方々の再就職支援を実施する。

7　働き方改革の円滑な実施に向けた取組

地域の実情に即した働き方改革を進めるため、労働施策総合推進法第一〇条の三の規定に基づき、地方公共団体、中小企業者を構成員とする団体その他の事業主団体、労働者団体その他の関係者を構成員とする協議会を設置し、連携体制の整備を図る。その際には、いわゆる地方版政労使会議など、各地域で積み上げてきた行政と労使の連携の枠組を活用し、特に、中小企業等において、働き方改革が円滑に進められるよう取り組んでいく。

第3章　労働者が能力を有効に発揮できるようにすることに関するその他の重要事項

1　商慣行の見直しや取引環境の改善など下請取引対策の強化

特に、中小企業等においては、発注者からの著しく短い期限の設定や発注内容の頻繁な変更に応えようとして長時間労働になる傾向にあることから、商慣行の見直しや取引条件の適正化を進めることが重要である。

そのため、労働時間等の設定の改善に関する特別措置法（平成四年法律第九〇号）に基づき、著しく短い期限の設定及び発注内容の頻繁な変更を行わないよう配慮し、事業者の取引上必要な配慮が商慣行に浸透するよう、関係省庁が連携して必要な取組を推進する。加えて、国等が行う契約においても「平成三〇年度中小企業者に関する国等の契約の基本方針」（平成三〇年九月七日閣議決定）に基づき、物件等の発注に当たっては、早期の発注等の取組により平準化を図り、適正な納期・工期を設定するよう配慮する。

また、労働基準関係法令違反の背景に、極端な短納期発注等に起因する下請代金支払遅延等防止法（昭和三一年法律第一二〇号）等違反が疑われる事案について、厚生労働省から公正取引委員会や中小企業庁に通報する制度の強化を図る。

2　労働条件の改善に向けた生産性の向上支援

労働条件の改善を実現するためには、生産性の向上が重要である。しかし、中小企業等は、大企業と比べ、資本が脆弱で効率化に向けた設備投資が困難である場合が多いことから、賃金引上げや経営力の向上につながるような、生産性向上に資する設備投資等に対する支援を行う。

また、働き方改革推進支援センターにおいて、商工会、商工会議所、中小企業団体中央会等と連携して、好事例や支援策を提示するなど、丁寧な相談・支援に努める。

3　学校段階における職業意識の啓発、労働関係法令等に関する教育の推進

ＡＩ等の技術革新や働き方の変化も踏まえつつ、若者に働く意義や労働市場の実態の理解を促す等の教育は、適性・能力に応じた就職の実現の基盤であり、各個人・経済活動全体の生産性向上にも資する重要な意義を有するものである。

このため、学校から職場への移行を円滑にするため、文部科学行政と厚生労働行政の連携強化を図り、学校段階において職場見学やセミナー、インターンシップ等による職業意識啓発等の取組を積極的に推進する。また、多様な就業形態が増加する中で、労働関係法令や各種ルールについて知ることは、労働関係の紛争や不利益な取扱いの未然の防止に役立つとともに、働き方を選択する上で重要であるため、高校生などの若年者に対して、労働関係法令や社会保障制度に関する教育を推進する。

事業主が職場における優越的な関係を背景とした言動に起因する問題に関して雇用管理上講ずべき措置等についての指針

令和二年一月一五日厚生労働省告示第五号

適用：令和二年六月一日

1 はじめに

この指針は、労働施策の総合的な推進並びに労働者の雇用の安定及び職業生活の充実等に関する法律（昭和四一年法律第一三二号。以下「法」という。）第三〇条の二第一項及び第二項に規定する事業主が職場において行われる優越的な関係を背景とした言動であって、業務上必要かつ相当な範囲を超えたものにより、その雇用する労働者の就業環境が害されること（以下「職場におけるパワーハラスメント」という。）のないよう雇用管理上講ずべき措置等について、同条第三項の規定に基づき事業主が適切かつ有効な実施を図るために必要な事項について定めたものである。

2 職場におけるパワーハラスメントの内容

(1) 職場におけるパワーハラスメントは、職場において行われる①優越的な関係を背景とした言動であって、②業務上必要かつ相当な範囲を超えたものにより、③労働者の就業環境が害されるものであり、①から③までの要素を全て満たすものをいう。

なお、客観的にみて、業務上必要かつ相当な範囲で行われる適正な業務指示や指導については、職場におけるパワーハラスメントには該当しない。

(2) 「職場」とは、事業主が雇用する労働者が業務を遂行する場所を指し、当該労働者が通常就業している場所以外の場所であっても、当該労働者が業務を遂行する場所については、「職場」に含まれる。

(3) 「労働者」とは、いわゆる正規雇用労働者のみならず、パートタイム労働者、契約社員等いわゆる非正規雇用労働者を含む事業主が雇用する労働者の全てをいう。

また、派遣労働者については、派遣元事業主のみならず、労働者派遣の役務の提供を受ける者についても、労働者派遣事業の適正な運営の確保及び派遣労働者の保護等に関する法律（昭和六〇年法律第八八号）第四七条の四の規定により、その指揮命令の下に労働させる派遣労働者を雇用する事業主とみなされ、法第三〇条の二第一項及び第三〇条の三第二項の規定が適用されることから、労働者派遣の役務の提供を受ける者は、派遣労働者についてもその雇用する労働者と同様に、3(1)の配慮及び4の措置を講ずることが必要である。なお、法第三〇条の二第二項、第三〇条の五第二項及び第三〇条の六第二項の労働者に対する不利益な取扱いの禁止については、派遣労働者も対象に含まれるものであり、派遣元事業主のみならず、労働者派遣の役務の提供を受ける者もまた、当該者に派遣労働者が職場におけるパワーハラスメントの相談を行ったこと等を理由として、当該派遣労働者に係る労働者派遣の役務の提供を拒む等、当該派遣労働者に対する不利益な取扱いを行ってはならない。

(4) 「優越的な関係を背景とした」言動とは、当該事業主の業務を遂行するに当たって、当該言動を受ける労働者が当該言動の行為者とされる者（以下「行為者」という。）に対して抵抗又は拒絶することができない蓋然性が高い関係を背景として行われるものを指し、例えば、以下のもの等が含まれる。

・職務上の地位が上位の者による言動
・同僚又は部下による言動で、当該言動を行う者が業務上必要な知識や豊富な経験を有しており、当該者の協力を得なければ業務の円滑な遂行を行うことが困難であるもの
・同僚又は部下からの集団による行為で、これに抵抗又は拒絶することが困難であるもの

(5) 「業務上必要かつ相当な範囲を超えた」言動とは、社会通念に照らし、当該言動が明らかに当該事業主の業務上必要性がない、又はその態様が相当でないものを指し、例えば、以下のもの等が含まれる。

・業務上明らかに必要性のない言動
・業務の目的を大きく逸脱した言動
・業務を遂行するための手段として不適当な言動
・当該行為の回数、行為者の数等、その態様や手段が社会通念に照らして許容される範囲を超える言動

この判断に当たっては、様々な要素（当該言動の目的、当該言動を受けた労働者の問題行動の有無や内容・程度を含む当該言動が行われた経緯や状況、業種・業態、業務の内容・性質、当該言動の態様・頻度・継続性、労働者の属性や心身の状況、行為者との関係性等）を総合的

に考慮することが適当である。また、その際には、個別の事案における労働者の行動が問題となる場合は、その内容・程度とそれに対する指導の態様等の相対的な関係性が重要な要素となることについても留意が必要である。

(6) 「労働者の就業環境が害される」とは、当該言動により労働者が身体的又は精神的に苦痛を与えられ、労働者の就業環境が不快なものとなったため、能力の発揮に重大な悪影響が生じる等当該労働者が就業する上で看過できない程度の支障が生じることを指す。

この判断に当たっては、「平均的な労働者の感じ方」、すなわち、同様の状況で当該言動を受けた場合に、社会一般の労働者が、就業する上で看過できない程度の支障が生じたと感じるような言動であるかどうかを基準とすることが適当である。

(7) 職場におけるパワーハラスメントは、(1)の①から③までの要素を全て満たすものをいい（客観的にみて、業務上必要かつ相当な範囲で行われる適正な業務指示や指導については、職場におけるパワーハラスメントには該当しない。）、個別の事案についてその該当性を判断するに当たっては、(5)で総合的に考慮することとした事項のほか、当該言動により労働者が受ける身体的又は精神的な苦痛の程度等を総合的に考慮して判断することが必要である。

このため、個別の事案の判断に際しては、相談窓口の担当者等がこうした事項に十分留意し、相談を行った労働者（以下「相談者」という。）の心身の状況や当該言動が行われた際の受け止めなどその認識にも配慮しながら、相談者及び行為者の双方から丁寧に事実確認等を行うことも重要である。

これらのことを十分踏まえて、予防から再発防止に至る一連の措置を適切に講じることが必要である。

職場におけるパワーハラスメントの状況は多様であるが、代表的な言動の類型としては、以下のイからヘまでのものがあり、当該言動の類型ごとに、典型的に職場におけるパワーハラスメントに該当し、又は該当しないと考えられる例としては、次のようなものがある。

ただし、個別の事案の状況等によって判断が異なる場合もあり得ること、また、次の例は限定列挙ではないことに十分留意し、4(2)ロにあるとおり広く相談に対応するなど、適切な対応を行うようにすることが必要である。

なお、職場におけるパワーハラスメントに該当すると考えられる以下の例については、行為者と当該言動を受ける労働者の関係性を個別に記載していないが、(4)にあるとおり、優越的な関係を背景として行われたものであることが前提である。

イ　身体的な攻撃（暴行・傷害）

(イ) 該当すると考えられる例

① 殴打、足蹴りを行うこと。

② 相手に物を投げつけること。

(ロ) 該当しないと考えられる例

① 誤ってぶつかること。

ロ　精神的な攻撃（脅迫・名誉棄損・侮辱・ひどい暴言）

(イ) 該当すると考えられる例

① 人格を否定するような言動を行うこと。相手の性的指向・性自認に関する侮辱的な言動を行うことを含む。

② 業務の遂行に関する必要以上に長時間にわたる厳しい叱責を繰り返し行うこと。

③ 他の労働者の面前における大声での威圧的な叱責を繰り返し行うこと。

④ 相手の能力を否定し、罵倒するような内容の電子メール等を当該相手を含む複数の労働者宛てに送信すること。

(ロ) 該当しないと考えられる例

① 遅刻など社会的ルールを欠いた言動が見られ、再三注意してもそれが改善されない労働者に対して一定程度強く注意をすること。

② その企業の業務の内容や性質等に照らして重大な問題行動を行った労働者に対して、一定程度強く注意をすること。

ハ　人間関係からの切り離し（隔離・仲間外し・無視）

(イ) 該当すると考えられる例

① 自身の意に沿わない労働者に対して、仕事を外し、長期間にわたり、別室に隔離したり、自宅研修させたりすること。

② 一人の労働者に対して同僚が集団で無視をし、職場で孤立させること。

(ロ) 該当しないと考えられる例

① 新規に採用した労働者を育成するために短期間集中的に別室で研修等の教育を実施すること。

② 懲戒規定に基づき処分を受けた労働者に対し、通常の業務に復帰させるため

に、その前に、一時的に別室で必要な研修を受けさせること。

ニ　過大な要求（業務上明らかに不要なことや遂行不可能なことの強制・仕事の妨害）

(イ)　該当すると考えられる例

①　長期間にわたる、肉体的苦痛を伴う過酷な環境下での勤務に直接関係のない作業を命ずること。

②　新卒採用者に対し、必要な教育を行わないまま到底対応できないレベルの業績目標を課し、達成できなかったことに対し厳しく叱責すること。

③　労働者に業務とは関係のない私的な雑用の処理を強制的に行わせること。

(ロ)　該当しないと考えられる例

①　労働者を育成するために現状よりも少し高いレベルの業務を任せること。

②　業務の繁忙期に、業務上の必要性から、当該業務の担当者に通常時よりも一定程度多い業務の処理を任せること。

ホ　過小な要求（業務上の合理性なく能力や経験とかけ離れた程度の低い仕事を命じることや仕事を与えないこと）

(イ)　該当すると考えられる例

①　管理職である労働者を退職させるため、誰でも遂行可能な業務を行わせること。

②　気にいらない労働者に対して嫌がらせのために仕事を与えないこと。

(ロ)　該当しないと考えられる例

①　労働者の能力に応じて、一定程度業務内容や業務量を軽減すること。

へ　個の侵害（私的なことに過度に立ち入ること）

(イ)　該当すると考えられる例

①　労働者を職場外でも継続的に監視したり、私物の写真撮影をしたりすること。

②　労働者の性的指向・性自認や病歴、不妊治療等の機微な個人情報について、当該労働者の了解を得ずに他の労働者に暴露すること。

(ロ)　該当しないと考えられる例

①　労働者への配慮を目的として、労働者の家族の状況等についてヒアリングを行うこと。

②　労働者の了解を得て、当該労働者の性的指向・性自認や病歴、不妊治療等の機微な個人情報について、必要な範囲で人事労務部門の担当者に伝達し、配慮を促すこと。

この点、プライバシー保護の観点から、へ(イ)②のように機微な個人情報を暴露することのないよう、労働者に周知・啓発する等の措置を講じることが必要である。

3　事業主等の責務

(1)　事業主の責務

法第三〇条の三第二項の規定により、事業主は、職場におけるパワーハラスメントを行ってはならないことその他職場におけるパワーハラスメントに起因する問題（以下「パワーハラスメント問題」という。）に対するその雇用する労働者の関心と理解を深めるとともに、当該労働者が他の労働者（他の事業主が雇用する労働者及び求職者を含む。(2)において同じ。）に対する言動に必要な注意を払うよう、研修の実施その他の必要な配慮をするほか、国の講ずる同条第一項の広報活動、啓発活動その他の措置に協力するように努めなければならない。なお、職場におけるパワーハラスメントに起因する問題としては、例えば、労働者の意欲の低下などによる職場環境の悪化や職場全体の生産性の低下、労働者の健康状態の悪化、休職や退職などにつながり得ること、これらに伴う経営的な損失等が考えられる。

また、事業主（その者が法人である場合にあっては、その役員）は、自らも、パワーハラスメント問題に対する関心と理解を深め、労働者（他の事業主が雇用する労働者及び求職者を含む。）に対する言動に必要な注意を払うように努めなければならない。

(2)　労働者の責務

法第三〇条の三第四項の規定により、労働者は、パワーハラスメント問題に対する関心と理解を深め、他の労働者に対する言動に必要な注意を払うとともに、事業主の講ずる4の措置に協力するように努めなければならない。

4　事業主が職場における優越的な関係を背景とした言動に起因する問題に関し雇用管理上講ずべき措置の内容

事業主は、当該事業主が雇用する労働者又は当該事業主（その者が法人である場合にあっては、その役員）が行う職場におけるパワーハラスメントを防止するため、雇用管理上次の措置を講じなければならない。

(1)　事業主の方針等の明確化及びその周知・啓発

事業主は、職場におけるパワーハラスメントに関する方針の明確化、労働者に対するその方針の周知・啓発として、次の措置を講じなければならない。

　なお、周知・啓発をするに当たっては、職場におけるパワーハラスメントの防止の効果を高めるため、その発生の原因や背景について労働者の理解を深めることが重要である。その際、職場におけるパワーハラスメントの発生の原因や背景には、労働者同士のコミュニケーションの希薄化などの職場環境の問題もあると考えられる。そのため、これらを幅広く解消していくことが職場におけるパワーハラスメントの防止の効果を高める上で重要であることに留意することが必要である。

イ　職場におけるパワーハラスメントの内容及び職場におけるパワーハラスメントを行ってはならない旨の方針を明確化し、管理監督者を含む労働者に周知・啓発すること。

（事業主の方針等を明確化し、労働者に周知・啓発していると認められる例）

①　就業規則その他の職場における服務規律等を定めた文書において、職場におけるパワーハラスメントを行ってはならない旨の方針を規定し、当該規定と併せて、職場におけるパワーハラスメントの内容及びその発生の原因や背景を労働者に周知・啓発すること。

②　社内報、パンフレット、社内ホームページ等広報又は啓発のための資料等に職場におけるパワーハラスメントの内容及びその発生の原因や背景並びに職場におけるパワーハラスメントを行ってはならない旨の方針を記載し、配布等すること。

③　職場におけるパワーハラスメントの内容及びその発生の原因や背景並びに職場におけるパワーハラスメントを行ってはならない旨の方針を労働者に対して周知・啓発するための研修、講習等を実施すること。

ロ　職場におけるパワーハラスメントに係る言動を行った者については、厳正に対処する旨の方針及び対処の内容を就業規則その他の職場における服務規律等を定めた文書に規定し、管理監督者を含む労働者に周知・啓発すること。

（対処方針を定め、労働者に周知・啓発していると認められる例）

①　就業規則その他の職場における服務規律等を定めた文書において、職場におけるパワーハラスメントに係る言動を行った者に対する懲戒規定を定め、その内容を労働者に周知・啓発すること。

②　職場におけるパワーハラスメントに係る言動を行った者は、現行の就業規則その他の職場における服務規律等を定めた文書において定められている懲戒規定の適用の対象となる旨を明確化し、これを労働者に周知・啓発すること。

(2)　相談（苦情を含む。以下同じ。）に応じ、適切に対応するために必要な体制の整備

　事業主は、労働者からの相談に対し、その内容や状況に応じ適切かつ柔軟に対応するために必要な体制の整備として、次の措置を講じなければならない。

イ　相談への対応のための窓口（以下「相談窓口」という。）をあらかじめ定め、労働者に周知すること。

（相談窓口をあらかじめ定めていると認められる例）

①　相談に対応する担当者をあらかじめ定めること。

②　相談に対応するための制度を設けること。

③　外部の機関に相談への対応を委託すること。

ロ　イの相談窓口の担当者が、相談に対し、その内容や状況に応じ適切に対応できるようにすること。また、相談窓口においては、被害を受けた労働者が萎縮するなどして相談を躊躇する例もあること等も踏まえ、相談者の心身の状況や当該言動が行われた際の受け止めなどその認識にも配慮しながら、職場におけるパワーハラスメントが現実に生じている場合だけでなく、その発生のおそれがある場合や、職場におけるパワーハラスメントに該当するか否か微妙な場合であっても、広く相談に対応し、適切な対応を行うようにすること。例えば、放置すれば就業環境を害するおそれがある場合や、労働者同士のコミュニケーションの希薄化などの職場環境の問題が原因や背景となってパワーハラスメントが生じるおそれがある場合等が考えられる。

（相談窓口の担当者が適切に対応することができるようにしていると認められる例）

①　相談窓口の担当者が相談を受けた場合、

その内容や状況に応じて、相談窓口の担当者と人事部門とが連携を図ることができる仕組みとすること。

② 相談窓口の担当者が相談を受けた場合、あらかじめ作成した留意点などを記載したマニュアルに基づき対応すること。

③ 相談窓口の担当者に対し、相談を受けた場合の対応についての研修を行うこと。

(3) 職場におけるパワーハラスメントに係る事後の迅速かつ適切な対応

事業主は、職場におけるパワーハラスメントに係る相談の申出があった場合において、その事案に係る事実関係の迅速かつ正確な確認及び適正な対処として、次の措置を講じなければならない。

イ 事案に係る事実関係を迅速かつ正確に確認すること。

（事案に係る事実関係を迅速かつ正確に確認していると認められる例）

① 相談窓口の担当者、人事部門又は専門の委員会等が、相談者及び行為者の双方から事実関係を確認すること。その際、相談者の心身の状況や当該言動が行われた際の受け止めなどその認識にも適切に配慮すること。

また、相談者と行為者との間で事実関係に関する主張に不一致があり、事実の確認が十分にできないと認められる場合には、第三者からも事実関係を聴取する等の措置を講ずること。

② 事実関係を迅速かつ正確に確認しようとしたが、確認が困難な場合などにおいて、法第三〇条の六に基づく調停の申請を行うことその他中立な第三者機関に紛争処理を委ねること。

ロ イにより、職場におけるパワーハラスメントが生じた事実が確認できた場合においては、速やかに被害を受けた労働者（以下「被害者」という。）に対する配慮のための措置を適正に行うこと。

（措置を適正に行っていると認められる例）

① 事案の内容や状況に応じ、被害者と行為者の間の関係改善に向けての援助、被害者と行為者を引き離すための配置転換、行為者の謝罪、被害者の労働条件上の不利益の回復、管理監督者又は事業場内産業保健スタッフ等による被害者のメンタルヘルス不調への相談対応等の措置を講ずること。

② 法第三〇条の六に基づく調停その他中立な第三者機関の紛争解決案に従った措置を被害者に対して講ずること。

ハ イにより、職場におけるパワーハラスメントが生じた事実が確認できた場合においては、行為者に対する措置を適正に行うこと。

（措置を適正に行っていると認められる例）

① 就業規則その他の職場における服務規律等を定めた文書における職場におけるパワーハラスメントに関する規定等に基づき、行為者に対して必要な懲戒その他の措置を講ずること。あわせて、事案の内容や状況に応じ、被害者と行為者の間の関係改善に向けての援助、被害者と行為者を引き離すための配置転換、行為者の謝罪等の措置を講ずること。

② 法第三〇条の六に基づく調停その他中立な第三者機関の紛争解決案に従った措置を行為者に対して講ずること。

ニ 改めて職場におけるパワーハラスメントに関する方針を周知・啓発する等の再発防止に向けた措置を講ずること。

なお、職場におけるパワーハラスメントが生じた事実が確認できなかった場合においても、同様の措置を講ずること。

（再発防止に向けた措置を講じていると認められる例）

① 職場におけるパワーハラスメントを行ってはならない旨の方針及び職場におけるパワーハラスメントに係る言動を行った者について厳正に対処する旨の方針を、社内報、パンフレット、社内ホームページ等広報又は啓発のための資料等に改めて掲載し、配布等すること。

② 労働者に対して職場におけるパワーハラスメントに関する意識を啓発するための研修、講習等を改めて実施すること。

(4) (1)から(3)までの措置と併せて講ずべき措置

(1)から(3)までの措置を講ずるに際しては、併せて次の措置を講じなければならない。

イ 職場におけるパワーハラスメントに係る相談者・行為者等の情報は当該相談者・行為者等のプライバシーに属するものであることから、相談への対応又は当該パワーハラスメントに係る事後の対応に当たっては、相談者・行為者等のプライバシーを保護するために必要な措置を講ずるとともに、その旨を労働者に対して周知すること。なお、相談者・行為者等のプライバシーには、性的指向・性自認や病歴、不妊治療等の機微な個人情報も含まれるものであること。

（相談者・行為者等のプライバシーを保護するために必要な措置を講じていると認められる例）

① 相談者・行為者等のプライバシーの保護のために必要な事項をあらかじめマニュアルに定め、相談窓口の担当者が相談を受けた際には、当該マニュアルに基づき対応するものとすること。

② 相談者・行為者等のプライバシーの保護のために、相談窓口の担当者に必要な研修を行うこと。

③ 相談窓口においては相談者・行為者等のプライバシーを保護するために必要な措置を講じていることを、社内報、パンフレット、社内ホームページ等広報又は啓発のための資料等に掲載し、配布等すること。

ロ 法第三〇条の二第二項、第三〇条の五第二項及び第三〇条の六第二項の規定を踏まえ、労働者が職場におけるパワーハラスメントに関し相談をしたこと若しくは事実関係の確認等の事業主の雇用管理上講ずべき措置に協力したこと、都道府県労働局に対して相談、紛争解決の援助の求め若しくは調停の申請を行ったこと又は調停の出頭の求めに応じたこと（以下「パワーハラスメントの相談等」という。）を理由として、解雇その他不利益な取扱いをされない旨を定め、労働者に周知・啓発すること。

（不利益な取扱いをされない旨を定め、労働者にその周知・啓発することについて措置を講じていると認められる例）

① 就業規則その他の職場における服務規律等を定めた文書において、パワーハラスメントの相談等を理由として、労働者が解雇等の不利益な取扱いをされない旨を規定し、労働者に周知・啓発をすること。

② 社内報、パンフレット、社内ホームページ等広報又は啓発のための資料等に、パワーハラスメントの相談等を理由として、労働者が解雇等の不利益な取扱いをされない旨を記載し、労働者に配布等すること。

5 事業主が職場における優越的な関係を背景とした言動に起因する問題に関し行うことが望ましい取組の内容

事業主は、当該事業主が雇用する労働者又は当該事業主（その者が法人である場合にあっては、その役員）が行う職場におけるパワーハラスメントを防止するため、4の措置に加え、次の取組を行うことが望ましい。

(1) 職場におけるパワーハラスメントは、セクシュアルハラスメント（事業主が職場における性的な言動に起因する問題に関して雇用管理上講ずべき措置等についての指針（平成一八年厚生労働省告示第六一五号）に規定する「職場におけるセクシュアルハラスメント」をいう。以下同じ。）、妊娠、出産等に関するハラスメント（事業主が職場における妊娠、出産等に関する言動に起因する問題に関して雇用管理上講ずべき措置等についての指針（平成二八年厚生労働省告示第三一二号）に規定する「職場における妊娠、出産等に関するハラスメント」をいう。）、育児休業等に関するハラスメント（子の養育又は家族の介護を行い、又は行うこととなる労働者の職業生活と家庭生活との両立が図られるようにするために事業主が講ずべき措置等に関する指針（平成二一年厚生労働省告示第五〇九号）に規定する「職場における育児休業等に関するハラスメント」をいう。）その他のハラスメントと複合的に生じることも想定されることから、事業主は、例えば、セクシュアルハラスメント等の相談窓口と一体的に、職場におけるパワーハラスメントの相談窓口を設置し、一元的に相談に応じることのできる体制を整備することが望ましい。

（一元的に相談に応じることのできる体制の例）

① 相談窓口で受け付けることのできる相談として、職場におけるパワーハラスメントのみならず、セクシュアルハラスメント等も明示すること。

② 職場におけるパワーハラスメントの相談窓口がセクシュアルハラスメント等の相談窓口を兼ねること。

(2) 事業主は、職場におけるパワーハラスメントの原因や背景となる要因を解消するため、次の取組を行うことが望ましい。

なお、取組を行うに当たっては、労働者個人のコミュニケーション能力の向上を図ることは、職場におけるパワーハラスメントの行為者・被害者の双方になることを防止する上で重要であることや、業務上必要かつ相当な範囲で行われる適正な業務指示や指導については、職場におけるパワーハラスメントには該当せず、労働者が、こうした適正な業務指示や指導を踏まえて真摯に業務を遂行する意識を持つことも重要であることに留意することが必要である。

イ　コミュニケーションの活性化や円滑化のために研修等の必要な取組を行うこと。

（コミュニケーションの活性化や円滑化のために必要な取組例）

①　日常的なコミュニケーションを取るよう努めることや定期的に面談やミーティングを行うことにより、風通しの良い職場環境や互いに助け合える労働者同士の信頼関係を築き、コミュニケーションの活性化を図ること。

②　感情をコントロールする手法についての研修、コミュニケーションスキルアップについての研修、マネジメントや指導についての研修等の実施や資料の配布等により、労働者が感情をコントロールする能力やコミュニケーションを円滑に進める能力等の向上を図ること。

ロ　適正な業務目標の設定等の職場環境の改善のための取組を行うこと。

（職場環境の改善のための取組例）

①　適正な業務目標の設定や適正な業務体制の整備、業務の効率化による過剰な長時間労働の是正等を通じて、労働者に過度に肉体的・精神的負荷を強いる職場環境や組織風土を改善すること。

(3)　事業主は、4の措置を講じる際に、必要に応じて、労働者や労働組合等の参画を得つつ、アンケート調査や意見交換等を実施するなどにより、その運用状況の的確な把握や必要な見直しの検討等に努めることが重要である。なお、労働者や労働組合等の参画を得る方法として、例えば、労働安全衛生法（昭和四七年法律第五七号）第一八条第一項に規定する衛生委員会の活用なども考えられる。

6　事業主が自らの雇用する労働者以外の者に対する言動に関し行うことが望ましい取組の内容

3の事業主及び労働者の責務の趣旨に鑑みれば、事業主は、当該事業主が雇用する労働者が、他の労働者（他の事業主が雇用する労働者及び求職者を含む。）のみならず、個人事業主、インターンシップを行っている者等の労働者以外の者に対する言動についても必要な注意を払うよう配慮するとともに、事業主（その者が法人である場合にあっては、その役員）自らと労働者も、労働者以外の者に対する言動について必要な注意を払うよう努めることが望ましい。

こうした責務の趣旨も踏まえ、事業主は、4(1)イの職場におけるパワーハラスメントを行ってはならない旨の方針の明確化等を行う際に、当該事業主が雇用する労働者以外の者（他の事業主が雇用する労働者、就職活動中の学生等の求職者及び労働者以外の者）に対する言動についても、同様の方針を併せて示すことが望ましい。

また、これらの者から職場におけるパワーハラスメントに類すると考えられる相談があった場合には、その内容を踏まえて、4の措置も参考にしつつ、必要に応じて適切な対応を行うように努めることが望ましい。

7　事業主が他の事業主の雇用する労働者等からのパワーハラスメントや顧客等からの著しい迷惑行為に関し行うことが望ましい取組の内容

事業主は、取引先等の他の事業主が雇用する労働者又は他の事業主（その者が法人である場合にあっては、その役員）からのパワーハラスメントや顧客等からの著しい迷惑行為（暴行、脅迫、ひどい暴言、著しく不当な要求等）により、その雇用する労働者が就業環境を害されることのないよう、雇用管理上の配慮として、例えば、(1)及び(2)の取組を行うことが望ましい。また、(3)のような取組を行うことも、その雇用する労働者が被害を受けることを防止する上で有効と考えられる。

(1)　相談に応じ、適切に対応するために必要な体制の整備

事業主は、他の事業主が雇用する労働者等からのパワーハラスメントや顧客等からの著しい迷惑行為に関する労働者からの相談に対し、その内容や状況に応じ適切かつ柔軟に対応するために必要な体制の整備として、4(2)イ及びロの例も参考にしつつ、次の取組を行うことが望ましい。

また、併せて、労働者が当該相談をしたことを理由として、解雇その他不利益な取扱いを行ってはならない旨を定め、労働者に周知・啓発することが望ましい。

イ　相談先（上司、職場内の担当者等）をあらかじめ定め、これを労働者に周知すること。

ロ　イの相談を受けた者が、相談に対し、その内容や状況に応じ適切に対応できるようにすること。

(2)　被害者への配慮のための取組

事業主は、相談者から事実関係を確認し、他の事業主が雇用する労働者等からのパワーハラスメントや顧客等からの著しい迷惑行為が認められた場合には、速やかに被害者に対する配慮

のための取組を行うことが望ましい。

（被害者への配慮のための取組例）

事案の内容や状況に応じ、被害者のメンタルヘルス不調への相談対応、著しい迷惑行為を行った者に対する対応が必要な場合に一人で対応させない等の取組を行うこと。

(3)　他の事業主が雇用する労働者等からのパワーハラスメントや顧客等からの著しい迷惑行為による被害を防止するための取組

(1)及び(2)の取組のほか、他の事業主が雇用する労働者等からのパワーハラスメントや顧客等からの著しい迷惑行為からその雇用する労働者が被害を受けることを防止する上では、事業主が、こうした行為への対応に関するマニュアルの作成や研修の実施等の取組を行うことも有効と考えられる。

また、業種・業態等によりその被害の実態や必要な対応も異なると考えられることから、業種・業態等における被害の実態や業務の特性等を踏まえて、それぞれの状況に応じた必要な取組を進めることも、被害の防止に当たっては効果的と考えられる。

職業安定法（抄）

昭和二二年一一月三〇日法律第一四一号
施行：昭和二二年一二月一日
最終改正：令和四年六月一七日法律第六八号
施行：附則参照

第一章　総則

（法律の目的）

第一条　この法律は、労働施策の総合的な推進並びに労働者の雇用の安定及び職業生活の充実等に関する法律（昭和四十一年法律第百三十二号）と相まつて、公共に奉仕する公共職業安定所その他の職業安定機関が、関係行政庁又は関係団体の協力を得て職業紹介事業等を行うこと、職業安定機関以外の者の行う職業紹介事業等が労働力の需要供給の適正かつ円滑な調整に果たすべき役割に鑑みその適正な運営を確保すること等により、各人にその有する能力に適合する職業に就く機会を与え、及び産業に必要な労働力を充足し、もつて職業の安定を図るとともに、経済及び社会の発展に寄与することを目的とする。

（職業選択の自由）

第二条　何人も、公共の福祉に反しない限り、職業を自由に選択することができる。

（均等待遇）

第三条　何人も、人種、国籍、信条、性別、社会的身分、門地、従前の職業、労働組合の組合員であること等を理由として、職業紹介、職業指導等について、差別的取扱を受けることがない。但し、労働組合法の規定によつて、雇用主と労働組合との間に締結された労働協約に別段の定のある場合は、この限りでない。

（定義）

第四条　この法律において「職業紹介」とは、求人及び求職の申込みを受け、求人者と求職者との間における雇用関係の成立をあつせんすることをいう。

②　この法律において「無料の職業紹介」とは、職業紹介に関し、いかなる名義でも、その手数料又は報酬を受けないで行う職業紹介をいう。

③　この法律において「有料の職業紹介」とは、無料の職業紹介以外の職業紹介をいう。

④　この法律において「職業指導」とは、職業に就こうとする者に対し、実習、講習、指示、助言、情報の提供その他の方法により、その者の能力に適合する職業の選択を容易にさせ、及びその職業に対する適応性を増大させるために行う指導をいう。

⑤　この法律において「労働者の募集」とは、労働者を雇用しようとする者が、自ら又は他人に委託して、労働者となろうとする者に対し、その被用者となることを勧誘することをいう。

⑥　この法律において「募集情報等提供」とは、次に掲げる行為をいう。

一　労働者の募集を行う者等（労働者の募集を行う者、募集受託者（第三十九条に規定する募集受託者をいう。第三号、第五条の三第一項、第五条の四第一項及び第二項並びに第五条の五第一項において同じ。）又は職業紹介事業者その他厚生労働省令で定める者（以下この項において「職業紹介事業者等」という。）をいう。第四号において同じ。）の依頼を受け、労働者の募集に関する情報を労働者になろうとする者又は他の職業紹介事業者等に提供すること。

二　前号に掲げるもののほか、労働者の募集に関する情報を、労働者になろうとする者の職業の選択を容易にすることを目的として収集し、労働者になろうとする者等（労働者になろうとする者又は職業紹介事業者等をいう。次号において同じ。）に提供すること。

三　労働者になろうとする者等の依頼を受け、労働者になろうとする者に関する情報を労働者の募集を行う者、募集受託者又は他の職業紹介事業者等に提供すること。

四　前号に掲げるもののほか、労働者になろうとする者に関する情報を、労働者の募集を行う者の必要とする労働力の確保を容易にすることを目的として収集し、労働者の募集を行う者等に提供すること。

⑦　この法律において「特定募集情報等提供」とは、労働者になろうとする者に関する情報を収集して行う募集情報等提供をいう。

⑧　この法律において「労働者供給」とは、供給契約に基づいて労働者を他人の指揮命令を受けて労働に従事させることをいい、労働者派遣事業の適正な運営の確保及び派遣労働者の保護等に関する法律（昭和六十年法律第八十八号。以下「労働者派遣法」という。）第二条第一号に規定する労働者派遣に該当するものを含まないものとする。

⑨　この法律において「特定地方公共団体」とは、第二十九条第一項の規定により無料の職業紹介事業を行う地方公共団体をいう。

⑩　この法律において「職業紹介事業者」とは、第三十条第一項若しくは第三十三条第一項の許可を受けて、又は第三十三条の二第一項若しくは第三十三条の三第一項の規定による届出をして職業紹介事業を行う者をいう。

⑪　この法律において「特定募集情報等提供事業者」とは、第四十三条の二第一項の規定による届出をして特定募集情報等提供事業を行う者をいう。

⑫　この法律において「労働者供給事業者」とは、第四十五条の規定により労働者供給事業を行う労働組合等（労働組合法による労働組合その他これに準ずるものであつて厚生労働省令で定めるものをいう。以下同じ。）をいう。

⑬　この法律において「個人情報」とは、個人に関する情報であつて、特定の個人を識別することができるもの（他の情報と照合することにより特定の個人を識別することができることとなるものを含む。）をいう。

（政府の行う業務）

第五条　政府は、第一条の目的を達成するために、次に掲げる業務を行う。

一　労働力の需要供給の適正かつ円滑な調整を図ること。

二　失業者に対し、職業に就く機会を与えるために、必要な政策を樹立し、その実施に努めること。

三　求職者に対し、迅速に、その能力に適合する職業に就くことをあつせんするため、及び求人者に対し、その必要とする労働力を充足するために、無料の職業紹介事業を行うこと。

四　政府以外の者（第二十九条第一項の規定により無料の職業紹介事業を行う場合における特定地方公共団体及び募集情報等提供事業を行う場合における地方公共団体を除く。）の行う職業紹介、労働者の募集、募集情報等提供事業、労働者供給事業又は労働者派遣法第二条第三号に規定する労働者派遣事業及び建設労働者の雇用の改善等に関する法律（昭和五十一年法律第三十三号。以下「建設労働法」という。）第二条第十項に規定する建設業務労働者就業機会確保事業（以下「労働者派遣事業等」という。）を労働者及び公共の利益を増進するように、指導監督すること。

五　求職者に対し、必要な職業指導を行うこと。

六　個人、団体、学校又は関係行政庁の協力を得て、公共職業安定所の業務の運営の改善向上を図ること。

七　雇用保険法（昭和四十九年法律第百十六号）の規定によつて、給付を受けるべき者について、職業紹介又は職業指導を行い、雇用保険制度の健全な運用を図ること。

（職業安定機関と特定地方公共団体等の協力）

第五条の二　職業安定機関及び特定地方公共団体、職業紹介事業者、募集情報等提供事業を行う者又は労働者供給事業者は、労働力の需要供給の適正かつ円滑な調整を図るため、雇用情報の充実、労働力の需要供給の調整に係る技術の向上等に関し、相互に協力するように努めなければならない。

②　公共職業安定所及び特定地方公共団体又は職業紹介事業者は、求職者が希望する地域においてその能力に適合する職業に就くことができるよう、職業紹介に関し、相互に協力するように努めなければならない。

（労働条件等の明示）

第五条の三　公共職業安定所、特定地方公共団体及

び職業紹介事業者、労働者の募集を行う者及び募集受託者並びに労働者供給事業者は、それぞれ、職業紹介、労働者の募集又は労働者供給に当たり、求職者、募集に応じて労働者になろうとする者又は供給される労働者に対し、その者が従事すべき業務の内容及び賃金、労働時間その他の労働条件を明示しなければならない。

② 求人者は求人の申込みに当たり公共職業安定所、特定地方公共団体又は職業紹介事業者に対し、労働者供給を受けようとする者はあらかじめ労働者供給事業者に対し、それぞれ、求職者又は供給される労働者が従事すべき業務の内容及び賃金、労働時間その他の労働条件を明示しなければならない。

③ 求人者、労働者の募集を行う者及び労働者供給を受けようとする者（供給される労働者を雇用する場合に限る。）は、それぞれ、求人の申込みをした公共職業安定所、特定地方公共団体若しくは職業紹介事業者の紹介による求職者、募集に応じて労働者になろうとする者又は供給される労働者と労働契約を締結しようとする場合であつて、これらの者に対して第一項の規定により明示された従事すべき業務の内容及び賃金、労働時間その他の労働条件（以下この項において「従事すべき業務の内容等」という。）を変更する場合その他厚生労働省令で定める場合は、当該契約の相手方となろうとする者に対し、当該変更する従事すべき業務の内容等その他厚生労働省令で定める事項を明示しなければならない。

④ 前三項の規定による明示は、賃金及び労働時間に関する事項その他の厚生労働省令で定める事項については、厚生労働省令で定める方法により行わなければならない。

（求人等に関する情報の的確な表示）

第五条の四 公共職業安定所、特定地方公共団体及び職業紹介事業者、労働者の募集を行う者及び募集受託者、募集情報等提供事業を行う者並びに労働者供給事業者は、この法律に基づく業務に関して新聞、雑誌その他の刊行物に掲載する広告、文書の掲出又は頒布その他厚生労働省令で定める方法（以下この条において「広告等」という。）により求人若しくは労働者の募集に関する情報又は求職者若しくは労働者になろうとする者に関する情報その他厚生労働省令で定める情報（第三項において「求人等に関する情報」という。）を提供するときは、当該情報について虚偽の表示又は誤解を生じさせる表示をしてはならない。

② 労働者の募集を行う者及び募集受託者は、この法律に基づく業務に関して広告等により労働者の募集に関する情報その他厚生労働省令で定める情報を提供するときは、正確かつ最新の内容に保たなければならない。

③ 公共職業安定所、特定地方公共団体及び職業紹介事業者、募集情報等提供事業を行う者並びに労働者供給事業者は、この法律に基づく業務に関して広告等により求人等に関する情報を提供するときは、厚生労働省令で定めるところにより正確かつ最新の内容に保つための措置を講じなければならない。

（求職者等の個人情報の取扱い）

第五条の五 公共職業安定所、特定地方公共団体、職業紹介事業者及び求人者、労働者の募集を行う者及び募集受託者、特定募集情報等提供事業者並びに労働者供給事業者及び労働者供給を受けようとする者（次項において「公共職業安定所等」という。）は、それぞれ、その業務に関し、求職者、労働者になろうとする者又は供給される労働者の個人情報（以下この条において「求職者等の個人情報」という。）を収集し、保管し、又は使用するに当たつては、その業務の目的の達成に必要な範囲内で、厚生労働省令で定めるところにより、当該目的を明らかにして求職者等の個人情報を収集し、並びに当該収集の目的の範囲内でこれを保管し、及び使用しなければならない。ただし、本人の同意がある場合その他正当な事由がある場合は、この限りでない。

② 公共職業安定所等は、求職者等の個人情報を適正に管理するために必要な措置を講じなければならない。

（求人の申込み）

第五条の六 公共職業安定所、特定地方公共団体及び職業紹介事業者は、求人の申込みは全て受理しなければならない。次の各号のいずれかに該当する求人の申込みは受理しないことができる。

一 その内容が法令に違反する求人の申込み

二 その内容である賃金、労働時間その他の労働条件が通常の労働条件と比べて著しく不適当であると認められる求人の申込み

三 労働に関する法律の規定であつて政令で定めるものの違反に関し、法律に基づく処分、公表その他の措置が講じられた者（厚生労働省令で定める場合に限る。）からの求人の申込み

四 第五条の三第二項の規定による明示が行われない求人の申込み

五 次に掲げるいずれかの者からの求人の申込み

イ 暴力団員による不当な行為の防止等に関す

る法律（平成三年法律第七十七号）第二条第六号に規定する暴力団員（以下この号及び第三十二条において「暴力団員」という。）

ロ　法人であつて、その役員（業務を執行する社員、取締役、執行役又はこれらに準ずる者をいい、相談役、顧問その他いかなる名称を有する者であるかを問わず、法人に対し業務を執行する社員、取締役、執行役又はこれらに準ずる者と同等以上の支配力を有するものと認められる者を含む。第三十二条において同じ。）のうちに暴力団員があるもの

ハ　暴力団員がその事業活動を支配する者

六　正当な理由なく次項の規定による求めに応じない者からの求人の申込み

公共職業安定所、特定地方公共団体及び職業紹介事業者は、求人の申込みが前項各号に該当するかどうかを確認するため必要があると認めるときは、当該求人者に報告を求めることができる。

求人者は、前項の規定による求めがあつたときは、正当な理由がない限り、その求めに応じなければならない。

（求職の申込み）

第五条の七　公共職業安定所、特定地方公共団体及び職業紹介事業者は、求職の申込みは全て受理しなければならない。ただし、その申込みの内容が法令に違反するときは、これを受理しないことができる。

②　公共職業安定所、特定地方公共団体及び職業紹介事業者は、特殊な業務に対する求職者の適否を決定するため必要があると認めるときは、試問及び技能の検査を行うことができる。

（求職者の能力に適合する職業の紹介等）

第五条の八　公共職業安定所、特定地方公共団体及び職業紹介事業者は、求職者に対しては、その能力に適合する職業を紹介し、求人者に対しては、その雇用条件に適合する求職者を紹介するように努めなければならない。

第二章　職業安定機関の行う職業紹介及び職業指導

第一節　通則

（職業安定主管局長の権限）

第六条　職業安定主管局（厚生労働省の内部部局として置かれる局で職業紹介及び職業指導その他職業の安定に関する事務を所掌するものをいう。第九条において同じ。）の局長（以下「職業安定主管局長」という。）は、この法律の施行に関する事項について、都道府県労働局長を指揮監督するとともに、公共職業安定所の指揮監督に関する基準の制定、産業に必要な労働力を充足するための対策の企画及び実施、失業対策の企画及び実施、労働力の需要供給を調整するための主要労働力需要供給圏の決定、職業指導の企画及び実施その他この法律の施行に関し必要な事務をつかさどり、所属の職員を指揮監督する。

（都道府県労働局長の権限）

第七条　都道府県労働局長は、職業安定主管局長の指揮監督を受け、この法律の施行に関する事項について、公共職業安定所の業務の連絡統一に関する業務をつかさどり、所属の職員及び公共職業安定所長を指揮監督する。

（公共職業安定所）

第八条　公共職業安定所は、職業紹介、職業指導、雇用保険その他この法律の目的を達成するために必要な業務を行い、無料で公共に奉仕する機関とする。

②　公共職業安定所長は、都道府県労働局長の指揮監督を受けて、所務をつかさどり、所属の職員を指揮監督する。

（職員の資格等）

第九条　公共職業安定所その他の職業安定機関の業務が効果的に行われるために、職業安定主管局、都道府県労働局又は公共職業安定所において、専らこの法律を施行する業務に従事する職員は、人事院の定める資格又は経験を有する者でなければならない。

第九条の二　公共職業安定所に就職促進指導官を置く。

②　就職促進指導官は、専門的知識に基づいて、主として、高年齢者等の雇用の安定等に関する法律（昭和四十六年法律第六十八号）第二十六条第一項又は第二項の指示を受けた者に対し、職業指導を行うものとする。

③　前二項に定めるもののほか、就職促進指導官に関し必要な事項は、厚生労働大臣が定める。

（地方運輸局に対する協力）

第一〇条　公共職業安定所は、地方運輸局長（運輸監理部長を含む。）の行う船員の職業の安定に関する業務について、これに協力しなければならない。

（市町村が処理する事務）

第一一条　公共職業安定所との交通が不便であるため当該公共職業安定所に直接求人又は求職を申し込むことが困難であると認められる地域として厚

生労働大臣が指定する地域（以下この項において「指定地域」という。）を管轄する市町村長は、次に掲げる事務を行う。
一　指定地域内に所在する事業所からの求人又は指定地域内に居住する求職者からの求職の申込みを当該公共職業安定所に取り次ぐこと。
二　当該公共職業安定所からの照会に応じて、指定地域内に所在する事業所に係る求人者又は指定地域内に居住する求職者の職業紹介に関し必要な事項を調査すること。
三　当該公共職業安定所からの求人又は求職に関する情報を指定地域内に所在する事業所に係る求人者又は指定地域内に居住する求職者に周知させること。

②　当該公共職業安定所の長は、前項の事務に関し特に必要があると認めるときは、市町村長に対し、必要な指示をすることができる。

③　市町村長は、第一項の事務に関し、求人者又は求職者から、いかなる名義でも、実費その他の手数料を徴収してはならない。

④　第一項の規定により市町村が処理することとされている事務は、地方自治法（昭和二十二年法律第六十七号）第二条第九項第一号に規定する第一号法定受託事務とする。

第一二条　削除

（業務報告の様式）
第一三条　職業安定主管局長は、都道府県労働局及び公共職業安定所が、この法律の規定によつてなす業務報告の様式を定めなければならない。

②　都道府県労働局及び公共職業安定所の業務報告は、前項の様式に従つて、これをしなければならない。

（労働力の需給に関する調査等）
第一四条　職業安定主管局長は、労働力の需要供給の適正かつ円滑な調整に資するため、都道府県労働局及び公共職業安定所からの労働力の需要供給に関する調査報告等により、雇用及び失業の状況に関する情報を収集するとともに、当該情報の整理、分析、公表等必要な措置を講ずるように努めなければならない。

（標準職業名等）
第一五条　職業安定主管局長は、職業に関する調査研究の成果等に基づき、職業紹介事業、労働者の募集及び労働者供給事業に共通して使用されるべき標準職業名を定め、職業解説及び職業分類表を作成し、並びにそれらの普及に努めなければならない。

（職業紹介等の基準）
第一六条　厚生労働大臣は、身体又は精神に障害のある者、新たに職業に就こうとする者、中高年齢の失業者その他職業に就くことについて特別の配慮を必要とする者に対して行われる職業紹介及び職業指導の実施に関し必要な基準を定めることができる。

第二節　職業紹介

（職業紹介の地域）
第一七条　公共職業安定所は、求職者に対し、できる限り、就職の際にその住所又は居所の変更を必要としない職業を紹介するよう努めなければならない。

②　公共職業安定所は、その管轄区域内において、求職者にその希望及び能力に適合する職業を紹介することができないとき、又は求人者の希望する求職者若しくは求人数を充足することができないときは、広範囲の地域にわたる職業紹介活動をするものとする。

③　前項の広範囲の地域にわたる職業紹介活動は、できる限り近隣の公共職業安定所が相互に協力して行うように努めなければならない。

④　第二項の広範囲の地域にわたる職業紹介活動に関し必要な事項は、厚生労働省令で定める。

（求人又は求職の開拓等）
第一八条　公共職業安定所は、他の法律の規定に基づいて行うもののほか、厚生労働省令で定めるところにより、求職者に対しその能力に適合する職業に就く機会を与えるため、及び求人者に対しその必要とする労働力を確保することができるようにするために、必要な求人又は求職の開拓を行うものとする。

②　公共職業安定所は、前項の規定による求人又は求職の開拓に関し、地方公共団体、事業主の団体、労働組合その他の関係者に対し、情報の提供その他必要な連絡又は協力を求めることができる。

第一八条の二　公共職業安定所は、厚生労働省令で定めるところにより、求職者又は求人者に対し、特定地方公共団体又は職業紹介事業者（第三十二条の九第二項の命令を受けている者その他の公共職業安定所が求職者又は求人者に対してその職業紹介事業の業務に係る情報の提供を行うことが適当でない者として厚生労働省令で定めるものを除く。この項において同じ。）に関する第三十二条の十六第三項に規定する事項、特定地方公共団体又は職業紹介事業者の紹介により就職した者のうち雇用保険法第五十八条の規定による移転費の支給を受けたものの数その他職業紹介事業の業務に係る情報を提供するものとする。

（公共職業訓練のあつせん）

第一九条　公共職業安定所は、求職者に対し、公共職業能力開発施設の行う職業訓練（職業能力開発総合大学校の行うものを含む。）を受けることについてあつせんを行うものとする。

（労働争議に対する不介入）

第二〇条　公共職業安定所は、労働争議に対する中立の立場を維持するため、同盟罷業又は作業所閉鎖の行われている事業所に、求職者を紹介してはならない。

② 前項に規定する場合の外、労働委員会が公共職業安定所に対し、事業所において、同盟罷業又は作業所閉鎖に至る虞の多い争議が発生していること及び求職者を無制限に紹介することによつて、当該争議の解決が妨げられることを通報した場合においては、公共職業安定所は当該事業所に対し、求職者を紹介してはならない。但し、当該争議の発生前、通常使用されていた労働者の員数を維持するため必要な限度まで労働者を紹介する場合は、この限りでない。

（施行規定）

第二一条　職業紹介の手続その他職業紹介に関し必要な事項は、厚生労働省令でこれを定める。

第三節　職業指導

（職業指導の実施）

第二二条　公共職業安定所は、身体又は精神に障害のある者、新たに職業に就こうとする者その他職業に就くについて特別の指導を加えることを必要とする者に対し、職業指導を行わなければならない。

（適性検査）

第二三条　公共職業安定所は、必要があると認めるときは、職業指導を受ける者について、適性検査を行うことができる。

（公共職業能力開発施設等との連携）

第二四条　公共職業安定所は、職業指導を受ける者に対し、公共職業能力開発施設の行う職業訓練（職業能力開発総合大学校の行うものを含む。）に関する情報の提供、相談その他の援助を与えることが必要であると認めるときは、公共職業能力開発施設その他の関係者に対し、必要な協力を求めることができる。

（施行規定）

第二五条　職業指導の方法その他職業指導に関し必要な事項は、厚生労働省令でこれを定める。

第四節　学生若しくは生徒又は学校卒業者の職業紹介等

（学生生徒等の職業紹介等）

第二六条　公共職業安定所は、学校教育法（昭和二十二年法律第二十六号）第一条に規定する学校（以下「学校」という。）の学生若しくは生徒又は学校を卒業した者（政令で定める者を除く。以下「学生生徒等」という。）の職業紹介については、学校と協力して、学生生徒等に対し、雇用情報、職業に関する調査研究の成果等を提供し、職業指導を行い、及び公共職業安定所間の連絡により、学生生徒等に対して紹介することが適当と認められるできる限り多くの求人を開拓し、各学生生徒等の能力に適合した職業にあつせんするよう努めなければならない。

② 公共職業安定所は、学校が学生又は生徒に対して行う職業指導に協力しなければならない。

③ 公共職業安定所は、学生生徒等に対する職業指導を効果的かつ効率的に行うことができるよう、学校その他の関係者と協力して、職業を体験する機会又は職業能力開発促進法（昭和四十四年法律第六十四号）第三十条の三に規定するキャリアコンサルタントによる相談の機会の付与その他の職業の選択についての学生又は生徒の関心と理解を深めるために必要な措置を講ずるものとする。

（学校による公共職業安定所業務の分担）

第二七条　公共職業安定所長は、学生生徒等の職業紹介を円滑に行うために必要があると認めるときは、学校の長の同意を得て、又は学校の長の要請により、その学校の長に、公共職業安定所の業務の一部を分担させることができる。

② 前項の規定により公共職業安定所長が学校の長に分担させることができる業務は、次に掲げる事項に限られるものとする。

一　求人の申込みを受理し、かつ、その受理した求人の申込みを公共職業安定所に連絡すること。

二　求職の申込みを受理すること。

三　求職者を求人者に紹介すること。

四　職業指導を行うこと。

五　就職後の指導を行うこと。

六　公共職業能力開発施設（職業能力開発総合大学校を含む。）への入所のあつせんを行うこと。

③ 第一項の規定により公共職業安定所の業務の一部を分担する学校の長（以下「業務分担学校長」という。）は、第五条の六第一項本文及び第五条の七第一項本文の規定にかかわらず、学校の教育課程に適切でない職業に関する求人又は求職の申込みを受理しないことができる。

④　業務分担学校長は、公共職業安定所長と協議して、その学校の職員の中から職業安定担当者を選任し、その者に第二項各号の業務を担当させ、及び公共職業安定所との連絡を行わせることができる。
⑤　公共職業安定所長は、業務分担学校長に対して、雇用情報、職業に関する調査研究の成果等の提供その他業務分担学校長の行う第二項各号の業務の執行についての援助を与えるとともに、特に必要があると認めるときは、業務分担学校長に対して、経済上の援助を与えることができる。
⑥　業務分担学校長は、その業務の執行に関し、厚生労働大臣が文部科学大臣と協議して定める基準に従わなければならない。
⑦　公共職業安定所長は、業務分担学校長が、法令又は前項の基準に違反したときは、当該業務分担学校長の行う第二項各号の業務を停止させることができる。
⑧　前各項の規定は、学校の長が第三十三条の二の規定に基づいて無料の職業紹介事業を行う場合には適用しない。

（施行規定）
第二八条　公共職業安定所と学校との間における連絡、援助又は協力に関する方法その他学生生徒等の職業紹介に関し必要な事項は、厚生労働省令で定める。

第二章の二　地方公共団体の行う職業紹介

（地方公共団体の行う職業紹介）
第二九条　地方公共団体は、無料の職業紹介事業を行うことができる。
②　特定地方公共団体は、前項の規定により無料の職業紹介事業を行う旨を、厚生労働大臣に通知しなければならない。
③　特定地方公共団体は、取扱職種の範囲等（その職業紹介事業において取り扱う職種の範囲その他業務の範囲をいう。以下同じ。）を定めることができる。
④　特定地方公共団体が、前項の規定により取扱職種の範囲等を定めた場合においては、第五条の六第一項及び第五条の七第一項の規定は、その範囲内に限り適用するものとする。

（事業の廃止）
第二九条の二　特定地方公共団体は、無料の職業紹介事業を廃止したときは、遅滞なく、その旨を厚生労働大臣に通知しなければならない。

（名義貸しの禁止）
第二九条の三　特定地方公共団体は、自己の名義をもつて、他人に無料の職業紹介事業を行わせてはならない。

（取扱職種の範囲等の明示等）
第二九条の四　特定地方公共団体は、取扱職種の範囲等、苦情の処理に関する事項その他無料の職業紹介事業の業務の内容に関しあらかじめ求人者及び求職者に対して知らせることが適当であるものとして厚生労働省令で定める事項について、求人者及び求職者に対し、明示しなければならない。

（公共職業安定所による情報提供）
第二九条の五　公共職業安定所は、特定地方公共団体が求人又は求職に関する情報の提供を希望するときは、当該特定地方公共団体に対して、求人又は求職に関する情報として厚生労働省令で定めるものを電磁的方法（電子情報処理組織を使用する方法その他の情報通信の技術を利用する方法をいう。）その他厚生労働省令で定める方法により提供するものとする。

（公共職業安定所による援助）
第二九条の六　公共職業安定所は、特定地方公共団体に対して、雇用情報、職業に関する調査研究の成果等の提供その他無料の職業紹介事業の運営についての援助を与えることができる。

（特定地方公共団体の責務）
第二九条の七　特定地方公共団体は、無料の職業紹介事業の運営に当たつては、職業安定機関との連携の下に、その改善向上を図るために必要な措置を講ずるように努めなければならない。

（準用）
第二九条の八　第二十条の規定は、特定地方公共団体が無料の職業紹介事業を行う場合について準用する。この場合において、同条第一項中「公共職業安定所」とあるのは「特定地方公共団体」と、同条第二項中「公共職業安定所は」とあるのは「公共職業安定所は、その旨を特定地方公共団体に通報するものとし、当該通報を受けた特定地方公共団体は、」と読み替えるものとする。

（施行規定）
第二九条の九　この章に定めるもののほか、特定地方公共団体の行う無料の職業紹介事業に関し必要な事項は、厚生労働省令で定める。

第三章　職業安定機関及び地方公共団体以外の者の行う職業紹介

第一節　有料職業紹介事業

（有料職業紹介事業の許可）
第三〇条　有料の職業紹介事業を行おうとする者は、厚生労働大臣の許可を受けなければならない。
②　前項の許可を受けようとする者は、次に掲げる

事項を記載した申請書を厚生労働大臣に提出しなければならない。
一 氏名又は名称及び住所並びに法人にあつては、その代表者の氏名
二 法人にあつては、その役員の氏名及び住所
三 有料の職業紹介事業を行う事業所の名称及び所在地
四 第三十二条の十四の規定により選任する職業紹介責任者の氏名及び住所
五 その他厚生労働省令で定める事項

③ 前項の申請書には、有料の職業紹介事業を行う事業所ごとの当該事業に係る事業計画書その他厚生労働省令で定める書類を添付しなければならない。

④ 前項の事業計画書には、厚生労働省令で定めるところにより、有料の職業紹介事業を行う事業所ごとの当該事業に係る求職者の見込数その他職業紹介に関する事項を記載しなければならない。

⑤ 厚生労働大臣は、第一項の許可をしようとするときは、あらかじめ、労働政策審議会の意見を聴かなければならない。

⑥ 第一項の許可を受けようとする者は、実費を勘案して厚生労働省令で定める額の手数料を納付しなければならない。

（許可の基準等）

第三十一条 厚生労働大臣は、前条第一項の許可の申請が次に掲げる基準に適合していると認めるときは、同項の許可をしなければならない。
一 申請者が、当該事業を健全に遂行するに足りる財産的基礎を有すること。
二 個人情報を適正に管理し、及び求人者、求職者等の秘密を守るために必要な措置が講じられていること。
三 前二号に定めるもののほか、申請者が、当該事業を適正に遂行することができる能力を有すること。

② 厚生労働大臣は、前条第一項の許可をしないときは、遅滞なく、理由を示してその旨を当該申請者に通知しなければならない。

（許可の欠格事由）

第三十二条 厚生労働大臣は、前条第一項の規定にかかわらず、次の各号のいずれかに該当する者に対しては、第三十条第一項の許可をしてはならない。
一 禁錮以上の刑に処せられ、又はこの法律の規定その他労働に関する法律の規定（次号に規定する規定を除く。）であつて政令で定めるもの若しくは暴力団員による不当な行為の防止等に関する法律の規定（同法第五十条（第二号に係る部分に限る。）の規定を除く。）により、若しくは刑法（明治四十年法律第四十五号）第二百四条、第二百六条、第二百八条、第二百八条の二、第二百二十二条若しくは第二百四十七条の罪、暴力行為等処罰に関する法律（大正十五年法律第六十号）の罪若しくは出入国管理及び難民認定法（昭和二十六年政令第三百十九号）第七十三条の二の罪を犯したことにより、罰金の刑に処せられ、その執行を終わり、又は執行を受けることがなくなつた日から起算して五年を経過しない者
二 健康保険法（大正十一年法律第七十号）第二百八条、第二百十三条の二若しくは第二百十四条第一項、船員保険法（昭和十四年法律第七十三号）第百五十六条、第百五十九条若しくは第百六十条第一項、労働者災害補償保険法（昭和二十二年法律第五十号）第五十一条前段若しくは第五十四条第一項（同法第五十一条前段の規定に係る部分に限る。）、厚生年金保険法（昭和二十九年法律第百十五号）第百二条、第百三条の二若しくは第百四条第一項（同法第百二条又は第百三条の二の規定に係る部分に限る。）、労働保険の保険料の徴収等に関する法律（昭和四十四年法律第八十四号）第四十六条前段若しくは第四十八条第一項（同法第四十六条前段の規定に係る部分に限る。）又は雇用保険法第八十三条若しくは第八十六条（同法第八十三条の規定に係る部分に限る。）の規定により罰金の刑に処せられ、その執行を終わり、又は執行を受けることがなくなつた日から起算して五年を経過しない者
三 心身の故障により有料の職業紹介事業を適正に行うことができない者として厚生労働省令で定めるもの
四 破産手続開始の決定を受けて復権を得ない者
五 第三十二条の九第一項（第一号を除き、第三十三条第四項において準用する場合を含む。）の規定により職業紹介事業の許可を取り消され、又は第三十三条の三第二項において準用する第三十二条の九第一項（第一号を除く。）の規定により無料の職業紹介事業の廃止を命じられ、当該取消し又は命令の日から起算して五年を経過しない者
六 第三十二条の九第一項（第三十三条第四項において準用する場合を含む。）の規定により職業紹介事業の許可を取り消された者が法人である場合（第三十二条の九第一項（第一号に限る。）（第三十三条第四項において準用する場合を含

む。）の規定により許可を取り消された場合については、当該法人が第一号又は第二号に規定する者に該当することとなつたことによる場合に限る。）又は第三十三条の三第二項において準用する第三十二条の九第一項の規定により無料の職業紹介事業の廃止を命じられた者が法人である場合（第三十三条の三第二項において準用する第三十二条の九第一項（第一号に限る。）の規定により廃止を命じられた場合については、当該法人が第一号又は第二号に規定する者に該当することとなつたことによる場合に限る。）において、当該取消し又は命令の処分を受ける原因となつた事項が発生した当時現に当該法人の役員であつた者で、当該取消し又は命令の日から起算して五年を経過しないもの

七　第三十二条の九第一項（第三十三条第四項において準用する場合を含む。）の規定による職業紹介事業の許可の取消し又は第三十三条の三第二項において準用する第三十二条の九第一項の規定による無料の職業紹介事業の廃止の命令の処分に係る行政手続法（平成五年法律第八十八号）第十五条の規定による通知があつた日から当該処分をする日又は処分をしないことを決定する日までの間に第三十二条の八第一項（第三十三条第四項及び第三十三条の三第二項において準用する場合を含む。）の規定による職業紹介事業の廃止の届出をした者（当該事業の廃止について相当の理由がある者を除く。）で、当該届出の日から起算して五年を経過しないもの

八　前号に規定する期間内に第三十二条の八第一項（第三十三条第四項及び第三十三条の三第二項において準用する場合を含む。）の規定による職業紹介事業の廃止の届出をした者が法人である場合において、同号の通知の日前六十日以内に当該法人（当該事業の廃止について相当の理由がある法人を除く。）の役員であつた者で、当該届出の日から起算して五年を経過しないもの

九　暴力団員又は暴力団員でなくなつた日から五年を経過しない者（以下この条において「暴力団員等」という。）

十　営業に関し成年者と同一の行為能力を有しない未成年者であつて、その法定代理人が前各号又は次号のいずれかに該当するもの

十一　法人であつて、その役員のうちに前各号のいずれかに該当する者があるもの

十二　暴力団員等がその事業活動を支配する者

十三　暴力団員等をその業務に従事させ、又はその業務の補助者として使用するおそれのある者

第三十二条の二　削除

（手数料）

第三十二条の三　第三十条第一項の許可を受けた者（以下「有料職業紹介事業者」という。）は、次に掲げる場合を除き、職業紹介に関し、いかなる名義でも、実費その他の手数料又は報酬を受けてはならない。

一　職業紹介に通常必要となる経費等を勘案して厚生労働省令で定める種類及び額の手数料を徴収する場合

二　あらかじめ厚生労働大臣に届け出た手数料表（手数料の種類、額その他手数料に関する事項を定めた表をいう。）に基づき手数料を徴収する場合

②　有料職業紹介事業者は、前項の規定にかかわらず、求職者からは手数料を徴収してはならない。ただし、手数料を求職者から徴収することが当該求職者の利益のために必要であると認められるときとして厚生労働省令で定めるときは、同項各号に掲げる場合に限り、手数料を徴収することができる。

③　第一項第二号に規定する手数料表は、厚生労働省令で定める方法により作成しなければならない。

④　厚生労働大臣は、第一項第二号に規定する手数料表に基づく手数料が次の各号のいずれかに該当すると認めるときは、当該有料職業紹介事業者に対し、期限を定めて、その手数料表を変更すべきことを命ずることができる。

一　特定の者に対し不当な差別的取扱いをするものであるとき。

二　手数料の種類、額その他手数料に関する事項が明確に定められていないことにより、当該手数料が著しく不当であると認められるとき。

（許可証）

第三十二条の四　厚生労働大臣は、第三十条第一項の許可をしたときは、厚生労働省令で定めるところにより、有料の職業紹介事業を行う事業所の数に応じ、許可証を交付しなければならない。

②　許可証の交付を受けた者は、当該許可証を、有料の職業紹介事業を行う事業所ごとに備え付けるとともに、関係者から請求があつたときは提示しなければならない。

③　許可証の交付を受けた者は、当該許可証を亡失し、又は当該許可証が滅失したときは、速やかにその旨を厚生労働大臣に届け出て、許可証の再交付を受けなければならない。

（許可の条件）

第三二条の五　第三十条第一項の許可には、条件を付し、及びこれを変更することができる。

② 前項の条件は、第三十条第一項の許可の趣旨に照らして、又は当該許可に係る事項の確実な実施を図るために必要な最小限度のものに限り、かつ、当該許可を受ける者に不当な義務を課することとなるものであつてはならない。

（許可の有効期間等）

第三二条の六　第三十条第一項の許可の有効期間は、当該許可の日から起算して三年とする。

② 前項に規定する許可の有効期間（当該許可の有効期間についてこの項の規定により更新を受けたときにあつては、当該更新を受けた許可の有効期間）の満了後引き続き当該許可に係る有料の職業紹介事業を行おうとする者は、許可の有効期間の更新を受けなければならない。

③ 厚生労働大臣は、前項に規定する許可の有効期間の更新の申請があつた場合において、当該申請が第三十一条第一項各号に掲げる基準に適合していると認めるときは、当該許可の有効期間の更新をしなければならない。

④ 第二項に規定する許可の有効期間の更新を受けようとする者は、実費を勘案して厚生労働省令で定める額の手数料を納付しなければならない。

⑤ 第二項の規定によりその更新を受けた場合における第三十条第一項の許可の有効期間は、当該更新前の許可の有効期間が満了する日の翌日から起算して五年とする。

⑥ 第三十条第二項から第四項まで、第三十一条第二項及び第三十二条（第五号から第八号までを除く。）の規定は、第二項に規定する許可の有効期間の更新について準用する。

（変更の届出）

第三二条の七　有料職業紹介事業者は、第三十条第二項各号に掲げる事項（厚生労働省令で定めるものを除く。）に変更があつたときは、遅滞なく、その旨を厚生労働大臣に届け出なければならない。この場合において、当該変更に係る事項が有料の職業紹介事業を行う事業所の新設に係るものであるときは、当該事業所に係る事業計画書その他厚生労働省令で定める書類を添付しなければならない。

② 第三十条第四項の規定は、前項の事業計画書について準用する。

③ 厚生労働大臣は、第一項の規定により有料の職業紹介事業を行う事業所の新設に係る変更の届出があつたときは、厚生労働省令で定めるところにより、当該新設に係る事業所の数に応じ、許可証を交付しなければならない。

④ 有料職業紹介事業者は、第一項の規定による届出をする場合において、当該届出に係る事項が許可証の記載事項に該当するときは、厚生労働省令で定めるところにより、その書換えを受けなければならない。

（事業の廃止）

第三二条の八　有料職業紹介事業者は、当該有料の職業紹介事業を廃止したときは、遅滞なく、厚生労働省令で定めるところにより、その旨を厚生労働大臣に届け出なければならない。

② 前項の規定による届出があつたときは、第三十条第一項の許可は、その効力を失う。

（許可の取消し等）

第三二条の九　厚生労働大臣は、有料職業紹介事業者が次の各号のいずれかに該当するときは、第三十条第一項の許可を取り消すことができる。

一　第三十二条各号（第五号から第八号までを除く。）のいずれかに該当しているとき。

二　この法律若しくは労働者派遣法（第三章第四節の規定を除く。）の規定又はこれらの規定に基づく命令若しくは処分に違反したとき。

三　第三十二条の五第一項の規定により付された許可の条件に違反したとき。

② 厚生労働大臣は、有料職業紹介事業者が前項第二号又は第三号に該当するときは、期間を定めて当該有料の職業紹介事業の全部又は一部の停止を命ずることができる。

（名義貸しの禁止）

第三二条の一〇　有料職業紹介事業者は、自己の名義をもつて、他人に有料の職業紹介事業を行わせてはならない。

（取扱職業の範囲）

第三二条の一一　有料職業紹介事業者は、港湾運送業務（港湾労働法（昭和六十三年法律第四十号）第二条第二号に規定する港湾運送の業務又は同条第一号に規定する港湾以外の港湾において行われる当該業務に相当する業務として厚生労働省令で定める業務をいう。）に就く職業、建設業務（土木、建築その他工作物の建設、改造、保存、修理、変更、破壊若しくは解体の作業又はこれらの作業の準備の作業に係る業務をいう。）に就く職業その他有料の職業紹介事業においてその職業のあつせんを行うことが当該職業に就く労働者の保護に支障を及ぼすおそれがあるものとして厚生労働省令で定める職業を求職者に紹介してはならない。

② 第五条の六第一項及び第五条の七第一項の規定は、有料職業紹介事業者に係る前項に規定する職

業に係る求人の申込み及び求職の申込みについては、適用しない。

（取扱職種の範囲等の届出等）

第三二条の一二　有料の職業紹介事業を行おうとする者又は有料職業紹介事業者は、取扱職種の範囲等を定めたときは、これを厚生労働大臣に届け出なければならない。これを変更したときも、同様とする。

② 有料の職業紹介事業を行おうとする者又は有料職業紹介事業者が、前項の規定により、取扱職種の範囲等を届け出た場合には、第五条の六第一項及び第五条の七第一項の規定は、その範囲内に限り適用するものとする。

③ 厚生労働大臣は、第一項の規定により届け出られた取扱職種の範囲等が、特定の者に対し不当な差別的取扱いをするものであると認めるときは、当該有料の職業紹介事業を行おうとする者又は有料職業紹介事業者に対し、期限を定めて、当該取扱職種の範囲等を変更すべきことを命ずることができる。

（取扱職種の範囲等の明示等）

第三二条の一三　有料職業紹介事業者は、取扱職種の範囲等、手数料に関する事項、苦情の処理に関する事項その他当該職業紹介事業の業務の内容に関しあらかじめ求人者及び求職者に対して知らせることが適当であるものとして厚生労働省令で定める事項について、厚生労働省令で定めるところにより、求人者及び求職者に対し、明示しなければならない。

（職業紹介責任者）

第三二条の一四　有料職業紹介事業者は、職業紹介に関し次に掲げる事項を統括管理させ、及び従業者に対する職業紹介の適正な遂行に必要な教育を行わせるため、厚生労働省令で定めるところにより、第三十二条第一号、第二号及び第四号から第九号までに該当しない者（未成年者を除き、有料の職業紹介事業の管理を適正に行うに足りる能力を有する者として、厚生労働省令で定める基準に適合するものに限る。）のうちから職業紹介責任者を選任しなければならない。

一　求人者又は求職者から申出を受けた苦情の処理に関すること。

二　求人者の情報（職業紹介に係るものに限る。）及び求職者の個人情報の管理に関すること。

三　求人及び求職の申込みの受理、求人者及び求職者に対する助言及び指導その他有料の職業紹介事業の業務の運営及び改善に関すること。

四　職業安定機関との連絡調整に関すること。

（帳簿の備付け）

第三二条の一五　有料職業紹介事業者は、その業務に関して、厚生労働省令で定める帳簿書類を作成し、その事業所に備えて置かなければならない。

（事業報告等）

第三二条の一六　有料職業紹介事業者は、厚生労働省令で定めるところにより、有料の職業紹介事業を行う事業所ごとの当該事業に係る事業報告書を作成し、厚生労働大臣に提出しなければならない。

② 前項の事業報告書には、厚生労働省令で定めるところにより、有料の職業紹介事業を行う事業所ごとの当該事業に係る求職者の数、職業紹介に関する手数料の額その他職業紹介に関する事項を記載しなければならない。

③ 有料職業紹介事業者は、厚生労働省令で定めるところにより、当該有料職業紹介事業者の紹介により就職した者の数、当該有料職業紹介事業者の紹介により就職した者（期間の定めのない労働契約を締結した者に限る。）のうち離職した者（解雇により離職した者を除く。）の数、手数料に関する事項その他厚生労働省令で定める事項に関し情報の提供を行わなければならない。

第二節　無料職業紹介事業

（無料職業紹介事業）

第三三条　無料の職業紹介事業（職業安定機関及び特定地方公共団体の行うものを除く。以下同じ。）を行おうとする者は、次条及び第三十三条の三の規定により行う場合を除き、厚生労働大臣の許可を受けなければならない。

② 厚生労働大臣は、前項の許可をしようとするときは、あらかじめ、労働政策審議会の意見を聴かなければならない。ただし、労働組合等に対し許可をしようとするときは、この限りでない。

③ 第一項の許可の有効期間は、当該許可の日から起算して五年とする。

④ 第三十条第二項から第四項まで、第三十一条、第三十二条、第三十二条の四、第三十二条の五、第三十二条の六第二項、第三項及び第五項、第三十二条の七から第三十二条の十まで並びに第三十二条の十二から前条までの規定は、第一項の許可を受けて行う無料の職業紹介事業及び同項の許可を受けた者について準用する。この場合において、第三十条第二項中「前項の許可」とあり、第三十一条中「前条第一項の許可」とあり、並びに第三十二条、第三十二条の四第一項、第三十二条の六第五項、第三十二条の八第

二項及び第三十二条の九第一項中「第三十条第一項の許可」とあるのは「第三十三条第一項の許可」と、第三十二条の六第二項中「前項」とあるのは「第三十三条第三項」と、第三十二条の十三中「手数料に関する事項、苦情」とあるのは「苦情」と、前条第二項中「、職業紹介に関する手数料の額その他」とあり、及び同条第三項中「、手数料に関する事項その他」とあるのは「その他」と読み替えるものとする。

⑤　第三十条第二項から第四項まで、第三十一条第二項及び第三十二条（第五号から第八号までを除く。）の規定は、前項において準用する第三十二条の六第二項に規定する許可の有効期間の更新について準用する。

（学校等の行う無料職業紹介事業）

第三十三条の二　次の各号に掲げる施設の長は、厚生労働大臣に届け出て、当該各号に定める者（これらの者に準ずる者として厚生労働省令で定めるものを含む。）について、無料の職業紹介事業を行うことができる。

一　学校（小学校及び幼稚園を除く。）　当該学校の学生生徒等

二　専修学校　当該専修学校の生徒又は当該専修学校を卒業した者

三　職業能力開発促進法（昭和四十四年法律第六十四号）第十五条の六第一項各号に掲げる施設　当該施設の行う職業訓練を受ける者又は当該職業訓練を修了した者

四　職業能力開発総合大学校　当該職業能力開発総合大学校の行う職業訓練若しくは職業能力開発促進法第二十七条第一項に規定する指導員訓練を受ける者又は当該職業訓練若しくは当該指導員訓練を修了した者

②　前項の規定により無料の職業紹介事業を行う同項各号に掲げる施設の長は、当該施設の職員のうちから、職業紹介事業に関する業務を担当する者を定めて、自己に代わってその業務を行わせることができる。

③　厚生労働大臣は、第一項各号に掲げる施設の長が同項の規定により行う無料の職業紹介事業の業務の執行に関する基準を定めることができる。

④　厚生労働大臣は、第一項第一号及び第二号に掲げる施設の長に係る前項の基準を定めようとするときは、あらかじめ文部科学大臣と協議しなければならない。

⑤　第一項の規定により無料の職業紹介事業を行おうとする同項各号に掲げる施設の長は、その取り扱う職業紹介の範囲を定めて、同項の届出をすることができる。

⑥　前項の規定により、第一項各号に掲げる施設の長が職業紹介の範囲を定めて届出をした場合においては、第五条の六第一項及び第五条の七第一項の規定は、その範囲内に限り適用するものとする。

⑦　第三十二条の八第一項、第三十二条の九第二項、第三十二条の十、第三十二条の十三、第三十二条の十五及び第三十二条の十六の規定は、第一項の規定により同項各号に掲げる施設の長が行う無料の職業紹介事業について準用する。この場合において、第三十二条の九第二項中「前項第二号又は第三号」とあるのは「前項第二号」と、第三十二条の十三中「手数料に関する事項、苦情」とあるのは「苦情」と、第三十二条の十六第一項中「有料の職業紹介事業を行う事業所ごとの当該事業に係る事業報告書」とあるのは「事業報告書」と、同条第二項中「有料の職業紹介事業を行う事業所ごとの当該事業」とあるのは「当該事業」と、同項中「、職業紹介に関する手数料の額その他」とあり、及び同条第三項中「、手数料に関する事項その他」とあるのは「その他」と、同項中「行わなければ」とあるのは「行うように努めなければ」と読み替えるものとする。

⑧　厚生労働大臣は、第一項の規定により無料の職業紹介事業を行う同項第一号又は第二号に掲げる施設の長に対し、前項において準用する第三十二条の九第二項の規定により事業の停止を命じようとする場合には、あらかじめ教育行政庁に通知しなければならない。

（特別の法人の行う無料職業紹介事業）

第三十三条の三　特別の法律により設立された法人であって厚生労働省令で定めるものは、厚生労働大臣に届け出て、当該法人の直接若しくは間接の構成員（以下この項において「構成員」という。）を求人者とし、又は当該法人の構成員若しくは構成員に雇用されている者を求職者とする無料の職業紹介事業を行うことができる。

②　第三十条第二項から第四項まで、第三十二条、第三十二条の四第二項、第三十二条の七第一項及び第二項、第三十二条の八第一項、第三十二条の九、第三十二条の十並びに第三十二条の十二から第三十二条の十六までの規定は、前項の届出をして行う無料の職業紹介事業及び同項の届出をした法人について準用する。この場合において、次の表《略》の上欄に掲げる規定中同表の中欄に掲げる字句は、それぞれ同表の下欄に掲げる字句に読み替えるものとする。

（公共職業安定所による援助）

第三三条の四　公共職業安定所は、第三十三条第一項の許可を受けて、又は第三十三条の二第一項若しくは前条第一項の規定による届出をして無料の職業紹介事業を行う者に対して、雇用情報、職業に関する調査研究の成果等の提供その他当該無料の職業紹介事業の運営についての援助を与えることができる。

第三節　補則

（職業紹介事業者の責務）

第三三条の五　職業紹介事業者は、当該事業の運営に当たつては、職業安定機関との連携の下に、その改善向上を図るために必要な措置を講ずるように努めなければならない。

（厚生労働大臣の指導等）

第三三条の六　厚生労働大臣は、労働力の需要供給を調整するため特に必要があるときは、厚生労働省令で定めるところにより、職業紹介事業者に対し、職業紹介の範囲、時期、手段、件数その他職業紹介を行う方法に関し必要な指導、助言及び勧告をすることができる。

（準用）

第三四条　第二十条の規定は、職業紹介事業者が職業紹介事業を行う場合について準用する。この場合において、同条第一項中「公共職業安定所」とあるのは「職業紹介事業者」と、同条第二項中「公共職業安定所は」とあるのは「公共職業安定所は、その旨を職業紹介事業者に通報するものとし、当該通報を受けた職業紹介事業者は、」と読み替えるものとする。

（施行規定）

第三五条　この章に定めるもののほか、職業紹介事業に関する許可の申請手続その他職業紹介事業に関し必要な事項は、厚生労働省令で定める。

第三章の二　労働者の募集

（委託募集）

第三六条　労働者を雇用しようとする者が、その被用者以外の者をして報酬を与えて労働者の募集に従事させようとするときは、厚生労働大臣の許可を受けなければならない。

②　前項の報酬の額については、あらかじめ、厚生労働大臣の認可を受けなければならない。

③　労働者を雇用しようとする者が、その被用者以外の者をして報酬を与えることなく労働者の募集に従事させようとするときは、その旨を厚生労働大臣に届け出なければならない。

（募集の制限）

第三七条　厚生労働大臣又は公共職業安定所長は、厚生労働省令で定めるところにより、労働力の需要供給を調整するため特に必要があるときは、労働者の募集（前条第一項の規定によるものを除く。）に関し、募集時期、募集人員、募集地域その他の募集方法について、理由を付して制限することができる。

②　厚生労働大臣は、前条第一項の規定によつて労働者の募集を許可する場合においては、労働者の募集を行おうとする者に対し、募集時期、募集人員、募集地域その他募集方法に関し必要な指示をすることができる。

第三八条　削除

（報酬受領の禁止）

第三九条　労働者の募集を行う者及び第三十六条第一項又は第三項の規定により労働者の募集に従事する者（以下「募集受託者」という。）は、募集に応じた労働者から、その募集に関し、いかなる名義でも、報酬を受けてはならない。

（報酬の供与の禁止）

第四〇条　労働者の募集を行う者は、その被用者で当該労働者の募集に従事するもの又は募集受託者に対し、賃金、給料その他これらに準ずるものを支払う場合又は第三十六条第二項の認可に係る報酬を与える場合を除き、報酬を与えてはならない。

（許可の取消し等）

第四一条　厚生労働大臣は、第三十六条第一項の許可を受けて労働者の募集を行う者又は同項の規定により労働者の募集に従事する者がこの法律若しくは労働者派遣法（第三章第四節の規定を除く。次項において同じ。）の規定又はこれらの規定に基づく命令若しくは処分に違反したときは、同項の許可を取り消し、又は期間を定めて当該労働者の募集の業務の停止を命ずることができる。

②　厚生労働大臣は、第三十六条第三項の届出をして労働者の募集を行う者又は同項の規定により労働者の募集に従事する者がこの法律若しくは労働者派遣法の規定又はこれらの規定に基づく命令若しくは処分に違反したときは、当該労働者の募集の業務の廃止を命じ、又は期間を定めて当該労働者の募集の業務の停止を命ずることができる。

（労働者の募集を行う者等の責務）

第四二条　労働者の募集を行う者及び募集受託者は、労働者の適切な職業の選択に資するため、それぞれ、その業務の運営に当たつては、その改善向上を図るために必要な措置を講ずるように努めなければならない。

（準用）

第四二条の二　第二十条の規定は、労働者の募集について準用する。この場合において、同条第一項中「公共職業安定所」とあるのは「労働者の募集を行う者（厚生労働省令で定める者を除く。次項において同じ。）及び募集受託者（第三十九条に規定する募集受託者をいう。同項において同じ。）」と、「事業所に、求職者を紹介してはならない」とあるのは「事業所における就業を内容とする労働者の募集をしてはならない」と、同条第二項中「求職者を無制限に紹介する」とあるのは「労働者を無制限に募集する」と、「公共職業安定所は当該事業所に対し、求職者を紹介してはならない」とあるのは「公共職業安定所は、その旨を労働者の募集を行う者及び募集受託者に通報するものとし、当該通報を受けた労働者の募集を行う者又は募集受託者は、当該事業所における就業を内容とする労働者の募集をしてはならない」と、同項ただし書中「紹介する」とあるのは「募集する」と読み替えるものとする。

（施行規定）
第四三条　労働者の募集に関する許可の申請手続その他労働者の募集に関し必要な事項は、厚生労働省令でこれを定める。

第三章の三　募集情報等提供事業

（特定募集情報等提供事業の届出）
第四三条の二　特定募集情報等提供事業を行おうとする者は、厚生労働省令で定めるところにより、氏名又は名称及び住所その他の厚生労働省令で定める事項を厚生労働大臣に届け出なければならない。

② 特定募集情報等提供事業者は、前項の規定により届け出た事項に変更があつたときは、遅滞なく、厚生労働省令で定めるところにより、その旨を厚生労働大臣に届け出なければならない。

③ 特定募集情報等提供事業者は、第一項の規定による届出に係る特定募集情報等提供事業を廃止したときは、遅滞なく、厚生労働省令で定めるところにより、その旨を厚生労働大臣に届け出なければならない。

（報酬受領の禁止）
第四三条の三　特定募集情報等提供事業者は、その行つた募集情報等提供に係る労働者の募集に応じた労働者から、当該募集情報等提供に関し、いかなる名義でも、報酬を受けてはならない。

（事業の停止）
第四三条の四　厚生労働大臣は、特定募集情報等提供事業者が第五条の五、前条若しくは第五十一条の規定又は第四十八条の三第一項の規定に基づく命令に違反したときは、期間を定めて当該特定募集情報等提供事業の全部又は一部の停止を命ずることができる。

（事業概況報告書の提出）
第四十三条の五　特定募集情報等提供事業者は、厚生労働省令で定めるところにより、その行う特定募集情報等提供事業の実施の状況を記載した事業概況報告書を作成し、厚生労働大臣に提出しなければならない。

（事業情報の公開）
第四三条の六　募集情報等提供事業を行う者は、厚生労働省令で定めるところにより、労働者の募集に関する情報の的確な表示に関する事項、苦情の処理に関する事項その他厚生労働省令で定める事項に関し情報の提供を行うように努めなければならない。

（苦情の処理）
第四三条の七　募集情報等提供事業を行う者は、労働者になろうとする者、労働者の募集を行う者、募集受託者、職業紹介事業者その他厚生労働省令で定める者から申出を受けた当該事業に関する苦情を適切かつ迅速に処理しなければならない。

② 募集情報等提供事業を行う者は、前項の目的を達成するために必要な体制を整備しなければならない。

（募集情報等提供事業を行う者の責務）
第四三条の八　募集情報等提供事業を行う者は、労働者の適切な職業の選択に資するため、その業務の運営に当たつては、その改善向上を図るために必要な措置を講ずるように努めなければならない。

（地方公共団体の行う募集情報等提供事業）
第四三条の九　地方公共団体が募集情報等提供事業を行う場合のこの法律の規定の適用については、第五条の五第一項及び第四十三条の三中「特定募集情報等提供事業者」とあるのは、「特定募集情報等提供事業を行う地方公共団体」とし、第四十三条の二、第四十八条、第四十八条の二及び第四十八条の三第一項の規定は、適用しない。

第三章の四　労働者供給事業

（労働者供給事業の禁止）
第四四条　何人も、次条に規定する場合を除くほか、労働者供給事業を行い、又はその労働者供給事業を行う者から供給される労働者を自らの指揮命令の下に労働させてはならない。

（労働者供給事業の許可）

第四五条　労働組合等が、厚生労働大臣の許可を受けた場合は、無料の労働者供給事業を行うことができる。

第四五条の二　労働者供給事業者は、労働力の需要供給の適正かつ円滑な調整に資するため、当該事業の運営に当たつては、その改善向上を図るために必要な措置を講ずるように努めなければならない。

（準用）

第四六条　第二十条、第三十三条の四及び第四十一条第一項の規定は、労働組合等が前条の規定により労働者供給事業を行う場合について準用する。この場合において、第二十条第一項中「公共職業安定所」とあるのは「労働者供給事業者」と、「求職者を紹介してはならない」とあるのは「労働者を供給してはならない」と、同条第二項中「求職者を無制限に紹介する」とあるのは「労働者を無制限に供給する」と、「公共職業安定所は当該事業所に対し、求職者を紹介してはならない」とあるのは「公共職業安定所は、その旨を労働者供給事業者に通報するものとし、当該通報を受けた労働者供給事業者は、当該事業所に対し、労働者を供給してはならない」と、同項ただし書中「紹介する」とあるのは「供給する」と、第四十一条第一項中「同項の許可」とあるのは「同条の許可」と、「当該労働者の募集の業務」とあるのは「当該労働者供給事業の全部若しくは一部」と読み替えるものとする。

（施行規定）

第四七条　労働者供給事業に関する許可の申請手続その他労働者供給事業に関し必要な事項は、厚生労働省令でこれを定める。

第三章の五　労働者派遣事業等

第四七条の二　労働者派遣事業等に関しては、労働者派遣法及び港湾労働法並びに建設労働法の定めるところによる。

第四章　雑則

（事業者団体等の責務）

第四七条の三　職業紹介事業者又は募集情報等提供事業を行う者を直接又は間接の構成員（以下この項において「構成員」という。）とする団体（次項において「事業者団体」という。）は、職業紹介事業又は募集情報等提供事業の適正な運営の確保及び求職者又は労働者になろうとする者の保護が図られるよう、構成員に対し、必要な助言、協力その他の援助を行うように努めなければならない。

②　国は、事業者団体に対し、職業紹介事業又は募集情報等提供事業の適正な運営の確保及び求職者又は労働者になろうとする者の保護に関し必要な助言及び協力を行うように努めるものとする。

（指針）

第四八条　厚生労働大臣は、第三条、第五条の三から第五条の五まで第三十三条の五、第四十二条、第四十三条の八及び第四十五条の二に定める事項に関し、職業紹介事業者、求人者、労働者の募集を行う者、募集受託者、募集情報等提供事業を行う者、労働者供給事業者及び労働者供給を受けようとする者が適切に対処するために必要な指針を公表するものとする。

（指導及び助言）

第四八条の二　厚生労働大臣は、この法律の施行に関し必要があると認めるときは、職業紹介事業者、求人者、労働者の募集を行う者、募集受託者、募集情報等提供事業を行う者、労働者供給事業者及び労働者供給を受けようとする者に対し、その業務の適正な運営を確保するために必要な指導及び助言をすることができる。

（改善命令等）

第四八条の三　厚生労働大臣は、職業紹介事業者、労働者の募集を行う者、募集受託者、募集情報等提供事業を行う者又は労働者供給事業者が、その業務に関しこの法律の規定又はこれに基づく命令の規定に違反した場合において、当該業務の適正な運営を確保するために必要があると認めるときは、これらの者に対し、当該業務の運営を改善するために必要な措置を講ずべきことを命ずることができる。

②　厚生労働大臣は、求人者又は労働者供給を受けようとする者が、第五条の三第二項若しくは第三項の規定に違反しているとき、若しくは第五条の六第三項の規定による求めに対して事実に相違する報告をしたとき、又はこれらの規定に違反して前条の規定による指導若しくは助言を受けたにもかかわらずなおこれらの規定に違反するおそれがあると認めるときは、当該求人者又は労働者供給を受けようとする者に対し、第五条の三第二項若しくは第三項又は第五条の五第三項の規定の違反を是正するために必要な措置又はその違反を防止するために必要な措置を執るべきことを勧告することができる。

③　厚生労働大臣は、労働者の募集を行う者に対し第一項の規定による命令をした場合又は前項の規定による勧告をした場合において、当該命令又は

勧告を受けた者がこれに従わなかつたときは、その旨を公表することができる。

（厚生労働大臣に対する申告）

第四八条の四　特定地方公共団体、職業紹介事業者、求人者、労働者の募集を行う者、募集受託者、募集情報等提供事業を行う者、労働者供給事業者又は労働者供給を受けようとする者がこの法律の規定又はこれに基づく命令の規定に違反する事実がある場合においては、当該特定地方公共団体若しくは職業紹介事業者に求職の申込みをした求職者、当該募集に応じた労働者、当該募集情報等提供事業を行う者から募集情報等提供を受け当該募集情報等提供に係る労働者の募集に応じた労働者若しくは当該募集情報等提供事業を行う者により自らに関する情報を提供された労働者又は当該労働者供給事業者から供給される労働者は、厚生労働大臣に対し、その事実を申告し、適当な措置を執るべきことを求めることができる。

②　厚生労働大臣は、前項の規定による申告があつたときは、必要な調査を行い、その申告の内容が事実であると認めるときは、この法律に基づく措置その他適当な措置を執らなければならない。

（報告の請求）

第四九条　行政庁は、必要があると認めるときは、労働者を雇用する者から、労働者の雇入又は離職の状況、賃金その他の労働条件等職業安定に関し必要な報告をさせることができる。

（報告及び検査）

第五〇条　行政庁は、この法律を施行するために必要な限度において、厚生労働省令で定めるところにより、職業紹介事業を行う者（第二十九条第一項の規定により無料の職業紹介事業を行う場合における特定地方公共団体を除く。）、求人者、労働者の募集を行う者、募集受託者、募集情報等提供事業を行う者（募集情報等提供事業を行う場合における地方公共団体を除く。）、労働者供給事業を行う者又は労働者供給を受けようとする者に対し、必要な事項を報告させることができる。

②　行政庁は、この法律を施行するために必要な限度において、所属の職員に、職業紹介事業を行う者（第二十九条第一項の規定により無料の職業紹介事業を行う場合における特定地方公共団体を除く。）、求人者、労働者の募集を行う者、募集受託者、募集情報等提供事業を行う者（募集情報等提供事業を行う場合における地方公共団体を除く。）、労働者供給事業を行う者又は労働者供給を受けようとする者の事業所その他の施設に立ち入り、関係者に質問させ、又は帳簿、書類その他の物件を検査させることができる。

③　前項の規定により立入検査をする職員は、その身分を示す証明書を携帯し、関係者に提示しなければならない。

④　第二項の規定による立入検査の権限は、犯罪捜査のために認められたものと解釈してはならない。

（秘密を守る義務等）

第五一条　職業紹介事業者、求人者、労働者の募集を行う者、募集受託者、特定募集情報等提供事業者、労働者供給事業者及び労働者供給を受けようとする者（以下この条において「職業紹介事業者等」という。）並びにこれらの代理人、使用人その他の従業者は、正当な理由なく、その業務上取り扱つたことについて知り得た人の秘密を漏らしてはならない。職業紹介事業者等及びこれらの代理人、使用人その他の従業者でなくなつた後においても、同様とする。

②　職業紹介事業者等及びこれらの代理人、使用人その他の従業者は、前項の秘密のほか、その業務に関して知り得た個人情報その他厚生労働省令で定める者に関する情報を、みだりに他人に知らせてはならない。職業紹介事業者等及びこれらの代理人、使用人その他の従業者でなくなつた後においても、同様とする。

第五一条の二　特定地方公共団体及び特定募集情報等提供事業を行う地方公共団体の業務に従事する者並びに公共職業安定所の業務に従事する者及び特定地方公共団体の業務に従事する者は、その業務に関して知り得た個人情報その他厚生労働省令で定める者に関する情報を、みだりに他人に知らせてはならない。特定地方公共団体並びに公共職業安定所の業務に従事する者、特定地方公共団体の業務に従事する者及び特定募集情報等提供事業を行う地方公共団体の業務に従事する者でなくなつた後においても、同様とする。

（相談及び援助）

第五一条の三　公共職業安定所は、職業紹介、労働者の募集又は労働者供給に関する事項について、求職者等の相談に応じ、及び必要な助言その他の援助を行うことができる。

（職員の教養訓練）

第五二条　政府は、その行う職業紹介、職業指導その他この法律の施行に関する事務に従事する職員を教養し、及びその訓練を行うため、計画を樹立し、必要な施設を設けなければならない。

（業務の周知宣伝）

第五二条の二　政府は、その行う職業紹介、職業指導、雇用保険その他この法律の目的を周知宣伝するため、計画を樹立し、これが実施に努めなければならない。

（官庁間の連絡）

第五三条　政府は、この法律に規定する職業紹介、職業指導、労働力の需要供給に関する調査又は労働者の募集について、関係官庁の事務の調整を図り、及び労働力を最も有効に発揮させる方法を協議するため必要があると認めるときは、連絡協議会を設置することができる。

（雇入方法等の指導）

第五四条　厚生労働大臣は、労働者の雇入方法を改善し、及び労働力を事業に定着させることによつて生産の能率を向上させることについて、工場事業場等を指導することができる。

第五五条から第五九条まで　削除

（権限の委任）

第六〇条　この法律に規定する厚生労働大臣の権限は、厚生労働省令の定めるところによつて、職業安定主管局長又は都道府県労働局長に委任することができる。

（厚生労働省令への委任）

第六一条　この法律に定めるもののほか、この法律の実施のために必要な手続その他の事項は、厚生労働省令で定める。

（適用除外）

第六二条　この法律は、船員職業安定法（昭和二十三年法律第百三十号）第六条第一項に規定する船員については、適用しない。

②　この法律は、国家公務員法（昭和二十二年法律第百二十号）第十八条の七第一項の官民人材交流センターが同法第十八条の五第一項（自衛隊法（昭和二十九年法律第百六十五号）第六十五条の十第二項及び独立行政法人通則法（平成十一年法律第百三号）第五十四条第一項において準用する場合を含む。）の就職の援助として行う職業紹介事業及び募集情報等提供事業については、適用しない。裁判所職員臨時措置法（昭和二十六年法律第二百九十九号）において読み替えて準用する国家公務員法第百六条の二第二項第三号に規定する最高裁判所規則の定めるところにより裁判官及び裁判官の秘書官以外の裁判所職員の離職に際しての離職後の就職の援助に関する事務を行う最高裁判所の組織が当該就職の援助として行う職業紹介事業についても、同様とする。

第五章　罰則

第六三条　次の各号のいずれかに該当するときは、その違反行為をした者は、これを一年以上十年以下の懲役又は二十万円以上三百万円以下の罰金に処する。

一　暴行、脅迫、監禁その他精神又は身体の自由を不当に拘束する手段によつて、職業紹介、労働者の募集若しくは労働者の供給を行い、又はこれらに従事したとき。

二　公衆衛生又は公衆道徳上有害な業務に就かせる目的で、職業紹介、労働者の募集、募集情報等提供若しくは労働者の供給を行い、又はこれらに従事したとき。

第六四条　次の各号のいずれかに該当するときは、その違反行為をした者は、これを一年以下の懲役又は百万円以下の罰金に処する。

一　第三十条第一項の規定に違反したとき。

一の二　偽りその他不正の行為により、第三十条第一項の許可、第三十二条の六第二項（第三十三条第四項において準用する場合を含む。）の規定による許可の有効期間の更新、第三十三条第一項の許可、第三十六条第一項の許可又は第四十五条の許可を受けたとき。

二　第三十二条の九第二項（第三十三条第四項、第三十三条の二第七項及び第三十三条の三第二項において準用する場合を含む。）の規定による事業の停止の命令に違反したとき。

三　第三十二条の十（第三十三条第四項、第三十三条の二第七項及び第三十三条の三第二項において準用する場合を含む。）の規定に違反したとき。

四　第三十二条の十一第一項の規定に違反したとき。

五　第三十三条第一項の規定に違反したとき。

六　第三十三条の三第二項において準用する第三十二条の九第一項の規定による事業の廃止の命令に違反したとき。

七　第三十六条第一項の規定に違反したとき。

八　第四十一条第一項（第四十六条において準用する場合を含む。）の規定による労働者の募集の業務若しくは労働者供給事業の停止又は第四十一条第二項の規定による労働者の募集の業務の廃止若しくは停止の命令に違反したとき。

九　第四十三条の四の規定による特定募集情報等提供事業の停止の命令に違反したとき。

十　第四十四条の規定に違反したとき。

第六五条　次の各号のいずれかに該当するときは、その違反行為をした者は、これを六月以下の懲役又は三十万円以下の罰金に処する。

一　第十一条第三項の規定に違反したとき。

二　第三十二条の三第一項又は第二項の規定に違

反したとき。

三　第三十三条の二第一項又は第三十三条の三第一項の規定による届出をしないで、無料の職業紹介事業を行つたとき。

四　第三十六条第二項又は第三項の規定に違反したとき。

五　第三十七条の規定による制限又は指示に従わなかつたとき。

六　第三十九条、第四十条又は第四十三条の三の規定に違反したとき。

七　第四十三条の二第一項の規定による届出をしないで、特定募集情報等提供事業を行つたとき。

八　第四十八条の三第一項の規定による命令に違反したとき。

九　虚偽の広告をなし、又は虚偽の条件を提示して、職業紹介、労働者の募集、募集情報等提供若しくは労働者の供給を行い、又はこれらに従事したとき。

十　虚偽の条件を提示して、公共職業安定所又は職業紹介を行う者に求人の申込みを行つたとき。

十一　労働条件が法令に違反する工場事業場等のために、職業紹介、労働者の募集若しくは労働者の供給を行い、又はこれに従事したとき。

第六六条　次の各号のいずれかに該当するときは、その違反行為をした者は、これを三十万円以下の罰金に処する。

一　第三十条第二項（第三十二条の六第六項、第三十三条第四項及び第五項並びに第三十三条の三第二項において準用する場合を含む。）に規定する申請書若しくは届出書又は第三十条第三項（第三十二条の六第六項、第三十三条第四項及び第五項並びに第三十三条の三第二項において準用する場合を含む。）に規定する書類に虚偽の記載をして提出したとき。

二　第三十二条の三第四項の規定による命令に違反したとき。

三　第三十二条の七第一項（第三十三条第四項及び第三十三条の三第二項において準用する場合を含む。）の規定による届出をせず、若しくは虚偽の届出をし、又は第三十二条の七第一項（第三十三条第四項及び第三十三条の三第二項において準用する場合を含む。）に規定する書類に虚偽の記載をして提出したとき。

四　第三十二条の八第一項（第三十三条第四項、第三十三条の二第七項及び第三十三条の三第二項において準用する場合を含む。）の規定による届出をせず、又は虚偽の届出をしたとき。

五　第三十二条の十四（第三十三条第四項及び第三十三条の三第二項において準用する場合を含む。）の規定に違反したとき。

六　第三十二条の十五（第三十三条第四項、第三十三条の二第七項及び第三十三条の三第二項において準用する場合を含む。）の規定に違反して帳簿書類を作成せず、若しくは事業所に備えて置かず、又は虚偽の帳簿書類を作成したとき。

七　第四十三条の二第一項の規定による届出をする場合において虚偽の届出をしたとき。

八　第四十三条の二第二項又は第三項の規定による届出をせず、又は虚偽の届出をしたとき。

九　第四十九条又は第五十条第一項の規定による報告をせず、又は虚偽の報告をしたとき。

十　第五十条第二項の規定による立入り若しくは検査を拒み、妨げ、若しくは忌避し、又は質問に対して答弁をせず、若しくは虚偽の陳述をしたとき。

十一　第五十一条第一項の規定に違反したとき。

第六七条　法人の代表者又は法人若しくは人の代理人、使用人その他の従業者が、その法人又は人の業務に関して、第六十三条から前条までの違反行為をしたときは、行為者を罰するほか、その法人又は人に対しても、各本条の罰金刑を科する。

附則（抄）

①　この法律は、昭和二十二年十二月一日から、これを施行する。

③　職業紹介法は、これを廃止する。

附則（平成二七年九月一八日法律第七二号）（抄）

（**検討**）

第二条　政府は、この法律の施行後五年を目途として、この法律による改正後のそれぞれの法律の規定について、その施行の状況等を勘案しつつ検討を加え、必要があると認めるときは、その結果に基づいて必要な措置を講ずるものとする。

（**罰則に関する経過措置**）

第一八条　この法律（附則第一条第二号及び第三号に掲げる規定にあっては、当該規定）の施行前にした行為に対する罰則の適用については、なお従前の例による。

（**政令への委任**）

第一九条　この附則に定めるもののほか、この法律の施行に関し必要な経過措置は、政令で定める。

【令和四年六月一七日法律第六八号未施行内容】

刑法等の一部を改正する法律の施行に伴う関係法律の整理等に関する法律をここに公布する。

第二二三条　職業安定法（昭和二十二年法律第百四十一号）の一部を次のように改正する。

職業安定法施行規則（抄）

第三十二条第一号中「禁錮」を「拘禁刑」に改める

第六十三条から第六十五条までの規定中「これを」を削り、「懲役」を「拘禁刑」に改める。

附則（抄）

（施行期日）

1　この法律は、刑法等一部改正法施行日（令和七年六月一日——編注）から施行する。《略》

職業安定法施行規則（抄）

昭和二二年一二月二九日労働省令第一二号

施行：昭和二二年一二月一日

最終改正：令和五年一〇月二三日厚生労働省令第一三一号

施行：令和六年四月一日

（職業安定組織の定義）

第一条　この命令で職業安定組織とは、厚生労働省職業安定局（以下「職業安定局」という。）、都道府県労働局、公共職業安定所等すべての職業安定機関の組織をいう。

（法第二条に関する事項）

第二条　公共職業安定所は、できるだけ多くの職業について求人開拓に努めると共に、求職者に対しては、できるだけ多くの適当な求人についての情報を提供し他に、より適当な求職者がない場合においては、その選択するいかなる職業についても紹介するよう努めなければならない。

（法第三条に関する事項）

第三条　公共職業安定所は、すべての利用者に対し、その申込の受理、面接、指導、紹介等の業務について人種、国籍、信条、性別、社会的身分、門地、従前の職業、労働組合の組合員であること等を理由として、差別的な取扱をしてはならない。

2　職業安定組織は、すべての求職者に対して、その能力に応じた就職の機会を多からしめると共に、雇用主に対しては、絶えず緊密な連絡を保ち、労働者の雇用条件は、専ら作業の遂行を基礎としてこれを定めるように、指導しなければならない。

3　職業安定法（昭和二十二年法律第百四十一号。以下法という。）第三条の規定は、労働協約に別段の定めある場合を除いて、雇用主が労働者を選択する自由を妨げず、又公共職業安定所が求職者をその能力に応じて紹介することを妨げない。

（法第四条に関する事項）

第四条　法第四条第六項第一号の厚生労働省令で定める者は、同項の規定による募集情報等提供の事業を行う者、同条第九項に規定する特定地方公共団体又は同条第十二項に規定する労働者供給事業者とする。

2　労働者を提供しこれを他人の指揮命令を受けて労働に従事させる者（労働者派遣事業の適正な運営の確保及び派遣労働者の保護等に関する法律（昭和六十年法律第八十八号。次項において「労働者派遣法」という。）第二条第三号に規定する労働者派遣事業を行う者を除く。）は、たとえその契約の形式が請負契約であつても、次の各号の全てに該当する場合を除き、法第四条第八項の規定による労働者供給の事業を行う者とする。

一　作業の完成について事業主としての財政上及び法律上の全ての責任を負うものであること。

二　作業に従事する労働者を、指揮監督するものであること。

三　作業に従事する労働者に対し、使用者として法律に規定された全ての義務を負うものであること。

四　自ら提供する機械、設備、器材（業務上必要なる簡易な工具を除く。）若しくはその作業に必要な材料、資材を使用し又は企画若しくは専門的な技術若しくは専門的な経験を必要とする作業を行うものであつて、単に肉体的な労働力を提供するものでないこと。

3　前項の各号の全てに該当する場合（労働者派遣法第二条第三号に規定する労働者派遣事業を行う場合を除く。）であつても、それが法第四十四条の規定に違反することを免れるため故意に偽装されたものであつて、その事業の真の目的が労働力の供給にあるときは、法第四条第八項の規定による労働者供給の事業を行う者であることを免れることができない。

4　第二項の労働者を提供する者とは、それが使用者、個人、団体、法人又はその他いかなる名称形式であるとを問わない。

5　第二項の労働者の提供を受けてこれを自らの指揮命令の下に労働させる者とは、個人、団体、法人、政府機関又はその他いかなる名称形式であるとを問わない。

6　法第四条第十二項の厚生労働省令で定めるものは、次のとおりとする。

一　国家公務員法（昭和二十二年法律第百二十号）第百八条の二第一項（裁判所職員臨時措置法（昭和二十六年法律第二百九十九号）第一号において準用する場合を含む。）に規定する職員団体、地方公務員法（昭和二十五年法律第二百六十一号）第五十二条第一項に規定する職員団体又は国会職員法（昭和二十二年法律第八十五号）第十八条の二第一項に規定する国会職員の組合

二　前号に掲げる団体又は労働組合法（昭和二十四年法律第百七十四号）第二条及び第五条第二項の規定に該当する労働組合が主体となつて構成され、自主的に労働条件の維持改善その他経済的地位の向上を図ることを主たる目的とする団体（団体に準ずる組織を含む。）であつて、次のいずれかに該当するもの

イ　一の都道府県の区域内において組織されているもの

ロ　イ以外のものであつて厚生労働省職業安定局長（以下「職業安定局長」という。）が定める基準に該当するもの

（法第五条の三に関する事項）

第四条の二　法第五条の三第三項の厚生労働省令で定める場合は、次のとおりとする。

一　求人の申込みをした公共職業安定所、特定地方公共団体若しくは職業紹介事業者の紹介による求職者、募集に応じて労働者になろうとする者又は供給される労働者（以下この項において「紹介求職者等」という。）に対して法第五条の三第一項の規定により明示された従事すべき業務の内容及び賃金、労働時間その他の労働条件（以下「従事すべき業務の内容等」という。）の範囲内で従事すべき業務の内容等を特定する場合

二　紹介求職者等に対して法第五条の三第一項の規定により明示された従事すべき業務の内容等を削除する場合

三　従事すべき業務の内容等を追加する場合

2　法第五条の三第三項の厚生労働省令で定める事項は、次のとおりとする。

一　前項第一号の場合において特定する従事すべき業務の内容等

二　前項第二号の場合において削除する従事すべき業務の内容等

三　前項第三号の場合において追加する従事すべき業務の内容等

3　法第五条の三第四項の厚生労働省令で定める事項は、次のとおりとする。ただし、第二号の三に掲げる事項にあつては期間の定めのある労働契約（当該労働契約の期間の満了後に当該労働契約を更新する場合があるものに限る。以下この項において「有期労働契約」という。）に係る職業紹介、労働者の募集又は労働者供給の場合に限り、第八号に掲げる事項にあつては労働者を派遣労働者（労働者派遣法第二条第二号に規定する派遣労働者をいう。以下同じ。）として雇用しようとする場合に限るものとする。

一　労働者が従事すべき業務の内容に関する事項（従事すべき業務の内容の変更の範囲を含む。）

二　労働契約の期間に関する事項

二の二　試みの使用期間に関する事項

二の三　有期労働契約を更新する場合の基準に関する事項（通算契約期間（労働契約法（平成十九年法律第百二十八号）第十八条第一項に規定する通算契約期間をいう。）又は有期労働契約の更新回数に上限の定めがある場合には当該上限を含む。）

三　就業の場所に関する事項（就業の場所の変更の範囲を含む。）

四　始業及び終業の時刻、所定労働時間を超える労働の有無、休憩時間及び休日に関する事項

五　賃金（臨時に支払われる賃金、賞与及び労働基準法施行規則（昭和二十二年厚生省令第二十三号）第八条各号に掲げる賃金を除く。）の額に関する事項

六　健康保険法（大正十一年法律第七十号）による健康保険、厚生年金保険法（昭和二十九年法律第百十五号）による厚生年金、労働者災害補償保険法（昭和二十二年法律第五十号）による

労働者災害補償保険及び雇用保険法（昭和四十九年法律第百十六号）による雇用保険の適用に関する事項

七　労働者を雇用しようとする者の氏名又は名称に関する事項

八　労働者を派遣労働者として雇用しようとする旨

九　就業の場所における受動喫煙を防止するための措置に関する事項

4　法第五条の三第四項の厚生労働省令で定める方法は、前項各号に掲げる事項（以下この項及び次項において「明示事項」という。）が明らかとなる次のいずれかの方法とする。ただし、職業紹介の実施について緊急の必要があるためあらかじめこれらの方法によることができない場合において、明示事項をあらかじめこれらの方法以外の方法により明示したときは、この限りでない。

一　書面の交付の方法

二　次のいずれかの方法によることを書面被交付者（明示事項を前号の方法により明示する場合において、書面の交付を受けるべき者をいう。以下この号及び次項において同じ。）が希望した場合における当該方法

イ　ファクシミリを利用してする送信の方法

ロ　電子メールその他のその受信をする者を特定して情報を伝達するために用いられる電気通信（電気通信事業法（昭和五十九年法律第八十六号）第二条第一号に規定する電気通信をいう。以下「電子メール等」という。）の送信の方法（当該書面被交付者が当該電子メール等の記録を出力することにより書面を作成することができるものに限る。）

5　前項第二号イの方法により行われた明示事項の明示は、当該書面被交付者の使用に係るファクシミリ装置により受信した時に、同号ロの方法により行われた明示事項の明示は、当該書面被交付者の使用に係る通信端末機器に備えられたファイルに記録された時に、それぞれ当該書面被交付者に到達したものとみなす。

6　法第五条の三第一項から第三項までの規定による明示は、試みの使用期間中の従事すべき業務の内容等と当該期間が終了した後の従事すべき業務の内容等とが異なる場合には、それぞれの従事すべき業務の内容等を示すことにより行わなければならない。

7　求人者、労働者の募集を行う者及び労働者供給を受けようとする者は、求職者、募集に応じて労働者となろうとする者又は供給される労働者に対して法第五条の三第一項の規定により明示された従事すべき業務の内容等に関する記録を、当該明示に係る職業紹介、労働者の募集又は労働者供給が終了する日（当該明示に係る職業紹介、労働者の募集又は労働者供給が終了する日以降に当該明示に係る労働契約を締結しようとする者にあつては、当該明示に係る労働契約を締結する日）までの間保存しなければならない。

8　求人者は、公共職業安定所から求職者の紹介を受けたときは、当該公共職業安定所に、その者を採用したかどうかを及び採用しないときはその理由を、速やかに、通知するものとする。

（法第五条の四に関する事項）

第四条の三　法第五条の四第一項の厚生労働省令で定める方法は、書面の交付の方法、ファクシミリを利用してする送信の方法若しくは電子メール等の送信の方法又は著作権法（昭和四十五年法律第四十八号）第二条第一項第八号に規定する放送、同項第九号の二に規定する有線放送若しくは同項第九号の五イに規定する自動公衆送信装置その他電子計算機と電気通信回線を接続してする方法その他これらに類する方法とする。

2　法第五条の四第一項の厚生労働省令で定める情報は、次のとおりとする。

一　自ら又は求人者、労働者の募集を行う者若しくは労働者供給を受けようとする者に関する情報

二　法に基づく業務の実績に関する情報

3　法第五条の四第二項の厚生労働省令で定める情報は、次のとおりとする。

一　自ら又は労働者の募集を行う者に関する情報

二　法に基づく業務の実績に関する情報

4　法第五条の四第三項の規定により、求人等に関する情報を提供するに当たつては、次に掲げる措置を講じなければならない。

一　当該情報の提供を依頼した者又は当該情報に自らに関する情報が含まれる者から、当該情報の提供の中止又は内容の訂正の求めがあつたときは、遅滞なく、当該情報の提供の中止又は内容の訂正をすること。

二　当該情報が正確でない、又は最新でないことを確認したときは、遅滞なく、当該情報の提供を依頼した者にその内容の訂正の有無を確認し、又は当該情報の提供を中止すること。

三　次のイからヘまでに定める区分に応じ、当該イからヘまでに掲げる措置

イ　公共職業安定所、特定地方公共団体又は職業紹介事業者　次に掲げるいずれかの措置

(1) 求人者又は求職者に対し、定期的に求人又は求職者に関する情報が最新かどうかを確認すること。

(2) 求人又は求職者に関する情報の時点を明らかにすること。

ロ 法第四条第六項第一号に掲げる行為に該当する募集情報等提供の事業を行う者　次に掲げるいずれかの措置

(1) 労働者の募集に関する情報の提供を依頼した者に対し、当該労働者の募集が終了したとき又は当該労働者の募集の内容が変更されたときは、速やかにその旨を当該募集情報等提供事業を行う者に通知するよう依頼すること。

(2) 労働者の募集に関する情報の時点を明らかにすること。

ハ 法第四条第六項第二号に掲げる行為に該当する募集情報等提供の事業を行う者　次に掲げるいずれかの措置

(1) 労働者の募集に関する情報を定期的に収集し、及び更新し、並びに当該収集及び更新の頻度を明らかにすること。

(2) 労働者の募集に関する情報を収集した時点を明らかにすること。

ニ 法第四条第六項第三号に掲げる行為に該当する募集情報等提供の事業を行う者　次に掲げるいずれかの措置

(1) 労働者になろうとする者に関する情報の提供を依頼した者に対し、当該情報を正確かつ最新の内容に保つよう依頼すること。

(2) 労働者になろうとする者に関する情報の時点を明らかにすること。

ホ 法第四条第六項第四号に掲げる行為に該当する募集情報等提供の事業を行う者　次に掲げるいずれかの措置

(1) 労働者になろうとする者に関する情報を定期的に収集し、及び更新し、並びに当該収集及び更新の頻度を明らかにすること。

(2) 労働者になろうとする者に関する情報を収集した時点を明らかにすること。

ヘ 労働者供給事業者　次に掲げるいずれかの措置

(1) 労働者供給を受けようとする者又は供給される労働者に対し、定期的に労働者供給又は供給される労働者に関する情報が最新かどうかを確認すること。

(2) 労働者供給又は供給される労働者に関する情報の時点を明らかにすること。

（法第五条の五に関する事項）

第四条の四　法第五条の五第一項の規定により業務の目的を明らかにするに当たつては、インターネットの利用その他適切な方法により行うものとする。

（法第五条の六に関する事項）

第四条の五　公共職業安定所に対する求人の申込みは、原則として、求人者の事業所の所在地を管轄する公共職業安定所（その公共職業安定所が二以上ある場合には、厚生労働省組織規則（平成十三年厚生労働省令第一号）第七百九十二条の規定により当該事務を取り扱う公共職業安定所）においてこれを受理するものとする。

2 前項の公共職業安定所に申し込むことが、求人者にとつて不便である場合には、求人の申込みは、厚生労働省組織規則第七百九十二条の規定により当該事務を取り扱う公共職業安定所であつて求人者に最も便利なものに対して行うことができる。

3 法第五条の六第一項第三号の厚生労働省令で定める場合は、次のとおりとする。

一 求人者が職業安定法施行令（昭和二十八年政令第二百四十二号。以下この項において「令」という。）第一条第一号又は第三号に掲げる法律の規定に違反する行為（労働基準法施行規則第二十五条の二第一項並びに第三十四条の三第一項及び第二項の規定に違反する行為を含む。以下この号において「違反行為」という。）をした場合であつて、法第五条の五第二項の規定による報告の求め（以下この項において「報告の求め」という。）により、次のいずれかに該当することが確認された場合

イ 求人の申込みの時において、当該違反行為の是正が行われていないこと又は是正が行われた日から起算して六月を経過していないこと（当該違反行為をした日から起算して過去一年以内において当該違反行為と同一の規定に違反する行為（ロにおいて「同一違反行為」という。）をしたことがある場合その他当該違反行為が求職者の職場への定着に重大な影響を及ぼすおそれがある場合に限る。）。

ロ 当該違反行為に係る事件について刑事訴訟法（昭和二十三年法律第百三十一号）第二百三条第一項（同法第二百十一条及び第二百十六条において準用する場合を含む。）若しく

は第二百四十六条の規定による送致又は同法第二百四十二条の規定による送付（以下このロにおいて「送致等」という。）が行われ、その旨の公表が行われた場合であつて、次のいずれかに該当すること。

(1) 当該送致等の日前に当該違反行為の是正が行われた場合（当該違反行為をした日から起算して過去一年以内において同一違反行為をしたことがある場合であつて、当該違反行為の是正が行われた日から当該送致等の日までの期間（以下このロにおいて「経過期間」という。）が六月を超えるときに限る。）であつて、求人の申込みの時において、当該送致等の日から起算して六月を経過していないこと。

(2) 当該送致等の日前に当該違反行為の是正が行われた場合（当該違反行為をした日から起算して過去一年以内において同一違反行為をしたことがある場合であつて、経過期間が六月を超えないときに限る。）であつて、求人の申込みの時において、当該送致等の日から起算して一年から経過期間を減じた期間が経過していないこと。

(3) 当該送致等の日前に当該違反行為の是正が行われた場合（当該違反行為をした日から起算して過去一年以内において同一違反行為をしたことがある場合を除く。）又は当該送致等の日前に当該違反行為の是正が行われていない場合であつて、求人の申込みの時において、当該送致等の日から起算して一年を経過していないこと、当該違反行為の是正が行われていないこと又は是正が行われた日から起算して六月が経過していないこと。

二　求人者が令第一条第二号に掲げる法律の規定に違反する行為（以下この号において「違反行為」という。）をし、法第四十八条の三第三項の規定による公表がされた場合であつて、報告の求めにより、次のいずれかに該当することが確認された場合

イ　求人の申込みの時において、当該違反行為の是正が行われていないこと又は是正が行われた日から起算して六月を経過していないこと。

ロ　当該違反行為の是正が行われた日から起算して六月を経過する前に当該違反行為と同一の規定に違反する行為（以下このロにおいて「同一違反行為」という。）を行つた場合であつて、求人の申込みの時において、当該同一違反行為の是正が行われていないこと又は是正が行われた日から起算して六月を経過していないことその他当該同一違反行為が求職者の職場への定着に重大な影響を及ぼすおそれがあること。

二の二　求人者が令第一条第四号に掲げる法律の規定に違反する行為（以下この号において「違反行為」という。）をし、労働施策の総合的な推進並びに労働者の雇用の安定及び職業生活の充実等に関する法律（昭和四十一年法律第百三十二号）第三十三条第二項の規定による公表がされた場合であつて、報告の求めにより、次のいずれかに該当することが確認された場合

イ　求人の申込みの時において、当該違反行為の是正が行われていないこと又は是正が行われた日から起算して六月を経過していないこと。

ロ　当該違反行為の是正が行われた日から起算して六月を経過する前に当該違反行為と同一の規定に違反する行為（以下このロにおいて「同一違反行為」という。）を行つた場合であつて、求人の申込みの時において、当該同一違反行為の是正が行われていないこと又は是正が行われた日から起算して六月を経過していないことその他当該同一違反行為が求職者の職場への定着に重大な影響を及ぼすおそれがあること。

三　求人者が令第一条第五号に掲げる法律の規定に違反する行為（以下この号において「違反行為」という。）をし、雇用の分野における男女の均等な機会及び待遇の確保等に関する法律（昭和四十七年法律第百十三号）第三十条の規定による公表がされた場合であつて、報告の求めにより、次のいずれかに該当することが確認された場合

イ　求人の申込みの時において、当該違反行為の是正が行われていないこと又は是正が行われた日から起算して六月を経過していないこと。

ロ　当該違反行為の是正が行われた日から起算して六月を経過する前に当該違反行為と同一の規定に違反する行為（以下このロにおいて「同一違反行為」という。）を行つた場合であつて、求人の申込みの時において、当該同一違反行為の是正が行われていないこと又は是正が行われた日から起算して六月を経過していないことその他当該同一違反行

為が求職者の職場への定着に重大な影響を及ぼすおそれがあること。

四　求人者が令第一条第六号に掲げる法律の規定に違反する行為（以下この号において「違反行為」という。）をし、育児休業、介護休業等育児又は家族介護を行う労働者の福祉に関する法律（平成三年法律第七十六号）第五十六条の二の規定による公表がされた場合であつて、報告の求めにより、次のいずれかに該当することが確認された場合

イ　求人の申込みの時において、当該違反行為の是正が行われていないこと又は是正が行われた日から起算して六月を経過していないこと。

ロ　当該違反行為の是正が行われた日から起算して六月を経過する前に当該違反行為と同一の規定に違反する行為（以下このロにおいて「同一違反行為」という。）を行つた場合であつて、求人の申込みの時において、当該同一違反行為の是正が行われていないこと又は是正が行われた日から起算して六月を経過していないことその他当該同一違反行為が求職者の職場への定着に重大な影響を及ぼすおそれがあること。

4　公共職業安定所、特定地方公共団体又は職業紹介事業者が、法第五条の六第一項ただし書の規定により求人の申込みを受理しないときは、求人者に対し、その理由を説明しなければならない。

（法第五条の七に関する事項）

第四条の六　公共職業安定所、特定地方公共団体又は職業紹介事業者が法第五条の七第一項ただし書の規定により求職の申込みを受理しないときは、その理由を求職者に説明しなければならない。

第五条　削除

（法第八条に関する事項）

第六条　公共職業安定所の位置、管轄区域及び施設の規模は、主として次の基準による。

一　産業が少くて労働力の自給できる村落地域又は産業の種類が単一であり、若しくは工場、事業場が少い都市地域には、公共職業安定所の設置を必要としないこと。

二　工場、事業場が多い産業都市地域には、公共職業安定所の設置を必要とすること。

三　公共職業安定所の設置及び管轄区域の決定に当つては、前二号によるの外、工場、事業場が少い地域であつても、他の地域に対する労働力の給源をなしている地域又は通勤範囲から適当な労働者を求めることができない工場、事業場のある地域にも、必要により公共職業安定所を設置する等、国の労働力を最高度に活用するために、地方的な必要のみでなく、他の地域又は国全体との関連を十分考慮することを必要とすること。

四　公共職業安定所の業務の運営上必要な地域には、出張所を設置すること。

五　日雇労働者のため、必要に応じ常設又は臨時の公共職業安定所を設置すること。

六　季節労働者のため、その他特別の必要があるときは、臨時に公共職業安定所を設置すること。

七　公共職業安定所は、雇用主及び労働者の多くがこれを利用するに便利な位置に、これを設置すること。

八　公共職業安定所は、これを利用する求人者、求職者等に対し、十分な奉仕をなすに足る数と施設を備えること。

九　公共職業安定所は、利用者の出入に便利で、且つ、その秘密が保たれるようその設備を整えること。

第七条　削除

第八条　削除

（法第十三条に関する事項）

第九条　法第十三条の規定により、都道府県労働局及び公共職業安定所は、職業安定局長に対し、その定める手続及び様式に従い、所要の報告を提出しなければならない。

2　前項の報告は、主として次の各号に掲げるものとする。

一　人事、経費、事務量、施設等に関する事項

二　毎月の求人、求職者及び就職者の数に関する事項

三　毎月の職業指導その他特別の業務の取扱状況に関する事項

四　各種業務の進捗状況に関する事項

五　特別な計画に基く労働者充足の進捗状況に関する事項

六　その他必要と認める事項

（法第十四条に関する事項）

第一〇条　職業安定局長は、労働市場の分析に関する全国的な計画、実施要領、手続及び様式を定め、都道府県労働局及び公共職業安定所は、これに基づき労働市場報告を作成し、職業安定局長に提出しなければならない。

2　職業安定局長は、労働力需給に関する専門用語の意義を定め、その普及に努めるものとする。

（法第十五条に関する事項）

第一一条　標準職業名、職業解説及び職業分類表は、

職業安定局長が、雇用主、労働者及び職業につき学識、経験ある者の中から意見を聞き、あらゆる職業にわたり、かつ、公共職業安定所、特定地方公共団体及び各種施設並びに職業紹介事業者、労働者の募集を行う者及び労働者供給事業者に共通して広く使用できるようこれを作成するものとする。

（法第十七条に関する事項）

第一二条　公共職業安定所は、次の各号のいずれかに該当する場合には、求職者を、その希望に応じ、通常通勤することができない地域の求人者に紹介するよう努めなければならない。

一　その求職者に対しては最もよい就職の機会を与えるものであること。

二　その地域で適当な求職者を得ることができない求人者に対しては、最もよい求職者を雇用し得る機会を与えるものであること。

2　公共職業安定所は、その通常通勤することができる地域において適当な労働者が得られる場合においては、求人者に対してその労働者を雇い入れるよう指導しなければならない。

3　公共職業安定所は、求人者が前項の指導に応じないで、その通常通勤することができない地域において労働者を雇い入れようとするときは、職業安定局長の特別の指示がない限り、これに対し援助を行わないものとする。

4　公共職業安定所が、その通常通勤することができない地域から労働者を雇い入れようとする求人者を援助しようとする場合は、求人者の事業所における賃金その他の労働条件が法令に違反しないこと及びその通常通勤することができる地域内における一般的水準より低くないことを確認しなければならない。

5　公共職業安定所は、必要があると認めるときは、その紹介により就職する者に対し、就業に至るまでの間移転その他に関し必要な助言援助を与えなければならない。

（法第十八条に関する事項）

第一三条　公共職業安定所の行う求人又は求職の開拓は、職種別、年齢別及び地域別の労働力需給等の状況に応じ、計画的に行わなければならない。

第一三条の二　法第十八条の二の規定による特定地方公共団体又は職業紹介事業者の職業紹介事業の業務に係る情報の提供は、当該特定地方公共団体又は職業紹介事業者が、公共職業安定所に対し、求職者又は求人者に提供することを求める情報について行うものとする。

2　法第十八条の二の厚生労働省令で定めるものは、法第三十二条の九第二項（法第三十三条第四項、第三十三条の二第七項及び第三十三条の三第二項において準用する場合を含む。）の規定により職業紹介事業の全部又は一部の停止を命じられている者及び法第四十八条の三第一項の規定により業務の運営を改善するために必要な措置を講ずべきことを命じられている者（当該必要な措置を講じていない者に限る。）とする。

（法第二十条に関する事項）

第一四条　都道府県労働局長は、常時地方労働委員会と緊密な連絡を保ち、次の各号の一に該当する場合には、地方労働委員会に対し関係公共職業安定所へその旨を通報するよう、求めなければならない。

一　同盟罷業又は作業所閉鎖の事態が、発生したとき又は解決したとき。

二　同盟罷業又は作業所閉鎖に至る虞れが多く、且つその事業所に求職者を紹介することによつて正当な解決が妨げられるような労働争議が発生し又は解決したとき。

2　求人者は、その事業所において、労働争議が発生したとき又は解決したときは、その旨を関係公共職業安定所に届け出でなければならない。

3　労働争議の行われている事業所に求職者を紹介する場合の手続は、職業安定局長が別にこれを定める。

（法第二十一条に関する事項）

第一五条　職業安定局長は、公共職業安定所が行う職業紹介について、その手続及び様式を定めるものとする。

（法第二十二条に関する事項）

第一六条　公共職業安定所が行う職業指導は、求職者に対し、職業知識の授与、職業の選択、就職のあつ旋及び就職後の指導を一連の過程として、これを実施するものとする。

2　公共職業安定所が行う職業指導は、職業指導を受ける者が職業の諸条件及び就職の機会と照合して、自己の素質及び能力を判断することができるよう助言援助するものでなければならない。特に身体又は精神に障害のある者についての職業指導は、特別な奉仕と紹介技術とをもつて、その者が関心を有し、且つ身体的及び精神的能力並びに技能にふさわしい職業に就くことができるよう助言、援助をしなければならない。

3　公共職業安定所は、職業指導を受ける者が任意に閲覧できるよう、必要な参考資料を整備しなければならない。

4　公共職業安定所は、職業指導を受けて就職した者に対し、必要に応じ、就職後の指導を行い、その職業に対する適応を容易にさせなければならない。但し、就職後の指導を行うに当り、労働条件に関する問題がある場合には、関係労働基準監督署に、適当な措置を講ずるよう、求めなければならない。

5　公共職業安定所は、職業指導を受けた者が、適当な職業を選択していない場合においては、その者の要求に応じて再び職業指導を行わなければならない。

6　職業安定局長は、年少者に対し特別の職業指導を行う必要がある場合においては、公共職業安定所を指定し、年少者に対する特別の職業指導に関する事項を専掌する部門を設置させることができる。

7　職業安定局長は、身体又は精神に障害のある者に対し特別の職業指導を行う必要がある場合においては、公共職業安定所を指定して身体若しくは精神に障害のある者に対する特別の職業指導に関する事項を専掌する部門を設置し、又は身体若しくは精神に障害のある者に対する特別の職業指導に関する調査研究を、身体若しくは精神に障害のある者の更生援護を目的とする公益法人に委託することができる。

8　公共職業安定所は、年少者及び身体又は精神に障害のある者の就職について、教育関係機関及び社会福祉関係機関と協力しなければならない。

（法第二十五条に関する事項）

第一七条　職業安定局長は、公共職業安定所が行う職業指導について、その手続及び様式を定めるものとする。

（法第二十七条に関する事項）

第一七条の二　公共職業安定所長は、法第二十七条第一項の規定により学校の長にその業務の一部を分担させるときは、その学校の長に対し、文書をもつて通知しなければならない。通知の手続及び様式は、職業安定局長の定めるところによる。

2　公共職業安定所は、法第二十七条第一項の規定により公共職業安定所の業務の一部を分担する学校の長（以下「業務分担学校長」という。）に、公共職業安定所において受理した求人のうち、その学校において取り扱うのが適当であると認められるものを連絡しなければならない。

3　業務分担学校長は、その受理した求人を、業務の一部を分担させた公共職業安定所に速やかに連絡しなければならない。

4　業務分担学校長は、あつ旋することが困難である求人及び求職は、職業安定局長の定める手続及び様式によつて、業務の一部を分担させた公共職業安定所に、速やかにこれを連絡しなければならない。

5　公共職業安定所は、前項の求人又は求職の連絡を受けたときは、速に必要な求人開拓又は求職開拓を行つて、そのあつ旋に努めなければならない。

6　業務分担学校長は、法第二十七条第三項の規定により求人又は求職の申込みを受理しないときは、その申込みをなした求人者又は求職者に対して、申込みを受理しない理由を説明し、かつ、求人者に対しては、公共職業安定所に求人申込みを行うよう、指導しなければならない。

7　業務分担学校長は、公共職業安定所から提供された求人票、求職票その他法及びこの命令に基づいて定められた基準に従い作成された必要な諸票用紙を使用しなければならない。

8　公共職業安定所長が、法第二十七条第七項の規定により、業務分担学校長に分担させた業務を停止させることのできる場合は、あらかじめその業務分担学校長に対して行う違反事項の是正に関する勧告に従わず、かつ、公共職業安定所の業務の一部を分担させることが不適当と認められる場合に限られるものとする。

9　公共職業安定所長は、業務分担学校長に分担させた業務を停止し、又はやめさせようとするときは、その業務分担学校長に対し、文書をもつて通知しなければならない。業務分担学校長の要請により、これに分担させた業務をやめさせようとするときもまた同様とする。通知の手続及び様式は、職業安定局長の定めるところによる。

（法第二十八条に関する事項）

第一七条の三　公共職業安定所は、学生又は生徒に適当な求人の申込を受理したときは、その管轄区域内にある適当と認める学校に、その情報を提出するものとする。

2　公共職業安定所は、その管轄区域内にある学校に対し、次に掲げる事項の実施について、協力を求めるものとする。

一　新たに学校を卒業しようとする者の就職に関する希望についての調査の結果を公共職業安定所に通報すること

二　公共職業安定所の紹介により就職することを希望する者の求職の申込を公共職業安定所に取り次ぐこと

三　新たに学校を卒業しようとする者に対して行つた職業指導の状況その他の学生又は生徒の就職のあつ旋に必要な情報を公共職業安定所に提供すること

第一七条の四　厚生労働大臣は、第三十五条第三項の規定により報告された同条第二項（第二号に係る部分に限る。）の規定による取り消し、又は撤回する旨の通知の内容（当該取消し又は撤回の対象となつた者の責めに帰すべき理由によるものを除く。）が、厚生労働大臣が定める場合に該当するとき（倒産（雇用保険法第二十三条第二項第一号に規定する倒産をいう。）により第三十五条第二項に規定する新規学卒者に係る翌年度の募集又は採用が行われないことが確実な場合を除く。）は、学生生徒等の適切な職業選択に資するよう学生生徒等に当該報告の内容を提供するため、当該内容を公表することができる。

2　公共職業安定所は、前項の規定による公表が行われたときは、その管轄区域内にある適当と認める学校に、当該公表の内容を提供するものとする。

（法第二十九条に関する事項）

第一七条の五　法第二十九条第二項の規定による通知をしようとする特定地方公共団体は、次に掲げる事項を厚生労働大臣に対し書面により通知しなければならない。

一　特定地方公共団体の名称

二　無料の職業紹介事業を行う事業所の名称及び所在地

三　無料の職業紹介事業の開始年月日又は開始予定年月日

四　担当者の職名、氏名及び電話番号

五　法の施行地外の地域における求人又は求職の申込みについて取次ぎを行う機関（以下「取次機関」という。）を利用する場合における当該取次機関の名称、住所及び事業内容

六　地方公務員法第三十八条の六第一項（地方独立行政法人法（平成十五年法律第百十八号）第五十条の二において準用する場合を含む。）に規定する退職管理の適正を確保するために必要と認められる措置として無料の職業紹介事業を行う場合は、その旨

七　法第二十九条第三項の規定により取扱職種の範囲等を定める場合における当該取扱職種の範囲等

2　特定地方公共団体は、前項各号に掲げる事項（特定地方公共団体が取次機関を利用しなくなつた場合にあつては、同項第五号に掲げる事項を除く。）に変更があつたときは、遅滞なく、その旨及び変更した年月日を厚生労働大臣に対し書面により通知しなければならない。

（法第二十九条の二に関する事項）

第一七条の六　法第二十九条の二の規定による通知をしようとする特定地方公共団体は、次に掲げる事項を厚生労働大臣に対し書面により通知しなければならない。

一　無料の職業紹介事業を廃止した年月日

二　無料の職業紹介事業を廃止した理由

（法第二十九条の四に関する事項）

第一七条の七　法第二十九条の四の厚生労働省令で定める事項は、求人者の情報（職業紹介に係るものに限る。第二十四条の五第一項第一号において同じ。）及び求職者の個人情報の取扱いに関する事項とする。

2　法第二十九条の四の規定による明示は、求人の申込み又は求職の申込みを受理した後、速やかに、次のいずれかの方法により行わなければならない。ただし、職業紹介の実施について緊急の必要があるためあらかじめこれらの方法によることができない場合において、当該明示すべき事項（以下この項及び次項並びに第二十四条の五において「明示事項」という。）をあらかじめこれらの方法以外の方法により明示したときは、この限りでない。

一　書面の交付の方法

二　次のいずれかの方法によることを書面被交付者（明示事項を前号の方法により明示する場合において、書面の交付を受けるべき者をいう。以下この号及び次項並びに第二十四条の五第三項において同じ。）が希望した場合における当該方法

イ　ファクシミリを利用してする送信の方法

ロ　電子メール等の送信の方法（当該書面被交付者が当該電子メール等の記録を出力することにより書面を作成することができるものに限る。）

3　前項第二号イの方法により行われた明示事項の明示は、当該書面被交付者の使用に係るファクシミリ装置により受信した時に、同号ロの方法により行われた明示事項の明示は、当該書面被交付者の使用に係る通信端末機器に備えられたファイルに記録された時に、それぞれ当該書面被交付者に到達したものとみなす。

（法第二十九条の五に関する事項）

第一七条の八　法第二十九条の五の厚生労働省令で定めるものは、求人又は求職に関する情報のうち、求人者又は求職者が自らの情報について特定地方公共団体に提供することに同意したもの（当該求職者の法第四条第十三項に規定する個人情報その他求職者の家族の状況等法第二十九条の五の規定に基づき提供する情報として適切でないと認

められるものを除く。）とする。

2　法第二十九条の五の厚生労働省令で定める方法は、書面の提出による提供とする。

3　公共職業安定所は、特定地方公共団体が求人又は求職に関する情報を適切に取り扱うことができないおそれがあると認めるときは、当該特定地方公共団体に対し、法第二十九条の五の規定による情報の提供を停止することができる。

第一八条《略》

第一九条　法第三十二条第三号の厚生労働省令で定める者は、精神の機能の障害により有料の職業紹介事業を適正に行うに当たつて必要な認知、判断及び意思疎通を適切に行うことができない者とする。

（法第三十二条の三に関する事項）

第二〇条　法第三十二条の三第一項第一号の厚生労働省令で定める種類及び額並びに手数料の徴収手続は、別表に定めるところによる。

2　法第三十二条の三第二項の厚生労働省令で定めるときは、芸能家（放送番組（広告放送を含む。）、映画、寄席、劇場等において音楽、演芸その他の芸能の提供を行う者）若しくはモデル（商品展示等のため、ファッションショーその他の催事に出席し、若しくは新聞、雑誌等に用いられる写真等の制作の題材となる者又は絵画、彫刻その他の美術品の創作の題材となる者）の職業に紹介した求職者又は科学技術者（高度の科学的、専門的な知識及び手段を応用し、研究を行い、又は生産その他の事業活動に関する技術的事項の企画、管理、指導等を行う者）、経営管理者（会社その他の団体の経営に関する高度の専門的知識及び経験を有し、会社その他の団体の経営のための管理的職務を行う者）若しくは熟練技能者（職業能力開発促進法（昭和四十四年法律第六十四号）第四十四条第一項に規定する技能検定のうち特級若しくは一級の技能検定に合格した者が有する技能又はこれに相当する技能を有し、生産その他の事業活動において当該技能を活用した業務を行う者）の職業に紹介した求職者（当該紹介により就いた職業の賃金の額が厚生労働大臣の定める額を超える者に限る。）から、就職後六箇月以内に支払われた賃金の百分の十一（免税事業者にあつては、百分の十・三）に相当する額以下の手数料を徴収するときとする。

3　法第三十二条の三第三項の厚生労働省令で定める方法は、職業紹介に関する役務の種類ごとに、当該役務に対する手数料の額及び当該手数料を負担すべき者が明らかとなる方法とする。

4　有料職業紹介事業者は、法第三十二条の三第一項第二号に規定する手数料表に基づき手数料を徴収する場合であつて、その紹介により就職した者のうち労働者災害補償保険法施行規則（昭和三十年労働省令第二十二号）第四十六条の十八第五号の作業に従事する者に係る労働保険の保険料の徴収等に関する法律（昭和四十四年法律第八十四号）第十条第二項第三号の第二種特別加入保険料（以下この項及び別表《略》において「第二種特別加入保険料」という。）に充てるべきものを徴収しようとするときは、当該手数料表において、第二種特別加入保険料に充てるべき手数料を徴収する旨及び当該手数料の額を定めるものとし、この場合において、当該手数料の額は、当該従事する者に支払われた賃金額の千分の五・五に相当する額以下としなければならない。

5　法第三十二条の三第一項第二号の手数料表を届け出ようとする者は、届出制手数料届出書（様式第三号）により厚生労働大臣に届け出なければならない。

6　前項の規定により届け出た手数料表を変更しようとする者は、届出制手数料変更届出書（様式第三号）により厚生労働大臣に届け出なければならない。

7　厚生労働大臣は、法第三十二条の三第四項の規定により、有料職業紹介事業者になろうとする者又は有料職業紹介事業者に対し手数料表の変更を命令しようとするときは、届出制手数料変更命令通知書（様式第四号）により通知するものとする。

8　第四項及び別表に規定する第二種特別加入保険料に充てるべき手数料の管理の方法その他当該手数料に関し必要な事項については、職業安定局長の定めるところによる。

第二一条〜第二四条の四《略》

（法第三十二条の十三に関する事項）

第二四条の五　法第三十二条の十三の厚生労働省令で定める事項は、次のとおりとする。

一　求人者の情報及び求職者の個人情報の取扱いに関する事項

二　返戻金制度（その紹介により就職した者が早期に離職したことその他これに準ずる事由があつた場合に、当該者を紹介した雇用主から徴収すべき手数料の全部又は一部を返戻する制度その他これに準ずる制度をいう。以下同じ。）に関する事項

2　法第三十二条の十三の規定による明示は、求人の申込み又は求職の申込みを受理した後、速やかに、第十七条の七第二項各号に掲げるいずれかの

方法により行わなければならない。ただし、職業紹介の実施について緊急の必要があるためあらかじめこれらの方法によることができない場合において、当該明示事項をあらかじめこれらの方法以外の方法により明示したときは、この限りでない。

3　第十七条の七第二項第二号イの方法により行われた明示事項の明示は、当該書面被交付者の使用に係るファクシミリ装置により受信した時に、同号ロの方法により行われた明示事項の明示は、当該書面被交付者の使用に係る通信端末機器に備えられたファイルに記録された時に、それぞれ当該書面被交付者に到達したものとみなす。

4　有料職業紹介事業者は、手数料表、返戻金制度に関する事項を記載した書面及び業務の運営に関する規程について、その事業所内の一般の閲覧に便利な場所への掲示、インターネットの利用その他の適切な方法により、情報の提供を行わなければならない。

（法第三十二条の十四に関する事項）

第二四条の六　法第三十二条の十四の規定による職業紹介責任者の選任は、次に定めるところにより行わなければならない。

一　有料職業紹介事業者の事業所（以下この条において単に「事業所」という。）ごとに当該事業所に専属の職業紹介責任者として自己の雇用する労働者の中から選任すること。ただし、有料職業紹介事業者（法人である場合は、その役員）を職業紹介責任者とすることを妨げない。

二　当該事業所において職業紹介に係る業務に従事する者の数が五十人以下のときは一人以上の者を、五十人を超え百人以下のときは二人以上の者を、百人を超えるときは、当該職業紹介に係る業務に従事する者の数が五十人を超える五十人ごとに一人を二人に加えた数以上の者を選任すること。

2　法第三十二条の十四の厚生労働省令で定める基準は、次の各号のいずれにも該当することとする。

一　過去五年以内に、職業紹介事業の適正な遂行のために必要な知識を習得させるための講習として厚生労働大臣が定めるものを修了していること。

二　精神の機能の障害により職業紹介責任者の業務を適正に行うに当たつて必要な認知、判断及び意思疎通を適切に行うことができない者でないこと。

（法第三十二条の十五に関する事項）

第二四条の七　法第三十二条の十五の厚生労働省令で定める帳簿書類は、求人求職管理簿及び手数料管理簿とする。

2　前項の帳簿書類の記載及び備付けについては、職業安定局長の定めるところによる。

（法第三十二条の十六に関する事項）

第二四条の八　有料職業紹介事業者は、毎年四月三十日までに、この条の定めるところにより、有料の職業紹介事業を行う事業所ごとの当該事業に係る事業報告書を作成し、厚生労働大臣に提出しなければならない。

2　法第三十二条の十六第一項の規定により提出すべき事業報告書は、有料職業紹介事業報告書（様式第八号）のとおりとする。

3　有料職業紹介事業者は、職業安定局長の定めるところによりインターネットを利用して、第一号に掲げる事項にあつては前年度（年度は、四月一日から翌年三月三十一日までをいう。以下この項及び次項において同じ。）の総数及び当該年度前四年度内の各年度の総数（四月一日から九月三十日までの間は前年度の総数及び当該年度前五年度内の各年度の総数）に関する情報を、第二号及び第三号に掲げる事項にあつては前年度の総数及び当該年度前四年度内の各年度の総数（四月一日から九月三十日までの間は前年度前五年度内の各年度の総数）に関する情報を、第四号及び第五号に掲げる事項にあつてはその時点における情報を、それぞれ、提供しなければならない。

一　当該有料職業紹介事業者の紹介により就職した者（以下この条において「就職者」という。）の数及び就職者のうち期間の定めのない労働契約を締結した者（以下この号において「無期雇用就職者」という。）の数

二　無期雇用就職者のうち、離職した者（解雇により離職した者及び就職した日から六月経過後に離職した者を除く。）の数

三　無期雇用就職者のうち、前号に掲げる者に該当するかどうか明らかでない者の数

四　手数料に関する事項

五　返戻金制度に関する事項

4　前項の規定にかかわらず、同項に規定する有料職業紹介事業者が提供しなければならない情報のうち、同項第一号に掲げる事項に関する情報については四月一日から四月三十日までの間は前年度前五年度内の各年度の総数に関する情報と、同項第二号及び第三号に掲げる事項に関する情報については十月一日から十二月三十一日までの間は前年度前五年度内の各年度の総数に関する情報とすることができる。

5　有料職業紹介事業者は、法第三十二条の十六第

三項の規定による情報の提供を行うに当たり、無期雇用就職者が第三項第二号に規定する者に該当するかどうかを確認するため、当該無期雇用就職者に係る雇用主に対し、必要な調査を行わなければならない。

6　前項の規定にかかわらず、有料職業紹介事業者が、返戻金制度を設けている場合であつて、無期雇用就職者のうち返戻金制度に基づき手数料を免除する事由に該当したものの数を集計する方法により第三項第二号に規定する数を集計する場合は、前項の調査は、行うことを要しない。

第二五条～第二九条《略》

（法第三十七条に関する事項）

第三〇条　法第三十七条第一項の規定により公共職業安定所長が行う募集の制限は、書面で行うものとする。

2　募集の制限又は指示は、通常、国家的に緊要な政策の遂行を容易ならしめるため又は募集地域若しくは就業地域における一般的な労働基準を不当に害するような募集を防止するために、これを行うものとする。

3　募集の指示は、厚生労働大臣又は都道府県労働局長が文書による理由を付して行うものとする。

4　前三項に定めるもののほか、募集の制限（公共職業安定所長が行なうものに限る。）及び指示に関する方針及び手続は、職業安定局長が定めるものとする。

第三〇条の二　削除

（法第四十二条に関する事項）

第三〇条の三　削除

（法第四十二条の二に関する事項）

第三〇条の四　法第四十二条の二において準用する法第二十条第一項の厚生労働省令で定める者は、次のとおりとする。

一　自ら労働者の募集を行う者

二　その被用者をして労働者の募集に従事させる者であつて、当該被用者が労働組合法第二条第一号の役員、監督的地位にある労働者又は使用者の利益を代表する者に該当するもの

（法第四十三条に関する事項）

第三一条　法第三十六条第一項の許可を受けて、又は同条第三項の届出をして労働者の募集を行う者は、応募者が次の各号の一に該当する事由により帰郷する場合においては、当該応募者に対し、帰郷に要する費用の支給その他必要な措置を講じなければならない。

一　雇用契約の内容が募集条件と相違したとき

二　許可を受けて、又は届出をして労働者の募集を行う者の都合により応募者を採用しないとき

（法第四十三条の二に関する事項）

第三一条の二　法第四十三条の二第一項の規定による届出をしようとする者は、特定募集情報等提供事業届出書（様式第八号の三）に、次に掲げる書類を添付して、厚生労働大臣に届け出なければならない。

一　届出をしようとする者が法人である場合にあつては、当該法人の登記事項証明書

二　届出をしようとする者が個人である場合にあつては、当該個人の住民票の写し

2　法第四十三条の二第一項の厚生労働省令で定める事項は、次のとおりとする。

一　氏名又は名称及び住所並びに法人にあつては、その代表者の氏名

二　電話番号

三　職業紹介事業者又は派遣元事業主にあつては、許可番号又は届出受理番号

3　法第三十条第一項若しくは第三十三条第一項の規定による許可を受けた者、法第三十三条の二第一項若しくは第三十三条の三第一項の規定による届出をした者又は派遣元事業主が法第四十三条の二第一項の規定による届出をしようとするときは、法人にあつては第一項第一号に掲げる書類を、個人にあつては同項第二号に掲げる書類を添付することを要しない。

4　特定募集情報等提供事業者は、第二項各号に掲げる事項に変更が生じた場合は、当該変更に係る事実のあつた日の翌日から起算して三十日以内に、特定募集情報等提供事業変更届出書（様式第八号の四）を厚生労働大臣に提出しなければならない。

5　法第四十三条の二第三項の規定による届出をしようとする者は、当該特定募集情報等提供事業を廃止した日から十日以内に、特定募集情報等提供事業廃止届出書（様式第八号の五）を厚生労働大臣に提出しなければならない。

6　情報通信技術を活用した行政の推進等に関する法律（平成十四年法律第百五十一号）第六条第一項の規定により、同項に規定する電子情報処理組織を使用して第一項及び前二項に定める様式を提出する場合には、当該様式における氏名又は名称の記載については、厚生労働省の所管する法令に係る情報通信技術を活用した行政の推進等に関する法律施行規則（平成十五年厚生労働省令第四十号）第六条第一項各号に掲げる措置のほか、当該氏名又は名称を電磁的記録（同法第三条第七号に規定する電磁的記録をいう。）に記録することを

もつて代えることができる。

（法第四十三条の五に関する事項）

第三十一条の三　特定募集情報等提供事業者は、毎年八月三十一日までに、事業概況報告書（様式第八号の六）を作成し、厚生労働大臣に提出しなければならない。

２　前条第六項の規定は、前項の規定による事業概況報告書の提出について準用する。

（法第四十三条の六に関する事項）

第三十一条の四　法第四十三条の六の規定による情報の提供は、インターネットの利用その他適切な方法により行うものとする。

２　法第四十三条の六の厚生労働省令で定める事項は、次のとおりとする。

一　法第五条の五第二項の規定に基づき労働者になろうとする者の個人情報を適正に管理するために講じている措置

二　労働者の募集に関する情報又は労働者になろうとする者に関する情報に順位を付して表示する場合における当該順位を決定するために用いられる主要な事項（当該情報の提供を依頼した者からの当該募集情報等提供事業を行う者に対する広告宣伝の費用その他の金銭の支払が、当該決定に影響を及ぼす可能性がある場合には、その旨を含む。）

（法第四十三条の七に関する事項）

第三十一条の五　法第四十三条の七第一項の厚生労働省令で定める者は、第四条第一項に定める者とする。

（法第四十五条に関する事項）

第三十二条　労働者供給事業を行おうとする労働組合等は、職業安定局長の定める手続及び様式に従い、厚生労働大臣に許可を申請しなければならない。

２　厚生労働大臣は、その許可を申請した労働組合等が労働組合法第二条及び第五条第二項の規定又は第四条第六項第一号若しくは第二号の規定に適合することを、関係労働委員会等を通じて確かめた上、許可するかどうかを決定する。

３　労働者供給事業の許可の有効期間は三年とする。

４　前項に規定する許可の有効期間（当該許可の有効期間についてこの項の規定により更新を受けたときにあつては、当該更新を受けた許可の有効期間）の満了後引き続き当該許可に係る労働者供給事業を行おうとする者は、許可の有効期間の更新を受けなければならない。

５　第一項から第三項までの規定は、前項の許可の有効期間の更新について準用する。この場合において、第三項中「三年」とあるのは「五年」と読み替えるものとする。

６　労働者供給事業者は、当該労働者供給事業を廃止したときは、当該労働者供給事業を廃止した日から十日以内に文書により、その旨をその主たる事務所の所在地を管轄する都道府県労働局長に届け出なければならない。

７　労働者供給事業を行う労働組合等は、労働者供給事業に関し、職業安定局長の定める手続及び様式に従い帳簿書類を備え付けるとともに、報告書を作成し、これを主たる事務所の所在地を管轄する都道府県労働局長を経て、厚生労働大臣に提出しなければならない。

第三十三条　《略》

（法第五十一条及び法第五十一条の二に関する事項）

第三十四条　法第五十一条第二項及び法第五十一条の二の厚生労働省令で定める者は、法人である雇用主とする。

（法第五十四条に関する事項）

第三十五条　厚生労働大臣は、労働者の雇入方法の改善についての指導を適切かつ有効に実施するため、労働者の雇入れの動向の把握に努めるものとする。

２　学校（小学校（義務教育学校の前期課程及び特別支援学校の小学部を含む。）及び幼稚園（特別支援学校の幼稚部を含む。）を除く。）、専修学校、職業能力開発促進法第十五条の七第一項各号に掲げる施設又は職業能力開発総合大学校（以下この条において「施設」と総称する。）を新たに卒業しようとする者（以下この項において「新規学卒者」という。）を雇い入れようとする者は、次の各号のいずれかに該当する場合においては、あらかじめ、公共職業安定所及び施設の長（業務分担学校長及び法第三十三条の二第一項の規定により届出をして職業紹介事業を行う者に限る。）に厚生労働省人材開発統括官（以下「人材開発統括官」という。）が定める様式によりその旨を通知するものとする。

一　新規学卒者について、募集を中止し、又は募集人員を減ずるとき（厚生労働大臣が定める新規学卒者について募集人員を減ずるときにあつては、厚生労働大臣が定める場合に限る。）。

二　新規学卒者の卒業後当該新規学卒者を労働させ、賃金を支払う旨を約し、又は通知した後、当該新規学卒者が就業を開始することを予定する日までの間（次号において「内定期間」という。）に、これを取り消し、又は撤回するとき。

三　新規学卒者について内定期間を延長しようとするとき。

3　公共職業安定所長は、前項の規定による通知の内容を都道府県労働局長を経て厚生労働大臣に報告しなければならない。

4　法第五十四条の規定による工場、事業場等の指導については、職業安定局長又は人材開発統括官の定める計画並びに具体的援助要項に基づき、職業安定組織がこれを行うものとする。

5　職業安定組織が前項の指導を行うに当たつては、労働争議に介入し、又は労働協約の内容に関与してはならない。

第三六条　削除

（法第六十条に関する事項）

第三七条　法に定める厚生労働大臣の権限のうち、次の各号に掲げる権限は、当該各号に定める都道府県労働局長に委任する。ただし、厚生労働大臣が自らその権限を行うことを妨げない。

一　法第三十二条の三第四項の規定による手数料表の変更命令に関する権限　当該職業紹介事業を行う者の主たる事務所及び当該職業紹介事業を行う事業所の所在地を管轄する都道府県労働局長

二　法第三十二条の八第一項（法第三十三条第四項及び法第三十三条の三第二項において準用する場合を含む。）の規定による届出の受理に関する権限　当該職業紹介事業を行う者の主たる事務所の所在地を管轄する都道府県労働局長

三　法第三十二条の九第二項（法第三十三条第四項及び法第三十三条の三第二項において準用する場合を含む。）の規定による職業紹介事業の全部又は一部の停止に関する権限　当該職業紹介事業を行う者の主たる事務所及び当該職業紹介事業を行う事業所の所在地を管轄する都道府県労働局長

四　法第三十二条の十二第三項（法第三十三条第四項及び法第三十三条の三第二項において準用する場合を含む。）の規定による取扱職種の範囲等の変更の命令に関する権限　当該職業紹介事業を行う者の主たる事務所及び当該職業紹介事業を行う事業所の所在地を管轄する都道府県労働局長

五　法第三十三条の二第一項の無料の職業紹介事業に係る同項の規定又は同条第七項において準用する法第三十二条の八第一項の規定による届出の受理及び法第三十三条の二第七項において準用する法第三十二条の九第二項の規定による当該事業の停止に関する権限　法第三十三条の二第一項各号に掲げる施設の主たる事務所の所在地を管轄する都道府県労働局長

六　法第三十六条第一項の規定による許可のうち次に掲げる募集に係るもの、同条第二項の規定による認可のうち当該募集に係るもの、同条第三項の規定による届出の受理のうち当該募集に係るもの、当該許可に際して行う法第三十七条第二項の規定による指示並びに法第四十一条第一項の規定による当該許可の取消し及び当該許可に係る募集の業務の停止並びに同条第二項の規定による当該届出に係る募集の業務の廃止及び停止に関する権限　募集事業所の所在地を管轄する都道府県労働局長

イ　募集事業所の所在する都道府県の区域を募集地域とする募集

ロ　募集事業所の所在する都道府県の区域以外の地域（当該地域における労働力の需給の状況等を勘案して厚生労働大臣の指定する地域を除く。）を募集地域とする募集（当該業種における労働力の需給の状況等を勘案して厚生労働大臣の指定する業種の属する事業の事業主が行うものを除く。）であつて、その地域において募集しようとする労働者の数が百人（一の都道府県の区域において募集しようとする労働者の数が三十人以上であるときは三十人）未満のもの

七　法第四十三条の四の規定による特定募集情報等提供事業の全部又は一部の停止に関する権限　当該特定募集情報等提供事業を行う者の主たる事務所及び当該事業を行う事業所の所在地を管轄する都道府県労働局長

八　法第四十八条の二の規定による指導及び助言に関する権限　次に掲げる区分に応じ、それぞれ次に定める都道府県労働局長（以下この項において「管轄都道府県労働局長」という。）

イ　法第三十三条の二第一項の無料の職業紹介事業　施設の主たる事務所又は当該施設に求人の申込みを行う求人者の当該求人に係る事業所の所在地を管轄する都道府県労働局長

ロ　法第三十三条の二第一項の無料の職業紹介事業以外の職業紹介事業　職業紹介事業を行う者の主たる事務所若しくは当該事業を行う事業所又は当該者に求人の申込みを行う求人者の当該求人に係る事業所の所在地を管轄する都道府県労働局長

ハ　労働者の募集　募集事業所又は募集情報等提供事業を行う者の主たる事務所若しくは当該事業を行う事業所の所在地を管轄する都道府県労働局長

ニ　募集情報等提供事業　募集情報等提供事業を行う者の主たる事務所又は当該事業を行う事業所の所在地を管轄する都道府県労働局長

ホ　労働者供給事業　労働者供給事業を行う者の主たる事務所若しくは当該事業を行う事業所又は当該者から労働者供給を受けようとする者の当該労働者供給に係る事業所の所在地を管轄する都道府県労働局長

九　法第四十八条の三第一項の規定による命令、同条第二項の規定による勧告及び同条第三項の規定による公表に関する権限　管轄都道府県労働局長

十　法第五十条第一項の規定による報告徴収及び同条第二項の規定による立入検査に関する権限　管轄都道府県労働局長

2　法第三十三条の二第八項の規定による通知は、前項第五号に定める都道府県労働局長が行うものとする。

3　法第四十八条の二、法第四十八条の三及び法第五十条に規定する厚生労働大臣の権限のうち法第三十三条の二第一項の無料の職業紹介事業に係るものについては、公共職業安定所長が行うものとする。ただし、厚生労働大臣が自らその権限を行うことを妨げない。

（法第六十一条に関する事項）

第三八条　法第二十九条第二項の規定並びに第十七条の五第一項及び第二項並びに第十七条の六の規定により厚生労働大臣に提出する書類は、特定地方公共団体の主たる事務所の所在地を管轄する都道府県労働局長を経由して提出するものとする。ただし、第十七条の五第二項の規定により厚生労働大臣に提出する書類のうち、同条第一項第一号に規定する事項以外の事項に係るものについては、当該事業所の所在地を管轄する都道府県労働局長を経由して提出することができる。

2　法第三章から法第三章の二までの規定及び法第三章の四の規定並びにこの命令の規定により厚生労働大臣に提出する書類は、職業紹介事業若しくは労働者供給事業を行う者の主たる事務所又は募集事業所の所在地を管轄する都道府県労働局長（法第三十三条の二第一項の規定による届出をして行う職業紹介事業にあつては、当該施設の主たる事務所の所在地を管轄する公共職業安定所（その公共職業安定所が二以上ある場合には、厚生労働省組織規則第七百九十二条の規定により当該事務を取り扱う公共職業安定所）の長）を経由して提出するものとする。ただし、法第三十二条の四第三項（法第三十三条第四項において準用する場合を含む。）、法第三十二条の七第一項若しくは第四項（法第三十三条第四項又は法第三十三条の三第二項において準用する場合を含む。）又は第二十一条第三項（第二十五条において準用する場合を含む。）の規定により厚生労働大臣に提出する書類（有料許可証及び無料許可証を含む。）のうち、法第三十条第二項第一号及び第二号（法第三十三条第四項、法第三十三条の三第二項又は法第三十三条の四第二項において準用する場合を含む。）に規定する事項以外の事項に係るものについては、当該事業所の所在地を管轄する都道府県労働局長を経由して提出することができる。

3　法第三章から法第三章の四までの規定及びこの命令の規定により提出する書類（有料許可証及び無料許可証を除く。）は、正本にその写し二通（第十八条第三項（第二十五条第一項において準用する場合を含む。）、第二十二条第四項（第二十五条第二項において準用する場合を含む。）、第二十三条第四項（第二十五条第一項において準用する場合を含む。）並びに第三十一条の二第一項、第四項及び第五項に規定する書類については、一通）を添えて提出しなければならない。

附則（抄）

①　この命令は、職業安定法施行の日（昭和二二年一二月一日）から、これを適用する。

②　職業紹介法施行規則、無料職業紹介事業規則、営利職業紹介事業規則、労務供給事業規則及び労務者募集規則はこれを廃止する。

④　法第三十二条の三第二項の厚生労働省令で定めるときは、当分の間、第二十条第二項に規定するほか、同項の芸能家、家政婦（家政一般の業務（個人の家庭又は寄宿舎その他これに準ずる施設において行われるものに限る。）、患者、病弱者等の付添いの業務又は看護の補助の業務（病院等の施設において行われるものに限る。）を行う者）、配ぜん人（正式の献立による食事を提供するホテル、料理店、会館等において、正式の作法による食卓の布設、配ぜん、給仕等の業務（これらの業務に付随した飲食器等の器具の整理及び保管に必要な業務を含む。）を行う者）、調理士（調理、栄養及び衛生に関する専門的な知識及び技能を有し、調理の業務を行う者）、同項のモデル又はマネキン（専門的な商品知識及び宣伝技能を有し、店頭、展示会等において相対する顧客の購買意欲をそそり、販売の促進に資するために各種商品の説明、実演等の宣伝の業務（この業務に付随した販売の業務を含む。）を行う者）の職業に係る求職者か

ら求職の申込みを受理した時以降七百十円（免税事業者にあつては、六百六十円）の求職受付手数料を徴収するときとする。ただし、同一の求職者に係る求職の申込みの受理が一箇月間に三件を超える場合にあつては、一箇月につき三件分に相当する額とする。

別表第一　削除

別表（第二十条関係）《略》

職業紹介事業者、求人者、労働者の募集を行う者、募集受託者、募集情報等提供事業を行う者、労働者供給事業者、労働者供給を受けようとする者等がその責務等に関して適切に対処するための指針

平成一一年一一月一七日労働省告示第一四一号

適用：平成一三年一月六日

最終改正：令和六年一〇月一一日厚生労働省告示第三一八号

適用：令和七年四月一日

第一　趣旨

　この指針は、職業安定法（以下「法」という。）第三条、第五条の三から第五条の五まで、第三十三条の五、第四十二条、第四十三条の八及び第四十五条の二に定める事項等に関し、職業紹介事業者、求人者、労働者の募集を行う者、募集受託者、募集情報等提供事業を行う者、労働者供給事業者、労働者供給を受けようとする者等が適切に対処するために必要な事項について定めたものである。

　また、法第五条の五の規定により職業紹介事業者、求人者、労働者の募集を行う者、募集受託者、募集情報等提供事業を行う者、労働者供給事業者及び労働者供給を受けようとする者が講ずべき措置に関する必要な事項と併せ、個人情報の保護に関する法律（平成十五年法律第五十七号）の遵守等についても定めたものである。

第二　均等待遇に関する事項（法第三条）

一　差別的な取扱いの禁止

　職業紹介事業者、募集情報等提供事業を行う者、労働者供給事業者及び労働者派遣事業の適正な運営の確保及び派遣労働者の保護等に関する法律（昭和六十年法律第八十八号）第二条第四号に規定する派遣元事業主（以下「職業紹介等事業者」という。）は、全ての利用者に対し、その申込みの受理、面接、指導、紹介等の業務について人種、国籍、信条、性別、社会的身分、門地、従前の職業、労働組合の組合員であること等を理由として、差別的な取扱いをしてはならないこと。

　また、職業紹介事業者、募集情報等提供事業を行う者及び労働者供給事業者は、求職者又は労働者が法第四十八条の四第一項に基づく厚生労働大臣に対する申告を行ったことを理由として、差別的な取扱いをしてはならないこと。

二　募集に関する男女の均等な機会の確保

　職業紹介事業者、募集情報等提供事業を行う者及び労働者供給事業者が、雇用の分野における男女の均等な機会及び待遇の確保等に関する法律（昭和四十七年法律第百十三号）第五条の規定に違反する内容の求人の申込みを受理して当該求人に対して職業紹介を行い、同条の規定に違反する内容の労働者の募集に関する情報の提供を行い、若しくは同条の規定に違反する募集を行う者に労働者になろうとする者に関する情報の提供を行い、又は同条の規定に違反する募集に対して労働者を供給することは法第三条の趣旨に反するものであること。

第三　労働条件等の明示に関する事項（法第五条の三）

一　職業紹介事業者等による労働条件等の明示

(一)　職業紹介事業者、労働者の募集を行う者、募集受託者及び労働者供給事業者は、法第五条の

三第一項の規定に基づき、求職者、募集に応じて労働者になろうとする者又は供給される労働者（以下「求職者等」という。）に対し、従事すべき業務の内容及び賃金、労働時間その他の労働条件（以下「従事すべき業務の内容等」という。）を可能な限り速やかに明示しなければならないこと。

(二) 求人者は求人の申込みに当たり公共職業安定所、特定地方公共団体又は職業紹介事業者に対し、労働者供給を受けようとする者はあらかじめ労働者供給事業者に対し、それぞれ、法第五条の三第二項の規定に基づき、従事すべき業務の内容等を明示しなければならないこと。

(三) 職業紹介事業者、求人者、労働者の募集を行う者、募集受託者、労働者供給事業者及び労働者供給を受けようとする者は、(一)又は(二)により従事すべき業務の内容等を明示するに当たっては、次に掲げるところによらなければならないこと。

イ 明示する従事すべき業務の内容等は、虚偽又は誇大な内容としないこと。

ロ 労働時間に関しては、始業及び終業の時刻、所定労働時間を超える労働の有無、休憩時間、休日等について明示すること。また、労働基準法（昭和二十二年法律第四十九号）第三十八条の三第一項の規定により同項第二号に掲げる時間労働したものとみなす場合又は同法第三十八条の四第一項の規定により同項第三号に掲げる時間労働したものとみなす場合は、その旨を明示すること。また、同法第四十一条の二第一項の同意をした場合に、同項の規定により労働する労働者として業務に従事することとなるときは、その旨を明示すること。

ハ 賃金に関しては、賃金形態（月給、日給、時給等の区分）、基本給、定額的に支払われる手当、通勤手当、昇給に関する事項等について明示すること。また、一定時間分の時間外労働、休日労働及び深夜労働に対する割増賃金を定額で支払うこととする労働契約を締結する仕組みを採用する場合は、名称のいかんにかかわらず、一定時間分の時間外労働、休日労働及び深夜労働に対して定額で支払われる割増賃金（以下このハ及び第四の二の(三)において「固定残業代」という。）に係る計算方法（固定残業代の算定の基礎として設定する労働時間数（以下このハにおいて「固定残業時間」という。）及び金額を明らかにするものに限る。）、固定残業代を除外した基本給の額、固定残業時間を超える時間外労働、休日労働及び深夜労働分についての割増賃金を追加で支払うこと等を明示すること。

ニ 期間の定めのある労働契約を締結しようとする場合は、当該契約が試みの使用期間の性質を有するものであっても、当該試みの使用期間の終了後の従事すべき業務の内容等ではなく、当該試みの使用期間に係る従事すべき業務の内容等を明示すること。

(四) 職業紹介事業者、求人者、労働者の募集を行う者、募集受託者、労働者供給事業者及び労働者供給を受けようとする者は、(一)又は(二)により従事すべき業務の内容等を明示するに当たっては、次に掲げるところによるべきであること。

イ 原則として、求職者等と最初に接触する時点までに従事すべき業務の内容等を明示すること。なお、(三)ロ中段及び後段並びに(三)ハ後段に係る内容の明示については、特に留意すること。

ロ 従事すべき業務の内容等の事項の一部をやむを得ず別途明示することとするときは、その旨を併せて明示すること。

(五) 職業紹介事業者、求人者、労働者の募集を行う者、募集受託者、労働者供給事業者及び労働者供給を受けようとする者は、(一)又は(二)により従事すべき業務の内容等を明示するに当たっては、次に掲げる事項に配慮すること。

イ 求職者等に具体的に理解されるものとなるよう、従事すべき業務の内容等の水準、範囲等を可能な限り限定すること。

ロ 求職者等が従事すべき業務の内容に関しては、職場環境を含め、可能な限り具体的かつ詳細に明示すること。

ハ 明示する従事すべき業務の内容等が労働契約締結時の従事すべき業務の内容等と異なることとなる可能性がある場合は、その旨を併せて明示するとともに、従事すべき業務の内容等が既に明示した内容と異なることとなった場合には、当該明示を受けた求職者等に速やかに知らせること。

二 求人者等による労働条件等の変更等に係る明示

(一) 求人者、労働者の募集を行う者及び労働者供給を受けようとする者（以下「求人者等」という。）は、法第五条の三第三項の規定に基づき、それぞれ、紹介された求職者、募集に応じて労働者になろうとする者又は供給される労働者（(三)及び(四)において「紹介求職者等」という。）

と労働契約を締結しようとする場合であって、これらの者に対して同条第一項の規定により明示された従事すべき業務の内容等（以下この三において「第一項明示」という。）を変更し、特定し、削除し、又は第一項明示に含まれない従事すべき業務の内容等を追加する場合は、当該契約の相手方となろうとする者に対し、当該変更し、特定し、削除し、又は追加する従事すべき業務の内容等（(三)において「変更内容等」という。）を明示しなければならないこと。

(二) 法第五条の三第一項の規定に基づく明示について、一(四)ロにより、従事すべき業務の内容等の事項の一部（以下この(二)において「当初明示事項」という。）が明示され、別途、当初明示事項以外の従事すべき業務の内容等の事項が明示された場合は、当初明示事項を第一項明示として取り扱うこと。

(三) 求人者等は、(一)の明示を行うに当たっては、紹介求職者等が変更内容等を十分に理解することができるよう、適切な明示方法をとらなければならないこと。その際、イの方法によることが望ましいものであるが、ロなどの方法によることも可能であること。

イ 第一項明示と変更内容等とを対照することができる書面を交付すること。

ロ 労働基準法第十五条第一項の規定に基づき交付される書面（労働基準法施行規則（昭和二十二年厚生省令第二十三号）第五条第四項第一号の規定に基づき送信されるファクシミリの記録又は同項第二号の規定に基づき送信される電子メールその他のその受信をする者を特定して情報を伝達するために用いられる電気通信の記録を含む。）において、変更内容等に下線を引き、若しくは着色し、又は変更内容等を注記すること。なお、第一項明示の一部の事項を削除する場合にあっては、削除される前の当該従事すべき業務の内容等も併せて記載すること。

(四) 求人者等は、締結しようとする労働契約に係る従事すべき業務の内容等の調整が終了した後、当該労働契約を締結するかどうか紹介求職者等が考える時間が確保されるよう、可能な限り速やかに(一)の明示を行うこと。また、(一)の明示を受けた紹介求職者等から、第一項明示を変更し、特定し、削除し、又は第一項明示に含まれない従事すべき業務の内容等を追加する理由等について質問された場合には、適切に説明すること。

(五) 第一項明示は、そのまま労働契約の内容となることが期待されているものであること。また、第一項明示を安易に変更し、削除し、又は第一項明示に含まれない従事すべき業務の内容等を追加してはならないこと。

(六) 学校卒業見込者等（青少年の雇用の促進等に関する法律（昭和四十五年法律第九十八号）第十三条第一項に規定する学校卒業見込者等をいう。以下この(六)において同じ。）については、特に配慮が必要であることから、第一項明示を変更し、削除し、又は第一項明示に含まれない従事すべき業務の内容等を追加すること（一(四)ロにより、従事すべき業務の内容等の一部をやむを得ず別途明示することとした場合において、当該別途明示することとされた事項を追加することを除く。）は不適切であること。また、原則として、学校卒業見込者等を労働させ、賃金を支払う旨を約し、又は通知するまでに、法第五条の三第一項及び(一)の明示が書面により行われるべきであること。

(七) 法第五条の三第一項の規定に基づく明示が法の規定に抵触するものであった場合、(一)の明示を行ったとしても、同項の規定に基づく明示が適切であったとみなされるものではないこと。

(八) 求人者等は、第一項明示を変更し、削除し、又は第一項明示に含まれない従事すべき業務の内容等を追加した場合は、求人票等の内容を検証し、修正等を行うべきであること。

三 高年齢者等の雇用の安定等に関する法律第二十条第一項に規定する理由の適切な提示

職業紹介事業者、募集受託者及び労働者供給事業者は、高年齢者等の雇用の安定等に関する法律施行規則（昭和四十六年労働省令第二十四号）第六条の六第二項各号に掲げる書面又は電磁的記録により、高年齢者等の雇用の安定等に関する法律（昭和四十六年法律第六十八号）第二十条第一項に規定する理由の提示を受けたときは、当該理由を求職者等に対して、適切に提示すべきこと。

第四 求人等に関する情報の的確な表示に関する事項（法第五条の四）

一 提供する求人等に関する情報の内容

職業紹介事業者、労働者の募集を行う者、募集受託者、募集情報等提供事業を行う者及び労働者供給事業者は、広告等により求人等に関する情報を提供するに当たっては、職業安定法施行規則（昭和二十二年労働省令第十二号）第四条の二第三項各号に掲げる事項及び第三の一の(三)ロからニまでにより明示することとされた事項を可能な限り当該情報に含めることが望ましいこと。

二　誤解を生じさせる表示の禁止

職業紹介事業者、労働者の募集を行う者、募集受託者、募集情報等提供事業を行う者及び労働者供給事業者は、広告等により求人等に関する情報を提供するに当たっては、求職者、労働者になろうとする者又は供給される労働者に誤解を生じさせることのないよう、次に掲げる事項に留意すること。

(一)　関係会社を有する者が労働者の募集を行う場合、労働者を雇用する予定の者を明確にし、当該関係会社と混同されることのないよう表示しなければならないこと。

(二)　労働者の募集と、請負契約による受注者の募集が混同されることのないよう表示しなければならないこと。

(三)　賃金等（賃金形態、基本給、定額的に支払われる手当、通勤手当、昇給、固定残業代等に関する事項をいう。以下同じ。）について、実際の賃金等よりも高額であるかのように表示してはならないこと。

(四)　職種又は業種について、実際の業務の内容と著しく乖離する名称を用いてはならないこと。

三　労働者の募集を行う者及び募集受託者による労働者の募集等に関する情報の提供

労働者の募集を行う者及び募集受託者は、法第五条の四第二項の規定により労働者の募集に関する情報を正確かつ最新の内容に保つに当たっては、次に掲げる措置を講ずる等適切に対応しなければならないこと。

(一)　労働者の募集を終了した場合又は労働者の募集の内容を変更した場合には、当該募集に関する情報の提供を速やかに終了し、又は当該募集に関する情報を速やかに変更するとともに、当該情報の提供を依頼した募集情報等提供事業を行う者に対して当該情報の提供を終了するよう依頼し、又は当該情報の内容を変更するよう依頼すること。

(二)　労働者の募集に関する情報を提供するに当たっては、当該情報の時点を明らかにすること。

(三)　募集情報等提供事業を行う者から、職業安定法施行規則第四条の三第四項又は第八の二の(一)により、当該募集に関する情報の訂正又は変更を依頼された場合には、速やかに対応すること。

四　求人等に関する情報を正確かつ最新の内容に保つための措置

職業紹介事業者、募集情報等提供事業を行う者及び労働者供給事業者は、職業安定法施行規則第四条の三第四項第三号イからへまでに掲げる区分に応じ、当該イからへまでの(1)及び(2)に掲げる措置を可能な限りいずれも講ずることが望ましいこと。

五　公共職業安定所の求人情報の転載

公共職業安定所が受理した求人の情報を転載する場合は、出所を明記するとともに、転載を行う者の氏名又は名称、所在地及び電話番号を明示しなければならないこと。また、求人情報の更新を随時行い、最新の内容にすること。

第五　求職者等の個人情報の取扱いに関する事項

（法第五条の五）

一　個人情報の収集、保管及び使用

(一)　職業紹介事業者、求人者、労働者の募集を行う者、募集受託者、特定募集情報等提供事業者、労働者供給事業者及び労働者供給を受けようとする者は、法第五条の五第一項の規定によりその業務の目的を明らかにするに当たっては、求職者等の個人情報（一及び二において単に「個人情報」という。）がどのような目的で収集され、保管され、又は使用されるのか、求職者等が一般的かつ合理的に想定できる程度に具体的に明示すること。

(二)　職業紹介事業者、求人者、労働者の募集を行う者、募集受託者、特定募集情報等提供事業者、労働者供給事業者及び労働者供給を受けようとする者は、その業務の目的の達成に必要な範囲内で、当該目的を明らかにして個人情報を収集することとし、次に掲げる個人情報を収集してはならないこと。ただし、特別な職業上の必要性が存在することその他業務の目的の達成に必要不可欠であって、収集目的を示して本人から収集する場合はこの限りでないこと。

イ　人種、民族、社会的身分、門地、本籍、出生地その他社会的差別の原因となるおそれのある事項

ロ　思想及び信条

ハ　労働組合への加入状況

(三)　職業紹介事業者、求人者、労働者の募集を行う者、募集受託者、特定募集情報等提供事業者、労働者供給事業者及び労働者供給を受けようとする者は、個人情報を収集する際には、本人から直接収集し、又は本人の同意の下で本人以外の者から収集し、又は本人により公開されている個人情報を収集する等の手段であって、適法かつ公正なものによらなければならないこと。

(四)　職業紹介事業者、求人者、労働者の募集を行う者、募集受託者、特定募集情報等提供事業者、

労働者供給事業者及び労働者供給を受けようとする者は、高等学校若しくは中等教育学校又は中学校若しくは義務教育学校の新規卒業予定者から応募書類の提出を求めるときは、厚生労働省職業安定局長（以下「職業安定局長」という。）の定める書類により提出を求めること。

㈤　個人情報の保管又は使用は、収集目的の範囲に限られること。ただし、他の保管若しくは使用の目的を示して本人の同意を得た場合又は他の法律に定めのある場合はこの限りでないこと。

㈥　職業紹介事業者、求人者、労働者の募集を行う者、募集受託者、特定募集情報等提供事業者、労働者供給事業者及び労働者供給を受けようとする者は、法第五条の五第一項又は㈡、㈢若しくは㈤の求職者等本人の同意を得る際には、次に掲げるところによらなければならないこと。

イ　同意を求める事項について、求職者等が適切な判断を行うことができるよう、可能な限り具体的かつ詳細に明示すること。

ロ　業務の目的の達成に必要な範囲を超えて個人情報を収集し、保管し、又は使用することに対する同意を、職業紹介、労働者の募集、募集情報等提供又は労働者供給の条件としないこと。

ハ　求職者等の自由な意思に基づき、本人により明確に表示された同意であること。

二　個人情報の適正な管理

㈠　職業紹介事業者、求人者、労働者の募集を行う者、募集受託者、特定募集情報等提供事業者、労働者供給事業者及び労働者供給を受けようとする者は、その保管又は使用に係る個人情報に関し、次の事項に係る措置を講ずるとともに、求職者等からの求めに応じ、当該措置の内容を説明しなければならないこと。

イ　個人情報を目的に応じ必要な範囲において正確かつ最新のものに保つための措置

ロ　個人情報の漏えい、滅失又は毀損を防止するための措置

ハ　正当な権限を有しない者による個人情報へのアクセスを防止するための措置

ニ　収集目的に照らして保管する必要がなくなった個人情報を破棄又は削除するための措置

㈡　職業紹介事業者、求人者、労働者の募集を行う者、募集受託者、特定募集情報等提供事業者、労働者供給事業者及び労働者供給を受けようとする者が、求職者等の秘密に該当する個人情報を知り得た場合には、当該個人情報が正当な理由なく他人に知られることのないよう、厳重な管理を行わなければならないこと。

㈢　職業紹介事業者及び労働者供給事業者は、次に掲げる事項を含む個人情報の適正管理に関する規程を作成し、これを遵守しなければならないこと。

イ　個人情報を取り扱うことができる者の範囲に関する事項

ロ　個人情報を取り扱う者に対する研修等教育訓練に関する事項

ハ　本人から求められた場合の個人情報の開示又は訂正（削除を含む。以下同じ。）の取扱いに関する事項

ニ　個人情報の取扱いに関する苦情の処理に関する事項

㈣　職業紹介事業者、特定募集情報等提供事業者及び労働者供給事業者は、本人が個人情報の開示又は訂正の求めをしたことを理由として、当該本人に対して不利益な取扱いをしてはならないこと。

三　個人情報の保護に関する法律の遵守等

一及び二に定めるもののほか、職業紹介事業者、求人者、労働者の募集を行う者、募集受託者、特定募集情報等提供事業者、労働者供給事業者及び労働者供給を受けようとする者は、個人情報の保護に関する法律第二条第十一項に規定する行政機関等又は同法第十六条第二項に規定する個人情報取扱事業者に該当する場合には、それぞれ同法第五章第二節から第四節まで又は同法第四章第二節に規定する義務を遵守しなければならないこと。

第六　職業紹介事業者の責務等に関する事項（法第三十三条の五）

一　職業安定機関等との連携

㈠　職業安定機関等との連携

職業紹介等事業者は、求人、求職等の内容がその業務の範囲外にあると認めるときは、公共職業安定所の利用を勧奨する等適切に対応すること。また、職業紹介等事業者は、労働力の需要供給の適正かつ円滑な調整を図るため、職業安定機関の行う雇用情報の収集、標準職業名の普及等に協力するよう努めるものとする。

㈡　学校との連携

職業紹介事業者（法第三十三条の二第一項の規定による届出をして職業紹介事業を行う学校を除く。）は、高等学校、中等教育学校、中学校又は義務教育学校の新規卒業予定者に対する

職業紹介を行うに当たっては、学校との連携に関し、次に掲げる事項に留意すること。

イ　生徒に対して求人情報の提供等を行う際には、当該生徒が在籍する学校を通じて行うようにすること。

ロ　職業紹介事業者が行う職業紹介が、公共職業安定所及び学校が行う新規学校卒業予定者に対する職業紹介の日程に沿ったものとなるようにし、生徒の職業選択について必要な配慮を行うこと。

ハ　その他学校教育の円滑な実施に支障がないよう必要な配慮を行うこと。

二　職業紹介事業者における求人の申込みの受理に関する事項

(一)　職業紹介事業者は、原則として、求人者に対し、求人の申込みが法第五条の六第一項各号のいずれかに該当するか否かを申告させるべきこと。

(二)　職業紹介事業者は、求人の申込みが法第五条の六第一項各号のいずれかに該当することを知った場合は、当該求人の申込みを受理しないことが望ましいこと。

三　求職者の能力に適合する職業の紹介の推進

職業紹介事業者は、求職者の能力に適合した職業紹介を行うことができるよう、求職者の能力の的確な把握に努めるとともに、その業務の範囲内において、可能な限り幅広い求人の確保に努めること。

四　求職者又は求人者からの苦情の適切な処理

職業紹介事業者は、職業安定機関、特定地方公共団体及び他の職業紹介事業者と連携を図りつつ、当該事業に係る求職者又は求人者からの苦情(あっせんを行った後の苦情を含む。)を迅速、適切に処理するための体制の整備及び改善向上に努めること。

五　職業紹介により就職した者の早期離職等に関する事項

(一)　職業紹介事業者は、その紹介により就職した者(期間の定めのない労働契約を締結した者に限る。)に対し、当該就職した日から二年間、転職の勧奨を行ってはならないこと。

(二)　有料職業紹介事業者は、返戻金制度(職業安定法施行規則第二十四条の五第一項第二号に規定する返戻金制度をいう。以下同じ。)を設けることが望ましいこと。

(三)　有料職業紹介事業者は、法第三十二条の十三の規定に基づき求職者に対して手数料に関する事項を明示する場合、求職者から徴収する手数料に関する事項及び求人者から徴収する手数料に関する事項を明示しなければならないこと。また、職業紹介事業者は、同条の規定に基づき、返戻金制度に関する事項について、求人者及び求職者に対し、明示しなければならないこと。

六　職業紹介事業に係る適正な許可の取得

(一)　求人者に紹介するため求職者を探索した上当該求職者に就職するよう勧奨し、これに応じて求職の申込みをした者をあっせんするいわゆるスカウト行為を事業として行う場合は、職業紹介事業の許可等が必要であること。また、いわゆるアウトプレースメント業のうち、教育訓練、相談、助言等のみならず、職業紹介を行う事業は職業紹介事業に該当するものであり、当該事業を行うためには、職業紹介事業の許可等が必要であること。

(二)　次のいずれかに該当する行為を事業として行う場合は、当該者の判断が電子情報処理組織により自動的に行われているかどうかにかかわらず、職業紹介事業の許可等が必要であること。また、宣伝広告の内容、求人者又は求職者との間の契約内容等の実態から判断して、求人者に求職者を、又は求職者に求人者をあっせんする行為を事業として行うものであり、募集情報等提供事業はその一部として行われているものである場合には、全体として職業紹介事業に該当するものであり、当該事業を行うためには、職業紹介事業の許可等が必要であること。

イ　求職者に関する情報又は求人に関する情報について、当該者の判断により選別した提供相手に対してのみ提供を行い、又は当該者の判断により選別した情報のみ提供を行うこと。

ロ　求職者に関する情報又は求人に関する情報の内容について、当該者の判断により提供相手となる求人者又は求職者に応じて加工し、提供を行うこと。

ハ　求職者と求人者との間の意思疎通を当該者を介して中継する場合に、当該者の判断により当該意思疎通に加工を行うこと。

七　再就職支援を行う職業紹介事業者に関する事項

(一)　事業主の依頼に応じて、その雇用する労働者に対し再就職支援を行う職業紹介事業者(以下「再就職支援事業者」という。)が、直接当該労働者の権利を違法に侵害し、又は当該事業主による当該労働者の権利の違法な侵害を助長し、若しくは誘発する次に掲げる行為を行うことは許されないこと。

イ　当該労働者に対して、退職の強要（勧奨を受ける者の自由な意思決定を妨げる退職の勧奨であって、民事訴訟において違法とされるものをいう。以下同じ。）となり得る行為を直接行うこと。

ロ　退職の強要を助長し、又は誘発するマニュアル等を作成し事業主に提供する等、退職の強要を助長し、又は誘発する物又は役務を事業主に提供すること。

(二)　再就職支援事業者が次に掲げる行為を行うことは不適切であること。

イ　当該労働者に対して、退職の勧奨（退職の強要を除く。）を直接行うこと。

ロ　事業主に対して、その雇用する労働者に退職の勧奨を行うよう積極的に提案すること。

八　助成金の支給に関する基準を満たす職業紹介事業者に関する事項

雇用保険法施行規則（昭和五十年労働省令第三号）第百二条の五第二項第一号イ(4)、第百十条第二項第一号イ、第七項第一号イ、第九項第一号イ及び第十項第一号イ、第百十条の三第二項第一号イ及び第三項第一号並びに第百十二条第二項第一号ハ、第二号ハ、第三号イ(3)及び第四号ハ並びに附則第十五条の五の二の規定に基づき助成金の支給に関し職業安定局長が定める基準を満たす職業紹介事業者は、当該基準を遵守すること。

九　適正な宣伝広告等に関する事項

(一)　職業安定機関その他公的機関と関係を有しない職業紹介事業者は、これと誤認させる名称を用いてはならないこと。

(二)　職業紹介事業に関する宣伝広告の実施に当たっては、法第五条の四第一項及び第三項並びに不当景品類及び不当表示防止法（昭和三十七年法律第百三十四号）の趣旨に鑑みて、不当に求人者又は求職者を誘引し、合理的な選択を阻害するおそれがある不当な表示をしてはならないこと。

(三)　求職の申込みの勧奨については、求職者が希望する地域においてその能力に適合する職業に就くことができるよう、職業紹介事業の質を向上させ、これを訴求することによって行うべきものであり、職業紹介事業者が求職者に金銭等を提供することによって行うことは好ましくなく、お祝い金その他これに類する名目で社会通念上相当と認められる程度を超えて金銭等を提供することによって行ってはならないこと。

(四)　職業紹介事業の利用に関連して生じる違約金その他これに類するものとして当該事業を利用する求人者が負担する金銭等について、当該金銭等の金額、当該金銭等が発生する条件及び解除方法を含む契約の内容について、当該求人者に分かりやすく明瞭かつ正確に記載した書面又は電子メールその他の適切な方法により、あらかじめ当該求人者に対し誤解が生じないよう明示すること。ただし、口頭によるもののほか、ホームページの該当箇所を教示する等当該求人者が同一文面を再読できない可能性のある方法によるものは、適切な方法により明示しているとはいえないこと。

十　国外にわたる職業紹介を行う職業紹介事業者に関する事項

(一)　職業紹介事業者（法第三十三条の二第一項の規定により無料の職業紹介事業を行う同項各号に掲げる施設の長を除く。以下この十において同じ。）は、国外にわたる職業紹介を行うに当たっては、法第三十二条の十二第一項（法第三十三条第四項及び第三十三条の三第二項において準用する場合を含む。）の規定により、その職業紹介事業において取り扱う職種の範囲その他業務の範囲を届け出た場合には、その相手先国をはじめ、その範囲内で職業紹介を行わなければならないこと。

(二)　職業紹介事業者は、国外にわたる職業紹介を行うに当たっては、出入国管理及び難民認定法（昭和二十六年政令第三百十九号）その他の出入国に関する法令及び相手先国の法令を遵守して職業紹介を行わなければならないこと。

(三)　職業紹介事業者は、国外にわたる職業紹介を行うに当たっては、求職者に渡航費用その他の金銭を貸し付け、又は求人者がそれらの金銭を貸し付けた求職者に対して職業紹介を行ってはならないこと。

(四)　職業紹介事業者は、国外にわたる職業紹介を行うに当たり、取次機関を利用するときは、次に該当するものを利用してはならないこと。

イ　相手先国において活動を認められていない取次機関

ロ　職業紹介に関し、保証金の徴収その他名目のいかんを問わず、求職者の金銭その他の財産を管理し、求職者との間で職業紹介に係る契約の不履行について違約金を定める契約その他の不当に金銭その他の財産の移転を予定する契約を締結し、又は求職者に対して渡航費用その他の金銭を貸し付ける取次機関

(五)　職業紹介事業者は、職業紹介に関し、求職者

が他者に保証金の徴収その他名目のいかんを問わず、金銭その他の財産を管理され、又は他者が求職者との間で職業紹介に係る契約の不履行について違約金を定める契約その他の不当に金銭その他の財産の移転を予定する契約を締結していることを認識して、当該求職者に対して職業紹介を行ってはならないこと。

十一　職業紹介事業者が行う離職状況に係る調査に関する事項

㈠　職業紹介事業者は、法第三十三条の十六第三項（法第三十三条第四項、第三十三条の二第七項及び第三十三条の三第二項において準用する場合を含む。）の規定による情報の提供を行うに当たり、その紹介により就職した者のうち期間の定めのない労働契約を締結した者（以下この十一において「無期雇用就職者」という。）が職業安定法施行規則第二十四条の八第三項第二号（同令第二十五条第一項、第二十五条の二第六項及び第二十五条の三第二項において準用する場合を除く。）に規定する者に該当するかどうかを確認するため、当該無期雇用就職者に係る雇用主に対し、必要な調査を行わなければならないこと。

㈡　求人者は、無期雇用就職者を雇用した場合は、可能な限り、当該無期雇用就職者を紹介した職業紹介事業者が行う㈠の調査に協力すること。

第七　労働者の募集を行う者等の責務に関する事項

（法第四十二条）

労働者の募集を行う者及び募集受託者は、職業安定機関、特定地方公共団体等と連携を図りつつ、当該事業に係る募集に応じて労働者になろうとする者からの苦情を適切かつ迅速に処理するための体制の整備及び改善向上に努めること。

第八　募集情報等提供事業を行う者の責務に関する事項（法第四十三条の八）

一　職業安定機関等との連携

募集情報等提供事業を行う者は、労働力の需要供給の適正かつ円滑な調整を図るため、職業安定機関の行う雇用情報の収集、標準職業名の普及等に協力するよう努めるものとすること。

二　労働者の募集に関する情報の提供

㈠　募集情報等提供事業を行う者は、労働者の募集に関する情報が次のいずれかに該当すると認めるときは、当該情報の提供を依頼した者に対して当該情報の変更を依頼し、又は当該情報の提供を中止しなければならないこと。特に、当該情報がイに該当することを認めながら提供した場合には、法第六十三条第二号に違反することとなるおそれがあること。

イ　公衆衛生又は公衆道徳上有害な業務に就かせる目的の労働者の募集に関する情報

ロ　その内容が法令に違反する労働者の募集に関する情報

㈡　募集情報等提供事業を行う者は、労働者の募集に関する情報が㈠のイ又はロのいずれかに該当するおそれがあると認めるときは、当該情報の提供を依頼した者に対し、当該情報が㈠のイ若しくはロのいずれかに該当するかどうか確認し、又は当該情報の提供を中止すること。

㈢　募集情報等提供事業を行う者は、労働者の募集に関する情報又は労働者になろうとする者に関する情報について、当該情報の提供を依頼した者の承諾を得ることなく当該情報を改変して提供してはならないこと。

三　募集情報等提供事業を行う者は、労働争議に対する中立の立場を維持するため、同盟罷業又は作業所閉鎖の行われている事業所に関する募集情報等提供を行ってはならないこと。

四　労働者になろうとする者に関する情報を収集して募集情報等提供事業を行う場合は、当該情報により必ずしも特定の個人を識別することができない場合であっても特定募集情報等提供事業に該当すること。

五　適正な宣伝広告等に関する事項

㈠　職業安定機関その他公的機関と関係を有しない募集情報等提供事業を行う者は、これと誤認させる名称を用いてはならないこと。

㈡　募集情報等提供事業に関する宣伝広告の実施に当たっては、法第五条の四第一項及び第三項並びに不当景品類及び不当表示防止法の趣旨に鑑みて、不当に利用者を誘引し、合理的な選択を阻害するおそれがある不当な表示をしてはならないこと。

㈢　労働者になろうとする者に対する募集情報等提供事業の利用の勧奨については、労働者になろうとする者が希望する地域においてその能力に適合する職業に就くことができるよう、募集情報等提供事業の質を向上させ、これを訴求することによって行うべきものであり、募集情報等提供事業を行う者が労働者になろうとする者に金銭等を提供することによって行うことは好ましくなく、お祝い金その他これに類する名目で社会通念上相当と認められる程度を超えて金銭等を提供することによって行ってはならないこと。

(四)　募集情報等提供事業の利用に関連して生じる料金、違約金その他これに類するものとして当該事業を利用する労働者の募集を行う者が負担する金銭等について、当該金銭等の金額、当該金銭等が発生する条件及び解除方法を含む契約の内容について、当該労働者の募集を行う者に分かりやすく明瞭かつ正確に記載した書面又は電子メールその他の適切な方法により、あらかじめ当該労働者の募集を行う者に対し誤解が生じないよう明示すること。ただし、口頭によるもののほか、ホームページの該当箇所を教示する等当該労働者の募集を行う者が同一文面を再読できない可能性のある方法によるものは、適切な方法により明示しているとはいえないこと。

六　適切かつ迅速な苦情処理のための体制整備

　募集情報等提供事業を行う者は、労働者になろうとする者、労働者の募集を行う者、募集受託者、職業紹介事業者、他の募集情報等提供事業を行う者、特定地方公共団体又は労働者供給事業者から申出を受けた当該事業に関する苦情を適切かつ迅速に処理するため、相談窓口を明確にするとともに、必要な場合には職業安定機関と連携を行うこと。

第九　労働者供給事業者の責務に関する事項（法第四十五条の二）

　労働者供給事業者は、当該事業の運営に当たっては、その改善向上を図るために次に掲げる事項に係る措置を講ずる必要があること。

一　労働者供給事業者は、供給される労働者に対し、供給される労働者でなくなる自由を保障しなければならないこと。

二　労働者供給事業者は、労働組合法（昭和二十四年法律第百七十四号）第五条第二項各号に掲げる規定を含む労働組合の規約を定め、これを遵守する等、民主的な方法により運営しなければならないこと。

三　労働者供給事業者は、無料で労働者供給事業を行わなければならないこと。

四　労働者供給事業者は、供給される労働者から過度に高額な組合費を徴収してはならないこと。

五　労働者供給事業者は、供給される労働者の就業の状況等を踏まえ、労働者供給事業者又は労働者供給を受ける者が社会保険及び労働保険の適用手続を適切に進めるように管理すること。

六　労働者供給事業者は、職業安定機関、特定地方公共団体等と連携を図りつつ、当該事業に係る供給される労働者からの苦情を迅速、適切に処理するための体制の整備及び改善向上に努めること。

職業安定法施行規則第十七条の四第一項の規定に基づき厚生労働大臣が定める場合

平成二一年一月一九日厚生労働省告示第五号

適用：平成二一年一月一九日

　職業安定法施行規則第十七条の四第一項の厚生労働大臣が定める場合は、同令第三十五条第三項の規定により報告された同条第二項（第二号に係る部分に限る。）の規定による取り消し、又は撤回する旨の通知の内容が、次のいずれかに該当する場合とする。

一　二年度以上連続して行われたもの

二　同一年度内において十名以上の者に対して行われたもの（職業安定法施行規則第三十五条第三項の規定により報告された取消し又は撤回（以下「内定取消し」という。）の対象となった新規学卒者の安定した雇用を確保するための措置を講じ、これらの者の安定した雇用を速やかに確保した場合を除く。）

三　生産量その他事業活動を示す最近の指標、雇用者数その他雇用量を示す最近の指標等にかんがみ、事業活動の縮小を余儀なくされているものとは明らかに認められないときに、行われたもの

四　前三号に掲げるもののほか、次のいずれかに該当する事実が確認されたもの

イ　内定取消しの対象となった新規学卒者に対して、内定取消しを行わざるを得ない理由について十分な説明を行わなかったとき。

ロ　内定取消しの対象となった新規学卒者の就職先の確保に向けた支援を行わなかったとき。

労働者供給事業と請負により行われる事業との関係—民間需給調整関係業務要領（抄）

(イ) 労働者供給は、労働者を「他人の指揮命令を受けて労働に従事させること」であり、この有無により、労働者供給を業として行う労働者供給事業と請負により行われる事業とが区分される。

(ロ) 「他人の指揮命令を受けて労働に従事させる」ものではないとして、労働者供給事業に該当せず、請負により行われる事業に該当すると判断されるためには、職業安定法施行規則（以下「則」という。）第四条の規定による基準をすべて満たすものでなければならない。

則第四条は、次のとおり規定している。

職業安定法施行規則第四条《略》

(ハ) 則第四条の解釈

第一項

○第一項柱書の規定は、労働者派遣法に基づく労働者派遣を業として行う労働者派遣事業については、本項の適用はない（「労働者派遣事業と請負により行われる事業との区分に関する基準」（昭和六十一年労働省告示第三十七号）参照）ことを明らかにするとともに、請負により行われる事業と労働者供給事業との区分の基準を定めたものであり、基準の定め方としては、労働者を提供し、これを他人の指揮命令を受けて労働に従事させる者は、請負契約の形式により事業を行う場合であっても第一号から第四号までのすべてに該当する場合を除き労働者派遣事業を行う者とするものである。

(イ) なお、第一項の労働者を提供する者とは、それが、使用者、個人、団体、法人又はその他如何なる名称形式であるとを問わないものである（則第四条第三項）。

(ロ) また、第一項の労働者の提供を受けてこれを自らの指揮命令の下に労働させる者とは、個人、団体、法人又はその他如何なる名称形式であるとを問わないものである（則第四条第四項）。

イ　第一項第一号

○「財政上の責任を負う」とは、請負った作業の完成に伴う諸経費（例えば事業運転資金その他の経費）を自己の責任で調達支弁することをいう。運転資金等の調達は請負契約と無関係のものであれば必ずしも自己資金であることを要しない。また、請負契約に基づく契約金の前渡しは自己資金である。

○「法律上の責任を負う」とは、請負契約の締結に伴う請負業者として民法（第六百三十二条～第六百四十二条）、商法（第五百二条、第五百六十九条）等の義務の履行について責任を負うことをいうものである。

○以上の責任を負うものであるかどうかの判定は、単に契約上の請負業者であるとの形式のみによって判断するのではなく、その責任を負う意思能力（理解と誠意）が判定の基礎となるものであるから、その契約内容と請負業者の企業体としての資格、能力及び従来の事業実績等の状況を総合的に判断すべきものである。

ロ　第一項第二号

○「労働者を、指揮監督する」とは、作業に従事する労働者を、請負業者が自己の責任において作業上及び身分上指揮監督することをいう。この場合、請負業者がその被用者をして指揮、監督させる場合も含むもので、作業上の指揮監督とは、仕事の割付け、技術指導、勤惰点検、出来高査定等直接作業の遂行に関連した指揮監督をいう。したがって、請負契約により注文主が請負業者に指示（依頼）を行い、その結果として注文主の意思が間接的に労働者に反映されることは差し支えないが、その注文主の指示（依頼）が実質的に労働者の作業を指揮監督する程度に強くなると請負業者が労働者を指揮監督しているとはいえないことになる。また、身分上とは、労働者の採用、解雇、給与、休日等に関する一般的労務管理をいうものである。したがって、請負契約により注文主が請負業者に対し労働者の身分上のことについて指示（依頼）をすることをすべて否定するものではないが、注文主が労働者の身分上のことについて実質的に決定力をもつ場合は、請負業者が労働者を指揮監督しているとはいえない。

このように、労働者を指揮監督するとは、単に作業の上だけでなく、一般的な労務管理をも合わせて行っていることを要件とするものである。

ハ　第一項第三号

○「使用者として法律に規定されたすべての義務」とは、労働基準法、労働者災害補償保険法、雇用保険法、健康保険法、労働組合法、労働関係調整法、厚生年金保険法、民法等における使用者、又は雇用主としての義務をいう。

○「義務を負う者」とは、義務を負うべき立場にある者、すなわち、義務を履行しないときは義務の不履行に伴う民事上及び刑事上の責任を負うべき地位にある者をいい、必ずしも現実にこれらの義務を履行することを要求するものではないが、義務に関する理解と誠意に欠け、履行能力のないものをも、単に形式上使用者の立場にある事実のみを理由として義務を負う者とすることは妥当ではないので、この判定をする場合には、義務に関する理解と誠意並びにその履行状況、運営管理状況から総合的に判断すべきものである。

二　第一項第四号

○本号は、単に肉体労働力を提供するものではないと判断できる具体的要件としての物理的要件（自ら提供する機械、設備、機材若しくはその作業に必要な材料、資材を使用すること）と技術的要件（企画若しくは専門的な技術若しくは経験を必要とすること）の二要件を掲げ、そのいずれか一つの要件に該当する作業を行うものであればよいものとしている。

　しかも、この二要件はいずれも併立的、かつ、択一的なものである。要するに、単に肉体的な労働力を提供する作業でないためには、当該二要件のうち、いずれか一つを具備していなければならないとの意味である。

○「自ら提供し、使用する」とは、機械、設備、器材又は作業に必要な材料、資材を請負者自身の責任と負担において、準備、調達しその作業に使用することをいい、所有関係や購入経路等の如何を問うものではない。したがって、その機械等が自己の所有物である場合はもちろん、注文主から借入又は購入したものでも請負契約に関係のない双務契約の上にたつ正当なものを提供使用する場合も含むものである。

○「機械、設備、器材」とは、作業の稼働力となる機械、器具及びその附属設備、作業のために必要な工場、作業場等の築造物及びそれに要する器材等をいい、作業に直接必要のない労働者の宿舎、事務所等は、これに該当しない。

　なお、この提供度合については、該当するそれぞれの請負作業一般における通念に照らし、通常提供すべきものが作業の進捗状況に応じて随時提供使用されており、総合的にみて各目的に軽微な部分を提供するにとどまるものでない限りはよいものである。

○「業務上必要な簡単な工具」とは、機械、器具等のうち主として個々の労働者が主体となり、その補助的な役割を果たすものであって、例えば、「のみ」、「かんな」、「シャベル」等のように、通常個々の労働者が所持携行し得る程度のものをいい、これらのものは当該要件における機械、器具等から除くものである。

○なお、「機械、設備、器材」と「簡単な工具」との区別は、当該産業における機械化の状況と作業の実情等を考慮して業界における一般通念によって個々に判断されるものである。

○「専門的な技術」とは、当該作業の遂行に必要な専門的な工法上の監督技術、すなわち、通常学問的な科学知識を有する技術者によって行われる技術監督、検査等をいう。

○「専門的な経験」とは、学問的に体系づけられた知識に基づくものではないが、永年の経験と熟練により習得した専門の技能を有するいわゆる職人的技能者が、作業遂行の実際面において発揮する工法上の監督的技能、経験をいう。

　例えば、作業の実地指導、仕事の順序、割振、危険防止等についての指揮監督能力がこれであり、単なる労働者の統率ないしは一般的労務管理的技能、経験を意味するものではなく、また、個々の労働者の有する技能、経験をもって足りるような作業は「専門的な経験」を必要とする作業とはいえないものである。

○要するに「企画若しくは専門的な技術、若しくは専門的な経験」とは、請負業者として全体的に発揮すべき企画性、技術性、経験を指すのであって、個々の労働者の有する技術又は技能等や業務自体の専門性をいうのではない。そして、当該作業が「企画若しくは専門的な技術、若しくは専門的な経験」を必要とするかどうかの認定は、その作業が単に個々の労働者の技能の集積によって遂行できるものか、また、その請負業者が企業体として、その作業をなし得る能力を持っており、かつ、現実にその技能、経験を発揮して作業について企画し、又は指揮監督しているかどうかについて検討すべきものである。

第二項

　本項の規定は、第一項各号の要件が形式的には具備されていても、それが脱法を目的として故意に偽装しているものである限り、実質的には要件を欠くものであって、労働者供給事業を行う者であるとするものであり、この規定は、第一項の労働者供給事業に該当するものの範囲を拡張するものではなく、表面合法を装って脱法しようとするものであることから、第一項の解釈を注意的にさらに明確にしたものである。

　「職業安定法第四十四条の規定に違反することを免れるため、故意に偽装されたものであって、その事業の真の目的が労働力の供給にある」ものとしては、次のような例が考えられる。

①　請負契約の形式で合法化しようとするもの

　この場合は第一項各号の具備状況が形式的なものであって、実質的には、具備していないことの確認に基づいて判断される。例えば第一項第四項の自ら提供すべき機械、設備、器材、若しくは材料、資材等を表面上は発注者から借用、又は譲渡、購入したような形式をとり、その使用状況からみて事実は依然発注者の管理又は所有に属しているようなごときである。

② 発注者が直用する形式によって第一項各号の要件の具備を全面的に免れようとするもの

この場合は直用していると称する者の使用者としての業務履行の状況と、請負ないし労働者供給の事実の確認に基づいて判断される。例えば二重帳簿の備付、賃金支払の方法、採用、解雇の実権の所在、手数料的性格の経費の支払等の傍証によって確認することができるものである。

第三項及び第四項

本項の規定は、それぞれ第一項の「労働者を提供する者」及び「労働者の提供を受けてこれを自らの指揮命令の下に労働させる者」の範囲を例示的に規定したものであり、第三項の使用者、個人、団体、第四項の個人、団体、法人、政府機関等は何れも単に名称の例示にすぎないものであって、要は何人に対しても適用のある旨を明らかにしたものである。

労働者派遣事業の適正な運営の確保及び派遣労働者の保護等に関する法律

昭和六〇年七月五日法律第八八号
施行：昭和六〇年七月五日
最終改正：令和六年五月三一日法律第四二号
施行：附則参照

第一章　総則

（目的）

第一条　この法律は、職業安定法（昭和二十二年法律第百四十一号）と相まつて労働力の需給の適正な調整を図るため労働者派遣事業の適正な運営の確保に関する措置を講ずるとともに、派遣労働者の保護等を図り、もつて派遣労働者の雇用の安定その他福祉の増進に資することを目的とする。

（用語の意義）

第二条　この法律において、次の各号に掲げる用語の意義は、当該各号に定めるところによる。

一　労働者派遣　自己の雇用する労働者を、当該雇用関係の下に、かつ、他人の指揮命令を受けて、当該他人のために労働に従事させることをいい、当該他人に対し当該労働者を当該他人に雇用させることを約してするものを含まないものとする。

二　派遣労働者　事業主が雇用する労働者であつて、労働者派遣の対象となるものをいう。

三　労働者派遣事業　労働者派遣を業として行うことをいう。

四　紹介予定派遣　労働者派遣のうち、第五条第一項の許可を受けた者（以下「派遣元事業主」という。）又は第十六条第一項の規定により届出書を提出した者（以下「特定派遣元事業主」という。）が労働者派遣の役務の提供の開始前又は開始後に、当該労働者派遣に係る派遣労働者及び当該派遣労働者に係る労働者派遣の役務の提供を受ける者（第三章第四節を除き、以下「派遣先」という。）について、職業安定法その他の法律の規定による許可を受けて、又は届出をして、職業紹介を行い、又は行うことを予定してするものをいい、当該職業紹介により、当該派遣労働者が当該派遣先に雇用される旨が、当該労働者派遣の役務の提供の終了前に当該派遣労働者と当該派遣先との間で約されるものを含むものとする。

（船員に対する適用除外）

第三条　この法律は、船員職業安定法（昭和二十三年法律第百三十号）第六条第一項に規定する船員については、適用しない。

第二章　労働者派遣事業の適正な運営の確保に関する措置

第一節　業務の範囲

第四条　何人も、次の各号のいずれかに該当する業務について、労働者派遣事業を行つてはならない。

一　港湾運送業務（港湾労働法（昭和六十三年法律第四十号）第二条第二号に規定する港湾運送の業務及び同条第一号に規定する港湾以外の港湾において行われる当該業務に相当する業務として政令で定める業務をいう。）

二　建設業務（土木、建築その他工作物の建設、改造、保存、修理、変更、破壊若しくは解体の作業又はこれらの作業の準備の作業に係る業務をいう。）

三　警備業法（昭和四十七年法律第百十七号）第二条第一項各号に掲げる業務その他その業務の実施の適正を確保するためには業として行う労働者派遣（次節並びに第二十三条第二項、第四項及び第五項において単に「労働者派遣」という。）により派遣労働者に従事させることが適当でないと認められる業務として政令で定める業務

2　厚生労働大臣は、前項第三号の政令の制定又は改正の立案をしようとするときは、あらかじめ、労働政策審議会の意見を聴かなければならない。

3　労働者派遣事業を行う事業主から労働者派遣の役務の提供を受ける者は、その指揮命令の下に当該労働者派遣に係る派遣労働者を第一項各号のいずれかに該当する業務に従事させてはならない。

第二節　事業の許可

（労働者派遣事業の許可）

第五条　労働者派遣事業を行おうとする者は、厚生労働大臣の許可を受けなければならない。

2　前項の許可を受けようとする者は、次に掲げる事項を記載した申請書を厚生労働大臣に提出しなければならない。

一　氏名又は名称及び住所並びに法人にあつては、その代表者の氏名

二　法人にあつては、その役員の氏名及び住所

三　労働者派遣事業を行う事業所の名称及び所在地

四　第三十六条の規定により選任する派遣元責任者の氏名及び住所

3　前項の申請書には、労働者派遣事業を行う事業所ごとの当該事業に係る事業計画書その他厚生労働省令で定める書類を添付しなければならない。

4　前項の事業計画書には、厚生労働省令で定めるところにより、労働者派遣事業を行う事業所ごとの当該事業に係る派遣労働者の数、労働者派遣に関する料金の額その他労働者派遣に関する事項を記載しなければならない。

5　厚生労働大臣は、第一項の許可をしようとするときは、あらかじめ、労働政策審議会の意見を聴かなければならない。

（許可の欠格事由）

第六条　次の各号のいずれかに該当する者は、前条第一項の許可を受けることができない。

一　禁錮以上の刑に処せられ、又はこの法律の規定その他労働に関する法律の規定（次号に規定する規定を除く。）であつて政令で定めるもの若しくは暴力団員による不当な行為の防止等に関する法律（平成三年法律第七十七号）の規定（同法第五十条（第二号に係る部分に限る。）及び第五十二条の規定を除く。）により、若しくは刑法（明治四十年法律第四十五号）第二百四条、第二百六条、第二百八条、第二百八条の二、第二百二十二条若しくは第二百四十七条の罪、暴力行為等処罰に関する法律（大正十五年法律第六十号）の罪若しくは出入国管理及び難民認定法（昭和二十六年政令第三百十九号）第七十三条の二第一項の罪を犯したことにより、罰金の刑に処せられ、その執行を終わり、又は執行を受けることがなくなつた日から起算して五年を経過しない者

二　健康保険法（大正十一年法律第七十号）第二百八条、第二百十三条の二若しくは第二百十四条第一項、船員保険法（昭和十四年法律第七十三号）第百五十六条、第百五十九条若しくは第百六十条第一項、労働者災害補償保険法（昭和二十二年法律第五十号）第五十一条前段若しくは第五十四条第一項（同法第五十一条前段の規定に係る部分に限る。）、厚生年金保険法（昭和二十九年法律第百十五号）第百二条、第百三条の二若しくは第百四条第一項（同法第百二条又は第百三条の二の規定に係る部分に限る。）、労働保険の保険料の徴収等に関する法律（昭和四十四年法律第八十四号）第四十六条前段若しくは第四十八条第一項（同法第四十六条前段の規定に係る部分に限る。）又は雇用保険法（昭和四十九年法律第百十六号）第八十三条若しくは第八十六条（同法第八十三条の規定に係る部分に限る。）の規定により罰金の刑に処せられ、その執行を終わり、又は執行を受けることがなくなつた日から起算して五年を経過しない者

三　心身の故障により労働者派遣事業を適正に行うことができない者として厚生労働省令で定めるもの

四　破産手続開始の決定を受けて復権を得ない者

五　第十四条第一項（第一号を除く。）の規定により労働者派遣事業の許可を取り消され、当該取消しの日から起算して五年を経過しない者

六　第十四条第一項の規定により労働者派遣事業の許可を取り消された者が法人である場合（同項第一号の規定により許可を取り消された場合については、当該法人が第一号又は第二号に規定する者に該当することとなつたことによる場合に限る。）において、当該取消しの処分を受

ける原因となつた事項が発生した当時現に当該法人の役員（業務を執行する社員、取締役、執行役又はこれらに準ずる者をいい、相談役、顧問その他いかなる名称を有する者であるかを問わず、法人に対し業務を執行する社員、取締役、執行役又はこれらに準ずる者と同等以上の支配力を有するものと認められる者を含む。以下この条において同じ。）であつた者で、当該取消しの日から起算して五年を経過しないもの

七　第十四条第一項の規定による労働者派遣事業の許可の取消し又は第二十一条第一項の規定による特定労働者派遣事業の廃止の命令の処分に係る行政手続法（平成五年法律第八十八号）第十五条の規定による通知があつた日から当該処分をする日又は処分をしないことを決定する日までの間に第十三条第一項の規定による労働者派遣事業の廃止の届出をした者（当該事業の廃止について相当の理由がある者を除く。）で、当該届出の日から起算して五年を経過しないもの

八　前号に規定する期間内に第十三条第一項の規定による一般労働者派遣事業の廃止の届出又は第二十条の規定による特定労働者派遣事業の廃止の届出をした者が法人である場合において、同号の通知の日前六十日以内に当該法人（当該事業の廃止について相当の理由がある法人を除く。）の役員であつた者で、当該届出の日から起算して五年を経過しないもの

九　暴力団員による不当な行為の防止等に関する法律第二条第六号に規定する暴力団員（以下この号において「暴力団員」という。）又は暴力団員でなくなつた日から五年を経過しない者（以下この条において「暴力団員等」という。）

十　営業に関し成年者と同一の行為能力を有しない未成年者であつて、その法定代理人が前各号又は次号のいずれかに該当するもの

十一　法人であつて、その役員のうちに前各号のいずれかに該当する者があるもの

十二　暴力団員等がその事業活動を支配する者

十三　暴力団員等をその業務に従事させ、又はその業務の補助者として使用するおそれのある者

（許可の基準等）

第七条　厚生労働大臣は、第五条第一項の許可の申請が次に掲げる基準に適合していると認めるときでなければ、許可をしてはならない。

一　当該事業が専ら労働者派遣の役務を特定の者に提供することを目的として行われるもの（雇用の機会の確保が特に困難であると認められる労働者の雇用の継続等を図るために必要であると認められる場合として厚生労働省令で定める場合において行われるものを除く。）でないこと。

二　申請者が、当該事業の派遣労働者に係る雇用管理を適正に行うに足りる能力を有するものとして厚生労働省令で定める基準に適合するものであること。

三　個人情報（個人に関する情報であつて、特定の個人を識別することができるもの（他の情報と照合することにより特定の個人を識別することができることとなるものを含む。）をいう。以下同じ。）を適正に管理し、及び派遣労働者等の秘密を守るために必要な措置が講じられていること。

四　前二号に掲げるもののほか、申請者が、当該事業を的確に遂行するに足りる能力を有するものであること。

2　厚生労働大臣は、第五条第一項の許可をしないときは、遅滞なく、理由を示してその旨を当該申請者に通知しなければならない。

（許可証）

第八条　厚生労働大臣は、第五条第一項の許可をしたときは、厚生労働省令で定めるところにより、労働者派遣事業を行う事業所の数に応じ、許可証を交付しなければならない。

2　許可証の交付を受けた者は、当該許可証を、労働者派遣事業を行う事業所ごとに備え付けるとともに、関係者から請求があつたときは提示しなければならない。

3　許可証の交付を受けた者は、当該許可証を亡失し、又は当該許可証が滅失したときは、速やかにその旨を厚生労働大臣に届け出て、許可証の再交付を受けなければならない。

（許可の条件）

第九条　第五条第一項の許可には、条件を付し、及びこれを変更することができる。

2　前項の条件は、当該許可の趣旨に照らして、又は当該許可に係る事項の確実な実施を図るために必要な最小限度のものに限り、かつ、当該許可を受ける者に不当な義務を課することとなるものであつてはならない。

（許可の有効期間等）

第一〇条　第五条第一項の許可の有効期間は、当該許可の日から起算して三年とする。

2　前項に規定する許可の有効期間（当該許可の有効期間についてこの項の規定により更新を受けたときにあつては、当該更新を受けた許可の有効期間）の満了後引き続き当該許可に係る労働者派遣

事業を行おうとする者は、厚生労働省令で定めるところにより、許可の有効期間の更新を受けなければならない。

3　厚生労働大臣は、前項に規定する許可の有効期間の更新の申請があつた場合において、当該申請が第七条第一項各号に掲げる基準に適合していないと認めるときは、当該許可の有効期間の更新をしてはならない。

4　第二項の規定によりその更新を受けた場合における第五条第一項の許可の有効期間は、当該更新前の許可の有効期間が満了する日の翌日から起算して五年とする。

5　第五条第二項から第四項まで、第六条（第五号から第八号までを除く。）及び第七条第二項の規定は、第二項に規定する許可の有効期間の更新について準用する。

（変更の届出）

第一一条　派遣元事業主は、第五条第二項各号に掲げる事項に変更があつたときは、遅滞なく、その旨を厚生労働大臣に届け出なければならない。この場合において、当該変更に係る事項が労働者派遣事業を行う事業所の新設に係るものであるときは、当該事業所に係る事業計画書その他厚生労働省令で定める書類を添付しなければならない。

2　第五条第四項の規定は、前項の事業計画書について準用する。

3　厚生労働大臣は、第一項の規定により労働者派遣事業を行う事業所の新設に係る変更の届出があつたときは、厚生労働省令で定めるところにより、当該新設に係る事業所の数に応じ、許可証を交付しなければならない。

4　派遣元事業主は、第一項の規定による届出をする場合において、当該届出に係る事項が許可証の記載事項に該当するときは、厚生労働省令で定めるところにより、その書換えを受けなければならない。

第一二条　削除

（事業の廃止）

第一三条　派遣元事業主は、当該労働者派遣事業を廃止したときは、遅滞なく、厚生労働省令で定めるところにより、その旨を厚生労働大臣に届け出なければならない。

2　前項の規定による届出があつたときは、第五条第一項の許可は、その効力を失う。

（許可の取消し等）

第一四条　厚生労働大臣は、派遣元事業主が次の各号のいずれかに該当するときは、第五条第一項の許可を取り消すことができる。

一　第六条各号（第五号から第八号までを除く。）のいずれかに該当しているとき。

二　この法律（第二十三条第三項、第二十三条の二、第三十条第二項の規定により読み替えて適用する同条第一項及び次章第四節の規定を除く。）若しくは職業安定法の規定又はこれらの規定に基づく命令若しくは処分に違反したとき。

三　第九条第一項の規定により付された許可の条件に違反したとき。

四　第四十八条第三項の規定による指示を受けたにもかかわらず、なお第二十三条第三項、第二十三条の二又は第三十条第二項の規定により読み替えて適用する同条第一項の規定に違反したとき。

2　厚生労働大臣は、派遣元事業主が前項第二号又は第三号に該当するときは、期間を定めて当該労働者派遣事業の全部又は一部の停止を命ずることができる。

（名義貸しの禁止）

第一五条　派遣元事業主は、自己の名義をもつて、他人に労働者派遣事業を行わせてはならない。

第一六条から第二二条まで　削除

第三節　補則

（事業報告等）

第二三条　派遣元事業主は、厚生労働省令で定めるところにより、労働者派遣事業を行う事業所ごとの当該事業に係る事業報告書及び収支決算書を作成し、厚生労働大臣に提出しなければならない。

2　前項の事業報告書には、厚生労働省令で定めるところにより、労働者派遣事業を行う事業所ごとの当該事業に係る派遣労働者の数、労働者派遣の役務の提供を受けた者の数、労働者派遣に関する料金の額その他労働者派遣に関する事項を記載しなければならない。

3　派遣元事業主は、厚生労働省令で定めるところにより、次条に規定する関係派遣先への派遣割合を厚生労働大臣に報告しなければならない。

4　派遣元事業主は、派遣労働者をこの法律の施行地外の地域に所在する事業所その他の施設において就業させるための労働者派遣（以下「海外派遣」という。）をしようとするときは、厚生労働省令で定めるところにより、あらかじめ、その旨を厚生労働大臣に届け出なければならない。

5　派遣元事業主は、厚生労働省令で定めるところにより、労働者派遣事業を行う事業所ごとの当該事業に係る派遣労働者の数、労働者派遣の役務の提供を受けた者の数、労働者派遣に関する料金の額の平均額から派遣労働者の賃金の額の平均額を控除した額を当該労働者派遣に関する料金の額の平均額で除して得た割合として厚生労働省令で定めるところにより算定した割合、教育訓練に関する事項その他当該労働者派遣事業の業務に関しあらかじめ関係者に対して知らせることが適当であるものとして厚生労働省令で定める事項に関し情報の提供を行わなければならない。

（派遣元事業主の関係派遣先に対する労働者派遣の制限）

第二三条の二　派遣元事業主は、当該派遣元事業主の経営を実質的に支配することが可能となる関係にある者その他の当該派遣元事業主と特殊の関係のある者として厚生労働省令で定める者（以下この条において「関係派遣先」という。）に労働者派遣をするときは、関係派遣先への派遣割合（一の事業年度における当該派遣元事業主が雇用する派遣労働者の関係派遣先に係る派遣就業（労働者派遣に係る派遣労働者の就業をいう。以下同じ。）に係る総労働時間を、その事業年度における当該派遣元事業主が雇用する派遣労働者のすべての派遣就業に係る総労働時間で除して得た割合として厚生労働省令で定めるところにより算定した割合をいう。）が百分の八十以下となるようにしなければならない。

（職業安定法第二十条の準用）

第二四条　職業安定法第二十条の規定は、労働者派遣事業について準用する。この場合において、同条第一項中「公共職業安定所」とあるのは「労働者派遣事業の適正な運営の確保及び派遣労働者の保護等に関する法律第二条第四号に規定する派遣元事業主（以下単に「派遣元事業主」という。）」と、「事業所に、求職者を紹介してはならない」とあるのは「事業所に関し、同条第一号に規定する労働者派遣（以下単に「労働者派遣」という。）（当該同盟罷業又は作業所閉鎖の行われる際現に当該事業所に関し労働者派遣をしている場合にあつては、当該労働者派遣及びこれに相当するものを除く。）をしてはならない」と、同条第二項中「求職者を無制限に紹介する」とあるのは「無制限に労働者派遣がされる」と、「公共職業安定所は当該事業所に対し、求職者を紹介してはならない」とあるのは「公共職業安定所は、その旨を派遣元事業主に通報するものとし、当該通報を受けた派遣元事業主は、当該事業所に関し、労働者派遣（当該通報の際現に当該事業所に関し労働者派遣をしている場合にあつては、当該労働者派遣及びこれに相当するものを除く。）をしてはならない」と、「使用されていた労働者」とあるのは「使用されていた労働者（労働者派遣に係る労働に従事していた労働者を含む。）」と、「労働者を紹介する」とあるのは「労働者派遣をする」と読み替えるものとする。

（派遣元事業主以外の労働者派遣事業を行う事業主からの労働者派遣の受入れの禁止）

第二四条の二　労働者派遣の役務の提供を受ける者は、派遣元事業主以外の労働者派遣事業を行う事業主から、労働者派遣の役務の提供を受けてはならない。

（個人情報の取扱い）

第二四条の三　派遣元事業主は、労働者派遣に関し、労働者の個人情報を収集し、保管し、又は使用するに当たつては、その業務（紹介予定派遣をする場合における職業紹介を含む。次条において同じ。）の目的の達成に必要な範囲内で労働者の個人情報を収集し、並びに当該収集の目的の範囲内でこれを保管し、及び使用しなければならない。ただし、本人の同意がある場合その他正当な事由がある場合は、この限りでない。

2　派遣元事業主は、労働者の個人情報を適正に管理するために必要な措置を講じなければならない。

（秘密を守る義務）

第二四条の四　派遣元事業主及びその代理人、使用人その他の従業者は、正当な理由がある場合でなければ、その業務上取り扱つたことについて知り得た秘密を他に漏らしてはならない。派遣元事業主及びその代理人、使用人その他の従業者でなくなつた後においても、同様とする。

（運用上の配慮）

第二五条　厚生労働大臣は、労働者派遣事業に係るこの法律の規定の運用に当たつては、労働者の職業生活の全期間にわたるその能力の有効な発揮及びその雇用の安定に資すると認められる雇用慣行並びに派遣就業は臨時的かつ一時的なものであることを原則とするとの考え方を考慮するとともに、労働者派遣事業による労働力の需給の調整が職業安定法に定める他の労働力の需給の調整に関する制度に基づくものとの調和の下に行われるように配慮しなければならない。

第三章　派遣労働者の保護等に関する措置

第一節　労働者派遣契約

（契約の内容等）

第二六条　労働者派遣契約（当事者の一方が相手方に対し労働者派遣をすることを約する契約をいう。

以下同じ。）の当事者は、厚生労働省令で定めるところにより、当該労働者派遣契約の締結に際し、次に掲げる事項を定めるとともに、その内容の差異に応じて派遣労働者の人数を定めなければならない。

一　派遣労働者が従事する業務の内容

二　派遣労働者が労働者派遣に係る労働に従事する事業所の名称及び所在地その他派遣就業の場所並びに組織単位（労働者の配置の区分であつて、配置された労働者の業務の遂行を指揮命令する職務上の地位にある者が当該労働者の業務の配分に関して直接の権限を有するものとして厚生労働省令で定めるものをいう。以下同じ。）

三　労働者派遣の役務の提供を受ける者のために、就業中の派遣労働者を直接指揮命令する者に関する事項

四　労働者派遣の期間及び派遣就業をする日

五　派遣就業の開始及び終了の時刻並びに休憩時間

六　安全及び衛生に関する事項

七　派遣労働者から苦情の申出を受けた場合における当該申出を受けた苦情の処理に関する事項

八　派遣労働者の新たな就業の機会の確保、派遣労働者に対する休業手当（労働基準法（昭和二十二年法律第四十九号）第二十六条の規定により使用者が支払うべき手当をいう。第二十九条の二において同じ。）等の支払に要する費用を確保するための当該費用の負担に関する措置その他の労働者派遣契約の解除に当たつて講ずる派遣労働者の雇用の安定を図るために必要な措置に関する事項

九　労働者派遣契約が紹介予定派遣に係るものである場合にあつては、当該職業紹介により従事すべき業務の内容及び労働条件その他の当該紹介予定派遣に関する事項

十　前各号に掲げるもののほか、厚生労働省令で定める事項

2　前項に定めるもののほか、派遣元事業主は、労働者派遣契約であつて海外派遣に係るものの締結に際しては、厚生労働省令で定めるところにより、当該海外派遣に係る役務の提供を受ける者が次に掲げる措置を講ずべき旨を定めなければならない。

一　第四十一条の派遣先責任者の選任

二　第四十二条第一項の派遣先管理台帳の作成、同項各号に掲げる事項の当該台帳への記載及び同条第三項の厚生労働省令で定める条件に従つた通知

三　その他厚生労働省令で定める当該派遣就業が適正に行われるため必要な措置

3　派遣元事業主は、第一項の規定により労働者派遣契約を締結するに当たつては、あらかじめ、当該契約の相手方に対し、第五条第一項の許可を受けている旨を明示しなければならない。

4　派遣元事業主から新たな労働者派遣契約に基づく労働者派遣（第四十条の二第一項各号のいずれかに該当するものを除く。次項において同じ。）の役務の提供を受けようとする者は、第一項の規定により当該労働者派遣契約を締結するに当たつては、あらかじめ、当該派遣元事業主に対し、当該労働者派遣の役務の提供が開始される日以後当該労働者派遣の役務の提供を受けようとする者の事業所その他派遣就業の場所の業務について同条第一項の規定に抵触することとなる最初の日を通知しなければならない。

5　派遣元事業主は、新たな労働者派遣契約に基づく労働者派遣の役務の提供を受けようとする者から前項の規定による通知がないときは、当該者との間で、当該者の事業所その他派遣就業の場所の業務に係る労働者派遣契約を締結してはならない。

6　労働者派遣（紹介予定派遣を除く。）の役務の提供を受けようとする者は、労働者派遣契約の締結に際し、当該労働者派遣契約に基づく労働者派遣に係る派遣労働者を特定することを目的とする行為をしないように努めなければならない。

7　労働者派遣の役務の提供を受けようとする者は、第一項の規定により労働者派遣契約を締結するに当たつては、あらかじめ、派遣元事業主に対し、厚生労働省令で定めるところにより、当該労働者派遣に係る派遣労働者が従事する業務ごとに、比較対象労働者の賃金その他の待遇に関する情報その他の厚生労働省令で定める情報を提供しなければならない。

8　前項の「比較対象労働者」とは、当該労働者派遣の役務の提供を受けようとする者に雇用される通常の労働者であつて、その業務の内容及び当該業務に伴う責任の程度（以下「職務の内容」という。）並びに当該職務の内容及び配置の変更の範囲が、当該労働者派遣に係る派遣労働者と同一であると見込まれるものその他の当該派遣労働者と待遇を比較すべき労働者として厚生労働省令で定めるものをいう。

9　派遣元事業主は、労働者派遣の役務の提供を受けようとする者から第七項の規定による情報の提供がないときは、当該者との間で、当該労働者派

遣に係る派遣労働者が従事する業務に係る労働者派遣契約を締結してはならない。

10　派遣先は、第七項の情報に変更があつたときは、遅滞なく、厚生労働省令で定めるところにより、派遣元事業主に対し、当該変更の内容に関する情報を提供しなければならない。

11　労働者派遣の役務の提供を受けようとする者及び派遣先は、当該労働者派遣に関する料金の額について、派遣元事業主が、第三十条の四第一項の協定に係る労働者派遣以外の労働者派遣にあつては第三十条の三の規定、同項の協定に係る労働者派遣にあつては同項第二号から第五号までに掲げる事項に関する協定の定めを遵守することができるものとなるように配慮しなければならない。

（契約の解除等）

第二十七条　労働者派遣の役務の提供を受ける者は、派遣労働者の国籍、信条、性別、社会的身分、派遣労働者が労働組合の正当な行為をしたこと等を理由として、労働者派遣契約を解除してはならない。

第二十八条　労働者派遣をする事業主は、当該労働者派遣の役務の提供を受ける者が、当該派遣就業に関し、この法律又は第四節の規定により適用される法律の規定（これらの規定に基づく命令の規定を含む。第三十一条及び第四十条の六第一項第五号において同じ。）に違反した場合においては、当該労働者派遣を停止し、又は当該労働者派遣契約を解除することができる。

第二十九条　労働者派遣契約の解除は、将来に向かつてのみその効力を生ずる。

（労働者派遣契約の解除に当たつて講ずべき措置）

第二十九条の二　労働者派遣の役務の提供を受ける者は、その者の都合による労働者派遣契約の解除に当たつては、当該労働者派遣に係る派遣労働者の新たな就業の機会の確保、労働者派遣をする事業主による当該派遣労働者に対する休業手当等の支払に要する費用を確保するための当該費用の負担その他の当該派遣労働者の雇用の安定を図るために必要な措置を講じなければならない。

第二節　派遣元事業主の講ずべき措置等

（特定有期雇用派遣労働者等の雇用の安定等）

第三〇条　派遣元事業主は、その雇用する有期雇用派遣労働者（期間を定めて雇用される派遣労働者をいう。以下同じ。）であつて派遣先の事業所その他派遣就業の場所における同一の組織単位の業務について継続して一年以上の期間当該労働者派遣に係る労働に従事する見込みがあるものとして厚生労働省令で定めるもの（以下「特定有期雇用派遣労働者」という。）その他雇用の安定を図る必要性が高いと認められる者として厚生労働省令で定めるもの又は派遣労働者として期間を定めて雇用しようとする労働者であつて雇用の安定を図る必要性が高いと認められるものとして厚生労働省令で定めるもの（以下この項において「特定有期雇用派遣労働者等」という。）に対し、厚生労働省令で定めるところにより、次の各号の措置を講ずるように努めなければならない。

一　派遣先に対し、特定有期雇用派遣労働者に対して労働契約の申込みをすることを求めること。

二　派遣労働者として就業させることができるように就業（その条件が、特定有期雇用派遣労働者等の能力、経験その他厚生労働省令で定める事項に照らして合理的なものに限る。）の機会を確保するとともに、その機会を特定有期雇用派遣労働者等に提供すること。

三　派遣労働者以外の労働者として期間を定めないで雇用することができるように雇用の機会を確保するとともに、その機会を特定有期雇用派遣労働者等に提供すること。

四　前三号に掲げるもののほか、特定有期雇用派遣労働者等を対象とした教育訓練であつて雇用の安定に特に資すると認められるものとして厚生労働省令で定めるものその他の雇用の安定を図るために必要な措置として厚生労働省令で定めるものを講ずること。

2　派遣先の事業所その他派遣就業の場所における同一の組織単位の業務について継続して三年間当該労働者派遣に係る労働に従事する見込みがある特定有期雇用派遣労働者に係る前項の規定の適用については、同項中「講ずるように努めなければ」とあるのは、「講じなければ」とする。

（段階的かつ体系的な教育訓練等）

第三〇条の二　派遣元事業主は、その雇用する派遣労働者が段階的かつ体系的に派遣就業に必要な技能及び知識を習得することができるように教育訓練を実施しなければならない。この場合において、当該派遣労働者が無期雇用派遣労働者（期間を定めないで雇用される派遣労働者をいう。以下同じ。）であるときは、当該無期雇用派遣労働者がその職業生活の全期間を通じてその有する能力を有効に発揮できるように配慮しなければならない。

2　派遣元事業主は、その雇用する派遣労働者の求めに応じ、当該派遣労働者の職業生活の設計に関し、相談の機会の確保その他の援助を行わなければならない。

（不合理な待遇の禁止等）

第三〇条の三　派遣元事業主は、その雇用する派遣労働者の基本給、賞与その他の待遇のそれぞれについて、当該待遇に対応する派遣先に雇用される通常の労働者の待遇との間において、当該派遣労働者及び通常の労働者の職務の内容、当該職務の内容及び配置の変更の範囲その他の事情のうち、当該待遇の性質及び当該待遇を行う目的に照らして適切と認められるものを考慮して、不合理と認められる相違を設けてはならない。

2　派遣元事業主は、職務の内容が派遣先に雇用される通常の労働者と同一の派遣労働者であつて、当該労働者派遣契約及び当該派遣先における慣行その他の事情からみて、当該派遣先における派遣就業が終了するまでの全期間において、その職務の内容及び配置が当該派遣先との雇用関係が終了するまでの全期間における当該通常の労働者の職務の内容及び配置の変更の範囲と同一の範囲で変更されることが見込まれるものについては、正当な理由がなく、基本給、賞与その他の待遇のそれぞれについて、当該待遇に対応する当該通常の労働者の待遇に比して不利なものとしてはならない。

第三〇条の四　派遣元事業主は、厚生労働省令で定めるところにより、労働者の過半数で組織する労働組合がある場合においてはその労働組合、労働者の過半数で組織する労働組合がない場合においては労働者の過半数を代表する者との書面による協定により、その雇用する派遣労働者の待遇（第四十条第二項の教育訓練、同条第三項の福利厚生施設その他の厚生労働省令で定めるものに係るものを除く。以下この項において同じ。）について、次に掲げる事項を定めたときは、前条の規定は、第一号に掲げる範囲に属する派遣労働者の待遇については適用しない。ただし、第二号、第四号若しくは第五号に掲げる事項であつて当該協定で定めたものを遵守していない場合又は第三号に関する当該協定の定めによる公正な評価に取り組んでいない場合は、この限りでない。

一　その待遇が当該協定で定めるところによることとされる派遣労働者の範囲

二　前号に掲げる範囲に属する派遣労働者の賃金の決定の方法（次のイ及びロ（通勤手当その他の厚生労働省令で定めるものにあつては、イ）に該当するものに限る。）

イ　派遣労働者が従事する業務と同種の業務に従事する一般の労働者の平均的な賃金の額として厚生労働省令で定めるものと同等以上の賃金の額となるものであること。

ロ　派遣労働者の職務の内容、職務の成果、意欲、能力又は経験その他の就業の実態に関する事項の向上があつた場合に賃金が改善されるものであること。

三　派遣元事業主は、前号に掲げる賃金の決定の方法により賃金を決定するに当たつては、派遣労働者の職務の内容、職務の成果、意欲、能力又は経験その他の就業の実態に関する事項を公正に評価し、その賃金を決定すること。

四　第一号に掲げる範囲に属する派遣労働者の待遇（賃金を除く。以下この号において同じ。）の決定の方法（派遣労働者の待遇のそれぞれについて、当該待遇に対応する派遣元事業主に雇用される通常の労働者（派遣労働者を除く。）の待遇との間において、当該派遣労働者及び通常の労働者の職務の内容、当該職務の内容及び配置の変更の範囲その他の事情のうち、当該待遇の性質及び当該待遇を行う目的に照らして適切と認められるものを考慮して、不合理と認められる相違が生じることとならないものに限る。）

五　派遣元事業主は、第一号に掲げる範囲に属する派遣労働者に対して第三十条の二第一項の規定による教育訓練を実施すること。

六　前各号に掲げるもののほか、厚生労働省令で定める事項

2　前項の協定を締結した派遣元事業主は、厚生労働省令で定めるところにより、当該協定をその雇用する労働者に周知しなければならない。

（職務の内容等を勘案した賃金の決定）

第三〇条の五　派遣元事業主は、派遣先に雇用される通常の労働者との均衡を考慮しつつ、その雇用する派遣労働者（第三十条の三第二項の派遣労働者及び前条第一項の協定で定めるところによる待遇とされる派遣労働者（以下「協定対象派遣労働者」という。）を除く。）の職務の内容、職務の成果、意欲、能力又は経験その他の就業の実態に関する事項を勘案し、その賃金（通勤手当その他の厚生労働省令で定めるものを除く。）を決定するように努めなければならない。

（就業規則の作成の手続）

第三〇条の六　派遣元事業主は、派遣労働者に係る事項について就業規則を作成し、又は変更しようとするときは、あらかじめ、当該事業所において雇用する派遣労働者の過半数を代表すると認められるものの意見を聴くように努めなければならな

い。

（派遣労働者等の福祉の増進）

第三〇条の七　第三十条から前条までに規定するもののほか、派遣元事業主は、その雇用する派遣労働者又は派遣労働者として雇用しようとする労働者について、各人の希望、能力及び経験に応じた就業の機会（派遣労働者以外の労働者としての就業の機会を含む。）及び教育訓練の機会の確保、労働条件の向上その他雇用の安定を図るために必要な措置を講ずることにより、これらの者の福祉の増進を図るように努めなければならない。

（適正な派遣就業の確保）

第三一条　派遣元事業主は、派遣先がその指揮命令の下に派遣労働者に労働させるに当たつて当該派遣就業に関しこの法律又は第四節の規定により適用される法律の規定に違反することがないようにその他当該派遣就業が適正に行われるように、必要な措置を講ずる等適切な配慮をしなければならない。

（待遇に関する事項等の説明）

第三一条の二　派遣元事業主は、派遣労働者として雇用しようとする労働者に対し、厚生労働省令で定めるところにより、当該労働者を派遣労働者として雇用した場合における当該労働者の賃金の額の見込みその他の当該労働者の待遇に関する事項その他の厚生労働省令で定める事項を説明しなければならない。

2　派遣元事業主は、労働者を派遣労働者として雇い入れようとするときは、あらかじめ、当該労働者に対し、文書の交付その他厚生労働省令で定める方法（次項において「文書の交付等」という。）により、第一号に掲げる事項を明示するとともに、厚生労働省令で定めるところにより、第二号に掲げる措置の内容を説明しなければならない。

一　労働条件に関する事項のうち、労働基準法第十五条第一項に規定する厚生労働省令で定める事項以外のものであつて厚生労働省令で定めるもの

二　第三十条の三、第三十条の四第一項及び第三十条の五の規定により措置を講ずべきこととされている事項（労働基準法第十五条第一項に規定する厚生労働省令で定める事項及び前号に掲げる事項を除く。）に関し講ずることとしている措置の内容

3　派遣元事業主は、労働者派遣（第三十条の四第一項の協定に係るものを除く。）をしようとするときは、あらかじめ、当該労働者派遣に係る派遣労働者に対し、文書の交付等により、第一号に掲げる事項を明示するとともに、厚生労働省令で定めるところにより、第二号に掲げる措置の内容を説明しなければならない。

一　労働基準法第十五条第一項に規定する厚生労働省令で定める事項及び前項第一号に掲げる事項（厚生労働省令で定めるものを除く。）

二　前項第二号に掲げる措置の内容

4　派遣元事業主は、その雇用する派遣労働者から求めがあつたときは、当該派遣労働者に対し、当該派遣労働者と第二十六条第八項に規定する比較対象労働者との間の待遇の相違の内容及び理由並びに第三十条の三から第三十条の六までの規定により措置を講ずべきこととされている事項に関する決定をするに当たつて考慮した事項を説明しなければならない。

5　派遣元事業主は、派遣労働者が前項の求めをしたことを理由として、当該派遣労働者に対して解雇その他不利益な取扱いをしてはならない。

（派遣労働者であることの明示等）

第三二条　派遣元事業主は、労働者を派遣労働者として雇い入れようとするときは、あらかじめ、当該労働者にその旨（紹介予定派遣に係る派遣労働者として雇い入れようとする場合にあつては、その旨を含む。）を明示しなければならない。

2　派遣元事業主は、その雇用する労働者であつて、派遣労働者として雇い入れた労働者以外のものを新たに労働者派遣の対象としようとするときは、あらかじめ、当該労働者にその旨（新たに紹介予定派遣の対象としようとする場合にあつては、その旨を含む。）を明示し、その同意を得なければならない。

（派遣労働者に係る雇用制限の禁止）

第三三条　派遣元事業主は、その雇用する派遣労働者又は派遣労働者として雇用しようとする労働者との間で、正当な理由がなく、その者に係る派遣先である者（派遣先であつた者を含む。次項において同じ。）又は派遣先となることとなる者に当該派遣元事業主との雇用関係の終了後雇用されることを禁ずる旨の契約を締結してはならない。

2　派遣元事業主は、その雇用する派遣労働者に係る派遣先である者又は派遣先となろうとする者との間で、正当な理由がなく、その者が当該派遣労働者を当該派遣元事業主との雇用関係の終了後雇用することを禁ずる旨の契約を締結してはならない。

（就業条件等の明示）

第三四条　派遣元事業主は、労働者派遣をしようとするときは、あらかじめ、当該労働者派遣に係る

派遣労働者に対し、厚生労働省令で定めるところにより、次に掲げる事項（当該労働者派遣が第四十条の二第一項各号のいずれかに該当する場合にあつては、第三号及び第四号に掲げる事項を除く。）を明示しなければならない。

一　当該労働者派遣をしようとする旨

二　第二十六条第一項各号に掲げる事項その他厚生労働省令で定める事項であつて当該派遣労働者に係るもの

三　当該派遣労働者が労働者派遣に係る労働に従事する事業所その他派遣就業の場所における組織単位の業務について派遣元事業主が第三十五条の三の規定に抵触することとなる最初の日

四　当該派遣労働者が労働者派遣に係る労働に従事する事業所その他派遣就業の場所の業務について派遣先が第四十条の二第一項の規定に抵触することとなる最初の日

2　派遣元事業主は、派遣先から第四十条の二第七項の規定による通知を受けたときは、遅滞なく、当該通知に係る事業所その他派遣就業の場所の業務に従事する派遣労働者に対し、厚生労働省令で定めるところにより、当該事業所その他派遣就業の場所の業務について派遣先が同条第一項の規定に抵触することとなる最初の日を明示しなければならない。

3　派遣元事業主は、前二項の規定による明示をするに当たつては、派遣先が第四十条の六第一項第三号又は第四号に該当する行為を行つた場合には同項の規定により労働契約の申込みをしたものとみなされることとなる旨を併せて明示しなければならない。

（労働者派遣に関する料金の額の明示）

第三四条の二　派遣元事業主は、次の各号に掲げる場合には、当該各号に定める労働者に対し、厚生労働省令で定めるところにより、当該労働者に係る労働者派遣に関する料金の額として厚生労働省令で定める額を明示しなければならない。

一　労働者を派遣労働者として雇い入れようとする場合　当該労働者

二　労働者派遣をしようとする場合及び労働者派遣に関する料金の額を変更する場合　当該労働者派遣に係る派遣労働者

（派遣先への通知）

第三五条　派遣元事業主は、労働者派遣をするときは、厚生労働省令で定めるところにより、次に掲げる事項を派遣先に通知しなければならない。

一　当該労働者派遣に係る派遣労働者の氏名

二　当該労働者派遣に係る派遣労働者が協定対象派遣労働者であるか否かの別第三十五条第二項中「第四号」を「第五号」に改める。

三　当該労働者派遣に係る派遣労働者が無期雇用派遣労働者であるか有期雇用派遣労働者であるかの別

四　当該労働者派遣に係る派遣労働者が第四十条の二第一項第二号の厚生労働省令で定める者であるか否かの別

五　当該労働者派遣に係る派遣労働者に関する健康保険法第三十九条第一項の規定による被保険者の資格の取得の確認、厚生年金保険法第十八条第一項の規定による被保険者の資格の取得の確認及び雇用保険法第九条第一項の規定による被保険者となつたことの確認の有無に関する事項であつて厚生労働省令で定めるもの

六　その他厚生労働省令で定める事項

2　派遣元事業主は、前項の規定による通知をした後に同項第二号から第五号までに掲げる事項に変更があつたときは、遅滞なく、その旨を当該派遣先に通知しなければならない。

（労働者派遣の期間）

第三五条の二　派遣元事業主は、派遣先が当該派遣元事業主から労働者派遣の役務の提供を受けたならば第四十条の二第一項の規定に抵触することとなる場合には、当該抵触することとなる最初の日以降継続して労働者派遣を行つてはならない。

第三五条の三　派遣元事業主は、派遣先の事業所その他派遣就業の場所における組織単位ごとの業務について、三年を超える期間継続して同一の派遣労働者に係る労働者派遣（第四十条の二第一項各号のいずれかに該当するものを除く。）を行つてはならない。

（日雇労働者についての労働者派遣の禁止）

第三五条の四　派遣元事業主は、その業務を迅速かつ的確に遂行するために専門的な知識、技術又は経験を必要とする業務のうち、労働者派遣により日雇労働者（日々又は三十日以内の期間を定めて雇用する労働者をいう。以下この項において同じ。）を従事させても当該日雇労働者の適正な雇用管理に支障を及ぼすおそれがないと認められる業務として政令で定める業務について労働者派遣をする場合又は雇用の機会の確保が特に困難であると認められる労働者の雇用の継続等を図るために必要であると認められる場合その他の場合で政令で定める場合を除き、その雇用する日雇労働者について労働者派遣を行つてはならない。

2　厚生労働大臣は、前項の政令の制定又は改正の立案をしようとするときは、あらかじめ、労働政

策審議会の意見を聴かなければならない。

（離職した労働者についての労働者派遣の禁止）

第三五条の五　派遣元事業主は、労働者派遣をしようとする場合において、派遣先が当該労働者派遣の役務の提供を受けたならば第四十条の九第一項の規定に抵触することとなるときは、当該労働者派遣を行つてはならない。

（派遣元責任者）

第三六条　派遣元事業主は、派遣就業に関し次に掲げる事項を行わせるため、厚生労働省令で定めるところにより、第六条第一号、第二号及び第四号から第九号までに該当しない者（未成年者を除き、派遣労働者に係る雇用管理を適正に行うに足りる能力を有する者として、厚生労働省令で定める基準に適合するものに限る。）のうちから派遣元責任者を選任しなければならない。

一　第三十二条、第三十四条、第三十五条、第三十五条の二第二項及び次条に定める事項に関すること。

二　当該派遣労働者に対し、必要な助言及び指導を行うこと。

三　当該派遣労働者から申出を受けた苦情の処理に当たること。

四　当該派遣労働者等の個人情報の管理に関すること。

五　当該派遣労働者についての教育訓練の実施及び職業生活の設計に関する相談の機会の確保に関すること。

六　当該派遣労働者の安全及び衛生に関し、当該事業所の労働者の安全及び衛生に関する業務を統括管理する者及び当該派遣先との連絡調整を行うこと。

七　前号に掲げるもののほか、当該派遣先との連絡調整に関すること。

（派遣元管理台帳）

第三七条　派遣元事業主は、厚生労働省令で定めるところにより、派遣就業に関し、派遣元管理台帳を作成し、当該台帳に派遣労働者ごとに次に掲げる事項を記載しなければならない。

一　協定対象派遣労働者であるか否かの別

二　無期雇用派遣労働者であるか有期雇用派遣労働者であるかの別（当該派遣労働者が有期雇用派遣労働者である場合にあつては、当該有期雇用派遣労働者に係る労働契約の期間）

三　第四十条の二第一項第二号の厚生労働省令で定める者であるか否かの別

四　派遣先の氏名又は名称

五　事業所の所在地その他派遣就業の場所及び組織単位

六　労働者派遣の期間及び派遣就業をする日

七　始業及び終業の時刻

八　従事する業務の種類

九　第三十条第一項（同条第二項の規定により読み替えて適用する場合を含む。）の規定により講じた措置

十　教育訓練（厚生労働省令で定めるものに限る。）を行つた日時及び内容

十一　派遣労働者から申出を受けた苦情の処理に関する事項

十二　紹介予定派遣に係る派遣労働者については、当該紹介予定派遣に関する事項

十三　その他厚生労働省令で定める事項

2　派遣元事業主は、前項の派遣元管理台帳を三年間保存しなければならない。

（準用）

第三八条　第三十三条及び第三十四条第一項（第三号及び第四号を除く。）の規定は、派遣元事業主以外の労働者派遣をする事業主について準用する。この場合において、第三十三条中「派遣先」とあるのは、「労働者派遣の役務の提供を受ける者」と読み替えるものとする。

第三節　派遣先の講ずべき措置等

（労働者派遣契約に関する措置）

第三九条　派遣先は、第二十六条第一項各号に掲げる事項その他厚生労働省令で定める事項に関する労働者派遣契約の定めに反することのないように適切な措置を講じなければならない。

（適正な派遣就業の確保等）

第四〇条　派遣先は、その指揮命令の下に労働させる派遣労働者から当該派遣就業に関し、苦情の申出を受けたときは、当該苦情の内容を当該派遣元事業主に通知するとともに、当該派遣元事業主との密接な連携の下に、誠意をもつて、遅滞なく、当該苦情の適切かつ迅速な処理を図らなければならない。

2　派遣先は、その指揮命令の下に労働させる派遣労働者について、当該派遣労働者を雇用する派遣元事業主からの求めに応じ、当該派遣労働者が従事する業務と同種の業務に従事するその雇用する労働者が従事する業務の遂行に必要な能力を付与するための教育訓練については、当該派遣労働者が当該業務に必要な能力を習得することができるようにするため、当該派遣労働者が既に当該業務に必要な能力を有している場合その他厚生労働省令で定める場合を除き、当該派遣労働者に対して

も、これを実施する等必要な措置を講じなければならない。

3　派遣先は、当該派遣先に雇用される労働者に対して利用の機会を与える福利厚生施設であつて、業務の円滑な遂行に資するものとして厚生労働省令で定めるものについては、その指揮命令の下に労働させる派遣労働者に対しても、利用の機会を与えなければならない。

4　前三項に定めるもののほか、派遣先は、その指揮命令の下に労働させる派遣労働者について、当該派遣就業が適正かつ円滑に行われるようにするため、適切な就業環境の維持、診療所等の施設であつて現に当該派遣先に雇用される労働者が通常利用しているもの（前項に規定する厚生労働省令で定める福利厚生施設を除く。）の利用に関する便宜の供与等必要な措置を講ずるように配慮しなければならない。

5　派遣先は、第三十条の二、第三十条の三、第三十条の四第一項及び第三十一条の二第四項の規定による措置が適切に講じられるようにするため、派遣元事業主の求めに応じ、当該派遣先に雇用される労働者に関する情報、当該派遣労働者の業務の遂行の状況その他の情報であつて当該措置に必要なものを提供する等必要な協力をするように配慮しなければならない。

（労働者派遣の役務の提供を受ける期間）

第四〇条の二　派遣先は、当該派遣先の事業所その他派遣就業の場所ごとの業務について、派遣元事業主から派遣可能期間を超える期間継続して労働者派遣の役務の提供を受けてはならない。ただし、当該労働者派遣が次の各号のいずれかに該当するものであるときは、この限りでない。

一　無期雇用派遣労働者に係る労働者派遣

二　雇用の機会の確保が特に困難である派遣労働者であつてその雇用の継続等を図る必要があると認められるものとして厚生労働省令で定める者に係る労働者派遣

三　次のイ又はロに該当する業務に係る労働者派遣

イ　事業の開始、転換、拡大、縮小又は廃止のための業務であつて一定の期間内に完了することが予定されているもの

ロ　その業務が一箇月間に行われる日数が、当該派遣就業に係る派遣先に雇用される通常の労働者の一箇月間の所定労働日数に比し相当程度少なく、かつ、厚生労働大臣の定める日数以下である業務

四　当該派遣先に雇用される労働者が労働基準法第六十五条第一項及び第二項の規定により休業し、並びに育児休業、介護休業等育児又は家族介護を行う労働者の福祉に関する法律（平成三年法律第七十六号）第二条第一号に規定する育児休業をする場合における当該労働者の業務その他これに準ずる場合として厚生労働省令で定める場合における当該労働者の業務に係る労働者派遣

五　当該派遣先に雇用される労働者が育児休業、介護休業等育児又は家族介護を行う労働者の福祉に関する法律第二条第二号に規定する介護休業をし、及びこれに準ずる休業として厚生労働省令で定める休業をする場合における当該労働者の業務に係る労働者派遣

2　前項の派遣可能期間（以下「派遣可能期間」という。）は、三年とする。

3　派遣先は、当該派遣先の事業所その他派遣就業の場所ごとの業務について、派遣元事業主から三年を超える期間継続して労働者派遣（第一項各号のいずれかに該当するものを除く。以下この項において同じ。）の役務の提供を受けようとするときは、当該派遣先の事業所その他派遣就業の場所ごとの業務に係る労働者派遣の役務の提供が開始された日（この項の規定により派遣可能期間を延長した場合にあつては、当該延長前の派遣可能期間が経過した日）以後当該事業所その他派遣就業の場所ごとの業務について第一項の規定に抵触することとなる最初の日の一月前の日までの間（次項において「意見聴取期間」という。）に、厚生労働省令で定めるところにより、三年を限り、派遣可能期間を延長することができる。当該延長に係る期間が経過した場合において、これを更に延長しようとするときも、同様とする。

4　派遣先は、派遣可能期間を延長しようとするときは、意見聴取期間に、厚生労働省令で定めるところにより、過半数労働組合等（当該派遣先の事業所に、労働者の過半数で組織する労働組合がある場合においてはその労働組合、労働者の過半数で組織する労働組合がない場合においては労働者の過半数を代表する者をいう。次項において同じ。）の意見を聴かなければならない。

5　派遣先は、前項の規定により意見を聴かれた過半数労働組合等が異議を述べたときは、当該事業所その他派遣就業の場所ごとの業務について、延長前の派遣可能期間が経過することとなる日の前日までに、当該過半数労働組合等に対し、派遣可能期間の延長の理由その他の厚生労働省令で定める事項について説明しなければならない。

6　派遣先は、第四項の規定による意見の聴取及び前項の規定による説明を行うに当たつては、この法律の趣旨にのつとり、誠実にこれらを行うように努めなければならない。

7　派遣先は、第三項の規定により派遣可能期間を延長したときは、速やかに、当該労働者派遣をする派遣元事業主に対し、当該事業所その他派遣就業の場所ごとの業務について第一項の規定に抵触することとなる最初の日を通知しなければならない。

8　厚生労働大臣は、第一項第二号、第四号若しくは第五号の厚生労働省令の制定又は改正をしようとするときは、あらかじめ、労働政策審議会の意見を聴かなければならない。

第四〇条の三　派遣先は、前条第三項の規定により派遣可能期間が延長された場合において、当該派遣先の事業所その他派遣就業の場所における組織単位ごとの業務について、派遣元事業主から三年を超える期間継続して同一の派遣労働者に係る労働者派遣（同条第一項各号のいずれかに該当するものを除く。）の役務の提供を受けてはならない。

（特定有期雇用派遣労働者の雇用）

第四〇条の四　派遣先は、当該派遣先の事業所その他派遣就業の場所における組織単位ごとの同一の業務について派遣元事業主から継続して一年以上の期間同一の特定有期雇用派遣労働者に係る労働者派遣（第四十条の二第一項各号のいずれかに該当するものを除く。）の役務の提供を受けた場合において、引き続き当該同一の業務に労働者を従事させるため、当該労働者派遣の役務の提供を受けた期間（以下この条において「派遣実施期間」という。）が経過した日以後労働者を雇い入れようとするときは、当該同一の業務に派遣実施期間継続して従事した特定有期雇用派遣労働者（継続して就業することを希望する者として厚生労働省令で定めるものに限る。）を、遅滞なく、雇い入れるように努めなければならない。

（派遣先に雇用される労働者の募集に係る事項の周知）

第四〇条の五　派遣先は、当該派遣先の同一の事業所その他派遣就業の場所において派遣元事業主から一年以上の期間継続して同一の派遣労働者に係る労働者派遣の役務の提供を受けている場合において、当該事業所その他派遣就業の場所において労働に従事する通常の労働者の募集を行うときは、当該募集に係る事業所その他派遣就業の場所に掲示することその他の措置を講ずることにより、その者が従事すべき業務の内容、賃金、労働時間その他の当該募集に係る事項を当該派遣労働者に周知しなければならない。

2　派遣先の事業所その他派遣就業の場所における同一の組織単位の業務について継続して三年間当該労働者派遣に係る労働に従事する見込みがある特定有期雇用派遣労働者（継続して就業することを希望する者として厚生労働省令で定めるものに限る。）に係る前項の規定の適用については、同項中「労働者派遣」とあるのは「労働者派遣（第四十条の二第一項各号のいずれかに該当するものを除く。）」と、「通常の労働者」とあるのは「労働者」とする。

第四〇条の六　労働者派遣の役務の提供を受ける者（国（行政執行法人（独立行政法人通則法（平成十一年法律第百三号）第二条第四項に規定する行政執行法人をいう。）を含む。次条において同じ。）及び地方公共団体（特定地方独立行政法人（地方独立行政法人法（平成十五年法律第百十八号）第二条第二項に規定する特定地方独立行政法人をいう。）を含む。次条において同じ。）の機関を除く。以下この条において同じ。）が次の各号のいずれかに該当する行為を行つた場合には、その時点において、当該労働者派遣の役務の提供を受ける者から当該労働者派遣に係る派遣労働者に対し、その時点における当該派遣労働者に係る労働条件と同一の労働条件を内容とする労働契約の申込みをしたものとみなす。ただし、労働者派遣の役務の提供を受ける者が、その行つた行為が次の各号のいずれかの行為に該当することを知らず、かつ、知らなかつたことにつき過失がなかつたときは、この限りでない。

一　第四条第三項の規定に違反して派遣労働者を同条第一項各号のいずれかに該当する業務に従事させること。

二　第二十四条の二の規定に違反して労働者派遣の役務の提供を受けること。

三　第四十条の二第一項の規定に違反して労働者派遣の役務の提供を受けること（同条第四項に規定する意見の聴取の手続のうち厚生労働省令で定めるものが行われないことにより同条第一項の規定に違反することとなつたときを除く。）。

四　第四十条の三の規定に違反して労働者派遣の役務の提供を受けること。

五　この法律又は次節の規定により適用される法律の規定の適用を免れる目的で、請負その他労働者派遣以外の名目で契約を締結し、第二十六条第一項各号に掲げる事項を定めずに労働者派遣の役務の提供を受けること。

2　前項の規定により労働契約の申込みをしたものとみなされた労働者派遣の役務の提供を受ける者は、当該労働契約の申込みに係る同項に規定する行為が終了した日から一年を経過する日までの間は、当該申込みを撤回することができない。

3　第一項の規定により労働契約の申込みをしたものとみなされた労働者派遣の役務の提供を受ける者が、当該申込みに対して前項に規定する期間内に承諾する旨又は承諾しない旨の意思表示を受けなかつたときは、当該申込みは、その効力を失う。

4　第一項の規定により申し込まれたものとみなされた労働契約に係る派遣労働者に係る労働者派遣をする事業主は、当該労働者派遣の役務の提供を受ける者から求めがあつた場合においては、当該労働者派遣の役務の提供を受ける者に対し、速やかに、同項の規定により労働契約の申込みをしたものとみなされた時点における当該派遣労働者に係る労働条件の内容を通知しなければならない。

第四〇条の七　労働者派遣の役務の提供を受ける者が国又は地方公共団体の機関である場合であつて、前条第一項各号のいずれかに該当する行為を行つた場合（同項ただし書に規定する場合を除く。）においては、当該行為が終了した日から一年を経過する日までの間に、当該労働者派遣に係る派遣労働者が、当該国又は地方公共団体の機関において当該労働者派遣に係る業務と同一の業務に従事することを求めるときは、当該国又は地方公共団体の機関は、同項の規定の趣旨を踏まえ、当該派遣労働者の雇用の安定を図る観点から、国家公務員法（昭和二十二年法律第百二十号。裁判所職員臨時措置法（昭和二十六年法律第二百九十九号）において準用する場合を含む。）、国会職員法（昭和二十二年法律第八十五号）、自衛隊法（昭和二十九年法律第百六十五号）又は地方公務員法（昭和二十五年法律第二百六十一号）その他関係法令の規定に基づく採用その他の適切な措置を講じなければならない。

2　前項に規定する求めを行つた派遣労働者に係る労働者派遣をする事業主は、当該労働者派遣に係る国又は地方公共団体の機関から求めがあつた場合においては、当該国又は地方公共団体の機関に対し、速やかに、当該国又は地方公共団体の機関が前条第一項各号のいずれかに該当する行為を行つた時点における当該派遣労働者に係る労働条件の内容を通知しなければならない。

第四〇条の八　厚生労働大臣は、労働者派遣の役務の提供を受ける者又は派遣労働者からの求めに応じて、労働者派遣の役務の提供を受ける者の行為が、第四十条の六第一項各号のいずれかに該当するかどうかについて必要な助言をすることができる。

2　厚生労働大臣は、第四十条の六第一項の規定により申し込まれたものとみなされた労働契約に係る派遣労働者が当該申込みを承諾した場合において、同項の規定により当該労働契約の申込みをしたものとみなされた労働者派遣の役務の提供を受ける者が当該派遣労働者を就労させない場合には、当該労働者派遣の役務の提供を受ける者に対し、当該派遣労働者の就労に関し必要な助言、指導又は勧告をすることができる。

3　厚生労働大臣は、前項の規定により、当該派遣労働者を就労させるべき旨の勧告をした場合において、その勧告を受けた第四十条の六第一項の規定により労働契約の申込みをしたものとみなされた労働者派遣の役務の提供を受ける者がこれに従わなかつたときは、その旨を公表することができる。

（離職した労働者についての労働者派遣の役務の提供の受入れの禁止）

第四〇条の九　派遣先は、労働者派遣の役務の提供を受けようとする場合において、当該労働者派遣に係る派遣労働者が当該派遣先を離職した者であるときは、当該離職の日から起算して一年を経過する日までの間は、当該派遣労働者（雇用の機会の確保が特に困難であり、その雇用の継続等を図る必要があると認められる者として厚生労働省令で定める者を除く。）に係る労働者派遣の役務の提供を受けてはならない。

2　派遣先は、第三十五条第一項の規定による通知を受けた場合において、当該労働者派遣の役務の提供を受けたならば前項の規定に抵触することとなるときは、速やかに、その旨を当該労働者派遣をしようとする派遣元事業主に通知しなければならない。

（派遣先責任者）

第四一条　派遣先は、派遣就業に関し次に掲げる事項を行わせるため、厚生労働省令で定めるところにより、派遣先責任者を選任しなければならない。

一　次に掲げる事項の内容を、当該派遣労働者の業務の遂行を指揮命令する職務上の地位にある者その他の関係者に周知すること。

イ　この法律及び次節の規定により適用される法律の規定（これらの規定に基づく命令の規定を含む。）

ロ　当該派遣労働者に係る第三十九条に規定する労働者派遣契約の定め

ハ　当該派遣労働者に係る第三十五条の規定による通知

二　第四十条の二第七項及び次条に定める事項に関すること。

三　当該派遣労働者から申出を受けた苦情の処理に当たること。

四　当該派遣労働者の安全及び衛生に関し、当該事業所の労働者の安全及び衛生に関する業務を統括管理する者及び当該派遣元事業主との連絡調整を行うこと。

五　前号に掲げるもののほか、当該派遣元事業主との連絡調整に関すること。

（派遣先管理台帳）

第四十二条　派遣先は、厚生労働省令で定めるところにより、派遣就業に関し、派遣先管理台帳を作成し、当該台帳に派遣労働者ごとに次に掲げる事項を記載しなければならない。

一　協定対象派遣労働者であるか否かの別

二　無期雇用派遣労働者であるか有期雇用派遣労働者であるかの別

三　第四十条の二第一項第二号の厚生労働省令で定める者であるか否かの別

四　派遣元事業主の氏名又は名称

五　派遣就業をした日

六　派遣就業をした日ごとの始業し、及び終業した時刻並びに休憩した時間

七　従事した業務の種類

八　派遣労働者から申出を受けた苦情の処理に関する事項

九　紹介予定派遣に係る派遣労働者については、当該紹介予定派遣に関する事項

十　教育訓練（厚生労働省令で定めるものに限る。）を行つた日時及び内容

十一　その他厚生労働省令で定める事項

2　派遣先は、前項の派遣先管理台帳を三年間保存しなければならない。

3　派遣先は、厚生労働省令で定めるところにより、第一項各号（第四号を除く。）に掲げる事項を派遣元事業主に通知しなければならない。

（準用）

第四十三条　第三十九条の規定は、労働者派遣の役務の提供を受ける者であつて派遣先以外のものについて準用する。

第四節　労働基準法等の適用に関する特例等

（労働基準法の適用に関する特例）

第四十四条　労働基準法第九条に規定する事業（以下この節において単に「事業」という。）の事業主（以下この条において単に「事業主」という。）に雇用され、他の事業主の事業における派遣就業のために当該事業に派遣されている同条に規定する労働者（同居の親族のみを使用する事業に使用される者及び家事使用人を除く。）であつて、当該他の事業主（以下この条において「派遣先の事業主」という。）に雇用されていないもの（以下この節において「派遣中の労働者」という。）の派遣就業に関しては、当該派遣中の労働者が派遣されている事業（以下この節において「派遣先の事業」という。）もまた、派遣中の労働者を使用する事業とみなして、同法第三条、第五条及び第六十九条の規定（これらの規定に係る罰則の規定を含む。）を適用する。

2　派遣中の労働者の派遣就業に関しては、派遣先の事業のみを、派遣中の労働者を使用する事業とみなして、労働基準法第七条、第三十二条、第三十二条の二第一項、第三十二条の三第一項、第三十二条の四第一項から第三項まで、第三十三条から第三十五条まで、第三十六条第一項及び第六項、第四十条、第四十一条、第六十条から第六十三条まで、第六十四条の二、第六十四条の三、第六十六条から第六十八条まで並びに第百四十一条第三項の規定並びに当該規定に基づいて発する命令の規定（これらの規定に係る罰則の規定を含む。）を適用する。この場合において、同法第三十二条の二第一項中「当該事業場に」とあるのは「労働者派遣事業の適正な運営の確保及び派遣労働者の保護等に関する法律（以下「労働者派遣法」という。）第四十四条第三項に規定する派遣元の使用者（以下単に「派遣元の使用者」という。）が、当該派遣元の事業（同項に規定する派遣元の事業をいう。以下同じ。）の事業場に」と、同法第三十二条の三第一項中「就業規則その他これに準ずるものにより、」とあるのは「派遣元の使用者が就業規則その他これに準ずるものにより」と、「とした労働者」とあるのは「とした労働者であつて、当該労働者に係る労働者派遣法第二十六条第一項に規定する労働者派遣契約に基づきこの条の規定による労働時間により労働させることができるもの」と、「当該事業場の」とあるのは「派遣元の使用者が、当該派遣元の事業の事業場の」と、同法第三十二条の四第一項及び第二項中「当該事業場に」とあるのは「派遣元の使用者が、当該派遣元の事業の事業場に」と、同法第三十六条第一項中「当該事業場に」とあるのは「派遣元の使用者が、当該派遣元の事業の事業場に」と、「協定をし、」とあるのは「協定をし、及び」とする。

3　労働者派遣をする事業主の事業（以下この節において「派遣元の事業」という。）の労働基準法第十条に規定する使用者（以下この条において「派遣元の使用者」という。）は、労働者派遣をする場合であつて、前項の規定により当該労働者派遣の役務の提供を受ける事業主の事業の同条に規定する使用者とみなされることとなる者が当該労働者派遣に係る労働者派遣契約に定める派遣就業の条件に従つて当該労働者派遣に係る派遣労働者を労働させたならば、同項の規定により適用される同法第三十二条、第三十四条、第三十五条、第三十六条第六項、第四十条、第六十一条から第六十三条まで、第六十四条の二、第六十四条の三若しくは第百四十一条第三項の規定又はこれらの規定に基づいて発する命令の規定（次項において「労働基準法令の規定」という。）に抵触することとなるときにおいては、当該労働者派遣をしてはならない。

4　派遣元の使用者が前項の規定に違反したとき（当該労働者派遣に係る派遣中の労働者に関し第二項の規定により当該派遣先の事業の労働基準法第十条に規定する使用者とみなされる者において当該労働基準法令の規定に抵触することとなつたときに限る。）は、当該派遣元の使用者は当該労働基準法令の規定に違反したものとみなして、同法第百十八条、第百十九条及び第百二十一条の規定を適用する。

5　前各項の規定による労働基準法の特例については、同法第三十八条の二第二項中「当該事業場」とあるのは「当該事業場（労働者派遣事業の適正な運営の確保及び派遣労働者の保護等に関する法律（昭和六十年法律第八十二号、以下「労働者派遣法」という。）第二十三条の二に規定する派遣就業にあつては、労働者派遣法第四十四条第三項に規定する派遣元の事業の事業場）」と、同法第三十八条の三第一項中「就かせたとき」とあるのは「就かせたとき（派遣先の使用者（労働者派遣法第四十四条第一項又は第二項の規定により同条第一項に規定する派遣先の事業の第十条に規定する使用者とみなされる者をいう。以下同じ。）が就かせたときを含む。）」と、同法第九十九条第一項から第三項まで、第百条第一項及び第三項並びに第百四条の二中「この法律」とあるのは「この法律及び労働者派遣法第四十四条の規定」と、同法第百一条第一項、第百四条第二項、第百四条の二、第百五条の二、第百六条第一項及び第百九条中「使用者」とあるのは「使用者（派遣先の使用者を含む。）」と、同法第百二条中「この法律違反の罪」とあるのは「この法律（労働者派遣法第四十四条の規定により適用される場合を含む。）の違反の罪（同条第四項の規定による第百十八条、第百十九条及び第百二十一条の罪を含む。）」と、同法第百四条第一項中「この法律又はこの法律に基いて発する命令」とあるのは「この法律若しくはこの法律に基づいて発する命令の規定（労働者派遣法第四十四条の規定により適用される場合を含む。）又は同条第三項の規定」と、同法第百六条第一項中「この法律」とあるのは「この法律（労働者派遣法第四十四条の規定を含む。以下この項において同じ。）」と、「協定並びに第三十八条の四第一項及び同条第五項（第四十一条の二第三項において準用する場合を含む。）並びに第四十一条の二第一項に規定する決議」とあるのは「協定並びに第三十八条の四第一項及び同条第五項（第四十一条の二第三項において準用する場合を含む。）並びに第四十一条の二第一項に規定する決議（派遣先の使用者にあつては、この法律及びこれを基づく命令の要旨）」と、同法第百十二条中「この法律及びこの法律に基づいて発する命令」とあるのは「この法律及びこの法律に基づいて発する命令の規定（労働者派遣法第四十四条の規定により適用される場合を含む。）並びに同条第三項の規定」として、これらの規定（これらの規定に係る罰則の規定を含む。）を適用する。

6　この条の規定により労働基準法及び同法に基づいて発する命令の規定を適用する場合における技術的読替えその他必要な事項は、命令で定める。

（労働安全衛生法の適用に関する特例等）

第四五条　労働者がその事業における派遣就業のために派遣されている派遣先の事業に関しては、当該派遣先の事業を行う者もまた当該派遣中の労働者を使用する事業者（労働安全衛生法（昭和四十七年法律第五十七号）第二条第三号に規定する事業者をいう。以下この条において同じ。）と、当該派遣中の労働者を当該派遣先の事業を行う者にもまた使用される労働者とみなして、同法第三条第一項、第四条、第十条、第十二条から第十三条（第二項及び第三項を除く。）まで、第十三条の二、第十三条の三、第十八条、第十九条の二、第五十九条第二項、第六十条の二、第六十二条、第六十六条の五第一項、第六十九条及び第七十条の規定（これらの規定に係る罰則の規定を含む。）を適用する。この場合において、同法第十条第一項中「第二十五条の二第二項」とあるのは「第二十五条の二第二項（労働者派遣事業の適正な運営の確保及び派遣労働者の保護等に関する法律（以下「労働者派遣法」という。）第四十五条第三項の規定により適用される場合を含む。）」と、「次の業務」とあるのは「次の業務（労働者派遣法第四十四条第一項に規定する派遣中の労働者（以下単に「派遣中の労働者」という。）に関しては、第二号の業務（第五十九条第三項に規定する安全又は衛生のための特別の教育に係るものを除く。）、第三号の業務（第六十六条第一項の規定による健康診断（同条第二項後段の規定による健康診断であつて厚生労働省令で定めるものを含む。）及び当該健康診断に係る同条第四項の規定による健康診断並びにこれらの健康診断に係る同条第五項ただし書の規定による健康診断に係るものに限る。）及び第五号の業務（厚生労働省令で定めるものに限る。）を除く。第十二条第一項及び第十二条の二において「派遣先安全衛生管理業務」という。）」と、同法第十二条第一項及び第十二条の二中「第十条第一項各号の業務」とあるのは「派遣先安全衛生管理業務」と、「第二十五条の二第二項」とあるのは「第二十五条の二第二項（労働者派遣法第四十五条第三項の規定により適用される場合を含む。）」と、「同条第一項各号」とあるのは「第二十五条の二第一項各号」と、同法第十三条第一項中「健康管理その他の厚生労働省令で定める事項（以下」とあるのは「健康管理その他の厚生労働省令で定める事項（派遣中の労働者に関しては、当該事項のうち厚生労働省令で定めるものを除く。第四項及び第五項、次条並びに第十三条の三において」と、同条第四項中「定めるもの」とあるのは「定めるもの（派遣中の労働者に関しては、当該情報のうち第一項の厚生労働省令で定めるものに関するものを除く。）」と、同法第十八条第一項中「次の事項」とあるのは「次の事項（派遣中の労働者に関しては、当該事項のうち厚生労働省令で定めるものを除く。）」とする。

2　その事業に使用する労働者が派遣先の事業における派遣就業のために派遣されている派遣元の事業に関する労働安全衛生法第十条第一項、第十二条第一項、第十二条の二、第十三条第一項及び第四項並びに第十八条第一項の規定の適用については、同法第十条第一項中「次の業務」とあるのは「次の業務（労働者派遣事業の適正な運営の確保及び派遣労働者の保護等に関する法律（以下「労働者派遣法」という。）第四十四条第一項に規定する派遣中の労働者（以下単に「派遣中の労働者」という。）に関しては、労働者派遣法第四十五条第一項の規定により読み替えて適用されるこの項の規定により労働者派遣法第四十四条第一項に規定する派遣先の事業を行う者がその選任する総括安全衛生管理者に統括管理させる業務を除く。第十二条第一項及び第十二条の二において「派遣元安全衛生管理業務」という。）」と、同法第十二条第一項及び第十二条の二中「第十条第一項各号の業務」とあるのは「派遣元安全衛生管理業務」と、同法第十三条第一項中「健康管理その他の厚生労働省令で定める事項（以下」とあるのは「健康管理その他の厚生労働省令で定める事項（派遣中の労働者に関しては、当該事項のうち厚生労働省令で定めるものに限る。第四項及び第五項、次条並びに第十三条の三において」と、同条第四項中「定めるもの」とあるのは「定めるもの（派遣中の労働者に関しては、当該情報のうち第一項の厚生労働省令で定めるものに関するものを除く。）」と、同法第十八条第一項中「次の事項」とあるのは「次の事項（派遣中の労働者に関しては、当該事項のうち厚生労働省令で定めるものに限る。）」とする。

3　労働者がその事業における派遣就業のために派遣されている派遣先の事業に関しては、当該派遣先の事業を行う者を当該派遣中の労働者を使用する事業者と、当該派遣中の労働者を当該派遣先の事業を行う者に使用される労働者とみなして、労働安全衛生法第十一条、第十四条から第十五条の三まで、第十七条、第二十条から第二十七条まで、第二十八条の二から第三十条の三まで、第三十一条の三、第三十六条（同法第三十条第一項及び第四項、第三十条の二第一項及び第四項並びに第三十条の三第一項及び第四項の規定に係る部分に限る。）、第四十五条（第二項を除く。）、第五十七条の三から第五十八条まで、第五十九条第三項、第六十条、第六十一条第一項、第六十五条から第六十五条の四まで、第六十六条第二項前段及び後段（派遣先の事業を行う者が同項後段の政令で定める業務に従事させたことのある労働者（派遣中の労働者を含む。）に係る部分に限る。以下この条において同じ。）、第三項、第四項（同法第六十六条第二項前段及び後段並びに第三項の規定に係る部分に限る。以下この条において同じ。）並びに第五項（同法第六十六条第二項前段及び後段、第三項並びに第四項の規定に係る部分に限る。以下この条において同じ。）、第六十六条の三（同法第六十六条第二項前段及び後段、第三項、第四項並びに第五項の規定に係る部分に限る。以下この条において同じ。）、第六十六条の四、第六十六条の八の三、第六十八条、第六十八条の二、第七十一条の二、第九章第一節並びに第八十八条から第八十九条の二までの規定並びに当該規定に基づく命令の規定（これらの規定に係る罰則を含む。）を適用する。この場合において、同法第二十九条第一項中「この法律又はこれに基づく命令の規定」とあるのは「この法律若しくはこれに基づく命令の規定（労働者派遣事業の適正な運営の確保及び派遣労働者の保護等に関する法律（以下「労働者派遣法」という。）第四十五条の規定により適用される場合を含む。）又は同条第十項の規定若しくは同項の規定に基づく命令の規定」と、同条第二項中「この法律又はこれに基づく命令の規定」とあるのは「この法律若しくはこれに基づく命令の規定（労働者派遣法第四十五条の規定により適用される場合を含む。）又は同条第十項の規定若しくは同項の規定に基づく命令の規定」と、同法第三十条第一項第五号及び第八十八条第六項中「この法律又はこれに基づく命令の規定」とあるのは「この法律又はこれに基づく命令の規定（労働者派遣法第四十五条の規定により適用される場合を含む。）」と、同法第六十六条の四中「第六十六条第一項から第四項まで若しくは第五項ただし書又は第六十六条の二」とあるのは「第六十六条第二項前段若しくは後段（派遣先の事業を行う者が同項後段の政令で定める業務に従事させたことのある労働者（労働者派遣法第四十四条第一項に規定する派遣中の労働者を含む。）に係る部分に限る。以下この条において同じ。）、第三項、第四項（第六十六条第二項前段及び後段並びに第三項の規定に係る部分に限る。以下この条において同じ。）又は第五項ただし書（第六十六条第二項前段及び後段、第三項並びに第四項の規定に係る部分に限る。）」と、同法第六十六条の八の三中「第六十六条の八第一項」とあるのは「派遣元の事業（労働者派遣法第四十四条第三項に規定する派遣元の事業をいう。）の事業者が、第六十六条の八第一項」とする。

4　前項の規定により派遣中の労働者を使用する事業者とみなされた者に関しては、労働安全衛生法第四十五条第二項中「事業者」とあるのは、「労働者派遣事業の適正な運営の確保及び派遣労働者の保護等に関する法律第四十五条第三項の規定により同法第四十四条第一項に規定する派遣中の労働者を使用する事業者とみなされた者」として、同項の規定を適用する。

5　その事業に使用する労働者が派遣先の事業における派遣就業のために派遣されている派遣元の事業に関する第三項前段に掲げる規定及び労働安全衛生法第四十五条第二項の規定の適用については、当該派遣元の事業の事業者は当該派遣中の労働者を使用しないものと、当該派遣中の労働者は当該派遣元の事業の事業者に使用されないものとみなす。

6　派遣元の事業の事業者は、労働者派遣をする場合であつて、第三項の規定によりその事業における当該派遣就業のために派遣される労働者を使用する事業者とみなされることとなる者が当該労働者派遣に係る労働者派遣契約に定める派遣就業の条件に従つて当該労働者派遣に係る派遣労働者を労働させたならば、同項の規定により適用される労働安全衛生法第五十九条第三項、第六十一条第一項、第六十五条の四又は第六十八条の規定（次項において単に「労働安全衛生法の規定」という。）に抵触することとなるときにおいては、当該労働者派遣をしてはならない。

7　派遣元の事業の事業者が前項の規定に違反したとき（当該労働者派遣に係る派遣中の労働者に関し第三項の規定により当該派遣中の労働者を使用する事業者とみなされる者において当該労働安全衛生法の規定に抵触することとなつたときに限る。）は、当該派遣元の事業の事業者は当該労働安全衛生法の規定に違反したものとみなして、同法第百十九条及び第百二十二条の規定を適用する。

8　第一項、第三項及び第四項に定めるもののほか、労働者がその事業における派遣就業のために派遣されている派遣先の事業に関しては、労働安全衛生法第五条第一項中「事業者」とあるのは「事業者（労働者派遣事業の適正な運営の確保及び派遣労働者の保護等に関する法律（以下「労働者派遣法」という。）第四十四条第一項に規定する派遣先の事業を行う者（以下「派遣先の事業者」という。）を含む。）」と、同条第四項中「当該事業の事業者」とあるのは「当該事業の事業者又は労働者派遣法第四十五条の規定により当該事業の事業者とみなされる者」と、「当該代表者のみが使用する」とあるのは「当該代表者が使用し、かつ、当該事業の事業者（派遣先の事業者を含む。）のうち当該代表者以外の者が使用しない」と、「この法律」とあるのは「この法律（労働者派遣法第四十五条の規定により適用される場合を含む。）」と、同法第十六条第一項中「第十五条第一項又は第三項」とあるのは「労働者派遣法第四十五条第三項の規定により適用される第十五条第一項又は第三項」と、同法第十九条及び同条第四項において準用する同法第十七条第四項中「事業者」とあるのは「派遣先の事業者」と、同法第十九条第一項中「第十七条及び前条」とあるのは「労働者派遣法第四十五条の規定により適用される第十七条及び前条」と、同条第二項及び第三項並びに同条第四項において準用する同法第十七条第四項及び第五項中「労働者」とあるのは「労働者（労働者派遣法第四十四条第一項に規定する派遣中の労働者を含む。）」として、これらの規定を適用する。

9　その事業に使用する労働者が派遣先の事業における派遣就業のために派遣されている派遣元の事業に関する労働安全衛生法第十九条第一項の規定の適用については、同項中「第十七条及び前条」とあるのは、「労働者派遣事業の適正な運営の確保及び派遣労働者の保護等に関する法律第四十五条の規定により適用される第十七条及び前条」とする。

10　第三項の規定により派遣中の労働者を使用する事業者とみなされた者（第八項の規定により読み替えて適用される労働安全衛生法第五条第四項の規定により当該者とみなされる者を含む。）は、当該派遣中の労働者に対し第三項の規定により適用される同法第六十六条第二項、第三項若しくは第四項の規定による健康診断を行つたとき、又は当該派遣中の労働者から同条第五項ただし書の規定による健康診断の結果を証明する書面の提出があつたときは、遅滞なく、厚生労働省令で定めるところにより、当該派遣中の労働者に係る第六十六条の三の規定による記録に基づいてこれらの健康診断の結果を記載した書面を作成し、当該派遣元の事業の事業者に送付しなければならない。

11　前項の規定により同項の書面の送付を受けた派遣元の事業の事業者は、厚生労働省令で定めるところにより、当該書面を保存しなければならない。

12　前二項の規定に違反した者は、三十万円以下の罰金に処する。

13　法人の代表者又は法人若しくは人の代理人、使用人その他の従業者が、その法人又は人の業務に関して、前項の違反行為をしたときは、行為者を罰するほか、その法人又は人に対しても、同項の罰金刑を科する。

14　第十項の者は、当該派遣中の労働者に対し第三項の規定により適用される労働安全衛生法第六十六条の四の規定により医師又は歯科医師の意見を聴いたときは、遅滞なく、厚生労働省令で定めるところにより、当該意見を当該派遣元の事業の事業者に通知しなければならない。

15　前各項の規定による労働安全衛生法の特例については、同法第九条中「事業者」とあるのは「事業者（労働者派遣事業の適正な運営の確保及び派遣労働者の保護等に関する法律（以下「労働者派遣法」という。）第四十四条第一項に規定する派遣先の事業を行う者（以下「派遣先の事業者」という。）を含む。以下この条において同じ。）」と、同法第二十八条第四項、第三十二条第一項から第四項まで、第三十三条第一項、第三十四条、第六十三条、第六十六条の五第三項、第七十条の二第二項、第七十一条の三第二項、第七十一条の四、第九十三条第二項及び第三項、第九十七条第二項、第九十八条第一項、第九十九条第一項、第九十九条の二第一項及び第二項、第百条から第百二条まで、第百三条第一項、第百四条第一項、第百六条第一項並びに第百八条の二第三項中「事業者」とあるのは「事業者（派遣先の事業者を含む。）」と、同法第三十一条第一項中「の労働者」とあるのは「の労働者（労働者派遣法第四十四条第一項に規定する派遣中の労働者（以下単に「派遣中の労働者」という。）を含む。）」と、同法第三十一条の二、第三十一条の四並びに第三十二条第三項、第六項及び第七項中「労働者」とあるのは「労働者（派遣中の労働者を含む。）」と、同法第三十一条の四及び第九十七条第一項中「この法律又はこれに基づく命令の規定」とあるのは「この法律若しくはこれに基づく命令の規定（労働者派遣法第四十五条の規定により適用される場合を含む。）又は同条第六項、第十項若しくは第十一項の規定若しくはこれらの規定に基づく命令の規定」と、同法第九十条、第九十一条第一項及び第百条中「この法律」とあるのは「この法律及び労働者派遣法第四十五条の規定」と、同法第九十二条中「この法律の規定に違反する罪」とあるのは「この法律の規定（労働者派遣法第四十五条の規定により適用される場合を含む。）に違反する罪（同条第七項の規定による第百十九条及び第百二十二条の罪を含む。）並びに労働者派遣法第四十五条第十二項及び第十三項の罪」と、同法第九十八条第一項中「第三十四条の規定」とあるのは「第三十四条の規定（労働者派遣法第四十五条の規定により適用される場合を含む。）」と、同法第百一条第一項中「この法律」とあるのは「この法律（労働者派遣法第四十五条の規定を含む。）」と、同法第百三条第一項中「この法律又はこれに基づく命令の規定」とあるのは「この法律又はこれに基づく命令の規定（労働者派遣法第四十五条の規定により適用される場合を含む。）」と、同法第百四条第一項中「この法律又はこれに基づく命令の規定」とあるのは「この法律若しくはこれに基づく命令の規定（労働者派遣法第四十五条の規定により適用される場合を含む。）又は同条第十項若しくは第十一項の規定若しくはこれらの規定に基づく命令の規定」と、同法第百十五条第一項中「（第二章の規定を除く。）」とあるのは「（第二章の規定を除く。）及び労働者派遣法第四十五条の規定」として、これらの規定（これらの規定に係る罰則の規定を含む。）を適用する。

16　第一項から第五項まで、第七項から第九項まで及び前項の規定により適用される労働安全衛生法若しくは同法に基づく命令の規定又は第六項、第十項若しくは第十一項の規定若しくはこれらの規定に基づく命令の規定に違反した者に関する同法の規定の適用については、同法第四十六条第二項第一号中「この法律又はこれに基づく命令の規定」とあるのは「この法律若しくはこれに基づく命令の規定（労働者派遣事業の適正な運営の確保及び派遣労働者の保護等に関する法律（以下「労働者派遣法」という。）第四十五条の規定により適用される場合を含む。）又は同条第六項、第十項若しくは第十一項の規定若しくはこれらの規定に基づく命令の規定」と、同法第五十四条の三第二項第一号中「第四十五条第一項若しくは第二項の規定若しくはこれらの規定に基づく命令」とあるのは「第四十五条第一項若しくは第二項の規定若しくはこれらの規定に基づく命令の規定（労働者派遣法第四十五条第三項及び第四項の規定により適用される場合を含む。）」と、同法第五十六条第六項中「この法律若しくはこれに基づく命令の規定又はこれらの規定に基づく処分」とあるのは「この法律若しくはこれに基づく命令の規定（労働者派遣法第四十五条の規定により適用される場合を含む。）、これらの規定に基づく処分又は同条第六項、第十項若しくは第十一項の規定若しくはこれらの規定に基づく命令の規定」と、同法第七十四条第二項第二号、第七十五条の三第二項第三号（同法第八十三条の三及び第八十五条の三において準用する場合を含む。）、第八十四条第二項第二号及び第九十九条の三第一項中「この法律又はこれに基づく命令の規定」とあるのは「この法律若しくはこれに基づく命令の規定（労働者派遣法第四十五条の規定により適用される場合を含む。）又は同条第六項、第十項若しくは第十一項の規定若しくはこれらの規定に基づく命令の規定」と、同法第七十五条の四第二項（同法第八十三条の三及び第八十五条の三において準用する場合を含む。）及び第七十五条の五第四項（同法第八十三条の三において準用する場合を含む。）中「この法律（これに基づく命令又は処分を含む。）」とあるのは「この法律若しくはこれに基づく命令の規定（労働者派遣法第四十五条の規定により適用される場合を含む。）、これらの規定に基づく処分、同条第六項、第十項若しくは第十一項の規定若しくはこれらの規定に基づく命令の規定」と、同法第八十四条第二項第三号中「この法律及びこれに基づく命令」とあるのは「この法律及びこれに基づく命令（労働者派遣法第四十五条の規定により適用される場合を含む。）並びに労働者派遣法（同条第六項、第十項及び第十一項の規定に限る。）及びこれに基づく命令」とする。

17　この条の規定により労働安全衛生法及び同法に基づく命令の規定を適用する場合における技術的読替えその他必要な事項は、命令で定める。

（じん肺法の適用に関する特例等）

第四六条　労働者がその事業における派遣就業のために派遣されている派遣先の事業で、じん肺法（昭和三十五年法律第三十号）第二条第一項第三号に規定する粉じん作業（以下この条において単に「粉じん作業」という。）に係るものに関しては、当該派遣先の事業を行う者を当該派遣中の労働者（当該派遣先の事業において、常時粉じん作業に従事している者及び常時粉じん作業に従事したことのある者に限る。以下第四項まで及び第七項において同じ。）を使用する同法第二条第一項第五号に規定する事業者（以下この条において単に「事業者」という。）と、当該派遣中の労働者を当該派遣先の事業を行う者に使用される労働者とみなして、同法第五条から第九条の二まで、第十一条から第十四条まで、第十五条第三項、第十六条から第十七条まで及び第三十五条の二の規定（これらの規定に係る罰則の規定を含む。）を適用する。この場合において、同法第九条の二第一項中「、離職」とあるのは「、離職（労働者派遣事業の適正な運営の確保及び派遣労働者の保護等に関する法律（以下「労働者派遣法」という。）第四十六条第一項に規定する派遣中の労働者については、当該派遣中の労働者に係る労働者派遣法第二条第一号に規定する労働者派遣の役務の提供の終了。以下この項において同じ。）」と、同法第三十五条の二中「この法律」とあるのは「この法律（労働者派遣法第四十六条の規定を含む。）」とする。

2　その事業に使用する労働者が派遣先の事業（粉じん作業に係るものに限る。）における派遣就業のために派遣されている派遣元の事業（粉じん作業に係るものに限る。）に関する前項前段に掲げる規定の適用については、当該派遣元の事業の事業者は当該派遣中の労働者を使用しないものと、当該派遣中の労働者は当該派遣元の事業の事業者に使用されないものとみなす。

3　第一項の規定によりじん肺法の規定を適用する場合には、同法第十条中「事業者は、じん肺健康診断を」とあるのは「労働者派遣事業の適正な運営の確保及び派遣労働者の保護等に関する法律第四十四条第一項に規定する派遣先の事業（以下単に「派遣先の事業」という。）を行う者が同法第四十六条第一項に規定する派遣中の労働者に対してじん肺健康診断を」と、「労働安全衛生法第六十六条第一項又は第二項の」とあるのは「同法第四十四条第三項に規定する派遣元の事業を行う者にあつては労働安全衛生法第六十六条第一項又は第二項の、派遣先の事業を行う者にあつては同条第二項の」として、同条の規定を適用する。

4　粉じん作業に係る事業における派遣中の労働者の派遣就業に関しては、当該派遣元の事業を行う者（事業者に該当する者を除く。次項及び第六項において同じ。）を事業者と、当該派遣先の事業を行う者もまた当該派遣中の労働者を使用する事業者と、当該派遣中の労働者を当該派遣先の事業を行う者にもまた使用される労働者とみなして、じん肺法第二十条の二から第二十一条まで及び第二十二条の二の規定（同法第二十一条の規定に係る罰則の規定を含む。）を適用する。

5　粉じん作業に係る事業における派遣中の労働者の派遣就業に関しては、派遣元の事業を行う者を事業者とみなして、じん肺法第二十二条の規定（同条の規定に係る罰則の規定を含む。）を適用する。

6　派遣先の事業において常時粉じん作業に従事したことのある労働者であつて現に派遣元の事業を行う者に雇用されるもののうち、常時粉じん作業に従事する労働者以外の者（当該派遣先の事業において現に粉じん作業以外の作業に常時従事している者を除く。）については、当該派遣元の事業を行う者を事業者とみなして、じん肺法第八条から第十四条まで、第十五条第三項、第十六条から第十七条まで、第二十条の二、第二十二条の二及び第三十五条の二の規定（これらの規定に係る罰則の規定を含む。）を適用する。この場合において、同法第十条中「事業者は、じん肺健康診断を」とあるのは「労働者派遣事業の適正な運営の確保及び派遣労働者の保護等に関する法律（以下「労働者派遣法」という。）第四十四条第三項に規定する派遣元の事業（以下単に「派遣元の事業」という。）を行う者が同条第一項に規定する派遣中の労働者又は同項に規定する派遣中の労働者であつた者に対してじん肺健康診断を」と、「労働安全衛生法第六十六条第一項又は第二項の」とあるのは「派遣元の事業を行う者にあつては労働安全衛生法第六十六条第一項又は第二項の、労働者派遣法第四十四条第一項に規定する派遣先の事業を行う者にあつては労働安全衛生法第六十六条第二項の」と、同法第三十五条の二中「この法律」とあるのは「この法律（労働者派遣法第四十六条の規定を含む。）」とする。

7　第一項の規定により派遣中の労働者を使用する事業者とみなされた者は、当該派遣中の労働者に対してじん肺健康診断を行つたとき又は同項の規定により適用されるじん肺法第十一条ただし書の規定により当該派遣中の労働者からじん肺健康診断の結果を証明する書面その他の書面の提出を受けたときにあつては、厚生労働省令で定めるところにより、当該派遣中の労働者に係る同項の規定により適用される同法第十七条第一項の規定により作成した記録に基づいて当該じん肺健康診断の結果を記載した書面を作成し、第一項の規定により適用される同法第十四条第一項（同法第十五条第三項、第十六条第二項及び第十六条の二第二項において準用する場合を含む。）の規定による通知を受けたときにあつては、厚生労働省令で定めるところにより、当該通知の内容を記載した書面を作成し、遅滞なく、当該派遣元の事業を行う者に送付しなければならない。

8　前項の規定により同項の書面の送付を受けた派遣元の事業を行う者は、厚生労働省令で定めるところにより、当該書面を保存しなければならない。

9　派遣元の事業を行う者は、粉じん作業に係る事業における派遣就業に従事する派遣中の労働者で常時粉じん作業に従事するもの（じん肺管理区分が管理二、管理三又は管理四と決定された労働者を除く。）が労働安全衛生法第六十六条第一項又は第二項の健康診断（当該派遣先の事業を行う者の行うものを除く。）において、じん肺法第二条第一項第一号に規定するじん肺（以下単に「じん肺」という。）の所見があり、又はじん肺にかかつている疑いがあると診断されたときは、遅滞なく、その旨を当該派遣先の事業を行う者に通知しなければならない。

10　前三項の規定に違反した者は、三十万円以下の罰金に処する。

11　法人の代表者又は法人若しくは人の代理人、使用人その他の従業者が、その法人又は人の業務に関して、前項の違反行為をしたときは、行為者を罰するほか、その法人又は人に対しても、同項の罰金刑を科する。

12　前各項の規定によるじん肺法の特例については、同法第三十二条第一項中「事業者」とあるのは「事業者（労働者派遣事業の適正な運営の確保及び派遣労働者の保護等に関する法律（以下「労働者派遣法」という。）第四十六条の規定により事業者とみなされた者を含む。第二十五条の三第一項、第二項及び第四項、第四十三条の二第二項並びに第四十四条において「事業者等」という。）」と、同法第三十五条の三第一項、第二項及び第四項中「事業者」とあるのは「事業者等」と、同条第一項中「この法律又はこれに基づく命令の規定」とあるのは「この法律若しくはこれに基づく命令の規定（労働者派遣法第四十六条の規定により適用される場合を含む。）又は同条第七項から第九項までの規定若しくはこれらの規定に基づく命令の規定」と同法第三十九条第二項及び第三項中「この法律」とあるのは「この法律（労働者派遣法第四十六条の規定により適用される場合を含む。）」と、同条第三項中「第二十一条第四項」とあるのは「第二十一条第四項（労働者派遣法第四十六条第四項の規定により適用される場合を含む。）」と、同法第四十条第一項中「粉じん作業を行う事業場」とあるのは「粉じん作業を行う事業場（労働者派遣法第四十六条の規定により事業者とみなされた者の事業場を含む。第四十二条第一項において同じ。）」と、同法第四十一条及び第四十二条第一項中「この法律」とあるのは「この法律及び労働者派遣法第四十六条の規定」と、同法第四十三条中「この法律の規定に違反する罪」とあるのは「この法律の規定（労働者派遣法第四十六条の規定により適用される場合を含む。）に違反する罪並びに同条第十項及び第十一項の罪」と、同法第四十三条の二第一項中「この法律又はこれに基づく命令の規定」とあるのは「この法律若しくはこれに基づく命令の規定（労働者派遣法第四十六条の規定により適用される場合を含む。）又は同条第七項から第九項までの規定若しくはこれらの規定に基づく命令の規定」と、同条第二項及び同法第四十四条中「事業者」とあるのは「事業者等」として、これらの規定（これらの規定に係る罰則の規定を含む。）を適用する。

13　派遣元の事業を行う者が事業者に該当する場合であつてその者が派遣中の労働者に対してじん肺健康診断を行つたときにおけるじん肺法第十条の規定の適用については、同条中「事業者は、」とあるのは「労働者派遣事業の適正な運営の確保及び派遣労働者の保護等に関する法律（以下「労働者派遣法」という。）第四十四条第三項に規定する派遣元の事業（以下単に「派遣元の事業」という。）を行う者が」と、「労働安全衛生法第六十六条第一項又は第二項の」とあるのは「派遣元の事業を行う者にあつては労働安全衛生法第六十六条第一項又は第二項の、労働者派遣法第四十四条第一項に規定する派遣先の事業を行う者にあつては労働安全衛生法第六十六条第二項の」とする。

14　この条の規定によりじん肺法及び同法に基づく命令の規定を適用する場合における技術的読替えその他必要な事項は、命令で定める。

（作業環境測定法の適用の特例）

第四十七条　第四十五条第三項の規定により派遣中の労働者を使用する事業者とみなされた者は、作業環境測定法（昭和五十年法律第二十八号）第二条第一号に規定する事業者に含まれるものとして、同法第一章、第八条第二項（同法第三十四条第二項において準用する場合を含む。）、第四章及び第五章の規定を適用する。この場合において、同法第三条第一項中「労働安全衛生法第六十五条第一項」とあるのは、「労働安全衛生法第六十五条第一項（労働者派遣事業の適正な運営の確保及び派遣労働者の保護等に関する法律第四十五条第三項の規定により適用される場合を含む。次条において同じ。）」とする。

2　第四十五条の規定により適用される労働安全衛生法若しくは同法に基づく命令の規定、同条第六項、第十項若しくは第十一項の規定若しくはこれらの規定に基づく命令の規定又は前項の規定により適用される作業環境測定法若しくは同法に基づく命令の規定に違反した者に関する同法の規定の適用については、同法第六条第三号中「この法律又は労働安全衛生法（これらに基づく命令を含む。）の規定」とあるのは「この法律若しくは労働安全衛生法若しくはこれらに基づく命令の規定（労働者派遣事業の適正な運営の確保及び派遣労働者の保護等に関する法律（以下「労働者派遣法」という。）第四十五条又は第四十七条の規定により適用される場合を含む。）又は労働者派遣法第四十五条第六項、第十項若しくは第十一項の規定若しくはこれらの規定に基づく命令の規定」と、同法第二十一条第二項第五号イ（同法第三十二条の二第四項において準用する場合を含む。）中「この法律又は労働安全衛生法（これらに基づく命令を含む。）の規定」とあるのは「この法律若しくは労働安全衛生法若しくはこれらに基づく命令の規定（労働者派遣法第四十五条又は第四十七条の規定により適用される場合を含む。）又は労働者派遣法第四十五条第六項、第十項若しくは第十一項の規定若しくはこれらの規定に基づく命令の規定」と、同法第二十三条第二項（同法第三十二条の二第四項において準用する場合を含む。）及び第二十四条第四項中「この法律若しくは労働安全衛生法（これらに基づく命令又は処分を含む。）」とあるのは「この法律若しくは労働安全衛生法若しくはこれらに基づく命令の規定（労働者派遣法第四十五条又は第四十七条の規定により適用される場合を含む。）、これらの規定に基づく処分、労働者派遣法第四十五条第六項、第十項若しくは第十一項の規定若しくはこれらの規定に基づく命令の規定」と、同法第三十二条第三項及び第三十四条第一項中「この法律若しくは作業環境測定法又はこれらに基づく命令」とあるのは「この法律若しくは作業環境測定法若しくはこれらに基づく命令の規定（労働者派遣法第四十五条又は第四十七条の規定により適用される場合を含む。）又は労働者派遣法第四十五条第六項、第十項若しくは第十一項の規定若しくはこれらの規定に基づく命令」とする。

3　この条の規定により作業環境測定法の規定を適用する場合における技術的読替えその他必要な事項は、命令で定める。

（雇用の分野における男女の均等な機会及び待遇の確保等に関する法律の適用に関する特例）

第四十七条の二　労働者派遣の役務の提供を受ける者がその指揮命令の下に労働させる派遣労働者の当該労働者派遣に係る就業に関しては、当該労働者派遣の役務の提供を受ける者もまた、当該派遣労働者を雇用する事業主とみなして、雇用の分野における男女の均等な機会及び待遇の確保等に関する法律（昭和四十七年法律第百十三号）第九条第三項、第十一条第一項、第十一条の二第二項、第十一条の三第一項、第十一条の四第二項第十二条及び第十三条第一項の規定を適用する。この場合において、同法第十一条第一項及び第十一条の三第一項中「雇用管理上」とあるのは、「雇用管理上及び指揮命令上」とする。

（育児休業、介護休業等育児又は家族介護を行う労働者の福祉に関する法律の適用に関する特例）

第四十七条の三　労働者派遣の役務の提供を受ける者がその指揮命令の下に労働させる派遣労働者の当該労働者派遣に係る就業に関しては、当該労働者派遣の役務の提供を受ける者もまた、当該派遣労働者を雇用する事業主とみなして、育児休業、介護休業等育児又は家族介護を行う労働者の福祉に関する法律第十条、第十六条（同法第十六条の四及び第十六条の七において準用する場合を含む。）、第十六条の十、第十八条の二、第二十条の二、第二十一条第二項、第二十三条の二、第二十五条及び第二十五条の二第二項の規定を適用する。この場合において、同法第二十五条第一項条中「雇用管理上」とあるのは、「雇用管理上及び指揮命令上」とする。

（労働施策の総合的な推進並びに労働者の雇用の安定及び職業生活の充実等に関する法律の適用に関する特例）

第四十七条の四　労働者派遣の役務の提供を受ける者がその指揮命令の下に労働させる派遣労働者の当該労働者派遣に係る就業に関しては、当該労働者派遣の役務の提供を受ける者もまた、当該派遣労働者を雇用する事業主とみなして、労働施策の総合的な推進並びに労働者の雇用の安定及び職業生活の充実等に関する法律（昭和四十一年法律第百三十二号）第三十条の二第一項及び第三十条の三第二項の規定を適用する。この場合において、同法第三十条の二第一項中「雇用管理上」とあるのは、「雇用管理上及び指揮命令上」とする。

第四章　紛争の解決

第一節　紛争の解決の援助等

（苦情の自主的解決）

第四十七条の五　派遣元事業主は、第三十条の三、第三十条の四及び第三十一条の二第二項から第五項までに定める事項に関し、派遣労働者から苦情の申出を受けたとき、又は派遣労働者が派遣先に対して申し出た苦情の内容が当該派遣先から通知されたときは、その自主的な解決を図るように努めなければならない。

2　派遣先は、第四十条第二項及び第三項に定める事項に関し、派遣労働者から苦情の申出を受けたときは、その自主的な解決を図るように努めなければならない。

（紛争の解決の促進に関する特例）

第四十七条の六　前条第一項の事項についての派遣労働者と派遣元事業主との間の紛争及び同条第二項の事項についての派遣労働者と派遣先との間の紛争については、個別労働関係紛争の解決の促進に関する法律（平成十三年法律第百十二号）第四条、第五条及び第十二条から第十九条までの規定は適用せず、次条から第四十七条の十までに定めるところによる。

（紛争の解決の援助）

第四十七条の七　都道府県労働局長は、前条に規定する紛争に関し、当該紛争の当事者の双方又は一方からその解決につき援助を求められた場合には、当該紛争の当事者に対し、必要な助言、指導又は勧告をすることができる。

2　派遣元事業主及び派遣先は、派遣労働者が前項の援助を求めたことを理由として、当該派遣労働者に対して不利益な取扱いをしてはならない。

第二節　調停

（調停の委任）

第四七条の八　都道府県労働局長は、第四十七条の六に規定する紛争について、当該紛争の当事者の双方又は一方から調停の申請があつた場合において当該紛争の解決のために必要があると認めるときは、個別労働関係紛争の解決の促進に関する法律第六条第一項の紛争調整委員会に調停を行わせるものとする。

2　前条第二項の規定は、派遣労働者が前項の申請をした場合について準用する。

（調停）

第四七条の九　雇用の分野における男女の均等な機会及び待遇の確保等に関する法律第十九条から第二十六条までの規定は、前条第一項の調停の手続について準用する。この場合において、同法第十九条第一項中「前条第一項」とあるのは「労働者派遣事業の適正な運営の確保及び派遣労働者の保護等に関する法律（昭和六十年法律第八十八号）第四十七条の八第一項」と、同法第二十条中「事業場」とあるのは「事業所」と、同法第二十五条第一項中「第十八条第一項」とあるのは「労働者派遣事業の適正な運営の確保及び派遣労働者の保護等に関する法律第四十七条の六」と読み替えるものとする。

（厚生労働省令への委任）

第四七条の一〇　この節に定めるもののほか、調停の手続に関し必要な事項は、厚生労働省令で定める。

第五章　雑則

（事業主団体等の責務）

第四七条の一一　派遣元事業主を直接又は間接の構成員（以下この項において「構成員」という。）とする団体（次項において「事業主団体」という。）は、労働者派遣事業の適正な運営の確保及び派遣労働者の保護等が図られるよう、構成員に対し、必要な助言、協力その他の援助を行うように努めなければならない。

2　国は、事業主団体に対し、派遣元事業主の労働者派遣事業の適正な運営の確保及び派遣労働者の保護等に関し必要な助言及び協力を行うように努めるものとする。

（指針）

第四七条の一二　厚生労働大臣は、第二十四条の三及び第三章第一節から第三節までの規定により派遣元事業主及び派遣先が講ずべき措置に関して、その適切かつ有効な実施を図るため必要な指針を公表するものとする。

（指導及び助言）

第四八条　厚生労働大臣は、この法律（第三章第四節の規定を除く。第四十九条の三第一項、第五十条及び第五十一条第一項において同じ。）の施行に関し必要があると認めるときは、労働者派遣をする事業主及び労働者派遣の役務の提供を受ける者に対し、労働者派遣事業の適正な運営又は適正な派遣就業を確保するために必要な指導及び助言をすることができる。

2　厚生労働大臣は、労働力需給の適正な調整を図るため、労働者派遣事業が専ら労働者派遣の役務を特定の者に提供することを目的として行われている場合（第七条第一項第一号の厚生労働省令で定める場合を除く。）において必要があると認めるときは、当該派遣元事業主に対し、当該労働者派遣事業の目的及び内容を変更するように勧告することができる。

3　厚生労働大臣は、第二十三条第三項、第二十三条の二又は第三十条第二項の規定により読み替えて適用する同条第一項の規定に違反した派遣元事業主に対し、第一項の規定による指導又は助言をした場合において、当該派遣元事業主がなお第二十三条第三項、第二十三条の二又は第三十条第二項の規定により読み替えて適用する同条第一項の規定に違反したときは、当該派遣元事業主に対し、必要な措置をとるべきことを指示することができる。

（改善命令等）

第四九条　厚生労働大臣は、派遣元事業主が当該労働者派遣事業に関しこの法律（第二十三条第三項、第二十三条の二及び第三十条第二項の規定により読み替えて適用する同条第一項の規定を除く。）その他労働に関する法律の規定（これらの規定に基づく命令の規定を含む。）に違反した場合において、適正な派遣就業を確保するため必要があると認めるときは、当該派遣元事業主に対し、派遣労働者に係る雇用管理の方法の改善その他当該労働者派遣事業の運営を改善するために必要な措置を講ずべきことを命ずることができる。

2　厚生労働大臣は、派遣先が第四条第三項の規定に違反している場合において、同項の規定に違反している派遣就業を継続させることが著しく不適当であると認めるときは、当該派遣先に労働者派遣をする派遣元事業主に対し、当該派遣就業に係る労働者派遣契約による労働者派遣の停止を命ずることができる。

（公表等）

第四九条の二　厚生労働大臣は、労働者派遣の役務の提供を受ける者が、第四条第三項、第二十四条の二、第二十六条第七項若しくは第十項、第四十条第二項若しくは第三項、第四十条の二第一項、第四項若しくは第五項、第四十条の三若しくは第四十条の九第一項の規定に違反しているとき、又はこれらの規定に違反して第四十八条第一項の規定による指導若しくは助言を受けたにもかかわらずなおこれらの規定に違反するおそれがあると認めるときは、当該労働者派遣の役務の提供を受ける者に対し、第四条第三項、第二十四条の二、第四十条の二第一項第四項若しくは第五項、第四十条の三若しくは第四十条の九第一項の規定に違反する派遣就業を是正するために必要な措置若しくは当該派遣就業が行われることを防止するために必要な措置をとるべきことを勧告することができる。

２　厚生労働大臣は、前項の規定による勧告をした場合において、その勧告を受けた者がこれに従わなかつたときは、その旨を公表することができる。

（厚生労働大臣に対する申告）

第四九条の三　労働者派遣をする事業主又は労働者派遣の役務の提供を受ける者がこの法律又はこれに基づく命令の規定に違反する事実がある場合においては、派遣労働者は、その事実を厚生労働大臣に申告することができる。

２　労働者派遣をする事業主及び労働者派遣の役務の提供を受ける者は、前項の申告をしたことを理由として、派遣労働者に対して解雇その他不利益な取扱いをしてはならない。

（報告）

第五〇条　厚生労働大臣は、この法律を施行するために必要な限度において、厚生労働省令で定めるところにより、労働者派遣事業を行う事業主及び当該事業主から労働者派遣の役務の提供を受ける者に対し、必要な事項を報告させることができる。

（立入検査）

第五一条　厚生労働大臣は、この法律を施行するために必要な限度において、所属の職員に、労働者派遣事業を行う事業主及び当該事業主から労働者派遣の役務の提供を受ける者の事業所その他の施設に立ち入り、関係者に質問させ、又は帳簿、書類その他の物件を検査させることができる。

２　前項の規定により立入検査をする職員は、その身分を示す証明書を携帯し、関係者に提示しなければならない。

３　第一項の規定による立入検査の権限は、犯罪捜査のために認められたものと解釈してはならない。

（相談及び援助）

第五二条　公共職業安定所は、派遣就業に関する事項について、労働者等の相談に応じ、及び必要な助言その他の援助を行うことができる。

（労働者派遣事業適正運営協力員）

第五三条　厚生労働大臣は、社会的信望があり、かつ、労働者派遣事業の運営及び派遣就業について専門的な知識経験を有する者のうちから、労働者派遣事業適正運営協力員を委嘱することができる。

２　労働者派遣事業適正運営協力員は、労働者派遣事業の適正な運営及び適正な派遣就業の確保に関する施策に協力して、労働者派遣をする事業主、労働者派遣の役務の提供を受ける者、労働者等の相談に応じ、及びこれらの者に対する専門的な助言を行う。

３　労働者派遣事業適正運営協力員は、正当な理由がある場合でなければ、その職務に関して知り得た秘密を他に漏らしてはならない。労働者派遣事業適正運営協力員でなくなつた後においても、同様とする。

４　労働者派遣事業適正運営協力員は、その職務に関して、国から報酬を受けない。

５　労働者派遣事業適正運営協力員は、予算の範囲内において、その職務を遂行するために要する費用の支給を受けることができる。

（手数料）

第五四条　次に掲げる者は、実費を勘案して政令で定める額の手数料を納付しなければならない。

一　第五条第一項の許可を受けようとする者

二　第八条第三項の規定による許可証の再交付を受けようとする者

三　第十条第二項の規定による許可の有効期間の更新を受けようとする者

四　第十一条第四項の規定による許可証の書換えを受けようとする者

（経過措置の命令への委任）

第五五条　この法律の規定に基づき政令又は厚生労働省令を制定し、又は改廃する場合においては、それぞれ政令又は厚生労働省令で、その制定又は改廃に伴い合理的に必要と判断される範囲内において、所要の経過措置（罰則に関する経過措置を含む。）を定めることができる。

（権限の委任）

第五六条　この法律に定める厚生労働大臣の権限は、

厚生労働省令で定めるところにより、その一部を都道府県労働局長に委任することができる。

2　前項の規定により都道府県労働局長に委任された権限は、厚生労働省令で定めるところにより、公共職業安定所長に委任することができる。

（厚生労働省令への委任）

第五七条　この法律に定めるもののほか、この法律の実施のために必要な手続その他の事項は、厚生労働省令で定める。

第六章　罰則

第五八条　公衆衛生又は公衆道徳上有害な業務に就かせる目的で労働者派遣をした者は、一年以上十年以下の懲役又は二十万円以上三百万円以下の罰金に処する。

第五九条　次の各号のいずれかに該当する者は、一年以下の懲役又は百万円以下の罰金に処する。

一　第四条第一項又は第十五条の規定に違反した者

二　第五条第一項の許可を受けないで一般労働者派遣事業を行つた者

三　偽りその他不正の行為により第五条第一項の許可又は第十条第二項の規定による許可の有効期間の更新を受けた者

四　第十四条第二項の規定による処分に違反した者

第六〇条　次の各号のいずれかに該当する者は、六月以下の懲役又は三十万円以下の罰金に処する。

一　第四十九条の規定による処分に違反した者

二　第四十九条の三第二項の規定に違反した者

第六一条　次の各号のいずれかに該当する者は、三十万円以下の罰金に処する。

一　第五条第二項（第十条第五項において準用する場合を含む。）に規定する申請書又は第五条第三項（第十条第五項において準用する場合を含む。）に規定する書類に虚偽の記載をして提出した者

二　第十一条第一項、第十三条第一項若しくは第二十三条第四項の規定による届出をせず、若しくは虚偽の届出をし、又は第十一条第一項若しくは第十九条第一項に規定する書類に虚偽の記載をして提出した者

三　第三十四条、第三十五条の二、第三十五条の三、第三十六条、第三十七条、第四十一条又は第四十二条の規定に違反した者

四　第三十五条の規定による通知をせず、又は虚偽の通知をした者

五　第五十条の規定による報告をせず、又は虚偽の報告をした者

六　第五十一条第一項の規定による立入り若しくは検査を拒み、妨げ、若しくは忌避し、又は質問に対して答弁をせず、若しくは虚偽の陳述をした者

第六二条　法人の代表者又は法人若しくは人の代理人、使用人その他の従業者が、その法人又は人の業務に関して、第五十八条から前条までの違反行為をしたときは、行為者を罰するほか、その法人又は人に対しても、各本条の罰金刑を科する。

附則

1　この法律は、公布の日から起算して一年を超えない範囲内において政令で定める日から施行する。

2　次項に定めるもののほか、この法律の施行に関して必要な経過措置は、政令で定める。

3　この法律の施行前にした行為に対する罰則の適用については、なお従前の例による。

4　第五条第二項の規定の適用については、当分の間、同項第三号中「所在地」とあるのは、「所在地並びに当該事業所において物の製造の業務（物の溶融、鋳造、加工、組立て、洗浄、塗装、運搬等物を製造する工程における作業に係る業務をいう。）であつて、その業務に従事する労働者の就業の実情並びに当該業務に係る派遣労働者の就業条件の確保及び労働力の需給の適正な調整に与える影響を勘案して厚生労働省令で定めるものについて労働者派遣事業を行う場合にはその旨」とする。

附則（平成一五年六月一三日法律第八二号）（抄）

（施行期日）

第一条　この法律は、公布の日から起算して九月を超えない範囲内において政令で定める日から施行する。

（一般労働者派遣事業の許可等に関する経過措置）

第八条　この法律の施行の際現に第二条の規定による改正前の労働者派遣事業の適正な運営の確保及び派遣労働者の就業条件の整備等に関する法律（以下「旧労働者派遣法」という。）第五条第一項の許可（以下この項において「旧許可」という。）を受けている者は、施行日に第二条の規定による改正後の労働者派遣事業の適正な運営の確保及び派遣労働者の就業条件の整備等に関する法律（以下「新労働者派遣法」という。）第五条第一項の許可（以下この項において「新許可」という。）を受けた者とみなす。この場合において、当該新許可を受けた者とみなされる者に係る新許可の有効期間は、新労働者派遣法第十条第一項の規定にかかわらず、施行日におけるその者に係る旧許可

の有効期間の残存期間のうち最も長い残存期間と同一の期間とする。

２　この法律の施行の際現に旧労働者派遣法第五条第一項の許可の申請をしている者（次項に規定する者を除く。）は、施行日に新労働者派遣法第五条第一項の許可の申請をした者とみなす。

３　この法律の施行の際現に旧労働者派遣法第五条第一項の許可を受けている者であって、当該許可に係る事業所以外の事業所について同項の許可の申請をしているものは、施行日に当該申請に係る事業所について新労働者派遣法第十一条第一項の規定による届出をした者とみなす。

（一般労働者派遣事業の許可証に関する経過措置）

第九条　この法律の施行の際現に旧労働者派遣法第八条第一項の規定により交付を受けている許可証は、新労働者派遣法第八条第一項の規定により交付を受けた許可証とみなす。

（一般労働者派遣事業の許可の取消し等に関する経過措置）

第一〇条　この法律の施行の際現に旧労働者派遣法の規定により許可を受けて、又は届出書を提出して労働者派遣事業を行っている者に対する許可の取消し若しくは事業の廃止の命令又は事業の停止の命令に関しては、この法律の施行前に生じた事由については、なお従前の例による。

（政令への委任）

第一一条　この附則に定めるもののほか、この法律の施行に関して必要な経過措置は、政令で定める。

（罰則に関する経過措置）

第一二条　この法律の施行前にした行為並びに附則第七条及び第十条の規定によりなお従前の例によることとされる場合におけるこの法律の施行後にした行為に対する罰則の適用については、なお従前の例による。

附則（平成一八年六月二一日法律第八二号）

（施行期日）

第一条　この法律は、平成十九年四月一日から施行する。ただし、附則第七条の規定は、社会保険労務士法の一部を改正する法律（平成十七年法律第六十二号）中社会保険労務士法（昭和四十三年法律第八十九号）第二条第一項第一号の四の改正規定の施行の日又はこの法律の施行の日のいずれか遅い日から施行する。

附則（平成二四年四月六日法律第二七号）（抄）

（施行期日）

第一条　この法律は、公布の日から起算して六月を超えない範囲内において政令で定める日から施行する。ただし、次の各号に掲げる規定は、当該各号に定める日から施行する。

一　附則第九条の規定　公布の日

二　第二条の規定並びに附則第十一条及び第十三条の規定　この法律の施行の日（以下「施行日」という。）から起算して三年を経過した日

（派遣労働者の雇用の安定）

第二条　政府は、この法律の施行により労働者派遣による就業ができなくなる派遣労働者その他の派遣労働者の雇用の安定を図るとともに、事業主の労働力の確保を支援するため、公共職業安定所又は職業紹介事業者（職業安定法（昭和二十二年法律第百四十一号）第四条第七項に規定する職業紹介事業者をいう。）の行う職業紹介の充実等必要な措置を講ずるように努めなければならない。

（一般労働者派遣事業の許可の取消し等に関する経過措置）

第四条　この法律の施行の際現に第一条の規定による改正前の労働者派遣事業の適正な運営の確保及び派遣労働者の就業条件の整備等に関する法律又は第四条の規定による改正前の高年齢者等の雇用の安定等に関する法律（附則第七条において「旧高年齢者等雇用安定法」という。）の規定により許可を受けて、又は届出書を提出して労働者派遣事業を行っている者に対する許可の取消し若しくは事業の廃止の命令又は事業の停止の命令に関しては、この法律の施行前に生じた事由については、なお従前の例による。

（派遣元事業主の関係派遣先に対する労働者派遣の制限に関する経過措置）

第五条　第一条の規定による改正後の労働者派遣事業の適正な運営の確保及び派遣労働者の保護等に関する法律（次条において「新労働者派遣法」という。）第二十三条第三項及び第二十三条の二の規定は、施行日以後に開始する事業年度に係る同条に規定する関係派遣先への派遣割合について適用する。

（日雇労働者及び離職した労働者についての労働者派遣の禁止に関する経過措置）

第六条　新労働者派遣法第三十五条の三第一項、第三十五条の四及び第四十条の六の規定は、施行日以後に締結される労働者派遣契約に基づき行われる労働者派遣について適用する。

（罰則に関する経過措置）

第八条　この法律の施行前にした行為及び前条第一項の規定によりなお従前の例によることとされる場合におけるこの法律の施行後にした行為に対する罰則の適用については、なお従前の例による。

（政令への委任）

第九条　この附則に規定するもののほか、この法律の施行に関し必要な経過措置は、政令で定める。

【令和四年六月一七日法律第六八号未施行内容】

刑法等の一部を改正する法律の施行に伴う関係法律の整理等に関する法律

第二五九条　労働者派遣事業の適正な運営の確保及び派遣労働者の保護等に関する法律（昭和六十年法律第八十八号）の一部を次のように改正する。

第六条第一号中「禁錮」を「拘禁刑」に改める。

第五十八条から第六十条までの規定中「懲役」を「拘禁刑」に改める。

附則

（施行期日）

1　この法律は、刑法等一部改正法施行日（令和七年六月一日――編注）から施行する。《略》

【令和六年五月三一日法律第四二号未施行内容】

育児休業、介護休業等育児又は家族介護を行う労働者の福祉に関する法律及び次世代育成支援対策推進法の一部を改正する法律

附則（抄）

（施行期日）

第一条　この法律は、令和七年四月一日から施行する。ただし、次の各号に掲げる規定は、当該各号に定める日から施行する。

二　第二条の規定及び附則第七条の規定　公布の日から起算して一年六月を超えない範囲内において政令で定める日

第七条　次に掲げる法律の規定中「第二十一条第四項」を「第二十一条第六項」に改め、「第二十三条の二」の下に「、第二十三条の三第七項」を加える。

二　労働者派遣事業の適正な運営の確保及び派遣

労働者派遣事業の適正な運営の確保及び派遣労働者の保護等に関する法律施行令（抄）

昭和六一年四月三日政令第九五号
施行：昭和六一年七月一日
最終改正：令和六年一月三一日政令第二二号
施行：令和六年二月一日

（法第四条第一項第一号の政令で定める業務）

第一条　労働者派遣事業の適正な運営の確保及び派遣労働者の保護等に関する法律（以下「法」という。）第四条第一項第一号の政令で定める業務は、港湾労働法（昭和六十三年法律第四十号）第二条第一号に規定する港湾以外の港湾で港湾運送事業法（昭和二十六年法律第百六十一号）第二条第四項に規定するもの（第三号において「特定港湾」という。）において、他人の需要に応じて行う次に掲げる行為に係る業務とする。

一　港湾運送事業法第二条第一項に規定する港湾運送のうち、同項第二号から第五号までのいずれかに該当する行為

二　港湾労働法施行令（昭和六十三年政令第三百三十五号）第二条第一号及び第二号に掲げる行為

三　船舶若しくははしけにより若しくはいかだに組んで運送された貨物の特定港湾の水域の沿岸からおおむね五百メートル（水島港にあつては千メートル、鹿児島港にあつては千五百メートル）の範囲内において厚生労働大臣が指定した区域内にある倉庫（船舶若しくははしけにより又はいかだに組んでする運送に係る貨物以外の

貨物のみを通常取り扱うものを除く。以下この条において「特定港湾倉庫」という。）への搬入（上屋その他の荷さばき場から搬出された貨物の搬入であつて、港湾運送事業法第二条第三項に規定する港湾運送関連事業のうち同項第一号に掲げる行為に係るもの若しくは同法第三条第一号から第四号までに掲げる事業又は倉庫業法（昭和三十一年法律第百二十一号）第二条第二項に規定する倉庫業のうち特定港湾倉庫に係るものを営む者（以下この条において「特定港湾運送関係事業者」という。）以外の者が行うものを除く。）、船舶若しくははしけにより若しくはいかだに組んで運送されるべき貨物の特定港湾倉庫からの搬出（上屋その他の荷さばき場に搬入すべき貨物の搬出であつて、特定港湾運送関係事業者以外の者が行うものを除く。）又は貨物の特定港湾倉庫における荷さばき。ただし、冷蔵倉庫の場合にあつては、貨物の当該倉庫に附属する荷さばき場から冷蔵室への搬入、冷蔵室から当該倉庫に附属する荷さばき場への搬出及び冷蔵室における荷さばきを除く。

四　道路運送車両法（昭和二十六年法律第百八十五号）第二条第一項に規定する道路運送車両若しくは鉄道（軌道を含む。）（以下この号において「車両等」という。）により運送された貨物の特定港湾倉庫若しくは上屋その他の荷さばき場への搬入（特定港湾運送関係事業者以外の者が行う当該貨物の搬入を除く。）又は車両等により運送されるべき貨物の特定港湾倉庫若しくは上屋その他の荷さばき場からの搬出（特定港湾運送関係事業者以外の者が行う当該貨物の搬出を除く。）。ただし、冷蔵倉庫の場合にあつては、貨物の当該倉庫に附属する荷さばき場から冷蔵室への搬入及び冷蔵室から当該倉庫に附属する荷さばき場への搬出を除く。

（法第四条第一項第三号の政令で定める業務）

第二条　法第四条第一項第三号の政令で定める業務は、次に掲げる業務（当該業務について紹介予定派遣をする場合、当該業務に係る労働者派遣が法第四十条の二第一項第四号又は第五号に該当する場合、第一号及び第三号に掲げる業務、第四号に掲げる業務（保健師助産師看護師法（昭和二十三年法律第二百三号）第五条及び第六条に規定する業務並びに診療放射線技師法（昭和二十六年法律第二百二十六号）第二十四条の二に規定する業務及び臨床検査技師等に関する法律（昭和三十三年法律第七十六号）第二十条の二第一項に規定する業務に限る。）並びに第七号に掲げる業務に係る派遣労働者の就業の場所がへき地にある場合並びに第一号に掲げる業務に係る派遣労働者の就業の場所が地域における医療の確保のためには同号に掲げる業務に業として行う労働者派遣により派遣労働者を従事させる必要があると認められるものとして厚生労働省令で定める場所（へき地にあるものを除く。）である場合を除く。）とする。

一　医師法（昭和二十三年法律第二百一号）第十七条に規定する医業（医療法（昭和二十三年法律第二百五号）第一条の五第一項に規定する病院若しくは同条第二項に規定する診療所（厚生労働省令で定めるものを除く。以下この条及び第四条第一項第十九号において「病院等」という。）、同法第二条第一項に規定する助産所（以下この条及び同号において「助産所」という。）、介護保険法（平成九年法律第百二十三号）第八条第二十八項に規定する介護老人保健施設（以下この条において「介護老人保健施設」という。）、同条第二十九項に規定する介護医療院（以下この条において「介護医療院」という。）又は医療を受ける者の居宅（以下この条において「居宅」という。）において行われるものに限る。）

二　歯科医師法（昭和二十三年法律第二百二号）第十七条に規定する歯科医業（病院等、介護老人保健施設、介護医療院又は居宅において行われるものに限る。）

三　薬剤師法（昭和三十五年法律第百四十六号）第十九条に規定する調剤の業務（病院等又は介護医療院において行われるものに限る。）

四　保健師助産師看護師法第二条、第三条、第五条、第六条及び第三十一条第二項に規定する業務（他の法令の規定により、同条第一項及び第三十二条の規定にかかわらず、診療の補助として行うことができることとされている業務を含み、病院等、助産所、介護老人保健施設、介護医療院又は居宅において行われるもの（介護保険法第八条第三項に規定する訪問入浴介護及び同法第八条の二第二項に規定する介護予防訪問入浴介護に係るものを除く。）に限る。）

五　栄養士法（昭和二十二年法律第二百四十五号）第一条第二項に規定する業務（傷病者に対する療養のため必要な栄養の指導に係るものであつて、病院等、介護老人保健施設、介護医療院又は居宅において行われるものに限る。）

六　歯科衛生士法（昭和二十三年法律第二百四号）第二条第一項に規定する業務（病院等、介護老人保健施設、介護医療院又は居宅において行われるものに限る。）

七　診療放射線技師法第二条第二項に規定する業務（病院等、介護老人保健施設、介護医療院又は居宅において行われるものに限る。）

八　歯科技工士法（昭和三十年法律第百六十八号）第二条第一項に規定する業務（病院等又は介護医療院において行われるものに限る。）

2　前項のへき地とは、次の各号のいずれかに該当する地域をその区域に含む厚生労働省令で定める市町村とする。

一　離島振興法（昭和二十八年法律第七十二号）第二条第一項の規定により離島振興対策実施地域として指定された離島の区域

二　奄美群島振興開発特別措置法（昭和二十九年法律第百八十九号）第一条に規定する奄美群島の区域

三　辺地に係る公共的施設の総合整備のための財政上の特別措置等に関する法律（昭和三十七年法律第八十八号）第二条第一項に規定する辺地

四　山村振興法（昭和四十年法律第六十四号）第七条第一項の規定により指定された振興山村の地域

五　小笠原諸島振興開発特別措置法（昭和四十四年法律第七十九号）第四条第一項に規定する小笠原諸島の地域

六　沖縄振興特別措置法（平成十四年法律第十四号）第三条第三号に規定する離島の地域

七　過疎地域の持続的発展の支援に関する特別措置法（令和三年法律第十九号）第二条第一項に規定する過疎地域

（法第六条第一号の労働に関する法律の規定であつて政令で定めるもの）

第三条　法第六条第一号の労働に関する法律の規定であつて政令で定めるものは、次のとおりとする。

一　労働基準法（昭和二十二年法律第四十九号）第百十七条、第百十八条第一項（同法第六条及び第五十六条の規定に係る部分に限る。）、第百十九条（同法第十六条、第十七条、第十八条第一項及び第三十七条の規定に係る部分に限る。）及び第百二十条（同法第十八条第七項及び第二十三条から第二十七条までの規定に係る部分に限る。）の規定並びに当該規定に係る同法第百二十一条の規定（これらの規定が法第四十四条（第四項を除く。）の規定により適用される場合を含む。）

二　職業安定法（昭和二十二年法律第百四十一号）第六十三条、第六十四条、第六十五条（第一号を除く。）及び第六十六条の規定並びにこれらの規定に係る同法第六十七条の規定

三　最低賃金法（昭和三十四年法律第百三十七号）第四十条の規定及び同条の規定に係る同法第四十二条の規定

四　建設労働者の雇用の改善等に関する法律（昭和五十一年法律第三十三号）第四十九条、第五十条及び第五十一条（第二号及び第三号を除く。）の規定並びにこれらの規定に係る同法第五十二条の規定

五　賃金の支払の確保等に関する法律（昭和五十一年法律第三十四号）第十八条の規定及び同条の規定に係る同法第二十条の規定

六　港湾労働法第四十八条、第四十九条（第一号を除く。）及び第五十一条（第二号及び第三号に係る部分に限る。）の規定並びにこれらの規定に係る同法第五十二条の規定

七　中小企業における労働力の確保及び良好な雇用の機会の創出のための雇用管理の改善の促進に関する法律（平成三年法律第五十七号）第十九条、第二十条及び第二十一条（第三号を除く。）の規定並びにこれらの規定に係る同法第二十二条の規定

八　育児休業、介護休業等育児又は家族介護を行う労働者の福祉に関する法律（平成三年法律第七十六号）第六十二条から第六十五条までの規定

九　林業労働力の確保の促進に関する法律（平成八年法律第四十五号）第三十二条、第三十三条及び第三十四条（第三号を除く。）の規定並びにこれらの規定に係る同法第三十五条の規定

十　外国人の技能実習の適正な実施及び技能実習生の保護に関する法律（平成二十八年法律第八十九号）第百八条、第百九条、第百十条（同法第四十四条の規定に係る部分に限る。）、第百十一条（第一号を除く。）及び第百十二条（第一号（同法第三十五条第一項の規定に係る部分に限る。）及び第六号から第十一号までに係る部分に限る。）の規定並びにこれらの規定に係る同法第百十三条の規定

十一　法第四十四条第四項の規定により適用される労働基準法第百十八条、第百十九条及び第百二十一条の規定並びに法第四十五条第七項の規定により適用される労働安全衛生法（昭和四十七年法律第五十七号）第百十九条及び第百二十二条の規定

（法第三十五条の四第一項の政令で定める業務等）

第四条　法第三十五条の四第一項第一号の政令で定める業務は、次のとおりとする。

一　電子計算機を使用することにより機能するシ

ステムの設計若しくは保守（これらに先行し、後続し、その他これらに関連して行う分析を含む。）又はプログラム（電子計算機に対する指令であつて、一の結果を得ることができるように組み合わされたものをいう。第十七号及び第十八号において同じ。）の設計、作成若しくは保守の業務

二　機械、装置若しくは器具（これらの部品を含む。以下この号及び第十八号において「機械等」という。）又は機械等により構成される設備の設計又は製図（現図製作を含む。）の業務

三　電子計算機、タイプライター又はこれらに準ずる事務用機器（第十七号において「事務用機器」という。）の操作の業務

四　通訳、翻訳又は速記の業務

五　法人の代表者その他の事業運営上の重要な決定を行い、又はその決定に参画する管理的地位にある者の秘書の業務

六　文書、磁気テープ等のファイリング（能率的な事務処理を図るために総合的かつ系統的な分類に従つてする文書、磁気テープ等の整理（保管を含む。）をいう。以下この号において同じ。）に係る分類の作成又はファイリング（高度の専門的な知識、技術又は経験を必要とするものに限る。）の業務

七　新商品の開発、販売計画の作成等に必要な基礎資料を得るためにする市場等に関する調査又は当該調査の結果の整理若しくは分析の業務

八　貸借対照表、損益計算書等の財務に関する書類の作成その他財務の処理の業務

九　外国貿易その他の対外取引に関する文書又は商品の売買その他の国内取引に係る契約書、船荷証券、複合運送証券若しくはこれらに準ずる国内取引に関する文書の作成（港湾運送事業法第二条第一項第一号に掲げる行為に附帯して行うもの及び通関業法（昭和四十二年法律第百二十二号）第二条第一号に規定する通関業務として行われる同号ロに規定する通関書類の作成を除く。）の業務

十　電子計算機、自動車その他その用途に応じて的確な操作をするためには高度の専門的な知識、技術又は経験を必要とする機械の性能、操作方法等に関する紹介及び説明の業務

十一　旅行業法（昭和二十七年法律第二百三十九号）第十二条の十一第一項に規定する旅程管理業務（旅行者に同行して行うものに限る。）若しくは同法第四条第一項第三号に規定する企画旅行以外の旅行の旅行者に同行して行う旅程管理業務に相当する業務（以下この号において「旅程管理業務等」という。）、旅程管理業務等に付随して行う旅行者の便宜となるサービスの提供の業務（車両、船舶又は航空機内において行う案内の業務を除く。）又は車両の停車場若しくは船舶若しくは航空機の発着場に設けられた旅客の乗降若しくは待合いの用に供する建築物内において行う旅行者に対する送迎サービスの提供の業務

十二　建築物又は博覧会場における来訪者の受付又は案内の業務

十三　科学に関する研究又は科学に関する知識若しくは科学を応用した技術を用いて製造する新製品若しくは科学に関する知識若しくは科学を応用した技術を用いて製造する製品の新たな製造方法の開発の業務（第一号及び第二号に掲げる業務を除く。）

十四　企業等がその事業を実施するために必要な体制又はその運営方法の整備に関する調査、企画又は立案の業務（労働条件その他の労働に関する事項の設定又は変更を目的として行う業務を除く。）

十五　書籍、雑誌その他の文章、写真、図表等により構成される作品の制作における編集の業務

十六　商品若しくはその包装のデザイン、商品の陳列又は商品若しくは企業等の広告のために使用することを目的として作成するデザインの考案、設計又は表現の業務（建築物内における照明器具、家具等のデザイン又は配置に関する相談又は考案若しくは表現の業務（法第四条第一項第二号に規定する建設業務を除く。）を除く。）

十七　事務用機器の操作方法、電子計算機を使用することにより機能するシステムの使用方法又はプログラムの使用方法を習得させるための教授又は指導の業務

十八　顧客の要求に応じて設計（構造を変更する設計を含む。）を行う機械等若しくは機械等により構成される設備若しくはプログラム又は顧客に対して専門的知識に基づく助言を行うことが必要である金融商品（金融サービスの提供に関する法律（平成十二年法律第百一号）第三条第一項に規定する金融商品の販売の対象となるものをいう。）に係る当該顧客に対して行う説明若しくは相談又は売買契約（これに類する契約で同項に規定する金融商品の販売に係るものを含む。以下この号において同じ。）についての申込み、申込みの受付若しくは締結若しくは売買契約の申込み若しくは締結の勧誘の業務

十九　保健師助産師看護師法第五条に規定する業務（病院等、助産所、介護老人保健施設、介護医療院及び居宅において行われるもの（介護保険法第八条第三項に規定する訪問入浴介護及び同法第八条の二第二項に規定する介護予防訪問入浴介護に係るものを除く。）を除く。）

2　法第三十五条の四第一項の政令で定める場合は、法第二条第四号に規定する派遣元事業主が労働者派遣に係る法第三十五条の三第一項に規定する日雇労働者（以下この項において「日雇労働者」という。）の安全又は衛生を確保するため必要な措置その他の雇用管理上必要な措置を講じている場合であつて次の各号のいずれかに該当するときとする。

一　当該日雇労働者が六十歳以上の者である場合

二　当該日雇労働者が学校教育法（昭和二十二年法律第二十六号）第一条、第百二十四条又は第百三十四条第一項の学校の学生又は生徒（同法第四条第一項に規定する定時制の課程に在学する者その他厚生労働省令で定める者を除く。）である場合

三　当該日雇労働者及びその属する世帯の他の世帯員について厚生労働省令で定めるところにより算定した収入の額が厚生労働省令で定める額以上である場合

第五条～第八条《略》

（手数料の額）

第九条　法第五十四条の政令で定める額は、次の各号に掲げる者の区分に応じ、当該各号に定める額とする。

一　法第五十四条第一号に掲げる者　十二万円（労働者派遣事業を行う事業所の数が二以上の場合にあつては、五万五千円に当該事業所数から一を減じた数を乗じて得た額に十二万円を加えた額）

二　法第五十四条第二号に掲げる者　再交付を受けようとする許可証一枚につき千五百円

三　法第五十四条第三号に掲げる者　五万五千円に労働者派遣事業を行う事業所の数を乗じて得た額

四　法第五十四条第四号に掲げる者　書換えを受けようとする許可証一枚につき三千円

附則《略》

労働者派遣事業の適正な運営の確保及び派遣労働者の保護等に関する法律施行規則（抄）

昭和六一年四月一七日労働省令第二〇号
施行：昭和六一年七月一日施行
最終改正：令和五年一二月二六日厚生労働省令第一六二号
施行：令和七年一月一日

第一章　労働者派遣事業の適正な運営の確保に関する措置

第一節　業務の範囲

（令第二条第一項の厚生労働省令で定める場所等）

第一条　労働者派遣事業の適正な運営の確保及び派遣労働者の保護等に関する法律施行令（昭和六十一年政令第九十五号。以下「令」という。）第二条第一項の厚生労働省令で定める場所は、次に掲げる場所とする。

一　都道府県が医療法（昭和二十三年法律第二百五号）第三十条の二十三第一項に規定する医療計画において定める医師の確保に関する事項の実施に必要な事項として地域における医療の確保のためには令第二条第一項第一号に掲げる業務に業として行う労働者派遣により派遣労働者を従事させる必要があると認めた病院等（同号に規定する病院等をいう。次号において同じ。）であつて厚生労働大臣が定めるもの

二　前号に掲げる病院等に係る患者の居宅

2　令第二条第一項第一号の厚生労働省令で定める

ものは、次のとおりとする。

一　障害者自立支援法（平成十七年法律第百二十三号）第五条第十一項に規定する障害者支援施設の中に設けられた診療所

二　生活保護法（昭和二十五年法律第百四十四号）第三十八条第一項第一号（中国残留邦人等の円滑な帰国の促進及び永住帰国後の自立の支援に関する法律（平成六年法律第三十号。次号において「中国残留邦人等支援法」という。）第十四条第四項（中国残留邦人等の円滑な帰国の促進及び永住帰国後の自立の支援に関する法律の一部を改正する法律（平成十九年法律第百二十七号）附則第四条第二項において準用する場合を含む。）においてその例による場合を含む。次号において同じ。）に規定する救護施設の中に設けられた診療所

三　生活保護法第三十八条第一項第二号（中国残留邦人等支援法第十四条第四項においてその例による場合を含む。）に規定する更生施設の中に設けられた診療所

四　削除

五　老人福祉法（昭和三十八年法律第百三十三号）第二十条の四に規定する養護老人ホームの中に設けられた診療所

六　老人福祉法第二十条の五に規定する特別養護老人ホームの中に設けられた診療所

七　原子爆弾被爆者に対する援護に関する法律（平成六年法律第百十七号）第三十九条に規定する養護事業を行う施設の中に設けられた診療所

第二節　事業の許可

（許可の申請手続）

第一条の二　労働者派遣事業の適正な運営の確保及び派遣労働者の保護等に関する法律（以下「法」という。）第五条第二項の申請書は、労働者派遣事業許可申請書（様式第一号）のとおりとする。

2　法第五条第三項の厚生労働省令で定める書類は、次のとおりとする。

一　申請者が法人である場合にあつては、次に掲げる書類

イ　定款又は寄附行為

ロ　登記事項証明書

ハ　役員の住民票の写し（出入国管理及び難民認定法（昭和二十六年政令第三百十九号）第十九条の三に規定する中長期在留者にあつては住民票の写し（国籍等（住民基本台帳法（昭和四十二年法律第八十一号）第三十条の四十五に規定する国籍等をいう。以下この号において同じ。）及び在留資格（出入国管理及び難民認定法第二条の二第一項に規定する在留資格をいう。）を記載したものに限る。）とし、日本国との平和条約に基づき日本の国籍を離脱した者等の出入国管理に関する特例法（平成三年法律第七十一号）に定める特別永住者にあつては住民票の写し（国籍等及び同法に定める特別永住者である旨を記載したものに限る。）とし、出入国管理及び難民認定法第十九条の三第一号に掲げる者にあつては旅券その他の身分を証する書類の写しとする。以下同じ。）及び履歴書

ニ　役員の精神の機能の障害に関する医師の診断書（当該役員が精神の機能の障害により認知、判断又は意思疎通を適切に行うことができないおそれがある者である場合に限る。）

ホ　役員が未成年者で労働者派遣事業に関し営業の許可を受けていない場合にあつては、次に掲げる場合の区分に応じ、それぞれ次に定める書類

(1)　当該役員の法定代理人が個人である場合　当該法定代理人の住民票の写し及び履歴書並びに当該法定代理人の精神の機能の障害に関する医師の診断書（当該法定代理人が精神の機能の障害により認知、判断又は意思疎通を適切に行うことができないおそれがある者である場合に限る。）

(2)　当該役員の法定代理人が法人である場合　当該法定代理人に係るイからハまでに掲げる書類（法定代理人の役員が未成年者で一般労働者派遣事業に関し営業の許可を受けていない場合にあつては、当該役員の法定代理人（法人に限る。）に係るイからハまでに掲げる書類又は当該役員の法定代理人（個人に限る。以下この(2)において同じ。）の住民票の写し及び履歴書並びに当該法定代理人の精神の機能の障害に関する医師の診断書（当該法定代理人が精神の機能の障害により認知、判断又は意思疎通を適切に行うことができないおそれがある者である場合に限る。）を含む。）

ヘ　労働者派遣事業を行う事業所ごとの個人情報の適正管理及び秘密の保持に関する規程（以下「個人情報適正管理規程」という。）

ト　最近の事業年度における貸借対照表及び損益計算書

チ　労働者派遣事業に関する資産の内容及びその権利関係を証する書類

リ　労働者派遣事業を行う事業所ごとに選任する派遣元責任者の住民票の写し、履歴書及び第二十九条の二第一号に規定する講習を修了したことを証する書類（以下「受講証明書」という。）並びに当該派遣元責任者の精神の機能の障害に関する医師の診断書（当該派遣元責任者が精神の機能の障害により認知、判断又は意思疎通を適切に行うことができないおそれがある者である場合に限る。）

ヌ　派遣労働者のキャリアの形成の支援に関する規程

ル　派遣労働者の解雇に関する規程

ヲ　派遣労働者に対する休業手当に関する規程

二　申請者が個人である場合にあつては、次に掲げる書類

イ　住民票の写し及び履歴書

ロ　申請者の精神の機能の障害に関する医師の診断書（当該申請者が精神の機能の障害により認知、判断又は意思疎通を適切に行うことができないおそれがある者である場合に限る。）

ハ　申請者が未成年者で労働者派遣事業に関し営業の許可を受けていない場合にあつては、次に掲げる場合の区分に応じ、それぞれ次に定める書類

(1)　当該申請者の法定代理人が個人である場合　当該法定代理人の住民票の写し及び履歴書並びに当該法定代理人の精神の機能の障害に関する医師の診断書（当該法定代理人が精神の機能の障害により認知、判断又は意思疎通を適切に行うことができないおそれがある者である場合に限る。）

(2)　当該申請者の法定代理人が法人である場合　当該法定代理人に係る前号イからニまでに掲げる書類（法定代理人の役員が未成年者で労働者派遣事業に関し営業の許可を受けていない場合にあつては、当該役員の法定代理人（法人に限る。）に係る同号イからニまでに掲げる書類又は当該役員の法定代理人（個人に限る。以下この(2)において同じ。）の住民票の写し及び履歴書並びに当該法定代理人の精神の機能の障害に関する医師の診断書（当該法定代理人が精神の機能の障害により認知、判断又は意思疎通を適切に行うことができないおそれがある者である場合に限る。）を含む。）

ニ　前号ホ及びトからルまでに掲げる書類

3　法第五条第三項の規定により添付すべき事業計画書は、一般労働者派遣事業計画書（様式第三号から様式第三号の三まで）のとおりとする。

（法第六条第三号の厚生労働省令で定める者）

第一条の三　法第六条第三号の厚生労働省令で定める者は、精神の機能の障害により労働者派遣事業を適正に行うに当たつて必要な認知、判断及び意思疎通を適切に行うことができない者とする。

（法第七条第一項第一号の厚生労働省令で定める場合）

第一条の四　法第七条第一項第一号の厚生労働省令で定める場合は、当該事業を行う派遣元事業主が雇用する派遣労働者のうち、十分の三以上の者が六十歳以上の者（他の事業主の事業所を六十歳以上の定年により退職した後雇い入れた者に限る。）である場合とする。

（法第七条第一項第二号の厚生労働省令で定める基準）

第一条の五　法第七条第一項第二号の厚生労働省令で定める基準は、次のとおりとする。

一　派遣労働者のキャリアの形成を支援する制度（厚生労働大臣が定める基準を満たすものに限る。）を有すること。

二　前号に掲げるもののほか、派遣労働者に係る雇用管理を適正に行うための体制が整備されていること。

（許可証）

第二条　法第八条第一項の許可証は、労働者派遣事業許可証（様式第四号。以下単に「許可証」という。）のとおりとする。

（許可証の再交付）

第三条　法第八条第三項の規定により許可証の再交付を受けようとする者は、許可証再交付申請書（様式第五号）を、厚生労働大臣に提出しなければならない。

（許可証の返納等）

第四条　許可証の交付を受けた者は、次の各号のいずれかに該当することとなつたときは、当該事実のあつた日の翌日から起算して十日以内に、第一号又は第二号の場合にあつては労働者派遣事業を行う全ての事業所に係る許可証、第三号の場合にあつては発見し、又は回復した許可証を厚生労働大臣に返納しなければならない。

一　許可が取り消されたとき。

二　許可の有効期間が満了したとき。

三　許可証の再交付を受けた場合において、亡失

した許可証を発見し、又は回復したとき。

2　許可証の交付を受けた者が次の各号に掲げる場合のいずれかに該当することとなつたときは、当該各号に掲げる者は、当該事実のあつた日の翌日から起算して十日以内に、労働者派遣事業を行う全ての事業所に係る許可証を厚生労働大臣に返納しなければならない。

一　死亡した場合　同居の親族又は法定代理人

二　法人が合併により消滅した場合　合併後存続し、又は合併により設立された法人の代表者

（許可の有効期間の更新の申請手続）

第五条　法第十条第二項の規定による許可の有効期間の更新を受けようとする者は、当該許可の有効期間が満了する日の三月前までに、労働者派遣事業許可有効期間更新申請書（様式第一号）を、厚生労働大臣に提出しなければならない。

2　法第十条第五項において準用する法第五条第三項の厚生労働省令で定める書類は、次のとおりとする。

一　申請者が法人である場合にあつては、第一条の二第二項第一号イ、ロ、ニからチまで、リ（受講証明書及び医師の診断書に係る部分に限る。）及びヌからヲまでに掲げる書類

二　申請者が個人である場合にあつては、第一条の二第二項第一号ヘ、チ、リ（受講証明書及び医師の診断書に係る部分に限る。）及びヌからヲまで並びに同項第二号ロに掲げる書類

3　法第十条第五項において準用する法第五条第三項の規定により添付すべき事業計画書は、労働者派遣事業計画書（様式第三号から様式第三号の三まで）のとおりとする。

4　法第十条第二項の規定による許可の有効期間の更新は、当該更新を受けようとする者が現に有する許可証と引換えに新たな許可証を交付することにより行うものとする。

第六条及び第七条　削除

（変更の届出等）

第八条　法第十一条の規定による届出をしようとする者は、法第五条第二項第四号に掲げる事項の変更の届出にあつては当該変更に係る事実のあつた日の翌日から起算して三十日以内に、同号に掲げる事項以外の事項の変更の届出にあつては当該変更に係る事実のあつた日の翌日から起算して十日（第三項の規定により登記事項証明書を添付すべき場合にあつては、三十日）以内に、当該届出に係る事項が許可証の記載事項に該当しない場合にあつては労働者派遣事業変更届出書（様式第五号）を、当該届出に係る事項が許可証の記載事項に該当する場合にあつては一般労働者派遣事業変更届出書及び許可証書換申請書（様式第五号）を厚生労働大臣に提出しなければならない。

2　法第十一条第一項の規定による届出のうち、事業所の新設に係る変更の届出を行う場合には、前項の労働者派遣事業変更届出書には、法人にあつては当該新設する事業所に係る第一条の二第二項第一号ヘ及びチからヲまでに、個人にあつては当該新設する事業所に係る同項第二号ニに掲げる書類（労働者派遣事業に関する資産の内容を証する書類を除く。）を添付しなければならない。ただし、法第二条第四号に規定する派遣元事業主（以下「派遣元事業主」という。）が労働者派遣事業を行つている他の事業所の派遣元責任者を当該新設する事業所の派遣元責任者として引き続き選任したときは、法人にあつては第一条の二第二項第一号リに掲げる書類のうち履歴書及び受講証明書（選任した派遣元責任者の住所に変更がないときは、住民票の写し、履歴書及び受講証明書。以下この条において同じ。）を、個人にあつては同項第二号ニに掲げる書類のうち履歴書及び受講証明書を添付することを要しない。

3　法第十一条第一項の規定による届出のうち、事業所の新設に係る変更の届出以外の届出を行う場合には、第一項の労働者派遣事業変更届出書又は労働者派遣事業変更届出書及び許可証書換申請書には、第一条の二第二項に規定する書類のうち当該変更事項に係る書類（事業所の廃止に係る変更の届出にあつては、当該廃止した事業所に係る許可証）を添付しなければならない。

4　法第五条第二項第四号に掲げる事項のうち派遣元責任者の氏名に変更があつた場合において、当該派遣元事業主が労働者派遣事業を行つている他の事業所の派遣元責任者を当該変更に係る事業所の変更後の派遣元責任者として引き続き選任したときは、法人にあつては第一条の二第二項第一号リに掲げる書類のうち履歴書及び受講証明書を、個人にあつては同項第二号ニに掲げる書類のうち履歴書及び受講証明書を添付することを要しない。

（事業所の新設に係る変更の届出があつた場合の許可証の交付）

第九条　法第十一条第三項の規定による許可証の交付は、当該新設に係る事業所ごとに交付するものとする。

（廃止の届出）

第一〇条　法第十三条第一項の規定による届出をしようとする者は、当該一般労働者派遣事業を廃止

した日の翌日から起算して十日以内に、労働者派遣事業を行う全ての事業所に係る許可証を添えて、労働者派遣事業廃止届出書（様式第八号）を厚生労働大臣に提出しなければならない。

第一一条から第一六条まで　削除

第三節　補則

（事業報告書及び収支決算書）

第一七条　派遣元事業主は、毎事業年度に係る労働者派遣事業を行う事業所ごとの当該事業に係る事業報告書及び収支決算書を作成し、厚生労働大臣に提出しなければならない。ただし、派遣元事業主が当該事業年度に係る貸借対照表及び損益計算書を提出したときは、収支決算書を提出することを要しない。

2　前項の事業報告書及び収支決算書は、それぞれ労働者派遣事業報告書（様式第十一号）及び労働者派遣事業収支決算書（様式第十二号）のとおりとする。

3　法第三十条の四第一項の協定を締結した派遣元事業主は、第一項の事業報告書には、当該協定を添付しなければならない。

4　第一項の事業報告書及び収支決算書の提出期限は、次の各号に掲げる区分に応じ、それぞれ当該各号に定める期限とする。

一　労働者派遣事業報告書（様式第十一号）　毎事業年度における事業年度の終了の日の属する月の翌月以後の最初の六月三十日

二　労働者派遣事業収支決算書（様式第十二号）　毎事業年度経過後三月が経過する日

（関係派遣先への派遣割合の報告）

第一七条の二　法第二十三条第三項の規定による報告は、毎事業年度経過後三月が経過する日までに、当該事業年度に係る関係派遣先派遣割合報告書（様式第十二号の二）を厚生労働大臣に提出することにより行わなければならない。

（海外派遣の届出）

第一八条　派遣元事業主は、法第二十三条第三項の規定による海外派遣（以下単に「海外派遣」という。）をしようとするときは、海外派遣届出書（様式第十三号）に第二十三条の規定による書面の写しを添えて厚生労働大臣に提出しなければならない。

（情報提供の方法等）

第一八条の二　法第二十三条第五項の規定による情報の提供は、インターネットの利用その他の適切な方法により行わなければならない。

2　法第二十三条第五項の厚生労働省令で定めるところにより算定した割合は、前事業年度に係る労働者派遣事業を行う事業所（以下この項において「一の事業所」という。）ごとの当該事業に係る労働者派遣に関する料金の額の平均額（当該事業年度における派遣労働者一人一日当たりの労働者派遣に関する料金の額の平均額をいう。以下この条において同じ。）から派遣労働者の賃金の額の平均額（当該事業年度における派遣労働者一人一日当たりの賃金の額の平均額をいう。次項において同じ。）を控除した額を労働者派遣に関する料金の額の平均額で除して得た割合（当該割合に小数点以下一位未満の端数があるときは、これを四捨五入する。）とする。ただし、一の事業所が当該派遣元事業主の労働者派遣事業を行う他の事業所と一体的な経営を行っている場合には、その範囲内において同様の方法により当該割合を算定することを妨げない。

3　法第二十三条第五項の厚生労働省令で定める事項は、次のとおりとする。

一　労働者派遣に関する料金の額の平均額

二　派遣労働者の賃金の額の平均額

三　法第三十条の四第一項の協定を締結しているか否かの別

四　法第三十条の四第一項の協定を締結している場合にあつては、協定対象派遣労働者（法第三十条の五に規定する協定対象派遣労働者をいう。以下同じ。）の範囲及び当該協定の有効期間の終期

五　その他労働者派遣事業の業務に関し参考となると認められる事項

（法第二十三条の二の厚生労働省令で定める者等）

第一八条の三　法第二十三条の二の厚生労働省令で定める者は、次に掲げる者とする。

一　派遣元事業主を連結子会社（連結財務諸表の用語、様式及び作成方法に関する規則（昭和五十一年大蔵省令第二十八号）第二条第四号に規定する連結子会社をいう。以下この号において同じ。）とする者及び当該者の連結子会社

二　派遣元事業主の親会社等又は派遣元事業主の親会社等の子会社等（前号に掲げる者を除く。）

2　前項第二号の派遣元事業主の親会社等は、次に掲げる者とする。

一　派遣元事業主（株式会社である場合に限る。）の議決権の過半数を所有している者

二　派遣元事業主（持分会社（会社法（平成十七年法律第八十六号）第五百七十五条第一項に規定する持分会社をいう。次項において同じ。）である場合に限る。）の資本金の過半数を出資

している者
三　派遣元事業主の事業の方針の決定に関して、前二号に掲げる者と同等以上の支配力を有すると認められる者
3　第一項第二号の派遣元事業主の親会社等の子会社等は、次に掲げる者とする。
一　派遣元事業主の親会社等が議決権の過半数を所有している者（株式会社である場合に限る。）
二　派遣元事業主の親会社等が資本金の過半数を出資している者（持分会社である場合に限る。）
三　事業の方針の決定に関する派遣元事業主の親会社等の支配力が前二号に掲げる者と同等以上と認められる者
4　法第二十三条の二の厚生労働省令で定めるところにより算定した割合は、一の事業年度における派遣元事業主が雇用する派遣労働者（六十歳以上の定年に達したことにより退職した者であつて当該派遣元事業主に雇用されているものを除く。）の関係派遣先（同条に規定する関係派遣先をいう。）に係る同条に規定する派遣就業（以下単に「派遣就業」という。）に係る総労働時間を、その事業年度における当該派遣元事業主が雇用する派遣労働者の全ての派遣就業に係る総労働時間で除して得た割合（当該割合に小数点以下一位未満の端数があるときは、これを切り捨てる。）とする。

（書類の提出の経由）

第一九条　法第二章又はこの章の規定により厚生労働大臣に提出する書類は、派遣元事業主の主たる事務所の所在地を管轄する都道府県労働局長を経由して提出するものとする。ただし、法第八条第三項、法第十一条第一項若しくは第四項又は第四条第一項の規定により厚生労働大臣に提出する書類（許可証を含む。）のうち、法第五条第二項第一号及び第二号に規定する事項以外の事項に係るものについては、当該事業所の所在地を管轄する都道府県労働局長を経由して提出することができる。

（提出すべき書類の部数）

第二〇条　法第二章又はこの章の規定により厚生労働大臣に提出する書類（許可証を除く。）は、正本にその写し二通（第一条の二第二項、第五条又は第八条第二項若しくは第三項に規定する書類にあつては、一通）を添えて提出しなければならない。

第三章　派遣労働者の保護等に関する措置

第一節　労働者派遣契約

（労働者派遣契約における定めの方法等）

第二一条　法第二十六条第一項の規定による定めは、同項各号に掲げる事項の内容の組合せが一であるときは当該組合せに係る派遣労働者の数を、当該組合せが二以上であるときは当該それぞれの組合せの内容及び当該組合せごとの派遣労働者の数を定めることにより行わなければならない。
2　法第二十六条第一項第一号の業務の内容に令第四条第一項各号に掲げる業務が含まれるときは、当該業務が該当する同項各号に掲げる業務の号番号を付するものとする。
3　労働者派遣契約の当事者は、当該労働者派遣契約の締結に際し法第二十六条第一項の規定により定めた事項を、書面に記載しておかなければならない。
4　派遣元事業主から労働者派遣の役務の提供を受ける者は、当該労働者派遣契約の締結に当たり法第二十六条第三項の規定により明示された内容を、前項の書面に併せて記載しておかなければならない。

（法第二十六条第一項第二号の厚生労働省令で定める区分）

第二一条の二　法第二十六条第一項第二号の厚生労働省令で定める区分は、名称のいかんを問わず、業務の関連性に基づいて法第二条第四号に規定する派遣先（以下単に「派遣先」という。）が設定した労働者の配置の区分であつて、配置された労働者の業務の遂行を指揮命令する職務上の地位にある者が当該労働者の業務の配分及び当該業務に係る労務管理に関して直接の権限を有するものとする。

（法第二十六条第一項第十号の厚生労働省令で定める事項）

第二二条　法第二十六条第一項第十号の厚生労働省令で定める事項は、次のとおりとする。
一　派遣労働者が従事する業務に伴う責任の程度
二　派遣元責任者及び派遣先責任者に関する事項
三　労働者派遣の役務の提供を受ける者が法第二十六条第一項第四号に掲げる派遣就業をする日以外の日に派遣就業をさせることができ、又は同項第五号に掲げる派遣就業の開始の時刻から終了の時刻までの時間を延長することができる旨の定めをした場合における当該派遣就業をさせることができる日又は延長することができる時間数
四　派遣元事業主が、派遣先である者又は派遣先となろうとする者との間で、これらの者が当該派遣労働者に対し、診療所等の施設であつて現に当該派遣先である者又は派遣先になろうとす

る者に雇用される労働者が通常利用しているもの（第三十二条の三各号に掲げるものを除く。）の利用、レクリエーション等に関する施設又は設備の利用、制服の貸与その他の派遣労働者の福祉の増進のための便宜を供与する旨の定めをした場合における当該便宜供与の内容及び方法

五　労働者派遣の役務の提供を受ける者が、労働者派遣の終了後に当該労働者派遣に係る派遣労働者を雇用する場合に、労働者派遣をする事業主に対し、あらかじめその旨を通知すること、手数料を支払うことその他の労働者派遣の終了後に労働者派遣契約の当事者間の紛争を防止するために講ずる措置

六　派遣労働者を協定対象派遣労働者に限るか否かの別

七　派遣労働者を無期雇用派遣労働者（法第三十条の二第一項に規定する無期雇用派遣労働者をいう。）又は第三十二条の四に規定する者に限るか否かの別

（契約に係る書面の記載事項）

第二十二条の二　第二十一条第三項に規定する書面には、同項及び同条第四項に規定する事項のほか、次の各号に掲げる場合の区分に応じ、それぞれ当該各号に定める事項を記載しなければならない。

一　紹介予定派遣の場合　当該派遣先が職業紹介を受けることを希望しない場合又は職業紹介を受けた者を雇用しない場合には、派遣元事業主の求めに応じ、その理由を、書面の交付若しくはファクシミリを利用してする送信又は電子メールその他のその受信をする者を特定して情報を伝達するために用いられる電気通信（電気通信事業法（昭和五十九年法律第八十六号）第二条第一号に規定する電気通信をいう。以下「電子メール等」という。）の送信の方法（当該電子メール等の受信をする者が当該電子メール等の記録を出力することにより書面を作成することができるものに限る。以下同じ。）（以下「書面の交付等」という。）により、派遣元事業主に対して明示する旨

二　法第四十条の二第一項第三号イの業務について行われる労働者派遣の場合　同号イに該当する旨

三　法第四十条の二第一項第三号ロの業務について行われる労働者派遣の場合　次のイからハまでに掲げる事項

イ　法第四十条の二第一項第三号ロに該当する旨

ロ　当該派遣先において当該業務が一箇月間に行われる日数

ハ　当該派遣先に雇用される通常の労働者の一箇月間の所定労働日数

四　法第四十条の二第一項第四号の労働者派遣の場合　次のイ及びロに掲げる事項

イ　労働基準法（昭和二十二年法律第四十九号）第六十五条第一項若しくは第二項の規定による休業（以下「産前産後休業」という。）、育児休業、介護休業等育児又は家族介護を行う労働者の福祉に関する法律（平成三年法律第七十六号。以下「育児・介護休業法」という。）第二条第一号に規定する育児休業（以下「育児休業」という。）又は第三十三条に規定する場合における休業をする労働者の氏名及び業務

ロ　イの労働者がする産前産後休業、育児休業又は第三十三条に規定する場合における休業の開始及び終了予定の日

五　法第四十条の二第一項第五号の労働者派遣の場合　次のイ及びロに掲げる事項

イ　育児・介護休業法第二条第二号に規定する介護休業（以下「介護休業」という。）又は第三十三条の二に規定する休業をする労働者の氏名及び業務

ロ　イの労働者がする介護休業又は第三十三条の二に規定する休業の開始及び終了予定の日

（海外派遣に係る労働者派遣契約における定めの方法）

第二十三条　派遣元事業主は、海外派遣に係る労働者派遣契約の締結に際し、法第二十六条第二項の規定により定めた事項を書面に記載して、当該海外派遣に係る役務の提供を受ける者に当該書面の交付等をしなければならない。

（法第二十六条第二項第三号の厚生労働省令で定める措置）

第二十四条　法第二十六条第二項第三号の厚生労働省令で定める措置は、次のとおりとする。

一　法第二十六条第四項に規定する法第四十条の二第一項の規定に抵触することとなる最初の日の通知

二　法第三十九条の労働者派遣契約に関する措置

三　法第四十条第一項の苦情の内容の通知及び当該苦情の処理

四　法第四十条第二項に規定する教育訓練の実施等必要な措置

五　法第四十条第三項に規定する福利厚生施設の利用の機会の付与に係る配慮

六　法第四十条の四に規定する派遣労働者の雇用に関する事項に関する措置
七　法第四十条の五に規定する労働者の募集に係る事項の周知
八　法第四十条の九第二項に規定する通知
九　疾病、負傷等の場合における療養の実施その他派遣労働者の福祉の増進に係る必要な援助
十　前各号に掲げるもののほか、派遣就業が適正かつ円滑に行われるようにするため必要な措置

（法第二十六条第四項に規定する法第四十条の二第一項の規定に抵触することとなる最初の日の通知の方法）

第二四条の二　法第二十六条第四項に規定する法第四十条の二第一項の規定に抵触することとなる最初の日の通知は、労働者派遣契約を締結するに当たり、あらかじめ、法第二十六条第四項の規定により通知すべき事項に係る書面の交付等により行わなければならない。

（法第二十六条第七項の情報の提供の方法等）

第二四条の三　法第二十六条第七項の情報の提供は、同項の規定により提供すべき事項に係る書面の交付等により行わなければならない。

2　派遣元事業主は前項の規定による情報の提供に係る書面等を、派遣先は当該書面等の写しを、当該労働者派遣契約に基づく労働者派遣が終了した日から起算して三年を経過する日まで保存しなければならない。

（法第二十六条第七項の厚生労働省令で定める情報）

第二四条の四　法第二十六条第七項の厚生労働省令で定める情報は、次の各号に掲げる場合の区分に応じ、それぞれ当該各号に定める情報とする。

一　労働者派遣契約に、当該労働者派遣契約に基づく労働者派遣に係る派遣労働者を協定対象派遣労働者に限定しないことを定める場合　次のイからホまでに掲げる情報
イ　比較対象労働者（法第二十六条第八項に規定する比較対象労働者をいう。以下同じ。）の職務の内容（同項に規定する職務の内容をいう。以下同じ。）、当該職務の内容及び配置の変更の範囲並びに雇用形態
ロ　当該比較対象労働者を選定した理由
ハ　当該比較対象労働者の待遇のそれぞれの内容（昇給、賞与その他の主な待遇がない場合には、その旨を含む。）
ニ　当該比較対象労働者の待遇のそれぞれの性質及び当該待遇を行う目的
ホ　当該比較対象労働者の待遇のそれぞれについて、職務の内容、当該職務の内容及び配置の変更の範囲その他の事情のうち、当該待遇に係る決定をするに当たつて考慮したもの
二　労働者派遣契約に、当該労働者派遣契約に基づく労働者派遣に係る派遣労働者を協定対象派遣労働者に限定することを定める場合　次のイ及びロに掲げる情報
イ　法第四十条第二項の教育訓練の内容（当該教育訓練がない場合には、その旨）
ロ　第三十二条の三各号に掲げる福利厚生施設の内容（当該福利厚生施設がない場合には、その旨）

（法第二十六条第八項の厚生労働省令で定める者）

第二四条の五　法第二十六条第八項の厚生労働省令で定める者は、次のとおりとする。

一　職務の内容並びに当該職務の内容及び配置の変更の範囲が派遣労働者と同一であると見込まれる通常の労働者
二　前号に該当する労働者がいない場合にあつては、職務の内容が派遣労働者と同一であると見込まれる通常の労働者
三　前二号に該当する労働者がいない場合にあつては、前二号に掲げる者に準ずる労働者

（法第二十六条第十項の情報の提供の方法等）

第二四条の六　法第二十六条第十項の情報の提供は、同条第七項の情報に変更があつたときは、遅滞なく、同条第十項の規定により提供すべき事項に係る書面の交付等により行わなければならない。

2　派遣労働者を協定対象派遣労働者に限定しないことを定めた労働者派遣契約に基づき現に行われている労働者派遣に係る派遣労働者の中に協定対象派遣労働者以外の者がいない場合には、法第二十六条第十項の情報（法第四十条第二項の教育訓練及び第三十二条の三各号に掲げる福利厚生施設に係るものを除く。）の提供を要しない。この場合において、当該派遣労働者の中に新たに協定対象派遣労働者以外の者が含まれることとなつたときは、派遣先は、遅滞なく、当該情報を提供しなければならない。

3　労働者派遣契約が終了する日前一週間以内における変更であつて、当該変更を踏まえて派遣労働者の待遇を変更しなくても法第三十条の三の規定に違反しないものであり、かつ、当該変更の内容に関する情報の提供を要しないものとして労働者派遣契約で定めた範囲を超えないものが生じた場合には、法第二十六条第十項の情報の提供を要しない。

4　第二十四条の三第二項の規定については、法第二十六条第十項の情報の提供について準用する。

第二節　派遣元事業主の講ずべき措置等

（法第三十条第一項の厚生労働省令で定める者等）

第二五条　法第三十条第一項の派遣先の事業所その他派遣就業の場所における同一の組織単位（法第二十六条第一項第二号に規定する組織単位をいう。以下同じ。）の業務について継続して一年以上の期間当該労働者派遣に係る労働に従事する見込みがある者として厚生労働省令で定めるものは、派遣先の事業所その他派遣就業の場所（以下「事業所等」という。）における同一の組織単位の業務について継続して一年以上の期間当該労働者派遣に係る労働に従事する見込みがある者であつて、当該労働者派遣の終了後も継続して就業することを希望しているもの（法第四十条の二第一項各号に掲げる労働者派遣に係る派遣労働者を除く。）とする。

2　前項の派遣労働者の希望については、派遣元事業主が当該派遣労働者に係る労働者派遣が終了する日の前日までに当該派遣労働者に対して聴くものとする。

3　法第三十条第一項のその他雇用の安定を図る必要性が高いと認められる者として厚生労働省令で定めるものは、当該派遣元事業主に雇用された期間が通算して一年以上である有期雇用派遣労働者（同項に規定する有期雇用派遣労働者をいい、第一項に規定する者を除く。）とする。

4　法第三十条第一項の派遣労働者として期間を定めて雇用しようとする労働者であつて雇用の安定を図る必要性が高いと認められるものとして厚生労働省令で定めるものは、当該派遣元事業主に雇用された期間が通算して一年以上である派遣労働者として期間を定めて雇用しようとする労働者とする。

（法第三十条の措置の実施の方法）

第二五条の二　派遣元事業主は、法第三十条第一項の規定による措置を講ずるに当たつては、同項各号のいずれかの措置を講ずるように努めなければならない。

2　法第三十条第二項の規定により読み替えて適用する同条第一項の規定による措置を講ずる場合における前項の規定の適用については、同項中「講ずるように努めなければならない」とあるのは、「講じなければならない。ただし、同項第一号の措置が講じられた場合であつて、当該措置の対象となつた特定有期雇用派遣労働者（同項に規定する特定有期雇用派遣労働者をいう。）が当該派遣先に雇用されなかつたときは、同項第二号から第四号までのいずれかの措置を講じなければならない」とする。

3　派遣元事業主は、法第三十条第一項（同条第二項の規定により読み替えて適用する場合を含む。）の規定による措置を講ずるに当たつては、特定有期雇用派遣労働者等（同条第一項に規定する特定有期雇用派遣労働者等をいう。以下同じ。）から、当該特定有期雇用派遣労働者等が希望する当該措置の内容を聴取しなければならない。

（法第三十条第一項第二号の厚生労働省令で定める事項）

第二五条の三　法第三十条第一項第二号の厚生労働省令で定める事項は、特定有期雇用派遣労働者等の居住地、従前の職務に係る待遇その他派遣労働者の配置に関して通常考慮すべき事項とする。

（法第三十条第一項第四号の厚生労働省令で定める教育訓練）

第二五条の四　法第三十条第一項第四号の厚生労働省令で定める教育訓練は、新たな就業の機会を提供するまでの間に行われる教育訓練（当該期間中、特定有期雇用派遣労働者等に対し賃金が支払われる場合に限る。）とする。

（法第三十条第一項第四号の厚生労働省令で定める措置）

第二五条の五　法第三十条第一項第四号の厚生労働省令で定める措置は、次のとおりとする。

一　前条に規定する教育訓練

二　当該派遣元事業主が職業安定法（昭和二十二年法律第百四十一号）その他の法律の規定による許可を受けて、又は届出をして職業紹介を行うことができる場合にあつては、特定有期雇用派遣労働者等を紹介予定派遣の対象とし、又は紹介予定派遣に係る派遣労働者として雇い入れること。

三　その他特定有期雇用派遣労働者等の雇用の継続が図られると認められる措置

（法第三十条の四第一項の過半数代表者）

第二五条の六　法第三十条の四第一項の労働者の過半数を代表する者（以下この条において「過半数代表者」という。）は、次の各号のいずれにも該当する者とする。ただし、第一号に該当する者がいない場合にあつては、過半数代表者は第二号に該当する者とする。

一　労働基準法第四十一条第二号に規定する監督又は管理の地位にある者でないこと。

二　法第三十条の四第一項の協定をする者を選出

することを明らかにして実施される投票、挙手等の民主的な方法による手続により選出された者であつて、派遣元事業主の意向に基づき選出されたものでないこと。

2　派遣元事業主は、労働者が過半数代表者であること若しくは過半数代表者になろうとしたこと又は過半数代表者として正当な行為をしたことを理由として、当該労働者に対して不利益な取扱いをしないようにしなければならない。

3　派遣元事業主は、過半数代表者が法第三十条の四第一項の協定に関する事務を円滑に遂行することができるよう必要な配慮を行わなければならない。

（法第三十条の四第一項の厚生労働省令で定める待遇）

第二五条の七　法第三十条の四第一項の厚生労働省令で定める待遇は、次のとおりとする。

一　法第四十条第二項の教育訓練

二　第三十二条の三各号に掲げる福利厚生施設

（法第三十条の四第一項第二号の厚生労働省令で定める賃金）

第二五条の八　法第三十条の四第一項第二号の厚生労働省令で定める賃金は、通勤手当、家族手当、住宅手当、別居手当、子女教育手当その他名称の如何を問わず支払われる賃金（職務の内容に密接に関連して支払われるものを除く。）とする。

（法第三十条の四第一項第二号イの厚生労働省令で定める賃金の額）

第二五条の九　法第三十条の四第一項第二号イの厚生労働省令で定める賃金の額は、派遣先の事業所その他派遣就業の場所の所在地を含む地域において派遣労働者が従事する業務と同種の業務に従事する一般の労働者であつて、当該派遣労働者と同程度の能力及び経験を有する者の平均的な賃金の額とする。

（法第三十条の四第一項第六号の厚生労働省令で定める事項）

第二五条の一〇　法第三十条の四第一項第六号の厚生労働省令で定める事項は、次のとおりとする。

一　有効期間

二　法第三十条の四第一項第一号に掲げる派遣労働者の範囲を派遣労働者の一部に限定する場合には、その理由

三　派遣元事業主は、特段の事情がない限り、一の労働契約の契約期間中に、当該労働契約に係る派遣労働者について、派遣先の変更を理由として、協定対象派遣労働者であるか否かを変更しようとしないこと。

（法第三十条の四第二項の周知の方法）

第二五条の一一　法第三十条の四第二項の周知は、次のいずれかの方法により行わなければならない。

一　書面の交付の方法

二　次のいずれかの方法によることを当該労働者が希望した場合における当該方法

イ　ファクシミリを利用してする送信の方法

ロ　電子メール等の送信の方法

三　電子計算機に備えられたファイル、磁気ディスクその他これらに準ずる物に記録し、かつ、労働者が当該記録の内容を常時確認できる方法

四　常時当該派遣元事業主の各事業所の見やすい場所に掲示し、又は備え付ける方法（法第三十条の四第一項の協定の概要について、第一号又は第二号の方法により併せて周知する場合に限る。）

（協定に係る書面の保存）

第二五条の一二　派遣元事業主は、法第三十条の四第一項の協定を締結したときは、当該協定に係る書面を、その有効期間が終了した日から起算して三年を経過する日まで保存しなければならない。

（法第三十条の五の厚生労働省令で定める賃金）

第二五条の一三　法第三十条の五の厚生労働省令で定める賃金は、通勤手当、家族手当、住宅手当、別居手当、子女教育手当その他名称の如何を問わず支払われる賃金（職務の内容に密接に関連して支払われるものを除く。）とする。

（待遇に関する事項等の説明）

第二五条の一四　法第三十一条の二第一項の規定による説明は、書面の交付等その他の適切な方法により行わなければならない。ただし、次項第一号に規定する労働者の賃金の額の見込みに関する事項の説明は、書面の交付等の方法により行わなければならない。

2　法第三十一条の二第一項の厚生労働省令で定める事項は、次のとおりとする。

一　労働者を派遣労働者として雇用した場合における当該労働者の賃金の額の見込み、健康保険法（大正十一年法律第七十号）に規定する被保険者の資格の取得、厚生年金保険法（昭和二十九年法律第百十五号）に規定する被保険者の資格の取得及び雇用保険法（昭和四十九年法律第百十六号）に規定する被保険者となることに関する事項その他の当該労働者の待遇に関する事項

二　事業運営に関する事項

三　労働者派遣に関する制度の概要

四　法第三十条の二第一項の規定による教育訓練及び同条第二項の規定による援助の内容

第二五条の一五　法第三十一条の二第二項の厚生労働省令で定める方法は、次条各号に掲げる事項が明らかとなる次のいずれかの方法によることを当該派遣労働者が希望した場合における当該方法とする。

一　ファクシミリを利用してする送信の方法

二　電子メール等の送信の方法

第二五条の一六　法第三十一条の二第二項第一号の厚生労働省令で定める事項は、次のとおりとする。

一　昇給の有無

二　退職手当の有無

三　賞与の有無

四　協定対象派遣労働者であるか否か（協定対象派遣労働者である場合には、当該協定の有効期間の終期）

五　派遣労働者から申出を受けた苦情の処理に関する事項

第二五条の一七　派遣元事業主は、法第三十一条の二第二項の規定により派遣労働者に対して明示しなければならない同項第一号に掲げる事項を事実と異なるものとしてはならない。

第二五条の一八　法第三十一条の二第二項（第二号に係る部分に限る。）及び第三項（第二号に係る部分に限る。）の規定による説明は、書面の活用その他の適切な方法により行わなければならない。

第二五条の一九　労働者派遣の実施について緊急の必要があるためあらかじめ法第三十一条の二第三項に規定する文書の交付等により同項（第一号に係る部分に限る。）の明示を行うことができないときは、当該文書の交付等以外の方法によることができる。

2　前項の場合であつて、次の各号のいずれかに該当するときは、当該労働者派遣の開始の後遅滞なく、法第三十一条の二第三項（第一号に係る部分に限る。）の規定により明示すべき事項を同項に規定する文書の交付等により当該派遣労働者に明示しなければならない。

一　当該派遣労働者から請求があつたとき。

二　前号以外の場合であつて、当該労働者派遣の期間が一週間を超えるとき。

第二五条の二〇　法第三十一条の二第三項第一号の厚生労働省令で定める事項は、次のとおりとする。

一　労働契約の期間に関する事項

二　期間の定めのある労働契約を更新する場合の基準に関する事項

三　就業の場所及び従事すべき業務に関する事項

四　始業及び終業の時刻、所定労働時間を超える労働の有無、休憩時間、休日並びに労働者を二組以上に分けて就業させる場合における就業時転換に関する事項

五　退職に関する事項（解雇の事由を含む。）

六　派遣労働者から申出を受けた苦情の処理に関する事項

（就業条件の明示の方法等）

第二六条　法第三十四条第一項及び第二項の規定による明示は、当該規定により明示すべき事項を次のいずれかの方法により明示することにより行わなければならない。ただし、同条第一項の規定による明示にあつては、労働者派遣の実施について緊急の必要があるためあらかじめこれらの方法によることができない場合において、当該明示すべき事項をあらかじめこれらの方法以外の方法により明示したときは、この限りでない。

一　書面の交付の方法

二　次のいずれかの方法によることを当該派遣労働者が希望した場合における当該方法

イ　ファクシミリを利用してする送信の方法

ロ　電子メールの送信の方法

2　前項ただし書の場合であつて、次の各号のいずれかに該当するときは、当該労働者派遣の開始の後遅滞なく、当該事項を前項各号に掲げるいずれかの方法により当該派遣労働者に明示しなければならない。

一　当該派遣労働者から請求があつたとき

二　前号以外の場合であつて、当該労働者派遣の期間が一週間を超えるとき

3　前二項の規定は、法第三十四条第三項の規定による明示について準用する。

（法第三十四条第一項第二号の厚生労働省令で定める事項）

第二六条の二　法第三十四条第一項第二号の厚生労働省令で定める事項は、第二十七条の二第一項各号に掲げる書類が同項に規定する行政機関に提出されていない場合のその具体的な理由とする。

（労働者派遣に関する料金の額の明示の方法等）

第二六条の三　法第三十四条の二の規定による明示は、第三項の規定による額を書面の交付等の方法により行わなければならない。

2　派遣元事業主が労働者派遣をしようとする場合における次項の規定による額が労働者を派遣労働者として雇い入れようとする場合における法第三十四条の二の規定により明示した額と同一である場合には、同条の規定による明示を要しない。

3　法第三十四条の二の厚生労働省令で定める額は、次のいずれかに掲げる額とする。

一　当該労働者に係る労働者派遣に関する料金の額

二　当該労働者に係る労働者派遣を行う事業所における第十八条の二第二項に規定する労働者派遣に関する料金の額の平均額

（派遣先への通知の方法等）

第二十七条　法第三十五条第一項の規定による通知は、法第二十六条第一項各号に掲げる事項の内容の組合せが一であるときは当該組合せに係る派遣労働者の氏名及び次条第一項各号に掲げる事項を、当該組合せが二以上であるときは当該組合せごとに派遣労働者の氏名及び同条第一項各号に掲げる事項を通知することにより行わなければならない。

2　法第三十五条第一項の規定による通知は、労働者派遣に際し、あらかじめ、同項により通知すべき事項に係る書面の交付等により行わなければならない。ただし、労働者派遣の実施について緊急の必要があるためあらかじめ書面の交付等ができない場合において、当該通知すべき事項をあらかじめ書面の交付等以外の方法により通知したときは、この限りでない。

3　前項ただし書の場合であつて、当該労働者派遣の期間が二週間を超えるとき（法第二十六条第一項各号に掲げる事項の内容の組合せが二以上である場合に限る。）は、当該労働者派遣の開始の後遅滞なく、当該事項に係る書面の交付等をしなければならない。

4　第二項に定めるほか、派遣元事業主は、法第三十五条第一項の規定により次条第一項各号に掲げる書類がそれぞれ当該各号に掲げる省令により当該書類を届け出るべきこととされている行政機関に提出されていることを派遣先に通知するときは、その事実を当該事実を証する書類の提示その他の適切な方法により示さなければならない。

5　法第三十五条第二項の規定による通知は、書面の交付等により行わなければならない。

6　第四項の規定は、前項の通知について準用する。

（法第三十五条第一項第五号の厚生労働省令で定める事項）

第二十七条の二　法第三十五条第一項第五号の厚生労働省令で定める事項は、当該労働者派遣に係る派遣労働者に関して、次の各号に掲げる書類がそれぞれ当該各号に掲げる省令により当該書類を届け出るべきこととされている行政機関に提出されていることの有無とする。

一　健康保険法施行規則（大正十五年内務省令第三十六号）第二十四条第一項に規定する健康保険被保険者資格取得届

二　厚生年金保険法施行規則（昭和二十九年厚生省令第三十七号）第十五条に規定する厚生年金保険被保険者資格取得届

三　雇用保険法施行規則（昭和五十年労働省令第三号）第六条に規定する雇用保険被保険者資格取得届

2　派遣元事業主は、前項の規定により同項各号に掲げる書類が提出されていないことを派遣先に通知するときは、当該書類が提出されていない具体的な理由を付さなければならない。

（法第三十五条第一項第六号の厚生労働省令で定める事項）

第二十八条　法第三十五条第一項第六号の厚生労働省令で定める事項は、次のとおりとする。

一　派遣労働者の性別（派遣労働者が四十五歳以上である場合にあつてはその旨及び当該派遣労働者の性別、派遣労働者が十八歳未満である場合にあつては当該派遣労働者の年齢及び性別）

二　派遣労働者に係る法第二十六条第一項第四号、第五号又は第十号に掲げる事項の内容が、同項の規定により労働者派遣契約に定めた当該派遣労働者に係る組合せにおけるそれぞれの事項の内容と異なる場合における当該内容

（令第四条第二項第二号の厚生労働省令で定める者）

第二十八条の二　令第四条第二項第二号の厚生労働省令で定める者は、次に掲げる者とする。

一　卒業を予定している者であつて、雇用保険法第五条第一項に規定する適用事業に雇用され、卒業した後も引き続き当該事業に雇用されることになつているもの

二　休学中の者

三　前二号に掲げる者に準ずる者

（令第四条第二項第三号の厚生労働省令で定めるところにより算定した収入の額等）

第二十八条の三　令第四条第二項第三号の厚生労働省令で定めるところにより算定した収入の額は、次に掲げる額とする。

一　日雇労働者の一年分の賃金その他の収入の額

二　日雇労働者（主として生計を一にする配偶者（婚姻の届出をしていないが、事実上婚姻関係と同様の事情にある者を含む。）その他の親族（以下この号において「配偶者等」という。）の収入により生計を維持する者に限る。）及び当該日雇労働者と生計を一にする配偶者等の一年分の賃金その他の収入の額を合算した額

2　令第四条第二項第三号の厚生労働省令で定める

額は、五百万円とする。

（派遣元責任者の選任）

第二九条　法第三十六条の規定による派遣元責任者の選任は、次に定めるところにより行わなければならない。

一　派遣元事業主の事業所（以下この条において単に「事業所」という。）ごとに当該事業所に専属の派遣元責任者として自己の雇用する労働者の中から選任すること。ただし、派遣元事業主（法人である場合は、その役員）を派遣元責任者とすることを妨げない。

二　当該事業所の派遣労働者の数が百人以下のときは一人以上の者を、百人を超え二百人以下のときは二人以上の者を、二百人を超えるときは、当該派遣労働者の数が百人を超える百人ごとに一人を二人に加えた数以上の者を選任すること。

三　法附則第四項に規定する物の製造の業務（以下「製造業務」という。）に労働者派遣をする事業所にあつては、当該事業所の派遣元責任者のうち、製造業務に従事する派遣労働者の数が百人以下のときは一人以上の者を、百人を超え二百人以下のときは二人以上の者を、二百人を超えるときは、当該派遣労働者の数が百人を超える百人ごとに一人を二人に加えた数以上の者を当該派遣労働者を専門に担当する者（以下「製造業務専門派遣元責任者」という。）とすること。ただし、製造業務専門派遣元責任者のうち一人は、製造業務に従事しない派遣労働者を併せて担当することができる。

（法第三十六条の厚生労働省令で定める基準）

第二九条の二　法第三十六条の厚生労働省令で定める基準は、次の各号のいずれにも該当することとする。

一　過去三年以内に、派遣労働者に係る雇用管理の適正な実施のために必要な知識を習得させるための講習として厚生労働大臣が定めるものを修了していること。

二　精神の機能の障害により派遣元責任者の業務を適正に行うに当たつて必要な認知、判断及び意思疎通を適切に行うことができない者でないこと。

（派遣元管理台帳の作成及び記載）

第三〇条　法第三十七条第一項の規定による派遣元管理台帳の作成は、派遣元事業主の事業所ごとに、行わなければならない。

2　法第三十七条第一項の規定による派遣元管理台帳の記載は、労働者派遣をするに際し、行わなければならない。

3　前項に定めるもののほか、法第四十二条第三項の規定による通知が行われる場合において、当該通知に係る事項が法第三十七条第一項各号に掲げる事項に該当する場合であつて当該通知に係る事項の内容が前項の記載と異なるときは、当該通知が行われた都度、当該通知に係る事項の内容を記載しなければならない。

（法第三十七条第一項第十号の厚生労働省令で定める教育訓練）

第三〇条の二　法第三十七条第一項第十号の厚生労働省令で定める教育訓練は、法第三十条の二第一項の規定による教育訓練とする。

（法第三十七条第一項第十三号の厚生労働省令で定める事項）

第三一条　法第三十七条第一項第十三号の厚生労働省令で定める事項は、次のとおりとする。

一　派遣労働者の氏名

二　派遣労働者が従事する業務に伴う責任の程度

三　事業所の名称

四　派遣元責任者及び派遣先責任者に関する事項

五　令第四条第一項各号に掲げる業務について労働者派遣をするときは、第二十一条第二項の規定により付することとされる号番号

六　法第四十条の二第一項第三号イの業務について労働者派遣をするときは、第二十二条の二第二号の事項

七　法第四十条の二第一項第三号ロの業務について労働者派遣をするときは、第二十二条の二第三号の事項

八　法第四十条の二第一項第四号の労働者派遣をするときは、第二十二条の二第四号の事項

九　法第四十条の二第一項第五号の労働者派遣をするときは、第二十二条の二第四号の事項

十　第二十五条の二第三項の規定により聴取した内容

十一　法第三十条の二第二項の規定による援助を行つた日及び当該援助の内容

十二　第二十七条の二の規定による通知の内容

（保存期間の起算日）

第三二条　法第三十七条第二項の規定による派遣元管理台帳を保存すべき期間の計算についての起算日は、労働者派遣の終了の日とする。

第三節　派遣先の講ずべき措置等

（法第四十条第二項の厚生労働省令で定める場合）

第三二条の二　法第四十条第二項の厚生労働省令で定める場合は、当該教育訓練と同様の教育訓練を

派遣元事業主が既に実施した場合又は実施することができる場合とする。

（法第四十条第三項の厚生労働省令で定める福利厚生施設）

第三十二条の三　法第四十条第三項の厚生労働省令で定める福利厚生施設は、次のとおりとする。

一　給食施設

二　休憩室

三　更衣室

（法第四十条の二第一項第二号の厚生労働省令で定める者）

第三十二条の四　法第四十条の二第一項第二号の厚生労働省令で定める者は、六十歳以上の者とする。

（法第四十条の二第一項第四号の厚生労働省令で定める場合）

第三十三条　法第四十条の二第一項第四号の厚生労働省令で定める場合は、労働基準法第六十五条第一項の規定による休業に先行し、又は同条第二項の規定による休業若しくは育児休業に後続する休業であつて、母性保護又は子の養育をするためのものをする場合とする。

（法第四十条の二第一項第五号の厚生労働省令で定める休業）

第三十三条の二　法第四十条の二第一項第五号の厚生労働省令で定める休業は、介護休業に後続する休業であつて育児・介護休業法第二条第四号に規定する対象家族を介護するためにする休業とする。

（派遣可能期間の延長に係る意見の聴取）

第三十三条の三　法第四十条の二第四項の規定により労働者の過半数で組織する労働組合（以下「過半数労働組合」という。）又は労働者の過半数を代表する者（以下「過半数代表者」という。）の意見を聴くに当たつては、当該過半数労働組合又は過半数代表者に、次に掲げる事項を書面により通知しなければならない。

一　派遣可能期間を延長しようとする事業所等

二　延長しようとする期間

2　前項の過半数代表者は、次の各号のいずれにも該当する者とする。ただし、第一号に該当する者がいない事業所等にあつては、過半数代表者は第二号に該当する者とする。

一　労働基準法第四十一条第二号に規定する監督又は管理の地位にある者でないこと。

二　法第四十条の二第四項の規定により意見を聴取される者を選出することを明らかにして実施される投票、挙手等の民主的な方法による手続により選出された者であること。

3　派遣先は、法第四十条の二第四項の規定により意見を聴いた場合には、次に掲げる事項を書面に記載し、延長前の派遣可能期間が経過した日から三年間保存しなければならない。

一　意見を聴いた過半数労働組合の名称又は過半数代表者の氏名

二　第一項の規定により過半数労働組合又は過半数代表者に通知した日及び通知した事項

三　過半数労働組合又は過半数代表者から意見を聴いた日及び当該意見の内容

四　意見を聴いて、延長する期間を変更したときは、その変更した期間

4　派遣先は、前項各号に掲げる事項を、次に掲げるいずれかの方法によつて、当該事業所等の労働者に周知しなければならない。

一　常時当該事業所等の見やすい場所に掲示し、又は備え付けること。

二　書面を労働者に交付すること。

三　電子計算機に備えられたファイル、磁気ディスクその他これらに準ずる物に記録し、かつ、当該事業所等に労働者が当該記録の内容を常時確認できる機器を設置すること。

第三十三条の四　法第四十条の二第五項の厚生労働省令で定める事項は、次のとおりとする。

一　派遣可能期間の延長の理由及びその延長の期間

二　当該異議（労働者派遣により労働者の職業生活の全期間にわたるその能力の有効な発揮及びその雇用の安定に資すると認められる雇用慣行が損なわれるおそれがある旨の意見に限る。）への対応に関する方針

2　派遣先は、法第四十条の二第五項の規定により過半数労働組合又は過半数代表者に対して説明した日及び説明した内容を書面に記載し、当該事業所等ごとの業務について延長前の派遣可能期間が経過した日から三年間保存しなければならない。

3　派遣先は、前項の書面に記載した事項を、前条第四項各号に掲げる方法によつて、当該事業所等の労働者に周知しなければならない。

第三十三条の五　派遣先は、労働者が過半数代表者であること若しくは過半数代表者になろうとしたこと又は過半数代表者として正当な行為をしたことを理由として、当該労働者に対して不利益な取扱いをしないようにしなければならない。

第三十三条の六　法第四十条の二第七項の規定による通知は、同項の規定により通知すべき事項に係る書面の交付等により行わなければならない。

（法第四十条の四の厚生労働省令で定める者）

第三十三条の七　法第四十条の四の厚生労働省令で定

める者は、法第三十条第一項（同条第二項の規定により読み替えて適用する場合を含む。）の規定により同条第一項第一号の措置が講じられた者とする。

（法第四十条の五第二項の厚生労働省令で定める者）

第三三条の八　法第四十条の五第二項の厚生労働省令で定める者は、法第三十条第二項の規定により読み替えて適用する同条第一項の規定により同項第一号の措置が講じられた者とする。

（法第四十条の六第一項第三号の厚生労働省令で定める意見の聴取の手続）

第三三条の九　法第四十条の六第一項第三号の厚生労働省令で定める意見の聴取の手続は、次のとおりとする。

一　第三十三条の三第一項の規定による通知
二　第三十三条の三第三項の規定による書面の記載及びその保存
三　第三十三条の三第四項の規定による周知

（法第四十条の九第一項の厚生労働省令で定める者等）

第三三条の一〇　法第四十条の九第一項の厚生労働省令で定める者は、六十歳以上の定年に達したことにより退職した者であつて当該労働者派遣をしようとする派遣元事業主に雇用されているものとする。

2　法第四十条の九第二項の規定による通知は、書面の交付等により行わなければならない。

（派遣先責任者の選任）

第三四条　法第四十一条の規定による派遣先責任者の選任は、次に定めるところにより行わなければならない。

一　事業所等ごとに当該事業所等に専属の派遣先責任者として自己の雇用する労働者の中から選任すること。ただし、派遣先（法人である場合は、その役員）を派遣先責任者とすることを妨げない。

二　事業所等において派遣先がその指揮命令の下に労働させる派遣労働者の数が百人以下のときは一人以上の者を、百人を超え二百人以下のときは二人以上の者を、二百人を超えるときは当該派遣労働者の数が百人を超える百人ごとに一人を二人に加えた数以上の者を選任すること。ただし、当該派遣労働者の数に当該派遣先が当該事業所等において雇用する労働者の数を加えた数が五人を超えないときは、派遣先責任者を選任することを要しない。

三　製造業務に五十人を超える派遣労働者を従事させる事業所等にあつては、当該事業所等の派遣先責任者のうち、製造業務に従事させる派遣労働者の数が五十人を超え百人以下のときは一人以上の者を、百人を超え二百人以下のときは二人以上の者を、二百人を超えるときは、当該派遣労働者の数が百人を超える百人ごとに一人を二人に加えた数以上の者を、当該派遣労働者を専門に担当する者（以下「製造業務専門派遣先責任者」という。）とすること。ただし、製造業務専門派遣先責任者のうち一人は、製造業務に従事させない派遣労働者を併せて担当することができ、また、製造業務に付随する製造業務以外の業務（以下「製造付随業務」という。）に従事させる派遣労働者を、同一の派遣先責任者が担当することが、当該製造付随業務に従事させる派遣労働者の安全衛生の確保のために必要な場合においては、一人の製造業務専門派遣先責任者が担当する製造業務に従事させる派遣労働者と製造付随業務に従事させる派遣労働者の合計数が百人を超えない範囲内で、製造業務専門派遣先責任者に製造付随業務に従事させる派遣労働者を併せて担当させることができる。

（派遣先管理台帳の作成及び記載）

第三五条　法第四十二条第一項の規定による派遣先管理台帳の作成は、事業所等ごとに行わなければならない。

2　法第四十二条第一項の規定による派遣先管理台帳の記載は、労働者派遣の役務の提供を受けるに際し、行わなければならない。

3　前二項の規定にかかわらず、当該派遣先が当該事業所等においてその指揮命令の下に労働させる派遣労働者の数に当該事業所等において雇用する労働者の数を加えた数が五人を超えないときは、派遣先管理台帳の作成及び記載を行うことを要しない。

（法第四十二条第一項第十号の厚生労働省令で定める教育訓練）

第三五条の二　法第四十二条第一項第十号の厚生労働省令で定める教育訓練は、次のとおりとする。

一　業務の遂行の過程内における実務を通じた実践的な技能及びこれに関する知識の習得に係る教育訓練であつて計画的に行われるもの
二　業務の遂行の過程外において行われる教育訓練

（法第四十二条第一項第十一号の厚生労働省令で定める事項）

第三六条　法第四十二条第一項第十一号の厚生労働

省令で定める事項は、次のとおりとする。

一　派遣労働者の氏名

二　派遣労働者が従事する業務の程度

三　派遣元事業主の事業所の名称

四　派遣元事業主の事業所の所在地

五　派遣労働者が労働者派遣に係る労働に従事した事業所の名称及び所在地その他派遣就業をした場所並びに組織単位

六　派遣先責任者及び派遣元責任者に関する事項

七　令第四条第一項各号に掲げる業務について労働者派遣をするときは、第二十一条第二項の規定により付することとされている号番号

八　法第四十条の二第一項第三号イの業務について労働者派遣をするときは、第二十二条の二第二号の事項

九　法第四十条の二第一項第三号ロの業務について労働者派遣をするときは、第二十二条の二第三号の事項

十　法第四十条の二第一項第四号の労働者派遣をするときは、第二十二条の二第四号の事項

十一　法第四十条の二第一項第五号の労働者派遣をするときは、第二十二条の二第五号の事項

十二　第二十七条の二の規定による通知の内容

（保存期間の起算日）

第三七条　法第四十二条第二項の規定による派遣先管理台帳を保存すべき期間の計算についての起算日は、労働者派遣の終了の日とする。

（派遣元事業主に対する通知）

第三八条　法第四十二条第三項の規定による派遣元事業主に対する通知は、派遣労働者ごとの同条第一項第五号から第七号まで並びに第三十六条第一号、第二号及び第五号に掲げる事項を、一箇月ごとに一回以上、一定の期日を定めて、書面の交付等により通知することにより行わなければならない。

2　前項の規定にかかわらず、派遣元事業主から請求があつたときは、同項に定める事項を、遅滞なく、書面の交付等により通知しなければならない。

第四節　労働基準法等の適用に関する特例等

（労働基準法施行規則を適用する場合の読替え）

第三九条　法第四十四条の規定により同条第一項に規定する派遣中の労働者（以下単に「派遣中の労働者」という。）の派遣就業に関する労働基準法施行規則（昭和二十二年厚生省令第二十三号）の規定の適用については、同令第十九条中「法第三十三条若しくは法第三十六条第一項の規定」とあるのは「労働者派遣事業の適正な運営の確保及び派遣労働者の保護等に関する法律（以下「労働者派遣法」という。）第四十四条第二項の規定により適用される法第三十三条若しくは法第三十六条第一項の規定」と、同令第二十条中「法第三十三条又は法第三十六条第一項の規定」とあるのは「労働者派遣法第四十四条第二項の規定により適用される法第三十三条又は法第三十六条第一項の規定」と、同令第二十四条中「使用者」とあるのは「労働者派遣法第四十四条第二項の規定により同条第一項に規定する派遣先の事業の法第十条に規定する使用者とみなされる者」とする。

（法第四十五条の厚生労働省令で定める事項等）

第四〇条　法第四十五条第一項の厚生労働省令で定める労働安全衛生法（昭和四十七年法律第五十七号）第六十六条第二項後段の規定による健康診断は、法第四十四条第三項に規定する派遣元の事業（以下単に「派遣元の事業」という。）の事業者が労働安全衛生法第六十六条第二項後段の規定により派遣中の労働者に対して行う健康診断とする。

2　労働安全衛生法第十三条第一項の健康管理その他の厚生労働省令で定める事項のうち派遣中の労働者に関して法第四十五条第一項の厚生労働省令で定めるものは、次の事項で医学に関する専門的知識を必要とするものとする。

一　労働安全衛生規則（昭和四十七年労働省令第三十二号）第十四条第一項第一号に掲げる事項のうち労働安全衛生法第六十六条第一項の規定による健康診断（前項の健康診断を含む。）の実施及びその結果に基づく労働者の健康を保持するための措置に関すること。

二　労働安全衛生規則第十四条第一項第二号に掲げる事項

三　労働安全衛生規則第十四条第一項第三号に掲げる事項

四　労働安全衛生規則第十四条第一項第七号に掲げる事項

五　労働安全衛生規則第十四条第一項第八号に掲げる事項のうち労働安全衛生法第五十九条第一項及び第二項の規定による衛生のための教育に関すること。

3　労働安全衛生法第十八条第一項各号の事項のうち派遣中の労働者に関して法第四十五条第一項の厚生労働省令で定めるものは、次のとおりとする。

一　労働安全衛生法第十八条第一項第一号に掲げる事項のうち前項第一号に掲げるものに係るものに関すること。

二　労働安全衛生法第十八条第一項第二号に掲げる事項

三　労働安全衛生法第十八条第一項第四号に掲げる事項のうち次に掲げるもの

イ　労働安全衛生規則第二十二条第一号に掲げる事項のうち前項第一号に規定する健康診断に係るものに関すること。

ロ　労働安全衛生規則第二十二条第四号に掲げる事項のうち前項第五号に規定する衛生のための教育に係るものに関すること。

ハ　労働安全衛生規則第二十二条第七号に掲げる事項のうち前項第一号に規定する健康診断の結果に係るものに関すること。

ニ　労働安全衛生規則第二十二条第八号に掲げる事項

4　労働安全衛生法第十三条第一項の健康管理その他の厚生労働省令で定める事項のうち派遣中の労働者に関して法第四十五条第二項の厚生労働省令で定めるものは、第二項各号に掲げる事項で医学に関する専門的知識を必要とするものとする。

5　労働安全衛生法第十八条第一項各号の事項のうち派遣中の労働者に関して法第四十五条第二項の厚生労働省令で定めるものは、第三項各号に掲げるものとする。

6　法第四十五条第十項に規定する派遣中の労働者を使用する事業者とみなされた者は、同項の健康診断の結果を記載した書面の作成を、当該派遣中の労働者が受けた健康診断の種類に応じ、労働安全衛生規則様式第五号、有機溶剤中毒予防規則（昭和四十七年労働省令第三十六号）様式第三号、鉛中毒予防規則（昭和四十七年労働省令第三十七号）様式第二号、四アルキル鉛中毒予防規則（昭和四十七年労働省令第三十八号）様式第二号、特定化学物質障害予防規則（昭和四十七年労働省令第三十九号）様式第二号、高気圧作業安全衛生規則（昭和四十七年労働省令第四十号）様式第一号、電離放射線障害防止規則（昭和四十七年労働省令第四十一号）様式第一号の二若しくは様式第一号の三、石綿障害予防規則（平成十七年厚生労働省令第二十一号）様式第二号又は東日本大震災により生じた放射性物質により汚染された土壌等を除染するための業務等に係る電離放射線障害防止規則（平成二十三年厚生労働省令第百五十二号）様式第二号によるそれぞれの書面の写しを作成することにより行わなければならない。

7　派遣元の事業の事業者は、法第四十五条第十項の規定により送付を受けた同項の書面を五年間（当該書面が特定化学物質障害予防規則様式第二号によるもの（同令第四十条第二項に規定する業務に係るものに限る。）、電離放射線障害防止規則様式第一号の二若しくは様式第一号の三によるものである場合（同令第五十七条ただし書の規定の例により同条の機関に引き渡す場合を除く。）又は東日本大震災により生じた放射性物質により汚染された土壌等を除染するための業務等に係る電離放射線障害防止規則様式第二号によるものである場合（同令第二十一条ただし書の規定の例により同条の機関に引き渡す場合を除く。）にあつては三十年間、石綿障害予防規則様式第二号によるものである場合にあつては当該労働者が常時当該業務に従事しないこととなつた日から四十年間）保存しなければならない。

8　法第四十五条第十項に規定する派遣中の労働者を使用する事業者とみなされた者は、同条第十四項の通知を、当該派遣中の労働者が受けた健康診断の種類に応じ、同項の医師又は歯科医師の意見が記載された労働安全衛生規則様式第五号、有機溶剤中毒予防規則様式第三号、鉛中毒予防規則様式第二号、四アルキル鉛中毒予防規則様式第二号、特定化学物質障害予防規則様式第二号、高気圧作業安全衛生規則様式第一号、電離放射線障害防止規則様式第一号の二若しくは様式第一号の三、石綿障害予防規則様式第二号又は東日本大震災により生じた放射性物質により汚染された土壌等を除染するための業務等に係る電離放射線障害防止規則様式第二号によるそれぞれの書面の写しを作成し、同項の派遣元の事業の事業者に送付することにより行わなければならない。

第四一条～第四五条《略》

（雇用の分野における男女の均等な機会及び待遇の確保等に関する法律施行規則を適用する場合の読替え）

第四六条　法第四十七条の二の規定により同条に規定する労働者派遣の役務の提供を受ける者に関し雇用の分野における男女の均等な機会及び待遇の確保等に関する法律施行規則（昭和六十一年労働省令第二号）を適用する場合における同令の規定の技術的読替えは、同令第二条の四中「事業主」とあるのは「労働者派遣事業の適正な運営の確保及び派遣労働者の保護等に関する法律（昭和六十年法律第八十八号）第四十七条の二の規定により派遣労働者を雇用する事業主とみなされる者」と、「女性労働者」とあるのは「女性労働者（労働者派遣の役務の提供を受ける者がその指揮命令の下に労働させる女性の派遣労働者を含む。）」と読み替えるものとする。

第三章　紛争の解決

（準用）

第四六条の二　雇用の分野における男女の均等な機会及び待遇の確保等に関する法律施行規則第三条から第十二条までの規定は、法第四十七条の八第一項の調停の手続について準用する。この場合において、同令第三条第一項中「法第十八条第一項」とあるのは「労働者派遣事業の適正な運営の確保及び派遣労働者の保護等に関する法律（昭和六十年法律第八十八号。以下「労働者派遣法」という。）第四十七条の八第一項」と、同項並びに同令第四条（見出しを含む。）及び第五条（見出しを含む。）中「機会均等調停会議」とあるのは「派遣労働者待遇調停会議」と、同令第五条及び第十条第二項中「都道府県労働局雇用環境・均等部（北海道労働局、東京労働局、神奈川労働局、愛知労働局、大阪労働局、兵庫労働局及び福岡労働局以外の都道府県労働局にあつては、雇用環境・均等室）」とあるのは「都道府県労働局職業安定部（東京労働局、愛知労働局及び大阪労働局にあつては、需給調整事業部）」と、同令第六条中「法第十八条第一項」とあるのは「労働者派遣法第四十七条の八第一項」と、「事業場」とあるのは「事業所」と、同令第八条第一項及び第三項中「法第二十条」とあるのは「労働者派遣法第四十七条の九において準用する法第二十条」と、同令第九条中「事業場」とあるのは「事業所」と、同令第十条第一項中「第四条第一項及び第二項」とあるのは「労働者派遣事業の適正な運営の確保及び派遣労働者の保護等に関する法律施行規則（昭和六十一年労働省令第二十号）第四十六条の二において準用する第四条第一項及び第二項」と、「第八条」とあるのは「同令第四十六条の二において準用する第八条」と、同令第十一条第一項中「法第二十一条」とあるのは「労働者派遣法第四十七条の九において準用する法第二十一条」と、同令別記様式中「労働者」とあるのは「派遣労働者」と、「事業場」とあるのは「事業所」と読み替えるものとする。

第四章　雑則

（報告等）

第四七条　厚生労働大臣は、法第五十条の規定により、労働者派遣事業を行う事業主及び当該事業主から労働者派遣の役務の提供を受ける者に対し必要な事項を報告させるときは、当該報告すべき事項及び当該報告をさせる理由を書面により通知するものとする。

（立入検査のための証明書）

第四八条　法第五十一条第二項の証明書は、様式第十四号による。

第四九条から第五三条まで　削除

（手数料の納付方法等）

第五四条　法第五十四条の規定による手数料は、申請書に当該手数料の額に相当する額の収入印紙をはつて、納付しなければならない。

2　前項の手数料は、これを納付した後においては、返還しない。

（権限の委任）

第五五条　次に掲げる厚生労働大臣の権限は、労働者派遣事業を行う事業主の主たる事務所及び当該事業を行う事業所の所在地並びに労働者派遣の役務の提供を受ける者の事業所その他派遣就業の場所の所在地を管轄する都道府県労働局長に委任する。ただし、厚生労働大臣が自らその権限を行うことを妨げない。

一　法第十四条第二項の規定による命令

二　法第四十条の八第一項の規定による助言並びに同条第二項の規定による助言、指導及び勧告

三　法第四十八条第一項の規定による指導及び助言、同条第二項の規定による勧告並びに同条第三項の規定による指示

四　法第四十九条第一項及び第二項の規定による命令

五　法第四十九条の二第一項の規定による勧告

六　法第五十条の規定による報告徴収

七　法第五十一条の規定による立入検査

附則

1　この省令は、法の施行の日（昭和六十一年七月一日）から施行する。

2　法附則第四項の規定により読み替えて適用される法第五条第二項第三号の厚生労働省令で定めるものは、製造業務のうち、労働者が産前産後休業、育児休業若しくは第三十三条に規定する場合における休業又は介護休業若しくは第三十三条の二に規定する休業をする場合において当該労働者の業務について労働者派遣事業が行われるときの当該業務以外の業務とする。

3　令和二年四月一日から令和二年六月三十日までの期間に、第二十九条の二第一号に掲げる基準に該当しないこととなる派遣元責任者については、当該基準に該当しないこととなる日の翌日から三箇月の期間は、同号の規定にかかわらず、引き続き第二十九条の二第一号に掲げる基準に該当するものとみなす。

4　保健師助産師看護師法（昭和二十三年法律第二百三号）第五条及び第六条に規定する業務（感染症の予防及び感染症の患者に対する医療に関する

法律等の一部を改正する法律（令和四年法律第九十六号。以下この項において「改正法」という。）附則第十四条第一項の規定により改正法第五条の規定による改正後の予防接種法（昭和二十三年法律第六十八号）第六条第三項の規定により行われたものとみなされた厚生労働大臣の指示に基づく予防接種に係るものに限る。）に係る労働者派遣について令第二条第一項の規定を適用する場合においては、同項第一号の厚生労働省令で定めるものは、第一条第二項に規定するもののほか、予防接種法第六条第三項の規定により厚生労働大臣が指定する期日又は期間（改正法附則第十四条第一項の規定により改正法第五条の規定による改正後の予防接種法第六条第三項の規定により指定したものとみなされた改正法による改正前の予防接種法附則第七条第一項の規定により指定した期日又は期間を含む。）に限り、当該予防接種を行う病院又は診療所とする。

5　保健師助産師看護師法第五条及び第六条に規定する業務（新型コロナウイルス感染症（病原体がベータコロナウイルス属のコロナウイルス（令和二年一月に、中華人民共和国から世界保健機関に対して、人に伝染する能力を有することが新たに報告されたものに限る。）である感染症をいう。）に係るものに限り、前項に規定する業務を除く。）に係る労働者派遣について令第二条第一項の規定を適用する場合においては、同項第一号の厚生労働省令で定めるものは、第一条第二項に規定するもののほか、令和五年三月三十一日までの間に限り、新型インフルエンザ等対策特別措置法（平成二十四年法律第三十一号）第三十一条の二第一項に規定する臨時の医療施設とする。

労働者派遣法関係告示

労働者派遣事業と請負により行われる事業との区分に関する基準

昭和六一年四月一七日労働省告示第三七号
適用：昭和六一年七月一日
最終改正：平成二四年九月二七日厚生労働省告示第五一八号
適用：平成二四年一〇月一日

労働者派遣事業と請負により行われる事業との区分に関する基準を次のように定め、昭和六十一年七月一日から適用する。

第一条　この基準は、労働者派遣事業の適正な運営の確保及び派遣労働者の保護等に関する法律（昭和六十年法律第八十八号。以下「法」という。）の施行に伴い、法の適正な運用を確保するためには労働者派遣事業（法第二条第三号に規定する労働者派遣事業をいう。以下同じ。）に該当するか否かの判断を的確に行う必要があることに鑑み、労働者派遣事業と請負により行われる事業との区分を明らかにすることを目的とする。

第二条　請負の形式による契約により行う業務に自己の雇用する労働者を従事させることを業として行う事業主であつても、当該事業主が当該業務の処理に関し次の各号のいずれにも該当する場合を除き、労働者派遣事業を行う事業主とする。

一　次のイ、ロ及びハのいずれにも該当することにより自己の雇用する労働者の労働力を自ら直接利用するものであること。

イ　次のいずれにも該当することにより業務の遂行に関する指示その他の管理を自ら行うものであること。

（1）　労働者に対する業務の遂行方法に関する指示その他の管理を自ら行うこと。

（2）　労働者の業務の遂行に関する評価等に係る指示その他の管理を自ら行うこと。

ロ　次のいずれにも該当することにより労働時間等に関する指示その他の管理を自ら行うものであること。

（1）　労働者の始業及び終業の時刻、休憩時間、休日、休暇等に関する指示その他の管理（これらの単なる把握を除く。）を自ら行うこと。

（2）　労働者の労働時間を延長する場合又は労働者を休日に労働させる場合における指示その他の管理（これらの場合における労働時間等の単なる把握を除く。）を自ら行うこと。

ハ　次のいずれにも該当することにより企業における秩序の維持、確保等のための指示その他の管理を自ら行うものであること。

（1）　労働者の服務上の規律に関する事項についての指示その他の管理を自ら行うこと。

（2）　労働者の配置等の決定及び変更を自ら行うこと。

二　次のイ、ロ及びハのいずれにも該当することにより請負契約により請け負つた業務を自己の業務として当該契約の相手方から独立して処理するものであること。

イ　業務の処理に要する資金につき、すべて自らの責任の下に調達し、かつ、支弁すること。

ロ　業務の処理について、民法、商法その他の法律に規定された事業主としてのすべての責任を負うこと。

ハ　次のいずれかに該当するものであつて、単に肉体的な労働力を提供するものでないこと。

(1)　自己の責任と負担で準備し、調達する機械、設備若しくは器材（業務上必要な簡易な工具を除く。）又は材料若しくは資材により、業務を処理すること。

(2)　自ら行う企画又は自己の有する専門的な技術若しくは経験に基づいて、業務を処理すること。

第三条　前条各号のいずれにも該当する事業主であつても、それが法の規定に違反することを免れるため故意に偽装されたものであつて、その事業の真の目的が法第二条第一号に規定する労働者派遣を業として行うことにあるときは、労働者派遣事業を行う事業主であることを免れることができない。

労働者派遣事業の適正な運営の確保及び派遣労働者の保護等に関する法律第四十条の二第一項第三号ロの規定に基づき厚生労働大臣の定める日数

平成一五年一二月二五日厚生労働省告示第四四六号
適用：平成一六年三月一日
最終改正：平成二七年九月二九日厚生労働省告示第三九五号
適用：平成二七年九月三〇日

労働者派遣事業の適正な運営の確保及び派遣労働者の就業条件の整備等に関する法律（昭和六十年法律第八十八号）第四十条の二第一項第三号ロの規定に基づき、労働者派遣事業の適正な運営の確保及び派遣労働者の就業条件の整備等に関する法律第四十条の二第一項第三号ロの規定に基づき厚生労働大臣の定める日数を次のように定め、平成十六年三月一日から適用する。

労働者派遣事業の適正な運営の確保及び派遣労働者の保護等に関する法律第四十条の二第一項第三号ロの厚生労働大臣の定める日数は、十日とする。

派遣元事業主が講ずべき措置に関する指針

平成一一年一一月一七日労働省告示第一三七号
適用：平成一一年一二月一日
最終改正：令和四年三月二五日厚生労働省告示第九二号
適用：令和四年四月一日

第一　趣旨

この指針は、労働者派遣事業の適正な運営の確保及び派遣労働者の就業条件の整備等に関する法律（以下「労働者派遣法」という。）第二十四条の三、第三章第一節及び第二節の規定により派遣元事業主が講ずべき措置に関して、その適切かつ有効な実施を図るために必要な事項を定めたものである。

また、労働者派遣法第二十四条の三の規定により派遣元事業主が講ずべき措置に関する必要な事項と併せ、個人情報の保護に関する法律（平成十五年法律第五十七号）の遵守等についても定めたものである。

第二　派遣元事業主が講ずべき措置

一　労働者派遣契約の締結に当たっての就業条件の確認

派遣元事業主は、派遣先との間で労働者派遣契約を締結するに際しては、派遣先が求める業務の内容及び当該業務に伴う責任の程度（八及び九において「職務の内容」という。）、当該業務を遂行するために必要とされる知識、技術又は経験の水準、労働者派遣の期間その他労働者派遣契約の締結に際し定めるべき就業条件を事前にきめ細かに把握すること。

二　派遣労働者の雇用の安定を図るために必要な措置

(一)　雇用契約の締結に際して配慮すべき事項

派遣元事業主は、労働者を派遣労働者として雇い入れようとするときは、当該労働者の希望及び労働者派遣契約における労働者派遣の期間を勘案して、雇用契約の期間について、当該期間を当該労働者派遣契約における労働者派遣の期間と合わせる等、派遣労働者の雇用の安定を図るために必要な配慮をするよう努めること。

(二)　労働者派遣契約の締結に当たって講ずべき措置

イ　派遣元事業主は、労働者派遣契約の締結に当たって、派遣先の責に帰すべき事由により労働者派遣契約の契約期間が満了する前に当該労働者派遣契約の解除が行われる場合には、派遣先は当該労働者派遣に係る派遣労働者の新たな就業機会の確保を図ること及びこれができないときには少なくとも当該労働者派遣契約の解除に伴い当該派遣元事業主が当該労働者派遣に係る派遣労働者を休業させること等を余儀なくされることにより生ずる損害である休業手当、解雇予告手当等に相当する額以上の額について損害の賠償を行うことを定めるよう求めること。

ロ　派遣元事業主は、労働者派遣契約の締結に当たって、労働者派遣の終了後に当該労働者派遣に係る派遣労働者を派遣先が雇用する場合に、当該雇用が円滑に行われるよう、派遣先が当該労働者派遣の終了後に当該派遣労働者を雇用する意思がある場合には、当該意思を事前に派遣元事業主に示すこと、派遣元事業主が職業安定法（昭和二十二年法律第百四十一号）その他の法律の規定による許可を受けて、又は届出をして職業紹介を行うことができる場合には、派遣先は職業紹介により当該派遣労働者を雇用し、派遣元事業主に当該職業紹介に係る手数料を支払うこと等を定めるよう求めること。

(三)　労働者派遣契約の解除に当たって講ずべき措置

派遣元事業主は、労働者派遣契約の契約期間が満了する前に派遣労働者の責に帰すべき事由以外の事由によって労働者派遣契約の解除が行われた場合には、当該労働者派遣契約に係る派遣先と連携して、当該派遣先からその関連会社での就業のあっせんを受けること、当該派遣元事業主において他の派遣先を確保すること等により、当該労働者派遣契約に係る派遣労働者の新たな就業機会の確保を図ること。また、当該派遣元事業主は、当該労働者派遣契約の解除に当たって、新たな就業機会の確保ができない場合は、まず休業等を行い、当該派遣労働者の雇用の維持を図るようにするとともに、休業手当の支払等の労働基準法（昭和二十二年法律第四十九号）等に基づく責任を果たすこと。さらに、やむを得ない事由によりこれができない場合において、当該派遣労働者を解雇しようとするときであっても、労働契約法（平成十九年法律第百二十八号）の規定を遵守することはもとより、当該派遣労働者に対する解雇予告、解雇予告手当の支払等の労働基準法等に基づく責任を果たすこと。

(四)　労働者派遣契約の終了に当たって講ずべき事項

イ　派遣元事業主は、無期雇用派遣労働者（労働者派遣法第三十条の二第一項に規定する無期雇用派遣労働者をいう。以下同じ。）の雇用の安定に留意し、労働者派遣が終了した場合において、当該労働者派遣の終了のみを理由として当該労働者派遣に係る無期雇用派遣労働者を解雇してはならないこと。

ロ　派遣元事業主は、有期雇用派遣労働者（労働者派遣法第三十条第一項に規定する有期雇用派遣労働者をいう。以下同じ。）の雇用の安定に留意し、労働者派遣が終了した場合であって、当該労働者派遣に係る有期雇用派遣労働者との労働契約が継続しているときは、当該労働者派遣の終了のみを理由として当該有期雇用派遣労働者を解雇してはならないこと。

三　適切な苦情の処理

派遣元事業主は、派遣労働者の苦情の申出を受ける者、派遣元事業主において苦情の処理を行う方法、派遣元事業主と派遣先との連携のための体制等を労働者派遣契約において定めること。また、派遣元管理台帳に苦情の申出を受けた年月日、苦情の内容及び苦情の処理状況について、苦情の申出を受け、及び苦情の処理に当たった都度、記載すること。また、派遣労働者から苦情の申出を受けたことを理由として、当該派遣労働者に対して不利益な取扱いをしてはならないこと。

四　労働・社会保険の適用の促進

派遣元事業主は、その雇用する派遣労働者の就業の状況等を踏まえ、労働・社会保険の適用手続を適切に進め、労働・社会保険に加入する必要がある派遣労働者については、加入させてから労働者派遣を行うこと。ただし、新規に雇用する派遣労働者について労働者派遣を行う場合であって、当該労働者派遣の開始後速やかに労働・社会保険の加入手続を行うときは、この限りでないこと。

五　派遣先との連絡体制の確立

派遣元事業主は、派遣先を定期的に巡回すること等により、派遣労働者の就業の状況が労働者派遣契約の定めに反していないことの確認等を行うとともに、派遣労働者の適正な派遣就業の確保のために、きめ細かな情報提供を行う等により、派遣先との連絡調整を的確に行うこと。特に、労働基準法第三十六条第一項の時間外及び休日の労働に関する協定の内容等派遣労働者の労働時間の枠組みについては、情報提供を行う等により、派遣先との連絡調整を的確に行うこと。なお、同項の協定の締結に当たり、労働者の過半数を代表する者の選出を行う場合には、労働基準法施行規則（昭和二十二年厚生省令第二十三号）第六条の二の規定に基づき、適正に行うこと。

また、派遣元事業主は、割増賃金等の計算に当たり、その雇用する派遣労働者の実際の労働時間等について、派遣先に情報提供を求めること。

六　派遣労働者に対する就業条件の明示

派遣元事業主は、モデル就業条件明示書の活用等により、派遣労働者に対し就業条件を明示すること。

七　労働者を新たに派遣労働者とするに当たっての不利益取扱いの禁止

派遣元事業主は、その雇用する労働者であって、派遣労働者として雇い入れた労働者以外のものを新たに労働者派遣の対象としようとする場合であって、当該労働者が同意をしないことを理由として、当該労働者に対し解雇その他不利益な取扱いをしてはならないこと。

八　派遣労働者の雇用の安定及び福祉の増進等

㈠　無期雇用派遣労働者について留意すべき事項

派遣元事業主は、無期雇用派遣労働者の募集に当たっては、「無期雇用派遣」という文言を使用すること等により、無期雇用派遣労働者の募集であることを明示しなければならないこと。

㈡　特定有期雇用派遣労働者等について留意すべき事項

イ　派遣元事業主が、労働者派遣法第三十条第二項の規定の適用を避けるために、業務上の必要性等なく同一の派遣労働者に係る派遣先の事業所その他派遣就業の場所（以下「事業所等」という。）における同一の組織単位（労働者派遣法第二十六条第一項第二号に規定する組織単位をいう。以下同じ。）の業務について継続して労働者派遣に係る労働に従事する期間を三年未満とすることは、労働者派遣法第三十条第二項の規定の趣旨に反する脱法的な運用であって、義務違反と同視できるものであり、厳に避けるべきものであること。

ロ　派遣元事業主は、労働者派遣法第三十条第一項（同条第二項の規定により読み替えて適用する場合を含む。以下同じ。）の規定により同条第一項の措置（以下「雇用安定措置」という。）を講ずるに当たっては、当該雇用安定措置の対象となる特定有期雇用派遣労働者等（同条第一項に規定する特定有期雇用派遣労働者等をいう。以下同じ。）（近い将来に該当する見込みのある者を含む。）に対し、キャリア・コンサルティング（労働者の職業生活の設計に関する相談その他の援助を行うことをいう。）や労働契約の更新の際の面談等の機会を利用し、又は電子メールを活用すること等により、労働者派遣の終了後に継続して就業することの希望の有無及び希望する雇用安定措置の内容を把握すること。

ハ　派遣元事業主は、雇用安定措置を講ずるに当たっては、当該雇用安定措置の対象となる特定有期雇用派遣労働者等の希望する雇用安定措置を講ずるよう努めること。また、派遣元事業主は、特定有期雇用派遣労働者（労働者派遣法第三十条第一項に規定する特定有期雇用派遣労働者をいう。）が同項第一号の措置を希望する場合には、派遣先での直接雇用が実現するよう努めること。

ニ　派遣元事業主は、雇用安定措置を講ずるに当たっては、当該雇用安定措置の対象となる特定有期雇用派遣労働者等の労働者派遣の終了の直前ではなく、早期に当該特定有期雇用派遣労働者等の希望する雇用安定措置の内容について聴取した上で、十分な時間的余裕をもって当該措置に着手すること。

㈢　労働契約法の適用について留意すべき事項

イ　派遣元事業主は、派遣労働者についても労働契約法の適用があることに留意すること。

ロ　派遣元事業主が、その雇用する有期雇用派遣労働者について、当該有期雇用派遣労働者からの労働契約法第十八条第一項の規定による期間の定めのない労働契約の締結の申込みを妨げるために、当該有期雇用派遣労働者に係る期間の定めのある労働契約の更新を拒否し、また、空白期間（同条第二項に規定する空白期間をいう。）を設けることは、同条の規定の趣旨に反する脱法的な運用であること。

ハ　派遣元事業主は、短時間労働者及び有期雇用労働者の雇用管理の改善等に関する法律（平成五年法律第七十六号）第八条の規定により、その雇用する有期雇用派遣労働者の通勤手当について、その雇用する通常の労働者の通勤手当との間において、当該有期雇用派遣労働者及び通常の労働者の職務の内容、当該職務の内容及び配置の変更の範囲その他の事情のうち、当該通勤手当の性質及び当該通勤手当を支給する目的に照らして適切と認められるものを考慮して、不合理と認められる相違を設けてはならないこと。また、派遣元事業主は、同法第九条の規定により、職務の内容が通常の労働者と同一の有期雇用派遣労働者であって、当該事業所における慣行その他の事情からみて、当該派遣元事業主との雇用関係が終了するまでの全期間において、その職務の内容及び配置が当該通常の労働者の職務の内容及び配置の変更の範囲と同一の範囲で変更されることが見込まれるものについては、有期雇用労働者であることを理由として、通勤手当について差別的取扱いをしてはならないこと。なお、有期雇用派遣労働者の通勤手当については、当然に労働者派遣法第三十条の三又は第三十条の四第一項の規定の適用があることに留意すること。

㈣　派遣労働者等の適性、能力、経験、希望等に適合する就業機会の確保等

派遣元事業主は、派遣労働者又は派遣労働者となろうとする者（以下「派遣労働者等」という。）について、当該派遣労働者等の適性、能力、経験等を勘案して、最も適した就業の機会の確保を図るとともに、就業する期間及び日、就業時間、就業場所、派遣先における就業環境等について当該派遣労働者等の希望と適合するような就業機会を確保するよう努めなければならないこと。また、派遣労働者等はその有する知識、技術、経験等を活かして就業機会を得ていることに鑑み、派遣元事業主は、労働者派遣法第三十条の二の規定による教育訓練等の措置を講じなければならないほか、就業機会と密接に関連する教育訓練の機会を確保するよう努めなければならないこと。

㈤　派遣労働者に対するキャリアアップ措置

イ　派遣元事業主は、その雇用する派遣労働者に対し、労働者派遣法第三十条の二第一項の規定による教育訓練を実施するに当たっては、労働者派遣事業の適正な運営の確保及び派遣労働者の保護等に関する法律施行規則第一条の四第一号の規定に基づき厚生労働大臣が定める基準（平成二十七年厚生労働省告示第三百九十一号）第四号に規定する教育訓練の実施計画（以下「教育訓練計画」という。）に基づく教育訓練を行わなければならないこと。

ロ　派遣元事業主は、派遣労働者として雇用しようとする労働者に対し、労働契約の締結時までに教育訓練計画を説明しなければならないこと。また、派遣元事業主は、当該教育訓練計画に変更があった場合は、その雇用する派遣労働者に対し、速やかにこれを説明しなければならないこと。

ハ　派遣元事業主は、その雇用する派遣労働者が教育訓練計画に基づく教育訓練を受講できるよう配慮しなければならないこと。特に、教育訓練計画の策定に当たっては、派遣元事業主は、教育訓練の複数の受講機会を設け、又は開催日時や時間の設定について配慮すること等により、可能な限り派遣労働者が教育訓練を受講しやすくすることが望ましいこと。

ニ　派遣元事業主は、その雇用する派遣労働者のキャリアアップを図るため、教育訓練計画に基づく教育訓練を実施するほか、更なる教育訓練を自主的に実施するとともに、当該教育訓練に係る派遣労働者の費用負担を実費程度とすることで、派遣労働者が教育訓練を受講しやすくすることが望ましいこと。

ホ　派遣元事業主は、その雇用する派遣労働者のキャリアアップを図るとともに、その適正な雇用管理に資するため、当該派遣労働者に係る労働者派遣の期間及び派遣就業をした日、従事した業務の種類、労働者派遣法第三十七条第一項第十号に規定する教育訓練を行った日時及びその内容等を記載した書類を保存するよう努めること。

㈥　労働者派遣に関する料金の額に係る交渉等

イ　労働者派遣法第三十条の三の規定による措

置を講じた結果のみをもって、派遣労働者の賃金を従前より引き下げるような取扱いは、同条の規定の趣旨を踏まえた対応とはいえないこと。

ロ　派遣元事業主は、労働者派遣に関する料金の額に係る派遣先との交渉が当該労働者派遣に係る派遣労働者の待遇の改善にとって極めて重要であることを踏まえつつ、当該交渉に当たるよう努めること。

ハ　派遣元事業主は、労働者派遣に関する料金の額が引き上げられた場合には、可能な限り、当該労働者派遣に係る派遣労働者の賃金を引き上げるよう努めること。

(七)　同一の組織単位の業務への労働者派遣

派遣元事業主が、派遣先の事業所等における同一の組織単位の業務について継続して三年間同一の派遣労働者に係る労働者派遣を行った場合において、当該派遣労働者が希望していないにもかかわらず、当該労働者派遣の終了後三月が経過した後に、当該同一の組織単位の業務について再度当該派遣労働者を派遣することは、派遣労働者のキャリアアップの観点から望ましくないこと。

(八)　派遣元事業主がその雇用する協定対象派遣労働者（労働者派遣法第三十条の五に規定する協定対象派遣労働者をいう。以下同じ。）に対して行う安全管理に関する措置及び給付のうち、当該協定対象派遣労働者の職務の内容に密接に関連するものについては、派遣先に雇用される通常の労働者との間で不合理と認められる相違等が生じないようにすることが望ましいこと。

(九)　派遣元事業主は、派遣労働者が育児休業、介護休業等育児又は家族介護を行う労働者の福祉に関する法律（平成三年法律第七十六号）第二条第一号に規定する育児休業から復帰する際には、当該派遣労働者が就業を継続できるよう、当該派遣労働者の派遣先に係る希望も勘案しつつ、就業機会の確保に努めるべきであることに留意すること。

(十)　障害者である派遣労働者の有する能力の有効な発揮の支障となっている事情の改善を図るための措置

派遣元事業主は、障害者の雇用の促進等に関する法律（昭和三十五年法律第百二十三号。以下「障害者雇用促進法」という。）第二条第一号に規定する障害者（以下単に「障害者」という。）である派遣労働者から派遣先の職場において障害者である派遣労働者の有する能力の有効な発揮の支障となっている事情の申出があった場合又は派遣先から当該事情に関する苦情があった旨の通知を受けた場合等において、同法第三十六条の三の規定による措置を講ずるに当たって、当該障害者である派遣労働者と話合いを行い、派遣元事業主において実施可能な措置を検討するとともに、必要に応じ、派遣先と協議等を行い、協力を要請すること。

九　派遣労働者の待遇に関する説明等

派遣元事業主は、その雇用する派遣労働者に対し、労働者派遣法第三十一条の二第四項の規定による説明を行うに当たっては、次の事項に留意すること。

(一)　派遣労働者（協定対象派遣労働者を除く。以下この(一)及び(二)において同じ。）に対する説明の内容

イ　派遣元事業主は、労働者派遣法第二十六条第七項及び第十項並びに第四十条第五項の規定により提供を受けた情報（十一及び十二において「待遇等に関する情報」という。）に基づき、派遣労働者と比較対象労働者（労働者派遣法第二十六条第八項に規定する比較対象労働者をいう。以下この九において同じ。）との間の待遇の相違の内容及び理由について説明すること。

ロ　派遣元事業主は、派遣労働者と比較対象労働者との間の待遇の相違の内容として、次の(イ)及び(ロ)に掲げる事項を説明すること。

(イ)　派遣労働者及び比較対象労働者の待遇のそれぞれを決定するに当たって考慮した事項の相違の有無

(ロ)　次の(i)又は(ii)に掲げる事項

(i)　派遣労働者及び比較対象労働者の待遇の個別具体的な内容

(ii)　派遣労働者及び比較対象労働者の待遇に関する基準

ハ　派遣元事業主は、派遣労働者及び比較対象労働者の職務の内容、職務の内容及び配置の変更の範囲その他の事情のうち、待遇の性質及び待遇を行う目的に照らして適切と認められるものに基づき、待遇の相違の理由を説明すること。

(二)　協定対象派遣労働者に対する説明の内容

イ　派遣元事業主は、協定対象派遣労働者の賃金が労働者派遣法第三十条の四第一項第二号に掲げる事項であって同項の協定で定めたもの及び同項第三号に関する当該協定の定めによる公正な評価に基づき決定されて

いることについて説明すること。

ロ　派遣元事業主は、協定対象派遣労働者の待遇（賃金、労働者派遣法第四十条第二項の教育訓練及び労働者派遣事業の適正な運営の確保及び派遣労働者の保護等に関する法律施行規則（昭和六十一年労働省令第二十号）第三十二条の三各号に掲げる福利厚生施設を除く。）が労働者派遣法第三十条の四第一項第四号に基づき決定されていること等について、派遣労働者に対する説明の内容に準じて説明すること。

㈢　派遣労働者に対する説明の方法

派遣元事業主は、派遣労働者が説明の内容を理解することができるよう、資料を活用し、口頭により説明することを基本とすること。ただし、説明すべき事項を全て記載した派遣労働者が容易に理解できる内容の資料を用いる場合には、当該資料を交付する等の方法でも差し支えないこと。

㈣　比較対象労働者との間の待遇の相違の内容等に変更があったときの情報提供

派遣元事業主は、派遣労働者から求めがない場合でも、当該派遣労働者に対し、比較対象労働者との間の待遇の相違の内容及び理由並びに労働者派遣法第三十条の三から第三十条の六までの規定により措置を講ずべきこととされている事項に関する決定をするに当たって考慮した事項に変更があったときは、その内容を情報提供することが望ましいこと。

十　関係法令の関係者への周知

派遣元事業主は、労働者派遣法の規定による派遣元事業主及び派遣先が講ずべき措置の内容並びに労働者派遣法第三章第四節に規定する労働基準法等の適用に関する特例等関係法令の関係者への周知の徹底を図るために、説明会等の実施、文書の配布等の措置を講ずること。

十一　個人情報等の保護

㈠　個人情報の収集、保管及び使用

イ　派遣元事業主は、派遣労働者となろうとする者を登録する際には当該労働者の希望、能力及び経験に応じた就業の機会の確保を図る目的の範囲内で、派遣労働者として雇用し労働者派遣を行う際には当該派遣労働者の適正な雇用管理を行う目的の範囲内で、派遣労働者の個人情報（以下この㈠、㈡及び㈣において単に「個人情報」という。）を収集することとし、次に掲げる個人情報を収集してはならないこと。ただし、特別な業務上の必要性が存在することその他業務の目的の達成に必要不可欠であって、収集目的を示して本人から収集する場合はこの限りでないこと。

(イ)　人種、民族、社会的身分、門地、本籍、出生地その他社会的差別の原因となるおそれのある事項

(ロ)　思想及び信条

(ハ)　労働組合への加入状況

ロ　派遣元事業主は、個人情報を収集する際には、本人から直接収集し、又は本人の同意の下で本人以外の者から収集する等適法かつ公正な手段によらなければならないこと。

ハ　派遣元事業主は、高等学校若しくは中等教育学校又は中学校の新規卒業予定者であって派遣労働者となろうとする者から応募書類の提出を求めるときは、職業安定局長の定める書類により提出を求めること。

ニ　個人情報の保管又は使用は、収集目的の範囲に限られること。このため、例えば、待遇等に関する情報のうち個人情報に該当するものの保管又は使用は、労働者派遣法第三十条の二、第三十条の三、第三十条の四第一項、第三十条の五及び第三十一条の二第四項の規定による待遇の確保等という目的（㈣において「待遇の確保等の目的」という。）の範囲に限られること。なお、派遣労働者として雇用し労働者派遣を行う際には、労働者派遣事業制度の性質上、派遣元事業主が派遣先に提供することができる派遣労働者の個人情報は、労働者派遣法第三十五条第一項各号に掲げる派遣先に通知しなければならない事項のほか、当該派遣労働者の業務遂行能力に関する情報に限られるものであること。ただし、他の保管若しくは使用の目的を示して本人の同意を得た場合又は他の法律に定めのある場合は、この限りでないこと。

㈡　適正管理

イ　派遣元事業主は、その保管又は使用に係る個人情報に関し、次に掲げる措置を適切に講ずるとともに、派遣労働者等からの求めに応じ、当該措置の内容を説明しなければならないこと。

(イ)　個人情報を目的に応じ必要な範囲において正確かつ最新のものに保つための措置

(ロ)　個人情報の紛失、破壊及び改ざんを防止するための措置

(ハ)　正当な権限を有しない者による個人情報へのアクセスを防止するための措置

(ニ)　収集目的に照らして保管する必要がなくなった個人情報を破棄又は削除するための措

置

ロ　派遣元事業主が、派遣労働者等の秘密に該当する個人情報を知り得た場合には、当該個人情報が正当な理由なく他人に知られることのないよう、厳重な管理を行わなければならないこと。

ハ　派遣元事業主は、次に掲げる事項を含む個人情報の管理規程を作成し、これを遵守しなければならないこと。

(イ)　個人情報を取り扱うことができる者の範囲に関する事項

(ロ)　個人情報を取り扱う者に対する研修等教育訓練に関する事項

(ハ)　本人から求められた場合の個人情報の開示又は訂正（削除を含む。以下同じ。）の取扱いに関する事項

(ニ)　個人情報の取扱いに関する苦情の処理に関する事項

ニ　派遣元事業主は、本人が個人情報の開示又は訂正の求めをしたことを理由として、当該本人に対して不利益な取扱いをしてはならないこと。

(三)　個人情報の保護に関する法律の遵守等

(一)及び(二)に定めるもののほか、派遣元事業主は、個人情報の保護に関する法律第十六条第二項に規定する個人情報取扱事業者（以下「個人情報取扱事業者」という。）に該当する場合には、同法第四章第二節に規定する義務を遵守しなければならないこと。また、個人情報取扱事業者に該当しない場合であっても、個人情報取扱事業者に準じて、個人情報の適正な取扱いの確保に努めること。

(四)　待遇等に関する情報のうち個人情報に該当しないものの保管及び使用

派遣元事業主は、待遇等に関する情報のうち個人情報に該当しないものの保管又は使用を待遇の確保等の目的の範囲に限定する等適切に対応すること。

十二　秘密の保持

待遇等に関する情報は、労働者派遣法第二十四条の四の秘密を守る義務の対象となるものであること。

十三　派遣労働者の特定を目的とする行為に対する協力の禁止等

(一)　派遣元事業主は、紹介予定派遣の場合を除き、派遣先による派遣労働者を特定することを目的とする行為に協力してはならないこと。なお、派遣労働者等が、自らの判断の下に派遣就業開始前の事業所訪問若しくは履歴書の送付又は派遣就業期間中の履歴書の送付を行うことは、派遣先によって派遣労働者を特定することを目的とする行為が行われたことには該当せず、実施可能であるが、派遣元事業主は、派遣労働者又は派遣労働者となろうとする者に対してこれらの行為を求めないこととする等、派遣労働者を特定することを目的とする行為への協力の禁止に触れないよう十分留意すること。

(二)　派遣元事業主は、派遣先との間で労働者派遣契約を締結するに当たっては、職業安定法第三条の規定を遵守するとともに、派遣労働者の性別を労働者派遣契約に記載し、これに基づき当該派遣労働者を当該派遣先に派遣してはならないこと。

(三)　派遣元事業主は、派遣先との間で労働者派遣契約を締結するに当たっては、派遣元事業主が当該派遣先の指揮命令の下に就業させようとする労働者について、障害者であることを理由として、障害者を排除し、又はその条件を障害者に対してのみ不利なものとしてはならず、かつ、これに基づき障害者でない派遣労働者を当該派遣先に派遣してはならないこと。

十四　安全衛生に係る措置

派遣元事業主は、派遣労働者に対する雇入れ時及び作業内容変更時の安全衛生教育を適切に行えるよう、当該派遣労働者が従事する業務に係る情報を派遣先から入手すること、健康診断等の結果に基づく就業上の措置を講ずるに当たって、派遣先の協力が必要な場合には、派遣先に対して、当該措置の実施に協力するよう要請すること等、派遣労働者の安全衛生に係る措置を実施するため、派遣先と必要な連絡調整等を行うこと。

十五　紹介予定派遣

(一)　紹介予定派遣の期間

派遣元事業主は、紹介予定派遣を行うに当たっては、六箇月を超えて、同一の派遣労働者の労働者派遣を行わないこと。

(二)　派遣先が職業紹介を希望しない場合又は派遣労働者を雇用しない場合の理由の明示

派遣元事業主は、紹介予定派遣を行った派遣先が職業紹介を受けることを希望しなかった場合又は職業紹介を受けた派遣労働者を雇用しなかった場合には、派遣労働者の求めに応じ、派遣先に対し、それぞれその理由を書面、ファクシミリ又は電子メールにより明示するよう求めること。また、派遣先から明示された理由を、派遣労働者に対して書面、ファクシミリ又は電子メール（ファクシミリ又は電子メールによる場合にあっては、当該派遣労働者が希望した場

合に限る。）により明示すること。

(三) 派遣元事業主は、派遣先が障害者に対し、面接その他紹介予定派遣に係る派遣労働者を特定することを目的とする行為を行う場合に、障害者雇用促進法第三十六条の二又は第三十六条の三の規定による措置を講ずるに当たっては、障害者と話合いを行い、派遣元事業主において実施可能な措置を検討するとともに、必要に応じ、派遣先と協議等を行い、協力を要請すること。

十六 情報の提供

派遣元事業主は、派遣労働者及び派遣先が良質な派遣元事業主を適切に選択できるよう、労働者派遣の実績、労働者派遣に関する料金の額の平均額から派遣労働者の賃金の額の平均額を控除した額を当該労働者派遣に関する料金の額の平均額で除して得た割合、教育訓練に関する事項、労働者派遣法第三十条の四第一項の協定を締結しているか否かの別並びに当該協定を締結している場合における協定対象派遣労働者の範囲及び当該協定の有効期間の終期等の情報提供に当たっては、常時インターネットの利用により広く関係者、とりわけ派遣労働者に必要な情報を提供することを原則とすること。また、労働者派遣の期間の区分ごとの雇用安定措置を講じた人数等の実績及び教育訓練計画については、インターネットの利用その他の適切な方法により関係者に対し情報提供することが望ましいこと。

派遣先が講ずべき措置に関する指針

平成一一年一一月一七日労働省告示第一三八号
適用：平成一一年一二月一日
最終改正：令和二年一〇月九日厚生労働省告示第三四六号
適用：令和三年一月一日

第一 趣旨

この指針は、労働者派遣事業の適正な運営の確保及び派遣労働者の保護等に関する法律（以下「労働者派遣法」という。）第三章第一節及び第三節の規定により派遣先が講ずべき措置に関して、その適切かつ有効な実施を図るために必要な事項を定めたものである。

第二 派遣先が講ずべき措置

一 労働者派遣契約の締結に当たっての就業条件の確認

派遣先は、労働者派遣契約の締結の申込みを行うに際しては、就業中の派遣労働者を直接指揮命令することが見込まれる者から、業務の内容及び当該業務に伴う責任の程度、当該業務を遂行するために必要とされる知識、技術又は経験の水準その他労働者派遣契約の締結に際し定めるべき就業条件の内容を十分に確認すること。

二 労働者派遣契約に定める就業条件の確保

派遣先は、労働者派遣契約を円滑かつ的確に履行するため、次に掲げる措置その他派遣先の実態に即した適切な措置を講ずること。

(一) 就業条件の周知徹底

労働者派遣契約で定められた就業条件について、当該派遣労働者の業務の遂行を指揮命令する職務上の地位にある者その他の関係者に当該就業条件を記載した書面を交付し、又は就業場所に掲示する等により、周知の徹底を図ること。

(二) 就業場所の巡回

定期的に派遣労働者の就業場所を巡回し、当該派遣労働者の就業の状況が労働者派遣契約に反していないことを確認すること。

(三) 就業状況の報告

派遣労働者を直接指揮命令する者から、定期的に当該派遣労働者の就業の状況について報告を求めること。

(四) 労働者派遣契約の内容の遵守に係る指導

派遣労働者を直接指揮命令する者に対し、労働者派遣契約の内容に違反することとなる業務上の指示を行わないようにすること等の指導を徹底すること。

三 派遣労働者を特定することを目的とする行為の禁止

派遣先は、紹介予定派遣の場合を除き、派遣元事業主が当該派遣先の指揮命令の下に就業させようとする労働者について、労働者派遣に先立って面接すること、派遣先に対して当該労働者に係る履歴書を送付させることのほか、若年者に限ることとすること等派遣労働者を特定することを目的とする行為を行わないこと。なお、派遣労働者又は派遣労働者となろうとする者が、自らの判断の下に派遣就業開始前の事業所訪問若しくは履歴書の送付又は派遣就業期間中の履歴書の送付を行うことは、派遣先によって派遣労働者を特定することを目的とする行為が行われたことには該当せず、実施可能であるが、派遣先は、派遣元事業主又は派遣労働者若しくは派遣労働者となろうとする者に対してこれらの行為を求めないこととする等、派遣労働者を特定することを目的とする行為の禁止に触れないよう十分留意すること。

四　性別による差別及び障害者であることを理由とする不当な差別的取扱いの禁止

(一)　性別による差別の禁止

派遣先は、派遣元事業主との間で労働者派遣契約を締結するに当たっては、当該労働者派遣契約に派遣労働者の性別を記載してはならないこと。

(二)　障害者であることを理由とする不当な差別的取扱いの禁止

派遣先は、派遣元事業主との間で労働者派遣契約を締結するに当たっては、派遣元事業主が当該派遣先の指揮命令の下に就業させようとする労働者について、障害者の雇用の促進等に関する法律（昭和三十五年法律第百二十三号。以下「障害者雇用促進法」という。）第二条第一号に規定する障害者（以下単に「障害者」という。）であることを理由として、障害者を排除し、又はその条件を障害者に対してのみ不利なものとしてはならないこと。

五　労働者派遣契約の定めに違反する事実を知った場合の是正措置等

派遣先は、労働者派遣契約の定めに反する事実を知った場合には、これを早急に是正するとともに、労働者派遣契約の定めに反する行為を行った者及び派遣先責任者に対し労働者派遣契約を遵守させるために必要な措置を講ずること、派遣元事業主と十分に協議した上で損害賠償等の善後処理方策を講ずること等適切な措置を講ずること。

六　派遣労働者の雇用の安定を図るために必要な措置

(一)　労働者派遣契約の締結に当たって講ずべき措置

イ　派遣先は、労働者派遣契約の締結に当たって、派遣先の責に帰すべき事由により労働者派遣契約の契約期間が満了する前に労働者派遣契約の解除を行おうとする場合には、派遣先は派遣労働者の新たな就業機会の確保を図ること及びこれができないときには少なくとも当該労働者派遣契約の解除に伴い当該派遣元事業主が当該労働者派遣に係る派遣労働者を休業させること等を余儀なくされることにより生ずる損害である休業手当、解雇予告手当等に相当する額以上の額について損害の賠償を行うことを定めなければならないこと。また、労働者派遣の期間を定めるに当たっては、派遣元事業主と協力しつつ、当該派遣先において労働者派遣の役務の提供を受けようとする期間を勘案して可能な限り長く定める等、派遣労働者の雇用の安定を図るために必要な配慮をするよう努めること。

ロ　派遣先は、労働者派遣契約の締結に当たって、労働者派遣の終了後に当該労働者派遣に係る派遣労働者を雇用する場合に、当該雇用が円滑に行われるよう、派遣元事業主の求めに応じ、派遣先が当該労働者派遣の終了後に当該派遣労働者を雇用する意思がある場合には、当該意思を事前に派遣元事業主に示すこと、派遣元事業主が職業安定法（昭和二十二年法律第百四十一号）その他の法律の規定による許可を受けて、又は届出をして職業紹介を行うことができる場合には、派遣先は職業紹介により当該派遣労働者を雇用し、派遣元事業主に当該職業紹介に係る手数料を支払うこと等を定め、これらの措置を適切に講ずること。

(二)　労働者派遣契約の解除の事前の申入れ

派遣先は、専ら派遣先に起因する事由により、労働者派遣契約の契約期間が満了する前の解除を行おうとする場合には、派遣元事業主の合意を得ることはもとより、あらかじめ相当の猶予期間をもって派遣元事業主に解除の申入れを行うこと。

(三)　派遣先における就業機会の確保

派遣先は、労働者派遣契約の契約期間が満了する前に派遣労働者の責に帰すべき事由以外の事由によって労働者派遣契約の解除が行われた場合には、当該派遣先の関連会社での就業をあっせんする等により、当該労働者派遣契約に係る派遣労働者の新たな就業機会の確保を図ること。

(四)　損害賠償等に係る適切な措置

派遣先は、派遣先の責に帰すべき事由により労働者派遣契約の契約期間が満了する前に労働者派遣契約の解除を行おうとする場合には、派遣労働者の新たな就業機会の確保を図ることとし、これができないときには、少なくとも当該労働者派遣契約の解除に伴い当該派遣元事業主が当該労働者派遣に係る派遣労働者を休業させること等を余儀なくされたことにより生じた損害の賠償を行わなければならないこと。例えば、当該派遣元事業主が当該派遣労働者を休業させる場合は休業手当に相当する額以上の額について、当該派遣元事業主がやむを得ない事由により当該派遣労働者を解雇する場合は、派遣先による解除の申入れが相当の猶予期間をもって行われなかったことにより当該派遣元事業主が解雇の予告をしないときは三十日分以上、当該予告をした日から解雇の日までの期間が三十日に満たないときは当該解雇の日の三十日前の日から当該予告の日までの日数分以上の賃金に相当する額以上の額について、損害の賠償を行わなければならないこと。その他派遣先は派遣元事業主と十分に協議した上で適切な善後処理方策を講ずること。また、派遣元事業主及び派遣先の双方の責に帰すべき事由がある場合には、派遣元事業主及び派遣先のそれぞれの責に帰すべき部分の割合についても十分に考慮すること。

㈤　労働者派遣契約の解除の理由の明示

派遣先は、労働者派遣契約の契約期間が満了する前に労働者派遣契約の解除を行う場合であって、派遣元事業主から請求があったときは、労働者派遣契約の解除を行った理由を当該派遣元事業主に対し明らかにすること。

七　適切な苦情の処理

㈠　適切かつ迅速な処理を図るべき苦情

派遣先が適切かつ迅速な処理を図るべき苦情には、セクシュアルハラスメント、妊娠、出産等に関するハラスメント、育児休業等に関するハラスメント、パワーハラスメント、障害者である派遣労働者の有する能力の有効な発揮の支障となっている事情に関するもの等が含まれることに留意すること。

㈡　苦情の処理を行う際の留意点等

派遣先は、派遣労働者の苦情の処理を行うに際しては、派遣先の労働組合法（昭和二十四年法律第百七十四号）上の使用者性に関する代表的な裁判例や中央労働委員会の命令に留意し、特に、労働者派遣法第四十四条の規定により派遣先の事業を派遣中の労働者を使用する事業と、労働者派遣法第四十五条及び第四十六条の規定により派遣 先の事業を行う者を派遣中の労働者を使用する事業者と、労働者派遣法第四十七条の二から第四十七条の四までの規定により労働者派遣の役務の提供を受ける者を派遣労働者を雇用する事業主とみなして労働関係法令を適用する事項に関する苦情については、誠実かつ主体的に対応しなければならないこと。また、派遣先は、派遣労働者の苦情の申出を受ける者、派遣先において苦情の処理を行う方法、派遣元事業主と派遣先との連携のための体制等を労働者派遣契約において定めるとともに、派遣労働者の受入れに際し、説明会等を実施して、その内容を派遣労働者に説明すること。さらに、派遣先管理台帳に苦情の申出を受けた年月日、苦情の内容及び苦情の処理状況について、苦情の申出を受け、及び苦情の処理に当たった都度、記載するとともに、その内容を派遣元事業主に通知すること。また、派遣労働者から苦情の申出を受けたことを理由として、当該派遣労働者に対して不利益な取扱いをしてはならないこと。

八　労働・社会保険の適用の促進

派遣先は、労働・社会保険に加入する必要がある派遣労働者については、労働・社会保険に加入している派遣労働者（派遣元事業主が新規に雇用した派遣労働者であって、当該派遣先への労働者派遣の開始後速やかに労働・社会保険への加入手続が行われているものを含む。）を受け入れるべきであり、派遣元事業主から派遣労働者が労働・社会保険に加入していない理由の通知を受けた場合において、当該理由が適正でないと考えられる場合には、派遣元事業主に対し、当該派遣労働者を労働・社会保険に加入させてから派遣するよう求めること。

九　適正な派遣就業の確保

㈠　適切な就業環境の維持、福利厚生等

派遣先は、その指揮命令の下に労働させている派遣労働者について、派遣就業が適正かつ円滑に行われるようにするため、労働者派遣法第四十条第一項から第三項までに定めるもののほか、セクシュアルハラスメントの防止等適切な就業環境の維持並びに派遣先が設置及び運営し、その雇用する労働者が通常利用している物品販売所、病院、診療所、浴場、理髪室、保育所、図書館、講堂、娯楽室、運動場、体育館、保養施設等の施設の利用に関する便宜の供与の措置を講ずるように配慮しなければならないこと。また、派遣先は、労働者派遣法第四十条第五項の規定に基づき、派遣元事業主の求めに応じ、当該派遣先に雇用される労働者の賃金、教育訓練、福利厚生等の実状をより的確に把握するために必要な情報を派遣元事業主に提供するとともに、派遣元事業主が当該派遣労働者の職務の成果等に応じた適切な賃金を決定できるよう、派遣元事業主からの求めに応じ、当該派遣労働者の職務の評価等に協力をするよう配慮しなければならないこと。

(二) 労働者派遣に関する料金の額

イ　派遣先は、労働者派遣法第二十六条第十一項の規定により、労働者派遣に関する料金の額について、派遣元事業主が、労働者派遣法第三十条の四第一項の協定に係る労働者派遣以外の労働者派遣にあっては労働者派遣法第三十条の三の規定、同項の協定に係る労働者派遣にあっては同項第二号から第五号までに掲げる事項に関する協定の定めを遵守することができるものとなるように配慮しなければならないこととされているが、当該配慮は、労働者派遣契約の締結又は更新の時だけではなく、当該締結又は更新がなされた後にも求められるものであること。

ロ　派遣先は、労働者派遣に関する料金の額の決定に当たっては、その指揮命令の下に労働させる派遣労働者の就業の実態、労働市場の状況、当該派遣労働者が従事する業務の内容及び当該業務に伴う責任の程度並びに当該派遣労働者に要求する技術水準の変化等を勘案するよう努めなければならないこと

(三) 教育訓練・能力開発

派遣先は、その指揮命令の下に労働させる派遣労働者に対して労働者派遣法第四十条第二項の規定による教育訓練を実施する等必要な措置を講ずるほか、派遣元事業主が労働者派遣法第三十条の二第一項の規定による教育訓練を実施するに当たり、派遣元事業主から求めがあったときは、派遣元事業主と協議等を行い、派遣労働者が当該教育訓練を受講できるよう可能な限り協力するとともに、必要に応じた当該教育訓練に係る便宜を図るよう努めなければならないこと。派遣元事業主が行うその他の教育訓練、派遣労働者の自主的な能力開発等についても同様とすること。

(四) 障害者である派遣労働者の適正な就業の確保

①　派遣先は、その指揮命令の下に労働させる派遣労働者に対する教育訓練及び福利厚生の実施について、派遣労働者が障害者であることを理由として、障害者でない派遣労働者と不当な差別的取扱いをしてはならないこと。

②　派遣先は、労働者派遣契約に基づき派遣された労働者について、派遣元事業主が障害者雇用促進法第三十六条の三の規定による措置を講ずるため、派遣元事業主から求めがあったときは、派遣元事業主と協議等を行い、可能な限り協力するよう努めなければならないこと。

十　関係法令の関係者への周知

派遣先は、労働者派遣法の規定により派遣先が講ずべき措置の内容及び労働者派遣法第三章第四節に規定する労働基準法（昭和二十二年法律第四十九号）等の適用に関する特例等関係法令の関係者への周知の徹底を図るために、説明会等の実施、文書の配布等の措置を講ずること。

十一　派遣元事業主との労働時間等に係る連絡体制の確立

派遣先は、派遣元事業主の事業場で締結される労働基準法第三十六条第一項の時間外及び休日の労働に関する協定の内容等派遣労働者の労働時間の枠組みについて派遣元事業主に情報提供を求める等により、派遣元事業主との連絡調整を的確に行うこと。

また、労働者派遣法第四十二条第一項及び第三項において、派遣先は派遣先管理台帳に派遣就業をした日ごとの始業及び終業時刻並びに休憩時間等を記載し、これを派遣元事業主に通知しなければならないとされており、派遣先は、適正に把握した実際の労働時間等について、派遣元事業主に正確に情報提供すること。

十二　派遣労働者に対する説明会等の実施

派遣先は、派遣労働者の受入れに際し、説明会等を実施し、派遣労働者が利用できる派遣先の各種の福利厚生に関する措置の内容についての説明、派遣労働者が円滑かつ的確に就業するために必要な、派遣労働者を直接指揮命令する者以外の派遣先の労働者との業務上の関係についての説明及び職場生活上留意を要する事項についての助言等を行うこと。

十三　派遣先責任者の適切な選任及び適切な業務の遂行

派遣先は、派遣先責任者の選任に当たっては、労働関係法令に関する知識を有する者であること、人事・労務管理等について専門的な知識又は相当期間の経験を有する者であること、派遣労働者の就業に係る事項に関する一定の決定、変更を行い得る権限を有する者であること等派遣先責任者の職務を的確に遂行することができる者を選任するよう努めること。

十四　労働者派遣の役務の提供を受ける期間の制限の適切な運用

派遣先は、労働者派遣法第四十条の二及び第四十条の三の規定に基づき派遣労働者による常用労働者の代替及び派遣就業を望まない派遣労働者が派遣就業に固定化されることの防止を図るため、次に掲げる基準に従い、事業所その他派遣就業の

場所（以下「事業所等」という。）ごとの業務について、派遣元事業主から労働者派遣法第四十条の二第二項の派遣可能期間を超える期間継続して労働者派遣（同条第一項各号のいずれかに該当するものを除く。以下この十四において同じ。）の役務の提供を受けてはならず、また、事業所等における組織単位ごとの業務について、派遣元事業主から三年を超える期間継続して同一の派遣労働者に係る労働者派遣の役務の提供を受けてはならないこと。

㈠　事業所等については、工場、事務所、店舗等、場所的に他の事業所その他の場所から独立していること、経営の単位として人事、経理、指導監督、労働の態様等においてある程度の独立性を有すること、一定期間継続し、施設としての持続性を有すること等の観点から実態に即して判断すること。

㈡　事業所等における組織単位については、労働者派遣法第四十条の三の労働者派遣の役務の提供を受ける期間の制限の目的が、派遣労働者がその組織単位の業務に長期間にわたって従事することによって派遣就業を望まない派遣労働者が派遣就業に固定化されることを防止することにあることに留意しつつ判断すること。すなわち、課、グループ等の業務としての類似性や関連性がある組織であり、かつ、その組織の長が業務の配分や労務管理上の指揮監督権限を有するものであって、派遣先における組織の最小単位よりも一般に大きな単位を想定しており、名称にとらわれることなく実態により判断すべきものであること。ただし、小規模の事業所等においては、組織単位と組織の最小単位が一致する場合もあることに留意すること。

㈢　派遣先は、労働者派遣の役務の提供を受けていた当該派遣先の事業所等ごとの業務について、新たに労働者派遣の役務の提供を受ける場合には、当該新たな労働者派遣の開始と当該新たな労働者派遣の役務の受入れの直前に受け入れていた労働者派遣の終了との間の期間が三月を超えない場合には、当該派遣先は、当該新たな労働者派遣の役務の受入れの直前に受け入れていた労働者派遣から継続して労働者派遣の役務の提供を受けているものとみなすこと。

㈣　派遣先は、労働者派遣の役務の提供を受けていた当該派遣先の事業所等における組織単位ごとの業務について、同一の派遣労働者に係る新たな労働者派遣の役務の提供を受ける場合には、当該新たな労働者派遣の開始と当該新たな労働者派遣の役務の受入れの直前に受け入れていた労働者派遣の終了との間の期間が三月を超えない場合には、当該派遣先は、当該新たな労働者派遣の役務の受入れの直前に受け入れていた労働者派遣から継続して労働者派遣の役務の提供を受けているものとみなすこと。

㈤　派遣先は、当該派遣先の事業所等ごとの業務について派遣元事業主から三年間継続して労働者派遣の役務の提供を受けている場合において、派遣可能期間の延長に係る手続を回避することを目的として、当該労働者派遣の終了後三月が経過した後に再度当該労働者派遣の役務の提供を受けるような、実質的に派遣労働者の受入れを継続する行為は、同項の規定の趣旨に反するものであること。

十五　派遣可能期間の延長に係る意見聴取の適切かつ確実な実施

㈠　意見聴取に当たっての情報提供

派遣先は、労働者派遣法第四十条の二第四項の規定に基づき、過半数労働組合等（同項に規定する過半数労働組合等をいう。以下同じ。）に対し、派遣可能期間を延長しようとする際に意見を聴くに当たっては、当該派遣先の事業所等ごとの業務について、当該業務に係る労働者派遣の役務の提供の開始時（派遣可能期間を延長した場合には、当該延長時）から当該業務に従事した派遣労働者の数及び当該派遣先に期間を定めないで雇用される労働者の数の推移に関する資料等、意見聴取の際に過半数労働組合等が意見を述べるに当たり参考となる資料を過半数労働組合等に提供するものとすること。また、派遣先は、意見聴取の実効性を高める観点から、過半数労働組合等からの求めに応じ、当該派遣先の部署ごとの派遣労働者の数、各々の派遣労働者に係る労働者派遣の役務の提供を受けた期間等に係る情報を提供することが望ましいこと。

㈡　十分な考慮期間の設定

派遣先は、過半数労働組合等に対し意見を聴くに当たっては、十分な考慮期間を設けること。

㈢　異議への対処

イ　派遣先は、派遣可能期間を延長することに対して過半数労働組合等から異議があった場合に、労働者派遣法第四十条の二第五項の規定により当該意見への対応に関する方針等を説明するに当たっては、当該意見を勘案して当該延長について再検討を加えること等により、当該過半数労働組合等の意見を十分に尊重するよう努めること。

ロ　派遣先は、派遣可能期間を延長する際に過半数労働組合等から異議があった場合において、当該延長に係る期間が経過した場合にこれを更に延長しようとするに当たり、再度、過半数労働組合等から異議があったときは、当該意見を十分に尊重し、派遣可能期間の延長の中止又は延長する期間の短縮、派遣可能期間の延長に係る派遣労働者の数の削減等の対応を採ることについて検討した上で、その結論をより一層丁寧に当該過半数労働組合等に説明しなければならないこと。

㈣　誠実な実施

派遣先は、労働者派遣法第四十条の二第六項の規定に基づき、㈠から㈢までの内容を含め、派遣可能期間を延長しようとする場合における過半数労働組合等からの意見の聴取及び過半数労働組合等が異議を述べた場合における当該過半数労働組合等に対する派遣可能期間の延長の理由等の説明を行うに当たっては、誠実にこれらを行うよう努めなければならないものとすること。

十六　雇用調整により解雇した労働者が就いていたポストへの派遣労働者の受け入れ

派遣先は、雇用調整により解雇した労働者が就いていたポストに、当該解雇後三箇月以内に派遣労働者を受け入れる場合には、必要最小限度の労働者派遣の期間を定めるとともに、当該派遣先に雇用される労働者に対し労働者派遣の役務の提供を受ける理由を説明する等、適切な措置を講じ、派遣先の労働者の理解が得られるよう努めること。

十七　安全衛生に係る措置

派遣先は、派遣元事業主が派遣労働者に対する雇入れ時及び作業内容変更時の安全衛生教育を適切に行えるよう、当該派遣労働者が従事する業務に係る情報を派遣元事業主に対し積極的に提供するとともに、派遣元事業主から雇入れ時の安全衛生教育の委託の申入れがあった場合には可能な限りこれに応じるよう努めること、派遣元事業主が健康診断等の結果に基づく就業上の措置を講ずるに当たって、当該措置に協力するよう要請があった場合には、これに応じ、必要な協力を行うこと等、派遣労働者の安全衛生に係る措置を実施するために必要な協力や配慮を行うこと。

十八　紹介予定派遣

㈠　紹介予定派遣を受け入れる期間

派遣先は、紹介予定派遣を受け入れるに当たっては、六箇月を超えて、同一の派遣労働者を受け入れないこと。

㈡　職業紹介を希望しない場合又は派遣労働者を雇用しない場合の理由の明示

派遣先は、紹介予定派遣を受け入れた場合において、職業紹介を受けることを希望しなかった場合又は職業紹介を受けた派遣労働者を雇用しなかった場合には、派遣元事業主の求めに応じ、それぞれその理由を派遣元事業主に対して書面、ファクシミリ又は電子メールにより明示すること。

㈢　派遣先が特定等に当たり労働施策の総合的な推進並びに労働者の雇用の安定及び職業生活の充実等に関する法律（昭和四十一年法律第百三十二号）第九条の趣旨に照らし講ずべき措置

①　派遣先は、紹介予定派遣に係る派遣労働者を特定することを目的とする行為又は派遣労働者の特定（以下「特定等」という。）を行うに当たっては、次に掲げる措置を講ずること。

ア　②に該当するときを除き、派遣労働者の年齢を理由として、特定等の対象から当該派遣労働者を排除しないこと。

イ　派遣先が職務に適合する派遣労働者を受け入れ又は雇い入れ、かつ、派遣労働者がその年齢にかかわりなく、その有する能力を有効に発揮することができる職業を選択することを容易にするため、特定等に係る職務の内容、当該職務を遂行するために必要とされる派遣労働者の適性、能力、経験、技能の程度その他の派遣労働者が紹介予定派遣を希望するに当たり求められる事項をできる限り明示すること。

②　年齢制限が認められるとき（派遣労働者がその有する能力を有効に発揮するために必要であると認められるとき以外のとき）

派遣先が行う特定等が次のアからウまでのいずれかに該当するときには、年齢制限をすることが認められるものとする。

ア　派遣先が、その雇用する労働者の定年（以下単に「定年」という。）の定めをしている場合において当該定年の年齢を下回ることを条件として派遣労働者の特定等を行うとき（当該派遣労働者について期間の定めのない労働契約を締結することを予定する場合に限る。）。

イ　派遣先が、労働基準法その他の法令の規定により特定の年齢の範囲に属する労働者の就業等が禁止又は制限されている業務について当該年齢の範囲に属する派遣労働者以外の派遣労働者の特定等を行うとき。

ウ　派遣先の特定等における年齢による制限を必要最小限のものとする観点から見て合理的な制限である場合として次のいずれかに該当するとき。

i　長期間の継続勤務による職務に必要な能力の開発及び向上を図ることを目的として、青少年その他特定の年齢を下回る派遣労働者の特定等を行うとき（当該派遣労働者について期間の定めのない労働契約を締結することを予定する場合に限り、かつ、当該派遣労働者が職業に従事した経験があることを特定等の条件としない場合であって学校（小学校及び幼稚園を除く。）、専修学校、職業能力開発促進法（昭和四十四年法律第六十四号）第十五条の七第一項各号に掲げる施設又は同法第二十七条第一項に規定する職業能力開発総合大学校を新たに卒業しようとする者として又は当該者と同等の処遇で採用する予定で特定等を行うときに限る。）。

ii　当該派遣先が雇用する特定の年齢の範囲に属する特定の職種の労働者（当該派遣先の人事管理制度に照らし必要と認められるときは、当該派遣先がその一部の事業所において雇用する特定の職種に従事する労働者。以下「特定労働者」という。）の数が相当程度少ない場合（特定労働者の年齢について、三十歳から四十九歳までの範囲内において、派遣先が特定等を行おうとする任意の労働者の年齢の範囲（当該範囲内の年齢のうち最も高いもの（以下「範囲内最高年齢」という。）と最も低いもの（以下「範囲内最低年齢」という。）との差（以下「特定数」という。）が四から九までの場合に限る。）に属する労働者数が、範囲内最高年齢に一を加えた年齢から当該年齢に特定数を加えた年齢までの範囲に属する労働者数の二分の一以下であり、かつ、範囲内最低年齢から一に特定数を加えた年齢を減じた年齢から範囲内最低年齢から一を減じた年齢までの範囲に属する労働者数の二分の一以下である場合をいう。）において、当該職種の業務の遂行に必要な技能及びこれに関する知識の継承を図ることを目的として、特定労働者である派遣労働者の特定等を行うとき（当該派遣労働者について期間の定めのない労働契約を締結することを予定する場合に限る。）。

iii　芸術又は芸能の分野における表現の真実性等を確保するために特定の年齢の範囲に属する派遣労働者の特定等を行うとき。

iv　高年齢者の雇用の促進を目的として、特定の年齢以上の高年齢者（六十歳以上の者に限る。）である派遣労働者の特定等を行うとき、又は特定の年齢の範囲に属する労働者の雇用を促進するため、当該特定の年齢の範囲に属する派遣労働者の特定等を行うとき（当該特定の年齢の範囲に属する労働者の雇用の促進に係る国の施策を活用しようとする場合に限る。）。

㈣　派遣先が特定等に当たり雇用の分野における男女の均等な機会及び待遇の確保等に関する法律（昭和四十七年法律第百十三号。以下「均等法」という。）第五条及び第七条の趣旨に照らし行ってはならない措置等

①　派遣先は、特定等を行うに当たっては、例えば、次に掲げる措置を行わないこと。

ア　特定等に当たって、その対象から男女のいずれかを排除すること。

イ　特定等に当たっての条件を男女で異なるものとすること。

ウ　特定に係る選考において、能力及び資質の有無等を判断する場合に、その方法や基準について男女で異なる取扱いをすること。

エ　特定等に当たって男女のいずれかを優先すること。

オ　派遣就業又は雇用の際に予定される求人の内容の説明等特定等に係る情報の提供について、男女で異なる取扱いをすること又は派遣元事業主にその旨要請すること。

②　派遣先は、特定等に関する措置であって派遣労働者の性別以外の事由を要件とするもののうち次に掲げる措置については、当該措置の対象となる業務の性質に照らして当該措置の実施が当該業務の遂行上特に必要である場合、事業の運営の状況に照らして当該措置の実施が派遣就業又は雇用の際に予定される雇用管理上特に必要である場合その他の合理的な理由がある場合でなければ、これを講じてはならない。

ア　派遣労働者の特定等に当たって、派遣労働者の身長、体重又は体力に関する事由を要件とすること。

イ　将来、コース別雇用管理における総合職の労働者として当該派遣労働者を採用することが予定されている場合に、派遣労働者の特定等に当たって、転居を伴う転勤に応じることができることを要件とすること。

③　紹介予定派遣に係る特定等に当たっては、将

来、当該派遣労働者を採用することが予定されている雇用管理区分において、女性労働者が男性労働者と比較して相当程度少ない場合においては、特定等の基準を満たす者の中から男性より女性を優先して特定することその他男性と比較して女性に有利な取扱いをすることは、均等法第八条に定める雇用の分野における男女の均等な機会及び待遇の確保の支障となっている事情を改善することを目的とする措置（ポジティブ・アクション）として、①にかかわらず、行って差し支えない。

④　次に掲げる場合において①において掲げる措置を講ずることは、性別にかかわりなく均等な機会を与えていない、又は性別を理由とする差別的取扱いをしているとは解されず、①にかかわらず、行って差し支えない。

ア　次に掲げる職務に従事する派遣労働者に係る場合

i　芸術・芸能の分野における表現の真実性等の要請から男女のいずれかのみに従事させることが必要である職務

ii　守衛、警備員等防犯上の要請から男性に従事させることが必要である職務（労働者派遣事業を行ってはならない警備業法（昭和四十七年法律第百十七号）第二条第一項各号に掲げる業務を内容とするものを除く。）

iii　i及びiiに掲げるもののほか、宗教上、風紀上、スポーツにおける競技の性質上その他の業務の性質上男女のいずれかのみに従事させることについてこれらと同程度の必要性があると認められる職務

イ　労働基準法第六十一条第一項、第六十四条の二若しくは第六十四条の三第二項の規定により女性を就業させることができず、又は保健師助産師看護師法（昭和二十三年法律第二百三号）第三条の規定により男性を就業させることができないことから、通常の業務を遂行するために、派遣労働者の性別にかかわりなく均等な機会を与え又は均等な取扱いをすることが困難であると認められる場合

ウ　風俗、風習等の相違により男女のいずれかが能力を発揮し難い海外での勤務が必要な場合その他特別の事情により派遣労働者の性別にかかわりなく均等な機会を与え又は均等な取扱いをすることが困難であると認められる場合

(五)　派遣先が特定等に当たり障害者雇用促進法第三十四条の趣旨に照らし行ってはならない措置等

①　派遣先は、特定等を行うに当たっては、例えば次に掲げる措置を行わないこと。

ア　特定等に当たって、障害者であることを理由として、障害者をその対象から排除すること。

イ　特定等に当たって、障害者に対してのみ不利な条件を付すこと。

ウ　特定等に当たって、障害者でない者を優先すること。

エ　派遣就業又は雇用の際に予定される求人の内容の説明等の特定等に係る情報の提供について、障害者であることを理由として障害者でない者と異なる取扱いをすること又は派遣元事業主にその旨要請すること。

②　①に関し、特定等に際して一定の能力を有することを条件とすることについては、当該条件が当該派遣先において業務遂行上特に必要なものと認められる場合には、行って差し支えないこと。一方、特定等に当たって、業務遂行上特に必要でないにもかかわらず、障害者を排除するために条件を付すことは、行ってはならないこと。

③　①及び②に関し、積極的差別是正措置として、障害者でない者と比較して障害者を有利に取り扱うことは、障害者であることを理由とする差別に該当しないこと。

④　派遣先は、特定することを目的とする行為を行う場合に、派遣元事業主が障害者雇用促進法第三十六条の二又は第三十六条の三の規定による措置を講ずるため、派遣元事業主から求めがあったときは、可能な限り協力するよう努めなければならないこと。

日雇派遣労働者の雇用の安定等を図るために派遣元事業主及び派遣先が講ずべき措置に関する指針

平成二〇年二月二八日厚生労働省告示第三六号
適用：平成二〇年四月一日
最終改正：令和二年一〇月九日厚生労働省告示第三四六号
適用：令和三年一月一日

第一　趣旨

この指針は、労働者派遣事業の適正な運営の確保及び派遣労働者の保護等に関する法律（昭和六十年法律第八十八号。以下「労働者派遣法」という。）第三章第一節から第三節までの規定により、派遣元事業主が講ずべき措置に関する指針（平成十一年労働省告示第百三十七号。以下「派遣元指針」という。）及び派遣先が講ずべき措置に関する指針（平成十一年労働省告示第百三十八号。以下「派遣先指針」という。）に加えて、日雇労働者（労働者派遣法第三十五条の四第一項に規定する日雇労働者をいう。以下単に「日雇労働者」という。）について労働者派遣を行う派遣元事業主及び当該派遣元事業主から労働者派遣の役務の提供を受ける派遣先が講ずべき措置に関して、その適切かつ有効な実施を図るために必要な事項を定めたものである。

第二　日雇派遣労働者の雇用の安定を図るために必要な措置

一　労働者派遣契約の締結に当たっての就業条件の確認

(一)　派遣先は、労働者派遣契約の締結の申込みを行うに際しては、就業中の日雇派遣労働者（労働者派遣の対象となる日雇労働者をいう。以下同じ。）を直接指揮命令することが見込まれる者から、業務の内容、当該業務を遂行するために必要とされる知識、技術又は経験の水準その他労働者派遣契約の締結に際し定めるべき就業条件の内容を十分に確認すること。

(二)　派遣元事業主は、派遣先との間で労働者派遣契約を締結するに際しては、派遣先が求める業務の内容、当該業務を遂行するために必要とされる知識、技術又は経験の水準、労働者派遣の期間その他労働者派遣契約の締結に際し定めるべき就業条件を事前にきめ細かに把握すること。

二　労働者派遣契約の期間の長期化

派遣元事業主及び派遣先は、労働者派遣契約の締結に際し、労働者派遣の期間を定めるに当たっては、相互に協力しつつ、当該派遣先が労働者派遣の役務の提供を受けようとする期間を勘案して可能な限り長く定める等、日雇派遣労働者の雇用の安定を図るために必要な配慮をすること。

三　労働契約の締結に際して講ずべき措置

派遣元事業主は、労働者を日雇派遣労働者として雇い入れようとするときは、当該日雇派遣労働者が従事する業務が労働者派遣事業の適正な運営の確保及び派遣労働者の保護等に関する法律施行令（昭和六十一年政令第九十五号）第四条第一項各号に掲げる業務に該当するかどうか、又は当該日雇派遣労働者が同条第二項各号に掲げる場合に該当するかどうかを確認すること。

四　雇用契約の期間の長期化

派遣元事業主は、労働者を日雇派遣労働者として雇い入れようとするときは、当該労働者の希望及び労働者派遣契約における労働者派遣の期間を勘案して、雇用契約の期間について、できるだけ長期にする、当該期間を当該労働者派遣契約における労働者派遣の期間と合わせる等、日雇派遣労働者の雇用の安定を図るために必要な配慮をすること。

五　労働者派遣契約の解除に当たって講ずべき措置

(一)　派遣先は、専ら派遣先に起因する事由により、労働者派遣契約の契約期間が満了する前の解除を行おうとする場合には、派遣元事業主の合意を得ること。

(二)　派遣元事業主及び派遣先は、労働者派遣契約の契約期間が満了する前に日雇派遣労働者の責に帰すべき事由以外の事由によって労働者派遣契約の解除が行われた場合には、互いに連携して、当該派遣先の関連会社での就業のあっせん等により、当該労働者派遣契約に係る日雇派遣労働者の新たな就業機会の確保を図ること。また、当該派遣元事業主は、当該労働者派遣契約の解除に当たって、新たな就業機会の確保ができない場合は、まず休業等を行い、当該日雇派遣労働者の雇用の維持を図るようにするとともに、休業手当の支払等の労働基準法（昭和二十二年法律第四十九号）等に基づく責任を果たすこと。

(三)　派遣先は、派遣先の責に帰すべき事由により労働者派遣契約の契約期間が満了する前に労働者派遣契約の解除を行おうとする場合には、日雇派遣労働者の新たな就業機会の確保を図ることとし、これができないときには、速やかに、損害の賠償を行わなければならないこと。その他派遣先は、派遣元事業主と十分に協議した上で適切な善後処理方策を講ずること。また、派遣元事業主及び派遣先の双方の責に帰すべき事由がある場合には、派遣元事業主及び派遣先のそれぞれの責に帰すべき部分の割合についても十分に考慮すること。

㈣　派遣先は、労働者派遣契約の契約期間が満了する前に労働者派遣契約の解除を行う場合であって、派遣元事業主から請求があったときは、労働者派遣契約の解除を行う理由を当該派遣元事業主に対し明らかにすること。

第三　労働者派遣契約に定める就業条件の確保

一　派遣元事業主は、派遣先を定期的に巡回すること等により、日雇派遣労働者の就業の状況が労働者派遣契約の定めに反していないことの確認等を行うとともに、日雇派遣労働者の適正な派遣就業の確保のためにきめ細かな情報提供を行う等により派遣先との連絡調整を的確に行うこと。また、派遣元事業主は、日雇派遣労働者からも就業の状況が労働者派遣契約の定めに反していなかったことを確認すること。

二　派遣先は、労働者派遣契約を円滑かつ的確に履行するため、次に掲げる措置その他派遣先の実態に即した適切な措置を講ずること。

㈠　就業条件の周知徹底

労働者派遣契約で定められた就業条件について、当該日雇派遣労働者の業務の遂行を指揮命令する職務上の地位にある者その他の関係者に当該就業条件を記載した書面を交付し、又は就業場所に掲示する等により、周知の徹底を図ること。

㈡　就業場所の巡回

一の労働者派遣契約について少なくとも一回以上の頻度で定期的に日雇派遣労働者の就業場所を巡回し、当該日雇派遣労働者の就業の状況が労働者派遣契約の定めに反していないことを確認すること。

㈢　就業状況の報告

日雇派遣労働者を直接指揮命令する者から、一の労働者派遣契約について少なくとも一回以上の頻度で定期的に当該日雇派遣労働者の就業の状況について報告を求めること。

㈣　労働者派遣契約の内容の遵守に係る指導

日雇派遣労働者を直接指揮命令する者に対し、労働者派遣契約の内容に違反することとなる業務上の指示を行わないようにすること等の指導を徹底すること。

第四　労働・社会保険の適用の促進

一　日雇労働被保険者及び日雇特例被保険者に係る適切な手続

派遣元事業主は、日雇派遣労働者が雇用保険法（昭和四十九年法律第百十六号）第四十三条第一項に規定する日雇労働被保険者又は健康保険法（大正十一年法律第七十号）第三条第二項に規定する日雇特例被保険者に該当し、日雇労働被保険者手帳又は日雇特例被保険者手帳の交付を受けている者（以下「手帳所持者」という。）である場合には、印紙の貼付等の手続（以下「日雇手続」という。）を適切に行うこと。

二　労働・社会保険に係る適切な手続

派遣元事業主は、その雇用する日雇派遣労働者の就業の状況等を踏まえ、労働・社会保険に係る手続を適切に進め、被保険者である旨の行政機関への届出（労働者派遣事業の適正な運営の確保及び派遣労働者の保護等に関する法律施行規則（昭和六十一年労働省令第二十号）第二十七条の二第一項各号に掲げる書類の届出をいう。以下単に「届出」という。）が必要とされている場合には、当該届出を行ってから労働者派遣を行うこと。ただし、当該届出が必要となる日雇派遣労働者について労働者派遣を行う場合であって、当該労働者派遣の開始後速やかに当該届出を行うときは、この限りでないこと。

三　派遣先に対する通知

派遣元事業主は、労働者派遣法第三十五条第一項に基づき、派遣先に対し、日雇派遣労働者について届出を行っているか否かを通知すること。さらに、派遣元事業主は、日雇派遣労働者が手帳所持者である場合においては、派遣先に対し、日雇手続を行うか行えないかを通知すること。

四　届出又は日雇手続を行わない理由に関する派遣先及び日雇派遣労働者への通知

派遣元事業主は、日雇派遣労働者について届出を行っていない場合には、その具体的な理由を派遣先及び当該日雇派遣労働者に対し、通知すること。さらに、派遣元事業主は、日雇派遣労働者が手帳所持者であって、日雇手続を行えないときには、その具体的な理由を派遣先及び当該日雇派遣労働者に対し、通知すること。

五　派遣先による届出又は日雇手続の確認

派遣先は、派遣元事業主が届出又は日雇手続を行う必要がある日雇派遣労働者については、当該届出を行った又は日雇手続を行う日雇派遣労働者（当該派遣先への労働者派遣の開始後速やかに当該届出が行われるものを含む。）を受け入れるべきであり、派遣元事業主から日雇派遣労働者について当該届出又は当該日雇手続を行わない理由の通知を受けた場合において、当該理由が適正でないと考えられる場合には、派遣元事業主に対し、当該日雇派遣労働者について当該届出を行ってから派遣するよう又は当該日雇手続を行うよう求めること。

第五　日雇派遣労働者に対する就業条件等の明示

一　派遣元事業主は、労働基準法第十五条の規定に基づき、日雇派遣労働者との労働契約の締結に際し、労働契約の期間に関する事項、就業の場所及び従事すべき業務に関する事項、労働時間に関する事項、賃金に関する事項（労使協定に基づく賃金の一部控除の取扱いを含む。）及び退職に関する事項について、書面の交付（労働基準法施行規則（昭和二十二年厚生省令第二十三号）第五条第四項ただし書の場合においては、同項各号に掲げる方法を含む。以下同じ。）による明示を確実に行うこと。また、その他の労働条件についても、書面の交付により明示を行うよう努めること。

二　派遣元事業主は、モデル就業条件明示書（日雇派遣・携帯メール用）の活用等により、日雇派遣労働者に対し労働者派遣法第三十四条に規定する就業条件等の明示を確実に行うこと。

第六　教育訓練の機会の確保等

一　派遣元事業主は、職業能力開発促進法（昭和四十四年法律第六十四号）及び労働者派遣法第三十条の四に基づき、日雇派遣労働者の職業能力の開発及び向上を図ること。

二　派遣元事業主は、日雇派遣労働者が従事する職務の遂行に必要な能力を付与するための教育訓練については、派遣就業前に実施しなければならないこと。

三　派遣元事業主は、日雇派遣労働者が従事する職務を効率的に遂行するために必要な能力を付与するための教育訓練を実施するよう努めること。

四　派遣元事業主は、二及び三に掲げる教育訓練以外の教育訓練については、日雇派遣労働者の職務の内容、職務の成果、意欲、能力及び経験等に応じ、実施することが望ましいこと。

五　派遣元事業主は、日雇派遣労働者又は日雇派遣労働者として雇用しようとする労働者について、当該労働者の適性、能力等を勘案して、最も適合した就業の機会の確保を図るとともに、就業する期間及び日、就業時間、就業場所、派遣先における就業環境等について当該労働者の希望と適合するような就業機会を確保するよう努めること。

六　派遣先は、派遣元事業主が行う教育訓練や日雇派遣労働者の自主的な能力開発等の日雇派遣労働者の教育訓練・能力開発について、可能な限り協力するほか、必要に応じた教育訓練に係る便宜を図るよう努めること。

第七　関係法令等の関係者への周知

一　派遣元事業主は、日雇派遣労働者を登録するためのホームページを設けている場合には、関係法令等に関するコーナーを設けるなど、日雇派遣労働者となろうとする者に対する関係法令等の周知を徹底すること。また、派遣元事業主は、登録説明会等を活用して、日雇派遣労働者となろうとする者に対する関係法令等の周知を徹底すること。

二　派遣元事業主は、労働者派遣法の規定による派遣元事業主及び派遣先が講ずべき措置の内容並びに労働者派遣法第三章第四節に規定する労働基準法等の適用に関する特例等関係法令について、派遣先、日雇派遣労働者等の関係者への周知の徹底を図るために、文書の配布等の措置を講ずること。

三　派遣先は、労働者派遣法の規定による派遣先が講ずべき措置の内容及び労働者派遣法第三章第四節に規定する労働基準法等の適用に関する特例等関係法令について、日雇派遣労働者を直接指揮命令する者、日雇派遣労働者等の関係者への周知の徹底を図るために、文書の配布等の措置を講ずること。

四　派遣先は、日雇派遣労働者の受入れに際し、日雇派遣労働者が利用できる派遣先の各種の福利厚生に関する措置の内容についての説明、日雇派遣労働者が円滑かつ的確に就業するために必要な、日雇派遣労働者を直接指揮命令する者以外の派遣先の労働者との業務上の関係についての説明及び職場生活上留意を要する事項についての助言等を行うこと。

第八　安全衛生に係る措置

一　派遣元事業主が講ずべき事項

㈠　派遣元事業主は、日雇派遣労働者に対して、労働安全衛生法（昭和四十七年法律第五十七号）第五十九条第一項に規定する雇入れ時の安全衛生教育を確実に行わなければならないこと。その際、日雇派遣労働者が従事する具体的な業務の内容について、派遣先から確実に聴取した上で、当該業務の内容に即した安全衛生教育を行うこと。

㈡　派遣元事業主は、日雇派遣労働者が労働安全衛生法第五十九条第三項に規定する危険有害業務に従事する場合には、派遣先が同項に規定する危険有害業務就業時の安全衛生教育を確実に行ったかどうか確認すること。

二　派遣先が講ずべき事項

㈠　派遣先は、派遣元事業主が日雇派遣労働者に対する雇入れ時の安全衛生教育を適切に行えるよう、日雇派遣労働者が従事する具体的な業務に係る情報を派遣元事業主に対し積極的に提供するとともに、派遣元事業主から雇入れ時の安全衛生教育の委託の申入れがあった場合には可能な限りこれに応じるよう努める等、日雇派遣労働者の安全衛生に係る措置を実施するために必要な協力や配慮を行うこと。

㈡　派遣先は、派遣元事業主が日雇派遣労働者に対する雇入れ時の安全衛生教育を確実に行ったかどうか確認すること。

㈢　派遣先は、日雇派遣労働者の安全と健康の確保に責務を有することを十分に認識し、労働安全衛生法第五十九条第三項に規定する危険有害業務就業時の安全衛生教育の適切な実施等必要な措置を確実に行わなければならないこと。

第九　労働条件確保に係る措置

一　派遣元事業主は、日雇派遣労働者の労働条件の確保に当たっては、第五の一に掲げる労働条件の明示のほか、特に次に掲げる事項に留意すること。

㈠　賃金の一部控除

派遣元事業主は、日雇派遣労働者の賃金について、その一部を控除する場合には、購買代金、福利厚生施設の費用等事理明白なものについて適正な労使協定を締結した場合に限り認められることに留意し、不適正な控除が行われないようにすること。

㈡　労働時間

派遣元事業主は、集合場所から就業場所への移動時間等であっても、日雇派遣労働者がその指揮監督の下にあり、当該時間の自由利用が当該日雇派遣労働者に保障されていないため労働時間に該当する場合には、労働時間を適正に把握し、賃金を支払うこと。

二　一に掲げる事項のほか、派遣元事業主及び派遣先は、日雇派遣労働者に関して、労働基準法等関係法令を遵守すること。

第十　情報の提供

派遣元事業主は、日雇派遣労働者及び派遣先が良質な派遣元事業主を適切に選択できるよう、労働者派遣の実績、労働者派遣に関する料金の額の平均額から派遣労働者の賃金の額の平均額を控除した額を当該労働者派遣に関する料金の額の平均額で除して得た割合、教育訓練に関する事項等に関する情報を事業所への書類の備付け、インターネットの利用その他の適切な方法により提供すること。

第十一　派遣元責任者及び派遣先責任者の連絡調整等

一　派遣元責任者は、日雇派遣労働者の就業に関し、労働者派遣法第三十六条に規定する派遣労働者に対する必要な助言及び指導等を十分に行うこと。

二　派遣元責任者及び派遣先責任者は、日雇派遣労働者の就業に関し、労働者派遣法第三十六条及び第四十一条に規定する派遣労働者から申出を受けた苦情の処理、派遣労働者の安全、衛生等に関する相互の連絡調整等を十分に行うこと。

第十二　派遣先への説明

派遣元事業主は、派遣先が日雇派遣労働者についてこの指針に定める必要な措置を講ずることができるようにするため、派遣先に対し、労働者派遣契約の締結に際し、日雇派遣労働者を派遣することが予定されている場合には、その旨を説明すること。また、派遣元事業主は、派遣先に対し、労働者派遣をするに際し、日雇派遣労働者を派遣する場合には、その旨を説明すること。

第十三　その他

日雇派遣労働者について労働者派遣を行う派遣元事業主及び当該派遣元事業主から労働者派遣の役務の提供を受ける派遣先に対しても、派遣元指針及び派遣先指針は当然に適用されるものであることに留意すること。

職業能力開発促進法（抄）

昭和四四年七月一八日法律第六四号
施行：附則参照
最終改正：令和四年六月一七日法律第六八号
施行：附則参照

第一章　総則

（目的）
第一条　この法律は、労働施策の総合的な推進並びに労働者の雇用の安定及び職業生活の充実等に関する法律（昭和四十一年法律第百三十二号）と相まつて、職業訓練及び職業能力検定の内容の充実強化及びその実施の円滑化のための施策並びに労働者が自ら職業に関する教育訓練又は職業能力検定を受ける機会を確保するための施策等を総合的かつ計画的に講ずることにより、職業に必要な労働者の能力を開発し、及び向上させることを促進し、もつて、職業の安定と労働者の地位の向上を図るとともに、経済及び社会の発展に寄与することを目的とする。

（定義）
第二条　この法律において「労働者」とは、事業主に雇用される者（船員職業安定法（昭和二十三年法律第百三十号）第六条第一項に規定する船員を除く。第九十五条第二項において「雇用労働者」という。）及び求職者（同法第六条第一項に規定する船員となろうとする者を除く。以下同じ。）をいう。
2　この法律において「職業能力」とは、職業に必要な労働者の能力をいう。
3　この法律において「職業能力検定」とは、職業に必要な労働者の技能及びこれに関する知識についての検定（厚生労働省の所掌に属しないものを除く。）をいう。
4　この法律において「職業生活設計」とは、労働者が、自らその長期にわたる職業生活における職業に関する目的を定めるとともに、その目的の実現を図るため、その適性、職業経験その他の実情に応じ、職業の選択、職業能力の開発及び向上のための取組その他の事項について自ら計画することをいう。
5　この法律において「キャリアコンサルティング」とは、労働者の職業の選択、職業生活設計又は職業能力の開発及び向上に関する相談に応じ、助言及び指導を行うことをいう。

（職業能力開発促進の基本理念）
第三条　労働者がその職業生活の全期間を通じてその有する能力を有効に発揮できるようにすることが、職業の安定及び労働者の地位の向上のために不可欠であるとともに、経済及び社会の発展の基礎をなすものであることにかんがみ、この法律の規定による職業能力の開発及び向上の促進は、産業構造の変化、技術の進歩その他の経済的環境の変化による業務の内容の変化に対する労働者の適応性を増大させ、及び転職に当たつての円滑な再就職に資するよう、労働者の職業生活設計に配慮しつつ、その職業生活の全期間を通じて段階的かつ体系的に行われることを基本理念とする。
第三条の二　労働者の自発的な職業能力の開発及び向上の促進は、前条の基本理念に従い、職業生活設計に即して、必要な職業訓練及び職業に関する教育訓練を受ける機会が確保され、並びに必要な実務の経験がなされ、並びにこれらにより習得された職業に必要な技能及びこれに関する知識の適正な評価を行うことによつて図られなければならない。
2　職業訓練は、学校教育法（昭和二十二年法律第二十六号）による学校教育との重複を避け、かつ、これとの密接な関連の下に行われなければならない。
3　青少年に対する職業訓練は、特に、その個性に応じ、かつ、その適性を生かすように配慮するとともに、有為な職業人として自立しようとする意欲を高めることができるように行われなければならない。
4　身体又は精神に障害がある者等に対する職業訓練は、特にこれらの者の身体的又は精神的な事情等に配慮して行われなければならない。
5　技能検定その他の職業能力検定は、職業能力の評価に係る客観的かつ公正な基準の整備及び試験その他の評価方法の充実が図られ、並びに職業訓練、職業に関する教育訓練及び実務の経験を通じて習得された職業に必要な技能及びこれに関する知識についての評価が適正になされるように行われなければならない。

（関係者の責務）
第四条　事業主は、その雇用する労働者に対し、必要な職業訓練を行うとともに、その労働者が自ら職業に関する教育訓練又は職業能力検定を受ける機会を確保するために必要な援助その他その労働者が職業生活設計に即して自発的な職業能力の開発及び向上を図ることを容易にするために必要な援助を行うこと等によりその労働者に係る職業能力の開発及び向上の促進に努めなければならない。

2　国及び都道府県は、事業主その他の関係者の自主的な努力を尊重しつつ、その実情に応じて必要な援助等を行うことにより事業主その他の関係者の行う職業訓練及び職業能力検定の振興並びにこれらの内容の充実並びに労働者が自ら職業に関する教育訓練又は職業能力検定を受ける機会を確保するために事業主の行う援助その他労働者が職業生活設計に即して自発的な職業能力の開発及び向上を図ることを容易にするために事業主の講ずる措置等の奨励に努めるとともに、職業を転換しようとする労働者その他職業能力の開発及び向上について特に援助を必要とする者に対する職業訓練の実施、事業主、事業主の団体等により行われる職業訓練の状況等にかんがみ必要とされる職業訓練の実施、労働者が職業生活設計に即して自発的な職業能力の開発及び向上を図ることを容易にするための援助、技能検定の円滑な実施等に努めなければならない。

第二章　職業能力開発計画

（職業能力開発基本計画）

第五条　厚生労働大臣は、職業能力の開発（職業訓練、職業能力検定その他この法律の規定による職業能力の開発及び向上をいう。次項及び第七条第一項において同じ。）に関する基本となるべき計画（以下「職業能力開発基本計画」という。）を策定するものとする。

2　職業能力開発基本計画に定める事項は、次のとおりとする。

一　技能労働力等の労働力の需給の動向に関する事項

二　職業能力の開発の実施目標に関する事項

三　職業能力の開発について講じようとする施策の基本となるべき事項

3　職業能力開発基本計画は、経済の動向、労働市場の推移等についての長期見通しに基づき、かつ、技能労働力等の労働力の産業別、職種別、企業規模別、年齢別等の需給状況、労働者の労働条件及び労働能率の状態等を考慮して定められなければならない。

4　厚生労働大臣は、必要がある場合には、職業能力開発基本計画において、特定の職種等に係る職業訓練の振興を図るために必要な施策を定めることができる。

5　厚生労働大臣は、職業能力開発基本計画を定めるに当たつては、あらかじめ、労働政策審議会の意見を聴くほか、関係行政機関の長及び都道府県知事の意見を聴くものとする。

6　厚生労働大臣は、職業能力開発基本計画を定めたときは、遅滞なく、その概要を公表しなければならない。

7　前二項の規定は、職業能力開発基本計画の変更について準用する。

（勧告）

第六条　厚生労働大臣は、職業能力開発基本計画を的確に実施するために必要があると認めるときは、労働政策審議会の意見を聴いて、関係事業主の団体に対し、職業訓練の実施その他関係労働者に係る職業能力の開発及び向上を促進するための措置の実施に関して必要な勧告をすることができる。

（都道府県職業能力開発計画等）

第七条　都道府県は、職業能力開発基本計画に基づき、当該都道府県の区域内において行われる職業能力の開発に関する基本となるべき計画（以下「都道府県職業能力開発計画」という。）を策定するよう努めるものとする。

2　都道府県職業能力開発計画においては、おおむね第五条第二項各号に掲げる事項について定めるものとする。

3　都道府県知事は、都道府県職業能力開発計画の案を作成するに当たつては、あらかじめ、事業主、労働者その他の関係者の意見を反映させるために必要な措置を講ずるよう努めるものとする。

4　都道府県知事は、都道府県職業能力開発計画を定めたときは、遅滞なく、その概要を公表するよう努めるものとする。

5　第五条第三項及び第四項の規定は都道府県職業能力開発計画の策定について、前二項の規定は都道府県職業能力開発計画の変更について、前条の規定は都道府県職業能力開発計画の実施について準用する。この場合において、第五条第四項中「厚生労働大臣」とあるのは「都道府県」と、前条中「厚生労働大臣」とあるのは「都道府県知事」と、「労働政策審議会の意見を聴いて」とあるのは「事業主、労働者その他の関係者の意見を反映させるために必要な措置を講じた上で」と読み替えるものとする。

第三章　職業能力開発の促進

第一節　事業主等の行う職業能力開発促進の措置

（多様な職業能力開発の機会の確保）

第八条　事業主は、その雇用する労働者が多様な職業訓練を受けること等により職業能力の開発及び向上を図ることができるように、その機会の確保について、次条から第十条の四までに定める措置を通じて、配慮するものとする。

第九条　事業主は、その雇用する労働者に対して職業訓練を行う場合には、その労働者の業務の遂行の過程内において又は当該業務の遂行の過程外において、自ら又は共同して行うほか、第十五条の六第三項に規定する公共職業能力開発施設その他職業能力の開発及び向上について適切と認められる他の者の設置する施設により行われる職業訓練を受けさせることによつて行うことができる。

第一〇条　事業主は、前条の措置によるほか、必要に応じ、次に掲げる措置を講ずること等により、その雇用する労働者に係る職業能力の開発及び向上を促進するものとする。

一　他の者の設置する施設により行われる職業に関する教育訓練を受けさせること。

二　自ら若しくは共同して行う職業能力検定又は職業能力の開発及び向上について適切と認められる他の者の行う職業能力検定を受けさせること。

第一〇条の二　事業主は、必要に応じ、実習併用職業訓練を実施することにより、その雇用する労働者の実践的な職業能力の開発及び向上を促進するものとする。

2　前項の実習併用職業訓練とは、事業主が、その雇用する労働者の業務の遂行の過程内において行う職業訓練と次のいずれかの職業訓練又は教育訓練とを効果的に組み合わせることにより実施するものであつて、これにより習得された技能及びこれに関する知識についての評価を行うものをいう。

一　第十五条の六第三項に規定する公共職業能力開発施設により行われる職業訓練

二　第二十四条第三項に規定する認定職業訓練

三　前二号に掲げるもののほか、当該事業主以外の者の設置する施設であつて職業能力の開発及び向上について適切と認められるものにより行われる教育訓練

3　厚生労働大臣は、前項に規定する実習併用職業訓練の適切かつ有効な実施を図るため事業主が講ずべき措置に関する指針を公表するものとする。

第一〇条の三　事業主は、前三条の措置によるほか、必要に応じ、次に掲げる措置を講ずることにより、その雇用する労働者の職業生活設計に即した自発的な職業能力の開発及び向上を促進するものとする。

一　労働者が自ら職業能力の開発及び向上に関する目標を定めることを容易にするために、業務の遂行に必要な技能及びこれに関する知識の内容及び程度その他の事項に関し、情報を提供すること、職業能力の開発及び向上の促進に係る各段階において、並びに労働者の求めに応じてキャリアコンサルティングの機会を確保することその他の援助を行うこと。

二　労働者が実務の経験を通じて自ら職業能力の開発及び向上を図ることができるようにするために、労働者の配置その他の雇用管理について配慮すること。

2　事業主は、前項第一号の規定によりキャリアコンサルティングの機会を確保する場合には、キャリアコンサルタントを有効に活用するように配慮するものとする。

第一〇条の四　事業主は、第九条から前条までに定める措置によるほか、必要に応じ、その雇用する労働者が自ら職業に関する教育訓練又は職業能力検定を受ける機会を確保するために必要な次に掲げる援助を行うこと等によりその労働者の職業生活設計に即した自発的な職業能力の開発及び向上を促進するものとする。

一　有給教育訓練休暇、長期教育訓練休暇、再就職準備休暇その他の休暇を付与すること。

二　始業及び終業の時刻の変更、勤務時間の短縮その他職業に関する教育訓練又は職業能力検定を受ける時間を確保するために必要な措置を講ずること。

2　前項第一号の有給教育訓練休暇とは、職業人としての資質の向上その他職業に関する教育訓練を受ける労働者に対して与えられる有給休暇（労働基準法（昭和二十二年法律第四十九号）第三十九条の規定による年次有給休暇として与えられるものを除く。）をいう。

3　第一項第一号の長期教育訓練休暇とは、職業人としての資質の向上その他職業に関する教育訓練を受ける労働者に対して与えられる休暇であつて長期にわたるもの（労働基準法第三十九条の規定による年次有給休暇として与えられるもの及び前項に規定する有給教育訓練休暇として与えられるものを除く。）をいう。

4　第一項第一号の再就職準備休暇とは、再就職のための準備として職業能力の開発及び向上を図る労働者に対して与えられる休暇（労働基準法第三十九条の規定による年次有給休暇として与えられるもの、第二項に規定する有給教育訓練休暇として与えられるもの及び前項に規定する長期教育訓練休暇として与えられるものを除く。）をいう。

第一〇条の五　厚生労働大臣は、前二条の規定により労働者の職業生活設計に即した自発的な職業能

力の開発及び向上を促進するために事業主が講ずる措置に関して、その適切かつ有効な実施を図るために必要な指針を公表するものとする。

（計画的な職業能力開発の促進）

第一一条　事業主は、その雇用する労働者に係る職業能力の開発及び向上が段階的かつ体系的に行われることを促進するため、第九条から第十条の四までに定める措置に関する計画を作成するように努めなければならない。

2　事業主は、前項の計画を作成したときは、その計画の内容をその雇用する労働者に周知させるために必要な措置を講ずることによりその労働者の職業生活設計に即した自発的な職業能力の開発及び向上を促進するように努めるとともに、次条の規定により選任した職業能力開発推進者を有効に活用することによりその計画の円滑な実施に努めなければならない。

（職業能力開発推進者）

第一二条　事業主は、厚生労働省令で定めるところにより、次に掲げる業務を担当する者（以下「職業能力開発推進者」という。）を選任するように努めなければならない。

一　前条第一項の計画の作成及びその実施に関する業務

二　第九条から第十条の四までに定める措置に関し、その雇用する労働者に対して行う相談、指導等の業務

三　事業主に対して、国、都道府県又は中央職業能力開発協会若しくは都道府県職業能力開発協会（以下この号において「国等」という。）により前条第一項の計画の作成及び実施に関する助言及び指導その他の援助等が行われる場合にあつては、国等との連絡に関する業務

（熟練技能等の習得の促進）

第一二条の二　事業主は、必要に応じ、労働者がその習得に相当の期間を要する熟練した技能及びこれに関する知識（以下この条において「熟練技能等」という。）に関する情報を体系的に管理し、提供することその他の必要な措置を講ずることにより、その雇用する労働者の熟練技能等の効果的かつ効率的な習得による職業能力の開発及び向上の促進に努めなければならない。

2　厚生労働大臣は、前項の規定により労働者の熟練技能等の習得を促進するために事業主が講ずる措置に関して、その適切かつ有効な実施を図るために必要な指針を公表するものとする。

（認定職業訓練の実施）

第一三条　事業主、事業主の団体若しくはその連合団体、職業訓練法人若しくは中央職業能力開発協会若しくは都道府県職業能力開発協会又は一般社団法人若しくは一般財団法人、法人である労働組合その他の営利を目的としない法人で、職業訓練を行い、若しくは行おうとするもの（以下「事業主等」と総称する。）は、第四節及び第七節に定めるところにより、当該事業主等の行う職業訓練が職業訓練の水準の維持向上のための基準に適合するものであることの認定を受けて、当該職業訓練を実施することができる。

（認定実習併用職業訓練の実施）

第一四条　事業主は、第五節に定めるところにより、当該事業主の行う実習併用職業訓練（第十条の二第二項に規定する実習併用職業訓練をいう。以下同じ。）の実施計画が青少年（厚生労働省令で定める者に限る。以下同じ。）の実践的な職業能力の開発及び向上を図るために効果的であることの認定を受けて、当該実習併用職業訓練を実施することができる。

第二節　国及び都道府県による職業能力開発促進の措置

（多様な職業能力開発の機会の確保）

第一四条の二　国及び都道府県は、労働者が多様な職業訓練を受けること等により職業能力の開発及び向上を図ることができるように、その機会の確保について、第十三条に定めるもののほか、この節及び次節に定める措置を通じて、配慮するものとする。

（協議会）

第一五条　都道府県の区域において職業訓練に関する事務及び事業を行う国及び都道府県の機関（以下この項において「関係機関」という。）は、地域の実情に応じた職業能力の開発及び向上の促進のための取組が適切かつ効果的に実施されるようにするため、関係機関及び次に掲げる者により構成される協議会（以下この条において単に「協議会」という。）を組織することができる。

一　第十五条の七第三項に規定する公共職業能力開発施設を設置する市町村

二　職業訓練若しくは職業に関する教育訓練を実施する者又はその団体

三　労働者団体

四　事業主団体

五　職業安定法（昭和二十二年法律第百四十一号）第四条第十項に規定する職業紹介事業者若しくは同条第十一項に規定する特定募集情報等提供事業者又はこれらの団体

六　学識経験者

七　その他関係機関が必要と認める者

2　協議会は、職業能力の開発及び向上の促進に有用な情報を共有し、その構成員の連携の緊密化を図りつつ、都道府県の区域における職業訓練及び職業に関する教育訓練の需要及び実施の状況その他の地域の実情に応じた適切かつ効果的な職業訓練及び職業に関する教育訓練の実施並びにキャリアコンサルティングの機会の確保その他の職業能力の開発及び向上の促進のための取組について協議を行うものとする。

3　協議会の事務に従事する者又は協議会の事務に従事していた者は、正当な理由なく、協議会の事務に関して知り得た秘密を漏らしてはならない。

4　前三項に定めるもののほか、協議会の組織及び運営に関し必要な事項は、協議会が定める。

（事業主その他の関係者に対する援助）

第一五条の二　国及び都道府県は、事業主等の行う職業訓練及び職業能力検定並びに労働者が自ら職業に関する教育訓練又は職業能力検定を受ける機会を確保するために必要な援助その他労働者が職業生活設計に即して自発的な職業能力の開発及び向上を図ることを容易にする等のために事業主の講ずる措置に関し、次の援助を行うように努めなければならない。

一　第十条の三第一項第一号のキャリアコンサルティングに関する講習の実施

二　第十一条の計画の作成及び実施に関する助言及び指導を行うこと。

三　職業能力の開発及び向上の促進に関する技術的事項について相談その他の援助を行うこと（キャリアコンサルティングの機会の確保に係るものを含む。）。

四　情報及び資料を提供すること。

五　職業能力開発推進者に対する講習の実施及び職業能力開発推進者相互の啓発の機会の提供を行うこと。

六　第二十七条第一項に規定する職業訓練指導員を派遣すること。

七　委託を受けて職業訓練の一部を行うこと。

八　前各号に掲げるもののほか、第十五条の六第三項に規定する公共職業能力開発施設を使用させる等の便益を提供すること。

2　国及び都道府県は、職業能力の開発及び向上を促進するため、労働者に対し、前項第三号及び第四号に掲げる援助を行うように努めなければならない。

3　国は、事業主等及び労働者に対する第一項第二号から第四号までに掲げる援助を適切かつ効果的に行うため必要な施設の設置等特別の措置を講ずることができる。

4　第一項及び第二項の規定により国及び都道府県が事業主等及び労働者に対して援助を行う場合には、中央職業能力開発協会又は都道府県職業能力開発協会と密接な連携の下に行うものとする。

（事業主等に対する助成等）

第一五条の三　国は、事業主等の行う職業訓練及び職業能力検定の振興を図り、及び労働者に対する第十条の四第二項に規定する有給教育訓練休暇の付与その他の労働者が自ら職業に関する教育訓練又は職業能力検定を受ける機会を確保するための援助その他労働者が第十五条の六第三項に規定する公共職業能力開発施設等の行う職業訓練、職業能力検定等を受けることを容易にするための援助等の措置が事業主によつて講ぜられることを奨励するため、事業主等に対する助成その他必要な措置を講ずることができる。

（職業能力の開発に関する調査研究等）

第一五条の四　国は、中央職業能力開発協会の協力を得て、職業訓練、職業能力検定その他職業能力の開発及び向上に関し、調査研究及び情報の収集整理を行い、事業主、労働者その他の関係者が当該調査研究の成果及びその情報を利用することができるように努めなければならない。

（職業に必要な技能に関する広報啓発等）

第一五条の五　国は、職業能力の開発及び向上が円滑に促進されるような環境を整備するため、職業に必要な技能について事業主その他国民一般の理解を高めるために必要な広報その他の啓発活動等を行うものとする。

第三節　国及び都道府県等による職業訓練の実施等

（国及び都道府県の行う職業訓練等）

第一五条の六　国及び都道府県は、労働者が段階的かつ体系的に職業に必要な技能及びこれに関する知識を習得することができるように、次の各号に掲げる施設を第十六条に定めるところにより設置して、当該施設の区分に応じ当該各号に規定する職業訓練を行うものとする。ただし、当該職業訓練のうち主として知識を習得するために行われるもので厚生労働省令で定めるもの（都道府県にあつては、当該職業訓練のうち厚生労働省令で定める要件を参酌して条例で定めるもの）については、当該施設以外の施設においても適切と認められる方法により行うことができる。

一　職業能力開発校（普通職業訓練（次号に規定する高度職業訓練以外の職業訓練をいう。以下同じ。）で長期間及び短期間の訓練課程のものを行うための施設をいう。以下同じ。）

二　職業能力開発短期大学校（高度職業訓練（労働者に対し、職業に必要な高度の技能及びこれに関する知識を習得させるための職業訓練をいう。以下同じ。）で長期間及び短期間の訓練課程（次号の厚生労働省令で定める長期間の訓練課程を除く。）のものを行うための施設をいう。以下同じ。）

三　職業能力開発大学校（高度職業訓練で前号に規定する長期間及び短期間の訓練課程のもの並びに高度職業訓練で専門的かつ応用的な職業能力を開発し、及び向上させるためのものとして厚生労働省令で定める長期間の訓練課程のものを行うための施設をいう。以下同じ。）

四　職業能力開発促進センター（普通職業訓練又は高度職業訓練のうち短期間の訓練課程のものを行うための施設をいう。以下同じ。）

五　障害者職業能力開発校（前各号に掲げる施設において職業訓練を受けることが困難な身体又は精神に障害がある者等に対して行うその能力に適応した普通職業訓練又は高度職業訓練を行うための施設をいう。以下同じ。）

2　国及び都道府県が設置する前項各号に掲げる施設は、当該各号に規定する職業訓練を行うほか、事業主、労働者その他の関係者に対し、第十五条の二第一項第三号、第四号及び第六号から第八号までに掲げる援助を行うように努めなければならない。

3　国及び都道府県（第十六条第二項の規定により地方自治法（昭和二十二年法律第六十七号）第二百五十二条の十九第一項の指定都市（以下「指定都市」という。）が職業能力開発短期大学校、職業能力開発大学校、職業能力開発促進センター又は障害者職業能力開発校（次項及び第十六条第二項において「職業能力開発短期大学校等」という。）を設置する場合には、当該指定都市を、市町村が職業能力開発校を設置する場合には、当該市町村を含む。以下この項において同じ。）が第一項各号に掲げる施設を設置して職業訓練を行う場合には、その設置する同項各号に掲げる施設（以下「公共職業能力開発施設」という。）内において行うほか、国にあつては職業を転換しようとする労働者等に対する迅速かつ効果的な職業訓練を、都道府県にあつては厚生労働省令で定める要件を参酌して条例で定める職業訓練を実施するため必要があるときは、職業能力の開発及び向上について適切と認められる他の施設により行われる教育訓練を当該公共職業能力開発施設の行う職業訓練とみなし、当該教育訓練を受けさせることによつて行うことができる。

4　公共職業能力開発施設は、第一項各号に規定する職業訓練及び第二項に規定する援助（指定都市が設置する職業能力開発短期大学校等及び市町村が設置する職業能力開発校に係るものを除く。）を行うほか、次に掲げる業務を行うことができる。

一　開発途上にある海外の地域において事業を行う者に当該地域において雇用されている者の訓練を担当する者になろうとする者又は現に当該訓練を担当している者に対して、必要な技能及びこれに関する知識を習得させるための訓練を行うこと。

二　前号に掲げるもののほか、職業訓練その他この法律の規定による職業能力の開発及び向上に関し必要な業務で厚生労働省令で定めるものを行うこと。

（職業訓練の実施に関する計画）

第一五条の七　国が設置する公共職業能力開発施設の行う職業訓練及び国が行う前条第一項ただし書に規定する職業訓練は、厚生労働大臣が厚生労働省令で定めるところにより作成する当該職業訓練の実施に関する計画に基づいて実施するものとする。

（公共職業能力開発施設）

第一六条　国は、職業能力開発短期大学校、職業能力開発大学校、職業能力開発促進センター及び障害者職業能力開発校を設置し、都道府県は、職業能力開発校を設置する。

2　前項に定めるもののほか、都道府県及び指定都市は職業能力開発短期大学校等を、市町村は職業能力開発校を設置することができる。

3　公共職業能力開発施設の位置、名称その他運営について必要な事項は、国が設置する公共職業能力開発施設については厚生労働省令で、都道府県又は市町村が設置する公共職業能力開発施設については条例で定める。

4　国は、第一項の規定により設置した障害者職業能力開発校のうち、厚生労働省令で定めるものの運営を独立行政法人高齢・障害・求職者雇用支援機構に行わせるものとし、当該厚生労働省令で定めるもの以外の障害者職業能力開発校の運営を都道府県に委託することができる。

5　公共職業能力開発施設の長は、職業訓練に関し高い識見を有する者でなければならない。

（名称使用の制限）

第一七条　公共職業能力開発施設でないもの（第二十五条の規定により設置される施設を除く。）は、その名称中に職業能力開発校、職業能力開発短期大学校、職業能力開発大学校、職業能力開発促進センター又は障害者職業能力開発校という文字を用いてはならない。

（国、都道府県及び市町村による配慮）

第一八条　国、都道府県及び市町村は、その設置及び運営について、公共職業能力開発施設が相互に競合することなくその機能を十分に発揮することができるように配慮するものとする。

2　国、都道府県及び市町村は、職業訓練の実施に当たり、関係地域における労働者の職業の安定及び産業の振興に資するように、職業訓練の開始の時期、期間及び内容等について十分配慮するものとする。

3　国、都道府県及び市町村は、職業訓練の実施に当たり、労働者がその生活との調和を保ちつつ、職業能力の開発及び向上を図ることができるように、職業訓練の期間及び時間等について十分配慮するものとする。

（職業訓練の基準）

第一九条　公共職業能力開発施設は、職業訓練の水準の維持向上のための基準として当該職業訓練の訓練課程ごとに教科、訓練時間、設備その他の厚生労働省令で定める事項に関し厚生労働省令で定める基準（都道府県又は市町村が設置する公共職業能力開発施設にあつては、当該都道府県又は市町村の条例で定める基準）に従い、普通職業訓練又は高度職業訓練を行うものとする。

2　前項の訓練課程の区分は、厚生労働省令で定める。

3　都道府県又は市町村が第一項の規定により条例を定めるに当たつては、公共職業能力開発施設における訓練生の数については同項に規定する厚生労働省令で定める基準を標準として定めるものとし、その他の事項については同項に規定する厚生労働省令で定める基準を参酌するものとする。

（教材）

第二〇条　公共職業能力開発施設の行う普通職業訓練又は高度職業訓練（以下「公共職業訓練」という。）においては、厚生労働大臣の認定を受けた教科書その他の教材を使用するように努めなければならない。

（技能照査）

第二一条　公共職業能力開発施設の長は、公共職業訓練（長期間の訓練課程のものに限る。）を受ける者に対して、技能及びこれに関する知識の照査（以下この条において「技能照査」という。）を行わなければならない。

2　技能照査に合格した者は、技能士補と称することができる。

3　技能照査の基準その他技能照査の実施に関し必要な事項は、厚生労働省令で定める。

（修了証書）

第二二条　公共職業能力開発施設の長は、公共職業訓練を修了した者に対して、厚生労働省令で定めるところにより、修了証書を交付しなければならない。

（職業訓練を受ける求職者に対する措置）

第二三条　公共職業訓練のうち、次に掲げるものは、無料とする。

一　国が設置する職業能力開発促進センターにおいて職業の転換を必要とする求職者その他の厚生労働省令で定める求職者に対して行う普通職業訓練（短期間の訓練課程で厚生労働省令で定めるものに限る。）

二　国が設置する障害者職業能力開発校において求職者に対して行う職業訓練

三　都道府県又は市町村が設置する公共職業能力開発施設の行う職業訓練（厚生労働省令で定める基準を参酌して当該都道府県又は市町村の条例で定めるものに限る。）

2　国及び都道府県は、公共職業訓練のうち、職業能力開発校及び職業能力開発促進センターにおいて職業の転換を必要とする求職者その他の厚生労働省令で定める求職者に対して行う普通職業訓練（短期間の訓練課程で厚生労働省令で定めるものに限る。）並びに障害者職業能力開発校において求職者に対して行う職業訓練を受ける求職者に対して、労働施策の総合的な推進並びに労働者の雇用の安定及び職業生活の充実等に関する法律の規定に基づき、手当を支給することができる。

3　公共職業能力開発施設の長は、公共職業安定所長との密接な連携の下に、公共職業訓練を受ける求職者の就職の援助に関し必要な措置を講ずるように努めなければならない。

4　公共職業能力開発施設の長は、公共職業訓練を受ける求職者が自ら職業能力の開発及び向上に関する目標を定めることを容易にするために、必要に応じ、キャリアコンサルタントによる相談の機会の確保その他の援助を行うように努めなければならない。

第四節　事業主等の行う職業訓練の認定等

（都道府県知事による職業訓練の認定）
第二四条　都道府県知事は、事業主等の申請に基づき、当該事業主等の行う職業訓練について、第十九条第一項の厚生労働省令で定める基準に適合するものであることの認定をすることができる。ただし、当該事業主等が当該職業訓練を的確に実施することができる能力を有しないと認めるときは、この限りでない。

2　都道府県知事は、前項の認定をしようとする場合において、当該職業訓練を受ける労働者が労働基準法第七十条の規定に基づく厚生労働省令又は労働安全衛生法（昭和四十七年法律第五十七号）第六十一条第四項の規定に基づく厚生労働省令の適用を受けるべきものであるときは、厚生労働省令で定める場合を除き、都道府県労働局長の意見を聴くものとする。

3　都道府県知事は、第一項の認定に係る職業訓練（以下「認定職業訓練」という。）が第十九条第一項の厚生労働省令で定める基準に適合しなくなつたと認めるとき、又は事業主等が当該認定職業訓練を行わなくなつたとき、若しくは当該認定職業訓練を的確に実施することができる能力を有しなくなつたと認めるときは、当該認定を取り消すことができる。

（事業主等の設置する職業訓練施設）
第二五条　認定職業訓練を行う事業主等は、厚生労働省令で定めるところにより、職業訓練施設として職業能力開発校、職業能力開発短期大学校、職業能力開発大学校又は職業能力開発促進センターを設置することができる。

（事業主等の協力）
第二六条　認定職業訓練を行う事業主等は、その事業に支障のない範囲内で、認定職業訓練のための施設を他の事業主等の行う職業訓練のために使用させ、又は委託を受けて他の事業主等に係る労働者に対して職業訓練を行うように努めるものとする。

（準用）
第二六条の二　第二十条から第二十二条までの規定は、認定職業訓練について準用する。この場合において、第二十一条第一項及び第二十二条中「公共職業能力開発施設の長」とあるのは、「認定職業訓練を行う事業主等」と読み替えるものとする。

第五節　実習併用職業訓練実施計画の認定等

（実施計画の認定）
第二六条の三　実習併用職業訓練を実施しようとする事業主は、厚生労働省令で定めるところにより、実習併用職業訓練の実施計画（以下この節において「実施計画」という。）を作成し、厚生労働大臣の認定を申請することができる。

2　実施計画には、実習併用職業訓練に関する次に掲げる事項を記載しなければならない。
一　対象者
二　期間及び内容
三　職業能力の評価の方法
四　訓練を担当する者
五　その他厚生労働省令で定める事項

3　厚生労働大臣は、第一項の認定の申請があつた場合において、その実施計画が青少年の実践的な職業能力の開発及び向上を図るために効果的な実習併用職業訓練に関する基準として厚生労働省令で定める基準に適合すると認めるときは、その認定をすることができる。

（実施計画の変更等）
第二六条の四　前条第三項の認定を受けた事業主（以下「認定事業主」という。）は、当該認定に係る実施計画を変更しようとするときは、厚生労働大臣の認定を受けなければならない。

2　厚生労働大臣は、前条第三項の認定に係る実施計画（前項の規定による変更の認定があつたときは、その変更後のもの。以下この節において「認定実施計画」という。）が、同条第三項の厚生労働省令で定める基準に適合しなくなつたと認めるとき、又は認定事業主が認定実施計画に従つて実習併用職業訓練を実施していないと認めるときは、その認定を取り消すことができる。

3　前条第三項の規定は、第一項の認定について準用する。

（表示等）
第二六条の五　認定事業主は、認定実施計画に係る実習併用職業訓練（以下「認定実習併用職業訓練」という。）を実施するときは、労働者の募集の広告その他の厚生労働省令で定めるもの（次項において「広告等」という。）に、厚生労働省令で定めるところにより、当該認定実習併用職業訓練が実施計画の認定を受けている旨の表示を付することができる。

2　何人も、前項の規定による場合を除くほか、広告等に同項の表示又はこれと紛らわしい表示を付してはならない。

（委託募集の特例等）
第二六条の六　承認中小事業主団体の構成員である中小事業主（認定事業主に限る。以下同じ。）が、当該承認中小事業主団体をして認定実習併用職業訓練を担当する者（以下「訓練担当者」という。）

の募集を行わせようとする場合において、当該承認中小事業主団体が当該募集に従事しようとするときは、職業安定法第三十六条第一項及び第三項の規定は、当該構成員である中小事業主については、適用しない。

2 この条及び次条において、次の各号に掲げる用語の意義は、当該各号に定めるところによる。

一 中小事業主 中小企業における労働力の確保及び良好な雇用の機会の創出のための雇用管理の改善の促進に関する法律（平成三年法律第五十七号）第二条第一項第一号から第三号までに掲げる者をいう。

二 承認中小事業主団体 事業協同組合、協同組合連合会その他の特別の法律により設立された組合若しくはその連合会であつて厚生労働省令で定めるもの又は一般社団法人で中小事業主を直接又は間接の構成員とするもの（厚生労働省令で定める要件に該当するものに限る。以下この号において「事業協同組合等」という。）であつて、その構成員である中小事業主に対し、認定実習併用職業訓練の適切かつ有効な実施を図るための人材確保に関する相談及び援助を行うものとして、当該事業協同組合等の申請に基づき厚生労働大臣がその定める基準により適当であると承認したものをいう。

3 厚生労働大臣は、承認中小事業主団体が前項第二号の相談及び援助を行うものとして適当でなくなつたと認めるときは、同号の承認を取り消すことができる。

4 第一項の承認中小事業主団体は、当該募集に従事しようとするときは、厚生労働省令で定めるところにより、募集時期、募集人員、募集地域その他の訓練担当者の募集に関する事項で厚生労働省令で定めるものを厚生労働大臣に届け出なければならない。

5 職業安定法第三十七条第二項の規定は前項の規定による届出があつた場合について、同法第五条の三第一項及び第四項、第五条の四、第三十九条、第四十一条第二項、第四十二条第一項及び第二項、第五条の五、第四十八条の三第一項、第四十八条の四、第五十条第一項及び第二項並びに第五十一条の規定は前項の規定による届出をして訓練担当者の募集に従事する者について、同法第四十条の規定は同項の規定による届出をして訓練担当者の募集に従事する者に対する報酬の供与について、同法第五十条第三項及び第四項の規定はこの項において準用する同条第二項に規定する職権を行う場合について準用する。この場合において、同法第三十七条第二項中「労働者の募集を行おうとする者」とあるのは「職業能力開発促進法第二十六条の六第四項の規定による届出をして同条第一項に規定する訓練担当者の募集に従事しようとする者」と、同法第四十一条第二項中「当該労働者の募集の業務の廃止を命じ、又は期間」とあるのは「期間」と読み替えるものとする。

6 職業安定法第三十六条第二項及び第四十二条の二の規定の適用については、同項中「前項の」とあるのは「被用者以外の者をして職業能力開発促進法第二十六条の六第一項に規定する訓練担当者の募集に従事させようとする者がその被用者以外の者に与えようとする」と、同条中「第三十九条に規定する募集受託者」とあるのは「職業能力開発促進法第二十六条の六第四項の規定による届出をして同条第一項に規定する訓練担当者の募集に従事する者」と、「同項に」とあるのは「次項に」とする。

7 厚生労働大臣は、承認中小事業主団体に対し、第二項第二号の相談及び援助の実施状況について報告を求めることができる。

第二十六条の七 公共職業安定所は、前条第四項の規定による届出をして訓練担当者の募集に従事する承認中小事業主団体に対して、雇用情報及び職業に関する調査研究の成果を提供し、かつ、これらに基づき当該募集の内容又は方法について指導することにより、当該募集の効果的かつ適切な実施の促進に努めなければならない。

第六節 職業能力開発総合大学校

第二十七条 職業能力開発総合大学校は、公共職業訓練その他の職業訓練の円滑な実施その他職業能力の開発及び向上の促進に資するため、公共職業訓練及び認定職業訓練（以下「準則訓練」という。）において訓練を担当する者（以下「職業訓練指導員」という。）になろうとする者又は職業訓練指導員に対し、必要な技能及びこれに関する知識を付与することによつて、職業訓練指導員を養成し、又はその能力の向上に資するための訓練（以下「指導員訓練」という。）、職業訓練のうち準則訓練の実施の円滑化に資するものとして厚生労働省令で定めるもの並びに職業能力の開発及び向上に関する調査及び研究を総合的に行うものとする。

2 職業能力開発総合大学校は、前項に規定する業務を行うほか、この法律の規定による職業能力の開発及び向上に関し必要な業務で厚生労働省令で定めるものを行うことができる。

3　国は、職業能力開発総合大学校を設置する。
4　職業能力開発総合大学校でないものは、その名称中に職業能力開発大学校という文字を用いてはならない。
5　第十五条の六第二項及び第四項（第二号を除く。）、第十六条第三項（国が設置する公共職業能力開発施設に係る部分に限る。）及び第五項並びに第二十三条第三項及び第四項の規定は職業能力開発総合大学校について、第十九条から第二十二条までの規定は職業能力開発総合大学校において行う職業訓練について準用する。この場合において、第十五条の六第二項中「当該各号に規定する職業訓練」とあり、及び同条第四項中「第一項各号に規定する職業訓練」とあるのは「第二十七条第一項に規定する業務」と、第二十一条第一項及び第二十二条中「公共職業能力開発施設」とあるのは「職業能力開発総合大学校」と、第二十三条第三項中「公共職業訓練を受ける」とあるのは「指導員訓練（第二十七条第一項に規定する指導員訓練をいう。）又は職業訓練を受ける」と読み替えるものとする。

第七節　職業訓練指導員等

（指導員訓練の基準等）
第二十七条の二　指導員訓練の訓練課程の区分及び訓練課程ごとの教科、訓練時間、設備その他の事項に関する基準については、厚生労働省令で定める。
2　第二十二条及び第二十四条第一項から第三項までの規定は、指導員訓練について準用する。この場合において、第二十二条中「公共職業能力開発施設の長」とあるのは「職業能力開発総合大学校の長及び第二十七条の二第二項において準用する第二十四条第一項の認定に係る第二十七条第一項に規定する指導員訓練を行う事業主等」と、第二十四条第一項及び第三項中「第十九条第一項」とあるのは「第二十七条の二第一項」と読み替えるものとする。

（職業訓練指導員免許）
第二十八条　準則訓練のうち普通職業訓練（短期間の訓練課程で厚生労働省令で定めるものを除く。以下この項において同じ。）における職業訓練指導員は、都道府県知事の免許を受けた者（都道府県又は市町村が設置する公共職業能力開発施設の行う普通職業訓練における職業訓練指導員にあつては、厚生労働省令で定める基準に従い当該都道府県又は市町村の条例で定める者）でなければならない。
2　前項の免許（以下「職業訓練指導員免許」という。）は、厚生労働省令で定める職種ごとに行なう。
3　職業訓練指導員免許は、申請に基づき、次の各号のいずれかに該当する者に対して、免許証を交付して行なう。
一　指導員訓練のうち厚生労働省令で定める訓練課程を修了した者
二　第三十条第一項の職業訓練指導員試験に合格した者
三　職業訓練指導員の業務に関して前二号に掲げる者と同等以上の能力を有すると認められる者
4　前項第三号に掲げる者の範囲は、厚生労働省令で定める。
5　次の各号のいずれかに該当する者は、第三項の規定にかかわらず、職業訓練指導員免許を受けることができない。
一　指導員訓練のうち厚生労働省令で定める訓練課程を修了した者
二　禁錮以上の刑に処せられた者
三　職業訓練指導員免許の取消しを受け、当該取消しの日から二年を経過しない者

（職業訓練指導員免許の取消し）
第二十九条　都道府県知事は、職業訓練指導員免許を受けた者が前条第五項第一号又は第二号に該当するに至つたときは、当該職業訓練指導員免許を取り消さなければならない。
2　都道府県知事は、職業訓練指導員免許を受けた者に職業訓練指導員としてふさわしくない非行があつたときは、当該職業訓練指導員免許を取り消すことができる。

（職業訓練指導員試験）
第三十条　職業訓練指導員試験は、厚生労働大臣が毎年定める職業訓練指導員試験に関する計画に従い、都道府県知事が行う。
2　前項の職業訓練指導員試験（以下「職業訓練指導員試験」という。）は、実技試験及び学科試験によつて行なう。
3　職業訓練指導員試験を受けることができる者は、次の者とする。
一　第四十四条第一項の技能検定に合格した者
二　厚生労働省令で定める実務の経験を有する者
三　前二号に掲げる者と同等以上の能力を有すると認められる者
4　前項第三号に掲げる者の範囲は、厚生労働省令で定める。
5　都道府県知事は、厚生労働省令で定めるところにより、一定の資格を有する者に対して、第二項の実技試験又は学科試験の全部又は一部を免除することができる。

6　第二十八条第五項第二号又は第三号に該当する者は、職業訓練指導員試験を受けることができない。

（職業訓練指導員資格の特例）

第三〇条の二　準則訓練のうち高度職業訓練（短期間の訓練課程で厚生労働省令で定めるものを除く。以下この項において同じ。）における職業訓練指導員は、当該訓練に係る教科につき、第二十八条第三項各号に掲げる者と同等以上の能力を有する者のうち、相当程度の知識又は技能を有する者として厚生労働省令で定める者（都道府県又は指定都市が設置する公共職業能力開発施設の行う高度職業訓練にあつては、厚生労働省令で定める基準を参酌して当該都道府県の条例で定める者）であつて、同条第五項各号のいずれかに該当する者以外の者でなければならない。

2　第二十八条第一項に規定する職業訓練（都道府県又は市町村が設置する公共職業能力開発施設の行うものを除く。）における職業訓練指導員については、当該職業訓練指導員が当該職業訓練に係る教科につき同条第三項各号に掲げる者と同等以上の能力を有する者として厚生労働省令で定める者（同条第五項各号のいずれかに該当する者を除く。）に該当するときは、当該教科に関しては、同条第一項の規定にかかわらず、職業訓練指導員免許を受けた者であることを要しない。

第八節　キャリアコンサルタント

（業務）

第三〇条の三　キャリアコンサルタントは、キャリアコンサルタントの名称を用いて、キャリアコンサルティングを行うことを業とする。

（キャリアコンサルタント試験）

第三〇条の四　キャリアコンサルタント試験は、厚生労働大臣が行う。

2　前項のキャリアコンサルタント試験（以下この節において「キャリアコンサルタント試験」という。）は、学科試験及び実技試験によつて行う。

3　次の各号のいずれかに該当する者でなければ、キャリアコンサルタント試験を受けることができない。

一　キャリアコンサルティングに必要な知識及び技能に関する講習で厚生労働省令で定めるものの課程を修了した者

二　厚生労働省令で定める実務の経験を有する者

三　前二号に掲げる者と同等以上の能力を有すると認められる者として厚生労働省令で定めるもの

4　厚生労働大臣は、厚生労働省令で定める資格を有する者に対し、第二項の学科試験又は実技試験の全部又は一部を免除することができる。

（登録試験機関の登録）

第三〇条の五　厚生労働大臣は、厚生労働大臣の登録を受けた法人（以下「登録試験機関」という。）に、キャリアコンサルタント試験の実施に関する業務（以下「資格試験業務」という。）を行わせることができる。

2　前項の登録を受けようとする者は、厚生労働省令で定めるところにより、次に掲げる事項を記載した申請書を厚生労働大臣に提出しなければならない。

一　名称及び住所並びに代表者の氏名

二　資格試験業務を行う事業所の所在地

三　前二号に掲げるもののほか、厚生労働省令で定める事項

3　厚生労働大臣は、第一項の規定により登録試験機関に資格試験業務を行わせるときは、資格試験業務を行わないものとする。

（欠格条項）

第三〇条の六　厚生労働大臣は、前条第二項の規定により登録の申請を行う者（以下この条及び次条において「申請者」という。）が、次の各号のいずれかに該当するときは、登録をしてはならない。

一　この法律又はこの法律に基づく命令に違反し、罰金以上の刑に処せられ、その執行を終わり、又は執行を受けることがなくなつた日から二年を経過しない者

二　第三十条の十五の規定により登録を取り消され、その取消しの日から二年を経過しない者

三　申請者の役員のうちに第一号に該当する者がある者

四　申請者の役員のうちに第三十条の十二第一項の規定による命令により解任され、その解任の日から起算して二年を経過しない者がある者

（登録の要件等）

第三〇条の七　厚生労働大臣は、申請者が次の各号のいずれにも適合していると認めるときは、その登録をしなければならない。この場合において、登録に関して必要な手続は、厚生労働省令で定める。

一　次に掲げる科目について試験を行うこと。

イ　この法律その他関係法令に関する科目

ロ　キャリアコンサルティングの理論に関する科目

ハ　キャリアコンサルティングの実務に関する科目

ニ　その他厚生労働省令で定める科目
二　次に掲げる条件のいずれかに適合する知識経験を有する試験委員が試験の問題の作成及び採点を行うこと。
イ　学校教育法による大学において心理学、社会学若しくは経営学に関する科目を担当する教授若しくは准教授の職にあり、又はこれらの職にあつた者
ロ　キャリアコンサルティングに五年以上従事した経験を有する者
ハ　イ又はロに掲げる者と同等以上の知識及び経験を有する者
三　資格試験業務の信頼性の確保のための次に掲げる措置がとられていること。
イ　資格試験業務に関する規程（試験に関する秘密の保持に関することを含む。以下「試験業務規程」という。）に従い資格試験業務の管理を行う専任の部門を置くこと。
ロ　イに掲げるもののほか、資格試験業務の信頼性を確保するための措置として厚生労働省令で定めるもの
四　債務超過の状態にないこと。
2　第三十条の五第一項の登録は、登録試験機関登録簿に次に掲げる事項を記載してするものとする。
一　登録年月日及び登録番号
二　第三十条の五第二項各号に掲げる事項

（登録事項等の変更の届出）
第三〇条の八　登録試験機関は、前条第二項第二号に掲げる事項を変更しようとするときは、変更しようとする日の二週間前までに、その旨を厚生労働大臣に届け出なければならない。
2　登録試験機関は、役員又は試験委員を選任し、又は解任したときは、遅滞なく、その旨を厚生労働大臣に届け出なければならない。

（試験業務規程）
第三〇条の九　登録試験機関は、試験業務規程を定め、資格試験業務の開始前に、厚生労働大臣の認可を受けなければならない。これを変更しようとするときも、同様とする。
2　試験業務規程には、資格試験業務の実施方法、試験に関する料金その他の厚生労働省令で定める事項を定めなければならない。
3　厚生労働大臣は、第一項の認可をした試験業務規程が試験の適正かつ確実な実施上不適当となつたと認めるときは、登録試験機関に対し、その試験業務規程を変更すべきことを命ずることができる。

（資格試験業務の休廃止）
第三〇条の一〇　登録試験機関は、厚生労働大臣の許可を受けなければ、資格試験業務の全部又は一部を休止し、又は廃止してはならない。

（財務諸表等の備付け及び閲覧等）
第三〇条の一一　登録試験機関は、毎事業年度経過後三月以内に、その事業年度の財産目録、貸借対照表及び損益計算書又は収支計算書並びに事業報告書（これらの作成に代えて電磁的記録（電子的方式、磁気的方式その他の人の知覚によつては認識することができない方式で作られる記録であつて、電子計算機による情報処理の用に供されるものをいう。以下この条において同じ。）の作成がされている場合における当該電磁的記録を含む。次項及び第百五条の二において「財務諸表等」という。）を作成し、五年間、その事務所に備えて置かなければならない。
2　キャリアコンサルタント試験を受けようとする者その他の利害関係人は、登録試験機関の業務時間内は、いつでも、次に掲げる請求をすることができる。ただし、第二号又は第四号の請求をするには、登録試験機関の定めた費用を支払わなければならない。
一　財務諸表等が書面をもつて作成されているときは、当該書面の閲覧又は謄写の請求
二　前号の書面の謄本又は抄本の請求
三　財務諸表等が電磁的記録をもつて作成されているときは、当該電磁的記録に記録された事項を厚生労働省令で定める方法により表示したものの閲覧又は謄写の請求
四　前号の電磁的記録に記録された事項を電磁的方法（電子情報処理組織を使用する方法その他の情報通信の技術を利用する方法であつて厚生労働省令で定めるものをいう。）により提供することの請求又は当該事項を記載した書面の交付の請求

（解任命令）
第三〇条の一二　厚生労働大臣は、登録試験機関の役員又は試験委員が、この法律、この法律に基づく命令若しくは処分若しくは試験業務規程に違反する行為をしたとき、又は資格試験業務の実施に関し著しく不適当な行為をしたときは、登録試験機関に対し、当該役員又は試験委員の解任を命ずることができる。
2　前項の規定による命令により試験委員の職を解任され、解任の日から二年を経過しない者は、試験委員となることができない。

（秘密保持義務等）
第三〇条の一三　登録試験機関の役員若しくは職員

（試験委員を含む。次項において同じ。）又はこれらの職にあつた者は、資格試験業務に関して知り得た秘密を漏らしてはならない。

2　資格試験業務に従事する登録試験機関の役員及び職員は、刑法（明治四十年法律第四十五号）その他の罰則の適用については、法令により公務に従事する職員とみなす。

（適合命令等）

第三〇条の一四　厚生労働大臣は、登録試験機関が第三十条の七第一項各号のいずれかに適合しなくなつたと認めるときは、当該登録試験機関に対し、これらの規定に適合するため必要な措置をとるべきことを命ずることができる。

2　厚生労働大臣は、前項に定めるもののほか、資格試験業務の適正な実施を確保するため必要があると認めるときは、登録試験機関に対し、資格試験業務に関し監督上必要な命令をすることができる。

（登録の取消し等）

第三〇条の一五　厚生労働大臣は、登録試験機関が第三十条の六各号（第二号を除く。）のいずれかに該当するに至つたときは、その登録を取り消さなければならない。

2　厚生労働大臣は、登録試験機関が次の各号のいずれかに該当するときは、当該登録試験機関に対し、その登録を取り消し、又は期間を定めて資格試験業務の全部若しくは一部の停止を命ずることができる。

一　不正の手段により第三十条の五第一項の登録を受けたとき。

二　第三十条の九第一項の認可を受けた試験業務規程によらないで資格試験業務を行つたとき。

三　第三十条の九第三項、第三十条の十二第一項又は前条の規定による命令に違反したとき。

四　第三十条の十、第三十条の十一第一項又は次条の規定に違反したとき。

五　正当な理由がないのに第三十条の十一第二項の規定による請求を拒んだとき。

（帳簿の記載）

第三〇条の一六　登録試験機関は、帳簿を備え、資格試験業務に関し厚生労働省令で定める事項を記載し、これを保存しなければならない。

（報告等）

第三〇条の一七　厚生労働大臣は、資格試験業務の適正な実施を確保するため必要があると認めるときは、登録試験機関に対して資格試験業務に関し必要な報告を求め、又はその職員に、登録試験機関の事務所に立ち入り、資格試験業務の状況若しくは帳簿、書類その他の物件を検査させることができる。

2　前項の規定により立入検査をする職員は、その身分を示す証票を携帯し、関係者に提示しなければならない。

3　第一項の規定による立入検査の権限は、犯罪捜査のために認められたものと解釈してはならない。

（公示）

第三〇条の一八　厚生労働大臣は、次に掲げる場合には、その旨を官報に公示しなければならない。

一　第三十条の五第一項の登録をしたとき。

二　第三十条の八第一項の規定による届出があつたとき。

三　第三十条の十の許可をしたとき。

四　第三十条の十五の規定により登録を取り消したとき。

五　第三十条の十五第二項の規定により資格試験業務の全部又は一部の停止の命令をしたとき。

（キャリアコンサルタントの登録）

第三〇条の一九　キャリアコンサルタント試験に合格した者は、厚生労働省に備えるキャリアコンサルタント名簿に、氏名、事務所の所在地その他厚生労働省令で定める事項の登録を受けて、キャリアコンサルタントとなることができる。

2　次の各号のいずれかに該当する者は、前項の登録を受けることができない。

一　心身の故障によりキャリアコンサルタントの業務を適正に行うことができない者として厚生労働省令で定めるもの

二　この法律又はこの法律に基づく命令に違反し、罰金以上の刑に処せられ、その執行を終わり、又は執行を受けることがなくなつた日から二年を経過しない者

三　この法律及びこの法律に基づく命令以外の法令に違反し、禁錮以上の刑に処せられ、その執行を終わり、又は執行を受けることがなくなつた日から二年を経過しない者

四　第三十条の二十二第二項の規定により登録を取り消され、その取消しの日から二年を経過しない者

3　第一項の登録は、五年ごとにその更新を受けなければ、その期間の経過によつて、その効力を失う。

4　前項の更新に関し必要な事項は、厚生労働省令で定める。

（キャリアコンサルタント登録証）

第三〇条の二〇　厚生労働大臣は、キャリアコンサ

ルタントの登録をしたときは、申請者に前条第一項に規定する事項を記載したキャリアコンサルタント登録証（次条第二項において「登録証」という。）を交付する。

（登録事項の変更の届出等）

第三〇条の二一　キャリアコンサルタントは、第三十条の十九第一項に規定する事項に変更があつたときは、遅滞なく、その旨を厚生労働大臣に届け出なければならない。

2　キャリアコンサルタントは、前項の規定による届出をするときは、当該届出に登録証を添えて提出し、その訂正を受けなければならない。

（登録の取消し等）

第三〇条の二二　厚生労働大臣は、キャリアコンサルタントが第三十条の十九第二項第一号から第三号までのいずれかに該当するに至つたときは、その登録を取り消さなければならない。

2　厚生労働大臣は、キャリアコンサルタントが第三十条の二十七の規定に違反したときは、その登録を取り消し、又は期間を定めてキャリアコンサルタントの名称の使用の停止を命ずることができる。

（登録の消除）

第三〇条の二三　厚生労働大臣は、キャリアコンサルタントの登録がその効力を失つたときは、その登録を消除しなければならない。

（指定登録機関の指定）

第三〇条の二四　厚生労働大臣は、厚生労働大臣の指定する者（以下「指定登録機関」という。）に、キャリアコンサルタントの登録の実施に関する事務（以下「登録事務」という。）を行わせることができる。

2　前項の指定は、登録事務を行おうとする者の申請により行う。

3　指定登録機関が登録事務を行う場合における第三十条の十九第一項、第三十条の二十、第三十条の二十一第一項及び前条の規定の適用については、第三十条の十九第一項中「厚生労働省に」とあるのは「指定登録機関に」と、第三十条の二十、第三十条の二十一第一項及び前条中「厚生労働大臣」とあるのは「指定登録機関」とする。

（指定の基準）

第三〇条の二五　厚生労働大臣は、他に指定を受けた者がなく、かつ、前条第二項の申請が次の各号のいずれにも適合していると認めるときでなければ、指定をしてはならない。

一　職員、設備、登録事務の実施の方法その他の事項についての登録事務の実施に関する計画が、登録事務の適正かつ確実な実施のために適切なものであること。

二　前号の登録事務の実施に関する計画の適正かつ確実な実施に必要な経理的及び技術的な基礎を有するものであること。

三　営利を目的としない法人であること。

（指定登録機関の指定等についての準用）

第三〇条の二六　第三十条の五第三項、第三十条の六、第三十条の八第二項、第三十条の九、第三十条の十、第三十条の十二第一項及び第三十条の十三から第三十条の十八まで（第三十条の十五第二項第五号及び第三十条の十八第二号を除く。）の規定は、第三十条の二十四第一項の指定、指定登録機関及び登録事務について準用する。この場合において、第三十条の五第三項中「第一項」とあるのは「第三十条の二十四第一項」と、第三十条の六中「前条第二項」とあるのは「第三十条の二十四第二項」と、第三十条の八第二項中「役員又は試験委員」とあるのは「役員」と、第三十条の九第一項中「試験業務規程」とあるのは「登録事務に関する規程（以下「登録事務規程」という。）」と、同条第二項中「試験業務規程」とあるのは「登録事務規程」と、「実施方法、試験に関する料金」とあるのは「実施方法」と、同条第三項中「試験業務規程」とあるのは「登録事務規程」と、「試験の」とあるのは「登録事務の」と、第三十条の十二第一項中「役員又は試験委員」とあるのは「役員」と、「試験業務規程」とあるのは「登録事務規程」と、第三十条の十三第一項中「職員（試験委員を含む。次項において同じ。）」とあるのは「職員」と、第三十条の十四第一項中「第三十条の七第一項各号」とあるのは「第三十条の二十五各号」と、第三十条の十五第二項第一号中「第三十条の五第一項」とあるのは「第三十条の二十四第一項」と、同項第二号中「試験業務規程」とあるのは「登録事務規程」と、同項第四号中「第三十条の十、第三十条の十一第一項」とあるのは「第三十条の十」と、第三十条の十八第一号中「第三十条の五第一項」とあるのは「第三十条の二十四第一項」と読み替えるものとする。

（義務）

第三〇条の二七　キャリアコンサルタントは、キャリアコンサルタントの信用を傷つけ、又はキャリアコンサルタント全体の不名誉となるような行為をしてはならない。

2　キャリアコンサルタントは、その業務に関して知り得た秘密を漏らし、又は盗用してはならない。キャリアコンサルタントでなくなつた後においても、同様とする。

（名称の使用制限）

第三〇条の二八　キャリアコンサルタントでない者は、キャリアコンサルタント又はこれに紛らわしい名称を用いてはならない。

（厚生労働省令への委任）

第三〇条の二九　この節に定めるもののほか、キャリアコンサルタント試験、キャリアコンサルタントの登録その他この節の規定の施行に関し必要な事項は、厚生労働省令で定める。

第四章　職業訓練法人

第三一条～第四三条《略》

第五章　職業能力検定

第一節　技能検定

（技能検定）

第四四条　技能検定は、厚生労働大臣が、厚生労働省令で定める職種（以下この条において「検定職種」という。）ごとに、厚生労働省令で定める等級に区分して行う。ただし、検定職種のうち、等級に区分することが適当でない職種として厚生労働省令で定めるものについては、等級に区分しないで行うことができる。

2　前項の技能検定（以下この章において「技能検定」という。）の合格に必要な技能及びこれに関する知識の程度は、検定職種ごとに、厚生労働省令で定める。

3　技能検定は、実技試験及び学科試験によつて行う。

4　実技試験の実施方法は、検定職種ごとに、厚生労働省令で定める。

（受検資格）

第四五条　技能検定を受けることができる者は、次の者とする。

一　厚生労働省令で定める準則訓練を修了した者

二　厚生労働省令で定める実務の経験を有する者

三　前二号に掲げる者に準ずる者で、厚生労働省令で定めるもの

（技能検定の実施）

第四六条　厚生労働大臣は、毎年、技能検定の実施計画を定め、これを関係者に周知させなければならない。

2　都道府県知事は、前項に規定する計画に従い、第四十四条第三項の実技試験及び学科試験（以下「技能検定試験」という。）の実施その他技能検定に関する業務で、政令で定めるものを行うものとする。

3　厚生労働大臣は、技能検定試験に係る試験問題及び試験実施要領の作成並びに技能検定試験の実施に関する技術的指導その他技能検定試験に関する業務の一部を中央職業能力開発協会に行わせることができる。

4　都道府県知事は、技能検定試験の実施その他技能検定試験に関する業務の一部を都道府県職業能力開発協会に行わせることができる。

第四七条　厚生労働大臣は、厚生労働省令で定めるところにより、事業主の団体若しくはその連合団体又は一般社団法人若しくは一般財団法人、法人である労働組合その他の営利を目的としない法人であつて、次の各号のいずれにも適合していると認めるものとしてその指定する者（以下「指定試験機関」という。）に、技能検定試験に関する業務のうち、前条第二項の規定により都道府県知事が行うもの以外のもの（合格の決定に関するものを除く。以下この条及び第九十六条の二において「技能検定試験業務」という。）の全部又は一部を行わせることができる。

一　職員、設備、技能検定試験業務の実施の方法その他の事項についての技能検定試験業務の実施に関する計画が、技能検定試験業務の適正かつ確実な実施のために適切なものであること。

二　前号の試験業務の実施に関する計画の適正かつ確実な実施に必要な経理的及び技術的な基礎を有するものであること。

2　指定試験機関の役員若しくは職員又はこれらの職にあつた者は、技能検定試験業務に関して知り得た秘密を漏らしてはならない。

3　技能検定試験業務に従事する指定試験機関の役員及び職員は、刑法その他の罰則の適用については、法令により公務に従事する職員とみなす。

4　厚生労働大臣は、指定試験機関が次の各号のいずれかに該当するときは、その指定を取り消し、又は期間を定めて技能検定試験業務の全部若しくは一部の停止を命ずることができる。

一　第一項各号の要件を満たさなくなつたと認められるとき。

二　不正な手段により第一項の規定による指定を受けたとき。

（報告等）

第四八条　厚生労働大臣は、必要があると認めるときは、指定試験機関に対してその業務に関し必要な報告を求め、又はその職員に、指定試験機関の事務所に立ち入り、業務の状況若しくは帳簿、書類その他の物件を検査させることができる。

2　前項の規定により立入検査をする職員は、その

身分を示す証票を携帯し、関係者に提示しなければならない。
3　第一項の規定による立入検査の権限は、犯罪捜査のために認められたものと解釈してはならない。

（合格証書）
第四九条　技能検定に合格した者には、厚生労働省令で定めるところにより、合格証書を交付する。

（合格者の名称）
第五〇条　技能検定に合格した者は、技能士と称することができる。
2　技能検定に合格した者は、前項の規定により技能士と称するときは、その合格した技能検定に係る職種及び等級（当該技能検定が等級に区分しないで行われたものである場合にあつては、職種）を表示してするものとし、合格していない技能検定に係る職種又は等級を表示してはならない。
3　厚生労働大臣は、技能士が前項の規定に違反して合格していない技能検定の職種又は等級を表示した場合には、二年以内の期間を定めて技能士の名称の使用の停止を命ずることができる。
4　技能士でない者は、技能士という名称を用いてはならない。

第二節　補則

（職業能力検定に関する基準の整備）
第五〇条の二　厚生労働大臣は、職業能力検定（技能検定を除く。以下この条において同じ。）の振興を図るため、事業主その他の関係者が職業能力検定を適正に実施するために必要な事項に関する基準を定めるものとする。

（厚生労働省令への委任）
第五一条　この章に定めるもののほか、職業能力検定に関して必要な事項は、厚生労働省令で定める。

第六章　職業能力開発協会

第一節　中央職業能力開発協会

（中央協会の目的）
第五二条　中央職業能力開発協会（以下「中央協会」という。）は、職業能力の開発及び向上の促進の基本理念の具現に資するため、都道府県職業能力開発協会の健全な発展を図るとともに、国及び都道府県と密接な連携の下に第五条第一項に規定する職業能力の開発（第五十五条第一項において単に「職業能力の開発」という。）の促進を図ることを目的とする。

第五三条～第七八条《略》

第二節　都道府県職業能力開発協会

（都道府県協会の目的）
第七九条　都道府県職業能力開発協会（以下「都道府県協会」という。）は、職業能力の開発及び向上の促進の基本理念の具現に資するため、都道府県の区域内において、当該都道府県と密接な連携の下に第五条第一項に規定する職業能力の開発（以下単に「職業能力の開発」という。）の促進を図ることを目的とする。

第八〇条～第九〇条《略》

第七章　雑則

（都道府県に置く審議会等）
第九一条　都道府県は、都道府県職業能力開発計画その他職業能力の開発に関する重要事項を調査審議させるため、条例で、審議会その他の合議制の機関を置くことができる。
2　前項に規定するもののほか、同項の審議会その他の合議制の機関に関し必要な事項は、条例で定める。

（職業訓練等に準ずる訓練の実施）
第九二条　公共職業能力開発施設、職業能力開発総合大学校及び職業訓練法人は、その業務の遂行に支障のない範囲内で、その行う職業訓練又は指導員訓練に準ずる訓練を次に掲げる者に対し行うことができる。
一　労働者を雇用しないで事業を行うことを常態とする者
二　家内労働法（昭和四十五年法律第六十号）第二条第二項に規定する家内労働者
三　出入国管理及び難民認定法（昭和二十六年政令第三百十九号）別表第一の四の表の留学又は研修の在留資格をもつて在留する者
四　前三号に掲げる者以外の者で厚生労働省令で定めるもの

（厚生労働大臣の助言及び勧告）
第九三条　厚生労働大臣は、この法律の目的を達成するため必要があると認めるときは、都道府県に対して、公共職業能力開発施設の設置及び運営、第十五条の二第一項及び第二項の規定による援助その他職業能力の開発に関する事項について助言及び勧告をすることができる。

（職業訓練施設の経費の負担）
第九四条　国は、政令で定めるところにより、都道府県が設置する職業能力開発校及び障害者職業能力開発校の施設及び設備に要する経費の一部を負担する。

（交付金）
第九五条　国は、前条に定めるもののほか、同条に規定する職業能力開発校及び障害者職業能力開発校の運営に要する経費の財源に充てるため、都道府県に対し、交付金を交付する。

2　厚生労働大臣は、前項の規定による交付金の交付については、各都道府県の雇用労働者数及び求職者数（中学校、義務教育学校、高等学校又は中等教育学校を卒業して就職する者の数を含む。）を基礎とし、職業訓練を緊急に行うことの必要性その他各都道府県における前条に規定する職業能力開発校及び障害者職業能力開発校の運営に関する特別の事情を考慮して、政令で定める基準に従つて決定しなければならない。

（雇用保険法との関係）

第九六条　国による公共職業能力開発施設（障害者職業能力開発校を除く。）及び職業能力開発総合大学校の設置及び運営、第十五条の六第一項ただし書に規定する職業訓練の実施、技能検定の実施に要する経費の負担並びに第十五条の二第一項及び第二項（障害者職業能力開発校に係る部分を除く。）、第十五条の三、第七十六条及び第八十七条第二項の規定による助成等は、雇用保険法（昭和四十九年法律第百十六号）第六十三条に規定する能力開発事業として行う。

（登録試験機関等がした処分等に係る審査請求）

第九六条の二　登録試験機関が行う資格試験業務に係る処分若しくはその不作為、指定登録機関が行う登録事務に係る処分若しくはその不作為又は指定試験機関が行う技能検定試験業務に係る処分若しくはその不作為については、厚生労働大臣に対し、審査請求をすることができる。この場合において、厚生労働大臣は、行政不服審査法（平成二十六年法律第六十八号）第二十五条第二項及び第三項、第四十六条第一項及び第二項、第四十七条並びに第四十九条第三項の規定の適用については、登録試験機関、指定登録機関又は指定試験機関の上級行政庁とみなす。

（手数料）

第九七条　第三十条の四第一項のキャリアコンサルタント試験を受けようとする者、第三十条の十九第一項の登録を受けようとする者、第三十条の二十の登録証の再交付若しくは訂正を受けようとする者、第四十四条第一項の技能検定を受けようとする者又は第四十九条の合格証書の再交付を受けようとする者は、政令で定めるところにより、手数料を納付しなければならない。

2　都道府県は、地方自治法第二百二十七条の規定に基づき技能検定試験に係る手数料を徴収する場合においては、第四十六条第四項の規定により都道府県協会が行う技能検定試験を受けようとする者に、条例で定めるところにより、当該手数料を当該都道府県協会へ納めさせ、その収入とすることができる。

（報告）

第九八条　厚生労働大臣又は都道府県知事は、この法律の目的を達成するために必要な限度において、認定職業訓練（第二十七条の二第二項において準用する第二十四条第一項の認定に係る指導員訓練を含む。以下同じ。）を実施する事業主等に対して、その行う認定職業訓練に関する事項について報告を求めることができる。

（権限の委任）

第九十八条の二　この法律に定める厚生労働大臣の権限は、厚生労働省令で定めるところにより、その一部を都道府県労働局長に委任することができる。

（厚生労働省令への委任）

第九十九条　この法律に定めるもののほか、この法律の実施のための手続その他この法律の施行に関し必要な事項は、厚生労働省令で定める。

（厚生労働省令への委任）

第九九条　この法律に定めるもののほか、この法律の実施のための手続その他この法律の施行に関し必要な事項は、厚生労働省令で定める。

第八章　罰則

第九九条の二　第二十六条の六第五項において準用する職業安定法第四十一条第二項の規定による業務の停止の命令に違反して、訓練担当者の募集に従事した者又は第三十条の二十七第二項の規定に違反した者は、一年以下の懲役又は百万円以下の罰金に処する。

第一〇〇条　次の各号のいずれかに該当する者は、六月以下の懲役又は三十万円以下の罰金に処する。

一　第二十六条の六第四項の規定による届出をしないで、訓練担当者の募集に従事した者

二　第二十六条の六第五項において準用する職業安定法第三十七条第二項の規定による指示に従わなかつた者

三　第二十六条の六第五項において準用する職業安定法第三十九条又は第四十条の規定に違反した者

四　第三十条の十三第一項（第三十条の二十六において準用する場合を含む。）又は第四十七条第二項の規定に違反して秘密を漏らした者

五　第七十七条第一項又は第八十九条第一項の規定に違反して秘密を漏らし、又は盗用した者

第一〇〇条の二　次の各号のいずれかに掲げる違反があつた場合には、その違反行為をした登録試験機関又は指定登録機関の役員又は職員は、三十万円以下の罰金に処する。
一　第三十条の十（第三十条の二十六において準用する場合を含む。）の許可を受けないで資格試験業務又は登録事務の全部を廃止したとき。
二　第三十条の十六（第三十条の二十六において準用する場合を含む。）の規定に違反して資格試験業務又は登録事務に関する帳簿を備えず、帳簿に記載せず、若しくは帳簿に虚偽の記載をし、又は帳簿を保存しなかつたとき。
三　第三十条の十七第一項（第三十条の二十六において準用する場合を含む。以下この号において同じ。）の規定による報告をせず、若しくは虚偽の報告をし、又は同項の規定による検査を拒み、妨げ、若しくは忌避したとき。

第一〇一条　第四十八条第一項の規定による報告をせず、若しくは虚偽の報告をし、又は同項の規定による検査を拒み、妨げ、若しくは忌避した場合には、その違反行為をした指定試験機関の役員又は職員は、三十万円以下の罰金に処する。

第一〇二条　次の各号のいずれかに該当する者は、三十万円以下の罰金に処する。
一　第二十六条の五第二項の規定に違反した者
二　第二十六条の六第五項において準用する職業安定法第五十条第一項の規定による報告をせず、又は虚偽の報告をした者
三　第二十六条の六第五項において準用する職業安定法第五十条第二項の規定による立入り若しくは検査を拒み、妨げ、若しくは忌避し、又は質問に対して答弁をせず、若しくは虚偽の陳述をした者
四　第二十六条の六第五項において準用する職業安定法第五十一条第一項の規定に違反して秘密を漏らした者
五　第三十条の二十二第二項の規定によりキャリアコンサルタントの名称の使用の停止を命ぜられた者で、当該停止を命ぜられた期間中に、キャリアコンサルタントの名称を使用したもの
六　第三十条の二十八の規定に違反した者
七　第五十条第三項の規定により技能士の名称の使用の停止を命ぜられた者で、当該停止を命ぜられた期間中に、技能士の名称を使用したもの
八　第五十条第四項の規定に違反した者

第一〇三条　第七十四条第一項（第九十条第一項において準用する場合を含む。以下この条において同じ。）の規定による報告をせず、若しくは虚偽の報告をし、又は第七十四条第一項の規定による検査を拒み、妨げ、若しくは忌避した場合には、その違反行為をした中央協会又は都道府県協会の役員又は職員は、三十万円以下の罰金に処する。

第一〇四条　法人の代表者又は法人若しくは人の代理人、使用人その他の従業者が、その法人又は人の業務に関し、第九十九条の二、第百条第一号から第三号まで、第百二条第一号から第四号まで又は前条の違反行為をしたときは、行為者を罰するほか、その法人又は人に対しても、各本条の罰金刑を科する。

第一〇五条　第三十条の十五第二項（第三十条の二十六において準用する場合を含む。）又は第四十七条第四項の規定による厚生労働大臣の命令に違反した場合登録試験機関、指定登録機関又はには、その違反行為をした指定試験機関の役員は、五十万円以下の過料に処する。

第一〇五条の二　第三十条の十一第一項の規定に違反して財務諸表等を備えて置かず、財務諸表等に記載すべき事項を記載せず、若しくは虚偽の記載をし、又は正当な理由がないのに同条第二項各号の規定による請求を拒んだ場合には、その違反行為をした登録試験機関の役員又は職員は、二十万円以下の過料に処する。

第一〇六条　次の各号のいずれかに該当する場合には、その違反行為をした中央協会又は都道府県協会の発起人、役員又は清算人は、二十万円以下の過料に処する。
一　第五十五条又は第八十二条に規定する業務以外の業務を行つたとき。
二　第五十七条第二項又は第八十三条第二項の規定に違反したとき。
三　第六十八条第一項（第九十条第一項において準用する場合を含む。以下この号において同じ。）の規定に違反して、第六十八条第一項に規定する書類を備えて置かないとき。
四　第七十二条第一項（第九十条第一項において準用する場合を含む。）の認可を受けないで財産を処分したとき。
五　第七十三条（第九十条第一項において準用する場合を含む。）の規定に違反したとき。
六　第七十五条第一号（第九十条第一項において準用する場合を含む。）の規定による厚生労働大臣の命令に違反したとき。
七　第七十八条第一項又は第九十条第一項において準用する第三十四条第一項の規定に違反したとき。
八　第七十八条又は第九十条第一項において準用

する第四十条の二第二項又は第四十一条の十第一項の規定に違反して、破産手続開始の申立てをしなかつたとき。

九　第七十八条又は第九十条第一項において準用する第四十一条の八第一項又は第四十一条の十第一項の規定による公告をせず、又は不正の公告をしたとき。

十　第七十八条又は第九十条第一項において準用する第四十二条の二第二項の規定による裁判所の検査を妨げたとき。

十一　事業報告書、貸借対照表、収支決算書又は財産目録に記載すべき事項を記載せず、又は不実の記載をしたとき。

第一〇七条　次の各号のいずれかに該当する場合には、その違反行為をした職業訓練法人の役員又は清算人は、二十万円以下の過料に処する。

一　第三十三条又は第九十二条に規定する業務以外の業務を行つたとき。

二　第三十四条第一項の規定に違反したとき。

三　第三十九条第三項の規定による届出をせず、又は虚偽の届出をしたとき。

四　第三十七条の二第一項の規定に違反して、財産目録を備えて置かないとき。

五　第三十九条の二第二項又は第四十二条の二第二項の規定による都道府県知事又は裁判所の検査を妨げたとき。

六　第四十条の二第二項又は第四十一条の十第一項の規定に違反して、破産手続開始の申立てをしなかつたとき。

七　第四十一条の八第一項又は第四十一条の十第一項の規定による公告をせず、又は不正の公告をしたとき。

八　第四十二条第二項又は第三項の認可を受けないで残余財産を処分したとき。

九　財産目録に記載すべき事項を記載せず、又は不実の記載をしたとき。

第一〇八条　第十七条、第二十七条第四項、第三十二条第二項、第五十三条第二項又は第八十条第二項の規定に違反したもの（法人その他の団体であるときは、その代表者）は、十万円以下の過料に処する。

附則（抄）

（施行期日）

第一条　この法律（以下「新法」という。）は、昭和四十四年十月一日から施行する。ただし、第六章の規定、第百三条から第百六条までの規定及び第百八条の規定（第六十七条第二項及び第八十七条第二項に係る部分に限る。）並びに附則第八条第一項の規定は、公布の日から施行する。

（法律の廃止）

第二条　職業訓練法（昭和三十三年法律第百三十三号）は、廃止する。

附則（平成二七年九月一八日法律第七二号）（抄）

（検討）

第二条　政府は、この法律の施行後五年を目途として、この法律による改正後のそれぞれの法律の規定について、その施行の状況等を勘案しつつ検討を加え、必要があると認めるときは、その結果に基づいて必要な措置を講ずるものとする。

第四条　第五条の規定による改正後の職業能力開発促進法（次項、次条及び附則第六条において「改正後能開法」という。）第三十条の五第一項の登録を受けようとする者は、附則第一条第三号に掲げる規定の施行前においても、その申請を行うことができる。があると認めるときは、その結果に基づいて必要な措置を講ずるものとする。

2　改正後能開法第三十条の二十四第一項の指定を受けようとする者は、附則第一条第三号に掲げる規定の施行前においても、その申請を行うことができる。

（職業能力開発促進法の一部改正に伴う経過措置）

第五条　附則第一条第三号に掲げる規定の施行の際現にキャリアコンサルタント又はこれに紛らわしい名称を用いている者については、改正後能開法第三十条の二十八の規定は、同号に掲げる規定の施行後六月間は、適用しない。

（職業能力開発促進法の一部改正に伴う調整規定）

第六条　附則第一条第三号に掲げる規定の施行の日が行政不服審査法（平成二十六年法律第六十八号）の施行の日前である場合には、同日の前日までの間における改正後能開法第九十六条の二の規定の適用については、同条中「審査請求」とあるのは、「行政不服審査法（昭和三十七年法律第百六十号）による審査請求」とし、同条後段の規定は、適用しない。

（罰則に関する経過措置）

第一八条　この法律（附則第一条第二号及び第三号に掲げる規定にあっては、当該規定）の施行前にした行為に対する罰則の適用については、なお従前の例による。

（政令への委任）

第一九条　この附則に定めるもののほか、この法律の施行に関し必要な経過措置は、政令で定める。

【令和四年六月一七日法律第六八号未施行内容】

刑法等の一部を改正する法律の施行に伴う関係法律の整理等に関する法律

第二五三条　職業能力開発促進法（昭和四十四年法律第六十四号）の一部を次のように改正する。

第二十八条第二項及び第三項中「行なう」を「行う」に改め、同条第五項第二号中「禁錮」を「拘禁刑」に改める。

第三十条の十九第二項第三号中「禁錮」を「拘禁刑」に改める。

第九十九条の二から第百条までの規定中「懲役」を「拘禁刑」に改める。

附則

（施行期日）

1　この法律は、刑法等一部改正法施行日（令和七年六月一日――編注）から施行する。《略》

高年齢者等の雇用の安定等に関する法律（抄）

昭和四六年五月二五日法律第六八号
施行：昭和四六年一〇月一日施行
最終改正：令和四年三月三一日法律一二号
施行：令和四年一〇月一日

第一章　総則

（目的）

第一条　この法律は、定年の引上げ、継続雇用制度の導入等による高年齢者の安定した雇用の確保の促進、高年齢者等の再就職の促進、定年退職者その他の高年齢退職者に対する就業の機会の確保等の措置を総合的に講じ、もつて高年齢者等の職業の安定その他福祉の増進を図るとともに、経済及び社会の発展に寄与することを目的とする。

（定義）

第二条　この法律において「高年齢者」とは、厚生労働省令で定める年齢以上の者をいう。

2　この法律において「高年齢者等」とは、高年齢者及び次に掲げる者で高年齢者に該当しないものをいう。

一　中高年齢者（厚生労働省令で定める年齢以上の者をいう。次項において同じ。）である求職者（次号に掲げる者を除く。）

二　中高年齢失業者等（厚生労働省令で定める範囲の年齢の失業者その他就職が特に困難な厚生労働省令で定める失業者をいう。第三章第三節において同じ。）

3　この法律において「特定地域」とは、中高年齢者である失業者が就職することが著しく困難である地域として厚生労働大臣が指定する地域をいう。

（基本的理念）

第三条　高年齢者等は、その職業生活の全期間を通じて、その意欲及び能力に応じ、雇用の機会その他の多様な就業の機会が確保され、職業生活の充実が図られるように配慮されるものとする。

2　労働者は、高齢期における職業生活の充実のため、自ら進んで、高齢期における職業生活の設計を行い、その設計に基づき、その能力の開発及び向上並びにその健康の保持及び増進に努めるものとする。

（事業主の責務）

第四条　事業主は、その雇用する高年齢者について職業能力の開発及び向上並びに作業施設の改善その他の諸条件の整備を行い、並びにその雇用する高年齢者等について再就職の援助等を行うことにより、その意欲及び能力に応じてその者のための雇用の機会の確保等が図られるよう努めるものとする。

2　事業主は、その雇用する労働者が高齢期においてその意欲及び能力に応じて就業することにより職業生活の充実を図ることができるようにするため、その高齢期における職業生活の設計について必要な援助を行うよう努めるものとする。

（国及び地方公共団体の責務）

第五条　国及び地方公共団体は、事業主、労働者その他の関係者の自主的な努力を尊重しつつその実情に応じてこれらの者に対し必要な援助等を行うとともに、高年齢者等の再就職の促進のために必要な職業紹介、職業訓練等の体制の整備を行う等、高年齢者等の意欲及び能力に応じた雇用の機会その他の多様な就業の機会の確保等を図るために必要な施策を総合的かつ効果的に推進するように努めるものとする。

（高年齢者等職業安定対策基本方針）

第六条　厚生労働大臣は、高年齢者等の職業の安定に関する施策の基本となるべき方針（以下「高年齢者等職業安定対策基本方針」という。）を策定するものとする。

2　高年齢者等職業安定対策基本方針に定める事項は、次のとおりとする。

一　高年齢者等の就業の動向に関する事項

二　高年齢者の就業の機会の増大の目標に関する事項

三　第四条第一項の事業主が行うべき職業能力の開発及び向上、作業施設の改善その他の諸条件の整備、再就職の援助等並びに同条第二項の事業主が行うべき高齢期における職業生活の設計の援助に関して、その適切かつ有効な実施を図るため必要な指針となるべき事項

四　高年齢者雇用確保措置等（第九条第一項に規定する高年齢者雇用確保措置及び第十条の二第四項に規定する高年齢者就業確保措置をいう。第十一条において同じ。）の円滑な実施を図るため講じようとする施策の基本となるべき事項

五　高年齢者等の再就職の促進のため講じようとする施策の基本となるべき事項

六　前各号に掲げるもののほか、高年齢者等の職業の安定を図るため講じようとする施策の基本となるべき事項

3　厚生労働大臣は、高年齢者等職業安定対策基本方針を定めるに当たつては、あらかじめ、関係行政機関の長と協議するとともに、労働政策審議会の意見を聴かなければならない。

4　厚生労働大臣は、高年齢者等職業安定対策基本方針を定めたときは、遅滞なく、その概要を公表しなければならない。

5　前二項の規定は、高年齢者等職業安定対策基本方針の変更について準用する。

（適用除外）

第七条　この法律は、船員職業安定法（昭和二十三年法律第百三十号）第六条第一項に規定する船員については、適用しない。

2　前条、次章、第三章第二節、第四十九条及び第五十二条の規定は、国家公務員及び地方公務員については、適用しない。

第二章　定年の引上げ、継続雇用制度の導入等による高年齢者の安定した雇用の確保の促進等

（定年を定める場合の年齢）

第八条　事業主がその雇用する労働者の定年（以下単に「定年」という。）の定めをする場合には、当該定年は、六十歳を下回ることができない。ただし、当該事業主が雇用する労働者のうち、高年齢者が従事することが困難であると認められる業務として厚生労働省令で定める業務に従事している労働者については、この限りでない。

（高年齢者雇用確保措置）

第九条　定年（六十五歳未満のものに限る。以下この条において同じ。）の定めをしている事業主は、その雇用する高年齢者の六十五歳までの安定した雇用を確保するため、次の各号に掲げる措置（以下「高年齢者雇用確保措置」という。）のいずれかを講じなければならない。

一　当該定年の引上げ

二　継続雇用制度（現に雇用している高年齢者が希望するときは、当該高年齢者をその定年後も引き続いて雇用する制度をいう。以下同じ。）の導入

三　当該定年の定めの廃止

2　継続雇用制度には、事業主が、特殊関係事業主（当該事業主の経営を実質的に支配することが可能となる関係にある事業主その他の当該事業主と特殊の関係のある事業主として厚生労働省令で定める事業主をいう。以下この項及び第十条の二第一項において同じ。）との間で、当該事業主の雇用する高年齢者であつてその定年後に雇用されることを希望するものをその定年後に当該特殊関係事業主が引き続いて雇用することを約する契約を締結し、当該契約に基づき当該高年齢者の雇用を確保する制度が含まれるものとする。

3　厚生労働大臣は、第一項の事業主が講ずべき高年齢者雇用確保措置の実施及び運用（心身の故障のため業務の遂行に堪えない者等の継続雇用制度における取扱いを含む。）に関する指針（次項において「指針」という。）を定めるものとする。

4　第六条第三項及び第四項の規定は、指針の策定及び変更について準用する。

（公表等）

第一〇条　厚生労働大臣は、前条第一項の規定に違反している事業主に対し、必要な指導及び助言をすることができる。

2　厚生労働大臣は、前項の規定による指導又は助言をした場合において、その事業主がなお前条第一項の規定に違反していると認めるときは、当該

事業主に対し、高年齢者雇用確保措置を講ずべきことを勧告することができる。

3　厚生労働大臣は、前項の規定による勧告をした場合において、その勧告を受けた者がこれに従わなかつたときは、その旨を公表することができる。

（高年齢者就業確保措置）

第一〇条の二　定年（六十五歳以上七十歳未満のものに限る。以下この条において同じ。）の定めをしている事業主又は継続雇用制度（高年齢者を七十歳以上まで引き続いて雇用する制度を除く。以下この項において同じ。）を導入している事業主は、その雇用する高年齢者（第九条第二項の契約に基づき、当該事業主と当該契約を締結した特殊関係事業主に現に雇用されている者を含み、厚生労働省令で定める者を除く。以下この条において同じ。）について、次に掲げる措置を講ずることにより、六十五歳から七十歳までの安定した雇用を確保するよう努めなければならない。ただし、当該事業主が、労働者の過半数で組織する労働組合がある場合においてはその労働組合の、労働者の過半数で組織する労働組合がない場合においては労働者の過半数を代表する者の同意を厚生労働省令で定めるところにより得た創業支援等措置を講ずることにより、その雇用する高年齢者について、定年後等（定年後又は継続雇用制度の対象となる年齢の上限に達した後をいう。以下この条において同じ。）又は第二号の六十五歳以上継続雇用制度の対象となる年齢の上限に達した後七十歳までの間の就業を確保する場合は、この限りでない。

一　当該定年の引上げ

二　六十五歳以上継続雇用制度（その雇用する高年齢者が希望するときは、当該高年齢者をその定年後等も引き続いて雇用する制度をいう。以下この条及び第五十二条第一項において同じ。）の導入

三　当該定年の定めの廃止

2　前項の創業支援等措置は、次に掲げる措置をいう。

一　その雇用する高年齢者が希望するときは、当該高年齢者が新たに事業を開始する場合（厚生労働省令で定める場合を含む。）に、事業主が、当該事業を開始する当該高年齢者（厚生労働省令で定める者を含む。以下この号において「創業高年齢者等」という。）との間で、当該事業に係る委託契約その他の契約（労働契約を除き、当該委託契約その他の契約に基づき当該事業主が当該事業を開始する当該創業高年齢者等に金銭を支払うものに限る。）を締結し、当該契約に基づき当該高年齢者の就業を確保する措置

二　その雇用する高年齢者が希望するときは、次に掲げる事業（ロ又はハの事業については、事業主と当該事業を実施する者との間で、当該事業を実施する者が当該高年齢者に対して当該事業に従事する機会を提供することを約する契約を締結したものに限る。）について、当該事業を実施する者が、当該高年齢者との間で、当該事業に係る委託契約その他の契約（労働契約を除き、当該委託契約その他の契約に基づき当該事業を実施する者が当該高年齢者に金銭を支払うものに限る。）を締結し、当該契約に基づき当該高年齢者の就業を確保する措置（前号に掲げる措置に該当するものを除く。）

イ　当該事業主が実施する社会貢献事業（社会貢献活動その他不特定かつ多数の者の利益の増進に寄与することを目的とする事業をいう。以下この号において同じ。）

ロ　法人その他の団体が当該事業主から委託を受けて実施する社会貢献事業

ハ　法人その他の団体が実施する社会貢献事業であつて、当該事業主が当該社会貢献事業の円滑な実施に必要な資金の提供その他の援助を行つているもの

3　六十五歳以上継続雇用制度には、事業主が、他の事業主との間で、当該事業主の雇用する高年齢者であつてその定年後等に雇用されることを希望するものをその定年後等に当該他の事業主が引き続いて雇用することを約する契約を締結し、当該契約に基づき当該高年齢者の雇用を確保する制度が含まれるものとする。

4　厚生労働大臣は、第一項各号に掲げる措置及び創業支援等措置（次条第一項及び第二項において「高年齢者就業確保措置」という。）の実施及び運用（心身の故障のため業務の遂行に堪えない者等の六十五歳以上継続雇用制度及び創業支援等措置における取扱いを含む。）に関する指針（次項において「指針」という。）を定めるものとする。

5　第六条第三項及び第四項の規定は、指針の策定及び変更について準用する。

（高年齢者就業確保措置に関する計画）

第一〇条の三　厚生労働大臣は、高年齢者等職業安定対策基本方針に照らして、高年齢者の六十五歳から七十歳までの安定した雇用の確保その他就業機会の確保のため必要があると認めるときは、事業主に対し、高年齢者就業確保措置の実施につい

て必要な指導及び助言をすることができる。

２　厚生労働大臣は、前項の規定による指導又は助言をした場合において、高年齢者就業確保措置の実施に関する状況が改善していないと認めるときは、当該事業主に対し、厚生労働省令で定めるところにより、高年齢者就業確保措置の実施に関する計画の作成を勧告することができる。

３　事業主は、前項の計画を作成したときは、厚生労働省令で定めるところにより、これを厚生労働大臣に提出するものとする。これを変更したときも、同様とする。

４　厚生労働大臣は、第二項の計画が著しく不適当であると認めるときは、当該計画を作成した事業主に対し、その変更を勧告することができる。

（高年齢者雇用等推進者）

第一一条　事業主は、厚生労働省令で定めるところにより、高年齢者雇用確保措置等を推進するため、作業施設の改善その他の諸条件の整備を図るための業務を担当する者を選任するように努めなければならない。

第三章　高年齢者等の再就職の促進等

第一節　国による高年齢者等の再就職の促進等

（再就職の促進等の措置の効果的な推進）

第一二条　国は、高年齢者等の再就職の促進等を図るため、高年齢者等に係る職業指導、職業紹介、職業訓練その他の措置が効果的に関連して実施されるように配慮するものとする。

（求人の開拓等）

第一三条　公共職業安定所は、高年齢者等の再就職の促進等を図るため、高年齢者等の雇用の機会が確保されるように求人の開拓等を行うとともに、高年齢者等に係る求人及び求職に関する情報を収集し、並びに高年齢者等である求職者及び事業主に対して提供するように努めるものとする。

（求人者等に対する指導及び援助）

第一四条　公共職業安定所は、高年齢者等にその能力に適合する職業を紹介するため必要があるときは、求人者に対して、年齢その他の求人の条件について指導するものとする。

２　公共職業安定所は、高年齢者等を雇用し、又は雇用しようとする者に対して、雇入れ、配置、作業の設備又は環境等高年齢者等の雇用に関する技術的事項について、必要な助言その他の援助を行うことができる。

第二節　事業主による高年齢者等の再就職の援助等

（再就職援助措置）

第一五条　事業主は、その雇用する高年齢者等（厚生労働省令で定める者に限る。以下この項及び次条第一項において「再就職援助対象高年齢者等」という。）が解雇（自己の責めに帰すべき理由によるものを除く。）その他の厚生労働省令で定める理由により離職する場合において、当該再就職援助対象高年齢者等が再就職を希望するときは、求人の開拓その他当該再就職援助対象高年齢者等の再就職の援助に関し必要な措置（以下「再就職援助措置」という。）を講ずるように努めなければならない。

２　公共職業安定所は、前項の規定により事業主が講ずべき再就職援助措置について、当該事業主の求めに応じて、必要な助言その他の援助を行うものとする。

（多数離職の届出）

第一六条　事業主は、再就職援助対象高年齢者等のうち厚生労働省令で定める数以上の者が前条第一項に規定する厚生労働省令で定める理由により離職する場合には、あらかじめ、厚生労働省令で定めるところにより、その旨を公共職業安定所長に届け出なければならない。

２　前項の場合における離職者の数の算定は、厚生労働省令で定める算定方法により行うものとする。

（求職活動支援書の作成等）

第一七条　事業主は、厚生労働省令で定めるところにより、解雇（自己の責めに帰すべき理由によるものを除く。）その他これに類するものとして厚生労働省令で定める理由（以下この項において「解雇等」という。）により離職することとなつている高年齢者等（厚生労働省令で定める者に限る。）が希望するときは、その円滑な再就職を促進するため、当該高年齢者等の職務の経歴、職業能力その他の当該高年齢者等の再就職に資する事項（解雇等の理由を除く。）として厚生労働省令で定める事項及び事業主が講ずる再就職援助の措置を明らかにする書面（以下「求職活動支援書」という。）を作成し、当該高年齢者等に交付しなければならない。

２　前項の規定により求職活動支援書を作成した事業主は、その雇用する者のうちから再就職援助担当者を選任し、その者に、当該求職活動支援書に基づいて、厚生労働省令で定めるところにより、公共職業安定所と協力して、当該求職活動支援書に係る高年齢者等の再就職の援助に関する業務を行わせるものとする。

（指導、助言及び勧告）

第一八条　厚生労働大臣は、前条第一項の規定に違反している事業主に対し、必要な指導及び助言をすることができる。

２　厚生労働大臣は、前項の規定による指導又は助言をした場合において、その事業主がなお前条第一項の規定に違反していると認めるときは、当該事業主に対し、求職活動支援書を作成し、当該求職活動支援書に係る高年齢者等に交付すべきことを勧告することができる。

（求職活動支援書に係る労働者に対する助言その他の援助）

第一九条　求職活動支援書の交付を受けた労働者は、公共職業安定所に求職の申込みを行うときは、公共職業安定所に、当該求職活動支援書を提示することができる。

２　公共職業安定所は、前項の規定により求職活動支援書の提示を受けたときは、当該求職活動支援書の記載内容を参酌し、当該求職者に対し、その職務の経歴等を明らかにする書面の作成に関する助言その他の援助を行うものとする。

３　公共職業安定所長は、前項の助言その他の援助を行うに当たり、必要と認めるときは、当該求職活動支援書を作成した事業主に対し、情報の提供その他必要な協力を求めることができる。

（募集及び採用についての理由の提示等）

第二〇条　事業主は、労働者の募集及び採用をする場合において、やむを得ない理由により一定の年齢（六十五歳以下のものに限る。）を下回ることを条件とするときは、求職者に対し、厚生労働省令で定める方法により、当該理由を示さなければならない。

２　厚生労働大臣は、前項に規定する理由の提示の有無又は当該理由の内容に関して必要があると認めるときは、事業主に対して、報告を求め、又は助言、指導若しくは勧告をすることができる。

（定年退職等の場合の退職準備援助の措置）

第二一条　事業主は、その雇用する高年齢者が定年その他これに準ずる理由により退職した後においてその希望に応じ職業生活から円滑に引退することができるようにするために必要な備えをすることを援助するため、当該高年齢者に対し、引退後の生活に関する必要な知識の取得の援助その他の措置を講ずるように努めなければならない。

第三節　中高年齢失業者等に対する特別措置

（中高年齢失業者等求職手帳の発給）

第二二条　公共職業安定所長は、中高年齢失業者等であつて、次の各号に該当するものに対して、その者の申請に基づき、中高年齢失業者等求職手帳（以下「手帳」という。）を発給する。

一　公共職業安定所に求職の申込みをしていること。

二　誠実かつ熱心に就職活動を行う意欲を有すると認められること。

三　第二十五条第一項各号に掲げる措置を受ける必要があると認められること。

四　前三号に掲げるもののほか、生活の状況その他の事項について厚生労働大臣が労働政策審議会の意見を聴いて定める要件に該当すること。

（手帳の有効期間）

第二三条　手帳は、厚生労働省令で定める期間、その効力を有する。

２　公共職業安定所長は、手帳の発給を受けた者であつて、前項の手帳の有効期間を経過してもなお就職が困難であり、引き続き第二十五条第一項各号に掲げる措置を実施する必要があると認められるものについて、その手帳の有効期間を厚生労働省令で定める期間延長することができる。

３　前二項の厚生労働省令で定める期間を定めるに当たつては、特定地域に居住する者について特別の配慮をすることができる。

（手帳の失効）

第二四条　手帳は、公共職業安定所長が当該手帳の発給を受けた者が次の各号のいずれかに該当すると認めたときは、その効力を失う。

一　新たに安定した職業に就いたとき。

二　第二十二条各号に掲げる要件のいずれかを欠くに至つたとき。

三　前二号に掲げるもののほか、厚生労働大臣が労働政策審議会の意見を聴いて定める要件に該当するとき。

２　前項の場合においては、公共職業安定所長は、その旨を当該手帳の発給を受けた者に通知するものとする。

（計画の作成）

第二五条　厚生労働大臣は、手帳の発給を受けた者の就職を容易にするため、次の各号に掲げる措置が効果的に関連して実施されるための計画を作成するものとする。

一　職業指導及び職業紹介

二　公共職業能力開発施設の行う職業訓練（職業能力開発総合大学校の行うものを含む。）

三　国又は地方公共団体が実施する訓練（前号に掲げるものを除く。）であつて、失業者に作業環境に適応することを容易にさせ、又は就職に必要な知識及び技能を習得させるために行われるもの（国又は地方公共団体の委託を受けたものが行うものを含む。）

四　前三号に掲げるもののほか、厚生労働省令で定めるもの

2　厚生労働大臣は、前項の計画を作成しようとする場合には、労働政策審議会の意見を聴かなければならない。

（公共職業安定所長の指示）

第二六条　公共職業安定所長は、手帳を発給するときは、手帳の発給を受ける者に対して、その者の知識、技能、職業経験その他の事情に応じ、当該手帳の有効期間中前条第一項の計画に準拠した同項各号に掲げる措置（以下「就職促進の措置」という。）の全部又は一部を受けることを指示するものとする。

2　公共職業安定所長は、手帳の発給を受けた者について当該手帳の有効期間を延長するときは、改めて、その延長された有効期間中就職促進の措置の全部又は一部を受けることを指示するものとする。

3　公共職業安定所長は、前二項の指示を受けた者の就職促進の措置の効果を高めるために必要があると認めたときは、その者に対する指示を変更することができる。

（関係機関等の責務）

第二七条　職業安定機関、地方公共団体及び独立行政法人高齢・障害・求職者雇用支援機構（第四十九条第二項及び第三項において「機構」という。）は、前条第一項又は第二項の指示を受けた者の就職促進の措置の円滑な実施を図るため、相互に密接に連絡し、及び協力するように努めなければならない。

2　前条第一項又は第二項の指示を受けた者は、その就職促進の措置の実施に当たる職員の指導又は指示に従うとともに、自ら進んで、速やかに職業に就くように努めなければならない。

（手当の支給）

第二八条　国及び都道府県は、第二十六条第一項又は第二項の指示を受けて就職促進の措置を受ける者に対して、その就職活動を容易にし、かつ、生活の安定を図るため、手帳の有効期間中、労働施策の総合的な推進並びに労働者の雇用の安定及び職業生活の充実等に関する法律（昭和四十一年法律第百三十二号）の規定に基づき、手当を支給することができる。

（就職促進指導官）

第二九条　就職促進の措置としての職業指導は、職業安定法（昭和二十二年法律第百四十一号）第九条の二第一項の就職促進指導官に行わせるものとする。

（報告の請求）

第三〇条　公共職業安定所長は、第二十六条第一項又は第二項の指示を受けて就職促進の措置を受ける者に対し、その就職活動の状況について報告を求めることができる。

（特定地域における措置）

第三一条　厚生労働大臣は、特定地域に居住する中高年齢失業者等について、職業紹介、職業訓練等の実施、就業の機会の増大を図るための事業の実施その他これらの者の雇用を促進するため必要な事項に関する計画を作成し、その計画に基づき必要な措置を講ずるものとする。

第三二条　厚生労働大臣は、特定地域における中高年齢失業者等の就職の状況等からみて必要があると認めるときは、当該特定地域において計画実施される公共事業（国及び特別の法律により特別の設立行為をもつて設立された法人（その資本金の全部若しくは大部分が国からの出資による法人又はその事業の運営のために必要な経費の主たる財源を国からの交付金若しくは補助金によつて得ている法人であつて、政令で定めるものに限る。）（次項において「国等」という。）自ら又は国の負担金の交付を受け、若しくは国庫の補助により地方公共団体等が計画実施する公共的な建設又は復旧の事業をいう。以下同じ。）について、その事業種別に従い、職種別又は地域別に、当該事業に使用される労働者の数とそのうちの中高年齢失業者等の数との比率（以下「失業者吸収率」という。）を定めることができる。

2　失業者吸収率の定められている公共事業を計画実施する国等又は地方公共団体等（これらのものとの請負契約その他の契約に基づいて、その事業を施行する者を含む。以下「公共事業の事業主体等」という。）は、公共職業安定所の紹介により、常に失業者吸収率に該当する数の中高年齢失業者等を雇い入れていなければならない。

3　公共事業の事業主体等は、前項の規定により雇入れを必要とする数の中高年齢失業者等を公共職業安定所の紹介により雇い入れることが困難な場合には、その困難な数の労働者を、公共職業安定所の書面による承諾を得て、直接雇い入れることができる。

（厚生労働省令への委任）

第三三条　この節に定めるもののほか、手帳の発給、手帳の返納その他手帳に関し必要な事項、第二十六条第一項又は第二項の指示の手続に関し必要な

事項及び公共事業への中高年齢失業者等の吸収に関し必要な事項は、厚生労働省令で定める。

第四章　地域の実情に応じた高年齢者の多様な就業の機会の確保

（地域の実情に応じた高年齢者の多様な就業の機会の確保に関する計画）

第三四条　地方公共団体は、単独で又は共同して、次条第一項の協議会における協議を経て、地域の実情に応じた高年齢者の多様な就業の機会の確保に関する計画（以下この条及び同項において「地域高年齢者就業機会確保計画」という。）を策定し、厚生労働大臣に協議し、その同意を求めることができる。

2　地域高年齢者就業機会確保計画においては、次に掲げる事項を定めるものとする。

一　地域高年齢者就業機会確保計画の対象となる区域（次項第一号において「計画区域」という。）

二　地域の特性を生かして重点的に高年齢者の就業の機会の確保を図る業種に関する事項

三　国が実施する高年齢者の雇用に資する事業に関する事項

四　計画期間

3　地域高年齢者就業機会確保計画においては、前項各号に掲げる事項のほか、次に掲げる事項を定めるよう努めるものとする。

一　計画区域における高年齢者の就業の機会の確保の目標に関する事項

二　地方公共団体及び次条第一項の協議会の構成員その他の関係者が実施する高年齢者の就業の機会の確保に資する事業に関する事項

4　地方公共団体は、第一項の同意を得た地域高年齢者就業機会確保計画を変更しようとするときは、厚生労働大臣に協議し、その同意を得なければならない。

5　政府は、第一項の同意を得た地域高年齢者就業機会確保計画（前項の規定による変更の同意があつたときは、その変更後のもの）に係る第二項第三号に規定する事業について、雇用保険法（昭和四十九年法律第百十六号）第六十二条の雇用安定事業又は同法第六十三条の能力開発事業として行うものとする。

（協議会）

第三五条　地方公共団体、関係機関、第三十七条第二項に規定するシルバー人材センター、事業主団体、高年齢者の就業に関連する業務に従事する者その他の関係者は、高年齢者の多様な就業の機会の確保に関する地域の課題について情報を共有し、連携の緊密化を図るとともに、地域高年齢者就業機会確保計画に関し必要な事項その他地域の実情に応じた高年齢者の多様な就業の機会の確保の方策について協議を行うための協議会を組織することができる。

2　前項の協議会において協議が調つた事項については、当該協議会の構成員は、その協議の結果を尊重しなければならない。

第五章　定年退職者等に対する就業の機会の確保

（国及び地方公共団体の講ずる措置）

第三六条　国及び地方公共団体は、定年退職者その他の高年齢退職者の職業生活の充実その他福祉の増進に資するため、臨時的かつ短期的な就業又は次条第一項の軽易な業務に係る就業を希望するこれらの者について、就業に関する相談を実施し、その希望に応じた就業の機会を提供する団体を育成し、その他その就業の機会の確保のために必要な措置を講ずるように努めるものとする。

第六章　シルバー人材センター等

第一節　シルバー人材センター

（指定等）

第三七条　都道府県知事は、定年退職者その他の高年齢退職者の希望に応じた就業で、臨時的かつ短期的なもの又はその他の軽易な業務（当該業務に係る労働力の需給の状況、当該業務の処理の実情等を考慮して厚生労働大臣が定めるものに限る。次条において同じ。）に係るものの機会を確保し、及びこれらの者に対して組織的に提供することにより、その就業を援助して、これらの者の能力の積極的な活用を図ることができるようにし、もつて高年齢者の福祉の増進に資することを目的とする一般社団法人又は一般財団法人（次項及び第四十四条第一項において「高年齢者就業援助法人」という。）であつて、次条に規定する業務に関し次に掲げる基準に適合すると認められるものを、その申請により、市町村（特別区を含む。第三十九条及び第四十四条において同じ。）の区域（当該地域における臨時的かつ短期的な就業の機会の状況その他の事情を考慮して厚生労働省令で定める基準に従い、次条第一項第一号及び第二号に掲げる業務の円滑な運営を確保するために必要と認められる場合には、都道府県知事が指定する二以上の市町村の区域）ごとに一個に限り、同条に規定する業務を行う者として指定することができる。ただし、第四十四条第一項の指定を受けた者

（以下「シルバー人材センター連合」という。）に係る同項の指定に係る区域（同条第二項又は第四項の変更があつたときは、その変更後の区域。以下「連合の指定区域」という。）については、この項の指定に係る区域とすることはできない。

一　職員、業務の方法その他の事項についての業務の実施に関する計画が適正なものであり、かつ、その計画を確実に遂行するに足りる経理的及び技術的な基礎を有すると認められること。

二　前号に定めるもののほか、業務の運営が適正かつ確実に行われ、高年齢者の福祉の増進に資すると認められること。

2　前項の指定は、その会員に同項の指定を受けた者（以下「シルバー人材センター」という。）を二以上有する高年齢者就業援助法人に対してはすることができない。

3　都道府県知事は、第一項の指定をしたときは、シルバー人材センターの名称及び住所、事務所の所在地並びに当該指定に係る地域を公示しなければならない。

4　シルバー人材センターは、その名称及び住所並びに事務所の所在地を変更しようとするときは、あらかじめ、その旨を都道府県知事に届け出なければならない。

5　都道府県知事は、前項の届出があつたときは、当該届出に係る事項を公示しなければならない。

（業務等）

第三八条　シルバー人材センターは、前条第一項指定に係る区域（以下「センターの指定区域」という。）において、次に掲げる業務を行うものとする。

一　臨時的かつ短期的な就業（雇用によるものを除く。）又はその他の軽易な業務に係る就業（雇用によるものを除く。）を希望する高年齢退職者のために、これらの就業の機会を確保し、及び組織的に提供すること。

二　臨時的かつ短期的な雇用による就業又はその他の軽易な業務に係る就業（雇用によるものに限る。）を希望する高年齢退職者のために、無料の職業紹介事業を行うこと。

三　高年齢退職者に対し、臨時的かつ短期的な就業及びその他の軽易な業務に係る就業に必要な知識及び技能の付与を目的とした講習を行うこと。

四　前三号に掲げるもののほか、高年齢退職者のための臨時的かつ短期的な就業及びその他の軽易な業務に係る就業に関し必要な業務を行うこと。

2　シルバー人材センターは、職業安定法第三十条第一項の規定にかかわらず、厚生労働省令で定めるところにより、厚生労働大臣に届け出て、前項第二号の無料の職業紹介事業を行うことができる。

3　前項の規定による有料の職業紹介事業に関しては、シルバー人材センターを職業安定法第四条第十項に規定する職業紹介事業者若しくは同法第三十二条の三第一項に規定する有料職業紹介事業者又は労働施策の総合的な推進並びに労働者の雇用の安定及び職業生活の充実等に関する法律第二条に規定する職業紹介機関と、前項の規定による届出を職業安定法第三十条第一項の規定による許可とみなして、同法第五条の二から第五条の八まで、第十八条の二、第三十二条の三、第三十二条の四第二項、第三十二条の八第一項、第三十二条の九第二項、第三十二条の十から第三十二条の十三まで、第三十二条の十五、第三十二条の十六、第三十三条の五から第三十四条まで、第四十八条から第四十八条の四まで、第五十一条及び第六十四条から第六十七条までの規定並びに労働施策の総合的な推進並びに労働者の雇用の安定及び職業生活の充実等に関する法律第三章の規定を適用する。この場合において、職業安定法第十八条の二中「第三十二条の九第二項」とあるのは「高年齢者等の雇用の安定等に関する法律第三十八条第三項の規定により適用される第三十二条の九第二項」と、同法第三十二条の三第一項中「第三十条第一項の許可を受けた者」とあるのは「高年齢者等の雇用の安定等に関する法律第三十八条第二項の規定により届け出て、有料の職業紹介事業を行う者」と、同法第三十二条の四第二項中「許可証の交付を受けた者は、当該許可証」とあるのは「高年齢者等の雇用の安定等に関する法律第四十二条第二項の規定により届出書を提出した者は、当該届出書を提出した旨その他厚生労働省令で定める事項を記載した書類」と、同法第三十二条の九第二項中「前項第二号又は第三号」とあるのは「前項第二号」とする。

4　前二項に定めるもののほか、第二項の規定による有料の職業紹介事業に関し必要な事項は、厚生労働省令で定める。

5　シルバー人材センターは、労働者派遣事業の適正な運営の確保及び派遣労働者の保護等に関する法律（昭和六十年法律第八十八号。以下「労働者派遣法」という。）第五条第一項の規定にかかわらず、厚生労働省令で定めるところにより、厚生労働大臣に届け出て、第一項第四号の業務として、その構成員である高年齢退職者のみを対象として労働者派遣法第二条第三号に規定する労働者派遣事業（以下「労働者派遣事業」という。）を行うことができる。

6　前項の規定による労働者派遣事業に関しては、労働者派遣法第五条第五項、第七条、第八条第一項及び第三項、第九条、第十条、第十一条第三項及び第四項、第十三条第二項、第十四条第一項第三号、第三十条、第三十七条第一項第九号並びに第五十四条の規定は適用しないものとし、労働者派遣法の他の規定の適用については、シルバー人材センターを労働者派遣法第二条第四号に規定する派遣元事業主と、前項の規定による届出を労働者派遣法第五条第一項の規定による許可とみなす。この場合において、次の表《略》の上欄に掲げる労働者派遣法の規定中同表の中欄に掲げる字句は、同表の下欄に掲げる字句とする。

7　前二項に定めるもののほか、第五項の規定による労働者派遣事業に関し必要な事項は、厚生労働省令で定める。

（業務拡大に係る業種及び職種の指定等）

第三九条　都道府県知事は、シルバー人材センターが行う前条第一項第二号及び第四号に掲げる業務に関し、労働力の確保が必要な地域においてその取り扱う範囲を拡張することにより高年齢退職者の就業の機会の確保に相当程度寄与することが見込まれる業種及び職種であつて、労働力の需給の状況、同項第二号及び第四号に掲げる業務（同号に掲げる業務にあつては、労働者派遣事業に限る。）と同種の業務を営む事業者の事業活動に与える影響等を考慮して厚生労働省令で定める基準に適合するものを、センターの指定区域内の市町村の区域ごとに指定することができる。

2　都道府県知事は、前項の指定をしようとするときは、あらかじめ、次に掲げる者の意見を聴かなければならない。

一　当該指定に係る市町村の長

二　当該指定に係るシルバー人材センター

三　指定しようとする業種及び職種に係る有料の職業紹介事業若しくは労働者派遣事業又はこれらと同種の事業を当該指定に係る市町村の区域において営む事業者を代表する者

四　当該指定に係る市町村の区域の労働者を代表する者

3　都道府県知事は、第一項の指定をしようとするときは、あらかじめ、厚生労働大臣に協議しなければならない。

4　都道府県知事は、第一項の指定をしたときは、当該指定をした業種及び職種並びに当該指定に係る市町村の区域を公示しなければならない。

5　第一項の指定に係る市町村の区域において、シルバー人材センターが同項の規定により指定された業種及び職種について前条第二項の規定により有料の職業紹介事業（就業の場所が当該市町村の区域内にある求人に係るものに限る。）を行う場合における同条第一項第二号の規定の適用については、同号中「軽易な業務」とあるのは、「軽易な業務若しくはその能力を活用して行う業務」とする。

6　第一項の指定に係る市町村の区域において、シルバー人材センターが同項の規定により指定された業種及び職種について前条第五項の規定により労働者派遣事業（派遣就業（労働者派遣法第二十三条の二に規定する派遣就業をいう。）の場所が当該市町村の区域内にある場合に限る。）を行う場合における前条第一項第四号の規定の適用については、同号中「及びその他の軽易な業務」とあるのは、「並びにその他の軽易な業務及びその能力を活用して行う業務」とする。

第四〇条　都道府県知事は、前条第一項の指定をした業種及び職種が同項に規定する基準に適合しなくなつたときは、遅滞なく、その指定を取り消すものとする。

2　前条第四項の規定は、前項の規定による取消しについて準用する。

（事業計画等）

第四一条　シルバー人材センターは、毎事業年度、厚生労働省令で定めるところにより、事業計画書及び収支予算書を作成し、都道府県知事に提出しなければならない。これを変更しようとするときも、同様とする。

2　シルバー人材センターは、厚生労働省令で定めるところにより、毎事業年度終了後、事業報告書及び収支決算書を作成し、都道府県知事に提出しなければならない。

（監督命令）

第四二条　都道府県知事は、この節の規定を施行するために必要な限度において、シルバー人材センターに対し、第三十八条第一項（第三十九条第五項及び第六項の規定により読み替えて適用する場合を含む。次条において同じ。）に規定する業務に関し監督上必要な命令をすることができる。

（指定の取消し等）

第四三条　都道府県知事は、シルバー人材センターが次の各号のいずれかに該当するときは、第三十七条第一項の指定（以下この条において「指定」

という。）を取り消すことができる。
一　第三十八条第一項に規定する業務を適正かつ確実に実施することができないと認められるとき。
二　指定に関し不正の行為があつたとき。
三　この節の規定又は当該規定に基づく命令に違反したとき。
四　前条の規定に基づく処分に違反したとき。
五　第五十三条第一項の条件に違反したとき。
2　都道府県知事は、前項の規定により指定を取り消したときは、その旨を公示しなければならない。

第二節　シルバー人材センター連合

第四四条～第四八条《略》

第七章　国による援助等

（事業主等に対する援助等）
第四九条　国は、高年齢者等（厚生労働省令で定める者を除く。以下この項において同じ。）の職業の安定その他福祉の増進を図るため、高年齢者等職業安定対策基本方針に従い、事業主、労働者その他の関係者に対し、次に掲げる措置その他の援助等の措置を講ずることができる。
一　定年の引上げ、継続雇用制度の導入、再就職の援助等高年齢者等の雇用の機会の増大に資する措置を講ずる事業主又はその事業主の団体に対して給付金を支給すること。
二　高年齢者等の雇用に関する技術的事項について、事業主その他の関係者に対して相談その他の援助を行うこと。
三　労働者がその高齢期における職業生活の設計を行うことを容易にするため、労働者に対して、必要な助言又は指導を行うこと。
2　厚生労働大臣は、前項各号に掲げる措置の実施に関する事務の全部又は一部を機構に行わせるものとする。
3　機構は、第一項第一号に掲げる措置の実施に関する事務を行う場合において当該事務に関し必要があると認めるときは、事業主に対し、必要な事項についての報告を求めることができる。

（雇用管理の改善の研究等）
第五〇条　国は、高年齢者の雇用の安定その他福祉の増進に資するため、高年齢者の職域の拡大その他の雇用管理の改善、職業能力の開発及び向上等の事項に関し必要な調査、研究及び資料の整備に努めるものとする。

（職業紹介等を行う施設の整備等）
第五一条　国は、高年齢者に対する職業紹介等を効果的に行うために必要な施設の整備に努めるものとする。
2　国は、地方公共団体等が、高年齢者に対し職業に関する相談に応ずる業務を行う施設を設置する等高年齢者の雇用を促進するための措置を講ずる場合には、必要な援助を行うことができる。

第八章　雑則

（雇用状況等の報告）
第五二条　事業主は、毎年一回、厚生労働省令で定めるところにより、定年、継続雇用制度、六十五歳以上継続雇用制度及び創業支援等措置の状況その他高年齢者の就業の機会の確保に関する状況を厚生労働大臣に報告しなければならない。
2　厚生労働大臣は、前項の毎年一回の報告のほか、この法律を施行するために必要があると認めるときは、厚生労働省令で定めるところにより、事業主に対し、同項に規定する状況について必要な事項の報告を求めることができる。

（指定の条件）
第五三条　この法律の規定による指定には、条件を付け、及びこれを変更することができる。
2　前項の条件は、当該指定に係る事項の確実な実施を図るために必要な最小限度のものに限り、かつ、当該指定を受ける者に不当な義務を課することとなるものであつてはならない。

（経過措置）
第五三条の二　この法律の規定に基づき政令又は厚生労働省令を制定し、又は改廃する場合においては、それぞれ政令又は厚生労働省令で、その制定又は改廃に伴い合理的に必要と判断される範囲内において、所要の経過措置（罰則に関する経過措置を含む。）を定めることができる。

（権限の委任）
第五四条　この法律に定める厚生労働大臣の権限は、厚生労働省令で定めるところにより、その一部を都道府県労働局長に委任することができる。
2　前項の規定により都道府県労働局長に委任された権限は、厚生労働省令で定めるところにより、公共職業安定所長に委任することができる。

第九章　罰則

第五五条　第四十九条第三項の規定による報告をせず、又は虚偽の報告をした者は、五十万円以下の罰金に処する。
第五六条　法人の代表者又は法人若しくは人の代理人、使用人その他の従業者が、その法人又は人の業務に関して前条の違反行為をしたときは、行為者を罰するほか、その法人又は人に対しても、同条の刑を科する。

第五十七条　第十六条第一項の規定による届出をせず、又は虚偽の届出をした者（法人であるときは、その代表者）は、十万円以下の過料に処する。

附則（抄）

（国、地方公共団体等における中高年齢者の雇用に関する暫定措置）

第三条　国及び地方公共団体並びに法律により直接に設立された法人、特別の法律により特別の設立行為をもつて設立された法人又は特別の法律により地方公共団体が設立者となつて設立された法人（これらの法人のうち、その資本金の全部若しくは大部分が国若しくは地方公共団体からの出資による法人又はその事業の運営のために必要な経費の主たる財源を国若しくは地方公共団体からの交付金若しくは補助金によつて得ている法人であつて、政令で定めるものに限る。）が行う第二条第二項第一号に規定する中高年齢者の雇用については、当分の間、なお身体障害者雇用促進法及び中高年齢者等の雇用の促進に関する特別措置法の一部を改正する法律（昭和五十一年法律第三十六号）第二条の規定による改正前の第七条から第九条までの規定の例による。この場合において、同法第二条の規定による改正前の第七条第一項及び第九条中「労働大臣」とあるのは、「厚生労働大臣」とする。

附則（平成二四年九月五日法律第七八号）

（施行期日）

1　この法律は、平成二十五年四月一日から施行する。ただし、次項の規定は、公布の日から施行する。

（準備行為）

2　この法律による改正後の第九条第三項に規定する指針の策定及びこれに関し必要な手続その他の行為は、この法律の施行前においても、同項及び同条第四項の規定の例により行うことができる。

（経過措置）

3　この法律の施行の際現にこの法律による改正前の第九条第二項の規定により同条第一項第二号に掲げる措置を講じたものとみなされている事業主については、同条第二項の規定は、平成三十七年三月三十一日までの間は、なおその効力を有する。この場合において、同項中「係る基準」とあるのは、この法律の施行の日から平成二十八年三月三十一日までの間については「係る基準（六十一歳以上の者を対象とするものに限る。）」と、同年四月一日から平成三十一年三月三十一日までの間については「係る基準（六十二歳以上の者を対象とするものに限る。）」と、同年四月一日から平成三十四年三月三十一日までの間については「係る基準（六十三歳以上の者を対象とするものに限る。）」と、同年四月一日から平成三十七年三月三十一日までの間については「係る基準（六十四歳以上の者を対象とするものに限る。）」とする。

高年齢者等職業安定対策基本方針

令和二年一〇月三〇日厚生労働省告示第三五〇号

適用：令和三年四月一日

はじめに

1　方針のねらい

少子高齢化が急速に進行し人口が減少する我が国においては、経済社会の活力を維持するため、全ての年代の人々がその特性・強みを活かし、経済社会の担い手として活躍できるよう環境整備を進めることが必要である。

特に、人生一〇〇年時代を迎える中、働く意欲がある高年齢者がその能力を十分に発揮できるよう、高年齢者が活躍できる環境整備を図っていくことが重要である。

働く意欲がある高年齢者がその能力を十分に発揮できるよう、高年齢者の活躍の場を整備するため、令和二年第二〇一回通常国会において、七〇歳までの就業機会の確保を事業主の努力義務とすること等を内容とする高年齢者等の雇用の安定等に関する法律（昭和四六年法律第六八号。以下「法」という。）の改正（以下「令和二年改正」という。）が行われた。この基本方針は、令和二年改正の趣旨等を踏まえ、高年齢者の雇用・就業についての目標及び施策の基本的考え方を、労使を始め国民に広く示すとともに、事業主が行うべき諸条件の整備等に関する指針を示すこと等により、高年齢者の雇用の安定の確保、再就職の促進及び多様な就業機会の確保を図るものである。

また、七〇歳までの就業機会の確保に関する施策を推進するに当たっては、六五歳までの雇用機会が確保されていることが前提である。このため、令和二年改正前の法による六五歳までの希望者全員の雇用確保措置（令和六年度年度末に労使協定による継続雇用制度の対象者基準を適用できる経過措置は終了）の導入に向けた取組を引き続き行うことが必要である。

2　方針の対象期間

この基本方針の対象期間は、令和三年度から令和七年度までの五年間とする。ただし、この基本方針の内容は令和二年改正を前提とするものであることから、高年齢者の雇用等の状況や、労働力の需給調整に関する制度、雇用保険制度、年金制度、公務員に係る再任用制度等関連諸制度の動向に照らして、必要な場合は改正を行うものとする。

第1　高年齢者の就業の動向に関する事項

1　人口及び労働力人口の高齢化

我が国の人口は、世界でも例を見ない急速な少子高齢化が進行しており、平成二七年（二〇一五年）から令和二二年（二〇四〇年）までの二五年間においては、一五～五九歳の者が約一、六九三万人減少するのに対し、六〇歳以上の高年齢者が約四七七万人増加し、二・四人に一人が六〇歳以上の高年齢者となるものと見込まれる。

また、六〇歳以上の労働力人口は令和元年で約一、四五〇万人であり、令和一八年（二〇三六年）から令和二一年（二〇三九年）にかけていわゆる団塊二世（昭和四六年（一九七一年）から昭和四九年（一九七四年）までに生まれた世代）が六五歳に達する等人口ピラミッドの変化が起きることから、平成二九年（二〇一七年）と労働力率が同じ水準であるとすれば、平成二九年（二〇一七年）から令和二二年（二〇四〇年）までの二三年間においては、六〇～六九歳の労働力人口は二四万人減少し、七〇歳以上の労働力人口は二六万人増加すると見込まれる（総務省統計局「国勢調査」（平成二七年）、「労働力調査」（令和元年）及び国立社会保障・人口問題研究所「日本の将来推計人口」（平成二九年）の出生中位（死亡中位）推計、独立行政法人労働政策研究・研修機構「労働力需給の推計―労働力需給モデル（二〇一八年度版）による将来推計―」（二〇一九））。

2　高年齢者の雇用・就業の状況

高年齢者の雇用失業情勢を見ると、令和元年における完全失業率は、年齢計及び六〇～六四歳層ともに二・四%となっており、これを男女別に見ると、男性については年齢計及び六〇～六四歳層ともに二・五%であるのに対し、女性については年齢計が二・二%、六〇～六四歳層では一・七%となっている。

なお、六五～六九歳層の完全失業率は二・三%であり、男女別に見ると、男性は三・一%、女性は一・一%となっている（総務省統計局「労働力調査」）。

六〇～六四歳層の就業率は、平成二四年に五七・七%、令和元年に七〇・三%となっている。これを男女別に見ると、男性は、平成二四年に七一・三%、令和元年に八二・三%となっている。また、女性は、平成二四年に四四・五%、令和元年に五八・六%となっており、近年高まっている（総務省統計局「労働力調査」）。また、常用労働者が三一人以上の企業における六〇～六四歳層の常用労働者数は、平成二四年の約一九六万人から、令和元年の約二一五万人に増加している（厚生労働省「高年齢者雇用状況報告」）。

六五～六九歳層の就業率は、平成二四年に三七・一%、令和元年に四八・四%となっている。これを男女別に見ると、男性は、平成二四年に四六・九%、令和元年に五八・九%、女性は、平成二四年に二七・八%、令和元年に三八・六%となっており、近年高まっている（総務省統計局「労働力調査」）。

六〇～六九歳の高年齢者の勤務形態を見ると、令和元年時点で、男性の雇用者に占めるフルタイム勤務以外の者の割合は、六〇～六四歳層で二一・五%、六五～六九歳層で五二・九%となっている。また、女性の雇用者に占めるフルタイム勤務以外の者の割合は、六〇～六四歳層で六二・九%、六五～六九歳層で六九・八%となっており、年齢層が高くなるほど高まっている（独立行政法人労働政策研究・研修機構「六〇代の雇用・生活調査」（令和元年））。

なお、六〇～六九歳の高年齢者の仕事の内容を見ると、「会社、団体などに雇われて仕事をしていた」と答えた者の割合は、男性は、六〇～六四歳層で七〇・七%、六五～六九歳層で五八・一%、女性は、六〇～六四歳層で七三・〇%、六五～六九歳層で五六・九%となっており、「商店、工場、農家などの自家営業（自営業主の場合をいいます）や自由業であった」と答えた者の割合は、男性は、六〇～六四歳層で一一・一%、六五～六九歳層で一五・六%、女性は、六〇～六四歳層で八・二%、六五～六九歳層で一二・三%となっている（独立行政法人労働政策研究・研修機構「六〇代の雇用・生活調査」（令和元年））。

3　高年齢者に係る雇用制度の状況

(1)　定年制及び継続雇用制度の動向

令和元年六月一日現在、常用労働者が三一人以上の企業のうち九九・八%が六五歳までの令和二年改正前の法第九条第一項の規定に基づく高年齢者雇用確保措置（定年の引上げ、継続雇用制度（現に雇用している高年齢者が希望するときは、当該高年齢者をその定年後も引き続いて雇用する制度をいう。以下同じ。）の導入又は定年の定めの廃止をいう。以下この第一において同じ。）を実施済みである。そのうち、定年の定めの廃止の措置を講じた企業の割合は二・七%、定年の引上げの措置を講じた企業の割合は一九・四%、継続雇用制度の導入の措置を講じた企業の割合は七七・九%となっている。継続雇用制度を導入した企業のうち、希望者全員を対象とする制度を導入した企業の割合は七三・〇%、制度の対象となる高年齢者に係る基準を定めた企業の割合は二七・〇%となっている。

また、希望者全員が六五歳以上まで働ける企業の割合は七八・八%となっている（厚生労働省「高年齢者雇用状況報告」（令和元年））。六〇代前半の継続雇用者の雇用形態については、六〇～六四歳層で正社員の者が二六・四%、パート・アルバイトの者が三四・六%、嘱託の者が一八・二%、契約社員の者が一三・六%、六五～六九歳層で正社員の者が一四・六%、パート・アルバイトの者が四九・〇%、嘱託の者が一一・一%、契約社員の者が一五・六%となっている（独立行政法人労働政策研究・研修機構「六〇代の雇用・生活調査」（令和元年））。

また、高年齢者雇用確保措置を講じている企業で、勤務延長制度の雇用契約期間について一年とする企業の割合が五一・八%、一年を超える期間とする企業の割合は九・二%、半年以上一年未満とする企業の割合は二・八%、半年未満とする企業の割合は一・七%、期間を定めない企業が三四・五%となっている。また、再雇用制度の雇用契約期間について一年とする企業の割合が七四・七%、一年を超える期間とする企業の割合は八・二%、半年以上一年未満とする企業の割合は四・二%、半年未満とする企業の割合は一・八%、期間を定めない企業が一一・一%となっている（厚生労働省「就労条件総合調査」（平成二九年））。

(2)　賃金の状況

イ　賃金決定の要素

過去三年間に賃金制度の改定を行った企業（三五・五%）では、その改定内容（複数回答）として、「職務・職種などの仕事の内容に対応する賃金部分の拡大」（二一・三%）、「職務遂行能力に対応する賃金部分の拡大」（一八・五%）、「業績・成果に対応する賃金部分の拡大」（一六・一%）を多く挙げている（厚生労働省「就労条件総合調査」（平成二九年））。

ロ　転職者の賃金

転職時の賃金変動の状況をみると、減少となっている者の割合は、一般に年齢が高いほど高くなる傾向にあり、一〇%以上の減少となっている者の割合は四五～四九歳で二三・二%、五〇～五四歳で二〇・一%、五五～五九歳で三七・六%、六〇～六四歳で六五・一%となっている。ただし、六五歳以上では四七・八%となっており、その割合は減少している（厚生労働省「雇用動向調査」（令和元年（上半期））。

ハ　継続雇用時の賃金

六〇歳以降もそれまでに在籍した企業に継続して雇用されるフルタイムの労働者の六〇歳直前の賃金を一〇〇とした場合の六一歳の時点の賃金水準の指数については、企業内で平均的な賃金水準の者が七八・七となっている。（独立行政法人労働政策研究・研修機構「高齢者の雇用に関する調査（企業調査）」（令和元年））。

ニ　継続雇用時の賃金水準決定の要素

六〇代前半の継続雇用者の賃金水準決定の際に考慮している点（複数回答）をみると、「六〇歳到達時の賃金水準」（四八・〇%）、「個人の知識、技能、技術」（四七・八%）、「担当する職務の市場賃金・相場」（二〇・五%）、「業界他社の状況」（一八・四%）、「自社所在地域の最低賃金」（一四・一%）となっている（独立行政法人労働政策研究・研修機構「高齢者の雇用に関する調査（企業調査）」（令和元年））。

4　高年齢者の労働災害の状況

労働災害の発生状況を休業四日以上の死傷者数でみると、六〇歳以上の労働者の割合は、平成二四年（二〇一二年）の二一・〇%から、令和元年（二〇一九年）の二六・八%に増加している（厚生労働省「労働者死傷病報告」）。

5　高年齢者の就業意欲

六〇歳以上の男女の就業意欲についてみると、

現在就労している六〇歳以上の者のうち、七〇歳くらいまで仕事をしたい者の割合が二一・九%、七五歳くらいまで仕事をしたい者の割合が一一・四%、八〇歳くらいまで仕事をしたい者の割合が四・四%、働けるうちはいつまでも仕事をしたい者の割合が四二・〇%となっている（内閣府「高齢者の日常生活に関する意識調査」（平成二六年））。

第2　高年齢者の就業の機会の増大の目標に関する事項

高年齢者の職業の安定その他の福祉の増進を図るとともに、少子高齢化が進む中で経済社会の活力を維持するためには、年齢にかかわりなく働ける企業の普及を図り、高年齢者の雇用の場の拡大に努めること等により、高年齢者の就業の機会を確保し、生涯現役社会を実現することが必要である。

また、平成二五年度から公的年金の報酬比例部分の支給開始年齢が段階的に六五歳へ引き上げられていることから、雇用と年金の確実な接続を図ることが重要である。このため、高年齢者等の雇用の安定等に関する法律の一部を改正する法律（平成二四年法律第七八号）による改正後の法に基づき、希望者全員の六五歳までの高年齢者雇用確保措置が全ての企業において講じられるよう取り組む。

加えて、人生一〇〇年時代を迎え、働く意欲がある高年齢者がその能力を十分に発揮できるよう、高年齢者の活躍の場を整備することも重要である。このため、令和二年改正後の法に基づき、七〇歳までの高年齢者就業確保措置が適切に企業において講じられるよう取り組む。

なお、高年齢者の雇用対策については、その知識、経験等を活かした安定した雇用の確保が基本となるが、それが困難な場合にあっては、在職中からの再就職支援等により、円滑に企業間の労働移動を行うことができるよう、また、有期契約労働者を含め離職する労働者に対しては、その早期再就職が可能となるよう再就職促進対策の強化を図る。

また、高齢期には、個々の労働者の意欲、体力等個人差が拡大し、その雇用・就業ニーズも雇用就業形態、労働時間等において多様化することから、このような多様なニーズに対応した雇用・就業機会の確保を図る。これらの施策により、成長戦略実行計画（令和元年六月二一日閣議決定）で示された二〇二五年までの目標である六五～六九歳の就業率を五一・六%以上とすることを目指す。

第3　事業主が行うべき諸条件の整備等に関して指針となるべき事項

1　事業主が行うべき諸条件の整備に関する指針

事業主は、高年齢者が年齢にかかわりなく、その意欲及び能力に応じて働き続けることができる社会の実現に向けて企業が果たすべき役割を自覚しつつ、労働者の年齢構成の高齢化や年金制度の状況等も踏まえ、労使間で十分な協議を行いつつ、高年齢者の意欲及び能力に応じた雇用機会の確保等のために次の(1)から(7)までの諸条件の整備に努めるものとする。

(1)　募集・採用に係る年齢制限の禁止

労働者の募集・採用に当たっては、労働者の一人ひとりに、より均等な働く機会が与えられるよう、労働施策の総合的な推進並びに労働者の雇用の安定及び職業生活の充実等に関する法律（昭和四一年法律第一三二号）において、募集・採用における年齢制限が禁止されているが、高年齢者の雇用の促進を目的として、六〇歳以上の高年齢者を募集・採用することは認められている。

なお、労働施策の総合的な推進並びに労働者の雇用の安定及び職業生活の充実等に関する法律施行規則（昭和四一年労働省令第二三号）第一条の三第一項各号に該当する場合であって、上限年齢を設定するときには、法第二〇条第一項の規定に基づき、求職者に対してその理由を明示する。

(2)　職業能力の開発及び向上

高年齢者の有する知識、経験等を活用できる効果的な職業能力開発を推進するため、必要な職業訓練を実施する。その際には、公共職業能力開発施設・民間教育訓練機関において実施される職業訓練も積極的に活用する。

(3)　作業施設の改善

作業補助具の導入を含めた機械設備の改善、作業の平易化等作業方法の改善、照明その他の作業環境の改善並びに福利厚生施設の導入及び改善を通じ、身体的機能の低下等に配慮することにより、体力等が低下した高年齢者が職場から排除されることを防ぎ、その職業能力を十分発揮できるように努める。

その際には、独立行政法人高齢・障害・求職者雇用支援機構（以下「機構」という。）が有する高年齢者のための作業施設の改善等に関する情報等の積極的な活用を図る。

(4)　高年齢者の職域の拡大

企業における労働者の年齢構成の高齢化に対応した職務の再設計を行うこと等により、身体的機能の低下等の影響が少なく、高年齢者の知識、経験、能力等が十分に活用できる職域の拡大に努める。

また、合理的な理由がないにもかかわらず、年齢のみによって高年齢者を職場から排除することのないようにする。

(5) 高年齢者の知識、経験等を活用できる配置、処遇の推進

高年齢者について、その意欲及び能力に応じた雇用機会を確保するため、職業能力を評価する仕組みや資格制度、専門職制度等の整備を行うことにより、その知識、経験等を活用することのできる配置、処遇を推進する。

(6) 勤務時間制度の弾力化

高齢期における就業希望の多様化や体力の個人差に対応するため、短時間勤務、隔日勤務、フレックスタイム制等を活用した勤務時間制度の弾力化を図る。

(7) 事業主の共同の取組の推進

高年齢者の雇用機会の開発を効率的に進めるため、同一産業や同一地域の事業主が、高年齢者の雇用に関する様々な経験を共有しつつ、労働者の職業能力開発の支援、職業能力を評価する仕組みの整備、雇用管理の改善等についての共同の取組を推進する。

2 再就職の援助等に関する指針

事業主は、解雇等により離職することとなっている高年齢者が再就職を希望するときは、当該高年齢者が可能な限り早期に再就職することができるよう、当該高年齢者の在職中の求職活動や職業能力開発について、主体的な意思に基づき次の(1)から(4)までの事項に留意して積極的に支援すること等により、再就職の援助に努めるものとする。

(1) 再就職の援助等に関する措置の内容

再就職の援助等の対象となる高年齢者(以下「離職予定高年齢者」という。)に対しては、その有する職業能力や当該離職予定高年齢者から聴取した再就職に関する希望等を踏まえ、例えば、次のイからホまでの援助を必要に応じて行うよう努める。

イ 教育訓練の受講、資格試験の受験等求職活動のための休暇の付与

ロ イの休暇日についての賃金の支給、教育訓練等の実費相当額の支給等在職中の求職活動に対する経済的な支援

ハ 求人の開拓、求人情報の収集・提供、関連企業等への再就職のあっせん

ニ 再就職に資する教育訓練、カウンセリング等の実施、受講等のあっせん

ホ 事業主間で連携した再就職の支援体制の整備

(2) 求職活動支援書の作成等

離職予定高年齢者については、求職活動支援書の交付希望の有無を確認し、当該離職予定高年齢者が希望するときは、その能力、希望等に十分配慮して、求職活動支援書を速やかに作成・交付する。交付が義務付けられていない定年退職者等の離職予定高年齢者についても、当該離職予定高年齢者が希望するときは、求職活動支援書を作成・交付するよう努める。

求職活動支援書を作成するときは、あらかじめ再就職援助に係る基本的事項について、労働者の過半数で組織する労働組合がある場合においてはその労働組合、労働者の過半数で組織する労働組合がない場合においては労働者の過半数を代表する者と十分な協議を行うとともに、求職活動支援書の交付希望者本人から再就職及び在職中の求職活動に関する希望を十分聴取する。

なお、求職活動支援書を作成する際には、当該交付希望者が有する豊富な職業キャリアを記載することができるジョブ・カード(職業能力開発促進法(昭和四四年法律第六四号)第一五条の四第一項に規定する職務経歴等記録書をいう。)の様式を積極的に活用する。

(3) 公共職業安定所等による支援の積極的な活用等

求職活動支援書の作成その他の再就職援助等の措置を講ずるに当たっては、必要に応じ、公共職業安定所等に対し、情報提供その他の助言・援助を求めるとともに、公共職業安定所が在職中の求職者に対して実施する職業相談や、地域における関係機関との連携の下で事業主団体等が行う再就職援助のための事業を積極的に活用する。

また、公共職業安定所の求めに応じ、離職予定高年齢者の再就職支援に資する情報の提供を行う等、公共職業安定所との連携及び協力に努める。

(4) 助成制度の有効な活用

求職活動支援書の作成・交付を行うことにより、離職予定高年齢者の再就職援助を行う事業主等に対する雇用保険制度に基づく助成制度の有効な活用を図る。

3 職業生活の設計の援助に関する指針

事業主は、その雇用する労働者が、様々な変化に対応しつつキャリア形成を行い、高齢期に至る

まで職業生活の充実を図ることができるよう、次の⑴及び⑵の事項の実施を通じて、その高齢期における職業生活の設計について効果的な援助を行うよう努めるものとする。

この場合において、労働者が就業生活の早い段階から将来の職業生活を考えることができるよう、情報の提供等に努める。

⑴ 職業生活の設計に必要な情報の提供、相談等

職業生活の設計に関し必要な情報の提供を行うとともに、職業能力開発等に関するきめ細かな相談を行い、労働者自身の主体的な判断及び選択によるキャリア設計を含めた職業生活の設計が可能となるよう配慮する。

また、労働者が職業生活の設計のために企業の外部における講習の受講その他の活動を行う場合に、勤務時間等について必要な配慮を行う。

⑵ 職業生活設計を踏まえたキャリア形成の支援

労働者の職業生活設計の内容を必要に応じ把握しつつ、職業能力開発に対する援助を行う等により、当該労働者の希望や適性に応じたキャリア形成の支援を行う。

第4 高年齢者の職業の安定を図るための施策の基本となるべき事項

1 高年齢者雇用確保措置等（法第九条第一項に規定する高年齢者雇用確保措置及び法第一〇条の二第四項に規定する高年齢者就業確保措置をいう。以下同じ。）の円滑な実施を図るための施策の基本となるべき事項

国は、高年齢者雇用確保措置等が各企業の労使間での十分な協議の下に適切かつ有効に実施されるよう、次の⑴から⑸までの事項に重点をおいて施策を展開する。

⑴ 高年齢者雇用確保措置等の実施及び運用に関する指針の周知徹底

六五歳未満定年の定めのある企業において、六五歳までの高年齢者雇用確保措置の速やかな実施、希望者全員の六五歳までの安定した雇用の確保に関する自主的かつ計画的な取組が促進されるよう、法第九条第三項の規定に基づく高年齢者雇用確保措置の実施及び運用に関する指針（平成二四年厚生労働省告示第五六〇号）の内容について、その周知徹底を図る。

また七〇歳未満定年の定めのある企業又は七〇歳未満を上限年齢とする継続雇用制度を導入している企業において、七〇歳までの高年齢者就業確保措置の実施に向けた自主的かつ計画的な取組が促進されるよう、法第一〇条の二第四項の規定に基づく高年齢者就業確保措置の実施及び運用に関する指針（令和二年厚生労働省告示第三五一号）の内容について、その周知徹底を図る。

⑵ 高年齢者雇用確保措置等に係る指導等

都道府県労働局及び公共職業安定所においては、全ての企業において高年齢者雇用確保措置が講じられるよう、周知の徹底や企業の実情に応じた指導等に積極的に取り組む。

その際、特に、企業の労使間で合意され、実施又は計画されている高年齢者雇用確保措置に関する好事例その他の情報の収集及びその効果的な提供に努める。

また、高年齢者雇用確保措置の実施に係る指導を繰り返し行ったにもかかわらず何ら具体的な取組を行わない企業には勧告書を発出し、勧告に従わない場合には企業名の公表を行い、各種法令等に基づき、公共職業安定所での求人の不受理・紹介保留、助成金の不支給等の措置を講じる。

高年齢者就業確保措置は、令和二年改正により新たに設けられた努力義務であり、また、高年齢者雇用確保措置とは異なる創業支援等措置を新たな選択肢として規定していることから、まずは、制度の趣旨や内容の周知徹底を主眼とする啓発及び指導を行うとともに、企業の労使間で合意され、実施又は計画されている高年齢者就業確保措置に関する好事例その他の情報の収集及びその効果的な提供に努める。また、雇用時における業務と、内容及び働き方が同様の業務を創業支援等措置と称して行わせるなど、令和二年改正の趣旨に反する措置を講ずる事業主に対しては、措置の改善等のための指導等を行う。

⑶ 継続雇用される高年齢者の待遇の確保

継続雇用により定年後も働く高年齢者について、短時間労働者及び有期雇用労働者の雇用管理の改善等に関する法律（平成五年法律第七六号）に基づき、雇用形態にかかわらない公正な待遇の確保が図られるよう、事業主への支援や指導を適切に行う。

また、高年齢者のモチベーションや納得性に配慮した、能力及び成果を重視する評価・報酬体系の構築を進める事業主等に対する助成や相談・援助等を適切に行う。

さらに、雇用保険法等の一部を改正する法律（令和二年法律第一四号）により、令和七年度から新たに六〇歳となる高年齢労働者への高年

齢雇用継続給付が縮小されることについて、事業主を含めた周知を十分な時間的余裕をもって行う。高年齢雇用継続給付の見直しに当たって、雇用形態にかかわらない公正な待遇の確保を推進する等の観点から、高年齢労働者の処遇の改善に向けて先行して取り組む事業主に対する支援策とともに、同給付の給付率の縮小後の激変緩和措置についても併せて講じていくことについて、検討を進める。

(4) 高年齢者雇用アドバイザーとの密接な連携

企業が高年齢者雇用確保措置等のいずれかを講ずるに当たり高年齢者の職業能力の開発及び向上、作業施設の改善、職務の再設計や賃金・人事処遇制度の見直し等を行う場合において、機構に配置されている高年齢者雇用アドバイザーが専門的・技術的支援を有効に行うことができるよう、公共職業安定所は、適切な役割分担の下で、機構と密接な連携を図る。

(5) 助成制度の有効な活用等

高年齢者の雇用の機会の増大に資する措置や高年齢者就業確保措置を講ずる事業主等に対する助成制度の有効な活用を図るとともに、必要に応じて、当該助成制度について必要な見直しを行う。

2　高年齢者の再就職の促進のための施策の基本となるべき事項

(1) 再就職の援助等に関する指針の周知徹底

企業において、離職予定高年齢者に対する在職中の求職活動の援助等に関する自主的な取組が促進されるよう、第3の2の内容について、その周知徹底を図る。

(2) 公共職業安定所による求職活動支援書に係る助言・指導

離職予定高年齢者については、法により事業主に義務付けられている高年齢者雇用状況等報告や多数離職届、事業主からの雇用調整の実施に関する相談や本人からの再就職に関する相談等を通じてその把握に努め、また、離職予定高年齢者が希望した場合には求職活動支援書の交付が事業主に義務付けられていることについての十分な周知徹底を図る。

さらに、求職活動支援書の交付が義務付けられていない定年退職等の離職予定者についても、求職活動支援書の自主的な作成・交付及びこれに基づく計画的な求職者支援を実施するよう事業主に対して啓発を行う。

なお、離職予定高年齢者の的確な把握に資するため各事業所における定年制の状況や解雇等の実施に係る事前把握の強化を図るほか、法において高年齢者雇用状況等報告や多数離職届の提出が事業主に義務付けられていることについての十分な周知徹底を図る。

(3) 助成制度の有効な活用等

在職中の求職活動を支援する事業主に対する助成制度の有効な活用を図るとともに、高年齢者の円滑な労働移動の支援を図る。また、高年齢者の雇用等の実情を踏まえた当該助成制度の必要な見直しに努める。

(4) 公共職業安定所による再就職支援

公共職業安定所において、求職活動支援書の提示を受けたときは、その記載内容を十分参酌しつつ、可能な限り早期に再就職することができるよう、職務経歴書の作成支援等、的確な職業指導・職業紹介及び個別求人開拓を実施する。

また、全国の主要な公共職業安定所に「生涯現役支援窓口」を設置し、特に六五歳以上の高年齢求職者に対して職業生活の再設計に係る支援や支援チームによる就労支援を重点的に実施する。

加えて、在職中に再就職先が決定せず失業するに至った高年齢者については、その原因の的確な把握に努めつつ、必要に応じて職業生活の再設計に係る支援や担当者制による就労支援を行う等、効果的かつ効率的な職業指導・職業紹介を実施し、早期の再就職の促進に努める。

特に、有期契約労働者であった離職者については、離職・転職が繰り返されるおそれがあることから、公共職業安定所におけるマッチング支援、担当者制によるきめ細かな支援等の活用により、早期の再就職の促進に努める。

さらに、事業主に対して、機構と連携し、求職活動支援書の作成等に必要な情報提供等を行う。

(5) 募集・採用に係る年齢制限の禁止に関する指導、啓発等

高年齢者の早期再就職を図るため、積極的な求人開拓を行う。また、高年齢者に対する求人の増加を図り、年齢に係る労働力需給のミスマッチを緩和するため、募集・採用に係る年齢制限の禁止について、民間の職業紹介事業者の協力も得つつ、指導・啓発を行うとともに、労働者の募集・採用に当たって上限年齢を設定する事業主がその理由を求職者に提示しないときや当該理由の内容に関し必要があると認めるときには、事業主に対して報告を求め、助言・指導・勧告を行う。

3　その他高年齢者の職業の安定を図るための施策の基本となるべき事項

(1)　生涯現役社会の実現に向けた取組

生涯現役社会の実現を目指すため、高齢期を見据えた職業能力開発や健康管理について、労働者自身の意識の改善と取組や企業の取組への支援を行うほか、多様な就業ニーズに対応した雇用・就業機会の確保等の環境整備を図る。

また、生涯現役社会の実現に向けて、国民各層の意見を幅広く聴きながら、当該社会の在り方やそのための条件整備について検討するなど、社会的な気運の醸成を図る。

このため、都道府県労働局及び公共職業安定所においては、機構その他の関係団体と密接な連携を図りつつ、各企業の実情に応じて、定年の引上げ、継続雇用制度の導入、定年の定めの廃止等によって、年齢にかかわりなく雇用機会が確保されるよう周知するなど必要な支援に積極的に取り組む。

また、機構その他の関係団体においては、年齢にかかわりなく働ける企業の普及及び促進を図るため、都道府県労働局等との連携を図りつつ、事業主のほか国民各層への啓発などの必要な取組を進める。

(2)　高齢期の職業生活設計の援助

労働者が、早い段階から自らのキャリア設計を含めた職業生活の設計を行い、高齢期において、多様な働き方の中から自らの希望と能力に応じた働き方を選択し、実現できるようにすることが重要である。このため、公共職業安定所等が行う高齢期における職業生活の設計や再就職のためのキャリアの棚卸しに係る相談・援助等の利用を勧奨するとともに、事業主がその雇用する労働者に対して、高齢期における職業生活の設計について効果的な援助を行うよう、第3の3の趣旨の周知徹底等により啓発及び指導に努める。

また、個々の労働者がそのキャリア設計に沿った職業能力開発を推進できるよう、相談援助体制の整備に努める。

(3)　各企業における多様な職業能力開発の機会の確保

労働者が高齢期においても急激な経済社会の変化に的確かつ柔軟に対応できるよう、教育訓練の実施、教育訓練休暇の付与等を行う事業主に対して必要な援助を行い、各企業における労働者の希望、適性等を考慮した職業能力開発の機会を確保する。

(4)　職業能力の適正な評価等の促進

高年齢者の職業能力が適正に評価され、当該評価に基づく適正な処遇が行われることを促進するため、各企業における職業能力を評価する仕組みの整備に関し、必要な情報の収集、整理及び提供に努める。また、技能検定制度等労働者の職業能力の公正な評価に資する制度の整備を図る。

(5)　教育訓練給付制度の周知徹底及び有効な活用

高年齢者の主体的な職業能力開発を支援するため、雇用保険制度に基づく教育訓練給付制度の周知徹底及びその有効な活用を図る。

(6)　労働時間対策の推進

高年齢者の雇用機会の確保、高年齢者にも働きやすい職場環境の実現等に配慮しつつ、所定外労働時間の削減、年次有給休暇の取得促進及びフレックスタイム制等の普及促進を重点に労働時間対策を推進する。

(7)　高年齢者の安全衛生対策

高年齢者の労働災害防止対策、高年齢者が働きやすい快適な職場づくり及び高年齢者の健康確保対策を推進する。

また、高年齢労働者の労働災害を防止するため「高年齢労働者の安全と健康確保のためのガイドライン」の周知徹底を図るとともに、創業支援等措置による就業についても、同ガイドラインを参考とするよう周知・広報する。

(8)　多様な形態による雇用・就業機会の確保

定年退職後等に、臨時的・短期的又は軽易な就業を希望する高年齢者に対しては、地域の日常生活に密着した仕事を提供するシルバー人材センター事業の活用を推進する。

雇用保険法等の一部を改正する法律（平成二八年法律第一七号）による法の改正（以下「平成二八年改正」という。）により、シルバー人材センターにおける業務について、都道府県知事が市町村ごとに指定する業種等においては、高年齢者に労働者派遣事業又は職業紹介事業を行う場合に限り、労働時間が週四〇時間までの就業の機会を提供すること等ができるよう、業務範囲を拡大したところであり、当該平成二八年改正に基づいた対応を引き続き行う。

(9)　高年齢者の起業等に対する支援

高年齢者の能力の有効な発揮を幅広く推進する観点から、高年齢者が起業等により自ら就業機会を創出する場合に対して必要な支援を行う。

(10)　地域における高年齢者の雇用・就業支援

事業主団体と公共職業安定所の協力の下、企業及び高年齢者のニーズに合ったきめ細かな技能講習や面接会等を一体的に実施することにより、高年齢者の雇用・就業を支援する。

また、平成二八年改正により創設された生涯現役促進地域連携事業により、高年齢者の雇用・就業促進に向けた地域の取組みを支援する。

(11) 雇用管理の改善の研究等

高年齢者の就業機会の着実な増大、高年齢者の雇用の安定等を図り、また、生涯現役社会の実現に向けた環境整備を進めるため、必要な調査研究を行うとともに、企業において取り組まれている高年齢者の活用に向けた積極的な取組事例を収集及び体系化し、各企業における活用を促進する。また、高年齢者雇用状況等報告等に基づき、高年齢者の雇用等の状況等の毎年度定期的な把握及び分析に努め、その結果を公表する。さらに、国際的に高年齢者の雇用に係る情報交換等を推進するとともに、年齢差別禁止等、高年齢者の雇用促進の観点について、さらに検討を深める。

高年齢者就業確保措置の実施及び運用に関する指針

令和二年一〇月三〇日厚生労働省告示第三五一号

適用：令和三年四月一日

第1　趣旨

この指針は、高年齢者等の雇用の安定等に関する法律（昭和四六年法律第六八号。以下「法」という。）第一〇条の二第四項の規定に基づき、事業主がその雇用する高年齢者（法第九条第二項の契約に基づき、当該事業主と当該契約を締結した特殊関係事業主に現に雇用されている者を含み、高年齢者等の雇用の安定等に関する法律施行規則（昭和四六年労働省令第二四号）第四条の四に規定する者を除く。以下同じ。）の六五歳から七〇歳までの安定した雇用の確保その他就業機会の確保のため講ずべき法第一〇条の二第四項に規定する高年齢者就業確保措置（定年の引上げ、六五歳以上継続雇用制度（その雇用する高年齢者が希望するときは、当該高年齢者をその定年後等（定年後又は継続雇用制度の対象となる年齢の上限に達した後をいう。以下同じ。）も引き続いて雇用する制度をいう。以下同じ。）の導入、定年の定めの廃止又は創業支援等措置をいう。以下同じ。）に関し、その実施及び運用を図るために必要な事項を定めたものである。

第2　高年齢者就業確保措置の実施及び運用

六五歳以上七〇歳未満の定年の定めをしている事業主又は継続雇用制度（高年齢者を七〇歳以上まで引き続いて雇用する制度を除く。以下同じ。）を導入している事業主は、高年齢者就業確保措置に関し、労使間で十分な協議を行いつつ、次の一から五までの事項について、適切かつ有効な実施に努めるものとする。

1　高年齢者就業確保措置

事業主は、高年齢者がその意欲と能力に応じて七〇歳まで働くことができる環境の整備を図るため、法に定めるところに基づき、高年齢者就業確保措置のいずれかを講ずることにより六五歳から七〇歳までの安定した就業を確保するよう努めなければならない。

高年齢者就業確保措置を講ずる場合には、次の(1)から(4)までの事項に留意すること。

(1) 努力義務への対応

イ　継続雇用制度に基づいて特殊関係事業主で雇用されている高年齢者については、原則として、当該高年齢者を定年まで雇用していた事業主が高年齢者就業確保措置を講ずること。

ただし、当該事業主と特殊関係事業主で協議を行い、特殊関係事業主が高年齢者就業確保措置を講ずることも可能であること。その際には、特殊関係事業主が高年齢者就業確保措置を講ずる旨を法第一〇条の二第三項の契約に含めること。

ロ　一の措置により七〇歳までの就業機会を確保するほか、複数の措置を組み合わせることにより六五歳から七〇歳までの就業機会を確保することも可能であること。

(2) 労使間での協議

イ　高年齢者就業確保措置のうちいずれの措置を講ずるかについては、労使間で十分に協議を行い、高年齢者のニーズに応じた措置が講じられることが望ましいこと。

ロ　雇用による措置（法第一〇条の二第一項各号に掲げる措置をいう。以下同じ。）に加えて創業支援等措置（同条第二項の創業支援等措置をいう。以下同じ。）を講ずる場合には、雇用による措置により努力義務を実施していることとなるため、創業支援等措置を講ずるに当たり、同条第一項の同意を得る必要はないが、過半数労働組合等（労働者の過半数で組織する労働組合がある場合においてはその労働組合を、労働者の過半数で組織する労働組合がない場合においては労働者の過半数を代表する者をいう。以下同じ。）の同意を得た上で創業支援等措置を講ずることが望ましいこと。

ハ　高年齢者就業確保措置のうち複数の措置を講ずる場合には、個々の高年齢者にいずれの措置を適用するかについて、個々の労働者の希望を聴取し、これを十分に尊重して決定すること。

(3)　対象者基準

イ　高年齢者就業確保措置を講ずることは、努力義務であることから、措置（定年の延長及び廃止を除く。）の対象となる高年齢者に係る基準（以下「対象者基準」という。）を定めることも可能とすること。

ロ　対象者基準の策定に当たっては、労使間で十分に協議の上、各企業等の実情に応じて定められることを想定しており、その内容については原則として労使に委ねられるものであり、当該対象者基準を設ける際には、過半数労働組合等の同意を得ることが望ましいこと。

ただし、労使間で十分に協議の上で定められたものであっても、事業主が恣意的に高年齢者を排除しようとするなど法の趣旨や、他の労働関係法令に反する又は公序良俗に反するものは認められないこと。

(4)　その他留意事項

イ　高年齢者の健康及び安全の確保のため、高年齢者就業確保措置により働く高年齢者について、「高年齢労働者の安全と健康確保のためのガイドライン」を参考に就業上の災害防止対策に積極的に取り組むよう努めること。

ロ　高年齢者が従前と異なる業務等に従事する場合には、必要に応じて新たに従事する業務に関する研修、教育又は訓練等を事前に実施することが望ましいこと。

2　六五歳以上継続雇用制度

六五歳以上継続雇用制度を導入する場合には、次の(1)から(4)までの事項に留意すること。

(1)　六五歳以上継続雇用制度を導入する場合において法第一〇条の二第三項に規定する他の事業主により雇用を確保しようとするときは、事業主は、当該他の事業主との間で、当該雇用する高年齢者を当該他の事業主が引き続いて雇用することを約する契約を締結する必要があること。

(2)　他の事業主において継続して雇用する場合であっても、可能な限り個々の高年齢者のニーズや知識・経験・能力等に応じた業務内容及び労働条件とすべきことが望ましいこと。

(3)　他の事業主において、継続雇用されることとなる高年齢者の知識・経験・能力に係るニーズがあり、これらが活用される業務があるかについて十分な協議を行った上で、(1)の契約を締結する必要があること。

(4)　心身の故障のため業務に堪えられないと認められること、勤務状況が著しく不良で引き続き従業員としての職責を果たし得ないこと等就業規則に定める解雇事由又は退職事由（年齢に係るものを除く。以下同じ。）に該当する場合には、継続雇用しないことができること。

就業規則に定める解雇事由又は退職事由と同一の事由を、継続雇用しないことができる事由として、解雇や退職の規定とは別に、就業規則に定めることもできること。また、当該同一の事由について、六五歳以上継続雇用制度の円滑な実施のため、労使が協定を締結することができること。

ただし、継続雇用しないことについては、客観的に合理的な理由があり、社会通念上相当であることが求められると考えられること。

3　創業支援等措置

創業支援等措置を講ずる場合には、次の(1)から(3)までの事項に留意すること。

(1)　措置の具体的な内容

イ　法第一〇条の二第二項第二号ロ又はハに掲げる事業に係る措置を講じようとするときは、事業主は、社会貢献事業を実施する者との間で、当該者が当該措置の対象となる高年齢者に対して当該事業に従事する機会を提供することを約する契約を締結する必要があること。

ロ　法第一〇条の二第二項第二号ハの援助は、資金の提供のほか、法人その他の団体が事務を行う場所を提供又は貸与すること等が考えられること。

ハ　法第一〇条の二第二項第二号に掲げる社会貢献事業は、社会貢献活動その他不特定かつ多数の者の利益の増進に寄与することを目的とする事業である必要があり、特定又は少数の者の利益に資することを目的とした事業は対象とならないこと。

　また、特定の事業が不特定かつ多数の者の利益の増進に寄与することを目的とする事業に該当するかについては、事業の性質や内容等を勘案して個別に判断されること。

ニ　雇用時における業務と、内容及び働き方が同様の業務を創業支援等措置と称して行わせることは、法の趣旨に反するものであること。

(2)　過半数労働組合等の合意に係る留意事項

イ　過半数労働組合等に対して、創業支援等措置による就業は労働関係法令による労働者保護が及ばないことから、高年齢者等の雇用の安定等に関する法律施行規則第四条の五第一項に規定する創業支援等措置の実施に関する計画（以下「実施計画」という。）に記載する事項について定めるものであることと及び当該措置を選択する理由を十分に説明すること。

ロ　実施計画に記載する事項については、次に掲げる点に留意すること。

①　業務の内容については、高年齢者のニーズを踏まえるとともに、高年齢者の知識・経験・能力等を考慮した上で決定し、契約内容の一方的な決定や不当な契約条件の押し付けにならないようにすること。

②　高年齢者に支払う金銭については、業務の内容や当該業務の遂行に必要な知識・経験・能力、業務量等を考慮したものとすること。

　また、支払期日や支払方法についても記載し、不当な減額や支払を遅延しないこと。

③　個々の高年齢者の希望を踏まえつつ、個々の業務の内容・難易度や業務量等を考慮し、できるだけ過大又は過小にならないよう適切な業務量や頻度による契約を締結すること。

④　成果物の受領に際しては、不当な修正、やり直しの要求又は受領拒否を行わないこと。

⑤　契約を変更する際には、高年齢者に払う金銭や納期等の取扱いを含め労使間で十分に協議を行うこと。

⑥　高年齢者の安全及び衛生の確保に関して、業務内容を高年齢者の能力等に配慮したものとするとともに、創業支援等措置により就業する者について、同種の業務に労働者が従事する場合における労働契約法に規定する安全配慮義務をはじめとする労働関係法令による保護の内容も勘案しつつ、当該措置を講ずる事業主が委託業務の内容・性格等に応じた適切な配慮を行うことが望ましいこと。

　また、業務委託に際して機械器具や原材料等を譲渡し、貸与し、又は提供する場合には、当該機械器具や原材料による危害を防止するために必要な措置を講ずること。

　さらに、業務の内容及び難易度、業務量、納期等を勘案し、作業時間が過大とならないように配慮することが望ましいこと。

⑦　法第一〇条の二第二項第二号ハに掲げる事業において、事業主から当該事業を実施する者に対する個々の援助が、社会貢献事業の円滑な実施に必要なものに該当すること。

⑧　創業支援等措置は、労働契約によらない働き方となる措置であることから、個々の高年齢者の働き方についても、業務の委託を行う事業主が指揮監督を行わず、業務依頼や業務従事の指示等に対する高年齢者の諾否の自由を拘束しない等、労働者性が認められるような働き方とならないよう留意すること。

ハ　実施計画に記載した内容に沿って、個々の高年齢者の就業機会が確保されるよう努める必要があること。

(3)　その他留意事項

イ　創業支援等措置により導入した制度に基づいて個々の高年齢者と契約を締結する際には、書面により契約を締結すること。なお、その際には、高年齢者の雇用の安定等に関する法律施行規則第四条の五第二項第二号に掲げる事項について、個々の高年齢者との契約における就業条件を記載すること。

　また、この際、当該高年齢者に対して実施計画を記載した書面を交付するとともに、創業支援等措置による就業は労働関係法令による労働者保護が及ばないことから実施計画に記載する事項について定めるものであること及び当該措置を選択する理由を丁寧に説明し、納得を得る努力をすること。

ロ　創業支援等措置により就業する高年齢者が、委託業務に起因する事故等により被災したことを当該措置を講ずる事業主が把握した場合には、当該事業主が当該高年齢者が被災した旨を厚生労働大臣に報告することが望ましいこと。

　また、同種の災害の再発防止対策を検討する際に当該報告を活用することが望ましいこと。

ハ　契約に基づく業務の遂行に関して高年齢者から相談がある場合には誠実に対応すること。

ニ　心身の故障のため業務に堪えられないと認められること、業務の状況が著しく不良で引き続き業務を果たし得ないこと等実施計画に定める契約解除事由又は契約を更新しない事由（年齢に係るものを除く。）に該当する場合には、契約を継続しないことができること。

　なお、契約を継続しないことについては、客観的に合理的な理由があり、社会通念上相当であることが求められると考えられること。

　また、契約を継続しない場合は、事前に適切な予告を行うことが望ましいこと。

4　賃金・人事処遇制度の見直し

　高年齢者就業確保措置を適切かつ有効に実施し、高年齢者の意欲及び能力に応じた就業の確保を図るために、賃金・人事処遇制度の見直しが必要な場合には、次の(1)から(7)までの事項に留意すること。

(1)　年齢的要素を重視する賃金・処遇制度から、能力、職務等の要素を重視する制度に向けた見直しに努めること。この場合においては、当該制度が、制度を利用する高年齢者の就業及び生活の安定にも配慮した計画的かつ段階的なものとなるよう努めること。

(2)　高年齢者就業確保措置において支払われる金銭については、制度を利用する高年齢者の就業の実態、生活の安定等を考慮し、業務内容に応じた適切なものとなるよう努めること。

(3)　短時間や隔日での就業制度など、高年齢者の希望に応じた就業形態が可能となる制度の導入に努めること。

(4)　六五歳以上継続雇用制度又は創業支援等措置を導入する場合において、契約期間を定めるときには、高年齢者就業確保措置が七〇歳までの就業の確保を事業主の努力義務とする制度であることに鑑み、七〇歳前に契約期間が終了する契約とする場合には、七〇歳までは契約更新ができる措置を講ずるよう努めることとし、その旨を周知するよう努めること。また、むやみに短い契約期間とすることがないように努めること。

(5)　職業能力を評価する仕組みの整備とその有効な活用を通じ、高年齢者の意欲及び能力に応じた適正な配置及び処遇の実現に努めること。

(6)　勤務形態や退職時期の選択を含めた人事処遇について、個々の高年齢者の意欲及び能力に応じた多様な選択が可能な制度となるよう努めること。この場合においては、高年齢者の雇用の安定及び円滑なキャリア形成を図るとともに、企業における人事管理の効率性を確保する観点も踏まえつつ、就業生活の早い段階からの選択が可能となるよう勤務形態等の選択に関する制度の整備を行うこと。

(7)　事業主が導入した高年齢者就業確保措置（定年の引上げ及び定年の定めの廃止を除く。）の利用を希望する者の割合が低い場合には、労働者のニーズや意識を分析し、制度の見直しを検討すること。

5　高年齢者雇用アドバイザー等の有効な活用

　高年齢者就業確保措置のいずれかを講ずるに当たって、高年齢者の職業能力の開発及び向上、作業施設の改善、職務の再設計や賃金・人事処遇制度の見直し等を図るため、独立行政法人高齢・障害・求職者雇用支援機構に配置されている高年齢者雇用アドバイザーや雇用保険制度に基づく助成制度、公益財団法人産業雇用安定センターにおける他の事業主とのマッチング支援等の有効な活用を図る。

障害者の雇用の促進等に関する法律（抄）

昭和三五年七月二五日法律第一二三号
施行：昭和三五年七月二五日
最終改正：令和五年五月八日法律第二一号
施行：附則参照

第一章　総則

（目的）

第一条　この法律は、障害者の雇用義務等に基づく雇用の促進等のための措置、雇用の分野における障害者と障害者でない者との均等な機会及び待遇の確保並びに障害者がその有する能力を有効に発揮することができるようにするための措置、職業リハビリテーションの措置その他障害者がその能力に適合する職業に就くこと等を通じてその職業生活において自立することを促進するための措置を総合的に講じ、もつて障害者の職業の安定を図ることを目的とする。

（用語の意義）

第二条　この法律において、次の各号に掲げる用語の意義は、当該各号に定めるところによる。

一　障害者　身体障害、知的障害、精神障害（発達障害を含む。第六号において同じ。）その他の心身の機能の障害（以下「障害」と総称する。）があるため、長期にわたり、職業生活に相当の制限を受け、又は職業生活を営むことが著しく困難な者をいう。

二　身体障害者　障害者のうち、身体障害がある者であつて別表に掲げる障害があるものをいう。

三　重度身体障害者　身体障害者のうち、身体障害の程度が重い者であつて厚生労働省令で定めるものをいう。

四　知的障害者　障害者のうち、知的障害がある者であつて厚生労働省令で定めるものをいう。

五　重度知的障害者　知的障害者のうち、知的障害の程度が重い者であつて厚生労働省令で定めるものをいう。

六　精神障害者　障害者のうち、精神障害がある者であつて厚生労働省令で定めるものをいう。

七　職業リハビリテーション　障害者に対して職業指導、職業訓練、職業紹介その他この法律に定める措置を講じ、その職業生活における自立を図ることをいう。

（基本的理念）

第三条　障害者である労働者は、経済社会を構成する労働者の一員として、職業生活においてその能力を発揮する機会を与えられるものとする。

第四条　障害者である労働者は、職業に従事する者としての自覚を持ち、自ら進んで、その能力の開発及び向上を図り、有為な職業人として自立するように努めなければならない。

（事業主の責務）

第五条　全て事業主は、障害者の雇用に関し、社会連帯の理念に基づき、障害者である労働者が有為な職業人として自立しようとする努力に対して協力する責務を有するものであつて、その有する能力を正当に評価し、適当な雇用の場を与えるとともに適正な雇用管理並びに職業能力の開発及び向上に関する措置を行うことによりその雇用の安定を図るように努めなければならない。

（国及び地方公共団体の責務）

第六条　国及び地方公共団体は、障害者の雇用について事業主その他国民一般の理解を高めるとともに、事業主、障害者その他の関係者に対する援助の措置及び障害者の特性に配慮した職業リハビリテーションの措置を講ずる等障害者の雇用の促進及びその職業の安定を図るために必要な施策を、障害者の福祉に関する施策との有機的な連携を図りつつ総合的かつ効果的に推進するように努めなければならない。

（障害者雇用対策基本方針）

第七条　厚生労働大臣は、障害者の雇用の促進及びその職業の安定に関する施策の基本となるべき方針（以下「障害者雇用対策基本方針」という。）を策定するものとする。

2　障害者雇用対策基本方針に定める事項は、次のとおりとする。

一　障害者の就業の動向に関する事項

二　職業リハビリテーションの措置の総合的かつ効果的な実施を図るため講じようとする施策の基本となるべき事項

三　前二号に掲げるもののほか、障害者の雇用の促進及びその職業の安定を図るため講じようとする施策の基本となるべき事項

3　厚生労働大臣は、障害者雇用対策基本方針を定めるに当たつては、あらかじめ、労働政策審議会の意見を聴くほか、都道府県知事の意見を求めるものとする。

4　厚生労働大臣は、障害者雇用対策基本方針を定めたときは、遅滞なく、その概要を公表しなければならない。

5　前二項の規定は、障害者雇用対策基本方針の変更について準用する。

（障害者活躍推進計画作成指針）

第七条の二　厚生労働大臣は、国及び地方公共団体が障害者である職員がその有する能力を有効に発揮して職業生活において活躍することの推進（次項、次条及び第七十八条第一項第二号において「障害者である職員の職業生活における活躍の推進」という。）に関する取組を総合的かつ効果的に実施することができるよう、障害者雇用対策基本方針に基づき、次条第一項に規定する障害者活躍推進計画（次項において「障害者活躍推進計画」という。）の作成に関する指針（以下この条及び次条第一項において「障害者活躍推進計画作成指針」という。）を定めるものとする。

2　障害者活躍推進計画作成指針においては、次に掲げる事項につき、障害者活躍推進計画の指針となるべきものを定めるものとする。

一　障害者活躍推進計画の作成に関する基本的な事項

二　障害者である職員の職業生活における活躍の推進に関する取組の内容に関する事項

三　その他障害者である職員の職業生活における活躍の推進に関する取組に関する重要事項

3　厚生労働大臣は、障害者活躍推進計画作成指針を定め、又は変更したときは、遅滞なく、これを公表しなければならない。

（障害者活躍推進計画の作成等）

第七条の三　国及び地方公共団体の任命権者（委任を受けて任命権を行う者を除く。以下同じ。）は、障害者活躍推進計画作成指針に即して、当該機関（当該任命権者の委任を受けて任命権を行う者に係る機関を含む。）が実施する障害者である職員の職業生活における活躍の推進に関する取組に関する計画（以下この条及び第七十八条第一項第二号において「障害者活躍推進計画」という。）を作成しなければならない。

2　障害者活躍推進計画においては、次に掲げる事項を定めるものとする。

一　計画期間

二　障害者である職員の職業生活における活躍の推進に関する取組の実施により達成しようとする目標

三　実施しようとする障害者である職員の職業生活における活躍の推進に関する取組の内容及びその実施時期

3　厚生労働大臣は、国又は地方公共団体の任命権者の求めに応じ、障害者活躍推進計画の作成に関し必要な助言を行うことができる。

4　国及び地方公共団体の任命権者は、障害者活躍推進計画を作成し、又は変更したときは、遅滞なく、これを職員に周知させるための措置を講じなければならない。

5　国及び地方公共団体の任命権者は、障害者活躍推進計画を作成し、又は変更したときは、遅滞なく、これを公表しなければならない。

6　国及び地方公共団体の任命権者は、毎年少なくとも一回、障害者活躍推進計画に基づく取組の実施の状況を公表しなければならない。

7　国及び地方公共団体の任命権者は、障害者活躍推進計画に基づく取組を実施するとともに、障害者活躍推進計画に定められた目標を達成するように努めなければならない。

第二章　職業リハビリテーションの推進

第一節　通則

（職業リハビリテーションの原則）

第八条　職業リハビリテーションの措置は、障害者各人の障害の種類及び程度並びに希望、適性、職業経験等の条件に応じ、総合的かつ効果的に実施されなければならない。

2　職業リハビリテーションの措置は、必要に応じ、医学的リハビリテーション及び社会的リハビリテーションの措置との適切な連携の下に実施されるものとする。

第二節　職業紹介等

（求人の開拓等）

第九条　公共職業安定所は、障害者の雇用を促進するため、障害者の求職に関する情報を収集し、事業主に対して当該情報の提供、障害者の雇入れの勧奨等を行うとともに、その内容が障害者の能力に適合する求人の開拓に努めるものとする。

（求人の条件等）

第一〇条　公共職業安定所は、障害者にその能力に適合する職業を紹介するため必要があるときは、求人者に対して、身体的又は精神的な条件その他の求人の条件について指導するものとする。

2　公共職業安定所は、障害者について職業紹介を行う場合において、求人者から求めがあるときは、その有する当該障害者の職業能力に関する資料を提供するものとする。

（職業指導等）

第一一条　公共職業安定所は、障害者がその能力に適合する職業に就くことができるようにするため、適性検査を実施し、雇用情報を提供し、障害者に適応した職業指導を行う等必要な措置を講ずるものとする。

（障害者職業センターとの連携等）

第一二条　公共職業安定所は、前条の適性検査、職業指導等を特に専門的な知識及び技術に基づいて行う必要があると認める障害者については、第十九条第一項に規定する障害者職業センターとの密接な連携の下に当該適性検査、職業指導等を行い、又は当該障害者職業センターにおいて当該適性検査、職業指導等を受けることについてあつせんを行うものとする。

2　公共職業安定所及び第十九条第一項に規定する障害者職業センターは、障害者の日常生活及び社会生活を総合的に支援するための法律（平成十七年法律第百二十三号）第五条第十三項に規定する就労選択支援を受けた者から同項の結果の提供を受けたときは、その結果を参考として、前条及び前項の適性検査、職業指導等を行うものとする。

（適応訓練）

第一三条　都道府県は、必要があると認めるときは、求職者である障害者（身体障害者、知的障害者又は精神障害者に限る。次条及び第十五条第二項において同じ。）について、その能力に適合する作業の環境に適応することを容易にすることを目的として、適応訓練を行うものとする。

2　適応訓練は、前項に規定する作業でその環境が標準的なものであると認められるものを行う事業主に委託して実施するものとする。

（適応訓練のあつせん）

第一四条　公共職業安定所は、その雇用の促進のために必要があると認めるときは、障害者に対して、適応訓練を受けることについてあつせんするものとする。

（適応訓練を受ける者に対する措置）

第一五条　適応訓練は、無料とする。

2　都道府県は、適応訓練を受ける障害者に対して、労働施策の総合的な推進並びに労働者の雇用の安定及び職業生活の充実等に関する法律（昭和四十一年法律第百三十二号）の規定に基づき、手当を支給することができる。

（厚生労働省令への委任）

第一六条　前三条に規定するもののほか、訓練期間その他適応訓練の基準については、厚生労働省令で定める。

（就職後の助言及び指導）

第一七条　公共職業安定所は、障害者の職業の安定を図るために必要があると認めるときは、その紹介により就職した障害者その他事業主に雇用されている障害者に対して、その作業の環境に適応させるために必要な助言又は指導を行うことができる。

（事業主に対する助言及び指導）

第一八条　公共職業安定所は、障害者の雇用の促進及びその職業の安定を図るために必要があると認めるときは、障害者を雇用し、又は雇用しようとする者に対して、雇入れ、配置、作業補助具、作業の設備又は環境その他障害者の雇用に関する技術的事項（次節において「障害者の雇用管理に関する事項」という。）についての助言又は指導を行うことができる。

第三節　障害者職業センター

（障害者職業センターの設置等の業務）

第一九条　厚生労働大臣は、障害者の職業生活における自立を促進するため、次に掲げる施設（以下「障害者職業センター」という。）の設置及び運営の業務を行う。

一　障害者職業総合センター

二　広域障害者職業センター

三　地域障害者職業センター

2　厚生労働大臣は、前項に規定する業務の全部又は一部を独立行政法人高齢・障害・求職者雇用支援機構（以下「機構」という。）に行わせるものとする。

第二〇条～第二六条《略》

第四節　障害者就業・生活支援センター

第二七条～第三三条《略》

（障害者に対する差別の禁止）

第三四条　事業主は、労働者の募集及び採用について、障害者に対して、障害者でない者と均等な機会を与えなければならない。

第三五条　事業主は、賃金の決定、教育訓練の実施、福利厚生施設の利用その他の待遇について、労働者が障害者であることを理由として、障害者でない者と不当な差別的取扱いをしてはならない。

（障害者に対する差別の禁止に関する指針）

第三六条　厚生労働大臣は、前二条の規定に定める事項に関し、事業主が適切に対処するために必要な指針（次項において「差別の禁止に関する指針」という。）を定めるものとする。

2　第七条第三項及び第四項の規定は、差別の禁止に関する指針の策定及び変更について準用する。この場合において、同条第三項中「聴くほか、都道府県知事の意見を求める」とあるのは、「聴く」と読み替えるものとする。

（雇用の分野における障害者と障害者でない者との均等な機会の確保等を図るための措置）

第三六条の二　事業主は、労働者の募集及び採用について、障害者と障害者でない者との均等な機会の確保の支障となつている事情を改善するため、労働者の募集及び採用に当たり障害者からの申出により当該障害者の障害の特性に配慮した必要な措置を講じなければならない。ただし、事業主に対して過重な負担を及ぼすこととなるときは、この限りでない。

第三十六条の三　事業主は、障害者である労働者について、障害者でない労働者との均等な待遇の確保又は障害者である労働者の有する能力の有効な発揮の支障となつている事情を改善するため、その雇用する障害者である労働者の障害の特性に配慮した職務の円滑な遂行に必要な施設の整備、援助を行う者の配置その他の必要な措置を講じなければならない。ただし、事業主に対して過重な負担を及ぼすこととなるときは、この限りでない。

第三十六条の四　事業主は、前二条に規定する措置を講ずるに当たつては、障害者の意向を十分に尊重しなければならない。

2　事業主は、前条に規定する措置に関し、その雇用する障害者である労働者からの相談に応じ、適切に対応するために必要な体制の整備その他の雇用管理上必要な措置を講じなければならない。

（雇用の分野における障害者と障害者でない者との均等な機会の確保等に関する指針）

第三十六条の五　厚生労働大臣は、前三条の規定に基づき事業主が講ずべき措置に関して、その適切かつ有効な実施を図るために必要な指針（次項において「均等な機会の確保等に関する指針」という。）を定めるものとする。

2　第七条第三項及び第四項の規定は、均等な機会の確保等に関する指針の策定及び変更について準用する。この場合において、同条第三項中「聴くほか、都道府県知事の意見を求める」とあるのは、「聴く」と読み替えるものとする。

（助言、指導及び勧告）

第三十六条の六　厚生労働大臣は、第三十四条、第三十五条及び第三十六条の二から第三十六条の四までの規定の施行に関し必要があると認めるときは、事業主に対して、助言、指導又は勧告をすることができる。

第三章　対象障害者の雇用義務等に基づく雇用の促進等

第一節　対象障害者の雇用義務等

（対象障害者の雇用に関する事業主の責務）

第三十七条　全て事業主は、対象障害者の雇用に関し、社会連帯の理念に基づき、適当な雇用の場を与える共同の責務を有するものであつて、進んで身体障害者又は知的障害者の雇入れに努めなければならない。

2　この章、第八十六条第二号及び附則第三条から第六条までにおいて「対象障害者」とは、身体障害者、知的障害者又は精神障害者（精神保健及び精神障害者福祉に関する法律（昭和二十五年法律第百二十三号）第四十五条第二項の規定により精神障害者保健福祉手帳の交付を受けているものに限る。第四節及び第七十九条第一項を除き、以下同じ。）をいう。

（雇用に関する国及び地方公共団体の義務）

第三十八条　国及び地方公共団体の任命権者は、職員（当該機関（当該任命権者の委任を受けて任命権を行う者に係る機関を含む。以下同じ。）に常時勤務する職員であつて、警察官、自衛官その他の政令で定める職員以外のものに限る。第七十九条第一項及び第八十一条第二項を除き、以下同じ。）の採用について、当該機関に勤務する対象障害者である職員の数が、当該機関の職員の総数に、第四十三条第二項に規定する障害者雇用率を下回らない率であつて政令で定めるものを乗じて得た数（その数に一人未満の端数があるときは、その端数は、切り捨てる。）未満である場合には、対象障害者である職員の数がその率を乗じて得た数以上となるようにするため、政令で定めるところにより、対象障害者の採用に関する計画を作成しなければならない。

2　前項の職員の総数の算定に当たつては、短時間勤務職員（一週間の勤務時間が、当該機関に勤務する通常の職員の一週間の勤務時間に比し短く、かつ、第四十三条第三項の厚生労働大臣の定める時間数未満である常時勤務する職員をいう。以下同じ。）は、その一人をもつて、厚生労働省令で定める数の職員に相当するものとみなす。

3　第一項の対象障害者である職員の数の算定に当たつては、対象障害者である短時間勤務職員は、その一人をもつて、厚生労働省令で定める数の対象障害者である職員に相当するものとみなす。

4　第一項の対象障害者である職員の数の算定に当たつては、重度身体障害者又は重度知的障害者である職員（短時間勤務職員を除く。）は、その一人をもつて、政令で定める数の対象障害者である職員に相当するものとみなす。

5　第一項の対象障害者である職員の数の算定に当たつては、第三項の規定にかかわらず、重度身体障害者又は重度知的障害者である短時間勤務職員は、その一人をもつて、前項の政令で定める数に満たない範囲内において厚生労働省令で定める数の対象障害者である職員に相当するものとみなす。

6　当該機関に勤務する職員が対象障害者であるかどうかの確認は、厚生労働省令で定める書類により行うものとする。

7　厚生労働大臣は、必要があると認めるときは、国及び地方公共団体の任命権者に対して、前項の規定による確認の適正な実施に関し、勧告をすることができる。

（採用状況の通報等）

第三九条　国及び地方公共団体の任命権者は、政令で定めるところにより、前条第一項の計画及びその実施状況を厚生労働大臣に通報しなければならない。

2　厚生労働大臣は、特に必要があると認めるときは、前条第一項の計画を作成した国及び地方公共団体の任命権者に対して、その適正な実施に関し、勧告をすることができる。

（任免に関する状況の通報等）

第四〇条　国及び地方公共団体の任命権者は、毎年一回、政令で定めるところにより、当該機関における対象障害者である職員の任免に関する状況を厚生労働大臣に通報しなければならない。

2　国及び地方公共団体の任命権者は、厚生労働省令で定めるところにより、前項の規定により厚生労働大臣に通報した内容を公表しなければならない。

（国に勤務する職員に関する特例）

第四一条　省庁（内閣府設置法（平成十一年法律第八十九号）第四十九条第一項に規定する機関又は国家行政組織法（昭和二十三年法律第百二十号）第三条第二項に規定する省若しくは庁をいう。以下同じ。）で、当該省庁の任命権者及び当該省庁に置かれる外局等（内閣府設置法第四十九条第二項に規定する機関、国家行政組織法第三条第二項に規定する委員会若しくは庁又は同法第八条の三に規定する特別の機関をいう。以下同じ。）の任命権者の申請に基づいて、一体として対象障害者である職員の採用の促進を図ることができるものとして厚生労働大臣の承認を受けたもの（以下「承認省庁」という。）に係る第三十八条第一項及び前条の規定の適用については、当該外局等に勤務する職員は当該承認省庁のみに勤務する職員と、当該外局等は当該承認省庁とみなす。

2　厚生労働大臣は、前項の規定による承認をした後において、承認省庁若しくは外局等が廃止されたとき、又は承認省庁若しくは外局等における対象障害者である職員の採用の促進を図ることができなくなつたと認めるときは、当該承認を取り消すことができる。

（地方公共団体に勤務する職員に関する特例）

第四二条　地方公共団体の機関で、当該機関の任命権者及び当該機関以外の地方公共団体の機関（以下「その他機関」という。）の任命権者の申請に基づいて当該機関及び当該その他機関について次に掲げる基準に適合する旨の厚生労働大臣の認定を受けたもの（以下「認定地方機関」という。）に係る第三十八条第一項及び第四十条の規定の適用については、当該その他機関に勤務する職員は当該認定地方機関のみに勤務する職員と、当該その他機関は当該認定地方機関とみなす。

一　当該認定地方機関と当該その他機関との人的関係が緊密であること。

二　当該認定地方機関及び当該その他機関において、対象障害者である職員の採用の促進が確実に達成されると認められること。

2　厚生労働大臣は、前項の規定による認定をした後において、認定地方機関若しくはその他機関が廃止されたとき、又は前項各号に掲げる基準に適合しなくなつたと認めるときは、当該認定を取り消すことができる。

（一般事業主の雇用義務等）

第四三条　事業主（常時雇用する労働者（以下単に「労働者」という。）を雇用する事業主をいい、国及び地方公共団体を除く。次章及び第八十一条の二を除き、以下同じ。）は、厚生労働省令で定める雇用関係の変動がある場合には、その雇用する対象障害者である労働者の数が、その雇用する労働者の数に障害者雇用率を乗じて得た数（その数に一人未満の端数があるときは、その端数は、切り捨てる。第四十六条第一項において「法定雇用障害者数」という。）以上であるようにしなければならない。

2　前項の障害者雇用率は、労働者（労働の意思及び能力を有するにもかかわらず、安定した職業に就くことができない状態にある者を含む。第五十四条第三項において同じ。）の総数に対する対象障害者である労働者（労働の意思及び能力を有するにもかかわらず、安定した職業に就くことができない状態にある対象障害者を含む。第五十四条第三項において同じ。）の総数の割合を基準として設定するものとし、少なくとも五年ごとに、当該割合の推移を勘案して政令で定める。

3　第一項の対象障害者である労働者の数及び前項の対象障害者である労働者の総数の算定に当たつては、対象障害者である短時間労働者（一週間の所定労働時間が、当該事業主の事業所に雇用する通常の労働者の一週間の所定労働時間に比し短く、かつ、厚生労働大臣の定める時間数未満である常時雇用する労働者をいう。以下同じ。）は、その一人をもつて、厚生労働省令で定める数の対象障害者である労働者に相当するものとみなす。

4　第一項の対象障害者である労働者の総数の算定に当たつては、重度身体障害者又は重度知的障害者である労働者（短時間労働者を除く。）は、その一人をもつて、政令で定める数の対象障害者である労働者に相当するものとみなす。

5　第一項の対象障害者である労働者の数及び第二項の対象障害者である労働者の総数の算定に当たつては、第三項の規定にかかわらず、重度身体障害者又は重度知的障害者である短時間労働者は、その一人をもつて、前項の政令で定める数に満たない範囲内において厚生労働省令で定める数の対象障害者である労働者に相当するものとみなす。

6　第二項の規定にかかわらず、特殊法人（法律により直接に設立された法人、特別の法律により特別の設立行為をもつて設立された法人又は特別の法律により地方公共団体が設立者となつて設立された法人のうち、その資本金の全部若しくは大部分が国若しくは地方公共団体からの出資による法人又はその事業の運営のために必要な経費の主たる財源を国若しくは地方公共団体からの交付金若しくは補助金によつて得ている法人であつて、政令で定めるものをいう。以下同じ。）に係る第一項の障害者雇用率は、第二項の規定による率を下回らない率であつて政令で定めるものとする。

7　事業主（その雇用する労働者の数が常時厚生労働省令で定める数以上である事業主に限る。）は、毎年一回、厚生労働省令で定めるところにより、対象障害者である労働者の雇用に関する状況を厚生労働大臣に報告しなければならない。

8　第一項及び前項の雇用する労働者の数並びに第二項の労働者の総数の算定に当たつては、短時間労働者は、その一人をもつて、厚生労働省令で定める数の労働者に相当するものとみなす。

9　当該事業主が雇用する労働者が対象障害者であるかどうかの確認は、厚生労働省令で定める書類により行うものとする。

（子会社に雇用される労働者に関する特例）

第四四条　特定の株式会社（第四十五条の三第一項の認定に係る組合員たる事業主であるものを除く。）と厚生労働省令で定める特殊の関係のある事業主で、当該事業主及び当該株式会社（以下「子会社」という。）の申請に基づいて当該子会社について次に掲げる基準に適合する旨の厚生労働大臣の認定を受けたもの（以下「親事業主」という。）に係る前条第一項及び第七項の規定の適用については、当該子会社が雇用する労働者は当該親事業主のみが雇用する労働者と、当該子会社の事業所は当該親事業主の事業所とみなす。

一　当該子会社の行う事業と当該事業主の行う事業との人的関係が緊密であること。

二　当該子会社が雇用する対象障害者である労働者の数及びその数の当該子会社が雇用する労働者の総数に対する割合が、それぞれ、厚生労働大臣が定める数及び率以上であること。

三　当該子会社がその雇用する対象障害者である労働者の雇用管理を適正に行うに足りる能力を有するものであること。

四　前二号に掲げるもののほか、当該子会社の行う事業において、当該子会社が雇用する重度身体障害者又は重度知的障害者その他の対象障害者である労働者の雇用の促進及びその雇用の安定が確実に達成されると認められること。

2　前項第二号の労働者の総数の算定に当たつては、短時間労働者は、その一人をもつて、厚生労働省令で定める数の労働者に相当するものとみなす。

3　第一項第二号の対象障害者である労働者の数の算定に当たつては、対象障害者である短時間労働者は、その一人をもつて、厚生労働省令で定める数の対象障害者である労働者に相当するものとみなす。

4　厚生労働大臣は、第一項の規定による認定をした後において、親事業主が同項に定める特殊の関係についての要件を満たさなくなつたとき若しくは事業を廃止したとき、又は当該認定に係る子会社について同項各号に掲げる基準に適合しなくなつたと認めるときは、当該認定を取り消すことができる。

第四五条　親事業主であつて、特定の株式会社（当該親事業主の子会社及び第四十五条の三第一項の認定に係る組合員たる事業主であるものを除く。）と厚生労働省令で定める特殊の関係にあるもので、当該親事業主、当該子会社及び当該株式会社（以下「関係会社」という。）の申請に基づいて当該親事業主及び当該関係会社について次に掲げる基準に適合する旨の厚生労働大臣の認定を受けたものに係る第四十三条第一項及び第七項の規定の適用については、当該関係会社が雇用する労働者は当該親事業主のみが雇用する労働者と、当該関係会社の事業所は当該親事業主の事業所とみなす。

一　当該関係会社の行う事業と当該子会社の行う事業との人的関係若しくは営業上の関係が緊密であること、又は当該関係会社が当該子会社に出資していること。

二　当該親事業主が第七十八条第二項各号に掲げる業務を担当する者を同条の規定により選任しており、かつ、その者が当該子会社及び当該関係会社についても同項第一号に掲げる業務を行うこととしていること。

三　当該親事業主が、自ら雇用する対象障害者である労働者並びに当該子会社及び当該関係会社に雇用される対象障害者である労働者の雇用の促進及び雇用の安定を確実に達成することができると認められること。

2　関係会社が、前条第一項又は次条第一項の認定を受けたものである場合は、前項の申請をすることができない。

3　前条第四項の規定は、第一項の場合について準用する。

（関係子会社に雇用される労働者に関する特例）

第四五条の二　事業主であつて、当該事業主及びその全ての子会社の申請に基づいて当該事業主及び当該申請に係る子会社（以下「関係子会社」という。）について次に掲げる基準に適合する旨の厚生労働大臣の認定を受けたもの（以下「関係親事業主」という。）に係る第四十三条第一項及び第七項の規定の適用については、当該関係子会社が雇用する労働者は当該関係親事業主のみが雇用する労働者と、当該関係子会社の事業所は当該関係親事業主の事業所とみなす。

一　当該事業主が第七十八条第二項各号に掲げる業務を担当する者を同項の規定により選任しており、かつ、その者が当該関係子会社についても同項第一号に掲げる業務を行うこととしていること。

二　当該事業主が、自ら雇用する対象障害者である労働者及び当該関係子会社に雇用される対象障害者である労働者の雇用の促進及び雇用の安定を確実に達成することができると認められること。

三　当該関係子会社が雇用する対象障害者である労働者の数が、厚生労働大臣が定める数以上であること。

四　当該関係子会社がその雇用する対象障害者である労働者の雇用管理を適正に行うに足りる能力を有し、又は他の関係子会社が雇用する対象障害者である労働者の行う業務に関し、その行う事業と当該他の関係子会社の行う事業との人的関係若しくは営業上の関係が緊密であること。

2　関係子会社が第四十四条第一項又は前条第一項の認定を受けたものである場合については、これらの規定にかかわらず、当該子会社又は当該関係会社を関係子会社とみなして、前項（第三号及び第四号を除く。）の規定を適用する。

3　事業主であつて、その関係子会社に第一項の認定を受けたものがあるものは、同項の認定を受けることができない。

4　第一項第三号の対象障害者である労働者の数の算定に当たつては、対象障害者である短時間労働者は、その一人をもつて、厚生労働省令で定める数の対象障害者である労働者に相当するものとみなす。

5　第一項第三号の対象障害者である労働者の数の算定に当たつては、重度身体障害者又は重度知的障害者である労働者（短時間労働者を除く。）は、その一人をもつて、政令で定める数の対象障害者である労働者に相当するものとみなす。

6　第一項第三号の対象障害者である労働者の数の算定に当たつては、第四項の規定にかかわらず、重度身体障害者又は重度知的障害者である短時間労働者は、その一人をもつて、前項の政令で定める数に満たない範囲内において厚生労働省令で定める数の対象障害者である労働者に相当するものとみなす。

7　第四十四条第四項の規定は、第一項の場合について準用する。

（特定事業主に雇用される労働者に関する特例）

第四五条の三　事業協同組合等であつて、当該事業協同組合等及び複数のその組合員たる事業主（その雇用する労働者の数が常時第四十三条第七項の厚生労働省令で定める数以上である事業主に限り、第四十四条第一項、第四十五条第一項、前条第一項又はこの項の認定に係る子会社、関係会社、関係子会社又は組合員たる事業主であるものを除く。以下「特定事業主」という。）の申請に基づいて当該事業協同組合等及び当該特定事業主について次に掲げる基準に適合する旨の厚生労働大臣の認定を受けたもの（以下「特定組合等」という。）に係る第四十三条第一項及び第七項の規定の適用については、当該特定事業主が雇用する労働者は当該特定組合等のみが雇用する労働者と、当該特定事業主の事業所は当該特定組合等の事業所とみなす。

一　当該事業協同組合等が自ら雇用する対象障害者である労働者が行う業務に関し、当該事業協同組合等の行う事業と当該特定事業主の行う事業との人的関係又は営業上の関係が緊密であること。

二　当該事業協同組合等の定款、規約その他これらに準ずるものにおいて、当該事業協同組合等が第五十三条第一項の障害者雇用納付金を徴収された場合に、特定事業主の対象障害者である労働者の雇用状況に応じて当該障害者雇用納付金に係る経費を特定事業主に賦課する旨の定めがあること。

三　当該事業協同組合等が、自ら雇用する対象障害者である労働者及び当該特定事業主に雇用される対象障害者である労働者の雇用の促進及び雇用の安定に関する事業（第三項において「雇用促進事業」という。）を適切に実施するための計画（以下この号及び同項において「実施計画」という。）を作成し、実施計画に従つて、当該対象障害者である労働者の雇用の促進及び雇用の安定を確実に達成することができると認められること。

四　当該事業協同組合等が自ら雇用する対象障害者である労働者の数及びその数の当該事業協同組合等が雇用する労働者の総数に対する割合が、それぞれ、厚生労働大臣が定める数及び率以上であること。

五　当該事業協同組合等が自ら雇用する対象障害者である労働者の雇用管理を適正に行うに足りる能力を有するものであること。

六　当該特定事業主が雇用する対象障害者である労働者の数が、厚生労働大臣が定める数以上であること。

2　この条において「事業協同組合等」とは、事業協同組合、有限責任事業組合契約に関する法律（平成十七年法律第四十号）第二条に規定する有限責任事業組合（中小企業者（中小企業基本法（昭和三十八年法律第百五十四号）第二条第一項各号に掲げるものに限る。）のみがその組合員となつていることその他の厚生労働省令で定める要件を満たすものに限る。次項第四号及び第七項において「特定有限責任事業組合」という。）その他の特別の法律により設立された組合であつて厚生労働省令で定めるものをいう。

3　実施計画には、次に掲げる事項を記載しなければならない。

一　雇用促進事業の目標（事業協同組合等及び特定事業主がそれぞれ雇用しようとする対象障害者である労働者の数に関する目標を含む。）

二　雇用促進事業の内容

三　雇用促進事業の実施時期

四　特定有限責任事業組合にあつては、解散の事由が生じた場合に講ずることが必要な措置として厚生労働省令で定める措置のうち、当該特定有限責任事業組合が講ずることとするもの

4　特定事業主が、第四十四条第一項、前条第一項又は第一項の認定を受けたものである場合は、同項の申請をすることができない。

5　第四十三条第八項の規定は、第一項の雇用する労働者の数及び同項第四号の労働者の総数の算定について準用する。

6　前条第四項の規定は第一項第四号の対象障害者である労働者の数の算定について、同条第四項から第六項までの規定は第一項第六号の対象障害者である労働者の数の算定について準用する。

7　厚生労働大臣は、第一項の規定による認定をした後において、当該認定に係る事業協同組合等及び特定事業主について同項各号に掲げる基準に適合しなくなつたと認めるとき、又は当該認定に係る特定有限責任事業組合が第二項の厚生労働省令で定める要件を満たさなくなつたと認めるときは、当該認定を取り消すことができる。

（一般事業主の対象障害者の雇入れに関する計画）

第四六条　厚生労働大臣は、対象障害者の雇用を促進するため必要があると認める場合には、その雇用する対象障害者である労働者の数が法定雇用障害者数未満である事業主（特定組合員等及び前条第一項の認定に係る特定事業主であるものを除く。以下この条及び次条において同じ。）に対して、対象障害者である労働者の数がその法定雇用障害者数以上となるようにするため、厚生労働省令で定めるところにより、対象障害者の雇入れに関する計画の作成を命ずることができる。

2　第四十五条の二第四項から第六項までの規定は、前項の対象障害者である労働者の数の算定について準用する。

3　親事業主又は関係親事業主に係る第一項の規定の適用については、当該子会社及び当該関係会社が雇用する労働者は当該親事業主のみが雇用する労働者と、当該関係子会社が雇用する労働者は当該関係親事業主のみが雇用する労働者とみなす。

4　事業主は、第一項の計画を作成したときは、厚生労働省令で定めるところにより、これを厚生労働大臣に提出しなければならない。これを変更したときも、同様とする。

5　厚生労働大臣は、第一項の計画が著しく不適当であると認めるときは、当該計画を作成した事業主に対してその変更を勧告することができる。

6　厚生労働大臣は、特に必要があると認めるときは、第一項の計画を作成した事業主に対して、その適正な実施に関し、勧告をすることができる。

（一般事業主についての公表）

第四七条　厚生労働大臣は、前条第一項の計画を作成した事業主が、正当な理由がなく、同条第五項又は第六項の勧告に従わないときは、その旨を公表することができる。

（特定身体障害者）

第四八条　国及び地方公共団体の任命権者は、特定職種（労働能力はあるが、別表に掲げる障害の程度が重いため通常の職業に就くことが特に困難である身体障害者の能力にも適合すると認められる職種で政令で定めるものをいう。以下この条において同じ。）の職員（短時間勤務職員を除く。以下この項、第三項及び第四項において同じ。）の採用について、当該機関に勤務する特定身体障害者（身体障害者のうち特定職種ごとに政令で定める者に該当する者をいう。以下この条において同じ。）である当該職種の職員の数が、当該機関に勤務する当該職種の職員の総数に、職種に応じて政令で定める特定身体障害者雇用率を乗じて得た数（その数に一人未満の端数があるときは、その端数は、切り捨てる。）未満である場合には、特定身体障害者である当該職種の職員の数がその特定身体障害者雇用率を乗じて得た数以上となるようにするため、政令で定めるところにより、特定身体障害者の採用に関する計画を作成しなければならない。

2　第三十九条の規定は、前項の計画について準用する。

3　承認省庁又は認定地方機関に係る第一項の規定の適用については、当該外局等又は当該その他機関に勤務する職員は、当該承認省庁又は当該認定地方機関のみに勤務する職員とみなす。

4　当該機関に勤務する職員が特定身体障害者であるかどうかの確認は、厚生労働省令で定める書類により行うものとする。

5　厚生労働大臣は、必要があると認めるときは、国及び地方公共団体の任命権者に対して、前項の規定による確認の適正な実施に関し、勧告をすることができる。

6　事業主は、特定職種の労働者（短時間労働者を除く。以下この項、次項及び第九項において同じ。）の雇入れについては、その雇用する特定身体障害者である当該職種の労働者の数が、その雇用する当該職種の労働者の総数に、職種に応じて厚生労働省令で定める特定身体障害者雇用率を乗じて得た数（その数に一人未満の端数があるときは、その端数は、切り捨てる。）以上であるように努めなければならない。

7　厚生労働大臣は、特定身体障害者の雇用を促進するため特に必要があると認める場合には、その雇用する特定身体障害者である特定職種の労働者の数が前項の規定により算定した数未満であり、かつ、その数を増加するのに著しい困難を伴わないと認められる事業主（その雇用する当該職種の労働者の数が職種に応じて厚生労働省令で定める数以上であるものに限る。）に対して、特定身体障害者である当該職種の労働者の数が同項の規定により算定した数以上となるようにするため、厚生労働省令で定めるところにより、特定身体障害者の雇入れに関する計画の作成を命ずることができる。

8　親事業主、関係親事業主又は特定組合等に係る前二項の規定の適用については、当該子会社及び当該関係会社が雇用する労働者は当該親事業主のみが雇用する労働者と、当該関係子会社が雇用する労働者は当該関係親事業主のみが雇用する労働者と、当該特定事業主が雇用する労働者は当該特定組合等のみが雇用する労働者とみなす。

9　当該事業主が雇用する労働者が特定身体障害者であるかどうかの確認は、厚生労働省令で定める書類により行うものとする。

10　第四十六条第四項及び第五項の規定は、第七項の計画について準用する。

第二節　障害者雇用調整金の支給等及び障害者雇用納付金の徴収

第一款　障害者雇用調整金の支給等

（納付金関係業務）

第四九条　厚生労働大臣は、対象障害者の雇用に伴う経済的負担の調整並びにその雇用の促進及び継続を図るため、次に掲げる業務（以下「納付金関係業務」という。）を行う。

一　事業主（特殊法人を除く。以下この節及び第五節において同じ。）で次条第一項の規定に該当するものに対して、同項の障害者雇用調整金を支給すること。

二　対象障害者を労働者として雇い入れる事業主又は対象障害者である労働者を雇用する事業主に対して、これらの者の雇入れ又は雇用の継続のために必要となる施設又は設備の設置又は整備に要する費用に充てるための助成金を支給すること。

三　対象障害者である労働者を雇用する事業主又

は当該事業主の加入している事業主の団体に対して、対象障害者である労働者の福祉の増進を図るための施設の設置又は整備に要する費用に充てるための助成金を支給すること。

四　対象障害者である労働者を雇用する事業主であつて、次のいずれかを行うものに対して、その要する費用に充てるための助成金を支給すること。

イ　身体障害者又は精神障害者となつた労働者の雇用の継続のために必要となる当該労働者が職場に適応することを容易にするための措置

ロ　加齢に伴つて生ずる心身の変化により職場への適応が困難となつた対象障害者である労働者の雇用の継続のために必要となる当該労働者が職場に適応することを容易にするための措置

ハ　対象障害者である労働者の雇用に伴い必要となる介助その他その雇用の安定を図るために必要な業務（対象障害者である労働者の通勤を容易にするための業務を除く。）を行う者を置くこと（次号ロに掲げるものを除く。）。

四の二　対象障害者に対する職場適応援助者による援助であつて、次のいずれかを行う者に対して、その要する費用に充てるための助成金を支給すること。

イ　社会福祉法第二十二条に規定する社会福祉法人その他対象障害者の雇用の促進に係る事業を行う法人が行う職場適応援助者による援助の事業

ロ　対象障害者である労働者を雇用する事業主が対象障害者である労働者の雇用に伴い必要となる援助を行う職場適応援助者を置くこと。

五　身体障害者（重度身体障害者その他の厚生労働省令で定める身体障害者に限る。以下この号において同じ。）、知的障害者若しくは知的障害者である労働者を雇用する事業主又は当該事業主の加入している事業主の団体に対して、身体障害者、知的障害者又は精神障害者である労働者の通勤を容易にするための措置に要する費用に充てるための助成金を支給すること。

六　重度身体障害者、知的障害者又は精神障害者である労働者を多数雇用する事業所の事業主に対して、当該事業所の事業の用に供する施設又は設備の設置又は整備に要する費用に充てるための助成金を支給すること。

七　対象障害者の職業に必要な能力を開発し、及び向上させるための教育訓練（厚生労働大臣が定める基準に適合するものに限る。以下この号において同じ。）の事業を行う次に掲げるものに対して、当該事業に要する費用に充てるための助成金を支給すること並びに対象障害者である労働者を雇用する事業主に対して、対象障害者である労働者の教育訓練の受講を容易にするための措置に要する費用に充てるための助成金を支給すること。

イ　事業主又はその団体

ロ　学校教育法（昭和二十二年法律第二十六号）第百二十四条に規定する専修学校又は同法第百三十四条第一項に規定する各種学校を設置する私立学校法（昭和二十四年法律第二百七十号）第三条に規定する学校法人又は同法第百五十二条第五項に規定する法人

ハ　社会福祉法第二十二条に規定する社会福祉法人

ニ　その他対象障害者の雇用の促進に係る事業を行う法人

七の二　対象障害者の雇入れ及びその雇用の継続を図るために必要な対象障害者の一連の雇用管理に関する援助の事業を行うものに対して、当該援助の事業に要する費用に充てるための助成金を支給すること。

八　障害者の技能に関する競技大会に係る業務を行うこと。

九　対象障害者の雇用に関する技術的事項についての研究、調査若しくは講習の業務又は対象障害者の雇用について事業主その他国民一般の理解を高めるための啓発の業務を行うこと（前号に掲げる業務を除く。）。

十　第五十三条第一項に規定する障害者雇用納付金の徴収を行うこと。

十一　前各号に掲げる業務に附帯する業務を行うこと。

2　厚生労働大臣は、前項各号に掲げる業務の全部又は一部を機構に行わせるものとする。

（障害者雇用調整金の支給）

第五〇条　機構は、政令で定めるところにより、各年度（四月一日から翌年三月三十一日までをいう。以下同じ。）ごとに、第五十四条第二項に規定する調整基礎額に当該年度に属する各月（当該年度の中途に事業を開始し、又は廃止した事業主にあつては、当該事業を開始した日の属する月の翌月以後の各月又は当該事業を廃止した日の属する月の前月以前の各月に限る。以下同じ。）ごとの初日におけるその雇用する対象障害者である労働者の数の合計数を乗じて得た額が同条第一項の規定により算定した額を超える事業主に対して、その差額に相当する額を当該調整基礎額で除して得た数（以下この項において「超過数」という。）を単位調整額に乗じて得た額（超過数が政令で定める数を超えるときは、当該政令で定める数を単位調整額に乗じて得た額に、当該超過数から当該政令で定める数を減じた数を次項の政令で定める金額に満たない範囲内において厚生労働省令で定める金額に乗じて得た額を加えた額）に相当する金額を、当該年度分の障害者雇用調整金（以下「調整金」という。）として支給する。

2　前項の単位調整額は、事業主がその雇用する労働者の数に第五十四条第三項に規定する基準雇用率を乗じて得た数を超えて新たに対象障害者である者を雇用するものとした場合に当該対象障害者である者一人につき通常追加的に必要とされる一月当たりの同条第二項に規定する特別費用の額の平均額を基準として、政令で定める金額とする。

3　第四十三条第八項の規定は、前項の雇用する労働者の数の算定について準用する。

4　第四十五条の二第四項から第六項までの規定は第一項の対象障害者である労働者の数の算定について、第四十八条第八項の規定は親事業主、関係親事業主又は特定組合等に係る第一項の規定の適用について準用する。

5　親事業主、関係親事業主又は特定組合等に係る第一項の規定の適用については、機構は、厚生労働省令で定めるところにより、当該親事業主、当該子会社若しくは当該関係会社、当該関係親事業主若しくは当該関係子会社又は当該特定組合等若しくは当該特定事業主に対して調整金を支給することができる。

6　第二項から前項までに定めるもののほか、法人である事業主が合併した場合又は個人である事業主について相続（包括遺贈を含む。第六十八条において同じ。）があつた場合における調整金の額の算定の特例その他調整金に関し必要な事項は、政令で定める。

（助成金の支給）

第五一条　機構は、厚生労働省令で定める支給要件、支給額その他の支給の基準に従つて第四十九条第一項第二号から第七号の二までの助成金を支給する。

2　前項の助成金の支給については、対象障害者の職業の安定を図るため講じられるその他の措置と相まつて、対象障害者の雇用が最も効果的かつ効率的に促進され、及び継続されるように配慮されなければならない。

第五二条《略》

第二款　障害者雇用納付金の徴収

（障害者雇用納付金の徴収及び納付義務）

第五三条　機構は、第四十九条第一項第一号の調整金及び同項第二号から第七号の二までの助成金の支給に要する費用、同項第八号及び第九号の業務の実施に要する費用並びに同項各号に掲げる業務に係る事務の処理に要する費用に充てるため、この款に定めるところにより、事業主から、毎年度、障害者雇用納付金（以下「納付金」という。）を徴収する。

2　事業主は、納付金を納付する義務を負う。

（納付金の額等）

第五四条　事業主が納付すべき納付金の額は、各年度につき、調整基礎額に、当該年度に属する各月ごとにその初日におけるその雇用する労働者の数に基準雇用率を乗じて得た数（その数に一人未満の端数があるときは、その端数は、切り捨てる。）の合計数を乗じて得た額とする。

2　前項の調整基礎額は、事業主がその雇用する労働者の数に基準雇用率を乗じて得た数に達するまでの数の対象障害者である者を雇用するものとした場合に当該対象障害者である者一人につき通常必要とされる一月当たりの特別費用（身体障害者又は知的障害者である者を雇用する場合に必要な施設又は設備の設置又は整備その他の対象障害者である者の適正な雇用管理に必要な措置に通常要する費用その他対象障害者である者を雇用するために特別に必要とされる費用をいう。）の額の平均額を基準として、政令で定める金額とする。

3　前二項の基準雇用率は、労働者の総数に対する対象障害者である労働者の総数の割合を基準として設定するものとし、少なくとも五年ごとに、当該割合の推移を勘案して政令で定める。

4　第四十三条第八項の規定は、第一項及び第二項の雇用する労働者の数並びに前項の労働者の総数の算定について準用する。

5　第四十五条の二第四項から第六項までの規定は第三項の対象障害者である労働者の総数の算定について、第四十八条第八項の規定は親事業主、関係親事業主又は特定組合等に係る第一項の規定の適用について準用する。

第五五条　前条第一項の場合において、当該事業主が当該年度において対象障害者である労働者を雇用しており、かつ、同条第二項に規定する調整基礎額に当該年度に属する各月ごとの初日における当該事業主の雇用する対象障害者である労働者の数の合計数を乗じて得た額が同条第一項の規定により算定した額に達しないときは、当該事業主が納付すべき納付金の額は、同項の規定にかかわらず、その差額（第七十四条の二第四項及び第五項において「算定額」という。）に相当する金額とする。

2　前条第一項の場合において、当該事業主が当該年度において対象障害者である労働者を雇用しており、かつ、同条第二項に規定する調整基礎額に当該年度に属する各月ごとの初日における当該事業主の雇用する対象障害者である労働者の数の合計数を乗じて得た額が同条第一項の規定により算定した額以上であるときは、当該事業主については、同項の規定にかかわらず、納付金は、徴収しない。

3　第四十五条の二第四項から第六項までの規定は前二項の対象障害者である労働者の数の算定について、第四十八条第八項の規定は親事業主、関係親事業主又は特定組合等に係る前二項の規定の適用について準用する。

（納付金の納付等）

第五六条　事業主は、各年度ごとに、当該年度に係る納付金の額その他の厚生労働省令で定める事項を記載した申告書を翌年度の初日（当該年度の中途に事業を廃止した事業主にあつては、当該事業を廃止した日）から四十五日以内に機構に提出しなければならない。

2　事業主は、前項の申告に係る額の納付金を、同項の申告書の提出期限までに納付しなければならない。

3　第一項の申告書には、当該年度に属する各月ごとの初日における各事業所ごとの労働者の数及び対象障害者である労働者の数その他の厚生労働省令で定める事項を記載した書類を添付しなければならない。

4　機構は、事業主が第一項の申告書の提出期限までに同項の申告書を提出しないとき、又は同項の申告書の記載に誤りがあると認めたときは、納付金の額を決定し、事業主に納入の告知をする。

5　前項の規定による納入の告知を受けた事業主は、第一項の申告書を提出していないとき（納付すべき納付金の額がない旨の記載をした申告書を提出しているときを含む。）は前項の規定により機構が決定した額の納付金の全額を、第一項の申告に係る納付金の額が前項の規定により機構が決定した納付金の額に足りないときはその不足額を、その通知を受けた日から十五日以内に機構に納付しなければならない。

6　事業主が納付した納付金の額が、第四項の規定により機構が決定した納付金の額を超える場合には、機構は、その超える額について、未納の納付金その他この款の規定による徴収金があるときはこれに充当し、なお残余があれば還付し、未納の納付金その他この款の規定による徴収金がないときはこれを還付しなければならない。

7　第四十八条第八項の規定は、親事業主、関係親事業主又は特定組合等に係る第一項、第三項及び第四項の規定の適用について準用する。この場合において、同条第八項中「とみなす」とあるのは、「と、当該子会社及び当該関係会社の事業所は当該親事業主の事業所と、当該関係子会社の事業所は当該関係親事業主の事業所と、当該特定事業主の事業所は当該特定組合等の事業所とみなす」と読み替えるものとする。

（納付金の延納）

第五七条　機構は、厚生労働省令で定めるところにより、事業主の申請に基づき、当該事業主の納付すべき納付金を延納させることができる。

（追徴金）

第五八条　機構は、事業主が第五十六条第五項の規定による納付金の全額又はその不足額を納付しなければならない場合には、その納付すべき額（その額に千円未満の端数があるときは、その端数は、切り捨てる。）に百分の十を乗じて得た額の追徴金を徴収する。ただし、事業主が天災その他やむを得ない理由により、同項の規定による納付金の全額又はその不足額を納付しなければならなくなつた場合は、この限りでない。

2　前項の規定にかかわらず、同項に規定する納付金の全額又はその不足額が千円未満であるときは、同項の規定による追徴金は、徴収しない。

3　機構は、第一項の規定により追徴金を徴収する場合には、厚生労働省令で定めるところにより、事業主に対して、期限を指定して、その納付すべき追徴金の額を通知しなければならない。

（徴収金の督促及び滞納処分）

第五九条　納付金その他この款の規定による徴収金を納付しない者があるときは、機構は、期限を指定して督促しなければならない。

2　前項の規定により督促するときは、機構は、納付義務者に対して督促状を発する。この場合において、督促状により指定すべき期限は、督促状を発する日から起算して十日以上経過した日でなければならない。

3　第一項の規定による督促を受けた者がその指定

の期限までに納付金その他この款の規定による徴収金を完納しないときは、機構は、厚生労働大臣の認可を受けて、国税滞納処分の例により、滞納処分をすることができる。

（延滞金）

第六〇条　前条第一項の規定により納付金の納付を督促したときは、機構は、その督促に係る納付金の額につき年十四・五パーセントの割合で、納付期限の翌日からその完納又は財産差押えの日の前日までの日数により計算した延滞金を徴収する。ただし、督促に係る納付金の額が千円未満であるときは、この限りでない。

2　前項の場合において、納付金の額の一部につき納付があつたときは、その納付の日以降の期間に係る延滞金の額の計算の基礎となる納付金の額は、その納付のあつた納付金の額を控除した額とする。

3　延滞金の計算において、前二項の納付金の額に千円未満の端数があるときは、その端数は、切り捨てる。

4　前三項の規定によつて計算した延滞金の額に百円未満の端数があるときは、その端数は、切り捨てる。

5　延滞金は、次の各号のいずれかに該当する場合には、徴収しない。ただし、第四号の場合には、その執行を停止し、又は猶予した期間に対応する部分の金額に限る。

一　督促状に指定した期限までに納付金を完納したとき。

二　納付義務者の住所又は居所がわからないため、公示送達の方法によつて督促したとき。

三　延滞金の額が百円未満であるとき。

四　納付金について滞納処分の執行を停止し、又は猶予したとき。

五　納付金を納付しないことについてやむを得ない理由があると認められるとき。

（先取特権の順位）

第六一条　納付金その他この款の規定による徴収金の先取特権の順位は、国税及び地方税に次ぐものとする。

（徴収金の徴収手続等）

第六二条　納付金その他この款の規定による徴収金は、この款に別段の定めがある場合を除き、国税徴収の例により徴収する。

（時効）

第六三条　納付金その他この款の規定による徴収金を徴収し、又はその還付を受ける権利は、これらを行使することができる時から二年を経過したときは、時効によつて消滅する。

2　機構が行う納付金その他この款の規定による徴収金の納入の告知又は第五十九条第一項の規定による督促は、時効の更新の効力を生ずる。

（徴収金の帰属）

第六四条　機構が徴収した納付金その他この款の規定による徴収金は、機構の収入とする。

（徴収金の徴収に関する審査請求）

第六五条　納付金その他この款の規定による徴収金の賦課又は徴収の処分について不服がある者は、厚生労働大臣に対してによる審査請求をすることができる。この場合において、厚生労働大臣は、行政不服審査法（平成二十六年法律第六十八号）第二十五条第二項及び第三項、第四十六条第一項並びに第四十七条の規定の適用については、機構の上級行政庁とみなす。

第六六条　削除

（行政手続法の適用除外）

第六七条　納付金その他この款の規定による徴収金の賦課又は徴収の処分については、行政手続法（平成五年法律第八十八号）第二章及び第三章の規定は、適用しない。

（政令への委任）

第六八条　この款に定めるもののほか、法人である事業主が合併した場合又は個人である事業主について相続があつた場合における納付金の額の算定の特例その他この款に定める納付金その他の徴収金に関し必要な事項は、政令で定める。

第三節　特定短時間労働者等に関する特例

（雇用義務に係る規定の特定短時間勤務職員についての適用に関する特例）

第六九条　第三十八条第一項の対象障害者である職員の数の算定に当たつては、同条第三項及び第五項の規定にかかわらず、重度身体障害者、重度知的障害者又は精神障害者である特定短時間勤務職員（短時間勤務職員のうち、一週間の勤務時間が厚生労働大臣の定める時間の範囲内にある職員をいう。）は、その一人をもつて、第四十三条第五項の厚生労働省令で定める数に満たない範囲内において厚生労働省令で定める数の対象障害者である職員に相当するものとみなす。

（雇用義務に係る規定の特定短時間労働者についての適用に関する特例）

第七〇条　第四十三条第一項、第四十四条第一項第二号、第四十五条の二第一項第三号、第四十五条の三第一項第四号及び第六号並びに第四十六条第一項の対象障害者である労働者の数の算定に当たつては、第四十三条第三項及び第五項、第四十四条第三項並びに第四十五条の二第四項及び第六項（第四十五条の三第六項及び第四十六条第二項において準用する場合を含む。）の規定にかかわらず、重度身体障害者、重度知的障害者又は精神障害者である特定短時間労働者（短時間労働者のうち、一週間の所定労働時間が厚生労働大臣の定める時間の範囲内にある労働者をいい、当該算定に係る事業主から障害者の日常生活及び社会生活を総合的に支援するための法律第二十九条第一項の指定障害福祉サービス（同法第五条第十四項に規定する就労継続支援であつて、厚生労働省令で定める便宜を供与するものに限る。）を受けている者を除く。以下同じ。）は、その一人をもつて、第四十三条第五項の厚生労働省令で定める数に満たない範囲内において厚生労働省令で定める数の対象障害者である労働者に相当するものとみなす。

（納付金関係業務に係る規定の特定短時間労働者についての適用に関する特例）

第七十一条　第五十条第一項並びに第五十五条第一項及び第二項の対象障害者である労働者の数の算定に当たつては、第五十条第四項及び第五十五条第三項において準用する第四十五条の二第四項及び第六項の規定にかかわらず、重度身体障害者、重度知的障害者又は精神障害者である特定短時間労働者は、その一人をもつて、第四十三条第五項の厚生労働省令で定める数に満たない範囲内において厚生労働省令で定める数の対象障害者である労働者に相当するものとみなす。

第七十二条　削除

第四節　対象障害者以外の障害者に関する特例

（精神障害者に関する助成金の支給業務の実施等）

第七十三条　厚生労働大臣は、精神障害者（精神保健及び精神障害者福祉に関する法律第四十五条第二項の規定により精神障害者保健福祉手帳の交付を受けているものを除く。）である労働者に関しても、第四十九条第一項第二号から第九号まで及び第十一号に掲げる業務に相当する業務を行うことができる。

2　厚生労働大臣は、前項に規定する業務の全部又は一部を機構に行わせるものとする。

3　前項の場合においては、当該業務は、第四十九条第一項第二号から第九号まで及び第十一号に掲げる業務に含まれるものとみなして、第五十一条及び第五十三条の規定を適用する。この場合において、第五十一条第二項中「対象障害者」とあるのは、「身体障害者、知的障害者又は第二条第六号に規定する精神障害者」とする。

（身体障害者、知的障害者及び精神障害者以外の障害者に関する助成金の支給業務の実施等）

第七十四条　厚生労働大臣は、障害者（身体障害者、知的障害者及び精神障害者を除く。）のうち厚生労働省令で定める者に関しても、第四十九条第一項第二号から第九号まで及び第十一号に掲げる業務であつて厚生労働省令で定めるものに相当する業務を行うことができる。

2　厚生労働大臣は、前項に規定する業務の全部又は一部を機構に行わせるものとする。

3　前項の場合においては、当該業務は、第四十九条第一項第二号から第九号まで及び第十一号に掲げる業務に含まれるものとみなして、第五十一条及び第五十三条の規定を適用する。

第五節　障害者の在宅就業に関する特例

（在宅就業障害者特例調整金）

第七十四条の二　厚生労働大臣は、在宅就業障害者の就業機会の確保を支援するため、事業主で次項の規定に該当するものに対して、同項の在宅就業障害者特例調整金を支給する業務を行うことができる。

2　厚生労働大臣は、厚生労働省令で定めるところにより、各年度ごとに、在宅就業障害者との間で書面により在宅就業契約を締結した事業主（次条第一項に規定する在宅就業支援団体を除く。以下この節において同じ。）であつて、在宅就業障害者に在宅就業契約に基づく業務の対価を支払つたものに対して、調整額に、当該年度に支払つた当該対価の総額（以下「対象額」という。）を評価額で除して得た数（その数に一未満の端数があるときは、その端数は切り捨てる。）を乗じて得た額に相当する金額を、当該年度分の在宅就業障害者特例調整金として支給する。ただし、在宅就業単位調整額に当該年度に属する各月ごとの初日における当該事業主の雇用する対象障害者である労働者の数の合計数を乗じて得た額に相当する金額を超えることができない。

3　この節、第四章、第五章及び附則第四条において、次の各号に掲げる用語の意義は、当該各号に定めるところによる。

一　在宅就業障害者　対象障害者であつて、自宅その他厚生労働省令で定める場所において物品の製造、役務の提供その他これらに類する業務を自ら行うもの（雇用されている者を除く。）

二　在宅就業契約　在宅就業障害者が物品の製造、役務の提供その他これらに類する業務を行う旨

の契約

三　在宅就業単位調整額　第五十条第二項に規定する単位調整額以下の額で政令で定める額

四　調整額　在宅就業単位調整額に評価基準月数（在宅就業障害者の就業機会の確保に資する程度その他の状況を勘案して政令で定める月数をいう。以下同じ。）を乗じて得た額

五　評価額　障害者である労働者の平均的な給与の状況その他の状況を勘案して政令で定める額に評価基準月数を乗じて得た額

4　第五十五条第一項の場合において、当該事業主が当該年度において在宅就業障害者に在宅就業契約に基づく業務の対価を支払つており、かつ、第二項の規定により算定した在宅就業障害者特例調整金の額が算定額に達しないときは、当該事業主が納付すべき納付金の額は、同条第一項の規定にかかわらず、その差額に相当する金額とする。この場合においては、当該事業主については、第二項の規定にかかわらず、在宅就業障害者特例調整金は支給しない。

5　第五十五条第一項の場合において、当該事業主が当該年度において在宅就業障害者に在宅就業契約に基づく業務の対価を支払つており、かつ、第二項の規定により算定した在宅就業障害者特例調整金の額が算定額以上であるときは、同項の規定にかかわらず、当該事業主に対して、その差額に相当する金額を、当該年度分の在宅就業障害者特例調整金として支給する。この場合においては、当該事業主については、同条第一項の規定にかかわらず、納付金は徴収しない。

6　厚生労働大臣は、第一項に規定する業務の全部又は一部を機構に行わせるものとする。

7　機構は、第一項に規定する業務に関し必要があると認めるときは、事業主又は在宅就業障害者に対し、必要な事項についての報告を求めることができる。

8　第六項の場合における第五十三条の規定の適用については、同条第一項中「並びに同項各号に掲げる業務」とあるのは、「、第七十四条の二第一項の在宅就業障害者特例調整金の支給に要する費用並びに第四十九条第一項各号に掲げる業務及び第七十四条の二第一項に規定する業務」とする。

9　親事業主、関係親事業主又は特定組合等に係る第二項、第四項及び第五項並びに第五十六条第一項及び第四項の規定の適用については、在宅就業契約に基づく業務の対価として在宅就業障害者に対して支払つた額に関し、当該子会社及び当該関係会社が支払つた額は当該親事業主のみが支払つた額と、当該関係子会社が支払つた額は当該関係親事業主のみが支払つた額と、当該特定事業主が支払つた額は当該特定組合等のみが支払つた額とみなす。

10　第四十五条の二第四項から第六項までの規定は第二項の対象障害者である労働者の数の算定について、第五十条第五項及び第六項の規定は第一項の在宅就業障害者特例調整金について準用する。

11　第二項の対象障害者である労働者の数の算定に当たつては、前項において準用する第四十五条の二第四項及び第六項の規定にかかわらず、重度身体障害者、重度知的障害者又は精神障害者である特定短時間労働者は、その一人をもつて、第四十三条第五項の厚生労働省令で定める数に満たない範囲内において厚生労働省令で定める数の対象障害者である労働者に相当するものとみなす。

（在宅就業支援団体）

第七四条の三　各年度ごとに、事業主に在宅就業対価相当額（事業主が厚生労働大臣の登録を受けた法人（以下「在宅就業支援団体」という。）との間で締結した物品の製造、役務の提供その他これらに類する業務に係る契約に基づき当該事業主が在宅就業支援団体に対して支払つた金額のうち、当該契約の履行に当たり在宅就業支援団体が在宅就業障害者との間で締結した在宅就業契約に基づく業務の対価として支払つた部分の金額に相当する金額をいう。以下同じ。）があるときは、その総額を当該年度の対象額に加算する。この場合において、前条の規定の適用については、同条第二項中「当該対価の総額」とあるのは「当該対価の総額と次条第一項に規定する在宅就業対価相当額の総額とを合計した額」と、同条第九項中「に関し、」とあるのは「に関し」と、「とみなす」とあるのは「と、当該子会社及び当該関係会社に係る次条第一項に規定する在宅就業対価相当額（以下この項において「在宅就業対価相当額」という。）は当該親事業主のみに係る在宅就業対価相当額と、当該関係子会社に係る在宅就業対価相当額は当該関係親事業主のみに係る在宅就業対価相当額と、当該特定事業主に係る在宅就業対価相当額は当該特定組合等のみに係る在宅就業対価相当額とみなす」とする。

2　前項の登録は、在宅就業障害者の希望に応じた就業の機会を確保し、及び在宅就業障害者に対して組織的に提供することその他の在宅就業障害者に対する援助の業務を行う法人の申請により行う。

3　次の各号のいずれかに該当する法人は、第一項の登録を受けることができない。

一　この法律の規定その他労働に関する法律の規定であつて政令で定めるもの又は出入国管理及び難民認定法（昭和二十六年政令第三百十九号）第七十三条の二第一項の規定及び同項の規定に係る同法第七十六条の二の規定により、罰金の刑に処せられ、その執行を終わり、又は執行を受けることがなくなつた日から五年を経過しない法人
二　第十八項の規定により登録を取り消され、その取消しの日から五年を経過しない法人
三　役員のうちに、禁錮以上の刑に処せられ、又はこの法律の規定その他労働に関する法律の規定であつて政令で定めるもの若しくは暴力団員による不当な行為の防止等に関する法律（平成三年法律第七十七号）の規定（同法第五十条（第二号に係る部分に限る。）及び第五十二条の規定を除く。）により、若しくは刑法（明治四十年法律第四十五号）第二百四条、第二百六条、第二百八条、第二百八条の二、第二百二十二条若しくは第二百四十七条の罪、暴力行為等処罰に関する法律（大正十五年法律第六十号）の罪若しくは出入国管理及び難民認定法第七十三条の二第一項の罪を犯したことにより、罰金の刑に処せられ、その執行を終わり、又は執行を受けることがなくなつた日から五年を経過しない者のある法人

4　厚生労働大臣は、第二項の規定により登録を申請した法人が次に掲げる要件のすべてに適合しているときは、その登録をしなければならない。この場合において、登録に関して必要な手続は、厚生労働省令で定める。
一　常時五人以上の在宅就業障害者に対して、次に掲げる業務のすべてを継続的に実施していること。
イ　在宅就業障害者の希望に応じた就業の機会を確保し、及び在宅就業障害者に対して組織的に提供すること。
ロ　在宅就業障害者に対して、その業務を適切に行うために必要な知識及び技能を習得するための職業講習又は情報提供を行うこと。
ハ　在宅就業障害者に対して、その業務を適切に行うために必要な助言その他の援助を行うこと。
ニ　雇用による就業を希望する在宅就業障害者に対して、必要な助言その他の援助を行うこと。
二　前号イからニまでに掲げる業務（以下「実施業務」という。）の対象である障害者に係る障害に関する知識及び当該障害に係る障害者の援助を行う業務に従事した経験並びに在宅就業障害者に対して提供する就業の機会に係る業務の内容に関する知識を有する者（次号において「従事経験者」という。）が実施業務を実施していること。
三　前号に掲げる者のほか、実施業務を適正に行うための管理者（従事経験者である者に限る。）が置かれていること。
四　実施業務を行うために必要な施設及び設備を有すること。

5　登録は、在宅就業支援団体登録簿に次に掲げる事項を記載してするものとする。
一　登録年月日及び登録番号
二　在宅就業支援団体の名称及び住所並びにその代表者の氏名
三　在宅就業支援団体が在宅就業障害者に係る業務を行う事業所の所在地

6　第一項の登録は、三年以内において政令で定める期間ごとにその更新を受けなければ、その期間の経過によつて、その効力を失う。

7　第二項から第五項までの規定は、前項の登録の更新について準用する。

8　在宅就業支援団体は、物品の製造、役務の提供その他これらに類する業務に係る契約に基づき事業主から対価の支払を受けたときは、厚生労働省令で定めるところにより、当該事業主に対し、在宅就業対価相当額を証する書面を交付しなければならない。

9　在宅就業支援団体は、前項に定めるもののほか、第四項各号に掲げる要件及び厚生労働省令で定める基準に適合する方法により在宅就業障害者に係る業務を行わなければならない。

10　在宅就業支援団体は、第五項第二号又は第三号に掲げる事項を変更しようとするときは、変更しようとする日の二週間前までに、その旨を厚生労働大臣に届け出なければならない。

11　在宅就業支援団体は、在宅就業障害者に係る業務に関する規程（次項において「業務規程」という。）を定め、当該業務の開始前に、厚生労働大臣に届け出なければならない。これを変更しようとするときも、同様とする。

12　業務規程には、在宅就業障害者に係る業務の実施方法その他の厚生労働省令で定める事項を定めておかなければならない。

13　在宅就業支援団体は、在宅就業障害者に係る業務の全部又は一部を休止し、又は廃止しようとするときは、厚生労働省令で定めるところにより、あらかじめ、その旨を厚生労働大臣に届け出なけ

ればならない。

14　在宅就業支援団体は、毎事業年度経過後三月以内に、その事業年度の財産目録、貸借対照表及び損益計算書又は収支計算書並びに事業報告書（その作成に代えて電磁的記録（電子的方式、磁気的方式その他の人の知覚によつては認識することができない方式で作られる記録であつて、電子計算機による情報処理の用に供されるものをいう。以下同じ。）の作成がされている場合における当該電磁的記録を含む。以下「財務諸表等」という。）を作成し、五年間事業所に備えて置かなければならない。

15　在宅就業障害者その他の利害関係人は、在宅就業支援団体の業務時間内は、いつでも、次に掲げる請求をすることができる。ただし、第二号又は第四号の請求をするには、在宅就業支援団体の定めた費用を支払わなければならない。

一　財務諸表等が書面をもつて作成されているときは、当該書面の閲覧又は謄写の請求

二　前号の書面の謄本又は抄本の請求

三　財務諸表等が電磁的記録をもつて作成されているときは、当該電磁的記録に記録された事項を厚生労働省令で定める方法により表示したものの閲覧又は謄写の請求

四　前号の電磁的記録に記録された事項を電磁的方法であつて厚生労働省令で定めるものにより提供することの請求又は当該事項を記載した書面の交付の請求

16　厚生労働大臣は、在宅就業支援団体が第四項各号のいずれかに適合しなくなつたと認めるときは、当該在宅就業支援団体に対し、これらの規定に適合するため必要な措置をとるべきことを命ずることができる。

17　厚生労働大臣は、在宅就業支援団体が第九項の規定に違反していると認めるときは、当該在宅就業支援団体に対し、在宅就業障害者に係る業務を行うべきこと又は当該業務の実施の方法その他の業務の方法の改善に関し必要な措置をとるべきことを命ずることができる。

18　厚生労働大臣は、在宅就業支援団体が次の各号のいずれかに該当するときは、その登録を取り消し、又は期間を定めて在宅就業障害者に係る業務の全部若しくは一部の停止を命ずることができる。

一　第三項第一号又は第三号に該当するに至つたとき。

二　第八項、第十項から第十四項まで又は次項の規定に違反したとき。

三　正当な理由がないのに第十五項各号の規定による請求を拒んだとき。

四　前二項の規定による命令に違反したとき。

五　不正の手段により第一項の登録を受けたとき。

19　在宅就業支援団体は、厚生労働省令で定めるところにより、帳簿を備え、在宅就業障害者に係る業務に関し厚生労働省令で定める事項を記載し、これを保存しなければならない。

20　機構は、第一項において読み替えて適用する前条第二項の場合における同条第一項の業務に関し必要があると認めるときは、事業主、在宅就業障害者又は在宅就業支援団体に対し、必要な事項についての報告を求めることができる。

21　在宅就業支援団体は、毎年一回、厚生労働省令で定めるところにより、在宅就業障害者に係る業務に関し厚生労働省令で定める事項を厚生労働大臣に報告しなければならない。

22　厚生労働大臣は、次に掲げる場合には、その旨を官報に公示しなければならない。

一　第一項の登録をしたとき。

二　第十項の規定による届出があつたとき。

三　第十三項の規定による届出があつたとき。

四　第十八項の規定により第一項の登録を取り消し、又は在宅就業障害者に係る業務の停止を命じたとき。

第三章の二　紛争の解決

第一節　紛争の解決の援助

（苦情の自主的解決）

第七十四条の四　事業主は、第三十五条及び第三十六条の三に定める事項に関し、障害者である労働者から苦情の申出を受けたときは、苦情処理機関（事業主を代表する者及び当該事業所の労働者を代表する者を構成員とする当該事業所の労働者の苦情を処理するための機関をいう。）に対し当該苦情の処理を委ねる等その自主的な解決を図るように努めなければならない。

（紛争の解決の促進に関する特例）

第七十四条の五　第三十四条、第三十五条、第三十六条の二及び第三十六条の三に定める事項についての障害者である労働者と事業主との間の紛争については、個別労働関係紛争の解決の促進に関する法律（平成十三年法律第百十二号）第四条、第五条及び第十二条から第十九条までの規定は適用せず、次条から第七十四条の八までに定めるところによる。

（紛争の解決の援助）

第七十四条の六　都道府県労働局長は、前条に規定する紛争に関し、当該紛争の当事者の双方又は一

方からその解決につき援助を求められた場合には、当該紛争の当事者に対し、必要な助言、指導又は勧告をすることができる。

2　事業主は、障害者である労働者が前項の援助を求めたことを理由として、当該労働者に対して解雇その他不利益な取扱いをしてはならない。

第二節　調停

（調停の委任）

第七四条の七　都道府県労働局長は、第七十四条の五に規定する紛争（労働者の募集及び採用についての紛争を除く。）について、当該紛争の当事者の双方又は一方から調停の申請があつた場合において当該紛争の解決のために必要があると認めるときは、個別労働関係紛争の解決の促進に関する法律第六条第一項の紛争調整委員会に調停を行わせるものとする。

2　前条第二項の規定は、障害者である労働者が前項の申請をした場合について準用する。

（調停）

第七四条の八　雇用の分野における男女の均等な機会及び待遇の確保等に関する法律（昭和四十七年法律第百十三号）第十九条から第二十六条までの規定は、前条第一項の調停の手続について準用する。この場合において、同法第十九条第一項中「前条第一項」とあるのは「障害者の雇用の促進等に関する法律第七十四条の七第一項」と、同法第二十条中「関係当事者と同一の事業場に雇用される労働者」とあるのは「障害者の医療に関する専門的知識を有する者」と、同法第二十五条第一項中「第十八条第一項」とあるのは「障害者の雇用の促進等に関する法律第七十四条の七第一項」と読み替えるものとする。

第四章　雑則

第七五条～第七九条《略》

（障害者である短時間労働者の待遇に関する措置）

第八〇条　事業主は、その雇用する障害者である短時間労働者が、当該事業主の雇用する労働者の所定労働時間労働すること等の希望を有する旨の申出をしたときは、当該短時間労働者に対し、その有する能力に応じた適切な待遇を行うように努めなければならない。

（解雇の届出等）

第八一条　事業主は、障害者である労働者を解雇する場合（労働者の責めに帰すべき理由により解雇する場合その他厚生労働省令で定める場合を除く。）には、厚生労働省令で定めるところにより、その旨を公共職業安定所長に届け出なければならない。

2　国及び地方公共団体の任命権者は、障害者である職員を免職する場合（職員の責めに帰すべき理由により免職する場合その他厚生労働省令で定める場合を除く。）には、厚生労働省令で定めるところにより、その旨を公共職業安定所長に届け出なければならない。

3　前二項の届出があつたときは、公共職業安定所は、当該届出に係る障害者である労働者について、速やかに求人の開拓、職業紹介等の措置を講ずるように努めるものとする。

（書類の保存）

第八一条の二　労働者を雇用する事業主は、厚生労働省令で定めるところにより、第三十八条第六項、第四十三条第九項並びに第四十八条第四項及び第九項の規定による確認に関する書類（その保存に代えて電磁的記録の保存がされている場合における当該電磁的記録を含む。）で厚生労働省令で定めるものを保存しなければならない。

（報告等）

第八二条　厚生労働大臣又は公共職業安定所長は、この法律を施行するため必要な限度において、厚生労働省令で定めるところにより、国又は地方公共団体の任命権者に対し、障害者の雇用の状況その他の事項についての報告を求めることができる。

2　厚生労働大臣又は公共職業安定所長は、この法律を施行するため必要な限度において、厚生労働省令で定めるところにより、事業主等（事業主、その団体、第四十九条第一項第四号の二イに規定する法人又は同項第七号ロからニまでに掲げる法人をいう。以下この項において同じ。）、在宅就業障害者又は在宅就業支援団体に対し、障害者の雇用の状況その他の事項についての報告を命じ、又はその職員に、事業主等若しくは在宅就業支援団体の事業所若しくは在宅就業障害者が業務を行う場所に立ち入り、関係者に対して質問させ、若しくは帳簿書類その他の物件の検査をさせることができる。

3　前項の規定により立入検査をする職員は、その身分を示す証明書を携帯し、関係者に提示しなければならない。

4　第二項の規定による立入検査の権限は、犯罪捜査のために認められたものと解釈してはならない。

第八三条～第八五条《略》

（船員に関する特例）

第八五条の二　第七十四条の八の規定は、船員職業安定法（昭和二十三年法律第百三十号）第六条第一項に規定する船員及び同項に規定する船員になろうとする者（次項において「船員等」という。）に関しては、適用しない。

2　船員等に関しては、第三十六条第一項、第三十六条の五第一項、第三十六条の六及び第八十四条第一項中「厚生労働大臣」とあるのは「国土交通大臣」と、第三十六条第二項及び第三十六条の五第二項中「同条第三項中」とあるのは「同条第三項及び第四項中「厚生労働大臣」とあるのは「国土交通大臣」と、同条第三項中「労働政策審議会」とあるのは「交通政策審議会」と、」と、第七十四条の五中「から第七十四条の八まで」とあるのは「、第七十四条の七及び第八十五条の二第三項」と、第七十四条の六第一項、第七十四条の七第一項及び第八十四条第一項中「都道府県労働局長」とあるのは「地方運輸局長（運輸監理部長を含む。）」と、第七十四条の七第一項中「第六条第一項の紛争調整委員会」とあるのは「第二十一条第三項のあつせん員候補者名簿に記載されている者のうちから指名する調停員」と、第八十二条第二項中「厚生労働大臣又は公共職業安定所長」とあるのは「国土交通大臣」と、「事業主等（事業主、その団体、第四十九条第一項第四号の二イに規定する法人又は同項第七号ロからニまでに掲げる法人をいう。以下この項において同じ。）、在宅就業障害者又は在宅就業支援団体」とあるのは「事業主」と、「事業主等若しくは在宅就業障害者が業務を行う場所」とあるのは「事業主の事業所」と、同項、第八十四条第一項及び前条中「厚生労働省令」とあるのは「国土交通省令」とする。

3　雇用の分野における男女の均等な機会及び待遇の確保等に関する法律第二十条第一項、第二十一条から第二十六条まで並びに第三十一条第三項及び第四項の規定は、前項の規定により読み替えて適用する第七十四条の七第一項の規定により指名を受けて調停員が行う調停について準用する。この場合において、同法第二十条第一項、第二十一条から第二十三条まで及び第二十六条中「委員会は」とあるのは「調停員は」と、同項中「関係当事者」とあるのは「関係当事者又は障害者の医療に関する専門的知識を有する者その他の参考人」と、同法第二十一条中「当該委員会が置かれる都道府県労働局」とあるのは「当該調停員を指名した地方運輸局長（運輸監理部長を含む。）が置かれる地方運輸局（運輸監理部を含む。）」と、同法第二十五条第一項中「第十八条第一項」とあるのは「障害者の雇用の促進等に関する法律第七十四条の七第一項」と、同法第二十六条中「当該委員会に係属している」とあるのは「当該調停員が取り扱つている」と、同法第三十一条第三項中「前項」とあるのは「障害者の雇用の促進等に関する法律第七十四条の七第一項」と読み替えるものとする。

（適用除外）

第八五条の三　第三十四条から第三十六条まで、第三十六条の六及び前章の規定は、国家公務員及び地方公務員に、第三十六条の二から第三十六条の五までの規定は、一般職の国家公務員（行政執行法人の労働関係に関する法律（昭和二十三年法律第二百五十七号）第二条第二号の職員を除く。）、裁判所職員臨時措置法（昭和二十六年法律第二百九十九号）の適用を受ける裁判所職員、国会職員法（昭和二十二年法律第八十五号）の適用を受ける国会職員及び自衛隊法（昭和二十九年法律第百六十五号）第二条第五項に規定する隊員に関しては、適用しない。

第五章　罰則

第八五条の四　第七十四条の三第十八項の規定による業務の停止の命令に違反したときは、その違反行為をした在宅就業支援団体の役員又は職員は、一年以下の懲役若しくは百万円以下の罰金に処し、又はこれを併科する。

第八六条　事業主が次の各号のいずれかに該当するときは、三十万円以下の罰金に処する。

一　第四十三条第七項、第五十二条第二項、第七十四条の二第七項又は第七十四条の三第二十項の規定による報告をせず、又は虚偽の報告をしたとき。

二　第四十六条第一項の規定による命令に違反して対象障害者の雇入れに関する計画を作成せず、又は同条第四項の規定に違反して当該計画を提出しなかつたとき。

三　第五十二条第一項の規定による文書その他の物件の提出をせず、又は虚偽の記載をした文書の提出をしたとき。

四　第八十一条第一項の規定による届出をせず、又は虚偽の届出をしたとき。

五　第八十二条第二項の規定による報告をせず、若しくは虚偽の報告をし、又は同項の規定による当該職員の質問に対して答弁せず、若しくは虚偽の陳述をし、若しくは同項の規定による検査を拒み、妨げ、若しくは忌避したとき。

第八六条の二　事業主の団体、第四十九条第一項第

四号の二イに規定する法人又は同項第七号ロからニまでに掲げる法人が次の各号のいずれかに該当するときは、三十万円以下の罰金に処する。

一　第五十二条第二項の規定による報告をせず、又は虚偽の報告をしたとき。

二　第八十二条第二項の規定による報告をせず、若しくは虚偽の報告をし、又は同項の規定による当該職員の質問に対して答弁せず、若しくは虚偽の陳述をし、若しくは同項の規定による検査を拒み、妨げ、若しくは忌避したとき。

第八六条の三　在宅就業支援団体が次の各号のいずれかに該当するときは、三十万円以下の罰金に処する。

一　第七十四条の三第二十項又は第二十一項の規定による報告をせず、又は虚偽の報告をしたとき。

二　第七十四条の三第八項の規定による書面の交付をせず、又は虚偽の記載をした書面の交付をしたとき。

三　第七十四条の三第十三項の規定による届出をせず、又は虚偽の届出をしたとき。

四　第七十四条の三第十九項の規定に違反して帳簿を備えず、帳簿に記載せず、若しくは虚偽の記載をし、又は帳簿を保存しなかつたとき。

五　第八十二条第二項の規定による報告をせず、若しくは虚偽の報告をし、又は同項の規定による当該職員の質問に対して答弁せず、若しくは虚偽の陳述をし、若しくは同項の規定による検査を拒み、妨げ、若しくは忌避したとき。

第八六条の四　第七十七条の二第二項の規定に違反した者は、三十万円以下の罰金に処する。

第八七条　法人（法人でない事業主の団体を含む。以下この項において同じ。）の代表者又は法人若しくは人の代理人、使用人その他の従業者が、その法人又は人の業務に関して第八十五条の四から前条までの違反行為をしたときは、行為者を罰するほか、その法人又は人に対しても、各本条の罰金刑を科する。

2　前項の規定により法人でない事業主の団体を処罰する場合においては、その代表者が訴訟行為につきその団体を代表するほか、法人を被告人又は被疑者とする場合の刑事訴訟に関する法律の規定を準用する。

第八八条　第三十三条の規定に違反した者は、二十万円以下の過料に処する。

第八九条　第五十九条第三項の規定により厚生労働大臣の認可を受けなければならない場合において、その認可を受けなかつたときは、その違反行為をした機構の役員は、二十万円以下の過料に処する。

第八九条の二　第七十四条の三第十四項の規定に違反して財務諸表等を備えて置かず、財務諸表等に記載すべき事項を記載せず、若しくは虚偽の記載をし、又は正当な理由がないのに同条第十五項各号の規定による請求を拒んだ在宅就業支援団体は、二十万円以下の過料に処する。

第九〇条　第二十三条の規定に違反したもの（法人その他の団体であるときは、その代表者）は、十万円以下の過料に処する。

第九一条　在宅就業障害者が次の各号のいずれかに該当するときは、五万円以下の過料に処する。

一　第七十四条の二第七項又は第七十四条の三第二十項の規定による報告をせず、又は虚偽の報告をしたとき。

二　第八十二条第二項の規定による報告をせず、若しくは虚偽の報告をし、又は同項の規定による当該職員の質問に対して答弁せず、若しくは虚偽の陳述をし、若しくは同項の規定による検査を拒み、妨げ、若しくは忌避したとき。

附則（抄）

（雇用する労働者の数が二百人以下である事業主に係る納付金及び報奨金等に関する暫定措置）

第四条　その雇用する労働者の数が常時二百人以下である事業主（特殊法人を除く。以下この条において同じ。）については、当分の間、第四十九条第一項第一号、第五十条並びに第三章第二節第二款及び第五節の規定は、適用しない。

2　厚生労働大臣は、当分の間、その雇用する労働者の数が常時二百人以下である事業主に対して次項の報奨金及び第四項の在宅就業障害者特例報奨金（以下「報奨金等」という。）を支給する業務を行うことができる。

3　厚生労働大臣は、当分の間、厚生労働省令で定めるところにより、各年度ごとに、その雇用する労働者の数が常時二百人以下である事業主のうち、当該年度に属する各月ごとの初日におけるその雇用する対象障害者である労働者の数の合計数が、当該年度に属する各月ごとにその初日におけるその雇用する労働者の数に第五十四条第三項に規定する基準雇用率を超える率であつて厚生労働省令で定めるものを乗じて得た数（その数に一人未満の端数があるときは、その端数は、切り捨てる。）の合計数又は厚生労働省令で定める数のいずれか多い数を超える事業主（以下この条において「対象事業主」という。）に対して、その超える数（以下この項において「超過数」という。）を第五十条第二項に規定する単位調整額以下の額で厚生労働省令で定める額に乗じて得た額（超過数が同条第一項の政令で定める数以上の数で厚生労働省令で定める数を超えるときは、当該厚生労働省令で定める数を同条第二項に規定する単位調整額以下の額で厚生労働省令で定める額に乗じて得た額に、当該超過数から当該厚生労働省令で定める数を減じた数を当該厚生労働省令で定める額に満たない範囲内において厚生労働省令で定める額に乗じて得た額を加えた額）に相当する金額を、当該年度分の報奨金として支給する。

4　厚生労働大臣は、当分の間、厚生労働省令で定めるところにより、各年度ごとに、在宅就業障害者との間で書面により在宅就業契約を締結した対象事業主（在宅就業支援団体を除く。以下同じ。）であつて、在宅就業障害者に在宅就業契約に基づく業務の対価を支払つたものに対して、報奨額に、対象額を評価額で除して得た数（その数に一未満の端数があるときは、その端数は切り捨てる。）を乗じて得た額に相当する金額を、当該年度分の在宅就業障害者特例報奨金として支給する。ただし、在宅就業単位報奨額に当該年度に属する各月ごとの初日における当該対象事業主の雇用する対象障害者である労働者の数の合計数を乗じて得た額に相当する金額を超えることができない。

5　前項において次の各号に掲げる用語の意義は、当該各号に定めるところによる。

一　在宅就業単位報奨額　第五十条第二項に規定する単位調整額以下の額で厚生労働省令で定める額

二　報奨額　在宅就業単位報奨額に評価基準月数を乗じて得た額

6　各年度ごとに、対象事業主に在宅就業対価相当額があるときは、その総額を当該年度の対象額に加算する。この場合において、第四項の規定の適用については、同項中「対象額」とあるのは、「対象額と在宅就業対価相当額の総額とを合計した額」とし、第八項において準用する第七十四条の二第九項の規定の適用については、同項中「に関し、」とあるのは「に関し」と、「とみなす」とあるのは「と、当該子会社及び当該関係会社に係る次条第一項に規定する在宅就業対価相当額（以下この項において「在宅就業対価相当額」という。）は当該親事業主のみに係る在宅就業対価相当額と、当該関係子会社に係る在宅就業対価相当額は当該関係親事業主のみに係る在宅就業対価相当額と、当該特定事業主に係る在宅就業対価相当額は当該特定組合等のみに係る在宅就業対価相当額とみなす」とする。

7　厚生労働大臣は、第二項に規定する業務の全部又は一部を機構に行わせるものとする。

8　第四十三条第八項の規定は第一項から第三項までの雇用する労働者の数の算定について、第四十五条の二第四項から第六項までの規定は第三項の対象障害者である労働者の数の算定について、第四十八条第八項の規定は親事業主、関係親事業主又は特定組合等に係る第一項から第三項までの規定の適用について、第五十条第五項及び第六項の規定は報奨金等について、第七十四条の二第七項及び第七十四条の三第二十項の規定は第二項に規定する業務（第四項に係るものに限る。）について、第七十四条の二第九項の規定は第四項の在宅就業障害者特例報奨金について、同条第十項の規定は第四項の対象障害者である労働者の数の算定について準用する。

9　第三項及び第四項の対象障害者である労働者の数の算定に当たつては、前項において準用する第四十五条の二第四項及び第六項並びに第七十四条の二第十項の規定にかかわらず、重度身体障害者、重度知的障害者又は精神障害者である特定短時間労働者は、その一人をもつて、第四十三条第五項の厚生労働省令で定める数に満たない範囲内において厚生労働省令で定める数の対象障害者である労働者に相当するものとみなす。

10　第五十二条第二項、第五十三条、第八十六条第一号（第四十三条第七項に係る部分を除く。）、第八十七条及び第八十九条の規定の適用については、当分の間、第五十三条第一項中「並びに同項各号に掲げる業務」とあるのは「、附則第四条第二項の報奨金等の支給に要する費用並びに第四十九条第一項各号に掲げる業務及び附則第四条第二項に規定する業務」と、第八十六条第一号中「、第七十四条の二第七項又は第七十四条の三第二十項」とあるのは「又は第七十四条の二第七項若しくは第七十四条の三第二十項（附則第四条第八項において準用する場合を含む。）」とする。

附則（抄）

（施行期日）

第一条　この法律は、平成三十年四月一日から施行する。ただし、次の各号に掲げる規定は、当該各号に定める日から施行する。

一　第二条第一号の改正規定並びに次条及び附則第五条の規定　公布の日

二　目次の改正規定（「身体障害者又は知的障害者」を「対象障害者」に、「第六十八条」を「第七十二条」に改め、「第三節　精神障害者に関する特例（第六十九条―第七十三条）」を削り、「第四節　身体障害者、知的障害者及び精神障害者」を「第三節　対象障害者」に、「（第七十四条）」を「（第七十三条・第七十四条）」に、「第五節」を「第四節」に改める部分を除く。）、第一条の改正規定（「身体障害者又は知的障害者」を「障害者」に改める部分を除く。）、第七条及び第十条の改正規定、第三十三条の次に章名を付する改正規定、第三十四条から第三十六条までの改正規定、第三章の前に見出し及び五条を加える改正規定、第四十三条第一項中「除く。」の下に「次章を除き、」を加える改正規定、第七十四条の二第三項中「次章」を「第四章」に改める改正規定、第三章の次に一章を加える改正規定、第八十五条の二を第八十五条の四とし、第四章中第八十五条の次に二条を加える改正規定並びに第八十七条第一項の改正規定並びに附則第三条、第六条及び第八条の規定　平成二十八年四月一日

（施行前の準備）

第二条　この法律による改正後の障害者の雇用の促進等に関する法律（以下「新法」という。）第三十六条第一項に規定する差別の禁止に関する指針の策定及び新法第三十六条の五第一項に規定する均等な機会の確保等に関する指針の策定並びにこれらに関し必要な手続その他の行為は、前条第二号に掲げる規定の施行の日前においても、新法第三十六条及び第三十六条の五の規定の例により行うことができる。

（紛争の解決の促進に関する特例に関する経過措置）

第三条　附則第一条第二号に掲げる規定の施行の際現に個別労働関係紛争の解決の促進に関する法律（平成十三年法律第百十二号）第六条第一項の紛争調整委員会又は同法第二十一条第一項の規定により読み替えて適用する同法第五条第一項の規定により指名するあっせん員に係属している同項（同法第二十一条第一項の規定により読み替えて適用する場合を含む。）のあっせんに係る紛争については、新法第七十四条の五（新法第八十五条の二第二項の規定により読み替えて適用する場合を含む。）の規定にかかわらず、なお従前の例による。

（一般事業主の雇用義務等に関する経過措置）

第四条　新法第四十三条第二項及び第五十四条第三項の規定の適用については、この法律の施行の日から起算して五年を経過する日までの間、これらの規定中「を基準として設定するものとし」とあるのは「に基づき」と、「当該割合の推移」とあるのは「対象障害者の雇用の状況その他の事情」とする。

（政令への委任）

第五条　この附則に定めるもののほか、この法律の施行に関し必要な経過措置は、政令で定める。

【令和四年六月一七日法律第六八号未施行内容】

附則（抄）

（施行期日）

１　この法律は、刑法等一部改正法施行日（令和七年六月一日――編注）から施行する。《略》

附則（抄）

介護労働者の雇用管理の改善等に関する法律

平成四年五月二七日法律第六三号

施行：平成四年七月一日

最終改正：平成二三年六月二四日法律七四号

施行：附則参照

第一章　総則

（目的）

第一条　この法律は、我が国における急速な高齢化の進展等に伴い、介護関係業務に係る労働力への需要が増大していることにかんがみ、介護労働者について、その雇用管理の改善、能力の開発及び向上等に関する措置を講ずることにより、介護関係業務に係る労働力の確保に資するとともに、介護労働者の福祉の増進を図ることを目的とする。

（定義）

第二条　この法律において「介護関係業務」とは、身体上又は精神上の障害があることにより日常生活を営むのに支障がある者に対し、入浴、排せつ、食事等の介護、機能訓練、看護及び療養上の管理その他のその者の能力に応じ自立した日常生活を営むことができるようにするための福祉サービス又は保健医療サービスであって厚生労働省令で定めるものを行う業務をいう。

２　この法律において「介護労働者」とは、専ら介護関係業務に従事する労働者をいう。

３　この法律において「介護事業」とは、介護関係業務を行う事業をいう。

4　この法律において「事業主」とは、介護労働者を雇用して介護事業を行う者をいう。

5　この法律において「職業紹介事業者」とは、介護労働者について職業安定法（昭和二十二年法律第百四十一号）第三十条第一項の許可を受けて有料の職業紹介事業を行う者をいう。

（事業主等の責務）

第三条　事業主は、その雇用する介護労働者について、労働環境の改善、教育訓練の実施、福利厚生の充実その他の雇用管理の改善を図るために必要な措置を講ずることにより、その福祉の増進に努めるものとする。

2　職業紹介事業者は、その行う職業紹介事業に係る介護労働者及び介護労働者になろうとする求職者について、これらの者の福祉の増進に資する措置を講ずるように努めるものとする。

（国及び地方公共団体の責務）

第四条　国は、介護労働者の雇用管理の改善の促進、介護労働者の能力の開発及び向上その他の介護労働者の福祉の増進を図るために必要な施策を総合的かつ効果的に推進するように努めるものとする。

2　地方公共団体は、介護労働者の福祉の増進を図るために必要な施策を推進するように努めるものとする。

（適用除外）

第五条　この法律は、国家公務員及び地方公務員並びに船員職業安定法（昭和二十三年法律第百三十号）第六条第一項に規定する船員については、適用しない。

第二章　介護雇用管理改善等計画

（介護雇用管理改善等計画の策定）

第六条　厚生労働大臣は、介護労働者の福祉の増進を図るため、介護労働者の雇用管理の改善、能力の開発及び向上等に関し重要な事項を定めた計画（以下「介護雇用管理改善等計画」という。）を策定するものとする。

2　介護雇用管理改善等計画に定める事項は、次のとおりとする。

一　介護労働者の雇用の動向に関する事項

二　介護労働者の雇用管理の改善を促進し、並びにその能力の開発及び向上を図るために講じようとする施策の基本となるべき事項

三　前二号に掲げるもののほか、介護労働者の福祉の増進を図るために講じようとする施策の基本となるべき事項

3　厚生労働大臣は、介護雇用管理改善等計画を策定する場合には、あらかじめ、労働政策審議会の意見を聴くものとする。

4　厚生労働大臣は、介護雇用管理改善等計画を策定したときは、遅滞なく、その概要を公表しなければならない。

5　前二項の規定は、介護雇用管理改善等計画の変更について準用する。

（要請）

第七条　厚生労働大臣は、介護雇用管理改善等計画の円滑な実施のため必要があると認めるときは、事業主、職業紹介事業者その他の関係者に対し、介護労働者の雇用管理の改善、介護労働者の能力の開発及び向上その他の介護労働者の福祉の増進に関する事項について必要な要請をすることができる。

第三章　介護労働者の雇用管理の改善等

第一節　介護労働者の雇用管理の改善

（改善計画の認定）

第八条　事業主は、介護関係業務に係るサービスで現に提供しているものと異なるものの提供又は介護事業の開始に伴いその雇用する介護労働者の福祉の増進を図るために実施する労働環境の改善、教育訓練の実施、福利厚生の充実その他の雇用管理の改善に関する措置（以下「改善措置」という。）についての計画（以下「改善計画」という。）を作成し、これをその主たる事業所の所在地を管轄する都道府県知事に提出して、その改善計画が適当である旨の認定を受けることができる。

2　改善計画には、次に掲げる事項を記載しなければならない。

一　改善措置の目標

二　改善措置の内容

三　改善措置の実施時期

3　都道府県知事は、第一項の認定の申請があった場合において、その改善計画が、当該事業主が雇用する介護労働者の雇用管理の改善を図るために有効かつ適切なものであることその他の政令で定める基準に該当するものであると認めるときは、その認定をするものとする。

（改善計画の変更等）

第九条　前条第一項の認定を受けた事業主（以下「認定事業主」という。）は、当該認定に係る改善計画を変更しようとするときは、その主たる事業所の所在地を管轄する都道府県知事の認定を受けなければならない。

2　都道府県知事は、認定事業主が前条第一項の認定に係る改善計画（前項の規定による変更の認定があったときは、その変更後のもの。以下「認定

計画」という。）に従って改善措置を講じていないと認めるときは、その認定を取り消すことができる。

3 前条第三項の規定は、第一項の認定について準用する。

（雇用安定事業等としての助成及び援助）

第一〇条 政府は、認定計画に係る改善措置の実施を促進するため、当該認定計画に基づきその雇用する介護労働者の福祉の増進を図るために必要な措置を講ずる認定事業主に対して、雇用保険法（昭和四十九年法律第百十六号）第六十二条の雇用安定事業又は同法第六十三条の能力開発事業として、必要な助成及び援助を行うものとする。

（指導及び助言）

第一一条 国及び都道府県は、認定事業主に対し、認定計画に係る改善措置の的確な実施に必要な指導及び助言を行うものとする。

（報告の徴収）

第一二条 都道府県知事は、認定事業主に対し、認定計画に係る改善措置の実施状況について報告を求めることができる。

第二節 職業訓練の実施等

（職業訓練の実施）

第一三条 厚生労働大臣は、介護関係業務の遂行に必要な労働者の能力の開発及び向上を図るため、必要な職業訓練の効果的な実施について特別の配慮をするものとする。

（職業紹介の充実等）

第一四条 厚生労働大臣は、介護労働者になろうとする者にその有する能力に適合する職業に就く機会を与えるため、及び介護関係業務に係る労働力の充足を図るため、介護関係業務に係る労働力の需給の状況並びに求人及び求職の条件、介護労働者の雇用管理の状況その他必要な雇用に関する情報（次項において「雇用情報」という。）の提供、職業指導及び職業紹介の充実等必要な措置を講ずるように努めるものとする。

2 職業安定機関及び職業紹介事業者その他の関係者は、介護関係業務に係る労働力の需給の適正かつ円滑な調整を図るため、雇用情報の充実、労働力の需給の調整に係る技術の向上等に関し、相互に協力するように努めなければならない。

第四章 介護労働安定センター

（指定等）

第一五条 厚生労働大臣は、介護労働者の福祉の増進を図ることを目的とする一般社団法人又は一般財団法人であって、第十七条に規定する業務に関し次に掲げる基準に適合すると認められるものを、その申請により、全国に一を限って、同条に規定する業務を行う者として指定することができる。

一 職員、業務の方法その他の事項についての業務の実施に関する計画が適正なものであり、かつ、その計画を確実に遂行するに足りる経理的及び技術的な基礎を有すると認められること。

二 前号に定めるもののほか、業務の運営が適正かつ確実に行われ、介護労働者の福祉の増進に資すると認められること。

2 厚生労働大臣は、前項の規定による指定をしたときは、同項の規定による指定を受けた者（以下「介護労働安定センター」という。）の名称及び住所並びに事務所の所在地を公示しなければならない。

3 介護労働安定センターは、その名称及び住所並びに事務所の所在地を変更しようとするときは、あらかじめ、その旨を厚生労働大臣に届け出なければならない。

4 厚生労働大臣は、前項の規定による届出があったときは、当該届出に係る事項を公示しなければならない。

（指定の条件）

第一六条 前条第一項の規定による指定には、条件を付け、及びこれを変更することができる。

2 前項の条件は、当該指定に係る事項の確実な実施を図るために必要な最小限度のものに限り、かつ、当該指定を受ける者に不当な義務を課することとなるものであってはならない。

（業務）

第一七条 介護労働安定センターは、次に掲げる業務を行うものとする。

一 介護労働者の雇用及び福祉に関する情報及び資料を総合的に収集し、並びに事業主、職業紹介事業者その他の関係者に対して提供すること。

二 職業紹介事業者の行う職業紹介事業に係る介護労働者に対して、その者が賃金の支払を受けることが困難となった場合の保護その他のその職業生活の安定を図るために必要な援助を行うこと。

三 次条第一項に規定する業務を行うこと。

四 前三号に掲げるもののほか、介護労働者の福祉の増進を図るために必要な業務を行うこと。

（介護労働安定センターによる雇用安定事業等関係業務の実施）

第一八条 厚生労働大臣は、介護労働安定センターを指定したときは、介護労働安定センターに雇用保険法第六十二条の雇用安定事業又は同法第六十三条の能力開発事業のうち次の各号のいずれかに該当するものに係る業務の全部又は一部を行わせるものとする。

一　認定事業主に対して支給する給付金であって厚生労働省令で定めるものを支給すること。

二　介護労働者の雇用の安定並びに能力の開発及び向上に関する調査研究を行うこと。

三　介護労働者の雇用の安定並びに能力の開発及び向上を図るための措置について、認定事業主、職業紹介事業者その他の関係者に対して相談その他の援助を行うこと。

四　介護労働者及び介護労働者になろうとする者に対して、必要な知識及び技能を習得させるための教育訓練を行うこと。

五　職業紹介事業者その他の介護労働者に係る求職に関する情報を有する者についての情報を収集整理し、及び介護労働者を雇用しようとする者に対して、当該収集整理した情報のうちその希望に応じたものを提供すること。

六　前各号に掲げるもののほか、介護労働者の雇用の安定並びに能力の開発及び向上を図るために必要な事業を行うこと。

2　前項第一号の給付金に該当する雇用保険法第六十二条又は第六十三条の規定に基づく給付金の支給要件及び支給額は、厚生労働省令で定めなければならない。

3　介護労働安定センターは、第一項に規定する業務（以下「雇用安定事業等関係業務」という。）の全部又は一部を開始する際、当該業務の種類ごとに、当該業務を開始する日及び当該業務を行う事務所の所在地を厚生労働大臣に届け出なければならない。介護労働安定センターが当該業務を行う事務所の所在地を変更しようとするときも、同様とする。

4　厚生労働大臣は、第一項の規定により介護労働安定センターに行わせる雇用安定事業等関係業務の種類及び前項の規定による届出に係る事項を公示しなければならない。

（業務規程の認可）

第一九条　介護労働安定センターは、雇用安定事業等関係業務を行うときは、当該業務の開始前に、当該業務の実施に関する規程（以下「業務規程」という。）を作成し、厚生労働大臣の認可を受けなければならない。これを変更しようとするときも、同様とする。

2　厚生労働大臣は、前項の認可をした業務規程が雇用安定事業等関係業務の適正かつ確実な実施上不適当となったと認めるときは、その業務規程を変更すべきことを命ずることができる。

3　業務規程に記載すべき事項は、厚生労働省令で定める。

（報告）

第二〇条　介護労働安定センターは、雇用安定事業等関係業務のうち第十八条第一項第一号に係る業務（第二十六条において「給付金業務」という。）を行う場合において当該業務に関し必要があると認めるときは、事業主に対し、必要な事項について報告を求めることができる。

（事業計画等）

第二一条　介護労働安定センターは、毎事業年度、厚生労働省令で定めるところにより、事業計画書及び収支予算書を作成し、厚生労働大臣の認可を受けなければならない。これを変更しようとするときも、同様とする。

2　介護労働安定センターは、厚生労働省令で定めるところにより、毎事業年度終了後、事業報告書、貸借対照表、収支決算書及び財産目録を作成し、厚生労働大臣に提出し、その承認を受けなければならない。

（区分経理）

第二二条　介護労働安定センターは、雇用安定事業等関係業務を行う場合には、雇用安定事業等関係業務に係る経理とその他の業務に係る経理とを区分して整理しなければならない。

（交付金）

第二三条　国は、予算の範囲内において、介護労働安定センターに対し、雇用安定事業等関係業務に要する費用の全部又は一部に相当する金額を交付することができる。

（厚生労働省令への委任）

第二四条　この章に定めるもののほか、介護労働安定センターが雇用安定事業等関係業務を行う場合における介護労働安定センターの財務及び会計に関し必要な事項は、厚生労働省令で定める。

（役員の選任及び解任）

第二五条　介護労働安定センターの役員の選任及び解任は、厚生労働大臣の認可を受けなければ、その効力を生じない。

2　介護労働安定センターの役員が、この章の規定（当該規定に基づく命令及び処分を含む。）若しくは第十九条第一項の規定により認可を受けた業務規程に違反する行為をしたとき、又は第十七条に規定する業務に関し著しく不適当な行為をしたときは、厚生労働大臣は、介護労働安定センターに対し、その役員を解任すべきことを命ずることができる。

（役員及び職員の公務員たる性質）

第二六条　給付金業務に従事する介護労働安定センターの役員及び職員は、刑法（明治四十年法律第四十五号）その他の罰則の適用については、法令により公務に従事する職員とみなす。

（報告及び検査）

第二七条　厚生労働大臣は、第十七条に規定する業務の適正な運営を確保するために必要な限度において、介護労働安定センターに対し、同条に規定する業務若しくは資産の状況に関し必要な報告をさせ、又は所属の職員に、介護労働安定センターの事務所に立ち入り、業務の状況若しくは帳簿、書類その他の物件を検査させることができる。

2　前項の規定により立入検査をする職員は、その身分を示す証明書を携帯し、関係者に提示しなければならない。

3　第一項の規定による立入検査の権限は、犯罪捜査のために認められたものと解釈してはならない。

（監督命令）

第二八条　厚生労働大臣は、この章の規定を施行するために必要な限度において、介護労働安定センターに対し、第十七条に規定する業務に関し監督上必要な命令をすることができる。

（指定の取消し等）

第二九条　厚生労働大臣は、介護労働安定センターが次の各号のいずれかに該当するときは、第十五条第一項の規定による指定（以下「指定」という。）を取り消し、又は期間を定めて第十七条に規定する業務の全部若しくは一部の停止を命ずることができる。

一　第十七条に規定する業務を適正かつ確実に実施することができないと認められるとき。

二　指定に関し不正の行為があったとき。

三　この章の規定又は当該規定に基づく命令若しくは処分に違反したとき。

四　第十六条第一項の条件に違反したとき。

五　第十九条第一項の規定により認可を受けた業務規程によらないで雇用安定事業等関係業務を行ったとき。

2　厚生労働大臣は、前項の規定により、指定を取り消し、又は第十七条に規定する業務の全部若しくは一部の停止を命じたときは、その旨を公示しなければならない。

（厚生労働大臣による雇用安定事業等関係業務の実施）

第三〇条　厚生労働大臣は、前条第一項の規定により、指定を取り消し、若しくは雇用安定事業等関係業務の全部若しくは一部の停止を命じたとき、又は介護労働安定センターが雇用安定事業等関係業務を行うことが困難となった場合において必要があると認めるときは、当該雇用安定事業等関係業務を自ら行うものとする。

2　厚生労働大臣は、前項の規定により雇用安定事業等関係業務を行うものとし、又は同項の規定により行っている雇用安定事業等関係業務を行わないものとするときは、あらかじめ、その旨を公示しなければならない。

3　厚生労働大臣が、第一項の規定により雇用安定事業等関係業務を行うものとし、又は同項の規定により行っている雇用安定事業等関係業務を行わないものとする場合における当該雇用安定事業等関係業務の引継ぎその他の必要な事項は、厚生労働省令で定める。

第五章　罰則

第三一条　次の各号のいずれかに該当する者は、五十万円以下の罰金に処する。

一　第十二条又は第二十条の規定による報告をせず、又は虚偽の報告をした者

二　第二十七条第一項の規定による報告をせず、若しくは虚偽の報告をし、又は同項の規定による立入り若しくは検査を拒み、妨げ、若しくは忌避した者

第三二条　法人の代表者又は法人若しくは人の代理人、使用人その他の従業者が、その法人又は人の業務に関して前条の違反行為をしたときは、行為者を罰するほか、その法人又は人に対しても、同条の刑を科する。

附則（平成二三年六月二四日法律第七四号）（抄）

（施行期日）

第一条　この法律は、公布の日から起算して二十日を経過した日から施行する。

外国人の技能実習の適正な実施及び技能実習生の保護に関する法律（抄）

平成二八年一一月二八日法律第八九号
施行：平成二九年一一月一日
最終改正：令和六年六月二一日法律第六〇号
施行：附則参照

第一章　総則

（目的）

第一条　この法律は、技能実習に関し、基本理念を定め、国等の責務を明らかにするとともに、技能実習計画の認定及び監理団体の許可の制度を設けること等により、出入国管理及び難民認定法（昭和二十六年政令第三百十九号。次条及び第四十八条第一項において「入管法」という。）その他の出入国に関する法令及び労働基準法（昭和二十二年法律第四十九号）、労働安全衛生法（昭和四十七年法律第五十七号）その他の労働に関する法令と相まって、技能実習の適正な実施及び技能実習生の保護を図り、もって人材育成を通じた開発途上地域等への技能、技術又は知識（以下「技能等」という。）の移転による国際協力を推進することを目的とする。

（定義）

第二条　この法律において「技能実習」とは、企業単独型技能実習及び団体監理型技能実習をいい、「技能実習生」とは、企業単独型技能実習生及び団体監理型技能実習生をいう。

2　この法律において「企業単独型技能実習」とは、次に掲げるものをいう。

一　第一号企業単独型技能実習（本邦の公私の機関の外国にある事業所の職員である外国人（入管法第二条第一号に規定する外国人をいう。以下同じ。）又は本邦の公私の機関と主務省令で定める密接な関係を有する外国の公私の機関の外国にある事業所の職員である外国人が、技能等を修得するため、在留資格（入管法別表第一の二の表の技能実習の項の下欄第一号イに係るものに限る。）をもって、これらの本邦の公私の機関により受け入れられて必要な講習を受けること及び当該機関との雇用契約に基づいて当該機関の本邦にある事業所において当該技能等に係る業務に従事することをいう。以下同じ。）

二　第二号企業単独型技能実習（第一号企業単独型技能実習を修了した者が、技能等に習熟するため、在留資格（入管法別表第一の二の表の技能実習の項の下欄第二号イに係るものに限る。）をもって、本邦の公私の機関との雇用契約に基づいて当該機関の本邦にある事業所において当該技能等を要する業務に従事することをいう。以下同じ。）

三　第三号企業単独型技能実習（第二号企業単独型技能実習を修了した者が、技能等に熟達するため、在留資格（入管法別表第一の二の表の技能実習の項の下欄第三号イに係るものに限る。）をもって、本邦の公私の機関との雇用契約に基づいて当該機関の本邦にある事業所において当該技能等を要する業務に従事することをいう。以下同じ。）

3　この法律において「企業単独型技能実習生」とは、次に掲げるものをいう。

一　第一号企業単独型技能実習生（第一号企業単独型技能実習を行う外国人をいう。以下同じ。）

二　第二号企業単独型技能実習生（第二号企業単独型技能実習を行う外国人をいう。以下同じ。）

三　第三号企業単独型技能実習生（第三号企業単独型技能実習を行う外国人をいう。以下同じ。）

4　この法律において「団体監理型技能実習」とは、次に掲げるものをいう。

一　第一号団体監理型技能実習（外国人が、技能等を修得するため、在留資格（入管法別表第一の二の表の技能実習の項の下欄第一号ロに係るものに限る。）をもって、本邦の営利を目的としない法人により受け入れられて必要な講習を受けること及び当該法人による実習監理を受ける本邦の公私の機関との雇用契約に基づいて当該機関の本邦にある事業所において当該技能等に係る業務に従事することをいう。以下同じ。）

二　第二号団体監理型技能実習（第一号団体監理型技能実習を修了した者が、技能等に習熟するため、在留資格（入管法別表第一の二の表の技能実習の項の下欄第二号ロに係るものに限る。）をもって、本邦の営利を目的としない法人による実習監理を受ける本邦の公私の機関との雇用契約に基づいて当該機関の本邦にある事業所において当該技能等を要する業務に従事することをいう。以下同じ。）

三　第三号団体監理型技能実習（第二号団体監理型技能実習を修了した者が、技能等に熟達するため、在留資格（入管法別表第一の二の表の技能実習の項の下欄第三号ロに係るものに限る。）をもって、本邦の営利を目的としない法人による実習監理を受ける本邦の公私の機関との雇用契約に基づいて当該機関の本邦にある事業所において当該技能等を要する業務に従事することをいう。以下同じ。）

5　この法律において「団体監理型技能実習生」とは、次に掲げるものをいう。

一　第一号団体監理型技能実習生（第一号団体監理型技能実習を行う外国人をいう。以下同じ。）

二　第二号団体監理型技能実習生（第二号団体監理型技能実習を行う外国人をいう。以下同じ。）

三　第三号団体監理型技能実習生（第三号団体監理型技能実習を行う外国人をいう。以下同じ。）

6　この法律において「実習実施者」とは、企業単独型実習実施者及び団体監理型実習実施者をいう。

7　この法律において「企業単独型実習実施者」とは、実習認定（第八条第一項の認定（第十一条第一項の規定による変更の認定があったときは、その変更後のもの）をいう。以下同じ。）を受けた第八条第一項に規定する技能実習計画に基づき、企業単独型技能実習を行わせる者をいう。

8　この法律において「団体監理型実習実施者」とは、実習認定を受けた第八条第一項に規定する技能実習計画に基づき、団体監理型技能実習を行わせる者をいう。

9　この法律において「実習監理」とは、団体監理型実習実施者等（団体監理型実習実施者又は団体監理型技能実習を行わせようとする者をいう。以下同じ。）と団体監理型技能実習生等（団体監理型技能実習生又は団体監理型技能実習生になろうとする者をいう。以下同じ。）との間における雇用関係の成立のあっせん及び団体監理型実習実施者に対する団体監理型技能実習の実施に関する監理を行うことをいう。

10　この法律において「監理団体」とは、監理許可（第二十三条第一項の許可（第三十二条第一項の規定による変更の許可があったとき、又は第三十七条第二項の規定による第二十三条第一項第二号に規定する特定監理事業に係る許可への変更があったときは、これらの変更後のもの）をいう。以下同じ。）を受けて実習監理を行う事業（以下「監理事業」という。）を行う本邦の営利を目的としない法人をいう。

（基本理念）

第三条　技能実習は、技能等の適正な修得、習熟又は熟達（以下「修得等」という。）のために整備され、かつ、技能実習生が技能実習に専念できるようにその保護を図る体制が確立された環境で行われなければならない。

2　技能実習は、労働力の需給の調整の手段として行われてはならない。

（国及び地方公共団体の責務）

第四条　国は、この法律の目的を達成するため、前条の基本理念に従って、技能実習の適正な実施及び技能実習生の保護を図るために必要な施策を総合的かつ効果的に推進しなければならない。

2　地方公共団体は、前項の国の施策と相まって、地域の実情に応じ、技能実習の適正な実施及び技能実習生の保護を図るために必要な施策を推進するように努めなければならない。

（実習実施者、監理団体等の責務）

第五条　実習実施者は、技能実習の適正な実施及び技能実習生の保護について技能実習を行わせる者としての責任を自覚し、第三条の基本理念にのっとり、技能実習を行わせる環境の整備に努めるとともに、国及び地方公共団体が講ずる施策に協力しなければならない。

2　監理団体は、技能実習の適正な実施及び技能実習生の保護について重要な役割を果たすものであることを自覚し、実習監理の責任を適切に果たすとともに、国及び地方公共団体が講ずる施策に協力しなければならない。

3　実習実施者又は監理団体を構成員とする団体は、実習実施者又は監理団体に対し、技能実習の適正な実施及び技能実習生の保護を図るために必要な指導及び助言をするように努めなければならない。

（技能実習生の責務）

第六条　技能実習生は、技能実習に専念することにより、技能等の修得等をし、本国への技能等の移転に努めなければならない。

（基本方針）

第七条　主務大臣は、技能実習の適正な実施及び技能実習生の保護に関する基本方針（以下この条において「基本方針」という。）を定めなければならない。

2　基本方針には、次に掲げる事項について定めるものとする。

一　技能実習の適正な実施及び技能実習生の保護に関する基本的事項

二　技能実習の適正な実施及び技能実習生の保護を図るための施策に関する事項

三　技能実習の適正な実施及び技能実習生の保護に際し配慮すべき事項

四　技能等の移転を図るべき分野その他技能等の移転の推進に関する事項

3　主務大臣は、必要がある場合には、基本方針において、特定の職種に係る技能実習の適正な実施及び技能実習生の保護を図るための施策を定めるものとする。

4　主務大臣は、基本方針を定め、又はこれを変更しようとするときは、あらかじめ、関係行政機関の長に協議しなければならない。

5　主務大臣は、基本方針を定め、又はこれを変更したときは、遅滞なく、これを公表しなければならない。

第二章　技能実習

第一節　技能実習計画

（技能実習計画の認定）

第八条　技能実習を行わせようとする本邦の個人又は法人（親会社（会社法（平成十七年法律第八十六号）第二条第四号に規定する親会社をいう。）とその子会社（同条第三号に規定する子会社をいう。）の関係その他主務省令で定める密接な関係を有する複数の法人が技能実習を共同で行わせる場合はこれら複数の法人）は、主務省令で定めるところにより、技能実習生ごとに、技能実習の実施に関する計画（以下「技能実習計画」という。）を作成し、これを出入国在留管理庁長官及び厚生労働大臣に提出して、その技能実習計画が適当である旨の認定を受けることができる。

2　技能実習計画には、次に掲げる事項を記載しなければならない。

一　前項に規定する本邦の個人又は法人（以下この条、次条及び第十二条第五項において「申請者」という。）の氏名又は名称及び住所並びに法人にあっては、その代表者の氏名

二　法人にあっては、その役員の氏名及び住所

三　技能実習を行わせる事業所の名称及び所在地

四　技能実習生の氏名及び国籍

五　技能実習の区分（第一号企業単独型技能実習、第二号企業単独型技能実習若しくは第三号企業単独型技能実習又は第一号団体監理型技能実習、第二号団体監理型技能実習若しくは第三号団体監理型技能実習の区分をいう。次条第二号において同じ。）

六　技能実習の目標（技能実習を修了するまでに職業能力開発促進法（昭和四十四年法律第六十四号）第四十四条第一項の技能検定（次条において「技能検定」という。）又は主務省令で指定する試験（次条及び第五十二条において「技能実習評価試験」という。）に合格することその他の目標をいう。次条において同じ。）、内容及び期間

七　技能実習を行わせる事業所ごとの技能実習の実施に関する責任者の氏名

八　団体監理型技能実習に係るものである場合は、実習監理を受ける監理団体の名称及び住所並びに代表者の氏名

九　報酬、労働時間、休日、休暇、宿泊施設、技能実習生が負担する食費及び居住費その他の技能実習生の待遇

十　その他主務省令で定める事項

3　技能実習計画には、次条各号に掲げる事項を証する書面その他主務省令で定める書類を添付しなければならない。

4　団体監理型技能実習を行わせようとする申請者は、実習監理を受ける監理団体（その技能実習計画が第三号団体監理型技能実習に係るものである場合は、監理許可（第二十三条第一項第一号に規定する一般監理事業に係るものに限る。）を受けた者に限る。）の指導に基づき、技能実習計画を作成しなければならない。

5　申請者は、実費を勘案して主務省令で定める額の手数料を納付しなければならない。

（認定の基準）

第九条　出入国在留管理庁長官及び厚生労働大臣は、前条第一項の認定の申請があった場合において、その技能実習計画が次の各号のいずれにも適合するものであると認めるときは、その認定をするものとする。

一　修得等をさせる技能等が、技能実習生の本国において修得等が困難なものであること。

二　技能実習の目標及び内容が、技能実習の区分に応じて主務省令で定める基準に適合していること。

三　技能実習の期間が、第一号企業単独型技能実習又は第一号団体監理型技能実習に係るものである場合は一年以内、第二号企業単独型技能実習若しくは第三号企業単独型技能実習又は第二号団体監理型技能実習若しくは第三号団体監理型技能実習に係るものである場合は二年以内であること。

四　第二号企業単独型技能実習又は第二号団体監理型技能実習に係るものである場合はそれぞれ当該技能実習計画に係る技能等に係る第一号企業単独型技能実習又は第一号団体監理型技能実習に係る技能実習計画、第三号企業単独型技能実習又は第三号団体監理型技能実習に係るものである場合はそれぞれ当該技能実習計画に係る技能等に係る第二号企業単独型技能実習又は第二号団体監理型技能実習に係る技能実習計画に

おいて定めた技能検定又は技能実習評価試験の合格に係る目標が達成されていること。

五　技能実習を修了するまでに、技能実習生が修得等をした技能等の評価を技能検定若しくは技能実習評価試験又は主務省令で定める評価により行うこと。

六　技能実習を行わせる体制及び事業所の設備が主務省令で定める基準に適合していること。

七　技能実習を行わせる事業所ごとに、主務省令で定めるところにより技能実習の実施に関する責任者が選任されていること。

八　団体監理型技能実習に係るものである場合は、申請者が、技能実習計画の作成について指導を受けた監理団体（その技能実習計画が第三号団体監理型技能実習に係るものである場合は、監理許可（第二十三条第一項第一号に規定する一般監理事業に係るものに限る。）を受けた者に限る。）による実習監理を受けること。

九　技能実習生に対する報酬の額が日本人が従事する場合の報酬の額と同等以上であることその他技能実習生の待遇が主務省令で定める基準に適合していること。

十　第三号企業単独型技能実習又は第三号団体監理型技能実習に係るものである場合は、申請者が技能等の修得等をさせる能力につき高い水準を満たすものとして主務省令で定める基準に適合していること。

十一　申請者が技能実習の期間において同時に複数の技能実習生に技能実習を行わせる場合は、その数が主務省令で定める数を超えないこと。

（認定の欠格事由）

第一〇条　次の各号のいずれかに該当する者は、第八条第一項の認定を受けることができない。

一　禁錮以上の刑に処せられ、その執行を終わり、又は執行を受けることがなくなった日から起算して五年を経過しない者

二　この法律の規定その他出入国若しくは労働に関する法律の規定（第四号に規定する規定を除く。）であって政令で定めるもの又はこれらの規定に基づく命令の規定により、罰金の刑に処せられ、その執行を終わり、又は執行を受けることがなくなった日から起算して五年を経過しない者

三　暴力団員による不当な行為の防止等に関する法律（平成三年法律第七十七号）の規定（同法第五十条（第二号に係る部分に限る。）及び第五十二条の規定を除く。）により、又は刑法（明治四十年法律第四十五号）第二百四条、第二百六条、第二百八条、第二百八条の二、第二百二十二条若しくは第二百四十七条の罪若しくは暴力行為等処罰に関する法律（大正十五年法律第六十号）の罪を犯したことにより、罰金の刑に処せられ、その執行を終わり、又は執行を受けることがなくなった日から起算して五年を経過しない者

四　健康保険法（大正十一年法律第七十号）第二百八条、第二百十三条の二若しくは第二百十四条第一項、船員保険法（昭和十四年法律第七十三号）第百五十六条、第百五十九条若しくは第百六十条第一項、労働者災害補償保険法（昭和二十二年法律第五十号）第五十一条前段若しくは第五十四条第一項（同法第五十一条前段の規定に係る部分に限る。）、厚生年金保険法（昭和二十九年法律第百十五号）第百二条、第百三条の二若しくは第百四条第一項（同法第百二条又は第百三条の二の規定に係る部分に限る。）、労働保険の保険料の徴収等に関する法律（昭和四十四年法律第八十四号）第四十六条前段若しくは第四十八条第一項（同法第四十六条前段の規定に係る部分に限る。）又は雇用保険法（昭和四十九年法律第百十六号）第八十三条若しくは第八十六条（同法第八十三条の規定に係る部分に限る。）の規定により、罰金の刑に処せられ、その執行を終わり、又は執行を受けることがなくなった日から起算して五年を経過しない者

五　成年被後見人若しくは被保佐人又は破産手続開始の決定を受けて復権を得ない者

六　第十六条第一項の規定により実習認定を取り消され、当該取消しの日から起算して五年を経過しない者

七　第十六条第一項の規定により実習認定を取り消された者が法人である場合（同項第三号の規定により実習認定を取り消された場合については、当該法人が第二号又は第四号に規定する者に該当することとなったことによる場合に限る。）において、当該取消しの処分を受ける原因となった事項が発生した当時現に当該法人の役員（業務を執行する社員、取締役、執行役又はこれらに準ずる者をいい、相談役、顧問その他いかなる名称を有する者であるかを問わず、法人に対し業務を執行する社員、取締役、執行役又はこれらに準ずる者と同等以上の支配力を有するものと認められる者を含む。第十一号、第二十五条第一項第五号及び第二十六条第五号において同じ。）であった者で、当該取消しの日から起算して五年を経過しないもの

八　第八条第一項の認定の申請の日前五年以内に出入国又は労働に関する法令に関し不正又は著しく不当な行為をした者

九　暴力団員による不当な行為の防止等に関する法律第二条第六号に規定する暴力団員（以下この号において「暴力団員」という。）又は暴力団員でなくなった日から五年を経過しない者（第十二号及び第二十六条第六号において「暴力団員等」という。）

十　営業に関し成年者と同一の行為能力を有しない未成年者であって、その法定代理人が前各号又は次号のいずれかに該当するもの

十一　法人であって、その役員のうちに前各号のいずれかに該当する者があるもの

十二　暴力団員等がその事業活動を支配する者

（技能実習計画の変更）

第十一条　実習実施者は、実習認定を受けた技能実習計画（以下「認定計画」という。）について第八条第二項各号（第五号を除く。）に掲げる事項の変更（主務省令で定める軽微な変更を除く。）をしようとするときは、出入国在留管理庁長官及び厚生労働大臣の認定を受けなければならない。

2　第八条第三項から第五項まで及び前二条の規定は、前項の認定について準用する。

（機構による認定の実施）

第十二条　出入国在留管理庁長官及び厚生労働大臣は、外国人技能実習機構（以下この章において「機構」という。）に、第八条第一項の認定（前条第一項の規定による変更の認定を含む。第四項において同じ。）に関する事務（以下「認定事務」という。）の全部又は一部を行わせることができる。

2　出入国在留管理庁長官及び厚生労働大臣は、前項の規定により機構に認定事務の全部又は一部を行わせるときは、当該認定事務の全部又は一部を行わないものとする。

3　機構が認定事務の全部又は一部を行う場合における第八条から前条までの規定の適用については、第八条第一項、第九条及び前条第一項中「出入国在留管理庁長官及び厚生労働大臣」とあるのは、「機構」とする。

4　機構は、第八条第一項の認定を行ったときは、遅滞なく、その旨を出入国在留管理庁長官及び厚生労働大臣に報告しなければならない。

5　出入国在留管理庁長官及び厚生労働大臣が第一項の規定により機構に認定事務の全部又は一部を行わせるときは、申請者は、第八条第五項（前条第二項において準用する場合を含む。）に規定する手数料を機構に納付しなければならない。

6　前項の規定により機構に納付された手数料は、機構の収入とする。

7　出入国在留管理庁長官及び厚生労働大臣は、第一項の規定により機構に認定事務の全部若しくは一部を行わせることとするとき、又は機構に行わせていた認定事務の全部若しくは一部を行わせないこととするときは、その旨を公示しなければならない。

（報告徴収等）

第十三条　主務大臣は、この章（次節を除く。）の規定を施行するために必要な限度において、実習実施者若しくは実習実施者であった者（以下この項及び次条第一項において「実習実施者等」という。）、監理団体若しくは監理団体であった者（以下この項、次条第一項及び第三十五条第一項において「監理団体等」という。）若しくは実習実施者等若しくは監理団体等の役員若しくは職員（以下この項において「役職員」という。）若しくは役職員であった者（以下この項及び次条第一項において「役職員等」という。）に対し、報告若しくは帳簿書類の提出若しくは提示を命じ、若しくは実習実施者等若しくは役職員等に対し出頭を求め、又は当該主務大臣の職員に関係者に対して質問させ、若しくは実習実施者等若しくは監理団体等に係る事業所その他技能実習に関係のある場所に立ち入り、その設備若しくは帳簿書類その他の物件を検査させることができる。

2　前項の規定による質問又は立入検査を行う場合においては、当該主務大臣の職員は、その身分を示す証明書を携帯し、かつ、関係者の請求があるときは、これを提示しなければならない。

3　第一項の規定による権限は、犯罪捜査のために認められたものと解釈してはならない。

（機構による事務の実施）

第十四条　出入国在留管理庁長官及び厚生労働大臣は、第十二条第一項の規定により機構に認定事務の全部又は一部を行わせるときは、この節の規定を施行するために必要な限度において、次に掲げる事務を機構に行わせることができる。

一　実習実施者等若しくは監理団体等又は役職員等に対して必要な報告又は帳簿書類の提出若しくは提示を求める事務

二　その職員をして、関係者に対して質問させ、又は実地に実習実施者等若しくは監理団体等の設備若しくは帳簿書類その他の物件を検査させる事務

2　出入国在留管理庁長官及び厚生労働大臣は、前項の規定により機構に報告若しくは帳簿書類の提

出若しくは提示を求めさせ、又は質問若しくは検査を行わせる場合には、機構に対し、必要な事項を示してこれを実施すべきことを指示するものとする。

3　機構は、前項の指示に従って第一項に規定する報告若しくは帳簿書類の提出若しくは提示を求め、又は質問若しくは検査を行ったときは、その結果を出入国在留管理庁長官及び厚生労働大臣に報告しなければならない。

（改善命令等）

第一五条　出入国在留管理庁長官及び厚生労働大臣は、実習実施者が認定計画に従って技能実習を行わせていないと認めるとき、又はこの法律その他出入国若しくは労働に関する法律若しくはこれらに基づく命令の規定に違反した場合において、技能実習の適正な実施を確保するために必要があると認めるときは、当該実習実施者に対し、期限を定めて、その改善に必要な措置をとるべきことを命ずることができる。

2　出入国在留管理庁長官及び厚生労働大臣は、前項の規定による命令をした場合には、その旨を公示しなければならない。

（認定の取消し等）

第一六条　出入国在留管理庁長官及び厚生労働大臣は、次の各号のいずれかに該当するときは、実習認定を取り消すことができる。

一　実習実施者が認定計画に従って技能実習を行わせていないと認めるとき。

二　認定計画が第九条各号のいずれかに適合しなくなったと認めるとき。

三　実習実施者が第十条各号のいずれかに該当することとなったとき。

四　第十三条第一項の規定による報告若しくは帳簿書類の提出若しくは提示をせず、若しくは虚偽の報告若しくは虚偽の帳簿書類の提出若しくは提示をし、又は同項の規定による質問に対して答弁をせず、若しくは虚偽の答弁をし、若しくは同項の規定による検査を拒み、妨げ、若しくは忌避したとき。

五　第十四条第一項の規定により機構が行う報告若しくは帳簿書類の提出若しくは提示の求めに虚偽の報告若しくは虚偽の帳簿書類の提出若しくは提示をし、又は同項の規定により機構の職員が行う質問に対して虚偽の答弁をしたとき。

六　前条第一項の規定による命令に違反したとき。

七　出入国又は労働に関する法令に関し不正又は著しく不当な行為をしたとき。

2　出入国在留管理庁長官及び厚生労働大臣は、前項の規定による実習認定の取消しをした場合には、その旨を公示しなければならない。

（実施の届出）

第一七条　実習実施者は、技能実習を開始したときは、遅滞なく、開始した日その他主務省令で定める事項を出入国在留管理庁長官及び厚生労働大臣に届け出なければならない。

（機構による届出の受理）

第一八条　出入国在留管理庁長官及び厚生労働大臣は、機構に、前条の規定による届出の受理に係る事務を行わせることができる。

2　出入国在留管理庁長官及び厚生労働大臣が前項の規定により機構に届出の受理に係る事務を行わせるときは、前条の規定による届出をしようとする者は、同条の規定にかかわらず、機構に届け出なければならない。

3　機構は、前項の規定による届出を受理したときは、出入国在留管理庁長官及び厚生労働大臣にその旨を報告しなければならない。

4　出入国在留管理庁長官及び厚生労働大臣は、第一項の規定により機構に届出の受理に係る事務を行わせることとするとき、又は機構に行わせていた届出の受理に係る事務を行わせないこととするときは、その旨を公示しなければならない。

（技能実習を行わせることが困難となった場合の届出等）

第一九条　企業単独型実習実施者は、企業単独型技能実習を行わせることが困難となったときは、遅滞なく、企業単独型技能実習を行わせることが困難となった企業単独型技能実習生の氏名、その企業単独型技能実習の継続のための措置その他の主務省令で定める事項を出入国在留管理庁長官及び厚生労働大臣に届け出なければならない。

2　団体監理型実習実施者は、団体監理型技能実習を行わせることが困難となったときは、遅滞なく、団体監理型技能実習を行わせることが困難となった団体監理型技能実習生の氏名、その団体監理型技能実習の継続のための措置その他の主務省令で定める事項を実習監理を受ける監理団体に通知しなければならない。

3　第一項の規定による届出の受理に係る事務については、前条の規定を準用する。

（帳簿の備付け）

第二〇条　実習実施者は、技能実習に関して、主務省令で定める帳簿書類を作成し、技能実習を行わせる事業所に備えて置かなければならない。

（実施状況報告）

第二一条　実習実施者は、技能実習を行わせたときは、主務省令で定めるところにより、技能実習の実施の状況に関する報告書を作成し、出入国在留管理庁長官及び厚生労働大臣に提出しなければならない。

2　前項の規定による報告書の受理に係る事務については、第十八条の規定を準用する。

（主務省令への委任）

第二二条　この節に定めるもののほか、技能実習計画の認定の手続その他この節の規定の実施に関し必要な事項は、主務省令で定める。

第二節　監理団体

（監理団体の許可）

第二三条　監理事業を行おうとする者は、次に掲げる事業の区分に従い、主務大臣の許可を受けなければならない。

一　一般監理事業（監理事業のうち次号に掲げるもの以外のものをいう。以下同じ。）

二　特定監理事業（第一号団体監理型技能実習又は第二号団体監理型技能実習のみを行わせる団体監理型実習実施者について実習監理を行う事業をいう。以下同じ。）

2　前項の許可を受けようとする者（第七項、次条及び第二十五条において「申請者」という。）は、主務省令で定めるところにより、次に掲げる事項を記載した申請書を主務大臣に提出しなければならない。

一　名称及び住所並びに代表者の氏名

二　役員の氏名及び住所

三　監理事業を行う事業所の名称及び所在地

四　一般監理事業又は特定監理事業の別

五　第四十条第一項の規定により選任する監理責任者の氏名及び住所

六　外国の送出機関（団体監理型技能実習生になろうとする者からの団体監理型技能実習に係る求職の申込みを適切に本邦の監理団体に取り次ぐことができる者として主務省令で定める要件に適合するものをいう。第二十五条第一項第六号において同じ。）より団体監理型技能実習生になろうとする者からの団体監理型技能実習に係る求職の申込みの取次ぎを受けようとする場合にあっては、その氏名又は名称及び住所並びに法人にあっては、その代表者の氏名

七　その他主務省令で定める事項

3　前項の申請書には、監理事業を行う事業所ごとの監理事業に係る事業計画書、第二十五条第一項各号に掲げる事項を証する書面その他主務省令で定める書類を添付しなければならない。

4　前項の事業計画書には、主務省令で定めるところにより、監理事業を行う事業所ごとの実習監理を行う団体監理型実習実施者の見込数、当該団体監理型実習実施者における団体監理型技能実習生の見込数その他監理事業に関する事項を記載しなければならない。

5　主務大臣は、第一項の許可の申請を受けたときは、第二項の申請書及び第三項の書類に係る事実関係につき調査を行うものとする。

6　厚生労働大臣は、第一項の許可をしようとするときは、あらかじめ、労働政策審議会の意見を聴かなければならない。

7　申請者は、実費を勘案して主務省令で定める額の手数料を納付しなければならない。

（機構による事実関係の調査の実施）

第二四条　主務大臣は、機構に、前条第五項の事実関係の調査の全部又は一部を行わせることができる。

2　主務大臣は、前項の規定により機構に調査の全部又は一部を行わせるときは、当該調査の全部又は一部を行わないものとする。この場合において、主務大臣は、前条第一項の許可をするときは、機構が第四項の規定により報告する調査の結果を考慮しなければならない。

3　主務大臣が第一項の規定により機構に調査の全部又は一部を行わせるときは、申請者は、前条第二項の規定にかかわらず、同項の申請書を機構に提出するとともに、機構が行う当該調査を受けなければならない。

4　機構は、前項の申請書を受理したときは、主務大臣にその旨を報告するとともに、同項の調査を行ったときは、遅滞なく、当該調査の結果を主務大臣に報告しなければならない。

5　主務大臣が第一項の規定により機構に調査の全部又は一部を行わせるときは、申請者は、実費を勘案して主務省令で定める額の手数料を機構に納付しなければならない。

6　前項の規定により機構に納付された手数料は、機構の収入とする。

7　主務大臣は、第一項の規定により機構に調査の全部若しくは一部を行わせることとするとき、又は機構に行わせていた調査の全部若しくは一部を行わせないこととするときは、その旨を公示しなければならない。

（許可の基準等）

第二五条　主務大臣は、第二十三条第一項の許可の申請があった場合において、その申請者が次の各

号のいずれにも適合するものであると認めるときでなければ、その許可をしてはならない。

一　本邦の営利を目的としない法人であって主務省令で定めるものであること。

二　監理事業を第三十九条第三項の主務省令で定める基準に従って適正に行うに足りる能力を有するものであること。

三　監理事業を健全に遂行するに足りる財産的基礎を有するものであること。

四　個人情報（個人に関する情報であって、特定の個人を識別することができるもの（他の情報と照合することにより特定の個人を識別することができることとなるものを含む。）をいう。第四十条第一項第四号及び第四十三条において同じ。）を適正に管理し、並びに団体監理型実習実施者等及び団体監理型技能実習生等の秘密を守るために必要な措置を講じていること。

五　監理事業を適切に運営するための次のいずれかの措置を講じていること。

イ　役員が団体監理型実習実施者と主務省令で定める密接な関係を有する者のみにより構成されていないことその他役員の構成が監理事業の適切な運営の確保に支障を及ぼすおそれがないものとすること。

ロ　監事その他法人の業務を監査する者による監査のほか、団体監理型実習実施者と主務省令で定める密接な関係を有しない者であって主務省令で定める要件に適合するものに、主務省令で定めるところにより、役員の監理事業に係る職務の執行の監査を行わせるものとすること。

六　外国の送出機関から団体監理型技能実習生になろうとする者からの団体監理型技能実習に係る求職の申込みの取次ぎを受けようとする場合にあっては、外国の送出機関との間で当該取次ぎに係る契約を締結していること。

七　第二十三条第一項の許可の申請が一般監理事業に係るものである場合は、申請者が団体監理型技能実習の実施状況の監査その他の業務を遂行する能力につき高い水準を満たすものとして主務省令で定める基準に適合していること。

八　前各号に定めるもののほか、申請者が、監理事業を適正に遂行することができる能力を有するものであること。

2　主務大臣は、第二十三条第一項の許可をしないときは、遅滞なく、理由を示してその旨を申請者に通知しなければならない。

3　主務大臣は、前条第一項の規定により機構に調査の全部又は一部を行わせるときは、前項の通知を機構を経由して行わなければならない。

（許可の欠格事由）

第二十六条　次の各号のいずれかに該当する者は、第二十三条第一項の許可を受けることができない。

一　第十条第二号、第四号又は第十二号に該当する者

二　第三十七条第一項の規定により監理許可を取り消され、当該取消しの日から起算して五年を経過しない者

三　第三十七条第一項の規定による監理許可の取消しの処分に係る行政手続法（平成五年法律第八十八号）第十五条の規定による通知があった日から当該処分をする日又は処分をしないことを決定する日までの間に、第三十四条第一項の規定による監理事業の廃止の届出をした者（当該事業の廃止について相当の理由がある者を除く。）で、当該届出の日から起算して五年を経過しないもの

四　第二十三条第一項の許可の申請の日前五年以内に出入国又は労働に関する法令に関し不正又は著しく不当な行為をした者

五　役員のうちに次のいずれかに該当する者があるもの

イ　第十条第一号、第三号、第五号、第九号又は第十号に該当する者

ロ　第一号（第十条第十二号に係る部分を除く。）又は前号に該当する者

ハ　第三十七条第一項の規定により監理許可を取り消された場合（同項第二号の規定により監理許可を取り消された場合については、第一号（第十条第十二号に係る部分を除く。）に該当する者となったことによる場合に限る。）において、当該取消しの処分を受ける原因となった事項が発生した当時現に当該処分を受けた者の役員であった者で、当該取消しの日から起算して五年を経過しないもの

ニ　第三号に規定する期間内に第三十四条第一項の規定による監理事業の廃止の届出をした場合において、同号の通知の日前六十日以内に当該届出をした者（当該事業の廃止について相当の理由がある者を除く。）の役員であった者で、当該届出の日から起算して五年を経過しないもの

六　暴力団員等をその業務に従事させ、又はその業務の補助者として使用するおそれのある者

（職業安定法の特例等）

第二七条　監理団体は、職業安定法（昭和二十二年法律第百四十一号）第三十条第一項及び第三十三条第一項の規定にかかわらず、技能実習職業紹介事業（監理団体の実習監理を受ける団体監理型実習実施者等のみを求人者とし、当該監理団体の実習監理に係る団体監理型技能実習生等のみを求職者とし、求人及び求職の申込みを受け、求人者と求職者との間における技能実習に係る雇用関係の成立をあっせんすることを業として行うものをいう。以下この条において同じ。）を行うことができる。

2　監理団体が行う技能実習職業紹介事業に関しては、監理団体を職業安定法第四条第十項に規定する職業紹介事業者、同法第三十二条の三第一項に規定する有料職業紹介事業者若しくは同法第三十三条第一項の許可を受けた者又は労働施策の総合的な推進並びに労働者の雇用の安定及び職業生活の充実等に関する法律（昭和四十一年法律第百三十二号）第二条に規定する職業紹介機関とみなして、職業安定法第五条の二、第五条の三、第五条の四第一項及び第三項、第五条の六から第五条の八まで、第三十二条の十二及び第三十二条の十三（これらの規定を同法第三十三条第四項において準用する場合を含む。）、第三十三条の五から第三十四条まで、第四十八条並びに第四十八条の三第二項及び第三項並びに労働施策の総合的な推進並びに労働者の雇用の安定及び職業生活の充実等に関する法律第三章の規定を適用する。この場合において、職業安定法第五条の三第三項、第五条の六第一項第三号、第三十二条の十三（同法第三十三条第四項において準用する場合を含む。）並びに第三十三条の六の規定中「厚生労働省令」とあるのは「主務省令」と、同法第三十二条の十二第一項及び第三項（これらの規定を同法第三十三条第四項において準用する場合を含む。）、第三十三条の六、第四十八条並びに第四十八条の三第二項及び第三項並びに労働施策の総合的な推進並びに労働者の雇用の安定及び職業生活の充実等に関する法律第十一条及び第十二条第一項の規定中「厚生労働大臣」とあるのは「主務大臣」とする。

3　前項において読み替えて適用する職業安定法第三十二条の十二第一項（同法第三十三条第四項において準用する場合を含む。）の規定による届出の受理に係る事務については、第十八条の規定を準用する。

4　前三項に定めるもののほか、技能実習職業紹介事業に関し必要な事項は、主務省令で定める。

（監理費）

第二八条　監理団体は、監理事業に関し、団体監理型実習実施者等、団体監理型技能実習生等その他の関係者から、いかなる名義でも、手数料又は報酬を受けてはならない。

2　監理団体は、前項の規定にかかわらず、監理事業に通常必要となる経費等を勘案して主務省令で定める適正な種類及び額の監理費を団体監理型実習実施者等へあらかじめ用途及び金額を明示した上で徴収することができる。

（許可証）

第二九条　主務大臣は、第二十三条第一項の許可をしたときは、監理事業を行う事業所の数に応じ、許可証を交付しなければならない。

2　許可証の交付を受けた者は、当該許可証を、監理事業を行う事業所ごとに備え付けるとともに、関係者から請求があったときは提示しなければならない。

3　許可証の交付を受けた者は、当該許可証を亡失し、又は当該許可証が滅失したときは、速やかにその旨を主務大臣に届け出て、許可証の再交付を受けなければならない。

4　主務大臣は、機構に、第一項の規定による交付又は前項の規定による再交付に係る事務を行わせることができる。

5　主務大臣は、前項の規定により機構に第一項の規定による交付若しくは第三項の規定による再交付に係る事務を行わせることとするとき、又は機構に行わせていた第一項の規定による交付若しくは第三項の規定による再交付に係る事務を行わせないこととするときは、その旨を公示しなければならない。

（許可の条件）

第三〇条　監理許可には、条件を付し、及びこれを変更することができる。

2　前項の条件は、監理許可の趣旨に照らして、又は当該監理許可に係る事項の確実な実施を図るために必要な最小限度のものに限り、かつ、当該監理許可を受ける者に不当な義務を課することとなるものであってはならない。

（許可の有効期間等）

第三一条　第二十三条第一項の許可の有効期間（次項の規定により許可の有効期間の更新を受けた場合にあっては、当該更新された有効期間）は、当該許可の日（次項の規定により許可の有効期間の更新を受けた場合にあっては、当該更新前の許可の有効期間が満了する日の翌日）から起算して三年を下らない期間であって監理事業の実施に関する能力及び実績を勘案して政令で定める期間とする。

2　前項に規定する許可の有効期間（以下この条において「許可の有効期間」という。）の満了後引き続き当該許可に係る監理事業（次条第一項の規定による変更の許可があったとき、又は第三十七条第二項の規定による特定監理事業に係る許可への変更があったときは、これらの変更後の許可に係るもの）を行おうとする者は、許可の有効期間の更新を受けなければならない。

3　主務大臣は、許可の有効期間の更新の申請があった場合において、当該申請が第二十五条第一項各号のいずれかに適合していないと認めるときは、当該許可の有効期間の更新をしてはならない。

4　許可の有効期間の更新を受けようとする者は、実費を勘案して主務省令で定める額の手数料を納付しなければならない。

5　第二十三条第二項から第五項まで、第二十四条、第二十五条第二項及び第三項、第二十六条（第二号、第三号並びに第五号ハ及びニを除く。）並びに第二十九条の規定は、許可の有効期間の更新について準用する。

（変更の許可等）

第三十二条　監理団体は、監理許可に係る事業の区分を変更しようとするときは、出入国在留管理庁長官及び厚生労働大臣の許可を受けなければならない。この場合において、監理団体は、許可証の書換えを受けなければならない。

2　前項の許可については、第二十三条第二項から第五項まで及び第七項、第二十四条、第二十五条、第二十六条（第二号、第三号並びに第五号ハ及びニを除く。）並びに第二十九条の規定を準用する。

3　監理団体は、第二十三条第二項各号（第四号を除く。）に掲げる事項（主務省令で定めるものを除く。）に変更があったときは、変更の日から一月以内に、その旨を主務大臣に届け出なければならない。この場合において、当該変更に係る事項が監理事業を行う事業所の新設に係るものであるときは、当該事業所に係る事業計画書その他主務省令で定める書類を添付しなければならない。

4　第二十三条第四項の規定は、前項の事業計画書について準用する。

5　主務大臣は、第三項の規定による監理事業を行う事業所の新設に係る変更の届出があったときは、当該新設に係る事業所の数に応じ、許可証を交付しなければならない。

6　監理団体は、第三項の規定による届出をする場合において、当該届出に係る事項が許可証の記載事項に該当するときは、その書換えを受けなければならない。

7　第三項の規定による届出の受理に係る事務については第十八条の規定を、第五項の規定による許可証の交付に係る事務については第二十九条第四項及び第五項の規定を、それぞれ準用する。

（技能実習の実施が困難となった場合の届出）

第三十三条　監理団体は、第十九条第二項の規定による通知を受けた場合その他実習監理を行う団体監理型実習実施者が団体監理型技能実習を行わせることが困難となったと認めるときは、遅滞なく、当該通知に係る事項その他の主務省令で定める事項を出入国在留管理庁長官及び厚生労働大臣に届け出なければならない。

2　前項の規定による届出の受理に係る事務については、第十八条の規定を準用する。

（事業の休廃止）

第三十四条　監理団体は、監理事業を廃止し、又はその全部若しくは一部を休止しようとするときは、その廃止又は休止の日の一月前までに、その旨及び当該監理団体が実習監理を行う団体監理型実習実施者に係る団体監理型技能実習の継続のための措置その他の主務省令で定める事項を出入国在留管理庁長官及び厚生労働大臣に届け出なければならない。

2　前項の規定による届出の受理に係る事務については、第十八条の規定を準用する。

（報告徴収等）

第三十五条　主務大臣は、この節の規定を施行するために必要な限度において、団体監理型技能実習関係者（監理団体等又は団体監理型実習実施者若しくは団体監理型実習実施者であった者をいう。以下この項において同じ。）若しくは団体監理型技能実習関係者の役員若しくは職員（以下この項において「役職員」という。）若しくは役職員であった者（以下この項において「役職員等」という。）に対し、報告若しくは帳簿書類の提出若しくは提示を命じ、若しくは団体監理型技能実習関係者若しくは役職員等に対し出頭を求め、又は当該主務大臣の職員に関係者に対して質問させ、若しくは団体監理型技能実習関係者に係る事業所その他団体監理型技能実習に関係のある場所に立ち入り、その設備若しくは帳簿書類その他の物件を検査させることができる。

2　第十三条第二項の規定は前項の規定による質問又は立入検査について、同条第三項の規定は前項の規定による権限について、それぞれ準用する。

（改善命令等）

第三六条　主務大臣は、監理団体が、この法律その他出入国若しくは労働に関する法律又はこれらに基づく命令の規定に違反した場合において、監理事業の適正な運営を確保するために必要があると認めるときは、当該監理団体に対し、期限を定めて、その監理事業の運営を改善するために必要な措置をとるべきことを命ずることができる。

2　主務大臣は、前項の規定による命令をした場合には、その旨を公示しなければならない。

（許可の取消し等）

第三七条　主務大臣は、監理団体が次の各号のいずれかに該当するときは、監理許可を取り消すことができる。

一　第二十五条第一項各号のいずれかに適合しなくなったと認めるとき。

二　第二十六条各号（第二号、第三号並びに第五号ハ及びニを除く。）のいずれかに該当することとなったとき。

三　第三十条第一項の規定により付された監理許可の条件に違反したとき。

四　この法律の規定若しくは出入国若しくは労働に関する法律の規定であって政令で定めるもの又はこれらの規定に基づく命令若しくは処分に違反したとき。

五　出入国又は労働に関する法令に関し不正又は著しく不当な行為をしたとき。

2　主務大臣は、監理許可（一般監理事業に係るものに限る。）を受けた監理団体が第二十五条第一項第七号の主務省令で定める基準に適合しなくなったと認めるときは、職権で、当該監理許可を特定監理事業に係るものに変更することができる。

3　主務大臣は、監理団体が第一項第一号又は第三号から第五号までのいずれかに該当するときは、期間を定めて当該監理事業の全部又は一部の停止を命ずることができる。

4　主務大臣は、第一項の規定による監理許可の取消し、第二項の規定による監理許可の変更又は前項の規定による命令をした場合には、その旨を公示しなければならない。

（名義貸しの禁止）

第三八条　監理団体は、自己の名義をもって、他人に監理事業を行わせてはならない。

（認定計画に従った実習監理等）

第三九条　監理団体は、認定計画に従い、団体監理型技能実習生が団体監理型技能実習を行うために必要な知識の修得をさせるよう努めるとともに、団体監理型技能実習を実習監理しなければならない。

2　監理団体は、その実習監理を行う団体監理型実習実施者が団体監理型技能実習生が修得等をした技能等の評価を行うに当たっては、当該団体監理型実習実施者に対し、必要な指導及び助言を行わなければならない。

3　前二項に規定するもののほか、監理団体は、団体監理型技能実習の実施状況の監査その他の業務の実施に関し主務省令で定める基準に従い、その業務を実施しなければならない。

（監理責任者の設置等）

第四〇条　監理団体は、監理事業に関し次に掲げる事項を統括管理させるため、主務省令で定めるところにより、監理事業を行う事業所ごとに監理責任者を選任しなければならない。

一　団体監理型技能実習生の受入れの準備に関すること。

二　団体監理型技能実習生の技能等の修得等に関する団体監理型実習実施者への指導及び助言並びに団体監理型実習実施者との連絡調整に関すること。

三　次節に規定する技能実習生の保護その他団体監理型技能実習生の保護に関すること。

四　団体監理型実習実施者等及び団体監理型技能実習生等の個人情報の管理に関すること。

五　団体監理型技能実習生の労働条件、産業安全及び労働衛生に関し、第九条第七号に規定する責任者との連絡調整に関すること。

六　国及び地方公共団体の機関であって技能実習に関する事務を所掌するもの、機構その他関係機関との連絡調整に関すること。

2　監理責任者は、次に掲げる者以外の者でなければならない。

一　第二十六条第五号イ（第十条第十号に係る部分を除く。）又はロからニまでに該当する者

二　前項の規定による選任の日前五年以内又はその選任の日以後に出入国又は労働に関する法令に関し不正又は著しく不当な行為をした者

三　未成年者

3　監理団体は、団体監理型実習実施者が、団体監理型技能実習に関し労働基準法、労働安全衛生法その他の労働に関する法令に違反しないよう、監理責任者をして、必要な指導を行わせなければならない。

4　監理団体は、団体監理型実習実施者が、団体監理型技能実習に関し労働基準法、労働安全衛生法その他の労働に関する法令に違反していると認めるときは、監理責任者をして、是正のため必要な

指示を行わせなければならない。

5　監理団体は、前項に規定する指示を行ったときは、速やかに、その旨を関係行政機関に通報しなければならない。

（帳簿の備付け）

第四一条　監理団体は、監理事業に関して、主務省令で定める帳簿書類を作成し、監理事業を行う事業所に備えて置かなければならない。

（監査報告等）

第四二条　監理団体は、その実習監理を行う団体監理型実習実施者について、第三十九条第三項の主務省令で定める基準に従い監査を行ったときは、当該監査の終了後遅滞なく、監査報告書を作成し、出入国在留管理庁長官及び厚生労働大臣に提出しなければならない。

2　監理団体は、主務省令で定めるところにより、監理事業を行う事業所ごとに監理事業に関する事業報告書を作成し、出入国在留管理庁長官及び厚生労働大臣に提出しなければならない。

3　第一項の規定による監査報告書の受理及び前項の規定による事業報告書の受理に係る事務については、第十八条の規定を準用する。

（個人情報の取扱い）

第四三条　監理団体は、監理事業に関し、団体監理型実習実施者等及び団体監理型技能実習生等の個人情報を収集し、保管し、又は使用するに当たっては、監理事業の目的の達成に必要な範囲内で団体監理型実習実施者等及び団体監理型技能実習生等の個人情報を収集し、並びにその収集の目的の範囲内でこれを保管し、及び使用しなければならない。ただし、本人の同意がある場合その他正当な事由がある場合は、この限りでない。

2　監理団体は、団体監理型実習実施者等及び団体監理型技能実習生等の個人情報を適正に管理するために必要な措置を講じなければならない。

（秘密保持義務）

第四四条　監理団体の役員若しくは職員又はこれらの者であった者は、正当な理由なく、その業務に関して知ることができた秘密を漏らし、又は盗用してはならない。

（主務省令への委任）

第四五条　この節に定めるもののほか、監理団体の許可の手続その他この節の規定の実施に関し必要な事項は、主務省令で定める。

第三節　技能実習生の保護

（禁止行為）

第四六条　実習監理を行う者（第四十八条第一項において「実習監理者」という。）又はその役員若しくは職員（次条において「実習監理者等」という。）は、暴行、脅迫、監禁その他精神又は身体の自由を不当に拘束する手段によって、技能実習生の意思に反して技能実習を強制してはならない。

第四十七条　実習監理者等は、技能実習生等（技能実習生又は技能実習生になろうとする者をいう。以下この条において同じ。）又はその配偶者、直系若しくは同居の親族その他技能実習生等と社会生活において密接な関係を有する者との間で、技能実習に係る契約の不履行について違約金を定め、又は損害賠償額を予定する契約をしてはならない。

2　実習監理者等は、技能実習生等に技能実習に係る契約に付随して貯蓄の契約をさせ、又は技能実習生等との間で貯蓄金を管理する契約をしてはならない。

第四八条　技能実習を行わせる者若しくは実習監理者又はこれらの役員若しくは職員（次項において「技能実習関係者」という。）は、技能実習生の旅券（入管法第二条第五号に規定する旅券をいう。第百十一条第五号において同じ。）又は在留カード（入管法第十九条の三に規定する在留カードをいう。同号において同じ。）を保管してはならない。

2　技能実習関係者は、技能実習生の外出その他の私生活の自由を不当に制限してはならない。

（出入国在留管理庁長官及び厚生労働大臣に対する申告）

第四九条　実習実施者若しくは監理団体又はこれらの役員若しくは職員（次項において「実習実施者等」という。）がこの法律又はこれに基づく命令の規定に違反する事実がある場合においては、技能実習生は、その事実を出入国在留管理庁長官及び厚生労働大臣に申告することができる。

2　実習実施者等は、前項の申告をしたことを理由として、技能実習生に対して技能実習の中止その他不利益な取扱いをしてはならない。

第四節　補則

（指導及び助言等）

第五〇条　出入国在留管理庁長官及び厚生労働大臣は実習実施者に対し、主務大臣は監理団体に対し、この章の規定の施行に関し必要があると認めるときは、実習実施者及び監理団体に対し、技能実習の適正な実施及び技能実習生の保護のために必要な指導及び助言をすることができる。

2　出入国在留管理庁長官及び厚生労働大臣は、技

能実習の適正な実施及び技能実習生の保護のため、技能実習生からの相談に応じ、必要な情報の提供、助言その他の援助を行うものとする。

（連絡調整等）

第五一条　実習実施者及び監理団体は、第十九条第一項若しくは第三十三条第一項の規定による届出、第十九条第二項の規定による通知又は第三十四条第一項の規定による事業の廃止若しくは休止の届出をしようとするときは、当該実習実施者及び当該監理団体に係る技能実習生であって引き続き技能実習を行うことを希望するものが技能実習を行うことができるよう、他の実習実施者又は監理団体その他関係者との連絡調整その他の必要な措置を講じなければならない。

２　出入国在留管理庁長官及び厚生労働大臣は第一号に掲げる者に対し、主務大臣は第二号に掲げる者に対し、前項に規定する措置の円滑な実施のためその他必要があると認めるときは、必要な指導及び助言を行うことができる。

一　実習実施者及びその関係者（監理団体の関係者を除く。）

二　監理団体及びその関係者その他関係者（前号に掲げる者を除く。）

（技能実習評価試験）

第五二条　出入国在留管理庁長官及び厚生労働大臣は、実習実施者が円滑に技能等の評価を行うことができるよう、技能実習評価試験の振興に努めなければならない。

２　主務大臣は、公正な技能実習評価試験が実施されるよう、技能実習評価試験の基準を主務省令で定めるものとする。

（事業所管大臣への要請）

第五三条　出入国在留管理庁長官及び厚生労働大臣は、技能実習の適正な実施及び技能実習生の保護のために必要があると認めるときは、特定の業種に属する事業を所管する大臣（次条第一項において「事業所管大臣」という。）に対して、当該特定の業種に属する事業に係る技能実習に関し必要な協力を要請することができる。

（事業協議会）

第五四条　事業所管大臣は、当該事業所管大臣及びその所管する特定の業種に属する事業に係る実習実施者又は監理団体を構成員とする団体その他の関係者により構成される協議会（以下この条において「事業協議会」という。）を組織することができる。

２　事業協議会は、必要があると認めるときは、機構その他の事業協議会が必要と認める者をその構成員として加えることができる。

３　事業協議会は、その構成員が相互の連絡を図ることにより、技能実習の適正な実施及び技能実習生の保護に有用な情報を共有し、その構成員の連携の緊密化を図るとともに、その事業の実情を踏まえた技能実習の適正な実施及び技能実習生の保護に資する取組について協議を行うものとする。

４　事業協議会の事務に従事する者又は従事していた者は、正当な理由なく、当該事務に関して知ることができた秘密を漏らし、又は盗用してはならない。

５　前各項に定めるもののほか、事業協議会の組織及び運営に関し必要な事項は、事業協議会が定める。

（他の法律の規定に基づく措置の実施に関する要求等）

第五五条　出入国在留管理庁長官及び厚生労働大臣は、技能実習の適正な実施及び技能実習生の保護のため必要があると認めるときは、関係行政機関の長に対し、技能実習の適正な実施及び技能実習生の保護に資する情報の提供をすることができる。

２　出入国在留管理庁長官及び厚生労働大臣は、技能実習の適正な実施及び技能実習生の保護を図るために実施し得る他の法律の規定に基づく措置があり、技能実習の適正な実施及び技能実習生の保護を図るため、当該措置が速やかに実施されることが必要であると認めるときは、当該措置の実施に関する事務を所掌する大臣に対し、当該措置の速やかな実施を求めることができる。

３　出入国在留管理庁長官及び厚生労働大臣は、前項の規定により同項の措置の速やかな実施を求めたときは、同項の大臣に対し、当該措置の実施状況について報告を求めることができる。

（地域協議会）

第五六条　地域において技能実習に関する事務を所掌する国の機関は、当該機関及び地方公共団体の機関その他の関係機関により構成される協議会（以下この条において「地域協議会」という。）を組織することができる。

２　地域協議会は、必要があると認めるときは、機構その他の地域協議会が必要と認める者をその構成員として加えることができる。

３　地域協議会は、その構成員が相互の連絡を図ることにより、技能実習の適正な実施及び技能実習生の保護に有用な情報を共有し、その構成員の連携の緊密化を図るとともに、その地域の実情を踏まえた技能実習の適正な実施及び技能実習生の保護に資する取組について協議を行うものとする。

4　地域協議会の事務に従事する者又は従事していた者は、正当な理由なく、当該事務に関して知ることができた秘密を漏らし、又は盗用してはならない。

5　前各項に定めるもののほか、地域協議会の組織及び運営に関し必要な事項は、地域協議会が定める。

第三章　外国人技能実習機構

第五七条～第一〇二条《略》

第四章　雑則

（主務大臣等）

第一〇三条　この法律における主務大臣は、法務大臣及び厚生労働大臣とする。

2　この法律における主務省令は、主務大臣の発する命令とする。

（権限の委任等）

第一〇四条　主務大臣は、政令で定めるところにより、第三十五条第一項の規定による報告の徴収、帳簿書類の提出若しくは提示の命令、出頭の命令、質問又は立入検査（第四十条第三項から第五項までの規定を施行するために行うものに限る。）（次項及び次条において「報告徴収等」という。）の権限の一部を国土交通大臣に委任することができる。

2　国土交通大臣は、前項の規定による委任に基づき、報告徴収等を行ったときは、速やかに、その結果について主務大臣に報告するものとする。

3　国土交通大臣は、政令で定めるところにより、第一項の規定により委任された権限を地方運輸局長（運輸監理部長を含む。次項において同じ。）に委任することができる。

4　前項の規定により地方運輸局長に委任された権限は、政令で定めるところにより、運輸支局長又は地方運輸局、運輸監理部若しくは運輸支局の事務所の長に委任することができる。

5　この法律に規定する法務大臣の権限（第七条第一項及び第三項から第五項までに規定するもの並びに第一項の規定により国土交通大臣に委任されたものを除く。）は、政令で定めるところにより、出入国在留管理庁長官に委任することができる。

6　この法律に規定する出入国在留管理庁長官の権限（前項の規定により出入国在留管理庁長官に委任されたものを含む。）及び厚生労働大臣の権限（第七条第一項及び第三項から第五項までに規定するもの並びに第一項の規定により国土交通大臣に委任されたものを除く。）は、主務省令で定めるところにより、地方支分部局の長に委任することができる。

（職権の行使）

第一〇五条　主務大臣は、報告徴収等に関する事務について、第三十五条第一項に規定する当該主務大臣の職員の職権を労働基準監督官に行わせることができる。

2　国土交通大臣は、主務大臣の権限が前条第一項の規定により国土交通大臣に委任された場合には、報告徴収等に関する事務について、第三十五条第一項に規定する当該主務大臣の職員の職権を船員労務官に行わせることができる。

（国等の連携）

第一〇六条　国、地方公共団体及び機構は、技能実習が円滑に行われるよう、必要な情報交換を行うことその他相互の密接な連携の確保に努めるものとする。

2　機構は、前項に規定する連携のため、主務大臣及び出入国在留管理庁長官に対し、主務大臣及び出入国在留管理庁長官の権限の行使に関して必要な情報の提供を行わなければならない。

（主務省令への委任）

第一〇七条　この法律に定めるもののほか、この法律の規定の実施に関し必要な事項は、主務省令で定める。

第五章　罰則

第一〇八条　第四十六条の規定に違反した者は、一年以上十年以下の懲役又は二十万円以上三百万円以下の罰金に処する。

第一〇九条　次の各号のいずれかに該当する者は、一年以下の懲役又は百万円以下の罰金に処する。

一　第二十三条第一項の規定に違反して実習監理を行った者

二　偽りその他不正の行為により、第二十三条第一項の許可、第三十一条第二項の規定による許可の有効期間の更新又は第三十二条第一項の変更の許可を受けた者

三　第三十七条第三項の規定による処分に違反した場合におけるその違反行為をした監理団体の役員又は職員

四　第三十八条の規定に違反した場合におけるその違反行為をした監理団体の役員又は職員

第一一〇条　第四十四条、第五十四条第四項、第五十六条第四項又は第八十条（第八十六条及び第八十八条第二項において準用する場合を含む。）の規定に違反した者は、一年以下の懲役又は五十万

円以下の罰金に処する。

第一一一条　次の各号のいずれかに該当する者は、六月以下の懲役又は三十万円以下の罰金に処する。

一　第十五条第一項の規定による処分に違反した者

二　第二十八条第一項の規定に違反した場合におけるその違反行為をした監理団体の役員又は職員

三　第三十六条第一項の規定による処分に違反した場合におけるその違反行為をした監理団体の役員又は職員

四　第四十七条の規定に違反した者

五　第四十八条第一項の規定に違反して、技能実習生の意思に反して技能実習生の旅券又は在留カードを保管した者

六　第四十八条第二項の規定に違反して、技能実習生に対し、解雇その他の労働関係上の不利益又は制裁金の徴収その他の財産上の不利益を示して、技能実習が行われる時間以外における他の者との通信若しくは面談又は外出の全部又は一部を禁止する旨を告知した者

七　第四十九条第二項の規定に違反した者

第一一二条　次の各号のいずれかに該当する者は、三十万円以下の罰金に処する。

一　第十三条第一項又は第三十五条第一項の規定による報告若しくは帳簿書類の提出若しくは提示をせず、若しくは虚偽の報告若しくは虚偽の帳簿書類の提出若しくは提示をし、又はこれらの規定による質問に対して答弁をせず、若しくは虚偽の答弁をし、若しくはこれらの規定による検査を拒み、妨げ、若しくは忌避した者

二　第十七条の規定による届出をせず、又は虚偽の届出をした者

三　第十九条第一項の規定による届出をせず、又は虚偽の届出をした者

四　第十九条第二項の規定による通知をせず、又は虚偽の通知をした者

五　第二十条の規定に違反して帳簿書類を作成せず、若しくは事業所に備えて置かず、又は虚偽の帳簿書類を作成した者

六　第二十三条第二項（第三十一条第五項及び第三十二条第二項において準用する場合を含む。）に規定する申請書又は第二十三条第三項（第三十一条第五項及び第三十二条第二項において準用する場合を含む。）に規定する書類であって虚偽の記載のあるものを提出した者

七　第三十二条第三項の規定による届出をせず、若しくは虚偽の届出をし、又は同項に規定する書類であって虚偽の記載のあるものを提出した場合におけるその違反行為をした監理団体の役員又は職員

八　第三十三条第一項の規定による届出をせず、又は虚偽の届出をした場合におけるその違反行為をした監理団体の役員又は職員

九　第三十四条第一項の規定による届出をしないで、又は虚偽の届出をして、監理事業を廃止し、又はその全部若しくは一部を休止した場合におけるその違反行為をした監理団体の役員又は職員

十　第四十条第一項の規定に違反した場合におけるその違反行為をした監理団体の役員又は職員

十一　第四十一条の規定に違反して帳簿書類を作成せず、若しくは事業所に備えて置かず、又は虚偽の帳簿書類を作成した場合におけるその違反行為をした監理団体の役員又は職員

十二　第百条第一項の規定による報告をせず、若しくは虚偽の報告をし、又は同項の規定による検査を拒み、妨げ、若しくは忌避した場合におけるその違反行為をした機構の役員又は職員

第一一三条　法人の代表者又は法人若しくは人の代理人、使用人その他の従業者が、その法人又は人の業務に関して、第百八条、第百九条、第百十条（第四十四条に係る部分に限る。）、第百十一条及び前条（第十二号を除く。）の違反行為をしたときは、行為者を罰するほか、その法人又は人に対しても、各本条の罰金刑を科する。

第一一四条　次の各号のいずれかに該当する場合には、その違反行為をした機構の役員は、二十万円以下の過料に処する。

一　第三章の規定により主務大臣の認可又は承認を受けなければならない場合において、その認可又は承認を受けなかったとき。

二　第六十二条第一項の規定による政令に違反して登記することを怠ったとき。

三　第八十七条に規定する業務以外の業務を行ったとき。

四　第九十三条第三項の規定に違反して、書類を備え置かず、又は縦覧に供しなかったとき。

五　第九十七条の規定に違反して業務上の余裕金を運用したとき。

六　第九十九条第二項の規定による主務大臣の命令に違反したとき。

第一一五条　第六十一条第二項の規定に違反した者は、二十万円以下の過料に処する。

附則（抄）

（施行期日）

第一条　この法律は、公布の日から起算して一年を超えない範囲内において政令で定める日から施行する。ただし、第一章、第三章、第百三条、第百六条、第百七条、第百十条（第八十条（第八十六条及び第八十八条第二項において準用する場合を含む。）に係る部分に限る。）、第百十二条（第十二号に係る部分に限る。）、第百十四条及び第百十五条の規定並びに附則第五条から第九条まで、第十一条、第十四条から第十七条まで、第十八条（登録免許税法（昭和四十二年法律第三十五号）別表第三の改正規定に限る。）、第二十条から第二十三条まで及び第二十六条の規定は、公布の日から施行する。

（検討）

第二条　政府は、この法律の施行後五年を目途として、この法律の施行の状況を勘案し、必要があると認めるときは、この法律の規定について検討を加え、その結果に基づいて所要の措置を講ずるものとする。

【令和四年六月一七日法律第六八号未施行内容】

　刑法等の一部を改正する法律の施行に伴う関係法律の整理等に関する法律

第六十七条　外国人の技能実習の適正な実施及び技能実習生の保護に関する法律（平成二十八年法律第八十九号）の一部を次のように改正する。

　第十条第一号及び第七十四条第二項第二号中「禁錮」を「拘禁刑」に改める。

　第百八条から第百十一条までの規定中「懲役」を「拘禁刑」に改める。

附則

（施行期日）

1　この法律は、刑法等一部改正法施行日（令和七年六月一日――編注）から施行する。《略》

【令和六年六月二一日法律第六〇号未施行内容】

　出入国管理及び難民認定法及び外国人の技能実習の適正な実施及び技能実習生の保護に関する法律の一部を改正する法律（抄）

第一条　《略》

第二条　外国人の技能実習の適正な実施及び技能実習生の保護に関する法律（平成二十八年法律第八十九号）の一部を次のように改正する。

　題名を次のように改める。

　　外国人の育成就労の適正な実施及び育成就労外国人の保護に関する法律

　目次中「第七条」を「第七条の二」に、「第二章　技能実習」を「第二章　育成就労」に、「技能実習計画」を「育成就労計画」に、「監理団体」を「監理支援機関」に、「技能実習生」を「育成就労外国人」に、「外国人技能実習機構」を「外国人育成就労機構」に改める。

　第一条中「技能実習に」を「育成就労に」に、「技能実習計画」を「育成就労計画」に、「監理団体」を「監理支援機関」に、「次条及び第四十八条第一項において」を「以下」に、「技能実習の」を「育成就労の」に、「技能実習生」を「育成就労外国人」に、「人材育成を通じた開発途上地域等への技能、技術又は知識（以下「技能等」という。）の移転による国際協力を推進する」を「育成就労産業分野に属する相当程度の知識又は経験を必要とする技能を有する人材を育成するとともに、育成就労産業分野における人材を確保する」に改める。

　第二条を次のように改める。

　（定義）

第二条　この法律において、次の各号に掲げる用語の意義は、当該各号に定めるところによる。

一　育成就労　単独型育成就労及び監理型育成就労をいう。

二　単独型育成就労　本邦の公私の機関の外国にある事業所の職員である外国人（入管法第二条第一号に規定する外国人をいう。以下同じ。）が、特定産業分野（入管法別表第一の二の表の特定技能の項の下欄第一号に規定する特定産業分野をいう。）のうち、外国人にその分野に属する技能を本邦において就労を通じて修得させることが相当であるものとして主務省令で定める分野（以下「育成就労産業分野」という。）に属する相当程度の知識又は経験を必要とする技能を修得するため、同表の育成就労の在留資格をもって、当該機関により受け入れられて必要な講習を受けること及び当該機関との雇用契約に基づいて当該機関の本邦にある事業所において当該育成就労産業分野に属する技能を要する業務に従事することをいう。

三　監理型育成就労　次に掲げるものをいう。

イ　外国人が、育成就労産業分野に属する相当程度の知識又は経験を必要とする技能を修得するため、入管法別表第一の二の表の育成就労の在留資格をもって、本邦の営利を目的としない法人により受け入れられて必要な講習を受けること（本邦の公私の機関が当該機関と主務省令で定める取引上密接な関係を有する外国の公私の機関の外国にある事業所の職員である外国人を雇用する場合にあっては、当該本邦の公私の機関により受け入れられて必要な講習を受けること）及び当該法人による監理支援を受ける本邦の公私の機関との雇用契約に基づいて当該機関の本邦にある事業所において当該育成就労産業分野に属する技能を要する業務に従事すること。

ロ　外国人が、労働者派遣等育成就労産業分野（育成就労産業分野のうち、外国人にその分野に属する技能を本邦において就労を通じて修得させるに当たり季節的業務に従事させることを要する分野であって、当該技能を労働者派遣等（労働者派遣事業の適正な運営の確保及び派遣労働者の保護等に関する法律（昭和六十年法律第八十八号。以下このロにおいて「労働者派遣法」という。）第二条第一号に規定する労働者派遣又は船員職業安定法（昭和二十三年法律第百三十号）第六条第十一項に規定する船員派遣をいう。(1)及び(2)並びに第二十条第二項において同じ。）による就労を通じて修得させることができると認められるものとして主務省令で定める分野をいう。以下同じ。）に属する相当程度の知識又は経験を必要とする技能を修得するため、入管法別表第一の二の表の育成就労の在留資格をもって、本邦の営利を目的としない法人により受け入れられて必要な講習を受けること及び当該法人による監理支援を受ける本邦の派遣元事業主等（労働者派遣法第二条第四号に規定する派遣元事業主又は船員職業安定法第六条第十四項に規定する船員派遣元事業主をいう。以下同じ。）との雇用契約に基づいて次の(1)又は(2)に掲げる業務のいずれかに従事すること。

(1)　当該派遣元事業主等の本邦にある事業所において行う当該労働者派遣等育成就労産業分野に属する技能を要する業務及び労働者派遣等により当該法人による監理支援を受ける一又は複数の本邦の派遣先（労働者派遣法第二条第四号に規定する派遣先又は船員職業安定法第六条第十五項に規定する派遣先をいう。以下同じ。）の本邦にある事業所において行う当該労働者派遣等育成就労産業分野に属する技能を要する業務

(2)　労働者派遣等により当該法人による監理支援を受ける複数の本邦の派遣先の本邦にある事業所において行う当該労働者派遣等育成就労産業分野に属する技能を要する業務（(1)に掲げる業務を除く。）

四　育成就労外国人　単独型育成就労外国人及び監理型育成就労外国人をいう。

五　単独型育成就労外国人　単独型育成就労の対象となっている外国人をいう。

六　監理型育成就労外国人　監理型育成就労の対象となっている外国人をいう。

七　育成就労実施者　単独型育成就労実施者及び監理型育成就労実施者をいう。

八　単独型育成就労実施者　第十一条第一項に規定する認定育成就労計画に基づき、単独型育成就労を行わせる者をいう。

九　監理型育成就労実施者　第十一条第一項に規定する認定育成就労計画に基づき、監理型育成就労を行わせる者をいう。

十　監理支援　次のイ及びロに掲げる行為（本邦の公私の機関が当該機関と第三号イの主務省令で定める取引上密接な関係を有する外国の公私の機関の外国にある事業所の職員である外国人を雇用する場合にあっては、ロに掲げる行為）を行うことをいう。

イ　監理型育成就労実施者等（監理型育成就労実施者又は監理型育成就労を行わせようとする者をいう。以下同じ。）（本邦の派遣先として第三号ロの監理型育成就労を行わせ、又は行わせようとする者を除く。）と監理型育成就労外国人等（監理型育成就労外国人又は監理型育成就労の対象となろうとする外国人をいう。以下同じ。）との間における雇用関係の成立のあっせん

ロ　監理型育成就労実施者に対する監理型育成就労の実施に関する監理

十一　監理支援機関　第二十三条第一項の許可を受けて監理支援を行う本邦の営利を目的としない法人をいう。

第三条第一項中「技能実習は、技能等の適正な修得、習熟又は熟達（以下「修得等」という。）のために整備され、かつ、技能実習生が技能実習」を「育成就労は、育成就労産業分野に属する相当程度の知識又は経験を必要とする技能の適正な修得を図り、かつ、育成就労外国人が育成就労」に改め、同条第二項を削る。

第四条中「技能実習の」を「育成就労の」に、「技能実習生」を「育成就労外国人」に改める。

第五条の見出しを「（育成就労実施者、監理支援機関等の責務）」に改め、同条第一項中「実習実施

者は、技能実習」を「育成就労実施者は、育成就労」に、「技能実習生」を「育成就労外国人」に、「技能実習を」を「育成就労を」に改め、同条第二項中「監理団体は、技能実習」を「監理支援機関は、育成就労」に、「技能実習生」を「育成就労外国人」に、「実習監理」を「監理支援」に改め、同条第三項中「実習実施者又は監理団体は」を「育成就労実施者又は監理支援機関を」に、「実習実施者又は監理団体に」を「その構成員である育成就労実施者又は監理支援機関に」に、「技能実習の」を「育成就労の」に、「技能実習生」を「育成就労外国人」に改める。

第六条の見出しを「（育成就労外国人の責務）」に改め、同条中「技能実習生は、技能実習」を「育成就労外国人は、育成就労」に、「技能等の修得等をし、本国への技能等の移転」を「育成就労産業分野に属する相当程度の知識又は経験を必要とする技能の修得」に改める。

第七条を次のように改める。

（基本方針）

第七条　政府は、育成就労の適正な実施及び育成就労外国人の保護に関する基本方針（以下この条及び次条において「基本方針」という。）を定めなければならない。

2　基本方針は、次に掲げる事項について定めるものとする。

一　育成就労に係る制度の意義に関する事項

二　育成就労産業分野及び労働者派遣等育成就労産業分野の選定に関する基本的な事項

三　育成就労産業分野において求められる人材に関する基本的な事項

四　育成就労外国人の保護を図るための施策に関する基本的な事項

五　育成就労に係る制度の運用に関する関係行政機関の事務の調整に関する基本的な事項

六　前各号に掲げるもののほか、育成就労に係る制度の運用に関する重要事項

3　主務大臣は、基本方針の案を作成し、閣議の決定を求めなければならない。

4　主務大臣は、基本方針の案を作成するときは、あらかじめ、育成就労に関し知見を有する者の意見を聴かなければならない。

5　主務大臣は、第三項の規定による閣議の決定があったときは、遅滞なく、基本方針を公表しなければならない。

6　前三項の規定は、基本方針の変更について準用する。

第一章中第七条の次に次の一条を加える。

（分野別運用方針）

第七条の二　主務大臣は、基本方針にのっとり、育成就労産業分野のうち特定の分野（以下「個別育成就労産業分野」という。）を所管する関係行政機関の長並びに国家公安委員会及び外務大臣（以下この条において「分野所管行政機関の長等」という。）と共同して、当該個別育成就労産業分野における育成就労の適正な実施及び育成就労外国人の保護を図るため、当該個別育成就労産業分野における育成就労に係る制度の運用に関する方針（以下「分野別運用方針」という。）を定めなければならない。

2　分野別運用方針は、次に掲げる事項について定めるものとする。

一　当該分野別運用方針において定める個別育成就労産業分野及び当該個別育成就労産業分野が労働者派遣等育成就労産業分野である場合にはその旨

二　前号の個別育成就労産業分野において求められる人材の基準に関する事項

三　第一号の個別育成就労産業分野における育成就労外国人の育成に関する事項

四　第一号の個別育成就労産業分野における人材の受入れ見込数その他の人材の確保に関する事項（当該個別育成就労産業分野において人材が不足している地域の状況を含む。）

五　第一号の個別育成就労産業分野における第十二条の二の規定による育成就労認定の停止の措置及びその再開の措置に関する事項

六　第一号の個別育成就労産業分野における育成就労実施者の変更に関する事項

七　前各号に掲げるもののほか、第一号の個別育成就労産業分野における育成就労に係る制度の運用に関する重要事項

3　主務大臣及び分野所管行政機関の長等は、分野別運用方針を定めるときは、あらかじめ、育成就労に関し知見を有する者の意見を聴かなければならない。

4　主務大臣及び分野所管行政機関の長等は、分野別運用方針を定めるときは、あらかじめ、分野所管行政機関の長等以外の関係行政機関の長に協議しなければならない。

5　主務大臣及び分野所管行政機関の長等は、分野別運用方針を定めたときは、遅滞なく、これを公表しなければならない。

6　前三項の規定は、分野別運用方針の変更について準用する。

第二章の章名、同章第一節の節名及び第八条を次のように改める。

第二章　育成就労

第一節　育成就労計画

（育成就労計画の認定）

第八条　育成就労を行わせようとする本邦の個人又は法人（親会社（会社法（平成十七年法律第八十六号）第二条第四号に規定する親会社をいう。次条第四項において同じ。）とその子会社（同法第二条第三号に規定する子会社をいう。同項において同じ。）の関係その他主務省令で定める密接な関係を有する本邦の複数の法人が育成就労を共同して行わせようとする場合は、これら複数の法人。第八条の五第一項及び第八条の六第一項において同じ。）は、主務省令で定めるところにより、育成就労の対象となろうとする外国人（育成就労外国人及び同項に規定する育成就労の対象でなくなった外国人を除く。次項において同じ。）ごとに、育成就労の実施に関する計画（以下「育成就労計画」という。）を作成し、これを出入国在留管理庁長官及び厚生労働大臣に提出して、その育成就労計画が適当である旨の認定を受けることができる。

2　前項の場合において、同項の認定を受けようとする育成就労計画が第二条第三号ロの監理型育成就労（以下「労働者派遣等監理型育成就労」という。）を行わせるものであるときは、本邦の派遣元事業主等及び本邦の一又は複数の派遣先は、共同して、育成就労の対象となろうとする外国人ごとに、育成就労計画を作成し、これを出入国在留管理庁長官及び厚生労働大臣に提出して、同項の認定を受けなければならない。

3　育成就労計画には、次に掲げる事項を記載しなければならない。

一　第一項の認定の申請をする者（以下この条及び第九条において「申請者」という。）の氏名又は名称及び住所並びに法人にあっては、その代表者の氏名

二　法人にあっては、その役員の氏名及び住所

三　育成就労を行わせる事業所の名称及び所在地

四　育成就労の対象となろうとする外国人の氏名及び国籍

五　育成就労の区分（単独型育成就労又は監理型育成就労の区分をいう。第九条第一項第二号において同じ。）

六　従事させる業務、当該業務において要する技能、日本語の能力その他の育成就労の目標（育成就労を終了するまでに職業能力開発促進法（昭和四十四年法律第六十四号）第四十四条第一項の技能検定又は主務省令で指定する試験（第五十二条において「育成就労評価試験」という。）に合格することその他の目標をいう。第九条第一項第二号において同じ。）及び内容並びに育成就労の開始日及び終了日

七　育成就労を行わせる事業所（前項の場合にあっては、本邦の派遣元事業主等が育成就労に関する業務を行う事業所を含む。）ごとの育成就労の実施に関する責任者の氏名

八　単独型育成就労に係るものである場合は、単独型育成就労実施者に対する単独型育成就労の実施に関する監査を行う者の氏名

九　監理型育成就労に係るものである場合は、監理支援を受ける監理支援機関の名称及び住所並びに代表者の氏名

十　報酬、労働時間、休日、休暇、宿泊施設、育成就労外国人が負担する食費及び居住費その他の育成就労外国人の待遇

十一　その他主務省令で定める事項

4　育成就労計画には、第九条第一項各号（この条第二項の場合にあっては、第九条第二項各号）に掲げる事項を証する書面その他主務省令で定める書類を添付しなければならない。

5　次の各号に掲げる者は、育成就労計画の内容の適正化を図るために、当該各号に定める措置をとらなければならない。

一　監理型育成就労を行わせようとする申請者　監理支援を受ける監理支援機関の指導に基づき、育成就労計画を作成すること。

二　監理支援機関　育成就労計画の作成に関する情報の提供、助言、指示その他の必要な指導を行うこと。

6　申請者は、主務省令で定めるところにより、実費を勘案して主務省令で定める額の手数料を納付しなければならない。

第八条の次に次の五条を加える。

（育成就労外国人による育成就労実施者の変更の希望の申出等）

第八条の二　育成就労外国人は、育成就労実施者の変更を希望するときは、主務省令で定めるところにより、書面をもって、育成就労実施者の変更を希望する旨を、次の各号に掲げる育成就労外国人の区分に応じて当該各号に定める者のいずれかに申し出ることができる。

一　単独型育成就労外国人　当該単独型育成就労を行

わせている単独型育成就労実施者又は出入国在留管理庁長官及び厚生労働大臣

二　監理型育成就労外国人　当該監理型育成就労外国人を対象として監理型育成就労を行わせている監理型育成就労実施者若しくは当該監理型育成就労実施者が監理支援を受けている監理支援機関又は出入国在留管理庁長官及び厚生労働大臣

2　単独型育成就労実施者は、前項の規定による申出を受けたときは、遅滞なく、主務省令で定めるところにより、当該申出をした単独型育成就労外国人の氏名その他の主務省令で定める事項を出入国在留管理庁長官及び厚生労働大臣に届け出なければならない。

3　監理型育成就労実施者は、第一項の規定による申出を受けたときは、遅滞なく、主務省令で定めるところにより、当該申出をした監理型育成就労外国人の氏名その他の主務省令で定める事項を監理支援を受けている監理支援機関に通知しなければならない。

4　第一項の規定による申出を受けた育成就労実施者の行わせている育成就労が親会社とその子会社の関係その他前条第一項の主務省令で定める密接な関係を有する本邦の複数の法人が共同して行わせる育成就労（以下「密接関係法人育成就労」という。）である場合においては、当該育成就労実施者は、主務省令で定めるところにより、当該申出をした育成就労外国人の氏名その他の主務省令で定める事項を当該育成就労を共同して行わせている他の育成就労実施者に通知しなければならない。

5　第一項の規定による申出を受けた監理型育成就労実施者の行わせている監理型育成就労が労働者派遣等監理型育成就労である場合においては、当該監理型育成就労実施者は、主務省令で定めるところにより、当該申出をした監理型育成就労外国人の氏名その他の主務省令で定める事項を当該監理型育成就労を共同して行わせている他の監理型育成就労実施者に通知しなければならない。この場合において、当該申出を受けた監理型育成就労実施者が本邦の派遣先であるときは、第三項の規定による通知は、この項前段の規定による通知を受けた本邦の派遣元事業主等がしなければならない。

6　監理支援機関は、第一項の規定による申出を受けたときは、主務省令で定めるところにより、当該申出をした監理型育成就労外国人の氏名その他の主務省令で定める事項を、遅滞なく出入国在留管理庁長官及び厚生労働大臣に届け出るとともに、当該監理型育成就労外国人を対象として育成就労を行わせている監理型育成就労実施者に通知しなければならない。

7　監理支援機関は、第三項の規定による通知を受けたときは、遅滞なく、主務省令で定めるところにより、第一項の規定による申出をした監理型育成就労外国人の氏名その他の主務省令で定める事項を出入国在留管理庁長官及び厚生労働大臣に届け出なければならない。

（外国人育成就労機構による申出等の受理）

第八条の三　出入国在留管理庁長官及び厚生労働大臣は、外国人育成就労機構（以下この章において「機構」という。）に、前条第一項の規定による申出並びに同条第二項、第六項及び第七項の規定による届出の受理に係る事務を行わせることができる。

2　出入国在留管理庁長官及び厚生労働大臣が前項の規定により機構に申出又は届出の受理に係る事務を行わせるときは、前条第一項の規定による申出又は同条第二項、第六項若しくは第七項の規定による届出をしようとする者は、これらの規定にかかわらず、機構に対し、これらの規定による申出又は届出をしなければならない。

3　機構は、前項の規定による申出又は届出を受理したときは、出入国在留管理庁長官及び厚生労働大臣にその旨を報告しなければならない。

4　出入国在留管理庁長官及び厚生労働大臣は、第一項の規定により機構に申出若しくは届出の受理に係る事務を行わせようとするとき、又は機構に行わせていた申出若しくは届出の受理に係る事務を行わせないこととするときは、その旨を公示しなければならない。

（育成就労外国人による育成就労実施者の変更の希望の申出があった場合の連絡調整等）

第八条の四　出入国在留管理庁長官及び厚生労働大臣は、第八条の二第一項の規定による申出を受理したときは、主務省令で定めるところにより、その旨を次の各号に掲げる場合の区分に応じ、当該各号に定める者に通知するものとする。

一　単独型育成就労外国人からの申出を受理したとき　当該単独型育成就労外国人を対象として単独型育成就労を行わせている単独型育成就労実施者

二　監理型育成就労外国人からの申出を受理したとき　当該監理型育成就労外国人を対象として監理型育成就労を行わせている監理型育成就労

実施者が監理支援を受けている監理支援機関

2　出入国在留管理庁長官及び厚生労働大臣は、第八条の二第一項の規定による申出又は同条第二項、第六項若しくは第七項の規定による届出を受理したときは、主務省令で定めるところにより、その旨を機構に通知するものとする。ただし、前条第一項の規定により機構に当該申出及び当該届出の受理に係る事務を行わせているときは、この限りでない。

3　機構は、前項の規定による通知を受けたときは、当該申出又は当該届出に係る育成就労外国人が他の育成就労実施者の育成就労の対象となること等により当該育成就労外国人の育成就労の継続が可能となるよう、当該育成就労外国人からの相談に応じ、必要な情報の提供、助言、職業紹介その他の援助を行わなければならない。

4　機構が第八条の二第一項の規定による申出並びに同条第二項、第六項及び第七項の規定による届出の受理に係る事務を行う場合における第一項及び前項の規定の適用については、第一項中「出入国在留管理庁長官及び厚生労働大臣」とあるのは「機構」と、前項中「前項の規定による通知を受けたとき」とあるのは「第八条の二第一項の規定による申出又は同条第二項、第六項若しくは第七項の規定による届出を受理したとき」とする。

5　監理支援機関は、第八条の二第一項の規定による申出又は同条第三項若しくはこの条第一項（前項の規定により読み替えて適用する場合を含む。）の規定による通知を受けたときは、当該申出又は当該通知に係る監理型育成就労外国人が他の育成就労実施者の育成就労の対象となること等により当該監理型育成就労外国人の育成就労の継続が可能となるよう、他の育成就労実施者又は監理支援機関その他関係者との連絡調整、職業紹介その他の必要な措置を講じなければならない。

（新たな育成就労計画の認定）

第八条の五　第八条の二第一項の規定による申出をした育成就労外国人を対象として新たに育成就労を行わせようとする本邦の個人又は法人は、主務省令で定めるところにより、新たに当該育成就労外国人を育成就労の対象とする育成就労計画を作成し、これを出入国在留管理庁長官及び厚生労働大臣に提出して、その育成就労計画が適当である旨の認定を受けることができる。この場合においては、第八条第二項の規定を準用する。

2　前項の場合において、育成就労計画には、次に掲げる事項を記載しなければならない。

一　前項の認定の申請をする者の氏名又は名称及び住所並びに法人にあっては、その代表者の氏名

二　第八条第三項各号（第一号を除く。）に掲げる事項

三　当該育成就労外国人を対象として育成就労を行わせていた育成就労実施者（当該育成就労外国人が過去に前項又は次条第一項の認定を受けた育成就労計画に基づく育成就労の対象となっていたことにより育成就労実施者が複数あるときは、その直近の育成就労実施者）の氏名又は名称

四　前号の育成就労実施者が当該育成就労外国人を対象として育成就労を行わせた期間

五　当該育成就労外国人が育成就労（従事させる業務において要する技能及び当該技能の属する育成就労産業分野が従前の認定育成就労計画（第十一条第一項に規定する認定育成就労計画をいう。次条第二項第四号、第九条の二第三号及び第九条の三において同じ。）に定められていたものとそれぞれ同一であるものに限る。）の対象となっていた期間の合計

3　第八条第四項から第六項までの規定は、第一項の認定の申請について準用する。この場合において、同条第四項中「第九条第一項各号（この条第二項の場合にあっては、第九条第二項各号）」とあるのは、「第九条の二各号」と読み替えるものとする。

（育成就労認定を取り消された外国人等の新たな育成就労計画の認定）

第八条の六　第十一条第一項に規定する育成就労認定が第十六条第一項の規定により取り消されたこと又は入管法別表第一の二の表の育成就労の在留資格を有する者でなくなったことにより育成就労の対象でなくなった外国人を対象として新たに育成就労を行わせようとする本邦の個人又は法人は、主務省令で定めるところにより、新たに当該外国人を育成就労の対象とする育成就労計画を作成し、これを出入国在留管理庁長官及び厚生労働大臣に提出して、その育成就労計画が適当である旨の認定を受けることができる。この場合においては、第八条第二項の規定を準用する。

2　前項の場合において、育成就労計画には、次

に掲げる事項を記載しなければならない。

一　前項の認定の申請をする者の氏名又は名称及び住所並びに法人にあっては、その代表者の氏名

二　第八条第三項各号（第一号を除く。）に掲げる事項

三　当該外国人を対象として育成就労を行わせていた育成就労実施者（当該外国人が過去に前条第一項又は前項の認定を受けた育成就労計画に基づく育成就労の対象となっていたことにより育成就労実施者が複数あるときは、その直近の育成就労実施者）の氏名又は名称

四　当該外国人が育成就労（従事させる業務において要する技能及び当該技能の属する育成就労産業分野が従前の認定育成就労計画に定められていたものとそれぞれ同一であるものに限る。）の対象となっていた期間の合計

五　次に掲げる事項

イ　当該外国人が本邦から出国した事実（当該外国人が入管法第二十六条第一項の規定による再入国の許可を受けていた場合（入管法第二十六条の二第一項又は第二十六条の三第一項の規定により当該許可を受けたものとみなされる場合を含む。）にあっては、当該出国により本邦外にある間に当該許可の効力が失われた場合における出国の事実に限る。）の有無

ロ　当該外国人が当該出国の前に育成就労の対象となっていた期間の合計

ハ　当該外国人が当該出国の後に育成就労の対象となった事実の有無

3　第八条第四項から第六項までの規定は、第一項の認定の申請について準用する。この場合において、同条第四項中「第九条第一項各号（この条第二項の場合にあっては、第九条第二項各号）に掲げる事項」とあるのは、「第九条の三各号に掲げる事項（同条ただし書に該当する場合にあっては、同条第一号及び第二号に掲げる事項並びに同条ただし書に規定する事情）」と読み替えるものとする。

第九条中「前条第一項」を「第八条第一項」に改め、「あった場合」の下に「（同項の認定を受けようとする育成就労計画が労働者派遣等監理型育成就労を行わせるものである場合を除く。）」を加え、「、その技能実習計画」を「、その育成就労計画」に改め、同条第一号を次のように改める。

一　従事させる業務において要する技能の属する分野が育成就労産業分野であること。

第九条第二号中「技能実習の目標及び内容が、技能実習」を「従事させる業務、当該業務において要する技能、日本語の能力その他の育成就労の目標及び内容として定める事項が、育成就労」に改め、同条第三号及び第四号を次のように改める。

三　育成就労の期間が三年以内であること。

四　育成就労を終了するまでに、育成就労外国人が修得した技能及び育成就労外国人の日本語の能力の評価を主務省令で定める時期に主務省令で定める方法により行うこと。

第九条第五号を削り、同条第六号中「技能実習」を「育成就労」に改め、同号を同条第五号とし、同条第七号中「技能実習」を「育成就労」に改め、同号を同条第六号とし、同号の次に次の一号を加える。

七　単独型育成就労に係るものである場合は、単独型育成就労実施者に対する単独型育成就労の実施に関する監査の体制が主務省令で定める基準に適合していること。

第九条第八号を次のように改める。

八　監理型育成就労に係るものである場合は、申請者が、育成就労計画の作成について指導を受けた監理支援機関による監理支援を受けること。

第九条第九号中「技能実習生」を「育成就労外国人」に改め、「日本人が」の下に「当該業務に」を加え、同条第十号を削り、同条第十一号中「技能実習の」を「育成就労の」に、「技能実習生に技能実習」を「育成就労外国人に育成就労」に改め、同号を同条第十号とし、同条に次の一号を加える。

十一　外国の送出機関（監理型育成就労の対象となろうとする外国人からの監理型育成就労に係る求職の申込みを適切に本邦の監理支援機関に取り次ぐことができる者として主務省令で定める要件に適合するものをいう。以下この号、第二十三条第二項第五号及び第二十五条第一項第六号において同じ。）からの取次ぎを受けた外国人に係るものである場合は、当該外国人が送出機関に支払った費用の額が、育成就労外国人の保護の観点から適正なものとして主務省令で定める基準に適合していること。

第九条に次の一項を加える。

2　出入国在留管理庁長官及び厚生労働大臣は、

第八条第一項の認定の申請があった場合（同項の認定を受けようとする育成就労計画が労働者派遣等監理型育成就労を行わせるものである場合に限る。）において、その育成就労計画が次の各号のいずれにも適合するものであると認めるときは、その認定をするものとする。

一　前項第二号から第四号まで、第六号、第八号、第九号及び第十一号のいずれにも該当すること。

二　従事させる業務において要する技能の属する分野が労働者派遣等育成就労産業分野であること。

三　業務に従事させるいずれの事業所においても同一の労働者派遣等育成就労産業分野に属する技能を要する業務に従事させることとしていることその他育成就労の内容が本邦の派遣元事業主等及び本邦の派遣先が共同して育成就労を行わせることについて育成就労の適正な実施及び育成就労外国人の保護の観点から支障がないものとして主務省令で定める基準に適合していること。

四　育成就労を行わせる体制及び事業所の設備が本邦の派遣元事業主等及び本邦の派遣先ごとにそれぞれ主務省令で定める基準に適合していること。

五　本邦の派遣元事業主等の育成就労に関する業務を行う事業所（育成就労を行わせる事業所を除く。）ごとに、主務省令で定めるところにより育成就労の実施に関する責任者が選任されていること。

六　申請者が育成就労の期間において同時に複数の育成就労外国人に育成就労を行わせる場合は、その数が育成就労を行わせる本邦の派遣元事業主等の職員の総数及び本邦の派遣先の職員の総数を勘案して主務省令で定める数を超えないこと。

第九条の次に次の二条を加える。

（第八条の五第一項の認定の基準）

第九条の二　出入国在留管理庁長官及び厚生労働大臣は、第八条の五第一項の認定の申請があった場合において、その育成就労計画が次の各号のいずれにも適合するものであると認めるときは、その認定をするものとする。

一　前条第一項各号（第三号及び第十一号を除く。）（第八条の五第一項において準用する第八条第二項の場合にあっては、前条第二項各号（第一号にあっては、同条第一項第三号及び第十一号に係る部分を除く。））のいずれにも該当すること。

二　育成就労の期間が、第八条の五第二項第五号の期間と通算して三年以内（第十一条第一項の規定により育成就労の期間が延長されている場合にあっては、四年以内）であること。

三　従事させる業務において要する技能及び当該技能の属する育成就労産業分野が従前の認定育成就労計画に定められていたものとそれぞれ同一であること。

四　次のイからハまでのいずれにも適合すること。ただし、当該申請に係る育成就労外国人を対象として新たに育成就労を行わせることについて主務省令で定めるやむを得ない事情があると認められるときは、この限りでない。

イ　第八条の五第二項第四号の期間が、一年以上二年以下の範囲内で育成就労外国人に従事させる業務の内容等を勘案して主務省令で定める期間を超えていること。

ロ　育成就労外国人が修得した技能、育成就労外国人の日本語の能力その他育成就労外国人の育成の程度に関し主務省令で定める基準に適合していること。

ハ　育成就労を行わせようとする者が育成就労の実施に関する実績、育成就労外国人の育成に係る費用の負担能力その他の育成就労を適正に実施するために必要な事項に関して主務省令で定める基準に適合していること。

（第八条の六第一項の認定の基準）

第九条の三　出入国在留管理庁長官及び厚生労働大臣は、第八条の六第一項の認定の申請があった場合において、その育成就労計画が次の各号のいずれにも適合するものであると認めるときは、その認定をするものとする。ただし、同条第二項第五号イの事実があり、同号ロの期間が二年を超えず、同号ハの事実がない場合において、従前の認定育成就労計画に定められていた技能と同一でない技能を要する業務又は従前の認定育成就労計画に定められていた育成就労産業分野と同一でない育成就労産業分野に属する技能を要する業務に従事させることについて主務省令で定めるやむを得ない事情があると認められるときは、第三号に適合することを要しない。

一　第九条第一項各号（第三号を除く。）（第八条の六第一項において準用する第八条第二項の場合にあっては、第九条第二項各号（第一号にあっては、同条第一項第三号に係る部分を除く。））のいずれにも該当すること。

二　育成就労の期間が、第八条の六第二項第四号の期間と通算して三年以内（第十一条第一項の規定により育成就労の期間が延長されている場合にあっては、四年以内）であること。

三　次のイ及びロのいずれにも適合すること。

イ　従事させる業務において要する技能及び当該技能の属する育成就労産業分野が従前の認定育成就労計画に定められていたものとそれぞれ同一であること。

ロ　当該申請に係る育成就労の対象でなくなった外国人を対象として新たに育成就労を行わせることについて主務省令で定めるやむを得ない事情があると認められること。

　第十条中「、第八条第一項」の下に「、第八条の五第一項及び第八条の六第一項」を加え、同条第五号中「技能実習に関する業務を適正に行う」を「育成就労実施者としての責務を果たす」に改め、同条第七号中「実習認定」を「次条第一項に規定する育成就労認定」に改め、「者」の下に「（密接関係法人育成就労又は労働者派遣等監理型育成就労を行わせていた者であって、当該取消しの処分の理由となった事実に関して当該者が有していた責任の有無及び程度を考慮してこの号に該当しないこととすることが相当であると認められるものとして主務省令で定めるものを除く。）」を加え、同条第八号中「実習認定を取り消された者」を「次条第一項に規定する育成就労認定を取り消された者」に、「同項第三号の規定により実習認定」を「第十六条第一項第三号の規定により当該育成就労認定」に、「及び第二十六条第五号」を「、第二十六条第五号及び第三十九条第五項」に改め、「経過しないもの」の下に「（密接関係法人育成就労又は労働者派遣等監理型育成就労を行わせていた者であって、当該取消しの処分の理由となった事実に関して当該者が有していた責任の有無及び程度を考慮してこの号に該当しないこととすることが相当であると認められるものとして主務省令で定めるものを除く。）」を加え、同条第九号中「第八条第一項の認定の申請の日前五年以内に」を削り、「者」を「日から起算して五年を経過しない者」に改める。

　第十一条の見出しを「（育成就労計画の変更）」に改め、同条第一項中「実習実施者は、実習認定を受けた技能実習計画（以下「認定計画」を「育成就労実施者は、第八条第一項、第八条の五第一項又は第八条の六第一項の認定（この項の規定による変更の認定を含む。以下「育成就労認定」という。）を受けた育成就労計画（以下「認定育成就労計画」に、「第八条第二項各号」を「第八条第三項各号」に改め、「第五号を除く。）」の下に「、第八条の五第二項第一号及び第二号（第八条第三項第五号に係る部分を除く。）又は第八条の六第二項第一号及び第二号（第八条第三項第五号に係る部分を除く。）」を加え、同項に後段として次のように加える。

　この場合において、当該育成就労実施者の行わせている育成就労が密接関係法人育成就労又は労働者派遣等監理型育成就労であるときは、当該育成就労実施者の全員が共同して当該認定の申請をしなければならない。

　第十一条第二項を次のように改める。

２　第八条第四項から第六項まで（これらの規定を第八条の五第三項及び第八条の六第三項において準用する場合を含む。）の規定は前項の認定の申請について、第九条から前条までの規定は同項の認定について、それぞれ準用する。この場合において、第九条第一項第三号中「三年以内」とあるのは「三年以内（育成就労の期間を延長することについて相当の理由があるものとして主務省令で定める場合にあっては、四年以内）」と、同項第八号及び第十号並びに同条第二項第六号中「申請者」とあるのは「第十一条第一項の認定の申請をする者」と、第九条の二第二号及び第九条の三第二号中「第十一条第一項の規定により育成就労の期間が延長されている場合」とあるのは「育成就労の期間を延長することについて相当の理由があるものとして主務省令で定める場合」と読み替えるものとする。

　第十二条第一項中「外国人技能実習機構（以下この章において「機構」という。）に、第八条第一項の認定（前条第一項の規定による変更の認定を含む。第四項において同じ。）」を「機構に、育成就労認定」に改め、「事務（以下」の下に「この条、第十四条第一項及び第八十七条第一項第一号ハにおいて」を加え、同条第三項中「第八条から前条まで」を「第八条第一項及び第二項、第八条の五第一項、第八条の六第一項、第九条から第九条の三まで並びに前条第一項」に、「、第九条及び前条第一項」を「中「出入国在留管理庁長官及び厚生労働大臣」とあるのは「機構（第八条の三第一項に規定する機構をいう。次項において同じ。）」と、同条第二項、第八条の五第一項、第八条の六第一項、第九条から第九条の三まで及び前条第一項」に「、「機構」を「「機構」に改め、同条第四項中「第八条第一項の認定」を「育成就労認定」に改め、同条第五項中「申請者は、第八条第五項（」を「育成就労認定の申請をする者は、主務省令で定めるところにより、第八条第六項（第八条の五第三項、第八条の六第三項及び」に改め、同条の次に次の一条を加える。

（認定の停止及び再開）

第十二条の二　個別育成就労産業分野を所管する関係行政機関の長は、分野別運用方針に基づき、当該個別育成就労産業分野において必要とされる人材が確保されたと認めるときは、主務大臣に対し、一時的に育成就労認定（育成就労外国人及び育成就労認定が第十六条第一項の規定により取り消されたことにより育成就労の対象でなくなった外国人に係るものを除く。）の停止の措置をとることを求めるものとする。

2　主務大臣は、前項の規定による求めがあったときは、分野別運用方針に基づき、一時的に同項の停止の措置をとるものとする。

3　前項の規定により停止の措置がとられた場合において、当該個別育成就労産業分野を所管する関係行政機関の長は、分野別運用方針に基づき、当該個別育成就労産業分野において人材が不足すると認めるときは、主務大臣に対し、育成就労認定の再開の措置をとることを求めることができる。

4　主務大臣は、前項の規定による求めがあったときは、分野別運用方針に基づき、同項の再開の措置をとることができる。

第十三条第一項中「実習実施者若しくは実習実施者」を「育成就労実施者若しくは育成就労実施者」に、「実習実施者等」を「育成就労実施者等」に、「監理団体若しくは監理団体」を「監理支援機関若しくは監理支援機関」に、「監理団体等」を「監理支援機関等」に、「関係者」を「、関係者」に、「技能実習」を「育成就労」に改める。

第十四条第一項各号中「実習実施者等」を「育成就労実施者等」に、「監理団体等」を「監理支援機関等」に改める。

第十五条第一項中「実習実施者が認定計画に従って技能実習」を「育成就労実施者が認定育成就労計画に従って育成就労」に、「技能実習の」を「育成就労の」に、「実習実施者に」を「育成就労実施者に」に改める。

第十六条第一項中「実習認定」を「育成就労認定」に改め、同項第一号中「実習実施者が認定計画に従って技能実習」を「育成就労実施者が認定育成就労計画に従って育成就労」に改め、同項第二号中「認定計画が第九条各号」を「認定育成就労計画が第九条第一項各号若しくは第二項各号、第九条の二各号又は第九条の三各号」に改め、同項第三号中「実習実施者」を「育成就労実施者」に改め、同項第七号を削り、同条第二項中「実習認定」を「育成就労認定」に改める。

第十七条中「実習実施者は、技能実習を開始したときは、」を「育成就労実施者は、育成就労実施者となって初めて育成就労を行わせたときは、その開始後」に改め、同条に次の一項を加える。

2　前項の規定による届出の受理に係る事務については、第八条の三の規定を準用する。

第十八条を次のように改める。

（認定の効力）

第十八条　育成就労外国人が新たに第八条の五第一項の認定を受けた育成就労計画（以下この条において「新育成就労計画」という。）に基づく育成就労の対象となった場合における従前の認定育成就労計画に係る育成就労認定は、当該新育成就労計画に定められた育成就労の開始日に、その効力を失う。ただし、当該日までに当該新育成就労計画の認定を受けた育成就労実施者から次条第一項若しくは第二項の規定による届出若しくは通知があった場合又は当該育成就労実施者が監理支援を受ける監理支援機関から第三十三条第一項の規定による届出があった場合は、この限りでない。

第十九条の見出し中「技能実習」を「育成就労」に改め、同条第一項中「企業単独型実習実施者」を「単独型育成就労実施者」に、「企業単独型技能実習を」を「単独型育成就労を」に、「企業単独型技能実習生の氏名、その企業単独型技能実習生の企業単独型技能実習」を「単独型育成就労外国人の氏名、当該単独型育成就労外国人の育成就労」に改め、同条第二項中「団体監理型実習実施者」を「監理型育成就労実施者」に、「団体監理型技能実習を」を「監理型育成就労を」に、「団体監理型技能実習生の氏名、その団体監理型技能実習生の団体監理型技能実習」を「監理型育成就労外国人の氏名、当該監理型育成就労外国人の育成就労」に、「実習監理を受ける監理団体」を「監理支援を受けている監理支援機関」に改め、同条第三項中「前条」を「第八条の三」に改め、同項を同条第五項とし、同条第二項の次に次の二項を加える。

3　育成就労を行わせることが困難となった育成就労実施者の行わせている育成就労が密接関係法人育成就労である場合においては、第一項の規定による届出又は前項の規定による通知は、当該育成就労を共同して行わせている育成就労実施者の全員が共同して行わなければならない。

4　監理型育成就労を行わせることが困難となった監理型育成就労実施者の行わせている監理型育成就労が労働者派遣等監理型育成就労である場合においては、当該監理型育成就労実施者は、直ちにその旨を当該監理型育成就労を共同して行わせている他の監理型育成就労実施者に通知しなければならない。この場合において、監理型育成就労を行わせることが困難となった監理型育成就労実施者が本邦の派遣先であるときは、第二項の規定による通知は、この項前段の規定による通知を受けた本邦の派遣元事業主等がしなければならない。

第二十条中「実習実施者」を「育成就労実施者（その事業所において育成就労を行わせる者に限る。）」に、「技能実習に」を「育成就労に」に、「技能実習を行わせる」を「当該」に改め、同条に次の一項を加える。

2　育成就労実施者の行わせている育成就労が労働者派遣等監理型育成就労である場合においては、当該育成就労実施者のうち本邦の派遣元事業主等は、労働者派遣等の対象となる育成就労外国人の育成就労に関して、主務省令で定める帳簿書類を作成し、育成就労に関する業務を行う事業所（育成就労を行わせる事業所であって、労働者派遣等に関する業務を行っていないものを除く。）に備えて置かなければならない。

第二十一条第一項中「実習実施者」を「育成就労実施者」に、「技能実習」を「育成就労」に改め、同項に後段として次のように加える。

この場合において、当該育成就労実施者の行わせた育成就労が密接関係法人育成就労又は労働者派遣等監理型育成就労であるときは、当該育成就労実施者の全員が共同して当該報告書を作成し、その提出をしなければならない。

第二十一条第二項中「受理」の下に「及び当該報告書の保管」を加え、「第十八条」を「第八条の三」に改め、同項に後段として次のように加える。

この場合において、同条第二項中「前条第一項の規定による申出又は同条第二項、第六項若しくは第七項の規定による届出」とあるのは「第二十一条第一項の規定による報告書の提出」と、「これら」とあるのは「同項」と、「申出又は届出を」とあるのは「報告書の提出を」と、同条第三項中「申出又は届出」とあるのは「報告書」と、「その旨」とあるのは「その旨及び当該報告書の内容」と読み替えるものとする。

第二十二条中「技能実習計画」を「育成就労計画」に改める。

「第二節　監理団体」を「第二節　監理支援機関」に改める。

第二十三条の見出しを「（監理支援機関の許可）」に改め、同条第一項中「監理事業を」を「監理支援を行う事業（以下この節、第百九条第一号及び第百十二条第一項第十一号において「監理支援事業」という。）を」に改め、「、次に掲げる事業の区分に従い」を削り、同項各号を削り、同条第二項中「許可」の下に「（以下この節（第二十七条第二項を除く。）において「許可」という。）」を加え、同項第三号中「監理事業」を「監理支援事業」に改め、同項第四号を削り、同項第五号中「監理責任者」を「監理支援責任者」に改め、同号を同項第四号とし、同号の次に次の一号を加える。

五　外国の送出機関から監理型育成就労の対象となろうとする外国人からの監理型育成就労に係る求職の申込みの取次ぎを受けようとする場合にあっては、当該外国の送出機関の氏名又は名称及び住所並びに法人にあっては、その代表者の氏名

第二十三条第二項中第六号を削り、第七号を第六号とし、同条第三項中「監理事業」を「監理支援事業」に改め、同条第四項中「監理事業」を「監理支援事業」に、「実習監理」を「監理支援」に、「団体監理型実習実施者」を「監理型育成就労実施者」に、「団体監理型技能実習生」を「監理型育成就労外国人」に改め、同条第五項中「第一項の」を削り、同条第六項中「第一項の」及び「しようと」を削る。

第二十四条第二項中「前条第一項の」を削る。

第二十五条第一項中「、第二十三条第一項の許可」を「、許可」に改め、同項第二号を次のように改める。

二　監理支援事業を適正に遂行するに足りる能力を有するものとして主務省令で定める基準に適合しているものであること。

第二十五条第一項第三号中「監理事業」を「監理支援事業」に改め、「もの」の下に「として主務省令で定める基準に適合しているもの」を加

え、同項第四号中「団体監理型実習実施者等及び団体監理型技能実習生等」を「監理型育成就労実施者等及び監理型育成就労外国人等」に改め、同項第五号を次のように改める。

五　監事その他法人の業務を監査する者による監査のほか、監理型育成就労実施者と主務省令で定める密接な関係を有しない者であって、職務の執行の監査を公正かつ適正に遂行することができる知識又は経験等を有することその他主務省令で定める要件に適合するものに、主務省令で定めるところにより、役員の監理支援事業に係る職務の執行の監査を行わせるための措置を講じていること。

第二十五条第一項第六号中「団体監理型技能実習生に」を「監理型育成就労の対象と」に、「者」を「外国人」に、「団体監理型技能実習に」を「監理型育成就労に」に改め、同項第七号を削り、同項第八号中「監理事業」を「監理支援事業」に改め、同号を同項第七号とし、同条第二項中「第二十三条第一項の」を削る。

第二十六条中「第二十三条第一項の許可を」を「許可を」に改め、同条第二号中「監理許可」を「許可」に改め、同条第三号中「監理許可」を「許可」に、「監理事業」を「監理支援事業」に改め、同条第四号中「第二十三条第一項の許可の申請の日前五年以内に」を削り、「者」を「日から起算して五年を経過しない者」に改め、同条第五号ハ中「監理許可」を「許可」に改め、同号ニ中「監理事業」を「監理支援事業」に、「当該事業」を「当該監理支援事業」に改める。

第二十七条第一項中「監理団体」を「監理支援機関」に、「技能実習職業紹介事業」を「育成就労職業紹介事業」に、「実習監理」を「監理支援」に、「団体監理型実習実施者等」を「監理型育成就労実施者等（本邦の派遣先として労働者派遣等監理型育成就労を行わせ、又は行わせようとする者を除く。）」に、「団体監理型技能実習生等」を「監理型育成就労外国人等」に、「技能実習に」を「育成就労に」に改め、同条第二項中「監理団体」を「監理支援機関」に、「技能実習職業紹介事業」を「育成就労職業紹介事業」に、「第五条の六から」を「第五条の五から」に、「）、第三十三条の五から第三十四条まで、第四十八条並びに第四十八条の三第二項及び第三項」を「以下この項において同じ。）、第三十三条の五並びに第三十三条の六、同法第三十四条において準用する同法第二十条、同法第四十八条、第四十八条の三第二項及び第三項並びに第五十一条第二項」に、「第五条の六第一項第三号」を「第五条の五第一項、第五条の六第一項第三号」に、「（同法第三十三条第四項において準用する場合を含む。）並びに第三十三条の六の規定」を「、第三十三条の六並びに第五十一条第二項」に、「及び第三項（これらの規定を同法第三十三条第四項において準用する場合を含む。）」を「中「有料の職業紹介事業」とあるのは「育成就労職業紹介事業（外国人の育成就労の適正な実施及び育成就労外国人の保護に関する法律（平成二十八年法律第八十九号）第二十七条第一項に規定する育成就労職業紹介事業をいう。以下同じ。）」と、同項、同条第三項、同法」に、「第十二条第一項の規定」を「第十二条第一項」に改め、「主務大臣」と」の下に「、職業安定法第三十二条の十二第二項及び第三項中「有料の職業紹介事業」とあるのは「育成就労職業紹介事業」と、同法第四十八条中「第三条、第五条の三から第五条の五まで、第三十三条の五、第四十二条、第四十三条の八及び第四十五条の二」とあるのは「第五条の三から第五条の五まで及び第三十三条の五」と、「、求人者、労働者の募集を行う者、募集受託者、募集情報等提供事業を行う者、労働者供給事業者及び労働者供給を受けようとする者」とあるのは「及び求人者」と、同法第四十八条の三第二項中「求人者又は労働者供給を受けようとする者」とあるのは「求人者」と、同条第三項中「労働者の募集を行う者に対し第一項の規定による命令をした場合又は前項」とあるのは「前項」と、「命令又は勧告」とあるのは「勧告」と」を加え、同条第三項中「第十八条」を「第八条の三」に改め、同条第四項中「技能実習職業紹介事業」を「育成就労職業紹介事業」に改める。

第二十八条の見出しを「（監理支援費）」に改め、同条第一項中「監理団体は、監理事業」を「監理支援機関は、監理支援事業」に、「団体監理型実習実施者等、団体監理型技能実習生等」を「監理型育成就労実施者等、監理型育成就労外国人等」に改め、同条第二項中「監理団体は、」を削り、「監理事業」を「監理支援機関は、監理支援事業」に、「監理費を団体監理型実習実施者等へあらかじめ」を「監理支援費をその」に改め、「上で」の下に「監理型育成就労実施者等から」を加える。

第二十九条第一項中「第二十三条第一項の」を削り、「監理事業」を「監理支援事業」に改め、同条第二項中「監理事業」を「監理支援事業」に改める。

第三十条中「監理許可」を「許可」に改める。

第三十一条第一項中「第二十三条第一項の」を

削り、「更新された有効期間」の下に「。以下この条において同じ。」を、「翌日」の下に「。以下この項において同じ。」を加え、「期間であって監理事業の実施に関する能力及び実績を勘案して」を削り、同項に次のただし書を加える。

ただし、許可の申請（次項の規定による許可の有効期間の更新の申請を含む。）があった場合において、当該申請を行った者が監理型育成就労の実施状況の監査その他の業務の遂行に関して主務省令で定める基準に適合している者であると主務大臣が認めるときは、当該許可の日から起算して五年を下らない政令で定める期間とする。

第三十一条第二項を次のように改める。

2　許可の有効期間の満了後引き続き当該許可に係る監理支援事業を行おうとする者は、許可の有効期間の更新を受けなければならない。

第三十一条第三項中「当該申請」の下に「を行った者」を加える。

第三十二条の見出しを「（変更の届出）」に改め、同条第一項及び第二項を削り、同条第三項中「監理団体」を「監理支援機関」に改め、「（第四号を除く。）」を削り、「監理事業」を「監理支援事業」に改め、同項を同条第一項とし、同条第四項を同条第二項とし、同条第五項中「第三項」を「第一項」に、「監理事業」を「監理支援事業」に改め、同項を同条第三項とし、同条第六項中「監理団体」を「監理支援機関」に、「第三項」を「第一項」に改め、同項を同条第四項とし、同条第七項中「第三項」を「第一項」に、「第十八条」を「第八条の三」に、「、第五項」を「、第三項」に改め、同項を同条第五項とする。

第三十三条の見出し中「技能実習」を「育成就労」に改め、同条第一項中「監理団体」を「監理支援機関」に、「実習監理」を「監理支援」に、「団体監理型実習実施者が団体監理型技能実習」を「監理型育成就労実施者が監理型育成就労」に改め、同条第二項中「第十八条」を「第八条の三」に改める。

第三十四条第一項中「監理団体」を「監理支援機関」に、「監理事業」を「監理支援事業」に、「実習監理を行う団体監理型実習実施者に係る団体監理型技能実習」を「監理支援を行う監理型育成就労実施者に係る監理型育成就労」に改め、同条第二項中「第十八条」を「第八条の三」に改める。

第三十五条第一項中「団体監理型技能実習関係者」を「監理型育成就労関係者」に、「監理団体等」を「監理支援機関等」に、「団体監理型実習実施者」を「監理型育成就労実施者」に、「に関係者」を「に、関係者」に、「団体監理型技能実習に」を「監理型育成就労に」に改める。

第三十六条第一項中「監理団体」を「監理支援機関」に、「監理事業」を「監理支援事業」に改める。

第三十七条第一項中「監理団体」を「監理支援機関」に、「監理許可」を「許可」に改め、同項第五号及び同条第二項を削り、同条第三項中「監理団体が第一項第一号又は第三号から第五号まで」を「監理支援機関が前項第一号、第三号又は第四号」に、「監理事業」を「監理支援事業」に改め、同項を同条第二項とし、同条第四項中「監理許可の取消し、第二項の規定による監理許可の変更」を「許可の取消し」に改め、同項を同条第三項とする。

第三十八条中「監理団体」を「監理支援機関」に、「監理事業」を「監理支援事業」に改める。

第三十九条の見出しを「（認定育成就労計画に従った監理支援等）」に改め、同条第一項を次のように改める。

監理支援機関は、認定育成就労計画に従い、当該監理型育成就労外国人に係る監理型育成就労の監理支援を行わなければならない。

第三十九条第二項中「監理団体は、その実習監理」を「監理支援機関は、その監理支援」に、「団体監理型実習実施者」を「監理型育成就労実施者」に、「団体監理型技能実習生が修得等をした技能等」を「監理型育成就労外国人が修得した技能」に改め、同条第三項中「前二項」を「前三項」に、「監理団体は、団体監理型技能実習」を「監理支援機関は、監理型育成就労」に改め、同項を同条第四項とし、同条第二項の次に次の一項を加える。

3　監理支援機関は、主務省令で定める基準に従い、第八条の四第五項並びに第五十一条第一項及び第二項に規定する措置その他の必要な措置を適切に行わなければならない。

第三十九条に次の一項を加える。

5　監理支援機関は、監理型育成就労実施者と主務省令で定める密接な関係を有する役員又は職員を、前各項に規定する業務のうち主務省令で定めるものの実施に関わらせてはならない。

第四十条の見出しを「（監理支援責任者の設置等）」に改め、同条第一項中「監理団体」を「監理支援機関」に、「監理事業」を「監理支援事業」に、「監理責任者」を「監理支援責任者」に改め、同項第一号中「団体監理型技能実習生」を「監理型育成就労外国人」に改め、同項第二号中「団体監理型技能実習生の技能等の修得等」を「監理型育成就労外国人の技能の修得」に、「団体監理型実習実施者」を「監理型育成就労実施者」に改め、同項第三号中「技能実習生の保護その他団体監理型技能実習生」を「育成就労外国人の保護その他監理型育成就労外国人」に改め、同項第四号中「団体監理型実習実施者等及び団体監理型技能実習生等」を「監理型育成就労実施者等及び監理型育成就労外国人等」に改め、同項第五号中「団体監理型技能実習生」を「監理型育成就労外国人」に、「第九条第七号」を「第九条第一項第六号及び同条第二項第五号」に改め、同項第六号中「技能実習」を「育成就労」に改め、同条第二項中「監理責任者」を「監理支援責任者」に改め、同条第三項及び第四項中「監理団体は、団体監理型実習実施者が、団体監理型技能実習」を「監理支援機関は、監理型育成就労実施者が、監理型育成就労」に、「監理責任者」を「監理支援責任者」に改め、同条第五項中「監理団体」を「監理支援機関」に改める。

第四十一条中「監理団体」を「監理支援機関」に、「監理事業」を「監理支援事業」に改める。

第四十二条第一項中「監理団体は、その実習監理を行う団体監理型実習実施者」を「監理支援機関は、その監理支援を行う監理型育成就労実施者」に、「第三十九条第三項」を「第三十九条第四項」に改め、同条第二項中「監理団体」を「監理支援機関」に、「監理事業」を「監理支援事業」に改め、同条第三項中「及び」の下に「当該監査報告書の保管並びに」を加え、「に係る」を「及び当該事業報告書の保管に係る」に、「第十八条」を「第八条の三」に改め、同項に後段として次のように加える。

この場合において、同条第二項中「前条第一項の規定による申出又は同条第二項、第六項若しくは第七項の規定による届出」とあるのは「第四十二条第一項の規定による監査報告書の提出又は同条第二項の規定による事業報告書の提出」と、「申出又は届出を」とあるのは「監査報告書又は事業報告書の提出を」と、同条第三項中「申出又は届出」とあるのは「監査報告書又は事業報告書」と、「その旨」とあるのは「その旨及び当該監査報告書又は当該事業報告書の内容」と読み替えるものとする。

第四十三条第一項中「監理団体」を「監理支援機関」に、「監理事業」を「監理支援事業」に、「団体監理型実習実施者等」を「監理型育成就労実施者等」に、「団体監理型技能実習生等」を「監理型育成就労外国人等」に改め、同条第二項中「監理団体は、団体監理型実習実施者等及び団体監理型技能実習生等」を「監理支援機関は、監理型育成就労実施者等及び監理型育成就労外国人等」に改める。

第四十四条中「監理団体」を「監理支援機関」に改める。

第四十五条中「監理団体の」を削る。

「第三節　技能実習生の保護」を「第三節　育成就労外国人の保護」に改める。

第四十六条中「実習監理を」を「監理支援機関その他の監理支援を」に、「実習監理者」を「監理支援者」に、「実習監理者等」を「監理支援者等」に、「技能実習生」を「育成就労外国人」に、「技能実習を」を「育成就労を」に改める。

第四十七条第一項中「実習監理者等」を「監理支援者等」に、「技能実習生等」を「育成就労外国人等」に、「技能実習生又は技能実習生になろうとする者」を「育成就労外国人又は育成就労の対象となろうとする外国人」に改め、「この条において」を削り、「技能実習に」を「育成就労に」に改め、同条第二項中「実習監理者等」を「監理支援者等」に、「技能実習生等」を「育成就労外国人等」に、「技能実習に」を「育成就労に」に改める。

第四十八条第一項中「技能実習を行わせようとする」を「育成就労実施者その他育成就労を行わせようとする」に、「実習監理者」を「監理支援者」に、「技能実習関係者」を「育成就労関係者」に、「技能実習生」を「育成就労外国人等」に改め、同条第二項中「技能実習関係者は、技能実習生」を「育成就労関係者は、育成就労外国人等」に改める。

第四十九条第一項中「実習実施者若しくは監理団体」を「育成就労実施者若しくは監理支援機関」に、「実習実施者等」を「育成就労実施者等」に、「技能実習生」を「育成就労外国人」に改め、同条第二項中「実習実施者等」を「育成就労実施者等」に、「技能実習生」を「育成就労外国人」に、「技能実習の」を「育成就労の」に改める。

第五十条第一項中「実習実施者」を「育成就労実施者」に、「監理団体」を「監理支援機関」に、「技能実習の」を「育成就労の」に、「技能実習生」を「育成就労外国人」に改め、同条第二項中「技能実習の」を「育成就労の」に、「技能実習生」を「育成就労外国人」に改める。

第五十一条第一項中「実習実施者及び監理団体」を「育成就労実施者又は監理支援機関」に、「若しくは第三十三条第一項の規定による届出、第十九条第二項」を「から第四項まで」に、「通知又は」

を「届出若しくは通知又は第三十三条第一項若しくは」に改め、「事業の廃止若しくは休止の」を削り、「実習実施者及び当該監理団体に係る技能実習生」を「育成就労実施者又は当該監理支援機関に係る育成就労外国人」に、「技能実習を行う」を「育成就労を継続する」に、「実習実施者又は監理団体」を「育成就労実施者又は監理支援機関」に改め、同条第二項中「前項」を「第八条の四第五項又は前二項」に改め、同項第一号中「実習実施者」を「育成就労実施者」に、「監理団体」を「監理支援機関」に改め、同項第二号中「監理団体」を「監理支援機関」に改め、同項を同条第三項とし、同条第一項の次に次の一項を加える。

2　監理支援機関は、その監理支援を受ける監理型育成就労の対象となっている外国人に係る育成就労認定が第十六条第一項の規定により取り消された場合において、当該外国人が新たに育成就労の対象となることを希望するときは、当該外国人が新たに育成就労の対象となることができるよう、他の育成就労実施者又は監理支援機関その他関係者との連絡調整その他の必要な措置を講じなければならない。

第五十二条の見出しを「（育成就労評価試験）」に改め、同条第一項中「実習実施者」を「育成就労実施者」に、「技能等」を「技能」に、「技能実習評価試験」を「育成就労評価試験」に改め、同条第二項中「技能実習評価試験」を「育成就労評価試験」に改める。

第五十三条の見出しを「（分野所管行政機関の長への要請）」に改め、同条中「技能実習の」を「育成就労の」に、「技能実習生」を「育成就労外国人」に、「特定の業種に属する事業を所管する大臣」を「個別育成就労産業分野を所管する関係行政機関の長」に、「事業所管大臣」を「分野所管行政機関の長」に、「特定の業種に属する事業に係る技能実習」を「個別育成就労産業分野に係る育成就労」に改める。

第五十四条の見出しを「（分野別協議会）」に改め、同条第一項中「事業所管大臣」を「分野所管行政機関の長」に、「特定の業種に属する事業に係る実習実施者又は監理団体」を「個別育成就労産業分野に係る育成就労実施者又は監理支援機関」に、「事業協議会」を「分野別協議会」に改め、同条第二項中「事業協議会」を「分野別協議会」に改め、同条第三項中「事業協議会」を「分野別協議会」に、「技能実習の」を「育成就労の」に、「技能実習生」を「育成就労外国人」に、「その事業」を「個別育成就労産業分野」に改め、同条第四項及び第五項中「事業協議会」を「分野別協議会」に改める。

第五十五条第一項及び第二項中「技能実習の」を「育成就労の」に、「技能実習生」を「育成就労外国人」に改める。

第五十六条第一項中「技能実習」を「育成就労」に改め、同条第三項中「技能実習の」を「育成就労の」に、「技能実習生」を「育成就労外国人」に改める。

《第三章　第五七条～第一〇二条に関する改正の内容省略》

第百四条第一項中「出頭の命令」を「出頭の求め」に改め、「限る。）」の下に「、第九十九条第一項の規定による監督（出頭の求めに限る。）、同条第二項の規定による命令（帳簿書類の提出又は提示の命令に限る。）及び第百条第一項の規定による報告の徴収又は立入検査」を加え、同条第五項及び第六項中「第七条第一項及び第三項から第五項まで」を「第七条第三項から第五項まで（これらの規定を同条第六項において準用する場合を含む。）、第七条の二第一項、同条第三項から第五項まで（これらの規定を同条第六項において準用する場合を含む。）並びに第十二条の二第二項及び第四項」に改める。

第百六条第一項中「技能実習」を「育成就労」に改め、同条に次の二項を加える。

3　機構及び公共職業安定所又は地方運輸局（運輸監理部を含む。次項において同じ。）は、第八条の四第三項（同条第四項の規定により読み替えて適用する場合を含む。）並びに第五十一条第一項及び第二項に規定する措置並びに第八十七条第一項第三号の業務が円滑に行われるよう、相互に連携を図りながら協力しなければならない。

4　機構は、前項の規定による連携を図るため、公共職業安定所又は地方運輸局に対し、主務省令で定めるところにより必要な情報の提供を行わなければならない。

第百八条中「違反した」の下に「ときは、当該違反行為をした」を加える。

第百九条中「該当する」の下に「場合には、当該違反行為をした」を加え、同条第一号中「規定に違反して実習監理を行った者」を「許可を受けないで、監理支援事業を行ったとき。」に改め、同条第二号中「、第三十一条第二項」を「又は第三十一条第二項」に、「又は第三十二条第一項の変更の許可を受けた者」を「を受けたとき。」に改め、同条第三号を次のように改める。

三　第三十七条第二項の規定による命令に違反したとき。

第百九条第四号中「場合におけるその違反行為をした監理団体の役員又は職員」を「とき。」に改める。

第百十条中「第四十四条、」を削り、同条を同条第二項とし、同条に第一項として次の一項を加える。

第四十四条の規定に違反したときは、当該違反行為をした者は、一年以下の拘禁刑又は五十万円以下の罰金に処する。

第百十一条中「該当する」の下に「場合には、当該違反行為をした」を加え、同条第一号中「処分」を「命令」に、「者」を「とき。」に改め、同条第二号中「場合におけるその違反行為をした監理団体の役員又は職員」を「とき。」に改め、同条第三号中「処分に違反した場合におけるその違反行為をした監理団体の役員又は職員」を「命令に違反したとき。」に改め、同条第四号中「者」を「とき。」に改め、同条第五号中「技能実習生」を「育成就労外国人等」に、「者」を「とき。」に改め、同条第六号中「技能実習生」を「育成就労外国人等」に、「技能実習が」を「育成就労が」に、「告知した者」を「告知したとき。」に改め、同条第七号中「者」を「とき。」に改める。

第百十二条中「該当する」の下に「場合には、当該違反行為をした」を加え、同条第十二号を削り、同条第十一号中「場合におけるその違反行為をした監理団体の役員又は職員」を「とき。」に改め、同号を同条第十三号とし、同条第十号中「場合におけるその違反行為をした監理団体の役員又は職員」を「とき。」に改め、同号を同条第十二号とし、同条第九号中「監理事業」を「監理支援事業」に、「場合におけるその違反行為をした監理団体の役員又は職員」を「とき。」に改め、同号を同条第十一号とし、同条第八号中「場合におけるその違反行為をした監理団体の役員又は職員」を「とき。」に改め、同号を同条第十号とし、同条第七号中「第三十二条第三項」を「第三十二条第一項」に、「場合におけるその違反行為をした監理団体の役員又は職員」を「とき。」に改め、同号を同条第九号とし、同条第六号中「及び第三十二条第二項」を削り、「者」を「とき。」に改め、同号を同条第八号とし、同条第五号中「第二十条」を「第二十条第一項又は第二項」に、「者」を「とき。」に改め、同号を同条第七号とし、同条第四号中「第十九条第二項」の下に「から第四項まで」を加え、「者」を「とき。」に改め、同号を同条第六号とし、同条第三号中「第十九条第一項」の下に「又は第三項」を加え、「者」を「とき。」に改め、同号を同条第五号とし、同条第二号中「第十七条」を「第十七条第一項」に、「者」を「とき。」に改め、同号を同条第四号とし、同条第一号中「者」を「とき。」に改め、同号を同条第三号とし、同号の前に次の二号を加える。

一　第八条の二第二項、第六項又は第七項の規定による届出をせず、又は虚偽の届出をしたとき。

二　第八条の二第三項から第五項までの規定による通知をせず、又は虚偽の通知をしたとき。

第百十二条に次の一項を加える。

2　第百条第一項の規定による報告をせず、若しくは虚偽の報告をし、又は同項の規定による検査を拒み、妨げ、若しくは忌避したときは、その違反行為をした機構の役員又は職員は、三十万円以下の罰金に処する。

第百十三条中「第百十条（第四十四条に係る部分に限る。）」を「第百十条第一項」に、「及び前条（第十二号を除く。）」を「又は前条第一項」に改める。

附則（抄）

（施行期日）

第一条　この法律は、公布の日から起算して三年を超えない範囲内において政令で定める日から施行する。ただし、第一条中出入国管理及び難民認定法（以下「入管法」という。）第二条の三の改正規定、入管法第二条の四の改正規定及び入管法第六十九条の二第一項ただし書の改正規定並びに次条から附則第五条まで並びに附則第十五条、第二十三条及び第二十四条第四項の規定は、公布の日から施行する。

（基本方針等に関する経過措置）

第二条　第一条の規定による改正後の入管法（以下「新入管法」という。）第二条の三第四項及び第二条の四第三項の規定は、前条ただし書に規定する規定の施行の日以後に行う基本方針（新入管法第二条の三第一項に規定する基本方針をいう。）の作成及び変更並びに分野別運用方針（新入管法第二条の四第一項に規定する分野別運用方針をいう。）の作成及び変更について適用する。

（在留資格認定証明書に関する準備行為）

第三条　法務大臣は、この法律の施行の日（以下「施行日」という。）以後に本邦に上陸しようとする外国人（入管法第二条第一号に規定する外国人をいう。以下同じ。）であって新入管法別表第一の二の表の企業内転勤の項の下欄第二号に掲げる活動を行おうとするものから、あらかじめ申請があったときは、法務省令で定めるところにより、施行日前に、当該外国人に対し、同表の企業内転勤の在留資格（同表の企業内転勤の項の下欄第二号に係るものに限る。）に係る在留資格認定証明書（入管法第七条の二第一項に規定する在留資格認定証明書をいう。附則第八条第三項において同じ。）を交付することができる。

（基本方針等に関する準備行為）

第四条　政府は、施行日前においても、第二条の規定による改正後の外国人の育成就労の適正な実施及び育成就労外国人の保護に関する法律（平成二十八年法律第八十九号。以下「育成就労法」という。）第七条第一項から第五項までの規定の例により、同条第一項に規定する基本方針（以下この条において「基本方針」という。）を定め、公表することができる。この場合において、その定められ、公表された基本方針は、施行日以後は、同項から同条第四項までの規定により定められ、同条第五項の規定により公表されたものとみなす。

2　主務大臣は、前項前段の規定により基本方針が定められた場合には、施行日前においても、当該基本方針を育成就労法第七条第一項から第四項までの規定により定められた基本方針とみなして、育成就労法第七条の二第一項から第五項までの規定の例により、同条第一項に規定する分野別運用方針（以下この項において「分野別運用方針」という。）を定め、公表することができる。この場合において、その定められ、公表された分野別運用方針は、施行日以後は、同項から同条第四項までの規定により定められ、同条第五項の規定により公表されたものとみなす。

（育成就労法第八条第一項の認定等に関する準備行為）

第五条　育成就労法第八条第一項又は第八条の六第一項の認定を受けようとする者は、施行日前においても、育成就労法第八条又は第八条の六の規定の例により、その申請をすることができる。

2　出入国在留管理庁長官及び厚生労働大臣は、前項の規定による認定の申請があった場合には、施行日前においても、育成就労法第九条又は第九条の三並びに第十条及び第十二条の規定の例により、その認定その他これに必要な手続を行うことができる。この場合において、当該手続は、施行日以後は、育成就労法第八条第一項又は第八条の六第一項の認定その他これに必要な手続とみなす。

3　育成就労法第二十三条第一項の許可を受けようとする者は、施行日前においても、同条第二項から第四項までの規定の例により、その申請をすることができる。

4　主務大臣は、前項の規定による許可の申請があった場合には、施行日前においても、育成就労法第二十三条第五項及び第六項並びに第二十四条から第二十六条までの規定の例により、その許可その他これに必要な手続を行うことができる。この場合において、当該手続は、施行日以後は、育成就労法第二十三条第一項の許可その他これに必要な手続とみなす。

5　第二項及び前項の規定により育成就労法第十二条又は第二十四条の規定の例によることとされる場合におけるこれらの規定の適用については、第二条の規定による改正前の外国人の技能実習の適正な実施及び技能実習生の保護に関する法律（以下「技能実習法」という。）第五十七条に規定する外国人技能実習機構（以下「外国人技能実習機構」という。）を育成就労法第五十七条に規定する外国人育成就労機構（以下「外国人育成就労機構」という。）とみなす。

6　第二項及び前二項の規定により外国人技能実習機構が行う業務は、技能実習法第九十四条第三項及び第百十四条（第三号に係る部分に限る。）の規定の適用については、技能実習法第八十七条に規定する業務とみなす。

7　第二項、第四項及び第五項の規定により外国人技能実習機構が育成就労法第十二条又は第二十四条の規定の例により育成就労法第八十七条第一項第一号ハ、ホ及びへ並びに第六号に掲げる業務（同号に掲げる業務にあっては、同項第一号ハ、ホ及びへに掲げる業務に係る業務に限る。）を行う場合には、これらの業務に関する文書で、外国人技能実習機構が作成したものについては、印紙税を課さない。

8　印紙税法（昭和四十二年法律第二十三号）第四条第六項の規定は、外国人技能実習機構とその他の者（同項に規定する国等を除く。）とが共同して作成した文書で前項に規定するものについて準用する。

9　第三項の規定による申請に係る申請書又は添付すべき書類であって虚偽の記載のあるものを提出したときは、当該違反行為をした者は、三十万円以下の罰金に処する。

10　法人の代表者又は法人若しくは人の代理人、使用人その他の従業者が、その法人又は人の業務に関して、前項の違反行為をしたときは、行為者を罰するほか、その法人又は人に対しても、同項の刑を科する。

（一号特定技能外国人支援に関する経過措置）

第六条　この法律の施行の際現に一号特定技能外国人支援（入管法第二条の五第六項に規定する一号特定技能外国人支援をいう。以下この条において同じ。）の実施の一部を契約により入管法第十九条の二十七第一項に規定する登録支援機関以外の者に委託している入管法第十九条の十八第一項に規定する特定技能所属機関については、当該一号特定技能外国人支援に係る特定技能外国人（入管法別表第一の二の表の特定技能の項の下欄第一号に掲げる活動を行う外国人をいう。）がこの法律の施行後最初に入管法第二十一条第三項の規定により在留期間の更新の許可を受けるまでの間は、新入管法第十九条の二十二第二項の規定は適用しない。

（企業内転勤の在留資格に関する経過措置）

第七条　この法律の施行の際現に第一条の規定による改正前の入管法（以下「旧入管法」という。）別表第一の二の表の企業内転勤の在留資格をもって本邦に在留する者は、新入管法別表第一の二の表の企業内転勤の在留資格（同表の企業内転勤の項の下欄第一号に係るものに限る。）をもって本邦に在留する者とみなす。この場合において、当該在留資格に伴う在留期間は、当該旧入管法別表第一の二の表の企業内転勤の在留資格に伴う在留期間が満了する日に応当する日までの期間とする。

（技能実習の在留資格等に関する経過措置）

第八条　この法律の施行の際現に旧入管法別表第一の二の表の技能実習の在留資格をもって本邦に在留する者並びに次項（第三号に係る部分に限る。）及び第四項の規定によりなお従前の例によることとされる場合における旧入管法第三章第一節又は第二節の規定による上陸許可の証印又は許可（在留資格の決定を伴うものに限る。）を受けて在留する者の在留資格及び在留期間については、なお従前の例による。

2　この法律の施行前にされた次に掲げる申請についての処分については、なお従前の例による。

一　旧入管法別表第一の二の表の技能実習の在留資格をもって本邦に在留する者からされた旧入管法第二十条第二項の規定による在留資格の変更の申請であって、この法律の施行の際、入管法第二十条第三項の規定による許可をするかどうかの処分がされていないもの

二　旧入管法別表第一の二の表の技能実習の在留資格をもって本邦に在留する者からされた旧入管法第二十一条第二項の規定による在留期間の更新の申請であって、この法律の施行の際、入管法第二十一条第三項の規定による許可をするかどうかの処分がされていないもの

三　旧入管法別表第一の二の表の技能実習の項の下欄に掲げる活動を行おうとする外国人からされた旧入管法第六条第二項の規定による上陸の申請であって、この法律の施行の際、入管法第三章第一節又は第二節の規定による上陸許可の証印をするかどうかの処分がされていないもの

四　旧入管法別表第一の二の表の技能実習の項の下欄に掲げる活動を行おうとする外国人からされた旧入管法第七条の二第一項の規定による在留資格認定証明書の交付の申請であって、この法律の施行の際、交付をするかどうかの処分がされていないもの

3　次条の規定によりなお従前の例によることとされる技能実習（技能実習法第二条第一項に規定する技能実習をいう。以下同じ。）に係る技能実習計画（同法第八条第一項の認定を受けた技能実習計画をいう。以下同じ。）に基づき旧入管法別表第一の二の表の技能実習の項の下欄に掲げる活動を行おうとする外国人に係る在留資格認定証明書の交付については、なお従前の例による。

4　施行日前に本邦において旧入管法別表第一の二の表の技能実習の項の下欄に掲げる活動を行おうとして旧入管法第七条の二第一項の規定による在留資格認定証明書の交付を受けた者及び第二項（第四号に係る部分に限る。）又は前項の規定によりなお従前の例によることとされる場合における旧入管法第七条の二第一項の規定による在留資格認定証明書の交付を受けた者から施行日以後にされた入管法第六条第二項の規定による上陸の申請に対する処分については、施行日（第二項（同号に係る部分に限る。）の規定によりなお従前の例によることとされる場合における旧入管法第七条の二第一項の規定による在留資格認定証明書の交付を受けた者にあっては、当該交付の日）から起算して三月を経過する日までの間は、なお従前の例による。

5　第一項の規定によりなお従前の例によることとされた在留資格及び在留期間をもって本邦に在留する者が行う在留資格の変更（旧入管法別表第一の二の表の技能実習の項の下欄第二号イ若しくはロ又は第三号イ若しくはロに係るものに限る。）又は在留期間の更新の申請についての処分については、なお従前の例による。

（技能実習に関する経過措置）

第九条　施行日前に技能実習法第八条第一項の認定を受けた技能実習計画に基づきこの法律の施行の際現に行っている技能実習については、なお従前の例による。

2　施行日前にされた技能実習法第八条第一項の認定の申請（当該申請に係る技能実習計画に基づく技能実習の期間の始期が施行日から起算して三月を経過する日までのものに限る。）に係る認定及び当該認定を受けた技能実習計画に基づき行う技能実習については、なお従前の例による。

3　前二項の規定によりなお従前の例によることとされた技能実習を修了した者（次に掲げる者に限る。）に技能実習を行わせようとする者からされた技能実習法第八条第一項の認定の申請に係る認定及び当該認定を受けた技能実習計画に基づき行う技能実習については、なお従前の例による。

一　技能実習法第二条第二項第一号に規定する第一号企業単独型技能実習又は同条第四項第一号に規定する第一号団体監理型技能実習を修了した者

二　技能実習法第二条第二項第二号に規定する第二号企業単独型技能実習又は同条第四項第二号に規定する第二号団体監理型技能実習を修了した者であって、引き続き技能実習を行わせることが適当である者として主務省令で定めるもの

4　前三項の規定によりなお従前の例によることとされた技能実習に係る技能実習計画の変更及び当該変更された技能実習計画に基づく技能実習については、なお従前の例による。

雇用保険法（抄）

昭和四九年一二月二八日法律第一一六号
施行：附則参照
最終改正：令和六年六月一二日法律第四七号
施行：附則参照

第一章　総則

（目的）

第一条　雇用保険は、労働者が失業した場合及び労働者について雇用の継続が困難となる事由が生じた場合に必要な給付を行うほか、労働者が自ら職業に関する教育訓練を受けた場合及び労働者が子を養育するための休業をした場合に必要な給付を行うことにより、労働者の生活及び雇用の安定を図るとともに、求職活動を容易にする等その就職を促進し、あわせて、労働者の職業の安定に資するため、失業の予防、雇用状態の是正及び雇用機会の増大、労働者の能力の開発及び向上その他労働者の福祉の増進を図ることを目的とする。

（管掌）

第二条　雇用保険は、政府が管掌する。

2　雇用保険の事務の一部は、政令で定めるところにより、都道府県知事が行うこととすることができる。

（雇用保険事業）

第三条　雇用保険は、第一条の目的を達成するため、失業等給付及び育児休業給付を行うほか、雇用安定事業及び能力開発事業を行うことができる。

（定義）

第四条　この法律において「被保険者」とは、適用事業に雇用される労働者であって、第六条各号に掲げる者以外のものをいう。

2　この法律において「離職」とは、被保険者について、事業主との雇用関係が終了することをいう。

3　この法律において「失業」とは、被保険者が離職し、労働の意思及び能力を有するにもかかわらず、職業に就くことができない状態にあることをいう。

4　この法律において「賃金」とは、賃金、給料、手当、賞与その他名称のいかんを問わず、労働の対償として事業主が労働者に支払うもの（通貨以外のもので支払われるものであって、厚生労働省令で定める範囲外のものを除く。）をいう。

5　賃金のうち通貨以外のもので支払われるものの評価に関して必要な事項は、厚生労働省令で定める。

第二章　適用事業等

（適用事業）

第五条　この法律においては、労働者が雇用される事業を適用事業とする。

2　適用事業についての保険関係の成立及び消滅については、労働保険の保険料の徴収等に関する法律（昭和四十四年法律第八十四号。以下「徴収法」という。）の定めるところによる。

（適用除外）

第六条　次に掲げる者については、この法律は、適用しない。

一　一週間の所定労働時間が二十時間未満である者（第三十七条の五第一項の規定による申出をして高年齢被保険者となる者及びこの法律を適

用することとした場合において第四十三条第一項に規定する日雇労働被保険者に該当することとなる者を除く。）

二　同一の事業主の適用事業に継続して三十一日以上雇用されることが見込まれない者（前二月の各月において十八日以上同一の事業主の適用事業に雇用された者及びこの法律を適用することとした場合において第四十二条に規定する日雇労働者であつて第四十三条第一項各号のいずれかに該当するものに該当することとなる者を除く。）

三　季節的に雇用される者であつて、第三十八条第一項各号のいずれかに該当するもの

四　学校教育法（昭和二十二年法律第二十六号）第一条、第百二十四条又は第百三十四条第一項の学校の学生又は生徒であつて、前三号に掲げる者に準ずるものとして厚生労働省令で定める者

五　船員法（昭和二十二年法律第百号）第一条に規定する船員（船員職業安定法（昭和二十三年法律第百三十号）第九十二条第一項の規定により船員法第二条第二項に規定する予備船員とみなされる者及び船員の雇用の促進に関する特別措置法（昭和五十二年法律第九十六号）第十四条第一項の規定により船員法第二条第二項に規定する予備船員とみなされる者を含む。以下「船員」という。）であつて、漁船（政令で定めるものに限る。）に乗り組むため雇用される者（一年を通じて船員として適用事業に雇用される場合を除く。）

六　国、都道府県、市町村その他これらに準ずるものの事業に雇用される者のうち、離職した場合に、他の法令、条例、規則等に基づいて支給を受けるべき諸給与の内容が、求職者給付及び就職促進給付の内容を超えると認められる者であつて、厚生労働省令で定めるもの

（被保険者に関する届出）

第七条　事業主（徴収法第八条第一項又は第二項の規定により元請負人が事業主とされる場合にあつては、当該事業に係る労働者のうち元請負人が雇用する労働者以外の労働者については、当該労働者を雇用する下請負人。以下同じ。）は、厚生労働省令で定めるところにより、その雇用する労働者に関し、当該事業主の行う適用事業（同条第一項又は第二項の規定により数次の請負によつて行われる事業が一の事業とみなされる場合にあつては、当該事業に係る労働者のうち元請負人が雇用する労働者以外の労働者については、当該請負に係るそれぞれの事業。以下同じ。）に係る被保険者となつたこと、当該事業主の行う適用事業に係る被保険者でなくなつたことその他厚生労働省令で定める事項を厚生労働大臣に届け出なければならない。当該事業主から徴収法第三十三条第一項の委託を受けて同項に規定する労働保険事務の一部として前段の届出に関する事務を処理する同条第三項に規定する労働保険事務組合（以下「労働保険事務組合」という。）についても、同様とする。

（確認の請求）

第八条　被保険者又は被保険者であつた者は、いつでも、次条の規定による確認を請求することができる。

（確認）

第九条　厚生労働大臣は、第七条の規定による届出若しくは前条の規定による請求により、又は職権で、労働者が被保険者となつたこと又は被保険者でなくなつたことの確認を行うものとする。

2　前項の確認については、行政手続法（平成五年法律第八十八号）第三章（第十二条及び第十四条を除く。）の規定は、適用しない。

第三章　失業等給付

第一節　通則

（失業等給付）

第一〇条　失業等給付は、求職者給付、就職促進給付、教育訓練給付及び雇用継続給付とする。

2　求職者給付は、次のとおりとする。

一　基本手当
二　技能習得手当
三　寄宿手当
四　傷病手当

3　前項の規定にかかわらず、第三十七条の二第一項に規定する高年齢被保険者に係る求職者給付は、高年齢求職者給付金とし、第三十八条第一項に規定する短期雇用特例被保険者に係る求職者給付は、特例一時金とし、第四十三条第一項に規定する日雇労働被保険者に係る求職者給付は、日雇労働求職者給付金とする。

4　就職促進給付は、次のとおりとする。

一　就業促進手当
二　移転費
三　求職活動支援費

5　教育訓練給付は、教育訓練給付金とする。

6　雇用継続給付は、次のとおりとする。

一　高年齢雇用継続基本給付金及び高年齢再就職給付金（第六節第一款において「高年齢雇用継続給付」という。）

二　介護休業給付金

（就職への努力）

第一〇条の二　求職者給付の支給を受ける者は、必要に応じ職業能力の開発及び向上を図りつつ、誠実かつ熱心に求職活動を行うことにより、職業に就くように努めなければならない。

（未支給の失業等給付）

第一〇条の三　失業等給付の支給を受けることができる者が死亡した場合において、その者に支給されるべき失業等給付でまだ支給されていないものがあるときは、その者の配偶者（婚姻の届出をしていないが、事実上婚姻関係と同様の事情にあつた者を含む。）、子、父母、孫、祖父母又は兄弟姉妹であつて、その者の死亡の当時その者と生計を同じくしていたものは、自己の名で、その未支給の失業等給付の支給を請求することができる。

2　前項の規定による未支給の失業等給付の支給を受けるべき者の順位は、同項に規定する順序による。

3　第一項の規定による未支給の失業等給付の支給を受けるべき同順位者が二人以上あるときは、その一人のした請求は、全員のためその全額につきしたものとみなし、その一人に対してした支給は、全員に対してしたものとみなす。

（返還命令等）

第一〇条の四　偽りその他不正の行為により失業等給付の支給を受けた者がある場合には、政府は、その者に対して、支給した失業等給付の全部又は一部を返還することを命ずることができ、また、厚生労働大臣の定める基準により、当該偽りその他不正の行為により支給を受けた失業等給付の額の二倍に相当する額以下の金額を納付することを命ずることができる。

2　前項の場合において、事業主、職業紹介事業者等（労働施策の総合的な推進並びに労働者の雇用の安定及び職業生活の充実等に関する法律（昭和四十一年法律第百三十二号）第二条に規定する職業紹介機関又は業として職業安定法（昭和二十二年法律第百四十一号）第四条第七項に規定する職業紹介事業者又は業として同条第四項に規定する職業指導（職業に就こうとする者の適性、職業経験その他の実情に応じて行うものに限る。）を行う者（公共職業安定所その他の職業安定機関を除く。）をいう。以下同じ。）、募集情報等提供事業を行う者（同条第六項に規定する募集情報等提供を業として行う者をいい、同項第三号に掲げる行為（労働者になろうとする者の依頼を受けて行う場合に限る。）を行う者に限る。以下この項及び第七十六条第二項において同じ。）又は指定教育訓練実施者（第六十条の二第一項に規定する厚生労働大臣が指定する教育訓練を行う者をいう。以下同じ。）が偽りの届出、報告又は証明をしたためその失業等給付が支給されたものであるときは、政府は、その事業主、職業紹介事業者等、募集情報等提供事業を行う者又は指定教育訓練実施者に対し、その失業等給付の支給を受けた者と連帯して、前項の規定による失業等給付の返還又は納付を命ぜられた金額の納付をすることを命ずることができる。

3　徴収法第二十七条及び第四十一条第二項の規定は、前二項の規定により返還又は納付を命ぜられた金額の納付を怠つた場合に準用する。

（受給権の保護）

第一一条　失業等給付を受ける権利は、譲り渡し、担保に供し、又は差し押えることができない。

（公課の禁止）

第一二条　租税その他の公課は、失業等給付として支給を受けた金銭を標準として課することができない。

第二節　一般被保険者の求職者給付

第一款　基本手当

（基本手当の受給資格）

第一三条　基本手当は、被保険者が失業した場合において、離職の日以前二年間（当該期間に疾病、負傷その他厚生労働省令で定める理由により引き続き三十日以上賃金の支払を受けることができなかつた被保険者については、当該理由により賃金の支払を受けることができなかつた日数を二年に加算した期間（その期間が四年を超えるときは、四年間）。第十七条第一項において「算定対象期間」という。）に、次条の規定による被保険者期間が通算して十二箇月以上であつたときに、この款の定めるところにより、支給する。

2　特定理由離職者及び第二十三条第二項各号のいずれかに該当する者（前項の規定により基本手当の支給を受けることができる資格を有することとなる者を除く。）に対する前項の規定の適用については、同項中「二年間」とあるのは「一年間」と、「二年に」とあるのは「一年に」と、「十二箇月」とあるのは「六箇月」とする。

3　前項の特定理由離職者とは、離職した者のうち、第二十三条第二項各号のいずれかに該当する者以外の者であつて、期間の定めのある労働契約の期間が満了し、かつ、当該労働契約の更新がないこと（その者が当該更新を希望したにもかかわらず、当該更新についての合意が成立するに至らなかつた場合に限る。）その他のやむを得ない理由により離職したものとして厚生労働省令で定める者をいう。

（被保険者期間）

第一四条　被保険者期間は、被保険者であつた期間のうち、当該被保険者でなくなつた日又は各月においてその日に応当し、かつ、当該被保険者であつた期間内にある日（その日に応当する日がない月においては、その月の末日。以下この項において「喪失応当日」という。）の各前日から各前月の喪失応当日までさかのぼつた各期間（賃金の支払の基礎となつた日数が十一日以上であるものに限る。）を一箇月として計算し、その他の期間は、被保険者期間に算入しない。ただし、当該被保険者となつた日からその日後における最初の喪失応当日の前日までの期間の日数が十五日以上であり、かつ、当該期間内における賃金の支払の基礎となつた日数が十一日以上であるときは、当該期間を二分の一箇月の被保険者期間として計算する。

2　前項の規定により被保険者期間を計算する場合において、次に掲げる期間は、同項に規定する被保険者であつた期間に含めない。

一　最後に被保険者となつた日前に、当該被保険者が受給資格（前条第一項（同条第二項において読み替えて適用する場合を含む。）の規定により基本手当の支給を受けることができる資格をいう。次節から第四節までを除き、以下同じ。）、第三十七条の三第二項に規定する高年齢受給資格又は第三十九条第二項に規定する特例受給資格を取得したことがある場合には、当該受給資格、高年齢受給資格又は特例受給資格に係る離職の日以前における被保険者であつた期間

二　第九条の規定による被保険者となつたことの確認があつた日の二年前の日（第二十二条第五項に規定する者にあつては、同項第二号に規定する被保険者の負担すべき額に相当する額がその者に支払われた賃金から控除されていたことが明らかである時期のうち最も古い時期として厚生労働省令で定める日）前における被保険者であつた期間

3　前二項の規定により計算された被保険者期間が十二箇月（前条第二項の規定により読み替えて適用する場合にあつては、六箇月）に満たない場合における第一項の規定の適用については、同項中「であるもの」とあるのは「であるもの又は賃金の支払の基礎となつた時間数が八十時間以上であるもの」と、「であるとき」とあるのは「であるとき又は賃金の支払の基礎となつた時間数が八十時間以上であるとき」とする。

（失業の認定）

第一五条　基本手当は、受給資格を有する者（次節から第四節までを除き、以下「受給資格者」という。）が失業している日（失業していることについての認定を受けた日に限る。以下この款において同じ。）について支給する。

2　前項の失業していることについての認定（以下この款において「失業の認定」という。）を受けようとする受給資格者は、離職後、厚生労働省令で定めるところにより、公共職業安定所に出頭し、求職の申込みをしなければならない。

3　失業の認定は、求職の申込みを受けた公共職業安定所において、受給資格者が離職後最初に出頭した日から起算して四週間に一回ずつ直前の二十八日の各日について行うものとする。ただし、厚生労働大臣は、公共職業安定所長の指示した公共職業訓練等（国、都道府県及び市町村並びに独立行政法人高齢・障害・求職者雇用支援機構が設置する公共職業能力開発施設の行う職業訓練（職業能力開発総合大学校の行うものを含む。）、職業訓練の実施等による特定求職者の就職の支援に関する法律（平成二十三年法律第四十七号）第四条第二項に規定する認定職業訓練（厚生労働省令で定めるものを除く。）その他法令の規定に基づき失業者に対して作業環境に適応することを容易にさせ、又は就職に必要な知識及び技能を習得させるために行われる訓練又は講習であつて、政令で定めるものをいう。以下同じ。）を受ける受給資格者その他厚生労働省令で定める受給資格者に係る失業の認定について別段の定めをすることができる。

4　受給資格者は、次の各号のいずれかに該当するときは、前二項の規定にかかわらず、厚生労働省令で定めるところにより、公共職業安定所に出頭することができなかつた理由を記載した証明書を提出することによつて、失業の認定を受けることができる。

一　疾病又は負傷のために公共職業安定所に出頭することができなかつた場合において、その期間が継続して十五日未満であるとき。

二　公共職業安定所の紹介に応じて求人者に面接するために公共職業安定所に出頭することができなかつたとき。

三　公共職業安定所長の指示した公共職業訓練等を受けるために公共職業安定所に出頭すること

ができなかつたとき。

四　天災その他やむを得ない理由のために公共職業安定所に出頭することができなかつたとき。

5　失業の認定は、厚生労働省令で定めるところにより、受給資格者が求人者に面接したこと、公共職業安定所その他の職業安定機関若しくは職業紹介事業者等から職業を紹介され、又は職業指導を受けたことその他求職活動を行つたことを確認して行うものとする。

（基本手当の日額）

第一六条　基本手当の日額は、賃金日額に百分の五十（二千四百六十円以上四千九百二十円未満の賃金日額（その額が第十八条の規定により変更されたときは、その変更された額）については百分の八十、四千九百二十円以上一万二千九十円以下の賃金日額（その額が同条の規定により変更されたときは、その変更された額）については百分の八十から百分の五十までの範囲で、賃金日額の逓増に応じ、逓減するように厚生労働省令で定める率）を乗じて得た金額とする。

2　受給資格に係る離職の日において六十歳以上六十五歳未満である受給資格者に対する前項の規定の適用については、同項中「百分の五十」とあるのは「百分の四十五」と、「四千九百二十円以上一万二千九十円以下」とあるのは「四千九百二十円以上一万八百八十円以下」とする。

（賃金日額）

第一七条　賃金日額は、算定対象期間において第十四条（第一項ただし書を除く。）の規定により被保険者期間として計算された最後の六箇月間に支払われた賃金（臨時に支払われる賃金及び三箇月を超える期間ごとに支払われる賃金を除く。次項、第六節及び次章において同じ。）の総額を百八十で除して得た額とする。

2　前項の規定による額が次の各号に掲げる額に満たないときは、賃金日額は、同項の規定にかかわらず、当該各号に掲げる額とする。

一　賃金が、労働した日若しくは時間によつて算定され、又は出来高払制その他の請負制によつて定められている場合には、前項に規定する最後の六箇月間に支払われた賃金の総額を当該最後の六箇月間に労働した日数で除して得た額の百分の七十に相当する額

二　賃金の一部が、月、週その他一定の期間によつて定められている場合には、その部分の総額をその期間の総日数（賃金の一部が月によつて定められている場合には、一箇月を三十日として計算する。）で除して得た額と前号に掲げる額との合算額

3　前二項の規定により賃金日額を算定することが困難であるとき、又はこれらの規定により算定した額を賃金日額とすることが適当でないと認められるときは、厚生労働大臣が定めるところにより算定した額を賃金日額とする。

4　前三項の規定にかかわらず、これらの規定により算定した賃金日額が、第一号に掲げる額を下るときはその額を、第二号に掲げる額を超えるときはその額を、それぞれ賃金日額とする。

一　二千四百六十円（その額が次条の規定により変更されたときは、その変更された額）

二　次のイからニまでに掲げる受給資格者の区分に応じ、当該イからニまでに定める額（これらの額が次条の規定により変更されたときは、それぞれその変更された額）

イ　受給資格に係る離職の日において六十歳以上六十五歳未満である受給資格者　一万五千五百九十円

ロ　受給資格に係る離職の日において四十五歳以上六十歳未満である受給資格者　一万六千三百四十円

ハ　受給資格に係る離職の日において三十歳以上四十五歳未満である受給資格者　一万四千八百五十円

ニ　受給資格に係る離職の日において三十歳未満である受給資格者　一万三千三百七十円

（基本手当の日額の算定に用いる賃金日額の範囲等の自動的変更）

第一八条　厚生労働大臣は、年度（四月一日から翌年の三月三十一日までをいう。以下同じ。）の平均給与額（厚生労働省において作成する毎月勤労統計における労働者の平均定期給与額を基礎として厚生労働省令で定めるところにより算定した労働者一人当たりの給与の平均額をいう。以下同じ。）が平成二十七年四月一日から始まる年度（この条の規定により自動変更対象額が変更されたときは、直近の当該変更がされた年度の前年度）の平均給与額を超え、又は下るに至つた場合においては、その上昇し、又は低下した比率に応じて、その翌年度の八月一日以後の自動変更対象額を変更しなければならない。

2　前項の規定により変更された自動変更対象額に五円未満の端数があるときは、これを切り捨て、五円以上十円未満の端数があるときは、これを十円に切り上げるものとする。

3　前二項の規定に基づき算定された各年度の八月一日以後に適用される自動変更対象額のうち、最

低賃金日額（当該年度の四月一日に効力を有する地域別最低賃金（最低賃金法（昭和三十四年法律第百三十七号）第九条第一項に規定する地域別最低賃金をいう。）の額を基礎として厚生労働省令で定める算定方法により算定した額をいう。）に達しないものは、当該年度の八月一日以後、当該最低賃金日額とする。

4　前三項の「自動変更対象額」とは、第十六条第一項（同条第二項において読み替えて適用する場合を含む。）の規定による基本手当の日額の算定に当たつて、百分の八十を乗ずる賃金日額の範囲となる同条第一項に規定する二千四百六十円以上四千九百二十円未満の額及び百分の八十から百分の五十までの範囲の率を乗ずる賃金日額の範囲となる同項に規定する四千九百二十円以上一万二千九十円以下の額並びに前条第四項各号に掲げる額をいう。

（基本手当の減額）

第一九条　受給資格者が、失業の認定に係る期間中に自己の労働によつて収入を得た場合には、その収入の基礎となつた日数（以下この項において「基礎日数」という。）分の基本手当の支給については、次に定めるところによる。

一　その収入の一日分に相当する額（収入の総額を基礎日数で除して得た額をいう。）から千二百八十二円（その額が次項の規定により変更されたときは、その変更された額。同項において「控除額」という。）を控除した額と基本手当の日額との合計額（次号において「合計額」という。）が賃金日額の百分の八十に相当する額を超えないとき　基本手当の日額に基礎日数を乗じて得た額を支給する。

二　合計額が賃金日額の百分の八十に相当する額を超えるとき（次号に該当する場合を除く。）　当該超える額（次号において「超過額」という。）を基本手当の日額から控除した残りの額に基礎日数を乗じて得た額を支給する。

三　超過額が基本手当の日額以上であるとき　基礎日数分の基本手当を支給しない。

2　厚生労働大臣は、年度の平均給与額が平成二十七年四月一日から始まる年度（この項の規定により控除額が変更されたときは、直近の当該変更がされた年度の前年度）の平均給与額を超え、又は下るに至つた場合においては、その上昇し、又は低下した比率を基準として、その翌年度の八月一日以後の控除額を変更しなければならない。

3　受給資格者は、失業の認定を受けた期間中に自己の労働によつて収入を得たときは、厚生労働省令で定めるところにより、その収入の額その他の事項を公共職業安定所長に届け出なければならない。

（支給の期間及び日数）

第二〇条　基本手当は、この法律に別段の定めがある場合を除き、次の各号に掲げる受給資格者の区分に応じ、当該各号に定める期間（当該期間内に妊娠、出産、育児その他厚生労働省令で定める理由により引き続き三十日以上職業に就くことができない者が、厚生労働省令で定めるところにより公共職業安定所長にその旨を申し出た場合には、当該理由により職業に就くことができない日数を加算するものとし、その加算された期間が四年を超えるときは、四年とする。）内の失業している日について、第二十二条第一項に規定する所定給付日数に相当する日数分を限度として支給する。

一　次号及び第三号に掲げる受給資格者以外の受給資格者　当該基本手当の受給資格に係る離職の日（以下この款において「基準日」という。）の翌日から起算して一年

二　基準日において第二十二条第二項第一号に該当する受給資格者　基準日の翌日から起算して一年に六十日を加えた期間

三　基準日において第二十三条第一項第二号イに該当する同条第二項に規定する特定受給資格者　基準日の翌日から起算して一年に三十日を加えた期間

2　受給資格者であつて、当該受給資格に係る離職が定年（厚生労働省令で定める年齢以上の定年に限る。）に達したことその他厚生労働省令で定める理由によるものであるものが、当該離職後一定の期間第十五条第二項の規定による求職の申込みをしないことを希望する場合において、厚生労働省令で定めるところにより公共職業安定所長にその旨を申し出たときは、前項中「次の各号に掲げる受給資格者の区分に応じ、当該各号に定める期間」とあるのは「次の各号に掲げる受給資格者の区分に応じ、当該各号に定める期間と、次項に規定する求職の申込みをしないことを希望する一定の期間（一年を限度とする。）に相当する期間を合算した期間（当該求職の申込みをしないことを希望する一定の期間内に第十五条第二項の規定による求職の申込みをしたときは、当該各号に定める期間に当該基本手当の受給資格に係る離職の日（以下この款において「基準日」という。）の翌日から当該求職の申込みをした日の前日までの期間に相当する期間を加算した期間）」と、「当該期間内」とあるのは「当該合算した期間内」と、同項第一

号中「当該基本手当の受給資格に係る離職の日（以下この款において「基準日」という。）」とあるのは「基準日」とする。

3　前二項の場合において、第一項の受給資格（以下この項において「前の受給資格」という。）を有する者が、前二項の規定による期間内に新たに受給資格、第三十七条の三第二項に規定する高年齢受給資格又は第三十九条第二項に規定する特例受給資格を取得したときは、その取得した日以後においては、前の受給資格に基づく基本手当は、支給しない。

（支給の期間の特例）

第二〇条の二　受給資格者であつて、基準日後に事業（その実施期間が三十日未満のものその他厚生労働省令で定めるものを除く。）を開始したものその他これに準ずるものとして厚生労働省令で定める者が、厚生労働省令で定めるところにより公共職業安定所長にその旨を申し出た場合には、当該事業の実施期間（当該実施期間の日数が四年から前条第一項及び第二項の規定により算定される期間の日数を除いた日数を超える場合における当該超える日数を除く。）は、同条第一項及び第二項の規定による期間に算入しない。

（待期）

第二一条　基本手当は、受給資格者が当該基本手当の受給資格に係る離職後最初に公共職業安定所に求職の申込みをした日以後において、失業している日（疾病又は負傷のため職業に就くことができない日を含む。）が通算して七日に満たない間は、支給しない。

（所定給付日数）

第二二条　一の受給資格に基づき基本手当を支給する日数（以下「所定給付日数」という。）は、次の各号に掲げる受給資格者の区分に応じ、当該各号に定める日数とする。

一　算定基礎期間が二十年以上である受給資格者　百五十日

二　算定基礎期間が十年以上二十年未満である受給資格者　百二十日

三　算定基礎期間が十年未満である受給資格者　九十日

2　前項の受給資格者で厚生労働省令で定める理由により就職が困難なものに係る所定給付日数は、同項の規定にかかわらず、その算定基礎期間が一年以上の受給資格者にあつては次の各号に掲げる当該受給資格者の区分に応じ当該各号に定める日数とし、その算定基礎期間が一年未満の受給資格者にあつては百五十日とする。

一　基準日において四十五歳以上六十五歳未満である受給資格者　三百六十日

二　基準日において四十五歳未満である受給資格者　三百日

3　前二項の算定基礎期間は、これらの規定の受給資格者が基準日まで引き続いて同一の事業主の適用事業に被保険者として雇用された期間（当該雇用された期間に係る被保険者となつた日前に被保険者であつたことがある者については、当該雇用された期間と当該被保険者であつた期間を通算した期間）とする。ただし、当該期間に次の各号に掲げる期間が含まれているときは、当該各号に掲げる期間に該当するすべての期間を除いて算定した期間とする。

一　当該雇用された期間又は当該被保険者であつた期間に係る被保険者となつた日の直前の被保険者でなくなつた日が当該被保険者となつた日前一年の期間内にないときは、当該直前の被保険者でなくなつた日前の被保険者であつた期間

二　当該雇用された期間に係る被保険者となつた日前に基本手当又は特例一時金の支給を受けたことがある者については、これらの給付の受給資格又は第三十九条第二項に規定する特例受給資格に係る離職の日以前の被保険者であつた期間

4　一の被保険者であつた期間に関し、被保険者となつた日が第九条の規定による被保険者となつたことの確認があつた日の二年前の日より前であるときは、当該確認のあつた日の二年前の日に当該被保険者となつたものとみなして、前項の規定による算定を行うものとする。

5　次に掲げる要件のいずれにも該当する者（第一号に規定する事実を知つていた者を除く。）に対する前項の規定の適用については、同項中「当該確認のあつた日の二年前の日」とあるのは、「次項第二号に規定する被保険者の負担すべき額に相当する額がその者に支払われた賃金から控除されていたことが明らかである時期のうち最も古い時期として厚生労働省令で定める日」とする。

一　その者に係る第七条の規定による届出がされていなかつたこと。

二　厚生労働省令で定める書類に基づき、第九条の規定による被保険者となつたことの確認があつた日の二年前の日より前に徴収法第三十二条第一項の規定により被保険者の負担すべき額に相当する額がその者に支払われた賃金から控除されていたことが明らかである時期があること。

第二三条　特定受給資格者（前条第三項に規定する

算定基礎期間（以下この条において単に「算定基礎期間」という。）が一年（第五号に掲げる特定受給資格者にあつては、五年）以上のものに限る。）に係る所定給付日数は、前条第一項の規定にかかわらず、次の各号に掲げる当該特定受給資格者の区分に応じ、当該各号に定める日数とする。

一　基準日において六十歳以上六十五歳未満である特定受給資格者　次のイからニまでに掲げる算定基礎期間の区分に応じ、当該イからニまでに定める日数
イ　二十年以上　二百四十日
ロ　十年以上二十年未満　二百十日
ハ　五年以上十年未満　百八十日
ニ　一年以上五年未満　百五十日

二　基準日において四十五歳以上六十歳未満である特定受給資格者　次のイからニまでに掲げる算定基礎期間の区分に応じ、当該イからニまでに定める日数
イ　二十年以上　三百三十日
ロ　十年以上二十年未満　二百七十日
ハ　五年以上十年未満　二百四十日
ニ　一年以上五年未満　百八十日

三　基準日において三十五歳以上四十五歳未満である特定受給資格者　次のイからニまでに掲げる算定基礎期間の区分に応じ、当該イからニまでに定める日数
イ　二十年以上　二百七十日
ロ　十年以上二十年未満　二百四十日
ハ　五年以上十年未満　百八十日
ニ　一年以上五年未満　百五十日

四　基準日において三十歳以上三十五歳未満である特定受給資格者　次のイからニまでに掲げる算定基礎期間の区分に応じ、当該イからニまでに定める日数
イ　二十年以上　二百四十日
ロ　十年以上二十年未満　二百十日
ハ　五年以上十年未満　百八十日
ニ　一年以上五年未満　百二十日

五　基準日において三十歳未満である特定受給資格者　次のイ又はロに掲げる算定基礎期間の区分に応じ、当該イ又はロに定める日数
イ　十年以上　百八十日
ロ　五年以上十年未満　百二十日

2　前項の特定受給資格者とは、次の各号のいずれかに該当する受給資格者（前条第二項に規定する受給資格者を除く。）をいう。

一　当該基本手当の受給資格に係る離職が、その者を雇用していた事業主の事業について発生した倒産（破産手続開始、再生手続開始、更生手続開始又は特別清算開始の申立てその他厚生労働省令で定める事由に該当する事態をいう。第五十七条第二項第一号において同じ。）又は当該事業主の適用事業の縮小若しくは廃止に伴うものである者として厚生労働省令で定めるもの

二　前号に定めるもののほか、解雇（自己の責めに帰すべき重大な理由によるものを除く。第五十七条第二項第二号において同じ。）その他の厚生労働省令で定める理由により離職した者

（訓練延長給付）

第二四条　受給資格者が公共職業安定所長の指示した公共職業訓練等（その期間が政令で定める期間を超えるものを除く。以下この条、第三十六条第一項及び第二項並びに第四十一条第一項において同じ。）を受ける場合には、当該公共職業訓練等を受ける期間（その者が当該公共職業訓練等を受けるため待期している期間（政令で定める期間に限る。）を含む。）内の失業している日について、所定給付日数（当該受給資格者が第二十条第一項及び第二項の規定による期間内に基本手当の支給を受けた日数が所定給付日数に満たない場合には、その支給を受けた日数。第三十三条第三項を除き、以下この節において同じ。）を超えてその者に基本手当を支給することができる。

2　公共職業安定所長が、その指示した公共職業訓練等を受ける受給資格者（その者が当該公共職業訓練等を受け終わる日における基本手当の支給残日数（当該公共職業訓練等を受け終わる日の翌日から第四項の規定の適用がないものとした場合における受給期間（当該期間内の失業している日について基本手当の支給を受けることができる期間をいう。以下同じ。）の最後の日までの間に基本手当の支給を受けることができる日数をいう。以下この項及び第四項において同じ。）が政令で定める日数に満たないものに限る。）で、政令で定める基準に照らして当該公共職業訓練等を受け終わつてもなお就職が相当程度に困難な者であると認めたものについては、同項の規定による期間内の失業している日について、所定給付日数を超えてその者に基本手当を支給することができる。この場合において、所定給付日数を超えて基本手当を支給する日数は、前段に規定する政令で定める日数から支給残日数を差し引いた日数を限度とするものとする。

3　第一項の規定による基本手当の支給を受ける受給資格者が第二十条第一項及び第二項の規定による期間を超えて公共職業安定所長の指示した公共

職業訓練等を受けるときは、その者の受給期間は、これらの規定にかかわらず、当該公共職業訓練等を受け終わる日までの間とする。

4　第二項の規定による基本手当の支給を受ける受給資格者の受給期間は、第二十条第一項及び第二項の規定にかかわらず、これらの規定による期間に第二項前段に規定する政令で定める日数から支給残日数を差し引いた日数を加えた期間（同条第一項及び第二項の規定による期間を超えて公共職業安定所長の指示した公共職業訓練等を受ける者で、当該公共職業訓練等を受け終わる日について第一項の規定による基本手当の支給を受けることができるものにあつては、同日から起算して第二項前段に規定する政令で定める日数を経過した日までの間）とする。

第二四条の二　第二十二条第二項に規定する就職が困難な受給資格者以外の受給資格者のうち、第十三条第三項に規定する特定理由離職者（厚生労働省令で定める者に限る。）である者又は第二十三条第二項に規定する特定受給資格者であつて、次の各号のいずれかに該当し、かつ、公共職業安定所長が厚生労働省令で定める基準（次項において「指導基準」という。）に照らして再就職を促進するために必要な職業指導を行うことが適当であると認めたものについては、第四項の規定による期間内の失業している日（失業していることについての認定を受けた日に限る。）について、所定給付日数を超えて基本手当を支給することができる。

一　心身の状況が厚生労働省令で定める基準に該当する者

二　雇用されていた適用事業が激甚じん災害に対処するための特別の財政援助等に関する法律（昭和三十七年法律第百五十号。以下この項において「激甚災害法」という。）第二条の規定により激甚災害として政令で指定された災害（次号において「激甚災害」という。）の被害を受けたため離職を余儀なくされた者又は激甚災害法第二十五条第三項の規定により離職したものとみなされた者であつて、政令で定める基準に照らして職業に就くことが特に困難であると認められる地域として厚生労働大臣が指定する地域内に居住する者

三　雇用されていた適用事業が激甚災害その他の災害（厚生労働省令で定める災害に限る。）の被害を受けたため離職を余儀なくされた者又は激甚災害法第二十五条第三項の規定により離職したものとみなされた者（前号に該当する者を除く。）

2　第二十二条第二項に規定する就職が困難な受給資格者であつて、前項第二号に該当し、かつ、公共職業安定所長が指導基準に照らして再就職を促進するために必要な職業指導を行うことが適当であると認めたものについては、第四項の規定による期間内の失業している日（失業していることについての認定を受けた日に限る。）について、所定給付日数を超えて基本手当を支給することができる。

3　前二項の場合において、所定給付日数を超えて基本手当を支給する日数は、次の各号に掲げる受給資格者の区分に応じ、当該各号に定める日数を限度とするものとする。

一　第一項（第一号及び第三号に限る。）又は前項に該当する受給資格者　六十日（所定給付日数が第二十三条第一項第二号イ又は第三号イに該当する受給資格者にあつては、三十日）

二　第一項（第二号に限る。）に該当する受給資格者　百二十日（所定給付日数が第二十三条第一項第二号イ又は第三号イに該当する受給資格者にあつては、九十日）

4　第一項又は第二項の規定による基本手当の支給（以下「個別延長給付」という。）を受ける受給資格者の受給期間は、第二十条第一項及び第二項の規定にかかわらず、これらの規定による期間に前項に規定する日数を加えた期間とする。

（広域延長給付）

第二五条　厚生労働大臣は、その地域における雇用に関する状況等から判断して、その地域内に居住する求職者がその地域において職業に就くことが困難であると認める地域について、求職者が他の地域において職業に就くことを促進するための計画を作成し、関係都道府県労働局長及び公共職業安定所長に、当該計画に基づく広範囲の地域にわたる職業紹介活動（以下この条において「広域職業紹介活動」という。）を行わせた場合において、当該広域職業紹介活動に係る地域について、政令で定める基準に照らして必要があると認めるときは、その指定する期間内に限り、公共職業安定所長が当該地域に係る当該広域職業紹介活動により職業のあつせんを受けることが適当であると認定する受給資格者について、第四項の規定による期間内の失業している日について、所定給付日数を超えて基本手当を支給する措置を決定することができる。この場合において、所定給付日数を超えて基本手当を支給する日数は、政令で定める日数を限度とするものとする。

2　前項の措置に基づく基本手当の支給（以下「広域延長給付」という。）を受けることができる者が厚生労働大臣の指定する地域に住所又は居所を変更した場合には、引き続き当該措置に基づき基本手当を支給することができる。

3　公共職業安定所長は、受給資格者が広域職業紹介活動により職業のあつせんを受けることが適当であるかどうかを認定するときは、厚生労働大臣の定める基準によらなければならない。

4　広域延長給付を受ける受給資格者の受給期間は、第二十条第一項及び第二項の規定にかかわらず、これらの規定による期間に第一項後段に規定する政令で定める日数を加えた期間とする。

第二六条　前条第一項の措置が決定された日以後に他の地域から当該措置に係る地域に移転した受給資格者であつて、その移転について特別の理由がないと認められるものには、当該措置に基づく基本手当は、支給しない。

2　前項に規定する特別の理由があるかどうかの認定は、公共職業安定所長が厚生労働大臣の定める基準に従つてするものとする。

（全国延長給付）

第二七条　厚生労働大臣は、失業の状況が全国的に著しく悪化し、政令で定める基準に該当するに至つた場合において、受給資格者の就職状況からみて必要があると認めるときは、その指定する期間内に限り、第三項の規定による期間内の失業している日について、所定給付日数を超えて受給資格者に基本手当を支給する措置を決定することができる。この場合において、所定給付日数を超えて基本手当を支給する日数は、政令で定める日数を限度とするものとする。

2　厚生労働大臣は、前項の措置を決定した後において、政令で定める基準に照らして必要があると認めるときは、同項の規定により指定した期間（その期間がこの項の規定により延長されたときは、その延長された期間）を延長することができる。

3　第一項の措置に基づく基本手当の支給（以下「全国延長給付」という。）を受ける受給資格者の受給期間は、第二十条第一項及び第二項の規定にかかわらず、これらの規定による期間に第一項後段に規定する政令で定める日数を加えた期間とする。

（延長給付に関する調整）

第二八条　個別延長給付を受けている受給資格者については、当該個別延長給付が終わつた後でなければ広域延長給付、全国延長給付及び訓練延長給付（第二十四条第一項又は第二項の規定による基本手当の支給をいう。以下同じ。）は行わず、広域延長給付を受けている受給資格者については、当該広域延長給付が終わつた後でなければ全国延長給付及び訓練延長給付は行わず、全国延長給付を受けている受給資格者については、当該全国延長給付が終わつた後でなければ訓練延長給付は行わない。

2　訓練延長給付を受けている受給資格者について広域延長給付又は全国延長給付が行われることとなつたときは、これらの延長給付が行われる間は、その者について訓練延長給付は行わず、全国延長給付又は広域延長給付を受けている受給資格者について個別延長給付が行われることとなつたときは、これらの延長給付が行われる間は、その者について全国延長給付は行わず、広域延長給付を受けている受給資格者について個別延長給付が行われることとなつたときは、その者について広域延長給付は行わない。

3　前二項に規定するもののほか、第一項に規定する各延長給付を順次受ける受給資格者に係る基本手当を支給する日数、受給期間その他これらの延長給付についての調整に関して必要な事項は、政令で定める。

（給付日数を延長した場合の給付制限）

第二九条　訓練延長給付（第二十四条第二項の規定による基本手当の支給に限る。第三十二条第一項において同じ。）、個別延長給付、広域延長給付又は全国延長給付を受けている受給資格者が、正当な理由がなく、公共職業安定所の紹介する職業に就くこと、公共職業安定所長の指示した公共職業訓練等を受けること又は厚生労働大臣の定める基準に従つて公共職業安定所が行うその者の再就職を促進するために必要な職業指導を受けることを拒んだときは、その拒んだ日以後基本手当を支給しない。ただし、その者が新たに受給資格を取得したときは、この限りでない。

2　前項に規定する正当な理由があるかどうかの認定は、公共職業安定所長が厚生労働大臣の定める基準に従つてするものとする。

（支給方法及び支給期日）

第三〇条　基本手当は、厚生労働省令で定めるところにより、四週間に一回、失業の認定を受けた日分を支給するものとする。ただし、厚生労働大臣は、公共職業安定所長の指示した公共職業訓練等を受ける受給資格者その他厚生労働省令で定める受給資格者に係る基本手当の支給について別段の定めをすることができる。

2　公共職業安定所長は、各受給資格者について基本手当を支給すべき日を定め、その者に通知するものとする。

（未支給の基本手当の請求手続）

第三十一条　第十条の三第一項の規定により、受給資格者が死亡したため失業の認定を受けることができなかつた期間に係る基本手当の支給を請求する者は、厚生労働省令で定めるところにより、当該受給資格者について失業の認定を受けなければならない。

2　前項の受給資格者が第十九条第一項の規定に該当する場合には、第十条の三第一項の規定による未支給の基本手当の支給を受けるべき者は、厚生労働省令で定めるところにより、第十九条第一項の収入の額その他の事項を公共職業安定所長に届け出なければならない。

（給付制限）

第三十二条　受給資格者（訓練延長給付、個別延長給付、広域延長給付又は全国延長給付を受けている者を除く。以下この条において同じ。）が、公共職業安定所の紹介する職業に就くこと又は公共職業安定所長の指示した公共職業訓練等を受けることを拒んだときは、その拒んだ日から起算して一箇月間は、基本手当を支給しない。ただし、次の各号のいずれかに該当するときは、この限りでない。

一　紹介された職業又は公共職業訓練等を受けることを指示された職種が、受給資格者の能力からみて不適当であると認められるとき。

二　就職するため、又は公共職業訓練等を受けるため、現在の住所又は居所を変更することを要する場合において、その変更が困難であると認められるとき。

三　就職先の賃金が、同一地域における同種の業務及び同程度の技能に係る一般の賃金水準に比べて、不当に低いとき。

四　職業安定法第二十条（第二項ただし書を除く。）の規定に該当する事業所に紹介されたとき。

五　その他正当な理由があるとき。

2　受給資格者が、正当な理由がなく、厚生労働大臣の定める基準に従つて公共職業安定所が行うその者の再就職を促進するために必要な職業指導を受けることを拒んだときは、その拒んだ日から起算して一箇月を超えない範囲内において公共職業安定所長の定める期間は、基本手当を支給しない。

3　受給資格者についての第一項各号のいずれかに該当するかどうかの認定及び前項に規定する正当な理由があるかどうかの認定は、公共職業安定所長が厚生労働大臣の定める基準に従つてするものとする。

第三十三条　被保険者が自己の責めに帰すべき重大な理由によつて解雇され、又は正当な理由がなく自己の都合によつて退職した場合には、第二十一条の規定による期間の満了後一箇月以上三箇月以内の間で公共職業安定所長の定める期間は、基本手当を支給しない。ただし、次に掲げる受給資格者（第一号に掲げる者にあつては公共職業安定所長の指示した公共職業訓練等を受ける期間及び当該公共職業訓練等を受け終わつた日後の期間に限り、第二号に掲げる者にあつては第二号に規定する訓練を受ける期間及び当該訓練を受け終わつた日後の期間に限る。）については、この限りでない。

一　公共職業安定所長の指示した公共職業訓練等を受ける受給資格者（次号に該当する者を除く。）

二　第六十条の二第一項に規定する教育訓練その他の厚生労働省令で定める訓練を基準日前一年以内に受けたことがある受給資格者（正当な理由がなく自己の都合によつて退職した者に限る。次号において同じ。）

三　前号に規定する訓練を基準日以後に受ける受給資格者（同号に該当する者を除く。）

2　受給資格者が前項の場合に該当するかどうかの認定は、公共職業安定所長が厚生労働大臣の定める基準に従つてするものとする。

3　基本手当の受給資格に係る離職について第一項の規定により基本手当を支給しないこととされる場合において、当該基本手当を支給しないこととされる期間に七日を超え三十日以下の範囲内で厚生労働省令で定める日数及び当該受給資格に係る所定給付日数に相当する日数を加えた期間が一年（当該基本手当の受給資格に係る離職の日において第二十二条第二項第一号に該当する受給資格者にあつては、一年に六十日を加えた期間）を超えるときは、当該受給資格者の受給期間は、第二十条第一項及び第二項の規定にかかわらず、これらの規定による期間に当該超える期間を加えた期間とする。

4　前項の規定に該当する受給資格者については、第二十四条第一項中「第二十条第一項及び第二項」とあるのは、「第三十三条第三項」とする。

5　第三項の規定に該当する受給資格者が個別延長給付、広域延長給付、全国延長給付又は訓練延長給付を受ける場合におけるその者の受給期間についての調整に関して必要な事項は、厚生労働省令で定める。

第三十四条　偽りその他不正の行為により求職者給付

又は就職促進給付の支給を受け、又は受けようとした者には、これらの給付の支給を受け、又は受けようとした日以後、基本手当を支給しない。ただし、やむを得ない理由がある場合には、基本手当の全部又は一部を支給することができる。

2　前項に規定する者が同項に規定する日以後新たに受給資格を取得した場合には、同項の規定にかかわらず、その新たに取得した受給資格に基づく基本手当を支給する。

3　受給資格者が第一項の規定により基本手当を支給されないこととされたため、当該受給資格に基づき基本手当の支給を受けることができる日数の全部について基本手当の支給を受けることができなくなつた場合においても、第二十二条第三項の規定の適用については、当該受給資格に基づく基本手当の支給があつたものとみなす。

4　受給資格者が第一項の規定により基本手当を支給されないこととされたため、同項に規定する日以後当該受給資格に基づき基本手当の支給を受けることができる日数の全部又は一部について基本手当の支給を受けることができなくなつたときは、第三十七条第四項の規定の適用については、その支給を受けることができないこととされた日数分の基本手当の支給があつたものとみなす。

第三五条　削除

第二款　技能習得手当及び寄宿手当

第三六条　技能習得手当は、受給資格者が公共職業安定所長の指示した公共職業訓練等を受ける場合に、その公共職業訓練等を受ける期間について支給する。

2　寄宿手当は、受給資格者が、公共職業安定所長の指示した公共職業訓練等を受けるため、その者により生計を維持されている同居の親族（婚姻の届出をしていないが、事実上その者と婚姻関係と同様の事情にある者を含む。第五十八条第二項において同じ。）と別居して寄宿する場合に、その寄宿する期間について支給する。

3　第三十二条第一項若しくは第二項又は第三十三条第一項の規定により基本手当を支給しないこととされる期間については、技能習得手当及び寄宿手当を支給しない。

4　技能習得手当及び寄宿手当の支給要件及び額は、厚生労働省令で定める。

5　第三十四条第一項及び第二項の規定は、技能習得手当及び寄宿手当について準用する。

第三款　傷病手当

第三七条　傷病手当は、受給資格者が、離職後公共職業安定所に出頭し、求職の申込みをした後において、疾病又は負傷のために職業に就くことができない場合に、第二十条第一項及び第二項の規定による期間（第三十三条第三項の規定に該当する者については同項の規定による期間とし、第五十七条第一項の規定に該当する者については同項の規定による期間とする。）内の当該疾病又は負傷のために基本手当の支給を受けることができない日（疾病又は負傷のために基本手当の支給を受けることができないことについての認定を受けた日に限る。）について、第四項の規定による日数に相当する日数分を限度として支給する。

2　前項の認定は、厚生労働省令で定めるところにより、公共職業安定所長が行う。

3　傷病手当の日額は、第十六条の規定による基本手当の日額に相当する額とする。

4　傷病手当を支給する日数は、第一項の認定を受けた受給資格者の所定給付日数から当該受給資格に基づき既に基本手当を支給した日数を差し引いた日数とする。

5　第三十二条第一項若しくは第二項又は第三十三条第一項の規定により基本手当を支給しないこととされる期間については、傷病手当を支給しない。

6　傷病手当を支給したときは、この法律の規定（第十条の四及び第三十四条の規定を除く。）の適用については、当該傷病手当を支給した日数に相当する日数分の基本手当を支給したものとみなす。

7　傷病手当は、厚生労働省令で定めるところにより、第一項の認定を受けた日分を、当該職業に就くことができない理由がやんだ後最初に基本手当を支給すべき日（当該職業に就くことができない理由がやんだ後において基本手当を支給すべき日がない場合には、公共職業安定所長の定める日）に支給する。ただし、厚生労働大臣は、必要があると認めるときは、傷病手当の支給について別段の定めをすることができる。

8　第一項の認定を受けた受給資格者が、当該認定を受けた日について、健康保険法（大正十一年法律第七十号）第九十九条の規定による傷病手当金、労働基準法（昭和二十二年法律第四十九号）第七十六条の規定による休業補償、労働者災害補償保険法（昭和二十二年法律第五十号）の規定による休業補償給付、複数事業労働者休業給付又は休業給付その他これらに相当する給付であつて法令（法令の規定に基づく条例又は規約を含む。）により行われるもののうち政令で定めるものの支給を受けることができる場合には、傷病手当は、支給しない。

9　第十九条、第二十一条、第三十一条並びに第三十四条第一項及び第二項の規定は、傷病手当について準用する。この場合において、第十九条第一項及び第三項並びに第三十一条第一項中「失業の認定」とあるのは、「第三十七条第一項の認定」と読み替えるものとする。

第二節の二　高年齢被保険者の求職者給付

（高年齢被保険者）

第三十七条の二　六十五歳以上の被保険者（第三十八条第一項に規定する短期雇用特例被保険者及び第四十三条第一項に規定する日雇労働被保険者を除く。以下「高年齢被保険者」という。）が失業した場合には、この節の定めるところにより、高年齢求職者給付金を支給する。

2　高年齢被保険者に関しては、前節（第十四条を除く。）、次節及び第四節の規定は、適用しない。

（高年齢受給資格）

第三十七条の三　高年齢求職者給付金は、高年齢被保険者が失業した場合において、離職の日以前一年間（当該期間に疾病、負傷その他厚生労働省令で定める理由により引き続き三十日以上賃金の支払を受けることができなかつた高年齢継続被保険者である被保険者については、当該理由により賃金の支払を受けることができなかつた日数を一年に加算した期間（その期間が四年を超えるときは、四年間））に、第十四条の規定による被保険者期間が通算して六箇月以上であつたときに、次条に定めるところにより、支給する。この場合における第十四条の規定の適用については、同条第三項中「十二箇月（前条第二項の規定により読み替えて適用する場合にあつては、六箇月）」とあるのは、「六箇月」とする。

2　前項の規定により高年齢求職者給付金の支給を受けることができる資格（以下「高年齢受給資格」という。）を有する者（以下「高年齢受給資格者」という。）が次条第五項の規定による期間内に高年齢求職者給付金の支給を受けることなく就職した後再び失業した場合（新たに高年齢受給資格又は第三十九条第二項に規定する特例受給資格を取得した場合を除く。）において、当該期間内に公共職業安定所に出頭し、求職の申込みをした上、次条第四項の認定を受けたときは、その者は、当該高年齢受給資格に基づく高年齢求職者給付金の支給を受けることができる。

（高年齢求職者給付金）

第三十七条の四　高年齢求職者給付金の額は、高年齢受給資格者を第十五条第一項に規定する受給資格者とみなして第十六条から第十八条まで（第十七条第四項第二号を除く。）の規定を適用した場合にその者に支給されることとなる基本手当の日額に、次の各号に掲げる算定基礎期間の区分に応じ、当該各号に定める日数（第五項の認定があつた日から同項の規定による期間の最後の日までの日数が当該各号に定める日数に満たない場合には、当該認定のあつた日から当該最後の日までの日数に相当する日数）を乗じて得た額とする。

一　一年以上　五十日

二　一年未満　三十日

2　前項の規定にかかわらず、同項の規定により算定した高年齢受給資格者の賃金日額が第十七条第四項第二号ニに定める額（その額が第十八条の規定により変更されたときは、その変更された額）を超えるときは、その額を賃金日額とする。

3　第一項の算定基礎期間は、当該高年齢受給資格者を第十五条第一項に規定する受給資格者と、当該高年齢受給資格に係る離職の日を第二十条第一項第一号に規定する基準日とみなして第二十二条第三項及び第四項の規定を適用した場合に算定されることとなる期間に相当する期間とする。

4　前項に規定する場合における第二十二条第三項の規定の適用については、同項第二号中「又は特例一時金」とあるのは「、高年齢求職者給付金又は特例一時金」と、「又は第三十九条第二項」とあるのは「、第三十七条の三第二項又は第三十九条第二項」とする。

5　高年齢求職者給付金の支給を受けようとする高年齢受給資格者は、離職の日の翌日から起算して一年を経過する日までに、厚生労働省令で定めるところにより、公共職業安定所に出頭し、求職の申込みをした上、失業していることについての認定を受けなければならない。

6　第二十一条、第三十一条第一項、第三十二条、第三十三条第一項及び第二項並びに第三十四条第一項から第三項までの規定は、高年齢求職者給付金について準用する。この場合において、これらの規定中「受給資格者」とあるのは「高年齢受給資格者」と、「受給資格」とあるのは「高年齢受給資格」と、第三十一条第一項中「失業の認定を受けることができなかつた期間」とあるのは「第三十七条の四第五項の認定を受けることができなかつた場合における当該高年齢受給資格者」と、「失業の認定を受けなければならない」とあるのは「同項の認定を受けなければならない」と、第三十三条第一項中「第二十一条の規定による期間」とあるのは「第三十七条の四第六項において準用する第二十一条の規定による期間」と読み替えるものとする。

（高年齢被保険者の特例）

第三七条の五　次に掲げる要件のいずれにも該当する者は、厚生労働省令で定めるところにより、厚生労働大臣に申し出て、当該申出を行つた日から高年齢被保険者となることができる。

一　二以上の事業主の適用事業に雇用される六十五歳以上の者であること。

二　一の事業主の適用事業における一週間の所定労働時間が二十時間未満であること。

三　二の事業主の適用事業（申出を行う労働者の一の事業主の適用事業における一週間の所定労働時間が厚生労働省令で定める時間数以上であるものに限る。）における一週間の所定労働時間の合計が二十時間以上であること。

2　前項の規定により高年齢被保険者となつた者は、同項各号の要件を満たさなくなつたときは、厚生労働省令で定めるところにより、厚生労働大臣に申し出なければならない。

3　前二項の規定による申出を行つた労働者については、第九条第一項の規定による確認が行われたものとみなす。

4　厚生労働大臣は、第一項又は第二項の規定による申出があつたときは、第一項第三号の二の事業主に対し、当該労働者が被保険者となつたこと又は被保険者でなくなつたことを通知しなければならない。

（特例高年齢被保険者に対する失業等給付等の特例）

第三七条の六　前条第一項の規定により高年齢被保険者となつた者に対する第六十一条の四第一項、第六十一条の七第一項及び第六十一条の八第一項の規定の適用については、これらの規定中「をした場合」とあるのは、「を全ての適用事業においてした場合」とする。

2　前項に定めるもののほか、前条第一項の規定により高年齢被保険者となつた者が、同項の規定による申出に係る適用事業のうちいずれか一の適用事業を離職した場合における第三十七条の四第一項及び第五十六条の三第三項第二号の規定の適用については、第三十七条の四第一項中「第十七条第四項第二号」とあるのは「第十七条第四項」と、「額とする」とあるのは「額とする。この場合における第十七条の規定の適用については、同条第一項中「賃金（」とあるのは、「賃金（離職した適用事業において支払われた賃金に限り、」とする」と、第五十六条の三第三項第二号ロ中「第十八条まで」とあるのは「第十八条まで（第十七条第四項第一号を除く。）」とする。

第三節　短期雇用特例被保険者の求職者給付

（短期雇用特例被保険者）

第三八条　被保険者であつて、季節的に雇用されるもののうち次の各号のいずれにも該当しない者（第四十三条第一項に規定する日雇労働被保険者を除く。以下「短期雇用特例被保険者」という。）が失業した場合には、この節の定めるところにより、特例一時金を支給する。

一　四箇月以内の期間を定めて雇用される者

二　一週間の所定労働時間が二十時間以上であつて厚生労働大臣の定める時間数未満である者

2　被保険者が前項各号に掲げる者に該当するかどうかの確認は、厚生労働大臣が行う。

3　短期雇用特例被保険者に関しては、第二節（第十四条を除く。）、前節及び次節の規定は、適用しない。

（特例受給資格）

第三九条　特例一時金は、短期雇用特例被保険者が失業した場合において、離職の日以前一年間（当該期間に疾病、負傷その他厚生労働省令で定める理由により引き続き三十日以上賃金の支払を受けることができなかつた短期雇用特例被保険者である被保険者については、当該理由により賃金の支払を受けることができなかつた日数を一年に加算した期間（その期間が四年を超えるときは、四年間））に、第十四条の規定による被保険者期間が通算して六箇月以上であつたときに、次条に定めるところにより、支給する。この場合における第十四条の規定の適用については、同条第三項中「十二箇月（前条第二項の規定により読み替えて適用する場合にあつては、六箇月）」とあるのは、「六箇月」とする。

2　前項の規定により特例一時金の支給を受けることができる資格（以下「特例受給資格」という。）を有する者（以下「特例受給資格者」という。）が次条第三項の規定による期間内に特例一時金の支給を受けることなく就職した後再び失業した場合（新たに第十四条第二項第一号に規定する受給資格、高年齢受給資格又は特例受給資格を取得した場合を除く。）において、当該期間内に公共職業安定所に出頭し、求職の申込みをした上、次条第三項の認定を受けたときは、その者は、当該特例受給資格に基づく特例一時金の支給を受けることができる。

（特例一時金）

第四〇条　特例一時金の額は、特例受給資格者を第十五条第一項に規定する受給資格者とみなして第十六条から第十八条までの規定を適用した場合にその者に支給されることとなる基本手当の日額の三十日分（第三項の認定があつた日から同項の規定による期間の最後の日までの日数が三十日に満たない場合には、その日数に相当する日数分）とする。

2　前項に規定する場合における第十七条第四項の規定の適用については、同項第二号ニ中「三十歳未満」とあるのは「三十歳未満又は六十五歳以上」とする。

3　特例一時金の支給を受けようとする特例受給資格者は、離職の日の翌日から起算して六箇月を経過する日までに、厚生労働省令で定めるところにより、公共職業安定所に出頭し、求職の申込みをした上、失業していることについての認定を受けなければならない。

4　第二十一条、第三十一条第一項、第三十二条、第三十三条第一項及び第二項並びに第三十四条第一項から第三項までの規定は、特例一時金について準用する。この場合において、第二十一条中「受給資格者」とあるのは「特例受給資格者」と、「受給資格」とあるのは「特例受給資格」と、第三十一条第一項中「受給資格者」とあるのは「特例受給資格者」と、「失業の認定を受けることができなかつた期間」とあるのは「第四十条第三項の認定を受けることができなかつた場合における当該特例受給資格者」と、「失業の認定を受けなければならない」とあるのは「同項の認定を受けなければならない」と、第三十二条中「受給資格者」とあるのは「特例受給資格者」と、第三十三条第一項中「支給しない。ただし次に掲げる受給資格者（第一号に掲げる者にあつては公共職業安定所長の指示した公共職業訓練等を受ける期間及び当該公共職業訓練等を受け終わつた日後の期間に限り、第三号に掲げる者にあつては第二号に規定する訓練を受ける期間及び当該訓練を受け終わつた日後の期間に限る。）については、この限りでない」とあるのは「支給しない」と、同条第二項中「受給資格者」とあるのは「特例受給資格者」と、第三十四条第二項中「受給資格」とあるのは「特例受給資格」と、同条第三項中「受給資格者」とあるのは「特例受給資格者」と、「受給資格」とあるのは「特例受給資格」とそれぞれ読み替えるものとする。

（公共職業訓練等を受ける場合）

第四一条　特例受給資格者が、当該特例受給資格に基づく特例一時金の支給を受ける前に公共職業安定所長の指示した公共職業訓練等（その期間が政令で定める期間に達しないものを除く。）を受ける場合には、第十条第三項及び前三条の規定にかかわらず、特例一時金を支給しないものとし、その者を第十五条第一項に規定する受給資格者とみなして、当該公共職業訓練等を受け終わる日までの間に限り、第二節（第三十三条第一項ただし書の規定を除く。）に定めるところにより、求職者給付を支給する。

2　前項の特例受給資格者は、当該特例受給資格に係る被保険者となつた日前に第二十九条第一項又は第三十四条第一項の規定により基本手当の支給を受けることができないこととされている場合においても、前項の規定により求職者給付の支給を受けることができる。

第四節　日雇労働被保険者の求職者給付

（日雇労働者）

第四二条　この節において日雇労働者とは、次の各号のいずれかに該当する労働者（前二月の各月において十八日以上同一の事業主の適用事業に雇用された者及び同一の事業主の適用事業に継続して三十一日以上雇用された者（次条第二項の認可を受けた者を除く。）を除く。）をいう。

一　日々雇用される者

二　三十日以内の期間を定めて雇用される者

（日雇労働被保険者）

第四三条　被保険者である日雇労働者であつて、次の各号のいずれかに該当するもの（以下「日雇労働被保険者」という。）が失業した場合には、この節の定めるところにより、日雇労働求職者給付金を支給する。

一　特別区若しくは公共職業安定所の所在する市町村の区域（厚生労働大臣が指定する区域を除く。）又はこれらに隣接する市町村の全部又は一部の区域であつて、厚生労働大臣が指定するもの（以下この項において「適用区域」という。）に居住し、適用事業に雇用される者

二　適用区域外の地域に居住し、適用区域内にある適用事業に雇用される者

三　適用区域外の地域に居住し、適用区域外の地域にある適用事業であつて、日雇労働の労働市場の状況その他の事情に基づいて厚生労働大臣が指定したものに雇用される者

四　前三号に掲げる者のほか、厚生労働省令で定めるところにより公共職業安定所長の認可を受けた者

2　日雇労働被保険者が前二月の各月において十八

日以上同一の事業主の適用事業に雇用された場合又は同一の事業主の適用事業に継続して三十一日以上雇用された場合において、厚生労働省令で定めるところにより公共職業安定所長の認可を受けたときは、その者は、引き続き、日雇労働被保険者となることができる。

3　前二月の各月において十八日以上同一の事業主の適用事業に雇用された日雇労働被保険者又は同一の事業主の適用事業に継続して三十一日以上雇用された日雇労働被保険者が前項の認可を受けなかつたため、日雇労働被保険者とされなくなつた最初の月に離職し、失業した場合には、その失業した月の間における日雇労働求職者給付金の支給については、その者を日雇労働被保険者とみなす。

4　日雇労働被保険者に関しては、第六条（第三号に限る。）及び第七条から第九条まで並びに前三節の規定は、適用しない。

（日雇労働被保険者手帳）

第四四条　日雇労働被保険者は、厚生労働省令で定めるところにより、公共職業安定所において、日雇労働被保険者手帳の交付を受けなければならない。

（日雇労働求職者給付金の受給資格）

第四五条　日雇労働求職者給付金は、日雇労働被保険者が失業した場合において、その失業の日の属する月の前二月間に、その者について、徴収法第十条第二項第四号の印紙保険料（以下「印紙保険料」という。）が通算して二十六日分以上納付されているときに、第四十七条から第五十二条までに定めるところにより支給する。

第四六条　前条の規定により日雇労働求職者給付金の支給を受けることができる者が第十五条第一項に規定する受給資格者である場合において、その者が、基本手当の支給を受けたときはその支給の対象となつた日については日雇労働求職者給付金を支給せず、日雇労働求職者給付金の支給を受けたときはその支給の対象となつた日については基本手当を支給しない。

（日雇労働被保険者に係る失業の認定）

第四七条　日雇労働求職者給付金は、日雇労働被保険者が失業している日（失業していることについての認定を受けた日に限る。第五十四条第一号において同じ。）について支給する。

2　前項の失業していることについての認定（以下この節において「失業の認定」という。）を受けようとする者は、厚生労働省令で定めるところにより、公共職業安定所に出頭し、求職の申込みをしなければならない。

3　厚生労働大臣は、必要があると認めるときは、前項の規定にかかわらず、日雇労働被保険者に係る失業の認定について別段の定めをすることができる。

（日雇労働求職者給付金の日額）

第四八条　日雇労働求職者給付金の日額は、次の各号に掲げる区分に応じ、当該各号に定める額とする。

一　前二月間に納付された印紙保険料のうち、徴収法第二十二条第一項第一号に掲げる額（その額が同条第二項又は第四項の規定により変更されたときは、その変更された額）の印紙保険料（以下「第一級印紙保険料」という。）が二十四日分以上であるとき　七千五百円（その額が次条第一項の規定により変更されたときは、その変更された額）

二　次のいずれかに該当するとき　六千二百円（その額が次条第一項の規定により変更されたときは、その変更された額）

イ　前二月間に納付された印紙保険料のうち、第一級印紙保険料及び徴収法第二十二条第一項第二号に掲げる額（その額が同条第二項又は第四項の規定により変更されたときは、その変更された額）の印紙保険料（以下「第二級印紙保険料」という。）が二十四日分以上であるとき（前号に該当するときを除く。）。

ロ　前二月間に納付された印紙保険料のうち、第一級印紙保険料及び第二級印紙保険料が二十四日分未満である場合において、第一級印紙保険料の納付額と第二級印紙保険料の納付額との合計額に、徴収法第二十二条第一項第三号に掲げる額（その額が同条第二項又は第四項の規定により変更されたときは、その変更された額）の印紙保険料（以下「第三級印紙保険料」という。）の納付額のうち二十四日から第一級印紙保険料及び第二級印紙保険料の納付日数を差し引いた日数に相当する日数分の額を加算した額を二十四で除して得た額が第二級印紙保険料の日額以上であるとき。

三　前二号のいずれにも該当しないとき　四千百円（その額が次条第一項の規定により変更されたときは、その変更された額）

（日雇労働求職者給付金の日額等の自動的変更）

第四九条　厚生労働大臣は、平均定期給与額（第十八条第一項の平均定期給与額をいう。以下この項において同じ。）が、平成六年九月の平均定期給与額（この項の規定により日雇労働求職者給付金の日額等が変更されたときは直近の当該変更の基礎となつた平均定期給与額）の百分の百二十を超え、又は百分の八十三を下るに至つた場合において、その状態が継続すると認めるときは、その平均定期給与額の上昇し、又は低下した比率を基準として、日雇労働求職者給付金の日額等を変更しなければならない。

2　前項の「日雇労働求職者給付金の日額等」とは、前条第一号に定める額の日雇労働求職者給付金（次項及び第五十四条において「第一級給付金」という。）の日額、前条第二号に定める額の日雇労働求職者給付金（次項及び第五十四条において「第二級給付金」という。）の日額及び前条第三号に定める額の日雇労働求職者給付金（次項及び第五十四条において「第三級給付金」という。）の日額並びに徴収法第二十二条第一項に規定する印紙保険料の額の区分に係る賃金の日額のうち第一級印紙保険料と第二級印紙保険料との区分に係る賃金の日額（その額が前項の規定により変更されたときは、その変更された額。次項において「一級・二級印紙保険料区分日額」という。）及び第二級印紙保険料と第三級印紙保険料との区分に係る賃金の日額（その額が前項の規定により変更されたときは、その変更された額。次項において「二級・三級印紙保険料区分日額」という。）をいう。

3　徴収法第二十二条第五項の規定により同条第二項に規定する第一級保険料日額、第二級保険料日額及び第三級保険料日額の変更があつた場合には、厚生労働大臣は、その変更のあつた日から一年を経過した日の前日（その日前に当該変更に関して国会の議決があつた場合には、その議決のあつた日の前日）までの間は、第一項の規定による第一級給付金の日額、第二級給付金の日額及び第三級給付金の日額並びに一級・二級印紙保険料区分日額及び二級・三級印紙保険料区分日額の変更を行うことができない。

（日雇労働求職者給付金の支給日数等）

第五〇条　日雇労働求職者給付金は、日雇労働被保険者が失業した日の属する月における失業の認定を受けた日について、その月の前二月間に、その者について納付されている印紙保険料が通算して二十八日分以下であるときは、通算して十三日分を限度として支給し、その者について納付されている印紙保険料が通算して二十八日分を超えているときは、通算して、二十八日分を超える四日分ごとに一日を十三日に加えて得た日数分を限度として支給する。ただし、その月において通算して十七日分を超えては支給しない。

2　日雇労働求職者給付金は、各週（日曜日から土曜日までの七日をいう。）につき日雇労働被保険者が職業に就かなかつた最初の日については、支給しない。

（日雇労働求職者給付金の支給方法等）

第五一条　日雇労働求職者給付金は、公共職業安定所において、失業の認定を行つた日に支給するものとする。

2　厚生労働大臣は、必要があると認めるときは、前項の規定にかかわらず、日雇労働求職者給付金の支給について別段の定めをすることができる。

3　第三十一条第一項の規定は、日雇労働求職者給付金について準用する。この場合において、同項中「受給資格者」とあるのは「日雇労働求職者給付金の支給を受けることができる者」と、「失業の認定」とあるのは「第四十七条第二項の失業の認定」と読み替えるものとする。

（給付制限）

第五二条　日雇労働求職者給付金の支給を受けることができる者が公共職業安定所の紹介する業務に就くことを拒んだときは、その拒んだ日から起算して七日間は、日雇労働求職者給付金を支給しない。ただし、次の各号のいずれかに該当するときは、この限りでない。

一　紹介された業務が、その者の能力からみて不適当であると認められるとき。

二　紹介された業務に対する賃金が、同一地域における同種の業務及び同程度の技能に係る一般の賃金水準に比べて、不当に低いとき。

三　職業安定法第二十条（第二項ただし書を除く。）の規定に該当する事業所に紹介されたとき。

四　その他正当な理由があるとき。

2　日雇労働求職者給付金の支給を受けることができる者についての前項各号のいずれかに該当するかどうかの認定は、公共職業安定所長が厚生労働大臣の定める基準に従つてするものとする。

3　日雇労働求職者給付金の支給を受けることができる者が、偽りその他不正の行為により求職者給付又は就職促進給付の支給を受け、又は受けようとしたときは、その支給を受け、又は受けようとした月及びその月の翌月から三箇月間は、日雇労働求職者給付金を支給しない。ただし、やむを得ない理由がある場合には、日雇労働求職者給付金の全部又は一部を支給することができる。

（日雇労働求職者給付金の特例）

第五三条　日雇労働被保険者が失業した場合において、次の各号のいずれにも該当するときは、その者は、公共職業安定所長に申し出て、次条に定める日雇労働求職者給付金の支給を受けることができる。

一　継続する六月間に当該日雇労働被保険者について印紙保険料が各月十一日分以上、かつ、通算して七十八日分以上納付されていること。

二　前号に規定する継続する六月間（以下「基礎期間」という。）のうち後の五月間に第四十五条の規定による日雇労働求職者給付金の支給を受けていないこと。

三　基礎期間の最後の月の翌月以後二月間（申出をした日が当該二月の期間内にあるときは、同日までの間）に第四十五条の規定による日雇労働求職者給付金の支給を受けていないこと。

2　前項の申出は、基礎期間の最後の月の翌月以後四月の期間内に行わなければならない。

第五四条　前条第一項の申出をした者に係る日雇労働求職者給付金の支給については、第四十八条及び第五十条第一項の規定にかかわらず、次の各号に定めるところによる。

一　日雇労働求職者給付金の支給を受けることができる期間及び日数は、基礎期間の最後の月の翌月以後四月の期間内の失業している日について、通算して六十日分を限度とする。

二　日雇労働求職者給付金の日額は、次のイからハまでに掲げる区分に応じ、当該イからハまでに定める額とする。

イ　基礎期間に納付された印紙保険料のうち、第一級印紙保険料が七十二日分以上であるとき　第一級給付金の日額

ロ　次のいずれかに該当するとき　第二級給付金の日額

(1)　基礎期間に納付された印紙保険料のうち、第一級印紙保険料及び第二級印紙保険料が七十二日分以上であるとき（イに該当するときを除く。）。

(2)　基礎期間に納付された印紙保険料のうち、第一級印紙保険料及び第二級印紙保険料が七十二日分未満である場合において、第一級印紙保険料の納付額と第二級印紙保険料の納付額との合計額に、第三級印紙保険料の納付額のうち七十二日から第一級印紙保険料及び第二級印紙保険料の納付日数を差し引いた日数に相当する日数分の額を加算した額を七十二で除して得た額が第二級印紙保険料の日額以上であるとき。

ハ　イ又はロに該当しないとき　第三級給付金の日額

第五五条　基礎期間の最後の月の翌月以後二月の期間内に第五十三条第一項の申出をした者については、当該二月を経過する日までは、第四十五条の規定による日雇労働求職者給付金は、支給しない。

2　第五十三条第一項の申出をした者が、基礎期間の最後の月の翌月から起算して第三月目又は第四月目に当たる月において、第四十五条の規定による日雇労働求職者給付金の支給を受けたときは当該日雇労働求職者給付金の支給の対象となつた日については前条の規定による日雇労働求職者給付金を支給せず、同条の規定による日雇労働求職者給付金の支給を受けたときは当該日雇労働求職者給付金の支給の対象となつた日については第四十五条の規定による日雇労働求職者給付金を支給しない。

3　前条の規定による日雇労働求職者給付金の支給を受けた者がその支給を受けた後に第五十三条第一項の申出をする場合における同項第二号の規定の適用については、その者は、第四十五条の規定による日雇労働求職者給付金の支給を受けたものとみなす。

4　第四十六条、第四十七条、第五十条第二項、第五十一条及び第五十二条の規定は、前条の規定による日雇労働求職者給付金について準用する。

（日雇労働被保険者であつた者に係る被保険者期間等の特例）

第五六条　日雇労働被保険者が二月の各月において十八日以上同一の事業主の適用事業に雇用され、その翌月以後において離職した場合には、その二月を第十四条の規定による被保険者期間の二箇月として計算することができる。ただし、その者が第四十三条第二項又は第三項の規定の適用を受けた者である場合には、この限りでない。

2　前項の規定により同項に規定する二月を被保険者期間として計算することによつて第十四条第二項第一号に規定する受給資格、高年齢受給資格又は特例受給資格を取得した者について、第十七条に規定する賃金日額を算定する場合には、その二月の各月において納付された印紙保険料の額を厚生労働省令で定める率で除して得た額をそれぞれその各月に支払われた賃金額とみなす。

3　第一項の規定は、第二十二条第三項の規定による算定基礎期間の算定について準用する。この場合において、第一項中「その二月を第十四条の規定による被保険者期間の二箇月として」とあるのは、「当該雇用された期間を第二十二条第三項に規定する基準日まで引き続いて同一の事業主の適用事業に被保険者として雇用された期間に該当する

ものとして」と読み替えるものとする。

第五六条の二　日雇労働被保険者が同一の事業主の適用事業に継続して三十一日以上雇用された後に離職した場合（前条第一項本文に規定する場合を除く。）には、その者の日雇労働被保険者であつた期間を第十四条の規定による被保険者期間の計算において被保険者であつた期間とみなすことができる。ただし、その者が第四十三条第二項又は第三項の規定の適用を受けた者である場合には、この限りでない。

2　前項の規定により第十四条の規定による被保険者期間を計算することによつて同条第二項第一号に規定する受給資格、高年齢受給資格又は特例受給資格を取得した者について、第十七条に規定する賃金日額を算定する場合には、日雇労働被保険者であつた期間のうち、同条第一項に規定する算定対象期間において被保険者期間として計算された最後の六箇月間に含まれる期間において納付された印紙保険料の額を厚生労働省令で定める率で除して得た額を当該期間に支払われた賃金額とみなす。

3　第一項の規定は、第二十二条第三項の規定による算定基礎期間の算定について準用する。この場合において、第一項中「その者の日雇労働被保険者であつた期間を第十四条の規定による被保険者期間の計算において被保険者であつた期間とみなす」とあるのは、「当該日雇労働被保険者であつた期間を第二十二条第三項に規定する基準日まで引き続いて同一の事業主の適用事業に被保険者として雇用された期間に該当するものとして計算する」と読み替えるものとする。

第五節　就職促進給付

（就業促進手当）

第五六条の三　就業促進手当は、次の各号のいずれかに該当する者に対して、公共職業安定所長が厚生労働省令で定める基準に従つて必要があると認めたときに、支給する。

一　厚生労働省令で定める安定した職業に就いた受給資格者であつて、当該職業に就いた日の前日における基本手当の支給残日数（当該職業に就かなかつたこととした場合における同日の翌日から当該受給資格に係る第二十条第一項及び第二項の規定による期間（第三十三条第三項の規定に該当する受給資格者については同項の規定による期間とし、次条第一項の規定に該当する受給資格者については同項の規定による期間とする。）の最後の日までの間に基本手当の支給を受けることができることとなる日数をいう。以下同じ。）が当該受給資格に基づく所定給付日数の三分の一以上であるもの

二　厚生労働省令で定める安定した職業に就いた受給資格者（当該職業に就いた日の前日における基本手当の支給残日数が当該受給資格に基づく所定給付日数の三分の一未満である者に限る。）、高年齢受給資格者（高年齢求職者給付金の支給を受けた者であつて、当該高年齢受給資格に係る離職の日の翌日から起算して一年を経過していないものを含む。以下この節において同じ。）、特例受給資格者（特例一時金の支給を受けた者であつて、当該特例受給資格に係る離職の日の翌日から起算して六箇月を経過していないものを含む。以下この節において同じ。）又は日雇受給資格者（第四十五条又は第五十四条の規定による日雇労働求職者給付金の支給を受けることができる者をいう。以下同じ。）であつて、身体障害者その他の就職が困難な者として厚生労働省令で定めるもの

2　受給資格者、高年齢受給資格者、特例受給資格者又は日雇受給資格者（第五十八条及び第五十九条第一項において「受給資格者等」という。）が、前項各号に規定する安定した職業に就いた日前厚生労働省令で定める期間内の就職について就業促進手当（同項第一号イに該当する者に係るものを除く。以下この項において同じ。）の支給を受けたことがあるときは、同項の規定にかかわらず、就業促進手当は、支給しない。

3　就業促進手当の額は、次の各号に掲げる者の区分に応じ、当該各号に定める額とする。

一　第一項第一号に該当する者　第十六条の規定による基本手当の日額（その金額が同条第一項（同条第二項において読み替えて適用する場合を含む。）に規定する一万二千九十円（その額が第十八条の規定により変更されたときは、その変更された額）に百分の五十（受給資格に係る離職の日において六十歳以上六十五歳未満である受給資格者にあつては、百分の四十五）を乗じて得た金額を超えるときは、当該金額。以下この条において「基本手当日額」という。）に支給残日数に相当する日数に十分の六（その職業に就いた日の前日における基本手当の支給残日数が当該受給資格に基づく所定給付日数の三分の二以上である者にあつては、十分の七）を乗じて得た数を乗じて得た額（同一の事業主の適用事業にその職業に就いた日から引き続いて六箇月以上雇用される者であつて厚生労働省

令で定めるものにあっては、当該額に、基本手当日額に支給残日数に相当する日数に十分の二を乗じて得た数を乗じて得た額を限度として厚生労働省令で定める額を加えて得た額）

二　第一項第二号に該当する者　次のイから二までに掲げる者の区分に応じ、当該イから二までに定める額に四十を乗じて得た額を限度として厚生労働省令で定める額

イ　受給資格者　基本手当日額

ロ　高年齢受給資格者　その者を高年齢受給資格に係る離職の日において三十歳未満である基本手当の受給資格者とみなして第十六条から第十八条までの規定を適用した場合にその者に支給されることとなる基本手当の日額（その金額がその者を基本手当の受給資格者とみなして適用される第十六条第一項に規定する一万二千九十円（その額が第十八条の規定により変更されたときは、その変更された額）に百分の五十を乗じて得た金額を超えるときは、当該金額）

ハ　特例受給資格者　その者を基本手当の受給資格者とみなして第十六条から第十八条までの規定を適用した場合にその者に支給されることとなる基本手当の日額（その金額がその者を基本手当の受給資格者とみなして適用される第十六条第一項（同条第二項において読み替えて適用する場合を含む。）に規定する一万二千九十円（その額が第十八条の規定により変更されたときは、その変更された額）に百分の五十（特例受給資格に係る離職の日において六十歳以上六十五歳未満である特例受給資格者にあつては、百分の四十五）を乗じて得た金額を超えるときは、当該金額）

ニ　日雇受給資格者　第四十八条又は第五十四条第二号の規定による日雇労働求職者給付金の日額

4　第一項第一号に該当する者に係る就業促進手当を支給したときは、この法律の規定（第十条の四及び第三十四条の規定を除く。）の適用については、当該就業促進手当の額を基本手当日額で除して得た日数に相当する日数分の基本手当を支給したものとみなす。

（就業促進手当の支給を受けた場合の特例）

第五七条　特定就業促進手当受給者について、第一号に掲げる期間が第二号に掲げる期間を超えるときは、当該特定就業促進手当受給者の基本手当の受給期間は、第二十条第一項及び第二項並びに第三十三条第三項の規定にかかわらず、これらの規定による期間に当該超える期間を加えた期間とする。

一　就業促進手当（前条第一項第一号に該当する者に係るものに限る。以下この条において同じ。）に係る基本手当の受給資格に係る離職の日の翌日から再離職（当該就業促進手当の支給を受けた後の最初の離職（新たに受給資格、高年齢受給資格又は特例受給資格を取得した場合における当該受給資格、高年齢受給資格又は特例受給資格に係る離職を除く。）をいう。次項において同じ。）の日までの期間に次のイ及びロに掲げる日数を加えた期間

イ　二十日以下の範囲内で厚生労働省令で定める日数

ロ　当該就業促進手当に係る職業に就いた日の前日における支給残日数から前条第四項の規定により基本手当を支給したものとみなされた日数を差し引いた日数

二　当該職業に就かなかつたこととした場合における当該受給資格に係る第二十条第一項及び第二項の規定による期間（第三十三条第三項の規定に該当する受給資格者については、同項の規定による期間）

2　前項の特定就業促進手当受給者とは、就業促進手当の支給を受けた者であつて、再離職の日が当該就業促進手当に係る基本手当の受給資格に係る第二十条第一項及び第二項の規定による期間（第三十三条第三項の規定に該当する受給資格者については、同項の規定による期間）内にあり、かつ、次の各号のいずれかに該当するものをいう。

一　再離職が、その者を雇用していた事業主の事業について発生した倒産又は当該事業主の適用事業の縮小若しくは廃止に伴うものである者として厚生労働省令で定めるもの

二　前号に定めるもののほか、解雇その他の厚生労働省令で定める理由により離職した者

3　第一項の規定に該当する受給資格者については、第二十四条第一項中「第二十条第一項及び第二項」とあるのは、「第五十七条第一項」とする。

4　第三十三条第五項の規定は、第一項の規定に該当する受給資格者について準用する。

（移転費）

第五八条　移転費は、受給資格者等が公共職業安定所、職業安定法第四条第九項に規定する特定地方公共団体若しくは同法第十八条の二に規定する職業紹介事業者の紹介した職業に就くため、又は公共職業安定所長の指示した公共職業訓練等を受け

るため、その住所又は居所を変更する場合において、公共職業安定所長が厚生労働大臣の定める基準に従つて必要があると認めたときに、支給する。

2　移転費の額は、受給資格者等及びその者により生計を維持されている同居の親族の移転に通常要する費用を考慮して、厚生労働省令で定める。

（求職活動支援費）

第五九条　求職活動支援費は、受給資格者等が求職活動に伴い次の各号のいずれかに該当する行為をする場合において、公共職業安定所長が厚生労働大臣の定める基準に従つて必要があると認めたときに、支給する。

一　公共職業安定所の紹介による広範囲の地域にわたる求職活動

二　公共職業安定所の職業指導に従つて行う職業に関する教育訓練の受講その他の活動

三　求職活動を容易にするための役務の利用

2　求職活動支援費の額は、前項各号の行為に通常要する費用を考慮して、厚生労働省令で定める。

（給付制限）

第六〇条　偽りその他不正の行為により求職者給付又は就職促進給付の支給を受け、又は受けようとした者には、これらの給付の支給を受け、又は受けようとした日以後、就職促進給付を支給しない。ただし、やむを得ない理由がある場合には、就職促進給付の全部又は一部を支給することができる。

2　前項に規定する者が同項に規定する日以後新たに受給資格、高年齢受給資格又は特例受給資格を取得した場合には、同項の規定にかかわらず、その受給資格、高年齢受給資格又は特例受給資格に基づく就職促進給付を支給する。

3　第一項に規定する者であつて、第五十二条第三項（第五十五条第四項において準用する場合を含む。次項において同じ。）の規定により日雇労働求職者給付金の支給を受けることができない者とされたものが、その支給を受けることができない期間を経過した後において、日雇受給資格者である場合又は日雇受給資格者となつた場合には、第一項の規定にかかわらず、その日雇受給資格者たる資格に基づく就職促進給付を支給する。

4　第一項に規定する者（第五十二条第三項の規定により日雇労働求職者給付金の支給を受けることができない者とされている者を除く。）が新たに日雇受給資格者となつた場合には、第一項の規定にかかわらず、その日雇受給資格者たる資格に基づく就職促進給付を支給する。

5　受給資格者が第一項の規定により就職促進給付を支給されないこととされたため、当該受給資格に基づく就業促進手当の全部又は一部の支給を受けることができなくなつたときは、第五十六条の三第四項の規定の適用については、その全部又は一部の支給を受けることができないこととされた就業促進手当の支給があつたものとみなす。

第五節の二　教育訓練給付

（教育訓練給付金）

第六〇条の二　教育訓練給付金は、次の各号のいずれかに該当する者（以下「教育訓練給付対象者」という。）が、厚生労働省令で定めるところにより、雇用の安定及び就職の促進を図るために必要な職業に関する教育訓練として厚生労働大臣が指定する教育訓練を受け、当該教育訓練を修了した場合（当該教育訓練を受けている場合であつて厚生労働省令で定める場合を含み、当該教育訓練に係る指定教育訓練実施者により厚生労働省令で定める証明がされた場合に限る。）において、支給要件期間が三年以上であるときに、支給する。

一　当該教育訓練を開始した日（以下この条において「基準日」という。）に一般被保険者（被保険者のうち、高年齢被保険者、短期雇用特例被保険者及び日雇労働被保険者以外の者をいう。次号において同じ。）又は高年齢被保険者である者

二　前号に掲げる者以外の者であつて、基準日が当該基準日の直前の一般被保険者又は高年齢被保険者でなくなつた日から厚生労働省令で定める期間内にあるもの

2　前項の支給要件期間は、教育訓練給付対象者が基準日までの間に同一の事業主の適用事業に引き続いて被保険者として雇用された期間（当該雇用された期間に係る被保険者となつた日前に被保険者であつたことがある者については、当該雇用された期間と当該被保険者であつた期間を通算した期間）とする。ただし、当該期間に次の各号に掲げる期間が含まれているときは、当該各号に掲げる期間に該当する全ての期間を除いて算定した期間とする。

一　当該雇用された期間又は当該被保険者であつた期間に係る被保険者となつた日の直前の被保険者でなくなつた日が当該被保険者となつた日前一年の期間内にないときは、当該直前の被保険者でなくなつた日前の被保険者であつた期間

二　当該基準日前に教育訓練給付金の支給を受けたことがあるときは、当該給付金に係る基準日前の被保険者であつた期間

3　第二十二条第四項の規定は、前項の支給要件期

間の算定について準用する。

4　教育訓練給付金の額は、教育訓練給付対象者が第一項に規定する教育訓練の受講のために支払つた費用（厚生労働省令で定める範囲内のものに限る。）の額（当該教育訓練の受講のために支払つた費用の額であることについて当該教育訓練に係る指定教育訓練実施者により証明がされたものに限る。）に百分の二十以上百分の八十以下の範囲内において厚生労働省令で定める率を乗じて得た額（その額が厚生労働省令で定める額を超えるときは、その定める額）とする。

5　第一項及び前項の規定にかかわらず、同項の規定により教育訓練給付金の額として算定された額が厚生労働省令で定める額を超えないとき、又は教育訓練給付対象者が基準日前厚生労働省令で定める期間内に教育訓練給付金の支給を受けたことがあるときは、教育訓練給付金は、支給しない。

（給付制限）

第六〇条の三　偽りその他不正の行為により教育訓練給付金の支給を受け、又は受けようとした者には、当該給付金の支給を受け、又は受けようとした日以後、教育訓練給付金を支給しない。ただし、やむを得ない理由がある場合には、教育訓練給付金の全部又は一部を支給することができる。

2　前項の規定により教育訓練給付金の支給を受けることができない者とされたものが、同項に規定する日以後、新たに教育訓練給付金の支給を受けることができる者となつた場合には、同項の規定にかかわらず、教育訓練給付金を支給する。

3　第一項の規定により教育訓練給付金の支給を受けることができなくなつた場合においても、前条第二項の規定の適用については、当該給付金の支給があつたものとみなす。

第六節　雇用継続給付

第一款　高年齢雇用継続給付

（高年齢雇用継続基本給付金）

第六一条　高年齢雇用継続基本給付金は、被保険者（短期雇用特例被保険者及び日雇労働被保険者を除く。以下この款において同じ。）に対して支給対象月（当該被保険者が第一号に該当しなくなつたときは、同号に該当しなくなつた日の属する支給対象月以後の支給対象月）に支払われた賃金の額（支給対象月において非行、疾病その他の厚生労働省令で定める理由により支払を受けることができなかつた賃金がある場合には、その支払を受けたものとみなして算定した賃金の額。以下この項、第四項及び第五項各号（次条第三項において準用する場合を含む。）並びに同条第一項において同じ。）が、当該被保険者を受給資格者と、当該被保険者が六十歳に達した日（当該被保険者が第一号に該当しなくなつたときは、同号に該当しなくなつた日）を受給資格に係る離職の日とみなして第十七条（第三項を除く。）の規定を適用した場合に算定されることとなる賃金日額に相当する額（以下この条において「みなし賃金日額」という。）に三十を乗じて得た額の百分の七十五に相当する額を下るに至つた場合に、当該支給対象月について支給する。ただし、次の各号のいずれかに該当するときは、この限りでない。

一　当該被保険者を受給資格者と、当該被保険者が六十歳に達した日又は当該支給対象月においてその日に応当する日（その日に応当する日がない月においては、その月の末日。）を第二十条第一項第一号に規定する基準日とみなして第二十二条第三項及び第四項の規定を適用した場合に算定されることとなる期間に相当する期間が、五年に満たないとき。

二　当該支給対象月に支払われた賃金の額が、三十五万六千四百円（その額が第七項の規定により変更されたときは、その変更された額。以下この款において「支給限度額」という。）以上であるとき。

2　この条において「支給対象月」とは、被保険者が六十歳に達した日の属する月から六十五歳に達する日の属する月までの期間内にある月（その月の初日から末日まで引き続いて、被保険者であり、かつ、介護休業給付金又は育児休業給付金、出生時育児休業給付金若しくは出生後休業支援給付金の支給を受けることができる休業をしなかつた月に限る。）をいう。

3　第一項の規定によりみなし賃金日額を算定する場合における第十七条第四項の規定の適用については、同項中「前三項の規定」とあるのは、「第一項及び第二項の規定」とする。

4　第一項の規定によりみなし賃金日額を算定することができないとき若しくは困難であるとき、又は同項の規定により算定したみなし賃金日額を用いて同項の規定を適用することが適当でないと認められるときは、厚生労働大臣が定めるところにより算定した額をみなし賃金日額とする。この場合において、第十七条第四項の規定は、この項の規定により算定したみなし賃金日額について準用する。

5　高年齢雇用継続基本給付金の額は、一支給対象月について、次の各号に掲げる区分に応じ、当該支給対象月に支払われた賃金の額に当該各号に定める率を乗じて得た額とする。ただし、その額に当該賃金の額を加えて得た額が支給限度額を超えるときは、支給限度額から当該賃金の額を減じて得た額とする。

一 当該賃金の額が、みなし賃金日額に三十を乗じて得た額の百分の六十四に相当する額未満であるとき 百分の十

二 前号に該当しないとき みなし賃金日額に三十を乗じて得た額に対する当該賃金の額の割合が逓増する程度に応じ、百分の十から一定の割合で逓減するように厚生労働省令で定める率

6 第一項及び前項の規定にかかわらず、同項の規定により支給対象月における高年齢雇用継続基本給付金の額として算定された額が第十七条第四項第一号に掲げる額（その額が第十八条の規定により変更されたときは、その変更された額）の百分の八十に相当する額を超えないときは、当該支給対象月については、高年齢雇用継続基本給付金は、支給しない。

7 厚生労働大臣は、年度の平均給与額が平成二十七年四月一日から始まる年度（この項の規定により支給限度額が変更されたときは、直近の当該変更がされた年度の前年度）の平均給与額を超え、又は下るに至つた場合においては、その上昇し、又は低下した比率を基準として、その翌年度の八月一日以後の支給限度額を変更しなければならない。

（高年齢再就職給付金）

第六十一条の二 高年齢再就職給付金は、受給資格者（その受給資格に係る離職の日における第二十二条第三項の規定による算定基礎期間が五年以上あり、かつ、当該受給資格に基づく基本手当の支給を受けたことがある者に限る。）が六十歳に達した日以後安定した職業に就くことにより被保険者となつた場合において、当該被保険者に対し再就職後の支給対象月に支払われた賃金の額が、当該基本手当の日額の算定の基礎となつた賃金日額に三十を乗じて得た額の百分の七十五に相当する額を下るに至つたときに、当該再就職後の支給対象月について支給する。ただし、次の各号のいずれかに該当するときは、この限りでない。

一 当該職業に就いた日（次項において「就職日」という。）の前日における支給残日数が、百日未満であるとき。

二 当該再就職後の支給対象月に支払われた賃金の額が、支給限度額以上であるとき。

2 前項の「再就職後の支給対象月」とは、就職日の属する月から当該就職日の翌日から起算して二年（当該就職日の前日における支給残日数が二百日未満である同項の被保険者については、一年）を経過する日の属する月（その月が同項の被保険者が六十五歳に達する日の属する月後であるときは、六十五歳に達する日の属する月）までの期間内にある月（その月の初日から末日まで引き続いて、被保険者であり、かつ、介護休業給付金又は育児休業基本給付金若しくは出生時育児休業給付金の支給を受けることができる休業をしなかつた月に限る。）をいう。

3 前条第五項及び第六項の規定は、高年齢再就職給付金の額について準用する。この場合において、同条第五項中「支給対象月について」とあるのは「再就職後の支給対象月（次条第二項に規定する再就職後の支給対象月をいう。次条第三項において準用する第六項において同じ。）について」と、「当該支給対象月」とあるのは「当該再就職後の支給対象月」と、「みなし賃金日額」とあるのは「次条第一項の賃金日額」と、同条第六項中「第一項」とあるのは「次条第一項」と、「支給対象月」とあるのは「再就職後の支給対象月」と読み替えるものとする。

4 高年齢再就職給付金の支給を受けることができる者が、同一の就職につき就業促進手当（第五十六条の三第一項第一号に該当する者に係るものに限る。以下この項において同じ。）の支給を受けることができる場合において、その者が就業促進手当の支給を受けたときは高年齢再就職給付金を支給せず、高年齢再就職給付金の支給を受けたときは就業促進手当を支給しない。

（給付制限）

第六十一条の三 偽りその他不正の行為により次の各号に掲げる失業等給付の支給を受け、又は受けようとした者には、当該給付の支給を受け、又は受けようとした日以後、当該各号に定める高年齢雇用継続給付を支給しない。ただし、やむを得ない理由がある場合には、当該高年齢雇用継続給付の全部又は一部を支給することができる。

一 高年齢雇用継続基本給付金 高年齢雇用継続基本給付金

二 高年齢再就職給付金又は当該給付金に係る受給資格に基づく求職者給付若しくは就職促進給付 高年齢再就職給付金

第二款 介護休業給付

（介護休業給付金）

第六十一条の四 介護休業給付金は、被保険者（短期雇用特例被保険者及び日雇労働被保険者を除く。

以下この条において同じ。）が、厚生労働省令で定めるところにより、対象家族（当該被保険者の配偶者（婚姻の届出をしていないが、事実上婚姻関係と同様の事情にある者を含む。以下この項において同じ。）、父母及び子（これらの者に準ずる者として厚生労働省令で定めるものを含む。）並びに配偶者の父母をいう。以下この条において同じ。）を介護するための休業（以下「介護休業」という。）をした場合において、当該休業（当該対象家族を介護するための二回以上の介護休業をした場合にあつては、初回の介護休業とする。以下この項において同じ。）を開始した日前二年間（当該介護休業を開始した日前二年間に疾病、負傷その他厚生労働省令で定める理由により引き続き三十日以上賃金の支払を受けることができなかつた被保険者については、当該理由により賃金の支払を受けることができなかつた日数を二年に加算した期間（その期間が四年を超えるときは、四年間））に、みなし被保険者期間が通算して十二箇月以上であつたときに、支給単位期間について支給する。

2　前項の「みなし被保険者期間」は、介護休業（同一の対象家族について二回以上の介護休業をした場合にあつては、初回の介護休業とする。）を開始した日を被保険者でなくなつた日とみなして第十四条の規定を適用した場合に計算されることとなる被保険者期間に相当する期間とする。

3　この条において「支給単位期間」とは、介護休業をした期間（当該介護休業を開始した日から起算して三月を経過する日までの期間に限る。）を、当該介護休業を開始した日又は各月においてその日に応当し、かつ、当該休業をした期間内にある日（その日に応当する日がない月においては、その月の末日。以下この項及び次項第二号において「休業開始応当日」という。）から各翌月の休業開始応当日の前日（当該休業を終了した日の属する月にあつては、当該休業を終了した日）までの各期間に区分した場合における当該区分による一の期間をいう。

4　介護休業給付金の額は、一支給単位期間について、介護休業給付金の支給を受けることができる被保険者を受給資格者と、当該被保険者が当該介護休業給付金の支給に係る介護休業を開始した日の前日を受給資格に係る離職の日とみなして第十七条の規定を適用した場合に算定されることとなる賃金日額に相当する額（次項において「休業開始時賃金日額」という。）に次の各号に掲げる支給単位期間の区分に応じて当該各号に定める日数（次項において「支給日数」という。）を乗じて得た額の百分の四十に相当する額とする。この場合における同条の規定の適用については、同条第三項中「困難であるとき」とあるのは「できないとき若しくは困難であるとき」と、同条第四項中「第二号掲げる額」とあるのは「第二号ロに定める額」とする。

一　次号に掲げる支給単位期間以外の支給単位期間　三十日

二　当該休業を終了した日の属する支給単位期間　当該支給単位期間における当該休業を開始した日又は休業開始応当日から当該休業を終了した日までの日数

5　前項の規定にかかわらず、介護休業をした被保険者に当該被保険者を雇用している事業主から支給単位期間に賃金が支払われた場合において、当該賃金の額に当該支給単位期間における介護休業給付金の額を加えて得た額が休業開始時賃金日額に支給日数を乗じて得た額の百分の八十に相当する額以上であるときは、休業開始時賃金日額に支給日数を乗じて得た額の百分の八十に相当する額から当該賃金の額を減じて得た額を、当該支給単位期間における介護休業給付金の額とする。この場合において、当該賃金の額が休業開始時賃金日額に支給日数を乗じて得た額の百分の八十に相当する額以上であるときは、第一項の規定にかかわらず、当該賃金が支払われた支給単位期間については、介護休業給付金は、支給しない。

6　第一項の規定にかかわらず、被保険者が介護休業についてこの款の定めるところにより介護休業給付金の支給を受けたことがある場合において、当該被保険者が次の各号のいずれかに該当する介護休業をしたときは、介護休業給付金は、支給しない。

一　同一の対象家族について当該被保険者が四回以上の介護休業をした場合における四回目以後の介護休業

二　同一の対象家族について当該被保険者がした介護休業ごとに、当該介護休業を開始した日から当該介護休業を終了した日までの日数を合算して得た日数が九十三日に達した日後の介護休業

（給付制限）

第六十一条の五　偽りその他不正の行為により介護休業給付金の支給を受け、又は受けようとした者には、当該給付金の支給を受け、又は受けようとした日以後、介護休業給付金を支給しない。ただし、やむを得ない理由がある場合には、介護休業給付

金の全部又は一部を支給することができる。

2　前項の規定により介護休業給付金の支給を受けることができない者とされたものが、同項に規定する日以後、新たに介護休業を開始し、介護休業給付金の支給を受けることができる者となつた場合には、同項の規定にかかわらず、当該介護休業に係る介護休業給付金を支給する。

第三章の二　育児休業給付

（育児休業給付）

第六十一条の六　育児休業給付は、育児休業給付金及び出生時育児休業給付金とする。

2　第十条の三から第十二条までの規定は、育児休業給付について準用する。

（育児休業給付金）

第六十一条の七　育児休業給付金は、被保険者（短期雇用特例被保険者及び日雇労働被保険者を除く。以下この条及び次条において同じ。）が、厚生労働省令で定めるところにより、その一歳に満たない子（民法（明治二十九年法律第八十九号）第八百十七条の二第一項の規定により被保険者が当該被保険者との間における同項に規定する特別養子縁組の成立について家庭裁判所に請求した者（当該請求に係る家事審判事件が裁判所に係属している場合に限る。）であつて、当該被保険者が現に監護するもの、児童福祉法（昭和二十二年法律第百六十四号）第二十七条第一項第三号の規定により同法第六条の四第二号に規定する養子縁組里親である被保険者に委託されている児童及びその他これらに準ずる者として厚生労働省令で定める者に、厚生労働省令で定めるところにより委託されている者を含む。以下この章において同じ。）（その子が一歳に達した日後の期間について休業することが雇用の継続のために特に必要と認められる場合として厚生労働省令で定める場合に該当する場合にあつては、一歳六か月に満たない子（その子が一歳六か月に達した日後の期間について休業することが雇用の継続のために特に必要と認められる場合として厚生労働省令で定める場合に該当する場合にあつては、二歳に満たない子））を養育するための休業（以下この章において「育児休業」という。）をした場合において、当該育児休業（当該子について二回以上の育児休業をした場合にあつては、初回の育児休業とする。以下この項及び第三項において同じ。）を開始した日前二年間（当該育児休業を開始した日前二年間に疾病、負傷その他厚生労働省令で定める理由により引き続き三十日以上賃金の支払を受けることができなかつた被保険者については、当該理由により賃金の支払を受けることができなかつた日数を二年に加算した期間（その期間が四年を超えるときは、四年間））に、みなし被保険者期間が通算して十二箇月以上であつたときに、支給単位期間について支給する。

2　被保険者が育児休業についてこの章の定めるところにより育児休業給付金の支給を受けたことがある場合において、当該被保険者が同一の子について三回以上の育児休業（厚生労働省令で定める場合に該当するものを除く。）をした場合における三回目以後の育児休業については、前項の規定にかかわらず、育児休業給付金は、支給しない。

3　第一項の「みなし被保険者期間」は、育児休業を開始した日を被保険者でなくなつた日とみなして第十四条の規定を適用した場合に計算されることとなる被保険者期間に相当する期間とする。

4　労働基準法第六十五条第二項の規定による休業をした被保険者であつて、前項に規定するみなし被保険者期間が十二箇月に満たないものについての第一項及び前項の規定の適用については、第一項中「当該育児休業（当該子について二回以上の育児休業をした場合にあつては、初回の育児休業とする。以下この項及び第三項において同じ。）を開始した日」とあるのは「特例基準日（当該子について労働基準法第六十五条第一項の規定による休業を開始した日（厚生労働省令で定める理由により当該日によることが適当でないと認められる場合においては、当該理由に応じて厚生労働省令で定める日）をいう。以下この項及び第三項において同じ。）」と、「育児休業を開始した日」とあるのは「特例基準日」と、前項中「育児休業を開始した日」とあるのは「特例基準日」とする。

5　この条において「支給単位期間」とは、育児休業をした期間を、当該育児休業を開始した日又は各月においてその日に応当し、かつ、当該育児休業をした期間内にある日（その日に応当する日がない月においては、その月の末日。以下この項及び次項において「休業開始応当日」という。）から各翌月の休業開始応当日の前日（当該育児休業を終了した日の属する月にあつては、当該育児休業を終了した日）までの各期間に区分した場合における当該区分による一の期間をいう。

6　育児休業給付金の額は、一支給単位期間について、育児休業給付金の支給を受けることができる被保険者を受給資格者と、当該被保険者が当該育児休業給付金の支給に係る育児休業（同一の子について二回以上の育児休業をした場合にあつては、初回の育児休業とする。）を開始した日の前日を受給資格に係る離職の日とみなして第十七条の規定を適用した場合に算定されることとなる賃金日額に相当する額（以下この項及び次項において「休業開始時賃金日額」という。）に次の各号に掲げる支給単位期間の区分に応じて当該各号に定める日数（同項において「支給日数」という。）を乗じて得た額の百分の五十（当該育児休業（同一の子について二回以上の育児休業をした場合にあつては、初回の育児休業とする。）を開始した日から起算し当該育児休業給付金の支給に係る休業日数が通算して百八十日に達するまでの間に限り、百分の六十七）に相当する額（支給単位期間に当該育児休業給付金の支給に係る休業日数の百八十日目に当たる日が属する場合にあつては、休業開始時賃金日額に当該休業開始応当日から当該休業日数の百八十日目に当たる日までの日数を乗じて得た額の百分の六十七に相当する額に、休業開始時賃金日額に当該休業日数の百八十一日目に当たる日から育児休業を終了した日又は翌月の休業開始応当日の前日のいずれか早い日までの日数を乗じて得た額の百分の五十に相当する額を加えて得た額）とする。この場合における同条の規定の適用については、同条第三項中「困難であるとき」とあるのは「できないとき若しくは困難であるとき」と、同条第四項中「第二号に掲げる額」とあるのは「第二号ハに定める額」とする。

一　次号に掲げる支給単位期間以外の支給単位期間　三十日

二　育児休業を終了した日の属する支給単位期間　当該支給単位期間における当該育児休業を開始した日又は休業開始応当日から当該育児休業を終了した日までの日数

7　前項の規定にかかわらず、育児休業をした被保険者に当該被保険者を雇用している事業主から支給単位期間に賃金が支払われた場合において、当該賃金の額に当該支給単位期間における育児休業給付金の額を加えて得た額が休業開始時賃金日額に支給日数を乗じて得た額の百分の八十に相当する額以上であるときは、休業開始時賃金日額に支給日数を乗じて得た額の百分の八十に相当する額から当該賃金の額を減じて得た額を、当該支給単位期間における育児休業給付金の額とする。この場合において、当該賃金の額が休業開始時賃金日額に支給日数を乗じて得た額の百分の八十に相当する額以上であるときは、第一項の規定にかかわらず、当該賃金が支払われた支給単位期間については、育児休業給付金は、支給しない。

8　被保険者の養育する子について、当該被保険者の配偶者（婚姻の届出をしていないが、事実上婚姻関係と同様の事情にある者を含む。）が当該子の一歳に達する日以前のいずれかの日において当該子を養育するための休業をしている場合における第一項の規定の適用については、同項中「その一歳」とあるのは、「その一歳二か月」とする。

9　育児休業給付金の支給を受けたことがある者に対する第二十二条第三項及び第三十七条の四第三項の規定の適用については、第二十二条第三項中「とする。ただし、当該期間」とあるのは「とし、当該雇用された期間又は当該被保険者であつた期間に育児休業給付金の支給に係る休業の期間があるときは、当該休業の期間を除いて算定した期間とする。ただし、当該雇用された期間又は当該被保険者であつた期間」と、第三十七条の四第三項中「第二十二条第三項」とあるのは「第二十二条第三項（第六十一条の七第九項において読み替えて適用する場合を含む。）」とする。

（出生時育児休業給付金）

第六十一条の八　出生時育児休業給付金は、被保険者が、厚生労働省令で定めるところにより、その子の出生の日から起算して八週間を経過する日の翌日まで（出産予定日前に当該子が出生した場合にあつては当該出生の日から当該出産予定日から起算して八週間を経過する日の翌日までとし、出産予定日後に当該子が出生した場合にあつては当該出産予定日から当該出生の日から起算して八週間を経過する日の翌日までとする。）の期間内に四週間以内の期間を定めて当該子を養育するための休業（当該被保険者が出生時育児休業給付金の支給を受けることを希望する旨を公共職業安定所長に申し出たものに限る。以下この条において「出生時育児休業」という。）をした場合において、当該出生時育児休業（当該子について二回目の出生時育児休業をした場合にあつては、初回の出生時育児休業とする。以下この項及び第三項において同じ。）を開始した日前二年間（当該出生時育児休業を開始した日前二年間に疾病、負傷その他厚生労働省令で定める理由により引き続き三十日以上賃金の支払を受けることができなかつた被保険者については、当該理由により賃金の支払を受けることができなかつた日数を二年に加算した期間（その期間が四年を超えるときは、四年間））に、みなし被保険者期間が通算して十二箇月以上であつたときに、支給する。

2　被保険者が出生時育児休業についてこの章の定めるところにより出生時育児休業給付金の支給を

受けたことがある場合において、当該被保険者が次の各号のいずれかに該当する出生時育児休業をしたときは、前項の規定にかかわらず、出生時育児休業給付金は、支給しない。

一　同一の子について当該被保険者が三回以上の出生時育児休業をした場合における三回目以後の出生時育児休業

二　同一の子について当該被保険者がした出生時育児休業ごとに、当該出生時育児休業を開始した日から当該出生時育児休業を終了した日までの日数を合算して得た日数が二十八日に達した日後の出生時育児休業

3　第一項の「みなし被保険者期間」は、出生時育児休業を開始した日を被保険者でなくなつた日とみなして第十四条の規定を適用した場合に計算されることとなる被保険者期間に相当する期間とする。

4　出生時育児休業給付金の額は、出生時育児休業給付金の支給を受けることができる被保険者を受給資格者と、当該被保険者が当該出生時育児休業給付金の支給に係る出生時育児休業（同一の子について二回目の出生時育児休業をした場合にあつては、初回の出生時育児休業とする。）を開始した日の前日を受給資格に係る離職の日とみなして第十七条の規定を適用した場合に算定されることとなる賃金日額に相当する額（次項において「休業開始時賃金日額」という。）に第二項第二号に規定する合算して得た日数（その日数が二十八日を超えるときは、二十八日。次項において「支給日数」という。）を乗じて得た額の百分の六十七に相当する額（次項において「支給額」という。）とする。この場合における同条の規定の適用については、同条第三項中「困難であるとき」とあるのは「できないとき若しくは困難であるとき」と、同条第四項中「第二号に掲げる額」とあるのは「第二号ハに定める額」とする。

5　前項の規定にかかわらず、出生時育児休業をした被保険者に当該被保険者を雇用している事業主から当該出生時育児休業をした期間（第二項第二号に規定する合算して得た日数が二十八日を超えるときは、当該日数が二十八日に達する日までの期間に限る。）に賃金が支払われた場合において、当該賃金の額に支給額を加えて得た額が休業開始時賃金日額に支給日数を乗じて得た額の百分の八十に相当する額以上であるときは、休業開始時賃金日額に支給日数を乗じて得た額の百分の八十に相当する額から当該賃金の額を減じて得た額を、出生時育児休業給付金の額とする。この場合において、当該賃金の額が休業開始時賃金日額に支給日数を乗じて得た額の百分の八十に相当する額以上であるときは、第一項の規定にかかわらず、出生時育児休業給付金は、支給しない。

6　前条第九項の規定は、出生時育児休業給付金について準用する。この場合において、同項中「第六十一条の七第九項」とあるのは、「第六十一条の八第六項において読み替えて準用する第六十一条の七第九項」と読み替えるものとする。

7　出生時育児休業給付金の支給を受けようとする被保険者が、既に同一の子について育児休業給付金の支給を受けていた場合における第一項、第三項及び第四項の規定の適用については、第一項中「限る」とあるのは「限り、育児休業給付金の支給に係るものを除く」と、「当該出生時育児休業（当該子について二回目の出生時育児休業をした場合にあつては、初回の出生時育児休業とする。以下この項及び第三項において同じ。）」とあるのは「当該子について当該被保険者がした初回の育児休業」と、「（当該出生時育児休業」とあるのは「（当該育児休業」と、第三項中「出生時育児休業」とあるのは「同一の子についてした初回の育児休業」と、第四項中「当該出生時育児休業給付金の支給に係る出生時育児休業（同一の子について二回目の出生時育児休業をした場合にあつては、初回の出生時育児休業とする。）」とあるのは「同一の子についてした初回の育児休業」とする。

8　育児休業給付金の支給を受けようとする被保険者が、既に同一の子について出生時育児休業給付金の支給を受けていた場合における前条第二項、第五項及び第六項の規定の適用については、同条第二項中「育児休業（」とあるのは「育児休業（次条第一項に規定する出生時育児休業及び」と、同条第五項中「、育児休業」とあるのは「、育児休業（次条第一項に規定する出生時育児休業を除く。）」と、同条第六項中「起算し当該育児休業給付金」とあるのは「起算し当該育児休業給付金（同一の子について当該被保険者が支給を受けていた次条第一項に規定する出生時育児休業給付金を含む。以下この項において同じ。）」とする。

（給付制限）

第六十一条の九　偽りその他不正の行為により育児休業給付の支給を受け、又は受けようとした者には、当該給付の支給を受け、又は受けようとした日以後、育児休業給付を支給しない。ただし、やむを得ない理由がある場合には、育児休業給付の全部又は一部を支給することができる。

2　前項の規定により育児休業給付の支給を受ける

ことができない者とされたものが、同項に規定する日以後、当該育児休業給付の支給に係る育児休業を開始した日に養育していた子以外の子について新たに育児休業を開始し、育児休業給付の支給を受けることができる者となつた場合には、同項の規定にかかわらず、当該育児休業に係る育児休業給付を支給する。

第四章　雇用安定事業等

（雇用安定事業）

第六十二条　政府は、被保険者、被保険者であつた者及び被保険者になろうとする者（以下この章において「被保険者等」という。）に関し、失業の予防、雇用状態の是正、雇用機会の増大その他雇用の安定を図るため、雇用安定事業として、次の事業を行うことができる。

一　景気の変動、産業構造の変化その他の経済上の理由により事業活動の縮小を余儀なくされた場合において、労働者を休業させる事業主その他労働者の雇用の安定を図るために必要な措置を講ずる事業主に対して、必要な助成及び援助を行うこと。

二　離職を余儀なくされる労働者に対して、労働施策の総合的な推進並びに労働者の雇用の安定及び職業生活の充実等に関する法律第二十六条第一項に規定する休暇を与える事業主その他当該労働者の再就職を促進するために必要な措置を講ずる事業主に対して、必要な助成及び援助を行うこと。

三　定年の引上げ、高年齢者等の雇用の安定等に関する法律（昭和四十六年法律第六十八号）第九条に規定する継続雇用制度の導入、同法第十条の二第四項に規定する高年齢者就業確保措置の実施等により高年齢者の雇用を延長し、又は同法第二条第二項に規定する高年齢者等（以下この号において単に「高年齢者等」という。）に対し再就職の援助を行い、若しくは高年齢者等を雇い入れる事業主その他高年齢者等の雇用の安定を図るために必要な措置を講ずる事業主に対して、必要な助成及び援助を行うこと。

四　高年齢者等の雇用の安定等に関する法律第三十四条第一項の同意を得た同項に規定する地域高年齢者就業機会確保計画（同条第四項の規定による変更の同意があつたときは、その変更後のもの。次条第一項第八号において「同意地域高年齢者就業機会確保計画」という。）に係る同法第三十四条第二項第三号に規定する事業のうち雇用の安定に係るものを行うこと。

五　雇用機会を増大させる必要がある地域への事業所の移転により新たに労働者を雇い入れる事業主、季節的に失業する者が多数居住する地域においてこれらの者を年間を通じて雇用する事業主その他雇用に関する状況を改善する必要がある地域における労働者の雇用の安定を図るために必要な措置を講ずる事業主に対して、必要な助成及び援助を行うこと。

六　前各号に掲げるもののほか、障害者その他就職が特に困難な者の雇入れの促進、雇用に関する状況が全国的に悪化した場合における労働者の雇入れの促進その他被保険者等の雇用の安定を図るために必要な事業であつて、厚生労働省令で定めるものを行うこと。

2　前項各号に掲げる事業の実施に関して必要な基準は、厚生労働省令で定める。

3　政府は、独立行政法人高齢・障害・求職者雇用支援機構法（平成十四年法律第百六十五号）及びこれに基づく命令で定めるところにより、第一項各号に掲げる事業の一部を独立行政法人高齢・障害・求職者雇用支援機構に行わせるものとする。

（能力開発事業）

第六十三条　政府は、被保険者等に関し、職業生活の全期間を通じて、これらの者の能力を開発し、及び向上させることを促進するため、能力開発事業として、次の事業を行うことができる。

一　職業能力開発促進法（昭和四十四年法律第六十四号）第十三条に規定する事業主等及び職業訓練の推進のための活動を行う者に対して、同法第十一条に規定する計画に基づく職業訓練、同法第二十四条第三項（同法第二十七条の二第二項において準用する場合を含む。）に規定する認定職業訓練（第五号において「認定職業訓練」という。）その他当該事業主等の行う職業訓練を振興するために必要な助成及び援助を行うこと並びに当該職業訓練を振興するために必要な助成及び援助を行う都道府県に対して、これらに要する経費の全部又は一部の補助を行うこと。

二　公共職業能力開発施設（公共職業能力開発施設の行う職業訓練を受ける者のための宿泊施設を含む。以下この号において同じ。）又は職業能力開発総合大学校（職業能力開発総合大学校の行う指導員訓練又は職業訓練を受ける者のための宿泊施設を含む。）を設置し、又は運営すること、職業能力開発促進法第十五条の七第一項ただし書に規定する職業訓練を行うこと及び公共職業能力開発施設を設置し、又は運営する都道府県に対して、これらに要する経費の全部又は一部の補助を行うこと。

三　求職者及び退職を予定する者に対して、再就職を容易にするために必要な知識及び技能を習得させるための講習（第五号において「職業講習」という。）並びに作業環境に適応させるための訓練を実施すること。

四　職業能力開発促進法第十条の四第二項に規定する有給教育訓練休暇を与える事業主に対して、必要な助成及び援助を行うこと。

五　職業訓練（公共職業能力開発施設又は職業能力開発総合大学校の行うものに限る。）又は職業講習を受ける労働者に対して、当該職業訓練又は職業講習を受けることを容易にし、又は促進するために必要な交付金を支給すること及びその雇用する労働者に職業能力開発促進法第十一条に規定する計画に基づく職業訓練、認定職業訓練その他の職業訓練を受けさせる事業主（当該職業訓練を受ける期間、労働者に対し所定労働時間労働した場合に支払われる通常の賃金を支払う事業主に限る。）に対して、必要な助成を行うこと。

六　職業能力開発促進法第十条の三第一項第一号の規定によりキャリアコンサルティング（同法第二条第五項に規定するキャリアコンサルティングをいう。以下この号において同じ。）の機会を確保する事業主に対して必要な援助を行うこと及び労働者に対してキャリアコンサルティングの機会の確保を行うこと。

七　技能検定の実施に要する経費を負担すること、技能検定を行う法人その他の団体に対して、技能検定を促進するために必要な助成を行うこと及び技能検定を促進するために必要な助成を行う都道府県に対して、これに要する経費の全部又は一部の補助を行うこと。

八　同意地域高年齢者就業機会確保計画に係る高年齢者等の雇用の安定等に関する法律第三十四条第二項第三号に規定する事業のうち労働者の能力の開発及び向上に係るものを行うこと。

九　前各号に掲げるもののほか、労働者の能力の開発及び向上のために必要な事業であつて、厚生労働省令で定めるものを行うこと。

2　前項各号に掲げる事業の実施に関して必要な基準については、同項第二号の規定による都道府県に対する経費の補助に係るものにあつては政令で、その他の事業に係るものにあつては厚生労働省令で定める。

3　政府は、独立行政法人高齢・障害・求職者雇用支援機構法及びこれに基づく命令で定めるところにより、第一項各号に掲げる事業の一部を独立行政法人高齢・障害・求職者雇用支援機構に行わせるものとする。

第六四条　政府は、被保険者であつた者及び被保険者になろうとする者の就職に必要な能力を開発し、及び向上させるため、能力開発事業として、職業訓練の実施等による特定求職者の就職の支援に関する法律第四条第二項に規定する認定職業訓練を行う者に対して、同法第五条の規定による助成を行うこと及び同法第二条に規定する特定求職者に対して、同法第七条第一項の職業訓練受講給付金を支給することができる。

第六四条の二　雇用安定事業及び能力開発事業は、被保険者等の職業の安定を図るため、労働生産性の向上に資するものとなるよう留意しつつ、行われるものとする。

第六五条《略》

第五章　費用の負担

（国庫の負担）

第六六条　国庫は、次に掲げる区分によつて、求職者給付（高年齢求職者給付金を除く。第一号において同じ。）及び雇用継続給付（介護休業給付金に限る。第三号において同じ。）、育児休業給付並びに第六十四条に規定する職業訓練受講給付金の支給に要する費用の一部を負担する。

一　日雇労働求職者給付金以外の求職者給付については、次のイ又はロに掲げる場合の区分に応じ、当該イ又はロに定める割合

イ　毎会計年度の前々会計年度における労働保険特別会計の雇用勘定の財政状況及び求職者給付の支給を受けた受給資格者の数の状況が、当該会計年度における求職者給付の支給に支障が生じるおそれがあるものとして政令で定める基準に該当する場合　当該日雇労働求職者給付金以外の求職者給付に要する費用の四分の一

ロ　イに掲げる場合以外の場合　当該日雇労働求職者給付金以外の求職者給付に要する費用の四十分の一

二　日雇労働求職者給付金については、次のイ又はロに掲げる場合の区分に応じ、当該イ又はロに定める割合

イ　前号イに掲げる場合　当該日雇労働求職者給付金に要する費用の三分の一

ロ　前号ロに掲げる場合　当該日雇労働求職者給付金に要する費用の三十分の一

三　雇用継続給付については、当該雇用継続給付に要する費用の八分の一

四　育児休業給付については、当該育児休業給付に要する費用の八分の一

五　第六十四条に規定する職業訓練受講給付金の支給については、当該職業訓練受講給付金に要する費用の二分の一

2　前項第一号に規定する日雇労働求職者給付金以外の求職者給付については、国庫は、毎会計年度（国庫が同号ロの規定による負担額を負担する会計年度を除く。）において、支給した当該求職者給付の総額の四分の三に相当する額が徴収法の規定により徴収した一般保険料の額を超える場合には、同号の規定にかかわらず、当該超過額について、同号の規定による国庫の負担額を加えて国庫の負担が当該会計年度において支給した当該求職者給付の総額の三分の一に相当する額に達する額までを負担する。

3　前項に規定する一般保険料の額は、第一号に掲げる額から第二号から第四号までに掲げる額の合計額を減じた額とする。

一　次に掲げる額の合計額（以下この条及び第六十八条第二項において「一般保険料徴収額」という。）

イ　徴収法の規定により徴収した徴収法第十二条第一項第一号に掲げる事業に係る一般保険料の額のうち同条第四項に規定する雇用保険率（第三号及び第四号において単に「雇用保険率」という。）、第八項又は第九項の規定により変更されたときは、その変更された率。以下この条及び第六十七条の二において同じ。）に応ずる部分の額

ロ　徴収法第十二条第一項第三号に掲げる事業に係る一般保険料の額

二　徴収法の規定により徴収した印紙保険料の額に相当する額に厚生労働大臣が財務大臣と協議して定める率を乗じて得た額

三　一般保険料徴収額から前号に掲げる額を減じた額に徴収法第十二条第四項第二号に規定する育児休業給付費充当徴収保険率を雇用保険率で除して得た率（次項及び第六十八条第二項において「育児休業給付率」という。）を乗じて得た額

四　一般保険料徴収額から第二号に掲げる額を減じた額に徴収法第十二条第四項第三号に規定する二事業費充当徴収保険率を雇用保険率で除して得た率（次項及び第六十八条第二項において「二事業率」という。）を乗じて得た額

4　日雇労働求職者給付金については、国庫は、毎会計年度（国庫が第一項第二号ロの規定による負担額を負担する会計年度を除く。）において第一号に掲げる額が第二号に掲げる額を超える場合には、同項第二号の規定にかかわらず、同号の規定による国庫の負担額から当該超過額に相当する額を減じた額（その額が当該会計年度において支給した日雇労働求職者給付金の総額の四分の一に相当する額を下回る場合には、その四分の一に相当する額）を負担する。

一　次に掲げる額を合計した額

イ　徴収法の規定により徴収した印紙保険料の額

ロ　イの額に相当する額に前項第二号に掲げる厚生労働大臣が財務大臣と協議して定める率を乗じて得た額から、その額に育児休業給付率と二事業率とを合算した率を乗じて得た額を減じた額

二　支給した日雇労働求職者給付金の総額の三分の二に相当する額

6　国庫は、前各項に規定するもののほか、毎年度、予算の範囲内において、第六十四条に規定する事業（第六十八条第二項において「就職支援法事業」という。）に要する費用（第一項第五号に規定する費用を除く。）及び雇用保険事業の事務の執行に要する経費を負担する。

第六十七条　第二十五条第一項の措置が決定された場合には、前条第一項第一号の規定にかかわらず、国庫は、次に掲げる区分によつて、広域延長給付を受ける者に係る求職者給付に要する費用の一部を負担する。この場合において、同条第二項中「支給した当該求職者給付の総額」とあるのは「支給した当該求職者給付の総額から広域延長給付を受ける者に係る求職者給付の総額を控除した額」と、「一般保険料の額を超える場合には」とあるのは「一般保険料の額から広域延長給付を受ける者に係る求職者給付の総額の三分の二に相当する額を控除した額を超える場合には」とする。

一　前条第一項第一号イに掲げる場合　広域延長給付を受ける者に係る求職者給付に要する費用の三分の一

二　前条第一項第一号ロに掲げる場合　広域延長給付を受ける者に係る求職者給付に要する費用の三十分の一

第六十七条の二　国庫は、毎会計年度において、労働保険特別会計の雇用勘定の財政状況を踏まえ、必要がある場合（徴収法第十二条第四項第一号に規定する失業等給付費等充当徴収保険率が千分の八

以上である場合その他の政令で定める場合に限る。）には、当該会計年度における失業等給付及び第六十四条に規定する職業訓練受講給付金の支給に要する費用の一部に充てるため、予算で定めるところにより、第六十六条第一項、第二項及び第四項並びに前条の規定により負担する額を超えて、その費用の一部を負担することができる。

（保険料）

第六八条　雇用保険事業に要する費用に充てるため政府が徴収する保険料については、徴収法の定めるところによる。

2　前項の保険料のうち、一般保険料徴収額から当該一般保険料徴収額に育児休業給付率を乗じて得た額及び当該一般保険料徴収額に二事業率を乗じて得た額の合計額を減じた額並びに印紙保険料の額に相当する額の合計額は、失業等給付及び就職支援法事業に要する費用に充てるものとし、一般保険料徴収額に育児休業給付率を乗じて得た額は、育児休業給付に要する費用に充てるものとし、一般保険料徴収額に二事業率を乗じて得た額は、雇用安定事業及び能力開発事業（第六十三条に規定するものに限る。）に要する費用に充てるものとする。

第六章　不服申立て及び訴訟

（不服申立て）

第六九条　第九条の規定による確認、失業等給付及び育児休業給付（以下「失業等給付等」という。）に関する処分又は第十条の四第一項若しくは第二項の規定（これらの規定を第六十一条の六第二項において準用する場合を含む。）による処分に不服のある者は、雇用保険審査官に対して審査請求をし、その決定に不服のある者は、労働保険審査会に対して再審査請求をすることができる。

2　前項の審査請求をしている者は、審査請求をした日の翌日から起算して三箇月を経過しても審査請求についての決定がないときは、雇用保険審査官が審査請求を棄却したことができる。

3　第一項の審査請求及び再審査請求は、時効の完成猶予及び更新に関しては、裁判上の請求とみなす。

4　第一項の審査請求及び再審査請求については、行政不服審査法（平成二十六年法律第六十八号）第二章（第二十二条を除く。）及び第四章の規定は、適用しない。

（不服理由の制限）

第七〇条　第九条の規定による確認に関する処分が確定したときは、当該処分についての不服を当該処分に基づく失業等給付等に関する処分についての不服の理由とすることができない。

（審査請求と訴訟との関係）

第七一条　第六十九条第一項に規定する処分の取消しの訴えは、当該処分についての審査請求に対する雇用保険審査官の決定を経た後でなければ、提起することができない。

第七章　雑則

（労働政策審議会への諮問）

第七二条　厚生労働大臣は、第二十四条の二第一項第二号、第二十五条第一項又は第二十七条第一項若しくは第二項の基準を政令で定めようとするとき、第十三条第一項、第二十条第一項若しくは第二項、第二十二条第二項、第三十七条の三第一項、第三十九条第一項、第六十一条の四第一項若しくは第六十一条の七第一項の理由、第十三条第三項、第二十条の二若しくは第二十四条の二第一項の者、第十八条第三項の算定方法、第二十条の二の事業、第二十四条の二第一項若しくは第五十六条の三第一項の基準、第二十四条の二第一項第三号の災害、第三十七条の五第一項第三号の時間数、第五十六条の三第一項第二号の就職が困難な者又は第六十一条の七第三項の規定により読み替えて適用する同条第一項の日を厚生労働省令で定めようとするとき、第十条の四第一項、第二十五条第三項、第二十六条第二項、第二十九条第二項、第三十二条第三項（第三十七条の四第六項及び第四十条第四項において準用する場合を含む。）、第三十三条第二項（第三十七条の四第六項及び第四十条第四項において準用する場合を含む。）若しくは第五十二条第二項（第五十五条第四項において準用する場合を含む。）の基準又は第三十八条第一項第二号の時間数を定めようとするとき、その他この法律の施行に関する重要事項について決定しようとするときは、あらかじめ、労働政策審議会の意見を聴かなければならない。

2　労働政策審議会は、厚生労働大臣の諮問に応ずるほか、必要に応じ、雇用保険事業の運営に関し、関係行政庁に建議し、又はその報告を求めることができる。

（不利益取扱いの禁止）

第七三条　事業主は、労働者が第八条の規定による確認の請求又は第三十七条の五第一項の規定による申出をしたことを理由として、労働者に対して解雇その他不利益な取扱いをしてはならない。

（時効）

第七四条　失業等給付等の支給を受け、又はその返還を受ける権利及び第十条の四第一項又は第二項の規定（これらの規定を第六十一条の六第二項において準用する場合を含む。）により納付をすべきことを命ぜられた金額を徴収する権利は、これらを行使することができる時から二年を経過したときは、時効によつて消滅する。

2　年度の平均給与額が修正されたことにより、厚生労働大臣が第十八条第四項に規定する自動変更対象額、第十九条第一項第一号に規定する控除額又は第六十一条第一項第二号に規定する支給限度額を変更した場合において、当該変更に伴いその額が再び算定された失業等給付等があるときは、当該失業等給付等に係る第十条の三（第六十一条の六第二項において準用する場合を含む。）の規定による未支給の失業等給付等の支給を受ける権利については、会計法（昭和二十二年法律第三十五号）第三十一条第一項の規定を適用しない。

（戸籍事項の無料証明）

第七十五条　市町村長（特別区の区長を含むものとし、地方自治法（昭和二十二年法律第六十七号）第二百五十二条の十九第一項の指定都市においては、区長又は総合区長とする。）は、行政庁又は求職者給付若しくは就職促進給付の支給を受ける者に対して、当該市（特別区を含む。）町村の条例の定めるところにより、求職者給付又は就職促進給付の支給を受ける者の戸籍に関し、無料で証明を行うことができる。

（報告等）

第七十六条　行政庁は、厚生労働省令で定めるところにより、被保険者若しくは受給資格者、高年齢受給資格者、特例受給資格者若しくは日雇受給資格者（以下「受給資格者等」という。）若しくは教育訓練給付対象者を雇用し、若しくは雇用していたと認められる事業主又は労働保険事務組合若しくは労働保険事務組合であつた団体に対して、この法律の施行に関して必要な報告、文書の提出又は出頭を命ずることができる。

2　行政庁は、厚生労働省令で定めるところにより、受給資格者等を雇用しようとする事業主、受給資格者等に対し職業紹介若しくは職業指導を行う職業紹介事業者等、募集情報等提供事業を行う者又は教育訓練給付対象者に対し第六十条の二第一項に規定する教育訓練を行う指定教育訓練実施者に対して、この法律の施行に関して必要な報告又は文書の提出を命ずることができる。

3　離職した者は、厚生労働省令で定めるところにより、従前の事業主又は当該事業主から徴収法第三十三条第一項の委託を受けて同項に規定する労働保険事務の一部として求職者給付の支給を受けるために必要な証明書の交付に関する事務を処理する労働保険事務組合に対して、求職者給付の支給を受けるために必要な証明書の交付を請求することができる。その請求があつたときは、当該事業主又は労働保険事務組合は、その請求に係る証明書を交付しなければならない。

4　前項の規定は、教育訓練給付、雇用継続給付又は育児休業給付の支給を受けるために必要な証明書の交付の請求について準用する。この場合において、同項中「離職した者」とあるのは「被保険者又は被保険者であつた者」と、「従前の事業主」とあるのは「当該被保険者若しくは被保険者であつた者を雇用し、若しくは雇用していた事業主」と読み替えるものとする。

第七十七条　行政庁は、被保険者、受給資格者等、教育訓練給付対象者又は未支給の失業等給付等の支給を請求する者に対して、この法律の施行に関して必要な報告、文書の提出又は出頭を命ずることができる。

（資料の提供等）

第七十七条の二　行政庁は、関係行政機関又は公私の団体に対して、この法律の施行に関して必要な資料の提供その他の協力を求めることができる。

2　前項の規定による協力を求められた関係行政機関又は公私の団体は、できるだけその求めに応じなければならない。

（診断）

第七十八条　行政庁は、求職者給付の支給を行うため必要があると認めるときは、第十五条第四項第一号の規定により同条第二項に規定する失業の認定を受け、若しくは受けようとする者、第二十条第一項の規定による申出をした者又は傷病手当の支給を受け、若しくは受けようとする者に対して、その指定する医師の診断を受けるべきことを命ずることができる。

（立入検査）

第七十九条　行政庁は、この法律の施行のため必要があると認めるときは、当該職員に、被保険者、受給資格者等若しくは教育訓練給付対象者を雇用し、若しくは雇用していたと認められる事業主の事業所又は労働保険事務組合若しくは労働保険事務組合であつた団体の事務所に立ち入り、関係者に対して質問させ、又は帳簿書類（その作成又は保存に代えて電磁的記録（電子的方式、磁気的方式その他人の知覚によつては認識することができない方式で作られる記録であつて、電子計算機による情報処理の用に供されるものをいう。）の作成又は保存がされている場合における当該電磁的記録を含む。）の検査をさせることができる。

2 前項の規定により立入検査をする職員は、その身分を示す証明書を携帯し、関係者に提示しなければならない。

3 第一項の規定による立入検査の権限は、犯罪捜査のために認められたものと解釈してはならない。

（船員に関する特例）

第七九条の二 船員である者が失業した場合に関しては、第十条の四第二項中「又は業として」とあるのは「若しくは業として」と、「除く。）」とあるのは「除く。）又は船員職業安定法第六条第四項に規定する無料船員職業紹介事業者若しくは業として同条第五項に規定する職業指導（船員の職業に就こうとする者の適性、職業経験その他の実情に応じて行うものに限る。）を行う者（地方運輸局（運輸監理部、運輸支局及び地方運輸局、運輸監理部又は運輸支局の事務所を含む。第十五条第五項において同じ。）及び船員雇用促進センター（船員の雇用の促進に関する特別措置法第七条第二項に規定する船員雇用促進センターをいう。以下同じ。）を除く。）」と、第十五条第二項から第四項まで、第十九条第三項、第二十条第一項及び第二項、第二十条の二、第二十一条、第二十四条、第二十四条の二第一項及び第二項、第二十九条第二項、第三十条、第三十一条第二項、第三十二条第二項及び第三項、第三十三条第一項及び第二項、第三十六条第一項及び第二項、第三十七条第一項、第二項及び第七項、第三十七条の三第二項、第三十七条の四第五項、第三十九条第二項、第四十条第三項及び第四項、第四十一条第一項、第四十七条第二項、第五十一条第一項、第五十二条第一項及び第二項、第五十三条第一項、第五十六条の三第一項並びに第五十九条第一項中「公共職業安定所」又は「公共職業安定所長」とあるのは「公共職業安定所又は地方運輸局（運輸監理部並びに厚生労働大臣が国土交通大臣に協議して指定する運輸支局及び地方運輸局、運輸監理部又は運輸支局の事務所を含む。）」又は「公共職業安定所長又は地方運輸局（運輸監理部並びに厚生労働大臣が国土交通大臣に協議して指定する運輸支局及び地方運輸局、運輸監理部又は運輸支局の事務所を含む。）の長」と、第十五条第三項中「法令の規定に基づき失業者」とあるのは「失業者」と、同条第五項中「職業安定機関」とあるのは「職業安定機関、地方運輸局、船員雇用促進センター」と、第二十九条第一項、第三十二条第一項、第四十三条第一項第一号及び第五十八条第一項中「公共職業安定所の」又は「公共職業安定所長の」とあるのは「公共職業安定所若しくは地方運輸局（運輸監理部並びに厚生労働大臣が国土交通大臣に協議して指定する運輸支局及び地方運輸局、運輸監理部又は運輸支局の事務所を含む。）の」又は「公共職業安定所長若しくは地方運輸局（運輸監理部並びに厚生労働大臣が国土交通大臣に協議して指定する運輸支局及び地方運輸局、運輸監理部又は運輸支局の事務所を含む。）の長の」と、第二十九条第一項中「公共職業安定所が」とあるのは「公共職業安定所若しくは地方運輸局（運輸監理部並びに厚生労働大臣が国土交通大臣に協議して指定する運輸支局及び地方運輸局、運輸監理部又は運輸支局の事務所を含む。）が」と、第三十二条第一項第四号及び第五十二条第一項第三号中「事業所」とあるのは「事業所又は船員職業安定法第二十一条（第二項ただし書を除く。）の規定に該当する船舶」と、第五十八条第一項中「公共職業安定所」とあるのは「公共職業安定所若しくは地方運輸局（運輸監理部並びに厚生労働大臣が国土交通大臣に協議して指定する運輸支局及び地方運輸局、運輸監理部又は運輸支局の事務所を含む。）」と、「公共職業安定所長が」とあるのは「公共職業安定所長又は地方運輸局（運輸監理部並びに厚生労働大臣が国土交通大臣に協議して指定する運輸支局及び地方運輸局、運輸監理部又は運輸支局の事務所を含む。）の長が」とする。

第七九条の三 第十五条第二項の規定（前条の規定により読み替えて適用される場合を含む。）により、求職の申込みを受ける公共職業安定所長又は地方運輸局（運輸監理部並びに厚生労働大臣が国土交通大臣に協議して指定する運輸支局及び地方運輸局、運輸監理部又は運輸支局の事務所を含む。以下この条において同じ。）の長は、その必要があると認めるときは、他の公共職業安定所長又は地方運輸局の長にその失業の認定を委嘱することができる。

（経過措置の命令への委任）

第八〇条 この法律に基づき政令又は厚生労働省令を制定し、又は改廃する場合においては、それぞれ政令又は厚生労働省令で、その制定又は改廃に伴い合理的に必要と判断される範囲内において、所要の経過措置を定めることができる。この法律に基づき、厚生労働大臣が第十八条第四項の自動変更対象額その他の事項を定め、又はこれを改廃する場合においても、同様とする。

（権限の委任）

第八一条 この法律に定める厚生労働大臣の権限は、

厚生労働省令で定めるところにより、その一部を都道府県労働局長に委任することができる。

2　前項の規定により都道府県労働局長に委任された権限は、厚生労働省令で定めるところにより、公共職業安定所長に委任することができる。

（厚生労働省令への委任）

第八二条　この法律に規定するもののほか、この法律の実施のため必要な手続その他の事項は、厚生労働省令で定める。

第八章　罰則

第八三条　事業主が次の各号のいずれかに該当するときは、六箇月以下の懲役又は三十万円以下の罰金に処する。

一　第七条の規定に違反して届出をせず、又は偽りの届出をした場合

二　第七十三条の規定に違反した場合

三　第七十六条第一項の規定による命令に違反して報告をせず、若しくは偽りの報告をし、又は文書を提出せず、若しくは偽りの記載をした文書を提出した場合

四　第七十六条第三項（同条第四項において準用する場合を含む。）の規定に違反して証明書の交付を拒んだ場合

五　第七十九条第一項の規定による当該職員の質問に対して答弁をせず、若しくは偽りの陳述をし、又は同項の規定による検査を拒み、妨げ、若しくは忌避した場合

第八四条　労働保険事務組合が次の各号のいずれかに該当するときは、その違反行為をした労働保険事務組合の代表者又は代理人、使用人その他の従業者は、六箇月以下の懲役又は三十万円以下の罰金に処する。

一　第七条の規定に違反して届出をせず、又は偽りの届出をした場合

二　第七十六条第一項の規定による命令に違反して報告をせず、若しくは偽りの報告をし、又は文書を提出せず、若しくは偽りの記載をした文書を提出した場合

三　第七十六条第三項（同条第四項において準用する場合を含む。）の規定に違反して証明書の交付を拒んだ場合

四　第七十九条第一項の規定による当該職員の質問に対して答弁をせず、若しくは偽りの陳述をし、又は同項の規定による検査を拒み、妨げ、若しくは忌避した場合

第八五条　被保険者、受給資格者等、教育訓練給付対象者又は未支給の失業等給付等の支給を請求する者その他の関係者が次の各号のいずれかに該当するときは、六箇月以下の懲役又は二十万円以下の罰金に処する。

一　第四十四条の規定に違反して偽りその他不正の行為によつて日雇労働被保険者手帳の交付を受けた場合

二　第七十七条の規定による命令に違反して報告をせず、若しくは偽りの報告をし、文書を提出せず、若しくは偽りの記載をした文書を提出し、又は出頭しなかつた場合

三　第七十九条第一項の規定による当該職員の質問に対して答弁をせず、若しくは偽りの陳述をし、又は同項の規定による検査を拒み、妨げ、若しくは忌避した場合

第八六条　法人（法人でない労働保険事務組合を含む。以下この項において同じ。）の代表者又は法人若しくは人の代理人、使用人その他の従業者が、その法人又は人の業務に関して、前三条の違反行為をしたときは、行為者を罰するほか、その法人又は人に対しても各本条の罰金刑を科する。

2　前項の規定により法人でない労働保険事務組合を処罰する場合においては、その代表者又は管理人が訴訟行為につきその労働保険事務組合を代表するほか、法人を被告人とする場合の刑事訴訟に関する法律の規定を準用する。

附則

（施行期日）

第一条　この法律は、昭和五十年四月一日から施行する。ただし、附則第二十一条の規定は、同年一月一日から施行する。

（適用範囲に関する暫定措置）

第二条　次の各号に掲げる事業（国、都道府県、市町村その他これらに準ずるものの事業及び法人である事業主の事業（事務所に限る。）を除く。）であつて、政令で定めるものは、当分の間、第五条第一項の規定にかかわらず、任意適用事業とする。

一　土地の耕作若しくは開墾又は植物の栽植、栽培、採取若しくは伐採の事業その他農林の事業

二　動物の飼育又は水産動植物の採捕若しくは養殖の事業その他畜産、養蚕又は水産の事業（船員が雇用される事業を除く。）

2　前項に規定する事業の保険関係の成立及び消滅については、徴収法附則の定めるところによるものとし、徴収法附則第二条又は第三条の規定により雇用保険に係る労働保険の保険関係が成立している事業は、第五条第一項に規定する適用事業に含まれるものとする。

（被保険者期間に関する経過措置）

第三条　短期雇用特例被保険者が当該短期雇用特例被保険者でなくなつた場合（引き続き同一事業主に被保険者として雇用される場合を除く。）における当該短期雇用特例被保険者となつた日（以下この条において「資格取得日」という。）から当該短期雇用特例被保険者でなくなつた日（以下この条において「資格喪失日」という。）の前日までの間の短期雇用特例被保険者であつた期間についての第十四条第一項及び第三項の規定の適用については、当分の間、当該短期雇用特例被保険者は、資格取得日の属する月の初日から資格喪失日の前日の属する月の末日まで引き続き短期雇用特例被保険者として雇用された後当該短期雇用特例被保険者でなくなつたものとみなす。

（基本手当の支給に関する暫定措置）

第四条　第十三条第三項に規定する特定理由離職者（厚生労働省令で定める者に限る。）であつて、受給資格に係る離職の日が平成二十一年三月三十一日から令和九年三月三十一日までの間であるものに係る基本手当の支給については、当該受給資格者（第二十三条第二項に規定する特定受給資格者を除く。）を第二十三条第二項に規定する特定受給資格者とみなして第二十条、第二十二条及び第二十三条第一項の規定を適用する。

２　前項の規定の適用がある場合における第七十二条第一項の規定の適用については、同項中「若しくは第二十四条の二第一項」とあるのは、「、第二十四条の二第一項若しくは附則第四条第一項の」とする。

（給付日数の延長に関する暫定措置）

第五条　受給資格に係る離職の日が令和九年三月三十一日以前である受給資格者（第二十二条第二項に規定する就職が困難な受給資格者以外の受給資格者のうち第十三条第三項に規定する特定理由離職者（厚生労働省令で定める者に限る。）である者及び第二十三条第二項に規定する特定受給資格者に限る。）であつて、厚生労働省令で定める基準に照らして雇用機会が不足していると認められる地域として厚生労働大臣が指定する地域内に居住し、かつ、公共職業安定所長が第二十四条の二第一項に規定する指導基準に照らして再就職を促進するために必要な職業指導を行うことが適当であると認めたもの（個別延長給付を受けることができる者を除く。）については、第三項の規定による期間内の失業している日（失業していることについての認定を受けた日に限る。）について、所定給付日数（当該受給資格者が第二十条第一項及び第二項の規定による期間内に基本手当の支給を受けた日数が所定給付日数に満たない場合には、その支給を受けた日数。次項において同じ。）を超えて、基本手当を支給することができる。

２　前項の場合において、所定給付日数を超えて基本手当を支給する日数は、六十日（所定給付日数が第二十三条第一項第二号イ又は第三号イに該当する受給資格者にあつては、三十日）を限度とするものとする。

３　第一項の規定による基本手当の支給を受ける受給資格者の受給期間は、第二十条第一項及び第二項の規定にかかわらず、これらの規定による期間に前項に規定する日数を加えた期間とする。

４　第一項の規定の適用がある場合における第二十八条、第二十九条、第三十二条、第三十三条、第七十二条第一項及び第七十九条の二の規定の適用については、第二十八条第一項中「個別延長給付を」とあるのは「個別延長給付又は附則第五条第一項の規定による基本手当の支給（以下「地域延長給付」という。）を」と、「個別延長給付が」とあるのは「個別延長給付又は地域延長給付が」と、同条第二項中「個別延長給付、」とあるのは「個別延長給付、地域延長給付、」と、「個別延長給付又は広域延長給付」とあるのは「個別延長給付、地域延長給付又は広域延長給付」と、「個別延長給付が行われること」とあるのは「個別延長給付又は地域延長給付が行われること」と、「個別延長給付が行われる間」とあるのは「個別延長給付又は地域延長給付が行われる間」と、第二十九条第一項及び第三十二条第一項中「又は全国延長給付」とあるのは「、全国延長給付又は地域延長給付」と、第三十三条第五項中「広域延長給付」とあるのは「地域延長給付、広域延長給付」と、第七十二条第一項中「若しくは第二十四条の二第一項」とあるのは「、第二十四条の二第一項若しくは附則第五条第一項」と、「若しくは第五十六条の三第一項」とあるのは「、第五十六条の三第一項若しくは附則第五条第一項」と、第七十九条の二中「並びに第五十九条第一項」とあるのは「、第五十九条第一項並びに附則第五条第一項」とする。

（基本手当の給付日数の延長措置に関する経過措置）

第六条　石炭鉱業の構造調整の完了等に伴う関係法律の整備等に関する法律（平成十二年法律第十六号）附則第四条の規定によりその効力を有するものとされる旧炭鉱労働者等の雇用の安定等に関する臨時措置法（昭和三十四年法律第百九十九号）第三条の規定により厚生労働大臣が他の地域において職業に就くことを促進するための措置として

職業紹介活動を行わせた場合には、第二十五条の規定の適用については、厚生労働大臣が同条第一項に規定する広域職業紹介活動を行わせたものとみなす。

第七条　削除

（特例一時金に関する暫定措置）

第八条　第四十条第一項の規定の適用については、当分の間、同項中「三十日」とあるのは、「四十日」とする。

第九条　削除

（就業促進手当の支給を受けた場合の特例に関する暫定措置）

第一〇条　第五十七条第一項第一号に規定する再離職の日が平成二十一年三月三十一日から令和九年三月三十一日までの間である受給資格者に係る同条の規定の適用については、同条第二項中「いずれか」とあるのは、「いずれか又は再離職について第十三条第三項に規定する特定理由離職者（厚生労働省令で定める者に限る。）」とする。

2　前項の規定の適用がある場合における第七十二条第一項の規定の適用については、同項中「若しくは第二十四条の二第一項」とあるのは、「、第二十四条の二第一項若しくは附則第十条第一項の規定により読み替えて適用する第五十七条第二項」とする。

（教育訓練給付金に関する暫定措置）

第一一条　教育訓練給付対象者であって、第六十条の二第一項第一号に規定する基準日前に教育訓練給付金の支給を受けたことがないものに対する同項の規定の適用については、当分の間、同項中「三年」とあるのは、「一年」とする。

（教育訓練支援給付金）

第一一条の二　教育訓練支援給付金は、教育訓練給付対象者（前条に規定する者のうち、第六十条の二第一項第二号に該当する者であつて、厚生労働省令で定めるものに限る。）であつて、厚生労働省令で定めるところにより、令和九年三月三十一日以前に同項に規定する教育訓練であつて厚生労働省令で定めるものを開始したもの（当該教育訓練を開始した日における年齢が四十五歳未満であるものに限る。）が、当該教育訓練を受けている日（当該教育訓練に係る指定教育訓練実施者によりその旨の証明がされた日に限る。）のうち失業している日（失業していることについての認定を受けた日に限る。）について支給する。この場合における第十条第五項、第六十条の三及び第七十二条第一項の規定の適用については、第十条第五項中「教育訓練給付金」とあるのは「教育訓練給付金及び教育訓練支援給付金」と、第六十条の三第一項中「により教育訓練給付金」とあるのは「により教育訓練給付金又は教育訓練支援給付金」と、「、教育訓練給付金」とあるのは「、教育訓練給付金及び教育訓練支援給付金」と、同条第二項中「により教育訓練給付金」とあるのは「により教育訓練給付金及び教育訓練支援給付金」と、同条第三項中「教育訓練給付金」とあるのは「教育訓練給付金及び教育訓練支援給付金」と、「前条第二項」とあるのは「前条第二項及び附則第十一条の二第一項」、第七十二条第一項中「若しくは第二十四条の二第一項」とあるのは「、第二十四条の二第一項若しくは附則第十一条の二第一項」とする。

2　前項の失業していることについての認定は、厚生労働省令で定めるところにより、公共職業安定所長が行う。

3　教育訓練支援給付金の額は、第十七条に規定する賃金日額（以下この項において単に「賃金日額」という。）に百分の五十（二千四百六十円以上四千九百二十円未満の賃金日額（その額が第十八条の規定により変更されたときは、その変更された額）については百分の八十、四千九百二十円以上一万二千九十円以下の賃金日額（その額が第十八条の規定により変更されたときは、その変更された額）については百分の八十から百分の五十までの範囲で、賃金日額の逓増に応じ、逓減するように厚生労働省令で定める率）を乗じて得た金額に百分の六十を乗じて得た額とする。

4　基本手当が支給される期間及び第二十一条、第二十九条第一項（附則第五条第四項の規定により読み替えて適用する場合を含む。）、第三十二条第一項若しくは第二項又は第三十三条第一項の規定により基本手当を支給しないこととされる期間については、教育訓練支援給付金は、支給しない。

5　第二十一条、第三十一条第一項及び第七十八条の規定は、教育訓練支援給付金について準用する。この場合において、第三十一条及び同項中「受給資格者」とあるのは「教育訓練支援給付金の支給を受けることができる者」と、同項中「死亡したため失業の認定」とあるのは「死亡したため附則第十一条の二第一項の失業していることについての認定」と、「について失業の認定」とあるのは「について同項の失業していることについての認定」と、第七十八条中「第十五条第四項第一号の規定により同条第二項に規定する失業の認定」とあるのは「附則第十一条の二第一項の失業していることについての認定」と読み替えるものとする。

（介護休業給付金に関する暫定措置）

第一二条　介護休業を開始した被保険者に対する第六十一条の四第四項の規定の適用については、当分の間、同項中「百分の四十」とあるのは、「百分の六十七」とする。

（国庫負担に関する暫定措置）

第一三条　国庫は、第六十六条第一項（同項第三号及び第五号までに規定する費用に係る部分に限る。以下この項において同じ。）の規定にかかわらず、これらの規定による国庫の負担額の百分の五十五に相当する額を負担する。

2　前項の規定の適用がある場合における第六十六条第五項の規定の適用については、同項中「前各項」とあるのは、「前各項（第一項第三号及び第五号までを除く。）及び附則第十三条第一項」とする。

第一四条　令和六年度から令和八年度までの各年度においては、第六十六条第一項（同項第三号に規定する費用に係る部分に限る。）の規定及び前条（同号に規定する費用に係る部分に限る。）の規定にかかわらず、国庫は、同項（同号に規定する費用に係る部分に限る。）の規定による国庫の負担額の百分の十に相当する額を負担する。

2　前項の規定の適用がある場合における第六十六条第五項の規定の適用については、前条第二項の規定にかかわらず、第六十六条第五項中「前各項」とあるのは、「前各項（第一項第三号及び第五号を除く。）並びに附則第十三条第一項（同号に規定する費用に係る部分に限る。）及び第十四条第一項」とする。

第一五条　雇用保険の国庫負担については、引き続き検討を行い、令和九年四月一日以降できるだけ速やかに、安定した財源を確保した上で附則第十三条に規定する国庫負担に関する暫定措置を廃止するものとする。

（出生後休業支援給付及び育児時短就業給付に要する費用等の財源の特例）

第一六条　令和七年度における第六十八条の二の規定の適用については、同条中「第七十一条の三第一項の規定により政府が徴収する子ども・子育て支援納付金」とあるのは、「第七十一条の二十六第二項に規定する子ども・子育て支援特例公債の発行収入金」とする。

2　令和八年度から令和十年度までの間における第六十八条の二の規定の適用については、同条中「子ども・子育て支援納付金」とあるのは、「子ども・子育て支援納付金及び同法第七十一条の二十六第二項に規定する子ども・子育て支援特例公債の発行収入金」とする。

【令和四年六月一七日法律第六八号未施行内容】

刑法等の一部を改正する法律の施行に伴う関係法律の整理等に関する法律

第二百五十五条　次に掲げる法律の規定中「六箇月以下の懲役」を「六月以下の拘禁刑」に改める。

二　雇用保険法（昭和四十九年法律第百十六号）

第八十三条から第八十五条まで

附則

（施行期日）

1　この法律は、刑法等一部改正法施行日（令和七年六月一日――編注）から施行する。《略》

【令和六年五月一七日法律第二六号未施行内容】

雇用保険法等の一部を改正する法律（抄）

第二条　雇用保険法の一部を次のように改正する。

目次中「・第六十条の三」を「?第六十条の五」に改める。

第六条第一号中「二十時間」を「十時間」に改める。

第十条第五項中「教育訓練給付金」を「次のとおり」に改め、同項に次の各号を加える。

一　教育訓練給付金

二　教育訓練休暇給付金

第十四条第一項中「さかのぼつた」を「遡つた」に、「十一日」を「六日」に改め、同条第二項に次の一号を加える。

三　当該被保険者が教育訓練休暇給付金の支給を受けたことがある場合には、第六十条の三第一項に規定する休暇開始日前における被保険者であつた期間

第十四条第三項中「八十時間」を「四十時間」に改める。

第十六条第一項、第十七条第四項第一号及び第十八条第四項中「二千四百六十円」を「千二百三十円」に改める。

第十九条を次のように改める。

第十九条　削除

第二十二条第三項ただし書中「すべて」を「全て」に改め、同項に次の二号を加える。

三　教育訓練休暇給付金の支給を受けたことがある者については、第六十条の三第一項に規定する休暇開始日前の被保険者であつた期間及び当該給付金の支給に係る休暇の期間

四　育児休業給付金又は出生時育児休業給付金の支給を受けたことがある者については、これらの給付金の支給に係る休業の期間

第二十三条第二項第一号中「において」を「及び第六十条の四第二項第一号において」に改め、

同項第二号中「において」を「及び第六十条の四第二項第二号において」に改める。

第三十一条第二項を削る。

第三十七条第九項中「第十九条、」を削り、「第十九条第一項及び第三項並びに第三十一条第一項」を「第三十一条」に改める。

第三十七条の四第六項中「第三十一条第一項」を「第三十一条」に改める。

第三十七条の五第一項第二号及び第三号並びに第三十八条第一項第二号中「二十時間」を「十時間」に改める。

第四十条第四項中「第三十一条第一項」を「第三十一条」に改める。

第五十一条第三項中「第三十一条第一項」を「第三十一条」に、「同項」を「同条」に改める。

第六十条の二第一項中「教育訓練給付対象者」を「教育訓練給付金支給対象者」に改め、同項第一号中「次号において」を「以下」に改め、同条第二項、第四項及び第五項中「教育訓練給付対象者」を「教育訓練給付金支給対象者」に改める。

第六十条の三第一項中「教育訓練給付金」を「教育訓練給付」に、「当該給付金」を「当該給付」に改め、同条第二項中「教育訓練給付金」を「教育訓練給付」に改め、同条第三項中「前条第二項」を「第六十条の二第二項」に改め、同条に次の一項を加える。

4　第一項の規定により教育訓練休暇給付金の支給を受けることができなくなつた場合においても、第十四条第二項及び第二十二条第三項の規定の適用については、当該給付金の支給があつたものとみなす。

第三章第五節の二中第六十条の三を第六十条の五とし、第六十条の二の次に次の二条を加える。

（教育訓練休暇給付金）

第六十条の三　教育訓練休暇給付金は、一般被保険者が、厚生労働省令で定めるところにより、職業に関する教育訓練を受けるための休暇（以下「教育訓練休暇」という。）を取得した場合に、当該教育訓練休暇（当該教育訓練休暇を開始した日から起算して一年を経過する日までに二回以上の教育訓練休暇を取得した場合にあつては、初回の教育訓練休暇）を開始した日（以下「休暇開始日」という。）から起算して一年の期間内の教育訓練休暇を取得している日（教育訓練休暇を取得していることについての認定を受けた日に限る。）について、第六項の規定による日数に相当する日数分を限度として支給する。ただし、次の各号のいずれかに該当するときは、この限りでない。

一　休暇開始日前二年間（当該期間に疾病、負傷その他厚生労働省令で定める理由により引き続き三十日以上賃金の支払を受けることができなかつた一般被保険者については、当該理由により賃金の支払を受けることができなかつた日数を二年に加算した期間（その期間が四年を超えるときは、四年間））におけるみなし被保険者期間が、通算して十二箇月に満たないとき。

二　当該一般被保険者を受給資格者と、休暇開始日の前日を第二十条第一項第一号に規定する基準日とみなして第二十二条第三項及び第四項の規定を適用した場合に算定されることとなる期間に相当する期間が、五年に満たないとき。

2　前項第一号の「みなし被保険者期間」は、休暇開始日を被保険者でなくなつた日とみなして第十四条の規定を適用した場合に計算されることとなる被保険者期間に相当する期間とする。

3　休暇開始日から起算して一年の期間内に妊娠、出産、育児その他厚生労働省令で定める理由により引き続き三十日以上教育訓練を受けることができない一般被保険者が、厚生労働省令で定めるところにより公共職業安定所長にその旨を申し出た場合における第一項の規定の適用については、同項中「一年を」とあるのは「第三項に規定する理由により教育訓練を受けることができない日数を一年に加算した期間（その期間が四年を超えるときは、四年）を」と、「一年の期間」とあるのは「同項に規定する理由により教育訓練を受けることができない日数を一年に加算した期間（その期間が四年を超えるときは、四年間）」とする。

4　第一項の教育訓練休暇を取得していることについての認定は、厚生労働省令で定めるところにより、公共職業安定所長が、休暇開始日から起算して三十日に一回ずつ直前の三十日の各日について行うものとする。

5　教育訓練休暇給付金の日額は、教育訓練休暇給付金の支給を受けることができる一般被保険者（次項において「教育訓練休暇給付金支給対象者」という。）を受給資格者と、休暇開始日の前日を受給資格に係る離職の日とみなして第十六条から第十八条までの規定を適用した場合にその者に支給されることとなる基本手当の日額に相当する額とする。

6　教育訓練休暇給付金を支給する日数は、教育訓練休暇給付金支給対象者を受給資格者と、休暇開始日の前日を第二十条第一項第一号に規定する基準日とみなして第二十二条第一項、第三項及び第四項の規定を適用した場合の所定給付日数に相当する日数とする。

（特定教育訓練休暇給付金受給者に対する失業等給付の特例）

第六十条の四　特定教育訓練休暇給付金受給者に対する第十四条第二項並びに第二十二条第一項及び第二項の規定の適用については、第十四条第二項中「次に」とあるのは「第一号及び第二号に」と、第二十二条第一項中「次の各号に掲げる受給資格者の区分に応じ、当該各号に定める日数」とあるのは「九十日」と、同条第二項中「その算定基礎期間が一年以上の受給資格者にあつては次の各号に掲げる当該受給資格者の区分に応じ当該各号に定める日数とし、その算定基礎期間が一年未満の受給資格者にあつては百五十日」とあるのは「百五十日」とし、第二十三条第一項の規定は、適用しない。

2　前項の特定教育訓練休暇給付金受給者とは、教育訓練休暇給付金の支給を受け、休暇開始日から当該教育訓練休暇給付金に係る教育訓練休暇を終了した日（休暇開始日から起算して一年を経過する日までに二回以上の教育訓練休暇を取得した場合にあつては、最後の教育訓練休暇を終了した日）から起算して六箇月を経過する日までに離職した者のうち、受給資格者以外の者であつて、次の各号のいずれかに該当するものをいう。

一　当該離職が、その者を雇用していた事業主の事業について発生した倒産又は当該事業主の適用事業の縮小若しくは廃止に伴うものである者として厚生労働省令で定めるもの

二　前号に定めるもののほか、解雇その他の厚生労働省令で定める理由により離職した者

3　前条第三項の規定の適用を受けた者に対する前項の規定の適用については、同項中「一年」とあるのは、「前条第三項に規定する理由により教育訓練を受けることができない日数を一年に加算した期間（その期間が四年を超えるときは、四年）」とする。

第六十一条第二項及び第六十一条の二第二項中「休業を」を「休業及び教育訓練休暇給付金の支給を受けることができる休暇の取得を」に改める。

第六十一条の四第二項中「第十四条」の下に「（第二項第三号を除く。）」を加え、同条第四項中「ついては」の下に「、同条第一項中「第一項ただし書」とあるのは「第一項ただし書及び第二項第三号」と」を加える。

第六十一条の七第三項中「第十四条」の下に「（第二項第三号を除く。）」を加え、同条第六項中「ついては」の下に「、同条第一項中「第一項ただし書」とあるのは「第一項ただし書及び第二項第三号」と」を加え、同条第九項を削る。

第六十一条の八第三項中「第十四条」の下に「（第二項第三号を除く。）」を加え、同条第四項中「ついては」の下に「、同条第一項中「第一項ただし書」とあるのは「第一項ただし書及び第二項第三号」と」を加え、同条中第六項を削り、第七項を第六項とし、第八項を第七項とする。

第六十六条第一項中「）及び」を「）、教育訓練給付（教育訓練休暇給付金に限る。第三号において同じ。）及び」に、「第三号」を「第四号」に改め、第五号を第六号とし、第四号を第五号とし、第三号を第四号とし、第二号の次に次の一号を加える。

三　教育訓練給付については、次のイ又はロに掲げる場合の区分に応じ、当該イ又はロに定める割合

イ　第一号イに掲げる場合　当該教育訓練給付に要する費用の四分の一

ロ　第一号ロに掲げる場合　当該教育訓練給付に要する費用の四十分の一

第六十六条第五項中「第一項第五号」を「第一項第六号」に改める。

第七十二条第一項中「第三十九条第一項」の下に「、第六十条の三第一項第一号若しくは第三項」を加える。

第七十四条第二項中「、第十九条第一項第一号に規定する控除額」を削る。

第七十六条第一項及び第二項、第七十七条並びに第七十九条第一項中「教育訓練給付対象者」を「教育訓練給付金支給対象者」に改める。

第七十九条の二中「、第十九条第三項」及び「、第三十一条第二項」を削る。

第八十五条中「教育訓練給付対象者」を「教育訓練給付金支給対象者」に改める。

附則第四条第一項中「の間」の下に「（附則第十一条の三第一項において「特定期間」という。）」を加える。

附則第十一条中「教育訓練給付対象者」を「教育訓練給付金支給対象者」に改める。

附則第十一条の二第一項中「教育訓練給付対象者」を「教育訓練給付金支給対象者」に、「第十

条第五項、第六十条の三」を「第十条第五項第一号、第六十条の五第三項」に、「、第十条第五項」を「、同号」に、「第六十条の三第一項中「により教育訓練給付金」とあるのは「により教育訓練給付金又は教育訓練支援給付金」と、「、教育訓練給付金」とあるのは「、教育訓練給付金及び教育訓練支援給付金」と、同条第二項中「により教育訓練給付金」とあるのは「により教育訓練給付金及び教育訓練支援給付金」と、同条第三項」を「第六十条の五第三項」に、「前条第二項」を「第六十条の二第二項」に改め、同条第三項中「二千四百六十円」を「千二百三十円」に改め、同条第五項中「第三十一条第一項」を「第三十一条」に、「及び同項」を「及び第三十一条」に、「、同項」を「、同条」に改め、同条の次に次の一条を加える。

（教育訓練休暇給付金受給者に対する失業等給付の特例に関する暫定措置）

第十一条の三　第十三条第三項に規定する特定理由離職者（厚生労働省令で定める者に限り、受給資格者を除く。）であつて、教育訓練休暇給付金の支給を受け、休暇開始日から当該給付金に係る教育訓練休暇を終了した日（休暇開始日から起算して一年を経過する日までに二回以上の教育訓練休暇を取得した場合にあつては、最後の教育訓練休暇を終了した日）から起算して六箇月を経過する日までに離職したもの（当該離職の日が特定期間内にあるものに限る。）については、当該特定理由離職者を第六十条の四第二項に規定する特定教育訓練休暇給付金受給者とみなして同条第一項の規定を適用する。

2　第六十条の三第三項の規定の適用を受けた者に対する前項の規定の適用については、同項中「一年」とあるのは、「第六十条の三第三項に規定する理由により教育訓練を受けることができない日数を一年に加算した期間（その期間が四年を超えるときは、四年）」とする。

3　第一項の規定の適用がある場合における第七十二条第一項の規定の適用については、同項中「若しくは第二十四条の二第一項」とあるのは、「、第二十四条の二第一項若しくは附則第十一条の三第一項」とする。

附則第十三条第一項中「同項第三号及び第五号」を「同項第四号及び第六号」に改め、同条第二項中「第一項第三号及び第五号」を「第一項第四号及び第六号」に改める。

附則第十四条第一項中「同項第三号」を「同項第四号」に改め、同条第二項中「第一項第三号及び第五号」を「第一項第四号及び第六号」に改める。

附則（抄）

（施行期日）

第一条　この法律は、令和七年四月一日から施行する。ただし、次の各号に掲げる規定は、当該各号に定める日から施行する。

一　第一条中雇用保険法附則第十三条第一項の改正規定、同条第二項の改正規定（「から第五号まで」を「及び第五号」に改める部分に限る。）、同法附則第十四条及び第十四条の二を削る改正規定、同法附則第十四条の三第一項の改正規定、同条第二項の改正規定（「第六十六条第六項」を「第六十六条第五項」に改める部分を除く。）、同条を同法附則第十四条とする改正規定、同法附則第十四条の四を削る改正規定並びに同法附則第十五条の改正規定、第三条中労働保険の保険料の徴収等に関する法律附則第十条の改正規定（「（育児休業給付に係る国庫の負担額を除く。）」を削る部分に限る。）、同法附則第十条の二及び第十一条の改正規定並びに同法附則第十一条の二を削る改正規定並びに第五条並びに附則第六条、第二十四条第一項、第二十五条、第二十六条第一項、第二十七条第二項及び第三十四条の規定　公布の日又は令和六年四月一日のいずれか遅い日

二　第一条中雇用保険法第六十条の二第四項及び第七十六条第四項の改正規定並びに附則第四条の規定　令和六年十月一日

三　第二条の規定（次号に掲げる改正規定を除く。）、第四条の規定並びに第六条中特別会計に関する法律第百一条第二項の改正規定、同法附則第二十条の二第一項の改正規定（「第一項第三号及び第五号」を「第一項第四号及び第六号」に改める部分に限る。）及び同条第二項の改正規定（「令和四年度」を「令和五年度」に改める部分、「第六項を」を「第五項を」に改める部分及び「第六十六条第六項」を「第六十六条第五項」に改める部分を除く。）並びに附則第十七条第一項、第三十条、第三十二条及び第三十三条の規定　令和七年十月一日

四　第二条中雇用保険法第六条第一号、第十四条第一項及び第三項、第十六条第一項、第十七条第四項第一号、第十八条第四項並びに第十九条の改正規定、同法第三十一条第二項を削る改正規定並びに同法第三十七条第九項、第三十七条の四第六項、第三十七条の五第一項第二号及び第三号、第三十八条第一項第二号、第四十条第

四項、第五十一条第三項、第七十四条第二項、第七十九条の二並びに附則第十一条の二第三項及び第五項の改正規定並びに第七条の規定並びに附則第三条第二項から第四項まで、第五条第二項、第七条から第十六条まで、第十七条第二項及び第十八条から第二十三条までの規定　令和十年十月一日

職業訓練の実施等による特定求職者の就職の支援に関する法律

平成二三年五月二〇日法律第四七号
改正：令和六年五月一七日法律第二六号
施行：附則参照

第一章　総則

（目的）

第一条　この法律は、特定求職者に対し、職業訓練の実施、当該職業訓練を受けることを容易にするための給付金の支給その他の就職に関する支援措置を講ずることにより、特定求職者の就職を促進し、もって特定求職者の職業及び生活の安定に資することを目的とする。

（定義）

第二条　この法律において「特定求職者」とは、公共職業安定所に求職の申込みをしている者（雇用保険法（昭和四十九年法律第百十六号）第四条第一項に規定する被保険者である者及び同法第十五条第一項に規定する受給資格者である者を除く。）のうち、労働の意思及び能力を有しているものであって、職業訓練その他の支援措置を行う必要があるものと公共職業安定所長が認めたものをいう。

第二章　特定求職者に対する職業訓練の実施

（職業訓練実施計画）

第三条　厚生労働大臣は、特定求職者について、その知識、職業経験その他の事情に応じた職業訓練を受ける機会を十分に確保するため、次条第二項に規定する認定職業訓練その他の特定求職者に対する職業訓練の実施に関し重要な事項を定めた計画（以下「職業訓練実施計画」という。）を策定するものとする。

2　職業訓練実施計画に定める事項は、次のとおりとする。

一　特定求職者の数の動向に関する事項

二　特定求職者に対する職業訓練の実施目標に関する事項

三　特定求職者に対する職業訓練の効果的な実施を図るために講じようとする施策の基本となるべき事項

3　厚生労働大臣は、職業訓練実施計画を定めるに当たっては、あらかじめ、関係行政機関の長その他の関係者の意見を聴くものとする。

4　厚生労働大臣は、職業訓練実施計画を定めたときは、遅滞なく、これを公表しなければならない。

5　前二項の規定は、職業訓練実施計画の変更について準用する。

（厚生労働大臣による職業訓練の認定）

第四条　厚生労働大臣は、職業訓練を行う者の申請に基づき、当該者の行う職業訓練について、次の各号のいずれにも適合するものであることの認定をすることができる。

一　職業訓練実施計画に照らして適切なものであること。

二　就職に必要な技能及びこれに関する知識を十分に有していない者の職業能力の開発及び向上を図るために効果的なものであること。

三　その他厚生労働省令で定める基準に適合するものであること。

2 厚生労働大臣は、前項の認定に係る職業訓練（以下「認定職業訓練」という。）が同項各号のいずれかに適合しないものとなったと認めるときは、当該認定を取り消すことができる。

3 厚生労働大臣は、第一項の規定による認定に関する事務を独立行政法人高齢・障害・求職者雇用支援機構（以下「機構」という。）に行わせるものとする。

（認定職業訓練を行う者に対する助成）

第五条 国は、認定職業訓練が円滑かつ効果的に行われることを奨励するため、認定職業訓練を行う者に対して、予算の範囲内において、必要な助成及び援助を行うことができる。

（指導及び助言）

第六条 機構は、認定職業訓練を行う者に対し、当該認定職業訓練の実施に必要な指導及び助言を行うことができる。

第三章 職業訓練受講給付金

（職業訓練受講給付金の支給）

第七条 国は、第十二条第一項の規定により公共職業安定所長が指示した認定職業訓練（認定職業訓練、国、都道府県及び市町村並びに独立行政法人高齢・障害・求職者雇用支援機構が設置する公共職業能力開発施設の行う職業訓練（職業能力開発総合大学校の行うものを含む。）並びに雇用保険法第十五条第三項の政令で定める訓練又は講習をいう。第十一条第二号において同じ。）を特定求職者が受けることを容易にするため、当該特定求職者に対して、職業訓練受講給付金を支給することができる。

2 職業訓練受講給付金の支給に関し必要な基準は、厚生労働省令で定める。

（返還命令等）

第八条 偽りその他不正の行為により職業訓練受講給付金の支給を受けた者がある場合には、政府は、その者に対して、支給した職業訓練受講給付金の全部又は一部を返還することを命ずることができ、また、厚生労働大臣の定める基準により、当該偽りその他不正の行為により支給を受けた職業訓練受講給付金の額の二倍に相当する額以下の金額を納付することを命ずることができる。

2 前項の場合において、認定職業訓練を行う者が偽りの届出、報告又は証明をしたことによりその職業訓練受講給付金が支給されたものであるときは、政府は、当該認定職業訓練を行う者に対し、その職業訓練受講給付金の支給を受けた者と連帯して、同項の規定による職業訓練受講給付金の返還又は納付を命ぜられた金額の納付をすることを命ずることができる。

3 労働保険の保険料の徴収等に関する法律（昭和四十四年法律第八十四号）第二十七条及び第四十一条第二項の規定は、前二項の規定により返還又は納付を命ぜられた金額の納付を怠った場合に準用する。

（譲渡等の禁止）

第九条 職業訓練受講給付金の支給を受けることとなった者の当該支給を受ける権利は、譲り渡し、担保に供し、又は差し押さえることができない。

（公課の禁止）

第一〇条 租税その他の公課は、職業訓練受講給付金として支給を受けた金銭を標準として課することができない。

第四章 就職支援計画の作成等

（就職支援計画の作成）

第一一条 公共職業安定所長は、特定求職者の就職を容易にするため、当該特定求職者に関し、次の各号に掲げる措置が効果的に関連して実施されるための計画（以下「就職支援計画」という。）を作成するものとする。

一 職業指導及び職業紹介

二 認定職業訓練等

三 前二号に掲げるもののほか、厚生労働省令で定めるもの

（公共職業安定所長の指示）

第一二条 公共職業安定所長は、特定求職者に対して、就職支援計画に基づき前条各号に掲げる措置（次項及び次条において「就職支援措置」という。）を受けることを指示するものとする。

2 公共職業安定所長は、前項の規定による指示を受けた特定求職者の就職支援措置の効果を高めるために必要があると認めたときは、その者に対する指示を変更することができる。

3 公共職業安定所長は、第一項の規定による指示を受けた特定求職者の就職の支援を行う必要がなくなったと認めるときは、遅滞なく、当該特定求職者に係る指示を取り消すものとする。

（関係機関等の責務）

第一三条 職業安定機関、認定職業訓練を行う者、公共職業能力開発施設の長その他関係者は、前条第一項の規定による指示を受けた特定求職者の就職支援措置の円滑な実施を図るため、相互に密接に連絡し、及び協力するように努めなければならない。

2　前条第一項の規定による指示を受けた特定求職者は、その就職支援措置の実施に当たる職員の指導又は指示に従うとともに、自ら進んで、速やかに職業に就くように努めなければならない。

第五章　雑則

（時効）

第一四条　職業訓練受講給付金の支給を受け、又はその返還を受ける権利及び第八条第一項又は第二項の規定により納付をすべきことを命ぜられた金額を徴収する権利は、これらを行使することができる時から二年を経過したときは、時効によって消滅する。

（報告）

第一五条　厚生労働大臣は、この法律の施行のため必要があると認めるときは、認定職業訓練を行う者又は認定職業訓練を行っていた者（以下「認定職業訓練を行う者等」という。）に対して、報告を求めることができる。

2　厚生労働大臣は、この法律の施行のため必要があると認めるときは、特定求職者又は特定求職者であった者（以下「特定求職者等」という。）に対して、報告を求めることができる。

3　機構は、第四条第一項の規定による認定に関する事務に関し必要があると認めるときは、認定職業訓練を行う者等に対し、報告を求めることができる。

（立入検査）

第一六条　厚生労働大臣は、この法律の施行のため必要があると認めるときは、当該職員に、認定職業訓練を行う者等の事務所に立ち入り、関係者に対して質問させ、又は帳簿書類（その作成又は保存に代えて電磁的記録（電子的方式、磁気的方式その他人の知覚によっては認識することができない方式で作られる記録であって、電子計算機による情報処理の用に供されるものをいう。）の作成又は保存がされている場合における当該電磁的記録を含む。）の検査をさせることができる。

2　前項の規定により立入検査をする職員は、その身分を示す証明書を携帯し、関係者に提示しなければならない。

3　厚生労働大臣は、機構に、第一項の規定による質問又は立入検査（認定職業訓練が第四条第一項各号に掲げる要件に適合して行われていることを調査するために行うものに限る。）を行わせることができる。

4　機構は、前項の規定により同項に規定する質問又は立入検査をしたときは、厚生労働省令で定めるところにより、当該質問又は立入検査の結果を厚生労働大臣に通知しなければならない。

5　第二項の規定は、第三項の規定による立入検査について準用する。

6　第一項の規定による立入検査の権限は、犯罪捜査のために認められたものと解釈してはならない。

（船員となろうとする者に関する特例）

第一七条　船員職業安定法（昭和二十三年法律第百三十号）第六条第一項に規定する船員となろうとする者に関しては、第二条中「公共職業安定所に」とあるのは「地方運輸局（運輸監理部並びに厚生労働大臣が国土交通大臣に協議して指定する運輸支局及び地方運輸局、運輸監理部又は運輸支局の事務所を含む。以下同じ。）に」と、同条、第七条第一項、第十一条及び第十二条中「公共職業安定所長」とあるのは「地方運輸局の長」とする。

（権限の委任）

第一八条　この法律に定める厚生労働大臣の権限は、厚生労働省令で定めるところにより、その一部を都道府県労働局長に委任することができる。

2　前項の規定により都道府県労働局長に委任された権限は、厚生労働省令で定めるところにより、公共職業安定所長に委任することができる。

（厚生労働省令への委任）

第一九条　この法律に規定するもののほか、この法律の実施のため必要な手続その他の事項は、厚生労働省令で定める。

第六章　罰則

第二〇条　認定職業訓練を行う者等が次の各号のいずれかに該当するときは、六月以下の懲役又は三十万円以下の罰金に処する。

一　第十五条第一項又は第三項の規定による報告をせず、又は虚偽の報告をした場合

二　第十六条第一項の規定による質問（同条第三項の規定により機構が行うものを含む。）に対して答弁をせず、若しくは虚偽の答弁をし、又は同条第一項の規定による検査（同条第三項の規定により機構が行うものを含む。）を拒み、妨げ、若しくは忌避した場合

第二一条　特定求職者等が次の各号のいずれかに該当するときは、六月以下の懲役又は二十万円以下の罰金に処する。

一　第十五条第二項の規定による報告をせず、又は虚偽の報告をした場合

二　第十六条第一項の規定による質問（同条第三項の規定により機構が行うものを含む。）に対して答弁をせず、若しくは虚偽の答弁をし、又

は同条第一項の規定による検査（同条第三項の規定により機構が行うものを含む。）を拒み、妨げ、若しくは忌避した場合

第二十二条　法人（法人でない団体で代表者又は管理人の定めのあるものを含む。以下この条において同じ。）の代表者又は法人若しくは人の代理人、使用人その他の従業者が、その法人又は人の業務に関して、第二十条の違反行為をしたときは、その行為者を罰するほか、その法人又は人に対しても同条の罰金刑を科する。

2　前項の規定により法人でない団体を処罰する場合においては、その代表者又は管理人がその訴訟行為につきその団体を代表するほか、法人を被告人又は被疑者とする場合の刑事訴訟に関する法律の規定を準用する。

附則（抄）

（施行期日）

第一条　この法律は、平成二十三年十月一日から施行する。ただし、次条及び附則第三条第一項から第四項までの規定、附則第八条中住民基本台帳法（昭和四十二年法律第八十一号）別表第一の七十一の項の次に一項を加える改正規定並びに附則第九条及び第十四条の規定は、公布の日から施行する。

（施行前の準備）

第二条　厚生労働大臣は、この法律の施行前においても、第三条第一項から第三項までの規定の例により、特定求職者に対する職業訓練の実施に関し重要な事項を定めた計画を定めることができる。

2　厚生労働大臣は、前項の計画を定めたときは、遅滞なく、これを公表しなければならない。

3　第一項の規定により定められた計画は、この法律の施行の日（以下「施行日」という。）において第三条第一項及び第二項の規定により定められた職業訓練実施計画とみなす。

第三条　厚生労働大臣は、この法律の施行前においても、職業訓練を行う者の申請に基づき、その者の行う職業訓練が第四条第一項各号に掲げる要件に相当する要件に適合するものであることについて同項の認定に相当する認定（以下この条において「相当認定」という。）をすることができる。

2　厚生労働大臣が相当認定をしたときは、当該相当認定は、施行日までの間に厚生労働省令で定める事由が生じたときを除き、施行日以後は、厚生労働大臣が行った第四条第一項の認定とみなす。

3　厚生労働大臣は、この法律の公布の日から施行日の前日までの間、独立行政法人雇用・能力開発機構に、相当認定に関する事務を行わせることができる。

4　独立行政法人雇用・能力開発機構は、この法律の公布の日から施行日の前日までの間、独立行政法人雇用・能力開発機構法（平成十四年法律第百七十号）第十一条に規定する業務のほか、相当認定に関する業務及びこれに附帯する業務を行う。

5　この法律の施行の際現に独立行政法人雇用・能力開発機構に対してなされている第一項に規定する申請その他の手続は、機構に対してされた第四条第一項に規定する申請その他の手続とみなす。

【令和四年六月一七日法律第六八号未施行内容】

刑法等の一部を改正する法律の施行に伴う関係法律の整理等に関する法律

第二百二十一条　次に掲げる法律の規定中「懲役」を「拘禁刑」に改める。

七十八　職業訓練の実施等による特定求職者の就職の支援に関する法律（平成二十三年法律第四十七号）第二十条及び第二十一条

附則

（施行期日）

1　この法律は、刑法等一部改正法施行日（令和七年六月一日——編注）から施行する。《略》

職業訓練の実施等による特定求職者の就職の支援に関する法律施行規則

平成二三年七月二五日厚生労働省令第九三号
施行：附則参照
最終改正：令和六年一〇月二八日厚生労働省令第一四四号
施行：令和七年四月一日

第一章　認定職業訓練

（認定の申請）

第一条　職業訓練の実施等による特定求職者の就職の支援に関する法律（平成二十三年法律第四十七号。以下「法」という。）第四条第一項の規定による職業訓練の認定（以下この章において「職業訓練の認定」という。）を受けようとする者は、当該職業訓練の開始時期に応じ、独立行政法人高齢・障害・求職者雇用支援機構（以下「機構」という。）の定める期間内に、職業訓練認定申請書（様式第一号）に厚生労働省人材開発統括官が定める書類を添えて機構に提出しなければならない。

（法第四条第一項第三号の厚生労働省令で定める基準）

第二条　法第四条第一項第三号の厚生労働省令で定める基準は、次の各号に掲げる事項について、当該各号に定めるとおりとする。

一　訓練を行う者　次のいずれにも該当するものであること。

イ　職業訓練の認定を受けようとする職業訓練（以下「申請職業訓練」という。）について、当該申請職業訓練を開始しようとする日から遡って三年間において、当該申請職業訓練と同程度の訓練期間及び訓練時間の職業訓練を適切に行ったことがあること。

ロ　申請職業訓練を行おうとする者が過去に申請職業訓練と同一の分野に係る認定職業訓練（法第四条第二項に規定する認定職業訓練をいう。以下同じ。）を行った場合にあっては、その実績が次のいずれにも該当すること。

(1)　申請職業訓練を行おうとする都道府県と同一の都道府県の区域内において、連続する三年の間に二以上の単位（職業訓練を行う一単位をいう。以下同じ。）の当該認定職業訓練を行った場合（当該二以上の単位の認定職業訓練が終了した日が連続する三年の間にある場合に限る。）に、当該認定職業訓練の受講を修了した第二号に規定する特定求職者等（以下「修了者」という。）及び当該認定職業訓練が終了した日前に就職した又は自営業者となったことを遡理由として当該認定職業訓練を受講することを取りやめた者（以下「就職理由退校者」という。）（以下「修了者等」という。）の就職率（修了者等のうち当該認定職業訓練が終了した日の翌日から起算して三月を経過する日までの間に雇用保険法（昭和四十九年法律第百十六号）第四条第一項に規定する被保険者（以下この条において「被保険者」という。）となった者及び同法第五条第一項の適用事業の事業主となった者（当該認定職業訓練が終了した日において六十五歳以上の者を除く。）の数の合計数が、修了者（当該認定職業訓練が終了した日において六十五歳以上の者及び専ら就職に必要な基礎的な技能及びこれに関する知識（以下「基礎的技能等」という。）を付与するための認定職業訓練（以下「基礎訓練」という。）の修了者のうち連続受講（基礎訓練から基礎的技能等並びに実践的な技能及びこれに関する知識を付与するための認定職業訓練（以下「実践訓練」という。）まで又は公共職業能力開発施設の行う職業訓練（以下「公共職業訓練」という。）までの連続した受講（これらの連続した受講について公共職業安定所長が指示したものに限る。）をいう。以下同じ。）をする者を除く。）の数及び就職理由退校者の数の合計数に占める割合（当該認定職業訓練が終了した日から起算して四月を経過する日までの間に当該認定職業訓練を行った者が機構に届け出たものに限る。）をいう。以下同じ。）が、二以上の単位の当該認定職業訓練の区分に応じ、それぞれ次に定める割合を下回るものでないこと。ただし、当該認定職業訓練の修了者等の就職率がそれぞれ次に定める割合を下回ることが明らかになった日から起算して一年を経過する場合は、この限りでない。

(i)　基礎訓練　百分の三十

(ii)　実践訓練　百分の三十五

(2)　申請職業訓練を行おうとする都道府県と同一の都道府県の区域内において、連続する三年の間に二以上の単位の当該認定職業訓練の修了者等の就職率が、(1)の(i)及び(ii)に掲げる認定職業訓練の区分に応じ、それぞれ(1)の(i)及び(ii)に定める割合を下回ることが明らかになった日から起算して一年を経過した日以後に、再び(1)の(i)及び(ii)に掲げる認定職業訓練の区分に応じ、連続する三年の間に二以上の単位の当該認定職業訓練について、(1)の(i)及び(ii)に掲げる認定職業訓練の区分に応じ、それぞれ(1)の(i)及び(ii)に定める割合を下回るものでないこと。ただし、当該認定職業訓練の修了者等の就職率がそれぞれ次に定める割合を下回ることが明らかになった日から起算して一年を経過する場合は、この限りでない。

(3) 申請職業訓練を行おうとする都道府県と同一の都道府県の区域内において、第五条の規定により機構に提出する当該認定職業訓練に係る就職状況報告書における当該認定職業訓練の修了者等の就職率が、(1)の(i)及び(ii)に掲げる認定職業訓練の区分に応じ、それぞれ(1)の(i)及び(ii)に定める割合を下回ることが明らかになった場合に、当該就職状況報告書を機構に提出した後に当該認定職業訓練を行った同一の都道府県の区域内において機構に対し当該認定職業訓練と同一の分野に係る職業訓練の認定の申請をする際、就職率の改善に関する計画を提出したこと。

(4) 連続する三年の間に二以上の単位の当該認定職業訓練を行った場合（当該二以上の単位の認定職業訓練が終了した日が連続する三年の間にある場合に限る。）に、第五条の規定により機構に提出する当該認定職業訓練に係る就職状況報告書において、当該認定職業訓練が終了した日の翌日から起算して三月を経過する日までの間の就職に関する状況が確認された修了者の数及び就職理由退校者の数の合計数の当該認定職業訓練の修了者等の数に占める割合（以下この(4)において「回収率」という。）が、二以上の単位の当該認定職業訓練について百分の八十を下回るものでないこと。ただし、連続する三年の間において二回目に回収率が当該割合を下回った認定職業訓練に係る就職状況報告書の提出期限の翌日から起算して五年を経過する場合は、この限りでない。

ハ 国、地方公共団体、特別の法律により特別の設立行為をもって設立された法人（その資本金の全部若しくは大部分が国からの出資による法人又はその事業の運営のために必要な経費の主たる財源を国からの交付金若しくは補助金によって得ている法人に限る。）、独立行政法人及び地方独立行政法人でないこと。

ニ 申請職業訓練の実施日、受講者その他の申請職業訓練に関する事項を記載した帳簿を適切に保管すること。

ホ 申請職業訓練に係る苦情の処理に関する業務を公正かつ的確に遂行するに足りる業務運営体制を整備すること。

ヘ 申請職業訓練の受講者の個人情報を取り扱うに当たって、当該者の権利及び利益を侵害することのないような管理及び運営を行うこと。

ト 申請職業訓練が行われる施設ごとに、当該施設において行われる職業訓練の適正な実施の管理に係る責任者を配置すること。

チ ニからトまでに掲げるもののほか、申請職業訓練の適正な実施を確保するための措置を講ずること。

リ 次のいずれにも該当しない者であること。

(1) 法、職業能力開発促進法（昭和四十四年法律第六十四号）その他職業能力開発に係る事業に関する法律又は労働基準に関する法律の規定により、罰金以上の刑に処せられ、その執行を終わり、又は執行を受けることがなくなった日から起算して五年を経過しない者

(2) その納付すべき所得税、法人税、消費税、道府県民税、市町村民税、都民税、特別区民税、事業税、地方消費税、不動産取得税、固定資産税、事業所税及び都市計画税、社会保険料（所得税法（昭和四十年法律第三十三号）第七十四条第二項に規定する社会保険料をいう。）並びに労働保険料（労働保険の保険料の徴収等に関する法律（昭和四十四年法律第八十四号。以下「徴収法」という。）第十条第二項に規定する労働保険料をいう。第九条において同じ。）の納付が適正に行われていない者

(3) 過去に認定職業訓練に係る職務の遂行に関し重大な不正の行為をしたことを理由として、法第四条第二項の規定により同条第一項の認定の取消しを受けた者又は過去に認定職業訓練に係る職務の遂行に関し不正の行為をしたことにより、当該認定職業訓練が同条第一項各号のいずれかに適合しないものと厚生労働大臣が認めた者（当該認定の取消し又は同項各号列記の事項への不適合（以下この(3)において「認定の取消し等」という。）が、申請職業訓練を行おうとする都道府県と同一の都道府県以外の区域内において行った認定職業訓練に係るものであって、当該認定の取消し等の理由となった事実及び当該事実の発生を防止するための当該認定職業訓練を行う者による取組の状況その他の当該事実に関して当該認定職業訓練を行う者が有していた責任の程度を考慮して、当該認定職業訓練を行う者が当該認定の取消し等の理由となった事実について組織的に関与していると認めら

れない場合を除くものとし、当該認定の取消しを受けた者又は当該厚生労働大臣が認めた者が法人又は団体である場合にあっては、当該法人又は団体の役員（いかなる名称によるかを問わず、これと同等以上の職権又は支配力を有する者を含む。(4)、(5)及び(14)において同じ。）又は役員であった者を含む。）

(4) 法第四条第二項の規定により同条第一項の認定の取消しを受けた者（(3)の重大な不正の行為を理由として認定の取消しを受けた者を除く。）で、当該取消しの日から起算して五年を経過しない者（当該認定の取消しが認定職業訓練に係る職務の遂行に関し不正の行為をしたことを理由とするものにあっては当該認定の取消しが申請職業訓練を行おうとする都道府県と同一の都道府県以外の区域内において行った認定職業訓練に係るものであって、当該認定の取消しの理由となった事実及び当該事実の発生を防止するための当該認定職業訓練を行う者による取組の状況その他の当該事実に関して当該認定職業訓練を行う者が有していた責任の程度を考慮して、当該認定職業訓練を行う者が当該認定の取消しの理由となった事実について組織的に関与していると認められない場合を除くものとし、当該認定の取消しが認定職業訓練に係る職務の遂行に関し不正の行為をしたこと以外を理由とするものにあっては当該認定の取消しが申請職業訓練を行おうとする都道府県と同一の都道府県の区域において行った認定職業訓練に係るものに限るものとし、当該認定の取消しを受けた者が法人又は団体である場合にあっては、当該法人又は団体の役員又は役員であった者を含む。）

(5) 過去五年以内に行った認定職業訓練が法第四条第一項各号のいずれか（(3)の重大な不正の行為をしたことにより厚生労働大臣が認めた者に係るものを除く。）に適合しないものと厚生労働大臣が認めた者（当該同項各号列記の事項への不適合が認定職業訓練に係る職務の遂行に関し不正の行為をしたことによるものにあっては当該同項各号列記の事項への不適合が、申請職業訓練を行おうとする都道府県と同一の都道府県以外の区域内において行った認定職業訓練に係るものであって、当該同項各号列記の事項への不適合の理由となった事実及び当該事実の発生を防止するための当該認定職業訓練を行う者による取組の状況その他の当該事実に関して当該認定職業訓練を行う者が有していた責任の程度を考慮して、当該認定職業訓練を行う者が当該同項各号列記の事項への不適合の理由となった事実について組織的に関与していると認められない場合を除くものとし、当該同項各号列記の事項への不適合が認定職業訓練に係る職務の遂行に関し不正の行為をしたこと以外によるものにあっては当該同項各号列記の事項への不適合が申請職業訓練を行おうとする都道府県と同一の都道府県の区域において行った認定職業訓練に係るものに限るものとし、当該厚生労働大臣が認めた者が法人又は団体である場合にあっては、当該法人又は団体の役員又は役員であった者を含む。）

(6) 暴力団員による不当な行為の防止等に関する法律（平成三年法律第七十七号）第二条第六号に規定する暴力団員（以下この(6)において「暴力団員」という。）又は暴力団員でなくなった日から五年を経過しない者（以下この号において「暴力団員等」という。）

(7) 暴力団員等がその事業活動を支配する者

(8) 暴力団員等をその業務に従事させ、又は当該業務の補助者として使用するおそれのある者

(9) 破壊活動防止法（昭和二十七年法律第二百四十号）第五条第一項に規定する暴力主義的破壊活動を行った団体及びその構成員

(10) 風俗営業等の規制及び業務の適正化等に関する法律（昭和二十三年法律第百二十二号）第二条第一項に規定する風俗営業又は同条第五項に規定する性風俗関連特殊営業に該当する事業を行う者及びこれらの営業に係る業務に従事する者

(11) 会社更生法（平成十四年法律第百五十四号）第十七条の規定に基づく更生手続開始の申立てが行われている者又は民事再生法（平成十一年法律第二百二十五号）第二十一条第一項の規定に基づく再生手続開始の申立てが行われている者

(12) 精神の機能の障害により申請職業訓練を適正に行うに当たって必要な認知、判断及び意思疎通を適切に行うことができない者

(13) 破産手続開始の決定を受けて復権を得ない者

(14) 営業に関し成年者と同一の行為能力を有しない未成年者であって、その法定代理人が(1)から(13)までのいずれかに該当するもの

(15) 申請職業訓練を行う者が法人又は団体である場合にあっては、役員のうちに(1)から(13)までのいずれかに該当する者があるもの

(16) (1)から(15)までに掲げるもののほか、その行っ

た認定職業訓練（申請職業訓練を行う者が過去五年以内に行ったものに限る。）に関して不適切な行為（当該不適切な行為が申請職業訓練を行おうとする都道府県と同一の都道府県の区域において行った認定職業訓練に係るものに限る。）をしたことがある者又はその他関係法令の規定に反した等の理由により認定職業訓練を行わせることが不適切であると機構が認めた者

二　訓練の対象者　法第二条に規定する特定求職者であって法第十二条第一項の規定により公共職業安定所長の指示を受けたものその他公共職業安定所長が認定職業訓練を受講することが適当であると認めた求職者（以下この条及び第八条において「特定求職者等」という。）であること。ただし、実施日が特定されていない科目を含む申請職業訓練にあっては、乳児、幼児又は小学校（義務教育学校の前期課程及び特別支援学校の小学部を含む。以下同じ。）に就学している子を養育する特定求職者等その他の特に配慮を必要とする特定求職者等であって、厚生労働省人材開発統括官が定めるものであること。

三　教科　次のいずれにも該当するものであること。

イ　その科目が就職に必要な技能及びこれに関する知識を十分に有していない者の職業能力の開発及び向上を図るために効果的なものであること。

ロ　次のいずれにも該当しないものであること。

(1)　社会通念上、職業能力の開発及び向上に相当程度資するものであると認められないもの

(2)　当該教科に係る知識及び技能の習得が、特定求職者の段階的に安定した雇用に結びつくことが期待し難いと認められるもの

(3)　法令に基づく資格等に関するものその他の特定求職者の就職に資するものとして適当でないと認められるもの

四　訓練の実施方法　通信の方法によっても行うことができること。この場合には、適切と認められる方法により、必要に応じて添削指導若しくは面接指導又はその両方を行うこと。

五　訓練期間　次に掲げる申請職業訓練の区分に応じ、それぞれ次に定める範囲内において適切な期間であること。

イ　基礎訓練　二月以上四月以下

ロ　実践訓練　次の(1)及び(2)に掲げる申請職業訓練の区分に応じ、当該(1)及び(2)に定める範囲

(1)　実施日が特定されていない科目を含まない申請職業訓練　三月以上六月以下（安定的な就職に有効な資格を取得できる申請職業訓練であって、厚生労働省人材開発統括官が定めるもの及び乳児、幼児又は小学校に就学している子を養育する特定求職者等、育児休業、介護休業等育児又は家族介護を行う労働者の福祉に関する法律（平成三年法律第七十六号。以下「育児・介護休業法」という。）第二条第四号に規定する対象家族を介護する特定求職者等、在職中の特定求職者等その他の特に配慮を必要とする特定求職者等に対して行う申請職業訓練にあっては、二月以上六月以下）

(2)　実施日が特定されていない科目を含む申請職業訓練　二月以上六月以下

六　訓練時間　次のイ及びロに掲げる申請職業訓練の区分に応じ、当該イ及びロに定める範囲内であること。

イ　実施日が特定されていない科目を含まない申請職業訓練　一月につき百時間以上であり、かつ、一日につき原則として五時間以上六時間以下（乳児、幼児又は小学校に就学している子を養育する特定求職者等、育児・介護休業法第二条第四号に規定する対象家族を介護する特定求職者等、在職中の特定求職者等その他の特に配慮を必要とする特定求職者等に対して行う申請職業訓練にあっては、一月につき八十時間以上であり、かつ、一日につき原則として三時間以上六時間以下）

ロ　実施日が特定されていない科目を含む申請職業訓練　一月につき八十時間以上

七　施設及び設備　教科の科目に応じて当該科目の職業訓練を適切に行うことができると認められるものであること。

八　教材　申請職業訓練の内容と整合しており、かつ、適正な費用の教材を使用すること。

九　受講者の数　職業訓練を行う一単位につきおおむね十人からおおむね三十人までであること。

十　訓練受講に係る費用　入学料（受講の開始に際し納付する料金をいう。以下この号において同じ。）及び受講料が無料であること。また、申請職業訓練を受講する特定求職者等が所有することとなる教科書に係る費用その他当該申請職業訓練の受講に係る費用（入学料及び受講料を除く。）が、あらかじめ当該申請職業訓練を受講する特定求職者等が負担すべき旨を明示したものを除き、無料であること。

十一　講師　教科の科目に応じ当該科目の職業訓練を効果的に指導できる専門知識、能力及び経

験を有する者であって、申請職業訓練を適正に運営することができ、かつ、担当する科目の内容について指導等の業務に従事した十分な経験を有するものであること。

十二　実習　実習を含む申請職業訓練にあっては、当該実習が次のいずれにも該当すること。

イ　当該実習が行われる事業所の事業主が行う業務の遂行の過程内における実務を通じた実践的な技能及びこれに関する知識の習得に係る実習であること。

ロ　当該実習が行われる事業所の事業主と当該実習を受ける特定求職者等との雇用関係を伴わないものであること。

ハ　当該実習が行われる事業所において、実習指導者、訓練評価者及び管理責任者を配置していること。

ニ　安全衛生に関する技能及びこれに関する知識の習得を目的とした実習を含むものであること。

ホ　当該実習を受ける特定求職者等の安全衛生その他の作業条件について、労働基準法（昭和二十二年法律第四十九号）及び労働安全衛生法（昭和四十七年法律第五十七号）の規定に準ずる取扱いをするものであること。

ヘ　当該実習が行われる事業所の事業主及び従業員が、第一号リに該当するものであること。

十三　習得された技能及びこれに関する知識の評価　特定求職者等が申請職業訓練を受ける期間において一月に少なくとも一回、当該申請職業訓練を受講することにより習得された技能及びこれに関する知識の適正な評価を行うとともに、当該申請職業訓練の終了前においても、当該申請職業訓練を受講することにより習得された技能及びこれに関する知識の適正な評価を行うこと。この場合において、これらの評価（以下この号において「習得度評価」という。）の内容を、ジョブ・カード（職業能力開発促進法第十五条の四第一項に規定する職務経歴等記録書をいう。第十五号ロ（7）において同じ。）に記載しなければならない。

十四　キャリアコンサルティングの実施　キャリアコンサルティング担当者（職業能力開発促進法第十五条の四第一項に規定する職務経歴等記録書を用いたキャリアコンサルティング（職業能力開発促進法第二条第五項のキャリアコンサルティングをいう。）を行う者であって厚生労働大臣が定めるものをいう。以下この号において同じ。）を申請職業訓練を行う施設内に配置し、当該申請職業訓練を受講する特定求職者等に、当該キャリアコンサルタント担当者が行うキャリアコンサルティングを当該申請職業訓練の期間内に三回以上（特定求職者等が申請職業訓練を受ける期間が三月に満たない場合にあっては、一月に少なくとも一回以上）受けさせること。

十五　就職の支援　申請職業訓練を受講する特定求職者等の就職の支援のため、次に掲げる措置を講ずること。

イ　ロに掲げる申請職業訓練を受講する特定求職者等の就職の支援に関する措置に係る責任者を配置すること。

ロ　申請職業訓練を受講する特定求職者等の就職の支援に関する措置として、次に掲げるものを行うこと。

(1)　職業相談

(2)　求人情報の提供

(3)　履歴書の作成に係る指導

(4)　公共職業安定所が行う就職説明会の周知

(5)　求人者に面接するに当たっての指導

(6)　ジョブ・カードの作成の支援及び交付

(7)　その他申請職業訓練を受講する特定求職者等の就職の支援のため必要な措置

十六　報告　申請職業訓練の終了後に、就職した又は自営業者となった修了者の数、就職理由退校者の数その他の就職に関する状況に係る報告書の提出を、機構に対して適切に行うこと。

十七　災害補償　申請職業訓練に係る災害が発生した場合の補償のために、必要な措置を講ずること。

十八　委託　教科の一部を委託して行う申請職業訓練にあっては、次のいずれにも該当すること。

イ　当該教科が基礎訓練における職業に必要な基礎的な能力の向上に関する教科であること。

ロ　当該教科が行われる事業所において、講師、訓練評価者及び管理責任者を配置していること。

ハ　当該教科が行われる事業所の事業主及び従業員が、第一号リに該当するものであること。

十九　その他　特定求職者の就職に資する職業訓練としての適正な実施を確保するために必要な措置を講ずること。

（都道府県労働局長への報告）

第三条　機構は、法第四条第三項の規定により職業訓練の認定をしたときは、その旨を当該認定職業訓練が行われる施設の所在地を管轄する都道府県労働局長に報告しなければならない。

（認定職業訓練に関する事項の変更の届出）

第四条　認定職業訓練を行う者は、認定職業訓練に関し、第一号に掲げる事項について変更があった場合（軽微な変更があった場合を除く。）には速やかに変更のあった事項及び年月日を、第二号に掲げる事項について変更しようとする場合にはあらかじめその旨を機構に届け出なければならない。

一　認定職業訓練を行う者（実習を含む認定職業訓練又は教科の一部を委託して行う認定職業訓練にあっては、当該実習又は教科が行われる事業所の事業主を含む。）の氏名又は名称、その住所又は主たる事務所の所在地

二　認定職業訓練が行われる施設の名称及び定款等に記載した事項

（就職状況の報告）

第五条　認定職業訓練を行う者は、当該認定職業訓練が終了した日から起算して四月を経過する日までの間に、当該認定職業訓練が終了した日の翌日から起算して三月を経過する日までの間に就職した又は自営業者となった修了者の数及び就職理由退校者の数その他の就職に関する状況を記載した就職状況報告書（様式第二号）を、機構に提出しなければならない。

（機構への通知）

第六条　厚生労働大臣は、法第四条第二項の規定により職業訓練の認定を取り消したときは、その旨を機構に通知しなければならない。

（法第五条に規定する助成）

第七条　法第五条に規定する認定職業訓練を行う者に対する助成として、認定職業訓練実施奨励金を支給するものとする。

（認定職業訓練実施奨励金）

第八条　認定職業訓練実施奨励金は、認定職業訓練実施基本奨励金、認定職業訓練実施付加奨励金及び訓練施設内保育実施奨励金とする。

2　認定職業訓練実施基本奨励金は、特定求職者等に対し認定職業訓練を適切に行う者（次項後段の規定により認定職業訓練実施基本奨励金が支給される場合にあっては、認定職業訓練を適切に行った者）に対して、次の各号に掲げる認定職業訓練の区分に応じ、当該各号に定める額を支給するものとする。

一　基礎訓練　次のイ及びロに掲げる基本奨励金支給単位期間（認定職業訓練の期間を当該認定職業訓練が開始された日又は各月においてその日に応当し、かつ、当該認定職業訓練の期間内にある日（その日に応当する日がない月においては、その月の末日。以下この条において「開始応当日」という。）から各翌月の開始応当日の前日（当該認定職業訓練が終了した日（同日前に当該認定職業訓練の受講を取りやめた者にあっては、当該認定職業訓練の受講を取りやめた日。以下この号において同じ。）の属する月にあっては、当該認定職業訓練が終了した日）までの各期間に区分した場合における当該区分による一の期間をいう。以下同じ。）の区分に応じ、当該イ及びロに定める額を合算した額

イ　ロに掲げる基本奨励金支給単位期間以外の基本奨励金支給単位期間　当該基礎訓練を受講した特定求職者等（次項に規定する基本奨励金支給対象期間（次項後段の場合にあっては、当該基礎訓練の全ての基本奨励金支給単位期間。以下この号において同じ。）において、当該基礎訓練を受講した日数（当該基礎訓練の一実施日における訓練の部分の一部のみを受講した日（当該基礎訓練の一実施日における訓練の部分の二分の一以上に相当する部分を受講した日に限る。以下イにおいて同じ。）がある場合にあっては、当該基礎訓練を受講した日数に当該一部のみを受講した日数に二分の一を乗じて得た日数を加えた日数（一日未満の端数があるときは、これを切り捨てた日数）。以下この号において同じ。）の当該基本奨励金支給対象期間における当該基礎訓練の実施日数に占める割合が百分の八十以上の者又は当該基礎訓練を受講した日数の当該基本奨励金支給対象期間におけるいずれかの基本奨励金支給単位期間における当該基礎訓練の実施日数に占める割合が百分の八十以上の者に限る。ロにおいて同じ。）一人につき六万円に当該基本奨励金支給対象期間における基本奨励金支給単位期間の数（当該基礎訓練を受講した特定求職者等が当該基礎訓練を受講した日数の当該基本奨励金支給対象期間における当該基礎訓練の実施日数に占める割合が百分の八十未満かつ当該基礎訓練を受講した日数の当該基本奨励金支給対象期間におけるいずれかの基本奨励金支給単位期間における当該基礎訓練の実施日数に占める割合が百分の八十以上の者である場合にあっては、当該特定求職者等が当該基礎訓練を受講した日数の基本奨励金支給単位期間における当該基礎訓練の実施日数に占める割合が百分の八十以上の基本奨励金支給単位期間の数）を乗じて得た額

ロ　基本奨励金支給単位期間における日数が二十八日未満である基本奨励金支給単位期間　当該基礎訓練を受講した特定求職者等一人につき三

千円に当該基本奨励金支給単位期間における当該基礎訓練の実施日数を乗じて得た額（その額が六万円を超える場合にあっては、六万円）

二　実践訓練　次のイ及びロに掲げる基本奨励金支給単位期間の区分に応じ、当該イ及びロに定める額を合算した額

イ　ロに掲げる基本奨励金支給単位期間以外の基本奨励金支給単位期間　当該実践訓練を受講した特定求職者等（次項に規定する基本奨励金支給対象期間（次項後段の場合にあっては、当該実践訓練の全ての基本奨励金支給単位期間。以下この号において同じ。）において、当該実践訓練を受講した日数（当該実践訓練の一実施日における訓練の部分の一部のみを受講した日（当該実践訓練の一実施日における訓練の部分の二分の一以上に相当する部分を受講した日に限る。以下イにおいて同じ。）がある場合にあっては、当該実践訓練を受講した日数に当該一部のみを受講した日数に二分の一を乗じて得た日数を加えた日数（一日未満の端数があるときは、これを切り捨てた日数）。以下この号において同じ。）の当該基本奨励金支給対象期間における当該実践訓練の実施日数に占める割合（実施日が特定されていない科目を含む実践訓練にあっては、当該実践訓練を受講した時間数の当該基本奨励金支給対象期間における当該実践訓練を行う者が定める時間数に占める割合。以下このイにおいて同じ。）が百分の八十以上の者又は当該実践訓練を受講した日数の当該基本奨励金支給対象期間におけるいずれかの基本奨励金支給単位期間における当該実践訓練の実施日数に占める割合（実施日が特定されていない科目を含む実践訓練にあっては、当該実践訓練を受講した時間数の当該基本奨励金支給対象期間におけるいずれかの基本奨励金支給単位期間における当該実践訓練を行う者が定める時間数に占める割合。以下このイにおいて同じ。）が百分の八十以上の者に限る。ロにおいて同じ。）一人につき五万円に当該基本奨励金支給対象期間における基本奨励金支給単位期間の数（当該実践訓練を受講した特定求職者等が当該実践訓練を受講した日数の当該基本奨励金支給対象期間における当該実践訓練の実施日数に占める割合が百分の八十未満かつ当該実践訓練を受講した日数の当該基本奨励金支給対象期間におけるいずれかの基本奨励金支給単位期間における当該実践訓練の実施日数に占める割合が百分の八十以上の者である場合にあっては、当該特定求職者等が当該実践訓練を受講した日数の基本奨励金支給単位期間における当該実践訓練の実施日数に占める割合（実施日が特定されていない科目を含む実践訓練にあっては、当該実践訓練を受講した時間数の基本奨励金支給単位期間における当該実践訓練を行う者が定める時間数に占める割合）が百分の八十以上の基本奨励金支給単位期間の数）を乗じて得た額

ロ　基本奨励金支給単位期間における日数が二十八日未満である基本奨励金支給単位期間　当該実践訓練を受講した特定求職者等一人につき二千五百円に当該基本奨励金支給単位期間における当該実践訓練の実施日数（実施日が特定されていない科目を含む実践訓練にあっては、当該基本奨励金支給単位期間における日数から日曜日、土曜日及び国民の祝日に関する法律（昭和二十三年法律第百七十八号）に規定する休日（以下この条及び第十一条において「日曜日等」という。）の日数を減じた日数）を乗じて得た額（その額が五万円を超える場合にあっては、五万円）

3　認定職業訓練基本奨励金は、連続する三の基本奨励金支給単位期間（当該連続する三の基本奨励金支給単位期間の末日の翌日から認定職業訓練が終了した日までの連続する基本奨励金支給単位期間の数が三に満たない場合は、当該連続する基本奨励金支給単位期間。以下この項において「基本奨励金支給対象期間」という。）ごとに、前項の規定に基づき当該基本奨励金支給対象期間について支給すべき額として算定した額を支給するものとする。この場合において、当該認定職業訓練を行う者が当該認定職業訓練を適切に終了させた場合においては、当該認定職業訓練を行った者が希望する場合に限り、基本奨励金支給対象期間ごとの認定職業訓練基本奨励金の支給に代えて、前項の規定に基づき当該認定職業訓練の全ての基本奨励金支給単位期間について支給すべき額として算定した額の認定職業訓練基本奨励金の支給を行うことができるものとする。

4　認定職業訓練実施付加奨励金は、第一号に該当する者に対して、第二号に定める額を支給するものとする。

一　実践訓練に係る認定職業訓練実施基本奨励金を受ける者であって、当該実践訓練の就職率が次号イ又はロに掲げる率に該当する実践訓練を行ったもの

二　次のイ及びロに掲げる就職率の区分に応じ、当該イ及びロに定める額

イ　百分の三十五以上百分の六十未満　次の(1)及

び(2)に掲げる付加奨励金支給単位期間（実践訓練の期間を当該実践訓練が開始された日又は開始応当日から各翌月の開始応当日の前日（当該実践訓練が終了した日の属する月にあっては、同日）までの各期間に区分した場合における当該区分による一の期間をいう。以下この号において同じ。）の区分に応じ、それぞれ(1)及び(2)に定める額を合算した額

(1)　(2)に掲げる付加奨励金支給単位期間以外の付加奨励金支給単位期間　当該実践訓練に係る修了者等一人につき一万円に当該実践訓練の付加奨励金支給単位期間の数を乗じて得た額

(2)　付加奨励金支給単位期間における日数が二十八日未満である付加奨励金支給単位期間　当該実践訓練に係る修了者等一人につき五百円に当該付加奨励金支給単位期間における当該実践訓練の実施日数（実施日が特定されていない科目を含む実践訓練にあっては、当該付加奨励金支給単位期間における日数から日曜日等の日数を減じた日数。ロ(2)において同じ。）を乗じて得た額（その額が一万円を超える場合にあっては、一万円）

ロ　百分の五十五以上　次の(1)及び(2)に掲げる付加奨励金支給単位期間の区分に応じ、それぞれ(1)及び(2)に定める額を合算した額

(1)　(2)に掲げる付加奨励金支給単位期間以外の付加奨励金支給単位期間　当該実践訓練に係る修了者等一人につき二万円に当該実践訓練の付加奨励金支給単位期間の数を乗じて得た額

(2)　付加奨励金支給単位期間における日数が二十八日未満である付加奨励金支給単位期間　当該実践訓練に係る修了者等一人につき千円に当該付加奨励金支給単位期間における当該実践訓練の実施日数を乗じて得た額（その額が二万円を超える場合にあっては、二万円）

5　訓練施設内保育実施奨励金は、第一号に該当する者に対して、第二号に定める額を支給するものとする。

一　認定職業訓練を行う者であって、特定求職者等が小学校就学の始期に達するまでの子を養育しつつ就業することを容易にするための施設として適当と認められる保育施設を運営する事業を自ら行い、又は他者に委託して行うものであること。

二　特定求職者等が養育する小学校就学の始期に達するまでの子について、全ての基本奨励金支給単位期間中の保育を行う事業に要した経費の額（一の基本奨励金支給単位期間について、特定求職者等が養育する小学校就学の始期に達するまでの子一人につき六万六千円を限度とする。）

（調整）

第八条の二　認定職業訓練実施奨励金の支給を受けることができる認定職業訓練を行う者が、同一の事由により、国から次に掲げる事業に要する費用に相当する金額の支給を受けた場合その他これに類する場合には、当該支給事由によっては、認定職業訓練実施奨励金は支給しないものとする。

一　雇用保険法施行規則（昭和五十年労働省令第三号）第百三十一条に規定する介護労働講習

二　雇用保険法施行規則第百四十条第一号ロ及びハ並びに第二号ロ及びハに掲げる事業

三　雇用保険法施行規則第百四十条の二第一項に規定する地域活性化雇用創造プロジェクト

四　その他厚生労働大臣が定める事業

（労働保険料滞納事業主等に対する不支給）

第九条　第八条第二項及び第四項の規定にかかわらず、認定職業訓練実施奨励金は、労働保険料の納付の状況が著しく不適切である、過去に重大な不正の行為若しくは過去五年以内偽りその他不正の行為（当該重大な不正の行為又は不正の行為が、当該職業訓練実施奨励金に係る認定職業訓練を行った都道府県と同一の都道府県以外の区域内において行った認定職業訓練に係るものであって、当該重大な不正の行為又は不正の行為の事実及び当該事実の発生を防止するための当該認定職業訓練を行う者による取組の状況その他の当該事実に関して当該認定職業訓練を行う者が有していた責任の程度を考慮して、当該認定職業訓練を行う者が当該重大な不正の行為又は不正の行為の事実について組織的に関与していると認められない場合を除く。）により、認定職業訓練実施基本奨励金若しくは認定職業訓練実施付加奨励金の支給を受け、若しくは受けようとした、又は過去五年以内に偽りその他不正の行為により、雇用保険法施行規則第百二条の二に規定する雇用調整助成金その他の雇用保険法第四章の規定により支給される給付金の支給を受け、若しくは受けようとした認定職業訓練を行う者に対しては、その全部又は一部を支給しないものとする。

第二章　職業訓練受講給付金

（職業訓練受講給付金の種類）

第一〇条　法第七条第一項に定める職業訓練受講給付金は、職業訓練受講手当、通所手当及び寄宿手当とする。

（職業訓練受講手当）

第十一条　職業訓練受講手当は、法第十二条第一項の規定により公共職業安定所長が指示した認定職業訓練等（法第七条第一項に規定する認定職業訓練等をいう。以下同じ。）を受ける特定求職者が、給付金支給単位期間（認定職業訓練等の期間を、当該認定職業訓練等が開始された日又は各月においてその日に応当し、かつ、当該認定職業訓練等の期間内にある日（その日に応当する日がない月においては、その月の末日。以下この条において「訓練開始応当日」という。）から各翌月の訓練開始応当日の前日（当該認定職業訓練等が終了した日（同日前にやむを得ない理由により当該認定職業訓練等の受講を取りやめた者にあっては、当該認定職業訓練等の受講を取りやめた日。以下この項において同じ。）の属する月にあっては、当該認定職業訓練等が終了した日）までの各期間に区分した場合における当該区分による一の期間をいう。以下同じ。）において次の各号のいずれにも該当するときに、当該給付金支給単位期間について支給するものとする。

一　当該特定求職者の収入の額が八万円以下であること。

二　当該特定求職者並びに当該特定求職者と同居の又は生計を一にする別居の配偶者（婚姻の届出をしていないが、事実上婚姻関係と同様の事情にある者を含む。）、子及び父母（以下「配偶者等」という。）の収入の額を合算した額が三十万円以下であること。

三　当該特定求職者並びに当該特定求職者と同居の又は生計を一にする別居の配偶者等の所有する金融資産の合計額が三百万円以下であること。

四　当該特定求職者が現に居住している土地及び建物以外に、土地及び建物を所有していないこと。

五　実施日が特定されていない科目を含まない認定職業訓練等にあっては、当該認定職業訓練等の全ての実施日に当該認定職業訓練等を受講していること。ただし、やむを得ない理由により受講しなかった当該認定職業訓練等の実施日がある場合（やむを得ない理由以外の理由により受講しなかった当該認定職業訓練等の実施日がある場合を除く。）にあっては、当該認定職業訓練等を受講した日数（やむを得ない理由により当該認定職業訓練等の一実施日における訓練の部分の一部のみを受講した日（当該認定職業訓練等の一実施日における訓練の部分の二分の一以上に相当する部分を受講した日に限る。以下この号において同じ。）がある場合にあっては、当該認定職業訓練等を受講した日数に当該一部のみを受講した日数に二分の一を乗じて得た日数を加えた日数（一日未満の端数があるときは、これを切り捨てた日数））の当該認定職業訓練等の実施日数に占める割合が百分の八十以上であること。

六　乳児、幼児又は小学校に就学している子を養育する特定求職者、育児・介護休業法第二条第四号に規定する対象家族を介護する特定求職者その他厚生労働省職業安定局長（以下「職業安定局長」という。）が定める特定求職者（以下「養育・介護中等の特定求職者」という。）が実施日が特定されていない科目を含まない認定職業訓練等を受講した場合にあっては、前号の規定にかかわらず、当該認定職業訓練等を受講した日数（当該認定職業訓練等の一実施日における訓練の部分の一部のみを受講した日（当該認定職業訓練等の一実施日における訓練の部分の二分の一以上に相当する部分を受講した日に限る。以下この号において同じ。）がある場合にあっては、当該認定職業訓練等を受講した日数に当該一部のみを受講した日数に二分の一を乗じて得た日数を加えた日数（一日未満の端数があるときは、これを切り捨てた日数））の当該認定職業訓練等の実施日数に占める割合が百分の八十以上であること。

七　実施日が特定されていない科目を含む認定職業訓練等にあっては、当該認定職業訓練等を行う者が定める時間数当該認定職業訓練等を受講していること。ただし、やむを得ない理由により受講しなかった時間数がある場合（実施日が特定されていない科目を受講しなかった時間数が、当該認定職業訓練等を行う者が定める実施日が特定されていない科目の時間数を、給付金支給単位期間の日数から日曜日等の日数を減じた日数で除して得た時間数に、実施日が特定されていない科目を受講しなかったことにつきやむを得ない理由のある日数を乗じて得た時間数を超える場合を除く。）にあっては、当該認定職業訓練等を受講した時間数の当該認定職業訓練等を行う者が定める時間数に占める割合が百分の八十以上であること。

八　養育・介護中等の特定求職者が実施日が特定されていない科目を含む認定職業訓練等を受講した場合にあっては、前号の規定にかかわらず、当該認定職業訓練等を受講した時間数の当該認定職業訓練等を行う者が定める時間数に占める割合が百分の八十以上であること。

九　当該特定求職者と同居の又は生計を一にする別居の配偶者等が、職業訓練受講手当の支給を受けた認定職業訓練等を受講していないこと。

十　過去三年以内に偽りその他不正の行為により、雇用保険法第十条に規定する失業等給付、同法第六十一条の六第一項に規定する育児休業等給付若しくは同法第四章の規定により支給される給付金又は労働施策の総合的な推進並びに労働者の雇用の安定及び職業生活の充実等に関する法律（昭和四十一年法律第百三十二号）第十八条に規定する職業転換給付金若しくは職業転換給付金に相当する給付金その他職業訓練を受けることを容易にするための給付金であって厚生労働省職業安定局長（以下「職業安定局長」という。）が定めるものの支給を受けたことがないこと。

2　職業訓練受講手当の額は、次の各号に掲げる給付金支給単位期間の区分に応じ、当該各号に定める額とする。

一　次号に掲げる給付金支給単位期間以外の給付金支給単位期間　十万円

二　給付金支給単位期間における日数（当該給付金支給単位期間内に、当該認定職業訓練等を受講する者が雇用保険法第十五条第一項に規定する受給資格者でなくなった日、当該認定職業訓練等を受講する者と同居の若しくは生計を一にする別居の配偶者等が職業訓練受講給付金の支給を受けた認定職業訓練等の受講を終了した日又は当該認定職業訓練等を受講する者が第十三条の規定により職業訓練受講給付金を支給しないこととされる特定求職者でなくなった日がある場合にあっては、当該日（これらの日が複数ある場合には、そのうち最も遅い日）から当該給付金支給単位期間の末日（次項又は第四項の規定により、十二又は二十四の給付金支給単位期間分に達した日を含む給付金支給単位期間にあっては、当該達した日）までの日数）が二十八日未満である給付金支給単位期間　三千五百八十円に当該給付金支給単位期間における日数を乗じて得た額

3　職業訓練受講手当は、一の認定職業訓練等について、十二（公共職業安定所長が特に必要があると認める場合は、二十四。次項において同じ。）の給付金支給単位期間分を限度として支給する。この場合において、当該認定職業訓練等に係る給付金支給単位期間が複数ある場合であって当該複数の給付金支給単位期間のうちに、職業訓練受講手当の支給を受けた前項第二号に掲げる給付金支給単位期間における日数を合算した日数が二十八日以下の場合には、その給付金支給単位期間数にかかわらず、一の給付金支給単位期間分の職業訓練受講手当を支給したものとみなす。

4　連続受講に係る職業訓練受講手当は、前項の規定にかかわらず、当該連続受講に係る認定職業訓練等について、合わせて十二の給付金支給単位期間分を限度として支給する。この場合において、当該連続受講に係る認定職業訓練等に係る給付金支給単位期間のうちに職業訓練受講手当の支給を受けた第二項第二号に掲げる給付金支給単位期間が複数ある場合は、厚生労働大臣の定めるところにより、当該給付金支給単位期間における日数を合算した日数に応じて、一又は複数の給付金支給単位期間分の職業訓練受講手当を支給したものとみなす。

5　養育・介護中等の特定求職者が実施日が特定されていない科目を含まない認定職業訓練等を受講した場合にあっては、やむを得ない理由以外の理由により認定職業訓練等を受講しなかった実施日がある場合の職業訓練受講手当の額は、第二項の規定にかかわらず、同項の規定による額から、当該認定職業訓練を受講しなかった実施日の日数（以下「欠席日数」という。）のその給付金支給単位期間の現日数に占める割合を同項の規定による額に乗じて得た額を減じた額とする。この場合において、当該認定職業訓練等の一実施日における訓練の部分の一部を受講しなかった日（当該認定職業訓練等の一実施日における訓練の部分の二分の一未満に相当する部分を受講しなかった日に限る。）があるときは、欠席日数は、当該認定職業訓練等を受講しなかった日数に当該一部を受講しなかった日数に二分の一を乗じて得た日数を加えた日数（一日未満の端数があるときは、これを切り上げた日数）とする。

6　養育・介護中等の特定求職者が実施日が特定されていない科目を含む認定職業訓練等を受講した場合にあっては、やむを得ない理由以外の理由により認定職業訓練等を受講しなかった時間数がある場合の職業訓練受講手当の支給の額は、第二項の規定にかかわらず、同項の規定による額から、その時間数のその給付金支給単位期間において当該認定職業訓練等を行う者が定める時間数に占める割合を同項の規定による額に乗じて得た額を減じた額とする。

（通所手当）

第一二条　通所手当は、法第十二条第一項の規定に

より公共職業安定所長が指示した認定職業訓練等を受ける特定求職者が、前条第一項第一号中「八万円」とあるのは「十二万円」と、同項第二号中「三十万円」とあるのは「三十四万円」と読み替えた場合に同項各号のいずれにも該当する場合であって、給付金支給単位期間において、次の各号のいずれかに該当するときに、当該給付金支給単位期間について支給するものとする。

一　特定求職者の住所又は居所から認定職業訓練等を行う施設（附則第四条の二において「訓練等施設」という。）への通所（以下この条において「通所」という。）のため、交通機関又は有料の道路（以下この条及び附則第四条の二第二項において「交通機関等」という。）を利用してその運賃又は料金（以下この条及び附則第四条の二第二項において「運賃等」という。）を負担することを常例とする者（交通機関等を利用しなければ通所することが著しく困難である者以外の者であって、交通機関等を利用しないで徒歩により通所するものとした場合の通所の距離が片道二キロメートル未満であるもの及び第三号に該当する者を除く。）

二　通所のため自動車その他の交通の用具（以下この条及び附則第四条の二第二項において「自動車等」という。）を使用することを常例とする者（自動車等を使用しなければ通所することが著しく困難である者以外の者であって、自動車等を使用しないで徒歩により通所するものとした場合の通所の距離が片道二キロメートル未満であるもの及び次号に該当する者を除く。）

三　通所のため交通機関等を利用してその運賃等を負担し、かつ、自動車等を使用することを常例とする者（交通機関等を利用し、又は自動車等を使用しなければ通所することが著しく困難な者以外の者であって、交通機関等を利用せず、かつ、自動車等を使用しないで徒歩により通所するものとした場合の通所の距離が片道二キロメートル未満であるものを除く。）

2　通所手当の給付金支給単位期間当たりの額は、次の各号に掲げる特定求職者の区分に応じ、当該各号に定める額とする。ただし、その額が四万二千五百円を超えるときは、四万二千五百円とする。

一　前項第一号に該当する者　次項及び第四項に定めるところにより算定したその者の当該給付金支給単位期間の通所に要する運賃等の額に相当する額（以下この条において「運賃等相当額」という。）

二　前項第二号に該当する者　自動車等を使用する距離が片道十キロメートル未満である者にあっては三千六百九十円、その他の者にあっては五千八百五十円（厚生労働大臣の定める地域（以下この条及び附則第四条の二第二項第一号ロにおいて「指定地域」という。）に居住する者であって自動車等を使用する距離が片道十五キロメートル以上であるものにあっては、八千十円）

三　前項第三号に該当する者（交通機関等を利用しなければ通所することが著しく困難である者以外の者であって、通常徒歩によることが例である距離内においてのみ交通機関等を利用しているものを除く。）のうち、自動車等を使用する距離が片道二キロメートル以上である者又はその距離が片道二キロメートル未満であるが自動車等を使用しなければ通所することが著しく困難である者　第一号に定める額と前号に定める額との合計額

四　前項第三号に該当する者（前号に掲げる者を除く。）のうち、運賃等相当額が第二号に定める額以上である者　第一号に定める額

五　前項第三号に該当する者（第三号に掲げる者を除く。）のうち、運賃等相当額が第二号に定める額未満である者　第二号に定める額

3　運賃等相当額の算定は、運賃、時間、距離等の事情に照らし、最も経済的かつ合理的と認められる通常の通所の経路及び方法による運賃等の額によって行うものとする。

4　運賃等相当額は、次の各号による額の総額とする。

一　交通機関等が定期乗車券（これに準ずるものを含む。次号において同じ。）を発行している場合は、当該交通機関等の利用区間に係る通用期間一箇月の定期乗車券の価額（価額の異なる定期乗車券を発行しているときは、最も低廉となる定期乗車券の価額）

二　交通機関等が定期乗車券を発行していない場合は、当該交通機関等の利用区間についての通所二十一回分の運賃等の額であって、最も低廉となるもの

5　第十一条第二項第二号に掲げる給付金支給単位期間の通所手当の額は、第二項の規定にかかわらず、当該給付金支給単位期間における日数を二十八で除して得た割合を同項の規定による額に乗じて得た額とする。

6　通所を常例としない認定職業訓練等を受講する場合の通所手当の給付金支給単位期間当たりの額は、前五項の規定にかかわらず、次の各号に掲げ

る受給資格者の区分に応じて、当該各号に定める額とする。ただし、その額が四万二千五百円を超えるときは、四万二千五百円とする。

一　通所のため、交通機関等を利用してその運賃等を負担する者（交通機関等を利用しなければ通所することが著しく困難である者以外の者であって、交通機関等を利用しないで徒歩により通所するものとした場合の通所の距離が片道二キロメートル未満であるもの及び第三号に該当する者を除く。）当該交通機関等の利用区間についての一日の通所に要する運賃等の額に、現に通所した日数を乗じて得た額

二　通所のため自動車等を使用する者（自動車等を使用しなければ通所することが著しく困難である者以外の者であって、自動車等を使用しないで徒歩により通所するものとした場合の通所の距離が片道二キロメートル未満であるもの及び次号に該当する者を除く。）自動車等を使用する距離が片道十キロメートル未満である者にあっては三千六百九十円、その他の者にあっては五千八百五十円（指定地域に居住する者であって、自動車等を使用する距離が片道十五キロメートル以上である者であっては八千十円）を当該通所のある日の月の現日数で除し、現に通所した日数を乗じて得た額

三　通所のため交通機関等を利用してその運賃等を負担し、かつ、自動車等を使用する者（交通機関等を利用し、又は自動車等を使用しなければ通所することが著しく困難である者以外の者であって、交通機関等を利用せず、かつ、自動車等を利用しないで徒歩により通所するものとした場合の通所の距離が片道二キロメートル未満であるものを除く。）第一号に定める額と前号に定める額との合計額（交通機関等を利用しなければ通所することが著しく困難である者以外の者であって、通常徒歩によることが例である距離内においてのみ交通機関等を利用している者又は自動車等を使用しなければ通所することが著しく困難である者以外の者であって、自動車等を使用する距離が片道二キロメートル未満であるものにあっては、第一号に定める額が前号に定める額以上である場合には第一号に定める額、同号に定める額が前号に定める額未満である場合には前号に定める額）

7　前項に規定する運賃等の額は、運賃、時間、距離等の事情に照らし、最も経済的かつ合理的と認められる通常の通所の経路及び方法による運賃等の額とする。

8　養育・介護中等の特定求職者が実施日が特定されていない科目を含まない認定職業訓練等を受講した場合にあっては、やむを得ない理由以外の理由により認定職業訓練等を受講しなかった実施日がある場合の第二項に規定する通所手当の額は、同項の規定にかかわらず、同項の規定による額から、欠席日数のその給付金支給単位期間の現日数に占める割合を同項の規定による額に乗じて得た額を減じた額とする。

9　養育・介護中等の特定求職者が実施日が特定されていない科目を含む認定職業訓練等を受講した場合にあっては、やむを得ない理由以外の理由により当該認定職業訓練等を受講しなかった日がある場合の第六項に規定する通所手当の額は、同項の規定にかかわらず、同項の規定による額から、欠席日数のその給付金支給単位期間において当該認定職業訓練等を行う者が通所により受講すべき日として定める日数に占める割合を同項の規定による額に乗じて得た額を減じた額とする。

10　通所手当は、一の認定職業訓練等について、十二（公共職業安定所長が特に必要があると認める場合は、二十四。次項において同じ。）の給付金支給単位期間分を限度として支給する。この場合において、当該認定職業訓練等に係る給付金支給単位期間のうちに、通所手当の支給を受けた前条第二項第二号に掲げる給付金支給単位期間が複数ある場合であって当該複数の給付金支給単位期間における日数を合算した日数が二十八日以下の場合には、その給付金支給単位期間数にかかわらず、一の給付金支給単位期間分の通所手当を支給したものとみなす。

11　連続受講に係る通所手当は、前項の規定にかかわらず、当該連続受講に係る認定職業訓練等について、合わせて十二の給付金支給単位期間分を限度として支給する。この場合において、当該連続受講に係る認定職業訓練等に係る給付金支給単位期間のうちに通所手当の支給を受けた前条第二項第二号に掲げる給付金支給単位期間が複数ある場合は、厚生労働大臣の定めるところにより、当該複数の給付金支給単位期間における日数を合算した日数に応じて、一又は複数の給付金支給単位期間分の通所手当を支給したものとみなす。

（寄宿手当）

第十二条の二　寄宿手当は、職業訓練受講手当の支給を受ける特定求職者が、当該支給を受ける給付金支給単位期間において、法第十二条第一項の規定により公共職業安定所長が指示した認定職業訓練等を受けるため、同居の配偶者等と別居して寄

宿している場合に、当該配偶者等と別居して寄宿していた期間について、支給するものとする。

2　寄宿手当の額は、次の各号に掲げる給付金支給単位期間の区分に応じ、当該各号に定める額とする。

一　第十一条第二項第一号に掲げる給付金支給単位期間　一万七百円

二　第十一条第二項第二号に掲げる給付金支給単位期間　当該給付金支給単位期間における日数を二十八で除して得た割合を一万七百円に乗じて得た額

3　特定求職者が配偶者等と別居して寄宿していない日がある場合の寄宿手当の額は、前項の規定にかかわらず、同項の規定による額から、その日数のその給付金支給単位期間の現日数に占める割合を同項の規定による額に乗じて得た額を減じた額とする。

4　養育・介護中等の特定求職者が実施日が特定されていない科目を含まない認定職業訓練等を受講した場合にあっては、やむを得ない理由以外の理由により認定職業訓練等を受講しなかった実施日がある場合の寄宿手当の額は、前二項の規定にかかわらず、これらの規定による額から、欠席日数のその給付金支給単位期間の現日数に占める割合をこれらの規定による額に乗じて得た額を減じた額とする。

5　養育・介護中等の特定求職者が実施日が特定されていない科目を含む認定職業訓練等を受講した場合にあっては、やむを得ない理由以外の理由により当該認定職業訓練等を受講しなかった日がある場合の寄宿手当の額は、第二項及び第三項の規定にかかわらず、これらの規定による額から、欠席日数のその給付金支給単位期間において養育・介護中等の特定求職者が認定職業訓練等を受講するために寄宿する必要がある日数に占める割合をこれらの規定による額に乗じて得た額を減じた額とする。

（六年以内に職業訓練受講給付金の支給を受けた特定求職者への不支給）

第一三条　現に受講している認定職業訓練等の直前の職業訓練受講給付金の支給を受けた認定職業訓練等（当該認定職業訓練等が連続受講に係る実践訓練又は公共職業訓練であって、当該連続受講に係る基礎訓練及び実践訓練又は基礎訓練及び公共職業訓練のいずれについても職業訓練受講給付金の支給を受けた実践訓練又は公共職業訓練である場合にあっては、当該基礎訓練）（当該認定職業訓練等が当該認定職業訓練等が終了した日前にやむを得ない理由により受講を取りやめた認定職業訓練等である場合にあっては、当該認定職業訓練等（当該認定職業訓練等が連続受講に係る実践訓練又は公共職業訓練であって、当該連続受講に係る基礎訓練及び実践訓練又は基礎訓練及び公共職業訓練のいずれについても職業訓練受講給付金の支給を受けた実践訓練又は公共職業訓練である場合にあっては、当該基礎訓練及び当該実践訓練又は当該基礎訓練及び当該公共職業訓練）及び当該認定職業訓練等が連続受講に係る基礎訓練であって、当該連続受講に係る実践訓練又は公共職業訓練が当該実践訓練又は当該公共職業訓練が終了した日前にやむを得ない理由により受講を取りやめた実践訓練又は公共職業訓練である場合にあっては、当該基礎訓練を除く。）について、当該職業訓練受講給付金の支給を受けた最初の給付金支給単位期間の初日から六年を経過しない特定求職者には、第十一条第一項、第十二条第一項及び前条第一項の規定にかかわらず、職業訓練受講給付金を支給しない。ただし、現に受講している認定職業訓練等が連続受講に係る実践訓練又は公共職業訓練であって、当該連続受講に係る基礎訓練について職業訓練受講給付金の支給を受けた場合は、この限りでない。

（法第一二条の規定による公共職業安定所長の指示に従わない特定求職者への不支給）

第一四条　特定求職者が、正当な理由がなく、法第十二条第一項の規定による公共職業安定所長の指示に従わなかったときは、第十一条第一項、第十二条第一項及び第十二条の二第一項の規定にかかわらず、その従わなかった日の属する給付金支給単位期間以後、職業訓練受講給付金を支給しない。

2　前項に規定する特定求職者が法第十二条第一項の規定により公共職業安定所長が新たに指示した認定職業訓練等を受講する場合には、前項の規定にかかわらず、職業訓練受講給付金を支給する。

3　第一項の規定により職業訓練受講給付金の支給を受けることができなくなった特定求職者が受講していた認定職業訓練等に係る前条の規定の適用については、職業訓練受講給付金の支給を受けた認定職業訓練等とみなす。

（不正受給者への不支給）

第一五条　偽りその他不正の行為により職業訓練受講給付金の支給を受け、又は受けようとした者には、第十一条第一項、第十二条第一項及び第十二条の二第一項の規定にかかわらず、当該職業訓練受講給付金の支給を受け、又は受けようとした日の属する給付金支給単位期間以後、職業訓練受講給付金を支給しない。

2　前項に規定する者が法第十二条第一項の規定により公共職業安定所長が新たに指示した認定職業訓練等を受講する場合には、前項の規定にかかわらず、職業訓練受講給付金を支給する。

3　第一項の規定により職業訓練受講給付金の支給を受けることができなくなった者の受講していた認定職業訓練等に係る第十三条の規定の適用については、職業訓練受講給付金の支給を受けた認定職業訓練等とみなす。この場合において、同条中「六年」とあるのは「九年」とする。

（職業訓練受講手当の支給を受ける特定求職者に対する貸付けに係る保証を行う一般社団法人等への補助）

第一六条　第十条に規定するもののほか、職業訓練受講手当の支給を受ける特定求職者の認定職業訓練等の受講を容易にするための資金の貸付けに係る保証を行う一般社団法人又は一般財団法人に対して、当該保証に要する経費の一部補助を行うものとする。

（職業訓練受講給付金の支給手続等）

第一七条　職業訓練受講給付金の支給を受けようとする特定求職者は、当該職業訓練受講給付金の支給に係る給付金支給単位期間が終了した日の翌日から一月以内で当該特定求職者の住所又は居所を管轄する公共職業安定所（以下「管轄公共職業安定所」という。）の長の指定する日に当該管轄公共職業安定所に出頭し、職業訓練受講給付金支給申請書（様式第三号）に第二十一条第二項に規定する就職支援計画書（様式第四号）その他厚生労働省職業安定局長が定める書類を添えて提出しなければならない。

2　前項の職業訓練受講給付金支給申請書の提出は、当該職業訓練受講給付金の支給に係る給付金支給単位期間が終了した日の翌日から一月以内で管轄公共職業安定所の長の指定する日にしなければならない。ただし、天災その他職業訓練受講給付金支給申請書を提出しなかったことについてやむを得ない理由があるときは、この限りでない。

3　前項ただし書の場合における第一項の申請は、当該理由がやんだ日の翌日から一月以内で管轄公共職業安定所の長の指定する日にしなければならない。

（職業訓練受講給付金の返還等）

第一八条　法第八条第一項又は第二項の規定により返還又は納付を命ぜられた金額を徴収する場合には、都道府県労働局労働保険特別会計歳入徴収官（次条において「歳入徴収官」という。）は、納期限を指定して納入の告知をしなければならない。

2　前項の規定による納入の告知を受けた者は、その指定された納期限までに、当該納入の告知に係る金額を日本銀行（本店、支店、代理店及び歳入代理店をいう。）又は都道府県労働局労働保険特別会計収入官吏（第二十条において「収入官吏」という。）に納入しなければならない。

第一九条　歳入徴収官は、法第八条第三項において準用する徴収法第二十七条第二項の規定により督促状を発するときは、同条第一項の規定により十四日以内の期限を指定しなければならない。

第二〇条　法第八条第三項において準用する徴収法第二十七条第三項の規定により滞納処分のため財産差押えをする収入官吏は、その身分を示す証明書（様式第五号）を携帯し、関係者に提示しなければならない。

第三章　就職支援計画書の作成等

（就職支援計画書の作成）

第二一条　管轄公共職業安定所の長は、法第十一条の規定による就職支援計画を作成した場合には、法第十二条の規定による指示と併せて、特定求職者に対し、これを交付しなければならない。

2　前項の就職支援計画は、次に掲げる事項を記載した就職支援計画書によるものとする。

一　当該特定求職者が受講する認定職業訓練等

二　当該特定求職者が受ける職業指導及び職業紹介

三　前号の措置を受けるために当該特定求職者が管轄公共職業安定所に出頭すべき日

四　前三号に掲げるもののほか、特定求職者の就職を容易にするために必要な事項

（法第十一条第三号の厚生労働省令で定めるもの）

第二二条　法第十一条第三号の厚生労働省令で定めるものは、認定職業訓練を行う者による就職の支援に関する措置とする。

（氏名変更等の届出）

第二三条　就職支援計画書の交付を受けた特定求職者は、その氏名又は住所若しくは居所を変更した場合には、速やかに、管轄公共職業安定所の長に届け出なければならない。

（事務の委嘱）

第二四条　管轄公共職業安定所の長は、特定求職者の申出によって必要があると認めるときは、その者について行う職業訓練受講給付金に関する事務を他の公共職業安定所長に委嘱することができる。

2　前項の規定による委嘱が行われた場合は、当該委嘱に係る特定求職者について行う職業訓練受講

給付金の支給に関する事務は、第十七条の規定にかかわらず、当該委嘱を受けた公共職業安定所長が行う。

3　前項の場合における前章及びこの章の規定の適用については、これらの規定中「管轄公共職業安定所の長」とあるのは「委嘱を受けた公共職業安定所長」と、「管轄公共職業安定所」とあるのは「委嘱を受けた公共職業安定所」とする。

第四章　雑則

（権限の委任）

第二十五条　法第十八条第一項の規定により、次の各号に掲げる厚生労働大臣の権限は、当該各号に定める都道府県労働局長に委任する。ただし、厚生労働大臣が自らその権限を行うことを妨げない。

一　法第四条第二項、法第十五条第一項及び法第十六条第一項に規定する厚生労働大臣の権限　認定職業訓練が行われる事業所の所在地を管轄する都道府県労働局長

二　法第十五条第二項に規定する厚生労働大臣の権限　特定求職者の住所又は居所を管轄する都道府県労働局長（次項において「管轄都道府県労働局長」という。）

2　法第十八条第二項の規定により、前項第二号に掲げる権限は、管轄公共職業安定所の長に委任する。ただし、管轄都道府県労働局長が自らその権限を行うことを妨げない。

（帳簿の備付け）

第二十六条　認定職業訓練を行う者は、当該認定職業訓練の適正かつ確実な実施を確保するため、帳簿を備え付け、これに当該認定職業訓練の実施日、受講者その他の認定職業訓練に関する事項を記載するとともに、当該認定職業訓練終了後六年間、これを保管しなければならない。

2　前項の帳簿は、電磁的記録（電子的方式、磁気的方式その他人の知覚によっては認識することができない方式で作られる記録であって、電子計算機による情報処理の用に供されるものをいう。）をもって作成することができる。

（立入検査の証明書）

第二十七条　法第十六条第一項の規定による立入検査をする職員の身分を示す証明書は、様式第六号によるものとする。

2　法第十六条第三項の規定により同条第一項の規定による立入検査に関する事務を行う機構の職員の身分を示す証明書は、様式第七号によるものとする。

（機構による認定職業訓練を行う者等に対する立入検査等の結果の通知）

第二十八条　法第十六条第四項の規定により厚生労働大臣に対して行う質問又は立入検査の結果の通知は、様式第八号による通知書によって行うものとする。

（船員となろうとする者に関する特例）

第二十九条　船員職業安定法（昭和二十三年法律第百三十号）第六条第一項に規定する船員となろうとする者に関しては、第二条第一号中「公共職業安定所長」とあるのは「地方運輸局（運輸監理部並びに厚生労働大臣が国土交通大臣に協議して指定する運輸支局及び地方運輸局、運輸監理部又は運輸支局の事務所を含む。以下同じ。）の長」と、同条第二号、第十一条第一項及び第三項、第十二条の二第一項、第十四条の見出し、同条第一項及び第二項、第十五条第二項並びに第二十四条中「公共職業安定所長」とあるのは「地方運輸局の長」と、第二条第十五号中「公共職業安定所」とあるのは「地方運輸局」と、第十七条中「管轄する公共職業安定所」とあるのは「管轄する地方運輸局」と、同条、第二十一条、第二十三条並びに第二十四条第一項及び第三項中「管轄公共職業安定所」とあるのは「管轄地方運輸局」と、同項中「委嘱を受けた公共職業安定所」とあるのは「委嘱を受けた地方運輸局」とする。

附則

（施行期日）

第一条　この省令は、平成二十三年十月一日から施行する。ただし、次条及び附則第七条の規定は、公布の日から施行する。

（相当認定を受けた職業訓練が認定職業訓練とみなされない事由）

第二条　法附則第三条第二項の厚生労働省令で定める事由は、相当認定に係る職業訓練が法第四条第一項各号のいずれかに適合しないこととする。

（特例認定職業訓練に係る厚生労働省令で定める基準の特例等）

第三条　申請職業訓練を行おうとする者が令和二年一月一日から同年五月三十日までの間に終了した認定職業訓練（次項において「特例認定職業訓練」という。）の実績を有する場合の第二条第一号ロの規定の適用については、同号ロ(1)中「三月」とあるのは「三月（令和二年一月一日から同年五月三十日までの間に終了した認定職業訓練の場合は六月）」と、「四月」とあるのは「四月（令和二年一月一日から同年五月三十日までの間に終了した認定職業訓練の場合は七月）」と、同号ロ(2)中「(1)」とあるのは「附則第三条の規定により読み

替えて適用する(1)」と、同号ロ(3)中「第五条の規定により機構に提出する当該認定職業訓練に係る就職状況報告書における当該認定職業訓練の修了者等の就職率」とあるのは「当該認定職業訓練の修了者等の就職率」と、「(1)」とあるのは「附則第三条の規定により読み替えて適用する(1)」とする。

2　特例認定職業訓練を行った者に対して、認定職業訓練実施付加奨励金を支給する場合における第八条第四項の適用については、同項中「就職率」とあるのは「附則第三条第一項の規定により読み替えられた第二条第一号ロ(1)に規定する就職率」とする。

3　前項に規定する者が同項の規定による読替え前の第八条第四項の規定を適用することを希望する旨を特例認定職業訓練が行われた施設の所在地を管轄する都道府県労働局長に申し出たときは、前項の規定にかかわらず、その適用をするものとする。

4　前項の規定により認定職業訓練実施付加奨励金の支給を受けた場合における第二項の規定により支給される認定職業訓練実施付加奨励金の額は、同項の規定にかかわらず、前項の規定により支給された認定職業訓練実施付加奨励金の額を減じた額とする。

（特例期間における厚生労働省令で定める基準の特例等）

第三条の二　職業訓練の実施等による特定求職者の就職の支援に関する法律施行規則の一部を改正する省令（令和三年厚生労働省令第三十一号）の施行の日から令和五年三月三十一日までの間（次項において「特例期間」という。）に申請職業訓練を開始しようとする者に係る第二条第一号イの規定の適用については、同号イ中「当該申請職業訓練を開始しようとする日から遡って三年間において、当該申請職業訓練と同程度の訓練期間及び訓練時間の職業訓練」とあるのは、「当該申請職業訓練と同程度の訓練期間及び訓練時間の職業訓練（その終了した日が当該申請職業訓練を開始しようとする日から三年以上前である場合は、認定職業訓練に限る。）」と読み替えるものとする。

2　特例期間に、介護分野及び障害福祉分野に係る認定職業訓練であって、厚生労働省人材開発統括官が定めるものを開始した場合の第八条第二項の規定の適用については、同項第一号イ中「六万円」とあるのは「七万円」と、同号ロ中「三千円」とあるのは「三千五百円」と、「六万円」とあるのは「七万円」と、同項第二号イ中「五万円」とあるのは「六万円」と、同号ロ中「二千五百円」とあるのは「三千円」と、「五万円」とあるのは「六万円」と読み替えるものとする。

第三条の三　職業訓練の実施等による特定求職者の就職の支援に関する法律施行規則の一部を改正する省令（令和五年厚生労働省令第百五十二号。次条において「令和五年改正省令」という。）の施行の日から令和九年三月三十一日までの間に開始した情報処理分野に係る認定職業訓練であって厚生労働省人材開発統括官が定めるものを実施した場合の第八条第二項の規定の適用については、同項第一号イ中「六万円」とあるのは「六万五千円、七万円又は八万円」と、同号ロ中「三千円」とあるのは「三千二百五十円、三千五百円又は四千円」と、「六万円を超える場合にあっては、六万円」とあるのは「六万五千円を超える場合（当該基礎訓練を受講した特定求職者等一人につき三千二百五十円に当該基本奨励金支給単位期間における当該基礎訓練の実施日数を乗じて得た額が六万五千円を超える場合に限る。）にあっては六万五千円、七万円を超える場合（当該基礎訓練を受講した特定求職者等一人につき三千五百円に当該基本奨励金支給単位期間における当該基礎訓練の実施日数を乗じて得た額が七万円を超える場合に限る。）にあっては七万円、八万円を超える場合（当該基礎訓練を受講した特定求職者等一人につき四千円に当該基本奨励金支給単位期間における当該基礎訓練の実施日数を乗じて得た額が八万円を超える場合に限る。）にあっては八万円」と、同項第二号イ中「五万円」とあるのは「五万五千円、六万円又は七万円」と、同号ロ中「二千五百円」とあるのは「二千七百五十円、三千円又は三千五百円」と、「五万円を超える場合にあっては、五万円」とあるのは「五万五千円を超える場合（当該実践訓練を受講した特定求職者等一人につき二千七百五十円に当該基本奨励金支給単位期間における当該実践訓練の実施日数（実施日が特定されていない科目を含む実践訓練にあっては、当該基本奨励金支給単位期間における日数から日曜日等の日数を減じた日数）を乗じて得た額が五万五千円を超える場合に限る。）にあっては五万五千円、六万円を超える場合（当該実践訓練を受講した特定求職者等一人につき三千円に当該基本奨励金支給単位期間における当該実践訓練の実施日数（実施日が特定されていない科目を含む実践訓練にあっては、当該基本奨励金支給単位期間における日数から日曜日等の日数を減じた日数）を乗じて得た額が六万円を超える場合に限る。）にあっては六万円、七万円を超える場合（当該実践訓練を受講した特定求職者等一人につき三千五百円に当該基本奨励金支給単位期間における当該実践訓練の実施日数（実施日が特定されていない科目を含む実践訓練にあっては、当該基本奨励金支給単位期間における日数から日曜日等の日数を減じた日数）を乗じて得た額が七万円を超える場合に限る。）にあっては七万円」とする。

第三条の四　令和五年改正省令の施行の日から令和九年三月三十一日までの間に開始した情報通信分野に係る認定職業訓練であって厚生労働省人材開発統括官が定めるものを実施した場合の第八条第二項の規定の適用については、同項第一号イ中「六万円」とあるのは「六万五千円又は七万円」と、同号ロ中「三千円」とあるのは「三千二百五十円又は三千五百円」と、「六万円を超える場合にあっては、六万円」とあるのは「六万五千円を超える場合（当該基礎訓練を受講した特定求職者等一人につき三千二百五十円に当該基本奨励金支給単位期間における当該基礎訓練の実施日数を乗じて得た額が六万五千円を超える場合に限る。）にあっては六万五千円、七万円を超える場合（当該基礎訓練を受講した特定求職者等一人につき三千五百円に当該基本奨励金支給単位期間における当該基礎訓練の実施日数を乗じて得た額が七万円を超える場合に限る。）にあっては七万円」と、同項第二号イ中「五万円」とあるのは「五万五千円又は六万円」と、同号ロ中「二千五百円」とあるのは「二千七百五十円又は三千円」と、「五万円を超える場合にあっては、五万円」とあるのは「五万五千円を超える場合（当該実践訓練を受講した特定求職者等一人につき二千七百五十円に当該基本奨励金支給単位期間における当該実践訓練の実施日数（実施日が特定されていない科目を含む実践訓練にあっては、当該基本奨励金支給単位期間における日数から日曜日等の日数を減じた日数）を乗じて得た額が五万五千円を超える場合に限る。）にあっては五万五千円、六万円を超える場合（当該実践訓練を受講した特定求職者等一人につき三千円に当該基本奨励金支給単位期間における当該実践訓練の実施日数（実施日が特定されていない科目を含む実践訓練にあっては、当該基本奨励金支給単位期間における日数から日曜日等の日数を減じた日数）を乗じて得た額が六万円を超える場合に限る。）にあっては六万円」とする。

第三条の五　第八条第一項に規定するもののほか、職業訓練の実施等による特定求職者の就職の支援に関する法律施行規則の一部を改正する省令（令和四年厚生労働省令第百六十三号。次条第一項において「令和四年改正省令」という。）の施行の日から令和九年三月三十一日までの間に開始した情報処理分野又は情報通信分野に係る第二条第十二号に規定する実習を含む認定職業訓練であって厚生労働省人材開発統括官が定めるものを実施した場合は、特定求職者等に対し認定職業訓練を適切に行った者に対して、実習促進奨励金を支給するものとする。

2　前項に規定する実習促進奨励金は、当該認定職業訓練を受講した特定求職者等一人につき二万円を支給するものとする。

第三条の六　第八条第一項及び前条に規定するもののほか、令和四年改正省令の施行の日から令和九年三月三十一日までの間に開始した実施日が特定されていない科目を含む情報処理分野又は情報通信分野に係る特定求職者等が受講することを容易にするための措置が講じられた認定職業訓練であって厚生労働省人材開発統括官が定めるものを実施した場合は、特定求職者等に対し認定職業訓練を適切に行った者に対して、情報通信機器整備奨励金を支給するものとする。

2　前項に規定する情報通信機器整備奨励金は、全ての基本奨励金支給単位期間中の前項に規定する措置に要した経費の額（一の基本奨励金支給単位期間について、当該認定職業訓練を受講した特定求職者等一人につき一万五千円を限度とする。）を支給するものとする。

第三条の七　第八条第一項及び前二条に規定するもののほか、職業訓練の実施等による特定求職者の就職の支援に関する法律施行規則の一部を改正する省令（令和五年厚生労働省令第六十号）の施行の日から令和六年三月三十一日までの間に開始した介護分野及び障害福祉分野に係る認定職業訓練であって厚生労働省人材開発統括官が定めるものを実施した場合は、特定求職者等に対し認定職業訓練を適切に行った者に対して、職場見学等促進奨励金を支給するものとする。

2　前項に規定する職場見学等促進奨励金は、当該認定職業訓練を受講した特定求職者等一人につき一万円を支給するものとする。

第三条の八　職業訓練の実施等による特定求職者の就職の支援に関する法律施行規則の一部を改正する省令（令和三年厚生労働省令第四十一号）の施行の日から令和六年三月三十一日までの間に申請職業訓練（実践訓練に限り、実施日が特定されていない科目を含む申請職業訓練を除く。）を開始しようとする者に係る第二条の規定の適用については、同条第五号ロ(1)中「、在職中の特定求職者等その他の特に配慮を必要とする特定求職者等に対して行う申請職業訓練にあっては、二月以上六月以下」とあるのは「に対して行う申請職業訓練にあっては、二月以上六月以下、在職中の特定求職者等その他の特に配慮を必要とする特定求職者等に対して行う申請職業訓練にあっては、二週間以上六月以下」と、同条第六号イ中「、在職中の特定求職者等その他の特に配慮を必要とする特定求職者等に対して行う申請職業訓練にあっては、一月につき八十時間以上であり、かつ、一日につき原則として三時間以上六時間以下」とあるのは「に対して行う申請職業訓練にあっては、一月につき八十時間以上であり、かつ、一日につき原則として三時間以上六時間以下、在職中の特定求職者等その他の特に配慮を必要とする特定求職者等に対して行う申請職業訓練にあっては、一月につき六十時間以上であり、かつ、一日につき原則として二時間以上六時間以下」とする。

2　職業訓練の実施等による特定求職者の就職の支援に関する法律施行規則の一部を改正する省令（令和三年厚生労働省令第百六十二号）の施行の日から令和六年三月三十一日までの間に申請職業訓練（実践訓練であって、実施日が特定されていない科目を含む申請職業訓練に限る。）を開始しようとする者に係る第二条の規定の適用については、同条第六号ロ中「八十時間以上」とあるのは「六十時間以上」と読み替えるものとする。

（職業訓練の実施に関する経過措置）

第四条　この省令の施行の日前に認定職業訓練を受けることにより習得される技能及びこれに関する知識と同等の技能及び知識が習得される職業訓練として厚生労働大臣が定めるものを行った者については、第二条第一号ロ(1)及び同号リ(3)の規定の適用については、認定職業訓練を行った者とみなす。この場合において、同号ロ本文中「認定職業訓練（法第四条第二項に規定する認定職業訓練をいう。以下同じ。）」とあるのは「附則第四条に規定する厚生労働大臣が定める職業訓練（以下この号において「附則第四条職業訓練」という。）」と、同ロ(1)本文中「割合（当該認定職業訓練が終了した日から起算して四月を経過する日までの間に当該認定職業訓練を行った者が機構に届け出たものに限る。）をいう。以下」とあるのは「割合をいう。以下この条において」と、「当該認定職業訓練」とあるのは「当該附則第四条職業訓練」と、「単位の認定職業訓練」とあるのは「単位の附則第四条職業訓練」と、「（修了者等」とあるのは「修了者」と、「雇用保険法（昭和四十九年法律第百十六号）第四条第一項に規定する被保険者（以下この条において「被保険者」という。）となった者及び同法第五条第一項の適用事業の事業主となった者」とあるのは「就職した者及び自営業者となった者の数並びに就職理由退校者」と、「知識（以下「基礎的技能」という。）を付与するための認定職業訓練（以下「基礎訓練」という。）」とあるのは「知識を付与するための附則第四条職業訓練」と、「基礎訓練から基礎的技能等並びに実践的な技能及びこれに関する知識を付与するための認定職業訓練（以下「実践訓練」という。）まで又は」とあるのは「当該附則第四条職業訓練から」と、「指示した」とあるのは「認めた」と、「次に掲げる認定職業訓練の区分に応じ、二以上」とあるのは「連続する二以上」と、「次に定める割合」とあるのは「百分の三十」とし、同(1)ただし書、(i)及び(ii)は適用せず、同号リ(3)中「認定職業訓練に係る職務の遂行に関し重大な不正の行為をしたことを理由として、法第四条第二項の規定により同条第一項の認定の取消しを受けた者又は過去に認定職業訓練に係る職務の遂行に関し重大な不正の行為をしたことにより、当該認定職業訓練が同条第一項各号のいずれかに適合しないものと厚生労働大臣が認めた者（当該認定の取消し又は同項各号列記の事項への不適合（以下この(3)において「認定の取消し等」という。）が、申請職業訓練を行おうとする都道府県と同一の都道府県以外の区域内において行った認定職業訓練に係るものであって、当該認定の取消し等の理由となった事実及び当該事実の発生を防止するための当該認定職業訓練を行う者による取組の状況その他の当該事実に関して当該認定職業訓練を行う者が有していた責任の程度を考慮して、当該認定職業訓練を行う者が当該認定の取消し等の理由となった事実について組織的に関与していると認められない場合を除くものとし、当該認定の取消しを受けた者又は当該厚生労働大臣が認めた者」とあるのは「附則第四条職業訓練に係る職務の遂行に関し不正の行為をした者（当該不正の行為をした者」とし、同号リ(4)中「(3)の重大な不正の行為を理由として」とあるのは「(3)の」とし、同号リ(5)中「(3)の重大な不正の行為をしたことにより」とあるのは「(3)の」とする。

（通所手当に関する暫定措置）

第四条の二　第十二条の通所手当として、同条に規定するもののほか、当分の間、特定求職者の住所又は居所から訓練等施設までの距離が相当程度長いため、訓練等施設に近接する宿泊施設（以下この条において「宿泊施設」という。）に一時的に宿泊し、宿泊施設から訓練等施設へ通所する者（宿泊施設を利用しなければ通所することが著しく困難であるものに限る。）に対して支給するものとする。

2　前項に規定する者に対する通所手当の給付金支給単位期間当たりの額は、次の各号に掲げる費用の額の合計額（以下この条において「一時的宿泊の場合の費用合計額」という。）とする。ただし、第一号に掲げる額は、認定職業訓練等を受ける期間を通じて一往復分を限度として支給し、一時的宿泊の場合の費用合計額が四万二千五百円を超えるときは、四万二千五百円とする。

一　特定求職者の住所又は居所から宿泊施設への移動（以下この号において「宿泊施設への移動」という。）に要する費用の額であって、次のイからハまでに掲げる場合に応じて、それぞれイからハまでに掲げる額

イ　宿泊施設への移動のため交通機関等を利用してその運賃等を負担する場合（交通機関等を利用しなければ当該移動が著しく困難である場合以外の場合であって、交通機関等を利用しないで徒歩により移動するものとした場合の当該移動の距離が片道二キロメートル未満である場合及びハに該当する場合を除く。）　当該交通機関等の利用区間についての運賃等の額であって、最も低廉となるもの（ハにおいて「最低運賃等額」という。）

ロ　宿泊施設への移動のため自動車等を使用する場合（自動車等を使用しなければ当該移動が著しく困難である場合以外の場合であって、自動車等を使用しないで徒歩により移動するものとした場合の当該移動の距離が片道二キロメートル未満である場合及びハに該当する場合を除く。）　自動車等を使用する距離が片道十キロメートル未満である場合にあっては三千六百九十円、その他の場合にあっては五千八百五十円（指定地域に居住する場合であって、自動車等を使用する距離が片道十五キロメートル以上である場合にあっては八千十円）を当該移動のある日の月の現日数で除して得た額

ハ　宿泊施設への移動のため交通機関等を利用してその運賃等を負担し、かつ、自動車等を使用する場合（交通機関等を利用し、又は自動車等を使用しなければ当該移動が著しく困難である場合以外の場合であって、交通機関等を利用せず、かつ、自動車等を利用しないで徒歩により移動するものとした場合の当該移動の距離が片道二キロメートル未満である場合を除く。）　イに掲げる額とロに掲げる額との合計額（交通機関等を利用しなければ移動することが著しく困難な場合以外の場合であって、通常徒歩によることが例である距離内においてのみ交通機関等を利用している場合又は自動車等を使用しなければ移動することが著しく困難な場合以外の場合であって、自動車等を使用する距離が片道二キロメートル未満である場合にあっては、最低運賃等額がロに掲げる額以上である場合にはイに掲げる額、最低運賃等額がロに掲げる額未満である場合にはロに掲げる額）

二　宿泊施設から訓練等施設への通所（以下この号において「訓練等施設への通所」という。）に要する費用の額であって、次のイからハまでに掲げる場合に応じて、それぞれイからハまでに掲げる額

イ　訓練等施設への通所のため交通機関等を利用してその運賃等を負担する場合（交通機関等を利用しなければ当該通所が著しく困難である場合以外の場合であって、交通機関等を利用しないで徒歩により通所するものとした場合の当該通所の距離が片道二キロメートル未満である場合及びハに該当する場合を除く。）　当該交通機関等の利用区間についての一箇月の運賃等の額に相当する額（ハにおいて「宿泊施設から訓練等施設へ通所する場合の運賃等相当額」という。）

ロ　訓練等施設への通所のため自動車等を使用する場合（自動車等を使用しなければ当該通所が著しく困難である場合以外の場合であって、自動車等を使用しないで徒歩により通所するものとした場合の当該通所の距離が片道二キロメートル未満である場合及びハに該当する場合を除く。）　自動車等を使用する距離が片道十キロメートル未満である場合にあっては三千六百九十円、その他の場合にあっては五千八百五十円

ハ　訓練等施設への通所のため交通機関等を利用してその運賃等を負担し、かつ、自動車等を使用する場合（交通機関等を利用し、又は自動車等を使用しなければ当該通所が著しく困難である場合以外の場合であって、交通機関等を利用せず、かつ、自動車等を利用し

ないで徒歩により通所するものとした場合の当該通所の距離が片道二キロメートル未満である場合を除く。）　イに掲げる額とロに掲げる額との合計額（交通機関等を利用しなければ通所することが著しく困難な場合以外の場合であって、通常徒歩によることが例である距離内においてのみ交通機関等を利用している場合又は自動車等を使用しなければ通所することが著しく困難な場合以外の場合であって、自動車等を使用する距離が片道二キロメートル未満である場合にあっては、宿泊施設から訓練等施設へ通所する場合の運賃等相当額がロに掲げる額以上である場合にはイに掲げる額、宿泊施設から訓練等施設へ通所する場合の運賃等相当額がロに掲げる額未満である場合にはロに掲げる額）

3　前項第一号に掲げる額を算定する場合においては、第十二条第三項の規定を準用する。この場合において、同項中「運賃等相当額」とあるのは「附則第四条の二第二項第一号イに規定する最低運賃等額」と読み替えるものとする。

4　第二項第二号に掲げる額を算定する場合においては、第十二条第三項から第五項までの規定を準用する。この場合において、同条第三項及び第四項中「運賃等相当額」とあるのは、「附則第四条の二第二項第二号イに規定する宿泊施設から訓練等施設へ通所する場合の運賃等相当額」と読み替えるものとする。

（事務の委嘱に関する暫定措置）

第四条の三　管轄公共職業安定所の長は、当分の間、職業安定局長の定めるところにより、特定求職者の申出によって必要があると認めるときは、その者について行う就職支援計画書の作成及び交付に関する事務をその者が就職を希望する地域を管轄する公共職業安定所長であって、職業安定局長が定める要件に該当するものに委嘱することができる。

2　前項の規定による委嘱が行われた場合は、当該委嘱に係る特定求職者について行う職業訓練受講給付金の支給に関する事務並びに就職支援計画書の作成及び交付に関する事務は、第十七条、第二十一条及び第二十三条の規定にかかわらず、当該委嘱を受けた公共職業安定所長が行う。

3　前二項の場合における第二章及び第三章の規定の適用については、これらの規定中「管轄公共職業安定所の長」とあるのは「委嘱を受けた公共職業安定所長」と、「管轄公共職業安定所」とあるのは「委嘱を受けた公共職業安定所」とする。

（船員となろうとする者に関する特例）

第四条の四　船員職業安定法第六条第一項に規定する船員となろうとする者に関しては、前条第一項中「管轄公共職業安定所」とあるのは「職業訓練受講給付金の支給を受けようとする特定求職者の住所又は居所を管轄する地方運輸局（運輸監理部並びに厚生労働大臣が国土交通大臣に協議して指定する運輸支局及び地方運輸局、運輸監理部又は運輸支局の事務所を含む。第三項において「管轄地方運輸局」という。）」と、「公共職業安定所長」とあるのは「地方運輸局（運輸監理部並びに厚生労働大臣が国土交通大臣に協議して指定する運輸支局及び地方運輸局、運輸監理部又は運輸支局の事務所を含む。第三項において同じ。）の長」と、同条第三項中「管轄公共職業安定所」とあるのは「管轄地方運輸局」と、「委嘱を受けた公共職業安定所」とあるのは「委嘱を受けた地方運輸局」とする。

労働者協同組合法（抄）

令和二年一二月一一日法律第七八号
施行：附則参照
最終改正：令和四年一二月一六日法律第一〇四号
施行：附則参照

第一章　総則

（目的）

第一条　この法律は、各人が生活との調和を保ちつつその意欲及び能力に応じて就労する機会が必ずしも十分に確保されていない現状等を踏まえ、組合員が出資し、それぞれの意見を反映して組合の事業が行われ、及び組合員自らが事業に従事することを基本原理とする組織に関し、設立、管理その他必要な事項を定めること等により、多様な就労の機会を創出することを促進するとともに、当該組織を通じて地域における多様な需要に応じた事業が行われることを促進し、もって持続可能で活力ある地域社会の実現に資することを目的とする。

第二章　労働者協同組合

第一節　通則

（人格及び住所）

第二条　労働者協同組合（以下「組合」という。）は、法人とする。

2　組合の住所は、その主たる事務所の所在地にあるものとする。

（基本原理その他の基準及び運営の原則）

第三条　組合は、次に掲げる基本原理に従い事業が行われることを通じて、持続可能で活力ある地域社会の実現に資することを目的とするものでなければならない。

一　組合員が出資すること。

二　その事業を行うに当たり組合員の意見が適切に反映されること。

三　組合員が組合の行う事業に従事すること。

2　組合は、前項に定めるもののほか、次に掲げる要件を備えなければならない。

一　組合員が任意に加入し、又は脱退することができること。

二　第二十条第一項の規定に基づき、組合員との間で労働契約を締結すること。

三　組合員の議決権及び選挙権は、出資口数にかかわらず、平等であること。

四　組合との間で労働契約を締結する組合員が総組合員の議決権の過半数を保有すること。

五　剰余金の配当は、組合員が組合の事業に従事した程度に応じて行うこと。

3　組合は、営利を目的としてその事業を行ってはならない。

4　組合は、その行う事業によってその組合員に直接の奉仕をすることを目的とし、特定の組合員の利益のみを目的としてその事業を行ってはならない。

5　組合は、特定の政党のために利用してはならない。

6　組合は、次に掲げる団体に該当しないものでなければならない。

一　暴力団（暴力団員による不当な行為の防止等に関する法律（平成三年法律第七十七号）第二条第二号に掲げる暴力団をいう。次号及び第九十四条の四第四号において同じ。）

二　暴力団又はその構成員（暴力団の構成団体の構成員を含む。以下この号において同じ。）若しくは暴力団の構成員でなくなった日から五年を経過しない者（第三十五条第五号及び第九十四条の四において「暴力団の構成員等」という。）の統制の下にある団体

（名称）

第四条　組合は、その名称中に労働者協同組合という文字を用いなければならない。

2　組合でない者は、その名称中に労働者協同組合であると誤認されるおそれのある文字を用いてはならない。

3　何人も、不正の目的をもって、他の組合であると誤認されるおそれのある名称を使用してはならない。

4　前項の規定に違反する名称の使用によって事業に係る利益を侵害され、又は侵害されるおそれがある組合は、その利益を侵害する者又は侵害するおそれがある者に対し、その侵害の停止又は予防を請求することができる。

（登記）

第五条　組合は、政令で定めるところにより、登記をしなければならない。

2　前項の規定により登記を必要とする事項は、登記の後でなければ、これをもって第三者に対抗することができない。

（組合員の資格）

第六条　組合の組合員たる資格を有する者は、定款で定める個人とする。

第二節　事業

第七条　組合は、第三条第一項に規定する目的を達成するため、事業を行うものとする。

2　組合は、労働者派遣事業の適正な運営の確保及び派遣労働者の保護等に関する法律（昭和六十年法律第八十八号）第二条第三号に掲げる労働者派遣事業その他の組合がその目的に照らして行うことが適当でないものとして政令で定める事業を行うことができない。

第八条　総組合員の五分の四以上の数の組合員は、組合の行う事業に従事しなければならない。

2　組合の行う事業に従事する者の四分の三以上は、組合員でなければならない。

第三節　組合員

（出資）

第九条　組合員は、出資一口以上を有しなければならない。

2　出資一口の金額は、均一でなければならない。

3　一組合員の出資口数は、出資総口数の百分の二十五を超えてはならない。ただし、次に掲げる組合員は、総会の議決に基づく組合の承諾を得た場合には、当該組合の出資総口数の百分の三十五に相当する出資口数まで保有することができる。

一　第十四条第一項の規定による組合員の予告後当該組合員の脱退前に当該組合員の出資口数の全部又は一部に相当する出資口数を引き受ける組合員

二　第十五条第一項の規定による組合員の脱退後一年以内に当該組合員の出資口数の全部又は一部に相当する出資口数を引き受ける組合員

4　前項の規定は、組合員の数が三人以下の組合の組合員の出資口数については、適用しない。

5　組合員の責任は、その出資額を限度とする。

6　組合員は、出資の払込みについて、相殺をもって組合に対抗することができない。

（組合員名簿の作成、備置き及び閲覧等）

第一〇条　組合は、組合員名簿を作成し、各組合員について次に掲げる事項を記載し、又は記録しなければならない。

一　氏名及び住所又は居所

二　加入の年月日

三　出資口数及び金額並びにその払込みの年月日

2　組合は、組合員名簿を主たる事務所に備え置かなければならない。

3　組合員及び組合の債権者は、組合に対して、その業務取扱時間内は、いつでも、次に掲げる請求をすることができる。この場合においては、組合は、正当な理由がないのにこれを拒んではならない。

一　組合員名簿が書面をもって作成されているときは、当該書面の閲覧又は謄写の請求

二　組合員名簿が電磁的記録（電子的方式、磁気的方式その他人の知覚によっては認識することができない方式で作られる記録であって、電子計算機による情報処理の用に供されるもので厚生労働省令で定めるものをいう。以下同じ。）をもって作成されているときは、当該電磁的記録に記録された事項を厚生労働省令で定める方法により表示したものの閲覧又は謄写の請求

（議決権及び選挙権）

第一一条　組合員は、各一個の議決権及び役員又は総代の選挙権を有する。

2　組合員は、定款で定めるところにより、第六十一条第一項の規定によりあらかじめ通知のあった事項につき、書面又は代理人をもって、議決権又は選挙権を行うことができる。この場合は、他の組合員でなければ、代理人となることができない。

3　組合員は、定款で定めるところにより、前項の規定による書面をもってする議決権の行使に代えて、議決権を電磁的方法（電子情報処理組織を使用する方法その他の情報通信の技術を利用する方法であって厚生労働省令で定めるものをいう。第二十九条第三項第三号を除き、以下同じ。）により行うことができる。

4　前二項の規定により議決権又は選挙権を行う者は、出席者とみなす。

5　代理人は、五人以上の組合員を代理することができない。

6　代理人は、代理権を証する書面を組合に提出しなければならない。この場合において、電磁的方法により議決権を行うことが定款で定められているときは、当該書面の提出に代えて、代理権を当該電磁的方法により証明することができる。

（加入）

第一二条　組合員たる資格を有する者が組合に加入しようとするときは、組合は、正当な理由がないのに、その加入を拒み、又はその加入につき現在の組合員が加入の際に付されたよりも困難な条件を付してはならない。

2　組合に加入しようとする者は、定款で定めるところにより加入につき組合の承諾を得て、引受出資口数に応ずる金額の払込みを完了した時に組合員となる。

（持分の譲渡制限）

第一三条　組合員の持分は、譲渡することができな

い。

（自由脱退）

第一四条　組合員は、九十日前までに予告し、事業年度末において脱退することができる。

2　前項の予告期間は、定款で延長することができる。ただし、その期間は、一年を超えてはならない。

（法定脱退）

第一五条　組合員は、次に掲げる事由によって脱退する。

一　組合員たる資格の喪失

二　死亡

三　除名

2　除名は、次に掲げる組合員につき、総会の議決によってすることができる。この場合は、組合は、その総会の会日の十日前までに、その組合員に対しその旨を通知し、かつ、総会において、弁明する機会を与えなければならない。

一　長期間にわたって組合の行う事業に従事しない組合員

二　出資の払込みその他組合に対する義務を怠った組合員

三　その他定款で定める事由に該当する組合員

3　除名は、除名した組合員にその旨を通知しなければ、これをもってその組合員に対抗することができない。

（脱退者の持分の払戻し）

第一六条　組合員は、第十四条又は前条第一項の規定により脱退したときは、定款で定めるところにより、その払込済出資額を限度として、その持分の全部又は一部の払戻しを請求することができる。

2　前項の持分は、脱退した事業年度末における組合財産によって定める。

3　前項の持分を計算するに当たり、組合の財産をもってその債務を完済するに足りないときは、組合は、定款で定めるところにより、脱退した組合員に対し、その未払込出資額の全部又は一部の払込みを請求することができる。

（時効）

第一七条　前条第一項又は第三項の規定による請求権は、脱退の時から二年間行わないときは、時効によって消滅する。

（払戻しの停止）

第一八条　脱退した組合員が組合に対する債務を完済するまでは、組合は、持分の払戻しを停止することができる。

（出資口数の減少）

第一九条　組合員は、定款で定めるところにより、その出資口数を減少することができる。

2　第十六条及び第十七条の規定は、前項の場合について準用する。

（労働契約の締結等）

第二〇条　組合は、その行う事業に従事する組合員（次に掲げる組合員を除く。）との間で、労働契約を締結しなければならない。

一　組合の業務を執行し、又は理事の職務のみを行う組合員

二　監事である組合員

2　第十四条又は第十五条第一項（第二号を除く。）の規定による組合員の脱退は、当該組合員と組合との間の労働契約を終了させるものと解してはならない。

（不利益取扱いの禁止）

第二一条　組合は、組合員（組合員であった者を含む。）であって組合との間で労働契約を締結してその事業に従事するものが、議決権又は選挙権の行使、脱退その他の組合員の資格に基づく行為をしたことを理由として、解雇その他の労働関係上の不利益な取扱いをしてはならない。

第四節　設立

（発起人）

第二二条　組合を設立するには、その組合員になろうとする三人以上の者が発起人となることを要する。

（創立総会）

第二三条　発起人は、定款を作成し、これを会議の日時及び場所とともに公告して、創立総会を開かなければならない。

2　前項の公告は、会議開催日の少なくとも二週間前までにしなければならない。

3　発起人が作成した定款の承認、事業計画の設定その他設立に必要な事項の決定は、創立総会の議決によらなければならない。

4　創立総会においては、前項の定款を修正することができる。ただし、組合員たる資格に関する規定については、この限りでない。

5　創立総会の議事は、組合員たる資格を有する者でその会日までに発起人に対し設立の同意を申し出たものの半数以上が出席して、その議決権の三分の二以上で決する。

6　創立総会においてその延期又は続行の決議があった場合には、第一項の規定による公告をすることを要しない。

7　創立総会の議事については、厚生労働省令で定

めるところにより、議事録を作成しなければならない。

8　第十一条の規定は創立総会について、会社法（平成十七年法律第八十六号）第八百三十条、第八百三十一条、第八百三十四条（第十六号及び第十七号に係る部分に限る。）、第八百三十五条第一項、第八百三十六条第一項及び第三項、第八百三十七条、第八百三十八条並びに第八百四十六条の規定は創立総会の決議の不存在若しくは無効の確認又は取消しの訴えについて、それぞれ準用する。

（理事への事務引継）

第二四条　発起人は、理事を選任したときは、遅滞なく、その事務を当該理事に引き渡さなければならない。

（出資の第一回の払込み）

第二五条　理事は、前条の規定による引渡しを受けたときは、遅滞なく、出資の第一回の払込みをさせなければならない。

2　前項の第一回の払込みの金額は、出資一口につき、その金額の四分の一を下ってはならない。

3　現物出資者は、第一回の払込みの期日に、出資の目的たる財産の全部を給付しなければならない。ただし、登記、登録その他権利の設定又は移転をもって第三者に対抗するため必要な行為は、組合成立の後にすることを妨げない。

（成立の時期）

第二六条　組合は、主たる事務所の所在地において設立の登記をすることによって成立する。

（成立の届出）

第二七条　組合は、成立したときは、その成立の日から二週間以内に、登記事項証明書及び定款を添えて、その旨並びに役員の氏名及び住所を行政庁に届け出なければならない。

（設立の無効の訴え）

第二八条　会社法第八百二十八条第一項（第一号に係る部分に限る。）及び第二項（第一号に係る部分に限る。）、第八百三十四条（第一号に係る部分に限る。）、第八百三十五条第一項、第八百三十六条第一項及び第三項、第八百三十七条から第八百三十九条まで並びに第八百四十六条の規定は、組合の設立の無効の訴えについて準用する。

第五節　管理

第一款　定款等

（定款）

第二九条　組合の定款には、次に掲げる事項を記載し、又は記録しなければならない。

一　事業
二　名称
三　事業を行う都道府県の区域
四　事務所の所在地
五　組合員たる資格に関する規定
六　組合員の加入及び脱退に関する規定
七　出資一口の金額及びその払込みの方法
八　剰余金の処分及び損失の処理に関する規定
九　準備金の額及びその積立ての方法
十　就労創出等積立金に関する規定
十一　教育繰越金に関する規定
十二　組合員の意見を反映させる方策に関する規定
十三　役員の定数及びその選挙又は選任に関する規定
十四　事業年度
十五　公告方法（組合が公告（この法律又は他の法律の規定により官報に掲載する方法によりしなければならないものとされているものを除く。第百十一条第一項第十二号において同じ。）をする方法をいう。以下この条及び第七十三条第三項において同じ。）

2　組合の定款には、前項の事項のほか、組合の存続期間又は解散の事由を定めたときはその期間又はその事由を、現物出資をする者を定めたときはその者の氏名、出資の目的たる財産及びその価格並びにこれに対して与える出資口数を、組合の成立後に譲り受けることを約した財産がある場合にはその財産、その価格及び譲渡人の氏名を記載し、又は記録しなければならない。

3　組合は、公告方法として、当該組合の事務所の店頭に掲示する方法のほか、次に掲げる方法のいずれかを定款で定めることができる。

一　官報に掲載する方法
二　時事に関する事項を掲載する日刊新聞紙に掲載する方法
三　電子公告（公告方法のうち、電磁的方法（会社法第二条第三十四号に掲げる電磁的方法をいう。）により不特定多数の者が公告すべき内容である情報の提供を受けることができる状態に置く措置であって同号に掲げるものをとる方法をいう。以下この条において同じ。）

4　組合が前項第三号に掲げる方法を公告方法とする旨を定款で定める場合には、その定款には、電子公告を公告方法とすることを定めれば足りる。この場合においては、事故その他やむを得ない事由によって電子公告による公告をすることができない場合の公告方法として、同項第一号又は第二号に掲げる方法のいずれかを定めることができる。

5　組合が電子公告により公告をする場合には、次の各号に掲げる区分に応じ、それぞれ当該各号に定める日までの間、継続して電子公告による公告をしなければならない。

一　公告に定める期間内に異議を述べることができる旨の公告　当該期間を経過する日

二　前号に掲げる公告以外の公告　当該公告の開始後一月を経過する日

6　会社法第九百四十条第三項、第九百四十一条、第九百四十六条、第九百四十七条、第九百五十一条第二項、第九百五十三条及び第九百五十五条の規定は、組合が電子公告によりこの法律その他の法令の規定による公告をする場合について準用する。この場合において、同法第九百四十条第三項中「前二項の規定にかかわらず、これら」とあるのは「労働者協同組合法第二十九条第五項の規定にかかわらず、同項」と読み替えるものとするほか、必要な技術的読替えは、政令で定める。

7　第一項及び第二項の事項のほか、組合の定款には、この法律の規定により定款の定めがなければその効力を生じない事項及びその他の事項でこの法律に違反しないものを記載し、又は記録することができる。

（規約）

第三〇条　次に掲げる事項は、定款で定めなければならない事項を除いて、規約で定めることができる。

一　総会又は総代会に関する規定

二　業務の執行及び会計に関する規定

三　役員に関する規定

四　組合員に関する規定

五　その他必要な事項

（定款等の備置き及び閲覧等）

第三一条　組合は、定款及び規約（以下この条において「定款等」という。）を各事務所に備え置かなければならない。

2　組合員及び組合の債権者は、組合に対して、その業務取扱時間内は、いつでも、次に掲げる請求をすることができる。この場合においては、組合は、正当な理由がないのにこれを拒んではならない。

一　定款等が書面をもって作成されているときは、当該書面の閲覧又は謄写の請求

二　定款等が電磁的記録をもって作成されているときは、当該電磁的記録に記録された事項を厚生労働省令で定める方法により表示したものの閲覧又は謄写の請求

3　定款等が電磁的記録をもって作成されている場合であって、各事務所（主たる事務所を除く。）における前項第二号に掲げる請求に応じることを可能とするための措置として厚生労働省令で定めるものをとっている組合についての第一項の規定の適用については、同項中「各事務所」とあるのは、「主たる事務所」とする。

第二款　役員等

（役員）

第三二条　組合に、役員として理事及び監事を置く。

2　理事の定数は三人以上とし、監事の定数は一人以上とする。

3　役員は、定款で定めるところにより、総会において選挙する。ただし、設立当時の役員は、創立総会において選挙する。

4　理事は、組合員でなければならない。ただし、設立当時の理事は、組合員になろうとする者でなければならない。

5　組合員の総数が政令で定める基準を超える組合は、監事のうち一人以上は、次に掲げる要件のいずれにも該当する者でなければならない。

一　当該組合の組合員以外の者であること。

二　その就任の前五年間当該組合の理事若しくは使用人又はその子会社（組合が総株主（総社員を含む。）の議決権（株主総会において決議をすることができる事項の全部につき議決権を行使することができない株式についての議決権を除き、会社法第八百七十九条第三項の規定により議決権を有するものとみなされる株式についての議決権を含む。第六十三条第一項第四号ロにおいて同じ。）の過半数を有する会社をいう。同号において同じ。）の取締役、会計参与（会計参与が法人であるときは、その職務を行うべき社員）、執行役若しくは使用人でなかったこと。

三　当該組合の理事又は重要な使用人の配偶者又は二親等内の親族以外の者であること。

6　理事又は監事のうち、その定数の三分の一を超えるものが欠けたときは、三月以内に補充しなければならない。

7　役員の選挙は、無記名投票によって行う。

8　投票は、一人につき一票とする。

9　第七項の規定にかかわらず、役員の選挙は、出席者中に異議がないときは、指名推選の方法によって行うことができる。

10　指名推選の方法を用いる場合においては、被指名人をもって当選人と定めるべきかどうかを総会（設立当時の役員は、創立総会）に諮り、出席者

の全員の同意があった者をもって当選人とする。

11　一の選挙をもって二人以上の理事又は監事を選挙する場合においては、被指名人を区分して前項の規定を適用してはならない。

12　第三項の規定にかかわらず、役員は、定款で定めるところにより、総会（設立当時の役員は、創立総会）において選任することができる。

（役員の変更の届出）

第三三条　組合は、役員の氏名又は住所に変更があったときは、その変更の日から二週間以内に、行政庁にその旨を届け出なければならない。

（組合と役員との関係）

第三四条　組合と役員との関係は、委任に関する規定に従う。

（役員の資格）

第三五条　次に掲げる者は、役員となることができない。

一　法人

二　心身の故障のため職務を適正に執行することができない者として厚生労働省令で定める者

三　この法律、会社法若しくは一般社団法人及び一般財団法人に関する法律（平成十八年法律第四十八号）の規定若しくは暴力団員による不当な行為の防止等に関する法律の規定（同法第三十二条の三第七項及び第三十二条の十一第一項の規定を除く。第九十四条の四第一号ロにおいて同じ。）に違反し、又は民事再生法（平成十一年法律第二百二十五号）第二百五十五条、第二百五十六条、第二百五十八条から第二百六十条まで若しくは第二百六十二条の罪若しくは破産法（平成十六年法律第七十五号）第二百六十五条、第二百六十六条、第二百六十八条から第二百七十二条まで若しくは第二百七十四条の罪若しくは刑法（明治四十年法律第四十五号）第二百四条、第二百六条、第二百八条、第二百八条の二、第二百二十二条若しくは第二百四十七条の罪若しくは暴力行為等処罰に関する法律（大正十五年法律第六十号）の罪を犯し、刑に処せられ、その執行を終わり、又はその執行を受けることがなくなった日から二年を経過しない者

四　前号に掲げる法律の規定以外の法令の規定に違反し、禁錮以上の刑に処せられ、その執行を終わるまで又はその執行を受けることがなくなるまでの者（刑の執行猶予中の者を除く。）

五　暴力団の構成員等

（役員の任期）

第三六条　理事の任期は、二年以内において定款で定める期間とする。

2　監事の任期は、四年以内において定款で定める期間とする。

3　設立当時の役員の任期は、前二項の規定にかかわらず、創立総会において定める期間とする。ただし、その期間は、一年を超えてはならない。

4　前三項の規定は、定款によって、これらの規定の任期を任期中の最終の決算期に関する通常総会の終結の時まで伸長することを妨げない。

（役員に欠員を生じた場合の措置）

第三七条　この法律又は定款で定めた役員の員数が欠けた場合には、任期の満了又は辞任により退任した役員は、新たに選任された役員（次項の一時役員としてその職務を行うべき者を含む。）が就任するまで、なお役員としての権利義務を有する。

2　前項に規定する場合において、事務が遅滞することにより損害を生ずるおそれがあるときは、行政庁は、組合員その他の利害関係人の請求により又は職権で、一時役員として役員の職務を行うべき者を選任することができる。

（役員の職務及び権限等）

第三八条　理事は、法令、定款及び規約並びに総会の決議を遵守し、組合のため忠実にその職務を行わなければならない。

2　監事は、理事の職務の執行を監査する。この場合において、監事は、厚生労働省令で定めるところにより、監査報告を作成しなければならない。

3　会社法第三百五十七条第一項、同法第三百六十条第三項の規定により読み替えて適用する同条第一項並びに同法第三百六十一条第一項（第三号から第五号までを除く。）及び第四項の規定は理事について、同法第三百四十三条第一項及び第二項、第三百四十五条第一項から第三項まで、第三百八十一条（第一項を除く。）、第三百八十二条、第三百八十三条第一項本文、第二項及び第三項、第三百八十四条、第三百八十五条、第三百八十六条第一項（第一号に係る部分に限る。）及び第二項（第一号及び第二号に係る部分に限る。）、第三百八十七条並びに第三百八十八条の規定は監事について、それぞれ準用する。この場合において、同法第三百四十五条第一項及び第二項中「会計参与」とあるのは「監事」と、同法第三百八十二条中「取締役（取締役会設置会社にあっては、取締役会）」とあるのは「理事会」と、同法第三百八十四条中「法務省令」とあるのは「厚生労働省令」と、同法第三百八十八条中「監査役設置会社（監査役の監査の範囲を会計に関するものに限定する旨の定款の定めがある株式会社を含む。）」とあ

り、及び「監査役設置会社」とあるのは「組合」と読み替えるものとするほか、必要な技術的読替えは、政令で定める。

（理事会の権限等）

第三九条　組合は、理事会を置かなければならない。

2　理事会は、全ての理事で組織する。

3　組合の業務の執行は、理事会が決する。

（理事会の決議）

第四〇条　理事会の決議は、議決に加わることができる理事の過半数（これを上回る割合を定款又は規約で定めた場合にあっては、その割合以上）が出席し、その過半数（これを上回る割合を定款又は規約で定めた場合にあっては、その割合以上）をもって行う。

2　前項の決議について特別の利害関係を有する理事は、議決に加わることができない。

3　組合は、定款で定めるところにより、理事が書面又は電磁的方法により理事会の議決に加わることができるものとすることができる。

4　組合は、理事が理事会の決議の目的である事項について提案をした場合において、当該提案につき理事（当該事項について議決に加わることができるものに限る。）の全員が書面又は電磁的記録により同意の意思表示をしたとき（監事が当該提案について異議を述べたときを除く。）は、当該提案を可決する旨の理事会の決議があったものとみなす旨を定款で定めることができる。

5　理事又は監事が理事及び監事の全員に対して理事会に報告すべき事項を通知したときは、当該事項を理事会へ報告することを要しない。

6　会社法第三百六十六条及び第三百六十八条の規定は、理事会の招集について準用する。この場合において、必要な技術的読替えは、政令で定める。

（理事会の議事録）

第四一条　理事会の議事については、厚生労働省令で定めるところにより、議事録を作成し、議事録が書面をもって作成されているときは、出席した理事及び監事は、これに署名し、又は記名押印しなければならない。

2　前項の議事録が電磁的記録をもって作成されている場合における当該電磁的記録に記録された事項については、厚生労働省令で定める署名又は記名押印に代わる措置をとらなければならない。

3　組合は、理事会の日（前条第四項の規定により理事会の決議があったものとみなされた日を含む。次項において同じ。）から十年間、第一項の議事録又は同条第四項の意思表示を記載し、若しくは記録した書面若しくは電磁的記録（以下この条において「議事録等」という。）をその主たる事務所に備え置かなければならない。

4　組合は、理事会の日から五年間、議事録等の写しをその従たる事務所に備え置かなければならない。ただし、当該議事録等が電磁的記録をもって作成されている場合であって、従たる事務所における次項第二号に掲げる請求に応じることを可能とするための措置として厚生労働省令で定めるものをとっているときは、この限りでない。

5　組合員及び組合の債権者は、組合に対して、その業務取扱時間内は、いつでも、次に掲げる請求をすることができる。この場合においては、組合は、正当な理由がないのにこれを拒んではならない。

一　議事録等が書面をもって作成されているときは、当該書面又は当該書面の写しの閲覧又は謄写の請求

二　議事録等が電磁的記録をもって作成されているときは、当該電磁的記録に記録された事項を厚生労働省令で定める方法により表示したものの閲覧又は謄写の請求

（代表理事）

第四二条　理事会は、理事の中から組合を代表する理事（以下この章及び次章において「代表理事」という。）を選定しなければならない。

2　代表理事は、組合の業務に関する一切の裁判上又は裁判外の行為をする権限を有する。

3　前項の権限に加えた制限は、善意の第三者に対抗することができない。

4　代表理事は、定款又は総会の決議によって禁止されていないときに限り、特定の行為の代理を他人に委任することができる。

5　第三十七条、一般社団法人及び一般財団法人に関する法律第七十八条及び会社法第三百五十四条の規定は、代表理事について準用する。

（監事の兼職禁止）

第四三条　監事は、理事又は組合の使用人と兼ねてはならない。

（理事の自己契約等）

第四四条　理事は、次の各号に掲げる場合には、理事会において、当該各号の取引につき重要な事実を開示し、その承認を受けなければならない。

一　理事が自己又は第三者のために組合と取引をしようとするとき。

二　組合が理事の債務を保証することその他理事以外の者との間において組合と当該理事との利益が相反する取引をしようとするとき。

2　民法（明治二十九年法律第八十九号）第百八条

の規定は、前項の承認を受けた同項各号の取引については、適用しない。

3　第一項各号の取引をした理事は、当該取引後、遅滞なく、当該取引についての重要な事実を理事会に報告しなければならない。

（役員の組合に対する損害賠償責任）

第四五条　役員は、その任務を怠ったときは、組合に対し、これによって生じた損害を賠償する責任を負う。

2　前項の任務を怠ってされた行為が理事会の決議に基づき行われたときは、その決議に賛成した理事は、その行為をしたものとみなす。

3　前項の決議に参加した理事であって議事録に異議をとどめないものは、その決議に賛成したものと推定する。

4　第一項の責任は、総組合員の同意がなければ、免除することができない。

5　前項の規定にかかわらず、第一項の責任は、当該責任を負う役員が職務を行うにつき善意でかつ重大な過失がないときは、賠償の責任を負う額から当該役員がその在職中に組合から職務執行の対価として受け、又は受けるべき財産上の利益の一年間当たりの額に相当する額として厚生労働省令で定める方法により算定される額に、次の各号に掲げる役員の区分に応じ、当該各号に定める数を乗じて得た額を控除して得た額を限度として、総会の決議によって免除することができる。

一　代表理事　六

二　代表理事以外の理事　四

三　監事　二

6　前項の場合には、理事は、同項の総会において次に掲げる事項を開示しなければならない。

一　責任の原因となった事実及び賠償の責任を負う額

二　前項の規定により免除することができる額の限度及びその算定の根拠

三　責任を免除すべき理由及び免除額

7　理事は、第一項の責任の免除（理事の責任の免除に限る。）に関する議案を総会に提出するには、各監事の同意を得なければならない。

8　第五項の決議があった場合において、組合が当該決議後に同項の役員に対し退職慰労金その他の厚生労働省令で定める財産上の利益を与えるときは、総会の承認を受けなければならない。

9　第四項の規定にかかわらず、第一項の責任については、会社法第四百二十六条（第四項から第六項までを除く。）及び第四百二十七条の規定を準用する。この場合において、同法第四百二十六条第一項中「取締役（当該責任を負う取締役を除く。）の過半数の同意（取締役会設置会社にあっては、取締役会の決議）」とあるのは「理事会の決議」と、同条第三項中「責任を免除する旨の同意（取締役会設置会社にあっては、取締役会の決議）」とあるのは「責任を免除する旨の理事会の決議」と読み替えるものとするほか、必要な技術的読替えは、政令で定める。

（役員の第三者に対する損害賠償責任）

第四六条　役員がその職務を行うについて悪意又は重大な過失があったときは、当該役員は、これによって第三者に生じた損害を賠償する責任を負う。

2　次の各号に掲げる者が、当該各号に定める行為をしたときも、前項と同様とする。ただし、その者が当該行為をすることについて注意を怠らなかったことを証明したときは、この限りでない。

一　理事　次に掲げる行為

イ　第五十一条第一項及び第二項の規定により作成すべきものに記載し、又は記録すべき重要な事項についての虚偽の記載又は記録

ロ　虚偽の登記

ハ　虚偽の公告

二　監事　監査報告に記載し、又は記録すべき重要な事項についての虚偽の記載又は記録

（役員の連帯責任）

第四七条　役員が組合又は第三者に生じた損害を賠償する責任を負う場合において、他の役員も当該損害を賠償する責任を負うときは、これらの者は、連帯債務者とする。

（補償契約）

第四八条　組合が、役員に対して次に掲げる費用等の全部又は一部を当該組合が補償することを約する契約（以下この条において「補償契約」という。）の内容の決定をするには、理事会の決議によらなければならない。

一　当該役員が、その職務の執行に関し、法令の規定に違反したことが疑われ、又は責任の追及に係る請求を受けたことに対処するために支出する費用

二　当該役員が、その職務の執行に関し、第三者に生じた損害を賠償する責任を負う場合における次に掲げる損失

イ　当該損害を当該役員が賠償することにより生ずる損失

ロ　当該損害の賠償に関する紛争について当事者間に和解が成立したときは、当該役員が当該和解に基づく金銭を支払うことにより生

ずる損失

2　組合は、補償契約を締結している場合であっても、当該補償契約に基づき、次に掲げる費用等を補償することができない。

一　前項第一号に掲げる費用のうち通常要する費用の額を超える部分

二　当該組合が前項第二号の損害を賠償するとすれば当該損害に係る役員が当該組合に対して第四十五条第一項の責任を負う場合には、同号に掲げる損失のうち当該責任に係る部分

三　役員がその職務を行うにつき悪意又は重大な過失があったことにより前項第二号の責任を負う場合には、同号に掲げる損失の全部

3　補償契約に基づき第一項第一号に掲げる費用を補償した組合が、当該費用に係る役員が自己若しくは第三者の不正な利益を図り、又は当該組合に損害を加える目的で同号の職務を執行したことを知ったときは、当該役員に対し、補償した金額に相当する金銭を返還することを請求することができる。

4　補償契約に基づく補償をした理事及び当該補償を受けた理事は、遅滞なく、当該補償についての重要な事実を理事会に報告しなければならない。

5　第四十四条第一項及び第三項並びに第四十五条第二項及び第三項の規定は、組合と理事との間の補償契約については、適用しない。

6　民法第百八条の規定は、第一項の決議によってその内容が定められた前項の補償契約の締結については、適用しない。

（役員のために締結される保険契約）

第四九条　組合が、保険者との間で締結する保険契約のうち役員がその職務の執行に関し責任を負うこと又は当該責任の追及に係る請求を受けることによって生ずることのある損害を保険者が塡補することを約するものであって、役員を被保険者とするもの（当該保険契約を締結することにより被保険者である役員の職務の執行の適正性が著しく損なわれるおそれがないものとして厚生労働省令で定めるものを除く。第三項ただし書において「役員賠償責任保険契約」という。）の内容の決定をするには、理事会の決議によらなければならない。

2　第四十四条第一項及び第三項並びに第四十五条第二項及び第三項の規定は、組合が保険者との間で締結する保険契約のうち役員がその職務の執行に関し責任を負うこと又は当該責任の追及に係る請求を受けることによって生ずることのある損害を保険者が塡補することを約するものであって、理事を被保険者とするものの締結については、適用しない。

3　民法第百八条の規定は、前項の保険契約の締結については、適用しない。ただし、当該保険契約が役員賠償責任保険契約である場合には、第一項の決議によってその内容が定められたときに限る。

（役員の責任を追及する訴え）

第五〇条　会社法第七編第二章第二節（第八百四十七条第二項、第八百四十七条の二、第八百四十七条の三、第八百四十九条第二項、第三項第二号及び第三号並びに第六項から第十一項まで、第八百四十九条の二第二号及び第三号、第八百五十一条並びに第八百五十三条第一項第二号及び第三号を除く。）の規定は、役員の責任を追及する訴えについて準用する。この場合において、同法第八百四十七条第一項及び第四項中「法務省令」とあるのは「厚生労働省令」と読み替えるものとするほか、必要な技術的読替えは、政令で定める。

第三款　決算関係書類等の監査等《略》

第四款　組合員監査会《略》

第五款　総会等

（総会の招集）

第五八条　通常総会は、定款で定めるところにより、毎事業年度一回招集しなければならない。

第五十九条　臨時総会は、必要があるときは、定款で定めるところにより、いつでも招集することができる。

2　組合員が総組合員の五分の一（これを下回る割合を定款で定めた場合にあっては、その割合）以上の同意を得て、会議の目的である事項及び招集の理由を記載した書面を理事会に提出して総会の招集を請求したときは、理事会は、その請求のあった日から二十日以内に臨時総会を招集すべきことを決しなければならない。

3　前項の場合において、電磁的方法により議決権を行うことが定款で定められているときは、同項の書面の提出に代えて、当該書面に記載すべき事項及び理由を当該電磁的方法により提供することができる。この場合において、その提供をした組合員は、当該書面を提出したものとみなす。

4　前項前段の電磁的方法（厚生労働省令で定める方法を除く。）により行われた第二項の書面に記載すべき事項及び理由の提供は、理事会の使用に係る電子計算機に備えられたファイルへの記録がされた時に当該理事会に到達したものとみなす。

第六〇条　前条第二項の規定による請求をした組合員は、同項の請求をした日から十日以内に理事が総会招集の手続をしないときは、行政庁の承認を得て総会を招集することができる。理事の職務を行う者がない場合において、組合員が総組合員の五分の一（これを下回る割合を定款で定めた場合にあっては、その割合）以上の同意を得たときも同様とする。

（総会招集の手続）

第六一条　総会の招集は、会日の十日（これを下回る期間を定款で定めた場合にあっては、その期間）前までに、会議の目的である事項を示し、定款で定めた方法に従ってしなければならない。

2　総会の招集は、この法律に別段の定めがある場合を除き、理事会が決定する。

3　第一項の規定にかかわらず、総会は、組合員の全員の同意があるときは、招集の手続を経ることなく開催することができる。

（通知又は催告）

第六二条　組合の組合員に対してする通知又は催告は、組合員名簿に記載し、又は記録したその者の住所（その者が別に通知又は催告を受ける場所又は連絡先を組合に通知した場合にあっては、その場所又は連絡先）に宛てて発すれば足りる。

2　前項の通知又は催告は、通常到達すべきであった時に到達したものとみなす。

（総会の議決事項）

第六三条　次に掲げる事項は、総会の議決を経なければならない。

一　定款の変更

二　規約の設定、変更又は廃止

三　毎事業年度の収支予算及び事業計画の設定又は変更

四　組合の子会社の株式又は持分の全部又は一部の譲渡（次のいずれにも該当する場合における譲渡に限る。）

イ　当該全部又は一部の譲渡により譲り渡す株式又は持分の帳簿価額が当該組合の総資産額として厚生労働省令で定める方法により算定される額の五分の一（これを下回る割合を定款で定めた場合にあっては、その割合）を超えるとき。

ロ　当該組合が、当該全部又は一部の譲渡がその効力を生ずる日において当該子会社の議決権の総数の過半数の議決権を有しないとき。

五　労働者協同組合連合会への加入又は労働者協同組合連合会からの脱退

六　その他定款で定める事項

2　規約の変更のうち、軽微な事項その他の厚生労働省令で定める事項に係るものについては、前項の規定にかかわらず、定款で、総会の議決を経ることを要しないものとすることができる。この場合においては、総会の議決を経ることを要しない事項の範囲及び当該変更の内容の組合員に対する通知、公告その他の周知の方法を定款で定めなければならない。

3　組合は、定款を変更したときは、その変更の日から二週間以内に、変更に係る事項を行政庁に届け出なければならない。

（総会の議事）

第六四条　総会の議事は、この法律又は定款若しくは規約に特別の定めがある場合を除いて、出席者の議決権の過半数で決し、可否同数のときは、議長の決するところによる。

2　議長は、総会において選任する。

3　議長は、組合員として総会の議決に加わる権利を有しない。

4　総会においては、第六十一条第一項の規定によりあらかじめ通知した事項についてのみ議決することができる。ただし、定款に別段の定めがある場合及び同条第三項に規定する場合は、この限りでない。

（特別の議決）

第六五条　次に掲げる事項は、総組合員の半数以上が出席し、その議決権の三分の二以上の多数による議決を必要とする。

一　定款の変更

二　組合の解散又は合併

三　組合員の除名

四　事業の全部の譲渡

五　第九条第三項ただし書の承諾

六　第四十五条第五項の規定による責任の免除

（総会への報告）

第六六条　理事は、各事業年度に係る組合員の意見を反映させる方策の実施の状況及びその結果を、通常総会に報告しなければならない。

2　理事は、次の各号に掲げる事項を、その事由が生じたときは、当該各号に掲げる事由が生じた日後最初に招集される総会に報告しなければならない。

一　就業規則の作成　当該就業規則の内容

二　就業規則の変更　当該変更の内容

三　労働協約の締結　当該労働協約の内容

四　労働基準法（昭和二十二年法律第四十九号）第四章に規定する協定の締結又は委員会の決議

当該協定又は当該決議の内容

（理事及び監事の説明義務）

第六七条　理事及び監事は、総会において、組合員から特定の事項について説明を求められた場合には、当該事項について必要な説明をしなければならない。ただし、当該事項が総会の目的である事項に関しないものである場合、その説明をすることにより組合員の共同の利益を著しく害する場合その他正当な理由がある場合として厚生労働省令で定める場合は、この限りでない。

（延期又は続行の決議）

第六八条　総会においてその延期又は続行について決議があった場合には、第六十一条の規定は、適用しない。

（総会の議事録）

第六九条　総会の議事については、厚生労働省令で定めるところにより、議事録を作成しなければならない。

2　組合は、総会の会日から十年間、前項の議事録をその主たる事務所に備え置かなければならない。

3　組合は、総会の会日から五年間、第一項の議事録の写しをその従たる事務所に備え置かなければならない。ただし、当該議事録が電磁的記録をもって作成されている場合であって、従たる事務所における次項第二号に掲げる請求に応じることを可能とするための措置として厚生労働省令で定めるものをとっているときは、この限りでない。

4　組合員及び組合の債権者は、組合に対して、その業務取扱時間内は、いつでも、次に掲げる請求をすることができる。この場合においては、組合は、正当な理由がないのにこれを拒んではならない。

一　第一項の議事録が書面をもって作成されているときは、当該書面又は当該書面の写しの閲覧又は謄写の請求

二　第一項の議事録が電磁的記録をもって作成されているときは、当該電磁的記録に記録された事項を厚生労働省令で定める方法により表示したものの閲覧又は謄写の請求

（総会の決議の不存在若しくは無効の確認又は取消しの訴え）

第七〇条　会社法第八百三十条、第八百三十一条、第八百三十四条（第十六号及び第十七号に係る部分に限る。）、第八百三十五条第一項、第八百三十六条第一項及び第三項、第八百三十七条、第八百三十八条並びに第八百四十六条の規定は、総会の決議の不存在若しくは無効の確認又は取消しの訴えについて準用する。

（総代会）

第七一条　組合員の総数が二百人を超える組合は、定款で定めるところにより、総会に代わるべき総代会を設けることができる。

2　総代は、定款で定めるところにより、組合員のうちから、その住所等に応じて公平に選挙されなければならない。

3　総代の定数は、その選挙の時における組合員の総数の十分の一（組合員の総数が二千人を超える組合にあっては、二百人）を下ってはならない。

4　第三十二条第七項及び第八項の規定は、総代の選挙について準用する。

5　総代の任期は、三年以内において定款で定める期間とする。

6　総会に関する規定は、総代会について準用する。この場合において、第十一条第五項中「五人」とあるのは、「二人」と読み替えるものとする。

7　総代会においては、前項の規定にかかわらず、総代の選挙（補欠の総代の選挙を除く。）をし、又は第六十五条第二号若しくは第四号の事項について議決することができない。

第六款　出資一口の金額の減少《略》

第七款　計算《略》

第二章の二　特定労働者協同組合《略》

第三章　労働者協同組合連合会《略》

第四章　雑則《略》

第五章　罰則《略》

附則　抄

（施行期日）

第一条　この法律は、公布の日から起算して二年を超えない範囲内において政令で定める日から施行する。ただし、次条及び附則第三十三条の規定は、公布の日から施行する。

（施行前の準備）

第二条　厚生労働大臣は、この法律の施行前においても、第百三十条第一項及び第二項の規定の例により、同条第一項の指針（以下この条において単に「指針」という。）を定めることができる。

2　厚生労働大臣は、前項の規定により指針を定め

たときは、遅滞なく、これを公表するものとする。

3　第一項の規定により定められた指針は、この法律の施行の日（附則第四条において「施行日」という。）において第百三十条第一項及び第二項の規定により定められた指針とみなす。

（特定就労継続支援を行う組合の特例）

第三条～第三二条《略》

【令和四年六月一七日法律第六八号未施行内容】

刑法等の一部を改正する法律の施行に伴う関係法律の整理等に関する法律

第二七三条　労働者協同組合法（令和二年法律第七十八号）の一部を次のように改正する。

第三十五条第四号中「禁錮」を「拘禁刑」に改める

附則

（施行期日）

1　この法律は、刑法等一部改正法施行日（令和七年六月一日――編注）から施行する。《略》

特定受託事業者に係る取引の適正化等に関する法律

令和五年五月一二日法律第二五号

施行：令和六年一一月一日

第一章　総則

（目的）

第一条　この法律は、我が国における働き方の多様化の進展に鑑み、個人が事業者として受託した業務に安定的に従事することができる環境を整備するため、特定受託事業者に業務委託をする事業者について、特定受託事業者の給付の内容その他の事項の明示を義務付ける等の措置を講ずることにより、特定受託事業者に係る取引の適正化及び特定受託業務従事者の就業環境の整備を図り、もって国民経済の健全な発展に寄与することを目的とする。

（定義）

第二条　この法律において「特定受託事業者」とは、業務委託の相手方である事業者であって、次の各号のいずれかに該当するものをいう。

一　個人であって、従業員を使用しないもの

二　法人であって、一の代表者以外に他の役員（理事、取締役、執行役、業務を執行する社員、監事若しくは監査役又はこれらに準ずる者をいう。第六項第二号において同じ。）がなく、かつ、従業員を使用しないもの

2　この法律において「特定受託業務従事者」とは、特定受託事業者である前項第一号に掲げる個人及び特定受託事業者である同項第二号に掲げる法人の代表者をいう。

3　この法律において「業務委託」とは、次に掲げる行為をいう。

一　事業者がその事業のために他の事業者に物品の製造（加工を含む。）又は情報成果物の作成を委託すること。

二　事業者がその事業のために他の事業者に役務の提供を委託すること（他の事業者をして自らに役務の提供をさせることを含む。）。

4　前項第一号の「情報成果物」とは、次に掲げるものをいう。

一　プログラム（電子計算機に対する指令であって、一の結果を得ることができるように組み合わされたものをいう。）

二　映画、放送番組その他影像又は音声その他の音響により構成されるもの

三　文字、図形若しくは記号若しくはこれらの結合又はこれらと色彩との結合により構成されるもの

四　前三号に掲げるもののほか、これらに類するもので政令で定めるもの

5　この法律において「業務委託事業者」とは、特定受託事業者に業務委託をする事業者をいう。

6　この法律において「特定業務委託事業者」とは、業務委託事業者であって、次の各号のいずれかに該当するものをいう。

一　個人であって、従業員を使用するもの

二　法人であって、二以上の役員があり、又は従業員を使用するもの

7　この法律において「報酬」とは、業務委託事業者が業務委託をした場合に特定受託事業者の給付

（第三項第二号に該当する業務委託をした場合にあっては、当該役務の提供をすること。第五条第一項第一号及び第三号並びに第八条第三項及び第四項を除き、以下同じ。）に対し支払うべき代金をいう。

第二章　特定受託事業者に係る取引の適正化等

（特定受託事業者の給付の内容その他の事項の明示等）

第三条　業務委託事業者は、特定受託事業者に対し業務委託をした場合は、直ちに、公正取引委員会規則で定めるところにより、特定受託事業者の給付の内容、報酬の額、支払期日その他の事項を、書面又は電磁的方法（電子情報処理組織を使用する方法その他の情報通信の技術を利用する方法であって公正取引委員会規則で定めるものをいう。以下この条において同じ。）により特定受託事業者に対し明示しなければならない。ただし、これらの事項のうちその内容が定められないことにつき正当な理由があるものについては、その明示を要しないものとし、この場合には、業務委託事業者は、当該事項の内容が定められた後直ちに、当該事項を書面又は電磁的方法により特定受託事業者に対し明示しなければならない。

2　業務委託事業者は、前項の規定により同項に規定する事項を電磁的方法により明示した場合において、特定受託事業者から当該事項を記載した書面の交付を求められたときは、遅滞なく、公正取引委員会規則で定めるところにより、これを交付しなければならない。ただし、特定受託事業者の保護に支障を生ずることがない場合として公正取引委員会規則で定める場合は、この限りでない。

（報酬の支払期日等）

第四条　特定業務委託事業者が特定受託事業者に対し業務委託をした場合における報酬の支払期日は、当該特定業務委託事業者が特定受託事業者の給付の内容について検査をするかどうかを問わず、当該特定業務委託事業者が特定受託事業者の給付を受領した日（第二条第三項第二号に該当する業務委託をした場合にあっては、特定受託事業者から当該役務の提供を受けた日。次項において同じ。）から起算して六十日の期間内において、かつ、できる限り短い期間内において、定められなければならない。

2　前項の場合において、報酬の支払期日が定められなかったときは特定業務委託事業者が特定受託事業者の給付を受領した日が、同項の規定に違反して報酬の支払期日が定められたときは特定業務委託事業者が特定受託事業者の給付を受領した日から起算して六十日を経過する日が、それぞれ報酬の支払期日と定められたものとみなす。

3　前二項の規定にかかわらず、他の事業者（以下この項及び第六項において「元委託者」という。）から業務委託を受けた特定業務委託事業者が、当該業務委託に係る業務（以下この項及び第六項において「元委託業務」という。）の全部又は一部について特定受託事業者に再委託をした場合（前条第一項の規定により再委託である旨、元委託者の氏名又は名称、元委託業務の対価の支払期日（以下この項及び次項において「元委託支払期日」という。）その他の公正取引委員会規則で定める事項を特定受託事業者に対し明示した場合に限る。）には、当該再委託に係る報酬の支払期日は、元委託支払期日から起算して三十日の期間内において、かつ、できる限り短い期間内において、定められなければならない。

4　前項の場合において、報酬の支払期日が定められなかったときは元委託支払期日が、同項の規定に違反して報酬の支払期日が定められたときは元委託支払期日から起算して三十日を経過する日が、それぞれ報酬の支払期日と定められたものとみなす。

5　特定業務委託事業者は、第一項若しくは第三項の規定により定められた支払期日又は第二項若しくは前項の支払期日までに報酬を支払わなければならない。ただし、特定受託事業者の責めに帰すべき事由により支払うことができなかったときは、当該事由が消滅した日から起算して六十日（第三項の場合にあっては、三十日）以内に報酬を支払わなければならない。

6　第三項の場合において、特定業務委託事業者は、元委託者から前払金の支払を受けたときは、元委託業務の全部又は一部について再委託をした特定受託事業者に対して、資材の調達その他の業務委託に係る業務の着手に必要な費用を前払金として支払うよう適切な配慮をしなければならない。

（特定業務委託事業者の遵守事項）

第五条　特定業務委託事業者は、特定受託事業者に対し業務委託（政令で定める期間以上の期間行うもの（当該業務委託に係る契約の更新により当該政令で定める期間以上継続して行うこととなるものを含む。）に限る。以下この条において同じ。）をした場合は、次に掲げる行為（第二条第三項第二号に該当する業務委託をした場合にあっては、第一号及び第三号に掲げる行為を除く。）をしてはならない。

一　特定受託事業者の責めに帰すべき事由がないのに、特定受託事業者の給付の受領を拒むこと。
二　特定受託事業者の責めに帰すべき事由がないのに、報酬の額を減ずること。
三　特定受託事業者の責めに帰すべき事由がないのに、特定受託事業者の給付を受領した後、特定受託事業者にその給付に係る物を引き取らせること。
四　特定受託事業者の給付の内容と同種又は類似の内容の給付に対し通常支払われる対価に比し著しく低い報酬の額を不当に定めること。
五　特定受託事業者の給付の内容を均質にし、又はその改善を図るため必要がある場合その他正当な理由がある場合を除き、自己の指定する物を強制して購入させ、又は役務を強制して利用させること。

2　特定業務委託事業者は、特定受託事業者に対し業務委託をした場合は、次に掲げる行為をすることによって、特定受託事業者の利益を不当に害してはならない。
一　自己のために金銭、役務その他の経済上の利益を提供させること。
二　特定受託事業者の責めに帰すべき事由がないのに、特定受託事業者の給付の内容を変更させ、又は特定受託事業者の給付を受領した後（第二条第三項第二号に該当する業務委託をした場合にあっては、特定受託事業者から当該役務の提供を受けた後）に給付をやり直させること。

（申出等）
第六条　業務委託事業者から業務委託を受ける特定受託事業者は、この章の規定に違反する事実がある場合には、公正取引委員会又は中小企業庁長官に対し、その旨を申し出て、適当な措置をとるべきことを求めることができる。
2　公正取引委員会又は中小企業庁長官は、前項の規定による申出があったときは、必要な調査を行い、その申出の内容が事実であると認めるときは、この法律に基づく措置その他適当な措置をとらなければならない。
3　業務委託事業者は、特定受託事業者が第一項の規定による申出をしたことを理由として、当該特定受託事業者に対し、取引の数量の削減、取引の停止その他の不利益な取扱いをしてはならない。

（中小企業庁長官の請求）
第七条　中小企業庁長官は、業務委託事業者について、第三条の規定に違反したかどうか又は前条第三項の規定に違反しているかどうかを調査し、その事実があると認めるときは、公正取引委員会に対し、この法律の規定に従い適当な措置をとるべきことを求めることができる。
2　中小企業庁長官は、特定業務委託事業者について、第四条第五項若しくは第五条第一項（第一号に係る部分を除く。）若しくは第二項の規定に違反したかどうか又は同条第一項（同号に係る部分に限る。）の規定に違反しているかどうかを調査し、その事実があると認めるときは、公正取引委員会に対し、この法律の規定に従い適当な措置をとるべきことを求めることができる。

（勧告）
第八条　公正取引委員会は、業務委託事業者が第三条の規定に違反したと認めるときは、当該業務委託事業者に対し、速やかに同条第一項の規定による明示又は同条第二項の規定による書面の交付をすべきことその他必要な措置をとるべきことを勧告することができる。
2　公正取引委員会は、特定業務委託事業者が第四条第五項の規定に違反したと認めるときは、当該特定業務委託事業者に対し、速やかに報酬を支払うべきことその他必要な措置をとるべきことを勧告することができる。
3　公正取引委員会は、特定業務委託事業者が第五条第一項（第一号に係る部分に限る。）の規定に違反していると認めるときは、当該特定業務委託事業者に対し、速やかに特定受託事業者の給付を受領すべきことその他必要な措置をとるべきことを勧告することができる。
4　公正取引委員会は、特定業務委託事業者が第五条第一項（第一号に係る部分を除く。）の規定に違反したと認めるときは、当該特定業務委託事業者に対し、速やかにその報酬の額から減じた額を支払い、特定受託事業者の給付に係る物を再び引き取り、その報酬の額を引き上げ、又はその購入させた物を引き取るべきことその他必要な措置をとるべきことを勧告することができる。
5　公正取引委員会は、特定業務委託事業者が第五条第二項の規定に違反したと認めるときは、当該特定業務委託事業者に対し、速やかに当該特定受託事業者の利益を保護するため必要な措置をとるべきことを勧告することができる。
6　公正取引委員会は、業務委託事業者が第六条第三項の規定に違反していると認めるときは、当該業務委託事業者に対し、速やかに不利益な取扱いをやめるべきことその他必要な措置をとるべきことを勧告することができる。

（命令）
第九条　公正取引委員会は、前条の規定による勧告を受けた者が、正当な理由がなく、当該勧告に係る措置をとらなかったときは、当該勧告を受けた者に対し、当該勧告に係る措置をとるべきことを命ずることができる。

2　公正取引委員会は、前項の規定による命令をした場合には、その旨を公表することができる。

（私的独占の禁止及び公正取引の確保に関する法律の準用）

第一〇条　前条第一項の規定による命令をする場合については、私的独占の禁止及び公正取引の確保に関する法律（昭和二十二年法律第五十四号）第六十一条、第六十五条第一項及び第二項、第六十六条、第七十条の三第三項及び第四項、第七十条の六から第七十条の九まで、第七十条の十二、第七十六条、第七十七条、第八十五条（第一号に係る部分に限る。）、第八十六条、第八十七条並びに第八十八条の規定を準用する。

（報告及び検査）

第一一条　中小企業庁長官は、第七条の規定の施行に必要な限度において、業務委託事業者、特定業務委託事業者、特定受託事業者その他の関係者に対し、業務委託に関し報告をさせ、又はその職員に、これらの者の事務所その他の事業場に立ち入り、帳簿書類その他の物件を検査させることができる。

2　公正取引委員会は、第八条及び第九条第一項規定の施行に必要な限度において、業務委託事業者、特定業務委託事業者、特定受託事業者その他の関係者に対し、業務委託に関し報告をさせ、又はその職員に、これらの者の事務所その他の事業場に立ち入り、帳簿書類その他の物件を検査させることができる。

3　前二項の規定により職員が立ち入るときは、その身分を示す証明書を携帯し、関係人に提示しなければならない。

4　第一項及び第二項の規定による立入検査の権限は、犯罪捜査のために認められたものと解釈してはならない

第三章　特定受託業務従事者の就業環境の整備

（募集情報の的確な表示）

第一二条　特定業務委託事業者は、新聞、雑誌その他の刊行物に掲載する広告、文書の掲出又は頒布その他厚生労働省令で定める方法（次項において「広告等」という。）により、その行う業務委託に係る特定受託事業者の募集に関する情報（業務の内容その他の就業に関する事項として政令で定める事項に係るものに限る。）を提供するときは、当該情報について虚偽の表示又は誤解を生じさせる表示をしてはならない。

2　特定業務委託事業者は、広告等により前項の情報を提供するときは、正確かつ最新の内容に保たなければならない。

（妊娠、出産若しくは育児又は介護に対する配慮）

第一三条　特定業務委託事業者は、その行う業務委託（政令で定める期間以上の期間行うもの（当該業務委託に係る契約の更新により当該政令で定める期間以上継続して行うこととなるものを含む。）に限る。以下この条及び第十六条第一項において「継続的業務委託」という。）の相手方である特定受託事業者からの申出に応じて、当該特定受託事業者（当該特定受託事業者が第二条第一項第二号に掲げる法人である場合にあっては、その代表者）が妊娠、出産若しくは育児又は介護（以下この条において「育児介護等」という。）と両立しつつ当該継続的業務委託に係る業務に従事することができるよう、その者の育児介護等の状況に応じた必要な配慮をしなければならない。

2　特定業務委託事業者は、その行う継続的業務委託以外の業務委託の相手方である特定受託事業者からの申出に応じて、当該特定受託事業者（当該特定受託事業者が第二条第一項第二号に掲げる法人である場合にあっては、その代表者）が育児介護等と両立しつつ当該業務委託に係る業務に従事することができるよう、その者の育児介護等の状況に応じた必要な配慮をするよう努めなければならない。

（業務委託に関して行われる言動に起因する問題に関して講ずべき措置等）

第一四条　特定業務委託事業者は、その行う業務委託に係る特定受託業務従事者に対し当該業務委託に関して行われる次の各号に規定する言動により、当該各号に掲げる状況に至ることのないよう、その者からの相談に応じ、適切に対応するために必要な体制の整備その他の必要な措置を講じなければならない。

一　性的な言動に対する特定受託業務従事者の対応によりその者（その者が第二条第一項第二号に掲げる法人の代表者である場合にあっては、当該法人）に係る業務委託の条件について不利益を与え、又は性的な言動により特定受託業務従事者の就業環境を害すること。

二　特定受託業務従事者の妊娠又は出産に関する事由であって厚生労働省令で定めるものに関する言動によりその者の就業環境を害すること。

三　取引上の優越的な関係を背景とした言動であって業務委託に係る業務を遂行する上で必要かつ相当な範囲を超えたものにより特定受託業務従事者の就業環境を害すること。

2　特定業務委託事業者は、特定受託業務従事者が前項の相談を行ったこと又は特定業務委託事業者による当該相談への対応に協力した際に事実を述べたことを理由として、その者（その者が第二条第一項第二号に掲げる法人の代表者である場合にあっては、当該法人）に対し、業務委託に係る契約の解除その他の不利益な取扱いをしてはならない。

（指針）

第一五条　厚生労働大臣は、前三条に定める事項に関し、特定業務委託事業者が適切に対処するために必要な指針を公表するものとする。

（解除等の予告）

第一六条　特定業務委託事業者は、継続的業務委託に係る契約の解除（契約期間の満了後に更新しない場合を含む。次項において同じ。）をしようとする場合には、当該契約の相手方である特定受託事業者に対し、厚生労働省令で定めるところにより、少なくとも三十日前までに、その予告をしなければならない。

ただし、災害その他やむを得ない事由により予告することが困難な場合その他の厚生労働省令で定める場合は、この限りでない。

2　特定受託事業者が、前項の予告がされた日から同項の契約が満了する日までの間において、契約の解除の理由の開示を特定業務委託事業者に請求した場合には、当該特定業務委託事業者は、当該特定受託事業者に対し、厚生労働省令で定めるところにより、遅滞なくこれを開示しなければならない。ただし、第三者の利益を害するおそれがある場合その他の厚生労働省令で定める場合は、この限りでない。

（申出等）

第一七条　特定業務委託事業者から業務委託を受け、又は受けようとする特定受託事業者は、この章の規定に違反する事実がある場合には、厚生労働大臣に対し、その旨を申し出て、適当な措置をとるべきことを求めることができる。

2　厚生労働大臣は、前項の規定による申出があったときは、必要な調査を行い、その申出の内容が事実であると認めるときは、この法律に基づく措置その他適当な措置をとらなければならない。

3　第六条第三項の規定は、第一項の場合について準用する。

（勧告）

第一八条　厚生労働大臣は、特定業務委託事業者が第十二条、第十四条、第十六条又は前条第三項において準用する第六条第三項の規定に違反していると認めるときは、当該特定業務委託事業者に対し、その違反を是正し、又は防止するために必要な措置をとるべきことを勧告することができる。

（命令等）

第一九条　厚生労働大臣は、前条の規定による勧告（第十四条に係るものを除く。）を受けた者が、正当な理由がなく、当該勧告に係る措置をとらなかったときは、当該勧告を受けた者に対し、当該勧告に係る措置をとるべきことを命ずることができる。

2　厚生労働大臣は、前項の規定による命令をした場合には、その旨を公表することができる。

3　厚生労働大臣は、前条の規定による勧告（第十四条に係るものに限る。）を受けた者が、正当な理由がなく、当該勧告に係る措置をとらなかったときは、その旨を公表することができる。

（報告及び検査）

第二〇条　厚生労働大臣は、第十八条（第十四条に係る部分を除く。）及び前条第一項の規定の施行に必要な限度において、特定業務委託事業者、特定受託事業者その他の関係者に対し、業務委託に関し報告をさせ、又はその職員に、これらの者の事務所その他の事業場に立ち入り、帳簿書類その他の物件を検査させることができる。

2　厚生労働大臣は、第十八条（第十四条に係る部分に限る。）及び前条第三項の規定の施行に必要な限度において、特定業務委託事業者に対し、業務委託に関し報告を求めることができる。

3　第十一条第三項及び第四項の規定は、第一項の規定による立入検査について準用する。

第四章　雑則

（特定受託事業者からの相談対応に係る体制の整備）

第二一条　国は、特定受託事業者に係る取引の適正化及び特定受託業務従事者の就業環境の整備に資するよう、特定受託事業者からの相談に応じ、適切に対応するために必要な体制の整備その他の必要な措置を講ずるものとする。

（指導及び助言）

第二二条　公正取引委員会及び中小企業庁長官並びに厚生労働大臣は、この法律の施行に関し必要があると認めるときは、業務委託事業者に対し、指導及び助言をすることができる。

（厚生労働大臣の権限の委任）

第二三条　この法律に定める厚生労働大臣の権限は、厚生労働省令で定めるところにより、その一部を都道府県労働局長に委任することができる。

第五章　罰則

第二四条　次の各号のいずれかに該当する場合には、当該違反行為をした者は、五十万円以下の罰金に処する。

一　第九条第一項又は第十九条第一項の規定による命令に違反したとき。

二　第十一条第一項若しくは第二項又は第二十条第一項の規定による報告をせず、若しくは虚偽の報告をし、又はこれらの規定による検査を拒み、妨げ、若しくは忌避したとき。

第二五条　法人の代表者又は法人若しくは人の代理人、使用人その他の従業者が、その法人又は人の業務に関し、前条の違反行為をしたときは、行為者を罰するほか、その法人又は人に対して同条の刑を科する。

第二六条　第二十条第二項の規定による報告をせず、又は虚偽の報告をした者は、二十万円以下の過料に処する。

附則

（施行期日）

1　この法律は、公布の日から起算して一年六月を超えない範囲内において政令で定める日から施行する。

（検討）

2　政府は、この法律の施行後三年を目途として、この法律の規定の施行の状況を勘案し、この法律の規定について検討を加え、その結果に基づいて必要な措置を講ずるものとする。

労使関係法

労働組合法

昭和二四年六月一日法律第一七四号
施行：昭和二四年六月一〇日
最終改正：令和五年六月一四日法律第五三号
施行：附則参照

第一章　総則

（目的）

第一条　この法律は、労働者が使用者との交渉において対等の立場に立つことを促進することにより労働者の地位を向上させること、労働者がその労働条件について交渉するために自ら代表者を選出することその他の団体行動を行うために自主的に労働組合を組織し、団結することを擁護すること並びに使用者と労働者との関係を規制する労働協約を締結するための団体交渉をすること及びその手続を助成することを目的とする。

2　刑法（明治四十年法律第四十五号）第三十五条の規定は、労働組合の団体交渉その他の行為であつて前項に掲げる目的を達成するためにした正当なものについて適用があるものとする。但し、いかなる場合においても、暴力の行使は、労働組合の正当な行為と解釈されてはならない。

（労働組合）

第二条　この法律で「労働組合」とは、労働者が主体となつて自主的に労働条件の維持改善その他経済的地位の向上を図ることを主たる目的として組織する団体又はその連合団体をいう。但し、左の各号の一に該当するものは、この限りでない。

一　役員、雇入解雇昇進又は異動に関して直接の権限を持つ監督的地位にある労働者、使用者の労働関係についての計画と方針とに関する機密の事項に接し、そのためにその職務上の義務と責任とが当該労働組合の組合員としての誠意と責任とに直接にてい触する監督的地位にある労働者その他使用者の利益を代表する者の参加を許すもの

二　団体の運営のための経費の支出につき使用者の経理上の援助を受けるもの。但し、労働者が労働時間中に時間又は賃金を失うことなく使用者と協議し、又は交渉することを使用者が許すことを妨げるものではなく、且つ、厚生資金又は経済上の不幸若しくは災厄を防止し、若しくは救済するための支出に実際に用いられる福利その他の基金に対する使用者の寄附及び最小限の広さの事務所の供与を除くものとする。

三　共済事業その他福利事業のみを目的とするもの

四　主として政治運動又は社会運動を目的とするもの

（労働者）

第三条　この法律で「労働者」とは、職業の種類を問わず、賃金、給料その他これに準ずる収入によつて生活する者をいう。

第四条　削除

第二章　労働組合

（労働組合として設立されたものの取扱）

第五条　労働組合は、労働委員会に証拠を提出して第二条及び第二項の規定に適合することを立証しなければ、この法律に規定する手続に参与する資格を有せず、且つ、この法律に規定する救済を与えられない。但し、第七条第一号の規定に基く個々の労働者に対する保護を否定する趣旨に解釈されるべきではない。

2　労働組合の規約には、左の各号に掲げる規定を含まなければならない。

一　名称

二　主たる事務所の所在地

三　連合団体である労働組合以外の労働組合（以下「単位労働組合」という。）の組合員は、その労働組合のすべての問題に参与する権利及び均等の取扱を受ける権利を有すること。

四　何人も、いかなる場合においても、人種、宗教、性別、門地又は身分によつて組合員たる資格を奪われないこと。

五　単位労働組合にあつては、その役員は、組合員の直接無記名投票により選挙されること、及び連合団体である労働組合又は全国的規模をもつ労働組合にあつては、その役員は、単位労働組合の組合員又はその組合員の直接無記名投票により選挙された代議員の直接無記名投票により選挙されること。

六　総会は、少くとも毎年一回開催すること。

七　すべての財源及び使途、主要な寄附者の氏名並びに現在の経理状況を示す会計報告は、組合員によつて委嘱された職業的に資格がある会計監査人による正確であることの証明書とともに、少くとも毎年一回組合員に公表されること。

八　同盟罷業は、組合員又は組合員の直接無記名投票により選挙された代議員の直接無記名投票の過半数による決定を経なければ開始しないこと。

九　単位労働組合にあつては、その規約は、組合員の直接無記名投票による過半数の支持を得なければ改正しないこと、及び連合団体である労働組合又は全国的規模をもつ労働組合にあつては、その規約は、単位労働組合の組合員又はその組合員の直接無記名投票により選挙された代議員の直接無記名投票による過半数の支持を得なければ改正しないこと。

（交渉権限）

第六条　労働組合の代表者又は労働組合の委任を受けた者は、労働組合又は組合員のために使用者又はその団体と労働協約の締結その他の事項に関して交渉する権限を有する。

（不当労働行為）

第七条　使用者は、次の各号に掲げる行為をしてはならない。

一　労働者が労働組合の組合員であること、労働組合に加入し、若しくはこれを結成しようとしたこと若しくは労働組合の正当な行為をしたことの故をもつて、その労働者を解雇し、その他これに対して不利益な取扱いをすること又は労働者が労働組合に加入せず、若しくは労働組合から脱退することを雇用条件とすること。ただし、労働組合が特定の工場事業場に雇用される労働者の過半数を代表する場合において、その労働者がその労働組合の組合員であることを雇用条件とする労働協約を締結することを妨げるものではない。

二　使用者が雇用する労働者の代表者と団体交渉をすることを正当な理由がなくて拒むこと。

三　労働者が労働組合を結成し、若しくは運営することを支配し、若しくはこれに介入すること、又は労働組合の運営のための経費の支払につき経理上の援助を与えること。ただし、労働者が労働時間中に時間又は賃金を失うことなく使用者と協議し、又は交渉することを使用者が許すことを妨げるものではなく、かつ、厚生資金又は経済上の不幸若しくは災厄を防止し、若しくは救済するための支出に実際に用いられる福利その他の基金に対する使用者の寄附及び最小限の広さの事務所の供与を除くものとする。

四　労働者が労働委員会に対し使用者がこの条の規定に違反した旨の申立てをしたこと若しくは中央労働委員会に対し第二十七条の十二第一項の規定による命令に対する再審査の申立てをしたこと又は労働委員会がこれらの申立てに係る調査若しくは審問をし、若しくは当事者に和解を勧め、若しくは労働関係調整法（昭和二十一年法律第二十五号）による労働争議の調整をする場合に労働者が証拠を提示し、若しくは発言をしたことを理由として、その労働者を解雇し、その他これに対して不利益な取扱いをすること。

（損害賠償）

第八条　使用者は、同盟罷業その他の争議行為であつて正当なものによつて損害を受けたことの故をもつて、労働組合又はその組合員に対し賠償を請求することができない。

（基金の流用）

第九条　労働組合は、共済事業その他福利事業のために特設した基金を他の目的のために流用しようとするときは、総会の決議を経なければならない。

（解散）

第一〇条　労働組合は、左の事由によつて解散する。

一　規約で定めた解散事由の発生

二　組合員又は構成団体の四分の三以上の多数による総会の決議

（法人である労働組合）

第一一条　この法律の規定に適合する旨の労働委員会の証明を受けた労働組合は、その主たる事務所の所在地において登記することによつて法人となる。

2　この法律に規定するものの外、労働組合の登記に関して必要な事項は、政令で定める。

3　労働組合に関して登記すべき事項は、登記した後でなければ第三者に対抗することができない。

（代表者）

第一二条　法人である労働組合には、一人又は数人の代表者を置かなければならない。

2　代表者が数人ある場合において、規約に別段の定めがないときは、法人である労働組合の事務は、代表者の過半数で決する。

（法人である労働組合の代表）

第一二条の二　代表者は、法人である労働組合のすべての事務について、法人である労働組合を代表する。ただし、規約の規定に反することはできず、また、総会の決議に従わなければならない。

（代表者の代表権の制限）

第一二条の三　法人である労働組合の管理については、代表者の代表権に加えた制限は、善意の第三者に対抗することができない。

（代表者の代理行為の委任）

第一二条の四　法人である労働組合の管理については、代表者は、規約又は総会の決議によつて禁止されていないときに限り、特定の行為の代理を他人に委任することができる。

（利益相反行為）

第一二条の五　法人である労働組合が代表者の債務を保証することその他代表者以外の者との間において法人である労働組合と代表者との利益が相反する事項については、代表者は、代表権を有しない。この場合においては、裁判所は、利害関係人の請求により、特別代理人を選任しなければならない。

（一般社団法人及び一般財団法人に関する法律の準用）

第一二条の六　一般社団法人及び一般財団法人に関する法律（平成十八年法律第四十八号）第四条及び第七十八条（第八条に規定する場合を除く。）の規定は、法人である労働組合について準用する。

（清算中の法人である労働組合の能力）

第一三条　解散した法人である労働組合は、清算の目的の範囲内において、その清算の結了に至るまではなお存続するものとみなす。

（清算人）

第一三条の二　法人である労働組合が解散したときは、代表者がその清算人となる。ただし、規約に別段の定めがあるとき、又は総会において代表者以外の者を選任したときは、この限りでない。

（裁判所による清算人の選任）

第一三条の三　前条の規定により清算人となる者がないとき、又は清算人が欠けたため損害を生ずるおそれがあるときは、裁判所は、利害関係人の請求により、清算人を選任することができる。

（清算人の解任）

第一三条の四　重要な事由があるときは、裁判所は、利害関係人の請求により、清算人を解任することができる。

（清算人及び解散の登記）

第一三条の五　清算人は、解散後二週間以内に、主たる事務所の所在地において、その氏名及び住所並びに解散の原因及び年月日の登記をしなければならない。

2　清算中に就職した清算人は、就職後二週間以内に、主たる事務所の所在地において、その氏名及び住所の登記をしなければならない。

（清算人の職務及び権限）

第一三条の六　清算人の職務は、次のとおりとする。

一　現務の結了

二　債権の取立て及び債務の弁済

三　残余財産の引渡し

2　清算人は、前項各号に掲げる職務を行うために必要な一切の行為をすることができる。

（債権の申出の催告等）

第一三条の七　清算人は、その就職の日から二月以内に、少なくとも三回の公告をもつて、債権者に対し、一定の期間内にその債権の申出をすべき旨の催告をしなければならない。この場合において、その期間は、二月を下ることができない。

2　前項の公告には、債権者がその期間内に申出をしないときは清算から除斥されるべき旨を付記しなければならない。ただし、清算人は、知れている債権者を除斥することができない。

3　清算人は、知れている債権者には、各別にその申出の催告をしなければならない。

4　第一項の公告は、官報に掲載してする。

（期間経過後の債権の申出）

第一三条の八　前条第一項の期間の経過後に申出をした債権者は、法人である労働組合の債務が完済された後まだ権利の帰属すべき者に引き渡されていない財産に対してのみ、請求をすることができる。

（清算中の法人である労働組合についての破産手続の開始）

第一三条の九　清算中に法人である労働組合の財産がその債務を完済するのに足りないことが明らかになつたときは、清算人は、直ちに破産手続開始の申立てをし、その旨を公告しなければならない。

2　清算人は、清算中の法人である労働組合が破産手続開始の決定を受けた場合において、破産管財人にその事務を引き継いだときは、その任務を終了したものとする。

3　前項に規定する場合において、清算中の法人である労働組合が既に債権者に支払い、又は権利の帰属すべき者に引き渡したものがあるときは、破産管財人は、これを取り戻すことができる。

4　第一項の規定による公告は、官報に掲載してする。

（残余財産の帰属）

第一三条の一〇　解散した法人である労働組合の財産は、規約で指定した者に帰属する。

2　規約で権利の帰属すべき者を指定せず、又はその者を指定する方法を定めなかつたときは、代表者は、総会の決議を経て、当該法人である労働組合の目的に類似する目的のために、その財産を処分することができる。

3　前二項の規定により処分されない財産は、国庫に帰属する。

（特別代理人の選任等に関する事件の管轄）

第一三条の一一　次に掲げる事件は、法人である労働組合の主たる事務所の所在地を管轄する地方裁判所の管轄に属する。

一　特別代理人の選任に関する事件

二　法人である労働組合の清算人に関する事件

（不服申立ての制限）

第一三条の一二　法人である労働組合の清算人の選任の裁判に対しては、不服を申し立てることができない。

（裁判所の選任する清算人の報酬）

第一三条の一三　裁判所は、第十三条の三の規定により法人である労働組合の清算人を選任した場合には、法人である労働組合が当該清算人に対して支払う報酬の額を定めることができる。この場合においては、裁判所は、当該清算人の陳述を聴かなければならない。

（即時抗告）

第一三条の一四　法人である労働組合の清算人の解任についての裁判及び前条の規定による裁判に対しては、即時抗告をすることができる。

第三章　労働協約

（労働協約の効力の発生）

第一四条　労働組合と使用者又はその団体との間の労働条件その他に関する労働協約は、書面に作成し、両当事者が署名し、又は記名押印することによつてその効力を生ずる。

（労働協約の期間）

第一五条　労働協約には、三年をこえる有効期間の定をすることができない。

2　三年をこえる有効期間の定をした労働協約は、三年の有効期間の定をした労働協約とみなす。

3　有効期間の定がない労働協約は、当事者の一方が、署名し、又は記名押印した文書によつて相手方に予告して、解約することができる。一定の期間を定める労働協約であつて、その期間の経過後も期限を定めず効力を存続する旨の定があるものについて、その期間の経過後も、同様とする。

4　前項の予告は、解約しようとする日の少くとも九十日前にしなければならない。

（基準の効力）

第一六条　労働協約に定める労働条件その他の労働者の待遇に関する基準に違反する労働契約の部分は、無効とする。この場合において無効となつた部分は、基準の定めるところによる。労働契約に定がない部分についても、同様とする。

（一般的拘束力）

第一七条　一の工場事業場に常時使用される同種の労働者の四分の三以上の数の労働者が一の労働協約の適用を受けるに至つたときは、当該工場事業場に使用される他の同種の労働者に関しても、当該労働協約が適用されるものとする。

（地域的の一般的拘束力）

第一八条　一の地域において従業する同種の労働者の大部分が一の労働協約の適用を受けるに至つたときは、当該労働協約の当事者の双方又は一方の申立てに基づき、労働委員会の決議により、厚生労働大臣又は都道府県知事は、当該地域において従業する他の同種の労働者及びその使用者も当該労働協約（第二項の規定により修正があつたものを含む。）の適用を受けるべきことの決定をすることができる。

2　労働委員会は、前項の決議をする場合において、当該労働協約に不適当な部分があると認めたときは、これを修正することができる。

3　第一項の決定は、公告によつてする。

第四章　労働委員会

第一節　設置、任務及び所掌事務並びに組織等

（労働委員会）

第一九条　労働委員会は、使用者を代表する者（以下「使用者委員」という。）、労働者を代表する者（以下「労働者委員」という。）及び公益を代表する者（以下「公益委員」という。）各同数をもつて組織する。

2　労働委員会は、中央労働委員会及び都道府県労働委員会とする。

3　労働委員会に関する事項は、この法律に定めるもののほか、政令で定める。

（中央労働委員会）

第一九条の二　国家行政組織法（昭和二十三年法律第百二十号）第三条第二項の規定に基づいて、厚生労働大臣の所轄の下に、中央労働委員会を置く。

2　中央労働委員会は、労働者が団結することを擁護し、及び労働関係の公正な調整を図ることを任務とする。

3　中央労働委員会は、前項の任務を達成するため、第五条、第十一条、第十八条及び第二十六条の規定による事務、不当労働行為事件の審査等（第七条、次節及び第三節の規定による事件の処理をいう。以下同じ。）に関する事務、労働争議のあつせん、調停及び仲裁に関する事務並びに労働関係調整法第三十五条の二及び第三十五条の三の規定による事務その他法律（法律に基づく命令を含む。）に基づき中央労働委員会に属させられた事務をつかさどる。

（中央労働委員会の委員の任命等）

第一九条の三　中央労働委員会は、使用者委員、労働者委員及び公益委員各十五人をもつて組織する。

2　使用者委員は使用者団体の推薦（使用者委員の

うち四人については、行政執行法人（独立行政法人通則法（平成十一年法律第百三号）第二条第四項に規定する行政執行法人をいう。以下この項、次条第二項第二号及び第十九条の十第一項において同じ。）の推薦）に基づいて、労働者委員は労働組合の推薦（労働者委員のうち四人については、行政執行法人の労働関係に関する法律（昭和二十三年法律第二百五十七号）第二条第二号に規定する職員（以下この章において「行政執行法人職員」という。）が結成し、又は加入する労働組合の推薦）に基づいて、公益委員は厚生労働大臣が使用者委員及び労働者委員の同意を得て作成した委員候補者名簿に記載されている者のうちから両議院の同意を得て、内閣総理大臣が任命する。

3　公益委員の任期が満了し、又は欠員を生じた場合において、国会の閉会又は衆議院の解散のために両議院の同意を得ることができないときは、内閣総理大臣は、前項の規定にかかわらず、厚生労働大臣が使用者委員及び労働者委員の同意を得て作成した委員候補者名簿に記載されている者のうちから、公益委員を任命することができる。

4　前項の場合においては、任命後最初の国会で両議院の事後の承認を求めなければならない。この場合において、両議院の事後の承認が得られないときは、内閣総理大臣は、直ちにその公益委員を罷免しなければならない。

5　公益委員の任命については、そのうち七人以上が同一の政党に属することとなつてはならない。

6　中央労働委員会の委員（次条から第十九条の九までにおいて単に「委員」という。）は、非常勤とする。ただし、公益委員のうち二人以内は、常勤とすることができる。

（委員の欠格条項）

第一九条の四　禁錮以上の刑に処せられ、その執行を終わるまで、又は執行を受けることがなくなるまでの者は、委員となることができない。

2　次の各号のいずれかに該当する者は、公益委員となることができない。

一　国会又は地方公共団体の議会の議員

二　行政執行法人の役員、行政執行法人職員又は行政執行法人職員が結成し、若しくは加入する労働組合の組合員若しくは役員

（委員の任期等）

第一九条の五　委員の任期は、二年とする。ただし、補欠の委員の任期は、前任者の残任期間とする。

2　委員は、再任されることができる。

3　委員の任期が満了したときは、当該委員は、後任者が任命されるまで引き続き在任するものとする。

（公益委員の服務）

第一九条の六　常勤の公益委員は、在任中、次の各号のいずれかに該当する行為をしてはならない。

一　政党その他の政治的団体の役員となり、又は積極的に政治運動をすること。

二　内閣総理大臣の許可のある場合を除くほか、報酬を得て他の職務に従事し、又は営利事業を営み、その他金銭上の利益を目的とする業務を行うこと。

2　非常勤の公益委員は、在任中、前項第一号に該当する行為をしてはならない。

（委員の失職及び罷免）

第一九条の七　委員は、第十九条の四第一項に規定する者に該当するに至つた場合には、その職を失う。公益委員が同条第二項各号のいずれかに該当するに至つた場合も、同様とする。

2　内閣総理大臣は、委員が心身の故障のために職務の執行ができないと認める場合又は委員に職務上の義務違反その他委員たるに適しない非行があると認める場合には、使用者委員及び労働者委員にあつては中央労働委員会の同意を得て、公益委員にあつては両議院の同意を得て、その委員を罷免することができる。

3　前項の規定により、内閣総理大臣が中央労働委員会に対して、使用者委員又は労働者委員の罷免の同意を求めた場合には、当該委員は、その議事に参与することができない。

4　内閣総理大臣は、公益委員のうち六人が既に属している政党に新たに属するに至つた公益委員を直ちに罷免するものとする。

5　内閣総理大臣は、公益委員のうち七人以上が同一の政党に属することとなつた場合（前項の規定に該当する場合を除く。）には、同一の政党に属する者が六人になるように、両議院の同意を得て、公益委員を罷免するものとする。ただし、政党所属関係に異動のなかつた委員を罷免することはできないものとする。

（委員の給与等）

第一九条の八　委員は、別に法律の定めるところにより俸給、手当その他の給与を受け、及び政令の定めるところによりその職務を行うために要する費用の弁償を受けるものとする。

（中央労働委員会の会長）

第一九条の九　中央労働委員会に会長を置く。

2　会長は、委員が公益委員のうちから選挙する。

3　会長は、中央労働委員会を代表し、中央労働委員会の会務を総理する。

4　中央労働委員会は、あらかじめ公益委員のうちから委員の選挙により、会長に故障がある場合において会長を代理する委員を定めておかなければならない。

（地方調整委員）

第一九条の一〇　中央労働委員会に、行政執行法人とその行政執行法人職員との間に発生した紛争その他の事件で地方において中央労働委員会が処理すべきものとして政令で定めるものに係るあつせん若しくは調停又は第二十四条の二第五項の規定による手続に参与させるため、使用者、労働者及び公益をそれぞれ代表する地方調整委員を置く。

2　地方調整委員は、中央労働委員会の同意を得て、政令で定める区域ごとに厚生労働大臣が任命する。

3　第十九条の五第一項本文及び第二項、第十九条の七第二項並びに第十九条の八の規定は、地方調整委員について準用する。この場合において、第十九条の七第二項中「内閣総理大臣」とあるのは「厚生労働大臣」と、「使用者委員及び労働者委員にあつては中央労働委員会の同意を得て、公益委員にあつては両議院」とあるのは「中央労働委員会」と読み替えるものとする。

（中央労働委員会の事務局）

第一九条の一一　中央労働委員会にその事務を整理させるために事務局を置き、事務局に会長の同意を得て厚生労働大臣が任命する事務局長及び必要な職員を置く。

2　事務局に、地方における事務を分掌させるため、地方事務所を置く。

3　地方事務所の位置、名称及び管轄区域は、政令で定める。

（都道府県労働委員会）

第一九条の一二　都道府県知事の所轄の下に、都道府県労働委員会を置く。

2　都道府県労働委員会は、使用者委員、労働者委員及び公益委員各十三人、各十一人、各九人、各七人又は各五人のうち政令で定める数のものをもつて組織する。ただし、条例で定めるところにより、当該政令で定める数に使用者委員、労働者委員及び公益委員各二人を加えた数のものをもつて組織することができる。

3　使用者委員は使用者団体の推薦に基づいて、労働者委員は労働組合の推薦に基づいて、公益委員は使用者委員及び労働者委員の同意を得て、都道府県知事が任命する。

4　公益委員の任命については、都道府県労働委員会における別表の上欄に掲げる公益委員の数（第二項ただし書の規定により公益委員の数を同項の政令で定める数に二人を加えた数とする都道府県労働委員会にあつては当該二人を加えた数）に応じ、それぞれ同表の下欄に定める数以上の公益委員が同一の政党に属することとなつてはならない。

5　公益委員は、自己の行為によつて前項の規定に抵触するに至つたときは、当然退職するものとする。

6　第十九条の三第六項、第十九条の四第一項、第十九条の五、第十九条の七第一項前段、第二項及び第三項、第十九条の八、第十九条の九並びに前条第一項の規定は、都道府県労働委員会について準用する。この場合において、第十九条の三第六項ただし書中「、常勤」とあるのは「、条例で定めるところにより、常勤」と、第十九条の七第二項中「内閣総理大臣」とあるのは「都道府県知事」と、「使用者委員及び労働者委員にあつては中央労働委員会の同意を得て、公益委員にあつては両議院」とあるのは「都道府県労働委員会」と、同条第三項中「内閣総理大臣」とあるのは「都道府県知事」と、「使用者委員又は労働者委員」とあるのは「都道府県労働委員会の委員」と、前条第一項中「厚生労働大臣」とあるのは「都道府県知事」と読み替えるものとする。

（労働委員会の権限）

第二〇条　労働委員会は、第五条、第十一条及び第十八条の規定によるもののほか、不当労働行為事件の審査等並びに労働争議のあつせん、調停及び仲裁をする権限を有する。

（会議）

第二一条　労働委員会は、公益上必要があると認めたときは、その会議を公開することができる。

2　労働委員会の会議は、会長が招集する。

3　労働委員会は、使用者委員、労働者委員及び公益委員各一人以上が出席しなければ、会議を開き、議決することができない。

4　議事は、出席委員の過半数で決し、可否同数のときは、会長の決するところによる。

（強制権限）

第二二条　労働委員会は、その事務を行うために必要があると認めたときは、使用者又はその団体、労働組合その他の関係者に対して、出頭、報告の提出若しくは必要な帳簿書類の提出を求め、又は委員若しくは労働委員会の職員（以下単に「職員」という。）に関係工場事業場に臨検し、業務の状況若しくは帳簿書類その他の物件を検査させることができる。

2　労働委員会は、前項の臨検又は検査をさせる場合においては、委員又は職員にその身分を証明する証票を携帯させ、関係人にこれを呈示させなければならない。

（秘密を守る義務）

第二三条　労働委員会の委員若しくは委員であつた者又は職員若しくは職員であつた者は、その職務に関して知得した秘密を漏らしてはならない。中央労働委員会の地方調整委員又は地方調整委員であつた者も、同様とする。

（公益委員のみで行う権限）

第二四条　第五条及び第十一条の規定による事件の処理並びに不当労働行為事件の審査等（次条において「審査等」という。）並びに労働関係調整法第四十二条の規定による事件の処理には、労働委員会の公益委員のみが参与する。ただし、使用者委員及び労働者委員は、第二十七条第一項（第二十七条の十七の規定により準用する場合を含む。）の規定により調査（公益委員の求めがあつた場合に限る。）及び審問を行う手続並びに第二十七条の十四第一項（第二十七条の十七の規定により準用する場合を含む。）の規定により和解を勧める手続に参与し、又は第二十七条の七第四項及び第二十七条の十二第二項（第二十七条の十七の規定により準用する場合を含む。）の規定による行為をすることができる。

2　中央労働委員会は、常勤の公益委員に、中央労働委員会に係属している事件に関するもののほか、行政執行法人職員の労働関係の状況その他中央労働委員会の事務を処理するために必要と認める事項の調査を行わせることができる。

（合議体等）

第二四条の二　中央労働委員会は、会長が指名する公益委員五人をもつて構成する合議体で、審査等を行う。

2　前項の規定にかかわらず、次の各号のいずれかに該当する場合においては、公益委員の全員をもつて構成する合議体で、審査等を行う。

一　前項の合議体が、法令の解釈適用について、その意見が前に中央労働委員会のした第五条第一項若しくは第十一条第一項又は第二十七条の十二第一項（第二十七条の十七の規定により準用する場合を含む。）の規定による処分に反すると認めた場合

二　前項の合議体を構成する者の意見が分かれたため、その合議体としての意見が定まらない場合

三　前項の合議体が、公益委員の全員をもつて構成する合議体で審査等を行うことを相当と認めた場合

四　第二十七条の十第三項（第二十七条の十七の規定により準用する場合を含む。）の規定による異議の申立てを審理する場合

3　都道府県労働委員会は、公益委員の全員をもつて構成する合議体で、審査等を行う。ただし、条例で定めるところにより、会長が指名する公益委員五人又は七人をもつて構成する合議体で、審査等を行うことができる。この場合において、前項（第一号及び第四号を除く。）の規定は、都道府県労働委員会について準用する。

4　労働委員会は、前三項の規定により審査等を行うときは、一人又は数人の公益委員に審査等の手続（第五条第一項、第十一条第一項、第二十七条の四第一項（第二十七条の十七の規定により準用する場合を含む。）、第二十七条の七第一項（当事者若しくは証人に陳述させ、又は提出された物件を留め置く部分を除き、第二十七条の十七の規定により準用する場合を含む。）、第二十七条の十第二項並びに同条第四項及び第二十七条の十二第一項（第二十七条の十七の規定により準用する場合を含む。）の規定による処分並びに第二十七条の二十の申立てを除く。次項において同じ。）の全部又は一部を行わせることができる。

5　中央労働委員会は、公益を代表する地方調整委員に、中央労働委員会が行う審査等の手続のうち、第二十七条第一項（第二十七条の十七の規定により準用する場合を含む。）の規定により調査及び審問を行う手続並びに第二十七条の十四第一項（第二十七条の十七の規定により準用する場合を含む。）の規定により和解を勧める手続の全部又は一部を行わせることができる。この場合において、使用者を代表する地方調整委員及び労働者を代表する地方調整委員は、これらの手続（調査を行う手続にあつては公益を代表する地方調整委員の求めがあつた場合に限る。）に参与することができる。

（中央労働委員会の管轄等）

第二五条　中央労働委員会は、行政執行法人職員の労働関係に係る事件のあつせん、調停、仲裁及び処分（特定独立行政法人職員が結成し、又は加入する労働組合に関する第五条第一項及び第十一条第一項の規定による処分については、政令で定めるものに限る。）について、専属的に管轄するほか、二以上の都道府県にわたり、又は全国的に重要な問題に係る事件のあつせん、調停、仲裁及び処分について、優先して管轄する。

2　中央労働委員会は、第五条第一項、第十一条第一項及び第二十七条の十二第一項の規定による都

道府県労働委員会の処分を取り消し、承認し、若しくは変更する完全な権限をもつて再審査し、又はその処分に対する再審査の申立てを却下することができる。この再審査は、都道府県労働委員会の処分の当事者のいずれか一方の申立てに基づいて、又は職権で、行うものとする。

（規則制定権）

第二六条　中央労働委員会は、その行う手続及び都道府県労働委員会が行う手続に関する規則を定めることができる。

2　都道府県労働委員会は、前項の規則に違反しない限りにおいて、その会議の招集に関する事項その他の政令で定める事項に関する規則を定めることができる。

第二節　不当労働行為事件の審査の手続

（不当労働行為事件の審査の開始）

第二七条　労働委員会は、使用者が第七条の規定に違反した旨の申立てを受けたときは、遅滞なく調査を行い、必要があると認めたときは、当該申立てが理由があるかどうかについて審問を行わなければならない。この場合において、審問の手続においては、当該使用者及び申立人に対し、証拠を提出し、証人に反対尋問をする充分な機会が与えられなければならない。

2　労働委員会は、前項の申立てが、行為の日（継続する行為にあつてはその終了した日）から一年を経過した事件に係るものであるときは、これを受けることができない。

（公益委員の除斥）

第二七条の二　公益委員は、次の各号のいずれかに該当するときは、審査に係る職務の執行から除斥される。

一　公益委員又はその配偶者若しくは配偶者であつた者が事件の当事者又は法人である当事者の代表者であり、又はあつたとき。

二　公益委員が事件の当事者の四親等以内の血族、三親等以内の姻族又は同居の親族であり、又はあつたとき。

三　公益委員が事件の当事者の後見人、後見監督人、保佐人、保佐監督人、補助人又は補助監督人であるとき。

四　公益委員が事件について証人となつたとき。

五　公益委員が事件について当事者の代理人であり、又はあつたとき。

2　前項に規定する除斥の原因があるときは、当事者は、除斥の申立てをすることができる。

（公益委員の忌避）

第二七条の三　公益委員について審査の公正を妨げるべき事情があるときは、当事者は、これを忌避することができる。

2　当事者は、事件について労働委員会に対し書面又は口頭をもつて陳述した後は、公益委員を忌避することができない。ただし、忌避の原因があることを知らなかつたとき、又は忌避の原因がその後に生じたときは、この限りでない。

（除斥又は忌避の申立てについての決定）

第二七条の四　除斥又は忌避の申立てについては、労働委員会が決定する。

2　除斥又は忌避の申立てに係る公益委員は、前項の規定による決定に関与することができない。ただし、意見を述べることができる。

3　第一項の規定による決定は、書面によるものとし、かつ、理由を付さなければならない。

（審査の手続の中止）

第二七条の五　労働委員会は、除斥又は忌避の申立てがあつたときは、その申立てについての決定があるまで審査の手続を中止しなければならない。ただし、急速を要する行為についてはこの限りでない。

（審査の計画）

第二七条の六　労働委員会は、審問開始前に、当事者双方の意見を聴いて、審査の計画を定めなければならない。

2　前項の審査の計画においては、次に掲げる事項を定めなければならない。

一　調査を行う手続において整理された争点及び証拠（その後の審査の手続における取調べが必要な証拠として整理されたものを含む。）

二　審問を行う期間及び回数並びに尋問する証人の数

三　第二十七条の十二第一項の命令の交付の予定時期

3　労働委員会は、審査の現状その他の事情を考慮して必要があると認めるときは、当事者双方の意見を聴いて、審査の計画を変更することができる。

4　労働委員会及び当事者は、適正かつ迅速な審査の実現のため、審査の計画に基づいて審査が行われるよう努めなければならない。

（証拠調べ）

第二七条の七　労働委員会は、当事者の申立てにより又は職権で、調査を行う手続においては第二号に掲げる方法により、審問を行う手続においては次の各号に掲げる方法により証拠調べをすることができる。

一　事実の認定に必要な限度において、当事者又は証人に出頭を命じて陳述させること。

二　事件に関係のある帳簿書類その他の物件であつて、当該物件によらなければ当該物件により認定すべき事実を認定することが困難となるおそれがあると認めるもの（以下「物件」という。）の所持者に対し、当該物件の提出を命じ、又は提出された物件を留め置くこと。

2　労働委員会は、前項第二号の規定により物件の提出を命ずる処分（以下「物件提出命令」という。）をするかどうかを決定するに当たつては、個人の秘密及び事業者の事業上の秘密の保護に配慮しなければならない。

3　労働委員会は、物件提出命令をする場合において、物件に提出を命ずる必要がないと認める部分又は前項の規定により配慮した結果提出を命ずることが適当でないと認める部分があるときは、その部分を除いて、提出を命ずることができる。

4　調査又は審問を行う手続に参与する使用者委員及び労働者委員は、労働委員会が第一項第一号の規定により当事者若しくは証人に出頭を命ずる処分（以下「証人等出頭命令」という。）又は物件提出命令をしようとする場合には、意見を述べることができる。

5　労働委員会は、職権で証拠調べをしたときは、その結果について、当事者の意見を聴かなければならない。

6　物件提出命令の申立ては、次に掲げる事項を明らかにしてしなければならない。

一　物件の表示

二　物件の趣旨

三　物件の所持者

四　証明すべき事実

7　労働委員会は、物件提出命令をしようとする場合には、物件の所持者を審尋しなければならない。

8　労働委員会は、物件提出命令をする場合には、第六項各号（第三号を除く。）に掲げる事項を明らかにしなければならない。

第二七条の八　労働委員会が証人に陳述させるときは、その証人に宣誓をさせなければならない。

2　労働委員会が当事者に陳述させるときは、その当事者に宣誓をさせることができる。

第二七条の九　民事訴訟法（平成八年法律第百九号）第百九十六条、第百九十七条及び第二百一条第二項から第四項までの規定は、労働委員会が証人に陳述させる手続に、同法第二百十条の規定において準用する同法第二百一条第二項の規定は、労働委員会が当事者に陳述させる手続について準用する。

（不服の申立て）

第二七条の一〇　都道府県労働委員会の証人等出頭命令又は物件提出命令（以下この条において「証人等出頭命令等」という。）を受けた者は、証人等出頭命令等について不服があるときは、証人等出頭命令等を受けた日から一週間以内（天災その他この期間内に審査の申立てをしなかつたことについてやむを得ない理由があるときは、その理由がやんだ日の翌日から起算して一週間以内）に、その理由を記載した書面により、中央労働委員会に審査を申し立てることができる。

2　中央労働委員会は、前項の規定による審査の申立てを理由があると認めるときは、証人等出頭命令等の全部又は一部を取り消す。

3　中央労働委員会の証人等出頭命令等を受けた者は、証人等出頭命令等について不服があるときは、証人等出頭命令等を受けた日から一週間以内（天災その他この期間内に異議の申立てをしなかつたことについてやむを得ない理由があるときは、その理由がやんだ日の翌日から起算して一週間以内）に、その理由を記載した書面により、中央労働委員会に異議を申し立てることができる。

4　中央労働委員会は、前項の規定による異議の申立てを理由があると認めるときは、証人等出頭命令等の全部若しくは一部を取り消し、又はこれを変更する。

5　審査の申立て又は異議の申立ての審理は、書面による。

6　中央労働委員会は、職権で審査申立人又は異議申立人を審尋することができる。

（審問廷の秩序維持）

第二七条の一一　労働委員会は、審問を妨げる者に対し退廷を命じ、その他審問廷の秩序を維持するために必要な措置を執ることができる。

（救済命令等）

第二七条の一二　労働委員会は、事件が命令を発するのに熟したときは、事実の認定をし、この認定に基づいて、申立人の請求に係る救済の全部若しくは一部を認容し、又は申立てを棄却する命令（以下「救済命令等」という。）を発しなければならない。

2　調査又は審問を行う手続に参与する使用者委員及び労働者委員は、労働委員会が救済命令等を発しようとする場合は、意見を述べることができる。

3　第一項の事実の認定及び救済命令等は、書面によるものとし、その写しを使用者及び申立人に交付しなければならない。

4　救済命令等は、交付の日から効力を生ずる。

（救済命令等の確定）
第二七条の一三　使用者が救済命令等について第二十七条の十九第一項の期間内に同項の取消しの訴えを提起しないときは、救済命令等は、確定する。
2　使用者が確定した救済命令等に従わないときは、労働委員会は、使用者の住所地の地方裁判所にその旨を通知しなければならない。この通知は、労働組合及び労働者もすることができる。

（和解）
第二七条の一四　労働委員会は、審査の途中において、いつでも、当事者に和解を勧めることができる。
2　救済命令等が確定するまでの間に当事者間で和解が成立し、当事者双方の申立てがあつた場合において、労働委員会が当該和解の内容が当事者間の労働関係の正常な秩序を維持させ、又は確立させるため適当と認めるときは、審査の手続は終了する。
3　前項に規定する場合において、和解（前項の規定により労働委員会が適当と認めたものに限る。次項において同じ。）に係る事件について既に発せられている救済命令等は、その効力を失う。
4　労働委員会は、和解に金銭の一定額の支払又はその他の代替物若しくは有価証券の一定の数量の給付を内容とする合意が含まれる場合は、当事者双方の申立てにより、当該合意について和解調書を作成することができる。
5　前項の和解調書は、強制執行に関しては、民事執行法（昭和五十四年法律第四号）第二十二条第五号に掲げる債務名義とみなす。
6　前項の規定による債務名義についての執行文の付与は、労働委員会の会長が行う。民事執行法第二十九条後段の執行文及び文書の謄本の送達も、同様とする。
7　前項の規定による執行文付与に関する異議についての裁判は、労働委員会の所在地を管轄する地方裁判所においてする。
8　第四項の和解調書並びに第六項後段の執行文及び文書の謄本の送達に関して必要な事項は、政令で定める。

（再審査の申立て）
第二七条の一五　使用者は、都道府県労働委員会の救済命令等の交付を受けたときは、十五日以内（天災その他この期間内に再審査の申立てをしなかつたことについてやむを得ない理由があるときは、その理由がやんだ日の翌日から起算して一週間以内）に中央労働委員会に再審査の申立てをすることができる。ただし、この申立ては、救済命令等の効力を停止せず、救済命令等は、中央労働委員会が第二十五条第二項の規定による再審査の結果、これを取り消し、又は変更したときは、その効力を失う。
2　前項の規定は、労働組合又は労働者が中央労働委員会に対して行う再審査の申立てについて準用する。

（再審査と訴訟との関係）
第二七条の一六　中央労働委員会は、第二十七条の十九第一項の訴えに基づく確定判決によつて都道府県労働委員会の救済命令等の全部又は一部が支持されたときは、当該救済命令等について、再審査することができない。

（再審査の手続への準用）
第二七条の一七　第二十七条第一項、第二十七条の二から第二十七条の九まで、第二十七条の十第三項から第六項まで及び第二十七条の十一から第二十七条の十四までの規定は、中央労働委員会の再審査の手続について準用する。この場合において、第二十七条の二第一項第四号中「とき」とあるのは「とき又は事件について既に発せられている都道府県労働委員会の救済命令等に関与したとき」と読み替えるものとする。

（審査の期間）
第二七条の一八　労働委員会は、迅速な審査を行うため、審査の期間の目標を定めるとともに、目標の達成状況その他の審査の実施状況を公表するものとする。

第三節　訴訟

（取消しの訴え）
第二七条の一九　使用者が都道府県労働委員会の救済命令等について中央労働委員会に再審査の申立てをしないとき、又は中央労働委員会が救済命令等を発したときは、使用者は、救済命令等の交付の日から三十日以内に、救済命令等の取消しの訴えを提起することができる。この期間は、不変期間とする。
2　使用者は、第二十七条の十五第一項の規定により中央労働委員会に再審査の申立てをしたときは、その申立てに対する中央労働委員会の救済命令等に対してのみ、取消しの訴えを提起することができる。この訴えについては、行政事件訴訟法（昭和三十七年法律第百三十九号）第十二条第三項から第五項までの規定は、適用しない。
3　前項の規定は、労働組合又は労働者が行政事件訴訟法の定めるところにより提起する取消しの訴えについて準用する。

（緊急命令）

第二七条の二〇　前条第一項の規定により使用者が裁判所に訴えを提起した場合において、受訴裁判所は、救済命令等を発した労働委員会の申立てにより、決定をもつて、使用者に対し判決の確定に至るまで救済命令等の全部又は一部に従うべき旨を命じ、又は当事者の申立てにより、若しくは職権でこの決定を取り消し、若しくは変更することができる。

（証拠の申出の制限）

第二七条の二一　労働委員会が物件提出命令をしたにもかかわらず物件を提出しなかつた者（審査の手続において当事者でなかつた者を除く。）は、裁判所に対し、当該物件提出命令に係る物件により認定すべき事実を証明するためには、当該物件に係る証拠の申出をすることができない。ただし、物件を提出しなかつたことについて正当な理由があると認められる場合は、この限りでない。

第四節　雑則

（中央労働委員会の勧告等）

第二七条の二二　中央労働委員会は、都道府県労働委員会に対し、この法律の規定により都道府県労働委員会が処理する事務について、報告を求め、又は法令の適用その他当該事務の処理に関して必要な勧告、助言若しくはその委員若しくは事務局職員の研修その他の援助を行うことができる。

（抗告訴訟の取扱い等）

第二七条の二三　都道府県労働委員会は、その処分（行政事件訴訟法第三条第二項に規定する処分をいい、第二十四条の二第四項の規定により公益委員がした処分及び同条第五項の規定により公益を代表する地方調整委員がした処分を含む。次項において同じ。）に係る行政事件訴訟法第十一条第一項（同法第三十八条第一項において準用する場合を含む。次項において同じ。）の規定による都道府県を被告とする訴訟について、当該都道府県を代表する。

2　都道府県労働委員会は、公益委員、事務局長又は事務局の職員でその指定するものに都道府県労働委員会の処分に係る行政事件訴訟法第十一条第一項の規定による都道府県を被告とする訴訟又は都道府県労働委員会を当事者とする訴訟を行わせることができる。

（費用弁償）

第二七条の二四　第二十二条第一項の規定により出頭を求められた者又は第二十七条の七第一項第一号（第二十七条の十七の規定により準用する場合を含む。）の証人は、政令の定めるところにより、費用の弁償を受けることができる。

（行政手続法の適用除外）

第二七条の二五　労働委員会がする処分（第二十四条の二第四項の規定により公益委員がする処分及び同条第五項の規定により公益を代表する地方調整委員がする処分を含む。）については、行政手続法（平成五年法律第八十八号）第二章及び第三章の規定は、適用しない。

（審査請求の制限）

第二七条の二六　労働委員会がする処分（第二十四条の二第四項の規定により公益委員がした処分及び同条第五項の規定により公益を代表する地方調整委員がした処分を含む。）については、行政不服審査法（昭和三十七年法律第百六十号）による不服申立てをすることができない。

第五章　罰則

第二八条　救済命令等の全部又は一部が確定判決によつて支持された場合において、その違反があつたときは、その行為をした者は、一年以下の禁錮若しくは百万円以下の罰金に処し、又はこれに併科する。

第二八条の二　第二十七条の八第一項（第二十七条の十七の規定により準用する場合を含む。）の規定により宣誓した証人が虚偽の陳述をしたときは、三月以上十年以下の懲役に処する。

第二九条　第二十三条の規定に違反した者は、一年以下の懲役又は三十万円以下の罰金に処する。

第三〇条　第二十二条の規定に違反して報告をせず、若しくは虚偽の報告をし、若しくは帳簿書類の提出をせず、又は同条の規定に違反して出頭をせず、若しくは同条の規定による検査を拒み、妨げ、若しくは忌避した者は、三十万円以下の罰金に処する。

第三一条　法人の代表者又は法人若しくは人の代理人、使用人その他の従業者が、その法人又は人の業務に関して前条の違反行為をしたときは、行為者を罰するほか、その法人又は人に対しても同条の刑を科する。

第三二条　使用者が第二十七条の二十の規定による裁判所の命令に違反したときは、五十万円（当該命令が作為を命ずるものであるときは、その命令の日の翌日から起算して不履行の日数が五日を超える場合にはその超える日数一日につき十万円の割合で算定した金額を加えた金額）以下の過料に処する。第二十七条の十三第一項（第二十七条の十七の規定により準用する場合を含む。）又はその不作為の規定により確定した救済命令等に違反した場合も、同様とする。

第三二条の二　次の各号のいずれかに該当する者は、三十万円以下の過料に処する。

一　正当な理由がないのに、第二十七条の七第一項第一号（第二十七条の十七の規定により準用する場合を含む。）の規定による処分に違反して出頭せず、又は陳述をしない者

二　正当な理由がないのに、第二十七条の七第一項第二号（第二十七条の十七の規定により準用する場合を含む。）の規定による処分に違反して物件を提出しない者

三　正当な理由がないのに、第二十七条の八（第二十七条の十七の規定により準用する場合を含む。）の規定による処分に違反して宣誓をしない者

第三二条の三　第二十七条の八第二項（第二十七条の十七の規定により準用する場合を含む。）の規定により宣誓した当事者が虚偽の陳述をしたときは、三十万円以下の過料に処する。

第三二条の四　第二十七条の十一（第二十七条の十七の規定により準用する場合を含む。）の規定による処分に違反して審問を妨げた者は、十万円以下の過料に処する。

第三三条　法人である労働組合の清算人は、次の各号のいずれかに該当する場合には、五十万円以下の過料に処する。

一　第十三条の五に規定する登記を怠つたとき。

二　第十三条の七第一項又は第十三条の九第一項の公告を怠り、又は不正の公告をしたとき。

三　第十三条の九第一項の規定による破産手続開始の申立てを怠つたとき。

四　官庁又は総会に対し、不実の申立てをし、又は事実を隠ぺいしたとき。

2　前項の規定は、法人である労働組合の代表者が第十一条第二項の規定に基いて発する政令で定められた登記事項の変更の登記をすることを怠つた場合において、その代表者につき準用する。

附則（抄）

1　この法律施行の期日は、公布の日から起算して三十日を越えない期間内において、政令で定める。〈昭二四政二〇一により昭二四・六・一〇施行〉

2　この法律施行の際現に法人である労働組合は、この法律の規定による法人である労働組合とみなす。但し、この法律施行の日から六十日以内にこの法律の規定に適合する旨の労働委員会の証明を受けなければならない。

3　この法律施行の際現に労働委員会の委員である者は、この法律の規定によつて罷免される場合を除く外、その任期満了の日まで在任するものとし、労働委員会の事務局長及びその他の職員は、法令に従つて別に辞令を発せられないときは、この法律の規定によつて任命されたものとみなされ、同級に止まり、同俸給を受けるものとする。

4　この法律施行の際現に労働委員会に係属中の事件の処理については、なお改正前の労働組合法（昭和二十年法律第五十一号）の規定による。

5　この法律の施行前にした行為に対する罰則の適用については、なお従前の例による。

別表（第十九条の十二関係）

十五人	七人
十三人	六人
十一人	五人
九人	四人
七人	三人
五人	二人

【令和四年六月一七日法律第六八号未施行内容】

刑法等の一部を改正する法律の施行に伴う関係法律の整理等に関する法律

第二三五条　労働組合法（昭和二十四年法律第百七十四号）の一部を次のように改正する。

第十九条の四第一項中「禁錮」を「拘禁刑」に改める。

第二十八条中「禁錮」を「拘禁刑」に改める。

第二十八条の二及び第二十九条中「懲役」を「拘禁刑」に改める。

附則

（施行期日）

1　この法律は、刑法等一部改正法施行日から施行する。《略》

【令和五年六月一四日法律第五三号未施行内容】

附則（抄）

この法律は、公布の日から起算して五年を超えない範囲内において政令で定める日から施行する。

《略》

労働組合法施行令

昭和二四年六月二九日政令第二三一号
施行：昭和二四年六月一〇日
最終改正：平成二七年三月三一日政令第一二六号
施行：平成二七年四月一日

（法第五条の管轄）
第一条　労働組合法（以下「法」という。）第五条第一項の労働委員会は、当該労働組合が参与しようとする手続につき、法及びこの政令の規定により管轄権を有する労働委員会とする。

（法第一一条の管轄）
第二条　法第十一条第一項の労働委員会は、法第二十五条第一項の規定により中央労働委員会が専属的に管轄する場合を除き、労働組合の主たる事務所の所在地を管轄する都道府県労働委員会又は中央労働委員会とする。

2　労働委員会は、法第十一条第一項の証明の申請があつた場合において、当該労働組合が法の規定に適合すると認めたときは、遅滞なくその旨の証明書を交付しなければならない。

（法人である労働組合の登記）
第三条　法第十一条第一項の規定による登記には、左の事項を掲げなければならない。

一　名称
二　主たる事務所の所在場所
三　目的及び事業
四　代表者の氏名及び住所
五　解散事由を定めたときはその事由

第四条　法人である労働組合が主たる事務所を移転したときは、二週間以内に、旧所在地においては移転の登記をし、新所在地においては前条に掲げる事項を登記しなければならない。

2　同一の登記所の管轄区域内において主たる事務所を移転したときは、その移転の登記をするだけで足りる。

第五条　前条の場合を除く外、登記した事項中に変更を生じたときは、二週間以内にその登記をしなければならない。

第五条の二　法人である労働組合の代表者の職務の執行を停止し、若しくはその職務を代行する者を選任する仮処分又はその仮処分の変更若しくは取消しがあつたときは、その登記をしなければならない。

第六条　法人である労働組合の清算が結了したときは、清算結了の日から二週間以内にその登記をしなければならない。

第七条　法人である労働組合の登記に関する事務は、その主たる事務所の所在地を管轄する法務局若しくは地方法務局若しくはこれらの支局又はこれらの出張所が管轄登記所としてつかさどる。

第八条　法第十一条第一項の規定による登記の申請書には、規約、第二条第二項の証明書及び代表者の資格を証する書面を添附しなければならない。

2　各登記所に労働組合登記簿を備える。

第九条　法人である労働組合の主たる事務所の移転その他登記事項の変更の登記の申請書には、登記事項の変更を証する書面を添附しなければならない。ただし、代表者の氏、名又は住所の変更の登記については、この限りでない。

第一〇条　法人である労働組合の解散の登記の申請書には、解散の事由を証する書面及び代表者が清算人とならない場合には清算人の資格を証する書面を添附しなければならない。

第一一条　商業登記法（昭和三十八年法律第百二十五号）第二条から第五条まで、第七条から第十五条まで、第十七条第一項、第二項及び第四項、第十八条、第十九条の二、第二十条第一項及び第二項、第二十一条から第二十三条の二まで、第二十四条第一号から第十四号まで、第二十六条、第二十七条、第五十一条から第五十三条まで、第百三十二条から第百四十八条までの規定は、法人である労働組合の登記に準用する。この場合において、同法第十七条第四項中「事項又は前項の規定により申請書に記載すべき事項」とあるのは「事項」と、「前二項」とあるのは「同項」と読み替えるものとする。

第一二条から第一四条まで　削除

（労働協約の拡張適用の手続）
第一五条　法第十八条の決議及び決定は、当該地域が一の都道府県の区域内のみにあるときは、当該都道府県労働委員会及び当該都道府県知事が行い、当該地域が二以上の都道府県にわたるとき、又は中央労働委員会において当該事案が全国的に重要な問題に係るものであると認めたときは、中央労働委員会及び厚生労働大臣が行うものとする。

（労働委員会の権限の行使）
第一六条　労働委員会は、法及び労働関係調整法（昭和二十一年法律第二十五号）に規定する権限を独立して行うものとする。

第一七条から第一九条まで　削除

（委員の任命手続）
第二〇条　内閣総理大臣は、法第十九条の三第二項

の規定に基づき使用者を代表する者（以下「使用者委員」という。）又は労働者を代表する者（以下「労働者委員」という。）を任命しようとするときは、使用者団体（二以上の都道府県にわたつて組織を有するものに限る。）、特定独立行政法人（同項に規定する特定独立行政法人をいう。第二十三条の二第一項において同じ。）又は労働組合（特定独立行政法人職員（第十九条の三第二項に規定する特定独立行政法人職員をいう。以下同じ。）が結成し、又は加入する労働組合の推薦に基づき任命する同項に規定する四人の委員以外の委員に関しては、二以上の都道府県にわたつて組織を有するものに限る。）に対して候補者の推薦を求め、その推薦があつた者のうちから任命するものとする。

2　内閣総理大臣は、前項の規定により候補者の推薦を求めるときは、その旨及び推薦に係る手続その他必要な事項を官報で公告するものとする。

3　労働組合は、第一項の規定により同項の候補者を推薦するときは、当該労働組合が法第二条及び第五条第二項の規定に適合する旨の中央労働委員会の証明書を添えなければならない。

第二一条　都道府県知事は、法第十九条の十二第三項の規定に基づき使用者委員又は労働者委員を任命しようとするときは、当該都道府県の区域内のみに組織を有する使用者団体又は労働組合に対して候補者の推薦を求め、その推薦があつた者のうちから任命するものとする。

2　都道府県知事は、法第十九条の十二第三項の規定に基づき公益を代表する者（以下「公益委員」という。）を任命しようとするときは、使用者委員及び労働者委員にその任命しようとする委員の候補者の名簿を提示して同意を求め、その同意があつた者のうちから任命するものとする。

3　労働組合は、第一項の規定により同項の候補者を推薦するときは、当該労働組合が法第二条及び第五条第二項の規定に適合する旨の当該候補者の推薦に係る都道府県労働委員会の証明書を添えなければならない。

（公益委員の通知義務）

第二二条　公益委員は、政党に加入したとき、政党から脱退し、若しくは除名されたとき、又は所属政党が変わつたときは、直ちに、中央労働委員会の公益委員にあつては内閣総理大臣に、都道府県労働委員会の公益委員にあつては都道府県知事にその旨を通知しなければならない。

（中央労働委員会の委員の費用弁償）

第二三条　法第十九条の八の規定により中央労働委員会の委員が弁償を受ける費用の種類及び金額は、会長である委員及び常勤の公益委員にあつては特別職の職員の給与に関する法律（昭和二十四年法律第二百五十二号）第一条第五号から第四十一号までに掲げる職員が、その他の公益委員にあつては一般職の職員の給与に関する法律（昭和二十五年法律第九十五号）第六条第一項第十一号に規定する指定職俸給表の適用を受ける職員が、使用者委員及び労働者委員にあつては同項第一号イに規定する行政職俸給表㈠（以下「行政職俸給表㈠」という。）の十級の職務にある者が、国家公務員等の旅費に関する法律（昭和二十五年法律第百十四号。以下「旅費法」という。）の規定に基づいて受ける旅費の種類及び金額と同一とする。

2　前項に定めるもののほか、同項の費用の支給については、旅費法の定めるところによる。

（地方調整委員）

第二三条の二　法第十九条の十第一項の政令で定める事件は、同項に規定する特定独立行政法人とその特定独立行政法人職員との間に発生した紛争その他の事件で別表第一に定める一の区域内のみに係るものとする。

2　法第十九条の十第二項の政令で定める区域は、別表第一のとおりとする。

3　使用者を代表する地方調整委員、労働者を代表する地方調整委員及び公益を代表する地方調整委員の数は、別表第一に定める区域ごとに各四人とする。

4　第二十条の規定は、厚生労働大臣が法第十九条の十第二項の規定に基づき使用者又は労働者を代表する地方調整委員を任命しようとする場合に準用する。この場合において、第二十条第一項中「労働組合の推薦に基づき任命する同項に規定する四人の委員以外の委員に関しては」とあるのは、「労働組合以外の労働組合にあつては」と読み替えるものとする。

5　法第十九条の十第三項で準用する法第十九条の八の規定により地方調整委員が弁償を受ける費用の種類及び金額は、行政職俸給表㈠の八級の職務にある者が旅費法の規定に基づいて受ける旅費の種類及び金額と同一とする。

6　前項に定めるもののほか、同項の費用の支給については、旅費法の定めるところによる。

（地方事務所）

第二三条の三　中央労働委員会事務局の地方事務所の名称は別表第二の上欄に、その位置は同表の中欄に、その管轄区域は同表の下欄に、それぞれ定めるとおりとする。

（都道府県労働委員会の委員の費用弁償）

第二四条　法第十九条の十二第六項で準用する法第十九条の八の規定により都道府県労働委員会の委員が弁償を受ける費用の種類、金額及び支給方法は、当該都道府県の条例の定めるところによる。

（都道府県労働委員会の事務局の組織）

第二五条　都道府県労働委員会の事務局の内部組織は、会長の同意を得て都道府県知事が定める。

（都道府県労働委員会の委員の数）

第二五条の二　都道府県労働委員会の法第十九条の十二第二項の政令で定める使用者委員、労働者委員及び公益委員の数は、別表第三に掲げるところによる。

（公益委員のみで行う会議）

第二六条　労働委員会は、法第二十四条第一項に規定する事件の処理については、公益委員（法第二十四条の二第一項又は第三項ただし書の合議体で審査等（同条に規定する審査等をいう。）を行う場合にあつては、当該合議体を構成する公益委員。次項において同じ。）の過半数が出席しなければ、会議を開き、議決をすることができない。

2　前項の事件の処理に係る会議の議事は、公益委員の過半数をもつて決する。

（法第二十五条第一項の政令で定める処分）

第二六条の二　法第二十五条第一項の政令で定める処分は、次に掲げる事項に関し行われる法第五条第一項又は第十一条第一項の規定による処分とする。

一　特定独立行政法人職員が結成し、又は加入する労働組合の推薦に基づき任命される法第十九条の三第二項に規定する四人の委員を推薦する手続

二　法第四章第二節及び第三節に規定する手続及び救済

三　次に掲げる労働組合に係る法第十一条第一項に規定する手続

イ　単位労働組合（連合団体である労働組合以外の労働組合をいう。以下この号において同じ。）のうち組合員の過半数が特定独立行政法人職員である労働組合

ロ　連合団体である労働組合のうち単位労働組合の組合員の総員の過半数が特定独立行政法人職員である労働組合

（法第二十六条第二項の政令で定める事項）

第二六条の三　法第二十六条第二項の政令で定める事項は、次に掲げる事項とする。

一　都道府県労働委員会の会議の招集に関する事項

二　法第二十七条の十八の規定による都道府県労働委員会の審査の期間の目標及び審査の実施状況の公表に関する事項

三　都道府県労働委員会の庶務に関する事項

（法第二十七条第一項の申立ての管轄）

第二七条　法第二十七条第一項の労働委員会は、不当労働行為の当事者である労働者、労働組合その他の労働者の団体若しくは使用者の住所地若しくは主たる事務所の所在地を管轄する都道府県労働委員会又は不当労働行為が行われた地を管轄する都道府県労働委員会とする。ただし、法第七条第四号に掲げる不当労働行為に関しては、当該不当労働行為に係る同号の労働委員会も、法第二十七条第一項の労働委員会であるものとする。

2　同一の不当労働行為について二以上の労働委員会に事件が係属するときは、当該事件の処理は、最初に申立を受けた労働委員会がする。

3　不当労働行為について一の労働委員会に事件が係属する場合又は前項の規定により最初に申立を受けた労働委員会が事件の処理をすべき場合において、中央労働委員会が必要があると認めて管轄権を有する他の労働委員会を指定したときは、当該事件の処理は、その指定を受けた労働委員会がする。

4　相互に関連を有する二以上の不当労働行為につき各別に二以上の労働委員会に事件が係属する場合において、中央労働委員会が必要があると認めて当該事件の一につき管轄権を有する一の労働委員会を指定したときは、当該事件の全部の処理は、その指定を受けた労働委員会がする。

5　中央労働委員会において全国的に重要な問題にかかるものであると認めた事件に関しては、法第二十七条第一項の労働委員会は、前四項の規定にかかわらず、中央労働委員会とする。

（管轄指定）

第二七条の二　第一条、第十五条又は前条の規定により中央労働委員会の権限に属する特定の事件の処理につき、中央労働委員会が必要があると認めて関係都道府県労働委員会のうち、その一を指定したときは、当該事件の処理は、その都道府県労働委員会がする。

（特定独立行政法人職員の労働関係に係る事件の取扱い）

第二八条　前二条の規定は、法第二十五条第一項の規定により中央労働委員会が専属的に管轄する処分については、適用しない。

（和解調書の正本等の送達等）

第二九条　法第二十七条の十四第四項の和解調書の正本は、同項の規定による申立てをした当事者に送達しなければならない。

2　民事訴訟法（平成八年法律第百九号）第九十八条第二項、第九十九条から第百三条まで、第百五条、第百六条、第百七条第一項（第二号及び第三号を除く。）及び第三項並びに第百九条の規定は、和解調書の正本等（前項の和解調書の正本並びに法第二十七条の十四第六項後段の執行文及び文書の謄本をいう。以下同じ。）の送達に準用する。この場合において、民事訴訟法第九十八条第二項及び第百条中「裁判所書記官」とあるのは「労働委員会の職員」と、同法第九十九条第一項中「郵便又は執行官」とあるのは「郵便」と、同法第百二条第一項中「訴訟無能力者」とあるのは「未成年者（独立して法律行為をすることができる場合を除く。）又は成年被後見人」と、同法第百七条第一項中「裁判所書記官」とあるのは「労働委員会の職員」と、「最高裁判所規則で」とあるのは「厚生労働大臣が」と読み替えるものとする。

第三〇条　労働委員会は、送達を受けるべき者の住所、居所その他送達すべき場所が知れないとき、又は前条第二項において準用する民事訴訟法第百七条第一項（第二号及び第三号を除く。）の規定により送達をすることができないときは、公示送達をすることができる。

2　公示送達は、和解調書の正本等を送達を受けるべき者にいつでも交付する旨を労働委員会の掲示場に掲示するとともに官報又は都道府県の公報に掲載して行うものとする。

3　労働委員会が前項の規定による掲示及び掲載をしたときは、その掲示を始めた日の翌日から起算して二週間を経過した時に送達があつたものとみなす。

第三一条　当事者及び利害関係を疎明した第三者は、労働委員会に対し、和解調書の正本の交付を請求することができる。

（出頭を求められた者等の費用弁償）

第三二条　中央労働委員会に係る法第二十七条の二十四に規定する出頭を求められた者又は証人が弁償を受ける費用の種類及び金額は、行政職俸給表㈠の一級及び二級の職務のうち厚生労働大臣が指定する級の職務にある者が旅費法の規定に基づいて受ける旅費の種類及び金額と同一とする。

2　前項に定めるもののほか、同項の費用の支給については、旅費法の定めるところによる。

第三三条　都道府県労働委員会に係る法第二十七条の二十四に規定する出頭を求められた者又は証人が弁償を受ける費用の種類、金額及び支給方法は、当該都道府県の条例の定めるところによる。

附則（抄）

1　この政令は、公布の日から施行し、昭和二十四年六月十日から適用する。

3　従前の規定により調製した労働組合登記薄は、この政令の規定により調製した労働組合登記薄とみなす。

4　労働組合について従前の規定により登記した事項は、この政令の規定により登記したものとみなす。

別表第一（第二十三条の二関係）

区域名	当該区域に含まれる都道府県
東日本	北海道　青森県　岩手県　宮城県　秋田県　山形県　福島県　茨城県　栃木県　群馬県　埼玉県　千葉県　東京都　神奈川県　山梨県　新潟県　富山県　石川県　福井県　長野県　岐阜県　静岡県　愛知県　三重県
西日本	滋賀県　京都府　大阪府　兵庫県　奈良県　和歌山県　鳥取県　島根県　岡山県　広島県　山口県　徳島県　香川県　愛媛県　高知県　福岡県　佐賀県　長崎県　熊本県　大分県　宮崎県　鹿児島県　沖縄県

別表第二（第二十三条の三関係）

名称	位置	管轄区域
西日本地方事務所	大阪市	滋賀県　京都府　大阪府　兵庫県　奈良県　和歌山県　鳥取県　島根県　岡山県　広島県　山口県　徳島県　香川県　愛媛県　高知県　福岡県　佐賀県　長崎県　熊本県　大分県　宮崎県　鹿児島県　沖縄県

別表第三（第二十五条の二関係）

	都道府県労働委員会	委員の数
一	東京都に置かれる都道府県労働委員会	使用者委員、労働者委員及び公益委員各十三人
二	大阪府に置かれる都道府県労働委員会	使用者委員、労働者委員及び公益委員各十一人
三	北海道、神奈川県、愛知県、兵庫県又は福岡県に置かれる都道府県労働委員会	使用者委員、労働者委員及び公益委員各七人
四	青森県、岩手県、宮城県、秋田県、山形県、福島県、茨城県、栃木県、群馬県、埼玉県、千葉県、新潟県、富山県、石川県、福井県、山梨県、長野県、岐阜県、静岡県、三重県、滋賀県、京都府、奈良県、和歌山県、鳥取県、島根県、岡山県、広島県、山口県、徳島県、香川県、愛媛県、高知県、佐賀県、長崎県、熊本県、大分県、宮崎県、鹿児島県又は沖縄県に置かれる都道府県労働委員会	使用者委員、労働者委員及び公益委員各五人

附則（平成二七年三月三一日政令第一二六号）（抄）

（労働組合法施行令の一部改正に伴う経過措置）

第二条　この政令の施行の際現に地方調整委員である者は、当該地方調整委員としての任期が満了する日までの間、引き続き地方調整委員として在任するものとする。この場合において、当該地方調整委員の数は、第二条による改正後の労働組合法施行令（次条において「新令」という。）第二十三条の二第三項に定める数を上回ることができる。

第三条　この政令の施行の際現に地方調整委員である者に係る区域については、当該者に係る第二条の規定による改正前の労働組合法施行令別表第一に定める区域を包含する新令別表第一に定める区域を当該者に係る区域とみなす。

労働委員会規則（抄）

昭和二四年八月四日中央労働委員会規則第一号

施行：昭和二四年八月四日

最終改正：令和五年二月二八日中央労働委員会規則第一号

施行：令和五年二月二八日

第一章　総則

（規則の目的）

第一条　この規則は、労働組合法（昭和二十四年法律第百七十四号）、労働関係調整法（昭和二十一年法律第二十五号）、特定独立行政法人の労働関係に関する法律（昭和二十三年法律第二百五十七号）及び地方公営企業等の労働関係に関する法律（昭和二十七年法律第二百八十九号）の規定に基づく労働委員会の権限職務を迅速かつ公正に遂行できるよう、法の運用に当たつてとるべき諸手続を定めるものである。

（用語の定義及び略称）

第二条　この規則中次に掲げる用語は、別段の定めがある場合を除き、それぞれ次の意味に用いる。

一　「労組法」、「労調法」、「特労法」、「地方公労法」、「労組法施行令」、「労調法施行令」及び「特労法施行令」とは、それぞれ労働組合法、労働関係調整法、特定独立行政法人の労働関係に関する法律、地方公営企業等の労働関係に関する法律、労働組合法施行令（昭和二十四年政令第二百三十一号）、労働関係調整法施行令（昭和二十一年勅令第四百七十八号）及び特定独立行政法人の労働関係に関する法律施行令（昭和三十一年政令第二百四十九号）をいう。

二 「都道府県労委規則」とは、労組法第二十六条第二項の規定に基づき都道府県労働委員会が定める規則をいう。

三 「委員会」とは、労組法第十九条に定める労働委員会のうち、中央労働委員会又は都道府県労働委員会をいい、中央労働委員会を「中労委」と、都道府県労働委員会を「都道府県労委」と略称する。

四 「会長」とは、労組法第十九条の九第一項（同法第十九条の十二第六項において準用する場合を含む。）に定める中労委又は都道府県労委の会長をいう。

五 「会長代理」とは、労組法第十九条の九第四項（同法第十九条の十二第六項において準用する場合を含む。）に定める会長の職務を代行する者をいう。

六 「委員」とは、労組法第十九条の三第一項又は第十九条の十二第二項に定める中労委又は都道府県労委の委員をいう。

七 「事務局」、「事務局長」及び「職員」とは、それぞれ労組法第十九条の十一第一項（同法第十九条の十二第六項において準用する場合を含む。）に定める中労委又は都道府県労委の事務局、事務局長及び事務局の職員をいう。

八 「地方調整委員」及び「地方事務所」とは、それぞれ労組法第十九条の十に定める地方調整委員及び同法第十九条の十一第二項に定める地方事務所をいう。

第二章 会議

（会議の種類）

第三条 委員会の会議は、次のとおりとする。

一 委員の全員で行う会議（以下「総会」という。）

二 労組法第二十四条の二第二項若しくは第三項本文、特労法第四条第三項又は地方公労法第十六条の二の規定に基づき公益委員の全員で行う会議（以下「公益委員会議」という。）

三 労組法第二十四条の二第一項又は第三項ただし書の規定に基づき公益委員五人又は七人で行う会議（以下「部会」という。）

2 前項各号に掲げるもののほか、委員会は、必要に応じて、労調法第十九条又は特労法第二十八条の規定による調停委員会の会議、労調法第三十一条又は特労法第三十四条の規定による仲裁委員会の会議及びこの規則第五条第五項の規定による小委員会の会議を開く。

3 中労委においては、前二項に掲げるもののほか、次に掲げる会議を開く。

一 労調法第八条の三の規定による一般企業担当使用者委員、一般企業担当労働者委員及び一般企業担当公益委員（三者を総称して「一般企業担当委員」という。以下同じ。）のみで行う会議（以下「一般企業担当委員会議」という。）

二 特労法第二十五条の規定による特定独立行政法人担当使用者委員、特定独立行政法人担当労働者委員及び特定独立行政法人担当公益委員（三者を総称して「特定独立行政法人担当委員」という。以下同じ。）のみで行う会議（以下「特定独立行政法人等担当委員会議」という。）

三 特労法第三条第二項（同法第四条第五項において準用する場合を含む。）の規定による審査委員会（以下「審査委員会」という。）の会議

四 第七条の四において準用する第五条第五項の規定による小委員会の会議

（総会の招集）

第四条 総会は、毎月一回以上日を定めて、会長が招集する。

2 前項に定めるもののほか、次の各号に掲げる場合には、会長は、臨時に総会を招集する。

一 総会で議決したとき。

二 中労委にあつては厚生労働大臣、都道府県労委にあつては当該都道府県知事から請求があつたとき。

三 三人以上の委員（使用者委員、労働者委員及び公益委員各一人以上を含まなければならない。）から請求があつたとき。

四 中労委にあつては、緊急調整の決定につき意見を聴かれたとき及び緊急調整の決定の通知があつたとき。

五 その他会長が必要と認めるとき。

3 前項第二号又は第三号の請求をする場合には、総会の付議事項及び希望期日を、少なくともその期日の五日（都道府県知事又は都道府県労委の委員からの請求について都道府県労委規則に別段の定めがあるときは、当該都道府県労委規則で定める期間）前までに、会長に通告しなければならない。

4 会長が総会を招集しようとするときには、緊急やむをえない場合のほかは、少なくとも三日（都道府県労委規則に別段の定めがあるときは、当該都道府県労委規則で定める期間）前までに、付議事項及び日時を委員に通知しなければならない。

5 委員の全員が新たに任命された場合、並びに会長及び会長代理ともに欠けた場合における会長及

び会長代理を選挙するための総会は、事務局長が招請する。

（総会の付議事項）

第五条　都道府県労委の総会に付議すべき事項は、次のとおりとする。

一　労組法第十八条の規定による労働協約の拡張適用の決議に関する事項

二　労調法第十条の規定によるあつせん員候補者の委嘱及び労調法施行令第五条の規定によるあつせん員候補者の解任に関する事項

三　労調法第十二条第一項ただし書の規定による臨時のあつせん員の委嘱に関する事項

四　労調法第十八条及び地方公労法第十四条の規定による調停の開始に関する事項

五　労調法第三十条及び地方公労法第十五条の規定による仲裁の開始に関する事項

六　労組法第十九条の十二第六項において準用する同法第十九条の七第二項及び第十九条の九の規定に基づく委員の罷免並びに会長及び会長代理の選挙に関する事項

七　労組法第二十二条第一項に定める要求、臨検又は検査に関する事項

八　都道府県労委規則の制定及び改廃に関する事項

九　労調法施行令第一条の六において準用する同令第一条及び第一条の三の規定による特別調整委員の設置、定数及び任期又は罷免に関する事項

十　その他会長が必要と認める事項

2　中労委の総会に付議すべき事項は、次のとおりとする。

一　労組法第十八条の規定による労働協約の拡張適用の決議に関する事項

二　労組法第十九条の七第二項の規定に基づく使用者委員及び労働者委員の罷免の同意に関する事項

三　労組法第十九条の九の規定に基づく会長及び会長代理の選挙に関する事項

四　労組法第十九条の十第二項及び同条第三項において準用する同法第十九条の七第二項の規定に基づく地方調整委員の任命及び罷免の同意に関する事項

五　労組法第二十二条第一項に定める要求、臨検又は検査に関する事項

六　労組法第二十四条第二項の規定による常勤の公益委員に行わせる調査に関する事項

七　労組法第二十六条第一項の規定による規則の制定及び改廃に関する事項

八　労調法第三十五条の二及び第三十五条の三の規定による緊急調整に対する意見及び緊急調整の決定に係る事件の取扱いに関する事項

九　労組法施行令第二十七条の二の規定による労働協約の拡張適用の決議に係る管轄指定に関する事項

十　その他会長が必要と認める事項

3　会長は、公益委員会議又は部会における決定、部会長の指名その他会長が必要と認める事項について、総会において報告し、又は報告を求めるものとする。中労委にあつては、一般企業担当委員会議、特定独立行政法人担当委員会議及び審査委員会における決定についても同様とする。

4　事項が特に緊急の処理を必要とし総会を招集するいとまのないとき、又は日常軽易のものであるときには、会長は、総会に付議する以前にこれを処理することができる。この場合には、最近の総会においてその承認を求めなければならない。

5　会長は、総会の議決により、又は前項の規定に基づいて、総会における付議事項中特定の事項について事実の調査をし、又は細目にわたる審議を行うため、委員を指名して小委員会を設けることができる。

6　会長は、前項の規定による小委員会の編成にあたつて、使用者委員及び労働者委員を加える場合には、各同数を指名するものとする。

7　小委員会に委員長を置く。委員長は、公益委員である委員のうちから、小委員会の委員が選挙する。

（総会の定足数）

第六条　総会は、原則として使用者委員、労働者委員及び公益委員の各過半数が出席した場合に議事を開くものとする。

2　出席委員中使用者委員及び労働者委員が各同数でない場合に出席委員の過半数の同意があるときには、期間を限つて議決を延期することができる。

3　委員は、自己に直接利害関係がある事項については、その議決に加わることができない。議決に加わらない委員の数は、その事項については出席委員の数にかぞえない。

4　委員が当該事項について直接利害関係があるかどうかは、総会の決するところによる。当該委員は、この議決に加わることができない。

（総会の議事）

第七条　総会の議事は、会長がつかさどる。ただし、会長故障あるときは会長代理がその職務を行い、会長及び会長代理ともに故障あるときはあらかじめ会長の指名するところによつて、又は出席委員

の選挙によつて公益委員のうちから選出された委員がその職務を代行する。

2　議事は、会長を含む出席委員の過半数で決し、可否同数のときは、会長の決するところによる。

（一般企業担当委員会議の付議事項）

第七条の二　中労委の一般企業担当委員会議に付議すべき事項は、次のとおりとする。

一　労調法第十条の規定によるあつせん員候補者の委嘱及び労調法施行令第五条の規定によるあつせん員候補者の解任に関する事項

二　労調法第十二条第一項ただし書の規定による臨時のあつせん員の委嘱に関する事項

三　労調法第十八条及び地方公労法第十四条の規定による調停の開始に関する事項

四　労調法第三十条及び地方公労法第十五条の規定による仲裁の開始に関する事項

五　労調法施行令第一条及び第一条の三の規定による特別調整委員の設置、定数及び任期又は罷免に関する事項

六　労調法施行令第二条の二第一項の規定による全国的に重要な問題に係る労働争議の認定に関する事項

七　労調法施行令第二条の二第二項の規定による労働争議の調整に係る管轄指定に関する事項

八　その他会長が必要と認める事項

（特定独立行政法人等担当委員会議の付議事項）

第七条の三　中労委の特定独立行政法人担当委員会議に付議すべき事項は、次のとおりとする。

一　特労法第二十六条第一項の規定によるあつせんを行う決議に関する事項

二　特労法第二十六条第二項の規定によるあつせん員の委嘱に係る同意に関する事項

三　特労法第二十七条第三号及び第四号の規定による調停を行う決議に関する事項

四　特労法第二十八条の規定による調停委員会の設置に関する事項

五　特労法第二十九条第四項及び特労法施行令第七条第一項の規定による調停委員候補者の委嘱及び調停委員候補者名簿の作成並びに同令第七条第三項の規定による調停委員候補者の解任の同意に関する事項

六　特労法第三十一条の規定により調停委員会に報告させ又は指示することに関する事項

七　特労法第三十三条第四号に規定する仲裁を行う決議に関する事項

八　第八十一条の五の規定によるあつせんを行う認定に関する事項

九　第八十一条の十の規定によるあつせんに係る措置に関する事項

十　その他会長が必要と認める事項

（一般企業担当委員会議及び行政執行法人担当委員会議の招集、定足数及び議事）

第七条の四　第四条（第二項第二号及び第四号、第三項及び第四項中都道府県労委規則に係る部分並びに第五項を除く。）、第五条第四項から第七項まで、第六条及び第七条の規定は、一般企業担当委員会議及び行政執行法人担当委員会議について準用する。この場合において、第四条第三項中「前項第二号又は第三号」とあるのは「前項第三号」と、次の表〔次頁―編注〕の第一欄に掲げる規定中同表の第二欄に掲げる字句は、一般企業担当委員会議については同表の第三欄に、行政執行法人担当委員会議については同表の第四欄に掲げる字句にそれぞれ読み替えるものとする。

（公益委員会議の招集）

第八条　公益委員会議は、会長が必要に応じて招集する。

2　会長が公益委員会議を招集しようとするときには、緊急やむをえない場合のほかは、少なくとも前日までに、付議事項及び日時を通知しなければならない。

（公益委員会議の付議事項）

第九条　公益委員会議に付議すべき事項は、次のとおりとする。ただし、部会に第一号又は第二号に掲げる事項が付議されることとなる場合には、労組法第二十四条の二第二項（同条第三項ただし書において準用する場合を含む。）に掲げる場合に限る。

一　労組法第五条又は第十一条の規定による労働組合の資格に関する事項（第八十五条の八第一号から第三号までに規定する場合並びに第八十五条の十三第一号及び第二号に規定する場合（以下この条、第十条の三及び第十条の五において「部分オンラインによる場合」という。）に関する事項を含む。）

二　労組法第七条、第四章第二節及び第三節並びに第二十七条の二十三の規定による不当労働行為に関する事項（部分オンラインによる場合に関する事項を含む。）

三　労調法第四十二条の規定による請求に関する事項

四　地方公労法第五条第二項の規定による認定及び告示に関する事項

五　その他会長が必要と認める事項

2　中労委にあつては、前項各号（第四号を除く。）に掲げるもののほか、公益委員会議に付議すべき

第四条第一項から第四項まで、第五条第四項及び第五項、第六条第一項及び第四項、第七条第一項	総会	一般企業担当委員会議	行政執行法人担当委員会議
第四条第二項及び第四項、第五条第五項及び第七項、第六条第二項から第四項まで、第七条	委員	一般企業担当委員	行政執行法人担当委員
第四条第二項、第五条第六項、第六条第一項及び第二項	使用者委員	一般企業担当使用者委員	行政執行法人担当使用者委員
	労働者委員	一般企業担当労働者委員	行政執行法人担当労働者委員
第四条第二項、第五条第七項、第六条第一項、第七条第一項	公益委員	一般企業担当公益委員	行政執行法人担当公益委員
第七条第一項	会長代理	一般企業担当公益委員である会長代理	行政執行法人担当公益委員である会長代理

事項は、次のとおりとする。ただし、部会に第一号又は第二号に掲げる事項が付議されることとなる場合には、労組法第二十四条の二第二項に掲げる場合に限る。

一　労組法第二十五条第二項の規定による都道府県労委の処分の再審査に関する事項（部分オンラインによる場合に関する事項を含む。）

二　労組法第二十七条の十の規定による証人等出頭命令等（以下「証人等出頭命令等」という。）の審査の申立て又は異議の申立てに関する事項（部分オンラインによる場合に関する事項を含む。）

三　特労法第四条第二項の規定による認定及び告示に関する事項

（公益委員会議の定足数及び議事）

第一〇条　公益委員会議は、公益委員の定員の過半数の出席がなければ議事を開くことができない。

2　公益委員会議の議事は、会長がつかさどる。ただし、会長は、特定の事項について委員を指名してその職務を行なわせることができる。この場合においては、総会の承認を求めなければならない。

3　公益委員会議の議事は、公益委員の定員の過半数で決する。

（部会の構成等）

第一〇条の二　部会に部会長を置く。

2　部会のうち、会長がその構成に加わるものにあつては会長が部会長となり、その他のものにあつては各部会を構成する公益委員のうちから会長の指名する委員が部会長となる。

3　部会に、部会長に故障がある場合において部会長を代理する者として、部会長代理を置く。部会長代理は、各部会を構成する公益委員のうちから会長が指名する。

4　中労委の部会の数は、三とする。

（部会の付議事項）

第一〇条の三　部会に付議すべき事項は、次のとおりとする。

一　労組法第五条又は第十一条の規定による労働組合の資格に関する事項（部分オンラインによる場合に関する事項を含む。）

二　労組法第七条、第四章第二節及び第三節並びに第二十七条の二十三の規定による不当労働行為に関する事項（部分オンラインによる場合に関する事項を含む。）

三　その他部会長が必要と認める事項

（部会の招集、定足数及び議事）

第一〇条の四　第八条及び第十条の規定は、部会について準用する。この場合において、第八条及び第十条第二項中「会長」とあるのは「部会長」と、同条第一項及び第三項中「公益委員」とあるのは「部会の公益委員」と読み替えるものとする。

（審査委員会の付議事項等）

第一〇条の五　特定独立行政法人職員（特労法第二条第二号に規定する職員をいう。以下同じ。）に関する労働関係についての労組法第二十四条第一項に規定する審査等（当該審査等に関する部分オンラインによる場合の処理を含む。）及び事件の処理並びに特労法第四条第三項に規定する事務の処理は、審査委員会が行う。ただし、事件が同法第三条第二項ただし書（同法第四条第五項において準用する場合を含む。）に該当すると認められる場合は、この限りでない。

2　審査委員会が事件を処理する場合は、第二十四条、第二十五条第一項、第五十六条の二第二項においてその定める手続によるものとする第三十二条の二第一項、第三十三条第一項、第三十八条第三項、第四十条、第四十一条の十四第一項及び第二項、第四十一条の十九第一項及び第三項、第四十一条の二十三第三項、第四十一条の二十四第二項において準用する第四十一条の二十二第一項、第四十二条第一項及び第二項、第四十七条第一項並びに第四十八条第一項並びに第五十六条の三第九項中「公益委員会議」とあり、第五十六条の二第二項においてその定める手続によるものとする。第三十二条第四項中「公益委員会議（不当労働行為事件の審査等を部会で行うときは、部会。以下この章において同じ。）」とあり、並びに第五十六条の二第二項においてその定める手続によるものとする。第四十一条の二十四第一項中「部会」とあるのは「審査委員会」と、第二十五条第一項第三号中「委員会名（資格審査を部会で行つたときは、委員会名及び部会名。次条において同じ。）」とあるのは「委員会名」と読み替えるものとする。

（審査委員会の会議の招集、定足数及び議事）

第一〇条の六　第八条及び第十条（第二項ただし書を除く。）の規定は、審査委員会の会議について準用する。この場合において、これらの規定中「公益委員会議」とあるのは「審査委員会の会議」と、第十条中「公益委員」とあるのは「特定独立行政法人担当公益委員」と読み替えるものとする。

（調停委員会、仲裁委員会又は小委員会の会議）

第一一条　調停委員会、仲裁委員会又は小委員会の会議は、委員長が必要に応じて招集する。

2　調停委員会又は小委員会の議事は、委員長を含む出席委員の過半数で決し、可否同数のときは、委員長の決するところによる。

3　調停委員会、仲裁委員会又は小委員会においては、委員長は、必要に応じて会議の経過及び結果を会長又は総会（中労委にあつては、労調法第十九条の規定による調停委員会及び同法第三十一条の規定による仲裁委員会においては、緊急調整の決定に係る事件については総会、その他の事件については一般企業担当委員会議、特労法第二十八条の規定による調停委員会及び同法第三十四条の規定による仲裁委員会においては特定独立行政法人担当委員会議、小委員会においてはその設置の経緯に応じ総会、一般企業担当委員会議又は特定独立行政法人等担当委員会議）に報告しなければならない。議決事項について少数意見があるときは、これを付して報告するものとする。

4　労調法第十九条の規定による調停委員会の会議における議事運営は、前三項に定めるもののほか、労調法第二十二条から第二十六条まで、労調法施行令第九条及び第十条並びにこの規則第七十二条、第七十四条及び第七十五条に定めるところによる。

5　労調法第三十一条の規定による仲裁委員会の会議における議事運営は、第一項及び第三項に定めるもののほか、労調法第三十一条の三から第三十二条まで、労調法施行令第十条の二及びこの規則第八十一条に定めるところによる。

6　特労法第二十八条の規定による調停委員会の会議における議事運営は、第一項から第三項までに定めるもののほか、特労法第三十二条において準用する労調法第二十二条から第二十五条まで及び第二十六条第一項から第三項まで並びに特労法施行令第六条に定めるところによる。

7　特労法第三十四条の規定による仲裁委員会の会議における議事運営は、第一項及び第三項に定めるもののほか、特労法第三十四条第三項において準用する労調法第三十一条の三から第三十二条まで並びに特労法施行令第九条及び第十条に定めるところによる。

（委員等の欠席）

第一二条　委員は、病気その他の事由によつて会議に出席することができないときは、その旨を会長に通知しなければならない。

2　欠席委員は、委任によつて議事及び議決に加わることができない。

3　委員は、旅行その他の事由によつて一週間以上不在となるときは、あらかじめ会長に通知しなければならない。

4　前三項の規定は、労調法第二十一条第二項又は特労法第二十九条第三項の規定により指名された地方調整委員及び特労法第二十九条第四項の規定により委嘱された調停委員について準用する。この場合において、「会長」とあるのは、「調停委員会の委員長」と読み替えるものとする。

（委員以外の者の発言）

第一三条　特別調整委員は、総会（中労委にあつては、一般企業担当委員会議を含む。この項において同じ。）の同意を得て、総会において、その関係する調停又は仲裁事件について意見を述べることができる。

2　事務局長は、その会議の許可を得て、意見を述べることができる。

3　特別調整委員、あつせん員、労調法第二十一条第二項又は特労法第二十九条第三項の規定により指名された地方調整委員、特労法第二十九条第四項の規定により委嘱された調停委員、職員その他関係行政庁の職員は、会議において、指名により、関係事項について報告又は説明することができる。

4　前項に定める者以外の者が発言を求めたときは、会長、部会長又は調停委員会、仲裁委員会若しくは小委員会の委員長は、その会議に諮つてこれを許すことができる。

（議場の整備）

第一四条　事務局長は、会長、部会長又は調停委員会、仲裁委員会若しくは小委員会の委員長の指揮を受けて、議場の整備にあたる。

（議事録の作成及びその承認）

第一五条　事務局長は、会議の議事についてそのたびごとに議事録を作成しなければならない。

2　事務局長は、総会の議事録については最近の総会の承認を、公益委員会議の議事録については会長の承認を、部会の議事録については当該部会の部会長の承認を受けるものとする。

3　中労委の事務局長は、前項に定めるもののほか、一般企業担当委員会議の議事録については最近の一般企業担当委員会議の承認を、特定独立行政法人担当委員会議の議事録については最近の特定独立行政法人担当委員会議の承認を、審査委員会の会議の議事録については会長の承認を受けるものとする。

（会議の経過の公表）

第一六条　会長は、総会（中労委にあつては、一般企業担当委員会議及び特定独立行政法人担当委員会議を含む。）、調停委員会又は仲裁委員会の会議の同意を得て、地方調整委員又は調停委員候補者名簿に記載されている者を構成員とする調停委員会の委員長は、中労委会長及び当該調停委員会の会議の同意を得て、その経過の全部又は一部を公表することができる。議決事項について少数意見があるときは、これを付して公表するものとする。

（映像と音声の送受信による通話の方法による会議）

第一六条の二　会長、部会長又は調停委員会、仲裁委員会若しくは小委員会の委員長（以下この条において「会長等」という。）は、新型インフルエンザ等対策特別措置法（平成二十四年法律第三十一号）第三十二条第一項の新型インフルエンザ等緊急事態宣言がされたことその他これに準ずる事由により委員又は特別調整委員、地方調整委員若しくは調停委員（以下この条において「委員等」という。）に開催場所への参集を求めて会議（第三条の規定により委員会に置かれる会議をいう。以下この条において同じ。）の議事を開くことが困難であると認める場合は、委員等が、相互に映像と音声の送受信により相手の状態を認識しながら通話をすることができる方法によつて、会議の議事を開くことができる。

2　前項の場合のほか、会長等は、災害その他の事由により委員等が会議の開催場所に参集することが困難であると認めるときその他相当と認めるときは、当該委員等の申出により、同項に規定する方法によつて、当該委員等を会議に参加させることができる。

3　委員等が前二項の規定により第一項に規定する方法によつて会議に参加する場合は、当該委員等は当該会議に出席したものとみなす。

4　第一項又は第二項の規定により第一項に規定する方法によつて会議に参加しようとする委員等は、第三者がいる場所で会議に参加してはならない。

第三章　管轄に関する通則

（管轄の決定）

第一七条　労組法第二十五条第一項、労組法施行令第二十七条の二及び労調法施行令第二条の二第二項の規定によつて、中労委が特定の事件につき自ら取り扱うこと、又は関係都道府県労委のうち、その一を指定することに関する手続は、特に定めるもののほか、この章の規定による。

（管轄に関する報告）

第一八条　都道府県労委は、その都道府県労委に申請若しくは請求のあつた事件又は職権に基づいて取り扱う必要があると認める事件が、二以上の都道府県にわたり、又は全国的に重要な問題にかかると考える場合は、遅滞なく、その事件を中労委に報告しなければならない。都道府県労委が管轄の有無についてにわかに判断しがたい場合にも同様とする。

2　前項の規定による報告は、申請書又は請求書その他管轄の決定に必要な資料を含まなければならない。この場合において、都道府県労委は、事件を取り扱うに適当な委員会について、意見を付することができる。

（決定及びその通知）

第一九条　中労委会長は、都道府県労委から事件の管轄に関する報告（職権に基づいて取り扱う必要があると認める事件に係るものを除く。）を受けたときは、遅滞なく、総会、一般企業担当委員会議若しくは公益委員会議に付議し、又は第五条第四項（第七条の四の規定により準用する場合を含む。）の規定によつて、中労委が自ら取り扱うこと、又は特定の都道府県労委を指定して取り扱わせることを決定し、その旨を関係都道府県労委に通知しなければならない。

2　中労委会長は、都道府県労委から職権に基づいて取り扱う必要があると認める事件の管轄に関する報告を受けたときは、遅滞なく、一般企業担当委員会議に付議し又は第五条第四項の規定によつて、その事件を第七条の四の規定により準用する第五条第四項の規定によつて、その都道府県労委に取り扱わせること又は取り扱わせないことを決定し、その旨を関係都道府県労委に通知しなければならない。

（事件取扱いの特例）

第二〇条　都道府県労委は、その都道府県労委に申請若しくは請求のあつた事件又は職権に基づいて取り扱う必要があると認める事件であつて、第十八条の規定により中労委に報告しなければならないものについて、事件の当事者双方がその都道府県労委の取扱いを希望し、かつ、その都道府県労委が事件の迅速な処理を必要と認めたときは、前条の規定による中労委の決定前においても、その事件の取扱いを始めることができる。

2　前項の規定によつて都道府県労委が取扱いを開始した事件（職権に基づいて取り扱う必要があると認める事件を除く。）について、中労委が自ら取り扱うこと、又は他の都道府県労委を指定して取り扱わせることを決定したときは、その都道府県労委は、直ちにその取扱いを打ち切り、事件取扱いの経過を、新たにその事件を取り扱う委員会に通知しなければならない。

3　職権に基づいて取り扱う必要があると認める事件について、第一項の規定により都道府県労委が取扱いを開始した場合において、中労委がその事件をその都道府県労委に取り扱わせないことを決定したときは、その都道府県労委は、直ちにその取扱いを打ち切らなければならない。

（関係書類の送付）

第二一条　中労委が事件を取り扱う委員会を決定した場合においては、その事件の関係書類の存する委員会は、遅滞なく、その書類のすべてを、事件を取り扱う委員会に送付しなければならない。

第四章　労働組合の資格

（資格の審査）

第二二条　労働組合が労組法第二条及び第五条第二項の規定に適合するかどうかの審査（以下「資格審査」という。）は、次の各号に規定する場合に行う。

一　労働組合が労組法に定める手続に参与し、又は救済を求めようとする場合

二　労働組合が法人登記のための資格証明書の交付を求めようとする場合

三　労働組合が労働者を代表する地方調整委員の候補者を推薦するための資格証明書の交付を求めようとする場合

四　総会において特に必要があると認める場合

（資格審査の手続）

第二三条　資格審査は、会長（資格審査を部会で行うときは、部会長。次項及び第二十五条第一項において同じ。）が指揮して行う。

2　会長は、労組法第二十四条の二第四項の規定に基づき、公益委員会議（資格審査を部会で行うときは、部会。次条及び第二十五条第一項において同じ。）による審査に代えて、当該部会を構成する公益委員（資格審査を部会で行うときは、当該部会を構成する公益委員。第二十五条第一項において同じ。）のうちから一人又は数人の委員を指名してその事務の処理を担当させ、また、職員を選び審査を担当させることができる。この場合において、数人の委員を選任したときは、このうちの一人を委員長に指名しなければならない。

3　中労委が特定独立行政法人職員に関する労働関係について労組法第二十四条第一項に規定する審査等に係る資格審査を行うときは、当該資格審査を担当する委員は、特定独立行政法人担当公益委員のうちから選ばれなければならない。

4　委員会が資格審査をするにあたつては、労働組合が提出する証拠のほか、事実の調査及び必要と認める証拠調べをすることができる。

5　資格審査を開始した後において、前条各号に規定する事由が消滅したときは、資格審査の手続は終了する。

6　第三十六条の規定は、資格審査に係る事件の分配について準用する。

（要件補正の勧告）

第二四条　委員会は、労働組合が労組法の規定に適合しないと考えられるときは、公益委員会議の決定により、相当の期間を定めて、要件の補正を勧告することができる。

（資格審査の決定）

第二五条　労働組合が労組法の規定に適合するかどうかについて公益委員会議が決定したときは、委員会は、資格審査決定書を作成し、次の各号に掲げる事項を記載して、会長が署名又は記名押印す

るとともに、決定に関与した委員の氏名を記載しなければならない。

一　労働組合が労組法の規定に適合し又はしない旨及びその理由

二　決定の日付

三　委員会名（資格審査を部会で行つたときは、委員会名及び部会名。次条において同じ。）

2　委員会は、資格審査決定書の写しを労働組合に交付しなければならない。ただし、次条に定める証明書の交付をもつてこれに代えることができる。

3　委員会は、労働組合が労組法の規定に適合しない旨の資格審査決定書の写しを交付するときは、第二十七条の規定により再審査の申立てができることを教示しなければならない。

（資格証明書）

第二六条　労組法第十一条第一項並びに労組法施行令第二十条第三項（同令第二十三条の二第四項において準用する場合を含む。）及び第二十一条第三項の規定による証明書（第五号において「資格証明書」という。）には、次の各号に掲げる事項を記載し、委員会名を記して押印しなければならない。

一　労働組合が労組法の規定に適合する旨

二　労働組合名

三　労働組合の主たる事務所の所在地

四　決定の日付

五　資格証明書交付の日付

（再審査）

第二七条　都道府県労委の資格審査の決定について不服がある労働組合は、資格審査決定書の写しが交付された日から十五日以内（天災その他再審査の申立てをしなかつたことについてやむをえない理由があるときは、その理由がやんだ日の翌日から起算して一週間以内）に、初審の都道府県労委を経由し、又は直接中労委に、書面により再審査を申し立てることができる。

2　前項の規定による申立てには、都道府県労委の資格審査決定書の写し、不服の要点及びその理由を添えなければならない。

3　都道府県労委に再審査申立書が提出されたときには、都道府県労委は、直ちにこれを中労委に送付しなければならない。再審査が中労委に直接申し立てられたときには、中労委は、直ちにその旨を初審の都道府県労委に通知しなければならない。

4　中労委が労組法第二十五条第二項の規定による職権に基づく再審査をするには、公益委員会議の議決によらなければならない。

5　前項の議決があつたときには、中労委は、その旨を初審の都道府県労委及び労働組合に通知しなければならない。

6　再審査の申立てがあつたとき、又は職権によつて再審査を行うことを議決したときには、中労委は初審の都道府県労委に当該事件の記録の提出を求めるとともに、労働組合に対して新しい証拠の提出を促すことができる。

7　第二十三条から第二十五条までの規定は、その性質に反しない限り、再審査の場合にこれを準用する。

8　再審査の資格審査決定書の写しは、初審の都道府県労委にも送付しなければならない。

9　第一項の申立ては、地方事務所を経由して行うことができる。

第四章の二　地方公営企業等の労働関係に関する法律第五条第二項の認定及び告示並びに同法第五条第三項の通知

（認定手続の開始）

第二八条　地方公労法第五条第二項の規定による認定の手続は、当該職員が勤務する地方公営企業若しくは特定地方独立行政法人（以下この章において「地方公営企業等」という。）又は当該職員が結成し、若しくは加入する労働組合（以下この章において「組合」という。）からの申出その他の事由に基づき、公益委員会議において必要と認めた場合にこれを開始する。

2　前項の申出は、その理由を明らかにした書面によつて行わなければならない。

3　地方公労法第五条第三項の規定による通知は、同項の職を新設し、変更し、又は廃止した年月日、当該職及びその職を置く部局若しくは機関又はその職にある者が勤務する事務所の名称並びに当該職の職務内容（当該職を変更した場合にあつては、変更前及び変更後のもの）を記載した書面によつて行わなければならない。

4　委員会は、公益委員会議において認定の手続を開始することを決定したときは、地方公営企業等及び組合にその旨を通知しなければならない。

（認定手続）

第二八条の二　委員会が認定を行うに当たつては、地方公営企業等及び組合から必要な資料を提出させ、又は関係者の出頭を求め、その他必要と認める方法により事実の調査をすることができる。

2　前項の場合において、会長は、相当と認めるときは、関係者の出頭に代えて、委員会と関係者が相互に音声の送受信により同時に通話をすることができる方法によつて関係者を手続に関与させることができる。

3　会長は、公益委員の中から一人若しくは数人の委員を選び、又は職員を指名して調査を担当させることができる。

4　委員会は、調査を終つたときは、公益委員会議を開いて認定しなければならない。

（告示）

第二八条の三　委員会は、認定をしたときは、遅滞なく告示しなければならない。

2　前項の告示には、次の各号に掲げる事項を記載するものとする。

一　地方公営企業等の名称

二　組合の名称又は表示

三　労組法第二条第一号に規定する者の範囲（勤務箇所、職名）

四　認定及び告示の年月日

五　委員会名

第五章　不当労働行為

第一節　管轄

（管轄を決定する時期）

第二九条　労組法施行令第二十七条に定める委員会の管轄は、労組法施行令第二十七条の規定により申立てをしたときを標準として定める。

（移送）

第三〇条　申立てがあつた事件が管轄違いであると認めたときは、委員会は、公益委員会議の決定をもつて、直ちに管轄委員会にこれを移送しなければならない。

2　移送を決定した委員会は、その決定とともに、当事者が提出していたすべての書類を移送を受けた委員会に送付し、かつ、その旨を当事者に通知しなければならない。

3　審査を開始した後に管轄違いであることが判明したときには、委員会は、直ちにその審査を中止し、前二項に規定する手続をとらなければならない。

4　移送の決定は、移送を受けた委員会を拘束する。ただし、移送を受けた都道府県労委がその移送につき疑いがあるときは、次条の規定に従い中労委に管轄の指定を請求することを妨げない。

5　移送された事件は、移送を受けた委員会に初めから申し立てられたものとみなす。

（管轄の指定）

第三一条　申立てを受けた都道府県労委がその管轄につき疑いがあるときには、公益委員会議の決定をもつて、直ちに中労委に対して管轄の指定を請求することができる。

2　審査を開始した後に、その管轄につき疑いを生じたときには、都道府県労委は、直ちに前項に規定する手続をとることができる。管轄指定を請求した後においては、中労委の指定があるまでは、審査を中止することができる。

3　中労委が前二項に定める請求を受けたときには、直ちに公益委員会議を招集し、当該事件の管轄委員会を指定しなければならない。

4　労組法施行令第二十七条第三項及び第四項の規定により、中労委が管轄委員会を指定する場合の手続については、前項の規定を適用する。

5　中労委によつて指定された管轄委員会に対する移送については、前条（第四項ただし書を除く。）の規定を準用する。

第二節　初審の手続

第一款　救済の申立て

（申立て）

第三二条　使用者が労組法第七条の規定に違反した旨の申立ては、申立書を管轄委員会に提出して行う。

2　申立書には、次の各号に掲げる事項を記載し、申立人が氏名又は名称を記載しなければならない。

一　申立人の氏名及び住所（申立人が労働組合その他権限ある団体である場合には、その名称、代表者の氏名及び主たる事務所の所在地）

二　被申立人の氏名及び住所（被申立人が法人その他の団体である場合には、その名称、代表者の氏名及び主たる事務所の所在地）

三　不当労働行為を構成する具体的事実

四　請求する救済の内容

五　申立ての日付

3　申立ては、口頭によつても行うことができる。この場合、事務局は、前項各号に掲げる事項を明らかにさせ、これを録取し、読み聞かせたうえ、氏名を記載させなければならない。録取した書面は、申立書とみなす。

4　申立てが前二項に規定する要件を欠くときは、委員会は、公益委員会議（不当労働行為事件の審査等を部会で行うときは、部会。以下この章において同じ。）の決定により、相当の期間を定めて、その欠陥を補正させることができる。

5　前項及び次款において不当労働行為事件の審査等とは、労組法第十九条の二第三項に規定する不当労働行為事件の審査等（第四十一条の二十三第三項の規定による証人等出頭命令等についての異議の申立ての却下及び第四十一条の二十四第二項において準用する第四十一条の二十二第一項の規定による証人等出頭命令等についての異議の申立ての審理を除く。）をいう。

6　中労委に対する第一項の申立ては、地方事務所を経由して行うことができる。

（当事者の追加）

第三二条の二　委員会は、当事者その他の関係者から申立てがあつたとき、又は会長が必要と認めたときは、公益委員会議の決定により、前条の申立書に記載された当事者のほかに、当事者を追加することができる。

2　委員会は、前項の規定により当事者を追加するときは、調査又は審問を行う手続に参与する委員、当事者及び当事者として追加しようとするものの意見を聴かなければならない。

3　委員会は、当事者を追加したときは、遅滞なく、その旨をすべての当事者に通知するとともに、追加された当事者が調査又は審問に出頭して陳述し、証拠を提出する機会を与えなければならない。

（申立ての却下）

第三三条　申立てが次の各号の一に該当するときは、委員会は、公益委員会議の決定により、その申立てを却下することができる。

一　申立てが第三十二条に定める要件を欠き補正されないとき。

二　労働組合が申立人である場合に、その労働組合が労組法第五条の規定により労組法の規定に適合する旨の立証をしないとき。

三　申立て（地方公労法第十二条の規定による解雇にかかるものを除く。）が行為の日（継続する行為にあつてはその終了した日）から一年を経過した事件にかかるものであるとき。

四　地方公労法第十二条の規定による解雇にかかる申立てが、当該解雇がなされた日から二月を経過した後になされたものであるとき。

五　申立人の主張する事実が不当労働行為に該当しないことが明らかなとき。

六　請求する救済の内容が、法令上又は事実上実現することが不可能であることが明らかなとき。

七　申立人の所在が知れないとき、申立人が死亡し若しくは消滅し、かつ、申立人の死亡若しくは消滅の日の翌日から起算して六箇月以内に申立てを承継するものから承継の申出がないとき、又は申立人が申立てを維持する意思を放棄したものと認められるとき。

2　申立ての却下は、書面によつて行うものとし、決定書については、第四十三条第二項及び第三項の規定を準用する。

3　決定書の写しは、当事者に交付する。交付手続については、第四十四条の規定を準用する。却下の効力は、決定書の写しの交付によつて発生する。

4　審査を開始した後に申立てを却下すべき事由があることが判明したときには、前三項の規定を適用する。

（申立ての取下げ）

第三四条　申立人は、命令書の写しが交付されるまでは、いつでも、申立ての全部又は一部を取り下げることができる。

2　取下げは、書面又は口頭によつてすることができる。口頭によるときは、事務局は、これを録取し、読み聞かせたうえ、氏名を記載させなければならない。

3　委員会は、申立てが取り下げられたときは、遅滞なく、その旨を被申立人に通知しなければならない。

4　取り下げられた部分については、申立ては、初めから係属しなかつたものとみなす。

5　第三十二条第六項の規定は、中労委に対する申立ての取下げについて準用する。

第二款　審査の開始

（審査）

第三五条　第三十二条に定める申立てがあつたときは、会長（不当労働行為事件の審査等を部会で行うときは、部会長。以下この章（第三項、次条、第四十五条の三第三項、第四十五条の五第二項及び第四項、第四十五条の六、第四十五条の七、第五十条並びに第五十六条第四項を除く。）において同じ。）は、遅滞なく、事件について審査を行わなければならない。

2　審査は、会長が指揮して行う。

3　会長は、第一項の申立てに係る事務の処理を担当する職員を指名するものとする。この場合において、不当労働行為事件の審査等を部会で行うときは、会長は、当該事務の処理を担当する職員の指名を当該部会の部会長に行わせることができる。

4　審査においては、当事者は、会長の許可を得て、他人に代理させることができる。この場合において、当事者は、代理人の氏名、住所及び職業を記載した申請書に、代理権授与の事実を証明する書面を添付して、会長に提出しなければならない。

5　会長は、審査を開始するに当たり、当事者に対して、労組法第七条第四号に規定する事項及び審査の手続に関し必要があると認める事項について、趣旨の徹底を図らなければならない。

6　審査においては、会長は、必要があると認めるときは、いつでも、当事者に対して釈明を求め、又は立証を促すことができる。

（事件の分配等）

第三六条　会長は、第三十二条に定める申立てがあった場合に、当該不当労働行為事件の審査等を部会で行うときは、当該部会を決定するものとする。

2　会長は、必要があると認めるときは、関係部会の部会長の意見を聴いて、当該不当労働行為事件の審査等を行う部会を変更することができる。

3　部会長は、当該部会で不当労働行為事件の審査等を行う事件について、労組法第二十四条の二第二項第一号から第三号まで（都道府県労委にあっては、同項第二号及び第三号）に掲げる場合に該当すると認めるときは、直ちに、会長にその旨を報告しなければならない。

（審査委員）

第三七条　会長は、労組法第二十四条の二第四項の規定に基づき、公益委員（不当労働行為事件の審査等を部会で行うときは、当該部会を構成する公益委員。以下この項、次条及び第三十九条において同じ。）の全員による審査に代えて、公益委員のうちから一人又は数人の委員（以下「審査委員」という。）を選び、審査を担当させることができる。この場合において、数人の審査委員を選任したときは、このうちの一人を委員長に指名しなければならない。

2　前項の場合における第三十二条の二第一項、第三十五条第二項及び第四項から第六項まで、第四十条、第四十一条第一項、第四十一条の二第二項及び第五項から第九項まで、第四十一条の三第二項、第四十一条の四第一項、第四十一条の五、第四十一条の七第三項及び第七項、第四十一条の八、第四十一条の九、第四十一条の十四第一項、第四十一条の十五、第四十一条の十六第三項及び第五項、第四十一条の十九第一項及び第三項、第四十一条の二十一（第四十一条の二十四第二項において準用する場合を含む。）、第四十五条の二第一項及び第三項、第四十五条の三第二項、第四十五条の八、第四十五条の九、第五十四条の二並びに第五十四条の三の規定の適用については、これらの規定中「会長」又は「中労委会長」とあるのは、一人の審査委員が選任されたときには「審査委員」と、数人の審査委員が選任されたときには「審査委員長」とする。

（除斥又は忌避の申立ての方式等）

第三八条　公益委員の除斥又は忌避の申立ては、委員会に対し、その原因を記載した書面を提出してしなければならない。

2　公益委員の除斥又は忌避の原因は、前項の申立てをした日から三日以内に、疎明しなければならない。労組法第二十七条の三第二項ただし書の事実についても、同様とする。

3　第一項の申立てについては、公益委員会議が決定する。

（公益委員の回避）

第三九条　公益委員は、労組法第二十七条の二第一項又は第二十七条の三第一項に規定する場合には、会長の許可を得て、審査に係る職務の執行を回避することができる。

（審査の実効確保の措置）

第四〇条　委員会は、当事者から申立てがあったとき、又は会長が必要があると認めるときは、公益委員会議の決定により、当事者に対し、審査中であっても、審査の実効を確保するため必要な措置を執ることを勧告することができる。

（審査の併合及び分離）

第四一条　会長は、適当と認めるときは、審査を併合し又は分離することができる。

2　審査を併合し又は分離するときは、その旨を当事者に通知するとともに、第五十条第一項に規定する通知に付記しなければならない。

第三款　調査の手続

（調査の手続）

第四一条の二　調査を開始するときは、委員会は、遅滞なく、その旨を当事者に通知し、申立人に申立理由を疎明するための証拠の提出を求めるとともに、申立書の写しを被申立人に送付し、それに対する答弁書及びその理由を疎明するための証拠の提出を求めなければならない。

2　被申立人は、申立書の写しが送付された日から原則として三十日以内に、前項に規定する答弁書を提出しなければならない。ただし、被申立人は、当該答弁書の提出に代えて、会長が指定する期日に出頭して口頭により答弁することができる。

3　前項の規定は、委員会が、迅速な審査を行うため、労組法第二十七条の十八の規定により定めた審査の期間の目標の達成状況その他の審査の実施状況等を勘案し、公益委員会議の決定により、前項に規定する答弁書の提出の期限について別段の定めをすることを妨げない。

4　第一項に規定する答弁書には、申立てに対する答弁を記載するほか、申立書に記載された事実に対する認否及び申立書に記載された主張に対する反論を具体的に記載しなければならない。

5　労組法第七条第二号に規定する不当労働行為に係る事件については、第二項の規定にかかわらず、会長は、調査を開始した後速やかに期日を指定し、被申立人に対して、当該期日に出頭して口頭により答弁することを求めることができる。

6　会長は、必要と認めるときは、当事者又は関係人の出頭を求めてその陳述を聴き、その他適当な方法により、争点及び証拠の整理、労組法第二十七条の六第一項に規定する審査の計画を定めるための調査等必要な調査を行うことができる。

7　第二項から前項までの場合において、会長は、相当と認めるときは、当事者又は関係人（以下この項において「当事者等」という。）の出頭に代えて、委員会と当事者等が相互に音声の送受信により同時に通話をすることができる方法によつて当事者等を手続に関与させることができる。

8　会長は、調査を行うに当たり、必要があると認めるときは、使用者委員及び労働者委員の参与を求めることができる。

9　会長は、担当職員に調査を行わせることができる。

10　担当職員は、当事者又は関係人の陳述その他調査について、期日ごとに調書を作成しなければならない。ただし、当事者又は関係人が氏名又は名称を記載した口述書を提出したときは、これをもつて調書の一部とすることができる。

11　第四十一条の七第八項前段及び第九項の規定は、前項の調書について準用する。

（書面の提出等）

第四十一条の三　委員会に陳述のために書面を提出する当事者は、当該書面に記載した事項について相手方が準備をするのに必要な期間をおいて、提出しなければならない。

2　会長は、事実の認定のために書面の提出を求めるときは、当該書面の提出をすべき期間を定めることができる。

（答弁書等の直送）

第四十一条の四　会長は、必要があると認めるときは、当事者に対し、答弁書その他の委員会に提出される書面（申立書及び申立ての取下げに係る書面を除く。以下「答弁書等」という。）について、その写しを相手方に対して直接送付すること（以下「直送」という。）を求めることができる。

2　前項の規定による答弁書等の直送を受けた相手方は、当該答弁書等を受領した旨を記載した書面について直送をするとともに、当該書面を委員会に提出しなければならない。

（審査の計画）

第四十一条の五　労組法第二十七条の六第一項又は第三項の規定に基づく審査の計画の策定又は変更は、会長が行う。

第四款　審問の手続

（審問の開始）

第四十一条の六　委員会は、審問を開始するに当たつては、審問開始通知書を当事者に送付しなければならない。

2　審問開始通知書には、事件及び当事者の表示並びに審問の期日及び場所を記載し、かつ、当事者が出頭すべき旨を付記しなければならない。

3　委員会は、当事者が法人その他の団体であるとき、その他必要があると認めるときは、審問に出頭すべき者を指定することができる。

4　審問を行う手続に参与する委員は、あらかじめ会長に申し出るものとする。

（審問の手続）

第四十一条の七　審問は、当事者の立会いの下で行う。ただし、当事者が出頭しない場合でも適当と認めたときは、これを行うことを妨げない。

2　審問は、公開する。ただし、公益委員会議が必要と認めたときは、これを公開しないことができる。

3　審問には、当事者自身又は前条第三項の規定により指定された者が、出頭しなければならない。ただし、当事者は、会長の許可を得て、補佐人を伴つて出頭することができる。

4　審問の期日及び場所は、そのたびごとに、あらかじめ審問を行う手続に参与を申し出た委員及び当事者に、書面又は口頭で通知しなければならない。

5　審問は、できる限り、争点及び証拠の整理が終了した後に集中して行わなければならない。

6　審問期日の変更の申出は、相当の理由がない限り、認めてはならない。

7　会長は、労組法第二十七条の十一の規定に基づき、審問を妨げる者に対し退廷を命じ、その他審問廷の秩序を維持するために必要な措置を執ることができる。

8　担当職員は、審問の要領を記録した審問調書を作成して、署名又は記名押印しなければならない。当事者その他の者の陳述は、その正確な要旨を記載し、又は速記等によつて逐語的に記録して、これを審問調書の一部としなければならない。

9　当事者又は関係人は、審問調書を閲覧することができる。この場合、当事者その他の者の陳述の記載について異議が述べられたときは、その旨を審問調書に付記しなければならない。

（審問の終結）

第四十一条の八　会長は、審問を終結するに先立つて、当事者に対し、終結の日を予告して、最後陳述の機会を与えなければならない。

2　審問の結果、命令を発するに熟すると認められるときは、会長は、審問を終結する。審問を終結した後合議が行われるまでの間に、会長は、必要があると認めたときは、審問を行う手続に参与した委員の意見を聴いたうえ、審問を再開することができる。

第五款　証拠

（証拠）

第四一条の九　審査においては、会長は、当事者の申立てにより、又は職権で、事実の認定に必要な証拠調べをすることができる。

2　会長は、証拠調べをするに当たつては、当該証拠の提出をすべき期間を定めることができる。

3　会長は、当事者が申し出た証拠で必要でないと認めるものは、取り調べることを要しない。

4　会長は、職権で証拠調べをしたときは、その結果について、当事者の意見を聴かなければならない。

（証人の尋問の申出）

第四一条の一〇　証人の尋問の申出は、証人の氏名及び住所、尋問に要する見込みの時間並びに証明すべき事実を明らかにしてしなければならない。

2　証人の尋問の申出をするときは、同時に、尋問事項書（尋問事項を記載した書面をいう。以下同じ。）を提出しなければならない。

3　尋問事項書は、できる限り、個別的かつ具体的に記載しなければならない。

（呼出状の記載事項）

第四一条の一一　証人の呼出状には、次に掲げる事項を記載し、尋問事項書を添付しなければならない。

一　事件の表示

二　証人の氏名及び住所

三　出頭すべき日時及び場所

（証人の出頭）

第四一条の一二　証人を尋問する旨の決定があつたときは、尋問の申出をした当事者は、証人を期日に出頭させるように努めなければならない。

2　証人は、期日に出頭することができない事由が生じたときは、直ちに、委員会に、その事由を明らかにして届け出なければならない。

（当事者に対する尋問）

第四一条の一三　第四十一条の十から前条までの規定は、当事者に対する尋問について準用する。

（証人等出頭命令）

第四一条の一四　労組法第二十七条の七第四項に規定する証人等出頭命令（以下「証人等出頭命令」という。）は、当事者から申立てがあつたとき、又は会長が必要と認めたときに、公益委員会議の決定により、委員会がこれを行う。

2　公益委員会議は、証人等出頭命令をしようとする場合には、調査又は審問を行う手続に参与する委員の意見を求めるものとする。

3　証人等出頭命令は、出頭しない場合における法律上の制裁を明らかにした通知書により行う。

4　前項の通知書には、委員会名（決定を部会で行つたときは、委員会名及び部会名。第四十一条の十九第四項第七号及び第四十一条の二十二第二項において同じ。）を記載し、会長が署名又は記名押印しなければならない。

5　委員会が証人等出頭命令を通知するときは、労組法第二十七条の十第一項又は第三項の規定により、審査の申立て又は異議の申立てができることを教示しなければならない。

6　第四十一条の十の規定は証人等出頭命令の申立てについて、第四十一条の十一の規定は第三項の通知書についてそれぞれ準用する。

（証人等の尋問の手続）

第四一条の一五　会長は、審問において、当事者又は証人を尋問することができる。

2　当事者、代理人又は補佐人は、会長の許可を得て、陳述を行い、当事者又は証人を尋問し、又は反対尋問することができる。この場合において、会長が適当であると認めるときは、当事者、代理人又は補佐人は、会長に先立つて尋問をすることができる。

3　審問を行う手続に参与する委員は、会長に告げて、当事者又は証人を尋問することができる。

4　会長は、陳述又は尋問が、既に行われた陳述又は尋問と重複するとき、争点に関係のない事項にわたるとき、その他適当でないと認めるときは、これを制限することができる。

（宣誓の方式）

第四一条の一六　宣誓は、尋問の前にさせなければならない。

2　宣誓は、起立して厳粛に行わなければならない。

3　会長は、証人又は宣誓が必要と認めた当事者に宣誓書を朗読させ、かつ、これに署名させなければならない。当事者又は証人が宣誓書を朗読することができないときは、会長は、担当職員にこれを朗読させなければならない。

4　前項の宣誓書には、良心に従つて真実を述べ、何事も隠さず、また、何事も付け加えないことを誓う旨を記載しなければならない。

5　会長は、宣誓の前に、宣誓の趣旨を説明し、かつ、虚偽の陳述に対する罰を告げなければならない。

（書証の申出）

第四一条の一七　書証の申出は、文書を提出し、又は労組法第二十七条の七第二項に規定する物件提出命令（以下「物件提出命令」という。）の申立てによりしなければならない。

2　当事者は、前項の規定により文書を提出して書証の申出をするときは、当該文書を提出するときまでに、次に掲げる事項を記載した証拠説明書を提出しなければならない。

一　文書の表示
二　文書の作成者
三　立証の趣旨

（文書に準ずる物件の準用）

第四一条の一八　前条の規定は、図面、写真、録音テープ、ビデオテープその他の情報を表すために作成された物件であつて、文書でないものについて準用する。

（物件提出命令）

第四一条の一九　物件提出命令は、当事者から申立てがあつたとき、又は会長が必要と認めたときに、公益委員会議の決定により、委員会がこれを行う。

2　当事者からの物件提出命令の申立ては、労組法第二十七条の七第六項各号に掲げる事項を記載した書面を提出してしなければならない。

3　公益委員会議において物件提出命令をしようとする場合には、会長は物件の所持者を審尋しなければならない。

4　物件提出命令は、次に掲げる事項を記載した通知書により行う。

一　事件の表示
二　提出を求める物件の表示及び趣旨
三　物件所持者の氏名又は名称及び住所又は所在地
四　提出すべき期限及び場所
五　証明すべき事実
六　提出しない場合における法律上の制裁
七　委員会名

5　前項の通知書には、会長が署名又は記名押印しなければならない。

6　第四十一条の十四第二項及び第五項の規定は、物件提出命令の決定手続について準用する。

（証人等出頭命令等についての審査の申立て）

第四一条の二〇　都道府県労委のした証人等出頭命令等を受けた者が、労組法第二十七条の十第一項の規定により当該証人等出頭命令等に対して審査を申し立てる場合には、当該証人等出頭命令等をした都道府県労委（以下「原処分労委」という。）若しくは地方事務所を経由し、又は直接中労委に、証人等出頭命令等審査申立書（以下「審査申立書」という。）を提出しなければならない。

2　審査申立書には、次の各号に掲げる事項を記載し、原処分労委の証人等出頭命令等の通知書の写しを添付して、申立人が氏名又は名称を記載しなければならない。

一　申立人の氏名又は名称及び住所又は所在地
二　原処分労委の名称及び審査の申立てに係る不当労働行為事件の表示
三　審査を申し立てた証人等出頭命令等の通知書の交付を受けた日付及びその具体的内容
四　審査の申立ての要点及び理由
五　審査の申立ての日付

3　原処分労委は、審査申立書が提出されたときは、直ちにこれを中労委に送付しなければならない。中労委は、審査が直接中労委に申し立てられたときは、直ちにその旨を原処分労委に通知しなければならない。

4　原処分労委を経由して審査申立書が提出されたときは、原処分労委に提出された日をもつて、審査を申し立てた日とみなす。

5　中労委は、審査の申立てが、労組法第二十七条の十第一項又は第二項に規定する期間経過後になされたとき、又は第二項に規定する要件を欠き補正されないときは、公益委員会議の決定により、これを却下することができる。

6　申立人は、第四十一条の二十二第一項の決定書の写しが交付されるまでの間は、いつでも、審査の申立てを取り下げることができる。この場合において、審査の申立ての取下げは書面で行わなければならない。

（証人等出頭命令等についての審査の申立ての審理）

第四一条の二一　証人等出頭命令等についての審査の申立ての審理は、中労委会長が指揮して行う。

2　審査の申立てがあつたときは、中労委会長は、審査申立書の写しを原処分労委に送付し、相当の期間を定めて、意見書の提出を求めるものとする。ただし、前条第一項の規定により審査申立書が原処分労委を経由して中労委に提出された場合に、当該審査申立書に併せて原処分労委から意見書が提出されたときは、この限りでない。

3　中労委会長は、必要があると認めるときは、原処分労委に対し、関係資料の写しの提出を求めることができる。

4　原処分労委から意見書の提出があつたときは、中労委会長は、その写しを申立人に送付し、相当の期間を定めて反論書の提出を求めるものとする。

5　中労委会長は、職権で申立人を審尋することができる。

（証人等出頭命令等についての審査の申立てに関する決定）

第四十一条の二十二　中労委は、公益委員会議の決定により、書面をもつて、審査の申立てが理由があると認めるときは証人等出頭命令等の全部又は一部を取り消し、理由がないと認めるときは審査の申立てを棄却する。

2　前項の決定書には理由を付すとともに、委員会名を記載し、中労委会長が署名又は記名押印しなければならない。

3　中労委は、第一項の決定書の写しを、申立人に交付するとともに、原処分労委に送付しなければならない。

4　中労委は、前項に定める交付に代え、第一項の決定書の写しを配達証明郵便又は配達証明郵便に準ずる役務（民間事業者による信書の送達に関する法律（平成十四年法律第九十九号）第二条第六項に規定する一般信書便事業者又は同条第九項に規定する特定信書便事業者において、当該信書便物（同条第三項に規定する信書便物をいう。）を配達し、又は交付した事実を証明する信書便の役務をいう。以下同じ。）により、申立人に送付することができる。この場合には、その配達のあつた日を交付の日とみなす。

（証人等出頭命令等についての異議の申立て）

第四十一条の二十三　中労委のした証人等出頭命令等を受けた者が、労組法第二十七条の十第三項の規定により当該証人等出頭命令等に対して異議を申し立てる場合には、証人等出頭命令等異議申立書（以下「異議申立書」という。）を中労委に提出しなければならない。

2　異議申立書には、次の各号に掲げる事項を記載し、中労委の証人等出頭命令等の通知書の写しを添付し、申立人が氏名又は名称を記載しなければならない。

一　申立人の氏名又は名称及び住所又は所在地
二　異議の申立てに係る不当労働行為事件の表示
三　異議を申し立てた証人等出頭命令等の通知書の交付を受けた日付及びその具体的内容
四　異議の申立ての要点及び理由
五　異議の申立ての日付

3　中労委は、異議の申立てが、労組法第二十七条の十第三項に規定する期間経過後になされたとき、又は前項に規定する要件を欠き補正されないときは、公益委員会議の決定により、これを却下することができる。

（証人等出頭命令等についての異議の申立ての審理等）

第四十一条の二十四　異議の申立てがあつたときは、中労委会長は、当該異議の申立てに係る証人等出頭命令等をした部会に意見書の提出を求め、当該部会から意見書の提出があつたときは、その写しを申立人に送付し、相当の期間を定めて反論書の提出を求めるものとする。

2　第四十一条の二十第六項、第四十一条の二十一第一項及び第五項並びに第四十一条の二十二の規定は、異議の申立てについて準用する。この場合において、第四十一条の二十第六項中「第四十一条の二十二第一項」とあるのは「第四十一条の二十四第二項において準用する第四十一条の二十二第一項」と、第四十一条の二十二第一項中「全部又は一部を取り消し、理由がないと認めるときは」とあるのは「全部又は一部を取り消し、又は変更し、理由がないと認めるときは」と、同条第三項中「するとともに、原処分労委に送付しなければならない」とあるのは「しなければならない」と読み替えるものとする。

第六款　合議及び救済命令等

（合議）

第四十二条　事件が命令を発するのに熟したときは、会長は、公益委員会議を開き合議を行う。

2　公益委員会議は、合議に先立つて、調査又は審問を行う手続に参与した委員の出席を求め、その意見を聴かなければならない。ただし、出席がないときは、この限りでない。この場合において、意見書の提出による旨の申出があつたときは、意見書の提出をもつて意見の聴取に代えることができる。

3　合議は、公開しない。

4　委員会は、合議の結果により、審問を再開することができる。

第四十二条の二　会長は、第十六条の二の規定に定めるところにより、合議を同条第一項に規定する方法によつて行うことができる。

2　第十六条の二第二項から第四項までの規定は、前条第二項の意見の聴取について準用する。

（救済命令等）

第四十三条　委員会は、合議により、申立人の請求に係る救済を理由があると判定したときは救済の全部又は一部を認容する命令を、理由がないと判定したときは申立てを棄却する命令を、遅滞なく、書面によつて発しなければならない。

2　前項の命令書には、次の各号に掲げる事項を記載し、会長が署名又は記名押印するとともに、判定に関与した委員の氏名を記載しなければならない。

一　命令書である旨の表示

二　当事者の表示

三　主文（請求に係る救済の全部若しくは一部を認容する旨及びその履行方法の具体的内容又は申立てを棄却する旨）

四　理由（認定した事実及び法律上の根拠）

五　判定の日付

六　委員会名（部会が労組法第二十七条の十二第一項の救済命令等（以下「救済命令等」という。）を発する場合には、委員会名及び部会名）

3　会長は、第一項の命令書に字句の書き損じその他これに類する明白な誤りがあるときは、その旨を命令書に付記して訂正することができる。この場合において、会長は、命令書を訂正した旨を当事者に通知しなければならない。

4　委員会は、事件の内容に照らし、申立書その他当事者から提出された書面等により、命令を発するに熟すると認めるときは、審問を経ないで命令を発することができる。

（命令書の写しの交付）

第四四条　委員会は、期日を定めて当事者を出頭させ、命令書の写しを交付し、第五十一条の規定により再審査の申立てができることを教示しなければならない。この場合には、担当職員は、交付調書を作成しなければならない。ただし、当事者の受領証をもつてこれに代えることができる。

2　委員会は、前項に定める手続に代えて、命令書の写し及び第五十一条の規定により再審査の申立てができることを教示した書面を配達証明郵便又は配達証明郵便に準ずる役務によつて、当事者に送付することができる。この場合には、その配達のあつた日を交付の日とみなす。

3　前二項の命令書の写しについては、必要があるときは、事務局長は、命令書の写しであることを証明することができる。

（命令の履行）

第四五条　前条の規定により救済の全部又は一部を認容する命令につき命令書の写しが交付されたときは、使用者は、遅滞なくその命令を履行しなければならない。

2　命令を発した委員会の会長は、使用者に対し、命令の履行に関して報告を求めることができる。

第七款　和解

（和解）

第四五条の二　会長は、審査の途中において、いつでも、当事者に和解を勧めることができる。

2　調査又は審問を行う手続に参与する委員は、和解を勧める手続に参与することができる。和解を勧める手続に参与することを会長に申し出た委員についても同様とする。

3　救済命令等が確定するまでの間に当事者間で和解が成立し、当事者双方から書面による申立てがあつた場合において、会長が当該和解の内容が当事者間の労働関係の正常な秩序を維持させ、又は確立させるため適当と認めるときは、審査の手続は終了する。

4　前項の規定により和解の内容が適当であると認めるときは、委員会は、その旨及びこれにより審査の手続が終了した旨を、書面により遅滞なく当事者に通知しなければならない。

（和解調書）

第四五条の三　労組法第二十七条の十四第四項の規定による和解調書には、次に掲げる事項を記載しなければならない。

一　事件の表示

二　委員会の表示

三　当事者及び利害関係人（当事者以外の者であつて、労組法第二十七条の十四第四項に規定する合意をした者をいう。）の氏名又は名称及び住所

四　和解の成立した日

五　金銭の一定額の支払又はその他の代替物若しくは有価証券の一定の数量の給付に関する事項

2　前項の和解調書には、会長が署名又は記名押印するとともに、和解を勧める手続に参与した委員の氏名を記載しなければならない。

3　第一項の和解調書の正本には、正本であることを記載し、会長が記名押印しなければならない。

（執行文付与の申立ての方式等）

第四五条の四　労組法第二十七条の十四第六項の規定に基づく執行文の付与の申立ては、次に掲げる事項を記載した書面でしなければならない。

一　債権者及び債務者の氏名又は名称及び住所並びに代理人の氏名及び住所

二　前条第一項の和解調書の表示

三　民事執行法（昭和五十四年法律第四号）第二十七条第一項若しくは第二項又は第二十八条第一項の規定による執行文の付与を求めるときは、その旨及びその事由

（執行文の記載事項）

第四五条の五　債務名義（労組法第二十七条の十四第五項の規定によりみなされる債務名義をいう。以下同じ。）に係る請求権の一部について執行文を付与するときは、強制執行をすることができる範

囲を執行文に記載しなければならない。

2　民事執行法第二十七条第二項の規定により同項に規定する債務名義に表示された当事者以外の者を債権者又は債務者とする執行文を付与する場合において、その者に対し、又はその者のために強制執行をすることができることが会長に明白であるときは、その旨を執行文に記載しなければならない。

3　民事執行法第二十八条第一項の規定により執行文を付与するときは、その旨を執行文に記載しなければならない。

4　執行文には、付与の年月日を記載して会長が記名押印しなければならない。

（債務名義の原本への記入）

第四五条の六　会長は、執行文を付与したときは、債務名義の原本にその旨、付与の年月日及び執行文の通数を記載し、並びに次の各号に掲げる場合に応じ、それぞれ当該各号に定める事項を記載しなければならない。

一　債務名義に係る請求権の一部について付与したとき　強制執行をすることができる範囲

二　民事執行法第二十七条第二項に規定する債務名義に表示された当事者以外の者が債権者又は債務者であるとき　その旨及びその者の氏名又は名称

（執行文の再度付与等の通知）

第四五条の七　会長は、民事執行法第二十八条第一項の規定により執行文を付与したときは、債務者に対し、その旨、その事由及び執行文の通数を通知しなければならない。

第七款の二　事件の解決のための勧告

第四五条の八　会長は、審査の途中において、相当と認めるときは、調査又は審問を行う手続に参与する委員の意見を聴いて、会長及び当該委員の見解を示し、当事者に対して事件の解決のための勧告を行うことができる。

第四五条の九　前条に規定する勧告は、当事者の氏名、勧告の日付を記載し、会長及び調査又は審問を行う手続に参与する委員が署名又は記名押印した書面により行うものとする。

第八款　訴訟

（訴訟の指定代理人）

第四六条　当事者が中労委の処分（行政事件訴訟法（昭和三十七年法律第百三十九号）第三条第二項に規定する処分をいい、労組法第二十四条の二第四項の規定により公益委員がした処分及び同条第五項の規定により公益を代表する地方調整委員がした処分を含む。）に係る行政事件訴訟法第十一条第一項（同法第三十八条第一項において準用する場合を含む。）の規定による国を被告とする訴えを提起したとき又は中労委を当事者若しくは参加人とする訴えを提起したときは、中労委は、国の利害に関係のある訴訟についての法務大臣の権限等に関する法律（昭和二十二年法律第百九十四号）第五条の規定に基づいて、特定の公益委員、事務局長又は職員を指定してこの訴訟を行わせることができる。

（緊急命令の申立て）

第四七条　委員会は、使用者が裁判所に訴えを提起したことを知ったときには、直ちに公益委員会議を開き、受訴裁判所に労組法第二十七条の二十に定める命令（以下「緊急命令」という。）を申し立てるかどうかについて、決定しなければならない。

2　中労委が行う緊急命令の申立てに関しては、前条の規定を準用する。

（取消判決の確定による審査の再開）

第四八条　委員会の命令の全部又は一部を取り消す旨の判決が確定し、行政事件訴訟法第三十三条第二項又は第三項の規定により、委員会があらためて命令を発しなければならないときは、委員会は、公益委員会議の決定により、当該事件の審査を再開しなければならない。

2　前項の規定により審査を再開するときは、委員会は、審査再開決定書を当事者に送付しなければならない。

3　審査再開決定書には、事件及び当事者の表示、審査を再開する旨並びに審査の範囲及び手続を記載しなければならない。

第九款　雑則

（公示による通知等）

第四九条　第三十三条第三項、第四十一条の二第一項、第四十一条の六第一項、第四十一条の七第四項、第四十一条の十四第三項、第四十一条の十九第四項、第四十一条の二十二第三項（第四十一条の二十四第二項において準用する場合を含む。）、第四十四条第一項及び第二項、第四十五条の二第四項並びに第四十八条第二項の規定により当事者に通知し、又は文書を交付する場合において、当事者の所在が知れないとき、その他通知又は交付をすることができないときは、公示の方法によることができる。

2　前項に規定する公示は、委員会が当該通知書又は文書を保管し、いつでも当事者に交付する旨を官報又は公報に掲載して行うものとする。この場合においては、その掲載をした日の翌日から起算して二週間を経過した日に、通知書又は文書の交付があつたものとみなす。

3　委員会は、公示の方法により通知又は交付をした当事者に対し、新たに第四十一条の六第一項及び第四十一条の七第四項に規定する通知をする場合には、前項の規定にかかわらず、その通知書を委員会の掲示場に掲示して行うものとする。この場合においては、掲示をした日の翌日に通知があつたものとみなす。

（通知及び報告）

第五〇条　都道府県労委会長は、次に掲げる各号の規定に該当するときは、遅滞なく、その旨を中労委会長に通知しなければならない。

一　審査を開始したとき及び第四十八条第一項の規定により審査を再開したとき。

二　審査を開始した後に、事件を移送し若しくは申立てを却下したとき、又は申立てが取り下げられたとき。

三　和解が成立したとき。

四　命令書の写しを交付したとき。

五　緊急命令又は確定した命令に使用者が従わないとき。

六　確定判決により支持された命令に使用者が従わないとき。

2　会長は、前項第五号の規定に該当するときは公益委員会議の決定により使用者の所在地を管轄する地方裁判所に、同項第六号の規定に該当するときは公益委員会議の決定により検察官に、遅滞なく、その旨を通知しなければならない。

3　会長は、前二項の規定によつて通知をしたとき、第四十七条の規定によつて緊急命令の申立てをしたとき、及び都道府県労委においてはその処分に対する再審査の申立てがあつたときは、最近の総会にその旨を報告しなければならない。

（審査の目標期間の設定等）

第五〇条の二　委員会は、労組法第二十七条の十八の規定に基づき、公益委員会議の決定により、審査の期間の目標を定めるものとする。

2　委員会は、毎年少なくとも一回、年報、インターネットの利用その他の方法により、審査の期間の目標の達成状況その他の審査の実施状況を公表するものとする。

第三節　再審査の手続

（申立てによる再審査）

第五一条　都道府県労委の救済命令等に対して、その当事者のいずれか一方が再審査を申し立てる場合には、再審査申立書を、初審の都道府県労委を経由し、又は直接中労委に提出しなければならない。

2　再審査申立書については、第三十二条第二項（第三号及び第四号を除く。）の規定を準用するほか、不服の要点及びその理由を記載しなければならない。この場合において、都道府県労委の命令書又は決定書に記載された事実に認定の誤りがあると主張するときは、不服の理由の記載には当該箇所を示さなければならない。再審査申立書には、都道府県労委の命令書又は決定書の写しが交付された日付を記載し、その命令書又は決定書の写しを添付するものとする。

3　都道府県労委は、再審査申立書が提出されたときは、直ちにこれを中労委に送付しなければならない。再審査が中労委に直接申し立てられたときは、中労委は、直ちにその旨を初審の都道府県労委に通知しなければならない。

4　初審の都道府県労委を経由して再審査申立書が提出されたときは、都道府県労委に提出された日をもつて、再審査を申し立てた日とみなす。

5　中労委は、再審査の申立てが、労組法第二十七条の十五第一項（同条第二項において準用する場合を含む。）に規定する期間経過後になされたとき、第二項（後段を除く。）に規定する要件を欠き補正されないとき、又は証人等出頭命令等の当否を不服の理由とするものであるときは、これを却下することができる。

（命令履行の勧告）

第五一条の二　中労委会長は、使用者が再審査を申し立て、命令の全部又は一部を履行しない場合において、必要があると認めたときは、使用者に対し、命令の全部又は一部の履行を勧告することができる。

2　前項の勧告を行なう場合は、あらかじめ、使用者に対し弁明を求めなければならない。

（職権による再審査）

第五二条　中労委が労組法第二十五条第二項の規定による職権に基づく再審査をするには、公益委員会議の議決によらなければならない。

2　前項の議決があつたときには、中労委は、その旨を当事者及び初審の都道府県労委に書面によつて通知しなければならない。

（初審の記録の提出）

第五三条　再審査の申立てがあつたとき、又は中労委が職権によつて再審査を行うことを議決したときには、中労委は、初審の都道府県労委に当該事件の記録の提出を求めることができる。

（再審査の範囲）

第五四条　再審査は、申し立てられた不服の範囲において行う。ただし、不服の申立ては、初審において請求した範囲を超えてはならない。

2　第五十二条の規定による再審査は、中労委が決定した範囲において行う。

（映像等の送受信による通話の方法による審問の手続）

第五四条の二　中労委会長は、相当と認めるときは、当事者の意見を聴いて、中労委と当事者又は第五十六条第一項の規定において準用する第四十一条の六第三項の規定により指定された者（以下この条において「当事者等」という。）が相互に映像と音声の送受信により相手の状態を認識しながら通話をすることができる方法によつて、審問の手続を行うことができる。

2　前項の規定による審問の手続は、当事者等を地方事務所に出頭させることによつて行う。

3　第五十六条第一項の規定において準用する第四十一条の七第七項の規定は、第一項に規定する方法により審問の手続を行う場合に地方事務所について準用する。

4　第一項に規定する方法により審問の手続が行われたときは、担当職員は、その旨及び当事者等が所在した場所を審問調書に記載しなければならない。

（映像等の送受信による通話の方法による尋問の手続）

第五四条の三　中労委会長は、当事者又は証人の住所、年齢又は心身の状態その他の事情により、当事者又は証人が審問廷に出頭することが困難であると認める場合であつて、相当と認めるときは、当事者の意見を聴いて、審問において、前条第一項に規定する方法によつて、当事者又は証人を尋問することができる。

2　第五十六条第一項の規定において準用する第四十一条の十五第二項及び第三項の規定は、前項の当事者又は証人の尋問について準用する。

3　前二項の規定による当事者又は証人の尋問は、次のいずれかの方法によつて行う。

一　当事者を審問廷に出頭させ、証人を地方事務所に出頭させること。

二　当事者及び証人をいずれも地方事務所に出頭させること。

4　前三項の規定により当事者又は証人の尋問を行う場合には、文書の写しを送信してこれを提示することその他の尋問の実施に必要な処置を行うため、ファクシミリを使用することができる。

5　第五十六条第一項の規定において準用する第四十一条の七第七項の規定は、第一項から第三項までの規定により当事者又は証人の尋問を行う場合において、同項の地方事務所について準用する。

（再審査の命令）

第五五条　中労委は、再審査の結果、その申立てに理由がないと認めたときにはこれを棄却し、理由があると認めたときには都道府県労委の処分を取り消し、これに代わる命令を発することができる。ただし、初審の救済命令等の変更は不服申立ての限度においてのみ行うことができる。

2　中労委は、事件の初審の記録及び再審査申立書その他当事者から提出された書面等により、命令を発するに熟すると認めるときは、審問を経ないで命令を発することができる。

（その他の手続）

第五六条　第五章第二節（第四十一条の二第四項、第四十一条の二十から第四十一条の二十二まで及び第四十三条第四項を除く。）の規定は、その性質に反しない限り、再審査の手続について準用する。

2　会長は、第五十一条第一項の規定により申し立てられた事件について、必要があると認めるときは、公益を代表する地方調整委員を指名して、その審査の一部を行わせることができる。

3　第三十五条第二項及び第四項から第六項まで、第三十八条から第四十条まで、第四十一条の二から第四十一条の十三まで（第四十一条の二第三項及び第四項を除く。）、第四十一条の十五から第四十一条の十八まで、第四十五条の二、第四十五条の三、第四十五条の八、第四十五条の九及び第五十六条の三（第一項、第五項及び第十二項を除く。）の規定は、前項の審査について準用する。この場合において、次の表〔七一一頁―編注〕の上欄に掲げる規定中同表の中欄に掲げる字句は、それぞれ同表の下欄に掲げる字句に読み替えるものとする。

4　中労委会長は、第一項の規定により準用される第五十条第一項第一号から第四号までの規定に該当する場合には、初審の都道府県労委会長に通知しなければならない。再審査の命令書又は決定書の写しは、初審の都道府県労委に送付しなければならない。

第三節の二　特定独立行政法人事件の手続

（特定独立行政法人事件の処理）

第五六条の二　特定独立行政法人（特労法第二条第一号に規定する特定独立行政法人等をいう。以下同じ。）が労組法第七条の規定に違反した旨の申立てに係る事件の手続については、この節の定めるところによる。

2　前項に規定する事件の処理については、次項及び第四項並びに次条の定めるところによるほか、第三十二条から第四十九条まで（第三十六条及び第四十一条の二十から第四十一条の二十二までを除く。）に定める手続によるものとする。この場合において、次の表〔七四三～七四五頁―編注〕の上欄に掲げる規定中同表の中欄に掲げる字句は、それぞれ同表の下欄に掲げる字句に読み替えるものとする。

3　会長は、特定独立行政法人が緊急命令又は確定

第三十五条第二項、第五項及び第六項、第四十一条の二第二項及び第五項から第九項まで、第四十一条の三第二項、第四十一条の四第一項、第四十一条の五、第四十一条の六第四項、第四十一条の七第七項、第四十一条の八、第四十一条の九、第四十一条の十五、第四十一条の十六第三項及び第五項、第四十五条の二第一項から第三項まで、第四十五条の三第二項、第四十八条の八、第四十五条の九	会長	主査（第五十六条の三第三項に定める主査をいう。）
第三十八条第一項及び第二項、第三十九条	公益委員	公益を代表する地方調整委員
第四十一条の二第八項	使用者委員及び労働者委員	使用者を代表する地方調整委員及び労働者を代表する地方調整委員
第四十一条の六第四項、第四十一条の七第四項、第四十一条の八第二項、第四十一条の十五第三項、第四十五条の三第二項、第四十八条の八、第四十五条の九	委員	地方調整委員
第四十一条の八第二項	合議が行われるまでの間	第五十六条の三第六項の規定による報告を行うまでの間
第五十六条の三第二項	前項	第五十六条第二項
	前条第二項においてその定める手続によるものとする第三十七条第一項	第三十七条第一項
第五十六条の三第三項及び第一項	第一項	第五十六条第二項
第五十六条の三第九項	前条第二項においてその定める手続によるものとする第四十二条第一項	第四十二条第一項
第五十六条の三第一項	前条第二項においてその定める手続によるものとする第三十五条第四項及び第四十一条の七第三項	第三十五条第四項及び第四十一条の七第三項

第三十二条の二第二項、第四十一条の七第四項	委員	行政執行法人担当使用者委員、行政執行法人担当労働者委員
第三十三条第一項第三号及び第四号	地方公労法第十二条	行労法第十八条
第三十七条第一項	公益委員（不当労働行為事件の審査等を部会で行うときは、当該部会を構成する公益委員。以下この項、次条及び第三十九条において同じ。）の全員による審査に代えて、公益委員	行政執行法人担当公益委員の全員による審査に代えて、行政執行法人担当公益委員
第三十七条第二項	第四十一条の二十一（第四十一条の二十四第二項において準用する場合を含む。）、第四十五条の二第一項及び第三項	第四十五条の二第一項及び第三項
第三十八条第一項及び第二項、第三十九条、第四十六条	公益委員	行政執行法人担当公益委員
第四十一条第二項	通知するとともに、第五十条第一項に規定する通知に付記しなければならない。	通知しなければならない。
第四十一条の二第八項	使用者委員及び労働者委員	行政執行法人担当使用者委員及び行政執行法人担当労働者委員
第四十一条の六第四項、第四十一条の八第二項、第四十一条の十四第二項、第四十一条の十五第三項、第四十二条第二項、第四十五条の二第二項、第四十五条の三第二項、第四十五条の八	委員	行政執行法人担当使用者委員及び行政執行法人担当労働者委員
第四十一条の七第二項	公益委員会議	会長（第五十六条の二第二項においてその定める手続によるものとする第三十七条第一項の規定により会長が審査委員を選任した場合にあつては、一人の審査委員が選任されたときにはその審査委員、数人の審査委員が選任されたときには審査委員長とする。）
第四十一条の十四第四項	委員会名（決定を部会で行つたときは、委員会名及び部会名。第四十一条の十九第四項第七号及び第四十一条の二十二第二項において同じ。）	委員会名

第四十三条第二項第六号	委員会名（部会が労組法第二十七条の十二第一項の救済命令等（以下「救済命令等」という。）を発する場合には、委員会名及び部会名）	委員会名
第四十四条第一項	交付し、第五十一条の規定により再審査の申立てができることを教示しなければならない。	交付しなければならない。
第四十四条第二項	写し及び第五十一条の規定により再審査の申立てができることを教示した書面	写し
第四十五条の九	会長及び調査又は審問を行う手続に参与する委員	会長並びに調査又は審問を行う手続に参与する行政執行法人担当使用者委員及び行政執行法人担当労働者委員

した中労委の命令に従わないときは、内閣総理大臣、厚生労働大臣及び特定独立行政法人を所管する大臣（当該事件に係る特定独立行政法人を所管する大臣に限る。）にその旨を報告しなければならない。

4　会長は、前項の報告をしたとき及び第二項においてその定める手続によるものとする第四十七条の規定による緊急命令の申立てをしたときは、最近の総会にその旨を報告しなければならない。

第五六条の三　前条第一項に規定する事件の処理について、会長は、必要があると認めるときは、公益を代表する地方調整委員（以下この条において「地方調整公益委員」という。）を指名して、審問開始前の調査その他の審査の一部を行わせることができる。

2　前項の規定により地方調整公益委員の二人以上に審査の一部を行わせるときは、会長（前条第二項においてその定める手続によるものとする第三十七条第一項の規定により会長が審査委員を選任した場合にあつては、一人の審査委員が選任されたときにはその審査委員、数人の審査委員が選任されたときには審査委員長とする。以下この条において「審査委員長」という。）は、そのうちの一人を主査に指名するものとする。

3　第一項の規定により審問開始前の調査を行うため指名された地方調整公益委員は、遅滞なく、その調査を行わなければならない。その調査の期間は、申立ての日から起算して三十日を超えないものとする。ただし、主査（一人の地方調整公益委員が指名されたときは、その者。以下この条において同じ。）は、当事者の同意を得て、この期間を延長することができる。

4　主査は、調査を終了したとき（前項に定める期間内に調査が終了しなかつたときは、その期間が経過したとき）は、遅滞なく、その結果を審査委員長に報告しなければならない。

5　地方調整公益委員が審問を行う場合には、主査は、その区域に置かれる地方調整委員の全員に対し、審問を開始する旨を通知しなければならない。審問に参与する地方調整委員は、主査に、原則として、審問の開始に先立つてその旨を申し出るものとする。

6　主査は、審査を終了したとき（第四項の規定による報告を行つたときを除く。）は、遅滞なく、審問に参与した地方調整委員の意見を聴いて、その審査結果を審査委員長に報告しなければならない。

7　地方調整公益委員が審査を行う場合には、主査は、事務の処理を担当する職員を指名するものとする。

8　地方事務所は、前項の担当職員が作成した調査調書又は審問調書を、地方調整公益委員が行う調査又は審問の終了後（審問開始前の調査にあつては、第三項に定める期間内に調査が終了しなかつたときは、その期間の経過後）、遅滞なく、事務局に送付しなければならない。

9　前条第二項においてその定める手続によるものとする第四十二条第一項の合議に先立つて、公益委員会議は、主査その他の審問に参与した地方調整委員の出席を求め、その意見を聴くことができる。

10　第十六条の二第二項から第四項までの規定は、前項の意見の聴取について準用する。

11　第一項の規定による指名があつた場合は、前条第二項においてその定める手続によるものとする第三十五条第四項及び第四十一条の七第三項中「会長」とあるのは、「審査委員長又は主査」と読み替えるものとする。

12　地方調整公益委員が審査を行う場合には、第三項から前項までの定めるところによるほか、第三十五条第二項、第五項及び第六項、第三十八条、第三十九条、第四十一条の二から第四十一条の十三まで（第四十一条の二第三項及び第四十一条の六第四項を除く。）、第四十一条の十五から第四十一条の十八まで、第四十五条の二、第四十五条の三第一項及び第二項、第四十五条の八並びに第四十五条の九に定める手続によるものとする。この場合において、次の表の上欄に掲げる規定中同表の中欄に掲げる字句は、それぞれ同表の下欄に掲げる字句に読み替えるものとする。

第三十五条第二項、第五項及び第六項、第四十一条の二第二項及び第五項から第九項まで、第四十一条の三第二項、第四十一条の四第一項、第四十一条の五、第四十一条の七第七項、第四十一条の八、第四十一条の九、第四十一条の十五、第四十一条の十六第三項及び第五項、第四十五条の二第一項から第三項まで、第四十五条の三第二項、第四十五条の八、第四十五条の九	会長	主査
第三十八条第一項及び第二項、第三十九条	公益委員	地方調整公益委員
第四十一条の二第八項	使用者委員及び労働者委員	その区域に置かれる使用者を代表する地方調整委員及び労働者を代表する地方調整委員
第四十一条の七第二項	公益委員会議	主査
第四十一条の七第四項、第四十一条の八第二項、第四十一条の十五第三項、第四十五条の二第二項、第四十五条の三第二項、第四十五条の八、第四十五条の九	委員	地方調整委員
第四十一条の八第二項	合議が行われるまでの間	第五十六条の三第六項の規定による報告を行うまでの間
第四十五条の二第一項、第四十五条の八	審査の途中において	第五十六条の三第三項の調査及び同条第五項の審問の期間中において

第五七条　削除

第六章　労働関係調整法第四十二条の請求

（審査）

第五八条　委員会が労調法第三十七条の規定に違反すると疑われる事実があることを知つたときには、遅滞なく、審査を開始しなければならない。ただし、公益委員会議の議決あることを要する。

2　審査に当たつて、必要があるときには、審問を開くことができる。

3　会長は、職員に事実の取調べを行なわせることができる。

（警告）

第五九条　委員会は、公益委員会議の議決により、労調法第三十七条違反の疑いがある者に対し警告を発することができる。

（処罰の請求）

第六〇条　審査の結果、処罰の必要があると認めたときには、委員会は、書面によつて検察官にその請求をしなければならない。

（総会に対する報告）

第六一条　委員会が第五十八条の規定による審査を開始したとき、第五十九条の規定による警告をしたとき、及び審査の結果については、最近の総会にその旨を報告しなければならない。

（準用）

第六一条の二　第三十条、第三十一条、第三十五条、第三十七条、第四十一条、第四十一条の二、第四十一条の三第二項、第四十一条の六から第四十一条の十三まで、第四十一条の十五、第四十一条の十七、第四十一条の十八及び第四十二条の規定は、その性質に反しない限り、この章に定める手続に関する管轄、審査及び合議について準用する。

第七章　一般企業における労働争議の実情調査並びにあつせん、調停及び仲裁

第一節　通則

第六二条　労働関係（特定独立行政法人職員に関する労働関係を除く。）の当事者間において労働争議が発生した場合における実情調査並びにあつせん、調停及び仲裁に関する手続は、この章の定めるところによる。

第二節　労働争議の実情調査

（労働争議の実情調査）

第六二条の二　労働争議が発生したときには、会長は、必要に応じ、委員（中労委にあつては、一般企業担当委員）、特別調整委員、地方調整委員、事務局長若しくは職員にその実情を調査させ、又はあつせん員候補者にこの調査を依頼することができる。その労働争議が公益事業に係るものであるときは、会長は、すみやかに、この調査をさせ又は依頼しなければならない。

2　前項の規定による実情調査の結果は、会長に報告しなければならない。

（緊急調整のための実情調査）

第六二条の三　労調法第三十五条の三の規定に基づき中労委が緊急調整の決定にかかる労働争議の実情を調査するために、実情調査委員会を設けることができる。実情調査委員会の運営については、第五条第五項から第七項まで及び第十六条の二の規定を準用する。

2　前項の規定による実情調査の結果は、総会に報告しなければならない。

（争議行為予告通知の取扱い）

第六二条の四　労調法第三十七条第一項の規定に基づく通知を受けたときには、会長は、その事件に関する実情とともにその旨を総会（中労委にあつては、一般企業担当委員会議）に報告しなければならない。

2　都道府県労委は、二以上の都道府県にわたり、又は全国的に重要な問題に係ると考える公益事業に関する労働争議につき争議行為が行われる旨の通知を受けたときには、直ちに中労委に報告しなければならない。都道府県労委がその事件の管轄の有無についてにわかに判断しがたい場合にも同様とする。

第三節　労働争議のあつせん

第六三条　削除

（あつせんの申請）

第六四条　あつせん申請書には、次の各号に掲げる事項を記載するものとする。

一　申請の日付

二　申請者の名称（当事者の委任を受けた者であるときは、その権限を証明する書面を添えなければならない。）

三　関係当事者の名称及びその組織

四　事業の種類

五　関係事業所名及びその所在地（船員に関する労働争議にあつては、労働争議の関係船舶）

六　あつせん事項

七　申請に至るまでの交渉経過

八　争議行為を伴つている場合は、その概況

九　労働協約の定めに基づく当事者の一方からの申請である場合は、当該協約の関係条項

2　職員は、あつせん申請書を受け付けるにあたつて、事実を聞き取り、前項各号に定める記載事項と相違する箇所があるときは、申請者に説明してその補正を求めなければならない。

3　関係当事者からあつせんの申請があつたとき、又はあつせん事項の変更若しくは追加があつたときは、その日を明確にしておかなければならない。

（あつせん員の指名等）

第六五条　申請又は職権に基づいてあつせんを行なうことを適当と認めたときは、会長は、あつせん員を指名するか、又は臨時のあつせん員を委嘱するとともに担当職員を指名し、その旨をすみやかに関係当事者の双方に通知しなければならない。

2　申請があつた場合でも、会長があつせんの必要がないと認めたとき、又は争議の実情があつせんに適しないと認めたときは、あつせんを行なわないことができる。

3　前項の規定によりあつせんを行なわないときは、会長は、その理由を関係当事者に明示しなければならない。

（あつせん）

第六六条　あっせん員は、あっせんを開始するにあたり、関係当事者に対して、労組法第七条第四号に規定する事項及びあっせんを行うに必要な事項について、趣旨の徹底を図らなければならない。

2　あっせん員は、あっせんの経過について適時会長に報告し、又は必要に応じ総会（中労委にあつては、緊急調整の決定に係る事件については総会、その他の事件については一般企業担当委員会議。以下この章において同じ。）に報告しなければならない。

3　あっせん員が自分の手では事件が解決される見込みがないとしてその事件から手を引いたとき、又はあっせんが成立したときは、その経過を書面によつて会長に報告しなければならない。

4　会長は、あっせん員の報告に基づき、その経過を総会に報告するものとする。

（あっせん員候補者名簿）

第六七条　あっせん員候補者の名簿には、次の各号に掲げる事項を記載する。

一　氏名及び職業

二　経験及び閲歴

三　委嘱の日付

2　前項第一号の記載事項に変更のあつた場合には、そのたびごとにこれを訂正し、解任の場合には、削除するものとする。

（あっせん員候補者の公示及び公表）

第六八条　労調法施行令第四条の規定により、あっせん員候補者の氏名、閲歴等は、少なくとも年一回中労委にあつては官報に、都道府県労委にあつては当該都道府県公報に公示するとともに、適宜新聞紙等によつて公表するものとする。

2　事務局長は、あっせん員候補者の名簿を常時事務局に備え付け、希望者の閲覧に供するものとする。

第四節　労働争議の調停

（調停申請書）

第六九条　調停申請書には、次の各号に掲げる事項を記載するものとする。

一　申請の日付

二　申請者の名称（当事者の委任を受けた者であるときは、その権限を証明する書面を添えなければならない。）

三　関係当事者の名称及びその組織

四　事業の種類（事業が労調法第八条の規定による公益事業を含むときは、その種別）

五　関係事業所名及びその所在地（船員に関する労働争議にあつては、労働争議の関係船舶）

六　調停事項

七　申請に至るまでの交渉経過

八　争議行為を伴つている場合は、その概況

九　労働協約の定めに基づく当事者の一方からの申請である場合は、当該協約の関係条項

（申請の受付）

第七〇条　職員は、調停申請書を受け付けるにあたつて、事実を聞き取り、前条各号に定める記載事項と相違する箇所があるときは、申請者に説明してその補正を求めなければならない。

2　労調法第十八条第一号、第二号若しくは第三号又は地方公労法第十四条第一号、第二号若しくは第三号の規定に基づいて調停申請書が提出された場合でも、委員会が労調法第二条後段及び第四条の規定の趣旨に基づき、関係当事者間において事件の自主的解決についての努力がきわめて不十分であり、なお、交渉の余地があると認めたときは、一応申請を取り下げて交渉を続行するよう勧告することができる。この場合には、関係当事者にその理由を明示しなければならない。

3　関係当事者から調停の申請があつたとき、委員会が職権に基づいて調停を行う必要があると決議したとき、厚生労働大臣若しくは都道府県知事から調停の請求があつたとき、又は調停事項の変更若しくは追加があつたときは、その日を明確にしておかなければならない。

（調停委員の指名）

第七一条　会長は、労調法第十九条から第二十一条までの規定に基づいて調停委員を指名するにあたり、当該事件に直接利害関係のある者を調停委員にすることができない。

2　会長が調停委員を指名したときは、担当職員を指名して、調停委員及び担当職員の氏名を遅滞なく関係当事者に通知しなければならない。

（調停）

第七二条　調停委員会は、必要と認めた場合には、事実を調査し、又は細部にわたる審議を行なうことを特定の調停委員又はその他の者に委嘱することができる。その他の者を委嘱する場合には、あらかじめ会長の同意を得なければならない。

2　調停委員会は、事件を迅速かつ公正に解決するために適当と認めた場合には、事件の現地において調停手続の全部又は一部を行なうことができる。

3　調停委員会の委員長は、調停の経過及び結果について適時会長に報告し、又は必要に応じて総会に報告しなければならない。

4　第六十六条第一項の規定は、調停について準用する。この場合において、「あつせん員」とある

のは、「調停委員会の委員長」と読み替えるものとする。

（調停の取下げ）

第七三条 労調法第十八条第一号若しくは第二号又は地方公労法第十四条第一号若しくは第二号の規定に基づいて調停が開始されたときには、関係当事者双方の合意によつて、労調法第十八条第三号若しくは第五号又は地方公労法第十四条第三号若しくは第五号の規定に基づいて調停が開始されたときには、調停を申請した者又は請求した者によつて、いつでも調停事項の全部又は一部について申請又は請求を取り下げることができる。

（調停の打切り）

第七四条 調停案を提示する以前においてやむをえない事由のために調停を継続することができなくなつたときには、調停委員会は、理由を付してその旨を関係当事者に通知するとともに、その経過を書面によつて会長に報告しなければならない。

（調停の終結）

第七五条 調停案に対し関係当事者の双方から回答があつたときには、調停委員会は、その任務を終結し、その経過を書面によつて会長に報告しなければならない。

（調停案の疑義に関する申請）

第七六条 労調法第二十六条第二項の規定によつて調停案の解釈又は履行に関し関係当事者から見解を明らかにすることの申請があつたときは、会長は、すみやかにその調停案を提示した調停委員会の委員長に通知し、調停委員会の招集を求めなければならない。

2　前項の規定による申請が関係当事者の一方からなされたときは、会長は、他の関係当事者にも通知しなければならない。

（調停に関する公表）

第七七条 委員会は、公益事業に関する事件について調停の申請、請求若しくは決議があつたとき、又は調停案の解釈若しくは履行に関し関係当事者から見解を明らかにすることの申請があつたときは、新聞、ラジオ等によつてその旨を公表しなければならない。

第五節　労働争議の仲裁

（仲裁申請書）

第七八条 仲裁申請書には、次の各号に掲げる事項を記載するものとする。

一　申請の日付

二　申請者の名称（当事者の委任を受けた者であるときは、その権限を証明する書面を添えなければならない。）

三　関係当事者の名称及びその組織

四　事業の種類

五　関係事業所名及びその所在地（船員に関する労働争議にあつては、労働争議の関係船舶）

六　仲裁事項

七　申請に至るまでの交渉経過

八　争議行為を伴つている場合は、その概況

九　労働協約の定めに基づく一方からの申請である場合は、当該協約の関係条項

十　仲裁委員に関し当事者が合意により選定した者がある場合は、その氏名

（申請の受付）

第七九条 仲裁申請書の受付については、第七十条の規定を準用する。

（仲裁委員の選定及び指名の手続）

第八〇条 労調法第三十一条の二ただし書に規定する場合においては、会長は、当該事件に直接利害関係ある者を仲裁委員に指名することができない。

2　会長が仲裁委員を指名したときは、担当職員を指名して、仲裁委員及び担当職員の氏名を遅滞なく関係当事者に通知しなければならない。

3　仲裁委員会の委員長は、労調法第三十一条の五の規定により当事者が指名した委員又は特別調整委員の氏名を、それぞれ相手方当事者に対して通知しなければならない。

4　仲裁委員会の会議の期日及び場所は、そのたびごとに労調法第三十一条の五に規定する委員及び特別調整委員に書面又は口頭で通知しなければならない。

（その他の手続）

第八一条 仲裁の開始にあたつての関係当事者に対する必要事項の趣旨の徹底並びに仲裁の取下げ及び打切りについては、それぞれ、第六十六条第一項並びに第七十三条及び第七十四条の規定を準用する。第六十六条第一項の規定を準用する場合において、「あつせん員」とあるのは、「仲裁委員会の委員長」と読み替えるものとする。

第八章　特定独立行政法人における紛争の実情調査並びにあつせん、調停及び仲裁

第八一条の二から第八一条の二四まで《略》

第九章　強制権限

第八二条及び第八三条《略》

第十章　諸報告

労働関係調整法

昭和二一年九月二七日法律第二五号
施行：昭和二一年一〇月一三日
最終改正：平成二六年六月一三日法律第六九号
施行：平成二八年四月一日

第一章　総則

〔目的〕
第一条　この法律は、労働組合法と相俟つて、労働関係の公正な調整を図り、労働争議を予防し、又は解決して、産業の平和を維持し、もつて経済の興隆に寄与することを目的とする。

〔当事者の責務〕
第二条　労働関係の当事者は、互に労働関係を適正化するやうに、労働協約中に、常に労働関係の調整を図るための正規の機関の設置及びその運営に関する事項を定めるやうに、且つ労働争議が発生したときは、誠意をもつて自主的にこれを解決するやうに、特に努力しなければならない。

〔政府の責務〕
第三条　政府は、労働関係に関する主張が一致しない場合に、労働関係の当事者が、これを自主的に調整することに対し助力を与へ、これによつて争議行為をできるだけ防止することに努めなければならない。

〔自主的調整の努力〕
第四条　この法律は、労働関係の当事者が、直接の協議又は団体交渉によつて、労働条件その他労働関係に関する事項を定め、又は労働関係に関する主張の不一致を調整することを妨げるものでないとともに、又、労働関係の当事者が、かかる努力をする責務を免除するものではない。

〔迅速な処理〕
第五条　この法律によつて労働関係の調整をなす場合には、当事者及び労働委員会その他の関係機関は、できるだけ適宜の方法を講じて、事件の迅速な処理を図らなければならない。

〔労働争議〕
第六条　この法律において労働争議とは、労働関係の当事者間において、労働関係に関する主張が一致しないで、そのために争議行為が発生してゐる状態又は発生する虞がある状態をいふ。

〔争議行為〕
第七条　この法律において争議行為とは、同盟罷業、怠業、作業所閉鎖その他労働関係の当事者が、その主張を貫徹することを目的として行ふ行為及びこれに対抗する行為であつて、業務の正常な運営を阻害するものをいふ。

〔公益事業及びその追加指定〕
第八条　この法律において公益事業とは、次に掲げる事業であつて、公衆の日常生活に欠くことのできないものをいう。
一　運輸事業
二　郵便、信書便又は電気通信の事業
三　水道、電気又はガスの供給の事業
四　医療又は公衆衛生の事業

②　内閣総理大臣は、前項の事業の外、国会の承認を経て、業務の停廃が国民経済を著しく阻害し、又は公衆の日常生活を著しく危くする事業を、一年以内の期間を限り、公益事業として指定することができる。

③　内閣総理大臣は、前項の規定によつて公益事業

の指定をしたときは、遅滞なくその旨を、官報に告示するの外、新聞、ラヂオ等適宜の方法により、公表しなければならない。

〔特別調整委員〕

第八条の二　中央労働委員会及び都道府県労働委員会に、その行う労働争議の調停又は仲裁に参与させるため、中央労働委員会にあつては厚生労働大臣が、都道府県労働委員会にあつては都道府県知事がそれぞれ特別調整委員を置くことができる。

②　中央労働委員会に置かれる特別調整委員は、厚生労働大臣が、都道府県労働委員会に置かれる特別調整委員は、都道府県知事が任命する。

③　特別調整委員は、使用者を代表する者、労働者を代表する者及び公益を代表する者とする。

④　特別調整委員のうち、使用者を代表する者は使用者団体の推薦に基づいて、労働者を代表する者は労働組合の推薦に基づいて、公益を代表する者は当該労働委員会の使用者を代表する委員（行政執行法人の労働関係に関する法律（昭和二十三年法律第二百五十七号）第二十五条に規定する行政執行法人担当使用者委員（次条において「行政法人担当使用者委員」という。）を除く。）及び労働者を代表する委員（同法第二十五条に規定する行政執行法人担当労働者委員（次条において「行政執行法人担当労働者委員」という。）を除く。）の同意を得て、任命されるものとする。

⑤　特別調整委員は、政令で定めるところにより、その職務を行ふために要する費用の弁償を受けることができる。

⑥　特別調整委員に関する事項は、この法律に定めるものの外、政令でこれを定める。

第八条の三　中央労働委員会が第十条のあっせん員候補者の委嘱及びその名簿の作成、第十二条第一項ただし書の労働委員会の同意、第十八条第四号の労働委員会の決議その他政令で定める事務を処理する場合には、これらの事務の処理には、使用者を代表する委員のうち行政執行法人担当使用者委員以外の委員（第二十一条第一項において「一般企業担当使用者委員」という。）、労働者を代表する委員のうち行政執行法人担当労働者委員以外の委員（第二十一条第一項において「一般企業担当労働者委員」という。）並びに公益を代表する委員のうち会長があらかじめ指名する十人の委員及び会長（第二十一条第一項及び第三十一条の二において「一般企業担当公益委員」という。）のみが参与する。この場合において、中央労働委員会の事務の処理に関し必要な事項は、政令で定める。

〔届出義務〕

第九条　争議行為が発生したときは、その当事者は、直ちにその旨を労働委員会又は都道府県知事に届け出なければならない。

第二章　斡旋

〔斡旋員名簿〕

第一〇条　労働委員会は、斡旋員候補者を委嘱し、その名簿を作製して置かなければならない。

〔斡旋員候補者〕

第一一条　斡旋員候補者は、学識経験を有する者で、この章の規定に基いて労働争議の解決につき援助を与へることができる者でなければならないが、その労働委員会の管轄区域内に住んでゐる者でなくても差し支へない。

〔斡旋の開始〕

第一二条　労働争議が発生したときは、労働委員会の会長は、関係当事者の双方若しくは一方の申請又は職権に基いて、斡旋員名簿に記されてゐる者の中から、斡旋員を指名しなければならない。但し、労働委員会の同意を得れば、斡旋員名簿に記されてゐない者を臨時の斡旋員に委嘱することもできる。

②　労働組合法第十九条の十第一項に規定する地方において中央労働委員会が処理すべき事件として政令で定めるものについては、中央労働委員会の会長は、前項の規定にかかわらず、関係当事者の双方若しくは一方の申請又は職権に基づいて、同条第一項に規定する地方調整委員のうちから、あつせん員を指名する。ただし、中央労働委員会の会長が当該地方調整委員のうちからあつせん員を指名することが適当でないと認める場合は、この限りでない。

〔斡旋の方法〕

第一三条　斡旋員は、関係当事者間を斡旋し、双方の主張の要点を確め、事件が解決されるやうに努めなければならない。

〔斡旋員の任務〕

第一四条　斡旋員は、自分の手では事件が解決される見込がないときは、その事件から手を引き、事件の要点を労働委員会に報告しなければならない。

〔費用弁償〕

第一四条の二　斡旋員は、政令で定めるところにより、その職務を行ふために要する費用の弁償を受けることができる。

〔命令への委任〕

第一五条　斡旋員候補者に関する事項は、この章に定めるものの外命令でこれを定める。

〔自主的解決〕

第一六条　この章の規定は、労働争議の当事者が、双方の合意又は労働協約の定により、別の斡旋方法によつて、事件の解決を図ることを妨げるものではない。

第三章　調停

〔労働組合法第二十条の調停〕
第一七条　労働組合法第二十条の規定による労働委員会による労働争議の調停は、この章の定めるところによる。

〔調停の開始〕
第一八条　労働委員会は、次の各号のいずれかに該当する場合に、調停を行う。
一　関係当事者の双方から、労働委員会に対して、調停の申請がなされたとき。
二　関係当事者の双方又は一方から、労働協約の定めに基づいて、労働委員会に対して調停の申請がなされたとき。
三　公益事業に関する事件につき、関係当事者の一方から、労働委員会に対して、調停の申請がなされたとき。
四　公益事業に関する事件につき、労働委員会が職権に基づいて、調停を行う必要があると決議したとき。
五　公益事業に関する事件又はその事件が規模が大きいため若しくは特別の性質の事業に関するものであるために公益に著しい障害を及ぼす事件につき、厚生労働大臣又は都道府県知事から、労働委員会に対して、調停の請求がなされたとき。

〔調停委員会〕
第一九条　労働委員会による労働争議の調停は、使用者を代表する調停委員、労働者を代表する調停委員及び公益を代表する調停委員から成る調停委員会を設け、これによつて行ふ。

〔労使代表委員の同数〕
第二〇条　調停委員会の、使用者を代表する調停委員と労働者を代表する調停委員とは、同数でなければならない。

〔調停委員の指名〕
第二一条　使用者を代表する調停委員は労働委員会の使用者を代表する委員（中央労働委員会にあつては、一般企業担当使用者委員）又は特別調整委員のうちから、労働者を代表する調停委員は労働委員会の労働者を代表する委員（中央労働委員会にあつては、一般企業担当労働者委員）又は特別調整委員のうちから、公益を代表する調停委員は労働委員会の公益を代表する委員（中央労働委員会にあつては、一般企業担当公益委員）又は特別調整委員のうちから労働委員会の会長がこれを指名する。
②　労働組合法第十九条の十第一項に規定する地方において中央労働委員会が処理すべき事件として政令で定めるものについては、中央労働委員会の会長は、前項の規定にかかわらず、同条第一項に規定する地方調整委員のうちから、調停委員を指名する。ただし、中央労働委員会の会長が当該地方調整委員のうちから調停委員を指名することが適当でないと認める場合は、この限りでない。

〔委員長〕
第二二条　調停委員会に、委員長を置く。委員長は、調停委員会で、公益を代表する調停委員の中から、これを選挙する。

〔会議〕
第二三条　調停委員会は、委員長がこれを招集し、その議事は、出席者の過半数でこれを決する。
②　調停委員会は、使用者を代表する調停委員及び労働者を代表する調停委員が出席しなければ、会議を開くことはできない。

〔意見の徴取〕
第二四条　調停委員会は、期日を定めて、関係当事者の出頭を求め、その意見を徴さなければならない。

〔出席禁止〕
第二五条　調停をなす場合には、調停委員会は、関係当事者及び参考人以外の者の出席を禁止することができる。

〔調停案の作成及びこれに関する疑義〕
第二六条　調停委員会は、調停案を作成して、これを関係当事者に示し、その受諾を勧告するとともに、その調停案は理由を附してこれを公表することができる。この場合必要があるときは、新聞又はラヂオによる協力を請求することができる。
②　前項の調停案が関係当事者の双方により受諾された後、その調停案の解釈又は履行について意見の不一致が生じたときは、関係当事者は、その調停案を提示した調停委員会にその解釈又は履行に関する見解を明らかにすることを申請しなければならない。
③　前項の調停委員会は、前項の申請のあつた日から十五日以内に、関係当事者に対して、申請のあつた事項について解釈又は履行に関する見解を示さなければならない。
④　前項の解釈又は履行に関する見解が示されるまでは、関係当事者は、当該調停案の解釈又は履行に関して争議行為をなすことができない。但し、

前項の期間が経過したときは、この限りでない。

〔公益事業の優先的取扱〕
第二七条　公益事業に関する事件の調停については、特に迅速に処理するために、必要な優先的取扱がなされなければならない。

〔自主的解決〕
第二八条　この章の規定は、労働争議の当事者が、双方の合意又は労働協約の定により、別の調停方法によつて事件の解決を図ることを妨げるものではない。

第四章　仲裁

〔労働組合法第二十条の仲裁〕
第二九条　労働組合法第二十条の規定による労働委員会による労働争議の仲裁は、この章の定めるところによる。

〔仲裁の開始〕
第三〇条　労働委員会は、左の各号の一に該当する場合に、仲裁を行ふ。
一　関係当事者の双方から、労働委員会に対して、仲裁の申請がなされたとき。
二　労働協約に、労働委員会による仲裁の申請をなさなければならない旨の定がある場合に、その定に基いて、関係当事者の双方又は一方から、労働委員会に対して、仲裁の申請がなされたとき。

〔仲裁委員会〕
第三一条　労働委員会による労働争議の仲裁は、三人以上の奇数の仲裁委員をもつて組織される仲裁委員会を設け、これによつて行う。

〔仲裁委員の指名〕
第三一条の二　仲裁委員は、労働委員会の公益を代表する委員又は特別調整委員のうちから、関係当事者が合意により選定した者につき、労働委員会の会長が指名する。ただし、関係当事者の合意による選定がされなかつたときは、労働委員会の会長が、関係当事者の意見を聴いて、労働委員会の公益を代表する委員（中央労働委員会にあつては、一般企業担当公益委員）又は特別調整委員のうちから指名する。

〔委員長〕
第三一条の三　仲裁委員会に、委員長を置く。委員長は、仲裁委員が互選する。

〔会議〕
第三一条の四　仲裁委員会は、委員長が招集する。
②　仲裁委員会は、仲裁委員の過半数が出席しなければ、会議を開き、議決することができない。
③　仲裁委員会の議事は、仲裁委員の過半数でこれを決する。

〔労使委員等の発言〕
第三一条の五　関係当事者のそれぞれが指名した労働委員会の使用者を代表する委員又は特別調整委員及び労働者を代表する委員又は特別調整委員は、仲裁委員会の同意を得て、その会議に出席し、意見を述べることができる。

〔出席禁止〕
第三二条　仲裁をなす場合には、仲裁委員会は、関係当事者及び参考人以外の者の出席を禁止することができる。

〔仲裁裁定の方式〕
第三三条　仲裁裁定は、書面に作成してこれを行ふ。その書面には効力発生の期日も記さなければならない。

〔仲裁裁定の効力〕
第三四条　仲裁裁定は、労働協約と同一の効力を有する。

〔自主的解決〕
第三五条　この章の規定は、労働争議の当事者が、双方の合意又は労働協約の定により、別の仲裁方法によつて事件の解決を図ることを妨げるものではない。

第四章の二　緊急調整

〔緊急調整の決定〕
第三五条の二　内閣総理大臣は、事件が公益事業に関するものであるため、又はその規模が大きいため若しくは特別の性質の事業に関するものであるために、争議行為により当該業務が停止されるときは国民経済の運行を著しく阻害し、又は国民の日常生活を著しく危くする虞があると認める事件について、その虞が現実に存するときに限り、緊急調整の決定をすることができる。
②　内閣総理大臣は、前項の決定をしようとするときは、あらかじめ中央労働委員会の意見を聞かなければならない。
③　内閣総理大臣は、緊急調整の決定をしたときは、直ちに、理由を附してその旨を公表するとともに、中央労働委員会及び関係当事者に通知しなければならない。

〔中央労働委員会の任務〕
第三五条の三　中央労働委員会は、前条第三項の通知を受けたときは、その事件を解決するため、最大限の努力を尽さなければならない。
②　中央労働委員会は、前項の任務を遂行するため、その事件について、左の各号に掲げる措置を講ずることができる。

一　斡旋を行ふこと。
二　調停を行ふこと。
三　仲裁を行ふこと（第三十条各号に該当する場合に限る。）。
四　事件の実情を調査し、及び公表すること。
五　解決のため必要と認める措置をとるべきことを勧告すること。

③　前項第二号の調停は、第十八条各号に該当しない場合であつても、これを行ふことができる。

〔緊急調整の優先的取扱〕
第三五条の四　中央労働委員会は、緊急調整の決定に係る事件については、他のすべての事件に優先してこれを処理しなければならない。

第三五条の五　第三十五条の二の規定により内閣総理大臣がした決定については、審査請求による不服申立てをすることができない。

第五章　争議行為の制限禁止等

〔安全保持の義務〕
第三六条　工場事業場における安全保持の施設の正常な維持又は運行を停廃し、又はこれを妨げる行為は、争議行為としてでもこれをなすことはできない。

〔公益事業の争議行為の禁止〕
第三七条　公益事業に関する事件につき関係当事者が争議行為をするには、その争議行為をしようとする日の少なくとも十日前までに、労働委員会及び厚生労働大臣又は都道府県知事にその旨を通知しなければならない。

②　緊急調整の決定があつた公益事業に関する事件については、前項の規定による通知は、第三十八条に規定する期間を経過した後でなければこれをすることができない。

〔緊急調整の場合の争議行為の制限〕
第三八条　緊急調整の決定をなした旨の公表があつたときは、関係当事者は、公表の日から五十日間は、争議行為をなすことができない。

〔第三七条違反の罪〕
第三九条　第三十七条の規定の違反があつた場合においては、その違反行為について責任のある使用者若しくはその他の者、労働者の団体又はその他の者若しくはその団体は、これを十万円以下の罰金に処する。

②　前項の規定は、そのものが、法人であるときは、理事、取締役、執行役その他法人の業務を執行する役員に、法人でない団体であるときは、代表者その他業務を執行する役員にこれを適用する。

③　一個の争議行為に関し科する罰金の総額は、十万円を超えることはできない。

④　法人、法人でない使用者又は労働者の組合、争議団等の団体であつて解散したものに、第一項の規定を適用するについては、その団体は、なほ存続するものとみなす。

〔第三八条違反の罪〕
第四〇条　第三十八条の規定の違反があつた場合においては、その違反行為について責任のある使用者若しくはその団体、労働者の団体又はその他の者若しくはその団体は、これを二十万円以下の罰金に処する。

②　前条第二項から第四項までの規定は、前項の場合に準用する。この場合において同条第三項中「十万円」とあるのは、「二十万円」と読み替へるものとする。

第四一条　削除

〔労働委員会の処罰請求〕
第四二条　第三十九条の罪は、労働委員会の請求を待つてこれを論ずる。

〔退場命令〕
第四三条　調停又は仲裁をなす場合において、その公正な進行を妨げる者に対しては、調停委員会の委員長又は仲裁委員会の委員長は、これに退場を命ずることができる。

附則《略》

電気事業及び石炭鉱業における争議行為の方法の規制に関する法律（スト規制法）

昭和二八年八月七日法律第一七一号
施行：昭和二八年八月七日施行
存続：昭和三一年一二月八日国会決議
最終改正：平成二六年六月一八日法律第七二号
施行：平成二八年四月一日

第一条　この法律は、電気事業（電気事業法（昭和三十九年法律第百七十号）第二条第一項第八号に規定する一般送配電事業、同項第十号に規定する送電事業及び同項第十四号に規定する発電事業（その営む事業の事業主又はその営む事業に従事する者が次条に規定する禁止行為を行うことにより、電気の安定供給の確保に支障が生じ、又は生ずるおそれがあるものとして厚生労働大臣が指定する発電事業者（同項第十五号に規定する発電事業者をいう。）が営むものに限る。）をいう。以下同じ。）及び石炭鉱業の特殊性並びに国民経済及び国民の日常生活に対する重要性に鑑み、公共の福祉を擁護するため、これらの事業について、争議行為の方法に関して必要な措置を定めるものとする。

第二条　電気事業の事業主又は電気事業に従事する者は、争議行為として、電気の正常な供給を停止する行為その他電気の正常な供給に直接に障害を生ぜしめる行為をしてはならない。

第三条　石炭鉱業の事業主又は石炭鉱業に従事する者は、争議行為として、鉱山保安法（昭和二十四年法律第七十号）に規定する保安の業務の正常な運営を停廃する行為であつて、鉱山における人に対する危害、鉱物資源の滅失若しくは重大な損壊、鉱山の重要な施設の荒廃又は鉱害を生ずるものをしてはならない。

附則（抄）

2　政府は、この法律施行の日から起算して三年を経過したときは、その経過後二十日以内に、もしその経過した日から起算して二十日を経過した日に国会閉会中の場合は国会召集後十日以内に、この法律を存続させるかどうかについて、国会の議決を求めなければならない。この場合において、この法律を存続させない旨の議決があつたとき、又は当該国会の会期中にこの法律を存続させる旨の議決がなかつたときは、その日の経過した日から、この法律は、その効力を失う。

公務労働法

国家公務員法

昭和二二年一〇月二一日法律第一二〇号
施行：附則参照
最終改正：令和六年一二月二五日法律第七九号
施行：附則参照

第一章　総則

（この法律の目的及び効力）

第一条　この法律は、国家公務員たる職員について適用すべき各般の根本基準（職員の福祉及び利益を保護するための適切な措置を含む。）を確立し、職員がその職務の遂行に当り、最大の能率を発揮し得るように、民主的な方法で、選択され、且つ、指導さるべきことを定め、以て国民に対し、公務の民主的且つ能率的な運営を保障することを目的とする。

2　この法律は、もつぱら日本国憲法第七十三条にいう官吏に関する事務を掌理する基準を定めるものである。

3　何人も、故意に、この法律又はこの法律に基づく命令に違反し、又は違反を企て若しくは共謀してはならない。又、何人も、故意に、この法律又はこの法律に基づく命令の施行に関し、虚偽行為をなし、若しくはなそうと企て、又はその施行を妨げてはならない。

4　この法律のある規定が、効力を失い、又はその適用が無効とされても、この法律の他の規定又は他の関係における適用は、その影響を受けることがない。

5　この法律の規定が、従前の法律又はこれに基く法令と矛盾し又はてい触する場合には、この法律の規定が、優先する。

（一般職及び特別職）

第二条　国家公務員の職は、これを一般職と特別職とに分つ。

2　一般職は、特別職に属する職以外の国家公務員の一切の職を包含する。

3　特別職は、次に掲げる職員の職とする。

一　内閣総理大臣
二　国務大臣
三　人事官及び検査官
四　内閣法制局長官
五　内閣官房副長官
五の二　内閣危機管理監
五の三　内閣官房副長官補、内閣広報官及び内閣情報官
六　内閣総理大臣補佐官
七　副大臣
七の二　大臣政務官
七の三　大臣補佐官
七の四　デジタル監
八　内閣総理大臣秘書官及び国務大臣秘書官並びに特別職たる機関の長の秘書官のうち人事院規則で指定するもの
九　就任について選挙によることを必要とし、あるいは国会の両院又は一院の議決又は同意によることを必要とする職員
十　宮内庁長官、侍従長、東宮大夫、式部官長及び侍従次長並びに法律又は人事院規則で指定する宮内庁のその他の職員
十一　特命全権大使、特命全権公使、特派大使、政府代表、全権委員、政府代表又は全権委員の代理並びに特派大使、政府代表又は全権委員の顧問及び随員
十一の二　日本ユネスコ国内委員会の委員
十二　日本学士院会員
十二の二　日本学術会議会員
十三　裁判官及びその他の裁判所職員
十四　国会職員
十五　国会議員の秘書
十六　防衛省の職員（防衛省に置かれる合議制の機関で防衛省設置法（昭和二十九年法律第百六十四号）第三十九条の政令で定めるものの委員及び同法第四条第一項第二十四号又は第二十五号に掲げる事務に従事する職員で同法第三十九条の政令で定めるもののうち、人事院規則で指定するものを除く。）
十七　独立行政法人通則法（平成十一年法律第百三号）第二条第四項に規定する行政執行法人（以下「行政執行法人」という。）の役員

4　この法律の規定は、一般職に属するすべての職（以下その職を官職といい、その職を占める者を職員という。）に、これを適用する。人事院は、ある職が、国家公務員の職に属するかどうか及び本条に規定する一般職に属するか特別職に属するかを決定する権限を有する。

5　この法律の規定は、この法律の改正法律により、別段の定がなされない限り、特別職に属する職には、これを適用しない。

6　政府は、一般職又は特別職以外の勤務者を置いてその勤務に対し俸給、給料その他の給与を支払つてはならない。

7　前項の規定は、政府又はその機関と外国人の間

に、個人的基礎においてなされる勤務の契約には適用されない。

第二章　中央人事行政機関

（人事院）

第三条　内閣の所轄の下に人事院を置く。人事院は、この法律に定める基準に従つて、内閣に報告しなければならない。

2　人事院は、法律の定めるところに従い、給与その他の勤務条件の改善及び人事行政の改善に関する勧告、採用試験（採用試験の対象官職及び種類並びに採用試験により確保すべき人材に関する事項を除く。）、任免（標準職務遂行能力、採用昇任等基本方針、幹部職員の任用等に係る特例及び幹部候補育成課程に関する事項（第三十三条第一項に規定する根本基準の実施につき必要な事項であつて、行政需要の変化に対応するために行う優れた人材の養成及び活用の確保に関するものを含む。）を除く。）、給与（一般職の職員の給与に関する法律（昭和二十五年法律第九十五号）第六条の二第一項の規定による指定職俸給表の適用を受ける職員の号俸の決定の方法並びに同法第八条第一項の規定による職務の級の定数の設定及び改定に関する事項を除く。）、研修（第七十条の六第一項第一号に掲げる観点に係るものに限る。）の計画の樹立及び実施並びに当該研修に係る調査研究、分限、懲戒、苦情の処理、職務に係る倫理の保持その他職員に関する人事行政の公正の確保及び職員の利益の保護等に関する事務をつかさどる。

3　法律により、人事院が処置する権限を与えられている部門においては、人事院の決定及び処分は、人事院によつてのみ審査される。

4　前項の規定は、法律問題につき裁判所に出訴する権利に影響を及ぼすものではない。

（国家公務員倫理審査会）

第三条の二　前条第二項の所掌事務のうち職務に係る倫理の保持に関する事務を所掌させるため、人事院に国家公務員倫理審査会を置く。

2　国家公務員倫理審査会に関しては、この法律に定めるもののほか、国家公務員倫理法（平成十一年法律第百二十九号）の定めるところによる。

（職員）

第四条　人事院は、人事官三人をもつて、これを組織する。

2　人事官のうち一人は、総裁として命ぜられる。

3　人事院は、事務総長及び予算の範囲内においてその職務を適切に行うため必要とする職員を任命する。

4　人事院は、その内部機構を管理する。国家行政組織法（昭和二十三年法律第百二十号）は、人事院には適用されない。

（人事官）

第五条　人事官は、人格が高潔で、民主的な統治組織と成績本位の原則による能率的な事務の処理に理解があり、かつ、人事行政に関し識見を有する年齢三十五年以上の者のうちから両議院の同意を経て、内閣が任命する。

2　人事官の任免は、天皇が認証する。

3　次の各号のいずれかに該当する者は、人事官となることができない。

一　破産手続開始の決定を受けて復権を得ない者

二　禁錮以上の刑に処せられた者又は第四章に規定する罪を犯し、刑に処せられた者

三　第三十八条第二号又は第四号に該当する者

4　任命の日以前五年間において、政党の役員、政治的顧問その他これらと同様な政治的影響力を有する政党員であつた者又は任命の日以前五年間において、公選による国若しくは都道府県の公職の候補者となつた者は、人事院規則で定めるところにより、人事官となることができない。

5　人事官の任命については、そのうちの二人が、同一の政党に属し、又は同一の大学学部を卒業した者となることとなつてはならない。

（宣誓及び服務）

第六条　人事官は、任命後、人事院規則の定めるところにより、最高裁判所長官の面前において、宣誓書に署名してからでなければ、その職務を行つてはならない。

2　第三章第七節の規定は、人事官にこれを準用する。

（任期）

第七条　人事官の任期は、四年とする。但し、補欠の人事官は、前任者の残任期間在任する。

2　人事官は、これを再任することができる。但し、引き続き十二年を超えて在任することはできない。

3　人事官であつた者は、退職後一年間は、人事院の官職以外の官職に、これを任命することができない。

（退職及び罷免）

第八条　人事官は、左の各号の一に該当する場合を除く外、その意に反して罷免されることがない。

一　第五条第三項各号の一に該当するに至つた場合

二　国会の訴追に基き、公開の弾劾手続により罷免を可とすると決定された場合

三　任期が満了して、再任されず又は人事官とし

て引き続き十二年在任するに至つた場合

2　前項第二号の規定による弾劾の事由は、左に掲げるものとする。

一　心身の故障のため、職務の遂行に堪えないこと

二　職務上の義務に違反し、その他人事官たるに適しない非行があること

3　人事官の中、二人以上が同一の政党に属することとなつた場合においては、これらの者の中の一人以外の者は、内閣が両議院の同意を経て、これを罷免するものとする。

4　前項の規定は、政党所属関係について異動のなかつた人事官の地位に、影響を及ぼすものではない。

（人事官の弾劾）

第九条　人事官の弾劾の裁判は、最高裁判所においてこれを行う。

2　国会は、人事官の弾劾の訴追をしようとするときは、訴追の事由を記載した書面を最高裁判所に提出しなければならない。

3　国会は、前項の場合においては、同項に規定する書面の写を訴追に係る人事官に送付しなければならない。

4　最高裁判所は、第二項の書面を受理した日から三十日以上九十日以内の間において裁判開始の日を定め、その日の三十日以前までに、国会及び訴追に係る人事官に、これを通知しなければならない。

5　最高裁判所は、裁判開始の日から百日以内に判決を行わなければならない。

6　人事官の弾劾の裁判の手続は、裁判所規則でこれを定める。

7　裁判に要する費用は、国庫の負担とする。

（人事官の給与）

第一〇条　人事官の給与は、別に法律で定める。

（総裁）

第一一条　人事院総裁は、人事官の中から、内閣が、これを命ずる。

2　人事院総裁は、院務を総理し、人事院を代表する。

3　人事院総裁に事故のあるとき、又は人事院総裁が欠けたとき、先任の人事官が、その職務を代行する。

（人事院会議）

第一二条　定例の人事院会議は、人事院規則の定めるところにより、少なくとも一週間に一回、一定の場所において開催することを常例としなければならない。

2　人事院会議の議事は、すべて議事録として記録しておかなければならない。

3　前項の議事録は、幹事がこれを作成する。

4　人事院の事務処理の手続に関し必要な事項は、人事院規則でこれを定める。

5　事務総長は、幹事として人事院会議に出席する。

6　人事院は、次に掲げる権限を行う場合においては、人事院の議決を経なければならない。

一　人事院規則の制定及び改廃

二　削除

三　第二十二条の規定による関係大臣その他の機関の長に対する勧告

四　第二十三条の規定による国会及び内閣に対する意見の申出

五　第二十四条の規定による国会及び内閣に対する報告

六　第二十八条の規定による国会及び内閣に対する勧告

七　第四十八条の規定による試験機関の指定

八　第六十条の規定による臨時的任用及びその更新に対する承認、臨時的任用に係る職員の員数の制限及びその資格要件の決定並びに臨時的任用の取消（人事院規則の定める場合を除く。）

九　第六十七条の規定による給与に関する法律に定める事項の改定案の作成並びに国会及び内閣に対する勧告

十　第八十七条の規定による事案の判定

十一　第九十二条の規定による処分の判定

十二　第九十五条の規定による補償に関する重要事項の立案

十三　第百三条第五項の審査請求に対する裁決

十四　第百八条の規定による国会及び内閣に対する意見の申出

十五　第百八条の三第六項の規定による職員団体の登録の効力の停止及び取消し

十六　その他人事院の議決によりその議決を必要とされた事項

（事務総局及び予算）

第一三条　人事院に事務総局及び法律顧問を置く。

2　事務総局の組織及び法律顧問に関し必要な事項は、人事院規則でこれを定める。

3　人事院は、毎会計年度の開始前に、次の会計年度においてその必要とする経費の要求書を国の予算に計上されるように内閣に提出しなければならない。この要求書には、土地の購入、建物の建造、事務所の借上、家具、備品及び消耗品の購入、俸給及び給料の支払その他必要なあらゆる役務及び物品に関する経費が計上されなければならない。

4　内閣が、人事院の経費の要求書を修正する場合においては、人事院の要求書は、内閣により修正された要求書とともに、これを国会に提出しなければならない。

5　人事院は、国会の承認を得て、その必要とする地方の事務所を置くことができる。

（事務総長）

第一四条　事務総長は、総裁の職務執行の補助者となり、その一般的監督の下に、人事院の事務上及び技術上のすべての活動を指揮監督し、人事院の職員について計画を立て、募集、配置及び指揮を行い、又、人事院会議の幹事となる。

（人事院の職員の兼職禁止）

第一五条　人事官及び事務総長は、他の官職を兼ねてはならない。

（人事院規則及び人事院指令）

第一六条　人事院は、その所掌事務について、法律を実施するため、又は法律の委任に基づいて、人事院規則を制定し、人事院指令を発し、及び手続を定める。人事院は、いつでも、適宜に、人事院規則を改廃することができる。

2　人事院規則及びその改廃は、官報をもつて、これを公布する。

3　人事院は、この法律に基いて人事院規則を実施し又はその他の措置を行うため、人　事院指令を発することができる。

（人事院の調査）

第一七条　人事院又はその指名する者は、人事院の所掌する人事行政に関する事項に関し調査することができる。

2　人事院又は前項の規定により指名された者は、同項の調査に関し必要があるときは、証人を喚問し、又は調査すべき事項に関係があると認められる書類若しくはその写の提出を求めることができる。

3　人事院は、第一項の調査（職員の職務に係る倫理の保持に関して行われるものに限る。）に関し必要があると認めるときは、当該調査の対象である職員に出頭を求めて質問し、又は同項の規定により指名された者に、当該職員の勤務する場所（職員として勤務していた場所を含む。）に立ち入らせ、帳簿書類その他必要な物件を検査させ、又は関係者に質問させることができる。

4　前項の規定により立入検査をする者は、その身分を示す証明書を携帯し、関係者の請求があつたときは、これを提示しなければならない。

5　第三項の規定による立入検査の権限は、犯罪捜査のために認められたものと解してはならない。

（国家公務員倫理審査会への権限の委任）

第一七条の二　人事院は、前条の規定による権限（職員の職務に係る倫理の保持に関して行われるものに限り、かつ、第九十条第一項に規定する審査請求に係るものを除く。）を国家公務員倫理審査会に委任する。

（給与の支払の監理）

第一八条　人事院は、職員に対する給与の支払を監理する。

2　職員に対する給与の支払は、人事院規則又は人事院指令に反してこれを行つてはならない。

（内閣総理大臣）

第一八条の二　内閣総理大臣は、法律の定めるところに従い、採用試験の対象官職及び種類並びに採用試験により確保すべき人材に関する事務、標準職務遂行能力、採用昇任等基本方針、幹部職員の任用等に係る特例及び幹部候補育成課程に関する事務（第三十三条第一項に規定する根本基準の実施につき必要な事務であつて、行政需要の変化に対応するために行う優れた人材の養成及び活用の確保に関するものを含む。）、一般職の職員の給与に関する法律第六条の二第一項の規定による指定職俸給表の適用を受ける職員の号俸の決定の方法並びに同法第八条第一項の規定による職務の級の定数の設定及び改定に関する事務並びに職員の人事評価（任用、給与、分限その他の人事管理の基礎とするために、職員がその職務を遂行するに当たり発揮した能力及び挙げた業績を把握した上で行われる勤務成績の評価をいう。以下同じ。）、研修、能率、厚生、服務、退職管理等に関する事務（第三条第二項の規定により人事院の所掌に属するものを除く。）をつかさどる。

2　内閣総理大臣は、前項に規定するもののほか、各行政機関がその職員について行なう人事管理に関する方針、計画等に関し、その統一保持上必要な総合調整に関する事務をつかさどる。

（内閣総理大臣の調査）

第一八条の三　内閣総理大臣は、職員の退職管理に関する事項（第百六条の二から第百六条の四までに規定するものに限る。）に関し調査することができる。

2　第十七条第二項から第五項までの規定は、前項の規定による調査について準用する。この場合において、同条第二項中「人事院又は前項の規定により指名された者は、同項」とあるのは「内閣総理大臣は、第十八条の三第一項」と、同条第三項中「第一項の調査（職員の職務に係る倫理の保持に関して行われるものに限る。）」とあるのは「第十八条の三第一項の調査」と、「対象である職員」とあるのは「対象である職員若しくは職員であつた者」と、「同項の規定により指名された者に、当該職員」とあるのは「当該職員」と、「立ち入らせ」とあるのは「立ち入り」と、「検査させ、又は関係者に質問させる」とあるのは「検査し、若しくは関係者に質問する」と読み替えるものとする。

（再就職等監視委員会への権限の委任）

第一八条の四　内閣総理大臣は、前条の規定による権限を再就職等監視委員会に委任する。

（内閣総理大臣の援助等）

第一八条の五　内閣総理大臣は、職員の離職に際しての離職後の就職の援助を行う。

2　内閣総理大臣は、官民の人材交流（国と民間企業との間の人事交流に関する法律（平成十一年法律第二百二十四号）第二条第三項に規定する交流派遣及び民間企業に現に雇用され、又は雇用されていた者の職員への第三十六条ただし書の規定による採用その他これらに準ずるものとして政令で定めるものをいう。第五十四条第二項第七号において同じ。）の円滑な実施のための支援を行う。

（官民人材交流センターへの事務の委任）

第一八条の六　内閣総理大臣は、前条に規定する事務を官民人材交流センターに委任する。

2　内閣総理大臣は、前項の規定により委任する事務について、その運営に関する指針を定め、これを公表する。

（官民人材交流センター）

第一八条の七　内閣府に、官民人材交流センターを置く。

2　官民人材交流センターは、この法律及び他の法律の規定によりその権限に属させられた事項を処理する。

3　官民人材交流センターの長は、官民人材交流センター長とし、内閣官房長官をもつて充てる。

4　官民人材交流センター長は、官民人材交流センターの事務を統括する。

5　官民人材交流センター長は、官民人材交流センターの所掌事務を遂行するために必要があると認めるときは、関係行政機関の長に対し、資料の提出、意見の開陳、説明その他必要な協力を求め、又は意見を述べることができる。

6　官民人材交流センターに、官民人材交流副センター長を置く。

7　官民人材交流副センター長は、官民人材交流センター長の職務を助ける。

8　官民人材交流センターに、所要の職員を置く。

9　内閣総理大臣は、官民人材交流センターの所掌事務の全部又は一部を分掌させるため、所要の地に、官民人材交流センターの支所を置くことができる。

10　第三項から前項までに定めるもののほか、官民人材交流センターの組織に関し必要な事項は、政令で定める。

（人事記録）

第一九条　内閣総理大臣は、職員の人事記録に関することを管理する。

2　内閣総理大臣は、内閣府、デジタル庁、各省その他の機関をして、当該機関の職員の人事に関する一切の事項について、人事記録を作成し、これを保管せしめるものとする。

3　人事記録の記載事項及び様式その他人事記録に関し必要な事項は、政令でこれを定める。

4　内閣総理大臣は、内閣府、デジタル庁、各省その他の機関によつて作成保管された人事記録で、前項の規定による政令に違反すると認めるものについて、その改訂を命じ、その他所要の措置をなすことができる。

（統計報告）

第二〇条　内閣総理大臣は、政令の定めるところにより、職員の在職関係に関する統計報告の制度を定め、これを実施するものとする。

2　内閣総理大臣は、前項の統計報告に関し必要があるときは、関係庁に対し随時又は定期に一定の形式に基いて、所要の報告を求めることができる。

（権限の委任）

第二一条　人事院又は内閣総理大臣は、それぞれ人事院規則又は政令の定めるところにより、この法律に基づく権限の一部を他の機関をして行なわせることができる。この場合においては、人事院又は内閣総理大臣は、当該事務に関し、他の機関の長を指揮監督することができる。

（人事行政改善の勧告）

第二二条　人事院は、人事行政の改善に関し、関係大臣その他の機関の長に勧告することができる。

2　前項の場合においては、人事院は、その旨を内閣に報告しなければならない。

（法令の制定改廃に関する意見の申出）

第二三条　人事院は、この法律の目的達成上、法令の制定又は改廃に関し意見があるときは、その意見を国会及び内閣に同時に申し出なければならない。

（人事院規則の制定改廃に関する内閣総理大臣からの要請）

第二三条の二　内閣総理大臣は、この法律の目的達成上必要があると認めるときは、人事院に対し、人事院規則を制定し、又は改廃することを要請することができる。

2　内閣総理大臣は、前項の規定による要請をしたときは、速やかに、その内容を公表するものとする。

（業務の報告）

第二四条　人事院は、毎年、国会及び内閣に対し、業務の状況を報告しなければならない。

2　内閣は、前項の報告を公表しなければならない。

（人事管理官）

第二五条　内閣府、デジタル庁及び各省並びに政令で指定するその他の機関には、人事管理官を置かなければならない。

2　人事管理官は、人事に関する部局の長となり、前項の機関の長を助け、人事に関する事務を掌る。この場合において、人事管理官は、中央人事行政機関との緊密な連絡及びこれに対する協力につとめなければならない。

第二六条　削除

第三章　職員に適用される基準

第一節　通則

（平等取扱いの原則）

第二七条　全て国民は、この法律の適用について、平等に取り扱われ、人種、信条、性別、社会的身分、門地又は第三十八条第四号に該当する場合を除くほか政治的意見若しくは政治的所属関係によつて、差別されてはならない。

（人事管理の原則）

第二七条の二　職員の採用後の任用、給与その他の人事管理は、職員の採用年次、合格した採用試験の種類及び第六十一条の九第二項第二号に規定する課程対象者であるか否か又は同号に規定する課程対象者であつたか否かにとらわれてはならず、この法律に特段の定めがある場合を除くほか、人事評価に基づいて適切に行われなければならない。

（情勢適応の原則）

第二八条　この法律及び他の法律に基いて定められる職員の給与、勤務時間その他勤務条件に関する基礎事項は、国会により社会一般の情勢に適応するように、随時これを変更することができる。その変更に関しては、人事院においてこれを勧告することを怠つてはならない。

2　人事院は、毎年、少くとも一回、俸給表が適当であるかどうかについて国会及び内閣に同時に報告しなければならない。給与を決定する諸条件の変化により、俸給表に定める給与を百分の五以上増減する必要が生じたと認められるときは、人事院は、その報告にあわせて、国会及び内閣に適当な勧告をしなければならない。

第二九条～第三二条　削除

第二節　採用試験及び任免

（任免の根本基準）

第三三条　職員の任用は、この法律の定めるところにより、その者の受験成績、人事評価又はその他の能力の実証に基づいて行わなければならない。

2　前項に規定する根本基準の実施に当たつては、次に掲げる事項が確保されなければならない。

一　職員の公正な任用

二　行政需要の変化に対応するために行う優れた人材の養成及び活用

3　職員の免職は、法律に定める事由に基づいてこれを行わなければならない。

4　第一項に規定する根本基準の実施につき必要な事項であつて第二項第一号に掲げる事項の確保に関するもの及び前項に規定する根本基準の実施につき必要な事項は、この法律に定めのあるものを除いては、人事院規則でこれを定める。

第三三条の二　第五十四条第一項に規定する採用昇任等基本方針には、前条第一項に規定する根本基準の実施につき必要な事項であつて同条第二項第二号に掲げる事項の確保に関するものとして、職員の採用、昇任、降任及び転任に関する制度の適切かつ効果的な運用の確保に資する基本的事項を定めるものとする。

第一款　通則

（定義）

第三四条　この法律において、次の各号に掲げる用語の意義は、当該各号に定めるところによる。

一　採用　職員以外の者を官職に任命すること（臨時的任用を除く。）をいう。

二　昇任　職員をその職員が現に任命されている官職より上位の職制上の段階に属する官職に任命することをいう。

三　降任　職員をその職員が現に任命されている官職より下位の職制上の段階に属する官職に任命することをいう。

四　転任　職員をその職員が現に任命されている官職以外の官職に任命することであつて前二号に定めるものに該当しないものをいう。

五　標準職務遂行能力　職制上の段階の標準的な官職の職務を遂行する上で発揮することが求められる能力として内閣総理大臣が定めるものをいう。

六　幹部職員　内閣府設置法（平成十一年法律第

八十九号）第五十条若しくは国家行政組織法第六条に規定する長官、同法第十八条第一項に規定する事務次官若しくは同法第二十一条第一項に規定する局長若しくは部長の官職又はこれらの官職に準ずる官職であつて政令で定めるもの（以下「幹部職」という。）を占める職員をいう。

七　管理職員　国家行政組織法第二十一条第一項に規定する課長若しくは室長の官職又はこれらの官職に準ずる官職であつて政令で定めるもの（以下「管理職」という。）を占める職員をいう。

2　前項第五号の標準的な官職は、係員、係長、課長補佐、課長その他の官職とし、職制上の段階及び職務の種類に応じ、政令で定める。

（欠員補充の方法）

第三十五条　官職に欠員を生じた場合においては、その任命権者は、法律又は人事院規則に別段の定のある場合を除いては、採用、昇任、降任又は転任のいずれか一の方法により、職員を任命することができる。但し、人事院が特別の必要があると認めて任命の方法を指定した場合は、この限りでない。

（採用の方法）

第三十六条　職員の採用は、競争試験によるものとする。ただし、係員の官職（第三十四条第二項に規定する標準的な官職が係員である職制上の段階に属する官職その他これに準ずる官職として人事院規則で定めるものをいう。第四十五条の二第一項において同じ。）以外の官職に採用しようとする場合又は人事院規則で定める場合には、競争試験以外の能力の実証に基づく試験（以下「選考」という。）の方法によることを妨げない。

第三十七条　削除

（欠格条項）

第三十八条　次の各号のいずれかに該当する者は、人事院規則で定める場合を除くほか、官職に就く能力を有しない。

一　禁錮以上の刑に処せられ、その執行を終わるまで又はその執行を受けることがなくなるまでの者

二　懲戒免職の処分を受け、当該処分の日から二年を経過しない者

三　人事院の人事官又は事務総長の職にあつて、第百九条から第百十二条までに規定する罪を犯し、刑に処せられた者

四　日本国憲法施行の日以後において、日本国憲法又はその下に成立した政府を暴力で破壊することを主張する政党その他の団体を結成し、又はこれに加入した者

（人事に関する不法行為の禁止）

第三十九条　何人も、次の各号のいずれかに該当する事項を実現するために、金銭その他の利益を授受し、提供し、要求し、若しくは授受を約束したり、脅迫、強制その他これに類する方法を用いたり、直接たると間接たるとを問わず、公の地位を利用し、又はその利用を提供し、要求し、若しくは約束したり、あるいはこれらの行為に関与してはならない。

一　退職若しくは休職又は任用の不承諾

二　採用のための競争試験（以下「採用試験」という。）若しくは任用の志望の撤回又は任用に対する競争の中止

三　任用、昇給、留職その他官職における利益の実現又はこれらのことの推薦

（人事に関する虚偽行為の禁止）

第四〇条　何人も、採用試験、選考、任用又は人事記録に関して、虚偽又は不正の陳述、記載、証明、採点、判断又は報告を行つてはならない。

（受験又は任用の阻害及び情報提供の禁止）

第四一条　試験機関に属する者その他の職員は、受験若しくは任用を阻害し、又は受験若しくは任用に不当な影響を与える目的を以て特別若しくは秘密の情報を提供してはならない。

第二款　採用試験

（採用試験の実施）

第四二条　採用試験は、この法律に基づく命令で定めるところにより、これを行う。

（受験の欠格条項）

第四三条　第四十四条に規定する資格に関する制限の外、官職に就く能力を有しない者は、受験することができない。

（受験の資格要件）

第四四条　人事院は、人事院規則により、受験者に必要な資格として官職に応じ、その職務の遂行に欠くことのできない最小限度の客観的且つ画一的な要件を定めることができる。

（採用試験の内容）

第四五条　採用試験は、受験者が、当該採用試験に係る官職の属する職制上の段階の標準的な官職に係る標準職務遂行能力及び当該採用試験に係る官職についての適性を有するかどうかを判定することをもつてその目的とする。

（採用試験における対象官職及び種類並びに採用試験により確保すべき人材）

第四五条の二　採用試験は、次に掲げる官職を対象として行うものとする。

一　係員の官職のうち、政策の企画及び立案又は調査及び研究に関する事務をその職務とする官職その他これらに類する官職であつて政令で定めるもの（第三号に掲げるものを除く。）

二　定型的な事務をその職務とする係員の官職その他の係員の官職（前号及び次号に掲げるものを除く。）

三　係員の官職のうち、特定の行政分野に係る専門的な知識を必要とする事務をその職務とする官職として政令で定めるもの

四　係員の官職より上位の職制上の段階に属する官職のうち、民間企業における実務の経験その他これに類する経験を有する者を採用することが適当なものとして政令で定めるもの

2　採用試験の種類は、次に掲げるとおりとする。

一　総合職試験（前項第一号に掲げる官職への採用を目的とした競争試験をいう。）であつて、一定の範囲の知識、技術その他の能力（以下この項において「知識等」という。）を有する者として政令で定めるものごとに、受験者が同号に掲げる官職の属する職制上の段階の標準的な官職に係る標準職務遂行能力及び同号に掲げる官職についての適性を有するかどうかを判定することを目的として行うそれぞれの採用試験

二　一般職試験（前項第二号に掲げる官職への採用を目的とした競争試験をいう。）であつて、一定の範囲の知識等を有する者として政令で定めるものごとに、受験者が同号に掲げる官職の属する職制上の段階の標準的な官職に係る標準職務遂行能力及び同号に掲げる官職についての適性を有するかどうかを判定することを目的として行うそれぞれの採用試験

三　専門職試験（前項第三号に掲げる官職への採用を目的とした競争試験をいう。）であつて、同号に規定する特定の行政分野に応じて一定の範囲の知識等を有する者として政令で定めるものごとに、受験者が同号に掲げる官職の属する職制上の段階の標準的な官職に係る標準職務遂行能力及び同号に掲げる官職についての適性を有するかどうかを判定することを目的として行うそれぞれの採用試験

四　経験者採用試験（前項第四号に掲げる官職への採用を目的とした競争試験をいう。）であつて、同号に規定する職制上の段階その他の官職に係る分類に応じて一定の範囲の知識等を有する者として政令で定めるものごとに、受験者が同号に掲げる官職の属する職制上の段階の標準的な官職に係る標準職務遂行能力及び同号に掲げる官職についての適性を有するかどうかを判定することを目的として行うそれぞれの採用試験

3　採用試験により確保すべき人材に関する事項は、前項各号に掲げる採用試験の種類ごとに、政令で定める。

4　前三項の政令は、人事院の意見を聴いて定めるものとする。

（採用試験の方法等）

第四五条の三　採用試験の方法、試験科目、合格者の決定の方法その他採用試験に関する事項については、この法律に定めのあるものを除いては、前条第二項各号に掲げる採用試験の種類に応じ、人事院規則で定める。

（採用試験の公開平等）

第四六条　採用試験は、人事院規則の定める受験の資格を有するすべての国民に対して、平等の条件で公開されなければならない。

（採用試験の告知）

第四七条　採用試験の告知は、公告によらなければならない。

2　前項の告知には、その試験に係る官職についての職務及び責任の概要及び給与、受験の資格要件、採用試験の時期及び場所、願書の入手及び提出の場所、時期及び手続その他の必要な受験手続並びに人事院が必要と認めるその他の注意事項を記載するものとする。

3　第一項の規定による公告は、人事院規則の定めるところにより、受験の資格を有するすべての者に対し、受験に必要な事項を周知させることができるように、これを行わなければならない。

4　人事院は、受験の資格を有すると認められる者が受験するように、常に努めなければならない。

5　人事院は、公告された採用試験又は実施中の採用試験を、取り消し又は変更することができる。

（試験機関）

第四八条　採用試験は、人事院規則の定めるところにより、人事院の定める試験機関が、これを行う。

（採用試験の時期及び場所）

第四九条　採用試験の時期及び場所は、国内の受験資格者が、無理なく受験することができるように、これを定めなければならない。

第三款　採用候補者名簿

（名簿の作成）

第五〇条　採用試験による職員の採用については、人事院規則の定めるところにより、採用候補者名簿を作成するものとする。

（採用候補者名簿に記載される者）

第五一条　採用候補者名簿には、当該官職に採用することができる者として、採用試験において合格点以上を得た者の氏名及び得点を記載するものとする。

（名簿の閲覧）

第五二条　採用候補者名簿は、受験者、任命権者その他関係者の請求に応じて、常に閲覧に供されなければならない。

（名簿の失効）

第五三条　採用候補者名簿が、その作成後一年以上を経過したとき、又は人事院の定める事由に該当するときは、いつでも、人事院は、任意に、これを失効させることができる。

第四款　任用

（採用昇任等基本方針）

第五四条　内閣総理大臣は、公務の能率的な運営を確保する観点から、あらかじめ、次条第一項に規定する任命権者及び法律で別に定められた任命権者と協議して職員の採用、昇任、降任及び転任に関する制度の適切かつ効果的な運用を確保するための基本的な方針（以下「採用昇任等基本方針」という。）の案を作成し、閣議の決定を求めなければならない。

2　採用昇任等基本方針には、第三十三条の二に規定する基本的事項のほか、次に掲げる事項を定めるものとする。

一　職員の採用、昇任、降任及び転任に関する制度の適切かつ効果的な運用に関する基本的な指針

二　第五十六条の採用候補者名簿による採用及び第五十七条の選考による採用に関する指針

三　第五十八条の昇任及び転任に関する指針

四　管理職への任用に関する基準その他の指針

五　任命権者を異にする官職への任用に関する指針

六　職員の公募（官職の職務の具体的な内容並びに当該官職に求められる能力及び経験を公示して、当該官職の候補者を募集することをいう。次項において同じ。）に関する指針

七　官民の人材交流に関する指針

八　子の養育又は家族の介護を行う職員の状況を考慮した職員の配置その他の措置による仕事と生活の調和を図るための指針

九　前各号に掲げるもののほか、職員の採用、昇任、降任及び転任に関する制度の適切かつ効果的な運用を確保するために必要な事項

3　前項第六号の指針を定めるに当たつては、犯罪の捜査その他特殊性を有する職務の官職についての公募の制限に関する事項その他職員の公募の適正を確保するために必要な事項に配慮するものとする。

4　内閣総理大臣は、第一項の規定による閣議の決定があつたときは、遅滞なく、採用昇任等基本方針を公表しなければならない。

5　第一項及び前項の規定は、採用昇任等基本方針の変更について準用する。

6　任命権者は、採用昇任等基本方針に沿つて、職員の採用、昇任、降任及び転任を行わなければならない。

（任命権者）

第五五条　任命権は、法律に別段の定めのある場合を除いては、内閣、各大臣（内閣総理大臣及び各省大臣をいう。以下同じ。）、会計検査院長及び人事院総裁並びに宮内庁長官及び各外局の長に属するものとする。これらの機関の長の有する任命権は、その部内の機関に属する官職に限られ、内閣の有する任命権は、その直属する機関（内閣府及びデジタル庁を除く。）に属する官職に限られる。ただし、外局の長（国家行政組織法第七条第五項に規定する実施庁以外の庁にあつては、外局の幹部職）に対する任命権は、各大臣に属する。

2　前項に規定する機関の長たる任命権者は、幹部職以外の官職（内閣にあつては、幹部職を含む。）の任命権を、その部内の上級の国家公務員（内閣が任命権を有する幹部職にあつては、内閣総理大臣又は国務大臣）に限り委任することができる。この委任は、その効力が発生する日の前に、書面をもつて、これを人事院に提示しなければならない。

3　この法律、人事院規則及び人事院指令に規定する要件を備えない者は、これを任命し、雇用し、昇任させ若しくは転任させてはならず、又はいかなる官職にも配置してはならない。

（採用候補者名簿による採用の方法）

第五六条　採用候補者名簿による職員の採用は、任命権者が、当該採用候補者名簿に記載された者の中から、面接を行い、その結果を考慮して行うものとする。

（選考による採用）

第五七条　選考による職員の採用（職員の幹部職への任命に該当するものを除く。）は、任命権者が、任命しようとする官職の属する職制上の段階の標準的な官職に係る標準職務遂行能力及び当該任命しようとする官職についての適性を有すると認められる者の中から行うものとする。

（昇任、降任及び転任）

第五八条　職員の昇任及び転任（職員の幹部職への任命に該当するものを除く。）は、任命権者が、職員の人事評価に基づき、任命しようとする官職の属する職制上の段階の標準的な官職に係る標準職務遂行能力及び当該任命しようとする官職についての適性を有すると認められる者の中から行うものとする。

2　任命権者は、職員を降任させる場合（職員の幹部職への任命に該当する場合を除く。）には、当該職員の人事評価に基づき、任命しようとする官職の属する職制上の段階の標準的な官職に係る標準職務遂行能力及び当該任命しようとする官職についての適性を有すると認められる官職に任命するものとする。

3　国際機関又は民間企業に派遣されていたこと等の事情により、人事評価が行われていない職員の昇任、降任及び転任（職員の幹部職への任命に該当するものを除く。）については、前二項の規定にかかわらず、任命権者が、人事評価以外の能力の実証に基づき、任命しようとする官職の属する職制上の段階の標準的な官職に係る標準職務遂行能力及び当該任命しようとする官職についての適性を判断して行うことができる。

（条件付任用）

第五九条　職員の採用及び昇任は、職員であつた者又はこれに準ずる者のうち、人事院規則で定める者を採用する場合その他人事院規則で定める場合を除き、条件付のものとし、職員が、その官職において六月の期間（六月の期間とすることが適当でないと認められる職員として人事院規則で定める職員にあつては、人事院規則で定める期間）を勤務し、その間その職務を良好な成績で遂行したときに、正式のものとなるものとする。

2　前項に定めるもののほか、条件付任用に関し必要な事項は、人事院規則で定める。

（臨時的任用）

第六〇条　任命権者は、人事院規則の定めるところにより、緊急の場合、臨時の官職に関する場合又は採用候補者名簿がない場合には、人事院の承認を得て、六月を超えない任期で、臨時的任用を行うことができる。この場合において、その任用は、人事院規則の定めるところにより人事院の承認を得て、六月の期間で、これを更新することができるが、再度更新することはできない。

2　人事院は、臨時的任用につき、その員数を制限し、又は、任用される者の資格要件を定めることができる。

3　人事院は、前二項の規定又は人事院規則に違反する臨時的任用を取り消すことができる。

4　臨時的任用は、任用に際して、いかなる優先権をも与えるものではない。

5　前各項に定めるもののほか、臨時的に任用された者に対しては、この法律及び人事院規則を適用する。

（定年前再任用短時間勤務職員の任用）

第六〇条の二　任命権者は、年齢六十年に達した日以後にこの法律の規定により退職（臨時的職員その他の法律により任期を定めて任用される職員及び常時勤務を要しない官職を占める職員が退職する場合を除く。）をした者（以下この条及び第八十二条第二項において「年齢六十年以上退職者」という。）又は年齢六十年に達した日以後に自衛隊法（昭和二十九年法律第百六十五号）の規定により退職（自衛官及び同法第四十四条の六第三項各号に掲げる隊員が退職する場合を除く。）をした者（以下この項及び第三項において「自衛隊法による年齢六十年以上退職者」という。）を、人事院規則で定めるところにより、従前の勤務実績その他の人事院規則で定める情報に基づく選考により、短時間勤務の官職（当該官職を占める職員の一週間当たりの通常の勤務時間が、常時勤務を要する官職でその職務が当該短時間勤務の官職と同種の官職を占める職員の一週間当たりの通常の勤務時間に比し短い時間である官職をいう。以下この項及び第三項において同じ。）（一般職の職員の給与に関する法律別表第十一に規定する指定職俸給表の適用を受ける職員が占める官職及びこれに準ずる行政執行法人の官職として人事院規則で定める官職（第四項及び第六節第一款第二目においてこれらの官職を「指定職」という。）を除く。以下この項及び第三項において同じ。）に採用することができる。ただし、年齢六十年以上退職者又は自衛隊法による年齢六十年以上退職者がこれらの者を採用しようとする短時間勤務の官職に係る定年退職日相当日（短時間勤務の官職を占める職員が、常時勤務を要する官職でその職務が当該短時間勤務の官職と同種の官職を占めているものとした場合における第八十一条の六第一項に規定する定年退職日をいう。次項及び第三項において同じ。）を経過した者であるときは、この限りでない。

2　前項の規定により採用された職員（以下この条及び第八十二条第二項において「定年前再任用短時間勤務職員」という。）の任期は、採用の日から定年退職日相当日までとする。

3　任命権者は、年齢六十年以上退職者又は自衛隊

法による年齢六十年以上退職者のうちこれらの者を採用しようとする短時間勤務の官職に係る定年退職日相当日を経過していない者以外の者を当該短時間勤務の官職に採用することができず、定年前再任用短時間勤務職員のうち当該定年前再任用短時間勤務職員を昇任し、降任し、又は転任しようとする短時間勤務の官職に係る定年退職日相当日を経過していない定年前再任用短時間勤務職員以外の職員を当該短時間勤務の官職に昇任し、降任し、又は転任することができない。

4　任命権者は、定年前再任用短時間勤務職員を、指定職又は指定職以外の常時勤務を要する官職に昇任し、降任し、又は転任することができない。

第五款　休職、復職、退職及び免職

（休職、復職、退職及び免職）

第六一条　職員の休職、復職、退職及び免職は任命権者が、この法律及び人事院規則に従い、これを行う。

第六款　幹部職員の任用等に係る特例

（適格性審査及び幹部候補者名簿）

第六一条の二　内閣総理大臣は、次に掲げる者について、政令で定めるところにより、幹部職（自衛隊法第三十条の二第一項第六号に規定する幹部職を含む。第二号及び次項において同じ。）に属する官職（同条第一項第二号に規定する自衛官以外の隊員が占める職を含む。次項及び第六十一条の十一において同じ。）に係る標準職務遂行能力（同法第三十条の二第一項第五号に規定する標準職務遂行能力を含む。次項において同じ。）を有することを確認するための審査（以下「適格性審査」という。）を公正に行うものとする。

一　幹部職員（自衛隊法第三十条の二第一項第六号に規定する幹部隊員を含む。次号及び第六十一条の九第一項において同じ。）

二　幹部職員以外の者であつて、幹部職の職責を担うにふさわしい能力を有すると見込まれる者として任命権者（自衛隊法第三十一条第一項の規定により同法第二条第五項に規定する隊員（以下「自衛隊員」という。）の任免について権限を有する者を含む。第三項及び第四項、第六十一条の六並びに第六十一条の十一において同じ。）が内閣総理大臣に推薦した者

三　前二号に掲げる者に準ずる者として政令で定める者

2　内閣総理大臣は、適格性審査の結果、幹部職に属する官職に係る標準職務遂行能力を有することを確認した者について、政令で定めるところにより、氏名その他政令で定める事項を記載した名簿（以下この条及び次条において「幹部候補者名簿」という。）を作成するものとする。

3　内閣総理大臣は、任命権者の求めがある場合には、政令で定めるところにより、当該任命権者に対し、幹部候補者名簿を提示するものとする。

4　内閣総理大臣は、政令で定めるところにより、定期的に、及び任命権者の求めがある場合その他必要があると認める場合には随時、適格性審査を行い、幹部候補者名簿を更新するものとする。

5　内閣総理大臣は、前各項の規定による権限を内閣官房長官に委任する。

6　第一項（第三号を除く。）及び第二項から第四項までの政令は、人事院の意見を聴いて定めるものとする。

（幹部候補者名簿に記載されている者の中からの任用）

第六一条の三　選考による職員の採用であつて、幹部職への任命に該当するものは、任命権者が、幹部候補者名簿に記載されている者であつて、当該任命しようとする幹部職についての適性を有すると認められる者の中から行うものとする。

2　職員の昇任及び転任であつて、幹部職への任命に該当するものは、任命権者が、幹部候補者名簿に記載されている者であつて、職員の人事評価に基づき、当該任命しようとする幹部職についての適性を有すると認められる者の中から行うものとする。

3　任命権者は、幹部候補者名簿に記載されている職員の降任であつて、幹部職への任命に該当するものを行う場合には、当該職員の人事評価に基づき、当該任命しようとする幹部職についての適性を有すると認められる幹部職に任命するものとする。

4　国際機関又は民間企業に派遣されていたこと等の事情により人事評価が行われていない職員のうち、幹部候補者名簿に記載されている者の昇任、降任又は転任であつて、幹部職への任命に該当するものについては、任命権者が、前二項の規定にかかわらず、人事評価以外の能力の実証に基づき、当該任命しようとする幹部職についての適性を判断して行うことができる。

（内閣総理大臣及び内閣官房長官との協議に基づく任用等）

第六一条の四　任命権者は、職員の選考による採用、昇任、降任及び転任であつて幹部職への任命に該当するもの、幹部職員の幹部職以外の官職への昇任、降任及び転任（第八十一条の二第一項の規定による降任及び転任を除く。）並びに幹部職員の

退職（政令で定めるものに限る。第四項において同じ。）及び免職（次項及び第三項において「採用等」という。）を行う場合には、政令で定めるところにより、あらかじめ内閣総理大臣及び内閣官房長官に協議した上で、当該協議に基づいて行うものとする。

2 前項の場合において、災害その他緊急やむを得ない理由により、あらかじめ内閣総理大臣及び内閣官房長官に協議する時間的余裕がないときは、任命権者は、同項の規定にかかわらず、当該協議を行うことなく、職員の採用等を行うことができる。

3 任命権者は、前項の規定により職員の採用等を行つた場合には、内閣総理大臣及び内閣官房長官に通知するとともに、遅滞なく、当該採用等について、政令で定めるところにより、内閣総理大臣及び内閣官房長官に協議し、当該協議に基づいて必要な措置を講じなければならない。

4 内閣総理大臣又は内閣官房長官は、幹部職員について適切な人事管理を確保するために必要があると認めるときは、任命権者に対し、幹部職員の昇任、降任、転任、退職及び免職（第八十一条の二第一項の規定による降任及び転任を除く。以下この項において「昇任等」という。）について協議を求めることができる。この場合において、協議が調つたときは、任命権者は、当該協議に基づいて昇任等を行うものとする。

（管理職への任用に関する運用の管理）

第六一条の五 任命権者は、政令で定めるところにより、定期的に、及び内閣総理大臣の求めがある場合には随時、管理職への任用の状況を内閣総理大臣に報告するものとする。

2 内閣総理大臣は、第五十四条第二項第四号の基準に照らして必要があると認める場合には、任命権者に対し、管理職への任用に関する運用の改善その他の必要な措置をとることを求めることができる。

（任命権者を異にする管理職への任用に係る調整）

第六一条の六 内閣総理大臣は、任命権者を異にする管理職（自衛隊法第三十条の二第一項第七号に規定する管理職を含む。）への任用の円滑な実施に資するよう、任命権者に対する情報提供、任命権者相互間の情報交換の促進その他の必要な調整を行うものとする。

（人事に関する情報の管理）

第六一条の七 内閣総理大臣は、この款及び次款の規定の円滑な運用を図るため、内閣府、デジタル庁、各省その他の機関に対し、政令で定めるところにより、当該機関の幹部職員、管理職員、第六十一条の九第二項第二号に規定する課程対象者その他これらに準ずる職員として政令で定めるものの人事に関する情報の提供を求めることができる。

2 内閣総理大臣は、政令で定めるところにより、前項の規定により提出された情報を適正に管理するものとする。

（特殊性を有する幹部職等の特例）

第六一条の八 法律の規定に基づき内閣に置かれる機関（内閣法制局、内閣府及びデジタル庁を除く。以下この項において「内閣の直属機関」という。）、人事院、検察庁及び会計検査院の官職（当該官職が内閣の直属機関に属するものであつて、その任命権者が内閣の委任を受けて任命権を行う者であるものを除く。）については、第六十一条の二から第六十一条の五までの規定は適用せず、第五十七条、第五十八条及び前条第一項の規定の適用については、第五十七条中「採用（職員の幹部職への任命に該当するものを除く。）」とあるのは「採用」と、第五十八条第一項中「転任（職員の幹部職への任命に該当するものを除く。）」とあるのは「転任」と、同条第二項中「降任させる場合（職員の幹部職への任命に該当する場合を除く。）」とあるのは「降任させる場合」と、同条第三項中「転任（職員の幹部職への任命に該当するものを除く。）」とあるのは「転任」と、前条第一項中「、政令」とあるのは「、当該機関の職員が適格性審査を受ける場合その他の必要がある場合として政令で定める場合に限り、政令」とする。

2 警察庁の官職については、第六十一条の二、第六十一条の三、第六十一条の四第四項及び第六十一条の五の規定は適用せず、第五十七条、第五十八条、第六十一条の四第一項から第三項まで及び前条第一項の規定の適用については、第五十七条中「採用（職員の幹部職への任命に該当するものを除く。）」とあるのは「採用」と、第五十八条第一項中「転任（職員の幹部職への任命に該当するものを除く。）」とあるのは「転任」と、同条第二項中「降任させる場合（職員の幹部職への任命に該当する場合を除く。）」とあるのは「降任させる場合」と、同条第三項中「転任（職員の幹部職への任命に該当するものを除く。）」とあるのは「転任」と、第六十一条の四第一項中「に協議した上で、当該協議に基づいて行う」とあるのは「（任命権者が警察庁長官である場合にあつては、国家公安委員会を通じて内閣総理大臣及び内閣官房長官）に通知するものとする。この場合において、内閣総理大臣及び内閣官房長官は、任命権者（任命権者が警察庁長官である場合にあつては、国家公安委員会を通じて任命権者）に対し、当該幹部職に係る標準職務遂行能力を有しているか否かの観点から意見を述べることができる」と、同条第二項中「に協議する」とあるのは「（任命権者が警察庁長官である場合にあつては、国家公安委員会を通じて内閣総理大臣及び内閣官房長官）に通知する」と、「当該協議」とあるのは「当該通知」と、同条第三項中「内閣総理大臣及び内閣官房長官に通知するとともに、遅滞なく」とあるのは「遅滞なく」と、「に協議し、当該協議に基づいて必要な措置を講じなければならない」とあるのは「（任命権者が警察庁長官である場合にあつては、国家公安委員会を通じて内閣総理大臣及び内閣官房長官）に通知しなければならない。この場合において、内閣総理大臣及び内閣官房長官は、任命権者（任命権者が警察庁長官である場合にあつては、国家公安委員会を通じて任命権者）に対し、当該幹部職に係る標準職務遂行能力を有しているか否かの観点から意見を述べることができるものとする」と、前条第一項中「、政令」とあるのは「、当該機関の職員が適格性審査を受ける場合その他の必要がある場合として政令で定める場合に限り、政令」とする。

3　内閣法制局、宮内庁、外局として置かれる委員会（政令で定めるものを除く。）及び国家行政組織法第七条第五項に規定する実施庁の幹部職（これらの機関の長を除く。）については、第六十一条の四第四項の規定は適用せず、同条第一項及び第三項の規定の適用については、同条第一項中「内閣総理大臣」とあるのは「任命権者の属する機関に係る事項についての内閣法（昭和二十二年法律第五号）にいう主任の大臣（第三項において単に「主任の大臣」という。）を通じて内閣総理大臣」と、同条第三項中「内閣総理大臣」とあるのは「主任の大臣を通じて内閣総理大臣」とする。

第七款　幹部候補育成課程

（運用の基準）

第六一条の九　内閣総理大臣、各省大臣（自衛隊法第三十一条第一項の規定により自衛隊員の任免について権限を有する防衛大臣を含む。）、会計検査院長、人事院総裁その他機関の長であつて政令で定めるもの（以下この条及び次条において「各大臣等」という。）は、幹部職員の候補となり得る管理職員（同法第三十条の二第一項第七号に規定する管理職員を含む。次項において同じ。）としてその職責を担うにふさわしい能力及び経験を有する職員（自衛隊員（自衛官を除く。）を含む。同項において同じ。）を育成するための課程（以下「幹部候補育成課程」という。）を設け、内閣総理大臣の定める基準に従い、運用するものとする。

2　前項の基準においては、次に掲げる事項を定めるものとする。

一　各大臣等が、その職員であつて、採用後、一定期間勤務した経験を有するものの中から、本人の希望及び人事評価（自衛隊法第三十一条第二項に規定する人事評価を含む。次号において同じ。）に基づいて、幹部候補育成課程における育成の対象となるべき者を随時選定すること。

二　各大臣等が、前号の規定により選定した者（以下「課程対象者」という。）について、人事評価に基づいて、引き続き課程対象者とするかどうかを定期的に判定すること。

三　各大臣等が、課程対象者に対し、管理職員に求められる政策の企画立案及び業務の管理に係る能力の育成を目的とした研修（政府全体を通ずるものを除く。）を実施すること。

四　各大臣等が、課程対象者に対し、管理職員に求められる政策の企画立案及び業務の管理に係る能力の育成を目的とした研修であつて、政府全体を通ずるものとして内閣総理大臣が企画立案し、実施するものを受講させること。

五　各大臣等が、課程対象者に対し、国の複数の行政機関又は国以外の法人において勤務させることにより、多様な勤務を経験する機会を付与すること。

六　第三号の研修の実施及び前号の機会の付与に当たつては、次に掲げる事項を行うよう努めること。

イ　民間企業その他の法人における勤務の機会を付与すること。

ロ　国際機関、在外公館その他の外国に所在する機関における勤務又は海外への留学の機会を付与すること。

ハ　所掌事務に係る専門性の向上を目的とした研修を実施し、又はその向上に資する勤務の機会を付与すること。

七　前各号に掲げるもののほか、幹部候補育成課程に関する政府全体としての統一性を確保するために必要な事項

（運用の管理）

第六一条の一〇　各大臣等（会計検査院長及び人事院総裁を除く。次項において同じ。）は、政令で定めるところにより、定期的に、及び内閣総理大

臣の求めがある場合には随時、幹部候補育成課程の運用の状況を内閣総理大臣に報告するものとする。

2　内閣総理大臣は、前条第一項の基準に照らして必要があると認める場合には、各大臣等に対し、幹部候補育成課程の運用の改善その他の必要な措置をとることを求めることができる。

（任命権者を異にする任用に係る調整）

第六一条の一一　第六十一条の六の規定は、任命権者を異にする官職への課程対象者の任用について準用する。

第三節　給与

（給与の根本基準）

第六二条　職員の給与は、その官職の職務と責任に応じてこれをなす。

第一款　通則

（法律による給与の支給）

第六三条　職員の給与は、別に定める法律に基づいてなされ、これに基づかずには、いかなる金銭又は有価物も支給せられることはできない。

（俸給表）

第六四条　前条に規定する法律（以下「給与に関する法律」という。）には、俸給表が規定されなければならない。

2　俸給表は、生計費、民間における賃金その他人事院の決定する適当な事情を考慮して定められ、かつ、等級ごとに明確な俸給額の幅を定めていなければならない。

（給与に関する法律に定むべき事項）

第六五条　給与に関する法律には、前条の俸給表のほか、次に掲げる事項が規定されなければならない。

一　初任給、昇給その他の俸給の決定の基準に関する事項

二　官職又は勤務の特殊性を考慮して支給する給与に関する事項

三　親族の扶養その他職員の生計の事情を考慮して支給する給与に関する事項

四　地域の事情を考慮して支給する給与に関する事項

五　時間外勤務、夜間勤務及び休日勤務に対する給与に関する事項

六　一定の期間における勤務の状況を考慮して年末等に特別に支給する給与に関する事項

七　常時勤務を要しない官職を占める職員の給与に関する事項

2　前項第一号の基準は、勤続期間、勤務能率その他勤務に関する諸要件を考慮して定められるものとする。

第六六条　削除

（給与に関する法律に定める事項の改定）

第六七条　人事院は、第二十八条第二項の規定によるもののほか、給与に関する法律に定める事項に関し、常時、必要な調査研究を行い、これを改定する必要を認めたときは、遅滞なく改定案を作成して、国会及び内閣に勧告をしなければならない。

第二款　給与の支払

（給与簿）

第六八条　職員に対して給与の支払をなす者は、先づ受給者につき給与簿を作成しなければならない。

2　給与簿は、何時でも人事院の職員が検査し得るようにしておかなければならない。

3　前二項に定めるものを除いては、給与簿に関し必要な事項は、人事院規則でこれを定める。

（給与簿の検査）

第六九条　職員の給与が法令、人事院規則又は人事院指令に適合して行われることを確保するため必要があるときは、人事院は給与簿を検査し、必要があると認めるときは、その是正を命ずることができる。

（違法の支払に対する措置）

第七〇条　人事院は、給与の支払が、法令、人事院規則又は人事院指令に違反してなされたことを発見した場合には、自己の権限に属する事項については自ら適当な措置をなす外、必要があると認めるときは、事の性質に応じて、これを会計検査院に報告し、又は検察官に通報しなければならない。

第四節　人事評価

（人事評価の根本基準）

第七〇条の二　職員の人事評価は、公正に行われなければならない。

（人事評価の実施）

第七〇条の三　職員の執務については、その所轄庁の長は、定期的に人事評価を行わなければならない。

2　人事評価の基準及び方法に関する事項その他人事評価に関し必要な事項は、人事院の意見を聴いて、政令で定める。

（人事評価に基づく措置）

第七〇条の四　所轄庁の長は、前条第一項の人事評価の結果に応じた措置を講じなければならない。

2　内閣総理大臣は、勤務成績の優秀な者に対する表彰に関する事項及び成績の著しく不良な者に対する矯正方法に関する事項を立案し、これについ

て、適当な措置を講じなければならない。

第四節の二　研修

（研修の根本基準）

第七〇条の五　研修は、職員に現在就いている官職又は将来就くことが見込まれる官職の職務の遂行に必要な知識及び技能を習得させ、並びに職員の能力及び資質を向上させることを目的とするものでなければならない。

２　前項の根本基準の実施につき必要な事項は、この法律に定めのあるものを除いては、事院の意見を聴いて政令で定める。

３　人事院及び内閣総理大臣は、それぞれの所掌事務に係る研修による職員の育成について調査研究を行い、その結果に基づいて、それぞれの所掌事務に係る研修について適切な方策を講じなければならない。

（研修計画）

第七〇条の六　人事院、内閣総理大臣及び関係庁の長は、前条第一項に規定する根本基準を達成するため、職員の研修（人事院にあつては第一号に掲げる観点から行う研修とし、内閣総理大臣にあつては第二号に掲げる観点から行う研修とし、関係庁の長にあつては第三号に掲げる観点から行う研修とする。）について計画を樹立し、その実施に努めなければならない。

一　国民全体の奉仕者としての使命の自覚及び多角的な視点等を有する職員の育成並びに研修の方法に関する専門的知見を活用して行う職員の効果的な育成

二　各行政機関の課程対象者の政府全体を通じた育成又は内閣の重要政策に関する理解を深めることを通じた行政各部の施策の統一性の確保

三　行政機関が行うその職員の育成又は行政機関がその所掌事務について行うその職員及び他の行政機関の職員に対する知識及び技能の付与

２　前項の計画は、同項の目的を達成するために必要かつ適切な職員の研修の機会が確保されるものでなければならない。

３　内閣総理大臣は、第一項の規定により内閣総理大臣及び関係庁の長が行う研修についての計画の樹立及び実施に関し、その総合的企画及び関係各庁に対する調整を行う。

４　内閣総理大臣は、前項の総合的企画に関連して、人事院に対し、必要な協力を要請することができる。

５　人事院は、第一項の計画の樹立及び実施に関し、その監視を行う。

（研修に関する報告要求等）

第七〇条の七　人事院は、内閣総理大臣又は関係庁の長に対し、人事院規則の定めるところにより、前条第一項の計画に基づく研修の実施状況について報告を求めることができる。

２　人事院は、内閣総理大臣又は関係庁の長が法令に違反して前条第一項の計画に基づく研修を行つた場合には、その是正のため必要な指示を行うことができる。

第五節　能率

（能率の根本基準）

第七一条　職員の能率は、充分に発揮され、且つ、その増進がはかられなければならない。

２　前項の根本基準の実施につき、必要な事項は、この法律に定めるものを除いては、人事院規則でこれを定める。

３　内閣総理大臣は、職員の能率の発揮及び増進について、調査研究を行い、その確保のため適切な方策を講じなければならない。

第七二条　削除

（能率増進計画）

第七三条　内閣総理大臣及び関係庁の長は、職員の勤務能率の発揮及び増進のために、次に掲げる事項について計画を樹立し、その実施に努めなければならない。

一　職員の保健に関する事項

二　職員のレクリエーションに関する事項

三　職員の安全保持に関する事項

四　職員の厚生に関する事項

２　前項の計画の樹立及び実施に関し、内閣総理大臣は、その総合的企画並びに関係各庁に対する調整及び監視を行う。

（能率の増進に関する要請）

第七三条の二　内閣総理大臣は、職員の能率の増進を図るため必要があると認めるときは、関係庁の長に対し、国家公務員宿舎法（昭和二十四年法律第百十七号）又は国家公務員等の旅費に関する法律（昭和二十五年法律第百十四号）の執行に関し必要な要請をすることができる。

第六節　分限、懲戒及び保障

（分限、懲戒及び保障の根本基準）

第七四条　すべて職員の分限、懲戒及び保障については、公正でなければならない。

２　前項に規定する根本基準の実施につき必要な事項は、この法律に定めるものを除いては、人事院規則でこれを定める。

第一款　分限

第一目　降任、休職、免職等

（身分保障）

第七五条　職員は、法律又は人事院規則で定める事由による場合でなければ、その意に反して、降任され、休職され、又は免職されることはない。

２　職員は、この法律又は人事院規則で定める事由に該当するときは、降給されるものとする。

（欠格による失職）

第七六条　職員が第三十八条各号（第二号を除く。）いずれかに該当するに至つたときは、人事院規則で定める場合を除くほか、当然失職する。

（離職）

第七七条　職員の離職に関する規定は、この法律及び人事院規則でこれを定める。

（本人の意に反する降任及び免職の場合）

第七八条　職員が、次の各号に掲げる場合のいずれかに該当するときは、人事院規則の定めるところにより、その意に反して、これを降任し、又は免職することができる。

一　人事評価又は勤務の状況を示す事実に照らして、勤務実績がよくない場合

二　心身の故障のため、職務の遂行に支障があり、又はこれに堪えない場合

三　その他その官職に必要な適格性を欠く場合

四　官制若しくは定員の改廃又は予算の減少により廃職又は過員を生じた場合

（幹部職員の降任に関する特例）

第七八条の二　任命権者は、幹部職員（幹部職のうち職制上の段階が最下位の段階のものを占める幹部職員を除く。以下この条において同じ。）について、次の各号に掲げる場合のいずれにも該当するときは、人事院規則の定めるところにより、当該幹部職員が前条各号に掲げる場合のいずれにも該当しない場合においても、その意に反して降任（直近下位の職制上の段階に属する幹部職への降任に限る。）を行うことができる。

一　当該幹部職員が、人事評価又は勤務の状況を示す事実に照らして、他の官職（同じ職制上の段階に属する他の官職であつて、当該官職に対する任命権が当該幹部職員の任命権者に属するものをいう。第三号において「他の官職」という。）を占める他の幹部職員に比して勤務実績が劣つているものとして人事院規則で定める要件に該当する場合

二　当該幹部職員が現に任命されている官職に幹部職員となり得る他の特定の者を任命すると仮定した場合において、当該他の特定の者が、人事評価又は勤務の状況を示す事実その他の客観的な事実及び当該官職についての適性に照らして、当該幹部職員より優れた業績を挙げることが十分見込まれる場合として人事院規則で定める要件に該当する場合

三　当該幹部職員について、欠員を生じ、若しくは生ずると見込まれる他の官職についての適性が他の候補者と比較して十分でない場合として人事院規則で定める要件に該当すること若しくは他の官職の職務を行うと仮定した場合において当該幹部職員が当該他の官職に現に就いている他の職員より優れた業績を挙げることが十分見込まれる場合として人事院規則で定める要件に該当しないことにより、転任させるべき適当な官職がないと認められる場合又は幹部職員の任用を適切に行うため当該幹部職員を降任させる必要がある場合として人事院規則で定めるその他の場合

（本人の意に反する休職の場合）

第七九条　職員が、左の各号の一に該当する場合又は人事院規則で定めるその他の場合においては、その意に反して、これを休職することができる。

一　心身の故障のため、長期の休養を要する場合

二　刑事事件に関し起訴された場合

（休職の効果）

第八〇条　前条第一号の規定による休職の期間は、人事院規則でこれを定める。休職期間中その事故の消滅したときは、休職は当然終了したものとし、すみやかに復職を命じなければならない。

２　前条第二号の規定による休職の期間は、その事件が裁判所に係属する間とする。

３　いかなる休職も、その事由が消滅したときは、当然に終了したものとみなされる。

４　休職者は、職員としての身分を保有するが、職務に従事しない。休職者は、その休職の期間中、給与に関する法律で別段の定めをしない限り、何らの給与を受けてはならない。

（適用除外）

第八一条　次に掲げる職員の分限（定年に係るものを除く。次項において同じ。）については、第七十五条、第七十八条から前条まで及び第八十九条並びに行政不服審査法（平成二六年法律第六十八号）の規定は、これを適用しない。

一　臨時的職員

二　条件附採用期間中の職員

２　前項各号に掲げる職員の分限については、人事院規則で必要な事項を定めることができる。

第二目　管理監督職勤務上限年齢による降任等

（管理監督職勤務上限年齢による降任等）

第八十一条の二　任命権者は、管理監督職（一般職の職員の給与に関する法律第十条の二第一項に規定する官職及びこれに準ずる官職として人事院規則で定める官職並びに指定職（これらの官職のうち、病院、療養所、診療所その他の国の部局又は機関に勤務する医師及び歯科医師が占める官職その他のその職務と責任に特殊性があること又は欠員の補充が困難であることによりこの条の規定を適用することが著しく不適当と認められる官職として人事院規則で定める官職を除く。）をいう。以下この目及び第八十一条の七において同じ。）を占める職員でその占める管理監督職に係る管理監督職勤務上限年齢に達している職員について、異動期間（当該管理監督職勤務上限年齢に達した日の翌日から同日以後における最初の四月一日までの間をいう。以下この目及び同条において同じ。）（第八十一条の五第一項から第四項までの規定により延長された期間を含む。以下この項において同じ。）に、管理監督職以外の官職又は管理監督職勤務上限年齢が当該職員の年齢を超える管理監督職（以下この項及び第三項においてこれらの官職を「他の官職」という。）への降任又は転任（降給を伴う転任に限る。）をするものとする。ただし、異動期間に、この法律の他の規定により当該職員について他の官職への昇任、降任若しくは転任をした場合又は第八十一条の七第一項の規定により当該職員を管理監督職を占めたまま引き続き勤務させることとした場合は、この限りでない。

2　前項の管理監督職勤務上限年齢は、年齢六十年とする。ただし、次の各号に掲げる管理監督職を占める職員の管理監督職勤務上限年齢は、当該各号に定める年齢とする。

一　国家行政組織法第十八条第一項に規定する事務次官及びこれに準ずる管理監督職のうち人事院規則で定める管理監督職　年齢六十二年

二　前号に掲げる管理監督職のほか、その職務と責任に特殊性があること又は欠員の補充が困難であることにより管理監督職勤務上限年齢を年齢六十年とすることが著しく不適当と認められる管理監督職として人事院規則で定める管理監督職　六十年を超え六十四年を超えない範囲内で人事院規則で定める年齢

3　第一項本文の規定による他の官職への降任又は転任（以下この目及び第八十九条第一項において「他の官職への降任等」という。）を行うに当たつて任命権者が遵守すべき基準に関する事項その他の他の官職への降任等に関し必要な事項は、人事院規則で定める。

（管理監督職への任用の制限）

第八十一条の三　任命権者は、採用し、昇任し、降任し、又は転任しようとする管理監督職に係る管理監督職勤務上限年齢に達している者を、その者が当該管理監督職を占めているものとした場合における異動期間の末日の翌日（他の官職への降任等をされた職員にあつては、当該他の官職への降任等をされた日）以後、当該管理監督職に採用し、昇任し、降任し、又は転任することができない。

（適用除外）

第八十一条の四　前二条の規定は、臨時的職員その他の法律により任期を定めて任用される職員には適用しない。

（管理監督職勤務上限年齢による降任等及び管理監督職への任用の制限の特例）

第八十一条の五　任命権者は、他の官職への降任等をすべき管理監督職を占める職員について、次に掲げる事由があると認めるときは、当該職員が占める管理監督職に係る異動期間の末日の翌日から起算して一年を超えない期間内（当該期間内に次条第一項に規定する定年退職日（以下この項及び次項において「定年退職日」という。）がある職員にあつては、当該異動期間の末日の翌日から定年退職日までの期間内。第三項において同じ。）で当該異動期間を延長し、引き続き当該管理監督職を占める職員に、当該管理監督職を占めたまま勤務をさせることができる。

一　当該職員の職務の遂行上の特別の事情を勘案して、当該職員の他の官職への降任等により公務の運営に著しい支障が生ずると認められる事由として人事院規則で定める事由

二　当該職員の職務の特殊性を勘案して、当該職員の他の官職への降任等により、当該管理監督職の欠員の補充が困難となることにより公務の運営に著しい支障が生ずると認められる事由として人事院規則で定める事由

2　任命権者は、前項又はこの項の規定により異動期間（これらの規定により延長された期間を含む。）が延長された管理監督職を占める職員について、前項各号に掲げる事由が引き続きあると認めるときは、人事院の承認を得て、延長された当該異動期間の末日の翌日から起算して一年を超えない期間内（当該期間内に定年退職日がある職員にあつては、延長された当該異動期間の末日の翌

日から定年退職日までの期間内。第四項において同じ。）で延長された当該異動期間を更に延長することができる。ただし、更に延長される当該異動期間の末日は、当該職員が占める管理監督職に係る異動期間の末日の翌日から起算して三年を超えることができない。

3　任命権者は、第一項の規定により異動期間を延長することができる場合を除き、他の官職への降任等をすべき特定管理監督職群（職務の内容が相互に類似する複数の管理監督職（指定職を除く。以下この項及び次項において同じ。）であつて、これらの欠員を容易に補充することができない年齢別構成その他の特別の事情がある管理監督職として人事院規則で定める管理監督職をいう。以下この項において同じ。）に属する管理監督職を占める職員について、当該職員の他の官職への降任等により、当該特定管理監督職群に属する管理監督職の欠員の補充が困難となることにより公務の運営に著しい支障が生ずると認められる事由として人事院規則で定める事由があると認めるときは、当該職員が占める管理監督職に係る異動期間の末日の翌日から起算して一年を超えない期間内で当該異動期間を延長し、引き続き当該管理監督職を占めている職員に当該管理監督職を占めたまま勤務をさせ、又は当該職員を当該管理監督職が属する特定管理監督職群の他の管理監督職に降任し、若しくは転任することができる。

4　任命権者は、第一項若しくは第二項の規定により異動期間（これらの規定により延長された期間を含む。）が延長された管理監督職を占める職員について前項に規定する事由があると認めるとき（第二項の規定により延長された当該異動期間を更に延長することができるときを除く。）、又は前項若しくはこの項の規定により異動期間（前三項又はこの項の規定により延長された期間を含む。）が延長された管理監督職を占める職員について前項に規定する事由が引き続きあると認めるときは、人事院の承認を得て、延長された当該異動期間の末日の翌日から起算して一年を超えない期間内で延長された当該異動期間を更に延長することができる。

5　前各項に定めるもののほか、これらの規定による異動期間（これらの規定により延長された期間を含む。）の延長及び当該延長に係る職員の降任又は転任に関し必要な事項は、人事院規則で定める。

第三目　定年による退職等

（定年による退職）

第八十一条の六　職員は、法律に別段の定めのある場合を除き、定年に達したときは、定年に達した日以後における最初の三月三十一日又は第五十五条第一項に規定する任命権者若しくは法律で別に定められた任命権者があらかじめ指定する日のいずれか早い日（次条第一項及び第二項ただし書において「定年退職日」という。）に退職する。

2　前項の定年は、年齢六十五年とする。ただし、その職務と責任に特殊性があること又は欠員の補充が困難であることにより定年を年齢六十五年とすることが著しく不適当と認められる官職を占める医師及び歯科医師その他の職員として人事院規則で定める職員の定年は、六十五年を超え七十年を超えない範囲内で人事院規則で定める年齢とする。

3　前二項の規定は、臨時的職員その他の法律により任期を定めて任用される職員及び常時勤務を要しない官職を占める職員には適用しない。

（定年による退職の特例）

第八十一条の七　任命権者は、定年に達した職員が前条第一項の規定により退職すべきこととなる場合において、次に掲げる事由があると認めるときは、同項の規定にかかわらず、当該職員に係る定年退職日の翌日から起算して一年を超えない範囲内で期限を定め、当該職員を当該定年退職日において従事している職務に従事させるため、引き続き勤務させることができる。ただし、第八十一条の五第一項から第四項までの規定により異動期間（これらの規定により延長された期間を含む。）を延長した職員であつて、定年退職日において管理監督職を占めている職員については、同条第一項又は第二項の規定により当該定年退職日まで当該異動期間を延長した場合であつて、引き続き勤務させることについて人事院の承認を得たときに限るものとし、当該期限は、当該職員が占めている管理監督職に係る異動期間の末日の翌日から起算して三年を超えることができない。

一　前条第一項の規定により退職すべきこととなる職員の職務の遂行上の特別の事情を勘案して、当該職員の退職により公務の運営に著しい支障が生ずると認められる事由として人事院規則で定める事由

二　前条第一項の規定により退職すべきこととなる職員の職務の特殊性を勘案して、当該職員の退職により、当該職員が占める官職の欠員の補充が困難となることにより公務の運営に著しい支障が生ずると認められる事由として人事院規則で定める事由

2　任命権者は、前項の期限又はこの項の規定により延長された期限が到来する場合において、前項各号に掲げる事由が引き続きあると認めるときは、人事院の承認を得て、これらの期限の翌日から起算して一年を超えない範囲内で期限を延長することができる。ただし、当該期限は、当該職員に係る定年退職日（同項ただし書に規定する職員にあつては、当該職員が占めている管理監督職に係る異動期間の末日）の翌日から起算して三年を超えることができない。

3　前二項に定めるもののほか、これらの規定による勤務に関し必要な事項は、人事院規則で定める。

（定年に関する事務の調整等）

第八一条の八　内閣総理大臣は、職員の定年に関する事務の適正な運営を確保するため、各行政機関が行う当該事務の運営に関し必要な調整を行うほか、職員の定年に関する制度の実施に関する施策を調査研究し、その権限に属する事項について適切な方策を講ずるものとする。

第二款　懲戒

（懲戒の場合）

第八二条　職員が次の各号のいずれかに該当する場合には、当該職員に対し、懲戒処分として、免職、停職、減給又は戒告の処分をすることができる。

一　この法律若しくは国家公務員倫理法又はこれらの法律に基づく命令（国家公務員倫理法第五条第三項の規定に基づく訓令及び同条第四項の規定に基づく規則を含む。）に違反した場合

二　職務上の義務に違反し、又は職務を怠つた場合

三　国民全体の奉仕者たるにふさわしくない非行のあつた場合

2　職員が、任命権者の要請に応じ特別職に属する国家公務員、地方公務員又は沖縄振興開発金融公庫その他その業務が国の事務若しくは事業と密接な関連を有する法人のうち人事院規則で定めるものに使用される者（以下この項において「特別職国家公務員等」という。）となるため退職し、引き続き特別職国家公務員等として在職した後、引き続いて当該退職を前提として職員として採用された場合（一の特別職国家公務員等として在職した後、引き続き一以上の特別職国家公務員等として在職し、引き続いて当該退職を前提として職員として採用された場合を含む。）において、当該退職までの引き続く職員としての在職期間（当該退職前に同様の退職（以下この項において「先の退職」という。）、特別職国家公務員等としての在職及び職員としての採用がある場合には、当該先の退職までの引き続く職員としての在職期間を含む。以下この項において「要請に応じた退職前の在職期間」という。）中に前項各号のいずれかに該当したときは、当該職員に対し、同項に規定する懲戒処分を行うことができる。定年前再任用短時間勤務職員が、年齢六十年以上退職者となつた日までの引き続く職員としての在職期間（要請に応じた退職前の在職期間を含む。）又は第六十条の二第一項の規定によりかつて採用されて定年前再任用短時間勤務職員として在職していた期間中に前項各号のいずれかに該当したときも、同様とする。

（懲戒の効果）

第八三条　停職の期間は、一年をこえない範囲内において、人事院規則でこれを定める。

2　停職者は、職員としての身分を保有するが、その職務に従事しない。停職者は、第九十二条の規定による場合の外、停職の期間中給与を受けることができない。

（懲戒権者）

第八四条　懲戒処分は、任命権者が、これを行う。

2　人事院は、この法律に規定された調査を経て職員を懲戒手続に付することができる。

（国家公務員倫理審査会への権限の委任）

第八四条の二　人事院は、前条第二項の規定による権限（国家公務員倫理法又はこれに基づく命令（同法第五条第三項の規定に基づく訓令及び同条第四項の規定に基づく規則を含む。）に違反する行為に関して行われるものに限る。）を国家公務員倫理審査会に委任する。

（刑事裁判との関係）

第八五条　懲戒に付せらるべき事件が、刑事裁判所に係属する間においても、人事院又は人事院の承認を経て任命権者は、同一事件について、適宜に、懲戒手続を進めることができる。この法律による懲戒処分は、当該職員が、同一又は関連の事件に関し、重ねて刑事上の訴追を受けることを妨げない。

第三款　保障

第一目　勤務条件に関する行政措置の要求

（勤務条件に関する行政措置の要求）

第八六条　職員は、俸給、給料その他あらゆる勤務条件に関し、人事院に対して、人事院若しくは内閣総理大臣又はその職員の所轄庁の長により、適当な行政上の措置が行われることを要求することができる。

（事案の審査及び判定）

第八七条　前条に規定する要求のあつたときは、人

事院は、必要と認める調査、口頭審理その他の事実審査を行い、一般国民及び関係者に公平なように、且つ、職員の能率を発揮し、及び増進する見地において、事案を判定しなければならない。

（判定の結果採るべき措置）

第八八条　人事院は、前条に規定する判定に基き、勤務条件に関し一定の措置を必要と認めるときは、その権限に属する事項については、自らこれを実行し、その他の事項については、内閣総理大臣又はその職員の所轄庁の長に対し、その実行を勧告しなければならない。

第二目　職員の意に反する不利益な処分に関する審査

（職員の意に反する降給等の処分に関する説明書の交付）

第八九条　職員に対し、その意に反して、降給（他の官職への降任等に伴う降給を除く。）、降任（他の官職への降任等に該当する降任を除く。）、休職若しくは免職をし、その他職員に対し著しく不利益な処分を行い、又は懲戒処分を行おうとするときは、当該処分を行う者は、当該職員に対し、当該処分の際、当該処分の事由を記載した説明書を交付しなければならない。

2　職員が前項に規定する著しく不利益な処分を受けたと思料する場合には、同項の説明書の交付を請求することができる。

3　第一項の説明書には、当該処分につき、人事院に対して審査請求をすることができる旨及び審査請求をすることができる期間を記載しなければならない。

（審査請求）

第九〇条　前条第一項に規定する処分を受けた職員は、人事院に対してのみ審査請求をすることができる。

2　前条第一項に規定する処分及び法律に特別の定めがある処分を除くほか、職員に対する処分については、審査請求をすることができない。職員がした申請に対する不作為についても、同様とする。

3　第一項に規定する審査請求については、行政不服審査法第二章までの規定を適用しない。

（審査請求期間）

第九〇条の二　前条第一項に規定する審査請求は、処分説明書を受領した日の翌日から起算して三月以内にしなければならず、処分があつた日の翌日から起算して一年を経過したときは、することができない。

（調査）

第九一条　第九十条第一項に規定する審査請求を受理したときは、人事院又はその定める機関は、直ちにその事案を調査しなければならない。

2　前項に規定する場合において、処分を受けた職員から請求があつたときは、口頭審理を行わなければならない。口頭審理は、その職員から請求があつたときは、公開して行わなければならない。

3　処分を行つた者又はその代理者及び処分を受けた職員は、すべての口頭審理に出席し、自己の代理人として弁護人を選任し、陳述を行い、証人を出席せしめ、並びに書類、記録その他のあらゆる適切な事実及び資料を提出することができる。

4　前項に掲げる者以外の者は、当該事案に関し、人事院に対し、あらゆる事実及び資料を提出することができる。

（調査の結果採るべき措置）

第九二条　前条に規定する調査の結果、処分を行うべき事由のあることが判明したときは、人事院は、その処分を承認し、又はその裁量により修正しなければならない。

2　前条に規定する調査の結果、その職員に処分を受けるべき事由のないことが判明したときは、人事院は、その処分を取り消し、職員としての権利を回復するために必要で、且つ、適切な処置をなし、及びその職員がその処分によつて受けた不当な処置を是正しなければならない。人事院は、職員がその処分によつて失つた俸給の弁済を受けるように指示しなければならない。

3　前二項の判定は、最終のものであつて、人事院規則の定めるところにより、人事院によつてのみ審査される。

（審査請求と訴訟との関係）

第九二条の二　第八十九条第一項に規定する処分であつて人事院に対して審査請求をすることができるものの取消しの訴えは、審査請求又は異議申立てに対する人事院の裁決を経た後でなければ、提起することができない。

第三目　公務傷病に対する補償

（公務傷病に対する補償）

第九三条　職員が公務に基き死亡し、又は負傷し、若しくは疾病にかかり、若しくはこれに起因して死亡した場合における、本人及びその直接扶養する者がこれによつて受ける損害に対し、これを補償する制度が樹立し実施せられなければならない。

2　前項の規定による補償制度は、法律によつてこれを定める。

（法律に規定すべき事項）

第九四条　前条の補償制度には、左の事項が定められなければならない。

一　公務上の負傷又は疾病に起因した活動不能の期間における経済的困窮に対する職員の保護に関する事項

二　公務上の負傷又は疾病に起因して、永久に、又は長期に所得能力を害せられた場合におけるその職員の受ける損害に対する補償に関する事項

三　公務上の負傷又は疾病に起因する職員の死亡の場合におけるその遺族又は職員の死亡当時その収入によつて生計を維持した者の受ける損害に対する補償に関する事項

（補償制度の立案及び実施の責務）

第九五条　人事院は、なるべくすみやかに、補償制度の研究を行い、その成果を国会及び内閣に提出するとともに、その計画を実施しなければならない。

第七節　服務

（服務の根本基準）

第九六条　すべて職員は、国民全体の奉仕者として、公共の利益のために勤務し、且つ、職務の遂行に当つては、全力を挙げてこれに専念しなければならない。

2　前項に規定する根本基準の実施に関し必要な事項は、この法律又は国家公務員倫理法に定めるものを除いては、人事院規則でこれを定める。

（服務の宣誓）

第九七条　職員は、政令の定めるところにより、服務の宣誓をしなければならない。

（法令及び上司の命令に従う義務並びに争議行為等の禁止）

第九八条　職員は、その職務を遂行するについて、法令に従い、且つ、上司の職務上の命令に忠実に従わなければならない。

2　職員は、政府が代表する使用者としての公衆に対して同盟罷業、怠業その他の争議行為をなし、又は政府の活動能率を低下させる怠業的行為をしてはならない。又、何人も、このような違法な行為を企て、又はその遂行を共謀し、そそのかし、若しくはあおつてはならない。

3　職員で同盟罷業その他前項の規定に違反する行為をした者は、その行為の開始とともに、国に対し、法令に基いて保有する任命又は雇用上の権利をもつて、対抗することができない。

（信用失墜行為の禁止）

第九九条　職員は、その官職の信用を傷つけ、又は官職全体の不名誉となるような行為をしてはならない。

（秘密を守る義務）

第一〇〇条　職員は、職務上知ることのできた秘密を漏らしてはならない。その職を退いた後といえども同様とする。

2　法令による証人、鑑定人等となり、職務上の秘密に属する事項を発表するには、所轄庁の長（退職者については、その退職した官職又はこれに相当する官職の所轄庁の長）の許可を要する。

3　前項の許可は、法律又は政令の定める条件及び手続に係る場合を除いては、これを拒むことができない。

4　前三項の規定は、人事院で扱われる調査又は審理の際人事院から求められる情報に関しては、これを適用しない。何人も、人事院の権限によつて行われる調査又は審理に際して、秘密の又は公表を制限された情報を陳述し又は証言することを人事院から求められた場合には、何人からも許可を受ける必要がない。人事院に対して、陳述及び証言を行わなかつた者は、この法律の罰則の適用を受けなければならない。

5　前項の規定は、第十八条の四の規定により権限の委任を受けた再就職等監視委員会が行う調査について準用する。この場合において、同項中「人事院」とあるのは「再就職等監視委員会」と、「調査又は審理」とあるのは「調査」と読み替えるものとする。

（職務に専念する義務）

第一〇一条　職員は、法律又は命令の定める場合を除いては、その勤務時間及び職務上の注意力のすべてをその職責遂行のために用い、政府がなすべき責を有する職務にのみ従事しなければならない。職員は、法律又は命令の定める場合を除いては、官職を兼ねてはならない。職員は、官職を兼ねる場合においても、それに対して給与を受けてはならない。

2　前項の規定は、地震、火災、水害その他重大な災害に際し、当該官庁が職員を本職以外の業務に従事させることを妨げない。

（政治的行為の制限）

第一〇二条　職員は、政党又は政治的目的のために、寄附金その他の利益を求め、若しくは受領し、又は何らの方法を以てするを問わず、これらの行為に関与し、あるいは選挙権の行使を除く外、人事院規則で定める政治的行為をしてはならない。

2　職員は、公選による公職の候補者となることができない。

3　職員は、政党その他の政治的団体の役員、政治

的顧問、その他これらと同様な役割をもつ構成員となることができない。

（私企業からの隔離）

第一〇三条　職員は、商業、工業又は金融業その他営利を目的とする私企業（以下営利企業という。）を営むことを目的とする会社その他の団体の役員、顧問若しくは評議員の職を兼ね、又は自ら営利企業を営んではならない。

2　前項の規定は、人事院規則の定めるところにより、所轄庁の長の申出により人事院の承認を得た場合には、これを適用しない。

3　営利企業について、株式所有の関係その他の関係により、当該企業の経営に参加し得る地位にある職員に対し、人事院は、人事院規則の定めるところにより、株式所有の関係その他の関係について報告を徴することができる。

4　人事院は、人事院規則の定めるところにより、前項の報告に基き、企業に対する関係の全部又は一部の存続が、その職員の職務遂行上適当でないと認めるときは、その旨を当該職員に通知することができる。

5　前項の通知を受けた職員は、その通知の内容について不服があるときは、その通知を受領した日の翌日から起算して三月以内に、人事院に行政審査請求をすることができる。

6　第九十条第三項並びに第九十一条第二項及び第三項の規定は前項の審査請求のあつた場合について、第九十二条の二の規定は第四項の通知の取消しの訴えについて、それぞれ準用する。

7　第五項の審査請求をしなかつた職員及び人事院が同項の審査請求について調査した結果、通知の内容が正当であると裁決せられた職員は、人事院規則の定めるところにより、人事院規則の定める期間内に、その企業に対する関係の全部若しくは一部を絶つか、又はその官職を退かなければならない。

（他の事業又は事務の関与制限）

第一〇四条　職員が報酬を得て、営利企業以外の事業の団体の役員、顧問若しくは評議員の職を兼ね、その他いかなる事業に従事し、若しくは事務を行うにも、内閣総理大臣及びその職員の所轄庁の長の許可を要する。

（職員の職務の範囲）

第一〇五条　職員は、職員としては、法律、命令、規則又は指令による職務を担当する以外の義務を負わない。

（勤務条件）

第一〇六条　職員の勤務条件その他職員の服務に関し必要な事項は、人事院規則でこれを定めることができる。

2　前項の人事院規則は、この法律の規定の趣旨に沿うものでなければならない。

第八節　退職管理

第一款　離職後の就職に関する規制

（他の役職員についての依頼等の規制）

第一〇六条の二　職員は、営利企業等（営利企業及び営利企業以外の法人（国、国際機関、地方公共団体、行政執行法人及び地方独立行政法人法（平成十五年法律第百十八号）第二条第二項に規定する特定地方独立行政法人を除く。）をいう。以下同じ。）に対し、他の職員若しくは特定独立行政法人の役員（以下「役職員」という。）をその離職後に、若しくは役職員であつた者を、当該営利企業等若しくはその子法人（当該営利企業等に財務及び営業又は事業の方針を決定する機関（株主総会その他これに準ずる機関をいう。）を支配されている法人として政令で定めるものをいう。以下同じ。）の地位に就かせることを目的として、当該役職員若しくは役職員であつた者に関する情報を提供し、若しくは当該地位に関する情報の提供を依頼し、又は当該役職員をその離職後に、若しくは役職員であつた者を、当該営利企業等若しくはその子法人の地位に就かせることを要求し、若しくは依頼してはならない。

2　前項の規定は、次に掲げる場合には適用しない。

一　職業安定法（昭和二十二年法律第百四十一号）、船員職業安定法（昭和二十三年法律第百三十号）その他の法令の定める職業の安定に関する事務として行う場合

二　退職手当通算予定職員を退職手当通算法人の地位に就かせることを目的として行う場合（独立行政法人通則法第五十四条第一項において読み替えて準用する第四項に規定する退職手当通算予定役員を同条第一項において準用する次項に規定する退職手当通算法人の地位に就かせることを目的として行う場合を含む。）

三　官民人材交流センター（以下「センター」という。）の職員が、その職務として行う場合

3　前項第二号の「退職手当通算法人」とは、独立行政法人（独立行政法人通則法第二条第一項に規定する独立行政法人をいう。以下同じ。）その他特別の法律により設立された法人でその業務が国の事務又は事業と密接な関連を有するもののうち政令で定めるもの（退職手当（これに相当する給付を含む。）に関する規程において、職員が任命

権者又はその委任を受けた者の要請に応じ、引き続いて当該法人の役員又は当該法人に使用される者となつた場合に、職員としての勤続期間を当該法人の役員又は当該法人に使用される者としての勤続期間に通算することと定めている法人に限る。）をいう。

4　第二項第二号の「退職手当通算予定職員」とは、任命権者又はその委任を受けた者の要請に応じ、引き続いて退職手当通算法人（前項に規定する退職手当通算法人をいう。以下同じ。）の役員又は退職手当通算法人に使用される者となるため退職することとなる職員であつて、当該退職手当通算法人に在職した後、特別の事情がない限り引き続いて選考による採用が予定されている者のうち政令で定めるものをいう。

（在職中の求職の規制）

第一〇六条の三　職員は、利害関係企業等（営利企業等のうち、職員の職務に利害関係を有するものとして政令で定めるものをいう。以下同じ。）に対し、離職後に当該利害関係企業等若しくはその子法人の地位に就くことを目的として、自己に関する情報を提供し、若しくは当該地位に関する情報の提供を依頼し、又は当該地位に就くことを要求し、若しくは約束してはならない。

2　前項の規定は、次に掲げる場合には適用しない。

一　退職手当通算予定職員（前条第四項に規定する退職手当通算予定職員をいう。以下同じ。）が退職手当通算法人に対して行う場合

二　在職する局等組織（国家行政組織法第七条第一項に規定する官房若しくは局、同法第八条の二に規定する施設等機関その他これらに準ずる国の部局若しくは機関として政令で定めるもの、これらに相当する行政執行法人の組織として政令で定めるもの又は都道府県警察をいう。以下同じ。）の意思決定の権限を実質的に有しない官職として政令で定めるものに就いている職員が行う場合

三　センターから紹介された利害関係企業等との間で、当該利害関係企業等又はその子法人の地位に就くことに関して職員が行う場合

四　職員が利害関係企業等に対し、当該利害関係企業等若しくはその子法人の地位に就くことを目的として、自己に関する情報を提供し、若しくは当該地位に関する情報の提供を依頼し、又は当該地位に就くことを要求し、若しくは約束することにより公務の公正性の確保に支障が生じないと認められる場合として政令で定める場合において、政令で定める手続により内閣総理大臣の承認を得た職員が当該承認に係る利害関係企業等に対して行う場合

3　前項第四号の規定による内閣総理大臣が承認する権限は、再就職等監視委員会に委任する。

4　前項の規定により再就職等監視委員会に委任された権限は、政令で定めるところにより、再就職等監察官に委任することができる。

5　再就職等監視委員会が第三項の規定により委任を受けた権限に基づき行う承認（前項の規定により委任を受けた権限に基づき再就職等監察官が行う承認を含む。）についての審査請求は、再就職等監視委員会に対して行うことができる。

（再就職者による依頼等の規制）

第一〇六条の四　職員であつた者であつて離職後に営利企業等の地位に就いている者（退職手当通算予定職員であつた者であつて引き続いて退職手当通算法人の地位に就いている者（以下「退職手当通算離職者」という。）を除く。以下「再就職者」という。）は、離職前五年間に在職していた局等組織に属する役職員又はこれに類する者として政令で定めるものに対し、国、特定独立行政法人若しくは都道府県と当該営利企業等若しくはその子法人との間で締結される売買、貸借、請負その他の契約又は当該営利企業等若しくはその子法人に対して行われる行政手続法（平成五年法律第八十八号）第二条第二号に規定する処分に関する事務（以下「契約等事務」という。）であつて離職前五年間の職務に属するものに関し、離職後二年間、職務上の行為をするように、又はしないように要求し、又は依頼してはならない。

2　前項の規定によるもののほか、再就職者のうち、国家行政組織法第二十一条第一項に規定する部長若しくは課長の職又はこれらに準ずる職であつて政令で定めるものに、離職した日の五年前の日より前に就いていた者は、当該職に就いていた時に在職していた局等組織に属する役職員又はこれに類する者として政令で定めるものに対し、契約等事務であつて離職した日の五年前の日より前の職務（当該職に就いていたときの職務に限る。）に属するものに関し、離職後二年間、職務上の行為をするように、又はしないように要求し、又は依頼してはならない。

3　前二項の規定によるもののほか、再就職者のうち、国家行政組織法第六条に規定する長官、同法第十八条第一項に規定する事務次官、同法第二十一条第一項に規定する事務局長若しくは局長の職又はこれらに準ずる職であつて政令で定めるものに就いていた者は、当該職に就いていた時に在職

していた府省その他の政令で定める国の機関、行政執行法人若しくは都道府県警察（以下「局長等としての在職機関」という。）に属する役職員又はこれに類する者として政令で定めるものに対し、契約等事務であつて局長等としての在職機関の所掌に属するものに関し、離職後二年間、職務上の行為をするように、又はしないように要求し、又は依頼してはならない。

4　前三項の規定によるもののほか、再就職者は、在職していた府省その他の政令で定める国の機関、行政執行法人若しくは都道府県警察（以下この項において「行政機関等」という。）に属する役職員又はこれに類する者として政令で定めるものに対し、国、特定独立行政法人若しくは都道府県と営利企業等（当該再就職者が現にその地位に就いているものに限る。）若しくはその子法人との間の契約であつて当該行政機関等においてその締結について自らが決定したもの又は当該行政機関等による当該営利企業等若しくはその子法人に対する行政手続法第二条第二号に規定する処分であつて自らが決定したものに関し、職務上の行為をするように、又はしないように要求し、又は依頼してはならない。

5　前各項の規定は、次に掲げる場合には適用しない。

一　試験、検査、検定その他の行政上の事務であつて、法律の規定に基づく行政庁による指定若しくは登録その他の処分（以下「指定等」という。）を受けた者が行う当該指定等に係るもの若しくは行政庁から委託を受けた者が行う当該委託に係るものを遂行するために必要な場合、又は国の事務若しくは事業と密接な関連を有する業務として政令で定めるものを行うために必要な場合

二　行政庁に対する権利若しくは義務を定めている法令の規定若しくは国、行政執行法人若しくは都道府県との間で締結された契約に基づき、権利を行使し、若しくは義務を履行する場合、行政庁の処分により課された義務を履行する場合又はこれらに類する場合として政令で定める場合

三　行政手続法第二条第三号に規定する申請又は同条第七号に規定する届出を行う場合

四　会計法（昭和二十二年法律第三十五号）第二十九条の三第一項に規定する競争の手続、行政執行法人が公告して申込みをさせることによる競争の手続又は地方自治法（昭和二十二年法律第六十七号）第二百三十四条第一項に規定する一般競争入札若しくはせり売りの手続に従い、売買、貸借、請負その他の契約を締結するために必要な場合

五　法令の規定により又は慣行として公にされ、又は公にすることが予定されている情報の提供を求める場合（一定の日以降に公にすることが予定されている情報を同日前に開示するよう求める場合を除く。）

六　再就職者が役職員（これに類する者を含む。以下この号において同じ。）に対し、契約等事務に関し、職務上の行為をするように、又はしないように要求し、又は依頼することにより公務の公正性の確保に支障が生じないと認められる場合として政令で定める場合において、政令で定める手続により内閣総理大臣の承認を得て、再就職者が当該承認に係る役職員に対し、当該承認に係る契約等事務に関し、職務上の行為をするように、又はしないように要求し、又は依頼する場合

6　前項第六号の規定による内閣総理大臣が承認する権限は、再就職等監視委員会に委任する。

7　前項の規定により再就職等監視委員会に委任された権限は、政令で定めるところにより、再就職等監察官に委任することができる。

8　再就職等監視委員会が第六項の規定により委任を受けた権限に基づき行う承認（前項の規定により委任を受けた権限に基づき再就職等監察官が行う承認を含む。）についての審査請求は、再就職等監視委員会に対して行うことができる。

9　職員は、第五項各号に掲げる場合を除き、再就職者から第一項から第四項までの規定により禁止される要求又は依頼を受けたとき（独立行政法人通則法第五十四条第一項において準用する第一項から第四項までの規定により禁止される要求又は依頼を受けたときを含む。）は、政令で定めるところにより、再就職等監察官にその旨を届け出なければならない。

第二款　再就職等監視委員会

（設置）

第一〇六条の五　内閣府に、再就職等監視委員会（以下「委員会」という。）を置く。

2　委員会は、次に掲げる事務をつかさどる。

一　第十八条の四の規定により委任を受けた権限に基づき調査を行うこと。

二　第百六条の三第三項及び前条第六項の規定により委任を受けた権限に基づき承認を行うこと。

三　前二号に掲げるもののほか、この法律及び他の法律の規定によりその権限に属させられた事

項を処理すること。

（職権の行使）

第一〇六条の六　委員会の委員長及び委員は、独立してその職権を行う。

（組織）

第一〇六条の七　委員会は、委員長及び委員四人をもつて組織する。

2　委員は、非常勤とする。

3　委員長は、会務を総理し、委員会を代表する。

4　委員長に事故があるときは、あらかじめその指名する委員が、その職務を代理する。

（委員長及び委員の任命）

第一〇六条の八　委員長及び委員は、人格が高潔であり、職員の退職管理に関する事項に関し公正な判断をすることができ、法律又は社会に関する学識経験を有する者であつて、かつ、役職員又は自衛隊員としての前歴（検察官その他の職務の特殊性を勘案して政令で定める者としての前歴を除く。）を有しない者のうちから、両議院の同意を得て、内閣総理大臣が任命する。

2　委員長又は委員の任期が満了し、又は欠員を生じた場合において、国会の閉会又は衆議院の解散のために両議院の同意を得ることができないときは、内閣総理大臣は、前項の規定にかかわらず、委員長又は委員を任命することができる。

3　前項の場合においては、任命後最初の国会において両議院の事後の承認を得なければならない。この場合において、両議院の事後の承認を得られないときは、内閣総理大臣は、直ちにその委員長又は委員を罷免しなければならない。

（委員長及び委員の任期）

第一〇六条の九　委員長及び委員の任期は、三年とする。ただし、補欠の委員長及び委員の任期は、前任者の残任期間とする。

2　委員長及び委員は、再任されることができる。

3　委員長及び委員の任期が満了したときは、当該委員長及び委員は、後任者が任命されるまで引き続きその職務を行うものとする。

（身分保障）

第一〇六条の一〇　委員長及び委員は、次の各号のいずれかに該当する場合を除いては、在任中、その意に反して罷免されることがない。

一　破産手続開始の決定を受けたとき。

二　禁錮以上の刑に処せられたとき。

三　役職員又は自衛隊員としての前歴（第百六条の八第一項に規定する政令で定める者を除く。）となつたとき。

四　委員会により、心身の故障のため職務の執行ができないと認められたとき、又は職務上の義務違反その他委員長若しくは委員たるに適しない非行があると認められたとき。

（罷免）

第一〇六条の一一　内閣総理大臣は、委員長又は委員が前条各号のいずれかに該当するときは、その委員長又は委員を罷免しなければならない。

（服務）

第一〇六条の一二　委員長及び委員は、職務上知ることのできた秘密を漏らしてはならない。その職を退いた後も同様とする。

2　委員長及び委員は、在任中、政党その他の政治的団体の役員となり、又は積極的に政治運動をしてはならない。

3　委員長は、在任中、内閣総理大臣の許可のある場合を除くほか、報酬を得て他の職務に従事し、又は営利事業を営み、その他金銭上の利益を目的とする業務を行つてはならない。

（給与）

第一〇六条の一三　委員長及び委員の給与は、別に法律で定める。

（再就職等監察官）

第一〇六条の一四　委員会に、再就職等監察官（以下「監察官」という。）を置く。

2　監察官は、委員会の定めるところにより、次に掲げる事務を行う。

一　第百六条の三第四項及び第百六条の四第七項の規定により委任を受けた権限に基づき承認を行うこと。

二　第百六条の四第九項の規定による届出を受理すること。

三　第百六条の十九及び第百六条の二十第一項の規定による調査を行うこと。

四　前三号に掲げるもののほか、この法律及び他の法律の規定によりその権限に属させられた事項を処理すること。

3　監察官のうち常勤とすべきものの定数は、政令で定める。

4　前項に規定するもののほか、監察官は、非常勤とする。

5　監察官は、役職員又は自衛隊員としての前歴（検察官その他の職務の特殊性を勘案して政令で定める者としての前歴を除く。）を有しない者のうちから、委員会の議決を経て、内閣総理大臣が任命する。

（事務局）

第一〇六条の一五　委員会の事務を処理させるため、委員会に事務局を置く。

2　事務局に、事務局長のほか、所要の職員を置く。
3　事務局長は、委員長の命を受けて、局務を掌理する。

（違反行為の疑いに係る任命権者の報告）

第一〇六条の一六　任命権者は、職員又は職員であつた者に再就職等規制違反行為（第百六条の二から第百六条の四までの規定に違反する行為をいう。以下同じ。）を行つた疑いがあると思料するときは、その旨を委員会に報告しなければならない。

（任命権者による調査）

第一〇六条の一七　任命権者は、職員又は職員であつた者に再就職等規制違反行為を行つた疑いがあると思料して当該再就職等規制違反行為に関して調査を行おうとするときは、委員会にその旨を通知しなければならない。
2　委員会は、任命権者が行う前項の調査の経過について、報告を求め、又は意見を述べることができる。
3　任命権者は、第一項の調査を終了したときは、遅滞なく、委員会に対し、当該調査の結果を報告しなければならない。

（任命権者に対する調査の要求等）

第一〇六条の一八　委員会は、第百六条の四第九項の届出、第百六条の十六の報告又はその他の事由により職員又は職員であつた者に再就職等規制違反行為を行つた疑いがあると思料するときは、任命権者に対し、当該再就職等規制違反行為に関する調査を行うよう求めることができる。
2　前条第二項及び第三項の規定は、前項の規定により行われる調査について準用する。

（共同調査）

第一〇六条の一九　委員会は、第百六条の十七第二項（前条第二項において準用する場合を含む。）の規定により報告を受けた場合において必要があると認めるときは、再就職等規制違反行為に関し、監察官に任命権者と共同して調査を行わせることができる。

（委員会による調査）

第一〇六条の二〇　委員会は、第百六条の四第九項の届出、第百六条の十六の報告又はその他の事由により職員又は職員であつた者に再就職等規制違反行為を行つた疑いがあると思料する場合であつて、特に必要があると認めるときは、当該再就職等規制違反行為に関する調査の開始を決定し、監察官に当該調査を行わせることができる。
2　任命権者は、前項の調査に協力しなければならない。
3　委員会は、第一項の調査を終了したときは、遅滞なく、任命権者に対し、当該調査の結果を通知しなければならない。

（勧告）

第一〇六条の二一　委員会は、第百六条の十七第三項（第百六条の十八第二項において準用する場合を含む。）の規定による調査の結果の報告に照らし、又は第百六条の十九若しくは前条第一項の規定により監察官に調査を行わせた結果、任命権者において懲戒処分その他の措置を行うことが適当であると認めるときは、任命権者に対し、当該措置を行うべき旨の勧告をすることができる。
2　任命権者は、前項の勧告に係る措置について、委員会に対し、報告しなければならない。
3　委員会は、内閣総理大臣に対し、この節の規定の適切な運用を確保するために必要と認められる措置について、勧告することができる。

（政令への委任）

第一〇六条の二二　第百六条の五から前条までに規定するもののほか、委員会に関し必要な事項は、政令で定める。

第三款　雑則

（任命権者への届出）

第一〇六条の二三　職員（退職手当通算予定職員を除く。）は、離職後に営利企業等の地位に就くことを約束した場合には、速やかに、政令で定めるところにより、任命権者に政令で定める事項を届け出なければならない。
2　前項の届出を受けた任命権者は、第百六条の三第一項の規定の趣旨を踏まえ、当該届出を行つた職員の任用を行うものとする。
3　第一項の届出を受けた任命権者は、当該届出を行つた職員が管理又は監督の地位にある職員の官職として政令で定めるものに就いている職員（以下「管理職職員」という。）である場合には、速やかに、当該届出に係る事項を内閣総理大臣に通知するものとする。

（内閣総理大臣への届出）

第一〇六条の二四　管理職職員であつた者（退職手当通算離職者を除く。次項において同じ。）は、離職後二年間、次に掲げる法人の役員その他の地位であつて政令で定めるものに就こうとする場合（前条第一項の規定により政令で定める事項を届け出た場合を除く。）には、あらかじめ、政令で定めるところにより、内閣総理大臣に政令で定める事項を届け出なければならない。
一　行政執行法人以外の独立行政法人
二　特殊法人（法律により直接に設立された法人及び特別の法律により特別の設立行為をもつて

設立された法人（独立行政法人に該当するものを除く。）のうち政令で定めるものをいう。）

三　認可法人（特別の法律により設立され、かつ、その設立に関し行政庁の認可を要する法人のうち政令で定めるものをいう。）

四　公益社団法人又は公益財団法人（国と特に密接な関係があるものとして政令で定めるものに限る。）

2　管理職職員であつた者は、離職後二年間、営利企業以外の事業の団体の地位に就き、若しくは事業に従事し、若しくは事務を行うこととなつた場合（報酬を得る場合に限る。）又は営利企業（前項第二号又は第三号に掲げる法人を除く。）の地位に就いた場合は、前条第一項又は前項の規定による届出を行つた場合、日々雇い入れられる者となつた場合その他政令で定める場合を除き、政令で定めるところにより、速やかに、内閣総理大臣に政令で定める事項を届け出なければならない。

（内閣総理大臣による報告及び公表）

第一〇六条の二五　内閣総理大臣は、第百六条の二十三第三項の規定による通知及び前条の規定による届出を受けた事項について、遅滞なく、政令で定めるところにより、内閣に報告しなければならない。

2　内閣は、毎年度、前項の報告を取りまとめ、政令で定める事項を公表するものとする。

（退職管理基本方針）

第一〇六条の二六　内閣総理大臣は、あらかじめ、第五十五条第一項に規定する任命権者及び法律で別に定められた任命権者と協議して職員の退職管理に関する基本的な方針（以下「退職管理基本方針」という。）の案を作成し、閣議の決定を求めなければならない。

2　内閣総理大臣は、前項の規定による閣議の決定があつたときは、遅滞なく、退職管理基本方針を公表しなければならない。

3　前二項の規定は、退職管理基本方針の変更について準用する。

4　任命権者は、退職管理基本方針に沿つて、職員の退職管理を行わなければならない。

（再就職後の公表）

第一〇六条の二七　在職中に第百六条の三第二項第四号の承認を得た管理職職員が離職後に当該承認に係る営利企業等の地位に就いた場合には、当該管理職職員が離職時に在職していた府省その他の政令で定める国の機関、行政執行法人又は都道府県警察（以下この条において「在職機関」という。）は、政令で定めるところにより、その者の離職後二年間（その者が当該営利企業等の地位に就いている間に限る。）、次に掲げる事項を公表しなければならない。

一　その者の氏名

二　在職機関が当該営利企業等に対して交付した補助金等（補助金等に係る予算の執行の適正化に関する法律（昭和三十年法律第百七十九号）第二条第一項に規定する補助金等をいう。）の総額

三　在職機関と当該営利企業等との間の売買、貸借、請負その他の契約の総額

四　その他政令で定める事項

第九節　退職年金制度

（退職年金制度）

第一〇七条　職員が、相当年限忠実に勤務して退職した場合、公務に基く負傷若しくは疾病に基き退職した場合又は公務に基き死亡した場合におけるその者又はその遺族に支給する年金に関する制度が、樹立し実施せられなければならない。

2　前項の年金制度は、退職又は死亡の時の条件を考慮して、本人及びその退職又は死亡の当時直接扶養する者のその後における適当な生活の維持を図ることを目的とするものでなければならない。

3　第一項の年金制度は、健全な保険数理を基礎として定められなければならない。

4　前三項の規定による年金制度は、法律によつてこれを定める。

（意見の申出）

第一〇八条　人事院は、前条の年金制度に関し調査研究を行い、必要な意見を国会及び内閣に申し出ることができる。

第一〇節　職員団体

（職員団体）

第一〇八条の二　この法律において「職員団体」とは、職員がその勤務条件の維持改善を図ることを目的として組織する団体又はその連合体をいう。

2　前項の「職員」とは、第五項に規定する職員以外の職員をいう。

3　職員は、職員団体を結成し、若しくは結成せず、又はこれに加入し、若しくは加入しないことができる。ただし、重要な行政上の決定を行う職員、重要な行政上の決定に参画する管理的地位にある職員、職員の任免に関して直接の権限を持つ監督的地位にある職員、職員の任免、分限、懲戒若しくは服務、職員の給与その他の勤務条件又は職員団体との関係についての当局の計画及び方針に関

する機密の事項に接し、そのためにその職務上の義務と責任とが職員団体の構成員としての誠意と責任とに直接に抵触すると認められる監督的地位にある職員その他職員団体との関係において当局の立場に立つて遂行すべき職務を担当する職員（以下「管理職員等」という。）と管理職員等以外の職員とは、同一の職員団体を組織することができず、管理職員等と管理職員等以外の職員とが組織する団体は、この法律にいう「職員団体」ではない。

4　前項ただし書に規定する管理職員等の範囲は、人事院規則で定める。

5　警察職員及び海上保安庁又は刑事施設において勤務する職員は、職員の勤務条件の維持改善を図ることを目的とし、かつ、当局と交渉する団体を結成し、又はこれに加入してはならない。

（職員団体の登録）

第一〇八条の三　職員団体は、人事院規則で定めるところにより、理事その他の役員の氏名及び人事院規則で定める事項を記載した申請書に規約を添えて人事院に登録を申請することができる。

2　職員団体の規約には、少なくとも次に掲げる事項を記載するものとする。

一　名称
二　目的及び業務
三　主なる事務所の所在地
四　構成員の範囲及びその資格の得喪に関する規定
五　理事その他の役員に関する規定
六　次項に規定する事項を含む業務執行、会議及び投票に関する規定
七　経費及び会計に関する規定
八　他の職員団体との連合に関する規定
九　規約の変更に関する規定
十　解散に関する規定

3　職員団体が登録される資格を有し、及び引き続いて登録されているためには、規約の作成又は変更、役員の選挙その他これらに準ずる重要な行為が、すべての構成員が平等に参加する機会を有する直接かつ秘密の投票による全員の過半数（役員の選挙については、投票者の過半数）によつて決定される旨の手続を定め、かつ、現実にその手続によりこれらの重要な行為が決定されることを必要とする。ただし、連合体である職員団体又は全国的規模をもつ職員団体にあつては、すべての構成員が平等に参加する機会を有する構成団体ごと又は地域若しくは職域ごとの直接かつ秘密の投票による投票者の過半数で代議員を選挙し、この代議員の全員が平等に参加する機会を有する直接かつ秘密の投票による全員の過半数（役員の選挙については、投票者の過半数）によつて決定される旨の手続を定め、かつ、現実に、その手続により決定されることをもつて足りるものとする。

4　前項に定めるもののほか、職員団体が登録される資格を有し、及び引き続いて登録されているためには、前条第五項に規定する職員以外の職員のみをもつて組織されていることを必要とする。ただし、同項に規定する職員以外の職員であつた者でその意に反して免職され、若しくは懲戒処分としての免職の処分を受け、当該処分を受けた日の翌日から起算して一年以内のもの又はその期間内に当該処分について法律の定めるところにより審査請求をし、若しくは訴えを提起し、これに対する裁決若しくは裁判が確定するに至らないものを構成員にとどめていること、及び当該職員団体の役員である者を構成員としていることを妨げない。

5　人事院は、登録を申請した職員団体が前三項の規定に適合するものであるときは、人事院規則で定めるところにより、規約及び第一項に規定する申請書の記載事項を登録し、当該職員団体にその旨を通知しなければならない。この場合において、職員でない者の役員就任を認めている職員団体を、そのゆえをもつて登録の要件に適合しないものと解してはならない。

6　登録された職員団体が職員団体でなくなつたとき、登録された職員団体について第二項から第四項までの規定に適合しない事実があつたとき、又は登録された職員団体が第九項の規定による届出をしなかつたときは、人事院は、人事院規則で定めるところにより、六十日を超えない範囲内で当該職員団体の登録の効力を停止し、又は当該職員団体の登録を取り消すことができる。

7　前項の規定による登録の取消しに係る聴聞の期日における審理は、当該職員団体から請求があつたときは、公開により行わなければならない。

8　第六項の規定による登録の取消しは、当該処分の取消しの訴えを提起することができる期間内及び当該処分の取消しの訴えの提起があつたときは当該訴訟が裁判所に係属する間は、その効力を生じない。

9　登録された職員団体は、その規約又は第一項に規定する申請書の記載事項に変更があつたときは、人事院規則で定めるところにより、人事院にその旨を届け出なければならない。この場合においては、第五項の規定を準用する。

10　登録された職員団体は、解散したときは、人事院規則で定めるところにより、人事院にその旨を届け出なければならない。

第一〇八条の四　削除

（交渉）

第一〇八条の五　当局は、登録された職員団体から、職員の給与、勤務時間その他の勤務条件に関し、及びこれに附帯して、社交的又は厚生的活動を含む適法な活動に係る事項に関し、適法な交渉の申入れがあつた場合においては、その申入れに応ずべき地位に立つものとする。

2　職員団体と当局との交渉は、団体協約を締結する権利を含まないものとする。

3　国の事務の管理及び運営に関する事項は、交渉の対象とすることができない。

4　職員団体が交渉することのできる当局は、交渉事項について適法に管理し、又は決定することのできる当局とする。

5　交渉は、職員団体と当局があらかじめ取り決めた員数の範囲内で、職員団体がその役員の中から指名する者と当局の指名する者との間において行なわなければならない。交渉に当たつては、職員団体と当局との間において、議題、時間、場所その他必要な事項をあらかじめ取り決めて行なうものとする。

6　前項の場合において、特別の事情があるときは、職員団体は、役員以外の者を指名することができるものとする。ただし、その指名する者は、当該交渉の対象である特定の事項について交渉する適法な委任を当該職員団体の執行機関から受けたことを文書によつて証明できる者でなければならない。

7　交渉は、前二項の規定に適合しないこととなつたとき、又は他の職員の職務の遂行を妨げ、若しくは国の事務の正常な運営を阻害することとなつたときは、これを打ち切ることができる。

8　本条に規定する適法な交渉は、勤務時間中においても行なうことができるものとする。

9　職員は、職員団体に属していないという理由で、第一項に規定する事項に関し、不満を表明し、又は意見を申し出る自由を否定されてはならない。

（人事院規則の制定改廃に関する職員団体からの要請）

第一〇八条の五の二　登録された職員団体は、人事院規則の定めるところにより、職員の勤務条件について必要があると認めるときは、人事院に対し、人事院規則を制定し、又は改廃することを要請することができる。

2　人事院は、前項の規定による要請を受けたときは、速やかに、その内容を公表するものとする。

（職員団体のための職員の行為の制限）

第一〇八条の六　職員は、職員団体の業務にもつぱら従事することができない。ただし、所轄庁の長の許可を受けて、登録された職員団体の役員としてもつぱら従事する場合は、この限りでない。

2　前項ただし書の許可は、所轄庁の長が相当と認める場合に与えることができるものとし、これを与える場合においては、所轄庁の長は、その許可の有効期間を定めるものとする。

3　第一項ただし書の規定により登録された職員団体の役員として専ら従事する期間は、職員としての在職期間を通じて五年（行政執行法人の労働関係に関する法律（昭和二十三年法律第二百五十七号）第二条第四号の職員として同法第七条第一項ただし書の規定により労働組合の業務に専ら従事したことがある職員については、五年からその専ら従事した期間を控除した期間）を超えることができない。

4　第一項ただし書の許可は、当該許可を受けた職員が登録された職員団体の役員として当該職員団体の業務にもつぱら従事する者でなくなつたときは、取り消されるものとする。

5　第一項ただし書の許可を受けた職員は、その許可が効力を有する間は、休職者とする。

6　職員は、人事院規則で定める場合を除き、給与を受けながら、職員団体のためその業務を行ない、又は活動してはならない。

（不利益取扱いの禁止）

第一〇八条の七　職員は、職員団体の構成員であること、これを結成しようとしたこと、若しくはこれに加入しようとしたこと、又はその職員団体における正当な行為をしたことのために不利益な取扱いを受けない。

第四章　罰則

第一〇九条　次の各号のいずれかに該当する者は、一年以下の懲役又は五十万円以下の罰金に処する。

一　第七条第三項の規定に違反して任命を受諾した者

二　第八条第三項の規定に違反して故意に人事官を罷免しなかつた閣員

三　人事官の欠員を生じた後六十日以内に人事官を任命しなかつた閣員（此の期間内に両議院の同意を経なかつた場合には此の限りでない。）

四　第十五条の規定に違反して官職を兼ねた者

五　第十六条第二項の規定に違反して故意に人事

院規則及びその改廃を官報に掲載することを怠つた者

六　第十九条の規定に違反して故意に人事記録の作成、保管又は改訂をしなかつた者

七　第二十条の規定に違反して故意に報告しなかつた者

八　第二十七条の規定に違反して差別をした者

九　第四十七条第三項の規定に違反して採用試験の公告を怠り又はこれを抑止した職員

十　第八十三条第一項の規定に違反して停職を命じた者

十一　第九十二条の規定によつてなされる人事院の判定、処置又は指示に故意に従わなかつた者

十二　第百条第一項若しくは第二項又は第百六条の十二第一項の規定に違反して秘密を漏らした者

十三　第百三条の規定に違反して営利企業の地位についた者

十四　離職後二年を経過するまでの間に、離職前五年間に在職していた局等組織に属する役職員又はこれに類する者として政令で定めるものに対し、契約等事務であつて離職前五年間の職務に属するものに関し、職務上不正な行為をするように、又は相当の行為をしないように要求し、又は依頼した再就職者

十五　国家行政組織法第二十一条第一項に規定する部長若しくは課長の職又はこれらに準ずる職であつて政令で定めるものに離職した日の五年前の日より前に就いていた者であつて、離職後二年を経過するまでの間に、当該職に就いていた時に在職していた局等組織に属する役職員又はこれに類する者として政令で定めるものに対し、契約等事務であつて離職した日の五年前の日より前の職務（当該職に就いていたときの職務に限る。）に属するものに関し、職務上不正な行為をするように、又は相当の行為をしないように要求し、又は依頼した再就職者

十六　国家行政組織法第六条に規定する長官、同法第十八条第一項に規定する事務次官、同法第二十一条第一項に規定する事務局長若しくは局長の職又はこれらに準ずる職であつて政令で定めるものに就いていた者であつて、離職後二年を経過するまでの間に、局長等としての在職機関に属する役職員又はこれに類する者として政令で定めるものに対し、契約等事務であつて局長等としての在職機関の所掌に属するものに関し、職務上不正な行為をするように、又は相当の行為をしないように要求し、又は依頼した再就職者

十七　在職していた府省その他の政令で定める国の機関、行政執行法人若しくは都道府県警察（以下この号において「行政機関等」という。）に属する役職員又はこれに類する者として政令で定めるものに対し、国、特定独立行政法人若しくは都道府県と営利企業等（再就職者が現にその地位に就いているものに限る。）若しくはその子法人との間の契約であつて当該行政機関等においてその締結について自らが決定したもの又は当該行政機関等による当該営利企業等若しくはその子法人に対する行政手続法第二条第二号に規定する処分であつて自らが決定したものに関し、職務上不正な行為をするように、又は相当の行為をしないように要求し、又は依頼した再就職者

十八　第十四号から前号までに掲げる再就職者から要求又は依頼（独立行政法人通則法第五十四条第一項において準用する第十四号から前号までに掲げる要求又は依頼を含む。）を受けた職員であつて、当該要求又は依頼を受けたことを理由として、職務上不正な行為をし、又は相当の行為をしなかつた者

第一一〇条　次の各号のいずれかに該当する者は、三年以下の懲役又は百万円以下の罰金に処する。

一　第二条第六項の規定に違反した者

二　削除

三　第十七条第二項（第十八条の三第二項において準用する場合を含む。次号及び第五号において同じ。）の規定による証人として喚問を受け虚偽の陳述をした者

四　第十七条第二項の規定により証人として喚問を受け正当の理由がなくてこれに応ぜず、又は同項の規定により書類又はその写の提出を求められ正当の理由がなくてこれに応じなかつた者

五　第十七条第二項の規定により書類又はその写の提出を求められ、虚偽の事項を記載した書類又は写を提出した者

五の二　第十七条第三項（第十八条の三第二項において準用する場合を含む。）の規定による検査を拒み、妨げ、若しくは忌避し、又は質問に対して陳述をせず、若しくは虚偽の陳述をした者（第十七条第一項の調査の対象である職員（第十八条の三第二項において準用する場合にあつては、同条第一項の調査の対象である職員又は職員であつた者）を除く。）

六　第十八条の規定に違反して給与を支払つた者

七　第三十三条第一項の規定に違反して任命をし

た者

八　第三十九条の規定による禁止に違反した者

九　第四十条の規定に違反して虚偽行為を行つた者

十　第四十一条の規定に違反して受験若しくは任用を阻害し又は情報を提供した者

十一　第六十三条の規定に違反して給与を支給した者

十二　第六十八条の規定に違反して給与の支払をした者

十三　第七十条の規定に違反して給与の支払について故意に適当な措置をとらなかつた人事官

十四　第八十三条第二項の規定に違反して停職者に俸給を支給した者

十五　第八十六条の規定に違反して故意に勤務条件に関する行政措置の要求の申出を妨げた者

十六　削除

十七　削除

十八　第百条第四項（同条第五号において準用する場合を含む。）の規定に違反して陳述及び証言を行わなかつた者

十九　削除

二十　第百八条の二第五項の規定に違反して団体を結成した者

2　前項第八号に該当する者の収受した金銭その他の利益は、これを没収する。その全部又は一部を没収することができないときは、その価額を追徴する。

第百十一条　第百九条第二号より第四号まで及び第十二号又は前条第一項第一号、第三号から第七号まで、第九号から第十五号まで、第十八号及び第二十号に掲げる行為を企て、命じ、故意にこれを容認し、そそのかし又はそのほう助をした者は、それぞれ各本条の刑に処する。

第百十一条の二　次の各号のいずれかに該当する者は、三年以下の禁錮又は百万円以下の罰金に処する。

一　何人たるを問わず第九十八条第二項前段に規定する違法な行為の遂行を共謀し、唆し、若しくはあおり、又はこれらの行為を企てた者

二　第百二条第一項に規定する政治的行為の制限に違反した者

第百十二条　次の各号のいずれかに該当する者は、三年以下の懲役に処する。ただし、刑法（明治四十年法律第四十五号）に正条があるときは、刑法による。

一　職務上不正な行為（第百六条の二第一項又は第百六条の三第一項の規定に違反する行為を除く。次号において同じ。）をすること若しくはしたこと、又は相当の行為をしないこと若しくはしなかつたことに関し、営利企業等に対し、離職後に当該営利企業等若しくはその子法人の地位に就くこと、又は他の役職員をその離職後に、若しくは役職員であつた者を、当該営利企業等若しくはその子法人の地位に就かせることを要求し、又は約束した職員

二　職務に関し、他の役職員に職務上不正な行為をするように、又は相当の行為をしないように要求し、依頼し、若しくは唆すこと、又は要求し、依頼し、若しくは唆したことに関し、営利企業等に対し、離職後に当該営利企業等若しくはその子法人の地位に就くこと、又は他の役職員をその離職後に、若しくは役職員であつた者を、当該営利企業等若しくはその子法人の地位に就かせることを要求し、又は約束した職員

三　前号（独立行政法人通則法第五十四条第一項において準用する場合を含む。）の不正な行為をするように、又は相当の行為をしないように要求し、依頼し、又は唆した行為の相手方であつて、同号（同項において準用する場合を含む。）の要求又は約束があつたことの情を知つて職務上不正な行為をし、又は相当の行為をしなかつた職員

第百十三条　次の各号のいずれかに該当する者は、十万円以下の過料に処する。

一　第百六条の四第一項から第四項までの規定に違反して、役職員又はこれらの規定に規定する役職員に類する者として政令で定めるものに対し、契約等事務に関し、職務上の行為をするように、又はしないように要求し、又は依頼した者（不正な行為をするように、又は相当の行為をしないように要求し、又は依頼した者を除く。）

二　第百六条の二十四第一項又は第二項の規定による届出をせず、又は虚偽の届出をした者

附則（抄）

第一条　この法律は、昭和二十三年七月一日から施行する。

第二条　第五条第五項に規定する大学学部には、旧大学令（大正七年勅令第三百八十八号）に規定する大学学部及び旧専門学校令（明治三十六年勅令第六十一号）に規定する専門学校を含むものとする。

第三条　第百条の規定は、従前職員であつた者で同条の規定の施行前に退職した者についても適用する。

第四条　職員に関し、その職務と責任の特殊性に基づいて、この法律の特例を要する場合には、別に法律又は人事院規則（人事院の所掌する事項以外の事項については、政令）をもつて、当該特例を規定することができる。ただし、当該特例は、第一条の精神に反するものであつてはならない。

第五条　この法律の各規定の施行又は適用の際現に効力を有する政府職員に関する法令の規定の改廃及びこれらの規定の適用を受ける者に、この法律の規定を適用するに当たり、必要な経過的特例その他の事項は、法律又は人事院規則で定める。

第六条　労働組合法（昭和二十四年法律第百七十四号）、労働関係調整法（昭和二十一年法律第二十五号）、労働基準法（昭和二十二年法律第四十九号）、船員法（昭和二十二年法律第百号）、最低賃金法（昭和三十四年法律第百三十七号）、じん肺法（昭和三十五年法律第三十号）、労働安全衛生法（昭和四十七年法律第五十七号）及び船員災害防止活動の促進に関する法律（昭和四十二年法律第六十一号）並びにこれらの法律に基づく命令は、職員には適用しない。

第七条　第百八条の六の規定の適用については、国家公務員の労働関係の実態に鑑み、労働関係の適正化を促進し、もつて公務の能率的な運営に資するため、当分の間、同条第三項中「五年」とあるのは、「七年以下の範囲内で人事院規則で定める期間」とする。

【令和四年六月一七日法律第六八号未施行内容】

附則（抄）

（施行期日）

1　この法律は、刑法等一部改正法施行日（令和七年六月一日——編注）から施行する。《略》

【令和六年一二月二五日法律第七九号】

国家公務員の育児休業等に関する法律の一部を改正する法律

附則（抄）

（施行期日）

第一条　この法律は、公布の日から起算して一年三月を超えない範囲内において政令で定める日から施行する。ただし、次の各号に掲げる規定は、当該各号に定める日から施行する。

一　附則第三条及び第四条（次条の規定を準用する部分を除く。）の規定　公布の日

二　次条及び附則第四条（次条の規定を準用する部分に限る。）の規定　公布の日から起算して一年を超えない範囲内において政令で定める日

第七条　国家公務員法等の一部を改正する法律（令和三年法律第六十一号）の一部を次のように改正する。

附則第七条第二項中「第九項及び」を削り、同条第九項中「附則第十九条の規定による改正後の育児休業法（附則第十二条において「新育児休業法」という。）第二十六条第一項並びに」を削る。

附則第十二条第二項中「新育児休業法第二十七条第一項において準用する育児休業法第十二条第一項」を「附則第十九条の規定による改正後の育児休業法（次項において「新育児休業法」という。）第二十七条第一項において準用する育児休業法第十二条第一項」に、「及び新育児休業法」を「及び附則第十九条の規定による改正後の育児休業法」に改め、同条第七項中「新育児休業法第二十七条第一項において準用する新育児休業法第二十六条第一項並びに」を削る。

人事院規則一四—七（政治的行為）

昭和二四年九月一九日人事院規則一四—七

最終改正：令和四年二月一八日人事院規則一—七九

施行：令和五年四月一日

（適用の範囲）

1　法及び規則中政治的行為の禁止又は制限に関する規定は、臨時的任用として勤務する者、条件付任用期間の者、休暇、休職又は停職中の者及びその他理由のいかんを問わず一時的に勤務しない者をも含む全ての一般職に属する職員に適用する。ただし、顧問、参与、委員その他人事院の指定するこれらと同様な諮問的な非常勤の職員（法第六十条の二第一項に規定する短時間勤務の官職を占める職員を除く。）が他の法令に規定する禁止又は制限に触れることなしにする行為には適用しない。

2　法又は規則によつて禁止又は制限される職員の政治的行為は、すべて、職員が、公然又は内密に、職員以外の者と共同して行う場合においても、禁止又は制限される。

3　法又は規則によつて職員が自ら行うことを禁止又は制限される政治的行為は、すべて、職員が自ら選んだ又は自己の管理に属する代理人、使用人その他の者を通じて間接に行う場合においても、禁止又は制限される。

4　法又は規則によつて禁止又は制限される職員の政治的行為は、第六項第十六号に定めるものを除いては、職員が勤務時間外において行う場合にお

いても、適用される。

（政治的目的の定義）

5　法及び規則中政治的目的とは、次に掲げるものをいう。政治的目的をもつてなされる行為であつても、第六項に定める政治的行為に含まれない限り、法第百二条第一項の規定に違反するものではない。

一　規則一四―五に定める公選による公職の選挙において、特定の候補者を支持し又はこれに反対すること。

二　最高裁判所の裁判官の任命に関する国民審査に際し、特定の裁判官を支持し又はこれに反対すること。

三　特定の政党その他の政治的団体を支持し又はこれに反対すること。

四　特定の内閣を支持し又はこれに反対すること。

五　政治の方向に影響を与える意図で特定の政策を主張し又はこれに反対すること。

六　国の機関又は公の機関において決定した政策（法令、規則又は条例に包含されたものを含む。）の実施を妨害すること。

七　地方自治法（昭和二十二年法律第六十七号）に基く地方公共団体の条例の制定若しくは改廃又は事務監査の請求に関する署名を成立させ又は成立させないこと。

八　地方自治法に基く地方公共団体の議会の解散又は法律に基く公務員の解職の請求に関する署名を成立させ若しくは成立させず又はこれらの請求に基く解散若しくは解職に賛成し若しくは反対すること。

（政治的行為の定義）

6　法第百二条第一項の規定する政治的行為とは、次に掲げるものをいう。

一　政治的目的のために職名、職権又はその他の公私の影響力を利用すること。

二　政治的目的のために寄附金その他の利益を提供し又は提供せずその他政治的目的をもつなんらかの行為をなし又はなさないことに対する代償又は報復として、任用、職務、給与その他職員の地位に関してなんらかの利益を得若しくは得ようと企て又は得させようとすることあるいは不利益を与え、与えようと企て又は与えようとおびやかすこと。

三　政治的目的をもつて、賦課金、寄附金、会費又はその他の金品を求め若しくは受領し又はなんらの方法をもつてするを問わずこれらの行為に関与すること。

四　政治的目的をもつて、前号に定める金品を国家公務員に与え又は支払うこと。

五　政党その他の政治的団体の結成を企画し、結成に参与し若しくはこれらの行為を援助し又はそれらの団体の役員、政治的顧問その他これらと同様な役割をもつ構成員となること。

六　特定の政党その他の政治的団体の構成員となるように又はならないように勧誘運動をすること。

七　政党その他の政治的団体の機関紙たる新聞その他の刊行物を発行し、編集し、配布し又はこれらの行為を援助すること。

八　政治的目的をもつて、第五項第一号に定める選挙、同項第二号に定める国民審査の投票又は同項第八号に定める解散若しくは解職の投票において、投票するように又はしないように勧誘運動をすること。

九　政治的目的のために署名運動を企画し、主宰し又は指導しその他これに積極的に参与すること。

十　政治的目的をもつて、多数の人の行進その他の示威運動を企画し、組織し若しくは指導し又はこれらの行為を援助すること。

十一　集会その他多数の人に接し得る場所で又は拡声器、ラジオその他の手段を利用して、公に政治的目的を有する意見を述べること。

十二　政治的目的を有する文書又は図画を国又は行政執行法人の庁舎（行政執行法人にあつては、事務所。以下同じ。）、施設等に掲示し又は掲示させその他政治的目的のために国又は行政執行法人の庁舎、施設、資材又は資金を利用し又は利用させること。

十三　政治的目的を有する署名又は無署名の文書、図画、音盤又は形象を発行し、回覧に供し、掲示し若しくは配布し又は多数の人に対して朗読し若しくは聴取させ、あるいはこれらの用に供するために著作し又は編集すること。

十四　政治的目的を有する演劇を演出し若しくは主宰し又はこれらの行為を援助すること。

十五　政治的目的をもつて、政治上の主義主張又は政党その他の政治的団体の表示に用いられる旗、腕章、記章、えり章、服飾その他これらに類するものを製作し又は配布すること。

十六　政治的目的をもつて、勤務時間中において、前号に掲げるものを着用し又は表示すること。

十七　なんらの名義又は形式をもつてするを問わず、前各号の禁止又は制限を免れる行為をすること。

7　この規則のいかなる規定も、職員が本来の職務を遂行するため当然行うべき行為を禁止又は制限するものではない。

8　各省各庁の長及び行政執行法人の長は、法又は規則に定める政治的行為の禁止又は制限に違反する行為又は事実があつたことを知つたときは、直ちに人事院に通知するとともに、違反行為の防止又は矯正のために適切な措置をとらなければならない。

人事院規則一〇―一〇（セクシュアル・ハラスメントの防止等）

平成一〇年一一月一三日人事院規則一〇―一〇
最終改正：令和二年四月一日人事院規則一〇―一〇―一三
施行：令和二年六月一日

人事院は、国家公務員法（昭和二十二年法律第百二十号）に基づき、セクシュアル・ハラスメントの防止等に関し次の人事院規則を制定する。

（趣旨）
第一条　この規則は、人事行政の公正の確保、職員の利益の保護及び職員の能率の発揮を目的として、セクシュアル・ハラスメントの防止及び排除のための措置並びにセクシュアル・ハラスメントに起因する問題が生じた場合に適切に対応するための措置に関し、必要な事項を定めるものとする。

（定義）
第二条　この規則において、次の各号に掲げる用語の意義は、当該各号に定めるところによる。
一　セクシュアル・ハラスメント　他の者を不快にさせる職場における性的な言動及び職員が他の職員を不快にさせる職場外における性的な言動
二　セクシュアル・ハラスメントに起因する問題　セクシュアル・ハラスメントのため職員の勤務環境が害されること及びセクシュアル・ハラスメントへの対応に起因して職員がその勤務条件につき不利益を受けること

（人事院の責務）
第三条　人事院は、セクシュアル・ハラスメントの防止等に関する施策についての企画立案を行うとともに、各省各庁の長がセクシュアル・ハラスメントの防止等のために実施する措置に関する調整、指導及び助言に当たらなければならない。

（各省各庁の長の責務）
第四条　各省各庁の長は、職員がその能率を充分に発揮できるような勤務環境を確保するため、セクシュアル・ハラスメントの防止及び排除に関し、必要な措置を講ずるとともに、セクシュアル・ハラスメントに起因する問題が生じた場合においては、必要な措置を迅速かつ適切に講じなければならない。

2　各省各庁の長は、当該各省各庁に属する職員が他の各省各庁に属する職員（以下「他省庁の職員」という。）からセクシュアル・ハラスメントを受けたとされる場合には、当該他省庁の職員に係る各省各庁の長に対し、当該他省庁の職員に対する調査を行うよう要請するとともに、必要に応じて当該他省庁の職員に対する指導等の対応を行うよう求めなければならない。この場合において、当該調査又は対応を行うよう求められた各省各庁の長は、これに応じて必要と認める協力を行わなければならない。

3　各省各庁の長は、セクシュアル・ハラスメントに関する苦情の申出、当該苦情等に係る調査への協力その他セクシュアル・ハラスメントに対する職員の対応に起因して当該職員が職場において不利益を受けることがないようにしなければならない。

（職員の責務）
第五条　職員は、セクシュアル・ハラスメントをしてはならない。

2　各省各庁の長は、当該各省各庁に属する職員が他の各省各庁に属する職員（以下「他省庁の職員」という。）からセクシュアル・ハラスメントを受けたとされる場合には、当該他省庁の職員に係る各省各庁の長に対し、当該他省庁の職員に対する調査を行うよう要請するとともに、必要に応じて当該他省庁の職員に対する指導等の対応を行うよう求めなければならない。この場合において、当該調査又は対応を行うよう求められた各省各庁の長は、これに応じて必要と認める協力を行わなければならない。

3　各省各庁の長は、セクシュアル・ハラスメントに関する苦情の申出、当該苦情等に係る調査への協力その他セクシュアル・ハラスメントに対する職員の対応に起因して当該職員が職場において不利益を受けることがないようにしなければならない。

4　職員を監督する地位にある者（以下「監督者」という。）は、良好な勤務環境を確保するため、日常の執務を通じた指導等によりセクシュアル・ハラスメントの防止及び排除に努めるとともに、セクシュアル・ハラスメントに起因する問題が生じた場合には、迅速かつ適切に対処しなければならない。

（職員に対する指針）

第六条　人事院は、セクシュアル・ハラスメントをなくするために職員が認識すべき事項について、指針を定めるものとする。

2　各省各庁の長は、職員に対し、前項の指針の周知徹底を図らなければならない。

（研修等）

第七条　各省各庁の長は、セクシュアル・ハラスメントの防止等のため、職員の意識の啓発及び知識の向上を図らなければならない。

2　各省各庁の長は、セクシュアル・ハラスメントの防止等のため、職員に対し、研修を実施しなければならない。この場合において、特に、新たに職員となった者にセクシュアル・ハラスメントに関する基本的な事項について理解させること並びに新たに監督者となった職員その他職責等を考慮して人事院が定める職員に、セクシュアル・ハラスメントの防止等に関しその求められる役割及び技能について理解させることに留意するものとする。

3　人事院は、各省各庁の長が前二項の規定により実施する研修等の調整及び指導に当たるとともに、自ら実施することが適当と認められるセクシュアル・ハラスメントの防止等のための研修について計画を立て、その実施に努めるものとする。

（苦情相談への対応）

第八条　各省各庁の長は、人事院の定めるところにより、セクシュアル・ハラスメントに関する苦情の申出及び相談（以下「苦情相談」という。）が職員からなされた場合に対応するため、苦情相談を受ける職員（以下「相談員」という。）を配置し、相談員が苦情相談を受ける日時及び場所を指定する等必要な体制を整備しなければならない。この場合において、各省各庁の長は、苦情相談を受ける体制を職員に対して明示するものとする。

2　相談員は、苦情相談に係る問題の事実関係の確認及び当該苦情相談に係る当事者に対する助言等により、当該問題を迅速かつ適切に解決するよう努めるものとする。この場合において、相談員は、次条第一項の指針に十分留意しなければならない。

3　職員は、相談員に対して苦情相談を行うほか、人事院に対しても苦情相談を行うことができる。この場合において、人事院は、苦情相談を行った職員等から事情の聴取を行う等の必要な調査を行い、当該職員等に対して指導、助言及び必要なあっせん等を行うものとする。

4　人事院は、職員以外の者であって職員からセクシュアル・ハラスメントを受けたと思料するものからの苦情相談を受けるものとし、当該苦情相談の迅速かつ適切な処理を行わせるため、人事院事務総局の職員のうちから、当該苦情相談を受けて処理する者をセクシュアル・ハラスメント相談員として指名するものとする。この場合において、当該苦情相談の処理については、規則一三―五（職員からの苦情相談）第四条（第三項を除く。）から第九条までの規定の例による。

（苦情相談に関する指針）

第九条　人事院は、相談員がセクシュアル・ハラスメントに関する苦情相談に対応するに当たり留意すべき事項について、指針を定めるものとする。

2　各省各庁の長は、相談員に対し、前項の指針の周知徹底を図らなければならない。

附則《略》

人事院規則一〇―一〇（セクシュアル・ハラスメントの防止等）の運用について（通知）

平成一〇年一一月一三日職福四四二
施行：平成一一年四月一日
最終改正：令和二年四月一日職職一四二
施行：令和二年六月一日

標記について下記のとおり定めたので、平成一一年四月一日以降はこれによってください。

記

第一条関係

「セクシュアル・ハラスメントの防止及び排除」とは、セクシュアル・ハラスメントが行なわれることを未然に防ぐとともに、セクシュアル・ハラスメントが現に行なわれている場合にその行為を制止し、及びその状態を解消することをいう。

第二条関係

1　この条の第一号の「他の者を不快にさせる」とは、職員が他の職員を不快にさせること、職員がその職務に従事する際に接する職員以外の者を不快にさせること及び職員以外の者が職員を不快にさせることをいう。

2　この条の第一号の「職場」とは、職員が職務に従事する場所をいい、当該職員が通常勤務している場所以外の場所も含まれる。

3　この条の第一号の「性的な言動」とは、性的な関心や欲求に基づく言動をいい、性別により役割を分担すべきとする意識に基づく言動も含まれる。

4　この条の第二号の「セクシュアル・ハラスメントのため職員の勤務環境が害されること」とは、職員が、直接又は間接的にセクシュアル・ハラスメントを受けることにより、職務に専念することができなくなる等その能率の発揮が損なわれる程度に当該職員の勤務環境が不快なものとなることをいう。

5　この条の第二号の「セクシュアル・ハラスメントへの対応」とは、職務上の地位を利用した交際又は性的な関係の強要等に対する拒否、抗議、苦情の申出等の行為をいう。

6　この条の第二号の「勤務条件につき不利益を受けること」とは、昇任、配置換等の任用上の取扱い、昇格、昇給、勤勉手当等の給与上の取扱い等に関し不利益を受けることをいう。

第四条関係

1　各省各庁の長の責務には、次に掲げるものが含まれる。

一　セクシュアル・ハラスメントの防止等に関する方針、具体的な対策等を各省庁において部内規程等の文書の形で取りまとめ、職員に対して明示すること。

二　セクシュアル・ハラスメントに起因する問題が職場に生じていないか、又はそのおそれがないか、勤務環境に十分な注意を払うこと。

三　セクシュアル・ハラスメントに関する苦情相談があった場合に、その内容に応じて、迅速かつ適切な解決を図ること。

四　セクシュアル・ハラスメントに起因する問題が生じた場合には、再発防止に向けた措置を講ずること。

五　職員に対して、セクシュアル・ハラスメントに関する苦情の申出、当該苦情等に係る調査への協力その他セクシュアル・ハラスメントに対する職員の対応に起因して当該職員が職場において不利益を受けないことを周知すること。

2　この条の第三項の「不利益」には、勤務条件に関する不利益（昇任、配置換等の任用上の取扱い、昇格、昇給、勤勉手当等の給与上の取扱い等に関する不利益をいう。）のほか、同僚等から受ける誹謗（ひぼう）や中傷など職員が受けるその他の不利益が含まれる。

第五条関係

この条の第三項の「職員を監督する地位にある者」には、他の職員を事実上監督していると認められる地位にある者を含むものとする。

第六条関係

この条の第一項の人事院が定める指針は、別紙第1のとおりとする。

第七条関係

1　この条の第一項の「職員の意識の啓発及び知識の向上」を図る方法としては、パンフレット、ポスター等の啓発資料の配布、掲示又はイントラネットへの掲載、職員の意識調査の実施等が挙げられる。

2　この条の第二項の「研修」の内容には、性的指向及び性自認に関するものを含めるものとする。

3　この条の第二項の「人事院が定める職員」は、次に掲げる職員とする。

一　新たに一般職の職員の給与に関する法律（昭和二五年法律九五号）別表第一一指定職棒給表の適用を受けることとなった職員

二　新たに本省庁に属する官職のうち課長又はこれと同等の官職を閉めることとなった職員

4　この条の第二項の「求められる役割及び技能」

には、監督者がセクシュアル・ハラスメントに関する苦情相談に適切に対応するために必要な知識等が含まれる。

第八条関係

1　苦情相談は、セクシュアル・ハラスメントによる被害を受けた本人からのものに限らず、次のようなものも含まれる。

一　他の職員がセクシュアル・ハラスメントをされているのを見て不快に感じる職員からの苦情の申出

二　他の職員からセクシュアル・ハラスメントをしている旨の指摘を受けた職員からの相談

三　部下等からセクシュアル・ハラスメントに関する相談を受けた監督者からの相談

2　この条の第一項の苦情相談を受ける体制の整備については、次に定めるところによる。

一　本省庁（府、省又は外局として置かれる庁の内部部局その他これに相当する行政機関の部局をいう。）及び管区機関（数府県の地域を管轄区域とする相当の規模を有する地方支分部局その他これに相当する行政機関の部局をいう。）においては、それぞれ複数の相談員を置くことを基準とし、その他の機関においても、セクシュアル・ハラスメントに関する職員からの苦情相談に対応するために必要な体制をその組織構成、各官署の規模等を勘案して整備するものとする。

二　相談員のうち少なくとも一名は、苦情相談を行う職員の属する課の長に対する指導及び人事当局との連携をとることのできる地位にある者をもって充てるものとする。

三　苦情相談には、苦情相談を行う職員の希望する性の相談員が同席できるような体制を整備するよう努めるものとする。

四　セクシュアル・ハラスメントは、妊娠、出産、育児又は介護に関するハラスメント（人事院規則一〇―一五（妊娠、出産、育児若しくは介護に関するハラスメントの防止等）第二条に規定する妊娠、出産、育児又は介護に関するハラスメントをいう。以下同じ。）又はパワー・ハラスメント（人事院規則一〇―一六（パワー・ハラスメントの防止等）第二条に規定するパワー・ハラスメントをいう。）と複合的に生じることも想定されることから、妊娠、出産、育児又は介護に関するハラスメント等に関する苦情相談を受ける体制と一体的に、セクシュアル・ハラスメントに関する苦情相談を受ける体制を整備するなど、一元的に苦情相談を受けることのできる体制を整備するよう努めるものとする。

3　各省各庁の長は、相談員に対し、責任を持って苦情相談に対応するよう指導を徹底するとともに、苦情相談に関する知識、技能等を向上させるため、相談員に対する研修等を実施し、又は相談員を人事院の研修等に参加させるよう努めるものとする。

4　この条の第三項の「苦情相談を行った職員等」には、他の職員からセクシュアル・ハラスメントを受けたとする職員、他の職員に対しセクシュアル・ハラスメントをしたとされる職員その他の関係者が含まれる。

第9条関係

この条の第一項の人事院が定める指針は、別紙第2のとおりとする。

以上

〔別紙第1〕

セクシュアル・ハラスメントをなくするために職員が認識すべき事項についての指針

第1　セクシュアル・ハラスメントをしないようにするために職員が認識すべき事項

1　意識の重要性

セクシュアル・ハラスメントをしないようにするためには、職員一人一人が、次の事項の重要性について十分認識しなければならない。

一　お互いの人格を尊重しあうこと。

二　お互いが大切なパートナーであるという意識を持つこと。

三　相手を性的な関心の対象としてのみ見る意識をなくすこと。

四　女性を劣った性として見る意識をなくすこと。

2　基本的な心構え

職員は、セクシュアル・ハラスメントに関する次の事項について十分認識しなければならない。

一　性に関する言動に対する受け止め方には個人間で差があり、セクシュアル・ハラスメントに当たるか否かについては、相手の判断が重要であること。

具体的には、次の点について注意する必要がある。

(1)　親しさを表すつもりの言動であったとしても、本人の意図とは関係なく相手を不快にさせてしまう場合があること。

(2)　不快に感じるか否かには個人差があること。

(3)　この程度のことは相手も許容するだろうと

いう勝手な憶測をしないこと。

(4) 相手との良好な人間関係ができていると勝手な思い込みをしないこと。

二 相手が拒否し、又は嫌がっていることが分かった場合には、同じ言動を決して繰り返さないこと。

三 セクシュアル・ハラスメントであるか否かについて、相手からいつも意思表示があるとは限らないこと。

　セクシュアル・ハラスメントを受けた者が、職場の人間関係等を考え、拒否することができないなど、相手からいつも明確な意思表示があるとは限らないことを十分認識する必要がある。

四 職場におけるセクシュアル・ハラスメントにだけ注意するのでは不十分であること。

　例えば、職場の人間関係がそのまま持続する歓迎会の酒席のような場において、職員が他の職員にセクシュアル・ハラスメントを行うことは、職場の人間関係を損ない勤務環境を害するおそれがあることから、勤務時間外におけるセクシュアル・ハラスメントについても十分注意する必要がある。

五 職員間のセクシュアル・ハラスメントにだけ注意するのでは不十分であること。

　行政サービスの相手方など職員がその職務に従事する際に接することとなる職員以外の者及び委託契約又は派遣契約により同じ職場で勤務する者との関係にも注意しなければならない。

3 セクシュアル・ハラスメントになり得る言動

　セクシュアル・ハラスメントになり得る言動として、例えば、次のようなものがある。

一 職場内外で起きやすいもの

(1) 性的な内容の発言関係

ア 性的な関心、欲求に基づくもの

① スリーサイズを聞くなど身体的特徴を話題にすること。

② 聞くに耐えない卑猥な冗談を交わすこと。

③ 体調が悪そうな女性に「今日は生理日か」、「もう更年期か」などと言うこと。

④ 性的な経験や性生活について質問すること。

⑤ 性的な噂を立てたり、性的なからかいの対象とすること。

イ 性別により差別しようとする意識等に基づくもの

① 「男のくせに根性がない」、「女には仕事を任せられない」、「女性は職場の花でありさえすればいい」などと発言すること。

② 「男の子、女の子」、「僕、坊や、お嬢さん」、「おじさん、おばさん」などと人格を認めないような呼び方をすること。

③ 性的指向や性自認をからかいやいじめの対象としたり、性的指向や性自認を本人の承諾なしに第三者に漏らしたりすること。

(2) 性的な行動関係

ア 性的な関心、欲求に基づくもの

① ヌードポスター等を職場に貼ること。

② 雑誌等の卑猥な写真・記事等をわざと見せたり、読んだりすること。

③ 身体を執拗に眺め回すこと。

④ 食事やデートにしつこく誘うこと。

⑤ 性的な内容の電話をかけたり、性的な内容の手紙・Eメールを送ること。

⑥ 身体に不必要に接触すること。

⑦ 浴室や更衣室等をのぞき見すること。

イ 性別により差別しようとする意識等に基づくもの

　女性であるというだけで職場でお茶くみ、掃除、私用等を強要すること。

二 主に職場外において起こるもの

ア 性的な関心、欲求に基づくもの

　性的な関係を強要すること。

イ 性別により差別しようとする意識等に基づくもの

① カラオケでのデュエットを強要すること。

② 酒席で、上司の側に座席を指定したり、お酌やチークダンス等を強要すること。

4 懲戒処分

　セクシュアル・ハラスメントの態様等によっては信用失墜行為、国民全体の奉仕者たるにふさわしくない非行などに該当して、懲戒処分に付されることがある。

第2 職場の構成員として良好な勤務環境を確保するために認識すべき事項

　勤務環境はその構成員である職員の協力の下に形成される部分が大きいことから、セクシュアル・ハラスメントにより勤務環境が害されることを防ぐため、職員は、次の事項について、積極的に意を用いるように努めなければならない。

1 職場内のセクシュアル・ハラスメントについて問題提起する職員をいわゆるトラブルメーカーと見たり、セクシュアル・ハラスメントに関する問題を当事者間の個人的な問題として片づけないこと。

職場におけるミーティングを活用することなどにより解決することができる問題については、問題提起を契機として、良好な勤務環境の確保のために皆で取り組むことを日頃から心がけることが必要である。

2　職場からセクシュアル・ハラスメントに関する問題の行為者や被害者を出さないようにするために、周囲に対する気配りをし、必要な行動をとること。

具体的には、次の事項について十分留意して必要な行動をとる必要がある。

一　セクシュアル・ハラスメントが見受けられる場合は、職場の同僚として注意を促すこと。

セクシュアル・ハラスメントを契機として、勤務環境に重大な悪影響が生じたりしないうちに、機会をとらえて職場の同僚として注意を促すなどの対応をとることが必要である。

二　被害を受けていることを見聞きした場合には、声をかけて相談に乗ること。

被害者は「恥ずかしい」、「トラブルメーカーとのレッテルを貼られたくない」などとの考えから、他の人に対する相談をためらうことがある。被害を深刻にしないように、気が付いたことがあれば、声をかけて気軽に相談に乗ることも大切である。

3　職場においてセクシュアル・ハラスメントがある場合には、第三者として気持ちよく勤務できる環境づくりをする上で、上司等に相談するなどの方法をとることをためらわないこと。

第3　セクシュアル・ハラスメントに起因する問題が生じた場合において職員に望まれる事項

1　基本的な心構え

職員は、セクシュアル・ハラスメントを受けた場合にその被害を深刻にしないために、次の事項について認識しておくことが望まれる。

一　一人で我慢しているだけでは、問題は解決しないこと。

セクシュアル・ハラスメントを無視したり、受け流したりしているだけでは、必ずしも状況は改善されないということをまず認識することが大切である。

二　セクシュアル・ハラスメントに対する行動をためらわないこと。

「トラブルメーカーというレッテルを貼られたくない」、「恥ずかしい」などと考えがちだが、被害を深刻なものにしない、他に被害者をつくらない、さらにはセクシュアル・ハラスメントをなくすことは自分だけの問題ではなく良い勤務環境の形成に重要であるとの考えに立って、勇気を出して行動することが求められる。

2　セクシュアル・ハラスメントによる被害を受けたと思うときに望まれる対応

職員はセクシュアル・ハラスメントを受けた場合、次のような行動をとるよう努めることが望まれる。

一　嫌なことは相手に対して明確に意思表示をすること。

セクシュアル・ハラスメントに対しては毅然とした態度をとること、すなわち、はっきりと自分の意志を相手に伝えることが重要である。直接相手に言いにくい場合には、手紙等の手段をとるという方法もある。

二　信頼できる人に相談すること。

まず、職場の同僚や知人等身近な信頼できる人に相談することが大切である。各職場内において解決することが困難な場合には、内部又は外部の相談機関に相談する方法を考える。なお、相談するに当たっては、セクシュアル・ハラスメントが発生した日時、内容等について記録しておくことが望ましい。

〔別紙第2〕

セクシュアル・ハラスメントに関する苦情相談に対応するに当たり留意すべき事項についての指針

第1　基本的な心構え

職員からの苦情相談に対応するに当たっては、相談員は次の事項に留意する必要がある。

1　被害者を含む当事者にとって適切かつ効果的な対応は何かという視点を常に持つこと。

2　事態を悪化させないために、迅速な対応を心がけること。

3　関係者のプライバシーや名誉その他の人権を尊重するとともに、知り得た秘密を厳守すること。

第2　苦情相談の事務の進め方

1　苦情相談を受ける際の相談員の体制等

一　苦情相談を受ける際には、原則として二人の相談員で対応すること。

二　苦情相談を受けるに当たっては、苦情相談を行う職員（以下「相談者」という。）の希望する性の相談員が同席するよう努めること。

三　相談員は、苦情相談に適切に対応するために、相互に連携し、協力すること。

四　実際に苦情相談を受けるに当たっては、その内容を相談員以外の者に見聞されないよう周りから遮断した場所で行うこと。

2　相談者から事実関係等を聴取するに当たり留意すべき事項

相談者から事実関係等を聴取するに当たっては、次の事項に留意する必要がある。

一　相談者の求めるものを把握すること。

将来の言動の抑止等、今後も発生が見込まれる言動への対応を求めるものであるのか、又は喪失した利益の回復、謝罪要求等過去にあった言動に対する対応を求めるものであるのかについて把握する。

二　どの程度の緊急性があるのかについて把握すること。

相談者の心身の状態等に鑑み、苦情相談への対応に当たりどの程度の緊急性があるのかを把握する。

三　相談者の主張に真摯に耳を傾け丁寧に話を聴くこと。

特に相談者が被害者の場合、セクシュアル・ハラスメントを受けた心理的な影響から必ずしも理路整然と話すとは限らない。むしろ脱線することも十分想定されるが、事実関係を把握することは極めて重要であるので、忍耐強く聴くよう努める。また、相談員自身の評価を差し挟むことはせず、相談者の心情に配慮し、その主張等を丁寧に聴き、相談者が認識する事実関係を把握することが必要である。

四　事実関係については、次の事項を把握すること。

(1)　当事者（セクシュアル・ハラスメントの被害者及び行為者とされる者）間の関係

(2)　問題とされる言動が、いつ、どこで、どのように行われたか。

(3)　相談者は、行為者とされる者に対してどのような対応をとったか。

(4)　監督者等に対する相談を行っているか。

なお、これらの事実を確認する場合、相談者が主張する内容については、当事者のみが知り得るものか、又は他に目撃者はいるのかを把握する。

五　聴取した事実関係等を相談者に確認すること。

聞き間違えの修正並びに聞き漏らした事項及び言い忘れた事項の補充ができるので、聴取事項を書面で示したり、復唱したりするなどして相談者に確認する。

六　聴取した事実関係等については、必ず記録してとっておくとともに、当該記録を厳重に管理すること。

3　行為者とされる職員からの事実関係等の聴取

一　原則として、行為者とされる者から事実関係等を聴取する必要がある。ただし、セクシュアル・ハラスメントが職場内で行われ比較的軽微なものであり、対応に緊急性がない場合などは、監督者の観察又は指導による対応が適当な場合も考えられるので、その都度適切な方法を選択して対応する。

二　行為者とされる者から事実関係等を聴取する場合には、行為者とされる者に対して十分な弁明の機会を与える。

三　行為者とされる者から事実関係等を聴取するに当たっては、その主張に真摯に耳を傾け丁寧に話を聴く、聴取した事実関係等を行為者とされる者に確認するなど、相談者から事実関係等を聴取する際の留意事項を参考にし、適切に対応する。

4　第三者からの事実関係等の聴取

職場内で行われたとされるセクシュアル・ハラスメントについて当事者間で事実関係に関する主張に不一致があり、事実の確認が十分にできないと認められる場合などは、第三者から事実関係等を聴取することも必要である。

この場合、相談者から事実関係等を聴取する際の留意事項を参考にし、適切に対応する。

5　相談者に対する説明

苦情相談に関し、具体的にとられた対応については、相談者に説明する。

第3　問題処理のための具体的な対応例

相談員が、苦情相談に対応するに当たっては、セクシュアル・ハラスメントに関して相当程度の知識を持ち、個々の事例に即して柔軟に対応することが基本となることは言うまでもないが、具体的には、事例に応じて次のような対処が方策として考えられる。

1　セクシュアル・ハラスメントを受けたとする職員からの苦情相談

一　職員の監督者等に対し、行為者とされる者に指導するよう要請する。

(例)

職場内で行われるセクシュアル・ハラスメントのうち、その対応に緊急性がないと判断されるものについては、職場の監督者等に状況を観察するよう要請し、行為者とされる者の言動のうち問題があると認められるものを適宜注意させる。

二　行為者に対して直接注意する。

（例）

　性的なからかいの対象にするなどの行為を頻繁に行うことが問題にされている場合において、行為者は親しみの表現として発言等を行っており、それがセクシュアル・ハラスメントであるとの意識がない場合には、相談員が行為者に対し、その行動がセクシュアル・ハラスメントに該当することを直接注意する。

三　被害者に対して指導、助言をする。

（例）

　職場の同僚から好意を抱かれ食事やデートにしつこく誘われるが、相談者がそれを苦痛に感じている場合については、相談者自身が相手の職員に対して明確に意思表示をするよう助言する。

四　当事者間のあっせんを行う

（例）

　被害者がセクシュアル・ハラスメントを行った行為者に謝罪を求めている場合において、行為者も自らの言動について反省しているときには、被害者の要求を加害者に伝え、行為者に対して謝罪を促すようあっせんする。

五　人事上必要な措置を講じるため、人事当局との連携をとる。

（例）

　セクシュアル・ハラスメントの内容がかなり深刻な場合で被害者と行為者とを同じ職場で勤務させることが適当でないと判断される場合などには、人事当局との十分な連携の下に当事者の人事異動等の措置をとることも必要となる。

2　セクシュアル・ハラスメントであるとの指摘を受けたが納得いかない旨の相談

（例）

　昼休みに自席で週刊誌のグラビアのヌード写真を周囲の目に触れるように眺めていたところ、隣に座っている同僚の女性職員から、他の職員の目に触れるのはセクシュアル・ハラスメントであるとの指摘を受けたが、納得がいかない旨の相談があった場合には、相談者に対し、周囲の職員が不快に感じる以上はセクシュアル・ハラスメントに当たる旨注意喚起をする。

3　第三者からの苦情相談

（例）

　同僚の女性職員がその上司から性的なからかいを日常的に繰り返し受けているのを見て不快に思う職員から相談があった場合には、同僚の女性職員及びその上司から事情を聴き、その事実がセクシュアル・ハラスメントであると認められる場合には、その上司に対して監督者を通じ、又は相談員が直接に注意を促す。


（例）

　非常勤職員に執拗につきまとったり、その身体に不必要に触る職員がいるが、非常勤職員である本人は、立場が弱いため苦情を申し出ることをしないような場合について第三者から相談があったときには、本人から事情を聴き、事実が認められる場合には、本人の意向を踏まえた上で、監督者を通じ、又は相談員が直接に行為者とされる者から事情を聴き、注意する。

人事院規則一〇―一五（妊娠、出産、育児又は介護に関するハラスメントの防止等）

平成二八年一二月一日人事院規則一〇―一五
最終改正：令和三年一二月一日人事院規則一〇―一五―二
施行：令和四年一月一日

　人事院は、国家公務員法に基づき、妊娠、出産、育児又は介護に関するハラスメントの防止等に関し次の人事院規則を制定する。

（趣旨）
第一条　この規則は、人事行政の公正の確保、職員の利益の保護及び職員の能率の発揮を目的として、妊娠、出産、育児又は介護に関するハラスメントの防止のための措置及び妊娠、出産、育児又は介護に関するハラスメントが生じた場合に適切に対応するための措置に関し、必要な事項を定めるものとする。

（定義）
第二条　この規則において、「妊娠、出産、育児又は介護に関するハラスメント」とは、職場における次に掲げるものをいう。
一　職員に対する次に掲げる事由に関する言動により当該職員の勤務環境が害されること。
イ　妊娠したこと。
ロ　出産したこと。
ハ　妊娠又は出産に起因する症状により勤務することができないこと若しくはできなかったこと又は能率が低下したこと。
ニ　不妊治療を受けること。

二　職員に対する次に掲げる妊娠又は出産に関する制度又は措置の利用に関する言動により当該職員の勤務環境が害されること。

イ　規則一〇—七（女子職員及び年少職員の健康、安全及び福祉）第三条第一項の規定により妊娠、出産、哺育等に有害な業務に就かせないこと。

ロ　規則一〇—七第四条の規定により深夜勤務又は正規の勤務時間等以外の時間における勤務をさせないこと。

ハ　規則一〇—七第五条の規定による保健指導又は健康診査を受けるため勤務しないこと。

ニ　規則一〇—七第六条第一項の規定により業務を軽減し、又は他の軽易な業務に就かせること。

ホ　規則一〇—七第六条第二項の規定による休息し、又は補食するため勤務しないこと。

ヘ　規則一〇—七第七条の規定による正規の勤務時間等の始め又は終わりにおいて勤務しないこと。

ト　規則一五—一四（職員の勤務時間、休日及び休暇）第二十二条第一項第五号の二又は規則一五—一五（非常勤職員の勤務時間及び休暇）第四条第一項第九号の規定による不妊治療に係る通院等のための休暇

チ　規則一五—一四第二十二条第一項第六号又は規則一五—一五第四条第一項第十号の規定による六週間（多胎妊娠の場合にあっては、十四週間）以内に出産する予定である場合の休暇

リ　規則一五—一四第二十二条第一項第七号又は規則一五—一五第四条第一項第十一号の規定による出産した場合の休暇

ヌ　規則一五—一四第二十二条第一項第八号又は規則一五—一五第四条第二項第一号の規定による保育のために必要と認められる授乳等を行う場合の休暇

ル　規則一五—一四第二十二条第一項第九号又は規則一五—一五第四条第一項第十二号の規定による妻の出産に伴う休暇

ヲ　規則一五—一五第四条第二項第七号の規定による保健指導又は健康診査に基づく指導事項を守るための休暇

ワ　イからヲまでに掲げるもののほか、人事院の定める妊娠又は出産に関する制度又は措置

三　職員に対する次に掲げる育児に関する制度又は措置の利用に関する言動により当該職員の勤務環境が害されること。

イ　育児休業法第三条第一項に規定する育児休業

ロ　育児休業法第十二条第一項に規定する育児短時間勤務

ハ　育児休業法第二十六条第一項に規定する育児時間

ニ　勤務時間法第六条第四項の規定により週休日を設け、及び勤務時間を割り振ること。

ホ　規則一〇—一一（育児又は介護を行う職員の早出遅出勤務並びに深夜勤務及び超過勤務の制限）第三条の規定により早出遅出勤務をさせること。

ヘ　規則一〇—一一第六条の規定により深夜勤務をさせないこと。

ト　規則一〇—一一第九条又は第十条の規定により超過勤務をさせないこと。

チ　規則一五—一四第二十二条第一項第十号又は規則一五—一五第四条第一項第十三号の規定による子の養育のための休暇

リ　規則一五—一四第二十二条第一項第十一号又は規則一五—一五第四条第二項第二号の規定による子の看護のための休暇

ヌ　イからリまでに掲げるもののほか、人事院の定める育児に関する制度又は措置

四　職員に対する次に掲げる介護に関する制度又は措置の利用に関する言動により当該職員の勤務環境が害されること。

イ　勤務時間法第六条第四項の規定により週休日を設け、及び勤務時間を割り振ること。

ロ　勤務時間法第二十条第一項に規定する介護休暇又は規則一五—一五第四条第二項第四号の規定による要介護者の介護をするための休暇

ハ　勤務時間法第二十条の二第一項に規定する介護時間又は規則一五—一五第四条第二項第五号の規定による要介護者の介護をするための休暇

ニ　規則一〇—一一第十三条の規定により読み替えられた同規則第三条の規定により早出遅出勤務をさせること。

ホ　規則一〇—一一第十三条の規定により読み替えられた同規則第六条の規定により深夜勤務をさせないこと。

ヘ　規則一〇—一一第十三条の規定により読み替えられた同規則第九条又は第十条の規定により超過勤務をさせないこと。

ト　規則一五—一四第二十二条第一項第十二号

又は規則一五—一五第四条第二項第三号の規定による要介護者の世話を行うための休暇

チ　イからトまでに掲げるもののほか、人事院の定める介護に関する制度又は措置

（人事院の責務）

第三条　人事院は、妊娠、出産、育児又は介護に関するハラスメントの防止及び妊娠、出産、育児又は介護に関するハラスメントが生じた場合の対応（以下「妊娠、出産、育児又は介護に関するハラスメントの防止等」という。）に関する施策についての企画立案を行うとともに、各省各庁の長が妊娠、出産、育児又は介護に関するハラスメントの防止等のために実施する措置に関する調整、指導及び助言に当たらなければならない。

（各省各庁の長の責務）

第四条　各省各庁の長は、職員がその能率を充分に発揮できるような勤務環境を確保するため、妊娠、出産、育児又は介護に関するハラスメントの防止に関し、必要な措置を講ずるとともに、妊娠、出産、育児又は介護に関するハラスメントが生じた場合においては、必要な措置を迅速かつ適切に講じなければならない。

2　各省各庁の長は、当該各省各庁に属する職員が他の各省各庁に属する職員（以下「他省庁の職員」という。）から妊娠、出産、育児又は介護に関するハラスメントを生じさせる言動を受けたとされる場合には、当該他省庁の職員に係る各省各庁の長に対し、当該他省庁の職員に対する調査を行うよう要請するとともに、必要に応じて当該他省庁の職員に対する指導等の対応を行うよう求めなければならない。この場合において、当該調査又は対応を行うよう求められた各省各庁の長は、これに応じて必要と認める協力を行わなければならない。

3　各省各庁の長は、妊娠、出産、育児又は介護に関するハラスメントに関する苦情の申出、当該苦情等に係る調査への協力その他妊娠、出産、育児又は介護に関するハラスメントが生じた場合の職員の対応に起因して当該職員が職場において不利益を受けることがないようにしなければならない。

（職員の責務）

第五条　職員は、妊娠、出産、育児又は介護に関するハラスメントを生じさせる言動をしてはならない。

2　職員は、次条第一項の指針を十分認識して行動するよう努めなければならない。

3　職員を監督する地位にある者（以下「監督者」という。）は、良好な勤務環境を確保するため、日常の執務を通じた指導等により妊娠、出産、育児又は介護に関するハラスメントの防止に努めるとともに、妊娠、出産、育児又は介護に関するハラスメントが生じた場合には、迅速かつ適切に対処しなければならない。

（職員に対する指針）

第六条　人事院は、妊娠、出産、育児又は介護に関するハラスメントをなくするために職員が認識すべき事項について、指針を定めるものとする。

2　各省各庁の長は、職員に対し、前項の指針の周知徹底を図らなければならない。

（研修等）

第七条　各省各庁の長は、妊娠、出産、育児又は介護に関するハラスメントの防止等のため、職員の意識の啓発及び知識の向上を図らなければならない。

2　各省各庁の長は、妊娠、出産、育児又は介護に関するハラスメントの防止等のため、職員に対し、研修を実施しなければならない。この場合において、特に、新たに職員となった者に妊娠、出産、育児又は介護に関するハラスメントに関する基本的な事項について理解させること並びに新たに監督者となった職員に妊娠、出産、育児又は介護に関するハラスメントの防止等に関しその求められる役割及び技能について理解させることに留意するものとする。

3　人事院は、各省各庁の長が前二項の規定により実施する研修等の調整及び指導に当たるとともに、自ら実施することが適当と認められる妊娠、出産、育児又は介護に関するハラスメントの防止等のための研修について計画を立て、その実施に努めるものとする。

（苦情相談への対応）

第八条　各省各庁の長は、人事院の定めるところにより、妊娠、出産、育児又は介護に関するハラスメントに関する苦情の申出及び相談（以下「苦情相談」という。）が職員からなされた場合に対応するため、苦情相談を受ける職員（以下「相談員」という。）を配置し、相談員が苦情相談を受ける日時及び場所を指定する等必要な体制を整備しなければならない。この場合において、各省各庁の長は、苦情相談を受ける体制を職員に対して明示するものとする。

2　相談員は、苦情相談に係る問題の事実関係の確認及び当該苦情相談に係る当事者に対する助言等により、当該問題を迅速かつ適切に解決するよう

努めるものとする。この場合において、相談員は、次条第一項の指針に十分留意しなければならない。

3　職員は、相談員に対して苦情相談を行うほか、人事院に対しても苦情相談を行うことができる。この場合において、人事院は、苦情相談を行った職員等から事情の聴取を行う等の必要な調査を行い、当該職員等に対して指導、助言及び必要なあっせん等を行うものとする。

（苦情相談に関する指針）

第九条　人事院は、相談員が妊娠、出産、育児又は介護に関するハラスメントに関する苦情相談に対応するに当たり留意すべき事項について、指針を定めるものとする。

2　各省各庁の長は、相談員に対し、前項の指針の周知徹底を図らなければならない。

附　則（抄）

人事院規則一〇—一五（妊娠、出産、育児又は介護に関するハラスメントの防止等）の運用について（通知）

平成二八年一二月一日職職—二七三
最終改正：令和三年一二月一日職職—三七九
施行：令和四年一月一日

標記について下記のとおり定めたので、平成二九年一月一日以降は、これによってください。

記

第二条関係

1　この条で定義する「妊娠、出産、育児又は介護に関するハラスメント」については、職員の上司（当該職員を事実上監督していると認められる者及び当該職員の人事に関する行為に関与する者も含まれる。以下同じ。）又は同僚（当該職員と共に日常の執務を行う者（部下を含む。）をいう。以下同じ。）の言動によるものが該当する。また、この条に規定するものであっても、業務分担や安全配慮等の観点から、客観的にみて、業務上の必要性に基づく言動によるものは該当しない。

2　この条の「職場」とは、職員が職務に従事する場所をいい、当該職員が通常勤務している場所以外の場所及び懇親の場等であって当該職員の職務と密接に関連するものも含まれる。

3　この条の第一号ハの「妊娠又は出産に起因する症状」とは、つわり、妊娠悪阻、切迫流産、出産後の回復不全等、妊娠又は出産をしたことに起因して妊産婦に生じる症状をいう。

4　この条の第二号ワの「人事院の定める妊娠又は出産に関する制度又は措置」は、「職員の勤務時間、休日及び休暇の運用について（平成六年七月二七日職職—三二八）」（以下「勤務時間等関係運用通知」という。）第六の第五項(5)の規定により休憩時間を短縮すること（「人事院規則一五—一五（非常勤職員の勤務時間及び休暇）の運用について（平成六年七月二七日職職—三二九）」（以下「規則一五—一五運用通知」という。）第二条関係第二項の規定により準じて取り扱う場合を含む。）とする。

5　この条の第三号ヌの「人事院の定める育児に関する制度又は措置」は、勤務時間等関係運用通知第六の第四項(2)の規定により子の養育のため休憩時間を延長すること及び勤務時間等関係運用通知第六の第五項(1)又は(2)の規定により休憩時間を短縮すること（規則一五—一五運用通知第二条関係第二項の規定によりそれぞれに準じて取り扱う場合を含む。）とする。

6　この条の第四号チの「人事院の定める介護に関する制度又は措置」は、勤務時間等関係運用通知第六の第四項(2)の規定により要介護者の介護のため休憩時間を延長すること及び勤務時間等関係運用通知第六の第五項(3)の規定により休憩時間を短縮すること（規則一五—一五運用通知第二条関係第二項の規定によりそれぞれに準じて取り扱う場合を含む。）とする。

7　妊娠、出産、育児又は介護に関するハラスメントに該当する典型的な例としては、次に掲げるものがある。この場合において、これらは、限定列挙ではないことには留意するものとする。

一　職員が、妊娠等をしたこと（この条の第一号に掲げる事由をいう。以下同じ。）又は制度等の利用（この条の第二号から第四号までに掲げる制度又は措置の利用をいう。以下同じ。）の請求等をしたい旨を上司に相談したこと、制度等の利用の請求等をしたこと若しくは制度等の利用をしたことにより、上司が当該職員に対し、昇任、配置換等の任用上の取扱い、昇格、昇給、勤勉手当等の給与上の取扱い等に関し、不利益を受けることを示唆すること。

二　次の(1)から(4)までに掲げる言動により、制度等の利用の請求等又は制度等の利用を阻害すること（客観的にみて阻害されるものに限る。）。

(1)　職員が制度等の利用の請求等をしたい旨を上司に相談したところ、上司が当該職員に対し、当該請求等をしないよう言うこと。

(2)　職員が制度等の利用の請求等をしたところ、上司が当該職員に対し、当該請求等を取り下げるよう言うこと。

(3)　職員が制度等の利用の請求等をしたい旨を同僚に伝えたところ、同僚が当該職員に対し、繰り返し又は継続的に当該請求等をしないよう言うこと（当該職員がその意に反することを当該同僚に明示しているにもかかわらず、更に言うことを含む。）。

(4)　職員が制度等の利用の請求等をしたところ、同僚が当該職員に対し、繰り返し又は継続的に当該請求等を取り下げるよう言うこと（当該職員がその意に反することを当該同僚に明示しているにもかかわらず、更に言うことを含む。）。

三　職員が妊娠等をしたこと又は制度等の利用をしたことにより、上司又は同僚が当該職員に対し、繰り返し若しくは継続的に、嫌がらせ的な言動をすること、業務に従事させないこと又は専ら雑務に従事させること（当該職員がその意に反することを当該上司又は同僚に明示しているにもかかわらず、更に言うこと等を含み、客観的にみて、言動を受けた職員の能力の発揮や継続的な勤務に重大な悪影響が生じる等当該職員が勤務する上で看過できない程度の支障が生じるようなものに限る。）。

第四条関係

1　各省各庁の長の責務には、次に掲げるものが含まれる。

一　妊娠、出産、育児又は介護に関するハラスメントの防止等に関する方針、具体的な対策等を各省庁において部内規程等の文書の形で取りまとめ、職員に対して明示すること。

二　妊娠、出産、育児又は介護に関するハラスメントの原因や背景となる要因を解消するため、業務体制の整備など、職場や職員の実情に応じ、必要な措置を講ずること。

三　妊娠、出産、育児又は介護に関するハラスメントが職場に生じていないか、又はそのおそれがないか、勤務環境に十分な注意を払うこと。

四　妊娠、出産、育児又は介護に関するハラスメントに関する苦情相談があった場合に、その内容に応じて、迅速かつ適切な解決を図ること。

五　妊娠、出産、育児又は介護に関するハラスメントが生じた場合には、再発防止に向けた措置を講ずること。

六　職員に対して、妊娠、出産、育児又は介護に関するハラスメントに関する苦情の申出、当該苦情等に係る調査への協力その他妊娠、出産、育児又は介護に関するハラスメントが生じた場合の職員の対応に起因して当該職員が職場において不利益を受けないことを周知すること。

2　この条の第三項の「不利益」には、勤務条件に関する不利益（昇任、配置換等の任用上の取扱い、昇格、昇給、勤勉手当等の給与上の取扱い等に関する不利益をいう。）のほか、同僚等から受ける誹謗や中傷など職員が受けるその他の不利益が含まれる。

3　妊娠等をしたこと、制度等の利用の請求等をしたこと又は制度等の利用をしたことを理由とする不利益な取扱い（勤務環境を害する行為を含む。）については、既に国家公務員法（昭和二二年法律第一二〇号）等で禁止されており、各省各庁の長は、こうした不利益な取扱いを生じさせることがないよう徹底するものとする。

第五条関係

この条の第三項の「職員を監督する地位にある者」には、他の職員を事実上監督していると認められる地位にある者を含むものとする。

第六条関係

この条の第一項の人事院が定める指針は、別紙第1のとおりとする。

第七条関係

1　この条の第一項の「職員の意識の啓発及び知識の向上」を図る方法としては、パンフレット、ポスター等の啓発資料の配布、掲示又はイントラネットへの掲載、職員の意識調査の実施等が挙げられる。

2　この条の第二項の「求められる役割及び技能」には、監督者が妊娠、出産、育児又は介護に関するハラスメントに関する苦情相談に適切に対応するために必要な知識等が含まれる。

第八条関係

1 苦情相談は、妊娠、出産、育児又は介護に関するハラスメントによる被害を受けた本人からのものに限らず、次のようなものも含まれる。

一 他の職員について妊娠、出産、育児又は介護に関するハラスメントが生じているのを見た職員からの相談

二 他の職員から妊娠、出産、育児又は介護に関するハラスメントを生じさせる言動をしている旨の指摘を受けた職員からの相談

三 部下等から妊娠、出産、育児又は介護に関するハラスメントに関する相談を受けた監督者からの相談

2 この条の第一項の苦情相談を受ける体制の整備については、次に定めるところによる。

一 本省庁（府、省又は外局として置かれる庁の内部部局その他これに相当する行政機関の部局をいう。）及び管区機関（数府県の地域を管轄区域とする相当の規模を有する地方支分部局その他これに相当する行政機関の部局をいう。）においては、それぞれ複数の相談員を置くことを基準とし、その他の機関においても、妊娠、出産、育児又は介護に関するハラスメントに関する職員からの苦情相談に対応するために必要な体制をその組織構成、各官署の規模等を勘案して整備するものとする。

二 相談員のうち少なくとも一名は、苦情相談を行う職員の属する課の長に対する指導及び人事当局との連携をとることのできる地位にある者をもって充てるものとする。

三 苦情相談には、苦情相談を行う職員の希望する性の相談員が同席できるような体制を整備するよう努めるものとする。

四 妊娠、出産、育児又は介護に関するハラスメントは、セクシュアル・ハラスメント（人事院規則一〇―一〇（セクシュアル・ハラスメントの防止等）第二条第一号に規定するセクシュアル・ハラスメントをいう。以下同じ。）又はパワー・ハラスメント（人事院規則一〇―一六（パワー・ハラスメントの防止等）第二条に規定するパワー・ハラスメントをいう。）と複合的に生じることも想定されることから、セクシュアル・ハラスメント等に関する苦情相談を受ける体制と一体的に、妊娠、出産、育児又は介護に関するハラスメントに関する苦情相談を受ける体制を整備するなど、一元的に苦情相談を受けることのできる体制を整備するよう努めるものとする。

3 各省各庁の長は、相談員に対し、責任を持って苦情相談に対応するよう指導を徹底するとともに、苦情相談に関する知識、技能等を向上させるため、相談員に対する研修等を実施し、又は相談員を人事院の研修等に参加させるよう努めるものとする。

4 この条の第三項の「苦情相談を行った職員等」には、他の職員から妊娠、出産、育児又は介護に関するハラスメントに係る言動を受けたとする職員、他の職員に対し妊娠、出産、育児又は介護に関するハラスメントに係る言動を行ったとされる職員その他の関係者が含まれる。

第九条関係

この条の第一項の人事院が定める指針は、別紙第2のとおりとする。

以上

別紙第1

妊娠、出産、育児又は介護に関するハラスメントをなくするために職員が認識すべき事項についての指針

第1 妊娠、出産、育児又は介護に関するハラスメントを生じさせないために職員が認識すべき事項

1 基本的な心構え

職員は、妊娠、出産、育児又は介護に関するハラスメントを生じさせないために、次の事項について十分認識しなければならない。

一 妊娠、出産、育児又は介護に関する否定的な言動（不妊治療に対する否定的な言動を含め、他の職員の妊娠、出産、育児又は介護の否定につながる言動（当該職員に直接行わない言動も含まれる。）をいい、単なる自らの意思の表明を除く。）は、妊娠、出産、育児又は介護に関するハラスメントの原因や背景となること。

二 仕事と妊娠、出産、育児又は介護とを両立するための制度又は措置があること。

2 監督者として認識すべき事項

監督者は、妊娠、出産、育児又は介護に関するハラスメントを生じさせないために、次の事項について十分認識しなければならない。

一 妊娠した職員がつわりなどの体調不良のため勤務ができないことや能率が低下すること、制度等の利用をした職員が正規の勤務時間の一部を勤務しないこと等により周囲の職員の業務負担が増大することも妊娠、出産、育児又は介護に関するハラスメントの原因や背景となること。

二 業務体制の整備など、職場や妊娠等をし、又

は制度等の利用をした職員その他の職員の実情に応じ、必要な措置を講ずること。

　例えば、業務体制の整備については、妊娠等をし、又は制度等の利用をした職員の周囲の職員への業務の偏りを軽減するよう、適切に業務分担の見直しを行うことや、業務の点検を行い、業務の効率化等を行うものとする。

3　妊娠等をし、又は制度等の利用をする職員として認識すべき事項

　妊娠等をし、又は制度等の利用をする職員は、妊娠、出産、育児又は介護に関するハラスメントに係る言動を受けないために、次の事項について十分認識しなければならない。

一　仕事と妊娠、出産、育児又は介護とを両立していくために必要な場合は、妊娠、出産、育児又は介護に関する制度等の利用ができるという知識を持つこと。

二　周囲と円滑なコミュニケーションを図りながら自身の体調や制度等の利用状況等に応じて適切に業務を遂行していくという意識を持つこと。

4　懲戒処分

　妊娠、出産、育児又は介護に関するハラスメントの態様等によっては信用失墜行為、国民全体の奉仕者たるにふさわしくない非行などに該当して、懲戒処分に付されることがある。

第2　妊娠、出産、育児又は介護に関するハラスメントが生じた場合において職員に望まれる事項

1　基本的な心構え

　職員は、妊娠、出産、育児又は介護に関するハラスメントに係る言動を受けた場合にその被害を深刻にしないために、次の事項について認識しておくことが望まれる。

一　一人で我慢しているだけでは、問題は解決しないこと。

　妊娠、出産、育児又は介護に関するハラスメントに係る言動を無視したり、受け流したりしているだけでは、必ずしも状況は改善されないということをまず認識することが大切である。

二　妊娠、出産、育児又は介護に関するハラスメントに係る言動に対する行動をためらわないこと。

　被害を深刻なものにしない、他に被害者をつくらない、さらには妊娠、出産、育児又は介護に関するハラスメントをなくすことは自分だけの問題ではなく良い勤務環境の形成に重要であるとの考えに立って、勇気を出して行動することが求められる。

2　妊娠、出産、育児又は介護に関するハラスメントに係る言動を受けたと思うときに望まれる対応

　職員は、妊娠、出産、育児又は介護に関するハラスメントに係る言動を受けた場合、次のような行動をとるよう努めることが望まれる。

一　自分の意に反することは相手に対して明確に意思表示をすること。

　妊娠、出産、育児又は介護に関するハラスメントに係る言動に対しては毅然とした態度をとること。すなわち、はっきりと自分の意思を相手に伝えることが重要である。直接相手に言いにくい場合には、手紙等の手段をとるという方法もある。

二　信頼できる人に相談すること。

　まず、職場の同僚や知人等身近な信頼できる人に相談することが大切である。各職場内において解決することが困難な場合には、内部又は外部の相談機関に相談する方法を考える。なお、相談するに当たっては、妊娠、出産、育児又は介護に関するハラスメントに係る言動を受けた日時、内容等について記録しておくことが望ましい。

別紙第2

妊娠、出産、育児又は介護に関するハラスメントに関する苦情相談に対応するに当たり留意すべき事項についての指針

第1　基本的な心構え

　職員からの苦情相談に対応するに当たっては、相談員は次の事項に留意する必要がある。

1　被害者を含む当事者にとって適切かつ効果的な対応は何かという視点を常に持つこと。

2　事態を悪化させないために、迅速な対応を心掛けること。

3　関係者のプライバシーや名誉その他の人権を尊重するとともに、知り得た秘密を厳守すること。

第2　苦情相談の事務の進め方

1　苦情相談を受ける際の相談員の体制等

一　苦情相談を受ける際には、原則として二人の相談員で対応すること。

二　苦情相談を受けるに当たっては、苦情相談を行う職員（以下「相談者」という。）の希望する性の相談員が同席するよう努めること。

三　相談員は、苦情相談に適切に対応するために、相互に連携し、協力すること。

四　実際に苦情相談を受けるに当たっては、その内容を相談員以外の者に見聞されないよう周り

から遮断した場所で行うこと。

2　相談者から事実関係等を聴取するに当たり留意すべき事項

相談者から事実関係等を聴取するに当たっては、次の事項に留意する必要がある。

一　相談者の求めるものを把握すること。

将来の言動の抑止等、今後も発生が見込まれる言動への対応を求めるものであるのか、又は喪失した利益の回復、謝罪要求等過去にあった言動に対する対応を求めるものであるのかについて把握する。

二　どの程度の緊急性があるのかについて把握すること。

相談者の心身の状態等に鑑み、苦情相談への対応に当たりどの程度の緊急性があるのかを把握する。

三　相談者の主張に真摯に耳を傾け丁寧に話を聴くこと。

特に相談者が被害者の場合、妊娠、出産、育児又は介護に関するハラスメントに係る言動を受けた心理的な影響から必ずしも理路整然と話すとは限らない。むしろ脱線することも十分想定されるが、事実関係を把握することは極めて重要であるので、忍耐強く聴くよう努める。また、相談員自身の評価を差し挟むことはせず、相談者の心情に配慮し、その主張等を丁寧に聴き、相談者が認識する事実関係を把握することが必要である。

四　事実関係については、次の事項を把握すること。

(1)　当事者（妊娠、出産、育児又は介護に関するハラスメントの被害者及び行為者とされる者）間の関係

(2)　問題とされる言動が、いつ、どこで、どのように行われたか。

(3)　相談者は、行為者とされる者に対してどのような対応をとったか。

(4)　監督者等に対する相談を行っているか。

なお、これらの事実を確認する場合、相談者が主張する内容については、当事者のみが知り得るものか、又は他に目撃者はいるのかを把握する。

五　聴取した事実関係等を相談者に確認すること。

聞き間違えの修正並びに聞き漏らした事項及び言い忘れた事項の補充ができるので、聴取事項を書面で示したり、復唱したりするなどして相談者に確認する。

六　聴取した事実関係等については、必ず記録して保存しておくとともに、当該記録を厳重に管理すること。

3　行為者とされる者からの事実関係等の聴取

一　原則として、行為者とされる者から事実関係等を聴取する必要がある。ただし、妊娠、出産、育児又は介護に関するハラスメントが比較的軽微なものであり、対応に緊急性がない場合などは、監督者の観察又は指導による対応が適当な場合も考えられるので、その都度適切な方法を選択して対応する。

二　行為者とされる者から事実関係等を聴取する場合には、行為者とされる者に対して十分な弁明の機会を与える。

三　行為者とされる者から事実関係等を聴取するに当たっては、その主張に真摯に耳を傾け丁寧に話を聴く、聴取した事実関係等を行為者とされる者に確認するなど、相談者から事実関係等を聴取する際の留意事項を参考にし、適切に対応する。

4　第三者からの事実関係等の聴取

妊娠、出産、育児又は介護に関するハラスメントについて当事者間で事実関係に関する主張に不一致があり、事実の確認が十分にできないと認められる場合などは、第三者から事実関係等を聴取することも必要である。

この場合、相談者から事実関係等を聴取する際の留意事項を参考にし、適切に対応する。

5　相談者に対する説明

苦情相談に関し、具体的にとられた対応については、相談者に説明する。

人事院規則一〇―一六（パワー・ハラスメントの防止等）

令和二年四月一日人事院規則一〇―一六
施行：令和二年六月一日

人事院は、国家公務員法（昭和二十二年法律第百二十号）に基づき、パワー・ハラスメントの防止等に関し次の人事院規則を制定する。

（趣旨）
第一条　この規則は、人事行政の公正の確保、職員の利益の保護及び職員の能率の発揮を目的として、パワー・ハラスメントの防止のための措置及びパワー・ハラスメントが行われた場合に適切に対応するための措置に関し、必要な事項を定めるものとする。

（定義）
第二条　この規則において、「パワー・ハラスメント」とは、職務に関する優越的な関係を背景として行われる、業務上必要かつ相当な範囲を超える言動であって、職員に精神的若しくは身体的な苦痛を与え、職員の人格若しくは尊厳を害し、又は職員の勤務環境を害することとなるようなものをいう。

（人事院の責務）
第三条　人事院は、パワー・ハラスメントの防止及びパワー・ハラスメントが行われた場合の対応（以下「パワー・ハラスメントの防止等」という。）に関する施策についての企画立案を行うとともに、各省各庁の長がパワー・ハラスメントの防止等のために実施する措置に関する調整、指導及び助言に当たらなければならない。

（各省各庁の長の責務）
第四条　各省各庁の長は、職員がその能率を充分に発揮できるような勤務環境を確保するため、パワー・ハラスメントの防止に関し、必要な措置を講ずるとともに、パワー・ハラスメントが行われた場合においては、必要な措置を迅速かつ適切に講じなければならない。
2　各省各庁の長は、当該各省各庁に属する職員が他の各省各庁に属する職員（以下「他省庁の職員」という。）からパワー・ハラスメントを受けたとされる場合には、当該他省庁の職員に係る各省各庁の長に対し、当該他省庁の職員に対する調査を行うよう要請するとともに、必要に応じて当該他省庁の職員に対する指導等の対応を行うよう求めなければならない。この場合において、当該調査又は対応を行うよう求められた各省各庁の長は、これに応じて必要と認める協力を行わなければならない。
3　各省各庁の長は、パワー・ハラスメントに関する苦情の申出、当該苦情等に係る調査への協力その他パワー・ハラスメントが行われた場合の職員の対応に起因して当該職員が職場において不利益を受けることがないようにしなければならない。

（職員の責務）
第五条　職員は、パワー・ハラスメントをしてはならない。
2　職員は、次条第一項の指針を十分認識して行動するよう努めなければならない。
3　管理又は監督の地位にある職員は、パワー・ハラスメントの防止のため、良好な勤務環境を確保するよう努めるとともに、パワー・ハラスメントに関する苦情の申出及び相談（以下「苦情相談」という。）が職員からなされた場合には、苦情相談に係る問題を解決するため、迅速かつ適切に対処しなければならない。

（職員に対する指針）
第六条　人事院は、パワー・ハラスメントを防止しパワー・ハラスメントに関する問題を解決するために職員が認識すべき事項について、指針を定めるものとする。
2　各省各庁の長は、職員に対し、前項の指針の周知徹底を図らなければならない。

（研修等）
第七条　各省各庁の長は、パワー・ハラスメントの防止等のため、職員の意識の啓発及び知識の向上を図らなければならない。
2　各省各庁の長は、パワー・ハラスメントの防止等のため、職員に対し、研修を実施しなければならない。この場合において、特に、新たに職員となった者にパワー・ハラスメントに関する基本的な事項について理解させること並びに昇任した職員にパワー・ハラスメントの防止等に関し昇任後の役職段階ごとに求められる役割及び技能について理解させることに留意するものとする。
3　人事院は、各省各庁の長が前二項の規定により実施する研修等の調整及び指導に当たるとともに、自ら実施することが適当と認められるパワー・ハラスメントの防止等のための研修について計画を立て、その実施に努めるものとする。

（苦情相談への対応）
第八条　各省各庁の長は、人事院の定めるところにより、パワー・ハラスメントに関する苦情相談が職員からなされた場合に対応するため、苦情相談を受ける職員（以下「相談員」という。）を配置し、相談員が苦情相談を受ける日時及び場所を指定する等必要な体制を整備しなければならない。この場合において、各省各庁の長は、苦情相談を受ける体制を職員に対して明示するものとする。

2　相談員は、次条第一項の指針に十分留意して、苦情相談に係る問題を迅速かつ適切に解決するよう努めるものとする。

3　職員は、相談員に対して苦情相談を行うほか、人事院に対しても苦情相談を行うことができる。この場合において、人事院は、苦情相談を行った職員等から事情の聴取を行う等の必要な調査を行い、当該職員等に対して指導、助言及び必要なあっせん等を行うものとする。

（苦情相談に関する指針）

第九条　人事院は、相談員がパワー・ハラスメントに関する苦情相談に対応するに当たり留意すべき事項について、指針を定めるものとする。

2　各省各庁の長は、相談員に対し、前項の指針の周知徹底を図らなければならない。

附　則（抄）

人事院規則一〇―一六（パワー・ハラスメントの防止等）の運用について（通知）

令和二年四月一日職職―一四一

令和二年六月一日

標記について下記のとおり定めたので、令和二年六月一日以降は、これによってください。

記

第二条関係

1　この条の「職務に関する優越的な関係を背景として行われる」言動とは、当該言動を受ける職員が当該言動の行為者に対して抵抗又は拒絶することができない蓋然性が高い関係を背景として行われるものをいう。典型的なものとして、次に掲げるものが挙げられる。

一　職務上の地位が上位の職員による言動

二　同僚又は部下による言動で、当該言動を行う者が業務上必要な知識や豊富な経験を有しており、当該者の協力を得なければ業務の円滑な遂行を行うことが困難な状況下で行われるもの

三　同僚又は部下からの集団による行為で、これに抵抗又は拒絶することが困難であるもの

2　この条の「業務上必要かつ相当な範囲を超える」言動とは、社会通念に照らし、当該言動が明らかに業務上必要性がない又はその態様が相当でないものをいい、例えば、次に掲げるものが含まれる。なお、このような言動に該当するか否かは、具体的な状況（言動の目的、当該言動を受けた職員の問題行動の有無並びにその内容及び程度その他当該言動が行われた経緯及びその状況、業務の内容及び性質、当該言動の態様、頻度及び継続性、職員の属性及び心身の状況、当該言動の行為者との関係性等）を踏まえて総合的に判断するものとする。

一　明らかに業務上必要性がない言動

二　業務の目的を大きく逸脱した言動

三　業務の目的を達成するための手段として不適当な言動

四　当該行為の回数・時間、当該言動の行為者の数等、その態様や手段が社会通念に照らして許容される範囲を超える言動

第四条関係

1　各省各庁の長の責務には、次に掲げるものが含まれる。

一　パワー・ハラスメントの防止等に関する方針、具体的な対策等を各省庁において部内規程等の文書の形で取りまとめ、職員に対して明示すること。

二　パワー・ハラスメントの原因や背景となる要因を解消するため、業務体制の整備など、職場や職員の実情に応じ、必要な措置を講ずること。

三　パワー・ハラスメントが職場で行われていないか、又はそのおそれがないか、勤務環境に十分な注意を払うこと。

四　パワー・ハラスメントに関する苦情相談があった場合（次号に規定する場合を除く。）に、その内容に応じて、迅速かつ適切な解決を図ること。

五　職員が担当する行政サービスの利用者等からの言動で、当該行政サービスをめぐるそれまでの経緯やその場の状況により、その対応を打ち切りづらい中で行われるものであって、当該言

動を受ける職員の属する省庁の業務の範囲や程度を明らかに超える要求をするものに関する苦情相談があった場合に、組織として対応し、その内容に応じて、迅速かつ適切に職員の救済を図ること。

六　パワー・ハラスメントが行われた場合には、再発防止に向けた措置を講ずること。

七　職員に対して、パワー・ハラスメントに関する苦情の申出、当該苦情等に係る調査への協力その他パワー・ハラスメントが行われた場合の職員の対応に起因して当該職員が職場において不利益を受けないことを周知すること。

2　この条の第三項の「不利益」には、勤務条件に関する不利益（昇任、配置換等の任用上の取扱い、昇格、昇給、勤勉手当等の給与上の取扱い等に関する不利益をいう。）のほか、同僚等から受ける誹謗や中傷など職員が受けるその他の不利益が含まれる。

第五条関係

1　この条の第三項の「管理又は監督の地位にある職員」とは、次に掲げる職員をいう。

一　一般職の職員の給与に関する法律（昭和二五年法律第九五号。以下「給与法」という。）第一〇条の二第一項に規定する官職を占める職員

二　給与法別表第一一指定職俸給表の適用を受ける職員

三　前二号に掲げる職員に相当するもの

2　この条の第三項の「良好な勤務環境を確保する」ことには、自らの権限を行使し得る範囲において、職員間で業務負担が偏らないようにすること、職場における意思疎通の円滑化を図ること等が含まれる。

3　この条の第三項の「苦情相談に係る問題を解決するため、迅速かつ適切に対処」することとは、自らの権限を行使し得る範囲において、苦情相談を受け、これに迅速かつ適切に対処することをいう。この場合において、必要に応じて相談員や人事当局との連携をとるものとする。

第六条関係

この条の第一項の人事院が定める指針は、別紙第1のとおりとする。

第七条関係

1　この条の第一項の「職員の意識の啓発及び知識の向上」を図る方法としては、パンフレット、ポスター等の啓発資料の配布、掲示又はイントラネットへの掲載、職員の意識調査の実施等が挙げられる。

2　この条の第二項の「求められる役割及び技能」には、管理又は監督の地位にある職員がパワー・ハラスメントに関する苦情相談に適切に対応するために必要な知識等が含まれる。

第八条関係

1　苦情相談は、パワー・ハラスメントによる被害を受けた本人からのものに限らず、次のようなものも含まれる。

一　他の職員がパワー・ハラスメントを受けているのを見た職員からの相談

二　他の職員からパワー・ハラスメントをしている旨の指摘を受けた職員からの相談

三　部下等からパワー・ハラスメントに関する相談を受けた管理又は監督の地位にある職員からの相談

2　この条の第一項の苦情相談を受ける体制の整備については、次に定めるところによる。

一　本省庁（府、省又は外局として置かれる庁の内部部局その他これに相当する行政機関の部局をいう。）及び管区機関（数府県の地域を管轄区域とする相当の規模を有する地方支分部局その他これに相当する行政機関の部局をいう。）においては、それぞれ複数の相談員を置くことを基準とし、その他の機関においても、パワー・ハラスメントに関する職員からの苦情相談に対応するために必要な体制をその組織構成、各官署の規模等を勘案して整備するものとする。

二　相談員の指名は、パワー・ハラスメントに関する苦情相談に適切に対応するためには業務内容及びマネジメントについての理解が必要であることを踏まえて行うものとする。

三　相談員のうち少なくとも一名は、苦情相談を行う職員の属する課の長に対する指導及び人事当局との連携をとることのできる地位にある者をもって充てるものとする。

四　苦情相談には、苦情相談を行う職員の希望する性の相談員が同席できるような体制を整備するよう努めるものとする。

五　パワー・ハラスメントは、セクシュアル・ハラスメント（人事院規則一〇―一〇（セクシュアル・ハラスメントの防止等）第二条第一号に規定するセクシュアル・ハラスメントをいう。以下同じ。）又は妊娠、出産、育児若しくは介護に関するハラスメント（人事院規則一〇―一五（妊娠、出産、育児又は介護に関するハラスメントの防止等）第二条に規定する妊娠、出産、育児又は介護に関するハラスメントをいう。）と複合的に生じることも想定されることから、セクシュアル・ハラスメント等に関する苦情相

談を受ける体制と一体的に、パワー・ハラスメントに関する苦情相談を受ける体制を整備するなど、一元的に苦情相談を受けることのできる体制を整備するよう努めるものとする。

3　各省各庁の長は、相談員に対し、責任を持って苦情相談に対応するよう指導を徹底するとともに、苦情相談に関する知識、技能等を向上させるため、相談員に対する研修等を実施し、又は相談員を人事院の研修等に参加させるよう努めるものとする。

4　各省各庁の長は、相談員と連携して適切に苦情相談に対応できるよう、人事当局における相談体制の強化にも努めるものとする。

5　この条の第三項の「苦情相談を行った職員等」には、他の職員からパワー・ハラスメントを受けたとする職員、他の職員に対しパワー・ハラスメントをしたとされる職員その他の関係者が含まれる。

第九条関係

この条の第一項の人事院が定める指針は、別紙第2のとおりとする。

以上

別紙第1

パワー・ハラスメントを防止しパワー・ハラスメントに関する問題を解決するために職員が認識すべき事項についての指針

第1　パワー・ハラスメントを防止し円滑な業務運営を行うために職員が認識すべき事項

1　基本的な心構え

職員は、パワー・ハラスメントに関する次の事項について十分認識しなければならない。

一　パワー・ハラスメントは、職員に精神的若しくは身体的な苦痛を与え、職員の人格若しくは尊厳を害し、又は職員の勤務環境を害するものであることを理解し、互いの人格を尊重し、パワー・ハラスメントを行ってはならないこと。

二　業務上必要かつ相当な範囲で行われる適正な業務指示、指導、調整等についてはパワー・ハラスメントに該当しないこと。一方、業務指示等の内容が適切であっても、その手段や態様等が適切でないものは、パワー・ハラスメントになり得ること。

三　部下の指導・育成は、上司の役割であること。また、指導に当たっては、相手の性格や能力を充分見極めた上で行うことが求められるとともに、言動の受け止め方は世代や個人によって異なる可能性があることに留意する必要があること。

四　自らの仕事への取組や日頃の振る舞いを顧みながら、他の職員と能動的にコミュニケーションをとることが求められること。

五　同一省庁の職員間におけるパワー・ハラスメントにだけ留意するのでは不十分であること。例えば、職員がその職務に従事する際に接することとなる他省庁の職員との関係にも十分留意しなければならない。

六　職員以外の者に対してもパワー・ハラスメントに類する言動を行ってはならないこと。

2　パワー・ハラスメントになり得る言動

パワー・ハラスメントになり得る言動として、例えば、次のようなものがある。

一　暴力・傷害

ア　書類で頭を叩く。

イ　部下を殴ったり、蹴ったりする。

ウ　相手に物を投げつける。

二　暴言・名誉毀損・侮辱

ア　人格を否定するような罵詈雑言を浴びせる。

イ　他の職員の前で無能なやつだと言ったり、土下座をさせたりする。

ウ　相手を罵倒・侮辱するような内容の電子メール等を複数の職員宛てに送信する。

（注）「性的指向又は性自認に関する偏見に基づく言動」は、セクシュアル・ハラスメントに該当するが、職務に関する優越的な関係を背景として行われるこうした言動は、パワー・ハラスメントにも該当する。

三　執拗な非難

ア　改善点を具体的に指示することなく、何日間にもわたって繰り返し文書の書き直しを命じる。

イ　長時間厳しく叱責し続ける。

四　威圧的な行為

ア　部下達の前で、書類を何度も激しく机に叩き付ける。

イ　自分の意に沿った発言をするまで怒鳴り続けたり、自分のミスを有無を言わさず部下に責任転嫁したりする。

五　実現不可能・無駄な業務の強要

ア　これまで分担して行ってきた大量の業務を未経験の部下に全部押しつけ、期限内に全て処理するよう厳命する。

イ　緊急性がないにもかかわらず、毎週のように土曜日や日曜日に出勤することを命じる。

ウ　部下に業務とは関係のない私的な雑用の処理を強制的に行わせる。

六　仕事を与えない・隔離・仲間外し・無視

ア　気に入らない部下に仕事をさせない。

イ　気に入らない部下を無視し、会議にも参加させない。

ウ　課員全員に送付する業務連絡のメールを特定の職員にだけ送付しない。

エ　意に沿わない職員を他の職員から隔離する。

七　個の侵害

ア　個人に委ねられるべき私生活に関する事柄について、仕事上の不利益を示唆して干渉する。

イ　他人に知られたくない職員本人や家族の個人情報を言いふらす。

（注）第一号から第七号までの言動に該当しなければパワー・ハラスメントとならないという趣旨に理解されてはならない。

3　懲戒処分

パワー・ハラスメントは懲戒処分に付されることがある。職員以外の者に対し、パワー・ハラスメントに類する言動を行ったときも、信用失墜行為、国民全体の奉仕者たるにふさわしくない非行などに該当して、懲戒処分に付されることがある。

第2　職場の構成員として良好な勤務環境を確保するために認識すべき事項

勤務環境はその構成員である職員の協力の下に形成される部分が大きいことから、パワー・ハラスメントが行われることを防ぐため、職員は、次の事項について、積極的に意を用いるように努めなければならない。

1　パワー・ハラスメントについて問題提起する職員をいわゆるトラブルメーカーと見て問題を真摯に取り上げないこと、又はパワー・ハラスメントに関する問題を当事者間の個人的な問題として片付けることがあってはならないこと。

職場におけるミーティングを活用することなどにより解決することができる問題については、問題提起を契機として、良好な勤務環境の確保のために皆で取り組むことを日頃から心掛けることが必要である。

2　職場からパワー・ハラスメントに関する問題の行為者や被害者を出さないようにするために、周囲に対する気配りをし、必要な行動をとること。

具体的には、次の事項について十分留意して必要な行動をとる必要がある。

一　パワー・ハラスメントやパワー・ハラスメントに当たるおそれがある言動が見受けられる場合は、職場の同僚として注意を促すこと。

二　被害を受けていることを見聞きした場合には、声をかけて相談に乗ること。

3　パワー・ハラスメントを直接に受けていない者も気持ちよく勤務できる環境をつくるために、パワー・ハラスメントと思われる言動が行われている状況について上司等に相談するなどの方法をとることをためらわないこと。

第3　自分が受けている言動がパワー・ハラスメントではないかと考える場合において職員に望まれる事項

職員は、自分が受けている言動がパワー・ハラスメントではないかと考える場合には、その被害を深刻にしないために、次の事項について認識しておくことが望まれる。

1　一人で抱え込まずに、相談窓口や信頼できる人等に相談すること

問題を自分一人で抱え込まずに、職場の同僚や知人等身近な信頼できる人に相談することが大切である。各職場内において解決することが困難な場合には、内部又は外部の相談機関に相談する方法を考える。なお、相談するに当たっては、パワー・ハラスメントであると考えられる言動が行われた日時、内容等について記録しておくことが望ましい。

2　当事者間の認識の相違を解消するためのコミュニケーション

パワー・ハラスメントは、相手に自覚がないことも多く、よかれと思っての言動であることもある。相手に自分の受け止めを伝えたり、相手の真意を確認したりするなど、話し合い、認識の違いを埋めることで事態の深刻化を防ぎ、解決がもたらされることがあることに留意すべきである。

別紙第2

パワー・ハラスメントに関する苦情相談に対応するに当たり留意すべき事項についての指針

第1　基本的な心構え

職員からの苦情相談に対応するに当たっては、相談員は次の事項に留意する必要がある。

1　被害者を含む当事者にとって適切かつ効果的な対応は何かという視点を常に持つこと。

2　事態を悪化させないために、迅速な対応を心掛けること。

3　関係者のプライバシーや名誉その他の人権を尊重するとともに、知り得た秘密を厳守すること。

第2　苦情相談の事務の進め方

1　苦情相談を受ける際の相談員の体制等

一　苦情相談を受ける際には、原則として2人の相談員で対応すること。

二　苦情相談を受けるに当たっては、苦情相談を行う職員（以下「相談者」という。）の希望する性の相談員が同席するよう努めること。

三　相談員は、苦情相談に適切に対応するために、相互に連携し、協力すること。

四　実際に苦情相談を受けるに当たっては、その内容を相談員以外の者に見聞されないよう周りから遮断した場所で行うこと。

五　行為者とされる者又は第三者からの聴取を行う場合は、相談者の了解を確実に得た上で人事当局と連携して対応すること。

2　相談者から事実関係等を聴取するに当たり留意すべき事項

相談者から事実関係等を聴取するに当たっては、次の事項に留意する必要がある。

一　相談者の求めるものを把握すること。

将来の言動の抑止等、今後も発生が見込まれる言動への対応を求めるものであるのか、又は喪失した利益の回復、謝罪要求等過去にあった言動に対する対応を求めるものであるのかについて把握する。

二　どの程度の緊急性があるのかについて把握すること。

相談者の心身の状態等に鑑み、苦情相談への対応に当たりどの程度の緊急性があるのかを把握する。

三　相談者の主張等に真摯に耳を傾け丁寧に話を聴くこと。

特に相談者が被害者の場合、パワー・ハラスメントを受けた心理的な影響から必ずしも理路整然と話すとは限らない。むしろ脱線することも十分想定されるが、事実関係を把握することは極めて重要であるので、忍耐強く聴くよう努める。また、相談員自身の評価を差し挟むことはせず、相談者の心情に配慮し、その主張等を丁寧に聴き、相談者が認識する事実関係を把握することが必要である。

四　事実関係については、次の事項を把握すること。

(1)　当事者（パワー・ハラスメントの被害者及び行為者とされる者）間の関係

(2)　問題とされる言動が、いつ、どこで、どのように行われたか。

(3)　相談者は、行為者とされる者に対してどのような対応をとったか。

(4)　管理又は監督の地位にある職員等に対する相談を行っているか。

なお、これらの事実を確認する場合、相談者が主張する内容については、当事者のみが知り得るものか、又は他に目撃者はいるのかを把握する。

五　聴取した事実関係等を相談者に確認すること。

聞き間違えの修正並びに聞き漏らした事項及び言い忘れた事項の補充ができるので、聴取事項を書面で示したり、復唱したりするなどして相談者に確認する。

六　聴取した事実関係等については、必ず記録して保存しておくとともに、当該記録を厳重に管理すること。

3　行為者とされる者からの事実関係等の聴取

一　原則として、行為者とされる者から事実関係等を聴取する必要がある。ただし、パワー・ハラスメントが比較的軽微なもの又は行為者とされる者に改善の余地があるもののパワー・ハラスメントとまではいえないようなものであり、対応に緊急性がない場合などは、管理又は監督の地位にある職員の観察又は指導による対応が適当な場合も考えられるので、その都度適切な方法を選択して対応する。

二　行為者とされる者から事実関係等を聴取する場合には、行為者とされる者に対して十分な弁明の機会を与える。

三　行為者とされる者から事実関係等を聴取するに当たっては、その主張に真摯に耳を傾け丁寧に話を聴く、聴取した事実関係等を行為者とされる者に確認するなど、相談者から事実関係等を聴取する際の留意事項を参考にし、適切に対応する。

4　第三者からの事実関係等の聴取

パワー・ハラスメントについて当事者間で事実関係に関する主張に不一致があり、事実の確認が十分にできないと認められる場合などは、第三者から事実関係等を聴取することも必要である。

この場合、相談者から事実関係等を聴取する際の留意事項を参考にし、適切に対応する。

5　相談者に対する説明

苦情相談に関し、具体的にとられた対応については、相談者に説明する。

第3　問題処理のための対応の在り方

1　基本的事項

相談員が、苦情相談に対応するに当たっては、第2の第2項を踏まえ、相談者からの話を丁寧に聴きながら適切に対処していく必要がある。また、対応に当たって、相談員が相談者に対しパワー・ハラスメントに該当するかどうかに関する心証を伝えてはならない。

2　事案に応じた対処

対応に当たっては、パワー・ハラスメントに該当する蓋然性の程度に応じて次のような対処が考えられる。

一　相談者の話が事実であれば明らかにパワー・ハラスメントに該当すると思料される事案

相談者の了解を得て、速やかに事案を人事当局に知らせる必要がある。人事当局又は相談者の意向によっては、相談員も事実関係等の聴取の実施等に引き続き協力する。なお、相談者が人事当局に知らせることを望んでいない場合でも、相談者が自傷行為に及ぶ可能性がある場合、深刻な状況にあるとうかがわれる場合など、緊急性が高いと考えられる場合には、相談者自身は人事当局に知らせることを望んでいない旨も含めて、人事当局に連絡する必要がある。

二　相談者の話の内容が事実であるとしてもパワー・ハラスメントに該当するかどうか判断が難しい事案

（注）以下の対処は、相談者がこれらの対処を行うことを希望していることが前提であり、相談者の意向を確認せずに相談員限りの判断で行ってはならない。

(1)　当事者双方の主張を公平かつ丁寧に聴き、隔たりを埋める。

（例）

人事当局と連携して、行為者とされる者からの事実関係等の聴取及びそれを踏まえた相談者からの事実関係等の聴取を実施する（必要があればそれぞれ複数回実施する。）。その際、過去の事実関係を確認していずれの言い分が正しいのかを判定することを目指すのではなく、双方の主張を聴いて、認識の隔たりを埋めつつ、将来に向けて双方がとるべき対応について共通認識に到達することを目指す。

(2)　第三者からの事実関係等の聴取を実施し、その結果を踏まえ、人事当局としての判断を示す。

（例）

(1)の対応を行っても当事者双方が共通認識に到達することが困難な場合には、第三者からの事実関係等の聴取を実施して、事実関係を明らかにした上で、人事当局としての判断を示し、必要な措置を行う。この段階においては、事案への対応は相談員から人事当局に完全に移行していることが多いと考えられるが、人事当局又は相談者の意向によっては、相談員も事実関係等の聴取の実施等に引き続き協力する。

三　相談者の話が事実であるとしても明らかにパワー・ハラスメントには該当しないと思料される事案

相談者の話の内容からすれば、明らかにパワー・ハラスメントには該当しないと思料される場合であっても、相談者が組織的対応を求めているときには、相談者の了解を得て、事案を人事当局に知らせる必要がある。一方、相談者が、相談員限りでの対処や相談員からのアドバイスを望んでいる場合には、業務遂行やコミュニケーションの在り方の見直しなどによる解決を助言することも考えられる。

独立行政法人通則法

平成一一年七月一六日法律第一〇三号
施行：平成一三年一月六日
最終改正：令和四年六月一七日法律第六八号
施行：附則参照

第一章　総則

第一節　通則

（目的等）

第一条　この法律は、独立行政法人の運営の基本その他の制度の基本となる共通の事項を定め、各独立行政法人の名称、目的、業務の範囲等に関する事項を定める法律（以下「個別法」という。）と相まって、独立行政法人制度の確立並びに独立行政法人が公共上の見地から行う事務及び事業の確実な実施を図り、もって国民生活の安定及び社会経済の健全な発展に資することを目的とする。

2　各独立行政法人の組織、運営及び管理については、個別法に定めるもののほか、この法律の定めるところによる。

（定義）

第二条　この法律において「独立行政法人」とは、国民生活及び社会経済の安定等の公共上の見地から確実に実施されることが必要な事務及び事業であって、国が自ら主体となって直接に実施する必要のないもののうち、民間の主体に委ねた場合には必ずしも実施されないおそれがあるもの又は一の主体に独占して行わせることが必要であるもの（以下この条において「公共上の事務等」という。）を効率的かつ効果的に行わせるため、中期目標管理法人、国立研究開発法人又は行政執行法人として、この法律及び個別法の定めるところにより設立される法人をいう。

2　この法律において「中期目標管理法人」とは、公共上の事務等のうち、その特性に照らし、一定の自主性及び自律性を発揮しつつ、中期的な視点に立って執行することが求められるもの（国立研究開発法人が行うものを除く。）を国が中期的な期間について定める業務運営に関する目標を達成するための計画に基づき行うことにより、国民の需要に的確に対応した多様で良質なサービスの提供を通じた公共の利益の増進を推進することを目的とする独立行政法人として、個別法で定めるものをいう。

3　この法律において「国立研究開発法人」とは、公共上の事務等のうち、その特性に照らし、一定の自主性及び自律性を発揮しつつ、中長期的な視点に立って執行することが求められる科学技術に関する試験、研究又は開発（以下「研究開発」という。）に係るものを主要な業務として国が中長期的な期間について定める業務運営に関する目標を達成するための計画に基づき行うことにより、我が国における科学技術の水準の向上を通じた国民経済の健全な発展その他の公益に資するため研究開発の最大限の成果を確保することを目的とする独立行政法人として、個別法で定めるものをいう。

4　この法律において「行政執行法人」とは、公共上の事務等のうち、その特性に照らし、国の行政事務と密接に関連して行われる国の指示その他の国の相当な関与の下に確実に執行することが求められるものを国が事業年度ごとに定める業務運営に関する目標を達成するための計画に基づき行うことにより、その公共上の事務等を正確かつ確実に執行することを目的とする独立行政法人として、個別法で定めるものをいう。

（業務の公共性、透明性及び自主性等）

第三条　独立行政法人は、その行う事務及び事業が国民生活及び社会経済の安定等の公共上の見地から確実に実施されることが必要なものであることに鑑み、適正かつ効率的にその業務を運営するよう努めなければならない。

2　独立行政法人は、この法律の定めるところによりその業務の内容を公表すること等を通じて、その組織及び運営の状況を国民に明らかにするよう努めなければならない。

3　この法律及び個別法の運用に当たっては、独立行政法人の事務及び事業が内外の社会経済情勢を踏まえつつ適切に行われるよう、独立行政法人の事務及び事業の特性並びに独立行政法人の業務運営における自主性は、十分配慮されなければならない。

（名称）

第四条　各独立行政法人の名称は、個別法で定める。

2　国立研究開発法人については、その名称中に、国立研究開発法人という文字を使用するものとする。

（目的）

第五条　各独立行政法人の目的は、第二条第二項、第三項又は第四項の目的の範囲内で、個別法で定める。

（法人格）

第六条　独立行政法人は、法人とする。

（事務所）

第七条　各独立行政法人は、主たる事務所を個別法で定める地に置く。

2　独立行政法人は、必要な地に従たる事務所を置くことができる。

（財産的基礎等）

第八条　独立行政法人は、その業務を確実に実施するために必要な資本金その他の財産的基礎を有しなければならない。

2　政府は、その業務を確実に実施させるために必要があると認めるときは、個別法で定めるところにより、各独立行政法人に出資することができる。

3　独立行政法人は、業務の見直し、社会経済情勢の変化その他の事由により、その保有する重要な財産であって主務省令（当該独立行政法人を所管する内閣府又は各省の内閣府令又は省令をいう。以下同じ。）で定めるものが将来にわたり業務を確実に実施する上で必要がなくなったと認められる場合には、第四十六条の二又は第四十六条の三の規定により、当該財産（以下「不要財産」という。）を処分しなければならない。

（登記）

第九条　独立行政法人は、政令で定めるところにより、登記しなければならない。

2　前項の規定により登記しなければならない事項は、登記の後でなければ、これをもって第三者に対抗することができない。

（名称の使用制限）

第一〇条　独立行政法人又は国立研究開発法人でない者は、その名称中に、独立行政法人という文字を用いてはならない。

（一般社団法人及び一般財団法人に関する法律の準用）

第一一条　一般社団法人及び一般財団法人に関する法律（平成十八年法律第四十八号）第四条及び第七十八条の規定は、独立行政法人について準用する。

第二節　独立行政法人評価制度委員会

（設置）

第一二条　総務省に、独立行政法人評価制度委員会（以下「委員会」という。）を置く。

（所掌事務等）

第一二条の二　委員会は、次に掲げる事務をつかさどる。

一　第二十八条の二第二項の規定により、総務大臣に意見を述べること。

二　第二十九条第三項、第三十二条第五項、第三十五条第三項、第三十五条の四第三項、第三十五条の六第八項、第三十五条の七第四項又は第三十五条の十一第七項の規定により、主務大臣に意見を述べること。

三　第三十五条第四項又は第三十五条の七第五項の規定により、主務大臣に勧告をすること。

四　第三十五条の二（第三十五条の八において読み替えて準用する場合を含む。）の規定により、内閣総理大臣に対し、意見を具申すること。

五　独立行政法人の業務運営に係る評価（次号において「評価」という。）の制度に関する重要事項を調査審議し、必要があると認めるときは、総務大臣に意見を述べること。

六　評価の実施に関する重要事項を調査審議し、評価の実施が著しく適正を欠くと認めるときは、主務大臣に意見を述べること。

七　その他法律によりその権限に属させられた事項を処理すること。

2　委員会は、前項第一号若しくは第二号に規定する規定又は同項第五号若しくは第六号の規定により意見を述べたときは、その内容を公表しなければならない。

（組織）

第一二条の三　委員会は、委員十人以内で組織する。

2　委員会に、特別の事項を調査審議させるため必要があるときは、臨時委員を置くことができる。

3　委員会に、専門の事項を調査させるため必要があるときは、専門委員を置くことができる。

（委員等の任命）

第一二条の四　委員及び臨時委員は、学識経験のある者のうちから、内閣総理大臣が任命する。

2　専門委員は、当該専門の事項に関し学識経験のある者のうちから、内閣総理大臣が任命する。

（委員の任期等）

第一二条の五　委員の任期は、二年とする。ただし、補欠の委員の任期は、前任者の残任期間とする。

2　委員は、再任されることができる。

3　臨時委員は、その者の任命に係る当該特別の事項に関する調査審議が終了したときは、解任されるものとする。

4　専門委員は、その者の任命に係る当該専門の事項に関する調査が終了したときは、解任されるものとする。

5　委員、臨時委員及び専門委員は、非常勤とする。

（委員長）

第一二条の六　委員会に、委員長を置き、委員の互選により選任する。

2　委員長は、会務を総理し、委員会を代表する。
3　委員長に事故があるときは、あらかじめその指名する委員が、その職務を代理する。
(資料の提出等の要求)
第一二条の七　委員会は、その所掌事務を遂行するため必要があると認めるときは、関係行政機関の長に対し、資料の提出、意見の表明、説明その他必要な協力を求めることができる。
(政令への委任)
第一二条の八　この節に定めるもののほか、委員会の組織及び委員その他の職員その他委員会に関し必要な事項は、政令で定める。

第三節　設立

(設立の手続)
第一三条　各独立行政法人の設立に関する手続については、個別法に特別の定めがある場合を除くほか、この節の定めるところによる。
(法人の長及び監事となるべき者)
第一四条　主務大臣は、独立行政法人の長(以下「法人の長」という。)となるべき者及び監事となるべき者を指名する。
2　前項の規定により指名された法人の長又は監事となるべき者は、独立行政法人の成立の時において、この法律の規定により、それぞれ法人の長又は監事に任命されたものとする。
3　第二十条第一項の規定は、第一項の法人の長となるべき者の指名について準用する。
(設立委員)
第一五条　主務大臣は、設立委員を命じて、独立行政法人の設立に関する事務を処理させる。
2　設立委員は、独立行政法人の設立の準備を完了したときは、遅滞なく、その旨を主務大臣に届け出るとともに、その事務を前条第一項の規定により指名された法人の長となるべき者に引き継がなければならない。
(設立の登記)
第一六条　第十四条第一項の規定により指名された法人の長となるべき者は、前条第二項の規定による事務の引継ぎを受けたときは、遅滞なく、政令で定めるところにより、設立の登記をしなければならない。
第一七条　独立行政法人は、設立の登記をすることによって成立する。

第二章　役員及び職員

(役員)
第一八条　各独立行政法人に、個別法で定めるところにより、役員として、法人の長一人及び監事を置く。
2　各独立行政法人には、前項に規定する役員のほか、個別法で定めるところにより、他の役員を置くことができる。
3　各独立行政法人の法人の長の名称、前項に規定する役員の名称及び定数並びに監事の定数は、個別法で定める。
(役員の職務及び権限)
第一九条　法人の長は、独立行政法人を代表し、その業務を総理する。
2　個別法で定める役員(法人の長を除く。)は、法人の長の定めるところにより、法人の長に事故があるときはその職務を代理し、法人の長が欠員のときはその職務を行う。
3　前条第二項の規定により置かれる役員の職務及び権限は、個別法で定める。
4　監事は、独立行政法人の業務を監査する。この場合において、監事は、主務省令で定めるところにより、監査報告を作成しなければならない。
5　監事は、いつでも、役員(監事を除く。)及び職員に対して事務及び事業の報告を求め、又は独立行政法人の業務及び財産の状況の調査をすることができる。
6　監事は、独立行政法人が次に掲げる書類を主務大臣に提出しようとするときは、当該書類を調査しなければならない。
一　この法律の規定による認可、承認、認定及び届出に係る書類並びに報告書その他の総務省令で定める書類
二　その他主務省令で定める書類
7　監事は、その職務を行うため必要があるときは、独立行政法人の子法人(独立行政法人がその経営を支配している法人として総務省令で定めるものをいう。以下同じ。)に対して事業の報告を求め、又はその子法人の業務及び財産の状況の調査をすることができる。
8　前項の子法人は、正当な理由があるときは、同項の報告又は調査を拒むことができる。
9　監事は、監査の結果に基づき、必要があると認めるときは、法人の長又は主務大臣に意見を提出することができる。
(法人の長等への報告義務)
第一九条の二　監事は、役員(監事を除く。)が不正の行為をし、若しくは当該行為をするおそれがあると認めるとき、又はこの法律、個別法若しくは他の法令に違反する事実若しくは著しく不当な事実があると認めるときは、遅滞なく、その旨を

法人の長に報告するとともに、主務大臣に報告しなければならない。

（役員の任命）

第二〇条　法人の長は、次に掲げる者のうちから、主務大臣が任命する。

一　当該独立行政法人が行う事務及び事業に関して高度な知識及び経験を有する者

二　前号に掲げる者のほか、当該独立行政法人が行う事務及び事業を適正かつ効率的に運営することができる者

2　監事は、主務大臣が任命する。

3　主務大臣は、前二項の規定により法人の長又は監事を任命しようとするときは、必要に応じ、公募（当該法人の長又は監事の職務の内容、勤務条件その他必要な事項を公示して行う候補者の募集をいう。以下この項において同じ。）の活用に努めなければならない。公募によらない場合であっても、透明性を確保しつつ、候補者の推薦の求めその他の適任と認める者を任命するために必要な措置を講ずるよう努めなければならない。

4　第十八条第二項の規定により置かれる役員は、第一項各号に掲げる者のうちから、法人の長が任命する。

5　法人の長は、前項の規定により役員を任命したときは、遅滞なく、主務大臣に届け出るとともに、これを公表しなければならない。

（中期目標管理法人の役員の任期）

第二一条　中期目標管理法人の長の任期は、任命の日から、当該任命の日を含む当該中期目標管理法人の第二十九条第二項第一号に規定する中期目標の期間（次項において単に「中期目標の期間」という。）の末日までとする。

2　中期目標管理法人の監事の任期は、各中期目標の期間に対応して定めるものとし、任命の日から、当該対応する中期目標の期間の最後の事業年度についての財務諸表承認日（第三十八条第一項の規定による同項の財務諸表の承認の日をいう。以下同じ。）までとする。ただし、補欠の中期目標管理法人の監事の任期は、前任者の残任期間とする。

3　中期目標管理法人の役員（中期目標管理法人の長及び監事を除く。以下この項において同じ。）の任期は、個別法で定める。ただし、補欠の中期目標管理法人の役員の任期は、前任者の残任期間とする。

4　中期目標管理法人の役員は、再任されることができる。

（国立研究開発法人の役員の任期）

第二一条の二　国立研究開発法人の長の任期は、任命の日から、当該任命の日を含む当該国立研究開発法人の第三十五条の四第二項第一号に規定する中長期目標の期間（以下この項及び次項において単に「中長期目標の期間」という。）の末日までとする。ただし、中長期目標の期間が六年又は七年の場合であって、より適切と認める者を任命するため主務大臣が特に必要があると認めるときは、中長期目標の期間の初日（以下この項及び次項において単に「初日」という。）以後最初に任命される国立研究開発法人の長の任期は、任命の日から、次の各号に掲げる区分に応じ当該各号に定める日までとすることができる。

一　中長期目標の期間が六年の場合　初日から三年を経過する日

二　中長期目標の期間が七年の場合　初日から三年又は四年を経過する日

2　前項の規定にかかわらず、第十四条第一項の規定により国立研究開発法人の長となるべき者として適切と認める者を指名するため特に必要があると認める場合であって、中長期目標の期間が六年以上七年以下のときは、同条第二項の規定によりその成立の時において任命されたものとされる国立研究開発法人の長の任期は、任命の日から、次の各号に掲げる区分に応じ当該各号に定める日までとすることができる。

一　中長期目標の期間が六年の場合　初日から三年を経過する日

二　中長期目標の期間が六年を超え七年未満の場合　初日から四年を経過する日までの間に終了する最後の事業年度の末日

三　中長期目標の期間が七年の場合　初日から三年又は四年を経過する日

3　前二項の規定にかかわらず、補欠の国立研究開発法人の長の任期は、前任者の残任期間とする。

4　国立研究開発法人の監事の任期は、各国立研究開発法人の長の任期（補欠の国立研究開発法人の長の任期を含む。以下この項において同じ。）と対応するものとし、任命の日から、当該対応する国立研究開発法人の長の任期の末日を含む事業年度についての財務諸表承認日までとする。ただし、補欠の国立研究開発法人の監事の任期は、前任者の残任期間とする。

5　国立研究開発法人の役員（国立研究開発法人の長及び監事を除く。以下この項において同じ。）の任期は、個別法で定める。ただし、補欠の国立研究開発法人の役員の任期は、前任者の残任期間とする。

6　国立研究開発法人の役員は、再任されることが

できる。

（行政執行法人の役員の任期）

第二十一条の三　行政執行法人の長の任期は、任命の日から、当該任命の日から年を単位として個別法で定める期間を経過する日までの間に終了する最後の事業年度の末日までとする。ただし、補欠の行政執行法人の長の任期は、前任者の残任期間とする。

2　行政執行法人の監事の任期は、各行政執行法人の長の任期（補欠の行政執行法人の長の任期を含む。以下この項において同じ。）と対応するものとし、任命の日から、当該対応する行政執行法人の長の任期の末日を含む事業年度についての財務諸表承認日までとする。ただし、補欠の行政執行法人の監事の任期は、前任者の残任期間とする。

3　行政執行法人の役員（行政執行法人の長及び監事を除く。以下この項において同じ。）の任期は、個別法で定める。ただし、補欠の行政執行法人の役員の任期は、前任者の残任期間とする。

4　行政執行法人の役員は、再任されることができる。

（役員の忠実義務）

第二十一条の四　独立行政法人の役員は、その業務について、法令、法令に基づいてする主務大臣の処分及び当該独立行政法人が定める業務方法書その他の規則を遵守し、当該独立行政法人のため忠実にその職務を遂行しなければならない。

（役員の報告義務）

第二十一条の五　独立行政法人の役員（監事を除く。）は、当該独立行政法人に著しい損害を及ぼすおそれのある事実があることを発見したときは、直ちに、当該事実を監事に報告しなければならない。

（役員の欠格条項）

第二十二条　政府又は地方公共団体の職員（非常勤の者を除く。）は、役員となることができない。

（役員の解任）

第二十三条　主務大臣又は法人の長は、それぞれその任命に係る役員が前条の規定により役員となることができない者に該当するに至ったときは、その役員を解任しなければならない。

2　主務大臣又は法人の長は、それぞれその任命に係る役員が次の各号の一に該当するとき、その他役員たるに適しないと認めるときは、その役員を解任することができる。

一　心身の故障のため職務の遂行に堪えないと認められるとき。

二　職務上の義務違反があるとき。

3　前項に規定するもののほか、主務大臣又は法人の長は、それぞれその任命に係る役員（監事を除く。）の職務の執行が適当でないため当該独立行政法人の業務の実績が悪化した場合であって、その役員に引き続き当該職務を行わせることが適切でないと認めるときは、その役員を解任することができる。

4　法人の長は、前二項の規定によりその任命に係る役員を解任したときは、遅滞なく、主務大臣に届け出るとともに、これを公表しなければならない。

（代表権の制限）

第二十四条　独立行政法人と法人の長その他の代表権を有する役員との利益が相反する事項については、これらの者は、代表権を有しない。この場合には、監事が当該独立行政法人を代表する。

（代理人の選任）

第二十五条　法人の長その他の代表権を有する役員は、当該独立行政法人の代表権を有しない役員又は職員のうちから、当該独立行政法人の業務の一部に関し一切の裁判上又は裁判外の行為をする権限を有する代理人を選任することができる。

（役員等の損害賠償責任）

第二十五条の二　独立行政法人の役員又は会計監査人（第四項において「役員等」という。）は、その任務を怠ったときは、独立行政法人に対し、これによって生じた損害を賠償する責任を負う。

2　前項の責任は、主務大臣の承認がなければ、免除することができない。

3　主務大臣は、前項の承認をしようとするときは、総務大臣に協議しなければならない。

4　前二項の規定にかかわらず、独立行政法人は、第一項の責任について、役員等が職務を行うにつき善意でかつ重大な過失がない場合において、責任の原因となった事実の内容、当該役員等の職務の執行の状況その他の事情を勘案して特に必要と認めるときは、当該役員等が賠償の責任を負う額から独立行政法人の事務及び事業の特性並びに役員等の職責その他の事情を考慮して総務大臣が定める額を控除して得た額を限度として主務大臣の承認を得て免除することができる旨を業務方法書で定めることができる。

（職員の任命）

第二十六条　独立行政法人の職員は、法人の長が任命する。

第三章　業務運営

第一節　通則

（業務の範囲）

第二七条　各独立行政法人の業務の範囲は、個別法で定める。

（業務方法書）

第二八条　独立行政法人は、業務開始の際、業務方法書を作成し、主務大臣の認可を受けなければならない。これを変更しようとするときも、同様とする。

2　前項の業務方法書には、役員（監事を除く。）の職務の執行がこの法律、個別法又は他の法令に適合することを確保するための体制その他独立行政法人の業務の適正を確保するための体制の整備に関する事項その他主務省令で定める事項を記載しなければならない。

3　独立行政法人は、第一項の認可を受けたときは、遅滞なく、その業務方法書を公表しなければならない。

（評価等の指針の策定）

第二八条の二　総務大臣は、第二十九条第一項の中期目標、第三十五条の四第一項の中長期目標及び第三十五条の九第一項の年度目標の策定並びに第三十二条第一項、第三十五条の六第一項及び第二項並びに第三十五条の十一第一項及び第二項の評価に関する指針を定め、これを主務大臣に通知するとともに、公表しなければならない。これを変更したときも、同様とする。

2　総務大臣は、前項の指針を定め、又はこれを変更しようとするときは、総合科学技術・イノベーション会議が次条の規定により作成する研究開発の事務及び事業に関する事項に係る指針の案の内容を適切に反映するとともに、あらかじめ、委員会の意見を聴かなければならない。

3　主務大臣は、第一項の指針に基づき、第二十九条第一項の中期目標、第三十五条の四第一項の中長期目標及び第三十五条の九第一項の年度目標を定めるとともに、第三十二条第一項、第三十五条の六第一項及び第二項並びに第三十五条の十一第一項及び第二項の評価を行わなければならない。

（研究開発の事務及び事業に関する事項に係る指針の案の作成）

第二八条の三　総合科学技術・イノベーション会議は、総務大臣の求めに応じ、研究開発の事務及び事業の特性を踏まえ、前条第一項の指針のうち、研究開発の事務及び事業に関する事項に係る指針の案を作成する。

（評価結果の取扱い等）

第二八条の四　独立行政法人は、第三十二条第一項、第三十五条の六第一項若しくは第二項又は第三十五条の十一第一項若しくは第二項の評価の結果を、第三十条第一項の中期計画及び第三十一条第一項の年度計画、第三十五条の五第一項の中長期計画及び第三十五条の八において読み替えて準用する第三十一条第一項の年度計画又は第三十五条の十第一項の事業計画並びに業務運営の改善に適切に反映させるとともに、毎年度、評価結果の反映状況を公表しなければならない。

第二節　中期目標管理法人

（中期目標）

第二九条　主務大臣は、三年以上五年以下の期間において中期目標管理法人が達成すべき業務運営に関する目標（以下「中期目標」という。）を定め、これを当該独立行政法人に指示するとともに、公表しなければならない。これを変更したときも、同様とする。

2　中期目標においては、次に掲げる事項について具体的に定めるものとする。

一　中期目標の期間（前項の期間の範囲内で主務大臣が定める期間をいう。以下同じ。）

二　国民に対して提供するサービスその他の業務の質の向上に関する事項

三　業務運営の効率化に関する事項

四　財務内容の改善に関する事項

五　その他業務運営に関する重要事項

3　主務大臣は、中期目標を定め、又はこれを変更しようとするときは、あらかじめ、委員会の意見を聴かなければならない。

（中期計画）

第三〇条　中期目標管理法人は、前条第一項の指示を受けたときは、中期目標に基づき、主務省令で定めるところにより、当該中期目標を達成するための計画（以下この節において「中期計画」という。）を作成し、主務大臣の認可を受けなければならない。これを変更しようとするときも、同様とする。

2　中期計画においては、次に掲げる事項を定めるものとする。

一　国民に対して提供するサービスその他の業務の質の向上に関する目標を達成するためとるべき措置

二　業務運営の効率化に関する目標を達成するためとるべき措置

三　短期借入金の限度額

五　不要財産又は不要財産となることが見込まれる財産がある場合には、当該財産の処分に関する計画

六　前号に規定する財産以外の重要な財産を譲渡

し、又は担保に供しようとするときは、その計画

七　剰余金の使途

八　その他主務省令で定める業務運営に関する事項

3　主務大臣は、第一項の認可をしようとするときは、あらかじめ、評価委員会の意見を聴かなければならない。

4　主務大臣は、第一項の認可をした中期計画が前条第二項第二号から第五号までに掲げる事項の適正かつ確実な実施上不適当となったと認めるときは、その中期計画を変更すべきことを命ずることができる。

5　独立行政法人は、第一項の認可を受けたときは、遅滞なく、その中期計画を公表しなければならない。

（年度計画）

第三十一条　中期目標管理法人は、毎事業年度の開始前に、前条第一項の認可を受けた中期計画に基づき、主務省令で定めるところにより、その事業年度の業務運営に関する計画（次項において「年度計画」という。）を定め、これを主務大臣に届け出るとともに、公表しなければならない。これを変更したときも、同様とする。

2　中期目標管理法人の最初の事業年度の年度計画については、前項中「毎事業年度の開始前に、前条第一項の認可を受けた」とあるのは、「その成立後最初の中期計画について前条第一項の認可を受けた後遅滞なく、その」とする。

（各事業年度に係る業務の実績に関する評価等）

第三十二条　中期目標管理法人は、毎事業年度の終了後、当該事業年度が次の各号に掲げる事業年度のいずれに該当するかに応じ当該各号に定める事項について、主務大臣の評価を受けなければならない。

一　次号及び第三号に掲げる事業年度以外の事業年度　当該事業年度における業務の実績

二　中期目標の期間の最後の事業年度の直前の事業年度　当該事業年度における業務の実績及び中期目標の期間の終了時に見込まれる中期目標の期間における業務の実績

三　中期目標の期間の最後の事業年度　当該事業年度における業務の実績及び中期目標の期間における業務の実績

2　中期目標管理法人は、前項の評価を受けようとするときは、主務省令で定めるところにより、各事業年度の終了後三月以内に、同項第一号、第二号又は第三号に定める事項及び当該事項について自ら評価を行った結果を明らかにした報告書を主務大臣に提出するとともに、公表しなければならない。

3　第一項の評価は、同項第一号、第二号又は第三号に定める事項について総合的な評定を付して、行わなければならない。この場合において、同項各号に規定する当該事業年度における業務の実績に関する評価は、当該事業年度における中期計画の実施状況の調査及び分析を行い、その結果を考慮して行わなければならない。

4　主務大臣は、第一項の評価を行ったときは、遅滞なく、当該中期目標管理法人に対して、その評価の結果を通知するとともに、公表しなければならない。この場合において、同項第二号に規定する中期目標の期間の終了時に見込まれる中期目標の期間における業務の実績に関する評価を行ったときは、委員会に対しても、遅滞なく、その評価の結果を通知しなければならない。

5　委員会は、前項の規定により通知された評価の結果について、必要があると認めるときは、主務大臣に意見を述べなければならない。

6　主務大臣は、第一項の評価の結果に基づき必要があると認めるときは、当該中期目標管理法人に対し、業務運営の改善その他の必要な措置を講ずることを命ずることができる。

第三十三条　削除

第三十四条　削除

（中期目標の期間の終了時の検討）

第三十五条　主務大臣は、第三十二条第一項第二号に規定する中期目標の期間の終了時に見込まれる中期目標の期間における業務の実績に関する評価を行ったときは、中期目標の期間の終了時までに、当該中期目標管理法人の業務の継続又は組織の存続の必要性その他その業務及び組織の全般にわたる検討を行い、その結果に基づき、業務の廃止若しくは移管又は組織の廃止その他の所要の措置を講ずるものとする。

2　主務大臣は、前項の検討の結果及び同項の規定により講ずる措置の内容を委員会に通知するとともに、公表しなければならない。

3　委員会は、前項の規定により通知された事項について、必要があると認めるときは、主務大臣に意見を述べなければならない。

4　前項の場合において、委員会は、中期目標管理法人の主要な事務及び事業の改廃に関し、主務大臣に勧告をすることができる。

5　委員会は、前項の勧告をしたときは、当該勧告の内容を内閣総理大臣に報告するとともに、公表

しなければならない。

6　委員会は、第四項の勧告をしたときは、主務大臣に対し、その勧告に基づいて講じた措置及び講じようとする措置について報告を求めることができる。

（内閣総理大臣への意見具申）

第三五条の二　委員会は、前条第四項の規定により勧告をした場合において特に必要があると認めるときは、内閣総理大臣に対し、当該勧告をした事項について内閣法（昭和二十二年法律第五号）第六条の規定による措置がとられるよう意見を具申することができる。

（違法行為等の是正等）

第三五条の三　主務大臣は、中期目標管理法人若しくはその役員若しくは職員が、不正の行為若しくはこの法律、個別法若しくは他の法令に違反する行為をし、若しくは当該行為をするおそれがあると認めるとき、又は中期目標管理法人の業務運営が著しく適正を欠き、かつ、それを放置することにより公益を害することが明白である場合において、特に必要があると認めるときは、当該中期目標管理法人に対し、当該行為の是正又は業務運営の改善のため必要な措置をとるべきことを命ずることができる。

第三節　国立研究開発法人

（中長期目標）

第三五条の四　主務大臣は、五年以上七年以下の期間において国立研究開発法人が達成すべき業務運営に関する目標（以下「中長期目標」という。）を定め、これを当該国立研究開発法人に指示するとともに、公表しなければならない。これを変更したときも、同様とする。

2　中長期目標においては、次に掲げる事項について具体的に定めるものとする。

一　中長期目標の期間（前項の期間の範囲内で主務大臣が定める期間をいう。以下同じ。）

二　研究開発の成果の最大化その他の業務の質の向上に関する事項

三　業務運営の効率化に関する事項

四　財務内容の改善に関する事項

五　その他業務運営に関する重要事項

3　主務大臣は、中長期目標を定め、又はこれを変更しようとするときは、あらかじめ、委員会の意見を聴かなければならない。

4　主務大臣は、前項の規定により中長期目標に係る意見を聴こうとするときは、研究開発の事務及び事業（軽微なものとして政令で定めるものを除く。第三十五条の六第六項及び第三十五条の七第二項において同じ。）に関する事項について、あらかじめ、審議会等（内閣府設置法（平成十一年法律第八十九号）第三十七条若しくは第五十四条又は国家行政組織法（昭和二十三年法律第百二十号）第八条に規定する機関をいう。）で政令で定めるもの（以下「研究開発に関する審議会」という。）の意見を聴かなければならない。

5　主務大臣は、研究開発に関して高い識見を有する外国人（日本の国籍を有しない者をいう。次項において同じ。）を研究開発に関する審議会の委員に任命することができる。

6　前項の場合において、外国人である研究開発に関する審議会の委員は、研究開発に関する審議会の会務を総理し、研究開発に関する審議会を代表する者となることはできず、当該委員の数は、研究開発に関する審議会の委員の総数の五分の一を超えてはならない。

（中長期計画）

第三五条の五　国立研究開発法人は、前条第一項の指示を受けたときは、中長期目標に基づき、主務省令で定めるところにより、当該中長期目標を達成するための計画（以下この節において「中長期計画」という。）を作成し、主務大臣の認可を受けなければならない。これを変更しようとするときも、同様とする。

2　中長期計画においては、次に掲げる事項を定めるものとする。

一　研究開発の成果の最大化その他の業務の質の向上に関する目標を達成するためとるべき措置

二　業務運営の効率化に関する目標を達成するためとるべき措置

三　予算（人件費の見積りを含む。）、収支計画及び資金計画

四　短期借入金の限度額

五　不要財産又は不要財産となることが見込まれる財産がある場合には、当該財産の処分に関する計画

六　前号に規定する財産以外の重要な財産を譲渡し、又は担保に供しようとするときは、その計画

七　剰余金の使途

八　その他主務省令で定める業務運営に関する事項

3　主務大臣は、第一項の認可をした中長期計画が前条第二項第二号から第五号までに掲げる事項の適正かつ確実な実施上不適当となったと認めるときは、その中長期計画を変更すべきことを命ずる

ことができる。

4　国立研究開発法人は、第一項の認可を受けたときは、遅滞なく、その中長期計画を公表しなければならない。

（各事業年度に係る業務の実績等に関する評価等）

第三五条の六　国立研究開発法人は、毎事業年度の終了後、当該事業年度が次の各号に掲げる事業年度のいずれに該当するかに応じ当該各号に定める事項について、主務大臣の評価を受けなければならない。

一　次号及び第三号に掲げる事業年度以外の事業年度　当該事業年度における業務の実績

二　中長期目標の期間の最後の事業年度の直前の事業年度　当該事業年度における業務の実績及び中長期目標の期間の終了時に見込まれる中長期目標の期間における業務の実績

三　中長期目標の期間の最後の事業年度　当該事業年度における業務の実績及び中長期目標の期間における業務の実績

2　国立研究開発法人は、前項の規定による評価のほか、中長期目標の期間の初日以後最初に任命される国立研究開発法人の長の任期が第二十一条の二第一項ただし書の規定により定められた場合又は第十四条第二項の規定によりその成立の時において任命されたものとされる国立研究開発法人の長の任期が第二十一条の二第二項の規定により定められた場合には、それらの国立研究開発法人の長（以下この項において「最初の国立研究開発法人の長」という。）の任期（補欠の国立研究開発法人の長の任期を含む。）の末日を含む事業年度の終了後、当該最初の国立研究開発法人の長の任命の日を含む事業年度から当該末日を含む事業年度の事業年度末までの期間における業務の実績について、主務大臣の評価を受けなければならない。

3　国立研究開発法人は、第一項の評価を受けようとするときは、主務省令で定めるところにより、各事業年度の終了後三月以内に、同項第一号、第二号又は第三号に定める事項及び当該事項について自ら評価を行った結果を明らかにした報告書を主務大臣に提出するとともに、公表しなければならない。

4　国立研究開発法人は、第二項の評価を受けようとするときは、主務省令で定めるところにより、同項に規定する末日を含む事業年度の終了後三月以内に、同項に規定する業務の実績及び当該業務の実績について自ら評価を行った結果を明らかにした報告書を主務大臣に提出するとともに、公表しなければならない。

5　第一項又は第二項の評価は、第一項第一号、第二号若しくは第三号に定める事項又は第二項に規定する業務の実績について総合的な評定を付して、行わなければならない。この場合において、第一項各号に規定する当該事業年度における業務の実績に関する評価は、当該事業年度における中長期計画の実施状況の調査及び分析を行い、その結果を考慮して行わなければならない。

6　主務大臣は、第一項又は第二項の評価を行おうとするときは、研究開発の事務及び事業に関する事項について、あらかじめ、研究開発に関する審議会の意見を聴かなければならない。

7　主務大臣は、第一項又は第二項の評価を行ったときは、遅滞なく、当該国立研究開発法人に対して、その評価の結果を通知するとともに、公表しなければならない。この場合において、第一項第二号に規定する中長期目標の期間の終了時に見込まれる中長期目標の期間における業務の実績に関する評価を行ったときは、委員会に対しても、遅滞なく、その評価の結果を通知しなければならない。

8　委員会は、前項の規定により通知された評価の結果について、必要があると認めるときは、主務大臣に意見を述べなければならない。

9　主務大臣は、第一項又は第二項の評価の結果に基づき必要があると認めるときは、当該国立研究開発法人に対し、業務運営の改善その他の必要な措置を講ずることを命ずることができる。

（中長期目標の期間の終了時の検討）

第三五条の七　主務大臣は、前条第一項第二号に規定する中長期目標の期間の終了時に見込まれる中長期目標の期間における業務の実績に関する評価を行ったときは、中長期目標の期間の終了時までに、当該国立研究開発法人の業務の継続又は組織の存続の必要性その他その業務及び組織の全般にわたる検討を行い、その結果に基づき、業務の廃止若しくは移管又は組織の廃止その他の所要の措置を講ずるものとする。

2　主務大臣は、前項の規定による検討を行うに当たっては、研究開発の事務及び事業に関する事項について、研究開発に関する審議会の意見を聴かなければならない。

3　主務大臣は、第一項の検討の結果及び同項の規定により講ずる措置の内容を委員会に通知するとともに、公表しなければならない。

4　委員会は、前項の規定により通知された事項について、必要があると認めるときは、主務大臣に意見を述べなければならない。

5　前項の場合において、委員会は、国立研究開発法人の主要な事務及び事業の改廃に関し、主務大臣に勧告をすることができる。
6　委員会は、前項の勧告をしたときは、当該勧告の内容を内閣総理大臣に報告するとともに、公表しなければならない。
7　委員会は、第五項の勧告をしたときは、主務大臣に対し、その勧告に基づいて講じた措置及び講じようとする措置について報告を求めることができる。

（業務運営に関する規定の準用）
第三五条の八　第三十一条、第三十五条の二及び第三十五条の三の規定は、国立研究開発法人について準用する。この場合において、第三十一条第一項中「前条第一項」とあるのは「第三十五条の五第一項」と、「中期計画」とあるのは「同項の中長期計画」と、同条第二項中「、前条第一項の認可を受けた」とあるのは「、第三十五条の五第一項の認可を受けた同項の」と、「中期計画について前条第一項」とあるのは「中長期計画（第三十五条の五第一項の中長期計画をいう。以下この項において同じ。）について同条第一項」と、第三十五条の二中「前条第四項」とあるのは「第三十五条の七第五項」と読み替えるものとする。

第四節　行政執行法人

（年度目標）
第三五条の九　主務大臣は、行政執行法人が達成すべき業務運営に関する事業年度ごとの目標（以下「年度目標」という。）を定め、これを当該行政執行法人に指示するとともに、公表しなければならない。これを変更したときも、同様とする。
2　年度目標においては、次に掲げる事項について具体的に定めるものとする。
一　国民に対して提供するサービスその他の業務の質の向上に関する事項
二　業務運営の効率化に関する事項
三　財務内容の改善に関する事項
四　その他業務運営に関する重要事項
3　前項の年度目標には、同項各号に掲げる事項に関し中期的な観点から参考となるべき事項についても記載するものとする。

（事業計画）
第三五条の一〇　行政執行法人は、各事業年度に係る前条第一項の指示を受けたときは、当該事業年度の開始前に、年度目標に基づき、主務省令で定めるところにより、当該年度目標を達成するための計画（以下この条において「事業計画」という。）を作成し、主務大臣の認可を受けなければならない。これを変更しようとするときも、同様とする。
2　行政執行法人の最初の事業年度の事業計画については、前項中「各事業年度」とあるのは「その成立後最初の事業年度」と、「当該事業年度の開始前に」とあるのは「遅滞なく」とする。
3　事業計画においては、次に掲げる事項を定めるものとする。
一　国民に対して提供するサービスその他の業務の質の向上に関する目標を達成するためとるべき措置
二　業務運営の効率化に関する目標を達成するためとるべき措置
三　予算（人件費の見積りを含む。）、収支計画及び資金計画
四　短期借入金の限度額
五　不要財産又は不要財産となることが見込まれる財産がある場合には、当該財産の処分に関する計画
六　前号に規定する財産以外の重要な財産を譲渡し、又は担保に供しようとするときは、その計画
七　その他主務省令で定める業務運営に関する事項
4　主務大臣は、第一項の認可をした事業計画が前条第二項各号に掲げる事項の適正かつ確実な実施上不適当となったと認めるときは、その事業計画を変更すべきことを命ずることができる。
5　行政執行法人は、第一項の認可を受けたときは、遅滞なく、その事業計画を公表しなければならない。

（各事業年度に係る業務の実績等に関する評価）
第三五条の一一　行政執行法人は、毎事業年度の終了後、当該事業年度における業務の実績について、主務大臣の評価を受けなければならない。
2　行政執行法人は、前項の規定による評価のほか、三年以上五年以下の期間で主務省令で定める期間の最後の事業年度の終了後、当該期間における年度目標に定める業務運営の効率化に関する事項の実施状況について、主務大臣の評価を受けなければならない。
3　行政執行法人は、第一項の評価を受けようとするときは、主務省令で定めるところにより、各事業年度の終了後三月以内に、同項に規定する業務の実績及び当該業務の実績について自ら評価を行った結果を明らかにした報告書を主務大臣に提出するとともに、公表しなければならない。

4　行政執行法人は、第二項の評価を受けようとするときは、主務省令で定めるところにより、同項に規定する事業年度の終了後三月以内に、同項に規定する事項の実施状況及び当該事項の実施状況について自ら評価を行った結果を明らかにした報告書を主務大臣に提出するとともに、公表しなければならない。

5　第一項又は第二項の評価は、第一項に規定する業務の実績又は第二項に規定する事項の実施状況について総合的な評定を付して、行わなければならない。

6　主務大臣は、第一項又は第二項の評価を行ったときは、遅滞なく、当該行政執行法人に対して、その評価の結果を通知するとともに、公表しなければならない。この場合において、同項の評価を行ったときは、委員会に対しても、遅滞なく、その評価の結果を通知しなければならない。

7　委員会は、前項の規定により通知された評価の結果について、必要があると認めるときは、主務大臣に意見を述べなければならない。

（監督命令）

第三五条の一二　主務大臣は、年度目標を達成するためその他この法律又は個別法を施行するため特に必要があると認めるときは、行政執行法人に対し、その業務に関し監督上必要な命令をすることができる。

第四章　財務及び会計

（事業年度）

第三六条　独立行政法人の事業年度は、毎年四月一日に始まり、翌年三月三十一日に終わる。

2　独立行政法人の最初の事業年度は、前項の規定にかかわらず、その成立の日に始まり、翌年の三月三十一日（一月一日から三月三十一日までの間に成立した独立行政法人にあっては、その年の三月三十一日）に終わるものとする。

（企業会計原則）

第三七条　独立行政法人の会計は、主務省令で定めるところにより、原則として企業会計原則によるものとする。

（財務諸表等）

第三八条　独立行政法人は、毎事業年度、貸借対照表、損益計算書、利益の処分又は損失の処理に関する書類その他主務省令で定める書類及びこれらの附属明細書（以下「財務諸表」という。）を作成し、当該事業年度の終了後三月以内に主務大臣に提出し、その承認を受けなければならない。

2　独立行政法人は、前項の規定により財務諸表を主務大臣に提出するときは、これに主務省令で定めるところにより作成した当該事業年度の事業報告書及び予算の区分に従い作成した決算報告書並びに財務諸表及び決算報告書に関する監査報告（次条第一項の規定により会計監査人の監査を受けなければならない独立行政法人にあっては、監査報告及び会計監査報告。以下同じ。）を添付しなければならない。

3　独立行政法人は、第一項の規定による主務大臣の承認を受けたときは、遅滞なく、財務諸表を官報に公告し、かつ、財務諸表並びに前項の事業報告書、決算報告書及び監査報告を、各事務所に備えて置き、主務省令で定める期間、一般の閲覧に供しなければならない。

4　独立行政法人は、第一項の附属明細書その他主務省令で定める書類については、前項の規定による公告に代えて、次に掲げる方法のいずれかにより公告することができる。

一　時事に関する事項を掲載する日刊新聞紙に掲載する方法

二　電子公告（電子情報処理組織を使用する方法その他の情報通信の技術を利用する方法であって総務省令で定めるものにより不特定多数の者が公告すべき内容である情報の提供を受けることができる状態に置く措置であって総務省令で定めるものをとる公告の方法をいう。次項において同じ。）

5　独立行政法人が前項の規定により電子公告による公告をする場合には、第三項の主務省令で定める期間、継続して当該公告をしなければならない。

（会計監査人の監査）

第三九条　独立行政法人（その資本の額その他の経営の規模が政令で定める基準に達しない独立行政法人を除く。以下この条において同じ。）は、財務諸表、事業報告書（会計に関する部分に限る。）及び決算報告書について、監事の監査のほか、会計監査人の監査を受けなければならない。この場合において、会計監査人は、主務省令で定めるところにより、会計監査報告を作成しなければならない。

2　会計監査人は、いつでも、次に掲げるものの閲覧及び謄写をし、又は役員（監事を除く。）及び職員に対し、会計に関する報告を求めることができる。

一　会計帳簿又はこれに関する資料が書面をもって作成されているときは、当該書面

二　会計帳簿又はこれに関する資料が電磁的記録（電子的方式、磁気的方式その他人の知覚によ

っては認識することができない方式で作られる記録であって、電子計算機による情報処理の用に供されるものとして総務省令で定めるものをいう。以下この号において同じ。）をもって作成されているときは、当該電磁的記録に記録された事項を総務省令で定める方法により表示したもの

3　会計監査人は、その職務を行うため必要があるときは、独立行政法人の子法人に対して会計に関する報告を求め、又は独立行政法人若しくはその子法人の業務及び財産の状況の調査をすることができる。

4　前項の子法人は、正当な理由があるときは、同項の報告又は調査を拒むことができる。

5　会計監査人は、その職務を行うに当たっては、次の各号のいずれかに該当する者を使用してはならない。

一　第四十一条第三項第一号又は第二号に掲げる者

二　第四十条の規定により自己が会計監査人に選任されている独立行政法人又はその子法人の役員又は職員

三　第四十条の規定により自己が会計監査人に選任されている独立行政法人又はその子法人から公認会計士（公認会計士法（昭和二十三年法律第百三号）第十六条の二第五項に規定する外国公認会計士を含む。第四十一条第一項及び第三項第二号において同じ。）又は監査法人の業務以外の業務により継続的な報酬を受けている者

（監事に対する報告）

第三九条の二　会計監査人は、その職務を行うに際して役員（監事を除く。）の職務の執行に関し不正の行為又はこの法律、個別法若しくは他の法令に違反する重大な事実があることを発見したときは、遅滞なく、これを監事に報告しなければならない。

2　監事は、その職務を行うため必要があると認めるときは、会計監査人に対し、その監査に関する報告を求めることができる。

（会計監査人の選任）

第四〇条　会計監査人は、主務大臣が選任する。

（会計監査人の資格等）

第四一条　会計監査人は、公認会計士又は監査法人でなければならない。

2　会計監査人に選任された監査法人は、その社員の中から会計監査人の職務を行うべき者を選定し、これを独立行政法人に通知しなければならない。この場合においては、次項第二号に掲げる者を選定することはできない。

3　次に掲げる者は、会計監査人となることができない。

一　公認会計士法の規定により、財務諸表について監査をすることができない者

二　監査の対象となる独立行政法人の子法人若しくはその役員から公認会計士若しくは監査法人の業務以外の業務により継続的な報酬を受けている者又はその配偶者

三　監査法人でその社員の半数以上が前号に掲げる者であるもの

（会計監査人の任期）

第四二条　会計監査人の任期は、その選任の日以後最初に終了する事業年度についての財務諸表承認日の時までとする。

（会計監査人の解任）

第四三条　主務大臣は、会計監査人が次の各号の一に該当するときは、その会計監査人を解任することができる。

一　職務上の義務に違反し、又は職務を怠ったとき。

二　会計監査人たるにふさわしくない非行があったとき。

三　心身の故障のため、職務の遂行に支障があり、又はこれに堪えないとき。

（利益及び損失の処理）

第四四条　独立行政法人は、毎事業年度、損益計算において利益を生じたときは、前事業年度から繰り越した損失を埋め、なお残余があるときは、その残余の額は、積立金として整理しなければならない。ただし、第三項の規定により同項の使途に充てる場合は、この限りでない。

2　独立行政法人は、毎事業年度、損益計算において損失を生じたときは、前項の規定による積立金を減額して整理し、なお不足があるときは、その不足額は、繰越欠損金として整理しなければならない。

3　中期目標管理法人及び国立研究開発法人は、第一項に規定する残余があるときは、主務大臣の承認を受けて、その残余の額の全部又は一部を中期計画（第三十条第一項の認可を受けた同項の中期計画（同項後段の規定による変更の認可を受けたときは、その変更後のもの）をいう。以下同じ。）の同条第二項第七号又は中長期計画（第三十五条の五第一項の認可を受けた同項の中長期計画（同項後段の規定による変更の認可を受けたときは、その変更後のもの）をいう。以下同じ。）の第三十五条の五第二項第七号の剰余金の使途に充てる

ことができる。

4　第一項の規定による積立金の処分については、個別法で定める。

（借入金等）

第四五条　独立行政法人は、中期目標管理法人の中期計画の第三十条第二項第四号、国立研究開発法人の中長期計画の第三十五条の五第二項第四号又は行政執行法人の事業計画（第三十五条の十第一項の認可を受けた同項の事業計画（同項後段の規定による変更の認可を受けたときは、その変更後のもの）をいう。以下同じ。）の第三十五条の十第三項第四号の短期借入金の限度額の範囲内で、短期借入金をすることができる。ただし、やむを得ない事由があるものとして主務大臣の認可を受けた場合は、当該限度額を超えて短期借入金をすることができる。

2　前項の規定による短期借入金は、当該事業年度内に償還しなければならない。ただし、資金の不足のため償還することができないときは、その償還することができない金額に限り、主務大臣の認可を受けて、これを借り換えることができる。

3　前項ただし書の規定により借り換えた短期借入金は、一年以内に償還しなければならない。

4　独立行政法人は、個別法に別段の定めがある場合を除くほか、長期借入金及び債券発行をすることができない。

（財源措置）

第四六条　政府は、予算の範囲内において、独立行政法人に対し、その業務の財源に充てるために必要な金額の全部又は一部に相当する金額を交付することができる。

2　独立行政法人は、業務運営に当たっては、前項の規定による交付金について、国民から徴収された税金その他の貴重な財源で賄われるものであることに留意し、法令の規定及び中期目標管理法人の中期計画、国立研究開発法人の中長期計画又は行政執行法人の事業計画に従って適切かつ効率的に使用するよう努めなければならない。

（不要財産に係る国庫納付等）

第四六条の二　独立行政法人は、不要財産であって、政府からの出資又は支出（金銭の出資に該当するものを除く。）に係るもの（以下この条において「政府出資等に係る不要財産」という。）については、遅滞なく、主務大臣の認可を受けて、これを国庫に納付するものとする。ただし、中期目標管理法人の中期計画において第三十条第二項第五号の計画を定めた場合、国立研究開発法人の中長期計画において第三十五条の五第二項第五号の計画を定めた場合又は行政執行法人の事業計画において第三十五条の十第三項第五号の計画を定めた場合であって、これらの計画に従って当該政府出資等に係る不要財産を国庫に納付するときは、主務大臣の認可を受けることを要しない。

2　独立行政法人は、前項の規定による政府出資等に係る不要財産（金銭を除く。以下この項及び次項において同じ。）の国庫への納付に代えて、主務大臣の認可を受けて、政府出資等に係る不要財産を譲渡し、これにより生じた収入の額（当該財産の帳簿価額を超える額（次項において「簿価超過額」という。）がある場合には、その額を除く。）の範囲内で主務大臣が定める基準により算定した金額を国庫に納付することができる。ただし、中期目標管理法人の中期計画において第三十条第二項第五号の計画を定めた場合、国立研究開発法人の中長期計画において第三十五条の五第二項第五号の計画を定めた場合又は行政執行法人の事業計画において第三十五条の十第三項第五号の計画を定めた場合であって、これらの計画に従って当該金額を国庫に納付するときは、主務大臣の認可を受けることを要しない。

3　独立行政法人は、前項の場合において、政府出資等に係る不要財産の譲渡により生じた簿価超過額があるときは、遅滞なく、これを国庫に納付するものとする。ただし、その全部又は一部の金額について国庫に納付しないことについて主務大臣の認可を受けた場合における当該認可を受けた金額については、この限りでない。

4　独立行政法人が第一項又は第二項の規定による国庫への納付をした場合において、当該納付に係る政府出資等に係る不要財産が政府からの出資に係るものであるときは、当該独立行政法人の資本金のうち当該納付に係る政府出資等に係る不要財産に係る部分として主務大臣が定める金額については、当該独立行政法人に対する政府からの出資はなかったものとし、当該独立行政法人は、その額により資本金を減少するものとする。

5　前各項に定めるもののほか、政府出資等に係る不要財産の処分に関し必要な事項は、政令で定める。

（不要財産に係る民間等出資の払戻し）

第四六条の三　独立行政法人は、不要財産であって、政府以外の者からの出資に係るもの（以下この条において「民間等出資に係る不要財産」という。）については、主務大臣の認可を受けて、当該民間等出資に係る不要財産に係る出資者（以下この条において単に「出資者」という。）に対し、主務省令で定めるところにより、当該民間等出資に係る不要財産に係る出資額として主務大臣が定める額の持分の全部又は一部の払戻しの請求をすることができる旨を催告しなければならない。ただし、中期目標管理法人の中期計画において第三十条第二項第五号の計画を定めた場合、国立研究開発法人の中長期計画において第三十五条の五第二項第五号の計画を定めた場合又は行政執行法人の事業計画において第三十五条の十第三項第五号の計画を定めた場合であって、これらの計画に従って払戻しの請求をすることができる旨を催告するときは、主務大臣の認可を受けることを要しない。

2　出資者は、独立行政法人に対し、前項の規定による催告を受けた日から起算して一月を経過する日までの間に限り、同項の払戻しの請求をすることができる。

3　独立行政法人は、前項の規定による請求があったときは、遅滞なく、当該請求に係る民間等出資に係る不要財産又は当該請求に係る民間等出資に係る不要財産（金銭を除く。）の譲渡により生じた収入の額（当該財産の帳簿価額を超える額がある場合には、その額を除く。）の範囲内で主務大臣が定める基準により算定した金額により、同項の規定により払戻しを請求された持分（当該算定した金額が当該持分の額に満たない場合にあっては、当該持分のうち主務大臣が定める額の持分）を、当該請求をした出資者に払い戻すものとする。

4　独立行政法人が前項の規定による払戻しをしたときは、当該独立行政法人の資本金のうち当該払戻しをした持分の額については、当該独立行政法人に対する出資者からの出資はなかったものとし、当該独立行政法人は、その額により資本金を減少するものとする。

5　出資者が第二項の規定による払戻しの請求をしなかったとき又は同項の規定による民間等出資に係る不要財産に係る持分の一部の払戻しの請求をしたときは、独立行政法人は、払戻しの請求がされなかった持分については、払戻しをしないものとする。

（余裕金の運用）

第四七条　独立行政法人は、次の方法による場合を除くほか、業務上の余裕金を運用してはならない。

一　国債、地方債、政府保証債（その元本の償還及び利息の支払について政府が保証する債券をいう。）その他主務大臣の指定する有価証券の取得

二　銀行その他主務大臣の指定する金融機関への預金

三　信託業務を営む金融機関（金融機関の信託業務の兼営等に関する法律（昭和十八年法律第四十三号）第一条第一項の認可を受けた金融機関をいう。）への金銭信託

（財産の処分等の制限）

第四八条　独立行政法人は、不要財産以外の重要な財産であって主務省令で定めるものを譲渡し、又は担保に供しようとするときは、主務大臣の認可を受けなければならない。ただし、中期目標管理法人の中期計画において第三十条第二項第六号の計画を定めた場合、国立研究開発法人の中長期計画において第三十五条の五第二項第六号の計画を定めた場合又は行政執行法人の事業計画において第三十五条の十第三項第六号の計画を定めた場合であって、その計画に従って当該重要な財産を譲渡し、又は担保に供するときは、この限りでない。

（会計規程）

第四九条　独立行政法人は、業務開始の際、会計に関する事項について規程を定め、これを主務大臣に届け出なければならない。これを変更したときも、同様とする。

（主務省令への委任）

第五〇条　この法律及びこれに基づく政令に規定するもののほか、独立行政法人の財務及び会計に関し必要な事項は、主務省令で定める。

第五章　人事管理

第一節　中期目標管理法人及び国立研究開発法人

（役員の報酬等）

第五〇条の二　中期目標管理法人の役員に対する報酬及び退職手当（以下「報酬等」という。）は、その役員の業績が考慮されるものでなければならない。

2　中期目標管理法人は、その役員に対する報酬等の支給の基準を定め、これを主務大臣に届け出るとともに、公表しなければならない。これを変更したときも、同様とする。

3　前項の報酬等の支給の基準は、国家公務員の給与及び退職手当（以下「給与等」という。）、民間企業の役員の報酬等、当該中期目標管理法人の業務の実績その他の事情を考慮して定められなければならない。

（役員の兼職禁止）

第五〇条の三　中期目標管理法人の役員（非常勤の者を除く。）は、在任中、任命権者の承認のある場合を除くほか、営利を目的とする団体の役員と

なり、又は自ら営利事業に従事してはならない。

（他の中期目標管理法人役職員についての依頼等の規制）

第五〇条の四　中期目標管理法人の役員又は職員（非常勤の者を除く。以下「中期目標管理法人役職員」という。）は、密接関係法人等に対し、当該中期目標管理法人の他の中期目標管理法人役職員をその離職後に、若しくは当該中期目標管理法人の中期目標管理法人役職員であった者を、当該密接関係法人等の地位に就かせることを目的として、当該他の中期目標管理法人役職員若しくは当該中期目標管理法人役職員であった者に関する情報を提供し、若しくは当該地位に関する情報の提供を依頼し、又は当該他の中期目標管理法人役職員をその離職後に、若しくは当該中期目標管理法人役職員であった者を、当該密接関係法人等の地位に就かせることを要求し、若しくは依頼してはならない。

2　前項の規定は、次に掲げる場合には、適用しない。

一　基礎研究、福祉に関する業務その他の円滑な再就職に特に配慮を要する業務として政令で定めるものに従事し、若しくは従事していた他の中期目標管理法人役職員又はこれらの業務に従事していた中期目標管理法人役職員であった者を密接関係法人等の地位に就かせることを目的として行う場合

二　退職手当通算予定役職員を退職手当通算法人等の地位に就かせることを目的として行う場合

三　大学その他の教育研究機関の研究者であった者であって任期（十年以内に限る。）を定めて専ら研究に従事する職員として採用された他の中期目標管理法人役職員を密接関係法人等の地位に就かせることを目的として行う場合

四　第三十二条第一項の評価（同項第二号に規定する中期目標の期間の終了時に見込まれる中期目標の期間における業務の実績に関する評価を除く。）の結果に基づき中期目標管理法人の業務の縮小又は内部組織の合理化が行われることにより、当該中期目標管理法人の組織の意思決定の権限を実質的に有しない地位として主務大臣が指定したもの以外の地位に就いたことがない他の中期目標管理法人役職員が離職を余儀なくされることが見込まれる場合において、当該他の中期目標管理法人役職員を密接関係法人等の地位に就かせることを目的として行うとき。

五　第三十五条第一項の規定による措置であって政令で定める人数以上の中期目標管理法人役職員が離職を余儀なくされることが見込まれるものを行うため、当該中期目標管理法人役職員の離職後の就職の援助のための措置に関する計画を作成し、主務大臣の認定を受けている場合において、当該計画における離職後の就職の援助の対象者である他の中期目標管理法人役職員を密接関係法人等の地位に就かせることを目的として行うとき。

3　前二項の「密接関係法人等」とは、営利企業等（商業、工業又は金融業その他営利を目的とする私企業（以下この項において「営利企業」という。）及び営利企業以外の法人（国、国際機関、地方公共団体、行政執行法人及び地方独立行政法人法（平成十五年法律第百十八号）第二条第二項に規定する特定地方独立行政法人を除く。）をいう。以下同じ。）のうち、資本関係、取引関係等において当該中期目標管理法人と密接な関係を有するものとして政令で定めるものをいう。

4　第二項第二号の「退職手当通算法人等」とは、営利企業等でその業務が中期目標管理法人の事務又は事業と密接な関連を有するもののうち総務大臣が定めるもの（退職手当（これに相当する給付を含む。）に関する規程において、中期目標管理法人役職員が当該中期目標管理法人の長の要請に応じ、引き続いて当該営利企業等の役員又は当該営利企業等に使用される者となった場合に、中期目標管理法人役職員としての勤続期間を当該営利企業等の役員又は当該営利企業等に使用される者としての勤続期間に通算することと定めている営利企業等に限る。）をいう。

5　第二項第二号の「退職手当通算予定役職員」とは、中期目標管理法人の長の要請に応じ、引き続いて退職手当通算法人等（前項に規定する退職手当通算法人等をいう。以下同じ。）の役員又は退職手当通算法人等に使用される者となるため退職することとなる中期目標管理法人役職員であって、当該退職手当通算法人等に在職した後、特別の事情がない限り引き続いて採用が予定されている者のうち政令で定めるものをいう。

6　第一項の規定によるもののほか、中期目標管理法人の役員又は職員は、この法律、個別法若しくは他の法令若しくは当該中期目標管理法人が定める業務方法書、第四十九条に規定する規程その他の規則に違反する職務上の行為（以下「法令等違反行為」という。）をすること若しくはしたこと又は当該中期目標管理法人の他の役員若しくは職員に法令等違反行為をさせること若しくはさせたことに関し、営利企業等に対し、当該中期目標管理法人の他の役員若しくは職員をその離職後に、

又は当該中期目標管理法人の役員若しくは職員であった者を、当該営利企業等の地位に就かせることを要求し、又は依頼してはならない。

（法令等違反行為に関する在職中の求職の規制）

第五〇条の五　中期目標管理法人の役員又は職員は、法令等違反行為をすること若しくはしたこと又は中期目標管理法人の他の役員若しくは職員に法令等違反行為をさせること若しくはさせたことに関し、営利企業等に対し、離職後に当該営利企業等の地位に就くことを要求し、又は約束してはならない。

（再就職者による法令等違反行為の依頼等の届出）

第五〇条の六　中期目標管理法人の役員又は職員は、次に掲げる要求又は依頼を受けたときは、政令で定めるところにより、当該中期目標管理法人の長にその旨を届け出なければならない。

一　中期目標管理法人役職員であった者であって離職後に営利企業等の地位に就いている者（以下この条において「再就職者」という。）が、離職後二年を経過するまでの間に、離職前五年間に在職していた当該中期目標管理法人の内部組織として主務省令で定めるものに属する役員又は職員に対して行う、当該中期目標管理法人と当該営利企業等との間で締結される売買、賃借、請負その他の契約又は当該営利企業等に対して行われる行政手続法（平成五年法律第八十八号）第二条第二号に規定する処分に関する事務（当該中期目標管理法人の業務に係るものに限る。次号において「契約等事務」という。）であって離職前五年間の職務に属するものに関する法令等違反行為の要求又は依頼

二　前号に掲げるもののほか、再就職者のうち、当該中期目標管理法人の役員又は管理若しくは監督の地位として主務省令で定めるものに就いていた者が、離職後二年を経過するまでの間に、当該中期目標管理法人の役員又は職員に対して行う、契約等事務に関する法令等違反行為の要求又は依頼

三　前二号に掲げるもののほか、再就職者が行う、当該中期目標管理法人と営利企業等（当該再就職者が現にその地位に就いているものに限る。）との間の契約であって当該中期目標管理法人においてその締結について自らが決定したもの又は当該中期目標管理法人による当該営利企業等に対する行政手続法第二条第二号に規定する処分であって自らが決定したものに関する法令等違反行為の要求又は依頼

（中期目標管理法人の長への届出）

第五〇条の七　中期目標管理法人役職員（第五十条の四第五項に規定する退職手当通算予定役職員を除く。）は、離職後に営利企業等の地位に就くことを約束した場合には、速やかに、政令で定めるところにより、中期目標管理法人の長に政令で定める事項を届け出なければならない。

2　前項の規定による届出を受けた中期目標管理法人の長は、当該中期目標管理法人の業務の公正性を確保する観点から、当該届出を行った中期目標管理法人役職員の職務が適正に行われるよう、人事管理上の措置を講ずるものとする。

（中期目標管理法人の長がとるべき措置等）

第五〇条の八　中期目標管理法人の長は、当該中期目標管理法人の役員又は職員が第五十条の四から前条までの規定に違反する行為をしたと認めるときは、当該役員又は職員に対する監督上の措置及び当該中期目標管理法人における当該規定の遵守を確保するために必要な措置を講じなければならない。

2　第五十条の六の規定による届出を受けた中期目標管理法人の長は、当該届出に係る要求又は依頼の事実があると認めるときは、当該要求又は依頼に係る法令等違反行為を確実に抑止するために必要な措置を講じなければならない。

3　中期目標管理法人の長は、毎年度、第五十条の六の規定による届出及び前二項の措置の内容を取りまとめ、政令で定めるところにより、主務大臣に報告しなければならない。

（政令への委任）

第五〇条の九　第五十条の四から前条までの規定の実施に関し必要な手続は、政令で定める。

（職員の給与等）

第五〇条の一〇　中期目標管理法人の職員の給与は、その職員の勤務成績が考慮されるものでなければならない。

2　中期目標管理法人は、その職員の給与等の支給の基準を定め、これを主務大臣に届け出るとともに、公表しなければならない。これを変更したときも、同様とする。

3　前項の給与等の支給の基準は、一般職の職員の給与に関する法律（昭和二十五年法律第九十五号）の適用を受ける国家公務員の給与等、民間企業の従業員の給与等、当該中期目標管理法人の業務の実績並びに職員の職務の特性及び雇用形態その他の事情を考慮して定められなければならない。

（国立研究開発法人への準用）

第五〇条の一一　第五十条の二から前条までの規定は、国立研究開発法人について準用する。この場

合において、第五十条の四第二項第四号中「第三十二条第一項」とあるのは「第三十五条の六第一項」と、「中期目標の期間」とあるのは「中長期目標の期間」と、同項第五号中「第三十五条第一項」とあるのは「第三十五条の七第一項」と読み替えるものとする。

第二節　行政執行法人

（役員及び職員の身分）

第五十一条　行政執行法人の役員及び職員は、国家公務員とする。

（役員の報酬等）

第五十二条　行政執行法人の役員に対する報酬等は、その役員の業績が考慮されるものでなければならない。

2　行政執行法人は、その役員に対する報酬等の支給の基準を定め、これを主務大臣に届け出るとともに、公表しなければならない。これを変更したときも、同様とする。

3　前項の報酬等の支給の基準は、国家公務員の給与等を参酌し、かつ、民間企業の役員の報酬等、当該特定独立行政法人の業務の実績及び中期計画の第三十条第二項第三号の人件費の見積りその他の事情を考慮して定められなければならない。

（役員の服務）

第五十三条　行政執行法人の役員（以下この条から第五十六条まで及び第六十九条において単に「役員」という。）は、職務上知ることのできた秘密を漏らしてはならない。その職を退いた後も、同様とする。

2　前項の規定は、次条第一項において準用する国家公務員法（昭和二十二年法律第百二十号）第十八条の四及び次条第六項の規定により権限の委任を受けた再就職等監視委員会で扱われる調査の際に求められる情報に関しては、適用しない。

3　役員は、前項の調査に際して再就職等監視委員会から陳述し、又は証言することを求められた場合には、正当な理由がないのにこれを拒んではならない。

4　役員は、在任中、政党その他の政治的団体の役員となり、又は積極的に政治運動をしてはならない。

5　役員（非常勤の者を除く。次条において同じ。）は、在任中、任命権者の承認のある場合を除くほか、報酬を得て他の職務に従事し、又は営利事業を営み、その他金銭上の利益を目的とする業務を行ってはならない。

（役員の退職管理）

第五十四条　国家公務員法第十八条の二第一項、第十八条の三第一項、第十八条の四、第十八条の五第一項、第十八条の六、第百六条の二（第二項第三号を除く。）、第百六条の三、第百六条の四及び第百六条の十六から第百六条の二十七までの規定（これらの規定に係る罰則を含む。）、同法第百九条（第十四号から第十八号までに係る部分に限る。）並びに第百十二条の規定は、役員又は役員であった者について準用する。この場合において、同法第十八条の二第一項中「標準職務遂行能力及び採用昇任等基本方針に関する事務並びに職員の人事評価（任用、給与、分限その他の人事管理の基礎とするために、職員がその職務を遂行するに当たり発揮した能力及び挙げた業績を把握した上で行われる勤務成績の評価をいう。以下同じ。）、能率、厚生、服務、退職管理等に関する事務（第三条第二項の規定により人事院の所掌に属するものを除く。）」とあるのは「役員の退職管理に関する事務」と、同法第十八条の三第一項及び第百六条の十六中「第百六条の二から第百六条の四まで」とあるのは「独立行政法人通則法第五十四条の二第一項において準用する第百六条の二から第百六条の四まで」と、同法第百六条の二第二項及び第四項、第百六条の三第二項並びに第百六条の四第二項中「前項」とあるのは「独立行政法人通則法第五十四条第一項において準用する前項」と、同法第百六条の二第二項第二号及び第四項、第百六条の三第二項第一号、第百六条の四第一項並びに第百六条の二十三第一項中「退職手当通算予定職員」とあるのは「退職手当通算予定役員」と、同法第百六条の二第二項第二号中「独立行政法人通則法第五十四条の二第一項において読み替えて準用する第四項に規定する退職手当通算予定役員を同条第一項において準用する次項」とあるのは「第四項に規定する退職手当通算予定職員を次項」と、同条第三項及び同法第百六条の二十四第二項中「前項第二号」とあるのは「独立行政法人通則法第五十四条の二第一項において準用する前項第二号」と、同法第百六条の二第四項中「第二項第二号」とあるのは「独立行政法人通則法第五十四条の二第一項において準用する第二項第二号」と、「選考による採用」とあるのは「任命」と、同法第百六条の三第二項第一号中「前条第四項」とあるのは「独立行政法人通則法第五十四条の二第一項において準用する前条第四項」と、同法第百六条の四第三項中「前二項」とあるのは「独立行政法人通則法第五十四条の二第一項において準用する前二項」と、同条第四項中「前三項」とあるのは「独立行政法人通則法第五十四条の二第一項において準用する前三項」と、同条第五項中「前各項」とあるのは「独立行政法人通則法第五十四条の二第一項において準用する前各項」と、同法第百六条の二十二中「第百六条の五」とあるのは「独立行政法人通則法第五十四条の二第一項において準用する第百六条の十六」と、同法第百六条の二十三第三項中「当該届出を行つた職員が管理又は監督の地位にある職員の官職として政令で定めるものに就いている職員（以下「管理職職員」という。）である場合には、速やかに」とあるのは「速やかに」と、同法第百六条の二十四中「前条第一項」とあるのは「独立行政法人通則法第五十四条の二第一項において準用する前条第一項」と、同法第百九条第十八号中「第十四号から前号までに掲げる再就職者から要求又は依頼（独立行政法人通則法第五十四条の二第一項において準用する第十四号から前号まで」とあるのは「独立行政法人通則法第五十四条の二第一項において準用する第十四号から前号までに掲げる再就職者から要求又は依頼（第十四号から前号まで」と、同法第百十二条第一号中「第百六条の二第一項」とあるのは「独立行政法人通則法第五十四条の二第一項において準用する第百六条の二第一項」と、同法第百十三条第一号中「第百六条の四第一項から第四項まで」とあるのは「独立行政法人通則法第五十四条の二第一項において準用する第百六条の四第一項から第四項まで」と、同条第二号中「第百六条の二十四第一項」とあるのは「独立行政法人通則法第五十四条の二第一項において準用する第百六条の二十四第一項」と読み替えるものとするほか、必要な技術的読替えは、政令で定める。

2　内閣総理大臣は、前項において準用する国家公務員法第十八条の三第一項の調査に関し必要があるときは、証人を喚問し、又は調査すべき事項に関係があると認められる書類若しくはその写しの提出を求めることができる。

3　内閣総理大臣は、第一項において準用する国家公務員法第十八条の三第一項の調査に関し必要があると認めるときは、当該調査の対象である役員若しくは役員であつた者に出頭を求めて質問し、又は当該役員の勤務する場所（役員として勤務していた場所を含む。）に立ち入り、帳簿、書類その他の必要な物件を検査し、若しくは関係人に質問することができる。

4　前項の規定により立入検査をする者は、その身分を示す証明書を携帯し、関係人にこれを提示しなければならない。

5　第三項の規定による立入検査の権限は、犯罪捜査のために認められたものと解してはならない。

6　内閣総理大臣は、第二項及び第三項の規定による権限を再就職等監視委員会に委任する。

（役員の災害補償）

第五五条　役員の公務上の災害又は通勤による災害に対する補償及び公務上の災害又は通勤による災害を受けた役員に対する福祉事業については、行政執行法人の職員の例による。

（役員に係る労働者災害補償保険法の適用除外）

第五六条　労働者災害補償保険法（昭和二十二年法律第五十号）の規定は、役員には適用しない。

（職員の給与）

第五七条　行政執行法人の職員の給与は、その職務の内容と責任に応ずるものであり、かつ、職員が発揮した能率が考慮されるものでなければならない。

2　特定独立行政法人は、その職員の給与の支給の基準を定め、これを主務大臣に届け出るとともに、公表しなければならない。これを変更したときも、同様とする。

3　前項の給与の支給の基準は、一般職の職員の給与に関する法律の適用を受ける国家公務員の給与を参酌し、かつ、民間企業の従業員の給与、当該行政執行法人の業務の実績及び事業計画の第三十五条の十第三項第三号の人件費の見積りその他の事情を考慮して定められなければならない。

（職員の勤務時間等）

第五八条　行政執行法人は、その職員の勤務時間、休憩、休日及び休暇について規程を定め、これを主務大臣に届け出るとともに、公表しなければならない。これを変更したときも、同様とする。

2　前項の規程は、一般職の職員の勤務時間、休暇等に関する法律（平成六年法律第三十三号）の適用を受ける国家公務員の勤務条件その他の事情を考慮したものでなければならない。

（職員に係る他の法律の適用除外等）

第五九条　次に掲げる法律の規定は、行政執行法人の職員（以下この条において単に「職員」という。）には適用しない。

一　労働者災害補償保険法の規定

二　国家公務員法第十八条、第二十八条（第一項前段を除く。）、第六十二条から第七十条まで、第七十条の三第二項及び第七十条の四第二項、第七十五条第二項並びに第百六条の規定

三　国家公務員の寒冷地手当に関する法律（昭和二十四年法律第二百号）の規定

四　一般職の職員の給与に関する法律の規定
五　削除
六　国家公務員の育児休業等に関する法律（平成三年法律第百九号）第五条第二項、第八条、第九条、第十六条から第十九条まで及び第二十四条から第二十六条までの規定
七　一般職の職員の勤務時間、休暇等に関する法律の規定
八　一般職の任期付職員の採用及び給与の特例に関する法律（平成十二年法律第百二十五号）第七条から第九条までの規定
九　国家公務員の自己啓発等休業に関する法律（平成十九年法律第四十五号）第五条第二項及び第七条の規定
一〇　国家公務員の配偶者同行休業に関する法律（平成二十五年法律第七十八号）第五条第二項及び第八条の規定

2　職員に関する国家公務員法の適用については、同法第二条第六項中「政府」とあるのは「独立行政法人通則法第二条第四項に規定する行政執行法人（以下「行政執行法人」という。）」と、同条第七項中「政府又はその機関」とあるのは「行政執行法人」と、同法第三十四条第一項第五号中「内閣総理大臣」とあるのは「行政執行法人」と、同条第二項中「政令で定める」とあるのは「行政執行法人が定めて公表する」と、同法第六十条第一項中「場合には、人事院の承認を得て」とあるのは「場合には」と、「により人事院の承認を得て」とあるのは「により」と、同法第七十条の三第一項中「その所轄庁の長」とあるのは「当該職員の勤務する行政執行法人の長」と、同法第七十条の四第一項中「所轄庁の長」とあるのは「職員の勤務する行政執行法人の長」と、同法第七十八条第四号中「官制」とあるのは「組織」と、同法第八十条第四項中「給与に関する法律」とあるのは「独立行政法人通則法第五十七条第二項に規定する給与の支給の基準」と、同法第八十一条の二第一項中「人事院規則で定める官職を」とあるのは「行政執行法人の長が定める官職を」と、同条第二項各号、同法第八十一条の五第一項各号及び第三項、第八十一条の六第二項並びに第八十一条の七第一項各号並びに同法附則第八条第三項及び第五項の表中「人事院規則で」とあるのは「行政執行法人の長が」と、同法第八十一条の五第二項及び第四項並びに第八十一条の七第二項中「ときは、人事院の承認を得て」とあるのは「ときは」と、同条第一項中「延長した場合であつて、引き続き勤務させることについて人事院の承認を得た」とあるのは「延長した」と、同法第百条第二項中「、所轄庁の長」とあるのは「、当該職員の勤務する行政執行法人の長」と、「の所轄庁の長」とあるのは「の属する行政執行法人の長」と、同法第百一条第一項中「政府」とあるのは「当該職員の勤務する行政執行法人」と、同条第二項中「官庁」とあるのは「行政執行法人」と、同法第百三条第二項中「所轄庁の長」とあるのは「当該職員の勤務する行政執行法人の長」と、同法第百四条中「内閣総理大臣及びその職員の所轄庁の長」とあるのは「当該職員の勤務する行政執行法人の長」と、同法附則第八条第二項及び第四項中「として人事院規則で」とあるのは「として行政執行法人の長が」と、同項中「人事院規則で定める年齢」と、」とあるのは「行政執行法人の長が定める年齢」と、」と、同法附則第九条中「相当する職員として人事院規則で」とあるのは「相当する職員として行政執行法人の長が」と、「のうち人事院規則で」とあるのは「のうち行政執行法人の長が」と、「その他人事院規則で」とあるのは「その他行政執行法人の長が」とする。

3　職員に関する国際機関等に派遣される一般職の国家公務員の処遇等に関する法律（昭和四十五年法律第百十七号）第五条及び第六条第三項の規定の適用については、同法第五条第一項中「俸給、扶養手当、地域手当、広域異動手当、研究員調整手当、住居手当及び期末手当のそれぞれ百分の百以内」とあるのは「給与」と、同条第二項中「人事院規則（派遣職員が検察官の俸給等に関する法律（昭和二十三年法律第七十六号）の適用を受ける職員である場合にあつては、同法第三条第一項に規定する準則）」とあるのは「独立行政法人通則法（平成十一年法律第百三号）第五十七条第二項に規定する給与の支給の基準」と、同法第六条第三項中「国は」とあるのは「独立行政法人通則法第二条第四項に規定する行政執行法人は」とする。

4　職員に関する国家公務員の育児休業等に関する法律第三条第一項、第十二条第一項、第十五条及び第二十二条の規定の適用については、同法第三条第一項ただし書中「勤務時間法第十九条に規定する特別休暇のうち出産により職員が勤務しないことが相当である場合として人事院規則で定める場合における休暇」とあるのは「独立行政法人通則法（平成十一年法律第百三号）第五十八条第一項の規定に基づく規程で定める休暇のうち職員が出産した場合における休暇」と、「同条の規定により人事院規則で定める期間」とあるのは「規程

で定める期間」と、「人事院規則で定める期間内」とあるのは「規程で定める期間内」と、「当該休暇又はこれに相当するものとして勤務時間法第二十三条の規定により人事院規則で定める休暇」とあるのは「当該休暇」と、同法第十二条第一項中「次の各号に掲げるいずれかの勤務の形態（勤務時間法第七条第一項の規定の適用を受ける職員にあっては、第五号に掲げる勤務の形態）」とあるのは「五分の一勤務時間（当該職員の一週間当たりの通常の勤務時間（以下この項において「週間勤務時間」という。）に五分の一を乗じて得た時間に端数処理（五分を最小の単位とし、これに満たない端数を切り上げることをいう。以下この項において同じ。）を行って得た時間をいう。第十五条において同じ。）に二を乗じて得た時間に十分の一勤務時間（週間勤務時間に十分の一を乗じて得た時間に端数処理を行って得た時間をいう。同条において同じ。）を加えた時間から八分の一勤務時間（週間勤務時間に八分の一を乗じて得た時間に端数処理を行って得た時間をいう。）に五を乗じて得た時間までの範囲内の時間となるように独立行政法人通則法第二条第二項に規定する特定独立行政法人の長が定める勤務の形態」と、同法第十五条中「十九時間二十五分から十九時間三十五分」とあるのは「五分の一勤務時間に二を乗じて得た時間に十分の一勤務時間を加えた時間から十分の一勤務時間に五を乗じて得た時間」と、同法第二十二条中「第十五条から前条まで」とあるのは「第十五条及び前二条」とする。

5　職員に関する労働基準法（昭和二十二年法律第四十九号）第十二条第三項第四号及び第三十九条第十項の規定の適用については、同法第十二条第三項第四号中「育児休業、介護休業等育児又は家族介護を行う労働者の福祉に関する法律（平成三年法律第七十六号）第二条第一号」とあるのは「国家公務員の育児休業等に関する法律（平成三年法律第百九号）第三条第一項」と、「同条第二号」とあるのは「育児休業、介護休業等育児又は家族介護を行う労働者の福祉に関する法律（平成三年法律第七十六号）第二条第二号」と、同法第三十九条第八項中「育児休業、介護休業等育児又は家族介護を行う労働者の福祉に関する法律第二条第一号」とあるのは「国家公務員の育児休業等に関する法律第三条第一項」と、「同条第二号」とあるのは「育児休業、介護休業等育児又は家族介護を行う労働者の福祉に関する法律第二条第二号」とする。

6　職員に関する船員法（昭和二十二年法律第百号）第七十四条第四項の規定の適用については、同項中「育児休業、介護休業等育児又は家族介護を行う労働者の福祉に関する法律（平成三年法律第七十六号）第二条第一号」とあるのは「国家公務員の育児休業等に関する法律（平成三年法律第百九号）第三条第一項」と、「同条第二号」とあるのは「育児休業、介護休業等育児又は家族介護を行う労働者の福祉に関する法律（平成三年法律第七十六号）第二条第二号」とする。

（国会への報告等）

第六〇条　行政執行法人は、政令で定めるところにより、毎事業年度、常時勤務に服することを要するその職員（国家公務員法第七十九条又は第八十二条の規定による休職又は停職の処分を受けた者、法令の規定により職務に専念する義務を免除された者その他の常時勤務に服することを要しない職員で政令で定めるものを含む。次項において「常勤職員」という。）の数を主務大臣に報告しなければならない。

2　政府は、毎年、国会に対し、特定独立行政法人の常勤職員の数を報告しなければならない。

3　行政執行法人は、国家公務員法第三章第八節及び第四章（第五十四条第一項において準用する場合を含む。）の規定を施行するために必要な事項として内閣総理大臣が定める事項を、内閣総理大臣が定める日までに、内閣総理大臣に届け出なければならない。

第六一条から第六三条まで　削除

第六章　雑則

（報告及び検査）

第六四条　主務大臣は、この法律を施行するため必要があると認めるときは、独立行政法人に対し、その業務並びに資産及び債務の状況に関し報告をさせ、又はその職員に、独立行政法人の事務所に立ち入り、業務の状況若しくは帳簿、書類その他の必要な物件を検査させることができる。

2　前項の規定により職員が立入検査をする場合には、その身分を示す証明書を携帯し、関係人にこれを提示しなければならない。

3　第一項の規定による立入検査の権限は、犯罪捜査のために認められたものと解してはならない。

第六五条　削除

（解散）

第六六条　独立行政法人の解散については、別に法律で定める。

（財務大臣との協議）

第六七条　主務大臣は、次の場合には、財務大臣に協議しなければならない。

一　第二十九条第一項の規定により中期目標を定め、又は変更しようとするとき。

二　第三十五条の四第一項の規定により中長期目標を定め、又は変更しようとするとき。

三　第三十五条の九第一項の規定により年度目標を定め、又は変更しようとするとき。

四　第三十条第一項、第三十五条の五第一項、第三十五条の十第一項、第四十五条第一項ただし書若しくは第二項ただし書又は第四十八条の規定による認可をしようとするとき。

五　第四十四条第三項の規定による承認をしようとするとき。

六　第四十六条の二第一項、第二項若しくは第三項ただし書又は第四十六条の三第一項の規定による認可をしようとするとき。

七　第四十七条第一号又は第二号の規定による指定をしようとするとき。

（主務大臣等）

第六八条　この法律における主務大臣及び主務省令は、個別法で定める。

第七章　罰則

第六九条　次の各号のいずれかに該当する者は、三年以下の懲役又は百万円以下の罰金に処する。次の各号に規定する行為を企て、命じ、故意にこれを容認し、唆し、又はその幇助をした者も、同様とする。

一　正当な理由がないのに第五十三条第三項の規定に違反して陳述し、又は証言することを拒んだ者

二　第五十四条第二項の規定により証人として喚問を受け虚偽の陳述をした者

三　第五十四条第二項の規定により証人として喚問を受け正当な理由がないのにこれに応じず、又は同項の規定により書類若しくはその写しの提出を求められ正当な理由がないのにこれに応じなかった者

四　第五十四条第二項の規定により書類又はその写しの提出を求められ、虚偽の事項を記載した書類又は写しを提出した者

五　第五十四条第三項の規定による検査を拒み、妨げ、若しくは忌避し、又は質問に対して陳述をせず、若しくは虚偽の陳述をした者（同条第一項において準用する国家公務員法第十八条の三第一項の調査の対象である役員又は役員であった者を除く。）

第六九条の二　第五十三条第一項の規定に違反して秘密を漏らした者は、一年以下の懲役又は五十万円以下の罰金に処する。

第七〇条　第六十四条第一項の規定による報告をせず、若しくは虚偽の報告をし、又は同項の規定による検査を拒み、妨げ、若しくは忌避した場合には、その違反行為をした独立行政法人の役員又は職員は、二十万円以下の罰金に処する。

第七一条　次の各号のいずれかに該当する場合には、その違反行為をした独立行政法人の役員は、二十万円以下の過料に処する。

一　この法律の規定により主務大臣の認可又は承認を受けなければならない場合において、その認可又は承認を受けなかったとき。

二　この法律の規定により主務大臣又は内閣総理大臣に届出をしなければならない場合において、その届出をせず、又は虚偽の届出をしたとき。

三　この法律の規定により公表をしなければならない場合において、その公表をせず、又は虚偽の公表をしたとき。

四　第九条第一項の規定による政令に違反して登記することを怠ったとき。

五　第十九条第五項若しくは第六項又は第三十九条第三項の規定による調査を妨げたとき。

六　第三十条第三項、第三十二条第六項、第三十五条の三（第三十五条の八において準用する場合を含む。）、第三十五条の五第三項、第三十五条の六第九項、第三十五条の十第四項又は第三十五条の十二の規定による主務大臣の命令に違反したとき。

七　第三十二条第二項、第三十五条の六第三項若しくは第四項又は第三十五条の十一第三項若しくは第四項の規定による報告書の提出をせず、又は報告書に記載すべき事項を記載せず、若しくは虚偽の記載をして報告書を提出したとき。

八　第三十八条第三項の規定に違反して財務諸表、事業報告書、決算報告書又は監査報告を備え置かず、又は閲覧に供しなかったとき。

九　第四十七条の規定に違反して業務上の余裕金を運用したとき。

十　第五十条の八第三項（第五十条の十一において準用する場合を含む。）又は第六十条第一項の規定による報告をせず、又は虚偽の報告をしたとき。

2　独立行政法人の子法人の役員が第十九条第七項又は第三十九条第三項の規定による調査を妨げたときは、二十万円以下の過料に処する。

第七二条　第十条の規定に違反した者は、十万円以下の過料に処する。

附則（抄）

（施行期日）

第一条　この法律は、内閣法の一部を改正する法律（平成十一年法律第八十八号）の施行の日（平成一三・一・六）から施行する。

（政令への委任）

第三条　（前略）この法律の施行に関し必要な経過措置は、政令で定める。

（国の無利子貸付け等）

第四条　国は、当分の間、独立行政法人に対し、その施設の整備で日本電信電話株式会社の株式の売払収入の活用による社会資本の整備の促進に関する特別措置法（昭和六十二年法律第八十六号）第二条第一項第二号に該当するものに要する費用に充てる資金の全部又は一部を、予算の範囲内において、無利子で貸し付けることができる。この場合において、第四十五条第四項の規定は、適用しない。

2　前項の国の貸付金の償還期間は、五年（二年以内の据置期間を含む。）以内で政令で定める期間とする。

3　前項に定めるもののほか、第一項の規定による貸付金の償還方法、償還期限の繰上げその他償還に関し必要な事項は、政令で定める。

4　国は、第一項の規定により独立行政法人に対し貸付けを行った場合には、当該貸付けの対象である施設の整備について、当該貸付金に相当する金額の補助を行うものとし、当該補助については、当該貸付金の償還時において、当該貸付金の償還金に相当する金額を交付することにより行うものとする。

5　独立行政法人が、第一項の規定による貸付けを受けた無利子貸付金について、第二項及び第三項の規定に基づき定められる償還期限を繰り上げて償還を行った場合（政令で定める場合を除く。）における前項の規定の適用については、当該償還は、当該償還期限の到来時に行われたものとみなす。

附則（平成二六年六月一三日法律第六六号）

（施行期日）

第一条　この法律は、平成二十七年四月一日から施行する。ただし、次条から附則第四条までの規定並びに附則第九条、第十二条及び第十五条の規定は、公布の日から施行する。

（準備行為等）

第二条　この法律による改正後の独立行政法人通則法（以下「新法」という。）第二十八条の二第一項の規定による同項の指針の策定、新法第二十八条の三の規定による同条の指針の案の作成、新法第二十九条第一項の規定による同項の中期目標の策定、新法第三十五条の四第一項の規定による同項の中長期目標の策定及び新法第三十五条の九第一項の規定による同項の年度目標の策定並びにこれらに関し必要な手続その他の行為は、この法律の施行前においても、新法第二十八条の二第一項及び第二項、第二十八条の三、第二十九条、第三十五条の四第一項から第四項まで並びに第三十五条の九の規定の例により行うことができる。この場合において、新法第二十八条の二第二項、第二十九条第三項及び第三十五条の四第三項中「委員会」とあるのは「独立行政法人通則法の一部を改正する法律（平成二十六年法律第六十六号）による改正前の第三十二条第三項の政令で定める審議会」と、同条第四項中「審議会等（内閣府設置法（平成十一年法律第八十九号）第三十七条若しくは第五十四条又は国家行政組織法（昭和二十三年法律第百二十号）第八条に規定する機関をいう。）で政令で定めるもの（以下「研究開発に関する審議会」という。）」とあるのは「独立行政法人通則法の一部を改正する法律（平成二十六年法律第六十六号）による改正前の第十二条第一項に規定する独立行政法人評価委員会」とする。

2　この法律による改正前の独立行政法人通則法（以下「旧法」という。）第三十二条第三項の政令で定める審議会は、前項の規定により読み替えてその例によるものとされた新法第二十八条の二第二項、第二十九条第三項又は第三十五条の四第三項の規定により意見を述べたときは、その内容を公表しなければならない。

3　第一項の規定により策定された指針、中期目標、中長期目標及び年度目標は、この法律の施行の日（以下「施行日」という。）において、それぞれ新法第二十八条の二第一項及び第二項の規定により策定された同条第一項の指針、新法第二十九条の規定により策定された同条第一項の中期目標、新法第三十五条の四第一項から第四項までの規定により策定された同条第一項の中長期目標並びに新法第三十五条の九の規定により策定された同条第一項の年度目標とみなす。

第三条　独立行政法人評価委員会の委員の任命権者（次項において単に「任命権者」という。）は、新法第二条第三項に規定する研究開発に関して高い識見を有する外国人（日本の国籍を有しない者をいう。次項及び第三項において同じ。）を、独立行政法人評価委員会の委員に任命することができる。

２　任命権者は、外国人である独立行政法人評価委員会の委員を、前条第一項の規定により読み替えてその例によるものとされた新法第三十五条の四第四項の規定により主務大臣に対して意見を述べる事務以外の事務に従事させてはならない。

３　第一項の場合において、外国人である独立行政法人評価委員会の委員は、独立行政法人評価委員会の会務を総理し、独立行政法人評価委員会を代表する者となることはできず、当該委員の数は、独立行政法人評価委員会の委員の総数の五分の一を超えてはならない。

（独立行政法人評価委員会の所掌事務に関する経過措置）

第四条　この法律の公布の日から施行日の前日までの間における旧法第十二条第二項第二号の規定の適用については、同号中「この法律又は個別法」とあるのは、「この法律、個別法又は独立行政法人通則法の一部を改正する法律（平成二十六年法律第六十六号）」とする。

（名称の使用制限に関する経過措置）

第五条　この法律の施行の際現にその名称中に国立研究開発法人という文字を用いている者については、新法第十条（国立研究開発法人（新法第二条第三項に規定する国立研究開発法人をいう。以下同じ。）に係る部分に限る。）の規定は、この法律の施行後六月間は、適用しない。

（監事及び会計監査人の職務及び権限並びに役員の報告義務に関する経過措置）

第六条　新法第十九条第四項、第五項、第七項及び第八項、第十九条の二、第二十一条の五、第三十九条第一項から第四項まで並びに第三十九条の二の規定は、施行日前に生じた事項にも適用する。

（役員の任期に関する経過措置）

第七条　この法律の施行の際現に独立行政法人（新法第二条第一項に規定する独立行政法人をいう。以下この項において同じ。）の長又は監事である者の任期（補欠の独立行政法人の長又は監事の任期を含む。）については、新法第二十一条、第二十一条の二又は第二十一条の三の規定にかかわらず、なお従前の例による。

２　施行日において中期目標管理法人（新法第二条第二項に規定する中期目標管理法人をいう。以下同じ。）の監事である者の任期につき前項の規定の適用がある場合には、施行日の翌日以後最初に任命される中期目標管理法人の監事（補欠の中期目標管理法人の監事を除く。）の任期に係る新法第二十一条第二項の規定の適用については、同項中「各中期目標の期間に対応して定めるものとし、任命の日から、当該対応する」とあるのは、「任命の日から、当該任命の日を含む当該中期目標管理法人の」とする。

３　施行日において国立研究開発法人の長である者の任期につき第一項の規定の適用がある場合には、施行日の翌日以後最初に任命される国立研究開発法人の長（補欠の国立研究開発法人の長を除く。）の任期に係る新法第二十一条の二第一項ただし書の規定の適用については、同項ただし書中「中長期目標の期間が六年又は七年の場合」とあるのは「独立行政法人通則法の一部を改正する法律（平成二十六年法律第六十六号）附則第七条第一項の規定の適用がある国立研究開発法人の長の任期（補欠の国立研究開発法人の長の任期を含む。）の末日の翌日（以下この項において「起算日」という。）から起算日を含む中長期目標の期間の末日までの期間（以下この項において「残期間」という。）が六年以上七年未満の場合」と、「中長期目標の期間の初日（以下この項及び次項において単に「初日」という。）」とあるのは「起算日」と、同項第一号中「中長期目標の期間」とあるのは「残期間」と、「初日」とあるのは「起算日」と、同項第二号中「中長期目標の期間が七年の場合」とあるのは「残期間が六年を超え七年未満の場合」と、「初日から三年又は四年を経過する日」とあるのは「起算日から四年を経過する日までの間に終了する最後の事業年度の末日」とする。

４　施行日において国立研究開発法人の監事である者の任期につき第一項の規定の適用がある場合には、施行日の翌日以後最初に任命される国立研究開発法人の監事（補欠の国立研究開発法人の監事を除く。）の任期に係る新法第二十一条の二第四項の規定の適用については、同項中「各国立研究開発法人の長の任期（補欠の国立研究開発法人の長の任期を含む。以下この項において同じ。）と対応するものとし、任命の日から、当該対応する」とあるのは、「任命の日における当該国立研究開発法人の長の任期」とあるのは、「任命の日における当該国立研究開発法人の長の任期（補欠の国立研究開発法人の長の任期を含む。）」とする。

５　施行日において行政執行法人（新法第二条第四項に規定する行政執行法人をいう。以下同じ。）の監事である者の任期につき第一項の規定の適用がある場合には、施行日の翌日以後最初に任命される行政執行法人の監事（補欠の行政執行法人の監事を除く。）の任期に係る新法第二十一条の三第二項の規定の適用については、同項中「各行政執行法人の長の任期（補欠の行政執行法人の長の任期を含む。以下この項において同じ。）と対応するものとし、任命の日から、当該対応する行政執行法人の長の任期」とあるのは、「任命の日から、当該任命の日における当該行政執行法人の長の任期（補欠の行政執行法人の長の任期を含む。）」とする。

（中期目標管理法人及び国立研究開発法人となる独立行政法人の中期目標等に関する経過措置）

第八条　この法律の施行の際現に主務大臣が旧法第二十九条第一項の規定により施行日において中期目標管理法人又は国立研究開発法人となる独立行政法人（旧法第二条第一項に規定する独立行政法人をいう。以下同じ。）に指示している旧法第二十九条第一項の中期目標は、主務大臣が新法第二十九条第一項の規定により指示した同項の中期目標又は新法第三十五条の四第一項の規定により指示した同項の中長期目標とみなす。

２　この法律の施行の際現に施行日において中期目標管理法人又は国立研究開発法人となる独立行政法人が旧法第三十条第一項の規定により認可を受けている同項の中期計画（附則第十条第二項において「旧中期計画」という。）は、新法第三十条第一項の認可を受けた同項の中期計画（附則第十条第二項において「新中期計画」という。）又は新法第三十五条の五第一項の認可を受けた同項の中長期計画（附則第十条第二項において「新中長期計画」という。）とみなす。

（行政執行法人となる独立行政法人の中期目標の期間に関する特例）

第九条　施行日前に定められた独立行政法人（施行日において行政執行法人となる独立行政法人に限る。）の中期目標の期間（旧法第二十九条第二項第一号に規定する中期目標の期間をいう。以下同じ。）であって、施行日以後に終わるものとされたものは、同号の規定にかかわらず、施行日の前日に終わるものとする。

（年度計画及び事業計画に関する経過措置）

第一〇条　次項に規定する場合を除き、施行日を含む事業年度に係る新法第三十一条第一項（新法第三十五条の八において読み替えて準用する場合を含む。）又は第三十五条の十第一項の規定の適用については、新法第三十一条第一項中「毎事業年度の開始前に、前条第一項の認可を受けた」とあるのは「独立行政法人通則法の一部を改正する法律（平成二十六年法律第六十六号）の施行の日以後最初の中期計画について前条第一項の認可を受けた後遅滞なく、その」と、新法第三十五条の八において読み替えて準用する第三十一条第一項中「毎事業年度の開始前に、第三十五条の五第一項の認可を受けた同項の」とあるのは「独立行政法人通則法の一部を改正する法律の施行の日以後最初の中長期計画（第三十五条の五第一項の中長期計画をいう。以下この項において同じ。）について同条第一項の認可を受けた後遅滞なく、その」と、新法第三十五条の十第一項中「各事業年度」とあるのは「独立行政法人通則法の一部を改正する法律の施行の日以後最初の事業年度」と、「当該事業年度の開始前に」とあるのは「遅滞なく」とする。

２　附則第八条第二項の規定により旧中期計画が新中期計画又は新中長期計画とみなされる場合における施行日を含む事業年度に係る新法第三十一条第一項（新法第三十五条の八において読み替えて準用する場合を含む。）の規定の適用については、同項中「毎事業年度の開始前に、前条第一項の認可を受けた」とあるのは「独立行政法人通則法の一部を改正する法律（平成二十六年法律第六十六号）の施行の日以後遅滞なく、同法附則第八条第二項の規定により前条第一項の認可を受けたとみなされる」と、新法第三十五条の八において読み替えて準用する第三十一条第一項中「毎事業年度の開始前に、第三十五条の五第一項の認可を受けた」とあるのは「独立行政法人通則法の一部を改正する法律の施行の日以後遅滞なく、同法附則第八条第二項の規定により第三十五条の五第一項の認可を受けたとみなされる」とする。

（業績評価等に関する経過措置）

第一一条　新法第三十二条の規定は、施行日において中期目標管理法人となった独立行政法人の施行日の前日に終了した事業年度及び中期目標の期間に係る業務の実績に関する評価についても適用する。

２　新法第三十五条の六第一項、第三項及び第五項から第九項までの規定は、施行日において国立研究開発法人となった独立行政法人の施行日の前日に終了した事業年度及び中期目標の期間に係る業務の実績に関する評価についても適用する。

３　新法第三十五条の十一第一項、第三項、第五項及び第六項の規定は、施行日において行政執行法人となった独立行政法人の施行日の前日に終了した事業年度に係る業務の実績に関する評価についても適用する。

４　新法第三十五条の十一第二項及び第四項から第七項までの規定は、施行日において行政執行法人となった独立行政法人の施行日の前日に終了した中期目標の期間に係る業務の実績に関する評価について準用する。この場合において、同条第二項中「三年以上五年以下の期間で主務省令で定める期間」とあるのは「独立行政法人通則法の一部を改正する法律（平成二十六年法律第六十六号）による改正前の第二十九条第二項第一号に規定する中期目標の期間」と、「当該期間における年度目標に定める業務運営の効率化に関する事項の実施状況」とあるのは「当該中期目標の期間における業務の実績」と、同条第四項中「事項の実施状況及び当該事項の実施状況」とあるのは「中期目標の期間における業務の実績及び当該業務の実績」と、同条第五項中「事項の実施状況」とあるのは「中期目標の期間における業務の実績」と読み替えるものとする。

5　前項の規定は、附則第九条の規定により、施行日前に定められた中期目標の期間が施行日の前日に終わることにより当該中期目標の期間が一年以下となる場合には、適用しない。

6　第四項において準用する新法第三十五条の十一第四項の規定による報告書の提出をせず、又は報告書に記載すべき事項を記載せず、若しくは虚偽の記載をして報告書を提出した場合には、その違反行為をした行政執行法人の役員は、二十万円以下の過料に処する。

第一二条　旧法第三十五条の規定は、施行日において行政執行法人となる独立行政法人の施行日の前日を含む中期目標の期間については、適用しない。

（秘密保持義務に関する経過措置）

第一三条　旧法第二条第二項に規定する特定独立行政法人の役員であった者に係る旧法第五十四条第一項の規定によるその職務上知ることのできた秘密を漏らしてはならない義務については、施行日以後も、なお従前の例による。

（罰則の適用に関する経過措置）

第一四条　この法律の施行前にした行為及び前条の規定によりなお従前の例によることとされる場合におけるこの法律の施行後にした行為に対する罰則の適用については、なお従前の例による。

（その他の経過措置の政令への委任）

第一五条　附則第二条から前条までに規定するもののほか、この法律の施行に関し必要な経過措置（罰則に関する経過措置を含む。）は、政令で定める。

【令和四年六月一七日法律第六八号未施行内容】

刑法等の一部を改正する法律の施行に伴う関係法律の整理等に関する法律

第一五〇条　次に掲げる法律の規定中「懲役」を「拘禁刑」に改める。

七　独立行政法人通則法（平成十一年法律第百三号）第六十九条及び第六十九条の二

附則

（施行期日）

1　この法律は、刑法等一部改正法施行日（令和七年六月一日――編注）から施行する。《略》

行政執行法人の労働関係に関する法律

昭和二三年一二月二〇日法律第二五七号
施行：昭和二四年六月一日
最終改正：令和三年六月一一日法律第六一号
施行：令和五年四月一日

第一章　総則

（目的及び関係者の義務）

第一条　この法律は、行政執行法人の職員の労働条件に関する苦情又は紛争の友好的かつ平和的調整を図るように団体交渉の慣行と手続とを確立することによつて、特定独立行政法人の正常な運営を最大限に確保し、もつて公共の福祉を増進し、擁護することを目的とする。

2　国家の経済と国民の福祉に対する行政執行法人の重要性に鑑み、この法律で定める手続に関与する関係者は、経済的紛争をできるだけ防止し、かつ、主張の不一致を友好的に調整するために、最大限の努力を尽くさなければならない。

（定義）

第二条　この法律において、次の各号に掲げる用語の意義は、当該各号に定めるところによる。

一　行政執行法人　独立行政法人通則法（平成十一年法律第百三号）第二条第四項に規定する特定独立行政法人をいう。

二　職員　行政執行法人に勤務する一般職に属する国家公務員をいう。

（労働組合法との関係等）

第三条　職員に関する労働関係については、この法律の定めるところにより、この法律に定めのないものについては、労働組合法（昭和二十四年法律第百七十四号。第五条第二項第八号、第七条第一号ただし書、第八条、第十八条、第二十四条の二第一項及び第二項、第二十七条の十三第二項、第二十八条、第三十一条並びに第三十二条の規定を除く。）の定めるところによる。この場合において、同法第六条中「労働組合の代表者又は労働組合の委任を受けた者」とあり、及び同法第七条第二号中「使用者が雇用する労働者の代表者」とあるのは「労働組合を代表する交渉委員」と、同条第四号中「労働関係調整法（昭和二十一年法律第二十五号）による労働争議の調整」とあるのは「行政執行法人の労働関係に関する法律による紛争の調整」と読み替えるものとする。

2　中央労働委員会（以下「委員会」という。）は、職員に関する労働関係について労働組合法第二十四条第一項に規定する事件の処理をする場合には、会長及び第二十五条の規定に基づき公益を代表する委員のうちから会長があらかじめ指名した四人の委員全員により構成する審査委員会を設けて事件の処理を行わせ、当該審査委員会のした処分をもつて委員会の処分とすることができる。ただし、事件が重要と認められる場合その他審査委員会が処分をすることが適当でないと認められる場合は、この限りでない。

3　前項の審査委員会に関する事項その他同項の適用に関し必要な事項は、政令で定める。

第二章　労働組合

（職員の団結権）

第四条　職員は、労働組合を結成し、若しくは結成せず、又はこれに加入し、若しくは加入しないことができる。

2　委員会は、職員が結成し、又は加入する労働組合（以下「組合」という。）について、職員のうち労働組合法第二条第一号に規定する者の範囲を認定して告示するものとする。

3　前項の規定による委員会の事務の処理には、委員会の公益を代表する委員のみが参与する。

4　行政執行法人は、職を新設し、変更し、又は廃止したときは、速やかにその旨を委員会に通知しなければならない。

5　前条第二項及び第三項の規定は、第三項に規定する事務の処理について準用する。

第五条及び第六条　削除

（組合のための職員の行為の制限）

第七条　職員は、組合の業務に専ら従事することができない。ただし、行政執行法人の許可を受けて、組合の役員として専ら従事する場合は、この限りでない。

2　前項ただし書の許可は、行政執行法人が相当と認める場合に与えることができるものとし、これを与える場合においては、特定独立行政法人は、その許可の有効期間を定めるものとする。

3　第一項ただし書の規定により組合の役員として専ら従事する期間は、職員としての在職期間を通じて五年（その職員が国家公務員法（昭和二十二年法律第百二十号）第百八条の六第一項ただし書の規定により職員団体の業務に専ら従事したことがある者であるときは、五年からその専ら従事した期間を控除した期間）を超えることができない。

4　第一項ただし書の許可は、当該許可を受けた職員が組合の役員として当該組合の業務にもつぱら従事する者でなくなつたときは、取り消されるものとする。

5　第一項ただし書の許可を受けた職員は、その許可が効力を有する間は、休職者とし、いかなる給与も支給されないものとする。

第三章　団体交渉等

（団体交渉の範囲）

第八条　第十一条及び第十二条第二項に規定するもののほか、職員に関する次に掲げる事項は、団体交渉の対象とし、これに関し労働協約を締結することができる。ただし、行政執行法人の管理及び運営に関する事項は、団体交渉の対象とすることができない。

一　賃金その他の給与、労働時間、休憩、休日及び休暇に関する事項

二　昇職、降職、転職、免職、休職、先任権及び懲戒の基準に関する事項

三　労働に関する安全、衛生及び災害補償に関する事項

四　前三号に掲げるもののほか、労働条件に関する事項

（交渉委員等）

第九条　行政執行法人と組合との団体交渉は、専ら、行政執行法人を代表する交渉委員と組合を代表する交渉委員とにより行う。

第一〇条　行政執行法人を代表する交渉委員は当該行政執行法人が、組合を代表する交渉委員は当該組合が指名する。

2　行政執行法人及び組合は、交渉委員を指名したときは、その名簿を相手方に提示しなければならない。

第一一条　前二条に定めるもののほか、交渉委員の数、交渉委員の任期その他団体交渉の手続に関し必要な事項は、団体交渉で定める。

（苦情処理）

第一二条　行政執行法人及び組合は、職員の苦情を適当に解決するため、行政執行法人等を代表する者及び職員を代表する者各同数をもつて構成する苦情処理共同調整会議を設けなければならない。

2　苦情処理共同調整会議の組織その他苦情処理に関する事項は、団体交渉で定める。

第一三条から第一六条まで　削除

第四章　争議行為

（争議行為の禁止）

第一七条　職員及び組合は、行政執行法人に対して同盟罷業、怠業、その他業務の正常な運営を阻害する一切の行為をすることができない。また、職員並びに組合の組合員及び役員は、このような禁止された行為を共謀し、唆し、又はあおつてはならない。

2　行政執行法人は、作業所閉鎖をしてはならない。

（第一七条に違反した職員の身分）

第一八条　前条の規定に違反する行為をした職員は、解雇されるものとする。

（不当労働行為の申立て等）

第一九条　前条の規定による解雇に係る労働組合法第二十七条第一項の申立てがあつた場合において、当該申立てが当該解雇がされた日から二月を経過した後にされたものであるときは、委員会は、同条第二項の規定にかかわらず、これを受けることができない。

2　前条の規定による解雇に係る労働組合法第二十七条第一項の申立てを受けたときは、委員会は、当該申立ての日から二月以内に同法第二十七条の十二第一項の命令を発するようにしなければならない。

第五章　削除

第二〇条から第二四条まで　削除

第六章　あつせん、調停及び仲裁

（行政執行法人担当委員）

第二五条　委員会が次条第一項、第二十七条第三号及び第四号並びに第三十三条第四号の委員会の決議、次条第二項及び第二十九条第四項の委員会の同意その他政令で定める委員会の事務を処理する場合には、これらの事務の処理には、公益を代表する委員のうち会長があらかじめ指名する四人の委員及び会長（次条第二項、第二十九条第二項及び第三十四条第二項において「行政執行法人担当公益委員」という。）、労働組合法第十九条の三第二項に規定する行政執行法人の推薦に基づき任命された同項に規定する四人の委員（次条第二項及び第二十九条第二項において「行政執行法人担当使用者委員」という。）並びに同法第十九条の三第二項に規定する行政執行法人職員が結成し、又は加入する労働組合の推薦に基づき任命された同項に規定する四人の委員（次条第二項及び第二十九条第二項において「行政執行法人担当労働者委員」という。）のみが参与する。この場合において、委員会の事務の処理に関し必要な事項は、政令で定める。

（あつせん）

第二六条　委員会は、行政執行法人とその職員との間に発生した紛争について、関係当事者の双方若しくは一方の申請又は委員会の決議により、あつせんを行うことができる。

2　前項のあつせんは、委員会の会長が行政執行法人担当公益委員、行政執行法人担当使用者委員若しくは行政執行法人担当労働者委員若しくは第二十九条第四項の調停委員候補者名簿に記載されている者のうちから指名するあつせん員又は委員会の同意を得て委員会の会長が委嘱するあつせん員によつて行う。

3　労働組合法第十九条の十第一項に規定する地方において中央労働委員会が処理すべき事件として政令で定めるものについては、委員会の会長は、前項の規定にかかわらず、同条第一項に規定する地方調整委員のうちから、あつせん員を指名する。ただし、委員会の会長が当該地方調整委員のうちからあつせん員を指名することが適当でないと認める場合は、この限りでない。

4　あつせん員（委員会の委員又は労働組合法第十九条の十第一項に規定する地方調整委員である者を除く。次項において同じ。）は、政令で定めるところにより、報酬及びその職務を行うために要する費用の弁償を受けることができる。

5　あつせん員又はあつせん員であつた者は、その職務に関して知ることができた秘密を漏らしてはならない。

6　労働関係調整法（昭和二十一年法律第二十五号）第十三条及び第十四条の規定は、第一項のあつせんについて準用する。

（調停の開始）

第二七条　委員会は、次の場合に調停を行う。

一　関係当事者の双方が委員会に調停の申請をし

たとき。

二　関係当事者の一方が労働協約の定に基いて委員会に調停の申請をしたとき。

三　関係当事者の一方の申請により、委員会が調停を行う必要があると決議したとき。

四　委員会が職権に基き、調停を行う必要があると決議したとき。

五　主務大臣が委員会に調停の請求をしたとき。

（委員会による調停）

第二八条　委員会による調停は、当該事件について設ける調停委員会によつて行う。

（調停委員会）

第二九条　調停委員会は、公益を代表する調停委員、行政執行法人を代表する調停委員及び職員を代表する調停委員各三人以内で組織する。ただし、特定独立行政法人を代表する調停委員と職員を代表する調停委員とは、同数でなければならない。

2　公益を代表する調停委員は行政執行法人担当公益委員のうちから、行政執行法人を代表する調停委員は行政執行法人担当使用者委員のうちから、職員を代表する調停委員は行政執行法人担当労働者委員のうちから、委員会の会長が指名する。

3　労働組合法第十九条の十第一項に規定する地方において中央労働委員会が処理すべき事件として政令で定めるものについては、委員会の会長は、前項の規定にかかわらず、同条第一項に規定する地方調整委員のうちから、調停委員を指名する。ただし、委員会の会長が当該地方調整委員のうちから調停委員を指名することが適当でないと認める場合は、この限りでない。

4　委員会の会長は、必要があると認めるときは、前二項の規定にかかわらず、厚生労働大臣があらかじめ委員会の同意を得て作成した調停委員候補者名簿に記載されている者のうちから、調停委員を委嘱することができる。

5　前項の規定による調停委員は、政令で定めるところにより、報酬及びその職務を行うために要する費用の弁償を受けることができる。

第三〇条　削除

（報告及び指示）

第三一条　委員会は、調停委員会に、その行う事務に関し報告をさせ、又は必要な指示をすることができる。

（調停に関する準用規定）

第三二条　労働関係調整法第二十二条から第二十五条まで、第二十六条第一項から第三項まで及び第四十三条の規定は、調停委員会及び調停について準用する。

（仲裁の開始）

第三三条　委員会は、次の場合に仲裁を行う。

一　関係当事者の双方が委員会に仲裁の申請をしたとき。

二　関係当事者の一方が労働協約の定に基いて委員会に仲裁の申請をしたとき。

三　委員会があつせん又は調停を開始した後二月を経過して、なお紛争が解決しない場合において、関係当事者の一方が委員会に仲裁の申請をしたとき。

四　委員会が、あつせん又は調停を行つている事件について、仲裁を行う必要があると決議したとき。

五　主務大臣が委員会に仲裁の請求をしたとき。

（仲裁委員会）

第三四条　委員会による仲裁は、当該事件について設ける仲裁委員会によつて行う。

2　仲裁委員会は、行政執行法人担当公益委員の全員をもつて充てる仲裁委員又は委員会の会長が行政執行法人担当公益委員のうちから指名する三人の仲裁委員で組織する。

3　労働関係調整法第三十一条の三から第三十四条まで及び第四十三条の規定は、仲裁委員会、仲裁及び裁定について準用する。この場合において、同法第三十一条の五中「委員又は特別調整委員」とあるのは、「委員」と読み替えるものとする。

（委員会の裁定）

第三五条　行政執行法人とその職員との間に発生した紛争に係る委員会の裁定に対しては、当事者は、双方とも最終的決定としてこれに服従しなければならない。

2　政府は、行政執行法人がその職員との間に発生した紛争に係る委員会の裁定を実施した結果、その事務及び事業の実施に著しい支障が生ずることのないように、できる限り努力しなければならない。

第七章　雑則

（主務大臣）

第三六条　第二十七条第五号及び第三十三条第五号に規定する主務大臣は、厚生労働大臣及び行政執行法人を所管する大臣（当該調停又は仲裁に係る行政執行法人を所管する大臣に限る。）とする。

（他の法律の適用除外）

第三七条　次に掲げる法律の規定は、職員については、適用しない。

一　国家公務員法第三条第二項から第四項まで、第十七条、第十七条の二、第十九条、第二十条、第二十二条、第二十三条、第七十一条、第七十三条、第七十七条、第八十四条第二項、第八十四条の二、第八十六条から第八十八条まで、第九十六条第二項、第九十八条第二項及び第三項、第百条第四項、第百八条の二から第百八条の七まで及び附則第六条の規定

二　国家公務員法の一部を改正する法律（昭和二十三年法律第二百二十二号）附則第三条の規定

2　前項の規定は、職員に関し、その職務と責任の特殊性に基づいて、国家公務員法附則第四条に定める同法の特例を定めたものである。

3　行政執行法人及び職員に係る処分又はその不作為であつて第三条第一項の規定により読み替えられた労働組合法第七条各号に該当するものについては、審査請求をすることができない。

附則（抄）

3　第七条の規定の適用については、行政執行法人の運営の実態に鑑み、労働関係の適正化を促進し、もつて行政執行法人等の効率的な運営に資するため、当分の間、同条第三項中「五年」とあるのは、「七年以下の範囲内で労働協約で定める期間」とする。

地方公務員法

昭和二五年一二月一三日法律第二六一号

施行：附則参照

最終改正：令和六年一二月二五日法律第七二号

施行：附則参照

第一章　総則

（この法律の目的）

第一条　この法律は、地方公共団体の人事機関並びに地方公務員の任用、人事評価、給与、勤務時間その他の勤務条件、休業、分限及び懲戒、服務、退職管理、研修、福祉及び利益の保護並びに団体等人事行政に関する根本基準を確立することにより、地方公共団体の行政の民主的かつ能率的な運営並びに特定地方独立行政法人の事務及び事業の確実な実施を保障し、もつて地方自治の本旨の実現に資することを目的とする。

（この法律の効力）

第二条　地方公務員（地方公共団体のすべての公務員をいう。）に関する従前の法令又は条例、地方公共団体の規則若しくは地方公共団体の機関の定める規程の規定がこの法律の規定に抵触する場合には、この法律の規定が、優先する。

（一般職に属する地方公務員及び特別職に属する地方公務員）

第三条　地方公務員（地方公共団体及び特定地方独立行政法人（地方独立行政法人法（平成十五年法律第百十八号）第二条第二項に規定する特定地方独立行政法人をいう。以下同じ。）の全ての公務員をいう。以下同じ。）の職は、一般職と特別職とに分ける。

2　一般職は、特別職に属する職以外の一切の職とする。

3　特別職は、次に掲げる職とする。

一　就任について公選又は地方公共団体の議会の選挙、議決若しくは同意によることを必要とする職

一の二　地方開発事業団の理事長、理事及び監事の職

一の三　地方公営企業の管理者及び企業団の企業長の職

二　法令又は条例、地方公共団体の規則若しくは地方公共団体の機関の定める規程により設けられた委員及び委員会（審議会その他これに準ずるものを含む。）の構成員の職で臨時又は非常勤のもの

二の二　都道府県労働委員会の委員の職で常勤のもの

三　臨時又は非常勤の顧問、参与、調査員、嘱託員及びこれらの者に準ずる者の職（専門的な知識経験又は識見を有する者が就く職であつて、当該知識経験又は識見に基づき、助言、調査、診断その他総務省令で定める事務を行うものに限る。）

三の二　投票管理者、開票管理者、選挙長、選挙分会長、審査分会長、国民投票分会長、投票立会人、開票立会人、選挙立会人、審査分会立会人、国民投票分会立会人その他総務省令で定める者の職

四　地方公共団体の長、議会の議長その他地方公共団体の機関の長の秘書の職で条例で指定する

もの

五　非常勤の消防団員及び水防団員の職

六　特定地方独立行政法人の役員

（この法律の適用を受ける地方公務員）

第四条　この法律の規定は、一般職に属するすべての地方公務員（以下「職員」という。）に適用する。

2　この法律の規定は、法律に特別の定がある場合を除く外、特別職に属する地方公務員には適用しない。

（人事委員会及び公平委員会並びに職員に関する条例の制定）

第五条　地方公共団体は、法律に特別の定がある場合を除く外、この法律に定める根本基準に従い、条例で、人事委員会又は公平委員会の設置、職員に適用される基準の実施その他職員に関する事項について必要な規定を定めるものとする。但し、その条例は、この法律の精神に反するものであつてはならない。

2　第七条第一項又は第二項の規定により人事委員会を置く地方公共団体においては、前項の条例を制定し、又は改廃しようとするときは、当該地方公共団体の議会において、人事委員会の意見を聞かなければならない。

第二章　人事機関

（任命権者）

第六条　地方公共団体の長、議会の議長、選挙管理委員会、代表監査委員、教育委員会、人事委員会及び公平委員会並びに警視総監、道府県警察本部長、市町村の消防長（特別区が連合して維持する消防の消防長を含む。）その他法令又は条例に基づく任命権者は、法律に特別の定めがある場合を除くほか、この法律並びにこれに基づく条例、地方公共団体の規則及び地方公共団体の機関の定める規程に従い、それぞれ職員の任命、人事評価（任用、給与、分限その他の人事管理の基礎とするために、職員がその職務を遂行するに当たり発揮した能力及び挙げた業績を把握した上で行われる勤務成績の評価をいう。以下同じ。）、休職、免職及び懲戒等を行う権限を有するものとする。

2　前項の任命権者は、同項に規定する権限の一部をその補助機関たる上級の地方公務員に委任することができる。

（人事委員会又は公平委員会の設置）

第七条　都道府県及び地方自治法（昭和二十二年法律第六十七号）第二百五十二条の十九第一項の指定都市は、条例で人事委員会を置くものとする。

2　前項の指定都市以外の市で人口（官報で公示された最近の国勢調査又はこれに準ずる人口調査の結果による人口をいう。以下同じ。）十五万以上のもの及び特別区は、条例で人事委員会又は公平委員会を置くものとする。

3　人口十五万未満の市、町、村及び地方公共団体の組合は、条例で公平委員会を置くものとする。

4　公平委員会を置く地方公共団体は、議会の議決を経て定める規約により、公平委員会を置く他の地方公共団体と共同して公平委員会を置き、又は他の地方公共団体の人事委員会に委託して次条第二項に規定する公平委員会の事務を処理させることができる。

（人事委員会又は公平委員会の権限）

第八条　人事委員会は、次に掲げる事務を処理する。

一　人事行政に関する事項について調査し、人事記録に関することを管理し、及びその他人事に関する統計報告を作成すること。

二　人事評価、給与、勤務時間その他の勤務条件、研修、厚生福利制度その他職員に関する制度について絶えず研究を行い、その成果を地方公共団体の議会若しくは長又は任命権者に提出すること。

三　人事機関及び職員に関する条例の制定又は改廃に関し、地方公共団体の議会及び長に意見を申し出ること。

四　人事行政の運営に関し、任命権者に勧告すること。

五　給与、勤務時間その他の勤務条件に関し講ずべき措置について地方公共団体の議会及び長に勧告すること。

六　職員の競争試験及び選考並びにこれらに関する事務を行うこと。

七　削除

八　職員の給与がこの法律及びこれに基く条例に適合して行われることを確保するため必要な範囲において、職員に対する給与の支払を監理すること。

九　職員の給与、勤務時間その他の勤務条件に関する措置の要求を審査し、判定し、及び必要な措置を執ること。

十　職員に対する不利益な処分についての審査請求に対する裁決をすること。

十一　前二号に掲げるものを除くほか、職員の苦情を処理すること。

十二　前各号に掲げるものを除く外、法律又は条例に基きその権限に属せしめられた事務

2　公平委員会は、次に掲げる事務を処理する。

一　職員の給与、勤務時間その他の勤務条件に関

する措置の要求を審査し、判定し、及び必要な措置を執ること。

二　職員に対する不利益な処分についての審査請求に対する裁決をすること。

三　前二号に掲げるものを除くほか、職員の苦情を処理すること。

四　前三号に掲げるものを除くほか、法律に基づきその権限に属せしめられた事務

3　人事委員会は、第一項第一号、第二号、第六号、第八号及び第十二号に掲げる事務で人事委員会規則で定めるものを当該地方公共団体の他の機関又は人事委員会の事務局長に委任することができる。

4　人事委員会又は公平委員会は、第一項第十一号又は第二項第三号に掲げる事務を委員又は事務局長に委任することができる。

5　人事委員会又は公平委員会は、法律又は条例に基づきその権限に属せしめられた事務に関し、人事委員会規則又は公平委員会規則を制定することができる。

6　人事委員会又は公平委員会は、法律又は条例に基くその権限の行使に関し必要があるときは、証人を喚問し、又は書類若しくはその写の提出を求めることができる。

7　人事委員会又は公平委員会は、人事行政に関する技術的及び専門的な知識、資料その他の便宜の授受のため、国若しくは他の地方公共団体の機関又は特定地方独立行政法人との間に協定を結ぶことができる。

8　第一項第九号及び第十号又は第二項第一号及び第二号の規定により人事委員会又は公平委員会に属せしめられた権限に基く人事委員会又は公平委員会の決定（判定を含む。）及び処分は、人事委員会規則又は公平委員会規則で定める手続により、人事委員会又は公平委員会によつてのみ審査される。

9　前項の規定は、法律問題につき裁判所に出訴する権利に影響を及ぼすものではない。

（抗告訴訟の取扱い）

第八条の二　人事委員会又は公平委員会は、人事委員会又は公平委員会の行政事件訴訟法（昭和三十七年法律第百三十九号）第三条第二項に規定する処分又は同条第三項に規定する裁決に係る同法第十一条第一項（同法第三十八条第一項において準用する場合を含む。）の規定による地方公共団体を被告とする訴訟について、当該地方公共団体を代表する。

（公平委員会の権限の特例等）

第九条　公平委員会を置く地方公共団体は、条例で定めるところにより、公平委員会が、第八条第二項各号に掲げる事務のほか、職員の競争試験及び選考並びにこれらに関する事務を行うこととすることができる。

2　前項の規定により同項に規定する事務を行うこととされた公平委員会（以下「競争試験等を行う公平委員会」という。）を置く地方公共団体に対する第七条第四項の規定の適用については、同項中「公平委員会を置く地方公共団体」とあるのは「競争試験等を行う公平委員会（第九条第二項に規定する競争試験等を行う公平委員会をいう。以下この項において同じ。）を置く地方公共団体」と、「、公平委員会」とあるのは「、競争試験等を行う公平委員会」と、「公平委員会を置き、又は他の地方公共団体の人事委員会に委託して次条第二項に規定する公平委員会の事務を処理させる」とあるのは「競争試験等を行う公平委員会を置く」とする。

3　競争試験等を行う公平委員会は、第一項に規定する事務で公平委員会規則で定めるものを当該地方公共団体の他の機関又は競争試験等を行う公平委員会の事務局長に委任することができる。

（人事委員会又は公平委員会の委員）

第九条の二　人事委員会又は公平委員会は、三人の委員をもつて組織する。

2　委員は、人格が高潔で、地方自治の本旨及び民主的で能率的な事務の処理に理解があり、かつ、人事行政に関し識見を有する者のうちから、議会の同意を得て、地方公共団体の長が選任する。

3　第十六条第一号、第二号若しくは第四号のいずれかに該当する者又は第六十条から第六十三条までに規定する罪を犯し、刑に処せられた者は、委員となることができない。

4　委員の選任については、そのうちの二人が、同一の政党に属する者となることとなつてはならない。

5　委員のうち二人以上が同一の政党に属することとなつた場合には、これらの者のうち一人を除く他の者は、地方公共団体の長が議会の同意を得て罷免するものとする。ただし、政党所属関係について異動のなかつた者を罷免することはできない。

6　地方公共団体の長は、委員が心身の故障のため職務の遂行に堪えないと認めるとき、又は委員に職務上の義務違反その他委員たるに適しない非行があると認めるときは、議会の同意を得て、これを罷免することができる。この場合においては、議会の常任委員会又は特別委員会において公聴会

を開かなければならない。

7　委員は、前二項の規定による場合を除くほか、その意に反して罷免されることがない。

8　委員は、第十六条第一号、第三号、又は第四号のいずれかに該当するに至つたときは、その職を失う。

9　委員は、地方公共団体の議会の議員及び当該地方公共団体の地方公務員（第七条第四項の規定により公平委員会の事務の処理の委託を受けた地方公共団体の人事委員会の委員については、他の地方公共団体に公平委員会の事務の処理を委託した地方公共団体の地方公務員を含む。）の職（執行機関の附属機関の委員その他の構成員の職を除く。）を兼ねることができない。

10　委員の任期は、四年とする。ただし、補欠委員の任期は、前任者の残任期間とする。

11　人事委員会の委員は、常勤又は非常勤とし、公平委員会の委員は、非常勤とする。

12　第三十条から第三十八条までの規定は常勤の人事委員会の委員の服務について、第三十条から第三十四条まで、第三十六条及び第三十七条の規定は、非常勤の人事委員会の委員及び公平委員会の委員の服務について、それぞれ準用する。

（人事委員会又は公平委員会の委員長）

第一〇条　人事委員会又は公平委員会は、委員のうちから委員長を選挙しなければならない。

2　委員長は、委員会に関する事務を処理し、委員会を代表する。

3　委員長に事故があるとき、又は委員長が欠けたときは、委員長の指定する委員が、その職務を代理する。

（人事委員会又は公平委員会の議事）

第一一条　人事委員会又は公平委員会は、三人の委員が出席しなければ会議を開くことができない。

2　人事委員会又は公平委員会は、会議を開かなければ公務の運営又は職員の福祉若しくは利益の保護に著しい支障が生ずると認められる十分な理由があるときは、前項の規定にかかわらず、二人の委員が出席すれば会議を開くことができる。

3　人事委員会又は公平委員会の議事は、出席委員の過半数で決する。

4　人事委員会又は公平委員会の議事は、議事録として記録して置かなければならない。

5　前各項に定めるものを除くほか、人事委員会又は公平委員会の議事に関し必要な事項は、人事委員会又は公平委員会が定める。

（人事委員会及び公平委員会の事務局又は事務職員）

第一二条　人事委員会に事務局を置き、事務局に事務局長その他の事務職員を置く。

2　人事委員会は、第九条の二第九項の規定にかかわらず、委員に事務局長の職を兼ねさせることができる。

3　事務局長は、人事委員会の指揮監督を受け、事務局の局務を掌理する。

4　第七条第二項の規定により人事委員会を置く地方公共団体は、第一項の規定にかかわらず、事務局を置かないで事務職員を置くことができる。

5　公平委員会に、事務職員を置く。

6　競争試験等を行う公平委員会を置く地方公共団体は、前項の規定にかかわらず、事務局を置き、事務局に事務局長その他の事務職員を置くことができる。

7　第一項及び第四項又は前二項の事務職員は、人事委員会又は公平委員会がそれぞれ任免する。

8　第一項の事務局の組織は、人事委員会が定める。

9　第一項及び第四項から第六項までの事務職員の定数は、条例で定める。

10　第二項及び第三項の規定は第六項の事務局長について、第八項の規定は第六項の事務局について準用する。この場合において、第二項及び第三項中「人事委員会」とあるのは「競争試験等を行う公平委員会」と、第八項中「第一項の事務局」とあるのは「第六項の事務局」と、「人事委員会」とあるのは「競争試験等を行う公平委員会」と読み替えるものとする。

第三章　職員に適用される基準

第一節　通則

（平等取扱いの原則）

第一三条　全て国民は、この法律の適用について、平等に取り扱われなければならず、人種、信条、性別、社会的身分若しくは門地によつて、又は第十六条第四号に該当する場合を除くほか、政治的意見若しくは政治的所属関係によつて、差別されてはならない。

（情勢適応の原則）

第一四条　地方公共団体は、この法律に基いて定められた給与、勤務時間その他の勤務条件が社会一般の情勢に適応するように、随時、適当な措置を講じなければならない。

2　人事委員会は、随時、前項の規定により講ずべき措置について地方公共団体の議会及び長に勧告することができる。

第二節　任用

（任用の根本基準）
第一五条　職員の任用は、この法律の定めるところにより、受験成績、人事評価その他の能力の実証に基づいて行わなければならない。

（定義）
第一五条の二　この法律において、次の各号に掲げる用語の意義は、当該各号に定めるところによる。
一　採用　職員以外の者を職員の職に任命すること（臨時的任用を除く。）をいう。
二　昇任　職員をその職員が現に任命されている職より上位の職制上の段階に属する職員の職に任命することをいう。
三　降任　職員をその職員が現に任命されている職より下位の職制上の段階に属する職員の職に任命することをいう。
四　転任　職員をその職員が現に任命されている職以外の職員の職に任命することであつて前二号に定めるものに該当しないものをいう。
五　標準職務遂行能力　職制上の段階の標準的な職（職員の職に限る。以下同じ。）の職務を遂行する上で発揮することが求められる能力として任命権者が定めるものをいう。
2　前項第五号の標準的な職は、職制上の段階及び職務の種類に応じ、任命権者が定める。
3　地方公共団体の長及び議会の議長以外の任命権者は、標準職務遂行能力及び第一項第五号の標準的な職を定めようとするときは、あらかじめ、地方公共団体の長に協議しなければならない。

（欠格条項）
第一六条　次の各号のいずれかに該当する者は、条例で定める場合を除くほか、職員となり、又は競争試験若しくは選考を受けることができない。
一　禁錮以上の刑に処せられ、その執行を終わるまで又はその執行を受けることがなくなるまでの者
二　当該地方公共団体において懲戒免職の処分を受け、当該処分の日から二年を経過しない者
三　人事委員会又は公平委員会の委員の職にあつて、第六十条から第六十三条までに規定する罪を犯し、刑に処せられた者
四　日本国憲法施行の日以後において、日本国憲法又はその下に成立した政府を暴力で破壊することを主張する政党その他の団体を結成し、又はこれに加入した者

（任命の方法）
第一七条　職員の職に欠員を生じた場合においては、任命権者は、採用、昇任、降任又は転任のいずれかの方法により、職員を任命することができる。
2　人事委員会（競争試験等を行う公平委員会を含む。以下この節において同じ。）を置く地方公共団体においては、人事委員会は、前項の任命の方法のうちのいずれによるべきかについての一般的基準を定めることができる。

（採用の方法）
第一七条の二　人事委員会を置く地方公共団体においては、職員の採用は、競争試験によるものとする。ただし、人事委員会規則（競争試験等を行う公平委員会を置く地方公共団体においては、公平委員会規則。以下この節において同じ。）で定める場合には、選考（競争試験以外の能力の実証に基づく試験をいう。以下同じ。）によることを妨げない。
2　人事委員会を置かない地方公共団体においては、職員の採用は、競争試験又は選考によるものとする。
3　人事委員会（人事委員会を置かない地方公共団体においては、任命権者とする。以下この節において「人事委員会等」という。）は、正式任用になつてある職に就いていた職員が、職制若しくは定数の改廃又は予算の減少に基づく廃職又は過員によりその職を離れた後において、再びその職に復する場合における資格要件、採用手続及び採用の際における身分に関し必要な事項を定めることができる。

（試験機関）
第一八条　採用のための競争試験（以下「採用試験」という。）又は選考は、人事委員会等が行うものとする。ただし、人事委員会等は、他の地方公共団体の機関との協定によりこれと共同して、又は国若しくは他の地方公共団体の機関との協定によりこれらの機関に委託して、採用試験又は選考を行うことができる。

（採用試験の公開平等）
第一八条の二　採用試験は、人事委員会等の定める受験の資格を有する全ての国民に対して平等の条件で公開されなければならない。

（受験の阻害及び情報提供の禁止）
第一八条の三　試験機関に属する者その他職員は、受験を阻害し、又は受験に不当な影響を与える目的をもつて特別若しくは秘密の情報を提供してはならない。

（受験の資格要件）
第一九条　人事委員会等は、受験者に必要な資格として職務の遂行上必要であつて最少かつ適当な限度の客観的かつ画一的な要件を定めるものとする。

（採用試験の目的及び方法）

第二〇条　採用試験は、受験者が、当該採用試験に係る職の属する職制上の段階の標準的な職に係る標準職務遂行能力及び当該採用試験に係る職についての適性を有するかどうかを正確に判定することをもつてその目的とする。

2　採用試験は、筆記試験その他の人事委員会等が定める方法により行うものとする。

（採用候補者名簿の作成及びこれによる採用）

第二一条　人事委員会を置く地方公共団体における採用試験による職員の採用については、人事委員会は、試験ごとに採用候補者名簿を作成するものとする。

2　採用候補者名簿には、採用試験において合格点以上を得た者の氏名及び得点を記載するものとする。

3　採用候補者名簿による職員の採用は、任命権者が、人事委員会の提示する当該名簿に記載された者の中から行うものとする。

4　採用候補者名簿に記載された者の数が採用すべき者の数よりも少ない場合その他の人事委員会規則で定める場合には、人事委員会は、他の最も適当な採用候補者名簿又は昇任候補者名簿に記載された者を加えて提示することを妨げない。

5　前各項に定めるものを除くほか、採用候補者名簿の作成及びこれによる採用の方法に関し必要な事項は、人事委員会規則で定めなければならない。

（選考による採用）

第二一条の二　選考は、当該選考に係る職の属する職制上の段階の標準的な職に係る標準職務遂行能力及び当該選考に係る職についての適性を有するかどうかを正確に判定することをもつてその目的とする。

2　選考による職員の採用は、任命権者が、人事委員会等の行う選考に合格した者の中から行うものとする。

3　人事委員会等は、その定める職員の職について前条第一項に規定する採用候補者名簿がなく、かつ、人事行政の運営上必要であると認める場合においては、その職の採用試験又は選考に相当する国又は他の地方公共団体の採用試験又は選考に合格した者を、その職の選考に合格した者とみなすことができる。

（昇任の方法）

第二一条の三　職員の昇任は、任命権者が、職員の受験成績、人事評価その他の能力の実証に基づき、任命しようとする職の属する職制上の段階の標準的な職に係る標準職務遂行能力及び当該任命しようとする職についての適性を有すると認められる者の中から行うものとする。

（昇任試験又は選考の実施）

第二一条の四　任命権者が職員を人事委員会規則で定める職（人事委員会を置かない地方公共団体においては、任命権者が定める職）に昇任させる場合には、当該職について昇任のための競争試験（以下「昇任試験」という。）又は選考が行われなければならない。

2　人事委員会は、前項の人事委員会規則を定めようとするときは、あらかじめ、任命権者の意見を聴くものとする。

3　昇任試験は、人事委員会等の指定する職に正式に任用された職員に限り、受験することができる。

4　第十八条から第二十一条までの規定は、第一項の規定による職員の昇任試験を実施する場合について準用する。この場合において、第十八条の二中「定める受験の資格を有する全ての国民」とあるのは「指定する職に正式に任用された全ての職員」と、第二十一条中「職員の採用」とあるのは「職員の昇任」と、「採用候補者名簿」とあるのは「昇任候補者名簿」と、同条第四項中「採用すべき」とあるのは「昇任させるべき」と、同条第五項中「採用の方法」とあるのは「昇任の方法」と読み替えるものとする。

5　第十八条並びに第二十一条の二第一項及び第二項の規定は、第一項の規定による職員の昇任のための選考を実施する場合について準用する。この場合において、同条第二項中「職員の採用」とあるのは、「職員の昇任」と読み替えるものとする。

（降任及び転任の方法）

第二一条の五　任命権者は、職員を降任させる場合には、当該職員の人事評価その他の能力の実証に基づき、任命しようとする職の属する職制上の段階の標準的な職に係る標準職務遂行能力及び当該任命しようとする職についての適性を有すると認められる職に任命するものとする。

2　職員の転任は、任命権者が、職員の人事評価その他の能力の実証に基づき、任命しようとする職の属する職制上の段階の標準的な職に係る標準職務遂行能力及び当該任命しようとする職についての適性を有すると認められる者の中から行うものとする。

（条件付採用）

第二二条　職員の採用は、全て条件付のものとし、当該職員がその職において六月の期間を勤務し、その間その職務を良好な成績で遂行したときに、正式のものとなるものとする。この場合において、人事委員会等は、人事委員会規則（人事委員会を置かない地方公共団体においては、地方公共団体の規則。第二十二条の四第一項及び第二十二条の五第一項において同じ。）で定めるところにより、条件付採用の期間を一年を超えない範囲内で延長することができる。

（会計年度任用職員の採用の方法等）

第二十二条の二　次に掲げる職員（以下この条において「会計年度任用職員」という。）の採用は、第十七条の二第一項及び第二項の規定にかかわらず、競争試験又は選考によるものとする。

一　一会計年度を超えない範囲内で置かれる非常勤の職（第二十二条の四第一項に規定する短時間勤務の職を除く。）（次号において「会計年度任用の職」という。）を占める職員であつて、その一週間当たりの通常の勤務時間が常時勤務を要する職を占める職員の一週間当たりの通常の勤務時間に比し短い時間であるもの

二　会計年度任用の職を占める職員であつて、その一週間当たりの通常の勤務時間が常時勤務を要する職を占める職員の一週間当たりの通常の勤務時間と同一の時間であるもの

2　会計年度任用職員の任期は、その採用の日から同日の属する会計年度の末日までの期間の範囲内で任命権者が定める。

3　任命権者は、前二項の規定により会計年度任用職員を採用する場合には、当該会計年度任用職員にその任期を明示しなければならない。

4　任命権者は、会計年度任用職員の任期が第二項に規定する期間に満たない場合には、当該会計年度任用職員の勤務実績を考慮した上で、当該期間の範囲内において、その任期を更新することができる。

5　第三項の規定は、前項の規定により任期を更新する場合について準用する。

6　任命権者は、会計年度任用職員の採用又は任期の更新に当たつては、職務の遂行に必要かつ十分な任期を定めるものとし、必要以上に短い任期を定めることにより、採用又は任期の更新を反復して行うことのないよう配慮しなければならない。

7　会計年度任用職員に対する前条の規定の適用については、同条中「六月」とあるのは、「一月」とする。

（臨時的任用）

第二十二条の三　人事委員会を置く地方公共団体においては、任命権者は、人事委員会規則で定めるところにより、常時勤務を要する職に欠員を生じた場合において、緊急のとき、臨時の職に関するとき、又は採用候補者名簿（第二十一条の四第四項において読み替えて準用する第二十一条第一項に規定する昇任候補者名簿を含む。）がないときは、人事委員会の承認を得て、六月を超えない期間で臨時的任用を行うことができる。この場合において、任命権者は、人事委員会の承認を得て、当該臨時的任用を六月を超えない期間で更新することができるが、再度更新することはできない。

2　前項の場合において、人事委員会は、臨時的に任用される者の資格要件を定めることができる。

3　人事委員会は、前二項の規定に違反する臨時的任用を取り消すことができる。

4　人事委員会を置かない地方公共団体においては、任命権者は、地方公共団体の規則で定めるところにより、常時勤務を要する職に欠員を生じた場合において、緊急のとき、又は臨時の職に関するときは、六月を超えない期間で臨時的任用を行うことができる。この場合において、任命権者は、当該臨時的任用を六月を超えない期間で更新することができるが、再度更新することはできない。

5　臨時的任用は、正式任用に際して、いかなる優先権をも与えるものではない。

6　前各項に定めるもののほか、臨時的に任用された職員に対しては、この法律を適用する。

（定年前再任用短時間勤務職員の任用）

第二十二条の四　任命権者は、当該任命権者の属する地方公共団体の条例年齢以上退職者（条例で定める年齢に達した日以後に退職（臨時的に任用される職員その他の法律により任期を定めて任用される職員及び非常勤職員が退職する場合を除く。）をした者をいう。以下同じ。）を、条例で定めるところにより、従前の勤務実績その他の人事委員会規則で定める情報に基づく選考により、短時間勤務の職（当該職を占める職員の一週間当たりの通常の勤務時間が、常時勤務を要する職でその職務が当該短時間勤務の職と同種の職を占める職員の一週間当たりの通常の勤務時間に比し短い時間である職をいう。以下同じ。）に採用することができる。ただし、条例年齢以上退職者がその者を採用しようとする短時間勤務の職に係る定年退職日相当日（短時間勤務の職を占める職員が、常時勤務を要する職でその職務が当該短時間勤務の職と同種の職を占めているものとした場合における第二十八条の六第一項に規定する定年退職日をいう。第三項及び第四項において同じ。）を経過した者であるときは、この限りでない。

2　前項の条例で定める年齢は、国の職員につき定められている国家公務員法（昭和二十二年法律第

百二十号）第六十条の二第一項に規定する年齢を基準として定めるものとする。

3　第一項の規定により採用された職員（以下この条及び第二十九条第三項において「定年前再任用短時間勤務職員」という。）の任期は、採用の日から定年退職日相当日までとする。

4　任命権者は、条例年齢以上退職者のうちその者を採用しようとする短時間勤務の職に係る定年退職日相当日を経過していない者以外の者を当該短時間勤務の職に採用することができず、定年前再任用短時間勤務職員のうち当該定年前再任用短時間勤務職員を昇任し、降任し、又は転任しようとする短時間勤務の職に係る定年退職日相当日を経過していない定年前再任用短時間勤務職員以外の職員を当該短時間勤務の職に昇任し、降任し、又は転任することができない。

5　任命権者は、定年前再任用短時間勤務職員を、常時勤務を要する職に昇任し、降任し、又は転任することができない。

6　第一項の規定による採用については、第二十二条の規定は、適用しない。

第二二条の五　地方公共団体の組合を組織する地方公共団体の任命権者は、前条第一項本文の規定によるほか、当該地方公共団体の組合の条例年齢以上退職者を、条例で定めるところにより、従前の勤務実績その他の人事委員会規則で定める情報に基づく選考により、短時間勤務の職に採用することができる。

2　地方公共団体の組合の任命権者は、前条第一項本文の規定によるほか、当該地方公共団体の組合を組織する地方公共団体の条例年齢以上退職者を、条例で定めるところにより、従前の勤務実績その他の地方公共団体の組合の規則（競争試験等を行う公平委員会を置く地方公共団体の組合においては、公平委員会規則）で定める情報に基づく選考により、短時間勤務の職に採用することができる。

3　前二項の場合においては、前条第一項ただし書及び第三項から第六項までの規定を準用する。

第三節　人事評価

（人事評価の根本基準）

第二三条　職員の人事評価は、公正に行われなければならない。

2　任命権者は、人事評価を任用、給与、分限その他の人事管理の基礎として活用するものとする。

（人事評価の実施）

第二三条の二　職員の執務については、その任命権者は、定期的に人事評価を行わなければならない。

2　人事評価の基準及び方法に関する事項その他人事評価に関し必要な事項は、任命権者が定める。

3　前項の場合において、任命権者が地方公共団体の長及び議会の議長以外の者であるときは、同項に規定する事項について、あらかじめ、地方公共団体の長に協議しなければならない。

（人事評価に基づく措置）

第二三条の三　任命権者は、前条第一項の人事評価の結果に応じた措置を講じなければならない。

（人事評価に関する勧告）

第二三条の四　人事委員会は、人事評価の実施に関し、任命権者に勧告することができる。

第四節　給与、勤務時間その他の勤務条件

（給与、勤務時間その他の勤務条件の根本基準）

第二四条　職員の給与は、その職務と責任に応ずるものでなければならない。

2　職員の給与は、生計費並びに国及び他の地方公共団体の職員並びに民間事業の従事者の給与その他の事情を考慮して定められなければならない。

3　職員は、他の職員の職を兼ねる場合においても、これに対して給与を受けてはならない。

4　職員の勤務時間その他職員の給与以外の勤務条件を定めるに当つては、国及び他の地方公共団体の職員との間に権衡を失しないように適当な考慮が払われなければならない。

5　職員の給与、勤務時間その他の勤務条件は、条例で定める。

（給与に関する条例及び給与の支給）

第二五条　職員の給与は、前条第五項の規定による給与に関する条例に基いて支給されなければならず、また、これに基かずには、いかなる金銭又は有価物も職員に支給してはならない。

2　職員の給与は、法律又は条例により特に認められた場合を除き、通貨で、直接職員に、その全額を支払わなければならない。

3　給与に関する条例には、次に掲げる事項を規定するものとする。

一　給料表
二　等級別基準職務表
三　昇給の基準に関する事項
四　時間外勤務手当、夜間勤務手当及び休日勤務手当に関する事項
五　前号に規定するものを除くほか、地方自治法第二百四条第二項に規定する手当を支給する場合には、当該手当に関する事項
六　非常勤の職その他勤務条件の特別な職がある

ときは、これらについて行う給与の調整に関する事項

七　前各号に規定するものを除くほか、給与の支給方法及び支給条件に関する事項

4　職階制を採用する地方公共団体においては、給料表には、職階制において定められた職級ごとに明確な給料額の幅を定めていなければならない。

5　職階制を採用する地方公共団体においては、職員には、その職につき職階制において定められた職級について給料表に定める給料額が支給されなければならない。

（給料表に関する報告及び勧告）

第二六条　人事委員会は、毎年少くとも一回、給料表が適当であるかどうかについて、地方公共団体の議会及び長に同時に報告するものとする。給与を決定する諸条件の変化により、給料表に定める給料額を増減することが適当であると認めるときは、あわせて適当な勧告をすることができる。

（修学部分休業）

第二六条の二　任命権者は、職員（臨時的に任用される職員その他の法律により任期を定めて任用される職員及び非常勤職員を除く。以下この条及び次条において同じ。）が申請した場合において、公務の運営に支障がなく、かつ、当該職員の公務に関する能力の向上に資すると認めるときは、条例で定めるところにより、当該職員が、大学その他の条例で定める教育施設における修学のため、当該修学に必要と認められる期間として条例で定める期間中、一週間の勤務時間の一部について勤務しないこと（以下この条において「修学部分休業」という。）を承認することができる。

2　前項の規定による承認は、修学部分休業をしている職員が休職又は停職の処分を受けた場合には、その効力を失う。

3　職員が第一項の規定による承認を受けて勤務しない場合には、条例で定めるところにより、減額して給与を支給するものとする。

4　前三項に定めるもののほか、修学部分休業に関し必要な事項は、条例で定める。

（高齢者部分休業）

第二六条の三　任命権者は、高年齢として条例で定める年齢に達した職員が申請した場合において、公務の運営に支障がないと認めるときは、条例で定めるところにより、当該職員が当該条例で定める年齢に達した日以後の日で当該申請において示した日から当該職員に係る定年退職日（第二十八条の六第一項に規定する定年退職日をいう。）までの期間中、一週間の勤務時間の一部について勤務しないこと（次項において「高齢者部分休業」という。）を承認することができる。

2　前条第二項から第四項までの規定は、高齢者部分休業について準用する。

第四節の二　休業

（休業の種類）

第二六条の四　職員の休業は、自己啓発等休業、配偶者同行休業、育児休業及び大学院修学休業とする。

2　育児休業及び大学院修学休業については、別に法律で定めるところによる。

（自己啓発等休業）

第二六条の五　任命権者は、職員（臨時的に任用される職員その他の法律により任期を定めて任用される職員及び非常勤職員を除く。以下この条及び次条（第八項及び第九項を除く。）において同じ。）が申請した場合において、公務の運営に支障がなく、かつ、当該職員の公務に関する能力の向上に資すると認めるときは、条例で定めるところにより、当該職員が、三年を超えない範囲内において条例で定める期間、大学等課程の履修（大学その他の条例で定める教育施設の課程の履修をいう。第五項において同じ。）又は国際貢献活動（国際協力の促進に資する外国における奉仕活動（当該奉仕活動を行うために必要な国内における訓練その他の準備行為を含む。）のうち職員として参加することが適当であると認められるものとして条例で定めるものに参加することをいう。第五項において同じ。）のための休業（以下この条において「自己啓発等休業」という。）をすることを承認することができる。

2　自己啓発等休業をしている職員は、自己啓発等休業を開始した時就いていた職又は自己啓発等休業の期間中に異動した職を保有するが、職務に従事しない。

3　自己啓発等休業をしている期間については、給与を支給しない。

4　自己啓発等休業の承認は、当該自己啓発等休業をしている職員が休職又は停職の処分を受けた場合には、その効力を失う。

5　任命権者は、自己啓発等休業をしている職員が当該自己啓発等休業の承認に係る大学等課程の履修又は国際貢献活動を取りやめたことその他条例で定める事由に該当すると認めるときは、当該自己啓発等休業の承認を取り消すものとする。

6　前各項に定めるもののほか、自己啓発等休業に関し必要な事項は、条例で定める。

（配偶者同行休業）

第二六条の六　任命権者は、職員が申請した場合において、公務の運営に支障がないと認めるときは、条例で定めるところにより、当該申請をした職員の勤務成績その他の事情を考慮した上で、当該職員が、三年を超えない範囲内において条例で定める期間、配偶者同行休業（職員が、外国での勤務その他の条例で定める事由により外国に住所又は居所を定めて滞在するその配偶者（届出をしないが事実上婚姻関係と同様の事情にある者を含む。第五項及び第六項において同じ。）と、当該住所又は居所において生活を共にするための休業をいう。以下この条において同じ。）をすることを承認することができる。

2　配偶者同行休業をしている職員は、当該配偶者同行休業を開始した日から引き続き配偶者同行休業をしようとする期間が前項の条例で定める期間を超えない範囲内において、条例で定めるところにより、任命権者に対し、配偶者同行休業の期間の延長を申請することができる。

3　配偶者同行休業の期間の延長は、条例で定める特別の事情がある場合を除き、一回に限るものとする。

4　第一項の規定は、配偶者同行休業の期間の延長の承認について準用する。

5　配偶者同行休業の承認は、当該配偶者同行休業をしている職員が休職若しくは停職の処分を受けた場合又は当該配偶者同行休業に係る配偶者が死亡し、若しくは当該職員の配偶者でなくなつた場合には、その効力を失う。

6　任命権者は、配偶者同行休業をしている職員が当該配偶者同行休業に係る配偶者と生活を共にしなくなつたことその他条例で定める事由に該当すると認めるときは、当該配偶者同行休業の承認を取り消すものとする。

7　任命権者は、第一項又は第二項の規定による申請があつた場合において、当該申請に係る期間（以下この項及び次項において「申請期間」という。）について職員の配置換えその他の方法によつて当該申請をした職員の業務を処理することが困難であると認めるときは、条例で定めるところにより、当該業務を処理するため、次の各号に掲げる任用のいずれかを行うことができる。この場合において、第二号に掲げる任用は、申請期間について一年を超えて行うことができない。

一　申請期間を任用の期間（以下この条において「任期」という。）の限度として行う任期を定めた採用

二　申請期間を任期の限度として行う臨時的任用

8　任命権者は、条例で定めるところにより、前項の規定により任期を定めて採用された職員の任期が申請期間に満たない場合には、当該申請期間の範囲内において、その任期を更新することができる。

9　任命権者は、第七項の規定により任期を定めて採用された職員を、任期を定めて採用した趣旨に反しない場合に限り、その任期中、他の職に任用することができる。

10　第七項の規定に基づき臨時的任用を行う場合には、第二十二条の三第一項から第四項までの規定は、適用しない。

11　前条第二項、第三項及び第六項の規定は、配偶者同行休業について準用する。

第五節　分限及び懲戒

（分限及び懲戒の基準）

第二七条　全て職員の分限及び懲戒については、公正でなければならない。

2　職員は、この法律で定める事由による場合でなければ、その意に反して、降任され、又は免職されず、この法律又は条例で定める事由による場合でなければ、その意に反して、休職され、又はその意に反して降給されることがない。

3　職員は、この法律で定める事由による場合でなければ、懲戒処分を受けることがない。

（降任、免職、休職等）

第二八条　職員が、次の各号に掲げる場合のいずれかに該当するときは、その意に反して、これを降任し、又は免職することができる。

一　人事評価又は勤務の状況を示す事実に照らして、勤務実績がよくない場合

二　心身の故障のため、職務の遂行に支障があり、又はこれに堪えない場合

三　前二号に規定する場合のほか、その職に必要な適格性を欠く場合

四　職制若しくは定数の改廃又は予算の減少により廃職又は過員を生じた場合

2　職員が、次の各号に掲げる場合のいずれかに該当するときは、その意に反して、これを休職することができる。

一　心身の故障のため、長期の休養を要する場合

二　刑事事件に関し起訴された場合

3　職員の意に反する降任、免職、休職及び降給の手続及び効果は、法律に特別の定めがある場合を除くほか、条例で定めなければならない。

4　職員は、第十六条各号（第二号を除く。）のい

ずれかに該当するに至つたときは、条例に特別の定めがある場合を除くほか、その職を失う。

（管理監督職勤務上限年齢による降任等）

第二十八条の二　任命権者は、管理監督職（地方自治法第二百四条第二項に規定する管理職手当を支給される職員の職及びこれに準ずる職であつて条例で定める職をいう。以下この節において同じ。）を占める職員でその占める管理監督職に係る管理監督職勤務上限年齢に達している職員について、異動期間（当該管理監督職勤務上限年齢に達した日の翌日から同日以後における最初の四月一日までの間をいう。以下この節において同じ。）（第二十八条の五第一項から第四項までの規定により延長された期間を含む。以下この項において同じ。）に、管理監督職以外の職又は管理監督職勤務上限年齢が当該職員の年齢を超える管理監督職（以下この項及び第四項においてこれらの職を「他の職」という。）への降任又は転任（降給を伴う転任に限る。）をするものとする。ただし、異動期間に、この法律の他の規定により当該職員について他の職への昇任、降任若しくは転任をした場合又は第二十八条の七第一項の規定により当該職員を管理監督職を占めたまま引き続き勤務させることとした場合は、この限りでない。

2　前項の管理監督職勤務上限年齢は、条例で定めるものとする。

3　管理監督職及び管理監督職勤務上限年齢を定めるに当たつては、国及び他の地方公共団体の職員との間に権衡を失しないように適当な考慮が払われなければならない。

4　第一項本文の規定による他の職への降任又は転任（以下この節及び第四十九条第一項ただし書において「他の職への降任等」という。）を行うに当たつて任命権者が遵守すべき基準に関する事項その他の他の職への降任等に関し必要な事項は、条例で定める。

（管理監督職への任用の制限）

第二十八条の三　任命権者は、採用し、昇任し、降任し、又は転任しようとする管理監督職に係る管理監督職勤務上限年齢に達している者を、その者が当該管理監督職を占めているものとした場合における異動期間の末日の翌日（他の職への降任等をされた職員にあつては、当該他の職への降任等をされた日）以後、当該管理監督職に採用し、昇任し、降任し、又は転任することができない。

（適用除外）

第二十八条の四　前二条の規定は、臨時的に任用される職員その他の法律により任期を定めて任用される職員には適用しない。

（管理監督職勤務上限年齢による降任等及び管理監督職への任用の制限の特例）

第二十八条の五　任命権者は、他の職への降任等をすべき管理監督職を占める職員について、次に掲げる事由があると認めるときは、条例で定めるところにより、当該職員が占める管理監督職に係る異動期間の末日の翌日から起算して一年を超えない期間内（当該期間内に次条第一項に規定する定年退職日（以下この項及び次項において「定年退職日」という。）がある職員にあつては、当該異動期間の末日の翌日から定年退職日までの期間内。第三項において同じ。）で当該異動期間を延長し、引き続き当該管理監督職を占める職員に、当該管理監督職を占めたまま勤務をさせることができる。

一　当該職員の職務の遂行上の特別の事情を勘案して、当該職員の他の職への降任等により公務の運営に著しい支障が生ずると認められる事由として条例で定める事由

二　当該職員の職務の特殊性を勘案して、当該職員の他の職への降任等により、当該管理監督職の欠員の補充が困難となることにより公務の運営に著しい支障が生ずると認められる事由として条例で定める事由

2　任命権者は、前項又はこの項の規定により異動期間（これらの規定により延長された期間を含む。）が延長された管理監督職を占める職員について、前項各号に掲げる事由が引き続きあると認めるときは、条例で定めるところにより、延長された当該異動期間の末日の翌日から起算して一年を超えない期間内（当該期間内に定年退職日がある職員にあつては、延長された当該異動期間の末日の翌日から定年退職日までの期間内。第四項において同じ。）で延長された当該異動期間を更に延長することができる。ただし、更に延長される当該異動期間の末日は、当該職員が占める管理監督職に係る異動期間の末日の翌日から起算して三年を超えることができない。

3　任命権者は、第一項の規定により異動期間を延長することができる場合を除き、他の職への降任等をすべき特定管理監督職群（職務の内容が相互に類似する複数の管理監督職であつて、これらの欠員を容易に補充することができない年齢別構成その他の特別の事情がある管理監督職として人事委員会規則（人事委員会を置かない地方公共団体においては、地方公共団体の規則）で定める管理監督職をいう。以下この項において同じ。）に属

する管理監督職を占める職員について、当該職員の他の職への降任等により、当該特定管理監督職群に属する管理監督職の欠員の補充が困難となることにより公務の運営に著しい支障が生ずると認められる事由として条例で定める事由があると認めるときは、条例で定めるところにより、当該職員が占める管理監督職に係る異動期間の末日の翌日から起算して一年を超えない期間内で当該異動期間を延長し、引き続き当該管理監督職を占めている職員に当該管理監督職を占めたまま勤務をさせ、又は当該職員を当該管理監督職が属する特定管理監督職群の他の管理監督職に降任し、若しくは転任することができる。

4　任命権者は、第一項若しくは第二項の規定により異動期間（これらの規定により延長された期間を含む。）が延長された管理監督職を占める職員について前項に規定する事由があると認めるとき（第二項の規定により延長された当該異動期間を更に延長することができるときを除く。）、又は前項若しくはこの項の規定により異動期間（前三項又はこの項の規定により延長された期間を含む。）が延長された管理監督職を占める職員について前項に規定する事由が引き続きあると認めるときは、条例で定めるところにより、延長された当該異動期間の末日の翌日から起算して一年を超えない期間内で延長された当該異動期間を更に延長することができる。

5　前各項に定めるもののほか、これらの規定による異動期間（これらの規定により延長された期間を含む。）の延長及び当該延長に係る職員の降任又は転任に関し必要な事項は、条例で定める。

（定年による退職）

第二十八条の六　職員は、定年に達したときは、定年に達した日以後における最初の三月三十一日までの間において、条例で定める日（次条第一項及び第二項ただし書において「定年退職日」という。）に退職する。

2　前項の定年は、国の職員につき定められている定年を基準として条例で定めるものとする。

3　前項の場合において、地方公共団体における当該職員に関しその職務と責任に特殊性があること又は欠員の補充が困難であることにより国の職員につき定められている定年を基準として定めることが実情に即さないと認められるときは、当該職員の定年については、条例で別の定めをすることができる。この場合においては、国及び他の地方公共団体の職員との間に権衡を失しないように適当な考慮が払われなければならない。

4　前三項の規定は、臨時的に任用される職員その他の法律により任期を定めて任用される職員及び非常勤職員には適用しない。

（定年による退職の特例）

第二十八条の七　任命権者は、定年に達した職員が前条第一項の規定により退職すべきこととなる場合において、次に掲げる事由があると認めるときは、同項の規定にかかわらず、条例で定めるところにより、当該職員に係る定年退職日の翌日から起算して一年を超えない範囲内で期限を定め、当該職員を当該定年退職日において従事している職務に従事させるため、引き続き勤務させることができる。ただし、第二十八条の五第一項から第四項までの規定により異動期間（これらの規定により延長された期間を含む。）を延長した職員であつて、定年退職日において管理監督職を占めている職員については、同条第一項又は第二項の規定により当該定年退職日まで当該異動期間を延長した場合に限るものとし、当該期限は、当該職員が占めている管理監督職に係る異動期間の末日の翌日から起算して三年を超えることができない。

一　前条第一項の規定により退職すべきこととなる職員の職務の遂行上の特別の事情を勘案して、当該職員の退職により公務の運営に著しい支障が生ずると認められる事由として条例で定める事由

二　前条第一項の規定により退職すべきこととなる職員の職務の特殊性を勘案して、当該職員の退職により、当該職員が占める職の欠員の補充が困難となることにより公務の運営に著しい支障が生ずると認められる事由として条例で定める事由

2　任命権者は、前項の期限又はこの項の規定により延長された期限が到来する場合において、前項各号に掲げる事由が引き続きあると認めるときは、条例で定めるところにより、これらの期限の翌日から起算して一年を超えない範囲内で期限を延長することができる。ただし、当該期限は、当該職員に係る定年退職日（同項ただし書に規定する職員にあつては、当該職員が占めている管理監督職に係る異動期間の末日）の翌日から起算して三年を超えることができない。

3　前二項に定めるもののほか、これらの規定による勤務に関し必要な事項は、条例で定める。

（懲戒）

第二十九条　職員が次の各号のいずれかに該当する場合には、当該職員に対し、懲戒処分として戒告、減給、停職又は免職の処分をすることができる。

一　この法律若しくは第五十七条に規定する特例を定めた法律又はこれらに基づく条例、地方公共団体の規則若しくは地方公共団体の機関の定める規程に違反した場合

二　職務上の義務に違反し、又は職務を怠つた場合

三　全体の奉仕者たるにふさわしくない非行のあつた場合

2　職員が、任命権者の要請に応じ当該地方公共団体の特別職に属する地方公務員、他の地方公共団体若しくは特定地方独立行政法人の地方公務員、国家公務員又は地方公社（地方住宅供給公社、地方道路公社及び土地開発公社をいう。）その他その業務が地方公共団体若しくは国の事務若しくは事業と密接な関連を有する法人のうち条例で定めるものに使用される者（以下この項において「特別職地方公務員等」という。）となるため退職し、引き続き特別職地方公務員等として在職した後、引き続いて当該退職を前提として職員として採用された場合（一の特別職地方公務員等として在職した後、引き続き一以上の特別職地方公務員等として在職し、引き続いて当該退職を前提として職員として採用された場合を含む。）において、当該退職までの引き続く職員としての在職期間（当該退職前に同様の退職（以下この項において「先の退職」という。）、特別職地方公務員等としての在職及び職員としての採用がある場合には、当該先の退職までの引き続く職員としての在職期間を含む。次項において「要請に応じた退職前の在職期間」という。）中に前項各号のいずれかに該当したときは、当該職員に対し同項に規定する懲戒処分を行うことができる。

3　定年前再任用短時間勤務職員（第二十二条の四第一項の規定により採用された職員に限る。以下この項において同じ。）が、条例年齢以上退職者となつた日までの引き続く職員としての在職期間（要請に応じた退職前の在職期間を含む。）又は第二十二条の四第一項の規定によりかつて採用されて定年前再任用短時間勤務職員として在職していた期間中に第一項各号のいずれかに該当したときは、当該職員に対し同項に規定する懲戒処分を行うことができる。

4　職員の懲戒の手続及び効果は、法律に特別の定めがある場合を除くほか、条例で定めなければならない。

（適用除外）

第二九条の二　次に掲げる職員及びこれに対する処分については、第二十七条第二項、第二十八条第一項から第三項まで、第四十九条第一項及び第二項並びに行政不服審査法（平成二十六年法律第六十八号）の規定を適用しない。

一　条件附採用期間中の職員

二　臨時的に任用された職員

2　前項各号に掲げる職員の分限については、条例で必要な事項を定めることができる。

第六節　服務

（服務の根本基準）

第三〇条　すべて職員は、全体の奉仕者として公共の利益のために勤務し、且つ、職務の遂行に当つては、全力を挙げてこれに専念しなければならない。

（服務の宣誓）

第三一条　職員は、条例の定めるところにより、服務の宣誓をしなければならない。

（法令等及び上司の職務上の命令に従う義務）

第三二条　職員は、その職務を遂行するに当つて、法令、条例、地方公共団体の規則及び地方公共団体の機関の定める規程に従い、且つ、上司の職務上の命令に忠実に従わなければならない。

（信用失墜行為の禁止）

第三三条　職員は、その職の信用を傷つけ、又は職員の職全体の不名誉となるような行為をしてはならない。

（秘密を守る義務）

第三四条　職員は、職務上知り得た秘密を漏らしてはならない。その職を退いた後も、また、同様とする。

2　法令による証人、鑑定人等となり、職務上の秘密に属する事項を発表する場合においては、任命権者（退職者については、その退職した職又はこれに相当する職に係る任命権者）の許可を受けなければならない。

3　前項の許可は、法律に特別の定がある場合を除く外、拒むことができない。

（職務に専念する義務）

第三五条　職員は、法律又は条例に特別の定がある場合を除く外、その勤務時間及び職務上の注意力のすべてをその職責遂行のために用い、当該地方公共団体がなすべき責を有する職務にのみ従事しなければならない。

（政治的行為の制限）

第三六条　職員は、政党その他の政治的団体の結成に関与し、若しくはこれらの団体の役員となつてはならず、又はこれらの団体の構成員となるように、若しくはならないように勧誘運動をしてはな

らない。

2　職員は、特定の政党その他の政治的団体又は特定の内閣若しくは地方公共団体の執行機関を支持し、又はこれに反対する目的をもつて、あるいは公の選挙又は投票において特定の人又は事件を支持し、又はこれに反対する目的をもつて、次に掲げる政治的行為をしてはならない。ただし、当該職員の属する地方公共団体の区域（当該職員が都道府県の支庁若しくは地方事務所又は地方自治法第二百五十二条の十九第一項の指定都市の区若しくは総合区に勤務する者であるときは、当該支庁若しくは地方事務所又は区若しくは総合区の所管区域）外において、第一号から第三号まで及び第五号に掲げる政治的行為をすることができる。

一　公の選挙又は投票において投票をするように、又はしないように勧誘運動をすること。

二　署名運動を企画し、又は主宰する等これに積極的に関与すること。

三　寄附金その他の金品の募集に関与すること。

四　文書又は図画を地方公共団体又は特定地方独立行政法人の庁舎（特定地方独立行政法人にあつては、事務所。以下この号において同じ。）、施設等に掲示し、又は掲示させ、その他地方公共団体又は特定地方独立行政法人の庁舎、施設、資材又は資金を利用し、又は利用させること。

五　前各号に定めるものを除く外、条例で定める政治的行為

3　何人も前二項に規定する政治的行為を行うよう職員に求め、職員をそそのかし、若しくはあおつてはならず、又は職員が前二項に規定する政治的行為をなし、若しくはなさないことに対する代償若しくは報復として、任用、職務、給与その他職員の地位に関してなんらかの利益若しくは不利益を与え、与えようと企て、若しくは約束してはならない。

4　職員は、前項に規定する違法な行為に応じなかつたことの故をもつて不利益な取扱を受けることはない。

5　本条の規定は、職員の政治的中立性を保障することにより、地方公共団体の行政及び特定地方独立行政法人の業務の公正な運営を確保するとともに職員の利益を保護することを目的とするものであるという趣旨において解釈され、及び運用されなければならない。

（争議行為等の禁止）

第三七条　職員は、地方公共団体の機関が代表する使用者としての住民に対して同盟罷業、怠業その他の争議行為をし、又は地方公共団体の機関の活動能率を低下させる怠業的行為をしてはならない。又、何人も、このような違法な行為を企て、又はその遂行を共謀し、そそのかし、若しくはあおつてはならない。

2　職員で前項の規定に違反する行為をしたものは、その行為の開始とともに、地方公共団体に対し、法令又は条例、地方公共団体の規則若しくは地方公共団体の機関の定める規程に基いて保有する任命上又は雇用上の権利をもつて対抗することができなくなるものとする。

（営利企業への従事等の制限）

第三八条　職員は、任命権者の許可を受けなければ、商業、工業又は金融業その他営利を目的とする私企業（以下この項及び次条第一項において「営利企業」という。）を営むことを目的とする会社その他の団体の役員その他人事委員会規則（人事委員会を置かない地方公共団体においては、地方公共団体の規則）で定める地位を兼ね、若しくは自ら営利企業を営み、又は報酬を得ていかなる事業若しくは事務にも従事してはならない。ただし、非常勤職員（短時間勤務の職を占める職員及び第二十二条の二第一項第二号に掲げる職員を除く。）については、この限りでない。

2　人事委員会は、人事委員会規則により前項の場合における任命権者の許可の基準を定めることができる。

第六節の二　退職管理

（再就職者による依頼等の規制）

第三八条の二　職員（臨時的に任用された職員、条件付採用期間中の職員及び非常勤職員（短時間勤務の職を占める職員を除く。）を除く。以下この節、第六十条及び第六十三条において同じ。）であつた者であつて離職後に営利企業等（営利企業及び営利企業以外の法人（国、国際機関、地方公共団体、独立行政法人通則法（平成十一年法律第百三号）第二条第四項に規定する行政執行法人及び特定地方独立行政法人を除く。）をいう。以下同じ。）の地位に就いている者（退職手当通算予定職員であつた者であつて引き続いて退職手当通算法人の地位に就いている者及び公益的法人等への一般職の地方公務員の派遣等に関する法律（平成十二年法律第五十号）第十条第二項に規定する退職派遣者を除く。以下「再就職者」という。）は、離職前五年間に在職していた地方公共団体の執行機関の組織（当該執行機関（当該執行機関の附属機関を含む。）の補助機関及び当該執行機関の管理に属する機関の総体をいう。第三十八条の七におい

て同じ。）若しくは議会の事務局（事務局を置かない場合には、これに準ずる組織。同条において同じ。）若しくは特定地方独立行政法人（以下「地方公共団体の執行機関の組織等」という。）の職員若しくは特定地方独立行政法人の役員（以下「役職員」という。）又はこれらに類する者として人事委員会規則（人事委員会を置かない地方公共団体においては、地方公共団体の規則。以下この条（第七項を除く。）、第三十八条の七、第六十条及び第六十四条において同じ。）で定めるものに対し、当該地方公共団体若しくは当該特定地方独立行政法人と当該営利企業等若しくはその子法人（国家公務員法第百六条の二第一項に規定する子法人の例を基準として人事委員会規則で定めるものをいう。以下同じ。）との間で締結される売買、貸借、請負その他の契約又は当該営利企業等若しくはその子法人に対して行われる行政手続法（平成五年法律第八十八号）第二条第二号に規定する処分に関する事務（以下「契約等事務」という。）であつて離職前五年間の職務に属するものに関し、離職後二年間、職務上の行為をするように、又はしないように要求し、又は依頼してはならない。

2　前項の「退職手当通算法人」とは、地方独立行政法人法第二条第一項に規定する地方独立行政法人その他その業務が地方公共団体又は国の事務又は事業と密接な関連を有する法人のうち人事委員会規則で定めるもの（退職手当（これに相当する給付を含む。）に関する規程において、職員が任命権者又はその委任を受けた者の要請に応じ、引き続いて当該法人の役員又は当該法人に使用される者となつた場合に、職員としての勤続期間を当該法人の役員又は当該法人に使用される者としての勤続期間に通算することと定められており、かつ、当該地方公共団体の条例において、当該法人の役員又は当該法人に使用される者として在職した後引き続いて再び職員となつた者の当該法人の役員又は当該法人に使用される者としての勤続期間を当該職員となつた者の職員としての勤続期間に通算することと定められている法人に限る。）をいう。

3　第一項の「退職手当通算予定職員」とは、任命権者又はその委任を受けた者の要請に応じ、引き続いて退職手当通算法人（前項に規定する退職手当通算法人をいう。以下同じ。）の役員又は退職手当通算法人に使用される者となるため退職することとなる職員であつて、当該退職手当通算法人に在職した後、特別の事情がない限り引き続いて選考による採用が予定されている者のうち人事委員会規則で定めるものをいう。

4　第一項の規定によるもののほか、再就職者のうち、地方自治法第百五十八条第一項に規定する普通地方公共団体の長の直近下位の内部組織の長又はこれに準ずる職であつて人事委員会規則で定めるものに離職した日の五年前の日より前に就いていた者は、当該職に就いていた時に在職していた地方公共団体の執行機関の組織等の役職員又はこれに類する者として人事委員会規則で定めるものに対し、契約等事務であつて離職した日の五年前の日より前の職務（当該職に就いていたときの職務に限る。）に属するものに関し、離職後二年間、職務上の行為をするように、又はしないように要求し、又は依頼してはならない。

5　第一項及び前項の規定によるもののほか、再就職者は、在職していた地方公共団体の執行機関の組織等の役職員又はこれに類する者として人事委員会規則で定めるものに対し、当該地方公共団体若しくは当該特定地方独立行政法人と営利企業等（当該再就職者が現にその地位に就いているものに限る。）若しくはその子法人との間の契約であつて当該地方公共団体若しくは当該特定地方独立行政法人においてその締結について自らが決定したもの又は当該地方公共団体若しくは当該特定地方独立行政法人による当該営利企業等若しくはその子法人に対する行政手続法第二条第二号に規定する処分であつて自らが決定したものに関し、職務上の行為をするように、又はしないように要求し、又は依頼してはならない。

6　第一項及び前二項の規定（第八項の規定に基づく条例が定められているときは、当該条例の規定を含む。）は、次に掲げる場合には適用しない。

一　試験、検査、検定その他の行政上の事務であつて、法律の規定に基づく行政庁による指定若しくは登録その他の処分（以下「指定等」という。）を受けた者が行う当該指定等に係るもの若しくは行政庁から委託を受けた者が行う当該委託に係るものを遂行するために必要な場合、又は地方公共団体若しくは国の事務若しくは事業と密接な関連を有する業務として人事委員会規則で定めるものを行うために必要な場合

二　行政庁に対する権利若しくは義務を定めている法令の規定若しくは地方公共団体若しくは特定地方独立行政法人との間で締結された契約に基づき、権利を行使し、若しくは義務を履行する場合、行政庁の処分により課された義務を履行する場合又はこれらに類する場合として人事

委員会規則で定める場合

三　行政手続法第二条第三号に規定する申請又は同条第七号に規定する届出を行う場合

四　地方自治法第二百三十四条第一項に規定する一般競争入札若しくはせり売りの手続又は特定地方独立行政法人が公告して申込みをさせることによる競争の手続に従い、売買、貸借、請負その他の契約を締結するために必要な場合

五　法令の規定により又は慣行として公にされ、又は公にすることが予定されている情報の提供を求める場合（一定の日以降に公にすることが予定されている情報を同日前に開示するよう求める場合を除く。）

六　再就職者が役職員（これに類する者を含む。以下この号において同じ。）に対し、契約等事務に関し、職務上の行為をするように、又はしないように要求し、又は依頼することにより公務の公正性の確保に支障が生じないと認められる場合として人事委員会規則で定める場合において、人事委員会規則で定める手続により任命権者の承認を得て、再就職者が当該承認に係る役職員に対し、当該承認に係る契約等事務に関し、職務上の行為をするように、又はしないように要求し、又は依頼する場合

7　職員は、前項各号に掲げる場合を除き、再就職者から第一項、第四項又は第五項の規定（次項の規定に基づく条例の規定を含む。）により禁止される要求又は依頼を受けたとき（地方独立行政法人法第五十条の二において準用する第一項、第四項又は第五項の規定（同条において準用する次項の規定に基づく条例が定められているときは、当該条例の規定を含む。）により禁止される要求又は依頼を受けたときを含む。）は、人事委員会規則又は公平委員会規則で定めるところにより、人事委員会又は公平委員会にその旨を届け出なければならない。

8　地方公共団体は、その組織の規模その他の事情に照らして必要があると認めるときは、再就職者のうち、国家行政組織法（昭和二十三年法律第百二十号）第二十一条第一項に規定する部長又は課長の職に相当する職として人事委員会規則で定めるものに離職した日の五年前の日より前に就いていた者について、当該職に就いていた時に在職していた地方公共団体の執行機関の組織等の役職員又はこれに類する者として人事委員会規則で定めるものに対し、契約等事務であつて離職した日の五年前の日より前の職務（当該職に就いていたときの職務に限る。）に属するものに関し、離職後二年間、職務上の行為をするように、又はしないように要求し、又は依頼してはならないことを条例により定めることができる。

（違反行為の疑いに係る任命権者の報告）

第三十八条の三　任命権者は、職員又は職員であつた者に前条の規定（同条第八項の規定に基づく条例が定められているときは、当該条例の規定を含む。）に違反する行為（以下「規制違反行為」という。）を行つた疑いがあると思料するときは、その旨を人事委員会又は公平委員会に報告しなければならない。

（任命権者による調査）

第三十八条の四　任命権者は、職員又は職員であつた者に規制違反行為を行つた疑いがあると思料して当該規制違反行為に関して調査を行おうとするときは、人事委員会又は公平委員会にその旨を通知しなければならない。

2　人事委員会又は公平委員会は、任命権者が行う前項の調査の経過について、報告を求め、又は意見を述べることができる。

3　任命権者は、第一項の調査を終了したときは、遅滞なく、人事委員会又は公平委員会に対し、当該調査の結果を報告しなければならない。

（任命権者に対する調査の要求等）

第三十八条の五　人事委員会又は公平委員会は、第三十八条の二第七項の届出、第三十八条の三の報告又はその他の事由により職員又は職員であつた者に規制違反行為を行つた疑いがあると思料するときは、任命権者に対し、当該規制違反行為に関する調査を行うよう求めることができる。

2　前条第二項及び第三項の規定は、前項の規定により行われる調査について準用する。

（地方公共団体の講ずる措置）

第三十八条の六　地方公共団体は、国家公務員法中退職管理に関する規定の趣旨及び当該地方公共団体の職員の離職後の就職の状況を勘案し、退職管理の適正を確保するために必要と認められる措置を講ずるものとする。

2　地方公共団体は、第三十八条の二の規定の円滑な実施を図り、又は前項の規定による措置を講ずるため必要と認めるときは、条例で定めるところにより、職員であつた者で条例で定めるものが、条例で定める法人の役員その他の地位であつて条例で定めるものに就こうとする場合又は就いた場合には、離職後条例で定める期間、条例で定める事項を条例で定める者に届け出させることができる。

（廃置分合に係る特例）

第三八条の七　職員であつた者が在職していた地方公共団体（この条の規定により当該職員であつた者が在職していた地方公共団体とみなされる地方公共団体を含む。）の廃置分合により当該職員であつた者が在職していた地方公共団体（以下この条において「元在職団体」という。）の事務が他の地方公共団体に承継された場合には、当該他の地方公共団体を当該元在職団体と、当該他の地方公共団体の執行機関の組織若しくは議会の事務局で当該元在職団体の執行機関の組織若しくは議会の事務局に相当するものの職員又はこれに類する者として当該他の地方公共団体の人事委員会規則で定めるものを当該元在職団体の執行機関の組織若しくは議会の事務局の職員又はこれに類する者として当該元在職団体の人事委員会規則で定めるものと、それぞれみなして、第三十八条の二から前条までの規定（第三十八条の二第八項の規定に基づく条例が定められているときは当該条例の規定を含み、これらの規定に係る罰則を含む。）並びに第六十条第四号から第八号まで及び第六十三条の規定を適用する。

第七節　研修

（研修）

第三九条　職員には、その勤務能率の発揮及び増進のために、研修を受ける機会が与えられなければならない。

2　前項の研修は、任命権者が行うものとする。

3　地方公共団体は、研修の目標、研修に関する計画の指針となるべき事項その他研修に関する基本的な方針を定めるものとする。

4　人事委員会は、研修に関する計画の立案その他研修の方法について任命権者に勧告することができる。

第四〇条　削除

第八節　福祉及び利益の保護

（福祉及び利益の保護の根本基準）

第四一条　職員の福祉及び利益の保護は、適切であり、且つ、公正でなければならない。

第一款　厚生福利制度

（厚生制度）

第四二条　地方公共団体は、職員の保健、元気回復その他厚生に関する事項について計画を樹立し、これを実施しなければならない。

（共済制度）

第四三条　職員の病気、負傷、出産、休業、災害、退職、障害若しくは死亡又はその被扶養者の病気、負傷、出産、死亡若しくは災害に関して適切な給付を行なうための相互救済を目的とする共済制度が、実施されなければならない。

2　前項の共済制度には、職員が相当年限忠実に勤務して退職した場合又は公務に基づく病気若しくは負傷により退職し、若しくは死亡した場合におけるその者又はその遺族に対する退職年金に関する制度が含まれていなければならない。

3　前項の退職年金に関する制度は、退職又は死亡の時の条件を考慮して、本人及びその退職又は死亡の当時その者が直接扶養する者のその後における適当な生活の維持を図ることを目的とするものでなければならない。

4　第一項の共済制度については、国の制度との間に権衡を失しないように適当な考慮が払われなければならない。

5　第一項の共済制度は、健全な保険数理を基礎として定めなければならない。

6　第一項の共済制度は、法律によつてこれを定める。

第四四条　削除

第二款　公務災害補償

（公務災害補償）

第四五条　職員が公務に因り死亡し、負傷し、若しくは疾病にかかり、若しくは公務に因る負傷若しくは疾病により死亡し、若しくは障害の状態となり、又は船員である職員が公務に因り行方不明となつた場合においてその者又はその者の遺族若しくは被扶養者がこれらの原因によつて受ける損害は、補償されなければならない。

2　前項の規定による補償の迅速かつ公正な実施を確保するため必要な補償に関する制度が実施されなければならない。

3　前項の補償に関する制度には、次に掲げる事項が定められなければならない。

一　職員の公務上の負傷又は疾病に対する必要な療養又は療養の費用の負担に関する事項

二　職員の公務上の負傷又は疾病に起因する療養の期間又は船員である職員の公務による行方不明の期間におけるその職員の所得の喪失に対する補償に関する事項

三　職員の公務上の負傷又は疾病に起因して、永久に、又は長期に所得能力を害された場合におけるその職員の受ける損害に対する補償に関する事項

四　職員の公務上の負傷又は疾病に起因する死亡の場合におけるその遺族又は職員の死亡の当時その収入によつて生計を維持した者の受ける損

害に対する補償に関する事項

4　第二項の補償に関する制度は、法律によつて定めるものとし、当該制度については、国の制度との間に権衡を失しないように適当な考慮が払われなければならない。

第三款　勤務条件に関する措置の要求

（勤務条件に関する措置の要求）

第四六条　職員は、給与、勤務時間その他の勤務条件に関し、人事委員会又は公平委員会に対して、地方公共団体の当局により適当な措置が執られるべきことを要求することができる。

（審査及び審査の結果執るべき措置）

第四七条　前条に規定する要求があつたときは、人事委員会又は公平委員会は、事案について口頭審理その他の方法による審査を行い、事案を判定し、その結果に基いて、その権限に属する事項については、自らこれを実行し、その他の事項については、当該事項に関し権限を有する地方公共団体の機関に対し、必要な勧告をしなければならない。

（要求及び審査、判定の手続等）

第四八条　前二条の規定による要求及び審査、判定の手続並びに審査、判定の結果執るべき措置に関し必要な事項は、人事委員会規則又は公平委員会規則で定めなければならない。

第四款　不利益処分に関する審査請求

（不利益処分に関する説明書の交付）

第四九条　任命権者は、職員に対し、懲戒その他その意に反すると認める不利益な処分を行う場合においては、その際、当該職員に対し、処分の事由を記載した説明書を交付しなければならない。ただし、他の職への降任等に該当する降任をする場合又は他の職への降任等に伴い降給をする場合は、この限りでない。

2　職員は、その意に反して不利益な処分を受けたと思うときは、任命権者に対し処分の事由を記載した説明書の交付を請求することができる。

3　前項の規定による請求を受けた任命権者は、その日から十五日以内に、同項の説明書を交付しなければならない。

4　第一項又は第二項の説明書には、当該処分につき、人事委員会又は公平委員会に対して審査請求をすることができる旨及び審査請求をすることができる期間を記載しなければならない。

（審査請求）

第四九条の二　前条第一項に規定する処分を受けた職員は、人事委員会又は公平委員会に対してのみ行政不服審査法による審査請求をすることができる。

2　前条第一項に規定する処分を除くほか、職員に対する処分については、審査請求をすることができない。職員がした申請に対する不作為についても、同様とする。

3　第一項に規定する審査請求については、行政不服審査法第二章の規定を適用しない。

（審査請求期間）

第四九条の三　前条第一項に規定する審査請求は、処分があつたことを知つた日の翌日から起算して三月以内にしなければならず、処分があつた日の翌日から起算して一年を経過したときは、することができない。

（審査及び審査の結果執るべき措置）

第五〇条　第四十九条の二第一項に規定する審査請求を受理したときは、人事委員会又は公平委員会は、直ちにその事案を審査しなければならない。この場合において、処分を受けた職員から請求があつたときは、口頭審理を行わなければならない。口頭審理は、その職員から請求があつたときは、公開して行わなければならない。

2　人事委員会又は公平委員会は、必要があると認めるときは、当該審査請求に対する裁決を除き、審査に関する事務の一部を委員又は事務局長に委任することができる。

3　人事委員会又は公平委員会は、第一項に規定する審査の結果に基いて、その処分を承認し、修正し、又は取り消し、及び必要がある場合においては、任命権者にその職員の受けるべきであつた給与その他の給付を回復するため必要で且つ適切な措置をさせる等その職員がその処分によつて受けた不当な取扱を是正するための指示をしなければならない。

（審査請求の手続等）

第五一条　審査請求の手続及び審査の結果執るべき措置に関し必要な事項は、人事委員会規則又は公平委員会規則で定めなければならない。

（審査請求と訴訟との関係）

第五一条の二　第四十九条第一項に規定する処分であつて人事委員会又は公平委員会に対して審査請求をすることができるものの取消しの訴えは、審査請求又は異議申立てに対する人事委員会又は公平委員会の裁決を経た後でなければ、提起することができない。

第九節　職員団体

（職員団体）

第五二条　この法律において「職員団体」とは、職員がその勤務条件の維持改善を図ることを目的として組織する団体又はその連合体をいう。

2　前項の「職員」とは、第五項に規定する職員以外の職員をいう。

3　職員は、職員団体を結成し、若しくは結成せず、又はこれに加入し、若しくは加入しないことができる。ただし、重要な行政上の決定を行う職員、重要な行政上の決定に参画する管理的地位にある職員、職員の任免に関して直接の権限を持つ監督的地位にある職員、職員の任免、分限、懲戒若しくは服務、職員の給与その他の勤務条件又は職員団体との関係についての当局の計画及び方針に関する機密の事項に接し、そのためにその職務上の義務と責任とが職員団体の構成員としての誠意と責任とに直接に抵触すると認められる監督的地位にある職員その他職員団体との関係において当局の立場に立つて遂行すべき職務を担当する職員（以下「管理職員等」という。）と管理職員等以外の職員とは、同一の職員団体を組織することができず、管理職員等と管理職員等以外の職員とが組織する団体は、この法律にいう「職員団体」ではない。

4　前項ただし書に規定する管理職員等の範囲は、人事委員会規則又は公平委員会規則で定める。

5　警察職員及び消防職員は、職員の勤務条件の維持改善を図ることを目的とし、かつ、地方公共団体の当局と交渉する団体を結成し、又はこれに加入してはならない。

（職員団体の登録）

第五三条　職員団体は、条例で定めるところにより、理事その他の役員の氏名及び条例で定める事項を記載した申請書に規約を添えて人事委員会又は公平委員会に登録を申請することができる。

2　前項に規定する職員団体の規約には、少くとも左に掲げる事項を記載するものとする。

一　名称
二　目的及び業務
三　主たる事務所の所在地
四　構成員の範囲及びその資格の得喪に関する規定
五　理事その他の役員に関する規定
六　第三項に規定する事項を含む業務執行、会議及び投票に関する規定
七　経費及び会計に関する規定
八　他の職員団体との連合に関する規定
九　規約の変更に関する規定
十　解散に関する規定

3　職員団体が登録される資格を有し、及び引き続き登録されているためには、規約の作成又は変更、役員の選挙その他これらに準ずる重要な行為が、すべての構成員が平等に参加する機会を有する直接且つ秘密の投票による全員の過半数（役員の選挙については、投票者の過半数）によつて決定される旨の手続を定め、且つ、現実に、その手続によりこれらの重要な行為が決定されることを必要とする。但し、連合体である職員団体にあつては、すべての構成員が平等に参加する機会を有する構成団体ごとの直接且つ秘密の投票による投票者の過半数で代議員を選挙し、すべての代議員が平等に参加する機会を有する直接且つ秘密の投票によるその全員の過半数（役員の選挙については、投票者の過半数）によつて決定される旨の手続を定め、且つ、現実に、その手続により決定されることをもつて足りるものとする。

4　前項に定めるもののほか、職員団体が登録される資格を有し、及び引き続き登録されているためには、当該職員団体が同一の地方公共団体に属する前条第五項に規定する職員以外の職員のみをもつて組織されていることを必要とする。ただし、同項に規定する職員以外の職員であつた者でその意に反して免職され、若しくは懲戒処分としての免職の処分を受け、当該処分を受けた日の翌日から起算して一年以内のもの又はその期間内に当該処分について法律の定めるところにより審査請求をし、若しくは訴えを提起し、これに対する裁決若しくは裁判が確定するに至らないものを構成員にとどめていること、及び当該職員団体の役員である者を構成員としていることを妨げない。

5　人事委員会又は公平委員会は、登録を申請した職員団体が前三項の規定に適合するものであるときは、条例で定めるところにより、規約及び第一項に規定する申請書の記載事項を登録し、当該職員団体にその旨を通知しなければならない。この場合において、職員でない者の役員就任を認めている職員団体を、そのゆえをもつて登録の要件に適合しないものと解してはならない。

6　登録を受けた職員団体が職員団体でなくなつたとき、登録を受けた職員団体について第二項から第四項までの規定に適合しない事実があつたとき、又は登録を受けた職員団体が第九項の規定による届出をしなかつたときは、人事委員会又は公平委員会は、条例で定めるところにより、六十日を超えない範囲内で当該職員団体の登録の効力を停止し、又は当該職員団体の登録を取り消すことができる。

7　前項の規定による登録の取消しに係る聴聞の期日における審理は、当該職員団体から請求があつ

たときは、公開により行わなければならない。

8　第六項の規定による登録の取消しは、当該処分の取消しの訴えを提起することができる期間内及び当該処分の取消しの訴えの提起があつたときは当該訴訟が裁判所に係属する間は、その効力を生じない。

9　登録を受けた職員団体は、その規約又は第一項に規定する申請書の記載事項に変更があつたときは、条例で定めるところにより、人事委員会又は公平委員会にその旨を届け出なければならない。この場合においては、第五項の規定を準用する。

10　登録を受けた職員団体は、解散したときは、条例で定めるところにより、人事委員会又は公平委員会にその旨を届け出なければならない。

第五四条　削除

（交渉）

第五五条　地方公共団体の当局は、登録を受けた職員団体から、職員の給与、勤務時間その他の勤務条件に関し、及びこれに附帯して、社交的又は厚生的活動を含む適法な活動に係る事項に関し、適法な交渉の申入れがあつた場合においては、その申入れに応ずべき地位に立つものとする。

2　職員団体と地方公共団体の当局との交渉は、団体協約を締結する権利を含まないものとする。

3　地方公共団体の事務の管理及び運営に関する事項は、交渉の対象とすることができない。

4　職員団体が交渉することのできる地方公共団体の当局は、交渉事項について適法に管理し、又は決定することのできる地方公共団体の当局とする。

5　交渉は、職員団体と地方公共団体の当局があらかじめ取り決めた員数の範囲内で、職員団体がその役員の中から指名する者と地方公共団体の当局の指名する者との間において行なわなければならない。交渉に当たつては、職員団体と地方公共団体の当局との間において、議題、時間、場所その他必要な事項をあらかじめ取り決めて行なうものとする。

6　前項の場合において、特別の事情があるときは、職員団体は、役員以外の者を指名することができるものとする。ただし、その指名する者は、当該交渉の対象である特定の事項について交渉する適法な委任を当該職員団体の執行機関から受けたことを文書によつて証明できる者でなければならない。

7　交渉は、前二項の規定に適合しないこととなつたとき、又は他の職員の職務の遂行を妨げ、若しくは地方公共団体の事務の正常な運営を阻害することとなつたときは、これを打ち切ることができる。

8　本条に規定する適法な交渉は、勤務時間中においても行なうことができる。

9　職員団体は、法令、条例、地方公共団体の規則及び地方公共団体の機関の定める規程にてい触しない限りにおいて、当該地方公共団体の当局と書面による協定を結ぶことができる。

10　前項の協定は、当該地方公共団体の当局及び職員団体の双方において、誠意と責任をもつて履行しなければならない。

11　職員は、職員団体に属していないという理由で、第一項に規定する事項に関し、不満を表明し、又は意見を申し出る自由を否定されてはならない。

（職員団体のための職員の行為の制限）

第五五条の二　職員は、職員団体の業務にもつぱら従事することができない。ただし、任命権者の許可を受けて、登録を受けた職員団体の役員としてもつぱら従事する場合は、この限りでない。

2　前項ただし書の許可は、任命権者が相当と認める場合に与えることができるものとし、これを与える場合においては、任命権者は、その許可の有効期間を定めるものとする。

3　第一項ただし書の規定により登録を受けた職員団体の役員として専ら従事する期間は、職員としての在職期間を通じて五年（地方公営企業等の労働関係に関する法律（昭和二十七年法律第二百八十九号）第六条第一項ただし書（同法附則第五項において準用する場合を含む。）の規定により労働組合の業務に専ら従事したことがある職員については、五年からその専ら従事した期間を控除した期間）を超えることができない。

4　第一項ただし書の許可は、当該許可を受けた職員が登録を受けた職員団体の役員として当該職員団体の業務にもつぱら従事する者でなくなつたときは、取り消されるものとする。

5　第一項ただし書の許可を受けた職員は、その許可が効力を有する間は、休職者とし、いかなる給与も支給されず、また、その期間は、退職手当の算定の基礎となる勤続期間に算入されないものとする。

6　職員は、条例で定める場合を除き、給与を受けながら、職員団体のためその業務を行ない、又は活動してはならない。

（不利益取扱の禁止）

第五六条　職員は、職員団体の構成員であること、職員団体を結成しようとしたこと、若しくはこれに加入しようとしたこと又は職員団体のために正当な行為をしたことの故をもつて不利益な取扱を受けることはない。

第四章　補則

（特例）

第五七条　職員のうち、公立学校（学校教育法（昭和二十二年法律第二十六号）に規定する公立学校をいう。）の教職員（同法に規定する校長、教員及び事務職員をいう。）、単純な労務に雇用される者その他その職務と責任の特殊性に基いてこの法律に対する特例を必要とするものについては、別に法律で定める。但し、その特例は、第一条の精神に反するものであつてはならない。

（他の法律の適用除外等）

第五八条　労働組合法（昭和二十四年法律第百七十四号）、労働関係調整法（昭和二十一年法律第二十五号）及び最低賃金法（昭和三十四年法律第百三十七号）並びにこれらに基く命令の規定は、職員に関して適用しない。

2　労働安全衛生法（昭和四十七年法律第五十七号）第二章の規定並びに船員災害防止活動の促進に関する法律（昭和四十二年法律第六十一号）第二章及び第五章の規定並びに同章に基づく命令の規定は、地方公共団体の行う労働基準法（昭和二十二年法律第四十九号）別表第一第一号から第十号まで及び第十三号から第十五号までに掲げる事業に従事する職員以外の職員に関して適用しない。

3　労働基準法第二条、第十四条第二項及び第三項、第二十四条第一項、第三十二条の三から第三十二条の五まで、第三十八条の二第二項及び第三項、第三十八条の三、第三十八条の四、第三十九条第六項から第八項まで、第四十一条の二、第七十五条から第九十三条まで並びに第百二条の規定、労働安全衛生法第六十六条の八の四及び第九十二条の規定、船員法（昭和二十二年法律第百号）第六条中労働基準法第二条に関する部分、第三十条、第三十七条中勤務条件に関する部分、第五十三条第一項、第八十九条から第百条まで、第百二条及び第百八条中勤務条件に関する部分の規定並びに船員災害防止活動の促進に関する法律第六十二条の規定並びにこれらの規定に基づく命令の規定は、職員に関して適用しない。ただし、労働基準法第百二条の規定、労働安全衛生法第九十二条の規定、船員法第三十七条及び第百八条中勤務条件に関する部分の規定並びに船員災害防止活動の促進に関する法律第六十二条の規定並びにこれらの規定に基づく命令の規定は、地方公共団体の行う労働基準法別表第一第一号から第十号まで及び第十三号から第十五号までに掲げる事業に従事する職員に、同法第七十五条から第八十八条まで及び船員法第八十九条から第九十六条までの規定は、地方公務員災害補償法（昭和四十二年法律第百二十一号）第二条第一項に規定する者以外の職員に関しては適用する。

4　職員に関しては、労働基準法第三十二条の二第一項中「使用者は、当該事業場に、労働者の過半数で組織する労働組合がある場合においてはその労働組合、労働者の過半数で組織する労働組合がない場合においては労働者の過半数を代表する者との書面による協定により、又は」とあるのは「使用者は、」と、同法第三十四条第二項ただし書中「当該事業場に、労働者の過半数で組織する労働組合がある場合においてはその労働組合、労働者の過半数で組織する労働組合がない場合においては労働者の過半数を代表する者との書面による協定があるときは」とあるのは「条例に特別の定めがある場合は」と、同法第三十七条第三項中「使用者が、当該事業場に、労働者の過半数で組織する労働組合があるときはその労働組合、労働者の過半数で組織する労働組合がないときは労働者の過半数を代表する者との書面による協定により」とあるのは「使用者が」と、同法第三十九条第四項中「当該事業場に、労働者の過半数で組織する労働組合があるときはその労働組合、労働者の過半数で組織する労働組合がないときは労働者の過半数を代表する者との書面による協定により、次に掲げる事項を定めた場合において、第一号に掲げる労働者の範囲に属する労働者が有給休暇を時間を単位として請求したときは、前三項の規定による有給休暇の日数のうち第二号に掲げる日数については、これらの規定にかかわらず、当該協定で定めるところにより」とあるのは「前三項の規定にかかわらず、特に必要があると認められるときは、」とする。

5　労働基準法、労働安全衛生法、船員法及び船員災害防止活動の促進に関する法律の規定並びにこれらの規定に基づく命令の規定中第三項の規定により職員に関して適用されるものを適用する場合における職員の勤務条件に関する労働基準監督機関の職権は、地方公共団体の行う労働基準法別表第一第一号から第十号まで及び第十三号から第十五号までに掲げる事業に従事する職員の場合を除き、人事委員会又はその委任を受けた人事委員会の委員（人事委員会を置かない地方公共団体においては、地方公共団体の長）が行うものとする。

（人事行政の運営等の状況の公表）

第五八条の二　任命権者は、次条に規定するもののほか、条例で定めるところにより、毎年、地方公共団体の長に対し、職員（臨時的に任用された職員及び非常勤職員（短時間勤務の職を占める職員及び第二十二条の二第一項第二号に掲げる職員を除く。）を除く。）の任用、人事評価、給与、勤務時間その他の勤務条件、休業、分限及び懲戒、服務、退職管理、研修並びに福祉及び利益の保護等人事行政の運営の状況を報告しなければならない。

2　人事委員会又は公平委員会は、条例で定めるところにより、毎年、地方公共団体の長に対し、業務の状況を報告しなければならない。

3　地方公共団体の長は、前二項の規定による報告を受けたときは、条例で定めるところにより、毎年、第一項の規定による報告を取りまとめ、その概要及び前項の規定による報告を公表しなければならない。

（等級等ごとの職員の数の公表）

第五八条の三　任命権者は、第二十五条第四項に規定する等級及び職員の職の属する職制上の段階ごとに、職員の数を、毎年、地方公共団体の長に報告しなければならない。

2　地方公共団体の長は、毎年、前項の規定による報告を取りまとめ、公表しなければならない。

（総務省の協力及び技術的助言）

第五九条　総務省は、地方公共団体の人事行政がこの法律によつて確立される地方公務員制度の原則に沿つて運営されるように協力し、及び技術的助言をすることができる。

第五章　罰則

（罰則）

第六〇条　左の各号の一に該当する者は、一年以下の懲役又は五十万円以下の罰金に処する。

一　第十三条の規定に違反して差別をした者

二　第三十四条第一項又は第二項の規定（第九条の二第十二項において準用する場合を含む。）に違反して秘密を漏らした者

三　第五十条第三項の規定による人事委員会又は公平委員会の指示に故意に従わなかつた者

四　離職後二年を経過するまでの間に、離職前五年間に在職していた地方公共団体の執行機関の組織等に属する役職員又はこれに類する者として人事委員会規則で定めるものに対し、契約等事務であつて離職前五年間の職務に属するものに関し、職務上不正な行為をするように、又は相当の行為をしないように要求し、又は依頼した再就職者

五　地方自治法第百五十八条第一項に規定する普通地方公共団体の長の直近下位の内部組織の長又はこれに準ずる職であつて人事委員会規則で定めるものに離職した日の五年前の日より前に就いていた者であつて、離職後二年を経過するまでの間に、当該職に就いていた時に在職していた地方公共団体の執行機関の組織等に属する役職員又はこれに類する者として人事委員会規則で定めるものに対し、契約等事務であつて離職した日の五年前の日より前の職務（当該職に就いていたときの職務に限る。）に属するものに関し、職務上不正な行為をするように、又は相当の行為をしないように要求し、又は依頼した再就職者

六　在職していた地方公共団体の執行機関の組織等に属する役職員又はこれに類する者として人事委員会規則で定めるものに対し、当該地方公共団体若しくは当該特定地方独立行政法人と営利企業等（再就職者が現にその地位に就いているものに限る。）若しくはその子法人との間の契約であつて当該地方公共団体若しくは当該特定地方独立行政法人においてその締結について自らが決定したもの又は当該地方公共団体若しくは当該特定地方独立行政法人による当該営利企業等若しくはその子法人に対する行政手続法第二条第二号に規定する処分であつて自らが決定したものに関し、職務上不正な行為をするように、又は相当の行為をしないように要求し、又は依頼した再就職者

七　国家行政組織法第二十一条第一項に規定する部長又は課長の職に相当する職として人事委員会規則で定めるものに離職した日の五年前の日より前に就いていた者であつて、離職後二年を経過するまでの間に、当該職に就いていた時に在職していた地方公共団体の執行機関の組織等に属する役職員又はこれに類する者として人事委員会規則で定めるものに対し、契約等事務であつて離職した日の五年前の日より前の職務（当該職に就いていたときの職務に限る。）に属するものに関し、職務上不正な行為をするように、又は相当の行為をしないように要求し、又は依頼した再就職者（第三十八条の二第八項の規定に基づき条例を定めている地方公共団体の再就職者に限る。）

八　第四号から前号までに掲げる再就職者から要求又は依頼（地方独立行政法人法第五十条の二において準用する第四号から前号までに掲げる

要求又は依頼を含む。）を受けた職員であつて、当該要求又は依頼を受けたことを理由として、職務上不正な行為をし、又は相当の行為をしなかつた者

第六一条　次の各号のいずれかに該当する者は、三年以下の懲役又は百万円以下の罰金に処する。

一　第五十条第一項に規定する権限の行使に関し、第八条第六項の規定により人事委員会若しくは公平委員会から証人として喚問を受け、正当な理由がなくてこれに応ぜず、若しくは虚偽の陳述をした者又は同項の規定により人事委員会若しくは公平委員会から書類若しくはその写の提出を求められ、正当な理由がなくてこれに応ぜず、若しくは虚偽の事項を記載した書類若しくはその写を提出した者

二　第十五条の規定に違反して任用した者

三　第十八条の三（第二十一条の四第四項において準用する場合を含む。）の規定に違反して受験を阻害し、又は情報を提供した者

四　削除

五　第四十六条の規定による勤務条件に関する措置の要求の申出を故意に妨げた者

第六二条　第六十条第二号又は前条第一号から第三号まで若しくは第五号に掲げる行為を企て、命じ、故意にこれを容認し、そそのかし、又はそのほう助をした者は、それぞれ各本条の刑に処する。

第六三条　次の各号のいずれかに該当する者は、三年以下の懲役に処する。ただし、刑法（明治四十年法律第四十五号）に正条があるときは、刑法による。

一　職務上不正な行為（当該職務上不正な行為が、営利企業等に対し、他の役職員をその離職後に、若しくは役職員であつた者を、当該営利企業等若しくはその子法人の地位に就かせることを目的として、当該役職員若しくは役職員であつた者に関する情報を提供し、若しくは当該地位に関する情報の提供を依頼し、若しくは当該役職員若しくは役職員であつた者を当該地位に就かせることを要求し、若しくは依頼する行為、又は営利企業等に対し、離職後に当該営利企業等若しくはその子法人の地位に就くことを目的として、自己に関する情報を提供し、若しくは当該地位に関する情報の提供を依頼し、若しくは当該地位に就くことを要求し、若しくは約束する行為である場合における当該職務上不正な行為を除く。次号において同じ。）をすること若しくはしたこと、又は相当の行為をしないこと若しくはしなかつたことに関し、営利企業等に対し、離職後に当該営利企業等若しくはその子法人の地位に就くこと、又は他の役職員をその離職後に、若しくは役職員であつた者を、当該営利企業等若しくはその子法人の地位に就かせることを要求し、又は約束した職員

二　職務に関し、他の役職員に職務上不正な行為をするように、又は相当の行為をしないように要求し、依頼し、若しくは唆すこと、又は要求し、依頼し、若しくは唆したことに関し、営利企業等に対し、離職後に当該営利企業等若しくはその子法人の地位に就くこと、又は他の役職員をその離職後に、若しくは役職員であつた者を、当該営利企業等若しくはその子法人の地位に就かせることを要求し、又は約束した職員

三　前号（地方独立行政法人法第五十条の二において準用する場合を含む。）の不正な行為をするように、又は相当の行為をしないように要求し、依頼し、又は唆した行為の相手方であつて、同号（同条において準用する場合を含む。）の要求又は約束があつたことの情を知つて職務上不正な行為をし、又は相当の行為をしなかつた職員

第六四条　第三十八条の二第一項、第四項又は第五項の規定（同条第八項の規定に基づく条例が定められているときは、当該条例の規定を含む。）に違反して、役職員又はこれらの規定に規定する役職員に類する者として人事委員会規則で定めるものに対し、契約等事務に関し、職務上の行為をするように、又はしないように要求し、又は依頼した者（不正な行為をするように、又は相当の行為をしないように要求し、又は依頼した者を除く。）は、十万円以下の過料に処する。

第六五条　第三十八条の六第二項の条例には、これに違反した者に対し、十万円以下の過料を科する旨の規定を設けることができる。

附則（抄）

（施行期日）

1　この法律の規定中、第十五条及び第十七条から第二十三条までの規定並びに第六十一条第二号及び第三号の罰則並びに第六十二条中第六十一条第二号及び第三号に関する部分は、都道府県及び地方自治法第百五十五条第二項の市にあつてはこの法律公布の日から起算して二年を経過した日（昭和二七年一二月一三日）から、その他の地方公共団体にあつてはこの法律公布の日から起算して二年六月を経過した日（昭和二八年六月一三日）からそれぞれ施行し、第二十七条から第二十九条まで及び第四十六条から第五十一条までの規定並び

に第六十条第三号、第六十一条第一号及び同条第五号の罰則並びに第六十二条中第六十一条第一号及び第五号に関する部分は、この法律公布の日から起算して八月を経過した日（昭和二六年八月一三日）から施行し、その他の規定は、この法律公布の日から起算して二月を経過した日（昭和二六年二月一三日）から施行する。

【令和四年六月一七日法律第六八号未施行内容】

刑法等の一部を改正する法律の施行に伴う関係法律の整理等に関する法律

第一五九条　地方公務員法（昭和二十五年法律第二百六十一号）の一部を次のように改正する。

第十六条第一号中「禁錮」を「拘禁刑」に改める。

第六十条中「懲役」を「拘禁刑」に改める。

第六十一条中「懲役」を「拘禁刑」に改め、同条第四号を次のように改める。

四　何人たるを問わず、第三十七条第一項前段に規定する違法な行為の遂行を共謀し、唆し、若しくはあおり、又はこれらの行為を企てた者

第六十二条の二を削る。

第六十三条中「懲役」を「拘禁刑」に改める。

附則

（施行期日）

1　この法律は、刑法等一部改正法施行日（令和七年六月一日——編注）から施行する。《略》

公立の義務教育諸学校等の教育職員の給与等に関する特別措置法

昭和四六年五月二八日法律第七七号
施行：昭和四七年一月一日
最終改正：令和三年六月一一日法律第六三号
施行：令和五年四月一日

（趣旨）

第一条　この法律は、公立の義務教育諸学校等の教育職員の職務と勤務態様の特殊性に基づき、その給与その他の勤務条件について特例を定めるものとする。

（定義）

第二条　この法律において、「義務教育諸学校等」とは、学校教育法（昭和二十二年法律第二十六号）に規定する公立の小学校、中学校、義務教育学校、高等学校、中等教育学校、特別支援学校又は幼稚園をいう。

2　この法律において、「教育職員」とは、義務教育諸学校等の校長（園長を含む。次条第一項において同じ。）、副校長（副園長を含む。同項において同じ。）、教頭、主幹教諭、指導教諭、教諭、養護教諭、栄養教諭、助教諭、養護助教諭、講師（常時勤務の者及び地方公務員法（昭和二十五年法律第二百六十一号）第二十二条の四第一項に規定する短時間勤務の職を占める者に限る。）、実習助手及び寄宿舎指導員をいう。

（教育職員の教職調整額の支給等）

第三条　教育職員（校長、副校長及び教頭を除く。以下この条において同じ。）には、その者の給料月額の百分の四に相当する額を基準として、条例で定めるところにより、教職調整額を支給しなければならない。

2　教育職員については、時間外勤務手当及び休日勤務手当は、支給しない。

3　第一項の教職調整額の支給を受ける者の給与に関し、次の各号に掲げる場合においては、当該各号に定める内容を条例で定めるものとする。

一　地方自治法（昭和二十二年法律第六十七号）第二百四条第二項に規定する地域手当、特地勤務手当（これに準ずる手当を含む。）、期末手当、勤勉手当、定時制通信教育手当、産業教育手当又は退職手当について給料をその算定の基礎とする場合　当該給料の額に教職調整額の額を加えた額を算定の基礎とすること。

二　休職の期間中に給料が支給される場合　当該給料の額に教職調整額の額を加えた額を支給すること。

三　外国の地方公共団体の機関等に派遣される一般職の地方公務員の処遇等に関する法律（昭和六十二年法律第七十八号）第二条第一項の規定により派遣された者に給料が支給される場合　当該給料の額に教職調整額の額を加えた額を支給すること。

四　公益的法人等への一般職の地方公務員の派遣等に関する法律（平成十二年法律第五十号）第二条第一項の規定により派遣された者に給料が支給される場合　当該給料の額に教職調整額の額を加えた額を支給すること。

（教職調整額を給料とみなして適用する法令）

第四条　前条の教職調整額の支給を受ける者に係る次に掲げる法律の規定及びこれらに基づく命令の

規定の適用については、同条の教職調整額は、給料とみなす。

一　地方自治法

二　市町村立学校職員給与負担法（昭和二十三年法律第百三十五号）

三　へき地教育振興法（昭和二十九年法律第百四十三号）

四　地方公務員等共済組合法（昭和三十七年法律第百五十二号）

五　地方公務員等共済組合法の長期給付等に関する施行法（昭和三十七年法律第百五十三号）

六　地方公務員災害補償法（昭和四十二年法律第百二十一号）

（教育職員に関する読替え）

第五条　教育職員については、地方公務員法第五十八条第三項本文中「第二条、」とあるのは「第三十二条の四第一項中「当該事業場に、労働者の過半数で組織する労働組合がある場合においてはその労働組合、労働者の過半数で組織する労働組合がない場合においては労働者の過半数を代表する者との書面による協定により、次に掲げる事項を定めたときは」とあるのは「次に掲げる事項について条例に特別の定めがある場合は」と、「その協定」とあるのは「その条例」と、「当該協定」とあるのは「当該条例」と、同項第五号中「厚生労働省令」とあるのは「文部科学省令」と、同条第二項中「前項の協定で同項第四号の区分をし」とあるのは「前項第四号の区分並びに」と、「を定めたときは」とあるのは「について条例に特別の定めがある場合は」と、「当該事業場に、労働者の過半数で組織する労働組合がある場合においてはその労働組合、労働者の過半数で組織する労働組合がない場合においては労働者の過半数を代表する者の同意を得て、厚生労働省令」とあるのは「文部科学省令」と、同条第三項中「厚生労働大臣は、労働政策審議会」とあるのは「文部科学大臣は、審議会等（国家行政組織法（昭和二十三年法律第百二十号）第八条に規定する機関をいう。）で政令で定めるもの」と、「厚生労働省令」とあるのは「文部科学省令」と、「協定」とあるのは「条例」と、同法第三十三条第三項中「官公署の事業（別表第一に掲げる事業を除く。）」とあるのは「別表第一第十二号に掲げる事業」と、「労働させることができる」とあるのは「労働させることができる。この場合において、公務員の健康及び福祉を害しないように考慮しなければならない」と読み替えて同法第三十二条の四第一項から第三項まで及び第三十三条第三項の規定を適用するものとし、同法第二条、」と、「から第三十二条の五まで」とあるのは「、第三十二条の三の二、第三十二条の四の二、第三十二条の五、第三十七条」と、「第五十三条第一項」とあるのは「第五十三条第一項、第六十六条（船員法第八十八条の二の二第四項及び第五項並びに第八十八条の三第四項において準用する場合を含む。）」と、「規定は」とあるのは「規定（船員法第七十三条の規定に基づく命令の規定中同法第六十六条に係るものを含む。）は」と、同条第四項中「同法第三十七条第三項中「使用者が、当該事業場に、労働者の過半数で組織する労働組合があるときはその労働組合、労働者の過半数で組織する労働組合がないときは労働者の過半数を代表する者との書面による協定により」とあるのは「使用者が」と、同法」とあるのは「同法」と読み替えて同条第三項及び第四項の規定を適用するものとする。

（教育職員の正規の勤務時間を超える勤務等）

第六条　教育職員（管理職手当を受ける者を除く。以下この条において同じ。）を正規の勤務時間（一般職の職員の勤務時間、休暇等に関する法律（平成六年法律第三十三号）第五条から第八条まで、第十一条及び第十二条の規定に相当する条例の規定による勤務時間をいう。第三項及び次条第一項において同じ。）を超えて勤務させる場合は、政令で定める基準に従い条例で定める場合に限るものとする。

２　前項の政令を定める場合においては、教育職員の健康と福祉を害することとならないよう勤務の実情について十分な配慮がされなければならない。

３　第一項の規定は、次に掲げる日において教育職員を正規の勤務時間中に勤務させる場合について準用する。

一　一般職の職員の勤務時間、休暇等に関する法律第十四条に規定する祝日法による休日及び年末年始の休日に相当する日

二　一般職の職員の給与に関する法律（昭和二十五年法律第九十五号）第十七条の規定に相当する条例の規定により休日勤務手当が一般の職員に対して支給される日（前号に掲げる日を除く。）

（教育職員の業務量の適切な管理等に関する指針の策定等）

第七条　文部科学大臣は、教育職員の健康及び福祉の確保を図ることにより学校教育の水準の維持向上に資するため、教育職員が正規の勤務時間及びそれ以外の時間において行う業務の量の適切な管

理その他教育職員の服務を監督する教育委員会が教育職員の健康及び福祉の確保を図るために講ずべき措置に関する指針（次項において単に「指針」という。）を定めるものとする。

2　文部科学大臣は、指針を定め、又はこれを変更したときは、遅滞なく、これを公表しなければならない。

附則

1　この法律は、昭和四十七年一月一日から施行する。

2　勤務時間法第五条から第八条まで、第十一条及び第十二条の規定に相当する条例の規定が定められ、かつ、毎四週間につき任命権者が職員ごとに指定する一又は二の勤務日における四時間又は八時間の勤務時間は勤務を要しない時間とする旨及びこれにより難いと認められる職員について任命権者が五十二週間を超えない範囲内で定める期間ごとに勤務を要しない時間として一以上の勤務日における勤務時間を指定することができる旨の条例の規定が定められた場合における第十一条の規定の適用については、同条中「勤務時間法第五条から第八条まで、第十一条及び第十二条の規定に相当する条例の規定による勤務時間」とあるのは、「勤務時間法第五条から第八条まで、第十一条及び第十二条の規定に相当する条例の規定による勤務時間のうち条例の規定により当該教育職員ごとに指定する勤務を要しない時間を除いた時間」とする。

公立の義務教育諸学校等の教育職員を正規の勤務時間を超えて勤務させる場合等の基準を定める政令

平成一五年一二月三日政令第四八四号
施行：平成一六年四月一日

内閣は、国立大学法人法等の施行に伴う関係法律の整備等に関する法律（平成十五年法律第百十七号）の施行に伴い、及び公立の義務教育諸学校等の教育職員の給与等に関する特別措置法（昭和四十六年法律第七十七号）第六条第一項（同条第三項において準用する場合を含む。）の規定に基づき、この政令を制定する。

公立の義務教育諸学校等の教育職員の給与等に関する特別措置法（以下「法」という。）第六条第一項（同条第三項において準用する場合を含む。）の政令で定める基準は、次のとおりとする。

一　教育職員（法第六条第一項に規定する教育職員をいう。次号において同じ。）については、正規の勤務時間（同項に規定する正規の勤務時間をいう。以下同じ。）の割振りを適正に行い、原則として時間外勤務（正規の勤務時間を超えて勤務することをいい、同条第三項各号に掲げる日において正規の勤務時間中に勤務することを含む。次号において同じ。）を命じないものとすること。

二　教育職員に対し時間外勤務を命ずる場合は、次に掲げる業務に従事する場合であって臨時又は緊急のやむを得ない必要があるときに限るものとすること。

イ　校外実習その他生徒の実習に関する業務

ロ　修学旅行その他学校の行事に関する業務

ハ　職員会議（設置者の定めるところにより学校に置かれるものをいう。）に関する業務

ニ　非常災害の場合、児童又は生徒の指導に関し緊急の措置を必要とする場合その他やむを得ない場合に必要な業務

附則

この政令は、平成十六年四月一日から施行する。

地方公営企業等の労働関係に関する法律

昭和二七年七月三一日法律第二八九号
施行：昭和二七年一〇月一日
最終改正：平成二六年六月一三日法律第六九号
施行：平成二八年四月一日

（目的）
第一条　この法律は、地方公共団体の経営する企業及び特定地方独立行政法人の正常な運営を最大限に確保し、もつて住民の福祉の増進に資するため、地方公共団体の経営する企業及び特定地方独立行政法人とこれらに従事する職員との間の平和的な労働関係の確立を図ることを目的とする。

（関係者の責務）
第二条　地方公共団体におけるその経営する企業及び特定地方独立行政法人の重要性にかんがみ、この法律に定める手続に関与する関係者は、紛争をできるだけ防止し、かつ、主張の不一致を友好的に調整するために、最大限の努力を尽さなければならない。

（定義）
第三条　この法律において、次の各号に掲げる用語の意義は、当該各号に定めるところによる。
一　地方公営企業　次に掲げる事業（これに附帯する事業を含む。）を行う地方公共団体が経営する企業をいう。
イ　鉄道事業
ロ　軌道事業
ハ　自動車運送事業
ニ　電気事業
ホ　ガス事業
ヘ　水道事業
ト　工業用水道事業
チ　イからトまでの事業のほか、地方公営企業法（昭和二十七年法律第二百九十二号）第二条第三項の規定に基づく条例又は規約の定めるところにより同法第四章の規定が適用される企業
二　特定地方独立行政法人　地方独立行政法人法（平成十五年法律第百十八号）第二条第二項に規定する特定地方独立行政法人をいう。
三　地方公営企業等　地方公営企業及び特定地方独立行政法人をいう。
四　職員　地方公営企業又は特定地方独立行政法人に勤務する一般職に属する地方公務員をいう。

（他の法律との関係）
第四条　職員に関する労働関係については、この法律の定めるところにより、この法律に定のないものについては、労働組合法（昭和二十四年法律第百七十四号）（第五条第二項第八号、第七条第一号ただし書、第八条及び第十八条の規定を除く。）及び労働関係調整法（昭和二十一年法律第二十五号）（第九条、第十八条、第二十六条第四項、第三十条及び第三十五条の二から第四十二条までの規定を除く。）の定めるところによる。

（職員の団結権）
第五条　職員は、労働組合を結成し、若しくは結成せず、又はこれに加入し、若しくは加入しないことができる。
2　労働委員会は、職員が結成し、又は加入する労働組合（以下「組合」という。）について、職員のうち労働組合法第二条第一号に規定する者の範囲を認定して告示するものとする。
3　地方公営企業等は、職を新設し、変更し、又は廃止したときは、速やかにその旨を労働委員会に通知しなければならない。

（組合のための職員の行為の制限）
第六条　職員は、組合の事業に専ら従事することができない。ただし、地方公営企業等の許可を受けて、組合の役員として専ら従事する場合は、この限りでない。
2　前項ただし書の許可は、地方公営企業等が相当と認める場合に与えることができるものとし、これを与える場合においては、地方公営企業等は、その許可の有効期間を定めるものとする。
3　第一項ただし書の規定により組合の役員としてもつぱら従事する期間は、職員としての在職期間を通じて五年（地方公務員法（昭和二十五年法律第二百六十一号）第五十五条の二第一項ただし書の規定により職員団体の業務にもつぱら従事したことがある職員については、五年からそのもつぱら従事した期間を控除した期間）をこえることができない。
4　第一項ただし書の許可は、当該許可を受けた職員が組合の役員として当該組合の業務にもつぱら従事する者でなくなつたときは、取り消されるものとする。
5　第一項ただし書の許可を受けた職員は、その許可が効力を有する間は、休職者とし、いかなる給与も支給されず、また、その期間は、退職手当の算定の基礎となる勤続期間に算入されないものとする。

（団体交渉の範囲）

第七条　第十三条第二項に規定するもののほか、職員に関する次に掲げる事項は、団体交渉の対象とし、これに関し労働協約を締結することができる。ただし、地方公営企業等の管理及び運営に関する事項は、団体交渉の対象とすることができない。
一　賃金その他の給与、労働時間、休憩、休日及び休暇に関する事項
二　昇職、降職、転職、免職、休職、先任権及び懲戒の基準に関する事項
三　労働に関する安全、衛生及び災害補償に関する事項
四　前三号に掲げるもののほか、労働条件に関する事項

（条例に抵触する協定）
第八条　地方公共団体の長は、地方公営企業において当該地方公共団体の条例に抵触する内容を有する協定が締結されたときは、その締結後十日以内に、その協定が条例に抵触しなくなるために必要な条例の改正又は廃止に係る議案を当該地方公共団体の議会に付議して、その議決を求めなければならない。ただし、当該地方公共団体の議会がその締結の日から起算して十日を経過した日に閉会しているときは、次の議会に速やかにこれを付議しなければならない。
2　特定地方独立行政法人の理事長は、設立団体（地方独立行政法人法第六条第三項に規定する設立団体をいう。以下同じ。）の条例に抵触する内容を有する協定を締結したときは、速やかに、当該設立団体の長に対して、その協定が条例に抵触しなくなるために必要な条例の改正又は廃止に係る議案を当該設立団体の議会に付議して、その議決を求めるよう要請しなければならない。
3　前項の規定による要請を受けた設立団体の長は、その要請を受けた日から十日以内に、同項の協定が条例に抵触しなくなるために必要な条例の改正又は廃止に係る議案を当該設立団体の議会に付議して、その議決を求めるものとする。ただし、当該設立団体の議会がその要請を受けた日から起算して十日を経過した日に閉会しているときは、次の議会に速やかにこれを付議するものとする。
4　第一項又は第二項の協定は、第一項又は第二項の条例の改正又は廃止がなければ、条例に抵触する限度において、効力を生じない。

（規則その他の規程に抵触する協定）
第九条　地方公共団体の長その他の地方公共団体の機関は、地方公営企業において、当該地方公共団体の長その他の地方公共団体の機関の定める規則その他の規程に抵触する内容を有する協定が締結されたときは、速やかに、その協定が規則その他の規程に抵触しなくなるために必要な規則その他の規程の改正又は廃止のための措置をとらなければならない。

（予算上資金上不可能な支出を内容とする協定）
第一〇条　地方公営企業の予算上又は資金上、不可能な資金の支出を内容とするいかなる協定も、当該地方公共団体の議会によつて所定の行為がなされるまでは、当該地方公共団体を拘束せず、且つ、いかなる資金といえども、そのような協定に基いて支出されてはならない。
2　前項の協定をしたときは、当該地方公共団体の長は、その締結後十日以内に、事由を附しこれを当該地方公共団体の議会に付議して、その承認を求めなければならない。但し、当該地方公共団体の議会がその締結の日から起算して十日を経過した日に閉会しているときは、次の議会にすみやかにこれを付議しなければならない。
3　前項の規定により当該地方公共団体の議会の承認があつたときは、第一項の協定は、それに記載された日附にさかのぼつて効力を発生するものとする。

（争議行為の禁止）
第一一条　職員及び組合は、地方公営企業等に対して同盟罷業、怠業その他の業務の正常な運営を阻害する一切の行為をすることができない。また、職員並びに組合の組合員及び役員は、このような禁止された行為を共謀し、唆し、又はあおつてはならない。
2　地方公営企業等は、作業所閉鎖をしてはならない。

（前条の規定に違反した職員の身分）
第一二条　地方公共団体及び特定地方独立行政法人は、前条の規定に違反する行為をした職員を解雇することができる。

（苦情処理）
第一三条　地方公営企業等及び組合は、職員の苦情を適当に解決するため、地方公営企業を代表する者及び職員を代表する者各同数をもつて構成する苦情処理共同調整会議を設けなければならない。
2　苦情処理共同調整会議の組織その他苦情処理に関する事項は、団体交渉で定める。

（調停の開始）
第一四条　労働委員会は、次に掲げる場合に、地方公営企業等の労働関係に関して調停を行う。
一　関係当事者の双方が調停の申請をしたとき。
二　関係当事者の双方又は一方が労働協約の定めに基づいて調停の申請をしたとき。

三　関係当事者の一方が調停の申請をなし、労働委員会が調停を行う必要があると決議したとき。
四　労働委員会が職権に基づいて調停を行う必要があると決議したとき。
五　厚生労働大臣又は都道府県知事が調停の請求をしたとき。

（仲裁の開始）
第一五条　労働委員会は、次に掲げる場合に、地方公営企業等の労働関係に関して仲裁を行う。
一　関係当事者の双方が仲裁の申請をしたとき。
二　関係当事者の双方又は一方が労働協約の定めに基づいて仲裁の申請をしたとき。
三　労働委員会が、その労働委員会においてあつせん又は調停を行つている労働争議について、仲裁を行う必要があると決議したとき。
四　労働委員会があつせん又は調停を開始した後二月を経過して、なお労働争議が解決しない場合において、関係当事者の一方が仲裁の申請をしたとき。
五　厚生労働大臣又は都道府県知事が仲裁の請求をしたとき。

（仲裁裁定）
第一六条　地方公営企業等とその職員との間に発生した紛争に係る仲裁裁定に対しては、当事者は、双方とも最終的決定としてこれに服従しなければならない。
2　地方公共団体の長は、地方公営企業とその職員との間に発生した紛争に係る仲裁裁定が実施されるように、できる限り努力しなければならない。ただし、当該地方公営企業の予算上又は資金上、不可能な資金の支出を内容とする仲裁裁定については、第十条の規定を準用する。
3　第八条第一項及び第四項の規定は当該地方公共団体の条例に抵触する内容を有する仲裁裁定について、第九条の規定は当該地方公共団体の規則その他の規程に抵触する内容を有する仲裁裁定について準用する。
4　設立団体は、特定地方独立行政法人がその職員との間に発生した紛争に係る仲裁裁定を実施した結果、その事務及び事業の実施に著しい支障が生ずることのないように、できる限り努力しなければならない。
5　第八条第二項から第四項までの規定は、当該設立団体の条例に抵触する内容を有する仲裁裁定について準用する。

（第五条第二項の事務の処理）
第一六条の二　第五条第二項の規定による労働委員会の事務の処理には、公益を代表する委員のみが参与する。

（不当労働行為の申立て等）
第一六条の三　第十二条の規定による解雇に係る労働組合法第二十七条第一項の申立てがあつた場合において、その申立てが当該解雇がなされた日から二月を経過した後になされたものであるときは、労働委員会は、同条第二項の規定にかかわらず、これを受けることができない。
2　第十二条の規定による解雇に係る労働組合法第二十七条第一項の申立て又は同法第二十七条の十五第一項若しくは第二項の再審査の申立てを受けたときは、労働委員会は、申立ての日から二月以内に命令を発するようにしなければならない。

（地方公営企業法の準用）
第一七条　地方公営企業第法三十八条並びに第三十九条第一項及び第三項から第六項までの規定は、地方公営企業（同法第四章の規定が適用されるものを除く。）に勤務する職員について準用する。
2　地方公営企業法第三十九条第二項の規定は、前項に規定する職員（同法第三十九条第二項の政令で定める基準に従い地方公共団体の長が定める職にある者を除く。）について準用する。

附則《略》

憲法・一般法

日本国憲法

昭和二一年一一月三日
施行：昭和二二年五月三日

日本国民は、正当に選挙された国会における代表者を通じて行動し、われらとわれらの子孫のために、諸国民との協和による成果と、わが国全土にわたつて自由のもたらす恵沢を確保し、政府の行為によつて再び戦争の惨禍が起ることのないやうにすることを決意し、ここに主権が国民に存することを宣言し、この憲法を確定する。そもそも国政は、国民の厳粛な信託によるものであつて、その権威は国民に由来し、その権力は国民の代表者がこれを行使し、その福利は国民がこれを享受する。これは人類普遍の原理であり、この憲法は、かかる原理に基くものである。われらは、これに反する一切の憲法、法令及び詔勅を排除する。

日本国民は、恒久の平和を念願し、人間相互の関係を支配する崇高な理想を深く自覚するのであつて、平和を愛する諸国民の公正と信義に信頼して、われらの安全と生存を保持しようと決意した。われらは、平和を維持し、専制と隷従、圧迫と偏狭を地上から永遠に除去しようと努めてゐる国際社会において、名誉ある地位を占めたいと思ふ。われらは、全世界の国民が、ひとしく恐怖と欠乏から免かれ、平和のうちに生存する権利を有することを確認する。

われらは、いづれの国家も、自国のことのみに専念して他国を無視してはならないのであつて、政治道徳の法則は、普遍的なものであり、この法則に従ふことは、自国の主権を維持し、他国と対等関係に立たうとする各国の責務であると信ずる。

日本国民は、国家の名誉にかけ、全力をあげてこの崇高な理想と目的を達成することを誓ふ。

第一章　天皇

〔天皇の地位・国民主権〕
第一条　天皇は、日本国の象徴であり日本国民統合の象徴であつて、この地位は、主権の存する日本国民の総意に基く。

〔皇位の世襲と継承〕
第二条　皇位は、世襲のものであつて、国会の議決した皇室典範の定めるところにより、これを継承する。

〔天皇の国事行為と内閣の助言・承認及び責任〕
第三条　天皇の国事に関するすべての行為には、内閣の助言と承認を必要とし、内閣が、その責任を負ふ。

〔天皇の権能、国事行為の委任〕
第四条　天皇は、この憲法の定める国事に関する行為のみを行ひ、国政に関する権能を有しない。
②　天皇は、法律の定めるところにより、その国事に関する行為を委任することができる。

〔摂政〕
第五条　皇室典範の定めるところにより摂政を置くときは、摂政は、天皇の名でその国事に関する行為を行ふ。この場合には、前条第一項の規定を準用する。

〔天皇の任命権〕
第六条　天皇は、国会の指名に基いて、内閣総理大臣を任命する。
②　天皇は、内閣の指名に基いて、最高裁判所の長たる裁判官を任命する。

〔天皇の行う国事行為の範囲〕
第七条　天皇は、内閣の助言と承認により、国民のために、左の国事に関する行為を行ふ。
一　憲法改正、法律、政令及び条約を公布すること。
二　国会を召集すること。
三　衆議院を解散すること。
四　国会議員の総選挙の施行を公示すること。
五　国務大臣及び法律の定めるその他の官吏の任免並びに全権委任状及び大使及び公使の信任状を認証すること。
六　大赦、特赦、減刑、刑の執行の免除及び復権を認証すること。
七　栄典を授与すること。
八　批准書及び法律の定めるその他の外交文書を認証すること。
九　外国の大使及び公使を接受すること。
十　儀式を行ふこと。

〔皇室の財産授受〕
第八条　皇室に財産を譲り渡し、又は皇室が、財産を譲り受け、若しくは賜与することは、国会の議決に基かなければならない。

第二章　戦争の放棄

〔戦争の放棄、戦力の不保持・交戦権の否認〕
第九条　日本国民は、正義と秩序を基調とする国際平和を誠実に希求し、国権の発動たる戦争と、武力による威嚇又は武力の行使は、国際紛争を解決する手段としては、永久にこれを放棄する。
②　前項の目的を達するため、陸海空軍その他の戦力は、これを保持しない。国の交戦権は、これを認めない。

第三章　国民の権利及び義務

〔国民の要件〕
第一〇条　日本国民たる要件は、法律でこれを定める。

〔基本的人権の享有〕
第一一条　国民は、すべての基本的人権の享有を妨げられない。この憲法が国民に保障する基本的人権は、侵すことのできない永久の権利として、現在及び将来の国民に与へられる。

〔自由及び権利の保持責任とその濫用禁止〕
第一二条　この憲法が国民に保障する自由及び権利は、国民の不断の努力によつて、これを保持しなければならない。又、国民は、これを濫用してはならないのであつて、常に公共の福祉のためにこれを利用する責任を負ふ。

〔個人の尊重〕
第一三条　すべて国民は、個人として尊重される。生命、自由及び幸福追求に対する国民の権利については、公共の福祉に反しない限り、立法その他の国政の上で、最大の尊重を必要とする。

〔法の下の平等、貴族制度の廃止、栄典の授与〕
第一四条　すべて国民は、法の下に平等であつて、人種、信条、性別、社会的身分又は門地により、政治的、経済的又は社会的関係において、差別されない。

② 華族その他の貴族の制度は、これを認めない。

③ 栄誉、勲章その他の栄典の授与は、いかなる特権も伴はない。栄典の授与は、現にこれを有し、又は将来これを受ける者の一代に限り、その効力を有する。

〔国民の公務員選定罷免権、公務員の本質、普通選挙の保障、秘密投票の保障〕
第一五条　公務員を選定し、及びこれを罷免することは、国民固有の権利である。

② すべて公務員は、全体の奉仕者であつて、一部の奉仕者ではない。

③ 公務員の選挙については、成年者による普通選挙を保障する。

④ すべて選挙における投票の秘密は、これを侵してはならない。選挙人は、その選択に関し公的にも私的にも責任を問はれない。

〔請願権〕
第一六条　何人も、損害の救済、公務員の罷免、法律、命令又は規則の制定、廃止又は改正その他の事項に関し、平穏に請願する権利を有し、何人も、かかる請願をしたためにいかなる差別待遇も受けない。

〔国及び公共団体の賠償責任〕
第一七条　何人も、公務員の不法行為により、損害を受けたときは、法律の定めるところにより、国又は公共団体に、その賠償を求めることができる。

〔奴隷的拘束及び苦役からの自由〕
第一八条　何人も、いかなる奴隷的拘束も受けない。又、犯罪に因る処罰の場合を除いては、その意に反する苦役に服させられない。

〔思想及び良心の自由〕
第一九条　思想及び良心の自由は、これを侵してはならない。

〔信教の自由、国の宗教活動の禁止〕
第二〇条　信教の自由は、何人に対してもこれを保障する。いかなる宗教団体も、国から特権を受け、又は政治上の権力を行使してはならない。

② 何人も、宗教上の行為、祝典、儀式又は行事に参加することを強制されない。

③ 国及びその機関は、宗教教育その他いかなる宗教的活動もしてはならない。

〔集会・結社・表現の自由、通信の秘密〕
第二一条　集会、結社及び言論、出版その他一切の表現の自由は、これを保障する。

② 検閲は、これをしてはならない。通信の秘密は、これを侵してはならない。

〔居住・移転・職業選択の自由、外国移住・国籍離脱の自由〕
第二二条　何人も、公共の福祉に反しない限り、居住、移転及び職業選択の自由を有する。

② 何人も、外国に移住し、又は国籍を離脱する自由を侵されない。

〔学問の自由〕
第二三条　学問の自由は、これを保障する。

〔家族生活における個人の尊厳と両性の平等〕
第二四条　婚姻は、両性の合意のみに基いて成立し、夫婦が同等の権利を有することを基本として、相互の協力により、維持されなければならない。

② 配偶者の選択、財産権、相続、住居の選定、離婚並びに婚姻及び家族に関するその他の事項に関しては、法律は、個人の尊厳と両性の本質的平等に立脚して、制定されなければならない。

〔生存権、国の社会保障的義務〕
第二五条　すべて国民は、健康で文化的な最低限度の生活を営む権利を有する。

② 国は、すべての生活部面について、社会福祉、社会保障及び公衆衛生の向上及び増進に努めなければならない。

〔教育を受ける権利、義務教育〕
第二六条　すべて国民は、法律の定めるところにより、その能力に応じて、ひとしく教育を受ける権利を有する。

② すべて国民は、法律の定めるところにより、その保護する子女に普通教育を受けさせる義務を負ふ。義務教育は、これを無償とする。

〔勤労の権利義務、勤労条件の基準、児童酷使の禁止〕

第二七条 すべて国民は、勤労の権利を有し、義務を負ふ。

② 賃金、就業時間、休息その他の勤労条件に関する基準は、法律でこれを定める。

③ 児童は、これを酷使してはならない。

〔勤労者の団結権・団体交渉権・団体行動権〕

第二八条 勤労者の団結する権利及び団体交渉その他の団体行動をする権利は、これを保障する。

〔財産権〕

第二九条 財産権は、これを侵してはならない。

② 財産権の内容は、公共の福祉に適合するやうに、法律でこれを定める。

③ 私有財産は、正当な補償の下に、これを公共のために用ひることができる。

〔納税の義務〕

第三〇条 国民は、法律の定めるところにより、納税の義務を負ふ。

〔法定手続の保障〕

第三一条 何人も、法律の定める手続によらなければ、その生命若しくは自由を奪はれ、又はその他の刑罰を科せられない。

〔裁判を受ける権利〕

第三二条 何人も、裁判所において裁判を受ける権利を奪はれない。

〔逮捕に対する保障〕

第三三条 何人も、現行犯として逮捕される場合を除いては、権限を有する司法官憲が発し、且つ理由となつてゐる犯罪を明示する令状によらなければ、逮捕されない。

〔抑留・拘禁に対する保障、拘禁理由の開示〕

第三四条 何人も、理由を直ちに告げられ、且つ、直ちに弁護人に依頼する権利を与へられなければ、抑留又は拘禁されない。又、何人も、正当な理由がなければ、拘禁されず、要求があれば、その理由は、直ちに本人及びその弁護人の出席する公開の法廷で示されなければならない。

〔住居侵入・捜索・押収に対する保障〕

第三五条 何人も、その住居、書類及び所持品について、侵入、捜索及び押収を受けることのない権利は、第三十三条の場合を除いては、正当な理由に基いて発せられ、且つ捜索する場所及び押収する物を明示する令状がなければ、侵されない。

② 捜索又は押収は、権限を有する司法官憲が発する各別の令状により、これを行ふ。

〔拷問及び残虐な刑罰の禁止〕

第三六条 公務員による拷問及び残虐な刑罰は、絶対にこれを禁ずる。

〔刑事被告人の権利〕

第三七条 すべて刑事事件においては、被告人は、公平な裁判所の迅速な公開裁判を受ける権利を有する。

② 刑事被告人は、すべての証人に対して審問する機会を充分に与へられ、又、公費で自己のために強制的手続により証人を求める権利を有する。

③ 刑事被告人は、いかなる場合にも、資格を有する弁護人を依頼することができる。被告人が自らこれを依頼することができないときは、国でこれを附する。

〔供述の不強要、自白の証拠能力〕

第三八条 何人も、自己に不利益な供述を強要されない。

② 強制、拷問若しくは脅迫による自白又は不当に長く抑留若しくは拘禁された後の自白は、これを証拠とすることができない。

③ 何人も、自己に不利益な唯一の証拠が本人の自白である場合には、有罪とされ、又は刑罰を科せられない。

〔遡及処罰の禁止、一事不再理〕

第三九条 何人も、実行の時に適法であつた行為又は既に無罪とされた行為については、刑事上の責任を問はれない。又、同一の犯罪について、重ねて刑事上の責任を問はれない。

〔刑事補償〕

第四〇条 何人も、抑留又は拘禁された後、無罪の裁判を受けたときは、法律の定めるところにより、国にその補償を求めることができる。

第四章　国会

〔国会の地位・立法権〕

第四一条 国会は、国権の最高機関であつて、国の唯一の立法機関である。

〔両院制〕

第四二条 国会は、衆議院及び参議院の両議院でこれを構成する。

〔両議院の組織〕

第四三条 両議院は、全国民を代表する選挙された議員でこれを組織する。

② 両議院の議員の定数は、法律でこれを定める。

〔議員及び選挙人の資格〕

第四四条　両議院の議員及びその選挙人の資格は、法律でこれを定める。但し、人種、信条、性別、社会的身分、門地、教育、財産又は収入によつて差別してはならない。

〔衆議院議員の任期〕

第四五条　衆議院議員の任期は、四年とする。但し、衆議院解散の場合には、その期間満了前に終了する。

〔参議院議員の任期〕

第四六条　参議院議員の任期は、六年とし、三年ごとに議員の半数を改選する。

〔選挙に関する事項の法定〕

第四七条　選挙区、投票の方法その他両議院の議員の選挙に関する事項は、法律でこれを定める。

〔両院議員兼職の禁止〕

第四八条　何人も、同時に両議院の議員たることはできない。

〔議員の歳費〕

第四九条　両議院の議員は、法律の定めるところにより、国庫から相当額の歳費を受ける。

〔議員の不逮捕特権〕

第五〇条　両議院の議員は、法律の定める場合を除いては、国会の会期中逮捕されず、会期前に逮捕された議員は、その議院の要求があれば、会期中これを釈放しなければならない。

〔議員の発言表決の無責任〕

第五一条　両議院の議員は、議院で行つた演説、討論又は表決について、院外で責任を問はれない。

〔常会〕

第五二条　国会の常会は、毎年一回これを召集する。

〔臨時会〕

第五三条　内閣は、国会の臨時会の召集を決定することができる。いづれかの議院の総議員の四分の一以上の要求があれば、内閣は、その召集を決定しなければならない。

〔衆議院の解散と総選挙、特別会、参議院の緊急集会〕

第五四条　衆議院が解散されたときは、解散の日から四十日以内に、衆議院議員の総選挙を行ひ、その選挙の日から三十日以内に、国会を召集しなければならない。

② 衆議院が解散されたときは、参議院は、同時に閉会となる。但し、内閣は、国に緊急の必要があるときは、参議院の緊急集会を求めることができる。

③ 前項但書の緊急集会において採られた措置は、臨時のものであつて、次の国会開会の後十日以内に、衆議院の同意がない場合には、その効力を失ふ。

〔議員の資格争訟〕

第五五条　両議院は、各々その議員の資格に関する争訟を裁判する。但し、議員の議席を失はせるには、出席議員の三分の二以上の多数による議決を必要とする。

〔定足数、議決方法〕

第五六条　両議院は、各々その総議員の三分の一以上の出席がなければ、議事を開き議決することができない。

② 両議院の議事は、この憲法に特別の定のある場合を除いては、出席議員の過半数でこれを決し、可否同数のときは、議長の決するところによる。

〔会議の公開と秘密会、会議録、表決の記載〕

第五七条　両議院の会議は、公開とする。但し、出席議員の三分の二以上の多数で議決したときは、秘密会を開くことができる。

② 両議院は、各々その会議の記録を保存し、秘密会の記録の中で特に秘密を要すると認められるもの以外は、これを公表し、且つ一般に頒布しなければならない。

③ 出席議員の五分の一以上の要求があれば、各議員の表決は、これを会議録に記載しなければならない。

〔役員の選任、議院規則、懲罰〕

第五八条　両議院は、各々その議長その他の役員を選任する。

② 両議院は、各々その会議その他の手続及び内部の規律に関する規則を定め、又、院内の秩序をみだした議員を懲罰することができる。但し、議員を除名するには、出席議員の三分の二以上の多数による議決を必要とする。

〔法律案の議決、衆議院の優越〕

第五九条　法律案は、この憲法に特別の定のある場合を除いては、両議院で可決したとき法律となる。

② 衆議院で可決し、参議院でこれと異なつた議決をした法律案は、衆議院で出席議員の三分の二以上の多数で再び可決したときは、法律となる。

③ 前項の規定は、法律の定めるところにより、衆議院が、両議院の協議会を開くことを求めることを妨げない。

④ 参議院が、衆議院の可決した法律案を受け取つた後、国会休会中の期間を除いて六十日以内に、議決しないときは、衆議院は、参議院がその法律案を否決したものとみなすことができる。

〔予算の衆議院先議、衆議院の優越〕

第六〇条　予算は、さきに衆議院に提出しなければならない。

② 予算について、参議院で衆議院と異なつた議決をした場合に、法律の定めるところにより、両議院の協議会を開いても意見が一致しないとき、又は参議院が、衆議院の可決した予算を受け取つた後、国会休会中の期間を除いて三十日以内に、議決しないときは、衆議院の議決を国会の議決とする。

〔条約の承認、衆議院の優越〕

第六一条　条約の締結に必要な国会の承認については、前条第二項の規定を準用する。

〔国政調査権〕

第六二条　両議院は、各々国政に関する調査を行ひ、これに関して、証人の出頭及び証言並びに記録の提出を要求することができる。

〔国務大臣の議院出席の権利義務〕

第六三条　内閣総理大臣その他の国務大臣は、両議院の一に議席を有すると有しないとにかかはらず、何時でも議案について発言するため議院に出席することができる。又、答弁又は説明のため出席を求められたときは、出席しなければならない。

〔弾劾裁判所〕

第六四条　国会は、罷免の訴追を受けた裁判官を裁判するため、両議院の議員で組織する弾劾裁判所を設ける。

② 弾劾に関する事項は、法律でこれを定める。

第五章　内閣

〔行政権〕

第六五条　行政権は、内閣に属する。

〔内閣の組織、国務大臣の資格、国会に対する連帯責任〕

第六六条　内閣は、法律の定めるところにより、その首長たる内閣総理大臣及びその他の国務大臣でこれを組織する。

② 内閣総理大臣その他の国務大臣は、文民でなければならない。

③ 内閣は、行政権の行使について、国会に対し連帯して責任を負ふ。

〔内閣総理大臣の指名、衆議院の優越〕

第六七条　内閣総理大臣は、国会議員の中から国会の議決で、これを指名する。この指名は、他のすべての案件に先だつて、これを行ふ。

② 衆議院と参議院とが異なつた指名の議決をした場合に、法律の定めるところにより、両議院の協議会を開いても意見が一致しないとき、又は衆議院が指名の議決をした後、国会休会中の期間を除いて十日以内に、参議院が、指名の議決をしないときは、衆議院の議決を国会の議決とする。

〔国務大臣の任命・罷免〕

第六八条　内閣総理大臣は、国務大臣を任命する。但し、その過半数は、国会議員の中から選ばれなければならない。

② 内閣総理大臣は、任意に国務大臣を罷免することができる。

〔衆議院の内閣不信任決議と解散又は総辞職〕

第六九条　内閣は、衆議院で不信任の決議案を可決し、又は信任の決議案を否決したときは、十日以内に衆議院が解散されない限り、総辞職をしなければならない。

〔内閣総理大臣の欠缺又は総選挙後の内閣総辞職〕

第七〇条　内閣総理大臣が欠けたとき、又は衆議院議員総選挙の後に初めて国会の召集があつたときは、内閣は、総辞職をしなければならない。

〔総辞職後の内閣の職務執行〕

第七一条　前二条の場合には、内閣は、あらたに内閣総理大臣が任命されるまで引き続きその職務を行ふ。

〔内閣総理大臣の職務〕

第七二条　内閣総理大臣は、内閣を代表して議案を国会に提出し、一般国務及び外交関係について国会に報告し、並びに行政各部を指揮監督する。

〔内閣の職務〕

第七三条　内閣は、他の一般行政事務の外、左の事務を行ふ。

一　法律を誠実に執行し、国務を総理すること。

二　外交関係を処理すること。

三　条約を締結すること。但し、事前に、時宜によつては事後に、国会の承認を経ることを必要とする。

四　法律の定める基準に従ひ、官吏に関する事務を掌理すること。

五　予算を作成して国会に提出すること。

六　この憲法及び法律の規定を実施するために、政令を制定すること。但し、政令には、特にその法律の委任がある場合を除いては、罰則を設けることができない。

七　大赦、特赦、減刑、刑の執行の免除及び復権を決定すること。

〔法律・政令の署名及び連署〕

第七四条　法律及び政令には、すべて主任の国務大臣が署名し、内閣総理大臣が連署することを必要とする。

〔国務大臣の訴追〕

第七五条　国務大臣は、その在任中、内閣総理大臣の同意がなければ、訴追されない。但し、これがため、訴追の権利は、害されない。

第六章　司法

〔司法権と裁判所、特別裁判所の禁止と行政機関の終審的裁判の禁止、裁判官の独立〕

第七六条　すべて司法権は、最高裁判所及び法律の定めるところにより設置する下級裁判所に属する。

② 特別裁判所は、これを設置することができない。行政機関は、終審として裁判を行ふことができない。

③ すべて裁判官は、その良心に従ひ独立してその職権を行ひ、この憲法及び法律にのみ拘束される。

〔最高裁判所の規則制定権〕

第七七条　最高裁判所は、訴訟に関する手続、弁護士、裁判所の内部規律及び司法事務処理に関する事項について、規則を定める権限を有する。

② 検察官は、最高裁判所の定める規則に従はなければならない。

③ 最高裁判所は、下級裁判所に関する規則を定める権限を、下級裁判所に委任することができる。

〔裁判官の身分保障〕

第七八条　裁判官は、裁判により、心身の故障のために職務を執ることができないと決定された場合を除いては、公の弾劾によらなければ罷免されない。裁判官の懲戒処分は、行政機関がこれを行ふことはできない。

〔最高裁判所の裁判官、国民審査、定年、報酬〕

第七九条　最高裁判所は、その長たる裁判官及び法律の定める員数のその他の裁判官でこれを構成し、その長たる裁判官以外の裁判官は、内閣でこれを任命する。

② 最高裁判所の裁判官の任命は、その任命後初めて行はれる衆議院議員総選挙の際国民の審査に付し、その後十年を経過した後初めて行はれる衆議院議員総選挙の際更に審査に付し、その後も同様とする。

③ 前項の場合において、投票者の多数が裁判官の罷免を可とするときは、その裁判官は、罷免される。

④ 審査に関する事項は、法律でこれを定める。

⑤ 最高裁判所の裁判官は、法律の定める年齢に達した時に退官する。

⑥ 最高裁判所の裁判官は、すべて定期に相当額の報酬を受ける。この報酬は、在任中、これを減額することができない。

〔下級裁判所の裁判官、任期、定年、報酬〕

第八〇条　下級裁判所の裁判官は、最高裁判所の指名した者の名簿によつて、内閣でこれを任命する。その裁判官は、任期を十年とし、再任されることができる。但し、法律の定める年齢に達した時には退官する。

② 下級裁判所の裁判官は、すべて定期に相当額の報酬を受ける。この報酬は、在任中、これを減額することができない。

〔最高裁判所と法令の合憲性審査権〕

第八一条　最高裁判所は、一切の法律、命令、規則又は処分が憲法に適合するかしないかを決定する権限を有する終審裁判所である。

〔裁判の公開〕

第八二条　裁判の対審及び判決は、公開法廷でこれを行ふ。

② 裁判所が、裁判官の全員一致で、公の秩序又は善良の風俗を害する虞があると決した場合には、対審は、公開しないでこれを行ふことができる。但し、政治犯罪、出版に関する犯罪又はこの憲法第三章で保障する国民の権利が問題となつてゐる事件の対審は、常にこれを公開しなければならない。

第七章　財政

〔財政処理の基本原則〕

第八三条　国の財政を処理する権限は、国会の議決に基いて、これを行使しなければならない。

〔租税法律主義〕

第八四条　あらたに租税を課し、又は現行の租税を変更するには、法律又は法律の定める条件によることを必要とする。

〔国費支出及び債務負担〕

第八五条　国費を支出し、又は国が債務を負担するには、国会の議決に基くことを必要とする。

〔予算〕

第八六条　内閣は、毎会計年度の予算を作成し、国会に提出して、その審議を受け議決を経なければならない。

〔予備費〕

第八七条　予見し難い予算の不足に充てるため、国会の議決に基いて予備費を設け、内閣の責任でこれを支出することができる。

② すべて予備費の支出については、内閣は、事後に国会の承諾を得なければならない。

〔皇室財産・皇室の費用〕

第八八条　すべて皇室財産は、国に属する。すべて皇室の費用は、予算に計上して国会の議決を経なければならない。

〔公の財産の支出又は利用の制限〕

第八九条　公金その他の公の財産は、宗教上の組織若しくは団体の使用、便益若しくは維持のため、又は公の支配に属しない慈善、教育若しくは博愛の事業に対し、これを支出し、又はその利用に供してはならない。

〔決算、会計検査院〕

第九〇条　国の収入支出の決算は、すべて毎年会計検査院がこれを検査し、内閣は、次の年度に、その検査報告とともに、これを国会に提出しなければならない。

② 会計検査院の組織及び権限は、法律でこれを定める。

〔財政状況の報告〕

第九一条　内閣は、国会及び国民に対し、定期に、少くとも毎年一回、国の財政状況について報告しなければならない。

第八章　地方自治

〔地方自治の基本原則〕

第九二条　地方公共団体の組織及び運営に関する事項は、地方自治の本旨に基いて、法律でこれを定める。

〔地方公共団体の議会、長・議員等の直接選挙〕

第九三条　地方公共団体には、法律の定めるところにより、その議事機関として議会を設置する。

② 地方公共団体の長、その議会の議員及び法律の定めるその他の吏員は、その地方公共団体の住民が、直接これを選挙する。

〔地方公共団体の権能〕

第九四条　地方公共団体は、その財産を管理し、事務を処理し、及び行政を執行する権能を有し、法律の範囲内で条例を制定することができる。

〔特別法の住民投票〕

第九五条　一の地方公共団体のみに適用される特別法は、法律の定めるところにより、その地方公共団体の住民の投票においてその過半数の同意を得なければ、国会は、これを制定することができない。

第九章　改正

〔憲法改正の手続、その公布〕

第九六条　この憲法の改正は、各議院の総議員の三分の二以上の賛成で、国会が、これを発議し、国民に提案してその承認を経なければならない。この承認には、特別の国民投票又は国会の定める選挙の際行はれる投票において、その過半数の賛成を必要とする。

② 憲法改正について前項の承認を経たときは、天皇は、国民の名で、この憲法と一体を成すものとして、直ちにこれを公布する。

第十章　最高法規

〔基本的人権の本質〕

第九七条　この憲法が日本国民に保障する基本的人権は、人類の多年にわたる自由獲得の努力の成果であつて、これらの権利は、過去幾多の試錬に堪へ、現在及び将来の国民に対し、侵すことのできない永久の権利として信託されたものである。

〔憲法の最高法規性、条約及び国際法規の遵守〕

第九八条　この憲法は、国の最高法規であつて、その条規に反する法律、命令、詔勅及び国務に関するその他の行為の全部又は一部は、その効力を有しない。

② 日本国が締結した条約及び確立された国際法規は、これを誠実に遵守することを必要とする。

〔憲法尊重擁護の義務〕

第九九条　天皇又は摂政及び国務大臣、国会議員、裁判官その他の公務員は、この憲法を尊重し擁護する義務を負ふ。

第十一章　補則

〔施行規則、施行の準備〕

第一〇〇条　この憲法は、公布の日から起算して六箇月を経過した日から、これを施行する。

② この憲法を施行するために必要な法律の制定、参議院議員の選挙及び国会召集の手続並びにこの憲法を施行するために必要な準備手続は、前項の期日よりも前に、これを行ふことができる。

〔経過規定─参議院未成立の間の国会〕

第一〇一条　この憲法施行の際、参議院がまだ成立してゐないときは、その成立するまでの間、衆議院は、国会としての権限を行ふ。

〔経過規定─第一期参議院議員の任期〕

第一〇二条　この憲法による第一期の参議院議員のうち、その半数の者の任期は、これを三年とする。その議員は、法律の定めるところにより、これを定める。

〔経過規定─憲法施行の際の公務員〕

第一〇三条　この憲法施行の際現に在職する国務大臣、衆議院議員及び裁判官並びにその他の公務員で、その地位に相応する地位がこの憲法で認められてゐる者は、法律で特別の定をした場合を除いては、この憲法施行のため、当然にはその地位を失ふことはない。但し、この憲法によつて、後任者が選挙又は任命されたときは、当然その地位を失ふ。

法の適用に関する通則法

平成一八年六月二一日法律第七八号
施行：平成一九年一月一日

第一章　総則

（趣旨）
第一条　この法律は、法の適用に関する通則について定めるものとする。

第二章　法律に関する通則

（法律の施行期日）
第二条　法律は、公布の日から起算して二十日を経過した日から施行する。ただし、法律でこれと異なる施行期日を定めたときは、その定めによる。

（法律と同一の効力を有する慣習）
第三条　公の秩序又は善良の風俗に反しない慣習は、法令の規定により認められたもの又は法令に規定されていない事項に関するものに限り、法律と同一の効力を有する。

第三章　準拠法に関する通則

第一節　人

（人の行為能力）
第四条　人の行為能力は、その本国法によって定める。
2　法律行為をした者がその本国法によれば行為能力の制限を受けた者となるときであっても行為地法によれば行為能力者となるべきときは、当該法律行為の当時そのすべての当事者が法を同じくする地に在った場合に限り、当該法律行為をした者は、前項の規定にかかわらず、行為能力者とみなす。
3　前項の規定は、親族法又は相続法の規定によるべき法律行為及び行為地と法を異にする地に在る不動産に関する法律行為については、適用しない。

（後見開始の審判等）
第五条　裁判所は、成年被後見人、被保佐人又は被補助人となるべき者が日本に住所若しくは居所を有するとき又は日本の国籍を有するときは、日本法により、後見開始、保佐開始又は補助開始の審判（以下「後見開始の審判等」と総称する。）をすることができる。

（失踪の宣告）
第六条　裁判所は、不在者が生存していたと認められる最後の時点において、不在者が日本に住所を有していたとき又は日本の国籍を有していたときは、日本法により、失踪の宣告をすることができる。
2　前項に規定する場合に該当しないときであっても、裁判所は、不在者の財産が日本に在るときはその財産についてのみ、不在者に関する法律関係が日本法によるべきときその他法律関係の性質、当事者の住所又は国籍その他の事情に照らして日本に関係があるときはその法律関係についてのみ、日本法により、失踪の宣告をすることができる。

第二節　法律行為

（当事者による準拠法の選択）
第七条　法律行為の成立及び効力は、当事者が当該法律行為の当時に選択した地の法による。

（当事者による準拠法の選択がない場合）
第八条　前条の規定による選択がないときは、法律行為の成立及び効力は、当該法律行為の当時において当該法律行為に最も密接な関係がある地の法による。
2　前項の場合において、法律行為において特徴的な給付を当事者の一方のみが行うものであるときは、その給付を行う当事者の常居所地法（その当事者が当該法律行為に関係する事業所を有する場合にあっては当該事業所の所在地の法、その当事者が当該法律行為に関係する二以上の事業所で法を異にする地に所在するものを有する場合にあってはその主たる事業所の所在地の法）を当該法律行為に最も密接な関係がある地の法と推定する。
3　第一項の場合において、不動産を目的物とする法律行為については、前項の規定にかかわらず、その不動産の所在地法を当該法律行為に最も密接な関係がある地の法と推定する。

（当事者による準拠法の変更）
第九条　当事者は、法律行為の成立及び効力について適用すべき法を変更することができる。ただし、第三者の権利を害することとなるときは、その変更をその第三者に対抗することができない。

（法律行為の方式）
第一〇条　法律行為の方式は、当該法律行為の成立について適用すべき法（当該法律行為の後に前条の規定による変更がされた場合にあっては、その変更前の法）による。
2　前項の規定にかかわらず、行為地法に適合する方式は、有効とする。
3　法を異にする地に在る者に対してされた意思表示については、前項の規定の適用に当たっては、その通知を発した地を行為地とみなす。

4 法を異にする地に在る者の間で締結された契約の方式については、前二項の規定は、適用しない。この場合においては、第一項の規定にかかわらず、申込みの通知を発した地の法又は承諾の通知を発した地の法のいずれかに適合する契約の方式は、有効とする。

5 前三項の規定は、動産又は不動産に関する物権及びその他の登記をすべき権利を設定し又は処分する法律行為の方式については、適用しない。

（消費者契約の特例）

第一一条 消費者（個人（事業として又は事業のために契約の当事者となる場合におけるものを除く。）をいう。以下この条において同じ。）と事業者（法人その他の社団又は財団及び事業として又は事業のために契約の当事者となる場合における個人をいう。以下この条において同じ。）との間で締結される契約（労働契約を除く。以下この条において「消費者契約」という。）の成立及び効力について第七条又は第九条の規定による選択又は変更により適用すべき法が消費者の常居所地法以外の法である場合であっても、消費者がその常居所地法中の特定の強行規定を適用すべき旨の意思を事業者に対し表示したときは、当該消費者契約の成立及び効力に関しその強行規定の定める事項については、その強行規定をも適用する。

2 消費者契約の成立及び効力について第七条の規定による選択がないときは、第八条の規定にかかわらず、当該消費者契約の成立及び効力は、消費者の常居所地法による。

3 消費者契約の成立について第七条の規定により消費者の常居所地法以外の法が選択された場合であっても、当該消費者契約の方式について消費者がその常居所地法中の特定の強行規定を適用すべき旨の意思を事業者に対し表示したときは、前条第一項、第二項及び第四項の規定にかかわらず、当該消費者契約の方式に関しその強行規定の定める事項については、専らその強行規定を適用する。

4 消費者契約の成立について第七条の規定により消費者の常居所地法が選択された場合において、当該消費者契約の方式について消費者が専らその常居所地法によるべき旨の意思を事業者に対し表示したときは、前条第二項及び第四項の規定にかかわらず、当該消費者契約の方式は、専ら消費者の常居所地法による。

5 消費者契約の成立について第七条の規定による選択がないときは、前条第一項、第二項及び第四項の規定にかかわらず、当該消費者契約の方式は、消費者の常居所地法による。

6 前各項の規定は、次のいずれかに該当する場合には、適用しない。

一 事業者の事業所で消費者契約に関係するものが消費者の常居所地と法を異にする地に所在した場合であって、消費者が当該事業所の所在地と法を同じくする地に赴いて当該消費者契約を締結したとき。ただし、消費者が、当該事業者から、当該事業所の所在地と法を同じくする地において消費者契約を締結することについての勧誘をその常居所地において受けていたときを除く。

二 事業者の事業所で消費者契約に関係するものが消費者の常居所地と法を異にする地に所在した場合であって、消費者が当該事業所の所在地と法を同じくする地において当該消費者契約に基づく債務の全部の履行を受けたとき、又は受けることとされていたとき。ただし、消費者が、当該事業者から、当該事業所の所在地と法を同じくする地において債務の全部の履行を受けることについての勧誘をその常居所地において受けていたときを除く。

三 消費者契約の締結の当時、事業者が、消費者の常居所を知らず、かつ、知らなかったことについて相当の理由があるとき。

四 消費者契約の締結の当時、事業者が、その相手方が消費者でないと誤認し、かつ、誤認したことについて相当の理由があるとき。

（労働契約の特例）

第一二条 労働契約の成立及び効力について第七条又は第九条の規定による選択又は変更により適用すべき法が当該労働契約に最も密接な関係がある地の法以外の法である場合であっても、労働者が当該労働契約に最も密接な関係がある地の法中の特定の強行規定を適用すべき旨の意思を使用者に対し表示したときは、当該労働契約の成立及び効力に関しその強行規定の定める事項については、その強行規定をも適用する。

2 前項の規定の適用に当たっては、当該労働契約において労務を提供すべき地の法（その労務を提供すべき地を特定することができない場合にあっては、当該労働者を雇い入れた事業所の所在地の法。次項において同じ。）を当該労働契約に最も密接な関係がある地の法と推定する。

3 労働契約の成立及び効力について第七条の規定による選択がないときは、当該労働契約の成立及び効力については、第八条第二項の規定にかかわらず、当該労働契約において労務を提供すべき地の法を当該労働契約に最も密接な関係がある地の法と推定する。

第三節　物権等

（物権及びその他の登記をすべき権利）
第一三条　動産又は不動産に関する物権及びその他の登記をすべき権利は、その目的物の所在地法による。
2　前項の規定にかかわらず、同項に規定する権利の得喪は、その原因となる事実が完成した当時におけるその目的物の所在地法による。

第四節　債権

（事務管理及び不当利得）
第一四条　事務管理又は不当利得によって生ずる債権の成立及び効力は、その原因となる事実が発生した地の法による。
（明らかにより密接な関係がある地がある場合の例外）
第一五条　前条の規定にかかわらず、事務管理又は不当利得によって生ずる債権の成立及び効力は、その原因となる事実が発生した当時において当事者が法を同じくする地に常居所を有していたこと、当事者間の契約に関連して事務管理が行われ又は不当利得が生じたことその他の事情に照らして、明らかに同条の規定により適用すべき法の属する地よりも密接な関係がある他の地があるときは、当該他の地の法による。
（当事者による準拠法の変更）
第一六条　事務管理又は不当利得の当事者は、その原因となる事実が発生した後において、事務管理又は不当利得によって生ずる債権の成立及び効力について適用すべき法を変更することができる。ただし、第三者の権利を害することとなるときは、その変更をその第三者に対抗することができない。
（不法行為）
第一七条　不法行為によって生ずる債権の成立及び効力は、加害行為の結果が発生した地の法による。ただし、その地における結果の発生が通常予見することのできないものであったときは、加害行為が行われた地の法による。
（生産物責任の特例）
第一八条　前条の規定にかかわらず、生産物（生産され又は加工された物をいう。以下この条において同じ。）で引渡しがされたものの瑕疵により他人の生命、身体又は財産を侵害する不法行為によって生ずる生産業者（生産物を業として生産し、加工し、輸入し、輸出し、流通させ、又は販売した者をいう。以下この条において同じ。）又は生産物にその生産業者と認めることができる表示をした者（以下この条において「生産業者等」と総称する。）に対する債権の成立及び効力は、被害者が生産物の引渡しを受けた地の法による。ただし、その地における生産物の引渡しが通常予見することのできないものであったときは、生産業者等の主たる事業所の所在地の法（生産業者等が事業所を有しない場合にあっては、その常居所地法）による。
（名誉又は信用の毀損の特例）
第一九条　第十七条の規定にかかわらず、他人の名誉又は信用を毀損する不法行為によって生ずる債権の成立及び効力は、被害者の常居所地法（被害者が法人その他の社団又は財団である場合にあっては、その主たる事業所の所在地の法）による。
（明らかにより密接な関係がある地がある場合の例外）
第二〇条　前三条の規定にかかわらず、不法行為によって生ずる債権の成立及び効力は、不法行為の当時において当事者が法を同じくする地に常居所を有していたこと、当事者間の契約に基づく義務に違反して不法行為が行われたことその他の事情に照らして、明らかに前三条の規定により適用すべき法の属する地よりも密接な関係がある他の地があるときは、当該他の地の法による。
（当事者による準拠法の変更）
第二一条　不法行為の当事者は、不法行為の後において、不法行為によって生ずる債権の成立及び効力について適用すべき法を変更することができる。ただし、第三者の権利を害することとなるときは、その変更をその第三者に対抗することができない。
（不法行為についての公序による制限）
第二二条　不法行為について外国法によるべき場合において、当該外国法を適用すべき事実が日本法によれば不法とならないときは、当該外国法に基づく損害賠償その他の処分の請求は、することができない。
2　不法行為について外国法によるべき場合において、当該外国法を適用すべき事実が当該外国法及び日本法により不法となるときであっても、被害者は、日本法により認められる損害賠償その他の処分でなければ請求することができない。
（債権の譲渡）
第二三条　債権の譲渡の債務者その他の第三者に対する効力は、譲渡に係る債権について適用すべき法による。

第五節　親族

（婚姻の成立及び方式）

第二四条　婚姻の成立は、各当事者につき、その本国法による。

2　婚姻の方式は、婚姻挙行地の法による。

3　前項の規定にかかわらず、当事者の一方の本国法に適合する方式は、有効とする。ただし、日本において婚姻が挙行された場合において、当事者の一方が日本人であるときは、この限りでない。

（婚姻の効力）

第二五条　婚姻の効力は、夫婦の本国法が同一であるときはその法により、その法がない場合において夫婦の常居所地法が同一であるときはその法により、そのいずれの法もないときは夫婦に最も密接な関係がある地の法による。

（夫婦財産制）

第二六条　前条の規定は、夫婦財産制について準用する。

2　前項の規定にかかわらず、夫婦が、その署名した書面で日付を記載したものにより、次に掲げる法のうちいずれの法によるべきかを定めたときは、夫婦財産制は、その法による。この場合において、その定めは、将来に向かってのみその効力を生ずる。

一　夫婦の一方が国籍を有する国の法

二　夫婦の一方の常居所地法

三　不動産に関する夫婦財産制については、その不動産の所在地法

3　前二項の規定により外国法を適用すべき夫婦財産制は、日本においてされた法律行為及び日本に在る財産については、善意の第三者に対抗することができない。この場合において、その第三者との間の関係については、夫婦財産制は、日本法による。

4　前項の規定にかかわらず、第一項又は第二項の規定により適用すべき外国法に基づいてされた夫婦財産契約は、日本においてこれを登記したときは、第三者に対抗することができる。

（離婚）

第二七条　第二十五条の規定は、離婚について準用する。ただし、夫婦の一方が日本に常居所を有する日本人であるときは、離婚は、日本法による。

（嫡出である子の親子関係の成立）

第二八条　夫婦の一方の本国法で子の出生の当時におけるものにより子が嫡出となるべきときは、その子は、嫡出である子とする。

2　夫が子の出生前に死亡したときは、その死亡の当時における夫の本国法を前項の夫の本国法とみなす。

（嫡出でない子の親子関係の成立）

第二九条　嫡出でない子の親子関係の成立は、父との間の親子関係については子の出生の当時における父の本国法により、母との間の親子関係についてはその当時における母の本国法による。この場合において、子の認知による親子関係の成立については、認知の当時における子の本国法によればその子又は第三者の承諾又は同意があることが認知の要件であるときは、その要件をも備えなければならない。

2　子の認知は、前項前段の規定により適用すべき法によるほか、認知の当時における認知する者又は子の本国法による。この場合において、認知する者の本国法によるときは、同項後段の規定を準用する。

3　父が子の出生前に死亡したときは、その死亡の当時における父の本国法を第一項の父の本国法とみなす。前項に規定する者が認知前に死亡したときは、その死亡の当時におけるその者の本国法を同項のその者の本国法とみなす。

（準正）

第三〇条　子は、準正の要件である事実が完成した当時における父若しくは母又は子の本国法により準正が成立するときは、嫡出子の身分を取得する。

2　前項に規定する者が準正の要件である事実の完成前に死亡したときは、その死亡の当時におけるその者の本国法を同項のその者の本国法とみなす。

（養子縁組）

第三一条　養子縁組は、縁組の当時における養親となるべき者の本国法による。この場合において、養子となるべき者の本国法によればその者若しくは第三者の承諾若しくは同意又は公的機関の許可その他の処分があることが養子縁組の成立の要件であるときは、その要件をも備えなければならない。

2　養子とその実方の血族との親族関係の終了及び離縁は、前項前段の規定により適用すべき法による。

（親子間の法律関係）

第三二条　親子間の法律関係は、子の本国法が父又は母の本国法（父母の一方が死亡し、又は知れない場合にあっては、他の一方の本国法）と同一である場合には子の本国法により、その他の場合には子の常居所地法による。

（その他の親族関係等）

第三三条　第二十四条から前条までに規定するもの

のほか、親族関係及びこれによって生ずる権利義務は、当事者の本国法によって定める。

（親族関係についての法律行為の方式）

第三四条　第二十五条から前条までに規定する親族関係についての法律行為の方式は、当該法律行為の成立について適用すべき法による。

2　前項の規定にかかわらず、行為地法に適合する方式は、有効とする。

（後見等）

第三五条　後見、保佐又は補助（以下「後見等」と総称する。）は、被後見人、被保佐人又は被補助人（次項において「被後見人等」と総称する。）の本国法による。

2　前項の規定にかかわらず、外国人が被後見人等である場合であって、次に掲げるときは、後見人、保佐人又は補助人の選任の審判その他の後見等に関する審判については、日本法による。

一　当該外国人の本国法によればその者について後見等が開始する原因がある場合であって、日本における後見等の事務を行う者がないとき。

二　日本において当該外国人について後見開始の審判等があったとき。

第六節　相続

（相続）

第三六条　相続は、被相続人の本国法による。

（遺言）

第三七条　遺言の成立及び効力は、その成立の当時における遺言者の本国法による。

2　遺言の取消しは、その当時における遺言者の本国法による。

第七節　補則

（本国法）

第三八条　当事者が二以上の国籍を有する場合には、その国籍を有する国のうちに当事者が常居所を有する国があるときはその国の法を、その国籍を有する国のうちに当事者が常居所を有する国がないときは当事者に最も密接な関係がある国の法を当事者の本国法とする。ただし、その国籍のうちのいずれかが日本の国籍であるときは、日本法を当事者の本国法とする。

2　当事者の本国法によるべき場合において、当事者が国籍を有しないときは、その常居所地法による。ただし、第二十五条（第二十六条第一項及び第二十七条において準用する場合を含む。）及び第三十二条の規定の適用については、この限りでない。

3　当事者が地域により法を異にする国の国籍を有する場合には、その国の規則に従い指定される法（そのような規則がない場合にあっては、当事者に最も密接な関係がある地域の法）を当事者の本国法とする。

（常居所地法）

第三九条　当事者の常居所地法によるべき場合において、その常居所が知れないときは、その居所地法による。ただし、第二十五条（第二十六条第一項及び第二十七条において準用する場合を含む。）の規定の適用については、この限りでない。

（人的に法を異にする国又は地の法）

第四〇条　当事者が人的に法を異にする国の国籍を有する場合には、その国の規則に従い指定される法（そのような規則がない場合にあっては、当事者に最も密接な関係がある法）を当事者の本国法とする。

2　前項の規定は、当事者の常居所地が人的に法を異にする場合における当事者の常居所地法で第二十五条（第二十六条第一項及び第二十七条において準用する場合を含む。）、第二十六条第二項第二号、第三十二条又は第三十八条第二項の規定により適用されるもの及び夫婦に最も密接な関係がある地が人的に法を異にする場合における夫婦に最も密接な関係がある地の法について準用する。

（反致）

第四一条　当事者の本国法によるべき場合において、その国の法に従えば日本法によるべきときは、日本法による。ただし、第二十五条（第二十六条第一項及び第二十七条において準用する場合を含む。）又は第三十二条の規定により当事者の本国法によるべき場合は、この限りでない。

（公序）

第四二条　外国法によるべき場合において、その規定の適用が公の秩序又は善良の風俗に反するときは、これを適用しない。

（適用除外）

第四三条　この章の規定は、夫婦、親子その他の親族関係から生ずる扶養の義務については、適用しない。ただし、第三十九条本文の規定の適用については、この限りでない。

2　この章の規定は、遺言の方式については、適用しない。ただし、第三十八条第二項本文、第三十九条本文及び第四十条の規定の適用については、この限りでない。

附則

（施行期日）

第一条　この法律は、公布の日から起算して一年を超えない範囲内において政令で定める日から施行する。

（経過措置）

第二条　改正後の法の適用に関する通則法（以下「新法」という。）の規定は、次条の規定による場合を除き、この法律の施行の日（以下「施行日」という。）前に生じた事項にも適用する。

第三条　施行日前にされた法律行為の当事者の能力については、新法第四条の規定にかかわらず、なお従前の例による。

2　施行日前にされた申立てに係る後見開始の審判等及び失踪の宣告については、新法第五条及び第六条の規定にかかわらず、なお従前の例による。

3　施行日前にされた法律行為の成立及び効力並びに方式については、新法第八条から第十二条までの規定にかかわらず、なお従前の例による。

4　施行日前にその原因となる事実が発生した事務管理及び不当利得並びに施行日前に加害行為の結果が発生した不法行為によって生ずる債権の成立及び効力については、新法第十五条から第二十一条までの規定にかかわらず、なお従前の例による。

5　施行日前にされた債権の譲渡の債務者その他の第三者に対する効力については、新法第二十三条の規定にかかわらず、なお従前の例による。

6　施行日前にされた親族関係（改正前の法例第十四条から第二十一条までに規定する親族関係を除く。）についての法律行為の方式については、新法第三十四条の規定にかかわらず、なお従前の例による。

7　施行日前にされた申立てに係る後見人、保佐人又は補助人の選任の審判その他の後見等に関する審判については、新法第三十五条第二項の規定にかかわらず、なお従前の例による。

男女共同参画社会基本法

平成一一年六月二三日法律第七八号
施行：平成一一年六月二三日
最終改正：平成一一年一二月二二日法律第一六〇号
施行：平成一三年一月六日

我が国においては、日本国憲法に個人の尊重と法の下の平等がうたわれ、男女平等の実現に向けた様々な取組が、国際社会における取組とも連動しつつ、着実に進められてきたが、なお一層の努力が必要とされている。

一方、少子高齢化の進展、国内経済活動の成熟化等我が国の社会経済情勢の急速な変化に対応していく上で、男女が、互いにその人権を尊重しつつ責任も分かち合い、性別にかかわりなく、その個性と能力を十分に発揮することができる男女共同参画社会の実現は、緊要な課題となっている。

このような状況にかんがみ、男女共同参画社会の実現を二十一世紀の我が国社会を決定する最重要課題と位置付け、社会のあらゆる分野において、男女共同参画社会の形成の促進に関する施策の推進を図っていくことが重要である。

ここに、男女共同参画社会の形成についての基本理念を明らかにしてその方向を示し、将来に向かって国、地方公共団体及び国民の男女共同参画社会の形成に関する取組を総合的かつ計画的に推進するため、この法律を制定する。

男女共同参画社会基本法

第一章　総則

（目的）

第一条　この法律は、男女の人権が尊重され、かつ、社会経済情勢の変化に対応できる豊かで活力ある社会を実現することの緊要性にかんがみ、男女共同参画社会の形成に関し、基本理念を定め、並びに国、地方公共団体及び国民の責務を明らかにするとともに、男女共同参画社会の形成の促進に関する施策の基本となる事項を定めることにより、男女共同参画社会の形成を総合的かつ計画的に推進することを目的とする。

（定義）

第二条　この法律において、次の各号に掲げる用語の意義は、当該各号に定めるところによる。

一　男女共同参画社会の形成　男女が、社会の対等な構成員として、自らの意思によって社会のあらゆる分野における活動に参画する機会が確保され、もって男女が均等に政治的、経済的、社会的及び文化的利益を享受することができ、かつ、共に責任を担うべき社会を形成することをいう。

二　積極的改善措置　前号に規定する機会に係る男女間の格差を改善するため必要な範囲内において、男女のいずれか一方に対し、当該機会を積極的に提供することをいう。

（男女の人権の尊重）

第三条　男女共同参画社会の形成は、男女の個人としての尊厳が重んぜられること、男女が性別による差別的取扱いを受けないこと、男女が個人として能力を発揮する機会が確保されることその他の男女の人権が尊重されることを旨として、行われなければならない。

（社会における制度又は慣行についての配慮）

第四条　男女共同参画社会の形成に当たっては、社会における制度又は慣行が、性別による固定的な役割分担等を反映して、男女の社会における活動の選択に対して中立でない影響を及ぼすことにより、男女共同参画社会の形成を阻害する要因となるおそれがあることにかんがみ、社会における制度又は慣行が男女の社会における活動の選択に対して及ぼす影響をできる限り中立なものとするように配慮されなければならない。

（政策等の立案及び決定への共同参画）

第五条　男女共同参画社会の形成は、男女が、社会の対等な構成員として、国若しくは地方公共団体における政策又は民間の団体における方針の立案及び決定に共同して参画する機会が確保されることを旨として、行われなければならない。

（家庭生活における活動と他の活動の両立）

第六条　男女共同参画社会の形成は、家族を構成する男女が、相互の協力と社会の支援の下に、子の養育、家族の介護その他の家庭生活における活動について家族の一員としての役割を円滑に果たし、かつ、当該活動以外の活動を行うことができるようにすることを旨として、行われなければならない。

（国際的協調）

第七条　男女共同参画社会の形成の促進が国際社会における取組と密接な関係を有していることにかんがみ、男女共同参画社会の形成は、国際的協調の下に行われなければならない。

（国の責務）

第八条　国は、第三条から前条までに定める男女共同参画社会の形成についての基本理念（以下「基本理念」という。）にのっとり、男女共同参画社会の形成の促進に関する施策（積極的改善措置を含む。以下同じ。）を総合的に策定し、及び実施する責務を有する。

（地方公共団体の責務）

第九条　地方公共団体は、基本理念にのっとり、男女共同参画社会の形成の促進に関し、国の施策に準じた施策及びその他のその地方公共団体の区域の特性に応じた施策を策定し、及び実施する責務を有する。

（国民の責務）

第一〇条　国民は、職域、学校、地域、家庭その他の社会のあらゆる分野において、基本理念にのっとり、男女共同参画社会の形成に寄与するように努めなければならない。

（法制上の措置等）

第一一条　政府は、男女共同参画社会の形成の促進に関する施策を実施するため必要な法制上又は財政上の措置その他の措置を講じなければならない。

（年次報告等）

第一二条　政府は、毎年、国会に、男女共同参画社会の形成の状況及び政府が講じた男女共同参画社会の形成の促進に関する施策についての報告を提出しなければならない。

2　政府は、毎年、前項の報告に係る男女共同参画社会の形成の状況を考慮して講じようとする男女共同参画社会の形成の促進に関する施策を明らかにした文書を作成し、これを国会に提出しなければならない。

第二章　男女共同参画社会の形成の促進に関する基本的施策

（男女共同参画基本計画）

第一三条　政府は、男女共同参画社会の形成の促進に関する施策の総合的かつ計画的な推進を図るため、男女共同参画社会の形成の促進に関する基本的な計画（以下「男女共同参画基本計画」という。）を定めなければならない。

2　男女共同参画基本計画は、次に掲げる事項について定めるものとする。

一　総合的かつ長期的に講ずべき男女共同参画社会の形成の促進に関する施策の大綱

二　前号に掲げるもののほか、男女共同参画社会の形成の促進に関する施策を総合的かつ計画的に推進するために必要な事項

3　内閣総理大臣は、男女共同参画会議の意見を聴いて、男女共同参画基本計画の案を作成し、閣議の決定を求めなければならない。

4　内閣総理大臣は、前項の規定による閣議の決定があったときは、遅滞なく、男女共同参画基本計画を公表しなければならない。

5　前二項の規定は、男女共同参画基本計画の変更について準用する。

（都道府県男女共同参画計画等）

第一四条　都道府県は、男女共同参画基本計画を勘案して、当該都道府県の区域における男女共同参画社会の形成の促進に関する施策についての基本的な計画（以下「都道府県男女共同参画計画」という。）を定めなければならない。

2　都道府県男女共同参画計画は、次に掲げる事項について定めるものとする。

一　都道府県の区域において総合的かつ長期的に講ずべき男女共同参画社会の形成の促進に関する施策の大綱

二　前号に掲げるもののほか、都道府県の区域における男女共同参画社会の形成の促進に関する施策を総合的かつ計画的に推進するために必要な事項

3　市町村は、男女共同参画基本計画及び都道府県男女共同参画計画を勘案して、当該市町村の区域における男女共同参画社会の形成の促進に関する施策についての基本的な計画（以下「市町村男女共同参画計画」という。）を定めるように努めなければならない。

4　都道府県又は市町村は、都道府県男女共同参画計画又は市町村男女共同参画計画を定め、又は変更したときは、遅滞なく、これを公表しなければならない。

（施策の策定等に当たっての配慮）

第一五条　国及び地方公共団体は、男女共同参画社会の形成に影響を及ぼすと認められる施策を策定し、及び実施するに当たっては、男女共同参画社会の形成に配慮しなければならない。

（国民の理解を深めるための措置）

第一六条　国及び地方公共団体は、広報活動等を通じて、基本理念に関する国民の理解を深めるよう適切な措置を講じなければならない。

（苦情の処理等）

第一七条　国は、政府が実施する男女共同参画社会の形成の促進に関する施策又は男女共同参画社会の形成に影響を及ぼすと認められる施策についての苦情の処理のために必要な措置及び性別による差別的取扱いその他の男女共同参画社会の形成を阻害する要因によって人権が侵害された場合における被害者の救済を図るために必要な措置を講じなければならない。

（調査研究）

第一八条　国は、社会における制度又は慣行が男女共同参画社会の形成に及ぼす影響に関する調査研究その他の男女共同参画社会の形成の促進に関する施策の策定に必要な調査研究を推進するように努めるものとする。

（国際的協調のための措置）

第一九条　国は、男女共同参画社会の形成を国際的協調の下に促進するため、外国政府又は国際機関との情報の交換その他男女共同参画社会の形成に関する国際的な相互協力の円滑な推進を図るために必要な措置を講ずるように努めるものとする。

（地方公共団体及び民間の団体に対する支援）

第二〇条　国は、地方公共団体が実施する男女共同参画社会の形成の促進に関する施策及び民間の団体が男女共同参画社会の形成の促進に関して行う活動を支援するため、情報の提供その他の必要な措置を講ずるように努めるものとする。

第三章　男女共同参画会議

（設置）

第二一条　内閣府に、男女共同参画会議（以下「会議」という。）を置く。

（所掌事務）

第二二条　会議は、次に掲げる事務をつかさどる。

一　男女共同参画基本計画に関し、第十三条第三項に規定する事項を処理すること。

二　前号に掲げるもののほか、内閣総理大臣又は関係各大臣の諮問に応じ、男女共同参画社会の

形成の促進に関する基本的な方針、基本的な政策及び重要事項を調査審議すること。
三　前二号に規定する事項に関し、調査審議し、必要があると認めるときは、内閣総理大臣及び関係各大臣に対し、意見を述べること。
四　政府が実施する男女共同参画社会の形成の促進に関する施策の実施状況を監視し、及び政府の施策が男女共同参画社会の形成に及ぼす影響を調査し、必要があると認めるときは、内閣総理大臣及び関係各大臣に対し、意見を述べること。

（組織）
第二三条　会議は、議長及び議員二十四人以内をもって組織する。

（議長）
第二四条　議長は、内閣官房長官をもって充てる。
2　議長は、会務を総理する。

（議員）
第二五条　議員は、次に掲げる者をもって充てる。
一　内閣官房長官以外の国務大臣のうちから、内閣総理大臣が指定する者
二　男女共同参画社会の形成に関し優れた識見を有する者のうちから、内閣総理大臣が任命する者
2　前項第二号の議員の数は、同項に規定する議員の総数の十分の五未満であってはならない。
3　第一項第二号の議員のうち、男女のいずれか一方の議員の数は、同号に規定する議員の総数の十分の四未満であってはならない。
4　第一項第二号の議員は、非常勤とする。

（議員の任期）
第二六条　前条第一項第二号の議員の任期は、二年とする。ただし、補欠の議員の任期は、前任者の残任期間とする。
2　前条第一項第二号の議員は、再任されることができる。

（資料提出の要求等）
第二七条　会議は、その所掌事務を遂行するために必要があると認めるときは、関係行政機関の長に対し、監視又は調査に必要な資料その他の資料の提出、意見の開陳、説明その他必要な協力を求めることができる。
2　会議は、その所掌事務を遂行するために特に必要があると認めるときは、前項に規定する者以外の者に対しても、必要な協力を依頼することができる。

（政令への委任）
第二八条　この章に定めるもののほか、会議の組織及び議員その他の職員その他会議に関し必要な事項は、政令で定める。

附則（抄）

（男女共同参画審議会設置法の廃止）
第二条　男女共同参画審議会設置法（平成九年法律第七号）は、廃止する。

（経過措置）
第三条　前条の規定による廃止前の男女共同参画審議会設置法（以下「旧審議会設置法」という。）第一条の規定により置かれた男女共同参画審議会は、第二十一条第一項の規定により置かれた審議会となり、同一性をもって存続するものとする。
2　この法律の施行の際現に旧審議会設置法第四条第一項の規定により任命された男女共同参画審議会の委員である者は、この法律の施行の日に、第二十三条第一項の規定により、審議会の委員として任命されたものとみなす。この場合において、その任命されたものとみなされる者の任期は、同条第二項の規定にかかわらず、同日における旧審議会設置法第四条第二項の規定により任命された男女共同参画審議会の委員としての任期の残任期間と同一の期間とする。
3　この法律の施行の際現に旧審議会設置法第五条第一項の規定により定められた男女共同参画審議会の会長である者又は同条第三項の規定により指名された委員である者は、それぞれ、この法律の施行の日に、第二十四条第一項の規定により審議会の会長として定められ、又は同条第三項の規定により審議会の会長の職務を代理する委員として指名されたものとみなす。

附則（平成一一年七月一六日法律第一〇二号）（抄）

（職員の身分引継ぎ）
第三条　この法律の施行の際現に従前の総理府、法務省、外務省、大蔵省、文部省、厚生省、農林水産省、通商産業省、運輸省、郵政省、労働省、建設省又は自治省（以下この条において「従前の府省」という。）の職員（国家行政組織法（昭和二十三年法律第百二十号）第八条の審議会等の会長又は委員長及び委員、中央防災会議の委員、日本工業標準調査会の会長及び委員並びに　これらに類する者として政令で定めるものを除く。）である者は、別に辞令を発せられない限り、同一の勤務条件をもって、この法律の施行後の内閣府、総務省、法務省、外務省、財務省、文部科学省、厚生労働省、農林水産省、経済産業省、国土交通省若しくは環境省（以下この条において「新府省」という。）又はこれに置かれる部局若しくは機関のうち、この法律の施行の際現に当該職員が属する

従前の府省又はこれに置かれる部局若しくは機関の相当の新府省又はこれに置かれる部局若しくは機関として政令で定めるものの相当の職員となるものとする。

附則（平成一一年一二月二二日法律第一六〇号）（抄）

（施行期日）

第一条　この法律（第二条及び第三条を除く。）は、平成十三年一月六日から施行する。

少子化社会対策基本法

平成一五年七月三〇日法律第一三三号
施行：平成一六年九月一日
最終改正：令和四年六月二二日法律第七七号
施行：令和五年四月一日

我が国における急速な少子化の進展は、平均寿命の伸長による高齢者の増加とあいまって、我が国の人口構造にひずみを生じさせ、二十一世紀の国民生活に、深刻かつ多大な影響をもたらす。我らは、紛れもなく、有史以来の未曾有の事態に直面している。

しかしながら、我らはともすれば高齢社会に対する対応にのみ目を奪われ、少子化という、社会の根幹を揺るがしかねない事態に対する国民の意識や社会の対応は、著しく遅れている。少子化は、社会における様々なシステムや人々の価値観と深くかかわっており、この事態を克服するためには、長期的な展望に立った不断の努力の積重ねが不可欠で、極めて長い時間を要する。急速な少子化という現実を前にして、我らに残された時間は、極めて少ない。

もとより、結婚や出産は個人の決定に基づくものではあるが、こうした事態に直面して、家庭や子育てに夢を持ち、かつ、次代の社会を担う子どもを安心して生み、育てることができる環境を整備し、子どもがひとしく心身ともに健やかに育ち、子どもを生み、育てる者が真に誇りと喜びを感じることのできる社会を実現し、少子化の進展に歯止めをかけることが、今、我らに、強く求められている。生命を尊び、豊かで安心して暮らすことのできる社会の実現に向け、新たな一歩を踏み出すことは、我らに課せられている喫緊の課題である。

ここに、少子化社会において講ぜられる施策の基本理念を明らかにし、少子化に的確に対処するための施策を総合的に推進するため、この法律を制定する。

第一章　総則

（目的）

第一条　この法律は、我が国において急速に少子化が進展しており、その状況が二十一世紀の国民生活に深刻かつ多大な影響を及ぼすものであることにかんがみ、このような事態に対し、長期的な視点に立って的確に対処するため、少子化社会において講ぜられる施策の基本理念を明らかにするとともに、国及び地方公共団体の責務、少子化に対処するために講ずべき施策の基本となる事項その他の事項を定めることにより、少子化に対処するための施策を総合的に推進し、もって国民が豊かで安心して暮らすことのできる社会の実現に寄与することを目的とする。

（施策の基本理念）

第二条　少子化に対処するための施策は、父母その他の保護者が子育てについての第一義的責任を有するとの認識の下に、国民の意識の変化、生活様式の多様化等に十分留意しつつ、男女共同参画社会の形成とあいまって、家庭や子育てに夢を持ち、かつ、次代の社会を担う子どもを安心して生み、育てることができる環境を整備することを旨として講ぜられなければならない。

2　少子化に対処するための施策は、人口構造の変化、財政の状況、経済の成長、社会の高度化その他の状況に十分配意し、長期的な展望に立って講ぜられなければならない。

3　少子化に対処するための施策を講ずるに当たっては、子どもの安全な生活が確保されるとともに、子どもがひとしく心身ともに健やかに育つことができるよう配慮しなければならない。

4　社会、経済、教育、文化その他あらゆる分野における施策は、少子化の状況に配慮して、講ぜられなければならない。

（国の責務）

第三条　国は、前条の施策の基本理念（次条において「基本理念」という。）にのっとり、少子化に対処するための施策を総合的に策定し、及び実施する責務を有する。

（地方公共団体の責務）

第四条　地方公共団体は、基本理念にのっとり、少子化に対処するための施策に関し、国と協力しつつ、当該地域の状況に応じた施策を策定し、及び実施する責務を有する。

（事業主の責務）

第五条　事業主は、子どもを生み、育てる者が充実した職業生活を営みつつ豊かな家庭生活を享受することができるよう、国又は地方公共団体が実施する少子化に対処するための施策に協力するとともに、必要な雇用環境の整備に努めるものとする。

（国民の責務）

第六条　国民は、家庭や子育てに夢を持ち、かつ、安心して子どもを生み、育てることができる社会の実現に資するよう努めるものとする。

（施策の大綱）

第七条　政府は、少子化に対処するための施策の指針として、総合的かつ長期的な少子化に対処するための施策の大綱を定めなければならない。

2　こども基本法（令和四年法律第七十七号）第九条第一項の規定により定められた同項のこども大綱のうち前項に規定する総合的かつ長期的な少子化に対処するための施策に係る部分は、同項の規定により定められた大綱とみなす。

（法制上の措置等）

第八条　政府は、この法律の目的を達成するため、必要な法制上又は財政上の措置その他の措置を講じなければならない。

（年次報告）

第九条　政府は、毎年、国会に、少子化の状況及び少子化に対処するために講じた施策の概況に関する報告を提出するとともに、これを公表しなければならない。

2　こども基本法第八条第一項の規定による国会への報告及び公表がされたときは、前項の規定による国会への報告及び公表がされたものとみなす。

第二章　基本的施策

（雇用環境の整備）

第一〇条　国及び地方公共団体は、子どもを生み、育てる者が充実した職業生活を営みつつ豊かな家庭生活を享受することができるよう、育児休業制度等子どもを生み、育てる者の雇用の継続を図るための制度の充実、労働時間の短縮の促進、再就職の促進、情報通信ネットワークを利用した就労形態の多様化等による多様な就労の機会の確保その他必要な雇用環境の整備のための施策を講ずるものとする。

2　国及び地方公共団体は、前項の施策を講ずるに当たっては、子どもを養育する者がその有する能力を有効に発揮することの妨げとなっている雇用慣行の是正が図られるよう配慮するものとする。

（保育サービス等の充実）

第一一条　国及び地方公共団体は、子どもを養育する者の多様な需要に対応した良質な保育サービス等が提供されるよう、病児保育、低年齢児保育、休日保育、夜間保育、延長保育及び一時保育の充実、放課後児童健全育成事業等の拡充その他の保育等に係る体制の整備並びに保育サービスに係る情報の提供の促進に必要な施策を講ずるとともに、保育所、幼稚園その他の保育サービスを提供する施設の活用による子育てに関する情報の提供及び相談の実施その他の子育て支援が図られるよう必要な施策を講ずるものとする。

2　国及び地方公共団体は、保育において幼稚園の果たしている役割に配慮し、その充実を図るとともに、前項の保育等に係る体制の整備に必要な施策を講ずるに当たっては、幼稚園と保育所との連携の強化及びこれらに係る施設の総合化に配慮するものとする。

（地域社会における子育て支援体制の整備）

第一二条　国及び地方公共団体は、地域において子どもを生み、育てる者を支援する拠点の整備を図るとともに、安心して子どもを生み、育てることができる地域社会の形成に係る活動を行う民間団体の支援、地域における子どもと他の世代との交流の促進等について必要な施策を講ずることにより、子どもを生み、育てる者を支援する地域社会の形成のための環境の整備を行うものとする。

（母子保健医療体制の充実等）

第一三条　国及び地方公共団体は、妊産婦及び乳幼児に対する健康診査、保健指導等の母子保健サービスの提供に係る体制の整備、妊産婦及び乳幼児に対し良質かつ適切な医療（助産を含む。）が提供される体制の整備等安心して子どもを生み、育てることができる母子保健医療体制の充実のために必要な施策を講ずるものとする。

2　国及び地方公共団体は、不妊治療を望む者に対し良質かつ適切な保健医療サービスが提供されるよう、不妊治療に係る情報の提供、不妊相談、不妊治療に係る研究に対する助成等必要な施策を講ずるものとする。

（ゆとりのある教育の推進等）

第一四条　国及び地方公共団体は、子どもを生み、育てる者の教育に関する心理的な負担を軽減するため、教育の内容及び方法の改善及び充実、入学者の選抜方法の改善等によりゆとりのある学校教育の実現が図られるよう必要な施策を講ずるとともに、子どもの文化体験、スポーツ体験、社会体験その他の体験を豊かにするための多様な機会の提供、家庭教育に関する学習機会及び情報の提供、家庭教育に関する相談体制の整備等子どもが豊かな人間性をはぐくむことができる社会環境を整備するために必要な施策を講ずるものとする。

（生活環境の整備）

第一五条　国及び地方公共団体は、子どもの養育及び成長に適した良質な住宅の供給並びに安心して子どもを遊ばせることができる広場その他の場所の整備を促進するとともに、子どもが犯罪、交通事故その他の危害から守られ、子どもを生み、育てる者が豊かで安心して生活することができる地域環境を整備するためのまちづくりその他の必要な施策を講ずるものとする。

（経済的負担の軽減）

第一六条　国及び地方公共団体は、子どもを生み、育てる者の経済的負担の軽減を図るため、児童手当、奨学事業及び子どもの医療に係る措置、税制上の措置その他の必要な措置を講ずるものとする。

（教育及び啓発）

第一七条　国及び地方公共団体は、生命の尊厳並びに子育てにおいて家庭が果たす役割及び家庭生活における男女の協力の重要性について国民の認識を深めるよう必要な教育及び啓発を行うものとする。

2　国及び地方公共団体は、安心して子どもを生み、育てることができる社会の形成について国民の関心と理解を深めるよう必要な教育及び啓発を行うものとする。

附則《略》

個人情報の保護に関する法律（抄）

平成一五年五月三〇日法律第五七号
施行：平成一五年五月三〇日
最終改正：令和五年一一月二九日法律第七九号
施行：附則参照

第一章　総則

（目的）

第一条　この法律は、デジタル社会の進展に伴い個人情報の利用が著しく拡大していることに鑑み、個人情報の適正な取扱いに関し、基本理念及び政府による基本方針の作成その他の個人情報の保護に関する施策の基本となる事項を定め、国及び地方公共団体の責務等を明らかにし、個人情報を取り扱う事業者及び行政機関等についてこれらの特性に応じて遵守すべき義務等を定めるとともに、個人情報保護委員会を設置することにより、行政機関等の事務及び事業の適正かつ円滑な運営を図り、並びに個人情報の適正かつ効果的な活用が新たな産業の創出並びに活力ある経済社会及び豊かな国民生活の実現に資するものであることその他の個人情報の有用性に配慮しつつ、個人の権利利益を保護することを目的とする。

（定義）

第二条　この法律において「個人情報」とは、生存する個人に関する情報であって、次の各号のいずれかに該当するものをいう。

一　当該情報に含まれる氏名、生年月日その他の記述等（文書、図画若しくは電磁的記録（電磁的方式（電子的方式、磁気的方式その他人の知覚によっては認識することができない方式をいう。次項第二号において同じ。）で作られる記録をいう。以下同じ。）に記載され、若しくは記録され、又は音声、動作その他の方法を用いて表された一切の事項（個人識別符号を除く。）をいう。以下同じ。）により特定の個人を識別することができるもの（他の情報と容易に照合することができ、それにより特定の個人を識別することができることとなるものを含む。）

二　個人識別符号が含まれるもの

2　この法律において「個人識別符号」とは、次の各号のいずれかに該当する文字、番号、記号その他の符号のうち、政令で定めるものをいう。

一　特定の個人の身体の一部の特徴を電子計算機の用に供するために変換した文字、番号、記号その他の符号であって、当該特定の個人を識別することができるもの

二　個人に提供される役務の利用若しくは個人に販売される商品の購入に関し割り当てられ、又は個人に発行されるカードその他の書類に記載され、若しくは電磁的方式により記録された文字、番号、記号その他の符号であって、その利用者若しくは購入者又は発行を受ける者ごとに異なるものとなるように割り当てられ、又は記載され、若しくは記録されることにより、特定の利用者若しくは購入者又は発行を受ける者を識別することができるもの

3　この法律において「要配慮個人情報」とは、本人の人種、信条、社会的身分、病歴、犯罪の経歴、犯罪により害を被った事実その他本人に対する不当な差別、偏見その他の不利益が生じないようにその取扱いに特に配慮を要するものとして政令で定める記述等が含まれる個人情報をいう。

4　この法律において個人情報について「本人」とは、個人情報によって識別される特定の個人をいう。

5　この法律において「仮名加工情報」とは、次の各号に掲げる個人情報の区分に応じて当該各号に定める措置を講じて他の情報と照合しない限り特定の個人を識別することができないように個人情報を加工して得られる個人に関する情報をいう。

一　第一項第一号に該当する個人情報　当該個人情報に含まれる記述等の一部を削除すること（当該一部の記述等を復元することのできる規則性を有しない方法により他の記述等に置き換えることを含む。）。

二　第一項第二号に該当する個人情報　当該個人情報に含まれる個人識別符号の全部を削除すること（当該個人識別符号を復元することのできる規則性を有しない方法により他の記述等に置き換えることを含む。）。

6　この法律において「匿名加工情報」とは、次の各号に掲げる個人情報の区分に応じて当該各号に定める措置を講じて特定の個人を識別することができないように個人情報を加工して得られる個人に関する情報であって、当該個人情報を復元することができないようにしたものをいう。

一　第一項第一号に該当する個人情報　当該個人情報に含まれる記述等の一部を削除すること（当該一部の記述等を復元することのできる規則性を有しない方法により他の記述等に置き換えることを含む。）。

二　第一項第二号に該当する個人情報　当該個人情報に含まれる個人識別符号の全部を削除すること（当該個人識別符号を復元することのできる規則性を有しない方法により他の記述等に置き換えることを含む。）。

7　この法律において「個人関連情報」とは、生存する個人に関する情報であって、個人情報、仮名加工情報及び匿名加工情報のいずれにも該当しないものをいう。

8　この法律において「行政機関」とは、次に掲げる機関をいう。

一　法律の規定に基づき内閣に置かれる機関（内閣府を除く。）及び内閣の所轄の下に置かれる機関

二　内閣府、宮内庁並びに内閣府設置法（平成十一年法律第八十九号）第四十九条第一項及び第二項に規定する機関（これらの機関のうち第四号の政令で定める機関が置かれる機関にあっては、当該政令で定める機関を除く。）

三　国家行政組織法（昭和二十三年法律第百二十号）第三条第二項に規定する機関（第五号の政令で定める機関が置かれる機関にあっては、当該政令で定める機関を除く。）

四　内閣府設置法第三十九条及び第五十五条並びに宮内庁法（昭和二十二年法律第七十号）第十六条第二項の機関並びに内閣府設置法第四十条及び第五十六条（宮内庁法第十八条第一項において準用する場合を含む。）の特別の機関で、政令で定めるもの

五　国家行政組織法第八条の二の施設等機関及び同法第八条の三の特別の機関で、政令で定めるもの

六　会計検査院

9　この法律において「独立行政法人等」とは、独立行政法人通則法（平成十一年法律第百三号）第二条第一項に規定する独立行政法人及び別表第一に掲げる法人をいう。

10　この法律において「地方独立行政法人」とは、地方独立行政法人法（平成十五年法律第百十八号）第二条第一項に規定する地方独立行政法人をいう。

11　この法律において「行政機関等」とは、次に掲げる機関をいう。

一　行政機関

二　独立行政法人等（別表第二に掲げる法人を除く。第十六条第二項第三号、第六十三条、第七十八条第七号イ及びロ、第八十九条第三項から第五項まで、第百十七条第三項から第五項まで並びに第百二十三条第二項において同じ。）

（基本理念）

第三条　個人情報は、個人の人格尊重の理念の下に慎重に取り扱われるべきものであることに鑑み、その適正な取扱いが図られなければならない。

第二章　国及び地方公共団体の責務等

（国の責務）

第四条　国は、この法律の趣旨にのっとり、国の機関、独立行政法人等及び事業者等による個人情報の適正な取扱いを確保するために必要な施策を総合的に策定し、及びこれを実施する責務を有する。

（地方公共団体の責務）

第五条　地方公共団体は、この法律の趣旨にのっとり、その地方公共団体の区域の特性に応じて、個人情報の適正な取扱いを確保するために必要な施策を策定し、及びこれを実施する責務を有する。

（法制上の措置等）

第六条　政府は、個人情報の性質及び利用方法に鑑み、個人の権利利益の一層の保護を図るため特にその適正な取扱いの厳格な実施を確保する必要がある個人情報について、保護のための格別の措置が講じられるよう必要な法制上の措置その他の措置を講ずるとともに、国際機関その他の国際的な枠組みへの協力を通じて、各国政府と共同して国際的に整合のとれた個人情報に係る制度を構築するために必要な措置を講ずるものとする。

第三章　個人情報の保護に関する施策等

第一節　個人情報の保護に関する基本方針

第七条　政府は、個人情報の保護に関する施策の総合的かつ一体的な推進を図るため、個人情報の保護に関する基本方針（以下「基本方針」という。）を定めなければならない。

2　基本方針は、次に掲げる事項について定めるものとする。

一　個人情報の保護に関する施策の推進に関する基本的な方向

二　国が講ずべき個人情報の保護のための措置に関する事項

三　地方公共団体が講ずべき個人情報の保護のための措置に関する基本的な事項

四　独立行政法人等が講ずべき個人情報の保護のための措置に関する基本的な事項

五　地方独立行政法人が講ずべき個人情報の保護のための措置に関する基本的な事項

六　第十六条第二項に規定する個人情報取扱事業者、同条第五項に規定する仮名加工情報取扱事業者及び同条第六項に規定する匿名加工情報取扱事業者並びに第五十一条第一項に規定する認定個人情報保護団体が講ずべき個人情報の保護のための措置に関する基本的な事項

七　個人情報の取扱いに関する苦情の円滑な処理に関する事項

八　その他個人情報の保護に関する施策の推進に関する重要事項

3　内閣総理大臣は、個人情報保護委員会が作成した基本方針の案について閣議の決定を求めなければならない。

4　内閣総理大臣は、前項の規定による閣議の決定があったときは、遅滞なく、基本方針を公表しなければならない。

5　前二項の規定は、基本方針の変更について準用する。

第二節　国の施策《略》

第三節　地方公共団体の施策《略》

第四節　国及び地方公共団体の協力

第一五条　国及び地方公共団体は、個人情報の保護に関する施策を講ずるにつき、相協力するものとする。

第四章　個人情報取扱事業者等の義務等

第一節　総則

（定義）

第一六条　この章及び第八章において「個人情報データベース等」とは、個人情報を含む情報の集合物であって、次に掲げるもの（利用方法からみて個人の権利利益を害するおそれが少ないものとして政令で定めるものを除く。）をいう。

一　特定の個人情報を電子計算機を用いて検索することができるように体系的に構成したもの
二　前号に掲げるもののほか、特定の個人情報を容易に検索することができるように体系的に構成したものとして政令で定めるもの

2　この章及び第六章から第八章までにおいて「個人情報取扱事業者」とは、個人情報データベース等を事業の用に供している者をいう。ただし、次に掲げる者を除く。
一　国の機関
二　地方公共団体
三　独立行政法人等
四　地方独立行政法人

3　この章において「個人データ」とは、個人情報データベース等を構成する個人情報をいう。

4　この章において「保有個人データ」とは、個人情報取扱事業者が、開示、内容の訂正、追加又は削除、利用の停止、消去及び第三者への提供の停止を行うことのできる権限を有する個人データであって、その存否が明らかになることにより公益その他の利益が害されるものとして政令で定めるもの以外のものをいう。

5　この章、第六章及び第七章において「仮名加工情報取扱事業者」とは、仮名加工情報を含む情報の集合物であって、特定の仮名加工情報を電子計算機を用いて検索することができるように体系的に構成したものその他特定の仮名加工情報を容易に検索することができるように体系的に構成したものとして政令で定めるもの（第四十一条第一項において「仮名加工情報データベース等」という。）を事業の用に供している者をいう。ただし、第二項各号に掲げる者を除く。

6　この章、第六章及び第七章において「匿名加工情報取扱事業者」とは、匿名加工情報を含む情報の集合物であって、特定の匿名加工情報を電子計算機を用いて検索することができるように体系的に構成したものその他特定の匿名加工情報を容易に検索することができるように体系的に構成したものとして政令で定めるもの（第四十三条第一項において「匿名加工情報データベース等」という。）を事業の用に供している者をいう。ただし、第二項各号に掲げる者を除く。

7　この章、第六章及び第七章において「個人関連情報取扱事業者」とは、個人関連情報を含む情報の集合物であって、特定の個人関連情報を電子計算機を用いて検索することができるように体系的に構成したものその他特定の個人関連情報を容易に検索することができるように体系的に構成したものとして政令で定めるもの（第三十一条第一項において「個人関連情報データベース等」という。）を事業の用に供している者をいう。ただし、第二項各号に掲げる者を除く。

8　この章において「学術研究機関等」とは、大学その他の学術研究を目的とする機関若しくは団体又はそれらに属する者をいう。

第二節　個人情報取扱事業者及び個人関連情報取扱事業者の義務

（利用目的の特定）

第一七条　個人情報取扱事業者は、個人情報を取り扱うに当たっては、その利用の目的（以下「利用目的」という。）をできる限り特定しなければならない。

2　個人情報取扱事業者は、利用目的を変更する場合には、変更前の利用目的と関連性を有すると合理的に認められる範囲を超えて行ってはならない。

（利用目的による制限）

第一八条　個人情報取扱事業者は、あらかじめ本人の同意を得ないで、前条の規定により特定された利用目的の達成に必要な範囲を超えて、個人情報を取り扱ってはならない。

2　個人情報取扱事業者は、合併その他の事由により他の個人情報取扱事業者から事業を承継することに伴って個人情報を取得した場合は、あらかじめ本人の同意を得ないで、承継前における当該個人情報の利用目的の達成に必要な範囲を超えて、当該個人情報を取り扱ってはならない。

3　前二項の規定は、次に掲げる場合については、適用しない。
一　法令に基づく場合
二　人の生命、身体又は財産の保護のために必要がある場合であって、本人の同意を得ることが困難であるとき。
三　公衆衛生の向上又は児童の健全な育成の推進のために特に必要がある場合であって、本人の同意を得ることが困難であるとき。
四　国の機関若しくは地方公共団体又はその委託を受けた者が法令の定める事務を遂行することに対して協力する必要がある場合であって、本人の同意を得ることにより当該事務の遂行に支障を及ぼすおそれがあるとき。
五　当該個人情報取扱事業者が学術研究機関等である場合であって、当該個人情報を学術研究の用に供する目的（以下この章において「学術研究目的」という。）で取り扱う必要があるとき（当

該個人情報を取り扱う目的の一部が学術研究目的である場合を含み、個人の権利利益を不当に侵害するおそれがある場合を除く。）。

六　学術研究機関等に個人データを提供する場合であって、当該学術研究機関等が当該個人データを学術研究目的で取り扱う必要があるとき（当該個人データを取り扱う目的の一部が学術研究目的である場合を含み、個人の権利利益を不当に侵害するおそれがある場合を除く。）。

（不適正な利用の禁止）

第一九条　個人情報取扱事業者は、違法又は不当な行為を助長し、又は誘発するおそれがある方法により個人情報を利用してはならない。

（適正な取得）

第二〇条　個人情報取扱事業者は、偽りその他不正の手段により個人情報を取得してはならない。

2　個人情報取扱事業者は、次に掲げる場合を除くほか、あらかじめ本人の同意を得ないで、要配慮個人情報を取得してはならない。

一　法令に基づく場合

二　人の生命、身体又は財産の保護のために必要がある場合であって、本人の同意を得ることが困難であるとき。

三　公衆衛生の向上又は児童の健全な育成の推進のために特に必要がある場合であって、本人の同意を得ることが困難であるとき。

四　国の機関若しくは地方公共団体又はその委託を受けた者が法令の定める事務を遂行することに対して協力する必要がある場合であって、本人の同意を得ることにより当該事務の遂行に支障を及ぼすおそれがあるとき。

五　当該個人情報取扱事業者が学術研究機関等である場合であって、当該要配慮個人情報を学術研究目的で取り扱う必要があるとき（当該要配慮個人情報を取り扱う目的の一部が学術研究目的である場合を含み、個人の権利利益を不当に侵害するおそれがある場合を除く。）。

六　学術研究機関等から当該要配慮個人情報を取得する場合であって、当該要配慮個人情報を学術研究目的で取得する必要があるとき（当該要配慮個人情報を取得する目的の一部が学術研究目的である場合を含み、個人の権利利益を不当に侵害するおそれがある場合を除く。）（当該個人情報取扱事業者と当該学術研究機関等が共同して学術研究を行う場合に限る。）。

七　当該要配慮個人情報が、本人、国の機関、地方公共団体、学術研究機関等、第五十七条第一項各号に掲げる者その他個人情報保護委員会規則で定める者により公開されている場合

八　その他前各号に掲げる場合に準ずるものとして政令で定める場合

（取得に際しての利用目的の通知等）

第二一条　個人情報取扱事業者は、個人情報を取得した場合は、あらかじめその利用目的を公表している場合を除き、速やかに、その利用目的を、本人に通知し、又は公表しなければならない。

2　個人情報取扱事業者は、前項の規定にかかわらず、本人との間で契約を締結することに伴って契約書その他の書面（電磁的記録を含む。以下この項において同じ。）に記載された当該本人の個人情報を取得する場合その他本人から直接書面に記載された当該本人の個人情報を取得する場合は、あらかじめ、本人に対し、その利用目的を明示しなければならない。ただし、人の生命、身体又は財産の保護のために緊急に必要がある場合は、この限りでない。

3　個人情報取扱事業者は、利用目的を変更した場合は、変更された利用目的について、本人に通知し、又は公表しなければならない。

4　前三項の規定は、次に掲げる場合については、適用しない。

一　利用目的を本人に通知し、又は公表することにより本人又は第三者の生命、身体、財産その他の権利利益を害するおそれがある場合

二　利用目的を本人に通知し、又は公表することにより当該個人情報取扱事業者の権利又は正当な利益を害するおそれがある場合

三　国の機関又は地方公共団体が法令の定める事務を遂行することに対して協力する必要がある場合であって、利用目的を本人に通知し、又は公表することにより当該事務の遂行に支障を及ぼすおそれがあるとき。

四　取得の状況からみて利用目的が明らかであると認められる場合

（データ内容の正確性の確保等）

第二二条　個人情報取扱事業者は、利用目的の達成に必要な範囲内において、個人データを正確かつ最新の内容に保つとともに、利用する必要がなくなったときは、当該個人データを遅滞なく消去するよう努めなければならない。

（安全管理措置）

第二三条　個人情報取扱事業者は、その取り扱う個人データの漏えい、滅失又は毀損の防止その他の個人データの安全管理のために必要かつ適切な措置を講じなければならない。

（従業者の監督）

第二四条　個人情報取扱事業者は、その従業者に個人データを取り扱わせるに当たっては、当該個人データの安全管理が図られるよう、当該従業者に対する必要かつ適切な監督を行わなければならない。

（委託先の監督）

第二五条　個人情報取扱事業者は、個人データの取扱いの全部又は一部を委託する場合は、その取扱いを委託された個人データの安全管理が図られるよう、委託を受けた者に対する必要かつ適切な監督を行わなければならない。

（漏えい等の報告等）

第二六条　個人情報取扱事業者は、その取り扱う個人データの漏えい、滅失、毀損その他の個人データの安全の確保に係る事態であって個人の権利利益を害するおそれが大きいものとして個人情報保護委員会規則で定めるものが生じたときは、個人情報保護委員会規則で定めるところにより、当該事態が生じた旨を個人情報保護委員会に報告しなければならない。ただし、当該個人情報取扱事業者が、他の個人情報取扱事業者又は行政機関等から当該個人データの取扱いの全部又は一部の委託を受けた場合であって、個人情報保護委員会規則で定めるところにより、当該事態が生じた旨を当該他の個人情報取扱事業者又は行政機関等に通知したときは、この限りでない。

2　前項に規定する場合には、個人情報取扱事業者（同項ただし書の規定による通知をした者を除く。）は、本人に対し、個人情報保護委員会規則で定めるところにより、当該事態が生じた旨を通知しなければならない。ただし、本人への通知が困難な場合であって、本人の権利利益を保護するため必要なこれに代わるべき措置をとるときは、この限りでない。

（第三者提供の制限）

第二七条　個人情報取扱事業者は、次に掲げる場合を除くほか、あらかじめ本人の同意を得ないで、個人データを第三者に提供してはならない。

一　法令に基づく場合

二　人の生命、身体又は財産の保護のために必要がある場合であって、本人の同意を得ることが困難であるとき。

三　公衆衛生の向上又は児童の健全な育成の推進のために特に必要がある場合であって、本人の同意を得ることが困難であるとき。

四　国の機関若しくは地方公共団体又はその委託を受けた者が法令の定める事務を遂行することに対して協力する必要がある場合であって、本人の同意を得ることにより当該事務の遂行に支障を及ぼすおそれがあるとき。

五　当該個人情報取扱事業者が学術研究機関等である場合であって、当該個人データの提供が学術研究の成果の公表又は教授のためやむを得ないとき（個人の権利利益を不当に侵害するおそれがある場合を除く。）。

六　当該個人情報取扱事業者が学術研究機関等である場合であって、当該個人データを学術研究目的で提供する必要があるとき（当該個人データを提供する目的の一部が学術研究目的である場合を含み、個人の権利利益を不当に侵害するおそれがある場合を除く。）（当該個人情報取扱事業者と当該第三者が共同して学術研究を行う場合に限る。）。

七　当該第三者が学術研究機関等である場合であって、当該第三者が当該個人データを学術研究目的で取り扱う必要があるとき（当該個人データを取り扱う目的の一部が学術研究目的である場合を含み、個人の権利利益を不当に侵害するおそれがある場合を除く。）。

2　個人情報取扱事業者は、第三者に提供される個人データについて、本人の求めに応じて当該本人が識別される個人データの第三者への提供を停止することとしている場合であって、次に掲げる事項について、個人情報保護委員会規則で定めるところにより、あらかじめ、本人に通知し、又は本人が容易に知り得る状態に置くとともに、個人情報保護委員会に届け出たときは、前項の規定にかかわらず、当該個人データを第三者に提供することができる。ただし、第三者に提供される個人データが要配慮個人情報又は第二十条第一項の規定に違反して取得されたもの若しくは他の個人情報取扱事業者からこの項本文の規定により提供されたもの（その全部又は一部を複製し、又は加工したものを含む。）である場合は、この限りでない。

一　第三者への提供を行う個人情報取扱事業者の氏名又は名称及び住所並びに法人にあっては、その代表者（法人でない団体で代表者又は管理人の定めのあるものにあっては、その代表者又は管理人。以下この条、第三十条第一項第一号及び第三十二条第一項第一号において同じ。）の氏名

二　第三者への提供を利用目的とすること。

三　第三者に提供される個人データの項目

四　第三者に提供される個人データの取得の方法

五　第三者への提供の方法

六　本人の求めに応じて当該本人が識別される個

人データの第三者への提供を停止すること。

七　本人の求めを受け付ける方法

八　その他個人の権利利益を保護するために必要なものとして個人情報保護委員会規則で定める事項

3　個人情報取扱事業者は、前項第一号に掲げる事項に変更があったとき又は同項の規定による個人データの提供をやめたときは遅滞なく、同項第三号から第五号まで、第七号又は第八号に掲げる事項を変更しようとするときはあらかじめ、その旨について、個人情報保護委員会規則で定めるところにより、本人に通知し、又は本人が容易に知り得る状態に置くとともに、個人情報保護委員会に届け出なければならない。

4　個人情報保護委員会は、第二項の規定による届出があったときは、個人情報保護委員会規則で定めるところにより、当該届出に係る事項を公表しなければならない。前項の規定による届出があったときも、同様とする。

5　次に掲げる場合において、当該個人データの提供を受ける者は、前各項の規定の適用については、第三者に該当しないものとする。

一　個人情報取扱事業者が利用目的の達成に必要な範囲内において個人データの取扱いの全部又は一部を委託することに伴って当該個人データが提供される場合

二　合併その他の事由による事業の承継に伴って個人データが提供される場合

三　特定の者との間で共同して利用される個人データが当該特定の者に提供される場合であって、その旨並びに共同して利用される個人データの項目、共同して利用する者の範囲、利用する者の利用目的並びに当該個人データの管理について責任を有する者の氏名又は名称及び住所並びに法人にあっては、その代表者の氏名について、あらかじめ、本人に通知し、又は本人が容易に知り得る状態に置いているとき。

6　個人情報取扱事業者は、前項第三号に規定する個人データの管理について責任を有する者の氏名、名称若しくは住所又は法人にあっては、その代表者の氏名に変更があったときは遅滞なく、同号に規定する利用する者の利用目的又は当該責任を有する者を変更しようとするときはあらかじめ、その旨について、本人に通知し、又は本人が容易に知り得る状態に置かなければならない。

（外国にある第三者への提供の制限）

第二八条　個人情報取扱事業者は、外国（本邦の域外にある国又は地域をいう。以下この条及び第三十一条第一項第二号において同じ。）（個人の権利利益を保護する上で我が国と同等の水準にあると認められる個人情報の保護に関する制度を有している外国として個人情報保護委員会規則で定めるものを除く。以下この条及び同号において同じ。）にある第三者（個人データの取扱いについてこの節の規定により個人情報取扱事業者が講ずべきこととされている措置に相当する措置（第三項において「相当措置」という。）を継続的に講ずるために必要なものとして個人情報保護委員会規則で定める基準に適合する体制を整備している者を除く。以下この項及び次項並びに同号において同じ。）に個人データを提供する場合には、前条第一項各号に掲げる場合を除くほか、あらかじめ外国にある第三者への提供を認める旨の本人の同意を得なければならない。この場合においては、同条の規定は、適用しない。

2　個人情報取扱事業者は、前項の規定により本人の同意を得ようとする場合には、個人情報保護委員会規則で定めるところにより、あらかじめ、当該外国における個人情報の保護に関する制度、当該第三者が講ずる個人情報の保護のための措置その他当該本人に参考となるべき情報を当該本人に提供しなければならない。

3　個人情報取扱事業者は、個人データを外国にある第三者（第一項に規定する体制を整備している者に限る。）に提供した場合には、個人情報保護委員会規則で定めるところにより、当該第三者による相当措置の継続的な実施を確保するために必要な措置を講ずるとともに、本人の求めに応じて当該必要な措置に関する情報を当該本人に提供しなければならない。

（第三者提供に係る記録の作成等）

第二九条　個人情報取扱事業者は、個人データを第三者（第十六条第二項各号に掲げる者を除く。以下この条及び次条（第三十一条第三項において読み替えて準用する場合を含む。）において同じ。）に提供したときは、個人情報保護委員会規則で定めるところにより、当該個人データを提供した年月日、当該第三者の氏名又は名称その他の個人情報保護委員会規則で定める事項に関する記録を作成しなければならない。ただし、当該個人データの提供が第二十七条第一項各号又は第五項各号のいずれか（前条第一項の規定による個人データの提供にあっては、第二十七条第一項各号のいずれか）に該当する場合は、この限りでない。

2　個人情報取扱事業者は、前項の記録を、当該記録を作成した日から個人情報保護委員会規則で定める期間保存しなければならない。

（第三者提供を受ける際の確認等）

第三〇条　個人情報取扱事業者は、第三者から個人データの提供を受けるに際しては、個人情報保護委員会規則で定めるところにより、次に掲げる事項の確認を行わなければならない。ただし、当該個人データの提供が第二十七条第一項各号又は第五項各号のいずれかに該当する場合は、この限りでない。

一　当該第三者の氏名又は名称及び住所並びに法人にあっては、その代表者の氏名

二　当該第三者による当該個人データの取得の経緯

2　前項の第三者は、個人情報取扱事業者が同項の規定による確認を行う場合において、当該個人情報取扱事業者に対して、当該確認に係る事項を偽ってはならない。

3　個人情報取扱事業者は、第一項の規定による確認を行ったときは、個人情報保護委員会規則で定めるところにより、当該個人データの提供を受けた年月日、当該確認に係る事項その他の個人情報保護委員会規則で定める事項に関する記録を作成しなければならない。

4　個人情報取扱事業者は、前項の記録を、当該記録を作成した日から個人情報保護委員会規則で定める期間保存しなければならない。

（個人関連情報の第三者提供の制限等）

第三一条　個人関連情報取扱事業者は、第三者が個人関連情報（個人関連情報データベース等を構成するものに限る。以下この章及び第六章において同じ。）を個人データとして取得することが想定されるときは、第二十七条第一項各号に掲げる場合を除くほか、次に掲げる事項について、あらかじめ個人情報保護委員会規則で定めるところにより確認することをしないで、当該個人関連情報を当該第三者に提供してはならない。

一　当該第三者が個人関連情報取扱事業者から個人関連情報の提供を受けて本人が識別される個人データとして取得することを認める旨の当該本人の同意が得られていること。

二　外国にある第三者への提供にあっては、前号の本人の同意を得ようとする場合において、個人情報保護委員会規則で定めるところにより、あらかじめ、当該外国における個人情報の保護に関する制度、当該第三者が講ずる個人情報の保護のための措置その他当該本人に参考となるべき情報が当該本人に提供されていること。

2　第二十八条第三項の規定は、前項の規定により個人関連情報取扱事業者が個人関連情報を提供する場合について準用する。この場合において、同条第三項中「講ずるとともに、本人の求めに応じて当該必要な措置に関する情報を当該本人に提供し」とあるのは、「講じ」と読み替えるものとする。

3　前条第二項から第四項までの規定は、第一項の規定により個人関連情報取扱事業者が確認する場合について準用する。この場合において、同条第三項中「の提供を受けた」とあるのは、「を提供した」と読み替えるものとする。

（保有個人データに関する事項の公表等）

第三二条　個人情報取扱事業者は、保有個人データに関し、次に掲げる事項について、本人の知り得る状態（本人の求めに応じて遅滞なく回答する場合を含む。）に置かなければならない。

一　当該個人情報取扱事業者の氏名又は名称及び住所並びに法人にあっては、その代表者の氏名

二　全ての保有個人データの利用目的（第二十一条第四項第一号から第三号までに該当する場合を除く。）

三　次項の規定による求め又は次条第一項（同条第五項において準用する場合を含む。）、第三十四条第一項若しくは第三十五条第一項、第三項若しくは第五項の規定による請求に応じる手続（第三十八条第二項の規定により手数料の額を定めたときは、その手数料の額を含む。）

四　前三号に掲げるもののほか、保有個人データの適正な取扱いの確保に関し必要な事項として政令で定めるもの

2　個人情報取扱事業者は、本人から、当該本人が識別される保有個人データの利用目的の通知を求められたときは、本人に対し、遅滞なく、これを通知しなければならない。ただし、次の各号のいずれかに該当する場合は、この限りでない。

一　前項の規定により当該本人が識別される保有個人データの利用目的が明らかな場合

二　第二十一条第四項第一号から第三号までに該当する場合

3　個人情報取扱事業者は、前項の規定に基づき求められた保有個人データの利用目的を通知しない旨の決定をしたときは、本人に対し、遅滞なく、その旨を通知しなければならない。

（開示）

第三三条　本人は、個人情報取扱事業者に対し、当該本人が識別される保有個人データの電磁的記録の提供による方法その他の個人情報保護委員会規則で定める方法による開示を請求することができる。

2　個人情報取扱事業者は、前項の規定による請求を受けたときは、本人に対し、同項の規定により当該本人が請求した方法（当該方法による開示に多額の費用を要する場合その他の当該方法による開示が困難である場合にあっては、書面の交付による方法）により、遅滞なく、当該保有個人データを開示しなければならない。ただし、開示することにより次の各号のいずれかに該当する場合は、その全部又は一部を開示しないことができる。

一　本人又は第三者の生命、身体、財産その他の権利利益を害するおそれがある場合

二　当該個人情報取扱事業者の業務の適正な実施に著しい支障を及ぼすおそれがある場合

三　他の法令に違反することとなる場合

3　個人情報取扱事業者は、第一項の規定による請求に係る保有個人データの全部若しくは一部について開示しない旨の決定をしたとき、当該保有個人データが存在しないとき、又は同項の規定により本人が請求した方法による開示が困難であるときは、本人に対し、遅滞なく、その旨を通知しなければならない。

4　他の法令の規定により、本人に対し第二項本文に規定する方法に相当する方法により当該本人が識別される保有個人データの全部又は一部を開示することとされている場合には、当該全部又は一部の保有個人データについては、第一項及び第二項の規定は、適用しない。

5　第一項から第三項までの規定は、当該本人が識別される個人データに係る第二十九条第一項及び第三十条第三項の記録（その存否が明らかになることにより公益その他の利益が害されるものとして政令で定めるものを除く。第三十七条第二項において「第三者提供記録」という。）について準用する。

（訂正等）

第三四条　本人は、個人情報取扱事業者に対し、当該本人が識別される保有個人データの内容が事実でないときは、当該保有個人データの内容の訂正、追加又は削除（以下この条において「訂正等」という。）を請求することができる。

2　個人情報取扱事業者は、前項の規定による請求を受けた場合には、その内容の訂正等に関して他の法令の規定により特別の手続が定められている場合を除き、利用目的の達成に必要な範囲内において、遅滞なく必要な調査を行い、その結果に基づき、当該保有個人データの内容の訂正等を行わなければならない。

3　個人情報取扱事業者は、第一項の規定による請求に係る保有個人データの内容の全部若しくは一部について訂正等を行ったとき、又は訂正等を行わない旨の決定をしたときは、本人に対し、遅滞なく、その旨（訂正等を行ったときは、その内容を含む。）を通知しなければならない。

（利用停止等）

第三五条　本人は、個人情報取扱事業者に対し、当該本人が識別される保有個人データが第十八条若しくは第十九条の規定に違反して取り扱われているとき、又は第二十条の規定に違反して取得されたものであるときは、当該保有個人データの利用の停止又は消去（以下この条において「利用停止等」という。）を請求することができる。

2　個人情報取扱事業者は、前項の規定による請求を受けた場合であって、その請求に理由があることが判明したときは、違反を是正するために必要な限度で、遅滞なく、当該保有個人データの利用停止等を行わなければならない。ただし、当該保有個人データの利用停止等に多額の費用を要する場合その他の利用停止等を行うことが困難な場合であって、本人の権利利益を保護するため必要なこれに代わるべき措置をとるときは、この限りでない。

3　本人は、個人情報取扱事業者に対し、当該本人が識別される保有個人データが第二十七条第一項又は第二十八条の規定に違反して第三者に提供されているときは、当該保有個人データの第三者への提供の停止を請求することができる。

4　個人情報取扱事業者は、前項の規定による請求を受けた場合であって、その請求に理由があることが判明したときは、遅滞なく、当該保有個人データの第三者への提供を停止しなければならない。ただし、当該保有個人データの第三者への提供の停止に多額の費用を要する場合その他の第三者への提供を停止することが困難な場合であって、本人の権利利益を保護するため必要なこれに代わるべき措置をとるときは、この限りでない。

5　本人は、個人情報取扱事業者に対し、当該本人が識別される保有個人データを当該個人情報取扱事業者が利用する必要がなくなった場合、当該本人が識別される保有個人データに係る第二十六条第一項本文に規定する事態が生じた場合その他当該本人が識別される保有個人データの取扱いにより当該本人の権利又は正当な利益が害されるおそれがある場合には、当該保有個人データの利用停止等又は第三者への提供の停止を請求することができる。

6　個人情報取扱事業者は、前項の規定による請求

を受けた場合であって、その請求に理由があることが判明したときは、本人の権利利益の侵害を防止するために必要な限度で、遅滞なく、当該保有個人データの利用停止等又は第三者への提供の停止を行わなければならない。ただし、当該保有個人データの利用停止等又は第三者への提供の停止に多額の費用を要する場合その他の利用停止等又は第三者への提供の停止を行うことが困難な場合であって、本人の権利利益を保護するため必要なこれに代わるべき措置をとるときは、この限りでない。

7　個人情報取扱事業者は、第一項若しくは第五項の規定による請求に係る保有個人データの全部若しくは一部について利用停止等を行ったとき若しくは利用停止等を行わない旨の決定をしたとき、又は第三項若しくは第五項の規定による請求に係る保有個人データの全部若しくは一部について第三者への提供を停止したとき若しくは第三者への提供を停止しない旨の決定をしたときは、本人に対し、遅滞なく、その旨を通知しなければならない。

（理由の説明）

第三六条　個人情報取扱事業者は、第三十二条第三項、第三十三条第三項（同条第五項において準用する場合を含む。）、第三十四条第三項又は前条第七項の規定により、本人から求められ、又は請求された措置の全部又は一部について、その措置をとらない旨を通知する場合又はその措置と異なる措置をとる旨を通知する場合には、本人に対し、その理由を説明するよう努めなければならない。

（開示等の請求等に応じる手続）

第三七条　個人情報取扱事業者は、第三十二条第二項の規定による求め又は第三十三条第一項（同条第五項において準用する場合を含む。次条第一項及び第三十九条において同じ。）、第三十四条第一項若しくは第三十五条第一項、第三項若しくは第五項の規定による請求（以下この条及び第五十四条第一項において「開示等の請求等」という。）に関し、政令で定めるところにより、その求め又は請求を受け付ける方法を定めることができる。この場合において、本人は、当該方法に従って、開示等の請求等を行わなければならない。

2　個人情報取扱事業者は、本人に対し、開示等の請求等に関し、その対象となる保有個人データ又は第三者提供記録を特定するに足りる事項の提示を求めることができる。この場合において、個人情報取扱事業者は、本人が容易かつ的確に開示等の請求等をすることができるよう、当該保有個人データ又は当該第三者提供記録の特定に資する情報の提供その他本人の利便を考慮した適切な措置をとらなければならない。

3　開示等の請求等は、政令で定めるところにより、代理人によってすることができる。

4　個人情報取扱事業者は、前三項の規定に基づき開示等の請求等に応じる手続を定めるに当たっては、本人に過重な負担を課するものとならないよう配慮しなければならない。

（手数料）

第三八条　個人情報取扱事業者は、第三十二条第二項の規定による利用目的の通知を求められたとき又は第三十三条第一項の規定による開示の請求を受けたときは、当該措置の実施に関し、手数料を徴収することができる。

2　個人情報取扱事業者は、前項の規定により手数料を徴収する場合は、実費を勘案して合理的であると認められる範囲内において、その手数料の額を定めなければならない。

（事前の請求）

第三九条　本人は、第三十三条第一項、第三十四条第一項又は第三十五条第一項、第三項若しくは第五項の規定による請求に係る訴えを提起しようとするときは、その訴えの被告となるべき者に対し、あらかじめ、当該請求を行い、かつ、その到達した日から二週間を経過した後でなければ、その訴えを提起することができない。ただし、当該訴えの被告となるべき者がその請求を拒んだときは、この限りでない。

2　前項の請求は、その請求が通常到達すべきであった時に、到達したものとみなす。

3　前二項の規定は、第三十三条第一項、第三十四条第一項又は第三十五条第一項、第三項若しくは第五項の規定による請求に係る仮処分命令の申立てについて準用する。

（個人情報取扱事業者による苦情の処理）

第四〇条　個人情報取扱事業者は、個人情報の取扱いに関する苦情の適切かつ迅速な処理に努めなければならない。

2　個人情報取扱事業者は、前項の目的を達成するために必要な体制の整備に努めなければならない。

第三節　仮名加工情報取扱事業者等の義務

（仮名加工情報の作成等）

第四一条　個人情報取扱事業者は、仮名加工情報（仮名加工情報データベース等を構成するものに限る。以下この章及び第六章において同じ。）を作成するときは、他の情報と照合しない限り特定の個人を識別することができないようにするために必要なものとして個人情報保護委員会規則で定める基準に従い、個人情報を加工しなければならない。

2　個人情報取扱事業者は、仮名加工情報を作成したとき、又は仮名加工情報及び当該仮名加工情報に係る削除情報等（仮名加工情報の作成に用いられた個人情報から削除された記述等及び個人識別符号並びに前項の規定により行われた加工の方法に関する情報をいう。以下この条及び次条第三項において読み替えて準用する第七項において同じ。）を取得したときは、削除情報等の漏えいを防止するために必要なものとして個人情報保護委員会規則で定める基準に従い、削除情報等の安全管理のための措置を講じなければならない。

3　仮名加工情報取扱事業者（個人情報取扱事業者である者に限る。以下この条において同じ。）は、第十八条の規定にかかわらず、法令に基づく場合を除くほか、第十七条第一項の規定により特定された利用目的の達成に必要な範囲を超えて、仮名加工情報（個人情報であるものに限る。以下この条において同じ。）を取り扱ってはならない。

4　仮名加工情報についての第二十一条の規定の適用については、同条第一項及び第三項中「、本人に通知し、又は公表し」とあるのは「公表し」と、同条第四項第一号から第三号までの規定中「本人に通知し、又は公表する」とあるのは「公表する」とする。

5　仮名加工情報取扱事業者は、仮名加工情報である個人データ及び削除情報等を利用する必要がなくなったときは、当該個人データ及び削除情報等を遅滞なく消去するよう努めなければならない。この場合においては、第二十二条の規定は、適用しない。

6　仮名加工情報取扱事業者は、第二十七条第一項及び第二項並びに第二十八条第一項の規定にかかわらず、法令に基づく場合を除くほか、仮名加工情報である個人データを第三者に提供してはならない。この場合において、第二十七条第五項中「前各項」とあるのは「第四十一条第六項」と、同項第三号中「、本人に通知し、又は本人が容易に知り得る状態に置いて」とあるのは「公表して」と、同条第六項中「、本人に通知し、又は本人が容易に知り得る状態に置かなければ」とあるのは「公表しなければ」と、第二十九条第一項ただし書中「第二十七条第一項各号又は第五項各号のいずれか（前条第一項の規定による個人データの提供にあっては、第二十七条第一項各号のいずれか）」とあり、及び第三十条第一項ただし書中「第二十七条第一項各号又は第五項各号のいずれか」とあるのは「法令に基づく場合又は第二十七条第五項各号のいずれか」とする。

7　仮名加工情報取扱事業者は、仮名加工情報を取り扱うに当たっては、当該仮名加工情報の作成に用いられた個人情報に係る本人を識別するために、当該仮名加工情報を他の情報と照合してはならない。

8　仮名加工情報取扱事業者は、仮名加工情報を取り扱うに当たっては、電話をかけ、郵便若しくは民間事業者による信書の送達に関する法律（平成十四年法律第九十九号）第二条第六項に規定する一般信書便事業者若しくは同条第九項に規定する特定信書便事業者による同条第二項に規定する信書便により送付し、電報を送達し、ファクシミリ装置若しくは電磁的方法（電子情報処理組織を使用する方法その他の情報通信の技術を利用する方法であって個人情報保護委員会規則で定めるものをいう。）を用いて送信し、又は住居を訪問するために、当該仮名加工情報に含まれる連絡先その他の情報を利用してはならない。

9　仮名加工情報、仮名加工情報である個人データ及び仮名加工情報である保有個人データについては、第十七条第二項、第二十六条及び第三十二条から第三十九条までの規定は、適用しない。

（仮名加工情報の第三者提供の制限等）

第四二条　仮名加工情報取扱事業者は、法令に基づく場合を除くほか、仮名加工情報（個人情報であるものを除く。次項及び第三項において同じ。）を第三者に提供してはならない。

2　第二十七条第五項及び第六項の規定は、仮名加工情報の提供を受ける者について準用する。この場合において、同条第五項中「前各項」とあるのは「第四十二条第一項」と、同項第一号中「個人情報取扱事業者」とあるのは「仮名加工情報取扱事業者」と、同項第三号中「、本人に通知し、又は本人が容易に知り得る状態に置いて」とあるのは「公表して」と、同条第六項中「個人情報取扱事業者」とあるのは「仮名加工情報取扱事業者」と、「、本人に通知し、又は本人が容易に知り得る状態に置かなければ」とあるのは「公表しなければ」と読み替えるものとする。

3　第二十三条から第二十五条まで、第四十条並びに前条第七項及び第八項の規定は、仮名加工情報取扱事業者による仮名加工情報の取扱いについて準用する。この場合において、第二十三条中「漏えい、滅失又は毀損」とあるのは「漏えい」と、前条第七項中「ために、」とあるのは「ために、削除情報等を取得し、又は」と読み替えるものとする。

第四節　匿名加工情報取扱事業者等の義務

（匿名加工情報の作成等）

第四三条　個人情報取扱事業者は、匿名加工情報（匿名加工情報データベース等を構成するものに限る。以下この章及び第六章において同じ。）を作成するときは、特定の個人を識別すること及びその作成に用いる個人情報を復元することができないようにするために必要なものとして個人情報保護委員会規則で定める基準に従い、当該個人情報を加工しなければならない。

2　個人情報取扱事業者は、匿名加工情報を作成したときは、その作成に用いた個人情報から削除した記述等及び個人識別符号並びに前項の規定により行った加工の方法に関する情報の漏えいを防止するために必要なものとして個人情報保護委員会規則で定める基準に従い、これらの情報の安全管理のための措置を講じなければならない。

3　個人情報取扱事業者は、匿名加工情報を作成したときは、個人情報保護委員会規則で定めるところにより、当該匿名加工情報に含まれる個人に関する情報の項目を公表しなければならない。

4　個人情報取扱事業者は、匿名加工情報を作成して当該匿名加工情報を第三者に提供するときは、個人情報保護委員会規則で定めるところにより、あらかじめ、第三者に提供される匿名加工情報に含まれる個人に関する情報の項目及びその提供の方法について公表するとともに、当該第三者に対して、当該提供に係る情報が匿名加工情報である旨を明示しなければならない。

5　個人情報取扱事業者は、匿名加工情報を作成して自ら当該匿名加工情報を取り扱うに当たっては、当該匿名加工情報の作成に用いられた個人情報に係る本人を識別するために、当該匿名加工情報を他の情報と照合してはならない。

6　個人情報取扱事業者は、匿名加工情報を作成したときは、当該匿名加工情報の安全管理のために必要かつ適切な措置、当該匿名加工情報の作成その他の取扱いに関する苦情の処理その他の当該匿名加工情報の適正な取扱いを確保するために必要な措置を自ら講じ、かつ、当該措置の内容を公表するよう努めなければならない。

（匿名加工情報の提供）

第四四条　匿名加工情報取扱事業者は、匿名加工情報（自ら個人情報を加工して作成したものを除く。以下この節において同じ。）を第三者に提供するときは、個人情報保護委員会規則で定めるところにより、あらかじめ、第三者に提供される匿名加工情報に含まれる個人に関する情報の項目及びその提供の方法について公表するとともに、当該第三者に対して、当該提供に係る情報が匿名加工情報である旨を明示しなければならない。

（識別行為の禁止）

第四五条　匿名加工情報取扱事業者は、匿名加工情報を取り扱うに当たっては、当該匿名加工情報の作成に用いられた個人情報に係る本人を識別するために、当該個人情報から削除された記述等若しくは個人識別符号若しくは第四十三条第一項若しくは第百十四条第一項（同条第二項において準用する場合を含む。）の規定により行われた加工の方法に関する情報を取得し、又は当該匿名加工情報を他の情報と照合してはならない。

（安全管理措置等）

第四六条　匿名加工情報取扱事業者は、匿名加工情報の安全管理のために必要かつ適切な措置、匿名加工情報の取扱いに関する苦情の処理その他の匿名加工情報の適正な取扱いを確保するために必要な措置を自ら講じ、かつ、当該措置の内容を公表するよう努めなければならない。

第五節　民間団体による個人情報の保護の推進

第四七条〜第五六条《略》

第六節　雑則

第五七条〜第五九条《略》

第五章　行政機関等の義務等

第一節　総則

（定義）

第六〇条　この章及び第八章において「保有個人情報」とは、行政機関等の職員（独立行政法人等にあっては、その役員を含む。以下この章及び第八章において同じ。）が職務上作成し、又は取得した個人情報であって、当該行政機関等の職員が組織的に利用するものとして、当該行政機関等が保有しているものをいう。ただし、行政文書（行政機関の保有する情報の公開に関する法律（平成十一年法律第四十二号。以下この章において「行政機関情報公開法」という。）第二条第二項に規定する行政文書をいう。）又は法人文書（独立行政法人等の保有する情報の公開に関する法律（平成十三年法律第百四十号。以下この章において「独立行政法人等情報公開法」という。）第二条第二項に規定する法人文書（同項第四号に掲げるものを含む。）をいう。）（以下この章において「行政文書等」という。）に記録されているものに限る。

2　この章及び第八章において「個人情報ファイル」とは、保有個人情報を含む情報の集合物であって、次に掲げるものをいう。

一　一定の事務の目的を達成するために特定の保有個人情報を電子計算機を用いて検索することができるように体系的に構成したもの

二　前号に掲げるもののほか、一定の事務の目的を達成するために氏名、生年月日、その他の記述等により特定の保有個人情報を容易に検索することができるように体系的に構成したもの

3　この章において「行政機関等匿名加工情報」とは、次の各号のいずれにも該当する個人情報ファイルを構成する保有個人情報の全部又は一部（これらの一部に行政機関情報公開法第五条に規定する不開示情報（同条第一号に掲げる情報を除き、同条第二号ただし書に規定する情報を含む。）又は独立行政法人等情報公開法第五条に規定する不開示情報（同条第一号に掲げる情報を除き、同条第二号ただし書に規定する情報を含む。）が含まれているときは、これらの不開示情報に該当する部分を除く。）を加工して得られる匿名加工情報をいう。

一　第七十五条第二項各号のいずれかに該当するもの又は同条第三項の規定により同条第一項に規定する個人情報ファイル簿に掲載しないこととされるものでないこと。

二　行政機関情報公開法第三条に規定する行政機関の長又は独立行政法人等情報公開法第二条第一項に規定する独立行政法人等に対し、当該個人情報ファイルを構成する保有個人情報が記録されている行政文書等の開示の請求（行政機関情報公開法第三条又は独立行政法人等情報公開法第三条の規定による開示の請求をいう。）があったとしたならば、これらの者が次のいずれかを行うこととなるものであること。

イ　当該行政文書等に記録されている保有個人情報の全部又は一部を開示する旨の決定をすること。

ロ　行政機関情報公開法第十三条第一項若しくは第二項又は独立行政法人等情報公開法第十四条第一項若しくは第二項の規定により意見書の提出の機会を与えること。

三　行政機関等の事務及び事業の適正かつ円滑な運営に支障のない範囲内で、第百十四条第一項の基準に従い、当該個人情報ファイルを構成する保有個人情報を加工して匿名加工情報を作成することができるものであること。

4　この章において「行政機関等匿名加工情報ファイル」とは、行政機関等匿名加工情報を含む情報の集合物であって、次に掲げるものをいう。

一　特定の行政機関等匿名加工情報を電子計算機を用いて検索することができるように体系的に構成したもの

二　前号に掲げるもののほか、特定の行政機関等匿名加工情報を容易に検索することができるように体系的に構成したものとして政令で定めるもの

第二節　行政機関等における個人情報等の取扱い

（個人情報の保有の制限等）

第六十一条　行政機関等は、個人情報を保有するに当たっては、法令の定める所掌事務又は業務を遂行するため必要な場合に限り、かつ、その利用目的をできる限り特定しなければならない。

2　行政機関等は、前項の規定により特定された利用目的の達成に必要な範囲を超えて、個人情報を保有してはならない。

3　行政機関等は、利用目的を変更する場合には、変更前の利用目的と相当の関連性を有すると合理的に認められる範囲を超えて行ってはならない。

（利用目的の明示）

第六十二条　行政機関等は、本人から直接書面（電磁的記録を含む。）に記録された当該本人の個人情報を取得するときは、次に掲げる場合を除き、あらかじめ、本人に対し、その利用目的を明示しなければならない。

一　人の生命、身体又は財産の保護のために緊急に必要があるとき。

二　利用目的を本人に明示することにより、本人又は第三者の生命、身体、財産その他の権利利益を害するおそれがあるとき。

三　利用目的を本人に明示することにより、国の機関、独立行政法人等、地方公共団体又は地方独立行政法人が行う事務又は事業の適正な遂行に支障を及ぼすおそれがあるとき。

四　取得の状況からみて利用目的が明らかであると認められるとき。

（不適正な利用の禁止）

第六十三条　行政機関の長（第二条第八項第四号及び第五号の政令で定める機関にあっては、その機関ごとに政令で定める者をいう。以下この章及び第

百六十九条において同じ。）及び独立行政法人等（以下この章及び次章において「行政機関の長等」という。）は、違法又は不当な行為を助長し、又は誘発するおそれがある方法により個人情報を利用してはならない。

（適正な取得）

第六四条 行政機関の長等は、偽りその他不正の手段により個人情報を取得してはならない。

（正確性の確保）

第六五条 行政機関の長等は、利用目的の達成に必要な範囲内で、保有個人情報が過去又は現在の事実と合致するよう努めなければならない。

（安全管理措置）

第六六条 行政機関の長等は、保有個人情報の漏えい、滅失又は毀損の防止その他の保有個人情報の安全管理のために必要かつ適切な措置を講じなければならない。

2 前項の規定は、次の各号に掲げる者が当該各号に定める業務を行う場合における個人情報の取扱いについて準用する。

一 行政機関等から個人情報の取扱いの委託を受けた者 当該委託を受けた業務

二 別表第二に掲げる法人 法令に基づき行う業務であって政令で定めるもの

三 独立行政法人労働者健康安全機構 病院の運営の業務のうち法令に基づき行う業務であって政令で定めるもの

四 前三号に掲げる者から当該各号に定める業務の委託（二以上の段階にわたる委託を含む。）を受けた者 当該委託を受けた業務

（従事者の義務）

第六七条 個人情報の取扱いに従事する行政機関等の職員若しくは職員であった者、前条第二項各号に定める業務に従事している者若しくは従事していた者又は行政機関等において個人情報の取扱いに従事している派遣労働者（労働者派遣事業の適正な運営の確保及び派遣労働者の保護等に関する法律（昭和六十年法律第八十八号）第二条第二号に規定する派遣労働者をいう。以下この章及び第百七十一条において同じ。）若しくは従事していた派遣労働者は、その業務に関して知り得た個人情報の内容をみだりに他人に知らせ、又は不当な目的に利用してはならない。

（漏えい等の報告等）

第六八条 行政機関の長等は、保有個人情報の漏えい、滅失、毀損その他の保有個人情報の安全の確保に係る事態であって個人の権利利益を害するおそれが大きいものとして個人情報保護委員会規則で定めるものが生じたときは、個人情報保護委員会規則で定めるところにより、当該事態が生じた旨を個人情報保護委員会に報告しなければならない。

2 前項に規定する場合には、行政機関の長等は、本人に対し、個人情報保護委員会規則で定めるところにより、当該事態が生じた旨を通知しなければならない。ただし、次の各号のいずれかに該当するときは、この限りでない。

一 本人への通知が困難な場合であって、本人の権利利益を保護するため必要なこれに代わるべき措置をとるとき。

二 当該保有個人情報に第七十八条各号に掲げる情報のいずれかが含まれるとき。

（利用及び提供の制限）

第六九条 行政機関の長等は、法令に基づく場合を除き、利用目的以外の目的のために保有個人情報を自ら利用し、又は提供してはならない。

2 前項の規定にかかわらず、行政機関の長等は、次の各号のいずれかに該当すると認めるときは、利用目的以外の目的のために保有個人情報を自ら利用し、又は提供することができる。ただし、保有個人情報を利用目的以外の目的のために自ら利用し、又は提供することによって、本人又は第三者の権利利益を不当に侵害するおそれがあると認められるときは、この限りでない。

一 本人の同意があるとき、又は本人に提供するとき。

二 行政機関等が法令の定める所掌事務又は業務の遂行に必要な限度で保有個人情報を内部で利用する場合であって、当該保有個人情報を利用することについて相当の理由があるとき。

三 他の行政機関、独立行政法人等、地方公共団体又は地方独立行政法人に保有個人情報を提供する場合において、保有個人情報の提供を受ける者が、法令の定める事務又は業務の遂行に必要な限度で提供に係る個人情報を利用し、かつ、当該個人情報を利用することについて相当の理由があるとき。

四 前三号に掲げる場合のほか、専ら統計の作成又は学術研究の目的のために保有個人情報を提供するとき、本人以外の者に提供することが明らかに本人の利益になるとき、その他保有個人情報を提供することについて特別の理由があるとき。

3 前項の規定は、保有個人情報の利用又は提供を制限する他の法令の規定の適用を妨げるものではない。

4　行政機関の長等は、個人の権利利益を保護するため特に必要があると認めるときは、保有個人情報の利用目的以外の目的のための行政機関等の内部における利用を特定の部局若しくは機関又は職員に限るものとする。

（保有個人情報の提供を受ける者に対する措置要求）

第七〇条　行政機関の長等は、利用目的のために又は前条第二項第三号若しくは第四号の規定に基づき、保有個人情報を提供する場合において、必要があると認めるときは、保有個人情報の提供を受ける者に対し、提供に係る個人情報について、その利用の目的若しくは方法の制限その他必要な制限を付し、又はその漏えいの防止その他の個人情報の適切な管理のために必要な措置を講ずることを求めるものとする。

（外国にある第三者への提供の制限）

第七一条　行政機関の長等は、外国（本邦の域外にある国又は地域をいう。以下この条において同じ。）（個人の権利利益を保護する上で我が国と同等の水準にあると認められる個人情報の保護に関する制度を有している外国として個人情報保護委員会規則で定めるものを除く。以下この条において同じ。）にある第三者（第十六条第三項に規定する個人データの取扱いについて前章第二節の規定により同条第二項に規定する個人情報取扱事業者が講ずべきこととされている措置に相当する措置（第三項において「相当措置」という。）を継続的に講ずるために必要なものとして個人情報保護委員会規則で定める基準に適合する体制を整備している者を除く。以下この項及び次項において同じ。）に利用目的以外の目的のために保有個人情報を提供する場合には、法令に基づく場合及び第六十九条第二項第四号に掲げる場合を除くほか、あらかじめ外国にある第三者への提供を認める旨の本人の同意を得なければならない。

2　行政機関の長等は、前項の規定により本人の同意を得ようとする場合には、個人情報保護委員会規則で定めるところにより、あらかじめ、当該外国における個人情報の保護に関する制度、当該第三者が講ずる個人情報の保護のための措置その他当該本人に参考となるべき情報を当該本人に提供しなければならない。

3　行政機関の長等は、保有個人情報を外国にある第三者（第一項に規定する体制を整備している者に限る。）に利用目的以外の目的のために提供した場合には、法令に基づく場合及び第六十九条第二項第四号に掲げる場合を除くほか、個人情報保護委員会規則で定めるところにより、当該第三者による相当措置の継続的な実施を確保するために必要な措置を講ずるとともに、本人の求めに応じて当該必要な措置に関する情報を当該本人に提供しなければならない。

（個人関連情報の提供を受ける者に対する措置要求）

第七二条　行政機関の長等は、第三者に個人関連情報を提供する場合（当該第三者が当該個人関連情報を個人情報として取得することが想定される場合に限る。）において、必要があると認めるときは、当該第三者に対し、提供に係る個人関連情報について、その利用の目的若しくは方法の制限その他必要な制限を付し、又はその漏えいの防止その他の個人関連情報の適切な管理のために必要な措置を講ずることを求めるものとする。

（仮名加工情報の取扱いに係る義務）

第七三条　行政機関の長等は、法令に基づく場合を除くほか、仮名加工情報（個人情報であるものを除く。以下この条及び第百二十六条において同じ。）を第三者（当該仮名加工情報の取扱いの委託を受けた者を除く。）に提供してはならない。

2　行政機関の長等は、その取り扱う仮名加工情報の漏えいの防止その他仮名加工情報の安全管理のために必要かつ適切な措置を講じなければならない。

3　行政機関の長等は、仮名加工情報を取り扱うに当たっては、法令に基づく場合を除き、当該仮名加工情報の作成に用いられた個人情報に係る本人を識別するために、削除情報等（仮名加工情報の作成に用いられた個人情報から削除された記述等及び個人識別符号並びに第四十一条第一項の規定により行われた加工の方法に関する情報をいう。）を取得し、又は当該仮名加工情報を他の情報と照合してはならない。

4　行政機関の長等は、仮名加工情報を取り扱うに当たっては、法令に基づく場合を除き、電話をかけ、郵便若しくは民間事業者による信書の送達に関する法律第二条第六項に規定する一般信書便事業者若しくは同条第九項に規定する特定信書便事業者による同条第二項に規定する信書便により送付し、電報を送達し、ファクシミリ装置若しくは電磁的方法（電子情報処理組織を使用する方法その他の情報通信の技術を利用する方法であって個人情報保護委員会規則で定めるものをいう。）を用いて送信し、又は住居を訪問するために、当該仮名加工情報に含まれる連絡先その他の情報を利用してはならない。

5　前各項の規定は、行政機関の長等から仮名加工情報の取扱いの委託（二以上の段階にわたる委託を含む。）を受けた者が受託した業務を行う場合について準用する。

第三節　個人情報ファイル

（個人情報ファイルの保有等に関する事前通知）

第七四条　行政機関（会計検査院を除く。以下この条において同じ。）が個人情報ファイルを保有しようとするときは、当該行政機関の長は、あらかじめ、個人情報保護委員会に対し、次に掲げる事項を通知しなければならない。通知した事項を変更しようとするときも、同様とする。

一　個人情報ファイルの名称

二　当該機関の名称及び個人情報ファイルが利用に供される事務をつかさどる組織の名称

三　個人情報ファイルの利用目的

四　個人情報ファイルに記録される項目（以下この節において「記録項目」という。）及び本人（他の個人の氏名、生年月日その他の記述等によらないで検索し得る者に限る。次項第九号において同じ。）として個人情報ファイルに記録される個人の範囲（以下この節において「記録範囲」という。）

五　個人情報ファイルに記録される個人情報（以下この節において「記録情報」という。）の収集方法

六　記録情報に要配慮個人情報が含まれるときは、その旨

七　記録情報を当該機関以外の者に経常的に提供する場合には、その提供先

八　次条第三項の規定に基づき、記録項目の一部若しくは第五号若しくは前号に掲げる事項を次条第一項に規定する個人情報ファイル簿に記載しないこととするとき、又は個人情報ファイルを同項に規定する個人情報ファイル簿に掲載しないこととするときは、その旨

九　第七十六条第一項、第九十条第一項又は第九十八条第一項の規定による請求を受理する組織の名称及び所在地

十　第九十条第一項ただし書又は第九十八条第一項ただし書に該当するときは、その旨

十一　その他政令で定める事項

2　前項の規定は、次に掲げる個人情報ファイルについては、適用しない。

一　国の安全、外交上の秘密その他の国の重大な利益に関する事項を記録する個人情報ファイル

二　犯罪の捜査、租税に関する法律の規定に基づく犯則事件の調査又は公訴の提起若しくは維持のために作成し、又は取得する個人情報ファイル

三　当該機関の職員又は職員であった者に係る個人情報ファイルであって、専らその人事、給与若しくは福利厚生に関する事項又はこれらに準ずる事項を記録するもの（当該機関が行う職員の採用試験に関する個人情報ファイルを含む。）

四　専ら試験的な電子計算機処理の用に供するための個人情報ファイル

五　前項の規定による通知に係る個人情報ファイルに記録されている記録情報の全部又は一部を記録した個人情報ファイルであって、その利用目的、記録項目及び記録範囲が当該通知に係るこれらの事項の範囲内のもの

六　一年以内に消去することとなる記録情報のみを記録する個人情報ファイル

七　資料その他の物品若しくは金銭の送付又は業務上必要な連絡のために利用する記録情報を記録した個人情報ファイルであって、送付又は連絡の相手方の氏名、住所その他の送付又は連絡に必要な事項のみを記録するもの

八　職員が学術研究の用に供するためその発意に基づき作成し、又は取得する個人情報ファイルであって、記録情報を専ら当該学術研究の目的のために利用するもの

九　本人の数が政令で定める数に満たない個人情報ファイル

十　第三号から前号までに掲げる個人情報ファイルに準ずるものとして政令で定める個人情報ファイル

十一　第六十条第二項第二号に係る個人情報ファイル

3　行政機関の長は、第一項に規定する事項を通知した個人情報ファイルについて、当該行政機関がその保有をやめたとき、又はその個人情報ファイルが前項第九号に該当するに至ったときは、遅滞なく、個人情報保護委員会に対しその旨を通知しなければならない。

（個人情報ファイル簿の作成及び公表）

第七五条　行政機関の長等は、政令で定めるところにより、当該行政機関の長等の属する行政機関等が保有している個人情報ファイルについて、それぞれ前条第一項第一号から第七号まで、第九号及び第十号に掲げる事項その他政令で定める事項を記載した帳簿（以下この章において「個人情報ファイル簿」という。）を作成し、公表しなければならない。

2　前項の規定は、次に掲げる個人情報ファイルについては、適用しない。

一　前条第二項第一号から第十号までに掲げる個人情報ファイル

二　前項の規定による公表に係る個人情報ファイルに記録されている記録情報の全部又は一部を記録した個人情報ファイルであって、その利用目的、記録項目及び記録範囲が当該公表に係るこれらの事項の範囲内のもの

三　前号に掲げる個人情報ファイルに準ずるものとして政令で定める個人情報ファイル

3　第一項の規定にかかわらず、行政機関の長等は、記録項目の一部若しくは前条第一項第五号若しくは第七号に掲げる事項を個人情報ファイル簿に記載し、又は個人情報ファイルを個人情報ファイル簿に掲載することにより、利用目的に係る事務又は事業の性質上、当該事務又は事業の適正な遂行に著しい支障を及ぼすおそれがあると認めるときは、その記録項目の一部若しくは事項を記載せず、又はその個人情報ファイルを個人情報ファイル簿に掲載しないことができる。

第四節　開示、訂正及び利用停止

第一款　開示

（開示請求権）

第七六条　何人も、この法律の定めるところにより、行政機関の長等に対し、当該行政機関の長等の属する行政機関等の保有する自己を本人とする保有個人情報の開示を請求することができる。

2　未成年者若しくは成年被後見人の法定代理人又は本人の委任による代理人（以下この節において「代理人」と総称する。）は、本人に代わって前項の規定による開示の請求（以下この節及び第百二十五条において「開示請求」という。）をすることができる。

（開示請求の手続）

第七七条　開示請求は、次に掲げる事項を記載した書面（第三項において「開示請求書」という。）を行政機関の長等に提出してしなければならない。

一　開示請求をする者の氏名及び住所又は居所

二　開示請求に係る保有個人情報が記録されている行政文書等の名称その他の開示請求に係る保有個人情報を特定するに足りる事項

2　前項の場合において、開示請求をする者は、政令で定めるところにより、開示請求に係る保有個人情報の本人であること（前条第二項の規定による開示請求にあっては、開示請求に係る保有個人情報の本人の代理人であること）を示す書類を提示し、又は提出しなければならない。

3　行政機関の長等は、開示請求書に形式上の不備があると認めるときは、開示請求をした者（以下この節において「開示請求者」という。）に対し、相当の期間を定めて、その補正を求めることができる。この場合において、行政機関の長等は、開示請求者に対し、補正の参考となる情報を提供するよう努めなければならない。

（保有個人情報の開示義務）

第七八条　行政機関の長等は、開示請求があったときは、開示請求に係る保有個人情報に次の各号に掲げる情報（以下この節において「不開示情報」という。）のいずれかが含まれている場合を除き、開示請求者に対し、当該保有個人情報を開示しなければならない。

一　開示請求者（第七十六条第二項の規定により代理人が本人に代わって開示請求をする場合にあっては、当該本人をいう。次号及び第三号、次条第二項並びに第八十六条第一項において同じ。）の生命、健康、生活又は財産を害するおそれがある情報

二　開示請求者以外の個人に関する情報（事業を営む個人の当該事業に関する情報を除く。）であって、当該情報に含まれる氏名、生年月日その他の記述等により開示請求者以外の特定の個人を識別することができるもの（他の情報と照合することにより、開示請求者以外の特定の個人を識別することができることとなるものを含む。）若しくは個人識別符号が含まれるもの又は開示請求者以外の特定の個人を識別することはできないが、開示することにより、なお開示請求者以外の個人の権利利益を害するおそれがあるもの。ただし、次に掲げる情報を除く。

イ　法令の規定により又は慣行として開示請求者が知ることができ、又は知ることが予定されている情報

ロ　人の生命、健康、生活又は財産を保護するため、開示することが必要であると認められる情報

ハ　当該個人が公務員等（国家公務員法（昭和二十二年法律第百二十号）第二条第一項に規定する国家公務員（独立行政法人通則法第二条第四項に規定する行政執行法人の職員を除く。）、独立行政法人等の職員、地方公務員法（昭和二十五年法律第二百六十一号）第二条に規定する地方公務員及び地方独立行政法人の職員をいう。）である場合において、

当該情報がその職務の遂行に係る情報であるときは、当該情報のうち、当該公務員等の職及び当該職務遂行の内容に係る部分

三　法人その他の団体（国、独立行政法人等、地方公共団体及び地方独立行政法人を除く。以下この号において「法人等」という。）に関する情報又は開示請求者以外の事業を営む個人の当該事業に関する情報であって、次に掲げるもの。ただし、人の生命、健康、生活又は財産を保護するため、開示することが必要であると認められる情報を除く。

イ　開示することにより、当該法人等又は当該個人の権利、競争上の地位その他正当な利益を害するおそれがあるもの

ロ　行政機関等の要請を受けて、開示しないとの条件で任意に提供されたものであって、法人等又は個人における通例として開示しないこととされているものその他の当該条件を付することが当該情報の性質、当時の状況等に照らして合理的であると認められるもの

四　行政機関の長が第八十二条各項の決定（以下この節において「開示決定等」という。）をする場合において、開示することにより、国の安全が害されるおそれ、他国若しくは国際機関との信頼関係が損なわれるおそれ又は他国若しくは国際機関との交渉上不利益を被るおそれがあると当該行政機関の長が認めることにつき相当の理由がある情報

五　行政機関の長が開示決定等をする場合において、開示することにより、犯罪の予防、鎮圧又は捜査、公訴の維持、刑の執行その他の公共の安全と秩序の維持に支障を及ぼすおそれがあると当該行政機関の長が認めることにつき相当の理由がある情報

六　国の機関、独立行政法人等、地方公共団体及び地方独立行政法人の内部又は相互間における審議、検討又は協議に関する情報であって、開示することにより、率直な意見の交換若しくは意思決定の中立性が不当に損なわれるおそれ、不当に国民の間に混乱を生じさせるおそれ又は特定の者に不当に利益を与え若しくは不利益を及ぼすおそれがあるもの

七　国の機関、独立行政法人等、地方公共団体又は地方独立行政法人が行う事務又は事業に関する情報であって、開示することにより、次に掲げるおそれその他当該事務又は事業の性質上、当該事務又は事業の適正な遂行に支障を及ぼすおそれがあるもの

イ　独立行政法人等が開示決定等をする場合において、国の安全が害されるおそれ、他国若しくは国際機関との信頼関係が損なわれるおそれ又は他国若しくは国際機関との交渉上不利益を被るおそれ

ロ　独立行政法人等が開示決定等をする場合において、犯罪の予防、鎮圧又は捜査その他の公共の安全と秩序の維持に支障を及ぼすおそれ

ハ　監査、検査、取締り、試験又は租税の賦課若しくは徴収に係る事務に関し、正確な事実の把握を困難にするおそれ又は違法若しくは不当な行為を容易にし、若しくはその発見を困難にするおそれ

ニ　契約、交渉又は争訟に係る事務に関し、国、独立行政法人等、地方公共団体又は地方独立行政法人の財産上の利益又は当事者としての地位を不当に害するおそれ

ホ　調査研究に係る事務に関し、その公正かつ能率的な遂行を不当に阻害するおそれ

ヘ　人事管理に係る事務に関し、公正かつ円滑な人事の確保に支障を及ぼすおそれ

ト　独立行政法人等、地方公共団体が経営する企業又は地方独立行政法人に係る事業に関し、その企業経営上の正当な利益を害するおそれ

（部分開示）

第七九条　行政機関の長等は、開示請求に係る保有個人情報に不開示情報が含まれている場合において、不開示情報に該当する部分を容易に区分して除くことができるときは、開示請求者に対し、当該部分を除いた部分につき開示しなければならない。

2　開示請求に係る保有個人情報に前条第二号の情報（開示請求者以外の特定の個人を識別することができるものに限る。）が含まれている場合において、当該情報のうち、氏名、生年月日その他の開示請求者以外の特定の個人を識別することができることとなる記述等及び個人識別符号の部分を除くことにより、開示しても、開示請求者以外の個人の権利利益が害されるおそれがないと認められるときは、当該部分を除いた部分は、同号の情報に含まれないものとみなして、前項の規定を適用する。

（裁量的開示）

第八〇条　行政機関の長等は、開示請求に係る保有個人情報に不開示情報が含まれている場合であっ

ても、個人の権利利益を保護するため特に必要があると認めるときは、開示請求者に対し、当該保有個人情報を開示することができる。

（保有個人情報の存否に関する情報）

第八十一条　開示請求に対し、当該開示請求に係る保有個人情報が存在しているか否かを答えるだけで、不開示情報を開示することとなるときは、行政機関の長等は、当該保有個人情報の存否を明らかにしないで、当該開示請求を拒否することができる。

（開示請求に対する措置）

第八十二条　行政機関の長等は、開示請求に係る保有個人情報の全部又は一部を開示するときは、その旨の決定をし、開示請求者に対し、その旨、開示する保有個人情報の利用目的及び開示の実施に関し政令で定める事項を書面により通知しなければならない。ただし、第六十二条第二号又は第三号に該当する場合における当該利用目的については、この限りでない。

２　行政機関の長等は、開示請求に係る保有個人情報の全部を開示しないとき（前条の規定により開示請求を拒否するとき、及び開示請求に係る保有個人情報を保有していないときを含む。）は、開示をしない旨の決定をし、開示請求者に対し、その旨を書面により通知しなければならない。

（開示決定等の期限）

第八十三条　開示決定等は、開示請求があった日から三十日以内にしなければならない。ただし、第七十七条第三項の規定により補正を求めた場合にあっては、当該補正に要した日数は、当該期間に算入しない。

２　前項の規定にかかわらず、行政機関の長等は、事務処理上の困難その他正当な理由があるときは、同項に規定する期間を三十日以内に限り延長することができる。この場合において、行政機関の長等は、開示請求者に対し、遅滞なく、延長後の期間及び延長の理由を書面により通知しなければならない。

（開示決定等の期限の特例）

第八十四条　開示請求に係る保有個人情報が著しく大量であるため、開示請求があった日から六十日以内にその全てについて開示決定等をすることにより事務の遂行に著しい支障が生ずるおそれがある場合には、前条の規定にかかわらず、行政機関の長等は、開示請求に係る保有個人情報のうちの相当の部分につき当該期間内に開示決定等をし、残りの保有個人情報については相当の期間内に開示決定等をすれば足りる。この場合において、行政機関の長等は、同条第一項に規定する期間内に、開示請求者に対し、次に掲げる事項を書面により通知しなければならない。

一　この条の規定を適用する旨及びその理由

二　残りの保有個人情報について開示決定等をする期限

（事案の移送）

第八十五条　行政機関の長等は、開示請求に係る保有個人情報が当該行政機関の長等が属する行政機関等以外の行政機関等から提供されたものであるとき、その他他の行政機関の長等において開示決定等をすることにつき正当な理由があるときは、当該他の行政機関の長等と協議の上、当該他の行政機関の長等に対し、事案を移送することができる。この場合においては、移送をした行政機関の長等は、開示請求者に対し、事案を移送した旨を書面により通知しなければならない。

２　前項の規定により事案が移送されたときは、移送を受けた行政機関の長等において、当該開示請求についての開示決定等をしなければならない。この場合において、移送をした行政機関の長等が移送前にした行為は、移送を受けた行政機関の長等がしたものとみなす。

３　前項の場合において、移送を受けた行政機関の長等が第八十二条第一項の決定（以下この節において「開示決定」という。）をしたときは、当該行政機関の長等は、開示の実施をしなければならない。この場合において、移送をした行政機関の長等は、当該開示の実施に必要な協力をしなければならない。

（第三者に対する意見書提出の機会の付与等）

第八十六条　開示請求に係る保有個人情報に国、独立行政法人等、地方公共団体、地方独立行政法人及び開示請求者以外の者（以下この条、第百五条第二項第三号及び第百六条第一項において「第三者」という。）に関する情報が含まれているときは、行政機関の長等は、開示決定等をするに当たって、当該情報に係る第三者に対し、政令で定めるところにより、当該第三者に関する情報の内容その他政令で定める事項を通知して、意見書を提出する機会を与えることができる。

２　行政機関の長等は、次の各号のいずれかに該当するときは、開示決定に先立ち、当該第三者に対し、政令で定めるところにより、開示請求に係る当該第三者に関する情報の内容その他政令で定める事項を書面により通知して、意見書を提出する機会を与えなければならない。ただし、当該第三者の所在が判明しない場合は、この限りでない。

一　第三者に関する情報が含まれている保有個人情報を開示しようとする場合であって、当該第三者に関する情報が第七十八条第二号ロ又は同条第三号ただし書に規定する情報に該当すると認められるとき。

二　第三者に関する情報が含まれている保有個人情報を第八十条の規定により開示しようとするとき。

3　行政機関の長等は、前二項の規定により意見書の提出の機会を与えられた第三者が当該第三者に関する情報の開示に反対の意思を表示した意見書を提出した場合において、開示決定をするときは、開示決定の日と開示を実施する日との間に少なくとも二週間を置かなければならない。この場合において、行政機関の長等は、開示決定後直ちに、当該意見書（第百五条において「反対意見書」という。）を提出した第三者に対し、開示決定をした旨及びその理由並びに開示を実施する日を書面により通知しなければならない。

（開示の実施）

第八七条　保有個人情報の開示は、当該保有個人情報が、文書又は図画に記録されているときは閲覧又は写しの交付により、電磁的記録に記録されているときはその種別、情報化の進展状況等を勘案して行政機関等が定める方法により行う。ただし、閲覧の方法による保有個人情報の開示にあっては、行政機関の長等は、当該保有個人情報が記録されている文書又は図画の保存に支障を生ずるおそれがあると認めるとき、その他正当な理由があるときは、その写しにより、これを行うことができる。

2　行政機関等は、前項の規定に基づく電磁的記録についての開示の方法に関する定めを一般の閲覧に供しなければならない。

3　開示決定に基づき保有個人情報の開示を受ける者は、政令で定めるところにより、当該開示決定をした行政機関の長等に対し、その求める開示の実施の方法その他の政令で定める事項を申し出なければならない。

4　前項の規定による申出は、第八十二条第一項に規定する通知があった日から三十日以内にしなければならない。ただし、当該期間内に当該申出をすることができないことにつき正当な理由があるときは、この限りでない。

（他の法令による開示の実施との調整）

第八八条　行政機関の長等は、他の法令の規定により、開示請求者に対し開示請求に係る保有個人情報が前条第一項本文に規定する方法と同一の方法で開示することとされている場合（開示の期間が定められている場合にあっては、当該期間内に限る。）には、同項本文の規定にかかわらず、当該保有個人情報については、当該同一の方法による開示を行わない。ただし、当該他の法令の規定に一定の場合には開示をしない旨の定めがあるときは、この限りでない。

2　他の法令の規定に定める開示の方法が縦覧であるときは、当該縦覧を前条第一項本文の閲覧とみなして、前項の規定を適用する。

（手数料）

第八九条　行政機関の長に対し開示請求をする者は、政令で定めるところにより、実費の範囲内において政令で定める額の手数料を納めなければならない。

2　前項の手数料の額を定めるに当たっては、できる限り利用しやすい額とするよう配慮しなければならない。

3　独立行政法人等に対し開示請求をする者は、独立行政法人等の定めるところにより、手数料を納めなければならない。

4　前項の手数料の額は、実費の範囲内において、かつ、第一項の手数料の額を参酌して、独立行政法人等が定める。

5　独立行政法人等は、前二項の規定による定めを一般の閲覧に供しなければならない。

第二款　訂正

（訂正請求権）

第九〇条　何人も、自己を本人とする保有個人情報（次に掲げるものに限る。第九十八条第一項において同じ。）の内容が事実でないと思料するときは、この法律の定めるところにより、当該保有個人情報を保有する行政機関の長等に対し、当該保有個人情報の訂正（追加又は削除を含む。以下この節において同じ。）を請求することができる。ただし、当該保有個人情報の訂正に関して他の法律又はこれに基づく命令の規定により特別の手続が定められているときは、この限りでない。

一　開示決定に基づき開示を受けた保有個人情報

二　開示決定に係る保有個人情報であって、第八十八条第一項の他の法令の規定により開示を受けたもの

2　代理人は、本人に代わって前項の規定による訂正の請求（以下この節及び第百二十五条において「訂正請求」という。）をすることができる。

3　訂正請求は、保有個人情報の開示を受けた日から九十日以内にしなければならない。

（訂正請求の手続）

第九一条　訂正請求は、次に掲げる事項を記載した書面（第三項において「訂正請求書」という。）を行政機関の長等に提出してしなければならない。

一　訂正請求をする者の氏名及び住所又は居所

二　訂正請求に係る保有個人情報の開示を受けた日その他当該保有個人情報を特定するに足りる事項

三　訂正請求の趣旨及び理由

2　前項の場合において、訂正請求をする者は、政令で定めるところにより、訂正請求に係る保有個人情報の本人であること（前条第二項の規定による訂正請求にあっては、訂正請求に係る保有個人情報の本人の代理人であること）を示す書類を提示し、又は提出しなければならない。

3　行政機関の長等は、訂正請求書に形式上の不備があると認めるときは、訂正請求をした者（以下この節において「訂正請求者」という。）に対し、相当の期間を定めて、その補正を求めることができる。

（保有個人情報の訂正義務）

第九二条　行政機関の長等は、訂正請求があった場合において、当該訂正請求に理由があると認めるときは、当該訂正請求に係る保有個人情報の利用目的の達成に必要な範囲内で、当該保有個人情報の訂正をしなければならない。

（訂正請求に対する措置）

第九三条　行政機関の長等は、訂正請求に係る保有個人情報の訂正をするときは、その旨の決定をし、訂正請求者に対し、その旨を書面により通知しなければならない。

2　行政機関の長等は、訂正請求に係る保有個人情報の訂正をしないときは、その旨の決定をし、訂正請求者に対し、その旨を書面により通知しなければならない。

（訂正決定等の期限）

第九四条　前条各項の決定（以下この節において「訂正決定等」という。）は、訂正請求があった日から三十日以内にしなければならない。ただし、第九十一条第三項の規定により補正を求めた場合にあっては、当該補正に要した日数は、当該期間に算入しない。

2　前項の規定にかかわらず、行政機関の長等は、事務処理上の困難その他正当な理由があるときは、同項に規定する期間を三十日以内に限り延長することができる。この場合において、行政機関の長等は、訂正請求者に対し、遅滞なく、延長後の期間及び延長の理由を書面により通知しなければならない。

（訂正決定等の期限の特例）

第九五条　行政機関の長等は、訂正決定等に特に長期間を要すると認めるときは、前条の規定にかかわらず、相当の期間内に訂正決定等をすれば足りる。この場合において、行政機関の長等は、同条第一項に規定する期間内に、訂正請求者に対し、次に掲げる事項を書面により通知しなければならない。

一　この条の規定を適用する旨及びその理由

二　訂正決定等をする期限

（事案の移送）

第九六条　行政機関の長等は、訂正請求に係る保有個人情報が第八十五条第三項の規定に基づく開示に係るものであるとき、その他他の行政機関の長等において訂正決定等をすることにつき正当な理由があるときは、当該他の行政機関の長等と協議の上、当該他の行政機関の長等に対し、事案を移送することができる。この場合においては、移送をした行政機関の長等は、訂正請求者に対し、事案を移送した旨を書面により通知しなければならない。

2　前項の規定により事案が移送されたときは、移送を受けた行政機関の長等において、当該訂正請求についての訂正決定等をしなければならない。この場合において、移送をした行政機関の長等が移送前にした行為は、移送を受けた行政機関の長等がしたものとみなす。

3　前項の場合において、移送を受けた行政機関の長等が第九十三条第一項の決定（以下この項及び次条において「訂正決定」という。）をしたときは、移送をした行政機関の長等は、当該訂正決定に基づき訂正の実施をしなければならない。

（保有個人情報の提供先への通知）

第九七条　行政機関の長等は、訂正決定に基づく保有個人情報の訂正の実施をした場合において、必要があると認めるときは、当該保有個人情報の提供先に対し、遅滞なく、その旨を書面により通知するものとする。

第三款　利用停止

（利用停止請求権）

第九八条　何人も、自己を本人とする保有個人情報が次の各号のいずれかに該当すると思料するときは、この法律の定めるところにより、当該保有個人情報を保有する行政機関の長等に対し、当該各号に定める措置を請求することができる。ただし、当該保有個人情報の利用の停止、消去又は提供の停止（以下この節において「利用停止」という。）に関して他の法律又はこれに基づく命令の規定により特別の手続が定められているときは、この限りでない。

一　第六十一条第二項の規定に違反して保有されているとき、第六十三条の規定に違反して取り扱われているとき、第六十四条の規定に違反して取得されたものであるとき、又は第六十九条第一項及び第二項の規定に違反して利用されているとき　当該保有個人情報の利用の停止又は消去

二　第六十九条第一項及び第二項又は第七十一条第一項の規定に違反して提供されているとき　当該保有個人情報の提供の停止

2　代理人は、本人に代わって前項の規定による利用停止の請求（以下この節及び第百二十五条において「利用停止請求」という。）をすることができる。

3　利用停止請求は、保有個人情報の開示を受けた日から九十日以内にしなければならない。

（利用停止請求の手続）

第九十九条　利用停止請求は、次に掲げる事項を記載した書面（第三項において「利用停止請求書」という。）を行政機関の長等に提出してしなければならない。

一　利用停止請求をする者の氏名及び住所又は居所

二　利用停止請求に係る保有個人情報の開示を受けた日その他当該保有個人情報を特定するに足りる事項

三　利用停止請求の趣旨及び理由

2　前項の場合において、利用停止請求をする者は、政令で定めるところにより、利用停止請求に係る保有個人情報の本人であること（前条第二項の規定による利用停止請求にあっては、利用停止請求に係る保有個人情報の本人の代理人であること）を示す書類を提示し、又は提出しなければならない。

3　行政機関の長等は、利用停止請求書に形式上の不備があると認めるときは、利用停止請求をした者（以下この節において「利用停止請求者」という。）に対し、相当の期間を定めて、その補正を求めることができる。

（保有個人情報の利用停止義務）

第一〇〇条　行政機関の長等は、利用停止請求があった場合において、当該利用停止請求に理由があると認めるときは、当該行政機関の長等の属する行政機関等における個人情報の適正な取扱いを確保するために必要な限度で、当該利用停止請求に係る保有個人情報の利用停止をしなければならない。ただし、当該保有個人情報の利用停止をすることにより、当該保有個人情報の利用目的に係る事務又は事業の性質上、当該事務又は事業の適正な遂行に著しい支障を及ぼすおそれがあると認められるときは、この限りでない。

（利用停止請求に対する措置）

第一〇一条　行政機関の長等は、利用停止請求に係る保有個人情報の利用停止をするときは、その旨の決定をし、利用停止請求者に対し、その旨を書面により通知しなければならない。

2　行政機関の長等は、利用停止請求に係る保有個人情報の利用停止をしないときは、その旨の決定をし、利用停止請求者に対し、その旨を書面により通知しなければならない。

（利用停止決定等の期限）

第一〇二条　前条各項の決定（以下この節において「利用停止決定等」という。）は、利用停止請求があった日から三十日以内にしなければならない。ただし、第九十九条第三項の規定により補正を求めた場合にあっては、当該補正に要した日数は、当該期間に算入しない。

2　前項の規定にかかわらず、行政機関の長等は、事務処理上の困難その他正当な理由があるときは、同項に規定する期間を三十日以内に限り延長することができる。この場合において、行政機関の長等は、利用停止請求者に対し、遅滞なく、延長後の期間及び延長の理由を書面により通知しなければならない。

（利用停止決定等の期限の特例）

第一〇三条　行政機関の長等は、利用停止決定等に特に長期間を要すると認めるときは、前条の規定にかかわらず、相当の期間内に利用停止決定等をすれば足りる。この場合において、行政機関の長等は、同条第一項に規定する期間内に、利用停止請求者に対し、次に掲げる事項を書面により通知しなければならない。

一　この条の規定を適用する旨及びその理由

二　利用停止決定等をする期限

第四款　審査請求

（審理員による審理手続に関する規定の適用除外等）

第一〇四条　行政機関の長等に対する開示決定等、訂正決定等、利用停止決定等又は開示請求、訂正請求若しくは利用停止請求に係る不作為に係る審査請求については、行政不服審査法（平成二十六年法律第六十八号）第九条、第十七条、第二十四条、第二章第三節及び第四節並びに第五十条第二

項の規定は、適用しない。

2　行政機関の長等に対する開示決定等、訂正決定等、利用停止決定等又は開示請求、訂正請求若しくは利用停止請求に係る不作為に係る審査請求についての行政不服審査法第二章の規定の適用については、同法第十一条第二項中「第九条第一項の規定により指名された者（以下「審理員」という。）」とあるのは「第四条（個人情報の保護に関する法律（平成十五年法律第五十七号）第百六条第二項の規定に基づく政令を含む。）の規定により審査請求がされた行政庁（第十四条の規定により引継ぎを受けた行政庁を含む。以下「審査庁」という。）」と、同法第十三条第一項及び第二項中「審理員」とあるのは「審査庁」と、同法第二十五条第七項中「あったとき、又は審理員から第四十条に規定する執行停止をすべき旨の意見書が提出されたとき」とあるのは「あったとき」と、同法第四十四条中「行政不服審査会等」とあるのは「情報公開・個人情報保護審査会（審査庁が会計検査院長である場合にあっては、別に法律で定める審査会。第五十条第一項第四号において同じ。）」と、「受けたとき（前条第一項の規定による諮問を要しない場合（同項第二号又は第三号に該当する場合を除く。）にあっては審理員意見書が提出されたとき、同項第二号又は第三号に該当する場合にあっては同項第二号又は第三号に規定する議を経たとき）」とあるのは「受けたとき」と、同法第五十条第一項第四号中「審理員意見書又は行政不服審査会等若しくは審議会等」とあるのは「情報公開・個人情報保護審査会」とする。

（審査会への諮問）

第一〇五条　開示決定等、訂正決定等、利用停止決定等又は開示請求、訂正請求若しくは利用停止請求に係る不作為について審査請求があったときは、当該審査請求に対する裁決をすべき行政機関の長等は、次の各号のいずれかに該当する場合を除き、情報公開・個人情報保護審査会（審査請求に対する裁決をすべき行政機関の長等が会計検査院長である場合にあっては、別に法律で定める審査会）に諮問しなければならない。

一　審査請求が不適法であり、却下する場合

二　裁決で、審査請求の全部を認容し、当該審査請求に係る保有個人情報の全部を開示することとする場合（当該保有個人情報の開示について反対意見書が提出されている場合を除く。）

三　裁決で、審査請求の全部を認容し、当該審査請求に係る保有個人情報の訂正をすることとする場合

四　裁決で、審査請求の全部を認容し、当該審査請求に係る保有個人情報の利用停止をすることとする場合

2　前項の規定により諮問をした行政機関の長等は、次に掲げる者に対し、諮問をした旨を通知しなければならない。

一　審査請求人及び参加人（行政不服審査法第十三条第四項に規定する参加人をいう。以下この項及び次条第一項第二号において同じ。）

二　開示請求者、訂正請求者又は利用停止請求者（これらの者が審査請求人又は参加人である場合を除く。）

三　当該審査請求に係る保有個人情報の開示について反対意見書を提出した第三者（当該第三者が審査請求人又は参加人である場合を除く。）

（第三者からの審査請求を棄却する場合等における手続等）

第一〇六条　第八十六条第三項の規定は、次の各号のいずれかに該当する裁決をする場合について準用する。

一　開示決定に対する第三者からの審査請求を却下し、又は棄却する裁決

二　審査請求に係る開示決定等（開示請求に係る保有個人情報の全部を開示する旨の決定を除く。）を変更し、当該審査請求に係る保有個人情報を開示する旨の裁決（第三者である参加人が当該第三者に関する情報の開示に反対の意思を表示している場合に限る。）

2　開示決定等、訂正決定等、利用停止決定等又は開示請求、訂正請求若しくは利用停止請求に係る不作為についての審査請求については、政令で定めるところにより、行政不服審査法第四条の規定の特例を設けることができる。

第五節　行政機関等匿名加工情報の提供等

（行政機関等匿名加工情報の作成及び提供等）

第一〇七条　行政機関の長等は、この節の規定に従い、行政機関等匿名加工情報（行政機関等匿名加工情報ファイルを構成するものに限る。以下この節において同じ。）を作成することができる。

2　行政機関の長等は、次の各号のいずれかに該当する場合を除き、行政機関等匿名加工情報を提供してはならない。

一　法令に基づく場合（この節の規定に従う場合を含む。）

二　保有個人情報を利用目的のために第三者に提供することができる場合において、当該保有個人情報を加工して作成した行政機関等匿名加工

情報を当該第三者に提供するとき。

3　第六十九条の規定にかかわらず、行政機関の長等は、法令に基づく場合を除き、利用目的以外の目的のために削除情報（保有個人情報に該当するものに限る。）を自ら利用し、又は提供してはならない。

4　前項の「削除情報」とは、行政機関等匿名加工情報の作成に用いた保有個人情報から削除した記述等及び個人識別符号をいう。

（提案の募集に関する事項の個人情報ファイル簿への記載）

第一〇八条　行政機関の長等は、当該行政機関の長等の属する行政機関等が保有している個人情報ファイルが第六十条第三項各号のいずれにも該当すると認めるときは、当該個人情報ファイルについては、個人情報ファイル簿に次に掲げる事項を記載しなければならない。この場合における当該個人情報ファイルについての第七十五条第一項の規定の適用については、同項中「第十号」とあるのは、「第十号並びに第百八条各号」とする。

一　第百十条第一項の提案の募集をする個人情報ファイルである旨

二　第百十条第一項の提案を受ける組織の名称及び所在地

（提案の募集）

第一〇九条　行政機関の長等は、個人情報保護委員会規則で定めるところにより、定期的に、当該行政機関の長等の属する行政機関等が保有している個人情報ファイル（個人情報ファイル簿に前条第一号に掲げる事項の記載があるものに限る。以下この節において同じ。）について、次条第一項の提案を募集するものとする。

（行政機関等匿名加工情報をその用に供して行う事業に関する提案）

第一一〇条　前条の規定による募集に応じて個人情報ファイルを構成する保有個人情報を加工して作成する行政機関等匿名加工情報をその事業の用に供しようとする者は、行政機関の長等に対し、当該事業に関する提案をすることができる。

2　前項の提案は、個人情報保護委員会規則で定めるところにより、次に掲げる事項を記載した書面を行政機関の長等に提出してしなければならない。

一　提案をする者の氏名又は名称及び住所又は居所並びに法人その他の団体にあっては、その代表者の氏名

二　提案に係る個人情報ファイルの名称

三　提案に係る行政機関等匿名加工情報の本人の数

四　前号に掲げるもののほか、提案に係る行政機関等匿名加工情報の作成に用いる第百十四条第一項の規定による加工の方法を特定するに足りる事項

五　提案に係る行政機関等匿名加工情報の利用の目的及び方法その他当該行政機関等匿名加工情報がその用に供される事業の内容

六　提案に係る行政機関等匿名加工情報を前号の事業の用に供しようとする期間

七　提案に係る行政機関等匿名加工情報の漏えいの防止その他当該行政機関等匿名加工情報の適切な管理のために講ずる措置

八　前各号に掲げるもののほか、個人情報保護委員会規則で定める事項

3　前項の書面には、次に掲げる書面その他個人情報保護委員会規則で定める書類を添付しなければならない。

一　第一項の提案をする者が次条各号のいずれにも該当しないことを誓約する書面

二　前項第五号の事業が新たな産業の創出又は活力ある経済社会若しくは豊かな国民生活の実現に資するものであることを明らかにする書面

（欠格事由）

第一一一条　次の各号のいずれかに該当する者は、前条第一項の提案をすることができない。

一　未成年者

二　心身の故障により前条第一項の提案に係る行政機関等匿名加工情報をその用に供して行う事業を適正に行うことができない者として個人情報保護委員会規則で定めるもの

三　破産手続開始の決定を受けて復権を得ない者

四　禁錮以上の刑に処せられ、又はこの法律の規定により刑に処せられ、その執行を終わり、又は執行を受けることがなくなった日から起算して二年を経過しない者

五　第百十八条の規定により行政機関等匿名加工情報の利用に関する契約を解除され、その解除の日から起算して二年を経過しない者

六　法人その他の団体であって、その役員のうちに前各号のいずれかに該当する者があるもの

（提案の審査等）

第一一二条　行政機関の長等は、第百十条第一項の提案があったときは、当該提案が次に掲げる基準に適合するかどうかを審査しなければならない。

一　第百十条第一項の提案をした者が前条各号のいずれにも該当しないこと。

二　第百十条第二項第三号の提案に係る行政機関

等匿名加工情報の本人の数が、行政機関等匿名加工情報の効果的な活用の観点からみて個人情報保護委員会規則で定める数以上であり、かつ、提案に係る個人情報ファイルを構成する保有個人情報の本人の数以下であること。

三　第百十条第二項第三号及び第四号に掲げる事項により特定される加工の方法が第百十四条第一項の基準に適合するものであること。

四　第百十条第二項第五号の事業が新たな産業の創出又は活力ある経済社会若しくは豊かな国民生活の実現に資するものであること。

五　第百十条第二項第六号の期間が行政機関等匿名加工情報の効果的な活用の観点からみて個人情報保護委員会規則で定める期間を超えないものであること。

六　第百十条第二項第五号の提案に係る行政機関等匿名加工情報の利用の目的及び方法並びに同項第七号の措置が当該行政機関等匿名加工情報の本人の権利利益を保護するために適切なものであること。

七　前各号に掲げるもののほか、個人情報保護委員会規則で定める基準に適合するものであること。

2　行政機関の長等は、前項の規定により審査した結果、第百十条第一項の提案が前項各号に掲げる基準のいずれにも適合すると認めるときは、個人情報保護委員会規則で定めるところにより、当該提案をした者に対し、次に掲げる事項を通知するものとする。

一　次条の規定により行政機関の長等との間で行政機関等匿名加工情報の利用に関する契約を締結することができる旨

二　前号に掲げるもののほか、個人情報保護委員会規則で定める事項

3　行政機関の長等は、第一項の規定により審査した結果、第百十条第一項の提案が第一項各号に掲げる基準のいずれかに適合しないと認めるときは、個人情報保護委員会規則で定めるところにより、当該提案をした者に対し、理由を付して、その旨を通知するものとする。

（行政機関等匿名加工情報の利用に関する契約の締結）

第一一三条　前条第二項の規定による通知を受けた者は、個人情報保護委員会規則で定めるところにより、行政機関の長等との間で、行政機関等匿名加工情報の利用に関する契約を締結することができる。

（行政機関等匿名加工情報の作成等）

第一一四条　行政機関の長等は、行政機関等匿名加工情報を作成するときは、特定の個人を識別することができないように及びその作成に用いる保有個人情報を復元することができないようにするために必要なものとして個人情報保護委員会規則で定める基準に従い、当該保有個人情報を加工しなければならない。

2　前項の規定は、行政機関等から行政機関等匿名加工情報の作成の委託（二以上の段階にわたる委託を含む。）を受けた者が受託した業務を行う場合について準用する。

（行政機関等匿名加工情報に関する事項の個人情報ファイル簿への記載）

第一一五条　行政機関の長等は、行政機関等匿名加工情報を作成したときは、当該行政機関等匿名加工情報の作成に用いた保有個人情報を含む個人情報ファイルについては、個人情報ファイル簿に次に掲げる事項を記載しなければならない。この場合における当該個人情報ファイルについての第百八条の規定により読み替えて適用する第七十五条第一項の規定の適用については、同項中「並びに第百八条各号」とあるのは、「、第百八条各号並びに第百十五条各号」とする。

一　行政機関等匿名加工情報の概要として個人情報保護委員会規則で定める事項

二　次条第一項の提案を受ける組織の名称及び所在地

三　次条第一項の提案をすることができる期間

（作成された行政機関等匿名加工情報をその用に供して行う事業に関する提案等）

第一一六条　前条の規定により個人情報ファイル簿に同条第一号に掲げる事項が記載された行政機関等匿名加工情報をその事業の用に供しようとする者は、行政機関の長等に対し、当該事業に関する提案をすることができる。当該行政機関等匿名加工情報について第百十三条の規定により行政機関等匿名加工情報の利用に関する契約を締結した者が、当該行政機関等匿名加工情報をその用に供する事業を変更しようとするときも、同様とする。

2　第百十条第二項及び第三項並びに第百十一条から第百十三条までの規定は、前項の提案について準用する。この場合において、第百十条第二項中「次に」とあるのは「第一号及び第四号から第八号までに」と、同項第四号中「前号に掲げるもののほか、提案」とあるのは「提案」と、「の作成に用いる第百十四条第一項の規定による加工の方法を特定する」とあるのは「を特定する」と、同項第八号中「前各号」とあるのは「第一号及び第

四号から前号まで」と、第百十二条第一項中「次に」とあるのは「第一号及び第四号から第七号までに」と、同項第七号中「前各号」とあるのは「第一号及び前三号」と、同条第二項中「前項各号」とあるのは「前項第一号及び第四号から第七号まで」と、同条第三項中「第一項各号」とあるのは「第一項第一号及び第四号から第七号まで」と読み替えるものとする。

（手数料）

第一一七条　第百十三条の規定により行政機関等匿名加工情報の利用に関する契約を行政機関の長と締結する者は、政令で定めるところにより、実費を勘案して政令で定める額の手数料を納めなければならない。

2　前条第二項において準用する第百十三条の規定により行政機関等匿名加工情報の利用に関する契約を行政機関の長と締結する者は、政令で定めるところにより、前項の政令で定める額を参酌して政令で定める額の手数料を納めなければならない。

3　第百十三条の規定（前条第二項において準用する場合を含む。次条において同じ。）により行政機関等匿名加工情報の利用に関する契約を独立行政法人等と締結する者は、独立行政法人等の定めるところにより、利用料を納めなければならない。

4　前項の利用料の額は、実費を勘案して合理的であると認められる範囲内において、独立行政法人等が定める。

5　独立行政法人等は、前二項の規定による定めを一般の閲覧に供しなければならない。

（行政機関等匿名加工情報の利用に関する契約の解除）

第一一八条　行政機関の長等は、第百十三条の規定により行政機関等匿名加工情報の利用に関する契約を締結した者が次の各号のいずれかに該当するときは、当該契約を解除することができる。

一　偽りその他不正の手段により当該契約を締結したとき。

二　第百十一条各号（第百十六条第二項において準用する場合を含む。）のいずれかに該当することとなったとき。

三　当該契約において定められた事項について重大な違反があったとき。

（識別行為の禁止等）

第一一九条　行政機関の長等は、行政機関等匿名加工情報を取り扱うに当たっては、法令に基づく場合を除き、当該行政機関等匿名加工情報の作成に用いられた個人情報に係る本人を識別するために、当該行政機関等匿名加工情報を他の情報と照合してはならない。

2　行政機関の長等は、行政機関等匿名加工情報、第百七条第四項に規定する削除情報及び第百十四条第一項の規定により行った加工の方法に関する情報（以下この条及び次条において「行政機関等匿名加工情報等」という。）の漏えいを防止するために必要なものとして個人情報保護委員会規則で定める基準に従い、行政機関等匿名加工情報等の適切な管理のために必要な措置を講じなければならない。

3　前二項の規定は、行政機関等から行政機関等匿名加工情報等の取扱いの委託（二以上の段階にわたる委託を含む。）を受けた者が受託した業務を行う場合について準用する。

（従事者の義務）

第一二〇条　行政機関等匿名加工情報等の取扱いに従事する行政機関等の職員若しくは職員であった者、前条第三項の委託を受けた業務に従事している者若しくは従事していた者又は行政機関等において行政機関等匿名加工情報等の取扱いに従事している派遣労働者若しくは従事していた派遣労働者は、その業務に関して知り得た行政機関等匿名加工情報等の内容をみだりに他人に知らせ、又は不当な目的に利用してはならない。

（匿名加工情報の取扱いに係る義務）

第一二一条　行政機関等は、匿名加工情報（行政機関等匿名加工情報を除く。以下この条において同じ。）を第三者に提供するときは、法令に基づく場合を除き、個人情報保護委員会規則で定めるところにより、あらかじめ、第三者に提供される匿名加工情報に含まれる個人に関する情報の項目及びその提供の方法について公表するとともに、当該第三者に対して、当該提供に係る情報が匿名加工情報である旨を明示しなければならない。

2　行政機関等は、匿名加工情報を取り扱うに当たっては、法令に基づく場合を除き、当該匿名加工情報の作成に用いられた個人情報に係る本人を識別するために、当該個人情報から削除された記述等若しくは個人識別符号若しくは第四十三条第一項の規定により行われた加工の方法に関する情報を取得し、又は当該匿名加工情報を他の情報と照合してはならない。

3　行政機関等は、匿名加工情報の漏えいを防止するために必要なものとして個人情報保護委員会規則で定める基準に従い、匿名加工情報の適切な管理のために必要な措置を講じなければならない。

4　前二項の規定は、行政機関等から匿名加工情報の取扱いの委託（二以上の段階にわたる委託を含む。）を受けた者が受託した業務を行う場合について準用する。

第六節　雑則

（適用除外等）

第百二十二条　第四節の規定は、刑事事件若しくは少年の保護事件に係る裁判、検察官、検察事務官若しくは司法警察職員が行う処分、刑若しくは保護処分の執行、更生緊急保護又は恩赦に係る保有個人情報（当該裁判、処分若しくは執行を受けた者、更生緊急保護の申出をした者又は恩赦の上申があった者に係るものに限る。）については、適用しない。

2　保有個人情報（行政機関情報公開法第五条又は独立行政法人等情報公開法第五条に規定する不開示情報を専ら記録する行政文書等に記録されているものに限る。）のうち、まだ分類その他の整理が行われていないもので、同一の利用目的に係るものが著しく大量にあるためその中から特定の保有個人情報を検索することが著しく困難であるものは、第四節（第四款を除く。）の規定の適用については、行政機関等に保有されていないものとみなす。

（適用の特例）

第百二十三条　独立行政法人労働者健康安全機構が行う病院の運営の業務における個人情報、仮名加工情報又は個人関連情報の取扱いについては、この章（第一節、第六十六条第二項（第三号及び第四号（同項第三号に係る部分に限る。）に係る部分に限る。）において準用する同条第一項、第七十五条、前二節、前条第二項及び第百二十五条を除く。）の規定、第百七十一条及び第百七十五条の規定（これらの規定のうち第六十六条第二項第三号及び第四号（同項第三号に係る部分に限る。）に定める業務に係る部分を除く。）並びに第百七十六条の規定は、適用しない。

2　別表第二に掲げる法人による個人情報又は匿名加工情報の取扱いについては、独立行政法人等による個人情報又は匿名加工情報の取扱いとみなして、第一節、第七十五条、前二節、前条第二項、第百二十五条及び次章から第八章まで（第百七十一条、第百七十五条及び第百七十六条を除く。）の規定を適用する。

3　別表第二に掲げる法人及び独立行政法人労働者健康安全機構（病院の運営の業務を行う場合に限る。）についての第九十八条の規定の適用については、同条第一項第一号中「第六十一条第二項の規定に違反して保有されているとき、第六十三条の規定に違反して取り扱われているとき、第六十四条の規定に違反して取得されたものであるとき、又は第六十九条第一項及び第二項の規定に違反して利用されているとき」とあるのは「第十八条若しくは第十九条の規定に違反して取り扱われているとき、又は第二十条の規定に違反して取得されたものであるとき」と、同項第二号中「第六十九条第一項及び第二項又は第七十一条第一項」とあるのは「第二十七条第一項又は第二十八条」とする。

（権限又は事務の委任）

第百二十四条　行政機関の長は、政令（内閣の所轄の下に置かれる機関及び会計検査院にあっては、当該機関の命令）で定めるところにより、第二節から前節まで（第七十四条及び第四節第四款を除く。）に定める権限又は事務を当該行政機関の職員に委任することができる。

第百二十五条《略》

（行政機関等における個人情報等の取扱いに関する苦情処理）

第百二十六条　行政機関の長等は、行政機関等における個人情報、仮名加工情報又は匿名加工情報の取扱いに関する苦情の適切かつ迅速な処理に努めなければならない。

第六章　個人情報保護委員会

第一節　設置等

（設置）

第百二十七条　内閣府設置法第四十九条第三項の規定に基づいて、個人情報保護委員会（以下「委員会」という。）を置く。

2　委員会は、内閣総理大臣の所轄に属する。

（任務）

第百二十八条　委員会は、行政機関等の事務及び事業の適正かつ円滑な運営を図り、並びに個人情報の適正かつ効果的な活用が新たな産業の創出並びに活力ある経済社会及び豊かな国民生活の実現に資するものであることその他の個人情報の有用性に配慮しつつ、個人の権利利益を保護するため、個人情報の適正な取扱いの確保を図ること（個人番号利用事務等実施者（行政手続における特定の個人を識別するための番号の利用等に関する法律（平成二十五年法律第二十七号。以下「番号利用法」という。）第十二条に規定する個人番号利用事務等実施者をいう。）に対する指導及び助言その他の措置を講ずることを含む。）を任務とする。

（所掌事務）

第一二九条　委員会は、前条の任務を達成するため、次に掲げる事務をつかさどる。
一　基本方針の策定及び推進に関すること。
二　個人情報取扱事業者における個人情報の取扱い、個人情報取扱事業者及び仮名加工情報取扱事業者における仮名加工情報の取扱い、個人情報取扱事業者及び匿名加工情報取扱事業者における匿名加工情報の取扱い並びに個人関連情報取扱事業者における個人関連情報の取扱いに関する監督、行政機関等における個人情報、仮名加工情報、匿名加工情報及び個人関連情報の取扱いに関する監視並びに個人情報、仮名加工情報及び匿名加工情報の取扱いに関する苦情の申出についての必要なあっせん及びその処理を行う事業者への協力に関すること（第四号に掲げるものを除く。）。
三　認定個人情報保護団体に関すること。
四　特定個人情報（番号利用法第二条第八項に規定する特定個人情報をいう。）の取扱いに関する監視又は監督並びに苦情の申出についての必要なあっせん及びその処理を行う事業者への協力に関すること。
五　特定個人情報保護評価（番号利用法第二十七条第一項に規定する特定個人情報保護評価をいう。）に関すること。
六　個人情報の保護及び適正かつ効果的な活用についての広報及び啓発に関すること。
七　前各号に掲げる事務を行うために必要な調査及び研究に関すること。
八　所掌事務に係る国際協力に関すること。
九　前各号に掲げるもののほか、法律（法律に基づく命令を含む。）に基づき委員会に属させられた事務

（職権行使の独立性）
第一三〇条　委員会の委員長及び委員は、独立してその職権を行う。

（組織等）
第一三一条　委員会は、委員長及び委員八人をもって組織する。
2　委員のうち四人は、非常勤とする。
3　委員長及び委員は、人格が高潔で識見の高い者のうちから、両議院の同意を得て、内閣総理大臣が任命する。
4　委員長及び委員には、個人情報の保護及び適正かつ効果的な活用に関する学識経験のある者、消費者の保護に関して十分な知識と経験を有する者、情報処理技術に関する学識経験のある者、行政分野に関する学識経験のある者、民間企業の実務に関して十分な知識と経験を有する者並びに連合組織（地方自治法（昭和二十二年法律第六十七号）第二百六十三条の三第一項の連合組織で同項の規定による届出をしたものをいう。）の推薦する者が含まれるものとする。

（任期等）
第一三二条　委員長及び委員の任期は、五年とする。ただし、補欠の委員長又は委員の任期は、前任者の残任期間とする。
2　委員長及び委員は、再任されることができる。
3　委員長及び委員の任期が満了したときは、当該委員長及び委員は、後任者が任命されるまで引き続きその職務を行うものとする。
4　委員長又は委員の任期が満了し、又は欠員を生じた場合において、国会の閉会又は衆議院の解散のために両議院の同意を得ることができないときは、内閣総理大臣は、前条第三項の規定にかかわらず、同項に定める資格を有する者のうちから、委員長又は委員を任命することができる。
5　前項の場合においては、任命後最初の国会において両議院の事後の承認を得なければならない。この場合において、両議院の事後の承認が得られないときは、内閣総理大臣は、直ちに、その委員長又は委員を罷免しなければならない。

（身分保障）
第一三三条　委員長及び委員は、次の各号のいずれかに該当する場合を除いては、在任中、その意に反して罷免されることがない。
一　破産手続開始の決定を受けたとき。
二　この法律又は番号利用法の規定に違反して刑に処せられたとき。
三　禁錮以上の刑に処せられたとき。
四　委員会により、心身の故障のため職務を執行することができないと認められたとき、又は職務上の義務違反その他委員長若しくは委員たるに適しない非行があると認められたとき。

（罷免）
第一三四条　内閣総理大臣は、委員長又は委員が前条各号のいずれかに該当するときは、その委員長又は委員を罷免しなければならない。

第一三五条〜第一四二条《略》

第二節　監督及び監視

第一款　個人情報取扱事業者等の監督

第一四三条〜第一四五条《略》

（委員会の権限の行使の制限）
第一四六条　委員会は、前三条の規定により個人情報取扱事業者等に対し報告若しくは資料の提出の

要求、立入検査、指導、助言、勧告又は命令を行うに当たっては、表現の自由、学問の自由、信教の自由及び政治活動の自由を妨げてはならない。

2　前項の規定の趣旨に照らし、委員会は、個人情報取扱事業者等が第五十七条第一項各号に掲げる者（それぞれ当該各号に定める目的で個人情報等を取り扱う場合に限る。）に対して個人情報等を提供する行為については、その権限を行使しないものとする。

（権限の委任）

第一四七条　委員会は、緊急かつ重点的に個人情報等の適正な取扱いの確保を図る必要があることその他の政令で定める事情があるため、個人情報取扱事業者等に対し、第百四十五条第一項の規定による勧告又は同条第二項若しくは第三項の規定による命令を効果的に行う上で必要があると認めるときは、政令で定めるところにより、第二十六条第一項、第百四十三条第一項、第百五十九条において読み替えて準用する民事訴訟法（平成八年法律第百九号）第九十九条、第百一条、第百三条、第百五条、第百六条、第百八条及び第百九条、第百六十条並びに第百六十一条の規定による権限を事業所管大臣に委任することができる。

2　事業所管大臣は、前項の規定により委任された権限を行使したときは、政令で定めるところにより、その結果について委員会に報告するものとする。

3　事業所管大臣は、政令で定めるところにより、第一項の規定により委任された権限及び前項の規定による権限について、その全部又は一部を内閣府設置法第四十三条の地方支分部局その他の政令で定める部局又は機関の長に委任することができる。

4　内閣総理大臣は、第一項の規定により委任された権限及び第二項の規定による権限（金融庁の所掌に係るものに限り、政令で定めるものを除く。）を金融庁長官に委任する。

5　金融庁長官は、政令で定めるところにより、前項の規定により委任された権限について、その一部を証券取引等監視委員会に委任することができる。

6　金融庁長官は、政令で定めるところにより、第四項の規定により委任された権限（前項の規定により証券取引等監視委員会に委任されたものを除く。）の一部を財務局長又は財務支局長に委任することができる。

7　証券取引等監視委員会は、政令で定めるところにより、第五項の規定により委任された権限の一部を財務局長又は財務支局長に委任することができる。

8　前項の規定により財務局長又は財務支局長に委任された権限に係る事務に関しては、証券取引等監視委員会が財務局長又は財務支局長を指揮監督する。

9　第五項の場合において、証券取引等監視委員会が行う報告又は資料の提出の要求（第七項の規定により財務局長又は財務支局長が行う場合を含む。）についての審査請求は、証券取引等監視委員会に対してのみ行うことができる。

（事業所管大臣の請求）

第一四八条　事業所管大臣は、個人情報取扱事業者等に第四章の規定に違反する行為があると認めるときその他個人情報取扱事業者等による個人情報等の適正な取扱いを確保するために必要があると認めるときは、委員会に対し、この法律の規定に従い適当な措置をとるべきことを求めることができる。

（事業所管大臣）

第一四九条　この款の規定における事業所管大臣は、次のとおりとする。

一　個人情報取扱事業者等が行う個人情報等の取扱いのうち雇用管理に関するものについては、厚生労働大臣（船員の雇用管理に関するものについては、国土交通大臣）及び当該個人情報取扱事業者等が行う事業を所管する大臣、国家公安委員会又はカジノ管理委員会（次号において「大臣等」という。）

二　個人情報取扱事業者等が行う個人情報等の取扱いのうち前号に掲げるもの以外のものについては、当該個人情報取扱事業者等が行う事業を所管する大臣等

第二款　認定個人情報保護団体の監督《略》

第三款　行政機関等の監視《略》

第三節　送達《略》

第四節　雑則《略》

第七章　雑則《略》

第八章　罰則

第一七一条　行政機関等の職員若しくは職員であった者、第六十六条第二項各号に定める業務若しくは第七十三条第五項若しくは第百十九条第三項の委託を受けた業務に従事している者若しくは従事していた者又は行政機関等において個人情報、仮名加工情報若しくは匿名加工情報の取扱いに従事

している派遣労働者若しくは従事していた派遣労働者が、正当な理由がないのに、個人の秘密に属する事項が記録された第六十条第二項第一号に係る個人情報ファイル（その全部又は一部を複製し、又は加工したものを含む。）を提供したときは、二年以下の懲役又は百万円以下の罰金に処する。

第一七二条　第百四十条の規定に違反して秘密を漏らし、又は盗用した者は、二年以下の懲役又は百万円以下の罰金に処する。

第一七三条　第百四十五条第二項又は第三項の規定による命令に違反した場合には、当該違反行為をした者は、一年以下の懲役又は百万円以下の罰金に処する。

第一七四条　個人情報取扱事業者（その者が法人（法人でない団体で代表者又は管理人の定めのあるものを含む。第百七十九条第一項において同じ。）である場合にあっては、その役員、代表者又は管理人）若しくはその従業者又はこれらであった者が、その業務に関して取り扱った個人情報データベース等（その全部又は一部を複製し、又は加工したものを含む。）を自己若しくは第三者の不正な利益を図る目的で提供し、又は盗用したときは、一年以下の懲役又は五十万円以下の罰金に処する。

第一七五条　第百七十一条に規定する者が、その業務に関して知り得た保有個人情報を自己若しくは第三者の不正な利益を図る目的で提供し、又は盗用したときは、一年以下の懲役又は五十万円以下の罰金に処する。

第一七六条　行政機関等の職員がその職権を濫用して、専らその職務の用以外の用に供する目的で個人の秘密に属する事項が記録された文書、図画又は電磁的記録を収集したときは、一年以下の懲役又は五十万円以下の罰金に処する。

第一七七条《略》

第一七八条　第百七十一条、第百七十二条及び第百七十四条から第百七十六条までの規定は、日本国外においてこれらの条の罪を犯した者にも適用する。

第一七九条　法人の代表者又は法人若しくは人の代理人、使用人その他の従業者が、その法人又は人の業務に関して、次の各号に掲げる違反行為をしたときは、行為者を罰するほか、その法人に対して当該各号に定める罰金刑を、その人に対して各本条の罰金刑を科する。

一　第百七十三条及び第百七十四条　一億円以下の罰金刑

二　第百七十七条　同条の罰金刑

2　法人でない団体について前項の規定の適用がある場合には、その代表者又は管理人が、その訴訟行為につき法人でない団体を代表するほか、法人を被告人又は被疑者とする場合の刑事訴訟に関する法律の規定を準用する。

第一八〇条　次の各号のいずれかに該当する者は、十万円以下の過料に処する。

一　第三十条第二項（第三十一条第三項において準用する場合を含む。）又は第五十六条の規定に違反した者

二　第五十一条第一項の規定による届出をせず、又は虚偽の届出をした者

三　偽りその他不正の手段により、第八十五条第三項に規定する開示決定に基づく保有個人情報の開示を受けた者

附則《略》

【令和四年五月二五日法律第四八号未施行内容】

《内容略》

【令和四年六月一七日法律第六八号未施行内容】

《内容略》

民法（抄）

明治二九年四月二七日法律第八九号
施行：明治三一年七月一六日
最終改正：令和六年五月二四日法律第三三号
施行：附則参照

（基本原則）
第一条　私権は、公共の福祉に適合しなければならない。
2　権利の行使及び義務の履行は、信義に従い誠実に行わなければならない。
3　権利の濫用は、これを許さない。

（解釈の基準）
第二条　この法律は、個人の尊厳と両性の本質的平等を旨として、解釈しなければならない。

（公序良俗）
第九〇条　公の秩序又は善良の風俗に反する事項を目的とする法律行為は、無効とする。

（任意規定と異なる意思表示）
第九一条　法律行為の当事者が法令中の公の秩序に関しない規定と異なる意思を表示したときは、その意思に従う。

（任意規定と異なる慣習）
第九二条　法令中の公の秩序に関しない規定と異なる慣習がある場合において、法律行為の当事者がその慣習による意思を有しているものと認められるときは、その慣習に従う。

（心裡留保）
第九三条　意思表示は、表意者がその真意ではないことを知ってしたときであっても、そのためにその効力を妨げられない。ただし、相手方が表意者の真意を知り、又は知ることができたときは、その意思表示は、無効とする。

（虚偽表示）
第九四条　相手方と通じてした虚偽の意思表示は、無効とする。
2　前項の規定による意思表示の無効は、善意の第三者に対抗することができない。

（錯誤）
第九五条　意思表示は、次に掲げる錯誤に基づくものであって、その錯誤が法律行為の目的及び取引上の社会通念に照らして重要なものであるときは、取り消すことができる。
一　意思表示に対応する意思を欠く錯誤
二　表意者が法律行為の基礎とした事情についてのその認識が真実に反する錯誤
2　前項第二号の規定による意思表示の取消しは、その事情が法律行為の基礎とされていることが表示されていたときに限り、することができる。
3　錯誤が表意者の重大な過失によるものであった場合には、次に掲げる場合を除き、第一項の規定による意思表示の取消しをすることができない。
一　相手方が表意者に錯誤があることを知り、又は重大な過失によって知らなかったとき。
二　相手方が表意者と同一の錯誤に陥っていたとき。
4　第一項の規定による意思表示の取消しは、善意でかつ過失がない第三者に対抗することができない。

（詐欺又は強迫）
第九六条　詐欺又は強迫による意思表示は、取り消すことができる。
2　相手方に対する意思表示について第三者が詐欺を行った場合においては、相手方がその事実を知り、又は知ることができたときに限り、その意思表示を取り消すことができる。
3　前二項の規定による詐欺による意思表示の取消しは、善意でかつ過失がない第三者に対抗することができない。

（意思表示の効力発生時期等）
第九七条　意思表示は、その通知が相手方に到達した時からその効力を生ずる。
2　相手方が正当な理由なく意思表示の通知が到達することを妨げたときは、その通知は、通常到達すべきであった時に到達したものとみなす。
3　意思表示は、表意者が通知を発した後に死亡し、意思能力を喪失し、又は行為能力の制限を受けたときであっても、そのためにその効力を妨げられない。

（時効の援用）
第一四五条　時効は、当事者（消滅時効にあっては、保証人、物上保証人、第三取得者その他権利の消滅について正当な利益を有する者を含む。）が援用しなければ、裁判所がこれによって裁判をすることができない。

（債権等の消滅時効）
第一六六条　債権は、次に掲げる場合には、時効によって消滅する。
一　債権者が権利を行使することができることを知った時から五年間行使しないとき。
二　権利を行使することができる時から十年間行使しないとき。
2　債権又は所有権以外の財産権は、権利を行使することができる時から二十年間行使しないときは、時効によって消滅する。

3　前二項の規定は、始期付権利又は停止条件付権利の目的物を占有する第三者のために、その占有の開始の時から取得時効が進行することを妨げない。ただし、権利者は、その時効を更新するため、いつでも占有者の承認を求めることができる。

（人の生命又は身体の侵害による損害賠償請求権の消滅時効）

第一六七条　人の生命又は身体の侵害による損害賠償請求権の消滅時効についての前条第一項第二号の規定の適用については、同号中「十年間」とあるのは、「二十年間」とする。

（占有保持の訴え）

第一九八条　占有者がその占有を妨害されたときは、占有保持の訴えにより、その妨害の停止及び損害の賠償を請求することができる。

（占有保全の訴え）

第一九九条　占有者がその占有を妨害されるおそれがあるときは、占有保全の訴えにより、その妨害の予防又は損害賠償の担保を請求することができる。

（占有回収の訴え）

第二〇〇条　占有者がその占有を奪われたときは、占有回収の訴えにより、その物の返還及び損害の賠償を請求することができる。

2　占有回収の訴えは、占有を侵奪した者の特定承継人に対して提起することができない。ただし、その承継人が侵奪の事実を知っていたときは、この限りでない。

（先取特権の内容）

第三〇三条　先取特権者は、この法律その他の法律の規定に従い、その債務者の財産について、他の債権者に先立って自己の債権の弁済を受ける権利を有する。

（一般の先取特権）

第三〇六条　次に掲げる原因によって生じた債権を有する者は、債務者の総財産について先取特権を有する。

一　共益の費用
二　雇用関係
三　葬式の費用
四　日用品の供給

（雇用関係の先取特権）

第三〇八条　雇用関係の先取特権は、給料その他債務者と使用人との間の雇用関係に基づいて生じた債権について存在する。

（法定利率）

第四〇四条　利息を生ずべき債権について別段の意思表示がないときは、その利率は、その利息が生じた最初の時点における法定利率による。

2　法定利率は、年三パーセントとする。

3　前項の規定にかかわらず、法定利率は、法務省令で定めるところにより、三年を一期とし、一期ごとに、次項の規定により変動するものとする。

4　各期における法定利率は、この項の規定により法定利率に変動があった期のうち直近のもの（以下この項において「直近変動期」という。）における基準割合と当期における基準割合との差に相当する割合（その割合に一パーセント未満の端数があるときは、これを切り捨てる。）を直近変動期における法定利率に加算し、又は減算した割合とする。

5　前項に規定する「基準割合」とは、法務省令で定めるところにより、各期の初日の属する年の六年前の年の一月から前々年の十二月までの各月における短期貸付けの平均利率（当該各月において銀行が新たに行った貸付け（貸付期間が一年未満のものに限る。）に係る利率の平均をいう。）の合計を六十で除して計算した割合（その割合に〇・一パーセント未満の端数があるときは、これを切り捨てる。）として法務大臣が告示するものをいう。

（履行期と履行遅滞）

第四一二条　債務の履行について確定期限があるときは、債務者は、その期限の到来した時から遅滞の責任を負う。

2　債務の履行について不確定期限があるときは、債務者は、その期限の到来した後に履行の請求を受けた時又はその期限の到来したことを知った時のいずれか早い時から遅滞の責任を負う。

3　債務の履行について期限を定めなかったときは、債務者は、履行の請求を受けた時から遅滞の責任を負う。

（履行不能）

第四一二条の二　債務の履行が契約その他の債務の発生原因及び取引上の社会通念に照らして不能であるときは、債権者は、その債務の履行を請求することができない。

2　契約に基づく債務の履行がその契約の成立の時に不能であったことは、第四百十五条の規定によりその履行の不能によって生じた損害の賠償を請求することを妨げない。

（受領遅滞）

第四一三条　債権者が債務の履行を受けることを拒み、又は受けることができない場合において、その債務の目的が特定物の引渡しであるときは、債務者は、履行の提供をした時からその引渡しをするまで、自己の財産に対するのと同一の注意をもって、その物を保存すれば足りる。

2　債権者が債務の履行を受けることを拒み、又は受けることができないことによって、その履行の費用が増加したときは、その増加額は、債権者の負担とする。

（履行遅滞中又は受領遅滞中の履行不能と帰責事由）

第四一三条の二　債務者がその債務について遅滞の責任を負っている間に当事者双方の責めに帰することができない事由によってその債務の履行が不能となったときは、その履行の不能は、債務者の責めに帰すべき事由によるものとみなす。

2　債権者が債務の履行を受けることを拒み、又は受けることができない場合において、履行の提供があった時以後に当事者双方の責めに帰することができない事由によってその債務の履行が不能となったときは、その履行の不能は、債権者の責めに帰すべき事由によるものとみなす。

（債務不履行による損害賠償）

第四一五条　債務者がその債務の本旨に従った履行をしないとき又は債務の履行が不能であるときは、債権者は、これによって生じた損害の賠償を請求することができる。ただし、その債務の不履行が契約その他の債務の発生原因及び取引上の社会通念に照らして債務者の責めに帰することができない事由によるものであるときは、この限りでない。

2　前項の規定により損害賠償の請求をすることができる場合において、債権者は、次に掲げるときは、債務の履行に代わる損害賠償の請求をすることができる。

一　債務の履行が不能であるとき。

二　債務者がその債務の履行を拒絶する意思を明確に表示したとき。

三　債務が契約によって生じたものである場合において、その契約が解除され、又は債務の不履行による契約の解除権が発生したとき

（損害賠償の範囲）

第四一六条　債務の不履行に対する損害賠償の請求は、これによって通常生ずべき損害の賠償をさせることをその目的とする。

2　特別の事情によって生じた損害であっても、当事者がその事情を予見すべきであったときは、債権者は、その賠償を請求することができる。

（過失相殺）

第四一八条　債務の不履行又はこれによる損害の発生若しくは拡大に関して債権者に過失があったときは、裁判所は、これを考慮して、損害賠償の責任及びその額を定める。

（金銭債務の特則）

第四一九条　金銭の給付を目的とする債務の不履行については、その損害賠償の額は、債務者が遅滞の責任を負った最初の時点における法定利率によって定める。ただし、約定利率が法定利率を超えるときは、約定利率による。

2　前項の損害賠償については、債権者は、損害の証明をすることを要しない。

3　第一項の損害賠償については、債務者は、不可抗力をもって抗弁とすることができない。

（賠償額の予定）

第四二〇条　当事者は、債務の不履行について損害賠償の額を予定することができる。

2　賠償額の予定は、履行の請求又は解除権の行使を妨げない。

3　違約金は、賠償額の予定と推定する。

第四二一条　前条の規定は、当事者が金銭でないものを損害の賠償に充てるべき旨を予定した場合について準用する。

（弁済の提供の方法）

第四九三条　弁済の提供は、債務の本旨に従って現実にしなければならない。ただし、債権者があらかじめその受領を拒み、又は債務の履行について債権者の行為を要するときは、弁済の準備をしたことを通知してその受領の催告をすれば足りる。

（契約の締結及び内容の自由）

第五二一条　何人も、法令に特別の定めがある場合を除き、契約をするかどうかを自由に決定することができる。

2　契約の当事者は、法令の制限内において、契約の内容を自由に決定することができる。

（契約の成立と方式）

第五二二条　契約は、契約の内容を示してその締結を申し入れる意思表示（以下「申込み」という。）に対して相手方が承諾をしたときに成立する。

2　契約の成立には、法令に特別の定めがある場合を除き、書面の作成その他の方式を具備することを要しない。

（承諾の期間の定めのある申込み）

第五二三条　承諾の期間を定めてした申込みは、撤回することができない。ただし、申込者が撤回をする権利を留保したときは、この限りでない。

2　申込者が前項の申込みに対して同項の期間内に承諾の通知を受けなかったときは、その申込みは、その効力を失う。

（遅延した承諾の効力）

第五二四条　申込者は、遅延した承諾を新たな申込みとみなすことができる。

（承諾の期間の定めのない申込み）

第五二五条　承諾の期間を定めないでした申込みは、申込者が承諾の通知を受けるのに相当な期間を経過するまでは、撤回することができない。ただし、申込者が撤回をする権利を留保したときは、この限りでない。

2　対話者に対してした前項の申込みは、同項の規定にかかわらず、その対話が継続している間は、いつでも撤回することができる。

3　対話者に対してした第一項の申込みに対して対話が継続している間に申込者が承諾の通知を受けなかったときは、その申込みは、その効力を失う。ただし、申込者が対話の終了後もその申込みが効力を失わない旨を表示したときは、この限りでない。

（申込者の死亡等）

第五二六条　申込者が申込みの通知を発した後に死亡し、意思能力を有しない常況にある者となり、又は行為能力の制限を受けた場合において、申込者がその事実が生じたとすればその申込みは効力を有しない旨の意思を表示していたとき、又はその相手方が承諾の通知を発するまでにその事実が生じたことを知ったときは、その申込みは、その効力を有しない。

（承諾の通知を必要としない場合における契約の成立時期）

第五二七条　申込者の意思表示又は取引上の慣習により承諾の通知を必要としない場合には、契約は、承諾の意思表示と認めるべき事実があった時に成立する。

（申込みに変更を加えた承諾）

第五二八条　承諾者が、申込みに条件を付し、その他変更を加えてこれを承諾したときは、その申込みの拒絶とともに新たな申込みをしたものとみなす。

第二款　契約の効力

（同時履行の抗弁）

第五三三条　双務契約の当事者の一方は、相手方がその債務の履行（債務の履行に代わる損害賠償の債務の履行を含む。）を提供するまでは、自己の債務の履行を拒むことができる。ただし、相手方の債務が弁済期にないときは、この限りでない。

（債務者の危険負担等）

第五三六条　当事者双方の責めに帰することができない事由によって債務を履行することができなくなったときは、債権者は、反対給付の履行を拒むことができる。

2　債権者の責めに帰すべき事由によって債務を履行することができなくなったときは、債権者は、反対給付の履行を拒むことができない。この場合において、債務者は、自己の債務を免れたことによって利益を得たときは、これを債権者に償還しなければならない。

（解除権の行使）

第五四〇条　契約又は法律の規定により当事者の一方が解除権を有するときは、その解除は、相手方に対する意思表示によってする。

2　前項の意思表示は、撤回することができない。

（定型約款の合意）

第五四八条の二　定型取引（ある特定の者が不特定多数の者を相手方として行う取引であって、その内容の全部又は一部が画一的であることがその双方にとって合理的なものをいう。以下同じ。）を行うことの合意（次条において「定型取引合意」という。）をした者は、次に掲げる場合には、定型約款（定型取引において、契約の内容とすることを目的としてその特定の者により準備された条項の総体をいう。以下同じ。）の個別の条項についても合意をしたものとみなす。

一　定型約款を契約の内容とする旨の合意をしたとき。

二　定型約款を準備した者（以下「定型約款準備者」という。）があらかじめその定型約款を契約の内容とする旨を相手方に表示していたとき。

2　前項の規定にかかわらず、同項の条項のうち、相手方の権利を制限し、又は相手方の義務を加重する条項であって、その定型取引の態様及びその実情並びに取引上の社会通念に照らして第一条第二項に規定する基本原則に反して相手方の利益を一方的に害すると認められるものについては、合意をしなかったものとみなす。

（定型約款の内容の表示）

第五四八条の三　定型取引を行い、又は行おうとする定型約款準備者は、定型取引合意の前又は定型取引合意の後相当の期間内に相手方から請求があった場合には、遅滞なく、相当な方法でその定型約款の内容を示さなければならない。ただし、定型約款準備者が既に相手方に対して定型約款を記載した書面を交付し、又はこれを記録した電磁的記録を提供していたときは、この限りでない。

2　定型約款準備者が定型取引合意の前において前項の請求を拒んだときは、前条の規定は、適用しない。ただし、一時的な通信障害が発生した場合その他正当な事由がある場合は、この限りでない。

（定型約款の変更）

第五四八条の四　定型約款準備者は、次に掲げる場合には、定型約款の変更をすることにより、変更後の定型約款の条項について合意があったものとみなし、個別に相手方と合意をすることなく契約の内容を変更することができる。

一　定型約款の変更が、相手方の一般の利益に適合するとき。

二　定型約款の変更が、契約をした目的に反せず、かつ、変更の必要性、変更後の内容の相当性、この条の規定により定型約款の変更をすることがある旨の定めの有無及びその内容その他の変更に係る事情に照らして合理的なものであるとき。

2　定型約款準備者は、前項の規定による定型約款の変更をするときは、その効力発生時期を定め、かつ、定型約款を変更する旨及び変更後の定型約款の内容並びにその効力発生時期をインターネットの利用その他の適切な方法により周知しなければならない。

3　第一項第二号の規定による定型約款の変更は、前項の効力発生時期が到来するまでに同項の規定による周知をしなければ、その効力を生じない。

4　第五百四十八条の二第二項の規定は、第一項の規定による定型約款の変更については、適用しない。

（使用貸借）

第五九三条　使用貸借は、当事者の一方がある物を引き渡すことを約し、相手方がその受け取った物について無償で使用及び収益をして契約が終了したときに返還をすることを約することによって、その効力を生ずる。

（借用物受取り前の貸主による使用貸借の解除）

第五九三条の二　貸主は、借主が借用物を受け取るまで、契約の解除をすることができる。ただし、書面による使用貸借については、この限りでない。

（賃貸借の解除の効力）

第六二〇条　賃貸借の解除をした場合には、その解除は、将来に向かってのみその効力を生ずる。この場合においては、損害賠償の請求を妨げない。

（雇用）

第六二三条　雇用は、当事者の一方が相手方に対して労働に従事することを約し、相手方がこれに対してその報酬を与えることを約することによって、その効力を生ずる。

（報酬の支払時期）

第六二四条　労働者は、その約した労働を終わった後でなければ、報酬を請求することができない。

2　期間によって定めた報酬は、その期間を経過した後に、請求することができる。

（履行の割合に応じた報酬）

第六二四条の二　労働者は、次に掲げる場合には、既にした履行の割合に応じて報酬を請求することができる。

一　使用者の責めに帰することができない事由によって労働に従事することができなくなったとき。

二　雇用が履行の中途で終了したとき。

（使用者の権利の譲渡の制限等）

第六二五条　使用者は、労働者の承諾を得なければ、その権利を第三者に譲り渡すことができない。

2　労働者は、使用者の承諾を得なければ、自己に代わって第三者を労働に従事させることができない。

3　労働者が前項の規定に違反して第三者を労働に従事させたときは、使用者は、契約の解除をすることができる。

（期間の定めのある雇用の解除）

第六二六条　雇用の期間が五年を超え、又はその終期が不確定であるときは、当事者の一方は、五年を経過した後、いつでも契約の解除をすることができる。

2　前項の規定により契約の解除をしようとする者は、それが使用者であるときは三箇月前、労働者であるときは二週間前にその予告をしなければならない。

（期間の定めのない雇用の解約の申入れ）

第六二七条　当事者が雇用の期間を定めなかったときは、各当事者は、いつでも解約の申入れをすることができる。この場合において、雇用は、解約の申入れの日から二週間を経過することによって終了する。

2　期間によって報酬を定めた場合には、使用者からの解約の申入れは、次期以後についてすることができる。ただし、その解約の申入れは、当期の前半にしなければならない。

3　六箇月以上の期間によって報酬を定めた場合には、前項の解約の申入れは、三箇月前にしなければならない。

（やむを得ない事由による雇用の解除）

第六二八条　当事者が雇用の期間を定めた場合であっても、やむを得ない事由があるときは、各当事者は、直ちに契約の解除をすることができる。この場合において、その事由が当事者の一方の過失によって生じたものであるときは、相手方に対して損害賠償の責任を負う。

（雇用の更新の推定等）

第六二九条　雇用の期間が満了した後労働者が引き続きその労働に従事する場合において、使用者がこれを知りながら異議を述べないときは、従前の雇用と同一の条件で更に雇用をしたものと推定する。この場合において、各当事者は、第六百二十七条の規定により解約の申入れをすることができる。

2　従前の雇用について当事者が担保を供していたときは、その担保は、期間の満了によって消滅する。ただし、身元保証金については、この限りでない。

（雇用の解除の効力）

第六三〇条　第六百二十条の規定は、雇用について準用する。

（使用者についての破産手続の開始による解約の申入れ）

第六三一条　使用者が破産手続開始の決定を受けた場合には、雇用に期間の定めがあるときであっても、労働者又は破産管財人は、第六百二十七条の規定により解約の申入れをすることができる。この場合において、各当事者は、相手方に対し、解約によって生じた損害の賠償を請求することができない。

（請負）

第六三二条　請負は、当事者の一方がある仕事を完成することを約し、相手方がその仕事の結果に対してその報酬を支払うことを約することによって、その効力を生ずる。

（委任）

第六四三条　委任は、当事者の一方が法律行為をすることを相手方に委託し、相手方がこれを承諾することによって、その効力を生ずる。

（受任者の注意義務）

第六四四条　受任者は、委任の本旨に従い、善良な管理者の注意をもって、委任事務を処理する義務を負う。

（復受任者の選任等）

第六四四条の二　受任者は、委任者の許諾を得たとき、又はやむを得ない事由があるときでなければ、復受任者を選任することができない。

2　代理権を付与する委任において、受任者が代理権を有する復受任者を選任したときは、復受任者は、委任者に対して、その権限の範囲内において、受任者と同一の権利を有し、義務を負う。

3　受任者は、次に掲げる場合には、既にした履行の割合に応じて報酬を請求することができる。

一　委任者の責めに帰することができない事由によって委任事務の履行をすることができなくなったとき。

二　委任が履行の中途で終了したとき。

（受任者による報告）

第六四五条　受任者は、委任者の請求があるときは、いつでも委任事務の処理の状況を報告し、委任が終了した後は、遅滞なくその経過及び結果を報告しなければならない。

（委任の解除）

第六五一条　委任は、各当事者がいつでもその解除をすることができる。

2　前項の規定により委任の解除をした者は、次に掲げる場合には、相手方の損害を賠償しなければならない。ただし、やむを得ない事由があったときは、この限りでない。

一　相手方に不利な時期に委任を解除したとき。

二　委任者が受任者の利益（専ら報酬を得ることによるものを除く。）をも目的とする委任を解除したとき。

（不当利得の返還義務）

第七〇三条　法律上の原因なく他人の財産又は労務によって利益を受け、そのために他人に損失を及ぼした者（以下この章において「受益者」という。）は、その利益の存する限度において、これを返還する義務を負う。

（不法行為による損害賠償）

第七〇九条　故意又は過失によって他人の権利又は法律上保護される利益を侵害した者は、これによって生じた損害を賠償する責任を負う。

（財産以外の損害の賠償）

第七一〇条　他人の身体、自由若しくは名誉を侵害した場合又は他人の財産権を侵害した場合のいずれであるかを問わず、前条の規定により損害賠償の責任を負う者は、財産以外の損害に対しても、その賠償をしなければならない。

（使用者等の責任）

第七一五条　ある事業のために他人を使用する者は、被用者がその事業の執行について第三者に加えた損害を賠償する責任を負う。ただし、使用者が被用者の選任及びその事業の監督について相当の注意をしたとき、又は相当の注意をしても損害が生ずべきであったときは、この限りでない。

2　使用者に代わって事業を監督する者も、前項の責任を負う。

3　前二項の規定は、使用者又は監督者から被用者に対する求償権の行使を妨げない。

（注文者の責任）

第七一六条　注文者は、請負人がその仕事について第三者に加えた損害を賠償する責任を負わない。ただし、注文又は指図についてその注文者に過失があったときは、この限りでない。

（土地の工作物等の占有者及び所有者の責任）

第七一七条　土地の工作物の設置又は保存に瑕疵があることによって他人に損害を生じたときは、その工作物の占有者は、被害者に対してその損害を賠償する責任を負う。ただし、占有者が損害の発生を防止するのに必要な注意をしたときは、所有者がその損害を賠償しなければならない。

2　前項の規定は、竹木の栽植又は支持に瑕疵がある場合について準用する。

3　前二項の場合において、損害の原因について他にその責任を負う者があるときは、占有者又は所有者は、その者に対して求償権を行使することができる。

（共同不法行為者の責任）

第七一九条　数人が共同の不法行為によって他人に損害を加えたときは、各自が連帯してその損害を賠償する責任を負う。共同行為者のうちいずれの者がその損害を加えたかを知ることができないときも、同様とする。

2　行為者を教唆した者及び幇助した者は、共同行為者とみなして、前項の規定を適用する。

（正当防衛及び緊急避難）

第七二〇条　他人の不法行為に対し、自己又は第三者の権利又は法律上保護される利益を防衛するため、やむを得ず加害行為をした者は、損害賠償の責任を負わない。ただし、被害者から不法行為をした者に対する損害賠償の請求を妨げない。

2　前項の規定は、他人の物から生じた急迫の危難を避けるためその物を損傷した場合について準用する。

（損害賠償の方法及び過失相殺）

第七二二条　第四百十七条の規定は、不法行為による損害賠償について準用する。

2　被害者に過失があったときは、裁判所は、これを考慮して、損害賠償の額を定めることができる。

（不法行為による損害賠償請求権の消滅時効）

第七二四条　不法行為による損害賠償の請求権は、次に掲げる場合には、時効によって消滅する。

一　被害者又はその法定代理人が損害及び加害者を知った時から三年間行使しないとき。

二　不法行為の時から二十年間行使しないとき。

（人の生命又は身体を害する不法行為による損害賠償請求権の消滅時効）

第七二四条の二　人の生命又は身体を害する不法行為による損害賠償請求権の消滅時効についての前条第一号の規定の適用については、同号中「三年間」とあるのは、「五年間」とする。

【令和四年五月二五日法律第四八号未施行内容】

《内容略》

【令和四年六月一七日法律第六八号未施行内容】

《内容略》

【令和四年一二月一六日法律第一〇二号未施行内容】

《内容略》

【令和五年六月一四日法律第五三号未施行内容】

《内容略》

【令和六年五月二四日法律第三三号未施行内容】

《内容略》

身元保証ニ関スル法律

昭和八年四月一日法律第四二号

施行：昭和八年一〇月一日

第一条　引受、保証其ノ他名称ノ如何ヲ問ハズ期間ヲ定メズシテ被用者ノ行為ニ因リ使用者ノ受ケタル損害ヲ賠償スルコトヲ約スル身元保証契約ハ其ノ成立ノ日ヨリ三年間其ノ効力ヲ有ス但シ商工業見習者ノ身元保証契約ニ付テハ之ヲ五年トス

第二条　身元保証契約ノ期間ハ五年ヲ超ユルコトヲ得ズ若シ之ヨリ長キ期間ヲ定メタルトキハ其ノ期間ハ之ヲ五年ニ短縮ス

②　身元保証契約ハ之ヲ更新スルコトヲ得但シ其ノ期間ハ更新ノ時ヨリ五年ヲ超ユルコトヲ得ズ

第三条　使用者ハ左ノ場合ニ於テハ遅滞ナク身元保証人ニ通知スベシ

一　被用者ニ業務上不適任又ハ不誠実ナル事跡アリテ之ガ為身元保証人ノ責任ヲ惹起スル虞アルコトヲ知リタルトキ

二　被用者ノ任務又ハ任地ヲ変更シ之ガ為身元保証人ノ責任ヲ加重シ又ハ其ノ監督ヲ困難ナラシムルトキ

第四条　身元保証人前条ノ通知ヲ受ケタルトキハ将来ニ向テ契約ノ解除ヲ為スコトヲ得身元保証人自ラ前条第一号及第二号ノ事実アリタルコトヲ知リタルトキ亦同ジ

第五条　裁判所ハ身元保証人ノ損害賠償ノ責任及其ノ金額ヲ定ムルニ付被用者ノ監督ニ関スル使用者ノ過失ノ有無、身元保証人ガ身元保証ヲ為スニ至リタル事由及之ヲ為スニ当リ用ヰタル注意ノ程度、

被用者ノ任務又ハ身上ノ変化其ノ他一切ノ事情ヲ斟酌ス

第六条　本法ノ規定ニ反スル特約ニシテ身元保証人ニ不利益ナルモノハ総テ之ヲ無効トス

附則《略》

民事訴訟法（抄）

平成八年六月二六日法律第一〇九号
施行：平成一〇年一月一日
最終改正：令和五年五月一七日法律第二八号
施行：附則参照

（普通裁判籍による管轄）

第四条　訴えは、被告の普通裁判籍の所在地を管轄する裁判所の管轄に属する。

2　人の普通裁判籍は、住所により、日本国内に住所がないとき又は住所が知れないときは居所により、日本国内に居所がないとき又は居所が知れないときは最後の住所により定まる。

3　大使、公使その他外国に在ってその国の裁判権からの免除を享有する日本人が前項の規定により普通裁判籍を有しないときは、その者の普通裁判籍は、最高裁判所規則で定める地にあるものとする。

4　法人その他の社団又は財団の普通裁判籍は、その主たる事務所又は営業所により、事務所又は営業所がないときは代表者その他の主たる業務担当者の住所により定まる。

5　外国の社団又は財団の普通裁判籍は、前項の規定にかかわらず、日本における主たる事務所又は営業所により、日本国内に事務所又は営業所がないときは日本における代表者その他の主たる業務担当者の住所により定まる。

6　国の普通裁判籍は、訴訟について国を代表する官庁の所在地により定まる。

（財産権上の訴え等についての管轄）

第五条　次の各号に掲げる訴えは、それぞれ当該各号に定める地を管轄する裁判所に提起することができる。

一　財産権上の訴え　義務履行地

二　手形又は小切手による金銭の支払の請求を目的とする訴え　手形又は小切手の支払地

三　船員に対する財産権上の訴え　船舶の船籍の所在地

四　日本国内に住所（法人にあっては、事務所又は営業所。以下この号において同じ。）がない者又は住所が知れない者に対する財産権上の訴え　請求若しくはその担保の目的又は差し押さえることができる被告の財産の所在地

五　事務所又は営業所を有する者に対する訴えでその事務所又は営業所における業務に関するもの　当該事務所又は営業所の所在地

六　船舶所有者その他船舶を利用する者に対する船舶又は航海に関する訴え　船舶の船籍の所在地

七　船舶債権その他船舶を担保とする債権に基づく訴え　船舶の所在地

八　会社その他の社団又は財団に関する訴えで次に掲げるもの　社団又は財団の普通裁判籍の所在地

イ　会社その他の社団からの社員若しくは社員であった者に対する訴え、社員からの社員若しくは社員であった者に対する訴え又は社員であった者からの社員に対する訴えで、社員としての資格に基づくもの

ロ　社団又は財団からの役員又は役員であった者に対する訴えで役員としての資格に基づくもの

ハ　会社からの発起人若しくは発起人であった者又は検査役若しくは検査役であった者に対する訴えで発起人又は検査役としての資格に基づくもの

ニ　会社その他の社団の債権者からの社員又は社員であった者に対する訴えで社員としての資格に基づくもの

九　不法行為に関する訴え　不法行為があった地

十　船舶の衝突その他海上の事故に基づく損害賠償の訴え　損害を受けた船舶が最初に到達した地

十一　海難救助に関する訴え　海難救助があった地又は救助された船舶が最初に到達した地

十二　不動産に関する訴え　不動産の所在地

十三　登記又は登録に関する訴え　登記又は登録をすべき地

十四　相続権若しくは遺留分に関する訴え又は遺贈その他死亡によって効力を生ずべき行為に関する訴え　相続開始の時における被相続人の普通裁判籍の所在地

十五　相続債権その他相続財産の負担に関する訴えで前号に掲げる訴えに該当しないもの（相続財産の全部又は一部が同号に定める地を管轄する裁判所の管轄区域内にあるときに限る。）同号に定める地

（補助参加）

第四二条　訴訟の結果について利害関係を有する第三者は、当事者の一方を補助するため、その訴訟に参加することができる。

（訴訟手続の計画的進行）

第一四七条の二　裁判所及び当事者は、適正かつ迅速な審理の実現のため、訴訟手続の計画的な進行を図らなければならない。

（審理の計画）

第一四七条の三　裁判所は、審理すべき事項が多数であり又は錯そうしているなど事件が複雑であることその他の事情によりその適正かつ迅速な審理を行うため必要があると認められるときは、当事者双方と協議をし、その結果を踏まえて審理の計画を定めなければならない。

2　前項の審理の計画においては、次に掲げる事項を定めなければならない。

一　争点及び証拠の整理を行う期間

二　証人及び当事者本人の尋問を行う期間

三　口頭弁論の終結及び判決の言渡しの予定時期

3　第一項の審理の計画においては、前項各号に掲げる事項のほか、特定の事項についての攻撃又は防御の方法を提出すべき期間その他の訴訟手続の計画的な進行上必要な事項を定めることができる。

4　裁判所は、審理の現状及び当事者の訴訟追行の状況その他の事情を考慮して必要があると認めるときは、当事者双方と協議をし、その結果を踏まえて第一項の審理の計画を変更することができる。

（当事者照会）

第一六三条　当事者は、訴訟の係属中、相手方に対し、主張又は立証を準備するために必要な事項について、相当の期間を定めて、書面で回答するよう、書面で照会をすることができる。ただし、その照会が次の各号のいずれかに該当するときは、この限りでない。

一　具体的又は個別的でない照会

二　相手方を侮辱し、又は困惑させる照会

三　既にした照会と重複する照会

四　意見を求める照会

五　相手方が回答するために不相当な費用又は時間を要する照会

六　第百九十六条又は第百九十七条の規定により証言を拒絶することができる事項と同様の事項についての照会

（文書提出義務）

第二二〇条　次に掲げる場合には、文書の所持者は、その提出を拒むことができない。

一　当事者が訴訟において引用した文書を自ら所持するとき。

二　挙証者が文書の所持者に対しその引渡し又は閲覧を求めることができるとき。

三　文書が挙証者の利益のために作成され、又は挙証者と文書の所持者との間の法律関係について作成されたとき。

四　前三号に掲げる場合のほか、文書が次に掲げるもののいずれにも該当しないとき。

イ　文書の所持者又は文書の所持者と第百九十六条各号に掲げる関係を有する者についての同条に規定する事項が記載されている文書

ロ　公務員の職務上の秘密に関する文書でその提出により公共の利益を害し、又は公務の遂行に著しい支障を生ずるおそれがあるもの

ハ　第百九十七条第一項第二号に規定する事実又は同項第三号に規定する事項で、黙秘の義務が免除されていないものが記載されている文書

ニ　専ら文書の所持者の利用に供するための文書（国又は地方公共団体が所持する文書にあっては、公務員が組織的に用いるものを除く。）

ホ　刑事事件に係る訴訟に関する書類若しくは少年の保護事件の記録又はこれらの事件において押収されている文書

（文書提出命令の申立て）

第二二一条　文書提出命令の申立ては、次に掲げる事項を明らかにしてしなければならない。

一　文書の表示
二　文書の趣旨
三　文書の所持者
四　証明すべき事実
五　文書の提出義務の原因

2　前条第四号に掲げる場合であることを文書の提出義務の原因とする文書提出命令の申立ては、書証の申出を文書提出命令の申立てによってする必要がある場合でなければ、することができない。

（文書提出命令等）

第二二三条　裁判所は、文書提出命令の申立てを理由があると認めるときは、決定で、文書の所持者に対し、その提出を命ずる。この場合において、文書に取り調べる必要がないと認める部分又は提出の義務があると認めることができない部分があるときは、その部分を除いて、提出を命ずることができる。

7　文書提出命令の申立てについての決定に対しては、即時抗告をすることができる。

（当事者が文書提出命令に従わない場合等の効果）

第二二四条　当事者が文書提出命令に従わないときは、裁判所は、当該文書の記載に関する相手方の主張を真実と認めることができる。

2　当事者が相手方の使用を妨げる目的で提出の義務がある文書を滅失させ、その他これを使用することができないようにしたときも、前項と同様とする。

3　前二項に規定する場合において、相手方が、当該文書の記載に関して具体的な主張をすること及び当該文書により証明すべき事実を他の証拠により証明することが著しく困難であるときは、裁判所は、その事実に関する相手方の主張を真実と認めることができる。

（第三者が文書提出命令に従わない場合の過料）

第二二五条　第三者が文書提出命令に従わないときは、裁判所は、決定で、二十万円以下の過料に処する。

2　前項の決定に対しては、即時抗告をすることができる。

（損害額の認定）

第二四八条　損害が生じたことが認められる場合において、損害の性質上その額を立証することが極めて困難であるときは、裁判所は、口頭弁論の全趣旨及び証拠調べの結果に基づき、相当な損害額を認定することができる。

（和解調書等の効力）

第二六七条　和解又は請求の放棄若しくは認諾を調書に記載したときは、その記載は、確定判決と同一の効力を有する。

【令和四年五月二五日法律第四八号未施行内容】

《内容略》

【令和五年五月一七日法律第二八号未施行内容】

《内容略》

会社法（抄）

平成一七年七月二六日法律第八六号
施行：平成一八年五月一日
最終改正：令和六年五月二二日法律第三二号
施行：附則参照

（株主総会の決議）

第三〇九条　株主総会の決議は、定款に別段の定めがある場合を除き、議決権を行使することができる株主の議決権の過半数を有する株主が出席し、出席した当該株主の議決権の過半数をもって行う。

2　前項の規定にかかわらず、次に掲げる株主総会の決議は、当該株主総会において議決権を行使することができる株主の議決権の過半数（三分の一以上の割合を定款で定めた場合にあっては、その割合以上）を有する株主が出席し、出席した当該株主の議決権の三分の二（これを上回る割合を定款で定めた場合にあっては、その割合）以上に当たる多数をもって行わなければならない。この場合においては、当該決議の要件に加えて、一定の数以上の株主の賛成を要する旨その他の要件を定款で定めることを妨げない。

一　第百四十条第二項及び第五項の株主総会
二　第百五十六条第一項の株主総会（第百六十条第一項の特定の株主を定める場合に限る。）
三　第百七十一条第一項及び第百七十五条第一項の株主総会
四　第百八十条第二項の株主総会
五　第百九十九条第二項、第二百条第一項、第二百二条第三項第四号、第二百四条第二項及び第

二百五条第二項の株主総会

六　第二百三十八条第二項、第二百三十九条第一項、第二百四十一条第三項第四号、第二百四十三条第二項及び第二百四十四条第三項の株主総会

七　第三百三十九条第一項の株主総会（第三百四十二条第三項から第五項までの規定により選任された取締役（監査等委員である取締役を除く。）を解任する場合又は監査等委員である取締役若しくは監査役を解任する場合に限る。）

八　第四百二十五条第一項の株主総会

九　第四百四十七条第一項の株主総会（次のいずれにも該当する場合を除く。）

イ　定時株主総会において第四百四十七条第一項各号に掲げる事項を定めること。

ロ　第四百四十七条第一項第一号の額がイの定時株主総会の日（第四百三十九条前段に規定する場合にあっては、第四百三十六条第三項の承認があった日）における欠損の額として法務省令で定める方法により算定される額を超えないこと。

十　第四百五十四条第四項の株主総会（配当財産が金銭以外の財産であり、かつ、株主に対して同項第一号に規定する金銭分配請求権を与えないこととする場合に限る。）

十一　第六章から第八章までの規定により株主総会の決議を要する場合における当該株主総会

十二　第五編の規定により株主総会の決議を要する場合における当該株主総会

3　前二項の規定にかかわらず、次に掲げる株主総会（種類株式発行会社の株主総会を除く。）の決議は、当該株主総会において議決権を行使することができる株主の半数以上（これを上回る割合を定款で定めた場合にあっては、その割合以上）であって、当該株主の議決権の三分の二（これを上回る割合を定款で定めた場合にあっては、その割合）以上に当たる多数をもって行わなければならない。

一　その発行する全部の株式の内容として譲渡による当該株式の取得について当該株式会社の承認を要する旨の定款の定めを設ける定款の変更を行う株主総会

二　第七百八十三条第一項の株主総会（合併により消滅する株式会社又は株式交換をする株式会社が公開会社であり、かつ、当該株式会社の株主に対して交付する金銭等の全部又は一部が譲渡制限株式等（同条第三項に規定する譲渡制限株式等をいう。次号において同じ。）である場合における当該株主総会に限る。）

三　第八百四条第一項の株主総会（合併又は株式移転をする株式会社が公開会社であり、かつ、当該株式会社の株主に対して交付する金銭等の全部又は一部が譲渡制限株式等である場合における当該株主総会に限る。）

4　前三項の規定にかかわらず、第百九条第二項の規定による定款の定めについての定款の変更（当該定款の定めを廃止するものを除く。）を行う株主総会の決議は、総株主の半数以上（これを上回る割合を定款で定めた場合にあっては、その割合以上）であって、総株主の議決権の四分の三（これを上回る割合を定款で定めた場合にあっては、その割合）以上に当たる多数をもって行わなければならない。

5　取締役会設置会社においては、株主総会は、第二百九十八条第一項第二号に掲げる事項以外の事項については、決議をすることができない。ただし、第三百十六条第一項若しくは第二項に規定する者の選任又は第三百九十八条第二項の会計監査人の出席を求めることについては、この限りでない。

（事業譲渡等の承認等）

第四六七条　株式会社は、次に掲げる行為をする場合には、当該行為がその効力を生ずる日（以下この章において「効力発生日」という。）の前日までに、株主総会の決議によって、当該行為に係る契約の承認を受けなければならない。

一　事業の全部の譲渡

二　事業の重要な一部の譲渡（当該譲渡により譲り渡す資産の帳簿価額が当該株式会社の総資産額として法務省令で定める方法により算定される額の五分の一（これを下回る割合を定款で定めた場合にあっては、その割合）を超えないものを除く。）

二の二　その子会社の株式又は持分の全部又は一部の譲渡（次のいずれにも該当する場合における譲渡に限る。）

イ　当該譲渡により譲り渡す株式又は持分の帳簿価額が当該株式会社の総資産額として法務省令で定める方法により算定される額の五分の一（これを下回る割合を定款で定めた場合にあっては、その割合）を超えるとき。

ロ　当該株式会社が、効力発生日において当該子会社の議決権の総数の過半数の議決権を有しないとき。

三　他の会社（外国会社その他の法人を含む。次条において同じ。）の事業の全部の譲受け

四　事業の全部の賃貸、事業の全部の経営の委任、他人と事業上の損益の全部を共通にする契約その他これらに準ずる契約の締結、変更又は解約

五　当該株式会社（第二十五条第一項各号に掲げる方法により設立したものに限る。以下この号において同じ。）の成立後二年以内におけるその成立前から存在する財産であってその事業のために継続して使用するものの取得。ただし、イに掲げる額のロに掲げる額に対する割合が五分の一（これを下回る割合を当該株式会社の定款で定めた場合にあっては、その割合）を超えない場合を除く。

イ　当該財産の対価として交付する財産の帳簿価額の合計額

ロ　当該株式会社の純資産額として法務省令で定める方法により算定される額

2　前項第三号に掲げる行為をする場合において、当該行為をする株式会社が譲り受ける資産に当該株式会社の株式が含まれるときは、取締役は、同項の株主総会において、当該株式に関する事項を説明しなければならない。

（事業譲渡等の承認を要しない場合）

第四六八条　前条の規定は、同条第一項第一号から第四号までに掲げる行為（以下この章において「事業譲渡等」という。）に係る契約の相手方が当該事業譲渡等をする株式会社の特別支配会社（ある株式会社の総株主の議決権の十分の九（これを上回る割合を当該株式会社の定款で定めた場合にあっては、その割合）以上を他の会社及び当該他の会社が発行済株式の全部を有する株式会社その他これに準ずるものとして法務省令で定める法人が有している場合における当該他の会社をいう。以下同じ。）である場合には、適用しない。

2　前条の規定は、同条第一項第三号に掲げる行為をする場合において、第一号に掲げる額の第二号に掲げる額に対する割合が五分の一（これを下回る割合を定款で定めた場合にあっては、その割合）を超えないときは、適用しない。

一　当該他の会社の事業の全部の対価として交付する財産の帳簿価額の合計額

二　当該株式会社の純資産額として法務省令で定める方法により算定される額

3　前項に規定する場合において、法務省令で定める数の株式（前条第一項の株主総会において議決権を行使することができるものに限る。）を有する株主が次条第三項の規定による通知又は同条第四項の公告の日から二週間以内に前条第一項第三号に掲げる行為に反対する旨を当該行為をする株式会社に対し通知したときは、当該株式会社は、効力発生日の前日までに、株主総会の決議によって、当該行為に係る契約の承認を受けなければならない。

（反対株主の株式買取請求）

第四六九条　事業譲渡等をする場合（次に掲げる場合を除く。）には、反対株主は、事業譲渡等をする株式会社に対し、自己の有する株式を公正な価格で買い取ることを請求することができる。

一　第四百六十七条第一項第一号に掲げる行為をする場合において、同項の株主総会の決議と同時に第四百七十一条第三号の株主総会の決議がされたとき。

二　前条第二項に規定する場合（同条第三項に規定する場合を除く。）

2　前項に規定する「反対株主」とは、次の各号に掲げる場合における当該各号に定める株主をいう。

一　事業譲渡等をするために株主総会（種類株主総会を含む。）の決議を要する場合　次に掲げる株主

イ　当該株主総会に先立って当該事業譲渡等に反対する旨を当該株式会社に対し通知し、かつ、当該株主総会において当該事業譲渡等に反対した株主（当該株主総会において議決権を行使することができるものに限る。）

ロ　当該株主総会において議決権を行使することができない株主

二　前号に規定する場合以外の場合　全ての株主（前条第一項に規定する場合における当該特別支配会社を除く。）

3　事業譲渡等をしようとする株式会社は、効力発生日の二十日前までに、その株主（前条第一項に規定する場合における当該特別支配会社を除く。）に対し、事業譲渡等をする旨（第四百六十七条第二項に規定する場合にあっては、同条第一項第三号に掲げる行為をする旨及び同条第二項の株式に関する事項）を通知しなければならない。

4　次に掲げる場合には、前項の規定による通知は、公告をもってこれに代えることができる。

一　事業譲渡等をする株式会社が公開会社である場合

二　事業譲渡等をする株式会社が第四百六十七条第一項の株主総会の決議によって事業譲渡等に係る契約の承認を受けた場合

5　第一項の規定による請求（以下この章において「株式買取請求」という。）は、効力発生日の二十日前の日から効力発生日の前日までの間に、その株式買取請求に係る株式の数（種類株式発行会社

にあっては、株式の種類及び種類ごとの数）を明らかにしてしなければならない。

6　株券が発行されている株式について株式買取請求をしようとするときは、当該株式の株主は、事業譲渡等をする株式会社に対し、当該株式に係る株券を提出しなければならない。ただし、当該株券について第二百二十三条の規定による請求をした者については、この限りでない。

7　株式買取請求をした株主は、事業譲渡等をする株式会社の承諾を得た場合に限り、その株式買取請求を撤回することができる。

8　事業譲渡等を中止したときは、株式買取請求は、その効力を失う。

9　第百三十三条の規定は、株式買取請求に係る株式については、適用しない。

（合併契約の締結）

第七四八条　会社は、他の会社と合併をすることができる。この場合においては、合併をする会社は、合併契約を締結しなければならない。

（株式会社が存続する吸収合併の効力の発生等）

第七五〇条　吸収合併存続株式会社は、効力発生日に、吸収合併消滅会社の権利義務を承継する。

《第2項以下略》

（持分会社が存続する吸収合併の効力の発生等）

第七五二条　吸収合併存続持分会社は、効力発生日に、吸収合併消滅会社の権利義務を承継する。

（株式会社を設立する新設合併の効力の発生等）

第七五四条　新設合併設立株式会社は、その成立の日に、新設合併消滅会社の権利義務を承継する。

《第2項以下略》

（持分会社を設立する新設合併の効力の発生等）

第七五六条　新設合併設立持分会社は、その成立の日に、新設合併消滅会社の権利義務を承継する。

《第2項以下略》

第三章　会社分割

第一節　吸収分割

第一款　通則

（吸収分割契約の締結）

第七五七条　会社（株式会社又は合同会社に限る。）は、吸収分割をすることができる。この場合においては、当該会社がその事業に関して有する権利義務の全部又は一部を当該会社から承継する会社（以下この編において「吸収分割承継会社」という。）との間で、吸収分割契約を締結しなければならない。

第二款　株式会社に権利義務を承継させる吸収分割

（株式会社に権利義務を承継させる吸収分割契約）

第七五八条　会社が吸収分割をする場合において、吸収分割承継会社が株式会社であるときは、吸収分割契約において、次に掲げる事項を定めなければならない。

一　吸収分割をする会社（以下この編において「吸収分割会社」という。）及び株式会社である吸収分割承継会社（以下この編において「吸収分割承継株式会社」という。）の商号及び住所

二　吸収分割承継株式会社が吸収分割により吸収分割会社から承継する資産、債務、雇用契約その他の権利義務（株式会社である吸収分割会社（以下この編において「吸収分割株式会社」という。）及び吸収分割承継株式会社の新株予約権に係る義務を除く。）に関する事項

三　吸収分割により吸収分割株式会社又は吸収分割承継株式会社の株式を吸収分割承継株式会社に承継させるときは、当該株式に関する事項

四～六《略》

七　吸収分割がその効力を生ずる日（以下この節において「効力発生日」という。）

八《略》

（株式会社に権利義務を承継させる吸収分割の効力の発生等）

第七五九条　吸収分割承継株式会社は、効力発生日に、吸収分割契約の定めに従い、吸収分割会社の権利義務を承継する。

2　前項の規定にかかわらず、第七百八十九条第一項第二号（第七百九十三条第二項において準用する場合を含む。次項において同じ。）の規定により異議を述べることができる吸収分割会社の債権者であって、第七百八十九条第二項（第三号を除き、第七百九十三条第二項において準用する場合を含む。次項において同じ。）の各別の催告を受けなかったもの（第七百八十九条第三項（第七百九十三条第二項において準用する場合を含む。）に規定する場合にあっては、不法行為によって生じた債務の債権者であるものに限る。次項において同じ。）は、吸収分割契約において吸収分割後に吸収分割会社に対して債務の履行を請求することができないものとされているときであっても、吸収分割会社に対して、吸収分割会社が効力発生日に有していた財産の価額を限度として、当該債務の履行を請求することができる。

3　第一項の規定にかかわらず、第七百八十九条第一項第二号の規定により異議を述べることができる吸収分割会社の債権者であって、同条第二項の

各別の催告を受けなかったものは、吸収分割契約において吸収分割後に吸収分割承継株式会社に対して債務の履行を請求することができないものとされているときであっても、吸収分割承継株式会社に対して、承継した財産の価額を限度として、当該債務の履行を請求することができる。

4〜10《略》

第三款　持分会社に権利義務を承継させる吸収分割

（持分会社に権利義務を承継させる吸収分割契約）

第七六〇条　会社が吸収分割をする場合において、吸収分割承継会社が持分会社であるときは、吸収分割契約において、次に掲げる事項を定めなければならない。

一　吸収分割会社及び持分会社である吸収分割承継会社（以下この節において「吸収分割承継持分会社」という。）の商号及び住所

二　吸収分割承継持分会社が吸収分割により吸収分割会社から承継する資産、債務、雇用契約その他の権利義務（吸収分割株式会社の株式及び新株予約権に係る義務を除く。）に関する事項

三　吸収分割により吸収分割株式会社の株式を吸収分割承継持分会社に承継させるときは、当該株式に関する事項

四〜五《略》

六　効力発生日

七《略》

（持分会社に権利義務を承継させる吸収分割の効力の発生等）

第七六一条　吸収分割承継持分会社は、効力発生日に、吸収分割契約の定めに従い、吸収分割会社の権利義務を承継する。

2　前項の規定にかかわらず、第七百八十九条第一項第二号（第七百九十三条第二項において準用する場合を含む。次項において同じ。）の規定により異議を述べることができる吸収分割会社の債権者であって、第七百八十九条第二項（第三号を除き、第七百九十三条第二項において準用する場合を含む。以下この項及び次項において同じ。）の各別の催告を受けなかったもの（第七百八十九条第三項（第七百九十三条第二項において準用する場合を含む。）に規定する場合にあっては、不法行為によって生じた債務の債権者であるものに限る。次項において同じ。）は、吸収分割契約において吸収分割後に吸収分割会社に対して債務の履行を請求することができないものとされているときであっても、吸収分割会社に対して、吸収分割会社が効力発生日に有していた財産の価額を限度として、当該債務の履行を請求することができる。

3　第一項の規定にかかわらず、第七百八十九条第一項第二号の規定により異議を述べることができる吸収分割会社の債権者であって、同条第二項の各別の催告を受けなかったものは、吸収分割契約において吸収分割後に吸収分割承継持分会社に対して債務の履行を請求することができないものとされているときであっても、吸収分割承継持分会社に対して、承継した財産の価額を限度として、当該債務の履行を請求することができる。

4〜10《略》

第二節　新設分割

第一款　通則

（新設分割計画の作成）

第七六二条　一又は二以上の株式会社又は合同会社は、新設分割をすることができる。この場合においては、新設分割計画を作成しなければならない。

2　二以上の株式会社又は合同会社が共同して新設分割をする場合には、当該二以上の株式会社又は合同会社は、共同して新設分割計画を作成しなければならない。

第二款　株式会社を設立する新設分割

（株式会社を設立する新設分割計画）

第七六三条　一又は二以上の株式会社又は合同会社が新設分割をする場合において、新設分割により設立する会社（以下この編において「新設分割設立会社」という。）が株式会社であるときは、新設分割計画において、次に掲げる事項を定めなければならない。

一　株式会社である新設分割設立会社（以下この編において「新設分割設立株式会社」という。）の目的、商号、本店の所在地及び発行可能株式総数

二　前号に掲げるもののほか、新設分割設立株式会社の定款で定める事項

三　新設分割設立株式会社の設立時取締役の氏名

四《略》

五　新設分割設立株式会社が新設分割により新設分割をする会社（以下この編において「新設分割会社」という。）から承継する資産、債務、雇用契約その他の権利義務（株式会社である新設分割会社（以下この編において「新設分割株式会社」という。）の株式及び新株予約権に係る義務を除く。）に関する事項

六〜十二《略》

2　《略》

（株式会社を設立する新設分割の効力の発生等）

第七六四条　新設分割設立株式会社は、その成立の日に、新設分割計画の定めに従い、新設分割会社の権利義務を承継する。

2　前項の規定にかかわらず、第八百十条第一項第二号（第八百十三条第二項において準用する場合を含む。次項において同じ。）の規定により異議を述べることができる新設分割会社の債権者であって、第八百十条第二項（第三号を除き、第八百十三条第二項において準用する場合を含む。次項において同じ。）の各別の催告を受けなかったもの（第八百十条第三項（第八百十三条第二項において準用する場合を含む。）に規定する場合にあっては、不法行為によって生じた債務の債権者であるものに限る。次項において同じ。）は、新設分割計画において新設分割後に新設分割会社に対して債務の履行を請求することができないものとされているときであっても、新設分割会社に対して、新設分割会社が新設分割設立株式会社の成立の日に有していた財産の価額を限度として、当該債務の履行を請求することができる。

3　第一項の規定にかかわらず、第八百十条第一項第二号の規定により異議を述べることができる新設分割会社の債権者であって、同条第二項の各別の催告を受けなかったものは、新設分割計画において新設分割後に新設分割設立株式会社に対して債務の履行を請求することができないものとされているときであっても、新設分割設立株式会社に対して、承継した財産の価額を限度として、当該債務の履行を請求することができる。

4～11《略》

第三款　持分会社を設立する新設分割

（持分会社を設立する新設分割計画）

第七六五条　一又は二以上の株式会社又は合同会社が新設分割をする場合において、新設分割設立会社が持分会社であるときは、新設分割計画において、次に掲げる事項を定めなければならない。

一　持分会社である新設分割設立会社（以下この編において「新設分割設立持分会社」という。）が合名会社、合資会社又は合同会社のいずれであるかの別

二　新設分割設立持分会社の目的、商号及び本店の所在地

三～四《略》

五　新設分割設立持分会社が新設分割により新設分割会社から承継する資産、債務、雇用契約その他の権利義務（新設分割株式会社の株式及び新株予約権に係る義務を除く。）に関する事項

六～八《略》

2～4《略》

（持分会社を設立する新設分割の効力の発生等）

第七六六条　新設分割設立持分会社は、その成立の日に、新設分割計画の定めに従い、新設分割会社の権利義務を承継する。

2　前項の規定にかかわらず、第八百十条第一項第二号（第八百十三条第二項において準用する場合を含む。次項において同じ。）の規定により異議を述べることができる新設分割会社の債権者であって、第八百十条第二項（第三号を除き、第八百十三条第二項において準用する場合を含む。次項において同じ。）の各別の催告を受けなかったもの（第八百十条第三項（第八百十三条第二項において準用する場合を含む。）に規定する場合にあっては、不法行為によって生じた債務の債権者であるものに限る。次項において同じ。）は、新設分割計画において新設分割後に新設分割会社に対して債務の履行を請求することができないものとされているときであっても、新設分割会社に対して、新設分割会社が新設分割設立持分会社の成立の日に有していた財産の価額を限度として、当該債務の履行を請求することができる。

3　第一項の規定にかかわらず、第八百十条第一項第二号の規定により異議を述べることができる新設分割会社の債権者であって、同条第二項の各別の催告を受けなかったものは、新設分割計画において新設分割後に新設分割設立持分会社に対して債務の履行を請求することができないものとされているときであっても、新設分割設立持分会社に対して、承継した財産の価額を限度として、当該債務の履行を請求することができる。

4～10《略》

【令和四年五月二五日法律第四八号未施行内容】

《内容略》

【令和四年六月一七日法律第六八号未施行内容】

《内容略》

【令和五年六月一四日法律第五三号未施行内容】

《内容略》

【令和六年五月二二日法律第三二号未施行内容】

《内容略》

商法（抄）

明治三二年三月九日法律第四八号
施行：明治三二年三月九日
最終改正：平成三〇年五月二五日法律第二九号
施行：令和二年四月一日

（附属的商行為）
第五〇三条　商人がその営業のためにする行為は、商行為とする。
② 商人の行為は、その営業のためにするものと推定する。

（商事法定利率）
第五一四条　削除

（商事消滅時効）
第五二二条　削除

不正競争防止法（抄）

平成五年五月一九日法律第四七号
施行：平成六年五月一日
最終改正：令和五年六月一四日法律第五一号
施行：附則参照

（目的）
第一条　この法律は、事業者間の公正な競争及びこれに関する国際約束の的確な実施を確保するため、不正競争の防止及び不正競争に係る損害賠償に関する措置等を講じ、もって国民経済の健全な発展に寄与することを目的とする。

（定義）
第二条　この法律において「不正競争」とは、次に掲げるものをいう。
一　他人の商品等表示（人の業務に係る氏名、商号、商標、標章、商品の容器若しくは包装その他の商品又は営業を表示するものをいう。以下同じ。）として需要者の間に広く認識されているものと同一若しくは類似の商品等表示を使用し、又はその商品等表示を使用した商品を譲渡し、引き渡し、譲渡若しくは引渡しのために展示し、輸出し、輸入し、若しくは電気通信回線を通じて提供して、他人の商品又は営業と混同を生じさせる行為
二　自己の商品等表示として他人の著名な商品等表示と同一若しくは類似のものを使用し、又はその商品等表示を使用した商品を譲渡し、引き渡し、譲渡若しくは引渡しのために展示し、輸出し、輸入し、若しくは電気通信回線を通じて提供する行為
三　他人の商品の形態（当該商品の機能を確保するために不可欠な形態を除く。）を模倣した商品を譲渡し、貸し渡し、譲渡若しくは貸渡しのために展示し、輸出し、若しくは輸入する行為
四　窃取、詐欺、強迫その他の不正の手段により営業秘密を取得する行為（以下「営業秘密不正取得行為」という。）又は不正取得行為により取得した営業秘密を使用し、若しくは開示する行為（秘密を保持しつつ特定の者に示すことを含む。次号から第九号まで、第十九条第一項第六号、第二十一条及び附則第四条第一号において同じ。）
五　その営業秘密について営業秘密不正取得行為が介在したことを知って、若しくは重大な過失により知らないで営業秘密を取得し、又はその取得した営業秘密を使用し、若しくは開示する行為
六　その取得した後にその営業秘密について営業秘密不正取得行為が介在したことを知って、又は重大な過失により知らないでその取得した営業秘密を使用し、又は開示する行為
七　営業秘密を保有する事業者（以下「営業秘密保有者」という。）からその営業秘密を示された場合において、不正の利益を得る目的で、又はその営業秘密保有者に損害を加える目的で、その営業秘密を使用し、又は開示する行為
八　その営業秘密について営業秘密不正開示行為（前号に規定する場合において同号に規定する目的でその営業秘密を開示する行為又は秘密を守る法律上の義務に違反してその営業秘密を開示する行為をいう。以下同じ。）であること若

しくはその営業秘密について営業秘密不正開示行為が介在したことを知って、若しくは重大な過失により知らないで営業秘密を取得し、又はその取得した営業秘密を使用し、若しくは開示する行為

九　その取得した後にその営業秘密について営業秘密不正開示行為があったこと若しくはその営業秘密について営業秘密不正開示行為が介在したことを知って、又は重大な過失により知らないでその取得した営業秘密を使用し、又は開示する行為

十　第四号から前号までに掲げる行為（技術上の秘密（営業秘密のうち、技術上の情報であるものをいう。以下同じ。）を使用する行為に限る。以下この号において「不正使用行為」という。）により生じた物を譲渡し、引き渡し、譲渡若しくは引渡しのために展示し、輸出し、輸入し、又は電気通信回線を通じて提供する行為（当該物を譲り受けた者（その譲り受けた時に当該物が不正使用行為により生じた物であることを知らず、かつ、知らないことにつき重大な過失がない者に限る。）が当該物を譲渡し、引き渡し、譲渡若しくは引渡しのために展示し、輸出し、輸入し、又は電気通信回線を通じて提供する行為を除く。）

十一　窃取、詐欺、強迫その他の不正の手段により限定提供データを取得する行為（以下「限定提供データ不正取得行為」という。）又は限定提供データ不正取得行為により取得した限定提供データを使用し、若しくは開示する行為

十二　その限定提供データについて限定提供データ不正取得行為が介在したことを知って限定提供データを取得し、又はその取得した限定提供データを使用し、若しくは開示する行為

十三　その取得した後にその限定提供データについて限定提供データ不正取得行為が介在したことを知ってその取得した限定提供データを開示する行為

十四　限定提供データを保有する事業者（以下「限定提供データ保有者」という。）からその限定提供データを示された場合において、不正の利益を得る目的で、又はその限定提供データ保有者に損害を加える目的で、その限定提供データを使用する行為（その限定提供データの管理に係る任務に違反して行うものに限る。）又は開示する行為

十五　その限定提供データについて限定提供データ不正開示行為（前号に規定する場合において同号に規定する目的でその限定提供データを開示する行為をいう。以下同じ。）であること若しくはその限定提供データについて限定提供データ不正開示行為が介在したことを知って限定提供データを取得し、又はその取得した限定提供データを使用し、若しくは開示する行為

十六　その取得した後にその限定提供データについて限定提供データ不正開示行為があったこと又はその限定提供データについて限定提供データ不正開示行為が介在したことを知ってその取得した限定提供データを開示する行為

十七　営業上用いられている技術的制限手段（他人が特定の者以外の者に影像若しくは音の視聴、プログラムの実行情報（電磁的記録（電子的方式、磁気的方式その他人の知覚によっては認識することができない方式で作られる記録であって、電子計算機による情報処理の用に供されるものをいう。）に記録されたものに限る。以下この号、次号及び第八項において同じ。）の処理又は影像、音、プログラムその他の情報の記録をさせないために用いているものを除く。）により制限されている影像若しくは音の視聴、プログラムの実行若しくは情報の処理又は影像、音若しくはプログラムの記録（以下この号において「影像の視聴等」という。）を当該技術的制限手段の効果を妨げることにより可能とする機能を有する装置（当該装置を組み込んだ機器及び当該装置の部品一式であって容易に組み立てられることができるものを含む。）、当該機能のみを有するプログラム（当該プログラムが他のプログラムと組み合わされたものを含む。）若しくは指令符号（電子計算機に対する指令であって、当該指令のみによって一の結果を得ることができるものをいう。次号において同じ。）を記録した記録媒体若しくは記憶した機器を譲渡し、引き渡し、譲渡若しくは引渡しのために展示し、輸出し、若しくは輸入し、若しくは当該機能を有するプログラム若しくは指令符号を電気通信回線を通じて提供する行為（当該装置又は当該プログラムが当該機能以外の機能を併せて有する場合にあっては、影像の視聴等を当該技術的制限手段の効果を妨げることにより可能とする用途に供するために行うものに限る。）又は影像の視聴等を当該技術的制限手段の効果を妨げることにより可能とする役務を提供する行為

十八　他人が特定の者以外の者に影像若しくは音の視聴、プログラムの実行若しくは情報の処理

又は影像、音若しくはプログラムの記録をさせないために営業上用いている技術的制限手段により制限されている影像若しくは音の視聴若しくはプログラムの実行又は影像、音、プログラムその他の情報の記録（以下この号において「影像の視聴等」という。）を当該技術的制限手段の効果を妨げることにより可能とする機能を有する装置（当該装置を組み込んだ機器及び当該装置の部品一式であって容易に組み立てられることができるものを含む。）当該機能のみを有するプログラム（当該プログラムが他のプログラムと組み合わされたものを含む。）若しくは指令符号を記録した記録媒体若しくは記憶した機器を当該特定の者以外の者に譲渡し、引き渡し、譲渡若しくは引渡しのために展示し、輸出し、若しくは輸入し、若しくは当該機能を有するプログラム若しくは指令符号を電気通信回線を通じて提供する行為（当該装置又は当該プログラムが当該機能以外の機能を併せて有する場合にあっては、影像の視聴等を当該技術的制限手段の効果を妨げることにより可能とする用途に供するために行うものに限る。）又は影像の視聴等を当該技術的制限手段の効果を妨げることにより可能とする役務を提供する行為

十九　不正の利益を得る目的で、又は他人に損害を加える目的で、他人の特定商品等表示（人の業務に係る氏名、商号、商標、標章その他の商品又は役務を表示するものをいう。）と同一若しくは類似のドメイン名を使用する権利を取得し、若しくは保有し、又はそのドメイン名を使用する行為

二十　商品若しくは役務若しくはその広告若しくは取引に用いる書類若しくは通信にその商品の原産地、品質、内容、製造方法、用途若しくは数量若しくはその役務の質、内容、用途若しくは数量について誤認させるような表示をし、又はその表示をした商品を譲渡し、引き渡し、譲渡若しくは引渡しのために展示し、輸出し、輸入し、若しくは電気通信回線を通じて提供し、若しくはその表示をして役務を提供する行為

二十一　競争関係にある他人の営業上の信用を害する虚偽の事実を告知し、又は流布する行為

二十二　パリ条約（商標法（昭和三十四年法律第百二十七号）第四条第一項第二号に規定するパリ条約をいう。）の同盟国、世界貿易機関の加盟国又は商標法条約の締約国において商標に関する権利（商標権に相当する権利に限る。以下この号において単に「権利」という。）を有する者の代理人若しくは代表者又はその行為の日前一年以内に代理人若しくは代表者であった者が、正当な理由がないのに、その権利を有する者の承諾を得ないでその権利に係る商標と同一若しくは類似の商標をその権利に係る商品若しくは役務と同一若しくは類似の商品若しくは役務に使用し、又は当該商標を使用したその権利に係る商品と同一若しくは類似の商品を譲渡し、引き渡し、譲渡若しくは引渡しのために展示し、輸出し、輸入し、若しくは電気通信回線を通じて提供し、若しくは当該商標を使用してその権利に係る役務と同一若しくは類似の役務を提供する行為

2　この法律において「商標」とは、商標法第二条第一項に規定する商標をいう。

3　この法律において「標章」とは、商標法第二条第一項に規定する標章をいう。

4　この法律において「商品の形態」とは、需要者が通常の用法に従った使用に際して知覚によって認識することができる商品の外部及び内部の形状並びにその形状に結合した模様、色彩、光沢及び質感をいう。

5　この法律において「模倣する」とは、他人の商品の形態に依拠して、これと実質的に同一の形態の商品を作り出すことをいう。

6　この法律において「営業秘密」とは、秘密として管理されている生産方法、販売方法その他の事業活動に有用な技術上又は営業上の情報であって、公然と知られていないものをいう。

7　この法律において「限定提供データ」とは、業として特定の者に提供する情報として電磁的方法（電子的方法、磁気的方法その他人の知覚によっては認識することができない方法をいう。次項において同じ。）により相当量蓄積され、及び管理されている技術上又は営業上の情報（秘密として管理されているものを除く。）をいう。

8　この法律において「技術的制限手段」とは、電磁的方法により影像若しくは音の視聴、プログラムの実行若しくは情報の処理又は影像、音、プログラムその他の情報の記録を制限する手段であって、視聴等機器（影像若しくは音の視聴若しくはプログラムの実行又は影像、音若しくはプログラムの記録のために用いられる機器をいう。以下この項において同じ。）が特定の反応をする信号を記録媒体に記録し、若しくは送信する方式又は視聴等機器が特定の変換を必要とするよう影像、音、プログラムその他の情報を変換して記録媒体に記録し、若しくは送信する方式によるものをい

う。

9　この法律において「プログラム」とは、電子計算機に対する指令であって、一の結果を得ることができるように組み合わされたものをいう。

10　この法律において「ドメイン名」とは、インターネットにおいて、個々の電子計算機を識別するために割り当てられる番号、記号又は文字の組合せに対応する文字、番号、記号その他の符号又はこれらの結合をいう。

11　この法律にいう「物」には、プログラムを含むものとする。

（差止請求権）

第三条　不正競争によって営業上の利益を侵害され、又は侵害されるおそれがある者は、その営業上の利益を侵害する者又は侵害するおそれがある者に対し、その侵害の停止又は予防を請求することができる。

2　不正競争によって営業上の利益を侵害され、又は侵害されるおそれがある者は、前項の規定による請求をするに際し、侵害の行為を組成した物（侵害の行為により生じた物を含む。第五条第一項において同じ。）の廃棄、侵害の行為に供した設備の除却その他の侵害の停止又は予防に必要な行為を請求することができる。

（損害賠償）

第四条　故意又は過失により不正競争を行って他人の営業上の利益を侵害した者は、これによって生じた損害を賠償する責めに任ずる。ただし、第十五条の規定により同条に規定する権利が消滅した後にその営業秘密又は限定提供データを使用する行為によって生じた損害については、この限りでない。

（損害の額の推定等）

第五条　第二条第一項第一号から第十六号まで又は第二十二号に掲げる不正競争（同項第四号から第九号までに掲げるものにあっては、技術上の秘密に関するものに限る。）によって営業上の利益を侵害された者（以下この項において「被侵害者」という。）が故意又は過失により自己の営業上の利益を侵害した者に対しその侵害により自己が受けた損害の賠償を請求する場合において、その者がその侵害の行為を組成した物を譲渡したときは、その譲渡した物の数量（以下この項において「譲渡数量」という。）に、被侵害者がその侵害の行為がなければ販売することができた物の単位数量当たりの利益の額を乗じて得た額を、被侵害者の当該物に係る販売その他の行為を行う能力に応じた額を超えない限度において、被侵害者が受けた損害の額とすることができる。ただし、譲渡数量の全部又は一部に相当する数量を被侵害者が販売することができないとする事情があるときは、当該事情に相当する数量に応じた額を控除するものとする。

2　不正競争によって営業上の利益を侵害された者が故意又は過失により自己の営業上の利益を侵害した者に対しその侵害により自己が受けた損害の賠償を請求する場合において、その者がその侵害の行為により利益を受けているときは、その利益の額は、その営業上の利益を侵害された者が受けた損害の額と推定する。

3　第二条第一項第一号から第九号まで、第十一号から第十六号まで、第十九号又は第二十二号に掲げる不正競争によって営業上の利益を侵害された者は、故意又は過失により自己の営業上の利益を侵害した者に対し、次の各号に掲げる不正競争の区分に応じて当該各号に定める行為に対し受けるべき金銭の額に相当する額の金銭を、自己が受けた損害の額としてその賠償を請求することができる。

一　第二条第一項第一号又は第二号に掲げる不正競争　当該侵害に係る商品等表示の使用

二　第二条第一項第三号に掲げる不正競争　当該侵害に係る商品の形態の使用

三　第二条第一項第四号から第九号までに掲げる不正競争　当該侵害に係る営業秘密の使用

四　第二条第一項第十一号から第十六号までに掲げる不正競争　当該侵害に係る限定提供データの使用

五　第二条第一項第十九号に掲げる不正競争　当該侵害に係るドメイン名の使用

六　第二条第一項第二十二号に掲げる不正競争　当該侵害に係る商標の使用

4　前項の規定は、同項に規定する金額を超える損害の賠償の請求を妨げない。この場合において、その営業上の利益を侵害した者に故意又は重大な過失がなかったときは、裁判所は、損害の賠償の額を定めるについて、これを参酌することができる。

第五条の二　技術上の秘密（生産方法その他政令で定める情報に係るものに限る。以下この条において同じ。）について第二条第一項第四号、第五号又は第八号に規定する行為（営業秘密を取得する行為に限る。）があった場合において、その行為をした者が当該技術上の秘密を使用する行為により生ずる物の生産その他技術上の秘密を使用したことが明らかな行為として政令で定める行為（以下この条において「生産等」という。）をしたときは、その者は、それぞれ当該各号に規定する行為（営業秘密を使用する行為に限る。）として生産等をしたものと推定する。

（具体的態様の明示義務）

第六条　不正競争による営業上の利益の侵害に係る訴訟において、不正競争によって営業上の利益を侵害され、又は侵害されるおそれがあると主張する者が侵害の行為を組成したものとして主張する物又は方法の具体的態様を否認するときは、相手方は、自己の行為の具体的態様を明らかにしなければならない。ただし、相手方において明らかにすることができない相当の理由があるときは、この限りでない。

（書類の提出等）

第七条　裁判所は、不正競争による営業上の利益の侵害に係る訴訟においては、当事者の申立てにより、当事者に対し、当該侵害行為について立証するため、又は当該侵害の行為による損害の計算をするため必要な書類の提出を命ずることができる。ただし、その書類の所持者においてその提出を拒むことについて正当な理由があるときは、この限りでない。

2　裁判所は、前項本文の申立てに係る書類が同項本文の書類に該当するかどうか又は同項ただし書に規定する正当な理由があるかどうかの判断をするため必要があると認めるときは、書類の所持者にその提示をさせることができる。この場合においては、何人も、その提示された書類の開示を求めることができない。

3　裁判所は、前項の場合において、第一項本文の申立てに係る書類が同項本文の書類に該当するかどうか又は同項ただし書に規定する正当な理由があるかどうかについて前項後段の書類を開示してその意見を聴くことが必要であると認めるときは、当事者等（当事者（法人である場合にあっては、その代表者）又は当事者の代理人（訴訟代理人及び補佐人を除く。）、使用人その他の従業者をいう。以下同じ。）、訴訟代理人又は補佐人に対し、当該書類を開示することができる。

4　裁判所は、第二項の場合において、同項後段の書類を開示して専門的な知見に基づく説明を聴くことが必要であると認めるときは、当事者の同意を得て、民事訴訟法（平成八年法律第百九号）第一編第五章第二節第一款に規定する専門委員に対し、当該書類を開示することができる。

5　前各項の規定は、不正競争による営業上の利益の侵害に係る訴訟における当該侵害行為について立証するため必要な検証の目的の提示について準用する。

（損害計算のための鑑定）

第八条　不正競争による営業上の利益の侵害に係る訴訟において、当事者の申立てにより、裁判所が当該侵害の行為による損害の計算をするため必要な事項について鑑定を命じたときは、当事者は、鑑定人に対し、当該鑑定をするため必要な事項について説明しなければならない。

（相当な損害額の認定）

第九条　不正競争による営業上の利益の侵害に係る訴訟において、損害が生じたことが認められる場合において、損害額を立証するために必要な事実を立証することが当該事実の性質上極めて困難であるときは、裁判所は、口頭弁論の全趣旨及び証拠調べの結果に基づき、相当な損害額を認定することができる。

（秘密保持命令）

第一〇条　裁判所は、不正競争による営業上の利益の侵害に係る訴訟において、その当事者が保有する営業秘密について、次に掲げる事由のいずれにも該当することにつき疎明があった場合には、当事者の申立てにより、決定で、当事者等、訴訟代理人又は補佐人に対し、当該営業秘密を当該訴訟の追行の目的以外の目的で使用し、又は当該営業秘密に係るこの項の規定による命令を受けた者以外の者に開示してはならない旨を命ずることができる。ただし、その申立ての時までに当事者等、訴訟代理人又は補佐人が第一号に規定する準備書面の閲読又は同号に規定する証拠の取調べ若しくは開示以外の方法により当該営業秘密を取得し、又は保有していた場合は、この限りでない。

一　既に提出され若しくは提出されるべき準備書面に当事者の保有する営業秘密が記載され、又は既に取り調べられ若しくは取り調べられるべき証拠（第六条第三項の規定により開示された書類又は第十三条第四項の規定により開示された書面を含む。）の内容に当事者の保有する営業秘密が含まれること。

二　前号の営業秘密が当該訴訟の追行の目的以外の目的で使用され、又は当該営業秘密が開示されることにより、当該営業秘密に基づく当事者の事業活動に支障を生ずるおそれがあり、これを防止するため当該営業秘密の使用又は開示を制限する必要があること。

2　前項の規定による命令（以下「秘密保持命令」という。）の申立ては、次に掲げる事項を記載した書面でしなければならない。

一　秘密保持命令を受けるべき者
二　秘密保持命令の対象となるべき営業秘密を特定するに足りる事実
三　前項各号に掲げる事由に該当する事実

3　秘密保持命令が発せられた場合には、その決定書を秘密保持命令を受けた者に送達しなければならない。

4　秘密保持命令は、秘密保持命令を受けた者に対する決定書の送達がされた時から、効力を生ずる。

5　秘密保持命令の申立てを却下した裁判に対しては、即時抗告をすることができる。

（秘密保持命令の取消し）

第一一条　秘密保持命令の申立てをした者又は秘密保持命令を受けた者は、訴訟記録の存する裁判所（訴訟記録の存する裁判所がない場合にあっては、秘密保持命令を発した裁判所）に対し、前条第一項に規定する要件を欠くこと又はこれを欠くに至ったことを理由として、秘密保持命令の取消しの申立てをすることができる。

2　秘密保持命令の取消しの申立てについての裁判があった場合には、その決定書をその申立てをした者及び相手方に送達しなければならない。

3　秘密保持命令の取消しの申立てについての裁判に対しては、即時抗告をすることができる。

4　秘密保持命令を取り消す裁判は、確定しなければその効力を生じない。

5　裁判所は、秘密保持命令を取り消す裁判をした場合において、秘密保持命令の取消しの申立てをした者又は相手方以外に当該秘密保持命令が発せられた訴訟において当該営業秘密に係る秘密保持命令を受けている者があるときは、その者に対し、直ちに、秘密保持命令を取り消す裁判をした旨を通知しなければならない。

（訴訟記録の閲覧等の請求の通知等）

第一二条　秘密保持命令が発せられた訴訟（全ての秘密保持命令が取り消された訴訟を除く。）に係る訴訟記録につき、民事訴訟法第九十二条第一項の決定があった場合において、当事者から同項に規定する秘密記載部分の閲覧等の請求があり、かつ、その請求の手続を行った者が当該訴訟において秘密保持命令を受けていない者であるときは、裁判所書記官は、同項の申立てをした当事者（その請求をした者を除く。第三項において同じ。）に対し、その請求後直ちに、その請求があった旨を通知しなければならない。

2　前項の場合において、裁判所書記官は、同項の請求があった日から二週間を経過する日までの間（その請求の手続を行った者に対する秘密保持命令の申立てがその日までにされた場合にあっては、その申立てについての裁判が確定するまでの間）、その請求の手続を行った者に同項の秘密記載部分の閲覧等をさせてはならない。

3　前二項の規定は、第一項の請求をした者に同項の秘密記載部分の閲覧等をさせることについて民事訴訟法第九十二条第一項の申立てをした当事者の全ての同意があるときは、適用しない。

（当事者尋問等の公開停止）

第一三条　不正競争による営業上の利益の侵害に係る訴訟における当事者等が、その侵害の有無についての判断の基礎となる事項であって当事者の保有する営業秘密に該当するものについて、当事者本人若しくは法定代理人又は証人として尋問を受ける場合においては、裁判所は、裁判官の全員一致により、その当事者等が公開の法廷で当該事項について陳述をすることにより当該営業秘密に基づく当事者の事業活動に著しい支障を生ずることが明らかであることから当該事項について十分な陳述をすることができず、かつ、当該陳述を欠くことにより他の証拠のみによっては当該事項を判断の基礎とすべき不正競争による営業上の利益の侵害の有無についての適正な裁判をすることができないと認めるときは、決定で、当該事項の尋問を公開しないで行うことができる。

2　裁判所は、前項の決定をするに当たっては、あらかじめ、当事者等の意見を聴かなければならない。

3　裁判所は、前項の場合において、必要があると認めるときは、当事者等にその陳述すべき事項の要領を記載した書面の提示をさせることができる。この場合においては、何人も、その提示された書面の開示を求めることができない。

4　裁判所は、前項後段の書面を開示してその意見を聴くことが必要であると認めるときは、当事者等、訴訟代理人又は補佐人に対し、当該書面を開示することができる。

5　裁判所は、第一項の規定により当該事項の尋問を公開しないで行うときは、公衆を退廷させる前に、その旨を理由とともに言い渡さなければならない。当該事項の尋問が終了したときは、再び公衆を入廷させなければならない。

（信用回復の措置）

第一四条　故意又は過失により不正競争を行って他人の営業上の信用を害した者に対しては、裁判所は、その営業上の信用を害された者の請求により、損害の賠償に代え、又は損害の賠償とともに、その者の営業上の信用を回復するのに必要な措置を命ずることができる。

（消滅時効）

第一五条　第二条第一項第四号から第九号までに掲げる不正競争のうち、営業秘密を使用する行為に対する第三条第一項の規定による侵害の停止又は予防を請求する権利は、次に掲げる場合には、時効によって消滅する。

一　その行為を行う者がその行為を継続する場合において、その行為により営業上の利益を侵害され、又は侵害されるおそれがある営業秘密保有者がその事実及びその行為を行う者を知った時から三年間行わないとき。

二　その行為の開始の時から二十年を経過したとき。

2　前項の規定は、第二条第一項第十一号から第十六号までに掲げる不正競争のうち、限定提供データを使用する行為に対する第三条第一項の規定による侵害の停止又は予防を請求する権利について準用する。この場合において、前項中「営業秘密保有者」とあるのは、「限定提供データ保有者」と読み替えるものとする。

（外国の国旗等の商業上の使用禁止）

第一六条～第一八条《略》

（適用除外等）

第一九条　第三条から第十五条まで、第二十一条（第二項第七号に係る部分を除く。）及び第二十二条の規定は、次の各号に掲げる不正競争の区分に応じて当該各号に定める行為については、適用しない。

一　第二条第一項第一号、第二号、第二十号及び第二十二号に掲げる不正競争　商品若しくは営業の普通名称（ぶどうを原料又は材料とする物の原産地の名称であって、普通名称となったものを除く。）若しくは同一若しくは類似の商品若しくは営業について慣用されている商品等表示（以下「普通名称等」と総称する。）を普通に用いられる方法で使用し、若しくは表示をし、又は普通名称等を普通に用いられる方法で使用し、若しくは表示をした商品を譲渡し、引き渡し、譲渡若しくは引渡しのために展示し、輸出し、輸入し、若しくは電気通信回線を通じて提供する行為（同項第二十号及び第二十二号に掲げる不正競争の場合にあっては、普通名称等を普通に用いられる方法で表示をし、又は使用して役務を提供する行為を含む。）

二　第二条第一項第一号、第二号及び第二十二号に掲げる不正競争　自己の氏名を不正の目的（不正の利益を得る目的、他人に損害を加える目的その他の不正の目的をいう。以下同じ。）でなく使用し、又は自己の氏名を不正の目的でなく使用した商品を譲渡し、引き渡し、譲渡若しくは引渡しのために展示し、輸出し、輸入し、若しくは電気通信回線を通じて提供する行為（同号に掲げる不正競争の場合にあっては、自己の氏名を不正の目的でなく使用して役務を提供する行為を含む。）

三　第二条第一項第一号に掲げる不正競争　他人の商品等表示が需要者の間に広く認識される前からその商品等表示と同一若しくは類似の商品等表示を使用する者又はその商品等表示に係る業務を承継した者がその商品等表示を不正の目的でなく使用し、又はその商品等表示を不正の目的でなく使用した商品を譲渡し、引き渡し、譲渡若しくは引渡しのために展示し、輸出し、輸入し、若しくは電気通信回線を通じて提供する行為

四　第二条第一項第二号に掲げる不正競争　他人の商品等表示が著名になる前からその商品等表示と同一若しくは類似の商品等表示を使用する者又はその商品等表示に係る業務を承継した者がその商品等表示を不正の目的でなく使用し、又はその商品等表示を不正の目的でなく使用した商品を譲渡し、引き渡し、譲渡若しくは引渡しのために展示し、輸出し、輸入し、若しくは電気通信回線を通じて提供する行為

五　第二条第一項第三号に掲げる不正競争　次のいずれかに掲げる行為

イ　日本国内において最初に販売された日から起算して三年を経過した商品について、その商品の形態を模倣した商品を譲渡し、貸し渡し、譲渡若しくは貸渡しのために展示し、輸出し、又は輸入する行為

ロ　他人の商品の形態を模倣した商品を譲り受けた者（その譲り受けた時にその商品が他人の商品の形態を模倣した商品であることを知らず、かつ、知らないことにつき重大な過失がない者に限る。）がその商品を譲渡し、貸し渡し、譲渡若しくは貸渡しのために展示し、輸出し、又は輸入する行為

六　第二条第一項第四号から第九号までに掲げる不正競争　取引によって営業秘密を取得した者（その取得した時にその営業秘密について営業秘密不正開示行為であること又はその営業秘密について営業秘密不正取得行為若しくは不正開示行為が介在したことを知らず、かつ、知らな

いことにつき重大な過失がない者に限る。）がその取引によって取得した権原の範囲内においてその営業秘密を使用し、又は開示する行為

七　第二条第一項第十号に掲げる不正競争　第十五条第一項の規定により同項に規定する権利が消滅した後にその営業秘密を使用する行為により生じた物を譲渡し、引き渡し、譲渡若しくは引渡しのために展示し、輸出し、輸入し、又は電気通信回線を通じて提供する行為

八　第二条第一項第十一号から第十六号までに掲げる不正競争次のいずれかに掲げる行為

イ　取引によって限定提供データを取得した者（その取得した時にその限定提供データについて限定提供データ不正開示行為であること又はその限定提供データについて限定提供データ不正取得行為若しくは限定提供データ不正開示行為が介在したことを知らない者に限る。）がその取引によって取得した権原の範囲内においてその限定提供データを開示する行為

ロ　その相当量蓄積されている情報が無償で公衆に利用可能となっている情報と同一の限定提供データを取得し、又はその取得した限定提供データを使用し、若しくは開示する行為

九　第二条第一項第十七号及び第十八号に掲げる不正競争　技術的制限手段の試験又は研究のために用いられる同項第十七号及び第十八号に規定する装置、これらの号に規定するプログラム若しくは指令符号を記録した記録媒体若しくは記憶した機器を譲渡し、引き渡し、譲渡若しくは引渡しのために展示し、輸出し、若しくは輸入し、若しくは当該プログラム若しくは指令符号を電気通信回線を通じて提供する行為又は技術的制限手段の試験又は研究のために行われるこれらの号に規定する役務を提供する行為

2　前項第二号又は第三号に掲げる行為によって営業上の利益を侵害され、又は侵害されるおそれがある者は、次の各号に掲げる行為の区分に応じて当該各号に定める者に対し、自己の商品又は営業との混同を防ぐのに適当な表示を付すべきことを請求することができる。

一　前項第二号に掲げる行為　自己の氏名を使用する者（自己の氏名を使用した商品を自ら譲渡し、引き渡し、譲渡若しくは引渡しのために展示し、輸出し、輸入し、又は電気通信回線を通じて提供する者を含む。）

二　前項第三号に掲げる行為　他人の商品等表示と同一又は類似の商品等表示を使用する者及びその商品等表示に係る業務を承継した者（その商品等表示を使用した商品を自ら譲渡し、引き渡し、譲渡若しくは引渡しのために展示し、輸出し、輸入し、又は電気通信回線を通じて提供する者を含む。）

（政令等への委任）

第一九条の二　この法律に定めるもののほか、没収保全と滞納処分との手続の調整について必要な事項で、滞納処分に関するものは、政令で定める。

2　この法律に定めるもののほか、第三十二条の規定による第三者の参加及び裁判に関する手続、第八章に規定する没収保全及び追徴保全に関する手続並びに第九章に規定する国際共助手続について必要な事項（前項に規定する事項を除く。）は、最高裁判所規則で定める。

（経過措置）

第二〇条　この法律の規定に基づき政令又は経済産業省令を制定し、又は改廃する場合においては、その政令又は経済産業省令で、その制定又は改廃に伴い合理的に必要と判断される範囲内において、所要の経過措置（罰則に関する経過措置を含む。）を定めることができる。

（罰則）

第二一条　次の各号のいずれかに該当する者は、十年以下の懲役若しくは二千万円以下の罰金に処し、又はこれを併科する。

一　不正の利益を得る目的で、又はその営業秘密保有者に損害を加える目的で、詐欺等行為（人を欺き、人に暴行を加え、又は人を脅迫する行為をいう。次号において同じ。）又は管理侵害行為（財物の窃取、施設への侵入、不正アクセス行為（不正アクセス行為の禁止等に関する法律（平成十一年法律第百二十八号）第二条第四項に規定する不正アクセス行為をいう。）その他の保有者の管理を害する行為をいう。以下この条において同じ。）により、営業秘密を取得した者

二　詐欺等行為又は管理侵害行為により取得した営業秘密を、不正の利益を得る目的で、又はその営業秘密保有者に損害を加える目的で、使用し、又は開示した者

三　営業秘密を営業秘密保有者から示された者であって、不正の利益を得る目的で、又はその営業秘密保有者に損害を加える目的で、その営業秘密の管理に係る任務に背き、次のいずれかに掲げる方法でその営業秘密を領得した者

イ　営業秘密記録媒体等（営業秘密が記載さ

れ、又は記録された文書、図画又は記録媒体をいう。以下この号において同じ。）又は営業秘密が化体された物件を横領すること。

ロ　営業秘密記録媒体等の記載若しくは記録について、又は営業秘密が化体された物件について、その複製を作成すること。

ハ　営業秘密記録媒体等の記載又は記録であって、消去すべきものを消去せず、かつ、当該記載又は記録を消去したように仮装すること。

四　営業秘密を営業秘密保有者から示された者であって、その営業秘密の管理に係る任務に背いて前号イからハまでに掲げる方法により領得した営業秘密を、不正の利益を得る目的で、又はその営業秘密保有者に損害を加える目的で、その営業秘密の管理に係る任務に背き、使用し、又は開示した者

五　営業秘密を営業秘密保有者から示されたその役員（理事、取締役、執行役、業務を執行する社員、監事若しくは監査役又はこれらに準ずる者をいう。次号において同じ。）又は従業者であって、不正の利益を得る目的で、又はその営業秘密保有者に損害を加える目的で、その営業秘密の管理に係る任務に背き、その営業秘密を使用し、又は開示した者（前号に掲げる者を除く。）

六　営業秘密を営業秘密保有者から示されたその役員又は従業者であった者であって、不正の利益を得る目的で、又はその営業秘密保有者に損害を加える目的で、その在職中に、その営業秘密の管理に係る任務に背いてその営業秘密の開示の申込みをし、又はその営業秘密の使用若しくは開示について請託を受けて、その営業秘密をその職を退いた後に使用し、又は開示した者（第四号に掲げる者を除く。）

七　不正の利益を得る目的で、又はその営業秘密保有者に損害を加える目的で、第二号若しくは前三号の罪又は第三項第二号の罪（第二号及び前三号の罪に当たる開示に係る部分に限る。）に当たる開示によって営業秘密を取得して、その営業秘密を使用し、又は開示した者

八　不正の利益を得る目的で、又はその営業秘密保有者に損害を加える目的で、第二号若しくは第四号から前号までの罪又は第三項第二号の罪（第二号及び第四号から前号までの罪に当たる開示に係る部分に限る。）に当たる開示が介在したことを知って営業秘密を取得して、その営業秘密を使用し、又は開示した者

九　不正の利益を得る目的で、又はその営業秘密保有者に損害を加える目的で、自己又は他人の第二号若しくは第四号から前号まで又は第三項第三号の罪に当たる行為（技術上の秘密を使用する行為に限る。以下この号及び次条第一項第二号において「違法使用行為」という。）により生じた物を譲渡し、引き渡し、譲渡若しくは引渡しのために展示し、輸出し、輸入し、又は電気通信回線を通じて提供した者（当該物が違法使用行為により生じた物であることの情を知らないで譲り受け、当該物を譲渡し、引き渡し、譲渡若しくは引渡しのために展示し、輸出し、輸入し、又は電気通信回線を通じて提供した者を除く。）

2　次の各号のいずれかに該当する者は、五年以下の懲役若しくは五百万円以下の罰金に処し、又はこれを併科する。

一　不正の目的をもって第二条第一項第一号又は第二十号に掲げる不正競争を行った者

二　他人の著名な商品等表示に係る信用若しくは名声を利用して不正の利益を得る目的で、又は当該信用若しくは名声を害する目的で第二条第一項第二号に掲げる不正競争を行った者

三　不正の利益を得る目的で第二条第一項第三号に掲げる不正競争を行った者

四　不正の利益を得る目的で、又は営業上技術的制限手段を用いている者に損害を加える目的で、第二条第一項第十七号又は第十八号に掲げる不正競争を行った者

五　商品若しくは役務若しくはその広告若しくは取引に用いる書類若しくは通信にその商品の原産地、品質、内容、製造方法、用途若しくは数量又はその役務の質、内容、用途若しくは数量について誤認させるような虚偽の表示をした者（第一号に掲げる者を除く。）

六　秘密保持命令に違反した者

七　第十六条、第十七条又は第十八条第一項の規定に違反した者

3　次の各号のいずれかに該当する者は、十年以下の懲役若しくは三千万円以下の罰金に処し、又はこれを併科する。

一　日本国外において使用する目的で、第一項第一号又は第三号の罪を犯した者

二　相手方に日本国外において第一項第二号又は第四号から第八号までの罪に当たる使用をする目的があることの情を知って、これらの罪に当たる開示をした者

三　日本国内において事業を行う営業秘密保有者の営業秘密について、日本国外において第一項

第二号又は第四号から第八号までの罪に当たる使用をした者

4　第一項（第三号を除く。）並びに前項第一号（第一項第三号に係る部分を除く。）、第二号及び第三号の罪の未遂は、罰する。

5　第一項及び前項第六号の罪は、告訴がなければ公訴を提起することができない。

6　第一項各号（第九号を除く。）、第三項第一号若しくは第二号又は第四項（第一項第九号に係る部分を除く。）の罪は、日本国内において事業を行う営業秘密保有者の営業秘密について、日本国外においてこれらの罪を犯した者にも適用する。

7　第二項第六号の罪は、日本国外において同号の罪を犯した者にも適用する。

8　第二項第七号（第十八条第一項に係る部分に限る。）の罪は、刑法（明治四十年法律第四十五号）第三条の例に従う。

9　第一項から第四項までの規定は、刑法その他の罰則の適用を妨げない。

10　次に掲げる財産は、これを没収することができる。

一　第一項、第三項及び第四項の罪の犯罪行為により生じ、若しくは当該犯罪行為により得た財産又は当該犯罪行為の報酬として得た財産

二　前号に掲げる財産の果実として得た財産、同号に掲げる財産の対価として得た財産、これらの財産の対価として得た財産その他同号に掲げる財産の保有又は処分に基づき得た財産

11　組織的な犯罪の処罰及び犯罪収益の規制等に関する法律（平成十一年法律第百三十六号。以下「組織的犯罪処罰法」という。）第十四条及び第十五条の規定は、前項の規定による没収について準用する。この場合において、組織的犯罪処罰法第十四条中「前条第一項各号又は第四項各号」とあるのは、「不正競争防止法第二十一条第十項各号」と読み替えるものとする。

12　第十項各号に掲げる財産を没収することができないとき、又は当該財産の性質、その使用の状況、当該財産に関する犯人以外の者の権利の有無その他の事情からこれを没収することが相当でないと認められるときは、その価額を犯人から追徴することができる。

第二十二条　法人の代表者又は法人若しくは人の代理人、使用人その他の従業者が、その法人又は人の業務に関し、次の各号に掲げる規定の違反行為をしたときは、行為者を罰するほか、その法人に対して当該各号に定める罰金刑を、その人に対して各本条の罰金刑を科する。

一　前条第三項第一号（同条第一項第一号に係る部分に限る。）、第二号（同条第一項第二号、第七号及び第八号に係る部分に限る。）若しくは第三号（同条第一項第二号、第七号及び第八号に係る部分に限る。）又は第四項（同条第三項第一号（同条第一項第一号に係る部分に限る。）、第二号（同条第一項第二号、第七号及び第八号に係る部分に限る。）及び第三号（同条第一項第二号、第七号及び第八号に係る部分に限る。）に係る部分に限る。）　十億円以下の罰金刑

二　前条第一項第一号、第二号、第七号、第八号若しくは第九号（同項第四号から第六号まで又は同条第三項第三号（同条第一項第四号から第六号までに係る部分に限る。）の罪に係る違法使用行為（以下この号及び第三項において「特定違法使用行為」という。）をした者が該当する場合を除く。）又は第四項（同条第一項第一号、第二号、第七号、第八号及び第九号（特定違法使用行為をした者が該当する場合を除く。）に係る部分に限る。）　五億円以下の罰金刑

三　前条第二項　三億円以下の罰金刑

2　前項の場合において、当該行為者に対してした前条第二項第六号の罪に係る同条第五項の告訴は、その法人又は人に対しても効力を生じ、その法人又は人に対してした告訴は、当該行為者に対しても効力を生ずるものとする。

3　第一項の規定により前条第一項第一号、第二号、第七号、第八号若しくは第九号（特定違法使用行為をした者が該当する場合を除く。）、第二項、第三項第一号（同条第一項第一号に係る部分に限る。）、第二号（同条第一項第二号、第七号及び第八号に係る部分に限る。）若しくは第三号（同条第一項第二号、第七号及び第八号に係る部分に限る。）又は第四項（同条第一項第一号、第二号、第七号、第八号及び第九号（特定違法使用行為をした者が該当する場合を除く。）並びに同条第三項第一号（同条第一項第一号に係る部分に限る。）、第二号（同条第一項第二号、第七号及び第八号に係る部分に限る。）及び第三号（同条第一項第二号、第七号及び第八号に係る部分に限る。）に係る部分に限る。）の違反行為につき法人又は人に罰金刑を科する場合における時効の期間は、これらの規定の罪についての時効の期間による。

【令和四年五月二五日法律第四八号未施行内容】

《内容略》

【令和四年六月一七日法律第六八号未施行内容】

《内容略》

【令和五年五月一七日法律第二八号未施行内容】

《内容略》

【令和五年六月一四日法律第五一号未施行内容】

《内容略》

民事再生法（抄）

平成一一年一二月二二日法律第二二五号
施行：平成一二年四月一日
最終改正：令和六年五月二四日法律第三三号
施行：附則参照

（再生手続開始の申立て）
第二一条　債務者に破産手続開始の原因となる事実の生ずるおそれがあるときは、債務者は、裁判所に対し、再生手続開始の申立てをすることができる。債務者が事業の継続に著しい支障を来すことなく弁済期にある債務を弁済することができないときも、同様とする。

2　前項前段に規定する場合には、債権者も、再生手続開始の申立てをすることができる。

（再生手続開始の決定）
第三三条　裁判所は、第二十一条に規定する要件を満たす再生手続開始の申立てがあったときは、第二十五条の規定によりこれを棄却する場合を除き、再生手続開始の決定をする。

2　前項の決定は、その決定の時から、効力を生ずる。

（再生債務者の地位）
第三八条　再生債務者は、再生手続が開始された後も、その業務を遂行し、又はその財産（日本国内にあるかどうかを問わない。第六十六条及び第八十一条第一項において同じ。）を管理し、若しくは処分する権利を有する。

2　再生手続が開始された場合には、再生債務者は、債権者に対し、公平かつ誠実に、前項の権利を行使し、再生手続を追行する義務を負う。

3　前二項の規定は、第六十四条第一項の規定による処分がされた場合には、適用しない。

（営業等の譲渡）
第四二条　再生手続開始後において、再生債務者等が次に掲げるをするには、裁判所の許可を得なければならない。この場合において、裁判所は、当該再生債務者の事業の再生のために必要であると認める場合に限り、許可をすることができる。

一　再生債務者の営業又は事業の全部又は重要な一部の譲渡

二　再生債務者の子会社等（会社法第二条第三号の二に規定する子会社等をいう。ロにおいて同じ。）の株式又は持分の全部又は一部の譲渡（次のいずれにも該当する場合における譲渡に限る。）

イ　当該譲渡により譲り渡す株式又は持分の帳簿価額が再生債務者の総資産額として法務省令で定める方法により算定される額の五分の一（これを下回る割合を定款で定めた場合にあっては、その割合）を超えるとき。

ロ　再生債務者が、当該譲渡がその効力を生ずる日において当該子会社等の議決権の総数の過半数の議決権を有しないとき。

2　裁判所は、前項の許可をする場合には、知れている再生債権者（再生債務者が再生手続開始の時においてその財産をもって約定劣後再生債権に優先する債権に係る債務を完済することができない状態にある場合における当該約定劣後再生債権を有する者を除く。）の意見を聴かなければならない。ただし、第百十七条第二項に規定する債権者委員会があるときは、その意見を聴けば足りる。

3　裁判所は、第一項の許可をする場合には、労働組合等の意見を聴かなければならない。

4　前条第二項の規定は、第一項の許可を得ないでした行為について準用する。

（双務契約）

第四九条　双務契約について再生債務者及びその相手方が再生手続開始の時において共にまだその履行を完了していないときは、再生債務者等は、契約の解除をし、又は再生債務者の債務を履行して相手方の債務の履行を請求することができる。

2　前項の場合には、相手方は、再生債務者等に対し、相当の期間を定め、その期間内に契約の解除をするか又は債務の履行を請求するかを確答すべき旨を催告することができる。この場合において、再生債務者等がその期間内に確答をしないときは、同項の規定による解除権を放棄したものとみなす。

3　前二項の規定は、労働協約には、適用しない。

4　第一項の規定により再生債務者の債務の履行をする場合において、相手方が有する請求権は、共益債権とする。

5　破産法第五十四条の規定は、第一項の規定による契約の解除があった場合について準用する。この場合において、同条第一項中「破産債権者」とあるのは「再生債権者」と、同条第二項中「破産者」とあるのは「再生債務者」と、「破産財団」とあるのは「再生債務者財産」と、「財団債権者」とあるのは「共益債権者」と読み替えるものとする。

（継続的給付を目的とする双務契約）

第五〇条　再生債務者に対して継続的給付の義務を負う双務契約の相手方は、再生手続開始の申立て前の給付に係る再生債権について弁済がないことを理由としては、再生手続開始後は、その義務の履行を拒むことができない。

2　前項の双務契約の相手方が再生手続開始の申立て後再生手続開始前にした給付に係る請求権（一定期間ごとに債権額を算定すべき継続的給付については、申立ての日の属する期間内の給付に係る請求権を含む。）は、共益債権とする。

3　前二項の規定は、労働契約には、適用しない。

（再生債権となる請求権）

第八四条　再生債務者に対し再生手続開始前の原因に基づいて生じた財産上の請求権（共益債権又は一般優先債権であるものを除く。次項において同じ。）は、再生債権とする。

2　次に掲げる請求権も、再生債権とする。

一　再生手続開始後の利息の請求権

二　再生手続開始後の不履行による損害賠償及び違約金の請求権

三　再生手続参加の費用の請求権

（債権者集会の招集）

第一一四条　裁判所は、再生債務者等若しくは第百十七条第二項に規定する債権者委員会の申立て又は知れている再生債権者の総債権について裁判所が評価した額の十分の一以上に当たる債権を有する再生債権者の申立てがあったときは、債権者集会を招集しなければならない。これらの申立てがない場合であっても、裁判所は、相当と認めるときは、債権者集会を招集することができる。

（債権者集会の期日の呼出し等）

第一一五条　債権者集会の期日には、再生債務者、管財人、届出再生債権者及び再生のために債務を負担し又は担保を提供する者があるときは、その者を呼び出さなければならない。ただし、第三十四条第二項の決定があったときは、再生計画案の決議をするための債権者集会の期日を除き、届出再生債権者を呼び出すことを要しない。

2　前項の規定にかかわらず、議決権を行使することができない届出再生債権者は、呼び出さないことができる。

3　債権者集会の期日は、労働組合等に通知しなければならない。

4　裁判所は、債権者集会の期日及び会議の目的である事項を公告しなければならない。

5　債権者集会の期日においてその延期又は続行について言渡しがあったときは、第一項及び前二項の規定は、適用しない。

（一般優先債権）

第一二二条　一般の先取特権その他一般の優先権がある債権（共益債権であるものを除く。）は、一般優先債権とする。

2　一般優先債権は、再生手続によらないで、随時弁済する。

3　優先権が一定の期間内の債権額につき存在する場合には、その期間は、再生手続開始の時からさかのぼって計算する。

4　前条第三項から第六項までの規定は、一般優先債権に基づく強制執行若しくは仮差押え又は一般優先債権を被担保債権とする一般の先取特権の実行について準用する。

（財産状況報告集会への報告）

第一二六条　再生債務者の財産状況を報告するために招集された債権者集会においては、再生債務者等は、前条第一項に掲げる事項の要旨を報告しなければならない。

2　前項の債権者集会（以下「財産状況報告集会」という。）においては、裁判所は、再生債務者、管財人又は届出再生債権者から、管財人の選任並びに再生債務者の業務及び財産の管理に関する事項につき、意見を聴かなければならない。

3　財産状況報告集会においては、労働組合等は、前項に規定する事項について意見を述べることができる。

（再生計画の条項）

第一五四条　再生計画においては、次に掲げる事項に関する条項を定めなければならない。

一　全部又は一部の再生債権者の権利の変更

二　共益債権及び一般優先債権の弁済

三　知れている開始後債権があるときは、その内容

2　債権者委員会が再生計画で定められた弁済期間内にその履行を確保するため監督その他の関与を行う場合において、再生債務者がその費用の全部又は一部を負担するときは、その負担に関する条項を定めなければならない。

3　第百六十六条第一項の規定による裁判所の許可があった場合には、再生計画の定めによる再生債務者の株式の取得に関する条項、株式の併合に関する条項、資本金の額の減少に関する条項又は再生債務者が発行することができる株式の総数についての定款の変更に関する条項を定めることができる。

4　第百六十六条の二第二項の規定による裁判所の許可があった場合には、再生計画において、募集株式（会社法第百九十九条第一項に規定する募集株式をいい、譲渡制限株式であるものに限る。以下この章において同じ。）を引き受ける者の募集（同法第二百二条第一項各号に掲げる事項を定めるものを除く。以下この章において同じ。）に関する条項を定めることができる。

（再生計画案の提出時期）

第一六三条　再生債務者等は、債権届出期間の満了後裁判所の定める期間内に、再生計画案を作成して裁判所に提出しなければならない。

2　再生債務者（管財人が選任されている場合に限る。）又は届出再生債権者は、裁判所の定める期間内に、再生計画案を作成して裁判所に提出することができる。

3　裁判所は、申立てにより又は職権で、前二項の規定により定めた期間を伸長することができる。

（再生債務者の労働組合等の意見）

第一六八条　裁判所は、再生計画案について、労働組合等の意見を聴かなければならない。前条の規定による修正があった場合における修正後の再生計画案についても、同様とする。

（再生計画の認可又は不認可の決定）

第一七四条　再生計画案が可決された場合には、裁判所は、次項の場合を除き、再生計画認可の決定をする。

2　裁判所は、次の各号のいずれかに該当する場合には、再生計画不認可の決定をする。

一　再生手続又は再生計画が法律の規定に違反し、かつ、その不備を補正することができないものであるとき。ただし、再生手続が法律の規定に違反する場合において、当該違反の程度が軽微であるときは、この限りでない。

二　再生計画が遂行される見込みがないとき。

三　再生計画の決議が不正の方法によって成立するに至ったとき。

四　再生計画の決議が再生債権者の一般の利益に反するとき。

3　第百十五条第一項本文に規定する者及び労働組合等は、再生計画案を認可すべきかどうかについて、意見を述べることができる。

4　再生計画の認可又は不認可の決定があった場合には、第百十五条第一項本文に規定する者に対して、その主文及び理由の要旨を記載した書面を送達しなければならない。

5　前項に規定する場合には、同項の決定があった旨を労働組合等に通知しなければならない。

【令和四年五月二五日法律第四八号未施行内容】

《内容略》

【令和四年六月一七日法律第六八号未施行内容】

《内容略》

【令和五年六月一四日法律第五三号未施行内容】

《内容略》

【令和六年五月二四日法律第三三号未施行内容】

《内容略》

会社更生法（抄）

平成一四年一二月一三日法律第一五四号
施行：平成一五年四月一日
最終改正：令和五年六月一四日法律第五三号
施行：附則参照

（更生手続開始の申立て）

第一七条　株式会社は、当該株式会社に更生手続開始の原因となる事実（次の各号に掲げる場合のいずれかに該当する事実をいう。）があるときは、当該株式会社について更生手続開始の申立てをすることができる。

一　破産手続開始の原因となる事実が生ずるおそれがある場合

二　弁済期にある債務を弁済することとすれば、その事業の継続に著しい支障を来すおそれがある場合

2　株式会社に前項第一号に掲げる場合に該当する事実があるときは、次に掲げる者も、当該株式会社について更生手続開始の申立てをすることができる。

一　当該株式会社の資本金の額の十分の一以上に当たる債権を有する債権者

二　当該株式会社の総株主の議決権の十分の一以上を有する株主

（意見の聴取等）

第二二条　裁判所は、第十七条の規定による更生手続開始の申立てがあった場合には、当該申立てを棄却すべきこと又は更生手続開始の決定をすべきことが明らかである場合を除き、当該申立てについての決定をする前に、開始前会社の使用人の過半数で組織する労働組合があるときはその労働組合、開始前会社の使用人の過半数で組織する労働組合がないときは開始前会社の使用人の過半数を代表する者の意見を聴かなければならない。

2　第十七条第二項の規定により債権者又は株主が更生手続開始の申立てをした場合においては、裁判所は、当該申立てについての決定をするには、開始前会社の代表者（外国に本店があるときは、日本における代表者）を審尋しなければならない。

（保全管理命令）

第三〇条　裁判所は、更生手続開始の申立てがあった場合において、更生手続の目的を達成するために必要があると認めるときは、利害関係人の申立てにより又は職権で、更生手続開始の申立てにつき決定があるまでの間、開始前会社の業務及び財産に関し、保全管理人による管理を命ずる処分をすることができる。

2　裁判所は、前項の処分（以下「保全管理命令」という。）をする場合には、当該保全管理命令において、一人又は数人の保全管理人を選任しなければならない。ただし、第六十七条第三項に規定する者は、保全管理人に選任することができない。

3　裁判所は、保全管理命令を変更し、又は取り消すことができる。

4　保全管理命令及び前項の規定による決定に対しては、即時抗告をすることができる。

5　前項の即時抗告は、執行停止の効力を有しない。

（保全管理人の権限）

第三二条　保全管理命令が発せられたときは、開始前会社の事業の経営並びに財産（日本国内にあるかどうかを問わない。）の管理及び処分をする権利は、保全管理人に専属する。ただし、保全管理人が開始前会社の常務に属しない行為をするには、裁判所の許可を得なければならない。

2　前項ただし書の許可を得ないでした行為は、無効とする。ただし、これをもって善意の第三者に対抗することができない。

3　第七十二条第二項及び第三項の規定は、保全管理人について準用する。

（更生手続開始の決定）

第四一条　裁判所は、第十七条の規定による更生手続開始の申立てがあった場合において、同条第一項に規定する更生手続開始の原因となる事実があると認めるときは、次の各号のいずれかに該当する場合を除き、更生手続開始の決定をする。

一　更生手続の費用の予納がないとき。

二　裁判所に破産手続、再生手続又は特別清算手続が係属し、その手続によることが債権者の一般の利益に適合するとき。

三　事業の継続を内容とする更生計画案の作成若しくは可決の見込み又は事業の継続を内容とする更生計画の認可の見込みがないことが明らかであるとき。

四　不当な目的で更生手続開始の申立てがされたとき、その他申立てが誠実にされたものでないとき。

2　前項の決定は、その決定の時から、効力を生ずる。

（事業等の譲渡）

第四六条　更生手続開始後その終了までの間においては、更生計画の定めるところによらなければ、更生会社に係る会社法第四百六十七条第一項第一号から第二号の二までに掲げる行為（以下この条において「事業等の譲渡」という。）をすること

ができない。ただし、次項から第八項までの規定により更生会社の事業に係る事業等の譲渡をする場合は、この限りでない。

2　更生手続開始後更生計画案を決議に付する旨の決定がされるまでの間においては、管財人は、裁判所の許可を得て、更生会社に係る事業等の譲渡をすることができる。この場合において、裁判所は、当該事業等の譲渡が当該更生会社の事業の更生のために必要であると認める場合に限り、許可をすることができる。

3　裁判所は、前項の許可をする場合には、次に掲げる者の意見を聴かなければならない。

一　知れている更生債権者（更生会社が更生手続開始の時においてその財産をもって約定劣後更生債権に優先する債権に係る債務を完済することができない状態にある場合における当該約定劣後更生債権を有する者を除く。）。ただし、第百十七条第二項に規定する更生債権者委員会があるときは、その意見を聴けば足りる。

二　知れている更生担保権者。ただし、第百十七条第六項に規定する更生担保権者委員会があるときは、その意見を聴けば足りる。

三　労働組合等（更生会社の使用人の過半数で組織する労働組合があるときはその労働組合、更生会社の使用人の過半数で組織する労働組合がないときは更生会社の使用人の過半数を代表する者をいう。）

4　管財人は、第二項の規定により更生会社に係る事業等の譲渡をしようとする場合には、あらかじめ、次に掲げる事項を公告し、又は株主に通知しなければならない。

一　当該譲渡の相手方、時期及び対価並びに当該譲渡の対象となる事業（会社法第四百六十七条第一項第二号の二に掲げる行為をする場合にあっては、同号の子会社の事業）の内容

二　当該事業等の譲渡に反対の意思を有する株主は、当該公告又は当該通知があった日から二週間以内にその旨を書面をもって管財人に通知すべき旨

5　前項の規定による株主に対する通知は、株主名簿に記載され、若しくは記録された住所又は株主が更生会社若しくは管財人に通知した場所若しくは連絡先にあてて、することができる。

6　第四項の規定による株主に対する通知は、その通知が通常到達すべきであった時に、到達したものとみなす。

7　裁判所は、次の各号のいずれかに該当する場合には、第二項の許可をすることができない。

一　第四項の規定による公告又は通知があった日から一月を経過した後に第二項の許可の申立てがあったとき。

二　第四項第二号に規定する期間内に、更生会社の総株主の議決権の三分の一を超える議決権を有する株主が、書面をもって管財人に第二項の規定による事業等譲渡に反対の意思を有する旨の通知をしたとき。

8　第四項から前項までの規定は、第二項の規定による事業等の譲渡に係る契約の相手方が更生会社の特別支配会社（会社法第四百六十八条第一項に規定する特別支配会社をいう。）である場合又は第二項の許可の時において更生会社がその財産をもって債務を完済することができない状態にある場合には、適用しない。

9　第二項の許可を得ないでした行為は、無効とする。ただし、これをもって善意の第三者に対抗することができない。

10　第二項の許可を得て更生会社に係る事業等の譲渡をする場合には、会社法第二編第七章の規定は、適用しない。

（双務契約）

第六十一条　双務契約について更生会社及びその相手方が更生手続開始の時において共にまだその履行を完了していないときは、管財人は、契約の解除をし、又は更生会社の債務を履行して相手方の債務の履行を請求することができる。

2　前項の場合には、相手方は、管財人に対し、相当の期間を定め、その期間内に契約の解除をするか、又は債務の履行を請求するかを確答すべき旨を催告することができる。この場合において、管財人がその期間内に確答をしないときは、同項の規定による解除権を放棄したものとみなす。

3　前二項の規定は、労働協約には、適用しない。

4　第一項の規定により更生会社の債務の履行をする場合において、相手方が有する請求権は、共益債権とする。

5　破産法第五十四条の規定は、第一項の規定による契約の解除があった場合について準用する。この場合において、同条第一項中「破産債権者」とあるのは「更生債権者」と、同条第二項中「破産者」とあるのは「更生会社」と、「破産財団」とあるのは「更生会社財産」と、「財団債権者」とあるのは「共益債権者」と読み替えるものとする。

（継続的給付を目的とする双務契約）

第六十二条　更生会社に対して継続的給付の義務を負う双務契約の相手方は、更生手続開始の申立て前の給付に係る更生債権等について弁済がないこと

を理由としては、更生手続開始後は、その義務の履行を拒むことができない。

2 前項の双務契約の相手方が更生手続開始の申立て後更生手続開始前にした給付に係る請求権（一定期間ごとに債権額を算定すべき継続的給付については、申立ての日の属する期間内の給付に係る請求権を含む。）は、共益債権とする。

3 前二項の規定は、労働契約には、適用しない。

（管財人の権限）

第七二条 更生手続開始の決定があった場合には、更生会社の事業の経営並びに財産（日本国内にあるかどうかを問わない。第四項において同じ。）の管理及び処分をする権利は、裁判所が選任した管財人に専属する。

2 裁判所は、更生手続開始後において、必要があると認めるときは、管財人が次に掲げる行為をするには裁判所の許可を得なければならないものとすることができる。

一 財産の処分
二 財産の譲受け
三 借財
四 第六十一条第一項の規定による契約の解除
五 訴えの提起
六 和解又は仲裁合意（仲裁法（平成十五年法律第百三十八号）第二条第一項に規定する仲裁合意をいう。）
七 権利の放棄
八 共益債権又は第六十四条第一項に規定する権利の承認
九 更生担保権に係る担保の変換
十 その他裁判所の指定する行為

3 前項の許可を得ないでした行為は、無効とする。ただし、これをもって善意の第三者に対抗することができない。

4 前三項の規定については、更生計画の定め又は裁判所の決定で、更生計画認可の決定後の更生会社に対しては適用しないこととすることができる。この場合においては、管財人は、更生会社の事業の経営並びに財産の管理及び処分を監督する。

5 裁判所は、更生計画に前項前段の規定による定めがない場合において必要があると認めるときは、管財人の申立てにより又は職権で、同項前段の規定による決定をする。

6 裁判所は、管財人の申立てにより又は職権で、前項の規定による決定を取り消すことができる。

7 前二項の規定による決定があったときは、その旨を公告し、かつ、その裁判書を管財人及び更生会社に送達しなければならない。この場合においては、第十条第四項の規定は、適用しない。

（裁判所への報告）

第八四条 管財人は、更生手続開始後遅滞なく、次に掲げる事項を記載した報告書を、裁判所に提出しなければならない。

一 更生手続開始に至った事情
二 更生会社の業務及び財産に関する経過及び現状
三 第九十九条第一項の規定による保全処分又は第百条第一項に規定する役員等責任査定決定を必要とする事情の有無
四 その他更生手続に関し必要な事項

2 管財人は、前項の規定によるもののほか、裁判所の定めるところにより、更生会社の業務及び財産の管理状況その他裁判所の命ずる事項を裁判所に報告しなければならない。

（財産状況報告集会への報告）

第八五条 更生会社の財産状況を報告するために招集された関係人集会においては、管財人は、前条第一項各号に掲げる事項の要旨を報告しなければならない。

2 前項の関係人集会においては、裁判所は、管財人、更生会社、届出をした更生債権者等又は株主から、管財人の選任並びに更生会社の業務及び財産の管理に関する事項につき、意見を聴かなければならない。

3 第一項の関係人集会においては、第四十六条第三項第三号に規定する労働組合等は、前項に規定する事項について意見を述べることができる。

4 裁判所は、第一項の関係人集会を招集しないこととしたときは、前二項に規定する者（管財人を除く。）に対し、管財人の選任について裁判所の定める期間内に書面により意見を述べることができる旨を通知しなければならない。

（関係人集会の招集）

第一一四条 裁判所は、次の各号に掲げる者のいずれかの申立てがあった場合には、関係人集会を招集しなければならない。これらの申立てがない場合であっても、裁判所は、相当と認めるときは、関係人集会を招集することができる。

一 管財人
二 第百十七条第二項に規定する更生債権者委員会
三 第百十七条第六項に規定する更生担保権者委員会
四 第百十七条第七項に規定する株主委員会
五 届出があった更生債権等の全部について裁判所が評価した額の十分の一以上に当たる更生債権等を有する更生債権者等

六　更生会社の総株主の議決権の十分の一以上を有する株主

2　前項前段の規定にかかわらず、更生会社が更生手続開始の時においてその財産をもって債務を完済することができない状態にあるときは、同項第四号及び第六号に掲げる者は、同項前段の申立てをすることができない。

（関係人集会の期日の呼出し等）

第一一五条　関係人集会の期日には、管財人、更生会社、届出をした更生債権者等、株主及び更生会社の事業の更生のために債務を負担し又は担保を提供する者があるときは、その者を呼び出さなければならない。ただし、第四十二条第二項の決定があったときは、更生計画案の決議をするための関係人集会の期日を除き、届出をした更生債権者等を呼び出すことを要しない。

2　前項本文の規定にかかわらず、届出をした更生債権者等又は株主であって議決権を行使することができないものは、呼び出さないことができる。

3　関係人集会の期日は、第四十六条第三項第三号に規定する労働組合等に通知しなければならない。

4　裁判所は、関係人集会の期日及び会議の目的である事項を公告しなければならない。

5　関係人集会の期日においてその延期又は続行について言渡しがあったときは、第一項及び前二項の規定は、適用しない。

（共益債権となる請求権）

第一二七条　次に掲げる請求権は、共益債権とする。

一　更生債権者等及び株主の共同の利益のためにする裁判上の費用の請求権

二　更生手続開始後の更生会社の事業の経営並びに財産の管理及び処分に関する費用の請求権

三　更生計画の遂行に関する費用の請求権（更生手続終了後に生じたものを除く。）

四　第八十一条第一項（第三十四条第一項、第三十八条、第八十一条第五項及び前条において準用する場合を含む。）、第百十七条第四項（同条第六項及び第七項において準用する場合を含む。）、第百二十三条第五項、第百二十四条第一項及び第百六十二条の規定により支払うべき費用、報酬及び報償金の請求権

五　更生会社の業務及び財産に関し管財人又は更生会社（第七十二条第四項前段の規定により更生会社の機関がその権限を回復した場合に限る。）が権限に基づいてした資金の借入れその他の行為によって生じた請求権

六　事務管理又は不当利得により更生手続開始後に更生会社に対して生じた請求権

七　更生会社のために支出すべきやむを得ない費用の請求権で、更生手続開始後に生じたもの（前各号に掲げるものを除く。）

（使用人の給料等）

第一三〇条　株式会社について更生手続開始の決定があった場合において、更生手続開始前六月間の当該株式会社の使用人の給料の請求権及び更生手続開始前の原因に基づいて生じた当該株式会社の使用人の身元保証金の返還請求権は、共益債権とする。

2　前項に規定する場合において、更生計画認可の決定前に退職した当該株式会社の使用人の退職手当の請求権は、退職前六月間の給料の総額に相当する額又はその退職手当の額の三分の一に相当する額のいずれか多い額を共益債権とする。

3　前項の退職手当の請求権で定期金債権であるものは、同項の規定にかかわらず、各期における定期金につき、その額の三分の一に相当する額を共益債権とする。

4　前二項の規定は、第百二十七条の規定により共益債権とされる退職手当の請求権については、適用しない。

5　第一項に規定する場合において、更生手続開始前の原因に基づいて生じた当該株式会社の使用人の預り金の返還請求権は、更生手続開始前六月間の給料の総額に相当する額又はその預り金の額の三分の一に相当する額のいずれか多い額を共益債権とする。

（共益債権の取扱い）

第一三二条　共益債権は、更生計画の定めるところによらないで、随時弁済する。

2　共益債権は、更生債権等に先立って、弁済する。

3　共益債権に基づき更生会社の財産に対し強制執行又は仮差押えがされている場合において、その強制執行又は仮差押えが更生会社の事業の更生に著しい支障を及ぼし、かつ、更生会社が他に換価の容易な財産を十分に有するときは、裁判所は、更生手続開始後において、管財人（第七十二条第四項前段の規定により更生会社の機関がその権限を回復したときは、更生会社。次条第三項において同じ。）の申立てにより又は職権で、担保を立てさせて、又は立てさせないで、その強制執行又は仮差押えの手続の中止又は取消しを命ずることができる。

4　裁判所は、前項の規定による中止の命令を変更し、又は取り消すことができる。

5　第三項の規定による中止又は取消しの命令及び前項の規定による決定に対しては、即時抗告をす

ることができる。

6　前項の即時抗告は、執行停止の効力を有しない。

（更生債権等の届出）

第一三八条　更生手続に参加しようとする更生債権者は、債権届出期間（第四十二条第一項の規定により定められた更生債権等の届出をすべき期間をいう。）内に、次に掲げる事項を裁判所に届け出なければならない。

一　各更生債権の内容及び原因

二　一般の優先権がある債権又は約定劣後更生債権であるときは、その旨

三　各更生債権についての議決権の額

四　前三号に掲げるもののほか、最高裁判所規則で定める事項

2　更生手続に参加しようとする更生担保権者は、前項に規定する債権届出期間内に、次に掲げる事項を裁判所に届け出なければならない。

一　各更生担保権の内容及び原因

二　担保権の目的である財産及びその価額

三　各更生担保権についての議決権の額

四　前三号に掲げるもののほか、最高裁判所規則で定める事項

（退職手当の請求権の届出の特例）

第一四〇条　更生会社の使用人の退職手当の請求権についての更生債権等の届出は、退職した後にするものとする。

2　更生会社の使用人が第百三十八条第一項に規定する債権届出期間の経過後更生計画認可の決定以前に退職したときは、退職後一月の不変期間内に限り、退職手当の請求権についての更生債権等の届出をすることができる。

3　前二項の規定は、更生会社の取締役、会計参与、監査役、代表取締役、執行役、代表執行役、清算人又は代表清算人の退職手当の請求権について準用する。

（異議等のない更生債権等の確定）

第一五〇条　第百四十六条第二項各号に定める事項は、更生債権等の調査において、管財人が認め、かつ、届出をした更生債権者等及び株主が調査期間内に異議を述べなかったとき（前条第一項の更生債権等の調査においては、管財人が同条第三項前段の規定による異議を述べなかったとき）は、確定する。

2　裁判所書記官は、更生債権等の調査の結果を更生債権者表及び更生担保権者表に記載しなければならない。

3　第一項の規定により確定した事項についての更生債権者表及び更生担保権者表の記載は、更生債権者等及び株主の全員に対して確定判決と同一の効力を有する。

（更生計画において定める事項）

第一六七条　更生計画においては、次に掲げる事項に関する条項を定めなければならない。

一　全部又は一部の更生債権者等又は株主の権利の変更

二　更生会社の取締役、会計参与、監査役、執行役、会計監査人及び清算人

三　共益債権の弁済

四　債務の弁済資金の調達方法

五　更生計画において予想された額を超える収益金の使途

六　次のイ及びロに掲げる金銭の額又は見込額及びこれらの使途

イ　第五十一条第一項本文に規定する手続又は処分における配当等に充てるべき金銭の額又は見込額

ロ　第百八条第一項の規定により裁判所に納付された金銭の額（第百十二条第二項の場合にあっては、同項の規定により裁判所に納付された金銭の額及び第百十一条第一項の決定において定める金額の合計額）

七　知れている開始後債権があるときは、その内容

2　第七十二条第四項前段に定めるもののほか、更生計画においては、第四十五条第一項各号に掲げる行為、定款の変更、事業譲渡等（会社法第四百六十八条第一項に規定する事業譲渡等をいう。第百七十四条第六号及び第二百十三条の二において同じ。）、株式会社の設立その他更生のために必要な事項に関する条項を定めることができる。

（更生計画案の提出時期）

第一八四条　管財人は、第百三十八条第一項に規定する債権届出期間の満了後裁判所の定める期間内に、更生計画案を作成して裁判所に提出しなければならない。

2　更生会社、届出をした更生債権者等又は株主は、裁判所の定める期間内に、更生計画案を作成して裁判所に提出することができる。

3　前二項の期間（次項の規定により伸長された期間を除く。）の末日は、更生手続開始の決定の日から一年以内の日でなければならない。

4　裁判所は、特別の事情があるときは、申立てにより又は職権で、第一項又は第二項の規定により定めた期間を伸長することができる。

（更生会社の労働組合等の意見）

第一八八条　裁判所は、更生計画案について、第四

十六条第三項第三号に規定する労働組合等の意見を聴かなければならない。第百八十六条の規定による修正があった場合における修正後の更生計画案についても、同様とする。

（更生計画認可の要件等）

第一九九条　更生計画案が可決されたときは、裁判所は、更生計画の認可又は不認可の決定をしなければならない。

2　裁判所は、次に掲げる要件のいずれにも該当する場合には、更生計画認可の決定をしなければならない。

一　更生手続又は更生計画が法令及び最高裁判所規則の規定に適合するものであること。

二　更生計画の内容が公正かつ衡平であること。

三　更生計画が遂行可能であること。

四　更生計画の決議が誠実かつ公正な方法でされたこと。

五　他の会社と共に第四十五条第一項第七号に掲げる行為を行うことを内容とする更生計画については、前項の規定による決定の時において、当該他の会社が当該行為を行うことができること。

六　行政庁の許可、認可、免許その他の処分を要する事項を定めた更生計画については、第百八十七条の規定による当該行政庁の意見と重要な点において反していないこと。

3　更生手続が法令又は最高裁判所規則の規定に違反している場合であっても、その違反の程度、更生会社の現況その他一切の事情を考慮して更生計画を認可しないことが不適当と認めるときは、裁判所は、更生計画認可の決定をすることができる。

4　裁判所は、前二項又は次条第一項の規定により更生計画認可の決定をする場合を除き、更生計画不認可の決定をしなければならない。

5　第百十五条第一項本文に規定する者及び第四十六条第三項第三号に規定する労働組合等は、更生計画を認可すべきかどうかについて、意見を述べることができる。

6　更生計画の認可又は不認可の決定があった場合には、その主文、理由の要旨及び更生計画又はその要旨を公告しなければならない。

7　前項に規定する場合には、同項の決定があった旨を第四十六条第三項第三号に規定する労働組合等に通知しなければならない。

（更生債権等の免責等）

第二〇四条　更生計画認可の決定があったときは、次に掲げる権利を除き、更生会社は、すべての更生債権等につきその責任を免れ、株主の権利及び更生会社の財産を目的とする担保権はすべて消滅する。

一　更生計画の定め又はこの法律の規定によって認められた権利

二　更生手続開始後に更生会社の取締役等（取締役、会計参与、監査役、代表取締役、執行役、代表執行役、清算人又は代表清算人をいう。）又は使用人であった者で、更生計画認可の決定後も引き続きこれらの職に在職しているものの退職手当の請求権

三　第百四十二条第二号に規定する更生手続開始前の罰金等の請求権

四　租税等の請求権のうち、これを免れ、若しくは免れようとし、不正の行為によりその還付を受け、又は徴収して納付し、若しくは納入すべきものを納付せず、若しくは納入しなかったことにより、更生手続開始後懲役若しくは罰金に処せられ、又は国税通則法（昭和三十七年法律第六十六号）第百五十七条第一項（地方税法（昭和二十五年法律第二百二十六号）において準用する場合を含む。）の規定による通告の旨を履行した場合における、免れ、若しくは免れようとし、還付を受け、又は納付せず、若しくは納入しなかった額の租税等の請求権で届出のないもの

2　更生計画認可の決定があったときは、前項第三号及び第四号に掲げる請求権については、更生計画で定められた弁済期間が満了する時（その期間の満了前に更生計画に基づく弁済が完了した場合にあっては、弁済が完了した時）までの間は、弁済をし、弁済を受け、その他これを消滅させる行為（免除を除く。）をすることができない。

（新会社の設立に関する特例）

第二二五条　第百八十三条本文の規定により更生計画において株式会社を設立することを定めた場合には、当該株式会社（以下この条において「新会社」という。）についての発起人の職務は、管財人が行う。

2～7《略》

（新会社に異動した者の退職手当の取扱い）

第二二六条　更生手続開始後に更生会社の第二百四条第一項第二号に規定する取締役等又は使用人であった者で、前条第一項に規定する新会社が設立された際に更生会社を退職し、かつ、引き続き当該新会社の同号に規定する取締役等又は使用人となったものは、更生会社から退職手当の支給を受けることができない。

2　前項に規定する者の更生会社における在職期間

は、退職手当の計算については、同項に規定する新会社における在職期間とみなす。

【令和四年五月二五日法律第四八号未施行内容】

《内容略》

【令和四年六月一七日法律第六八号未施行内容】

《内容略》

【令和五年六月一四日法律第五三号未施行内容】

《内容略》

破産法（抄）

平成一六年六月二日法律第七五号
施行：平成一七年一月一日
最終改正：令和六年五月二四日法律第三八号
施行：附則参照

（破産手続開始の公告等）

第三二条　裁判所は、破産手続開始の決定をしたときは、直ちに、次に掲げる事項を公告しなければならない。

一　破産手続開始の決定の主文
二　破産管財人の氏名又は名称
三　前条第一項の規定により定めた期間又は期日
四　破産財団に属する財産の所持者及び破産者に対して債務を負担する者（第三項第二号において「財産所持者等」という。）は、破産者にその財産を交付し、又は弁済をしてはならない旨
五　第二百四条第一項第二号の規定による簡易配当をすることが相当と認められる場合にあっては、簡易配当をすることにつき異議のある破産債権者は裁判所に対し前条第一項第三号の期間の満了時又は同号の期日の終了時までに異議を述べるべき旨

2　前条第五項の決定があったときは、裁判所は、前項各号に掲げる事項のほか、第四項本文及び第五項本文において準用する次項第一号、次条第三項本文並びに第百三十九条第三項本文の規定による破産債権者に対する通知をせず、かつ、届出をした破産債権者を債権者集会の期日に呼び出さない旨をも公告しなければならない。

3　次に掲げる者には、前二項の規定により公告すべき事項を通知しなければならない。

一　破産管財人、破産者及び知れている破産債権者
二　知れている財産所持者等
三　第九十一条第二項に規定する保全管理命令があった場合における保全管理人
四　労働組合等（破産者の使用人その他の従業者の過半数で組織する労働組合があるときはその労働組合、破産者の使用人その他の従業者の過半数で組織する労働組合がないときは破産者の使用人その他の従業者の過半数を代表する者をいう。第七十八条第四項及び第百三十六条第三項において同じ。）

4　第一項第三号及び前項第一号の規定は、前条第三項の規定により同条第一項第一号の期間及び同項第三号の期間又は期日を定めた場合について準用する。ただし、同条第五項の決定があったときは、知れている破産債権者に対しては、当該通知をすることを要しない。

5　第一項第二号並びに第三項第一号及び第二号の規定は第一項第二号に掲げる事項に変更を生じた場合について、第一項第三号及び第三項第一号の規定は第一項第三号に掲げる事項に変更を生じた場合（前条第一項第一号の期間又は同項第二号の期日に変更を生じた場合に限る。）について準用する。ただし、同条第五項の決定があったときは、知れている破産債権者に対しては、当該通知をすることを要しない。

（破産者の事業の継続）

第三六条　破産手続開始の決定がされた後であっても、破産管財人は、裁判所の許可を得て、破産者

の事業を継続することができる。

（破産者等の説明義務）

第四〇条　次に掲げる者は、破産管財人若しくは第百四十四条第二項に規定する債権者委員会の請求又は債権者集会の決議に基づく請求があったときは、破産に関し必要な説明をしなければならない。ただし、第五号に掲げる者については、裁判所の許可がある場合に限る。

一　破産者

二　破産者の代理人

三　破産者が法人である場合のその理事、取締役、執行役、監事、監査役及び清算人

四　前号に掲げる者に準ずる者

五　破産者の従業者（第二号に掲げる者を除く。）

2　前項の規定は、同項各号（第一号を除く。）に掲げる者であった者について準用する。

（双務契約）

第五三条　双務契約について破産者及びその相手方が破産手続開始の時において共にまだその履行を完了していないときは、破産管財人は、契約の解除をし、又は破産者の債務を履行して相手方の債務の履行を請求することができる。

2　前項の場合には、相手方は、破産管財人に対し、相当の期間を定め、その期間内に契約の解除をするか、又は債務の履行を請求するかを確答すべき旨を催告することができる。この場合において、破産管財人がその期間内に確答をしないときは、契約の解除をしたものとみなす。

3　前項の規定は、相手方又は破産管財人が民法第六百三十一条前段の規定により解約の申入れをすることができる場合又は同法第六百四十二条第一項前段の規定により契約の解除をすることができる場合について準用する。

（継続的給付を目的とする双務契約）

第五五条　破産者に対して継続的給付の義務を負う双務契約の相手方は、破産手続開始の申立て前の給付に係る破産債権について弁済がないことを理由としては、破産手続開始後は、その義務の履行を拒むことができない。

2　前項の双務契約の相手方が破産手続開始の申立て後破産手続開始前にした給付に係る請求権（一定期間ごとに債権額を算定すべき継続的給付については、申立ての日の属する期間内の給付に係る請求権を含む。）は、財団債権とする。

3　前二項の規定は、労働契約には、適用しない。

（破産管財人の権限）

第七八条　破産手続開始の決定があった場合には、破産財団に属する財産の管理及び処分をする権利は、裁判所が選任した破産管財人に専属する。

2　破産管財人が次に掲げる行為をするには、裁判所の許可を得なければならない。

一　不動産に関する物権、登記すべき日本船舶又は外国船舶の任意売却

二　鉱業権、漁業権、特許権、実用新案権、意匠権、商標権、回路配置利用権、育成者権、著作権又は著作隣接権の任意売却

三　営業又は事業の譲渡

四　商品の一括売却

五　借財

六　第二百三十八条第二項の規定による相続の放棄の承認、第二百四十三条において準用する同項の規定による包括遺贈の放棄の承認又は第二百四十四条第一項の規定による特定遺贈の放棄

七　動産の任意売却

八　債権又は有価証券の譲渡

九　第五十三条第一項の規定による履行の請求

十　訴えの提起

十一　和解又は仲裁合意（仲裁法（平成十五年法律第百三十八号）第二条第一項に規定する仲裁合意をいう。）

十二　権利の放棄

十三　財団債権、取戻権又は別除権の承認

十四　別除権の目的である財産の受戻し

十五　その他裁判所の指定する行為

3　前項の規定にかかわらず、同項第七号から第十四号までに掲げる行為については、次に掲げる場合には、同項の許可を要しない。

一　最高裁判所規則で定める額以下の価額を有するものに関するとき。

二　前号に掲げるもののほか、裁判所が前項の許可を要しないものとしたものに関するとき。

4　裁判所は、第二項第三号の規定により営業又は事業の譲渡につき同項の許可をする場合には、労働組合等の意見を聴かなければならない。

5　第二項の許可を得ないでした行為は、無効とする。ただし、これをもって善意の第三者に対抗することができない。

6　破産管財人は、第二項各号に掲げる行為をしようとするときは、遅滞を生ずるおそれのある場合又は第三項各号に掲げる場合を除き、破産者の意見を聴かなければならない。

（破産管財人の情報提供努力義務）

第八六条　破産管財人は、破産債権である給料の請求権又は退職手当の請求権を有する者に対し、破産手続に参加するのに必要な情報を提供するよう努めなければならない。

（保全管理人の権限）

第九三条　保全管理命令が発せられたときは、債務者の財産（日本国内にあるかどうかを問わない。）の管理及び処分をする権利は、保全管理人に専属する。ただし、保全管理人が債務者の常務に属しない行為をするには、裁判所の許可を得なければならない。

2　前項ただし書の許可を得ないでした行為は、無効とする。ただし、これをもって善意の第三者に対抗することができない。

3　第七十八条第二項から第六項までの規定は、保全管理人について準用する。

（優先的破産債権）

第九八条　破産財団に属する財産につき一般の先取特権その他一般の優先権がある破産債権（次条第一項に規定する劣後的破産債権及び同条第二項に規定する約定劣後破産債権を除く。以下「優先的破産債権」という。）は、他の破産債権に優先する。

2　前項の場合において、優先的破産債権間の優先順位は、民法、商法その他の法律の定めるところによる。

3　優先権が一定の期間内の債権額につき存在する場合には、その期間は、破産手続開始の時からさかのぼって計算する。

（破産債権の行使）

第一〇〇条　破産債権は、この法律に特別の定めがある場合を除き、破産手続によらなければ、行使することができない。

2　前項の規定は、次に掲げる行為によって破産債権である租税等の請求権を行使する場合については、適用しない。

一　破産手続開始の時に破産財団に属する財産に対して既にされている国税滞納処分

二　徴収の権限を有する者による還付金又は過誤納金の充当

（給料の請求権等の弁済の許可）

第一〇一条　優先的破産債権である給料の請求権又は退職手当の請求権について届出をした破産債権者が、これらの破産債権の弁済を受けなければその生活の維持を図るのに困難を生ずるおそれがあるときは、裁判所は、最初に第百九十五条第一項に規定する最後配当、第二百四条第一項に規定する簡易配当、第二百八条第一項に規定する同意配当又は第二百九条第一項に規定する中間配当の許可があるまでの間、破産管財人の申立てにより又は職権で、その全部又は一部の弁済をすることを許可することができる。ただし、その弁済により財団債権又は他の先順位若しくは同順位の優先的破産債権を有する者の利益を害するおそれがないときに限る。

2　破産管財人は、前項の破産債権者から同項の申立てをすべきことを求められたときは、直ちにその旨を裁判所に報告しなければならない。この場合において、その申立てをしないこととしたときは、遅滞なく、その事情を裁判所に報告しなければならない。

（破産債権の届出）

第一一一条　破産手続に参加しようとする破産債権者は、第三十一条第一項第一号又は第三項の規定により定められた破産債権の届出をすべき期間（以下「債権届出期間」という。）内に、次に掲げる事項を裁判所に届け出なければならない。

一　各破産債権の額及び原因

二　優先的破産債権であるときは、その旨

三　劣後的破産債権又は約定劣後破産債権であるときは、その旨

四　自己に対する配当額の合計額が最高裁判所規則で定める額に満たない場合においても配当金を受領する意思があるときは、その旨

五　前各号に掲げるもののほか、最高裁判所規則で定める事項

2　別除権者は、前項各号に掲げる事項のほか、次に掲げる事項を届け出なければならない。

一　別除権の目的である財産

二　別除権の行使によって弁済を受けることができないと見込まれる債権の額

3　前項の規定は、第百八条第二項に規定する特別の先取特権、質権若しくは抵当権又は破産債権を有する者（以下「準別除権者」という。）について準用する。

（債権者集会の期日の呼出し等）

第一三六条　債権者集会の期日には、破産管財人、破産者及び届出をした破産債権者を呼び出さなければならない。ただし、第三十一条第五項の決定があったときは、届出をした破産債権者を呼び出すことを要しない。

2　前項本文の規定にかかわらず、届出をした破産債権者であって議決権を行使することができないものは、呼び出さないことができる。財産状況報告集会においては、第三十二条第三項の規定により通知を受けた者も、同様とする。

3　裁判所は、第三十二条第一項第三号及び第三項の規定により財産状況報告集会の期日の公告及び通知をするほか、各債権者集会（財産状況報告集会を除く。以下この項において同じ。）の期日及び会議の目的である事項を公告し、かつ、各債権

者集会の期日を労働組合等に通知しなければならない。

4　債権者集会の期日においてその延期又は続行について言渡しがあったときは、第一項本文及び前項の規定は、適用しない。

（財団債権となる請求権）

第一四八条　次に掲げる請求権は、財団債権とする。

一　破産債権者の共同の利益のためにする裁判上の費用の請求権

二　破産財団の管理、換価及び配当に関する費用の請求権

三　破産手続開始前の原因に基づいて生じた租税等の請求権（第九十七条第五号に掲げる請求権を除く。）であって、破産手続開始当時、まだ納期限の到来していないもの又は納期限から一年（その期間中に包括的禁止命令が発せられたことにより国税滞納処分をすることができない期間がある場合には、当該期間を除く。）を経過していないもの

四　破産財団に関し破産管財人がした行為によって生じた請求権

五　事務管理又は不当利得により破産手続開始後に破産財団に対して生じた請求権

六　委任の終了又は代理権の消滅の後、急迫の事情があるためにした行為によって破産手続開始後に破産財団に対して生じた請求権

七　第五十三条第一項の規定により破産管財人が債務の履行をする場合において相手方が有する請求権

八　破産手続の開始によって双務契約の解約の申入れ（第五十三条第一項又は第二項の規定による賃貸借契約の解除を含む。）があった場合において破産手続開始後その契約の終了に至るまでの間に生じた請求権

2　破産管財人が負担付遺贈の履行を受けたときは、その負担した義務の相手方が有する当該負担の利益を受けるべき請求権は、遺贈の目的の価額を超えない限度において、財団債権とする。

3　第百三条第二項及び第三項の規定は、第一項第七号及び前項に規定する財団債権について準用する。この場合において、当該財団債権が無利息債権又は定期金債権であるときは、当該債権の額は、当該債権が破産債権であるとした場合に第九十九条第一項第二号から第四号までに掲げる劣後的破産債権となるべき部分に相当する金額を控除した額とする。

4　保全管理人が債務者の財産に関し権限に基づいてした行為によって生じた請求権は、財団債権とする。

（使用人の給料等）

第一四九条　破産手続開始前三月間の破産者の使用人の給料の請求権は、財団債権とする。

2　破産手続の終了前に退職した破産者の使用人の退職手当の請求権（当該請求権の全額が破産債権であるとした場合に劣後的破産債権となるべき部分を除く。）は、退職前三月間の給料の総額（その総額が破産手続開始前三月間の給料の総額より少ない場合にあっては、破産手続開始前三月間の給料の総額）に相当する額を財団債権とする。

（財団債権の取扱い）

第一五一条　財団債権は、破産債権に先立って、弁済する。

（配当の方法等）

第一九三条　破産債権者は、この章の定めるところに従い、破産財団から、配当を受けることができる。

2　破産債権者は、破産管財人がその職務を行う場所において配当を受けなければならない。ただし、破産管財人と破産債権者との合意により別段の定めをすることを妨げない。

3　破産管財人は、配当をしたときは、その配当をした金額を破産債権者表に記載しなければならない。

（配当の順位等）

第一九四条　配当の順位は、破産債権間においては次に掲げる順位に、第一号の優先的破産債権間においては第九十八条第二項に規定する優先順位による。

一　優先的破産債権

二　前号、次号及び第四号に掲げるもの以外の破産債権

三　劣後的破産債権

四　約定劣後破産債権

2　同一順位において配当をすべき破産債権については、それぞれその債権の額の割合に応じて、配当をする。

（免責許可の決定の効力等）

第二五三条　免責許可の決定が確定したときは、破産者は、破産手続による配当を除き、破産債権について、その責任を免れる。ただし、次に掲げる請求権については、この限りでない。

一　租税等の請求権

二　破産者が悪意で加えた不法行為に基づく損害賠償請求権

三　破産者が故意又は重大な過失により加えた人の生命又は身体を害する不法行為に基づく損害

賠償請求権（前号に掲げる請求権を除く。）
四 次に掲げる義務に係る請求権
イ 民法第七百五十二条の規定による夫婦間の協力及び扶助の義務
ロ 民法第七百六十条の規定による婚姻から生ずる費用の分担の義務
ハ 民法第七百六十六条（同法第七百四十九条、第七百七十一条及び第七百八十八条において準用する場合を含む。）の規定による子の監護に関する義務
ニ 民法第八百七十七条から第八百八十条までの規定による扶養の義務
ホ イからニまでに掲げる義務に類する義務であって、契約に基づくもの
五 雇用関係に基づいて生じた使用人の請求権及び使用人の預り金の返還請求権
六 破産者が知りながら債権者名簿に記載しなかった請求権（当該破産者について破産手続開始の決定があったことを知っていた者の有する請求権を除く。）
七 罰金等の請求権

2 免責許可の決定は、破産債権者が破産者の保証人その他破産者と共に債務を負担する者に対して有する権利及び破産者以外の者が破産債権者のために供した担保に影響を及ぼさない。

3 免責許可の決定が確定した場合において、破産債権者表があるときは、裁判所書記官は、これに免責許可の決定が確定した旨を記載しなければならない。

【令和四年五月二五日法律第四八号未施行内容】
《内容略》
【令和四年六月一七日法律第六八号未施行内容】
《内容略》
【令和五年六月一四日法律第五三号未施行内容】
《内容略》
【令和六年五月二四日法律第三八号未施行内容】
《内容略》

刑法（抄）

明治四〇年四月二四日法律第四五号
施行：明治四一年一〇月一日
最終改正：令和五年六月二三日法律第六六号
施行：附則参照

（正当行為）
第三五条 法令又は正当な業務による行為は、罰しない。

（正当防衛）
第三六条 急迫不正の侵害に対して、自己又は他人の権利を防衛するため、やむを得ずにした行為は、罰しない。

2 防衛の程度を超えた行為は、情状により、その刑を減軽し、又は免除することができる。

（緊急避難）
第三七条 自己又は他人の生命、身体、自由又は財産に対する現在の危難を避けるため、やむを得ずにした行為は、これによって生じた害が避けようとした害の程度を超えなかった場合に限り、罰しない。ただし、その程度を超えた行為は、情状により、その刑を減軽し、又は免除することができる。

2 前項の規定は、業務上特別の義務がある者には、適用しない。

（故意）
第三八条 罪を犯す意思がない行為は、罰しない。ただし、法律に特別の規定がある場合は、この限りでない。

2 重い罪に当たるべき行為をしたのに、行為の時

にその重い罪に当たることとなる事実を知らなかった者は、その重い罪によって処断することはできない。

3　法律を知らなかったとしても、そのことによって、罪を犯す意思がなかったとすることはできない。ただし、情状により、その刑を減軽することができる。

（住居侵入等）

第一三〇条　正当な理由がないのに、人の住居若しくは人の看守する邸宅、建造物若しくは艦船に侵入し、又は要求を受けたにもかかわらずこれらの場所から退去しなかった者は、三年以下の懲役又は十万円以下の罰金に処する。

（傷害）

第二〇四条　人の身体を傷害した者は、十五年以下の懲役又は五十万円以下の罰金に処する。

（暴行）

第二〇八条　暴行を加えた者が人を傷害するに至らなかったときは、二年以下の懲役若しくは三十万円以下の罰金又は拘留若しくは科料に処する。

（業務上過失致死傷等）

第二一一条　業務上必要な注意を怠り、よって人を死傷させた者は、五年以下の懲役若しくは禁錮又は百万円以下の罰金に処する。重大な過失により人を死傷させた者も、同様とする。

2　自動車の運転上必要な注意を怠り、よって人を死なせた者は、七年以下の懲役若しくは禁錮又は百万円以下の罰金に処する。ただし、その傷害が軽いときは、情状により、その刑を免除することができる。

（脅迫）

第二二二条　生命、身体、自由、名誉又は財産に対し害を加える旨を告知して人を脅迫した者は、二年以下の懲役又は三十万円以下の罰金に処する。

2　親族の生命、身体、自由、名誉又は財産に対し害を加える旨を告知して人を脅迫した者も、前項と同様とする。

（強要）

第二二三条　生命、身体、自由、名誉若しくは財産に対し害を加える旨を告知して脅迫し、又は暴行を用いて、人に義務のないことを行わせ、又は権利の行使を妨害した者は、三年以下の懲役に処する。

2　親族の生命、身体、自由、名誉又は財産に対し害を加える旨を告知して脅迫し、人に義務のないことを行わせ、又は権利の行使を妨害した者も、前項と同様とする。

3　前二項の罪の未遂は、罰する。

（名誉毀損）

第二三〇条　公然と事実を摘示し、人の名誉を毀損した者は、その事実の有無にかかわらず、三年以下の懲役若しくは禁錮又は五十万円以下の罰金に処する。

2　死者の名誉を毀損した者は、虚偽の事実を摘示することによってした場合でなければ、罰しない。

（信用毀損及び業務妨害）

第二三三条　虚偽の風説を流布し、又は偽計を用いて、人の信用を毀損し、又はその業務を妨害した者は、三年以下の懲役又は五十万円以下の罰金に処する。

（威力業務妨害）

第二三四条　威力を用いて人の業務を妨害した者も、前条の例による。

（電子計算機損壊等業務妨害）

第二三四条の二　人の業務に使用する電子計算機若しくはその用に供する電磁的記録を損壊し、若しくは人の業務に使用する電子計算機に虚偽の情報若しくは不正な指令を与え、又はその他の方法により、電子計算機に使用目的に沿うべき動作をさせず、又は使用目的に反する動作をさせて、人の業務を妨害した者は、五年以下の懲役又は百万円以下の罰金に処する。

（電子計算機使用詐欺）

第二四六条の二　前条に規定するもののほか、人の事務処理に使用する電子計算機に虚偽の情報若しくは不正な指令を与えて財産権の得喪若しくは変更に係る不実の電磁的記録を作り、又は財産権の得喪若しくは変更に係る虚偽の電磁的記録を人の事務処理の用に供して、財産上不法の利益を得、又は他人にこれを得させた者は、十年以下の懲役に処する。

（建造物等損壊及び同致死傷）

第二六〇条　他人の建造物又は艦船を損壊した者は、五年以下の懲役に処する。よって人を死傷させた者は、傷害の罪と比較して、重い刑により処断する。

（器物損壊等）

第二六一条　前三条に規定するもののほか、他人の物を損壊し、又は傷害した者は、三年以下の懲役又は三十万円以下の罰金若しくは科料に処する。

【令和四年六月一七日法律第六七号未施行内容】

《内容略》

【令和五年五月一七日法律第二八号未施行内容】

《内容略》

行政事件訴訟法（抄）

昭和三七年五月一六日法律第一三九号
施行：昭和三七年一〇月一日
最終改正：令和六年六月二一日法律第六〇号
施行：附則参照

（原告適格）

第九条　処分の取消しの訴え及び裁決の取消しの訴え（以下「取消訴訟」という。）は、当該処分又は裁決の取消しを求めるにつき法律上の利益を有する者（処分又は裁決の効果が期間の経過その他の理由によりなくなつた後においてもなお処分又は裁決の取消しによつて回復すべき法律上の利益を有する者を含む。）に限り、提起することができる。

2　裁判所は、処分又は裁決の相手方以外の者について前項に規定する法律上の利益の有無を判断するに当たつては、当該処分又は裁決の根拠となる法令の規定の文言のみによることなく、当該法令の趣旨及び目的並びに当該処分において考慮されるべき利益の内容及び性質を考慮するものとする。この場合において、当該法令の趣旨及び目的を考慮するに当たつては、当該法令と目的を共通にする関係法令があるときはその趣旨及び目的をも参酌するものとし、当該利益の内容及び性質を考慮するに当たつては、当該処分又は裁決がその根拠となる法令に違反してされた場合に害されることとなる利益の内容及び性質並びにこれが害される態様及び程度をも勘案するものとする。

（取消しの理由の制限）

第一〇条　取消訴訟においては、自己の法律上の利益に関係のない違法を理由として取消しを求めることができない。

2　処分の取消しの訴えとその処分についての審査請求を棄却した裁決の取消しの訴えとを提起することができる場合には、裁決の取消しの訴えにおいては、処分の違法を理由として取消しを求めることができない。

（管轄）

第一二条　取消訴訟は、被告の普通裁判籍の所在地を管轄する裁判所又は処分若しくは裁決をした行政庁の所在地を管轄する裁判所の管轄に属する。

2　土地の収用、鉱業権の設定その他不動産又は特定の場所に係る処分又は裁決についての取消訴訟は、その不動産又は場所の所在地の裁判所にも、提起することができる。

3　取消訴訟は、当該処分又は裁決に関し事案の処理に当たつた下級行政機関の所在地の裁判所にも、提起することができる。

4　国又は独立行政法人通則法（平成十一年法律第百三号）第二条第一項に規定する独立行政法人若しくは別表に掲げる法人を被告とする取消訴訟は、原告の普通裁判籍の所在地を管轄する高等裁判所の所在地を管轄する地方裁判所（次項において「特定管轄裁判所」という。）にも、提起することができる。

5　前項の規定により特定管轄裁判所に同項の取消訴訟が提起された場合であつて、他の裁判所に事実上及び法律上同一の原因に基づいてされた処分又は裁決に係る抗告訴訟が係属している場合においては、当該特定管轄裁判所は、当事者の住所又は所在地、尋問を受けるべき証人の住所、争点又は証拠の共通性その他の事情を考慮して、相当と認めるときは、申立てにより又は職権で、訴訟の全部又は一部について、当該他の裁判所又は第一項から第三項までに定める裁判所に移送することができる。

（出訴期間）

第一四条　取消訴訟は、処分又は裁決があつたことを知つた日から六箇月を経過したときは、提起することができない。ただし、正当な理由があるときは、この限りでない。

2　取消訴訟は、処分又は裁決の日から一年を経過したときは、提起することができない。ただし、正当な理由があるときは、この限りでない。

3　処分又は裁決につき審査請求をすることができる場合又は行政庁が誤つて審査請求をすることができる旨を教示した場合において、審査請求があつたときは、処分又は裁決に係る取消訴訟は、その審査請求をした者については、前二項の規定にかかわらず、これに対する裁決があつたことを知つた日から六箇月を経過したとき又は当該裁決の日から一年を経過したときは、提起することができない。ただし、正当な理由があるときは、この限りでない。

（第三者の訴訟参加）

第二二条　裁判所は、訴訟の結果により権利を害される第三者があるときは、当事者若しくはその第三者の申立てにより又は職権で、決定をもつて、その第三者を訴訟に参加させることができる。

2　裁判所は、前項の決定をするには、あらかじめ、当事者及び第三者の意見をきかなければならない。

3　第一項の申立てをした第三者は、その申立てを却下する決定に対して即時抗告をすることができる。

4　第一項の規定により訴訟に参加した第三者については、民事訴訟法第四十条第一項から第三項までの規定を準用する。

5　第一項の規定により第三者が参加の申立てをした場合には、民事訴訟法第四十五条第三項及び第四項の規定を準用する。

【令和四年五月二五日法律第四八号未施行内容】

《内容略》

【令和五年六月七日法律第四七号未施行内容】

《内容略》

【令和五年一一月二九日法律第七九号未施行内容】

《内容略》

【令和六年六月二一日法律第六〇号未施行内容】

《内容略》

仲裁法（抄）

平成一五年八月一日法律第一三八号

施行：平成一六年三月一日

最終改正：令和五年六月一四日法律第五三号

施行：附則参照

（定義）

第二条　この法律において「仲裁合意」とは、既に生じた民事上の紛争又は将来において生ずる一定の法律関係（契約に基づくものであるかどうかを問わない。）に関する民事上の紛争の全部又は一部の解決を一人又は二人以上の仲裁人にゆだね、かつ、その判断（以下「仲裁判断」という。）に服する旨の合意をいう。

（仲裁合意と本案訴訟）

第一四条　仲裁合意の対象となる民事上の紛争について訴えが提起されたときは、受訴裁判所は、被告の申立てにより、訴えを却下しなければならない。ただし、次に掲げる場合は、この限りでない。

一　仲裁合意が無効、取消しその他の事由により効力を有しないとき。

二　仲裁合意に基づく仲裁手続を行うことができないとき。

三　当該申立てが、本案について、被告が弁論をし、又は弁論準備手続において申述をした後にされたものであるとき。

2　仲裁廷は、前項の訴えに係る訴訟が裁判所に係属する間においても、仲裁手続を開始し、又は続行し、かつ、仲裁判断をすることができる。

附則（抄）

（個別労働関係紛争を対象とする仲裁合意に関する特例）

第四条　当分の間、この法律の施行後に成立した仲裁合意であって、将来において生ずる個別労働関係紛争（個別労働関係紛争の解決の促進に関する法律（平成十三年法律第百十二号）第一条に規定する個別労働関係紛争をいう。）を対象とするものは、無効とする。

【令和四年五月二五日法律第四八号未施行内容】

《内容略》

【令和四年六月一七日法律第六八号未施行内容】

《内容略》

【令和五年六月一四日法律第五三号未施行内容】

《内容略》

民事執行法（抄）

昭和五四年三月三〇日法律第四号

施行：昭和五五年一〇月一日

最終改正：令和六年五月二四日法律第三三号

施行：附則参照

（継続的給付の差押え）

第一五一条　給料その他継続的給付に係る債権に対する差押えの効力は、差押債権者の債権及び執行費用の額を限度として、差押えの後に受けるべき給付に及ぶ。

（差押禁止債権）

第一五二条　次に掲げる債権については、その支払期に受けるべき給付の四分の三に相当する部分（その額が標準的な世帯の必要生計費を勘案して政令で定める額を超えるときは、政令で定める額に相当する部分）は、差し押さえてはならない。

一　債務者が国及び地方公共団体以外の者から生計を維持するために支給を受ける継続的給付に係る債権

二　給料、賃金、俸給、退職年金及び賞与並びにこれらの性質を有する給与に係る債権

2　退職手当及びその性質を有する給与に係る債権については、その給付の四分の三に相当する部分は、差し押さえてはならない。

3　債権者が前条第一項各号に掲げる義務に係る金銭債権（金銭の支払を目的とする債権をいう。以下同じ。）を請求する場合における前二項の規定の適用については、前二項中「四分の三」とあるのは、「二分の一」とする。

【令和四年五月二五日法律第四八号未施行内容】
《内容略》
【令和四年六月一七日法律第六八号未施行内容】
《内容略》
【令和五年六月一四日法律第五三号未施行内容】
《内容略》
【令和六年五月二四日法律第三三号未施行内容】
《内容略》

民事保全法（抄）

平成元年一二月二二日法律第九一号
施行：平成三年一月一日
最終改正：令和五年六月一四日法律第五三号
施行：附則参照

（仮差押命令の必要性）
第二〇条　仮差押命令は、金銭の支払を目的とする債権について、強制執行をすることができなくなるおそれがあるとき、又は強制執行をするのに著しい困難を生ずるおそれがあるときに発することができる。
2　仮差押命令は、前項の債権が条件付又は期限付である場合においても、これを発することができる。

（仮処分命令の必要性等）
第二三条　係争物に関する仮処分命令は、その現状の変更により、債権者が権利を実行することができなくなるおそれがあるとき、又は権利を実行するのに著しい困難を生ずるおそれがあるときに発することができる。
2　仮の地位を定める仮処分命令は、争いがある権利関係について債権者に生ずる著しい損害又は急迫の危険を避けるためこれを必要とするときに発することができる。
3　第二十条第二項の規定は、仮処分命令について準用する。
4　第二項の仮処分命令は、口頭弁論又は債務者が立ち会うことができる審尋の期日を経なければ、これを発することができない。ただし、その期日を経ることにより仮処分命令の申立ての目的を達することができない事情があるときは、この限りでない。

附則（平成二三年六月二四日法律第七四号）（抄）
（施行期日）
第一条　この法律は、公布の日から起算して二十日を経過した日から施行する。

【令和四年五月二五日法律第四八号未施行内容】
《内容略》
【令和四年六月一七日法律第六八号未施行内容】
《内容略》
【令和五年六月一四日法律第五三号未施行内容】
《内容略》

国家賠償法（抄）

昭和二二年一〇月二七日法律第一二五号
施行：昭和二二年一〇月二七日

第一条　国又は公共団体の公権力の行使に当る公務員が、その職務を行うについて、故意又は過失によつて違法に他人に損害を加えたときは、国又は公共団体が、これを賠償する責に任ずる。
②　前項の場合において、公務員に故意又は重大な過失があつたときは、国又は公共団体は、その公務員に対して求償権を有する。
第四条　国又は公共団体の損害賠償の責任については、前三条の規定によるの外、民法の規定による。
第五条　国又は公共団体の損害賠償の責任について民法以外の他の法律に別段の定があるときは、その定めるところによる。

出入国管理及び難民認定法（抄）

昭和二六年一〇月四日政令第三一九号
施行：昭和二六年一一月一日
最終改正：令和六年六月二一日法律第六〇号
施行：附則参照

（目的）
第一条　出入国管理及び難民認定法は、本邦に入国し、又は本邦から出国する全ての人の出入国及び本邦に在留する全ての外国人の在留の公正な管理を図るとともに、難民の認定手続を整備することを目的とする。

（定義）
第二条　出入国管理及び難民認定法及びこれに基づく命令において、次の各号に掲げる用語の意義は、それぞれ当該各号に定めるところによる。
一　削除
二　外国人　日本の国籍を有しない者をいう。
三　乗員　船舶又は航空機（以下「船舶等」という。）の乗組員をいう。
三の二　難民　難民の地位に関する条約（以下「難民条約」という。）第一条の規定又は難民の地位に関する議定書第一条の規定により難民条約の適用を受ける難民をいう。

四　日本国領事官等　外国に駐在する日本国の大使、公使又は領事官をいう。

五　旅券　次に掲げる文書をいう。

イ　日本国政府、日本国政府の承認した外国政府又は権限のある国際機関の発行した旅券又は難民旅行証明書その他当該旅券に代わる証明書（日本国領事官等の発行した渡航証明書を含む。）

ロ　政令で定める地域の権限のある機関の発行したイに掲げる文書に相当する文書

六　乗員手帳　権限のある機関の発行した船員手帳その他乗員に係るこれに準ずる文書をいう。

七　人身取引等　次に掲げる行為をいう。

イ　営利、わいせつ又は生命若しくは身体に対する加害の目的で、人を略取し、誘拐し、若しくは売買し、又は略取され、誘拐され、若しくは売買された者を引き渡し、収受し、輸送し、若しくは蔵匿すること。

ロ　イに掲げるもののほか、営利、わいせつ又は生命若しくは身体に対する加害の目的で、十八歳未満の者を自己の支配下に置くこと。

ハ　イに掲げるもののほか、十八歳未満の者が営利、わいせつ若しくは生命若しくは身体に対する加害の目的を有する者の支配下に置かれ、又はそのおそれがあることを知りながら、当該十八歳未満の者を引き渡すこと。

八　出入国港　外国人が出入国すべき港又は飛行場で法務省令で定めるものをいう。

九　運送業者　本邦と本邦外の地域との間において船舶等により人又は物を運送する事業を営む者をいう。

十　入国審査官　第六十一条の三に定める入国審査官をいう。

十一　主任審査官　上級の入国審査官で出入国在留管理庁長官が指定するものをいう。

十二　特別審理官　口頭審理を行わせるため出入国在留管理庁長官が指定する入国審査官をいう。

十二の二　難民調査官　第六十一条の三第二項第二号（第六十一条の二の八第二項において準用する第二十二条の四第二項に係る部分に限る。）及び第三号（第六十一条の二の十四第一項に係る部分に限る。）に掲げる事務を行わせるため出入国在留管理庁長官が指定する入国審査官をいう。

十三　入国警備官　第六十一条の三の二に定める入国警備官をいう。

十四　違反調査　入国警備官が行う外国人の入国、上陸又は在留に関する違反事件の調査をいう。

十五　入国者収容所　法務省設置法（平成十一年法律第九十三号）第三十条に定める入国者収容所をいう。

十六　収容場　第六十一条の六に定める収容場をいう。

（在留資格及び在留期間）

第二条の二　本邦に在留する外国人は、出入国管理及び難民認定法及び他の法律に特別の規定がある場合を除き、それぞれ、当該外国人に対する上陸許可若しくは当該外国人の取得に係る在留資格（高度専門職の在留資格にあつては別表第一の二の表の高度専門職の項の下欄に掲げる第一号イからハまで又は第二号の区分を含み、特定技能の在留資格にあつては同表の特定技能の項の下欄に掲げる第一号又は第二号の区分を含み、技能実習の在留資格にあつては同表の技能実習の項の下欄に掲げる第一号イ若しくはロ、第二号イ若しくはロ又は第三号イ若しくはロの区分を含む。以下同じ。）又はそれらの変更に係る在留資格をもつて在留するものとする。

2　在留資格は、別表第一の上欄（高度専門職の在留資格にあつては二の表の高度専門職の項の下欄に掲げる第一号イからハまで又は第二号の区分を含み、特定技能の在留資格にあつては同表の特定技能の項の下欄に掲げる第一号又は第二号の区分を含み、技能実習の在留資格にあつては同表の技能実習の項の下欄に掲げる第一号イ若しくはロ、第二号イ若しくはロ又は第三号イ若しくはロの区分を含む。以下同じ。）又は別表第二の上欄に掲げるとおりとし、別表第一の上欄の在留資格をもつて在留する者は当該在留資格に応じそれぞれ本邦において同表の下欄に掲げる活動を行うことができ、別表第二の上欄の在留資格をもつて在留する者は当該在留資格に応じそれぞれ本邦において同表の下欄に掲げる身分若しくは地位を有する者としての活動を行うことができる。

3　第一項の外国人が在留することのできる期間（以下「在留期間」という。）は、各在留資格について、法務省令で定める。この場合において、外交、公用、高度専門職及び永住者の在留資格（高度専門職の在留資格にあつては、別表第一の二の表の高度専門職の項の下欄第二号に係るものに限る。）以外の在留資格に伴う在留期間は、五年を超えることができない。

（特定技能の在留資格に係る制度の運用に関する基本方針）

第二条の三　政府は、特定技能の在留資格に係る制度の適正な運用を図るため、特定技能の在留資格に係る制度の運用に関する基本方針（以下「基本方針」という。）を定めなければならない。

2　基本方針は、次に掲げる事項について定めるものとする。

一　特定技能の在留資格に係る制度の意義に関する事項

二　人材を確保することが困難な状況にあるため外国人により不足する人材の確保を図るべき産業上の分野に関する基本的な事項

三　前号の産業上の分野において求められる人材に関する基本的な事項

四　特定技能の在留資格に係る制度の運用に関する関係行政機関の事務の調整に関する基本的な事項

五　前各号に掲げるもののほか、特定技能の在留資格に係る制度の運用に関する重要事項

3　法務大臣は、基本方針の案を作成し、閣議の決定を求めなければならない。

4　法務大臣は、基本方針の案を作成するときは、あらかじめ、特定技能に関し知見を有する者の意見を聴かなければならない。

5　法務大臣は、第三項の規定による閣議の決定があつたときは、遅滞なく、基本方針を公表しなければならない。

6　前三項の規定は、基本方針の変更について準用する。

（特定技能の在留資格に係る制度の運用に関する分野別の方針）

第二条の四　法務大臣は、基本方針にのつとり、人材を確保することが困難な状況にあるため外国人により不足する人材の確保を図るべき産業上の分野を所管する関係行政機関の長並びに国家公安委員会、外務大臣及び厚生労働大臣（以下この条において「分野所管行政機関の長等」という。）と共同して、当該産業上の分野における特定技能の在留資格に係る制度の適正な運用を図るため、当該産業上の分野における特定技能の在留資格に係る制度の運用に関する方針（以下「分野別運用方針」という。）を定めなければならない。

2　分野別運用方針は、次に掲げる事項について定めるものとする。

一　当該分野別運用方針において定める人材を確保することが困難な状況にあるため外国人により不足する人材の確保を図るべき産業上の分野

二　前号の産業上の分野における人材の不足の状況（当該産業上の分野において人材が不足している地域の状況を含む。）に関する事項

三　第一号の産業上の分野において求められる人材の基準に関する事項

四　第一号の産業上の分野における第七条の二第三項及び第四項（これらの規定を同条第五項において準用する場合を含む。）の規定による同条第一項に規定する在留資格認定証明書の交付の停止の措置又は交付の再開の措置に関する事項

五　前各号に掲げるもののほか、第一号の産業上の分野における特定技能の在留資格に係る制度の運用に関する重要事項

3　法務大臣及び分野所管行政機関の長等は、分野別運用方針を定めるときは、あらかじめ、特定技能に関し知見を有する者の意見を聴かなければならない。

4　法務大臣及び分野所管行政機関の長等は、分野別運用方針を定めるとするときは、あらかじめ、分野所管行政機関の長等以外の関係行政機関の長に協議しなければならない。

5　法務大臣及び分野所管行政機関の長等は、分野別運用方針を定めたときは、遅滞なく、これを公表しなければならない。

6　前三項の規定は、分野別運用方針の変更について準用する。

（特定技能雇用契約等）

第二条の五　別表第一の二の表の特定技能の項の下欄第一号又は第二号に掲げる活動を行おうとする外国人が本邦の公私の機関と締結する雇用に関する契約（以下この条及び第四章第一節第二款において「特定技能雇用契約」という。）は、次に掲げる事項が適切に定められているものとして法務省令で定める基準に適合するものでなければならない。

一　特定技能雇用契約に基づいて当該外国人が行う当該活動の内容及びこれに対する報酬その他の雇用関係に関する事項

二　前号に掲げるもののほか、特定技能雇用契約の期間が満了した外国人の出国を確保するための措置その他当該外国人の適正な在留に資するために必要な事項

2　前項の法務省令で定める基準には、外国人であることを理由として、報酬の決定、教育訓練の実施、福利厚生施設の利用その他の待遇について、差別的取扱いをしてはならないことを含むものとする。

3　特定技能雇用契約の相手方となる本邦の公私の機関は、次に掲げる事項が確保されるものとして

法務省令で定める基準に適合するものでなければならない。

一　前二項の規定に適合する特定技能雇用契約（第十九条の十九第二号において「適合特定技能雇用契約」という。）の適正な履行

二　第六項及び第七項の規定に適合する第六項に規定する一号特定技能外国人支援計画（第五項及び第四章第一節第二款において「適合一号特定技能外国人支援計画」という。）の適正な実施

4　前項の法務省令で定める基準には、同項の本邦の公私の機関（当該機関が法人である場合においては、その役員を含む。）が、特定技能雇用契約の締結の日前五年以内に出入国又は労働に関する法令に関し不正又は著しく不当な行為をしていないことを含むものとする。

5　特定技能所属機関（第十九条の十八第一項に規定する特定技能所属機関をいう。以下この項において同じ。）が契約により第十九条の二十七第一項に規定する登録支援機関に適合一号特定技能外国人支援計画の全部の実施を委託する場合には、当該特定技能所属機関は、第三項（第二号に係る部分に限る。）の規定に適合するものとみなす。

6　別表第一の二の表の特定技能の項の下欄第一号に掲げる活動を行おうとする外国人と特定技能雇用契約を締結しようとする本邦の公私の機関は、法務省令で定めるところにより、当該機関が当該外国人に対して行う、同号に掲げる活動を行おうとする外国人が当該活動を安定的かつ円滑に行うことができるようにするための職業生活上、日常生活上又は社会生活上の支援（次項及び第四章第一節第二款において「一号特定技能外国人支援」という。）の実施に関する計画（第八項、第七条第一項第二号及び同款において「一号特定技能外国人支援計画」という。）を作成しなければならない。

7　一号特定技能外国人支援には、別表第一の二の表の特定技能の項の下欄第一号に掲げる活動を行おうとする外国人と日本人との交流の促進に係る支援及び当該外国人がその責めに帰すべき事由によらないで特定技能雇用契約を解除される場合において他の本邦の公私の機関との特定技能雇用契約に基づいて同号に掲げる活動を行うことができるようにするための支援を含むものとする。

8　一号特定技能外国人支援計画は、法務省令で定める基準に適合するものでなければならない。

9　法務大臣は、第一項、第三項、第六項及び前項の法務省令を定めようとするときは、あらかじめ、関係行政機関の長と協議するものとする。

（入国審査官の審査）

第七条　入国審査官は、前条第二項の申請があつたときは、当該外国人が次の各号（第二十六条第一項の規定により再入国の許可を受けている者又は第六十一条の二の十二第一項の規定により交付を受けた難民旅行証明書を所持している者については、第一号及び第四号）に掲げる上陸のための条件に適合しているかどうかを審査しなければならない。

一　その所持する旅券及び、査証を必要とする場合には、これに与えられた査証が有効であること。

二　申請に係る本邦において行おうとする活動が虚偽のものでなく、別表第一の下欄に掲げる活動（二の表の高度専門職の項の下欄第二号に掲げる活動を除き、五の表の下欄に掲げる活動については、法務大臣があらかじめ告示をもつて定める活動に限る。）又は別表第二の下欄に掲げる身分若しくは地位（永住者の項の下欄に掲げる地位を除き、定住者の項の下欄に掲げる地位については、法務大臣があらかじめ告示をもつて定めるものに限る。）を有する者としての活動のいずれかに該当し、かつ、別表第一の二の表及び四の表の下欄に掲げる活動を行おうとする者については我が国の産業及び国民生活に与える影響その他の事情を勘案して法務省令で定める基準に適合すること（別表第一の二の表の特定技能の項の下欄第一号に掲げる活動を行おうとする外国人については、一号特定技能外国人支援計画が第二条の五第六項及び第七項の規定に適合するものであることを含む。）。

三　申請に係る在留期間が第二条の二第三項の規定に基づく法務省令の規定に適合するものであること。

四　当該外国人が第五条第一項各号のいずれにも該当しないこと（第五条の二の規定の適用を受ける外国人にあつては、当該外国人が同条に規定する特定の事由によつて同項第四号、第五号、第七号、第九号又は第九号の二に該当する場合であつて、当該事由以外の事由によつては同項各号のいずれにも該当しないこと。以下同じ。）。

2　前項の審査を受ける外国人は、同項に規定する上陸のための条件に適合していることを自ら立証しなければならない。この場合において、別表第一の二の表の高度専門職の項の下欄第一号イからハまで又は同表の特定技能の項の下欄第一号若し

くは第二号に掲げる活動を行おうとする外国人は、前項第二号に掲げる条件に適合していることの立証については、次条第一項に規定する在留資格認定証明書をもつてしなければならない。

3　法務大臣は、第一項第二号の法務省令を定めようとするときは、あらかじめ、関係行政機関の長と協議するものとする。

4　入国審査官は、第一項の規定にかかわらず、前条第三項各号のいずれにも該当しないと認める外国人が同項の規定による個人識別情報の提供をしないときは、第十条の規定による口頭審理を行うため、当該外国人を特別審理官に引き渡さなければならない。

（在留資格認定証明書）

第七条の二　法務大臣は、法務省令で定めるところにより、本邦に上陸しようとする外国人（本邦において別表第一の三の表の短期滞在の項の下欄に掲げる活動を行おうとする者を除く。）から、あらかじめ申請があつたときは、当該外国人が前条第一項第二号に掲げる条件に適合している旨の証明書（以下「在留資格認定証明書」という。）を交付することができる。

2　前項の申請は、当該外国人を受け入れようとする機関の職員その他の法務省令で定める者を代理人としてこれをすることができる。

3　特定産業分野（別表第一の二の表の特定技能の項の下欄第一号に規定する特定産業分野をいう。以下この項及び第二十条第一項において同じ。）を所管する関係行政機関の長は、当該特定産業分野に係る分野別運用方針に基づき、当該特定産業分野において必要とされる人材が確保されたと認めるときは、法務大臣に対し、一時的に在留資格認定証明書の交付の停止の措置をとることを求めるものとする。

4　法務大臣は、前項の規定による求めがあつたときは、分野別運用方針に基づき、一時的に在留資格認定証明書の交付の停止の措置をとるものとする。

5　前二項の規定は、一時的に在留資格認定証明書の交付の停止の措置がとられた場合において、在留資格認定証明書の交付の再開の措置をとるときについて準用する。この場合において、第三項中「確保された」とあるのは「不足する」と、前二項中「ものとする」とあるのは「ことができる」と読み替えるものとする。

（特定技能所属機関による届出）

第一九条の一八　特定技能雇用契約の相手方である本邦の公私の機関（以下この款及び第八章において「特定技能所属機関」という。）は、次の各号のいずれかに該当するときは、法務省令で定めるところにより、出入国在留管理庁長官に対し、その旨及び法務省令で定める事項を届け出なければならない。

一　特定技能雇用契約の変更（法務省令で定める軽微な変更を除く。）をしたとき、若しくは特定技能雇用契約が終了したとき、又は新たな特定技能雇用契約の締結をしたとき。

二　一号特定技能外国人支援計画の変更（法務省令で定める軽微な変更を除く。）をしたとき。

三　第二条の五第五項の契約の締結若しくは変更（法務省令で定める軽微な変更を除く。）をしたとき、又は当該契約が終了したとき。

四　前三号に掲げるもののほか、法務省令で定める場合に該当するとき。

2　特定技能所属機関は、前項の規定により届出をする場合を除くほか、法務省令で定めるところにより、出入国在留管理庁長官に対し、次に掲げる事項を届け出なければならない。

一　受け入れている特定技能外国人（特定技能の在留資格をもつて本邦に在留する外国人をいう。以下この款及び第八章において同じ。）の氏名及びその活動の内容その他の法務省令で定める事項

二　第二条の五第六項の規定により適合一号特定技能外国人支援計画を作成した場合には、その実施の状況（契約により第十九条の二十七第一項に規定する登録支援機関に適合一号特定技能外国人支援計画の全部の実施を委託したときを除く。）

三　前二号に掲げるもののほか、特定技能外国人の在留管理に必要なものとして法務省令で定める事項

（特定技能所属機関に対する指導及び助言）

第一九条の一九　出入国在留管理庁長官は、次に掲げる事項を確保するために必要があると認めるときは、特定技能所属機関に対し、必要な指導及び助言を行うことができる。

一　特定技能雇用契約が第二条の五第一項から第四項までの規定に適合すること。

二　適合特定技能雇用契約の適正な履行

三　一号特定技能外国人支援計画が第二条の五第六項及び第七項の規定に適合すること。

四　適合一号特定技能外国人支援計画の適正な実施

五　前各号に掲げるもののほか、特定技能所属機関による特定技能外国人の受入れが出入国又は

労働に関する法令に適合すること。

（報告徴収等）

第一九条の二〇　出入国在留管理庁長官は、前条各号に掲げる事項を確保するために必要な限度において、特定技能所属機関若しくは特定技能所属機関の役員若しくは職員（以下この項において「役職員」という。）に対し、報告若しくは帳簿書類の提出若しくは提示を命じ、若しくは特定技能所属機関若しくは役職員に対し出頭を求め、又は入国審査官若しくは入国警備官に関係人に対して質問させ、若しくは特定技能所属機関に係る事業所その他特定技能外国人の受入れに関係のある場所に立ち入り、その設備若しくは帳簿書類その他の物件を検査させることができる。

2　前項の規定による質問又は立入検査を行う場合においては、入国審査官又は入国警備官は、その身分を示す証票を携帯し、関係人の請求があるときは、これを提示しなければならない。

3　第一項の規定による権限は、犯罪捜査のために認められたものと解釈してはならない。

（改善命令等）

第一九条の二一　出入国在留管理庁長官は、第十九条の十九各号に掲げる事項が確保されていないと認めるときは、特定技能所属機関に対し、期限を定めて、その改善に必要な措置をとるべきことを命ずることができる。

2　出入国在留管理庁長官は、前項の規定による命令をした場合には、その旨を公示しなければならない。

（特定技能所属機関による一号特定技能外国人支援等）

第一九条の二二　特定技能所属機関は、適合一号特定技能外国人支援計画に基づき、一号特定技能外国人支援を行わなければならない。

2　特定技能所属機関は、契約により他の者に一号特定技能外国人支援の全部又は一部の実施を委託することができる。

（登録支援機関の登録）

第一九条の二三　契約により委託を受けて適合一号特定技能外国人支援計画の全部の実施の業務（以下「支援業務」という。）を行う者は、出入国在留管理庁長官の登録を受けることができる。

2　前項の登録は、五年ごとにその更新を受けなければ、その期間の経過によつて、その効力を失う。

3　第一項の登録（前項の登録の更新を含む。以下この款において同じ。）を受けようとする者は、実費を勘案して政令で定める額の手数料を納付しなければならない。

（登録の申請）

第一九条の二四　前条第一項の登録を受けようとする者は、法務省令で定めるところにより、次に掲げる事項を記載した申請書を出入国在留管理庁長官に提出しなければならない。

一　氏名又は名称及び住所並びに法人にあつては、その代表者の氏名

二　支援業務を行う事務所の所在地

三　支援業務の内容及びその実施方法その他支援業務に関し法務省令で定める事項

2　前項の申請書には、前条第一項の登録を受けようとする者が第十九条の二十六第一項各号のいずれにも該当しないことを誓約する書面その他の法務省令で定める書類を添付しなければならない。

（登録の実施）

第一九条の二五　出入国在留管理庁長官は、前条第一項の規定による登録の申請があつたときは、次条第一項の規定により登録を拒否する場合を除き、次に掲げる事項を登録支援機関登録簿に登録しなければならない。

一　前条第一項各号に掲げる事項

二　登録年月日及び登録番号

2　出入国在留管理庁長官は、前項の規定による登録をしたときは、遅滞なく、その旨を申請者に通知しなければならない。

（登録の拒否）

第一九条の二六　出入国在留管理庁長官は、第十九条の二十三第一項の登録を受けようとする者が次の各号のいずれかに該当するとき、又は第十九条の二十四第一項の申請書若しくはその添付書類のうちに重要な事項について虚偽の記載があり、若しくは重要な事実の記載が欠けているときは、その登録を拒否しなければならない。

一　禁錮以上の刑に処せられ、その執行を終わり、又は執行を受けることがなくなつた日から起算して五年を経過しない者

二　出入国管理及び難民認定法若しくは外国人の技能実習の適正な実施及び技能実習生の保護に関する法律（平成二十八年法律第八十九号。以下「技能実習法」という。）の規定その他出入国若しくは労働に関する法律の規定（第四号に規定する規定を除く。）であつて政令で定めるもの又はこれらの規定に基づく命令の規定により、罰金の刑に処せられ、その執行を終わり、又は執行を受けることがなくなつた日から起算して五年を経過しない者

三　暴力団員による不当な行為の防止等に関する法律（平成三年法律第七十七号）の規定（同法

第五十条（第二号に係る部分に限る。）及び第五十二条の規定を除く。）により、又は刑法第二百四条、第二百六条、第二百八条、第二百八条の二、第二百二十二条若しくは第二百四十七条の罪若しくは暴力行為等処罰に関する法律の罪を犯したことにより、罰金の刑に処せられ、その執行を終わり、又は執行を受けることがなくなつた日から起算して五年を経過しない者

四　健康保険法（大正十一年法律第七十号）第二百八条、第二百十三条の二若しくは第二百十四条第一項、船員保険法（昭和十四年法律第七十三号）第百五十六条、第百五十九条若しくは第百六十条第一項、労働者災害補償保険法（昭和二十二年法律第五十号）第五十一条前段若しくは第五十四条第一項（同法第五十一条前段の規定に係る部分に限る。）、厚生年金保険法（昭和二十九年法律第百十五号）第百二条、第百三条の二若しくは第百四条第一項（同法第百二条又は第百三条の二の規定に係る部分に限る。）、労働保険の保険料の徴収等に関する法律（昭和四十四年法律第八十四号）第四十六条前段若しくは第四十八条第一項（同法第四十六条前段の規定に係る部分に限る。）又は雇用保険法（昭和四十九年法律第百十六号）第八十三条若しくは第八十六条（同法第八十三条の規定に係る部分に限る。）の規定により、罰金の刑に処せられ、その執行を終わり、又は執行を受けることがなくなつた日から起算して五年を経過しない者

五　心身の故障により支援業務を適正に行うことができない者として法務省令で定めるもの

六　破産手続開始の決定を受けて復権を得ない者

七　第十九条の三十二第一項の規定により第十九条の二十三第一項の登録を取り消され、当該取消しの日から起算して五年を経過しない者

八　第十九条の三十二第一項の規定により第十九条の二十三第一項の登録を取り消された者が法人である場合において、当該取消しの処分を受ける原因となつた事項が発生した当時現に当該法人の役員（業務を執行する社員、取締役、執行役又はこれらに準ずる者をいい、相談役、顧問その他いかなる名称を有する者であるかを問わず、法人に対し業務を執行する社員、取締役、執行役又はこれらに準ずる者と同等以上の支配力を有するものと認められる者を含む。第十二号において同じ。）であつた者で、当該取消しの日から起算して五年を経過しないもの

九　第十九条の二十三第一項の登録の申請の日前五年以内に出入国又は労働に関する法令に関し不正又は著しく不当な行為をした者

十　暴力団員による不当な行為の防止等に関する法律第二条第六号に規定する暴力団員（以下この号において「暴力団員」という。）又は暴力団員でなくなつた日から五年を経過しない者（第十三号において「暴力団員等」という。）

十一　営業に関し成年者と同一の行為能力を有しない未成年者であつて、その法定代理人が前各号又は次号のいずれかに該当するもの

十二　法人であつて、その役員のうちに前各号のいずれかに該当する者があるもの

十三　暴力団員等がその事業活動を支配する者

十四　支援業務を的確に遂行するための必要な体制が整備されていない者として法務省令で定めるもの

2　出入国在留管理庁長官は、前項の規定により登録を拒否したときは、遅滞なく、その理由を示して、その旨を申請者に通知しなければならない。

（変更の届出等）

第一九条の二七　第十九条の二十三第一項の登録を受けた者（以下「登録支援機関」という。）は、第十九条の二十四第一項各号に掲げる事項に変更があつたときは、法務省令で定めるところにより、その旨を出入国在留管理庁長官に届け出なければならない。

2　出入国在留管理庁長官は、前項の規定による届出を受理したときは、当該届出に係る事項が前条第一項第十二号又は第十四号に該当する場合を除き、当該事項を登録支援機関登録簿に登録しなければならない。

3　第十九条の二十四第二項の規定は、第一項の規定による届出について準用する。

（登録支援機関登録簿の閲覧）

第一九条の二八　出入国在留管理庁長官は、登録支援機関登録簿を一般の閲覧に供しなければならない。

（支援業務の休廃止の届出）

第一九条の二九　登録支援機関は、支援業務を休止し、又は廃止したときは、法務省令で定めるところにより、その旨を出入国在留管理庁長官に届け出なければならない。

2　前項の規定により支援業務を廃止した旨の届出があつたときは、当該登録支援機関に係る第十九条の二十三第一項の登録は、その効力を失う。

（支援業務の実施等）

第一九条の三〇　登録支援機関は、委託に係る適合一号特定技能外国人支援計画に基づき、支援業務を行わなければならない。

2　登録支援機関は、法務省令で定めるところにより、支援業務の実施状況その他法務省令で定める事項を出入国在留管理庁長官に届け出なければならない。

（登録支援機関に対する指導及び助言）

第一九条の三一　出入国在留管理庁長官は、登録支援機関の支援業務の適正な運営を確保するために必要があると認めるときは、登録支援機関に対し、必要な指導及び助言を行うことができる。

（登録の取消し）

第一九条の三二　出入国在留管理庁長官は、登録支援機関が次の各号のいずれかに該当するときは、その登録を取り消すことができる。

一　第十九条の二十六第一項各号（第七号を除く。）のいずれかに該当するに至つたとき。

二　第十九条の二十七第一項、第十九条の二十九第一項又は第十九条の三十第二項の規定に違反したとき。

三　第十九条の三十第一項の規定に違反したとき。

四　不正の手段により第十九条の二十三第一項の登録を受けたとき。

五　第十九条の三十四の規定による報告若しくは資料の提出をせず、又は虚偽の報告若しくは資料の提出をしたとき。

2　第十九条の二十六第二項の規定は、前項の規定により第十九条の二十三第一項の登録を取り消した場合について準用する。

（登録の抹消）

第一九条の三三　出入国在留管理庁長官は、第十九条の二十三第二項若しくは第十九条の二十九第二項の規定により第十九条の二十三第一項の登録がその効力を失つたとき、又は前条第一項の規定により第十九条の二十三第一項の登録を取り消したときは、当該登録を抹消しなければならない。

（報告又は資料の提出）

第一九条の三四　出入国在留管理庁長官は、支援業務の適正な運営を確保するために必要な限度において、登録支援機関に対し、その業務の状況に関し報告又は資料の提出を求めることができる。

（法務省令への委任）

第一九条の三五　第十九条の二十二から前条までに規定するもののほか、登録支援機関及び支援業務に関し必要な事項は、法務省令で定める。

（在留資格の取消し）

第二二条の四　法務大臣は、別表第一又は別表第二の上欄の在留資格をもつて本邦に在留する外国人（第六十一条の二第一項の難民の認定を受けている者を除く。）について、次の各号に掲げるいずれかの事実が判明したときは、法務省令で定める手続により、当該外国人が現に有する在留資格を取り消すことができる。

一　偽りその他不正の手段により、当該外国人が第五条第一項各号のいずれにも該当しないものとして、前章第一節又は第二節の規定による上陸許可の証印（第九条第四項の規定による記録を含む。次号において同じ。）又は許可を受けたこと。

二　前号に掲げるもののほか、偽りその他不正の手段により、上陸許可の証印等（前章第一節若しくは第二節の規定による上陸許可の証印若しくは許可（在留資格の決定を伴うものに限る。）又はこの節の規定による許可をいい、これらが二以上ある場合には直近のものをいうものとする。以下この項において同じ。）を受けたこと。

三　前二号に掲げるもののほか、不実の記載のある文書（不実の記載のある文書又は図画の提出又は提示により交付を受けた在留資格認定証明書及び不実の記載のある文書又は図画の提出又は提示により旅券に受けた査証を含む。）又は図画の提出又は提示により、上陸許可の証印等を受けたこと。

四　偽りその他不正の手段により、第五十条第一項又は第六十一条の二の二第二項の規定による許可を受けたこと（当該許可の後、これらの規定による許可又は上陸許可の証印等を受けた場合を除く。）。

五　別表第一の上欄の在留資格をもつて在留する者が、当該在留資格に応じ同表の下欄に掲げる活動を行つておらず、かつ、他の活動を行い又は行おうとして在留していること（正当な理由がある場合を除く。）。

六　別表第一の上欄の在留資格をもつて在留する者が、当該在留資格に応じ同表の下欄に掲げる活動を継続して三月（高度専門職の在留資格（別表第一の二の表の高度専門職の項の下欄第二号に係るものに限る。）をもつて在留する者にあつては、六月）以上行わないで在留していること（当該活動を行わないで在留していることにつき正当な理由がある場合を除く。）。

七　日本人の配偶者等の在留資格（日本人の配偶者の身分を有する者（兼ねて日本人の特別養子（民法（明治二十九年法律第八十九号）第八百十七条の二の規定による特別養子をいう。以下同じ。）又は日本人の子として出生した者の身分を有する者を除く。）に係るものに限る。）をもつて在留する者又は永住者の配偶者等の在留資格（永住者等の配偶者の身分を有する者（兼ねて永住者等の子として本邦で出生しその後引き続き本邦に在留している者の身分を有する者を除く。）に係るものに限る。）をもつて在留する者が、その配偶者の身分を有する者としての活動を継続して六月以上行わないで在留していること（当該活動を行わないで在留していることにつき正当な理由がある場合を除く。）。

八　前章第一節若しくは第二節の規定による上陸許可の証印若しくは許可、この節の規定による許可又は第五十条第一項若しくは第六十一条の二の二第二項の規定による許可を受けて、新たに中長期在留者となつた者が、当該上陸許可の証印又は許可を受けた日から九十日以内に、出入国在留管理庁長官に、住居地の届出をしないこと（届出をしないことにつき正当な理由がある場合を除く。）。

九　中長期在留者が、出入国在留管理庁長官に届け出た住居地から退去した場合において、当該退去の日から九十日以内に、出入国在留管理庁長官に、新住居地の届出をしないこと（届出をしないことにつき正当な理由がある場合を除く。）。

十　中長期在留者が、出入国在留管理庁長官に、虚偽の住居地を届け出たこと。

2　法務大臣は、前項の規定による在留資格の取消しをしようとするときは、その指定する入国審査官に、当該外国人の意見を聴取させなければならない。

3　法務大臣は、前項の意見の聴取をさせるときは、あらかじめ、意見の聴取の期日及び場所並びに取消しの原因となる事実を記載した意見聴取通知書を当該外国人に送達しなければならない。ただし、急速を要するときは、当該通知書に記載すべき事項を入国審査官又は入国警備官に口頭で通知させてこれを行うことができる。

4　当該外国人又はその者の代理人は、前項の期日に出頭して、意見を述べ、及び証拠を提出することができる。

5　法務大臣は、当該外国人が正当な理由がなくて第二項の意見の聴取に応じないときは、同項の規定にかかわらず、意見の聴取を行わないで、第一項の規定による在留資格の取消しをすることができる。

6　在留資格の取消しは、法務大臣が在留資格取消通知書を送達して行う。

7　法務大臣は、第一項（第一号及び第二号を除く。）の規定により在留資格を取り消す場合には、三十日を超えない範囲内で当該外国人が出国するために必要な期間を指定するものとする。ただし、同項（第五号に係るものに限る。）の規定により在留資格を取り消す場合において、当該外国人が逃亡すると疑うに足りる相当の理由がある場合は、この限りでない。

8　法務大臣は、前項本文の規定により期間を指定する場合には、法務省令で定めるところにより、当該外国人に対し、住居及び行動範囲の制限その他必要と認める条件を付することができる。

9　法務大臣は、第六項に規定する在留資格取消通知書に第七項本文の規定により指定された期間及び前項の規定により付された条件を記載しなければならない。

（退去強制）

第二四条　次の各号のいずれかに該当する外国人については、次章に規定する手続により、本邦からの退去を強制することができる。

一　第三条の規定に違反して本邦に入つた者

二　入国審査官から上陸の許可等を受けないで本邦に上陸した者

二の二　第二十二条の四第一項（第一号又は第二号に係るものに限る。）の規定により在留資格を取り消された者

二の三　第二十二条の四第一項（第五号に係るものに限る。）の規定により在留資格を取り消された者（同条第七項本文の規定により期間の指定を受けた者を除く。）

二の四　第二十二条の四第七項本文（第六十一条の二の八第二項において準用する場合を含む。）の規定により期間の指定を受けた者で、当該期間を経過して本邦に残留するもの

三　他の外国人に不正に前章第一節若しくは第二節の規定による証明書の交付、上陸許可の証印（第九条第四項の規定による記録を含む。）若しくは許可、同章第四節の規定による上陸の許可又は第二節若しくは次章第三節の規定による許可を受けさせる目的で、文書若しくは図画を偽造し、若しくは変造し、虚偽の文書若しくは図画を作成し、若しくは偽造若しくは変造された文書若しくは図画若しくは虚偽の文書若しくは図画を行使し、所持し、若しくは提供し、又はこれらの行為を唆し、若しくはこれを助けた者

三の二　公衆等脅迫目的の犯罪行為のための資金等の提供等の処罰に関する法律（平成十四年法律第六十七号）第一条に規定する公衆等脅迫目的の犯罪行為（以下この号において「公衆等脅迫目的の犯罪行為」という。）、公衆等脅迫目的

の犯罪行為の予備行為又は公衆等脅迫目的の犯罪行為の実行を容易にする行為を行うおそれがあると認めるに足りる相当の理由がある者として法務大臣が認定する者

三の三　国際約束により本邦への入国を防止すべきものとされている者

三の四　次のイからハまでに掲げるいずれかの行為を行い、唆し、又はこれを助けた者

イ　事業活動に関し、外国人に不法就労活動（第十九条第一項の規定に違反する活動又は第七十条第一項第一号、第二号、第三号から第三号の三まで、第五号、第七号から第七号の三まで若しくは第八号の二から第八号の四までに掲げる者が行う活動であつて報酬その他の収入を伴うものをいう。以下同じ。）をさせること。

ロ　外国人に不法就労活動をさせるためにこれを自己の支配下に置くこと。

ハ　業として、外国人に不法就労活動をさせる行為又はロに規定する行為に関しあつせんすること。

三の五　次のイからニまでに掲げるいずれかの行為を行い、唆し、又はこれを助けた者

イ　行使の目的で、在留カード若しくは日本国との平和条約に基づき日本の国籍を離脱した者等の出入国管理に関する特例法第七条第一項に規定する特別永住者証明書（以下単に「特別永住者証明書」という。）を偽造し、若しくは変造し、又は偽造若しくは変造の在留カード若しくは特別永住者証明書を提供し、収受し、若しくは所持すること。

ロ　行使の目的で、他人名義の在留カード若しくは特別永住者証明書を提供し、収受し、若しくは所持し、又は自己名義の在留カードを提供すること。

ハ　偽造若しくは変造の在留カード若しくは特別永住者証明書又は他人名義の在留カード若しくは特別永住者証明書を行使すること。

ニ　在留カード若しくは特別永住者証明書の偽造又は変造の用に供する目的で、器械又は原料を準備すること。

四　本邦に在留する外国人（仮上陸の許可、寄港地上陸の許可、船舶観光上陸の許可、通過上陸の許可、乗員上陸の許可又は遭難による上陸の許可を受けた者を除く。）で次のイからヨまでに掲げる者のいずれかに該当するもの

イ　第十九条第一項の規定に違反して収入を伴う事業を運営する活動又は報酬を受ける活動を専ら行つていると明らかに認められる者（人身取引等により他人の支配下に置かれている者を除く。）

ロ　在留期間の更新又は変更を受けないで在留期間（第二十条第六項の規定により本邦に在留することができる期間を含む。第二十六条第一項及び第二十六条の二第二項（第二十六条の三第二項において準用する場合を含む。）において同じ。）を経過して本邦に残留する者

ハ　人身取引等を行い、唆し、又はこれを助けた者

ニ　旅券法（昭和二十六年法律第二百六十七号）第二十三条第一項（第六号を除く。）から第三項までの罪により刑に処せられた者

ホ　第七十四条から第七十四条の六の三まで又は第七十四条の八の罪により刑に処せられた者

ヘ　第七十三条の罪により禁錮以上の刑に処せられた者

ト　少年法（昭和二十三年法律第百六十八号）に規定する少年で昭和二十六年十一月一日以後に長期三年を超える懲役又は禁錮に処せられたもの

チ　昭和二十六年十一月一日以後に麻薬及び向精神薬取締法、大麻取締法、あへん法、覚せい剤取締法、国際的な協力の下に規制薬物に係る不正行為を助長する行為等の防止を図るための麻薬及び向精神薬取締法等の特例等に関する法律（平成三年法律第九十四号）又は刑法第二編第十四章の規定に違反して有罪の判決を受けた者

リ　ニからチまでに掲げる者のほか、昭和二十六年十一月一日以後に無期又は一年を超える懲役若しくは禁錮に処せられた者。ただし、刑の全部の執行猶予の言渡しを受けた者及び刑の一部の執行猶予の言渡しを受けた者であつてその刑のうち執行が猶予されなかつた部分の期間が一年以下のものを除く。

ヌ　売春又はその周旋、勧誘、その場所の提供その他売春に直接に関係がある業務に従事する者（人身取引等により他人の支配下に置かれている者を除く。）

ル　次に掲げる行為をあおり、唆し、又は助けた者

(1)　他の外国人が不法に本邦に入り、又は上陸すること。

(2)　他の外国人が偽りその他不正の手段により、上陸の許可等を受けて本邦に上陸

し、又は前節の規定による許可を受けること。

オ　日本国憲法又はその下に成立した政府を暴力で破壊することを企て、若しくは主張し、又はこれを企て若しくは主張する政党その他の団体を結成し、若しくはこれに加入している者

ワ　次に掲げる政党その他の団体を結成し、若しくはこれに加入し、又はこれと密接な関係を有する者

(1)　公務員であるという理由により、公務員に暴行を加え、又は公務員を殺傷することを勧奨する政党その他の団体

(2)　公共の施設を不法に損傷し、又は破壊することを勧奨する政党その他の団体

(3)　工場事業場における安全保持の施設の正常な維持又は運行を停廃し、又は妨げるような争議行為を勧奨する政党その他の団体

カ　オ又はワに規定する政党その他の団体の目的を達するため、印刷物、映画その他の文書図画を作成し、頒布し、又は展示した者

ヨ　イからカまでに掲げる者のほか、法務大臣が日本国の利益又は公安を害する行為を行つたと認定する者

四の二　別表第一の上欄の在留資格をもつて在留する者で、刑法第二編第十二章、第十六章から第十九章まで、第二十三章、第二十六章、第二十七章、第三十一章、第三十三章、第三十六章、第三十七章若しくは第三十九章の罪、暴力行為等処罰に関する法律第一条、第一条ノ二若しくは第一条ノ三（刑法第二百二十二条又は第二百六十一条に係る部分を除く。）の罪、盗犯等の防止及び処分に関する法律の罪、特殊開錠用具の所持の禁止等に関する法律第十五条若しくは第十六条の罪又は自動車の運転により人を死傷させる行為等の処罰に関する法律第二条若しくは第六条第一項の罪により懲役又は禁錮に処せられたもの

四の三　短期滞在の在留資格をもつて在留する者で、本邦において行われる国際競技会等の経過若しくは結果に関連して、又はその円滑な実施を妨げる目的をもつて、当該国際競技会等の開催場所又はその所在する市町村の区域内若しくはその近傍の不特定若しくは多数の者の用に供される場所において、不法に、人を殺傷し、人に暴行を加え、人を脅迫し、又は建造物その他の物を損壊したもの

四の四　中長期在留者で、第七十一条の二又は第七十五条の二の罪により懲役に処せられたもの

五　仮上陸の許可を受けた者で、第十三条第三項の規定に基づき付された条件に違反して、逃亡し、又は正当な理由がなくて呼出しに応じないもの

五の二　第十条第七項若しくは第十一条第六項の規定により退去を命ぜられた者で、遅滞なく本邦から退去しないもの

六　寄港地上陸の許可、船舶観光上陸の許可、通過上陸の許可、乗員上陸の許可、緊急上陸の許可、遭難による上陸の許可又は一時庇ひ護のための上陸の許可を受けた者で、旅券又は当該許可書に記載された期間を経過して本邦に残留するもの

六の二　船舶観光上陸の許可を受けた者で、当該許可に係る指定旅客船が寄港する本邦の出入国港において下船した後当該出入国港から当該指定旅客船が出港するまでの間に帰船することなく逃亡したもの

六の三　第十四条の二第九項の規定により期間の指定を受けた者で、当該期間内に出国しないもの

六の四　第十六条第九項の規定により期間の指定を受けた者で、当該期間内に帰船し又は出国しないもの

七　第二十二条の二第一項に規定する者で、同条第三項において準用する第二十条第三項本文の規定又は第二十二条の二第四項において準用する第二十二条第二項の規定による許可を受けないで、第二十二条の二第一項に規定する期間を経過して本邦に残留するもの

八　第五十五条の三第一項の規定により出国命令を受けた者で、当該出国命令に係る出国期限を経過して本邦に残留するもの

九　第五十五条の六の規定により出国命令を取り消された者

十　第六十一条の二の二第一項若しくは第二項又は第六十一条の二の三の許可を受けて在留する者で、第六十一条の二の七第一項（第一号又は第三号に係るものに限る。）の規定により難民の認定を取り消されたもの

（通報）

第六二条　何人も、第二十四条各号のいずれかに該当すると思料する外国人を知つたときは、その旨を通報することができる。

2　国又は地方公共団体の職員は、その職務を遂行するに当つて前項の外国人を知つたときは、その

旨を通報しなければならない。

3　矯正施設の長は、第一項の外国人が刑の執行を受けている場合において、刑期の満了、刑の執行の停止その他の事由（仮釈放を除く。）により釈放されるとき、少年法第二十四条第一項第三号若しくは第六十四条第一項第二号（同法第六十六条第一項の決定を受けた場合に限る。次項において同じ。）若しくは第三号の処分を受けて出院するとき（仮退院又は退院（更生保護法（平成十九年法律第八十八号）第四十七条の二の決定によるものに限る。次項において同じ。）による場合を除く。）、又は売春防止法（昭和三十一年法律第百十八号）第十七条の処分を受けて退院するときは、直ちにその旨を通報しなければならない。

4　地方更生保護委員会は、第一項の外国人が刑の執行を受けている場合又は少年法第二十四条第一項第三号若しくは第六十四条第一項第二号若しくは第三号の処分を受けて少年院に在院している場合若しくは売春防止法第十七条の処分を受けて婦人補導院に在院している場合において、当該外国人について仮釈放又は仮退院若しくは退院を許す旨の決定をしたときは、直ちにその旨を通報しなければならない。

5　前各項の通報は、書面又は口頭をもつて、所轄の入国審査官又は入国警備官に対してしなければならない。

第七〇条　次の各号のいずれかに該当する者は、三年以下の懲役若しくは禁錮若しくは三百万円以下の罰金に処し、又はその懲役若しくは禁錮及び罰金を併科する。

一　第三条の規定に違反して本邦に入つた者

二　入国審査官から上陸の許可等を受けないで本邦に上陸した者

二の二　偽りその他不正の手段により、上陸の許可等を受けて本邦に上陸し、又は第四章第二節の規定による許可を受けた者

三　第二十二条の四第一項（第一号又は第二号に係るものに限る。）の規定により在留資格を取り消された者で本邦に残留するもの

三の二　第二十二条の四第一項（第五号に係るものに限る。）の規定により在留資格を取り消された者（同条第七項本文の規定により期間の指定を受けた者を除く。）で本邦に残留するもの

三の三　第二十二条の四第七項本文（第六十一条の二の八第二項において準用する場合を含む。）の規定により期間の指定を受けた者で、当該期間を経過して本邦に残留するもの

四　第十九条第一項の規定に違反して収入を伴う事業を運営する活動又は報酬を受ける活動を専ら行つていると明らかに認められる者

五　在留期間の更新又は変更を受けないで在留期間（第二十条第六項（第二十一条第四項において準用する場合を含む。）の規定により本邦に在留することができる期間を含む。）を経過して本邦に残留する者

六　仮上陸の許可を受けた者で、第十三条第三項の規定に基づき付された条件に違反して、逃亡し、又は正当な理由がなくて呼出しに応じないもの

七　寄港地上陸の許可、船舶観光上陸の許可、通過上陸の許可、乗員上陸の許可、緊急上陸の許可、遭難による上陸の許可又は一時庇ひ）護のための上陸の許可を受けた者で、旅券又は当該許可書に記載された期間を経過して本邦に残留するもの

七の二　第十四条の二第九項の規定により期間の指定を受けた者で当該期間内に出国しないもの

七の三　第十六条第九項の規定により期間の指定を受けた者で当該期間内に帰船し又は出国しないもの

八　第二十二条の二第一項に規定する者で、同条第三項において準用する第二十条第三項本文の規定又は第二十二条の二第四項において準用する第二十二条第二項の規定による許可を受けないで、第二十二条の二第一項に規定する期間を経過して本邦に残留するもの

八の二　第五十五条の三第一項の規定により出国命令を受けた者で、当該出国命令に係る出国期限を経過して本邦に残留するもの

八の三　第五十五条の六の規定により出国命令を取り消された者で本邦に残留するもの

八の四　第六十一条の二の四第一項の許可を受けた者で、仮滞在期間を経過して本邦に残留するもの

九　偽りその他不正の手段により難民の認定を受けた者

2　前項第一号又は第二号に掲げる者が、本邦に上陸した後引き続き不法に在留するときも、同項と同様とする。

第七〇条の二　前条第一項第一号から第二号の二まで、第五号若しくは第七号又は同条第二項の罪を犯した者については、次の各号に該当することの証明があつたときは、その刑を免除する。ただし、当該罪に係る行為をした後遅滞なく入国審査官の面前において、次の各号に該当することの申出をした場合に限る。

一　難民であること。
二　その者の生命、身体又は身体の自由が難民条約第一条A(2)に規定する理由によつて害されるおそれのあつた領域から、直接本邦に入つたものであること。
三　前号のおそれがあることにより当該罪に係る行為をしたものであること。

第七三条の二　次の各号のいずれかに該当する者は、三年以下の懲役若しくは三百万円以下の罰金に処し、又はこれを併科する。
一　事業活動に関し、外国人に不法就労活動をさせた者
二　外国人に不法就労活動をさせるためにこれを自己の支配下に置いた者
三　業として、外国人に不法就労活動をさせる行為又は前号の行為に関しあつせんした者

2　前項各号に該当する行為をした者は、次の各号のいずれかに該当することを知らないことを理由として、同項の規定による処罰を免れることができない。ただし、過失のないときは、この限りでない。
一　当該外国人の活動が当該外国人の在留資格に応じた活動に属しない収入を伴う事業を運営する活動又は報酬を受ける活動であること。
二　当該外国人が当該外国人の活動を行うに当たり第十九条第二項の許可を受けていないこと。
三　当該外国人が第七十条第一項第一号、第二号、第三号から第三号の三まで、第五号、第七号から第七号の三まで又は第八号の二から第八号の四までに掲げる者であること。

第七四条の六　営利の目的で第七十条第一項第一号若しくは第二号に規定する行為（以下「不法入国等」という。）又は同項第二号の二に規定する行為の実行を容易にした者は、三年以下の懲役若しくは三百万円以下の罰金に処し、又はこれを併科する。

【令和四年五月二五日法律第五二号未施行内容】

《内容略》

【令和四年六月一七日法律第六八号未施行内容】

《内容略》

【令和五年五月一七日法律第二八号未施行内容】

《内容略》

【令和五年六月一六日法律第五六号未施行内容】

《内容略》

【令和五年六月一六日法律第六三号未施行内容】

《内容略》

【令和五年一二月一三日法律第八四号未施行内容】

《内容略》

【令和六年六月二一日法律第五九号】

出入国管理及び難民認定法等の一部を改正する法律

附則（抄）

（施行期日）

第一条　この法律は、公布の日から起算して二年を超えない範囲内において政令で定める日から施行する。ただし、次の各号に掲げる規定は、当該各号に定める日から施行する。

《略》

【令和六年六月二一日法律第六〇号】

出入国管理及び難民認定法及び外国人の技能実習の適正な実施及び技能実習生の保護に関する法律の一部を改正する法律

附則（抄）

（施行期日）

第一条　この法律は、公布の日から起算して三年を超えない範囲内において政令で定める日から施行する。ただし、第一条中出入国管理及び難民認定法（以下「入管法」という。）第二条の三の改正規定、入管法第二条の四の改正規定及び入管法第六十九条の二第一項ただし書の改正規定並びに次条から附則第五条まで並びに附則第十五条、第二十三条及び第二十四条第四項の規定は、公布の日から施行する。

外国等に対する我が国の民事裁判権に関する法律（抄）

平成二一年四月二四日法律第二四号
施行：平成二二年四月一日
最終改正：令和四年五月二五日法律第四八号
施行：附則参照

第一章　総則

（趣旨）
第一条　この法律は、外国等に対して我が国の民事裁判権（裁判権のうち刑事に係るもの以外のものをいう。第四条において同じ。）が及ぶ範囲及び外国等に係る民事の裁判手続についての特例を定めるものとする。

（定義）
第二条　この法律において「外国等」とは、次に掲げるもの（以下「国等」という。）のうち、日本国及び日本国に係るものを除くものをいう。
一　国及びその政府の機関
二　連邦国家の州その他これに準ずる国の行政区画であって、主権的な権能を行使する権限を有するもの
三　前二号に掲げるもののほか、主権的な権能を行使する権限を付与された団体（当該権能の行使としての行為をする場合に限る。）
四　前三号に掲げるものの代表者であって、その資格に基づき行動するもの

（条約等に基づく特権又は免除との関係）
第三条　この法律の規定は、条約又は確立された国際法規に基づき外国等が享有する特権又は免除に影響を及ぼすものではない。

第二章　外国等に対して裁判権が及ぶ範囲

第一節　免除の原則

第四条　外国等は、この法律に別段の定めがある場合を除き、裁判権（我が国の民事裁判権をいう。以下同じ。）から免除されるものとする。

第二節　裁判手続について免除されない場合

（外国等の同意）
第五条　外国等は、次に掲げるいずれかの方法により、特定の事項又は事件に関して裁判権に服することについての同意を明示的にした場合には、訴訟手続その他の裁判所における手続（外国等の有する財産に対する保全処分及び民事執行の手続を除く。以下この節において「裁判手続」という。）のうち、当該特定の事項又は事件に関するものについて、裁判権から免除されない。
一　条約その他の国際約束
二　書面による契約
三　当該裁判手続における陳述又は裁判所若しくは相手方に対する書面による通知
2　外国等が特定の事項又は事件に関して日本国の法令を適用することについて同意したことは、前項の同意と解してはならない。

（同意の擬制）
第六条　外国等が次に掲げる行為をした場合には、前条第一項の同意があったものとみなす。
一　訴えの提起その他の裁判手続の開始の申立て
二　裁判手続への参加（裁判権からの免除を主張することを目的とするものを除く。）
三　裁判手続において異議を述べないで本案についてした弁論又は申述
2　前項第二号及び第三号の規定は、当該外国等がこれらの行為をする前に裁判権から免除される根拠となる事実があることを知ることができなかったやむを得ない事情がある場合であって、当該事実を知った後当該事情を速やかに証明したときには、適用しない。
3　口頭弁論期日その他の裁判手続の期日において外国等が出頭しないこと及び外国等の代表者が証人として出頭したことは、前条第一項の同意と解してはならない。

第七条　外国等が訴えを提起した場合又は当事者として訴訟に参加した場合において、反訴が提起されたときは、当該反訴について、第五条第一項の同意があったものとみなす。
2　外国等が当該外国等を被告とする訴訟において反訴を提起したときは、本訴について、第五条第一項の同意があったものとみなす。

（商業的取引）
第八条　外国等は、商業的取引（民事又は商事に係る物品の売買、役務の調達、金銭の貸借その他の事項についての契約又は取引（労働契約を除く。）をいう。次項及び第十六条において同じ。）のうち、当該外国等と当該外国等（国以外のものにあっては、それらが所属する国。以下この項において同じ。）以外の国の国民又は当該外国等以外の国若しくはこれに所属する国等の法令に基づいて設立された法人その他の団体との間のものに関する裁判手続について、裁判権から免除されない。
2　前項の規定は、次に掲げる場合には、適用しない。

一　当該外国等と当該外国等以外の国等との間の商業的取引である場合

二　当該商業的取引の当事者が明示的に別段の合意をした場合

（労働契約）

第九条　外国等は、当該外国等と個人との間の労働契約であって、日本国内において労務の全部又は一部が提供され、又は提供されるべきものに関する裁判手続について、裁判権から免除されない。

2　前項の規定は、次に掲げる場合には、適用しない。

一　当該個人が次に掲げる者である場合

イ　外交関係に関するウィーン条約第一条(e)に規定する外交官

ロ　領事関係に関するウィーン条約第一条1(d)に規定する領事官

ハ　国際機関に派遣されている常駐の使節団若しくは特別使節団の外交職員又は国際会議において当該外国等（国以外のものにあっては、それらが所属する国。以下この項において同じ。）を代表するために雇用されている者

ニ　イからハまでに掲げる者のほか、外交上の免除を享有する者

二　前号に掲げる場合のほか、当該個人が、当該外国等の安全、外交上の秘密その他の当該外国等の重大な利益に関する事項に係る任務を遂行するために雇用されている場合

三　当該個人の採用又は再雇用の契約の成否に関する訴え又は申立て（いずれも損害の賠償を求めるものを除く。）である場合

四　解雇その他の労働契約の終了の効力に関する訴え又は申立て（いずれも損害の賠償を求めるものを除く。）であって、当該外国等の元首、政府の長又は外務大臣によって当該訴え又は申立てに係る裁判手続が当該外国等の安全保障上の利益を害するおそれがあるとされた場合

五　訴えの提起その他の裁判手続の開始の申立てがあった時において、当該個人が当該外国等の国民である場合。ただし、当該個人が日本国に通常居住するときは、この限りでない。

六　当該労働契約の当事者間に書面による別段の合意がある場合。ただし、労働者の保護の見地から、当該労働契約に関する訴え又は申立てについて日本国の裁判所が管轄権を有しないとするならば、公の秩序に反することとなるときは、この限りでない。

（人の死傷又は有体物の滅失等）

第一〇条　外国等は、人の死亡若しくは傷害又は有体物の滅失若しくは毀損が、当該外国等が責任を負うべきものと主張される行為によって生じた場合において、当該行為の全部又は一部が日本国内で行われ、かつ、当該行為をした者が当該行為の時に日本国内に所在していたときは、これによって生じた損害又は損失の金銭によるてん補に関する裁判手続について、裁判権から免除されない。

（不動産に係る権利利益等）

第一一条　外国等は、日本国内にある不動産に係る次に掲げる事項に関する裁判手続について、裁判権から免除されない。

一　当該外国等の権利若しくは利益又は当該外国等による占有若しくは使用

二　当該外国等の権利若しくは利益又は当該外国等による占有若しくは使用から生ずる当該外国等の義務

2　外国等は、動産又は不動産について相続その他の一般承継、贈与又は無主物の取得によって生ずる当該外国等の権利又は利益に関する裁判手続について、裁判権から免除されない。

（裁判所が関与を行う財産の管理又は処分に係る権利利益）

第一二条　外国等は、信託財産、破産財団に属する財産、清算中の会社の財産その他の日本国の裁判所が監督その他の関与を行う財産の管理又は処分に係る当該外国等の権利又は利益に関する裁判手続について、裁判権から免除されない。

（知的財産権）

第一三条　外国等は、次に掲げる事項に関する裁判手続について、裁判権から免除されない。

一　当該外国等が有すると主張している知的財産権（知的財産基本法（平成十四年法律第百二十二号）第二条第一項に規定する知的財産に関して日本国の法令により定められた権利又は日本国の法律上保護される利益に係る権利をいう。次号において同じ。）の存否、効力、帰属又は内容

二　当該外国等が日本国内においてしたものと主張される知的財産権の侵害

（団体の構成員としての資格等）

第一四条　外国等は、法人その他の団体であって次の各号のいずれにも該当するものの社員その他の構成員である場合には、その資格又はその資格に基づく権利若しくは義務に関する裁判手続について、裁判権から免除されない。

一　国等及び国際機関以外の者をその社員その他の構成員とするものであること。

二　日本国の法令に基づいて設立されたものであること、又は日本国内に主たる営業所若しくは事務所を有するものであること。

2　前項の規定は、当該裁判手続の当事者間に当該外国等が裁判権から免除される旨の書面による合意がある場合又は当該団体の定款、規約その他これらに類する規則にその旨の定めがある場合には、適用しない。

（船舶の運航等）

第一五条　《略》

（仲裁合意）

第一六条　《略》

第三節　外国等の有する財産に対する保全処分及び民事執行の手続について免除されない場合

（外国等の同意等）

第一七条　外国等は、次に掲げるいずれかの方法により、その有する財産に対して保全処分又は民事執行をすることについての同意を明示的にした場合には、当該保全処分又は民事執行の手続について、裁判権から免除されない。

一　条約その他の国際約束

二　仲裁に関する合意

三　書面による契約

四　当該保全処分又は民事執行の手続における陳述又は裁判所若しくは相手方に対する書面による通知（相手方に対する通知にあっては、当該保全処分又は民事執行が申し立てられる原因となった権利関係に係る紛争が生じた後に発出されたものに限る。）

2　外国等は、保全処分又は民事執行の目的を達することができるように指定し又は担保として提供した特定の財産がある場合には、当該財産に対する当該保全処分又は民事執行の手続について、裁判権から免除されない。

3　第五条第一項の同意は、第一項の同意と解してはならない。

（特定の目的に使用される財産）

第一八条　外国等は、当該外国等により政府の非商業的目的以外にのみ使用され、又は使用されることが予定されている当該外国等の有する財産に対する民事執行の手続について、裁判権から免除されない。

2　次に掲げる外国等の有する財産は、前項の財産に含まれないものとする。

一　外交使節団、領事機関、特別使節団、国際機関に派遣されている使節団又は国際機関の内部機関若しくは国際会議に派遣されている代表団の任務の遂行に当たって使用され、又は使用されることが予定されている財産

二　軍事的な性質を有する財産又は軍事的な任務の遂行に当たって使用され、若しくは使用されることが予定されている財産

三　次に掲げる財産であって、販売されておらず、かつ、販売されることが予定されていないもの

イ　当該外国等に係る文化遺産

ロ　当該外国等が管理する公文書その他の記録

ハ　科学的、文化的又は歴史的意義を有する展示物

3　前項の規定は、前条第一項及び第二項の規定の適用を妨げない。

（外国中央銀行等の取扱い）

第一九条　《略》

第三章　民事の裁判手続についての特例

（訴状等の送達）

第二〇条　《略》

（外国等の不出頭の場合の民事訴訟法の特例等）

第二一条　《略》

（勾引及び過料に関する規定の適用除外）

第二二条　《略》

附則

（施行期日）

1　この法律は、公布の日から起算して一年を超えない範囲内において政令で定める日から施行する。

（経過措置）

2　この法律の規定は、次に掲げる事件については、適用しない。

一　この法律の施行前に申立てがあり、又は裁判所が職権で開始した第五条第一項に規定する裁判手続に係る事件

二　この法律の施行前に申立てがあり、又は裁判所が職権で開始した外国等の有する財産に対する保全処分及び民事執行に係る事件

【令和四年五月二五日法律第四八号未施行内容】

《内容略》

特許法（抄）

昭和三四年四月一三日法律第一二一号
施行：昭和三五年四月一日
最終改正：令和五年六月一四日法律第五一号
施行：附則参照

（特許の要件）

第二九条　産業上利用することができる発明をした者は、次に掲げる発明を除き、その発明について特許を受けることができる。

一　特許出願前に日本国内又は外国において公然知られた発明

二　特許出願前に日本国内又は外国において公然実施をされた発明

三　特許出願前に日本国内又は外国において、頒布された刊行物に記載された発明又は電気通信回線を通じて公衆に利用可能となつた発明

2　特許出願前にその発明の属する技術の分野における通常の知識を有する者が前項各号に掲げる発明に基いて容易に発明をすることができたときは、その発明については、同項の規定にかかわらず、特許を受けることができない。

（職務発明）

第三五条　使用者、法人、国又は地方公共団体（以下「使用者等」という。）は、従業者、法人の役員、国家公務員又は地方公務員（以下「従業者等」という。）がその性質上当該使用者等の業務範囲に属し、かつ、その発明をするに至つた行為がその使用者等における従業者等の現在又は過去の職務に属する発明（以下「職務発明」という。）について特許を受けたとき、又は職務発明について特許を受ける権利を承継した者がその発明について特許を受けたときは、その特許権について通常実施権を有する。

2　従業者等がした発明については、その発明が職務発明である場合を除き、あらかじめ、使用者等に特許を受ける権利を取得させ、使用者等に特許権を承継させ、又は使用者等のため仮専用実施権若しくは専用実施権を設定することを定めた契約、勤務規則その他の定めの条項は、無効とする。

3　従業者等がした職務発明については、契約、勤務規則その他の定めにおいてあらかじめ使用者等に特許を受ける権利を取得させることを定めたときは、その特許を受ける権利は、その発生した時から当該使用者等に帰属する。

4　従業者等は、契約、勤務規則その他の定めにより職務発明について使用者等に特許を受ける権利を取得させ、使用者等に特許権を承継させ、若しくは使用者等のため専用実施権を設定したとき、又は契約、勤務規則その他の定めにより職務発明について使用者等のため仮専用実施権を設定した場合において、第三十四条の二第二項の規定により専用実施権が設定されたものとみなされたときは、相当の金銭その他の経済上の利益（次項及び第七項において「相当の利益」という。）を受ける権利を有する。

5　契約、勤務規則その他の定めにおいて相当の利益について定める場合には、相当の利益の内容を決定するための基準の策定に際して使用者等と従業者等との間で行われる協議の状況、策定された当該基準の開示の状況、相当の利益の内容の決定について行われる従業者等からの意見の聴取の状況等を考慮して、その定めたところにより相当の利益を与えることが不合理であると認められるものであつてはならない。

6　経済産業大臣は、発明を奨励するため、産業構造審議会の意見を聴いて、前項の規定により考慮すべき状況等に関する事項について指針を定め、これを公表するものとする。

7　相当の利益についての定めがない場合又はその定めたところにより相当の利益を与えることが第五項の規定により不合理であると認められる場合には、第四項の規定により受けるべき相当の利益の内容は、その発明により使用者等が受けるべき利益の額、その発明に関連して使用者等が行う負担、貢献及び従業者等の処遇その他の事情を考慮して定めなければならない。

附則（平成二八年一二月一六日法律第一〇八号）
（抄）

（施行期日）

第一条　この法律は、環太平洋パートナーシップ協定が日本国について効力を生ずる日（第三号において「発効日」という。）から施行する。

【令和四年五月二五日法律第四八号未施行内容】

《内容略》

【令和四年六月一七日法律第六八号未施行内容】

《内容略》

【令和五年六月一四日法律第五一号未施行内容】

《内容略》

著作権法（抄）

昭和四五年五月六日法律第四八号
施行：昭和四六年一月一日
最終改正：令和五年六月一四日法律第五三号
施行：附則参照

（職務上作成する著作物の著作者）

第一五条　法人その他使用者（以下この条において「法人等」という。）の発意に基づきその法人等の業務に従事する者が職務上作成する著作物（プログラムの著作物を除く。）で、その法人等が自己の著作の名義の下に公表するものの著作者は、その作成の時における契約、勤務規則その他に別段の定めがない限り、その法人等とする。

2　法人等の発意に基づきその法人等の業務に従事する者が職務上作成するプログラムの著作物の著作者は、その作成の時における契約、勤務規則その他に別段の定めがない限り、その法人等とする。

（映画の著作物の著作者）

第一六条　映画の著作物の著作者は、その映画の著作物において翻案され、又は複製された小説、脚本、音楽その他の著作物の著作者を除き、制作、監督、演出、撮影、美術等を担当してその映画の著作物の全体的形成に創作的に寄与した者とする。ただし、前条の規定の適用がある場合は、この限りでない。

附則（平成二六年五月一四日法律第三五号）（抄）

（施行期日）

第一条　この法律は、平成二十七年一月一日から施行する。ただし、第七条の改正規定及び次条の規定は、視聴覚的実演に関する北京条約（同条において「視聴覚的実演条約」という。）が日本国について効力を生ずる日から施行する。

附則（平成二八年一二月一六日法律第一〇八号）（抄）

（施行期日）

第一条　この法律は、環太平洋パートナーシップ協定が日本国について効力を生ずる日（第三号において「発効日」という。）から施行する。

【令和四年五月二五日法律第四八号未施行内容】

《内容略》

【令和四年六月一七日法律第六八号未施行内容】

《内容略》

【令和五年五月二六日法律第三三号未施行内容】

《内容略》

【令和五年六月一四日法律第五三号未施行内容】

《内容略》

国際法一般

世界人権宣言
Universal Declaration of Human Rights

一九四八年一二月一〇日
国際連合総会（仮訳文）

前文

人類社会のすべての構成員の固有の尊厳と平等で譲ることのできない権利とを承認することは、世界における自由、正義及び平和の基礎であるので、

人権の無視及び軽侮が、人類の良心を踏みにじった野蛮行為をもたらし、言論及び信仰の自由が受けられ、恐怖及び欠乏のない世界の到来が、一般の人々の最高の願望として宣言されたので、

人間が専制と圧迫とに対する最後の手段として反逆に訴えることがないようにするためには、法の支配によって人権保護することが肝要であるので、

諸国間の友好関係の発展を促進することが、肝要であるので、

国際連合の諸国民は、国際連合憲章において、基本的人権、人間の尊厳及び価値並びに男女の同権についての信念を再確認し、かつ、一層大きな自由のうちで社会的進歩と生活水準の向上とを促進することを決意したので、

加盟国は、国際連合と協力して、人権及び基本的自由の普遍的な尊重及び遵守の促進を達成することを誓約したので、

これらの権利及び自由に対する共通の理解は、この誓約を完全にするためにもっとも重要であるので、

よって、ここに、国際連合総会は、

社会の各個人及び各機関が、この世界人権宣言を常に念頭に置きながら、加盟国自身の人民の間にも、また、加盟国の管轄下にある地域の人民の間にも、これらの権利と自由との尊重を指導及び教育によって促進すること並びにそれらの普遍的かつ効果的な承認と尊守とを国内的及び国際的な漸進的措置によって確保することに努力するように、すべての人民とすべての国とが達成すべき共通の基準として、この世界人権宣言を公布する。

第一条　すべての人間は、生れながらにして自由であり、かつ、尊厳と権利とについて平等である。人間は、理性と良心とを授けられており、互いに同胞の精神をもって行動しなければならない。

第二条1　すべて人は、人種、皮膚の色、性、言語、宗教、政治上その他の意見、国民的若しくは社会的出身、財産、門地その他の地位又はこれに類するいかなる事由による差別をも受けることなく、この宣言に掲げるすべての権利と自由とを享有することができる。

2　さらに、個人の属する国又は地域が独立国であると、信託統治地域であると、非自治地域であると、又は他のなんらかの主権制限の下にあるとを問わず、その国又は地域の政治上、管轄上又は国際上の地位に基づくいかなる差別もしてはならない。

第三条　すべて人は、生命、自由及び身体の安全に対する権利を有する。

第四条　何人も、奴隷にされ、又は苦役に服することはない。奴隷制度及び奴隷売買は、いかなる形においても禁止する。

第五条　何人も、拷問又は残虐な、非人道的な若しくは屈辱的な取扱若しくは刑罰を受けることはない。

第六条　すべて人は、いかなる場所においても、法の下において、人として認められる権利を有する。

第七条　すべての人は、法の下において平等であり、また、いかなる差別もなしに法の平等な保護を受ける権利を有する。すべての人は、この宣言に違反するいかなる差別に対しても、また、そのような差別をそそのかすいかなる行為に対しても、平等な保護を受ける権利を有する。

第八条　すべて人は、憲法又は法律によって与えられた基本的権利を侵害する行為に対し、権限を有する国内裁判所による効果的な救済を受ける権利を有する。

第九条　何人も、ほしいままに逮捕、拘禁、又は追放されることはない。

第一〇条　すべて人は、自己の権利及び義務並びに自己に対する刑事責任が決定されるに当っては、独立の公平な裁判所による公正な公開の審理を受けることについて完全に平等の権利を有する。

第一一条1　犯罪の訴追を受けた者は、すべて、自己の弁護に必要なすべての保障を与えられた公開の裁判において法律に従って有罪の立証があるまでは、無罪と推定される権利を有する。

2　何人も、実行の時に国内法又は国際法により犯罪を構成しなかった作為又は不作為のために有罪とされることはない。また、犯罪が行われた時に適用される刑罰より重い刑罰を課せられない。

第一二条　何人も、自己の私事、家族、家庭若しくは通信に対して、ほしいままに干渉され、又は名誉及び信用に対して攻撃を受けることはない。人はすべて、このような干渉又は攻撃に対して法の保護を受ける権利を有する。

第一三条1　すべて人は、各国の境界内において自

由に移転及び居住する権利を有する。

2　すべて人は、自国その他いずれの国をも立ち去り、及び自国に帰る権利を有する。

第一四条1　すべて人は、迫害を免れるため、他国に避難することを求め、かつ、避難する権利を有する。

2　この権利は、もっぱら非政治犯罪又は国際連合の目的及び原則に反する行為を原因とする訴追の場合には、援用することはできない。

第一五条1　すべて人は、国籍をもつ権利を有する。

2　何人も、ほしいままにその国籍を奪われ、又はその国籍を変更する権利を否認されることはない。

第一六条1　成年の男女は、人権、国籍又は宗教によるいかなる制限をも受けることなく、婚姻し、かつ家庭をつくる権利を有する。成年の男女は、婚姻中及びその解消に際し、婚姻に関し平等の権利を有する。

2　婚姻は、両当事者の自由かつ完全な合意によってのみ成立する。

3　家庭は、社会の自然かつ基礎的な集団単位であって、社会及び国の保護を受ける権利を有する。

第一七条1　すべて人は、単独で又は他の者と共同して財産を所有する権利を有する。

2　何人も、ほしいままに自己の財産を奪われることはない。

第一八条　すべて人は、思想、良心及び宗教の自由に対する権利を有する。この権利は、宗教又は信念を変更する自由並びに単独で又は他の者と共同して、公的に又は私的に、布教、行事、礼拝及び儀式によって宗教又は信念を表明する自由を含む。

第一九条　すべて人は、意見及び表現の自由に対する権利を有する。この権利は、干渉を受けることなく自己の意見をもつ自由並びにあらゆる手段により、また、国境を越えると否とにかかわりなく、情報及び思想を求め、受け、及び伝える自由を含む。

第二〇条1　すべての人は、平和的集会及び結社の自由に対する権利を有する。

2　何人も、結社に属することを強制されない。

第二一条1　すべて人は、直接に又は自由に選出された代表者を通じて、自国の政治に参与する権利を有する。

2　すべて人は、自国においてひとしく公務につく権利を有する。

3　人民の意思は、統治の権力を基礎とならなければならない。この意思は、定期のかつ真正な選挙によって表明されなければならない。この選挙は、平等の普通選挙によるものでなければならず、また、秘密投票又はこれと同等の自由が保障される投票手続によって行われなければならない。

第二二条　すべて人は、社会の一員として、社会保障を受ける権利を有し、かつ、国家的努力及び国際的協力により、また、各国の組織及び資源に応じて、自己の尊厳と自己の人格の自由な発展とに欠くことのできない経済的、社会的及び文化的権利を実現する権利を有する。

第二三条1　すべて人は、勤労し、職業を自由に選択し、公正かつ有利な勤労条件を確保し、及び失業に対する保護を受ける権利を有する。

2　すべて人は、いかなる差別をも受けることなく、同等の勤労に対し、同等の報酬を受ける権利を有する。

3　勤労する者は、すべて、自己及び家族に対して人間の尊厳にふさわしい生活を保障する公正かつ有利な報酬を受け、かつ、必要な場合には、他の社会的保護手段によって補充を受けることができる。

4　すべて人は、自己の利益を保護するために労働組合を組織し、及びこれに参加する権利を有する。

第二四条　すべて人は、労働時間の合理的な制限及び定期的な有給休暇を含む休息及び余暇をもつ権利を有する。

第二五条1　すべて人は、衣食住、医療及び必要な社会的施設等により、自己及び家族の健康及び福祉に十分な生活水準を保持する権利並びに失業、疾病、心身障害、配偶者の死亡、老齢その他不可抗力による生活不能の場合は、保障を受ける権利を有する。

2　母と子とは、特別の保護及び援助を受ける権利を有する。すべての児童は、嫡出であると否とを問わず、同じ社会的保護を受ける。

第二六条1　すべて人は、教育を受ける権利を有する。教育は、少なくとも初等の及び基礎的の段階においては、無償でなければならない。初等教育は、義務的でなければならない。技術教育及び職業教育は、一般に利用できるものでなければならず、また、高等教育は、能力に応じ、すべての者にひとしく開放されていなければならない。

2　教育は、人格の完全な発展並びに人権及び基本的自由の尊重の強化を目的としなければならない。教育は、すべての国又は人種的若しくは宗教的集団の相互間の理解、寛容及び友好関係を増進し、かつ、平和の維持のため、国際連合の活動を促進するものでなければならない。

3　親は、子に与える教育の種類を選択する優先的権利を有する。

第二七条1　すべて人は、自由に社会の文化生活に参加し、芸術を鑑賞し、及び科学の進歩とその恩恵とにあずかる権利を有する。

2　すべて人は、その創作した科学的、文学的又は美術的作品から生ずる精神的及び物質的利益を保護される権利を有する。

第二八条　すべて人は、この宣言に掲げる権利及び自由が完全に実現される社会的及び国際的秩序に対する権利を有する。

第二九条1　すべて人は、その人格の自由かつ完全な発展がその中にあってのみ可能である社会に対して義務を負う。

2　すべて人は、自己の権利及び自由を行使するに当っては、他人の権利及び自由の正当な承認及び尊重を保障すること並びに民主的社会における道徳、公の秩序及び一般の福祉の正当な要求を満たすことをもっぱら目的として法律によって定められた制限にのみ服する。

3　これらの権利及び自由は、いかなる場合にも、国際連合の目的及び原則に反して行使してはならない。

第三〇条　この宣言のいかなる規定も、いずれかの国、集団又は個人に対して、この宣言に掲げる権利及び自由の破壊を目的とする活動に従事し、又はそのような目的を有する行為を行う権利を認めるものと解釈してはならない。

経済的、社会的及び文化的権利に関する国際規約（社会権規約）

International Covenant on Economic, Social and Cultural Rights

採択：一九六六年一二月一六日
一九七九年八月四日条約第六号
効力発生：一九七九年九月二一日

この規約の締約国は、

国際連合憲章において宣明された原則によれば、人類社会のすべての構成員の固有の尊厳及び平等のかつ奪い得ない権利を認めることが世界における自由、正義及び平和の基礎をなすものであることを考慮し、

これらの権利が人間の固有の尊厳に由来することを認め、

世界人権宣言によれば、自由な人間は恐怖及び欠乏からの自由を享受することであるとの理想は、すべての者がその市民的及び政治的権利とともに経済的、社会的及び文化的権利を享有することのできる条件が作り出される場合に初めて達成されることになることを認め、

人権及び自由の普遍的な尊重及び遵守を助長すべき義務を国際連合憲章に基づき諸国が負っていることを考慮し、

個人が、他人に対し及びその属する社会に対して義務を負うこと並びにこの規約において認められる権利の増進及び擁護のために努力する責任を有することを認識して、

次のとおり協定する。

第一部

第一条1　すべての人民は、自決の権利を有する。この権利に基づき、すべての人民は、その政治的地位を自由に決定し並びにその経済的、社会的及び文化的発展を自由に追求する。

2　すべての人民は、互恵の原則に基づく国際的経済協力から生ずる義務及び国際法上の義務に違反しない限り、自己のためにその天然の富及び資源を自由に処分することができる。人民は、いかなる場合にも、その生存のための手段を奪われることはない。

3　この規約の締約国（非自治地域及び信託統治地域の施政の責任を有する国を含む。）は、国際連合憲章の規定に従い、自決の権利が実現されることを促進し及び自決の権利を尊重する。

第二部

第二条1　この規約の各締約国は、立法措置その他のすべての適当な方法によりこの規約において認められる権利の完全な実現を漸進的に達成するため、自国における利用可能な手段を最大限に用いることにより、個々に又は国際的な援助及び協力、特に、経済上及び技術上の援助及び協力を通じて、行動をとることを約束する。

2　この規約の締約国は、この規約に規定する権利が人種、皮膚の色、性、言語、宗教、政治的意見その他の意見、国民的若しくは社会的出身、財産、出生又は他の地位によるいかなる差別もなしに行使されることを保障することを約束する。

3　開発途上にある国は、人権及び自国の経済の双方に十分な考慮を払い、この規約において認めら

れる経済的権利をどの程度まで外国人に保障するかを決定することができる。

第三条　この規約の締約国は、この規約に定めるすべての経済的、社会的及び文化的権利の享有について男女に同等の権利を確保することを約束する。

第四条　この規約の締約国は、この規約に合致するものとして国により確保される権利の享受に関し、その権利の性質と両立しており、かつ、民主的社会における一般的福祉を増進することを目的としている場合に限り、法律で定める制限のみをその権利に課すことができることを認める。

第五条1　この規約のいかなる規定も、国、集団又は個人が、この規約において認められる権利若しくは自由を破壊し若しくはこの規約に定める制限の範囲を超えて制限することを目的とする活動に従事し又はそのようなことを目的とする行為を行う権利を有することを意味するものと解することはできない。

2　いずれかの国において法律、条約、規則又は慣習によって認められ又は存する基本的人権については、この規約がそれらの権利を認めていないこと又はその認める範囲がより狭いことを理由として、それらの権利を制限し又は侵すことは許されない。

第三部

第六条1　この規約の締約国は、労働の権利を認めるものとし、この権利を保障するため適当な措置をとる。この権利には、すべての者が自由に選択し又は承諾する労働によって生計を立てる機会を得る権利を含む。

2　この規約の締約国が1の権利の完全な実現を達成するためとる措置には、個人に対して基本的な政治的及び経済的自由を保障する条件の下で着実な経済的、社会的及び文化的発展を実現し並びに完全かつ生産的な雇用を達成するための技術及び職業の指導及び訓練に関する計画、政策及び方法を含む。

第七条　この規約の締約国は、すべての者が公正かつ良好な労働条件を享受する権利を有することを認める。この労働条件は、特に次のものを確保する労働条件とする。

(a)　すべての労働者に最小限度次のものを与える報酬

(i)　公正な賃金及びいかなる差別もない同一価値の労働についての同一報酬。特に、女子については、同一の労働についての同一報酬とともに男子が享受する労働条件に劣らない労働条件が保障されること。

(ii)　労働者及びその家族のこの規約に適合する相応な生活

(b)　安全かつ健康的な作業条件

(c)　先任及び能力以外のいかなる事由も考慮されることなく、すべての者がその雇用関係においてより高い適当な地位に昇進する均等な機会

(d)　休息、余暇、労働時間の合理的な制限及び定期的な有給休暇並びに公の休日についての報酬

第八条1　この規約の締約国は、次の権利を確保することを約束する。

(a)　すべての者がその経済的及び社会的利益を増進し及び保護するため、労働組合を結成し及び当該労働組合の規則にのみ従うことを条件として自ら選択する労働組合に加入する権利。この権利の行使については、法律で定める制限であって国の安全若しくは公の秩序のため又は他の者の権利及び自由の保護のため民主的社会において必要なもの以外のいかなる制限も課することができない。

(b)　労働組合が国内の連合又は総連合を設立する権利及びこれらの連合又は総連合が国際的な労働組合団体を結成し又はこれに加入する権利

(c)　労働組合が、法律で定める制限であって国の安全若しくは公の秩序のため又は他の者の権利及び自由の保護のため民主的社会において必要なもの以外のいかなる制限も受けることなく、自由に活動する権利

(d)　同盟罷業をする権利。ただし、この権利は、各国の法律に従って行使されることを条件とする。

2　この条の規定は、軍隊若しくは警察の構成員又は公務員による1の権利の行使について合法的な制限を課することを妨げるものではない。

3　この条のいかなる規定も、結社の自由及び団結権の保護に関する千九百四十八年の国際労働機関の条約の締約国が、同条約に規定する保障を阻害するような立法措置を講ずること又は同条約に規定する保障を阻害するような方法により法律を適用することを許すものではない。

第九条　この規約の締約国は、社会保険その他の社会保障についてのすべての者の権利を認める。

第一〇条　この規約の締約国は、次のことを認める。

1　できる限り広範な保護及び援助が、社会の自然かつ基礎的な単位である家族に対し、特に、家族の形成のために並びに扶養児童の養育及び教育について責任を有する間に、与えられるべきである。婚姻は、両当事者の自由な合意に基づいて成

立するものでなければならない。

2　産前産後の合理的な期間においては、特別な保護が母親に与えられるべきである。働いている母親には、その期間において、有給休暇又は相当な社会保障給付を伴う休暇が与えられるべきである。

3　保護及び援助のための特別な措置が、出生その他の事情を理由とするいかなる差別もなく、すべての児童及び年少者のためにとられるべきである。児童及び年少者は、経済的及び社会的な搾取から保護されるべきである。児童及び年少者を、その精神若しくは健康に有害であり、その生命に危険があり又はその正常な発育を妨げるおそれのある労働に使用することは、法律で処罰すべきである。また、国は年齢による制限を定め、その年齢に達しない児童を賃金を支払って使用することを法律で禁止しかつ処罰すべきである。

第一一条1　この規約の締約国は、自己及びその家族のための相当な食糧、衣類及び住居を内容とする相当な生活水準についての並びに生活条件の不断の改善についてのすべての者の権利を認める。締約国は、この権利の実現を確保するために適当な措置をとり、このためには、自由な合意に基づく国際協力が極めて重要であることを認める。

2　この規約の締約国は、すべての者が飢餓から免れる基本的な権利を有することを認め、個々に及び国際協力を通じて、次の目的のため、具体的な計画その他の必要な措置をとる。

(a)　技術的及び科学的知識を十分に利用することにより、栄養に関する原則についての知識を普及させることにより並びに天然資源の最も効果的な開発及び利用を達成するように農地制度を発展させ又は改革することにより、食糧の生産、保存及び分配の方法を改善すること。

(b)　食糧の輸入国及び輸出国の双方の問題に考慮を払い、需要との関連において世界の食糧の供給の衡平な分配を確保すること。

第一二条1　この規約の締約国は、すべての者が到達可能な最高水準の身体及び精神の健康を享受する権利を有することを認める。

2　この規約の締約国が1の権利の完全な実現を達成するためにとる措置には、次のことに必要な措置を含む。

(a)　死産率及び幼児の死亡率を低下させるための並びに児童の健全な発育のための対策

(b)　環境衛生及び産業衛生のあらゆる状態の改善

(c)　伝染病、風土病、職業病その他の疾病の予防、治療及び抑圧

(d)　病気の場合にすべての者に医療及び看護を確保するような条件の創出

第一三条1　この規約の締約国は、教育についてのすべての者の権利を認める。締約国は、教育が人格の完成及び人格の尊厳についての意識の十分な発達を指向し並びに人権及び基本的自由の尊重を強化すべきことに同意する。更に、締約国は、教育が、すべての者に対し、自由な社会に効果的に参加すること、諸国民の間及び人種的、種族的又は宗教的集団の間の理解、寛容及び友好を促進すること並びに平和の維持のための国際連合の活動を助長することを可能にすべきことに同意する。

2　この規約の締約国は、1の権利の完全な実現を達成するため、次のことを認める。

(a)　初等教育は、義務的なものとし、すべての者に対して無償のものとすること。

(b)　種々の形態の中等教育（技術的及び職業的中等教育を含む。）は、すべての適当な方法により、特に、無償教育の漸進的な導入により、一般的に利用可能であり、かつ、すべての者に対して機会が与えられるものとすること。

(c)　高等教育は、すべての適当な方法により、特に、無償教育の漸進的な導入により、能力に応じ、すべての者に対して均等に機会が与えられるものとすること。

(d)　基礎教育は、初等教育を受けなかった者又はその全課程を修了しなかった者のため、できる限り奨励され又は強化されること。

(e)　すべての段階にわたる学校制度の発展を積極的に追求し、適当な奨学金制度を設立し及び教育職員の物質的条件を不断に改善すること。

3　この規約の締約国は、父母及び場合により法定保護者が、公の機関によって設置される学校以外の学校であって国によって定められ又は承認される最低限度の教育上の基準に適合するものを児童のために選択する自由並びに自己の信念に従って児童の宗教的及び道徳的教育を確保する自由を有することを尊重することを約束する。

4　この条のいかなる規定も、個人及び団体が教育機関を設置し及び管理する自由を妨げるものと解してはならない。ただし、常に、1に定める原則が遵守されること及び当該教育機関において行われる教育が国によって定められる最低限度の基準に適合することを条件とする。

第一四条　この規約の締約国となる時にその本土地域又はその管轄の下にある他の地域において無償の初等義務教育を確保するに至っていない各締約国は、すべての者に対する無償の義務教育の原則をその計画中に定める合理的な期間内に漸進的に

実施するための詳細な行動計画を二年以内に作成しかつ採用することを約束する。

第一五条1　この規約の締約国は、すべての者の次の権利を認める。

(a)　文化的な生活に参加する権利

(b)　科学の進歩及びその利用による利益を享受する権利

(c)　自己の科学的、文学的又は芸術的作品により生ずる精神的及び物質的利益が保護されることを享受する権利

2　この規約の締約国が1の権利の完全な実現を達成するためにとる措置には、科学及び文化の保存、発展及び普及に必要な措置を含む。

3　この規約の締約国は、科学研究及び創作活動に不可欠な自由を尊重することを約束する。

4　この規約の締約国は、科学及び文化の分野における国際的な連絡及び協力を奨励し及び発展させることによって得られる利益を認める。

第四部

第一六条1　この規約の締約国は、この規約において認められる権利の実現のためにとった措置及びこれらの権利の実現についてもたらされた進歩に関する報告をこの部の規定に従って提出することを約束する。

2(a)　すべての報告は、国際連合事務総長に提出するものとし、同事務総長は、この規約による経済社会理事会の審議のため、その写しを同理事会に送付する。

(b)　国際連合事務総長は、また、いずれかの専門機関の加盟国であるこの規約の締約国によって提出される報告又はその一部が当該専門機関の基本文書によりその任務の範囲内にある事項に関連を有するものである場合には、それらの報告又は関係部分の写しを当該専門機関に送付する。

第一七条1　この規約の締約国は、経済社会理事会が締約国及び関係専門機関との協議の後この規約の効力発生の後一年以内に作成する計画に従い、報告を段階的に提出する。

2　報告には、この規約に基づく義務の履行程度に影響を及ぼす要因及び障害を記載することができる。

3　関連情報がこの規約の締約国により国際連合又はいずれかの専門機関に既に提供されている場合には、その情報については、再び提供の必要はなく、提供に係る情報について明確に言及することで足りる。

第一八条　経済社会理事会は、人権及び基本的自由の分野における国際連合憲章に規定する責任に基づき、いずれかの専門機関の任務の範囲内にある事項に関するこの規約の規定の遵守についてもたらされた進歩に関し当該専門機関が同理事会に報告することにつき、当該専門機関と取極を行うことができる。報告には、当該専門機関の権限のある機関がこの規約の当該規定の実施に関して採択した決定及び勧告についての詳細を含ませることができる。

第一九条　経済社会理事会は、第十六条及び第十七条の規定により締約国が提出する人権に関する報告並びに前条の規定により専門機関が提出する人権に関する報告を、検討及び一般的な性格を有する勧告のため又は適当な場合には情報用として、人権委員会に送付することができる。

第二〇条　この規約の締約国及び関係専門機関は、前条にいう一般的な性格を有する勧告に関する意見又は人権委員会の報告において若しくはその報告で引用されている文書において言及されている一般的な性格を有する勧告に関する意見を、経済社会理事会に提出することができる。

第二一条　経済社会理事会は、一般的な性格を有する勧告を付した報告、並びにこの規約の締約国及び専門機関から得た情報であってこの規約において認められる権利の実現のためにとられた措置及びこれらの権利の実現についてもたらされた進歩に関する情報の概要を、総会に随時提出することができる。

第二二条　経済社会理事会は、技術援助の供与に関係を有する国際連合の他の機関及びこれらの補助機関並びに専門機関に対し、この部に規定する報告により提起された問題であって、これらの機関がそれぞれの権限の範囲内でこの規約の効果的かつ漸進的な実施に寄与すると認められる国際的措置をとることの適否の決定に当たって参考となるものにつき、注意を喚起することができる。

第二三条　この規約の締約国は、この規約において認められる権利の実現のための国際的措置には条約の締結、勧告の採択、技術援助の供与並びに関係国の政府との連携により組織される協議及び検討のための地域会議及び専門家会議の開催のような措置が含まれることに同意する。

第二四条　この規約のいかなる規定も、この規約に規定されている事項につき、国際連合の諸機関及び専門機関の任務をそれぞれ定めている国際連合憲章及び専門機関の基本文書の規定の適用を妨げるものと解してはならない。

第二五条　この規約のいかなる規定も、すべての人

民がその天然の富及び資源を十分かつ自由に享受し及び利用する固有の権利を害するものと解してはならない。

第五部

第二六条1　この規約は、国際連合又はいずれかの専門機関の加盟国、国際司法裁判所規程の当事国及びこの規約の締約国となるよう国際連合総会が招請する他の国による署名のために開放しておく。

2　この規約は、批准されなければならない。批准書は、国際連合事務総長に寄託する。

3　この規約は、1に規程する国による加入のために開放しておく。

4　加入は、加入書を国際連合事務総長に寄託することによって行う。

5　国際連合事務総長は、この規約に署名し又は加入したすべての国に対し、各批准書又は各加入書の寄託を通報する。

第二七条1　この規約は、三十五番目の批准書又は加入書が国際連合事務総長に寄託された日の後三箇月で効力を生ずる。

2　この規約は、三十五番目の批准書又は加入書が寄託された後に批准し又は加入する国については、その批准書又は加入書が寄託された日の後三箇月で効力を生ずる。

第二八条　この規約は、いかなる制限又は例外もなしに連邦国家のすべての地域について適用する。

第二九条1　この規約のいずれの締約国も、改正を提案し及び改正案を国際連合事務総長に提出することができる。同事務総長は、直ちに、この規約の締約国に対し、改正案を送付するものとし、締約国による改正案の審議及び投票のための締約国会議の開催についての賛否を同事務総長に通告するよう要請する。締約国の三分の一以上が会議の開催に賛成する場合には、同事務総長は、国際連合の主催の下に会議を招集する。会議において出席しかつ投票する締約国の過半数によって採択された改正案は、承認のため、国際連合総会に提出する。

2　改正は、国際連合総会が承認し、かつ、この規約の締約国の三分の二以上の多数がそれぞれの国の憲法上の手続に従って受諾したときに、効力を生ずる。

3　改正は、効力を生じたときは、改正を受諾した締約国を拘束するものとし、他の締約国は、改正前のこの規約の規定（受諾した従前の改正を含む。）により引き続き拘束される。

第三〇条　第二十六条5の規定により行われる通報にかかわらず、国際連合事務総長は、同条1に規定するすべての国に対し、次の事項を通報する。

(a)　第二十六条の規定による署名、批准及び加入

(b)　第二十七条の規定に基づきこの規約が効力を生ずる日及び前条の規定により改正が効力を生ずる日

第三一条1　この規約は、中国語、英語、フランス語、ロシア語及びスペイン語をひとしく正文とし、国際連合に寄託される。

2　国際連合事務総長は、この規約の認証謄本を第二十六条に規定するすべての国に送付する。

以上の証拠として、下名は、各自の政府から正当に委任を受けて、千九百六十六年十二月十九日にニューヨークで署名のために開放されたこの規約に署名した。

市民的及び政治的権利に関する国際規約（自由権規約）

International Covenant on Civil and Political Rights

採択：一九六六年一二月一六日
一九七九年八月四日条約第七号
効力発生：一九七九年九月二一日

この規約の締約国は、

国際連合憲章において宣明された原則によれば、人類社会のすべての構成員の固有の尊厳及び平等のかつ奪い得ない権利を認めることが世界における自由、正義及び平和の基礎をなすものであることを考慮し、

これらの権利が人間の固有の尊厳に由来することを認め、

世界人権宣言によれば、自由な人間は市民的及び政治的自由並びに恐怖及び欠乏からの自由を享受するものであるとの理想は、すべての者がその経済的、社会的及び文化的権利とともに市民的及び政治的権利を享有することのできる条件が作り出される場合に初めて達成されることになることを認め、

人権及び自由の普遍的な尊重及び遵守を助長すべき義務を国際連合憲章に基づき諸国が負っていることを考慮し、

個人が、他人に対し及びその属する社会に対して義務を負うこと並びにこの規約において認められる権利の増進及び擁護のために努力する責任を有することを認識して、

次のとおり協定する。

第一部

第一条1　すべての人民は、自決の権利を有する。この権利に基づき、すべての人民は、その政治的地位を自由に決定し並びにその経済的、社会的及び文化的発展を自由に追求する。

2　すべての人民は、互恵の原則に基づく国際的経済協力から生ずる義務及び国際法上の義務に違反しない限り、自己のためにその天然の富及び資源を自由に処分することができる。人民は、いかなる場合にも、その生存のための手段を奪われることはない。

3　この規約の締約国（非自治地域及び信託統治地域の施政の責任を有する国を含む。）は、国際連合憲章の規定に従い、自決の権利が実現されることを促進し及び自決の権利を尊重する。

第二部

第二条1　この規約の各締約国は、その領域内にあり、かつ、その管轄の下にあるすべての個人に対し、人種、皮膚の色、性、言語、宗教、政治的意見その他の意見、国民的若しくは社会的出身、財産、出生又は他の地位等によるいかなる差別もなしにこの規約において認められる権利を尊重し及び確保することを約束する。

2　この規約の各締約国は、立法措置その他の措置がまだとられていない場合には、この規約において認められる権利を実現するために必要な立法措置その他の措置をとるため、自国の憲法上の手続及びこの規約の規定に従って必要な行動をとることを約束する。

3　この規約の各締約国は、次のことを約束する。

(a)　この規約において認められる権利又は自由を侵害された者が、公的資格で行動する者によりその侵害が行われた場合にも、効果的な救済措置を受けることを確保すること。

(b)　救済措置を求める者の権利が権限のある司法上、行政上若しくは立法上の機関又は国の法制で定める他の権限のある機関によって決定されることを確保すること及び司法上の救済措置の可能性を発展させること。

(c)　救済措置が与えられる場合に権限のある機関によって執行されることを確保すること。

第三条　この規約の締約国は、この規約に定めるすべての市民的及び政治的権利の享有について男女に同等の権利を確保することを約束する。

第四条1　国民の生存を脅かす公の緊急事態の場合においてその緊急事態の存在が公式に宣言されているときは、この規約の締約国は、事態の緊急性が真に必要とする限度において、この規約に基づく義務に違反する措置をとることができる。ただし、その措置は、当該締約国が国際法に基づき負う他の義務に抵触してはならず、また、人種、皮膚の色、性、言語、宗教又は社会的出身のみを理由とする差別を含んではならない。

2　1の規定は、第六条、第七条、第八条1及び2、第十一条、第十五条、第十六条並びに第十八条の規定に違反することを許すものではない。

3　義務に違反する措置をとる権利を行使するこの規約の締約国は、違反した規定及び違反するに至った理由を国際連合事務総長を通じてこの規約の他の締約国に直ちに通知する。更に、違反が終了する日に、同事務総長を通じてその旨通知する。

第五条1　この規約のいかなる規定も、国、集団又は個人が、この規約において認められる権利及び自由を破壊し若しくはこの規約に定める制限の範囲を超えて制限することを目的とする活動に従事し又はそのようなことを目的とする行為を行う権利を有することを意味するものと解することはできない。

2　この規約のいずれかの締約国において法律、条約、規則又は慣習によって認められ又は存する基本的人権については、この規約がそれらの権利を認めていないこと又はその認める範囲がより狭いことを理由として、それらの権利を制限し又は侵してはならない。

第三部

第六条1　すべての人間は、生命に対する固有の権利を有する。この権利は、法律によって保護される。何人も、恣意的にその生命を奪われない。

2　死刑を廃止していない国においては、死刑は、犯罪が行われた時に効力を有しており、かつ、この規約の規定及び集団殺害犯罪の防止及び処罰に関する条約の規定に抵触しない法律により、最も重大な犯罪についてのみ科することができる。この刑罰は、権限のある裁判所が言い渡した確定判決によってのみ執行することができる。

3　生命の剥奪が集団殺害犯罪を構成する場合には、この条のいかなる規定も、この規約の締約国が集団殺害犯罪の防止及び処罰に関する条約の規定に基づいて負う義務を方法のいかんを問わず免れることを許すものではないと了解する。

4　死刑を言い渡されたいかなる者も、特赦又は減刑を求める権利を有する。死刑に対する大赦、特赦又は減刑は、すべての場合に与えることができる。

5　死刑は、十八歳未満の者が行った犯罪について科してはならず、また、妊娠中の女子に対して執行してはならない。

6　この条のいかなる規定も、この規約の締約国により死刑の廃止を遅らせ又は妨げるために援用されてはならない。

第七条　何人も、拷問又は残虐な、非人道的な若しくは品位を傷つける取扱い若しくは刑罰を受けない。特に、何人も、その自由な同意なしに医学的又は科学的実験を受けない。

第八条1　何人も、奴隷の状態に置かれない。あらゆる形態の奴隷制度及び奴隷取引は、禁止する。

2　何人も、隷属状態に置かれない。

3(a)　何人も、強制労働に服することを要求されない。

(b)　(a)の規定は、犯罪に対する刑罰として強制労働を伴う拘禁刑を科することができる国において、権限のある裁判所による刑罰の言渡しにより強制労働をさせることを禁止するものと解してはならない。

(c)　この3の規定の適用上、「強制労働」には、次のものを含まない。

(i)　作業又は役務であって、(b)の規定において言及されておらず、かつ、裁判所の合法的な命令によって抑留されている者又はその抑留を条件付きで免除されている者に通常要求されるもの

(ii)　軍事的性質の役務及び、良心的兵役拒否が認められている国においては、良心的兵役拒否者が法律によって要求される国民的役務

(iii)　社会の存立又は福祉を脅かす緊急事態又は災害の場合に要求される役務

(iv)　市民としての通常の義務とされる作業又は役務

第九条1　すべての者は、身体の自由及び安全についての権利を有する。何人も、恣意的に逮捕され又は抑留されない。何人も、法律で定める理由及び手続によらない限り、その自由を奪われない。

2　逮捕される者は、逮捕の時にその理由を告げられるものとし、自己に対する被疑事実を速やかに告げられる。

3　刑事上の罪に問われて逮捕され又は抑留された者は、裁判官又は司法権を行使することが法律によって認められている他の官憲の面前に速やかに連れて行かれるものとし、妥当な期間内に裁判を受ける権利又は釈放される権利を有する。裁判に付される者を抑留することが原則であってはならず、釈放に当たっては、裁判その他の司法上の手続のすべての段階における出頭及び必要な場合における判決の執行のための出頭が保証されることを条件とすることができる。

4　逮捕又は抑留によって自由を奪われた者は、裁判所がその抑留が合法的であるかどうかを遅滞なく決定すること及びその抑留が合法的でない場合にはその釈放を命ずることができるように、裁判所において手続をとる権利を有する。

5　違法に逮捕され又は抑留された者は、賠償を受ける権利を有する。

第一〇条1　自由を奪われたすべての者は、人道的にかつ人間の固有の尊厳を尊重して、取り扱われる。

2(a)　被告人は、例外的な事情がある場合を除くほか有罪の判決を受けた者とは分離されるものとし、有罪の判決を受けていない者としての地位に相応する別個の取扱いを受ける。

(b)　少年の被告人は、成人とは分離されるものとし、できる限り速やかに裁判に付される。

3　行刑の制度は、被拘禁者の矯正及び社会復帰を基本的な目的とする処遇を含む。少年の犯罪者は、成人とは分離されるものとし、その年齢及び法的地位に相応する取扱いを受ける。

第一一条　何人も、契約上の義務を履行することができないことのみを理由として拘禁されない。

第一二条1　合法的にいずれかの国の領域内にいるすべての者は、当該領域内において、移動の自由及び居住の自由についての権利を有する。

2　すべての者は、いずれの国（自国を含む。）からも自由に離れることができる。

3　1及び2の権利は、いかなる制限も受けない。ただし、その制限が、法律で定められ、国の安全、公の秩序、公衆の健康若しくは道徳又は他の者の権利及び自由を保護するために必要であり、かつ、この規約において認められる他の権利と両立するものである場合は、この限りでない。

4　何人も、自国に戻る権利を恣意的に奪われない。

第一三条　合法的にこの規約の締約国の領域内にいる外国人は、法律に基づいて行われた決定によってのみ当該領域から追放することができる。国の安全のためのやむを得ない理由がある場合を除くほか、当該外国人は、自己の追放に反対する理由を提示すること及び権限のある機関又はその機関が特に指名する者によって自己の事案が審査されることが認められるものとし、この為にその機関又はその者に対する代理人の出頭が認められる。

第一四条1　すべての者は、裁判所の前に平等とす

る。すべての者は、その刑事上の罪の決定又は民事上の権利及び義務の争いについての決定のため、法律で設置された、権限のある、独立の、かつ、公平な裁判所による公正な公開審理を受ける権利を有する。報道機関及び公衆に対しては、民主的社会における道徳、公の秩序若しくは国の安全を理由として、当事者の私生活の利益のため必要な場合において又はその公開が司法の利益を害することとなる特別な状況において裁判所が真に必要があると認める限度で、裁判の全部又は一部を公開しないことができる。もっとも、刑事訴訟又は他の訴訟において言い渡される判決は、少年の利益のために必要がある場合又は当該手続が夫婦間の争い若しくは児童の後見に関するものである場合を除くほか、公開する。

2　刑事上の罪に問われているすべての者は、法律に基づいて有罪とされるまでは、無罪と推定される権利を有する。

3　すべての者は、その刑事上の罪の決定について、十分平等に、少なくとも次の保障を受ける権利を有する。

(a)　その理解する言語で速やかにかつ詳細にその罪の性質及び理由を告げられること。

(b)　防御の準備のために十分な時間及び便益を与えられ並びに自ら選任する弁護人と連絡すること。

(c)　不当に遅延することなく裁判を受けること。

(d)　自ら出席して裁判を受け及び、直接に又は自ら選任する弁護人を通じて、防御すること。弁護人がいない場合には、弁護人を持つ権利を告げられること。司法の利益のために必要な場合には、十分な支払手段を有しないときは自らその費用を負担することなく、弁護人を付されること。

(e)　自己に不利な証人を尋問し又はこれに対し尋問させること並びに自己に不利な証人と同じ条件で自己のための証人の出席及びこれに対する尋問を求めること。

(f)　裁判所において使用される言語を理解すること又は話すことができない場合には、無料で通訳の援助を受けること。

(g)　自己に不利益な供述又は有罪の自白を強要されないこと。

4　少年の場合には、手続は、その年齢及びその更生の促進が望ましいことを考慮したものとする。

5　有罪の判決を受けたすべての者は、法律に基づきその判決及び刑罰を上級の裁判所によって再審理される権利を有する。

6　確定判決によって有罪と決定された場合において、その後に、新たな事実又は新しく発見された事実により誤審のあったことが決定的に立証されたことを理由としてその有罪の判決が破棄され又は赦免が行われたときは、その有罪の判決の結果刑罰に服した者は、法律に基づいて補償を受ける。ただし、その知られなかった事実が適当な時に明らかにされなかったことの全部又は一部がその者の責めに帰するものであることが証明される場合は、この限りでない。

7　何人も、それぞれの国の法律及び刑事手続に従って既に確定的に有罪又は無罪の判決を受けた行為について再び裁判され又は処罰されることはない。

第一五条1　何人も、実行の時に国内法又は国際法により犯罪を構成しなかった作為又は不作為を理由として有罪とされることはない。何人も、犯罪が行われた時に適用されていた刑罰よりも重い刑罰を科されない。犯罪が行われた後により軽い刑罰を科する規定が法律に設けられる場合には、罪を犯した者は、その利益を受ける。

2　この条のいかなる規定も、国際社会の認める法の一般原則により実行の時に犯罪とされていた作為又は不作為を理由として裁判しかつ処罰することを妨げるものでない。

第一六条　すべての者は、すべての場所において、法律の前に人として認められる権利を有する。

第一七条1　何人も、その私生活、家族、住居若しくは通信に対して恣意的に若しくは不法に干渉され又は名誉及び信用を不法に攻撃されない。

2　すべての者は、1の干渉又は攻撃に対する法律の保護を受ける権利を有する。

第一八条1　すべての者は、思想、良心及び宗教の自由についての権利を有する。この権利には、自ら選択する宗教又は信念を受け入れ又は有する自由並びに、単独で又は他の者と共同して及び公に又は私的に、礼拝、儀式、行事及び教導によってその宗教又は信念を表明する自由を含む。

2　何人も、自ら選択する宗教又は信念を受け入れ又は有する自由を侵害するおそれのある強制を受けない。

3　宗教又は信念を表明する自由については、法律で定める制限であって公共の安全、公の秩序、公衆の健康若しくは道徳又は他の者の基本的な権利及び自由を保護するために必要なもののみを課することができる。

4　この規約の締約国は父母及び場合により法定保護者が、自己の信念に従って児童の宗教的及び道徳的教育を確保する自由を有することを尊重することを約束する。

第一九条1　すべての者は、干渉されることなく意見を持つ権利を有する。

2　すべての者は、表現の自由についての権利を有する。この権利には、口頭、手書き若しくは印刷、芸術の形態又は自ら選択する他の方法により、国境とのかかわりなく、あらゆる種類の情報及び考えを求め、受け及び伝える自由を含む。

3　2の権利の行使には、特別の義務及び責任を伴う。したがって、この権利の行使については、一定の制限を課すことができる。ただし、その制限は、法律によって定められ、かつ、次の目的のために必要とされるものに限る。

(a)　他の者の権利又は信用の尊重

(b)　国の安全、公の秩序又は公衆の健康若しくは道徳の保護

第二〇条1　戦争のためのいかなる宣伝も、法律で禁止する。

2　差別、敵意又は暴力の扇動となる国民的、人種的又は宗教的憎悪の唱道は、法律で禁止する。

第二一条　平和的な集会の権利は、認められる。この権利の行使については、法律で定める制限であって国の安全若しくは公共の安全、公の秩序、公衆の健康若しくは道徳の保護又は他の者の権利及び自由の保護のため民主的社会において必要なもの以外のいかなる制限も課することができない。

第二二条1　すべての者は、結社の自由についての権利を有する。この権利には、自己の利益の保護のために労働組合を結成し及びこれに加入する権利を含む。

2　1の権利の行使については、法律で定める制限であって国の安全若しくは公共の安全、公の秩序、公衆の健康若しくは道徳の保護又は他の者の権利及び自由の保護のため民主的社会において必要なもの以外のいかなる制限も課することができない。この条の規定は、1の権利の行使につき、軍隊及び警察の構成員に対して合法的な制限を課することを妨げるものではない。

3　この条のいかなる規定も、結社の自由及び団結権の保護に関する千九百四十八年の国際労働機関の条約の締約国が、同条約に規定する保障を阻害するような立法措置を講ずること又は同条約に規定する保障を阻害するような方法により法律を適用することを許すものではない。

第二三条1　家族は、社会の自然かつ基礎的な単位であり、社会及び国による保護を受ける権利を有する。

2　婚姻をすることができる年齢の男女が婚姻をしかつ家族を形成する権利は、認められる。

3　婚姻は、両当事者の自由かつ完全な合意なしには成立しない。

4　この規約の締約国は、婚姻中及び婚姻の解消の際に、婚姻に係る配偶者の権利及び責任の平等を確保するため、適当な措置をとる。その解消の場合には、児童に対する必要な保護のため、措置がとられる。

第二四条1　すべての児童は、人種、皮膚の色、性、言語、宗教、国民的若しくは社会的出身、財産又は出生によるいかなる差別もなしに、未成年者としての地位に必要とされる保護の措置であって家族、社会及び国による措置について権利を有する。

2　すべての児童は、出生の後直ちに登録され、かつ、氏名を有する。

3　すべての児童は、国籍を取得する権利を有する。

第二五条　すべての市民は、第二条に規定するいかなる差別もなく、かつ、不合理な制限なしに、次のことを行う権利及び機会を有する。

(a)　直接に、又は自由に選んだ代表者を通じて、政治に参与すること。

(b)　普通かつ平等の選挙権に基づき秘密投票により行われ、選挙人の意思の自由な表明を保障する真正な定期的選挙において、投票し及び選挙されること。

(c)　一般的な平等条件の下で自国の公務に携わること。

第二六条　すべての者は、法律の前に平等であり、いかなる差別もなしに法律による平等の保護を受ける権利を有する。このため、法律は、あらゆる差別を禁止し及び人種、皮膚の色、性、言語、宗教、政治的意見その他の意見、国民的若しくは社会的出身、財産、出生又は他の地位等のいかなる理由による差別に対しても平等のかつ効果的な保護をすべての者に保障する。

第二七条　種族的、宗教的又は言語的少数民族が存在する国において、当該少数民族に属する者は、その集団の他の構成員とともに自己の文化を享有し、自己の宗教を信仰しかつ実践し又は自己の言語を使用する権利を否定されない。

第四部

第二八条1　人権委員会（以下「委員会」という。）を設置する。委員会は、十八人の委員で構成するものとして、この部に定める任務を行う。

2　委員会は、高潔な人格を有し、かつ、人権の分野において能力を認められたこの規約の締約国の

国民で構成する。この場合において、法律関係の経験を有する者の参加が有益であることに考慮を払う。

3　委員会の委員は、個人の資格で、選挙され及び職務を遂行する。

第二九条1　委員会の委員は、前条に定める資格を有し、かつ、この規約の締約国により選挙のために指名された者の名簿の中から秘密投票により選出される。

2　この規約の各締約国は、一人又は二人を指名することができる。指名される者は、指名する国の国民とする。

3　いずれの者も、再指名される資格を有する。

第三〇条1　委員会の委員の最初の選挙は、この規約の効力発生の日の後六箇月以内に行う。

2　第三十四条の規定に従って空席（第三十三条の規定により宣言された空席をいう。）を補充するための選挙の場合を除くほか、国際連合事務総長は、委員会の委員の選挙の日の遅くとも四箇月前までに、この規約の締約国に対し、委員会の委員に指名された者の氏名を三箇月以内に提出するよう書面で要請する。

3　国際連合事務総長は、2にいう指名された者のアルファベット順による名簿（これらの者を指名した締約国名を表示した名簿とする。）を作成し、名簿を各選挙の日の遅くとも一箇月前までにこの規約の締約国に送付する。

4　委員会の委員の選挙は、国際連合事務総長により国際連合本部に招集されるこの規約の締約国の会合において行う。この会合は、この規約の締約国の三分の二をもって定足数とする。この会合においては、出席しかつ投票する締約国の代表によって投じられた票の最多数で、かつ、過半数の票を得た指名された者をもって委員会に選出された委員とする。

第三一条1　委員会は、一の国の国民を二人以上含むことができない。

2　委員会の選挙に当たっては、委員の配分が地理的に衡平に行われること並びに異なる文明形態及び主要な法体系が代表されることを考慮に入れる。

第三二条1　委員会の委員は、四年の任期で選出される。委員は、再指名された場合には、再選される資格を有する。ただし、最初の選挙において選出された委員のうち九人の委員の任期は、二年で終了するものとし、これらの九人の委員は、最初の選挙の後直ちに、第三十条4に規定する会合において議長によりくじ引で選ばれる。

2　任期満了の際の選挙は、この部の前諸条の規定に従って行う。

第三三条1　委員会の委員が一時的な不在以外の理由のためその職務を遂行することができなくなったことを他の委員が一致して認める場合には、委員会の委員長は国際連合事務総長にその旨を通知するものとし、同事務総長は、当該委員の職が空席となったことを宣言する。

2　委員会の委員が死亡し又は辞任した場合には、委員長は、直ちに国際連合事務総長にその旨を通知するものとし、同事務総長は、死亡し又は辞任した日から当該委員の職が空席となったことを宣言する。

第三四条1　前条の規定により空席が宣言された場合において、当該宣言の時から六箇月以内に交代される委員の任期が満了しないときは、国際連合事務総長は、この規約の各締約国にその旨を通知する。各締約国は、空席を補充するため、二箇月以内に第二十九条の規定により指名された者の氏名を提出することができる。

2　国際連合事務総長は、1にいう指名された者のアルファベット順による名簿を作成し、この規約の締約国に送付する。空席を補充するための選挙は、この部の関連規定に従って行う。

3　前条の規定により宣言された空席を補充するために選出された委員会の委員は、同条の規定により委員会における職が空席となった委員の残余の期間在任する。

第三五条　委員会の委員は、国際連合総会が委員会の任務の重要性を考慮して決定する条件に従い、同総会の承認を得て、国際連合の財源から報酬を受ける。

第三六条　国際連合事務総長は、委員会がこの規約に定める任務を効果的に遂行するために必要な職員及び便益を提供する。

第三七条1　国際連合事務総長は、委員会の最初の会合を国際連合本部に招集する。

2　委員会は、最初の会合の後は、手続規則に定める時期に会合する。

3　委員会は、通常、国際連合本部又はジュネーブにある国際連合事務所において会合する。

第三八条　委員会のすべての委員は、職務の開始に先立ち、公開の委員会において、職務を公平かつ良心的に遂行する旨の厳粛な宣誓を行う。

第三九条1　委員会は、役員を二年の任期で選出する。役員は、再選されることができる。

2　委員会は、手続規則を定める。この手続規則には、特に次のことを定める。

(a)　十二人の委員をもって定足数とすること。

(b) 委員会の決定は、出席する委員が投ずる票の過半数によって行うこと。

第四〇条1 この規約の締約国は、(a)当該締約国についてこの規約が効力を生ずる時から一年以内に、(b)その後は委員会が要請するときに、この規約において認められる権利の実現のためにとった措置及びこれらの権利の享受についてもたらされた進歩に関する報告を提出することを約束する。

2 すべての報告は、国際連合事務総長に提出するものとし、同事務総長は、検討のため、これらの報告を委員会に送付する。報告には、この規約の実施に影響を及ぼす要因及び障害が存在する場合には、これらの要因及び障害を記載する。

3 国際連合事務総長は、委員会との協議の後、報告に含まれるいずれかの専門機関の権限の範囲内にある事項に関する部分の写しを当該専門機関に送付することができる。

4 委員会は、この規約の締約国の提出する報告を検討する。委員会は、委員会の報告及び適当と認める一般的な性格を有する意見を締約国に送付しなければならず、また、この規約の締約国から受領した報告の写しとともに当該一般的な性格を有する意見を経済社会理事会に送付することができる。

5 この規約の締約国は、4の規定により送付される一般的な性格を有する意見に関する見解を委員会に提示することができる。

第四一条1 この規約の締約国は、この規約に基づく義務が他の締約国によって履行されていない旨を主張するいずれかの締約国からの通報を委員会が受理しかつ検討する権限を有することを認めることを、この条の規定に基づいていつでも宣言することができる。この条の規定に基づく通報は、委員会の当該権限を自国について認める宣言を行った締約国による通報である場合に限り、受理しかつ検討することができる。委員会は、宣言を行っていない締約国についての通報を受理してはならない。この条の規定により受理される通報は、次の手続に従って取り扱う。

(a) この規約の締約国は、他の締約国がこの規約を実施していないと認める場合には、書面による通知により、その事態につき当該他の締約国の注意を喚起することができる。通知を受領する国は、通知の受領の後三箇月以内に、当該事態について説明する文書その他の文書を、通知を送付した国に提供する。これらの文書は、当該事態について既にとられ、現在とっており又は将来とることができる国内的な手続及び救済措置に、可能かつ適当な範囲において、言及しなければならない。

(b) 最初の通知の受領の後六箇月以内に当該事案が関係締約国の双方の満足するように調整されない場合には、いずれの一方の締約国も、委員会及び他方の締約国に通告することにより当該事案を委員会に付託する権利を有する。

(c) 委員会は、付託された事案について利用し得るすべての国内的な救済措置がとられかつ尽くされたことを確認した後に限り、一般的に認められた国際法の原則に従って、付託された事案を取り扱う。ただし、救済措置の実施が不当に遅延する場合は、この限りでない。

(d) 委員会は、この条の規定により通報を検討する場合には、非公開の会合を開催する。

(e) (c)の規定に従うことを条件として、委員会は、この規約において認められる人権及び基本的自由の尊重を基礎として事案を友好的に解決するため、関係締約国に対してあっ旋を行う。

(f) 委員会は、付託されたいずれの事案についても、(b)にいう関係締約国に対し、あらゆる関連情報を提供するよう要請することができる。

(g) (b)にいう関係締約国は、委員会において事案が検討されている間において代表を出席させる権利を有するものとし、また、口頭又は書面により意見を提出する権利を有する。

(h) 委員会は、(b)の通告を受領した日の後十二箇月以内に、報告を提出する。報告は、各事案ごとに、関係締約国に送付する。

(i) (e)の規定により解決に到達した場合には、委員会は、事実及び到達した解決について簡潔に記述したものを報告する。

(ii) (e)の規定により解決に到達しない場合には、委員会は、事実について簡潔に記述したものを報告するものとし、当該報告に関係締約国の口頭による意見の記録及び書面による意見を添付する。

2 この条の規定は、この規約の十の締約国が1の規定に基づく宣言を行った時に効力を生ずる。宣言は、締約国が国際連合事務総長に寄託するものとし、同事務総長は、その写しを他の締約国に送付する。宣言は、同事務総長に対する通告によりいつでも撤回することができる。撤回は、この条の規定に従って既に送付された通報におけるいかなる事案の検討をも妨げるものではない。宣言を撤回した締約国による新たな通報は、同事務総長がその宣言の撤回の通告を受領した後は、当該締約国が新たな宣言を行わない限り、受理しない。

第四二条1(a)　前条の規定により委員会に付託された事案が関係締約国の満足するように解決されない場合には、委員会は、関係締約国の事前の同意を得て、特別調停委員会（以下「調停委員会」という。）を設置することができる。調停委員会は、

この規約の尊重を基礎として当該事案を友好的に解決するため、関係締約国に対してあっ旋を行う。

(b)　調停委員会は、関係締約国が容認する五人の者で構成する。調停委員会の構成について三箇月以内に関係締約国が合意に達しない場合には、合意が得られない調停委員会の委員については、委員会の秘密投票により、三分の二以上の多数による議決で、委員会の委員の中から選出する。

2　調停委員会の委員は、個人の資格で、職務を遂行する。委員は、関係締約国、この規約の締約国でない国又は前条の規定に基づく宣言を行っていない締約国の国民であってはならない。

3　調停委員会は、委員長を選出し及び手続規則を採択する。

4　調停委員会の会合は、通常、国際連合本部又はジュネーブにある国際連合事務所において開催する。もっとも、この会合は、調停委員会が国際連合事務総長及び関係締約国との協議の上決定する他の適当な場所において開催することができる。

5　第三十六条の規定により提供される事務局は、また、この条の規定に基づいて設置される調停委員会のために役務を提供する。

6　委員会が受領しかつ取りまとめる情報は、調停委員会の利用に供しなければならず、また、調停委員会は、関係締約国に対し、他のあらゆる関連情報を提供するよう要請することができる。

7　調停委員会は、事案を十分に検討した後に、かつ、検討のため事案を取り上げた後いかなる場合にも十二箇月以内に、関係締約国に通知するため、委員会の委員長に報告を提出する。

(a)　十二箇月以内に事案の検討を終了することができない場合には、調停委員会は、事案の検討状況について簡潔に記述したものを報告する。

(b)　この規約において認められる人権の尊重を基礎として事案の友好的な解決に到達した場合には、調停委員会は、事実及び到達した解決について簡潔に記述したものを報告する。

(c)　(b)に規定する解決に到達しない場合には、調停委員会の報告には、関係締約国間の係争問題に係るすべての事実関係についての調査結果及び当該事案の友好的な解決の可能性に関する意見を記載するとともに関係締約国の口頭による意見の記録及び書面による意見を添付する。

(d)　(c)の規定により調停委員会の報告が提出される場合には、関係締約国は、その報告の受領の後三箇月以内に、委員会の委員長に対し、調停委員会の報告の内容を受諾するかどうかを通告する。

8　この条の規定は、前条の規定に基づく委員会の任務に影響を及ぼすものではない。

9　関係締約国は、国際連合事務総長が作成する見積りに従って、調停委員会の委員に係るすべての経費を平等に分担する。

10　国際連合事務総長は、必要なときは、9の規定による関係締約国の経費の分担に先立って調停委員会の委員の経費を支払う権限を有する。

第四三条　委員会の委員及び前条の規定に基づいて設置される調停委員会の委員は、国際連合の特権及び免除に関する条約の関連規定に規定する国際連合のための職務を行う専門家の便益、特権及び免除を享受する。

第四四条　この規約の実施に関する規定は、国際連合及び専門機関の基本文書並びに国際連合及び専門機関において作成された諸条約により又はこれらの基本文書及び諸条約に基づき人権の分野に関し定められた手続を妨げることなく適用するものとし、この規約の締約国の間で効力を有する一般的な又は特別の国際取極による紛争の解決のため、この規約の締約国が他の手続を利用することを妨げるものではない。

第四五条　委員会は、その活動に関する年次報告を経済社会理事会を通じて国際連合総会に提出する。

第五部

第四六条　この規約のいかなる規定も、この規約に規定されている事項につき、国際連合の諸機関及び専門機関の任務をそれぞれ定めている国際連合憲章及び専門機関の基本文書の規定の適用を妨げるものと解してはならない。

第四七条　この規約のいかなる規定も、すべての人民がその天然の富及び資源を十分かつ自由に享受し及び利用する固有の権利を害するものと解してはならない。

第六部

第四八条〜第五三条まで《略》（A規約第五部参照）

社会権規約・自由権規約批准に際しての日本国の留保

日本国政府は、国際規約の批准書の寄託に当たり、署名の際に行った宣言を確認する旨の通告を国際連合事務総長あて書簡により行った。その内容は、次のとおりである。

1　日本国は、経済的、社会的及び文化的権利に関する国際規約第七条(d)の規定の適用に当たり、この規定にいう「公の休日についての報酬」拘束されない権利を留保する。

2　日本国は、経済的、社会的及び文化的権利に関する国際規約第八条1(d)の規定に拘束されない権利を留保する。ただし、日本国政府による同規約の批准の時に日本国の法令により前記の規定にいう権利が与えられている部門については、この限りではない。

3　日本国は、経済的、社会的及び文化的権利に関する国際規約第一三条2(b)及び(c)の規定の適用に当たり、これらの規定にいう「特に、無償教育の漸進的な導入により」に拘束されない権利を留保する。

4　日本国政府は、結社の自由及び団体権の保護に関する条約の批准に際し同条約第九条にいう「警察」には日本国の消防が含まれると解する旨の立場をとったことを想起し、経済的、社会的及び文化的権利に関する国際規約第八条2及び市民的及び政治的権利に関する国際規約第二二条2にいう「警察の構成員」には日本国の消防職員が含まれると解釈するものであることを宣言する。

女子に対するあらゆる形態の差別の撤廃に関する条約

Convention on the Elimination of All Forms of Discrimination against Women

採択：一九七九年一二月一八日
一九八五年七月一日条約第七号
効力発生：一九八五年七月二五日

この条約の締約国は、

国際連合憲章が基本的人権、人間の尊厳及び価値並びに男女の権利の平等に関する信念を改めて確認していることに留意し、

世界人権宣言が、差別は容認することができないものであるとの原則を確認していること、並びにすべての人間は生まれながらにして自由であり、かつ、尊厳及び権利について平等であること並びにすべての人は性による差別その他のいかなる差別もなしに同宣言に掲げるすべての権利及び自由を享有することができることを宣明していることに留意し、

人権に関する国際規約の締約国がすべての経済的、社会的、文化的、市民的及び政治的権利の享有について男女に平等の権利を確保する義務を負っていることに留意し、

国際連合及び専門機関の主催の下に各国が締結した男女の権利の平等を促進するための国際条約を考慮し、

更に、国際連合及び専門機関が採択した男女の権利の平等を促進するための決議、宣言及び勧告に留意し、

しかしながら、これらの種々の文書にもかかわらず女子に対する差別が依然として広範に存在していることを憂慮し、

女子に対する差別は、権利の平等の原則及び人間の尊厳の尊重の原則に反するものであり、女子が男子と平等の条件で自国の政治的、社会的、経済的及び文化的活動に参加する上で障害となるものであり、社会及び家族の繁栄の増進を阻害するものであり、また、女子の潜在能力を自国及び人類に役立てるために完全に開発することを一層困難にするものであることを想起し、

窮乏の状況においては、女子が食糧、健康、教育、雇用のための訓練及び機会並びに他の必要とするものを享受する機会が最も少ないことを憂慮し、

衡平及び正義に基づく新たな国際経済秩序の確立が男女の平等の促進に大きく貢献することを確信し、

アパルトヘイト、あらゆる形態の人種主義、人種差別、植民地主義、新植民地主義、侵略、外国による占領及び支配並びに内政干渉の根絶が男女の権利の完全な享有に不可欠であることを強調し、

国際の平和及び安全を強化し、国際緊張を緩和し、すべての国（社会体制及び経済体制のいかんを問わない。）の間で相互に協力し、全面的かつ完全な軍備縮小を達成し、特に厳重かつ効果的な国際管理の下での核軍備の縮小を達成し、諸国間の関係における正義、平等及び互恵の原則を確認し、外国の支配の下、植民地支配の下又は外国の占領の下にある人民の自決の権利及び人民の独立の権利を実現し並びに国の主権及び領土保全を尊重することが、社会の進歩及び発展を促進し、ひいては、男女の完全な平等の達成に貢献することを確認し、

国の完全な発展、世界の福祉及び理想とする平和は、あらゆる分野において女子が男子と平等の条件

で最大限に参加することを必要としていることを確信し、

家族の福祉及び社会の発展に対する従来完全には認められていなかつた女子の大きな貢献、母性の社会的重要性並びに家庭及び子の養育における両親の役割に留意し、また、出産における女子の役割が差別の根拠となるべきではなく、子の養育には男女及び社会全体が共に責任を負うことが必要であることを認識し、

社会及び家庭における男子の伝統的役割を女子の役割とともに変更することが男女の完全な平等の達成に必要であることを認識し、

女子に対する差別の撤廃に関する宣言に掲げられている諸原則を実施すること及びこのために女子に対するあらゆる形態の差別を撤廃するための必要な措置をとることを決意して、

次のとおり協定した。

第一部

第一条　この条約の適用上、「女子に対する差別」とは、性に基づく区別、排除又は制限であつて、政治的、経済的、社会的、文化的、市民的その他のいかなる分野においても、女子（婚姻をしているかいないかを問わない。）が男女の平等を基礎として人権及び基本的自由を認識し、享有し又は行使することを害し又は無効にする効果又は目的を有するものをいう。

第二条　締約国は、女子に対するあらゆる形態の差別を非難し、女子に対する差別を撤廃する政策をすべての適当な手段により、かつ、遅滞なく追求することに合意し、及びこのため次のことを約束する。

(a)　男女の平等の原則が自国の憲法その他の適当な法令に組み入れられていない場合にはこれを定め、かつ、男女の平等の原則の実際的な実現を法律その他の適当な手段により確保すること。

(b)　女子に対するすべての差別を禁止する適当な立法その他の措置（適当な場合には制裁を含む。）をとること。

(c)　女子の権利の法的な保護を男子との平等を基礎として確立し、かつ、権限のある自国の裁判所その他の公の機関を通じて差別となるいかなる行為からも女子を効果的に保護することを確保すること。

(d)　女子に対する差別となるいかなる行為又は慣行も差し控え、かつ、公の当局及び機関がこの義務に従つて行動することを確保すること。

(e)　個人、団体又は企業による女子に対する差別を撤廃するためのすべての適当な措置をとること。

(f)　女子に対する差別となる既存の法律、規則、慣習及び慣行を修正し又は廃止するためのすべての適当な措置（立法を含む。）をとること。

(g)　女子に対する差別となる自国のすべての刑罰規定を廃止すること。

第三条　締約国は、あらゆる分野、特に、政治的、社会的、経済的及び文化的分野において、女子に対して男子との平等を基礎として人権及び基本的自由を行使し及び享有することを保障することを目的として、女子の完全な能力開発及び向上を確保するためのすべての適当な措置（立法を含む。）をとる。

第四条1　締約国が男女の事実上の平等を促進することを目的とする暫定的な特別措置をとることは、この条約に定義する差別と解してはならない。ただし、その結果としていかなる意味においても不平等な又は別個の基準を維持し続けることとなつてはならず、これらの措置は、機会及び待遇の平等の目的が達成された時に廃止されなければならない。

2　締約国が母性を保護することを目的とする特別措置（この条約に規定する措置を含む。）をとることは、差別と解してはならない。

第五条　締約国は、次の目的のためのすべての適当な措置をとる。

(a)　両性のいずれかの劣等性若しくは優越性の観念又は男女の定型化された役割に基づく偏見及び慣習その他あらゆる慣行の撤廃を実現するため、男女の社会的及び文化的な行動様式を修正すること。

(b)　家庭についての教育に、社会的機能としての母性についての適正な理解並びに子の養育及び発育における男女の共同責任についての認識を含めることを確保すること。あらゆる場合において、子の利益は最初に考慮するものとする。

第六条　締約国は、あらゆる形態の女子の売買及び女子の売春からの搾取を禁止するためのすべての適当な措置（立法を含む。）をとる。

第二部

第七条　締約国は、自国の政治的及び公的活動における女子に対する差別を撤廃するためのすべての適当な措置をとるものとし、特に、女子に対して男子と平等の条件で次の権利を確保する。

(a)　あらゆる選挙及び国民投票において投票する権利並びにすべての公選による機関に選挙され

る資格を有する権利

(b) 政府の政策の策定及び実施に参加する権利並びに政府のすべての段階において公職に就き及びすべての公務を遂行する権利

(c) 自国の公的又は政治的活動に関係のある非政府機関及び非政府団体に参加する権利

第八条 締約国は、国際的に自国政府を代表し及び国際機関の活動に参加する機会を、女子に対して男子と平等の条件でかついかなる差別もなく確保するためのすべての適当な措置をとる。

第九条1 締約国は、国籍の取得、変更及び保持に関し、女子に対して男子と平等の権利を与える。締約国は、特に、外国人との婚姻又は婚姻中の夫の国籍の変更が、自動的に妻の国籍を変更し、妻を無国籍にし又は夫の国籍を妻に強制することとならないことを確保する。

2 締約国は、子の国籍に関し、女子に対して男子と平等の権利を与える。

第三部

第一〇条 締約国は、教育の分野において、女子に対して男子と平等の権利を確保することを目的として、特に、男女の平等を基礎として次のことを確保することを目的として、女子に対する差別を撤廃するためのすべての適当な措置をとる。

(a) 農村及び都市のあらゆる種類の教育施設における職業指導、修学の機会及び資格証書の取得のための同一の条件。このような平等は、就学前教育、普通教育、技術教育、専門教育及び高等技術教育並びにあらゆる種類の職業訓練において確保されなければならない。

(b) 同一の教育課程、同一の試験、同一の水準の資格を有する教育職員並びに同一の質の学校施設及び設備を享受する機会

(c) すべての段階及びあらゆる形態の教育における男女の役割についての定型化された概念の撤廃を、この目的の達成を助長する男女共学その他の種類の教育を奨励することにより、また、特に、教材用図書及び指導計画を改訂すること並びに指導方法を調整することにより行うこと。

(d) 奨学金その他の修学援助を享受する同一の機会

(e) 継続教育計画（成人向けの及び実用的な識字計画を含む。）、特に、男女間に存在する教育上の格差をできる限り早期に減少させることを目的とした継続教育計画を利用する同一の機会

(f) 女子の中途退学率を減少させること及び早期に退学した女子のための計画を策定すること。

(g) スポーツ及び体育に積極的に参加する同一の機会

(h) 家族の健康及び福祉の確保に役立つ特定の教育的情報（家族計画に関する情報及び助言を含む。）を享受する機会

第一一条1 締約国は、男女の平等を基礎として同一の権利、特に次の権利を確保することを目的として、雇用の分野における女子に対する差別を撤廃するためのすべての適当な措置をとる。

(a) すべての人間の奪い得ない権利としての労働の権利

(b) 同一の雇用機会（雇用に関する同一の選考基準の適用を含む。）についての権利

(c) 職業を自由に選択する権利、昇進、雇用の保障並びに労働に係るすべての給付及び条件についての権利並びに職業訓練及び再訓練（見習、上級職業訓練及び継続的訓練を含む。）を受ける権利

(d) 同一価値の労働についての同一報酬（手当を含む。）及び同一待遇についての権利並びに労働の質の評価に関する取扱いの平等についての権利

(e) 社会保障（特に、退職、失業、傷病、障害、老齢その他の労働不能の場合における社会保障）についての権利及び有給休暇についての権利

(f) 作業条件に係る健康の保護及び安全（生殖機能の保護を含む。）についての権利

2 締約国は、婚姻又は母性を理由とする女子に対する差別を防止し、かつ、女子に対して実効的な労働の権利を確保するため、次のことを目的とする適当な措置をとる。

(a) 妊娠又は母性休暇を理由とする解雇及び婚姻をしているかいないかに基づく差別的解雇を制裁を課して禁止すること。

(b) 給料又はこれに準ずる社会的給付を伴い、かつ、従前の雇用関係、先任及び社会保障上の利益の喪失を伴わない母性休暇を導入すること。

(c) 親が家庭責任と職業上の責務及び社会的活動への参加とを両立させることを可能とするために必要な補助的な社会的サービスの提供を、特に保育施設網の設置及び充実を促進することにより奨励すること。

(d) 妊娠中の女子に有害であることが証明されている種類の作業においては、当該女子に対して特別の保護を与えること。

3 この条に規定する事項に関する保護法令は、科学上及び技術上の知識に基づき定期的に検討する

ものとし、必要に応じて、修正し、廃止し、又はその適用を拡大する。

第一二条1　締約国は、男女の平等を基礎として保健サービス（家族計画に関連するものを含む。）を享受する機会を確保することを目的として、保健の分野における女子に対する差別を撤廃するためのすべての適当な措置をとる。

2　1の規定にかかわらず、締約国は、女子に対し、妊娠、分娩及び産後の期間中の適当なサービス（必要な場合には無料にする。）並びに妊娠及び授乳の期間中の適当な栄養を確保する。

第一三条　締約国は、男女の平等を基礎として同一の権利、特に次の権利を確保することを目的として、他の経済的及び社会的活動の分野における女子に対する差別を撤廃するためのすべての適当な措置をとる。

(a)　家族給付についての権利

(b)　銀行貸付け、抵当その他の形態の金融上の信用についての権利

(c)　レクリエーション、スポーツ及びあらゆる側面における文化的活動に参加する権利

第一四条1　締約国は、農村の女子が直面する特別の問題及び家族の経済的生存のために果たしている重要な役割（貨幣化されていない経済の部門における労働を含む。）を考慮に入れるものとし、農村の女子に対するこの条約の適用を確保するためのすべての適当な措置をとる。

2　締約国は、男女の平等を基礎として農村の女子が農村の開発に参加すること及びその開発から生ずる利益を受けることを確保することを目的として、農村の女子に対する差別を撤廃するためのすべての適当な措置をとるものとし、特に、これらの女子に対して次の権利を確保する。

(a)　すべての段階における開発計画の作成及び実施に参加する権利

(b)　適当な保健サービス（家族計画に関する情報、カウンセリング及びサービスを含む。）を享受する権利

(c)　社会保障制度から直接に利益を享受する権利

(d)　技術的な能力を高めるために、あらゆる種類（正規であるかないかを問わない。）の訓練及び教育（実用的な識字に関するものを含む。）並びに、特に、すべての地域サービス及び普及サービスからの利益を享受する権利

(e)　経済分野における平等な機会を雇用又は自営を通じて得るために、自助的集団及び協同組合を組織する権利

(f)　あらゆる地域活動に参加する権利

(g)　農業信用及び貸付け、流通機構並びに適当な技術を利用する権利並びに土地及び農地の改革並びに入植計画において平等な待遇を享受する権利

(h)　適当な生活条件（特に、住居、衛生、電力及び水の供給、運輸並びに通信に関する条件）を享受する権利

第四部

第一五条1　締約国は、女子に対し、法律の前の男子との平等を認める。

2　締約国は、女子に対し、民事に関して男子と同一の法的能力を与えるものとし、また、この能力を行使する同一の機会を与える。特に、締約国は、契約を締結し及び財産を管理することにつき女子に対して男子と平等の権利を与えるものとし、裁判所における手続のすべての段階において女子を男子と平等に取り扱う。

3　締約国は、女子の法的能力を制限するような法的効果を有するすべての契約及び他のすべての私的文書（種類のいかんを問わない。）を無効とすることに同意する。

4　締約国は、個人の移動並びに居所及び住所の選択の自由に関する法律において男女に同一の権利を与える。

第一六条1　締約国は、婚姻及び家族関係に係るすべての事項について女子に対する差別を撤廃するためのすべての適当な措置をとるものとし、特に、男女の平等を基礎として次のことを確保する。

(a)　婚姻をする同一の権利

(b)　自由に配偶者を選択し及び自由かつ完全な合意のみにより婚姻をする同一の権利

(c)　婚姻中及び婚姻の解消の際の同一の権利及び責任

(d)　子に関する事項についての親（婚姻をしているかいないかを問わない。）としての同一の権利及び責任。あらゆる場合において、子の利益は至上である。

(e)　子の数及び出産の間隔を自由にかつ責任をもって決定する同一の権利並びにこれらの権利の行使を可能にする情報、教育及び手段を享受する同一の権利

(f)　子の後見及び養子縁組又は国内法令にこれらに類する制度が存在する場合にはその制度に係る同一の権利及び責任。あらゆる場合において、子の利益は至上である。

(g)　夫及び妻の同一の個人的権利（姓及び職業を選択する権利を含む。）

(h) 無償であるか有償であるかを問わず、財産を所有し、取得し、運用し、管理し、利用し及び処分することに関する配偶者双方の同一の権利

2 児童の婚約及び婚姻は、法的効果を有しないものとし、また、婚姻最低年齢を定め及び公の登録所への婚姻の登録を義務付けるためのすべての必要な措置（立法を含む。）がとられなければならない。

第五部

第一七条1 この条約の実施に関する進捗状況を検討するために、女子に対する差別の撤廃に関する委員会（以下「委員会」という。）を設置する。委員会は、この条約の効力発生の時は十八人の、三十五番目の締約国による批准又は加入の後は二十三人の徳望が高く、かつ、この条約が対象とする分野において十分な能力を有する専門家で構成する。委員は、締約国の国民の中から締約国により選出されるものとし、個人の資格で職務を遂行する。その選出に当たっては、委員の配分が地理的に衡平に行われること並びに異なる文明形態及び主要な法体系が代表されることを考慮に入れる。

2 委員会の委員は、締約国により指名された者の名簿の中から秘密投票により選出される。各締約国は、自国民の中から一人を指名することができる。

3 委員会の委員の最初の選挙は、この条約の効力発生の日の後六箇月を経過した時に行う。国際連合事務総長は、委員会の委員の選挙の日の遅くとも三箇月前までに、締約国に対し、自国が指名する者の氏名を二箇月以内に提出するよう書簡で要請する。同事務総長は、指名された者のアルファベット順による名簿（これらの者を指名した締約国名を表示した名簿とする。）を作成し、締約国に送付する。

4 委員会の委員の選挙は、国際連合事務総長により国際連合本部に招集される締約国の会合において行う。この会合は、締約国の三分の二をもって定足数とする。この会合においては、出席しかつ投票する締約国の代表によって投じられた票の最多数で、かつ、過半数の票を得て指名された者をもって委員会に選出された委員とする。

5 委員会の委員は、四年の任期で選出される。ただし、最初の選挙において選出された委員のうち九人の委員の任期は、二年で終了するものとし、これらの九人の委員は、最初の選挙の後直ちに、委員会の委員長によりくじ引きで選ばれる。

6 委員会の五人の追加的な委員の選挙は、三十五番目の批准又は加入の後、2から4までの規定に従って行う。この時に選出された追加的な委員のうち二人の委員の任期は、二年で終了するものとし、これらの二人の委員は、委員会の委員長によりくじ引で選ばれる。

7 締約国は、自国の専門家が委員会の委員としての職務を遂行することができなくなった場合には、その空席を補充するため、委員会の承認を条件として自国民の中から他の専門家を任命する。

8 委員会の委員は、国際連合総会が委員会の任務の重要性を考慮して決定する条件に従い、同総会の承認を得て、国際連合の財源から報酬を受ける。

9 国際連合事務総長は、委員会がこの条約に定める任務を効果的に遂行するために必要な職員及び便益を提供する。

第一八条1 締約国は、次の場合に、この条約の実施のためにとった立法上、司法上、行政上その他の措置及びこれらの措置によりもたらされた進歩に関する報告を、委員会による検討のため、国際連合事務総長に提出することを約束する。

(a) 当該締約国についてこの条約が効力を生ずる時から一年以内

(b) その後は少なくとも四年ごと、更には委員会が要請するとき。

2 報告には、この条約に基づく義務の履行の程度に影響を及ぼす要因及び障害を記載することができる。

第一九条1 委員会は、手続規則を採択する。

2 委員会は、役員を二年の任期で選出する。

第二〇条1 委員会は、第十八条の規定により提出される報告を検討するために原則として毎年二週間を超えない期間会合する。

2 委員会の会合は、原則として、国際連合本部又は委員会が決定する他の適当な場所において開催する。

第二一条1 委員会は、その活動につき経済社会理事会を通じて毎年国際連合総会に報告するものとし、また、締約国から得た報告及び情報の検討に基づく提案及び一般的な性格を有する勧告を行うことができる。これらの提案及び一般的な性格を有する勧告は、締約国から意見がある場合にはその意見とともに、委員会の報告に記載する。

2 国際連合事務総長は、委員会の報告を、情報用として、婦人の地位委員会に送付する。

第二二条 専門機関は、その任務の範囲内にある事項に関するこの条約の規定の実施についての検討に際し、代表を出す権利を有する。委員会は、専門機関に対し、その任務の範囲内にある事項に関

するこの条約の実施について報告を提出するよう要請することができる。

第六部

第二三条　この条約のいかなる規定も、次のものに含まれる規定であって男女の平等の達成に一層貢献するものに影響を及ぼすものではない。

(a)　締約国の法令

(b)　締約国について効力を有する他の国際条約又は国際協定

第二四条　締約国は、自国においてこの条約の認める権利の完全な実現を達成するためのすべての必要な措置をとることを約束する。

第二五条1　この条約は、すべての国による署名のために開放しておく。

2　国際連合事務総長は、この条約の寄託者として指定される。

3　この条約は、批准されなければならない。批准書は、国際連合事務総長に寄託する。

4　この条約は、すべての国による加入のために開放しておく。加入は、加入書を国際連合事務総長に寄託することによって行う。

第二六条1　いずれの締約国も、国際連合事務総長にあてた書面による通告により、いつでもこの条約の改正を要請することができる。

2　国際連合総会は、1の要請に関してとるべき措置があるときは、その措置を決定する。

第二七条1　この条約は、二十番目の批准書又は加入書が国際連合事務総長に寄託された日の後三十日目の日に効力を生ずる。

2　この条約は、二十番目の批准書又は加入書が寄託された後に批准し又は加入する国については、その批准書又は加入書が寄託された日の後三十日目の日に効力を生ずる。

第二八条1　国際連合事務総長は、批准又は加入の際に行われた留保の書面を受領し、かつ、すべての国に送付する。

2　この条約の趣旨及び目的と両立しない留保は、認められない。

3　留保は、国際連合事務総長にあてた通告によりいつでも撤回することができるものとし、同事務総長は、その撤回をすべての国に通報する。このようにして通報された通告は、受領された日に効力を生ずる。

第二九条1　この条約の解釈又は適用に関する締約国間の紛争で交渉によって解決されないものは、いずれかの紛争当事国の要請により、仲裁に付される。仲裁の要請の日から六箇月以内に仲裁の組織について紛争当事国が合意に達しない場合には、いずれの紛争当事国も、国際司法裁判所規程に従って国際司法裁判所に紛争を付託することができる。

2　各締約国は、この条約の署名若しくは批准又はこの条約への加入の際に、1の規定に拘束されない旨を宣言することができる。他の締約国は、そのような留保を付した締約国との関係において1の規定に拘束されない。

3　2の規定に基づいて留保を付した締約国は、国際連合事務総長にあてた通告により、いつでもその留保を撤回することができる。

第三〇条　この条約は、アラビア語、中国語、英語、フランス語、ロシア語及びスペイン語をひとしく正文とし、国際連合事務総長に寄託する。

以上の証拠として、下名は、正当に委任を受けてこの条約に署名した。

ＩＬＯ条約

国際労働機関憲章

Constitution of the International Labour Organization

採択：一九四六年一〇月九日
一九五二年一月一六日条約第一号
最終改正：一九七五年三月八日条約第五号

前文

世界の永続する平和は、社会正義を基礎としてのみ確立することができるから、

そして、世界の平和及び協調が危くされるほど大きな社会不安を起すような不正、困苦及び窮乏を多数の人民にもたらす労働条件が存在し、且つ、これらの労働条件を、たとえば、一日及び一週の最長労働時間の設定を含む労働時間の規制、労働力供給の調整、失業の防止、妥当な生活賃金の支給、雇用から生ずる疾病・疾患・負傷に対する労働者の保護、児童・年少者・婦人の保護、老年及び廃疾に対する給付、自国以外の国において使用される場合における労働者の利益の保護、同一価値の労働に対する同一報酬の原則の承認、結社の自由の原則の承認、職業的及び技術的教育の組織並びに他の措置によつて改善することが急務であるから、

また、いずれかの国が人道的な労働条件を採用しないことは、自国における労働条件の改善を希望する他の国の障害となるから、

締約国は、正義及び人道の感情と世界の恒久平和を確保する希望とに促されて、且つ、この前文に掲げた目的を達成するために、次の国際労働機関憲章に同意する。

第一章　組織

第一条　1　この憲章の前文及びこの憲章の附属書となつている千九百四十四年五月十日にフィラデルフィアで採択された国際労働機関の目的に関する宣言に掲げた目標を達成するために、ここに常設機関を設置する。

2　国際労働機関の加盟国は、千九百四十五年十一月一日にこの機関の加盟国であつた国並びにこの条の第三項及び第四項の規定に従つて加盟国となる他の国とする。

3　国際連合の原加盟国及び国際連合憲章の規定に従い国際連合総会の決定によつて国際連合の加盟国となることを認められた国は、国際労働機関憲章の義務の正式の受諾を国際労働事務局長に通知することによつて、国際労働機関の加盟国となることができる。

4　また、国際労働機関の総会は、出席し且つ投票する政府代表の三分の二の賛成投票を含む会期に参加している代表の三分の二の賛成投票によつて、この機関への加盟を承認することができる。この加盟は、国際労働事務局長に新加盟国の政府によるこの機関の憲章の義務の正式の受諾の通知があつた時に効力を生ずる。

5　国際労働機関の加盟国は、脱退する意思を国際労働事務局長に通告しなければ、この機関から脱退することができない。この通告は、事務局長が受領した日の後二年で効力を生ずる。但し、この時にその加盟国が加盟国としての地位から生ずるすべての財政的義務を果していることを条件とする。この脱退は、加盟国がいずれかの国際労働条約を批准しているときは、その条約で定めた期間中は、その条約から生じ又はその条約に関係するすべての義務の継続的効力に影響を及ぼさない。

6　いずれかの国がこの機関の加盟国でなくなつた場合には、その再加盟については、それぞれこの条の第三項又は第四項の規定によるものとする。

第二条　この常設機関は、次のものからなる。

(a)　加盟国の代表者の総会
(b)　第七条に規定するように構成する理事会　及び
(c)　理事会の監督を受ける国際労働事務局

第三条　1　加盟国の代表者の総会の会合は、必要に応じて随時に、且つ、少くとも毎年一回開催する。総会は、各加盟国の四人の代表者で構成する。そのうちの二人は政府代表とし、他の二人は各加盟国の使用者及び労働者をそれぞれ代表する代表とする。

2　各代表は、顧問を伴うことができる。顧問は、会合の議事日程の各議題について二人をこえてはならない。婦人に特に関係がある問題が総会で審議されるときは、顧問のうちの少くとも一人は、婦人でなければならない。

3　非本土地域の国際関係に責任をもつ各加盟国は、自国の各代表に対する顧問として更に次の者を任命することができる。

(a)　前記の地域の自治権の範囲内にある事項について前記のいずれかの地域の代表者として加盟国が指名する者　及び
(b)　非自治地域に関する事項について自国の代表に助言するために加盟国が指名する者

4　二以上の加盟国の共同の権力の下にある地域の場合には、それらの加盟国の代表に助言する者を指名することができる。

5　加盟国は、各自の国に使用者又は労働者をそれぞれ最もよく代表する産業上の団体がある場合には、それらの団体と合意して選んだ民間の代表及び顧問を指名することを約束する。

6　顧問は、これを伴う代表が要請し且つ総会議長が特別に許可する場合を除いて、発言してはならない。また、顧問は、投票することができない。

7　代表は、議長にあてた通告書によつて、その顧問の一人を代理者に任命することができる。この顧問は、代理者として行動しているときは、発言し且つ投票することを許される。

8　代表及びその顧問の氏名は、各加盟国の政府が国際労働事務局に通知する。

9　代表及びその顧問の委任状は、総会の審査を受けなければならない。総会は、この条に従つて指名されなかつたと認める代表又は顧問の承認を出席代表の投票の三分の二によつて拒絶することができる。

第四条　1　総会の審議に付されるすべての事項について、各代表は、個別的に投票する権利をもつ。

2　ある加盟国が、指名権をもつにもかかわらず、民間代表の一人を指名しないときは、他の民間代表は、総会に出席し且つ発言することを許されるが、投票することを許されない。

3　総会が第三条に従つてある加盟国の代表の承認を拒絶したときは、その代表が指名されなかつたものとして、この条の規定が適用される。

第五条　総会の会合は、前回の会合において総会自体が行うことのある決定に従うことを条件として、理事会が決定する場所で開催する。

第六条　国際労働事務局の所在地の変更は、総会が出席代表の投票の三分の二の多数によつて決定する。

第七条　1　理事会は、次の五十六人で構成する。

政府を代表する二十八人
使用者を代表する十四人　及び
労働者を代表する十四人

2　政府を代表する二十八人のうち、十人は、主要産業国たる加盟国が任命し、十八人は、前記の十加盟国の代表を除く総会における政府代表によつてこのために選定された加盟国が任命しなければならない。

3　理事会は、必要に応じて、どの国がこの機関の主要産業国たる加盟国であるかを決定し、且つ、理事会の決定前に主要産業国たる加盟国の選定に関するすべての問題を公平な委員会が審議することを確保する規則を定める。どの国が主要産業国たる加盟国であるかに関する理事会の宣言に対して加盟国が行う提訴は、総会が判定する。但し、総会への提訴は、総会がその提訴を判定する時まで宣言の適用を停止するものではない。

4　使用者を代表する者及び労働者を代表する者は、総会における使用者代表及び労働者代表がそれぞれ選挙しなければならない。

5　理事会の任期は、三年とする。理事会の選挙が何らかの理由によつてこの期間の満了の時に行われないときは、理事会は、この選挙が行われる時まで在任する。

6　欠員の補充及び代理者の任命の方法並びに他の類似の問題は、総会の承認を条件として、理事会が決定することができる。

7　理事会は、随時に、その構成員の中から議長一人及び副議長二人を選挙する。そのうちの一人は政府を代表する者とし、一人は使用者を代表する者とし、一人は労働者を代表する者としなければならない。

8　理事会は、その議事手続を規定し、且つ、その会合の時期を定める。特別会合は、理事会における代表者の少くとも十六人が書面でその要請をしたときに開催する。

第八条　1　国際労働事務局に事務局長を置く。事務局長は、理事会によつて任命され、且つ、理事会の指示の下で、国際労働事務局の能率的な運営及び他の委託されることのある任務について責任を負う。

2　事務局長又はその代理者は、理事会のすべての会合に出席しなければならない。

第九条　1　国際労働事務局の職員は、事務局長が理事会の承認した規則に基いて任命する。

2　事務局長は、事務局の業務の能率を充分に考慮しつつできる限り、国籍の異なる者を選任しなければならない。

3　前項の者のうちの若干人は、婦人でなければならない。

4　事務局長及び職員の責任は、性質上もつぱら国際的なものである。事務局長及び職員は、その任務の遂行に当つて、いかなる政府からも又はこの機関外のいかなる当局からも指示を求め、又は受けてはならない。事務局長及び職員は、この機関に対してのみ責任を負う国際的職員としての地位を損ずる虞のあるいかなる行動も慎まなければならない。

5　この機関の各加盟国は、事務局長及び職員の責任のもつぱら国際的な性質を尊重すること並びにこれらの者が責任を果すに当つてこれらの者を左右しようとしないことを約束する。

第一〇条　1　国際労働事務局の任務は、労働者の生活状態及び労働条件の国際的調整に関するすべての事項についての資料の収集及び配布、特に国際条約の締結を目的として総会に提出することが提案されている事項の審査並びに総会又は理事会が命ずることのある特別の調査の実施を含む。

2　事務局は、理事会が与える指示に従つて、次のことを行う。

(a)　総会の会合のための議事日程の各種の議題に関する書類を準備すること。

(b)　総会の決定に基いて行う法律及び規則の立案並びに行政上の慣行及び監督制度の改善に関して、政府の要請があつたときに、可能なすべての適当な援助をこれに与えること。

(c)　条約の実効的な遵守に関して、この憲章の規定により事務局に要求される任務を遂行すること。

(d)　国際的な関係をもつ産業及び雇用の問題を取り扱う出版物を、理事会が望ましいと認める言語で編集し且つ刊行すること。

3　一般に、事務局は、総会又は理事会が委託する他の権限及び任務をもつ。

第一一条　労働問題を取り扱う加盟国の官庁は、国際労働事務局の理事会における自国政府の代表者を通じて、又は、このような代表者がない場合には、資格のある他の公務員で政府がこのために指名するものを通じて、事務局長と直接に連絡することができる。

第一二条　1　国際労働機関は、この憲章の条項の範囲内で、専門的責任をもつ公的国際機関の活動を調整する任務をもつ一般的国際機関及び関係分野において専門的責任をもつ公的国際機関と協力しなければならない。

2　国際労働機関は、公的国際機関の代表者が投票権なしにこの機関の審議に参加するための適当な取極をすることができる。

3　国際労働機関は、使用者、労働者、農業者及び協同組合員の国際機関を含む承認された民間国際機関との望ましいと認める協議のための適当な取極をすることができる。

第一三条　1　国際労働機関は、適当と思われる財政上及び予算上の取極を国際連合と締結することができる。

2　前記の取極が締結されるまでの間は、又は有効な前記の取極がないときはいつでも、

(a)　各加盟国は、それぞれ総会又は理事会の会合に出席する自国の代表及びその顧問並びに代表者の旅費及び滞在費を支給する。

(b)　国際労働事務局及び総会又は理事会の会合のすべての他の経費は、国際労働事務局長が国際労働機関の一般資金から支出する。

(c)　国際労働機関の予算の承認並びに分担金の割当及び徴収のための取極は、総会が出席代表の投票の三分の二の多数によつて決定しなければならず、且つ、政府代表者の委員会が予算及びこの機関の加盟国間における経費の割当のための取極を承認することについて規定しなければならない。

3　国際労働機関の経費は、この条の第一項又は第二項(c)による有効な取極に従つて、加盟国が負担する。

4　この機関に対する分担金の支払が遅滞している この機関の加盟国は、その遅滞金の額がその時までの満二年間にその国から支払われるべきであつた分担金の額に等しいか又はこれをこえるときは、総会、理事会若しくは委員会において又は理事会の構成員の選挙において投票権をもたない。但し、総会は、支払の不履行が加盟国にとつてやむを得ない事情によると認めたときは、出席代表の投票の三分の二の多数によつて、その加盟国に投票を許すことができる。

5　国際労働事務局長は、国際労働機関の資金の適正な支出について理事会に対して責任を負う。

第二章　手続

第一四条　1　総会のすべての会合の議事日程は、理事会が、加盟国の政府、第三条の適用上承認された代表的団体又は公的国際機関によつて行われることのある議事日程に関する示唆を考慮して定める。

2　理事会は、総会による条約又は勧告の採択の前に予備的な会議又は他の方法で完全な技術的準備及び最も関係の深い加盟国の充分な協議を確保するために、規則を作成しなければならない。

第一五条　1　事務局長は、総会の事務総長として行動し、且つ、議事日程を加盟国及び、民間代表が指名されているときはこの加盟国を通じて、その民間代表に、総会の会合の四箇月前に到達するように送付しなければならない。

2　議事日程の各議題に関する報告は、総会の会合に先だつて充分に検討することができるような時期に加盟国に到達するように発送しなければならない。理事会は、この規定の適用のための規則を作成しなければならない。

第一六条　1　いずれの加盟国政府も、議事日程中のある議題の存置に対して正式に異議を申し立て

ることができる。このような異議の理由は、事務局長にあてた陳述書に記載し、事務局長は、これをこの機関のすべての加盟国に通報しなければならない。

2　もつとも、このような異議があつた議題は、総会において出席代表の投票の三分の二の多数が審議することに賛成であるときは、議事日程から除くことができない。

3　総会が出席代表の投票の三分の二の多数によつていずれかの事項を総会で審議すべきことを決定したとき（前項の場合を除く。）は、その事項は、次回の会合の議事日程に入れなければならない。

第一七条　1　総会は、議長一人及び副議長三人を選挙する。副議長のうちの一人は政府代表とし、一人は使用者代表とし、一人は労働者代表とする。総会は、その議事手続を定めなければならず、且つ、いずれかの事項について審議し且つ報告する委員会を設けることができる。

2　この憲章に別段に明白に規定された場合あるいは総会に権限を与える条約若しくは他の文書の条項又は第十三条に基いて採択された財政上及び予算上の取極の条項によつて別段に明白に規定された場合を除き、すべての事項は、出席代表の投票の単純過半数によつて決定する。

3　表決は、投票総数が総会に参加している代表の半数に達しないときは無効とする。

第一八条　総会は、その設置する委員会に投票権をもたない技術的専門家を置くことができる。

第一九条　1　総会が議事日程中のある議題に関する提案を採択することに決定したときは、総会は、その提案が(a)国際条約の形式をとるべきか、又は(b)取り扱われた問題若しくはその問題のある面がそのときに条約として適当と認められない場合には事情に応ずる勧告の形式をとるべきかを決定する。

2　いずれの場合にも、総会がそれぞれ条約又は勧告を採択するための最終的の投票においては、出席代表の投票の三分の二の多数を必要とする。

3　一般に適用する条約又は勧告を作成する場合には、総会は、気候条件、産業組織の不完全な発達又は他の特殊事情によつて産業条件が実質的に異なる国について充分な考慮を払い、且つ、これらの国の事態に応ずるために必要と認める修正があるときは、その修正を示唆しなければならない。

4　条約又は勧告は、その二通を総会議長及び事務局長の署名によつて認証しなければならない。そのうちの一通は、国際労働事務局の記録に寄託し、他の一通は、国際連合事務総長に寄託する。事務局長は、条約又は勧告の認証謄本を各加盟国に送付する。

5　条約の場合には、

(a)　条約は、批准のためにすべての加盟国に送付する。

(b)　各加盟国は、立法又は他の措置のために、総会の会期の終了後おそくとも一年以内に、又は例外的な事情のために一年以内に不可能であるときはその後なるべくすみやかに、且つ、いかなる場合にも総会の会期の終了後十八箇月以内に、条約を当該事項について権限のある機関に提出することを約束する。

(c)　加盟国は、条約を前記の権限のある機関に提出するためにこの条に従つて執つた措置、権限があると認められる機関に関する細目及びこの機関が執つた措置を国際労働事務局長に通知しなければならない。

(d)　加盟国は、当該事項について権限のある機関の同意を得たときは、条約の正式の批准を事務局長に通知し、且つ、条約の規定を実施するために必要な措置を執る。

(e)　加盟国は、当該事項について権限のある機関の同意を得なかつたときは、条約で取り扱われている事項に関する自国の法律及び慣行の現況を、理事会が要請する適当な間隔をおいて、国際労働事務局長に報告する以外には、いかなる義務も負わない。この報告には、立法、行政的措置、労働協約又はその他によつて条約の規定のいずれがどの程度に実施されているか、又は実施されようとしているかが示され、且つ、条約の批准を妨げ、又は遅延させる障害が述べられていなければならない。

6　勧告の場合には、

(a)　勧告は、国内立法又はその他によつて実施されるようにすべての加盟国に審議のために送付する。

(b)　各加盟国は、立法又は他の措置のために、総会の会期の終了後おそくとも一年以内に、又は例外的な事情のために一年以内に不可能であるときはその後なるべくすみやかに、且つ、いかなる場合にも総会の会期の終了後十八箇月以内に、勧告を当該事項について権限のある機関に提出することを約束する。

(c)　加盟国は、勧告を前記の権限のある機関に提出するためにこの条に従つて執つた措置、権限があると認められる機関に関する細目及びこの機関が執つた措置を国際労働事務局長に通知しなければならない。

(d) 加盟国は、勧告を前記の権限のある機関に提出することを除き、勧告で取り扱われている事項に関する自国の法律及び慣行の現況を、理事会が要請する適当な間隔をおいて、国際労働事務局長に報告する以外には、いかなる義務も負わない。この報告には、勧告の規定がどの程度に実施されているか、又は実施されようとしているか、及びこれらの規定を採択し、又は適用するに当つて必要と認められた又は認められるこれらの規定の変更が示されていなければならない。

7 連邦の場合には、次の規定を適用する。

(a) 連邦政府が、憲法制度上、連邦による措置を適当であると認める条約及び勧告については、連邦の義務は、連邦でない加盟国の義務と同一とする。

(b) 連邦政府が、憲法制度上、全部又は一部について、連邦による措置よりも連邦を構成する邦、州又は県による措置を適当であると認める条約及び勧告については、連邦政府は、

㈠ その憲法及び関係のある邦、州又は県の憲法に従つて、立法又は他の措置のために総会の会期の終了後十八箇月以内に条約及び勧告が連邦、邦、州又は県の適当な機関に提出されるための有効な取極をしなければならない。

㈡ 関係のある邦、州又は県の政府の同意を条件として、条約及び勧告の規定を連邦国家内で促進するための調整された行動を連邦の機関と邦、州又は県の機関との間で定期的協議を行うように措置しなければならない。

㈢ 条約及び勧告が連邦、邦、州又は県の適当な機関に提出されるためにこの条に従つて執つた措置、適当と認められる機関に関する細目及びこの機関が執つた措置を国際労働事務局長に通知しなければならない。

㈣ 連邦政府が批准しなかつた各条約については、連邦及びこれを構成する邦、州又は県の当該条約に関する法律及び慣行の現況を、理事会が要請する適当な間隔をおいて、国際労働事務局長に報告しなければならない。この報告には、立法、行政的措置、労働協約又はその他によつて条約の規定のいずれがどの程度に実施されているか、又は実施されようとしているかが示されていなければならない。

㈤ 各勧告については、連邦及びこれを構成する邦、州又は県の勧告に関する法律及び慣行の現況を、理事会が要請する適当な間隔をおいて、国際労働事務局長に報告しなければならない。この報告には、勧告の規定がどの程度に実施されているか、又は実施されようとしているか、及びこれらの規定を採択し、又は適用するに当つて必要と認められた又は認められるこれらの規定の変更が示されていなければならない。

8 いかなる場合にも、総会による条約若しくは勧告の採択又は加盟国による条約の批准は、条約又は勧告に規定された条件よりも関係労働者にとつて有利な条件を確保している法律、裁決、慣行又は協約に影響を及ぼすものとみなされてはならない。

第二〇条 前条によつて批准された条約は、国際連合憲章第百二条の規定に従つて登録するために、国際労働事務局長が国際連合事務総長に送付するが、その条約は、批准する加盟国のみを拘束する。

第二一条 1 最終的審議のために総会に提出された条約が出席代表の投票の三分の二の支持を確保しなかつたときも、相互間においてその条約を協定することは、この機関の加盟国の権利に属する。

2 前項によつて協定した条約は、関係政府が国際労働事務局長及び、国際連合憲章第百二条の規定に従つて登録するために、国際連合事務総長に送付しなければならない。

第二二条 各加盟国は、当事国となつた条約の規定を実施するために執つた措置について、国際労働事務局に年次報告をすることに同意する。この報告は、理事会が要請する様式で作成され、且つ、理事会が要請する細目を記載していなければならない。

第二三条 1 事務局長は、第十九条及び第二十二条に従つて加盟国が送付した資料及び報告の概要を総会の次回の会期に提出しなければならない。

2 各加盟国は、第三条の適用上承認された代表的団体に、第十九条及び第二十二条に従つて事務局長に送付した資料及び報告の写を送付しなければならない。

第二四条 加盟国のいずれかが当事国である条約の実効的な遵守をその管轄権の範囲内において何らかの点で確保していないことを使用者又は労働者の産業上の団体が国際労働事務局に申し立てた場合には、理事会は、この申立をその対象となつた政府に通知し、且つ、この事項について適当と認める弁明をするようにその政府を勧誘することができる。

第二五条 理事会は、当該政府から相当な期間内に弁明を受領しなかつた場合又はこれを受領しても

弁明を満足と認めなかつた場合には、前記の申立及び、弁明があるときは、この弁明を公表する権利をもつ。

第二六条　1　いずれの加盟国も、他の加盟国が前記の諸条に従つてともに批准した条約の実効的な遵守を他の加盟国が確保していないと認めた場合には、国際労働事務局に苦情を申し立てる権利をもつ。

2　理事会は、適当と認めるときは、後に規定する審査委員会に前項の苦情を付託する前に、第二十四条に掲げた方法で当該政府と連絡することができる。

3　理事会は、苦情を当該政府に通知することを必要と認めなかつた場合又はこの通知をしても理事会が満足と認める弁明を相当な期間内に受領しなかつた場合には、苦情を審議し且つそれについて報告すべき審査委員会を設けることができる。

4　同一の手続は、理事会がその発意によつても又は総会における代表から苦情を受けたときにも採択することができる。

5　第二十五条又は第二十六条から生ずる事項を理事会が審議している場合に、当該政府は、理事会に代表者を出していないときは、その事項の審議中理事会の議事に参加するための代表者を送る権利をもつ。その事項を審議する期日に関する適当な通告は、当該政府にしなければならない。

第二七条　加盟国は、第二十六条に基いて苦情が審査委員会に付託される場合には、自国がその苦情に直接に関係があつてもなくても、苦情の対象となつている事項に関係のあるすべての資料でその所有するものを審査委員会の使用に供することに同意する。

第二八条　審査委員会は、苦情を充分に審議したときは、当事国間の係争問題の決定に関係のあるすべての事実問題の認定を記載し、且つ、苦情に応ずるために執るべき措置及びこの措置を執るべき期限について適当と認める勧告を含む報告書を作成しなければならない。

第二九条　1　国際労働事務局長は、審査委員会の報告書を理事会及び苦情に関係のある各政府に送付し、且つ、報告書が公表されるようにしなければならない。

2　これらの各政府は、審査委員会の報告書に含まれている勧告を受諾するかしないか、及び受諾しない場合に苦情を国際司法裁判所に付託する意図があるかどうかを、三箇月以内に国際労働事務局長に通知しなければならない。

第三〇条　加盟国が条約又は勧告について第十九条第五項(b)、第六項(b)又は第七項(b)(一)に規定された措置を執らなかつた場合には、他の加盟国は、この事項を理事会に付託する権利をもつ。理事会は、このような不履行のあつたことを認めた場合には、この事項を総会に報告しなければならない。

第三一条　第二十九条に従つて付託された苦情又は事項に関する国際司法裁判所の決定は、最終的とする。

第三二条　国際司法裁判所は、審査委員会の認定又は勧告を確認し、変更し、又は破棄することができる。

第三三条　加盟国がそれぞれ審査委員会の報告書又は国際司法裁判所の決定に含まれている勧告を指定された期間内に履行しなかつたときは、理事会は、勧告の履行を確保するための適宜と認める措置を総会に勧告することができる。

第三四条　勧告を履行しなかつた政府は、それぞれ審査委員会の勧告又は国際司法裁判所の決定中の勧告を履行するために必要な措置を執つたことをいつでも理事会に通知し、且つ、その主張を確めるべき審査委員会の設置を要請することができる。この場合には、第二十七条、第二十八条、第二十九条、第三十一条及び第三十二条の規定を適用するものとし、審査委員会の報告又は国際司法裁判所の決定が勧告を履行しなかつた政府に有利であるときは、理事会は、第三十三条に従つて執つた措置の中止を直ちに勧告しなければならない。

第三章　一般規定

第三五条　1　加盟国は、この憲章の規定に従つて批准した条約を、自国が施政権者たる信託統治地域を含めて自国が国際関係に責任をもつ非本土地域に対して適用することを約束する。但し、その条約の主題たる事項が当該地域の自治権内にある場合又は条約が地方的条件によつて適用できない場合を除くものとし、また、条約を地方的条件に適応させるために必要な変更を加えることを条件とする。

2　条約を批准する各加盟国は、批准の後なるべくすみやかに、次の第四項及び第五項に掲げたものを除く地域について、条約の規定のどの程度の適用を約束するかを述べ、且つ、条約で定める細目を示した宣言を国際労働事務局長に通知しなければならない。

3　前項によつて宣言を通知した各加盟国は、条約の条項に従つて、前の宣言の条項を変更し且つ当該地域に関する現況を述べた新たな声明を随時に通知することができる。

4 条約の主題たる事項がいずれかの非本土地域の自治権内にあるときは、当該地域の国際関係に責任をもつ加盟国は、当該地域の政府による立法又は他の措置のためになるべくすみやかに条約を当該政府に送付しなければならない。その後、加盟国は、当該地域の政府と合意して、当該地域のために条約の義務を受諾する宣言を国際労働事務局長に通知することができる。

5 条約の義務を受諾する宣言は、次のものが国際労働事務局長に通知することができる。

(a) この機関の二以上の加盟国の共同の権力の下にある地域については、この二以上の加盟国又は

(b) 国際連合憲章若しくはその他によつて国際機関が施政の責任をもつ地域については、その国際機関

6 第四項又は第五項による条約の義務の受諾は、条約の条項で定めた義務及びこの機関の憲章に基く義務で批准した条約に適用されるものを関係地域のために受諾したものとする。受諾の宣言には、条約を地方的条件に適応させるために必要な条約の規定の変更を明記することができる。

7 この条の第四項又は第五項によつて宣言を通知した各加盟国又は国際機関は、条約の条項に従つて、関係地域のために前の宣言の条項を変更する新たな宣言又は条約の義務の受諾を終止する新たな宣言を随時に通知することができる。

8 条約の義務がこの条の第四項又は第五項に関する地域のために受諾されないときは、関係のある一若しくは二以上の加盟国又は国際機関は、条約で取り扱われている事項に関する当該地域の法律及び慣行の現況を国際労働事務局長に報告しなければならない。この報告には、立法、行政的措置、労働協約又はその他によつて条約の規定のいずれがどの程度に実施されているか、又は実施されようとしているかが示され、且つ、条約の受諾を妨げ、又は遅延させる障害が述べられていなければならない。

第三六条 総会が出席代表の投票の三分の二の多数によつて採択するこの憲章の改正は、この憲章の第七条第三項の規定に従つて主要産業国たる加盟国として理事会に代表者を出している十加盟国のうちの五国を含むこの機関の加盟国の三分の二によつて批准され、又は受諾された時に効力を生ずる。

第三七条 1 この憲章又は加盟国がこの憲章の規定に従つて今後締結する条約の解釈に関する疑義又は紛争は、決定のために国際司法裁判所に付託する。

2 この条の第一項の規定にかかわらず、理事会は、理事会によつて又は条約の条項に従つて付託される条約の解釈に関する紛争又は疑義をすみやかに解決すべき裁判所の設置に関する規則を作成し、且つ、承認のために総会に提出することができる。国際司法裁判所の判決又は勧告的意見で適用できるものは、この項によつて設置される裁判所を拘束する。この裁判所が行つた裁決は、この機関の加盟国に通報され、裁決に関する加盟国の意見書は、総会に提出されなければならない。

第三八条 1 国際労働機関は、この機関の目的を達成するために望ましい地域会議の招集及び地域機関の設立を行うことができる。

2 地域会議の権限、任務及び手続は、理事会が作成し且つ確認のために総会に提出される規則によるものとする。

第四章　雑則

第三九条 国際労働機関は、完全な法人格及び特に次の能力をもつ。

(a) 契約すること。

(b) 不動産及び動産を取得し、及び処分すること。

(c) 訴訟を提起すること。

第四〇条 1 国際労働機関は、各加盟国の領域において、その目的の達成に必要な特権及び免除を享有する。

2 同様に、総会における代表、理事会の構成員、事務局長及び職員は、この機関に関連するその任務を独立に遂行するために必要な特権及び免除を享有する。

3 前記の特権及び免除は、この機関が加盟国による受諾のために作成する別個の取極で規定する。

〔附属書〕

国際労働機関の目的に関する宣言（フィラデルフィア宣言）

Declaration concerning the aims and purposes of the International Labour Organization

採択：一九四四年五月一〇日

国際労働機関の総会は、その第二十六回会期としてフィラデルフィアに会合し、千九百四十四年五月十日、国際労働機関の目的及び加盟国の政策の基調をなすべき原則に関するこの宣言をここに採択する。

一

総会は、この機関の基礎となつている根本原則、特に次のことを再確認する。

(a) 労働は、商品ではない。
(b) 表現及び結社の自由は、不断の進歩のために欠くことができない。
(c) 一部の貧困は、全体の繁栄にとつて危険である。
(d) 欠乏に対する戦は、各国内における不屈の勇気をもつて、且つ、労働者及び使用者の代表者が、政府の代表者と同等の地位において、一般の福祉を増進するために自由な討議及び民主的な決定にともに参加する継続的且つ協調的な国際的努力によつて、遂行することを要する。

二

永続する平和は、社会正義を基礎としてのみ確立できるという国際労働機関憲章の宣言の真実性が経験上充分に証明されていると信じて、総会は、次のことを確認する。

(a) すべての人間は、人種、信条又は性にかかわりなく、自由及び尊厳並びに経済的保障及び機会均等の条件において、物質的福祉及び精神的発展を追求する権利をもつ。
(b) このことを可能ならしめる状態の実現は、国家の及び国際の政策の中心目的でなければならない。
(c) 国家の及び国際の政策及び措置はすべて、特に経済的及び財政的性質をもつものは、この見地から判断することとし、且つ、この根本目的の達成を促進するものであり且つ妨げないものであると認められる限りにおいてのみ是認することとしなければならない。
(d) この根本目的に照らして経済的及び財政的の国際の政策及び措置をすべて検討し且つ審議することは、国際労働機関の責任である。
(e) 国際労働機関は、委託された任務を遂行するに当り、関係のあるすべての経済的及び財政的要素に考慮を払つて、その決定及び勧告の中に適当と認める規定を含めることができる。

三

総会は、次のことを達成するための計画を世界の諸国間において促進する国際労働機関の厳粛な義務を承認する。

(a) 完全雇用及び生活水準の向上
(b) 熟練及び技能を最大限度に提供する満足を得ることができ、且つ、一般の福祉に最大の貢献をすることができる職業への労働者の雇用
(c) この目的を達成する手段として、及びすべての関係者に対する充分な保障の下に、訓練のための便宜並びに雇用及び定住を目的とする移民を含む労働者の移動のための便宜を供与すること。
(d) 賃金及び所得並びに労働時間及び他の労働条件に関する政策で、すべての者に進歩の成果の公正な分配を保障し、且つ、最低生活賃金による保護を必要とするすべての被用者にこの賃金を保障することを意図するもの
(e) 団体交渉権の実効的な承認、生産能率の不断の改善に関する経営と労働の協力並びに社会的及び経済的措置の準備及び適用に関する労働者と使用者の協力
(f) 基本収入を与えて保護する必要のあるすべての者にこの収入を与えるように社会保障措置を拡張し、且つ、広はんな医療給付を拡張すること。
(g) すべての職業における労働者の生命及び健康の充分な保護
(h) 児童の福祉及び母性の保護のための措置
(i) 充分な栄養、住居並びにレクリエーション及び文化施設の提供
(j) 教育及び職業における機会均等の保障

四

この宣言に述べた目的の達成に必要な世界生産資源の一層完全且つ広はんな利用は、生産及び消費の増大、激しい経済変動の回避、世界の未開発地域の経済的及び社会的発展の促進、一次的生産物の世界価格の一層大きな安定の確保並びに国際貿易の量の多大な且つ確実な増加のための措置を含む実効的な国際的及び国内的の措置によつて確保できることを

確信して、総会は、国際労働機関がこの偉大な事業並びにすべての人民の健康、教育及び福祉の増進に関する責任の一部を委託される国際団体と充分に協力することを誓約する。

五

総会は、この宣言に述べた原則が全世界のすべての人民に充分に適用できること並びに、それをいかに適用するかは各人民の到達した社会的及び経済的発達の段階を充分に考慮して決定すべきであるとしても、まだ従属的な人民及び既に自治に達した人民に対してそれを漸進的に適用することが文明世界全体の関心事項であることを確認する。

労働における基本的原則及び権利に関するＩＬＯ宣言とそのフォローアップ

一九九八年六月一八日

ＩＬＯは、社会正義が世界的かつ永続的な平和のために不可欠であるとの信念をもって設立され、

経済成長は公平、社会進歩及び貧困の撲滅を確保するために不可欠であるが十分でないため、ＩＬＯが強力な社会政策、正義及び民主的制度を促進する必要性を確認するものであり、

ＩＬＯは、経済発展及び社会開発のための世界戦略の文脈において、経済政策及び社会政策が広範な持続的発展を創造するため相互に補強しあう構成要素となることを確保するため、その権限の及ぶすべての範囲、特に雇用、職業訓練及び労働条件において、これまで以上に基準設定、技術協力及び調査研究のすべての資源を利用すべきであり、

ＩＬＯは、特別の社会的必要をもつ人々、特に失業者及び移民労働者の問題を解決するための国際的、地域的及び国内的な努力を結集し、かつ奨励し、雇用創出のための効果的な政策を促進すべきであり、

社会進歩と経済成長との関連性の維持に努めるに際し、労働における基本的原則及び権利の保障は、関係する者自身が自由に、そして機会の均等を基礎として、彼らの寄与により産み出された富の公平な分配を主張すること、及び彼らの人的潜在能力の実現を可能にすることから、特別に重要であり、

ＩＬＯは、国際労働基準を設定し、取り扱う権限を有する機関であり、かつ憲章でそれを使命とするよう定められた国際機関であり、憲章上の原則の表現としての労働における基本的権利の促進に関して普遍的な支持及び承認を享受しており、

経済的相互依存が増大している中、機関の憲章において具体的に示されている基本的原則及び権利の不変の性質を再確認し、それらの普遍的な適用を促進することが急務であるので、

国際労働総会は、

1　次のことを想起し、

(a)　ＩＬＯに任意に加入する際に、すべての加盟国は憲章及びフィラデルフィア宣言に規定された原則及び権利を支持し、機関の全体的な目的の達成に向けて、手段のある限り、また、各加盟国の特有の状況に十分に沿って、取り組むことを引き受けたこと

(b)　これらの原則及び権利は、機関の内部及び外部において基本的なものとして認められた条約において、特定の権利及び義務の形式で表現され、発展してきていること

2　すべての加盟国は、問題となっている条約を批准していない場合においても、まさに機関の加盟国であるという事実そのものにより、誠意をもって、憲章に従って、これらの条約の対象となっている基本的権利に関する原則、すなわち、

(a)　結社の自由及び団体交渉権の効果的な承認
(b)　あらゆる形態の強制労働の禁止
(c)　児童労働の実効的な廃止
(d)　雇用及び職業における差別の排除

を尊重し、促進し、かつ実現する義務を負うことを宣言する。

3　外部の資源及び支援の動員を含め、機関の憲章上、運営上及び財政上の資源を十分に活用するこ

とにより、また、憲章第十二条に従いＩＬＯが確立した関係を有する他の国際機関がこれらの努力を支援することを奨励することにより、これらの目的を達成するため、確立され、表明された必要に応じて、次の手段によって、加盟国を支援する機関の義務を認識する。

(a) 基本条約の批准及び履行を促進するための技術協力及び助言サービスを提供すること

(b) これらの条約のすべて又は一部をまだ批准できる状況にない加盟国の、これらの条約の対象となっている基本的権利に関する原則を尊重し、促進し、かつ実現するための努力を支援すること

(c) 経済発展及び社会開発のための環境創造に向けた加盟国の努力を支援すること

4 この宣言を完全に実施するため、意義があり、効果的な、宣言の不可欠な部分とみなされる促進的なフォローアップが附属書に示される方法に従い実施されることを決定する。

5 労働基準は保護主義的な貿易上の目的のために利用されるべきではなく、この宣言及びそのフォローアップはそのような目的のために援用され又は利用されるべきではないこと、さらに、この宣言及びそのフォローアップによって、いかなる方法においても、どの国の比較優位も問題とされるべきではないことを強調する。

〔附属書〕

宣言のフォローアップ

Ⅰ 全体の目的

1 下記のフォローアップの目的は、ＩＬＯ憲章及びフィラデルフィア宣言に規定され、この宣言において再確認された基本的原則及び権利を促進するための機関の加盟国による努力を奨励することである。

2 厳密に促進的性質であるこの目的に沿って、このフォローアップは、機関の技術協力活動を通じた支援が、加盟国のこれらの基本的原則及び権利の履行を援助するために有効である領域を明らかにすることを可能にする。それは既存の監視機構に代わるものでもなければ、その機能を妨げるものでもない。従って、これらの機構の権限内にある特定の状況が、このフォローアップの枠組の中で検討又は再検討されるものではない。

3 下記のフォローアップの二つの側面は、既存の手続に基づくものである。すなわち、未批准の基本条約に関する年次フォローアップは、憲章第十九条第五項(e)の適用に関する現在の様式の若干の修正のみを必要とし、グローバル・レポートは、憲章に従って実行される手続から最善の結果を得ることに役立つものである。

Ⅱ 未批准の基本条約に関する年次フォローアップ

A 目的及び範囲

1 目的は、すべての基本条約の批准をするに至っていない加盟国が宣言に従って行った努力について、千九百九十五年に理事会が導入した四年ごとの検討に代わる簡素化された手続によって、毎年検討する機会を提供することである。

2 フォローアップは、宣言に特定された基本的原則及び権利の四つの分野を毎年取り扱う。

B 方式

1 フォローアップは、憲章第十九条第五項(e)に基づき求められる加盟国からの報告を基礎とする。報告様式は、憲章第二十三条及び確立した慣行を十分考慮して、基本条約未批准国の政府から各国の法律及び慣行におけるあらゆる変化に関する情報を得られるように作成される。

2 これらの報告は、事務局によりまとめられ、理事会により検討される。

3 このようにまとめられた報告の導入部を作成し、より詳細な議論が必要な側面に注意を喚起できるよう、事務局は、理事会によりこの目的のために任命された専門家のグループを招集できる。

4 理事国でない加盟国が理事会の討議において自国の報告に含まれる情報を補足するために必要な又は有用な説明を最も適当な方法により提供することができるように、理事会の既存の手続に対する修正が検討されるべきである。

Ⅲ グローバル・レポート

A 目的及び範囲

1 この報告の目的は、基本的原則及び権利の各分野に関する過去四年間の動的・包括的な概観を提供し、機関による支援の効果を評価し、かつ、特にそれを実行するために必要な内部及び外部の資源を動員するために作成される技術協力の行動計画の形式において、それ以降の期間における優先事項を決定するための基礎を提供することである。

2 この報告は、毎年、基本的原則及び権利の四つの分野を一つずつ順番に取り扱う。

B 方式

1 この報告は、公式の情報及び確立された手続に従って収集し、評価された情報に基づき、事務局長の責任において作成される。基本条約を批准していない加盟国の場合には、特に上記の年次フォローアップの結果が報告の基盤となる。関連する

条約を批准している加盟国の場合は、特に憲章第二十二条の規定に基づく報告が基盤となる。

2　この報告は、事務局長の報告として、三者による討議のため、総会に提出される。総会は、総会議事規則第十二条に基づく報告とは別にこの報告を取り扱うことができ、この報告のためだけの会議において、又は他の適切な方法によって、討議することができる。ついで理事会は、早期の会期において、次の四年間に実施されるべき技術協力の優先事項及び行動計画に関する議論から結論を引き出すべきである。

Ⅳ　次のように理解する。

1　上記の規定を実施するために必要な理事会議事規則及び総会議事規則の改正が提案されるべきである。

2　総会は、適当な時期に、Ⅰに述べられた全体の目的が適切に達成されているかどうかを評価するために、得られた経験に照らし、このフォローアップの運用について再検討すべきである。

結社の自由及び団結権の保護に関する条約（第八七号）

C87 Freedom of Association and Protection of the Right to Organise Convention, 1948

採択：一九四八年七月九日
批准登録：一九六五年六月一四日
効力発生：一九六六年六月一四日

国際労働機関の総会は、

理事会によりサン・フランシスコに招集されて、千九百四十八年六月十七日にその第三十一回会期として会合し、

この会期の議事日程の第七議題である結社の自由及び団結権の保護に関する提案を条約の形式により採択することを決定し、

国際労働機関憲章の前文が、「結社の自由の原則の承認」は労働条件を改善し、かつ、平和を確立する手段であると宣言していることを考慮し、

フィラデルフィア宣言が、「表現及び結社の自由は不断の進歩のために欠くことができない」ことを再確認していることを考慮し、

国際労働総会が、その第三十回会期において、国際的規制の基礎となる原則を全会一致で採決したことを考慮し、

国際連合総会が、その第二回会期において、この原則を是認し、かつ、一又は二以上の国際条約を採決することができるようにあらゆる努力を続けることを国際労働機関に要請したことを考慮して、

次の条約（引用に際しては、千九百四十八年の結社の由由及び団結権保護条約と称することができる。）を千九百四十八年七月九日に採択する。

第一部　結社の自由

第一条

この条約の適用を受ける国際労働機関の各加盟国は、次の諸規定を実施することを約束する。

第二条

労働者及び使用者は、事前の許可を受けることなしに、自ら選択する団体を設立し、及びその団体の規約に従うことのみを条件としてこれに加入する権利をいかなる差別もなしに有する。

第三条

1　労働者団体及び使用者団体は、その規約及び規則を作成し、自由にその代表者を選び、その管理及び活動について定め、並びにその計画を策定する権利を有する。

2　公の機関は、この権利を制限し又はこの権利の合法的な行使を妨げるようないかなる干渉をも差し控えなければならない。

第四条

労働者団体及び使用者団体は、行政的権限によって解散させられ又はその活動を停止させられてはならない。

第五条

労働者団体及び使用者団体は、連合及び総連合を設立し並びにこれらに加入する権利を有し、また、これらの団体、連合又は総連合は、国際的な労働者団体及び使用者団体に加入する権利を有する。

第六条

この条約第二条、第三条及び第四条の規定は、労働者団体及び使用者団体の連合及び総連合に適用する。

第七条
　労働者団体及び使用者団体並びにそれぞれの連合及び総連合による法人格の取得については、この条約第二条、第三条及び第四条の規定の適用を制限するような性質の条件を付してはならない。

第八条
1　この条約に規定する権利を行使するに当たつては、労働者及び使用者並びにそれぞれの団体は、他の個人又は組織化された集団と同様に国内法令を尊重しなければならない。
2　国内法令は、この条約に規定する保障を阻害するようなものであつてはならず、また、これを阻害するように適用してはならない。

第九条
1　この条約に規定する保障を軍隊及び警察に適用する範囲は、国内法令で定める。
2　国際労働機関憲章第十九条8に掲げる原則に従い、加盟国によるこの条約の批准は、この条約の保障する権利を軍隊又は警察の構成員に与えている既存の法律、裁定、慣行又は協約に影響を及ぼすものとみなされない。

第一〇条
　この条約において「団体」とは、労働者又は使用者の利益を増進し、かつ、擁護することを目的とする労働者団体又は使用者団体をいう。

第二部　団結権の保護

第一一条
　この条約の適用を受ける国際労働機関の各加盟国は、労働者及び使用者が団結権を自由に行使することができることを確保するために、必要にしてかつ適当なすべての措置をとることを約束する。

第三部　雑則

第一二条
1　この条約を批准する国際労働機関の各加盟国は、千九百四十六年の国際労働機関憲章の改正文書によつて改正された国際労働機関憲章第三十五条に掲げる地域のうち同条4及び5に掲げる地域以外のものについては、批准と同時に又はその後なるべくすみやかに、次の事項を述べる宣言を国際労働事務局長に通知しなければならない。
(a)　当該加盟国がこの条約の規定を変更を加えることなく適用することを約束する地域
(b)　当該加盟国がこの条約の規定を変更を加えて適用することを約束する地域及びその変更の細目
(c)　この条約を適用することができない地域及びその適用することができない理由
(d)　当該加盟国が決定を留保する地域
2　1(a)及び(b)に掲げる約束は、批准の不可分の一部とみなされ、かつ、批准と同一の効力を有する。
3　いずれの加盟国も、1(b)、(c)又は(d)に基づきその最初の宣言において行なつた留保の全部又は一部をその後の宣言によつていつでも取り消すことができる。
4　いずれの加盟国も、第十六条の規定に従つてこの条約を廃棄することができる期間中はいつでも、前の宣言の条項を他の点について変更し、かつ、指定する地域に関する現況を述べる宣言を事務局長に通知することができる。

第一三条
1　この条約の主題たる事項がいずれかの非本土地域の自治権内にあるときは、当該地域の国際関係について責任をもつ加盟国は、当該地域の政府と合意して、当該地域のためにこの条約の義務を受諾する宣言を国際労働事務局長に通知することができる。
2　この条約の義務を受諾する宣言は、次のものが国際労働事務局長に通知することができる。
(a)　国際労働機関の二以上の加盟国の共同の権力の下にある地域については、その二以上の加盟国
(b)　国際連合憲章又はその他によつて国際機関が施政の責任をもつ地域については、その国際機関
3　1及び2の規定に従つて国際労働事務局長に通知する宣言は、当該地域内でこの条約の規定を変更を加えることなく適用するか又は変更を加えて適用するかを示さなければならない。その宣言は、この条約の規定を変更を加えて適用することを示している場合には、その変更の細目を示さなければならない。
4　関係のある一若しくは二以上の加盟国又は国際機関は、前の宣言において示した変更を適用する権利の全部又は一部をその後の宣言によつていつでも放棄することができる。
5　関係のある一若しくは二以上の加盟国又は国際機関は、第十六条の規定に従つてこの条約を廃棄することができる期間中いつでも、前の宣言の条項を他の点について変更し、かつ、この条約の適用についての現況を述べる宣言を国際労働事務局長に通知することができる。

第四部　最終規定

第一四条

この条約の正式の批准は、登録のため国際労働事務局長に通知しなければならない。

第一五条

1　この条約は、国際労働機関の加盟国でその批准が事務局長により登録されたもののみを拘束する。

2　この条約は、二加盟国の批准が事務局長により登録された日の後十二箇月で効力を生ずる。

3　その後は、この条約は、いずれの加盟国についても、その批准が登録された日の後十二箇月で効力を生ずる。

第一六条

1　この条約を批准した各加盟国は、この条約が最初に効力を生じた日から十年の期間の満了の後は、登録のため国際労働事務局長に通知する文書によつてこの条約を廃棄することができる。その廃棄は、それが登録された日の後一年間は効力を生じない。

2　この条約を批准した各加盟国で、1に掲げる十年の期間の満了の後一年以内にこの条に定める廃棄の権利を行使しないものは、さらに十年間拘束を受けるものとし、その後は、この条に定める条件に基づいて、十年の期間が満了するごとにこの条約を廃棄することができる。

第一七条

1　国際労働事務局長は、国際労働機関の加盟国から通知を受けたすべての批准、宣言及び廃棄の登録をすべての加盟国に通告しなければならない。

2　事務局長は、通知を受けた二番目の批准の登録を国際労働機関の加盟国に通告する際に、この条約が効力を生ずる日について加盟国の注意を喚起しなければならない。

第一八条

国際労働事務局長は、前諸条の規定に従つて登録されたすべての批准、宣言及び廃棄の完全な明細を国際連合憲章第百二条による登録のため国際連合事務総長に通知しなければならない。

第一九条

国際労働機関の理事会は、この条約の効力発生の後十年の期間が満了するごとに、この条約の運用に関する報告を総会に提出しなければならず、また、この条約の全部又は一部の改正に関する問題を総会の議事日程に加えることの可否を審議しなければならない。

第二〇条

1　総会がこの条約の全部又は一部を改正する条約を新たに採択する場合には、その改正条約に別段の規定がない限り、

(a)　加盟国による改正条約の批准は、改正条約の効力発生を条件として、第十六条の規定にかかわらず、当然この条約の即時の廃棄を伴う。

(b)　加盟国によるこの条約の批准のための開放は、改正条約が効力を生ずる日に終了する。

2　この条約は、この条約を批准した加盟国で改正条約を批准していないものについては、いかなる場合にも、その現在の形式及び内容で引き続き効力を有する。

第二一条

この条約の英語及びフランス語による本文は、ひとしく正文とする。

団結権及び団体交渉権についての原則の適用に関する条約（第九八号）

C98 Right to Organise and Collective Bargaining Convention, 1949

採択：一九四九年七月一日
批准登録：一九五三年一〇月二〇日
効力発生：一九五四年一〇月二〇日

国際労働機関の総会は、

理事会によりジュネーヴに招集されて、千九百四十九年六月八日にその第三十二回会期として会合し、

この会期の議事日程の第四議題である団結権及び団体交渉権についての原則の適用に関する諸提案の採択を決定し、

それらの提案が国際条約の形式をとるべきであることを決定したので、

千九百四十九年の団結権及び団体交渉権条約と称する次の条約を千九百四十九年七月一日に採択する。

第一条

1　労働者は、雇用に関する反組合的な差別待遇に対して充分な保護を受ける。

2　前記の保護は、特に次のことを目的とする行為について適用する。

(a)　労働者が組合に加入せず、又は労働組合から脱退することを労働者の雇用条件とすること。

(b)　組合員であるという理由又は労働時間外に若しくは使用者の同意を得て労働時間内に組合活動に参加したという理由で労働者を解雇し、その他その者に対し不利益な取扱をすること。

第二条

1　労働者団体及び使用者団体は、その設立、任務遂行又は管理に関して相互が直接に又は代理人若しくは構成員を通じて行う干渉に対して充分な保護を受ける。

2　特に、労働者団体を使用者又は使用者団体の支配の下に置くため、使用者若しくは使用者団体に支配される労働者団体の設立を促進し、又は労働者団体に経理上の援助その他の援助を与える行為は、本条の意味における干渉となるものとする。

第三条

前各条に定める団結権の尊重を確保するため、必要がある場合には、国内事情に適する機関を設けなければならない。

第四条

労働協約により雇用条件を規制する目的をもつて行う使用者又は使用者団体と労働者団体との間の自主的交渉のための手続の充分な発達及び利用を奨励し、且つ、促進するため、必要がある場合には、国内事情に適する措置を執らなければならない。

第五条

1　この条約に規定する保障を軍隊及び警察に適用する範囲は、国内の法令で定める。

2　国際労働機関憲章第十九条8に掲げる原則に従い、加盟国によるこの条約の批准は、この条約の保障する権利を軍隊又は警察の構成員に与えている既存の法律、裁定、慣行又は協約に影響を及ぼすものとみなされない。

第六条

この条約は、公務員の地位を取り扱うものではなく、また、その権利又は分限に影響を及ぼすものと解してはならない。

第七条

この条約の正式の批准書は、登録のため国際労働事務局長に送付するものとする。

第八条

1　この条約は、国際労働機関の加盟国でその批准を国際労働事務局長が登録したもののみを拘束する。

2　この条約は、二加盟国の批准が事務局長により登録された日の後十二箇月で効力を生ずる。

3　その後は、この条約は、他のいずれの加盟国についても、その批准が登録された日の後十二箇月で効力を生ずる。

第九条

1　国際労働機関憲章第三十五条2の規定に従つて国際労働事務局長に通知する宣言は、次の事項を示さなければならない。

(a)　当該加盟国がこの条約の規定を変更を加えずに適用することを約束する地域

(b)　当該加盟国がこの条約の規定を変更を加えて適用することを約束する地域及びその変更の細目

(c)　この条約を適用することができない地域及びその適用することができない理由

(d)　当該加盟国がさらに事情を検討する間決定を留保する地域

2　前項(a)及び(b)に掲げる約束は、批准の不可分の一部とみなされ、かつ、批准と同一の効力を有する。

3　加盟国は、1(b)、(c)又は(d)に基きその最初の宣言において行つた留保の全部又は一部をその後の宣言によつていつでも取り消すことができる。

4　加盟国は、第十一条の規定に従つてこの条約を廃棄することができる期間中はいつでも、前の宣言の条項を他の点について変更し、かつ、指定する地域に関する現況を述べた宣言を事務局長に通知することができる。

第一〇条

1　国際労働機関憲章第三十五条4又は5の規定に従つて国際労働事務局長に通知する宣言は、当該地域内でこの条約の規定を変更を加えずに適用するか又は変更を加えて適用するかを示さなければならない。その宣言は、この条約の規定を変更を加えて適用することを示している場合には、その変更の細目を示さなければならない。

2　関係のある一若しくは二以上の加盟国又は国際機関は、前の宣言において示した変更を適用する権利の全部又は一部をその後の宣言によつていつでも放棄することができる。

3　関係のある一若しくは二以上の加盟国又は国際機関は、第一一条の規定に従つてこの条約を廃棄することができる期間中はいつでも、前の宣言の条項を他の点について変更し、かつ、この条約の適用についての現況を述べた宣言を国際労働事務局長に通知することができる。

第一一条

1　この条約を批准した加盟国は、この条約が最初に効力を生じた日から十年の期間の満了の後は、登録のため国際労働事務局長に通知する文書によつてこの条約を廃棄することができる。廃棄は、その廃棄が登録された日の後一年間は効力を生じない。

2　この条約を批准した加盟国で前項に掲げる十年の期間の満了の後一年以内にこの条に定める廃棄の権利を行使しないものは、さらに十年の期間この条約の拘束を受けるものとし、その後は、この条に定める条件に基いて、十年の期間が経過するごとにこの条約を廃棄することができる。

第一二条

1　国際労働事務局長は、国際労働機関の加盟国から通知を受けたすべての批准、宣言及び廃棄の登録を国際労働機関のすべての加盟国に通告しなければならない。

2　事務局長は、通知を受けた二番目の批准の登録を国際労働機関の加盟国に通告する際に、この条約が効力を生ずる日について加盟国の注意を喚起しなければならない。

第一三条

国際労働事務局長は、前条までの規定に従つて登録されたすべての批准書、宣言書及び廃棄書の完全な明細を国際連合憲章第百二条の規定による登録のため国際連合事務総長に通知しなければならない。

第一四条

国際労働機関の理事会は、この条約が効力を生じた後十年の期間が経過するごとにこの条約の運用に関する報告を総会に提出し、かつ、この条約の全部又は一部の改正に関する問題を総会の議事日程に加えることの可否を審議しなければならない。

第一五条

1　総会がこの条約の全部又は一部を改める改正条約を新たに採択する場合には、その改正条約に別段の規定がない限り、

(a)　加盟国による改正条約の批准は、改正条約の効力発生を条件として、第一一条の規定にかかわらず、当然この条約の即時廃棄を伴う。

(b)　加盟国によるこの条約の批准のための開放は、改正条約が効力を生ずる日に終了する。

2　この条約は、これを批准した加盟国で改正条約を批准していないものについては、いかなる場合にも、その現在の形式及び内容で引き続き効力を有する。

第一六条

この条約の英語及びフランス語による本文は、ともに正文とする。

同一価値の労働についての男女労働者に対する同一報酬に関する条約（第一〇〇号）

C100 Equal Remuneration Convention, 1951

採択：一九五一年六月二九日
批准登録：一九六七年八月二四日
効力発生：一九六八年八月二四日

国際労働機関の総会は、

理事会によりジユネーヴに招集されて、千九百五十一年六月六日にその第三十四回会期として会合し、

この会期の議事日程の第七議題である同一価値の労働についての男女労働者に対する同一報酬の原則に関する提案の採択を決定し、

この提案が国際条約の形式をとるべきであることを決定したので、

次の条約（引用に際しては、千九百五十一年の同一報酬条約と称することができる。）を千九百五十一年六月二十九日に採択する。

第一条

この条約の適用上、

(a)　「報酬」とは、通常の、基本の又は最低の賃金又は給料及び使用者が労働者に対してその雇用を理由として現金又は現物により直接又は間接に支払うすべての追加的給与をいう。

(b)　「同一価値の労働についての男女労働者に対する同一報酬」とは、性別による差別なしに定められる報酬率をいう。

第二条

1　各加盟国は、報酬率を決定するため行なわれて

いる方法に適した手段によつて、同一価値の労働についての男女労働者に対する同一報酬の原則のすべての労働者への適用を促進し、及び前記の方法と両立する限り確保しなければならない。

2　この原則は、次のいずれによつても適用することができる。

(a)　国内法令

(b)　法令によつて設けられ又は認められた賃金決定制度

(c)　使用者と労働者との間の労働協約

(d)　これらの各種の手段の組合せ

第三条

1　行なうべき労働を基礎とする職務の客観的な評価を促進する措置がこの条約の規定の実施に役だつ場合には、その措置を執るものとする。

2　この評価のために採用する方法は、報酬率の決定について責任を負う機関又は、報酬率が労働協約によつて決定される場合には、その当事者が決定することができる。

3　行なうべき労働における前記の客観的な評価から生ずる差異に性別と関係なく対応する報酬率の差異は、同一価値の労働についての男女労働者に対する同一報酬の原則に反するものと認めてはならない。

第四条

各加盟国は、この条約の規定を実施するため、関係のある使用者団体及び労働者団体と適宜協力するものとする。

第五条

この条約の正式の批准は、登録のため国際労働事務局長に通知しなければならない。

第六条

1　この条約は、国際労働機関の加盟国でその批准が事務局長により登録されたもののみを拘束する。

2　この条約は、二加盟国の批准が事務局長により登録された日の後十二箇月で効力を生ずる。

3　その後は、この条約は、いずれの加盟国についても、その批准が登録された日の後十二箇月で効力を生ずる。

第七条

1　国際労働機関憲章第三十五条2の規定に従つて国際労働事務局長に通知する宣言は、次の事項を示さなければならない。

(a)　当該加盟国がこの条約の規定を変更を加えずに適用することを約束する地域

(b)　当該加盟国がこの条約の規定を変更を加えて適用することを約束する地域及びその変更の細目

(c)　この条約を適用することができない地域及びその適用することができない理由

(d)　当該加盟国がさらに事情を検討する間決定を留保する地域

2　1(a)及び(b)に掲げる約束は、批准の不可分の一部とみなされ、かつ、批准と同一の効力を有する。

3　いずれの加盟国も、1(b)、(c)又は(d)の規定に基づきその最初の宣言において行なつた留保の全部又は一部をその後の宣言によつていつでも取り消すことができる。

4　いずれの加盟国も、第九条の規定に従つてこの条約を廃棄することができる期間中はいつでも、前の宣言の条項を他の点について変更し、かつ、指定する地域に関する現況を述べる宣言を事務局長に通知することができる。

第八条

1　国際労働機関憲章第三十五条4又は5の規定に従つて国際労働事務局長に通知する宣言は、当該地域内でこの条約の規定を変更を加えることなく適用するか又は変更を加えて適用するかを示さなければならない。その宣言は、この条約の規定を変更を加えて適用することを示している場合には、その変更の細目を示さなければならない。

2　関係のある一若しくは二以上の加盟国又は国際機関は、前の宣言において示した変更を適用する権利の全部又は一部をその後の宣言によつていつでも放棄することができる。

3　関係のある一若しくは二以上の加盟国又は国際機関は、第九条の規定に従つてこの条約を廃棄することができる期間中はいつでも、前の宣言の条項を他の点について変更し、かつ、この条約の適用についての現況を述べる宣言を事務局長に通知することができる。

第九条

1　この条約を批准した加盟国は、この条約が最初に効力を生じた日から十年の期間の満了の後は、登録のため国際労働事務局長に通知する文書によつてこの条約を廃棄することができる。その廃棄は、それが登録された日の後一年間は効力を生じない。

2　この条約を批准した加盟国で、1に掲げる十年の期間の満了の後一年以内にこの条に定める廃棄の権利を行使しないものは、さらに十年間拘束を受けるものとし、その後は、この条に定める条件に基づいて、十年の期間が満了するごとにこの条約を廃棄することができる。

第一〇条

1　国際労働事務局長は、国際労働機関の加盟国から通知を受けたすべての批准、宣言及び廃棄の登録をすべての加盟国に通告しなければならない。

2　事務局長は、通知を受けた二番目の批准の登録を国際労働機関の加盟国に通告する際に、この条約が効力を生ずる日について加盟国の注意を喚起しなければならない。

第一一条

国際労働事務局長は、前諸条の規定に従つて登録されたすべての批准、宣言及び廃棄の完全な明細を国際連合憲章第百二条の規定による登録のため国際連合事務総長に通知しなければならない。

第一二条

国際労働機関の理事会は、必要と認めるときは、この条約の運用に関する報告を総会に提出しなければならず、また、この条約の全部又は一部の改正に関する問題を総会の議事日程に加えることの可否を検討しなければならない。

第一三条

1　総会がこの条約の全部又は一部を改正する条約を新たに採択する場合には、その改正条約に別段の規定がない限り、

(a)　加盟国による改正条約の批准は、改正条約の効力発生を条件として第九条の規定にかかわらず、当然この条約の即時の廃棄を伴う。

(b)　加盟国によるこの条約の批准のための開放は、改正条約が効力を生ずる日に終了する。

2　この条約は、この条約を批准した加盟国で改正条約を批准していないものについては、いかなる場合にも、その現在の形式及び内容で引き続き効力を有する。

第一四条

この条約の英語及びフランス語による本文は、ひとしく正文とする。

強制労働の廃止に関する条約（第一〇五号）

C105 Abolition of Forced Labour Convention, 1957

採択：一九五七年六月二五日
批准登録：二〇二二年七月一九日
効力発生：二〇二三年七月一九日

強制労働の廃止に関する条約（第百五号）

国際労働機関の総会は、

理事会によりジュネーブに招集されて、千九百五十七年六月五日にその第四十回会期として会合し、

前記の会期の議事日程の第四議題である強制労働の問題を審議し、千九百三十年の強制労働条約の諸規定に留意し、

千九百二十六年の奴隷条約が、強制労働が奴隷制度と同様の状態に発展することを防止するために全ての必要な措置をとるべきことを規定していること、並びに千九百五十六年の奴隷制度、奴隷取引並びに奴隷制度に類する制度及び慣行の廃止に関する補足条約が、負債による奴隷及び農奴の完全な廃止を規定していることに留意し、

千九百四十九年の賃金保護条約が、賃金は定期的に支払われるべきことを規定し、及び労働者から自己の雇用を終了させる真正な可能性を奪う支払方法を禁止していることに留意し、

国際連合憲章が掲げ、及び世界人権宣言が定める人権の侵害となる特定の形態の強制労働の廃止に関して新たな提案の採択を決定し、

その提案が国際条約の形式をとるべきであることを決定して、

次の条約（引用に際しては、千九百五十七年の強制労働廃止条約と称することができる。）を千九百五十七年六月二十五日に採択する。

第一条

この条約を批准する国際労働機関の各加盟国は、次に掲げるものとしてのあらゆる形態の強制労働を禁止し、かつ、これを利用しないことを約束する。

(a) 政治的な強制若しくは教育の手段又は政治的な見解若しくは確立した政治的、社会的若しくは経済的な制度に思想的に反対する見解を有し、若しくは表明することに対する制裁

(b) 経済的発展の目的のために労働力を動員し、及び利用する方法

(c) 労働規律の手段

(d) 同盟罷業に参加したことに対する制裁

(e) 人種的、社会的、国民的又は宗教的な差別の手段

第二条

この条約を批准する国際労働機関の各加盟国は、前条に規定する強制労働の即時の、かつ、完全な廃止を確保するために効果的な措置をとることを約束する。

第三条

この条約の正式な批准は、登録のため国際労働事務局長に通知する。

第四条

1 この条約は、国際労働機関の加盟国であって自国による批准が国際労働事務局長に登録されたもののみを拘束する。

2 この条約は、二の加盟国による批准が国際労働事務局長に登録された日の後十二箇月で効力を生ずる。

3 この条約は、この条約が効力を生じた後は、いずれの加盟国についても、自国による批准が登録された日の後十二箇月で効力を生ずる。

第五条

1 この条約を批准した加盟国は、この条約が最初に効力を生じた日から十年を経過した後は、登録のため国際労働事務局長に通知する文書によってこの条約を廃棄することができる。廃棄は、廃棄が登録された日の後一年間は効力を生じない。

2 この条約を批准した加盟国であって1に規定する十年の期間が満了した後一年以内にこの条に定める廃棄の権利を行使しないものは、更に十年間拘束を受けるものとし、その後は、十年の期間が満了するごとに、この条に定める条件に従ってこの条約を廃棄することができる。

第六条

1 国際労働事務局長は、加盟国から通知を受けた全ての批准及び廃棄の登録について全ての加盟国に通報する。

2 国際労働事務局長は、通知を受けた二番目の批准の登録について加盟国に通報する際に、この条約が効力を生ずる日につき加盟国の注意を喚起する。

第七条

国際労働事務局長は、国際連合憲章第百二条の規定に従い、前諸条の規定に従って登録した全ての批准及び廃棄の文書の完全な明細を、登録のため国際連合事務総長に通知する。

第八条

理事会は、必要と認めるときは、この条約の運用に関する報告を総会に提出するものとし、また、この条約の全部又は一部の改正に関する問題を総会の議事日程に加えることの可否を検討する。

第九条

1 総会がこの条約の全部又は一部を改正する新たな条約を採択する場合には、その新たな条約に別段の定めがある場合を除くほか、

(a) 加盟国によるその新たな改正条約の批准は、その新たな改正条約が効力を生じていることを条件として、第五条の規定にかかわらず、当然にこの条約の即時の廃棄を伴う。

(b) この条約は、その新たな改正条約が効力を生ずる日に加盟国による批准のための開放を終了する。

2 この条約は、これを批准した加盟国で1の改正条約を批准していないものについては、いかなる場合にも、その現在の形式及び内容により引き続き効力を有する。

第一〇条

この条約の英語及びフランス語による本文は、ひとしく正文とする。

雇用及び職業についての差別待遇に関する条約（第一一一号）

C111 Discrimination (Employment and Occupation) Convention,1958

採択：一九五八年六月二五日

未批准（仮訳）

国際労働機関の総会は、

理事会によりジュネーヴに招集されて、千九百五十八年六月四日にその第四十二回会期として会合し、

この会期の議事日程の第四議題である雇用及び職業についての差別待遇に関する提案の採択を決定し、

この提案が国際条約の形式をとるべきであることを決定し、

フィラデルフィア宣言が、すべての人間は、人種、信条又は性にかかわりなく、自由及び尊厳並びに経済的保障及び機会均等の条件において、物質的福祉及び精神的発展を追求する権利をもつことを確認していることを考慮し、

さらに、差別待遇は、世界人権宣言により宣明された権利の侵害であることを考慮して、

次の条約（引用に際しては、千九百五十八年の差別待遇（雇用及び職業）条約と称することができる。）を千九百五十八年六月二十五日に採択する。

第一条

1　この条約の適用上、「差別待遇」とは、次のものをいう。

(a)　人種、皮膚の色、性、宗教、政治的見解、国民的出身又は社会的出身に基いて行われるすべての差別、除外又は優先で、雇用又は職業における機会又は待遇の均等を破り又は害する結果となるもの

(b)　雇用又は職業における機会又は待遇の均等を破り又は害する結果となる他の差別、除外又は優先で、当該加盟国が、使用者の代表的団体及び労働者の代表的団体がある場合にはそれらの代表的団体及び他の適当な団体と協議の上、決定することのあるもの

2　固有の要件に基く特定の業務についての差別、除外又は優先は、差別待遇とみなしてはならない。

3　この条約の適用上、「雇用」及び「職業」とは、職業上の訓練を受けること、雇用されること及び個個の職業に従事すること並びに雇用の条件をいう。

第二条

この条約の適用を受ける加盟国は、雇用及び職業についての差別待遇を除去するために、国内の事情及び慣行に適した方法により雇用又は職業についての機会及び待遇の均等を促進することを目的とする国家の方針を明らかにし、かつ、これに従うことを約束する。

第三条

この条約の適用を受ける加盟国は、国内の事情及び慣行に適した方法により次のことを行うことを約束する。

(a)　前記の方針の承認及び遵守を促進することにつき、使用者団体及び労働者団体並びに他の適当な団体の協力を求めること。

(b)　前記の方針の承認及び遵守を確保するに適当とされる法令を制定し、かつ、そのような教育計画を促進すること。

(c)　前記の方針と両立しないすべての法令の規定を廃止し、かつ、行政上のすべての命令又は慣行を修正すること。

(d)　国家機関の直接管理の下にある雇用について、前記の方針に従うこと。

(e)　国家機関の監督の下にある職業指導、職業訓練及び職業紹介の施設の活動について、前記の方針の遵守を確保すること。

(f)　この条約の適用に関する年次報告において、前記の方針に従つて執つた措置及びその結果を記載すること。

第四条

国の安全を害する活動について正当に嫌疑を受けている者又はこの活動に従事している者に影響を及ぼすいかなる措置も、差別待遇とみなしてはならない。ただし、当該個人は、国内の慣行に従つて設置される権限のある機関に訴える権利を有する。

第五条

1　国際労働機関の総会が採択した他の条約又は勧告で定める保護又は援助に関する特別の措置は、差別待遇とみなしてはならない。

2　すべての加盟国は、使用者の代表的団体及び労働者の代表的団体がある場合にはそれらの団体と協議の上、性、年令、廃疾、世帯上の責任又は社会的若しくは文化的地位のために一般に特別の保護又は援助が必要であると認められる者の特定の必要を満たすことを目的とする他の特別の措置を差別待遇とみなさないことを定めることができる。

第六条

この条約を批准する加盟国は、国際労働機関憲章の規定に従つて、非本土地域にこの条約を適用することを約束する。

第七条

この条約の正式の批准は、登録のため国際労働事務局長に通知する。

第八条

1　この条約は、国際労働機関の加盟国でその批准が事務局長に登録されたもののみを拘束する。

2　この条約は、二の加盟国の批准が事務局長に登録された日の後十二箇月で効力を生ずる。

3　その後は、この条約は、いずれの加盟国についても、その批准が登録された日の後十二箇月で効力を生ずる。

第九条

1　この条約を批准した加盟国は、この条約が最初に効力を生じた日から十年を経過した後は、登録のため国際労働事務局長に送付する文書によってこの条約を廃棄することができる。その廃棄は、登録された日の後一年間は効力を生じない。

2　この条約を批准した加盟国で、1に定める十年の期間が満了した後一年以内にこの条に規定する廃棄の権利を行使しないものは、更に十年間拘束を受けるものとし、その後は、十年の期間が満了するごとに、この条に定める条件に従ってこの条約を廃棄することができる。

第一〇条

1　国際労働事務局長は、国際労働機関の加盟国から通知を受けたすべての批准及び廃棄の登録をすべての加盟国に通告する。

2　事務局長は、通知を受けた二番目の批准の登録を国際労働機関の加盟国に通告する際に、この条約が効力を生ずる日につき加盟国の注意を喚起する。

第一一条

国際労働事務局長は、国際連合憲章第百二条の規定による登録のため、前諸条の規定に従って登録されたすべての批准及び廃棄の完全な明細を国際連合事務総長に通知する。

第一二条

国際労働機関の理事会は、必要と認めるときは、この条約の運用に関する報告を総会に提出するものとし、また、この条約の全部又は一部の改正に関する問題を総会の議事日程に加えることの可否を検討する。

第一三条

1　総会がこの条約の全部又は一部を改正する条約を新たに採択する場合には、その改正条約に別段の規定がない限り、

(a)　加盟国によるその改正条約の批准は、その改正条約の効力発生を条件として、第九条の規定にかかわらず、当然にこの条約の即時の廃棄を伴う。

(b)　加盟国による批准のためのこの条約の開放は、その改正条約が効力を生ずる日に終了する。

2　この条約は、これを批准した加盟国で1の改正条約を批准していないものについては、いかなる場合にも、その現在の形式及び内容で引き続き効力を有する。

第一四条

この条約の英文及びフランス文は、ひとしく正文とする。

企業における労働者代表に与えられる保護及び便宜に関する条約（第一三五号）

C135 Workers' Representatives Convention, 1971

採択：一九七一年六月二三日

未批准（仮訳）

国際労働機関の総会は、

理事会によりジュネーヴに招集されて、千九百七十一年六月二日にその第五十六回会期として会合し、

雇用に関する反組合的な差別待遇に対する労働者の保護について規定している千九百四十九年の団結権及び団体交渉権条約の規定に留意し、

労働者代表に関し、これらの規定を補足することが望ましいことを考慮し、

前記の会期の議事日程の第五議題である企業における労働者代表に与えられる保護及び便宜に関する提案の採択を決定し、

その提案が国際条約の形式をとるべきであると決定して、

次の条約（引用に際しては、千九百七十一年の労働者代表条約と称することができる。）を千九百七十一年六月二十三日に採択する。

第一条

企業における労働者代表は、現行の法令、労働協約又は労使の合意に基づくその他の取決めに従って行動する限り、労働者代表としての地位若しくは活動、組合員であること又は組合活動への参加を理由としてとられる解雇等のそれらの者にとって不利益な措置に対する効果的な保護を享有する。

第二条

1 労働者代表がその任務を迅速かつ能率的に遂行することができるように、企業における適切な便宜が労働者代表に与えられる。
2 その場合には、国内の労使関係制度の特性並びに当該企業の必要、規模及び能力を考慮する。
3 1の便宜の供与は、当該企業の能率的な運営を妨げるものであつてはならない。

第三条

この条約の適用上、「労働者代表」とは、国内法令又は国内慣行の下で労働者代表と認められる者をいい、次のいずれに該当するかを問わない。

(a) 労働組合代表、すなわち、労働組合又は労働組合員が指名し又は選挙した代表

(b) 被選出代表、すなわち、企業の労働者が国内法令又は労働協約に従つて自由に選挙した代表であつて、その任務に当該国において労働組合の専属的特権として認められている活動が含まれていないもの

第四条

国内法令、労働協約、仲裁裁定又は裁判所の判決は、この条約に定める保護及び便宜を受ける権利を有する労働者代表の種類を決定することができる。

第五条

同一企業内に労働組合代表及び被選出代表の双方が存在する場合には、被選出代表の存在が当該労働組合又はその代表の地位を害するために利用されることがないようにし、かつ、被選出代表と当該労働組合及びその代表との間のすべての関係事項に関する協力を奨励するため、必要に応じて適当な措置をとる。

第六条

この条約は、国内法令若しくは労働協約により又は国内慣行に適合するその他の方法で実務することができる。

第七条〜第一四条（最終条項）《略》（第一一一号条約参照）

公務における団結権の保護及び雇用条件の決定のための手続に関する条約

（第一五一号）

C151 Labour Relations (Public Service) Convention,1978

採択：一九七八年六月二七日

未批准（仮訳）

国際労働機関の総会は、

理事会によりジュネーヴに召集されて、千九百七十八年六月七日にその第六十四回会期として会合し、

千九百四十八年の結社の自由及び団結権保護条約、千九百四十九年の団結権及び団体交渉権条約並びに千九百七十一年の労働者代表条約及び千九百七十一年の労働者代表勧告の規定に留意し、

千九百四十九年の団結権及び団体交渉権条約がある種類の公的被用者について適用されないこと並びに千九百七十一年の労働者代表条約及び千九百七十一年の労働者代表勧告が企業における労働者代表について適用されることを想起し、

多くの国における公務活動のかなりの拡大及び公の機関と公的被用者団体との間の健全な労働関係の必要性に留意し、

加盟国の間での政治的、社会的及び経済的制度の著しい多様性並びに加盟国の間での慣行の相違（例えば、中央及び地方の政府、連邦、州及び地方の機関並びに国有企業及び各種の自治的又は半自治的な公共団体のそれぞれの機能についての多様性及び慣行の相違、並びに雇用関係の性質についての多様性及び慣行の相違）に留意し、

多くの国において私的部門における雇用と公的部門における雇用との間に差異があるために国際文書の適用範囲及び適用上の定義について生ずる特別な問題、千九百四十九年の団結権及び団体交渉権条約の関係規定の公務員への通用に関して生じている解釈上の困難並びに若干の政府が多数の公的被用者の集団を同条約の適用範囲から除外してその関係規定を適用しているとの国際労働機関の監督機関がたびたび表明した意見を考慮し、

前記の会期の議事日程の第五議題である公務における結社の自由及び雇用条件の決定のための手続に関する提案の採択を決定し、

その提案が国際条約の形式をとるべきであると決定して、

次の条約（引用に際しては、千九百七十八年の労働関係（公務）条約と称することができる。）を千九百七十八年六月二十七日に採択する。

第一部　適用範囲及び定義

第一条

1　この条約は、他の国際労働条約の一層有利な規定が適用されない限りにおいて、公の機関が雇用するすべての者について適用する。

2　政策策定又は管理に関係していると通常考えられる職務を有する高い地位にある被用者又は高度に機密的な性質の任務を有する被用者についてこの条約に規定する保障を適用する範囲は、国内法令で定める。

3　この条約に規定する保障を軍隊及び警察に適用する範囲は、国内法令で定める。

第二条

この条約の適用上、「公的被用者」とは、第一条の規定に従つてこの条約が適用される者をいう。

第三条

この条約の適用上、「公的被用者団体」とは、構成のいかんにかかわらず、公的被用者の利益を増進しかつ擁護することを目的とする団体をいう。

第二部　団結権の保護

第四条

1　公的被用者は、雇用に関する反組合的な差別待遇に対して十分な保護を受ける。

2　1にいう保護は、特に次のことを目的とする行為について適用する。

(a)　公的被用者団体に加入せず、又は公的被用者団体から脱退することを公的被用者の雇用条件とすること。

(b)　公的被用者団体の構成員であるという理由又は公的被用者団体の正常な活動に参加したという理由で公的被用者を解雇し、その他その者に対し不利益な取扱いをすること。

第五条

1　公的被用者団体は、公の機関からの完全な独立を享受する。

2　公的被用者団体は、その設立、任務遂行又は管理に関して公の機関が行う干渉に対して十分な保護を受ける。

3　特に、公的被用者団体を公の機関の支配の下に置くため、公の機関に支配される公的被用者団体の設立を促進し、又は公的被用者団体に経理上の援助その他の援助を与える行為は、本条の意味における干渉となるものとする。

第三部　公的被用者団体に与えられる便宜

第六条

1　承認された公的被用者団体の代表者が、勤務時間中及び勤務時間外にその任務を迅速かつ能率的に遂行することができるように、適当な便宜を与えられる。

2　1の便宜の供与は、当該官公署又は機関の能率的な運営を妨げるものであつてはならない。

3　1の便宜の性質及び範囲は、第七条に規定する方法に従い、又はその他の適当な方法により、決定されるものとする。

第四部　雇用条件の決定のための手続

第七条

関係のある公の機関と公的被用者団体との間の雇用条件の交渉のための手続又は雇用条件の決定への公的被用者の代表者の参加を可能にするその他の方法の十分な発達及び利用を奨励しかつ促進するため、必要がある場合には、国内事情に適する措置をとるものとする。

第五部　紛争の解決

第八条

雇用条件の決定に関連して生ずる紛争は、当事者間の交渉を通じて、又はあつ旋、調停及び仲裁等の関係当事者の信頼を確保するような方法で設定された独立のかつ公平な手続を通じて、国内事情に適する方法で解決が図られるものとする。

第六部　市民的及び政治的権利

第九条

公的被用者は、その身分及びその職務の性質から生ずる義務にのみ従うことを条件として、他の労働者と同様に、結社の自由の正常な行使に不可欠な市民的及び政治的権利を有する。

第七部　最終規定

第一〇条～第一七条《略》（第一一一号条約参照）

団体交渉の促進に関する条約（第一五四号）

C154 Collective Bargaining Convention,1981

採択：一九八一年六月一九日

未批准（仮訳）

国際労働機関の総会は、

理事会によりジュネーヴに招集されて、千九百八十一年六月三日にその第六十七回会期として会合し、

フィラデルフィア宣言が、「団体交渉権の実効的な承認……を達成するための計画を世界の諸国間において促進する国際労働機関の厳粛な義務」を承認していることを再確認し、この原則が、「全世界のすべての人民に十分に適用できる」ことに留意し、

千九百四十八年の結社の自由及び団結権保護条約、千九百四十九年の団結権及び団体交渉権条約、千九百五十一年の労働協約勧告、千九百五十一年の任意調停及び任意仲裁勧告、千九百七十八年の労働関係（公務）条約及び千九百七十八年の労働関係（公務）勧告並びに千九百七十八年の労働行政条約及び千九百七十八年の労働行政勧告に定める現行の国際基準の基本的重要性を考慮し、

これらの基準の目的、特に、千九百四十九年の団結権及び団体交渉権条約第四条及び千九百五十一年の労働協約勧告1に規定する一般原則を達成するため一層の努力を行うことが望ましいことを考慮し、

したがつて、これらの基準が、当該基準に基づき自由かつ自主的な団体交渉を促進することを目的とする適当な措置により補足されるべきであることを考慮し、

前記の会期の議事日程の第四議題である団体交渉の促進に関する提案の採択を決定し、

その提案が国際条約の形式をとるべきであることを決定して、

次の条約（引用に際しては、千九百八十一年の団体交渉条約と称することができる。）を千九百八十一年六月十九日に採択する。

第一部　適用範囲及び定義

第一条

1　この条約は、経済活動のすべての部門について適用する。

2　この条約に規定する保障を軍隊及び警察に適用する範囲は、国内の法令又は慣行で定めることができる。

3　公務については、この条約の適用の特別な方式を国内の法令又は慣行で定めることができる。

第二条

この条約の適用上、「団体交渉」とは、次の事項のうち一又は二以上の事項について、使用者、使用者の集団又は一若しくは二以上の使用者団体と一又は二以上の労働者団体との間で行われるすべての交渉をいう。

(a)　労働条件及び雇用条件を決定すること。

(b)　使用者と労働者の関係について定めること。

(c)　使用者又は使用者団体と一又は二以上の労働者団体の関係について定めること。

第三条

1　国内の法令又は慣行が千九百七十一年の労働者代表条約第三条(b)に規定する労働者代表の存在を認める場合には、この条約の適用上、「団体交渉」を当該労働者代表との交渉に適用する範囲については、国内の法令又は慣行で決定することができ

る。

2　1の規定により、「団体交渉」に1にいう労働者代表との交渉を含める場合には、これらの代表の存在が関係のある労働者団体の地位を害するために利用されることがないようにするため、必要なときには適当な措置をとる。

第二部　適用方法

第四条

この条約は、労働協約若しくは仲裁裁定により又は国内慣行に適合するその他の方法によつて実施されない限り、国内法令によつて実施する。

第三部　団体交渉の促進

第五条

1　団体交渉を促進するため、国内事情に適する措置をとる。

2　1の措置は、次のことを目的とする。

(a)　団体交渉は、この条約の対象とされている活動部門において、すべての使用者及びすべての労働者の集団にとつて可能であるべきであること。

(b)　団体交渉は、第二条(a)から(c)までに規定するすべての事項について漸進的に拡張すべきであること。

(c)　使用者所団体と労働者団体との間で合意された手続規則の制定を奨励すべきであること。

(d)　団体交渉は、用いられる手続を規律する規則がないことにより又はこのような規則が不適当であることにより妨げられるべきではないこと。

(e)　労働紛争の解決のための機関及び手続は、団体交渉の促進に寄与するようなものであると理解すべきであること。

第六条

この条約は、団体交渉中の当事者が自主的に参加する調停又は仲裁制度の枠内で団体交渉が行われるような労使関係制度の運営を妨げるものではない。

第七条

公の機関が団体交渉の発展を奨励し及び促進するためにとる措置は、公の機関と使用者団体及び労働者団体との間における事前の協議及び、可能な場合には、合意の対象とする。

第八条

団体交渉を促進するためにとる措置は、団体交渉の自由を妨げるように理解され又は適用されてはならない。

第四部　最終規定

第九条

この条約は、現存するいずれの条約又は勧告も改正するものではない。

第一〇条～第一七条《略》（第一一一号条約参照）

家族的責任を有する男女労働者の機会及び待遇の均等に関する条約（第一五六号）

C156 Workers with Family Responsibilities Convention, 1981

採択：一九八一年六月二三日
批准登録：一九九五年六月九日
効力発生：一九九六年六月九日

国際労働機関の総会は、

理事会によりジュネーヴに招集されて、千九百八十一年六月三日にその第六十七回会期として会合し、

「すべての人間は、人種、信条又は性にかかわりなく、自由及び尊厳並びに経済的保障及び機会均等の条件において、物質的福祉及び精神的発展を追求する権利をもつ」ことを認めている国際労働機関の目的に関するフィラデルフィア宣言に留意し、

千九百七十五年に国際労働機関の総会が採択した女子労働者の機会及び待遇の均等に関する宣言並びに女子労働者の機会及び待遇の均等を促進するための行動計画に関する決議の規定に留意し、

男女労働者の機会及び待遇の均等を確保することを目的とする国際労働条約及び国際労働勧告の規定、すなわち、千九百五十一年の同一報酬条約及び千九百五十一年の同一報酬勧告、千九百五十八年の差別（雇用及び職業）条約及び千九百五十八年の差別（雇用及び職業）勧告並びに千九百七十五年の人的資源開発勧告Ⅷの規定に留意し、

千九百五十八年の差別（雇用及び職業）条約が家族的責任に基づく区別を明示的には対象としていないことを想起し、及びこの点に関して補足的な基準

が必要であることを考慮し、

千九百六十五年の雇用（家族的責任を有する女子）勧告の規定に留意し、及び同勧告の採択以降に生じた変化を考慮し、

男女の機会及び待遇の均等に関する文書が国際連合及び他の専門機関によっても採択されていることに留意し、特に、千九百七十九年に国際連合で採択された女子に対するあらゆる形態の差別の撤廃に関する条約前文の第十四段落において、締約国は「社会及び家庭における男子の伝統的役割を女子の役割とともに変更することが男女の完全な平等の達成に必要であることを認識」する旨規定されていることを想起し、

家族的責任を有する労働者に関する問題は国の政策において考慮されるべき家族及び社会に関する一層広範な問題の様々な側面を成すことを認識し、

家族的責任を有する男女の労働者の間及び家族的責任を有する労働者と他の労働者との間の機会及び待遇の実効的な均等を実現することの必要性を認識し、

すべての労働者が直面している問題の多くが家族的責任を有する労働者にとっては一層切実なものとなっていることを考慮し、並びに家族的責任を有する労働者の特別のニーズに応じた措置及び労働者の置かれている状況を全般的に改善することを目的とする措置によって家族的責任を有する労働者の置かれている状況を改善することの必要性を認識し、

前記の会期の議事日程の第五議題である家族的責任を有する男女労働者の機会及び待遇の均等に関する提案の採択を決定し、

その提案が国際条約の形式をとるべきであることを決定して、

次の条約（引用に際しては、千九百八十一年の家族的責任を有する労働者条約と称することができる。）を千九百八十一年六月二十三日に採択する。

第一条

1　この条約は、被扶養者である子に対し責任を有する男女労働者であって、当該責任により経済活動への準備、参入若しくは参加の可能性又は経済活動における向上の可能性が制約されるものについて、適用する。

2　この条約は、介護又は援助が明らかに必要な他の近親の家族に対し責任を有する男女労働者であって、当該責任により経済活動への準備、参入若しくは参加の可能性又は経済活動における向上の可能性が制約されるものについても、適用する。

3　この条約の適用上、「被扶養者である子」及び「介護又は援助が明らかに必要な他の近親の家族」とは、各国において第九条に規定する方法のいずれかにおいて定められる者をいう。

4　1及び2に規定する労働者は、以下「家族的責任を有する労働者」という。

第二条

この条約は、経済活動のすべての部門について及びすべての種類の労働者について適用する。

第三条

1　男女労働者の機会及び待遇の実効的な均等を実現するため、各加盟国は、家族的責任を有する者であって職業に従事しているもの又は職業に従事することを希望するものが、差別を受けることなく、また、できる限り職業上の責任と家族的責任との間に抵触が生ずることなく職業に従事する権利を行使することができるようにすることを国の政策の目的とする。

2　1の規定の適用上、「差別」とは、千九百五十八年の差別（雇用及び職業）条約の第一条及び第五条に規定する雇用及び職業における差別をいう。

第四条

男女労働者の機会及び待遇の実効的な均等を実現するため、次のことを目的として、国内事情及び国内の可能性と両立するすべての措置をとる。

(a)　家族的責任を有する労働者が職業を自由に選択する権利を行使することができるようにすること。

(b)　雇用条件及び社会保障において、家族的責任を有する労働者のニーズを反映すること。

第五条

更に、次のことを目的として、国内事情及び国内の可能性と両立するすべての措置をとる。

(a)　地域社会の計画において、家族的責任を有する労働者のニーズを反映すること。

(b)　保育及び家族に関するサービス及び施設等の地域社会のサービス（公的なものであるか私的なものであるかを問わない。）を発展させ又は促進すること。

第六条

各国の権限のある機関及び団体は、男女労働者の機会及び待遇の均等の原則並びに家族的責任を有する労働者の問題に関する公衆の一層深い理解並びに当該問題の解決に資する世論を醸成する情報の提供及び教育を促進するための適当な措置をとる。

第七条

家族的責任を有する労働者が労働力の一員となり、労働力の一員としてとどまり及び家族的責任によって就業しない期間の後に再び労働力の一員となることができるようにするため、国内事情及び国内の可

能性と両立するすべての措置（職業指導及び職業訓練の分野における措置等）をとる。

第八条

家族的責任それ自体は、雇用の終了の妥当な理由とはならない。

第九条

この条約は、法令、労働協約、就業規則、仲裁裁定、判決若しくはこれらの方法の組合せにより又は国内慣行に適合するその他の方法であって国内事情を考慮に入れた適当なものにより、適用することができる。

第一〇条

1　この条約は、国内事情を考慮に入れ、必要な場合には段階的に適用することができる。ただし、実施のためにとられる措置は、いかなる場合にも第一条1に規定するすべての労働者について適用する。

2　この条約を批准する加盟国は、1に規定する段階的な適用を行う意図を有する場合には、国際労働機関憲章第二十二条の規定に従って提出するこの条約の適用に関する第一回の報告において、当該段階的な適用の対象となる事項を記載し、その後の報告において、この条約を当該事項につきどの程度に実施しているか又は実施しようとしているかを記載する。

第一一条

使用者団体及び労働者団体は、国内事情及び国内慣行に適する方法により、この条約を実施するための措置の立案及び適用に当たって参加する権利を有する。

第一二条～第一九条（最終条項）《略》（第一一一号条約参照）

使用者の発意による雇用の終了に関する条約（第一五八号）

C158 Termination of Employment Convention,1982

採択：一九八二年六月二二日

未批准（仮訳）

国際労働機関の総会は、

理事会によりジュネーヴに招集されて、千九百八十二年六月二日にその第六十八回会期として会合し、

千九百六十三年の雇用終了勧告に定める現行の国際基準に留意し、

千九百六十三年の雇用終了勧告の採決以降、同勧告により扱われる問題について、多くの加盟国の法令及び慣行に大きな進展が生じたことに留意し、

特にこの分野において、近年多くの国で経験された経済上の困難及び技術的変化に起因する重大な問題に留意した上、これらの進展がこの問題に関する新たな国際基準を採択することを適当としていることを考慮し、

前記の会期の議事日程の第五議題である使用者の発意による雇用の終了に関する提案の採択を決定し、

その提案が国際条約の形式をとるべきであることを決定して、

次の条約（引用に際しては、千九百八十二年の雇用終了条約と称することができる。）を千九百八十二年六月二十二日に採択する。

第一部　実施方法、適用範囲及び定義

第一条

この条約は、労働協約、仲裁裁定若しくは判決によって又は国内慣行に適合するその他の方法によって実施されない限り、法令によって実施する。

第二条

1　この条約は、経済活動のすべての部門について及び雇用されているすべての者について、適用する。

2　加盟国は、次の種類の雇用されている者をこの条約の全部又は一部の適用から除外することができる。

(a)　特定の期間又は特定の仕事のための雇用契約に基づいて雇用されている労働者

(b)　試用期間中の労働者又は雇用に係る資格の取得期間中の労働者。ただし、これらの期間は、あらかじめ決定された合理的なものでなければならない。

(c)　短期間臨時的に雇用されている者

3　特定の期間の定めのある雇用契約であって、この条約に基づく保護を回避することを目的とするものが利用されることを防ぐための適当な保障を規定する。

4　必要な場合には、この条約に基づいて与えられる保護と少なくとも同等の保護を全体として与える特別の措置により雇用条件が規制される種類の雇用されている者をこの条約又はその一部の規定の適用から除外するための措置を、関係のある使用者団体及び労働者団体が存在する場合にはそれらの団体との協議の上、権限のある機関により又は各国における適当な機構を通じてとることができる。

5　必要な場合には、関係労働者の特別の雇用条件又は関係労働者を雇用する企業の規模若しくは性質に照らし重要なかつ特殊な問題を有する他の限

られた種類の雇用されている者をこの条約又はその一部の規定の適用から除外するための措置を、関係のある使用者団体及び労働者団体が存在する場合にはそれらの団体との協議の上、権限のある機関により又は各国における適当な機構を通じてとることができる。

6　この条約を批准する加盟国は、国際労働機関憲章第二十二条の規定に従つて提出するこの条約の適用に関する最初の報告において、4及び5の規定に基づいて除外された種類の労働者をその除外の理由を付して記載するものとし、その後の報告において、そのような種類の労働者に関する法令及び慣行の状況並びにそのような種類の労働者についてこの条約が実施されている範囲又は実施される予定の範囲を明示する。

第三条

この条約の適用上、「終了」及び「雇用の終了」とは、使用者の発意による雇用の終了をいう。

第二部　一般的適用の基準

A　終了の正当性

第四条

労働者の雇用は、当該労働者の能力若しくは行為に関連する妥当な理由又は企業、事業所若しくは施設の運営上の必要に基づく妥当な理由がない限り、終了させてはならない。

第五条

特に、次の事項は、終了の妥当な理由とはならない。

(a)　労働組合員であること又は労働時間外に若しくは使用者の同意を得て労働時間内に労働組合活動に参加したこと。

(b)　労働者代表に就任しようとすること又は労働者代表の資格において行動すること若しくは行動したこと。

(c)　法令の違反を理由として使用者を相手方とする苦情の申立てを行い若しくは使用者を相手方とする手続に参加したこと又は権限のある行政機関に提訴したこと。

(d)　人種、皮膚の色、性、婚姻、家族的責任、妊娠、宗教、政治的意見、国民的出身又は社会的出身

(e)　出産休暇の間の休業

第六条

1　疾病又は負傷による一時的な休業は、終了の妥当な理由とはならない。

2　一時的な休業の定義、診断書が必要とされる範囲及び1の規定の適用を制限する可能性は、第一条に定める実施方法により決定される。

B　終了前又は終了時の手続

第七条

労働者の行為又は業務遂行に関連する理由による雇用の終了は、当該労働者が自己についての申立てに対し自己を弁護する機会を与えられる前には、行つてはならない。ただし、使用者がその機会を与えることが合理的には期待し得ない場合は、この限りでない。

C　終了に対する提訴の手続

第八条

1　自己の雇用を不当に終了されたと認める労働者は、その終了について、裁判所、労働裁判所、仲裁委員会、仲裁人等の公平な機関に提訴する権利を有する。

2　1の規定の適用は、終了が権限のある機関により承認された場合には、国内の法令及び慣行に従つて変更することができる。

3　労働者は、雇用の終了について提訴する権利を自己の雇用の終了の後合理的な期間内に行使しなかつた場合には、当該権利を放棄したとみなすことができる。

第九条

1　前条に規定する機関は、終了について示された理由及び当該案件に関係のある他の事情を審査しかつその終了が正当なものであつたかなかつたかを決定する権限を与えられる。

2　終了が正当なものでなかつたことを挙証する責任を労働者のみが負わないようにするため、第一条に定める実施方法は、次のいずれか又は双方の可能性について規定する。

(a)　第四条に規定する終了の妥当な理由のあることを挙証する責任が使用者にあること。

(b)　前条に規定する機関が、当事者により提出された証拠を考慮した上、国内の法令及び慣行に基づく手続に従つて終了の理由についての決定を行う権限を与えられること。

3　前条に規定する機関は、企業、事業所又は施設の運営上の必要に基づく理由によるとされた終了の場合には、その終了が実際にそのような理由によるものであつたかなかつたかを決定する権限を与えられる。ただし、当該機関が、そのような理由が当該終了を正当とするため十分なものであるかないかを決定する権限を与えられる範囲は、第一条に定める実施方法により決定される。

第一〇条

第八条に規定する機関は、終了が正当でないと認める場合において、その終了の無効の宣言又は当該

労働者の復職についての命令若しくは提案につき、国内の法令及び慣行により、権限を与えられておらず又は実行可能であると認めないときは、適当な補償の支払又は適当と認められる他の救済を命ずる権限を与えられる。

D 予告期間

第一一条

雇用が終了されることとなる労働者は、合理的な予告期間を与えられ又は予告期間に代わる補償を受ける権利を有する。ただし、当該労働者が、重大な非行、すなわち、当該労働者を当該予告期間中引き続き雇用することを使用者に要求することが合理的でないような性質の非行を犯したとされる場合は、この限りでない。

E 離職手当その他の収入保障

第一二条

1 雇用を終了された労働者は、国内の法令及び慣行に従って次のいずれかのものを受ける権利を有する。

(a) 使用者により直接支払われ又は使用者の拠出により設立された基金により支払われる離職手当その他の離職給付（その額は、特に勤務期間及び賃金水準に基づくものでなければならない。）

(b) 失業保険若しくは失業扶助又は他の形式の社会保障からの給付（例えば、老齢給付、疾病給付）。ただし、これらの給付は、当該給付の通常の条件に従う。

(c) (a)及び(b)に規定する手当又は給付の組合せ

2 失業保険又は一般的適用範囲を有する制度に基づく失業扶助に係る資格条件を満たしていない労働者は、1(b)の規定に基づく失業給付を受けていないことのみを理由として1(a)に規定する手当又は給付を支給されることを要求することはできない。

3 1(a)に規定する手当又は給付を受ける権利の喪失であって重大な非行による終了の場合におけるものについては、第一条に定める実施方法により措置を定めることができる。

第三部 経済的、技術的若しくは構造的理由又はこれと類似の理由による雇用の終了に関する補足規定

A 労働者代表の協議

第一三条

1 使用者は、経済的、技術的若しくは構造的性格又はこれと類似の性格の理由による終了を計画する場合には、次のことを行う。

(a) 計画した終了の理由、影響を受けるおそれのある労働者の数及び種類並びに終了が実施される予定期間を含む関連情報を適切なときに関係のある労働者代表に提供すること。

(b) 終了を回避し又は最小にするための措置及び関係のある労働者に対する終了の不利な影響を軽減するための措置（代わりの雇用を見つけることを含む。）に関する協議のための機会を、国内の法令及び慣行に従ってできる限り早期に関係のある労働者代表に与えること。

2 1の規定は、第一条に定める実施方法により、雇用の終了が計画されている労働者の数が少なくとも一定の数又は労働力の一定の比率である場合についてのみ適用するようにすることができる。

3 この条の適用上、「関係のある労働者代表」とは、千九百七十一年の労働者代表条約に基づき、国内の法令又は慣行により認められる労働者代表をいう。

B 権限のある機関に対する通告

第一四条

1 使用者は、経済的、技術的若しくは構造的理由又はこれと類似の性格の理由による終了を計画する場合には、国内の法令及び慣行に従い、できる限り早期に権限のある機関に通告し並びに関連情報（終了の理由、影響を受けるおそれのある労働者の数及び種類並びに終了が実施される予定期間を記載した文書を含む。）を提供する。

2 国内法令は、1の規定を、雇用の終了が計画されている労働者の数が少なくとも一定の数又は労働力の一定の比率である場合についてのみ適用するようにすることができる。

3 使用者は、1に規定する終了を実施する前、国内法令により定められる最低期間内に、その終了を権限のある機関に通告する。

第四部 最終規定

第一五条～第二二条《略》（第一一一号条約参照）

パートタイム労働に関する条約（第一七五号）

C175 Part-Time Work Convention,1994
採択：一九九四年六月二四日
未批准（仮訳）

国際労働機関の総会は、
理事会によりジュネーヴに招集されて、千九百九十四年六月七日にその第八十一回会期として会合し、
千九百五十一年の同一報酬条約、千九百五十八年の差別（雇用及び職業）条約並びに千九百八十一年の家族的責任を有する労働者条約及び千九百八十一年の家族的責任を有する労働者勧告の規定とパートタイム労働者との関連性に留意し、
千九百八十八年の雇用の促進及び失業に対する保護条約及び千九百八十四年の雇用政策（補足規定）勧告とパートタイム労働者との関連性に留意し、
生産的なかつ自由に選択される雇用がすべての労働者にとり重要であること、パートタイム労働が経済的に重要であること、追加的な雇用の機会を促進するに当たりパートタイム労働の役割を考慮した雇用政策が必要であること並びに雇用の機会、労働条件及び社会保障の分野においてパートタイム労働者に対する保護を確保することが必要であることを認識し、
前記の会期の議事日程の第四議題である。パートタイム労働に関する提案の採択を決定し、
その提案が国際条約の形式をとるべきであることを決定して、
次の条約（引用に際しては、千九百九十四年のパートタイム労働条約と称することができる。）を千九百九十四年六月二十四日に採択する。

第一条
この条約の適用上、
(a) 「パートタイム労働者」とは、通常の労働時間が比較可能なフルタイム労働者の通常の労働時間よりも短い被用者をいう。
(b) (a)に規定する通常の労働時間は、一週間当たりで、又は一定の雇用期間の平均により計算することができる。
(c) 「比較可能なフルタイム労働者」とは、次のフルタイム労働者をいう。
(i) 関係するパートタイム労働者と同一の種類の雇用関係を有するフルタイム労働者
(ii) 関係するパートタイム労働者と同一の又は類似の種類の労働又は職業に従事するフルタイム労働者
(iii) 関係するパートタイム労働者と同一の事業所に雇用されているフルタイム労働者、同一の事業所に比較可能なフルタイム労働者がいない場合には同一の企業に雇用されているフルタイム労働者又は同一の企業に比較可能なフルタイム労働者がいない場合には同一の活動部門で雇用されているフルタイム労働者
(d) 部分的失業、すなわち経済的、技術的又は構造的な理由による通常の労働時間の集団的かつ一時的な短縮の影響を受けたフルタイム労働者は、パートタイム労働者とみなさない。

第二条
この条約は、他の国際労働条約に基づいて、パートタイム労働者に適用することができる一層有利な規定に影響を及ぼすものではない。

第三条
1　この条約は、すべてのパートタイム労働者について適用する。ただし、加盟国は、特定の種類の労働者又は事業所に対しこの条約を適用することにより重要性を有する特別の問題が生ずる場合には、関係のある代表的な使用者団体及び労働者団体との協議の上、当該特定の種類の労働者又は事業所の全部又は一部をこの条約の適用範囲から除外することができる。
2　この条約を批准する加盟国であって1の可能性を援用するものは、国際労働機関憲章第二十二条の規定に基づくこの条約の適用に関する報告において、1の規定により除外する特定の種類の労働者又は事業所及びその除外が必要であると判断され又は引き続き必要であると判断される理由を明示する。

第四条
次の事項に関し、パートタイム労働者が比較可能なフルタイム労働者に対し与える保護と同一の保護を受けることを確保する措置をとる。
(a) 団結権、団体交渉権及び労働者代表として行動する権利
(b) 職業上の安全及び健康
(c) 雇用及び職業における差別

第五条
パートタイム労働者が、パートタイムで働いているという理由のみによって、時間、生産量又は出来高に比例して計算される基本賃金であって、同一の方法により計算される比較可能なフルタイム労働者の基本賃金よりも低いものを受領することがないことを確保するため、国内法及び国内慣行に適合する措置をとる。

第六条

職業活動を基礎とする法定の社会保障制度は、パートタイム労働者が比較可能なフルタイム労働者と同等の条件を享受するよう調整される。この条件は、労働時間、拠出金若しくは勤労所得に比例して、又は国内法及び国内慣行に適合する他の方法により決定することができる。

第七条

次の分野において、パートタイム労働者が比較可能なフルタイム労働者と同等の条件を享受することを確保するための措置をとる。ただし、金銭上の権利は、労働時間又は勤労所得に比例して決定することができる。

(a) 母性保護
(b) 雇用の終了
(c) 年次有給休暇及び有給の公の休日
(d) 病気休暇

第八条

1 加盟国は、労働時間又は勤労所得が一定の基準を下回るパートタイム労働者を、次のものの適用範囲から除外することができる。

(a) 第六条に規定する法定の社会保障制度（業務災害給付に係るものを除く。）

(b) 前条の規定が対象とする分野においてとられる措置（法定の社会保障制度に基づかない母性保護の措置に係るものを除く。）

2 1に規定する基準は、不当に多くの割合のパートタイム労働者を除外することがないよう十分に低いものとする。

3 1に規定する可能性を援用する加盟国は、次のことを行う。

(a) 現行の基準について定期的に検討すること。

(b) 国際労働機関憲章第二十二条の規定に基づくこの条約の適用に関する報告において、現行の基準、その理由及び除外される労働者に対する保護の漸進的な拡大に考慮が払われているか否かを明示すること。

4 最も代表的な使用者団体及び労働者団体は、この条に規定する基準の設定、検討及び改正について協議を受ける。

第九条

1 使用者及び労働者の双方のニーズを満たす生産的なかつ自由に選択される。パートタイム労働を活用することを容易にするための措置をとる。ただし、第四条から第七条までに規定する保護が確保されることを条件とする。

2 1の措置には、次のことを含む。

(a) パートタイム労働を利用し又は受け入れることを妨げるおそれのある法令を再検討すること。

(b) 職業安定組織が存在する場合には、その情報提供及び職業紹介の活動において。パートタイム労働の可能性を明示し及び公表するため職業安定組織を活用すること。

(c) 失業者、家族的責任を有する労働者、高齢の労働者、障害を有する労働者、教育又は訓練を受けている労働者その他の特定の集団のニーズ及び選好に対し、雇用政策において特別の注意を払うこと。

3 1の措置には、パートタイム労働の使用者及び労働者の経済的及び社会的目的への対応の程度についての調査及び情報の普及を含めることができる。

第一〇条

適当な場合には、国内法及び国内慣行に従い、フルタイム労働からパートタイム労働への転換又はその逆の転換が任意に行われることを確保するための措置をとる。

第一一条

この条約は、労働協約又は国内慣行に適合するその他の方法による場合を除くほか、法令によって実施する。最も代表的な使用者団体及び労働者団体は、法令が制定される前に協議を受ける。

第一二条〜第一九条（最終条項）《略》（第一一一号条約参照）

民間職業紹介所に関する条約（第一八一号）

C181 Private Employment Agencies Convention, 1997

採択：一九九七年六月一九日
批准登録：一九九九年七月二八日
効力発生：二〇〇〇年七月二八日

国際労働機関の総会は、

国際労働事務局理事会によりジュネーヴに招集されて、千九百九十七年六月三日にその第八十五回会期として会合し、

千九百四十九年の有料職業紹介所に関する条約（第九十六号）（千九百四十九年の改正条約）の規定に留意し、

労働市場の機能における柔軟性の重要性を認識し、

千九百九十四年の国際労働総会の第八十一回会期において、国際労働機関は千九百四十九年の有料職業紹介所に関する条約（第九十六号）（千九百四十九年の改正条約）を改定することとすべきであるとの見解を有したことを想起し、

上述の条約が採択された時点で支配的であった状況と比較して、民間職業紹介所が運営する環境が非常に異なっていることを考慮し、

適切に機能する労働市場において民間職業紹介所が果たしうる役割を認識し、

労働者を不当な取扱いから保護する必要性を想起し、

適切に機能する労使関係制度の必要な構成要素として結社の自由の権利を保証し、並びに団体交渉及び社会的対話を促進する必要性を認識し、

千九百四十八年の職業安定組織の構成に関する条約の規定に留意し、

千九百三十年の強制労働条約、千九百四十八年の結社の自由及び団結権保護条約、千九百四十九年の団結権及び団体交渉権条約、千九百五十八年の差別待遇（雇用及び職業）条約、千九百六十四年の雇用政策条約、千九百七十三年の最低年齢条約及び千九百八十八年の雇用の促進及び失業に対する保護条約の規定並びに千九百四十九年の移民労働者に関する条約（千九百四十九年改正）及び千九百七十五年の劣悪な条件の下にある移住並びに移民労働者の機会及び待遇の均等の促進に関する条約における募集及び職業紹介に関係する規定を想起し、

前記の会期の議事日程の第四議題である千九百四十九年の有料職業紹介所に関する条約（第九十六号）（千九百四十九年の改正条約）の改正に関する提案の採択を決定し、

その提案が国際条約の形式をとるべきであることを決定して、

次の条約（引用に際しては、千九百九十七年の民間職業紹介所に関する条約と称することができる。）を千九百九十七年六月十九日に採択する。

第一条

1　この条約の適用上、「民間職業紹介所」とは、公の機関から独立して労働市場における次のサービスの一又はそれ以上のものを提供する自然人又は法人をいう。

(a)　求人と求職を結びつけるサービスであって、民間職業紹介所が当該サービスの提供により生ずる雇用関係の当事者とならないもの

(b)　業務を与え、かつ当該業務の遂行を監督する自然人又は法人である第三者（以下「使用者企業という。」）に使用させることを目的として労働者を雇用することによるサービス

(c)　最も代表的な使用者及び労働者の団体との協議の上、権限のある機関によって決定される情報の提供等の求職に関連するその他のサービスであって、特定の求人と求職を結びつけることを目的としないもの

2　この条約の適用上、「労働者」とは、求職者を含む。

3　この条約の適用上、「労働者の個人データの処理」とは、特定された又は特定可能な労働者に関する情報の収集、保管、編集、伝達その他の取扱いをいう。

第二条

1　この条約は、すべての民間職業紹介所に適用する。

2　この条約は、すべての種類の労働者及びすべての部門の経済活動に適用する。ただし、船員の募集及び職業紹介には適用しない。

3　この条約の目的の一つは、その規定の枠組みの中で、民間職業紹介所のサービスを利用する労働者の保護を図りつつ民間職業紹介所の運営を認めることにある。

4　加盟国は、関係のある最も代表的な使用者及び労働者の団体と協議の上、

(a)　特定の状況の下で、特定の種類の労働者又は経済活動分野について、条約第一条1のサービスの一又はそれ以上を提供する民間職業紹介所の運営を禁止することができる。

(b)　特定の状況の下で、関係のある労働者に対してその他の方法により十分な保護が確保されている場合に限り、条約又はその特定の規定の適

用範囲から、特定の経済活動分野又はその一部に従事する労働者を除外することができる。

5　この条約を批准する加盟国は、国際労働機関憲章第二十二条に基づく報告において、本条4に基づき禁止され又は適用除外されるものをすべて明記するとともに、その理由を示すものとする。

第三条

1　民間職業紹介所の法的地位は、国内法令及び慣行に従い、並びに最も代表的な使用者及び労働者の団体との協議の上決定される。

2　加盟国は、許可制又は認可制によって民間職業紹介所の運営を規律する条件を決定する。ただし、民間職業紹介所の運営を規律する条件が、適当な国内法令及び慣行に従ってその他の方法により規制又は決定されている場合を除く。

第四条

第一条のサービスを提供する民間職業紹介所によって募集された労働者が結社の自由及び団体交渉権を否定されないことを確保するための措置をとるものとする。

第五条

1　雇用及び特定の職業についての機会及び待遇の均等を促進するため、加盟国は、民間職業紹介所が、人種、皮膚の色、性、宗教、政治的意見、国民的系統、社会的出身又は国内法令及び慣行の適用を受けるその他のいかなる形態の差別、例えば、年齢、障害に基づいて差別することなく労働者を扱うことを確保する。

2　本条1は、求職活動において最も不利な立場にある労働者を支援するための特別のサービス又は特定の計画が民間職業紹介所により提供されることを妨げるような方法で実施されてはならない。

第六条

民間職業紹介所による労働者の個人データの処理は、

(a)　国内法令及び慣行に従って、このデータを保護し、労働者のプライバシーの尊重を確保する方法で実施される。

(b)　関係のある労働者の資格及び職業経験に関連する事項並びにその他の直接に関係のある情報に限定される。

第七条

1　民間職業紹介所は、直接的又は間接的に、全体的又は部分的に、労働者に対しいかなる料金又は経費も課してはならない。

2　権限のある機関は、関係ある労働者の利益となるように、最も代表的な使用者及び労働者の団体と協議の上、特定の種類の労働者及び民間職業紹介所が提供する特定の種類のサービスについて、本条1の規定の例外を認めることができる。

3　本条2に基づいて例外を認めた加盟国は、国際労働機関憲章第二十二条に基づいて提出する報告において、当該例外に関する情報及びその理由を示すものとする。

第八条

1　加盟国は、最も代表的な使用者及び労働者の団体と協議の上、その管轄範囲内において、及び適当な場合にはその他の加盟国との協力の下に、民間職業紹介所により自国内において募集又は職業紹介される移民労働者に対し適切な保護を行い、及び当該移民労働者の不当な取扱いを防止するために必要かつ適切なすべての措置をとるものとする。

なお、当該措置には、詐欺的な行為及び不当な取扱いを行う民間職業紹介所の禁止を含む罰則を規定する法令が含まれる。

2　労働者が他の国で労働するためにある国において募集される場合には、関係のある加盟国は、募集、職業紹介及び雇用に際し、不当な取扱い及び詐欺的な行為を防止するために二国間の協定を締結することについて考慮する。

第九条

加盟国は、民間職業紹介所により児童労働が利用され、又は提供されないことを確保するための措置をとるものとする。

第一〇条

権限のある機関は、民間職業紹介所の活動に関する苦情、申し立てられた不当な取扱い及び詐欺的な行為の調査のために、適当な場合には最も代表的な使用者及び労働者の団体が関わる適切な機構及び手続きが存在することを確保する。

第一一条

加盟国は、国内法令及び慣行に従って、次の事項について、第一条1(b)の民間職業紹介所に雇用される労働者に対する十分な保護が確保されるために必要な措置をとるものとする。

(a)　結社の自由
(b)　団体交渉
(c)　最低賃金
(d)　労働時間その他の労働条件
(e)　法定社会保障給付
(f)　訓練の機会
(g)　職業上の安全衛生
(h)　職業上の災害又は疾病の場合における補償
(i)　支払不能の場合における補償及び労働者債権の保護

(j) 母性の保護及び母性に関する給付並びに親であることの保護及び、親であることに関する給付

第一二条

加盟国は、国内法令及び慣行に従って、次の事項について、第一条1(b)のサービスを提供する民間職業紹介所及び使用者企業の各々の責任を決定し、及び割当てるものとする。

(a) 団体交渉
(b) 最低賃金
(c) 労働時間その他の労働条件
(d) 法定社会保障給付
(e) 訓練の機会
(f) 職業上の安全衛生の分野における保護
(g) 職業上の災害又は疾病の場合における補償
(h) 支払不能の場合における補償及び労働者債権の保護
(i) 母性の保護及び母性に関する給付並びに親であることの保護及び、親であることに関する給付

第一三条

1 加盟国は、国内法令及び慣行に従って、並びに最も代表的な使用者及び労働者の団体と協議の上、公共職業安定機関と民間職業紹介所との協力を促進するための条件を策定し、設定し及び定期的に再検討するものとする。

2 本条1の条件は、公の機関が次のものに対して最終的な権限を有するという原則に基づくものである。

(a) 労働市場政策の策定
(b) 当該政策の実施に充当する公的資金の使用又は管理

3 民間職業紹介所は、権限のある機関が定めた間隔で、権限のある機関により求められた次の情報を、当該情報の機密性に十分に配慮しつつ、提供するものとする。

(a) 権限のある機関が国内事情及び国内慣行に従って民間職業紹介所の組織構成及び活動について認識することを可能とするための情報
(b) 統計的な目的のための情報

4 権限のある機関は、当該情報を編集し、及び定期的に公に利用可能なものとする。

第一四条

1 この条約の規定は、法令又は判例、仲裁裁定若しくは労働協約その他国内慣行に適合するその他の手段により、適用されるものとする。

2 この条約を実施する規定の実施の監督は労働監督機関又はその他の権限ある公の機関によって確保されるものとする。

3 この条約の違反の場合には、適当な場合には罰則を含む適切な救済策が規定され、及び効果的に適用されるものとする。

第一五条

この条約は、他の国際労働条約の下で民間職業紹介所により募集され、職業紹介され又は雇用された労働者に適用される、より有利な規定に影響を及ぼさない。

第一六条

この条約は、千九百四十九年の有料職業紹介所に関する条約（千九百四十九年の改正条約）及び千九百三十三年の有料職業紹介所に関する条約を改正するものである。

第一七条～第二四条（最終条項）《略》（第一一一号条約参照）

仕事の世界における暴力とハラスメントの撤廃に関する条約（第一九〇号）

C190 Violence and Harassment Convention, 2019

採用：二〇一九年六月二一日

未批准（仮訳）

国際労働機関の総会は、

理事会によりジュネーブに招集されて、二〇一九年六月一〇日にその第一〇八回（創設一〇〇周年）会期として会合し、

フィラデルフィア宣言が、すべての人間は、人種、信条又は性にかかわりなく、自由及び尊厳並びに経済的保障及び機会均等の条件において、物質的福祉及び精神的発展を追求する権利をもつと確認していることを想起し、

国際労働機関の基本条約の関連性を再確認し、

世界人権宣言、市民的及び政治的権利に関する国際規約、経済的、社会的及び文化的権利に関する国際規約、あらゆる形態の人種差別の撤廃に関する国際条約、女子に対するあらゆる形態の差別の撤廃に関する国際条約、全ての移住労働者及びその家族の構成員の権利の保護に関する国際条約、障害者の権利に関する条約など他の関連する国際的文書を想起し、

ジェンダーに基づく暴力とハラスメントを含む、暴力とハラスメントのない仕事の世界に対するあらゆる人の権利を認識し、

仕事の世界における暴力とハラスメントは人権侵害または虐待の一形態であり得ること、また機会均

等に対する脅威であり、容認できず、かつディーセント・ワークと相容れないものであることを認識し、

暴力とハラスメントを防止するための相互の尊重と人間の尊厳に基づいた仕事の文化の重要性を認識し、

暴力とハラスメントの行為及び慣行の防止を促進するため、加盟国には暴力とハラスメントを断固として容認しない環境を全面的に整備する重要な責任があること、並びに仕事の世界に関わる全ての当事者が、暴力とハラスメントを自制し、防止し、これに対処しなければならないことを想起し、

仕事の世界における暴力とハラスメントは、個人の精神的、身体的および性的な健康、尊厳、並びに家族及び社会環境に影響するものであることを認め、

暴力とハラスメントは、公共および民間のサービスの質にも影響し、人々、とりわけ女性が労働市場に参入し、残留し、またその中で昇進するのを妨げる可能性があることを認識し、

暴力とハラスメントは持続可能な企業の促進と相容れず、仕事の組織、職場の関係、労働者のエンゲージメント、企業の評判及び生産性に否定的な影響を与えることに留意し、

ジェンダーに基づく暴力とハラスメントは、女性と女児に不均衡な影響を与えることを認め、仕事の世界における暴力とハラスメントに終止符を打つためには、ジェンダーに基づく固定観念、複合的及び横断的形態の差別、ジェンダーに基づく不平等な力関係を含む、根本的原因及びリスク要因に対処するための、包摂的で、統合され、かつジェンダーに配慮したアプローチが必須であることを認識し、

ドメスティック・バイオレンスは、雇用、生産性、健康及び安全に影響を与え得ること、また政府、使用者団体及び労働者団体並びに労働市場に関する制度においてドメスティック・バイオレンスの影響力を認識し、他の諸措置の一環として、それに対応し及び対処するための支援を可能にすることに留意し、

会期の議事日程の第五議題である、仕事の世界における暴力とハラスメントに関する提案の採択を決定し、

その提案が国際条約の形式をとるべきであることを決定して、

次の条約（引用に際しては二〇一九年の暴力とハラスメント条約と称することができる。）を二〇一九年六月二一日に採択する。

Ⅰ　定義

第一条

1　この条約の適用上、

(a)　仕事の世界における「暴力とハラスメント」とは、単発的か反復的なものであるかを問わず、身体的、精神的、性的又は経済的害悪を与えることを目的とした、またはそのような結果を招く若しくはその可能性のある一定の許容できない行為及び慣行またはその脅威をいい、ジェンダーに基づく暴力とハラスメントを含む。

(b)　「ジェンダーに基づく暴力とハラスメント」とは、性またはジェンダーを理由として、直接個人に対して行われる、または特定の性若しくはジェンダーに不均衡な影響を及ぼす暴力およびハラスメントをいい、セクシュアル・ハラスメントを含む。

2　本条第一項(a)及び(b)に影響を与えることなく、国内法令においては、単一の概念または別々の概念として定義することができる。

Ⅱ　範囲

第二条

1　この条約は、国内の法律及び慣行により定義される被用者、契約上の地位にかかわらず働く人、インターン及び見習いを含む訓練中の人、雇用が終了した労働者、ボランティア、求職者及び応募者、並びに使用者の権限、義務または責任を行使する人を含む、労働者及び仕事の世界における労働者以外の人を保護する。

2　この条約は、民間か公共か、都市におけるものか地方におけるものかを問わず、公式経済及び非公式経済の双方におけるすべての産業部門に適用する。

第三条

この条約は、仕事の過程において、または仕事に関連して若しくは起因して生じる、以下に掲げる仕事の世界における暴力とハラスメントに適用する。

(a)　仕事を行う場であって、公的及び私的な空間を含む職場

(b)　労働者が賃金を支払われる場所、休憩または食事をとる場所、若しくは労働者が利用する衛生、洗面所及び更衣設備

(c)　仕事に関係する出張、移動、訓練、行事または社会活動中

(d)　情報通信技術により可能となるものを含め、仕事に関係する連絡を通じたもの

(e)　使用者が提供する住居、及び

(f)　往復の通勤時

Ⅲ　基本原則

第四条

1　この条約を批准する加盟国は、暴力とハラスメントのない仕事の世界に対するあらゆる人の権利を尊重、促進及び実現する。

2　加盟国は、国内の法律及び事情にしたがい、かつ、代表的な使用者団体及び労働者団体と協議の上、仕事の世界における暴力とハラスメントの防止及び撤廃のための包摂的で、統合され、かつジェンダーに配慮したアプローチを採用する。そのようなアプローチは、該当する場合には、第三者が関係する暴力とハラスメントを考慮するとともに、次に掲げる事項を含むべきである。

(a) 暴力とハラスメントの法律上の禁止

(b) 関連する政策における暴力とハラスメントへの対処の確保

(c) 暴力とハラスメントを防止しこれと闘うための措置の実施に向けた包括的な戦略の採用

(d) 執行及び監視の仕組みの確立または強化

(e) 被害者の救済利用及び支援の確保

(f) 制裁の規定

(g) 必要に応じた、利用可能な形式における、手段、指針、教育及び訓練の確立並びに意識啓発、及び

(h) 労働監督機関または他の権限を有する機関を通じたものを含め、暴力とハラスメントの事案の監督及び調査のための効果的な手段の確保

3　本条第二項に規定されるアプローチの採用及び実施にあたり、加盟国は、政府、使用者、労働者及びそれらの団体の異なる補完的な役割及び機能を、それらの責任の性質及び範囲の多様性を考慮に入れて、認識する。

第五条

仕事の世界における暴力とハラスメントを防止及び撤廃する観点から、加盟国は、労働における基本的原則及び権利、すなわち、結社の自由及び団体交渉権の効果的な承認、あらゆる形態の強制労働の禁止、児童労働の実効的な廃止並びに雇用及び職業における差別の排除を尊重し、促進し、かつ実現し、またディーセント・ワークを促進する。

第六条

加盟国は、女性労働者、並びに仕事の世界における暴力とハラスメントによって不均衡に影響を受ける一または二以上の脆弱な集団または脆弱な状況に置かれている集団に属する労働者及び他の人のためのものを含む、雇用及び職業における平等及び無差別の権利を確保する法令及び政策を採用する。

Ⅳ　保護及び防止

第七条

第一条に影響を及ぼすことなく、またこれに適合するように、加盟国は、ジェンダーに基づく暴力とハラスメントを含む、仕事の世界における暴力とハラスメントを定義及び禁止する法令を制定する。

第八条

加盟国は、次に掲げる事項を含む、仕事における暴力とハラスメントを防止するための適切な措置をとる。

(a) 非公式経済の労働者の事案における公的機関の役割の重要性の認識

(b) 関係する使用者団体及び労働者団体との協議の上、及び他の手段を通じた、労働者及び関係する労働者以外の人が暴力とハラスメントに暴露しやすい産業部門または職種及び働き方の特定、及び

(c) かかる人々を効果的に保護する措置

第九条

加盟国は、ジェンダーに基づく暴力とハラスメントを含む、仕事の世界における暴力とハラスメントを防止するために、使用者に対し、その支配の程度に応じた適切な措置を採るとともに、とりわけ、合理的に実行可能な範囲で、次に掲げる事項を行うことを要求する法令を採用する。

(a) 労働者及びその代表者との協議の上で、暴力とハラスメントに関する職場方針の採用及び実施

(b) 職業上の安全及び健康の管理の側面における暴力とハラスメント及び関連する心理的リスクの考慮

(c) 労働者及びその代表者の参加の下での、暴力とハラスメントの危険の特定及びリスクの評価、並びにそれらを防止及び管理するための措置、及び

(d) 本条(a)で規定する方針に関連した、労働者及び他の関係者の権利及び責任を含め、特定された暴力とハラスメントの危険及びリスク、並びに関連する防止及び保護措置に関する情報及び訓練の、必要に応じた利用可能な形式での、労働者及び他の関係者に対する提供

Ⅴ　執行及び救済

第一〇条

加盟国は、次に掲げる事項のための適切な措置を行う。

(a) 仕事の世界における暴力とハラスメントに関する国内法令の監視及び執行

(b) 次に掲げるような、仕事の世界における暴力とハラスメントの事案における、適切かつ効果

的な救済の容易な利用並びに安全、公正かつ効果的な通報及び紛争解決の制度と手続きの確保

(i) 中立及び調査手続、並びに適当な場合における、職場レベルの紛争解決制度

(ii) 職場外の紛争解決制度

(iii) 裁判所または裁決機関

(iv) 中立人、被害者、証人及び通報者に対する加害または報復からの保護、及び

(v) 中立人及び被害者のための法的、社会的、医療的及び行政的支援制度

(c) 可能な範囲かつ適当な場合には、関係者となった個人のプライパシーの保護及び秘密保持、並びにプライバシー及び秘密に関する要請が悪用されないことの確保

(d) 適切な場合における、仕事の世界における暴力とハラスメントの事案における制裁の規定

(e) 仕事の世界におけるジェンダーに基づく暴力とハラスメントの被害者が利用できる、ジェンダーに配慮した安全かつ効果的な中立及び紛争解決の制度、支援、サービス及び救済の提供

(f) ドメスティック・バイオレンスの影響の認識、及び合理的に実行可能な範囲での仕事の世界における影響の緩和

(g) 労働者が、暴力とハラスメントにより生命、健康または安全に緊急かつ重大な危険があると信ずるに足りる合理的な根拠がある仕事の状況から、報復若しくは不当な結果を被ることなく、また管理者にこれを報告する義務を負った上で離脱する権利の確保、及び

(h) 労働監督官及び他の関連する機関が、適当な場合には、法律によって定められることのある司法機関または行政機関に対するあらゆる上訴権に服する、即時の強制力のある措置を要求する命令、及び生命、健康または安全への差し迫った危険がある場合に仕事を停止させる命令を発することを含む、仕事の世界における暴力とハラスメントに対処するための権限が与えられていることの確保

Ⅵ 指針、訓練及び意識啓発

第一一条

各加盟国は、代表的な使用者団体及び労働者団体と協議の上、次に掲げる事項を確保する。

(a) 職業上の安全及び健康、平等及び無差別並びに移民に関する政策を含め、関連する国内政策における仕事の世界における暴力とハラスメントへの対処

(b) ジェンダーに基づく暴力とハラスメントを含む、仕事の世界における暴力とハラスメントに関する指針、資源、訓練または他の手段の、必要に応じた利用可能な形式における、使用者、労働者、それらの団体及び関係機関への提供、及び

(c) 意識啓発キャンペーンを含む取組みの実施

Ⅶ 適用手段

第一二条

この条約の規定は、国内法令または労働協約によって、また暴力とハラスメントを対象に含めるための既存の職業上の安全及び健康上の措置の拡大若しくは適合及び必要な場合には特別の措置の策定によることを含む、国内慣行に適合する他の方法により適用される。

Ⅷ 最終条項

第一三条

この条約の正式な批准は、登録のため国際労働事務局長に通知する。

第一四条

1 この条約は、加盟国であって自国による批准が国際労働事務局長に登録されたもののみを拘束する。

2 この条約は、二の加盟国の批准が事務局長に登録された日の後一二か月で効力を生ずる。

3 この条約は、その効力が生じた後は、いずれの加盟国についても、自国による批准が登録された日の後一二か月で効力を生じる。

第一五条

1 この条約を批准した加盟国は、この条約が最初に効力を生じた日から一〇年を経過した後は、登録のため国際労働事務局長に通知する文書によってこの条約を廃棄することができる。廃棄は、登録された日の後一年間は効力を生じない。

2 この条約を批准した加盟国であって一項に規定する一〇年の期間が満了した後一年以内に本条に定める廃棄の権利を行使しないものは、更に一〇年間拘束を受けるものとし、その後は、新たな一〇年の期間の最初の年に、本条に定める条件にしたがってこの 条約を廃棄することができる。

第一六条

1 国際労働事務局長は、国際労働機関の加盟国から通知を受けたすべての批准及び廃棄の登録についてすべての加盟国に通告する。

2 国際労働事務局長は、通知を受けた二番目の批准の登録について加盟国に通報する際に、この条約が効力を生じる日につき加盟国の注意を喚起す

る。

第一七条

国際労働事務局長は、国際連合憲章第一〇二条の規定による登録のため、前諸条の規程にしたがって登録されたすべての批准及び廃棄の完全な明細を国際連合事務総長に通知する。

第一八条

国際労働機関の理事会は、必要と認めるときは、この条約の運用に関する報告を総会に提出するものとし、また、この条約の全部または一部の改正に関する問題を総会の議事日程に加えることの可否を検討する。

第一九条

1　総会が、この条約を改正する条約を新たに採択する場合には、その改正条約に別段の規定がない限り、

(a)　加盟国によるその改正条約の批准は、その改正条約が自国について効力を生じたときは、第一五条の規定にかかわらず、当然にこの条約の即時の廃棄を伴い、

(b)　この条約は、その改正条約が効力を生ずる日に加盟国による批准のための開放を終了する。

2　この条約は、これを批准した加盟国であって一項の改正条約を批准していないものについては、いかなる場合にも、その現在の形式及び内容で引き続き効力を有する。

第二〇条

この条約の英文及びフランス文は、ひとしく正文とする。

ＥＵ法

欧州連合条約（抄）

THE TREATY ON THE EUROPEAN UNION

調印：一九九二年二月七日
発効：一九九三年一一月一日
・アムステルダム条約による改正
調印：一九九七年一〇月二日
発効：一九九九年五月一日
・ニース条約による改正
調印：二〇〇一年二月二六日
発効：二〇〇三年二月一日
・リスボン条約による改正
調印：二〇〇七年一二月一三日
発効：二〇〇九年一二月一日

第二条
欧州連合は、少数民族に属する人々の権利を含め、人間の尊厳、自由、民主主義、平等、法の支配及び人権の尊重に関する価値に基礎をおく。これらの価値は、多元主義、非差別、寛容、正義、連帯及び男女均等が行きわたる社会において加盟国に共通するものである。

第三条
1 欧州連合の目的は、平和、欧州連合の価値及び欧州連合市民の福祉を増進することにある。
3 欧州連合は域内市場を確立するものとする。欧州連合は、均衡のとれた経済成長と物価安定に基づく欧州、すなわち完全就業及び社会進歩をめざしかつ環境の質の高水準の保護と改善を伴った高度の競争力を有する社会的市場経済の持続可能な発展のために活動する。欧州連合は科学と技術の進歩を促進するものとする。
欧州連合は社会的排除及び差別と戦い、社会正義及び社会保護、男女均等、世代間の連帯並びに子供の権利の保護を促進するものとする。
欧州連合は、経済的、社会的及び地域的な結束並びに加盟国間の連帯を促進するものとする。
欧州連合は、その豊かな文化的及び言語的多様性を尊重し、欧州の文化遺産が保護強化されることを確保するものとする。

第六条
1 欧州連合は、二〇〇七年一二月一二日にストラスブールで再認された二〇〇〇年一二月七日の欧州連合基本権憲章に定める権利、自由及び原則を、本条約と同一の法的価値を有するものとして承認するものとする。
2 欧州連合は、人権及び基本的自由の保護に関する欧州条約に加盟する。この加盟は本条約に定める欧州連合の権限を妨げないものとする。
3 人権及び基本的自由の保護に関する欧州条約によって保証され加盟国に共通の憲法的伝統に由来する基本的権利は、欧州連合法の一般的原則を構成するものとする。

欧州連合運営条約（抄）

THE TREATY ON THE FUNCTIONING OF THE EUROPEAN UNION

調印：一九五七年三月二五日
発効：一九五八年一月一日
・単一欧州議定書による改正
調印：一九八六年二月一七日
発効：一九八七年七月一日
・欧州連合条約（マーストリヒト条約）による改正
調印：一九九二年二月七日
発効：一九九三年一一月一日
・アムステルダム条約による改正
調印：一九九七年一〇月二日
発効：一九九九年五月一日
・ニース条約による改正
調印：二〇〇一年二月二六日
発効：二〇〇三年二月一日
・リスボン条約による改正
調印：二〇〇七年一二月一三日
発効：二〇〇九年一二月一日

第八条
欧州連合はそのすべての活動において、男女間の不均等を除去し、均等を促進することを目的とするものとする。

第九条
欧州連合の政策及び活動の決定及び実施において、欧州連合は高水準の雇用の促進、十分な社会保護の保証、社会的排除との戦い、及び高水準の教育、訓練並びに健康の保護に関連する必要性を考慮に入れるものとする。

第一〇条

政策及び活動の決定及び実施において、欧州連合は性別、人種的若しくは民族的出身、宗教若しくは信条、障害、年齢又は性的志向に基づく差別と戦うことを目指すものとする。

第一九条

1 本条約の他の規定に抵触せず、かつ本条約により欧州連合に付与された権限の範囲内において、閣僚理事会は、特別立法手続きに従いかつ欧州議会の同意を得た後に全会一致で、性別、人種的若しくは民族的出身、宗教若しくは信条、障害、年齢又は性的志向に基づく差別と戦うために必要な措置を設定することができる。

2 第一項の例外として、欧州議会及び閣僚理事会は、通常立法手続きに従い、加盟国の法律及び規則の調和化を除き、第一項に規定する目的を達成するために加盟国が採る行動を援助するインセンティブ措置の原則を設定することができる。

第一〇編 社会政策

第一五一条

欧州連合と加盟国は、一九六一年一〇月一八日にトリノで調印された欧州社会憲章及び一九八九年の労働者の基本的社会権に関する欧州共同体憲章に規定された基本的社会権に留意し、雇用の促進、改善を維持しつつ調和化を可能にするように生活・労働条件の改善、適切な社会保護、経営者側と労働者側の間の対話、永続的な高水準の雇用の観点からの人的資源の開発及び社会的排除への取組みをその目的として設定する。この目的のため、欧州連合と加盟国は、とりわけ労使関係の分野における多様な形態の国内慣行と欧州連合の経済的競争力を維持する必要性を考慮に入れて措置を実施するものとする。

両者は、そのような発展が、社会制度の調和化を容易にする域内市場の機能からもたらされるのみならず、本条約に規定する手続及び法律、規則又は行政行為の規定の接近からももたらされると信ずる。

第一五二条

欧州連合は、国内制度の多様性を考慮しつつ、欧州レベルの労使団体の役割を認識し、促進する。欧州連合は、労使団体の自律性を尊重しつつ、労使団体間の対話を促進するものとする。

成長と雇用のための三者構成社会サミットは労使対話に貢献するものとする。

第一五三条

1 第一五一条の目的を達成するために、欧州連合は次の分野における加盟国の行動を支援し、補完するものとする。

(a) 労働者の健康と安全を保護するための労働環境の改善、
(b) 労働条件、
(c) 労働者の社会保障及び社会保護
(d) 雇用契約終了時の労働者の保護、
(e) 労働者への情報提供と協議、
(f) 第五項に従い、共同決定を含む労働者及び使用者の代表権とその利益の集団的防衛、
(g) 欧州連合域内に合法的に居住する第三国国民の雇用条件、
(h) 第一六六条に抵触しない限り、労働市場から排除された人々の統合、
(i) 労働市場機会及び職場における待遇の観点からの男女の均等、
(j) 社会的排除との戦い、
(k) 第(c)号に抵触しない限り、社会保護制度の現代化、

2 この目的のため、欧州議会及び閣僚理事会は、

(a) 加盟国の法律と規則の調和化を除き、知識の改善、情報と最良事例の交換、革新的手法の促進及び経験の評価を通じた加盟国間の協力を促進する措置を設定することができ、
(b) 第一項第(a)号から第(i)号までに規定する分野において、各加盟国における条件及び技術的規則を考慮しつつ、指令によって、漸進的実施のための最低要件を設定することができる。この指令は、中小企業の創出と発展に行政的、金融的、法的な制約を課することを避けるものとする。

欧州議会及び閣僚理事会は、通常立法手続きに従い、経済社会評議会及び地域評議会と協議して行動するものとする。

本条第一項第(c)号、(d)号、第(f)号及び第(g)号に規定する分野については、閣僚理事会は、特別立法手続きに従い、欧州議会及び上記評議会と協議して、全会一致で行動するものとする。

閣僚理事会は、欧州委員会の提案により、欧州議会と協議して、全会一致により、通常立法手続を第一項第(d)号、第(f)号及び第(g)号に適用するむね決定することができる。

3 加盟国は、経営者側と労働者側の共同要請により、第二項に従い採択された指令、又は適当な場合、第一五五条に従って採択された閣僚理事会決定の実施を経営者側と労働者側に委任することが

できる。

この場合、加盟国は、指令又は決定が国内法化又は実施されなければならない日以前に経営者側と労働者側が労働協約により必要な措置を導入することを確保するものとし、当該加盟国は、指令又は決定により課された結果を確保しうる地位に常にあることを可能とするあらゆる措置をとるべきことを要請される。

4　本条に従い採択される規定は、

—加盟国がその社会保障制度の基本原則を決定する権利に影響するものではなく、その財政的均衡に重大な影響を及ぼしてはならず、

—いかなる加盟国も、本条約と両立する労働条件の一層厳格な措置を維持又は導入することを妨げるものではない。

5　本条の規定は、賃金、団結権、ストライキ権及びロックアウト権には適用しないものとする。

第一五四条

1　欧州委員会は、欧州連合レベルの経営者側と労働者側の協議を促進する任務を有し、双方に対し、公平な援助を行うことによりその対話を容易にするあらゆる適切な措置をとるものとする。

2　このため、社会政策分野における提案を提出する前に、欧州委員会は、欧州連合の行動の可能な方向に関して経営者側と労働者側に協議するものとする。

3　この協議の後、欧州委員会が欧州連合の行動を有益と考える場合には、欧州委員会は、想定される提案の内容に関して経営者側と労働者側に協議するものとする。その場合、経営者側と労働者側は、欧州委員会に対し、意見又は必要に応じて勧告を行うものとする。

4　第二項及び第三項の協議において、経営者側と労働者側は欧州委員会に第一五五条に規定する手続を行う希望を通知することができる。手続の期間は、当該経営者側と労働者側及び欧州委員会が共同で延長の決定をしない限り、九ヵ月を超えないものとする。

第一五五条

1　経営者側と労働者側がそう望むならば、欧州連合レベルの経営者側と労働者側の間の対話は、労働協約を含む契約関係になることができる。

2　欧州連合レベルで締結された労働協約は、経営者側と労働者側及び加盟国の手続及び慣行に従い、又は第一五三条に含まれる事項については、締結当事者の共同要請により、欧州委員会からの提案に基づく閣僚理事会決定により実施されるものとする。欧州議会は情報提供を受けるものとする。

当該労働協約が第一五三条第二項に従い全会一致を必要とする分野の一に関係する一又はそれ以上の規定を含んでいる場合には、閣僚理事会は全会一致で行動するものとする。

第一五六条

第一五一条の目的を達成するため、本条約の他の規定に抵触しない限り、欧州委員会は、本章に規定するすべての社会政策分野、特に次に掲げる事項について、加盟国間の協力を奨励し、その行動の調整を促進するものとする。

—雇用

—労働法及び労働条件

—基礎的及び高等職業訓練

—社会保障

—労働災害及び職業病の防止

—労働衛生

—団結権及び使用者と労働者の間の団体交渉の権利

このため、欧州委員会は国内レベルで生じる問題及び国際組織に関係する問題の双方について、研究を行い、意見を述べ、協議を手配すること、特に指針と指標の設定、最良事例の交換の組織、定期的な観察と評価の不可欠の要素の準備に向けたイニシアティブにより、加盟国と緊密に連携して行動するものとする。欧州議会は十分な情報を受ける。

本条に規定する意見を述べる前に、欧州委員会は経済社会協議会に協議するものとする。

第一五七条

1　各加盟国は、同一労働又は同一価値労働に対して男女労働者の同一賃金原則が適用されることを確保するものとする。

2　本条において、「賃金」とは、現金か現物給付かを問わず、使用者から雇用に関して、直接又は間接に労働者が受け取る通常の基本的な又は最低の賃金又は給与及びその他のあらゆる報酬を意味する。

性別に基づく差別のない同一賃金とは次のことを意味する。

(a)　出来高払いの同一労働に対する賃金は、同一の計算単位に基づいて算定され、

(b)　時間給の労働に対する賃金は、同一の職務につき同一であること。

3　欧州議会及び閣僚理事会は、通常立法手続に従い、経済社会評議会と協議して、同一労働同一賃金の原則を含む雇用及び職業に関する事項における男女の機会均等及び均等待遇の原則の適用を確保するための措置を採択するものとする。

4　職業生活の現実における男女の完全な均等を確保するために、均等待遇原則は、加盟国が、より少数の性に属する者が職業活動を追求することを容易にし、又は職業経歴における不利益を防止し若しくは補償するために、特別の便宜を提供する措置を維持し又は採用することを妨げるものではない。

第二八八条

欧州連合の権限を行使するために、諸機関は、規則、指令、決定、勧告又は意見を採択するものとする。

規則は一般的適用力を有するものとする。それはそのすべての要素について拘束力を持ち、すべての加盟国において直接に適用可能であるものとする。

指令は達成すべき結果について名宛人たるすべての加盟国を拘束するが、形式及び手段の選択は国内機関に委ねるものとする。

決定はそのすべての要素について拘束力を持つものとする。名宛人を特定している決定は名宛人のみを拘束するものとする。

勧告と意見は拘束力を持たないものとする。

雇用及び職業における男女の機会均等及び均等待遇の原則の実施に関する欧州議会及び閣僚理事会の指令（抄）（男女均等待遇指令）

DIRECTIVE 2006/54/EC of the European Parliament and of the Council of 5 July 2006 on the implementation of the principle of equal opportunities and equal treatment of men and women in matters of employment and occupation

採択：二〇〇六年七月五日

第一編　総則

第一条　目的

本指令の目的は雇用及び職業における男女の機会均等及び均等待遇の原則の実施を確保することである。

このため、本指令は以下に関する均等待遇原則の実施のための規定を含む。

(a) 昇進を含め、雇用及び職業訓練へのアクセス、

(b) 賃金を含め労働条件、

(c) 職域社会保障制度。

本指令はまた、適切な手続きによるこれら実施がより効果的に行われることを確保する規定を含む。

第二条　定義

1　本指令においては、次の定義が適用されるものとする。

(a)「直接差別」：性別に基づきある人が比較可能な状況において他の人が取り扱われるか、取り扱われたか、又は取り扱われるであろうよりも不利に取り扱われる場合、

(b)「間接差別」：当該規定、基準又は慣行が適法的な目的により客観的に正当化されかつその目的を達成する手段が適当かつ必要であるのでない限り、表面上は中立的な規定、基準又は慣行がある性別の人に他の性別の人と比較して特定の不利益を与える場合、

(c)「ハラスメント」：人の性別に関連した求められざる行為が、人の尊厳を侵犯するとともに脅迫的、敵対的、冒瀆的、屈辱的若しくは攻撃的な環境を作り出す目的により又は結果として発生する場合、

(d)「セクシュアル・ハラスメント」：いかなる形態であれ言語的、非言語的又は身体的なセクシュアルな性質の行為が、人の尊厳を侵犯するとともに脅迫的、敵対的、冒瀆的、屈辱的若しくは攻撃的な環境を作り出す目的により又は結果として発生する場合、

(e)「賃金」：現金か現物給付かを問わず、使用者から雇用に関して、直接又は間接に労働者が受け取る通常の基本的な又は最低の賃金又は給与及びその他のあらゆる報酬、

(f)「職域社会保障制度」：企業又は企業グループ、経済活動分野や職業分野又はそのグループにおいて、被用者、自営業者を問わず、労働者に対し、制度への加入が強制であるか任意であるかを問わず、法定社会保障制度による給付を補完し又は代替することを意図した手当を提供することを目的とする、指令79/7/EECの対象とならない制度。

2　本指令においては、以下のものが差別に含まれ

る。

(a) ハラスメント及びセクシュアル・ハラスメント並びに人がかかる行為を拒否するか又は受け入れるかに基づくいかなる不利益待遇、

(b) 性別を理由に人を差別する指示、

(c) 指令92/85/EECにいう妊娠又は母親出産休暇に関係する女性への不利益待遇は本指令にいう差別と見なされるものとする。

第三条　ポジティブ・アクション

加盟国は、職業生活における男女間の現実の十全な均等を確保する観点で、条約第一四一条第四項にいう措置を維持又は採択することができる。

第二編　各則

第一章　同一賃金

第四条　差別の禁止

同一労働又は同一価値が帰せられる労働に関し、報酬のあらゆる側面及び条件について性別に基づくあらゆる差別が撤廃されるものとする。

特に、賃金決定に職務評価制度が用いられている場合、男女同一の基準に基づき、性別に基づくあらゆる差別を排除するものでなければならない。

第二章　職域社会保障制度における均等待遇

第五条　差別の禁止

第四条に抵触しない限り、職域社会保障制度において、特に次の事項に関して、性別に基づく直接又は間接の差別が存在しないものとする。

(a) 制度の適用範囲及びそれへの加入条件、

(b) 拠出義務及び拠出額の計算、

(c) 配偶者や扶養家族の観点からの追加的給付や権利発生のための加入期間に関する条件を含め、給付額の計算。

第六条　人的適用範囲

本章は、自営業者、その活動が疾病、妊娠出産、事故又は非自発的失業によって中断している者及び求職者並びに退職者及び障害のある労働者、並びに国内法及び／又は慣行に従いこれらを主張している者に適用されるものとする。

第七条　物的適用範囲

1　本章は、次のものに適用されるものとする。

(a) 次の危険に対する保護を提供する職域社会保障制度、

(i) 疾病、

(ii) 障害、

(iii) 早期退職を含む老齢、

(iv) 労働災害及び職業病、

(v) 失業。

(b) 当該給付が被用者に支払われ、それ故雇用を理由に使用者から労働者に支払われる報酬を構成する場合には、現金又は現物のその他の社会的給付を提供する職域社会保障制度並びに特に遺族給付及び家族手当。

2　本章は、当該制度により支給される給付が公的使用者との雇用関係に基づいて支給される場合には、公務員のような特定範疇の労働者のための年金制度にも適用される。当該制度が一般的な法定社会保障制度の一部であることはこの点を妨げない。

第八条　物的適用範囲からの除外

1　本指令は、次のものには適用されない。

(a) 自営業者に関する個別の契約、

(b) 加入者が一人だけの自営業者に関する制度、

(c) 労働者の場合、使用者が加入しない保険制度、

(d) 加入者に対して個人的に次のものが提供される職域社会保障制度の選択的規定、

(i) 追加的給付、又は、

(ii) 自営業者に対する通常の給付が開始される日の選択又はいくつかの給付の間の選択、

(e) 労働者が任意に拠出する保険料を給付財源とする職域社会保障制度。

2　本章は、職域社会保障制度による年金支給開始年齢には到達しているが法定老齢年金支給開始年齢には到達していない者に、法定老齢年金支給開始年齢に到達している同じ状況にある他の性別の者に対して支給される額との関係で、同一の又はほとんど同一の額が支給されるようにすることを目的として、当該者が法定老齢年金支給開始年齢に到達するまで、使用者が補完的年金を支給することを妨げない。

第九条　差別の例

1　均等待遇原則に反する規定は、以下について、直接又は間接に性別に基づく差別を含むものとする。

(a) 職域社会保障制度に加入することができる者の決定、

(b) 職域社会保障制度への加入が強制的性質か選択的性質かの設定、

(c) 制度への加入年齢又はその給付を受給するための必要な勤続期間又は制度加入期間に関する異なった規則の設定、

(d) 第(h)号及び第(j)号に定めるものを除き、労働者が長期給付を据え置く権利を保証する条件を満たすことなく制度を離脱した場合における保険料の払い戻しに関する異なった規則、

(e) 一方又は他方の性別の労働者に対する給付の

支給又は当該給付の制限について異なった条件の設定、

(f) 異なった支給開始年齢の設定、

(g) 法律又は労働協約により付与され、使用者により支払われる出産休暇又は家族的理由による休暇期間中の権利の維持又は獲得の停止、

(h) 確定拠出制度の場合、性別により異なった保険数理計算要素を考慮に入れることが必要である場合を除き、異なった給付水準の設定。確定給付基金制度の場合、性別により異なる保険数理要素の利用の結果給付総額に不均等が生じた場合、一定の要素は不均等であっても良い。

(i) 労働者の拠出額の異なった水準の設定、

(j) 以下を除き使用者の拠出額の異なった水準の設定、

(i) 確定拠出制度の場合、その目的が最終的な給付額を両性に対して均等にするか又は均等に近づけることであるとき、

(ii) 確定給付基金制度の場合、使用者の拠出額が確定給付の費用を賄うのに必要な基金の十分性を確保することを意図しているとき、

(k) 第(h)号及び第(j)号に定めるものを除き、労働者が制度を脱退するときに、据置給付の受給資格の保証又は維持に関し、特定の性別の労働者にのみ適用される異なった基準の設定。

2 本章の適用範囲内の給付の付与が、制度の管理機関の裁量に委ねられている場合には、管理機関は均等待遇原則を遵守するものとする。

第一〇条　自営業者に関する実施

1 加盟国は、均等待遇原則に違反する自営業者のための職域社会保障制度の規定が、遅くとも一九九三年一月一日までに、又はその加盟が当該日以後に起こった加盟国については指令86/378/EECが当該領域に適用された日までに、改正されることを確保するに必要な措置をとるものとする。

2 本章は、改正前の自営業者に関する職域社会保障制度の加入期間に関する権利及び義務が、当該期間中に有効な制度の規定に従い続けることを妨げない。

第一一条　自営業者に関する適用延期の可能性

加盟国は、自営業者に関する職域社会保障制度に関しては、次に関する均等待遇原則の強制的適用を延期することができる。

(a) 次のいずれかにより、老齢年金又は退職年金及び他の給付も含めて、その支給開始年齢の決定、

(i) そのような均等が法定制度において達成される日まで、

(ii) 又は、遅くとも指令でそのような均等が規定されるまで。

(b) 欧州共同体法がこの点に関する法定社会保障制度における均等待遇原則を確立するまでの遺族年金。

(c) 遅くとも一九九九年一月一日まで、又はその加盟が当該日以後に起こった加盟国については指令86/378/EECが当該領域に適用された日まで、保険数理要素の利用との関係で、第九条第一項第(i)号の適用。

第一二条　遡及効

1 労働者に関して、本章を実施するいかなる措置も一九九〇年五月一七日以降の期間に起因する職域社会保障制度の下のあらゆる給付に適用し、かつその日以前に司法上の訴えを提起し又は国内法においてそれと同等の申立てを行った労働者又は者の権利を侵害しない限り、その日に遡って適用されるものとする。この場合、実施措置は一九七六年四月八日に遡って適用され、その日以降の期間に起因するあらゆる給付に適用される。一九七六年四月八日以降一九九〇年五月一七日以前に欧州共同体に加盟した加盟国については、この日は条約第一四一条が当該領域に適用された日とする。

2 第一項第二文は、国内法に基づく提訴の時間的制限に関する国内規定が、国内的性質を有する同種の訴えよりも不利益ではなくかつ欧州共同体法による権利の行使を実質的に不可能とするものでない限り、一九九〇年五月一七日以前に司法上の訴えを提起し又は国内法においてそれと同等の申立てを行った労働者又は者に適用されることを妨げない。

3 一九九〇年五月一七日以降に加盟し、一九九四年一月一日において欧州経済領域の締約国であった加盟国については、第一項第一文の一九九〇年五月一七日は一九九四年一月一日とする。

4 一九九〇年五月一七日以降に加盟した他の加盟国については、第一項及び第二項の一九九〇年五月一七日は条約第一四一条が当該領域に適用された日とする。

第一三条　弾力的な年金支給開始年齢

男性と女性が同一の条件の下で弾力的な年金支給開始年齢を請求する場合、本章に反するものとはみなされない。

第三章　雇用、職業訓練及び昇進へのアクセス並びに労働条件についての均等待遇

第一四条　差別の禁止

1 以下の関係で、公的機関も含めて、公共部門又

は民間部門において、性別に基づく直接又は間接の差別が存在しないものとする。

(a) 活動分野の如何を問わず、昇進を含め職業階梯の全ての段階において、選抜基準及び採用条件を含め、雇用、自営業又は職業へのアクセスの条件、

(b) 職場実習を含め、全ての種類及び全ての段階の職業指導、職業訓練、高等職業訓練及び再訓練へのアクセス

(c) 条約第一四一条に規定する賃金を含め、解雇を含む雇用及び労働条件、

(d) 労働者若しくは使用者の組織又は特定の職業を行う者を会員とする組織への加盟及び参加（そのような組織によって提供される便益を含む）。

2 加盟国は、訓練を含む雇用へのアクセスに関して、関係する特定の職業活動の性質又はその遂行のされ方のゆえに、そのような特徴が真正かつ決定的な職業的要件を構成する場合には、その目的が適法でありかつ要件が均衡のとれたものであることを条件として、性別に関係する特徴に基づく待遇の相違が差別を構成しないと定めることができる。

第一五条　母親出産休暇からの復帰

母親出産休暇をとる女性は、母親出産休暇の期間の終了後、より不利益な条件を付することなく、原職又はこれに相当する職に復帰し、かつその休暇中に得ていたであろうあらゆる労働条件の改善から生ずる利益を得る権利を有するものとする。

第一六条　父親出産休暇及び養子縁組休暇

本章は、加盟国が父親出産休暇及び／又は養子縁組休暇への独自の権利を認める権利を妨げない。当該権利を認める加盟国は、働く男性及び女性を当該権利の行使のために解雇されることから保護し、このような休暇の終了後、原職又はこれに相当する職に復帰し、かつその休暇中に得ていたであろうあらゆる労働条件の改善から生ずる利益を得る権利を有することを確保するものとする。

第三編　通則

第一章　救済と執行

第一節　救済

第一七条　権利の防衛

1 加盟国は、適当であると考える場合は和解手続も含め他の権限ある機関への可能な訴えの後に、本指令に基づく義務の執行のための司法上の手続が、差別があったと訴えられている雇用関係が終了した後であっても、均等待遇原則が自らに適用されないことで不当な扱いをされたと考える全ての者にとって利用可能であるように確保するものとする。

2 加盟国は、国内法で定める基準に従い、本指令の規定が遵守されることを確保することに適法な利益を有する団体、組織その他の法人が、申立者のために又は援助して、その承認の下に、本指令に基づく義務の執行のために設けられたあらゆる司法上及び／又は行政上の手続に関与することができるよう確保するものとする。

3 第一項及び第二項は均等待遇原則に関して出訴期間に関する国内規則を妨げない。

第一八条　賠償又は補償

加盟国は、性別に基づく差別の結果として被害を受けた人が被った損失及び損害を、加盟国が決定するように真にかつ効果的な賠償又は補償を確保するのに必要な措置を、被った損害に対して抑止的かつ均衡のとれたやり方で国内法に導入するものとする。そのような賠償又は補償は、使用者が本指令にいう差別の結果として応募者が被った損害は応募を考慮に入れられなかったことのみであることを証明した場合を除き、予め上限を設定することによって制限することはできない。

第二節　挙証責任

第一九条　挙証責任

1 加盟国は、国内司法制度に従い、均等待遇原則が適用されないことで不当に扱われていると考える全ての者が、裁判所又は他の権限ある機関における手続のいかなる段階においても、それにより直接又は間接の差別が存在することが推定される事実を立証すれば、均等待遇原則の違反が存在しなかったことを立証すべきは被告とすることを確保するために必要な措置をとるものとする。

2 第一項は、加盟国が原告にとってより有利な証拠方式を導入することを妨げないものとする。

3 加盟国は第一項を、事案の事実を裁判所又は権限ある機関が捜査するような手続きに適用する必要はない。

4 第一項、第二項及び第三項は次に適用されるものとする。

(a) 条約一四一条及び性別に基づく差別に関する限りで指令92/85/EEC及び指令96/34/ECの対象となる状況、

(b) 国内法で規定される任意的性質の司法外訴訟手続きを除き、第(a)号に定める措置のために国内法のもとに救済措置を規定している公私の分野に係る民事的若しくは行政的手続き。

5 加盟国が別段の定めをしない限り、本条は刑事

訴訟手続きには適用しないものとする。

第二章　均等待遇の促進―対話

第二〇条　均等機関

1　加盟国は、性別に基づく差別なく全ての人の均等待遇の促進、分析、監視及び支援のための機関を指定し及び必要な編成を行うものとする。これら機関は国内レベルにおいて人権の擁護又は個人の権利の保護の責任を負う政府機関の一部を形成することができる。

2　加盟国はこれら機関の権限が以下のものを含むよう確保するものとする。

(a)　被害者及び第一七条第二項にいう団体、組織その他の機関の権利に抵触しない限り、差別に関する申立ての追求において差別の被害者に独立の支援を与えること、

(b)　差別に関する独立の調査を行うこと、

(c)　そのような差別に関するあらゆる問題に関して独立の報告を発表し、勧告を策定すること、

(d)　適当なレベルで、将来の欧州男女均等機構のような欧州機関に対応して入手可能な情報を交換すること。

第二一条　労使対話

1　加盟国は、国内法及び慣行に従い、職場慣行の監視、労働協約、行為規範、調査又は経験や好事例の交換を行うことを含め、均等待遇を促進する観点で労使団体の間の労使対話を促進する十分な措置をとるものとする。

2　国内法及び慣行と整合する場合には、加盟国は、その自治に抵触しない限り、労使団体が男女均等及び仕事と私生活の両立を容易にするために柔軟な作業編成を促進し、適切なレベルで、団体交渉の範囲に該当する第一条に定める分野における差別禁止のルールを定める労働協約を締結するよう奨励するものとする。これらの労働協約は、本指令の規定及び関連の国内実施措置を尊重するものとする。

3　加盟国は、国内法、労働協約又は慣行に従い、使用者が計画的かつ体系的な方法で職場における雇用、職業訓練及び昇進へのアクセスについて、男女の均等待遇を促進することを奨励するものとする。

4　このため、使用者は被用者及びその代表に適当な間隔を置いて当該企業における男女均等待遇に関する情報を提供するよう奨励されるものとする。

このような情報は、組織の異なったレベルにおける男性と女性の比率に関する統計や、被用者代表と協力して状況を改善する可能な措置を含むことができる。

第二二条　非政府組織との対話

加盟国は、国内法及び慣行に従い、均等待遇原則を促進する観点から性に基づく差別との戦いに貢献することに適法な利益を有する適切な非政府組織との対話を促進するものとする。

第三章　一般通則

第二三条　遵守

加盟国は次を確保するために必要な措置をとるものとする。

(a)　均等待遇原則に反するあらゆる法律、規則、行政規定を廃止すること、

(b)　個別又は集団的な契約又は協約、企業の内部規則又は独立職業及び労働者組織、使用者組織その他あらゆる仕組みを規制するルールの均等待遇原則に反するあらゆる規定が、無効であると宣言されるか又は改正されること、

(c)　そのような規定を含む職域社会保障制度が行政措置によって承認又は拡張されないこと。

第二四条　迫害

加盟国は、均等待遇原則の遵守を執行する目的でなされる企業内における苦情申立て又は司法手続きに対する報復として、使用者による解雇その他の不利益待遇から、国内法及び／又は慣行に定める被用者代表である者を含め、被用者を保護するのに必要な措置を導入するものとする。

第二五条　制裁

加盟国は、本指令を実施するために採択された国内規定の違反に適用される制裁のルールを定め、かつ、それが適用されるために、必要な全ての措置をとるものとする。

被害者への損害賠償の支払いを含む制裁は、効果的、比例的かつ抑止的なものでなければならない。加盟国は、少なくとも二〇〇五年一〇月五日までに欧州委員会にこれらの規定を通知するものとし、またその後の改正についても、遅滞なく通知するものとする。

第二六条　差別の防止

加盟国は、国内法、労働協約又は慣行に従い、使用者及び職業訓練へのアクセスに責任を有する者が、性別に基づくあらゆる形態の差別、とりわけ職場、雇用、職業訓練及び昇進へのアクセスにおけるハラスメント及びセクシュアル・ハラスメントを防止する効果的な措置をとるよう促進するものとする。

第二七条　最低要件

1　加盟国は、本指令に規定されたよりも均等待遇

原則の保護に有利な規定を導入し又は維持することができる。

2　本指令が定める最低要件を満足する限り、本指令の通知に関して効力を有する規定と異なる法律、規則及び行政規定を導入することにより事情の変化に対応する加盟国の権利は妨げられないが、本指令の実施はいかなる状況においても、適用範囲にある労働者の保護の水準を引き下げる十分な理由とはならないものとする。

第二八条　欧州共同体規定及び国内規定との関係

1　本指令は女性の保護、とりわけ妊娠及び出産に関する規定を妨げないものとする。

2　本指令は指令96/34/EC及び指令92/85/ECの規定を妨げないものとする。

第二九条　ジェンダーの主流化

加盟国は本指令に定める分野において法律、規則、行政規定、政策及び活動を計画及び実施するときには、男女間の均等の目的を積極的に考慮に入れるものとする。

第三〇条　情報提供

加盟国は、本指令に従って採られる措置が、既に実施中の規定と併せてあらゆる適切な手段によりかつ適当であれば職場において、全ての当事者の注意を喚起することを確保するものとする。

施行期限：二〇〇八年八月一五日

賃金透明性と執行機構を通じて男女同一労働又は同一価値労働に対する同一賃金の原則の適用を強化する欧州議会と理事会の指令（賃金透明性指令）

Directive (EU) 2023/970 of the European Parliament and of the Council of 10 May 2023 to strengthen the application of the principle of equal pay for equal work or work of equal value between men and women through pay transparency and enforcement mechanisms

採択：二〇二三年五月一〇日

第一章　総則

第一条　主題

本指令は、EU運営条約第一五七条に規定する男女同一労働又は同一価値労働同一賃金の原則（「同一賃金原則」）及び指令2006/54/EC（男女均等待遇指令）第四条に規定する差別禁止の適用を、とりわけ賃金透明性及び執行機構の補強を通じて強化するための最低要件を規定する。

第二条　適用範囲

1　本指令は公共部門及び民間部門の使用者に適用される。

2　本指令は、EU司法裁判所の判例法を考慮しつつ、各加盟国で効力を有する法、労働協約及び／又は慣行において定義される雇用契約又は雇用関係を有する全ての労働者に適用される。

3　第五条に関しては、本指令は雇用への応募者に適用される。

第三条　定義

1　本指令においては次の定義が適用される。

(a)「賃金」とは、現金か現物給付かを問わず、労働者がその使用者から当該雇用に関して直接又は間接に（「補足的又は変動的部分」も含め）受け取る通常の基本的又は最低の賃金又は給与及びその他のあらゆる報酬をいう。

(b)「賃金水準」とは、年間賃金総額及びこれに対応する時給総額をいう。

(c)「男女賃金格差」とは、当該使用者の男女労働者の間の平均賃金の水準の差異であり、男性労働者の平均賃金水準に対する百分率で示される。

(d)「賃金中央値水準」とは、労働者の半数がそれよりもより多くの賃金を得、他の半数がより少ない賃金を得るような賃金水準をいう。

(e)「男女賃金中央値格差」とは、女性労働者の賃金中央値水準と男性労働者の賃金中央値水準の差異であり、男性労働者の賃金中央値水準に対する百分率で示される。

(f)「四分位賃金帯」とは、労働者をその賃金水準に従って最低から最高まで並べたときの四つの等しい数の各労働者集団をいう。

(g)「同一価値労働」とは、第四条第四項にいう非差別的かつ客観的で性中立的な基準に従い、同一の価値であると判断された労働をいう。

(h)「労働者範疇」とは、非恣意的な方法でかつ本指令第四条第四項にいう性中立的な基準に基づき、適用可能な場合には各加盟国の国内法及び／又は慣行に従い労働者代表と協力して、当該労働者の使用者により分類された同一労働又は同一価値労働を遂行する労働者をいう。

(i) 「直接差別」とは、比較可能な状況において、ある者が性別に基づき他の者が取り扱われるか、取り扱われてきたか、又は取り扱われるであろうよりも不利に取り扱われる状況をいう。

(j) 「間接差別」とは、当該規定、基準又は慣行が適法な目的により客観的に正当化されかつその目的を達成する手段が適当かつ必要でない限り、表面的には中立的な規定、基準又は慣行がある性別の者に他の性別の者と比較して特定の不利益をもたらす状況をいう。

(k) 「労働監督機関」とは、国内法及び／又は慣行に従い、労働市場において管理及び監督の機能に責任を有する機関をいう。国内法が規定する場合には、労使団体がこれらの機能を遂行することができる。

(l) 「均等機関」とは、指令2006/54/EC（男女均等待遇指令）第二〇条に基づき指定された機関をいう。

(m) 「労働者代表」とは、国内法及び／又は慣行に従い労働者代表をいう。

2 本指令において、差別には次のものが含まれる。

(a) 指令2006/54/EC（男女均等待遇指令）第二条第二項にいうハラスメント及びセクシュアルハラスメント、並びに人がかかる行為を拒否するか又は受け入れるかに基づくいかなる不利益待遇もかかるハラスメント及び待遇が本指令に規定する権利の行使に関連するか又はその結果である場合。

(b) 性別に基づいて人を差別するよう指示すること。

(c) 理事会指令92/85/EEC（母性保護指令）にいう産前産後休業に関連するいかなる不利益待遇。

(d) 父親出産休暇、育児休業又は介護休業に関するものを含め、指令（EU）2019/1158（ワークライフバランス指令）にいう性別に基づく労働者へのいかなる不利益待遇。

(e) 性別と、指令2000/43/EC（人種・民族均等指令）及び指令2000/78/EC（一般均等指令）の下で保護される他のいかなる差別事由との組合せに基づく差別である複合差別

3 第二項第(e)号は、性別以外の他の保護される差別事由に関連して本指令にいうデータを収集する追加的な責任を使用者に対して負わせるものではない。

第四条 同一労働及び同一価値労働

1 加盟国は、使用者が同一労働又は同一価値労働に対する同一賃金を確保する賃金構造を有することを確保するために必要な措置をとるものとする。

2 加盟国は、均等機関と協議して、本条に規定する基準に則って労働の価値の評価及び比較を支援し指導するための分析用具又は方法論を入手できるようにしかつ容易に利用できるようにすることを確保するために必要な措置をとるものとする。これら用具又は方法論は、使用者及び／又は労使団体が性別に基づくいかなる賃金差別をも排除する性中立的な職務評価及び職務分類制度を容易に確立し利用することができるようなものとする。

3 適当な場合は、欧州委員会は欧州男女均等機構（ＥＩＧＥ）と協議して、性中立的な職務評価及び職務分類制度に関するＥＵレベルの指針を更新することができる。

4 賃金構造は、労働者が労働の価値に関して比較可能な状況にあるかどうかを、存在する場合には労働者代表と合意した客観的かつ性中立的な基準に基づいて評価することができるようなものとする。これら基準は直接であれ間接であれ労働者の性別に基づかないものとする。これら客観的な基準は技能、努力、責任及び労働条件、並びに適当であれば特定の職務又は職位に関連する他のいかなる要素をも含むものとする。これら基準はまた、性別に基づく直接または間接のいかなる差別も除き、客観的かつ性中立的な方法で適用されるものとする。とりわけ関連する対人能力（ソフトスキル）が過小評価されないものとする。

第二章 賃金透明性

第五条 採用前の賃金透明性

1 雇用への応募者は、使用者となるべき者から、次の情報を受け取る権利を有するものとする。

(a) 客観的かつ性中立的な基準に基づき当該職位に帰せられる初任給額又はその範囲、及び

(b) 適用される場合には当該職務に関して企業により適用される労働協約の関連する規定。

かかる情報は、採用面接に先立って、欠員募集広告における公示のように、情報を踏まえて賃金に関する透明な交渉をすることができるような方法で提供されるものとする。

2 使用者は応募者に現職及び前職での賃金を尋ねてはならない。

3 使用者は、同一労働又は同一価値労働に対する同一賃金の権利（「同一賃金の権利」）が掘り崩されることのないよう、欠員募集広告及び職務名が性中立的で採用手続が非差別的な方法で遂行されるよう確保するものとする。

第六条　賃金決定及び昇給方針の透明性

1　使用者は、労働者の賃金、賃金水準及び昇給を決定するのにいかなる基準が用いられるのかを労働者が容易に入手可能にするものとする。これら基準は客観的かつ性中立的であるものとする。

2　加盟国は、第一項の昇給に関する義務から労働者五〇人未満の使用者を適用除外することができる。

第七条　情報入手権

1　労働者は、第二項及び第四項に従い、自身の個別賃金水準と、自身と同一労働又は同一価値労働に従事する労働者範疇についての男女別の平均賃金水準に関する情報の提供を求め入手する権利を有する。

2　労働者は、国内法及び／又は慣行に従い、その労働者代表を通じて第一項にいう情報の提供を求め入手する可能性を有するものとする。均等機関を通じて当該情報の提供を求め入手する可能性も有するものとする。

受け取った情報が不正確又は不完全であるときには、労働者は自ら又はその労働者代表を通じて、提供されたいかなるデータに関しても追加的かつ合理的な明確化と詳細の提供を求め、実質的な回答を受け取る権利を有する。

3　使用者は全ての労働者に対して、毎年、第一項にいう情報を入手する権利及び当該権利を行使するために労働者がとるべき手段について情報提供するものとする。

4　使用者は、請求がなされてから二か月を超えない合理的な期間内に、第一項にいう情報を提供するものとする。

5　労働者は同一賃金原則を執行する目的でその賃金を開示することを妨げられないものとする。とりわけ、加盟国は労働者に対してその賃金に関する情報を開示することを制限するための契約条項を禁止する措置を設けるものとする。

6　使用者は、本条に基づき自身の賃金又は賃金水準に関する情報以外の情報を入手したいかなる労働者に対しても、当該情報を同一賃金の権利を防御すること以外のいかなる目的のためにも用いることのないように求めることができる。

第八条　情報の利用可能性

使用者は、本指令第五条、第六条及び第七条に従い労働者又は応募者といかなる情報をも共有する場合にも、その特有の必要性を考慮して障害者にも利用可能な形式で提供するものとする。

第九条　男女賃金格差の報告

1　使用者は本条に従い、その組織に関する次の情報を提供するものとする。

(a)　男女賃金格差、

(b)　補足的又は変動的部分における男女賃金格差、

(c)　男女賃金中央値格差、

(d)　補足的又は変動的部分における男女賃金中央値格差、

(e)　補足的又は変動的部分を受け取っている男女労働者の比率、

(f)　四分位賃金帯ごとにおける男女労働者の比率、

(g)　通常の基本給及び補足的又は変動的部分ごとに見た労働者範疇ごとの男女賃金格差。

2　労働者二五〇人以上の使用者は、二〇二七年六月七日までに及びその後は毎年、第一項に規定する情報を提供するものとする。

3　労働者一五〇人以上二四九人以下の使用者は、二〇二七年六月七日までに及びその後は三年に一回、前年に係る第一項に規定する情報を提供するものとする。

4　労働者一〇〇人以上一四九人以下の使用者は、二〇三一年六月七日までに及びその後は三年に一回、前年に係る第一項に規定する情報を提供するものとする。

5　加盟国は、労働者一〇〇人未満の使用者が第一項に規定する情報を自発的に提供することを妨げないものとする。加盟国は国内法事項として、労働者一〇〇人未満の使用者に対して賃金に関する情報を提供するよう求めることができる。

6　情報の正確性は、適用された方法論を利用可能である労働者代表との協議を経て、使用者の経営陣によって確証されるものとする。

7　本条第一項第(a)号から第(g)号までにいう情報は、第二九条第三項第(c)号に従いかかるデータを収集し、公表する責任を有する機関に通知されるものとする。使用者は第一項第(a)号から第(f)号までにいう情報をそのウェブサイトに公表するか又は他の手段により一般に入手可能にするものとする。

8　加盟国は、第一項第(a)号から第(f)号までに規定する情報を、使用者から税務機関や社会保障機関に提供されたデータのような行政データに基づいて自ら収集することを決定できる。この情報は第二九条第三項第(c)号に従って公表されるものとする。

9　使用者は第一項第(g)号にいう情報をすべての労働者及びその代表に提供するものとする。使用者は当該情報を労働監督機関及び均等機関にその要請により提供するものとする。入手可能であれば、過去四年間の情報も要請により提供されるものとする。

10　労働者及びその代表、労働監督機関並びに均等機関は、使用者に対し提供されたいかなるデータに関しても、いかなる男女賃金格差に関する説明をも含めて、追加的な明確化及び詳細のために質問をする権利を有するものとする。使用者は合理的な期間内に実質的な回答を提供することによりかかる要請に対応するものとする。男女賃金格差が客観的かつ性中立的な要素により正当化されない場合、使用者は合理的な期間内に、労働者代表、労働監督機関及び／又は均等機関と密接に協力してその状況を是正するものとする。

第一〇条　共同賃金評価

1　加盟国は、第九条に従い賃金報告の義務を負う使用者が、次のすべての条件を満たす場合に、労働者代表と協力して、共同賃金評価を実施するよう確保する措置をとるものとする。

(a)　賃金報告が、いかなる労働者範疇において男女労働者の間に少なくとも五%の平均賃金の水準の差異を示し、

(b)　使用者がかかる平均賃金の水準の差異を客観的かつ性中立的基準により正当化することがなく、

(c)　使用者がかかる正当化されない平均賃金の水準の差異を賃金報告の提出の日から六か月以内に是正しない場合。

2　共同賃金評価は、客観的かつ性中立的な要素により正当化することができない男女労働者間の賃金の差異を確認し、是正しかつ予防するために実施されるものとし、次の事項を含むものとする。

(a)　各労働者範疇における男女労働者の比率の分析、

(b)　各労働者範疇ごとの男女労働者の賃金水準及び補足的又は変動的部分の平均値に関する情報、

(c)　各労働者範疇における男女労働者間の平均賃金水準格差の確認、

(d)　平均賃金水準におけるかかる格差の理由及び、もしあれば労働者代表及び使用者によって共同して確立された客観的かつ性中立的な正当事由、

(e)　産前産後休業又は父親出産休暇、育児休業並びに介護休業から復帰した後に、これら休業期間中に労働者範疇に賃金改善が生じた場合には、当該賃金改善から利益を受けた男女労働者の比率、

(f)　客観的かつ性中立的基準に基づいて正当化されない場合は、かかる差異に取り組む措置、

(g)　過去の共同賃金評価からの措置の有効性の評価。

3　使用者は共同賃金評価を、労働者、労働者代表が利用可能にするとともに、第二九条第三項第(d)号に従いこれを監視機関に通知するものとする。共同賃金評価はその要請により均等機関及び労働監督機関に利用可能にするものとする。

4　共同賃金評価による措置を実施するときには、使用者は国内法及び／又は慣行に従い、労働者代表と密接に協力して、合理的な期間内に、正当化されない賃金格差を是正するものとする。労働監督機関及び／又は均等機関はこの手続に参加するよう求められることができる。かかる行動には、性別に基づくいかなる直接又は間接の賃金差別が排除されることを確保するために、既存の性中立的な職務評価及び職務分類制度の分析又はそれが欠如している場合には確立を含むものとする。

第一一条　労働者二五〇人未満の使用者への支援

加盟国は労働者二五〇人未満の使用者及び労働者代表に対し、本指令に規定する義務を遵守するための技術的支援及び訓練の形式で支援を提供するものとする。

第一二条　データ保護

1　第七条、第九条及び第一〇条の下でとられる措置に基づき提供されるいかなる情報も個人データの処理に関わる限りにおいて、規則（ＥＵ）2016/679（一般データ保護規則）に従って提供されるものとする。

2　第七条、第九条又は第一〇条に基づき処理されるいかなる個人データも、同一賃金原則の実施以外のいかなる目的にも使用してはならない。

3　加盟国は、第七条、第九条及び第一〇条に基づく情報の開示が直接であれ間接であれ識別可能な同僚労働者の賃金の開示につながる場合には、労働者代表、労働監督機関又は均等機関のみが当該情報を入手するものと規定することができる。労働者代表又は均等機関は労働者に対して、同一労働又は同一価値労働を行う労働者の実際の賃金水準を開示することなく、本指令の下で可能な請求に関して助言するものとする。第二九条に基づく監視の目的では当該情報は制限なく入手可能とするものとする。

第一三条　労使対話

労使団体の自律性を妨げることなく、また国内法及び慣行に従い、加盟国は、適用可能であればその要請に基づき、本指令の下の権利と義務について討議することを通じて、労使団体の効果的な

関与を確保する十分な措置をとるものとする。

加盟国は、労使団体の自律性を妨げることなく、また国内慣行の多様性を考慮して、主として一方の性別の労働者によって遂行されている職務の評価に関する賃金差別及び不利益に取り組む措置に関する労使団体の役割を促進し、団体交渉の権利の行使を奨励する十分な措置をとるものとする。

第三章　救済と実施

第一四条　権利の擁護

加盟国は、同一賃金原則が適用されないことにより自らの権利が侵害されたと考える全ての労働者に、調停を利用した後に、同一賃金原則に関する権利及び義務の実施のための司法手続が利用可能となるように確保するものとする。かかる手続は、差別が申し立てられた雇用関係が終了した後であっても、労働者及びその代理人として活動する者にとって容易に利用可能なものとする。

第一五条　労働者の代理又は支援の手続

加盟国は、国内法により規定された基準に従い、男女間の均等を確保することに合法的な利益を有する団体、組織、均等機関及び労働者代表又はその他の法的主体が、同一賃金原則に関する権利又は義務を実施するいかなる行政上又は司法上の手続についても関与できるように確保するものとする。これらは同一賃金原則に関するいかなる権利又は義務の侵犯の被害者であると主張する労働者にも、その承認を得て、その代理人又は支援者として行動することができる。

第一六条　補償の権利

1　加盟国は、同一賃金原則に関するいかなる権利又は義務の違反の結果として被害を被ったいかなる労働者も、その被害に対して加盟国によって決定された完全な補償又は賠償を請求し取得する権利を有するように確保するものとする。

2　第一項にいう補償又は賠償は、抑止的かつ被った被害に比例的な方法で、受けた損失及び被害を加盟国が定めるところにより現実的かつ有効な補償又は賠償を確保するものとする。

3　補償又は賠償は、被害を被った労働者を、性別に基づく差別をされなければ、あるいは同一賃金に関する権利又は義務のいかなる違反もなければ、その者がそうあったであろう地位に置くものとする。加盟国は、補償又は賠償に、バックペイ及び関連するボーナス又は現物給付の完全な回復、逸失機会、道徳的偏見、複合差別を含みうる他の関連する要素に依って引き起こされたいかなる被害の補償も、遅延利息とともに含まれることを確保するものとする。

4　補償又は賠償は上限額を設定することにより制限することはできない。

第一七条　他の救済

1　加盟国は、同一賃金原則に関する権利及び義務の違反の事案において、裁判所又は他の権限ある機関が、国内規則に従って、原告の請求によりかつ被告の負担において、次のものを発することができるように確保するものとする。

(a)　当該違反を差し止める命令、

(b)　同一賃金原則に関する権利及び義務を遵守する措置をとるべしとの命令。

2　被告が第一項に基づき発せられたいかなる命令も遵守しない場合には、加盟国は、適当であれば、権限ある機関又は国内裁判所が、命令の遵守を確保する観点から、再度罰金を科すことができるよう確保するものとする。

第一八条　立証責任の転換

1　加盟国は、その国内司法制度に従い、同一賃金原則が適用されなかったために自らの権利が侵害されたと考える労働者が、裁判所又は他の権限ある機関において直接又は間接の差別が存在したと推定しうる事実を立証すれば、賃金に関して直接又は間接の差別が存在しなかったことを立証すべきは被告とすることを確保するために適当な措置をとるものとする。

2　加盟国は、申し立てられた直接又は間接の賃金差別に関する司法上又は行政上の手続において、使用者が第五条、第六条、第七条、第九条及び第一〇条に規定する賃金透明性義務を実施していない場合、かかる差別が存在しないことを立証すべきは使用者とすることを確保するものとする。

本項第一文は、使用者が第五条、第六条、第七条、第九条及び第一〇条に規定する義務の不履行が明らかに意図せざるものであり軽微な性格のものであることを立証した場合は適用しない。

3　本指令は、加盟国が同一賃金に関するいかなる権利及び義務を実施するために設けられた手続においても原告により有利な証拠法則を導入することを妨げない。

4　加盟国は事案の事実調査をするのが裁判所又は権限ある機関である手続には第一項を適用する必要はない。

5　国内法により異なる規定をしない限り、本条は刑事手続には適用しない。

第一九条　同一労働又は同一価値労働の立証

1　男女労働者が同一労働又は同一価値労働を遂行しているか否かを判断する場合、労働者が比較可能な状況にあるか否かの判断は男女労働者が同一の使用者の下で労働している状況に限らず、賃金条件を決定している単一の源泉にまで拡大されるものとする。単一の源泉は、労働者の比較のために有意な賃金の要素を規定している場合に存在する。

2　労働者が比較可能な状況にあるか否かの判断は、当該労働者と同時に雇用されている労働者に限られないものとする。

3　真の比較対象者が存在しない場合、統計又は労働者が比較可能な状況において取り扱われたであろうとの比較を含め、訴えられた賃金差別を立証するために他のいかなる証拠をも利用することができる。

第二〇条　証拠へのアクセス

1　加盟国は、同一賃金の申立てに関する手続において、国内法及び慣行に従い、国内裁判所又は権限ある機関が被告に対して、その管理下にある関連するいかなる証拠をも開示するよう命令することができるように確保するものとする。

2　加盟国は、国内裁判所又は権限ある機関が、同一賃金の申立てに関連するとみなしたときに機密情報を含む証拠の開示を命令する権限を有することを確保するものとする。かかる情報の開示を命じたときには、国内裁判所は国内の手続規則に従い、かかる情報を保護する有効な措置を自由にとることができるように確保するものとする。

3　本条は、加盟国が原告にとってより有利な規則を維持し又は導入することを妨げない。

第二一条　出訴期間制限

1　加盟国は、同一賃金に関する申立ての提起の期間制限に適用される国内規則が、かかる期間の開始時と継続期間及びそれが停止又は中断される条件を決定するように確保するものとする。これら規則は、当該期間制限が原告が違反を知り又は合理的に知ることが期待できた時よりも前に開始しないように考慮しつつ、期間制限の開始時期、その期間及びその中断又は停止の条件を規定するものとする。加盟国は、違反がなお継続中であるか又は雇用契約が終了前である限りにおいて、期間制限が開始しないものと決定することができる。

2　加盟国は、原告が裁判所に訴えを提起し又は直接使用者に若しくは労働者代表、労働監督機関若しくは均等機関を通じて申立を行うことにより行動を起こすと同時に、期間制限が停止し、又は国内法に従い中断することを確保するものとする。

3　本条は申立ての期間満了に関する規則には適用しない。

第二二条　法的費用

加盟国は、被告が賃金差別の請求で勝訴した場合に、裁判所が国内法に従い、敗訴した原告が裁判所に訴えを提起する合理的な根拠を有していたか否かを判断し、敗訴した原告が訴訟費用を負担しないように命じることができることを確保するものとする。

第二三条　制裁

1　加盟国は同一賃金原則に関する権利及び義務の違反に適用される効果的、比例的かつ抑止的な制裁の規則を定めるものとする。加盟国は、当該規則が実施されるようあらゆる措置をとるものとし、かつ遅滞なく欧州委員会に当該規則及び当該措置並びにこれらに影響するいかなる修正をも通知するものとする。

2　加盟国は、第一項にいう制裁が同一賃金原則に関する権利及び義務の違反に対し真に抑止的な効果を保証するよう確保するものとする。これらには国内法に基づいて設定される罰金を含むものとする。

3　第一項にいう制裁は、複合差別を含む違反の状況に適用されるいかなる関連する増悪的又は軽減的要素をも考慮に入れるものとする。

4　加盟国は、同一賃金に関する権利及び義務の違反が反復された事案に対して特別の制裁が適用されるよう確保するものとする。

5　加盟国は、規定された制裁が実際に効果的に適用されるよう確保するためにあらゆる必要な措置をとるものとする。

第二四条　公契約及び営業権における同一賃金

1　加盟国が指令2014/23/EU（営業権契約授与指令）第三〇条第三項、指令2014/24/EU（公共調達指令）第一八条第二項及び指令2014/25/EU（公益事業体調達指令）第三六条第二項に従ってとる適当な措置には、公契約又は営業権の実施において、事業者が同一賃金原則に関する義務を遵守することを確保する措置を含むものとする。

2　加盟国は、公契約及び営業権の実施において同一賃金原則の遵守を確保するために、適当であれば契約機関が制裁及び終了条件を導入することを考慮するものとする。加盟国の機関が指令2014/23/EU（営業権契約授与指令）第三八条第七項第(a)号、指令2014/24/EU（公共調達指令）第五七条第四項第(a)号、又は指令2014/24/EU（公共調達指令）第五七条第四項第(a)号と連動して指令2014/25/EU（公益事業体調達指令）第八〇条第一項に従って行動する場合、事業者がいかなる適当な方法によっても、賃金透明性義務を遵守していないか又は客観的かつ性中立的基準に基づき使用者により正当化されないいかなる労働者範疇の五%を超える賃金格差があることに関連して第一項にいう義務の違反があると証明できる場合には、公共調達手続への参加から当該事業者を排除することができ、又は加盟国から排除するよう求められうる。これは、指令2014/24/EU（公共調達指令）及び指令2014/25/EU（公益事業体調達指令）に規定するいかなる他の権利及び義務をも妨げない。

第二五条　迫害及び不利益待遇からの保護

1　労働者及びその労働者代表は、同一賃金に関するその権利を行使したこと又はその権利の保護のために他の者を支援したことを理由に不利益待遇を受けることがないものとする。

2　加盟国はその国内法制において、同一賃金に関する権利又は義務の遵守を実施するための企業内の苦情申立又はいかなる法的手続に対する報復として、労働者代表を含め、労働者が使用者による解雇その他の不利益待遇から保護するのに必要な措置を導入するものとする。

第二六条　指令2006/54/ECとの関係

本指令第三章は、指令2006/54/EC（男女均等待遇指令）第四条に規定する同一賃金原則に関するいかなる権利又は義務に関係する手続にも適用するものとする。

第四章　通則

第二七条　保護水準

1　加盟国は、本指令に規定するよりも労働者に有利な規定を導入し又は維持することができる。

2　本指令の実施はいかなる状況下でも、本指令の対象分野における保護の水準を引き下げる根拠とはならないものとする。

第二八条　均等機関

1　労働監督機関又は労使団体を含め労働者の権利を実施する他の機関の権限に抵触しない限り、指令2006/54/EC（男女均等待遇指令）に従い設立された国内均等機関は本指令の適用範囲内に事項に関する権限を有する。

2　加盟国は国内法及び慣行に従い、同一賃金に関する事項に関して、均等機関、労働監督機関又は労使団体の間の密接な協力及び調整を確保する積極的な措置をとるものとする。

3　加盟国は均等機関に対し、同一賃金の権利の尊重に関してその機能を効果的に遂行するのに必要な十分な資源を提供するものとする。

第二九条　監視及び意識啓発

1　加盟国は、同一賃金原則の実施及び利用可能な全ての救済の実施について、一貫しかつ調整された監視及び支援を確保するものとする。

2　各加盟国は、本指令を実施する国内の法規定の実施を監視し支援するための機関（「監視機関」）を指定し、かかる機関の適切に運営されるのに必要な手配をするものとする。監視機関は国内の既存の機関又は構造の一部とすることができる。加盟国は、第三項第ⓑ号、第ⓒ号及び第ⓔ号に規定する監視及び分析の機能が単一の中央機関によって確保される限り、意識啓発及びデータ収集の目的で複数の機関を指定することができる。

3　加盟国は、監視機関の任務として次の事項を含むように確保するものとする。

(a)　公共部門及び民間部門の企業及び組織、労使団体並びに一般大衆に対して、同一賃金に関する事項における複合差別に対処することを含め、同一賃金原則及び賃金透明性の権利について意識啓発すること、

(b)　男女賃金格差の原因を分析し、賃金不平等を評価する用具を考案し、とりわけ欧州男女均等機関の分析作業と用具を利用すること、

(c)　第九条第七項に基づき使用者から受領したデータを収集し、第九条第一項第ⓐ号から第ⓕ号までにいうデータを容易に利用でき利用者に分かりやすい方法で、使用者間、業種間、関係加盟国の地域間での比較ができるように、迅速に公表すること。入手可能であれば過去四年間の情報も利用可能とすること、

(d)　第一〇条第三項に基づき共同賃金報告を収集すること、

(e)　裁判所に提起された賃金差別の訴え及び均等機関を含む権限ある公的機関に提起された申立ての件数及び種類に関するデータを集計すること。

4　加盟国は、二〇二八年六月七日までに及びその後は二年に一回、第三項第ⓒ号、第ⓓ号及び第ⓔ号にいうデータをまとめて欧州委員会に提供するものとする。

第三〇条　団体交渉及び団体行動

本指令は、国内法又は慣行に従って労働協約を交渉し、締結し及び実施する権利並びに団体行動をする権利に対していかなる面でも影響を及ぼさないものとする。

第三一条　統計

加盟国は、欧州委員会（欧州統計局）に毎年、男女賃金格差を未調整の形式で算定した各国更新

データを提供するものとする。この統計は、性別、産業部門、労働時間（フルタイム／パートタイム）、経済的管理（公的所有／私的所有）及び年齢によって分類され、毎年算定されるものとする。

第一項にいうデータは、参照年たる二〇二六年の数値を二〇二八年一月三一日から提出するものとする。

第三二条　情報の普及

加盟国は、本指令に従って採択された規定及び効力を有する既存の関係規定を、全ての適当な手段により、その領域内にわたって関係者の関心を喚起するものとする。

第三三条　実施

加盟国は、本指令が追求する結果が常に確保されるために必要なあらゆる手段をとることを前提に、労使団体の役割に関する国内法及び／又は慣行に従い、本指令の実施を労使団体に委任することができる。これには次の事項が含まれる。

(a)　第四条第二項にいう分析用具及び方法論の開発、

(b)　効果的、比例的かつ抑止的な罰金と同等な金銭的制裁。

第三四条　国内法転換

1　加盟国は、二〇二六年六月七日までに本指令を遵守するのに必要な法律、規則及び行政規定の効力を発生させるものとする。これは直ちに欧州委員会に通知するものとする。

欧州委員会に通知する際、加盟国はまたそれに国内法化規定の労働者二五〇人未満企業の労働者と使用者に対する影響の評価の結果の概要及びかかる評価が公表された参照先を添付するものとする。

2　加盟国が第一項にいう規定を採択する際には、本指令への言及規定を含めるか又は官報掲載時にかかる言及を行うものとする。かかる言及を行う方法は加盟国によって規定されるものとする。

第三五条　報告及び再検討

1　二〇三一年六月七日までに、加盟国は欧州委員会に対し、本指令がどのように適用され、実際にどのような影響が生じているのかに関する情報を通知するものとする。

2　二〇三三年六月七日までに、欧州委員会は欧州議会及び閣僚理事会に対し本指令の実施に関する報告を提出するものとする。この報告は、とりわけ第九条及び第一〇条に規定する使用者の規模要件とともに、第一〇条第一項に規定する共同賃金報告の義務が生ずる五％要件について検討するものとする。欧州委員会は適当であれば必要とみなす立法改正を提案するものとする。

第三六条　効力発生

本指令はEU官報における公示の二〇日後に効力を発生する。

第三七条　名宛人

本指令は加盟国に宛てられる。

雇用及び職業における均等待遇の一般的枠組みを設定する閣僚理事会指令

（抄）（一般雇用均等指令）

Council Directive 2000/78/EC of 27 November 2000 establishing a general framework for equal treatment in employment and occupation

採択：二〇〇〇年一一月二七日

第一条　目的

本指令の目的は、加盟国において、均等待遇原則に実効性を与えるために、雇用及び職業について、宗教若しくは信条、障害、年齢又は性的指向に基づく差別と戦う一般的枠組を設定することにある。

第二条　差別の概念

1　本指令において、「均等待遇原則」は、第一条に定める事由について、いかなる直接差別又は間接差別も存在してはならないことを意味する。

2　第一項に関し、

(a)　第一条に定める事由に基づき、ある者が比較可能な状況において、他の者が取扱われるか、取り扱われたか又は取扱われたであろうよりも不利に取り扱われる場合に、直接差別が生ずる。

(b)　表面上は中立的な規定、基準あるいは慣行が特定の宗教若しくは信条、特定の障害、特定の年齢又は特定の性的指向を有する者を他の者と比較して特定の不利益を課すであろう場合に間接差別が存在する。しかし、以下の場合には、間接差別とはならない。

(i)　当該規定、基準あるいは慣行が、適法な目的により客観的に正当化され、かつその目的

を達成する手段が適切かつ必要である場合、又は

(ii) 特定の障害を有する者に関して、本指令が適用される使用者又は他の者若しくは機関が、国内法により、当該規定、基準又は慣行によりもたらされる不利益を解消するために第五条に含まれる原則に従って適切な措置をとることを義務づけられている場合。

3　ハラスメントとは、第一項で定めたいずれかの事由に関連する求められざる行為が人の尊厳を侵し、かつ脅迫的、敵対的、冒瀆的、屈辱的又は攻撃的な環境を作り出す目的により又は効果をもって行なわれる場合には、第一項に定める差別の一形態であるとみなされる。この意味において、ハラスメントの概念は、加盟国の国内法と慣行に従って定義され得る。

4　第一条に定める事由について、他人を差別するよう指示することも差別を構成する。

5　本指令は、民主主義社会における公共の安全、公の秩序の維持や刑事犯罪の予防、健康の保護及び他人の権利や自由の保護のために必要な国内法により規定される措置を妨げない。

第三条　適用範囲

1　欧州共同体に与えられた権限の範囲内において、本指令は、以下の事項に関して、公共部門及び民間部門両方に関して、公的機関を含め、全ての者に適用される。

(a) 活動分野に関わらず、また昇進を含む職業的階梯のあらゆる段階において、選抜基準及び採用条件を含め、雇用、自営若しくは職業へのアクセスの条件、

(b) 実地就労体験を含め、あらゆる種類及びあらゆる段階の職業指導、職業訓練、高等職業訓練及び再訓練、

(c) 解雇や賃金を含め、雇用・労働条件、

(d) 労働者団体若しくは使用者団体又は特定の職業を遂行する他の何らかの組織の構成員であること、あるいはその活動に関与すること、そしてそのような組織により提供される給付。

2　本指令は、国籍に基づく待遇の相違には適用されず、加盟国の領域内における第三国国民や無国籍者の入国、居住に関する規定や条件、当該第三国国民や無国籍者の法的地位から生ずるどのような待遇も妨げない。

3　本指令は、社会保障又は社会的保護制度を含む国家制度若しくは類似の制度によりなされる給付には適用されない。

4　加盟国は、障害及び年齢に関する差別について、本指令が軍隊に適用されない旨を定めることができる。

第四条　職業的要件

1　第二条第一項及び第二項の規定にかかわらず、加盟国は、規定された事由に関連する性質に基づく待遇の相違は、遂行される特定の職業活動の性質又はそれらが遂行される事情に基づき、その目的が適法であり、かつ要件が比例的であり、そのような性質が真正かつ決定的な職業的要件を構成するものであれば、差別を構成しない旨を定めることができる。

2　加盟国は、宗教又は信条に基づくエートスを有する協会及びその他の公的又は私的な組織内の職業活動の場合、その活動の性質やその遂行のされ方のゆえに、これら組織のエートスを考慮すると、個人の宗教又は信条が純粋、適法かつ正当な職業的要件を構成する場合には、個人の宗教又は信条に基づく異なった待遇は差別を構成しないとする本指令の採択時に効力を有する国内法を維持することができ、また、指令採択時に存在する慣行を将来法制化することもできる。この待遇の相違は、欧州共同体法の一般原則及び加盟国における憲法の規定や原則を考慮して実施され、かつ他の理由によるいかなる差別も正当化するものではない。

本指令は、国内の憲法及び法律に従って活動し、宗教若しくは信条に基づくエートスを有する宗教的若しくは信条に基づく教会その他の公的・私的機関が、もしそうでなければ本指令の諸規定を遵守すると言えるならば、それらのために働く個人に対し、当該組織のエートスへ正直さと忠誠心をもって行動するよう要求する権利を妨げない。

第五条　障害者に対する合理的な便宜

障害者に関する均等待遇原則の遵守を促進するため、合理的な便宜が提供されるものとする。これは、使用者に過度の負担を課すものでない限り、特定の場合で必要であれば、障害者が雇用にアクセスし、参加し、若しくは雇用において昇進し、又は職業訓練を受けることを可能とする適切な措置を採択すべきことを意味している。

当該加盟国の障害者政策の枠組みの中に存する措置によって十分に補償される場合には、その負担は過度のものとされない。

第六条　年齢に基づく待遇の相違の正当化

1　第二条第二項にかかわらず、加盟国は、適法な雇用政策、労働市場及び職業訓練の目的を含む適法な目的により、客観的かつ合理的に正当化され、かつその目的を達成する手段が適切かつ不可欠である場合には、年齢に基づく待遇の相違は差別を

構成しない旨を、国内法で定めることができる。

このような異なった待遇は、以下のものを含む。

(a) 年少者、高齢者及び介護責任を負う者の職業的統合を促進し、又はその保護のために、これらの者について雇用及び職業訓練へのアクセス、解雇や報酬を含む雇用及び職業の条件に特別な条件を設定すること、

(b) 雇用へのアクセス又は雇用に関連する特定の便益について、年齢、職業経験又は勤続期間の最低条件を設定すること、

(c) 当該ポストの職業訓練要件又は退職前に合理的な雇用期間が必要であることを理由として採用に最高年齢を設定すること。

2 第二条第二項にかかわらず、加盟国は、性別に基づく差別を構成するものでない限り、職域社会保障制度において、被用者、被用者のグループ又は被用者カテゴリーによって異なった年齢を設定すること、及び、年金計算において年齢基準を用いることを含め、退職給付又は障害給付への加入要件又は受給資格に年齢を設定することが、年齢に基づく差別を構成しない旨を定めることができる。

施行期限：二〇〇三年一二月二日（年齢・障害については二〇〇六年一二月二日）

人種的又は民族的出身に関わりない均等待遇原則を実施する閣僚理事会指令（抄）（人種・民族均等指令）

Council Directive 2000/43/EC of 29 June 2000 implementing the principle of equal treatment between persons irrespective of racial or ethnic origin

採択：二〇〇〇年六月二九日

第一条　目的

本指令の目的は、加盟国において均等待遇原則に実効性を与えるために、人種的又は民族的出身に基づく差別と戦うための枠組を設定することにある。

第二条　差別の概念

1 均等待遇原則とは、人種的又は民族的出身に基づいて直接又は間接の差別が存在しないことを意味する。

2 第一項に関し、

(a) 人種的又は民族的出身を理由として、ある者が比較可能な状況において、他の者が取扱われるか、取り扱われたか又は取扱われたであろうよりも不利益に取り扱われる場合に、直接差別が生ずる。

(b) 表面上は中立的な規定、基準あるいは慣行が特定の人種的又は民族的出身の者を他の者と比較して特に不利とするであろう場合には、当該規定、基準あるいは慣行が、適法な目的により客観的に正当化され、かつその目的を達成する手段が適切かつ必要である場合を除き、間接差別が存在する。

3 ハラスメントとは、人種的又は民族的出身に関する求められざる行為が人の尊厳を侵し、かつ脅迫的、敵対的、冒瀆的、屈辱的又は攻撃的な環境を作り出す目的により又は効果をもって行なわれる場合には、第一項に定める差別とみなされる。

4 人種的又は民族的出身を理由として他人を差別するよう指示することも差別とみなされる。

第三条　適用範囲

1 本指令は、以下の事項に関して、公共部門及び民間部門両方に関して、公的機関を含め、全ての者に適用される。

(a) 活動分野に関わらず、また昇進を含む職業的階梯の全ての段階において、選抜基準及び採用条件を含め、雇用、自営若しくは職業へのアクセスの条件、

(b) 実地就労体験を含め、全ての種類及び全ての段階の職業指導、職業訓練、高等職業訓練及び再訓練、

(c) 解雇や賃金を含め、雇用・労働条件、

(d) 労働者団体若しくは使用者団体又は特定の職業を遂行する他の何らかの組織の構成員であること、あるいはその活動に関与すること、そしてそのような組織により提供される給付。

(e) 社会保障及び保健医療を含め、社会的保護、

(f) 社会的利益、

(g) 教育、

(h) 住居を含む、公衆が利用できる商品及びサービスへのアクセス及び供給。

2 本指令は、国籍に基づく待遇の相違には適用されず、加盟国の領域内における第三国国民や無国籍者の入国、居住に関する規定や条件、当該第三

国国民や無国籍者の法的地位から生ずるどのような待遇も妨げない。

施行期限：二〇〇三年七月一九日

集団整理解雇に関する加盟国法制の接近に関する閣僚理事会指令（抄）

（集団整理解雇指令）

Council Directive 98/59/EC of 20 July 1998 on the approximation of the laws of the Member States relating to collective redundancies

原指令採択：一九七五年二月一七日（75/129/EEC）

改正：一九九二年六月二四日（92/56/EC）

条文整理：一九九八年七月二〇日

第一節　定義と適用範囲

第一条

1　本指令において、

(a)　「集団整理解雇」とは、当該個別労働者には関係のない一又は複数の理由によって使用者によって実行される解雇であって、整理解雇の人数が、加盟国の選択に従い次に該当するものをいう。

(i)　三〇日の期間内に、

―常時二〇人を超え一〇〇人未満の労働者を雇用している事業所では、一〇人以上、

―常時一〇〇人以上三〇〇人未満の労働者を雇用している事業所では、労働数の一〇パーセント以上、

―常時三〇〇人以上の労働者を雇用している事業所では、三〇人以上、であるか又は、

(ii)　九〇日の期間内に、当該事業所に常時雇用されている労働者の数にかかわりなく、二〇人以上。

(b)　「労働者代表」とは国内法又は慣行に定める労働者代表を意味する。

第(a)号第一文の整理解雇の人数の計算上、当該個別労働者には関係のない一又は複数の理由により使用者の意思によって生じた雇用契約の終了は、五人以上である場合には整理解雇とみなすものとする。

2　本指令は以下には適用されないものとする。

(a)　一定期間又は特定の仕事のための雇用契約のもとで実施される集団整理解雇、ただし期間満了又は契約終了以前に行なわれる整理解雇は除く。

(b)　公的行政機関、又は公法に基づく事業所（又は、このような概念がない加盟国ではこれに相当する機関）によって雇用される労働者、

(c)　海上船舶の乗組員。

第二節　情報提供と協議

第二条

1　使用者は、集団整理解雇を計画する場合には、合意に達する目的を持って、適切な時期に労働者代表と協議するものとする。

2　これらの協議は、少なくとも、集団整理解雇を避け、又は影響を受ける労働者の数を減らし、及びとりわけ解雇対象労働者の再配置や再訓練の支援を目的とした付随する社会的措置をとることによって深刻な結果を和らげる方法や手段を取り上げるものとする。

加盟国は、労働者代表が国内法又は慣行に従い専門家の援助を求めることができる旨を規定することができる。

3　労働者代表が建設的提案を行なえるようにするために、使用者は協議の過程において適切な時期に、

(a)　全ての関連する情報を提供し、

(b)　すべての場合において書面で以下を通知するものとする。

(i)　計画されている整理解雇の理由、

(ii)　解雇される労働者の数と種類、

(iii)　常時雇用される労働者の数と種類、

(iv)　計画されている整理解雇の実施期間、

(v)　国内法及び／又は慣行が使用者にそのための権限を付与している限りにおいて整理解雇される労働者の選定基準の提案、

(vi)　国内法及び／又は慣行に基づくもの以外の整理解雇手当の計算方法。

使用者は、第一文第(b)号第(i)点から第(v)点までの労働者に与えた情報の写しを管轄機関に提出するものとする。

4　第一項から第三項までに定める義務は、集団整理解雇の決定が使用者によって行なわれるか、又は当該使用者を支配する企業によって行なわれるかに関わりなく適用されるものとする。

本指令に規定する情報提供、協議及び通知の義務の違反の判断に関し、集団整理解雇の決定を下す企業によって必要な情報が使用者に与えられなかったという使用者側の抗弁は一切考慮されないものとする。

第三節　集団整理解雇の手続

第三条

1　使用者は、予定する集団整理解雇について書面で管轄機関に通知するものとする。

ただし、裁判所の決定の結果として事業所の活動を終了することから生ずる集団整理解雇が予定される場合には、加盟国は、使用者は管轄機関が求めた場合にのみ通知する義務を負う旨を規定することができる。

この通知は、予定される集団整理解雇及び第二条に規定する労働者代表への協議、特に集団整理解雇の理由、整理解雇の対象となる労働者数、常時雇用される労働者数及び整理解雇が実施される期間に関する全ての関係する情報を含むものとする。

2　使用者は第一項に規定する通知の写しを労働者代表に送付するものとする。

労働者代表は、どのような意見でも管轄機関に送ることができる。

第四条

1　管轄機関に通知された予定される集団整理解雇は、解雇予告に関する個別労働者の権利を規制する規定に抵触しない限り、第三条第一項にいう通知の後少なくとも三〇日間は効力を生じないものとする。

加盟国は、前文の期間を短縮する権限を管轄機関に与えることができる。

2　第一項の期間は、管轄機関によって、予定される集団整理解雇から生ずる問題の解決を探るために利用されるものとする。

3　当初定められる期間が六〇日よりも短い場合、加盟国は、予定される集団整理解雇が当初の期間内で解決しそうにない場合には、この期間を六〇日にまで延長する権限を管轄機関に与えることができる。

加盟国は管轄機関にさらに広い延長権限を与えることができる。

使用者は、第一項に規定する当初の期間が切れる前に、延長とその理由を知らされなければならない。

4　加盟国は、裁判所の決定による事業所の活動の終了から生ずる集団整理解雇には本条を適用する必要はない。

原指令の施行期限：一九七七年二月一二日

一九九二年改正の施行期限：一九九四年八月二六日

企業、事業又は企業若しくは事業の一部の譲渡の場合の被用者の権利の保護に関する加盟国法制の接近に関する閣僚理事会指令（抄）（企業譲渡指令）

Council Directive 2001/23/EC of 12 March 2001 on the approximation of the laws of the Member States relating to the safeguarding of employees' rights in the event of transfers of undertakings, businesses or parts of undertakings or businesses

原指令：一九七七年二月一四日（77/187/EEC）
改正：一九九八年六月二九日（98/50/EC）
条文整理：二〇〇一年三月一二日

第一章　適用範囲と定義

第一条

1(a)　本指令は企業、事業又は企業若しくは事業の一部の法的な譲渡による又は合併による他の使用者へのあらゆる譲渡に適用されるものとする。

(b)　第(a)号及び本条の後続規定に従い、主たるものであれ副次的なものであれ、経済活動を追求する目的を有する資源の組織的集合を意味するところの、同一性を維持した経済的実体の移転があれば、本指令の意味における譲渡が存在する。

(c)　本指令は、営利目的で運営されているか否かに関わらず、経済活動に関わる公的及び私的な企業に適用されるものとする。公的行政機関の行政的再編成又は公的行政機関相互間の行政機能の移転は、本指令にいう譲渡ではない。

2　本指令は譲渡される企業、事業又は企業若しくは事業の一部が条約の地理的範囲にある限りにおいて適用するものとする

3　本指令は海上船舶には適用しないものとする。

第二条

1　本指令において、

(a)　「譲渡人」とは、第一条第一項にいう譲渡によって、当該企業、事業又は企業若しくは事業の一部について使用者であることをやめる全ての自然人又は法人をいう。

(b)　「譲受人」とは、第一条第一項にいう譲渡によって、当該企業、事業又は企業若しくは事業の一部について使用者となる全ての自然人又は法人をいう。

(c)　「被用者代表」及びこれに類する表現は、加盟国の法又は慣行の定める被用者の代表をいう。

(d)　「被用者」とは、関係する加盟国において国内の雇用関係法の下で被用者として保護されている全ての者を意味する。

2　本指令は雇用契約又は雇用関係の定義について国内法を妨げるものではない。

ただし、加盟国は次の理由のみによって雇用契約又は雇用関係を本指令の適用対象から排除しないものとする。

(a)　実労働時間又は所定労働時間の長さ、

(b)　当該雇用契約又は雇用関係が、有期雇用関係及び派遣雇用関係の労働者の職場の健康及び安全の改善を促進する措置を補完する閣僚理事会指令（91/383/EEC）第一条第一項にいう有期雇用契約によって規律される雇用関係であること、

(c)　当該雇用契約又は雇用関係が、指令（91/383/EEC）第一条第一項にいう派遣雇用契約であり、当該企業、事業又は企業若しくは事業の一部が使用者である派遣事業者又はその一部であること。

第二章　被用者の権利の保護

第三条

1　企業譲渡の時点で存在している雇用契約又は雇用関係から生ずる譲渡人の権利及び義務は、その譲渡のゆえに、譲受人に移転するものとする。加盟国は、譲渡の日の後に、譲渡人と譲受人が連帯して及び各自に、譲渡の日に存在した雇用契約又は雇用関係から譲渡の日の前に生じた義務について責任を負うものとする旨を規定することができる。

2　加盟国は、譲渡人が本条の規定のもとで譲受人に譲渡されるすべての権利と義務を、譲受人が譲り受けの際にこれら権利及び義務を了知しうるように、通知することを確保する適当な措置をとることができる。譲渡人が譲受人にこれら権利及び義務を通知しなかったことは、これら権利及び義務並びにこれら権利及び義務との関係において被用者が譲受人又は譲渡人に対して有する権利の移転に影響を及ぼさないものとする。

3　譲渡の後、譲受人は譲渡人が締結した労働協約で合意された条件を、協約の下で譲渡人に適用されたのと同じ条件で、協約の解約若しくは期間満了の日まで又は他の労働協約の効力発生若しくは適用開始の日まで、遵守しつづけるものとする。

4(a)　加盟国が異なった規定をしない限り、第一項及び第三項の規定は、加盟国の法定社会保障制度の外部の補完的な企業年金又は企業間年金

の制度の下での被用者の老齢年金、障害年金又は遺族年金の権利には適用しないものとする。

(b) 加盟国は、第一項及び第三項がそのような権利に関して適用される第(a)号に従った規定を設けない場合であっても、補完的制度の下で遺族年金を含む老齢年金の当面の又は将来の受給資格を付与する権利の関係で、譲渡人の被用者や譲渡の時点ではもはや譲渡人の事業に雇用されていない人の利益を守るために必要な措置をとるものとする。

第四条

1 企業、事業又は企業若しくは事業の一部の譲渡はそれ自体では譲渡人又は譲受人による解雇の根拠にはならないものとする。本規定は、労働力の変化をもたらす経済的、技術的又は組織的理由によって生じうる解雇を妨げるものではない。

加盟国は、国内法で解雇からの保護規定の対象となっていない特定の範疇の被用者に第一文が適用されないものと規定することができる。

2 もし企業譲渡による労働条件の実質的な変更が被用者に不利益となるために雇用契約又は雇用関係が終了する場合には、使用者は当該雇用契約又は雇用関係の終了に責任があるものと見なされるものとする。

第五条

1 加盟国が他の規定をしない限り、第三条及び第四条は、譲渡人の資産の清算の観点により管轄機関(管轄機関によって認可された破産管財人を含む。)の監督の下に実施される破産手続きその他の同様の企業整理手続きの対象が譲渡人である場合の企業、事業又は企業若しくは事業の一部の譲渡には適用しないものとする。

2 第三条及び第四条が譲渡人に対して開始された企業整理手続きの間に企業譲渡に適用される場合(当該手続きが譲渡人の資産の清算の観点から実施されるか否かに関わらず)には、当該手続きが管轄機関(国内法により決定される破産管財人を含む。)の監督の下にあることを条件に、加盟国は次のように規定することができる。

(a) 第三条第一項に関わらず、全ての雇用契約又は雇用関係から生ずる譲渡人の債務であって、譲渡前又は企業整理手続きの開始の前において支払い可能であったものは、そのような手続きが加盟国の国内法の下で使用者の倒産の場合における被用者の保護に係る加盟国法制の接近に関する閣僚理事会指令(80/987/EEC)が適用される状況と少なくとも同様の保護を講じていることを条件として、譲受人に移転されない。

あるいは、

(b) 一方において譲受人、譲渡人又は譲渡人の機能を実行する人若しくは人々と、他方において被用者の代表とが、現行法や慣習が認める範囲で、企業、事業又は企業若しくは事業の一部の生き残りを確実にすることにより雇用機会を確保するために考案された被用者の雇用・労働条件の変更に合意することができる。

3 加盟国は、国内法で定める深刻な経済的危機の状況におけるあらゆる企業譲渡に、その状況が管轄機関によって宣言され、司法的監督に開かれていることを条件として、そのような規定が一九九八年七月一七日に既に存在している条件の下で、第二項第(b)号の規定を、適用することができる。

欧州委員会は二〇〇三年七月一七日までに本規定の効果に関する報告をし、閣僚理事会に適当な提案を行なうものとする。

4 加盟国は、本指令が規定する権利を被用者から奪う手段として企業整理手続きが悪用されることを防止する観点で適当な措置をとるものとする。

第三章　情報提供と協議

第六条

1 企業、事業又は企業若しくは事業の一部がその自立性を維持する場合には、企業譲渡によって影響を受ける被用者の代表者又は代表団の地位と機能は、被用者代表の設置に必要な条件が満たされる限り、法律、規則、行政規定又は労働協約により譲渡の日の前に存在したのと同じ条件で維持されるものとする。

加盟国の法律、規則、行政規定、慣行又は被用者代表との協定の下で、被用者代表者の再指名又は被用者代表団の再設置に必要な条件が満たされるならば、第一文は適用されない。

譲渡人が、譲渡人の資産の清算の観点により管轄機関(管轄機関によって認可された破産管財人を含む。)の監督の下に実施される破産手続き又は同様の企業整理手続きの対象である場合には、加盟国政府は、移転された被用者が被用者代表を新たに選出又は指名するまで適切に代表されることを確保するよう必要な措置をとることができる。

企業、事業又は企業若しくは事業の一部がその自立性を維持しない場合には、加盟国は、移転の前に代表されていた被用者が、国内法又は慣行に従い被用者代表を再設置又は再指名するのに必要な期間適切に代表されることを確保するよう必要な措置をとるものとする。

2 譲渡によって影響を受ける被用者代表の任期が

譲渡の結果満了する場合には、当該被用者代表は、加盟国の法律、規則、行政規定又は慣行の定める保護を享受し続けるものとする。

第七条

1　譲渡人及び譲受人は、譲渡によって影響を受けるそれぞれの被用者の代表に次の情報を提供するよう求められるものとする。

—譲渡の日又は予定日

—譲渡の理由

—被用者にとっての譲渡の法的、経済的、社会的含意

—被用者との関係で想定されている全ての措置

譲渡人はこれらの情報をその被用者代表に、譲渡が実施される前の適切な時期に提供しなければならない。

譲受人はこれらの情報をその被用者代表に、その被用者が労働条件及び雇用条件に関し、譲渡によって直接に影響を受ける前の適切な時期及びあらゆる機会に提供しなければならない。

2　譲渡人又は譲受人がその被用者との関係で措置を想定している場合、当該措置についてその被用者代表と適切な時期に合意に達する目的を持って協議するものとする。

3　法律、規則又は行政規定によって、被用者代表が被用者との関係で執られた措置に関する決定を得るために仲裁機関に依頼することができる加盟国においては、第一項、第二項の規定による義務を、実施される譲渡が被用者の相当数にとって重大な不利益をもたらすような事業における変化を引き起こす場合に限定することができる。

情報提供及び協議は少なくとも被用者との関係で想定される措置を含むものとする。

情報提供及び協議は第一文にいう事業における変化が実行される前の適切な時期に行なわれなければならない。

4　本条に規定された義務は、譲渡という結果をもたらした意思決定が使用者によるものであるか又は使用者を支配する企業によるものであるかに関わりなく適用されるものとする。

本指令に定める情報提供及び協議の義務の違反については、そのような違反が使用者を支配する企業から情報が提供されなかったことによるものとの議論は弁解として認められないものとする。

5　加盟国は、第一項から第三項までに規定する義務を、被用者数の面で、被用者を代表する合議機関の選出又は指名の条件を満たす企業又は事業に限定することができる。

6　加盟国は、企業又は事業の被用者にそれ自身の過失なく被用者代表が存在しない場合には、関係する被用者は予め次の情報を提供されなければならない旨規定するものとする。

—譲渡の日又は予定日

—譲渡の理由

—被用者にとっての譲渡の法的、経済的及び社会的含意

—被用者との関係で想定されているあらゆる措置。

原指令の施行期限：一九七九年三月五日

一九九八年改正の施行期限：二〇〇一年七月一七日

労働時間の編成の一定の側面に関する指令（抄）（労働時間指令）

Directive 2003/88/EC of the European Parliament and of the Council of 4 November 2003 concerning certain aspects of the organisation of working time

原指令：一九九三年一一月二三日（93/104/EEC）

改正：二〇〇〇年六月二二日（2000/34/EC）

条文整理：二〇〇三年一一月四日

第一章　適用範囲と定義

第一条　目的と適用範囲

1　本指令は労働時間編成のための最低の安全及び健康の要件を定める。

2　本指令は次の事項に適用される。

(a)　毎日の休息、週休及び年次休暇の最低期間並びに休憩及び最長週労働時間、

(b)　夜間労働、交替制労働及び労働パターンの特定の側面。

3　本指令は、本指令第一四条、第一七条、第一八条及び第一九条に抵触しない限り、指令89/391/EEC第二条にいう公的及び私的双方のすべての活動に適用されるものとする。本指令は、本指令第二条第八項に抵触しない限り、指令1999/63/ECに定める船員には適用されないものとする。

4　指令89/391/EECの規定は、本指令に含まれるより厳格な及び／又はより特定の規定に抵触しない限り、第二項にいう事項に完全に適用される。

第二条　定義

労働時間の編成の一定の側面に関する指令（抄）（労働時間指令）

本指令においては、次の定義が適用されるものとする。

1　「労働時間」とは、国内の法律及び／又は慣行に従って、労働者が使用者の指揮命令下にあってその活動又は任務の遂行として労働する期間をいう。

2　「休息期間」とは、労働時間でないすべての期間をいう。

3　「夜間」とは、国内法によって定められた七時間を下回らない期間をいい、どのような場合でも、午前零時から午前五時までの期間を含まなければならない。

4　「夜間労働者」とは、

(a)　一方で、通常、一日の労働時間のうち三時間以上を夜間において労働する労働者であり、かつ、

(b)　他方で、次のうち当該加盟国の選択で定められる年間労働時間の一定割合を夜間に労働する見込みの労働者をいう。

(i)　労使との協議の後、国内法で定められるか、あるいは、

(ii)　国又は地域レベルにおいて締結される労働協約又は労使協定で定められる。

5　「交替制労働」とは、労働者がローテーションを含む一定のパターンに従って同一の場所で相互に労働を引き継ぎ継続し、かつ、当該労働者が所与の複数の日又は週にわたって異なった時間に労働する必要性を伴う継続的又は非継続的なシフトで労働を編成する方法をいう。

6　「交替制労働者」とは、その労働時間割が交替制労働である労働者をいう。

7　「移動型労働者」とは、陸路、空路又は内水路で乗客又は貨物を輸送する業務を行なう企業によって輸送又は航空要員として雇われた労働者をいう。

8　「沖合労働」とは、炭化水素を含む鉱物資源の探査、採取及び活用に直接又は間接的に関連して主に（掘削装置を含む）沖合施設において又はそこから行なう労働及びそのような活動に関連して、沖合施設又は船舶から行なわれるか否かを問わずなされる潜水をいう。

9　「十分な休息」とは、その長さが時間の単位で表され、かつ疲労又は不規則な労働形態の結果として、労働者が自身、同僚労働者その他の者への傷害を引き起こしたり、また短期的又は長期的にそれらの者の健康を害しないようにするために十分に長くかつ継続的な規則的な休息期間を労働者が取ることをいう。

第二章　最低休息期間—その他の労働時間編成の側面

第三条　毎日の休息期間

加盟国は、すべての労働者に、二四時間の期間ごとに継続一一時間の最低の一日ごとの休息期間を得る権利を確保するために必要な措置をとるものとする。

第四条　休憩

加盟国は、一日の労働時間が六時間を超える場合、すべての労働者に休憩時間を得る権利を確保するために必要な措置をとるものとし、その詳細は、その付与される長さと諸条件を含め、労働協約又は労使協定、またそれができない場合には国内法により定められるものとする。

第五条　毎週の休息期間

加盟国は、七日の期間ごとに、すべての労働者に第三条にいう毎日の一一時間の休息期間に加え最低二四時間の継続的休息期間を確保するために必要な措置をとるものとする。

目的、技術又は労働組織条件上の正当な理由がある場合には、二四時間の最低休息期間が適用され得る。

第六条　最長週労働時間

加盟国は労働者の安全及び健康を保護する必要性を維持しつつ、以下を確保するために必要な措置をとるものとする。

(a)　週労働時間の長さが、法律、規則若しくは行政規定により又は労働協約若しくは労使協定により制限され、

(b)　七日の期間ごとの平均労働時間が、時間外労働を含め、四八時間を超えないこと。

第七条　年次休暇

1　加盟国は、すべての労働者に、国内の法律や慣行により定められるその取得と付与の条件にしたがって、最低四週間の年次有給休暇を得る権利を確保するために必要な措置をとるものとする。

2　年次有給休暇の最低期間は、雇用関係が終了する場合を除き、代償手当で代替することはできない。

第三章　夜間労働、交替制労働、労働形態

第八条　夜間労働の長さ

加盟国は以下を確保するために必要な措置をとるものとする。

(a)　夜間労働者の通常の労働時間が、二四時間の期間ごとに平均八時間を超えず、

(b)　その労働に特別な危険又は重い心身の緊張が

伴う夜間労働者が、その夜間労働を行なう二四時間ごとに八時間を超える労働を行なわないこと。

第(b)号について、特別な危険又は重い心身の緊張を伴う労働とは、国内の法律や慣行又は労働協約若しくは労使協定によって、夜間労働の特別な影響と危険を考慮して、定義されるものとする。

第九条　健康診断と夜間労働者の昼間労働への配転

1　加盟国は以下を確保するために必要な措置をとるものとする。

(a)　夜間労働者に配置前及びその後定期的に無料の健康診断を受ける権利があり、

(b)　当該労働者が夜間労働を行なっているという事実に関係すると認められる健康問題を有している場合には、可能な限り当該労働者に合った昼間労働に配転されること。

2　第一項第(a)号の無料の健康診断は医療上の秘密を保持しなければならない。

3　第一項第(a)号の無料の健康診断は国内医療制度の中で実施することができる。

第一〇条　夜間労働に関する保証

加盟国は、夜間労働者の一定の種類の仕事が夜間労働に関係する安全又は健康の危険を負っている労働者の場合において、国内の法律や慣行によって定められる条件のもとで、一定の保証を付けることを要件とすることができる。

第一一条　夜間労働者の常態的使用の通知

加盟国は、夜間労働者を常時使用する使用者が、その要求に応じて、管轄官庁に通知するために必要な措置をとるものとする。

第一二条　安全と健康の保護

加盟国は以下を確保するために必要な措置をとるものとする。

(a)　夜間労働者及び交替制労働者がその仕事の性格に応じた適切な安全と健康上の保護を有し、

(b)　夜間労働者及び交替制労働者の安全と健康に関する適切な保護と防止のサービス又は設備が他の労働者に適用されるものと同等であり、かつ常時利用可能なものであること。

第一三条　労働のパターン

加盟国は、一定の形態で労働を編成しようと意図する使用者が、特に労働時間の間の休憩時間に関し、その活動の種類に応じ、また、安全と健康の要請の種類に応じ、単調な労働及び予定された労働速度を緩和する観点で、当該労働者に労働を合わせるという一般原則を考慮することを確保する必要な措置をとるものとする。

第四章　雑則

第一六条　算定基礎期間

加盟国は次のものを規定することができる。

(a)　第五条（毎週の休息期間）の適用に関しては、一四日を超えない算定基礎期間。

(b)　第六条（週労働時間の上限）の適用に関しては、四ヵ月を超えない算定基礎期間。

第七条に従い付与される年次有給休暇及び病気休暇の期間は含めないか、又は平均時間の計算において中立的であるものとする。

(c)　第八条（夜間労働の長さ）の適用に関しては、全国又は地域レベルの労使の協議の後、又は労働協約若しくは労使協定によって定められた期間。

第五条により要請される二四時間の週最低休息期間がその算定基礎期間にはいっている場合、それは平均計算の中に含まれないものとする。

第五章　適用除外と例外

第一七条　適用除外

1　労働者の安全と健康の保護の一般原則を尊重しつつ、加盟国は、当該活動の特定の性格を考慮に入れて、労働時間の長さが測定されず及び／又は予め決定されない場合又は労働者自身によって決定できる場合、特に次のような場合においては、第三条から第六条まで、第八条及び第一六条を適用除外することができる。

(a)　経営管理者その他の自律的な意思決定権限を有する者、

(b)　家族従業者、又は、

(c)　教会及び宗教団体の宗教的儀式を執り行なう労働者。

2　第三項、第四項及び第五項の適用除外は、当該労働者に同等の代償休息期間が与えられるか、合理的な理由によりそれが不可能な例外的な場合には、当該労働者に適当な保護が与えられることを条件として、法律、規則若しくは行政規定又は労働協約若しくは労使協定によって採択することができる。

3　本条第二項に従い、第三条、第四条、第五条、第八条及び第一六条の適用除外は、次の場合に認められる。

(a)　沖合労働を含め、労働者の職場と住居が離れている場合や労働者の複数の職場が相互に離れている場合の活動、

(b)　財産や生命を保護するために常駐が求められ

る警備や監視の活動、特に警備員や管理人又は警備保障会社の活動、

(c) サービス又は生産の継続の必要性のある活動、とりわけ、

(i) 研修医の活動を含む病院又は類似の施設、居住施設及び刑務所によって提供される収容、治療及び／又は看護に関する活動、

(ii) 港湾又は空港労働者、

(iii) 新聞、ラジオ、テレビ、映画制作、郵便及び電気通信サービス、救急、消防及び防災のサービス、

(iv) ガス、水道及び電力の生産、送電、供給、家庭廃棄物の収集と焼却場、

(v) 技術的な理由で仕事を中断できない産業、

(vi) 研究開発活動、

(vii) 農業、

(viii) 定期的な都市交通サービスで乗客の輸送に関わる労働者、

(d) 活動の波が予測可能な場合、特に、

(i) 農業、

(ii) 観光旅行業、

(iii) 郵便業

(e) 鉄道輸送に従事する者の場合、

(i) その活動が断続的であるか、

(ii) 労働時間を列車に乗車して過ごすか、又は、

(iii) その活動が輸送時刻表に関係し、交通の継続性と定期性の確保に関係する者。

(f) 指令89/391/EEC第五条第四項に規定された事情がある場合、

(g) 災害が発生し又は災害の危険が差し迫っている場合。

4 本条第二項に従い、第三条及び第五条の適用除外は、次の場合に認められる。

(a) 労働者がシフトを交替し、あるシフトの終了から次のシフトの開始まで一日及び／又は週の休息期間をその都度とることができない交替制労働の場合、

(b) 労働時間が一日中に分散する活動の場合、特に清掃員の活動の場合。

5 本条第二項に従い、研修医の場合、本項第二文から第六文までの規定に従って、第六条及び第一六条第(b)号を適用除外することができる。

第一文にいう第六条の適用除外に関しては、二〇〇四年八月一日から五年間の猶予期間に認められる。

加盟国は、保健及び医療を組織し提供するその責任に鑑みて労働時間の諸規定を満足させることの困難を勘案し、必要であれば、さらに二年間を猶予することができる。猶予期間終了前の最低六ヵ月間において、当該加盟国は、理由を説明して欧州委員会に通知するものとする。そうすることにより、その通知受領から三ヵ月以内に適切な協議を行なった後で、欧州委員会はその意見を述べることができる。加盟国が欧州委員会の意見に従わないときは、当該加盟国はその正当化理由を明らかにする。加盟国の通知と正当化理由及び欧州委員会の見解は、欧州共同体官報に公表され、欧州議会に送られるものとする。

加盟国は第三文にいう責任を達成する特別な困難を勘案し、必要であれば、さらに一年の追加的な猶予期間を置くことができる。当該加盟国は当該文に定める手続きによるものとする。

加盟国は、週の労働時間数がどのような場合にも、その猶予期間の最初の三年間は平均五八時間、その後の二年間は平均五六時間、そして残りの期間は平均五二時間を超えないようにするものとする。

使用者は、その猶予期間に適用される取り決めに関し、可能な限り、合意に達する目的を持って適切な機会に被用者の代表と協議するものとする。第五文に定める上限の範囲内で、上記の合意は、次の事項を含むことができる。

(a) 猶予期間内での平均週労働時間、及び

(b) 猶予期間終了までに週労働時間を平均四八時間にまで減少させるために取るべき措置。

第一文にいう第一六条第(b)号に関しては、算定基礎期間が、第五文で特定された猶予期間の最初の部分においては一二ヵ月を超えず、その後は六ヵ月を超えない場合に認められるものとする。

第一八条　労働協約による適用除外

第三条、第四条、第五条、第八条及び第一六条は、国又は地域レベルの労働協約又は労使協定によって、又は、そこで定められた原則に基づいて、より下位のレベルの労働協約又は労使協定によって、適用除外することができる。

本指令の対象事項に関し、国又は地域レベルの労働協約又は労使協定の締結を確保する法的制度を有しない加盟国、又は、その目的のため、その枠内で特定の立法の枠組みを有する加盟国は、適当な集団レベルの労働協約又は労使協定により第三条、第四条、第五条、第八条及び第一六条の適用除外を認めることができる。

第一文及び第二文に規定する適用除外は、当該労働者に同等の代償休息期間が与えられ、又は、客観的な理由によりそのような期間を与えることが可能でない例外的な場合には、当該労働者には

適切な保護が与えられる、との条件の下で認められるものとする。

(b) 加盟国は、

(a) 労使による本条の適用、及び

(b) 国内法及び／又は慣行に従い本条に基づいて締結された労働協約又は労使協定の規定の他の労働者への拡張適用、

に関する規則を定めることができる。

第一九条　算定基礎機関の適用除外の制限

第一七条第三項及び第一八条に定める第一六条第(b)号の適用除外の選択肢は、六ヵ月を超える算定基礎期間を定める結果となることはできない。

ただし、加盟国は、労働者の安全と健康の保護に関する一般原則を遵守し、客観的若しくは技術的理由又は労働組織に関する理由で、労働協約又は労使協定が一二ヵ月を超えない算定基礎期間を設定することを認める選択肢を有するものとする。

二〇〇三年一一月二三日の前に、閣僚理事会は、欧州委員会の評価報告を伴う提案に基づいて、本項の諸規定を再検討し、どのような行動を取るべきかを決定するものとする。

原指令の施行期限：一九九六年一一月二三日

二〇〇〇年改正の施行期限：二〇〇三年八月一日（研修医については二〇〇四年八月一日）

欧州共同体における被用者に対する情報提供及び協議の一般枠組みを設定する欧州議会及び閣僚理事会の指令（抄）

（一般労使協議指令）

Directive 2002/14/EC of the European Parliament and of the Council of 11 March 2002 establishing a general framework for informing and consulting employees in the European Community - Joint declaration of the European Parliament, the Council and the Commission on employee representation

採択：二〇〇二年三月一一日

第一条　目的と原則

1　本指令の目的は、欧州共同体内の企業又は事業所において情報提供及び協議を受ける被用者の権利に関する最低要件を規定する一般的な枠組みを定めることにある。

2　情報提供及び協議の手続はその有効性を確保するように個別加盟国の国内法及び労使関係慣行に従って定められかつ実施されるものとする。

3　情報提供及び協議の手続を決定し又は実施するときには、使用者及び被用者代表は協調の精神で、それぞれの権利と義務を尊重し、企業又は事業所及び被用者双方の利益を勘案して職務を行なうものとする。

第二条　定義

本指令において、

(a)「企業」とは、営利目的であるか否かを問わず、欧州共同体の加盟国の領域内に所在するところの経済的活動を遂行する公的又は私的な企業をいう。

(b)「事業所」とは、国内法及び慣行に従って定義される事業の単位であって、加盟国の領域内に所在し、経済活動が人的資源及び物的資源とともに継続を前提として遂行されるものをいう。

(c)「使用者」とは、国内法及び慣行に従い、被用者との雇用契約又は雇用関係の当事者たる自然人又は法人をいう。

(d)「被用者」とは、関係する加盟国において、国内労働法制のもとで国内慣行に従い被用者として保護されるすべての者をいう。

(e)「被用者代表」とは、国内法又は慣行により規定される被用者の代表をいう。

(f)「情報提供」とは、使用者により被用者代表に対して問題の事項を知りかつ検討する目的でなされるデータの伝達をいう。

(g)「協議」とは、被用者代表と使用者の間の意見の交換及び対話の確立をいう。

第三条　適用範囲

1　本指令は、加盟国の選択により、

(a) いかなる一加盟国においても少なくとも五〇人の被用者を雇用する企業、又は

(b) いかなる一加盟国においても少なくとも二〇人の被用者を雇用する事業所

に適用するものとする。

加盟国は被用者の数を計算する方法を定めるものとする。

2　本指令の原則と目的に従い、加盟国は直接にかつ本質的に政治的、職業組織的、宗教的、慈善的、教育的、科学的若しくは芸術的目的又は情報の提供及び意見の表明に関する目的を追求する企業に

適用される特別の仕組みを、このような規定が本指令の発効の日に国内法に既に存在することを条件として、規定することができる。

3　加盟国は公海を航行する船舶の乗組員に適用される特別の規定を通じて本指令を適用除外することができる。

第四条　情報提供及び協議の手続

1　第一条に規定する原則に従って行動し、かつ被用者にとってより有利な現行の規定又は慣行に抵触しない限り、加盟国は本条に従って適切なレベルにおいて情報提供及び協議の権利を行使するための手続を定めるものとする。

2　情報提供及び協議は次のものを対象とするものとする。

(a)　企業又は事業所の活動及び経済状況の最近の及びありうべき進展に関する情報、

(b)　企業又は事業所内部の雇用の状況、構造及びありうべき進展並びに特に雇用が脅かされる際に想定されるあらゆる先制的な措置に関する情報提供及び協議、

(c)　第九条第一項にいう欧州共同体規定の対象となるものを含め、労働組織又は雇用契約関係における顕著な変化をもたらすような決定に関する情報提供及び協議。

3　被用者の代表が十分な研究を行い、必要であれば協議を準備することができるように、適切なときに適切な方法で適切な内容が提供されるものとする。

4　協議は、

(a)　時、方法、内容が適切であるように確保しつつ、

(b)　議論される問題に応じて、関係する経営者及び被用者代表のレベルで、

(c)　第二条第(f)号に従い使用者によって提供される関連する情報及び被用者代表が表明する権利を持つ意見を基礎として、

(d)　被用者代表が使用者と会合し、その表明したいかなる意見に対しても応答及び当該応答の理由を得られるような方法によって、

(e)　第二項第(c)号にいう使用者の権限の範囲内の決定に関して合意に達する目的をもって、

行なわれるものとする。

第五条　労働協約に基づく情報提供及び協議

加盟国は、企業レベル又は事業所レベルを含む適切なレベルの労使団体が、自由にかついかなる時にも、交渉による労働協約を通じて、被用者への情報提供及び協議の手続を決定することを委任することができる。これらの労働協約、第一一条に定める日に存在する労働協約及びこれらを更新した労働協約は、第一条に定める原則を尊重しかつ加盟国が定める条件及び制限に従い、第四条にいうものと異なる規定を定めることができる。

第六条　機密情報

1　加盟国は、国内法で定める条件及び限界に従って、被用者代表及び被用者代表を援助するいかなる専門家も、企業又は事業所の合法的な利益において、明示的に機密として提供されたあらゆる情報を、被用者又は第三者に対して漏洩することを認められないものと規定するものとする。この義務は当該被用者代表又は専門家がどこにいても、その任期が終了した後であっても適用されるものとする。ただし、加盟国は被用者代表及び被用者代表を援助するすべての者が、機密保持義務を負った被用者及び第三者に対して機密情報を伝えることを認めることができる。

2　加盟国は、特別の場合には国内法で定める条件及び限界の範囲内で、情報提供又は協議の性質が客観的な基準から見て企業又は事業所の運営を著しく損なうか又は不利にするようなものであるときには、使用者が情報を提供し又は協議を行なう義務がないものと規定するものとする。

3　現存する国内の手続に抵触しない限り、加盟国は、第一項及び第二項に従い、使用者が機密性を主張し又は情報を提供しなかった場合に、行政的又は司法的な訴えの手続の規定を設けるものとする。加盟国はまた問題の情報の機密性を保護するための手続きを規定することができる。

第七条　被用者代表の保護

加盟国は、被用者代表がその任務を遂行するときには、与えられた責務を適切に遂行することができるような十分な保護及び保証を享受することを確保するものとする。

第八条　権利の保護

1　加盟国は、使用者又は被用者代表が本指令に従わない場合に適切な措置を規定するものとする。特に、本指令から生ずる義務が履行されることを可能にする十分な行政的又は司法的手続の利用可能性を確保するものとする。

2　加盟国は、使用者又は被用者代表が本指令に違反している場合に適用される十分な罰則を規定するものとする。これら罰則は効果的かつ均衡がとれており、抑止的なものでなければならない。

施行期限：二〇〇五年三月二三日

（企業規模により、一〇〇～一五〇人規模企業は二〇〇七年三月二三日、五〇～一〇〇人規模企業は二〇〇八年三月二三日）

両親と介護者のワークライフバランスに関する、及び理事会指令2010/18/EUを廃止する欧州議会と閣僚理事会の指令（ワークライフバランス指令）

Directive (EU) 2019/1158 of the European Parliament and of the Council of 20 June 2019 on work-life balance for parents and carers and repealing Council Directive 2010/18/EU

採択：二〇一九年六月二〇日

第一条　主題

本指令は、両親又は介護者である労働者の職業と家庭生活の両立を容易にすることにより、労働市場機会と職場における待遇に関する男女間の均等を達成するために設計された最低要件を規定するものである。

このため、本指令は以下に関する個人の権利を規定する。

(a) 父親出産休暇、育児休暇、及び介護休暇

(b) 両親又は介護者である労働者のための柔軟な労働編成

第二条　適用範囲

本指令は、司法裁判所の判例法を考慮に入れつつ、各加盟国で効力を有する法、労働協約又は慣行で定義された雇用契約又は雇用関係を有する全ての男女労働者に適用する。

第三条　定義

1　本指令においては以下の定義が適用される。

(a)「父親出産休暇」とは、子供の誕生時にその世話をする目的での、父親又は国内法で承認されている場合にはこれと同等の第二の親のための労働からの休暇をいう。

(b)「育児休暇」とは、両親が子供の誕生又は養子縁組に基づいてその子供の世話をするための労働からの休暇をいう。

(c)「介護休暇」とは、各加盟国が定める重大な医学的理由による顕著な介護又は支援を必要とする家族若しくは労働者と同一世帯に居住する者に対して、自ら介護するための労働からの休暇をいう。

(d)「介護者」とは、各加盟国が定める重大な医学的理由による顕著な介護又は支援を必要とする家族若しくは労働者と同一世帯に居住する者に対して自ら介護又は支援を提供する労働者をいう。

(e)「家族」とは、労働者の男児、女児、母親、父親、配偶者又は、国内法で承認されている場合には同性パートナーシップにおけるパートナーをいう。

(f)「柔軟な労働編成」とは、労働者が遠隔労働編成の活用、柔軟な労働日程又は労働時間の短縮によるものも含め、その労働パターンを調整する可能性をいう。

2　第四条及び第六条にいう労働日は、当該加盟国で定めるフルタイムの労働パターンを参照して解釈するものとする。

労働者の休暇の権利は、労働者の雇用契約又は雇用関係で特定された労働パターンに従い、労働者の労働時間に比例して算定することができる。

第四条　父親出産休暇

1　加盟国は、父親又は国内法で承認されている場合にはこれと同等の第二の親が、労働者の子供の誕生の時期に一〇労働日の父親出産休暇を取得する権利を有するよう確保するために必要な措置をとるものとする。加盟国は、父親出産休暇を一部誕生前に取得できるか又は誕生後にのみ取得できるか、あるいは柔軟な方法で取得することができるかについて決定することができる。

2　父親出産休暇の権利は労働期間資格又は勤続期間資格に左右されてはならない。

3　父親出産休暇の権利は国内法で定める婚姻上又は家族上の地位に関わりなく付与されるものとする。

第五条　育児休暇

1　加盟国は、各労働者が個別に、子供が八歳までの各加盟国又は労働協約で特定される年齢に達するまで取得しうる四か月の育児休暇の権利を有するよう確保するために必要な措置をとるものとする。この年齢は、各親が有効かつ均等に育児休暇の権利を行使することができることを確保する観点で定められるものとする。

2　加盟国は、育児休暇のうち二か月分は譲渡することができないよう確保するものとする。

3　加盟国は、労働者が育児休暇の権利を行使する際に、労働者から使用者への合理的な告知期間を設定するものとする。その場合、加盟国は使用者と労働者双方の必要を考慮に入れるものとする。

加盟国は、労働者による休暇の請求において休暇期間の始期と終期を特定するよう確保するものとする。

4　加盟国は、育児休暇の権利の発生を一年を超えない労働期間資格又は勤続期間資格に条件付けることができる。理事会指令1999/70/ECに規定する同一使用者との反復継続した有期契約の場合

には、これら契約の総計が資格期間の算定において考慮されるものとする。

5　加盟国は、使用者が国内法、労働協約又は慣行に従って協議をした上で、請求された時点での育児休暇の取得が企業の良好な運営を著しく混乱させるという理由に基づいて、育児休暇の付与を合理的な期間において延期することを認める条件を定めることができる。使用者はかかる育児休暇の延期の理由を書面で通知するものとする。

6　加盟国は、労働者が柔軟な方法で育児休暇を取得することを請求する権利を有するよう確保するために必要な措置をとるものとする。加盟国はその適用の態様を特定することができる。使用者は、使用者と労働者双方の必要を考慮に入れてかかる請求を考慮し対応するものとする。使用者は、かかる請求の受入を拒否する場合は常に、請求後合理的な期間内に書面でその理由を通知するものとする。

7　加盟国は、フルタイムの育児休暇の請求を考慮する際に、使用者が第五項に従って延期をする前に、可能な限りにおいて、第六項に従って育児休暇取得の柔軟な方法を提示するよう確保するための必要な措置をとるものとする。

8　加盟国は、育児休暇の適用条件及び適用方法の詳細を、養子縁組した親、障害を持つ親及び障害児又は長期間病気に罹っている子供を持つ親の必要に適応させる必要性を検討するものとする。

第六条　介護休暇

1　加盟国は、各労働者が年間五労働日の介護休暇の権利を有するよう確保するために必要な措置をとるものとする。加盟国は、国内法又は慣行に従い介護休暇の範囲及び条件に関する追加的な詳細を定めることができる。この権利の利用は、国内法及び慣行に従い適当な具体化に従うものとすることができる。

2　加盟国は、介護又は支援の必要な者ごとに、あるいは事案ごとに、介護休暇を一年以外の参照期間に基づいて配分することができる。

第七条　不可抗力を理由とする労働からのタイムオフ

加盟国は、各労働者が家族の病気や事故により労働者が直ちに付き添うことが不可欠である場合における緊急の家族的理由による不可抗力に基づく労働からのタイムオフの権利を有するよう確保するために必要な措置をとるものとする。加盟国は、各労働者の不可抗力を理由とする労働からのタイムオフの権利を一年ごとに又は事案ごとに若しくはその双方ごとに、一定の時間内に限定することができる。

第八条　給付又は手当

1　国内法、労働協約又は慣行のような国内の状況に従い、労使団体に付与された権限を考慮に入れて、加盟国は第四条第一項又は第五条第二項に定める休暇の権利を行使する労働者が、本条第二項及び第三項に従い給付又は手当を受給するよう確保するものとする。

2　第四条第一項に定める父親出産休暇に関しては、かかる給付又は手当は、国内法に定める上限の範囲内で、当該労働者がその健康状態に関係する理由で労働活動を中断する場合に受給するのと同等以上の収入を確保するものとする。加盟国は、給付又は手当の権利を従前の雇用期間に条件付けることができるが、それは子供の誕生予定日の直前六か月間を超えてはならない。

3　第五条第二項に定める育児休暇に関しては、かかる給付又は手当は加盟国又は労使団体によって定められ、両親による育児休暇の取得を促進するような方法で設定されるものとする。

第九条　柔軟な労働編成

1　加盟国は、八歳を下回らない特定の年齢までの子供を有する労働者及び介護者が育児・介護の目的で柔軟な労働編成を請求する権利を有するよう確保するために必要な措置をとるものとする。かかる柔軟な労度編成の期間は合理的な限度内とすることができる。

2　使用者は第一項に定める柔軟な労働編成の請求に対し、使用者及び労働者双方の必要を考慮に入れて、合理的な期間内に考慮し対応するものとする。使用者は、かかる請求を拒否し又はかかる編成を延期する場合はその理由を通知するものとする。

3　第一項に定める柔軟な労働編成の期間が限定される場合、労働者は合意された期間の終期において元の労働パターンに復帰する権利を有するものとする。労働者はまた、状況の変化を理由として正当化される場合には、合意された期間の終期の前に元の労働パターンに復帰することを請求する権利を有する。使用者は、使用者及び労働者双方の必要を考慮に入れて、元の労働パターンへの早期復帰の請求を考慮し対応するものとする。

4　加盟国は、柔軟な労働編成を請求する権利を六か月を超えない労働期間資格又は勤続期間資格に条件付けることができる。理事会指令1999/70/ECに規定する同一使用者との反復継続した有期契約の場合には、これら契約の総計が資格期間の算定において考慮されるものとする。

第一〇条　雇用上の権利

1　第四条、第五条及び第六条にいう休暇又は第七条にいう労働からのタイムオフが開始した日に労働者が得ていたか又は得る過程にあった権利は、かかる休暇又はタイムオフの終期まで維持されるものとする。かかる休暇又はタイムオフの終期には、国内法、労働協約又は慣行から生ずるいかなる変化も含めて、これらの権利は適用されるものとする。

2　加盟国は、第四条、第五条及び第六条にいう休暇の終期において、労働者が元の職務又はその雇用労働条件が下回らない同等の職務に復帰し、彼らが休暇を取得しなければ得られたであろう労働条件のいかなる改善をも享受する権利を有するよう確保するものとする。

3　加盟国は、年金保険料その他の社会保障の権利に関するものを含め、第四条、第五条及び第六条にいう休暇又は第七条にいう労働からのタイムオフの期間中の雇用契約又は雇用関係の地位を定めるとともに、その期間中雇用関係が維持されることを確保するものとする。

第一一条　差別

加盟国は、労働者が第四条、第五条及び第六条にいう休暇又は第七条にいう労働からのタイムオフを請求し若しくは取得したことを理由とする、又は第九条にいう権利を行使したことを理由とする不利益な取扱いを禁止する必要な措置をとるものとする。

第一二条　解雇からの保護及び立証責任

1　加盟国は、労働者が第四条、第五条及び第六条にいう休暇を請求し若しくは取得したことを理由とする、又は第九条にいう柔軟な労働編成を請求する権利を行使したことを理由とする解雇及び解雇のあらゆる準備を禁止する必要な措置をとるものとする。

2　自らが第四条、第五条及び第六条にいう休暇を請求し若しくは取得したことを理由として、又は第九条にいう柔軟な労働編成の権利を行使したことを理由として解雇されたと考える労働者は、使用者に対して解雇の正当な裏付けのある理由を示すよう請求することができる。第四条、第五条若しくは第六条にいう休暇を請求し又は取得した労働者の解雇に関しては、使用者は解雇の理由を書面で示すものとする。

3　加盟国は、第四条、第五条及び第六条にいう休暇を請求し又は取得したという理由で解雇されたと考える労働者が、裁判所又は他の権限ある機関において、かかる理由で解雇されたという推定をもたらしうる事実を示した場合には、当該解雇が他の理由によるものであることを立証すべきは使用者とすることを確保するために必要な措置をとるものとする。

4　第三項は加盟国が労働者により有利な証拠法則を導入することを妨げるものではない。

5　加盟国は、事案の事実調査をするのが裁判所又は権限ある機関である手続には第三項を適用する必要はない。

6　加盟国が異なる規定をしていない限り、第三項は刑事手続には適用しない。

第一三条　罰則

加盟国は、本指令に基づき採択された国内規定又は本指令の適用範囲内の権利に関して既に効力を有する関係規定の違反に対して適用される罰則を設けるとともに、それが実施されるようあらゆる必要な措置をとるものとする。規定される罰則は効果的かつ比例的で、抑止的なものとする。

第一四条　不利益取扱い及びその結果からの保護

加盟国は、被用者代表である労働者を含め、本指令に規定する要件の遵守を執行する目的でなされる企業内で行われる苦情申立て又は司法手続きの結果としてなされる使用者による不利益取扱い又は不利益な結果から労働者を保護するために必要な措置を導入するものとする。

第一五条　均等機関

労使団体を含め、労働者の権利を執行する労働監督機関又は他の機関の権限に抵触しない限り、加盟国は指令2006/54/EC（＝男女均等待遇指令）第二〇条に基づき指定された性別に基づく差別なくすべての人の均等待遇の促進、分析、監視及び支援のための機関が、本指令の適用範囲内の差別に関する問題に関して権限を有するよう確保するものとする。

第一六条　保護水準

1　加盟国は、本指令に規定されたよりも労働者に有利な規定を導入し又は維持することができる。

2　本指令の実施は、本指令の対象となる分野における労働者の一般保護水準の引下げを正当化する根拠とはならないものとする。かかる保護水準の引下げの禁止は、加盟国及び労使団体が事情の変化により、本指令に規定する最低要件を遵守することを条件として、二〇一九年八月一日に効力を有する規定と異なる法規、規制又は契約を規定する権利を妨げない。

第一七条　情報の普及

加盟国は、本指令を国内法化した措置が、第一条に定める主題に関し既に効力を有する関係規定とともに、中小企業の使用者を含め、労働者及び使用者の注意を惹くように、その領域内を通じてあらゆる措置により確保するものとする。

UNICE、CEEP及びETUCによって締結されたパートタイム労働に関する枠組み協約に関する閣僚理事会指令（抄）（パートタイム労働指令）

Council Directive 97/81/EC of 15 December 1997 concerning the Framework Agreement on part-time work concluded by UNICE, CEEP and the ETUC - Annex : Framework agreement on part-time work

採択：一九九七年一二月一五日

《指令本文略》

附則　パートタイム労働に関する枠組み協約

第一条　目的

この枠組み協約の目的は、

(a)　パートタイム労働者に対する差別の除去を規定し、パートタイム労働の質を改善するとともに、

(b)　自発的な基礎の上におけるパートタイム労働の発展を促進し、使用者と労働者の必要を考慮に入れたやり方で労働時間の柔軟な編成に貢献することにある。

第二条　適用範囲

1　本協約は各加盟国の法律、労働協約又は慣行によって定義された雇用契約又は雇用関係を有するパートタイム労働者に適用される。

2　加盟国は国内法、労働協約又は慣行に従って労使団体に協議しかつ／又は適切なレベルの労使団体は国内の労使関係慣行に従って、客観的な理由により、臨時的に働くパートタイム労働者を、本協約の条項から全面的に又は部分的に、適用除外することができる。この除外はその客観的な理由が有効に持続しているか否かを、定期的に見直されるべきである。

第三条　定義

本協約において、

1　「パートタイム労働者」とは、その通常の労働時間が、週労働時間ベース又は一年以内の雇用期間の平均労働時間で算定して、比較可能なフルタイム労働者の通常の労働時間よりも短い被用者をいう。

2　「比較可能なフルタイム労働者」とは、同一の事業所において、勤続期間や資格／技能を含む他の考慮事項に適切な考慮を払いつつ、同一のまたは類似の労働／職業に従事するところの、同一類型の雇用契約又は雇用関係を有するフルタイム労働者をいう。

同一の事業所において比較可能なフルタイム労働者がいない場合には、比較は適用可能な労働協約について行ない、適用可能な労働協約がない場合には国内法、労働協約または慣行に従う。

第四条　非差別の原則

1　雇用条件に関して、パートタイム労働者は、パートタイムで労働するというだけの理由では、客観的な根拠によって正当化されない限り、比較可能なフルタイム労働者よりも不利な取扱いを受けないものとする。

2　適切な場合には、時間比例の原則が適用されるものとする。

3　本条項の適用の取り決めは欧州共同体法及び国内法、労働協約及び慣行を考慮して、労使団体へ

の協議の後に加盟国により、または労使団体により規定されるものとする。

4　客観的な理由によって正当化される場合には、加盟国は国内法、労働協約又は慣行に従って労使団体に協議したうえで、それが適切であれば、特定の雇用条件の適用を、勤続期間、実労働時間又は賃金資格に従うものとすることができる。パートタイム労働者に特定の雇用条件を適用させる資格は第四条第一項に示された非差別原則を考慮して定期的に見直されるものとする。

第五条　パートタイム労働の機会

1　本協約第一条及びパートタイム労働者とフルタイム労働者の間の非差別原則に照らして、

(a)　加盟国は国内法、労働協約又は慣行に従って労使団体に協議したうえで、パートタイム労働の機会を制限する法的又は行政的性質の障害を確定、再検討し、適当であればそれらを解消すべきである。

(b)　労使団体は、その権限の範囲内で行動し労働協約に規定する手続を通じて、パートタイム労働の機会を制限する障害を確定、再検討し、それが適切であればそれらを解消すべきである。

2　フルタイム労働からパートタイム労働への、又はその逆の転換を労働者が拒否することは、それ自体では雇用終了の正当な理由となるべきでない。これは、国内法、労働協約及び慣行に従って、関係事業所の運営上の必要から生じ得るような他の理由による雇用の終了を妨げるものではない。

3　使用者は可能な限り、

(a)　事業所内で応募可能なフルタイム労働者からパートタイム労働への転換の希望、

(b)　パートタイム労働者からフルタイム労働への転換又は機会があればその労働時間の延長の希望、

(c)　フルタイム労働からパートタイム労働への又はその逆の転換を促進するために、事業所内の応募可能なフルタイム又はパートタイムの職に関する情報の適時の提供、

(d)　高技能職や管理職も含め、企業内のあらゆるレベルでパートタイム労働に就くこと促進にし、適当であればパートタイム労働者のキャリア機会と職業移動性を高めるための職業訓練の受講を促進するための措置、

(e)　既存の労働者代表機関に対する企業内のパートタイム労働についての適切な情報提供、

を考慮すべきである。

施行期限：二〇〇〇年一月二〇日

ＥＴＵＣ、ＵＮＩＣＥ及びＣＥＥＰによって締結された有期労働に関する枠組み協約に関する指令（抄）（有期労働契約指令）

Council Directive 1999/70/EC of 28 June 1999 concerning the framework agreement on fixed-term work concluded by ETUC, UNICE and CEEP

採択：一九九九年六月二八日

附則　有期労働に関する枠組み協約

《指令本文略》

第一条　目的

本枠組み協約の目的は、

(a)　非差別原則の適用を確保することによって有期労働の質を改善するとともに、

(b)　有期雇用契約及び有期雇用関係の反復継続的利用から生ずる濫用を防止する枠組みを樹立することにある。

第二条　適用範囲

1　本協約は各加盟国の法律、労働協約又は慣行において雇用契約又は雇用関係を有すると定義される有期労働者に適用される。

2　加盟国は労使団体と協議した後に、または各国労使団体は本協約が以下のものに適用されないものと規定することができる。

(a)　初等職業訓練関係及び徒弟制度、

(b)　特定の公的なまたは公費に基づく訓練、統合、職業訓練プログラムの枠組みにおいて結ばれた

雇用契約及び雇用関係。

第三条　定義

1　本協約において、「有期労働者」とは、使用者と労働者の間で直接成立する雇用契約または雇用関係を有する者であって、その雇用契約または関係の終期が特定の日の到来、特定の任務の完了、または特定の事件の発生のような客観的な条件によって決定されている労働者をいう。

2　本協約において、「比較可能な常用労働者」とは、同一の事業所において、資格／技能に適切な考慮を払いつつ、同一のまたは類似の労働／職業に従事するところの、期間の定めなき雇用契約または雇用関係を有する労働者をいう。

同一の事業所において比較可能な常用労働者がいない場合には、比較は適用可能な労働協約について行ない、適用可能な労働協約がない場合には国内法、労働協約または慣行に従う。

第四条　非差別原則

1　雇用条件に関して、有期労働者は、有期雇用契約または有期雇用関係を有するというだけの理由では、客観的な根拠によって正当化されない限り、比較可能な常用労働者よりも不利な取扱いを受けないものとする。

2　適切な場合には、時間比例の原則が適用されるものとする。

3　本条項の適用の取り決めは欧州共同体法及び国内法、労働協約及び慣行を考慮して、労使団体への協議の後に加盟国により、または労使団体により規定されるものとする。

4　特定の雇用条件の取得に必要な勤続期間資格は、客観的な根拠によって異なった期間が正当化されない限り、有期労働者についても常用労働者と同じものとする。

第五条　濫用防止の措置

1　有期雇用契約または有期雇用関係の反復継続した利用から生ずる濫用を防止するために、加盟国は国内法、労働協約又は慣行に従い労使団体と協議し及び／又は各国労使団体は、濫用を防ぐ同等の法的措置がない場合には、特定の業種及び／又は労働者範疇の必要を考慮して、以下のうち一又はそれ以上の措置を導入するものとする

(a)　そのような雇用契約または雇用関係の更新を正当化する客観的な理由、

(b)　反復継続的な有期雇用契約または有期雇用関係の最長総継続期間、

(c)　そのような雇用契約または雇用関係の更新回数。

2　加盟国は労使団体と協議し及び／又は各国労使団体は、それが適切であれば、有期雇用契約又は有期雇用関係がどのような条件下において、

(a)　「反復継続的」と見なされるか、

(b)　期間の定めなき雇用契約または雇用関係と見なされるか、

を決定するものとする。

第六条　情報と雇用機会

1　使用者は、有期労働者に対して、他の労働者と同様常用的地位を得る機会を持てるよう、企業または事業所における欠員について情報提供するものとする。そのような情報は、企業または事業所の適当な場所において一般的告知の方法によって提供することができる。

2　可能な限り、使用者は、有期労働者がその技能、キャリア開発及び職業的移動可能性を高めるための適当な訓練機会を促進するものとする。

第七条　情報提供と協議

1　国内法や欧州共同体法で規定された労働者代表組織が国内規定により企業に設置される場合の基準となる従業員数の算定に当たっては、有期雇用労働者も考慮されるものとする。

2　第七条第一項を適用するための取り決めは労使団体との協議の後に加盟国により及び／又は国内法、労働協約又は慣行に従いかつ第四条第一項を考慮して労使団体により決定されるものとする。

3　可能な限り、使用者は労働者代表組織に企業内の有期労働に関する情報提供について考慮するものとする。

派遣労働に関する欧州議会及び閣僚理事会の指令（抄）（派遣労働指令）

DIRECTIVE 2008/104/EC OF THE EUROPEAN PARLIAMENT AND OF THE COUNCIL of 19 November 2008 on temporary agency work

採択：二〇〇八年一一月一九日

第一章　総則

第一条　適用範囲

1　本指令は、派遣事業者との間で雇用契約又は雇用関係を結び、利用者企業に派遣されてその指揮監督下で臨時的に就労する労働者に適用される。

2　本指令は、営利目的であるか否かに関わらず、経済活動に従事する派遣事業者又は利用者企業である公的及び私的企業に適用される。

3　加盟国は、労使団体に協議した上で、本指令が特定の公的な又は公的に援助された職業訓練、社会統合又は職業再訓練計画のもとで締結される雇用契約又は雇用関係に適用されないものとすることができる。

第二条　目的

本指令の目的は、雇用の創出と柔軟な労働形態の発展に有効に貢献する観点で派遣労働の利用の適切な枠組みを確立する必要性を考慮しつつ、第五条に規定する均等待遇原則が派遣労働者に適用されることを確保しかつ派遣事業者を使用者と認めることにより派遣労働者の保護を確保し派遣労働の質を改善することにある。

第三条　定義

1　本指令において、

(a)　「労働者」とは、関係加盟国において、国内雇用法制のもとで労働者として保護されている全ての者をいう。

(b)　「派遣事業者」とは、国内法に従い、派遣労働者を利用者企業にその指揮監督下で臨時的に就労するよう派遣する目的で派遣労働者と雇用契約又は雇用関係を締結する全ての自然人又は法人をいう。

(c)　「派遣労働者」とは、利用者企業にその指揮監督下で臨時的に就労するよう派遣される目的で派遣事業者と雇用契約又は雇用関係を有する労働者をいう。

(d)　「利用者企業」とは、派遣労働者がそのためにその指揮監督下で臨時的に就労する全ての自然人又は法人をいう。

(e)　「派遣」とは、派遣労働者が利用者企業に配置されその指揮監督下で臨時的に就労している期間をいう。

(f)　「基本的な労働雇用条件」とは、次に関し、法律、規則、行政規定、労働協約及び／又は利用者企業において発効している他の拘束力を有する一般的な規定により規定された労働雇用条件をいう。

(i)　労働時間の長さ、時間外労働、休憩時間、休息期間、夜間労働、有給休暇、公休日、

(ii)　賃金。

2　本指令は、賃金、雇用契約、雇用関係又は労働者の定義に関して国内法を妨げない。

加盟国は本指令の適用範囲から、パートタイム労働者、有期雇用契約労働者又は派遣事業者と雇用契約又は雇用関係を有する者を、それだけの理由により除外してはならない。

第四条　制限又は禁止の再検討

1　派遣労働の利用への禁止又は制限は、とりわけ派遣労働者の保護、職場の安全衛生の要件又は労働市場が適切に機能し濫用が防止されることを確保する必要性に関する公益上の根拠のみによって正当化されなければならない。

2　二〇一一年一二月五日までに、加盟国は、法規、労働協約及び国内慣行に従って労使団体に協議した上で、派遣労働の利用へのいかなる制限又は禁止についても、第一項にいう根拠によって正当化されるか否かを検証するために、再検証するものとする。

3　そのような制限又は禁止が労働協約により規定されている場合には、第二項にいう再検討は当該労働協約を締結した労使団体によって行われうる。

4　第一項から第三項までは派遣事業者の登録、許可、認証、財務保証又は監視に関する国内の要件を妨げない。

5　加盟国は欧州委員会に対し、二〇一一年一二月五日までに第二項及び第三項にいう再検討の結果を通知するものとする。

第二章　雇用労働条件

第五条　均等待遇原則

1　派遣労働者の労働雇用条件は、その利用者企業への派遣の期間中、同一職務に利用者企業によって直接採用されていれば適用されたものを下回らないものとする。

第一文の適用について、法律、規則、行政規定、労働協約及び／又は他の全ての一般規定によって確立された通りに、利用者企業において発効して

いる次の各号に関する規則が遵守されなければならない。

(a) 妊婦及び保育中の母の保護並びに児童及び若年者の保護、

(b) 男女均等待遇及び性別、人種又は民族的出身、宗教、信条、障害、年齢又は性的指向に基づくいかなる差別とも闘う行動。

2 賃金に関しては、加盟国は、労使団体に協議した上で、派遣事業者と常用雇用契約を有する派遣労働者が派遣の合間の期間においても引き続き賃金を支払われている場合には、第一項で確立された原則に対する例外を規定することができる。

3 加盟国は、労使団体に協議した上で、加盟国で定める条件に従い適当なレベルの労使団体に、派遣労働者の全体的な保護を尊重しつつ、第一項にいう原則とは異なる労働雇用条件に関する取り決めを確立する労働協約を維持し又は締結する選択肢を与えることができる。

4 派遣労働者に十分な水準の保護が提供されていることを条件として、労働協約の一般的拘束力を宣言する法制度又は労働協約の規定を一定の業種又は地域における全ての類似の企業に拡張適用する法律又は慣行を有さない加盟国は、全国水準の労使団体に協議した上で当該労使団体の締結した協定に基づき、第一項で確立した原則から適用除外する基本的労働雇用条件に関する取り決めを確立することができる。そのような取り決めは均等待遇が適用されるのに必要な最低派遣期間を含むことができる。

本項にいう取り決めは、欧州共同体法に従い関係業種や企業がその義務を認識し遵守しうるように十分に正確で接近可能でなければならない。特に、加盟国は、第三条第二項の適用において、年金、傷病給付又は財務参加制度を含む職域社会保障制度が第一項にいう労働雇用条件に含まれるか否かを特定するものとする。そのような取り決めは、労働者にとってより不利益でない全国、地方、地域又は業種における労働協約を妨げない。

5 加盟国は、国内法及び／又は慣行に従い、本条の濫用を防止し、とりわけ本指令の規定を迂回するために考案された反復継続的な派遣を防止する観点で、適切な措置をとるものとする。加盟国はそのような措置について欧州委員会に通知するものとする。

第六条 雇用、集団的設備及び職業訓練へのアクセス

1 派遣労働者は、利用者企業において、常用雇用を求める当該企業の他の労働者と同一の機会を与えるようにいかなる空席の職位についても通知されるものとする。そのような通知は派遣労働者が従事し、その指揮監督下にある企業の適切な場所における公示によって行うことができる。

2 加盟国は、利用者企業と派遣労働者の間で派遣終了後に雇用契約又は雇用関係を締結することを禁じ又は妨げる効果を有するいかなる条項も無効であり又は無効であると宣言されうることを確保するために必要ないかなる行動をもとるものとする。

本項は派遣事業者が派遣労働者の派遣、採用及び訓練のために利用者企業に行ったサービスへの合理的な水準の報酬を受け取ることを妨げない。

3 派遣事業者は労働者に対し、利用者企業への派遣を遂行した後に利用者企業に採用されるよう又は利用者企業と雇用契約若しくは雇用関係を締結するよう手配することの対価としていかなる料金をも課してはならない。

4 第五条第一項に抵触しない限り、派遣労働者は、客観的な理由により異なる取扱いが正当化されない限り、利用者企業において直接雇用される労働者と同一の条件で、福利施設又は集団的設備、とりわけいかなる給食施設、保育施設及び交通サービスへのアクセスを、提供されるものとする。

5 加盟国は、各国の伝統と慣行に従って、

(a) 派遣労働者の職歴開発と就業能力を向上するために、派遣の合間の期間においても派遣事業者における訓練及び保育施設への派遣労働者のアクセスを改善し、

(b) 利用者企業の労働者のための訓練への派遣労働者のアクセスを改善するために、適切な措置をとるか又は労使団体の間の対話を促進するものとする。

第七条 派遣労働者の代表

1 派遣労働者は、加盟国の定める条件の下で、欧州共同体法及び国内法並びに労働協約の下で規定される労働者代表機関が派遣事業者に設置される際の基準となる労働者数の算定に当たって算入されるものとする。

2 加盟国はその規定する条件の下で、派遣労働者が欧州共同体法及び国内法並びに労働協約の下で規定される労働者代表機関が利用者企業に設置される際の基準となる労働者数の算定に当たって、当該派遣労働者が同一の期間利用者企業によって直接雇用されていた場合と同一の方法で算入されると規定することができる。

3 第二項に規定する選択肢をとる加盟国は、第一項の規定を実施する必要はない。

第八条　労働者代表への情報提供

労働者への情報提供及び協議に関するより厳格な及び／又はより特定の国内法又は欧州共同体法、とりわけ欧州共同体における被用者に対する情報提供及び協議の一般枠組みを設定する二〇〇二年三月一一日の欧州議会及び閣僚理事会の指令（2002/14/EC）に抵触しない限り、利用者企業は、国内法及び欧州共同体法に従って当該企業に設置される労働者代表機関に対し雇用状況について情報提供するときには、派遣労働者の利用について適切な情報を提供しなければならない。

施行期限：二〇一一年一二月五日

欧州連合における透明で予見可能な労働条件に関する欧州議会と閣僚理事会の指令（透明で予見可能な労働条件指令）

Directive (EU) 2019/1152 of the European Parliament and of the Council of 20 June 2019 on transparent and predictable working conditions in the European Union

採択：二〇一九年六月二〇日

第Ⅰ章　総則

第一条　目的、主題、適用範囲

1　本指令の目的は、労働市場の適応能力を確保しつつ、より透明で予見可能な雇用を促進することにより、労働条件を改善することである。

2　本指令は、司法裁判所の判例法を考慮に入れつつ、各加盟国で効力を有する法、労働協約又は慣行で定義された雇用契約又は雇用関係を有するEUの全ての労働者に適用される最低限の権利を規定する。

3　加盟国は、その所定労働時間及び実労働時間が四連続週の参照期間内において一週間あたり平均三時間以下である雇用関係を有する労働者に本指令の義務を適用しないものとすることができる。同一の企業、企業集団又は企業体を形成し又は属する全ての使用者に対してなされた労働時間はこの平均三時間に合算するものとする。

4　第三項は雇用が開始する前に報酬を伴う労働の保証された総量が未定である雇用関係には適用しない。

5　加盟国は本指令に規定する使用者の義務の遂行に責任を有する者を、これら義務が果たされる限りにおいて決定することができる。加盟国はまたこれら義務の全部又は一部が雇用関係の当事者ではない自然人又は法人に課せられるものとすることができる。本項は欧州議会と理事会の指令2008/104/EC（＝派遣労働指令）を妨げない。

6　加盟国は合理的な理由に基づき、第Ⅲ章の規定を公務員、救急隊員、軍隊、警察官、裁判官、検察官、捜査官又はその他の法執行機関に適用しないものとすることができる。

7　加盟国は、第一二条、第一三条及び第一五条第一項に規定する義務を、労働が世帯のためになされる場合に当該世帯において使用者として行動する自然人に適用しないものとすることができる。

8　本指令第Ⅱ章は指令2009/13/EC（＝ＩＬＯ海上労働条約実施指令）及び指令（ＥＵ）2017/159（＝ＩＬＯ漁業条約実施指令）に抵触しない限り船員及び漁師に適用するものとする。第四条第二項第(m)号及び第(o)号、第七条、第九条、第一〇条並びに第一二条に規定する義務は船員又は漁師には適用しないものとする。

第二条　定義

本指令においては以下の定義が適用される。

(a)　「作業日程」とは、労働の遂行が開始し及び終了する時間及び日を決定する日程をいう。

(b)　「参照時間及び参照日」とは、使用者の申入れによりその期間内に労働がなされる特定の日における時間帯をいう。

(c)　「労働パターン」とは、使用者が決定する特定のパターンに従った労働時間の編成形態及びその分布をいう。

第三条　情報提供
使用者は各労働者に、本指令によって求められる情報を書面で提供するものとする。当該情報は紙媒体で、又は当該情報が労働者にとってアクセス可能であり、保存し印刷することができ、かつ使用者が伝達又は受領の証拠を保持する限りにおいて、電子媒体で提供し伝達するものとする。

第Ⅱ章　雇用関係に関する情報

第四条　通知義務
1　加盟国は使用者が労働者に雇用関係の本質的な側面を通知するよう求められることを確保するものとする。
2　第一項にいう情報は少なくとも次のものを含むものとする。
(a)　雇用関係の当事者の身元、
(b)　就業の場所。固定した又は主な就業の場所がない場合には、労働者が様々な場所で雇用され又は自由に就業場所を決定できるという原則及び、事業の登録地又は適当なら使用者の住所、
(c)　(i)　労働者が雇用される職務の名称、等級、性質又は範疇、又は
(ii)　職務の簡単な特定又は記述、
(d)　雇用関係の開始の日付、
(e)　有期雇用関係の場合、その終期又は予想される継続期間、
(f)　派遣労働者の場合、判明すれば直ちに派遣先企業の身元、
(g)　もしあれば、試用期間の期間及び条件、
(h)　もしあれば、使用者が提供する訓練資格、
(i)　労働者が付与される有給休暇の日数、又は通知時にはこれを示すことができない場合には、当該休暇を配分し及び決定する手続き、
(j)　公式の要件及び予告期間の長さを含め、雇用関係が終了する場合に使用者及び労働者が遵守すべき手続き、又は通知時には予告期間の長さを示すことができない場合には当該予告期間を決定する方法、
(k)　労働者が受け取る権利のある報酬の初任基本額、別に示される他の全ての構成要素並びに報酬の支払い頻度及び支払い方法、
(l)　労働パターンが完全に又は大部分が予見可能である場合、労働者の通常の労働日又は労働週の長さ及び時間外労働とその手当の編成、並びにもしあればシフト変化の編成、
(m)　労働パターンが完全に又は大部分が予見可能でない場合、使用者は労働者に以下を通知するものとする。
(i)　作業日程が変動的であるという原則、最低保証賃金支払時間数及び最低保証時間を超えてなされた労働の報酬、
(ii)　労働者が労働を求められる参照時間及び参照日、
(iii)　労働者が作業割当の開始以前に受け取るべき最低事前告知期間、及びもしあれば第一〇条第三項にいう取消の最終期限、
(n)　労働者の労働条件を規律する全ての労働協約、あるいは労働協約が事業外の特別の労使合同機関又は組織によって締結されている場合には、当該協約が締結された権限ある機関又は組織の名称、
(o)　使用者の責任である場合には、雇用関係に係る社会保険料を受領する社会保障機関及び使用者によって提供される社会保障に関連する全ての保護。
3　第二項第(g)号から第(l)号まで及び第(o)号は、適当であればこれら諸点を規律する法律、規則及び行政規定又は労働協約を参照する形で与えられる。

第五条　通知の時期と方法
1　第四条第二項第(a)号から第(e)号まで、第(g)号、第(k)号、第(l)号及び第(m)号にいう情報は、事前に提供されない場合、労働の初日から遅くとも暦日で第七日目までの期間において、一以上の書面の形式で労働者に個別に提供されるものとする。第四条第二項に定める他の情報は、労働の初日から一か月以内に書面の形式で労働者に個別に提供されるものとする。
2　加盟国は第一項にいう文書の見本及び雛型を開発し、単一の公的なウェブサイト上で利用可能な状態にすることその他の適当な方法により、労働者及び使用者が自由に利用できるようにするものとする。
3　加盟国は、使用者によって伝達されるべき適用される法的枠組を規律する法律、規則、行政規定又は一般的拘束力を有する労働協約に関する情報が、無料で、明確で透明で包括的で、既存のオンラインポータルサイトを通じても含めた電子的手段により遠隔地でも容易にアクセスできるように確保するものとする。

第六条　雇用関係の変更
1　加盟国は、第四条第二項にいう雇用関係の諸側面における全ての変更及び第七条における他の加盟国又は第三国に送出される労働者への追加的な情報への全ての変更が、できるだけ早期にかつ遅

くともそれが効力を生じる初日において、使用者によって労働者に書面の形式で提供されるよう確保するものとする。

2　第一項にいう書面は、第五条第一項及び関係があれば第七条にいう書面で引用される法律、規則、行政規定又は労働協約における変更を反映するだけの変更には適用しないものとする。

第七条　他の加盟国又は第三国に送出される労働者に対する追加的な情報

1　加盟国は、労働者がその通常就業する加盟国以外の加盟国又は第三国において就業することを求められる場合には、第五条第一項にいう書面が当該労働者の出発の前に提供され、当該書面が少なくとも次の追加的な情報を含むよう確保するものとする。

(a)　海外勤務が遂行される国及びその予想期間、

(b)　報酬の支払いに用いられる通貨、

(c)　適当であれば、海外勤務に付随する現金又は現物の給付、

(d)　帰国が提供されるか、もしそうであれば労働者の帰国にかかる条件に関する情報。

2　加盟国は、指令96/71/EC（＝海外送出労働者指令）の適用される送出労働者が追加的に以下の事項を通知されるよう確保するものとする。

(a)　送出先加盟国で適用される法律に従って受け取る権利のある報酬、

(b)　もしあれば、送出に特有の全ての手当及び旅費や宿泊費の払い戻しの仕組、

(c)　欧州議会と理事会の指令2014/67/EU（＝海外労働者送出指令実施指令）第五条第二項に基づき送出先加盟国が開発した公的なウェブサイトへのリンク。

3　第一項第(b)号及び第二項第(a)号にいう情報は、適当であれば、当該情報を規律する法律、規則及び行政規定又は労働協約の規定を参照する形で与えられる。

4　加盟国が異なる規定をしない限り、第一項及び第二項は労働者が通常就業する加盟国以外での各就業期間が四連続週以下である場合には適用しない。

第Ⅲ章　労働条件に関わる最低要件

第八条　全ての試用期間の最長期間

1　加盟国は、雇用関係が国内法又は慣行で定義された試用期間を条件とする場合には、当該期間が六か月を超えないよう確保するものとする。

2　有期雇用関係の場合、加盟国はかかる試用期間の長さが予想される契約期間及び労働の性質に比例したものであるよう確保するものとする。

3　加盟国は例外的な場合、雇用の性質によって正当化される場合又は労働者の利益になる場合には、より長い試用期間を定めることができる。労働者が試用期間中休職していた場合には、加盟国は試用期間を休職していた期間に比例して延長することができるものとすることができる。

第九条　兼業

1　加盟国は、使用者が労働者に対し、使用者との間で確定した作業日程以外の時間帯に、他の使用者に雇用されることを禁止したり、そうしたことを理由に労働者に不利益取扱いをすることのないよう確保するものとする。

2　加盟国は安全衛生、事業秘密の保護、公共サービスの完全性又は利益相反の回避のような客観的な理由に基づき、使用者による兼業禁止の活用の条件を定めることができる。

第一〇条　最低限の労働予見可能性

1　加盟国は、労働者の作業日程が完全に又は大部分が予見可能でない場合、以下の条件をいずれも充足しない限り、労働者は使用者によって労働を求められることがないよう確保するものとする。

(a)　第四条第二項第(m)号第(ii)文にいう事前に決定された参照時間及び参照日の範囲内で労働が行われる場合、

(b)　第四条第二項第(m)号第(iii)文にいう国内法、労働協約又は慣行に従い定められた合理的な事前告知期間をおいて使用者が労働者に作業割当を通知する場合。

2　第一項に定める要件の一又はいずれも充足されない場合、労働者は不利益な結果をもたらすことなく作業割当を拒否する権利を有するものとする。

3　加盟国が使用者に補償を支払うことなく作業割当を取り消すことを許容する場合、加盟国は国内法、労働協約又は慣行に従い、労働者が既に合意した作業割当を使用者が一定の合理的な期限後に取り消した場合には労働者が補償を受ける権利を有することを確保するために必要な措置をとるものとする。

4　加盟国は、国内法、労働協約又は慣行に従い、本条の適用の態様を規定することができる。

第一一条　オンデマンド契約への補完的な措置

加盟国がオンデマンド又は類似の雇用契約の利用を許容する場合は、濫用を防止するために以下の一又はそれ以上の措置をとるものとする。

(a)　オンデマンド又は類似の雇用契約の利用及び期間の制限、

(b) 一定期間内に労働した平均労働時間に基づき、最低限の賃金支払対象時間を伴う雇用契約の存在の反証可能な推定、

(c) 濫用の効果的な防止を確保するための他の同等の措置。

加盟国はかかる措置を欧州委員会に通知するものとする。

第一二条　他の雇用形態への移行

1　加盟国は、同一の使用者との間で少なくとも六か月の勤続期間を有し、もしあれば試用期間を満了した労働者が、より予見可能で安定的な労働条件の雇用形態が利用可能であればそれを申し込み、理由を附した書面で回答を受け取ることができるよう確保するものとする。加盟国は本条の義務を作動させる申込みの頻度を制限することができる。

2　加盟国は、使用者が第一項にいう理由を附した書面の回答を申込みから一か月以内に提供するよう確保するものとする。使用者として行動する自然人及び零細企業、小企業又は中規模企業に関しては、加盟国はこの回答期限を三か月以内で延長し、同一労働者からの続けて同様の申込みに対して当該労働者の状況に関する回答の正当性が変わっていない場合には口頭で回答することを認めることができる。

第一三条　義務的訓練

加盟国は、EU法、国内法又は労働協約により使用者が労働者にその業務を遂行するための訓練を提供するよう求められている場合には、当該訓練が無料で労働者に提供され、訓練時間が労働時間に算定され、可能であれば勤務時間中に行われるよう確保するものとする。

第一四条　労働協約

加盟国は、労使団体が国内法又は慣行に従い、労働者の総体的保護を尊重しつつ、第八条から第一三条までに規定するものと異なる労働条件に関する取決めを定める労働協約を維持し、交渉し、締結し及び実施することを認めることができる。

第Ⅳ章　通則

第一五条　法的みなし及び早期解決機構

1　加盟国は、労働者が第五条第一項又は第六条にいう書面の全部又は一部を適切な時期に受け取らなかった場合、次の一又は双方が適用されるよう確保するものとする。

(a) 労働者は加盟国が定める有利なみなしの利益を受けるものとし、使用者はこのみなしに反論することができる。

(b) 労働者は権限ある機関に対し苦情を申し立て、適時に効果的な方法で十分な救済を受けることができるものとする。

2　加盟国は、第一項にいうみなし及び解決機構の適用を使用者による通知及び使用者が情報を適時に提供しなかったことに条件づけることができる。

第一六条　救済を受ける権利

加盟国は、本指令から生じる権利が侵害された場合に、雇用関係が終了したものも含め、労働者が有効で中立的な紛争解決制度にアクセスし、十分な補償を含め救済を受ける権利を有することを確保するものとする。

第一七条　不利益取扱い又はその結果からの保護

加盟国は、被用者代表である労働者を含め、本指令に規定する要件の遵守を執行する目的でなされる企業内で行われる苦情申立て又は司法手続きの結果としてなされる使用者による不利益取扱い又は不利益な結果から労働者を保護するために必要な措置を導入するものとする。

第一八条　解雇からの保護及び立証責任

1　加盟国は、労働者が本指令に規定する権利を行使したことを理由とする労働者の解雇又はこれに準ずる行為及び解雇のあらゆる準備を禁止するために必要な措置をとるものとする。

2　本指令に規定する権利を行使したことを理由として解雇され又はこれに準ずる効果のある行為をされたと考える労働者は、使用者に対し当該解雇又はこれに準ずる行為の正当な裏付けのある理由を明らかにするよう請求することができる。使用者は当該理由を書面で提供するものとする。

3　加盟国は、第二項にいう労働者が裁判所又は権限ある機関において、かかる解雇又はこれに準ずる行為があったことが推定をもたらしうる事実を示した場合には、当該解雇が第一項にいう理由以外の理由に基づいていることを立証すべきは使用者であることを確保するために必要な措置をとるものとする。

4　第三項は加盟国が労働者により有利な証拠法則を導入することを妨げるものではない。

5　加盟国は事案の事実調査をするのが裁判所又は権限ある機関である手続には第三項を適用する必要はない。

6　加盟国が異なる規定をしない限り、第三項は刑事手続には適用しない。

第一九条　罰則

加盟国は、本指令に基づき採択された国内規定又は本指令の適用範囲内の権利に関して既に効力を有する関係規定の違反に対して適用される罰則を設け

るとともに、それが実施されるようあらゆる必要な措置をとるものとする。規定される罰則は効果的かつ比例的で、抑止的なものとする。

施行期限：二〇二二年八月一日

プラットフォーム労働における労働条件の改善に関する欧州議会と理事会の指令（抄）（プラットフォーム労働指令）

Directive (EU) 2024/2831 of the European Parliament and of the Council of 23 October 2024 on improving working conditions in platform work

採択：二〇二四年一〇月二三日

第一章　総則

第一条　趣旨と適用範囲

1　本指令の目的は次の各号によりプラットフォームにおける労働条件及び個人データの保護を改善することにある。

(a)　プラットフォーム労働遂行者の正確な雇用上の地位の決定を容易にする措置を導入すること、

(b)　プラットフォーム労働のアルゴリズム管理における透明性、公正性、人間による監視、安全及び説明責任を促進すること、

(c)　国境を超える状況を含め、プラットフォーム労働に関する透明性を改善すること。

2　本指令は、欧州司法裁判所の判例法を考慮し、加盟国で効力を有する法律、労働協約又は慣行で定義される雇用契約又は雇用関係を有するか、又は事実の評価を基礎として有すると見なされうる、EU域内でプラットフォーム労働を遂行するすべての者に適用される最低限の権利を規定する。

本指令はまた、雇用契約又は雇用関係を有しない者も含め、EU域内でプラットフォーム労働を遂行する者に適用されるアルゴリズム管理に関する措置を提供することにより、その個人データの処理に関係する自然人の保護を改善する規則を規定する。

3　本指令はその事業所の所在地又は適用法の如何を問わず、EU域内において遂行されるプラットフォーム労働を編成するデジタル労働プラットフォームに適用される。

第二条　定義

1　本指令においては次の定義が適用される。

(a)　「デジタル労働プラットフォーム」とは、次の要件のすべてを充たすサービスを提供する自然人又は法人をいう。

(i)　ウェブサイトまたはモバイルアプリなどの電子的手段を通じた遠距離で、少なくともその一部が提供されること、

(ii)　サービス受領者の依頼に基づき提供されること、

(iii)　必要不可欠の要素として、個人によって報酬を対価として、オンラインであれ特定の場所であれ、遂行される労働の編成を伴うこと、

(iv)　自動的なモニタリングシステム又は自動的な意思決定システムの使用を伴うこと。

(b)　「プラットフォーム労働」とは、デジタル労働プラットフォームを通じて編成され、デジタル労働プラットフォーム又は仲介事業者と個人との間の契約関係に基づき、EU域内で個人によって遂行される全ての労働をいい、当該個人又は仲介事業者とサービス受領者の間に契約関係が存するか否かにかかわらない。

(c)　「プラットフォーム労働遂行者」とは、プラ

ットフォーム労働を遂行する全ての個人をいい、契約関係の性質又は当事者による当該関係の指定の如何にかかわらない。

(d)「プラットフォーム労働者」とは、欧州司法裁判所の判例法を考慮し、加盟国で効力を有する法律、労働協約又は慣行で定義される雇用契約又は雇用関係を有するか若しくは有すると見なされるプラットフォーム労働遂行者をいう。

(e)「仲介事業者」とは、プラットフォーム労働を利用可能にする目的で又はデジタル労働プラットフォームを通じて、次の各号のいずれかを行う自然人又は法人をいう。

(i) デジタル労働プラットフォームとの契約関係及びプラットフォーム労働遂行者との契約関係を成立させるか、又は

(ii) デジタル労働プラットフォームとプラットフォーム労働遂行者の間の下請連鎖となること。

(f)「労働者代表」とは、労働組合や国内法及び慣行に従いプラットフォーム労働者によって自由に選出された代表のようなプラットフォーム労働者の代表をいう。

(g)「プラットフォーム労働遂行者の代表」とは、労働者代表及び、国内法及び慣行の下で規定されている限りにおいて、プラットフォーム労働者以外のプラットフォーム労働遂行者の代表をいう。

(h)「自動的なモニタリングシステム」とは、電子的手段を通じて個人データを収集することによるものを含め、プラットフォーム労働遂行者の労働の遂行若しくは労働環境内において遂行される活動をモニタリングし、監督し又は評価するために、又はそれを支援するために用いられるシステムをいう。

(i)「自動的な意思決定システム」とは、電子的手段を通じて、プラットフォーム労働遂行者に重大な影響を与える意思決定、とりわけその採用、作業割当の機会と編成、個別作業割当の価格を含む報酬、安全衛生、労働時間、訓練機会、昇進若しくはこれに準ずるもの、アカウントの制限、停止若しくは解除を含む契約上の地位に影響を与える意思決定を行うか又は支援するために用いられるシステムをいう。

2　第一項第(a)号に規定するデジタル労働プラットフォームの定義は、その主たる目的が資産を活用し若しくは共有すること又は専門家ではない個人がこれにより商品を再販売することができることであるサービス提供者を含まない。

第三条　仲介事業者

加盟国は、デジタル労働プラットフォームが仲介事業者を利用する場合に、仲介事業者と契約関係を有するプラットフォーム労働遂行者が、デジタル労働プラットフォームと直接の契約関係を有する者に対して本指令の下で与えられるのと同水準の保護を享受するよう適切な措置をとるものとする。このため、加盟国は、国内法及び慣行に従い、適切な措置をとるものとし、それには適当であれば連帯責任制度も含まれるものとする。

第二章　雇用上の地位

第四条　正確な雇用上の地位の決定

1　加盟国は、第五条に従い雇用関係の推定を通じてのものを含め、欧州司法裁判所の判例法を考慮し、加盟国で効力を有する法律、労働協約及び慣行で定義される雇用関係の存在を確認する観点で、プラットフォーム労働遂行者の正確な雇用上の地位の決定を検証するために十分かつ有効な手続を設けるものとする。

2　雇用関係の存在の確認は、その関係が当事者間で合意されたいかなる契約編成において指定されているかにかかわらず、プラットフォーム労働の編成における自動的なモニタリングシステム又は自動的な意思決定システムの利用を含め、一義的には労働の実際の遂行に関係する事実により導かれるものとする。

3　雇用関係の存在が確認されたときは、使用者としての義務を負う当事者は国内法制度に従って明確に特定されるものとする。

第五条　法的推定

1　デジタル労働プラットフォームとプラットフォーム労働遂行者の間の契約関係は欧州司法裁判所の判例法を考慮し、加盟国で効力を有する国内法、労働協約又は慣行に従って指揮と支配を含む要素が見いだされる場合に、雇用関係であると法的に推定されるものとする。デジタル労働プラットフォームが法的推定に反論しようとするときは、問題の契約関係が欧州司法裁判所の判例法を考慮し、加盟国で効力を有する法律、労働協約又は慣行で定義される雇用関係ではないことを立証すべき者はデジタル労働プラットフォームとする。

2　第一項の目的のため、加盟国はプラットフォーム労働遂行者の利益になる手続を容易にする有効な反証可能な雇用関係の法的推定を確立するものとする。さらに加盟国は、この法的推定がプラットフォーム労働遂行者又はその代表が雇用上の地位を確認する手続において求められる負担を増大

させることのないようにするものとする。

3　プラットフォーム労働遂行者の雇用上の地位の正確な決定が問題となっているときには、本条に規定する法的推定はあらゆる行政又は司法上の手続に適用されるものとする。

法的推定は税制、刑事及び社会保障事項には適用しないものとする。ただし、加盟国は国内法事項として、これら手続に法的推定を適用することができる。

4　プラットフォーム労働遂行者並びに国内法及び慣行に従いその代表は、プラットフォーム労働遂行者の正確な雇用上の地位を確認するために第三項第一文にいう手続を開始する権利を有するものとする。

5　権限ある国内機関がプラットフォーム労働遂行者が誤って分類されていると考えたときは、当該者の雇用上の地位を確認するために国内法及び慣行に従い適切な行動又は手続を開始するものとする。

6　二〇二六年一二月二日以前に発効して効力を有する契約関係については、本条に定める法的推定は当該日以後の期間にのみ適用するものとする。

第六条　支援措置の枠組み

加盟国は、法的推定の有効な施行及び遵守を確保するための支援措置の枠組みを設けるものとする。これにはとりわけ次のものが含まれる。

(a)　具体的かつ実際的な勧告の形式によるものを含め、デジタル労働プラットフォーム、プラットフォーム労働遂行者及び労使団体が、反証に関する手続を含め法的推定を理解し実施するための適切な手引きを開発すること、

(b)　国内法及び慣行に沿って権限ある国内機関（異なる国内機関の協同による場合も含め）が、プラットフォーム労働遂行者の雇用上の地位の正確な決定に関する規則を遵守しないデジタル労働プラットフォームを積極的に発見し、狙いを定め、追及するための適切な手続を樹立すること、

(c)　国内法及び慣行に沿って国内機関により行われる有効な統制及び監督を提供し、とりわけ適当であれば、デジタル労働プラットフォームとプラットフォーム労働遂行者の間の雇用上の地位の存在が権限ある国内機関によって確認された場合に、特定のデジタル労働プラットフォームに対し、比例的で非差別的なものであることを確保しつつ統制及び監督を提供すること、

(d)　権限ある国内機関に適切な訓練を提供し、当該機関が第(b)号にいう任務を遂行することを可能にするためにアルゴリズム管理の分野における技術的専門性を得られるようにすること。

第三章　アルゴリズム管理

第七条　自動的なモニタリングシステム又は自動的な意思決定システムを用いた個人データ処理の制限

1　デジタル労働プラットフォームは、自動的なモニタリングシステム又は自動的な意思決定システムを用いて次のことを行わないものとする。

(a)　プラットフォーム労働遂行者の感情的又は心理的状態に関するいかなる個人データを処理すること、

(b)　他のプラットフォーム労働遂行者及びプラットフォーム労働遂行者の代表との意見交換を含め、私的な会話に関するいかなる個人データを処理すること、

(c)　プラットフォーム労働遂行者がプラットフォーム労働を提供又は遂行していない間のいかなる個人データを収集すること、

(d)　団結権、団体交渉及び団体行動権並びに情報提供及び協議を受ける権利を含め、EU基本権憲章に定める基本的権利の行使を予測する個人データを処理すること、

(e)　人種的若しくは民族的出自、移民たる地位、政治的意見、宗教的若しくは哲学的信念、障害、慢性病若しくはエイズを含む健康状態、感情的若しくは心理的状態、労働組合への所属、個人の性生活又は性的指向を推測させるいかなる個人データを処理すること、

(f)　データベースに収納された自然人のバイオメトリックデータと照合することによりプラットフォーム労働遂行者の身元を確認するために、EU規則2016/679（一般データ保護規則）の第四条第一四号に定めるいかなるバイオメトリックデータを処理すること。

2　本条は募集又は選抜の開始の段階からすべてのプラットフォーム労働遂行者に適用するものとする。

3　自動的なモニタリングシステム及び自動的な意思決定システムに加えて、本条はいかなる方法であれプラットフォーム労働遂行者に影響を与える決定を支援し又は行う自動的なシステムを用いる場合にデジタル労働プラットフォームに適用する。

第八条　データ保護の影響評価

1　自動的なモニタリングシステム又は自動的な意思決定システムを用いたデジタル労働プラットフ

ォームによる個人データの処理は、EU規則2016/679（一般データ保護規則）の第三五条第一項にいう自然人の権利及び自由に高度な危険をもたらしうるタイプの処理である。同規定に従い、本指令第七条に定める処理の制限に関するものも含め、プラットフォーム労働遂行者の個人データの保護に関して自動的なモニタリングシステム又は自動的な意思決定システムによる個人データの処理の影響を評価する場合には、デジタル労働プラットフォームは、EU規則2016/679第四条第七号にいう管理者として行動し、プラットフォーム労働遂行者及びその代表の意見を聴くものとする。

2　デジタル労働プラットフォームは第一項の評価を労働者代表に提供するものとする。

第九条　自動的なモニタリングシステム又は自動的な意思決定システムの透明性

1　加盟国は、デジタル労働プラットフォームがプラットフォーム労働遂行者、プラットフォーム労働者の代表及び要請があれば権限ある国内機関に対し、自動的なモニタリングシステム又は自動的な意思決定システムの利用について情報提供するように求めるものとする。

この情報には次のものが含まれる。

(a)　自動的なモニタリングシステムに関しては、

(i)　かかるシステムが用いられるか又は導入過程にあること、

(ii)　サービス受領者による評価も含め、かかるシステムによりモニタリングされ、監督され又は評価されるデータ及び行動の類型、

(iii)　モニタリングの目的及びそのシステムが当該モニタリングを遂行する方法、

(iv)　かかるシステムにより処理された個人データの受領者又は受領者類型及びかかる個人データの企業グループ間を含む移転又は譲渡。

(b)　自動的な意思決定システムに関しては、

(i)　かかるシステムが用いられるか又は導入過程にあること、

(ii)　かかるシステムにより行われ又は支援される意思決定の類型、

(iii)　かかるシステムが考慮に入れるデータ及び主要なパラメータの類型及び、プラットフォーム労働遂行者の個人データ又は行動が当該意思決定に影響を及ぼす仕方を含め、自動的な意思決定システムにおけるかかる主要パラメータの相対的重要性、

(iv)　プラットフォーム労働遂行者のアカウントを制限、停止又は解除し、その遂行した労働への報酬の支払を拒否する意思決定や、その契約上の地位に関わる意思決定又はそれと同等若しくは不利益な意思決定の根拠。

(c)　いかなる方法であれプラットフォーム労働遂行者に影響する自動的システムにより行われ又は支援されるあらゆる種類の意思決定。

2　デジタル労働プラットフォームは、第一項にいう情報を電子媒体を含む書面の形式で提供するものとする。この情報は、透明で明瞭で容易にアクセス可能な形式で、明確かつ平明な文言を用いて提示されるものとする。

3　デジタル労働プラットフォームは、プラットフォーム労働遂行者に対し、

(a)　遅くともその労働の初日までに、

(b)　労働条件、労働編成又は労働遂行のモニタリングに影響を与える変更の導入に先立って、

(c)　その要請に応じていつでも、

労働条件を含め彼らに直接影響を与えるシステム及びその特徴について簡潔な形式で情報を提供するものとする。

プラットフォーム労働遂行者の要請に応じて、デジタル労働プラットフォームはまたすべての関係するシステム及びその特徴についての包括的かつ詳細な形式で情報を提供するものとする。

4　デジタル労働プラットフォームは、労働者代表に対し、すべての関係するシステム及びその特徴についての第一項にいう情報を包括的かつ詳細な形式で提供するものとする。

これら情報は、

(a)　これらシステムの利用に先立って、

(b)　労働条件、労働編成又は労働遂行のモニタリングに影響を与える変更の導入に先立って、

(c)　その要請に応じていつでも、

提供するものとする。

デジタル労働プラットフォームは、権限ある国内機関に対し、その要請に応じていつでも包括的かつ詳細な形式で第一項にいう情報を提供するものとする。

5　デジタル労働プラットフォームは、第一項にいう情報を募集又は選抜の手続の下にある者にも提供するものとする。この情報は、第二項に沿って提供され、簡潔で、この手続で用いられる自動的なモニタリングシステム又は自動的な意思決定システムにのみ関わり、この手続の開始以前に提供されるものとする。

6　プラットフォーム労働遂行者は、デジタル労働プラットフォームの自動的なモニタリングシステ

ム又は自動的な意思決定システムの文脈において、その労働遂行期間を通じて、ＥＵ規則2016/679（一般データ保護規則）の下におけるサービス受領者の権利に悪影響を及ぼすことなく、レイティング及びレビューを含め、個人データのポータビリティが保証される権利を有するものとする。

　デジタル労働プラットフォームはプラットフォーム労働遂行者に対し、無料で、同規則第二〇条及び本項第一文にいうポータビリティの権利の有効な行使を容易にするための用具を提供するものとする。プラットフォーム労働遂行者の要請に応じ、デジタル労働プラットフォームはかかる個人データを第三者に直接移転するものとする。

第一〇条　自動的なモニタリングシステム及び自動的な意思決定システムへの人間による監視

1　加盟国は、デジタル労働プラットフォームが、その労働条件及び職場における均等待遇を含め、デジタル労働プラットフォームにより利用される自動的なモニタリングシステム及び自動的な意思決定システムによって行われ又は支援される、プラットフォーム労働遂行者に関する個別の意思決定を監視し、労働者代表の関与の下で、定期的に、かついかなる時も二年ごとに、その影響の評価を実施するよう確保するものとする。

2　加盟国は、デジタル労働プラットフォームが自動的なモニタリングシステム又は自動的な意思決定システムによって行われ又は支援される個別の意思決定の有効な監視と影響の評価のための十分な人的資源を確保するよう求めるものとする。デジタル労働プラットフォームにより監視と評価の役割に任じられた者は、自動的な意思決定を覆すことを含め、当該役割を果たすために必要な能力、訓練及び権威を有するものとする。彼らはその役割を果たすことによる解雇若しくはこれに準ずる行為、懲戒処分又は他の不利益取扱いからの保護を享受するものとする。

3　第一項にいう監視又は評価により、自動的なモニタリングシステム及び自動的な意思決定システムの利用による職場の差別の高度な危険を特定した場合、又は自動的なモニタリングシステム及び自動的な意思決定システムによる行われ若しくは支援された個別の意思決定がプラットフォーム労働遂行者の権利を侵害していることを発見した場合には、デジタル労働プラットフォームは、適当であれば自動的なモニタリングシステム及び自動的な意思決定システムの修正又はその利用停止を含め、将来におけるかかる意思決定を避けるために必要な措置をとるものとする。

4　第一項に基づく評価に関する情報は、プラットフォーム労働者の代表に伝達されるものとする。デジタル労働プラットフォームはまた、要請に応じてこの情報をプラットフォーム労働遂行者及び権限ある国内機関にも提供するものとする。

5　プラットフォーム労働遂行者の契約関係若しくはアカウントを制限、停止若しくは解除する意思決定又は他のこれと同等の不利益を与える意思決定は、人間によって行われるものとする。

第一一条　人間による再検討

1　加盟国は、プラットフォーム労働遂行者が、自動的な意思決定システムによって行われ又は支援されたいかなる意思決定についても、不当な遅滞なくデジタル労働プラットフォームから口頭又は書面による説明を受ける権利を有することを確保するものとする。説明は、透明で明瞭な方法で、明確かつ平明な文言を用いて提示されるものとする。加盟国は、デジタル労働プラットフォームがプラットフォーム労働遂行者に対し、当該意思決定に至った事実、状況及び理由について議論し、明確にするために、デジタル労働プラットフォームが指定する連絡担当者へのアクセスを提供することを確保するものとする。デジタル労働プラットフォームは、かかる連絡担当者がその役割を果たすために必要な能力、訓練及び権威を有することを確保するものとする。

　デジタル労働プラットフォームは、自動的な意思決定システムにより行われ又は支援された、プラットフォーム労働遂行者のアカウントを制限、停止若しくは解除するいかなる意思決定、プラットフォーム労働遂行者の遂行した労働への支払を拒否するいかなる意思決定、プラットフォーム労働遂行者の契約上の地位に関するいかなる意思決定、これらに準ずる効果をもたらすいかなる意思決定、又は雇用若しくは他の契約関係の重要な側面に影響を与える他のいかなる意思決定についても、不当な遅滞なくかつ遅くともそれが効力を生ずる日までに、その理由を明記した書面によりプラットフォーム労働遂行者に提供するものとする。

2　プラットフォーム労働遂行者及び、国内法又は慣行に従いそのプラットフォーム労働遂行者のために行動する代表は、デジタル労働プラットフォームに対し、第一項にいう意思決定を再検討するよう要請する権利を有するものとする。デジタル労働プラットフォームはかかる要請に対し十分に詳細で内容のある回答を、電子媒体を含む書面の形式で、不当な遅滞なくかついかなる場合でも要請の受理から二週間以内に提供することにより対応するものとする。

３　第一項にいう意思決定がプラットフォーム労働遂行者の権利を侵害していた場合、デジタル労働プラットフォームは遅滞なくかついかなる場合でも当該意思決定の採択から二週間以内に、当該意思決定を是正するものとする。かかる是正が不可能である場合は、デジタル労働プラットフォームは被った損害に対して十分な補償を提供するものとする。いかなる場合でも、デジタル労働プラットフォームは適当であれば自動的な意思決定システムの修正又はその利用停止を含め、将来におけるかかる意思決定を避けるために必要な措置をとるものとする。

４　本条は国内法及び慣行並びに労働協約に規定される懲戒処分及び解雇の手続に影響するものではない。

５　本条はEU規則2019/1150（オンライン仲介サービス規則）の第二条第一号に定めるビジネスユーザーでもあるプラットフォーム労働遂行者には適用しない。

第一二条　安全衛生

１　理事会指令89/391/EEC（労働安全衛生枠組み指令）及び安全衛生分野の関係する指令に抵触しない限り、プラットフォーム労働者に関して、デジタル労働プラットフォームは、

(a)　自動的なモニタリングシステム又は自動的な意思決定システムの安全衛生に対する危険、とりわけ作業関連事故のあり得る危険、心理社会的及び人間工学的危険を評価し、

(b)　これらシステムの安全装置が作業環境の特徴に照らして特定された危険に対して適切であるかを査定し、

(c)　適切な予防的及び防護的措置を講じるものとする。

２　本条第一項の下での要件に関し、デジタル労働プラットフォームは、理事会指令89/391/EECの第一〇条及び第一一条に従い、プラットフォーム労働者及び／又はその代表に有効な情報提供、協議及び参加を確保するものとする。

３　デジタル労働プラットフォームは、自動的なモニタリングシステム又は自動的な意思決定システムをプラットフォーム労働者に不当な圧力を加えたり、プラットフォーム労働者の安全並びに身体及び精神の健康を危険にさらすようないかなる方法でも利用しないものとする。

４　自動的な意思決定システムに加えて、本条はいかなる方法であれプラットフォーム労働者に影響を及ぼす意思決定を行い又は支援する自動的なシステムを利用する場合にも適用される。

５　暴力及びハラスメントを含め、プラットフォーム労働者の安全衛生を確保するため、加盟国はデジタル労働プラットフォームが有効な報告回路を含め、予防的措置をとることを確保するものとする。

第一三条　情報提供及び協議

１　本指令は情報提供及び協議に関して理事会指令89/391/EEC（労働安全衛生枠組み指令）、又は指令2002/14/EC（一般労使協議指令）及び指令2009/38/EC（欧州労使協議会指令）に影響しない。

２　加盟国はデジタル労働プラットフォームによる労働者代表への指令2002/14/ECの第二条第(f)号及び第(g)号に定める情報提供及び協議が、自動的なモニタリングシステム又は自動的な意思決定システムの導入又はその利用における重大な変更をもたらすような意思決定にも適用されることを確保するものとする。

本項のために、労働者代表への情報提供及び協議は指令2002/14/ECに定める情報提供及び権利と同一の様相の下で遂行されるものとする。

３　プラットフォーム労働者の代表は、情報提供及び協議の主題である事項を検討し意見を策定するのに必要である限りにおいて、その選択により専門家の援助を受けることができる。デジタル労働プラットフォームが関係加盟国において二五〇人超の労働者を有する場合、専門家にかかる費用はそれが相当である限りデジタル労働プラットフォームが負担するものとする。加盟国は、専門家の要請の頻度を決定するとともに援助の有効性を確保するものとする。

第一四条　労働者への情報提供

プラットフォーム労働者の代表が存在しない場合には、加盟国はデジタル労働プラットフォームが、自動的なモニタリングシステム又は自動的な意思決定システムの導入又は利用における重大な変更をもたらすような意思決定に関して、直接プラットフォーム労働者に情報提供することを確保するものとする。この情報は電子媒体を含む書面の形式で提供され、透明で明瞭で容易にアクセス可能な形式で、明確かつ平明な文言を用いて提示されるものとする。

第一五条　プラットフォーム労働者の代表以外のプラットフォーム労働遂行者の代表のための特別の取り決め

労働者代表以外のプラットフォーム労働遂行者

の代表は、個人データの保護に関してプラットフォーム労働者以外のプラットフォーム労働遂行者のために活動する限りにおいて、第八条第二項、第九条第一項及び第四項、第一〇条第四項並びに第一一条第二項において労働者代表に付与された権利を行使することができる。

第四章　プラットフォーム労働に関する透明性

第一六条　プラットフォーム労働の申告

加盟国は、デジタル労働プラットフォームがプラットフォーム労働者が遂行した労働を当該労働が遂行された加盟国の権限ある機関に、当該加盟国の法律に規定する規則と手続に従って申告するよう求めるものとする。

本条は、国境を超える状況において加盟国の関係機関に申告されるべきEU法の下の特定の義務に影響するものではない。

第一七条　プラットフォーム労働に関する関係情報へのアクセス

1　加盟国は、デジタル労働プラットフォームが次の情報を権限ある機関とともにプラットフォーム労働遂行者の代表に提供するよう確保するものとする。

(a)　デジタル労働プラットフォームを通じてプラットフォーム労働を遂行する者の数を活動水準及び契約上又は雇用上の地位別に、

(b)　デジタル労働プラットフォームによって決定される一般的な労働条件及びその契約関係、

(c)　活動の平均継続期間、一人当たりの平均週労働時間及び当該デジタル労働プラットフォームを通じた通常ベースでプラットフォーム労働遂行者の活動からの平均収入、

(d)　デジタル労働プラットフォームが契約関係を有する仲介事業者。

2　加盟国は、デジタル労働プラットフォームがプラットフォーム労働遂行者により遂行された労働及びその雇用上の地位に関する情報を権限ある国内機関に提供するよう確保するものとする。

3　第一項にいう情報は、その者が関係デジタル労働プラットフォームを通じてプラットフォーム労働を遂行する各加盟国ごとに提供されるものとする。第一項第(c)号に関しては、この情報は要請に応じてのみ提供されるものとする。

4　第一項にいう情報は、少なくとも六か月ごとに、第一項第(b)号に関しては労働条件が実質的に変更される都度に更新されるものとする。

第一文にかかわらず、零細、小規模又は中規模の企業であるデジタル労働プラットフォームに関しては、加盟国は第三項による情報の更新頻度を一年に一回に緩和することができる。

5　権限ある機関及びプラットフォーム労働遂行者の代表は、デジタル労働プラットフォームに対して、雇用契約に関する詳細を含め、提供された情報のいずれに関してもその追加的な明確化と詳細を尋ねる権利を有する。デジタル労働プラットフォームはかかる要請に対し不当な遅滞なく実質的な回答を提供することにより対応するものとする。

第五章　救済と執行

第一八条　補償の権利

EU規則2016/679（一般データ保護規則）の第七九条及び第八二条に抵触しない限り、加盟国は、雇用又はその他の契約関係が終了した者を含むプラットフォーム労働遂行者が、本指令から生ずる権利が侵害された場合に、適時、効果的かつ中立的な紛争解決へのアクセス及び被った損害に対する十分な補償を含む救済を受ける権利を有するよう確保するものとする。

第一九条　プラットフォーム労働遂行者のための又は支援する手続き

EU規則2016/679（一般データ保護規則）の第八〇条に抵触しない限り、加盟国は、プラットフォーム労働遂行者の代表及び、国内法又は慣行に従いプラットフォーム労働遂行者の権利を擁護することに正当な利益を有する法的主体が、本指令から生ずるいかなる権利又は義務についても行使するためのいかなる司法上又は行政上の手続きにも関与することができるよう確保するものとする。加盟国は、これら代表及び法的主体が、国内法又は慣行に従い本指令から生ずるいかなる権利又は義務の侵害があったときに一人又は数人のプラットフォーム労働遂行者のために又はその支援のために行動することができるよう確保するものとする。

第二〇条　プラットフォーム労働遂行者のための連絡回路

加盟国は、デジタル労働プラットフォームが、EU規則2016/679（一般データ保護規則）を遵守しつつ、デジタル設備又は同様の効果的な手段により、プラットフォーム労働遂行者がお互いに私的にかつ安全に接触し及び連絡するとともに、プラットフォーム労働遂行者の代表と接触し又は接触されることができるようにすることを確保するものとする。

加盟国は、デジタル労働プラットフォームがこれ

ら接触及び連絡にアクセスし又は監視しないよう求めるものとする。

第二一条　証拠へのアクセス

1　加盟国は、本指令の規定に関する手続きにおいて、国内裁判所又は権限ある機関がデジタル労働プラットフォームに対してその管理下にあるいかなる関連する証拠についても開示するよう命ずることができるよう確保するものとする。

2　加盟国は、国内裁判所が手続きに関連すると考える秘密情報を含む証拠を開示するための権限を有するよう確保するものとする。加盟国は、かかる情報の開示を命ずる場合に国内裁判所がかかる情報を保護する効果的な措置を採りうることを確保するものとする。

第二二条　不利益取扱い又はその結果からの保護

加盟国は、本指令に規定する権利の遵守を執行する目的でなされるデジタル労働プラットフォーム内で行われる苦情申立て又はいかなる手続きの結果としてなされるデジタル労働プラットフォームによってなされる不利益取扱い又は不利益な結果から、プラットフォーム労働遂行者の代表である者を含め、プラットフォーム労働遂行者を保護するために必要な措置を導入するものとする。

第二三条　解雇からの保護

1　加盟国は、本指令に規定する権利を行使したことを理由とするプラットフォーム労働者遂行者の解雇若しくは契約解除又はこれに準ずる行為及びこれらのあらゆる準備を禁止するために必要な措置をとるものとする。

2　本指令に規定する権利を行使したことを理由として解雇若しくは契約解除され又はこれに準ずる効果のある行為をされたと考えるプラットフォーム労働遂行者は、デジタル労働プラットフォームに対し当該解雇、契約解除又はこれに準ずる行為の正当な裏付けのある理由を明らかにするよう請求することができる。デジタル労働プラットフォームは当該理由を不当に遅延することなく書面で提供するものとする。

3　加盟国は、第二項にいうプラットフォーム労働遂行者が裁判所又は他の権限ある機関において、かかる解雇、契約解除又はこれに準ずる行為があったことを推定しうる事実を示した場合には、当該解雇、契約解除又はこれに準ずる行為が第一項にいう理由以外の理由に基づいていることを立証すべきはデジタル労働プラットフォームであることを確保するために必要な措置をとるものとする。

4　加盟国は事案の事実調査をするのが裁判所又は他の権限ある機関である手続には第三項を適用する必要はない。

5　加盟国が異なる規定をしない限り、第三項は刑事手続には適用しない。

第二四条　監督と罰則

1　EU規則2016/679（一般データ保護規則）の適用を監視する責任を有する監督機関は、EU規則2016/679の第六章、第七章及び第八章の関連規定に従って、データ保護事項に関する限り、本指令の第七条から第一一条までの適用を監視し執行する責任をも有するものとする。

同規則の第八三条第五項にいう行政罰の上限は、本指令の第七条から第一一条までの違反に適用するものとする。

2　第一項にいう機関及び他の権限ある国内機関は、適当であれば、とりわけプラットフォーム労働遂行者に対する自動的なモニタリングシステム又は自動的な意思決定システムの影響に関する疑問が生ずる場合、それぞれの権限の範囲内で、本指令の執行に協力するものとする。このため、これら機関は、要請に応じ又は自らの発意により、監督又は検査の過程で入手した情報を含め、関連する情報をお互いに交換するものとする。

3　権限ある国内機関は、欧州委員会の支援の下、法的推定の実施に関する情報及び好事例の交換を通じて協力するものとする。

4　プラットフォーム労働遂行者がデジタル労働プラットフォームが設立されている加盟国以外の加盟国でプラットフォーム労働を遂行する場合、これら加盟国の権限ある機関は本指令を執行するために情報を交換するものとする。

5　第一項にいうEU規則2016/679の適用に抵触しない限り、加盟国は、本指令の規定に従って採択された国内規定又は本指令の適用範囲内にある権利に関する既に効力を有する規定の違反に適用される罰則に関する規則を規定するものとする。罰則は、企業の違反の性質、程度及び期間に対して効果的で抑止的かつ比例的なものとする。

6　デジタル労働プラットフォームがプラットフォーム労働遂行者の正確な雇用上の地位を決定する法的判決に従うことを拒否することに関係する違反の場合、加盟国は罰金を含む罰則を規定するものとする。

第六章　最終規定（略）

施行期限：二〇二六年一二月二日

欧州連合法の違反を通報する者の保護に関する欧州議会と閣僚理事会の指令

（抄）（EU法違反通報者保護指令）

Directive (EU) 2019/1937 of the European Parliament and of the Council of 23 October 2019 on the protection of persons who report breaches of Union law

採択：二〇一九年一〇月二三日

第Ⅰ章　適用範囲、定義及び保護条件

第一条　目的

本指令の目的は、欧州連合法の違反を通報する者に高水準の保護を提供する共通の最低基準を規定することにより、特定分野における欧州連合法及び政策の実施を促進することにある。

第二条　物的適用範囲

1　本指令は以下の欧州連合法の違反を通報する者の保護の共通の最低基準を規定する。

(a)　附則に掲げる以下の分野に関する欧州連合立法の適用範囲に含まれる違反。

(i)　公共調達

(ii)　金融サービス、商品及び市場、並びにマネーロンダリングの防止及びテロ資金調達

(iii)　製品安全及び法令遵守

(iv)　運輸安全

(v)　環境保護

(vi)　放射線保護及び原子力安全

(vii)　食糧及び飼料の安全、動物の健康及び福祉

(viii)　公衆衛生

(ix)　消費者保護

(x)　プライバシー及び個人情報の保護、並びにネットワーク及び情報システムの安全

(b)　欧州連合運営条約第三二五条及びさらなる関連の欧州連合措置に定める欧州連合の財政的利益を侵害する違反。

(c)　欧州連合の競争及び国家補助の規則の違反、法人税の規則に違反する行為や適用される法人税法の目的を失わしめる利益を得るための仕組に関する域内市場に関わる規則の違反を含め、欧州連合条約第二六条第二項にいう域内市場に関わる違反。

2　本指令は、第一項に定める以外の分野又は立法に関する国内法に保護を拡大する加盟国の権限を妨げない。

第四条　人的適用範囲

1　本指令は、以下の各号を含め、労働に関連する文脈において違反に関する情報を入手した官民両部門で就労する通報者に適用する。

(a)　公務員を含め、欧州連合運営条約第四五条第一項の意味における労働者の地位を有する者

(b)　欧州連合運営条約第四九条の意味における自営業者の地位を有する者

(c)　株主、非執行役員を含め企業の執行、経営又は監督機関に属する者並びにボランティア及び有給無給の研修生

(d)　請負業者、下請業者及び部品供給者の指揮監督の下で就労する全ての者

2　本指令は、その通報又は公表した違反に関する情報を既に終了した労働に関連する関係において入手した通報者にも適用する。

3　本指令は、その労働に関連する関係が未だ開始していない通報者が、採用過程又は契約締結交渉の間に違反に関する情報を入手した場合にも適用する。

4　第六章に規定する通報者の保護措置は次の者にも適用する。

(a)　世話役

(b)　通報者の同僚や親族のように、通報者と関係を有し、労働に関連する文脈において報復を受ける可能性のある第三者

(c)　通報者が所有、就労又は他の労働に関連する文脈で関係する法人

第六条　通報者の保護条件

1　通報者は以下の場合に本指令の保護を受ける資格がある。

(a)　通報者が、通報された違反に関する情報が通報の時期において真実であり、かかる情報が本指令の適用範囲に含まれると信ずるに足る合理的な根拠を有し、

(b)　通報者が第七条に従って内部通報するか、第一〇条に従って外部通報するか、第一五条に従って公表するかした場合。

2　欧州連合法による匿名通報についての既存の義務に抵触しない限り、本指令は加盟国が官民両分野の法人や当局が匿名の違反通報を受理し処理するか否かを定める権限に影響しない。

3　匿名で違反に関する情報を通報又は公表した者が、その後身元を明かされ報復を受けた場合、第一号の条件を充たす限り、第六章に規定する保護を受ける資格を有する。

4　本指令の適用範囲に含まれる違反を応手連合の関係する機関、機構等に通報した者は、外部に通報した者と同様の保護を受ける。

第Ⅱ章　内部通報と処理

第七条　内部通報回路を通じた通報

1　一般原則として、第一〇条及び第一五条に抵触しない限り、違反に関する情報は本章に定める内部通報回路と手続きを通じて通報することができる。

2　加盟国は、違反が内部的に効果的に是正され、且つ通報者が報復される危険性がないと思われる場合は、外部通報回路を通じて通報される前に内部通報回路を通じて通報することを奨励するものとする。

3　第二項にいう内部通報回路の利用に関する適切な情報は、第九条第一項第(g)号に従い官民の法人によって、第一二条第四項第(a)号及び第一三条に従い与えられる情報の文脈で提供される。

第Ⅲ章　外部通報と処理

第一〇条　外部通報回路を通じた通報

第一五条第一項第(b)号に抵触しない限り、通報者は違反に関する情報を、まず内部通報回路を通じて通報した後に、又は直接外部通報回路を通じて、第一一条及び第一二条に規定する回路及び手続きを用いて通報するものとする。

第Ⅳ章　公表

第一五条　公表

1　公表を行う者は、以下のいずれの条件をも充たす場合、本指令の保護を受ける資格を有する。

(a)　第Ⅱ章及び第Ⅲ章に従いまず内部通報及び外部通報をし、又は直接外部通報した者が、第九条第一項第(f)号又は第一一条第二項第(d)号に定める期間内に通報に対して適切な行動がとられなかった場合

(b)　公表者が以下を信ずるに足る合理的な根拠を有する場合

(i)　緊急事態又は不可逆的な損害の危険性のように、当該違反が公益に緊急かつ顕著な危険を構成する場合、又は

(ii)　証拠が隠蔽又は破壊されるか、又は当局が違反の実行者と共謀しているか若しくは違反に関与している場合のように、事案の特性により外部通報の場合には報復の危険性があるか又は違反が効果的に是正される可能性が低い場合

2　本条は、表現と情報の自由に関係する保護制度を樹立する特定の国内法規定に従い報道機関に直接開示する場合には適用しない。

第Ⅴ章　内部及び外部通報に適用する規定

第一六条　守秘義務

1　加盟国は、通報者の明示の同意がない限り、通報者の身元が通報を受理し処理する機関の権限ある職員を超えて誰にも開示されないよう確保するものとする。これは通報者の身元が直接又は間接に推測されうる他のいかなる情報にも適用する。

2　第一項の例外として、通報者の身元及び第一項にいう他のいかなる情報も、関係者の防御権を保護する観点を含め、国内の当局による捜査又は司法手続きの文脈において欧州連合法又は国内法によって課せられる必要かつ適切な義務がある場合に限り、開示することができる。

3　第二項に規定する適用除外に従いなされる開示は、適用される欧州連合法及び国内法の下で適切な保護に従うものとする。特に、当該通知が関係する捜査又は司法手続きを妨害するのでない限り、通報者は身元が開示される前に通知を受けるものとする。通報者に通知する際、当局は通報者に書面で関連する機密情報の開示の理由を説明するものとする。

4　加盟国は、営業秘密を含む違反の情報を受理した権限ある機関が、適切な処理に必要な限度を超えた目的のためにこれら営業秘密を用いたり開示したりすることのないよう確保するものとする。

第Ⅵ章　保護措置

第一九条　報復の禁止

加盟国は、以下の形式のものを含め、報復の脅迫及び報復の企図を含め、第四条に規定する者に対するいかなる形式の報復も禁止する必要な措置をとるものとする。

(a)　停職、一時解雇、解雇又は同等の措置
(b)　降格又は昇進の停止
(c)　職務の転換、勤務場所の変更、賃金の減額、労働時間の変更
(d)　教育訓練の停止
(e)　否定的な業績評価又は身元照会への回答
(f)　金銭的懲罰を含め、いかなる懲戒処分、譴責又は他の懲罰の賦課又は執行
(g)　威圧、脅迫、ハラスメント又は仲間外し
(h)　差別、不利益又は不公正な取扱い
(i)　労働者が他の常用雇用を提供される合法的な期待を有している場合に臨時雇用契約を常用雇用契約に転換しないこと
(j)　臨時雇用契約を更新せず又は早期に終了すること

(k) 特にソーシャルメディアにおいて、当該者の評判を含め被害を及ぼし、又は事業の損失や所得の喪失を含め金銭的な損失を与えること

(l) 部門ないし業種ごとの非公式又は公式の合意に基づき、当該者が将来において当該部門又は業種で雇用機会を得られなくする結果をもたらすようなブラックリストの作成

(m) 財やサービスの供給契約の早期解約又は解除

(n) 免許又は許可の取消

(o) 精神病の又は医学的照会

第二一条　報復に対する保護措置

1　加盟国は、第四条に規定する者が報復から保護されることを確保する必要な措置をとるものとする。

2　第三条第二項及び第三項に抵触しない限り、本指令に従って違反を通報し又は公表した者は、かかる情報の通報又は公表が本指令に従って違反を明らかにする上で必要であると信ずるに足る合理的な根拠を有する限り、情報開示のいかなる制限にも違反したとはみなされず、かかる通報又は公表に関していかなる責任も負わないものとする。

3　通報者は、情報の取得又は接近がそれ自体として犯罪行為を構成しない限り、通報又は公表された情報を取得し又は接近したことに関して責任を負わないものとする。情報の取得又は接近がそれ自体として犯罪行為を構成する場合には、刑事責任は適切な国内法によって規制される。

4　通報若しくは公表に無関係な又は本指令に従って違反を明らかにするのに必要ではない行為又は遺漏から生じる通報者のいかなる他の責任も、適用される欧州連合法又は国内法によって規制されるものとする。

5　通報者が被った被害に関係する裁判所又は他の当局における手続きにおいて、当該者が通報又は公表をして被害を被ったことを示すことを条件として、当該被害は通報又は公表への報復としてなされたものとみなすものとする。かかる場合には、加害措置をとった者が当該措置が正当な根拠に基づくことを証明しなければならない。

6　第四条に規定する者は、国内法に従い、法的手続きの決着以前の暫定的な救済を含め、報復に対する適切な是正措置への接近を有するものとする。

7　名誉毀損、知的財産権の違反、守秘義務違反、データ保護規則の違反、営業秘密の開示又は官民の又は集団的労働法に基づく損害賠償請求の司法手続きにおいて、第四条に規定する者は本指令の下での通報又は公表の結果としていかなる責任も負わないものとする。これらの者は、通報又は公表が本指令に従い違反を明らかにするために必要であると信ずるに足る客観的な根拠を有する限り、かかる通報又は公表に係る訴えが却下されることを求める権利を有する。

　本指令の適用範囲内の違反に関する情報を通報し又は公表し、当該情報が営業秘密を含んでおり、通報者が本指令の条件に合致している場合には、係る通報又は公表は指令2016/943の第三条第二項の条件の下で合法的とみなされる。

8　加盟国は、国内法に従い、第四条に規定する者が被った被害への救済及び完全な補償が確保されるよう必要な措置をとるものとする。

欧州連合における十分な最低賃金に関する欧州議会と理事会の指令（抄）（最低賃金指令）

Directive (EU) 2022/2041 of the European Parliament and of the Council of 19 October 2022 on adequate minimum wages in the European Union

採択：二〇二二年一〇月一九日

第一章　総則

第一条　主題

1　欧州連合における労働生活条件、とりわけ上方への社会的収斂に貢献し、賃金の不平等を縮小するため、労働者にとっての最低賃金の十分性を改善する観点で、本指令は次の枠組みを設定する。

(a) まっとうな生活労働条件を達成する目的で法定最低賃金の十分性、

(b) 賃金決定に関する団体交渉の促進、

(c) 国内法及び／又は労働協約により規定される最低賃金保護の権利へ労働者の有効なアクセスの向上。

2　本指令は労使団体の自治を全面的に尊重するとともに、その団体交渉し労働協約を締結する権利を妨げない。

3　欧州連合運営条約第一五三条第五項に従い、本指令は最低賃金の水準を設定する加盟国の権限も、労働協約に規定する最低賃金保護へのアクセスを促進するために法定最低賃金を設ける加盟国の選択も妨げない。

4　本指令の適用は、団体交渉の権利を全面的に遵守するものとする。本指令のいかなる部分も、いかなる加盟国に対しても次のことを義務付けるものと解釈されてはならない。

(a)　賃金決定がもっぱら労働協約を通じて確保されている場合に、法定最低賃金を導入すること、

(b)　労働協約の一般的拘束力を宣言すること。

5　国際労働機構の理事会によって承認された合同海事委員会又は他の機関が定期的に設定する船員最低賃金に関する措置を実施する加盟国の立法には本指令第二章は適用しない。かかる立法は団体交渉の権利及びより高い最低賃金水準を採択する可能性を妨げない。

第二条　適用範囲

本指令は、欧州連合司法裁判所の判例法を考慮しつつ、各加盟国で効力を有する法律、労働協約又は慣行で定義される雇用契約又は雇用関係を有する欧州連合内の労働者に適用される。

第三条　定義

本指令においては、次の定義が適用される。

(1)　「最低賃金」とは、公的部門も含めた使用者が、所与の期間中に、遂行された労働に対して、労働者に支払うよう求められる、法律又は労働協約によって決定された最低報酬をいう。

(2)　「法定最低賃金」とは、適用される規定の内容について当局にいかなる裁量の余地もない一般的拘束力を宣言された労働協約によって決定された最低賃金を除き、法律又はその他の拘束力ある法的規定によって決定された最低賃金をいう。

(3)　「団体交渉」とは、加盟国の国内法及び慣行に従って、一方において使用者、使用者の集団又は一若しくはそれ以上の使用者団体、他方において一又はそれ以上の労働組合との間で、労働条件及び雇用条件を決定するために発生するすべての交渉をいう。

(4)　「労働協約」とは、一般的拘束力を宣言された労働協約も含め、国内法及び慣行に従いそれぞれ労働者と使用者のために交渉する能力を有する労使団体によって締結される労働条件及び雇用条件に関する規定に関する書面による合意をいう。

(5)　「団体交渉の適用範囲」とは、その労働条件が国内法及び慣行に従い労働協約によって規制される労働者の数に対する労働協約が適用される労働者の数の比率で算定されるところの国レベルでの労働協約が適用される者の割合をいう。

第四条　賃金決定に関する団体交渉の促進

1　団体交渉の適用範囲を拡大し、賃金決定に関する団体交渉権の行使を容易にする目的で、加盟国は労使団体を関与させつつ、国内法と慣行に従って、次の措置をとるものとする。

(a)　とりわけ産業別又は産業横断レベルにおいて、賃金決定に関する団体交渉に関与する労使団体の能力の構築及び強化を促進すること、

(b)　労使団体が賃金決定に関する団体交渉に関してその機能を遂行するために適当な情報にアクセスできるという対等の立場で、両者間における賃金に関する建設的、有意味で情報に基づく交渉を奨励すること、

(c)　適当であれば、賃金決定に関する団体交渉権の行使を保護し、労働者や労働組合代表に対して賃金決定に関する団体交渉に参加し又は参加しようとしたことを理由とするその雇用に関する差別から保護するための措置をとること、

(d)　賃金決定に関する団体交渉を促進する目的で、適当であれば、団体交渉に参加し又は参加しようとする労働組合及び使用者団体に対して、その設立、運営又は管理において互いに又は互いの代理人若しくは構成員によるいかなる干渉行為からも保護する措置をとること。

2　これに加えて、団体交渉の適用率が八〇％未満である各加盟国は、労使団体に協議した後に法により又は労使団体との合意により、団体交渉の条件を容易にする枠組みを導入するものとする。これら各加盟国はまた団体交渉を促進する行動計画を策定するものとする。当該加盟国は、労使団体に協議した後に若しくは労使団体との合意により又は労使団体の共同要請に基づき労使団体間で合意した通りに、かかる行動計画を策定するものとする。行動計画は、労使団体の自治を最大限に尊重しつつ、団体交渉の適用率を段階的に引き上げる明確な日程表と具体的な措置を規定するものとする。加盟国はこの行動計画を定期的に再検討し、必要があれば更新するものとする。加盟国が行動計画を更新する場合、労使団体に協議した後に若しくは労使団体との合意により又は労使団体の共同要請に基づき労使団体間で合意した通りに行うものとする。いかなる場合でも行動計画は少なくとも五年に一回は再検討するものとする。行動計画及びそのすべての更新版は公表され、欧州委員会に通知されるものとする。

第二章　法定最低賃金

第五条　十分な法定最低賃金の決定手続き

1　法定最低賃金を有する加盟国は、法定最低賃金の決定及び改定の必要な手続きを設けるものとする。かかる決定及び改定は、まっとうな生活条件を達成し、在職貧困を縮減するとともに、社会的結束と上方への収斂を促進し、男女賃金格差を縮小する目的で、その十分性に貢献するような基準に導かれるものとする。加盟国はこれらの基準を国内法、権限ある機関の決定又は政労使三者合意における国内慣行に従って定めるものとする。この基準は明確なやり方で定められるものとする。加盟国は、各国の社会経済状況を考慮して、第2項にいう要素も含め、これら基準の相対的な重要度について決定することができる。

2　第一項にいう国内基準は、少なくとも以下の要素を含むものとする。

(a)　生計費を考慮に入れて、法定最低賃金の購買力、

(b)　賃金の一般水準及びその分布、

(c)　賃金の上昇率、

(d)　長期的な国内生産性水準及びその進展。

3　本条に規定する義務に抵触しない限り、加盟国は追加的に、適当な基準に基づきかつ国内法と慣行に従って、その適用が法定最低賃金の減額につながらない限り、法定最低賃金の自動的な物価スライド制を用いることができる。

4　加盟国は法定最低賃金の十分性の評価を導く指標となる基準値を用いるものとする。このため加盟国は、賃金の総中央値の六〇％、賃金の総平均値の五〇％のような国際的に共通して用いられる指標となる基準値や、国内レベルで用いられる指標となる基準値を用いることができる。

5　加盟国は、法定最低賃金の定期的かつ時宜に適した改定を少なくとも二年に一回は実施するものとする。第三項にいう自動的な物価スライド制を用いる加盟国は少なくとも四年に一回とする。

6　各加盟国は法定最低賃金に関する問題について権限ある機関に助言する一またはそれ以上の諮問機関を指名又は設置し、その機能的な運営を確保するものとする。

第六条　変異及び減額

1　加盟国が特定の労働者集団に対して異なる法定最低賃金率又は法定最低賃金を下回る水準にまで支払われる賃金を減少させる減額を認める場合には、加盟国はこれら変異及び減額が非差別と比例性（合法的な目的の追求を含む）の原則を尊重するよう確保するものとする。

2　本指令のいかなる部分も、加盟国に法定最低賃金の変異や減額を導入する義務を課すものと解釈されてはならない。

第七条　法定最低賃金の決定及び改定における労使団体の関与

加盟国は、法定最低賃金の決定及び改正において、第五条第六項にいう諮問機関への参加及びとりわけ次の事項を含め、意思決定過程を通じた審議への自発的参加を提供する適時かつ効果的な方法で、労使団体の関与に必要な措置をとるものとする。

(a)　第五条第一項、第二項及び第三項にいう法定最低賃金の水準の決定と、自動物価スライド制がある場合にはその確立と修正のための基準の選択及び適用、

(b)　法定最低賃金の十分性の評価のための第五条第四項にいう指標となる基準値の選択及び適用、

(c)　第五条第五項にいう法定最低賃金の改定、

(d)　第六条にいう法定最低賃金の変異及び減額の確立、

(e)　法定最低賃金の決定に関与する機関及び他の関係当事者に情報を提供するためのデータの収集及び調査と分析の遂行の双方に関する決定。

第八条　法定最低賃金への労働者の効果的なアクセス

加盟国は、労使団体の関与により、労働者が適切に効果的な法定最低賃金保護（適当であればその強化と執行を含め）にアクセスすることを促進するために、次の措置をとるものとする。

(1)　労働監督機関又は法定最低賃金の施行に責任を有する機関によって行われる効果的、比例的で非差別的な管理及び現地監督の提供、

(2)　法定最低賃金を遵守しない使用者に先制的に狙いを定め追及するため、とりわけ訓練と指導を通じた施行機関の能力向上。

第三章　通則

第九条　公共調達

EU公共調達諸指令（2014/23/EU、2014/24/EU、2014/25/EU）に従い、加盟国は公共調達又は営業権の授与及び遂行において、事業者及びその下請事業者が、賃金に関して適用される義務、EU法、国内法、労働協約又はILOの結社の自由と団結権条約（第八七号）及び団結権と団体交渉権条約（第九八号）を含む国際的な社会労働法規定によって確立した社会労働法分野における団結権及び賃金決定に関する団体交渉権を遵守するよう確保する適切な措置をとるものとする。

第一〇条　監視とデータ収集

1　加盟国は、最低賃金保護を監視するために効果的なデータ収集用具を確保する適切な措置をとるものとする。

2　加盟国は次のデータおよび情報を二年ごとに、報告年の一〇月一日までに、欧州委員会に報告するものとする。

(a)　団体交渉の適用範囲の比率と進展、

(b)　法定最低賃金については、

(i)　法定最低賃金の水準及びその適用される労働者の比率、

(ii)　既存の変異と減額の説明及びその導入の理由とデータが入手可能であれば変異の適用される労働者の比率。

(c)　労働協約によってのみ規定される最低賃金保護については、

(i)　低賃金労働者に適用される労働協約によって設定される最低の賃金率又は正確なデータが責任ある国内機関に入手可能でなければその推計、及びそれが適用される労働者の比率又は正確なデータが責任ある国内機関に入手可能でなければその推計、

(ii)　労働協約が適用されない労働者に支払われる賃金水準及びその労働協約が適用される労働者に支払われる賃金水準との関係。

第一文第(c)号にいう報告義務のある加盟国は、一般的拘束力宣言を受けたものも含め、産業別、地域別及び他の複数使用者労働協約に関して、その第(i)号にいうデータを報告するよう求められる。

加盟国は、本項にいう統計及び情報を、できる限り性別、年齢、障害、企業規模及び業種によって区分集計して提供するものとする。

最初の報告は二〇二一年、二〇二二年及び二〇二三年を対象とし、二〇二五年一〇月一日までに提出するものとする。加盟国は二〇二四年一一月一五日以前に入手可能でなかった統計及び情報を除外することができる。

3　欧州委員会は本条第二項にいう報告及び第四条第二項にいう行動計画において加盟国から送付されたデータと情報を分析するものとする。同委員会はそれを二年ごとに欧州議会と理事会に報告し、同時に加盟国から送付されたデータと情報を公表するものとする。

第一一条　最低賃金保護に関する情報

加盟国は、法定最低賃金とともに一般的拘束力を有する労働協約の定める最低賃金保護に関する情報（救済制度に関する情報を含む）が、必要であれば加盟国が決定する最も関連する言語によって、包括的かつ障害者を含め容易にアクセス可能な仕方で一般に入手可能とするように確保するものとする。

第一二条　不利益取扱い又はその帰結に対する救済と保護の権利

1　加盟国は、適用される労働協約で規定される特別の救済及び紛争解決制度に抵触しない限り、雇用契約が終了した者も含む労働者が、法定最低賃金に関する権利又は国内法若しくは労働協約でその権利が規定されている最低賃金保護に関する権利の侵害の場合において、効果的で適時かつ中立的な紛争解決及び救済の権利にアクセスすることを確保するものとする。

2　加盟国は、労働組合員又はその代表者を含む労働者及び労働者代表が、使用者からのいかなる不利益取扱いからも、また使用者に提起した苦情又は国内法若しくは労働協約でその権利が規定されている最低賃金に関する権利の侵害の場合に法令遵守を求める目的で提起したいかなる手続から生じる不利益な帰結からも保護するに必要な措置をとるものとする。

第一三条　罰則

加盟国は、本指令の適用範囲内の権利及び義務が国内法又は労働協約に規定されている場合、当該権利及び義務の侵害に適用される罰則に関する規則を規定するものとする。法定最低賃金のない加盟国においては、これら規則は労働協約の執行に関する規則に規定される補償又は契約上の制裁への言及を含むか又はそれに限定することができる。規定される罰則は効果的で比例的かつ抑止的であるものとする。

第四章　最終規定《略》

施行期限：二〇二四年一一月一五日

重要判例

横浜南労基署長（旭紙業）事件・最高裁第一小法廷平成八年一一月二八日判決

平成七年（行ツ）第六五号療養補償給付等不支給処分取消請求事件、労判七一四号、判時一五八九号

【事案の紹介】

本件は、自己所有のトラックを持ち込んで訴外A社の製品の運送業務に携わっていた車持ち込み運転手（いわゆる傭車運転手）（X）が、トラックへの運送品の積み込み作業中ケガをしたことから労働基準監督署長（Y）に対し労働者災害補償保険法にもとづく保険給付の請求を行なったところ、YはXの労働者性を否定し不支給決定したために、その処分の取消を求めたものである。第一審（横浜地判平五・六・一七、労判六四三号）はXの労働者性を認めて請求を認容したが、控訴審（東京高判平六・一一・二四、労判七一四号）はこれを否定し一審判決を取り消した。

【判旨】 上告棄却。

「Xは、自己の所有するトラックをA社の横浜工場に持ち込み、同社の運送係の指示に従い、同社の製品の運送業務に従事していた者であるが、(1)同社のXに対する業務の遂行に関する指示は、原則として、運送物品、運送先及び納入時刻に限られ、運送経路、出発時刻、運送方法等には及ばず、また、一回の運送業務を終えて次の運送業務の指示があるまでは、運送以外の別の仕事が指示されるということはなかった、(2)勤務時間については、同社の一般の従業員のように始業時刻及び終業時刻が定められていたわけではなく、当日の運送業務を終えた後は、翌日の最初の運送業務の指示を受け、その荷積みを終えたならば帰宅することができ、翌日は出社することとなく、直接最初の運送先に対する運送業務を行うこととされていた、(3)報酬は、トラックの積載可能量と運送距離によって定まる運賃表により出来高が支払われていた、(4)Xの所有するトラックの購入代金はもとより、ガソリン代、修理費、運送の際の高速道路料金等も、すべてXが負担していた、(5)Xに対する報酬の支払に当たっては、所得税の源泉徴収並びに社会保険及び雇用保険の保険料の控除はされておらず、Xは右報酬を事業所得として確定申告していた」。

「右事実関係の下においては、Xは、業務用機材であるトラックを所有し、自己の危険と計算の下に運送業務に従事していたものである上、A社は、運送という業務の性質上当然に必要とされる運送物品、運送先及び納入時刻の指示をしていた以外には、Xの業務の遂行に関し、特段の指揮監督を行っていたとはいえず、時間的、場所的な拘束の程度も、一般の従業員と比較してはるかに緩やかであり、XがA社の指揮監督の下で労務を提供していたと評価するには足りないものといわざるを得ない。そして、報酬の支払方法、公租公課の負担等についてみても、Xが専属的にA社の製品の運送業務に携わっており、A社の運送係の指示を拒否する自由はなかったこと、毎日の始業時刻及び終業時刻は、右運送係の指示内容のいかんによって事実上決定されることになること、右運賃表に定められた運賃は、トラック協会が定める運賃表による運賃料よりも一割五分低い額とされていたことなど原審が適法に確定したその余の事実関係を考慮しても、Xは、労働基準法上の労働者ということができず、労働者災害補償保険法上の労働者にも該当しない」。

［鎌田耕一］

②個別的労働関係における使用者

黒川建設事件・東京地裁平成一三年七月二五日判決

平成九年（ワ）第一三三〇八号退職金等請求事件、労判八一三号

【事案の紹介】

本件は、訴外A社を退職した原告Xら二名が、被告Y_1及びY_2社はA社を実質的に支配しているから法人格否認の法理が適用されるべきであり、また、Xらの退職金についてはY_2社が重畳的債務引受をしたと主張の上、未払賃金及び未払退職金をYらに対し請求した事案である。A社の発行済み株式の九五％はY_2社を含むグループ会社三社が保有（Y_1も約三％を保有）し、これら三社の株式のそれぞれ九〇％以上の真実の所有者はY_1であった。Y_2社及びA社はその他複数の関連会社とともにBグループと総称され、Y_1はBグループの「社主」と称されていた。

【判旨】請求一部認容。

「およそ法人格の付与は社会的に存在する団体についてその価値を評価してなされる立法政策によるものであって、これを権利主体として表現せしめるに値すると認められるときに法的技術に基づいて行われるものである。従って、法人格が全く形骸にすぎない場合、またはそれが法律の適用を回避するために濫用されるが如き場合においては、法人格を認めることは、法人格なるものの本来の目的に照らして許すべからざるものというべきであり、法人格を否認すべきことが要請される場合を生ずる（最高裁昭和四四年二月二七日第一小法廷判決民集二三巻二号五一一頁）。

そして、株式会社において、法人格が全くの形骸にすぎないというためには、単に当該会社の業務に対し他の会社または株主らが、株主たる権利を行使し、利用することにより、当該株式会社に対し支配を及ぼしているというのみでは足りず……、当該会社の業務執行、財産管理、会計区分等の実態を総合考慮して、法人としての実体が形骸にすぎないかどうかを判断するべきである」。

これを本件についてみるに、「A社は、外形的には独立の法主体であるとはいうものの、実質的には、設立の当初から、事業の執行及び財産管理、人事その他内部的及び外部的な業務執行の主要なものについて、極めて制限された範囲内でしか独自の決定権限を与えられていない会社であり、その実態は、分社・独立前……と同様、Bグループの中核企業であるY_2社の一事業部門と何ら変わるところはなかったというべきである。そして、Y_1は、そのようなA社を、同社の代表取締役であった時期はもとより、そうでない時期においても、A社の代表取締役あるいはY_2社の代表取締役としての立場を超え、Bグループの社主として、直接自己の意のままに自由に支配・操作して事業活動を継続していたのであるから、A社の株式会社としての実体は、もはや形骸化しており、これに法人格を認めることは、法人格の本来の目的に照らして許すべからざるものであって、A社の法人格は否認されるというべきである。

そして、……法人格否認の法理が適用される結果、Yらは、いずれもA社を実質的に支配するものとして、A社がXらに対して負う未払賃金債務及び退職金債務について、同社とは別個の法主体であることを理由に、その責任を免れることはできないというべきである」。

［榊原嘉明］

③集団的労働関係における労働者

ＩＮＡＸメンテナンス事件・最高裁第三小法廷平成二三年四月一二日判決

平成二一年（行ヒ）第四七三号不当労働行為救済命令取消請求事件、労判一〇二六号、労旬一七四五号

【事案の紹介】

ＩＮＡＸメンテナンス（以下Ｘ）は、住宅設備機器の修理補修等を主たる事業とする株式会社である。Ｘと業務委託契約を締結して業務に従事するカスタマーエンジニア（以下ＣＥ）らが加入する労働組合Ｚが、ＣＥの労働条件等について団体交渉を申入れたところ、ＣＥは労組法上の労働者に当たらないとして団交に応じなかったため、不当労働行為に当たるとして大阪府労委に救済申立てをした。大阪府労委は、ＣＥの労組法上の労働者性を肯定し、団交応諾等を内容とした救済命令を発した。Ｘはこれを不服として、中労委（以下Ｙ）に対し再審査申立てをしたが、Ｙは再審査申立を棄却したため、Ｘは東京地裁にＹの再審査申立棄却命令の取消を求めた。東京地裁（平二一・四・二二、労判九八二号）は、ＣＥの労組法上の労働者性を肯定してＸの請求を棄却したため、Ｘはこれを不服として東京高裁に控訴したところ、東京高裁（平二一・九・一六、労判九八九号）は原判決を取り消した。そこでＹが最高裁に上告した。

【判旨】　請求認容。

①「ＣＥは、Ｘの……事業の遂行に不可欠な労働力として、その恒常的な確保のためにＸの組織に組み入れられていた」。②「ＣＥとＸとの間の業務委託契約の内容は、Ｘの定めた『業務委託に関する覚書』によって規律されており、個別の修理補修等の依頼内容をＣＥの側で変更する余地がな」く、「ＸがＣＥとの間の契約内容を一方的に決定していた」。③「ＣＥの報酬は……Ｘが商品や修理内容に従ってあらかじめ決定した顧客等に対する請求金額に、当該ＣＥにつきＸが決定した級ごとに定められた一定率を乗じ、これに時間外手当等に相当する金額を加算する方法で支払われていた」から「労務の提供の対価としての性質を有するものということができる」。④「Ｘから修理補修等の依頼を受けた場合、ＣＥは業務を直ちに遂行するものとされ……各当事者に認識や契約の実際の運用においては、ＣＥは、基本的にＸによる個別の修理補修等の依頼に応ずべき関係にあった」。⑤「ＣＥは、Ｘが指定した担当地域内において、Ｘからの依頼に係る顧客先で修理補修等の業務を行うものであり、……Ｘから発注連絡を受けることになっていた上……、Ｘの制服を着用し、その名刺を携行しており、業務終了時には業務内容等に関する所定の様式のサービス報告書をＸに送付」し、「修理補修等の作業手順やＸへの報告方法に加え、ＣＥとしての心構えや役割、接客態度等までが記載された各種のマニュアルの配布を受け、これに基づく業務の遂行を求められていた」ことから、「ＣＥは、Ｘの指定する業務遂行方法に従い、その指揮監督の下に労務の提供を行っており、かつ、その業務について場所的にも時間的にも一定の拘束を受けていた」。以上諸事情を総合考慮すれば、「ＣＥは、Ｘとの関係において労働組合法上の労働者に当たると解するのが相当である。」

［川田知子］

④集団的労働関係における使用者

朝日放送事件・最高裁第三小法廷平成七年二月二八日判決

平成五年（行ツ）第一七号不当労働行為救済命令取消請求上告事件、民集四九巻二号

【事案の紹介】

1　Xは、テレビの放送事業等を営む会社である。Aは、テレビ番組制作のための映像撮影、照明等の業務請負を営む会社であり、請負契約のかたちで従業員をX会社の番組制作現場に派遣して就労させていた。また、B会社及びC会社も、X会社の照明業務を直接にまたは下請けとして請け負い、その従業員を同社に派遣していた(以下、A、B、C三社を合わせて「請負三社」という)。他方、Zは、X会社に派遣された者を含めて請負三社の従業員を組織する労働組合である。請負三社は、三〇名ないし一六〇名の従業員を擁して、独自の就業規則をもち、Z組合との間で賃上げ等につき団体交渉を行ない、労働協約も締結している。

2　X会社は毎月、番組制作に当たり、番組名、作業時間、作業場所を記載し、一か月間の番組制作の順序を示す編成日程表を作成して請負三社に交付していた。請負三社は、この日程表に基づいて番組制作連絡書を作成し、従業員の割当を決定することになっていたが、実際には、X会社に派遣される従業員はほぼ固定されていた。これら従業員は、編成日程表の他、X会社が作成交付する台本および制作進行表による指示に従い、X会社から支給・貸与される器材等を使用し、同社の作業秩序に組み込まれて、同社従業員とともに番組制作業務に従事していた。

3　請負三社の従業員の作業は、すべてX会社の従業員であるディレクターの指揮監督の下に行なわれ、ディレクターは、作業時間帯の変更や予定時間を超える作業、あるいは休憩時間についても、自らの判断で請負三社の従業員に指示をしていた。また、請負三社の従業員の勤務状況は、本人の申告により出勤簿に記載され、請負三社はこれに基づき賃金を支払っていた。

4　Z組合はX会社に対し、賃上げ、組合員の直接雇用、休憩室設置を含む労働条件の改善等につき団体交渉を申し入れたが、X会社は、派遣従業員の使用者ではないとしてこれを拒否した。そこでZ組合は、大阪府地方労働委員会に不当労働行為の救済を申し立てた(脱退工作等の支配介入も主張されている)。同地労委は、これら組合員の労務の内容に関してX会社の使用者性を認め、組合員の「勤務内容等X会社の関与する事項」についての団交拒否を禁ずるとともに、脱退工作等も支配介入に当たるとして救済命令を発した（大阪地労委昭五三・五・二六、命令集六三集）。

5　これに対してX会社が再審査を申し立てたが、中央労働委員会(Y)は、ほぼ地労委命令を支持しつつ、命令主文を、「番組制作業務に関する勤務の割り付けなど就労に関わる諸条件」についての団交拒否を禁ずるものに改めている(中労委昭六一・九・一七、命令集八〇集)。

6　X会社は取消訴訟を提起したが、一審判決(東京地判平二・七・一九、労民集四一巻四号)は、労組法七条二号にいう「使用者」は労働契約の一方当事者に限定すべきではなく、不当労働行為制度の趣旨、目的等を総合考慮して判断すべきものとしたうえ、本件にお

いてX会社は、「就労にかかる諸条件」に関しては「使用者」に当たると述べて、請求を棄却した。

7　しかし二審判決（東京高判平四・九・一六、労民集四三巻五＝六号）は、X会社の控訴を認容し、命令を取り消した。判決は、労組法七条にいう「使用者」とは、雇用契約上の雇い主と同一視しうる程度に労働者の労働関係上の諸利益に直接の影響力ないし支配力を及ぼしうる地位にあるものを含むとしつつも、雇用契約上の雇い主（雇用主）が労働者の基本的労働条件を決定し、組合との間で団交を行なって労働協約も締結している場合には、特別の事情がない限り雇用主が「使用者」に当たると述べ、本件においてはそのような特別の事情はないと判断している。これに対してYが上告した。

【判旨】 原判決破棄（団交拒否につき請求棄却、支配介入につき差戻し）。

「一般に使用者とは労働契約上の雇用主をいうものであるが、［労組法七］条が団結権の侵害に当たる一定の行為を不当労働行為として排除、是正して正常な労使関係を回復することを目的としていることにかんがみると、雇用主以外の事業主であっても、雇用主から労働者の派遣を受けて自己の業務に従事させ、その労働者の基本的な労働条件等について、雇用主と部分的とはいえ同視できる程度に現実的かつ具体的に支配、決定することができる地位にある場合には、その限りにおいて、右事業主は同条の『使用者』に当たる」。

「これを本件についてみるに、請負三社は、［X会社］とは別個独立の事業主体として、テレビの番組制作の業務につき被上告人との間の請負契約に基づき、その雇用する従業員を［X会社］の下に派遣してその業務に従事させていたものであり、もとより、［X会社］は右従業員に対する関係で労働契約上の雇用主に当たるものではない。しかしながら、前記の事実関係によれば、［X会社］は、請負三社から派遣される従業員が従事すべき業務の全般につき、編成日程表、台本及び制作進行表の作成を通じて、作業日時、作業時間、作業場所、作業内容等その細部に至るまで自ら決定していたこと、請負三社は、単に、ほぼ固定している一定の従業員のうちのだれをどの番組制作業務に従事させるかを決定していたにすぎないものであること、［X会社］の下に派遣される請負三社の従業員は、このようにして決定されたことに従い、［X会社］から支給ないし貸与される器材等を使用し、［X会社］の作業秩序に組み込まれて［X会社］の従業員と共に番組制作業務に従事していたこと、請負3社の従業員の作業の進行は、作業時間帯の変更、作業時間の延長、休憩等の点についても、すべて［X会社］の従業員であるディレクターの指揮監督下に置かれていたことが明らかである。これらの事実を総合すれば、［X会社］は、実質的にみて、請負三社から派遣される従業員の勤務時間の割り振り、労務提供の態様、作業環境等を決定していたのであり、右従業員の基本的な労働条件等について、雇用主である請負三社と部分的とはいえ同視できる程度に現実的かつ具体的に支配、決定することができる地位にあったものというべきであるから、その限りにおいて、労働組合法七条にいう『使用者』に当たるものと解するのが相当である」。

［山川隆一］

⑤労働基本権の制限

全農林警職法事件・最高裁大法廷昭和四八年四月二五日判決

昭和四三年（あ）第二七八〇号国家公務員法違反被告事件、刑集二七巻四号、判時六九九号、労旬八三三号

【事案の紹介】

一九五八年一〇月、警察官職務執行法の改正案が衆議院に提出された際に、農林省（当時）の職員によって組織された全農林労働組合は、同法の改正によって労働組合活動に対する警察の介入が増大するおそれがあることを理由に、他の労組とともに反対運動を展開した。同労組の役員Xらは、この運動の一環として、同年一一月五日、組合員に対し正午出勤の行動に入ることを指令し、また同日、午前一〇時から一一時四〇分頃までの間、農林省前で開催された職場大会において、組合員約二五〇〇名に対し争議行為を煽った。これに対し、同労組役員Xら五名は、前記指令発出行為等が国家公務員法（昭和四〇年法律第六九号による改正前のもの）一一〇条一項一七号により禁止されている「あおり」行為等に該当するとして起訴された。

第一審（東京地判昭三八・四・一九、刑集二七巻四号）では全員無罪、第二審（東京高判昭四三・九・三〇、高刑集二一巻五号）では全員有罪が宣告された。

【判旨】上告棄却。

1　「憲法二八条の労働基本権の保障は、公務員に対しても及ぶものと解すべきである」が、労働基本権は「勤労者の経済的地位の向上のための手段として認められたものであつて、それ自体が目的とされる絶対的なものではないから、おのずから勤労者を含めた国民全体の共同利益の見地からする制約を免れないものであり、このことは憲法一三条の規定の趣旨に徴しても疑いのないところである」。これを非現業の国家公務員について詳述すれば次のとおりである。

(1)①　「公務員の地位の特殊性と職務の公共性にかんがみるときは、これを根拠にして公務員の労働基本権に対し必要やむをえない限度の制限を加えることは、十分合理的な理由があるというべきである。けだし、公務員は、公共の利益のために勤務するものであり、公務の円滑な運営のためには、その担当する職務内容の別なく、それぞれの職場においてその職責を果たすことが必要不可欠であつて、公務員が争議行為に及ぶことは、その地位の特殊性および職務の公共性と相容れないばかりではなく、多かれ少なかれ公務の停廃をもたらし、その停廃は勤労者を含めた国民全体の共同利益に重大な影響を及ぼすか、またはその虞がある」。

②　公務員の勤務条件決定については、「憲法自体がその七三条四号において『法律の定める基準に従ひ、官吏の事務を掌理すること』は内閣の事務であると定め、その給与は法律により定められる給与準則に基づいてなされることを要し、これに基づかずにはいかなる金銭または有価物も支給することはできないとされており（国公法六三条一項参照）、このように公務員の給与をはじめ、その他の勤務条件は、……原則として、国民の代表者により構成される国会の制定した法律、予算によつて定められることとなつているのである。……したがつて、これらの公務員の勤務条件の決定に関し、政府が国会から適法な委任を受けていない事項について」、「公務員

による争議行為が行なわれるならば、……使用者としての政府によつて解決できない立法問題に逢着せざるをえないこととなり、ひいては民主的に行われるべき公務員の勤務条件決定の手続き過程を歪曲することともなつて、憲法の基本原則である議会制民主主義（憲法四一条、八三条等参照）に背馳し、国会の議決権を侵す虞すらなしとしないのである」。

③　一般私企業の場合、使用者はロックアウトをもって争議行為に対抗できるのみならず、「争議行為に対しても、いわゆる市場の抑制力が働く」のに対し、「公務員の場合には、そのような市場の機能が作用する余地がないため、公務員の争議行為は場合によつては……勤務条件決定の手続きをゆがめることとなる」。

以上のように、「公務員の争議行為は、公務員の地位の特殊性と……国民全体の共同利益の保障という見地から、一般私企業におけるとは異なる制約に服すべきものとなしうることは当然であ」る。

(2)　しかし公務員についても、労働基本権が保障される以上、この保障と国民全体の共同利益との間に均衡が保たれることを必要とし、労働基本権を制約するにあたっては相応の代償措置が講じられなければならない。

①　関連法規は、公務員に職員団体を結成する権利および交渉権を認めているのみならず、争議行為に参加したにすぎない職員を処罰せず、あおり行為等を処罰するに止めていることに徴すれば、公務員の「労働基本権を尊重し、これに対する制約、とくに罰則を設けることを、最小限にとどめようとしている態度をとつているものと解することができる」。

②　公務員は、人事院勧告制度など「労働基本権に対する制限の代償として、制度上整備された生存権擁護のための関連措置による保障を受けている」。

以上のように、「公務員の従事する職務には公共性がある一方、法律によりその主要な勤務条件が定められ、身分保障がされているほか、適切な代償措置が講じられているのであるから、かかる公務員の争議行為およびそのあおり行為等を禁止するのは……国民全体の共同利益の見地からするやむをえない制約というべきであって、憲法二八条に違反するものではない」。

2　公務員の争議行為の禁止は、憲法に違反するものではないから、「違法な争議行為をあおる等の行為をする者は、違法な争議行為に対する原動力を与えるものとして、単なる争議参加者にくらべて社会的責任が重いのであ」る。それゆえ、かかるあおり等の行為者に対しとくに処罰の必要性を認めて罰則を設けることは、十分に合理性がある。したがって、「国公法一一〇条一項一七号は、憲法一八条、二八条に違反しない」。

3　本件職場大会は、警職法反対という政治目的のためになされたものというべきであるが、「とくに勤労者なるがゆえに、本来経済的地位向上のための手段として認められた争議行為をその政治的主張貫徹のための手段として使用しうる特権をもつものとはいえないから、かかる争議行為が表現の自由として特別に保障されるということは、本来ありえない」。したがって、国公法一一〇条一項一七号は、憲法二一条に違反するものということはできない。

なお、この判決には石田裁判官など七名の補足意見、岩田裁判官の意見、田中裁判官など五名の意見及び色川裁判官の反対意見がある。

〔清水　敏〕

⑥採用の自由・試用期間

三菱樹脂事件・最高裁大法廷昭和四八年一二月一二日判決

昭和四三年（オ）第九三二号労働契約関係存在確認請求事件、民集二七巻一一号、判時七二四号、労判一八九号、労旬八四九号

【事案の紹介】

X（被上告人）は、新規卒業者としてY（上告人）に採用されたが、三か月の試用期間の満了直前に、Yから右期間の満了とともに本採用を拒否する旨の告知を受けた。Yが本採用を拒否した理由は、学生時代に学生運動に関与したことや、大学生協の役員歴のあるなどの事実があるにもかかわらず、これらを秘匿した行為がYの管理職要員としての適格性を否定するものであるということであった。

控訴審（東京高判昭四三・六・一二、労民集一九巻三号）は、秘匿等に関わる事実がXの政治的思想、信条に関係のある事実であり、これによって雇傭関係上差別することは憲法一四条、労働基準法三条に違反するものであり、応募者がこれにつき秘匿等をしたとしても、これによる不利益をその者に課することはできないとして、本件本採用の拒否を無効とした。そして、他に不適格事由の立証がないので、試用期間満了後、通常の雇傭契約となったとした。

【判旨】破棄差戻し。

1　憲法一四条および一九条は、国または公共団体と個人との関係を規律するものであり、私人相互の関係を直接規律しない。

「私的支配関係においては、個人の基本的な自由や平等に対する具体的な侵害またはそのおそれがあり、その態様、程度が社会的に許容しうる限度を超えるときは、これに対する立法措置によってその是正を図ることが可能であるし、また、場合によっては、私的自治に対する一般的制限規定である民法一条、九〇条や不法行為に関する諸規定等の適切な運用によって、一面で私的自治の原則を尊重しながら、他面で社会的許容性の限度を超える侵害に対し基本的な自由や平等の利益を保護し、その間の適切な調整を図る方途も存するのである。」

2　憲法は、思想、信条の自由や法の下の平等を保障すると同時に、他方、二二条、二九条等において、財産権の行使、営業その他広く経済活動の自由をも基本的人権として保障している。それゆえ、企業者は、かような経済活動の一環としてする契約締結の自由を有し、自己の営業のために労働者を雇傭するにあたり、いかなる者を雇い入れるか、いかなる条件でこれを雇うかについて、法律その他による特別の制限がない限り、原則として自由にこれを決定することができるのであって、企業者が特定の思想、信条を有する者をそのゆえをもって雇い入れることを拒んでも、それを当然に違法とすることはできない。憲法一四条の規定は、このような行為を直接禁止するものでない。また、労働基準法三条は、雇入れ後における労働条件についての制限であって、雇入れそのものを制約する規定ではない。さらに、思想、信条を理由とする雇入れの拒否を直ちに民法上の不法行為とすることができず、その他これを公序良俗違反と解すべき根拠も見出すことはできない。

従って、企業者が、労働者の採否決定にあたり、労働者の思想、信条を調査し、そのためその者からこれに関連する事項についての申告を求めることも、これを法律上禁止された違法行為とすべき理

由はない。

3　試用期間

「被上告人に対する本件本採用の拒否は、留保解約権の行使、すなわち雇入れ後における解雇にあたり、これを通常の雇入れの拒否の場合と同視することはできない。

　本件雇傭契約においては、……、上告人において試用期間中に被上告人が管理職要員として不適格であると認めたときは解約できる旨の特約上の解約権が留保されているのであるが、このような解約権の留保は、大学卒業者の新規採用にあたり、採否決定の当初においては、その者の資質、性格、能力その他上告人のいわゆる管理職要員としての適格性の有無に関連する事項について必要な調査を行ない、適切な判定資料を十分に蒐集することができないため、後日における調査や観察に基づく最終的決定を留保する趣旨でされるものと解されるのであつて、今日における雇傭の実情にかんがみるときは、一定の合理的期間の限定の下にこのような留保約款を設けることも、合理性をもつものとしてその効力を肯定することができるというべきである。それゆえ、右の留保解約権に基づく解雇は、これを通常の解雇と全く同一に論ずることはできず、前者については、後者の場合よりも広い範囲における解雇の自由が認められてしかるべきものといわなければならない。

　しかしながら、……、前記留保解約権の行使は、……解約権留保の趣旨、目的に照らして、客観的に合理的な理由が存し社会通念上相当として是認されうる場合にのみ許されるものと解するのが相当である。換言すれば、企業者が、採用決定後における調査の結果により、または試用中の勤務状態等により、当初知ることができず、また知ることが期待できないような事実を知るに至つた場合において、そのような事実に照らしその者を引き続き当該企業に雇傭しておくのが適当でないと判断することが、上記解約権留保の趣旨、目的に徴して、客観的に相当であると認められる場合には、さきに留保した解約権を行使することができるが、その程度に至らない場合には、これを行使することはできないと解すべきである。」

　なお、最高裁は、本件を大法廷に回して、口頭弁論を開き、原判決を破棄し、原審差し戻しの判決を言い渡した。原審東京高等裁判所では、三菱樹脂事件への社会的な関心の高まり、解雇撤回を求める世論のなかで、昭和五一年三月一一日、和解が成立した。和解の主な内容は、解雇撤回、復帰時の職掌を主事とし、給与は大卒同期入社社員に準ずる、不利益待遇は一切しない、などであった。この結果、原告Xは、同年六月一二日、一三年ぶりに職場復帰した。

［島田陽一］

⑦採用内定

大日本印刷事件・最高裁第二小法廷昭和五四年七月二〇日判決

昭和五二年（オ）第九四号雇用関係確認、賃金支払請求事件、民集三三巻五号、労判三二三号、判時九三八号、労旬九八三号

【事案の紹介】

Xは、一九六五年四月A大学に入学し、六九年三月卒業予定の学生であった。Xは、A大学の推薦を得てY会社の六九年新規学卒者を対象とする求人募集に応じ、六八年七月二日に筆記試験及び適格検査を受け、同日身上調書を提出した。Xは、この試験に合格し、さらにY会社の指示により同月五日に面接試験及び身体検査を受けた。その結果、同月一三日にY会社から文書で採用内定の通知を受けた。

この採用内定通知書には、誓約書用紙が同封されており、Xは、所要事項を記入し、同月一八日までにY会社に送付した。この誓約書には「左の場合は採用内定を取消されても何等異存ありません」として、五項目の内定取消し事由（①履歴書など提出書類の虚偽記載、②共産主義的活動歴、③卒業できないこと、④健康状態の悪化、⑤その他入社後の勤務に不適当と認められるとき）が列挙されていた。

この内定を受けて、Xは、当時のA大学の「二社制限、先決優先主義（大学が推薦する会社は二社に限定し、そのうち先に内定した企業に就職するように強く指導し、別会社の推薦を取り消す措置）」方針に従い、内定の事実をA大学に報告し、求人募集に応募していた他方の別会社に対して、A大学を通じて応募を辞退した。

その後、近況報告書を作成してY会社に送付するなど、Y会社の求めにもXは応じていた。

ところが、Y会社は、翌一九六九年二月一二日、Xに対して、何等の理由を示さないまま採用内定を取り消す旨の通知をした。Xとしては、Y会社からの採用内定通知を受け、Y会社への入社を待つばかりであったので、他の企業の求人募集などに応募するなどの活動を行なっておらず、また採用内定取り消しの時期も遅かったため、結局就職が決まらないままに、同年三月A大学を卒業した。

なお、Y会社における当時のその後の採用活動の経過については、同年三月初旬に入社式の通知と同時に健康診断書の提出を求め、同三一日に入社式を新規採用者を集めて行ない、終了後卒業証明書等の書類や試用者としての誓約書の提出を求め、その後研修等を実施し、二か月の試用期間終了後、本採用者としての誓約書の提出を求め、社員としての辞令書の交付をするというものであった。

これに対して、Xは、内定の取消しは、正当な事由のない労働契約の解除であるとして、Y会社の従業員たる地位の確認と、未払い賃金、慰謝料の支払いを求めて提訴した。大津地裁（大津地判昭四七・三・二九、労民集二三巻二号）は、採用内定契約ともいうべき一種の無名契約の成立を認めて、Xの請求を一部認容したため、Y会社が控訴し、つづく第二審の大阪高裁（大阪高判昭五一・一〇・四、労民集二七巻五号）でも、解約権留保つき労働契約の成立を認めて、Y会社の控訴を棄却したため、Y会社が上告した。

【判旨】上告棄却。

1　採用内定の法的性格

(1)「企業が大学の新規卒業者を採用するについて、早期に採用試験を実施して採用を内定する、いわゆる採用内定の制度は、従来わが国において広く行われているところであるが、その実態は多様であるため、採用内定の法的性質について一義的に論断することは困難というべきである。したがって、具体的事案につき、採用内定の法的性質を判断するにあたっては、当該企業の当該年度における採用内定の事実関係に即してこれを検討する必要がある。」

(2) 本件の事実関係のもとでは、「本件採用内定通知のほかには労働契約締結のための特段の意思表示をすることが予定されていなかったことを考慮するとき、上告人からの募集（申込みの誘引）に対し、被上告人が応募したのは、労働契約の申込みであり、これに対する上告人からの採用内定通知は、右申込みに対する承諾であって、被上告人の本件誓約書の提出とあいまって、これにより、被上告人と上告人との間に、被上告人の就労の始期を昭和四四年大学卒業直後とし、それまでの間、本件誓約書記載の五項目の採用内定取消事由に基づく解約権を留保した労働契約が成立したと解するのを相当とした原審の判断は正当であ」る。

2 解約事由の社会的相当性

(1)「わが国の雇用事情に照らすとき、大学新規卒業予定者で、いったん特定企業との間に採用内定の関係に入った者は、このように解約権留保付であるとはいえ、卒業後の就労を期して、他企業への就職の機会と可能性を放棄するのが通例であるから、就労の有無という違いはあるが、採用内定者の地位は、一定の試用期間を付して雇用関係に入った者の試用期間中の地位と基本的には異なるところはないとみるべきである。」

(2) 試用期間における解約権の留保の趣旨は、採否決定の当初では、それを判定する資料を十分に収集することができないため、後日の観察等による最終的な採否の決定を留保するものであるが、わが国の雇用の実情を考慮すれば、そのような解約権を留保することは、不合理なものではない。しかし、一般的に使用者は労働者よりも社会的に優越した地位にあることを考慮すれば、「留保解約権の行使は、右のような解約権留保の趣旨、目的に照らして、客観的に合理的な理由が存在し社会通念上相当として是認することができる場合にのみ許されるものと解すべきである」。

(3) そして、採用内定期間中の留保解約権の趣旨は、試用期間におけるそれと同様に考えるべきであり、「したがって、採用内定の取消事由は、採用内定当時知ることができず、また知ることが期待できないような事実であって、これを理由として採用内定を取消すことが解約権留保の趣旨、目的に照らして客観的に合理的と認められ社会通念上相当として是認することができるものに限られる」。

(4)「本件採用内定取消事由の中心をなすものは『被上告人はグルーミーな印象なので当初から不適格と思われたが、それを打ち消す材料が出るかも知れないので採用内定としておいたところ、そのような材料が出なかった。』という」ものであるが、このような印象は当初から判明していたことで、その段階で調査していれば、その適格性の有無を判断できたのにもかかわらず、「不適格と思いながら採用を内定し、その後右不適格性を打ち消す材料が出なかったので内定を取り消すということは、解約権留保の趣旨、目的に照らして社会通念上相当として是認することができず、解約権の濫用というべきである。」

［沼田雅之］

⑧私傷病と労務受領拒否

片山組事件・最高裁第一小法廷平成一〇年四月九日判決

平成七年（オ）第一二三〇号賃金等請求上告事件、労判七三六号、判時一六三九号

【事案の紹介】

土木建築会社Y（被告・控訴人・被上告人）に雇用され長年にわたり建築工事現場の現場監督業務に従事してきたX（原告・被控訴人・上告人）は、一九九〇年夏にビル建築工事現場で現場監督業務に従事していた際、バセドウ病と診断され治療を継続したが、それをYには告げずに九一年二月まで現場監督業務を続けた。以降、Xは、次の現場監督業務が生ずるまで臨時的、一時的業務としてY本社内で事務作業に従事した後、同年八月一九日にYから翌日より都営住宅工事現場で現場監督業務に従事すべき旨の業務命令を受けた。その際、XはYにバセドウ病に罹患しており現場監督業務（現場作業と事務作業が含まれる）のうち現場作業に従事できない旨の申出をし、翌日業務遂行のため工事現場に赴任した際にも現場責任者に同様の事情および残業は午後五時から六時までの一時間に限り可能、日曜および休日の勤務は不可能である旨を申し出、事務作業に従事した。Yは、Xに診断書と病状を補足説明する書面の提出を求めたが、それらを総合した結果、Xが現場監督業務に従事することは不可能であると判断し、Xに一〇月一日から自宅で疾病を治療すべき旨の命令を発した。その後、Xは事務作業を行なうことはできるとして「デスクワーク程度の労働が適当」との診断書を提出したが、Yは X が現場作業を行ないうることが明らかとなった九二年二月五日まで自宅療養命令を持続し、その期間中Xを欠勤扱いとして賃金を支給せず九一年冬季一時金を減額支給した。これに対し、Xは賃金と一時金の減額分（以下、一括して賃金と表示する）の支払いを求めて提訴した。

一審（東京地判平五・九・二一、労判六四三号）は、自宅療養命令をYのXに対する就労の拒絶と解し、Yは従業員の健康配慮義務および職場の安全管理義務を負い職場の秩序維持権限を有するので、Xに就労を認めるか否かの裁量権を有しており、これに違法は認められないが、一九九一年八月二〇日からXを現場監督業務に従事させていたこと及びYが産業医等の専門家の判断を求める等の客観的資料収集に努めなかったことから考えるとYがXの現場監督業務の就労を全面的に拒絶したことは相当性を欠くとして民法五三六条二項の帰責事由を認め、Xの賃金請求を認容した。二審（東京高判平七・三・一六、労判六八四号）は、可能な一部分のみの労務の提供は債務の本旨に従った提供とはいえず、原則として使用者は受領を拒否し賃金支払義務を免れうるが、提供不能な労務の部分が量的にも質的にもわずかであるか、労働者の配置されている部署で提供可能な労務のみに従事させることが容易にできる事情があるなど信義則に照らし労務の提供を受領するのが相当であるときには使用者は受領すべきであり、これを使用者が拒否すれば労働者は賃金債権を喪失しない（民法五三六条二項）との一般論を述べ、本件では労務を受領するのが相当というべき事情がないとしてXの賃金請求を認めなかった。そこで、Xが上告した。

【判旨】原判決破棄、差戻し。

1 「労働者が職種や業務内容を特定せずに労働契約を締結した場合においては、現に就業を命じられた特定の業務について労務の提供が十全にはできないとしても、その能力、経験、地位、当該企業の規模、業種、当該企業における労働者の配置・異動の実情及び難易等に照らして当該労働者が配置される現実的可能性があると認められる他の業務について労務の提供をすることができ、かつ、その提供を申し出ているならば、なお債務の本旨に従った履行の提供があると解するのが相当である。そのように解さないと、同一の企業における同様の労働契約を締結した労働者の提供し得る労務の範囲に同様の身体的原因による制約が生じた場合に、その能力、経験、地位等にかかわりなく、現に就業を命じられている業務によって、労務の提供が債務の本旨に従ったものになるか否か、また、その結果、賃金請求権を取得するか否かが左右されることになり、不合理である。」

2 「Xは、Yに雇用されて以来二一年以上にわたり建築工事現場における現場監督業務に従事してきたものであるが、労働契約上その職種や業務内容が現場監督業務に限定されていたとは認定されておらず、また、……本件自宅治療命令を受けた当時、事務作業に係る労務の提供は可能であり、かつ、その提供を申し出ていたというべきである。そうすると、右事実から直ちにXが債務の本旨に従った労務の提供をしなかったものと断定することはできず、……Xが配置される現実的可能性があると認められる業務が他にあったかどうかを検討すべきである。」

【差戻審】（平一一・四・二七、労判七五九号）

差し戻された東京高裁は最高裁の判旨を踏まえて事実認定を行った上で、「被控訴人のした労務の提供は債務の本旨に従ったものというべきである。」、「控訴人は、本件自宅治療命令を発して、被控訴人が提供をした労務の受領を拒否したため、被控訴人は、本件不就労期間中労務に服することができなかったのであるから、右期間中の賃金等請求権を喪失しないというべきである（民法五三六条二項）。」と判示して労働者側の請求を認めた。

なお、この判決に対しては、Yによりさらに上告がなされたが上告棄却・上告申立不受理となった（最三小決平一二・六・二七、労判七八四号）。

〔三井正信〕

⑨業務命令権

国鉄鹿児島自動車営業所事件・最高裁第二小法廷平成五年六月一一日判決

平成元年（オ）第一六三一号損害賠償請求事件、労判六三二号、判時一四六六号

【事案の紹介】

国鉄職員であったX（原告）は、一九八五年当時、同鹿児島自動車営業所運輸管理係に所属しており、国労（国鉄労働組合）組合員であった。当時、同営業所は国鉄のなかで全国最悪の職場規律とされ、所長Y_1（被告）と首席助役Y_2（被告）ら同営業所管理職は、Xら国労組合員と厳しく対立していた。国鉄の上級機関の指示を受けてY_1は、職員に勤務時間中のワッペン、赤腕章等の着用を禁止し、とくに氏名札と着用場所が重なるので、組合員バッジ着用者にその取外しを命令した。Y_1は同命令不服従者は担当業務から外すように上部から指示されていた。

一九八五年七月二三日、補助運転管理者として点呼執行業務を行なおうとしたXは、組合員バッジを着用したままであった。Y_1はその取外しを命じたが、同命令に従わなかったXを同業務から外し、営業所構内の降灰（火山灰）除去作業をするように命じ、X一人に同作業を担当させた。Y_1は、八月三〇日までの計一〇日間、Xに同様の業務命令を繰り返し発した。降灰除去作業の方法、服装、休憩などについて、Y_1は特段の指示をしなかった。苦痛をともなう同作業が酷暑のなか、休憩もなく長時間に及んだが、Y_1、Y_2はXの作業状況を監視し、他の職員がXに清涼飲料水を渡すのを制止した。

Xは、本件降灰除去作業の業務命令は、バッジ取り外し命令に従わないXに懲罰的報復を加えて、みせしめとするもので不法行為にあたるとし、精神的苦痛に対する慰謝料としてY_1、Y_2に五〇万円ずつを請求した。

一審判決（鹿児島地判昭六三・六・二七、労民集三九巻二＝三号）は、労働契約上の付随的業務として業務命令の対象であっても、合理的理由なしに苛酷作業を行なわせたり、懲罰、報復等の不当目的で命じることは、業務命令権行使の濫用にあたるとし、本件命令は懲罰的で違法として不法行為性を認め、Y_1、Y_2に対しそれぞれ一〇万円の支払を命じた。

Y_1、Y_2は控訴したが、原審判決（福岡高宮崎支判平元・九・一八、労民集四〇巻四＝五号）は一審判決を全面的に支持したのでY_1、Y_2が上告した。

【判旨】 原判決のY_1、Y_2敗訴部分の破棄・取消、Xの請求棄却。

「降灰除去作業は、鹿児島営業所の職場環境を整備して、労務の円滑化、効率化を図るために必要な作業であり、また、その作業内容、作業方法等からしても、社会通念上相当な程度を超える過酷な業務に当たるものともいえず、これがXの労働契約上の義務の範囲内に含まれるものであることは、原判決も判示するとおりである。しかも、本件各業務命令は、Xが、Y_1の取外し命令を無視して、本件バッジを着用したまま点呼執行業務に就くという違反行為を行おうとしたことから、自動車部からの指示に従つてXをその本来の業務から外すこととし、職場規律維持の上で支障が少ないものと考えられる屋外作業である降灰除去作業に従事させることとしたものであり、職場管理上やむを得ない措置ということができ、これが殊更にXに対して不利益を課するという違法、不当な目的でされたものであるとは認められない。」

本件各業務命令は違法ではなく、不法行為を構成するものではない。

［脇田　滋］

⑩労使慣行の効力

商大八戸ノ里ドライビングスクール事件・大阪高裁平成五年六月二五日判決

平成四年（ネ）第一五八一号、平成五年（ネ）一五一号未払賃金請求控訴・附帯控訴事件、労判六七九号

【事実の紹介】

Xら六名（原告・被控訴人・附帯控訴人）が加入する組合は、自動車教習所を経営するY社（被告・控訴人・附帯被控訴人）との間で、昭和五二年に確認書等を取り交わした。本来、休日出勤手当が支給されない日について、Xらは、数回から十数回にわたって、同確認書の記載に反して特定休日出勤手当の支払いを受けた（取扱い①）。特に、労使双方から、確認書の規定の見直しや改廃の申し出はなされなかった。また、Y社の就業規則等の規定に反して、Xらは、数回（数日分）について、能率手当の支給を受け、他の従業員も同様の取扱いを受けたことがあった（取扱い②）。

昭和六二年五月、AがY社の勤労部長となってから、A及びY社の代表者の知らない取扱い①②等が表面化し、Y社は、昭和六三年二月から、取扱い①②等を確認書等（労働協約）、就業規則等の通りに実施することとした。Xらは、昭和六三年四月以降の従来通りの取扱いに基づく未払い賃金等の支払いを求めて提訴した。原審（大阪地判平四・六・二九、労判六一九号）は、取扱い①②につき、組合らとの何らかの合意に基づくものと推認されるから、Xらの同意なく一方的に不利益に変更することは信義に反し許されないとして、Xらの請求を一部認容したため、Y社が控訴し、Xらは敗訴部分につき附帯控訴した。

【判旨】 Y社の控訴認容、Xらの附帯控訴棄却。

「民法九二条により法的効力のある労使慣行が成立していると認められるためには、同種の行為又は事実が一定の範囲において長期間反復継続して行なわれていたこと、労使双方が明示的にこれによることを排除・排斥していないことのほか、当該慣行が労使双方の規範意識によって支えられていることを要し、使用者側においては、当該労働条件についてその内容を決定しうる権限を有している者か、又はその取扱いについて一定の裁量権を有する者が規範意識を有していたことを要するものと解される。……その慣行が形成されてきた経緯と見直しの経緯を踏まえ、当該労使慣行の性質・内容、合理性、労働協約や就業規則等との関係（当該慣行がこれらの規定に反するものか、それらを補充するものか）、当該慣行の反復継続性の程度（継続期間、時間的間隔、範囲、人数、回数・頻度）、定着の度合い、労使双方の労働協約や就業規則との関係についての意識、その間の対応等諸般の事情を総合的に考慮して決定すべきものであり、この理は、右の慣行が労使のどちらに有利であるか不利であるかを問わないものと解する。それゆえ、労働協約、就業規則等に矛盾抵触し、これによって定められた事項を改廃するのと同じ結果をもたらす労使慣行が事実たる慣習として成立するためには、その慣行が相当長期間、相当多数回にわたり広く反復継続し、かつ、右慣行についての使用者の規範意識が明確であることが要求される」ところ、Y社において、取扱い①②について、「明確な規範意識があったものと認めることはできない」。なお、上告審（最一小判平七・三・九、労判六七九号）は、「原審の判断は、結論において正当として是認できる」と判示し、Xらの上告を棄却した。

〔山下　昇〕

⑪賠償予定の禁止

野村証券事件・東京地裁平成一四年四月一六日判決

平成一〇年（ワ）第一九八二二号留学費用返還請求事件、労判八二七号

【事案の紹介】

本件は、脱退原告（以下X）の社員であった被告（以下Y）が海外留学制度により海外に留学し、帰任後一年一〇か月で退職したところ、この留学費用は留学を終え帰任後五年間Xにおいて就業した場合には債務を免除する旨の免除特約付で貸し渡した貸金であるとして、XがYに対し、その一部（費用合計のうち、受験・渡航手続に必要な費用、授業料及び図書費合計額を帰任後の在籍年数一年一〇か月を債務免除までの期間五年で按分計算した金額）の返還等を求めた事案である（なおXは訴訟から脱退し別法人が原告引受承継人となっている）。

【判旨】 請求認容。

会社負担の海外留学費用を労働者の退社時に返還を求めることが、（労働者の労働契約上の債務不履行に対して、使用者が予め違約金や損害賠償額を定めることを禁止している）労働基準法一六条違反となるか否かは、「それが労働契約の不履行に関する違約金ないし損害賠償額の予定であるのか、それとも費用の負担が会社から労働者に対する貸付であり、本来労働契約とは独立して返済すべきもので、一定期間労働した場合に返還義務を免除する特約を付したものかの問題である。」「本件合意では、一定期間内に自己都合退職した場合に留学費用の支払義務が発生するという記載」ではあるが、「弁済又は返却という文言を使用して」おり後者の趣旨であると解する。ただし「契約条項の定め方だけではなく、労働基準法一六条の趣旨を踏まえて当該海外留学の実態等を考慮し、当該海外留学が業務性を有しその費用を会社が負担すべきものか、当該合意が労働者の自由意思を不当に拘束し労働関係の継続を強要するものかを判断すべきである。」

本件留学は人材育成策という点で広い意味では業務に関連するが、労働者個人の利益となる部分が大きいため、その費用も「むしろ労働者が負担すべきものと考えられる。」また労働者としても「一定期間勤務を継続することと費用を返還した上で転職することとの利害得失を総合的に考慮して判断することができ」るので、「費用返還の合意が労働者の自由意思を不当に拘束する」ものとは言えず、「労働関係の継続を強要するものではな」い。

留学中、Xが「留学生に現地法人や支店への出頭を命じるなど、命令や義務を課することは」なく、生活等はYの自由に任せられXの干渉はなかったのであるから、「その間の行動に関しては全てY自身が個人として利益を享受する関係にある。」またXがYに対し留学地域等を指定したのは、「将来の人材育成という範囲を出ず、そうであれば業務との関連性は抽象的、間接的なものに止まる」。したがって、本件留学は「労働者個人の一般的な能力を高め個人の利益となる性質を有するもの」であった。

「その他、費用債務免除までの期間などを考慮すると」、費用返還の「合意はXからYに対する貸付たる実質を有し、Yの自由意思を不当に拘束し労働関係の継続を強要するものではなく、労働基準法一六条に違反しない」。

［大山盛義］

関西電力事件・最高裁第三小法廷平成七年九月五日判決

平成四年(オ)第一〇号損害賠償請求事件、労判六八〇号、判時一五四六号、労旬一三七〇号

【事案の紹介】

1　X_1～X_4らは電力会社であるY社の従業員であり、事件当時、労使協調路線を採る訴外労組の組合員のなかでは、対立する立場に立つ少数派であり、共産党員あるいはその同調者でもあった。

Y社は、左派系執行部によって指導された電産労組の歴史もあって、従来から共産党およびその支持者に対して異常なほどの警戒心を持って労務政策を行なってきた。とくに一九六五年頃から、七〇年安保を契機に左派勢力が伸張することを警戒して、企業防衛に反対する従業員の監視・調査を強化し、政治に無関心な一般従業員に対する彼らの影響を虞れ、一般従業員に対する徹底した反共教育を行ない、さらに一般従業員と左派的な従業員との接触が一切ないように彼らに対する孤立化政策の強化を進めてきた。

2　Y社神戸支店では会社の上記の方針に従い、Xら四名を不健全分子と特定し、一九六八年六月労務管理懇談会を設置して監視・孤立化政策を強化するため、Xらの所属する各営業所の主任に進捗状況の発表と討議及び事後による報告書を提出させた。

(1)　X_1に対する調査は、家族状況と称して本人だけでなく、妻まで含めた第三者の知りえない情報を秘密裡に収集するにおよび、本人に対しては検査班長の前に席を配置し日常監視する他、電話もとらせないようにしたり、慰安会の席、休憩時間中の趣味活動を監視するなど徹底していた。

(2)　X_2に対しては本人・妻・子どもの履歴のほか警察情報の入手などの調査および、席を離れることの少ない業務に配転しての監視の他、尾行、休暇や日曜日に家庭訪問、家への侵入など、同志との連絡の有無、赤旗の集配所になっているか否かの監視を行なった。

(3)　X_3に対しては極秘の監視者に日頃の言動の監視、掛かってきた電話の相手の確認報告、退社後の尾行をさせたほか、指紋を残さないように手袋を用意し秘密裡に更衣室を調べ、発見した民青手帳を写真撮影するなど活動内容を把握した。

(4)　X_4については、掛かってきた電話の相手および内容をチェックし、住居地の警察に本人の写真を持参して行動の監視を依頼し党活動への参加情報を入手するなどの監視を行なった。

Y社は、従業員がXらと接触しないよう、その他にも孤立化の方策をさまざまに採り続けた。

3　Xらは、一九七一年、労務管理懇談会報告書の写しによってY社の右記行為を知り、Y社の加害行為によって生じた損害につき、不法行為による損害賠償請求と謝罪文の掲示等を求めて提訴した。

第一審(神戸地判昭五九・五・一八、労判四三三号)はXらの各請求額の約三割にあたる九〇万円の請求額についてのみ認めた。Yは控訴したが、原審判決(大阪高判昭六二・九・二四、労判六〇三号)も第一審判決とほぼ同様の理由によってYの請求を棄却したため(Xらも一審請求と同額の賠償と謝罪文の掲示を求めて附帯控訴したが棄却された。)、上告した。

なお、原審判旨は、(1)「Yは……労務対策の方針に基づいて、

職制らをしてXらの思想、信条を理由として右のような行為に及ばせたものであって、Xらとしては Yの会社を退職するか自己の思想、信条を変えない限り右のような取扱いを受け続けることになる。したがって、右各行為は、Yの労務対策の方針に基づいてなされた一連のものであって、間接的に転向を強要するものであるから、Xらの思想、信条の自由を侵害する行為に当たるというべきである。」

(2)「被用者は、使用者に対して全人格をもって奉仕する義務を負うわけではなく、使用者は、被用者に対して、その個人的生活、プライバシーを尊重しなければならず、また、その思想、信条の自由を侵害してはならないのであるから、使用者の被用者に対する観察或いは情報収集については、その程度、方法に自ずから限界があるといわざるを得ない。本件においてYがXらに対する観察、情報の収集としてなした行為は……使用者の従業員に対する監督権の行使として許される限界をこえ、Xらの人権、プライバシーを侵害するものがあったといわざるを得ない。」というものであった。

【判旨】上告棄却。

1(1)「Yは、Xらにおいて現実には企業秩序を破壊し混乱させるなどのおそれがあるとは認められないにもかかわらず、Xらが共産党員又はその同調者であることのみを理由とし、その職制等を通じて、職場の内外でXらを継続的に監視する態勢を採った上、Xらが極左分子であるとか、Yの経営方針に非協力的な者であるなどとその思想を非難して、被上告人らとの接触、交際をしないよう他の従業員に働き掛け、種々の方法を用いてXらを職場で孤立させるなどしたというのであり」

(2)「更にその過程の中で、被上告人X_2及びX_3については、退社後同人らを尾行したりし、特に被上告人X_3については、ロッカーを無断で開けて私物である『民青手帳』を写真に撮影したりしたというのである。」

2「そうであれば、これらの行為は、Xらの職場における自由な人間関係を形成する自由を不当に侵害するとともに、その名誉を毀損するものであり、また、被上告人X_3らに対する行為はそのプライバシーを侵害するものでもあって、同人らの人格的利益を侵害するものというべく、これら一連の行為がYの会社としての方針に基づいて行われたというのであるから、それらはそれぞれYの各被上告人らに対する不法行為を構成するものといわざるを得ない。原審の判断は、これと同旨というものとして是認することができる。」

［遠藤隆久］

⑬労働者のプライバシー

社会医療法人天神会事件・福岡高裁平成二七年一月二九日判決

平成二六年（ネ）第六九二号損害賠償請求控訴事件、労判一一一二号、判時二二五一号

【事案の紹介】

病院等を経営する社会医療法人天神会（以下Y）に看護師として雇用されていたXは、目の霧視および飛蚊症を自覚したため、Yが経営するA大学病院で受診したところ、HIV陽性と診断された。しかし、Xは、標準的な対策を行えば患者に感染させるリスクはないと判断し、翌日以降も出勤していたが、A病院のB医師がC副院長にXの病状に関する情報を提供したため、その後の面談において、C副院長はXにしばらく休むよう伝えた。

Xは、しばらく欠勤（病欠扱い）していたが、自分の病状が病院中に知られている恐れがあるとして退職し、①B医師から上記情報を取得したXの医療情報をA大学病院の医師および職員らに伝達して情報共有したことが個人情報保護法二三条一項および一六条一項に違反し、Xのプライシーを侵害する違法な行為であること、②その後にA病院の実施した面談において、HIV感染を理由として、Xの就労を拒絶したことがXの働く権利を侵害する不法行為に該当するとして、Yに対し損害賠償を請求した。

一審（福岡地久留米支判平二六・八・八、労判一一一二号）は、AがXの同意なく入手した情報に基づき、Xに勤務を休むよう指示したことは違法な就労妨害に該当すると判断した。

【判旨】 原判決一部変更、一部容認。

Xが従業員であっても、本件情報がXの患者としての情報であることに変わりないから、それをXの治療内容等の決定、その実施のためのY病院の体制整備等という患者等の情報としての利用目的を超えて、従業員としてのXの労務管理に利用する場合には、手段として利用する場合であっても、目的外の利用としてXの同意が必要というべきである。

病院のマニュアルに従って情報を共有する場合であっても、個人情報保護法及びYの個人情報保護規定に従って個人情報を取り扱うべきであるところ、同法一六条三項二号は、同意を得ない目的外利用が許容される要件として、本人の同意を得ることが困難であることを必要としているから、同意を得る努力もしないまま、これを行なうことは許容されない。そして、このことは、法二三条一項二号の「人の生命、身体又は財産の保護のために必要がある場合」に当たるため、同意を拒否したことが「本人の同意を得ることが困難であるとき」に当たる場合であったとしても、未だ同意が拒否されていない以上、同様である。

Xは、B医師から、Xを休ませることは不当だが、これが長く続くことのないようにとの趣旨で上記診断書を作成したと聞いた旨供述しており、従前のB医師の見解に照らしても、Xが供述する趣旨で作成された可能性も高く、これをもって直ちにXが二か月間の自宅療養が必要な状態であったと認めることはできない」。勤務先である本件病院の多数職員に本件情報が知られているのではないかと勤務中も不安となり、また、本件面接において、明確な期限を定めることなく病欠として勤続を休むよう指示され、XがB医師からの助言等を説明しても取り合ってもらえず、翌日から病欠として休まざるを得なくなったというのであるから、勤務を続けられないことへの危惧を抱くなど、Xが相当の精神的苦痛を感じたことは明らかである。

［山田省三］

⑭内部告発

トナミ運輸事件・富山地裁平成一七年二月二三日判決

平成一四年（ワ）第一七号損害賠償金等請求事件、労判八九一号

【事案の紹介】

大手運送会社Yの従業員であるXは、業務を通じてYおよび他の同業者がヤミカルテル（以下「本件ヤミカルテル」という）を結んでいることを知り、新聞社等に内部告発をした。Xが内部告発したと知るに至ったYは、その後、Xに対して、長年、昇給を停止し、雑務を行う部署への異動および当該部署での業務を命じた。

Xは、上記措置が内部告発を理由とする不利益取扱いであるとして、不法行為または債務不履行違反に基づく損害賠償等を請求した。

【判旨】一部認容、一部棄却。

「Yが、現実に……他の同業者と共同して本件ヤミカルテルを結んでいたこと（など）が認められ……Xが、これらを違法又は不当と考えたことについても合理的な理由がある。したがって、内部告発に係る事実関係は真実であったか、少なくとも真実であると信ずるに足りる合理的な理由があったといえる。」

「内部告発方法の妥当性についてみると……報道機関は本件ヤミカルテルの是正を図るために必要な者といいうるものの、告発に係る違法な行為の内容が不特定多数に広がることが容易に予測され、少なくとも短期的には被告に打撃を与える可能性があることからすると、労働契約において要請される信頼関係維持の観点から、ある程度Yの被る不利益にも配慮することが必要である。」「Xが行ったY内部での是正努力（は）……不十分であったといわざるを得ない。」「しかし……管理職でもなく発言力も乏しかったXが、仮に本件ヤミカルテルを是正するためにY内部で努力したとしても、Yがこれを聞き入れて本件ヤミカルテルの廃止等のために何らかの措置を講じた可能性は極めて低かったと認められる。このようなY内部の当時の状況を考慮すると、Xが十分な内部努力をしないまま外部の報道機関に内部告発したことは無理からぬことというべきである。したがって、内部告発の方法が不当であるとまではいえない。」

「以上のような事情……を総合考慮すると、Xの内部告発は正当な行為であって法的保護に値するというべきである。」

「人事権の行使において……法的保護に値する内部告発を理由に不利益に取り扱うことは……公序良俗に……反するものである。また、従業員は、正当な内部告発をしたことによっては、配置、異動、担当職務の決定及び人事考課、昇格等について他の従業員と差別的処遇を受けることがないという期待的利益を有するものといえる」。

Xに対する上記措置は、「人事権の裁量の範囲を逸脱する違法なものであって、これにより侵害したXの……期待的利益について、不法行為に基づき損害賠償すべき義務があるというべきである。」

「Xの内部告発は正当な行為であるから、Yがこれを理由にXに不利益な配置、担当職務の決定及び人事考課等を行う差別的な処遇をすることは、その裁量を逸脱するものであって、正当な内部告発によっては人事権の行使において不利益に取り扱わないという信義則上の義務に違反したものというべきである。したがって、YはXに対し債務不履行に基づく損害賠償責任を負う。」

［古賀修平］

⑮競業避止義務

ダイオーズサービシーズ事件・東京地裁平成一四年八月三〇日判決

平成一三年（ワ）第二二一七七号損害賠償請求事件、労判八三八号

【事案の紹介】

Xは、清掃用品等のレンタル等を目的とする会社であり、A社の一〇〇%子会社である。A社は、D社とフランチャイズ契約を締結し、同社のフランチャイズ店として事業展開していた。YはA社の事業部門に配属されていた従業員である。その後A社は、Xに事業部門について営業譲渡を行い、これに伴い、D社とのフランチャイズ契約における契約上の地位はXに承継され、YもXに移籍した。

ところでYは、Xに対し、退職後もXの業務に関わる重要な機密事項について一切他に漏らさないこと及びXを退職した後、二年間は在職時に担当したことのある営業地域（都道府県）並びにその隣接地域（都道府県）に在する同業他社（支店、営業所を含む）に就職をしたり、又は自ら事業を営み、Xの顧客を対象とした営業活動等をしない旨の誓約書（以下「本件誓約書」という）を提出した。

その後、Xは、Yを懲戒解雇する旨の意思表示をしたが、Yは、解雇後まもなく、競業会社に就職し、Xの顧客を奪取したことから、XはYに対し損害賠償を請求したのが本件である。本件では本件誓約書を有効としつつ、秘密保持義務違反はないが、競業避止義務違反を認め、損害賠償を一部認容した。

【判旨】 一部認容、一部棄却。

（秘密保持義務）「本件誓約書に基づく合意は、原告に対する「就業期間中は勿論のこと、事情があって貴社を退職した後にも、貴社の業務に関わる重要な機密事項、特に『顧客の名簿及び取引内容に関わる事項』並びに『製品の製造過程、価格等に関わる事項』については一切他に漏らさないこと。」という秘密保持義務を被告に負担させるものである。

このような退職後の秘密保持義務を広く容認するときは、労働者の職業選択又は営業の自由を不当に制限することになるけれども、使用者にとって営業秘密が重要な価値を有し、労働契約終了後も一定の範囲で営業秘密保持義務を存続させることが、労働契約関係を成立、維持させる上で不可欠の前提でもあるから、労働契約関係にある当事者において、労働契約終了後も一定の範囲で秘密保持義務を負担させる旨の合意は、その秘密の性質・範囲、価値、当事者（労働者）の退職前の地位に照らし、合理性が認められるときは、公序良俗に反せず無効とはいえないと解するのが相当である。」

（退職後の競業避止義務）「退職後の競業避止義務は、秘密保護の必要性が当該労働者が秘密を開示する場合のみならず、これを使用する場合にも存することから、秘密保持義務を担保するものとして容認できる場合があるが、これを広く容認するときは、労働者の職業選択又は営業の自由を不当に制限することになるから、退職後の秘密保持義務が合理性を有することを前提として、期間、区域、職種、使用者の利益の程度、労働者の不利益の程度、労働者への代償の有無等の諸般の事情を総合して合理的な制限の範囲にとどまっていると認められるときは、その限りで、公序良俗に反せず無効とはいえないと解するのが相当である。」

［浅野高宏］

⑯労働者に対する損害賠償請求

茨城石炭商事事件・最高裁第一小法廷昭和五一年七月八日判決

昭和四九年（オ）第一〇七三号損害賠償請求事件、民集三〇巻七号、判時八二七号

【事案の紹介】

Xは、石炭、石油、プロパンガス等の輸送および販売を業とする資本金八〇〇万円の株式会社であり、従業員約五〇名を擁し、タンクローリー、小型貨物自動車等の業務用車両を二〇台近く保有していたが、経費節減のため、これらの車両につき対人賠償責任保険にのみ加入し、対物賠償責任保険および車両保険には加入していなかった。Yは、Xに自動車運転手として雇われ、主として小型貨物自動車の運転業務に従事していたが、臨時的にタンクローリーの乗務を命じられ、運転中の過失により追突事故を起こした。Xは、被害車両の所有者Aに損害賠償として車両の修理費と休車補償を支払ったことにより、また、自己所有のタンクローリーの修理費と修理による休車期間中の逸失利益として、合計四〇万余円の損害を被った。そこで、Xは、Y（およびYの身元保証人二名）を相手どり、Aに支払った賠償金の求償（民法七一五条三項）とXが被った損害金の賠償（民法七〇九条）を請求する訴えを提起した。

一審および二審は、Xの求償権および損害賠償請求権の行使は請求額の四分の一を限度として認め、これを超過する部分は信義則に反し、権利の濫用として許されないと判示した。これに対し、Xが上告した。

【判旨】上告棄却。

「使用者が、その事業の執行につきなされた被用者の加害行為により、直接損害を被り又は使用者としての損害賠償責任を負担したことに基づき損害を被った場合には、使用者は、その事業の性格、規模、施設の状況、被用者の業務の内容、労働条件、勤務態度、加害行為の態様、加害行為の予防若しくは損失の分散についての使用者の配慮の程度その他諸般の事情に照らし、損害の公平な分担という見地から信義則上相当と認められる限度において、被用者に対し右損害の賠償又は求償の請求をすることができるものと解すべきである。」

本件において、①Xは対物賠償責任保険および車両保険には加入しておらず、②Yはタンクローリーには特命により臨時的に乗務していたにすぎず、③事故当時、Yの給与月額は約四万五〇〇〇円であり、勤務成績は普通以上であったのであり、「右事実関係のもとにおいては、Xがその直接被った損害及び被害者に対する損害賠償義務の履行により被った損害のうちYに対して賠償及び求償を請求しうる範囲は、信義則上右損害額の四分の一を限度とすべきであ（る）。」

〔中島正雄〕

オリンパス光学工業事件・最高裁第三小法廷平成一五年四月二二日判決

平成一三年（受）第一二五六号補償金請求上告事件、労判八四六号、判時一八二二号

【事案の紹介】

Y会社（上告人）の従業員X（被上告人）は、研究開発部に在籍中の一九七七年に、コンパクトディスクのピックアップ装置に関する発明をした。Y会社は、その「発明考案取扱規定」（Y規定）において、①従業者の職務発明による特許がY会社に承継されること、②Y会社は、職務発明を行なった従業者に対して工業所有権収入取得時報償等の報償を行なうこと、③Y会社が従業者の職務発明につき第三者から工業所有権収入を継続的に受領した場合には、受領開始日から二年間を対象として、一〇〇万円を限度として一回限りの工業所有権収入取得時報償を行なうことなどを定めていた。

Y会社は、Y規定に基づき、本件発明について特許を受ける権利をXから承継し、特許権を取得した。Y会社は、他の製造会社数社と本件特許を含めた実施許諾契約を締結し、これに基づいて実施料を継続的に受領した。Y会社は、Xに対して、Y規定に基づき、補償金、報奨金として合計二一万円余を一九七八年から九二四年までの間に支払い、Xもこれを異議なく受領した。

Xは、Y会社を一九九四年に退職した後、すでに受領した金額だけでは特許法三五条所定の相当の対価に不足し、本来の対価は九億円余りになると主張して、九五年に、そのうちの内金二億円を請求した。第一審（東京地判平一一・四・一六、労判八一二号、判時一六九〇号）および原審（東京高判平一三・五・二二、労判八一二号、判時一七五三号）は、原告の請求を一部認め、相当な対価を二五〇万円と認定した。Y会社が上告。

【判旨】上告棄却。

「使用者等は、職務発明について特許を受ける権利等を使用者等に承継させる意思を従業者等が有しているか否かにかかわりなく、使用者等があらかじめ定める勤務規則その他の定め（以下『勤務規則等』という。）において、特許を受ける権利等が使用者等に承継される旨の条項を設けておくことができるのであり、また、その承継について対価を支払う旨及び対価の額、支払時期等を定めることも妨げられることがない」が、「いまだ職務発明がされておらず、承継されるべき特許を受ける権利等の内容や価値が具体化する前に、あらかじめ対価の額を確定的に定めることができないことは明らかであ」り、「勤務規則等により職務発明について特許を受ける権利等を使用者等に承継させた従業者等は、当該勤務規則等に、使用者等が従業者等に対して支払うべき対価に関する条項がある場合においても、これによる対価の額が同条四項の規定に従って定められる対価の額に満たないときは、同条三項の規定に基づき、その不足する額に相当する対価の支払を求めることができる」。

「勤務規則等に、使用者等が従業者等に対して支払うべき対価の支払時期に関する条項がある場合には、その支払時期が相当の対価の支払を受ける権利の消滅時効の起算点となる」。

［永野秀雄］

⑱不合理な労働条件の禁止

ハマキョウレックス事件・最高裁第二小法廷平成三〇年六月一日判決

平成二八年（受）第二〇九九号・平成二八年（受）第二一〇〇号未払賃金等支払請求事件、民集七二巻二号、労判一一七九号、判タ一四五三号、労旬一九一八号

【事案の紹介】

1　Xは、Y社と有期労働契約を締結している配車ドライバー（契約社員）である。Xの賃金は、時給制（例外的に勤務成績等を考慮して昇給されうる）であり、これに加え月額三〇〇〇円の通勤手当の支給を受けていた。

一方、Y社の正社員ドライバーには、月給制が適用されているほか、賞与や退職金が原則支給され、さらには、無事故手当（月額一万円）、作業手当（月額一万円）、休職手当（月額三五〇〇円）、住宅手当（月額二万円）、皆勤手当（月額一万円）、通勤手当（通勤距離に応じて支給。Xが正社員の場合は月額五〇〇〇円）、家族手当の各種手当が支給されている。

2　Xは、各種手当、賞与、定期昇給及び退職金に相違があることは労契法二〇条に違反しているとして、Y社に対して、⑴XがY社の正社員と同一の権利を有する地位にあることの確認を求めるとともに、⑵〔1〕主位的に、労働契約に基づき、正社員に支給された家族手当を除く各種手当と、Xに支給された諸手当との差額の支払を求め、〔2〕予備的に、不法行為に基づき、本件差額に相当する額の損害賠償を求めて出訴した。

3　本件の差戻第一審（大津地判平二七・九・一六、労判一一三五号五九頁）は、通勤手当の相違のみを不合理と認め、差戻控訴審（大阪高判平二八・七・二六、労判一一四三号五頁）は、無事故手当、作業手当、給食手当、通勤手当の相違を不合理とした。これに対して、Y社が上告。Xも附帯上告した。

【判旨】　附帯上告につき一部破棄差戻し（皆勤手当の相違についても不合理とした）。

⑴　「（労契法二〇）条は、有期契約労働者については、無期労働契約を締結している労働者……と比較して合理的な労働条件の決定が行われにくく、両者の労働条件の格差が問題となっていたこと等を踏まえ、有期契約労働者の公正な処遇を図るため、その労働条件につき、期間の定めがあることにより不合理なものとすることを禁止したものである。」

⑵　「同条は、有期契約労働者と無期契約労働者との間で労働条件に相違があり得ることを前提に、職務の内容、当該職務の内容及び配置の変更の範囲その他の事情（以下「職務の内容等」という。）を考慮して、その相違が不合理と認められるものであってはならないとするものであり、職務の内容等の違いに応じた均衡のとれた処遇を求める規定である」。

⑶　「同条の規定は私法上の効力を有するものと解するのが相当であり、有期労働契約のうち同条に違反する労働条件の相違を設ける部分は無効となる」。

「有期契約労働者と無期契約労働者との労働条件の相違が同条に違反する場合であっても、同条の効力により当該有期契約労働者の

労働条件が比較の対象である無期契約労働者の労働条件と同一のものとなるものではない」。

「Y社においては、正社員に適用される……正社員就業規則……と、契約社員に適用される……契約社員就業規則とが、別個独立のものとして作成されていること等にも鑑みれば、両者の労働条件の相違が同条に違反する場合に、本件正社員就業規則……の定めが契約社員であるXに適用されることとなると解することは、就業規則の合理的な解釈としても困難である。」

(4)「同条にいう『期間の定めがあることにより』とは、有期契約労働者と無期契約労働者との労働条件の相違が期間の定めの有無に関連して生じたものであることをいう」。

(5)「同条にいう『不合理と認められるもの』とは、有期契約労働者と無期契約労働者との労働条件の相違が不合理であると評価することができるものであることをいう」。

「そして、両者の労働条件の相違が不合理であるか否かの判断は規範的評価を伴うものであるから、当該相違が不合理であるとの評価を基礎付ける事実については当該相違が同条に違反することを主張する者が、当該相違が不合理であるとの評価を妨げる事実については当該相違が同条に違反することを争う者が、それぞれ主張立証責任を負う」。

(6)「住宅手当は、従業員の住宅に要する費用を補助する趣旨で支給されるものと解されるところ、契約社員については就業場所の変更が予定されていないのに対し、正社員については、転居を伴う配転が予定されているため、契約社員と比較して住宅に要する費用が多額となり得る。……したがって、……(住宅手当の)相違は、……不合理と認められるものに当たらない」。

(7)「皆勤手当は、Y社が運送業務を円滑に進めるには実際に出勤するトラック運転手を一定数確保する必要があることから、皆勤を奨励する趣旨で支給されるものであると解されるところ、Y社の乗務員については、契約社員と正社員の職務の内容は異ならないから、出勤する者を確保することの必要性については、職務の内容によって両者の間に差異が生ずるものではない。また、上記の必要性は、当該労働者が将来転勤や出向をする可能性や、Y社の中核を担う人材として登用される可能性の有無といった事情により異なるとはいえない。そして、本件労働契約及び本件契約社員就業規則によれば、契約社員については、Y社の業績と本人の勤務成績を考慮して昇給することがあるとされているが、昇給しないことが原則である上、皆勤の事実を考慮して昇給が行われたとの事情もうかがわれない。……したがって、……(皆勤手当の)相違は、不合理であると評価することができる」。

［沼田雅之］

⑲男女同一賃金

昭和シェル石油事件・東京高裁平成一九年六月二八日判決

平成一五年（ネ）第二二〇〇号損害賠償控訴事件・平成一八年（ネ）第四七九四号同付帯控訴事件、労判九四六号

【事案の紹介】

X（原告・被控訴人・付帯控訴人、女性）は、一九五一年にA社に雇用された。Xは、一九八五年一月にA社がB社と合併してY（被告・控訴人・被付帯控訴人）となったことに伴いYの従業員となり、一九九二年五月に定年退職した。A社では、同学歴・同年齢の男女の間で、ランクの格付け、定期昇給額及び本給額において著しい格差があり、Xと同学歴（高卒）・同年齢の男性との間にも格差があった。合併に伴うYの職能資格等級への移行においても男女間で著しい取扱いの相違があり、Xは、合併前はXより一ランク下だった男性全員より低いG3に格付けられた。Xは、合併一年後にG2へと一ランク昇格し、以後は昇格することなく定年に至った。Yは、高卒女性社員については、高卒男性とは別の昇格基準（G2以上への昇格には同学歴男性より長い年限を必要とし、S2以上への昇格を想定しない）を設けて昇格管理をしていた。

Xは、女性であることを理由に差別を受けたとして、Yに対し、一九八五年一月以降退職時までの差額賃金相当額、差額退職金相当額、差額公的年金相当額、慰謝料、弁護士費用等の支払いを求めて提訴した。一審（東京地判平一五・一・二九、労旬一五四七号、労判八四六号）は、Xの請求を一部認容した。

【判旨】　請求一部認容（原判決一部変更）。

Xと男性社員の間、Yの女性社員と男性社員との間に著しい格差がある本件のような場合、「Xについて、男性社員との間に格差を生じたことにつき合理的な理由が認められない限り、その格差は、男女間において存した上記格差と同質のものと推認され、また、この男女間格差を生じたことについて合理的な理由が認められない限り、その格差は性の違いによるものと推認するのが相当である」。

「合併に伴い、AにおけるランクからYにおける職能資格等級に移行するにあたり、何ら合理的な理由なく、男女間で著しい取扱いの相違があったものであり、移行に当たってAの行ったXのYにおける職能資格等級G3への格付け、これをそのまま採用し、その後も……G2に昇格させたのみでその状態を退職まで維持したYの措置は、労働者が女性であることを理由として、賃金について、男性と差別的取扱いをしたものと認められ」る。

Yの「職能資格等級の格上げ、据置等の取扱いは、……均等法八条所定の労働者の昇進についての取扱いに当たる」。同条は「まさに事業者に努力する義務を法律上課しているのであって、……均等な取扱いが行われていない実態を積極的に維持すること、あるいは、配置及び昇進についての男女差別を更に拡大するような措置をとることは、同条の趣旨に反する」。

均等法公布から二年半後、施行から一年九か月を経過した一九八八年一月一日以降、Yが「男女の差別取扱いを維持し、Xの職務職能等級を合併に伴う移行の際格付けされるべきであったG1から更に昇格させないのみか、G2のままに据え置いた措置は雇用関係の私法秩序に反し、違法であ」る。

［斎藤　周］

⑳男女の昇格差別

芝信用金庫事件・東京高裁平成一二年一二月二二日判決

平成八年（ネ）第五五四三号・第五七八五号、平成九年（ネ）第二三三〇号差額賃金等請求控訴事件、労判七九六号、労旬一四九八号

【事案の紹介】

X_1ら一三名はY信用金庫に勤務する勤続一八年から四〇年の女性職員であり、うち一名は一審口頭弁論終結時に、三名は一審確定後に定年退職している。

Yにおいては、女性職員と男性職員との間に、昇格・昇進について男女間に著しい格差があった。

Yの人事制度では、資格と職位（役職）を区分して明確にしたうえで、昇格試験の合格によって資格を付与された者を前提として、資格に対応する職位を任命していたが、一九九〇年に改定され、新人事制度ができた。昇格試験は、人事考課と学科試験で構成され、旧人事制度では、昇格については人事考課と学科試験の得点を均等に判定していたが、新人事制度では、学科試験の得点は人事考課の検討手段として位置づけられた。したがって、旧人事制度における副参事あるいは新人事制度における課長職に昇格するためには、昇格試験合格に合格する必要があったが、X_1らは人事考課については高い評価を得ることがなく、昇格試験に合格していない。また、昇格試験によらずに男子職員が昇格している例があり、結局、男性職員は一定の時期にほぼ全員副参事あるいは課長職に昇格している。

そこで、X_1らは、YがX_1らを女性であることを理由として昇進・昇格そのほかの処遇について差別的に取扱っているとして、Yを訴えた。一審（東京地判平八・一一・二七、労判七〇四号）は、X_1らの請求をほぼみとめ、X_{13}と退職者を除いて副参事あるいは課長職の地位にあることを確認し、支払われるべき賃金と実際に支払われた賃金との差額の支払いをYに命じた。Yはこの判決を不服として控訴し、X_1らはX_{13}の地位確認および慰謝料支払いを求めて控訴した。

【判旨】 Yの控訴棄却、X_1らの控訴一部棄却、一部認容。

(1) 認定事実より、「同期同給与年齢の男性職員のほぼ全員が課長職に昇格したにもかかわらず、依然として課長職に昇格しておらず、諸般の事情に照らしても、昇格を妨げるべき事情の認められない場合には、X_1らについては、昇格試験において、男性職員が受けた人事考課に関する優遇を受けられないなどの差別を受けたため、そうでなければ昇格することができたと認められる時期に昇格することができなかったものと推認するのが相当であ」る（年功加味的運用差別）。

(2) 「昇格に関する判断については、Yの経営判断に基づく裁量を最大限に尊重しなければならないことはいうまでもない。

しかし、Yが採用している職能資格制度においては、資格と職位とが峻別され、資格は職務能力とそれに対応した賃金の問題であるのに対して、昇進は職務能力とそれに応じた役職（職位）への配置の問題であり、給与面に関しては、後者は役職手当（責任加給）の有無に関連するのみであるのに対し、前者は本人給の問題であって性格を異にしている。（中略）資格付けの目的は、職位（役職）付与の基準としての性格をも有するものであるが、いかなる職員にいかなる給与額を支給するかという職能給与制の機能をも有しており、

（中略）昇格するか否かは定例給与に直接影響を及ぼすものである。このように、昇格の有無は、賃金の多寡を直接左右するものであるから、職員について、女性であるが故に昇格について不利益に差別することは、女性であることを理由として、賃金について不利益な差別的取扱いを行っているという側面を有するとみることができる。」

(3)「本件は、女性であることを理由として、X_1らの賃金について直接に差別したという事案ではなく、また、特定の資格を付与すべき基準が労働基準法にはもとより就業規則にも定められている訳ではないので、前記労働基準法ないし就業規則の規定が直接適用される場合には当たらない。しかしながら、資格の付与が賃金額の増加に連動しており、かつ、資格を付与することと職位に付けることとが分離されている場合には、資格の付与における差別は、賃金の差別と同様に観念することができる。そして、特定の資格を付与すべき『基準』が定められていない場合であっても、右資格の付与につき差別があったものと判断される程度に、一定の限度を越えて資格の付与がされないときには、右の限度をもって『基準』に当たると解することが可能であるから、同法一三条ないし九三条の類推適用により、右資格を付与されたものとして扱うことができると解するのが相当である。」

本件では、「Yにおいては、副参事の受験資格者である男子職員の一部に対しては、副参事昇格試験等における人事考課において優遇し、優遇を受けた男子職員が昇格試験導入前においては人事考課のみの評価により昇格し、昇格試験導入後はその試験に合格して副参事（新人事制度における課長職）に昇格を果たしているのであるから、女性職員であるX_1らに対しても同様な措置を講じられたことにより、X_1らも同期同給与年齢の男性職員と同様な時期に副参事昇格試験に合格していると認められる事情にあるときには、Xらが副参事試験を受験しながら不合格となり、従前の主事資格に据え置かれるというその後の行為は、労働基準法一三条の規定に反し無効となり、X_1らは、労働契約の本質及び労働基準法一三条の規定の類推適用により、副参事の地位に昇格したのと同一の法的効果を求める権利を有するものというべきである。」

(4) X_{13}を除くX_1らは、一定の時期において「旧人事制度のもとにおける副参事、新人事制度における課長職に昇格しているというべきであるから」、すでに退職したものを除く「その余のX_1らが課長職の資格にあることの確認を求める請求は」理由がある。

(5) Yの女子職員に対する人事考課における差別によるX_{13}をのぞくX_1らは、「本来昇格すべきである時期に昇格できなかったのであるから、昇格していたことを前提にして支給される本人給及び資格給と実際に支給を受けた賃金等の差額について、労働契約に基づき差額賃金（未払賃金）として」、また、退職者は「さらに昇格を前提とした退職金額と実際に支給を受けた金額との差額について、差額退職金としてそれぞれ請求することができる。」

(6)「X_1らは、Yの年功加味的人事運用の差別により、主事の資格に長期間据え置かれ、経済的・身分的に不利益を甘受しなければならなかったことにより精神的苦痛を受けたというべきであり」、慰謝料としては、X_{13}をのぞくX_1らそれぞれに対して二〇〇万円から七〇万円の金額が相当と認める。

［笹沼朋子］

㉑正社員・臨時社員の賃金格差⑴

丸子警報器事件・長野地裁上田支部平成八年三月一五日判決

平成五年（ワ）第一〇九号損害賠償請求事件、労判六九〇号、労旬一三八四号

【事案の紹介】

Xらは、Y社との二か月間の有期労働契約を更新して、四年ないし二五年という長期間にわたり同社の製造部門に勤務していた女性労働者である。Xらは、労働契約上の所定労働時間は一五分短かったものの、実際には女性正社員と勤務時間、勤務日数も同じであり、仕事内容も違いがなく、QCサークル活動もほぼ同様に参加していたところ、Xらの賃金は日給制であり、その額も、年功賃金的な月給制で支給されている正社員の賃金額に比べて、著しく低かった。これに対し、Xらは、この正社員との賃金格差は、同一（価値）労働同一賃金原則という公序良俗などに反する違法なものであるとして、不法行為にもとづく損害賠償を請求したのが、本件訴訟である。

【判旨】　一部認容。

1　「……同一（価値）労働同一賃金の原則は、労働関係を一般的に規律する法規範として存在すると考えることはできないけれど、賃金格差が現に存在しその違法性が争われているときは、その違法性の判断に当たり、その原理が考慮されないで良いというわけでは決してない。……労働基準法三条、四条のような差別禁止規定は、……その根底には、およそ人はその労働に等しく報われなければならないという均等待遇の理念が存在していると解される。それは、……人格の価値を平等と見る市民法の普遍的な原理と考えるべきものである。……したがって、同一（価値）労働同一賃金の原則の基礎にある均等待遇の理念は、賃金格差の違法性判断において、ひとつの重要な判断要素として考慮されるべきものであって、その理念に反する賃金格差は、使用者に許された裁量の範囲を逸脱したものとして、公序良俗の違法を招来する場合がある……」。

2　Xらの「提供する労働内容は、その外形面においても、Yへの帰属意識という内面においてもY社の女性正社員とまったく同一である……。このような場合、……同一労働に従事させる以上は正社員に準じた年功序列制の賃金体系を設ける必要があった……。しかるに、……女性正社員との顕著な賃金格差を維持拡大しつつ長期間の雇用を継続したことは、……同一（価値）労働同一賃金の原則の根底にある均等待遇の理念に違反する格差であり、単に妥当性を欠くというにとどまらず公序良俗違反として違法となる」。

3　「もっとも、均等待遇の理念も抽象的なものであって、均等に取扱うための前提となる諸要素の判断に幅がある以上、その幅の範囲内における待遇の差に使用者側の裁量も認めざるを得ない……。したがって、……Xら……と女性正社員の賃金格差がすべて違法となるというものではない。」本件の一切の事情を考慮すれば、「Xらの賃金が、同じ勤務年数の女性正社員の八割以下となるときは、許容される賃金格差の範囲を明らかに越え、その限度においてYの裁量が公序良俗違反として違法となる」。

［青野　覚］

㉒正社員・臨時社員の賃金格差⑵

ニヤクコーポレーション事件・大分地裁平成二五年一二月一〇日判決

平成二四年（ワ）第五五七号正規労働者と同一の雇用契約上の地位確認等請求事件、労判一〇九〇号、労旬一八一〇号

【事案の概要】

1⑴　昭和三八年生まれのXは、平成一六年一〇月一五日、石油製品等の保管及び貨物自動車運送事業等を行うY社の期間社員（平成一八年四月一日からは準社員）としてYに雇用された。XY間の有期労働契約は、何度も反復更新され、平成二四年四月一日には、同日から平成二五年三月三一日までの一年間を期間とする労働契約が更新された。

⑵　Xの職務は、貨物自動車の運転手として、タンクローリーによる危険物等の配送等に従事することであり、正社員の職務と同じであった。

Yは、平成二四年七月一日、準社員就業規則、準社員賃金規程を変更し、従前は、準社員のうちに一日の所定労働時間が七時間の者と八時間の者がいたところ、準社員の一日の所定労働時間を八時間に統一した。

Yは、平成二五年三月二三日、Xに対し、同月三一日をもって労働契約を終了し、更新をしないことを通知した。

【判旨】一部認容。

1⑴「XY間の労働契約は、……平成一八年四月一日以降、継続して更新されていた。Xの業務は、……正社員の業務と同じであり、……Xの労働契約の更新に際して必ず面接が行われていたとは認められ（ない）。また、準社員の有期労働契約についての更新拒絶の件数は、少なかった。そして、正社員と準社員との間には、転勤・出向の点において、大きな差があったとは認められず、……配置の変更の範囲が大きく異なっていたとまではいえない」。

XY間の有期労働契約は、労働契約法一九条一号に該当するものと認められる。

⑵　Yが更新拒絶の理由として主張する事実（Xが本件訴訟において事実と異なる主張をしていること等）を認めることはできず、更新拒絶は、「客観的に合理的な理由を欠き、社会通念上相当であるとは認められない」。

2⑴「Xは、平成二四年七月一日、……一日の所定労働時間が、七時間から八時間に変更され、正社員と同じになったから、同日以降は、短時間労働者（パートタイム労働法二条）には該当しなくなったものと認められる。そのため、パートタイム労働法八条一項（現九条）違反の有無は、平成二四年六月三〇日までについて検討されるべきものと解される」。

⑵「正社員と準社員であるXの間で、賞与額が大幅に異なる点、週休日の日数が異なる点、退職金の支給の有無が異なる点は、……パートタイム労働法八条一項（現九条）に違反する」。

⑶「パートタイム労働法八条一項（現九条）は差別的取扱いの禁止を定めているものであり、同項に基づいて正規労働者と同一の待遇を受ける労働契約上の権利を有する地位にあることの確認を求めることはできない」。「パートタイム労働法八条一項（現九条）に違反する差別的取扱いは不法行為を構成するものと認められ、Xは、Yに対し、その損害賠償を請求することができる」。

［橋本陽子］

海遊館事件・最高裁第一小法廷平成二七年二月二六日判決

平成二六年（受）第一三一〇号懲戒処分無効確認等請求事件、労判一一〇九号、判時二二五三号、労旬一八四三号

【事案の紹介】

1　X_1はY社営業部サービスチームのマネージャー（責任者）、X_2は同チームの複数の課長代理の一人であった。

Y社就業規則には、禁止行為として「会社の秩序又は職場規律を乱すこと」が掲げられ、違反の軽重に従って、戒告、減給、出勤停止又は懲戒解雇の懲戒処分を行う旨が定められていた。そして、セクハラ禁止文書には、種々の禁止行為が具体的に示され、行為者に対しては諸事情を総合的に判断して処分を決定することなどが記載されていた。Y社は、セクハラの防止を重要課題として位置付け、かねてからセクハラの防止等に関する研修への毎年の参加を全従業員に義務付けるなどし、「セクシュアルハラスメントは許しません!!」と題する「セクハラ禁止文書」を作成して従業員に配布し、職場にも掲示するなどしていた。

また、Y社の資格等級制度規程では、懲戒処分を受けたとき、相当とされた従業員に対し、降格の決定をする定めがあった。

2　平成二二年一一月頃から約一年にわたり、X_1は、派遣労働者Aに対し、自らの不貞相手に関する性的な事柄や自らの性器、性欲等について殊更に具体的な話をするなど、極めて露骨で卑わいな発言等を繰り返すなどした。X_2は、Aの年齢やAらがいまだ結婚をしていないことなどを殊更に取上げて著しく侮蔑的ないし下品な言辞で侮辱し又は困惑させる発言を繰り返し、派遣社員であるAの給与が少なく夜間の副業が必要であるなどとやゆする発言をするなどした。なお、X_2は、以前から女性従業員に対する言動につき多数の苦情が出され、上司から言動に気を付けるよう注意されていた。

その後、Aは、Xらの行為が一因となって退職した。

3　Y社は、平成二三年一二月、Aらから、Xらによりセクハラ行為等を受けた旨の申告を受け、Xらから事情聴取等を行った上で、セクハラ行為等を懲戒事由として、それぞれ出勤停止処分した。

Y社は、Xらが出勤停止処分を受けたことを理由に、一等級降格することを決定するとともに、X_1を営業部サービスチームのマネージャーから解任し、施設部施設チームの係長に任命した。またX_2を総務部連絡調整チームの係長に任命した。これによりXらは、給与及び賞与の減額等を受けた。

4　Xらは、出勤停止処分は懲戒事由の事実を欠き又は懲戒権を濫用したものとして無効であり、降格もまた無効であるなどと主張して、各出勤停止処分の無効確認および各降格前の等級を有する地位の確認等を求めて提訴した。

第一審（大阪地判平二五・九・六、労判一〇九九号）はXの請求を棄却したが、原審判決（大阪高判平二六・三・二八、労判同号）はXの控訴を一部認容し、Xらに対する懲戒処分の無効、降格前の地位の確認、降格に伴う差額賃金の支払い請求を認容した。

なお、原審は、Xらの行為が懲戒事由に該当するとしつつ、「Aから明確な拒否の姿勢を示されたり……Y社から注意を受けたりしてもなおこのような行為に及んだとまでは認められない」こと等から、「Xらには、Y社が具体的にセクハラ行為に対してどの程度の懲戒処分を行う方針であるのかを認識する機会がなかった」として、

「事前の警告や注意、更にY社の具体的方針を認識する機会もないまま……突如、懲戒解雇の次に重い出勤停止処分を行うことは、Xらにとって酷にすぎる」として、社会通念上相当とは認められないとした。

【判旨】上告認容・原判決破棄・被上告人控訴棄却。

1 「Aらに対し、Xらが職場において一年余にわたり繰り返した発言等の内容は、いずれも女性従業員に対して強い不快感や嫌悪感ないし屈辱感等を与えるもので、職場における女性従業員に対する言動として極めて不適切なものであって、その執務環境を著しく害するものであったというべきであり、当該従業員らの就業意欲の低下や能力発揮の阻害を招来するものといえる。」

「Y社……は……セクハラの防止のために種々の取組を行っていたのであり、Xらは……管理職として……Y社の方針や取組を十分に理解し、セクハラの防止のために部下職員を指導すべき立場にあったにもかかわらず……（セクハラ）行為等を繰り返したものであって、（当該セクハラ行為は）その職責や立場に照らしても著しく不適切」である。

セクハラ行為等が一因でAは退職しており、「管理職であるXらが……行った……セクハラ行為等がY社の企業秩序や職場規律に及ぼした有害な影響は看過し難い。」

2 「職場におけるセクハラ行為については、被害者が内心でこれに著しい不快感や嫌悪感等を抱きながらも、職場の人間関係の悪化等を懸念して、加害者に対する抗議や抵抗ないし会社に対する被害の申告を差し控えたりちゅうちょしたりすることが少なくないと考えられること……等に照らせば」、Aが明白な拒否の姿勢を示していなかったとしても「Xらに有利にしんしゃくすることは相当ではない。」

「Y社の管理職であるXらにおいて、セクハラの防止やこれに対する懲戒等に関する……Y社の方針や取組を当然に認識すべきであったといえることに加え、Aらが……被害の申告に及ぶまで……Xらが本件各行為を継続していたことや、本件各行為の多くが第三者のいない状況で行われており……被害の申告を受ける前の時点において、Y社がXらのセクハラ行為及びこれによる従業員Aらの被害の事実を具体的に認識して警告や注意等を行い得る機会があったとはうかがわれないことからすれば、Xらが懲戒を受ける前の経緯についてXらに有利にしんしゃくし得る事情があるとはいえない。」

3 「以上によれば、Xらに対する出勤停止処分が重きに失し、社会通念上相当性を欠くということはできない。」

4 「本件資格等級制度規程……が懲戒処分を受けたことを独立の降格事由として定めている……趣旨は、社員が企業秩序や職場規律を害する非違行為につき懲戒処分を受けたことに伴い、上記の秩序や規律の保持それ自体のための降格を認めるところにあるものと解され、現に非違行為の事実が存在し懲戒処分が有効である限り、その定めは合理性を有するものということができる。そして、Xらが……有効な出勤停止処分を受けていることからすれば、Y社がXらをそれぞれ一等級降格したことが社会通念上著しく相当性を欠くものということはできず……相応の給与上の不利益を伴うものであったことなどを考慮したとしても、左右されるものではないというべきである。」

［細川　良］

広島中央保健生活協同組合事件・最高裁第一小法廷平成二六年一〇月二三日判決

平成二四年（受）第二二三一号地位確認等請求事件、労判一一〇〇号、判時二二五二号、労旬一八三五号

【事案の紹介】

1　Xは、複数の医療施設を運営し、医療介護事業等を行うY法人との間で、理学療法士として理学療法の業務に従事することを内容とする期間の定めのない労働契約を締結し、その後、訪問介護施設Bの副主任となった。

Xは、妊娠に伴い労基法六五条三項に基づいて軽易な業務への転換を請求し、転換後の業務として、訪問リハビリ業務よりも身体的負担が小さいとされていた病院リハビリ業務を希望した。これを受けてY法人は、軽易な業務への転換として、XをA病院のリハビリ科に異動させた。その当時、同科においては、Xよりも職歴の長い職員が、主任として病院リハビリ業務につき取りまとめを行っていたことから、異動に伴いXを副主任から免ずる旨を異動の事後に説明し、その時点では渋々ながらもXの了解を得た。

Xは、その後、産前産後の休業および育児休業をした。

Y法人は、育児休業中のXから職場復帰に関する希望を聴取し、その際、育児休業を終えて職場復帰した後も副主任に任ぜられないことをY法人から知らされたXは、これを不服として強く抗議した。そして、Y法人は、育児休業を終えて職場復帰したXをリハビリ科から異動させた。その当時、異動先においては、他の職員が副主任に任ぜられて訪問リハビリ業務につき取りまとめを行っており、Xは、再び副主任に任ぜられることはなかった。

2　Xは、Y法人が副主任を免じた措置は均等法九条三項に違反する無効なものであるなどと主張して、管理職（副主任）手当の支払及び債務不履行又は不法行為に基づく損害賠償を求めて提訴した。

一審（広島地判平二四・二・二三、労判一一〇〇号）・二審（広島高判平二四・七・一九、労判同号）は、いずれもXの請求を棄却したため、Xが上告した。

なお原審は、「管理職たる職位の任免は、管理職の配置という経営判断を要する事項であるから、人事権の行使として、使用者の広範な裁量に委ねられているというべきである。」とした上で、本件措置は、Xの妊娠に伴う他の軽易な業務への転換の請求を契機になされたものであるが、Xの希望する異動先に異動させた結果、異動先に副主任を置く必要がなかったからであり、復帰の際はXの希望および配置上の制約があり、異動先に副主任が既に配置されていたことによるとして、Y法人の裁量権の範囲を逸脱して均等法九条三項の禁止する取扱いがされたものではないとした。

【判旨】　原判決破棄差戻。

1　「均等法の規定の文言や趣旨等に鑑みると、同法九条三項の規定は……これに反する事業主による措置を禁止する強行規定として設けられたものと解するのが相当であり、女性労働者につき、妊娠、出産、産前休業の請求、産前産後の休業又は軽易業務への転換等を理由として解雇その他不利益な取扱いをすることは、同項に違反するものとして違法であり、無効であるというべきである。」

2　「均等法一条及び二条の規定する同法の目的及び基本的理念やこれらに基づいて同法九条三項の規制が設けられた趣旨及び目的に

照らせば、女性労働者につき妊娠中の軽易業務への転換を契機として降格させる事業主の措置は、原則として同項の禁止する取扱いに当たるものと解されるが、当該労働者が軽易業務への転換及び上記措置により受ける有利な影響並びに上記措置により受ける不利な影響の内容や程度、上記措置に係る事業主による説明の内容その他の経緯や当該労働者の意向等に照らして、当該労働者につき自由な意思に基づいて降格を承諾したものと認めるに足りる合理的な理由が客観的に存在するとき、又は事業主において当該労働者につき降格の措置を執ることなく軽易業務への転換をさせることに円滑な業務運営や人員の適正配置の確保などの業務上の必要性から支障がある場合であって、その業務上の必要性の内容や程度及び上記の有利又は不利な影響の内容や程度に照らして、上記措置につき同項の趣旨及び目的に実質的に反しないものと認められる特段の事情が存在するときは、同項の禁止する取扱いに当たらない……。」

「承諾に係る合理的な理由に関しては……有利又は不利な影響の内容や程度の評価に当たって……措置の前後における職務内容の実質、業務上の負担の内容や程度、労働条件の内容等を勘案し、当該労働者が……（その）影響につき事業主から適切な説明を受けて十分に理解した上でその諾否を決定し得たか否かという観点から、その存否を判断すべきものと解される。また……特段の事情に関しては……業務上の必要性の有無及びその内容や程度の評価に当たって、当該労働者の転換後の業務の性質や内容、転換後の職場の組織や業務態勢（ママ）及び人員配置の状況、当該労働者の知識や経験等を勘案するとともに……有利又は不利な影響の内容や程度の評価に当たって……経緯や当該労働者の意向等をも勘案して、その存否を判断すべき……。」

3　「Xが軽易業務への転換……により受けた有利な影響の内容や程度は明らかではない一方で……不利な影響の内容や程度は管理職の地位と手当等の喪失という重大なものである上……Xの意向に反するものであったというべきである。それにもかかわらず、育児休業終了後の副主任への復帰の可否等についてXがY法人から説明を受けた形跡はなく……不十分な内容の説明を受けただけで、育児休業終了後の副主任への復帰の可否等につき事前に認識を得る機会を得られないまま……副主任を免ぜられることを渋々ながら受入れたにとどまるものであるから……事業主から適切な説明を受けて十分に理解した上でその諾否を決定し得たものとはいえず、Xにつき……自由な意思に基づいて降格を承諾したものと認めるに足りる合理的な理由が客観的に存在するということはできないというべきである。」

「Xにつき軽易業務への転換に伴い副主任を免ずる措置を執ったことについて、Y法人における業務上の必要性の有無及びその内容や程度が十分に明らかにされているということはできない。」

「そうすると……本件措置については、Y法人における業務上の必要性の内容や程度、Xにおける業務上の負担の軽減の内容や程度を基礎付ける事情の有無などの点が明らかにされない限り……均等法九条三項の趣旨及び目的に実質的に反しないものと認められる特段の事情の存在を認めることはできないものというべきである。」

〔細川　良〕

㉕産休・育児時間取得と賞与不支給

東朋学園事件・最高裁第一小法廷平成一五年一二月四日判決

平成一三年（受）第一〇六六号損害賠償請求、仮執行の原状回復等を命ずる裁判の申立て、損害賠償請求附帯控訴事件、労判八六二号

【事案の紹介】

X（原告・被控訴人・被上告人）は学校法人Y（被告・控訴人・上告人）に期間の定めなく事務職として採用され就労していた。Xは一九九四年の出産にあたり八週間の産後休業を取得し、その後、Yの育児休職規程に基づいて同年一〇月六日から九五年七月八日までの間、一日につき一時間一五分の勤務時間短縮措置を受けた。

Yの給与規程では、賞与は支給対象期間の出勤率が九〇%以上の者に支給し（以下「九〇%条項」という）、支給日・支給の詳細についてはその都度回覧で知らせることとなっていたところ、Yは同回覧の中に、産前産後休業および育児時間を欠勤日数に加算する旨の定めを、前者は九二年度末から、後者は九五年度夏期から新たに挿入し（以下、両者を合わせて「除外条項」、前者を「備考④」、後者を「備考⑤」という）、これに基づいて、九四年度年末賞与および九五年度夏期賞与をそれぞれXに支給しなかった。

Xがこれを不服として右賞与等の支払いを求めて提訴したところ、一審は、前記九〇%条項および除外条項に基づく賞与不支給は「労基法や育児休業法が労働者に各権利・法的利益を保障した趣旨を没却」し公序良俗違反により無効であるとして、Xの賞与支払い請求を認め、二審も賞与支払請求について認容したので、Yが上告した。

最高裁が以下のように本件を高裁に差し戻したところ、差戻し審（東京高判平一八・四・一九、労判九一七号）では、就業規則の効力を妨げる事情は認められないとして、九四年度年末賞与については備考④を適用する限度でXの請求を減額・認容したが、九五年度夏期賞与については、前もって従業員に対して周知されておらず、備考⑤を適用することは信義則に反し許されないとした。

【判旨】 破棄差戻し。

「本件各回覧文書によって具体化された本件九〇%条項は、労働基準法六五条で認められた産前産後休業を取る権利及び育児休業法一〇条を受けて育児休職規程で定められた勤務時間の短縮措置を請求し得る法的利益に基づく不就労を含めて出勤率を算定するものであるが、上述のような労働基準法六五条及び育児休業法一〇条の趣旨に照らすと、これにより上記権利等の行使を抑制し、ひいては労働基準法等が上記権利等を保障した趣旨を実質的に失わせるものと認められる場合に限り、公序に反するものとして無効となると解するのが相当である」（エヌ・ビー・シー工業事件・最三小判昭六〇・七・一六、民集三九巻五号、日本シェーリング事件・最一小判平元・一二・一四、民集四三巻一二号、沼津交通事件・最二小判平五・六・二五、民集四七巻六号参照）。

〔1〕本件九〇%条項は、賞与算定に当たり、単に労務が提供されなかった産前産後休業期間及び勤務時間短縮措置による短縮時間分に対応する賞与の減額を行うというにとどまるものではなく、産前産後休業を取得するなどした従業員に対し、産前産後休業期間等を欠勤日数に含めて算定した出勤率が九〇%未満の場合には、一切賞与が支給されないという不利益を被らせるものであり、〔2〕Yにおいては、従業員の年間総収入額に占める賞与の比重は相当大きく、本件九〇%条項に該当しないことにより賞与が支給されない者の受け

る経済的不利益は大きなものである上、〔3〕本件九〇％条項において基準とされている九〇％という出勤率の数値からみて、従業員が産前産後休業を取得し、又は勤務時間短縮措置を受けた場合には、それだけで同条項に該当し、賞与の支給を受けられなくなる可能性が高いというのであるから、本件九〇％条項の制度の下では、勤務を継続しながら出産し、又は育児のための勤務時間短縮措置を請求することを差し控えようとする機運を生じさせるものと考えられ、上記権利等の行使に対する事実上の抑止力は相当強い」。「そうすると、本件九〇％条項のうち、出勤すべき日数に産前産後休業の日数を算入し、出勤した日数に産前産後休業の日数及び勤務時間短縮措置による短縮時間分を含めないものとしている部分は、上記権利等の行使を抑制し、労働基準法等が上記権利等を保障した趣旨を実質的に失わせるもの」であり、公序に反し無効である。

「本件九〇％条項は、賞与支給対象者から例外的に出勤率の低い者を除外する旨を定めるものであって、賞与支給の根拠条項と不可分一体のものであるとは認められず、出勤率の算定に当たり欠勤扱いとする不就労の範囲も可分であ」り、「産前産後休業を取得し、又は勤務時間短縮措置を受けたことによる不就労を出勤率算定の基礎としている点が無効とされた場合に、その残余において本件九〇％条項の効力を認めたとしても、労使双方の意思に反するものではないというべきであるから、本件九〇％条項の上記一部無効は、賞与支給の根拠条項の効力に影響を及ぼさないものと解される。」

本件各回覧文書における各計算式は、「本件九〇％条項とは異なり、賞与の額を一定の範囲内でその欠勤日数に応じて減額するにとどまるものであり、加えて、産前産後休業を取得し、又は育児のための勤務時間短縮措置を受けた労働者は、法律上、上記不就労期間に対応する賃金請求権を有しておらず、Yの就業規則においても、上記不就労期間は無給とされているのであるから、本件各除外条項は、労働者の上記権利等の行使を抑制し、労働基準法等が上記権利等を保障した趣旨を実質的に失わせるものとまでは認められず、これをもって直ちに公序に反し無効なものということはできない」が、本件各除外条項の公序違反の理由を具体的に示さず、「直ちに本件各除外条項がない状態に復するとして、上記各計算式を適用せず、Yの本件各賞与全額の支払義務を肯定した」原審の判断には、判決に影響を及ぼすことが明らかな法令の違反があり、原判決中Y敗訴部分は破棄を免れず、原審で判断されていない就業規則の不利益変更および信義則違反の成否等の点についてさらに審理を尽くさせる必要があるから、この部分につき本件を原審に差し戻す。

〔裁判官横尾和子の意見〕多数意見の結論には賛成するが、備考⑤はXが育児のための短縮勤務を開始し継続していた最中に新たに定められたものであり、このようなXのみが対象となる不利益規定の遡及適用は、公序に反し無効である。

〔裁判官泉徳治の反対意見〕備考④⑤は、その挿入時期、趣旨、内容からして、女性のみを対象としこれを取得した女性従業員に欠勤同様の不利益を被らせ、その不利益も高率の賃金減額であって、権利の行使を控えさせる規定であり、公序良俗違反により無効というべきである。特に備考⑤は、実際上は、X一人を対象とした一種の遡及適用規定であり、このような遡及適用は、法規不遡及の法理、就業規則の周知義務に違反する。

〔武井　寛〕

㉖人事考課と裁量権

マナック事件・広島高裁平成一三年五月二三日判決

平成一一年（ネ）第二七号損害賠償請求控訴事件、労判八一一号

【事案の紹介】

Xは、Y社の業務課主任として職能資格等級四等級（監督職）に格付けされ、職能給四級一一号であったが、取締役の一人の退任に関する新聞記事について経営陣を批判する言動を行なったため直属の上司から叱責されるとともに、会長から会長室に呼び出され言動を慎むよう注意を受けた。

その後、Yは、就業規則（職能資格等級規程）六条の「勤務成績が著しく悪いとき」に該当するとしてXを職能給三級へ降格した。また、職能給の昇給査定は最低ランクEとなり、賞与は、業績評定が一五段階で最低のEマイナスとされ、翌年には不支給事由該当として基本給相当額となり、さらに翌々年には評定なしに減額された。

これに対して、Xが本件降格処分を違法として、昇給・賞与差額等の支払いを求めて訴えを提起したところ、原審（広島地福山支判平一〇・一二・九、労判八一一号）は賞与減額に関して損害賠償請求を認めたため、XとYともに控訴したのが本件である。

【判旨】 請求の一部認容、一部棄却。

Yにおける昇格および降格は、年功序列的なものでなく、「所属長からの申請に基づき個別に常務会が決定することになっていること」からすると、Yは従業員が各級に該当する能力を有するか否かの判断につき「大幅な裁量権を有している」。また、四級該当能力は、「監督職として下位従業員に対する指導力が要件とされている」から、本件発言が勤務時間中に同僚の前で大声でなされたうえに、主観的評価に基づき経営陣の人格的非難を行なっている点で、「監督職にある従業員の能力」判断で負の評価を受けても当然の行為であり、本件降格処分は違法とは認められない。

昇給査定は、「給与を増額する方向」で従業員に不利益を生じさせず、昇給の資格、額などの細目はその都度定めると賃金規程にあるから、「昇給させるか否か」「どの程度昇給させるか」は使用者の「自由裁量に属する」。しかし、「賃金規程及び人事考課規程により正当に査定されこれに従って昇給するXの利益が侵害」される場合には、昇給査定が不法行為となる。

会社批判がなされた翌年の昇給査定で、最終評定がEにランクされたことは裁量権の逸脱は認められないが、翌々年の評定点がランクCであるにもかかわらず最終ランクがEとされたのは、会社批判やその直後のXの対応を理由にするものと推認され、さらにその後の二年間もEとされたのは、人事評定期間を定めた人事考課規程に違反する点で「裁量権を逸脱した違法」がある。

本件賞与規程が、支給時期、算定期間、算定基準を明確に規定し、人事考課規程が、業績評定の実施手順や留意事項を詳細に定めているから、「これらの実施手順等に反する裁量権の逸脱」により「正当に査定されこれに従った賞与の支給を受ける利益が侵害」される場合には、不法行為となる。本件をみるに、会社批判がなされた年の冬期の賞与以外の賞与査定は、賞与の算定期間外に発生した事実を査定対象としたもので賞与規程に反し「裁量権を逸脱したものとして違法」がある。

〔浜村　彰〕

㉗降格

アーク証券（本訴）事件・東京地裁平成一二年一月三一日判決

平成七年（ワ）第二七八九号賃金請求事件、労判七八五号、判時一七一八号

【事案の紹介】

被告Y会社では、就業規則に基づく給与システムにより、主任、課長などの各職掌とそれに対応する職級および各職級毎の号俸を定め、基本給と加給からなる職能給を支給する職能資格制度をとっていた。原告Xらは、課長等の資格を付与され、合計六〇万円等の月額給与を受けていた。

ところが、Yは、不況による経営悪化を理由に、旧給与規定を社員の人物、能力、成績等を勘案して昇減給を行なうものに改訂し、右規定に基づき、各営業員の賃金額についてはその獲得した年間手数料収入の二五パーセントを基準とし、手数料の収入減により右基準をとくに四〇パーセントを超える場合には、直ちに降格、号俸の引下げがなされ給与が減額されるという、変動賃金制を実施するにいたった。ただし、右就業規則の変更前後のいずれの規程においても、社員の降格または号俸の引下げなどを根拠づける明文の規定はなかった。

Yは、Xらにつき成績不良を理由に数度にわたり降格を行なって、これに対応する職能給の号俸を引き下げ、諸手当を減額するにいたった。その結果、Xらの給与の合計額は、六〇万円から二一万七〇〇〇円などに減額されることとなった。そこで、Xらが、減額分の給与の支払を請求したのが本件である。

【判旨】 請求一部認容。

Xらの降格と賃金の減額は、「旧就業規則……に根拠を有するものということはできず、Yが法的根拠なく一方的に行ったものというほかはない」。

旧就業規則に基づく給与システムにおいては、「いったん備わっていると判断された職務遂行能力が営業実績や勤務評価が低い場合にこれを備えないものとして降格されることは、……何ら予定されていなかった」。本件改定後においても、年収を手数料のほぼ二五パーセントとする基準を打ち出しているが、この「基準を満たせなかった場合の降格の可能性には全く言及されていない」。さらに、実際に行われた人事を見ても、「成績不振を理由に降格、職能給の減額、という措置が執られたことはなかったものというべきである。したがって、旧就業規則の下での賃金制度が、毎年給与システムを作成する際、Yが、各社員について、人事考課、査定に基づき、降格又は職能給の号俸の引下げ若しくは手当の減額を許容するものであったということはできず、他に旧就業規則の下での賃金制度が右の内容のものであったことを裏付ける事実はない」。

また、新たに導入された本件変動賃金制は、一概に不合理な制度とはいえないが、従前の職能資格制度と比べるとあまりに大きな制度の変革であるのに対し、代償措置その他関連する労働条件の改善がされておらず、Yの業績悪化のなかで労使間の利益調整が十分になされたともいえない。また、Yの業績が著しく悪化し、本件変動賃金制を導入しなければ企業存亡の危機にある等の高度の必要性があったとも認められないから、本件変更の合理性を肯定することはできない。

［浜村　彰］

㉘配転

東亜ペイント事件・最高裁第二小法廷昭和六一年七月一四日判決

昭和五九年（オ）第一三一八号従業員地位確認等請求事件、労判四七七号、判時一一九八号、労旬一一五二号

【事案の紹介】

Xは、Yに新卒入社し、当初から営業を担当していた。Yは、神戸営業所に勤務していたXに対して、名古屋営業所への転勤を命令した。しかし、Xは、家庭の事情を理由に転居をともなう転勤には応じられないとして、右転勤を拒否した。当時、Xは、高齢の母、妻及び幼い子と共に堺市内に居住し、母を扶養していた。Yは、転勤命令拒否を理由に、Xを懲戒解雇した。Xは、配転命令・懲戒解雇の無効を主張し、Yを相手取って地位確認及び賃金支払い等を求めた。

一審（大阪地判昭五七・一〇・二五、労判三九九号）・二審（大阪高判昭五九・八・二一、労判四七七号）ともに、本件配転命令は濫用無効として、Xの請求をほぼ全部認容した。Yより上告申立。

【判旨】　一部破棄差戻。

「思うに、Yの労働協約及び就業規則には、Yは業務上の都合により従業員に転勤を命ずることができる旨の定めがあり、現にYでは、全国に十数か所の営業所等を置き、その間において従業員、特に営業担当者の転勤を頻繁に行つており、Xは大学卒業資格の営業担当者としてYに入社したもので、両者の間で労働契約が成立した際にも勤務地を大阪に限定する旨の合意はなされなかつたという前記事情の下においては、Yは個別的同意なしにXの勤務場所を決定し、これに転勤を命じて労務の提供を求める権限を有するものというべきである。

そして、使用者は業務上の必要に応じ、その裁量により労働者の勤務場所を決定することができるものというべきであるが、転勤、特に転居を伴う転勤は、一般に、労働者の生活関係に少なからぬ影響を与えずにはおかないから、使用者の転勤命令権は無制約に行使することができるものではなく、これを濫用することの許されないことはいうまでもないところ、当該転勤命令につき業務上の必要性が存しない場合又は業務上の必要性が存する場合であつても、当該転勤命令が他の不当な動機・目的をもつてなされたものであるとき若しくは労働者に対し通常甘受すべき程度を著しく超える不利益を負わせるものであるとき等、特段の事情の存する場合でない限りは、当該転勤命令は権利の濫用になるものではないというべきである。右の業務上の必要性についても、当該転勤先への異動が余人をもつては容易に替え難いといつた高度の必要性に限定することは相当でなく、労働力の適正配置、業務の能率増進、労働者の能力開発、勤務意欲の高揚、業務運営の円滑化など企業の合理的運営に寄与する点が認められる限りは、業務上の必要性の存在を肯定すべきである。

本件についてこれをみるに……本件転勤命令には業務上の必要性が優に存したものということができる。そして、前記のXの家族状況に照らすと、名古屋営業所への転勤がXに与える家庭生活上の不利益は、転勤に伴い通常甘受すべき程度のものというべきである。したがつて……本件転勤命令は権利の濫用に当たらないと解するのが相当である。」

［本久洋一］

㉙出向

新日本製鐵（日鐵運輸第二）事件・最高裁第二小法廷平成一五年四月一八日判決

平成一一年（受）第八〇五号出向命令無効確認請求上告事件、労判八四七号

【事案の紹介】

Y（被告・被控訴人・被上告人）は、鉄鋼、非鉄金属および化学製品等の製造・販売等を目的とする株式会社である。Xら（原告・控訴人・上告人）はYのP製鉄所に一九六一年頃から勤務し、Yの社員を組織するA組合に所属している。Yの就業規則には、業務上の必要により社員に社外勤務をさせることがあるとの規定がXらの入社当時から存在する。七三年四月には、これと同旨の規定をもつ労働協約がYとAとの間には締結された。また、出向期間を原則として三年以内とする、業務上の必要によりこの期間を延長することがあるなどの規定からなる社外勤務協定が、六九年九月には締結されていた。これらの労働協約・社外勤務協定はそれぞれ更新を重ねている。

一九八五年九月頃から円高によりYの収益は悪化した。YはAに対して八七年二月には人員削減を中心とする合理化計画を説明し、五月にその了承を得た。また、雇用維持措置としての出向拡大による労務費の負担を軽減するために、同年一一月に社外勤務協定の改訂を提案し、一二月に妥結にいたった。さらに、Yは関連会社Q社にPの鉄道運送作業を一括委託することを計画した。これにともない、鉄道部門全体の要員二一一名のうちの一四一名について、Q等への出向を実施することにした。八八年一二月にYはAに対して当該措置を提案し、翌年一月にその了解を得た。

高齢者の出向は避けること、三〇歳代以下は職種転換を優先させることを方針として、Yは出向対象者の人選を開始した。選定された一四一名のほとんどは、Q等への業務委託日である一九八九年三月一日付けで出向を命じられた。しかし、Xらを含む四名は出向を拒否した。話し合いに進展がなかったため、Yは同年四月一五日付けでXらにQへの出向を命令した（本件出向命令）。本件出向措置は、三年ごとに業務命令のかたちで延長措置がとられた（本件出向延長措置）。

Xらは本件出向命令の無効確認を求めた。第一審（福岡地小倉支判平八・三・二六、労判七〇三号）は、「本件出向は、……実質的にみると、長期化することが予想できるという意味では転籍出向に近いものがあるといわざるを得ず、本件出向命令の法的根拠を検討する上で、この点を軽視することはできない」とする。そのうえで、「本件出向命令当時、出向を含めた社外勤務に関する就業規則、労働協約及び社外勤務協定の規定を前提に、本件出向のような、業務委託に伴う期間が長期化することが予想できる出向についても、その必要があり、出向者に労働条件や生活環境の上で問題とすべき事情がなく、適切な人選が行われる限り、出向者の個別具体的な同意がなくても、Yは出向を命じることができることが慣行として確立」していたなどの理由から請求を棄却した。

Xらは控訴し、主位的請求としてQでの就労義務の不存在確認、第二次請求として本件出向命令の無効確認、第三次ないし第五次請

求として各延長措置以降における本件出向命令の無効確認を求めた。原審（福岡高判平一一・三・一二、労判八四七号）は、「個別具体的事情からYに復帰する可能性が少ないからといって、本件出向が在籍出向としての本来の性質を失うものではない」とする。そのうえで、「社外勤務協定の改定に当たり、Yはもとより A も、Yが労働協約の規定に基づき、……出向を命じ得るとの認識を持っていたことは明らかである。したがって、Xらは、Aの組合員として、……労働協約（社外勤務協定を含む。）の拘束を受け、……労働協約を根拠とする本件出向命令……に従う義務がある」などの理由から、主位的請求の棄却、原判決の取消し、第二次ないし第五次請求の却下を行った。

これに対してXらが上告したのが本件である。

【判旨】 上告棄却。

1 本件出向命令の法的根拠

本件出向命令については、①YがPの一定業務をQに業務委託することにともない、委託される業務に従事していたXらにいわゆる在籍出向を命ずるものであること、②Xらの入社時及び本件出向命令発令時のYの就業規則には、社外勤務に関する規定があること、③Xらに適用される労働協約にも社外勤務条項として同旨の規定があり、社外勤務協定には出向労働者の利益に配慮した詳細な規定が設けられていること、という事情がある。

「このような事情の下においては、Yは、Xらに対し、その個別的同意なしに、Yの従業員としての地位を維持しながら出向先であるQにおいてその指揮監督の下に労務を提供する本件各出向命令を発令することができるというべきである。」

「本件各出向命令は、業務委託に伴う要員措置として行われ、当初から出向期間の長期化が予想されたものであるが、上記社外勤務協定は、業務委託に伴う長期化が予想される在籍出向があり得ることを前提として締結されているものであるし、在籍出向といわゆる転籍との本質的な相違は、出向元との労働契約関係が存続しているか否かという点にあるのであるから、出向元との労働契約関係の存続自体が形がい化しているとはいえない本件の場合に、出向期間の長期化をもって直ちに転籍と同旨することはできず、これを前提として個別的同意を要する旨をいう論旨は、採用することができない。」

2 本件出向命令の権利濫用性

「Yが……一定の業務をQに委託することとした経営判断が合理性を欠くものとはいえず、これに伴い、委託される業務に従事していたYの従業員につき出向措置を講ずる必要があったということができ、出向措置の対象となる者の人選基準には合理性があり、具体的な人選についてもその不当性をうかがわせるような事情はない。また、……Xらの労務提供先は変わるものの、その従事する業務内容や勤務場所に何らの変更はなく、上記社外勤務協定による出向中の社員の……処遇等に関する規定等を勘案すれば、Xらが著しい不利益を受けるものとはいえない。」これらの事情などにかんがみれば、本件出向命令は権利の濫用に当たらない。また、各出向延長措置がなされた時点においても同様の事情が存在することから、本件出向延長措置も権利の濫用に当たらない。

［矢野昌浩］

㉚直接払いの原則と退職金債権の譲渡

小倉電話局事件・最高裁第三小法廷昭和四三年三月一二日判決

昭和四〇年（オ）第五二七号退職金請求事件、民集二二巻三号、判時五一一号

【事案の紹介】

上告人Xは、訴外Aと交際していたが、AがXに薬で身体の自由を奪い暴行したため、償いを求めた。結局、弁護士立ち会いのもと、AがXに金二〇〇万円を贈与すること、金員を他から金融できない場合は退職手当から同額を贈与することを約束した。Aは、借り入れできず、使用者である被上告人Y公社に退職金債権をXの弁護士へ譲渡した旨を通知したが、その後AはYにこの意思表示取消を通知し退職手当支払いを求め、YはAに退職手当二六〇万円を支払った。そこで、Xは、弁護士から債権譲渡を受け、Yに対しAの退職金支払いを求める訴えを起こした。

第一審（東京地判昭三九・二・二八、労民集一五巻二号）、控訴審（東京高判昭四〇・二・二五、労民集一六巻一号）ともXが敗訴し、Xは最高裁へ上告した。

【判旨】上告棄却。

「国家公務員等退職手当法……に基づき支給される一般の退職手当は、同法所定の国家公務員または公社の職員……が退職した場合に、その勤続を報償する趣旨で支給されるものであって、必ずしもその経済的性格が給与の後払の趣旨のみを有するものではないと解されるが、退職者に対してこれを支給するかどうか、また、その支給額その他の支給条件はすべて法定されていて国または公社に裁量の余地がなく、退職した国家公務員等に同法八条に定める欠格事由のないかぎり、法定の基準に従つて一律に支給しなければならない性質のものであるから、その法律上の性質は労働基準法一一条にいう『労働の対償』としての賃金に該当し、したがつて、退職者に対する支払については、その性質の許すかぎり、同法二四条一項本文の規定が適用ないし準用されるものと解するのが相当である。

ところで、退職手当法による退職手当の給付を受ける権利については、その譲渡を禁止する規定がないから、退職者またはその予定者が右退職手当の給付を受ける権利を他に譲渡した場合に譲渡自体を無効と解すべき根拠はないけれども、労働基準法二四条一項が『賃金は直接労働者に支払わなければならない。』旨を定めて、使用者たる賃金支払義務者に対し罰則をもつてその履行を強制している趣旨に徴すれば、労働者が賃金の支払を受ける前に賃金債権を他に譲渡した場合においても、その支払についてはなお同条が適用され、使用者は直接労働者に対し賃金を支払わなければならず、したがつて、右賃金債権の譲受人は、自ら使用者に対してその支払を求めることは許されないものと解するのが相当である。そして、退職手当法による退職手当もまた右にいう賃金に該当し、右の直接払の原則の適用があると解する以上、退職手当の支給前にその受給権が他に適法に譲渡された場合においても、国または公社はなお退職者に直接これを支払わなければならず、したがつて、その譲受人から国または公社に対しその支払を求めることは許されないといわなければならない。したがつて、本件退職手当の支払については、労働基準法二四条一項本文の規定が適用される結果、Xにおいて、訴外AのYに対する退職手当の受給権を譲り受けたとしても、Yに対し直接その支払を求めることは許されないとした原審の判断は、結論において正当である。」

［山﨑文夫］

日新製鋼事件・最高裁第二小法廷平成二年一一月二六日判決

昭和六三年（オ）第四号退職金等請求事件、同請求参加事件、民集四四巻八号、労判五八四号、判時一三九二号

【事案の紹介】

ZはY社に在職中、Y、A銀行、B労働金庫（労金）から住宅資金を借り入れた。右借入金には抵当権の設定はなく、低利かつ相当長期の分割弁済方式で、Yが利子の一部を負担していた。Yの借入金は、毎月の給与および賞与から分割返済額を控除し、A銀行・B労金の借入金は、YがZの委任により給与等から控除して支払い、退職の場合には、いずれの残債務も一括して償還する旨の約定であった。ところで、Zは借財が高額に及び、破産申立をするほかない状態に陥ったためYに退職を申し出た。そこでYは前記約定の趣旨をZに確認し、自己債権の一切をYに一任する旨の委任状の提出を受け、清算処理を行なった。その後、Zは破産宣告を受け、破産管財人Xは、右清算処理は労基法二四条一項の賃金全額払い・直接払いの原則に違反するとしてYに対し右退職金等の支払いを請求した。第一審（大阪地判昭六一・三・三一、労判四七三号）は、本件清算処理は有効であるが破産法上Xは否認できるとしてXの請求を認容した。原審（大阪高判昭六二・九・二九、労判五〇七号）は、Xのいずれの主張も認めず原判決を破棄した。そこでXが上告した。

【判旨】上告棄却。

「労働基準法（昭和六二年法律第九九号による改正前のもの。以下同じ。）二四条一項本文の定めるいわゆる賃金全額払の原則の趣旨とするところは、使用者が一方的に賃金を控除することを禁止し、もって労働者に賃金の全額を確実に受領させ、労働者の経済生活を脅かすことのないようにしてその保護を図ろうとするものというべきであるから、使用者が労働者に対して有する債権をもって労働者の賃金債権と相殺することを禁止する趣旨をも包含するものであるが、労働者がその自由な意思に基づき右相殺に同意した場合においては、右同意が労働者の自由な意思に基づいてなされたものであると認めるに足りる合理的な理由が客観的に存在するときは、右同意を得てした相殺は右規定に違反するものとはいえないものと解するのが相当である（最高裁昭和四四年（オ）第一〇七三号同四八年一月一九日第二小法廷判決・民集二七巻一号二七頁参照）。もっとも、右全額払の原則の趣旨にかんがみると、右同意が労働者の自由な意思に基づくものであるとの認定判断は、厳格かつ慎重に行われなければならない」。

本件清算処理は、Y借入金の一括返済請求権及びA銀行・B労金借入金の残債務の一括返済の委任に基づく返済費用前払請求権（民法六四九条）とZの給与等の支払い請求権とをZの同意のもとに相殺したものであるところ、Zは清算処理手続を自発的に依頼し、その過程に強要にわたる事情はなく、手続終了後も異議なく退職金計算書、給与等の領収書に署名押印しており、また、本件各借入金はZの利益になっており、Zは右各借入金の性質及び前記約定を十分認識していたから、Zの同意は「同人の自由な意思に基づいてされたものであると認めるに足りる合理的な理由が客観的に存在していた」。

［吉田美喜夫］

㉜賞与の在籍日支給

大和銀行事件・最高裁第一小法廷昭和五七年一〇月七日判決

昭和五六年（オ）第六六一号未払賃金請求事件、集民一三七号、労判三九九号、判時一〇六一号

【事案の紹介】

Xは、一九七六（昭和五一）年Y銀行に入社し、七九（昭和五四）年五月三一日に退職した。Yの従来の就業規則三二条は「賞与は決算期毎の業績により各決算期につき一回支給する」と定めていたが、従来から年二回の決算期の中間時点を支給日と定めて当該支給日に在籍する者に対してのみ上記決算期間を対象とする賞与が支給されるという慣行が存在していた。そして、組合との協議のうえ右就業規則を改訂し（七九年五月一日施行）、この慣行が明文化されるにいたった（「賞与は決算期毎の業績により支給日に在籍している者に対し各決算期につき一回支給する」）。この改訂の趣旨・内容は、Xが所属する労働組合を通じて全組合員に知らされていた。

X退職後の一九七九（昭和五四）年六月一五日および一二月一〇日にY銀行が従業員に支給した賞与は、それぞれ前年一〇月一日から同年三月三一日までおよび同年四月一日から九月三〇日までの査定に基づくものであったが、いずれもXには支給されなかった。そこで、Xがこれらの賞与の支払を請求したのが本件である。

一審（大阪地判昭五五・一〇・二四、労判三九九号）は、本件賞与が賃金の実質を有する後払い一時金ではないことなどを理由に、Xの請求を棄却した。控訴審（大阪高判昭五六・三・二〇、労判三九九号）も、①本件支給日在籍慣行はかなり以前から従業員の間に周知されており、労働者は右慣行の存在を知り、就業規則に明文化されることを認識していたし、その後改訂就業規則を交付されそれを異議なく受領したのであるから、これによって黙示的に就業規則の改訂に同意し、それにしたがって処理されることを黙示的に承諾したものと認められる、②本件就業規則は合理的労働条件を定めているから、同意しなかったことを理由に適用を拒むことはできないなどとして、Xの控訴を棄却した。そこで、Xが上告したのが本件である。

【判旨】上告棄却。

「Yにおいては、本件就業規則三二条の改訂前から年二回の決算期の中間時点を支給日と定めて当該支給日に在籍している者に対してのみ右決算期間を対象とする賞与が支給されるという慣行が存在し、右規則三二条の改訂は単にYの従業員組合の要請によって右慣行を明文化したにとどまるものであって、その内容においても合理性を有するというのであり、右事実関係のもとにおいては、Xは、Yを退職したのちである昭和五四年六月一五日及び同年一二月一〇日を支給日とする各賞与については受給権を有しないとした原審の判断は、結局正当として是認することができる。」

［浜村　彰］

㉝退職金の減額

三晃社事件・最高裁第二小法廷昭和五二年八月九日判決

昭和五一年（オ）第一二八九号退職金返還請求事件、労旬九三九号

【事案の概要】

1　X社（原告・控訴人・被上告人）は、本店を名古屋に置き、広告代理業等を営む株式会社であり、Y（被告・被控訴人・上告人）は、一九六三年春ごろX社に入社し、広告の募集等の営業関係の仕事に一貫して従事してきた。Yは、七三年七月二〇日、同業の訴外A社への入社のために、X社を退職し、その際、自己都合退職乗率にもとづき計算された退職金を受領した。

X社の退職金規則によれば、退職後同業他社へ転職のときは自己都合退職の二分の一の乗率で退職金が計算されることになっていた。こうした退職金減額規定は、社員の同業他社への転職にともない顧客も他社に流れ、それにより営業収入が低下することを防止するために設けられた。なおYは、退職金の受領に際し、今後同業他社に就職した場合には、退職金規則に従い受領した退職金の半額をX社に返還する旨を約している。

その後、一九七三年八月六日、X社は、Yが同業他社に該当するA社に就職していることを知るにいたった。そこで、X社は、前記の退職金減額規定および退職金受領時の約定にもとづき、Yが受領した退職金の二分の一に相当する額の返還を求めて訴えを提起した。

2　第一審（名古屋地判昭五〇・七・一八、判時七九二号）は、次の理由により、X社の請求を棄却している。すなわち同判決によると、本件の退職金減額規定は、労働者が競業避止義務に反した場合退職時に退職金の半額を没収するという損害賠償の予定を約したものので、労基法一六条に違反し無効であり、退職金受領時の約定も、Yの真意にでたものではなく、それを容易にX社において知ることができたから効力を生じない。

これに対し、X社の控訴を受けて、第二審判決（名古屋高判昭五一・九・一四、労判二六二号）は、本件の退職金減額規定が、労基法一六条、同二四条一項および民法九〇条のいずれにも反しないこと等を判示し、X社の請求を認容している。Yが上告。

【判旨】　上告棄却（全員一致）。

「X社が営業担当社員に対し退職後の同業他社への就職をある程度の期間制限することをもつて直ちに社員の職業の自由等を不当に拘束するものとは認められず、したがつて、X社がその退職金規則において、右制限に反して同業他社に就職した退職社員に支給すべき退職金につき、その点を考慮して、支給額を一般の自己都合による退職の場合の半額と定めることも、本件退職金が功労報償的な性格を併せ有することにかんがみれば、合理性のない措置であるとすることはできない。すなわち、この場合の退職金の定めは、制限違反の就職をしたことにより勤務中の功労に対する評価が減殺されて、退職金の権利そのものが一般の自己都合による退職の場合の半額の限度においてしか発生しないこととする趣旨であると解すべきであるから、右の定めは、その退職金が労働基準法上の賃金にあたるとしても、所論の同法三条、一六条、二四条及び民法九〇条等の規定にはなんら違反するものではない。以上と同旨の原審の判断は正当である。

［藤原稔弘］

㉞労働時間の概念

三菱重工業事件・最高裁第一小法廷平成一二年三月九日判決

平成七年（オ）第二〇二九号賃金請求上告事件、民集五四巻三号、労判七七八号、判時一七〇九号

【事案の紹介】

1　一九七三年六月当時、Xら（原告、被控訴人、被上告人）はY社（被告、控訴人、上告人）に雇用され、就業していた。Y社では、七三年四月一日からの完全週休二日制の実施にともない、旧就業規則には始業時刻午前八時、終業時刻午後五時、休憩時間午前一二時から午後一時までと定められており、そしてタイムレコダーによる始終業の勤怠把握がなされていたのを廃止して、始終業基準および勤怠把握基準に関する就業規則の内容を次のように変更した。この変更された新就業規則によれば、始終業基準として、始業に間に合うよう更衣等を完了して作業場に到着し、所定の始業時刻に作業場において実作業を開始し、午前の就業については所定の終業時刻に実作業を中止し、午後の始業に間に合うよう作業場に到着し、所定の終業時刻に実作業を終了し、終業後に更衣等を行なうものと定め、さらに始終業の勤怠把握基準として、始終業の勤怠は、更衣を済ませ始業時に体操をすべく所定の場所にいるか否か、終業時に作業場にいるか否かを基準とすることとなった。

2　Xらは、Y社から、実作業に当たり、作業服のほか保護具等の装着を義務づけられ、右装着を所定の更衣所等において行なうものとされており、これを怠ると、就業規則に定められた懲戒処分を受けたり就業を拒否されたりし、また、成績考課に反映されて賃金の減収にもつながる場合があった。Xらのうち造船現場作業に従事していた者は、Y社により材料庫等からの副資材や消耗品等の受出しを午前ないし午後の始業時刻前に行なうことを義務づけられており、また鋳物関係の作業に従事していた者は、粉じん防止のため、上長の指示により午前の始業時刻前に月数回の散水を義務づけられていた。

3　Xらは、七三年六月一日から同月三〇日までの間、新就業規則の定めにしたがい、①午前の始業時刻前に所定の入退場門から事業所内に入って更衣所等まで移動し、②更衣所等において作業服および保護具等を装着して準備体操場まで移動し、③Xらのうち造船作業に従事していた者は、午前ないし午後の始業時刻前に副資材や消耗品等の受出しをし、また鋳物関係の作業に従事していた者は上長の指示により粉塵防止のために午前の始業時刻前に散水を行ない、④午前の終業時刻後に作業場または実施基準線から食堂等まで移動するなどし、また、現場控所等において作業服および保護帽等の一部を脱離し、⑤午後の始業時刻前に食堂等から作業場または準備体操場まで移動し、また、脱離した作業服および保護具等を再び装着し、⑥午後の終業時刻後に作業場または実施基準線から更衣所等まで移動して作業服および保護具等を脱離し、⑦手洗い、洗面、入浴を行ない、また、洗身、入浴後に通勤服を着用し、⑧更衣所等から右入退場門まで移動して事業場外に退出した。Xらは、所定労働時間外に行なうことを余儀なくされた前述の各行為に要する時間がいずれも労働基準法上の労働時間に該当すると主張して、Y社を相手方として割増賃金を求めて提訴した。

4　一審判決（長崎地判平元・二・一〇、労民集四〇巻一号）および原審判決（福岡高判平七・四・二〇、労民集四六巻二号）は、ともに、②、③および⑥は労働基準法上の労働時間と認められるが、その他の労働者の行為は労働基準法上の労働時間には該当しないとする。そこで、Y社が、原審判決で労基法上の労働時間と認めた部分を不服として上告したのが本件である。

【判旨】　棄却。

1　「労働基準法（昭和六二年法律第九九号による改正前のもの）三二条の労働時間（以下『労働基準法上の労働時間』という。）とは、労働者が使用者の指揮命令下に置かれている時間をいい、右の労働時間に該当するか否かは、労働者の行為が使用者の指揮命令下に置かれたものと評価することができるか否かにより客観的に定まるものであって、労働契約、就業規則、労働協約等の定めいかんにより決定されるべきものではないと解するのが相当である。そして、労働者が、就業を命じられた業務の準備行為等を事業所内において行うことを使用者から義務付けられ、又はこれを余儀なくされたときは、当該行為を所定労働時間外において行うものとされている場合であっても、当該行為は、特段の事情のない限り、使用者の指揮命令下に置かれたものと評価することができ、当該行為に要した時間は、それが社会通念上必要と認められるものである限り、労働基準法上の労働時間に該当すると解される。」

2　「Xらは、Y社から、実作業に当たり、作業服及び保護具等の装着を義務付けられ、また、右装着を事業所内の所定の更衣所等において行うものとされていたというのであるから、右装着及び更衣所から準備体操場までの移動は、Y社の指揮命令下に置かれたものと評価することができる（②—引用者）。また、Xらの副資材等の受出し及び散水も同様である（③—引用者）。さらに、Xらは、実作業の終了後も、更衣所等において作業服及び保護具等の脱離等を終えるまでは、いまだY社の指揮命令下に置かれているものと評価することができる（⑥—引用者）。」そして、Xらの前記②、③および⑥の「各行為に要した時間が社会通念上必要と認められるとして労働基準法上の労働時間に該当するとした原審の判断は、正当として是認することができる。」

なお、本判決は、会社側から上告された事件であるが、同日に労働者側から上告された事件に関する判決（平成七年（オ）二〇三〇号）では、**【事案の紹介】**で述べた別の部分が判断されているので、その部分（①④⑤⑦⑧—判旨引用部分も引用者）を参考のために引用しておくことにする。

「①及び⑧の各移動……に要した時間は、いずれも労働基準法上の労働時間に該当しない。また、Xらは、Y社から、実作業の終了後に事業所内の施設において洗身等を行うことを義務付けられてはおらず、特に洗身等をしなければ通勤が著しく困難であるとまではいえなかったというのであるから、……各Xが⑦の洗身等に要した時間は、労働基準法上の労働時間に該当しないというべきである。……Xらの休憩時間中における作業服及び保護具等の一部の着脱等については、使用者は、休憩時間中、労働者を就業を命じた業務から解放して社会通念上休憩時間を自由に利用できる状態に置けば足りるものと解されるから、……各Xが④及び⑤の各行為に要した時間は、労働基準法上の労働時間に該当するとはいえない。」

［石橋　洋］

㉟仮眠時間と休憩時間

大星ビル管理事件・最高裁第一小法廷平成一四年二月二八日判決

平成九年（オ）第六〇八号・第六〇九号割増賃金請求事件、民集五六巻二号、労判八二二号、判時一七八三号

【事案の紹介】

Y会社はビル管理会社であり、XらはY会社に雇用されている技術系従業員である。Xらは、Y会社が管理を受託した各ビルに配置され、ビル設備の運転操作、監視、整備、点検、巡回、ビルテナントの苦情処理及び記録、報告書の作成等の業務に従事していた。

Xらの勤務区分は多様であるが、そのなかに二四時間勤務が設定されており、この勤務では、通常午前九時から翌朝の九時までの勤務が予定されていた（各ビルによって、開始時刻等に差異がある）。この間、休憩時間が合計一時間ないし二時間、仮眠時間が連続して七時間ないし九時間が与えられることになっていた。

Y会社の賃金規定等によれば、月間所定労働時間を超える時間外勤務および突発作業により当日の所定労働時間を超える時間外勤務をした場合には、時間外勤務手当が支給され、午後一〇時から午前五時までの間に勤務した場合には、深夜就業手当がそれぞれ支給されることとなっている。ところが、二四時間勤務における仮眠時間は、所定労働時間に参入されておらず、かつ、時間外勤務手当、深夜就業手当の支給対象となる時間としても取り扱われていなかった。一方で、仮眠時間中に業務が発生し、それによって与えられなくなった仮眠時間については、時間外勤務手当が支払われることになっていた。これらのほかに、二四時間勤務に就いた場合には、泊り勤務手当が別途支給されることとなっていた。

二四時間勤務の仮眠時間中は、仮眠室において睡眠をとってもよいことになっているものの、配属先のビルから外出することが禁じられ、仮眠室における在室や、電話の接受、警報に対応した必要な措置を執ることなどが義務づけられていた。

Xらは、連続七時間ないし九時間の仮眠時間が労働時間にあたるにもかかわらず、泊り勤務手当と仮眠時間中の実作業に従事した時間に対する時間外勤務手当および深夜就業手当しか支払われていないとして、Y会社に対し、仮眠時間について労働協約、就業規則所定の時間外勤務手当および深夜就業手当の支払い、ないしは労基法三七条所定の時間外割増賃金及び深夜割増賃金の支払いを求めて提訴した。

第一審（東京地判平五・六・一七、労民集四四巻三号）は、Xの請求を認容し、仮眠時間のすべてについて、時間外勤務手当および深夜就業手当（労働契約上の各手当）の支給を命じた。これに対して、第二審（東京高判平八・一二・五、労民集四七巻五＝六号）は、仮眠時間の労働時間性を肯定しながらも、第一審の判決を変更し、労働契約上の支払い（時間外勤務手当及び深夜就業手当）を否定して、労基法三七条所定の時間外割増賃金および深夜割増賃金の支払いをY会社に命じた。これを不服として、Xら、Y会社の双方が上告した。

【判旨】破棄差戻し。

1　仮眠時間の労働時間性

(1)「労基法三二条の労働時間（以下「労基法上の労働時間」と

いう。）とは、労働者が使用者の指揮命令下に置かれている時間をいい、実作業に従事していない仮眠時間（以下「不活動仮眠時間」という。）が労基法上の労働時間に該当するか否かは、労働者が不活動仮眠時間において使用者の指揮命令下に置かれていたものと評価することができるか否かにより客観的に定まるものというべきである（㊲三菱重工業事件参照―引用者）。そして、不活動仮眠時間において、労働者が実作業に従事していないというだけでは、使用者の指揮命令下から離脱しているということはできず、当該時間に労働者が労働から離れることを保障されていて初めて、労働者が使用者の指揮命令下に置かれていないものと評価することができる。したがって、不活動仮眠時間であっても労働からの解放が保障されていない場合には労基法上の労働時間に当たるというべきである。そして、当該時間において労働契約上の役務の提供が義務付けられていると評価される場合には、労働からの解放が保障されているとはいえず、労働者は使用者の指揮命令下に置かれているというのが相当である。」

(2)　Xらは、「仮眠時間中、労働契約に基づく義務として、仮眠室における待機と警報や電話等に対して直ちに相当の対応をすることを義務付けられているのであり、実作業への従事がその必要が生じた場合に限られるとしても、その必要が生じることが皆無に等しいなど実質的に上記のような義務付けがされていないと認めることができるような事情も存しないから、本件仮眠時間は全体として労働からの解放が保障されているとはいえず、労働契約上の役務の提供が義務付けられていると評価することができる。したがって、Xらは、本件仮眠時間中は不活動仮眠時間も含めてY会社の指揮命令下に置かれているものであり、本件仮眠時間は労基法上の労働時間に当たるというべきである。」

2　未払い賃金額の算定

(1)　「労基法上の労働時間であるからといって、当然に労働契約所定の賃金請求権が発生するものではなく、当該労働契約において仮眠時間に対していかなる賃金を支払うものと合意されているかによって定まる」ものである。そして、XらとY会社との労働契約では、「仮眠時間に対する対価として泊り勤務手当を支給し、仮眠時間中に実作業に従事した場合にはこれに加えて時間外勤務手当等を支給するが、不活動仮眠時間に対しては泊り勤務手当以外には賃金を支給しないものとされていたと解釈するのが相当である。」よって、Xらは労働契約の定めに基づいて所定の時間外勤務手当及び深夜就業手当を請求することはできない。

(2)　「（Xらが、労働契約上の定めによる所定の各手当を請求できないとしても、）仮眠時間が労基法上の労働時間と評価される以上、Y会社は本件仮眠時間について労基法一三条、三七条に基づいて時間外割増賃金、深夜割増賃金を支払うべき義務がある。」

(3)　しかし、原審の判断は、変形労働時間制が適用される要件が具備されているか否かにつき、具体的事実に基づいての認定判断をしておらず、また、仮に変形労働時間制が適用される事案であるとしても、その場合の法定時間外労働に当たる時間の算出方法についても是認することはできず、さらには、労基法所定の割増賃金の計算の基礎となる通常の賃金について、家族手当、通勤手当等の除外賃金を考慮して計算しておらず、その限りにおいて破棄を免れない。

［沼田雅之］

㊱変形労働時間制と時間の特定

ＪＲ西日本（広島支社）事件・広島高裁平成一四年六月二五日判決

平成一三年（ネ）第二五四号給料請求控訴事件、労判八三五号

【事案の紹介】

原告X_1とX_2（被控訴人）は一九八八年四月に国鉄の分割民営化にともない発足した被告Ｙ（控訴人）広島支社の広島運転所に運転士として採用され、それ以来同所で動力車運転士として勤務してきた。Ｙは労基法三二条の二に基づく一か月単位の変形労働時間制を採用しており、九七年四月二五日付けで同年五月分の勤務指定をしたが、同勤務指定のうち、X_1は同月七日、八日、九日、二二日、二三日および二八日、そしてX_2は同月八日、九日、二二日、二三日、二七日、二八日、二九日および三〇日に指定された勤務は、いずれも労働時間を七時間四五分とする変形７形ｄ勤務であったところ、Ｙは右勤務指定の後、X_1とX_2に対して年休取得などを理由としてＹ就業規則五五条一項に基づいて変形７形ｄ勤務から乗務員勤務への勤務変更を行ない、X_1とX_2は右勤務変更後の指定労働時間にしたがって勤務した。そこで、X_1とX_2は右勤務変更後の労働時間が変更前の労働時間を超過する部分について、一日七時間四五分を超え八時間の部分は労働協約に基づき、八時間を超える部分は労基法に基づき、それぞれ時間外労働としてＹを相手方として割増賃金の支払請求をしたところ、第一審（広島地判平一三・五・三〇、労判八三五号）はX_1とX_2の割増賃金請求を認容したので、これを不服としてＹが控訴したのが本件である。

【判旨】　一部変更、一部棄却。

１　労基法三二条の二「に基づく一か月単位の変形労働時間制がその要件として労働時間の『特定』を要求した趣旨に鑑みると、同条の『特定』の要件を満たすためには、労働者の労働時間を早期に明らかにし、勤務の不均等配分が労働者の生活にいかなる影響を及ぼすかを明示して、労働者が労働時間外における生活設計をたてられるように配慮することが必要不可欠であり、そのためには、各日及び週における労働時間をできる限り具体的に特定することが必要であると解するのが相当である。

そして変形期間を平均して、一週間当たりの労働時間が同法三二条の定める一週四〇時間の法定労働時間を超えないことという同法三二条の二の要件からは、他の日及び週の労働時間をどれだけ減らして超過時間分を吸収するかを示す必要があるため、法定労働時間を超過する勤務時間のみならず、変形期間内の各日及び週の所定労働時間を全て特定する必要があり、さらに、常時一〇人以上を使用する事業場においては、始業・終業時刻を就業規則において定めることを義務づけられていることから（同法八九条一号）、結局、かかる事業場においては、就業規則において変形期間内の毎労働日の労働時間を、始業時刻、終業時刻とともに定めなければならないと解するのが相当である。」

２　労基法三二条の二に基づく一か月単位の変形労働時間制における勤務変更についての規定は一切存在しないが、同法が一か月単位の変形労働時間制について勤務変更の許否に関する定めを置いていないのは、使用者が任意に勤務変更をなすことが許されないとの意

味を有するに止まり、勤務指定前には予見することが不可能であったやむをえない事由の発生した場合にまで、勤務変更を可能とする規定を就業規則等で定めることを一切禁じた趣旨に出たものではない。「したがって、公共性を有する事業を目的とする一定の事業場において、同条に基づく一か月単位の変形労働時間制に関して、勤務指定前に予見することが不可能なやむを得ない事由が発生した場合につき、使用者が勤務指定を行った後もこれを変更しうるとする変更条項を就業規則等で定め、これを使用者の裁量に一定程度まで委ねたとしても、直ちに当該就業規則等の定めが同条の要求する『特定』の要件を満たさないとして違法となるものではないと解するのが相当である。」

3　「ただし、勤務変更が、勤務時間の延長、休養時間の短縮及びそれに伴う生活設計の変更等により労働者の生活に対し、少なからず影響を与え、不利益を及ぼすおそれがあるから、勤務変更は、業務上のやむを得ない必要がある場合に限定的かつ例外的措置として認められるにとどまるものと解するのが相当であり、使用者は、就業規則等において勤務を変更し得る旨の変更条項を定めるに当たっては、同条が変形労働時間制における労働時間の『特定』を要求している趣旨にかんがみ、一旦特定された労働時間の変更が使用者の恣意によりみだりに変更されることを防止するとともに、労働者にどのような場合に勤務変更が行なわれるかを了知させるため、上記のような変更が許される例外的、限定的事由を具体的に記載し、その場合に限って勤務変更を行う旨定めることを要するものと解すべきであって、使用者が任意に勤務変更しうると解釈しうるような条項では、同条の要求する『特定』の要件を満たさないものとして無効であるというべきである。」

4　Ｙのような交通運送業を目的とする公共性の高い公共交通機関において、運行時刻に従った運行が遅延・停止、あるいは運行が中止される事態が生ずる場合には、利用者の生活に重大な悪影響を及ぼすことは不可避であることから、「これを防止するため、災害や事故等の緊急事態ないし労働者の年休取得や病欠等の緊急事態ないし労働者の年休取得や病欠等の要員不足に即座に対応する必要があり、労働者に対し緊急の勤務変更を行なう高度の必要性を有するものといえる。しかしながら、……Ｙ就業規則五五条一項ただし書は、『ただし、業務上の必要がある場合は、指定した勤務を変更する。』と規定するだけの一般的抽象的な規定となっているのであり、その解釈いかんによっては、Ｙが業務上の必要さえあればほとんど任意に勤務変更をなすことも許容される余地があり、労働者にとって、いかなる場合に勤務変更命令が発せられるかを同条から予測することは、著しく困難であるといわざるを得ない。よって、同条項の勤務変更規定は、労基法三二条の二で法が要求する勤務時間の『特定』の要件を充たさないものとして、その効力は認められないと解するのが相当である。」

5　本件においては、勤務変更前の勤務指定により「特定」された勤務時間が「正規の勤務時間」となり、勤務変更によって変更前の勤務時間より変更後の勤務時間が長くなった部分については「正規の勤務時間外」の時間外労働に該当し、超過勤務手当の支給対象となる。

［石橋　洋］

㊲時間外労働義務

日立製作所武蔵工場事件・最高裁第一小法廷平成三年一一月二八日判決

昭和六一年（オ）第八四〇号従業員地位確認等請求事件、民集四五巻八号、労判五九四号、判時一四〇四号、労旬一二八二号

【事案の紹介】

Ｘ（原告、被控訴人、上告人）は、Ｙ武蔵工場で製品検査・管理を担当する従業員であった。Ｘの上司は、Ｘの業務につき、製品の歩留率の低いことを指摘したところ、Ｘが作業の手抜かりを認めたので、残業して原因究明と歩留の推定のやり直しをするように命じた。これに対し、Ｘは、「友人との約束がある」などと当該残業命令を拒否したが、翌日、残業して、やり直し作業を完了した。Ｙは、当該残業拒否を理由に、Ｘに対して、一四日の出勤停止処分および始末書提出を命じた。当該処分後、出勤したＸは、「残業は個人の自由である」として始末書提出を拒否したが、上司などの説得もあり始末書を提出した。しかし、Ｙは、当該始末書の受取を拒否し、真意に基づく始末書の提出を再度、要求した。Ｘが、Ｙによる再度の始末書提出要求に対して挑発的な発言をするなどした結果、Ｙは、過去三度の処分歴と併せて、「今後悔悟の見込みがない」として、就業規則所定の懲戒事由に基づき懲戒解雇処分した。Ｘは提訴した。

本件就業規則には、業務上の都合によりやむを得ない場合には三六協定により時間外労働をすることがある旨の定めがあり、三六協定には、生産目標達成のため必要がある場合、業務内容によりやむを得ない場合その他、時間外労働をする場合の事由などが定められていた。

一審（東京地八王子支判昭五三・五・二二、労判三〇一号）は、Ｘには残業命令に従う義務が無かったとして請求を認容したが、控訴審（東京高判昭六一・三・二七、労判四七二号）は一審判決を取り消して請求を棄却した。

【判旨】原審支持・上告棄却。

時間外労働につき、「使用者が、当該事業場の労働者の過半数で組織する労働組合等と書面による協定（いわゆる三六協定）を締結し、これを所轄労働基準監督署長に届け出た場合において、使用者が当該事業場に適用される就業規則に当該三六協定の範囲内で一定の業務上の事由があれば労働契約に定める労働時間を延長して労働者を労働させることができる旨定めている時は、当該就業規則の規定の内容が合理的なものである限り、それが具体的労働契約の内容をなすから、右就業規則の規定の適用を受ける労働者は、その定めるところに従い、労働契約に定める労働時間を超えて労働をする義務を負う」。

本件三六協定に定める時間外労働事由の一部は「いささか概括的、網羅的であることは否定できないが、企業が需給関係に即応した生産計画を適性かつ円滑に実施する必要性は同法三六条の予定するところ」である。「時間外労働の具体的内容は本件三六協定によって定められているが、本件三六協定は、Ｙ（武蔵工場）がＸら労働者に時間外労働を命ずるについてその時間を限定し、かつ、……所定の事由を必要としているのであるから、結局、本件就業規則の規定は合理的」である。

〔藤本　茂〕

㊳時間外労働手当(1)

高知県観光事件・最高裁第二小法廷平成六年六月一三日判決

平成三年（オ）第六三号割増賃金等請求上告事件、労判六五三号、判時一五〇二号

【事案の紹介】

Yはタクシー会社であり、Xら四名はYに雇用されているタクシー運転手である。Xらの勤務体制は、全員が隔日勤務であり、労働時間は、午前八時から翌日午前二時までである。Xらに対する賃金は、毎月一日から末日までの間の稼働によるタクシー料金の月間水揚げ高に一定の歩合を乗じた金額を翌月の五日に支払うことになっている。なお、Xらが労働基準法三七条の時間外および深夜の労働を行なった場合にも、これ以外の賃金は支給されておらず、右の歩合給のうちで、通常の労働時間の賃金に当たる部分と時間外および深夜の割増賃金に当たる部分とを判別することもできない。Xらは、一九八五年六月一日から八七年二月二八日までの間（「本件請求期間」）の、午前二時以降の時間外労働および午後一〇時から翌日午前五時までの深夜労働に対する割増賃金を請求。Yは、歩合給には、時間外および深夜の割増賃金に当たる部分も含まれており、すでに支払い済みであると主張。一審（高知地判平元・八・一〇、労判五六四号）は、「Yの主張する一律歩合給制では、その主張自体からして、本件歩合給の中のいくらが割増賃金に当たるのかを確定できないというのであるから、仮に、XらとY間に一律歩合給制の合意があったとしても、右説示に照らして無効というほかなく、その結果として、本件歩合給に割増賃金が含まれているとみることはできないというべきである。」として、Xらの請求認容。二審（高松高判平二・一〇・三〇、労判六五三号）は、「翌日午前二時から同午前八時までは労働時間とする労働慣行がなく、従って、各Xが午前二時以降には就労する法的根拠を欠き、就労義務がない反面就労してもなんら賃金請求権が発生しないといえる。」として、その部分のXらの賃金請求権を否定した。Xら上告。

【判旨】原判決破棄、一審判決主文一部変更。

「本件請求期間にXらに支給された前記の歩合給の額が、Xらが時間外及び深夜の労働を行った場合においても増額されるものではなく、通常の労働時間の賃金に当たる部分と時間外及び深夜の割増賃金に当たる部分とを判別することもできないものであったことからして、この歩合給の支給によって、Xらに対して法三七条の規定する時間外及び深夜の割増賃金が支払われたとすることは困難なものというべきであり、Yは、Xらに対し、本件請求期間におけるXらの時間外及び深夜の労働について、法三七条及び労働基準法施行規則一九条一項六号の規定に従って計算した額の割増賃金を支払う義務があることになる。」

［新谷眞人］

㊴時間外労働手当⑵

国際自動車（第二次上告審）事件・最高裁第一小法廷令和二年三月三〇日判決

平成三〇年（受）第九〇八号賃金請求事件、民集七四巻三号、労判一二二〇号、判時二四六〇号

【事案の紹介】

Xら（原告・第一次控訴審控訴人兼被控訴人・第一次上告審被上告人・第二次控訴審控訴人兼被控訴人・上告人）は、Y社（被告・第一次控訴審被控訴人兼控訴人・第一次上告審上告人・第二次控訴審被控訴人兼控訴人・被上告人）に雇用されタクシー乗務員として勤務していた。

Yの就業規則の一部であるタクシー乗務員賃金規則（以下「本件賃金規則」）において、タクシー乗務員の賃金は、基本給、歩合給⑴、歩合給⑵、割増金（深夜手当、残業手当及び公出手当の総称）、交通費等から構成されていたが、これらのうち、歩合給⑴は、揚高をもとに計算された対象額Aから割増金と交通費を控除したもの（控除額の方が大きければ〇円）として計算されており、揚高が同じである場合には、時間外労働等の有無やその時間数の多寡にかかわらず、原則として総賃金の額は同じになるものとされていた。

Xらは、このような仕組みは、時間外労働等について使用者に割増賃金の支払を義務付けた労働基準法（以下「労基法」）三七条の趣旨に反するなどと主張して、控除された残業手当等に相当する賃金等の支払いを求めて、訴えを提起した。

第一審（東京地判平二七・一・二八、労判一一一四号）および第一次控訴審（東京高判平二七・七・一六、労判一一三二号）は、歩合給⑴の計算において割増金に相当する額を控除する部分は、労基法三七条の趣旨に反し公序違反として無効であるとして、Xらの未払賃金請求を一部認容した。第一次上告審（最判平二九・二・二八、民集二五五号）は、本件賃金規則の定めが当然に労基法三七条の趣旨に反し公序違反となると解することはできないとして、第一次控訴審判決を破棄し差し戻した。

差戻し後の第二次控訴審（東京高判平三〇・二・一五、労判一一七三号）は、本件賃金規則による割増賃金の支払いは判別要件と割増賃金額要件を満たしており適法であるとして、Xらの請求を棄却した。これに対し、Xらが上告した。

【判旨】破棄差戻し。

1 「労基法三七条が時間外労働等について割増賃金を支払うべきことを使用者に義務付けているのは、使用者に割増賃金を支払わせることによって、時間外労働等を抑制し、もって労働時間に関する同法の規定を遵守させるとともに、労働者への補償を行おうとする趣旨によるものであると解される（静岡県教組事件・最一小判昭四七・四・六民集二六巻三号三九七頁、医療法人康心会事件・最二小判平二九・七・七労判一一六八号四九頁（①判決）、日本ケミカル事件・最一小判平三〇・七・一九労判一一八六号五頁（②判決）参照）。また、……労基法三七条は、労基法三七条等に定められた方法により算定された額を下回らない額の割増賃金を支払うことを義務付けるにとどまるものと解され、使用者が、労働契約に基づき、労基法三七条等に定められた方法以外の方法により算定される手当

を時間外労働等に対する対価として支払うこと自体が直ちに同条に反するものではない（第一次上告審判決、①判決、②判決参照）。」

2 「使用者が労働者に対して労基法三七条の定める割増賃金を支払ったとすることができるか否かを判断するためには、……労働契約における賃金の定めにつき、通常の労働時間の賃金に当たる部分と同条の定める割増賃金に当たる部分とを判別することができることが必要である（高知県観光事件・最二小判平六・六・一三労判六五三号一二頁、テックジャパン事件・最一小判平二四・三・八労判一〇六〇号五頁、第一次上告審判決、①判決参照）。そして、……上記の判別をすることができるというためには、当該手当が時間外労働等に対する対価として支払われるものとされていることを要するところ、当該手当がそのような趣旨で支払われるものとされているか否かは、当該労働契約に係る契約書等の記載内容のほか諸般の事情を考慮して判断すべきであり（②判決参照）、その判断に際しては、当該手当の名称や算定方法だけでなく、……同条の趣旨を踏まえ、当該労働契約の定める賃金体系全体における当該手当の位置付け等にも留意して検討しなければならないというべきである。」

3 「本件賃金規則の定める各賃金項目のうち歩合給⑴及び歩合給⑵に係る部分は、出来高払制の賃金……であると解されるところ、割増金が時間外労働等に対する対価として支払われるものであるとすれば、割増金の額がそのまま歩合給⑴の減額につながるという上記の仕組みは、当該揚高を得るに当たり生ずる割増賃金をその経費とみた上で、その全額をタクシー乗務員に負担させているに等しいものであって、……労基法三七条の趣旨に沿うものとはいい難い。また、割増金の額が大きくなり歩合給⑴が〇円となる場合には、出来高払制の賃金部分について、割増金のみが支払われることとなるところ、この場合における割増金を時間外労働等に対する対価とみるとすれば、出来高払制の賃金部分につき通常の労働時間の賃金に当たる部分はなく、全てが割増賃金であることとなるが、これは、法定の労働時間を超えた労働に対する割増分として支払われるという労基法三七条の定める割増賃金の本質から逸脱したものといわざるを得ない。」

4 「結局、本件賃金規則の定める上記の仕組みは、その実質において、出来高払制の下で元来は歩合給⑴として支払うことが予定されている賃金を、時間外労働等がある場合には、その一部につき名目のみを割増金に置き換えて支払うこととするものというべきである……。そうすると、本件賃金規則における割増金は、その一部について時間外労働等に対する対価として支払われるものが含まれているとしても、通常の労働時間の賃金である歩合給⑴として支払われるべき部分を相当程度含んでいるものと解さざるを得ない。そして、割増金として支払われる賃金のうちどの部分が時間外労働等に対する対価に当たるかは明らかでないから、本件賃金規則における賃金の定めにつき、通常の労働時間の賃金に当たる部分と労基法三七条の定める割増賃金に当たる部分とを判別することはできないこととなる。

したがって、YのXらに対する割増金の支払により、労基法三七条の定める割増賃金が支払われたということはできない。」

5 「対象額Aから控除された割増金は、割増賃金に当たらず、通常の労働時間の賃金に当たるものとして、労基法三七条等に定められた方法によりXらに支払われるべき割増賃金の額を算定すべきである。」

〔國武英生〕

㊵管理監督者の深夜割増賃金請求権

ことぶき事件・最高裁第二小法廷平成二一年一二月一八日判決

平二一年（受）第四四〇号損害賠償請求本訴・同反訴請求上告事件、裁判所時報一四九八号、労判一〇〇〇号、判タ一三一六号、判時二〇六八号

【事案の紹介】

美容室及び理髪店を経営するXは、Xの従業員であって「総店長」の地位にありXの経営する「リプル店」で顧客に対する理美容業務にも従事していたYに対して、Yが、二〇〇六年三月三一日にXを退社するに際してXの営業秘密に属する情報が記載された顧客カードをリプル店から無断で持ち出し、他の店舗で新たに始めた理美容業のためにこれを使用し、リプル店の従前の顧客であった者に対して同年四月一日以降理美容業を行い、もってXの顧客を奪ったと主張して、不正競争防止法四条（二条一項四号に該当）ないしは民法七〇九条に基づき、損害賠償等を求めた（本訴）。これに対し、Yは反訴として、リプル店に勤務していた間の未払給与及び〇二年一一月から〇六年三月までの間の労働基準法に定める時間外賃金（深夜割増賃金を含む）との合計二二五万余円の支払等を求めた。

一審及び二審とも、本件顧客カードは不正競争防止法上の「営業秘密」に当たらないが、顧客カードの持ち出し、それを利用しての競業行為が、不法行為を構成するとして、Xの損害賠償請求を認め（二審は一審より増額）、本訴は確定した。

反訴については、一審及び二審とも、Xの未払給与請求を認めなかった。時間外賃金についても、一審・二審ともに請求を棄却したが、その理由は異なる。一審は、「Yは一日当たり一ないし二時間程度の時間外労働をしていたこと」、Yの基本給が「他の従業員の約一・五倍程度に当たること」、Yは「上記給与のほかに店長手当として三万円が支給されていたことが認められるから、上記事情の下、XがYに上記基本給に加えて時間外手当を支払っていなかったとしても、これを不当とする特段の事情があったとまで認めることはできない」としたのに対し、二審はYを管理監督者に該当する者と認めた上で、「その余の点について判断するまでもなく、Yの反訴請求中、Xに対する労基法の規定による時間外賃金（深夜割増賃金を含む。）の支払請求も理由がない」とした。これに対しYは、「深夜割増賃金については、当該労働者が労基法四一条二号の管理監督者に該当したとしても、原則として支払われなければならないというのが公定解釈であり、学説にも異論は全く認められない」として上告受理申立てをした。

【判旨】原判決一部破棄差戻し。

「管理監督者には深夜割増賃金に関する規定が適用されないとする原審の……判断は是認することができない。その理由は、次のとおりである。

労基法における労働時間に関する規定の多くは、その長さに関する規制について定めており、同法三七条一項は、使用者が労働時間を延長した場合においては、延長された時間の労働について所定の割増賃金を支払わなければならないことなどを規定している。他方、同条三項は、使用者が原則として午後一〇時から午前五時までの間

において労働させた場合においては、その時間の労働について所定の割増賃金を支払わなければならない旨を規定するが、同項は、労働が一日のうちのどのような時間帯に行われるかに着目して深夜労働に関し一定の規制をする点で、労働時間に関する労基法中の他の規定とはその趣旨目的を異にすると解される。

また、労基法四一条は、同法第四章、第六章及び第六章の二で定める労働時間、休憩及び休日に関する規定は、同条各号の一に該当する労働者については適用しないとし、これに該当する労働者として、同条二号は管理監督者等を、同条一号は同法別表第一第六号（林業を除く。）又は第七号に掲げる事業に従事する者を定めている。一方、同法第六章中の規定であって年少者に係る深夜業の規制について定める六一条をみると、同条四項は、上記各事業については同条一項ないし三項の深夜業の規制に関する規定を適用しない旨別途規定している。こうした定めは、同法四一条にいう『労働時間、休憩及び休日に関する規定』には、深夜業の規制に関する規定は含まれていないことを前提とするものと解される。

以上によれば、労基法四一条二号の規定によって同法三七条三項の適用が除外されることはなく、管理監督者に該当する労働者は同項に基づく深夜割増賃金を請求することができるものと解するのが相当である。」

「もっとも、管理監督者に該当する労働者の所定賃金が労働協約、就業規則その他によって一定額の深夜割増賃金を含める趣旨で定められていることが明らかな場合には、その額の限度では当該労働者が深夜割増賃金の支払を受けることを認める必要はないところ、原審確定事実によれば、上告人の給与は平成一六年三月までは月額四三万四〇〇〇円、同年四月以降退社までは月額三九万〇六〇〇円であって、別途店長手当として月額三万円を支給されており、同一六年三月ころまでの賃金は他の店長の一・五倍程度あったというのである。したがって、上告人に対して支払われていたこれらの賃金の趣旨や労基法三七条三項所定の方法により計算された深夜割増賃金の額について審理することなく、上告人の深夜割増賃金請求権の有無について判断することはできないというべきである。」

「以上によれば、原審の判断のうち深夜割増賃金に係る反訴請求に関する部分には、判決に影響を及ぼすことが明らかな法令の違反がある。論旨は理由があり、原判決のうち上記の部分は破棄を免れない。そして、上記……の点について更に審理を尽くさせるため、上記の部分につき本件を原審に差し戻すのが相当である。」

［武井　寛］

㊶年休権の法的性質

時事通信社事件・最高裁第三小法廷平成四年六月二三日判決

平成元年（オ）第三九九号懲戒処分無効確認等請求事件、労判六一三号、判時一四二六号

【事案の紹介】

本件は、Y通信社の記者として勤務するXが時季指定をしたうえ連続一か月の年次有給休暇を請求したのに対し、Yが後半部分につき時季変更権を行使したところ、Yの行った時季変更権の行使は無効であること、これを無視して就業しなかったXへの懲戒処分は無効であることの確認等を求めたものである。第一審（東京地判昭六二・七・一五、労判四九九号）はXの請求を棄却し、Yの時季変更権の行使を適法と判断したが、控訴審（東京高判昭六三・一二・一九、労判五三一号）はこれを覆してXの控訴を一部認容した。

【判旨】 破棄差戻し。

「年次有給休暇の権利は、労働基準法三九条一、二項の要件の充足により法律上当然に生じ、労働者がその有する年次有給休暇の日数の範囲内で始期と終期を特定して休暇の時季指定をしたときは、使用者が適法な時季変更権を行使しない限り、右の指定によって、年次有給休暇が成立して当該労働日における就労義務が消滅するものである……。そして、同条の趣旨は、使用者に対し、できる限り労働者が指定した時季に休暇を取得することができるように、状況に応じた配慮をすることを要請しているものと解すべきであって、そのような配慮をせずに時季変更権を行使することは、右の趣旨に反するものといわなければならない……。しかしながら、使用者が右のような配慮をしたとしても、代替勤務者を確保することが困難であるなどの客観的な事情があり、指定された時季に休暇を与えることが事業の正常な運営を妨げるものと認められる場合には、使用者の時季変更権の行使が適法なものとして許容されるべきことは、同条三項ただし書の規定により明らかである。」

「労働者が長期かつ連続の年次有給休暇を取得しようとする場合においては、それが長期のものであればあるほど、使用者において代替勤務者を確保することの困難さが増大するなど事業の正常な運営に支障を来す蓋然性が高くなり、使用者の業務計画、他の労働者の休暇予定等との事前の調整を図る必要が生ずるのが通常である。しかも、使用者にとっては、労働者が時季指定をした時点において、その長期休暇期間中の当該労働者の所属する事業場において予想される業務量の程度、代替勤務者確保の可能性の有無、同じ時季に休暇を指定する他の労働者の人数等の事業活動の正常な運営の確保にかかわる諸般の事情について、これを正確に予測することは困難であり、当該労働者の休暇の取得がもたらす事業運営への支障の有無、程度につき、蓋然性に基づく判断をせざるを得ないことを考えると、労働者が、右の調整を経ることなく、その有する年次有給休暇の日数の範囲内で始期と終期を特定して長期かつ連続の年次有給休暇の時季指定をした場合には、これに対する使用者の時季変更権の行使については、右休暇が事業運営にどのような支障をもたらすか、右休暇の時期、期間につきどの程度の修正、変更を行うかに関し、使用者にある程度の裁量的判断の余地を認めざるを得ない。」

［志水深雪（龔敏）］

弘前電報電話局事件・最高裁第二小法廷昭和六二年七月一〇日判決

昭和五九年（オ）第六一八号懲戒処分無効確認等請求事件、民集四一巻五号、労判四九九号、判時一二四九号、労旬一一九一号

【事案の紹介】

Xは、Yの弘前電報電話局施設部機械課に勤務し、同課係員二七名のうちの五名とともに、日勤、宿直・宿明勤務の六輪番交替服務という勤務体制に組み入れられていた。

Xは、一九七八年九月四日、勤務割で日勤勤務に当たっていた同月一七日（日曜）につき年次有給休暇の時季指定を行なった。これに対し機械課長は、Xが当日予定されている成田空港反対現地集会に参加して違法行為に及ぶおそれがあると考え、これを阻止するために、Xの年休取得をやめさせようとし、Xの代替勤務を申し出ていた職員を説得してその申出を撤回させたうえ、同日にXが出勤しなければ必要な最低配置人員を欠くことになるとして、Xに対し時季変更権を行使した。しかしXが同日欠勤したため、Yは欠勤を理由にXを戒告処分にするとともに、一日分の賃金をカットした。

第一審（青森地判昭五八・三・八、労判四〇五号）はXの請求を認容したが、原審（仙台高判昭五九・三・一六、労判四二七号）は、勤務割の決定・変更は使用者の専権に属し、Yが勤務割の変更や代替勤務者の配置を行わなかったことには合理的理由があるので、Yの時季変更権行使は適法であると判断してXの請求を棄却した。

【判旨】 原判決破棄、一部自判、一部差戻し。

「労働者がその年次休暇の時季指定に対応する使用者の義務の内容は、労働者がその権利としての休暇を享受することを妨げてはならないという不作為を基本とするものにほかならないのではあるが、年次休暇権は労基法が労働者に特に認めた権利であり、その実効を確保するために附加金及び刑事罰の制度が設けられていること（同法一一四条、一一九条一号）、及び休暇の時季の選択権が第一次的に労働者に与えられていることにかんがみると、同法の趣旨は、使用者に対し、できるだけ労働者が指定した時季に休暇を取れるよう状況に応じた配慮をすることを要請しているものとみることができる。そして、勤務割を定めあるいは変更するについての使用者の権限といえども、労基法に基づく年次休暇権の行使により結果として制約を受けることになる場合があるのは当然のことであって、勤務割によってあらかじめ定められていた勤務予定日につき休暇の時季指定がされた場合であってもなお、使用者は、労働者が休暇を取ることができるよう状況に応じた配慮をすることが要請される」。

「事業の正常な運営を妨げる場合」の判断に当たり、特に勤務割による勤務体制がとられている事業場においては、代替勤務者配置の難易が重要な判断要素である。「使用者としての通常の配慮をすれば、勤務割を変更して代替勤務者を配置することが客観的に可能な状況にあると認められるにもかかわらず、使用者がそのための配慮をしないことにより代替勤務者が配置されないとき」、また、休暇の利用目的のいかんによってそのための配慮をしないとき、その時季変更権の行使は、事業の正常な運営を妨げる場合には当たらない。

［奥田香子］

㊸計画年休

三菱重工長崎造船所事件・福岡高裁平成六年三月二四日判決

平成四年（ネ）第三〇六号年次有給休暇保有日数確認並びに未払賃金請求控訴事件、労民集四五巻一＝二号

【事案の紹介】

Yの長崎造船所は、船舶・原動機・産業機械等の製造・修理を行っている。Xらは、同造船所に勤務する従業員であり、少数組合（A組合）の組合員である。Yは、夏季連続休暇を実施する一環として年休の一斉取得の措置をとってきたが、これに反対するA組合の組合員らは対象外としていた。一九八八年の改正労基法施行を機に、Yは、年休の一斉取得に反対する者をも拘束するために、従業員の約九八パーセントを組織するB組合との間で労使協定を締結したうえで、一〇日間の夏季連続休暇のうち二日を労基法上の計画年休として実施した。本件計画年休では、従業員の約三割が適用から排除されており、また、年休取得率は、一斉取得の措置を実施して以降かえって低下し、本件計画年休の実施によっても以前の取得率にまで回復していない。

Xらは、本件労使協定が締結手続や内容において労基法の立法趣旨に反し違法・無効であり、仮に適法であるとしても、労働者を拘束するには個々人の個別合意が必要であり、合意していないXらは拘束されない旨主張し、計画的付与がなかったものとして計算した年休の残存日数の確認を請求した。第一審は請求を棄却した。

【判旨】　控訴棄却。

1　労基法は、「書面による労使協定に基づく計画的付与の制度を新設し、この計画的付与については、これに反対する労働者をも拘束する効果を認め、集団的統一的な取り扱いを許すことによって、労使協定による年休の計画的消化を促進しようとした」。したがって、「一旦右労使協定により年休の取得時季が集団的統一的に特定されると、その日数について個々の労働者の時季指定権及び使用者の時季変更権は、共に、当然に排除され、その効果は、当該協定により適用対象とされた事業場の全労働者に及ぶと解すべきである。」

2　過半数組合との「協定に至る手続の公正さや内容的な合理性は、法所定の要件に反しない限り、原則としては、労働組合と使用者との自主的かつ対等な協議によって担保されるべきものとして、双方の協議にゆだねられたものと解するのが相当であ」り、本件計画年休が、その手続・内容において、年休取得率向上など改正労基法の趣旨に沿わず不合理であったとしても、そのことのみによって効力が左右されるものではない。

3　ただし、「過半数組合との協定による計画年休において、これに反対する労働組合があるような場合には、当該組合の各組合員を右協定に拘束することが著しく不合理となるような特別の事情が認められる場合や、右協定の内容自体が著しく不公正であって、これを少数者に及ぼすことが計画年休制度の趣旨を没却するといったような場合には、右計画年休による時季の集団的統一的特定の効果は、これらの者に及ばないと解すべき場合が考えられなくもない」。しかし、本件においては、「計画年休協定の効力をXらに及ぼすことを否定すべき事情は認められない」。

［中島正雄］

㊹年休取得の不利益取扱

沼津交通事件・最高裁第二小法廷平成五年六月二五日判決

平成四年（オ）第一〇七八号未払賃金請求事件、民集四七巻六号、労判六三六号、判時一四六四号、労旬一三三八号

【事案の紹介】

タクシー会社Yにおける労働協約では、交番表（月ごとの勤務予定表）に定める労働日数等を勤務した乗務員に対し（月額三一〇〇円ないし四一〇〇円）を支給するが、年次有給休暇を含む欠勤の場合、一日は半額、二日以上は不支給とする旨定められていた。Yの乗務員Xは、一九八八年五月から八九年一〇月までの五か月につき、年休を取得したことを理由に右皆勤手当が支給されなかった。そこでXは、このような不利益取扱いは、労基法三九条および一三四条に違反して無効であるとして、その不支給分の合計一万円余の支払いを求めて提訴した。一審（静岡地沼津支判平二・一一・二九、労判六三六号）は、同条が訓示規定とはいえ、そのような不利益取扱は公序に反するとして、請求を認容した。しかし控訴審（東京高判平四・三・一八、民集四七巻六号）は、労使協定による「皆勤手当の減額・不支給は、その程度いかんに拘わらず」直ちに同条の禁ずる不利益取扱にあたり無効であると断ずるのは「労使関係の自主的発展、安定化の見地から妥当ではな」いとして、一審判決を取り消し、Xの請求を棄却した。

【判旨】上告棄却。

1　労基法一三四（現行一三六）条によれば、「使用者が、従業員の出勤率の低下を防止する観点から、年次有給休暇の取得を何らかの経済的不利益と結び付ける措置を採ることは、その経営上の合理性を是認できる場合であっても、できるだけ避けるべきであることはいうまでもないが、右の規定はそれ自体としては、使用者の努力義務を定めたものであって、労働者の年次有給休暇の取得を理由とする不利益取扱いの私法上の効果を否定するまでの効力を有するものとは解されない。また、右のような措置は、年次有給休暇を保障した労働基準法三九条の精神に沿わない面を有することは否定できないものではあるが、その効力については、その趣旨、目的、労働者が失う経済的利益の程度、年次有給休暇の取得に対する事実上の抑止力の強弱等諸般の事情を総合して、年次有給休暇を取得する権利の行使を抑制し、ひいては同法が労働者に右権利を保障した趣旨を実質的に失わせるものと認められるものでない限り、公序に反して無効となるとすることはできない」。

2　「Yは、タクシー業者の経営は運賃収入に依存しているため自動車を効率的に運行させる必要性が大きく、交番表が作成された後に乗務員が年次有給休暇を取得した場合には代替要員の手配が困難となり、自動車の実働率が低下するという事態が生ずることから、このような形で年次有給休暇を取得することを避ける配慮をした乗務員については皆勤手当を支給することとしたものと解されるのであって、右措置は、年次有給休暇の取得を一般的に抑制する趣旨に出たものではないと見るのが相当であり、また、乗務員が年次有給休暇を取得したことにより控除される皆勤手当の額が相対的に大きいものでないことなどからして、この措置が乗務員の年次有給休暇の取得を事実上抑止する力は大きいものではなかった」。［石井保雄］

㊺業務上疾病

横浜南労基署長（東京海上横浜支店）事件・最高裁第一小法廷平成一二年七月一七日判決

平成七年（行ツ）第一五六号休業補償不支給決定取消請求上告事件、労判七八五号、判時一七二三号

【事案の紹介】

支店長付きの運転手として自動車運転の業務に従事していたX（原告・被控訴人・上告人）（当時五四歳）は、一九八四（昭和五九）年五月一一日早朝、支店長を迎えにいくために自動車を運転して、走行中くも膜下出血を発症し休業した。そこで、Y（被告・控訴人・被上告人）に対して、労働者災害補償保険法に基づき休業補償給付の請求をしたところ、右発症は業務上の疾病に当たらないとされ、不支給決定が行われた。Xは右決定の取消しを求めた。

第一審（横浜地判平五・三・二三、労判六二八号）は、「基礎疾患が原因となっている場合であっても、当該業務の遂行が当該労働者にとって精神的、肉体的に過重な負荷となり、基礎疾患をその自然的経緯を超えて憎悪させて発症させるなど、それが基礎疾患と共働原因となって生じたものと認められるときは、業務上の疾病というべきである」とする。そのうえで、「Xのくも膜下出血は、先天的血管病変である脳動脈瘤が一因となって生じたものであるが、過重な業務がXにとって精神的、肉体的に過重な負荷となり、その基礎疾病をその自然的経緯を超えて著しく憎悪させて発症に至らしめたというべきである」として、Xの請求を認容した。

原審（東京高判平七・五・三〇、労判六三八号）は、第一審と同様に、「当該疾病が労働者の従事していた業務に起因したもの……と認めるためには、右業務の遂行が……当該疾病の唯一の原因ないし競合する原因の中で相対的に有力な原因であることまで必要ではなく、当該労働者の素因や基礎疾患が原因となって発症した場合においては、業務の遂行が労働者にとって精神的又は肉体的に過重な負荷となり、基礎疾患をその自然的経緯を超えて急激に憎悪させて発症させるなど基礎疾患と共働原因となって当該疾病を発症させた」と認められればよいとする。しかし、「Xの本件疾病は、加齢とともに自然憎悪した脳動脈瘤破裂が、たまたまXが従事していた自動車運転業務の遂行過程において発症したものではあるが、脳動脈瘤の発生憎悪に自動車運転業務による血圧上昇が共働原因となったとは認め難いうえ、自動車運転業務の遂行が精神的、肉体的に加重負荷となって高血圧症を急激に増悪させて本件疾病を発症させるなど高血圧症と自動車運転業務とが共働原因となって本件疾病が発症したとも認め難い」として、第一審判決を取り消し、Xの請求を棄却した。

【判旨】原判決破棄、控訴棄却。

1　業務の内容・態様・遂行状況等

「Xの業務は、支店長の乗車する自動車の運転という業務の性質からして精神的緊張を伴うものであった上、支店長の業務の都合に合わせて行われる不規則なものであり、その時間は早朝から深夜に及ぶ場合があって拘束時間が極めて長く、また、Xの業務の性質及び勤務態様に照らすと、待機時間の存在を考慮しても、その労働密度は決して低くはない」。「Xは、遅くとも昭和五八年一月以降本件

くも膜下出血の発症に至るまで相当長期間にわたり右のような業務に従事してきた」。「とりわけ、右発症の約半年前の同年一二月以降は、一日平均の時間外労働時間が七時間を上回る非常に長いもので、一日平均の走行距離も長く、右のような勤務の継続がXにとって精神的、身体的にかなりの負荷となり慢性的な疲労をもたらしたことは否定し難い。」

「しかも、右発症の前月である同五九年四月は、一日平均の時間外労働時間が七時間を上回っていたことに加えて、一日平均の走行距離が同五八年一二月以降の各月の一日平均の走行距離の中で最高であり、Xは同五九年四月一三日から同月一四日にかけての宿泊を伴う長距離、長時間の運転により体調を崩した」。

また、その後、五月一日以降右発症の前日までには、「勤務の終了が午後一二時を過ぎた日が二日、走行距離が二六〇キロメートルを超えた日が二日あったことに加えて、特に右発症の前日から当日にかけてのXの勤務は、前日の午前五時五〇分に出庫し、午後七時三〇分ころ車庫に帰った後、午後一一時ころまで掛かってオイル漏れの修理をして……午前一時ころ就寝し、わずか三時間三〇分程度の睡眠のあと、午前四時三〇分ころ起床し、午前五時の少し前に当日の業務を開始した」。

「右前日から当日にかけての業務は、前日の走行距離が七六キロメートルと比較的短いことなどを考慮しても、それ自体Xの従前の業務と比較して決して負担の軽いものであったとはいえず、それまでの長期間にわたる右のような過重な業務の継続と相まって、Xにかなりの精神的、身体的負荷を与えたものとみるべきである。」

2　基礎疾患の内容・程度

「Xは、くも膜下出血の発症の基礎となり得る疾患（脳動脈りゅう）を有していた蓋然性が高い上、くも膜下出血の危険因子として挙げられている高血圧症が進行していたが、同五六年一〇月及び同五七年一〇月当時はなお血圧が整序と高血圧の境界領域にあり、治療の必要のない程度のものであったというのであり、また、Xには、健康に悪影響を及ぼすと認められるし好はなかった」。

3　結論

「以上説示したXの基礎疾患の内容、程度、Xが本件くも膜下出血発症前に従事していた業務の内容、態様、遂行状況等に加えて、脳動脈りゅうの血管病変は慢性の高血圧症、動脈硬化により憎悪するものと考えられており、慢性の疲労や過度のストレスの持続が慢性の高血圧症、動脈硬化の原因の一つとなり得るものであることを併せ考えれば、Xの右基礎疾患が右発症当時その自然の経過によって一過性の血圧上昇があれば直ちに破裂を来す程度にまで憎悪していたとみることは困難というべきであり、他に確たる憎悪原因を見いだせない本件においては、Xが右発症前に従事した業務による過重な精神的、身体的負荷がXの右基礎疾患をその自然の経過を超えて憎悪させ、右発症に至ったものとみるのが相当であって、その間に相当因果関係を肯定することができる。」

［矢野昌浩］

㊻安全配慮義務

陸上自衛隊八戸車両整備工場事件・最高裁第三小法廷昭和五〇年二月二五日判決

昭和四八年（オ）第三八三号損害賠償請求事件、民集二九巻二号、労判二二二号、判時七六七号

【事案の紹介】

昭和四〇年七月一三日、自衛隊員である訴外Aは、自衛隊八戸駐屯地方第九武器隊車両整備工場において車両整備中に、同僚隊員の運転する大型自動車が後進してきたことにより頭部を轢かれ、即死した。そこで、訴外Aの両親Xら（原告・控訴人・上告人）は、Y（国―被告・被控訴人・被上告人）に対し、自動車損害賠償保障法三条に基づき、訴外Aの死亡による逸失利益および慰謝料等の損害賠償を請求する訴えを提起した。

第一審（東京地判昭四六・一〇・三〇、民集二九巻二号）は、Xらが訴訟を提起した日は、Xらが本件事故における損害および加害者を知った日から三年を経過しており民法七二四条により時効消滅している旨のYの抗弁を容れ、Xらの請求を棄却した。

控訴審（東京高判昭四八・一・三一、民集二九巻二号）では、Xらは、「Yは自衛隊員の使用主として、隊員が服務するについてその生命に危険が生じないように注意し、人的物的環境を整備すべき義務」があるにも関わらずこれを怠っていたとして、安全保障義務の不履行に基づく損害賠償義務を負っているとの主張を追加した。しかし裁判所は、「訴外Aは、通常の雇傭関係ではなく、特別権力関係に基いてYのため服務していたのであるから、Yは本件事故について補償法に基く補償（それが十分であるか否かはしばらくおき）以外に債務不履行に基く損害賠償義務を負担しない」などとして、この追加主張も認めず、控訴を棄却した。

そこでXらは上告し、控訴審の上記判断に対しては、①現行憲法の立脚する近代的法秩序はすべての公権力の発動を法律によって根拠づけ支配することを基礎としているため、国家公務員の勤務関係は包括的支配関係たる特別権力関係ではない、また、②公務員も労務を提供し、使用者たる国がその対価として俸給を支給していること等から雇用関係ないし雇用関係類似の関係にあると主張した。

【判旨】 破棄差戻し。

「所論は、要するに、Yは、公務員に対し公務遂行のための場所、設備等を供給すべき場合には、公務員が公務に服する過程において、生命、健康に危険が生じないように注意し、物的及び人的環境を整備する義務を負つているというべきであり、本件事故はYが右義務を懈怠したことによつて生じたものであるから、Yは右義務違背に基づく損害賠償義務を負つているものと解すべきであるとし、これを否定した原判決には法令の解釈適用を誤つた違法がある、というものである。

思うに、国と国家公務員（以下「公務員」という。）との間における主要な義務として、法は、公務員が職務に専念すべき義務（国家公務員法一〇一条一項前段、自衛隊法六〇条一項等）並びに法令及び上司の命令に従うべき義務（国家公務員法九八条一項、自衛隊法五六条、五七条等）を負い、国がこれに対応して公務員に対し給与支払義務（国家公務員法六二条、防衛庁職員給与法四条以下等）

を負うことを定めているが、国の義務は右の給付義務にとどまらず、国は、公務員に対し、国が公務遂行のために設置すべき場所、施設もしくは器具等の設置管理又は公務員が国もしくは上司の指示のもとに遂行する公務の管理にあたつて、公務員の生命及び健康等を危険から保護するよう配慮すべき義務（以下「安全配慮義務」という。）を負つているものと解すべきである。もとより、右の安全配慮義務の具体的内容は、公務員の職種、地位及び安全配慮義務が問題となる当該具体的状況等によつて異なるべきものであり、自衛隊員の場合にあつては、更に当該勤務が通常の作業時、訓練時、防衛出動時（自衛隊法七六条）、治安出動時（同法七八条以下）又は災害派遣時（同法八三条）のいずれにおけるものであるか等によつても異なりうべきものであるが、国が、不法行為規範のもとにおいて私人に対しその生命、健康等を保護すべき義務を負つているほかは、いかなる場合においても公務員に対し安全配慮義務を負うものではないと解することはできない。けだし、右のような安全配慮義務は、ある法律関係に基づいて特別な社会的接触の関係に入つた当事者間において、当該法律関係の付随義務として当事者の一方又は双方が相手方に対して信義則上負う義務として一般的に認められるべきものであつて、国と公務員との間においても別異に解すべき論拠はなく、公務員が前記の義務を安んじて誠実に履行するためには、国が、公務員に対し安全配慮義務を負い、これを尽くすことが必要不可欠であり、また、国家公務員法九三条ないし九五条及びこれに基づく国家公務員災害補償法並びに防衛庁職員給与法二七条等の災害補償制度も国が公務員に対し安全配慮義務を負うことを当然の前提とし、この義務が尽くされたとしてもなお発生すべき公務災害に対処するために設けられたものと解されるからである。

そして、会計法三〇条が金銭の給付を目的とする国の権利及び国に対する権利につき五年の消滅時効期間を定めたのは、国の権利義務を早期に決済する必要があるなど主として行政上の便宜を考慮したことに基づくものであるから、同条の五年の消滅時効期間の定めは、右のような行政上の便宜を考慮する必要がある金銭債権であつて他に時効期間につき特別の規定のないものについて適用されるものと解すべきである。そして、国が、公務員に対する安全配慮義務を懈怠し違法に公務員の生命、健康等を侵害して損害を受けた公務員に対し損害賠償の義務を負う事態は、その発生が偶発的であつて多発するものとはいえないから、右義務につき前記のような行政上の便宜を考慮する必要はなく、また、国が義務者であつても、被害者に損害を賠償すべき関係は、公平の理念に基づき被害者に生じた損害の公正な填補を目的とする点において、私人相互間における損害賠償の関係とその目的性質を異にするものではないから、国に対する右損害賠償請求権の消滅時効期間は、会計法三〇条所定の五年と解すべきではなく、民法一六七条一項により一〇年と解すべきである。

ところが、原判決は、自衛隊員であつた訴外Aが特別権力関係に基づいてYのために服務していたものであるとの理由のみをもつて、XらのYに対する安全配慮義務違背に基づく損害賠償の請求を排斥しているが、右は法令の解釈適用を誤つたものというべきであり、その違法は原判決の結論に影響を及ぼすことが明らかであるから、原判決はこの点において破棄を免れない。そして、本件については前叙のような観点から、更に審理を尽くさせる必要があるから、本件を原審に差し戻すべきものとする。」

［鈴木俊晴］

㊼過労自殺と使用者の責任

電通事件・最高裁第二小法廷平成一二年三月二四日判決

平成一〇年（オ）第二一七号、二一八号損害賠償請求事件、民集五四巻三号、労判七七九号、判時一七〇七号

【事案の紹介】

過労自殺はバブル崩壊後長期不況の続く中で激増し、大きな社会問題となっている（川人博「日本における過労自殺の激増に関する報告」労旬一五一一号二八頁）。過労自殺は、会社への成果（貢献）を従業員個人の意欲・努力・自己管理として求め、負の部分も含めて個人に帰せる労務管理・労働環境の下で労働することに対する、精神の悲鳴である。

過労自殺は過重な業務が心身に過重な負担をかけた結果として現れる労働災害であるが、死亡原因の自殺が心因的側面を強く意識させる。この点、過労死（脳卒中などの身体的疾患による死）と区別される。過労自殺は職業病や事故を典型とする労災補償から遠く、労災認定を困難にし、代わって、不支給処分取消訴訟や民事損害賠償請求訴訟が労働者救済に道を拓いてきた（西村健一郎「過重労働による労働者の自殺と使用者の損害賠償責任」労判七四七号九頁）。

労災民事損害賠償訴訟で使用者責任を問う理論構成は、不法行為と債務不履行があるが、労働災害や疾病で契約上の安全配慮義務が定まっていることもあり債務不履行構成が多い（樫見由美子・平成一二年度重判解［ジュリ一二〇二号］七一頁）。

本件最高裁判決は、過労自殺について、使用者の民事賠償責任を初めて認め、その後の労災認定行政に大きな見直しをもたらした（労災認定基準：一九九九年九月一四日基発五四四・五四五号）、社会的影響の大きい判決である。しかし、本件最高裁判決は、これらに止まらず、広範な裁量が認められる勤務形態の中での従業員の勤務実態について、使用者がその実態を把握管理し、適切な対処をする責務があることを認容した点、および、その民事賠償責任法理について、議論を喚起した点にこそ、リーディングケースとしての意義がある。

本件の概要は以下のとおりである。本件は、元社員訴外Aの過労自殺について、Aの両親であるXら（原告、被控訴人・附帯抗訴人、被上告人・上告人）が、Y（被告、控訴人・附帯被控訴人、上告人・被上告人）に対して損害賠償を求めた事案である。

Yでは、残業に関して自己申告制をとっていたが、長時間深夜勤務が常態であり、深夜残業を申告しない傾向が強く、Yはこの状態を認識していた。また、Yには翌日出勤猶予制度等もあるが、周知不徹底であまり利用されていなかった。Aは一九九〇年四月に入社し、同年六月からセールス・イベント等の企画立案などの多様多忙な業務や雑用を精力的にこなしていた。Aの健康状態は、過重な業務による翌朝・徹夜に及ぶ慢性的な長時間労働の下で、次第に悪化していった。他方、Aの勤務に対する上司の評価は好意的かつ良好であったが、同時に、上司はAの勤務ぶりや異変を了知し充分睡眠をとるよう指導したものの、人員を補充するなどの措置を講ずることはなかった。XらがAの過労を心配していたなか、九一年八月、Aは、勤務中に上司も気づく異常な言動を示したものの無事終了し帰宅したが、翌朝、自宅で自殺した。

第一審（東京地判平八・三・二八、労判六九二号）は、Aの「常軌を逸した長時間労働」による過度の心身の疲労状態とうつ病およびうつ病と自殺との相当因果関係を肯定し、Yの履行補助者である上司のAの状態を認識しつつも具体的措置をとらなかったことに安全配慮義務不履行の過失があるとしてYの使用者責任（民法第七一五条）を認め、約一億二六〇〇万円の支払いを命じた。

控訴審（東京高判平九・九・二六、労判七二四号）は、Yの賠償責任につき第一審判決を支持したが、損害額の算定では、Aのうつ病親和的性格、合理的行動（病院にいくなど）をとらなかったこと、Aの状態に対する具体的措置をとらなかったXらの落ち度などを考慮しA側の過失を認め、過失相殺（民法第七二二条二項）を類推適用して、その三割を減額した。

上告審は、Yの賠償責任を認めたが、その賠償責任の論拠、過失相殺の適用の適否およびその範囲について判断を下し、Xらの敗訴部分を破棄・差戻した。差戻審で、和解が成立し、一億六八〇〇万円の支払がXらになされた。

【判旨】 Xらの敗訴部分を破棄・差戻し。

1　Yの責任

「労働日に長時間にわたり業務に従事する状況が継続するなどして、疲労や心理的負荷等が過度に蓄積すると、労働者の心身の健康を損なう危険のあることは、周知のところである。」労働基準法の労働時間規制や労安衛法の健康配慮・適切管理規定（六五条の三）は、当該危険発生の防止をも目的とする。「使用者は、その雇用する労働者に従事させる業務を定めてこれを管理するに際し、業務の遂行に伴う疲労や心理的負荷等が過度に蓄積して労働者の心身の健康を損なうことがないよう注意する義務」を負い、業務上の指揮監督をおこなう上司も当該注意義務の内容に従って権限を行使すべきである。Aの業務遂行とうつ病罹患による自殺との間の相当因果関係を認め当該注意義務を怠ったとした原審の判断は、正当である。

2　過失相殺の範囲

過重な業務負担を原因とする損害賠償請求でも、損害の公平な分担の理念に照らし過失相殺を類推適用して、損害の発生・拡大に寄与した被害者の性格等の心因的要因を斟酌することができる（昭五九年（オ）第三三号事件最一小判昭和六三年四月二一日民集第四二巻四号二四三頁）。しかし、労働者の性格は多様であるから、「[ある]業務に従事する労働者の個性の多様さとして通常想定される範囲を外れるものでない限り、その性格及びこれに基づく業務遂行の態様等が業務の過重負担に起因する損害の発生及び拡大に寄与したとしても、」その事態は使用者として予想すべきものである。さらに、使用者や業務上の指揮監督権限を有する上司は、労働者の適性を判断して配置や業務内容の決定をおこなうのであり、その際に、労働者の性格をも考慮することができる。したがって、労働者の性格等が前記の範囲を外れない場合、裁判所は、当該労働者の性格等を心因的要因として斟酌することはできない。本件の場合、Aの性格は社会人一般にしばしば見られるものであり、上司は業務との関係でAの性格を積極的に評価していたのであるから、前記範囲を外れたとはいえず、よって、Aの性格等を斟酌することはできない。

Aは「独立の社会人として自らの意思と判断に基づきYの業務に従事していた」のであり、Xらに過失責任を問うことはできない。

［藤本　茂］

㊽私傷病と労働者の保護

カントラ事件・大阪高裁平成一四年六月一九日判決

平成一三年（ネ）第三九九五号賃金請求各控訴事件、労判八三九号

【事案の紹介】

Xは、運転者として職種を限定してYに雇用され、比較的長距離の運転業務と比較的近距離の運転業務をローテーションで行なうとともに、配送先での積み荷の荷下ろし作業を行なっていた。

ところが、Xは、一九九五（平成七）年三月二六日以降、業務外の疾病（慢性腎不全）によりYを休職した。九八（平成一〇）年六月一日、XはYに対し運転者の職務に復帰したい旨申し入れたが、Yはこれを拒否した。これに対しXは、軽作業は可能とする主治医や腎臓病の専門医の診断書をYに提出したが、Yの産業医がXの復職を不可と診断したため、YはXの復職を認めなかった。九九（平成一一）年一月二〇日にYの産業医が軽作業であれば就労可能であるとの診断をしたのを受けて復職の交渉が行なわれたが、合意にはいたらなかった。その後、Xが提起した賃金の仮払いを求める仮処分事件において和解が成立し、二〇〇〇（平成一二）年二月一日にXは復職した。

Xは、復職を申し出た一九九八（平成一〇）年六月から二〇〇〇（平成一二）年一月までの賃金および賞与の支払いを求めた。

【判旨】一部認容。

「労働者がその職種を特定して雇用された場合において、その労働者が従前の業務を通常の程度に遂行することができなくなった場合には、原則として、労働契約に基づく債務の本旨に従った履行の提供、すなわち特定された職種の職務に応じた労務の提供をすることはできない状況にあるものと解される（もっとも、他に現実に配置可能な部署ないし担当できる業務が存在し、会社の経営上もその業務を担当させることにそれほど問題がないときは、債務の本旨に従った履行の提供ができない状況にあるとはいえないものと考えられる。）。」

産業医の当初の診断が不当なものであったとはいえず、Yが平成一〇年六月の復職申し入れを認めなかったのは正当である。しかし、その後専門医の診断書が提出されたことや、それをもとにXが強く復帰を求めていたことから、Yとしては客観的な健康状態と就労可能かどうかについて検討すべきであったというべきである。そして、平成一一年一月二〇日の産業医の診断をもとに検討すれば、比較的軽度の作業の運転者等として復帰を認めることが可能であったというべきである。また、本人の病状悪化の可能性がそれほどでなく、運転業務の危険等もないような場合には、業務に与える不利益と就労可能性とを慎重に比較検討すべきであり、病状が二年近くも大きく変化することなく推移している本件の場合復職を認めることがYに看過し難い不利益を与えるものであったとは認め難い。

「Xは、遅くとも平成一一年二月一日には、業務を加減した運転者としての業務を遂行できる状況になっていたと認めることができ、Xは、債務の本旨に従った履行の提供をしたものと認められる。」そして、Yは、Xに対し、復職が可能となった平成一一年二月一日から現実に復職した前日である平成一二年一月末日までの賃金支払義務がある。

［大場敏彦］

㊾使用者の懲戒権

関西電力事件・最高裁第一小法廷昭和五八年九月八日判決

昭和五三年（オ）第一一四四号譴責処分無効確認請求事件、労判四一五号、判時一〇九四号、判タ五一〇号

【事案の紹介】

本件は、Y社の尼崎第二発電所に勤務する従業員であり、かつY社の従業員で組織される労働組合の組合員であったXが、昭和四四年一月一日未明の勤務時間外に、Y社を非難する内容を含むビラを尼崎地区のY社社宅に配布したところ、就業規則第七八条第五号の懲戒事由（「その他特に不都合な行為があったとき」）に該当するとして、同年一月三一日、Y社から譴責の懲戒処分（本件譴責処分）を受けたため、これに対して、Xが、本件譴責処分の無効などを主張して訴えを提起したものである。一審判決（神戸地尼崎支判昭四九・二・八、労民集二九巻三号）は、Xの本件ビラ配布行為は「特に不都合な行為」には該当しないとして、本件譴責処分は無効であるとしたが、これに対して、二審判決（大阪高判昭五三・六・二九、労民集二九巻三号）は、本件譴責処分は適法であり有効であるというべきであるとしたため、Xが上告した。

【判旨】 上告棄却。

「労働者は、労働契約を締結して雇用されることによって、使用者に対して労務提供義務を負うとともに、企業秩序を遵守すべき義務を負い、使用者は、広く企業秩序を維持し、もつて企業の円滑な運営を図るために、その雇用する労働者の企業秩序違反行為を理由として、当該労働者に対し、一種の制裁罰である懲戒を課することができるものであるところ、右企業秩序は、通常、労働者の職場内又は職務遂行に関係のある行為を規制することにより維持しうるのであるが、職場外でされた職務遂行に関係のない労働者の行為であつても、企業の円滑な運営に支障を来すおそれがあるなど企業秩序に関係を有するものもあるのであるから、使用者は、企業秩序の維持確保のために、そのような行為をも規制の対象とし、これを理由として労働者に懲戒を課することも許されるのであり（最高裁昭和四五年（オ）第一一九六号同四九年二月二八日第一小法廷判決・民集二八巻一号六六頁参照）、右のような場合を除き、労働者は、その職場外における職務遂行に関係のない行為について、使用者による規制を受けるべきいわれはないものと解するのが相当である。」

「これを本件についてみるのに、右ビラの内容が大部分事実に基づかず、又は事実を誇張歪曲してY社を非難攻撃し、全体としてこれを中傷誹謗するものであり、右ビラの配布により労働者の会社に対する不信感を醸成して企業秩序を乱し、又はそのおそれがあったものとした原審の認定判断は、原判決挙示の証拠関係に照らし、是認することができないではなく、その過程に所論の違法があるものとすることはできない。……Xによる本件ビラの配布は、就業時間外に職場外であるY社の従業員社宅において職務遂行に関係なく行なわれたものではあるが、前記就業規則所定の懲戒事由にあたると解することができ、これを理由としてXに対して懲戒として譴責を課したことは懲戒権者に認められる裁量権の範囲を超えるものとは認められないというべきであり、これと同旨の原審の判断は正当である。」

［石田信平］

㊿懲戒権

ネスレ日本（懲戒解雇）事件・最高裁第二小法廷平成一八年一〇月六日判決

平成一六年（受）第九一八号／平成一八年（オ）第一〇七五号労働契約上の地位確認等請求事件、労判九二五号

【事案の紹介】

上告人X_1とX_2は、被上告人Yの工場で従業員として勤務していた。X_2は、平成五年六月九日体調不良を理由に欠勤し、翌日、年次有給休暇に振り替えるよう申請したが、上司であるT課長代理がこれを認めなかったため、X_2の七月支給の賃金の一部が減額された。これに対して、X_2が副書記長を務める企業内少数派組合は、職場での抗議行動を行い、その過程でX_1らによるTに対する同年一〇月二五日、二六日及び平成六年二月一〇日の暴行事件が発生した。Tは、一〇月二六日及び二月一〇日の事件により捻挫等の傷害を負ったとして、警察署及び地検に告訴状を提出したが、地検は平成一一年一二月二八日、X_1らを不起訴処分とした。

Yは、このころから、X_1らに対する処分の検討を始め、平成一二年五月一七日、一〇月二六日の事件に関わった訴外Kに対し、退職願の提出を勧め、Kは同日退職願を提出したが、翌日にこれを撤回した。Kは、退職の意思表示の効力を争って、地位保全の仮処分を申し立てるとともに本案訴訟を提起したところ、同年八月七日付で水戸地裁龍ヶ崎支部が、Yに賃金の仮払を命じたため、Yは、X_1らに対する処分を見合わせた。しかし、平成一三年三月一六日に同支部がKの請求を棄却したため、Yは改めてX_1らの処分を検討し、就業規則の規定に基づき、同年四月一七日、X_1らに対し、同月二五日までに退職願が提出されたときは自己都合退職の例により退職金を全額支給するが、退職願が提出されないときは同月二六日付で懲戒解雇する旨の諭旨退職処分を行った。当時のYの就業規則では、懲戒解雇は即時解雇として退職金を支給せず、諭旨退職の場合は、原則として退職金は支給しないが、情状により退職金の一部または全部を支給することがあるとされていた。懲戒解雇事由として「故意に業務を阻害したとき」、「会社内において、暴行、脅迫、監禁その他これに類する行為を行ったとき」等が定められていた。X_1らは、期限までに退職願を提出しなかったことから、Yは、同年四月二七日、X_1らに対し、同月二六日付で懲戒解雇となった旨を通知した。

X_1らは、本件懲戒解雇は権利の濫用であり無効である等を主張して、従業員たる地位の確認等を求めるとともに、地位保全の仮処分を申し立てた。仮処分決定（水戸地龍ヶ崎支決平一三・七・二三、労判八一三号）は、「相当な期間経過後の懲戒処分は、合理的な理由がない限り裁量権を逸脱したものとして社会通念上相当として是認されず、権利濫用となり無効」として申立てを認容した。

一審判決（水戸地龍ヶ崎支判平一四・一〇・一一、労判八四三号）も、傷害事件に関する上司の証言は信用性に乏しく、処分を根拠づけるに足りる重大、悪質な非違行為とは認め難く、傷害事件の発生時期から極めて長い年月を経て行われた経緯にも不自然、不合理な点があることから、客観的に見て合理的理由を欠き、社会通念上相当として是認できず、懲戒権の濫用であるとして、ほぼX_1らの請求を認め、給与等につき仮執行を宣言した。Yは、控訴した。

二審判決（東京高判平一六・二・二五、労判八六九号）は、暴行事件に関する上司の証言は信用することができ、X_1らが就業規則の懲戒解雇事由に該当することは明らかであるとした上で、暴行の発生と解雇との間には相当の時間が経過しているが、Yが組合の重要メンバーであるX_1らの処分について慎重になり、捜査機関の捜査の結果を待って処分を検討したことは非難できないとして、本件諭旨退職処分を解雇権の濫用または信義則に違反するということはできず、不当労働行為にもあたらず解雇は有効であるとして、一審判決を取り消し、X_1らの請求を棄却するとともに、一審判決の仮執行の宣言に従ってYがX_1らに支払った金員につき、民訴法二六〇条二項による返還申立てを認容した。X_1らは、上告した。

【判旨】 原判決破棄、被上告人の控訴棄却、上告人一名の金員支払請求認容。

「使用者の懲戒権の行使は、企業秩序維持の観点から労働契約関係に基づく使用者の権能として行われるものであるが、就業規則所定の懲戒事由に該当する事実が存在する場合であっても、当該具体的事情の下において、それが客観的に合理的な理由を欠き、社会通念上相当なものとして是認することができないときには、権利の濫用として無効になると解するのが相当である。」

「本件諭旨退職処分は本件各事件から七年以上が経過した後にされたものであるところ、Yにおいては、T課長代理が一〇月二六日事件及び二月一〇日事件について警察及び検察庁に被害届や告訴状を提出していたことからこれらの捜査の結果を待って処分を検討することとしたいというのである。しかしながら、本件各事件は職場で就業時間中に管理職に対して行われた暴行事件であり、被害者である管理職以外にも目撃者が存在したのであるから、上記の捜査の結果を待たずともYにおいてX_1らに対する処分を決めることは十分に可能であったものと考えられ、本件において上記のような長時間にわたって懲戒権の行使を留保する合理的な理由は見いだし難い。しかも、使用者が従業員の非違行為について捜査の結果を待ってその処分を検討することとした場合においてその捜査の結果が不起訴処分となったときには、使用者においても懲戒解雇処分のような重い懲戒処分は行わないこととするのが通常の対応と考えられるところ、上記の捜査の結果が不起訴処分となったにもかかわらず、YがX_1らに対し実質的には懲戒解雇に等しい本件諭旨退職処分のような重い懲戒処分を行うことは、その対応に一貫性を欠くものといわざるを得ない。」

「本件各事件から七年以上経過した後にされた本件諭旨退職処分は、原審が事実を確定していない本件各事件以外の懲戒解雇事由についてYが主張するとおりの事実が存在すると仮定しても、処分時点において企業秩序維持の観点からそのような重い処分を必要とする客観的に合理的な理由を欠くものといわざるを得ず、社会通念上相当なものとして是認することはできない。」

［鈴木　隆］

51私生活上の非行

日本鋼管砂川事件・最高裁第二小法廷昭和四九年三月一五日判決

昭和四五年（オ）第九八二号雇用契約存在確認請求事件、民集二八巻二号、労旬八五九号

【事案の紹介】

Y会社川崎製鉄所の従業員であったXらは、一九五七年七月、在日アメリカ空軍の使用する立川基地の拡張のための測量を阻止する目的で、一般の立入りを禁止されていた同飛行場内に不法に立ち入り、警備の警官隊と対峙した際にも、集団の最前列付近で率先して行動した（いわゆる砂川事件）。そのためXらは、日本とアメリカ合衆国との間の安全保障条約三条に基づく行政協定にともなう刑事特別法二条違反の罪により逮捕、起訴され、これが広く報道された。当時Yは巨額の借款を世界銀行に申し込んでいたが、同銀行からYの労使関係につき砂川事件のことを問題にされ、また、国内の他の鉄鉱関係会社からも同事件について批判を受けた。そこで、Yは、Xらに対し、川崎製鉄所の労働協約および就業規則所定の懲戒事由である「不名誉な行為をして会社の体面を著しく汚したとき」に該当するとして、懲戒解雇ないし諭旨解雇の処分を行なった。

Xらは、当該処分の無効を主張し、雇用契約上の権利が存することの確認を求めて提訴、第一審（東京地判昭四二・一〇・一三、民集二八巻二号）および控訴審（東京高判昭四五・七・一八、高民集二三巻三号）はXらの主張を認めている。本件はその上告審である。

【判旨】 上告棄却。

「営利を目的とする会社がその名誉、信用その他相当の社会的評価を維持することは、会社の存立ないし事業の運営にとって不可欠であるから、会社の社会的評価に重大な悪影響を与えるような従業員の行為については、それが職務遂行と直接関係のない私生活上で行われたものであつても、これに対して会社の規制を及ぼしうることは当然認められなければならない。」しかしながら、「従業員の不名誉な行為が会社の体面を著しく汚したというためには、必ずしも具体的な業務阻害の結果や取引上の不利益の発生を必要とするものではないが、当該行為の性質、情状のほか、会社の事業の種類・態様・規模、会社の経済界に占める地位、経営方針及びその従業員の会社における地位・職種等諸般の事情から総合的に判断して、右行為により会社の社会的評価に及ぼす悪影響が相当重大であると客観的に評価される場合でなければならない。」

そこで、本件についてみると、Xらの行為がYの企業としての社会的評価に影響のあったことは、原判決の確定するところであるが、Xらの行為は「破廉恥な動機、目的に出たものではなく、これに対する有罪判決の刑も最終的には罰金二〇〇〇円という比較的軽微なものにとどまり、その不名誉性はさほど強度ではないこと、Yは鉄鋼、船舶の製造販売を目的とする会社で、従業員約三万名を擁する大企業であること、Xらの同会社における地位は工員……にすぎなかつたこと」を総合勘案すれば、会社の体面を著しく汚したものとして、懲戒解雇又は諭旨解雇の事由とするには、なお不十分であるといわざるをえない。

［緒方桂子］

(52)退職勧奨

下関商業高校事件・最高裁第一小法廷昭和五五年七月一〇日判決

昭和五二年（オ）第四〇五号損害賠償請求事件、集民一三〇号、労判三四五号

【事案の紹介】

Y（下関教育委員会―被告・控訴人・上告人）は、高齢化傾向にあった市立高校教員の新陳代謝と適正な年齢構成を維持する目的で、退職勧奨基準年齢（昭和四〇年度から四四年度では男子五七歳、女子五五歳）に準じて退職勧奨を行なってきた。X_1とX_2（原告・被控訴人・被上告人）に対してYは昭和四〇年度から退職勧奨に当ってきたが、とくに昭和四四年度末には強引になっていった。すなわち、昭和四五年二月二六日の校長による勧奨の後、X_1には三月一二日から五月二七日までの間に一一回、X_2には三月一二日から七月一四日までに一三回、教委に出頭を命じ、六名の勧奨担当者が一人ないし四人で一回二〇分から二時間にわたって、「あなたが辞めたら二、三人は雇えます」と述べたり、組合の要求を両名の退職にからめたり、研究レポートの提出を求めたり、市教委への配転を示唆するなどした。

Xらは、Yに対し退職勧奨による精神的損害の賠償として国家賠償法一条一項に基づいて各五〇万円請求した。

第一審判決（山口地下関支判昭四九・九・二八、判時七五九号）は、本件退職勧奨は、「その本来の目的である被勧奨者の自発的な退職意思の形成を慫慂する限度を超え、心理的圧力を加えて退職強要したものと認めるのが相当」として、各五万円の損害賠償の義務を認めた。この結論を維持しつつその理由づけを若干修正した第二審判決（広島高判昭五二・一・二四、労判三四五号）は以下のとおりである。すなわち、(1)「退職勧奨は、任命権者がその人事権に基づき、雇傭関係にある者に対し、自発的な退職意思の形成を慫慂するためになす説得等の行為であつて、法律に根拠をもつ行政行為ではなく、単なる事実行為である。したがつて被勧奨者はなんらの拘束なしに自由にその意思を決定しうる」。(2)「被勧奨者の任意の意思形成を妨げ、あるいは名誉感情を害するごとき言動が許されないことはいうまでもなく、そのような勧奨行為は違法な権利侵害として不法行為を構成する場合がある。」(3)退職勧奨の違法性評価は次の基準による。すなわち、（一審の①と②は削除）③その他、勧奨の回数及び期間、言動、勧奨者の数、優遇措置の有無等を総合的に勘案して「全体として被勧奨者の自由な意思決定が妨げられる状況であったか否か」が基準となる。これに対してYが上告したのが本件である。

【判旨】 上告棄却。

「所論の点に関する原審の認定判断は、原判決挙示の証拠関係に照らし是認しえないものではなく、その過程に所論の違法はない。」これに対し反対意見（二名）は、定年制のない公務員には人事の停滞、能率の低下、人件費の膨張等を回避するためには、退職勧奨は合理的であり、「本件退職勧奨における説得のための手段・方法が社会通年上相当として認められる範囲を逸脱したとまではいえない」として、破棄差戻しを主張した。

［小俣勝治］

53解雇権の濫用

高知放送事件・最高裁第二小法廷昭和五二年一月三一日判決

昭和四九年（オ）第一六五号従業員地位確認等請求事件、集民一二〇号、労判二六八号

【事案の紹介】

X（原告、被控訴人、被上告人）は、放送事業会社であるY（被告、控訴人、上告人）のアナウンサーであったが、宿直勤務に際して寝過ごし、午前六時からのラジオニュース（一〇分間）をまったく放送できないという事故を起こした（第一事故）。また、Xは、その後も寝過ごし、午前六時からのニュースを約五分間放送できなかった（第二事故）ことがあるうえ、この第二事故について提出した事故報告書に事実と異なる記載をしていた。

こうしたXの行為についてYは、就業規則所定の懲戒事由に該当するので懲戒解雇とすべきところであったが、再就職など将来を考慮して普通解雇を行なった。これに対し、Xは本件解雇が無効であるとして地位確認を求めて出訴した。第一審（高知地判昭四八・三・二七、未登載）および原審（高松高判昭四八・一二・一九、労判一九二号）はXの請求を認容したため、Yが上告していた。

【判旨】　上告棄却。

「普通解雇事由がある場合においても、使用者は常に解雇しうるものではなく、当該具体的な事情のもとにおいて、解雇に処することが著しく不合理であり、社会通念上相当なものとして是認することができないときには、当該解雇の意思表示は、解雇権の濫用として無効になるものというべきである。」

「本件事故は、いずれもXの寝過しという過失行為によつて発生したものであつて、悪意ないし故意によるものではなく、また、通常は、ファックス担当者が先に起きアナウンサーを起こすことになつていたところ、本件第一、第二事故ともファックス担当者においても寝過し、定時にXを起こしてニュース原稿を手交しなかったのであり、事故発生につきXのみを責めるのは酷であること、Xは、第一事故については直ちに謝罪し、第二事故については起床後一刻も早くスタジオ入りすべく努力したこと、第一、第二事故とも寝過しによる放送の空白時間はさほど長時間とはいえないこと、Yにおいて早朝のニュース放送の万全を期すべき何らの措置も講じていなかつたこと、事実と異なる事故報告書を提出した点についても、一階通路ドアの開閉状況にXの誤解があり、また短期間内に二度の放送事故を起こし気後れしていたことを考えると、右の点を強く責めることはできないこと、Xはこれまで放送事故歴がなく、平素の勤務成績も別段悪くないこと、第二事故のファックス担当者訴外Aはけん責処分に処せられたにすぎないこと、Yにおいては従前放送事故を理由に解雇された事例はなかつたこと、第二事故についても結局は自己の非を認めて謝罪の意を表明していること、等の事実があるというのであつて、右のような事情のもとにおいて、Xに対し解雇をもつてのぞむことは、いささか苛酷にすぎ、合理性を欠くうらみなしとせず、必ずしも社会的に相当なものとして是認することはできないと考えられる余地がある。したがつて、本件解雇の意思表示を解雇権の濫用として無効とした原審の判断は、結局、正当と認められる。」

［根本　到］

学校法人専修大学事件・最高裁第二小法廷平成二七年六月八日判決

平成二五年（受）第二四三〇号地位確認等請求反訴事件、民集六九巻四号、労判一一一八号、労旬一八四七号

【事案の紹介】

本件は、業務上の疾病により長期休業しているXが、Yから打切補償として平均賃金の一二〇〇日分相当額の支払を受けた上でされた解雇の有効性を争って、労働契約上の地位の確認等を求めた事案である。第一審（東京地判平二四・九・二八、民集六九巻四号）及び原審（東京高判平二五・七・一〇、民集六九巻四号）は、労災保険法に基づく療養補償給付を受けているXについて、打切補償の支払による解雇制限の解除は認められず、解雇は労働基準法一九条に違反し無効であると判断し、請求を認容した。Y上告。

【判旨】破棄差戻し。

「労災保険法の制定の目的並びに業務災害に対する補償に係る労働基準法及び労災保険法の規定の内容等に鑑みると、業務災害に関する労災保険制度は、労働基準法により使用者が負う災害補償義務の存在を前提として、その補償負担の緩和を図りつつ被災した労働者の迅速かつ公正な保護を確保するため、使用者による災害補償に代わる保険給付を行う制度であるということができ、このような労災保険法に基づく保険給付の実質は、使用者の労働基準法上の災害補償義務を政府が保険給付の形式で行うものであると解するのが相当である（最高裁昭和五〇年（オ）第六二一号同五二年一〇月二五日第三小法廷判決・民集三一巻六号八三六頁参照）。

「労災保険法に基づく保険給付の実質及び労働基準法上の災害補償との関係等によれば、同法において使用者の義務とされている災害補償は、これに代わるものとしての労災保険法に基づく保険給付が行われている場合にはそれによって実質的に行われているものといえるので、使用者自らの負担により災害補償が行われている場合とこれに代わるものとしての同法に基づく保険給付が行われている場合とで、同項〔労働基準法一九条一項〕ただし書の適用の有無につき取扱いを異にすべきものとはいい難い。また、後者の場合には打切補償として相当額の支払がされても傷害又は疾病が治るまでの間は労災保険法に基づき必要な療養補償給付がされることなども勘案すれば、……労働者の利益につきその保護を欠くことになるものともいい難い」。

「そうすると、労災保険法一二条の八第一項一号の療養補償給付を受ける労働者は、解雇制限に関する労働基準法一九条一項の適用に関しては、同項ただし書が打切補償の根拠規定として掲げる同法八一条にいう同法七五条の規定によって補償を受ける労働者に含まれるものとみるのが相当である」。

「したがって、労災保険法一二条の八第一項一号の療養補償給付を受ける労働者が、療養開始後三年を経過しても疾病等が治らない場合には、……使用者は、当該労働者につき、同法〔労働基準法〕八一条の規定による打切補償の支払をすることにより、解雇制限の除外事由を定める同法一九条一項ただし書の適用を受けることができるものと解するのが相当である」。

〔石﨑由希子〕

⑤⑤解雇期間中の賃金と中間収入

あけぼのタクシー事件・最高裁第一小法廷昭和六二年四月二日判決

昭和五九年（オ）第八四号雇用関係存在確認等請求事件、集民一五〇巻、労判五〇六号、判時一二四四号

【事案の紹介】

1　X_1とX_2は、タクシー会社Yのタクシー運転手であり、X_1は労働組合の執行委員長、X_2はその書記長の地位にあった。Yは各種の非違行為を理由にXらを懲戒解雇した。これに対し、Xらは雇用関係存続確認と解雇期間中の賃金の支払いを求めて提訴した。なお、Xらは右解雇期間中、他社でタクシー運転手として勤務し、解雇前の平均賃金以上の収入を得ていた。

2　一審（福岡地判昭五六・三・三一、労判三六五号）および原審（福岡高判昭五八・一〇・三一、労民集三四巻五＝六号）は、本件解雇はYがXらの組合活動を嫌悪してなしたもので労組法七条一号の不当労働行為に該当し無効とした。原審は、解雇期間中の賃金支払いに関して、中間収入がある場合、解雇期間中の賃金から控除できるのは平均賃金の算定基礎になる賃金のみであり、平均賃金算定の基礎に算入されない一時金は控除の対象にならないとして、復職までに得られたであろう一時金の全額について、Xらの請求を認めた。

3　Yは、本件懲戒解雇は不当労働行為に該当せず有効であり、仮に無効であっても、中間収入の控除に関しては、一時金の全額が損益相殺の対象となるとして、上告した。

【判旨】　一部棄却、一部破棄差戻し。

1　「使用者の責めに帰すべき事由によつて解雇された労働者が解雇期間中に他の職に就いて利益を得たときは、使用者は、右労働者に解雇期間中の賃金を支払うに当たり右利益（以下「中間利益」という。）の額を賃金額から控除することができるが、右賃金額のうち労働基準法一二条一項所定の平均賃金の六割に達するまでの部分については利益控除の対象とすることが禁止されているものと解するのが相当である……。したがつて、使用者が労働者に対して有する解雇期間中の賃金支払債務のうち平均賃金額の六割を超える部分から当該賃金の支給対象期間と時期的に対応する期間内に得た中間利益の額を控除することは許されるものと解すべきであり、右利益の額が平均賃金の四割を超える場合には、更に平均賃金算定の基礎に算入されない賃金（労働基準法一二条四項所定の賃金）の全額を対象として利益額を控除することが許されるものと解される。」

2　「そして、右のとおり、賃金から控除し得る中間利益は、その利益の発生した期間が右賃金の支給の対象となる期間と時期的に対応するものであることを要し、ある期間を対象として支給される賃金からそれとは時期的に異なる期間内に得た利益を控除することは許されないものと解すべきである。」

3　以上と異なる原判決には法律の解釈適用を誤った違法がある。よって、原判決のXらの一時金請求を認容した部分は破棄を免れない。そして、右部分については、各一時金の支給対象期間に対応する期間内に得た利益の額を控除してなお残額が存在するかどうか更に審理を尽くさせる必要があるから、これを原審に差し戻すのが相当である。

［小宮文人］

東洋酸素事件・東京高裁昭和五四年一〇月二九日判決

昭和五一年（ネ）第一〇二八号地位保全等仮処分申請控訴事件、労民集三〇巻五号、労判三三〇号、判時九四八号、労旬九九〇号

【事案の紹介】

Y（被告・控訴人）は、酸素、アルゴン等の製造販売を営む会社であり、Xら一三名（原告・被控訴人）は、Yのアセチレン部門で働く従業員である。アセチレン部門は赤字に転落し一九六九年には総額四四億円余の累積赤字を計上した。そこでYは、川崎工場のアセチレン部門の閉鎖を決定し、七〇年七月二四日付で、就業規則の「やむを得ない事業の都合によるとき」との規定に基づき、Xらを含む同部門の全従業員を解雇する旨の意思表示を行なった。その際、Yは他部門への配転や希望退職者募集の措置をとらなかった。Xらの地位保全仮処分申請に対し、原審（東京地判昭五一・四・一九、労判二五五号）は解雇無効と判断したため、Yが控訴。

【判旨】 原判決取消し、Xらの申請却下。

1　整理解雇の要件　企業による特定の事業部門の閉鎖は、その専権に属する自由であるが、終身雇用制の下では、解雇は労働者の生活に深刻な影響を及ぼすから、「企業運営上の必要性を理由とする使用者の解雇の自由も一定の制約を受けることを免れない」。

解雇が「やむを得ない事業の都合による」ものといえるためには、(1)事業部門の閉鎖が「企業の合理的運営上やむをえない必要に基づくものと認められる場合であること」、(2)閉鎖部門の従業員を「同一又は遠隔でない他の事業場における他の事業部門の同一又は類似職種に充当する余地がない場合、あるいは右配置転換を行つてもなお全企業的に見て剰員の発生が避けられない場合」であって、解雇が使用者の恣意によってなされるものでないこと、(3)「解雇対象者の選定が客観的、合理的な基準に基づくものであること、以上の三個の要件を充足することを要し、特段の事情のない限り、それをもつて足りる」。なお、解雇が手続上信義則に反したときは解雇権濫用となるが、これは解雇の効力の発生を妨げる事由であり、「解雇事由の有無の判断に当たり考慮すべき要素とはならない」。また、人員整理をしなければ企業の存続が不可能となるといった厳格な要件は、資本主義経済社会における法制の下では認められない。

2　具体的判断　(1)アセチレン部門の業績改善は困難であり、会社経営に深刻な影響を及ぼすおそれがあるから、同部門の閉鎖は「企業の運営上やむをえない必要があり、かつ合理的な措置であった」こと、(2)Xらの職種は現業職またはそれに類似する特務職であるから、配転先の職種もそれらに限定されるところ、他部門におけるこれら職種は過員であり、Xらの配転先確保のための他部門における希望退職者募集についても、Yが熟練従業員の引抜きの誘発を恐れて希望退職者を募集しなかったことには理由があること、(3)アセチレン部門は独立事業部門であり、管理職以外の全員を解雇対象者としたことは、客観的基準に基づく選定であったといえることから、本件解雇は「やむを得ない事業の都合による」ものといえる。(4)なお、Yには労組との事前協議条項はなく、Yは従業員にアセチレン部門の存廃が早晩問題となることを知らせていた等の事情の下では、Yが労組と協議を尽くさないまま部門閉鎖と解雇を実行したとしても、直ちに信義則違反とはいえない。

［土田道夫］

57変更解約告知

スカンジナビア航空事件・東京地裁平成七年四月一三日決定

平成六年（ヨ）第二一二〇四号地位保全仮処分申立事件、労民集四六巻二号、労判六七五号、判時一五二六号、労旬一八五九号

【事案の紹介】

スウェーデンに本社を持つY社（債務者）は、他の外国二社とともに航空会社（A社）を設立し、日本ではA社の従業員の雇用はYとの雇用契約によっている。X（債権者）らはいずれもYに雇用された地上職従業員およびエア・ホステスである。

A社は、航空部門の収益が赤字に転落したため、経営合理化を進める一方、経費削減を目的として希望退職者募集を行なった。

さらに、A社は日本人全従業員に対する早期退職募集と再雇用の提案を行ない、退職金の割増金支給を提示して早期退職の募集期限を発表した。また、その後の団体交渉で、年俸制の導入、退職金制度の変更、労働時間の変更、契約期間の導入などを内容とする新雇用条件を提示した。全従業員一四〇名のうち一一五名が早期退職に応じたが、Xら二五名は早期退職に応じず、本件仮処分を申し立てた。その後A社は、この二五名のうちX_1らに対して、新ポジションおよび新賃金（年俸）を明示して早期退職と再雇用への応募を促したが、応募期限までに応募がなかった。A社はさらに応募を促し、その後に残りのX_2らを含む二五名に解雇予告をした。そこで、X_1ら九名とX_2ら七名は、仮処分の申請内容を変更してこの解雇の効力を争い、従業員たる地位保全等を求めた。

【判旨】 申立て却下。

1 X_1らに対する「解雇の意思表示は、要するに、雇用契約で特定された職種等の労働条件を変更するための解約、換言すれば新契約締結の申込みをともなった従来の雇用契約の解約であって、いわゆる変更解約告知といわれるものである」。

2 「会社とX_1ら従業員との間の雇用契約においては、職務及び勤務場所が特定されており、また、賃金及び労働時間等が重要な雇用条件となっていたのであるから、本件合理化案の実施により各人の職務、勤務場所、賃金及び労働時間等の変更を行うためには、これらの点についてX_1らの同意を得ることが必要であり、これが得られない以上、一方的にこれらを不利益に変更することはできない事情にあったというべきである。

しかしながら、労働者の職務、勤務場所、賃金及び労働時間等の労働条件の変更が会社業務の運営にとって必要不可欠であり、その必要性が労働条件の変更によって労働者が受ける不利益を上回っていて、労働条件の変更をともなう新契約締結の申込みがそれに応じない場合の解雇を正当化するに足りるやむを得ないものと認められ、かつ、解雇を回避するための努力が十分に尽くされているときは、会社は新契約締結の申込みに応じない労働者を解雇することができるものと解するのが相当である。」

3 本件では、賃金、退職金、労働時間のいずれについても、変更に高度の必要性が認められ、X_1らにかかる高度の必要性を上回る不利益があったとはいえず、また解雇を回避するための努力が十分に尽くされており、「よって、本件変更解約告知は有効であると解するのが相当であ」る。

［野田　進］

東芝柳町工場事件・最高裁第一小法廷昭和四九年七月二二日判決

昭和四五年（オ）第一一七五号労働契約存在確認等請求事件、民集二八巻五号、判時七五二号

【事案の紹介】

Y社には正規従業員（本工）と臨時従業員（臨時工）の種別があり、後者は基幹作業に従事する基幹臨時工と附随作業を行うその他の臨時工とに分かれていた。基幹臨時工と本工とは、適用される就業規則等は異なるが、その従事する仕事の種類、内容の点において差異はなかった。基幹臨時工が期間満了によって傭止めされた事例はなく、ほとんどが長期間にわたり継続雇用されていた。Yの臨時従業員就業規則（以下、臨就規）の年休の規定は一年以上の雇傭を予定していた。Xら（X_1～X_7）は、いずれも契約期間二か月の基幹臨時工であり、採用に際し、Yには長期継続雇用、本工への登用を期待させるような言動があり、Xらも継続雇用されるものと信じ、本工への登用を強く希望していた。YとXらとの間の契約は五回～二三回の更新を重ねたが、必ずしもその都度新契約締結手続がとられていたわけではなかった。XらはYの雇止めに対して、雇用契約上の権利を有する地位にあることの確認を求めて提訴した。

一審（横浜地判昭四三・八・一九、労民集一九巻四号）は、本件契約の期間の定めは上記事実関係のもとにおいては漸次その臨時性を失い、本件雇止め当時には期間の定めのない契約に転移したとして、本件雇止めを解雇の意思表示と解し、X_3およびX_7を除いてXらの請求を認容した。Y、X_3およびX_7が控訴したところ、二審（東京高判昭四五・九・三〇、判時六〇六号）も、本件契約は「更新を重ねて恰も期間の定なき契約と実質的に異らない状態で存続していた」として、X_3（通勤補助金の不正受領をした等と認定された）を除きXらの請求を認めた。そこでYが上告した。

【判旨】 上告棄却。

本件各傭止めの意思表示は、「期間の定めのない契約と実質的に異ならない状態で存在していた」契約を終了させる趣旨のもとにされたのであるから、「実質において解雇の意思表示にあた」り、「本件各傭止めの効力の判断にあたつては、その実質にかんがみ、解雇に関する法理を類推すべきである」とした原判決は相当である。

本件臨就規八条はY社における基幹臨時工の解雇事由を列記し、そのうち同条三号は契約期間の満了を解雇事由として掲げているが、「本件各労働契約が期間の満了毎に当然更新を重ねて実質上期間の定めのない契約と異ならない状態にあつたこと、及び上記のようなY社における基幹臨時工の採用、傭止めの実態、その作業内容、Xらの採用時及びその後におけるXらに対するY社側の言動等にかんがみるときは、本件労働契約においては、単に期間が満了したという理由だけではY社において傭止めを行わず、Xらもまたこれを期待、信頼し、このような相互関係のもとに労働契約関係が存続、維持されてきたものというべきであ」り、このような場合、経済事情の変動により剰員を生じる等Y社において「従来の取扱いを変更して右条項を発動してもやむをえないと認められる特段の事情の存しないかぎり、期間満了を理由として傭止めをすることは、信義則上からも許されないものといわなければならない。」

［武井　寛］

59有期契約の更新拒否(2)

日立メディコ事件・最高裁第一小法廷昭和六一年一二月四日判決

昭和五六年（オ）第二二五号労働契約存在確認等請求上告事件、集民一四九巻、労判四八六号、判時一二二一号、労旬一一七四号

【事案の紹介】

Xは、一九七〇年一二月一日から同月二〇日までの期間を定めてY会社の柏工場に臨時員として雇用され同月二一日以降期間二か月の労働契約が五回更新されたが、翌年一〇月二一日に契約の更新を拒否された。Xは労働契約の存在確認等を求める訴訟を提起した。

一審（千葉地松戸支判昭五二・一・二七、労判二七〇号）は、①採用時に契約期間の明示がなく、②契約更新手続は本人の知らないうちに行なわれていたとの事実認定のもと、本件契約は期間の定めのない契約であり、Xを解雇すべき業務上の必要があったとはいえないとして、Xの請求を基本的に認容した。Y控訴。

二審（東京高判昭五五・一二・一六、労判三五四号）は、①採用時に期間の明示があり、②五回の更新は、いずれも期間満了の都度新たな契約を締結する旨を合意することによってなされてきたと認定し、「雇用関係継続の期待の下に期間の定めある労働契約が反覆更新されたとしても、そのことにより、それが期間の定めのない契約に転化するとの法理」は認めがたく、また、本件における労働関係全体も「期間の定めのない契約が存在する場合と同視すべき関係」ではない、Xを雇止めするにあたっては解雇に関する法理が類推されるが、本工に先立ち臨時員の雇止めが行なわれてもやむをえないとして、Xの雇止めを有効と認めた。X上告。

【判旨】 上告棄却。

原判決の次のような判示は、本件事実関係の下においては正当として是認することができる。

(1)「（Xら）臨時員は、季節的労務や特定物の製作のような臨時的作業のために雇用されるものではなく、その雇用関係はある程度の継続が期待されていたものであり、Yとの間においても五回にわたり契約が更新されているのであるから、このような労働者を契約期間満了によつて雇止めにするに当たつては、解雇に関する法理が類推され、解雇であれば解雇権の濫用、信義則違反又は不当労働行為などに該当して解雇無効とされるような事実関係の下に使用者が新契約を締結しなかつたとするならば、期間満了後における使用者と労働者間の法律関係は従前の労働契約が更新されたのと同様の法律関係となるものと解せられる。(2)しかし、右臨時員の雇用関係は比較的簡易な採用手続で締結された短期的有期契約を前提とするものである以上、雇止めの効力を判断すべき基準は、いわゆる終身雇用の期待の下に期間の定めのない労働契約を締結しているいわゆる本工を解雇する場合とはおのずから合理的な差異があるべきである。(3)したがつて、……やむを得ない理由により人員削減をする必要があり、……配置転換する余地もなく、臨時員全員の雇止めが必要であると判断される場合には、これに先立ち、期間の定めなく雇用されている従業員につき希望退職者募集の方法による人員削減を図らなかつたとしても、それをもつて不当・不合理であるということはできず、右希望退職者の募集に先立ち臨時員の雇止めが行われてもやむを得ないというべきである。」

［武井　寛］

神戸弘陵学園事件・最高裁第三小法廷平成二年六月五日判決

平成元年（オ）第八五四号地位確認等請求事件、民集四四巻四号、労判五六四号、判時一三五五号、

【事案の紹介】

被上告人・学校法人Yが設置する高校の教員募集に応募した上告人Xは、採用面接時に、Yの理事長から、採用後の地位は常勤講師とする、一応契約期間を一年とするが勤務状況を見て再雇用するか否か判断すると説明されたうえで採用の申出を受けた。Xは、他高校からの採用内定を断ってこれに応諾し、社会科担当教諭として採用された。なお採用後に、雇用期間を一年とする期限付職員契約書をYから交付され、署名して提出した。

Xは、その契約期間満了の約二週間前に、契約を終了する旨をYから通知され、翌年度以降の就労を拒絶されたため、地位確認と毎月の賃金支払いを求めて提訴した。

一審（神戸地判昭六二・一一・五、労判五〇六号）は、Xの雇用契約は一年の期限付で締結されたものと認められ、特段の事情のない限り期限の到来によって当然に終了すると解されるところ、その契約期間は教員としての適性を判断するためのものであって再雇用を前提としていたとは認められないし、契約が当然に更新されると期待しうる事情もないなど、特段の事情は認められないとして請求を棄却したため、Xが控訴した。二審（大阪高判平元・三・一、労判五六四号）も、原判決を一部付加訂正したほかは維持してXの請求を棄却したため、Xが上告した。

【判旨】　上告認容、破棄差戻。

「使用者が労働者を新規に採用するに当たり、その雇用契約に期間を設けた場合において、その設けた趣旨・目的が労働者の適性を評価・判断するためのものであるときは、右期間の満了により右雇用契約が当然に終了する旨の明確な合意が当事者間に成立しているなどの特段の事情が認められる場合を除き、右期間は契約の存続期間ではなく、試用期間であると解するのが相当である。そして、試用期間付雇用契約の法的性質については、試用期間中の労働者に対する処遇の実情や試用期間満了時の本採用手続の実態等に照らしてこれを判断するほかないところ、試用期間中の労働者が試用期間の付いていない労働者と同じ職場で同じ職務に従事し、使用者の取扱いにも格段変わったところはなく、また、試用期間満了時に再雇用（すなわち本採用）に関する契約書作成の手続が採られていないような場合には、他に特段の事情が認められない限り、これを解約権留保付雇用契約であると解するのが相当である。そして、解約権留保付雇用契約における解約権の行使は、解約権留保の趣旨・目的に照らして、客観的に合理的な理由があり社会通念上相当として是認される場合に許されるものであって、通常の雇用契約における解雇の場合よりもより広い範囲における解雇の自由が認められてしかるべきであるが、試用期間付雇用契約が試用期間の満了により終了するためには、本採用の拒否すなわち留保解約権の行使が許される場合でなければならない。」

本件雇用契約が当然に終了する旨の明確な合意が成立しているなどの特段の事情が認められるかについてみると、原審では、面接の

際に、Yの理事長から、採用後の身分は常勤講師とし、契約期間は一応四月一日から一年とすること及び一年間の勤務状態を見て再雇用するか否かの判定をすることなどについて説明を受けた際に、「一応」という表現が用いられたと認定されている。また、「H高校は断って、うちで三〇年でも四〇年でもがんばってくれ。」とか「公立の試験も受けないでうちへきてくれ。」とか言われたとのXの供述するとおりの発言があったものと認定されているのかどうかは必ずしも明らかではないが、「もし右発言がされたのであるとすれば、Yの理事長は契約期間の一年を『一応』のものと述べたというのであり、理事長が用いたと認定されている『再雇用』の文言も、厳格な法律的意味において、雇用契約を新たに締結しなければ期間の満了により契約が終了する趣旨で述べたものとは必ずしも断定しがたいのであって、一年の期間の満了により本件雇用契約が当然に終了する旨の明確な合意がXとYとの間に成立していたとすることには相当の疑問が残るといわなければならない。」

原審の認定によれば、Xが署名捺印した期限付職員契約書には、一年の期限が満了したときは解雇予告その他何らの通知を要せず期限満了の日に当然退職の効果を生ずることなどの記載がされているというのであり、一年の期間の満了によって本件雇用契約が当然に終了する旨の明確な合意がXとYとの間に成立していたかの如くである。しかし、この契約書の交付を受けたのは雇用契約の成立後で、Xが署名捺印したのは五月中旬であること、同年度に限って期限付職員を採用する必要があったとは思われないこと、同契約書には勤務規定を遵守して誠実に勤務する旨の記載があるのに署名時にその勤務規定は作成されていなかったことが窺われ、「Xの提出した期限付職員契約書は、本件雇用契約の趣旨・内容を必ずしも適切に表現していないのではないかという疑問の余地がある。」

更に、Xは大学卒業後すぐに採用されており、「このような場合には、短期間の就職よりも長期間の安定した就職を望むのがわが国の社会における一般的な傾向であるから、本件においてXが一年後の雇用の継続を期待することにはもっともな事情があったものと思われる。」

「以上のとおりであるから、本件雇用契約締結の際に、一年の期間の満了により本件雇用契約が当然に終了する旨の明確な合意がXとYとの間に成立しているなどの特段の事情が認められるとすることにはなお疑問が残るといわざるを得ず、このような疑問が残るのにかかわらず、本件雇用契約に付された一年の期間を契約の存続期間であるとし、本件雇用契約は右一年の期間の満了により終了したとした原判決は、雇用契約の期間の性質についての法令の解釈を誤り、審理不尽、理由不備の違法を犯したものといわざるを得ず、右違法は判決に影響を及ぼすことが明らかである。」

「そして、本件においては、前記疑問を解消し、本件雇用契約を一年の存続期間付のものであると解すべき特段の事情が認められるかどうか、右特段の事情が認められないとして本件雇用契約を試用期間付雇用契約であり、その法的性質を解約権留保付雇用契約であると解することが相当であるかどうか、そのように解することが相当であるとして本件が留保解約権の行使が許される場合に当たるかどうかにつき、更に審理を尽くさせる必要があるから、本件を原審に差し戻すこととする。」

［勝亦啓文］

㊶違法な労働者派遣における派遣先との雇用関係の成否

松下プラズマディスプレイ（パスコ）事件・最高裁第二小法廷平成二一年一二月一八日判決

平成二〇年（受）第一二四〇号地位確認等請求事件、労判九九三号、労旬一七一四号

【事案の紹介】

Y（被告・被控訴人・上告人）はパスコ（以下「P」）社と業務委託契約を締結していた。当該契約では、Yが生産一台につき定められた業務委託料をPに支払い、PがYから設備、事務所等を賃借して、自社の従業員を作業に従事させるものとされていた。YP間には資本関係や人的関係、専属的取引関係はなく、Pによる自社従業員の採用面接にYの従業員が立ち会ったことはない。X（原告・控訴人・被上告人）は、〇四年一月二〇日、Pとの間で、契約期間二か月（更新あり）、時給一三五〇円、就業場所をY社茨木工場（以下「本件工場」）等とする雇用契約を締結し、同日からデバイス部門の封着工程に従事した。XP間の契約は二か月ごとに更新され、〇五年七月二〇日までPはXに給与等を支給した。封着工程では、YとPほか一社の各従業員が混在して作業しており、Xは、Yの従業員から直接指示を受け、Pの正社員による指示は受けていなかった。Xの休日出勤はPの正社員からの指示のときもあればYの従業員からの指示のときもあり、休憩時間はYの従業員が指示していた。Xは〇五年四月、自己の就業状態が労働者派遣法等に違反しているとして、直接雇用をYに申し入れたが回答が得られず、翌月地域労組（以下「組合」）に加入した。組合は、Xが一年を超えて製造ラインの業務に従事しているゆえ、Yに直接雇用の申込み義務があるとし、団交を申し入れた。Yは、当初は団交には応じないという姿勢だったが、後に協議自体には応じる旨回答した。Xは同月二六日、本件勤務実態を大阪労働局に申告した。同年七月四日、同局から是正指導を受けたYは、請負契約を労働者派遣契約に切り替える等の改善計画を策定した。これに伴い、Pが同月二〇日限りでデバイス部門から撤退する一方、Yは、他社との間で労働者派遣契約を締結し、同月二一日から派遣労働者を受け入れることになった。XはPの正社員から本件工場の別の部門に移るよう打診されたが、Yの直接雇用下で従前の作業を続けたいと考え、同月二〇日限りでPを退職した。組合とYの協議のなかで、Yは同年八月二日、契約期間を同月から〇六年一月三一日まで（更新なし。同年三月三一日を限度としての更新はあり得る）、業務内容を「PDPパネル製造—リペア作業及び準備作業などの諸業務」と記載した労働条件通知書をX側に交付した。Xと組合は、契約期間と業務内容につき異議をとどめた上で、同旨の雇用契約書（始期は〇五年八月二二日。以下「本件契約書」）に署名押印しYに交付した。Xは、同月二三日から、本件工場内で不良PDPのリペア作業（〇二年三月ころ以降実施されることはなくなっていた作業だった）を一人で担当した。組合は、〇五年八月二五日以降、XY間の雇用契約を期間の定めのないものとし、Xの作業を従前従事していたものとすることを求めて団体交渉を申し入れていたが、Yは、同年一二月、翌年一月三一日をもって上記雇用契約が終了する旨を通告し、以降Xの就業を拒否している。Xは、XY間における、本件契約書の作成前からの黙示の労働

契約（以下「契約①」）の成立、労働者派遣法四〇条の四に基づく雇用契約（以下「契約②」）の成立、本件契約書による期間の定めのない雇用契約の成立（以下「契約③」）等を主張し、Yの従業員としての地位確認および慰謝料等の支払い等を求めて提訴した。

一審は、契約①②の成立を否定し、契約③についても、Xが異議をとどめてはいるものの、期間の定めのある雇用契約であり期間満了により終了とし、リペア作業につきXに精神的苦痛を与えたとして慰謝料四五万円の支払いをYに命じた。双方が控訴。二審は、YP間の契約は労働者供給契約、XP間の契約はその目的達成のための契約であり、民法九〇条により無効としながら、XY間には事実上の使用従属関係があり、YはXの受領する金員の額を実質的に決定する立場にあったとして、契約①（内容はXP間の契約における労働条件と同一）の成立を認め、契約②については成立を否定したが、契約③につき、Xが異議をとどめていることから、その内容は契約①の内容となるとした。また、Yによる雇用契約終了通告は、解雇権の濫用で無効、仮に雇止めの意思表示だとしても、更新拒絶の濫用として許されないとした（雇止めの意思表示が不法行為を構成するとして慰謝料については四五万円追加）。Y上告。

【判旨】 原判決一部破棄自判（慰謝料は認容）。

「請負人による労働者に対する指揮命令がなく、注文者がその場屋内において労働者に直接具体的な指揮命令をして作業を行わせているような場合」、「請負人と注文者との間において請負契約という法形式が採られていたとしても、これを請負契約と評価することはでき」ず、「注文者と労働者との間に雇用契約が締結されていないのであれば、上記三者間の関係は、労働者派遣法二条一号にいう労働者派遣に該当すると解すべきであ」り、また、「このような労働者派遣も、それが労働者派遣である以上は、職業安定法四条六項にいう労働者供給に該当する余地はない」。Xは「Pによって Yに派遣されていた派遣労働者の地位にあったということができ」、本件実態は「労働者派遣法の規定に違反していた」が、「労働者派遣法の趣旨及びその取締法規としての性質、さらには派遣労働者を保護する必要性等にかんがみれば、仮に労働者派遣法に違反する労働者派遣が行われた場合においても、特段の事情のない限り、そのことだけによっては派遣労働者と派遣元との間の雇用契約が無効になることはな」く、本件では「XとPとの間の雇用契約を無効と解すべき特段の事情はうかがわれないから」「両者間の雇用契約は有効に存在していた」。「YはPによるXの採用に関与していたとは認められないというのであり、XがPから支給を受けていた給与等の額をYが事実上決定していたといえるような事情もうかがわれず、かえって、Pは、Xに本件工場のデバイス部門から他の部門に移るよう打診するなど、配置を含むXの具体的な就業態様を一定の限度で決定し得る地位にあったものと認められ」、XY間に「雇用契約関係が黙示的に成立していたものと評価することはでき」ず、XY間の雇用契約は、本件契約書が取り交わされた〇五年八月一九日以降に成立したものと認めるほかはない。

XY間の雇用契約は一度も更新されておらず、契約更新拒絶のYの意図は客観的に明らかであったので、「上記契約はあたかも期間の定めのない契約と実質的に異ならない状態で存在していたとはいえ」ず、また、Xの雇用関係継続への期待に「合理性が認められる場合にも当たらない」。

〔武井　寛〕

東京日新学園事件・東京高裁平成一七年七月一三日判決

平成一七年（ネ）第五六九号雇用関係不存在確認等本訴請求、雇用関係存在確認等反訴請求控訴事件、労判八九九号

【事案の紹介】

本件は、A学園からX法人への事業譲渡の際に、A学園は全教職員を退職させること、X法人はA学園を退職した教職員のうち希望者から学校経営に必要な者を採用する旨の覚書を交わしていたところ、X法人への採用を希望したA学園の労働組合分会長Yが採用されなかったことから、Yがその不採用は不当労働行為であるとして救済申し立てをしたため、X法人がYとの間の雇用契約関係不存在確認の訴えを提起した事案である。原審（さいたま地判平一六・一二・二二、労判八八八号）は、「事業の全部譲渡に伴い、雇用関係が事業と一体として承継されていると評価できる場合には、事業に現に従事する労働者が事業の譲受人に採用されないということは、事業に従事する当該労働者にとっては、実質的に解雇と同視すべきことであ」る等として、譲受人のもとで事業に労働力を提供することを希望する労働者を当該事業の労働力から排除するには「客観的に合理的な理由を要し、かかる理由のない場合には、解雇が無効である場合と同様、当該労働者と事業譲受人との間に、労働力承継の実態に照らし合理的と認められる内容の雇用契約が締結されたのと同様の法律関係が生じるものと解するのが相当である。」として、X法人の請求を棄却した。

【判旨】 Xの請求認容。

「営業譲渡契約は、債権行為であって、契約の定めるところに従い、当事者間に営業に属する各種の財産……を移転すべき債権債務を生ずるにとどまるものである上、営業の譲渡人と従業員との間の雇用契約を譲受人が承継するかどうかは、譲渡契約当事者の合意により自由に定められるべきものであり、営業譲渡の性質として雇用契約関係が当然に譲受人に承継されることになるものと解することはできない。」「そして……本件覚書に基づき、……A学園とX法人との間に、その雇用契約関係を承継しない旨の合意があったことが明らかである。」「もっとも……営業譲渡契約において、雇用契約関係を引き継がない合意をすることが自由であるとしても、その合意が、労働組合を壊滅させる目的でされたり、一定の労働者につきその組合活動を嫌悪してこれを排除する目的でされたものと認められる場合には、そのような合意は、公序（憲法二八条、労働組合法七条）に反し、無効であるというべきである。しかし、本件合意については……上記のような無効事由があるものと認めることはできない。」「本件合意が、労働組合を壊滅させる目的でされたり、一定の労働者につきその組合活動を嫌悪してこれを排除する目的でされたものと認めるに足りる証拠はない。」

［山川和義］

63会社分割の効力と労働契約承継

日本IBM会社分割事件・最高裁第二小法廷平成二二年七月一二日判決

平成二〇年（受）第一七〇四号地位確認請求事件、労判一〇一〇号、労旬一七三二号

【事案の紹介】

Y社（被告、被控訴人、被上告人）は、米国法人A社の完全子会社であり、X_1ら六名（原告、控訴人、上告人）は、Y社のHDD事業部門に勤務する従業員であり、Z労組の組合員であった。Y社は、業績不振のHDD事業部門を、会社分割（新設分割）により、C社として独立させ、程なくC社の全株式をB社の子会社たるG社に売却した（C社がY社の子会社であったのは六日間ほどであった）。その後、B社は、そのHDD事業部門を会社分割（吸収分割）によりC社に合流させ、さらにA社保有のG社株を買収することにより、HDD事業に特化した企業組織（純粋持株会社Gとその事業子会社C社）をB社傘下に形成した。Y社の分割計画書上、X_1らは、Y社HDD事業部門に主として従事する者とされ、C社へと移籍させられた（以下「本件労働契約承継」という）。

本件労働契約承継に際して、Y社は、労働契約承継法七条の協議手続（以下「七条措置」という）については、全国の各従業員代表者をグループに分け、各グループごとに代表者協議を行った。

商法等の一部を改正する法律（平成一二年法律第九〇号。以下「商法等改正法」という）附則五条一項の協議手続（以下「五条協議」という）について、Y社は、非組合員たるHDD事業部門従業員に対しては、ライン専門職が、ラインの従業員を集めて説明会を開き、C社の就業規則案および前記代表者協議用の説明資料等により、移籍に同意するか否かを聞く等して、各従業員の状況を人事に報告した。X_1らについては、X_1らの委任を受けたZ労組が五条協議の労働者側担当者となった。Y社は、Z労組に対し、C社の概要および就業規則案を提示し、主として従事する者の判別基準、C社設立までのスケジュール、問題解決の手続等について連絡し、前記代表者協議用の説明資料も送付した。

X_1らは、七条措置・五条協議の不履行および承継拒否権の行使等を理由に、本件労働契約承継の無効を主張して、Y社に対し、地位確認請求等をなした。一審（横浜地判平一九・五・二九、労判九四二号）および二審（東京高判平二〇・六・二六、労判九六三号）は、請求棄却。X_1らにより上告および上告受理申立。最高裁は、上告を棄却し、承継拒否権の主張にかかる申立理由を排除して上告受理申立を受理した（平成二二年六月三〇日決定）。

【判旨】 上告棄却。

「新設分割の方法による会社の分割は、会社がその営業の全部又は一部を設立する会社に承継させるものである……。これは、営業を単位として行われる設立会社への権利義務の包括承継であるが、個々の労働者の労働契約の承継については、分割会社が作成する分割計画書への記載の有無によって基本的に定められる（商法三七三条。以下、会社の分割を行う会社を「分割会社」、新設分割によって設立される会社を「設立会社」という。）。そして、承継対象となる営業に主として従事する労働者が上記記載をされたときには当然に労働契約承継の効果が生じ……、当該労働者が上記記載をされないときには異議を申し出ることによって労働契約承継の効力が生じる……。」

「法は、労働契約の承継につき以上のように定める一方で、五条協議として、会社の分割に伴う労働契約の承継に関し、分割計画書等を本店に備え置くべき日までに労働者と協議をすることを分割会社に求めている（商法等改正法附則五条一項）。これは、上記労働契約の承継のいかんが労働者の地位に重大な変更をもたらし得るものであることから、分割会社が分割計画書を作成して個々の労働者の労働契約の承継について決定するに先立ち、承継される営業に従事する個々の労働者との間で協議を行わせ、当該労働者の希望等をも踏まえつつ分割会社に承継の判断をさせることによって、労働者の保護を図ろうとする趣旨に出たものと解される。

ところで、承継法三条所定の場合には労働者はその労働契約の承継に係る分割会社の決定に対して異議を申し出ることができない立場にあるが、上記のような五条協議の趣旨からすると、承継法三条は適正に五条協議が行われ当該労働者の保護が図られていることを当然の前提としているものと解される。この点に照らすと、上記立場にある特定の労働者との関係において五条協議が全く行われなかったときには、当該労働者は承継法三条の定める労働契約承継の効力を争うことができるものと解するのが相当である。

また、五条協議が行われた場合であっても、その際の分割会社からの説明や協議の内容が著しく不十分であるため、法が五条協議を求めた趣旨に反することが明らかな場合には、分割会社に五条協議義務の違反があったと評価してよく、当該労働者は承継法三条の定める労働契約承継の効力を争うことができるというべきである。

他方、分割会社は、七条措置として、会社の分割に当たり、その雇用する労働者の理解と協力を得るよう努めるものとされているが（承継法七条）、これは分割会社に対して努力義務を課したものと解され、これに違反したこと自体は労働契約承継の効力を左右する事由になるものではない。七条措置において十分な情報提供等がされなかったがために五条協議がその実質を欠くことになったといった特段の事情がある場合に、五条協議義務違反の有無を判断する一事情として七条措置のいかんが問題になるにとどまるものというべきである。」

「なお、七条措置や五条協議において分割会社が説明等をすべき内容等については、『分割会社及び承継会社等が講ずべき当該分割会社が締結している労働契約及び労働協約の承継に関する措置の適切な実施を図るための指針』（平成一二年労働省告示第一二七号。平成一八年厚生労働省告示第三四三号による改正前のもの。なお、同改正前の表題は『分割会社及び設立会社等が講ずべき当該分割会社が締結している労働契約及び労働協約の承継に関する措置の適切な実施を図るための指針』。以下『指針』という。）が定めている。指針は、七条措置において労働者の理解と協力を得るべき事項として、会社の分割の背景及び理由並びに労働者が承継される営業に主として従事するか否かの判断基準等を挙げ、また五条協議においては、承継される営業に従事する労働者に対して、当該分割後に当該労働者が勤務する会社の概要や当該労働者が上記営業に主として従事する労働者に該当するか否かを説明し、その希望を聴取した上で、当該労働者に係る労働契約の承継の有無や就業形態等につき協議をすべきものと定めているが、その定めるところは、以上説示したところに照らして基本的に合理性を有するものであり、個別の事案において行われた七条措置や五条協議が法の求める趣旨を満たすか否かを判断するに当たっては、それが指針に沿って行われたものであるか否かも十分に考慮されるべきである。」指針に照らすと、本件において、七条措置および五条協議の義務違反は認められない。

［本久洋一］

(64)就業規則の法的性質

秋北バス事件・最高裁大法廷昭和四三年一二月二五日判決

昭和四〇年（オ）第一四五号就業規則の改正無効確認請求事件、民集二二巻一三号、判時五四二号、労旬六九五号

【事案の紹介】

Y会社の就業規則五七条は、「従業員は満五十才を以って停年とする。停年に達したるものは辞令を以って解職する。」と定めていたが、この規定は主任以上の職にある者には適用がなかった。ところが、Y会社は、右規定を「従業員は満五十才を以って停年とする。主任以上の職にあるものは満五十五才を以って停年とする。停年に達したるものは退職とする。」と改正し、この条項に基づいて、当時主任以上の職（営業所次長）の地位にあり、すでに満五五歳に達していたXに対して退職を命ずる旨の解雇の通知をした。

Xによる雇用関係存在確認請求につき、一審判決（秋田地判昭三七・四・一六、労民集一三巻二号）は、労働者の同意なくして、使用者は就業規則の不利益変更により労働契約の内容を変更することはできないとして請求を認容したが、原判決（仙台高秋田支判昭三九・一〇・二六、労民集一五巻五号）は、使用者は就業規則の制定・変更により労働条件を一方的に決定・変更することができるとして請求を棄却したため、Xが上告した。

【判旨】上告棄却（三名の裁判官による反対意見がある）。

1(1)「元来、『労働条件は、労働者と使用者が、対等の立場において決定すべきものである』（労働基準法二条一項）が、多数の労働者を使用する近代企業においては、労働条件は、経営上の要請に基づき、統一的かつ画一的に決定され、労働者は、経営主体が定める契約内容の定型に従つて、附従的に契約を締結せざるを得ない立場に立たされるのが実情であり、この労働条件を定型的に定めた就業規則は、一種の社会的規範としての性質を有するだけでなく、それが合理的な労働条件を定めているものであるかぎり、経営主体と労働者との間の労働条件は、その就業規則によるという事実たる慣習が成立しているものとして、その法的規範性が認められるに至つている（民法九二条参照）ものということができる。」

(2)「右に説示したように、就業規則は、当該事業場内での社会的規範たるにとどまらず、法的規範としての性質を認められるに至っているものと解すべきであるから、当該事業場の労働者は、就業規則の存在および内容を現実に知つていると否とにかかわらず、また、これに対して個別的に同意を与えたかどうかを問わず、当然に、その適用を受けるものというべきである。」

2「新たな就業規則の作成又は変更によつて、既得の権利を奪い、労働者に不利益な労働条件を一方的に課することは、原則として、許されないと解すべきであるが、労働条件の集合的処理、特にその統一的かつ画一的な決定を建前とする就業規則の性質からいつて、当該規則条項が合理的なものであるかぎり、個々の労働者において、これに同意しないことを理由として、その適用を拒否することは許されないと解すべきであり、これに対する不服は、団体交渉等の正当な手続による改善にまつほかはない。そして、新たな停年制の採用のごときについても、それが労働者にとつて不利益な変更といえるかどうかは暫くおき、その理を異にするものではない。」［盛　誠吾］

第四銀行事件・最高裁第二小法廷平成九年二月二八日判決

平成四年（オ）第二二一一号賃金債権請求事件、民集五一巻二号、労判七一〇号、判時一五九七号

【事案の紹介】

Y銀行の定年は五五歳であったが、男子行員は健康であれば希望者の定年後在職が認められ、多くの場合五八歳まで勤務していた。Yでは、組合との交渉・合意を経て労働協約を締結したうえで就業規則を変更して、一九八三年四月一日から六〇歳定年制を実施した。Xは、八四年一一月四日に五五歳になったが、右定年制の結果、五五歳以降の給与や賞与等の減額により、年間賃金が五四歳時のそれの六三ないし六七パーセントに減少した。他方、定年延長により六〇歳退職時の退職金等はやや増額となり、福利厚生制度の延長適用等の措置が採られた。Xは、右就業規則の変更は一方的な不利益変更であって、Xに対してはその効力を生じないとし、うべかりし賃金との差額等の支払を求めた。

一審（新潟地判昭六三・六・六、労判五一九号）は変更の合理性を否定する一方で協約の拡張適用によりXの請求を棄却し、二審（東京高判平四・八・二八、労判六一五号）は変更の合理性を認め控訴を退けたので、Xが上告した。

【判旨】 上告棄却。

1 「新たな就業規則の作成又は変更によって労働者の既得の権利を奪い、労働者に不利益な労働条件を一方的に課することは、原則として許されないが、労働条件の集合的処理、特にその統一的かつ画一的な決定を建前とする就業規則の性質からいって、当該規則条項が合理的なものである限り、個々の労働者において、これに同意しないことを理由として、その適用を拒むことは許されない。そして、右にいう当該規則条項が合理的なものであるとは、当該就業規則の作成又は変更が、その必要性及び内容の両面からみて、それによって労働者が被ることになる不利益の程度を考慮しても、なお当該労使関係における当該条項の法的規範性を是認することができるだけの合理性を有するものであることをいい、特に、賃金、退職金など労働者にとって重要な権利、労働条件に関し実質的な不利益を及ぼす就業規則の作成又は変更については、当該条項が、そのような不利益を労働者に法的に受忍させることを許容することができるだけの高度の必要性に基づいた合理的な内容のものである場合において、その効力を生ずるものというべきである。右の合理性の有無は、具体的には、就業規則の変更によって労働者が被る不利益の程度、使用者側の変更の必要性の内容・程度、変更後の就業規則の内容自体の相当性、代償措置その他関連する他の労働条件の改善状況、労働組合等との交渉の経緯、他の労働組合又は他の従業員の対応、同種事項に関する我が国社会における一般的状況等を総合考慮して判断すべきである。」

2 本件についてみると、定年後在職制度の運用実態に照らし健康な男子行員が五八歳まで在職できることは確実であり、「その間五四歳時の賃金水準等を下回ることのない労働条件で勤務することができると期待することも合理的ということができる」。そうすると、本件就業規則の変更は、既得の権利を消滅、減少させるというもので

はないものの、健康な男子行員にとっては「実質的にみて労働条件を不利益に変更するに等しいもの」であり、「その実質的な不利益は、賃金という労働者にとって重要な労働条件に関するものであるから、本件就業規則の変更は、これを受忍させることを許容することができるだけの高度の必要性に基づいた合理的な内容のものである場合に、その効力を生ずるものと解するのが相当である。」

3　①右不利益は相当の不利益であるが、当時の状況に鑑みると、定年延長には「高度の必要性」があったといえ、他方、Yの人員構成や経営状態からみて「五五歳以降の賃金水準等を見直し、これを変更する必要性も高度なものであった」。「このときに、全行員の入行以降の賃金体系、賃金水準を抜本的に改めることとせず、従前の定年である五五歳以降の労働条件のみを修正したことも、やむを得ない」。②従前の五五歳以降の労働条件は既得の権利とまではいえず、変更後の就業規則に基づく五五歳以降の労働条件の内容は多くの地方銀行とほぼ同様であり、その水準も他行や社会一般のそれと比較してかなり高い。③定年延長は、女子行員や健康上支障のある男子行員にとっては労働条件の改善であり、健康な男子行員にとっても六〇歳までの安定雇用が確保されるという利益は小さくない。また、福利厚生制度の適用延長等の措置は、「年間賃金の減額に対する直接的な代償措置とはいえないが」、不利益を緩和するものである。④本件就業規則の変更は、行員の約九〇％で組織されている組合との交渉、合意を経て労働協約を締結した上のものであるから、「変更後の就業規則の内容は労使間の利益調整がされた結果としての合理的なものであると一応推測することができ、また、その内容が統一的かつ画一的に処理すべき労働条件に係るものであることを考え合わせると、Yにおいて就業規則による一体的な変更を図ることの必要性及び相当性を肯定することができる。」Xは当時部長補佐で組合加入資格がなかったが、本件就業規則の変更は「非組合員である役職者のみに著しい不利益を及ぼすような労働条件を定めたもの」ではない。⑤「以上によれば、本件就業規則の変更は、……不利益を法的に受忍させることもやむを得ない程度の高度の必要性に基づいた合理的な内容のものであると認めることができないものではない」。⑥不利益緩和のために経過措置を講ずることは望ましいが、「労働条件の集合的処理を建前とする就業規則の性質からして、原則的に、ある程度一律の定めとすることが要請され、また、本件就業規則の変更による不利益が、合理的な期待を損なうにとどまるものであり、法的には、既得権を奪うものと評価することまではできないことなどを考え合わせると、本件においては、このような経過措置がないからといって、前記判断を左右するとまではいえない」。

〔裁判官河合伸一の反対意見〕

本件就業規則変更は、企業ないし労働者全体の立場から巨視的に見るときは合理性を是認し得るが、そのまま画一的に実施するときは一部に耐え難い不利益を生じさせるものであり、このような矛盾の解決のためには一部に生じる不利益を救済ないし緩和する経過措置を設けることが必要である。「Xが受けた不利益の内容及び程度からして、これを緩和する何らの措置も設けずにされた本件変更は、特別の事情がない限り、合理的とはいえない」。定年後在職制度の適用がどの程度であったのかを確定しないままで、Xが有していた利益が単なる「合理的期待」にとどまるとは断定できない。

〔武井　寛〕

みちのく銀行事件・最高裁第一小法廷平成一二年九月七日判決

平成八年（オ）第一六七七号地位確認等請求上告事件、民集五四巻七号、労判七八七号、判時一七三三号

【事案の紹介】

地方銀行たるYは、経営状況の弱体化等を理由として、専任職制度の創設（①専任職階の新設、②五五歳以上の行員の基本給を五五歳到達直前に凍結、③五五歳到達の管理職は原則として専任職階とする、④専任職階の賃金は基本給に直前役職時の管理職手当と役職手当の代わりとしての専任職手当を加えたものとする）を労組に対し提案した（一九八六年）。従業員の七三％を組織する多数労組はこれを受入れ、Xらが加入する少数労組は反対したが、Yは少数労組の同意のないまま同内容の就業規則の変更を行った（第一次変更）。Yはさらに翌年、高年齢層への人件費の偏在化等を理由として、専任職制度の改正（(ア)五五歳到達の行員は原則として専任職とし、(イ)専任職の業績給五〇％減額、(ウ)専任職手当廃止、(エ)賞与支給率削減、(オ)経過措置を今後提示する）を労組に申し入れ、その後、少数労組は反対したままであったが、多数労組とは以上の内容で合意にいたり、同内容で就業規則を変更した（第二次変更）。なお、第二次変更にあたり、Yと多数労組との間で、代償措置として、(a)選択定年制により早期退職する場合の加算金の支給乗率の引上げ、(b)冠婚葬祭等の費用への特別融資制度の創設、(c)住宅融資制度の改善、(d)企業年金水準低下補完のための年金額の引上げが合意された。

Xらは、これら二次にわたる就業規則の変更は、これに同意しないXらには効力を及ぼさないとして、専任職への辞令発令等の無効確認、無効であった場合の差額賃金の支払等を請求した。

一審（青森地判平五・三・三〇、労判六三一号）は、第二次変更のうち(イ)と(エ)を定めた部分は労働者に大幅な不利益をもたらし、それを正当化するに足りるだけの高度の必要性に基づいた合理的な内容を備えたものということはできないとして、右部分につきその限度において差額分の未払請求を認容したが、その他の請求は却下または棄却した。二審（仙台高判平八・四・二四、労判六九三号）は、専任職制度の創設という方法によって組織改革を行うにつき高度の必要性があり、この制度採用によって行員が受ける不利益の内容及び程度、同時に行われた代償措置、同業他行の同年配行員との比較、多数組合員を擁する労組との合意等の事情を総合すると、就業規則の改定は合理性があるとして、一審判決の請求認容部分を取消した。Xらはこれを不服として上告した。

【判旨】 原判決破棄・差戻し、一部棄却。

「新たな就業規則の作成又は変更によって労働者の既得の権利を奪い、労働者に不利益な労働条件を一方的に課することは、原則として許されない。しかし、労働条件の集合的処理、特にその統一的かつ画一的な決定を建前とする就業規則の性質からいって、当該規則条項が合理的なものである限り、個々の労働者において、これに同意しないことを理由として、その適用を拒むことは許されない。そして、当該規則条項が合理的なものであるとは、当該就業規則の作成又は変更が、その必要性及び内容の両面からみて、それによって労働者が被ることになる不利益の程度を考慮しても、なお当該労

使関係における当該条項の法的規範性を是認することができるだけの合理性を有するものであることをいい、特に、賃金、退職金など労働者にとって重要な権利、労働条件に関し実質的な不利益を及ぼす就業規則の作成又は変更については、当該条項が、そのような不利益を労働者に法的に受忍させることを許容することができるだけの高度の必要性に基づいた合理的な内容のものである場合において、その効力を生ずるものというべきである。右の合理性の有無は、具体的には、就業規則の変更によって労働者が被る不利益の程度、使用者側の変更の必要性の内容・程度、変更後の就業規則の内容自体の相当性、代償措置その他関連する他の労働条件の改善状況、労働組合等との交渉の経緯、他の労働組合又は他の従業員の対応、同種事項に関する我が国社会における一般的状況等を総合考慮して判断すべきである。」

「Yは、発足時から六〇歳定年制であったのであるから、五五歳以降にも所定の賃金を得られるということは、単なる期待にとどまるものではなく、該当労働者の労働条件の一部となっていた」。

「本件就業規則等変更は、Yにとって、高度の経営上の必要性があり、「職階及び役職制度の変更に限ってみれば、その合理性を認めることが相当である」。しかし、「代償措置を加味して判断しても、Xらの不利益が全体的にみて小さいものであるということはできず、「Xらの被った賃金面における不利益は極めて重大であり、そのうち本件就業規則等変更による部分も、その程度が大きい」。

変更後のXらの賃金水準は格別高いものということはできず、また、定年延長後の賃金水準を抑える場合と同様に考えることはできない。中堅層の賃金についての改善、人件費全体の上昇に鑑みれば、「企業経営上、賃金水準切下げの差し迫った必要性があるのであれば、各層の行員に応分の負担を負わせるのが通常」なのに、そうしていない。一部の行員についての賃金削減も「巨視的、長期的にみれば、……その相当性を肯定することができる場合」がありうるが、本件のような賃金体系の変更は、「短期的にみれば」不利益のみを被りつつ退職を迎える行員が生じる。このような場合、「一方的に不利益を受ける労働者について不利益性を緩和するなどの経過措置を設けることによる適切な救済を併せ図るべきであり、それがないままに右労働者に大きな不利益のみを受忍させることには、相当性がない」。

多数労組が変更に同意しているが、「Xらの被る前示の不利益性の程度や内容を勘案すると、賃金面における変更の合理性を判断する際に労組の同意を大きな考慮要素と評価することは相当ではない」。

本件では、「就業規則等変更を行う経営上の高度の必要性が認められるとはいっても、賃金体系の変更は、中堅層の労働条件の改善をする代わり五五歳以降の賃金水準を大幅に引き下げたものであって、差し迫った必要性に基づく総賃金コストの大幅な削減を図ったもの」ではなく、結局、本件変更は「変更に同意しないXらに対しこれを法的に受忍させることもやむを得ない程度の高度の必要性に基づいた合理的な内容のものであるということはでき」ず、「本件就業規則等変更のうち賃金減額の効果を有する部分は、Xらにその効力を及ぼすことができない」。

［武井　寛］

⑰周知を欠く就業規則の拘束力

フジ興産事件・最高裁第二小法廷平成一五年一〇月一〇日判決

平成一三年（受）第一七〇九号解雇予告手当等請求本訴事件、損害賠償請求反訴事件、損害賠償等請求上告事件、労判八六一号、判時一八四〇号

【事案の紹介】

化学プラントなどの設計・施工を目的とする会社Yは、一九九二年四月、設計請負部門である「エンジニアリングセンター」（以下、センターという）を開設した。会社には、旧就業規則（一九八六年八月実施）を変更した新就業規則（一九九四年六月届出）があった。

センターに勤務する労働者Xは、一九九三年九月から九四年五月にかけての得意先担当者との間のトラブルや上司への反抗的態度・暴言などを理由に、九四年六月一五日、会社から、新就業規則の懲戒解雇規定を根拠に、懲戒解雇された。

労働者Xは、旧就業規則は偽造されたものであり、会社には就業規則が存在していないことを根拠に懲戒解雇を無効とし、雇用契約上の地位確認などを請求した。

第一審判決（大阪地判平一二・四・二八、労経速一八五九号）は、本件懲戒解雇当時有効な就業規則が存在していたとし、労働者の行為は懲戒解雇事由に該当し、懲戒解雇を有効と判断した。

原審判決（大阪高判平一三・五・三一、労経速一八五九号）は、①懲戒解雇事由とされたXの行為は新就業規則が制定される以前の行為であるから、旧就業規則における懲戒解雇規定にしたがって懲戒解雇事由の存否が判断されるべきである、②旧就業規則は過半数代表者の意見聴取をへて労基署に届け出られているのであるから、旧就業規則が職場に備え付けられていないことを理由に、旧就業規則の労働者への効力を否定することはできない、③新就業規則の懲戒解雇事由は旧就業規則の懲戒解雇事由を取り込み、詳細化したものである、④したがって、新就業規則の懲戒解雇規定を根拠とするXに対する懲戒解雇は有効である、と判断し、Xの請求を棄却した。

【判旨】原判決破棄差戻し。

1　懲戒権行使の要件

「使用者が労働者を懲戒するには、あらかじめ就業規則において懲戒の種類及び事由を定めておくことを要する（最高裁昭和四九年（オ）第一一八八号同五四年一〇月三〇日第三小法廷判決・民集三三巻六号六四七頁参照）。」

2　就業規則の周知と拘束力

「就業規則が法的規範としての性質を有する（最高裁昭和四〇年（オ）第一四五号同四三年一二月二五日大法廷判決・民集二二巻一三号三四五九頁）ものとして、拘束力を生ずるためには、その内容を適用を受ける事業場の労働者に周知させる手続が採られていることを要する。

原審は、Yが、労働者代表の同意を得て旧就業規則を制定し、これを大阪西労働基準監督署長に届け出た事実を確定したのみで、その内容をセンター勤務の労働者に周知させる手続きが採られていることを認定しないまま、旧就業規則に法的規範としての効力を肯定し、本件懲戒解雇が有効であると判断している。原審のこの判断には、審理不尽の結果、法令の適用を誤った違法があり、その違法が判決に影響を及ぼすことは明らかである。」

［深谷信夫］

⑥8変更就業規則への同意

山梨県民信用組合事件・最高裁第二小法廷平成二八年二月一九日

平成二五年（受）第二五九五号退職金請求事件、民集七〇巻二号、労判一一三六号

【事案の紹介】

上告人（原告・控訴人）Xらは訴外A信用組合の職員であり、A信用組合の経営困難を理由とする被上告人（被告・被控訴人）Y信用組合への吸収合併によりY信用組合の職員となった。

両信用組合理事による合併協議会は、A信用組合の職員の合併後の退職金の支給基準について、退職金額の計算の基礎となる給与額を退職時の本俸の月額からその二分の一に減じた額としたうえで、これに乗じられる支給倍率にも新たな上限を設定した（「本件基準変更」）。他方厚生年金給付額を退職金総額から控除する方式（内枠方式）と企業年金還付額を同様に控除する方式は、従来通り維持された。この規程変更の結果、新規程により支給される退職金額は、旧規程により支給される退職金額と比べて著しく低いものとなった。

この変更内容は、A信用組合の常務理事による説明会において書面で職員に周知され、本件合併時にA信用組合に在職する職員にYの従前からの職員に係る支給基準と同一水準の退職金額を保障する旨を記載する同意書案が配布された。その後、常務理事は、Xら管理職員に対してこの新規程の支給基準の概要と上記退職金額保障を努力義務に変更すること等記載した同意書を示し、これに同意しないと本件合併を実現することができないなどと告げてこれへの署名押印を求め、Xら管理職員全員がこれに応じた。また同日、この変更を認める労働協約がA信用組合の代表理事と職員組合の執行委員長との間で締結された。

その後、Yは新たに三つの信用協同組合と合併した。合併後の労働条件は説明用の文書を各支店長等が読み上げることで職員に周知された。その内容は、合併前の退職期間に係る退職金について、退職金額の計算上、基礎給与額に乗じられる係数が退職理由に応じて異なる場合には自己都合退職の係数を用いることなどであった。Xらを含む職員はこれに同意する旨の署名をした（「平成一六年基準変更」）。この制度は平成二一年四月から実施された。

その後退職したXらは、平成一六年より前の在職期間については本件基準変更及び平成一六年基準変更による変更後の支給基準が適用された結果、退職金額は〇円となった。XらはA信用組合の合併当時の退職給与規程に基づく退職金の支払い等を求めて本件訴えを提起した。一審（甲府地判平二四・九・六、労判一一三六号）、二審（東京高判平二五・八・二九、労判一一三六号）ともに請求を棄却したため、Xらが上告した。

【判旨】破棄差戻（全員一致）。

1「労働契約の内容である労働条件は、労働者と使用者との個別の合意によって変更することができるものであり、このことは、就業規則に定められている労働条件を労働者の不利益に変更する場合であっても、その合意に際して就業規則の変更が必要とされることを除き、異なるものではないと解される（労働契約法八条、九条本文参照）。もっとも、使用者が提示した労働条件の変更が賃金や退職金に関するものである場合には、当該変更を受け入れる旨の労働者の行為があるとしても、労働者が使用者に使用されてその指揮命

令に服すべき立場に置かれており、自らの意思決定の基礎となる情報を収集する能力にも限界があることに照らせば、当該行為をもって直ちに労働者の同意があったものとみるのは相当でなく、当該変更に対する労働者の同意の有無についての判断は慎重にされるべきである。そうすると、就業規則に定められた賃金や退職金に関する労働条件の変更に対する労働者の同意の有無については、当該変更を受け入れる旨の労働者の行為の有無だけでなく、当該変更により労働者にもたらされる不利益の内容及び程度、労働者により当該行為がされるに至った経緯及びその態様、当該行為に先立つ労働者への情報提供又は説明の内容等に照らして、当該行為が労働者の自由な意思に基づいてされたものと認めるに足りる合理的な理由が客観的に存在するか否かという観点からも、判断されるべきものと解するのが相当である」。

2　「本件基準変更は、A信用組合の経営破綻を回避するために行われた本件合併に」伴う退職金支給基準の一部変更であり、「Xらは、本件基準変更への同意が本件合併の実現のために必要である旨の説明を受けて……本件同意書に署名押印をした」。「この署名押印に先立ち開催された職員説明会で各職員に配付された……同意書案には、Yの従前からの職員に係る支給基準と同一水準の退職金額を保障する旨が記載されていた」。ところが「本件基準変更後の新規程の支給基準の内容は……退職金額の計算に自己都合退職の係数が用いられる場合には支給される退職金額が〇円となる可能性が高いもの」であり「Yの従前からの職員に係る支給基準との関係でも、上記の同意書案の記載と異なり、著しく均衡を欠くものであった」。

3　上記の経緯等を踏まえると、「管理職Xらが本件基準変更への同意をするか否かについて自ら検討し判断するために必要十分な情報を与えられていたというためには、同人らに対し、旧規程の支給基準を変更する必要性等についての情報提供や説明がされるだけでは足りず、自己都合退職の場合には支給される退職金額が〇円となる可能性が高くなることや、Yの従前からの職員に係る支給基準との関係でも上記の同意書案の記載と異なり著しく均衡を欠く結果となることなど、本件基準変更により管理職Xらに対する退職金の支給につき生ずる具体的な不利益の内容や程度についても、情報提供や説明がされる必要があった」。原審は、審理を尽くしておらず、法令の適用を誤った違法がある。平成一六年基準変更に対するXらの同意の有無の審理についても同様の違法がある。

4　「本件労働協約は、本件職員組合の組合員に係る退職金の支給につき本件基準変更を定めたものであるところ、本件労働協約書に署名押印をした執行委員長の権限に関して、本件職員組合の規約には、同組合を代表しその業務を統括する権限を有する旨が定められているにすぎず、上記規約をもって上記執行委員長に本件労働協約を締結する権限を付与するものと解することはできない」。「上記執行委員長が本件労働協約を締結する権限を有していたというためには、本件職員組合の機関である大会又は執行委員会により上記の権限が付与されていたことが必要であると解されるが、原審は、このような権限の付与の有無について、何ら審理判断していない」。にもかかわらず「組合員Xらにつき本件労働協約の締結による本件基準変更の効力が生じているとした原審の判断には、審理不尽の結果、法令の適用を誤った違法がある」。

［長谷川　聡］

69ユニオン・ショップ協定の効力

三井倉庫港運事件・最高裁第一小法廷平成元年一二月一四日判決

昭和六〇年（オ）第三八六号解雇無効確認等請求事件、民集四三巻一二号、労判五五二号、判時一三三六号

【事案の紹介】

Y会社は、A組合との間において、「Y会社に所属する海上コンテナトレーラー運転手は、双方が協議して認めた者を除き、すべてA組合の組合員でなければならない。Y会社は、Y会社に所属する海上コンテナトレーラー運転手で、A組合に加入しない者及びA組合を除名された者を解雇する。」とのユニオン・ショップ協定（以下、「本件ユニオン・ショップ協定」という）を締結していた。Xらは Y会社に勤務する海上コンテナトレーラー運転手であったが、一九八三年二月二一日にA組合に脱退届を提出して同組合を脱退し、即刻B組合に加入し、その旨Y会社に通告した。A組合は、同日、Y会社に対し本件ユニオン・ショップ協定に基づく解雇を要求し、Y会社は、Xらを解雇した。そこで、解雇無効を求めたのが本件である。第一審（大阪地判昭五九・三・一二、民集四三巻一二号）および第二審（大阪高判昭五九・一二・二四、民集四三巻一二号）両判決とも原告勝訴。Y会社上告。

【判旨】 上告棄却。

1 「ユニオン・シヨップ協定は、労働者が労働組合の組合員たる資格を取得せず又はこれを失った場合に、使用者をして当該労働者との雇用関係を終了させることにより間接的に労働組合の組織の拡大強化を図ろうとするものであるが、他方、労働者には、自らの団結権を行使するため労働組合を選択する自由があり、また、ユニオン・ショップ協定を締結している労働組合（以下「締結組合」という）の団結権と同様、同協定を締結していない他の労働組合の団結権も等しく尊重されるべきであるから、ユニオン・ショップ協定によって、労働者に対し、解雇の威嚇の下に特定の労働組合への加入を強制することは、それが労働者の組合選択の自由及び他の労働組合の団結権を侵害する場合には許されないものというべきである。したがって、ユニオン・ショップ協定のうち、締結組合以外の他の労働組合に加入している者及び締結組合から脱退し又は除名されたが、他の労働組合に加入し又は新たな労働組合を結成した者について使用者の解雇義務を定める部分は、右の観点からして、民法九〇条の規定により、これを無効と解すべきである（憲法二八条参照）。そうすると、使用者が、ユニオン・ショップ協定に基づき、このような労働者に対してした解雇は、同協定に基づく解雇義務が生じていないのにされたものであるから、客観的に合理的な理由を欠き、社会通念上相当なものとして是認することはできず、他に解雇の合理性を裏付ける特段の事由がない限り、解雇権の濫用として無効であるといわざるを得ない」。

2 「A組合を脱退してB組合に加入したXらについては、本件ユニオン・ショップ協定に基づく解雇義務が生ずるものでないことは……明らかというべきである。そうすると……本件各解雇は、……解雇権の濫用として無効であるといわなければならない。」

［名古道功］

(70)脱退の自由

東芝労働組合小向支部・東芝事件・最高裁第二小法廷平成一九年二月二日判決

平成一六年（受）第一七八七号組合員たる地位の不存在確認等請求事件、民集六一巻一号、労判九三三号

【事案の紹介】

Y_1は、Y_2社とユ・シ協定およびチェック・オフ協定を締結する企業内組合である。XはY_1に所属していたがY_1の対応に不満を抱き、訴外A労組に加入したうえでY_2に脱退届を送付した。その後、Aの団交申入れをY_2が拒否したことによる不当労働行為の救済申立てに関し地労委で和解がなされ、覚書も取り交わされた。その際、Y_2とXおよびA間で付随合意がなされ、(1)XはY_1に復帰するがAの籍も維持する、(2)XにAの籍があることは内密とし、Y_1にも明らかにしないが、Y_2がXを不当に扱うなど、特段の事情があれば、AはXが組合員であることを主張することができることとされた。

しばらく後、Xは再びY_1に脱退の意思表示をし、Y_2にチェック・オフの中止を申し入れたが、チェック・オフは継続された。そこでXは、Y_1に対しては、XがY_1の組合員としての地位をもたないことの確認等を求め、Y_2に対してはY_1の組合費を控除しない金額の賃金をXに支払う義務があることの確認を求めた。

第一審（横浜地川崎支判平一五・七・八、民集六一巻一号）はXの請求を認容したが、控訴審（東京高判平一六・七・一五、民集六一巻一号）は、(1)本件付随合意によりXはY_1組合への所属を義務付けられており、これに反するXの脱退の意思表示は効力を生じない、また、(2)Y_1に信頼関係を著しく損ねる行為があれば付随合意の効力は及ばないと考える余地もあるが、Y_1にその種の行為はなく、この観点からも脱退の効力は生じないとしてXの請求をいずれも棄却した。これに対しXが上告。

【判旨】 破棄自判（Xの請求認容）。

「一般に、労働組合の組合員は、脱退の自由、すなわち、その意思により組合員としての地位を離れる自由を有するものと解される（略）。そうすると……本件付随合意は、上記の脱退の自由を制限し、XがY_1から脱退する権利をおよそ行使しないことを、Y_2に対して約したものであることとなる。」

「本件付随合意は、XとY_2との間で成立したものであるから、その効力は、原則として、Xと合意の相手方であるY_2との間において発生するものであり、Xが本件付随合意に違反してY_1から脱退する権利を行使しても、Y_2との間で債務不履行の責任等の問題を生ずるにとどまる。前記事実関係の下においては、合意の相手方でないY_1との間でもそのような問題を生ずると解すべき特別の根拠となる事由は認められない。」

「また、労働組合は、組合員に対する統制権の保持を法律上認められ、組合員はこれに服し、組合の決定した活動に加わり、組合費を納付するなどの義務を免れない立場に置かれるものであるが、それは、組合からの脱退の自由を前提として初めて容認されることである。そうすると、本件付随合意のうち、Y_1から脱退する権利をおよそ行使しないことをXに義務付けて、脱退の効力そのものを生じさせないとする部分は、脱退の自由という重要な権利を奪い、組合の統制への永続的な服従を強いるものであるから、公序良俗に反し、無効であるというべきである。」

［大木正俊］

㉑管理職と労働組合

中労委（セメダイン）事件・最高裁第一小法廷平成一三年六月一四日決定

平成一二年（行ツ）第一五九号不当労働行為救済命令取消請求上告事件、労判八〇七号

【事案の紹介】

接着剤、シーリング剤等の製造販売を業とするX（原告・控訴人・上告人）には、一般従業員で組織する労働組合のほか、「CSUフォーラム」と称する組合Z（補助参加人）がある。Zは、一九九一年六月一〇日、約二〇名が参加して結成された管理職（スタッフ管理職を含む）組合である。

一九九一年六月二六日、Zの役員二名がXの人事部長らに面会し、役員四名の役職と氏名のみを記載した組合結成通告書を提出し、九三年六月八日には、Xに対し、管理職定年制にともない設けられた担当職Bに対する経過措置の廃止、スタッフ管理職手当の新設を交渉事項とする団体交渉の申入れをし、さらに同年一一月九日には、担当職Bの本人給引下げの撤回を右交渉事項に加えて団体交渉の申入れをした。しかし、Xはこれらの団体交渉の申入れのいずれにも応じなかった。

そこで、Zは、Xの行為は団交拒否の不当労働行為に当たるとして東京都地方労働委員会に救済を申し立てたところ、一九九六年五月二八日、同地労委は、Xは「Zが別表に掲げる役職に組合員がいない旨の文書を呈示した後は、これに応じなければならない」とする団交応諾命令を発した（労判六九八号）。右「別表」には、組合加入資格が認められない者として、①総合企画部　情報システムグループ課長および担当職（部長付・スタッフ管理職）、②総務部財務グループ課長および担当職（部長付・スタッフ管理職）、③人事部　次長および担当職（部長付・スタッフ管理職）が含まれていたが、Zが自ら組織対象外としていた者については、使用者の利益代表者に該当するか否かを検討する必要がないとされていた。

Xは、この救済命令を不服としてY（中央労働委員会。被告・被控訴人・被上告人）に再審査の申立てを行なったが、一九九八年三月四日、Yは、初審命令交付後、上記「別表」に掲げる役職にZの組合員が存在しないことを内容とする通告書がXに提出されたことなどを受けて主文を変更し、Xは「団体交渉に、誠実に応じなければならない」とする救済命令を発した（労判七三四号）。

本件は、Xが中労委の救済命令の取消しを求めて訴えを提起した事件の上告審である。

【判旨】 上告棄却。

最高裁は、Xの上告理由は民事訴訟法三一二条一項または二項に規定する事由に該当しないとして、請求を棄却した。そこで、以下では、一審判決（東京地判平一一・六・九、労判七六三号）を維持引用・一部付加訂正した原判決（東京高判平一二・二・二九、労判八〇七号）を引用する。

「労働組合法七条二号は、……二条において定義された特定の意味内容を前提とする『労働組合』の文言を用いず、『労働者の代表者』という文言を用いて、労働者の団結の形態を問わない旨明らかにしていること、……憲法の右規定（二八条―引用者注）上、『勤労者』

すなわち労働者である限りにおいては、利益代表者といえども、団結する権利、団体交渉その他の団体行動をする権利を保障されているものと解されること、それにもかかわらず、労働組合法が、二条ただし書一号のような規定を置いたのは、同号掲記の労働者の参加を許せば組合の自主性が損なわれるおそれがあるとの見地から、このような労働者の参加を許す組合の救済申立てを労働委員会に拒否させることを通じて組合が右労働者の参加を許すことを抑制させ、もって、使用者と対等の立場で交渉することができる組合を育成しようとする一種の後見的配慮に基づくものと考えられるが、本来、組合員の範囲は組合自身が決定すべきことであり、右のような後見的配慮を働かせる場面にはおのずから限度があること、以上のことにかんがみれば、利益代表者の参加を許す労働組合であっても、使用者と対等関係に立ち、自主的に結成され統一的な団体であれば、労働組合法七条二号の『労働者の代表者』に含まれるものであって、ただ、このような労働組合は、使用者から団体交渉を拒否された場合でも、同法二条の要件を欠くため、五条一項により労働委員会による救済手続を享受することはできないものと解するのが相当である。」

「このように、利益代表者の参加を許す労働組合もまた、労働組合法七条二号の『労働者の代表者』に含まれるものであるから、仮にZに利益代表者が参加していたとしても、また参加していないことを使用者に対して明らかにしていないとしても、そのこと自体は、当然には団体交渉拒否の正当な理由にはならない……。」

「もっとも、労働組合に利益代表者が参加することにより、団体交渉に当たって使用者側の担当者となるべき者が存在しなくなる場合とか、利益代表者が当該交渉事項に関して使用者の機密事項を漏洩している場合など、労働組合に利益代表者が参加していることに起因して適正な団体交渉の遂行が期しがたい特別の事情がある場合には、右のような特別の事情の存在は使用者側の団体交渉拒否の正当な理由を構成するものと解されるが、このような特別の事情の存在は、事柄の性質上、使用者において、これを具体的に明らかにする責任があるものというべきであって、右特別の事情の存在を具体的に明らかにしないまま団体交渉を拒否することは、正当な理由を欠くものといわざるを得ない。」

「これを本件についてみると、Xは、Z_1やZ_2らが組合員であることによって、Xの労務、人事の方針や重要な経営情報が筒抜けになり、Xに予期しない損害が生じる可能性がある旨主張し、（人証略）の証言中にはこれに沿う部分があるが、右証言内容は、具体性を欠き、漠然としたおそれがあるというものに過ぎず、他に特別の事情の存在についての主張立証はない。」加えて、「関連会社の部長であるZ_1やX営業部のスタッフ管理職であるZ_2は利益代表者には該当しないことが明らかであるし、その他、Zに利益代表者が参加していることを認めることはできない。」

「以上によれば、Xの団体交渉拒否は、正当な理由を欠くものとして、労働組合法七条二号の不当労働行為を構成するものというべきである。」

［古川陽二］

(72)ビラ貼りと施設管理権

国鉄札幌駅事件・最高裁第三小法廷昭和五四年一〇月三〇日判決

昭和四九年（オ）第一一八八号地位確認請求事件、民集三三巻六号、労判三二九号、判時九四四号、労旬九八八号

【事案の紹介】

日本国有鉄道労働組合（以下「国労」という）は、一九六九年春闘において、賃上げ要求及び一六万五〇〇〇人合理化反対を掲げた春闘で、組合員の意思を統一し、国鉄当局にアピールするためにビラ貼付の行動を指令した。国労札幌駅分会・札幌運転区分会所属の組合員X（原告、控訴人、被上告人）は、札幌駅においては小荷物などの事務室備付けロッカーに、札幌駅輸送本部においては操車連結詰所備付けロッカーに、札幌運転区においては研修詰所備付けロッカーに、国労作成のビラを紙粘着テープで貼付し、「合理化反対」などと手書きした縦約四〇センチメートル、横約一三センチメートルの長方形のビラをセロテープで貼付した。国鉄当局Y（被告、被控訴人、上告人）は、助役らの制止等を無視した右Xらの行動を戒告処分に付した。

一審（東京地判昭四七・一二・二二、労判一六九号）は、労働者が処分の無効を争ったものであるが、その請求を棄却した。二審（東京高判昭四九・八・二八、労判二一八号）は、一審で敗訴した組合員の控訴請求を認め、戒告処分を無効とした。本件は、Yの上告をうけ、原判決を破棄して、Xに対する戒告処分を有効とした。

【判旨】 破棄自判。

1 「思うに、企業は、その存立を維持し目的たる事業の円滑な運営を図るため、それを構成する人的要素及びその所有し管理する物的施設の両者を総合し合理的・合目的的に配備組織して企業秩序を定立し、この企業秩序のもとにその活動を行うものであつて、企業は、その構成員に対してこれに服することを求めうべく、その一環として、職場環境を適正良好に保持し規律のある業務の運営態勢を確保するため、その物的施設を許諾された目的以外に利用してはならない旨を、一般的に規則をもつて定め、又は具体的に指示、命令することができ、これに違反する行為をする者がある場合には、企業秩序を乱すものとして、当該行為者に対し、その行為の中止、原状回復等必要な指示、命令を発し、又は規則に定めるところに従い制裁として懲戒処分を行うことができるもの、と解するのが相当である。

ところで、企業に雇用されている労働者は、企業の所有し管理する物的施設の利用をあらかじめ許容されている場合が少なくない。しかしながら、この許容が、特段の合意があるのでない限り、雇用契約の趣旨に従つて労務を提供するために必要な範囲において、かつ、定められた企業秩序に服する態様において利用するという限度にとどまるものであることは、事理に照らして当然であり、したがつて、当該労働者に対し右の範囲をこえ又は右と異なる態様においてそれを利用しうる権限を付与するものということはできない。また、労働組合が当然に当該企業の物的施設を利用する権利を保障されていると解すべき理由はなんら存しないから、労働組合又はその組合員であるからといつて、使用者の許諾なしに右物的施設を利用する権限をもつているということはできない。もつとも、当該企業

に雇用される労働者のみをもつて組織される労働組合（いわゆる企業内組合）の場合にあつては、当該企業の物的施設内をその活動の主要な場とせざるを得ないのが実情であるから、その活動につき右物的施設を利用する必要性の大きいことは否定することができないところではあるが、労働組合による企業の物的施設の利用は、本来、使用者との団体交渉等による合意に基づいて行われるべきものであることは既に述べたところから明らかであつて、利用の必要性が大きいことのゆえに、労働組合又はその組合員において企業の物的施設を組合活動のために利用しうる権限を取得し、また、使用者において労働組合又はその組合員の組合活動のためにする企業の物的施設の利用を受忍しなければならない義務を負うとすべき理由はない、というべきである。右のように、労働組合又はその組合員が使用者の所有し管理する物的施設であつて定立された企業秩序のもとに事業の運営の用に供されているものを使用者の許諾を得ることなく組合活動のために利用することは許されないというべきであるから、労働組合又はその組合員が使用者の許諾を得ないで叙上のような企業の物的施設を利用して組合活動を行うことは、これらの者に対しその利用を許さないことが当該物的施設につき使用者が有する権利の濫用であると認められるような特段の事情がある場合を除いては、職場環境を適正良好に保持し規律のある業務の運営態勢を確保しうるように当該物的施設を管理利用する使用者の権限を侵し、企業秩序を乱すものであつて、正当な組合活動として許容されるところであるということはできない。」

2 「そこで、以上の見地に立つて、本件について検討する。

原審が確定した前記の事実によれば、本件ビラの貼付が行われたロッカーはYの所有し管理する物的施設の一部を構成するものであり、Yの職員は、その利用を許されてはいるが、本件のようなビラを貼付することは許されておらず、また、Xらの所属する国労も、Yの施設内にその掲示板を設置することは認められているが、それ以外の場所に組合の文書を掲示することは禁止されている、というのであるから、Xらが、たとえ組合活動として行う場合であつても、本件ビラを右ロッカーに貼付する権限を有するものでないことは、明らかである。」

3 「右ロッカーの設置された部屋の大きさ・構造、ビラの貼付されたロッカーの配置、貼付されたビラの大きさ・色彩・枚数等（中略）に照らすと、貼付されたビラは当該部屋を使用する職員等の目に直ちに触れる状態にあり、かつ、これらのビラは貼付されている限り視覚を通じ常時右職員等に対しいわゆる春闘に際しての組合活動に関する訴えかけを行う効果を及ぼすものとみられるのであつて、このような点を考慮するときは、Yが所有・管理しその事業の用に供している物的施設の一部を構成している本件ロッカーに本件ビラの貼付を許さないこととしても、それは、鉄道事業等の事業を経営し能率的な運営によりこれを発展させ、もつて公共の福祉を増進するとのYの目的にかなうように、職場環境を適正良好に保持し規律のある業務の運営態勢を確保する、というYの企業秩序維持の観点からみてもやむを得ないところであると考えられ、貼付を許さないことを目してその物的施設についてのYの権利の濫用であるとすることはできない。」

［深谷信夫］

(73)プレート着用等と職場規律違反

目黒電報電話局事件・最高裁第三小法廷昭和五二年一二月一三日判決

昭和四七年（オ）第七七七号懲戒戒告処分無効確認請求事件、民集三一巻七号、労判二八七号、判時八七一号、労旬九四六号

【事案の紹介】

目黒電報電話局に勤務する職員X（原告、被控訴人、被上告人）が、「ベトナム侵略反対、米軍立川基地拡張阻止」というプレート（縦一・八センチ、横六センチ）を、作業衣左胸に着用して勤務した。局長らは、プレートの取り外しを命じ、処分の警告をした。職員は、この命令と警告が不当であるとして、休憩時間中に、休憩室や食堂などで無許可で抗議のビラ数十枚を配布した。これに対し、当局Y（被告、控訴人、上告人）は、プレート着用が禁止された政治活動に当たり、無許可ビラ配布が事前許可制に違反するとして、職員を懲戒処分に付した。

これに対し、Xが戒告処分の無効確認を求めたところ、一審（東京地判昭四五・四・一三、労民集二一巻二号）は、戒告処分を無効とした。控訴審（東京高判昭四七・五・一〇、労旬八〇九号）も一審判決を支持し、Yの控訴を棄却した。本件は、その上告審であるが、戒告処分を有効とし、原判決を破棄し、一審判決を取り消した。

【判旨】 原判決破棄、一審判決取消。

1 「Y就業規則五条七項が局所内における政治活動を禁止した趣旨は、一般職国家公務員に関する国公法一〇二条、人事院規則一四—七における政治的行為の制限の趣旨と異なり、一般私企業において就業規則により事業所（職場）内における政治活動を禁止しているのと同様、企業秩序の維持を主眼としたものであると解するのが、相当である。すなわち、一般私企業においては、元来、職場は業務遂行のための場であつて政治活動その他従業員の私的活動のための場ではないから、従業員は職場内において当然には政治活動をする権利を有するというわけのものでないばかりでなく、職場内における従業員の政治活動は、従業員相互間の政治的対立ないし抗争を生じさせるおそれがあり、また、それが使用者の管理する企業施設を利用して行われるものである以上その管理を妨げるおそれがあり、しかも、それを就業時間中に行う従業員がある場合にはその労務提供義務に違反するにとどまらず他の従業員の業務遂行をも妨げるおそれがあり、また、就業時間外であつても休憩時間中に行われる場合には他の従業員の休憩時間の自由利用を妨げ、ひいてはその後における作業能率を低下させるおそれのあることがあるなど、企業秩序の維持に支障をきたすおそれが強いものといわなければならない。したがつて、一般私企業の使用者が、企業秩序維持の見地から、就業規則により職場内における政治活動を禁止することは、合理的な定めとして許されるべきであり、特に、合理的かつ能率的な経営を要請される公社においては、同様の見地から、就業規則において右のような規定を設けることは当然許されることであつて、Y就業規則五条七項の規定も、本質的には、右のような趣旨のもとに定められていると解され、右規定にいう『政治活動』の意義も、一般私企業における就業規則が禁止の対象としている政治活動、すなわち、社会通念上政治的と認められる活動をいうものと解するのが、相当

である。」

2 「Yは右文言を記載したプレートを着用してこれを職場の同僚に訴えかけたものというべきであるから、それは社会通念上政治的な活動に当たり、しかもそれが目黒局の局所内で行われたものである以上、Y就業規則五条七項に違反することは、明らかである。もつともY就業規則五条七項の規定は、……局所内の秩序風紀の維持を目的としたものであることにかんがみ、形式的に右規定に違反するように見える場合であつても、実質的に局所内の秩序風紀を乱すおそれのない特別の事情が、認められるときには、右規定の違反になるとはいえないと解するのが相当である。ところで公社法三四条二項は『職員は、全力を挙げてその職務の遂行に専念しなければならない』旨を規定しているのであるが、これは職員がその勤務時間及び職務上の注意力のすべてをその職務遂行のために用い職務にのみ従事しなければならないことを意味するのであり、右規定の違反が成立するためには現実に職務の遂行が阻害されるなど実害の発生を必ずしも要件とするものではないと解すべきである。本件についてこれをみれば、Xの勤務時間中における本件プレート着用行為は、前記のように職場の同僚に対する訴えかけという性質をもち、それ自体、Y職員としての職務の遂行に直接関係のない行動を勤務時間中に行つたものであつて、身体活動の面だけからみれば作業の遂行に特段の支障が生じなかつたとしても、精神的活動の面からみれば注意力のすべてが職務の遂行に向けられなかつたものと解されるから、職務上の注意力のすべてを職務遂行のために用い職務にのみ従事すべき義務に違反し、職務に専念すべき局所内の規律秩序を乱すものであつたといわなければならない。同時にまた、勤務時間中に本件プレートを着用し同僚に訴えかけるというXの行動は、他の職員の注意力を散漫にし、あるいは職場内に特殊な雰囲気をかもし出し、よつて他の職員がその注意力を職務に集中することを妨げるおそれのあるものであるから、この面からも局所内の秩序維持に反するものであつたというべきである。

すなわち、Xの本件プレート着用行為は、実質的にみても、局所内の秩序を乱すものであり、Y就業規則五条七項に違反し五九条一八号所定の懲戒事由に該当する。」

3 Xの「ビラ配布行為は、許可を得ないで局所内で行われたものである以上、形式的にいえば、Y就業規則五条六項に違反するものであることが明らかである。もつとも、右規定は、局所内の秩序風紀の維持を目的としたものであるから、形式的にこれに違反するように見える場合でも、ビラの配布が局所内の秩序風紀を乱すおそれのない特別の事情が認められるときは、右規定の違反になるとはいえないと解するのを相当とする。ところで、本件ビラの配布は、休憩時間を利用し、大部分は休憩室、食堂で平穏理に行われたもので、その配布の態様についてはとりたてて問題にする点はなかつたとしても、上司の適法な命令に抗議する目的でされた行動であり、その内容においても、上司の適法な命令に抗議し、また、局所内の政治活動、プレートの着用等違法な行為をあおり、そそのかすことを含むものであつて、職場の規律に反し局所内の秩序を乱すおそれのあつたものであることは明らかであるから、実質的にみても、Y就業規則五条六項に違反し、同五九条一八号所定の懲戒事由に該当するものといわなければならない。」

［深谷信夫］

(74)就業時間中の組合活動

大成観光事件・最高裁第三小法廷昭和五七年四月一三日判決

昭和五二年（行ツ）第一二二号不当労働行為救済命令取消請求事件、民集三六巻四号、労判三八三号、判時一〇四二号、労旬一〇四九号

【事案の紹介】

ホテルオークラを経営するXに対して、Xの従業員で組織するA組合（参加人）は正従業員の昇給を要求し団体交渉を行ったがその要求が認められなかったため、「要求貫徹」、「ホテル労連」の文字が印字されたリボンを就業時間中に着用するいわゆるリボン闘争を、上記要求貫徹を目的として実施した。XはA組合の組合三役Bら六名（参加人）に対し、警告を受け入れず本件リボン闘争を実施したことをもって減給及び譴責の懲戒処分を行った（本件処分）。A組合、A組合加盟の上部団体C（参加人、ホテル労連）およびBらは、本件処分が不当労働行為に該当するとして、Xを相手方としてY（東京都地労委）に対し救済を申立てたところ、Yは本件処分は不利益取扱い（労組法七条一項）にあたるとして救済命令を発したため（昭四七・九・一九、命令集四七集）、Xがこれを不服として、Y命令の取消しを求めた。一審（東京地判昭五〇・三・一一、労判二二一号）は本件リボン闘争は正当な行為たりえないとして本件救済命令を取消し、控訴審（東京高判昭五二・八・九、労経速九五六号）も一審を維持した。Y上告。

【判旨】上告棄却（裁判官全員一致）。

「原審の適法に確定した事実関係のもとにおいて、本件リボン闘争は就業時間中に行われた組合活動であってA組合の正当な行為にあたらないとした原審の判断は、結論において正当として是認することができる。」

〔伊藤正己裁判官補足意見〕

「一般的には、リボン闘争は、類型として争議行為にあたらないというべきである。……本件リボン闘争は、……これを争議行為としてとらえることは相当ではない。」

「一般に、就業時間中の組合活動は、使用者の明示文は黙示の承諾があるか又は労使の慣行上許されている場合のほかは認められないとされているが、これは、労働者の負う職務専念義務、すなわち労働契約により労働者は就業時間中その活動力をもっぱら職務の遂行に集中すべき義務を負うことに基づくものとされている。」

「職務専念義務といわれるものも、労働者が労働契約に基づきその職務を誠実に履行しなければならないという義務であって、この義務と何ら支障なく両立し、使用者の業務を具体的に阻害することのない行動は、必ずしも職務専念義務に違背するものではないと解する。そして、職務専念義務に違背する行動にあたるかどうかは、使用者の業務や労働者の職務の性質・内容、当該行動の態様など諸般の事情を勘案して判断されることになる。……およそ組合活動であるならば、すべて違法の行動であるとまではいえないであろう。」

「本件リボン闘争は、A組合の組合員たる労働者の職務を誠実に履行する義務と両立しないものであり、Xの経営するホテルの業務に具体的に支障を来たすものと認められるから、それは就業時間中の組合活動としてみて正当性を有するものとはいえない。」

〔小山敬晴〕

(75)書面性を欠く労使合意と労働協約

都南自動車教習所事件・最高裁第三小法廷平成一三年三月一三日判決

平成一二年（受）第一九二号賃金請求控訴、同附帯控訴事件、民集五五巻二号、労判八〇五号、判時一七四六号

【事案の紹介】

被上告人Xら三四名全員は、上告人Y自動車教習所の従業員でかつ自交総連神奈川地方労働組合・神奈川県自動車教習所労働組合Y支部の組合員であり、組合員全員が被上告人でもある。Xらは、一九七八年以来、毎年Yとベースアップの労使交渉を行ない、結果を労働協約として締結し、ベア分が支給されていたのである。

ところが、Yは、一九九一年、就業規則の改定を行ない「新賃金体系」を導入した。その際にY支部とは別の労組はこれに同意したが、Y支部はその導入に反対し、同年度から九五年度まで各ベア交渉に際し合意したベア加算額を書面に作成することを拒否したのである。そこでYは、別労組および非組合員に対してベア分を各年度の四月に遡及して支給したが、Xらに対しては書面が作成されていないということを理由に支給しなかった（九六年四月分以降は支給している）。これに対しXらは、主位的請求として同ベア分の賃金支払いを、予備的請求として同未払いを不当労働行為として、不法行為による損害賠償の支払いを求めて本訴を提起した。

第一審（横浜地判平八・六・一三、労判七〇六号）は「書面性の要件を緩和して、少なくとも規範的効力を有する労働協約としての効力を認めるのを相当とする場合もある」とし、Xらの未払賃金の請求額を認容したので、Yが控訴した。二審（東京高判平一一・一一・二二、労判八〇五号）はYの信義則違反を理由として「本件合意によるベースアップ分については、本件合意がされた各時期の直後ころに、その協定書が作成され両当事者が署名し又は記名押印した場合と同視すべきであるから、本件合意は、労働協約として成立し、規範的効力を具備していると解するのが相当」との判断を下し、Yの控訴を棄却したので、Yが上告した。

【判旨】Xの主意的請求棄却、Xの予備的請求差戻。

本判決は、「労働組合法一四条が労働協約は、書面に作成し、両当事者が署名し、又は記名押印することによってその効力を生ずることとしているゆえんは、……その存在及び内容は明確なものでなければならないからである」との基本的立場から、「書面に作成され、かつ、両当事者がこれに署名し又は記名押印しない限り、仮に、労働組合と使用者との間に労働条件その他に関する合意が成立したとしても、これに労働協約としての規範的効力を付与することはできないと解すべきである。」との判断を示し、「Yと支部とは、平成三年度以降各年度のベースアップ交渉において具体的な引上げ額については妥結して本件各合意をするに至ったが、いずれの合意についても、協定書を作成しなかったというのであるから、本件各合意が同条が定める労働協約の効力の発生要件を満たしていないことは明らかであり、Yが協定書が作成されていないことを理由にベースアップ分の支給を拒むことが信義に反するとしても、労働協約が成立し規範的効力を具備しているということができないことは論をまたない」との判断を示した。

［大橋範雄］

76労働協約による労働条件の不利益変更

朝日火災海上保険（石堂）事件・最高裁第一小法廷平成九年三月二七日判決

平成七年（オ）第一二九九号地位確認、社宅明渡請求事件、労判七一三号、判時一六〇七号

【事案の紹介】

被上告会社Yは、一九六五年二月一日、訴外Aの鉄道保険部で取り扱ってきた保険業務を引き継いだ際にAで勤務していた者をそれまでと同じ労働条件で雇用することにした。原告Xは、Aの社員であったが、YによるAの保険業務の引継ぎによりYの社員となった。Yは、Yの従業員で組織する労組との間で、鉄道保険部出身の労働者とそれ以外の労働者との労働条件の統一に関する交渉を続け、昭和四七年までに前者の労働条件を後者の労働条件基準まで引き上げることによって就業時間、退職金、賃金制度等の労働条件を順次統一してきたが、定年の統一については合意に至らなかった。ところが、Yはその後一九七七年度の決算において赤字を計上し経営危機に直面したことから、定年制の統一と併せて退職金算定方法を改定することを会社再建の重要施策と位置付け、Yの労組と交渉を重ねた。しかし、交渉が難航した。そこで、労組は、常任闘争委員会や全国支部闘争委員会で討議を重ね、組合員による職場討議や投票も行ったうえで、本件労働協約の締結を決定し、八三年七月一一日、これに署名、押印した。本件労働協約は、Yの従業員の定年を満五七歳とし、退職金の支給基準を引き下げることを主たる内容とするものである。Xは、本件労働協約が締結された時点で満五三歳であり、Xは組合員であることから同協約上の基準を適用すると、定年が満六三歳から満五七歳に引き下げられることになり、退職金の支給基準は、七一・〇から五一・〇に引き下げられることになるので、Xは、労働協約・就業規則の改定は無効であるとして慣行により六五歳定年制が実施されていたと主張して六五歳定年制を前提とする退職金支払いを受ける地位の確認を求める訴えを提起した。これに対して第一審（神戸地判平五・二・二三、労判六二九号）、第二審（大阪高判平七・二・一四、労判六七五号）がともにXの請求を棄却したので、Xが上告した。

【判旨】 上告棄却。

「本件労働協約は、Xの定年及び退職金算定方法を不利益に変更するものであり、昭和五三年度から昭和六一年度までの間に昇給があることを考慮しても、これによりXが受ける不利益は決して小さいものではないが、同協約が締結されるに至った以上の経緯、当時のYの経営状態、同協約に定められた基準の全体として合理性に照らせば、同協約が特定の又は一部の組合員を殊更不利益に取り扱うことを目的として締結されたなど労働組合の目的を逸脱して締結されたものとはいえず、その規範的効力を否定すべき理由はない。これと同旨の原審の判断は、正当として是認することができる。本件労働協約に定める基準がXの労働条件を不利益に変更するものであることの一事をもってその規範的効力を否定することはできないし、また、Xの個別の同意又は組合に対する授権がない限り、その規範的効力を認めることができないものと解することもできない」。

［大橋範雄］

(77)労働協約の一般的拘束力

朝日火災海上保険（髙田）事件・最高裁第三小法廷平成八年三月二六日判決

平成五年（オ）第六五〇号地位確認等請求事件、民集五〇巻四号、労判六九一号、判時一五七二号

【事案の紹介】

本件は、当初、訴外A社の鉄道保険部の職員として雇用され、その後、同部保険業務の引継ぎに伴い被告Y社に雇用されるに至った原告Xが、同引継ぎ後に旧各支部を統合する形で結成され、締結当時、Xが勤務していた支店に常時使用されている従業員の四分の三を組織していた訴外B組合とY社の間の労働協約により、定年年齢を満六三歳から満五七歳へと引き下げられ、退職金を従前の二〇〇七万余円から一五七万余円分を減額されたため、労働契約上の地位確認及び差額給与等の支払を請求した事案である。第一審（福岡地小倉支判平元・五・三〇、民集五〇巻四号）は定年年齢引下げについてXの請求を棄却し、第二審（福岡高判平四・一二・二一、同前）もこれを維持したが、追加主張された退職金減額については上記差額分に限りXの請求を認容した。Y社上告。

【判旨】 上告棄却。

労働組合法一七条の趣旨は、「主として一の事業場の四分の三以上の同種労働者に適用される労働協約上の労働条件によって当該事業場の労働条件を統一し、労働組合の団結権の維持強化と当該事業場における公正妥当な労働条件の実現を図ること」にあると解されるから、「未組織の同種労働者の労働条件が一部有利なものであることの故に、労働協約の規範的効力がこれに及ばない」とするのは相当でない。

しかしながら他面、「未組織労働者は、労働組合の意思決定に関与する立場になく、また逆に、労働組合は、未組織労働者の労働条件を改善し、その他の利益を擁護するために活動する立場にない」ことからすると、「労働協約によって特定の未組織労働者にもたらされる不利益の程度・内容、労働協約が締結されるに至った経緯、当該労働者が労働組合の組合員資格を認められているかどうか等に照らし、当該労働協約を特定の未組織労働者に適用することが著しく不合理であると認められる特段の事情があるときは、労働協約の規範的効力を当該労働者に及ぼすことはできない」と解するのが相当である。

これを本件についてみると、本件労働協約が締結されるに至った経緯をみても、Y社において従業員間の労働条件の統一や経営の著しい悪化の回避が迫られる中で、「組合が……本件労働協約を終結（ママ）したことにはそれなりの合理的な理由があったものということができる」。しかしながら他面、「Xは、……本件労働協約によって専ら大きな不利益だけを受ける立場にあることがうかがわれる」こと、また、「本件労働協約をXに適用して……Xの退職金の額を減額することは、Xが具体的に取得した退職金請求権を、その意思に反して、組合が処分ないし変更するのとほとんど等しい結果になる」こと、加えて、Xは、Y社とB組合との間で締結された労働協約によって非組合員とするものとされていて、組合員の範囲から除外されていた」ことからすると、退職金減額という「不利益をXに甘受させることは、著しく不合理であって、その限りにおいて、本件労働協約の効力はXに及ぶものではない」と解するのが相当である。

［榊原嘉明］

⑱労働協約の終了と労働条件

鈴蘭交通事件・札幌地裁平成一一年八月三〇日判決

平成一〇年（ワ）第一二三号賃金請求事件、労判七七九号、判タ一〇三七号

【事案の紹介】

本件は、Y社（被告）に勤務するタクシー乗務員であり訴外A労組に加入していたXら（原告）が、その月例賃金および一時金について、A労組とY社の間において平成五年三月一五日付で締結された労働協約（以下「本件協約」）の支給基準に基づく計算額から既払金を控除した残額及びこれに対する遅延損害金の支払を求めた事案であるが、Y社は、本件協約は「現行運賃における労働条件」を定めるものと協定書に明記しており、平成五年六月の運賃改定の実施により終了して失効しているなどとして争った。

ところで右運賃改定（値上げ）に際して、A労組は団体交渉の席上において賃上げを求めていたが、これに対してY社は、右運賃改定に伴う営業収入の増加分の動向をみたうえで新労働協約を締結する意向を述べるとともに、新労働協約締結までの賃金の支給基準については、「新協約の締結までは現行の賃金支給率で支給する」「余後効でいく」などと回答しており、A労組は右回答を承諾した。また、平成七年一一月一六日に、Y社はA労組に対し労組法一五条三項の手続により本件協約の解約を告知した（以下「本件解約告知」）。

【判旨】　請求認容。

1　A労組とY社は、本件協約を締結した際に近い将来の運賃改定が予想されたため、「運賃改定後は新労働協約を締結するとの趣旨から、……『現行運賃における労働条件に関し』定めるものとし、月例賃金の支給基準に関する条項中にも『一運賃一賃金制』を採用した旨を明記したものであることが明らかである」。「そうすると、右協約当事者間においては、本件協約締結当時、……運賃改定以降も当然に本件協約を存続させるとの意思はなかったと認められるから、本件協約は……運賃改定の実施をもって終了したものというべきである」。

2　しかし「認定事実を総合すると、A労組とY社は、平成五年六月の運賃改定後の月例賃金及び一時金に関し、新労働協約締結までの間、本件協約の支給基準による旨の……延長合意をしたものと認められる」（以下「本件延長合意」）。

3　労使の「いずれかが新労働協約の締結に応じない限り、本件協約の効力が無期限に延長され得ることとなるから、本件延長合意により効力が延長された本件協約は、労組法一五条三項にいう有効期間の定めがないものに当たるというべきであり」、本件解約告知により本件協約は平成八年二月一四日の経過をもって失効した。

4　しかし本件協約失効後も「XY社間の労働契約の内容を規律する補充規範が必要であることに変わりはなく、就業規則等の右補充規範たり得る合理的基準がない限り、従前妥当してきた本件協約……の支給基準が、XY社間の労働契約を補充して労働契約関係を規律するものと解するのが相当であり、他に補充規範足り得る合理的基準は見出し難い」。

5　以上のとおり、平成八年二月一四日までは本件延長合意により、その後は労働契約を補充するものとして、本件協約の支給基準が適用され、Y社はXらに対し右支給基準に基づき月例賃金及び一時金を支払うべきである。

［井川志郎］

三菱重工長崎造船所事件・最高裁第二小法廷昭和五六年九月一八日判決

昭和五一年（オ）第一二七三号賃金請求事件、民集三五巻六号、労判三七〇号、判時一〇一八号、労旬一〇三六号

【事案の紹介】

Xら三名は、Yの長崎造船所に勤務する従業員であり、訴外A組合に所属する組合員である。A組合は一九七二年七月および八月にわたりストライキを行なったが、Xらは、社員賃金規則所定の家族手当を両月分払われなかった。右規則はストライキ期間中の家族手当をカットする旨定めて、上記カットが実施されていたが、新たに社員賃金規則細部取扱が作成され、これに基づいて七四年に家族手当が廃止されて有扶手当が新設されるまでストライキ期間中の家族手当がカットされた。Yは、この細部取扱につき、過半数組合であるB組合の了承を取り付けた模様であるが、Xらが従前所属していたC組合ほか一組合やA組合に対して提案・協議交渉を持った形跡がなかった。また、Yが右細部取扱を労基法所定の労基署長に対する届出および労働者に対する周知・徹底を行った形跡もなかった。A組合は、Yに対し、ストライキ期間中の家族手当カットの中止を申し入れたがYが応じないので、その支払を求めて本件訴訟を提起した。一審判決（長崎地判昭五〇・九・一八、労判二四七号）、二審判決（福岡高判昭五一・九・一三、労判二五九号）ともにXらの主張を認め、家族手当のカットを違法とした。

【判旨】　原判決破棄、一審判決取消。Xらの請求棄却。

1　家族手当のカットの適法性

「ストライキの場合における家族手当の削減は、YとXらの所属するA組合との間の労働慣行となつていたものと推認することができるというべきである。また、右労働慣行は、家族手当を割増賃金の基礎となる賃金に算入しないと定めた労働基準法三七条二項及び本件賃金規則二五条の趣旨に照らして著しく不合理であると認めることもできない。」

2　賃金の区分

「ストライキ期間中の賃金削減の対象となる部分の存否及びその部分と賃金削減の対象とならない部分の区別は、当該労働協約等の定め又は労働慣行の趣旨に照らし個別的に判断するのを相当とし、……いわゆる抽象的一般的賃金二分論を前提とするXらの主張は、その前提を欠き、失当である。」所論引用の明治生命事件（最二小判昭四〇・二・五、民集一九巻一号）は「事案を異にし、本件に適切でない。」

3　労基法三七条二項の趣旨

労基法三七条二項が「家族手当を割増賃金算定の基礎から除外すべきものと定めたのは、家族手当が労働者の個人的事情に基づいて支給される性格の賃金であつて、これを割増賃金の基礎となる賃金に算入させることを原則とすることがかえつて不適切な結果を生ずるおそれのあることを配慮したものであり、労働との直接の結びつきが薄いからといつて、その故にストライキの場合における家族手当の削減を直ちに違法とする趣旨までを含むものではな」い。

［鈴木　隆］

⑳ピケッティング

御國ハイヤー事件・最高裁第二小法廷平成四年一〇月二日判決

平成元年（オ）第六七六号損害賠償請求事件、集民一六六号、労判六一九号、判時一四五三号

【事案の紹介】

本件は、旅客運送事業を経営している会社（以下「X」）に対して、タクシー労働者の個人加盟の組合（以下「本件組合」）が、賃上げ及び臨時従業員の正社員化とその賃金を基本給と歩合給の二本立てにすることを要求したが、交渉が物別れに終わったため、本件組合の幹部（以下「Y」）らがストライキを行うことを決定し、予定どおり実施されたところ、Xが違法に営業を妨害されたと主張して、Yらに対して不法行為による損害賠償等の支払いを求めて本訴を提起したものである。一審（高松地判昭六一・五・六、判時一三一三号）は、Yらによるタクシーの稼働阻止は争議行為の範囲を超えているとしてXの請求を認容したが、原審（高松高判平元・二・二七、労判五三七号）は、本件争議に至る経緯、争議の目的、態様、被侵害利益などを総合してこれを全体として評価すれば、正当な争議行為に当たるとしてXの請求を棄却すべきものとした。

【判旨】破棄差戻。

「ストライキは必然的に企業の業務の正常な運営を阻害するものではあるが、その本質は労働者が労働契約上負担する労務供給義務の不履行にあり、その手段方法は労働者が団結してその持つ労働力を使用者に利用させないことにあるのであって、不法に使用者側の自由意思を抑圧しあるいはその財産に対する支配を阻止するような行為をすることは許されず、これをもって正当な争議行為と解することはできないこと、また、使用者は、ストライキの期間中であっても、業務の遂行を停止しなければならないものではなく、操業を継続するために必要とされる対抗措置を採ることができることは」、判例の趣旨とするところである。

「労働者側が、ストライキの期間中、非組合員等による営業用自動車の運行を阻止するために、説得活動の範囲を超えて、当該自動車等を労働者側の排他的占有下に置いてしまうなどの行為をすることは許されず、右のような自動車運行阻止の行為を正当な争議行為とすることはできないといわなければならない。」

本件事実によれば、「Yらは、互いに意思を通じて、X社の管理に係る本件タクシーを本件組合の排他的占有下に置き、X社がこれを搬出して稼働させるのを実力で阻止したものといわなければならない。」もっとも、本件組合は、「労働条件の改善の要求を貫徹するために本件ストライキを行ったものであり、その目的において問題とすべき点はなく、また、その手段、態様においても……暴力や破壊行為に及んだものでもなく……無用の混乱を回避するような配慮した面がうかがわれ、また、X社においても本件タクシーを搬出させてほしい旨を申し入れるにとどめており、そのため、Yらがその搬出を暴力等の実力行使をもって妨害するといった事態に至らなかった」という事情を考慮しても、「Yらの右自動車運行阻止の行為は、前記説示に照らし、争議行為として正当な範囲にとどまるものということはできず、違法の評価を免れないというべきである。」

［松井良和］

ノース・ウエスト航空事件・最高裁第二小法廷昭和六二年七月一七日判決

昭和五七年（オ）第一一八九号・一一九〇号賃金請求事件、民集四一巻五号、労判四九九号、判時一二五一号、労旬一一八一号

【事案の紹介】

Xら一七名は、Y航空会社の従業員で、Y航空日本支社労働組合（以下「本件組合」）に所属し、沖縄営業所または大阪営業所において、地上勤務に従事していた。本件組合は、Yが訴外A社から派遣されていた労働者を混用して作業に従事させていたことが、職業安定法違反にあたるとして改善を求め、東京地区の組合員をもって、一九七四年一一月一日から同年一二月一五日までストライキを実施した（以下「本件ストライキ」）。その結果、Yは運航スケジュールの変更をせざるをえなくなり、沖縄営業所については同年一一月一四日から同年一二月五日まで、大阪営業所については同年一一月一二日から同月一五日まで、YはXらに休業を命じたうえで、その間の賃金をカットした。これに対し、Xらは、主位的に民法五三六条二項に基づき賃金全額の支払いを、予備的に労基法二六条に基づき休業手当の支払いを請求。一審（東京地判昭五五・二・一八、労判三三五号）は、「被告の右改善案の内容が職業安定法に違反すると解するに足る事実は認められ」ないとして、いずれも請求棄却。二審（東京高判昭五七・七・一九、労判三九〇号）は、「被控訴人は一一月一日の本件第二次スト開始以前においては、みずから職安法違反をおかすことによつてストライキの発生を招いた点に過失があり、本件各休業直前の状態においては、右契約改定の事実があるのに、これを組合に知らしめ納得させるための努力を怠り……ストライキを長期化させたについて過失があつたのであり、右の過失は結局本件各休業という結果を招いたものであるというほかはない。」として、休業手当の請求だけを認容した。Y、Xの双方が上告。

【Y上告事件判旨】 原判決破棄。

1 「労働基準法二六条が『使用者の責に帰すべき事由』による休業の場合に使用者が平均賃金の六割以上の手当を労働者に支払うべき旨を規定」しているのは「右のような事由による休業の場合に、使用者の負担において労働者の生活を右の限度で保障しようとする趣旨によるものであつて、同条項が民法五三六条二項の適用を排除するものではなく、当該休業の原因が民法五三六条二項の『債権者ノ責ニ帰スヘキ事由』に該当し、労働者が使用者に対する賃金請求権を失わない場合には、休業手当請求権と賃金請求権とは競合しうるものである（米極東空軍山田部隊事件・最二小判昭三七・七・二〇、民集一六巻八号、小倉補給廠事件・最二小判昭三七・七・二〇、民集一六巻八号を引用—編注）。」

2 「そこで、労働基準法二六条の『使用者の責に帰すべき事由』と民法五三六条二項の『債権者ノ責ニ帰スヘキ事由』との異同、広狭が問題となる。休業手当の制度は、右のとおり労働者の生活保障という観点から設けられたものではあるが、賃金の全額においてその保障をするものではなく、しかも、その支払い義務の有無を使用者の帰責事由の存否にかからしめていることからみて、労働契約の一方当事者たる使用者の立場をも考慮すべきものとしていることは

明らかである。そうすると、労働基準法二六条の『使用者の責に帰すべき事由』の解釈適用に当たっては、いかなる事由による休業の場合に労働者の生活保障のために使用者に前記の限度での負担を要求するのが社会的に正当とされるかという考量を必要とするといわなければならない。このようにみると、右の『使用者の責に帰すべき事由』とは、取引における一般原則たる過失責任主義とは異なる観点をも踏まえた概念というべきであって、民法五三六条二項の『債権者ノ責ニ帰スヘキ事由』よりも広く、使用者側に起因する経営、管理上の障害を含むものと解するのが相当である。」

3 「本件ストライキは、もっぱらXらの所属する本件組合が自らの主体的判断とその責任に基づいて行ったものとみるべきであって、Y側に起因する事象ということはできない。……そして、前記休業を命じた期間中飛行便がほとんど大阪及び沖縄を経由しなくなったため、Yは管理職でないXらの就労を必要としなくなったというのであるから、その間Xらが労働をすることは社会観念上無価値となったといわなければならない。そうすると、本件ストライキの結果YがXらに命じた休業は、Y側に起因する経営、管理上の障害によるものということはできないから、Yの責に帰すべき事由によるものということはできず、Xらは右休業につきYに対し休業手当を請求することはできない。」

【X上告事件判旨】 上告棄却。

1 「企業ないし事業場の労働者の一部によるストライキが原因で、ストライキに参加しなかった労働者が労働することが社会観念上不能又は無価値となり、その労働義務を履行することができなくなった場合、不参加労働者が賃金請求権を有するか否かについては、当該労働者が就労の意思を有する以上、その個別の労働契約上の危険負担の問題として考察すべきである。このことは、当該労働者がストライキを行った組合に所属していて、組合意思の形成に関与し、ストライキを容認しているとしても、異なるところはない。ストライキは労働者に保障された争議権の行使であって、使用者がこれに介入して制御することはできず、また、団体交渉において組合側にいかなる回答を与え、どの程度譲歩するかは使用者の自由であるから、団体交渉の決裂の結果ストライキに突入しても、そのことは、一般に使用者に帰責さるべきものということはできない。したがって、労働者の一部によるストライキが原因でストライキ不参加労働者の労働義務の履行が不能となった場合は、使用者が不当労働行為の意思その他不当な目的をもってことさらストライキを行わしめたなどの特別の事情がない限り、右ストライキは民法五三六条二項の『債権者ノ責ニ帰スヘキ事由』には当たらず、当該不参加労働者は賃金請求権を失うと解するのが相当である。」

2 本件において、前記特別の事情がないことは明らかである。そして、Xらが労働することは社会観念上無価値となったといわなければならない。「そうすると、それを理由にYが右の期間Xらに対し休業を命じたため、Xらが就労することができず、その労働義務の履行が不能となったのは、Yの『責ニ帰スヘキ事由』によるものということはできず、Xらは右期間中の賃金請求権を有しないこととなる。」

［新谷眞人］

⑧②ロックアウト

丸島水門事件・最高裁第三小法廷昭和五〇年四月二五日判決

昭和四四年（オ）第一二五六号賃金請求事件、民集二九巻四号、労判二二七号、判時七七七号、労旬八八六号

【事案の紹介】

賃上げ交渉が行き詰り、組合は実力行使に入る旨使用者に通告した。組合はビラを、工場、事務室等の窓ガラス、壁に貼り付けたり、喚声をあげてデモ行進し、役員の執務を妨害した。さらに終業後、二〇名前後の組合員が無届で会社構内に残留した。しだいに作業能率は平時の半分程度にまで低下し、その間会社は職制による巡視を強化したが、組合員らは後をつけ、妨害した。また組合員である正班長八名中七名が一斉に休暇をとったために、作業過程が麻痺して、正常な作業が不能に陥った。会社は組合の争議行為等により、正常な業務の遂行が困難となり、経営にも危殆をまねく虞があると考え、ロックアウトを通告した。同ロックアウトは組合の上部団体から組合員を正常に業務に就かせる旨の申し入れを受けて解除されるまで、三五日間継続した。争議終了後、組合員らは会社がロックアウトにより就労を拒否したことを不当として、その間の賃金支払いを求めた。

第一審（大阪地判昭三九・五・一六、労民集一五巻三号）は請求を認容したが、控訴審（大阪高判昭四四・九・一九、労民集二〇巻五号）は反対に棄却した。

【判旨】上告棄却。

1 「労働者の争議権について特に明文化した理由が専らこれによる労使対等の促進と確保の必要に出たもので、窮極的には公平の原則に立脚するものであるとすれば、力関係において優位に立つ使用者に対して、一般的に労働者に対すると同様な意味において争議権を認めるべき理由はなく、また、その必要もない」。しかし「使用者に対し一切争議権を否定し、使用者は労働争議に際し一般市民法による制約の下においてすることができる対抗措置をとりうるにすぎないとすることは相当でなく、個々の具体的な労働争議の場において、労働者側の争議行為によりかえつて労使間の勢力の均衡が破れ、使用者側が著しく不利な圧力を受けることになるような場合には、衡平の原則に照らし、使用者側においてこのような圧力を阻止し、労使間の勢力の均衡を回復するための対抗的防衛手段として相当性を認められるかぎりにおいては、使用者の争議行為も正当なものとして是認されるべきである」。

2 「労働者の提供する労務の受領を集団的に拒否するいわゆるロツクアウト（作業所閉鎖）は、使用者の争議行為の一態様として行われるものであるから、それが正当な争議行為として是認されるかどうか、換言すれば、使用者が一般市民法による制約から離れて右のような労務の受領拒否をすることができるかどうかも、……個々の具体的な労働争議における労使間の交渉態度、経過、組合側の争議行為の態様、それによつて使用者側の受ける打撃の程度等に関する具体的諸事情に照らし、衡平の見地から見て労働者側の争議行為に対する対抗防衛手段として相当と認められるかどうかによつて決すべ」きである。もしも、それが「認めうる場合には、使用者は、正当な争議行為をしたものとして、右ロツクアウト期間中における対象労働者に対する個別的労働契約上の賃金支払義務をまぬかれる」。

［石井保雄］

⑧③大量観察方式

紅屋商事事件・最高裁第二小法廷昭和六一年一月二四日判決

昭和五五年（行ツ）第四〇号不当労働行為救済命令取消請求事件、集民一四七号、労判四六七号、判時一二一三号、労旬一一四八号

【事案の紹介】

大型小売店舗として総合衣料、食品、日用品等の小売を業とするX会社（原告、控訴人、上告人）には、一九七四年一二月に弘前店の従業員を主体に結成された参加人Z労働組合（以下、「Z組合」）と、一九七五年一月に青森店の従業員を主体に結成されたA労働組合（以下、「A労組」）とがあった。

X会社は一九七五年度夏季賞与及び冬季賞与につき、Z組合及びA労組と妥結し、いずれも「基本給×成果比例配分率×人事考課率×出勤率」との算式により支給した。同年度の夏季賞与における人事考課率は、「五〇」（最低）から「一三〇」（最高）の範囲内（人事考課率の数値は、いずれも百分率のそれである。以下同）で定められたが、Z組合員の平均は「五八」であり、また、最低の「五〇」が三一名で最も多かった。他方、A労組員の平均は「一〇一」であり、最低の者（計四名）でもZ組合員の最高の者より高い「九〇」であった。同年度の冬季賞与における人事考課率は、「七五」（最低）から「一二五」（最高）の範囲内で定められたが、Z組合員の平均は「七九」であり、また、最低の「七五」が二六名で最も多かった。他方、A労組員及び非組合員の大半の者はZ組合員の最高である「一〇〇」以上の評価を得ており、その平均は「一〇一」であり、最低の者（計八名）でも「八五」であった。

X会社は、Z組合がその結成を同社に通知した直後から、その代表者の発言等を通じて、Z組合を嫌悪し、同組合員とA労組員とを差別する行動を繰り返した。また、Z組合結成前の一九七四年度夏季及び冬季の各賞与における人事考課率を、一九七五年度夏季賞与支給当時の両組合員に仕分けしてその平均を比較すると、七四年度夏季賞与についてはそれぞれ「一〇一」と「一〇二」であり、同年度冬季賞与についてはそれぞれ「九一」と「九二」であった。

一九七五年度夏季賞与の考課期間後にZ組合を脱退して非組合員又はA労組員となった二一名の右賞与における平均人事考課率は「五九」であり、その当時のZ組合員全員の平均人事考課率「五八」とほとんど差がなかったものの、同年度冬季賞与におけるそれは「九六」となり、当時のZ組合員の平均人事考課率「七九」と比べ「一七」もの差が生じており、従前からA労組員又は非組合員であった者の平均人事考課率「一〇一」との差はわずかに「五」となっていた。なお、その間に、Z組合員が、組合の指令に基づいて、勤務時間中故意に作業能率を下げたり、接客態度を悪くした事実はなく、七五年度夏季賞与の考課期間中のZ組合員の平均出勤率はA労組員のそれを上回っていた。

Z組合は、青森県地方労働委員会に不当労働行為救済の申立をしたところ、同委員会は、本件各賞与における各Z組合員の人事考課率に、一九七五年度夏季賞与についてはそれぞれ「四〇」を加算した人事考課率により、同年度冬季賞与についてはそれぞれ「二二」を加算した人事考課率により、各賞与を再計算した金額と既に支給した金額の差額の支給等を命じた。中労委Y（被告、被控訴人、被

上告人）も再審査の申立を棄却する旨の本件命令を発したため、X会社が同命令の取消を求めて訴訟を提起した。一審（東京地判昭五四・三・一五、判時九四一号）および原審（東京高判昭五四・一二・一九、労委関係裁判例集一六集）ともに請求を棄却したのでX会社が上告した。

【判旨】 上告棄却。

1 不当労働行為の成否について

Z組合結成前の昭和四九（一九七四）年度夏季及び冬季の各賞与の人事考課率の査定において、Z組合及びA労組の組合員となった者らの平均考課率にほとんど差異がなく、このことは、両者の勤務成績等を全体として比較した場合その間に隔りがなかったことを示し、Z組合の結成後に、Z組合員らの勤務成績等がA労組員又は非組合員のそれと比較して劣悪になったことを窺わせる事情はない。「したがつて、本件各賞与における人事考課率の査定時においても、Z組合員らとそれ以外の者らとの勤務成績等に全体として差異がなかつたものというべきである。他方、本件各賞与における人事考課率をZ組合員らとそれ以外の者らとの間で比較してみると、その間に全体として顕著な差異の生じていることが明らかである。そして、これらの事実にZ組合が結成され……た後X会社において同組合を嫌悪し同組合員をA労組員と差別する行動を繰り返していること、昭和五〇年度夏季賞与の考課期間の後にZ組合を脱退し……た者らの同年度冬季賞与における平均人事考課率がにわかに上昇し従前からA労組員又は非組合員であった者らの平均人事考課率に近似する数値となつていることなど……を合わせ考えると、Z組合員らとそれ以外の者らとの間に生じている右のような差異は、X会社においてZ組合員らの人事考課率をその組合所属を理由として低く査定した結果生じたものとみるほかなく、また、右の査定において、X会社が個々のZ組合員の組合内における地位や活動状況等に着目しこれを考課率に反映させたというような事情は全く窺うことができないのであるから……X会社はZ組合員について、Z組合に所属していることを理由として、昭和五〇年度夏季賞与についてはZ組合員全体の平均人事考課率とA労組員全体の平均人事考課率の差に相応する率だけ、同年度冬季賞与についてはZ組合員全体の平均人事考課率とA労組員及び非組合員全体の平均人事考課率の差に相応する率だけ、それぞれ低く査定したものとみられてもやむを得ない」。「以上によれば……X会社により、個々のZ組合員に対し賞与の人事考課率の査定において組合所属を理由とする不利益取扱いがされるとともに、組合間における右の差別的取扱いによりZ組合の弱体化を図る行為がされたものとして、労働組合法七条一号及び三号の不当労働行為の成立を肯認することができる」。

2 救済命令の適否

「使用者において賞与の人事考課率を査定するに当たり個々の組合員の人事考課率をその組合所属を理由として低く査定した事実が具体的に認められ、これが労働組合法七条一号及び三号の不当労働行為に該当するとされる以上、労働委員会において……救済措置として、使用者に対し、個々の組合員につき不当労働行為がなければ得られたであろう人事考課率に相応する数値を示し、その数値により賞与を再計算した金額と既に支給した金額との差額の支払を命ずることも、労働委員会にゆだねられた裁量権の行使として許されるものと解することができる。」

［後藤　究］

(84)不採用と不当労働行為

青山会事件・東京高裁平成一四年二月二七日判決

平成一三年（行コ）第一三七号不当労働行為救済命令取消請求控訴事件、労判八二四号

【事案の紹介】

医療法人であるNが経営していたA病院が平成六年一二月三一日限りで閉鎖され、X（原告、控訴人）が平成七年一月一日から同病院の施設、業務等を引き継いでB病院を開設した。XとNとの間で作成された覚書には、Nが従業員に対し解雇予告を行い、Nの従業員をXにおいて雇用するか否かはXの専権事項である旨が記載されていた。XとNが作成したA病院の土地・建物等に関する売買契約書でも本契約記載事項以外の内容について、当該覚書に依るものとする旨が記載されていた（以下、この売買契約書及び覚書に係る合意を「本件契約」）。Nは、A病院に在籍する全職員に対し解雇を通告し、平成六年一二月三一日付けで解雇した。A病院に看護助手又は准看護婦として勤務していたCとDは、B病院に雇用されることを希望したが、Xは、B病院の開設に際し、両名を採用しなかった（以下「本件不採用」）。C及びDは、A病院の唯一の労働組合であるZ労組（被告補助参加人、被控訴人補助参加人）の組合員であった。Z労組は、本件不採用は不当労働行為に当たるとして神奈川県労委に救済の申立てをした。同県労委は両名の採用等を命ずる救済命令を発した。これに対してXが中労委（被告、被控訴人Y）に再審査を申し立てたが、YはXの再審査申立てを棄却する旨の命令（以下「本件命令」）を発した。Xは本件命令の取消しを求めて提訴したが、原審（東京地判平成一三・四・一一、労判八〇五号）は、「N従業員のXへの採用は、Xによる新たな従業員の採用の一環としてされたものと認めるのが相当である」としたうえで、本件不採用は労組法七条一号本文前段及び同条三号本文前段に該当し不当労働行為に当たると判示し、Xの取消請求を棄却した。これに対してXが控訴した。なお、Xは、本高裁判決の後、これに対して上告及び上告受理申立てをしたが、最高裁は上告棄却、不受理とした（最三小決平成一六・二・一〇、判例秘書L05910195）。

【判旨】控訴棄却。

1　本件不採用について

「XがC及びDについて採用面接もしないまま同人らを不採用としたことには、合理的な理由があったとは到底いい難い」。

これに加え、「Xは、E労組とは対立状態にあったところ、NからA病院の経営を引き継ぐことにした時点で、E労組とZ労組とが同一の上部団体であるF労組及びG労組に属することやC及びDがZ労組の組合員であることを知っていたこと、Xは、Z労組がC及びDに就労の意思のあることを伝えるためXに送付した文書の受領を一切拒否し、C及びDの面会申入れにも応じていないこと、XがB病院の開設に際して関係者に送付したあいさつ状には、『告発のみに終始し、何ら生産的運動をなしえなかったF労組もその余韻すら残せず消え去りました。』との記載があること、A病院が閉鎖のやむなきに至った行政処分に至る経緯にはZ労組の県に対する指導要請等が一因となったと考えられることなどを合わせ考えると、Xは、C及びDの両名がXへの採用を希望していることを知りながら、

この両名がZ労組に所属し、組合活動を行っていたことを嫌悪し、そのため、当初から意図的に両名を採用しないこととし、採用面接を行わず、不採用としたものと認めるのが相当である。」

2　本件不採用の不当労働行為性について

(1)　XがNからA病院の事業を引き継いでこれを運営していくため、本件契約によって、A病院の土地建物に関する権利及び病院運営に必要な一切の什器・備品を譲り受けたこと（以下「本件譲渡」）は、「商法上の営業譲渡に類似するものということができる。そして、このようにNがA病院の経営をXに引き継がせることになったのは、A病院が健康保険法による保険医療機関の指定の取消し及び生活保護法による指定医療機関の取消しを受けたため、保険診療報酬等の収入が見込めなくなって病院経営を続けていけなくなったことによるものであるから、本件譲渡自体が不当労働行為を目的としてされたものということはできない。」

(2)　「本件契約においては、XはNの職員の雇用契約上の地位を承継しないとの合意があったものというべきである。そして、営業譲渡の場合、譲渡人と被用者との間の雇用関係を譲受人が承継するかどうかは、原則として、当事者の合意により自由に定め得るものと解される。」

(3)　「しかしながら、契約自由の原則とはいえ、当該契約の内容が我が国の法秩序に照らして許容されないことがあり得るのは当然である。」

Xは、特にA病院の看護科職員について、C及びDを除いて採用を希望する者全員に採用面接をし、採用を希望し、賃金等の条件面の折り合いが付いた者全員を採用しており、「XによるA病院の職員のB病院の職員への採用の実態は、新規採用というよりも、雇用関係の承継に等しいものであり、労働組合法七条一号本文前段が雇入れについて適用があるか否かについて論ずるまでもなく、本件不採用については同規定の適用があるものと解すべきである。本件契約においては、XはA病院の職員の雇用契約上の地位を承継せず、同病院の職員をXが雇用するか否かはXの専権事項とする旨が合意されているが、上記採用の実態にかんがみれば、この合意は、NとXとがZ労組並びにこれに属するC及びDを嫌悪した結果これを排除することを主たる目的としていたものと推認されるのであり、かかる目的をもってされた合意は、上記労働組合法の規定の適用を免れるための脱法の手段としてされたものとみるのが相当である。したがって、Xは、上記のような合意があることをもって同法7条1号本文前段の適用を免れることはできず」、本件不採用はB病院の職員の採用の実態に照らすと、C及びDを「その従来からの組合活動を嫌悪して解雇したに等しいものというべきであり」、「労働組合法七条一号本文前段の不利益取扱いに該当するものといわざるを得ない。」

「また、本件不採用当時Z労組の組合員はC及びDの二名のみであったことからすれば、本件不採用により、同時にZ労組が壊滅的打撃を受けたことは明らかであるから、Xは、本件不採用によりZ労組へ壊滅的打撃を与えることを意図し、C及びDがZ労組を運営することを支配し、これに介入したものということができる。」

「したがって、XがしたC及びDに対する本件不採用は、労働組合法七条一号本文前段及び同条三号本文前段に該当し、不当労働行為に当たるというべきである。」

［小林大祐］

(85)採用拒否と不当労働行為

ＪＲ北海道・ＪＲ貨物事件・最高裁第一小法廷平成一五年一二月二二日判決

平成一三年（行ヒ）第九六号各不当労働行為救済命令取消請求事件、民集五七巻一一号

【事案の紹介】

本件は、日本国有鉄道改革法（改革法）に基づき旅客・貨物鉄道事業を国鉄から承継法人たるＪＲ各社へ承継させる中、元国鉄職員らが、改革法二三条に基づき国鉄が作成した承継法人の職員の採用候補者名簿に記載されず、このことの故に、同名簿の提出を受けた承継法人の設立委員会により、昭和六二年四月のＪＲ北海道（以下X_1）及びＪＲ貨物（以下X_2）発足時の職員の採用（四月採用）で不採用とされたため、また、発足後のX_1による同年六月の追加採用（六月採用）でも不採用とされたため、上記元国鉄職員らが所属する労働組合が、これらの不採用は労組法七条一号、三号の不当労働行為に該当し、X_1及びX_2がその責任を負うと主張し救済を申し立て、初審命令（北海道地労委決平一・三・二〇）及び再審査命令（中労委決平五・一二・一五）が基本的に上記主張を認めたため、X_1及びX_2が、中労委（以下Y）の命令の取消しを求めたものである（上記労働組合もYの命令で救済が認められなかった部分の取消しを求めて訴訟を提起し、また、控訴もしているが、以下では省略する）。第一審判決（東京地判平一〇・五・二八、労判七三九号）は請求を認容してYの命令を取り消し、控訴審判決（東京高判平一二・一二・一四、労判八〇一号）もこれを支持。Y上告。

【判旨】上告棄却（反対意見がある）。

四月採用について、「改革法は、設立委員自身が不当労働行為を行った場合は別として、専ら国鉄が採用候補者の選定及び採用候補者名簿の作成に当たり組合差別をしたという場合には、労働組合法七条の適用上、専ら国鉄、次いで事業団にその責任を負わせることとしたものと解さざるを得ず、このような改革法の規定する法律関係の下においては、設立委員ひいては承継法人が同条にいう『使用者』」であるとはいえない。

六月採用について、「労働組合法七条一号本文は、『労働者が労働組合の組合員であること、……［等］の故をもって、その労働者を解雇し、その他これに対して不利益な取扱をすること』又は『労働者が労働組合に加入せず、若しくは労働組合から脱退することを雇用条件とすること』を不当労働行為として禁止するが、雇入れにおける差別的取扱いが前者の類型に含まれる旨を明示的に規定しておらず、雇入れの段階と雇入れ後の段階とに区別を設けたものと解される。そうすると、雇入れの拒否は、それが従前の雇用契約関係における不利益な取扱いにほかならないとして不当労働行為の成立を肯定することができる場合に当たるなどの特段の事情がない限り、労働組合法七条一号本文にいう不利益な取扱いに当たらない」。「六月採用は、既にX_1が設立された後において、X_1が採用の条件、人員等を決定して行ったものであり、X_1が雇入れについて有する広い範囲の自由に基づいてした新規の採用というべきであって、六月採用における採用の拒否について上記特段の事情があるということはでき」ず、当該採用の拒否は「労働組合法七条一号本文にいう不利益な取扱いに当たらない」。

［竹内（奥野）寿］

(86)誠実交渉義務①

山形大学事件・最高裁第二小法廷令和四年三月一八日判決

令和三年（行ヒ）第一七一号不当労働行為救済命令取消請求事件、民集七六巻三号

【事案の紹介】

Z組合は、国立大学法人Y大学（被上告人、被控訴人、原告）の教職員三〇〇余名からなる労働組合である。Y大学は、①五五歳以上の国家公務員の昇給の停止・抑制を図った平成二四年度人事院勧告を受け、五五歳超の教職員に対する昇給抑制を企図した。またY大学は、②俸給水準の二％引下げ等を図った平成二六年度人事院勧告を受け、基本給表の見直しを含む給与制度の改正（平均二％の引下げ）を企図した。これらに対しZ組合が団体交渉を申し入れた。

山形県労働委員会の認定する団交の経過はこうである。団交事項①につき、Y大学が組合からの要請に応じ提出した資料は、一見して意味するところがわかるものでなく、読み取り方についてわかりやすい説明が必要であった。その後の団体交渉において、Y大学は、新たな資料を提出することなく、Z組合の同意を得ずに教職員の昇給抑制を実施した。また団交事項②につき、Y大学は、人事院勧告の内容を説明したほか、人件費削減に係る資料を提出した。しかし当該資料は、決算書と予算の数字が混在する等将来の大学の財政状況や、人件費の影響を予測することが困難であった。Y大学は、さらなる資料を提出することなく、給与制度の改正を実施した。

そこでZ組合は、Y大学の団交事項①・②に係る対応が、労組法七条二号所定の不当労働行為にあたるとして、県労委に救済を申し立てた。県労委は、「国立大学法人の教職員の給与等の労働条件については、労使自治の原則の下で定められるべき」であるにもかかわらず、団交事項①・②につき、Y大学がいずれも人事院勧告に準拠する必要があるとの見解に固執し、適切な資料を提出しなかったことから、不当労働行為の成立を認定し、団交事項①・②につきZ組合との誠実交渉をY大学に命じた（山形県労委平三一・一・一五、労委DB――本件救済）。

これを不服としたY大学が、X（山形県・山形県労委――上告人、控訴人、被告）に対し、本件救済命令の取消を求めたのが本件である。第一審（山形地判令二・五・二六、労判一二四一号）は、Xの裁量権逸脱を認め、Y大学の請求を認容した。原審（仙台高判令三・三・二三、労判一二四一号）も、昇給抑制・給与改正から四年が経過した以上、「本件各交渉事項についてYとZとが改めて団体交渉をしても、Zにとって有意な合意を成立させることは事実上不可能であ」り、本件救済は「目的を達成する可能性がない団体交渉を強いるもので行き過ぎといわざるを得ない」等として、Xによる控訴を棄却した。そこでXは原判決の取消を求めて上告した。

【判旨】破棄差戻。

①「労働委員会は、救済命令を発するに当たり、不当労働行為によって発生した侵害状態を除去、是正し、正常な集団的労使関係秩序の迅速な回復、確保を図るという救済命令制度の本来の趣旨、目的に由来する限界を逸脱することは許されないが、その内容の決定について広い裁量権を有するのであり、救済命令の内容の適法性が争われる場合、裁判所は、労働委員会の上記裁量権を尊重し、その行

使が上記の趣旨、目的に照らして是認される範囲を超え、又は著しく不合理であって濫用にわたると認められるものでない限り、当該命令を違法とすべきではない」(第二鳩タクシー事件・最大判昭五二・二・二三、民集三一巻一号九三頁引用)。

②「使用者は、必要に応じてその主張の論拠を説明し、その裏付けとなる資料を提示するなどして、誠実に団体交渉に応ずべき義務（以下「誠実交渉義務」という。）を負い、この義務に違反することは、［労組法七条二号］の不当労働行為に該当するものと解される。そして、使用者が誠実交渉義務に違反した場合、労働者は、当該団体交渉に関し、使用者から十分な説明や資料の提示を受けることができず、誠実な交渉を通じた労働条件等の獲得の機会を失い、正常な集団的労使関係秩序が害されることとなるが、その後使用者が誠実に団体交渉に応ずるに至れば、このような侵害状態が除去、是正され得るものといえる。そうすると、使用者が誠実交渉義務に違反している場合に、これに対して誠実に団体交渉に応ずべき旨を命ずることを内容とする救済命令（以下「誠実交渉命令」という。）を発することは、一般に、労働委員会の裁量権の行使として、救済命令制度の趣旨、目的に照らして是認される範囲を超え、又は著しく不合理であって濫用にわたるものではないというべきである」。

③「ところで、団体交渉に係る事項に関して合意の成立する見込みがないと認められる場合には、誠実交渉命令を発しても、労働組合が労働条件等の獲得の機会を現実に回復することは期待できないものともいえる。しかしながら、このような場合であっても、使用者が労働組合に対する誠実交渉義務を尽くしていないときは、その後誠実に団体交渉に応ずるに至れば、労働組合は当該団体交渉に関して使用者から十分な説明や資料の提示を受けることができるようになるとともに、組合活動一般についても労働組合の交渉力の回復や労使間のコミュニケーションの正常化が図られるから、誠実交渉命令を発することは、不当労働行為によって発生した侵害状態を除去、是正し、正常な集団的労使関係秩序の迅速な回復、確保を図ることに資するものというべきである。そうすると、合意の成立する見込みがないことをもって、誠実交渉命令を発することが直ちに救済命令制度の本来の趣旨、目的に由来する限界を逸脱するということはできない」。「使用者が誠実交渉義務に違反する不当労働行為をした場合には、当該団体交渉に係る事項に関して合意の成立する見込みがないときであっても、労働委員会は、誠実交渉命令を発することができると解するのが相当である」。団交事項①・②に係るY大学の対応が、誠実交渉義務に違反し不当労働行為に該当するか等を審理させるため、本件を原審に差し戻す。

【差戻審】（令五・七・一九、労判一三一七号）

差し戻された仙台高裁は、「必要となる昇給抑制や賃金引下げの程度に関連して、昇給抑制の対象年齢を引き上げる余地はないのか、賃金引下げの額を減額する余地はないのか、それぞれの実施時期を繰り延べる余地はないのかなども含めて十分な説明をするとともに、その裏付けとなる資料の提示をしなければならない」にもかかわらず、十分な説明や資料の提示をしていないとして、Y大学の不当労働行為（誠実交渉義務違反）を認めた。Xによる本件救済は、裁量権の濫用にあたらないと判断され、Y大学の請求は棄却された。なお、Y大学により更に上告がなされたが上告棄却・上告申立不受理となった（最三小決令六・三・六、労委DB）。

［藤木貴史］

⑻誠実交渉義務②

カール・ツァイス事件・東京地裁平成元年九月二二日判決

昭和六二年（行ウ）第一三〇号不当労働行為救済命令取消請求事件、労判五四八号、判時一三二七号

【事案の紹介】

X会社の従業員二三〇名のうち約一五〇名を組織するZ組合は、一九八六年に会社に対して、組合事務所掲示板の設置、組合役員の配転についての組合同意、チェックオフ等について団交を申し入れた。X会社は、これらは前年同意された協定をもって解決ずみと回答し、団交に応じなかった。同年の異動に組合役員が含まれていたことから、七月にZ組合は団交を申し入れたが、会社はこれについても同協定をもって解決ずみとして、団交に応じなかった。そこで、Z組合は人事異動の事前協議などの申入れを行ったところ、X会社は労働条件変更の具体的申し入れに該当しないとして交渉に応じなかった。

このためZ組合は団体交渉の応諾を求めて、Y地労委に不当労働行為救済の申立を行った。Y地労委はX会社が解決ずみであるとか、労働条件変更の具体的申入れに該当しないとして団体交渉を拒否したことは労組法七条二号に該当し、組合が今後それらの事項について改めて団体交渉の申し入れをした場合には、会社はその申入れを上記の理由で拒否してはならず、また誠実な交渉をしなければならないと命じた（昭六二・九・一、別冊中央労働時報一〇四六号）。Y地労委の決定に対し、X会社は決定の取消を求めて提訴した。

【判旨】　請求棄却。

1　「労働組合法七条二号は使用者が団体交渉をすることを正当な理由がなくて拒むことを不当労働行為として禁止しているが、使用者が労働者の団体交渉権を尊重して誠意をもって団体交渉に当たったとは認められないような場合も、右規定により団体交渉の拒否として不当労働行為となると解するのが相当である。このように、使用者には、誠実に団体交渉にあたる義務があり、したがって、使用者は、自己の主張を相手方が理解し、納得することを目指して、誠意をもって団体交渉に当たらなければならず、労働組合の要求や主張に対する回答や自己の主張の根拠を具体的に説明したり、必要な資料を提示するなどし、また、結局において労働組合の要求に対し譲歩することができないとしても、その論拠を示して反論するなどの努力をすべき義務があるのであって、合意を求める労働組合の努力に対しては、右のような誠実な対応を通じて合意達成の可能性を模索する義務があるものと解すべきである。」

2　「使用者の団交応諾義務は、労働組合の要求に対し、これに応じたり譲歩したりする義務まで含むものではないが、……義務的団体交渉事項と解するのが相当である……ような事項について団体交渉の申入れがあれば、使用者は、その要求をよく検討し、要求に応じられないのであればその理由を十分説明するなどして納得が得られるよう努力すべきである。原告の団体交渉における前記のような態度は、組合の要求を真摯に受けとめ、これをよく検討したうえ、組合の要求に応じられないことを納得させようとする態度が見られず、誠実性を著しく欠く態度と認められ、不当労働行為であるといわざるをえない。」

［山下幸司］

(88)使用者の中立保持義務

日産自動車事件・最高裁第三小法廷昭和六〇年四月二三日判決

昭和五三年（行ツ）第四〇号不当労働行為救済命令取消請求事件、民集三九巻三号、労判四五〇号、判時一一五五号、労旬一一二四号

【事案の紹介】

旧プリンス自動車工業株式会社を吸収合併した上告人会社日産自動車株式会社（X）内には、日産労組と支部（日本労働組合総評議会全国金属労働組合東京地方本部プリンス自動車工業支部）という二つの労働組合が併存し、支部は深夜勤務反対等の情宣活動を行なっていた。Xは、支部に対してなんらの申入れ等を行なうことなく、日産労組とのみ協議しただけで、昼夜二交替の勤務体制と計画残業方式を旧プリンスの工場の製造部門に導入した。その結果、Xは、日産労組所属の組合員のみを交替制勤務に組み入れ、同組合員に対し恒常的に計画残業（時間外勤務及び休日勤務）をさせてきたが、支部所属の組合員に対しては、一方的に早番（昼間勤務）のみの勤務に組み入れ、残業を一切命じないとの措置をとった。また、交替制勤務のない間接部門においても、日産労組所属の組合員に対しては、同労組との協定に基づき、残業を命じたが、支部所属の組合員に対しては全く残業を命じなかった。支部は、Xに対して、支部所属組合員にも残業をさせるよう申し入れ、団体交渉においても残業問題を取り上げたが、交渉はもの別れに終わった。そのため、支部は、Xが支部所属組合員に対し残業を命じないことは、支部所属の組合員であるというだけの理由で日産労組の組合員と差別し、支部所属組合員に経済的不利益を与えようとする不当労働行為であるとして、都労委に対して、救済申立をした。都労委は支部所属組合員に残業を命じないXの措置につき不当労働行為の成立を認め、救済命令を発した。Xは、中労委（Y）に再審査の申立をしたが、Yは再審査申立を棄却する旨の再審査命令を発した。Xは、この命令の取消を求めて、提訴したところ、第一審（東京地判昭四九・六・二八、労民集二八巻五・六号）は、不当労働行為を構成しないとして救済命令を取り消したが、第二審（東京高判昭五二・一二・二〇、労民集二八巻五・六号）は、不当労働行為の成立を認め、Xの請求を棄却したため、Xが上告したものである。

【判旨】上告棄却。

同一企業内に複数の労働組合が併存する場合には、各組合は、その「組織人員の多少にかかわらず、それぞれ全く独自に使用者との間に労働条件等について団体交渉を行い、その自由な意思決定に基づき労働協約を締結し、あるいはその締結を拒否する権利を有するのであるから、併存する組合の一方は使用者との間に一定の労働条件のもとで残業することについて協約を締結したが、他方の組合はより有利な労働条件を主張し、右と同一の労働条件のもとで残業をすることについて反対の態度をとつたため、残業に関して協定締結に至らず、その結果、右後者の組合員が使用者から残業を命ぜられず、前者の組合員との間に残業に関し取扱いに差異を生ずることになつたとしても、それは、ひつきよう、使用者と労働組合との間の自由な取引の場において各組合が異なる方針ないし状況判断に基づいて選択した結果が異なるにすぎないものというべきであつて、この問題を一般的、抽象的に論ずる限りにおいては、残業について両組合員間に

右のような取扱上の差異を生ずるような措置をとつた会社の行為につき不当労働行為の問題は生じないものといわなければならない。

しかしながら、右の議論は、あくまでも当該団体交渉の結果について、組合がその自由な意思決定に基づいて選択したものとみられうべき状況のあることが前提であることはいうまでもない（この場合、当該組合の組織が小さく、交渉力が弱いために、結果として使用者に対し組合の要求を通すことができなかつたとしても、それをもつて自由な意思決定によらないものであるとすることはできない。）。そして、右のような団体交渉における組合の自由な意思決定を実質的に担保するために、労組法は使用者に対し、労働組合の団結力に不当な影響を及ぼすような妨害行為を行うことを不当労働行為として禁止すると同時に、かかる不当労働行為から労働組合と労働者を救済することとしているのである。右のように、複数組合併存下にあつては、各組合はそれぞれ独自の存在意義を認められ、固有の団体交渉権及び労働協約締結権を保障されているものであるから、その当然の帰結として、使用者は、いずれの組合との関係においても誠実に団体交渉を行うべきことが義務づけられているものといわなければならず、また、単に団体交渉の場面に限らず、すべての場面で使用者は各組合に対し、中立的態度を保持し、その団結権を平等に承認、尊重すべきものであり、各組合の性格、傾向や従来の運動路線のいかんによつて差別的な取扱いをすることは許されないものといわなければならない。」

「団体交渉の場面においてみるならば、合理的、合目的的な取引活動とみられうべき使用者の態度であつても、当該交渉事項については既に当該組合に対する団結権の否認ないし同組合に対する嫌悪の意図が決定的動機となつて行われた行為があり、当該団体交渉がそのような既成事実を維持するために形式的に行われているものと認められる特段の事情がある場合には、右団体交渉の結果としてとられている使用者の行為についても労組法七条三号の不当労働行為が成立するものと解するのが相当である。そして、右のような不当労働行為の成否を判断するにあたつては、単に、団体交渉において提示された妥結条件の内容やその条件と交渉事項との関連性、ないしその条件に固執することの合理性についてのみ検討するのではなく、当該団体交渉事項がどのようないきさつで発生したものかその原因及び背景事情、ないしこれが当該労使関係において持つ意味、右交渉事項に係る問題が発生したのちにこれをめぐつて双方がとつてきた態度等の一切の事情を総合勘案して、当該団体交渉における使用者の態度につき不当労働行為意思の有無を判定しなければならない。」

「（Xの措置は）労働条件の決定等に関する交渉相手として支部の存在を無視し、その組合員を差別的に取り扱う意図の窺われるもので、支部の団結権に対する侵害行為である。Xは、その後支部からの要求により右の残業に関するXの措置が団体交渉事項となつたのちも、右残業問題について解決するための誠実な団体交渉を行わずに最初の措置を維持継続してこれを既成事実と化し、結局、Xが残業の条件とする交替制勤務及び計画残業についての協定が支部との間に成立しない限りその組合員に残業を命じないとの態度を固執して右既成事実を維持継続した。これは、団体交渉における膠着状態を継続することによつて支部所属の組合員を経済的に圧迫し、ひいて支部内部の動揺あるいは支部の弱体化を生ぜしめんとの意図が主たる動機・原因となつているものと推断させる行為である。」　［大和田敢太］

⑧⑨差し違え条件

日本メール・オーダー事件・最高裁第三小法廷昭和五九年五月二九日判決

昭和五〇年（行ツ）第七七号・第七八号救済命令取消請求事件、民集三八巻七号、労判四三〇号、判時一一二九号、労旬一〇九九号

【事案の紹介】

X会社には、X会社の従業員で組織する少数組合のA組合（補助参加人、組合員数約二〇名）と、多数組合であるB組合（組合員数約一二〇名）が並存していた。X会社とA、B両組合との間の年末一時金についての団体交渉の席上、X会社は年末一時金の額として基本給の三・七一か月の回答額をそれぞれ提示した。これに対してA、B両組合は、それぞれ強い不満を示した。

X会社とB組合との団体交渉においては、「生産性向上に協力すること」との前提条件を付したうえで、一時金の支給額を三・七七か月分とすることで交渉が妥結、労働協約が成立し、B組合の組合員に一時金が支給された。

一方X会社は、A組合に対しても同様の提案を行ったが、A組合は「生産性向上に協力する」という前提条件は、労働強化や組合の弱体化を招く恐れがあるとして、その真意についてX会社に説明を求めたところ、X会社は、当初具体的説明を行わず、後に「就労義務のある時間中は会社の業務命令に従って一生懸命働くという趣旨である」と説明したが、A組合は納得せず、一時金交渉からその前提条件は切り離すべきであると主張した。X会社は、その後もその前提条件に固執したため、X会社とA組合との交渉は決裂し、X会社はA組合の組合員に対して一時金を支給しなかった。

東京都地方労働委員会（Y）は、X会社が「生産性向上に協力する」という条件に固執し、A組合員らに一時金を支給しなかったことは、不利益取扱いであり、かつ支配介入であるとして、一時金支払いの救済命令を発した（東京地労委昭四八・五・八、命令集五〇集）。X会社はこれを不服として、その取消しを求める行政訴訟を提起した。第一審の東京地裁（東京地判昭四九・三・一二、労民集二五巻一・二号）は、Yの救済命令を支持する一方、第二審の東京高裁（東京高判昭五〇・五・二八、労民集二六巻三号）が、A組合の組合員が一時金の支給を受けられないのは、A組合の「自由意思に基づく選択の結果にほかならない」としてYの救済命令を取り消したことから、Yが上告した。

【判旨】破棄自判（Xの控訴を棄却）。

1 「生産性向上に協力すること」という前提条件の合理性

(1) X会社は、一時金の支給額算定にあたって、これまで「当年における生産性の上昇率を前年の支給実績に乗じて得た金額を基礎として算出する方法を採用していたところ、……（A、B組合に対して提示した上積み額は、）翌年において従業員がより一層仕事に励んだ場合に見込まれる生産性の上昇を先取りするという方法をとることとし、……（その）前提として『生産性向上に協力すること』という条件を提示した、というのであるから、X会社としては、一時金積上げ要求に対する回答内容を実現するために必要なものとして、右前提条件を提示したものということができ、その限りでは右前提条件を提示したX会社の意図において不当なものがあったとい

うことは困難である」。

(2) しかし、「本件の前提条件が抽象的で具体性を欠くものであり、しかもこれを労働組合が受諾することが労働強化等に連なるという見方も肯認できないものではないことからすると、前記のように一時金の積上げを実施するための前提としてその提案をした趣旨については、X会社において団体交渉を通じA組合に対しその理解を得るため十分説明することが必要であった」にもかかわらず、X会社はそれを行っていない。このような状況で、「一時金の積上げ回答に本件前提条件を付することは合理性のあるものとはいい難」い。したがって、A組合が、X会社からの前提条件を受諾することを拒否し、A組合の組合員が一時金の支給を受けられなくなったことは、「一面において、みずからの意思に基づく選択によるものであるというべきではあるが、他面、A組合としては、好んでかかる選択をしたものではなく、X会社が合理性のない前提条件を提示しこれに固執しているためやむなくかかる選択に及んだものというべきであるから、その結果について……すべてA組合の自由な意思決定によるものとするのは相当でない。」

2 前提条件の提示と不当労働行為の成否

(1) 「本件前提条件は、B組合との……団体交渉における話合いに端を発し、労組の側から上積み要求実現のための交換条件として持ち出されたものとみるべきであって、その内容上、同一企業内にありながらB組合とは組織を異にしその方針をも異にしていたA組合の当然には受け入れるところとはならないものであろうことは、X会社としても予測しえたはずである。」

(2) X会社とA組合の交渉が決裂し、A組合の組合員に一時金が支給されなかったことは、X会社が提案した「生産性向上に協力すること」という前提条件において、「合理性を肯認しえず、したがってA組合の受け入れることのできないような前提条件を、A組合が受諾しないであろうことを予測しえたにもかかわらずあえて提案し、これに固執したことに原因があ」り、しかも一方において、B組合が本件前提条件を受諾して団体交渉を妥結させ、一時金につき労働協約を成立させたのに、他方において、A組合は、本件前提条件の受諾を拒絶して団体交渉を決裂させ、一時金につき労働協約を成立させることができないこととなれば、右二つの組合（A、B組合）の労働組合所属の組合員の間に一時金の支給につき差異が生ずることは当然の成り行きというべきであり、しかも、A組合が少数派組合であることからすると、A組合所属の組合員が一時金の支給を受けられないことになれば、同組合員らの間に動揺を来たし、そのことがA組合の組織力に少なからぬ影響を及ぼし、ひいてはその弱体化を来たすであろうことは、容易に予測しうることであったということができる。したがって、X会社が右のような状況の下において本件前提条件にあえて固執したということは、かかる状況を利してA組合及びその所属組合員をして右のような結果を甘受するのやむなきに至らしめようとの意図を有していたとの評価を受けてもやむをえないものといわなければならない。」

(3) X会社の行為は、「これを全体としてみた場合には、A組合に所属している組合員を、そのことの故に差別し、これによってA組合の内部に動揺を生じさせ、ひいてA組合の組織を弱体化させようとの意図の下に行われたものとして、労働組合法七条一号及び三号の不当労働行為を構成するものというべきである。」［沼田雅之］

⑨⓪バックペイと中間収入

第二鳩タクシー事件・最高裁大法廷昭和五二年二月二三日判決

昭和四五年（行ツ）第六〇号・第六一号救済命令取消請求事件、民集三一巻一号、労判二六九号、判時八四〇号、労旬九二四号

【事案の紹介】

タクシー運転手である組合員らが、X会社に解雇された事案につき、東京都地方労働委員会（Y）に救済を求めたところ、Yが組合員らの申立を認めて、原職復帰と、解雇期間中に受けるはずであった賃金相当額の支払い（バックペイ）を内容とする救済命令を発した（東京地労委昭三九・二・二六、命令集三〇・三一集）。X会社は、解雇期間中に他で就労して得た賃金額は、バックペイを命ずる際には、それを控除すべきであるとして、救済命令のうち、バックペイを命じた部分の取消しを求めて提訴した。

第一審（東京地判昭四三・一・三〇、労民集一九巻一号）、第二審（東京高判昭四五・二・一〇、労民集二一巻一号）が、X会社の請求を認めたため、Yが上告した事件である。

【判旨】上告棄却。

1 「労働委員会の裁量権はおのずから広きにわたることとなるが、もとより無制限であるわけではなく、……（集団的労使関係秩序の迅速な回復・確保や多様な形態の不当労働行為への対応という）趣旨、目的に由来する一定の限界が存するのであつて、この救済命令は、不当労働行為による被害の救済としての性質をもつものでなければならず、このことから導かれる一定の限界を超えることはできない」。

2 「不当労働行為としての解雇に対する救済命令においては、通例、被解雇者の原職復帰とバックペイが命ぜられるのであるが、このような命令は、……労働委員会が適法に発しうる」が、労働委員会がバックペイの命令を命じる際に、中間収入控除の要否及びその金額を決定するにあたっては、①解雇によって被解雇者個人が受ける経済的被害の面、および②解雇が当該使用者の事業所における組合活動一般に対して与える侵害の面の両面から「総合的な考慮を必要とするのであつて、そのいずれか一方の考慮を怠り、又は救済の必要性の判断において合理性を欠くときは、裁量権の限界を超え、違法」である。

3 組合員らの「得た中間収入は、いずれも従前の労務と同じく……運転手として稼働したことによつて得たものであるから、解雇による個人的な経済的被害の救済という観点からは当然にその控除を考慮すべきものである。また、組合活動一般に対する侵害的効果の除去の観点からみても、……解雇による被解雇者の打撃は比較的軽少であり、したがつてまた、X会社における労働者らの組合活動意思に対する制約的効果にも、通常の場合とかなり異なるものがあるとみるのが当然であるから、特段の理由のない限り、バックペイの金額を決定するにあたつて……中間収入の控除を全く不問に付することは、合理性を欠くものといわなければならない。」

4 Yは中間控除を不要とする特段の理由を示しておらず、またその他の資料によっても見出すことができないのであるから、「本件バックペイ命令は、……Yに認められた裁量権の合理的な行使の限度を超えたもの」である。

［沼田雅之］

米国ジョージア州（解雇）事件・最高裁第二小法廷平成二一年一〇月一六日判決

平成二〇（受）第六号解雇無効確認等請求事件、労判九九二号

【事案の紹介】

本件は、被上告人アメリカ合衆国ジョージア州（以下「Y」）の一部局である港湾局が、わが国に設置していた極東代表部の事務所の職員である上告人Xを、事務所の閉鎖を理由に解雇したのに対して、Xが解雇は無効であるとして、Yに対し雇用契約上の権利を有する地位にあることの確認および解雇後の賃金支払いを求めた事件である。

原審（東京高判平一九・一〇・四、労判九五五号）は、本件の雇用契約は私法的ないし業務管理的な行為に当たるが、本件におけるわが国による民事裁判権の行使は外国国家の主権を侵害するおそれがあるので、アメリカ合衆国ジョージア州に民事裁判権の免除が認められるとしたので、Xが上告していた。

【判旨】 破棄・差戻。

「外国国家は、その主権的行為については、我が国の民事裁判権から免除され得るところ、Yは、連邦国家である米国の州であって、主権的な権能を行使する権限を有するということができるから、外国国家と同様に、その主権的行為については我が国の民事裁判権から免除され得る。しかし、その私法的ないし業務管理的な行為については、我が国による民事裁判権の行使がその主権的な権能を侵害するおそれがあるなど特段の事情がない限り、我が国の民事裁判権から免除されないと解するのが相当である。」

「前記事実関係によれば、Xは、極東代表部の代表者との間で口頭でのやり取りのみに基づき現地職員としてYに雇用されたものであり、勤務を継続することにより州港湾局の企業年金の受給資格を得ることが可能であるのみでなく、極東代表部には我が国の厚生年金保険、健康保険、雇用保険及び労働者災害補償保険が適用されていたというのであるから、本件雇用関係は、Yの公権力的な公務員法制の対象ではなく、私法的な契約関係に当たると認めるのが相当である。極東代表部の業務内容も、我が国においてYの港湾施設を宣伝し、その利用の促進を図ることであって、Yによる主権的な権能の行使と関係するものとはいえない。以上の事情を総合的に考慮すると、本件雇用関係は、私人間の雇用契約と異なる性質を持つものということはできず、私法的ないし業務管理的なものというべきであ」り、本件解雇も「極東代表部を財政上の理由により閉鎖することに伴い、上記のような雇用契約上の地位にあったXを解雇するというものであり、私人間の雇用契約における経済的な理由による解雇と異なるところはなく、私法的ないし業務管理的な行為に当たるものというほかはない。」

「前記のとおり、本件解雇は私法的ないし業務管理的な行為に当たるところ、原審が指摘するところは、我が国が民事裁判権を行使することがYによる主権的な権能の行使を侵害するおそれがある特段の事情とはいえないから、Yが我が国の民事裁判権から免除されるとした原審の前記判断は、外国国家に対する民事裁判権免除に関する判断を誤った違法なものといわざるを得ない。」

〔石田　眞〕

⑨②国際的労働関係と労働法規の適用

ルフトハンザ事件・東京地裁平成九年一〇月一日判決

平成五年（ワ）第一二一八〇号、平成五年（ワ）第一九五五七号賃金請求事件、労判七二六号

【事案の紹介】

ドイツの航空会社である被告Yにエアホステスとして入社した原告X_1〜X_3は、東京を「ホームベース」として勤務し、住所も東京周辺に有している。X_1およびX_2はフランクフルトにおいて雇用契約を締結、X_3は東京営業所を通じてYのフランクフルト本社客室乗務員人事部に署名入りの雇用契約書を送付している（英語で記載）。給与計算はドイツマルク建てでドイツのハンブルグにおいて行なわれており、振込み手続は被告の東京営業所を通じて行なわれていた。社会保険、労働保険は日本において加入。Yは一九七四年一〇月から、Xらインフレ手当の意味合いで一二〇マルクの付加手当を支給するようになり、その後、タクシー代の支払の要求に対応しつつ、数次の改訂を経て八〇年六月には五〇〇マルクとなった。Yが使用する統一的な雇用契約書式には、Yが五〇〇マルクの付加手当（目的については記載なし）の支給を撤回ないし削減しうる権利を留保する旨の条項があり、X_1、X_2はこれに署名し労働契約が締結された。X_3はすでに七一年一月六日からY会社に雇用されていたが、七四年一一月八日付けの書面において、同年一〇月より撤回留保付きの付加給付一二〇マルクを支給することを通知した。Xらの雇用契約には、Yとドイツの労働組合との間で締結された航空乗務員に関する労働協約が準用される旨の合意がなされている。Yは、Xらの給与所得に対する課税方法の変更によりXらの給与の手取額が増加し付加手当を支給する理由が失われたとして、本件撤回留保条項に基づき付加手当を撤回。X・Y間の労働契約などにおいて準拠法についての明示的な指定はなされていない。

【判旨】 請求棄却。

1　国際裁判管轄について

「被告が外国に本店を有する外国法人である場合はその法人が進んで服する場合のほか日本の裁判権は及ばないのが原則である。しかしながらその例外として、わが国の領土の一部である土地に関する事件その他被告がわが国となんらかの法的関連を有する事件については、被告の国籍、所在のいかんを問わず、その者をわが国の裁判権に服させるのを相当とする場合（がある）」。「この例外的扱いの範囲については……当事者間の公平、裁判の適正・迅速を期するという理念により条理にしたがって決定するのが相当であり、わが民訴法の国内の土地管轄に関する規定……その他民訴法の規定する裁判籍のいずれかがわが国内あるときは……被告をわが国の裁判権に服させるのが右条理に適うものというべきである」。

2　労働契約準拠法について

「雇用契約の準拠法については、法例七条の規定に従いこれを定めるべきであるが、当事者間に明示の合意がない場合においても、当事者自治の原則を定めた同条一項に則り、契約の内容等具体的事情を総合的に考慮して当事者の黙示の意思を推定すべきである。」

争いのない事実、弁論の全趣旨によれば、本件各雇用契約上の権利義務関係についてはYとドイツの労働組合との間で締結された労

働協約に依拠する旨の合意があること、Xらの労働条件についてはフランクフルト本社において交渉が行われてきたこと、Xらに対する具体的労務管理及び指揮命令、フライトスケジュールの作成、給与算定等はいずれもドイツを本拠として行われていること、Xらの採用面接・決定・契約締結はいずれもフランクフルト本社の担当者が行っていること等が認められ、「右に認定した諸事実を総合すれば、本件各雇用契約を締結した際、Yと各Xとの間に本件各雇用契約の準拠法はドイツ法であるとの黙示の合意が成立していたものと推定することができる。」

3　ドイツ法を準拠法とした場合の付加手当撤回の有効性について（ドイツ連邦労働裁判所の判例によれば）「撤回留保の合意は原則として有効であるが、撤回の対象が雇用契約の本質的な要素であり、撤回権を行使すれば雇用契約における給付と反対給付の均衡を損なう結果となるような場合は、強行法規である『解約保護の回避』に当たり……無効となる」が「賃金の一部の撤回権を留保した契約条項について……協約外の付加的給付であるときは、（これ）には当たら」ず、また「撤回の対象となった付加的給付が給与総額の一五ないし二〇パーセントを占める場合においても撤回留保を有効として」おり、「本件の付加手当は賃金協約外でXら東京ベースのエアホステスと個別に合意された付加的給付であり、付加手当が撤回された当時、Xらの月例給与総額に占めるその割合は、約一〇ないし一三パーセント」に過ぎない。「留保された撤回権の具体的な行使は『公正な裁量』に適合しなければならないが、……撤回留保条項に『公正な裁量』の文言あるいは撤回の具体的要件が明示されていることを要する」わけではなく、「撤回留保は公正な裁量の範囲において有効となるか、又は部分的に有効であり、撤回権は公正な裁量に基づいてさえいれば行使できるとして」おり、「本件留保条項は、被告に公正な裁量の範囲内における撤回権の行使を認める趣旨と解するのが相当」。「留保された撤回権の行使は、（ドイツ）民法三一五条による制約を受け、公正な裁量に適合する場合にのみ有効であり、具体的な撤回権の行使が公正な裁量に適合しているといえるためには、撤回理由が当該付加的給付の支給目的と関連性を有していることを要する。」「平等取扱いの必要性自体が撤回理由になり得る」。「Xらは、課税方法の変更後は、五〇〇マルクの付加手当が支給されなくても、課税方法の変更前に付加給付が支給されていたとき以上の手取給与を取得することが可能になったのであるから……ドイツベースのエアホステスと比べXら東京（成田）ベースのエアホステスが負担している高額な生活費を補填し、もってドイツベースのエアホステスとの間に給与の実質的平等を確保するという付加手当の支給目的は、課税方法の変更後は付加手当が支給されなくても充足され、かつ、付加手当の支給を継続すれば、ドイツベースのエアホステスに比べて東京（成田）ベースのエアホステスを優遇することになり、平等取扱いの原則に反することにもなるから、Xらに対する付加手当の撤回は、公正な裁量に適合しているものと評価でき、有効というべきである。」

［米津孝司］

裁判所事件記録符号一覧

民事事件記録符号規程

平成一三年一月三一日最高裁判所規程第一号
施行：平成一三年一月三一日
最終改正：平成二八年二月二四日最高裁判所規程第一号
施行：平成二八年一〇月一日

【簡易裁判所】

イ　和解事件
ロ　督促事件
ハ　通常訴訟事件
手ハ　手形訴訟事件及び小切手訴訟事件
少コ　少額訴訟事件
少エ　少額訴訟判決に対する異議申立て事件
ハレ　控訴提起事件
ハツ　飛躍上告受理事件
少テ　少額異議判決に対する特別上告提起事件
ニ　再審事件
ヘ　公示催告事件
ト　保全命令事件
ハソ　抗告提起事件
借　借地非訟事件
ノ　民事一般調停事件
ユ　宅地建物調停事件
セ　農事調停事件
メ　商事調停事件
ス　鉱害調停事件
交　交通調停事件
公　公害等調停事件
特ノ　特定調停事件
少ル　少額訴訟債権執行事件
ア　過料事件
キ　共助事件
サ　民事雑事件

【地方裁判所】

ワ　通常訴訟事件
手ワ　手形訴訟事件及び小切手訴訟事件
ワネ　控訴提起事件
ワオ　飛躍上告提起事件
ワ受　飛躍上告受理申立て事件
カ　再審事件
ヘ　公示催告事件
ヨ　保全命令事件
レ　控訴事件
レツ　上告提起事件
ソ　抗告事件
ソラ　抗告提起事件
チ　民事非訟事件
ヒ　商事非訟事件
借チ　借地非訟事件
シ　罹災都市借地借家臨時処理事件及び接収不動産に関する借地借家臨時処理事件
配チ　配偶者暴力等に関する保護命令事件
労　労働審判事件
ノ　民事一般調停事件
ユ　宅地建物調停事件
セ　農事調停事件
メ　商事調停事件
ス　鉱害調停事件
交　交通調停事件
公　公害等調停事件
特ノ　特定調停事件
リ　事情届に基づいて執行裁判所が実施する配当等手続事件
ヌ　不動産、船舶、航空機、自動車、建設機械及び小型船舶に対する強制執行事件
ル　債権及びその他の財産権に対する強制執行事件
ケ　不動産、船舶、航空機、自動車、建設機械及び小型船舶を目的とする担保権の実行としての競売等事件
ナ　債権及びその他の財産権を目的とする担保権の実行及び行使事件
財チ　財産開示事件
ヲ　執行雑事件
企　企業担保権実行事件
フ　破産事件
再　再生事件
再イ　小規模個人再生事件
再ロ　給与所得者等再生事件
ミ　会社更生事件
承　承認援助事件
船　船舶所有者等責任制限事件
油　油濁損害賠償責任制限事件
集　簡易確定事件
集ワ　簡易確定決定に対する異議申立て提起事件
ホ　過料事件
エ　共助事件
仲　仲裁関係事件
モ　民事雑事件
人　人身保護事件
人モ　人身保護雑事件

【高等裁判所】

ワ　通常訴訟事件
ネ　控訴事件
ネオ　上告提起事件
ネ受　上告受理申立て事件
ラ　抗告事件
ラク　特別抗告提起事件
ラ許　許可抗告申立て事件
ム　再審事件
ツ　上告事件
ツチ　特別上告提起事件
ノ　民事一般調停事件
ユ　宅地建物調停事件
セ　農事調停事件
メ　商事調停事件
ス　鉱害調停事件
交　交通調停事件
公　公害等調停事件
ウ　民事雑事件
人ナ　人身保護事件
人ウ　人身保護雑事件

【最高裁判所】

オ　上告事件
受　上告受理事件
テ　特別上告事件
ク　特別抗告事件
許　許可抗告事件
ヤ　再審事件
マ　民事雑事件

刑事事件記録符号規程

平成一三年二月七日最高裁判所規程第二号
施行：平成一三年四月一日
最終改正：平成二〇年七月九日最高裁判所規程第三号
施行：平成二〇年一二月一日

【簡易裁判所】
い　略式事件
ろ　公判請求事件
は　証人尋問請求事件
に　証拠保全請求事件
ほ　再審請求事件
へ　共助事件
と　刑事補償請求事件
ち　訴訟費用免除申立て事件
り　交通事件即決裁判手続請求事件
ぬ　費用補償請求事件
こ　訴訟費用負担請求事件
る　雑事件

【地方裁判所】
わ　公判請求事件
か　証人尋問請求事件
よ　証拠保全請求事件
た　再審請求事件
れ　共助事件
そ　刑事補償請求事件
つ　起訴強制事件
ね　訴訟費用免除申立て事件
な　費用補償請求事件
え　訴訟費用負担請求事件
損　刑事損害賠償命令事件
む　雑事件

【高等裁判所】
う　控訴事件
の　第一審事件
お　再審請求事件
く　抗告事件
ら　抗告受理申立て事件
や　費用補償請求事件
ま　刑事補償請求事件
け　決定に対する異議申立て事件
ふ　訴訟費用免除申立て事件
て　雑事件

【最高裁判所】
あ　上告事件
さ　非常上告事件
き　再審請求事件
ゆ　上告受理申立て事件
め　移送許可申立て事件
み　判決訂正申立て事件
し　特別抗告事件
ひ　費用補償請求事件
も　刑事補償請求事件
せ　訴訟費用免除申立て事件
す　雑事件

行政事件記録符号規程

昭和三八年一〇月一日最高裁判所規程第三号
施行：昭和三九年一月一日
最終改正：平成八年一二月四日最高裁判所規程第二号
施行：平成一〇年一月一日

【簡易裁判所】
行ア　共助事件
行イ　雑事件

【地方裁判所】
行ウ　訴訟事件
行ヌ　控訴提起事件
行エ　飛躍上告提起事件及び上告提起事件
行ネ　飛躍上告受理申立て事件
行オ　再審事件
行カ　抗告提起事件
行キ　共助事件
行ク　雑事件

【高等裁判所】
行ケ　訴訟事件（第一審）
行コ　控訴事件
行サ　上告提起事件
行ノ　上告受理申立て事件
行シ　特別上告提起事件
行ス　抗告事件
行セ　特別抗告提起事件
行ハ　許可抗告申立て事件
行ソ　再審事件
行タ　雑事件

【最高裁判所】
行チ　訴訟事件（第一審）
行ツ　上告事件
行ヒ　上告受理事件
行テ　特別上告事件
行ト　特別抗告事件
行フ　許可抗告事件
行ナ　再審事件
行ニ　雑事件

家庭事件記録符号規程

昭和二六年九月一五日最高裁判所規程第八号
施行：昭和二六年一〇月一日
最終改正：平成二五年一〇月三〇日最高裁判所規程第三号
施行：平成二六年四月一日

【家庭裁判所】
家　家事審判事件
家イ　家事調停事件
家ホ　人事訴訟事件
家ヘ　通常訴訟事件
家ヌ　子の返還申立て事件
家ニ　家事抗告提起事件
家ト　民事控訴提起等事件
家チ　再審事件
家リ　保全命令事件
家ハ　家事共助事件
家ロ　家事雑事件
少　少年保護事件
少ハ　準少年保護事件
少ニ　少年審判等共助事件
少ロ　少年審判雑事件

【高等裁判所】
家　家事審判事件
家イ　家事調停事件

資　料

（一般労働者用；常用、有期雇用型）

労働条件通知書

年　月　日 ＿＿＿＿＿＿＿＿殿 事業場名称・所在地 使 用 者 職 氏 名	
契約期間	期間の定めなし、期間の定めあり（　年　月　日～　年　月　日） ※以下は、「契約期間」について「期間の定めあり」とした場合に記入 1　契約の更新の有無 ［自動的に更新する・更新する場合があり得る・契約の更新はしない・その他（　）］ 2　契約の更新は次により判断する。 （・契約期間満了時の業務量　・勤務成績、態度　・能力 ・会社の経営状況　・従事している業務の進捗状況 ・その他（　）） 3　更新上限の有無（無・有（更新　回まで／通算契約期間　年まで）） 【労働契約法に定める同一の企業との間での通算契約期間が５年を超える有期労働契約の締結の場合】 本契約期間中に会社に対して期間の定めのない労働契約（無期労働契約）の締結の申込みをすることにより、本契約期間の末日の翌日（　年　月　日）から、無期労働契約での雇用に転換することができる。この場合の本契約からの労働条件の変更の有無（　無　・　有（別紙のとおり）　） 【有期雇用特別措置法による特例の対象者の場合】 無期転換申込権が発生しない期間：Ⅰ（高度専門）・Ⅱ（定年後の高齢者） Ⅰ　特定有期業務の開始から完了までの期間（　年　か月（上限10年）） Ⅱ　定年後引き続いて雇用されている期間
就業の場所	（雇入れ直後）　（変更の範囲）
従事すべき業務の内容	（雇入れ直後）　（変更の範囲） 【有期雇用特別措置法による特例の対象者（高度専門）の場合】 ・特定有期業務（　開始日：　完了日：　）
始業、終業の時刻、休憩時間、就業時転換（(1)～(5)のうち該当するもの一つに○を付けること。）、所定時間外労働の有無に関する事項	1　始業・終業の時刻等 (1) 始業（　時　分）終業（　時　分） 【以下のような制度が労働者に適用される場合】 (2) 変形労働時間制等；（　）単位の変形労働時間制・交替制として、次の勤務時間の組み合わせによる。 ─ 始業（　時　分）終業（　時　分）（適用日　） ─ 始業（　時　分）終業（　時　分）（適用日　） ─ 始業（　時　分）終業（　時　分）（適用日　） (3) ﾌﾚｯｸｽﾀｲﾑ制；始業及び終業の時刻は労働者の決定に委ねる。 （ただし、ﾌﾚｷｼﾌﾞﾙﾀｲﾑ（始業）　時　分から　時　分、 （終業）　時　分から　時　分、 ｺｱﾀｲﾑ　時　分から　時　分） (4) 事業場外みなし労働時間制；始業（　時　分）終業（　時　分） (5) 裁量労働制；始業（　時　分）終業（　時　分）を基本とし、労働者の決定に委ねる。 ○詳細は、就業規則第　条～第　条、第　条～第　条、第　条～第　条 2　休憩時間（　）分 3　所定時間外労働の有無（　有　，　無　）
休　日	・定例日；毎週　曜日、国民の祝日、その他（　） ・非定例日；週・月当たり　日、その他（　） ・１年単位の変形労働時間制の場合－年間　日 ○詳細は、就業規則第　条～第　条、第　条～第　条
休　暇	1　年次有給休暇　６か月継続勤務した場合→　日 継続勤務６か月以内の年次有給休暇　（有・無） →　か月経過で　日 時間単位年休（有・無） 2　代替休暇（有・無） 3　その他の休暇　有給（　） 無給（　） ○詳細は、就業規則第　条～第　条、第　条～第　条

（次頁に続く）

賃　金	1　基本賃金　イ　月給（　　　　円）、ロ　日給（　　　　円） ハ　時間給（　　　　円）、 ニ　出来高給（基本単価　　　　円、保障給　　　　円） ホ　その他（　　　　円） ヘ　就業規則に規定されている賃金等級等 ［　　　　　　　　　　　　　　　　］ 2　諸手当の額又は計算方法 イ（　　手当　　　　円　／計算方法：　　　　　　　　　） ロ（　　手当　　　　円　／計算方法：　　　　　　　　　） ハ（　　手当　　　　円　／計算方法：　　　　　　　　　） ニ（　　手当　　　　円　／計算方法：　　　　　　　　　） 3　所定時間外、休日又は深夜労働に対して支払われる割増賃金率 イ　所定時間外、法定超　月６０時間以内（　　　）％ 月６０時間超　（　　　）％ 所定超　（　　　）％ ロ　休日　法定休日（　　　）％、法定外休日（　　　）％ ハ　深夜（　　　）％ 4　賃金締切日（　　　）－毎月　日、（　　　）－毎月　日 5　賃金支払日（　　　）－毎月　日、（　　　）－毎月　日 6　賃金の支払方法（　　　　　　　　　　） 7　労使協定に基づく賃金支払時の控除（無　，有（　　　）） 8　昇給（　有（時期、金額等　　　　　　　　）　，　無　） 9　賞与（　有（時期、金額等　　　　　　　　）　，　無　） 10　退職金（　有（時期、金額等　　　　　　　　）　，　無　）
退職に関する事項	1　定年制　（　有　（　　歳）　，　無　） 2　継続雇用制度（　有（　　歳まで）　，　無　） 3　創業支援等措置（　有（　　歳まで業務委託・社会貢献事業）　，　無　） 4　自己都合退職の手続（退職する　　日以上前に届け出ること） 5　解雇の事由及び手続〔　　　　　　　　　　　　〕 ○詳細は、就業規則第　条～第　条、第　条～第　条
そ　の　他	・社会保険の加入状況（　厚生年金　健康保険　その他（　　　　）） ・雇用保険の適用（　有　，　無　） ・中小企業退職金共済制度 （加入している　，　加入していない）　（※中小企業の場合） ・企業年金制度（　有（制度名　　　　　　　　）　，　無　） ・雇用管理の改善等に関する事項に係る相談窓口 部署名　　　　　担当者職氏名　　　　　（連絡先　　　　　） ・その他（　　　　　　　　　　　　　） ※以下は、「契約期間」について「期間の定めあり」とした場合についての説明です。 労働契約法第18条の規定により、有期労働契約（平成25年4月1日以降に開始するもの）の契約期間が通算５年を超える場合には、労働契約の期間の末日までに労働者から申込みをすることにより、当該労働契約の期間の末日の翌日から期間の定めのない労働契約に転換されます。ただし、有期雇用特別措置法による特例の対象となる場合は、無期転換申込権の発生については、特例的に本通知書の「契約期間」の「有期雇用特別措置法による特例の対象者の場合」欄に明示したとおりとなります。

以上のほかは、当社就業規則による。就業規則を確認できる場所や方法（　　　　　　　　　）

※　本通知書の交付は、労働基準法第１５条に基づく労働条件の明示及び短時間労働者及び有期雇用労働者の雇用管理の改善等に関する法律（パートタイム・有期雇用労働法）第６条に基づく文書の交付を兼ねるものであること。

※　労働条件通知書については、労使間の紛争の未然防止のため、保存しておくことをお勧めします。

【記載要領】

1．労働条件通知書は、当該労働者の労働条件の決定について権限をもつ者が作成し、本人に交付すること。

交付の方法については、書面による交付のほか、労働者が希望する場合には、ファクシミリを利用する送信の方法、電子メールその他のその受信をする者を特定して情報を伝達するために用いられる電気通信の送信の方法（出力して書面を作成できるものに限る）によっても明示することができる。

2．各欄において複数項目の一つを選択する場合には、該当項目に○をつけること。

3．下線部、破線内及び二重線内の事項以外の事項は、書面の交付等の方法（上記１参照）により明示することが労働基準法により義務付けられている事項であること。また、退職金に関する事項、臨時に支払われる賃金等に関する事項、労働者に負担させるべきものに関する事項、安全及び衛生に関する事項、職業訓練に関する事項、災害補償及び業務外の傷病扶助に関する事項、表彰及び制裁に関する事項、休職に関する事項については、当該事項を制度として設けている場合には口頭又は書面等により明示する義務があること。

網掛けの事項は、短時間労働者及び有期雇用労働者に対して書面の交付等により明示することがパートタイム・有期雇用労働法により義務付けられている事項であること。

4．労働契約期間については、労働基準法に定める範囲内とすること。

また、「契約期間」について「期間の定めあり」とした場合には、契約の更新の有無及び更新する場合又はしない場合の判断の基準（複数可）並びに更新上限の有無を明示すること。

労働契約法に定める同一の企業との間での通算契約期間が５年を超える有期労働契約の締結の場合には、無期転換申込機会及び無期転換後の労働条件を明示すること。無期転換後の労働条件を明示するに当たっては、本契約からの労働条件の変更の有無（変更がある場合はその内容を含む。）を明示するか、本契約からの変更の有無にかかわらず明示すべき事項ごとにその内容を明示すること。

（参考）　労働契約法第１８条第１項の規定により、期間の定めがある労働契約の契約期間が通算５年を超えるときは、労働者が申込みをすることにより、期間の定めのない労働契約に転換されるものであること。この申込みの権利は契約期間の満了日まで行使できること。

5．「就業の場所」及び「従事すべき業務の内容」の欄については、雇入れ直後のもの及び将来の就業場所や従事させる業務の変更の範囲を明示すること。

また、有期雇用特別措置法による特例の対象者（高度専門）の場合は、同法に基づき認定を受けた第一種計画に記載している特定有期業務（専門的知識等を必要とし、５年を超える一定の期間内に完了することが予定されている業務）の内容並びに開始日及び完了日も併せて記載すること。なお、特定有期業務の開始日及び完了日は、「契約期間」の欄に記載する有期労働契約の開始日及び終了日とは必ずしも一致しないものであること。

6．「始業、終業の時刻、休憩時間、就業時転換、所定時間外労働の有無に関する事項」の欄については、当該労働者に適用される具体的な条件を明示すること。また、変形労働時間制、フレックスタイム制、裁量労働制等の適用がある場合には、次に留意して記載すること。

・変形労働時間制：適用する変形労働時間制の種類（１年単位、１か月単位等）を記載すること。その際、交替制でない場合、「・交替制」を＝で抹消しておくこと。

・フレックスタイム制：コアタイム又はフレキシブルタイムがある場合はその時間帯の開始及び終了の時刻を記載すること。コアタイム及びフレキシブルタイムがない場合、かっこ書きを＝で抹消しておくこと。

・事業場外みなし労働時間制：所定の始業及び終業の時刻を記載すること。

・裁量労働制：基本とする始業・終業時刻がない場合、「始業………を基本とし、」の部分を＝で抹消しておくこと。

・交替制：シフト毎の始業・終業の時刻を記載すること。また、変形労働時間制でない場合、「（　　）単位の変形労働時間制・」を＝で抹消しておくこと。

7．「休日」の欄については、所定休日について曜日又は日を特定して記載すること。

8．「休暇」の欄については、年次有給休暇は６か月間継続勤務し、その間の出勤率が８割以上であるときに与えるものであり、その付与日数を記載すること。時間単位年休は、労使協定を締結し、時間単位の年次有給休暇を付与するものであり、その制度の有無を記載すること。代替休暇は、労使協定を締結し、法定超えとなる所定時間外労働が１箇月６０時間を超える場合に、法定割増賃金率の引上げ分の割増賃金の支払に代えて有給の休暇を与えるものであり、その制度の有無を記載すること。

また、その他の休暇については、制度がある場合に有給、無給別に休暇の種類、日数（期間等）を記載すること。

9．前記６、７及び８については、明示すべき事項の内容が膨大なものとなる場合においては、所定時間外労働の有無以外の事項については、勤務の種類ごとの始業及び終業の時刻、休日等に関する考え方を示した上、当該労働者に適用される就業規則上の関係条項名を網羅的に示すことで足りるものであること。

10．「賃金」の欄については、基本給等について具体的な額を明記すること。ただし、就業規則に規定されている賃金等級等により賃金額を確定し得る場合、当該等級等を明確に示すことで足りるものであること。

・　法定超えとなる所定時間外労働については２割５分、法定超えとなる所定時間外労働が１箇月６０時間を超える場合については５割、法定休日労働については３割５分、深夜労働については２割５分、法定超えとなる所定時間外労働が深夜労働となる場合については５割、法定超えとなる所定時間外労働が１箇月６０時間を超え、かつ、深夜労働となる場合については７割５分、法定休日労働が深夜労働となる場合については６割以上の割増率とすること。

・　破線内の事項は、制度として設けている場合に記入することが望ましいこと。ただし、網掛けの事項は短時間労働者及び有期雇用労働者に関しては上記３のとおりであること。

11．「退職に関する事項」の欄については、退職の事由及び手続、解雇の事由等を具体的に記載すること。この場合、明示すべき事項の内容が膨大なものとなる場合においては、当該労働者に適用される就業規則上の関係条項名を網羅的に示すことで足りるものであること。

（参考）　なお、定年制を設ける場合は、６０歳を下回ってはならないこと。

また、６５歳未満の定年の定めをしている場合は、高年齢者の６５歳までの安定した雇用を確保するため、次の①から③のいずれかの措置（高年齢者雇用確保措置）を講じる必要があること。加えて、高年齢者の６５歳から７０歳までの安定した就業を確保するため、次の①から⑤のいずれかの措置（高年齢者就業確保措置）を講じるよう努める必要があること。

①定年の引上げ　②継続雇用制度の導入　③定年の定めの廃止
④業務委託契約を締結する制度の導入　⑤社会貢献事業に従事できる制度の導入

12．「その他」の欄については、当該労働者についての社会保険の加入状況及び雇用保険の適用の有無のほか、労働者に負担させるべきものに関する事項、安全及び衛生に関する事項、職業訓練に関する事項、災害補償及び業務外の傷病扶助に関する事項、表彰及び制裁に関する事項、休職に関する事項等を制度として設けている場合に記入することが望ましいこと。

中小企業退職金共済制度、企業年金制度（企業型確定拠出年金制度・確定給付企業年金制度）により退職金制度を設けている場合には、労働条件として口頭又は書面等により明示する義務があること。

「雇用管理の改善等に関する事項に係る相談窓口」は、事業主が短時間労働者及び有期雇用労働者からの苦情を含めた相談を受け付ける際の受付先を記入すること。

13．各事項について、就業規則を示し当該労働者に適用する部分を明確にした上で就業規則を交付する方法によることとした場合、具体的に記入することを要しないこと。

14．就業規則については、労働基準法により労働者への周知が義務付けられているものであり、就業規則を備え付けている場所等を本通知書に記載する等して必要なときに容易に確認できる状態にする必要があるものであること。

＊　この通知書はモデル様式であり、労働条件の定め方によっては、この様式どおりとする必要はないこと。

（短時間労働者用；常用、有期雇用型）

労働条件通知書

	年　月　日 ＿＿＿＿＿＿＿＿＿＿殿 事業場名称・所在地 使 用 者 職 氏 名
契約期間	期間の定めなし、期間の定めあり（　　年　　月　　日～　　年　　月　　日） ※以下は、「契約期間」について「期間の定めあり」とした場合に記入 1　契約の更新の有無 ［自動的に更新する・更新する場合があり得る・契約の更新はしない・その他（　　　）］ 2　契約の更新は次により判断する。 ・契約期間満了時の業務量　　・勤務成績、態度　　・能力 ・会社の経営状況　・従事している業務の進捗状況 ・その他（　　　　　　　　） 【有期雇用特別措置法による特例の対象者の場合】 無期転換申込権が発生しない期間：　Ⅰ（高度専門）・Ⅱ（定年後の高齢者） Ⅰ　特定有期業務の開始から完了までの期間（　　年　　か月（上限10年）） Ⅱ　定年後引き続いて雇用されている期間
就業の場所	
従事すべき業務の内容	【有期雇用特別措置法による特例の対象者（高度専門）の場合】 ・特定有期業務（　　　　　　　　開始日：　　　　完了日：　　　）
始業、終業の時刻、休憩時間、就業時転換（(1)～(5)のうち該当するもの一つに○を付けること。）、所定時間外労働の有無に関する事項	1　始業・終業の時刻等 (1) 始業（　　時　　分）　終業（　　時　　分） 【以下のような制度が労働者に適用される場合】 (2) 変形労働時間制等；（　　）単位の変形労働時間制・交替制として、次の勤務時間の組み合わせによる。 ─ 始業（　時　分）　終業（　時　分）　（適用日　　　　） ─ 始業（　時　分）　終業（　時　分）　（適用日　　　　） ─ 始業（　時　分）　終業（　時　分）　（適用日　　　　） (3) ﾌﾚｯｸｽﾀｲﾑ制；始業及び終業の時刻は労働者の決定に委ねる。 （ただし、ﾌﾚｷｼﾌﾞﾙﾀｲﾑ（始業）　時　分から　時　分、 （終業）　時　分から　時　分、 ｺｱﾀｲﾑ　時　分から　時　分） (4) 事業場外みなし労働時間制；始業（　時　分）終業（　時　分） (5) 裁量労働制；始業（　時　分）　終業（　時　分）を基本とし、労働者の決定に委ねる。 ○詳細は、就業規則第　条～第　条、第　条～第　条、第　条～第　条 2　休憩時間（　　）分 3　所定時間外労働の有無 （　有　（1週　　時間、1か月　　時間、1年　　時間），無　） 4　休日労働（　有　（1か月　　日、1年　　日），　無　）
休日及び勤務日	・定例日；毎週　　曜日、国民の祝日、その他（　　　　　　） ・非定例日；週・月当たり　　日、その他（　　　　　　） ・1年単位の変形労働時間制の場合－年間　　日 （勤務日） 毎週（　　　　　　）、その他（　　　　　　） ○詳細は、就業規則第　条～第　条、第　条～第　条
休暇	1　年次有給休暇　6か月継続勤務した場合→　　　日 継続勤務6か月以内の年次有給休暇　（有・無） →　か月経過で　　日 時間単位年休（有・無） 2　代替休暇（有・無） 3　その他の休暇　有給（　　　　　　） 無給（　　　　　　） ○詳細は、就業規則第　条～第　条、第　条～第　条

（次頁に続く）

賃　　金	1　基本賃金　イ　月給（　　　　　円）、ロ　日給（　　　　　円） ハ　時間給（　　　　円）、 ニ　出来高給（基本単価　　　円、保障給　　　円） ホ　その他（　　　　　円） ヘ　就業規則に規定されている賃金等級等 ［　　　　　　　　　　　　　　　　　］ 2　諸手当の額又は計算方法 イ（　　手当　　　円　／計算方法：　　　　　　　　） ロ（　　手当　　　円　／計算方法：　　　　　　　　） ハ（　　手当　　　円　／計算方法：　　　　　　　　） ニ（　　手当　　　円　／計算方法：　　　　　　　　） 3　所定時間外、休日又は深夜労働に対して支払われる割増賃金率 イ　所定時間外、法定超　月６０時間以内（　　　）％ 月６０時間超　（　　　）％ 所定超　（　　　）％ ロ　休日　法定休日（　　　）％、法定外休日（　　　）％ ハ　深夜（　　　）％ 4　賃金締切日（　　　）－毎月　日、（　　　）－毎月　日 5　賃金支払日（　　　）－毎月　日、（　　　）－毎月　日 6　賃金の支払方法（　　　　　　　　　　　） 7　労使協定に基づく賃金支払時の控除（無　，有（　　　）） 8　昇給（　有（時期、金額等　　　　　　　）　，　無　） 9　賞与（　有（時期、金額等　　　　　　　）　，　無　） 10　退職金（　有（時期、金額等　　　　　　）　，　無　）
退職に関する事項	1　定年制　（　有　（　　歳）　，　無　） 2　継続雇用制度（　有（　　歳まで）　，　無　） 3　自己都合退職の手続（退職する　　日以上前に届け出ること） 4　解雇の事由及び手続 ［　　　　　　　　　　　　　　　　　］ ○詳細は、就業規則第　条～第　条、第　条～第　条
そ　の　他	・社会保険の加入状況（　厚生年金　健康保険　厚生年金基金　その他（　　　　）） ・雇用保険の適用（　有　，　無　） ・雇用管理の改善等に関する事項に係る相談窓口 部署名　　　　　　担当者職氏名　　　　　　（連絡先　　　　　　　） ・その他［　　　　　　　　　　　　　　　　　］ ・具体的に適用される就業規則名（　　　　　　　　　） ※以下は、「契約期間」について「期間の定めあり」とした場合についての説明です。 労働契約法第18条の規定により、有期労働契約（平成25年4月1日以降に開始するもの）の契約期間が通算５年を超える場合には、労働契約の期間の末日までに労働者から申込みをすることにより、当該労働契約の期間の末日の翌日から期間の定めのない労働契約に転換されます。ただし、有期雇用特別措置法による特例の対象となる場合は、この「５年」という期間は、本通知書の「契約期間」欄に明示したとおりとなります。

※　以上のほかは、当社就業規則による。

※　本通知書の交付は、労働基準法第１５条に基づく労働条件の明示及び短時間労働者の雇用管理の改善等に関する法律第６条に基づく文書の交付を兼ねるものであること。

※　労働条件通知書については、労使間の紛争の未然防止のため、保存しておくことをお勧めします。

（派遣労働者用；常用、有期雇用型）

労働条件通知書

年　月　日 ＿＿＿＿＿＿＿＿殿 事業場名称・所在地 使 用 者 職 氏 名	
契約期間	期間の定めなし、期間の定めあり（　年　月　日～　年　月　日） ※以下は、「契約期間」について「期間の定めあり」とした場合に記入 1　契約の更新の有無 ［自動的に更新する・更新する場合があり得る・契約の更新はしない・その他（　）］ 2　契約の更新は次により判断する。 （・契約期間満了時の業務量　・勤務成績、態度　・能力 ・会社の経営状況　・従事している業務の進捗状況 ・その他（　）) 【有期雇用特別措置法による特例の対象者の場合】 無期転換申込権が発生しない期間：　Ⅰ（高度専門）・Ⅱ（定年後の高齢者） Ⅰ　特定有期業務の開始から完了までの期間（　年　か月（上限10年）） Ⅱ　定年後引き続いて雇用されている期間
就業の場所	
従事すべき業務の内容	【有期雇用特別措置法による特例の対象者（高度専門）の場合】 ・特定有期業務（　開始日：　完了日：　）
始業、終業の時刻、休憩時間、就業時転換((1)～(5)のうち該当するもの一つに○を付けること。)、所定時間外労働の有無に関する事項	1　始業・終業の時刻等 (1) 始業（　時　分）　終業（　時　分） 【以下のような制度が労働者に適用される場合】 (2) 変形労働時間制等；（　）単位の変形労働時間制・交替制として、次の勤務時間の組み合わせによる。 ┌ 始業（　時　分）　終業（　時　分）　（適用日　） ├ 始業（　時　分）　終業（　時　分）　（適用日　） └ 始業（　時　分）　終業（　時　分）　（適用日　） (3) フレックスタイム制；始業及び終業の時刻は労働者の決定に委ねる。 （ただし、フレキシブルタイム（始業）　時　分から　時　分、 （終業）　時　分から　時　分、 コアタイム　時　分から　時　分） (4) 事業場外みなし労働時間制；始業（　時　分）終業（　時　分） (5) 裁量労働制；始業（　時　分）　終業（　時　分）を基本とし、労働者の決定に委ねる。 ○詳細は、就業規則第　条～第　条、第　条～第　条、第　条～第　条 2　休憩時間（　）分 3　所定時間外労働の有無 （　有　（1週　時間、1か月　時間、1年　時間），無　） 4　休日労働（　有　（1か月　日、1年　日），　無　）
休日及び勤務日	・定例日；毎週　曜日、国民の祝日、その他（　） ・非定例日；週・月当たり　日、その他（　） ・1年単位の変形労働時間制の場合－年間　日 （勤務日） 毎週（　）、その他（　） ○詳細は、就業規則第　条～第　条、第　条～第　条
休暇	1　年次有給休暇　6か月継続勤務した場合→　日 継続勤務6か月以内の年次有給休暇　（有・無） →　か月経過で　日 時間単位年休（有・無） 2　代替休暇（有・無） 3　その他の休暇　有給（　） 無給（　） ○詳細は、就業規則第　条～第　条、第　条～第　条

（次頁に続く）

賃　　金	1　基本賃金　イ　月給（　　　　円）、ロ　日給（　　　　円） ハ　時間給（　　　円）、 ニ　出来高給（基本単価　　　円、保障給　　　円） ホ　その他（　　　　円） ヘ　就業規則に規定されている賃金等級等 ［　　　　　　　　　　　　　　　　　　］ 2　諸手当の額又は計算方法 イ（　手当　　円　／計算方法：　　　　　　） ロ（　手当　　円　／計算方法：　　　　　　） ハ（　手当　　円　／計算方法：　　　　　　） ニ（　手当　　円　／計算方法：　　　　　　） 3　所定時間外、休日又は深夜労働に対して支払われる割増賃金率 イ　所定時間外、法定超　月６０時間以内（　　）％ 月６０時間超　（　　）％ 所定超　（　　）％ ロ　休日　法定休日（　　）％、法定外休日（　　）％ ハ　深夜（　　）％ 4　賃金締切日（　　）－毎月　日、（　　）－毎月　日 5　賃金支払日（　　）－毎月　日、（　　）－毎月　日 6　賃金の支払方法（　　　　　　） 7　労使協定に基づく賃金支払時の控除（無　，有（　　）） 8　昇給（　有（時期、金額等　　　　　），　無　） 9　賞与（　有（時期、金額等　　　　　），　無　） 10　退職金（　有（時期、金額等　　　　　），　無　）
退職に関する事項	1　定年制　（　有　（　　歳），　無　） 2　継続雇用制度（　有（　　歳まで），　無　） 3　自己都合退職の手続（退職する　　日以上前に届け出ること） 4　解雇の事由及び手続 ［　　　　　　　　　　　　　　　　　　］ ○詳細は、就業規則第　条～第　条、第　条～第　条
そ　の　他	・社会保険の加入状況（　厚生年金　健康保険　厚生年金基金　その他（　　　）） ・雇用保険の適用（　有　，　無　） ・その他［　　　　　　　　　　　　　　　　］ ・具体的に適用される就業規則名（　　　　　　） ※以下は、「契約期間」について「期間の定めあり」とした場合についての説明です。 労働契約法第18条の規定により、有期労働契約（平成25年4月1日以降に開始するもの）の契約期間が通算５年を超える場合には、労働契約の期間の末日までに労働者から申込みをすることにより、当該労働契約の期間の末日の翌日から期間の定めのない労働契約に転換されます。ただし、有期雇用特別措置法による特例の対象となる場合は、この「５年」という期間は、本通知書の「契約期間」欄に明示したとおりとなります。

※　以上のほかは、当社就業規則による。

※　登録型派遣労働者に対し、本通知書と就業条件明示書を同時に交付する場合、両者の記載事項のうち一致事項について、一方を省略して差し支えないこと。

※　労働条件通知書については、労使間の紛争の未然防止のため、保存しておくことをお勧めします。

弾力的労働時間制度概要

	1ヶ月単位（定型）（労基法32条の2）	1年単位（定型）（労基法32条の4）	1週間単位（非定型）（労基法32条の5）	フレックスタイム（労基法32条の3）
根拠	労使協定 or 就業規則	労使協定	労使協定	就業規則＋労使協定
労使協定の労基署への届出	協定した場合必要	必要	必要	不要
業種・規模による制限	なし	なし	小売業等30人未満	なし
単位期間	1ヶ月以内	1ヶ月を超え1年以内	1週間	1ヶ月以内
各日の所定労働時間の決定	就業規則 or 労使協定	労使協定	使用者	労働者
各日の所定労働時間の特定	必要	必要（対象期間を1ヶ月以上の期間ごとに区分する場合には、各期間の30日前までに書面により労働日、各週・各日の労働時間の特定を行い、その特定について従業員代表の同意を要する。）	1週間が始まる前に通知	不要
週平均所定労働時間の上限	法定労働時間	法定労働時間	法定労働時間	法定労働時間
変形期間中の総労働時間の上限	40時間×変形期間の暦日数÷7	40時間×変形期間の暦日数÷7	40時間	40時間×変形期間の暦日数÷7
1日・1週の所定労働時間の上限規制	なし	1日10時間（タクシー業の隔日勤務者16時間） 1週52時間（4週以上続けて48時間を超えないこと、3ヶ月ごとに区分した期間中に4回以上48時間を超える週のないこと）	1日10時間	なし
変形休日制の適用	あり	連続所定労働日は最大6日（特定期間については1週間に1日の休日が確保できる日数＝最大12日）	あり	あり
労働日数		対象期間が3ヶ月を超える場合については1年当たり280日		
育児等への配慮義務	あり	あり	あり	なし

注　①1年単位変形制における「特定期間」とは、「対象期間中のとくに業務が繁忙な時期」をいい、連続労働日数の限度に影響する。

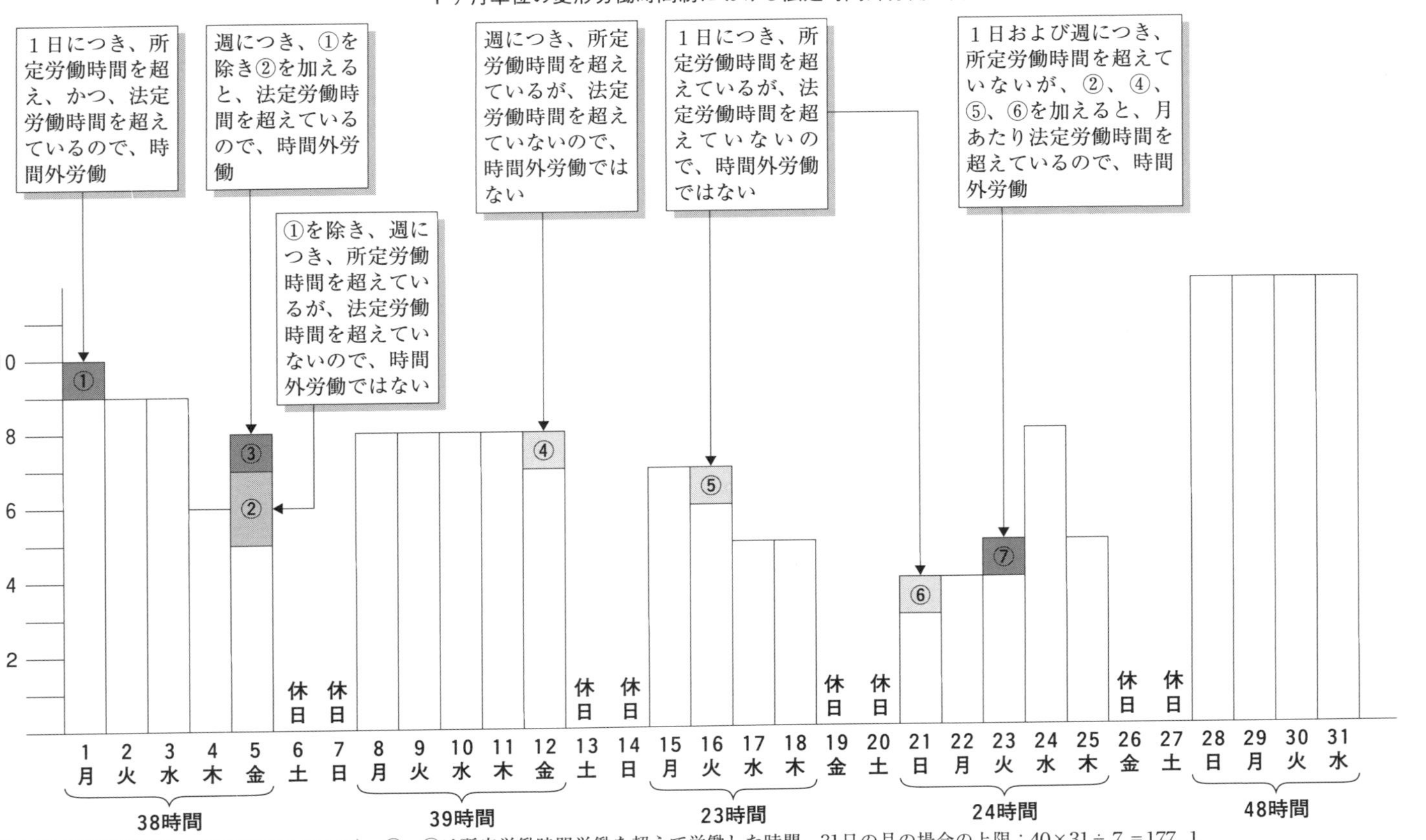

所定労働時間172時間（38+39+23+24+48）、①～⑦は所定労働時間労働を超えて労働した時間、31日の月の場合の上限：40×31÷７＝177．1

三六協定における一定期間についての延長時間の限度

期間	限度時間
1週間	15時間
2週間	27時間
4週間	43時間

備考　期間が次のいずれかに該当する場合は、目安時間は、当該期間の区分に応じ、それぞれに定める時間（その時間に1時間未満の端数があるときは、これを1時間に切り上げる。）とする。

一　1日を超え1週間未満の日数を単位とする期間　15時間に当該日数を7で除して得た数を乗じて得た時間

二　1週間を超え2週間未満の日数を単位とする期間　27時間に当該日数を14で除して得た数を乗じて得た時間

三　2週間を超え4週間未満の日数を単位とする期間　43時間に当該日数を28で除して得た数を乗じて得た時間（その時間が27時間を下回るときは、27時間）

年次有給休暇の付与日数

〈表1〉年次有給休暇の付与日数

勤続年数	6ヶ月	1年 6ヶ月	2年 6ヶ月	3年 6ヶ月	4年 6ヶ月	5年 6ヶ月	6年 6ヶ月以上
付与日数	10日	11日	12日	14日	16日	18日	20日

〈表2〉年次有給休暇の比例付与日数

短時間労働者の週所定労働時間			雇入れの日から起算した継続勤務期間の区分に応ずる年次有給休暇の日数						
	短時間労働者の週所定労働日数	短時間労働者の1年間の所定労働日数（週以外の期間によって労働日数が定められている場合）	6箇月	1年 6箇月	2年 6箇月	3年 6箇月	4年 6箇月	5年 6箇月	6年6箇月以上
30時間以上			10日	11日	12日	14日	16日	18日	20日
30時間未満	5日以上	217日以上							
	4日	169日から216日まで	7日	8日	9日	10日	12日	13日	15日
	3日	121日から168日まで	5日	6日	6日	8日	9日	10日	11日
	2日	73日から120日まで	3日	4日	4日	5日	6日	6日	7日
	1日	48日から72日まで	1日	2日	2日	2日	3日	3日	3日

労基法第12条の平均賃金の計算に関する規定

平均賃金（労基法第12条）に関する規定は、解雇予告手当（第20条）、休業手当（第26条）、年次有給休暇の賃金（第39条）、災害補償（第76条～82条）、減給制裁の限度額（第91条）の算定の尺度として用いられる。

賃金の総額には、原則として、算定期間中に支払われる賃金すべてが含まれるが、次の賃金は除外される（労基法第12条４項）。

1　臨時に支払われた賃金／昭22・9・13発基第17号（結婚手当、私傷病手当、加療見舞金、退職金）

2　３ヶ月を超える期間ごとに支払われる賃金（賞与等）

3　通貨以外のもので支払われた賃金で、労基法24条１項ただし書きの規定による法令又は労働協約の別段の定めに基づいて支払われる以外の実物給与等（労基則第２条）。

この場合の通貨以外のものの評価額は、法令に別段の定めがある場合の外は、労働協約に定めなければならない（同第２条２項）

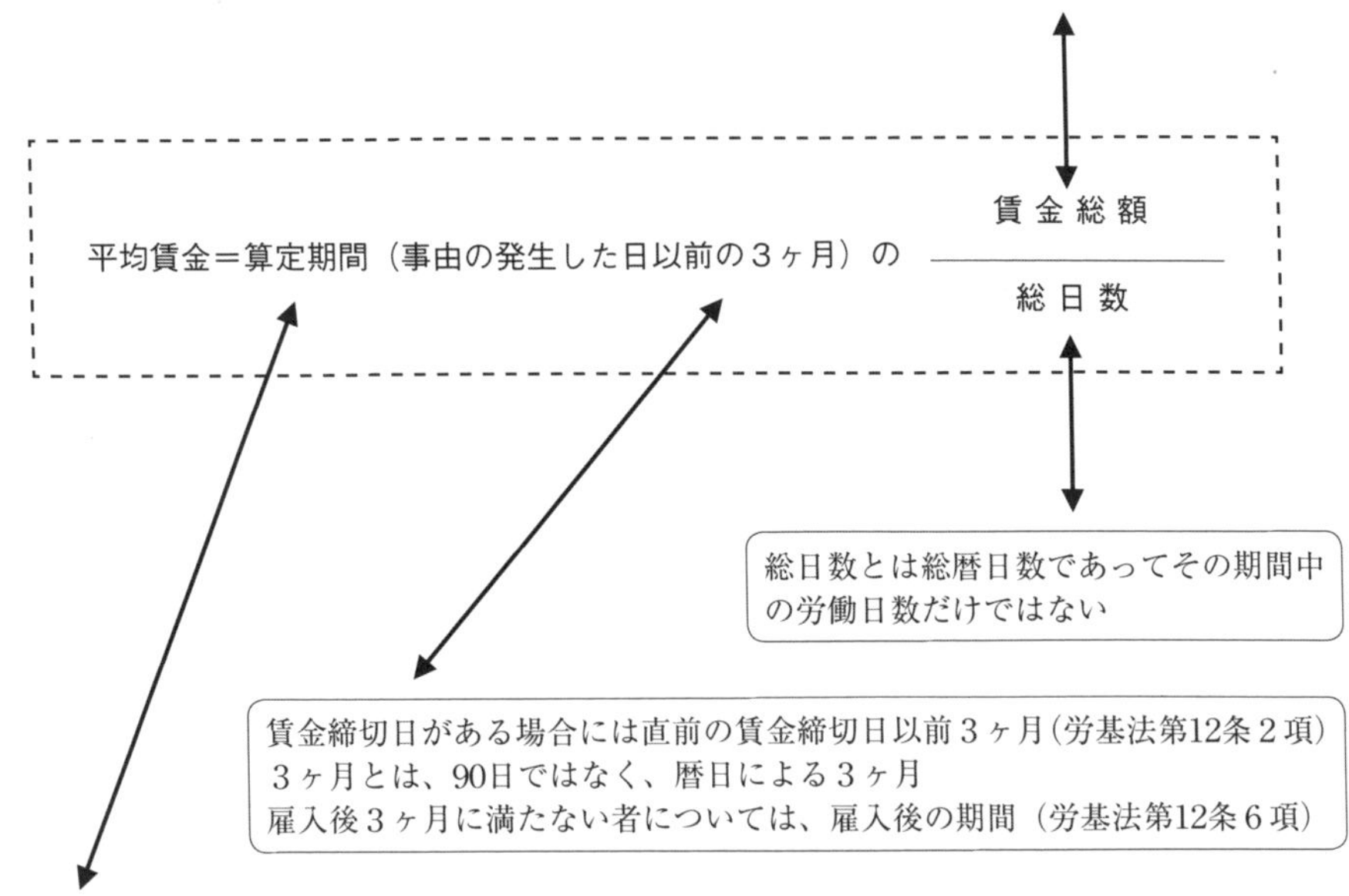

算定期間中に次の期間がある場合には、当該期間の日数及び賃金額を除外して計算する（労基法第12条３項）

1　業務上の負傷・疾病による療養のための休業期間

2　産前産後の休業期間

3　使用者の責めに帰すべき事由による休業期間

4　育児・介護休業期間

5　試用期間

＊　除して得た金額に、銭位未満の端数が生じた場合には、その端数切り捨てる（昭22・11・5基発第232号)。第20条の解雇予告手当と第26条の休業手当等を支払う場合には、「通貨の単位及び貨幣の発行等に関する法律」第３条の規定により、特約がある場合はその特約により端数が処理され、特約がない場合は一円未満の端数が四捨五入されて支払われることとなる。

特定受給資格者及び特定理由離職者の範囲の概要

平成一三年四月一日施行の改正雇用保険法で、離職理由により、一般の離職者と「特定受給資格者」とが区別され、そのいずれであるかによって、給付日数に差が設けられることになった（雇用保険法第二二条、第二三条）。厚生労働省は、以下のとおり特定受給資格者の類型を定めている（雇用保険法施行規則第三五条、第三六条）。これは、受給制限（三ヶ月の待機期間）のない自己都合退職（雇用保険法第三三条）とは異なる。

特定受給資格者の範囲

1．「倒産」等により離職した者

(1) 倒産（破産、民事再生、会社更生等の各倒産手続の申立て又は手形取引の停止等）に伴い離職した者

(2) 事業所において大量雇用変動の場合（一か月に三〇人以上の離職を予定）の届出がされたため離職した者（※）及び当該事業主に雇用される被保険者の三分の一を超える者が離職したため離職した者

※ 事業所において、三〇人以上の離職者が生じることが予定されている場合は、再就職援助計画の作成義務があり、再就職援助計画の申請をした場合も、当該基準に該当します。

また、事業所で三〇人以上の離職者がいないため、再就職援助計画の作成義務がない場合でも、事業所が事業規模の縮小等に伴い離職を余儀なくされる者に関し、再就職援助計画を作成・提出し、公共職業安定所長の認定を受けた場合、大量雇用変動の届出がされたこととなるため、当該基準に該当します。

(3) 事業所の廃止（事業活動停止後再開の見込みのない場合を含む。）に伴い離職した者

(4) 事業所の移転により、通勤することが困難となったため離職した者

2．「解雇」等により離職した者

(1) 解雇（自己の責めに帰すべき重大な理由による解雇を除く。）により離職した者

(2) 労働契約の締結に際し明示された労働条件が事実と著しく相違したことにより離職した者

(3) 賃金（退職手当を除く。）の額の三分の一を超える額が支払期日までに支払われなかったことにより離職した者

(4) 賃金が、当該労働者に支払われていた賃金に比べて八五％未満に低下した（又は低下することとなった）ため離職した者（当該労働者が低下の事実について予見し得なかった場合に限る。）

(5) 離職の直前六か月間のうちに①いずれか連続する三か月で四五時間、②いずれか一か月で一〇〇時間、又は③いずれか連続する二か月以上の期間の時間外労働を平均して一か月で八〇時間を超える時間外労働が行われたため離職した者。事業主が危険若しくは健康障害の生ずるおそれがある旨を行政機関から指摘されたにもかかわらず、事業所において当該危険若しくは健康障害を防止するために必要な措置を講じなかったため離職した者

(6) 事業主が法令に違反し、妊娠中若しくは出産後の労働者又は子の養育若しくは家族の介護を行う労働者を就業させ、若しくはそれらの者の雇用の継続等を図るための制度の利用を不当に制限したこと又は妊娠したこと、出産したこと若しくはそれらの制度の利用の申出をし、若しくは利用をしたこと等を理由として不利益な取扱いをしたため離職した者

(7) 事業主が労働者の職種転換等に際して、当該労働者の職業生活の継続のために必要な配慮を行っていないため離職した者

(8) 期間の定めのある労働契約の更新により三年以上引き続き雇用されるに至った場合において当該労働契約が更新されないこととなったことにより離職した者

(9) 期間の定めのある労働契約の締結に際し当該労働契約が更新されることが明示された場合において当該労働契約が更新されないこととなったことにより離職した者（上記(8)に該当する場合を除く。）

(10) 上司、同僚等からの故意の排斥又は著しい冷遇若しくは嫌がらせを受

けたことによって離職した者、事業主が職場におけるセクシュアルハラスメントの事実を把握していながら、雇用管理上の必要な措置を講じなかったことにより離職した者及び事業主が職場における妊娠、出産、育児休業、介護休業等に関する言動により労働者の就業環境が害されている事実を把握していながら、雇用管理上の必要な措置を講じなかったことにより離職した者

(11) 事業主から直接若しくは間接に退職するよう勧奨を受けたことにより離職した者（従来から恒常的に設けられている「早期退職優遇制度」等に応募して離職した場合は、これに該当しない。）

(12) 事業所において使用者の責めに帰すべき事由により行われた休業が引き続き三か月以上となったことにより離職した者

(13) 事業所の業務が法令に違反したため離職した者

特定理由離職者の範囲

1. 期間の定めのある労働契約の期間が満了し、かつ、当該労働契約の更新がないことにより離職した者（その者が当該更新を希望したにもかかわらず、当該更新についての合意が成立するに至らなかった場合に限る。）（上記「特定受給資格者の範囲」の2. の(8)又は(9)に該当する場合を除く。）（※補足1）

2. 以下の正当な理由のある自己都合により離職した者（※補足2）

(1) 体力の不足、心身の障害、疾病、負傷、視力の減退、聴力の減退、触覚の減退等により離職した者

(2) 妊娠、出産、育児等により離職し、雇用保険法第20条第1項の受給期間延長措置を受けた者

(3) 父若しくは母の死亡、疾病、負傷等のため、父若しくは母を扶養するために離職を余儀なくされた場合又は常時本人の看護を必要とする親族の疾病、負傷等のために離職を余儀なくされた場合のように、家庭の事情が急変したことにより離職した者

(4) 配偶者又は扶養すべき親族と別居生活を続けることが困難となったことにより離職した者

(5) 次の理由により、通勤不可能又は困難となったことにより離職した者

(a) 結婚に伴う住所の変更

(b) 育児に伴う保育所その他これに準ずる施設の利用又は親族等への保育の依頼

(c) 事業所の通勤困難な地への移転

(d) 自己の意思に反しての住所又は居所の移転を余儀なくされたこと

(e) 鉄道、軌道、バスその他運輸機関の廃止又は運行時間の変更等

(f) 事業主の命による転勤又は出向に伴う別居の回避

(g) 配偶者の事業主の命による転勤若しくは出向又は配偶者の再就職に伴う別居の回避

(6) その他、上記「特定受給資格者の範囲」の2. の(11)に該当しない企業整備による人員整理等で希望退職者の募集に応じて離職した者等

※ 補足1　労働契約において、契約更新条項が「契約の更新をする場合がある」とされている場合など、契約の更新について明示はあるが契約更新の確約まではない場合がこの基準に該当します。

※ 補足2　給付制限を行う場合の「正当な理由」に係る認定基準と同様に判断されます。

基本手当の給付日数

（1）特定受給資格者及び一部の特定理由離職者※1（（3）を除く）

区分＼被保険者であった期間	1年未満	1年以上5年未満	5年以上10年未満	10年以上20年未満	20年以上
30歳未満	90日	90日	120日	180日	−
30歳以上35歳未満		120日(90日※2)	180日	210日	240日
35歳以上45歳未満		150日(90日※2)		240日	270日
45歳以上60歳未満		180日	240日	270日	330日
60歳以上65歳未満		150日	180日	210日	240日

（2）（1）及び（3）以外の離職者

区分＼被保険者であった期間	1年未満	1年以上5年未満	5年以上10年未満	10年以上20年未満	20年以上
全年齢	—	90日		120日	150日

（3）就職困難者

区分＼被保険者であった期間	1年未満	1年以上5年未満	5年以上10年未満	10年以上20年未満	20年以上
45歳未満	150日	300日			
45歳以上65歳未満		360日			

（※1）特定理由離職者のうち「特定理由離職」の（1）に該当するのは、受給資格に係る離職の日が平成21年3月31日から平成34年3月31日までの間にある方に限ります。

（※2）受給資格に後る離職日が平成29年3月31日以前の場合の日数

雇用保険法第三三条の「雇用保険の受給制限のない自己都合退職」

平成一三年改正雇用保険法三三条は、自己の責めに帰すべき重大な理由によって解雇された場合や正当な理由がなく自己の都合によって退職した場合には、基本手当の支給開始は待機期間満了日から一ヵ月以上三ヵ月以内の間で公共職業安定所長の定める期間後になる（法第三三条一項）。この場合の基準については、厚生労働大臣が定めると規定する（法第三三条二項）。そして、平成五年一月二六日職発第二六号による以下の基準によって、「雇用保険の受給制限のない自己都合退職」は判断される。

1 イ 体力の限界 ロ 心身の障害 ハ 疾病 ニ 負傷 ホ 視力の減退 ヘ 聴力の減退 ト 触覚の減退等によって退職した場合

2 妊娠、出産、育児等により退職し、雇用保険法二〇条第一項の受給期間延長措置を九〇日以上受けた場合

3 父若しくは母の死亡、疾病、負傷等のため、父若しくは母を扶養するために退職を余儀なくされた場合又は常時本人の看護を必要とする親族の疾病、負傷等のために退職を余儀なくされた場合のように、家庭の事情が急変したことによって退職した場合

4 配偶者又は扶養すべき親族と別居生活を続けることが困難となったことによって退職した場合

5 次の理由により通勤不可能又は困難となったことにより退職した場合

イ 結婚に伴う住所の変更

ロ 育児に伴う保育所その他のこれに準ずる施設の利用又は親族等への保育の依頼

ハ 事業所の通勤困難な地への移転

ニ 自己の意志に反しての住所又は居住の移転を余儀なくされたこと

ホ 鉄道、軌道、バスその他運輸機関の廃止又は運行時間の変更等

ヘ 事業主の命による転勤又は出向に伴う別居の回避

ト 配偶者の事業主の命による転勤若しくは出向又は配偶者の再就職に伴う別居の回避

6 採用条件（賃金、労働時間、労働内容等）と実際の労働条件が著しく相違したことによって退職した場合

7 支払われた賃金が、その者に支払われるべき賃金月額の三分の二に満たない月が継続して二ヶ月以上にわたるため、又は毎月支払われるべき賃金の全額が所定の期日より後の日に支払われたという事実が継続して二回以上にわたるために退職した場合

8 賃金が、同一地域における同種の業務において同職種、同程度の経験年数、同年配の者が受ける標準賃金と比較し、おおむね一〇〇分の七五以下になったたことによって退職した場合

9 労働基準法第三六条の協定において定められた一日を越える一定期間について延長することができる時間が、「労働基準法第三六条の協定において定められる一日を超える一定の期間についての延長することができる時間に関する方針」（昭和五七年労働省告示第六九号）第三条に規定する目安時間を超える場合（当該指針第四条に該当する事業又は業務に係る場合を除く）であって、当該目安時間をこえる延長が反復して行われているときに、離職の直前三ヶ月間に現実に当該目安時間を超える延長が行われたことにより退職した場合

10 新技術が導入された場合において、自己の有する専門の知識又は技能を十分に発揮する機会が失われ当該新技術へ適応することが困難であることによって退職した場合

11 定年又は勤務延長若しくは再雇用の期限の到来（契約期間の満了に該当する場合は除く）により退職した場合

12 上役、同僚等から故意に排斥され、又は著しい処遇若しくは嫌がらせを受けたことによって退職した場合

13 直接若しくは間接に退職することを勧奨されたことにより、又は希望退職者の募集に応じて退職した場合

14 破産、和議開始、厚生手続き、整理開始若しくは特別精算開始の申立がなされたこと、又は金融機関との取引が停止される原因となる不渡手形の発生等の事実が生じたことにより事業所の倒産がほぼ確実となったために退職した場合

15 事業所が廃止された（当該事業所に係る事業活動が停止し、再開される見込みがない場合を含む）ために当該事業所から退職した場合

16 事業規模若しくは事業活動の縮小又は事業の転換等により、雇用対策法第二八条に基づく離職に係る大量の人員整理が行われることが確実となったため、又は従業員のうちの相当数の人員整理が既に行われたために退職した場合

17 全日休業により労働基準法第二六条の規定による休業手当の支払いが三ヶ月以上にわたったために退職した場合

18 労働組合からの除名により、当然解雇となる団体協約を結んでいる事業所において、事業主に対し、自己の責めに帰すべき重大な理由がないにもかかわらず、組合からの除名の処分を受けたことによって解雇された場合

19 事業主の事業内容が法令に違反するに至ったため退職した場合

不当労働行為争訟の流れ

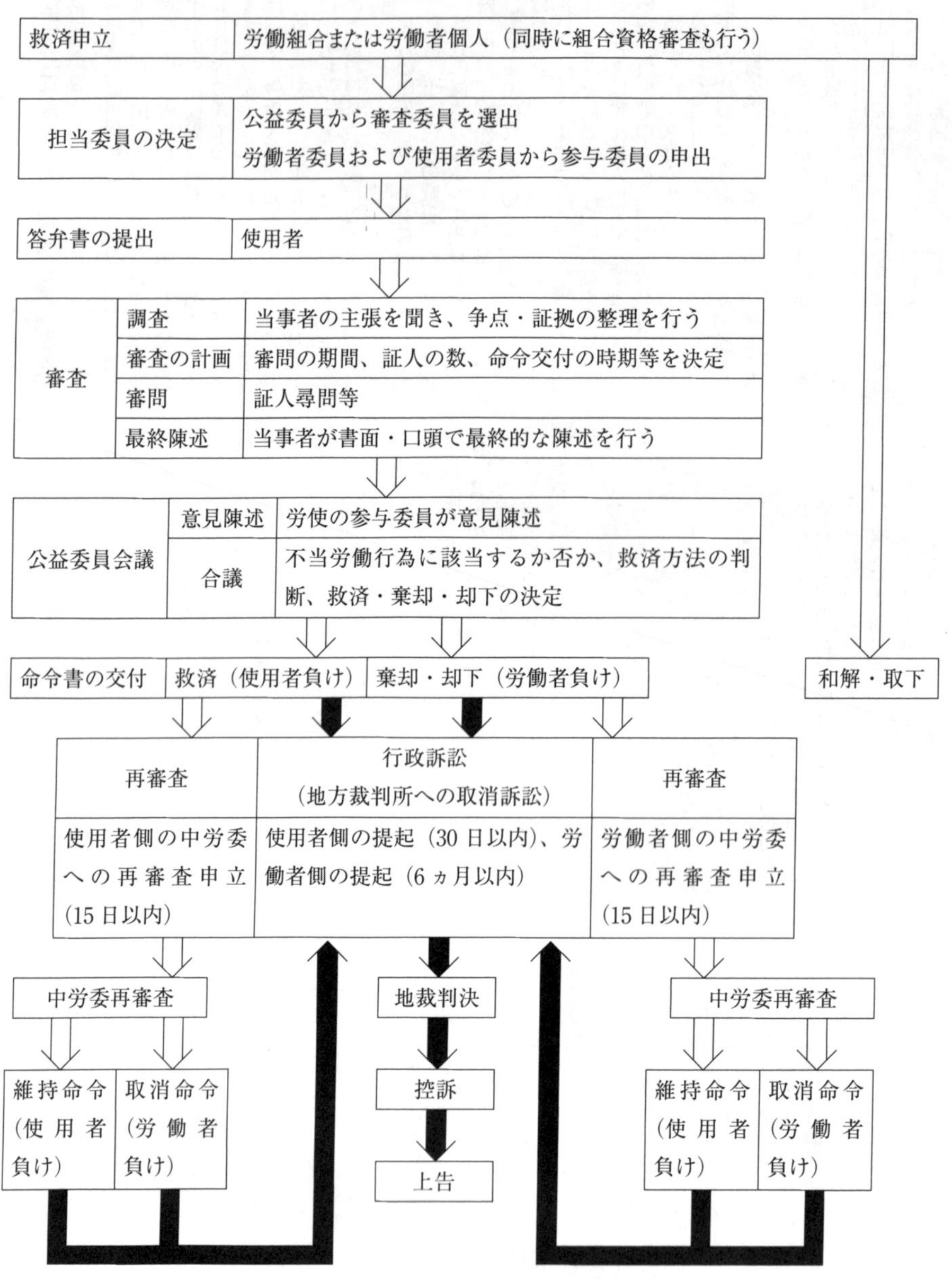

日本労働弁護団『労働組合実践マニュアル Ver.2』188頁をもとに作成した。

労災争訟の流れ（民間労働者の場合）

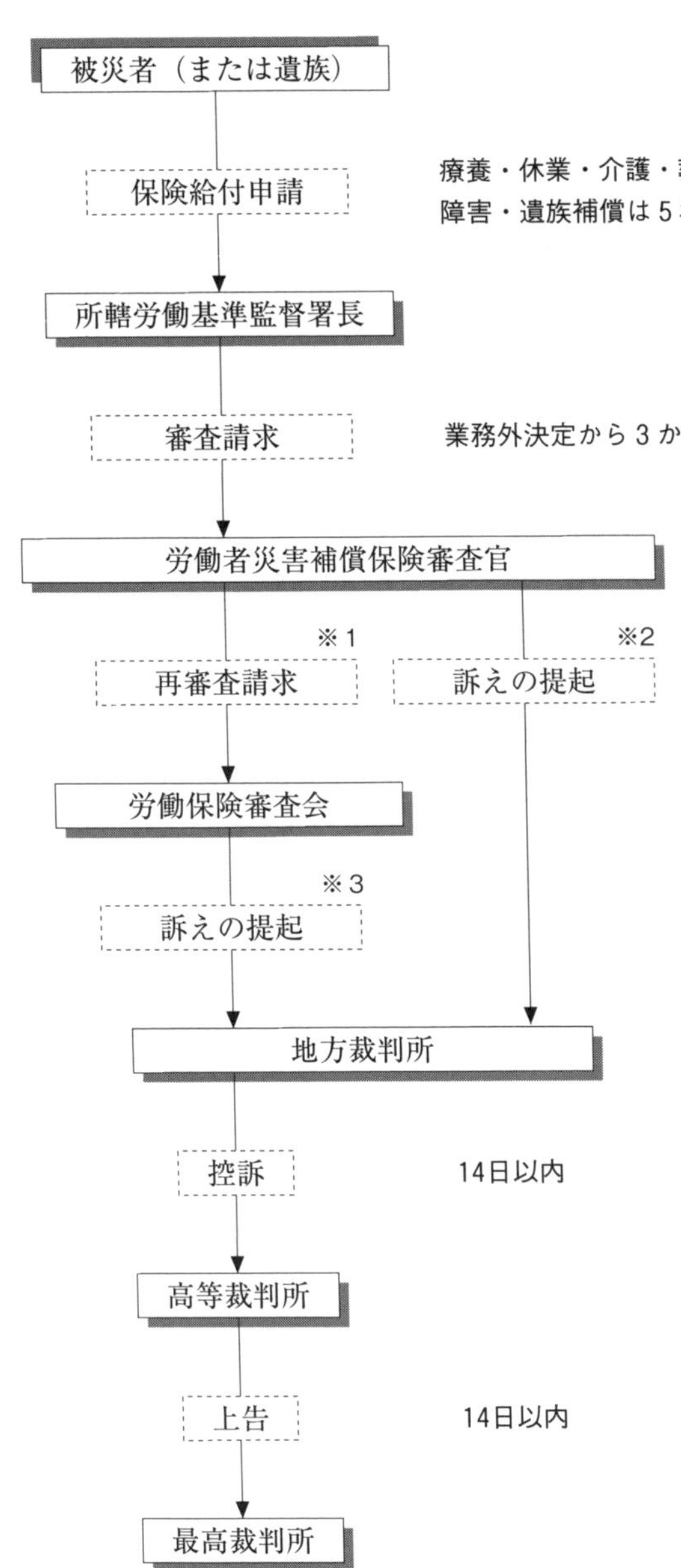

療養・休業・介護・葬祭料は２年
障害・遺族補償は５年

業務外決定から３か月以内

14日以内

14日以内

※１労働者災害補償審査官の決定から２か月以内または審査請求後３か月経過しても決定のない場合は棄却したものとみなし、再審査請求を提起できる。

※２労働者災害補償審査官の決定に対し、再審査請求を経ずに取消訴訟を提起できる（決定後６か月以内）。または審査請求後３か月経過しても決定のない場合は棄却したものとみなし、取消訴訟を提起できる。

※３労災保険審査会の裁決に対し、取消訴訟を提起できる（裁決後６か月以内）。または裁決の前でも取消訴訟を提起することができる。

労働審判制度の概要

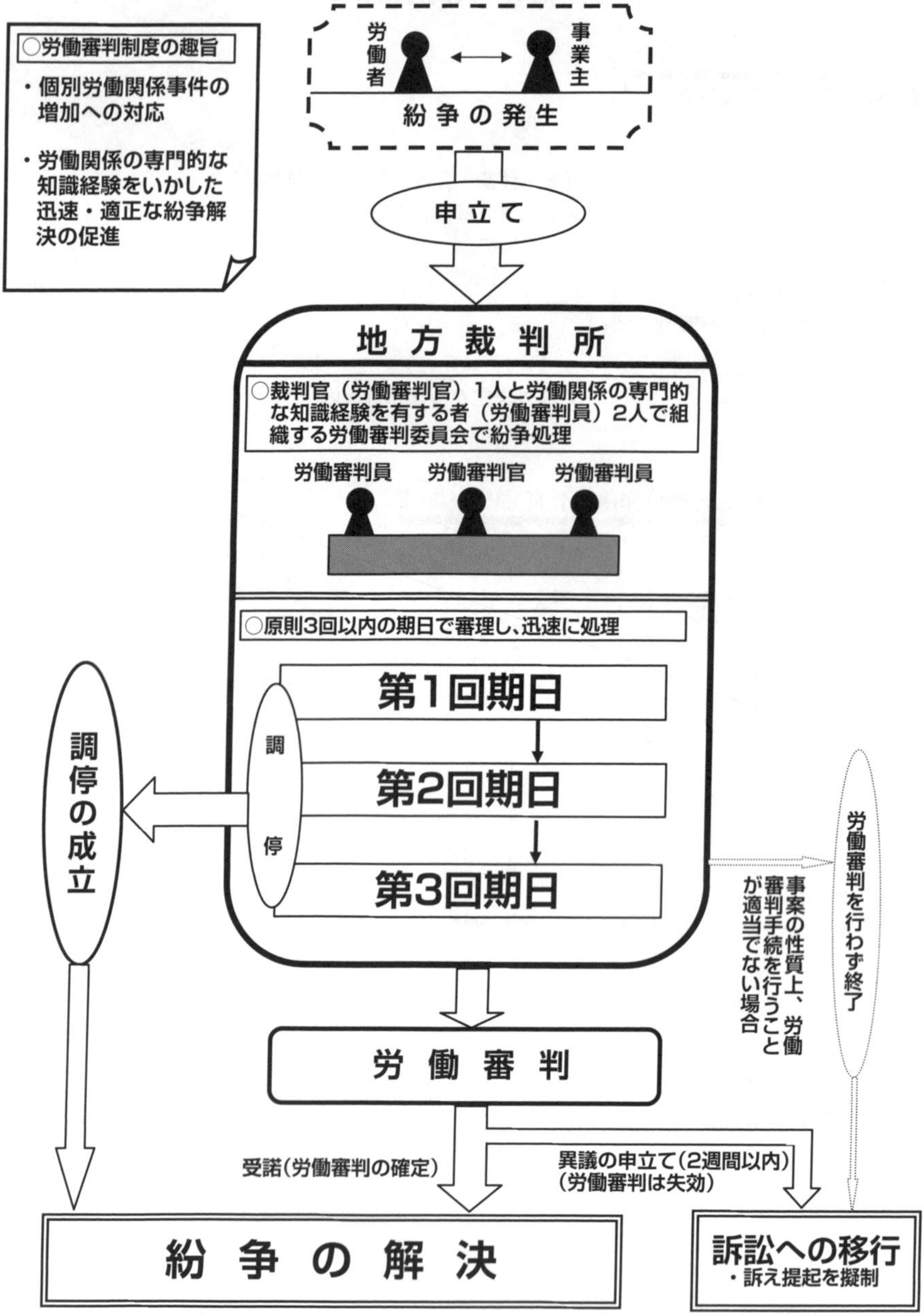

出所：司法制度改革推進本部「労働審判制度の概要」
（http://www.kantei.go.jp/jp/singi/sihou/hourei/roudousinpan_s-1.pdf）

入管法による在留資格と在留期間

出入国管理及び難民認定法第二条の二と第一九条は、在留資格と日本における活動の内容等を、別表第一と第二において定める。そして、第二条の二第三項は、在留期間の詳細は法務省令で定めることとし、在留期間の上限を五年と定める。これを受けて、入管法施行規則第三条は、在留資格に応じた在留期間について別表第二に規定する。以下に、在留資格と在留期間の関係が理解しやすいように、入管法の在留資格と活動内容についての別表第一と第二に、入管法施行規則の在留資格ごとの在留期間についての別表第二を挿入して作成した表を掲載する。

入管法別表第一

一

在留資格	本邦において行うことができる活動	在留期間
外交	日本国政府が接受する外国政府の外交使節団若しくは領事機関の構成員、条約若しくは国際慣行により外交使節と同様の特権及び免除を受ける者又はこれらの者と同一の世帯に属する家族の構成員としての活動	外交活動を行う期間
公用	日本国政府の承認した外国政府若しくは国際機関の公務に従事する者又はその者と同一の世帯に属する家族の構成員としての活動（この表の外交の項の下欄に掲げる活動を除く。）	五年、三年、一年、三月、三〇日又は一五日
教授	本邦の大学若しくはこれに準ずる機関又は高等専門学校において研究、研究の指導又は教育をする活動	五年、三年、一年又は三月
芸術	収入を伴う音楽、美術、文学その他の芸術上の活動（二の表の興行の項の下欄に掲げる活動を除く。）	〃
宗教	外国の宗教団体により本邦に派遣された宗教家の行う布教その他の宗教上の活動	〃
報道	外国の報道機関との契約に基づいて行う取材その他の報道上の活動	〃

二

在留資格	本邦において行うことができる活動	在留期間
高度専門職	一 高度の専門的な能力を有する人材として法務省令で定める基準に適合する者が行う次のイからハまでのいずれかに該当する活動であつて、我が国の学術研究又は経済の発展に寄与することが見込まれるもの イ 法務大臣が指定する本邦の公私の機関との契約に基づいて研究、研究の指導若しくは教育をする活動又は当該活動と併せて当該活動と関連する事業を自ら経営し若しくは当該機関以外の本邦の公私の機関との契約に基づいて研究、研究の指導若しくは教育をする活動 ロ 法務大臣が指定する本邦の公私の機関との契約に基づいて自然科学若しくは人文科学の分野に属する知識若しくは技術を要する業務に従事する活動又は当該活動と併せて当該活動と関連する事業を自ら経営する活動 ハ 法務大臣が指定する本邦の公私の機関において貿易その他の事業の経営を行い若しくは当該事業の管理に従事する活動又は当該活動と併せて当該活動と関連する事業を自ら経営する活動 二 前号に掲げる活動を行つた者であつて、その在留が我が国の利益に資するものとして法務省令で定める基準に適合するものが行う次に掲げる活動	一 第一号イからハまでに掲げる活動を行う者は五年 二 第二号に掲げる活動を行う者は無期限

在留資格	活動	在留期間
	イ　本邦の公私の機関との契約に基づいて研究、研究の指導又は教育をする活動 ロ　本邦の公私の機関との契約に基づいて自然科学又は人文科学の分野に属する知識又は技術を要する業務に従事する活動 ハ　本邦の公私の機関において貿易その他の事業の経営を行い又は当該事業の管理に従事する活動 ニ　イからハまでのいずれかの活動と併せて行う一の表の教授の項から報道の項までの下欄に掲げる活動又はこの表の法律・会計業務の項、医療の項、教育の項、技術・人文知識・国際業務の項、介護の項、興行の項若しくは技能の項の下欄若しくは特定技能の項の下欄第二号に掲げる活動（イからハまでのいずれかに該当する活動を除く。）	
経営・管理	本邦において貿易その他の事業の経営を行い又は当該事業の管理に従事する活動（この表の法律・会計業務の項の下欄に掲げる資格を有しなければ法律上行うことができないこととされている事業の経営又は管理に従事する活動を除く。）	五年、三年、一年、六月、四月又は三月
法律・会計業務	外国法事務弁護士、外国公認会計士その他法律上資格を有する者が行うこととされている法律又は会計に係る業務に従事する活動	五年、三年、一年又は三月
医　療	医師、歯科医師その他法律上資格を有する者が行うこととされている医療に係る業務に従事する活動	〃
研　究	本邦の公私の機関との契約に基づいて研究を行う業務に従事する活動（一の表の教授の項の下欄に掲げる活動を除く。）	〃

在留資格	活動	在留期間
教　育	本邦の小学校、中学校、義務教育学校、高等学校、中等教育学校、特別支援学校、専修学校又は各種学校若しくは設備及び編制に関してこれに準ずる教育機関において語学教育その他の教育をする活動	〃
技術・人文知識・国際業務	本邦の公私の機関との契約に基づいて行う理学、工学その他の自然科学の分野若しくは法律学、経済学、社会学その他の人文科学の分野に属する技術若しくは知識を要する業務又は外国の文化に基盤を有する思考若しくは感受性を必要とする業務に従事する活動（一の表の教授の項、芸術の項及び報道の項の下欄に掲げる活動並びにこの表の経営・管理の項から教育の項まで及び企業内転勤の項から興行の項までの下欄に掲げる活動を除く。）	〃
企業内転勤	本邦に本店、支店その他の事業所のある公私の機関の外国にある事業所の職員が本邦にある事業所に期間を定めて転勤して当該事業所において行うこの表の技術・人文知識・国際業務の項の下欄に掲げる活動	〃
介　護	本邦の公私の機関との契約に基づいて介護福祉士の資格を有する者が介護又は介護の指導を行う業務に従事する活動	〃
興　行	演劇、演芸、演奏、スポーツ等の興行に係る活動又はその他の芸能活動（この表の経営・管理の項の下欄に掲げる活動を除く。）	三年、一年、六月、三月又は三〇日
技　能	本邦の公私の機関との契約に基づいて行う産業上の特殊な分野に属する熟練した技能を要する業務に従事する活動	五年、三年、一年又は三月

特定技能	一　法務大臣が指定する本邦の公私の機関との雇用に関する契約（第二条の五第一項から第四項までの規定に適合するものに限る。次号において同じ。）に基づいて行う特定産業分野（人材を確保することが困難な状況にあるため外国人により不足する人材の確保を図るべき産業上の分野として法務省令で定めるものをいう。同号において同じ。）であつて法務大臣が指定するものに属する法務省令で定める相当程度の知識又は経験を必要とする技能を要する業務に従事する活動 二　法務大臣が指定する本邦の公私の機関との雇用に関する契約に基づいて行う特定産業分野であつて法務大臣が指定するものに属する法務省令で定める熟練した技能を要する業務に従事する活動	一　一年を超えない範囲内で法務大臣が個々の外国人について指定する期間 二　三年、一年又は六月
技能実習	一　次のイ又はロのいずれかに該当する活動 イ　技能実習法第八条第一項の認定（技能実習法第十一条第一項の規定による変更の認定があつたときは、その変更後のもの。以下同じ。）を受けた技能実習計画（技能実習法第八条第二項第一号に規定する第一号企業単独型技能実習に係るものに限る。）に基づいて、講習を受け、及び技能、技術又は知識（以下「技能等」という。）に係る業務に従事する活動 ロ　技能実習法第八条第一項の認定を受けた同項に規定する技能実習計画（技能実習法第二条第四項第一号に規定する第一号団体監理型技能実習に係るものに限る。）に基づいて、講習を受け、及び技能等に係る業務に従事する活動 二　次のイ又はロのいずれかに該当する活動 イ　技能実習法第八条第一項の認定を受けた同項に規定する技能実習計画（技能実習法第二条第二項第二号に規定する第二号企業単独型技能実習に係るものに限る。）に基づいて技能等を要する業務に従事する活動 ロ　技能実習法第八条第一項の認定を受けた同項に規定する技能実習計画（技能実習法第二条第四項第二号に規定する第二号団体監理型技能実習に係るものに限る。）に基づいて技能等を要する業務に従事する活動 三　次のイ又はロのいずれかに該当する活動 イ　技能実習法第八条第一項の認定を受けた同項に規定する技能実習計画（技能実習法第二条第二項第三号に規定する第三号企業単独型技能実習に係るものに限る。）に基づいて技能等を要する業務に従事する活動 ロ　技能実習法第八条第一項の認定を受けた同項に規定する技能実習計画（技能実習法第二条第四項第三号に規定する第三号団体監理型技能実習に係るものに限る。）に基づいて技能等を要する業務に従事する活動	一　第一号の活動を行う者は一年を超えない範囲内で法務大臣が個々の外国人について指定する期間 二　第二号又は第三号の活動を行う者は二年を超えない範囲内で法務大臣が個々の外国人について指定する期間

備考　法務大臣は、特定技能の項の下欄の法務省令を定めようとするときは、あらかじめ、関係行政機関の長と協議するものとする。

三

在留資格	本邦において行うことができる活動	在留期間
文化活動	収入を伴わない学術上若しくは芸術上の活動又は我が国特有の文化若しくは技芸について専門家の指導を受けてこれを修得する活動（四の表の留学の項から研修の項までの下欄に掲げる活動を除く。）	三年、一年、六月又は三月

短期滞在	本邦に短期間滞在して行う観光、保養、スポーツ、親族の訪問、見学、講習又は会合への参加、業務連絡その他これらに類似する活動	九〇日、三〇日又は一五日以内の日を単位とする期間

四

在留資格	本邦において行うことができる活動	在留期間
留学	本邦の大学、高等専門学校、高等学校（中等教育学校の後期課程を含む。）若しくは特別支援学校の高等部、中学校（義務教育学校の後期課程及び中等教育学校の前期課程を含む。）若しくは特別支援学校の中学部、小学校（義務教育学校の前期課程を含む。）若しくは特別支援学校の小学部、専修学校若しくは各種学校又は設備及び編制に関してこれに準ずる機関において教育を受ける活動	四年三月を超えない範囲内で法務大臣が個々の外国人について指定する期間
研修	本邦の公私の機関により受け入れられて行う技能等の修得をする活動（二の表の技能実習の項の下欄第一号及びこの表の留学の項の下欄に掲げる活動を除く。）	一　外国において医師、看護師又は診療放射線技師に相当する資格を有する外国人（外国医師等が行う臨床修練等に係る医師法第一七条等の特例等に関する法律第三条第一項の規定により厚生労働大臣の許可を受けて診療の用に供する陽子線又は重イオン線を照射する装置に係る知識及び技能の修得をしようとするもの並びに医療で用いる放射線に係る物理工学の専門的知識を有する外国人（診療用粒子線照射装置臨床修練外国医師等と共に診療用粒子線照射装置に係る知識及び技能の修得をしようとするもの）のうち、国籍又は住所を有する国において所属する機関の業務の一環として派遣される者は二年、一年、六月又は三月 二　前号に掲げる者以外の者は、一年、六月又は三月
家族滞在	一の表、二の表又は三の表の上欄の在留資格（外交、公用、特定技能（二の表の特定技能の項の下欄第一号に係るものに限る。）、技能実習及び短期滞在を除く。）をもつて在留する者又はこの表の留学の在留資格をもつて在留する者の扶養を受ける配偶者又は子として行う日常的な活動	五年を超えない範囲内で法務大臣が個々の外国人について指定する期間

五

在留資格	本邦において行うことができる活動	在留期間
特定活動	法務大臣が個々の外国人について特に指定する活動	一　法第七条第一項第二号の告示で定める活動を指定される者（本邦に在留する外国人の扶養を受ける日常的な活動を特に指定される者その他当該外国人に随伴する者であって法務大臣が別に期間を指定する必要があると認めるものを除く。）は五年、三年、一年、六月又は三月 二　経済上の連携に関する日本国とインドネシア共和国との間の協定、経済上の連携に関する日本国とフィリピン共和国との間の協定若しくは平成二四年四月一八日にベトナム社会主義共和国政府との間で交換が完了した看護師及び介護福祉士の入国及び一時的な滞在に関する書簡に基づき保健師助産師看護師法第五条に規定する看護師としての業務に従事する活動又はこれらの協定若しくは交換が完了した書簡に基づき社会福祉士及び介護福祉士法第二条第二項に規定する介護福祉士として同項に規定する介護等の業務に従事する活動を指定される者は三年又は一年 三　一及び二に掲げる者以外の者は五年を超えない範囲内で法務大臣が個々の外国人について指定する期間

入管法別表第二

在留資格	本邦において有する身分又は地位	在留期間
永住者	法務大臣が永住を認める者	無期限
日本人の配偶者等	日本人の配偶者若しくは特別養子又は日本人の子として出生した者	五年、三年、一年又は六月
永住者の配偶者等	永住者等の配偶者又は永住者等の子として本邦で出生しその後引き続き本邦に在留している者	〃

定住者	法務大臣が特別な理由を考慮し一定の在留期間を指定して居住を認める者	一　法第七条第一項第二号の告示で定める地位を認められる者は五年、三年、一年又は六月 二　一に掲げる地位以外の地位を認められる者は五年を超えない範囲内で法務大臣が個々の外国人について指定する期間

働き方改革関連法の施行

「働き方改革を推進するための関係法律の整備に関する法律」（平成三〇年法律第七一号）は、膨大な法律改正を内容とする一括改正法である。その立法過程は、二〇一六（平成二八）年九月の働き方改革実現会議設置に始まる。翌二〇一七年三月二八日、「働き方改革実行計画」が決定された。この計画内容が労働政策審議会に諮問され、同年九月一五日に、諮問内容を可とする答申がだされた。二〇一八年四月六日には、国会に法律案が提出される。同年七月六日、法律は成立し、二〇一九年四月一日に施行された（経過措置がとられる改正分野については、各項目において注記する）。なお、労働六法に掲載した法令はゴチック表記とした。

二つの法律の名称変更

まず、この改正法によって、二つの名称変更が行われた。「雇用対策法」は「労働施策の総合的な推進並びに労働者の雇用の安定及び職業生活の充実等に関する法律」（労働施策総合推進法）と、「短時間労働者の雇用管理の改善等に関する法律」（パートタイム労働法）は「短時間労働者及び有期雇用労働者の雇用管理の改善等に関する法律」（パートタイム・有期雇用労働法）と改正された。

政令と省令

つぎに、この改正法の施行に伴い、①労働者派遣法施行令などの整備と必要な経過措置を定める「働き方改革を推進するための関係法律の整備に関する法律の施行に伴う関係政令の整備及び経過措置に関する政令」（平成三〇・九・七政令第二五三号）と、②労働基準法施行規則や三六協定等の届出様式の変更などを主な内容とする「働き方改革を推進するための関係法律の整備に関する法律の一部の施行に伴う厚生労働省関係省令の整備及び経過措置に関する省令」（平成三〇・九・七省令第一一二号）が発せられた。

時間外労働の上限規制等

そして、改正法の内容を具体化する膨大な行政規則が定められた。重点的な内容に関係するものを列記する。

まず、③改正労基法の時間外・休日労働規制にもとづき、新たに制定された「労働基準法第三十六条第一項の協定で定める労働時間の延長及び休日の労働について留意すべき事項等に関する指針」（平三〇・九・七厚生労働省告示第三二三号）が告示された。

つぎに、④改正労働基準法とその改正施行規則、そして三六協定新指針の内容についての「働き方改革を推進するための関係法律の整備に関する法律による改正後の労働基準法の施行について」（平成三〇・九・七基発〇九〇七第一号）が通知され、⑤この通知の解釈基準を問答形式によって示した「働き方改革を推進するための関係法律の整備に関する法律による改正後の労働基準法の解釈について」（平成三〇・一二・二八基発一二二八第一五号）が通知された。

なお、中小企業につき、労働時間の上限規制は二〇二〇年四月一日に、割増賃金率の猶予措置の廃止期日は二〇二三年四月一日に、施行日の経過措置がとられた。

高度プロフェッショナル制度創設

労働基準法第四一条の二に新設された労働時間等適用除外制度である「高度プロフェッショナル制度」の省令と指針である。この制度は二〇一九年四月一日施行であるにもかかわらず、その直前に、省令と指針が発せられた。それらは、⑥労働基準法施行規則改正省令（「労働基準法施行規則及び労働安全衛生規則の一部を改正する省令」（平成三一年三月二五日厚生労働省令二九号））と、⑦「労働基準法第四一条の二第一項の規定により同項第一号の業務に従事する労働者の適正な労働条件の確保を図るための指針」（平成三一年三月二五日厚生労働省告示第八八号）である。

勤務間インターバル制度等

⑧勤務間インターバル制度の努力義務化などを内容とする労働時間等設定改善法とその施行規則の内容につき「働き方改革を推進するための関係法律の整備に関する法律による改正後の労働時間等の設定の改善に関する特別措置法の施行について」（平三〇・九・七基発〇九〇七第一二号、雇均発〇九〇七第二号）が通知された。

そして、⑨労働時間等設定改善法改正にもとづき、事業主が労働時間等の設定の改善につき適切に対処すべき必要な事項を定める「労働時間等設定改善指針」（平成二〇・三・二四厚生労働省告示第一〇八号、最終改正平成三〇・一〇・三〇厚生労働省告示第三七五号）が公示された。

労働者の健康確保、産業医・産業保健機能の強化

あらたに、⑩「労働者の心身の状態に関する情報の適正な取扱いのために事業者が講ずべき措置に関する指針」（平成三〇年九月七日労働者の心身の状態に関する情報の適正な取扱い指針公示第一号）が制定された。

そして、⑪産業医・産業保健機能の強化などを内容とする改正労働安全衛生法・改正じん肺法等の内容につき「働き方改革を推進するための関係法律の整備に関する法律による改正後の労働安全衛生法及びじん肺法の施行等について」（平三〇・九・七基発〇九〇七第二号）が通知され、⑫この内容を問答形式により解釈基準を示した「働き方改革を推進するための関係法律の整備に関する法律による改正後の労働安全衛生法及びじん肺法関係の解釈等について」（平三〇・一二・二八基発一二二八第一六号）が通知された。

労働施策基本方針制定

労働施策総合推進法は、「働き方改革の意義やその趣旨を踏まえた国の労働施策に関する基本的な事項等」について示した⑬「労働施策基本方針」が、二〇一八年一二月二八日閣議決定され、「平成三一・一・二八厚生労働省告示第一二号」として定められた。

不合理な待遇差解消、同一労働同一賃金原則等

「パートタイム・有期雇用労働法」に加えて、まず、⑭「働き方改革を推進するための関係法律の整備に関する法律の一部の施行に伴う厚生労働省関係省令の整備及び経過措置に関する省令」（平成三〇・一二・二八省令第一五三号）により、⑮労働者派遣法「施行規則（昭和六一年労働省令第二〇号）」と⑯パートタイム労働法「施行規則（平成五年労働省令第三四号）」が改正された。後者は、「短時間労働者及び有期雇用労働者の雇用管理の改善等に関する法律施行規則」と名称も変更された。

つぎに、⑰「派遣元事業主が講ずべき措置に関する指針の一部を改正する件」（平成三〇・一二・二八厚生労働省告示第四二七号）により、⑱「派遣元事業主が講ずべき措置に関する指針」（平成一一年労働省告示第一三七号）が、⑲「派遣先が講ずべき措置に関する指針の一部を改正する件」（平成三〇・一二・二八厚生労働省告示第四二八号）により、⑳「派遣先事業主が講ずべき措置に関する指針」（平成一一年労働省告示第一三八号）が、改正された。

そして、㉑「事業主が講ずべき短時間労働者の雇用管理の改善等に関する措置等についての指針の一部を改正する件」（平成三〇・一二・二八厚生労働省告示第四二九号）により、㉒「事業主が講ずべき短時間労働者及び有期雇用労働者の雇用管理の改善等に関する措置等についての指針」（平成一九年厚生労働省告示第三二六号）が改正された。

さらに、㉓「短時間・有期雇用労働者及び派遣労働者に対する不合理な待遇の禁止等に関する指針」（平成三〇・一二・二八厚生労働省告示第四三〇号）が告示された。

これらの内容は、㉔「働き方改革を推進するための関係法律の整備に関する法律の一部施行に伴う厚生労働省令の整備及び経過措置に関する省令等の公布について」（平成三〇・一二・二八職発一二二八第四号、雇均発第一号）として通知された。

加えて、これらの行政規則の集大成として、㉕「短時間労働者及び有期雇用労働者の雇用管理の改善等に関する法律の施行について」（平成三一・一・三〇基発〇一三〇第一号、職発〇一三〇第六号、雇均発〇一三〇第一号、開発〇一三〇第一号）が通知された。

なお、パートタイム労働法、労働契約法そして労働者派遣法の改正法の施行期日は、二〇二〇年四月一日であり、中小企業については、パートタイム労働法と労働契約法の施行期日は二〇二一年四月一日とする経過措置がとられた。

労働六法 2025

2025年5月10日　初版第1刷発行

編集委員

石田 眞・武井 寛・浜村 彰・深谷信夫

装丁

坂野公一（welle design）

発行者

木内洋育

発行所

株式会社旬報社

〒162-0041 東京都新宿区早稲田鶴巻町544 中川ビル4F

TEL 03-5579-8973　FAX 03-5579-8975

ホームページ https://www.junposha.com

印刷・製本

モリモト印刷株式会社

ISBN978-4-8451-2091-8